ULPS
青山学院大学系属
浦和ルーテル学院中学校・高等学校
URAWA LUTHERAN
JUNIOR & SENIOR HIGH SCHOOL
affiliated with Aoyama Gakuin University
生徒募集
少人数
中高一貫
英語・国際教育
キリスト教主義
スクールバス運行
■ JR京浜東北線「北浦和駅」西口から 20分
■ JR武蔵野線・埼玉高速鉄道「東川口駅」南口から 15分
■ 東武スカイツリーライン「北越谷駅」西口から 20分
■ 埼玉高速鉄道（地下鉄南北線直通）「浦和美園駅」 3分
〒336-0974 埼玉県さいたま市緑区大崎3642
TEL.048-711-8221 https://www.uls.ed.jp/
浦和ルーテル学院 検索

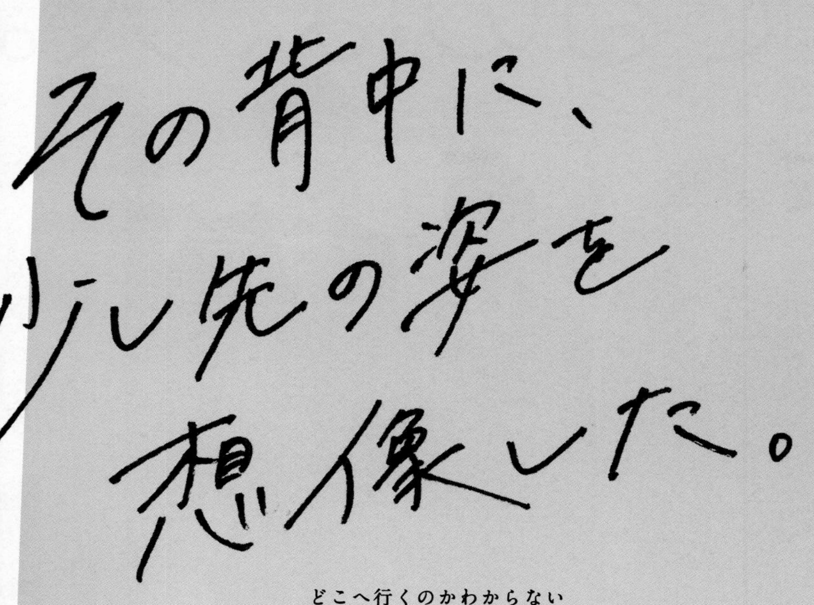

どこへ行くのかわからない

でもなんだか
昇ってみたくなる

背中を見て、
夢が勇気に変わった

ここを昇れば
きっと、どこへでも行ける

EDOGAWA GAKUEN TORIDE Junior & Senio High School

TS

等部 □ 説明会 | 9/21(土)・10/19(土)・11/2(土)
□ 入試日 | 適性型入試：12/14(土)・1/25(土)
第1回：1/17(金)・第2回：1/25(土)・第3回：2/5(水)
□ 定　員 | 東大ジュニアコース・医科ジュニアコース・難関大ジュニアコース：320名

等部 □ 説明会 | 10/5(土)・10/26(土)・11/30(土)
□ 入試日 | 第1回：1/15(水)・第2回：1/21(火)
□ 定　員 | 医科コース、東大コース：40名・難関大コース：100名

オープンスクール
7/6(土)

紫峰祭
10/12(土)・13(日)

＊詳細はHPでご案内いたします。

江戸川学園取手中・高等学校

〒302-0025 茨城県取手市西1丁目37番1号 TEL:0297-74-8771(代)

春日部共栄中学校

新コース

プログレッシブ政経コース

IT医学サイエンスコース

【新6年生以下対象】説明会 日程

3/15(土) 10:00～12:00
学校説明会＋体験授業

学校説明会 日程

9/18(水) 18:30～19:30
ナイト説明会(越谷コミュニティセンター)

9/28(土) 10:00～12:00
学校見学会

10/19(土) 10:00～12:00
学校説明会＋体験授業

11/16(土) 10:00～12:00
学校説明会+入試問題解説会

11/30(土) 10:00～12:00
学校説明会+入試問題解説会

ご予約お問い合わせ

https://www.k-kyoei.ed.jp
TEL:048-737-7611

入試日程

	第1回	第2回	第3回	第4回
試験日	1/10（金） 午前・午後	1/11（土） 午前・午後	1/13（月・祝） 午後のみ	1/15（水） 午前のみ
募集定員	プログレッシブ政経コース ／ IT医学サイエンスコース 各80名			
試験科目	4科（国・算・社・理） 2科（国・算） 1科（算）			

栄東中学・高等学校

SAKAE HIGASHI SCHOOL GUIDE
JUNIOR & SENIOR HIGH SCHOOL

競泳世界ジュニア大会→世界一!!
背泳ぎ→ハワイ、ペルー大会２連覇

米スタンフォード大学合格
水泳インターハイ出場

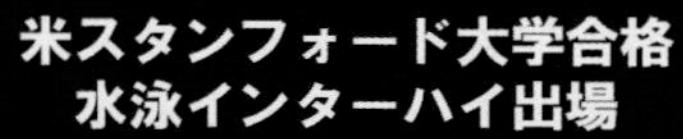

最年少!! 15歳(中3)
行政書士試験合格

全国鉄道模型コンテスト
協会理事長特別賞

東京オリンピック第４位
アーティスティック スイミング

チアダンス
東日本大会優勝

栄東のクイズ王
東大王 全国大会 大活躍!!

栄東の誇るサメ博士
サンシャインでトークショー

産経国際書展 U23大賞

〒337-0054 埼玉県さいたま市見沼区砂町2-77（JR東大宮駅西口 徒歩８分）
◆アドミッションセンター TEL：048-666-9200 FAX：048-652-5811

SAITAMA SAKAE

JUNIOR HIGH SCHOOL 2025

学校説明会

5/18(土)
6/15(土)
7/15(月・祝)
9/ 7(土)
10/12(土)
2025年
3/ 1(土)

入試問題学習会

[入試リハーサルテスト]
11/10(日)
[入試問題分析会]
11/23(土・祝)

埼玉栄中学校

〒331-0078 埼玉県さいたま市西区西大宮3丁目11番地1
TEL: 048-621-2121 FAX: 048-621-2123
https://www.saitamasakae-h.ed.jp/jh/

Towards 2026 建学100周年に向けて

JISSEN GAKUEN JUNIOR & SENIOR HIGH SCHOOL　中野坂上・共学校

実践学園中学・高等学校

生徒の学びに寄り添う学園

２０２５年度入試　学校説明会日程

1回	5月25日（土）	14:30～	第6回	11月16日（土）	14:00～
2回	6月15日（土）	14:30～	第7回	12月22日（日）	14:00～
3回	7月15日（祝）	10:00～	第8回	1月11日（土）	14:00～
4回	9月14日（土）	10:30～			
5回	10月12日（土）	14:30～			

〒164-0011 東京都中野区中央 2-34-2 TEL 03-3371-5268　FAX 03-3363-8396

学び続けるLEARNER
Uniform / School Event / Mentor system
Self-regulated learning / Club / Advanced seminar
品川翔英中学校
Shinagawa Shouei Junior High Scho
〒140-0015 東京都品川区西大井 1-6-13
TEL：03(3774)1154（広報室）
https://www.shinagawa-shouei.ac.jp/jh

渋谷教育学園渋谷中学高等学校

〒150-0002 東京都渋谷区渋谷1−21−18 ☎03（3400）6363
ホームページアドレス https://www.shibushibu.jp
E-mail：nyuushi@shibushibu.jp

2025年度入学試験
●学校説明会【Web予約制】
10月19日（土）・11月16日（土）
●飛龍祭（学園祭）【Web予約制】
9月13日（金）・9月14日（土）
※詳細については7月初旬に
本校ホームページでお知らせいたします。
TEL03（3400）6363
入試対策部　鈴木まで

自調自考——
自ら調べ、自ら考える力の育成をめざす

渋谷中学高等学校のキャンパスは都心の真ん中にあり、どの地域からも通学しやすいのが利点です。教育の至るところに散りばめられた「自調自考」の精神で、明るく元気で都会的な雰囲気のある渋渋生が楽しいスクールライフを送っています。文部科学省より認定されたWWLのカリキュラムに基づいた授業を通して、「グローバルなマインドを持つ日本人（国際人）」となってくれることを願っています。ノーブレス・オブリージュの精神のもと、「高い倫理感」も身についていくでしょう。

■交通…JR山手線・東急東横線・東急田園都市線・京王線井の頭線・地下鉄銀座線・半蔵門線・副都心線「渋谷」から徒歩7分　千代田線・副都心線「明治神宮前」から徒歩8分

あなたの気づきは未来を変える

一人ひとりの進路実現へ

最難関国立大学・最難関私立大学の現役合格を目指す

スーパー選抜コース

京大学をはじめとする最難関国立大学・最難関私立大学への現役合格を目指すコースです。日々の授業や講座により、学力を伸ばしています。好奇心や探究心を刺激する学びも潤沢に用意し、次世代のーダーとなるスキルも養います。

目標大学

東京大学 ・一橋大学 ・東京科学大学 ・早稲田大学 ・慶應義塾大学
上智大学 ・東京理科大学 ・国際基督教大学（ICU） など

一人ひとりの最適な進路を実現する

特進コース

難関私立大学、有名私立大学への進学をサポートするコースです。基礎学力の定着を図るとともに、生徒一人ひとりの希望進路に合わせた、きめ細やかな学習指導を実施しています。多様な入試制度にも柔軟に対応できるサポート体制で進路実現を目指します。

目標大学

・明治大学 ・青山学院大学 ・立教大学 ・中央大学 ・法政大学 ・学習院大学
・成城大学 ・成蹊大学 ・武蔵大学 ・明治学院大学 ・日本大学 ・東洋大学 など

電車でもバスでもラクラクの通いやすさ!

電車
- 都営三田線［西巣鴨駅］A3出口 …… 徒歩**3**分
- JR埼京線 ［板橋駅］東口 ………… 徒歩**10**分
- 東武東上線［北池袋駅］東口 ……… 徒歩**15**分
- 東京さくらトラム（都電荒川線）［庚申塚駅］ … 徒歩**4**分

バス
- 都営バス［堀割停留所］……………… 徒歩**0**分
- 池袋駅東口より8分（⑥⑦⑩⑫⑬乗り場）
- Hareza池袋より6分
- 王子駅、王子駅前駅より12分（⑧⑭乗り場）

LINE

X

Instagram

気づきの教育が叡知の包みをひらく

淑徳巣鴨中学高等学校

最新情報はこちら
https://www.shukusu.ed.jp

70-0001 東京都豊島区西巣鴨2-22-16　TEL：03（3918）6451　FAX：03（3918）6033

学ぶ場所、出会う人たち、さまざまな経験。
今の選択が、明日の自分を創り出す。

変わり続ける挑戦の先に、
無数の選択肢が広がっている。
あたらしい未来が待っている。

もっと高く、もっと遠くへ。
変わる、変わり続ける。

わたしたちは描いた未来すらも超えていく。

昭和学院中学校・高等学校
SHOWA GAKUIN HIGH SCHOOL & JUNIOR HIGH SCHOOL

□ オープンスクール 要 NET 予約

7月13日（土）14:00～16:00
8月31日（土） 9:30～11:30

□ 入試説明会 要 NET 予約

10月12日（土） 14:00～16:00
11月 2日（土） 14:00～16:00
12月14日（土） 14:00～16:00

■ 桜和祭（文化祭）

9月22日（日） 10:00～15:00
入試相談あり

■ 日程は変更になる場合がございますので、本校 HP で必ずご確認ください。

個性と多様性の尊重
根底からの学び
多彩な進学先

多彩な進路を支える教育システム

文化、科学の根底から学ぶ授業カリキュラムのもとで偏りのない学習をする中から自らの興味関心を発見するプロセスが、回り道のようですが最善のものです。この考え方に基づいて、高校1年までは全員が同じ内容を学ぶ期間としています。高校2年で文・理コース選択を、高校3年では19種類のコースから１つを選択し、希望する進路の実現を目指します。
このように、成蹊大学へ進学する30％の生徒と全国の国公私立大学へ進む70％の生徒の両方に対応するカリキュラムに加え、卒業生の協力を得た様々な進路ガイダンスなどの行事とが組み合わされて、医歯薬、芸術分野を含む多彩な進路が実現しています。

国際理解教育の多様なプログラム

1949年開始の交換留学を始め、長期・短期の様々な機会が用意されています。1年間の留学でも学年が遅れない制度や留学中の授業料等を半額にする制度を整え、留学を後押ししています。短期留学(2～3週間)には、50年余の歴史を持つカウラ市の高校(オーストラリア)との交流の他、ケンブリッジ大学、UC-Davisとの提携プログラムなど、将来の進路選択を見据えた成蹊ならではの特色あるプログラムを実施しています。また、高校では常時留学生を受け入れていますので、日常的に国際交流の機会があります。

学校説明会　要予約

10/5（土）・11/9（土）

受験生向けイベント　要予約

◆入試対策講座Ⅰ・Ⅱ
※小学6年生対象

◆入試体験会
※小学6年生対象

◆授業体験、クラブ体験
※小学5・6年生対象

◆オンラインイベント「桃 Connect!」
※中学受験生・高校受験生対象

◆キャンパスツアー
※中学受験生・高校受験生対象

詳細はホームページでお知らせいたします

過去三年間の主な進学先	東京大、京都大、東工大、一橋大、北海道大、東北大、東京藝術大、東京外国語大、東京農工大、筑波大、国際教養大、慶應義塾大、早稲田大、上智大、青山学院大、明治大、立教大、ICU、APU、東京慈恵会医科大、順天堂大、北里大、昭和大、東京医科大、日本医科大

成蹊中学・高等学校

〒180-8633　東京都武蔵野市吉祥寺北町3-10-13〔Tel〕0422-37-3818
〔URL〕https://www.seikei.ac.jp/jsh/〔E-mail〕chuko@jim.seikei.ac.jp

6年間で最大5ヶ国を訪問
学びの扉を世界に開き
世界レベルでの自己実現を目指す

多摩大学目黒の英語教育の大きな目標の一つは
世界中で必要とされる人材を育てることです。
2名のネイティブ専任教員による英会話の授業では
英語表現の背景にある文化や習慣、ものの考え方を
紹介しながら、幅広い表現力を身につけ、
世界中に通用する英語を習得します。
さらに6年間で最大5ヶ国を訪問することにより、
世界規模で物事を考えることのできる広い視野と
世界を相手にしっかり「交渉」できる
コミュニケーション力を磨きます。
　これらの経験と能力は10年後、20年後に
社会人として国内でも海外でも常に必要とされる
人物であり続けるための確固たる土台となります。

人1台タブレットを活用、考える力と伝える力を伸ばす!

生徒と教員、また生徒同士をつなぐコミュニケーションツールとして1人1台タブレットを活用。学習到達度や指導経過を確認しながら一人ひとりに最善の指導ができます。また調べたり考えたりした内容をタブレットにまとめる作業を通して、考える力や伝える力を伸ばします。

大学・官公庁・企業と連携したアクティブラーニング

　多摩大学と高大連携を軸に官公庁や企業と連携したアクティブラーニングが始動しました。地域振興や国際会議、起業プロジェクトなど様々な活動に参加することを通して、知的活動の幅を広げます。これらの経験は新たな大学入試に対応する学力を伸ばすことにつながり、大きなアドバンテージになります。

●中学受験生・保護者対象学校説明会 要予約 ※小6限定

- 11/2(土) 10:00～ 授業見学あり
- 1/10(金) 19:00～
- 1/11(土) 10:00～ 授業見学あり

●特待・特進入試問題解説会 要予約 ※小6限定

- 11/16(土) 10:00～
- 12/14(土) 10:00～

●颯戻祭(学園祭) 要予約

- 9/14(土)・15(日) 10:00～15:00

※各イベントの予約方法・人数等については後日公開します。

●2025年度生徒募集要項

試験区分	進学 第1回	進学 第2回	特待・特進 第1回	特待・特進 第2回	特待・特進 第3回	特待・特進 第4回	特待・特進 第5回
募集人員	34名		特待20名 特進60名				
出願期間	1月10日(金)より各試験当日午前1時まで。(特待・特進第3～5回は当日朝窓口出願可能)						
試験日	2/1(土) 8:30集合	2/2(日) 8:30集合	2/1(土) 14:30集合	2/2(日) 14:30集合	2/3(月) 14:30集合	2/4(火) 10:00集合	2/6(木) 10:00集合
試験科目	2科または4科(出願時に選択)		4科		2科		
合格発表(合否照会サイト)	各試験当日 15:00～17:00		各試験当日 22:00～22:30			各試験当日 15:00～17:00	

明日の自分が、今日より成長するために…

多摩大学目黒中学校

TAMA University MEGURO Junior High School

〒153-0064 東京都目黒区下目黒 4-10-24　TEL. 03-3714-2661
JR 山手線・東急目黒線・都営地下鉄三田線・東京メトロ南北線「目黒駅」西口より徒歩 12 分
東急東横線・東京メトロ日比谷線「中目黒駅」よりスクールバス運行

多摩大学目黒 検索　https://www.tmh.ac.jp

東京農業大学第一高等学校・中等部

The First Junior High School, High School
Tokyo University Of Agriculture

完全中高一貫校として進化

これからの時代に求められるのは、新しいものを創り出す力と、そのために自ら学びを進める力です。本校には、本物に触れ、とことん思考できる環境、生徒一人ひとりが力を発揮できるたくさんのステージがあります。
2025年より完全中高一貫になり、さらに深い学びへ。
共に考え、共に成長できる仲間と6年間を楽しみ、夢を叶えよう。

学校説明会【予約制】
9/14 土 15:00～
10/20 日 10:00～

オープンキャンパス【予約制】
7/15 月·祝
① 9:00～ ②10:20～
③13:30～ ④14:50～

入試対策説明会【予約制】
12/8 日
①10:00～ ②14:00～

桜花祭（文化祭）【予約制】
9/28 土 10:00～
9/29 日 10:00～

記載の予定は変更となる可能性があります。事前に本校WEBサイトをご確認の上、ご参加ください。

◆2025年2月1日午前入試新設 — 募集定員175名から約200名に変更

試験日	2月1日午前	2月1日午後	2月2日午後	2月4日午前
定員(予定)	約40名	約85名	約60名	約15名
科目	4科	算理 or 算国	算理 or 算国	4科

東京農業大学第一高等学校・中等部
〒156-0053 東京都世田谷区桜3丁目33番1号
TEL:03(3425)4481(代) FAX:03(3420)7199
https://www.nodai-1-h.ed.jp/

9/22(日)・23(祝) 輝緑祭(きりょくさい)(文化祭)

新校長、新副校長就任！

新体制のもと学園のグローバリゼーションを加速させ、多様性を支援するシステムと危機管理対策のさらなる充実に取り組んでいきます。

桐光学園は、２０２８年に高校創立５０周年を迎えます。さらなるＳＴＥＰに向けて、「進化を続ける桐光学園」にぜひご期待下さい。

TOKO GAKUEN

Junior High School
Senior High School

毎年多数の進学者を難関大学に輩出し、進化し続ける充実の学習指導体制

●週６日制　●男女別学のクラス編成(学級担任２人制)　●希望進路に応じたコース編成(選抜クラスも設置)
●基礎学力を定着させるフォローアップ・プログラム　●中学から高校へ、学年教員持ち上がりの一貫教育

多くの出会いと質の高い学習効果を支える多様で豊かな教育環境

●広大なキャンパスと豊かな自然環境　●大学教授を招いて実施する「大学訪問授業」(書籍出版もあります)
●年間６００講座を超える講習制度　●国際理解を促す多彩な研修・留学プログラム
●全国レベルで活躍する多種多様なクラブ活動(運動部２０種、文化部３１種)

桐光学園 中学校 高等学校

〒215-8555 川崎市麻生区栗木3-12-1
TEL. 044-987-0519

小田急多摩線栗平駅より徒歩約12分

2024年度 中学校 学校説明会日程(web予約制)

第1回 **6/23(日)**　第4回 **10/5(土)**
第2回 **7/14(日)**　第5回 **11/9(土)**
第3回 **9/15(日)**　第6回 **12/22(日)**

第3回B入試説明会
(英語資格入試・T&M入試)
10/27(日)

入試問題説明会
12/7(土)～
動画配信予定

※別途、「**校内見学ツアー**」や「**輝緑祭**(文化祭)での**相談コーナー**」等もあります。ぜひ本校ウェブサイトにてご確認ください。

2024年度 中学校 帰国生対象説明会

(web予約制)

学校説明会
8/10(土)

入試問題説明会
11/2(土)～
動画配信予定

2024年 大学入試結果

大学	人数	大学	人数
東京大学	5	早稲田大学	66
京都大学	4	慶應義塾大学	81
東京工業大学	5	上智大学	51
一橋大学	4	東京理科大学	67
北海道大学	2	明治大学	155
東北大学	7	青山学院大学	92
筑波大学	2	立教大学	70
お茶の水女子大学	2	中央大学	105
横浜国立大学	10	法政大学	85
東京都立大学	21	国際基督教大学	2
横浜市立大学	5	津田塾大学	11

その他海外大学含め多数

新宿駅より28分・下北沢駅より20分
― 小田急線快速急行にて、栗平駅まで ―

桐光学園は、地下鉄ブルーライン延伸の早期完成を応援しています。

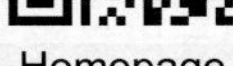

Homepage　Facebook　Instagram

☆指定校推薦枠が東京都立大学・早稲田大学・上智大学等多数あり
☆特待生制度や奨学生制度も充実　☆学校ＰＶ等もウェブサイトにて公開中！

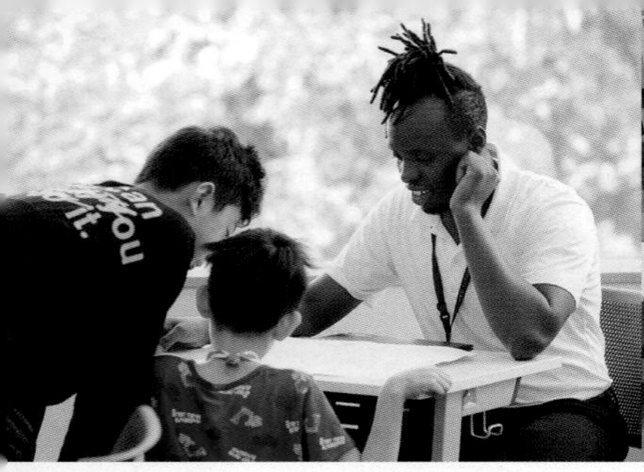

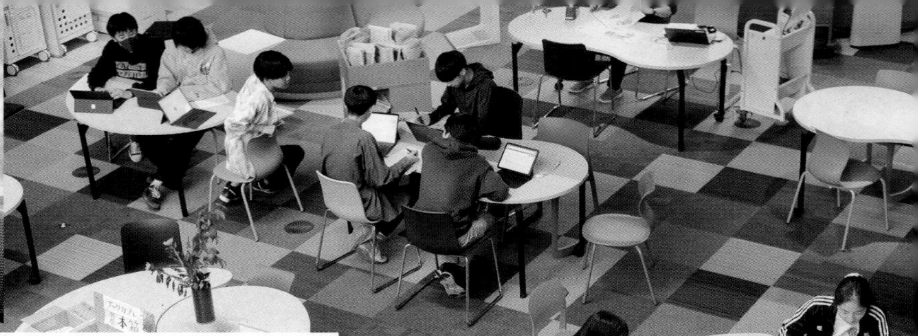

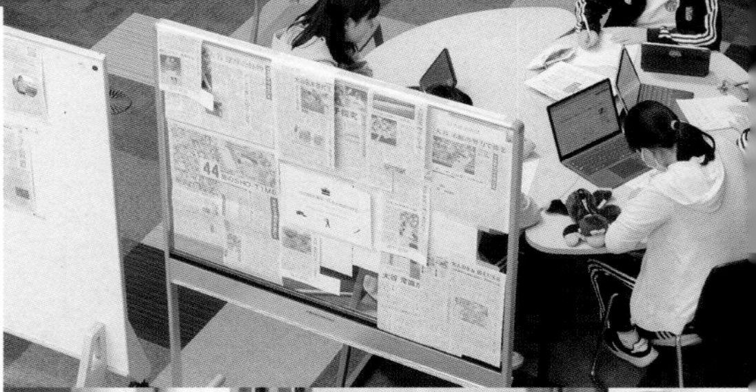

恐れずに進め

自分で選び、自分で判断し、自分で管理する。
失敗や間違いを恐れずに、好奇心に素直になろう。
興味関心のあることをとことん調べ、深く研究し、
新しいことに挑戦し続けよう。
“学ぶ楽しさ”と“創る喜び”。
ドルトン東京学園で、“自由な学び”を謳歌しよう。

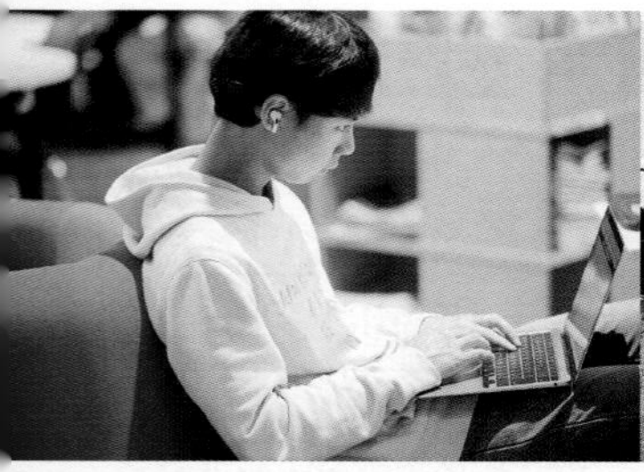

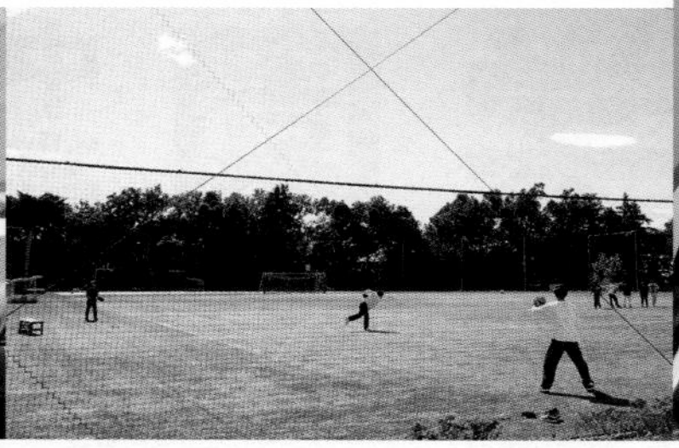

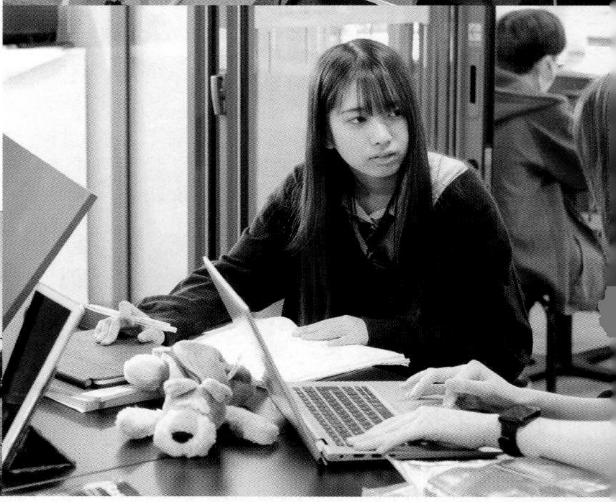

▶ ドルトンプランを実践する生徒たちの活躍 ◀

【内閣府主催】
地方創生☆政策アイデアコンテスト2023
地方創生担当大臣賞受賞

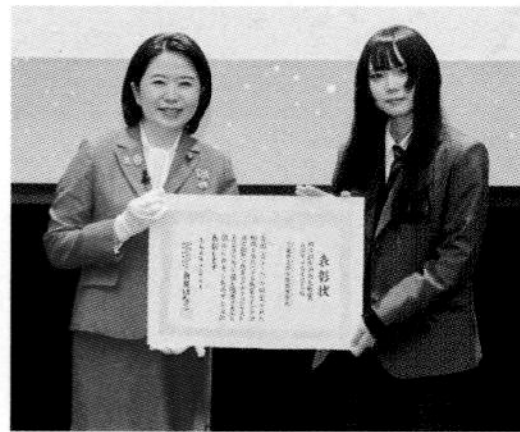

「地域活性化について学びたい」と三重県立昴学園に国内留学。自身の体験から、空き家を利用した「お試し移住」で住みやすさを実感してもらい、人口増につなげるアイデアを提案し、最優秀の地方創生担当大臣賞に輝きました。

全国高等学校英語スピーチコンテスト
文部科学大臣賞・文部科学大臣杯受賞（第1位）

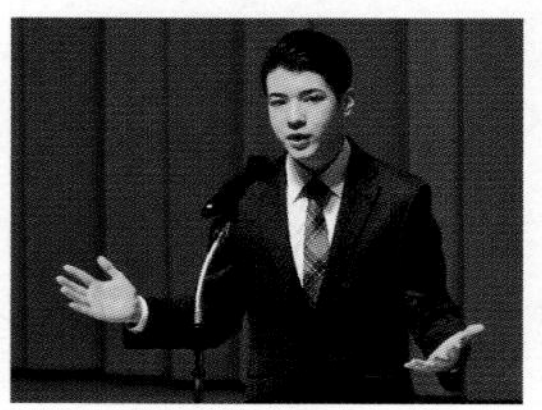

英語圏に1年以上住んだ経験がない高校生を対象にした第1部で、文部科学大臣賞・文部科学大臣杯を受賞しました。スピーチの題名は "Going Off Script." レールや予定から外れる勇気を持つことの大切さを迫力のある流暢な英語で主張し、観客を魅了しました。

民主主義ユースフェスティバル
U25模擬選挙でトップ当選

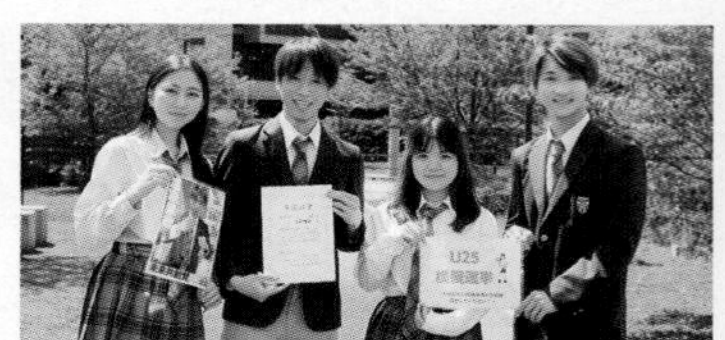

ドルトン東京学園の「未来共創党」は、“進取果敢に突き進め”というスローガンを掲げて模擬選挙イベントに立候補。人々が夢や希望を持てる明るい未来を創造するために、教育改革を進めることを提案し、多くの方々の支持を得てトップ当選を果たしました。

ドルトン東京学園 中等部・高等部
DALTON TOKYO Junior & Senior High School

〒182-0004 東京都調布市入間町2-28-20 TEL:03-5787-7945 https://www.daltontokyo.ed.jp/
◉小田急線『成城学園前駅』西口よりバス利用で約6分 ◉京王線『つつじヶ丘駅』南口よりバス利用で約12分

学校説明会の最新情報は本校ホームページをご確認ください

BE ADVENTUROUS BE DYNAMIC BE YOU

明八

前へ

時代の先を見据えて——
変わる校名。受け継がれる教育。

開校40周年を迎える2024年4月、
本校は「明治大学付属八王子中学・高等学校」へ校名変更しました。
開校以来、八王子・戸吹の広大な自然の中で紡いできた「明八の教育」を大切に、
これからも生徒たちの個性を育み、未来へつなぐ歩みをたゆまず進めていきます。

学校説明会日程 要WEB申込

第1回　6月 8日（土）　第2回　8月24日（土）
第3回　10月26日（土）　第4回　11月16日（土）

オープンスクール（授業見学）日程 要WEB申込

6月8日（土）　10月26日（土）　11月16日（土）

小学校4年生対象 学校見学会 要WEB申込

2025年3月15日（土）

公開行事日程 HPをご確認ください

体育祭　5月29日（木）
文化祭　9月21日（土）・22日（日）

最新の情報は
ホームページで
ご確認ください。

明治大学付属八王子中学校

住所：東京都八王子市戸吹町1,100
電話：042-691-0321

明日をみつめて、
今をひたすらに

Think
&
Share

※日程は状況によって変更になることがあり
ますので、学園のホームページで必ずご確
認ください。

2024年

親子説明会

第1回	5月25日㊏	13：30～15：30頃
	理科の特別授業	
第2回	6月 1日㊏	13：30～15：30頃
	社会の特別授業	
第3回	7月27日㊏	10：00～12：00頃
	算数の特別授業	
第4回	7月27日㊏	13：30～15：30頃
	理科の特別授業	
第5回	7月28日㊐	10：00～12：00頃
	国語の特別授業	
第6回	7月28日㊐	13：30～15：30頃
	算数の特別授業	

※保護者の方には説明会を実施し、お子様に
は別会場で各教科の特別授業を行います。
実施する授業の教科は予定ですので、変更
する場合があります。保護者の方だけの参
加も歓迎いたします。

6年生対象入試説明会

第1回	9月22日㊐	10：00～12：00
第2回	9月22日㊐	13：30～15：30
第3回	10月20日㊐	10：00～12：00
第4回	11月10日㊐	13：30～15：30
第5回	12月 8日㊐	10：00～12：00

5年生以下対象学校説明会

第1回	10月20日㊐	13：30～15：30
第2回	11月10日㊐	10：00～12：00
第3回	12月 8日㊐	13：30～15：30

※事前の申し込みが必要です。
詳細は学園のホームページをご覧ください。
※説明会終了後 ご希望の方には施設見学があります。

オープンキャンパス

6月22日土　10：00～15：00

獅子児祭（学園祭）

9月15日日 16日月祝　9：00～16：00

世田谷学園 中学校 高等学校

〒154-0005 東京都世田谷区三宿一丁目16番31号
TEL (03) 3411-8661　FAX (03) 3487-9113

2024年度 大学入試合格結果 ※卒業生117名(33期生)
東京大学7名 [現役5名、理科三類1名、文科一類2名]
京都大学3名 [現役3名]
国公立医学部医学科40名 [現役31名]
一橋大学5名 [現役5名] 大阪大学4名 [現役3名]
名古屋大学1名 [現役1名] 東北大学8名 [現役7名]
北海道大学15名 [現役12名] 神戸大学1名
札幌医科大学15名 [現役9名]
旭川医科大学3名 [現役3名] 他多数合格
今春、東京大学 7名(現役5名)
京都大学 3名(現役3名)合格
医学部医学科 63名
(国公立40名、現役37名)合格
難関国立10大学 44名
(現役36名)合格
今年も、東京大学・医学部医学科
合格に強い北嶺を証明
目は高く足は大地に
めざすなら高い嶺
北嶺
2024-2025
HOKUREI JUNIOR-SENIOR HIGH SCHOOL
COLD
AED
2024年 オープンスクール・学校説明会のご案内
オープンスクール
第1回 8/24 土 北嶺中・高等学校 第2回 10/12 土 北嶺中・高等学校
※時間や内容はHPにてお知らせします。
学校説明会
北海道地区 札幌会場 第1回 4/14 日 10:00~11:30 TKP札幌駅カンファレンスセンター
第2回 6/29 土 10:00~12:00 TKP札幌駅カンファレンスセンター ※オンライン説明会同時開催
函館会場 7/27 土 13:00~15:00 ホテルリソル函館
旭川会場 8/3 土 13:00~15:00 ホテルルートインGrand旭川駅前
帯広会場 8/4 日 10:00~12:00 ホテルグランテラス帯広
東北地区 仙台会場 9/28 土 14:00~16:00 TKPガーデンシティPREMIUM仙台西口
関東地区 横浜会場 第1回 8/3 土 13:00~15:00 TKPガーデンシティ横浜
第2回 11/30 土 13:00~15:00 TKPガーデンシティ横浜
関東地区 東京会場 第1回 8/4 日 10:00~12:00 ベルサール八重洲
第2回 9/29 日 10:00~12:00 ベルサール八重洲
第3回 12/1 日 10:00~12:00 ベルサール八重洲
東海地区 名古屋会場 第1回 8/17 土 14:00~16:00 ウインクあいち
第2回 11/23 土 14:00~16:00 ウインクあいち
近畿地区 大阪会場 第1回 8/18 日 10:00~12:00 カンファレンスルームタ
第2回 11/24 日 10:00~12:00 カンファレンスルームタ
神戸会場 第1回 8/18 日 14:00~16:00 三宮研修センター
第2回 11/24 日 14:00~16:00 三宮研修センター
学校法人 希望学園
北嶺中・高等学校
〒004-0839 札幌市清田区真栄448番地の1 TEL 011-883-4651 https://www.kibou.ac.jp/hokurei/
※説明会の日程が変更となる場合がありますので、最新情報は学校HPにてご確認ください。
学校HP
学校見学会への
最新の
学校情報

世界の人々と共に生きる力を備えた

グローバルリーダーを育成します

RIKKYO

オープンキャンパス

7/15（月・祝）

要予約

生徒による学校説明会

9/15（日）

要予約 【オンライン同時開催】

中学校説明会

① 9：30 ～ 10：30

②11：00 ～ 12：00

詳細や予約方法は、
「中学校 学校説明会・公開行事」
ページをご覧ください。

「学校説明会」アーカイブ配信中

6/2に開催された学校説明会のアーカイブを配信しています。
「中学校　学校説明会・公開行事」ページよりお申し込みください。

立教新座中学校

立教新座公式SNS　LINE / Facebook / Instagram

〒352-8523　埼玉県新座市北野 1-2-25　TEL：048-471-2323　FAX：048-473-0455

互いの価値観を尊重し、
一人ひとりの個性と自主性が発揮される校風
VERITAS
SEVERVS TIBI ALIIS FACILIS ESTO
2024年度学校説明会等公開行事

実施回	形式	実施日時	対象学年	定員
オープンキャンパス		6/22(土)14:00〜17:30	3〜6年生	＊
第3回 学校説明会	(1)ライブ配信	9/11(水)11:00〜12:30	全学年	950名
	(2)校内実施	9/14(土)10:30〜12:30	6年生	350名
吉祥祭		9/28(土) 9/29(日) 9:00〜16:00	全学年	＊
第4回 学校説明会	(1)校内実施	10/16(水)10:30〜12:30	6年生	350名
	(2)校内実施	10/19(土)10:30〜12:30	5年生以下	350名
第5回 学校説明会	(1)校内実施	11/9(土)10:30〜12:30	6年生	350名
	(2)校内実施	11/13(水)10:30〜12:30	5年生以下	350名
	(3)ライブ配信	11/20(水)11:00〜12:30	全学年	950名
第6回 学校説明会 (入試会場見学会)	(1)校内実施	12/14(土) 9:50〜10:20	6年生	350名
	(2)校内実施	12/14(土) 11:10〜11:40	6年生	350名
	(3)校内実施	12/14(土) 12:30〜13:00	6年生	350名

＊オープンキャンパス・吉祥祭のプログラムや予約方法等は、時期が近づきましたら本校ホームページで発表します。
※すべての学校説明会等の公開行事は、オンライン上で事前の予約が必要となります。原則的には実施日の3週間前の昼12:00より予約受付を開始いたします。
※校内実施の学校説明会では、開会の20分程度前から入場いただいている間に「学校紹介の動画」を放映します。ご視聴を希望される方は、開会の20分程度前にご来場ください。
※校内実施の学校説明会では、吉祥ホール内でご来場順に前から詰めてお座りいただきます。ご来場順があとの方では、ホール後方等に設置する補助席をご使用いただく形となります。ご了承ください。
※入試会場見学会では、入試当日に向けた具体的な流れや入試当日の注意事項等の説明の後、入試会場として使用する普通教室内を自由に見学いただくことができます。
※上記の日程や内容は変更することがあります。最新の情報や実施時間帯、予約方法は、本校のホームページでご確認ください。

2025年度 入試概要

	第1回	第2回
募集人数	134名	100名
試験日	2/1(土)	2/2(日)
試験科目	国語・算数・社会・理科	

https://www.kichijo-joshi.jp/
吉祥女子中学・高等学校
〒180-0002 東京都武蔵野市吉祥寺東町 4-12-20
■JR 中央線・総武線・地下鉄東西線直通 西荻窪 下車、徒歩8分
■西武新宿線 上石神井から「西荻窪駅」行きバスにて15分 地蔵坂上バス停下車、徒歩8分

十文字で見つけた
自分の色を使って
想像以上の未来を描こう

Event　WEB予約をお願いします

オープンスクール	入試体験会	桐輝祭（体育祭）	十文字祭（文化祭）
7/14（日）　9/8（日）	11/10（日）　12/15（日）	6/24（月）　東京体育館	9/21・22（土・日）

説明会

4/20（土）　5/25（土）　6/22（土）　8/24（土）　9/28（土）　10/18（金）イブニング　10/26（土）　11/10（日）6年生対象
11/20（水）イブニング　11/30（土）　12/15（日）6年生対象　1/11（土）6年生対象　1/11（土）5年生以下対象

理科探究・社会科探究	個別相談会	十文字探究DAY	生徒企画見学会
8/3（土）	12/25（水）	1/18（土）	6/8（土）　10/12（土）　2/22（土）

個別の学校見学・相談は随時受け付けております。本校のホームページよりお申し込みください。

Instagram
https://www.instagram.com/jumonji_ck/

ACCESS MAP

JR山手線
❶大塚駅 北口 ………… 徒歩約5分
❷巣鴨駅 正面口 ………… 徒歩約5分

地下鉄都営三田線
❸巣鴨駅 A2出口 ………… 徒歩約5分

都電荒川線
❹大塚駅前 ………… 徒歩約5分

学校法人 十文字学園
十文字中学・高等学校

〒170-0004
東京都豊島区北大塚1-10-33

TEL:03(3918)0511
FAX:03(3576)8428

入試に関するお問い合わせはこちら
TEL:03(3918)3977
入試広報部直通

Aoyama Gakuin
Yokohama Eiwa
Junior & Senior High School

心を清め 人に仕えよ
Purify your heart and serve others

星のように輝く！

Shine like stars

学校説明会

9.21（土）
10:00～11:30／14:00～15:30

10.26（土）
10:00～11:30／14:00～15:30

11.23（土）
10:00～11:30（6年生対象）／
14:00～15:30

キャンパス見学会

7.6（土）＊5・6年生対象　10:00～11:30／13:30～15:00

WEBでの予約が必要です。詳しくはHPをご覧ください。
状況によっては、中止となる場合があります。詳細はHPで確認をお願いします。

学校法人 横浜英和学院
青山学院横浜英和
中学高等学校

〒232-8580 横浜市南区蒔田町124番地
中学校…Tel.045-731-2862　高等学校…Tel.045-731-2861
中学高等学校…Fax.045-721-5340
https://www.yokohama-eiwa.ac.jp/chukou/

2024年度 上野学園中学校 学校説明会

探究学習を柱に
「自覚」を育成する教育

ご予約はこちら

本校WEBサイトよりお申し込みいただけます

上野学園中学校 検索

https://www.uenogakuen.ed.jp/ QRコード >>>

音楽コースの説明会をご希望の方は、
ホームページをご覧ください。

4.13 土	10:00~12:00	入試結果分析 個別相談 授業見学
5.11 土	10:00~12:00	個別相談 施設見学
5.18 土	10:00~12:00	個別相談 施設見学
6.15 土	14:00~16:00	個別相談 施設見学
7.13 土	14:00~16:00	個別相談 体験授業
8.24 土	14:00~15:30	初めて来校する方対象
9.21.22 土 日	9:00~15:00	桜鏡祭
10.26 土	14:00~16:00	入試の傾向と対策 個別相談 学校見学
12.7 土	10:00~12:00	個別相談 授業見学
1.11 土	10:00~12:00	個別相談 授業見学

入試体験

11.9 土	14:00~16:30	2科入試体験 問題解説 個別相談
12.14 土	14:00~16:30	2科 問題解説 個別相談
1.11 土	14:00~16:30	適性 問題解説 個別相談

国際コース 学校説明会

コース説明 個別相談 体験レッスン

日程	時間	備考
5.25 土	14:00~16:30	
6.29 土	14:00~16:30	
7.27 土	14:00~16:30	
9.28 土	14:00~16:30	
10.26 土	14:00~16:30	+ 入試体験含
11.30 土	14:00~16:30	+ 入試体験含
12.21 土	14:00~16:30	+ 入試体験含
1.25 土	14:00~16:30	入試体験のみ開催します

公式SNS >>

上野学園野学園 中学校・高等学校入試広報室

上野学園野学園 中学校・高等学校国際コース

uenogakuen_jhs_hs_official

上野学園中学校

●普通コース ●音楽コース
●国際コース

〒110-8642 東京都台東区東上野4-24-12 TEL 03-3847-2201（代表）
https://www.uenogakuen.ed.jp/ >>>

探究型教育を実践する

開智中学校 中高一貫部

主体的に学ぶ力を磨く 1年生～5年生

1年

自然そのものから疑問を持って学ぶ体験をすることから、探究する力の育成はスタートします。測定器具を用いて「はかる」ことで、観察だけでは気づかないことも発見します。

磯のフィールドワーク

2年

森のフィールドワーク

森では動く生物に遭遇しにくいので、注意深く観察することによって、より充実した疑問を発見し、仮説・検証へと進みます。「はかる」ことに加えて、「比べる」という視点にも重点を置いて、探究を進めます。

3年

関西圏で人文・社会科学的分野におけるフィールドワークの手法をグループ活動で学びます。考え方の異なる班員が話し合うことで、一つのテーマから仮説がふくらみます。試行錯誤のプロセスを経て知的好奇心を磨きます。

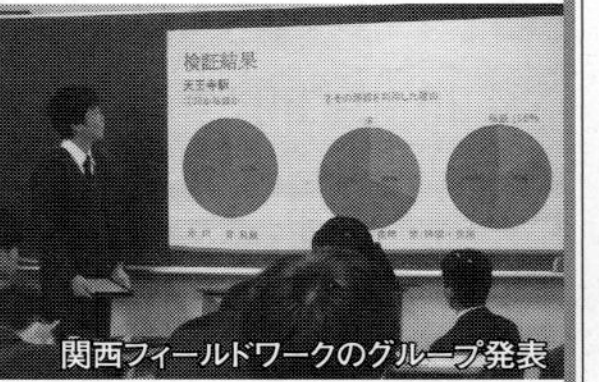

関西フィールドワークのグループ発表

4年

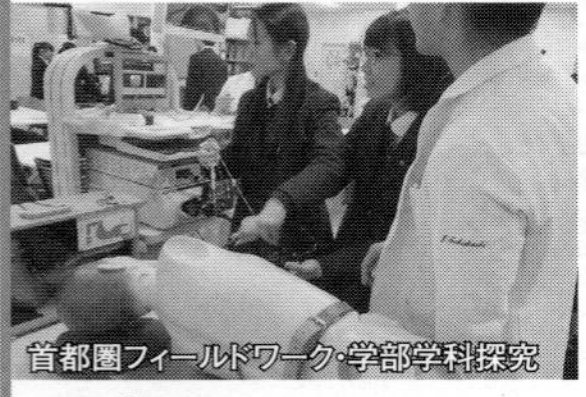
首都圏フィールドワーク・学部学科探究

各自の探究テーマに基づいて、訪問先を考えアポイントメントを取りフィールドワークを行います。学部学科探究では希望する首都圏の大学や研究所を訪問します。

5年

現地の大学院生・社会人を交えて個人の探究テーマについて全員が英語で発表します。ディスカッションなどを通じて英語での思考力とコミュニケーション力が育ちます。

英国フィールドワーク

未来を拓く力を磨く 5年生10月～6年生

5年の秋から6年

放課後は授業と連携し、徹底した指導体制のもと大学入試対策講座を実施。また、互いに学びあうことで理解を深めます。

春／夏／冬期の講習では、志望大学を視野に合格力を高める教育システムで一人ひとりをフォロー。予備校いらずの教育を実践。

卒業生からのメッセージ

小笠原　悠人
(東京大学 理科一類進学)

僕は中学では友人に誘われてクイズ研究会に所属し、クイズに打ち込んでいました。高校に上がってからは数学に興味を持つようになり、数学好きな友人と共に数学の問題を考えたり数学オリンピックに向けて勉強したりしていました。様々な分野に秀でた個性的な友人や先輩・後輩に恵まれ、とても刺激的な６年間を過ごすことができました。

勉強面では、放課後の特別講座をうまく活用して受験勉強を進めることができました。質の高い内容を教わる分復習が大変でしたが、学校の自習室などを利用して勉強を続けた結果、無事に第一志望の大学に合格することができました。振り返ってみると、周りの友人や開智での学習環境なしには合格を得ることができなかったと感じます。

高雄　桜子
(東京大学 文科一類進学)

私は五年間バスケ部に所属していました。部の友人と一緒に汗を流し、休憩時間や帰り道に他愛もない話で盛り上がったことは忘れられません。強豪校と当たった試合で見たことのないような点差で負けてしまったのも、今となってはもはや良い思い出です。また体育祭では応援団のＴシャツ・旗のデザインや作成を、開智発表会ではクラス企画のお化け屋敷で内装・外装を担当しました。これらは楽しい思い出となっただけでなく、一つのものを作り上げることの楽しさを学ぶきっかけにもなりました。

受験では、先生方の丁寧で親身な指導が支えになりました。自分に合った勉強方法がわからず、先生に相談した時には的確なアドバイスを頂きました し、記述問題を解いて提出した時には丁寧な添削をして頂きました。第一志望合格へ導いてくれたこと、感謝しています。

工学院大学附属中学校・高等学校

ICT × Cambridge English School[*1] × Round Square[*2]

ICTスキルと世界標準の英語習得スキームで育む新しいグローバルマインド

学校説明会

6/29(土)・9/7(土)・10/12(土)・11/23(土)

オンライン学校説明会 5/18(土)
授業見学会・入試講演会 6/8(土)
夏休み 自由研究教室7/28(日)
入試予想問題体験会 11/23(土)
クリスマス学校説明会 12/21(土)
入試対策説明会 1/11(土)
オンライン入試直前学校説明会 1/25(土)

個性を伸ばす2コース制（中学校）
先進クラス・インターナショナルクラス

5つの主要駅からスク—ルバスを配車しています

八王子駅・京王八王子駅
拝島駅・南大沢駅
新宿駅西口

＊1：Cambridge English School/Cambridge国際の認定校です　＊2：世界50ヵ国200校以上からなる国際的な私立学校連盟に加盟しています

変わらぬ『伝統』と進化する『改革』

仏教を心の教育の基盤とし、最先端の STEAM 教育 ×ICT× グローバル教育を実施

【中学説明会】※約１か月前よりHPにて申し込み開始

① 5/11(土)　13：15～／15：15～
② 6/22(土)　13：15～／15：15～
③ 7/13(土)　10：00～／13：00～
④ 8/3（土）　9：30～／13：30～
★ 9/8（日）　10：00～／14：00～　【クラブ体験会】
⑤ 10/19(土)　14：00～
⑥ 11/16(土)　14：00～
⑦ 12/22(日)　10：00～／14：00～
⑧ 1/19(日)　10：00～

KOMAGOMEGAKUEN
Instagram でも情報を発信中！

学校法人駒込学園
駒込中学校
〒113-0022　東京都文京区千駄木 5-6-25
TEL:03-3828-4141　FAX:03-3822-6833
アクセス：千代田線『千駄木駅』７分・南北線『本駒込駅』５分・三田線『白山駅』７分

探究から研究へ、そして未来を創る人になる

2026年度より「学校法人北里研究所」(北里大学)の付属校となる予定です。

―― 3つの資質・能力を形成する特色教育　①進学教育 ②国際教育 ③福祉教育 ――

〈順天オリジナルプログラム〉
創造的学力・国際対話力・人間関係力を高める教科教育

英語・数学は単元ごと小テスト・ノート提出等の主体的なサポート学習で習得を目指す。
東京グローバルゲートウェイでの英語体験学習

国語は百人一首大会等で競いながら学べるイベントの実施

理科・社会の探究宿泊学習(成果発表)
中1…富士山と田貫湖周辺の自然探究学習
中2…京都・奈良の歴史探究学習
中3…沖縄の平和学習・民泊・外来植物の除去体験・マリンスポーツ

統合学習(音楽・美術・体育・技術家庭科・道徳)実技科目と福祉教育がリンク

PCを全員に貸与(オンライン環境が整っている)

ボランティア活動(学期に1回を目標に毎月紹介されるプログラムから主体的に選択)

自由参加型ニュージーランド短期留学(中３夏期休業中)

高校の類型制進学教育(理数選抜クラス・英語選抜クラス・特進選抜クラス・一貫選抜クラスがある)

2023年度 進学実績

東大をはじめ国公立・難関私大(早慶上理　GMARCH)(医・歯・薬)系大に53%が実進学

学校説明会【要予約】

7月27日(土)　8月24日(土)　10月5日(土)　11月9日(土)　12月14日(土)

詳細、オープンスクールについてはホームページでご確認ください。

〒114-0022　東京都北区王子本町1-17-13　TEL:03-3908-2966　https://www.junten.ed.jp/

きみは希望の種だから
青稜中学校·高等学校
2024－2025
駅近
大井町駅より7分
読解力育成
1人1台タブレット
勉強だけじゃつまらない
自然体験
全力部活
中学ゼミ開講
ジャングル化された生物室
CHANGE
変化を恐れず、
挑戦を楽しみ、
誰かを想う。
CHALLENGE
CONTRIBUTION
中学卒業論文
希望進路
挑戦は正義
SNSにて青稜情報発信中
自分で考え
自分で決める
ART THINKING
下神明駅より1分
SDGs
企業協同プロジェクト
200の自習ブース
豊富な海外留学制度

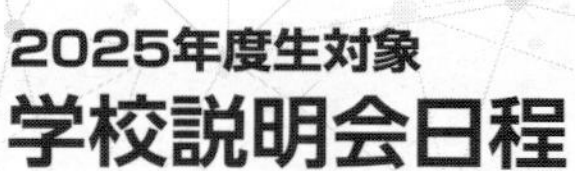

学校説明会 要予約

回	日程	時間	対象
第1回	6月 15日㊏	15:00～ ｜ 15:30～	6年生
第2回	7月 14日㊐	10:00～ ｜ 10:30～	全学年
第3回	9月 7日㊏	15:00～ ｜ 15:30～	6年生
第4回	10月 14日㊗	10:00～	6年生
第5回	11月 16日㊏	15:00～	6年生
第6回	12月 1日㊐	10:00～ ｜ 10:30～	6年生
第7回	1月 11日㊏	15:00～ ｜ 15:30～	全学年
第8回	3月 16日㊐	10:00～ ｜ 10:30～	5年生

見学会 要予約

回	日程	時間	対象
第1回	6月 22日㊏	10:00～	全学年
第2回	7月 27日㊏	10:00～	6年生
第3回	8月 3日㊏	10:00～	全学年
第4回	10月 5日㊏	10:00～	6年生
第5回	11月 9日㊏	10:00～	6年生

AL入試ガイダンス 要予約

12月 22日㊐ 10:00～ 全学年

※全て予約制となります。本校ホームページより、1カ月前より予約を開始いたします。
※駐車場は学校側ではご用意しておりません。
※上履きは必要ありません。

東京都市大学
等々力中学校・高等学校

TOKYO CITY UNIVERSITY
TODOROKI JUNIOR AND SENIOR HIGH SCHOOL

〒158-0082 東京都世田谷区等々力 8-10-1 TEL 03-5962-0104 FAX 03-3701-2197

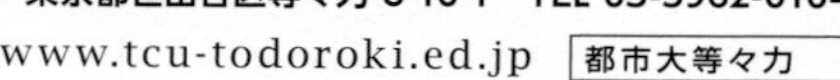

本当の教養を身に付けた際人を育成する

哲学教育

自問自答する力を養い、自己と社会を変革する力を身に付ける

国際教育

English Camp、カナダ修学旅行など生きた英語力を培う実践教育を重視

理数教育

東洋大学との連携教育「未来の科学者育成プロジェクト」を実践

充実自習室

150席の自習室の他、スタディデッキなど自習スペースが充実

学校説明会（要予約:HPより）

6月 1日(土) 7月 6日(土)
7月27日(土) 8月31日(土)
10月12日(土) 11月 9日(土)
12月14日(土)

オープンスクール（要予約:HPより）

7月20日(土) 8月24日(土)

入試問題対策会（要予約:HPより）

12月21日(土) ※動画配信

※開催時間は本校HPにてお知らせいたします。

順天堂大学

×

理数インター

仙学園中学校・高等学校
共学部理数インター
N GAKUEN JUNIOR & SENIOR HIGH SCHOOL

=

学校法人宝仙学園

順天堂大学 系属 理数インター 中学校・高等学校

025年4月

医学部進学コース（仮称）新設！

学校HPはこちら

学校法人順天堂と学校法人宝仙学園は教育連携を強化し、教育振興を図るため、系属校に係る協定書を締結しました。学校法人はそれぞれ現状のままとして、宝仙学園の中学校・高等学校（共学部）は順天堂大学の系属校となります。

公式LINE

次世代のグローバルリーダーを育てます

Perfect Harmony of Tradition & Innovation

ラウンドスクエア加盟校

ラウンドスクエアは世界50カ国の私学230校が所属している国際私立学校連盟です。
本校は2018年5月にグローバルメンバー校として日本で2校目の認定を受けました。加盟校同士は自由に交流することで、異文化との体験を通したグローバル教育を行います。

LINE登録していただくと
説明会情報などを
受信することができます！

〒152-0023 目黒区八雲2-14-1　TEL:03-3717-1196　https://www.yakumo.ac.jp　東急東横線「都立大学」駅 徒歩

麗澤の学びは、世界（セカイ）が教室。

Information 2024

すべて予約制です。
本校ホームページよりお申し込みください。

● 学校見学会
6.15（土） 9:30～11:00

● オープンキャンパス
7.14（日） 9:30～11:30
2025 3.20（木・祝） 9:30～11:30
学校紹介プログラムのほか授業体験を予定

● 学校説明会
8.10（土） 10:00～11:00
9.22（日） 10:00～11:00

● 入試説明会 （「全体説明会」・「小6対象プログラム」）
10.13（日） 10:00～11:30
10.19（土） 14:30～16:00
11.17（日） 10:00～11:30

● ミニ入試説明会
12.15（日） 10:00～11:00

● 部活動見学・体験会
6.15（土） 14:30～16:00
9.14（土） 14:30～16:00
10.12（土） 14:30～16:00
2025 2.15（土） 14:30～16:00

● 麗鳳祭（文化祭）
9.5（木） 文化発表会
9.7（土） 展示会
※個別相談会を実施

予定が変更になる場合は、ホームページにてお知らせいたします。

公式 website

公式 YouTube

公式 Instagram

〒277-8686 千葉県柏市光ヶ丘2-1-1　TEL：04-7173-3700
JR常磐線「南柏駅」よりバス約3～5分「麗澤幼稚園　麗澤中高前」下車　※登下校の時間帯には直行便のバスが運行しています

ここは
成長の場だ

『生徒の人生が豊かなものになって欲しい』
これが城北の願いです

先の見えない今の時代
成長し続けることが求められています

成長するために何が大切になるのか

仲間と共に主体的に学び 教え合い 高め合う
これを城北では大切にしています

教えることは自分を大きく成長させてくれ
その上 仲間の役に立つことができています
自分の力で仲間を人生を豊かにするということです

さらに 勉強もクラブ活動も行事も のめり込む
「進学校なのに クラブ活動こんなに一生懸命なの！？」
と 驚かれたりするぐらいです
でも本気でやったからこそ見ることができる世界があります
成長するコツをどこで掴むかも人によって違います
だから いつも のめり込むように

そして 忘れてはいけないのは
楽しみながらのめり込むこと
これには 仲間の存在が大きい

仲間がいるから頑張れること
仲間がいたから想像以上に楽しかったこと
あると思います
仲間と教え合い 高め合うことは
成長し続ける上で大切なことだと思います

仲間とともに
城北で大きく成長し
成長し続けるコツも掴んで
人生を豊かなものにして欲しい
と願っています

中学受験生対象イベント

学校説明会
6/15・6/29・7/6・7/24
8/24・9/14・10/12・11/2
など 年間通じて多数開催予定

校舎見学ツアー
6/22・7/20・7/27・8/3
8/25・9/7・9/14・10/12
など 年間を通じて多数開催予定

文化祭
9/28・9/29

入試説明会
11/23・11/24

※クラブ体験や見学、体験授業などのイベントは決まり次第HPで公開します
※イベント予定の変更の可能性もございますので詳細はHPでご確認ください

学校法人 城北学園
城北中学校・高等学校
東京都板橋区東新町2-28-1
TEL 03-3956-3157

東武東上線 上板橋駅 徒歩10分
東京メトロ 副都心線・有楽町線 小竹向原駅 徒歩20分

受験生イベント

お知らせ

2025年度入学者選抜より募集人員を変更（増員）いたします。

2024年度まで	240名	6クラス	（第1回入試 約160名／第2回入試 約80名）
2025年度より	270名	7クラス	（第1回入試 約180名／第2回入試 約90名）

明治大学付属唯一の男子校

明治大学への推薦率約8割

○文化祭（桜山祭 文化の部）

9月21日（土）13:00～16:00

22日（日） 9:00～15:30

○学校説明会

10月14日（月･祝） 9:30～／14:00～

11月24日（日） 9:30～／14:00～

○オープンスクール

10月 5 日（土） 8:45～11:35

※学校説明会･オープンスクールはすべて予約制です。詳細は必ず学校HPをご確認ください。

併設校/明治大学付属中野高等学校

1929年創立 **明治大学付属中野中学校**

〒164-0003 東京都中野区東中野3-3-4 TEL03-3362-8704

Access JR中央･総武線「東中野駅」から徒歩5分 都営地下鉄大江戸線「東中野駅」から徒歩5分 東京メトロ東西線「落合駅」から徒歩10

ink to the Future

誰もがセルフリーダーシップを発揮し、
自分らしい物語を紡げる学校

学校説明会・イベント日程

学校説明会

22(土)・10/12(土)
/16(土)・3/22(土)

入試説明会

/7(土)・12/15(日)・1/11(土)

オープンキャンパス

21(日)

白亜祭(文化祭)

14(土)・15(日)

理科体験授業

9(金)・1/11(土)

入試体験

/7(土)適性検査型
/15(日)国算2科型

上記以外にも各種イベントがあります。
詳細や最新の情報は公式サイトでご確認ください。

ALL ABOUT KYORITSU2

母体の共立女子学園は 138 年の歴史の女子教育の伝統校
抜群の自然環境、大学レベルの充実した施設群
多様な学びに対応する高校4コース制
〔特別進学・総合進学・共立進学・英語の4コース〕
英語は4技能統合型授業を導入、研修プログラムも多数
現役進学率約 99%、大学付属ならではの安心の進学制度
入学金や授業料等相当額を給付する充実の奨学金制度

共立女子第二中学校

無料スクールバス運行　八王子駅・高尾駅・みなみ野ルート

ホームページ

〒193-8666　東京都八王子市元八王子町1-710
代表TEL：042-661-9952
https://www.kyoritsu-wu.ac.jp/nichukou/
問合せEmail：k2kouhou@kyoritsu-wu.ac.jp

Keisen 2024

Keisen Jogakuen Junior & Senior High School

世界に目を向け、平和を実現するために

自ら考え、発信する力を養う

説明会・行事

学校説明会

［第2回］ 7月 6日（土）
10:00～12:00
14:00～16:00

［第3回］ 9月 7日（土）
10:00～12:00

［第4回］ 10月 12日（土）
10:00～12:00

［第5回］ 12月 7日（土）
10:00～12:00

授業見学会

9月（予定）
10:00～12:30

入試説明会

［第1回］ 11月 23日（土・祝）
10:30～12:00
14:00～15:30

［第2回］ 2025年
1月 9日（木）
10:00～11:30

恵泉デー（文化祭）

11月4日（月・休）
9:00～16:00

クリスマス礼拝

12月19日（木）
13:00～14:30

※ すべて予約制。日時や内容が変更になる場合があります。本校ウェブサイトで必ずご確認ください。

NOBLESSE OBLIGE

人のために人と共に生きる“光り輝く華”を育てる

2024 Schedule

学校説明会

第2回 6/1(土) 14:30～　第3回 7/6(土) 14:30～

第4回 2025 1/11(土) 14:30～　第5回 2025 3/1(土) 14:30～

学校見学会

第1回 7/22(月) 14:00～　第2回 12/21(土) 10:00～

第3回 2025 3/28(金) 10:00～

入試説明会

第1回 10/19(土) 14:15～　第2回 10/21(月) 9:30～

第3回 12/7(土) 14:15～

オープンスクール

第1回 11/9(土) 14:10～　第2回 11/16(土) 14:10～

文化祭

9/14(土)・9/15(日)

授業公開

6/29(土) 9:20～

授業授業

8/31(土) 14:00～

※本校ホームページより、事前にイベント申し込みをお願いいたします。　※諸般の事情により、各種行事の日程変更および開催が中止となる場合もございます。詳しくは学校ホームページでご確認ください。

学校法人 晃華学園

晃華学園中学校高等学校（女子）

https://jhs.kokagakuen.ac.jp

こうかがくえん

TEL:042·482·8952　FAX:042·483·1731　〒182-8550 東京都調布市佐須町5-28-1

●スクールバス…京王線国領駅、JR中央線武蔵境駅より正門直行　●路線バス…京王線つつじヶ丘駅/調布駅、JR中央線総武線三鷹駅より　●自転車通学も可能です

Remember your Creator in the days of your youth.

— コヘレトの言葉12章1節 —

あなたの若い日に、あなたの造り主を覚えよ

● 2025年度 中等科入試概要

	第1回	第2回
募集人員	100名(女子)	60名(女子)
試験日	2月1日(土)午前	2月2日(日)午後
試験科目	4教科	2教科
合格発表	2月1日(土)	2月3日(月)

2月1日、2月2日 両日とも面接はありません

学校説明会

9月14日(土)　14:30～

【保護者対象】本校の教育についてお話しいたします。

【児童対象】校内案内を行います。

入試説明会

12月14日(土)　10:00～／13:00～

【小6対象】入試直前説明会

公開行事

(文化祭)

10月5日(土)・6日(日)

9:00～16:00　9:00～15:00

11月23日(土・祝)

10:00～15:00

事情により実施内容を変更する場合がございます。事前にHPにてご確認下さい。

St.Hilda's School

香蘭女学校

中等科・高等科

立教大学系属

〒142-0064 東京都品川区旗の台6-22-21

Tel. 03-3786-1136

●交通／東急大井町線・池上線、旗の台駅下車徒歩5分

https://www.koran.ed.jp

『愛ある人』として
その先の世界へ
踏み出す力を——

Shonan
Shirayuri
Junior & Senior High School
2024

説明会＆公開行事 要予約

詳細・実施状況については
ホームページをご確認ください。

■オープンスクール
6/8(土)・10/26(土)

■学校見学会
6/13(木)・7/13(土)・9/6(金)・10/5(土)

■聖ポーロ祭(文化祭)
9/14(土)・9/15(日)

■入試説明会
11/16(土)

■入試直前説明会
12/7(土) ＊6年生限定

2025年度入試要項

入試日程	入試種別
12/14（土）	帰国生入試（対面・海外からはオンラ
2/1（土）PM	算数1科入試・国語1科入試
2/2（日）AM	4教科入試・英語資格入試

詳しくは募集要項、ホームページにてご確認ください。

湘南白百合学園中学・高等学校

〒251-0034 神奈川県藤沢市片瀬目白山4-1
TEL.0466-27-6211（代）
https://chukou.shonan-shirayuri.ac.jp/

本校webサイト
『イベント予約』より
お願いいたします

●JR東海道線『藤沢駅』・小田急線『藤沢駅』下車 → 江ノ電バス13分「片瀬山入口」降車 → 徒歩3分 ●湘南モノレール『片瀬山駅』下車 → 徒歩7分 ●江ノ島電鉄『江ノ島駅』下車 → 徒歩15分

田園調布学園 中等部・高等部

豊かな人生を歩める人になるために

建学の精神「捨我精進」のもと、探究、教科横断型授業、土曜プログラム、行事、
クラブ活動など体験を重視した教育活動を展開しています。生徒が学内での活動にとどまらず、
外の世界へも積極的に踏み出していくよう後押しします。

2024年度 学校説明会
於 本校講堂

7月 6日(土)10:00～
10月26日(土)13:00～
11月 6日(水)10:30～
12月 7日(土)10:00～
12月11日(水)18:30～

授業体験
7月6日(土)

土曜プログラム見学会
9月7日(土)11月9日(土)

帰国生対象イベント
学校説明会 8月 2日(金)
個別相談会 7月 6日(土) 10月26日(土)

なでしこ祭 9月28日(土) 9月29日(日)

〒158-8512 東京都世田谷区東玉川 2-21-8
TEL.03-3727-6121 FAX.03-3727-2984

https://www.chofu.ed.jp/

新しい取り組みは学園ブログやInstagramにて更新していきます。ぜひご覧ください。

https://www.chofu.ed.jp

FUJIMI

INFORMATION

予約は各回の1カ月前から受け付けます。詳細は本校ホームページをご覧くださ

学校説明会A | 来校型／小6優先／10:30～ web

学校教育全般・進学実績・入試について、校長や教員が説明します。説明会後、校内案内ります。

5月18日(土) | **5月25日**(土) | **6月 8日**(土) | **6月22日**(土)
9月 7日(土) | **10月 5日**(土) | **10月26日**(土) | **11月 9日**(土)
11月30日(土) | **12月 7日**(土)

学校説明会B | ZOOMによるライブ配信／全学年対象／14:00～ web

学校生活のさまざまな場面にスポットライトをあてて、生徒が説明するカジュアルなオン説明会です。入試についての説明はありません。

6月 1日(土) | **10月12日**(土) | **11月16日**(土)

Fujimi Summer School | 小5・6対象 web

夏休み期間を利用して、親子で参加できる模擬授業を行います。

8月 3日(土) | **8月 4日**(日)

芙雪祭 | 入試相談コーナー開設／生徒によるFujimi Toursあり

芙雪祭開催1カ月前に、HP上に特設ページを開設する予定です。

9月28日(土) | **9月29日**(日)

受験生のための事前準備会 | ZOOMによるライブ配信／小6対象／14:00～ web

2025年度入試に特化した内容をZOOMにて説明します。また、23年度の第3回入試問使った解説動画を併せて配信します。

12月14日(土)

受験生のためのなんでも相談会 | ZOOMによるライブ配信／小6対象／14:00～ web

受験前で気になることはチャットで受け付けをし、すべてお答えしていきます。

2025年 1月18日(土)

オープンキャンパス | 来校型／小4・5対象／14:00～ web

第一部は入試結果報告会（保護者）とクラブ体験（小学生）、第二部は生徒による説明会、部は校内自由見学となります。

2025年 2月22日(土)

放課後の個別見学 | 来校型／全学年対象 web予約[

月曜日・火曜日・木曜日・金曜日 **16:00～**
土曜日 **14:00～**

学校法人　山崎学園
富士見中学校高等学校

〒176-0023 東京都練馬区中村北4-8-26
Tel 03-3999-2136　Fax 03-3999-2129
mail@fujimi.ac.jp

中学
入試案内
2025

でてこい、未来のリーダーたち。

四谷大塚 

はじめに

本書を手にされたご家庭は「中学受験」を志され、親子共々目標に向かって努力されていることでしょう。受験に向けての学習を進めていく中では、思うように成績があがらなかったり、計画した通りに進まなかったりと悩みを少なからず経験していきます。親子で衝突してしまうこともあるでしょう。ですから、あらかじめご家庭の教育目標を明確化し、ご家庭で同じ意識を共有しておくことが大切です。

考えてみてください。なぜ「中学受験」を志されたのでしょうか。それはすべて未来を考えての決断だったはずです。ご父母の皆様には、将来こんなふうに成長して欲しい、こんな大人になって欲しいという「想い」があることと思います。子どもたちは将来の「夢」が芽生えはじめている頃かもしれません。その「想い」であり「夢」の実現が最終目標です。

そういった観点で考えると「中学受験」はあくまでも通過点であり「中間目標」となります。ですから、将来の目標達成に向け成長できる環境であること、大きく夢を育める環境であることに主眼を置き、多くの中学校の中から志望校を厳選していくことが何より大切なのです。

活発な子、おとなしい子、しっかり者にやんちゃ坊主…ひとりひとりには個性があります。

中学校も１校として同じ学校はありません。各中学校は、それぞれが独自の建学の精神、教育理念を持ち、特徴のある教育を実践しています。

少子化の流れの中で、高校募集において公立の併願校としての位置づけから脱却を図る私学は「選ばれる」学校となるために積極的に学校改革を行っています。それはカリキュラムの充実であり、大学進学実績の向上に如実に表れています。ご父母の皆様が持たれているイメージとがらりと変わった進学校が多々存在していることに気付かれることでしょう。そして、それは高校募集枠の縮小、停止や中学校の新設といった動きに繋がっていっています。

ここ数年の中学受験における大きな特徴は、学校の絞り込みが加速していることです。学校を厳選する流れが進み、本当に通いたい学校を中心に受験する傾向が強くなっていると言うことができます。

言い換えれば、各ご家庭が熱心に学校研究をし、その教育内容を十分に理解されたうえで、受験に臨んでいることを示すものでもあります。この傾向はこの先も続いていくものと考えられます。

皆様におかれましても、様々な角度から志望校を厳選していることと思います。

首都圏には300校を超える学校があります。本書を手にしたとき、あまりの厚さに驚かれた方もいらっしゃるのではないでしょうか。

本書では、沿革や教育方針、進路や入試状況などをご紹介しています。少しでも学校の姿が伝わるよう、最新のデータに基づき構成、編集いたしました。各学校の沿革からは「私財を投じて…この国の将来を案じて…女子教育の強い必要性を感じて…」といったように教育を通じてこの社会を、そしてこの国を豊かにしたいという強い創立者の信念が伝わってきます。その信念は、現在も各学校の教育理念、教育方針に脈々と受け継がれているのです。

進路や入試状況といった要素も学校選択には無視できないものではありますが、何よりも教育理念や教育方針といった普遍的な要素が、ご家庭の教育方針と同じ方向性であるかどうかを見極めてください。

本書をひとりひとりに合った学校を厳選する基礎資料として、有効にご活用いただければ幸いです。そして、何より、様々な学校を知るきっかけとしてください。

そして、少しでも関心のある学校については、実際に足を運び、皆様自身の目で確かめていただくことが大切です。

本書が憧れの学校との「出会い」に繋がれば幸いです。

「中学受験」を通じて子どもたちひとりひとりが大きく成長され、ひいては「独立自尊の社会・世界に貢献する人財」として飛躍されることを心より願っております。

でてこい、未来のリーダーたち。

四谷大塚

本書の見方

掲載校と掲載順

本書は首都圏のおもな国立・私立中学校、公立中高一貫校、計364校を掲載しています。内訳は、私立校が323校（共学校180校、男子校57校、女子校86校で、桐光学園は男子部と女子部に分けて掲載）、国立校が14校（共学校13校、男子校1校）、公立校27校（共学校26校、男子校1校）です。

掲載校は、原則として四谷大塚の合不合判定テストにおいて、「結果資料集－学校別合否判定表－」の掲載校（『合不合判定校』）と、「結果資料集－学校別合否判定表－」の非掲載校（『合不合参考ライン校』）のうち、首都圏（東京・神奈川・千葉・埼玉・茨城の1都4県など）に在る学校としました。例外として、地方校と、寮のある首都圏（東京）会場入試を実施しているまたは近県の47校も掲載しています。

掲載の順序は、おもな私立中学校（共学校⇒男子校⇒女子校）⇒国公立校、私立中学校その2（共学校⇒男子校⇒女子校）、首都圏（東京）会場入試を実施している地方校（共学校⇒男子校⇒女子校）となっています。各セクションは、各校の正式名称の50音順です。11ページからの目次や、巻末の索引もご利用ください。

さて、四谷大塚では、例年、合不合判定テストを受験されました方を対象として、「入試結果調査」を実施させていただいております。調査にご協力いただきました方の合格データ、不合格データ、進学データ等の一件一件が重要な入試結果の基礎データとなっております。

「結果偏差値」とは、原則として合格データと不合格データがそれぞれ5件以上ある中学校の入試回で設定し、次年度の『合不合判定校』として「結果資料集－学校別合否判定表－」の掲載校となります。合格不合格データが少ない中学校の入試回は当然ながらデータ不足のために「結果偏差値」は設定せず、『合不合参考ライン校』としております。なお、本書の巻末ページに「首都圏中学入試結果偏差値7年間推移」「結果Aライン80偏差値」を掲載しておりますので、ご利用ください。

本　　文

見開き（合不合判定校ページ）左ページ

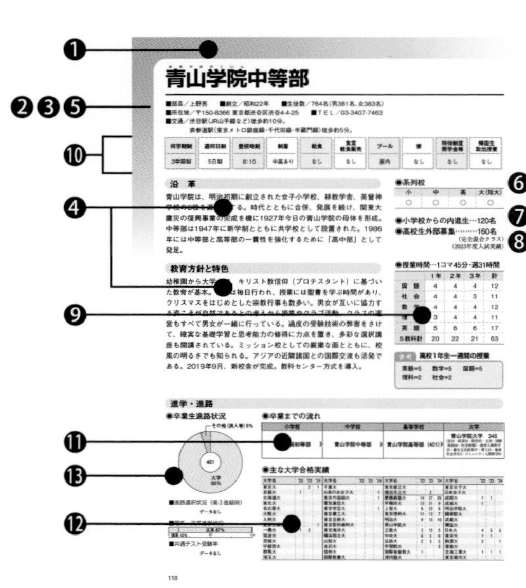

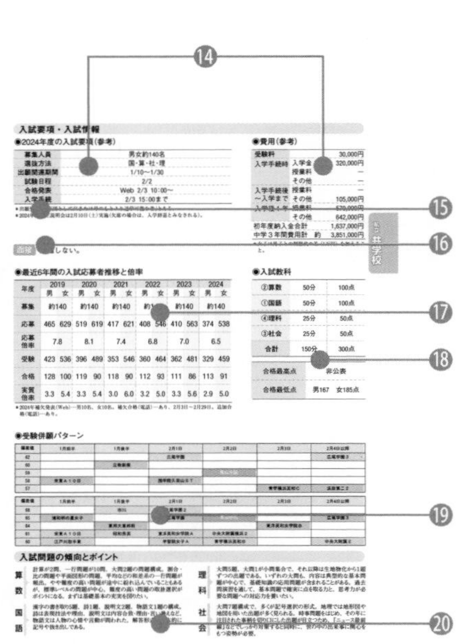

［　］後＊印は4ページ・2ページ掲載校のみ
※単一ページのみの情報は後にまとめてあります。

本文は各校とも、次の各項目のデータ・情報などが掲載されています。

❶［学校名］
各校の正式名称および読み仮名を掲載しました。学校名以外の部分については略称を使用している場合があります。

❷［ミニ・データ］
学校長名：中学校（中学部・中等科・中等部）長の先生のお名前。敬称は省略いたしました。
創立：各校の創立年（年号表記）。
生徒数：中学１年生から中学３年生までの総生徒数。2024年（令和６年）４月現在の生徒数を掲載しています。

❸［所在地・電話番号］
各校の所在地および電話番号を掲載しました。

❹［沿革・教育方針と特色］
各校設立の歴史や背景、現在までの変遷などを「沿革」として掲載しました。私立中学校では、創立者の教育理念がその教育に大きく反映しており、また、その教育の中心を宗教に置く学校なども多く、これらは学校選択の際の重要な要素となります。
さらに「教育方針と特色」として、各校の目指す教育とその特色をあげましたので参考にしてください。

❺［交通］
交通機関は原則として鉄道および徒歩を中心に考え、最寄りの鉄道駅がない場合はバスや自家用車等を利用する方法を掲載しました。

❻［系列校］
小学校から大学（短期大学含む）までの系列校がある場合は「○」を掲載しました。

❼［併設小学校］
併設小学校の有無（「有」の場合は2024年度における内部進学の人数）を掲載しました。

❽［高校生外部募集］
高校からの外部募集（「有」の場合は2024年度における募集人数とクラス編成）を掲載しました。

❾［カリキュラム］
主要５教科の週当たりの授業時間数を掲載しました。あわせて、１コマ当たりの授業時間と週授業時間数（全教科合計）も掲載しました。また、下に高校１年生時の主要５教科の週当たりの授業時間数も掲載しました。

❿［アイコン］
右記10項目についての情報を掲載しました。

何学期制	週何日制	登校時刻	制服	給食	食堂 軽食販売	プール	寮	特待制度 奨学金等	帰国生 取出授業
3学期制	5日制	8:10	中高あり	なし	なし	屋内	なし	なし	なし

⓫［卒業までの流れ］
学園内での進学の状況を図式化しました。

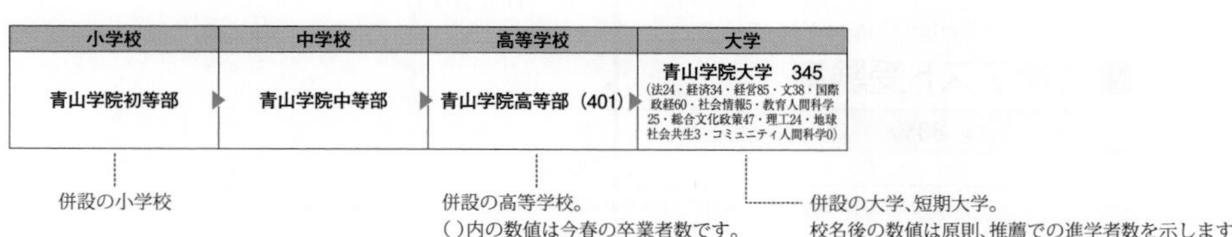

⓬［主な大学合格実績］

主な大学合格実績を３年分掲載しました。大学名の後に併記してある数字は過年度生（浪人生）を含めた合格者数で進学者数ではありません。合格者数については、原則として四谷大塚独自調査のアンケートに基づいた学校公表数を使用しましたが、合格者数を調べきれていない学校や集計途中の学校もあり、最終合格者数は学校HPや学校説明会などで確認してください。空欄は実数なしですが、非公表、未公表の場合があります。

大学名	'22	'23	'24	大学名	'22	'23	'24	大学名	'22	'23	'24	大学名	'22	'23	'24
東京大		2	1	千葉大				東京都立大				東京女子大			
京都大	1			お茶の水女子大			1	横浜市立大		2		日本女子大			
北海道大				東京外国語大			1	慶應義塾大	14	27	25	成蹊大	1	1	
東北大				電気通信大				早稲田大	13	21	9	成城大	1		
名古屋大				東京学芸大			1	上智大	9	23	8	明治学院大			
大阪大				東京農工大				東京理科大	11	13	7	國學院大			
九州大				東京芸術大				明治大	9	10	16	武蔵大			
東京工業大			1	東京医科歯科大				青山学院大	-	-	-	獨協大			
一橋大	1	2		東京海洋大				立教大	2	15	5	日本大	4	5	5
筑波大				横浜国立大				中央大	6	6	6	東洋大	1	1	
茨城大				山梨大				法政大	2	3	5	駒澤大	2		1
宇都宮大				金沢大				学習院大			3	専修大			
群馬大				信州大				国際基督教大	1			芝浦工業大	1	1	1
埼玉大				国際教養大				津田塾大				東京都市大			

⓭［卒業生進路状況］＊

2024年３月卒業生の進路状況、高３年時での４年制大学文系・理系選択状況、大学入学共通テスト受験率、現役での４年制大学進学率をグラフ化しました。（合不合参考ライン校は卒業生の進路状況のみ、単一ページの地方校（全国主要校）は掲載なし）

【円グラフについて】

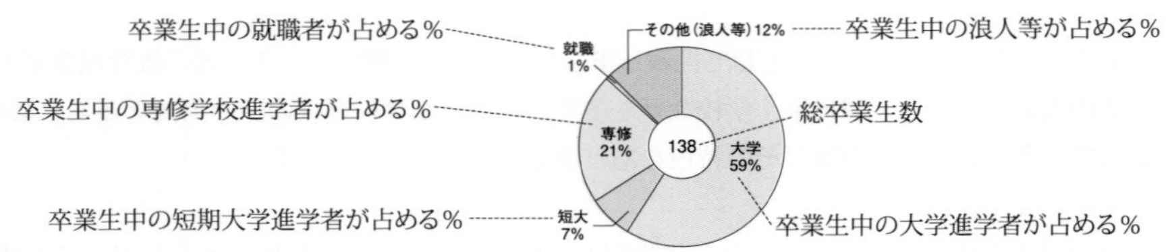

2024年３月卒業生の進路内訳をグラフ化し、その割合を示しています。卒業生数に対してその比率が極端に低い場合（卒業生300名に対して短期大学進学者１名、比率0.003等）はグラフ内に反映しておりませんのでご了承ください。また、小数第一位で切り上げ、切り捨てを行っているため必ずしも全体で100％にならないことがあります。その場合は「その他」項目において調整しております。

【棒グラフについて】

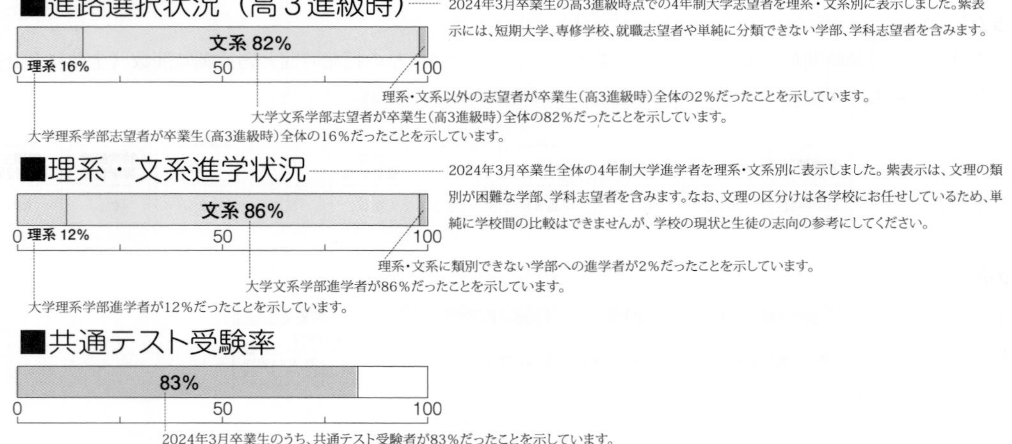

見開きページ

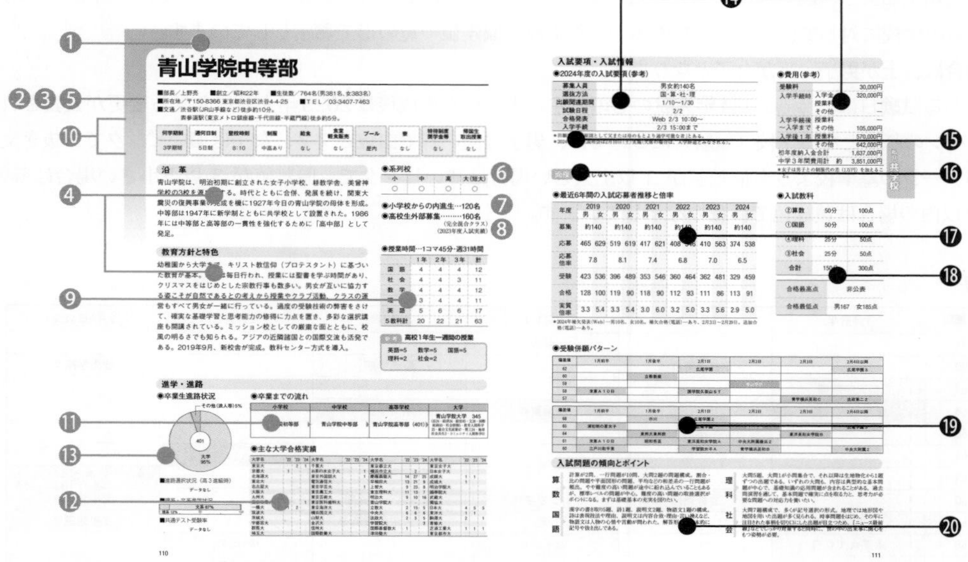

［入試情報］＊

受験校選択や受験に備えての学習の参考にしていただけるよう、以下の情報や分析を掲載しました。

⓮［入試要項］＊

2024年度（令和6年度）に実施された中学入試の要項と学費などの諸費用を掲載しました。学費は一部2023年度のものも含みます。入試要項や学費は年度により異なる場合がありますのでご注意ください。なお、費用の中で「その他」項目には、入学金や授業料以外の費用を一括して含めています。各校により、施設費以外の費用であったり、施設設備費、施設拡充費などとその費用の名称は一定していません。2025年度（令和7年度）の入試要項は今年の秋以降に正式に発表されますので、ご確認ください。国立中学校については学費のかわりに出願資格を掲載しています。入試要項の選抜方法に教科以外の面接や通知表のコピー等の提出書類が掲載されておりますが、合否判定に関しては、概ね参考程度で、その比重は学校により異なります。

⓯［出願備考］＊

今年実施された2024年度（令和6年度）中学入試での出願に関しての追記を掲載しています。

⓰［面接］＊

面接を実施する学校については、675ページ以降に面接形態・面接官の人数・所要時間・質問内容を掲載し、特筆すべき特徴のある学校には、その特徴を付記しました。

⓱［最近6年間の入試応募者推移と倍率・補欠状況］＊→合不合参考ライン校は受験状況として単年分を掲載

最近6年間の募集定員・応募者数・応募倍率（応募者数÷募集定員）・受験者数・合格者数・実質倍率（受験者数÷合格者数）を掲載しました。応募倍率と実質倍率の違いに注意してください。①・②は1回目の試験・2回目の試験などを表しています。補欠発表や補欠合格についても、実数や推測できる数などを掲載しています。なお、補欠の出し方やその扱いは各校それぞれ違いがあります。基本的には、合格発表の際に補欠発表（この時点では補欠候補）があって、その後に入学辞退者が出れば、順次補欠合格（この時点で合格）となることが多いようです。しかし、最近は合格発表の際には補欠発表をせずに、その後入学辞退者（欠員）が出た時点で、電話などで補欠合格（繰り上げ合格や追加合格など名称はさまざま）を通知する学校が増えています。

⓲［入試教科］＊※各教科の前の①・②などは入試での実施順です。

2024年度入試における各教科の時間・配点および、合格最高点・合格最低点を掲載しました。なお、巻末の資料編・データファイルの「入試平均点」も参考にしてください。

⑲ ［受験併願パターン］

四谷大塚の在籍生および、四谷大塚が調査した2023年実施合不合判定テスト受験者（2024年度入試結果データ）をもとに、その基準となる中学校に対して併願した人数の多かった学校を偏差値一覧の形でお示ししています。

共学校の場合は、上が男子、下が女子となります。

タイトルにある試験日は、今春2024年入試のものです。本データ作成後に2025年入試における変更が公表されることもあります。パターンの基準となる学校（試験）については、男子は濃い青で白抜き文字、女子は濃いピンクで白抜き文字で表示しています。パターンの基準校よりも偏差値が 3 以上大きい場合は薄いピンクで、偏差値が 3 以下小さい場合は薄いブルーで、偏差値が ±2以内の場合は黄緑色で併願校を示しています。

日程→

偏差値	1月前半	1月後半	2月1日	2月2日	2月3日	2月4日以降
71			開成			
70		渋谷教育幕張		聖光学院		聖光学院２
67	聖光学院帰					
66	栄東東大特待		駒場東邦	栄光学園		
65		市川				
64					浅野	
63						芝２
60		立教新座	サレジオ学院Ａ	農大第一２算理		逗子開成３
59	愛光首都圏		芝	中央大附属横浜２		立教池袋２
58	栄東Ａ１０日		逗子開成		暁星２	
57	栄東Ｂ		神奈川大附	世田谷学園２	青学横浜英和Ｃ	世田谷学園３

３以上　　３以下　　±２以内　　その学校の試験

⑳ ［入試問題の傾向とポイント］

2024年度の入試問題について、各教科ごとに分析しました。出題傾向や難易度は年度によって変わる場合もありますが、志望校受験に備えて学習する際は、掲載された傾向やアドバイスなどを十分に参考にして学習してください。特に記入がない場合は、いずれも 1 回（1次・1期・Aなど）試験の内容についてです。

4ページ掲載の後半ページ

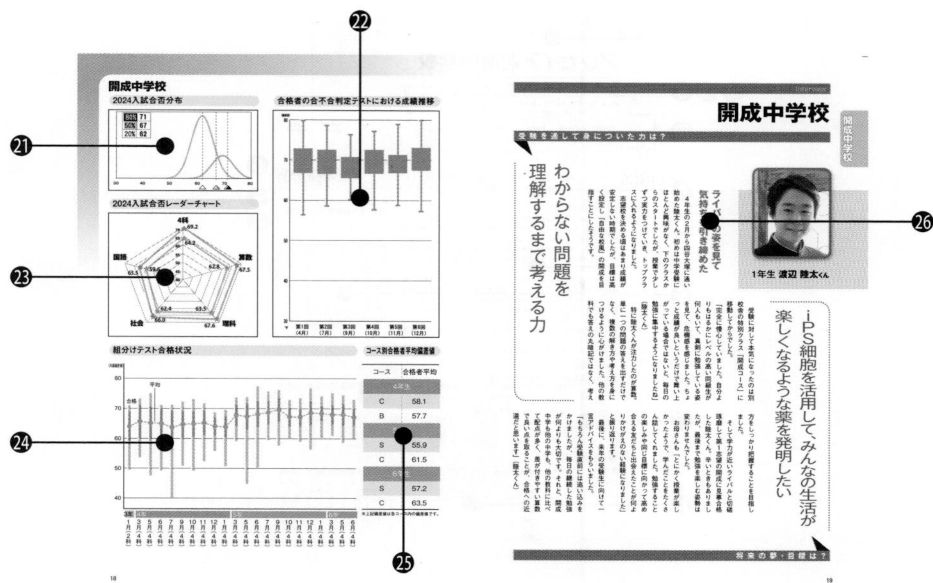

㉑［入試合否分布］

2024年度（令和6年度）入試受験者の2023年実施合不合判定テスト9月以降の実施回全4回を平均し、合否結果と照合させて作成したグラフです。縦軸は人数、横軸は偏差値を示しています。また、合格者を青、不合格者を赤で示しています。

㉒［合格者の合不合判定テストにおける成績推移］

2024年度（令和6年度）入試合格者の2023年実施合不合判定テスト各回（第1回＝4月、第2回＝7月、第3回＝9月、第4回＝10月、第5回＝11月、第6回＝12月）の成績を照合させたグラフです。男子は青、女子はピンクで表しており、縦線の上端が合格者の最高偏差値、下端が合格者の最低偏差値を表しており、箱型で示した部分は合格者の半数、50%が占めるゾーンを表しています。

㉓［入試合否レーダーチャート］

2024年度（令和6年度）入試受験者の2023年実施合不合判定テスト9月以降の実施回全4回の成績を平均し、合否結果と照合させて総合教科（灘は3教科、その他の学校は4教科）とその学校の入試に必要な各教科とで作成したレーダーチャートです。中央から外に向かって偏差値が高くなります。合格者を青、不合格者を赤で示しています。

※21～23について、複数回入試実施校は、最も第一志望者の多い第1回試験で作成しています。

㉔［組み分けテスト合格状況］

2024年度（令和6年度）入試合格者の四谷大塚組み分けテストの成績を照合させたグラフです。

各グラフともに合格者の偏差値分布と平均偏差値を●で表記しています。なお、グラフの濃い部分は合格者の約2/3が占める範囲を表しています。

これから組み分けテストを受けるにあたっての、志望校合格の目安としてください。

㉕［コース別合格者平均偏差値］

2024年度（令和6年度）入試合格者の各学年時コース別合格者平均偏差値です。S・C・Bコースのいずれもコース内偏差値で示しています。

㉖［合格者インタビュー］

今春受験した先輩たちのインタビュー記事を掲載しています。

単一ページ

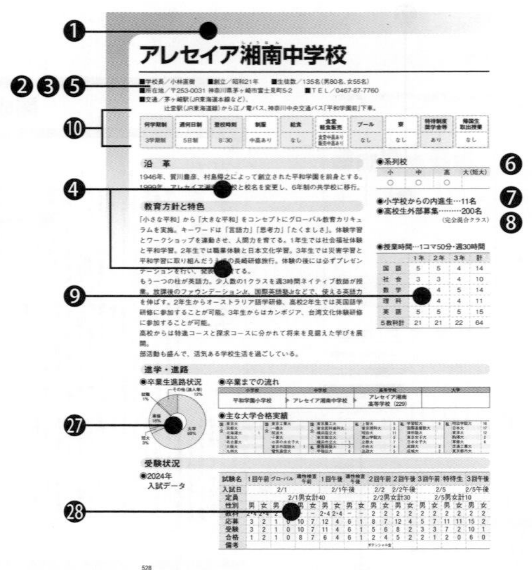

見開きページとの共通事項については前ページまでの見開きページ説明をこ参照ください。
その中の各項目［ ］後無印は共通事項です。

㉗［進学状況］

2024年3月高校卒業生の大学合格実績を掲載しました。大学名の後に併記してある数字は過年度（浪人生）を含めた合格者数で、進学者数ではありません。合格者数については、原則として四谷大塚独自調査のアンケートに基づいた学校公表数を使用しましたが、合格者数を調べ切れていない学校や集計途中の学校もあります。最終合格者数は各学校HPや学校説明会などで確認してください。空欄は実数なしですが、非公表、未公表の場合があります。

㉘［受験状況］

今年実施された2024年度（令和6年度）の中学入試データ（募集定員・応募者数・受験者数・合格者数）を掲載しました。教科欄に「※」が付記されている場合は、備考欄に試験教科の詳細を補足してあります。

［その他の中学校の所在地・入試状況］

紹介ページで掲載できなかった中学校について、首都圏は「私立中学校（共学校⇒男子校⇒女子校)⇒国立校⇒公立校」の順で、その所在地をご案内しています。

全国主要校は「所在地の北から道府県別で、私立中学校（共学校⇒男子校⇒女子校)⇒国立校⇒公立校」の順で2024年度（令和6年度）の中学入試データをご案内しています。それぞれ、各校の正式名称50音順で掲載しております。

［技能教科試験などが行われた中学校］

国立大学附属の一部やいくつかの中学校で課される主要教科以外の実技・技能教科について、今春受験された四谷大塚修了生のアンケートをもとにまとめました。そのため、実施内容が大まかにしか表記できない箇所があります。

［面接］

本文ページの「面接」で“実施する”と表記した学校について、巻末に詳細内容を列挙しました。

資料編・データファイル

［各校の大学合格（進学）状況6年間推移］

各校の大学合格（進学）状況について、6年間分の推移を四谷大塚独自にまとめました。

［入試平均点］

今年2024年度入試における各平均点を掲載しました。各校の入試問題の特徴や各教科の難易度を知るだけでなく、どの教科で差がつくのかなども確認して、今後の学習計画を立てる上で参考にしてください。なお、紙面の都合により、主要校のみの掲載とさせていただきます。

［首都圏中学入試結果偏差値7年間推移］

毎年中学入試が修了した後に設定した「結果偏差値」の7年間分の推移を一覧にしてまとめています。

［2024年四谷大塚結果Aライン80偏差値一覧］

目次

最難関共学・男子・女子校

私立共学校

私立男子校

私立女子校

国公立校

私立共学校・男子校・女子校 ●その2●

地方校　●首都圏入試実施校・近県●

《資料編・データファイル》

開成中学校

桜蔭中学校

筑波大学附属駒場中学校

慶應義塾湘南藤沢中等部

慶應義塾中等部

渋谷教育学園渋谷中学校

渋谷教育学園幕張中学校

早稲田大学系属 早稲田実業学校中等部

麻布中学校

栄光学園中学校

海城中学校

慶應義塾普通部

駒場東邦中学校

聖光学院中学校

武蔵中学校

早稲田中学校

早稲田大学高等学院中学部

女子学院中学校

豊島岡女子学園中学校

雙葉中学校

海陽中等教育学校

灘中学校

ラ・サール中学校

開成中学校（かいせい）

■学校長／野水勉　■創立／明治4年　■生徒数／912名
■所在地／〒116-0013 東京都荒川区西日暮里4-7-7　■ＴＥＬ／03-3822-0741
■交通／西日暮里駅（JR山手線・京浜東北線、東京メトロ千代田線、日暮里・舎人ライナー）徒歩約2分。

何学期制	週何日制	登校時刻	制服	給食	食堂 軽食販売	プール	寮	特待制度 奨学金等	帰国生 取出授業
3学期制	6日制	夏8:10 冬8:20	中高あり	なし	食堂土曜のみ 軽食・弁当販売	なし	なし	あり	なし

140余年の伝統の上に
学問、人格ともに優れた開成健児を育てる

沿　革

1871年、幕末の先覚者佐野鼎により共立学校として創立。1895年に校名を開成に改称。有名な「ペンは剣より強し」の校章は、深い知性はいかなる暴力にも屈しないという意味を表す。

教育方針と特色

自由と質実剛健の伝統のもとに、初代校長・高橋是清の理念を教育方針の柱として、生徒の心身の鍛錬に留意し、視野の広い、実行力ある人材の育成を目指す。開成の「自由」は、単なる与えられた受け身の自由ではなく、「努力して手に入れる積極的な自由」であり「自主的に動く力と自分を律する力に支えられた節度ある自由」を意味する。有名な運動会はその「自由」の象徴であり、生徒達の自主自律精神と実行力の錬成の場である。文化祭、クラブ活動はもとより、修学旅行も生徒の自主企画・自主運営であり「自由」なのである。教師陣は生徒に対して多様な価値観をもって対応し、一人一人の個性を尊重し、豊かな人間性をはぐくむ環境作りを心がけている。

◉系列校

小	中	高	大(短大)
	○	○	

◉併設小学校なし
◉高校生外部募集………100名

（一部混合クラス）

◉授業時間…1コマ50分・週34時間

	1年	2年	3年	計
国　語	6	5	5	16
社　会	4	4	4	12
数　学	5	6	6	17
理　科	5	5	5	15
英　語	6	6	6	18
5教科計	26	26	26	78

参考　高校1年生一週間の授業

英語=6　数学=6　国語=5
理科=6　社会=6

※内進生の時程

進学・進路

◉卒業生進路状況

■進路選択状況（高3進級時）

データなし

■理系・文系進学状況

データなし

■共通テスト受験率

データなし

◉主な大学合格実績

大学名	'22	'23	'24	大学名	'22	'23	'24	大学名	'22	'23	'24	大学名	'22	'23	'24
東京大	193	148	149	埼玉大	1	2		国際教養大				国際基督教大		1	
京都大	22	10	19	千葉大	21	17	12	東京都立大		1	1	成蹊大	1		1
北海道大	7	6	8	東京外国語大		1		横浜市立大	1	1	4	成城大			1
東北大	7	8	13	電気通信大	1	4		慶應義塾大	209	163	193	明治学院大	1		
名古屋大	2			東京学芸大			1	早稲田大	244	192	245	國學院大	1	1	1
大阪大	3		1	東京農工大	2	2	2	上智大	28	34	36	武蔵大			
九州大	1	1	3	東京芸術大	2		1	東京理科大	65	61	80	獨協大			
東京工業大	16	5	10	東京医科歯科大	14	9	7	明治大	35	44	35	日本大	7	6	5
一橋大	9	9	9	東京海洋大	1			青山学院大	3	9	5	東洋大	2	1	
筑波大	6	7	6	横浜国立大	11	5	6	立教大	7	4	4	駒澤大	1		1
茨城大				山梨大	2	4	5	中央大	22	18	16	専修大		1	1
宇都宮大				金沢大		1		法政大	8	5	4	芝浦工業大	3	1	2
群馬大	1		2	信州大				学習院大	3	7	1	東京都市大			

開成中学校

入試要項・入試情報

◉2024年度の入試要項(参考)

募集人員	男子300名
選抜方法	国・算・社・理
出願関連期間	12/20〜1/22
試験日程	2/1
合格発表	Web 2/3 12:00頃〜
入学手続	2/4 15:00まで

＊2024年合格者説明会は2月11日(日・祝) 13時から実施(保護者同伴。出席しない場合は入学許可を取り消し)。

◉費用(参考)

受験料		28,000円
入学手続時	入学金	320,000円
	授業料	—
	その他	120,000円
入学手続後〜入学まで	授業料	—
	その他	—
入学後１年	授業料	492,000円
	その他	314,200円
初年度納入金合計		1,246,200円
中学３年間費用計　約		2,928,600円

＊入学辞退者は所定期日までに申し出れば、施設拡充費(12万円)を返金。
＊制服・学用品代等別途。

面接 実施しない。

◉最近6年間の入試応募者推移と倍率

年度	2019	2020	2021	2022	2023	2024
募集	300	300	300	300	300	300
応募	1231	1266	1243	1206	1289	1259
応募倍率	4.1	4.2	4.1	4.0	4.3	4.2
受験	1159	1188	1051	1050	1193	1190
合格	396	397	398	416	419	424
実質倍率	2.9	3.0	2.6	2.5	2.8	2.8

＊2024年補欠発表…非公表。追加合格…非公表(詳細不明だが、30名と推測)。

◉入試教科

②算数	60分	85点
①国語	50分	85点
③理科	40分	70点
④社会	40分	70点
合計	190分	310点

合格最高点	非公表
合格最低点	216点

◉受験併願パターン

偏差値	1月前半	1月後半	2月1日	2月2日	2月3日	2月4日以降
73					筑波大駒場	
71	海陽特給東京		開成			
70		渋谷教育幕張		聖光学院		聖光学院２
67					早稲田２	
66	栄東東大特待		広尾学園ＩＳＧ１	広尾学園医進・Ｓ	海城２	
65	県立千葉	渋谷教育渋谷帰	広尾学園２		慶應中等部	
64		市川	巣鴨算数		浅野	芝２
63	県立東葛飾	昭和秀英午後特別				
62	開智特待Ａ		鎌倉学園算数	本郷２		本郷３
61			開智日本橋特待算	桐朋２		
60		東邦大東邦前	世田谷学園算数	高輪算数午後		城北３

入試問題の傾向とポイント

算数
出題形式は大問3題構成。大問数が少ない分、大問の前半でのミスが許されない。今年は場合の数と立体図形の2大テーマだが、実力の差が出やすいことと、典型題タイプを短い時間で正確に処理できたかがポイントであった。基本的な内容を主軸としてそこから作業を積み重ねていく形式の大問は例年出題されているため、確実に正解する精度を高め、誘導を意識した大局的な視点も常に意識して学習に取り組みたい。

国語
説明文と物語文の読解2題の出題構成。説明文は理由や共通点の把握を通して筆者の考えを、物語文は人物の心情や場面によって変わる心情変化について問われた。4問あった記述に字数指定はなかった。ともに記号問題はなく記述が中心であり、物語文では漢字問題が出題された。

理科
大問4題で例年通り4分野から各1題。合格者平均・受験者平均が高く、易しめであった。ここ数年、読んで作業をさせる問題が多く、易しい問題に戻った。読み解いて現場で思考するという出題傾向は例年通り。過去問を使った対策は有効で、普段から問題の文章を速く、もらさずに読み、そこから考えたり、ヒントを取り出す練習が必要である。データ分析力、文章読解力等の総合的な学力を身につけて臨みたい。

社会
大問4題の構成。総設問数が70近く出題される年もあるが、今年は昨年と同程度で58問。記述問題は出題されなかった。「江戸・東京問題」は、大問1と大問4で出題。出題されることの多い地形図の読み取り問題はなかったが、統計資料の分析問題が例年より多く出題された。大問2の統計資料問題に時間を使いすぎると、時間に追われることになってしまう。基礎的な知識を積み上げたうえで、本校への対策を組み合わせることが、合格するための方法となる。

開成中学校

2024入試合否分布

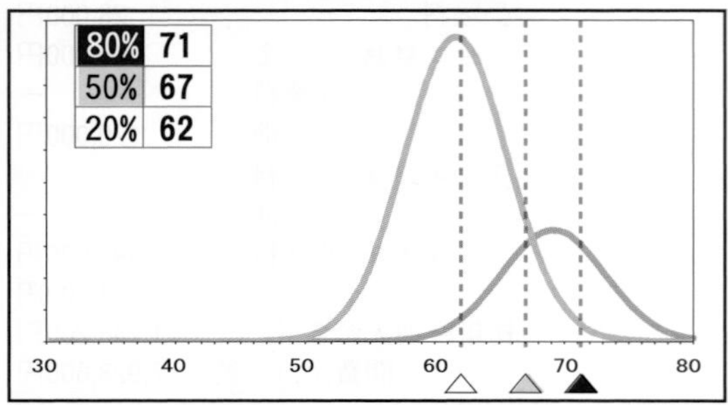

2024入試合否レーダーチャート

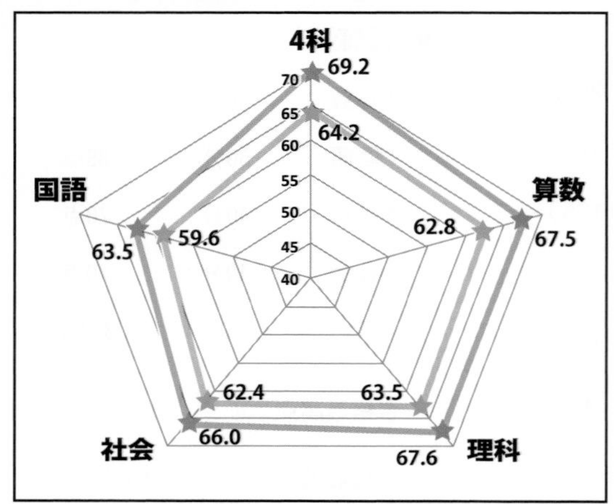

合格者の合不合判定テストにおける成績推移

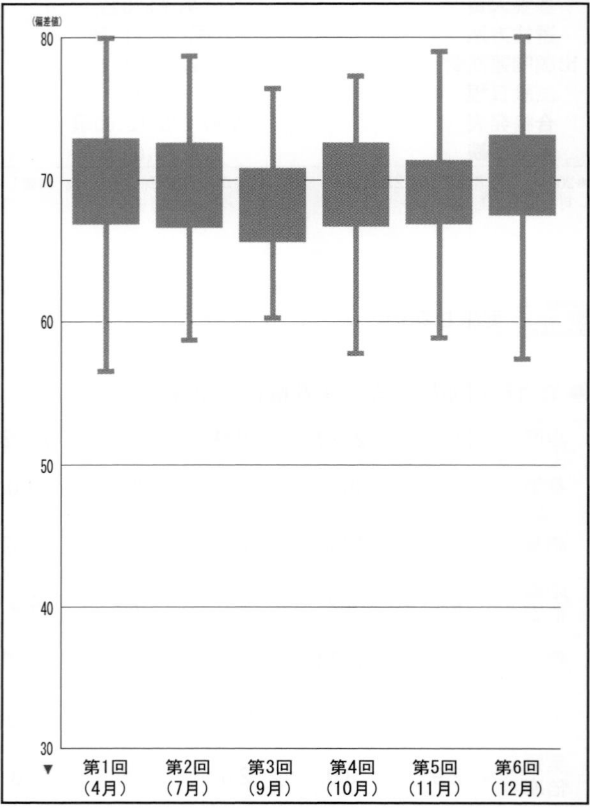

組分けテスト合格状況

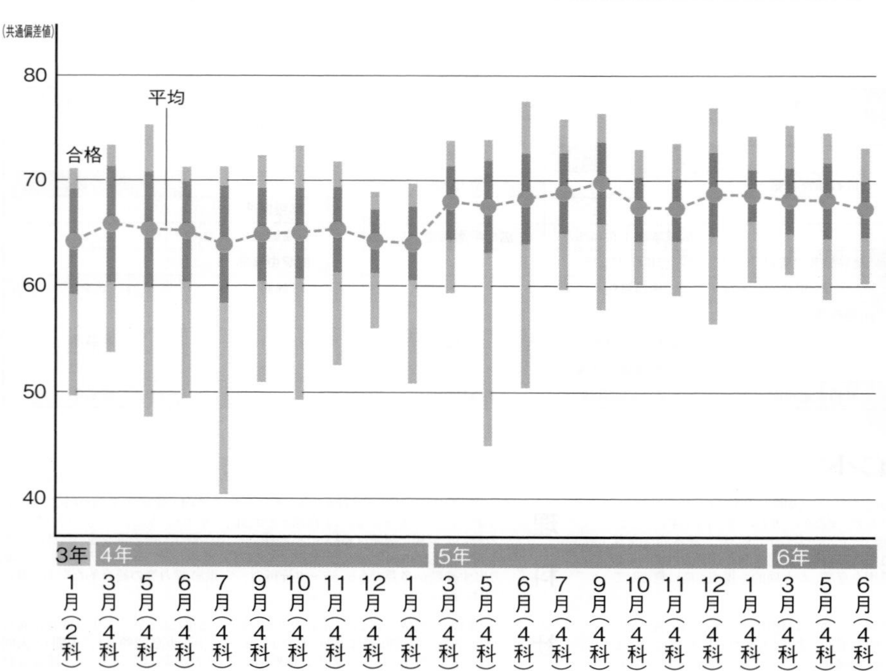

コース別合格者平均偏差値

コース	合格者平均
4年生	
C	58.1
B	57.7
5年生	
S	55.9
C	61.5
6年生	
S	57.2
C	63.5

※上記偏差値は各コース内の偏差値です。

開成中学校

受験を通して身についた力は？

1年生 渡辺 陸太くん

わからない問題を理解するまで考える力

ライバルの姿を見て気持ちを引き締めた

4年生の2月から四谷大塚に通い始めた陸太くん。初めは中学受験にほとんど興味がなく、下のクラスからのスタートでしたが、授業で少しずつ実力をつけていき、トップクラスに入れるようになりました。

志望校を決める頃はあまり成績が安定しない時期でしたが、目標は高く設定し『自由な校風』の開成を目指すことにしたそうです。

受験に対して本気になったのは別校舎の特別クラス「開成コース」に移動してからでした。

「完全に慢心していました。自分よりもはるかにレベルの高い同級生が何人もいて、真剣に勉強している姿を見て、危機感を感じました。ちょっと成績が良いというだけで舞い上がっている場合ではないと、毎日の勉強に集中するようになりましたね」（陸太くん）

特に陸太くんが注力したのが算数。単に一つの問題の答えを出すだけでなく、複数の解き方や考え方を身につけるように心がけました。他の教科でも答えの丸暗記ではなく、考え方をしっかり把握することを目指しました。

そして学力が近いライバルと切磋琢磨して第1志望の開成に見事合格した陸太くん。辛いときもありましたが、最後まで勉強を楽しむ姿勢は変わりませんでした。

お母さんも「とにかく授業が楽しかったようで、学んだことをたくさん話してくれました。勉強することの楽しみや同じ目標に向かって高め合える友だちと出会えたことが何よりかけがえのない経験になりました」と振り返ります。

最後に、来年の受験生に向けて一言アドバイスをもらいました。

「もちろん受験直前には追い込みをかけましたが、毎日の継続した勉強が何よりも大切です。それと、開成中学も他の中学も、他の教科に比べて配点が多く、差が付きやすい算数で良い点を取ることが、合格への近道だと思います」（陸太くん）

iPS細胞を活用して、みんなの生活が楽しくなるような薬を発明したい

将来の夢・目標は？

桜蔭（おういん）中学校

■学校長／齊藤由紀子　■創立／大正13年　■生徒数／705名
■所在地／〒113-0033 東京都文京区本郷1-5-25　■ＴＥＬ／03-3811-0147
■交通／水道橋駅（JR中央線・総武線）徒歩7分。水道橋駅（都営三田線）徒歩5分。
後楽園駅（東京メトロ丸ノ内線・南北線）徒歩10分。本郷三丁目駅（東京メトロ丸ノ内線、都営大江戸線）徒歩8分。

何学期制	週何日制	登校時刻	制服	給食	食堂 軽食販売	プール	寮	特待制度 奨学金等	帰国生 取出授業
3学期制	6日制	8:20	中高あり	なし	食堂なし 販売中高あり	あり	なし	あり	なし

礼と学びの精神を養い
自立した人間を育成する

沿　革

1924年、社団法人桜蔭会（お茶の水女子大学の前身である東京女子高等師範学校の卒業生団体）により設立。1947年学制改革により桜蔭中学校を、1948年に高等学校を設置。2024年創立100周年を迎える。

教育方針と特色

建学の精神である校訓「勤勉・温雅・聡明であれ」「責任を重んじ、礼儀を厚くし、よき社会人であれ」のもと、礼法や道徳を重んじると共に時代に対応した学習を実践している。すべての教科において確かな基礎から応用発展まで深め、高い学習能力を培い、豊かな感受性、考える力、想像・創造する力、表現する力を養う。中学3年生では自ら決めたテーマについて研究論文を書く。多彩な行事、必修であるクラブ活動を通じて能力を伸ばすと共に社会性を身につけている。一人ひとりが学ぶ意欲を育み自らの可能性を追求できる環境を用意している。学校生活を通じて得た友人の大切さを卒業生の多くが口々に語っている。高校卒業後にはさまざまな分野で活躍している。制服はスラックス・ベストが追加で用意された。

◉系列校

小	中	高	大(短大)
	○	○	

◉併設小学校なし
◉高校生外部募集………なし

◉授業時間…1コマ50分・週34時間

	1年	2年	3年	計
国　語	5	5	3.5	13.5
社　会	4	4	3	11
数　学	4	5	5	14
理　科	3	4	4	11
英　語	4	4.5	5	13.5
5教科計	20	22.5	20.5	63

参考 高校1年生一週間の授業

英語=5　数学=5　国語=6
理科=4　社会=4

進学・進路

◉卒業生進路状況

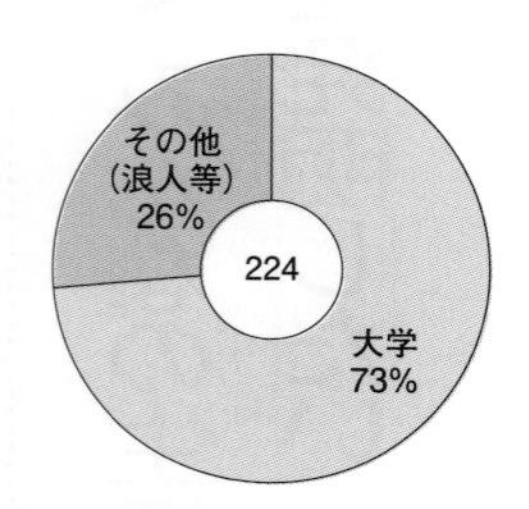

■進路選択状況（高３進級時）
理系 71%　文系 28%
0　50　100

■理系・文系進学状況
理系 72%　文系 27%
0　50　100

■共通テスト受験率
99%
0　50　100

◉卒業までの流れ

小学校	中学校	高等学校	大学
	桜蔭中学校 ▶	桜蔭高等学校（224）	

◉主な大学合格実績

大学名	'22	'23	'24	大学名	'22	'23	'24	大学名	'22	'23	'24	大学名	'22	'23	'24
東京大	77	72	63	千葉大	8	4	6	東京都立大		2	1	東京女子大	4	11	2
京都大	2	6	4	お茶の水女子大	6	7	9	横浜市立大	1	5	3	日本女子大	1	8	
北海道大	2	4	1	東京外国語大	1	1		慶應義塾大	110	102	79	成蹊大	5	2	1
東北大	4	4	1	電気通信大	3		1	早稲田大	126	145	116	成城大	3	2	2
名古屋大		1	1	東京学芸大				上智大	41	57	45	明治学院大	2	3	1
大阪大			1	東京農工大	1	2	1	東京理科大	71	64	36	國學院大			
九州大				東京芸術大				明治大	38	45	52	武蔵大		1	2
東京工業大	2	4		東京医科歯科大	11	12	13	青山学院大	14	22	21	獨協大	1		
一橋大	2	5	4	東京海洋大				立教大	10	14	25	日本大	6	3	7
筑波大	2	3	4	横浜国立大	2	2	3	中央大	24	40	28	東洋大	1	7	2
茨城大				山梨大	2	5	1	法政大	12	9	12	駒澤大	3	1	
宇都宮大				金沢大	2		1	学習院大		2	7	専修大	1		
群馬大			1	信州大	1	2	1	国際基督教大	1	2	3	芝浦工業大	14	3	
埼玉大	1			国際教養大		1	2	津田塾大	4	2	2	東京都市大	2	2	1

入試要項・入試情報

◉2024年度の入試要項(参考)

募集人員	女子235名
選抜方法	国・算・社・理＋面接・通知表のコピー
出願関連期間	12/21～1/19
試験日程	2/1
合格発表	Web 2/2 14:00～
入学手続	2/3 13:00まで

＊応募資格に「保護者と同居のこと。通学時間は1時間位までが望ましい。」とある。
＊2024年合格者保護者会は2月6日(火)13時30分から実施(欠席の場合は棄権とみなされる)。

◉費用(参考)

受験料		25,000円
入学手続時	入学金	380,000円
	授業料	—
	その他	—
入学手続後～入学まで	授業料	—
	その他	86,840円
入学後１年	授業料	447,600円
	その他	368,500円
初年度納入金合計		1,282,940円
中学３年間費用計	約	2,684,057円

面接 実施する。

◉最近6年間の入試応募者推移と倍率

年度	2019	2020	2021	2022	2023	2024
募集	235	235	235	235	235	235
応募	529	555	581	557	629	591
応募倍率	2.3	2.4	2.5	2.4	2.7	2.5
受験	510	532	561	534	607	565
合格	281	283	283	282	290	287
実質倍率	1.8	1.9	2.0	1.9	2.1	2.0

＊2024年補欠発表(Web)…30名。補欠合格・追加合格…いずれもなし。

◉入試教科

②算数	50分	100点
①国語	50分	100点
④理科	30分	60点
③社会	30分	60点
合計	160分	320点

合格最高点	非公表
合格最低点	非公表

◉受験併願パターン

偏差値	1月前半	1月後半	2月1日	2月2日	2月3日	2月4日以降
72		渋谷教育幕張				
71			桜蔭			
70					豊島岡女子２	豊島岡女子３
69	栄東東大特待			豊島岡女子		
66		昭和秀英午後特別		洗足学園２	横浜市立ＹＳＦＨ	洗足学園３
65	浦和明の星女子			吉祥女子２	鴎友学園女子２	広尾学園３
64		東邦大東邦前		白百合学園		
63	県立東葛飾		農大第一算理	農大第一２算理	相模原	浦和明の星女子２
62	開智特待Ａ		開智日本橋特４科		学習院女子Ｂ	頌栄女子学院２
61	栄東Ａ１０日	昭和秀英		中央大附属横浜２		
60	江戸川取手東					

入試問題の傾向とポイント

算数
昨年に引き続き、問題用紙3枚、大問4題構成。大幅難化した昨年ほどではないにせよ、全体的に文章量が多く、題意の把握に時間がかかる問題が多かった。図形問題が多く出題されたのも特徴。粘り強い計算力や素早い処理力と共に、与えられた課題を正しく整理する論理的課題解決能力を重視する問題が多く出題される。6年生の学習を開始する段階で十分な基礎力を備え、複雑な計算に怯むことなく立ち向かう精神力を鍛えることが肝要。

国語
説明的随筆文と物語文が1題ずつ出題された。どちらでも漢字問題があり、また物語文は空欄補充を通して慣用句の知識が問われた。説明文は理由について問われるほか、筆者の意見をもとに深い理解が求められた。物語文では心情や理由について問われた。

理科
総小問数が46問と、ここ5年間では最も多く、計算問題が全体の4割弱と過去4年の2割前半を大きく上回った。全体としては、例年通り知識問題は基本的、難易度の高い計算問題も無く、易しめの印象があり、高得点の戦いになったと思われる。身の回りのことも含めて、理科に関する基礎知識を正確かつ確実に習得、実験や観察した結果・与えられた情報をしっかり読み取って分析し、推測・考察ができる論理的思考力を身につけたい。

社会
今年は特定のテーマについての文章をもとにした出題で、出題形式が大きく変わった。3つの文の正誤の組み合わせを選ばせる形式の出題が多く、設問数と出題形式のバランスも大きく変わった。漢字指定で用語を書かせる問題が18問。地理分野では都道府県の自然や産業の特色を整理できていること、歴史分野では出来事の因果関係を理解し流れをつかむこと、政治分野では用語や制度を正確に理解し、時事問題に興味・関心をもつことが大切。30分間で解きつくす早さが必要。

桜蔭中学校

2024入試合否分布

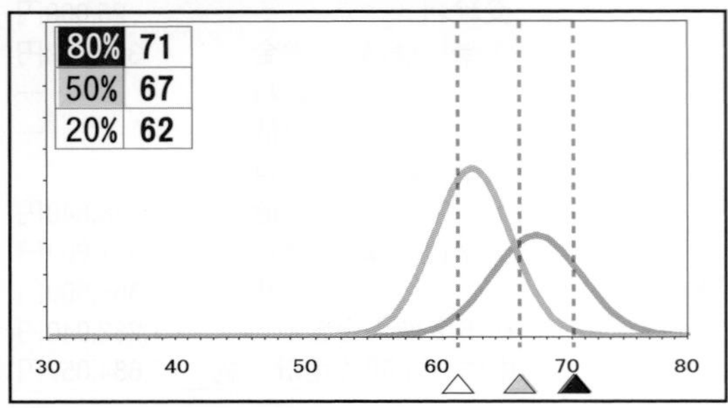

2024入試合否レーダーチャート

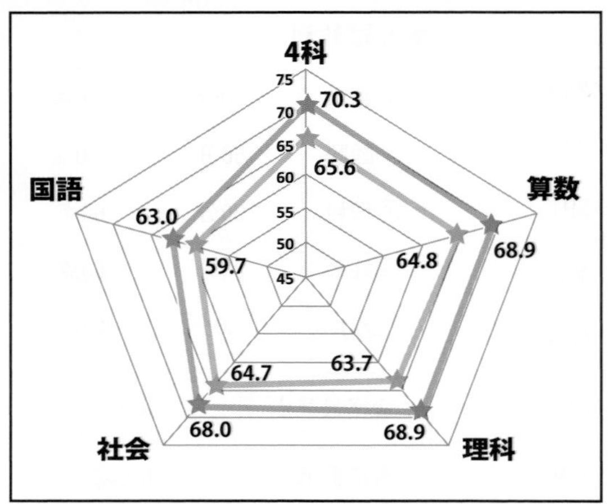

合格者の合不合判定テストにおける成績推移

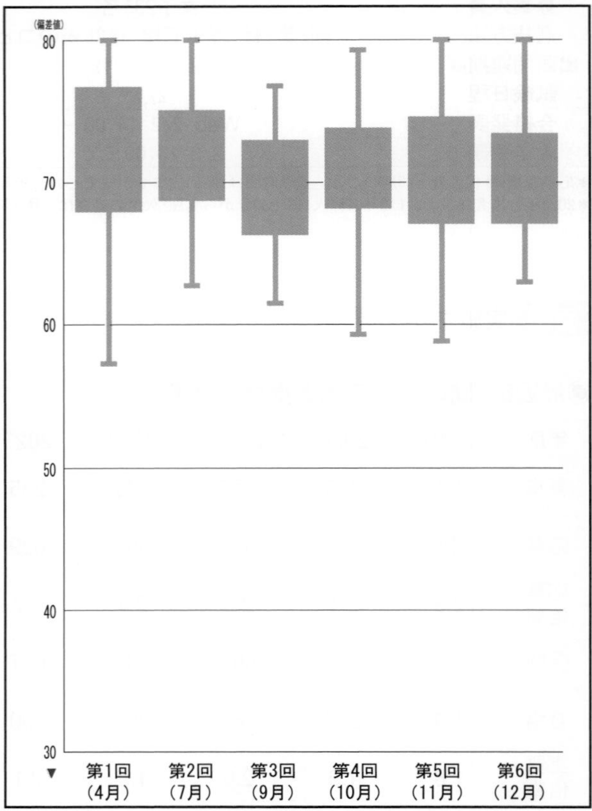

組分けテスト合格状況

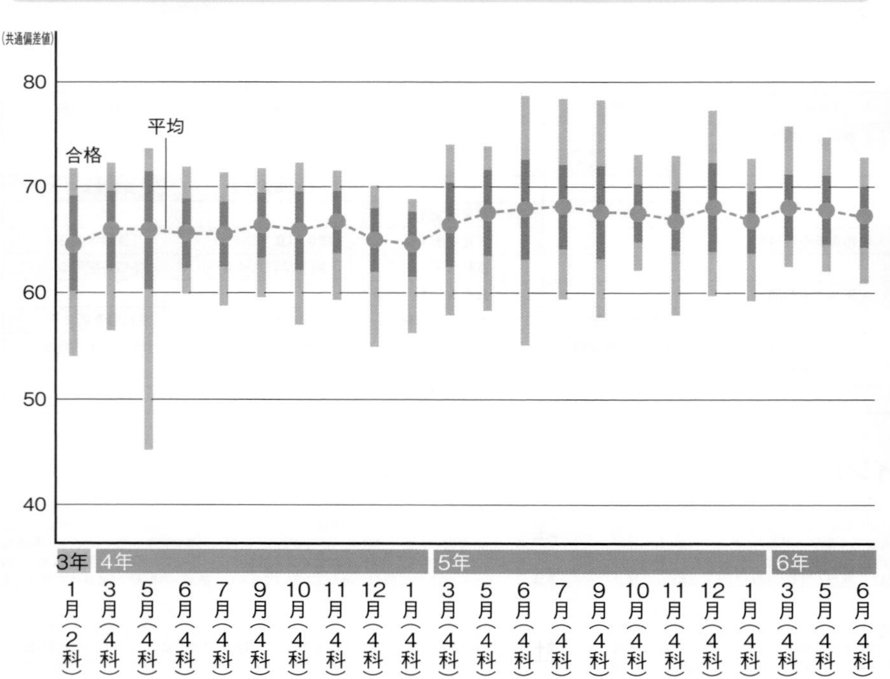

コース別合格者平均偏差値

コース	合格者平均
4年生	
C	59.6
B	66.0
5年生	
S	56.6
C	64.1
6年生	
S	56.4
C	64.8

※上記偏差値は各コース内の偏差値です。

桜蔭中学校

受験を通して身についた力は？

日々少しずつ努力を重ねて逃げずに挑戦する姿勢

努力の大切さを知り、楽しく学んだ5年間

友達に誘われて全国統一小学生テストを受けたことをきっかけに、2年生から塾に通い始めた悠里亜さん。

「小学生テストの問題が難しくて解けなかった悔しさがあり、もっと勉強して知識を得たいと思ったそうです。毎回塾に行くのを楽しみにしていて、休みたいという日は一日もありませんでした」（お母さん）

塾での日々を「授業がとても面白かった」と悠里亜さんは振り返ります。4年生になり本格的に受験勉強をスタートさせた後も、クラスの友だちと楽しく学んでいました。

「学年が上がるにつれて調子を崩して成績が下がることもありましたが、そのたびに先生のアドバイスに従って、解き直しや基礎知識の確認をしてきました」（悠里亜さん）

6年生になると、塾でかなり難しい課題が出されることも増えました。お母さんは「これまでの勉強法で、娘は合格できるのだろうかと思ったこともありました」と回想します。

しかし、これまで通り「毎週の課題を必ずその週のうちにやる」という習慣を徹底。また、四谷大塚のオリジナルの問題集で間違った箇所を解き直し、志望校別のA I を活用した教材で苦手分野を克服する学習方法を続けました。その結果、11～12月頃には難問も解けるようになり、夏には不十分だった過去問が、合格者平均点を超えるようになっていました。

「隣の席の友だちにずっと『一緒に桜蔭合格しよう！』と言われていたので、そのたびに頑張ろうと思えました」（悠里亜さん）

そして入試本番。悠里亜さんは受験した中学全てに合格するという快挙を成し遂げました。

「受験を通して、日々少しずつ努力することの大切さを学ぶことができました。〝ちりも積もれば山となる〟ということわざの通り、一つひとつの取るに足らないような知識の数々が積み重なって、私を合格に導いてくれました」（悠里亜さん）

1年生 山田 悠里亜さん

将来の夢・目標は？

弁護士や裁判官などの法律に関わる職業に就く

筑波大学附属駒場中学校

（つくばだいがくふぞくこまば）

■学校長／北村豊　■創立／昭和22年　■生徒数／367名
■所在地／〒154-0001 東京都世田谷区池尻4-7-1
■ＴＥＬ／03-3411-8521
■交通／駒場東大前駅（京王井の頭線）徒歩7分。池尻大橋駅（東急田園都市線）徒歩15分。

何学期制	週何日制	登校時刻	制服	給食	食堂 軽食販売	プール	寮	特待制度 奨学金等	帰国生 取出授業
3学期制	変則的 隔週5日制	8:20	なし	なし	食堂なし 販売なし	屋外	なし	経済的理由の 奨学金あり	なし

ハイレベルな理系科目で生徒の学習意欲を喚起する

沿　革

旧東京農業教育専門学校を母体に、1947年新制の中学校として設立。1952年、旧東京教育大学の附属校となるが、東京教育大学の閉学に伴い、1978年に現在地で筑波大学の附属校となる。

教育方針と特色

心身の発達に応じて中等普通教育を行うとともに、筑波大学の附属校として、筑波大学における学生の教育に関する研究に協力する。つめこみ式の教育は行っていないが、そのぶん自主的な学習意欲・態度が要求される。中学校の学習範囲にとどまらず、中高6年間を考慮に入れたカリキュラム構成となっている。クラブ活動、生徒会活動、学校行事も生徒主導で運営され、大変な盛り上がりを見せている。生徒指導の面でも、生徒の自主性を尊重する方針で、細かな規則もなく、制服も自由である。「駒場の自由」と評される、明るくのびのびとした雰囲気が受けつがれている。平成14年から約20年にわたり「スーパー・サイエンス・ハイスクール」に指定された。

◉系列校

小	中	高	大（短大）
	○	○	

◉併設小学校なし

◉高校生外部募集………40名

（完全混合クラス）

◉授業時間…1コマ50分・週32時間

	1年	2年	3年	計
国　語	4	5	4	13
社　会	4	3	4	11
数　学	4	4	4	12
理　科	3	4	4	11
英　語	4	4	4	12
5教科計	19	20	20	59

参考　高校1年生一週間の授業

英語=5　数学=4　国語=4
理科=4　社会=4

進学・進路

◉卒業生進路状況

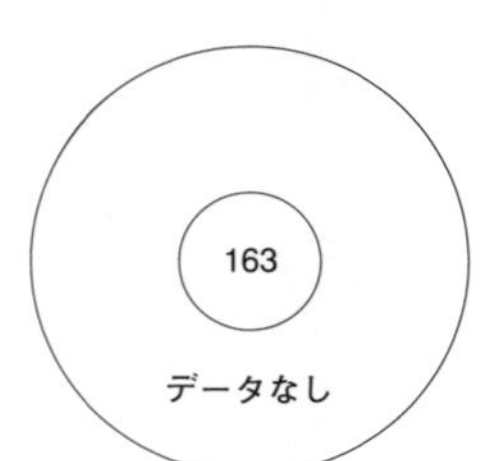

■進路選択状況（高３進級時）

データなし

■理系・文系進学状況

データなし

■共通テスト受験率

データなし

◉卒業までの流れ

小学校	中学校	高等学校	大学
	筑波大学附属駒場中学校	▶ 筑波大学附属駒場高等学校（163）	

◉主な大学合格実績

大学名	'22	'23	'24	大学名	'22	'23	'24	大学名	'22	'23	'24	大学名	'22	'23	'24
東京大	97	87	90	埼玉大				国際教養大				国際基督教大	1		
京都大	1	2	4	千葉大	2	6	1	東京都立大				成蹊大			
北海道大	1	2	2	東京外国語大				横浜市立大	1	3	2	成城大		1	
東北大			1	電気通信大		2		慶應義塾大	66	71	70	明治学院大			
名古屋大		1		東京学芸大				早稲田大	75	97	114	國學院大			
大阪大	1			東京農工大		1		上智大	15	24	13	武蔵大			
九州大		1		東京芸術大				東京理科大	22	16	22	獨協大			
東京工業大	2	4	1	東京医科歯科大	6	3	7	明治大	17	17	10	日本大	2	2	1
一橋大	1	4	3	東京海洋大				青山学院大	1	4	2	東洋大			
筑波大	1	2	1	横浜国立大		3	2	立教大	1	1	1	駒澤大			
茨城大				山梨大			6	中央大	1	9	4	専修大			1
宇都宮大				金沢大		2	1	法政大	4	7	3	芝浦工業大		3	
群馬大				信州大			1	学習院大		3		東京都市大			

入試要項・入試情報

◉2024年度の入試要項（参考）

募集人員	男子120名
選抜方法	1次　抽選 2次　国・算・社・理+報告書
出願関連期間	1次　12/18～1/12
試験日程	1次　1/16 2次　2/3
合格発表	Web 2/5 15:00～
入学手続	2/19まで

＊抽選合格者数は募集人員の約8倍。2003年～2024年は抽選が行われなかった。
＊出願の際、世帯の全員について、続柄を含めて記載されている住民票（2023年10月10日以降交付のもの）の提出が必要。
＊2024年入学手続説明会は2月11日（日・祝）13時から実施（保護者同伴。出席しない場合は入学を辞退したものとみなされる）。

面接　実施しない。

◉費用（参考）

受験料		—
入学手続時	入学金	—
	授業料	—
	その他	—
入学手続後～入学まで	授業料	—
	その他	—
入学後１年	授業料	—
	その他	—
初年度納入金合計		—
中学３年間費用計　約		—

＊通学区域制限あり（P.525参照）。その区域内に保護者と同居、そこから在籍する小学校に通学していることを第2次出願時に住民票で確認できる者。また、出願時に海外在住者は令和5年3月31日までに通学区域内に保護者とともに転入し、そこを生活の本拠とする者。

◉最近6年間の入試応募者推移と倍率

年度	2019	2020	2021	2022	2023	2024
募集	120	120	120	120	120	120
応募	736	694	677	576	627	660
応募倍率	6.1	5.8	5.6	4.8	5.2	5.5
1次合格	736	694	677	576	627	660
2次応募	728	684	非公表	非公表	非公表	非公表
2次受験	624	563	561	479	521	555
2次合格	129	130	131	129	128	128
実質倍率 ①	1.0	1.0	1.0	1.0	1.0	1.0
実質倍率 ②	4.8	4.3	4.3	3.7	4.1	4.3

＊実質倍率①は抽選倍率（応募÷1次合格）、②は2次倍率（2次受験÷2次合格）。
＊2024年繰り上げ候補発表（郵送）…あり。繰り上げ合格…非公表（詳細不明だが、20名と推測）。

◉入試教科

教科	時間	配点
③算数	40分	100点
①国語	40分	100点
④理科	40分	100点
②社会	40分	100点
合計	160分	400点

＊上記に加え、報告書が100点の合計500点で合否が判定される。

合格最高点	418点
合格最低点	353点

◉受験併願パターン

偏差値	1月前半	1月後半	2月1日	2月2日	2月3日	2月4日以降
73					筑波大駒場	
71	海陽特給東京		開成			
69				渋谷教育幕張２		
68				渋谷教育渋谷２		渋谷教育渋谷３
67	聖光学院帰					
66	栄東東大特待		麻布	栄光学園		市川２
65	県立千葉	市川	武蔵			
64			巣鴨算数			本郷３
63				本郷２		芝２
62	海城帰					
61	栄東東大Ⅱ	東邦大東邦前	東京都市大付２Ⅱ	桐朋２		攻玉社特別

入試問題の傾向とポイント

算数
問題の難度は筑駒としては標準レベルだが、複数解（「すべて答えなさい」の形式）の多さが厳しい。取捨選択の力、時間感覚、注意力などの（高いレベルでの）要領の良さも必要。複数解の問題では数え漏れに注意。過去問等解いた後に、解き方や図や表の書き方など、自分の解法が妥当だったのかを考え、より良い方法がないか追究してほしい。また、スピード、正確さは他校以上に要求されるため、一発正解にこだわって取り組みたい。

国語
説明文と物語文、そして漢字が出題された。説明文は内容把握のほかに、理由を問う問題が複数出題され、解答形式は記述と選択肢があった。漢字はひらがなで書かれたことわざを漢字に直す問題である。文章内に2つの詩が掲載された物語文は人物の言動の意味や理由、また会話の発言者について問われた。

理科
物理分野以外の分野には計算問題がなく、単純知識の選択式が増えたため、難易度はやや下がったと言える。力学計算の難易度が高いことや、条件をよく読み取った上で、情報を整理しながら問題を解決していくプロセスをも要求されるのが本校の特徴。物理計算は算数の数の性質や規則性も交えた高度な問題解決の対策をしたい。普段から様々な事象に興味を持ち、「なぜ?どうして?」を探求しながら、自分の力で問題を解決する習慣をつけておきたい。

社会
昨年増加した用語記述は今年は2問に戻り、また記述問題も今年は30字程度で1問と例年に戻った。出題の中心が文の選択肢を選ぶ問題であり、正しいものや正しくないものを、2つあるいはすべて選ばせる形式が多い。限られた時間内で文章を読み、正確に理解する力が必要である。社会科の知識や時事的な知識だけでなく、世の中を見る視点も問われている。社会で起こっている出来事の背景を考え、ものごとを多角的にとらえる力を身につけておきたい。

筑波大学附属駒場中学校

2024入試合否分布

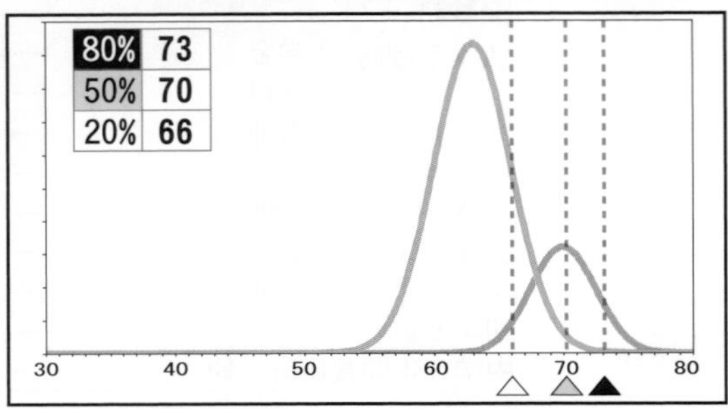

2024入試合否レーダーチャート

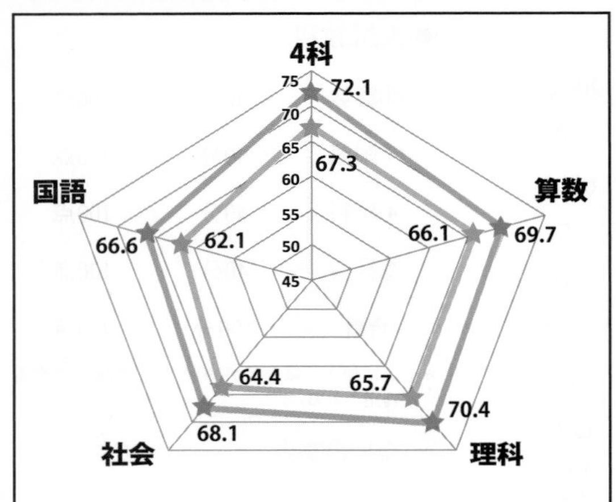

合格者の合不合判定テストにおける成績推移

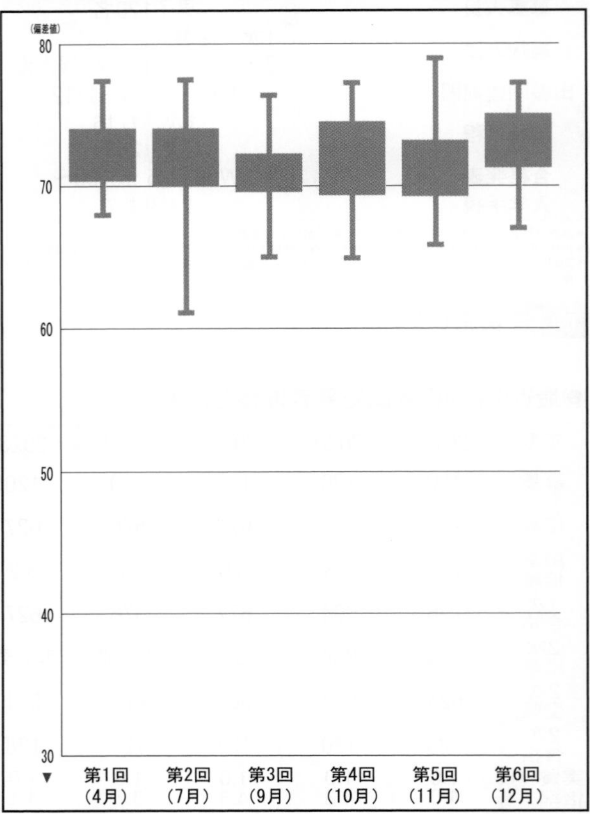

組分けテスト合格状況

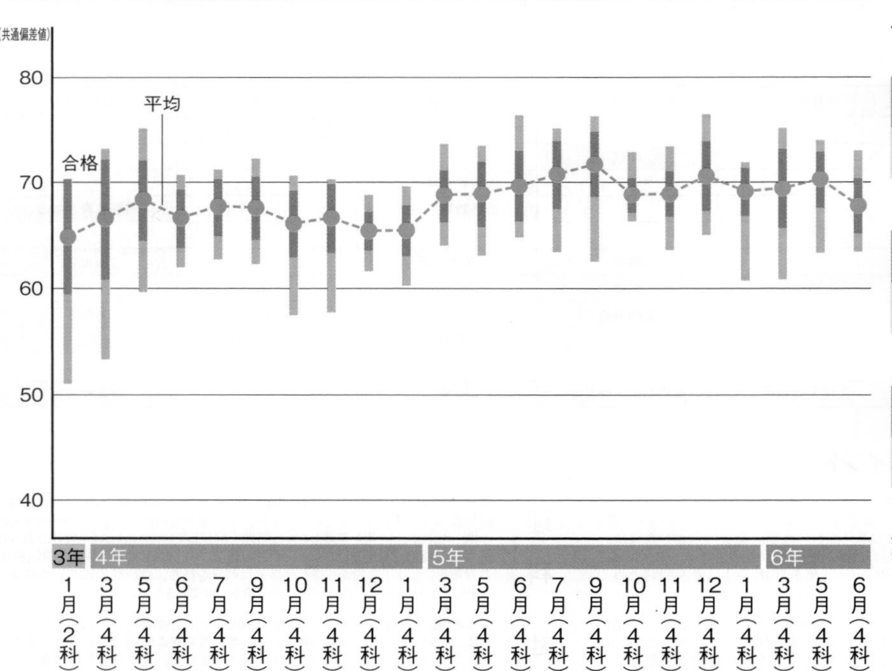

コース別合格者平均偏差値

コース	合格者平均
4年生	
C	−
B	−
5年生	
S	59.0
C	−
6年生	
S	60.7
C	64.1

※上記偏差値は各コース内の偏差値です。

筑波大学附属駒場中学校

受験を通して身についた力は？

諦めずに努力をかさね自分を信じ続けること

1年生 桑谷 浩生くん

週テストを指標に解き直しを徹底

参考書を使い自宅学習に励んでいた浩生くんが、四谷大塚に入塾したのは4年生の7月のこと。最初の数か月間は、新4年生の2月から塾で勉強をスタートさせていた同級生たちに歯が立たず、悔しい思いをしていました。

気持ちばかりが焦る浩生くんの心を落ち着かせてくれたのは、「今は焦らなくていい」というお父さんの一言だったそうです。それからは、毎週の週テストを指標に、お父さんと勉強のスケジュールを組み立て、四谷大塚のテキストと授業のプリントのみに集中して取り組みました。

「思うような結果が出ないときもありましたが、焦らずに、自分が今やるべきことと向き合い、週テストや模擬試験、テキストの間違えた問題の復習を繰り返しました」（浩生くん）

成績が安定してからも、四谷大塚のWebコンテンツ「高速基礎マスター」の計算演習や、コラム教材、志望校別の問題を受験当日まで活用。

根気強い努力で着実に力を蓄え、「今までがんばってきた」という自信を胸に入試に臨んだ浩生くんは、筑波大学附属駒場を含むすべての受験校に合格。自宅からの通いやすさを考慮し、渋谷教育学園幕張に進学することにしました。

実り多い中学受験を、お父さんはこう振り返ります。

「勉強の内容以上に、諦めずに努力することや、最後は自分を信じることの大切さを学べたことが、本人にとって一番の収穫だったのではないかと思います」（お父さん）

そして浩生くんは、受験を通して、家族や塾の先生を始め、支えてくれる人への感謝を新たにしたそうです。

「どんなときも僕を支え、勉強をサポートしてくれたお父さんと、毎日おいしいごはんをつくり、塾の送り迎えもしてくれたお母さんには感謝してもしきれません。これから受験に臨む皆さんも、支えてくれる周囲の人たちへの感謝を忘れずに頑張ってください」（浩生くん）

将来の夢・目標は？

発明家になって世界を変える発明をしたい

慶應義塾湘南藤沢中等部
（けいおうぎじゅくしょうなんふじさわ）

■部　長／尾上義和　■創立／平成4年　■生徒数／645名（男339名、女306名）
■所在地／〒252-0816 神奈川県藤沢市遠藤5466　■ＴＥＬ／0466-49-3585
■交通／湘南台駅（小田急江ノ島線、相模鉄道いずみ野線、横浜市営地下鉄ブルーライン）からバス15分。
辻堂駅（JR東海道線など）からバス21分。

何学期制	週何日制	登校時刻	制服	給食	食堂 軽食販売	プール	寮	特待制度 奨学金等	帰国生 取出授業
3学期制	6日制	8:40	中高あり	なし	食堂条件付 販売中高あり	屋外	なし	なし	あり

海外帰国生が多い
慶應系列で唯一の中高一貫校

沿　革

慶應義塾は1858（安政5）年、江戸築地鉄砲洲に開かれた蘭学塾「福澤塾」がその起源である。1890年には大学部を設け、以来、教育と研究の機関として活動の場を拡充。1990年には、21世紀に向けた新しい学問の場として、総合政策、環境情報の2学部を開設し、2001年に看護医療学部を開設した。その3学部と同じキャンパスに1992年、湘南藤沢中等部・高等部が誕生。

教育方針と特色

男女共学、6年間一貫の中等教育学校として、未来を指向する新しい教育の実践を目指す。中高一貫の男女共学は慶應義塾初の試み。充実したIT機器を利用しながら、グループ学習やプレゼンテーションを多くの教科で取り入れ、コミュニケーション能力を高める教育を実践。体育や芸術にも力を入れ、知性、感性、体力にバランスのとれた教養人の育成を目指す。海外帰国生を含めて広い地域から生徒が集まっており、多様な感性と教員（2人担任制）の個性が融合して、学校生活をより豊かなものとしている。

◉系列校

小	中	高	大（短大）
○	○	○	○

◉小学校からの内進生…107名
◉高校募集　全国枠若干名、帰国枠…約20名
（完全混合クラス）

◉授業時間…1コマ50分・週34時間

	1年	2年	3年	計
国　語	5	5	4	14
社　会	4	3	4	11
数　学	4	4	4	12
理　科	4	4	4	12
英　語	5	6	6	17
5教科計	22	22	22	66

※他に総合的な学習の時間を年に70時数実施

参考　高校1年生一週間の授業

英語=6　数学=5　国語=4
理科=5　社会=4
※慶應義塾湘南藤沢高等部

進学・進路

◉卒業生進路状況

■進路選択状況（高3進級時）
データなし

■理系・文系進学状況
データなし

■共通テスト受験率
データなし

◉卒業までの流れ

小学校	中学校	高等学校	大学
慶應義塾幼稚舎 慶應義塾横浜初等部 ▶	慶應義塾湘南藤沢 中等部 ▶	慶應義塾湘南藤沢 高等部（241） ▶	慶應義塾大学　237 （法64・経済69・商12・文12・理工39・医7・薬6・総合政策12・環境情報15・看護医療0）

◉主な大学合格実績

大学名	'22	'23	'24	大学名	'22	'23	'24	大学名	'22	'23	'24	大学名	'22	'23	'24
東京大				千葉大				東京都立大				東京女子大			
京都大				お茶の水女子大				横浜市立大				日本女子大			
北海道大				東京外国語大				慶應義塾大	-	-	-	成蹊大			
東北大				電気通信大				早稲田大				成城大			
名古屋大				東京学芸大				上智大				明治学院大			
大阪大				東京農工大				東京理科大				國學院大			
九州大				東京芸術大				明治大				武蔵大			
東京工業大				東京医科歯科大				青山学院大				獨協大			
一橋大				東京海洋大				立教大				日本大			
筑波大				横浜国立大				中央大				東洋大			
茨城大				山梨大				法政大				駒澤大			
宇都宮大				金沢大				学習院大				専修大			
群馬大				信州大				国際基督教大				芝浦工業大			
埼玉大				国際教養大				津田塾大				東京都市大			

入試要項・入試情報

◉2024年度の入試要項(参考)

募集人員	男女約70名
選抜方法	1次　国・算・社・理または国・算・英＋調査書・活動報告書 2次　面接(保護者同伴)・体育*
出願関連期間	12/1～1/13
試験日程	1次　2/2 2次　2/4
合格発表	1次 Web 2/3 13:00～ 2次 掲示・Web 2/5 13:00～
入学手続	2/6 16:00まで

＊2次試験は1次合格者のみ。

面接 実施する。

◉費用(参考)

受験料		30,000円
入学手続時	入学金	340,000円
	授業料	900,000円
	その他	305,000円
入学手続後～入学まで	授業料	—
	その他	—
入学後1年	授業料	—
	その他	—
初年度納入金合計		1,545,000円
中学3年間費用計 約		3,955,000円

＊授業料2期分納あり(分納の場合、前期45万円、後期に残り45万円を納入)。
＊入学辞退者は、2月29日16時までに所定の手続きで申し出れば、入学金を除く授業料等を返金。
＊系列校との入学手続時納入金の振り替え可。
＊指定品代・修学旅行費等別途。

◉入試教科

④算数	45分	100点
①国語	45分	100点
③理科	25分	50点
②社会	25分	50点
合計	140分	300点

＊3教科実施順は、国(45分)100点・英(60分)100点・算(45分)100点の計300点

合格最高点	非公表
合格最低点	非公表

◉最近6年間の入試応募者推移と倍率

年度	2019		2020		2021		2022		2023		2024	
	男	女	男	女	男	女	男	女	男	女	男	女
募集	約100		約100		約100		約70		約70		約70	
応募	341	298	354	377	341	364	240	304	179	275	201	271
応募倍率	6.4		7.3		7.1		7.8		6.5		6.7	
受験(1次)	554		622		628		481		405		419	
合格(2次)	118		134		126		79		86		86	
実質倍率	4.7		4.6		5.0		6.1		4.7		4.9	

＊2019年～2021年は帰国生を含む。
＊実質倍率は1次受験者÷2次合格者。
＊2024年1次筆記合格…男女計199名(帰国生含まず)。2次受験…男女計182名(帰国生含まず)。
＊2024年補欠発表(手渡し)…(2次)あり。補欠合格…(2次)男女計1名(帰国生含まず)。追加合格…詳細不明。

◉受験併願パターン

偏差値	1月前半	1月後半	2月1日	2月2日	2月3日	2月4日以降
68						渋谷教育渋谷3
67	聖光学院帰					
65		市川	慶應普通部	慶應湘南藤沢	慶應中等部	
64						本郷3
61					明大明治2	サレジオ学院B

偏差値	1月前半	1月後半	2月1日	2月2日	2月3日	2月4日以降
70					慶應中等部	
69			早稲田実業			
68		渋谷教育渋谷帰		慶應湘南藤沢		
66						洗足学園3
64			フェリス女学院		明大明治2	農大第一3

入試問題の傾向とポイント

算数
計算と一行問題が合わせて6問、大問4題の問題構成。後半の大問は複雑で手間のかかる問題が出題されており、45分の試験時間ですべての問題を解き終えるのはかなり厳しい。計算力や時間配分、問題難易度の見極めを含め、高い処理能力が求められるので、過去問をしっかりと解き対策を練っておくこと。

国語
説明文・物語文の読解2題に、漢字10題と150字以内の意見記述が出題された。説明文は空欄補充を通して前後の文の流れや意味の把握が求められた。物語文は空欄補充のほか、人物の言動理由についての記述や抜き出しで答える設問もあった。

理科
例年通り大問4題、生地物化からの出題だが、3題の年もある。選択問題だけではなく、計算・記述問題も毎年見られる。また、考察する力が要求される問題も多く出題されるため、出題内容をしっかりと把握し、自分のことばで表現する力も必要。基礎基本を徹底した上で、過去問に取り組みたい。

社会
大問7題構成。例年同様に3分野からの基本的な出題。地理は新幹線が通る府県の特徴と北海道について。歴史は鎌倉仏教と江戸時代末期の政治史・外交史についてのオーソドックスな問い。日本の終戦までの流れを出した問いのみ難易度が高い。政治は財政・社会保障・内閣について出題。ほとんどが記号選択で取り組みやすい問題だけに、基本的な問題の取りこぼしが合否の分かれ目となりうる。注意深く文章を読み取る習慣を身につけたい。

慶應義塾湘南藤沢中等部

2024入試合否分布

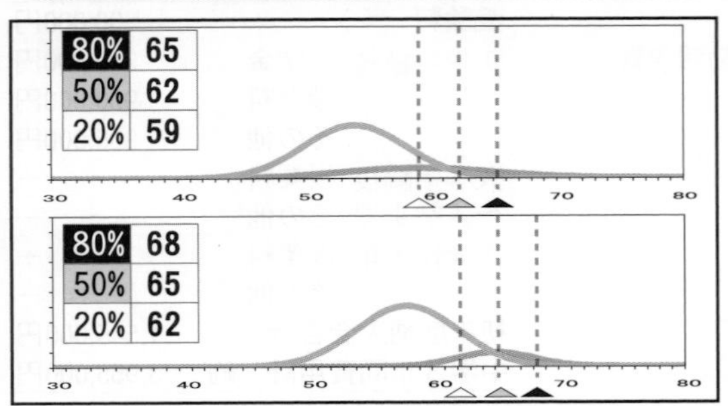

合格者の合不合判定テストにおける成績推移

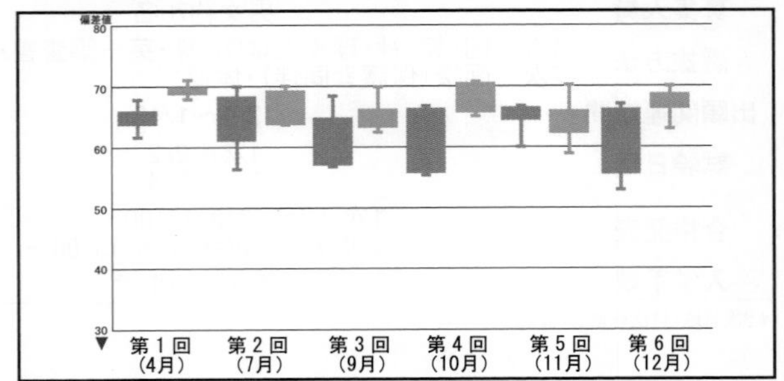

2024入試合否レーダーチャート

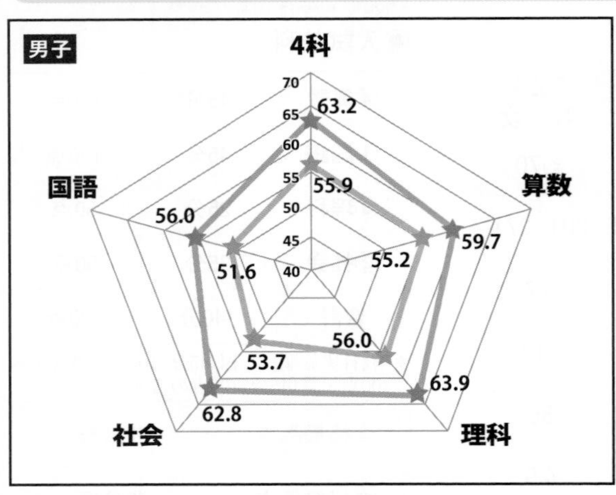

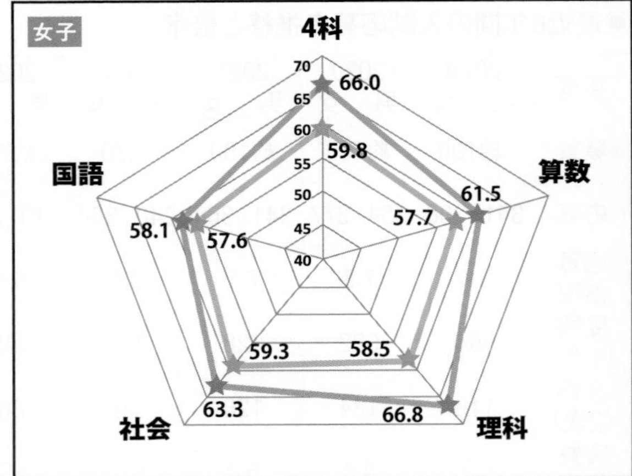

組分けテスト合格状況

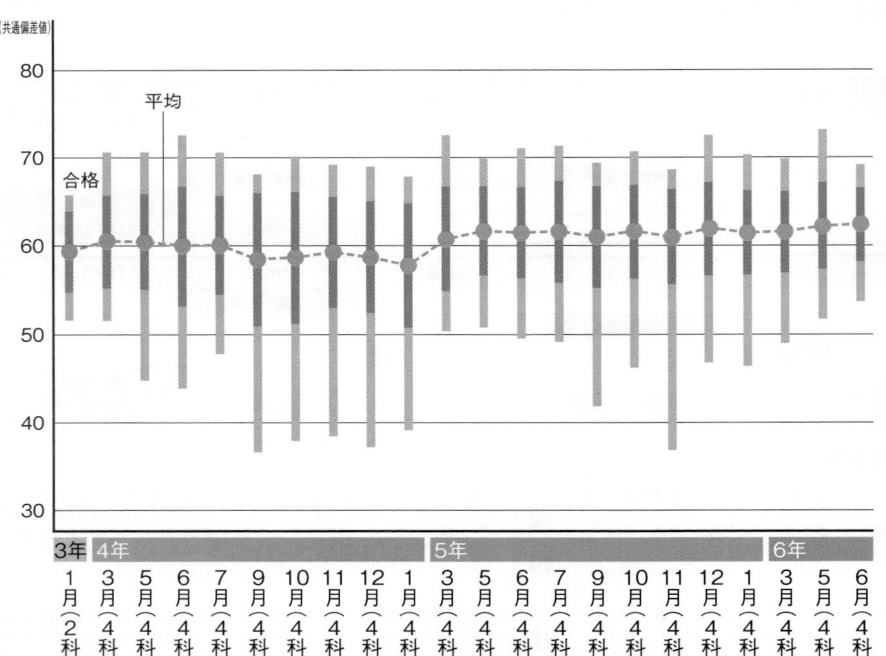

コース別合格者平均偏差値

コース	合格者平均
4年生	
C	54.1
B	61.8
5年生	
S	46.5
C	59.1
6年生	
S	49.3
C	49.2

※上記偏差値は各コース内の偏差値です。

慶應義塾湘南藤沢中等部

受験を通して身についた力は？

苦しいときも諦めず目標に向かって努力する力

1年生 南竹 紗奈さん

どうしても入りたい！熱い気持ちを原動力に

2年生の4月に、約3年過ごした海外から帰国。紗奈さんの中学受験は、日本語がややたどたどしい状態でスタートしました。

紗奈さんの目標は、「両親と同じ慶應義塾大学に入ること」。けれど、成績は平均点付近に留まり、慶應義塾大学の附属中学校を志望するのは難しい状況が長く続きました。

両親は、紗奈さんが英語力を維持するための学習と、算・国・理・社4教科の受験勉強を両立するのは困難と判断。得意の英語を含む算・国・英の3教科で受験可能な学校を中心に受験するという方針を固めます。

「娘は真面目な性格で、どんなときも自らの意思で机に向かって勉強していましたが、それでも成績は伸びず、親は慶應の附属中の受験は完全に諦めていました」（お母さん）

地道な努力が奏功し、成績が目に見えて伸び始めたのは6年生の冬。「私はどうしても慶應義塾湘南藤沢中等部（SFC）に行きたいという気持ちを両親に話すと、両親も、私の挑戦を全力で応援すると言ってくれました」（紗奈さん）

そこからはSFCの過去問演習に集中的に取り組み、解けないところは塾の先生に聞いて復習するサイクルを反復。最初は40～50点だった点数が、入試直前には80点前後までアップ。試験当日まで伸び続ける勢いで、見事1次試験を突破しました。

「1次の合格を確認して家族で涙を流して喜び、2次試験の体育実技と面接に備えて、夜まで親子で面接の練習を繰り返しました」（お母さん）

本番の面接では、「SFCにどうしても入りたい」という熱い思いを緊張することなく伝えて、ついに第一志望校の合格を手にした紗奈さん。

「成績が伸びず、つらく苦しい時期もありましたが、諦めずにやり続けることで合格できました」（紗奈さん）

「固い決意で努力し夢をかなえた娘に、5年間、本当にお疲れさま、素晴らしい奇跡を見せてくれてありがとうと言いたいです」（お母さん）

将来の夢・目標は？

人の心に寄り添う弁護士

慶應義塾中等部

■部　長／井上逸兵　■創立／昭和22年　■生徒数／718名（男431名、女287名）
■所在地／〒108-0073 東京都港区三田2-17-10　■ＴＥＬ／03-5427-1677
■交通／田町駅（JR山手線・京浜東北線）、徒歩約10分。三田駅（都営浅草線・三田線）徒歩約10分。
麻布十番駅（東京メトロ南北線）徒歩約10分。白金高輪駅（東京メトロ南北線）徒歩約10分。

何学期制	週何日制	登校時刻	制服	給食	食堂 軽食販売	プール	寮	特待制度 奨学金等	帰国生 取出授業
3学期制	6日制	8:10	なし	なし	パン・飲み物の自販機のみ	屋外	なし	奨学金あり	なし

禁止事項を最小限にとどめて
自由の中に規律を求める

沿　革

慶應義塾は1858（安政5）年、江戸築地鉄砲洲に開かれた蘭学塾「福澤塾」がその起源である。その後、時の年号にちなんで「慶應義塾」と改称。1947年、六三制の学制の始まりとともに、慶應義塾の一貫教育の中で初めての共学校として、慶應義塾中等部が設立。早くから女子教育の必要性を説いていた福澤諭吉の理念が、ここに実現された。

教育方針と特色

中等部の教育は、自ら考え、自ら判断し、自ら行動して、その結果に責任を持つこと、そして生徒が将来円満な人格と豊かな人間性をもつ人に育つことを目標としている。学科においても偏らない知識を得ることを重視してカリキュラムが練られ、将来全員が慶應義塾大学の各学部へ進学することを前提とした質の高い授業を行っている。また校友会（クラブ）活動も盛んで、学芸部（文化系）に21、運動部に17の部がある。2020年11月17日に「中等部SDGs宣言」を行った。SDGsの枠組みで考えた教育をとり入れていく。

◉系列校

小	中	高	大（短大）
○	○	○	○

◉小学校からの内進生…79名

◉授業時間…1コマ45分・週35時間

	1年	2年	3年	計
国　語	6	5	5	16
社　会	4	4	5	13
数　学	5	6	5	16
理　科	4	4	4	12
英　語	6	5	5	16
5教科計	25	24	24	73

参考　**高校1年生一週間の授業**

英語=4　数学=5　国語=4
理科=3　社会=6
※慶應義塾高等学校

英語=6　数学=5　国語=4
理科=4　社会=4
※慶應義塾女子高等学校

進学・進路

◉卒業生進路状況

〈慶應義塾高等学校〉

〈慶義義塾志木高等学校〉

〈慶義義塾女子高等学校〉

◉卒業までの流れ

小学校	中学校	高等学校	大学
慶應義塾幼稚舎	慶應義塾中等部	慶應義塾高等学校（670）	慶應義塾大学　656（法224・経済210・商70・文9・理工86・医22・総合政策11・環境情報22・看護医療0・薬2）
		慶應義塾志木高等学校（235）	慶應義塾大学　234（法74・経済80・商18・文10・理工40・医7・総合政策1・環境情報3・看護医療0・薬1）
		慶應義塾女子高等学校（212）	慶應義塾大学　207（法54・経済60・商16・文12・理工24・医5・総合政策14・環境情報17・看護医療5・薬0）

※高等学校過程は、慶應義塾湘南藤沢高等部、慶應義塾ニューヨーク学院高等部へも進学可能

◉主な大学合格実績

〈慶應義塾高等学校〉　〈慶義義塾志木高等学校〉　〈慶義義塾女子高等学校〉

入試要項・入試情報

◉2024年度の入試要項（参考）

募集人員	男子約120名・女子約50名（内部進学者数により変動）
選抜方法	1次　国・算・社・理＋報告書 2次　体育実技・保護者同席の面接
出願関連期間	12/21～1/11
試験日程	1次　2/3 2次　2/5
合格発表	1次　Web 2/4 15:00～ 2次　Web 2/6 15:00～
入学手続	2/7 13:00まで

＊2次試験は1次合格者のみ。

面接 実施する。

◉費用（参考）

受験料		30,000円
入学手続時	入学金	340,000円
	授業料	880,000円
	その他	215,000円
入学手続後～入学まで	授業料	—
	その他	105,000円
入学後１年	授業料	—
	その他	250,000円
初年度納入金合計		1,790,000円
中学３年間費用計　約		4,315,000円

＊授業料2期分納あり（分納の場合、前期44万円、後期に残額44万円を納入）。
＊入学辞退者は、2月29日16時までに申し出れば、入学金を除く全ての納入金を返金。
＊系列校との入学手続時納入金の振り替え可。

◉最近6年間の入試応募者推移と倍率

年度	2019		2020		2021		2022		2023		2024	
	男	女	男	女	男	女	男	女	男	女	男	女
募集	約140	約50	約140	約50	約140	約50	約140	約50	約120	約50	約120	約50
応募	991	511	956	458	1026	496	1012	475	856	448	861	454
応募倍率	7.1	10.2	6.8	9.2	7.3	9.9	7.2	9.5	7.1	9.0	7.2	9.1
受験（1次）	870	388	835	351	891	395	891	372	697	352	722	349
合格（2次）	170	54	171	58	158	62	140	60	135	58	142	56
実質倍率	5.1	7.2	4.9	6.1	5.6	6.4	6.4	6.2	5.2	6.1	5.1	6.2

＊実質倍率は1次受験者÷2次合格者。
＊2024年1次筆記合格…男308名、女117名。2次受験…男217名、女106名。
＊2024年補欠発表（Web）…男34名、女20名。補欠合格（電話）…あり、2月7日～2月末。追加合格…なし。

◉入試教科

④算数	45分	100点
①国語	45分	100点
③理科	25分	50点
②社会	25分	50点
合計	140分	300点

合格最高点	非公表
合格最低点	非公表

◉受験併願パターン

偏差値	1月前半	1月後半	2月1日	2月2日	2月3日	2月4日以降
68				渋谷教育渋谷２		渋谷教育渋谷３
66	栄東東大特待					
65		市川	慶應普通部		慶應中等部	
63				本郷２		芝２
61		東邦大東邦前	世田谷学園算数	明大明治	広尾小石川３	サレジオ学院Ｂ

偏差値	1月前半	1月後半	2月1日	2月2日	2月3日	2月4日以降
72		渋谷教育幕張				
71						渋谷教育渋谷３
70					慶應中等部	
69	栄東東大特待		女子学院			
68				慶應湘南藤沢		

入試問題の傾向とポイント

算数

解答の桁数がわかる解答用紙に記入していく短答式になっている。基本～標準レベルの出題で難関レベルの問題はないものの、45分の試験時間に対して問題数が若干多くなっている。幅広い分野から出題されるので、各分野の基礎をきちんと固めておくこと。また、過去問をしっかり解き対策しておきたい。

国語

物語文・説明文・随筆文の読解3題と文法・漢字の書き取りが出題された。物語文は語句の知識問題や人物の心情や理由について問われた。基本的に解答形式は選択肢だが、記述や抜き出しもあった。説明文は対義語などの知識問題のほか空欄補充や内容合致などの設問があった。随筆文は本文内容というより、付随する知識について問われる問題がほとんどであった。

理科

例年通り大問4～5題、生地物化からの出題。多くが選択問題だが、記述が数問ある。記号選択が数字である点や、選択と記述で解答用紙の位置が異なる点に落ち着いて対応したい。基本的な問題が多く、身のまわりで観察できる内容が出題される。ミスなく解答する力が必要である。

社会

大問5題構成。記述問題は例年同様に文字数を指定した形式のもの。用語は漢字指定もあり。基礎基本はもちろんのこと、苦手分野をつくらないことが重要。また、福沢諭吉に関する問題、一般常識を問う問題も例年出題されるため、過去問演習を通じて視野を広げることも欠かせない。

慶應義塾中等部

2024入試合否分布

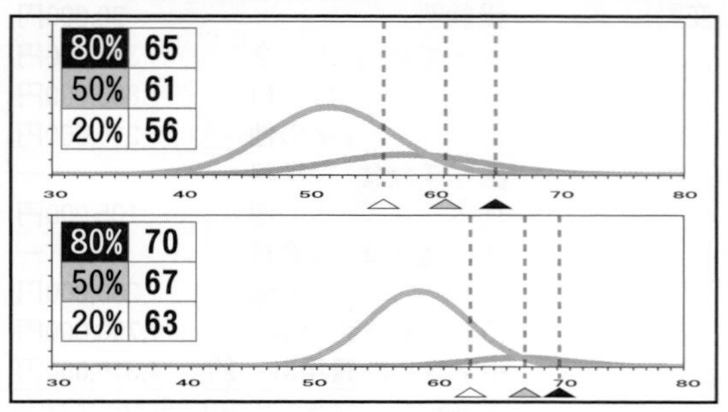

合格者の合不合判定テストにおける成績推移

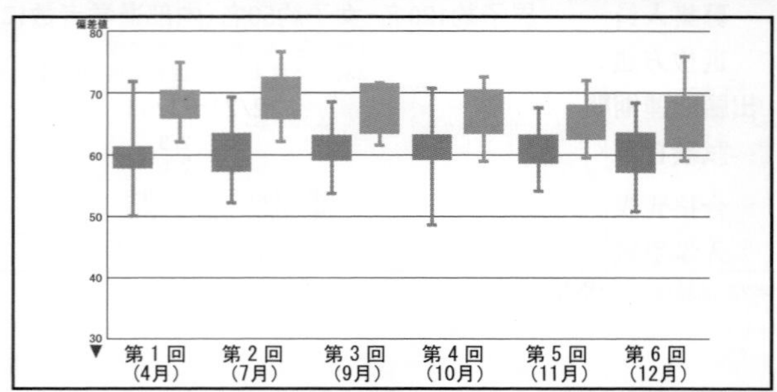

2024入試合否レーダーチャート

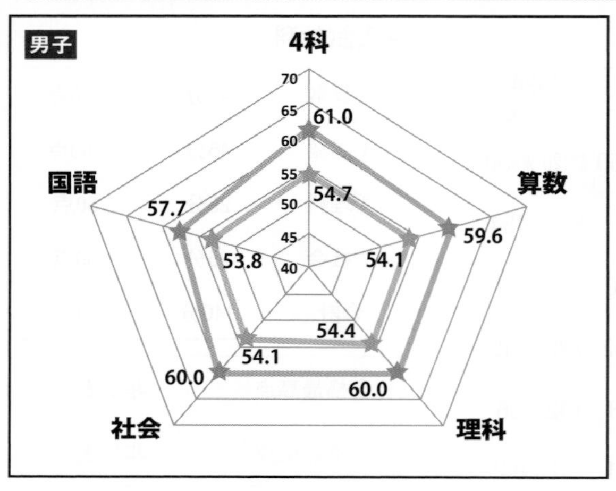

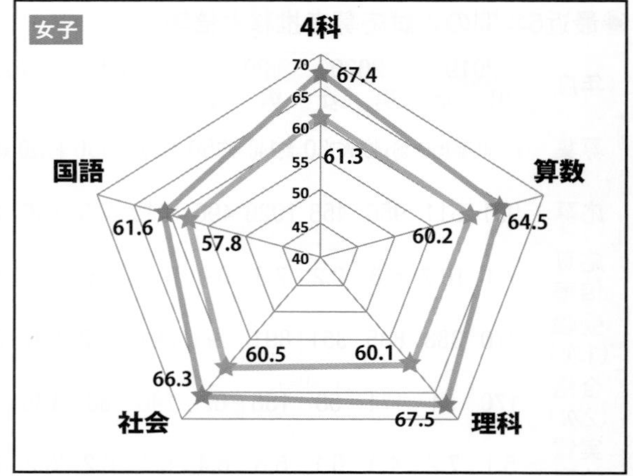

組分けテスト合格状況

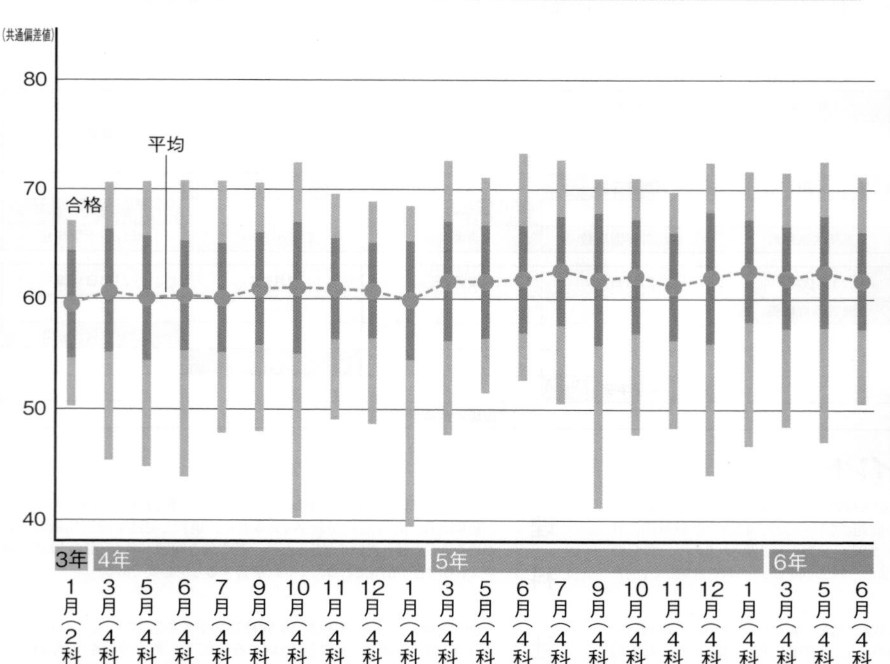

コース別合格者平均偏差値

コース	合格者平均
4年生	
C	54.5
B	58.9
5年生	
S	45.4
C	53.9
6年生	
S	48.1
C	55.1

※上記偏差値は各コース内の偏差値です。

慶應義塾中等部

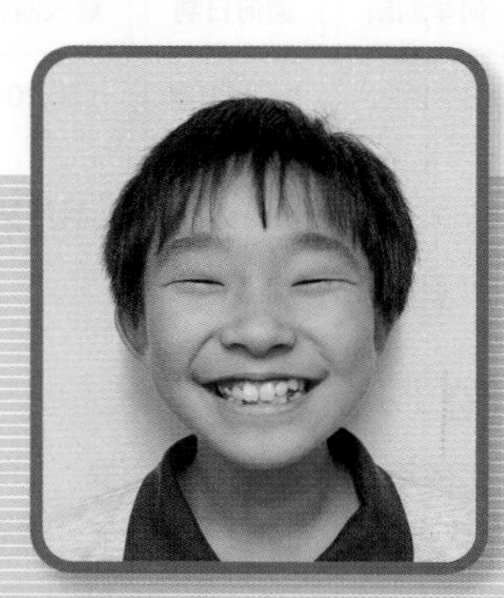

1年生 中村 幹治くん

受験を通して身についた力は？

自分を信じて諦めず頑張り抜く力

積み重ねた努力は最後の最後に実る！

幹治くんは、2人のお姉さんが中学受験を経験したことがきっかけで、自分もと思うようになり、3年生の秋から四谷大塚に通い始めました。

「この3年間で一番成績が伸びたと感じるのは社会です。基本問題や、間違えたところを繰り返し勉強しました。テストの点数が良かったときに、塾の先生からほめられたのは嬉しかったです」と振り返ります。しかし受験生活の間には、モチベーションが下がってしまう時期もたびたびあったとか。お母さんは「やる気がなさそうだなと感じたときは、そのつど息子に受験の意志を確認しました。そのうえで、本人が納得できる勉強の量と方法を考えるようにしていました」と語ります。お母さんは塾の先生から「無理に勉強をやらせても良い方向には向かないので、根気強く見守ってください」というアドバイスをもらい、怒らず幹治くんに寄り添い、少しでも良いところがあれば褒めるよう心がけていたそうです。

そんなお母さんや塾の先生のサポートに力をもらって、諦めず頑張り続けた幹治くんは見事、第一志望の慶應に合格を果たします。

「慶應の合格を知ったときは、本当に嬉しかったです。最後の合不合テストまで良い判定が出なかったので、正直驚きもありました。受験勉強を最後までやり遂げることができたのは、叱ることなく、励まして支えてくれた両親や塾の先生方のおかげだと感謝しています」（幹治くん）

お母さんは「慶應に合格したときの息子の笑顔は忘れられません。塾の先生がよくおっしゃっていた『受験は本当に最後までわからない。最後まで伸びる力がある』という言葉を信じて良かったです」と語ります。

受験の本番を終える1日ごとに、自身でも成長を感じられたという幹治くんは、未来の受験生に向けてこんなアドバイスをくれました。

「どんなことがあっても最後まで諦めず頑張ってください」（幹治くん）

将来の夢・目標は？

カメの飼育員になりたい

渋谷教育学園渋谷中学校

■学校長／高際伊都子　■創立／平成8年　■生徒数／611名（男290名、女321名）
■所在地／〒150-0002 東京都渋谷区渋谷1-21-18
■ＴＥＬ／03-3400-6363
■交通／渋谷駅（JR山手線など）徒歩7分。原宿駅（JR山手線）徒歩8分。明治神宮前駅（東京メトロ千代田線・副都心線）徒歩8分。

何学期制	週何日制	登校時刻	制服	給食	食堂 軽食販売	プール	寮	特待制度 奨学金等	帰国生 取出授業
3学期制	隔週5日制	8:20	中高あり	なし	食堂なし 販売中高あり	なし	なし	あり	あり

教科はすべて「世界で活躍するために必須」で構成される

沿　革

1924年、中央女学校創立。1947年、渋谷高等学校に改組。1951年、渋谷教育学園設立。1963年、渋谷女子高等学校へ校名変更。1996年、中高一貫の渋谷教育学園渋谷中学高等学校を開校。

教育方針と特色

「いろいろな能力のある子どもたちを広く集め、21世紀の国際社会で必要とされる資質を持った人間を育てる」という目標を掲げて開校。それを実現するため、少人数教育を採用する一方で、希望者対象ではあるが、中学はオーストラリア、高校はアメリカ・イギリス・シンガポール・ベトナムなど多方面で海外研修の機会が設けられており、異文化理解やコミュニケーション能力の向上に貢献している。帰国生の受け入れにも積極的。また、カリキュラム編成にあたっては特に主要教科を重視し、難関大学への進学を目指す。そのために、「シラバス（年間学習進度計画表）」を生徒に配布している。これによって、生徒自身が各教科のカリキュラムの構造・全体像を把握でき、高度な学力の養成を合理的に進めることが可能となっている。

◉系列校

小	中	高	大（短大）
	○	○	○

◉併設小学校なし

◉高校生外部募集………なし

◉授業時間…1コマ45分・週36時間

	1年	2年	3年	計
国　語	6	6	6	18
社　会	4	4	4	12
数　学	5	5	6	16
理　科	4	4	4	12
英　語	7	7	6	20
5教科計	26	26	26	78

参考　高校1年生一週間の授業

英語=6　数学=6　国語=6
理科=4　社会=4

進学・進路

◉卒業生進路状況

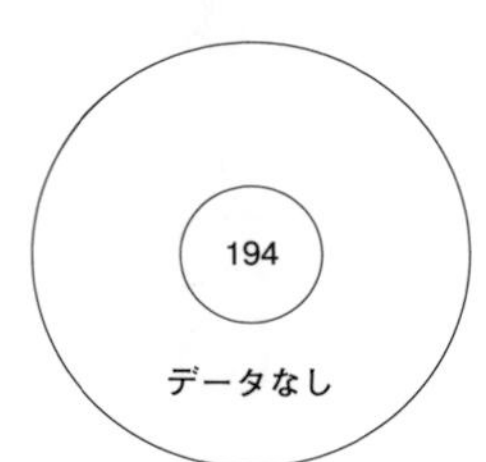

■進路選択状況（高３進級時）

データなし

■理系・文系進学状況

データなし

■共通テスト受験率

データなし

◉卒業までの流れ

小学校	中学校	高等学校	大学
	渋谷教育学園渋谷中学校 ▶	渋谷教育学園渋谷高等学校（194）	

◉主な大学合格実績

大学名	'22	'23	'24	大学名	'22	'23	'24	大学名	'22	'23	'24	大学名	'22	'23	'24
東京大	38	40	43	千葉大	3	3	7	東京都立大		1	1	東京女子大	1	1	
京都大	7	7	6	お茶の水女子大		2		横浜市立大			3	日本女子大	2	4	
北海道大	5	1	1	東京外国語大	1		2	慶應義塾大	115	85	104	成蹊大		1	3
東北大	3	7	2	電気通信大	1			早稲田大	150	119	136	成城大			3
名古屋大				東京学芸大	2			上智大	45	38	55	明治学院大	4		3
大阪大		1		東京農工大	3		1	東京理科大	60	51	53	國學院大			5
九州大				東京芸術大	2			明治大	67	58	50	武蔵大			
東京工業大	4	5	3	東京医科歯科大	3	1	3	青山学院大	19	13	11	獨協大			
一橋大	7	10	8	東京海洋大				立教大	19	9	17	日本大	8	2	4
筑波大	1	1		横浜国立大	12	8	7	中央大	20	15	17	東洋大		3	
茨城大	1			山梨大	2			法政大	29	12	10	駒澤大	4		
宇都宮大				金沢大	1			学習院大	4	1	5	専修大	2	1	
群馬大			1	信州大	4		3	国際基督教大	4	2	7	芝浦工業大		5	7
埼玉大	1		2	国際教養大				津田塾大			2	東京都市大	5		

入試要項・入試情報

◉2024年度の入試要項(参考)

	1回	2回	3回
募集人員	男女70名	男女70名	男女23名
選抜方法	国・算・社・理		
出願関連期間	1/9〜1/28		1/9〜2/4
試験日程	2/1	2/2	2/5
合格発表	掲示 2/2 14:00〜 Web 2/2 14:00〜	掲示 2/3 11:00〜 Web 2/3 11:00〜	掲示 2/6 11:00〜 Web 2/6 11:00〜
入学手続	2/12 23:59まで		

面接 実施する。

◉費用(参考)

受験料		23,000円
入学手続時	入学金	290,000円
	授業料	—
	その他	—
入学手続後〜入学まで	授業料	70,000円
	その他	180,000円
入学後１年	授業料	510,000円
	その他	320,000円
初年度納入金合計		1,370,000円
中学３年間費用計 約		3,030,000円

＊複数回同時出願の受験料は、2回分は3万8千円、3回分は5万3千円(帰国生入試は除く)。

◉最近6年間の入試応募者推移と倍率

年度		2019男	2019女	2020男	2020女	2021男	2021女	2022男	2022女	2023男	2023女	2024男	2024女
募集	①	70		70		70		70		70		70	
	②	70		70		70		70		70		70	
	③	23		23		23		23		23		23	
応募	①	178	285	134	266	130	254	148	303	163	283	197	235
	②	428	368	385	374	458	334	458	379	522	372	503	335
	③	393	362	294	294	374	318	359	381	422	358	414	337
応募倍率	①	6.6		5.7		5.5		6.4		6.4		6.2	
	②	11.4		10.8		11.3		12.0		12.8		12.0	
	③	32.8		25.6		30.1		32.2		33.9		32.7	
受験	①	168	271	125	251	122	243	136	286	142	270	181	219
	②	397	337	343	342	410	303	408	345	455	332	445	287
	③	268	259	224	218	267	239	264	302	301	275	307	257
合格	①	51	69	41	80	44	65	54	62	54	57	56	55
	②	156	66	173	85	185	78	169	73	149	72	146	71
	③	33	21	46	23	47	21	42	27	43	23	43	24
実質倍率	①	3.3	3.9	3.0	3.1	2.8	3.7	2.5	4.6	2.6	4.7	3.2	4.0
	②	2.5	5.1	2.0	4.0	2.2	3.9	2.4	4.7	3.1	4.6	3.0	4.0
	③	8.1	12.3	4.9	9.5	5.7	11.4	6.3	11.2	7.0	12.0	7.1	10.7

＊2024年補欠発表・追加合格…いずれも詳細不明。

◉入試教科

②算数	50分	100点
①国語	50分	100点
④理科	30分	50点
③社会	30分	50点
合計	160分	300点

合格最高点	非公表
合格最低点	①男207　女211点 ②男203　女208点 ③男188　女194点

◉受験併願パターン

偏差値	1月前半	1月後半	2月1日	2月2日	2月3日	2月4日以降
70		渋谷教育幕張				
68				渋谷教育渋谷２		渋谷教育渋谷３
67			渋谷教育渋谷			
66	栄東東大特待				海城２	
65		市川				

偏差値	1月前半	1月後半	2月1日	2月2日	2月3日	2月4日以降
72		渋谷教育幕張				
71				渋谷教育渋谷２		渋谷教育渋谷３
70			渋谷教育渋谷			
69	栄東東大特待				小石川一般	
66				洗足学園２	横浜市立ＹＳＦＨ	広尾学園ＩＳＧ２

入試問題の傾向とポイント

算数　計算1問、一行問題5問、大問3題の問題構成。一部の問題では式や考え方を書く欄が設けられている。理由説明を記述する問題が出題されることが多い。大問は思考力が必要で、複雑な問題が出題される。時間配分に注意し、問題の選定をしっかりと行って、解ける問題で確実に得点しておく必要がある。

国語　物語文と説明文の2題構成。それぞれに漢字の書き取りが出題されている。物語文は人物の心情説明や心情理由を中心に問われた。説明文は言い換え・内容合致などを通して筆者の考えを問われた。どちらも解答形式は長めの選択肢が多く、その他1、2題の記述設問があった。

理科　例年通り大問2題、1題は融合問題が出題される。設問形式は選択・計算・記述・作図と多岐に渡る。身のまわりのものを説明している文章を読み解く中で、科学的な思考を深めていくような問題が多く、時間内にしっかりと理解して、考える力が要求される。過去問演習を通じて、慣れておきたい。

社会　多くの受験生にとって初見となる資料を用いて、身につけた知識を角度を変えて活用できるかを試す問題が例年通り数多く出題されている。今年は1回で九州の歴史、2回で沖縄について出題されるなど、1つの地域に焦点を当てた問題が共通して出題された。日頃から様々な資料に触れ、資料をよみとる力を育成しておきたい。

渋谷教育学園渋谷中学校

2024入試合否分布

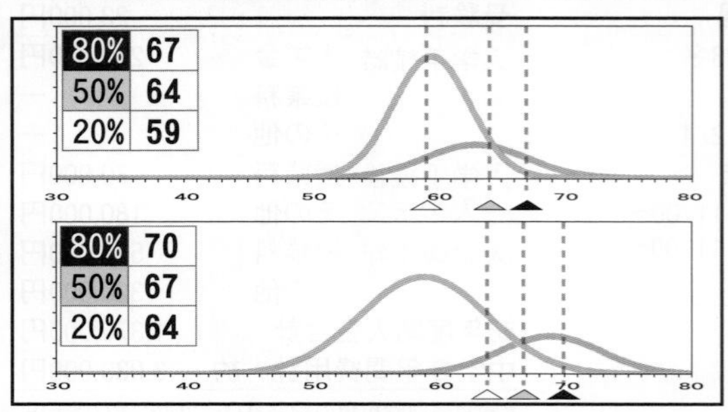

合格者の合不合判定テストにおける成績推移

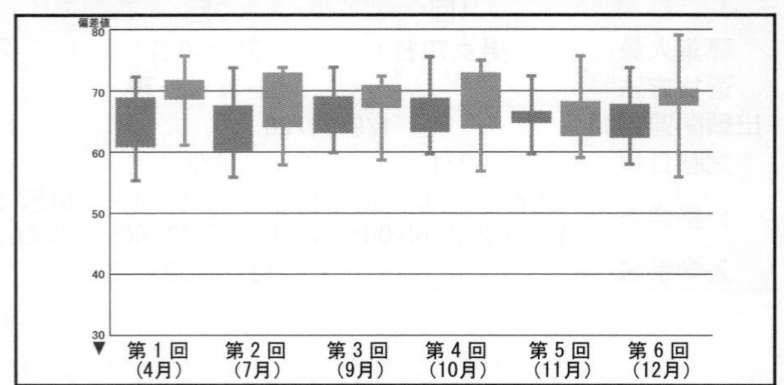

2024入試合否レーダーチャート

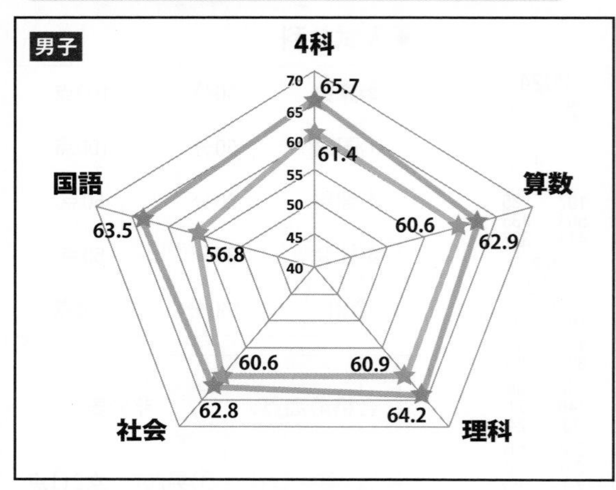

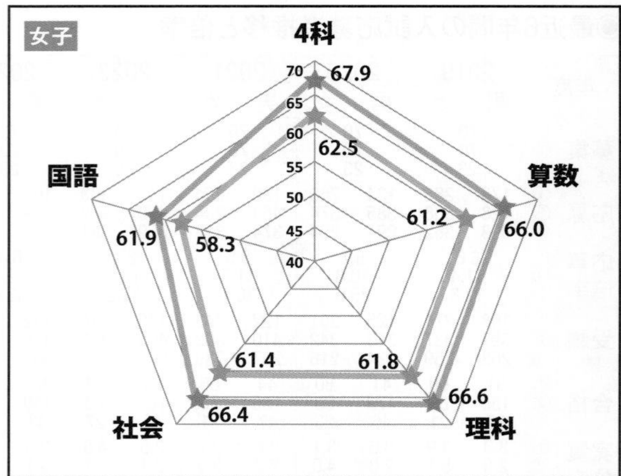

組分けテスト合格状況

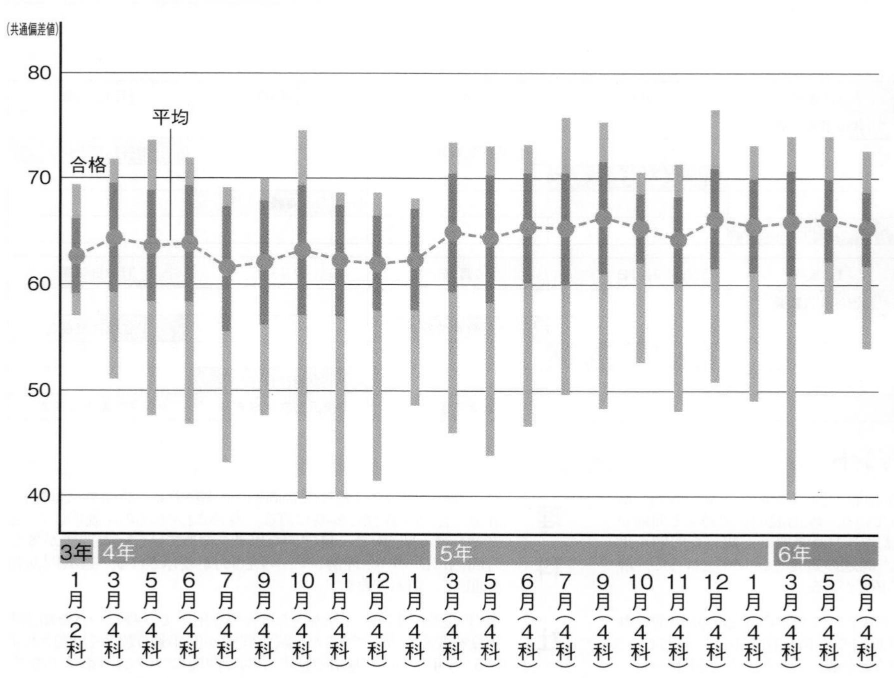

コース別合格者平均偏差値

コース	合格者平均
4年生	
C	60.2
B	65.5
5年生	
S	54.3
C	60.1
6年生	
S	53.9
C	62.4

※上記偏差値は各コース内の偏差値です。

渋谷教育学園渋谷中学校

受験を通して身についた力は？

1年生 中山 耀利くん

「挑戦なくして成功はない」困難に打ち勝つ力

意欲低下を経て奮起 自分を律し努力を継続

4年生の頃は、四谷大塚の教材を使用する他塾で算・国2教科を学び、レベルアップをはかるため、5年生で四谷大塚に入塾した耀利くん。新たな環境で周囲との差を縮めるべく、塾のプリントを何度も見直し、積極的に先生に質問をして、わからないところをそのままにしないことを心がけたそうです。

「その結果、5年生の後半に一番上のクラスに入り、その後もクラスをキープし続けることができました」（耀利くん）

国際教育が充実した渋谷教育学園渋谷への漠然とした憧れが、「この学校に通いたい」という明確な意志に変わったのは6年生の秋のこと。

「渋渋の文化祭に行き、先輩方が自由な校風の中で生き生き活動している姿を見て、自分もこの学校で学びたいと強く感じました」（耀利くん）

しかし、その後の学校別対策コースの過去問演習では思うような点数がとれず、モチベーションが低下。奮起のきっかけになったのは、塾の先生の「渋渋はキミに合っている学校だから行ってほしい」という期待と、両親からの「自信を持って！」という励ましの言葉でした。

「受験が終わったときに悔いが残らないようにしたい――」。そう思った耀利くんは、授業がない日も塾の自習室に通い、自ら勉強計画を立てて過去問や苦手な問題に挑戦。その様子を傍らで見守った両親は、「自分で考えて勉強してほしかったので、親はあまり口を出さないようにしていました」と振り返ります。

「〝第一志望校合格〟という目標に向かい、困難をどう乗り越えるかを自分で考え実行し、最後に『合格』という結果を出した姿はとてもたくましく見えました」（お母さん）

「渋渋の合格がわかったときは心から安堵し、支えてくれた先生や両親に感謝の気持ちでいっぱいでした」と話す耀利くん。今後は憧れの学校で、さらなる成長を見せてくれることでしょう。

将来の夢・目標は？

生徒と真剣に向き合える教師になりたい

<ruby>渋谷教育学園幕張中学校<rt>しぶやきょういくがくえんまくはり</rt></ruby>

■学校長／田村聡明　■創立／昭和61年　■生徒数／891名（男569名、女322名）
■所在地／〒261-0014 千葉県千葉市美浜区若葉1-3
■ＴＥＬ／043-271-1221
■交通／幕張駅（JR総武線）徒歩16分。京成幕張駅（京成千葉線）徒歩14分。海浜幕張駅（JR京葉線）徒歩10分。

何学期制	週何日制	登校時刻	制服	給食	食堂 軽食販売	プール	寮	特待制度 奨学金等	帰国生 取出授業
3学期制	6日制	8:25	中高あり	なし	食堂条件付 販売条件付	屋内	なし	あり	あり

自ら積極的に行動する
倫理感の高い国際人を育成する

沿　革

1983年4月、渋谷教育学園幕張高等学校が千葉市幕張地区に開校。1986年4月に中学校が開校し、中高一貫教育の体制が整う。2004年より校名を「渋谷教育学園幕張高等学校附属中学校」から「渋谷教育学園幕張中学校」へ変更。

教育方針と特色

「自調自考の力を伸ばす」「倫理感を正しく育てる」「国際人としての資質を養う」を、教育理念とする。中高一貫教育のメリットを生かし、生徒一人ひとりを大切に発達段階に応じ能力・個性を最大限に伸ばす教育を実施している。教科面では、英語・数学・国語・理科・社会に多くの時間をさき、基礎・基本の徹底を図っている。そして自調自考の学習の羅針盤として、「シラバス（年間学習進度計画表）」を活用して、生徒の学習計画において効果を挙げている。芸術・体育などの教科に関しては特別活動を通じて、限られた教科時間を補い、バランスのとれた人間育成を目指している。また、長期留学や海外教育研修（ホームステイ）など、国際感覚を養うための機会も豊富に用意している。

◉系列校

小	中	高	大（短大）
	○	○	○

◉併設小学校なし

◉高校募集内進含………295名

（高校2年次より混合クラス）

◉授業時間…1コマ50分・週34時間

	1年	2年	3年	計
国　語	6	6	6	18
社　会	4	4	4	12
数　学	6	6	6	18
理　科	4	4	4	12
英　語	6	6	6	18
5教科計	26	26	26	78

参考　高校1年生一週間の授業

英語=6　数学=6　国語=6
理科=4　社会=4

進学・進路

◉卒業生進路状況

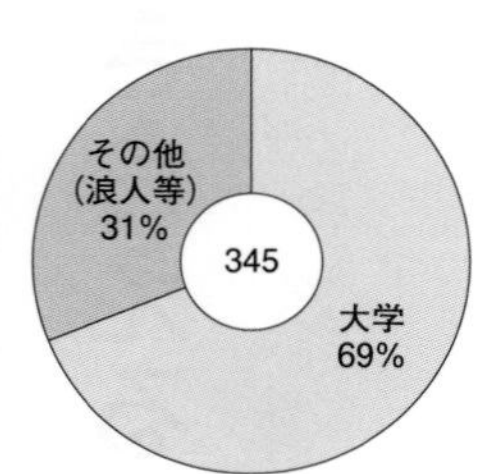

■進路選択状況（高３進級時）
データなし

■理系・文系進学状況
データなし

■共通テスト受験率
データなし

◉卒業までの流れ

小学校	中学校	高等学校	大学
	渋谷教育学園幕張中学校 ▶	渋谷教育学園幕張高等学校（345）	

◉主な大学合格実績

大学名	'22	'23	'24	大学名	'22	'23	'24	大学名	'22	'23	'24	大学名	'22	'23	'24
東京大	74	74	64	千葉大	32	28	23	東京都立大				東京女子大			
京都大	7	12	13	お茶の水女子大				横浜市立大				日本女子大			
北海道大	7	8	5	東京外国語大	1	1		慶應義塾大	153	138	151	成蹊大			
東北大	7	4	10	電気通信大				早稲田大	220	235	209	成城大			
名古屋大				東京学芸大				上智大	59	70	45	明治学院大			
大阪大				東京農工大				東京理科大	126	145	131	國學院大			
九州大				東京芸術大	2		3	明治大	95	88	65	武蔵大			
東京工業大	9	11	11	東京医科歯科大	3	5	1	青山学院大	21	20	8	獨協大			
一橋大	10	19	7	東京海洋大				立教大	26	22	22	日本大			
筑波大	15	13	13	横浜国立大	2	3	3	中央大	36	30	38	東洋大			
茨城大				山梨大				法政大	43	26	28	駒澤大			
宇都宮大				金沢大				学習院大				専修大			
群馬大				信州大				国際基督教大				芝浦工業大			
埼玉大				国際教養大				津田塾大				東京都市大			

入試要項・入試情報

◉2024年度の入試要項（参考）

	1次	2次
募集人員	男女約215名	男女約45名
選抜方法	国・算・社・理	
出願関連期間	12/15～1/10	1/24～1/27
試験日程	1/22	2/2
合格発表	Web 1/24 14:00頃～	Web 2/3 10:00頃～
入学手続	1/25 15:00まで	2/3 18:00まで

＊2024年最終手続は2月10日（土）8時30分から実施（保護者同伴。手続きをしない場合は入学許可とならない）。
＊2024年保護者説明会は2月20日（火）10時から実施（保護者のみ。出席しない場合は入学の意志がないものとみなされる）。

面接 実施する。

◉費用（参考）

受験料		26,000円
入学手続時	入学金	280,000円
	授業料	―
	その他	―
入学手続後～入学まで	授業料	―
	その他	96,930円
入学後１年	授業料	444,000円
	その他	473,000円
初年度納入金合計		1,293,930円
中学３年間費用計 約		3,083,930円

＊1次の合格者の希望者は、入学手続時納入金のうち5万円を1月24日までに納入することで、2月3日18時まで残金（23万円）の延納可。
＊女子は男子との制服代・指定用品代の差（8,330円）を加えること。

◉最近6年間の入試応募者推移と倍率

年度		2019		2020		2021		2022		2023		2024	
		男	女	男	女	男	女	男	女	男	女	男	女
募集	①	約215		約215		約215		約215		約215		約215	
	②	約45		約45		約45		約45		約45		約45	
応募	①	1458	661	1497	645	1211	547	1281	640	1337	650	1427	632
	②	325	154	404	195	312	151	302	168	332	190	371	185
応募倍率	①	9.9		10.0		8.2		8.9		9.2		9.6	
	②	10.6		13.3		10.3		10.4		11.6		12.4	
受験	①	1380	632	1441	617	1158	503	1208	589	1282	616	1377	592
	②	308	141	378	177	288	133	295	155	305	183	349	172
合格	①	556	195	464	166	502	180	461	190	515	189	508	157
	②	44	18	50	18	31	15	29	18	48	19	53	15
実質倍率	①	2.5	3.2	3.1	3.7	2.3	2.8	2.6	3.1	2.5	3.3	2.7	3.8
	②	7.0	7.8	7.6	9.8	9.3	8.9	10.2	8.6	6.4	9.6	6.6	11.5

＊2024年補欠発表・追加合格…いずれもなし。

◉入試教科

②算数	50分	100点
①国語	50分	100点
④理科	45分	75点
③社会	45分	75点
合計	190分	350点

合格最高点	①275点 ②302点
合格最低点	①185点 ②223点

◉受験併願パターン

偏差値	1月前半	1月後半	2月1日	2月2日	2月3日	2月4日以降
73					筑波大駒場	
71	海陽特給東京		開成			
70		渋谷教育幕張				
69				渋谷教育幕張２		
68					早稲田２	渋谷教育渋谷３

偏差値	1月前半	1月後半	2月1日	2月2日	2月3日	2月4日以降
72		渋谷教育幕張				
71			桜蔭	渋谷教育幕張２		
70					豊島岡女子２	豊島岡女子３
68		市川	広尾学園２	慶應湘南藤沢		
67			雙葉			

入試問題の傾向とポイント

算数

大問5題の構成。平面図形では3：4：5の直角三角形や三角定規の性質を利用した問題、立体図形では複雑な切断が過去よく出題されているので今後も要注意。難度の変動が大きい学校でもあるので、どのような問題が出ても慌てることなく、解けそうな問題を確実に解いていく冷静さも必要である。条件をきちんと考えて試行・思考すること、図形の形状や性質に慣れ、推測できるようにすることなど、様々な問題に取り組んで試行・思考することを心がけたい。

国語

説明文と物語文が1題ずつ出題された。説明文は漢字の書き取り、慣用句の空欄補充のほか、選択肢や記述で内容説明・理由を問う設問があった。物語文は様子や人物の言動の意味・心情を問われた。また、漢字の書き取りや語句の意味を問う設問のほか、文学史の知識問題も出題された。

理科

大問1の光の進み方は最高難度で、作図に時間をとられる出題。冷静に解く順番を判断し本問は後回しにする対応力が求められた。過去の出題でも光の問題は作図ができるかどうかが明暗を分け、訓練必須。「長文やデータから必要な内容・条件を読み取る力があるか」「初見の内容と、これまで学んだ知識や経験を結びつけてどのように課題を解決するか」の2点がポイントとなり、基本的な知識・計算力に加え、分析力・洞察力が求められている。

社会

大問3つの構成。身近なものをテーマとして、図や写真などを見て考察させるのは、本校の特徴。文章選択肢の問題では細かな点までふくめて正誤判断を要求するものが多く、難易度が高い。記述問題は、問題文や資料等からヒントを見つけ、それを手がかりにして、自分がもつ知識や経験と結びつけて考え、出題の意図に即して処理していく能力が求められる。過去の入試問題を解き、対応する力を訓練しておく必要がある。

渋谷教育学園幕張中学校

2024入試合否分布

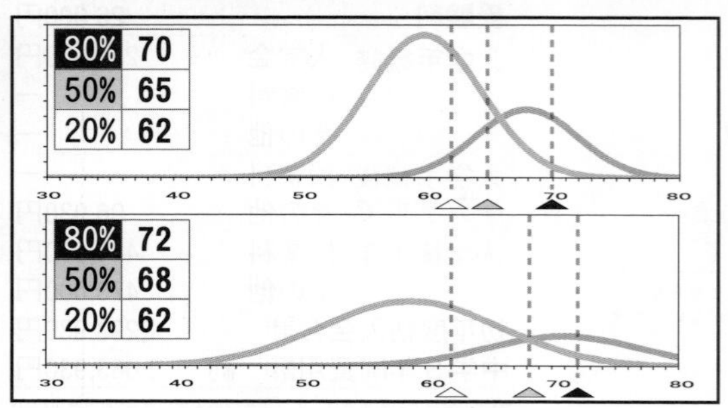

合格者の合不合判定テストにおける成績推移

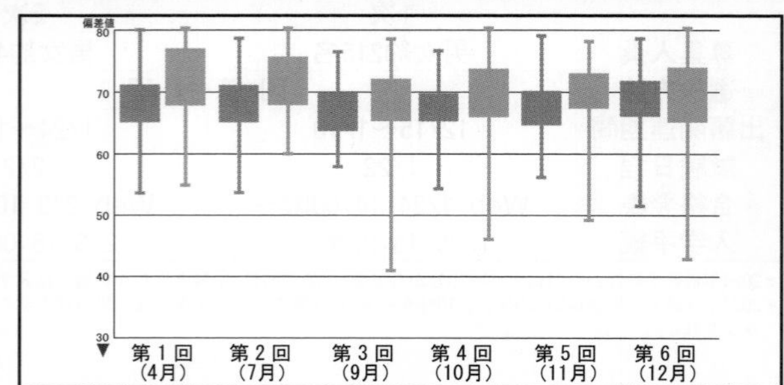

2024入試合否レーダーチャート

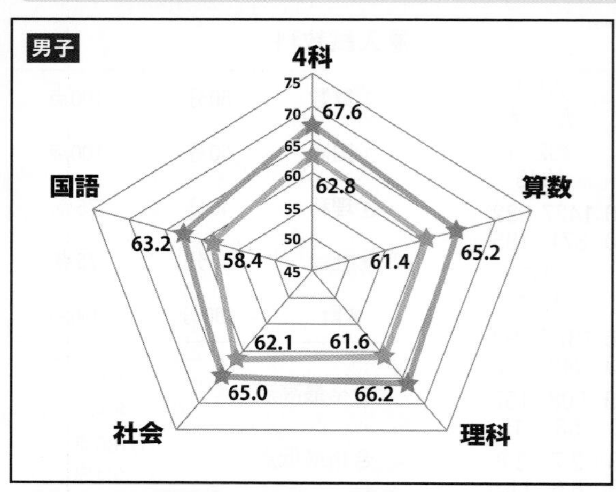

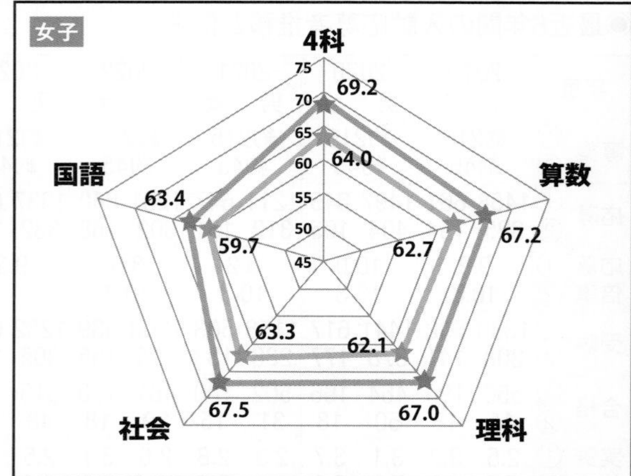

組分けテスト合格状況

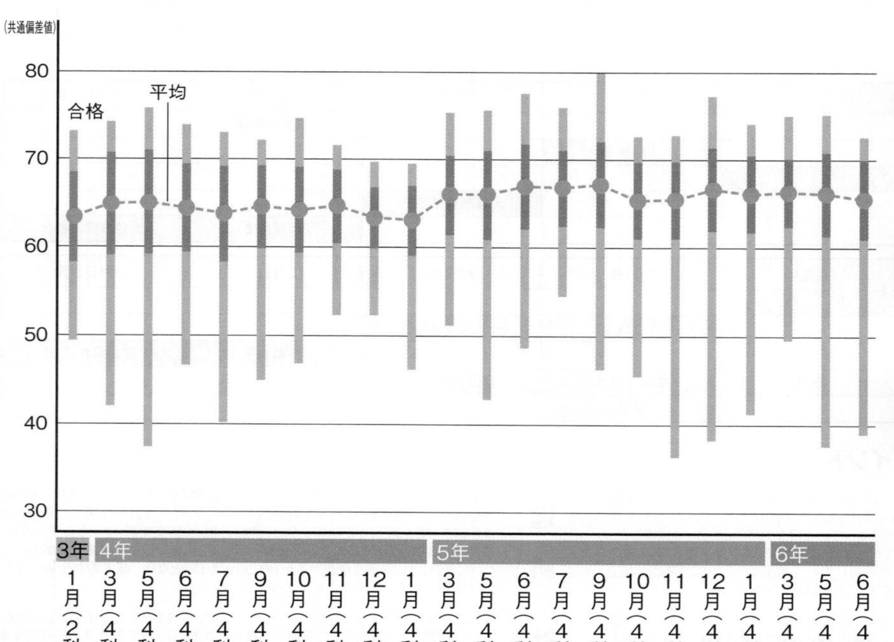

コース別合格者平均偏差値

コース	合格者平均
4年生	
C	57.9
B	58.4
5年生	
S	53.3
C	60.8
6年生	
S	54.8
C	59.4

※上記偏差値は各コース内の偏差値です。

渋谷教育学園幕張中学校

受験を通して身についた力は？

1年生 川瀬 亮太朗くん

ミスした気づきを宝に諦めずにやり抜く力

「ミスノート」を作成しケアレスミスを克服

志望校の合格可能性を診断するテストで、亮太朗くんの第一志望校の渋谷教育学園幕張は「かなり厳しい判定」であることが多かったそう。一番の原因は、計算ミスや読み間違いによるケアレスミスが多いためで、5年生の初回の組分けテストでは、ミスによって30点以上失点し、クラス落ちも経験しました。

そのとき、塾の先生の提案で作成したのが、テスト後に自分のミスと向き合うための「ミスノート」です。

「なぜミスをしたのか、どうすればミスを減らせるかを考えノートに書きました。1か月に一度、提出し、先生のコメントを読むのが楽しみで続けるうちに、少しずつミスを減らすことができました」（亮太朗くん）

それでも渋幕の過去問演習で、合格最低点を超えたことは一度もなかったと言います。そんな自分が渋幕に合格することができた理由は三つあると亮太朗くんは語ります。

「一つ目は、苦手な算数を、得意な社会でカバーできたことです。もちろん、苦手な教科も皆ができる問題は解けるように努力すべきですが、苦手な教科があるからといって、殊更不安にならなくても良いと思います」（亮太朗くん）

二つ目は、「運」。入試では亮太朗くんの得意分野の問題が出て、確実に正答することができました。そして三つ目は、「ミスノート」での振り返りを続けたことで、入試本番ではケアレスミスをなくせたことです。

「間違えたときに、先生がノートに書いてくれた『ミスしたところは宝物に』という言葉に励まされ、頑張ることができました」（亮太朗くん）

高い目標を掲げて努力を重ねる息子を、ときにハラハラしながら見守ってきたお母さんはこう話します。

「入試本番で持ち帰った問題用紙には、間違いやすい部分に線がひかれ、計算の数字も丁寧に書かれていて、必死に頑張ったんだなと胸が熱くなりました。諦めずにやり抜いた努力をたたえたいですね」（お母さん）

将来の夢・目標は？

人の役に立つ仕事につきたいです

早稲田大学系属

早稲田実業学校中等部

■学校長／恩藏直人　■創立／明治34年　■生徒数／668名（男423名、女245名）
■所在地／〒185-8505 東京都国分寺市本町1-2-1
■ＴＥＬ／042-300-2121
■交通／国分寺駅（JR中央線、西武国分寺線、西武多摩湖線）徒歩7分。

何学期制	週何日制	登校時刻	制服	給食	食堂 軽食販売	プール	寮	特待制度 奨学金等	帰国生 取出授業
2学期制	6日制	8:30	中高あり	なし	食堂中高あり パン自販機あり	屋外	なし	あり	あり

大学の中核となりうる
調和のとれた人間教育を実践する

沿　革

1901年、早稲田大学創立関係者によって創立。この当時は実業教育に重きをおいた。のちに早稲田大学の傘下から独立するが、1963年に再び早稲田大学系列に復帰し、新たに普通科を設置する。2001年4月、国分寺市のキャンパスに新宿区から移転し、名称を中学部から中等部へと改称。2002年から女子を募集して共学校となる。

教育方針と特色

建学の精神は「三敬主義」（他を敬し、己を敬し、事物を敬す）で、その教育実践のための校是が「去華就実」（華やかなものを去り、実に就く）。大学の中核となりうる人材の育成を目標に、カリキュラムが編成されている。主要教科は時間増になっているが、知識の詰め込みに終わらないよう、常に興味と関心を育み、自発的な研究と広い視野での思考が出来るような授業を心掛けている。キャンパスは広大で施設・設備が整っており、学業に、スポーツに、芸術に打ち込める充実した教育環境である。

◉系列校

小	中	高	大（短大）
○	○	○	○

◉小学校からの内進生…108名
◉高校生外部募集………約150名

（完全混合クラス）

◉授業時間…1コマ50分・週32時間

	1年	2年	3年	計
国　語	5	5	4	14
社　会	3	4	5	12
数　学	5	5	5	15
理　科	4	4	4	12
英　語	5	5	6	16
5教科計	22	23	24	69

参考　**高校1年生一週間の授業**

英語=6　数学=5　国語=4
理科=4　社会=4

進学・進路

◉卒業生進路状況

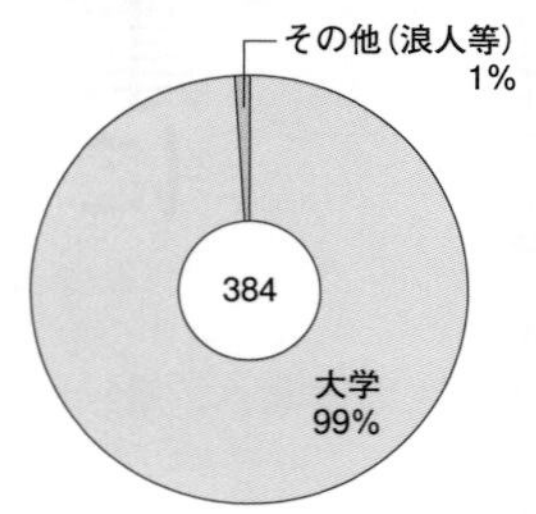

■進路選択状況（高３進級時）

データなし

■理系・文系進学状況

データなし

■共通テスト受験率

データなし

◉卒業までの流れ

小学校	中学校	高等学校	大学
早稲田実業学校 初等部 ▶	早稲田実業学校 中等部 ▶	早稲田実業学校 高等部（384） ▶	早稲田大学　373 （政経65・法33・文20・文化構想25・教育41・商55・基幹理工30・先進理工18・創造理工22・社会科50・人間科1・スポーツ科2・国際教養11）

◉主な大学合格実績

大学名	'22	'23	'24	大学名	'22	'23	'24	大学名	'22	'23	'24	大学名	'22	'23	'24
東京大	2	2		千葉大			1	東京都立大				東京女子大			
京都大		1		お茶の水女子大				横浜市立大				日本女子大			
北海道大				東京外国語大	1			慶應義塾大	4	3		成蹊大			
東北大				電気通信大				早稲田大	-	-	-	成城大			
名古屋大				東京学芸大				上智大				明治学院大			
大阪大				東京農工大				東京理科大		1	1	國學院大			
九州大				東京芸術大				明治大				武蔵大			
東京工業大				東京医科歯科大		1		青山学院大				獨協大			
一橋大				東京海洋大				立教大			1	日本大			
筑波大				横浜国立大				中央大				東洋大			
茨城大				山梨大				法政大				駒澤大			
宇都宮大				金沢大				学習院大				専修大			
群馬大				信州大				国際基督教大				芝浦工業大			
埼玉大				国際教養大		1		津田塾大				東京都市大			

入試要項・入試情報

◉2024年度の入試要項（参考）

募集人員	男子約70名・女子約40名
選抜方法	国・算・社・理＋報告書
出願関連期間	12/20〜1/12
試験日程	2/1
合格発表	Web 2/3 13:00〜
入学手続	2/5 13:00まで

＊2024年学用品販売は3月10日（日） 10時から実施（保護者同伴。無届で欠席した場合は入学辞退者として扱われる）。

面接 実施しない。

◉費用（参考）

受験料		30,000円
入学手続時	入学金	300,000円
	授業料	—
	その他	126,000円
入学手続後〜入学まで	授業料	—
	その他	—
入学後１年	授業料	672,000円
	その他	185,600円
初年度納入金合計		1,283,600円
中学３年間費用計　約		3,066,800円

＊入学辞退者は、期間内までに申し出れば、納入金の一部（施設設備資金）を返金。
＊制服代・指定用品代・修学旅行費等別途。

◉最近6年間の入試応募者推移と倍率

年度	2019		2020		2021		2022		2023		2024	
	男	女	男	女	男	女	男	女	男	女	男	女
募集	85	40	85	40	85	40	約70	約40	約70	約40	約70	約40
応募	442	245	397	241	361	213	337	210	320	204	372	213
応募倍率	5.2	6.1	4.7	6.0	4.2	5.3	4.8	5.3	4.6	5.1	5.3	5.3
受験	419	232	359	222	329	195	308	192	295	188	330	196
合格	103	57	102	55	102	50	86	49	82	48	87	50
実質倍率	4.1	4.1	3.5	4.0	3.2	3.9	3.6	3.9	3.6	3.9	3.8	3.9

＊帰国生を含む。
＊2024年補欠発表・追加合格…いずれもなし。

◉入試教科

②算数	60分	100点
①国語	60分	100点
④理科	30分	50点
③社会	30分	50点
合計	180分	300点

合格最高点	261点
合格最低点	男　189点 女　200点

◉受験併願パターン

偏差値	1月前半	1月後半	2月1日	2月2日	2月3日	2月4日以降
68				渋谷教育渋谷２	早稲田２	渋谷教育渋谷３
66	栄東東大特待					
65		市川	早稲田実業		慶應中等部	
64						本郷３
63				本郷２		

偏差値	1月前半	1月後半	2月1日	2月2日	2月3日	2月4日以降
72		渋谷教育幕張				
71				渋谷教育渋谷２		渋谷教育渋谷３
70					慶應中等部	
69	栄東東大特待		早稲田実業			
68		市川				

入試問題の傾向とポイント

算数
計算1問、一行問題3問、大問4題の問題構成。計算問題も含め、基本問題の出題は少なく、難度の高い問題が多い。特に後半の大問は、深い思考力を必要とする難度の高い問題の出題が定番。全体的に高い処理能力が求められるので、過去問演習をしっかり行っておきたい。

国語
随筆文と説明文の2題に、雑問（漢字の書き取り、ことわざ・慣用句）1題で構成されている。随筆文は人物の心情説明や理由などを選択肢もしくは空欄補充の形で答える形式であった。説明文は設問が3問のみだが、全て解答用紙に示された説明文の空欄を埋める形式で問われた。

理科
例年通り大問3題からなり、生地物化から選択・記述・計算が出題される。身のまわりの事象や時事問題を絡めた文章を読み、基礎から応用までを問う問題がよく見られる。各分野の基礎基本を徹底した上で、時事問題の知識も頭に入れておく必要がある。両者をスピーディーに結びつける力を高めていきたい。

社会
難易度に大きな変化は見られないが、問題数がやや増加し、特に短文の記述問題が増加した。例年より時事的な出題は減った一方、受験生になじみの薄い統計資料を使っての問題は今年も見られた。また、記号選択に複数の選択肢の小問が増えたことで、単純な消去法では対応できない幅広い知識が必要となっている。30分という試験時間の間にすばやく問題を処理することが求められている。

早稲田実業学校中等部

2024入試合否分布

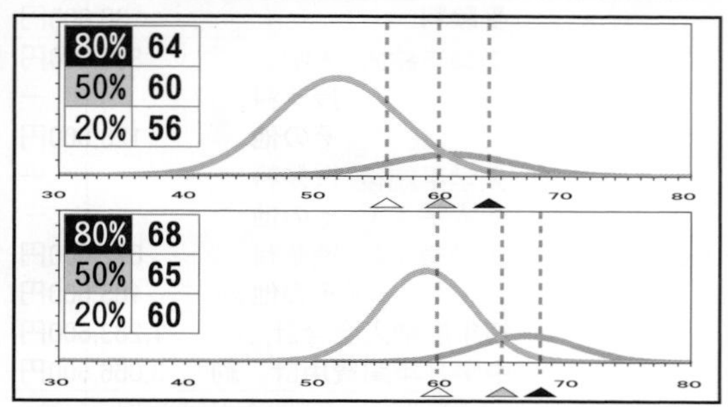

合格者の合不合判定テストにおける成績推移

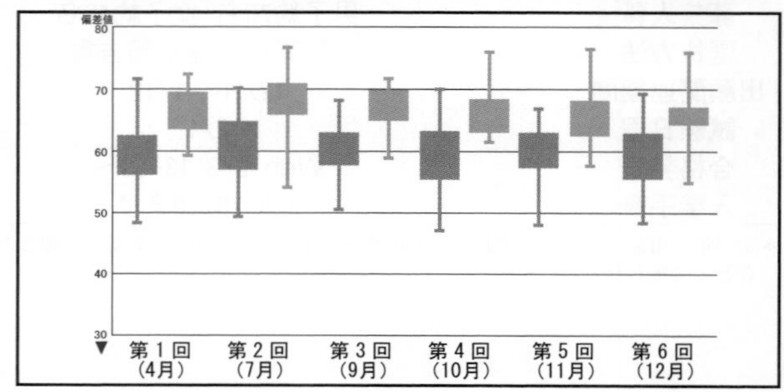

2024入試合否レーダーチャート

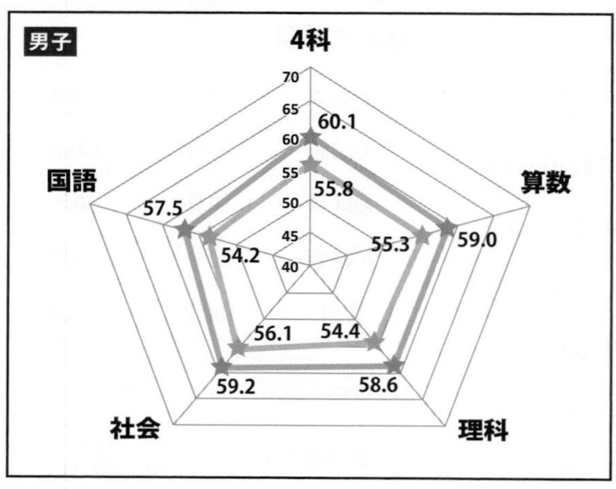

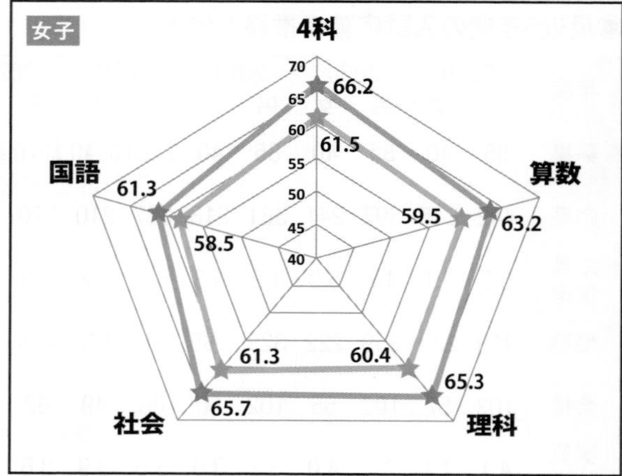

組分けテスト合格状況

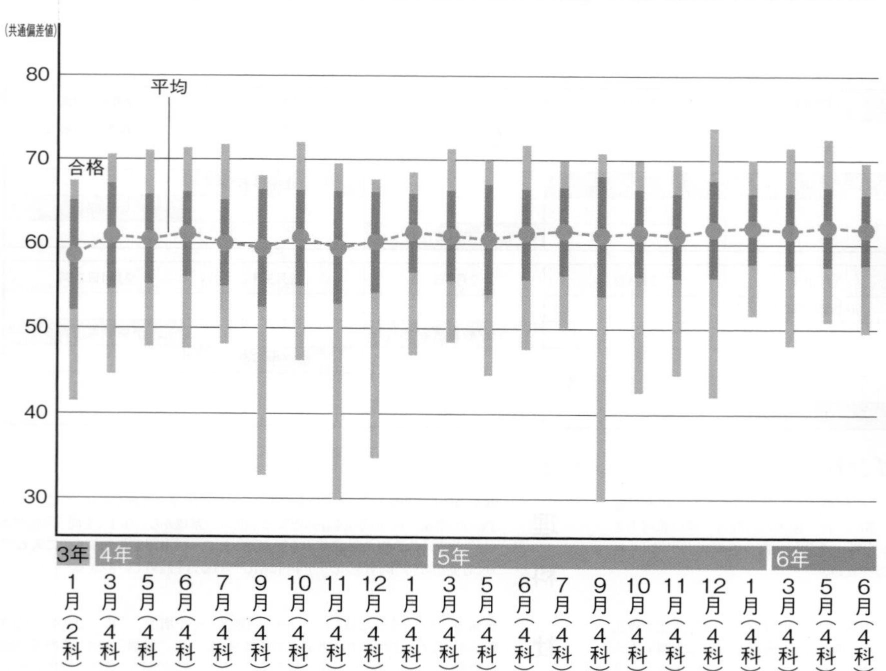

コース別合格者平均偏差値

コース	合格者平均
4年生	
C	57.1
B	57.2
5年生	
S	48.4
C	54.2
6年生	
S	47.0
C	55.8

※上記偏差値は各コース内の偏差値です。

早稲田実業学校中等部

受験を通して身についた力は？

1年生 西田 達哉くん

自らの意思で計画を立て努力を継続する力

自分の状況を見極め目標に向かって邁進

4、5年生は他の習い事や友だちとの遊びを優先するため四谷大塚の通信教育「進学くらぶ」で学んでいた達哉くん。5年生のときにやる気が低下し、成績も下降しました。

「やめるか継続するか相談したところ、本人が『通塾させてほしい』と言いだし、新6年生の学習がスタートする5年生の2月から通塾を始めました。通塾後はリアルの授業を楽しみ、ライバルに恵まれたことで本人のやる気が向上していきました」とお母さんは当時を振り返ります。

心機一転、勉強に目覚めた達哉くんは、一番上のクラスに在籍できました。けれど、優秀なクラスメイトたちが解ける問題が自分には解けないことがあり、6年生の前期は、トップ層に追いつくために懸命に努力したと言います。

「トップ層の実力をつけるために自分には何が足りないかを見極め、夏の間は授業で応用問題を解き、自習では5年生の問題集と総復習の教材で基礎固め。高得点をとるにはミスを減らすことも重要だと感じ、ミスにもかなり敏感になりました」（達哉くん）

その努力の甲斐があり、9月以降はトップ層に。その後も着実に成績を伸ばして第一志望校に合格。

最後まで自分で考え、目標に向かって努力する達哉くんの姿を見てきたお母さんは、「今回の受験を通して、子どものやる気が何よりも大事なのだと痛感しました」と語ります。

「受験当日まで集中力が途切れることなく走り切ったのは、我が子ながら尊敬に値します。これからも、中学受験で培った努力する姿勢を継続してほしいと思います」（お母さん）

最後に、受験を見事に完走した達哉くんから後輩たちへ、体験に基づく貴重なアドバイスをくれました。

「ミスは気づかないまま放っておくのではなく、自らミスを探し、ミスした問題を解き直すことが重要です。それが点数を上げ、最終的に合格する近道だと思います」（達哉くん）

将来の夢・目標は？

国民の暮らしを支える法の仕事に就きたい

麻布（あざぶ）中学校

■学校長／平秀明　■創立／明治28年　■生徒数／916名
■所在地／〒106-0046 東京都港区元麻布2-3-29
■ＴＥＬ／03-3446-6541
■交通／広尾駅（東京メトロ日比谷線）徒歩10分。麻布十番駅（東京メトロ南北線、都営大江戸線）徒歩12～15分。

何学期制	週何日制	登校時刻	制服	給食	食堂 軽食販売	プール	寮	特待制度 奨学金等	帰国生 取出授業
3学期制	6日制	夏8:00 冬8:20	なし	なし	食堂中高あり 販売中高あり	屋外	なし	なし	なし

自由闊達な校風のもと、独自教材で生徒の知性を磨く

沿　革

1895年、江原素六により麻布尋常中学校として創立。1900年に、麻布中学校と改称した。1947年には、新制中学に改組し、現在に至る。

教育方針と特色

創立者江原素六の「自主自立」の精神を受け継ぎ、「自由闊達」の校風を伝統とし、何よりもまず豊かな人間形成を目指す。学習意欲を引き出すための独自のカリキュラムをもち、思考力・想像力・感受性の育成に力を注ぐ。例えば、国語では、様々な教材を用いて幅広い人間理解を深めるとともに、中学3年では卒業共同論文を仕上げる。数学では、教材は主として独自に編成したプリントを用いており、生徒自身が数学的思考に習熟し自ら学習できる力を養う。図書館には8万5千冊を超える蔵書と、約70種の雑誌が常備され、CDやDVDなどを視聴出来るAVブースも整っている。クラブ活動は自主活動の要として位置づけられ、文化部・運動部を合わせると45余りにもなり、各種大会で活躍するなどレベルも高く充実している。

◉系列校

小	中	高	大（短大）
	○	○	

◉併設小学校なし
◉高校生外部募集………なし

◉授業時間…1コマ50分・週33時間

	1年	2年	3年	計
国　語	4	5	5	14
社　会	3	4	6	13
数　学	5	5	5	15
理　科	4	4	4	12
英　語	6	6	6	18
5教科計	22	24	26	72

参考　高校1年生一週間の授業

英語=5　数学=5　国語=5
理科=5　社会=5

進学・進路

◉卒業生進路状況

■進路選択状況（高３進級時）
データなし

■理系・文系進学状況
データなし

■共通テスト受験率
データなし

◉卒業までの流れ

小学校	中学校	高等学校	大学
	麻布中学校	▶ 麻布高等学校（298）	

◉主な大学合格実績

大学名	'22	'23	'24	大学名	'22	'23	'24	大学名	'22	'23	'24	大学名	'22	'23	'24
東京大	64	79	55	埼玉大	1	3		国際教養大	1			国際基督教大	3	3	3
京都大	16	14	19	千葉大	12	6		東京都立大		1		成蹊大	2	3	1
北海道大	10	9		東京外国語大	2	1		横浜市立大	3	4	6	成城大	2	1	3
東北大	6	7		電気通信大	5	1		慶應義塾大	121	98	101	明治学院大	4	3	2
名古屋大				東京学芸大				早稲田大	100	141	129	國學院大		4	
大阪大	1	1	2	東京農工大		3		上智大	24	47	33	武蔵大	1		2
九州大	1	1	1	東京芸術大	1		3	東京理科大	68	73	69	獨協大			
東京工業大	12	18	12	東京医科歯科大	2	2	5	明治大	67	64	52	日本大	11	15	11
一橋大	10	10	8	東京海洋大	4		4	青山学院大	13	10	12	東洋大	1	3	1
筑波大	3	5		横浜国立大	3	3	3	立教大	11	10	9	駒澤大	7	3	7
茨城大	2		2	山梨大	3	4	1	中央大	29	33	24	専修大	4	1	4
宇都宮大	1	1		金沢大	2			法政大	20	21	16	芝浦工業大	13		
群馬大		1		信州大	1	1	1	学習院大	3	1	4	東京都市大			

入試要項・入試情報

◉2024年度の入試要項(参考)

募集人員	男子300名
選抜方法	国・算・社・理
出願関連期間	1/10〜1/17
試験日程	2/1
合格発表	掲示 2/3 15:00〜 Web 2/3 15:00〜
入学手続	2/4 12:00まで

＊2024年入学許可者説明会は2月11日(日・祝) 13時から実施(保護者同伴。本人が出席しない場合は、入学を辞退したものとみなされる)。

◉費用(参考)

受験料		30,000円
入学手続時	入学金	300,000円
	授業料	—
	その他	—
入学手続後〜入学まで	授業料	—
	その他	—
入学後１年	授業料	494,400円
	その他	285,800円
初年度納入金合計		1,080,200円
中学３年間費用計	約	2,640,600円

＊学用品代等別途。

麻布中学校

面接 実施しない。

◉最近6年間の入試応募者推移と倍率

年度	2019	2020	2021	2022	2023	2024
募集	300	300	300	300	300	300
応募	1037	1016	881	934	918	826
応募倍率	3.5	3.4	2.9	3.1	3.1	2.8
受験	998	971	844	890	880	796
合格	376	383	377	372	365	352
実質倍率	2.7	2.5	2.2	2.4	2.4	2.3

＊2024年補欠発表・追加合格…あり(非公表だが、3名と推測)。

◉入試教科

教科	時間	配点
②算数	60分	60点
①国語	60分	60点
④理科	50分	40点
③社会	50分	40点
合計	220分	200点

合格最高点	152点
合格最低点	105点

◉受験併願パターン

偏差値	1月前半	1月後半	2月1日	2月2日	2月3日	2月4日以降
73					筑波大駒場	
71	海陽特給東京					
70		渋谷教育幕張				聖光学院２
69				渋谷教育幕張２		
66	栄東東大特待		麻布	栄光学園	海城２	
65		市川				
64						本郷３
62	海城帰					広尾学園３
61		東邦大東邦前	世田谷学園算数	桐朋２	三田国際ＭＳＴ	サレジオ学院Ｂ
60	開智特待Ａ	立教新座	農大第一算理	農大第一２算国		逗子開成３
59	愛光首都圏				逗子開成２	城北３

入試問題の傾向とポイント

算数
大問数は6題で、難易度はほぼ例年並み。今年も思考力を重視する「麻布らしい」出題が目立った。各大問で、最後の小問まで正解できたかどうかで差がついただろう。麻布の問題では思考力とともに各単元への根本的理解を必要とする。単元学習の段階で「なぜ」を大切にしたい。また日頃から計算力、規則性や調べの作業を練習することはもちろん、出題者の意図を考えることや試験時間の使い方を意識して取り組みたい。

国語

物語文1題の出題である。登場人物の言動の意味・心情とその理由や行動の変化の様子が問われた。また最後に漢字の書き取りが4問出題されている。解答形式は選択肢や抜き出しのほか、全設問の半分以上を占める記述(字数指定はない)で構成されている。

理科
4分野からの出題で、小問35題、記述・作図の出題割合もほぼ例年どおり。本年も例年と同じように、条件を長文で与え、図・表や数値と併せて、必要な内容を探し、問いに対する答えを正確に導き出すことを要求されている点は変わらない。得点に必要な能力は、現場で情報を精査して理解する力。ふだんからさまざまなものに興味をもって目を向ける姿勢をもち、長文や複雑な資料を読みこなすスキルも身につけておきたい。

社会

あるテーマに基づいた長文を読み、記述による解答を求めるものが例年多く出題されている。記述問題は10問程度の設問数がここ数年続いている。昨年は約4ページにわたる長文の形で出題されたが、今年はタイトルごとに区切ってまとめた形に戻り、読みやすくなった。知識を身につけた後、なぜそのようになるのか理由を考察する習慣をつけ、ものごとを多面的にとらえる姿勢を日頃から培っておきたい。

麻布中学校

2024入試合否分布

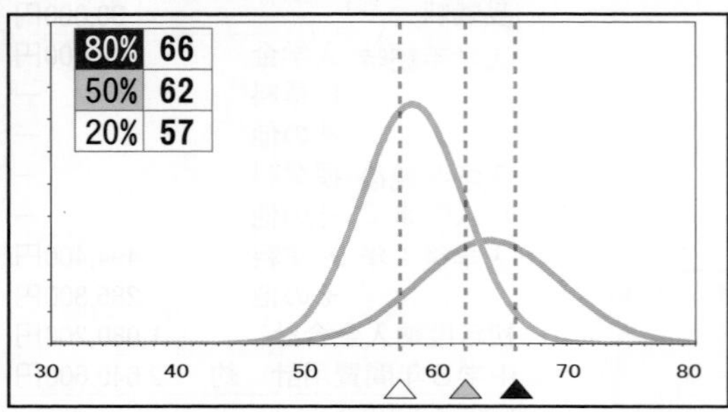

合格者の合不合判定テストにおける成績推移

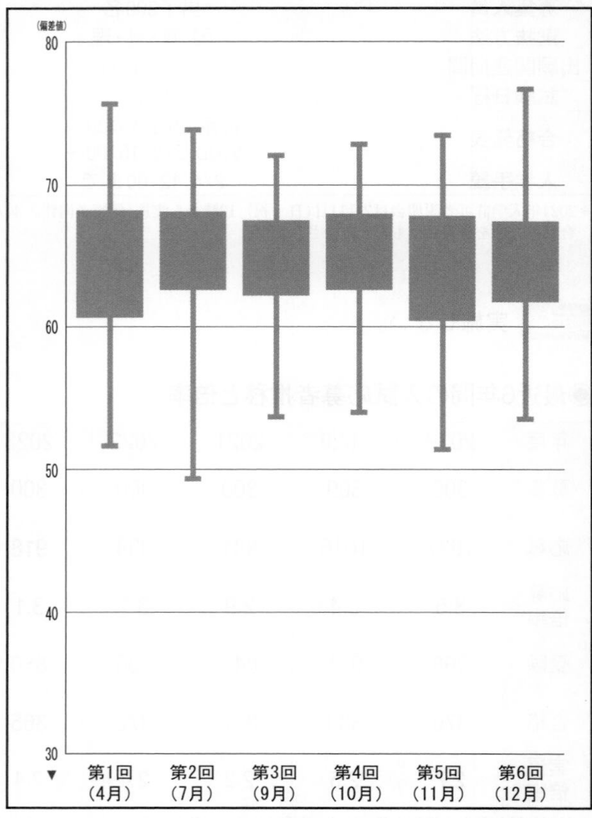

2024入試合否レーダーチャート

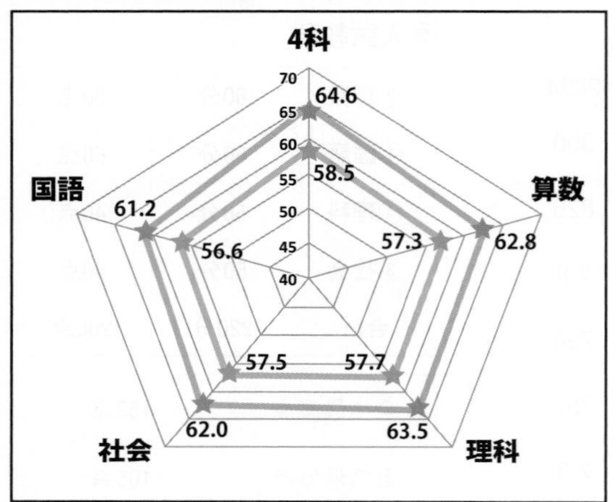

組分けテスト合格状況

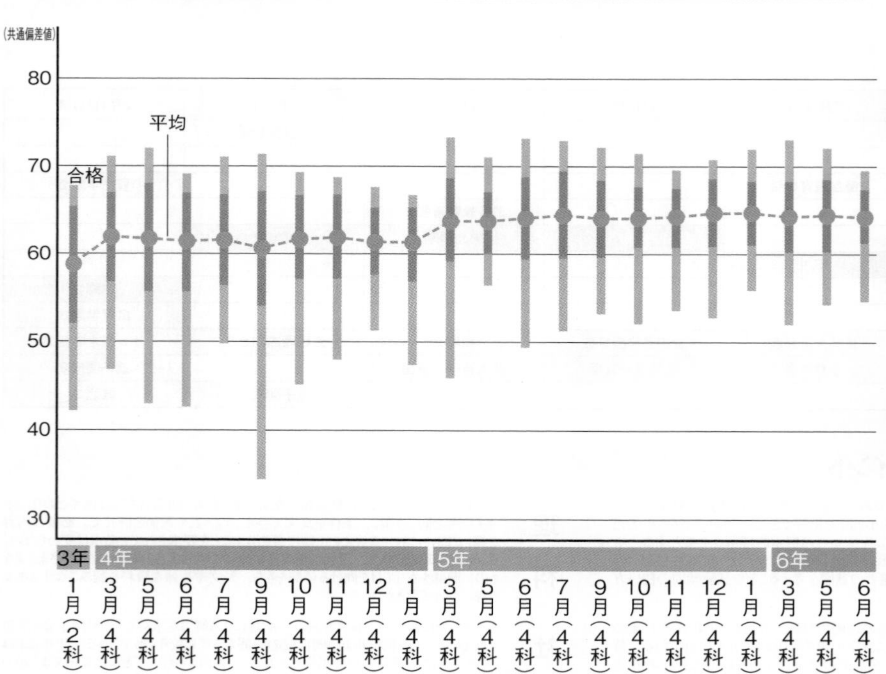

コース別合格者平均偏差値

コース	合格者平均
4年生	
C	53.0
B	57.9
5年生	
S	48.2
C	58.6
6年生	
S	50.5
C	60.6

※上記偏差値は各コース内の偏差値です。

麻布中学校

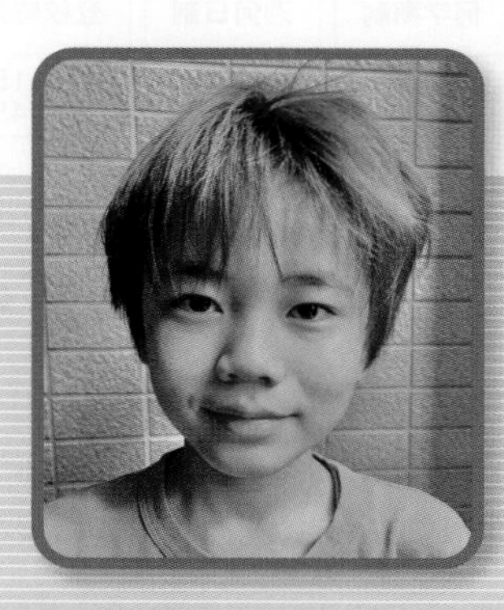

1年生 小池 伸くん

受験を通して身についた力は？

自分を信じて最後まで諦めない強さ

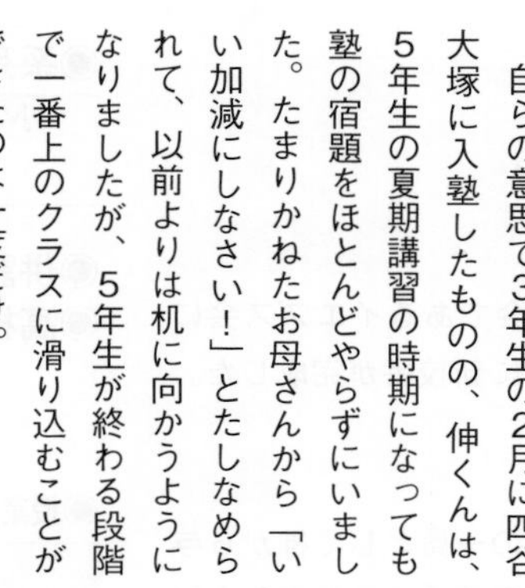

第二の学校のような四谷大塚での学び

自らの意思で3年生の2月に四谷大塚に入塾したものの、伸くんは、5年生の夏期講習の時期になっても塾の宿題をほとんどやらずにいました。たまりかねたお母さんから「いい加減にしなさい！」とたしなめられて、以前よりは机に向かうようになりましたが、5年生が終わる段階で一番上のクラスに滑り込むことができたのは一度だけ。

5年生の秋に、麻布の活気あふれる文化祭に魅せられ同校を第一志望に定めましたが、6年生になっても成績は停滞していました。

「麻布を目指していると口に出すこともはばかられるような状態でした」（お母さん）

最初の転機は、四谷大塚の夏期合宿を経て、学校別対策の麻布コースに参加できたことです。

「そこで麻布の試験形式に合わせたテストや演習に繰り返し取り組むことで力をつけることができ、何より同じ目標を持つ仲間と互いに高め合えたことが大きかったです」（伸くん）

いつしか四谷大塚は、伸くんにとって「第二の学校のような場所」に。

しかし1月の埼玉県の学校の初回入試は残念な結果となり、いよいよ危機感に駆られたそうです。

「そこから本気でギアを上げ、母につきっきりで勉強を見てもらいました。埼玉の2回目の入試はギリギリで合格。そこからさらに奮起して勉強を続け、千葉県の2つの学校に合格したことで自信がつき、第一志望の麻布では持てる力を最大限発揮して合格することができました」（伸くん）

成績が振るわない時期にも粘り強くサポートしてくれた四谷大塚の先生方には、親子共々感謝していると言います。

「面談では、目の前の現実だけでなく未来を見据えたアドバイスをくださり、子どもを信じる勇気をいただきました」（お母さん）

自分の甘さに気づき、努力を重ねて合格を勝ち取った伸くんの顔つきは今、確かな自信で輝いています。

将来の夢・目標は？

学校生活を通して見つけていきたいです

栄光学園中学校（えいこうがくえん）

■学校長／柳下修　■創立／昭和22年　■生徒数／549名
■所在地／〒247-0071 神奈川県鎌倉市玉縄4-1-1
■TEL／0467-46-7711
■交通／大船駅（JR東海道本線・横須賀線・湘南新宿ライン・根岸線、湘南モノレール江ノ島線）徒歩15分。

何学期制	週何日制	登校時刻	制服	給食	食堂 軽食販売	プール	寮	特待制度 奨学金等	帰国生 取出授業
3学期制	6日制	夏8:15 冬8:45	中高あり	なし	食堂なし 販売中高あり	なし	なし	あり	なし

遅刻厳禁・授業第一の指導で生活面と学習面での規律を重視

沿革

1947年、横須賀市田浦にカトリック教会の一修道会であるイエズス会により創立された。1964年に現在地に移転。2017年に新校舎が完成した。

教育方針と特色

生徒一人ひとりが人生の意味を深く探り、人間社会の一員として神から与えられた天分を十分に発達させ、より人間的な社会の建設に貢献する人材を育てることを基本理念としている。授業に積極的・効果的に参加するために、集中力とけじめをうち立てることを第一に考え、時間の厳守、規律の正しさ、授業時間前後の瞑目、部活動と勉学の両立の努力などを指導。人間形成を教育の第一義的な目標とし、最も重視している。開校以来倫理の時間を設け、独自のカリキュラムをもって、それぞれの生き方の指導にも努める。緑豊かで広大な校地は約11万平方メートル（サッカーコートだとおよそ16面分に相当）にも及び、伸びやかで充実した学園生活が送れるよう、各種スポーツ施設が整えられている。創立70周年事業として、2017年4月に新校舎竣工。

◉系列校

小	中	高	大(短大)
	○	○	

◉併設小学校なし
◉高校生外部募集………なし

◉授業時間…1コマ夏50/冬45分・週34時間

	1年	2年	3年	計
国　語	5	5	6	16
社　会	3	3	5	11
数　学	5	6	6	17
理　科	4	4	4	12
英　語	7	6	6	19
5教科計	24	24	27	75

参考　高校1年生一週間の授業

英語=6　数学=6　国語=6
理科=4　社会=5

進学・進路

◉卒業生進路状況

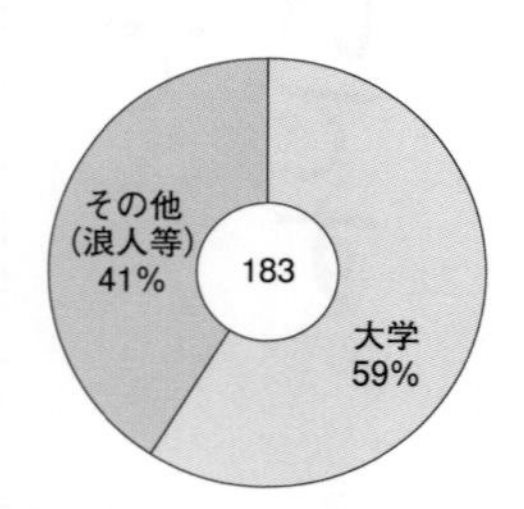

■進路選択状況（高3進級時）
理系 62%　文系 38%

■理系・文系進学状況
理系 58%　文系 41%

■共通テスト受験率
92%

◉卒業までの流れ

小学校	中学校	高等学校	大学
	栄光学園中学校 ▶	栄光学園高等学校 (183)	

◉主な大学合格実績

大学名	'22	'23	'24	大学名	'22	'23	'24	大学名	'22	'23	'24	大学名	'22	'23	'24
東京大	58	46	47	埼玉大	1			国際教養大	1	1	1	国際基督教大			
京都大	9	6	7	千葉大	1	5	3	東京都立大	1		2	成蹊大			
北海道大	11	2	8	東京外国語大	1		1	横浜市立大	10	5	5	成城大			
東北大	1	1	2	電気通信大	1	2	3	慶應義塾大	97	77	77	明治学院大			
名古屋大	1	1	1	東京学芸大			1	早稲田大	100	93	87	國學院大			
大阪大			2	東京農工大	2	1	1	上智大	36	35	22	武蔵大			
九州大	1			東京芸術大	1		1	東京理科大	54	51	38	獨協大			
東京工業大	14	14	6	東京医科歯科大		1	1	明治大	51	40	27	日本大			
一橋大	8	9	10	東京海洋大				青山学院大	5	12	10	東洋大			
筑波大	5	1	4	横浜国立大	5	6	5	立教大	17	14	15	駒澤大			
茨城大				山梨大	1	4		中央大	22	26	19	専修大			
宇都宮大				金沢大		1		法政大	19	14	12	芝浦工業大			
群馬大	2		2	信州大			2	学習院大				東京都市大			

入試要項・入試情報

◉2024年度の入試要項(参考)

募集人員	男子180名
選抜方法	国・算・社・理
出願関連期間	1/6～1/21
試験日程	2/2
合格発表	掲示 2/3 14:00～ Web 2/3 14:00～
入学手続	2/4 12:00まで

＊「2024年4月1日時点で、神奈川県内在住。県外の場合は東京都/23区、武蔵野市、三鷹市、狛江市、調布市、府中市、稲城市、多摩市、日野市、八王子市、町田市。静岡県/熱海市、函南町、三島市、小山町。この区域以外でも、徒歩や公共交通機関を利用して、自宅からおよそ90分以内で通学できる区域に在住していること」が出願・在学資格となっている。
＊2024年入学予定者説明会は2月11日(日・祝)13時から実施(保護者同伴。欠席の場合は、原則として入学を辞退したものとみなす)。

面接 実施しない。

◉費用(参考)

受験料		25,000円
入学手続時	入学金	300,000円
	授業料	―
	その他	―
入学手続後～入学まで	授業料	―
	その他	322,630円
入学後１年	授業料	528,000円
	その他	112,600円
初年度納入金合計		1,263,230円
中学３年間費用計　約		2,920,430円

＊入学辞退者は2月5日16時までに申し出れば、入学金の一部(20万円)を返金。

◉最近6年間の入試応募者推移と倍率

年度	2019	2020	2021	2022	2023	2024
募集	180	180	180	180	180	180
応募	882	827	811	750	816	705
応募倍率	4.9	4.6	4.5	4.2	4.5	3.9
受験	845	780	776	685	760	662
合格	263	263	254	255	259	259
実質倍率	3.2	3.0	3.1	2.7	2.9	2.6

＊2024年補欠発表…なし。追加合格(電話)…あり。

◉入試教科

④算数	60分	70点
①国語	50分	70点
③理科	40分	50点
②社会	40分	50点
合計	190分	240点

合格最高点	196点
合格最低点	149点

◉受験併願パターン

偏差値	1月前半	1月後半	2月1日	2月2日	2月3日	2月4日以降
73					筑波大駒場	
71	海陽特給東京		開成			
70		渋谷教育幕張				聖光学院２
68						渋谷教育渋谷３
66	栄東東大特待		麻布	栄光学園		
65		市川				
64					浅野	
62					相模原	
61		東邦大東邦前	東京都市大付２Ⅱ	高輪算数午後	横浜市立南高附属	サレジオ学院B
60		立教新座	サレジオ学院A	農大第一２算国		逗子開成３
59	愛光首都圏			中央大附属横浜２	逗子開成２	

入試問題の傾向とポイント

算数

大問4題の構成は例年通り。高度な思考力を要する高難度のテストである。この2、3年はその傾向がかなり強く出ていたが、今年は「栄光テイスト」はしっかりと残しつつ、穏当なレベルになった。その分、受験生の実力がよりはっきりと反映される、選抜試験として望ましい問題セットになった。受験生に求められる力は「純粋な考える力・思慮深さ」。基礎基本をきちんと身につけた上で、試行錯誤しながら解決していく姿勢を持ちたい。

国語

説明文と物語文の2題(ともに設問は5問ずつ)、漢字の書き取り10問で構成されている。説明文は言い換え(＝～とはどういうことか)部分を通して筆者の考えと理由を問われた。物語文は人物の心情や心情理由の把握が求められた。また70字以内の記述も出題された。

理科

1つのテーマについて実験・観察を行い、その結果を深く掘り下げて考察を進めていくという独特なスタイル。記述やグラフ等の作図が多く、単純に知識を問う設問は少ない。データ処理能力・論理的思考力・表現力が試され、時間のかかる形式で、極めて難度の高い問題である。身近なものの実験・観察が多いため、日頃から身のまわりに興味関心を持ち、調べる姿勢をもちたい。理科実験教室に参加して、記述力・論理力を高めることも効果的。

社会

例年通り、1つのテーマをもとにした総合問題。大問6題、総設問数は28問で、昨年の15問から大きく増加した。記述問題は、各大問に述べられている内容をまとめる150字程度の2問をふくむ8問が出題された。今年は出題されなかったが、表やグラフ、資料に基づいた手間のかかる計算をともなう問題などが例年出題されている。写真や地図を用いた問題も出題頻度が高い。1つの問題に時間を要する問題が多数出題されているため、過去問で問題量に慣れておきたい。

栄光学園中学校

2024入試合否分布

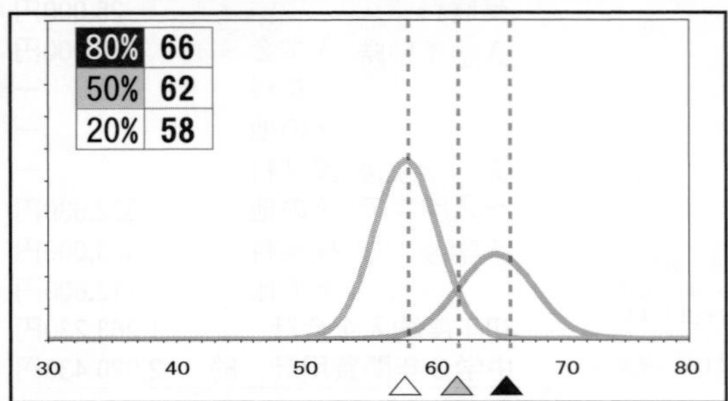

2024入試合否レーダーチャート

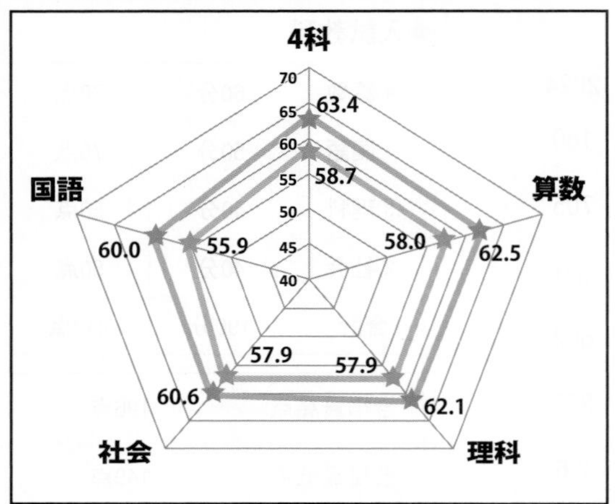

合格者の合不合判定テストにおける成績推移

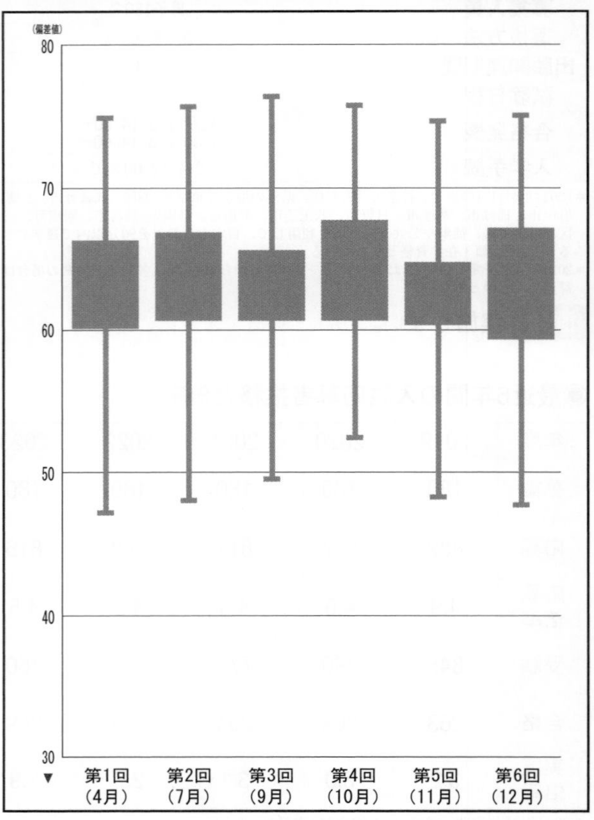

組分けテスト合格状況

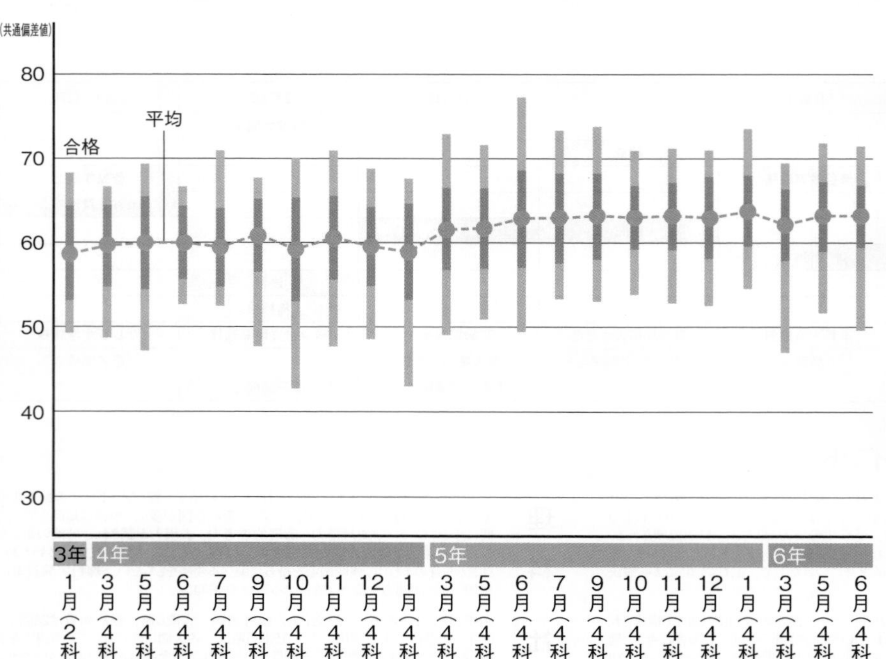

コース別合格者平均偏差値

コース	合格者平均
4年生	
C	49.7
B	57.5
5年生	
S	48.9
C	55.9
6年生	
S	48.2
C	58.4

※上記偏差値は各コース内の偏差値です。

栄光学園中学校

受験を通して身についた力は？

成績が安定しなくても、合格を信じて努力する根性

1年生 大地 一成くん

夏の大失敗にくじけず栄光を目指し続けた

一成くんが四谷大塚に入塾したのは6年生の4月。夏前に行われた「合不合判定テスト」では、第一志望の栄光学園の合格率は80%。しかし、習い事の大会やコンテストなど勉強以外の活動が忙しく、次第に勉強に手が回らなくなりました。

「その後はコロナとインフルエンザに連続して感染したので、夏期講習に集中して通えたのはたった3日間だけでした」（一成くん）

遅れながらも夏期講習のテキストをコツコツ進めた一成くんでしたが、成績は下降の一途をたどりました。

「夏明けのテストでは偏差値が66から60へと6も落ちてしまい、その後も57まで落ち続けて前受けの学校の入試日を迎えました。しかし、それまでの努力が報われて、特待で合格することができました」（一成くん）

努力でつかんだ合格を糧に、第一志望の栄光学園の過去問をむさぼるように解いていった一成くん。その姿を見つめ続けていたお母さんは、「長い受験で一番大事なのは、最後まで諦めないこと」と語ります。

「息子は、合格判定が20%と出ても、過去問でまさかの4点を取っても、栄光学園の合格を信じて勉強し続けていました。これはすごいことだと思います」（お母さん）

本番1週間前、別の難関校の過去問を解いてみたところ、結果は今ひとつ。焦りが再び芽生え始めた一成くんでしたが、塾の先生に励まされ、なんとか自信を取り戻して過去問を解き続け、2月の入試に突入しました。

「栄光学園の受験前夜、僕は遠足の準備をする1年生のようにはしゃいでいました。緊張というよりも楽しみで、テスト中はウキウキしながら問題を解きました」（一成くん）

あきらめずに頑張り続けたからこそ達した、「楽しい！」の境地。そして結果は、見事合格でした。

「波乱に満ちた受験生活を振り返って、『本当に楽しかったね』と親子で話し合いました」（お母さん）

将来の夢・目標は？

ITエンジニアになりたい

海城中学校

（かいじょう）

■学校長／大迫弘和　■創立／明治24年　■生徒数／998名
■所在地／〒169-0072 東京都新宿区大久保3-6-1　■ＴＥＬ／03-3209-5880
■交通／新大久保駅（JR山手線）徒歩5分。大久保駅（JR中央線）徒歩10分。西早稲田駅（東京メトロ副都心線）徒歩8分。
高田馬場駅（JR山手線、西武新宿線、東京メトロ東西線）徒歩12分。東新宿駅（東京メトロ副都心線、都営大江戸線）徒歩12分。

何学期制	週何日制	登校時刻	制服	給食	食堂 軽食販売	プール	寮	特待制度 奨学金等	帰国生 取出授業
3学期制	6日制	8:15	中高あり	なし	食堂中高あり 販売中高あり	屋外	なし	なし	あり

系統学習で知識・教養を、探求型総合学習で課題解決能力を養成する

沿　革

1891年に海軍兵学校の予備校として設立。1900年、海城学校と改称。1906年海城中学校と改称。1947年に新制海城中学校発足、1948年には新制海城高等学校が発足した。2011年に高校募集を停止し、完全中高一貫体制となる。

教育方針と特色

「国家社会に有為な人材の育成」という建学の精神の下、リベラルでフェアな精神を持った「新しい紳士」の育成に取り組んでいます。価値観の多様化やグローバル化が進む社会で新しい人間力として重要視されるコミュニケーション能力やコラボレーションの力を、PA（プロジェクト・アドベンチャー）やDE（ドラマ・エデュケーション）といった体験プログラムを通して、また、問題解決型の学力≒クリティカル・シンキングの力を、探究型の社会科総合学習や実験・観察に重きを置いた理科の授業などを通して積極的に養っています。

◉系列校

小	中	高	大(短大)
	○	○	

◉併設小学校なし
◉高校生外部募集………なし

◉授業時間…1コマ50分・週35時間

	1年	2年	3年	計
国　語	5	5	6	16
社　会	4	4	4	12
数　学	5	6	5	16
理　科	4	4	4	12
英　語	6	6	6	18
5教科計	24	25	25	74

参考　高校1年生一週間の授業

英語=6　数学=6　国語=5
理科=4　社会=4

進学・進路

◉卒業生進路状況

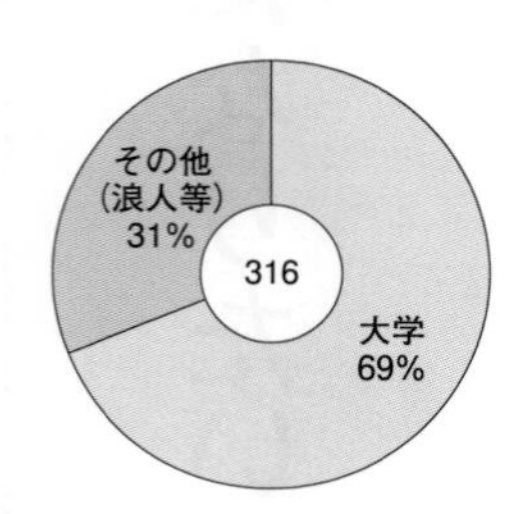

■進路選択状況（高３進級時）

理系 62%　文系 38%

■理系・文系進学状況

理系 61%　文系 38%

■共通テスト受験率

99%

◉卒業までの流れ

小学校	中学校	高等学校	大学
	海城中学校 ▶	海城高等学校（316）	

◉主な大学合格実績

大学名	'22	'23	'24	大学名	'22	'23	'24	大学名	'22	'23	'24	大学名	'22	'23	'24
東京大	57	43	49	埼玉大	1	2	1	国際教養大				国際基督教大	1	3	2
京都大	8	7	7	千葉大	15	9	4	東京都立大	1	1	3	成蹊大	1	9	5
北海道大	9	7	7	東京外国語大		1	1	横浜市立大	1	1		成城大	2	2	1
東北大	9	12	9	電気通信大	2	2	2	慶應義塾大	149	109	132	明治学院大	1	3	
名古屋大				東京学芸大	1	3		早稲田大	167	140	141	國學院大	2	1	1
大阪大	2	2	2	東京農工大	8	3		上智大	43	37	34	武蔵大	1	1	1
九州大	3	3		東京芸術大		1	1	東京理科大	127	115	67	獨協大	2	3	
東京工業大	10	12	11	東京医科歯科大	1	3	2	明治大	94	85	92	日本大	11	16	17
一橋大	11	10	20	東京海洋大				青山学院大	10	24	8	東洋大	3	6	7
筑波大	5	5	5	横浜国立大	9	5	5	立教大	12	12	12	駒澤大	3	3	5
茨城大			1	山梨大	2	2	1	中央大	34	35	38	専修大	1	1	5
宇都宮大				金沢大			2	法政大	24	21	25	芝浦工業大	27	14	16
群馬大	1	5	3	信州大	2	4	2	学習院大	8	2	3	東京都市大	2	2	4

入試要項・入試情報

◉2024年度の入試要項（参考）

	一般入試①	一般入試②
募集人員	男子145名	男子145名
選抜方法	国・算・社・理＋成績通知表のコピー	
出願関連期間	1/10〜1/26	
試験日程	2/1	2/3
合格発表	Web 2/2 12:00〜	Web 2/4 12:00〜
入学手続	2/2 16:00まで	2/4 16:00まで

面接 実施する。

◉費用（参考）

受験料		25,000円
入学手続時	入学金	300,000円
	授業料	—
	その他	—
入学手続後〜入学まで	授業料	—
	その他	—
入学後１年	授業料	492,000円
	その他	502,160円
初年度納入金合計		1,294,160円
中学３年間費用計 約		3,268,080円

＊制服代・学用品代等別途。

◉最近6年間の入試応募者推移と倍率

年度		2019	2020	2021	2022	2023	2024
募集	①	145	145	145	145	145	145
	②	145	145	145	145	145	145
応募	①	508	539	552	545	602	538
	②	1218	1276	1277	1315	1418	1381
応募倍率	①	3.5	3.7	3.8	3.8	4.2	3.7
	②	8.4	8.8	8.8	9.1	9.8	9.5
受験	①	457	472	481	489	545	477
	②	882	921	957	1006	1076	1005
合格	①	162	167	165	163	160	160
	②	290	290	294	305	304	345
実質倍率	①	2.8	2.8	2.9	3.0	3.4	3.0
	②	3.0	3.2	3.3	3.3	3.5	2.9

＊2024年補欠発表…なし。追加合格（電話）…あり。

◉入試教科

②算数	50分	120点
①国語	50分	120点
④理科	45分	80点
③社会	45分	80点
合計	190分	400点

合格最高点	①338点 ②344点
合格最低点	①242点 ②267点

◉受験併願パターン

偏差値	1月前半	1月後半	2月1日	2月2日	2月3日	2月4日以降
70		渋谷教育幕張				
68				渋谷教育渋谷２	早稲田２	渋谷教育渋谷３
67	北嶺東京名古屋特					
66	栄東東大特待				海城２	
65		市川				
64			海城			本郷３
63				本郷２		
60		立教新座	農大第一算理	農大第一２算理		巣鴨３
59		昭和秀英	都市大等々力Ｓ選			城北３
58	栄東Ａ１０日		国学院久我山ＳＴ	巣鴨２	暁星２	明大中野２
57	栄東Ｂ		東京都市大付２Ⅰ	城北２	東京都市大付３Ⅰ	世田谷学園３

入試問題の傾向とポイント

算数

計算と一行問題が合わせて5問程度、大問5題の問題構成。幅広い領域から、標準〜応用レベルの問題が中心に出題され、特に図形分野から難度の高い問題が出題されている。各領域で深い理解が求められ、受験生の力の差がはっきりと出る試験といえる。基本を固めた上で、思考力、応用力を鍛えたい。

国語

物語文と説明文の1題ずつで構成されている。物語文は心情や様子の説明、人物の言動の意味の説明などが求められた。説明文は最初に漢字の書き取りが5題あった。言い換え（＝〜とはどういうことか）や理由を問う設問が多い。どちらも解答形式は記述1題を含んだ長めの選択肢が中心である。

理科

大問4題、生地物化からの出題である。設問形式は選択・計算・記述・作図と多岐に渡る。実験や観測で得られたデータを扱った問題が多く、文中の図・表・グラフを正確に読み取る力が必須。記述は字数制限がなく、自分の言葉で簡潔にまとめる必要がある。単純な問題は少なく、応用力を身につけたい。

社会

あるテーマに基づく大問1題構成で、150字程度の記述問題が数問出題される形式は例年通り。今年のテーマは1回が学力、2回が銀座の歴史であった。資料とグラフを多用した本校特有の記述問題の対策は、日ごろから様々なことに関心を持って深く掘り下げるとともに、資料をきちんと読み解き、自分の言葉でまとめる訓練を重ねることにつきる。それ以外の問いについては例年通り、基礎基本であり、取り組みやすかったといえる。

海城中学校

2024入試合否分布

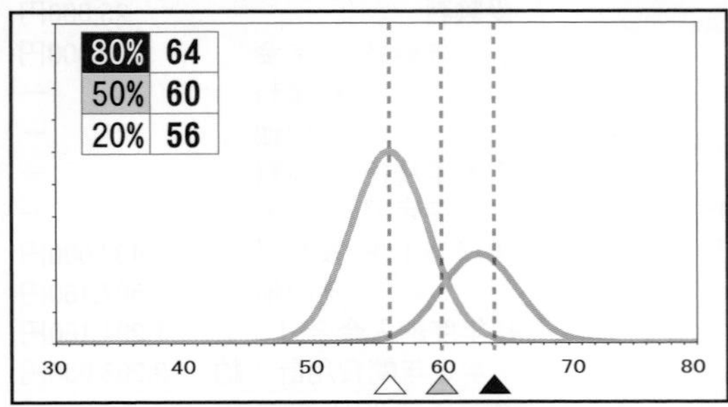

2024入試合否レーダーチャート

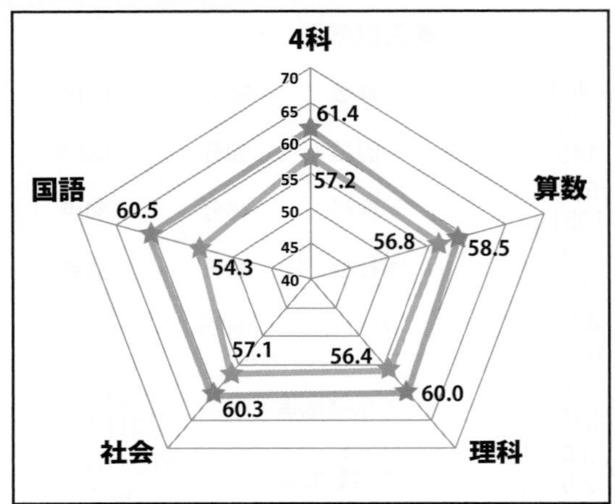

合格者の合不合判定テストにおける成績推移

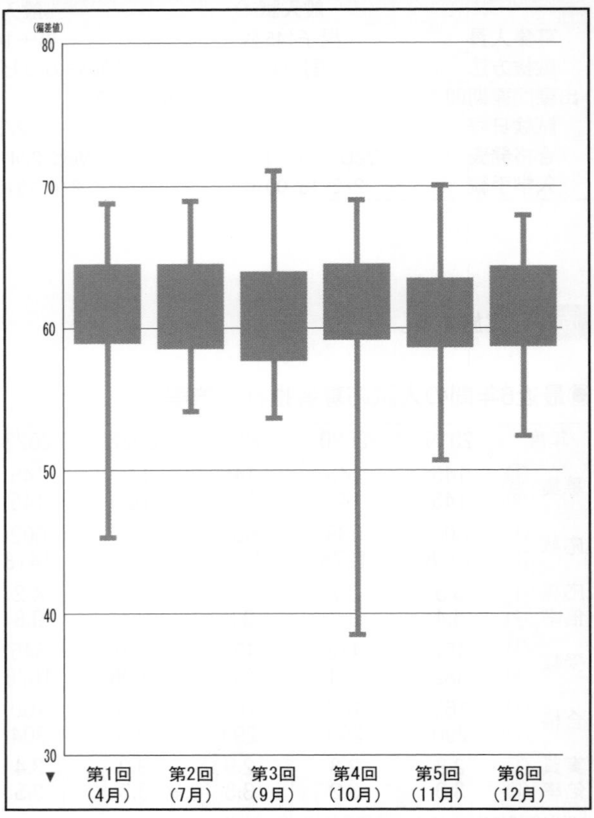

組分けテスト合格状況

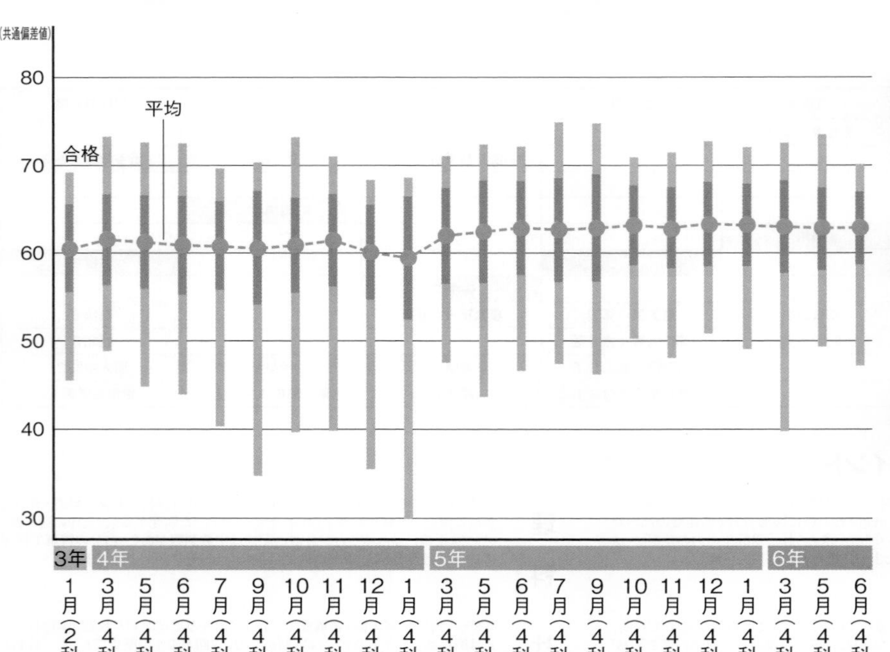

コース別合格者平均偏差値

コース	合格者平均
4年生	
C	55.6
B	59.3
5年生	
S	48.8
C	52.7
6年生	
S	48.7
C	55.7

※上記偏差値は各コース内の偏差値です。

海城中学校

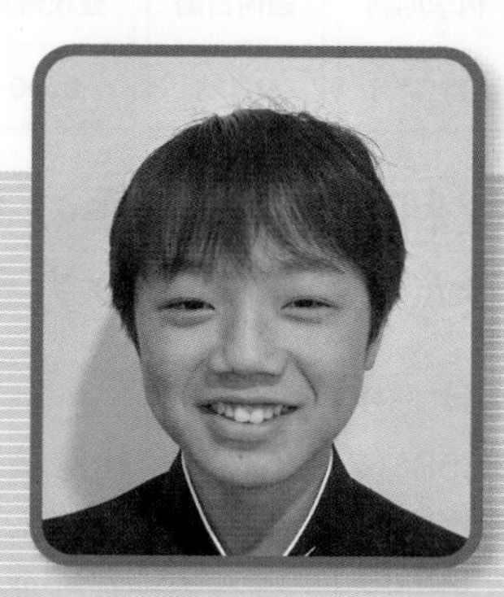

1年生 川上 千暁くん

受験を通して身についた力は？

勉強に向き合い、自力で走り抜ける力

遊びたい誘惑と戦って最後につかんだ合格

5年生までは近所の塾に通っていた千暁くん。周囲にライバルが少ないことから受験への自覚がなかなか生まれず、「最後の方向転換のチャンス」と6年生になる直前の3月から四谷大塚に通い始めました。

「遅いタイミングでの転塾にもかかわらず、生徒の皆さんや先生方も大らかに迎え入れてくれて安心しました」（お母さん）

新たな環境ですぐに成績が伸び始め、4月に行われた「合不合判定テスト」では海城の判定は75%と、好スタートを切りました。しかし「気がゆるんでしまったせいか、それから成績が落ち始めました」と千暁くんは振り返ります。遊びたい気持ちに勝てず、低迷の日々が続きました。

「息子は間違えたところに戻って着実に解き直しするという基本が苦手でした。校舎の先生に相談すると『解き直しが得意な子どもは少ないですよ』と、解き直しにこだわらず先に進む具体的な方法を教えてくださり、息子も納得して取り組んでいました」（お母さん）

そんな中でも、千暁くんは「自分でやるので任せてほしい」とお母さんに宣言。自分なりの努力を積み重ねていきました。

「テストで良い結果が出せない時に、先生から『力は必ず付いてくるから大丈夫だよ』と声をかけてもらえてうれしくなり、頑張ろうと思いました」（千暁くん）

そして迎えた2月の入試本番。第一志望の1日の海城と、2日の本郷は、いずれも不合格に。しかし塾の先生から2日の夜に電話で勇気づけてもらえたことで、3日の海城には新たな気持ちで臨むことができました。そして、見事合格。

「塾の先生方と家族の支えがあったからこその合格だと思っています。僕のように誘惑に勝てず、気がゆるんでしまったら、志望校に合格するために勉強しているんだということを思い出して、勉強に向かって行ってください！」（千暁くん）

将来の夢・目標は？

生物のことを研究する生物学者になりたい

慶應義塾普通部
（けいおうぎじゅくふつうぶ）

■部　長／森上和哲　■創立／明治32年　■生徒数／712名
■所在地／〒223-0062 神奈川県横浜市港北区日吉本町1-45-1
■ＴＥＬ／045-562-1181
■交通／日吉駅(東急東横線・目黒線、新横浜線、横浜市営地下鉄グリーンライン)徒歩5分。

何学期制	週何日制	登校時刻	制服	給食	食堂 軽食販売	プール	寮	特待制度 奨学金等	帰国生 取出授業
3学期制	6日制	9:00	あり	なし	食堂あり 販売あり	なし	なし	奨学金あり	なし

理科教育に定評のある 慶應義塾本流の男子校

沿　革

1858（安政5）年、福澤諭吉により、蘭学の家塾として発足し、1868年に慶應義塾に改称。1873年、正則科と変則科の課程をおくが、1890年に大学部が開設され、正則科・変則科を総称し普通部となる。1898年に中学課程5年を普通学科として設置、1899年に普通学科は慶應義塾普通部に改称される。1947年の学制改革により3ヶ年の新制中学校となる。

教育方針と特色

知育・徳育・体育の面からの人格の完成を目指し、のびやかに、自らに厳しく、生徒自身が成長していくことを目標とする。教師たちは新たな時代を拓くべき人物の養成に努力を重ねている。教科によってはクラスを二分割して授業を行ったり、複数教員による授業など、工夫を試みている。また、中3からは、土曜日に多彩な選択授業が開講されている。中1は1クラス24名で10クラスの少人数編成、中2からは1クラス約40名の学級編成となる。2015年1月に新校舎が完成し、2・3年生の教室、理科実験室などが入った。

◉系列校

小	中	高	大(短大)
○	○	○	○

◉小学校からの内進生…61名

◉授業時間…1コマ50分・週34時間

	1年	2年	3年	計
国　語	6	5	5	16
社　会	5	5	5	15
数　学	4	6	5	15
理　科	5	4	4	13
英　語	5	6	6	17
5教科計	25	26	25	76

参考　高校1年生一週間の授業

英語=4　数学=5　国語=4
理科=3　社会=6
※慶應義塾高等学校

英語=6　数学=6　国語=4
理科=4　社会=4
※慶應義塾志木高等学校

進学・進路

◉卒業生進路状況

〈慶應義塾高等学校〉

〈慶應義塾志木高等学校〉

◉卒業までの流れ

小学校	中学校	高等学校	大学
慶應義塾幼稚舎 ▶	慶應義塾普通部 ▶	慶應義塾高等学校(670) ▶	慶應義塾大学　656（法224・経済210・商70・文9・理工86・医22・総合政策11・環境情報22・看護医療0・薬2）
		慶應義塾志木高等学校(235) ▶	慶應義塾大学　234（法74・経済80・商18・文10・理工40・医7・総合政策1・環境情報3・看護医療0・薬1）

※高等学校過程は、慶應義塾湘南藤沢高等部、慶應義塾ニューヨーク学院高等部へも進学可能

◉主な大学合格実績

〈慶應義塾高等学校〉

〈慶義義塾志木高等学校〉

入試要項・入試情報

◉2024年度の入試要項（参考）

募集人員	男子約180名（内部進学者数により変動）
選抜方法	国・算・社・理＋面接試問・体育実技・報告書
出願関連期間	12/11～1/13
試験日程	2/1
合格発表	掲示 2/3 13:00～ Web 2/3 13:00～
入学手続	2/5 15:00まで

＊受験資格に「入学後、保護者（父母または親権者）のもとより通学できる者」とある。

◉費用（参考）

受験料		30,000円
入学手続時	入学金	340,000円
	授業料	900,000円
	その他	225,000円
入学手続後～入学まで	授業料	―
	その他	142,800円
入学後１年	授業料	―
	その他	153,000円
初年度納入金合計		1,760,800円
中学３年間費用計 約		4,266,800円

＊授業料2期分納あり（分納の場合、入学手続時は45万円を納入、後期に残り45万円を納入）。
＊入学辞退者は2月末日16時までに申し出れば、入学金を除く授業料・施設費等を返金。
＊系列校との入学手続時納入金の振り替え可。

面接 実施する。

◉最近6年間の入試応募者推移と倍率

年度	2019	2020	2021	2022	2023	2024
募集	約180	約180	約180	約180	約180	約180
応募	614	634	603	619	587	569
応募倍率	3.4	3.5	3.4	3.4	3.3	3.2
受験	594	589	563	575	557	526
合格	180	180	195	205	195	195
実質倍率	3.3	3.3	2.9	2.8	2.9	2.7

＊2024年補欠発表（Web・掲示・手渡し）…71名。補欠合格（電話）…あり、2月29日。追加合格…詳細不明。

◉入試教科

②算数	40分	100点
①国語	40分	100点
④理科	30分	100点
③社会	30分	100点
合計	140分	400点

合格最高点	非公表
合格最低点	222点

◉受験併願パターン

偏差値	1月前半	1月後半	2月1日	2月2日	2月3日	2月4日以降
70		渋谷教育幕張		聖光学院		聖光学院２
68					早稲田２	
66	栄東東大特待					
65		市川	慶應普通部		慶應中等部	
63				本郷２		芝２
61		東邦大東邦前	世田谷学園算数	攻玉社２	明大明治２	サレジオ学院Ｂ
60		立教新座	山手学院特待			逗子開成３
59		昭和秀英		中央大附属横浜２	逗子開成２	立教池袋２
58	栄東Ａ１０日			明大中野		明大中野２
57			東京都市大付２Ｉ	世田谷学園２	国学院久我山Ｓ２	法政第二２
56	早稲田佐賀１月首			法政第二	都市大等々力２選	

入試問題の傾向とポイント

算数

難解な問題はないものの、計算問題も含め、基本的な問題はなく、標準レベル以上の問題が並ぶ。40分の試験時間に対して問題数が多く、基本的には全問記述形式なので、日頃から訓練が必要。時間配分も含め、高度な処理速度が求められるので、過去問対策は入念にしておくこと。

国語

物語文と説明文の2題に、漢字の書き取り10問が出題された。物語文は人物の様子や心情の説明、内容の理解が求められる。説明文は言い換え（＝～とはどういうことか）や理由を考える問題や、言葉の意味、空欄補充や内容合致などの設問もあった。解答形式は選択肢や抜き出し、記述など偏りなく構成されている。

理科

例年通り大問4題、生地物化からの出題。設問形式は選択・計算・記述・作図と多岐に渡る。身近なものや身のまわりの事象について解き明かしていく問題になっていることが特徴。基礎基本をしっかり押さえた上で、過去問演習を通して、与えられる文章・図・表・グラフを解き進めていく力を養いたい。

社会

例年通り大問6題構成で記述問題は今年も出題されている。おおむね出題傾向は変わらない。地理は地形図の読み取りや北海道・東北地方について出題。歴史は福沢諭吉に関する大問も出題された。政治はG7サミットに関連した問題。時事的な内容や一般教養的な知識を問われることが多いため、日ごろからそれらを吸収する姿勢が求められている。慶應義塾中等部や慶應義塾湘南藤沢中等部と出題傾向に共通点が見られるため、これらの過去問も解いておきたい。

慶應義塾普通部

2024入試合否分布

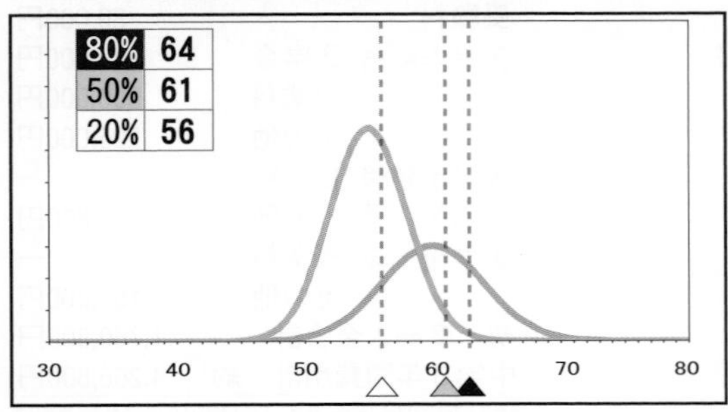

2024入試合否レーダーチャート

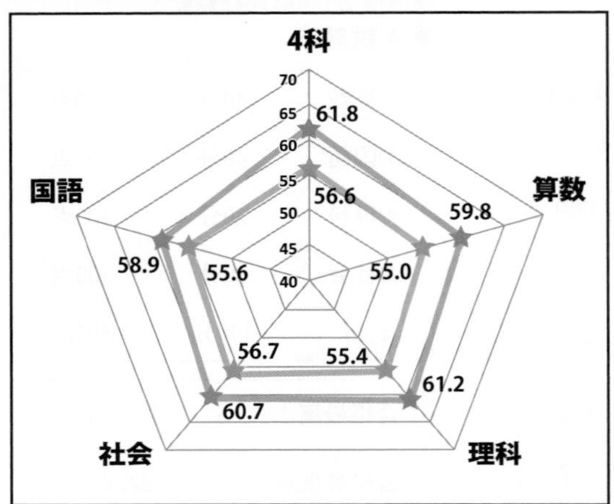

合格者の合不合判定テストにおける成績推移

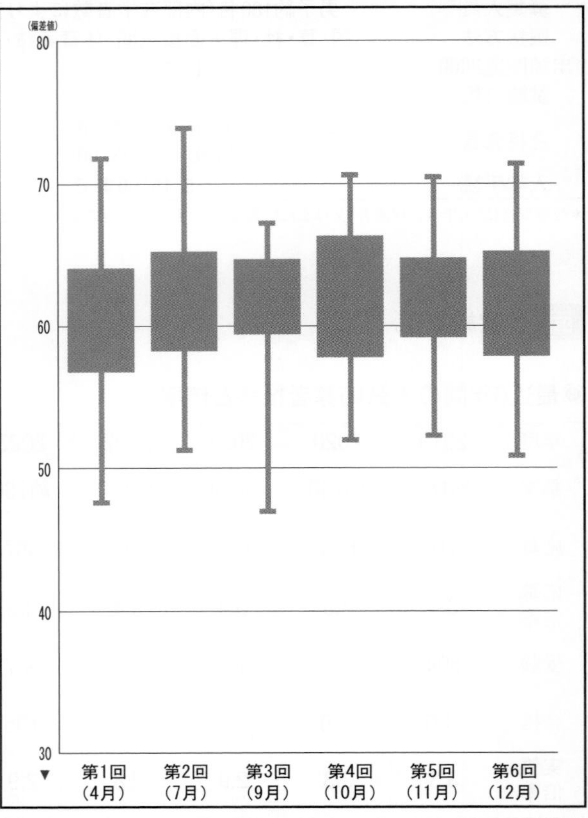

組分けテスト合格状況

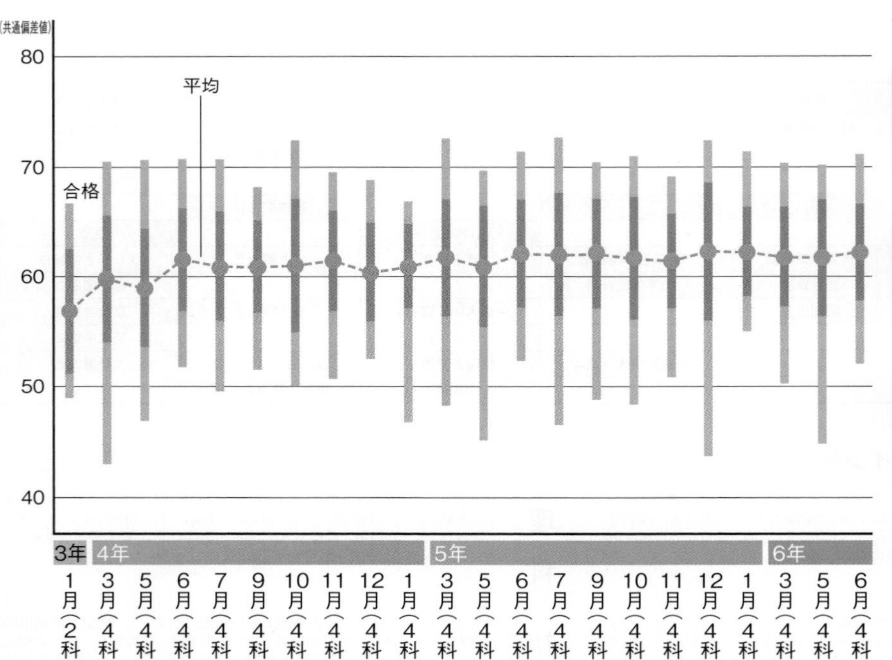

コース別合格者平均偏差値

コース	合格者平均
4年生	
C	54.0
B	59.1
5年生	
S	47.1
C	55.4
6年生	
S	47.0
C	55.2

※上記偏差値は各コース内の偏差値です。

慶應義塾普通部

受験を通して身についた力は？

苦しみを乗り越えて最後までやり切る力

1年生 田村 晴太くん

めげずに復習し続け苦手な国語を克服！

国語が大の苦手科目だった晴太くん。最初の頃は、予習はもちろんのこと復習も後回しで、国語を遠ざける日々でした。お母さんは「苦手科目に挑戦していた姿が強い記憶として残っています」と振り返ります。

「国語の先生に息子の現状を相談して、復習の仕方を丁寧に教えていただきました。実践当初は時間がかなりかかりましたが、復習した内容を先生が確認してくださったことがきっかけで、息子は頑張ることができました」（お母さん）

先生に国語の復習を提出すると、「ここはよく書けています」「〇〇に注目して再度読んでみよう」など、温かい言葉と重要なアドバイスが返ってきました。そのおかげで復習がスムーズに進み、根拠を明確にして丁寧に解き直しができるようになりました。

努力を続けるうちに、先生から「国語の復習がしっかりできています」と声をかけてもらえて、晴太くんは次第に「今回の国語のテストは自信ある！」と宣言できるまでに実力を伸ばすことができました。

そして迎えた2月の入試本番。晴太くんは複数の学校に合格を果たしました。その中から浅野に入学を決めた晴太くんは今、苦手科目に頑張って取り組み続けた毎日を振り返ってこう言います。

「途中で学習量を増やしていってもなかなか成績が伸びず、諦めかけてしまうことがたくさんありました。ですが、今までやってきた自分自身の努力からバトンを受け取り、つらいことや苦しいことを乗り越え、継続していくことができました。最後までやり切る力が身についたのだと思います」（晴太くん）

苦手科目に向き合い、乗り越えられた晴太くん。後輩たちにこんなメッセージを残してくれました。

「受験は、いかに困難に立ち向かうことができるかが分かれ目です。僕の教訓を生かして後輩たちにも頑張ってほしいと思います」（晴太くん）

将来の夢・目標は？

コンピュータとICTで人々の生活を豊かにしたい

駒場東邦中学校
(こまばとうほう)

■学校長／小家一彦　■創立／昭和32年　■生徒数／733名
■所在地／〒154-0001 東京都世田谷区池尻4-5-1
■ＴＥＬ／03-3466-8221
■交通／駒場東大前駅（京王井の頭線）徒歩10分。池尻大橋駅（東急田園都市線）徒歩10分。

何学期制	週何日制	登校時刻	制服	給食	食堂 軽食販売	プール	寮	特待制度 奨学金等	帰国生 取出授業
3学期制	6日制	8:20	中高あり	なし	食堂中高あり 販売中高あり	屋内	なし	貸与制度あり	なし

自主独立の気概と科学的精神で
次代のリーダーを育てる

沿　革

1957年、学校法人東邦大学が現在地に中学校と高等学校を同時に設置。東邦大学理事長額田豊が、日比谷高等学校の校長であった菊地龍道を迎え、中高6か年一貫による理想の教育を目指して設立した。
1995年現校舎が完成、2004年校舎増築、2017年にはグラウンドも拡張され、2020年に人工芝となり、より教育環境が整備された。

教育方針と特色

生徒各自の個性を伸ばし、豊かな知性と科学的教養を身につけた、健康で実践力に富む人材を育成する。専門性の高い授業、生徒主体で行われる数多くの行事、多彩な課外授業など、学校生活の中に多くの刺激がある。クラブ活動も盛んで、多くの生徒が居場所を見つけられる。囲碁やアーチェリー、軟式野球などは東京の代表になる程の実力がある。体育祭やクラブ活動においては、自主・自律の精神を大切にし、高校生が中学生の面倒を見るといった縦のつながりを大切にしている。進路指導においては、OB講演会などで知的刺激を創出し、単に難関大学へ進学することをゴールとせず、複雑化の進む現代社会において、他者と協働しながら問題解決に向けて取り組める人材の育成に努めている。

◉系列校

小	中	高	大(短大)
	○	○	○

◉併設小学校なし
◉高校生外部募集………なし

◉授業時間…1コマ50分・週34時間

	1年	2年	3年	計
国　語	6	5	6	17
社　会	5	5	5	15
数　学	5	5	6	16
理　科	5	5	5	15
英　語	5	6	6	17
5教科計	26	26	28	80

参考　高校1年生一週間の授業
英語=6　数学=6　国語=6
理科=5　社会=5

進学・進路

◉卒業生進路状況

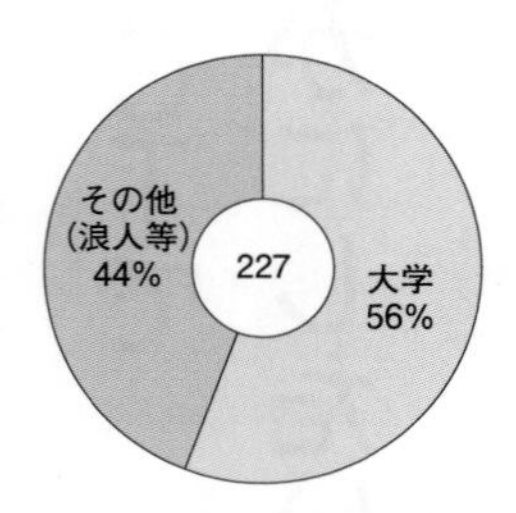

■進路選択状況（高３進級時）
理系 67%　文系 33%
0　50　100

■理系・文系進学状況
理系 63%　文系 37%
0　50　100

■共通テスト受験率
95%
0　50　100

◉卒業までの流れ

小学校	中学校	高等学校	大学
	駒場東邦中学校 ▶	駒場東邦高等学校 (227) ▶	東邦大学　5

◉主な大学合格実績

大学名	'22	'23	'24	大学名	'22	'23	'24	大学名	'22	'23	'24	大学名	'22	'23	'24
東京大	60	72	44	埼玉大				国際教養大		1	1	国際基督教大			
京都大	6	11	8	千葉大	8	4	1	東京都立大	2	2		成蹊大		1	2
北海道大	5	2	13	東京外国語大	1	1		横浜市立大	3			成城大	2		
東北大	6	6	3	電気通信大	1	1	2	慶應義塾大	94	105	74	明治学院大			3
名古屋大		1	1	東京学芸大				早稲田大	93	127	93	國學院大	1	1	2
大阪大	3	2		東京農工大	6	2		上智大	17	20	9	武蔵大			
九州大		1		東京芸術大		1		東京理科大	62	77	44	獨協大			
東京工業大	6	8	4	東京医科歯科大	6	3	3	明治大	48	69	39	日本大	5	5	6
一橋大	5	13	7	東京海洋大			1	青山学院大	6	15	8	東洋大	5	1	3
筑波大	4	4	3	横浜国立大	4	8	6	立教大	9	9	7	駒澤大			1
茨城大		1		山梨大	2		3	中央大	23	22	20	専修大	1	3	2
宇都宮大				金沢大				法政大	8	16	16	芝浦工業大		13	8
群馬大				信州大		2	1	学習院大	2	2	1	東京都市大		3	2

入試要項・入試情報

◉2024年度の入試要項(参考)

募集人員	男子240名
選抜方法	国・算・社・理
出願関連期間	1/10～1/26
試験日程	2/1
合格発表	掲示 2/2 9:00～ Web 2/2 9:00～
入学手続	2/2 16:00まで

＊2024年合格者招集は2月11日（日・祝）13時から実施(保護者同伴。欠席の場合は入学許可を取り消し)。

◉費用(参考)

受験料		25,000円
入学手続時	入学金	300,000円
	授業料	—
	その他	—
入学手続後～入学まで	授業料	—
	その他	52,000円
入学後１年	授業料	492,000円
	その他	446,000円
初年度納入金合計		1,290,000円
中学３年間費用計 約		3,122,000円

面接 実施しない。

◉最近6年間の入試応募者推移と倍率

年度	2019	2020	2021	2022	2023	2024
募集	240	240	240	240	240	240
応募	548	605	645	565	611	644
応募倍率	2.3	2.5	2.7	2.4	2.5	2.7
受験	527	576	623	555	586	627
合格	294	290	285	292	304	297
実質倍率	1.8	2.0	2.2	1.9	1.9	2.1

＊2024年補欠発表…なし。追加合格(電話)…27名。

◉入試教科

③算数	60分	120点
①国語	60分	120点
④理科	40分	80点
②社会	40分	80点
合計	200分	400点

合格最高点	非公表
合格最低点	233点

◉受験併願パターン

偏差値	1月前半	1月後半	2月1日	2月2日	2月3日	2月4日以降
73					筑波大駒場	
70		渋谷教育幕張		聖光学院		聖光学院２
68				渋谷教育渋谷２		
66	栄東東大特待		駒場東邦			
65		市川				
64					浅野	本郷３
62	海城帰				相模原	
61	栄東東大Ⅱ	東邦大東邦前	東京都市大付２Ⅱ	桐朋２	東京都市大付３Ⅱ	サレジオ学院Ｂ
60		立教新座	農大第一算理	農大第一２算理		巣鴨３
59		昭和秀英	都市大等々力Ｓ選	中央大附属横浜２		城北３
58	栄東Ａ１０日		国学院久我山ＳＴ	巣鴨２	暁星２	

入試問題の傾向とポイント

算数
大問4題で答えの出し方を一部書かせる形式は例年通り。例年みられる作図問題は1問のみの出題。昨年の入試問題は大幅に易化したが、今年は再び難化した。今年の結果を受けて、来年はまた難易度を調整してくると考えられるが、テキストの問題演習を十分に重ねて入試に臨みたい。また、普段から、数に関する問題、場合の数と条件整理、図形など頻出分野に関しては特に対策をし、粘り強い思考力を鍛えておく必要があるだろう。

国語
長い物語文1題で、最初に漢字の書き取り15問や言葉の意味を問う知識問題が出題された。人物の様子や心情、行動理由について、選択肢や記述で解答する問題があった。120字以内の記述を求める設問や本文内容の理解を確認する設問があった。

理科
昨年は記号などを選択する形式の問題が約8割を占め、記述や作図で答える問題も見られなかったが、今年は記述・作図共に出題され、選択式の問題も5割強と、おおむね以前の配分に戻った。受験者平均点と合格者平均点の差はあまり大きくないため、少しのミスで差がつくことを意識したい。

社会
あるテーマに基づいた長文を読み、地理・歴史・政治国際に関して総合的に出題する形式が続いている。複数の資料を様々な角度から分析させることが特徴。資料は見慣れないものであるが、単純に記憶した解答ではなく、その場で分析、判断して解答を導き出す力が求められている。ふだんから知識を習得して終わりにするのではなく、様々な資料に触れ、数字の変化やその理由を考察することを意識した学習が必要である。

駒場東邦中学校

2024入試合否分布

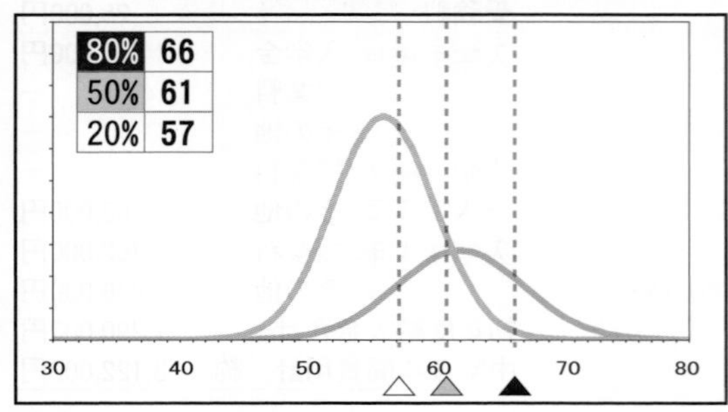

合格者の合不合判定テストにおける成績推移

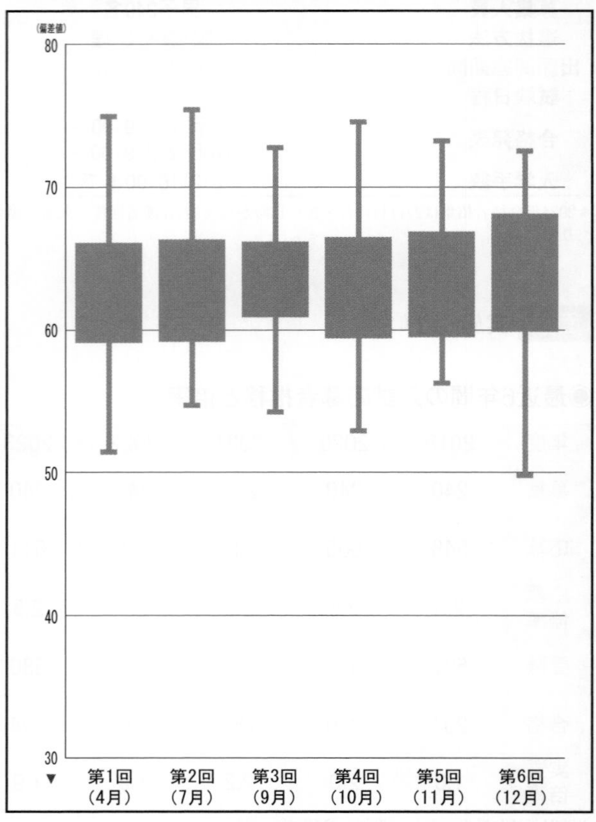

2024入試合否レーダーチャート

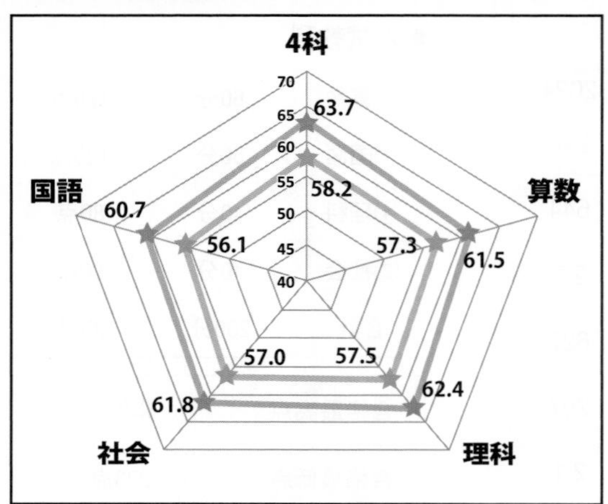

組分けテスト合格状況

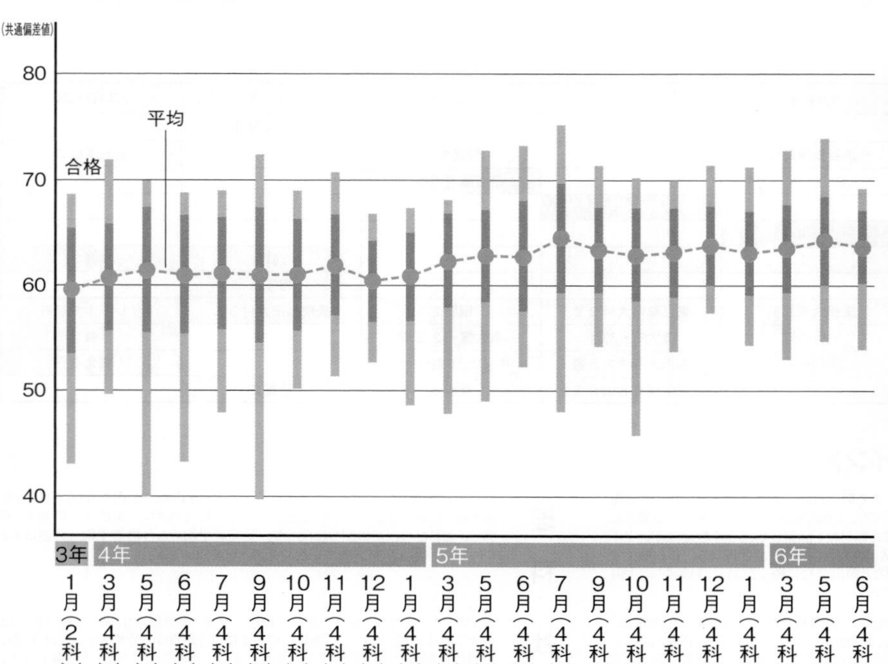

コース別合格者平均偏差値

コース	合格者平均
4年生	
C	54.4
B	57.1
5年生	
S	48.7
C	57.3
6年生	
S	46.6
C	57.5

※上記偏差値は各コース内の偏差値です。

駒場東邦中学校

1年生 樫尾 真輝くん

受験を通して身についた力は？

自分なりに課題を見つける力と最後までやりぬく力

家族のサポートで苦手と向き合い続けた

四谷大塚に通っていたお姉さんの影響で、3年生から通塾を始めた真輝くん。駒場東邦の出身であるお父さんから、学生生活の思い出を聞いたり、体育祭や文化祭に行くうちに、自分も駒場東邦へ行きたいという強い思いを抱くようになりました。初めは順調でしたが、5年生になると社会と国語の成績が安定せず、Sコースに届かない状態が続きます。

「苦手科目の勉強の仕方で父とケンカすることがありました」（真輝くん）

当時のことをお父さんは「苦手科目の克服方法を塾の社会の先生に相談したところ、年表のカードを自分で作成するという課題を出していただきました。カード表面に年号と時代、裏面に出来事を書くものなのですが、息子は同意しなくて。でも妻が仲裁に入り、その学習の必要性を説いてくれたおかげで本人も納得して取り組むようになり、いつしか歴史の勉強が習慣化したんです」と振り返ります。

6年生になると、成績は伸びて行きましたが、国語は不振が続きます。お父さんが国語の先生に相談すると「〝今日のコラム〟（新聞のコラムの教材）を音読しては」とのアドバイスが。真輝くんは最初は難色を示したものの、いつしか自ら進んで取り組むようになり、最終的には一日も欠かさず、毎朝音読を続けたそうです。「毎朝たった2分のことですが『ちりも積もれば山となる』とはまさにこのことと自ら気づき実践したものと思います」（お父さん）

お母さんは、受験期のお父さんと真輝くんの様子について「協力しながら根気強く苦手を克服しようと頑張っていました。父と息子で仲良く楽しそうに勉強する姿に胸が熱くなりました」と語ります。

最後に真輝くんは「これから受験する人に伝えたいのは、受験は不安になるのは当たり前ということです。不安な気持ちをどう切りかえて、次に進むかが大事だと思います」と笑顔で話してくれました。

将来の夢・目標は？

AI技術が発達した時代でも、存在感を示せる医師

聖光学院中学校
（せいこうがくいん）

■学校長／工藤誠一　■創立／昭和33年　■生徒数／701名
■所在地／〒231-0837 神奈川県横浜市中区滝之上100
■ＴＥＬ／045-621-2051
■交通／山手駅（JR根岸線）徒歩8分。

何学期制	週何日制	登校時刻	制服	給食	食堂 軽食販売	プール	寮	特待制度 奨学金等	帰国生 取出授業
3学期制	6日制	8:20	中高あり	なし	食堂中高あり 販売中高あり	屋外	なし	なし	あり

面倒見の良い学習指導と多彩な学校行事が魅力

沿　革

ローマに本部をおくキリスト教教育修士会を母体とする学校法人聖マリア学園により、1958年、聖光学院中学校として設立。1961年には聖光学院高等学校を設置し、現在に至る。

教育方針と特色

キリスト教教育修士会はその生涯を中・高等学校男子青少年教育に捧げる目的のもとに集まる会員で構成され、各国において学校を設置、経営している。本校は、「カトリック的世界観にのっとり、人類不遍の価値を尊重する人格の形成、あわせて、高尚、かつ有能なる社会の成員を育成する」ことを建学の精神とし、献身の精神と、高度の学識を兼ねた社会の成員を育成するという教育の理想を実践。家庭的な連帯感のもとに、尊敬と信頼のきずなで結ばれた教育環境を維持しつつ、さらに高度な学問を学ぶことを目的とする生徒の目的達成のために積極的な指導を行う。十分な資金と、キリスト教教育修士会の歴史ある学校経営の経験とにより設立されたため、教育環境は確かであるといえる。

◉系列校

小	中	高	大（短大）
	○	○	

◉併設小学校なし
◉高校生外部募集………なし

◉授業時間…1コマ50分・週35時間

	1年	2年	3年	計
国　語	5	5	6	16
社　会	3	3	4	10
数　学	6	6	6	18
理　科	4	4	4	12
英　語	7	7	7	21
5教科計	25	25	27	77

参考　高校1年生一週間の授業

英語=7　数学=6　国語=5
理科=6　社会=2

進学・進路

◉卒業生進路状況

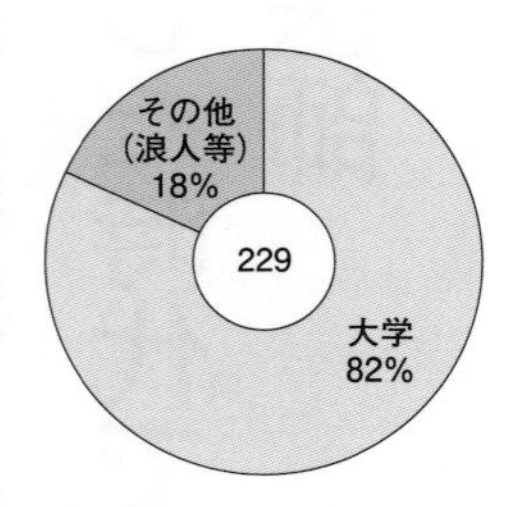

■進路選択状況（高３進級時）
理系 57%　文系 43%
0　50　100

■理系・文系進学状況
理系 61%　文系 39%
0　50　100

■共通テスト受験率
94%
0　50　100

◉卒業までの流れ

小学校	中学校	高等学校	大学
	聖光学院中学校 ▶	聖光学院高等学校（229）	

◉主な大学合格実績

大学名	'22	'23	'24	大学名	'22	'23	'24	大学名	'22	'23	'24	大学名	'22	'23	'24
東京大	91	78	100	埼玉大				国際教養大				国際基督教大	4	2	2
京都大	6	6	6	千葉大			4	東京都立大			1	成蹊大	5		1
北海道大	6	8	6	東京外国語大	2			横浜市立大	9	9	10	成城大	1		
東北大	5	6	4	電気通信大	1	1	2	慶應義塾大	130	125	154	明治学院大	1	1	
名古屋大			1	東京学芸大	1		3	早稲田大	172	175	193	國學院大		1	1
大阪大				東京農工大			1	上智大	20	54	10	武蔵大			
九州大	1	1		東京芸術大				東京理科大	60	62	37	獨協大			3
東京工業大	6	6	3	東京医科歯科大	4	5	1	明治大	42	61	30	日本大	3	6	3
一橋大	2	4	6	東京海洋大	1	1		青山学院大	3	7	5	東洋大	2	1	1
筑波大	6	3	3	横浜国立大	11	6	5	立教大	1	15	4	駒澤大	1	1	
茨城大				山梨大			2	中央大	10	19	11	専修大		3	
宇都宮大				金沢大				法政大	9	6	9	芝浦工業大	2	7	1
群馬大	1			信州大	1	1		学習院大	2	1	1	東京都市大	4	4	3

入試要項・入試情報

聖光学院中学校

◉2024年度の入試要項（参考）

	1回	2回
募集人員	男子175名	男子50名
選抜方法	国・算・社・理	
出願関連期間	1/14〜2/1	1/14〜2/3
試験日程	2/2	2/4
合格発表	Web 2/3 9:00〜	Web 2/5 9:00〜
入学手続	2/3 17:00まで	2/5 16:00まで

＊2024年入学予定者登校日は2月11日（日・祝）に実施（保護者同伴。登校および設備拡充費の納入をもって、入学者と認定）。

面接 実施しない。

◉費用（参考）

受験料		30,000円
入学手続時	入学金	250,000円
	授業料	—
	その他	—
入学手続後〜入学まで	授業料	—
	その他	350,000円
入学後１年	授業料	492,000円
	その他	505,700円
初年度納入金合計		1,597,700円
中学３年間費用計 約		3,500,100円

＊1回・2回両方出願し、1回で合格し2月26日までに入学手続きした場合、2回の受験料を返金。
＊入学手続時納入金のうち、設備拡充費（23万円）は2月26日まで延納可。

◉最近6年間の入試応募者推移と倍率

年度		2019	2020	2021	2022	2023	2024
募集	①	175	175	175	175	175	175
	②	50	50	50	50	50	50
応募	①	657	746	623	650	740	691
	②	709	738	622	628	718	753
応募倍率	①	3.8	4.3	3.6	3.7	4.2	3.9
	②	14.2	14.8	12.4	12.6	14.4	15.1
受験	①	618	697	596	620	711	665
	②	569	612	500	496	587	635
合格	①	228	231	221	218	219	211
	②	91	105	124	121	120	122
実質倍率	①	2.7	3.0	2.7	2.8	3.2	3.2
	②	6.3	5.8	4.0	4.1	4.9	5.2

＊2024年補欠発表…なし。追加合格（電話）…あり。

◉入試教科

②算数	60分	150点
①国語	60分	150点
③理科	40分	100点
④社会	40分	100点
合計	200分	500点

合格最高点	①445点 ②406点
合格最低点	①360点 ②349点

◉受験併願パターン

偏差値	1月前半	1月後半	2月1日	2月2日	2月3日	2月4日以降
73					筑波大駒場	
71	海陽特給東京		開成			
70		渋谷教育幕張		聖光学院		聖光学院２
68					早稲田２	
66	栄東東大特待		駒場東邦	広尾学園医進・S	海城２	
65		市川	慶應普通部		慶應中等部	
64					浅野	本郷３
63						芝２
62	海城帰				相模原	広尾学園３
61		東邦大東邦前	東京都市大付２Ⅱ	高輪算数午後		サレジオ学院B
60			サレジオ学院A	農大第一２算国		逗子開成３

入試問題の傾向とポイント

算数

大問5題は例年通り。ここ数年ですっかり聖光学院の必須テーマとなった作図・作業の問題、グラフの利用の問題が今年も並んだ。例年よりもミスが許されない厳しい試験であったと言える。図形の移動・作図に加えてグラフと変化、数値分析も意識したい。算数だけに限らず、理科や社会、さらには小学校の授業の中でグラフに触れる機会を利用し、グラフの読み取りはもちろんのこと、じっくりと観察・分析をすることに頭を慣らしていきたい。

国語

漢字の書き取り5問と慣用句5問に、物語文と説明文それぞれ1題ずつが出題された。物語文は語句の意味を問うほか、人物の行動理由となる心情の把握を中心に問われた。説明文は理由や具体例、内容説明を問う設問があった。解答形式には選択肢のほか記述も含まれる。

理科

例年通り大問4の出題。要求されている知識が必ずしも理科の教科書に載っているものではないので、机上の学習だけでなく、日常の科学的な事柄に興味・関心を持っているかという点まで含めた総合力が判定される。テキストで基本事項を習得するだけでなく、学校でのさまざまな体験、テレビや新聞などの情報にも積極的に接して、視野を広げていくことが大切である。

社会

総設問数は近年減少傾向にあり、比較的時間の余裕がある問題となった。全体的に解きやすい問題が多く、1･2回とも、合格者平均点が8割を越える結果となった。基本事項の習熟とともに、広く世の中の出来事に興味・関心をもち、注目度が上がっていることばや出来事については、用語を覚えるだけではなく、原因や理由、背景などを調べる習慣をつけることが重要である。

聖光学院中学校

2024入試合否分布

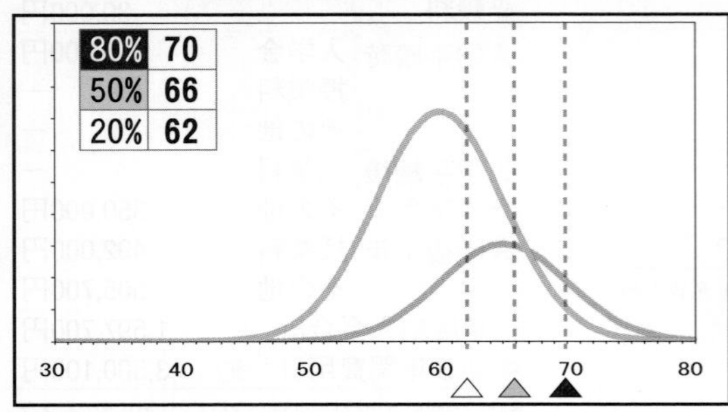

2024入試合否レーダーチャート

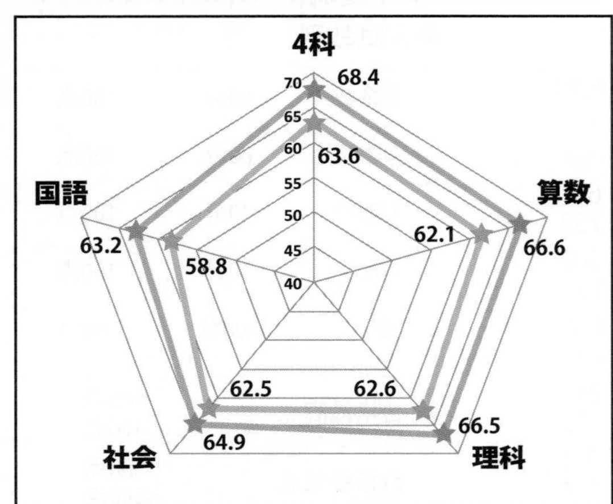

合格者の合不合判定テストにおける成績推移

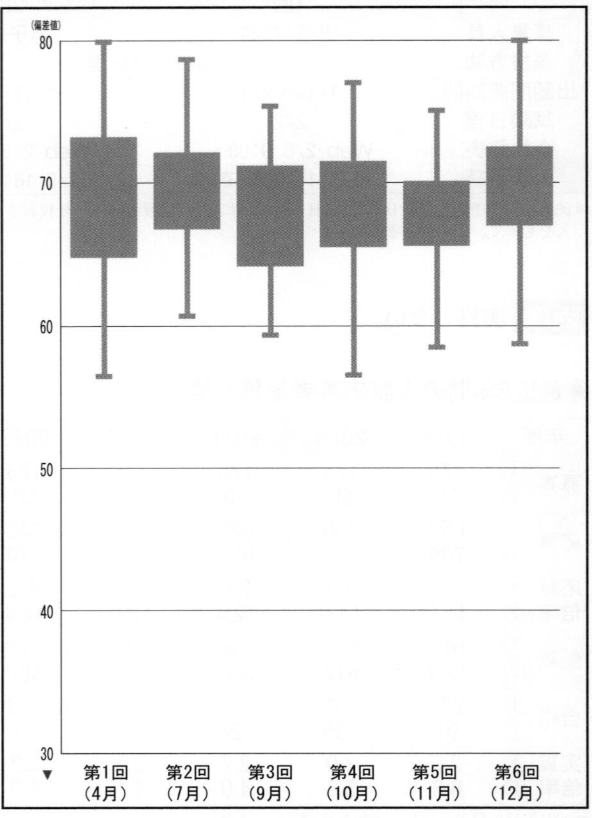

組分けテスト合格状況

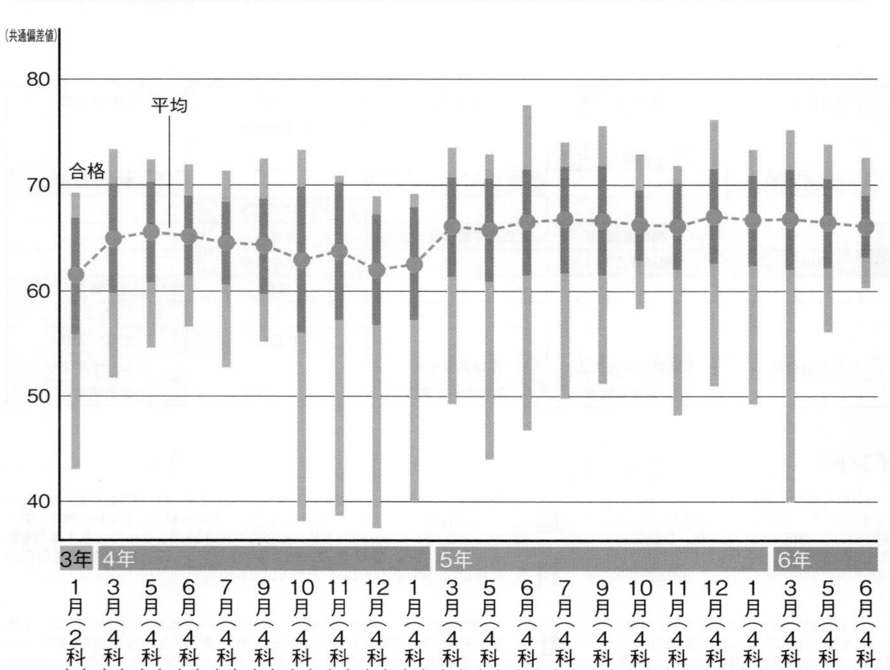

コース別合格者平均偏差値

コース	合格者平均
4年生	
C	58.4
B	64.0
5年生	
S	54.3
C	61.6
6年生	
S	55.3
C	58.4

※上記偏差値は各コース内の偏差値です。

聖光学院中学校

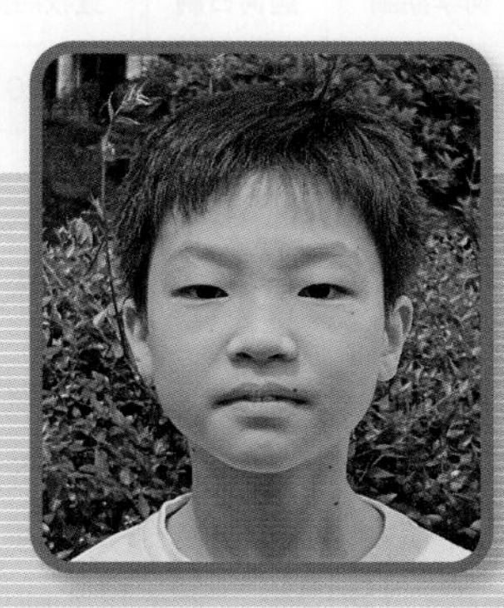

1年生 広瀬 陽翔くん

受験を通して身についた力は？

自分で計画を立てて勉強する力

失敗してもあきらめず気持ちを切り替えた

4年生から四谷大塚に通い始めた陽翔くん。お姉さんや子ども時代のお父さんが通っていたことがきっかけで「自分も」と思うようになりました。

中学受験の勉強を始めた頃の様子を、お母さんは「スタート時点では、週ごとに行われるテストやクラス分けのテストに向けて、私が勉強の計画を立てていました。一週間でどのページを、どのようなペースで取り組むかなどですね。それが半年ほど経つと「今週はこれをやる」とだけ決めれば、あとは本人が自分のペースでこなしていけるようになりました」と語ります。

「3年間の受験勉強で、一番伸びたのは算数です。苦手だった、速さや規則、場合の数の問題をひたすら解くようにしました。計算演習を毎日欠かさずにやったことも良かったかなと思います」（陽翔くん）

受験本番、陽翔くんは聖光学院の1回目は合格することができませんでした。合否がわかったときのことを陽翔くんは「とても悔しくて悲しかったです。それに、2回目を受けても合格できないかもしれないという不安も大きかったです。でも、家族が全力で励ましてくれました。2回目の試験に出そうな単元について、たくさん調べて教えてくれたり。それで少し自信が持てて、試験に臨むことができました」と振り返ります。

2回目の試験では、前日に学習した内容の一部が出題されたのだそう。そして結果は見事、合格！

「前日にやっておいて良かったと思いました。合格できてとてもうれしかったです。そのときに、1回目で受からなかったとしても、2回目に向けてあきらめずに対策し、自信を持って受ける事が大切なのだとわかりました」（陽翔くん）

「息子は3年間、自分自身と何度も向き合い、心身ともに大きく成長できたと感じます。そしてこの3年間は、家族にとっても大変有意義なものだったと思います」（お母さん）

将来の夢・目標は？

植物に関わることのできる仕事に就きたいです

武蔵（むさし）中学校

■学校長／杉山剛士　■創立／大正11年　■生徒数／525名
■所在地／〒176-8535 東京都練馬区豊玉上1-26-1
■ＴＥＬ／03-5984-3741
■交通／江古田駅（西武池袋線）徒歩6分。新桜台駅（西武有楽町線）徒歩5分。新江古田駅（都営大江戸線）徒歩7分。

何学期制	週何日制	登校時刻	制服	給食	食堂 軽食販売	プール	寮	特待制度 奨学金等	帰国生 取出授業
3学期制	6日制	8:20	なし	なし	食堂中高あり 販売中高あり	屋外	なし	あり	なし

生涯を見据え、
授業は「本物」「本質」を学ぶを徹底指導

沿　革

1922年、財団法人根津育英会により、わが国最初の私立の7年制高等学校として開校。1948年、学制改革により新制武蔵高等学校を発足。1949年、中学校を設置し、現在に至る。

教育方針と特色

「東西文化融合のわが民族理想を遂行し得べき人物」「世界に雄飛するにたえる人物」「自ら調べ自ら考える力ある人物」の三理想を掲げる。第三の理想を特に重視し、自主性を尊重する。中学高校とも1学年4クラス編成。多くの教科で、1学級を二つに分けた分割授業を行う。実験観察重視や原典主義など、各分野で学問の本質に迫ることを目指す。中1の山上学校は全員参加で、心身の成長に大きな成果がある。第二外国語は仏・独・中・韓の4言語を開講し、中3では選択必修、高校では自由選択。高2まで履修した者から希望を募って選抜し、提携校へ約2ケ月間留学。相手校からも交換留学生を受け入れている。

◉系列校

小	中	高	大（短大）
	○	○	○

◉併設小学校なし
◉高校生外部募集………なし

◉授業時間…1コマ50分・週35.5時間

	1年	2年	3年	計
国　語	4	5	6	15
社　会	4	4	4	12
数　学	5	5	5	15
理　科	4	4	4	12
英　語	6	6	5	17
5教科計	23	24	24	71

参考　**高校1年生一週間の授業**

英語=5　数学=5　国語=5
理科=6　社会=6

進学・進路

◉卒業生進路状況

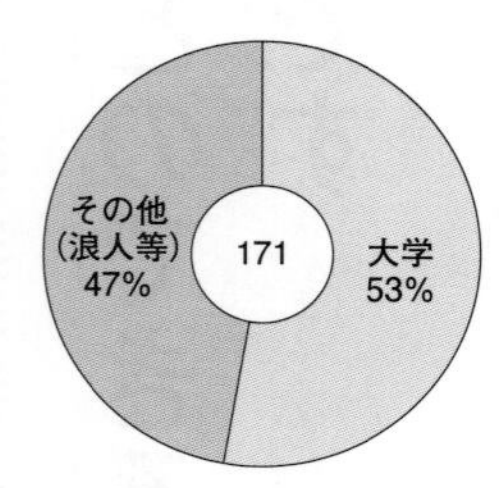

■進路選択状況（高３進級時）

データなし

■理系・文系進学状況

データなし

■共通テスト受験率

データなし

◉卒業までの流れ

小学校	中学校	高等学校	大学
	武蔵中学校 ▶	武蔵高等学校（171）	

◉主な大学合格実績

大学名	'22	'23	'24	大学名	'22	'23	'24	大学名	'22	'23	'24	大学名	'22	'23	'24
東京大	19	21	26	埼玉大	3	3		国際教養大				国際基督教大	2	1	1
京都大	6	10	8	千葉大	2	5	2	東京都立大	3	2		成蹊大			
北海道大	4	6	6	東京外国語大				横浜市立大				成城大	1		
東北大	6	4	7	電気通信大	1	4		慶應義塾大	18	14	14	明治学院大			
名古屋大	1			東京学芸大		1	2	早稲田大	16	24	23	國學院大			
大阪大	1	1	1	東京農工大	2	1	2	上智大	3	1	1	武蔵大	-	-	-
九州大	1	4		東京芸術大		1		東京理科大	5	7	1	獨協大			
東京工業大	2	11	4	東京医科歯科大	2	2	3	明治大	5	7	3	日本大		2	
一橋大	4	6	3	東京海洋大	1	1	1	青山学院大	2	2	2	東洋大			
筑波大	5	1	4	横浜国立大	3	2	3	立教大		3	2	駒澤大		1	
茨城大				山梨大			1	中央大	1	2	4	専修大			1
宇都宮大				金沢大		1		法政大	3	3	3	芝浦工業大		1	
群馬大		2		信州大	2	2		学習院大	2			東京都市大			

入試要項・入試情報

◉2024年度の入試要項（参考）

募集人員	男子160名
選抜方法	国・算・社・理
出願関連期間	1/10〜1/20
試験日程	2/1
合格発表	Web 2/3 9:00〜
入学手続	2/4 12:00まで

＊2024年入学前説明会は 2月11日（日・祝）13時集合で実施（保護者同伴。出席しない者は、入学の意思がないとみなし入学資格は取り消し）。

◉費用（参考）

受験料		30,000円
入学手続時	入学金	370,000円
	授業料	—
	その他	—
入学手続後〜入学まで	授業料	—
	その他	60,060円
入学後１年	授業料	600,000円
	その他	441,000円
初年度納入金合計		1,471,060円
中学３年間費用計	約	3,262,560円

武蔵中学校

面接 実施しない。

◉最近6年間の入試応募者推移と倍率

年度	2019	2020	2021	2022	2023	2024
募集	160	160	160	160	160	160
応募	579	601	584	640	601	546
応募倍率	3.6	3.8	3.7	4.0	3.8	3.4
受験	569	580	574	626	579	530
合格	186	188	183	178	186	177
実質倍率	3.1	3.1	3.1	3.5	3.1	3.0

＊2024年補欠発表（Web）…あり。補欠合格（電話）…あり。追加合格…なし。

◉入試教科

②算数	50分	100点
①国語	50分	100点
④理科	40分	60点
③社会	40分	60点
合計	180分	320点

合格最高点	非公表
合格最低点	206点

◉受験併願パターン

偏差値	1月前半	1月後半	2月1日	2月2日	2月3日	2月4日以降
71	海陽特給東京					
70		渋谷教育幕張				
68				渋谷教育渋谷２	早稲田２	渋谷教育渋谷３
66	栄東東大特待				海城２	
65		市川	武蔵			
63				本郷２		芝２
61		東邦大東邦前	世田谷学園算数	桐朋２	三田国際ＭＳＴ	サレジオ学院Ｂ
60	開智特待Ａ	立教新座	広尾小石川２	農大第一２算理		巣鴨３
59		昭和秀英				城北３
58	栄東Ａ１０日		国学院久我山ＳＴ	巣鴨２	暁星２	
57	栄東Ｂ		東京都市大付２Ｉ	城北２	国学院久我山Ｓ２	世田谷学園３

入試問題の傾向とポイント

算数
今年も数の性質、平面図形、条件整理といった本校の頻出領域からの出題。理由説明の問題が出題されることもあり、式や考え方の記述は変わらず必要なので、条件を読み取り順序立てて考えていく力、的確に処理する力、解き方や考え方を表現する力を養っておきたい。

理科
例年通り大問3題で、大問1つにつき生地物化から1分野の出題が基本だが、融合問題になることもある。図・表を読みとって記述・作図する必要がある。最後の大問は実物が配布され、特徴や仕組みについて手を動かして観察させる問題。いずれの問題も単純な知識では解答が難しく、深い思考力が必要である。

国語
物語文1題と漢字の書き取り8問で構成される。物語文は人物の心情や理由、内容説明（＝どういうことか）が問われた。文章は長めで、6設問からなる。そのなかには慣用句の意味を問うものもあった。解答形式は知識問題を除き、全て記述である。

社会
例年通り1つのテーマにもとづいた出題。今年は労働の歴史と問題について。仕事と家事・育児・介護における性別の偏りについての記述問題や、ワーク・ライフ・バランスを保つことが現代社会の問題解決にどうつながるかについての記述問題が出題された。資料から得られる情報を整理・分析し、論理的な文章として表現できる力を身につけることが合格点をとる前提条件となっている。

武蔵中学校

2024入試合否分布

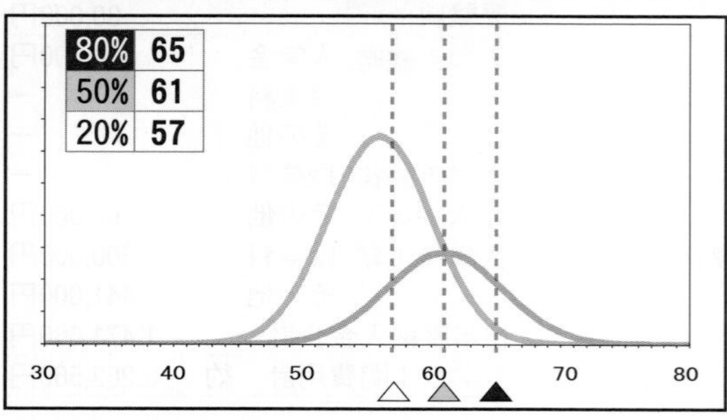

2024入試合否レーダーチャート

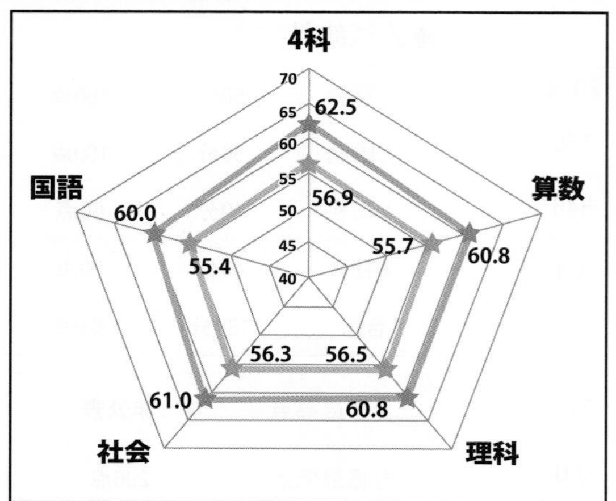

合格者の合不合判定テストにおける成績推移

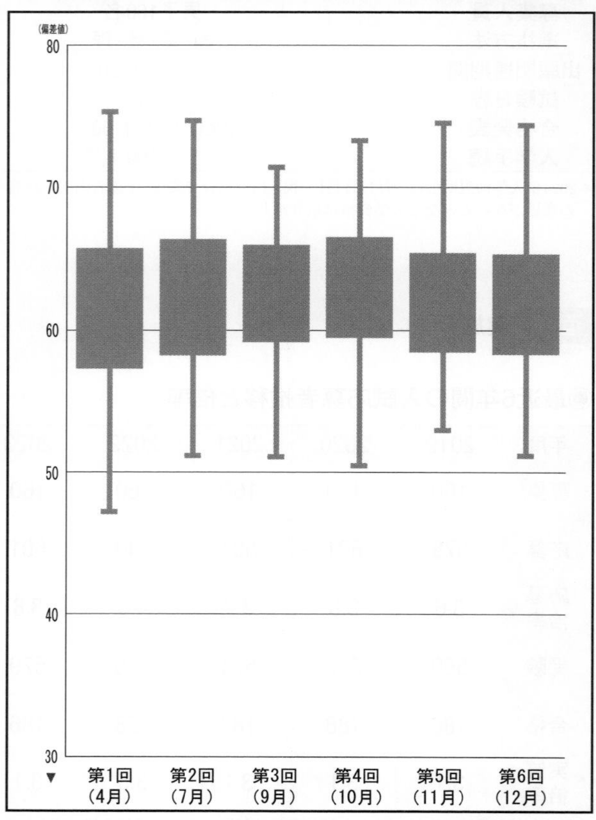

組分けテスト合格状況

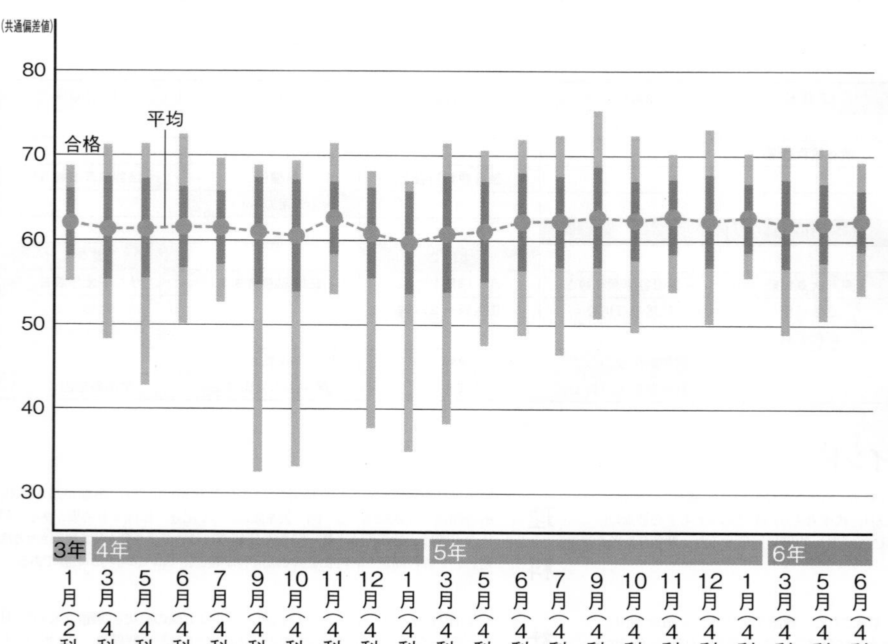

コース別合格者平均偏差値

コース	合格者平均
4年生	
C	54.7
B	58.6
5年生	
S	48.1
C	56.0
6年生	
S	50.6
C	55.7

※上記偏差値は各コース内の偏差値です。

武蔵中学校

受験を通して身についた力は？

逆境でもくじけずに取り組む粘り強さと諦めない心

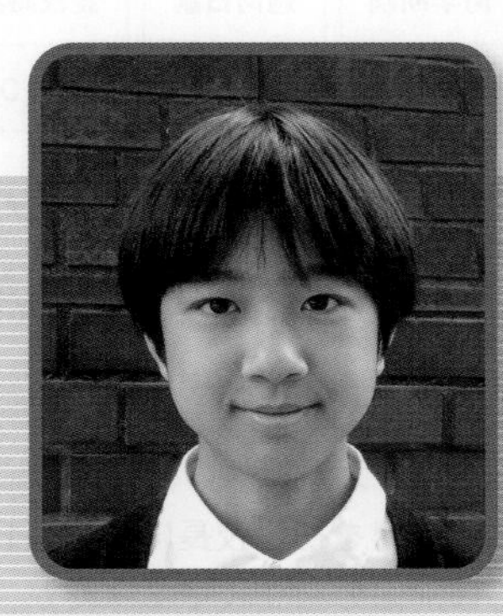

1年生 黒田 祐有くん

受験直前のスランプを記述の徹底で克服した

2年生から四谷大塚に通い始めた祐有くん。4年生の頃には、広くて緑豊かなのびのびとした雰囲気に魅力を感じ、武蔵を志望。四谷大塚のオリジナル教材や、Webコンテンツ「高速基礎マスター」などに取り組んで勉強のリズムをつくり、実力を伸ばしていきました。

「武蔵コースにも入ることができ、6年生の11月までは順調でした。でも12月の最後の合不合判定テストで成績が下がってしまい、武蔵コースのテストも順位が下がり、かなり落ち込みました」（祐有くん）

それでも祐有くんは諦めず、苦手な記述問題や、抜けている基礎知識を確認していきました。

「記述問題は過去問などをひたすら解き、具体的になっているか、シンプルに伝えられているかなどを一つひとつ確認しながら修正していきました」（祐有くん）

お母さんも「親子共に焦りました」と、スランプに陥った当時の心境を振り返ります。

「基本の問題が抜けていることが多かったので、もう一度基本をしっかりやろうと問題集を何度も復習しました。確認していくうちに、集中力もやる気も戻ってきたように思います」（お母さん）

また、必死に努力する祐有くんの励みになったのは、4年生からお世話になっていた、知識豊富で話がおもしろい社会の先生の声かけでした。

「記述問題でなかなか点数が取れず、悩みながら頑張っていたときに先生が『その言葉、いいじゃん！』とほめてくれました」（祐有くん）

武蔵の受験日、不安を抱えて緊張していた祐有くんでしたが、会場で同じ武蔵コースの仲間と話すうちに、落ち着きを取り戻して試験を受けることができたといいます。

「最後まで成績が安定せず、不安でしたが、武蔵に入りたいと強く思って頑張りました。武蔵に合格できて、諦めずに努力して本当に良かったと思います」（祐有くん）

将来の夢・目標は？

武蔵でたくさんの経験を積み将来をじっくり考えたい

早稲田中学校

（わせだ）

■学校長／笹倉和幸　■創立／明治28年　■生徒数／958名
■所在地／〒162-8654 東京都新宿区馬場下町62　■ＴＥＬ／03-3202-7674
■交通／早稲田駅(東京メトロ東西線)徒歩1分。西早稲田駅(東京メトロ副都心線)徒歩15分。
高田馬場駅(JR山手線、西武新宿線)からバス「馬場下町」下車、徒歩1分。

何学期制	週何日制	登校時刻	制服	給食	食堂 軽食販売	プール	寮	特待制度 奨学金等	帰国生 取出授業
3学期制	6日制	8:10	中高あり	なし	食堂中高あり 販売中高あり	屋内	なし	あり	なし

推薦入学制度がありながらも、生徒の個性を生かす進路選択を尊重し、高い志を持つ生徒を育成する

沿　革

1895年、大隈重信の教育理念に基づき坪内逍遙を中心に創立。翌1896年、大隈英麿を初代校長に開校。1948年の学制改革で高等学校が発足。大学とは別個の独立校であったが、1979年に早稲田大学の系属校となり現在に至る。

教育方針と特色

個性を伸長して、国家社会に貢献しうる健康で民主的な人材の育成を目標に掲げる。一般教養の向上と、多様な進路希望の実現を目指して独自のカリキュラム、特別教育活動、学校行事を編成。深みのある授業が好奇心旺盛な生徒の興味・関心を刺激し、高い応用力を養成している。数学・英語は進度が早いが、単元ごとに理解度を確認しながら、ていねいに習得へと導く。生徒会活動・クラブ活動が明るく伸びやかな雰囲気のもと中・高合同で行われることにより、自主性・創造性および連帯感が育くまれる。外国語および国際理解教育にも積極的で世界を舞台に活躍する人材の育成を目指す。早稲田大学以外の大学への進学支援体制も整っており、難関国公立大学および医学部への合格者も多数輩出している。

◉系列校

小	中	高	大(短大)
	○	○	○

◉併設小学校なし
◉高校生外部募集………なし

◉授業時間…1コマ50分・週34時間

	1年	2年	3年	計
国　語	4	5	5	14
社　会	4	5	5	14
数　学	5	5	5	15
理　科	5	5	5	15
英　語	5	6	7	18
5教科計	23	26	27	76

※中1のみ週33時間

参考　高校1年生一週間の授業

英語=6　数学=5　国語=5
理科=5　社会=4

進学・進路

◉卒業生進路状況

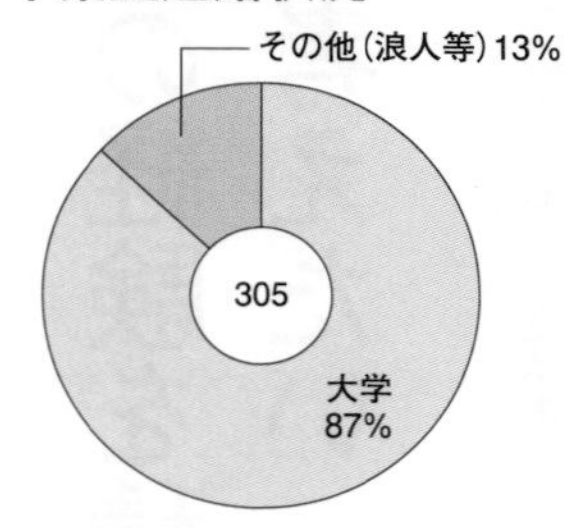

■進路選択状況（高3進級時）

理系 57%　文系 43%

■理系・文系進学状況

理系 54%　文系 46%

■共通テスト受験率

50%

◉卒業までの流れ

小学校	中学校	高等学校	大学
	早稲田中学校 ▶	早稲田高等学校 (305) ▶	早稲田大学　148 (政経20・法13・文9・文化構想11・教育20・商15・基幹理工15・創造理工14・先進理工9・社会科15・人間科6・スポーツ科0・国際教養1)

◉主な大学合格実績

大学名	'22	'23	'24	大学名	'22	'23	'24	大学名	'22	'23	'24	大学名	'22	'23	'24
東京大	29	39	43	埼玉大				国際教養大		1	1	国際基督教大			
京都大	2	8	11	千葉大	8	4	3	東京都立大			1	成蹊大	2		2
北海道大	4	2	5	東京外国語大				横浜市立大	1			成城大			
東北大	1	3	2	電気通信大		1	3	慶應義塾大	53	72	77	明治学院大			1
名古屋大		1		東京学芸大				早稲田大	-	-	-	國學院大	1		
大阪大	1	1		東京農工大	5	2		上智大	12	18	12	武蔵大		1	
九州大		1	1	東京芸術大				東京理科大	55	54	53	獨協大	1		
東京工業大	2	10	12	東京医科歯科大	2		2	明治大	51	28	27	日本大	12	8	11
一橋大	2	5	5	東京海洋大	2	1		青山学院大	1	5	4	東洋大	4		4
筑波大	6	3	4	横浜国立大	2	1	3	立教大	3	2	4	駒澤大		2	1
茨城大	1			山梨大			2	中央大	16	10	11	専修大	2	1	2
宇都宮大				金沢大	1	3	1	法政大	10	11	11	芝浦工業大	20	9	1
群馬大				信州大	1	2		学習院大	2			東京都市大	2		

早稲田中学校

入試要項・入試情報

◉2024年度の入試要項(参考)

	1回	2回
募集人員	男子200名	男子100名
選抜方法	国・算・社・理	
出願関連期間	12/20〜1/23	
試験日程	2/1	2/3
合格発表	Web 2/2 10:00〜	Web 2/4 10:00〜
入学手続	2/5 15:00まで	

面接 実施しない。

◉費用(参考)

受験料		27,000円
入学手続時	入学金	300,000円
	授業料	—
	その他	—
入学手続後〜入学まで	授業料	185,000円
	その他	181,000円
入学後１年	授業料	259,000円
	その他	196,200円
初年度納入金合計		1,121,200円
中学３年間費用計　約		2,663,600円

＊2回分同時出願し、1回に合格し入学手続きした場合、2回の受験料を返金。
＊入学辞退者は所定の手続きにて申し出れば、学費のみを返金。
＊制服代・研修費等別途。

◉最近6年間の入試応募者推移と倍率

年度		2019	2020	2021	2022	2023	2024
募集	①	200	200	200	200	200	200
	②	100	100	100	100	100	100
応募	①	759	864	798	756	830	855
	②	1286	1395	1278	1318	1391	1460
応募倍率	①	3.8	4.3	4.0	3.8	4.2	4.3
	②	12.9	14.0	12.8	13.2	13.9	14.6
受験	①	663	763	706	662	723	740
	②	875	966	847	911	963	1015
合格	①	235	238	244	238	257	253
	②	229	224	215	250	228	214
実質倍率	①	2.8	3.2	2.9	2.8	2.8	2.9
	②	3.8	4.3	3.9	3.6	4.2	4.7

＊帰国生を含む。
＊2024年補欠発表…なし。追加合格…詳細不明。

◉入試教科

②算数	50分	60点
①国語	50分	60点
④理科	30分	40点
③社会	30分	40点
合計	160分	200点

合格最高点	①163点 ②166点
合格最低点	①129点 ②123点

◉受験併願パターン

偏差値	1月前半	1月後半	2月1日	2月2日	2月3日	2月4日以降
70		渋谷教育幕張		聖光学院		聖光学院２
68				渋谷教育渋谷２	早稲田２	
66	栄東東大特待		早稲田			
65		市川				
64						本郷３
61	栄東東大Ⅱ	東邦大東邦前	東京都市大付２Ⅱ	攻玉社２	東京都市大付３Ⅱ	
60	開智特待Ａ	立教新座	農大第一算理	農大第一２算理		巣鴨３
59		昭和秀英				城北３
58	栄東Ａ１０日		国学院久我山ＳＴ	明大中野	暁星２	明大中野２
57			東京都市大付２Ⅰ	城北２	東京都市大付３Ⅰ	世田谷学園３
56	早稲田佐賀１月首			高輪Ｂ	学習院２	高輪Ｃ

入試問題の傾向とポイント

算数
一行問題6問、大問3題の問題構成。一行問題も含め基本問題は少なく、標準レベル以上の問題が並ぶ。特に、立体図形では、切断の問題や回転体に関する問題が頻出。基本を徹底した上で、高い処理能力、答えを導くのに必要となる条件を見抜く力が高いレベルで求められる。過去問演習をしっかり行いたい。

国語
物語文と説明文の2題が出題された。物語文は人物の様子や心情を問う設問のほか、文章中の空欄補充を通して内容理解を問う設問もあった。説明文は理由や内容説明を通して筆者の説明が十分に理解できているか確認する問題があった。また漢字の書き取りもあった。

理科
例年通り大問4題、生地物化からの出題である。選択・計算が中心で記述・作図が1題ずつ出題される。出題内容は一般的であるが、各大問の後半は発展的な内容まで続いている。基礎基本を押さえた上で、計算問題を素早く正確に解く力、知識だけにとどまらない応用力を養いたい。

社会
昨年やや易化したが、今年は従来のレベルに戻った。単発的に細かく正確な知識を求める問題や既存の知識を複合的な情報から考えさせる問題も見られた。地図、表、史料などを切り口にした標準的な難易度の問題を確実に正答することが合格へのカギ。万博、G7サミットに関して出題されるなど、時事問題への対策は必須。歴史でも時事問題からの切り口で出題されることがあるので、今起きていることと、過去に起こったことを結びつける学習を行っていきたい。

早稲田中学校

2024入試合否分布

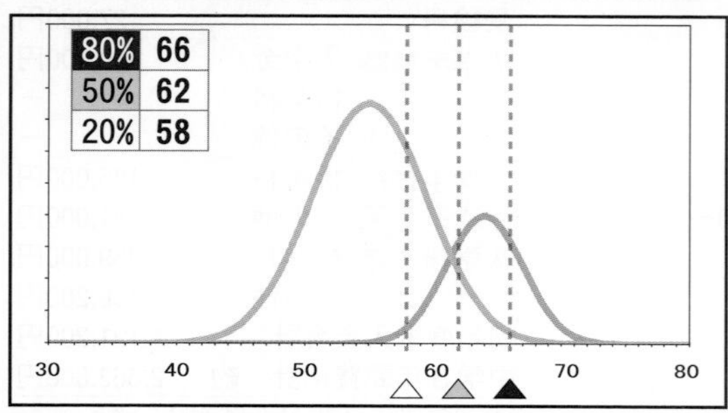

2024入試合否レーダーチャート

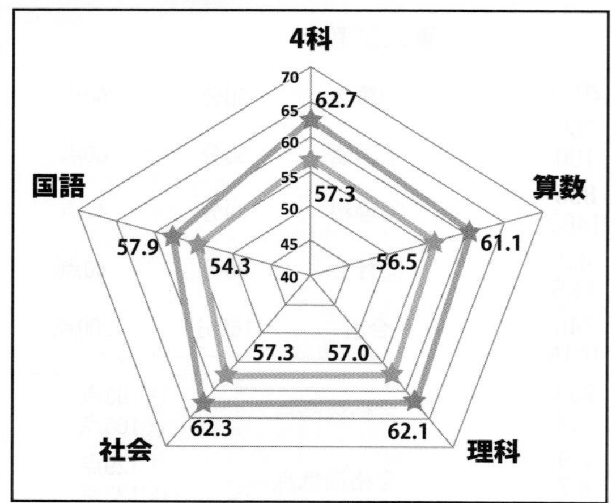

合格者の合不合判定テストにおける成績推移

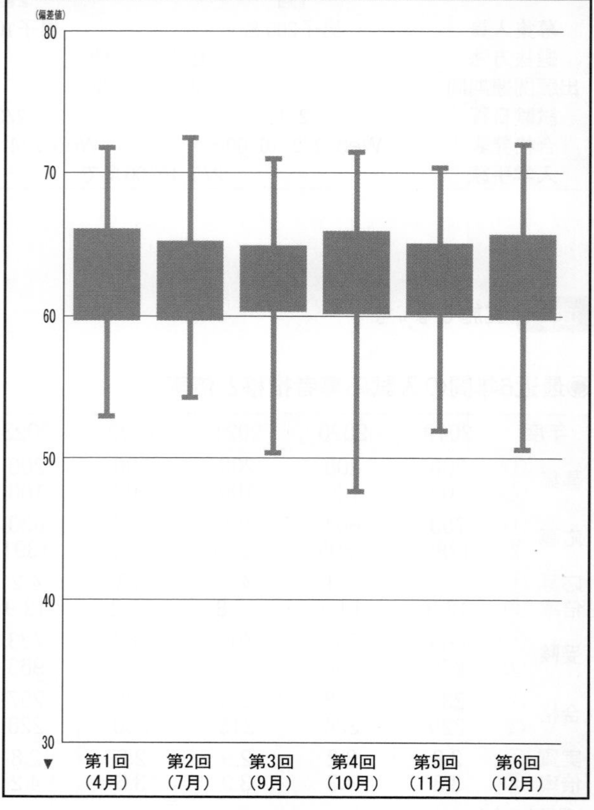

組分けテスト合格状況

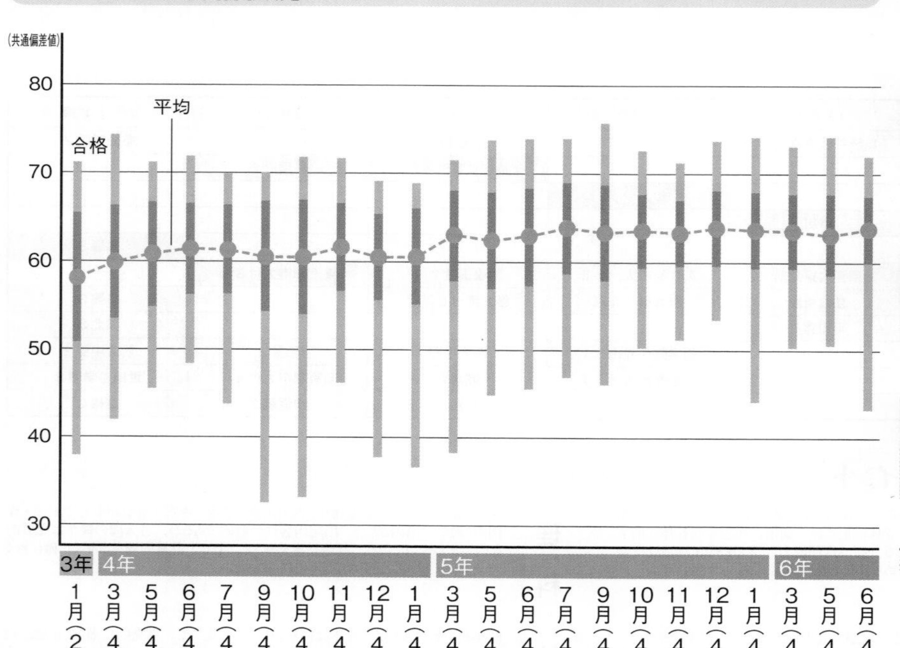

コース別合格者平均偏差値

コース	合格者平均
4年生	
C	55.0
B	56.0
5年生	
S	49.9
C	57.1
6年生	
S	50.2
C	58.6

※上記偏差値は各コース内の偏差値です。

早稲田中学校

受験を通して身についた力は？

難しいことに挑戦する強い心

強い気持ちが重い扉を開いた！

晃平くんが「絶対に早稲田中学校に行きたい！」と強く志望するようになったきっかけは、文化祭に行ったことでした。クイズ研究会など興味があった部活を訪れると、活気があり、とても楽しかったそうです。

憧れの早稲田を目指して受験勉強を進めていた6年生の秋、合否を判定する塾のテストの結果に、「2月1日に第一志望校を受けるか、第二志望を受けるか」悩む状況に陥ります。成績がふるわなかった原因は、国語と算数にありました。

「国語は、過去問の演習と解き直し、算数は、式を整理して書くことを習慣づけるようにしました。すると、12月のテストでは好成績をとることができました」（晃平くん）

それなのに、1月に受験した学校は、不合格や補欠合格など、満足いかない結果に。でも、そこでくじける晃平くんではありませんでした。「どうしても早稲田に受かりたいという気持ちで、最後の一週間で過去問を8年分解き直し、漢字や理科、社会の確認を必死で行いました。過去問は夏休みにやっていたのですが、だいぶ忘れていたのでちょうどよかったです。特に早稲田の入試では、漢字の問題が3問あり、全体の15％を占めるので、漢字をしっかりとやろうと思いました」（晃平くん）

1月最後の週を振り返って、お母さんは「暗いトンネルの中にいるような日々だった」と語ります。

「でも本人の『早稲田に行きたい』という強い気持ちと、塾の先生の『確実に学力が上がってきている』という励まし、そして晃平の兄が言った『一度決めたことは変えない方がいい』という一言に後押しされ、親も腹をくくりました」（お母さん）

そして2月1日に早稲田を受験し、見事合格を勝ち取ります。

「これから受験する皆さんには、もし1月で不合格になったとしても、自分のダメなところと向き合って、強い気持ちで2月の受験を頑張ってください」（晃平くん）

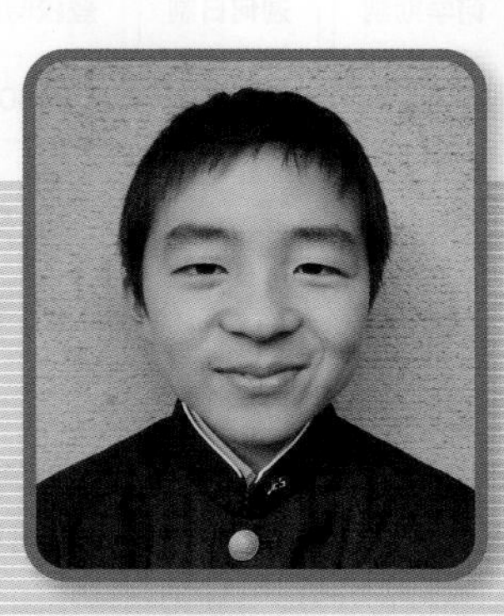

1年生 山口 晃平くん

将来の夢・目標は？

クイズの研究を通して世界のことをもっと知りたい！

早稲田(わせだ)大学高等学院中学部

■学院長／武沢護　■創立／平成22年　■生徒数／362名
■所在地／〒177-0044 東京都練馬区上石神井3-31-1
■ＴＥＬ／03-5991-4156
■交通／上石神井駅（西武新宿線）徒歩7分。

何学期制	週何日制	登校時刻	制服	給食	食堂 軽食販売	プール	寮	特待制度 奨学金等	帰国生 取出授業
3学期制	6日制	8:30	中高あり (高のみ着用自由)	なし	食堂中高あり(中条件付) 販売中高あり	なし	なし	なし	なし

早稲田大学への進学を前提にした「学びの自由」が、未知への探究心と挑戦し続ける気概を育む

沿　革

1882年、大隈重信により東京専門学校（早稲田大学の前身）が創設される。1920年旧制早稲田大学早稲田高等学院を設置。学制改革により1949年新制高校となり、1950年早稲田大学高等学院に改称。2010年、早稲田大学で唯一の附属中学として、高等学院中学部を併設する。

教育方針と特色

「学問の独立」をはじめとする三大教旨や「進取の精神」といった早稲田大学の建学理念に基づく一貫教育により、健やかな心身、高い知性、豊かな感性を育むことを教育目標に掲げ、時流に左右されることなく、たくましい知性としなやかな感性を持った人材の育成をめざす。中学は1クラス30名の少人数で編成され、英語の一部は二分割での授業となる。各教科の授業では、専門性の高い教員により、主体的に考える力や学びの姿勢を養うとともに、発展的な内容までふみこみ、高校・大学へとつながる基礎学力と応用力の定着をはかる。生徒の自主自立を重んじる自由な校風のもと、受験にとらわれることなく、自らの興味・関心のあることに打ち込むことのできる環境がある。所定の基準を満たす卒業生は全員、早稲田大学に進学できる。

◉系列校

小	中	高	大(短大)
	○	○	○

◉併設小学校なし
◉高校生外部募集………360名

（完全混合クラス）

◉授業時間…1コマ50分・週35時間

	1年	2年	3年	計
国　語	6	5	5	16
社　会	4	4	4	12
数　学	5	5	5	15
理　科	4	4	4	12
英　語	5	6	6	17
5教科計	24	24	24	72

参考　高校1年生一週間の授業

英語=5　数学=5　国語=4
理科=4　社会=4

進学・進路

◉卒業生進路状況

■進路選択状況（高３進級時）

データなし

■理系・文系進学状況

データなし

■共通テスト受験率

データなし

◉卒業までの流れ

小学校	中学校	高等学校	大学
	早稲田大学高等学院中学部	▶早稲田大学高等学院 (-)▶	早稲田大学　454 （政経110・法66・文21・文化構想27・教育29・商50・基幹理工56・創造理工38・先進理工24・社会科30・人間科0・スポーツ科0・国際教養3）

◉主な大学合格実績

大学名	'22	'23	'24	大学名	'22	'23	'24	大学名	'22	'23	'24	大学名	'22	'23	'24
東京大				埼玉大				国際教養大				国際基督教大			
京都大				千葉大				東京都立大				成蹊大			
北海道大				東京外国語大				横浜市立大				成城大			
東北大				電気通信大				慶應義塾大				明治学院大			
名古屋大				東京学芸大				早稲田大	-	-	-	國學院大			
大阪大				東京農工大				上智大				武蔵大			
九州大				東京芸術大				東京理科大				獨協大			
東京工業大				東京医科歯科大				明治大				日本大			
一橋大				東京海洋大				青山学院大				東洋大			
筑波大				横浜国立大				立教大				駒澤大			
茨城大				山梨大				中央大				専修大			
宇都宮大				金沢大				法政大				芝浦工業大			
群馬大				信州大				学習院大				東京都市大			

入試要項・入試情報

◉2024年度の入試要項（参考）

募集人員	男子120名
選抜方法	国・算・社・理＋面接・報告書
出願関連期間	12/20〜1/19
試験日程	2/1
合格発表	Web 2/3 9:00〜
入学手続	2/5 16:30まで

＊出願資格に「入学後、保護者（含親権者）のもとから通学できる者。」とある。
＊2024年入学予定者説明会は2月18日（日）実施。新入生登校日は3月17日（日）実施。（両日とも保護者同伴。出席しない場合は入学を辞退したとみなし、入学の許可を取り消し）。

◉費用（参考）

受験料		30,000円
入学手続時	入学金	260,000円
	授業料	427,500円
	その他	157,000円
入学手続後〜入学まで	授業料	―
	その他	20,000円
入学後１年	授業料	427,500円
	その他	249,500円
初年度納入金合計		1,541,500円
中学３年間費用計	約	4,219,500円

＊入学辞退者は申し出れば、納入金の一部、学費・諸会費等（584,500円）を返金。
＊制服代別途。

面接 実施する。

◉最近6年間の入試応募者推移と倍率

年度	2019	2020	2021	2022	2023	2024
募集	120	120	120	120	120	120
応募	464	460	448	470	465	416
応募倍率	3.9	3.8	3.7	3.9	3.9	3.5
受験	429	430	407	438	433	380
合格	134	137	134	133	131	129
実質倍率	3.2	3.1	3.0	3.3	3.3	2.9

＊2024年補欠発表・追加合格…いずれも詳細不明。

◉入試教科

②算数	50分	100点
①国語	50分	100点
④理科	40分	80点
③社会	40分	80点
合計	180分	360点

合格最高点	非公表
合格最低点	非公表

◉受験併願パターン

偏差値	1月前半	1月後半	2月1日	2月2日	2月3日	2月4日以降
70		渋谷教育幕張				
68				渋谷教育渋谷２	早稲田２	渋谷教育渋谷３
66	栄東東大特待					
65		市川	早大学院		慶應中等部	
64						本郷３
63				本郷２		
61		東邦大東邦前	世田谷学園算数	明大明治	明大明治２	
60		立教新座				巣鴨３
59		昭和秀英		青山学院		城北３
58	栄東Ａ１０日		国学院久我山ＳＴ	明大中野	立教新座２	明大中野２
57			東京都市大付２Ｉ	城北２	国学院久我山Ｓ２	中央大附属２

入試問題の傾向とポイント

算数
計算と一行問題で合わせて4問程度、大問が3題の問題構成。凝った出題が多く、1問1問テンポよく解いていくのは難しい。問題の条件をきちんと読み、考え方や計算をきちんと整理することが必要である。また、式や考え方を書く問題もあるので、普段から解く過程を残しておく習慣も必要である。

国語
説明文と物語文の2題の構成である。説明文は言い換えや具体例について問われたほか、漢字、四字熟語、接続詞といった知識問題もあった。物語文は人物の様子や心情を答える設問や、説明文と同様に漢字や慣用句、語句の意味を問う問題が出題された。

理科
例年通り大問4題、生地物化からの出題である。基本的な問題も出題されるが、典型問題から一歩踏み込んだ問題が多く、ていねいに考える学習を日頃から意識したい。また、解答形式は計算や選択はもちろん、グラフを含めた作図が多く出題されている。しっかりと練習をしておきたい。

社会
大問5題構成。大問1・2は地理、大問3・4は歴史、大問5は政治だった。記述問題は本文やデータの内容から考察する能力や答えを的確に表現する能力を要求された。用語記述は原則として漢字指定となっており、ふだんから正確に書けるようにしておきたい。

早稲田大学高等学院中学部

2024入試合否分布

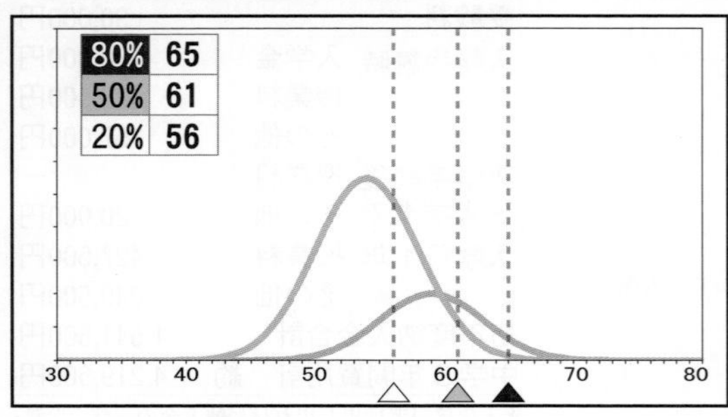

2024入試合否レーダーチャート

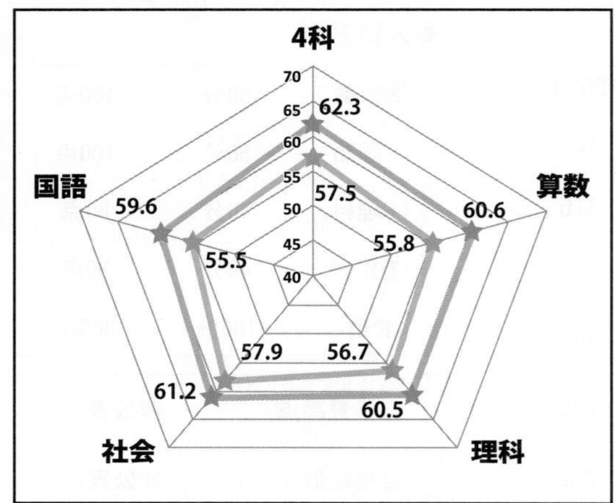

合格者の合不合判定テストにおける成績推移

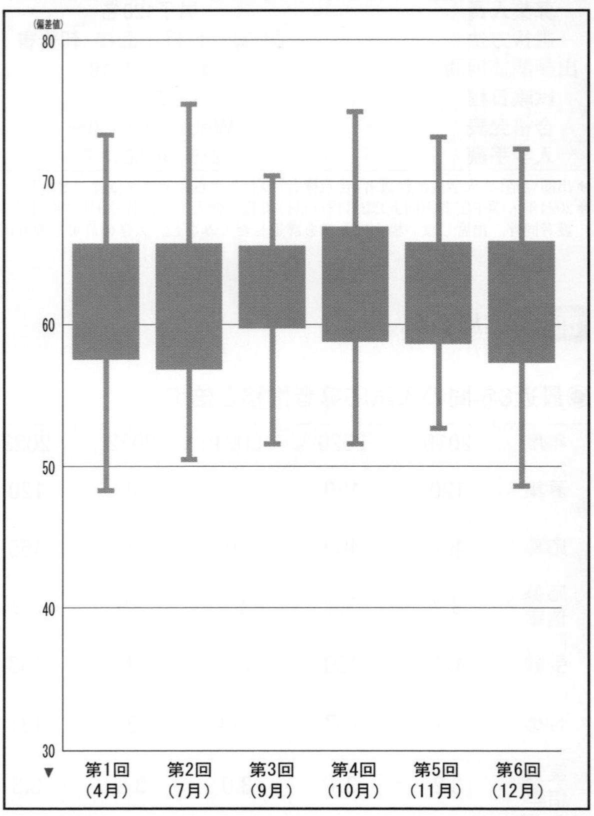

組分けテスト合格状況

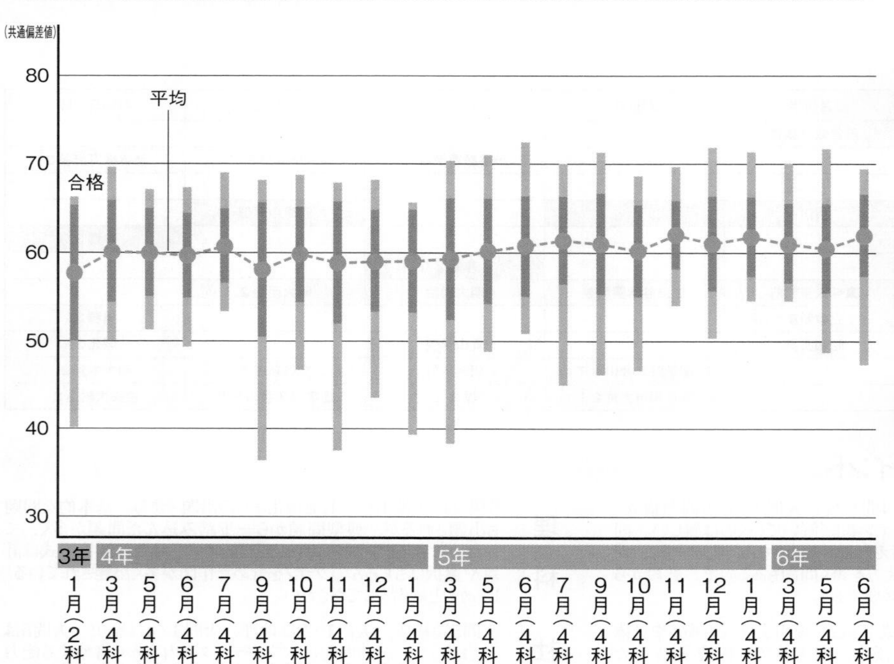

コース別合格者平均偏差値

コース	合格者平均
4年生	
C	52.6
B	62.2
5年生	
S	47.4
C	55.0
6年生	
S	49.0
C	54.5

※上記偏差値は各コース内の偏差値です。

早稲田大学高等学院中学部

受験を通して身についた力は？

自分に合った勉強法を試行錯誤して見つける力

1年生 大杉 俊信くん

1月受験で不合格も、平常心で熱望校合格！

四谷大塚への入塾後、俊信くんは同じ小学校の同級生や新しい塾の仲間たちと楽しく勉強していました。

「2、3年生時は一度も上位のクラスに入れず、難関校は難しいのかな？と悩んだこともありました。でも、楽しく勉強できる環境のおかげで、4年生になると徐々に成績が上がっていきました」（お父さん）

しかし、4年生の終わり頃から5年生の最初の頃は、成績が伸び悩んだ時期もあったそう。

「勉強時間を管理しようとしましたが、失敗してしまいました。でも試行錯誤しながら勉強に取り組むうちに、自然と自分に合ったやり方が身についていて、だんだん成績が伸びていきました」（俊信くん）

そして5年生の秋に念願の上位のクラスに入れた俊信くんは、早稲田大学高等学院中学部を第一志望に定めて勉強に励みました。しかし6年生になると周りの塾生もどんどん力をつけてきて、得意の算数でなかなか成績が伸びなくなりました。

「あっけらかんとしている息子の闘志に火が付いたのは、夏合宿の参加がきっかけです。これまで接点のなかった実力者たちと一緒に過ごす時間は貴重だったようで、秋以降は成績も安定しました」（お父さん）

秋に通った演習コースでは、先生のきめ細やかな指導を受けて「これはいける！」と自信が持てる結果を残した俊信くんでしたが、1月入試では埼玉の本命校が不合格に。「息子が平常心でいられるように、家庭では努めて普段通りに接するようにしました」とお父さんは振り返ります。

2月1日の入試当日。いつも通りのリラックスした朝を迎えることができ、試験終了後の俊信くんの表情は明るいものでした。3日の合格発表では、「おめでとうございます 合格」の文字が画面に表示されました。

「勉強の仕方に正解はありません。良い点数を取るために自ら積極的に行動を起こし、合格を勝ち取ってほしいと思います」（俊信くん）

将来の夢・目標は？

孤独を抱える人に寄り添えるロボットを開発したい

女子学院中学校

じょしがくいん

■学校長／鵜﨑創　■創立／明治3年　■生徒数／683名
■所在地／〒102-0082 東京都千代田区一番町22-10　■ＴＥＬ／03-3263-1711
■交通／市ヶ谷駅（JR中央線など）徒歩8分。四ツ谷駅（JR中央線など）徒歩12分。麹町駅（東京メトロ有楽町線）徒歩3分。半蔵門駅（東京メトロ半蔵門線）徒歩6分。

何学期制	週何日制	登校時刻	制服	給食	食堂 軽食販売	プール	寮	特待制度 奨学金等	帰国生 取出授業
2学期制	5日制	8:10	なし	なし	食堂なし 販売中高あり	なし	なし	奨学金あり	なし

校則に縛られない自由な校風のもとで積極性や自主性を育む

沿　革

1870年、築地の外人居留地で米国長老教会から派遣された宣教師ジュリア・カロゾルス女史によって始められた英語塾が前身。その後、原女学校、桜井女学校が合流し、1890年女子学院と改称、矢嶋楫子を初代院長とし現在に至る。

教育方針と特色

毎日の学校生活は、始業前の15分間の礼拝から始まる。毎週1時間の聖書の授業、修養会などの宗教行事を通じて、キリスト教に基づく、ゆたかな人間性を育てることに力を注いでいる。5日制週30時間のカリキュラムを実施し、日曜日にはそれぞれの教会に出席することを勧めている。また、中学で基本的な学力を培うとともに、知的、情緒的、身体的に均衡のとれた成長を目標に掲げ、高校では、さらに高度な基礎学力を身につけ、一人ひとりの個性や可能性に応じた成長を期待して、カリキュラムの一部に選択制度を導入。制服や細かい規則はなく、それだけに自主性が尊重されている。生徒会、クラブ活動、文化祭や体育祭の行事も生徒の自主的な計画や参加によって行われる。

◉系列校

小	中	高	大(短大)
	○	○	

◉併設小学校なし
◉高校生外部募集………なし

◉授業時間…1コマ50分・週30時間

	1年	2年	3年	計
国　語	4	4	5	13
社　会	4	4	3	11
数　学	4	4	5	13
理　科	4	4	3.5	11.5
英　語	5	5	5	15
5教科計	21	21	21.5	63.5

参考　高校1年生一週間の授業

英語=5　数学=5　国語=4
理科=5　社会=5

進学・進路

◉卒業生進路状況

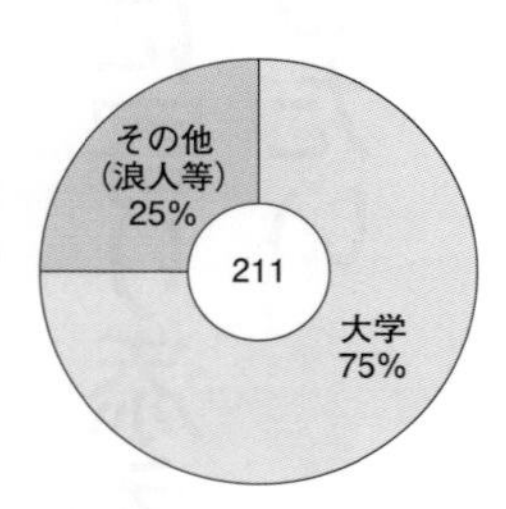

■進路選択状況（高3進級時）
理系 50%　文系 46%
0　50　100

■理系・文系進学状況
理系 48%　文系 49%
0　50　100

■共通テスト受験率
93%
0　50　100

◉卒業までの流れ

小学校	中学校	高等学校	大学
	女子学院中学校	▶女子学院高等学校（211）	

◉主な大学合格実績

大学名	'22	'23	'24	大学名	'22	'23	'24	大学名	'22	'23	'24	大学名	'22	'23	'24
東京大	31	27	26	千葉大	5	3	1	東京都立大	2	2	2	東京女子大	21	10	5
京都大	11	6	7	お茶の水女子大	9	2	5	横浜市立大	1		1	日本女子大	11	9	10
北海道大	1	8	2	東京外国語大	1	7	1	慶應義塾大	108	76	73	成蹊大	5	5	1
東北大		5	2	電気通信大				早稲田大	176	144	127	成城大	7	5	4
名古屋大	1		2	東京学芸大	2			上智大	90	84	82	明治学院大	4	4	10
大阪大	2	2	1	東京農工大	4	4	8	東京理科大	81	87	95	國學院大	6	6	1
九州大				東京芸術大	2	4	2	明治大	97	111	67	武蔵大	1		
東京工業大	4	8	9	東京医科歯科大	5	2	3	青山学院大	30	41	22	獨協大	2		
一橋大	11	9	6	東京海洋大	1			立教大	44	49	27	日本大	20	21	9
筑波大	2	2	3	横浜国立大	5	1	2	中央大	23	28	29	東洋大	7	4	2
茨城大				山梨大		1	1	法政大	32	28	17	駒澤大	3	1	
宇都宮大				金沢大			1	学習院大	11	7	3	専修大		1	2
群馬大	1	1		信州大		2		国際基督教大	5	3	6	芝浦工業大	18	8	10
埼玉大				国際教養大				津田塾大	9	7	6	東京都市大	5	4	6

入試要項・入試情報

◉2024年度の入試要項（参考）

募集人員	女子240名
選抜方法	国・算・社・理＋面接・小学校長の報告書
出願関連期間	11/13～1/15
試験日程	2/1
合格発表	掲示 2/2 13:00～ Web 2/2 11:00～
入学手続	2/3 15:00まで

＊受験資格に「親元から通学することができ、通学に要する時間が、通常の交通機関（特別料金を必要としない）を用いて90分以内の者。但し、自転車、自家用車の利用はできない。」とある。

面接 実施する。

◉費用（参考）

受験料		25,000円
入学手続時	入学金	380,000円
	授業料	—
	その他	—
入学手続後～入学まで	授業料	—
	その他	—
入学後１年	授業料	492,000円
	その他	255,020円
初年度納入金合計		1,127,020円
中学３年間費用計　約		2,619,580円

＊学用品代等別途。

◉最近6年間の入試応募者推移と倍率

年度	2019	2020	2021	2022	2023	2024
募集	240	240	240	240	240	240
応募	794	798	723	769	700	708
応募倍率	3.3	3.3	3.0	3.2	2.9	3.0
受験	743	746	664	709	645	642
合格	282	274	274	276	275	283
実質倍率	2.6	2.7	2.4	2.6	2.3	2.3

＊2024年補欠発表…なし。追加合格…なし。

◉入試教科

④算数	40分	100点
①国語	40分	100点
③理科	40分	100点
②社会	40分	100点
合計	160分	400点

合格最高点	非公表
合格最低点	非公表

◉受験併願パターン

偏差値	1月前半	1月後半	2月1日	2月2日	2月3日	2月4日以降
72		渋谷教育幕張				
70					豊島岡女子２	豊島岡女子３
69	栄東東大特待		女子学院	豊島岡女子		
68		市川				
65	浦和明の星女子			吉祥女子２	鴎友学園女子２	広尾学園３
64	栄東東大Ⅱ	東邦大東邦前		白百合学園	東洋英和女学院Ｂ	
63			農大第一算理	農大第一２算国	広尾小石川３	浦和明の星女子２
62		市川１月帰	田園調布学園午後		学習院女子Ｂ	頌栄女子学院２
61	栄東Ａ１０日	昭和秀英	都市大等々力Ｓ選			
60	江戸川取手医					
59				開智日本橋２	開智日本橋３	法政第二２

入試問題の傾向とポイント

算数

問題用紙3枚に直接解答を書き込む形式は例年通り。問題数は昨年より減少したが、これまで以上に「思考力」が要求される問題が多く、問題内容は難化したといえる。基礎基本の徹底加え、幅広い分野での基本の復習を怠らずに、一問一問を確実に素早く解き進む練習を重ねたい。ただし、来年以降もワンランク上の出題が増えていく可能性は大いに考えられる。これまでの女子学院対策レベルを超えた問題にも積極的にチャレンジして欲しい。

国語

随筆文2題と漢字の書き取り6問が出題された。心情や内容の説明、指示語の把握が求められた。文章中の少し抽象的な言い回しについて問うものや、語句の意味を問う設問もみられた。解答形式は記号問題のほか記述もあった。記述は1問を除き基本的に字数指定がない。

理科

これまでは短時間での的確な処理能力が求められたが、近年は図や写真を見て考えていくような問題や、日頃の理科的観察力を問うような問題が増えている。問題に取り組む順番を考えるとともに、文章やデータが多く、一見難しく見えるような問題に惑わされないように。重要な部分には線を引いたり、グラフや表の意味を一つひとつしっかり考える姿勢をもちたい。また、基礎学力と思考力を併せて問う問題も近年散見されるため、慣れておきたい。

社会

大問は4題で比較的平易であった。頻出の年代の並べかえは健在で、本年度は5問。おそらく配点も高いので、絶対に得点したい。総設問数が減少しており、過去に比べて1問あたりの配点が高いはず。選択肢の一つひとつを確実に理解し、正解を導き出す力が必要。基礎・基本の知識で得点できる問題も散見されるので、ケアレスミスで落としてはならない。ふだんから時代背景・関連しているものの因果関係・地図での確認などをしっかり結びつけた学習を心がけたい。

女子学院中学校

2024入試合否分布

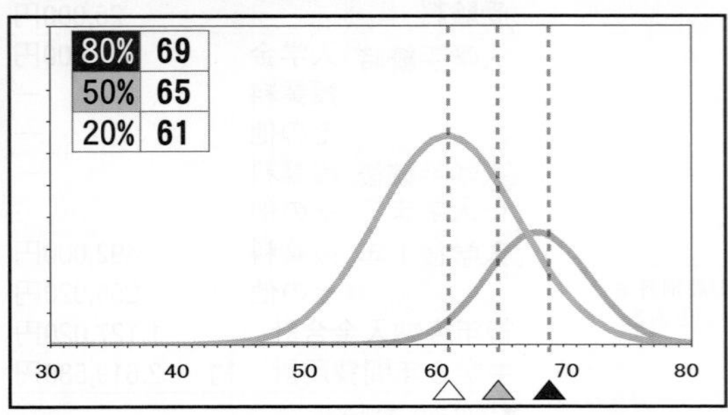

2024入試合否レーダーチャート

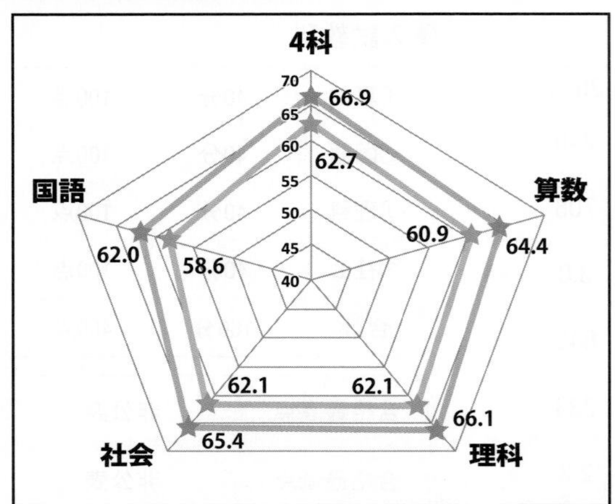

合格者の合不合判定テストにおける成績推移

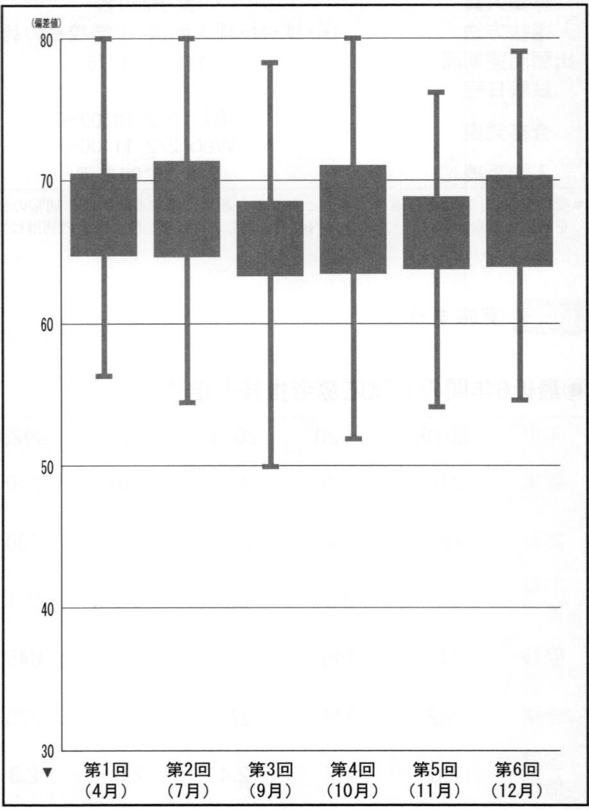

組分けテスト合格状況

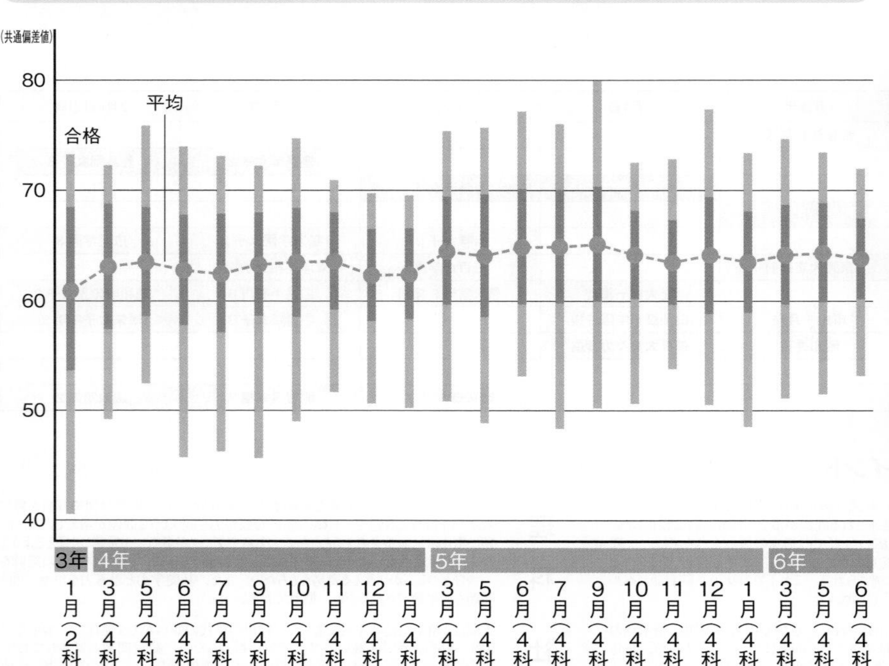

コース別合格者平均偏差値

コース	合格者平均
4年生	
C	57.6
B	61.6
5年生	
S	46.7
C	58.6
6年生	
S	49.2
C	59.5

※上記偏差値は各コース内の偏差値です。

女子学院中学校

1年生 下川 実柚さん

受験を通して身についた力は？

最後まで諦めない粘り強さ

「わからない」をそのままにしない

４年生から通塾を始めた実柚さん。最初は上位のクラスの成績をキープしていましたが、５年生の秋頃に成績が下がってスランプに。お母さんは当時のことを「テストの結果を見た娘はしばらく泣きましたが、それでも『塾行ってくる！』と玄関を出ました。そんな、娘の背中を見て涙が出ました」と話します。その日、塾の先生が声をかけてくれて、対策を相談した実柚さんは「絶対に上位のクラスに戻る！」と立ち直ります。

それからは、苦手な算数に重点的に取り組み、わからないことをそのままにしないように、確実に理解できるまで、先生を質問攻めにする日々が続きました。

そして、コツコツと積み重ねてきた努力が実を結び、６年生になると成績が上がり、学校別の対策コースのテストでは、希望するすべてのコースに合格するまでに。

「４年生の頃は女子学院に憧れていましたが、５年生では諦めていました。でも、やっぱり諦めきれなくて。６年生の夏から女子学院コースに進むことを決めました」（実柚さん）

いざ、念願の女子学院コースに入ると、周りはハイレベルな仲間ばかり。実柚さんは、最初は不安だったものの、すぐに授業の楽しさに緊張がほぐれ、雰囲気になじめたそう。

「女子学院コースの仲間たちとの勉強は、目指すところが同じなので、『一緒に女子学院に行くぞ！』とモチベーションアップにつながりました。みんなと合格祈願で湯島天神に行ったのも、忘れられない思い出です」と語ります。

そして、自習や質問のために毎日塾に通って頑張り続けた実柚さんは、第一志望の女子学院に合格します。

「この３年間を思い起こせば、娘は塾に行くと、いつも『今日も塾、楽しかった！』と言いながら帰宅してきました。こんなに楽しみながら、努力し続けられたという経験は、娘にとってかけがえのない、大きな財産になると思います」（お母さん）

将来の夢・目標は？

何にでも挑戦して、新たな「好き」を見つけたい

豊島岡女子学園中学校

（としまがおかじょしがくえん）

■学校長／竹鼻志乃　■創立／明治25年　■生徒数／808名
■所在地／〒170-0013 東京都豊島区東池袋1-25-22
■ＴＥＬ／03-3983-8261
■交通／東池袋駅（東京メトロ有楽町線）徒歩2分。池袋駅（JR山手線など）徒歩7分。

何学期制	週何日制	登校時刻	制服	給食	食堂 軽食販売	プール	寮	特待制度 奨学金等	帰国生 取出授業
3学期制	6日制	8:10	中高あり	なし	食堂中高あり 販売中高あり	屋外	なし	あり	あり

「志力を持って未来を創る女性」の育成を目指す 探究活動、グローバル教育やキャリア教育も盛ん

沿　革

1892年、牛込区下宮比町に設立した女子裁縫専門学校に端を発する。1904年には、東京家政女学校と改称、1924年には牛込高等女学校を併設した。1948年、現在地に移転し、土地柄にふさわしく、豊島岡女子学園中学校と名称変更し、今日に至る。

教育方針と特色

道徳の大切さを学び、実践する喜びを体得する「道義実践」、努力ほど尊いものはないとする「勤勉努力」、人には必ず備わっているその人特有の才能を発見し育成する「一能専念」を教育方針とし、スクールミッションとして「『志力を持って未来を創る女性』の育成」を掲げる。高2から文系・理系に分かれる。放課後の実力養成講座や長期休暇の講座も充実。クラブ活動は全員参加で活発。三方面海外研修・ボストン研修・三カ月留学など、希望者対象の多彩なグローバルプログラムを実施。英語が得意な生徒向けの特別レッスンも用意。近年では、インドスタディーツアーなど、インドの学校との交流も深めている。探究活動は、中学生から取り組む機会があり、学年を超えた成果発表会であるAcademicDayを年2回実施。卒業生インタビューなど、キャリアを考える機会も豊富。2018年度よりSSH指定。

◉系列校

小	中	高	大(短大)
	○	○	

◉併設小学校なし
◉高校生外部募集………なし

（2022年より募集停止）

◉授業時間…1コマ50分・週34時間

	1年	2年	3年	計
国　語	5	5	6	16
社　会	4	4	4	12
数　学	5	5	6	16
理　科	4	4	4	12
英　語	6	7	6	19
5教科計	24	25	26	75

参考　高校1年生一週間の授業

英語=5　数学=6　国語=5
理科=6　社会=4

進学・進路

◉卒業生進路状況

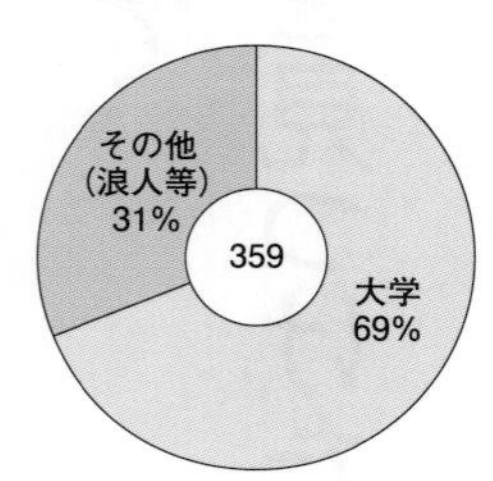

■進路選択状況（高３進級時）

データなし

■理系・文系進学状況

データなし

■共通テスト受験率

98%

◉卒業までの流れ

小学校	中学校	高等学校	大学
	豊島岡女子学園中学校 ▶	豊島岡女子学園高等学校（359）	

◉主な大学合格実績

大学名	'22	'23	'24	大学名	'22	'23	'24	大学名	'22	'23	'24	大学名	'22	'23	'24
東京大	14	30	26	千葉大	12	3	8	東京都立大	3	5	1	東京女子大	22	14	11
京都大	2	13	3	お茶の水女子大	6	4	6	横浜市立大	3	3	3	日本女子大	19	14	10
北海道大	3	3	2	東京外国語大	5		3	慶應義塾大	100	107	93	成蹊大	7	7	2
東北大	3	5	1	電気通信大	2	2		早稲田大	133	152	126	成城大	1	4	3
名古屋大				東京学芸大	2	2		上智大	71	74	70	明治学院大	11	7	8
大阪大	2	4	1	東京農工大	5	5	6	東京理科大	121	110	106	國學院大	7	4	3
九州大				東京芸術大	2	1	1	明治大	105	117	101	武蔵大	4	1	5
東京工業大	12	11	8	東京医科歯科大	10	6	4	青山学院大	25	45	33	獨協大	1	4	3
一橋大	11	14	6	東京海洋大	2	1		立教大	47	43	48	日本大	36	19	17
筑波大	7	10	5	横浜国立大	6	4	3	中央大	52	66	62	東洋大	16	9	13
茨城大		1		山梨大	3	1	3	法政大	44	35	27	駒澤大	4	4	2
宇都宮大				金沢大				学習院大	30	21	10	専修大	9	4	3
群馬大	1	1	1	信州大	4	2	4	国際基督教大		2	2	芝浦工業大	23	23	11
埼玉大		2	1	国際教養大	1	1		津田塾大	7	11	7	東京都市大	4		3

入試要項・入試情報

◉2024年度の入試要項（参考）

	1回	2回	3回
募集人員	女子160名（帰国含）	女子40名（帰国含）	女子40名（帰国含）
選抜方法	国・算・社・理		
出願関連期間	1/10～1/31	1/10～2/2	1/10～2/3
試験日程	2/2	2/3	2/4
合格発表	Web 2/2 19:00頃～	Web 2/3 19:00頃～	Web 2/4 19:00頃～
入学手続	2/3 12:00まで	2/4 12:00まで	2/5 12:00まで

＊2024年合格者ガイダンスは 2月11日（日・祝）9時から実施（出席しない者は、入学を取り消し）。

◉費用（参考）

受験料		25,000円
入学手続時	入学金	320,000円
	授業料	—
	その他	—
入学手続後～入学まで	授業料	—
	その他	137,565円
入学後１年	授業料	480,000円
	その他	554,000円
初年度納入金合計		1,491,565円
中学３年間費用計　約		2,953,565円

面接　実施しない。

◉最近6年間の入試応募者推移と倍率

年度		2019	2020	2021	2022	2023	2024
募集	①	160	160	160	160	160	160
	②	40	40	40	40	40	40
	③	40	40	40	40	40	40
応募	①	1074	1096	1109	1102	1060	993
	②	945	993	931	966	951	881
	③	699	790	779	768	712	642
応募倍率	①	6.7	6.9	6.9	6.9	6.6	6.2
	②	23.6	24.8	23.3	24.2	23.8	22.0
	③	17.5	19.8	19.5	19.2	17.8	16.1
受験	①	1000	986	1006	999	964	904
	②	520	529	514	513	509	456
	③	495	552	558	557	518	467
合格	①	393	402	410	414	404	389
	②	73	73	71	52	64	68
	③	74	67	75	54	71	74
実質倍率	①	2.5	2.5	2.5	2.4	2.4	2.3
	②	7.1	7.2	7.2	9.9	8.0	6.7
	③	6.7	8.2	7.4	10.3	7.3	6.3

＊帰国生を含む。
＊2024年補欠繰り上げ候補発表（Web）…（1回）21名、（2回）12名、（3回）11名。繰り上げ合格（電話）…（1回）5名、（2回）6名、（3回）8名、いずれも2月5日～。追加合格…なし。

◉入試教科

②算数	50分	100点
①国語	50分	100点
③理科	あわせて50分	50点
③社会		50点
合計	150分	300点

合格最高点	①282点 ②259点 ③254点
合格最低点	①194点 ②211点 ③218点

◉受験併願パターン

偏差値	1月前半	1月後半	2月1日	2月2日	2月3日	2月4日以降
72		渋谷教育幕張				
71			桜蔭			
70					豊島岡女子２	豊島岡女子３
69	栄東東大特待			豊島岡女子		
68		市川				
65	浦和明の星女子		広尾学園	香蘭女学校２	鴎友学園女子２	広尾学園３
64		東邦大東邦前	吉祥女子		東洋英和女学院Ｂ	
63			農大第一算理		広尾小石川３	浦和明の星女子２
62			田園調布学園午後		学習院女子Ｂ	頌栄女子学院２
61	栄東Ａ１０日	昭和秀英	鴎友学園女子	中央大附属横浜２		
60	栄東Ｂ					中央大附属２

入試問題の傾向とポイント

算数　最初の一行問題は手間取る問題もあるが、時間をかけすぎず、後半の大問に時間を残せるかどうかが合否を分ける。各領域からバランス良く出題され、典型題から多少のひねりがある問題も出題された。特に立体図形は難度の高い場合もあるが、基本に立ち戻って考えれば方針が見えるものもある。まずは計算力と、典型題を確実に解く基礎力の強化を重点的に対策すること。その上で、問題のひねりを解きほぐす算数的読解力・応用力を鍛えたい。

国語　説明文と物語文の2題で構成されている。説明文は指示語や言い換え、内容合致、空欄補充を通して本文の内容を正確に理解できているかが問われた。物語文は場面の異なる2文章に分けた形式で出題された。人物の心情や様子や、漢字の読み書きの設問などがあった。

理科　四分野から1題ずつの大問4題。語句記述において漢字指定があった。過去にはひらがな指定が多かったので変化を感じる。今年も物理・化学では学習してきた解法のようなものの利用ではなく、その場で条件を整理・把握し、考えを進めていく力が要求された。普段から、学習する内容を単なる知識として丸覚えするのではなく、その結果に至る過程や考え方を意識した学習を心掛けたい。

社会　総設問数は、1・2回とも記述問題をふくめて25問、全体の7割ほどが記号選択という例年通りの出題であった。過去問演習などで対策をするとともに、ものごとの特色や背景などをしっかりと考え、論理的に分析する力をつけておく必要がある。出題レベルは、基礎・基本を重視したものであった。正確な知識を定着させ、知識の関連づけを深める学習が求められている。

豊島岡女子学園中学校

2024入試合否分布

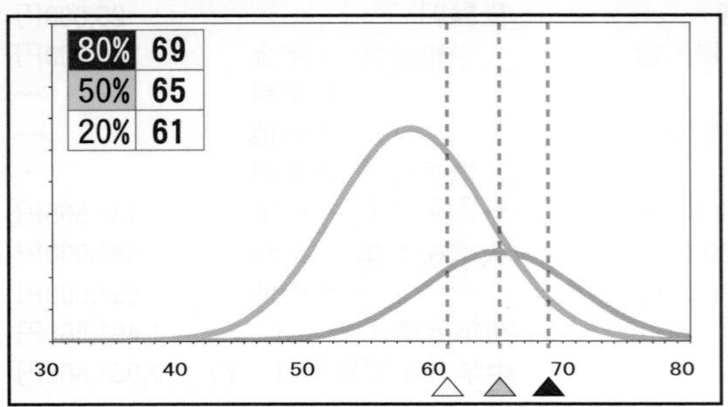

2024入試合否レーダーチャート

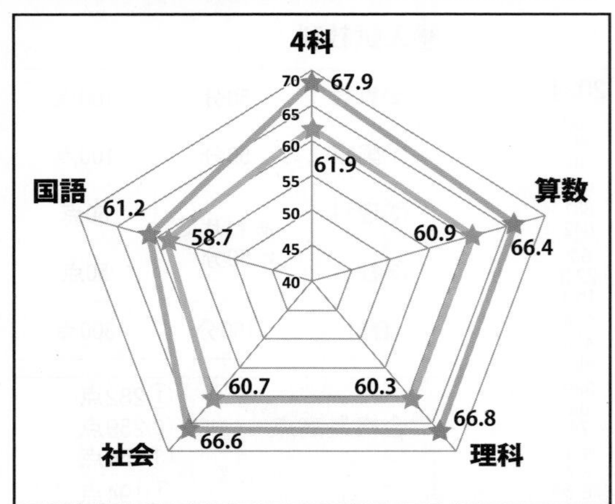

合格者の合不合判定テストにおける成績推移

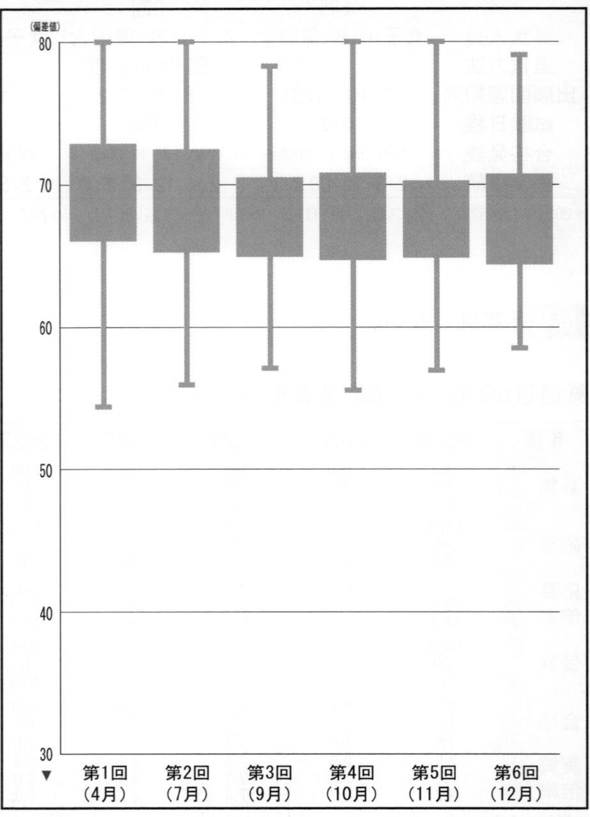

組分けテスト合格状況

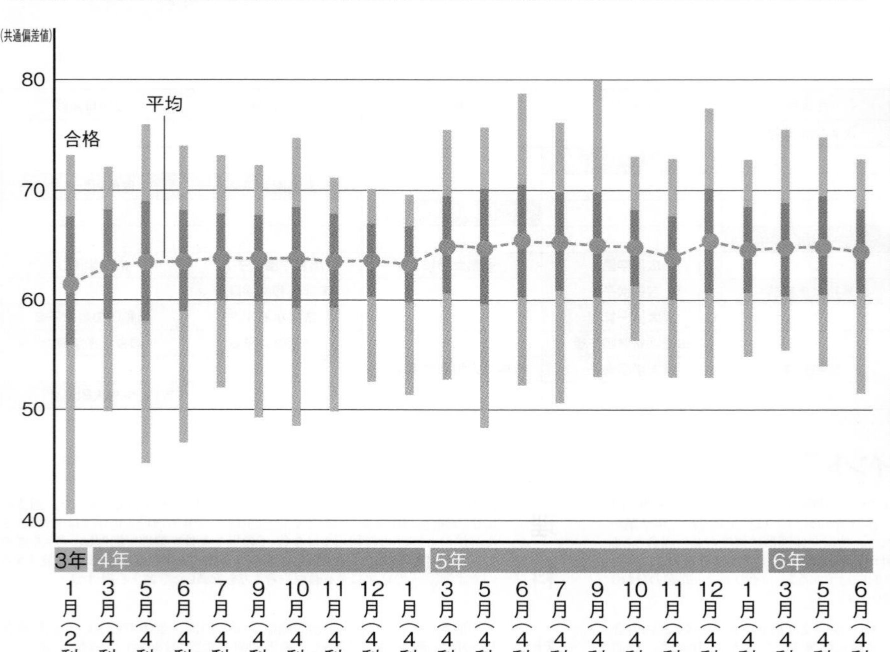

コース別合格者平均偏差値

コース	合格者平均
4年生	
C	59.6
B	57.2
5年生	
S	50.1
C	61.1
6年生	
S	50.3
C	59.0

※上記偏差値は各コース内の偏差値です。

Interview

豊島岡女子学園中学校

受験を通して身についた力は？

1年生 米田 愛梨さん

苦手科目に向き合い、地道に取り組み続ける力

最後まであきらめず、努力で叶った逆転合格

小学校入学前の年長生の頃から四谷大塚に通い、3年生まで順調に学力を伸ばしてきた愛梨さん。しかし、軽い気持ちで臨んだ4年生の組分けテストでは、予想外にも下の方のクラスになってしまったといいます。

「これはまずいと思って勉強に取り組みましたが、ゲームに熱中してしまってなかなか勉強に集中できず、上位のクラスに上がれずにいました。5年生になると授業も難しく複雑になり、さらに成績が落ちてしまったこともありました」（愛梨さん）

6年生になると、周りの友達に学力で置いていかれるようになったと愛梨さんは振り返ります。

「友だちの多くが学校別の対策コースに合格しましたが、私は合格できずに推薦で行くことになりました。そこで自分よりもはるかに学力のあるクラスメートを見て、さすがに勉強しようという気持ちになりました」（愛梨さん）

苦手な社会は、単元ごとに見直して弱点を克服していった結果、最後には得意科目になったという愛梨さん。他の教科も一通り復習して、組分けテストでは常に上位のクラスをキープできるようになりました。

「レベルの高い授業と友だちに囲まれながらも、『ママは応援だけにして』と私に言った言葉どおり、精神面でも勉強面でも、ほとんど一人で切り抜けていました。塾の先生方には『愛梨なら大丈夫』と言葉をかけていただいたことで、何度も助けられたようです」（お母さん）

そして迎えた受験本番。2月1日の第一志望校には補欠という結果で、惜しくも合格ならず。第二志望の豊島岡は、3日に不合格だった悔しさを胸に、4日まで心を強く持ち続け、見事合格。何度も番号を確認して、お母さんと抱き合って合格を喜びました。

「新6年生のみなさん、今の成績が悪くても、あきらめずに努力すれば必ず良い未来が待っています。頑張ってください！」（愛梨さん）

正確な知識を持つ、自立した女性になる

将来の夢・目標は？

雙葉中学校

■学校長／日下部和子　■創立／明治42年　■生徒数／557名
■所在地／〒102-8470 東京都千代田区六番町14-1
■ＴＥＬ／03-3261-0821
■交通／四ツ谷駅（JR中央線など）徒歩2分。

何学期制	週何日制	登校時刻	制服	給食	食堂 軽食販売	プール	寮	特待制度 奨学金等	帰国生 取出授業
中学3学期制 高校2学期制	6日制	8:05	中高あり	なし	食堂なし 販売中高あり	なし	なし	あり	なし

勉強も学校生活も『雙葉生らしさ』の規律と自主性を重んじる

沿　革

1872年来日した幼きイエス会の修道女たちにより始められた教育事業が前身。1909年、初代校長メール・セン・テレーズが雙葉高等女学校を設立した。1947・1948年には、学制改革に伴い、新制雙葉中学校・雙葉高等学校となり、今日に至る。

教育方針と特色

カトリックの精神に基づく全人教育を実践。「徳に於ては純真に　義務に於ては堅実に」という校訓のもと、真の知性を養い、自ら考え、自ら判断して行動し、その結果に責任を持つことのできる人間の育成を目指す。中学3年次に英語に加えてフランス語がカリキュラムに組まれるなど、語学教育に特色がある。中学１・２年では夏期学校、中３では平和学習の一環として広島への修学旅行が実施される。クラブ活動やボランティア活動も盛んで、生徒の自発的な活動を大切にしている。中１から高３まで週に１回宗教の時間があり、一人ひとりを大切にする心の教育を行っている。

◉系列校

小	中	高	大（短大）
○	○	○	

◉小学校からの内進生…79名
◉高校生外部募集………なし

◉授業時間…1コマ50分・週36時間

	1年	2年	3年	計
国　語	5	5	5	15
社　会	3.5	4	4	11.5
数　学	5	5	5	15
理　科	3.5	4	4	11.5
英　語	6	6	5.5	17.5
5教科計	23	24	23.5	70.5

※上記の他に、３年次に仏語1.5時間あり

参考　高校1年生一週間の授業

英語=6　数学=5　国語=5
理科=4　社会=5

進学・進路

◉卒業生進路状況

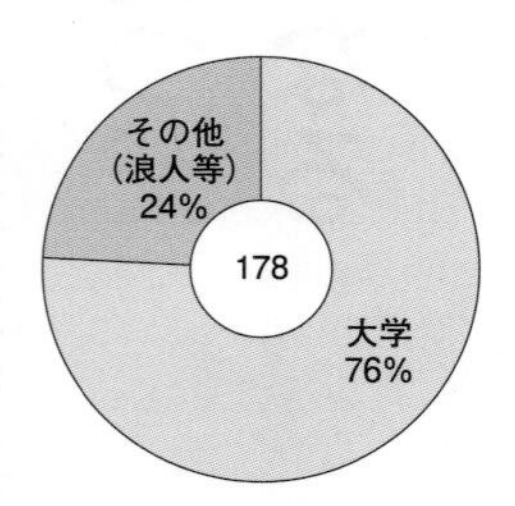

■進路選択状況（高３進級時）
理系 44%　文系 53%
0　50　100

■理系・文系進学状況
理系 39%　文系 58%
0　50　100

■共通テスト受験率
89%
0　50　100

◉卒業までの流れ

小学校	中学校	高等学校	大学
雙葉小学校 ▶	雙葉中学校 ▶	雙葉高等学校（178）	

◉主な大学合格実績

大学名	'22	'23	'24	大学名	'22	'23	'24	大学名	'22	'23	'24	大学名	'22	'23	'24
東京大	9	13	8	千葉大	3	2	4	東京都立大	2			東京女子大	25	12	7
京都大	3	2	3	お茶の水女子大	2	3	1	横浜市立大	3			日本女子大	15	7	5
北海道大	3			東京外国語大	1	1	2	慶應義塾大	74	54	51	成蹊大		2	5
東北大				電気通信大				早稲田大	60	68	72	成城大	4	6	2
名古屋大				東京学芸大	1			上智大	42	39	63	明治学院大	3	5	3
大阪大	1		1	東京農工大	2	5		東京理科大	40	31	21	國學院大	1	1	2
九州大		1		東京芸術大	1	5	2	明治大	37	39	54	武蔵大		1	3
東京工業大	1	3	2	東京医科歯科大	4	2	3	青山学院大	22	18	26	獨協大	3	2	1
一橋大	2	1	4	東京海洋大			2	立教大	28	21	41	日本大	10	13	5
筑波大	2	2	3	横浜国立大		2		中央大		18	31	東洋大	8	2	11
茨城大	1			山梨大				法政大		20	21	駒澤大	7	2	1
宇都宮大				金沢大			1	学習院大	8	7	14	専修大			
群馬大		1	2	信州大			1	国際基督教大	4	2	5	芝浦工業大	5	3	6
埼玉大	1			国際教養大			1	津田塾大	4	3	7	東京都市大	2	2	5

入試要項・入試情報

◉2024年度の入試要項（参考）

募集人員	女子100名
選抜方法	国・算・社・理＋面接・成績通知表のコピーまたは報告書
出願関連期間	12/20〜1/19
試験日程	2/1
合格発表	Web 2/2 8:00〜
入学手続	2/3 13:00まで

＊出願資格に「入学後も保護者と同居ができ、通学時間が通常の（特別な料金を必要としない）交通機関を用いて90分以内であること」とある。

◉費用（参考）

受験料		25,000円
入学手続時	入学金	240,000円
	授業料	—
	その他	—
入学手続後〜入学まで	授業料	—
	その他	100,000円
入学後１年	授業料	529,200円
	その他	358,600円
初年度納入金合計		1,227,800円
中学３年間費用計　約		2,968,400円

面接 実施する。

◉最近6年間の入試応募者推移と倍率

年度	2019	2020	2021	2022	2023	2024
募集	100	100	100	100	100	100
応募	375	419	385	381	401	399
応募倍率	3.8	4.2	3.9	3.8	4.0	4.0
受験	339	391	357	346	355	359
合格	127	118	115	121	122	124
実質倍率	2.7	3.3	3.1	2.9	2.9	2.9

＊2024年補欠発表…詳細不明。補欠合格・追加合格…いずれもなし。

◉入試教科

②算数	50分	100点
①国語	50分	100点
④理科	30分	50点
③社会	30分	50点
合計	160分	300点

合格最高点	非公表
合格最低点	181点

◉受験併願パターン

偏差値	1月前半	1月後半	2月1日	2月2日	2月3日	2月4日以降
72		渋谷教育幕張				
71				渋谷教育渋谷２		
70					慶應中等部	豊島岡女子３
68		市川				
67			雙葉			
66						洗足学園３
65	浦和明の星女子			吉祥女子２	鴎友学園女子２	
63			農大第一算国		広尾小石川３	浦和明の星女子２
62	土浦第一高附属		田園調布学園午後		学習院女子Ｂ	頌栄女子学院２
61	栄東Ａ１０日	昭和秀英		都市大等々２Ｓ選		
60					九段Ｂ・都内	

入試問題の傾向とポイント

算数

問題と解答用紙が別紙となっており、例年と同程度の問題数であった。今年も計算量が多く、計算ミスや処理の丁寧さ、比や図を用いて問題を整理できたかが合否を左右する雙葉らしい問題であった。対策としては計算のスピードと正確さの強化、細かい条件整理をあわてずに行う練習はもちろんのこと、普段から式・考え方をしっかりと書く習慣を身につけて欲しい。

国語

物語文と随筆文の読解1題ずつに、漢字の読みが出題された。物語文は語句の意味や漢字といった知識問題をはじめに、表現や言い換え（＝どういうことか）について問う問題があった。随筆文は筆者の考えと理由を確認するもののほか、本文の内容を踏まえて自分自身の体験を述べる設問があった。

理科

作図・記述問題が複数出題された。難しい知識ではなく、基本的な概念を正しく理解しているかが問われている問題が多く見受けられた。与えられた表やグラフを正確に読みとり、整理・分析する力が求められているので過去問を数年分解くことで感覚を身につけたい。また、初見の内容が出題され、時事に関係する問題も出題されているため、普段の生活から様々な事象に興味関心を持ち、考えたり調べたりする習慣をつけたい。

社会

大問3題の構成で、総設問数は38問。2行ほどで解答させる記述問題が大問ごとに1問ずつ、合計3問出された。大問1・大問2の記述問題は解答の方針を見定めやすく、四科のまとめでの対策が有効である。一方、大問3の記述問題は、図からわかることを4つ盛り込むことが求められ、やや難解といえる。語句を「何となく」覚えている程度では正しい選択肢を選びきれないため、基礎・基本の徹底と背景の理解が合格へ結びつく近道となる。

雙葉中学校

2024入試合否分布

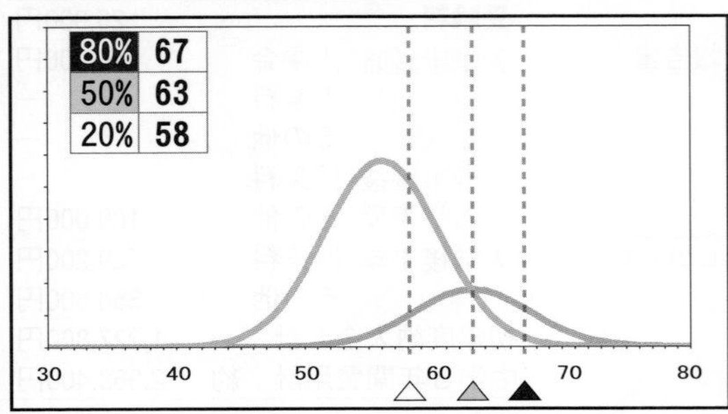

2024入試合否レーダーチャート

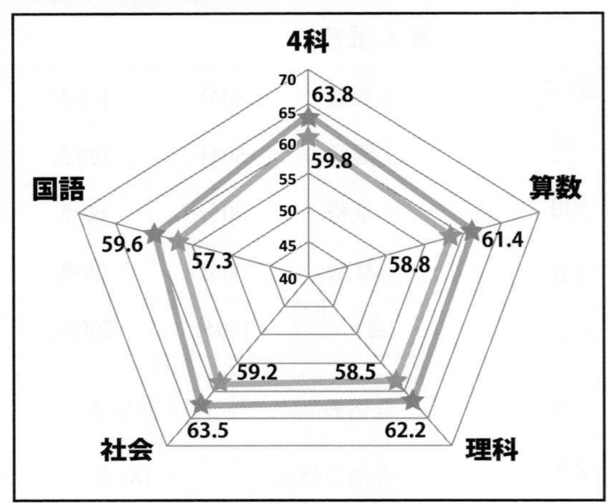

合格者の合不合判定テストにおける成績推移

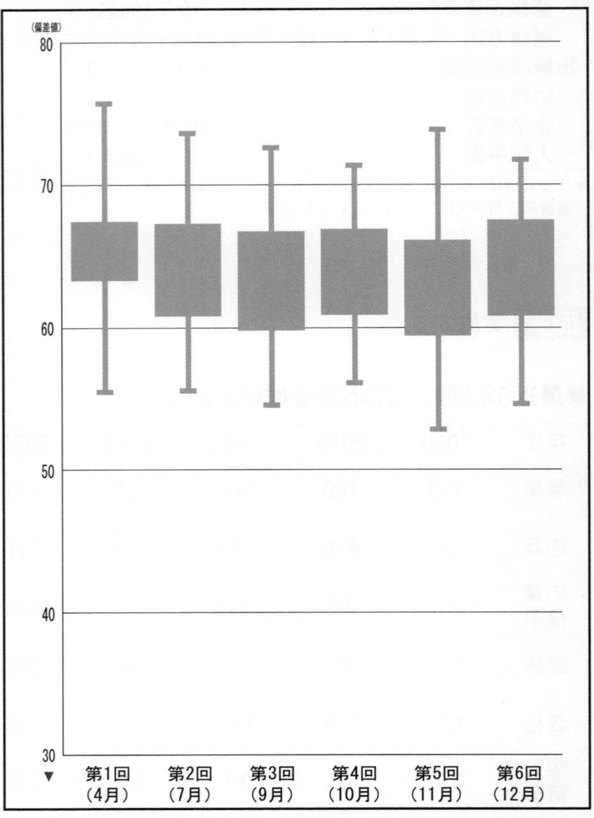

組分けテスト合格状況

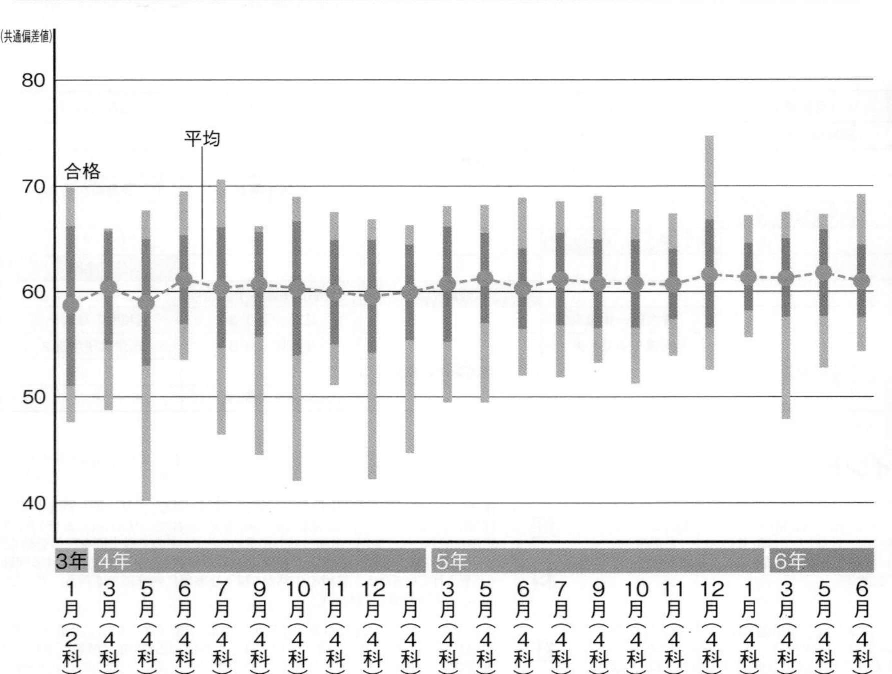

コース別合格者平均偏差値

コース	合格者平均
4年生	
C	49.7
B	60.9
5年生	
S	―
C	49.6
6年生	
S	46.9
C	55.2

※上記偏差値は各コース内の偏差値です。

男女共学化の学校が増加!

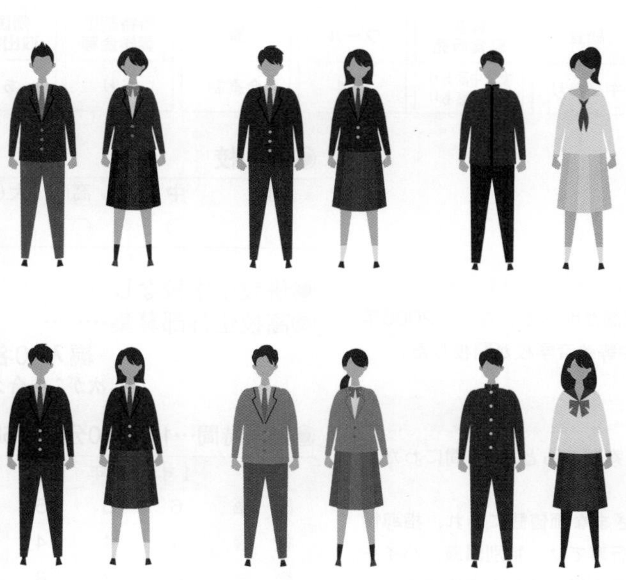

それぞれのメリット

男子校 各々が個性を発揮して勉強できる環境が整う。理数系のカリキュラムや設備面が充実している学校多数。

女子校 キリスト教系の学校が多い。女性の品格や社会的自立を学ぶ授業があり思春期のサポートも手厚い。

共学 リベラルな雰囲気の学校多数。新たに共学化して独自カリキュラムや進学実績で人気を集める学校も。

各校の特徴を捉えて子どもに合う選択を

子どもの学校選びにおいて、別学(男子校・女子校)か、共学校にするかは重要な要素の一つです。

全国にある私立校のうち、男子校は約10%、女子校は約25%、共学校は約65%を占めています。そもそも日本の公教育は男女別学から始まったため、戦前からの歴史ある私立校は全て男子校と女子校です。戦後になって初めて、大学附属としての共学校が誕生しました。

近年では男子校・女子校から、共学化へと移行する伝統校が増えてきています。渋谷教育学園渋谷や広尾学園が男女共学化した伝統校の筆頭ですが、ここ数年では芝浦工業大学附属や広尾学園小石川、芝国際などが、共学化する学校として大きな話題を集めています。

共学化の背景には、少子化やジェンダー平等といった時代の流れがあり、「異性と過ごして対等な関係性を築き、共に成長してほしい」といった意向を持つ親も増えています。また、共学化をきっかけに大学の進学実績に力を入れて補習に注力したり、国際的な人財を育てる独自のカリキュラムを打ち出して成果を上げている学校も多く、人気校になっています。

もちろん、男子校と女子校も根強い人気があります。男子と女子、それぞれの特性を生かした指導を行うことから、ずば抜けた進学実績を誇る伝統校が多数。思春期は精神年齢や発達段階に男女で大きな違いがあるため、男子校なら「競わせることで学習意欲を高められる」、女子校なら「周りとの連携を意識した指導が効果的」など、性差の違いを前提にしたアプローチをする学校も多いようです。

そして何より、異性の目を気にしなくてもいい点が別学の大きな特徴です。「男らしくあるべき」「女子だから理数系が苦手」といった世間のバイアスにとらわれず、のびのび6年間を過ごせる点がメリットです。

別学・共学でこうした違いはありますが、「全ての子どもに最良の学校」は存在しません。大切なのは各々に合う学校を選ぶことです。子どもの性格や好みなどを普段からよく観察して、説明会や学校イベントに足を運び、親子で心から「ここに行きたい!」と思える学校との出会いを大切にしてください。

海陽（かいよう）中等教育学校

■学校長／西村英明　■創立／平成18年　■生徒数／182名
■所在地／〒443-8588 愛知県蒲郡市海陽町3-12-1
■ＴＥＬ／0533-58-2406
■交通／三河大塚駅（JR東海道本線）徒歩20分。

何学期制	週何日制	登校時刻	制服	給食	食堂 軽食販売	プール	寮	特待制度 奨学金等	帰国生 取出授業
3学期制	6日制	8:00	中高あり	中高あり	食堂中高あり 販売中高あり	屋外	全寮制	あり	あり

６ヵ年の全寮制教育が生徒を逞しく成長させる

沿　革

2003年1月、豊田章一郎氏らにより、本校設立の構想が明らかになる。2006年4月、学校法人海陽学園が設立され、あわせて海陽中等教育学校が開校した。

教育方針と特色

次代のリーダーに必要な人格と学力を養うため、全寮制のもと、6年間にわたる一貫した中等教育を行う。

「ハウス」と呼ばれる寮での共同生活を通じ、さまざまな価値観にふれ、指導性や協調性、社会性、自立心を養う。週末を利用した行事では、特別講義、ハイキング、芸術鑑賞など、各自の興味の幅を広げるための多様な活動を実施する。

学習面では、1～3年を前期課程、4～6年を後期課程とし、習熟度別授業なども取り入れ、体系的なカリキュラムを組む。日本人としての表現力を養う国語、論理的思考を養う数学、国際舞台で活躍するためのツールとしての英語、これら3科目に十分な授業時間を確保し、基礎学力の徹底した修得を目指す。また、日本の伝統・文化への理解を深めるため、前期課程から古典や漢文を履修するほか、後期課程においても文系理系を問わず、すべての科目を履修し、豊かな教養を修得する。「真の国際化」に向けて、交換留学、GAPイヤー生受入れ、海外大学進学に積極対応している。

◉系列校

小	中	高	大（短大）
	○	○	

◉併設小学校なし

◉高校生外部募集………

編入40名あり
（2年次から混合クラス）

◉授業時間…1コマ50分・週35時間

	1年	2年	3年	計
国　語	6	5	5	16
社　会	4	4	4	12
数　学	6	7	8	21
理　科	4	4	5	13
英　語	8	8	8	24
5教科計	28	28	30	86

※演習等を除く

参考　高校1年生一週間の授業

英語=6　数学=6　国語=5
理科=6　社会=6

進学・進路

◉卒業生進路状況

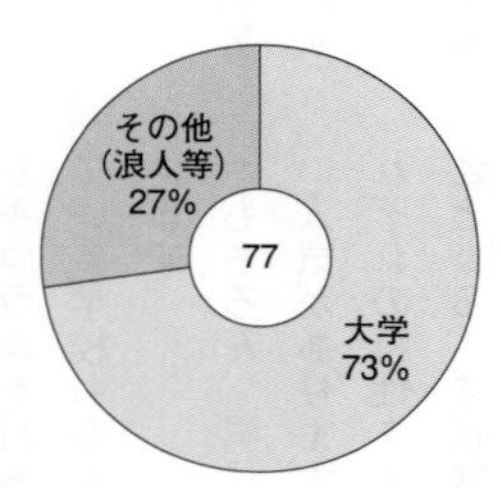

■進路選択状況（高３進級時）

データなし

■理系・文系進学状況

理系 51%　文系 49%

■共通テスト受験率

97%

◉卒業までの流れ

小学校	中学校	高等学校	大学
	海陽中等教育学校（77）		

◉主な大学合格実績

大学名	'22	'23	'24	大学名	'22	'23	'24	大学名	'22	'23	'24	大学名	'22	'23	'24
東京大	5	8	6	千葉大				広島大				学習院大	2	1	
京都大	1	2	4	東京外国語大				慶應義塾大	13	13	15	成蹊大	2		1
北海道大	2	3	2	電気通信大				早稲田大	12	22	21	成城大		2	
東北大		1		東京農工大				上智大	3	2	1	明治学院大			1
名古屋大	1	2		東京医科歯科大	1	1		東京理科大	7	16	15	日本大	9	8	7
大阪大		1	1	横浜国立大	1	1	2	明治大	15	26	15	東洋大			3
九州大			1	東京都立大				青山学院大	1	7	5	駒澤大			1
東京工業大		1	1	横浜市立大				立教大		6	8	専修大			2
一橋大		2		信州大			2	中央大	10	9	13	芝浦工業大			3
筑波大				神戸大		1		法政大	16	18	6	東京都市大			1

入試要項・入試情報

◉2024年度の入試要項(参考)

	特別給費生入試	入試Ⅰ	入試Ⅱ	入試Ⅲ
募集人員	男子約20名	男子約60名	男子約40名	男子若干名
選抜方法	国・算・社・理または国・算・理＋保護者同伴面談	国・算・社・理または国・算・理または算・視聴型問題または国・算・社・理・視聴型問題または国・算・理・視聴型問題＋保護者同伴面談		国・算＋保護者同伴面談
出願関連期間	11/27～12/13	11/27～12/20	11/27～1/3	1/8～2/3
試験日程	12/16	12/23	1/6	2/4
合格発表	Web 12/18 12:00～	Web 12/25 12:00～	Web 1/8 12:00～	Web 2/5 12:00～
入学手続	12/20 15:00まで	12/27 15:00まで	1/10 15:00まで	2/7 15:00まで

＊保護者同伴面談は原則事前の実施。
＊2024年合格者説明会は2月11日(日・祝)14時から実施(保護者同伴。欠席の場合は入学資格を失う)。
＊特別給費生入試は、東京・横浜・本校蒲郡・名古屋・大阪・岡山・デマンド会場(専願のみ)で実施。
＊入試Ⅰ・入試Ⅱは、東京・横浜・本校蒲郡・名古屋・大阪・デマンド会場で実施(視聴型問題選択受験は東京・本校蒲郡会場のみ)。入試Ⅲは、東京・本校蒲郡で実施。
＊専願の場合は出願時に、志望理由書を郵送すること。
＊入試Ⅰ・入試Ⅱの専願は出願時に、直近の模擬試験(全国規模)の成績の写しも郵送すること。

面接 実施する。

◉最近6年間の入試応募者推移と倍率

年度		2019	2020	2021	2022	2023	2024
募集	特給 Ⅰ Ⅱ	約20 約60 約40	特給 約20 Ⅰ 約70 Ⅱ 約20 Ⅲ 約10	約20 約70 約20 約10	約20 約70 約30 若干名	約20 約70 約30 若干名	約20 約60 約40 若干名
応募	特給 Ⅰ Ⅱ	356 373 164	269 316 76 53	224 256 46 25	259 364 86 13	345 447 78 14	288 576 73 12
応募倍率	特給 Ⅰ Ⅱ	17.8 6.2 4.1	13.5 4.5 3.8 5.3	11.2 3.7 2.3 2.5	13.0 5.2 2.9 ―	17.3 6.4 2.6 ―	14.4 9.6 1.8 ―
受験	特給 Ⅰ Ⅱ	355 364 122	267 304 57 26	223 248 34 16	259 355 72 11	343 433 69 12	287 561 64 11
合格	特給 Ⅰ Ⅱ	65 268 111	96 223 36 7	86 198 22 10	104 292 47 2	97 338 53 6	100 483 52 5
実質倍率	特給 Ⅰ Ⅱ	5.5 1.4 1.1	2.8 1.4 1.6 3.7	2.6 1.3 1.5 1.6	2.5 1.2 1.5 5.5	3.5 1.3 1.3 2.0	2.9 1.2 1.2 2.2

＊2024年補欠発表・追加合格…いずれも詳細不明。

◉費用(参考)

受験料		20,000円
入学手続時	入学金	400,000円
	授業料	―
	その他	200,000円
入学手続後～入学まで	授業料	―
	その他	66,900円
入学後１年	授業料	732,000円
	その他	2,226,000円
初年度納入金合計		3,624,900円
中学３年間費用計	約	9,456,900円

＊複数回受験し、合格して入学した方には未受験分の受験料返金。
＊入学辞退者は2月5日17時までに申し出れば、書類手続き後に入寮費のみ(20万円)返金。
＊研修費等別途。
＊寮費・食費等を含む。

◉入試教科

4教科/3教科/2教科

①算数	60分/60分/60分	100点/100点/100点
②国語	60分/60分/60分	100点/100点/100点
③理科	40分/40分/	50点/50点/
④社会	40分/	50点/
合計	200分/160分/120分	300点/250点/200点

＊特給・入試Ⅰ・入試Ⅱ・入試Ⅲは面談(約10分・保護者同伴)あり。

合格最高点	非公表
合格最低点	非公表

◉受験併願パターン

偏差値	1月前半	1月後半	2月1日	2月2日	2月3日	2月4日以降
73					筑波大駒場	
71	海陽特給東京		開成			
70		渋谷教育幕張		聖光学院		
66	栄東東大特待		麻布		海城２	
65	西大和本校・男子		武蔵			
64					浅野	
63						芝２
62					武蔵高附属	
61			世田谷学園算数	攻玉社２		
60		ラ・サール				
56	愛光本校					

入試問題の傾向とポイント

算数
計算1問、一行問題5問、大問3題の問題構成。標準～難レベルの問題が中心で、調べなどの手間のかかる問題や思考力を必要とする問題が出題される。幅広い領域から出題されるため、偏りのない学習が必要。また、理由や考え方を問う問題が出題されているので記述力も必要である。

国語
説明文1題と物語文1題の構成。説明文は指示語、内容合致、空欄補充などを通して筆者の考えを問われた。また120字程度の記述も出題された。物語文は人物の心情や様子を答える設問のほか、言葉の意味や表現技法について問う設問もみられた。

理科
入試方法によって大問数は異なるものの、生地物化から出題される。設問形式も選択・計算・記述・作図と多岐に渡る。特別給費生入試は、一般的な中学入試で出題されないような高難易度の問題が出題され、思考力が問われる。入試Iは、基礎から応用まで幅広い出題となっている。いずれも基本に基づいた応用力が必要である。

社会
地理や政治では記号選択の問題で難易度がやや高いものも見られるが、歴史のほとんどは基礎基本を問う出題となっている。また、基礎学力の習得を前提に複数の資料を組み合わせて分析し、自分の考えを述べる問題が例年出題されている。時事問題も例年通り出題されており、ふだんから社会の様々な出来事について関心を持つことが求められている。

海陽中等教育学校

2024入試合否分布

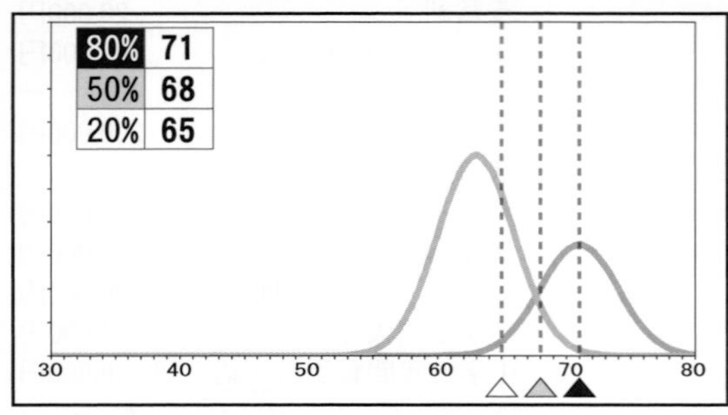

2024入試合否レーダーチャート

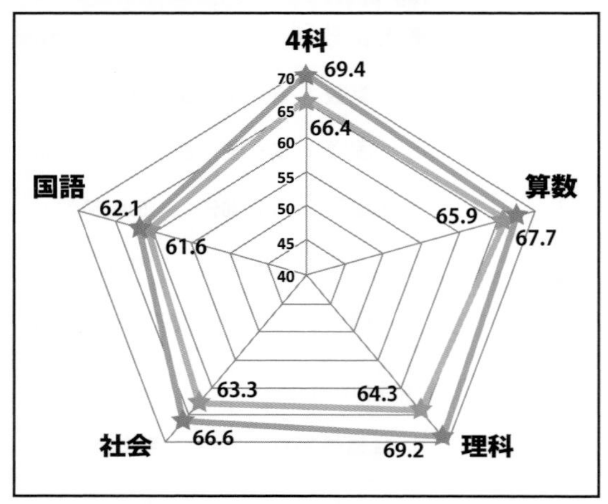

合格者の合不合判定テストにおける成績推移

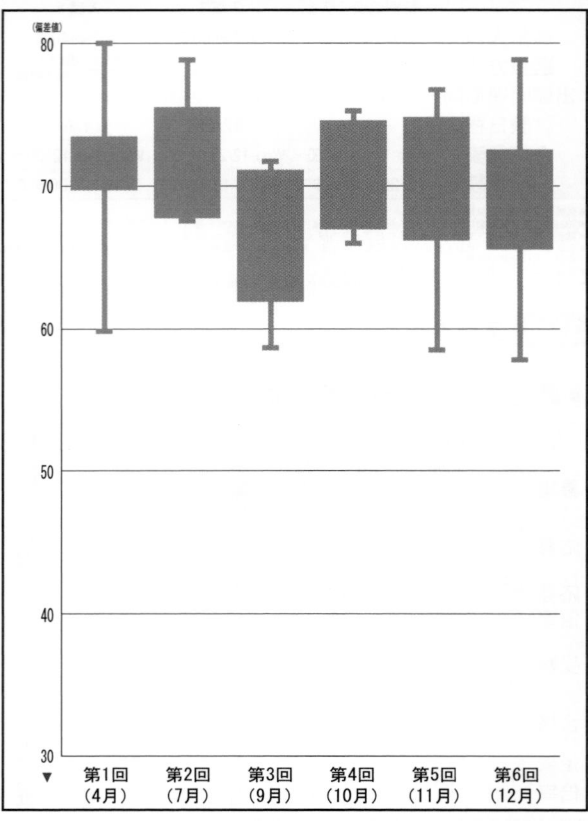

組分けテスト合格状況

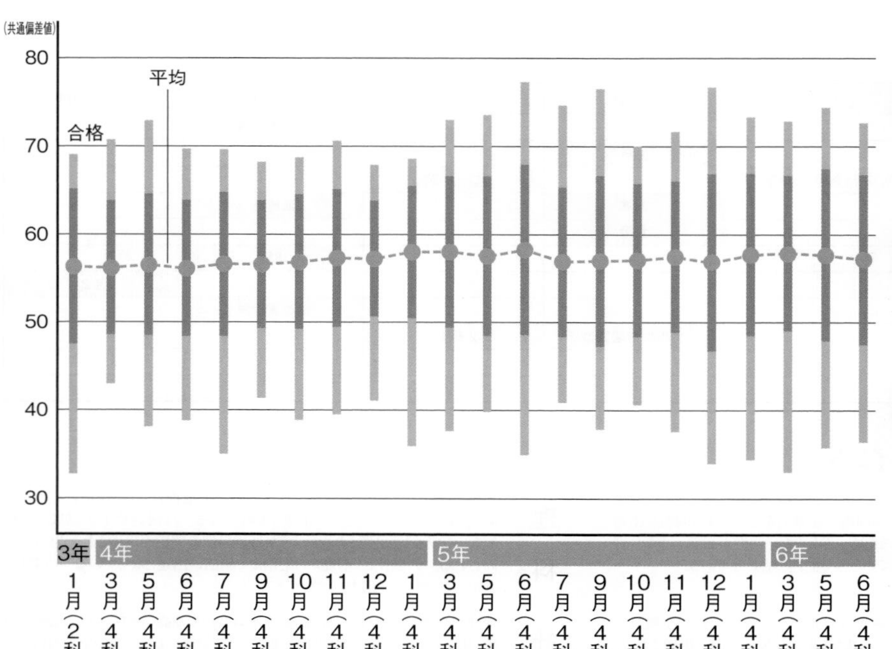

コース別合格者平均偏差値

コース	合格者平均
4年生	
C	51.4
B	53.8
5年生	
S	53.4
C	48.1
6年生	
S	55.2
C	50.0

※上記偏差値は各コース内の偏差値です。

海陽中等教育学校

1年生 澁谷 龍玖くん

受験を通して身についた力は？

周囲への感謝と諦めず頑張り抜く力

周囲のサポートで様々な山を乗り越えた

「四谷大塚に通い始めた3年生の頃から、国語が得意ではありませんでした」と言う龍玖くん。特に記述問題が苦手で、何回解いても正解できないという時期もあったそう。困った龍玖くんでしたが、「今までと同じやり方で解けないなら、別の方法を試してみよう」と先生からアドバイスをもらったことで、大きく視点を変えます。その結果、自分に合ったやり方が見つかり、6年生の春からは国語の成績がぐんぐん上がるように。そして最終的には偏差値が20もアップし、龍玖くんの国語に対する苦手意識は払拭されました。

しかし、得意な社会以外の成績はジェットコースターのように上がったり下がったりを繰り返します。

「親子で焦り、越えられない山ではないかと思いました。そんなとき力になったのは、塾の先生や受験の先輩ママの励ましです。ノートづくりや週ごとの学習計画などのアドバイスをもらったりして、本当に心強かったです」（お母さん）

そして迎えた入試本番の1回目。ここで3年半の受験生活で最大の山に直面します。受験した学校に合格できなかった龍玖くんは、立ち上がれないほどに落ち込みます。そんな龍玖くんに手を差し伸べたのは、塾の先生でした。「とにかく、一度校舎へ来てください！」と先生から電話をもらったお母さんに連れられて、龍玖くんは塾へ。龍玖くんから試験の様子を聞いた先生は、次の受験への対策や心構えなどを龍玖くんにアドバイスします。厳しくも温かい先生からの励ましに、心を切り替えた龍玖くん。次の試験には落ち着いて望むことができ、見事、第一志望の学校に合格しました。

「塾に通い、受験勉強をした事によって、友だちや先生たちとのすばらしい出会いがありました。中学受験は、とても自分一人ではできなかったと思います。支えてくれたたくさんの人たちに、感謝の気持ちでいっぱいです」（龍玖くん）

将来の夢・目標は？

ニュースキャスターや学校の先生になり、自分の得た知識を伝えたい

灘(なだ)中学校

■学校長／海保雅一　■創立／昭和2年　■生徒数／557名
■所在地／〒658-0082 兵庫県神戸市東灘区魚崎北町8-5-1
■ＴＥＬ／078-411-7234
■交通／魚崎駅（阪神本線、六甲アイランド線）徒歩10分。住吉駅（JR神戸線）徒歩10分。

何学期制	週何日制	登校時刻	制服	給食	食堂 軽食販売	プール	寮	特待制度 奨学金等	帰国生 取出授業
3学期制	5日制	8:30	なし	なし	食堂中高あり 販売中高あり	屋外	なし	奨学金あり	なし

学力向上・人間形成へ
６年間同じ担任チームが君を徹底サポート

沿　革

灘の大手酒造会社のオーナーを中心とする篤志家らの手により1928年に開校。1947年の学制改革により、新制灘中学校、1948年には高等学校を開校する。

教育方針と特色

「精力善用」をモットーとし勤労をよろこぶ習慣を養い、自主性と強固な信念を育成し、強靭な体力と明朗濶達なスポーツマンシップを育て、豊かな趣向と高尚優雅な品性をそなえ、「自他共栄」の精神に徹した健全な社会人につくりあげることを教育の目標としている。中1から高3まで6年間通して各教科の担任が継続して受け持つシステムにより、きめ細かな指導が実現。教師陣も自由な裁量を生かして責任感を持って熱意あふれる授業を展開し、生徒・父母からの信頼は厚い。授業は独自の時間とカリキュラムを設定、とくに数学・英語の進度はかなり早く、大学受験に備えた徹底した指導には定評がある。体育祭や文化祭などの学校行事やクラブ活動も盛んで、すべて生徒たちが自主的に運営している。

◉系列校

小	中	高	大（短大）
	○	○	

◉併設小学校なし

◉高校生外部募集………40名

（一部混合クラス）

◉授業時間…1コマ50分

	1年	2年	3年	計
国　語	175	175	140	490
社　会	140	105	140	385
数　学	140	140	140	420
理　科	140	175	210	525
英　語	175	140	140	455
5教科計	770	735	770	2275

※週単位での授業時間数は非公表の為、上記は年単位での授業数を表記

参考　高校1年生一週間の授業

英語=4　数学=5　国語=4
理科=5　社会=5

進学・進路

◉卒業生進路状況

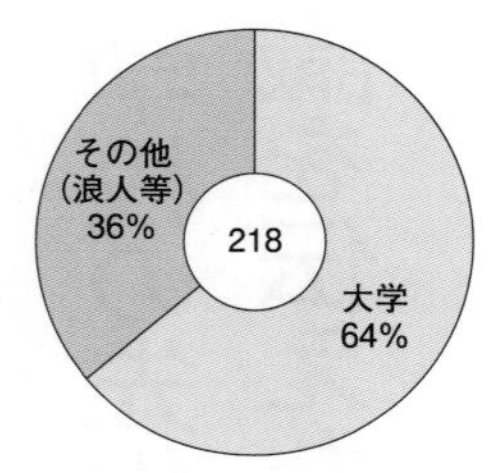

■進路選択状況（高３進級時）

データなし

■理系・文系進学状況

データなし

■共通テスト受験率

100%

◉主な大学合格実績

大学名	'22	'23	'24	大学名	'22	'23	'24	大学名	'22	'23	'24	大学名	'22	'23	'24
東京大	92	86	94	三重大				慶應義塾大	36	20	33	日本大		3	
京都大	48	45	53	神戸大	5	6	9	早稲田大	64	35	40	南山大			
北海道大	4	3	8	和歌山大		1		上智大	7	2	3	同志社大	26	21	21
東北大	1	1	1	愛媛大				東京理科大		14	14	立命館大	20	14	9
名古屋大		2	2	徳島大		2	4	明治大	5	2	5	関西大	3	4	1
大阪大	11	12	8	岡山大	1			青山学院大	2		1	関西学院大	8	10	5
九州大	4	3	2	広島大	1	1	1	立教大				近畿大	7	12	26
東京工業大	1	3	1	京都府立大				中央大	5	2	1	龍谷大			1
一橋大	3	2	3	大阪公立大	11	11	14	法政大			1	甲南大			
金沢大			1	防衛医大			8	学習院大				京都産業大			1

入試要項・入試情報

◉2024年度の入試要項（参考）

募集人員	男子約180名
選抜方法	国・算・理＋調査書
出願関連期間	12/18〜1/4
試験日程	1/13・1/14
合格発表	Web 1/16 10:30頃〜
入学手続	1/19 12:00まで

＊2024年入学予定者説明会は2月12日（月）12時受付で実施（保護者同伴。欠席の場合は、入学辞退とみなす）。

面接 実施しない。

◉費用（参考）

受験料		20,000円
入学手続時	入学金	250,000円
	授業料	—
	その他	250,000円
入学手続後〜入学まで	授業料	—
	その他	—
入学後１年	授業料	468,000円
	その他	204,000円
初年度納入金合計		1,172,000円
中学３年間費用計　約		2,516,000円

＊入学辞退者は、2月14日15時までに申し出れば、施設費（25万円）を返金。
＊教材費等別途。

◉最近6年間の入試応募者推移と倍率

年度	2019	2020	2021	2022	2023	2024
募集	約180	約180	約180	約180	約180	約180
応募	731	775	687	652	745	747
応募倍率	4.1	4.3	3.8	3.6	4.1	4.2
受験	708	762	650	623	730	736
合格	262	256	227	255	281	265
実質倍率	2.7	3.0	2.9	2.4	2.6	2.8

＊2024年補欠発表・追加合格…いずれも詳細不明。

◉入試教科

③①算数	60＋60分	100＋100点
①②国語	40＋70分	80＋120点
②　理科	60分	100点
合計	290分	500点

＊実施順は左が1日目、右が2日目

合格最高点	451点
合格最低点	330点

◉受験併願パターン

偏差値	1月前半	1月後半	2月1日	2月2日	2月3日	2月4日以降
73					筑波大駒場	
72	灘					
71			開成			
70		渋谷教育幕張		聖光学院		聖光学院２
68				渋谷教育渋谷２	早稲田２	渋谷教育渋谷３
67	東大寺学園					
66	栄東東大特待		麻布	栄光学園	海城２	
65	西大和本校・男子	市川	武蔵			
64			巣鴨算数		浅野	本郷３
63	白陵後	久留米大附設		本郷２		芝２
62	六甲学院Ｂ				武蔵高附属	

入試問題の傾向とポイント

算数
1日目は単問形式で総設問数15問程度、2日目は大問形式で5題の問題構成。典型題に近い問題も出題されるが、数の性質や図形など目新しい題材も含まれており高度な算数の力が必要。過去に似た題材を取り扱うことも多く、問題形式にも特徴があるため、過去問を徹底的に研究しておく必要がある。

国語
随筆文1題に雑問という構成。随筆文は外来語や慣用句について問う知識問題が多くを占めていたが、理由や内容の説明を求める設問もあった。雑問は5題あり、漢字しりとりや俳句、副詞などが問われた。

理科
例年大問6題、生物と地学が1題ずつ、物理と化学が2題ずつの出題。設問形式は選択・計算・記述・作図と多岐に渡る。扱われるテーマ自体は、一般的な中学入試問題と大きく変わりない問題が多いが、与えられる図・表・グラフを駆使し、深い思考力と応用力が必要とされている。

社会
実施なし

灘中学校

2024入試合否分布

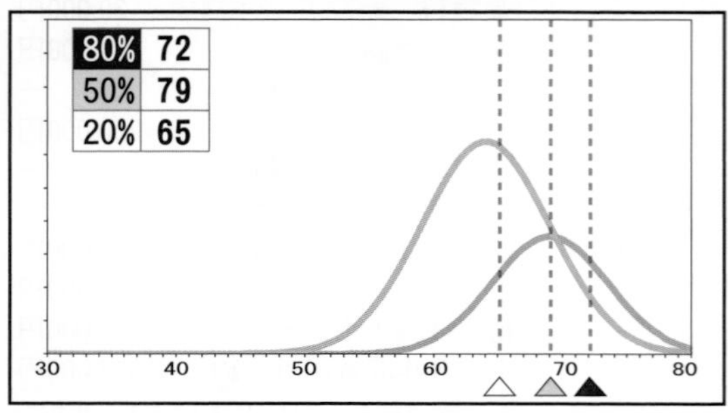

2024入試合否レーダーチャート

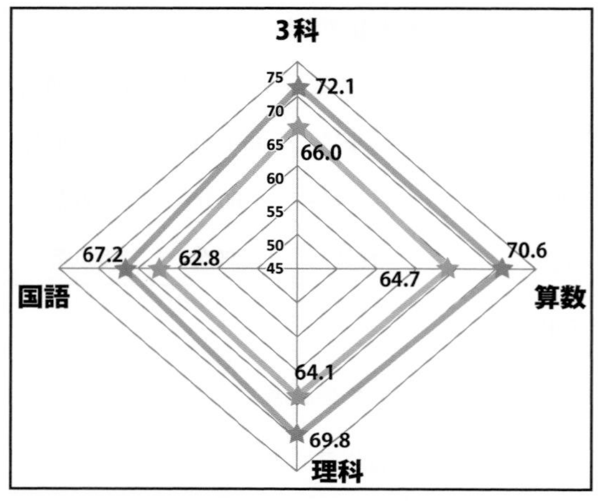

合格者の合不合判定テストにおける成績推移

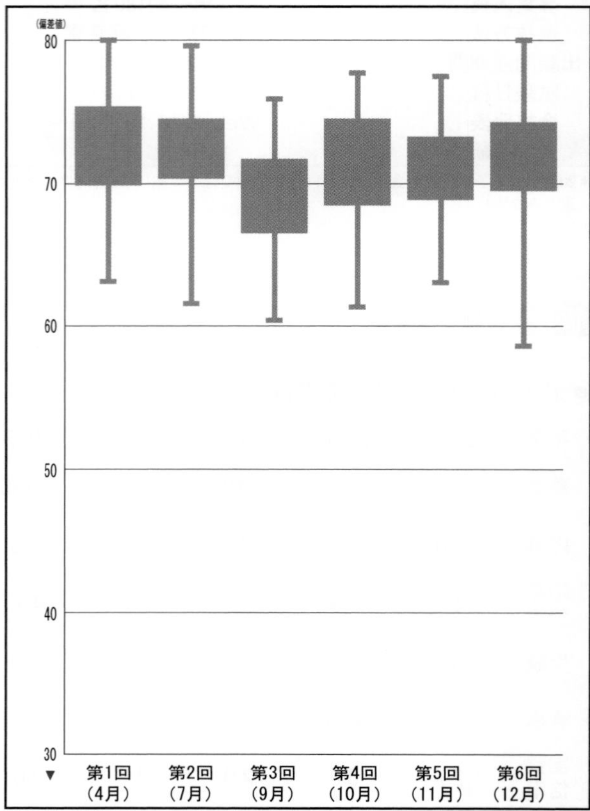

組分けテスト合格状況

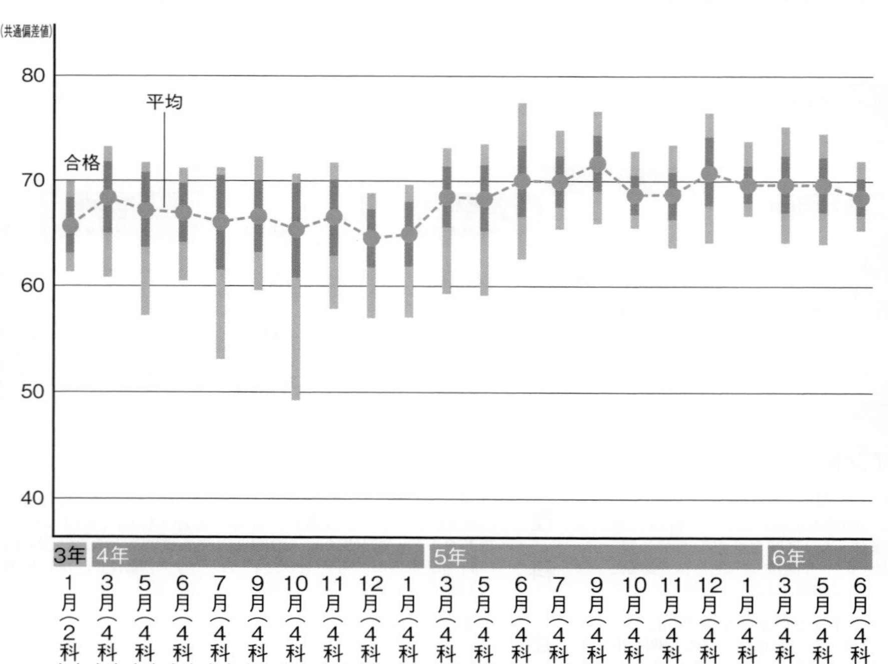

コース別合格者平均偏差値

コース	合格者平均
4年生	
C	56.3
B	–
5年生	
S	61.1
C	–
6年生	
S	60.8
C	60.3

※上記偏差値は各コース内の偏差値です。

灘中学校

1年生 田邉 希世史くん

受験を通して身についた力は？

自信を失いかけても努力し続けて合格！

希世史くんが灘の受験を視野に入れたのは、3年生の頃でした。

「中学入試の学校紹介などでは上位に掲載されていたし、難しい算数の問題を取り上げる動画でもよく灘の問題を見ていたことから、筑波大学附属駒場と共に志望するようになりました」（希世史くん）

5年生になり、灘の独特な算数の問題や文化祭を見て、灘を第一志望にしようと考えた希世史くん。6年生になると、灘の対策コースにも通いながら、普段は開成コースや筑駒コースで勉強していました。

「灘が第一志望の人はあまりいませんでしたが、周りの人たちと切磋琢磨していました」（希世史くん）

勉強のペースや方法は、希世史くんに任せて見守っていたとお母さんは振り返ります。

「志望校の名前は早いうちから口にしていましたが、習い事のピアノは6年生の10月まで頑として辞めず、本当に受験に本腰を入れる日が来るのか不安になることも多々ありました。それでも塾で友達と切磋琢磨する様子を校舎の先生から聞いて、子どもの強い思いを信じようと思いました」（お母さん）

9月になり、テストでなかなか上位を取れなくなり、少し自信を失ってしまったことも。しかし希世史くんは、焦ることなく淡々と自分のペースで取り組み続けました。

「勉強量を増やすことで、また上位に入ることができるようになり、自信を持って入試に臨むことができました」（希世史くん）

そして1月、灘の受験当日。1日目にはあまりうまくいかなかった感触があり、2日目に「ここで成功しなければ後がない」と会場に向かった希世史くん。結果は見事合格。しかも、自信のなかった1日目のほうが2日目よりも良い成績でした。

「受験期間中はとても充実していました。これから受験に臨む人たちにも、ぜひこの経験を大切にしてほしいと思います」（希世史くん）

どんな時でも焦らずにマイペースで取り組む力

将来の夢・目標は？

新しい技術に繋がるような問題を解く数学者になる！

ラ･サール中学校

■学校長／ドミンゴ･ビヤミル　■創立／昭和31年　■生徒数／518名
■所在地／〒891-0192 鹿児島県鹿児島市小松原2-10-1
■ＴＥＬ／099-268-3121
■交通／谷山駅（JR指宿枕崎線）徒歩15分。谷山電停（鹿児島市電）徒歩5分。

何学期制	週何日制	登校時刻	制服	給食	食堂 軽食販売	プール	寮	特待制度 奨学金等	帰国生 取出授業
3学期制	6日制	8:30	中高あり	なし	食堂中高あり 販売中高あり	屋外	中高あり	あり	なし

全国の優秀な頭脳が集合、
友情と勉学の切磋琢磨で自立心を磨く

沿　革

カトリックの教育修道会ラ・サール会（キリスト教学校修士会）により、1950年に高等学校を、1956年に中学校を現在地に設立。

教育方針と特色

キリスト教の隣人愛の精神を養い、世界への広く正しい認識を培い、心と体と頭の調和のとれた、社会に役立つ人間を育て、一人ひとりの能力を最大限に伸ばすことを目標としている。多数の志願者の中から優れた能力の生徒を集め、能率的で効果的な学習を行っている。教科学習は単に知識を得るためだけでなく、立派な人間をつくるための土台となるよう指導している。「倫理」の教科は、正しい社会生活のあり方の標準を示し、生徒が神・隣人・自分に対する義務を知り、それを実行するように教育する目的をもっている。生徒の健康の保持・増進を心がけ、体力向上にも十分留意している。教師達には中学・高校の区別はなく、高校の課程とも有機的に関連させた指導で成果を挙げている。

◉系列校

小	中	高	大(短大)
	○	○	

◉併設小学校なし

◉高校募集内進含………240名

（2年次から混合クラス）

◉授業時間…1コマ50分・中1：週36時間　中2：週36時間　中3：週37時間

	1年	2年	3年	計
国　語	6	6	6	18
社　会	4	4	5	13
数　学	6	6	6	18
理　科	4	4	5	13
英　語	7	7	7	21
5教科計	27	27	29	83

参考　高校1年生一週間の授業

英語=7　数学=7　国語=7
理科=6　社会=6
※内進生の時程（高校入生は数学８）

進学・進路

◉卒業生進路状況

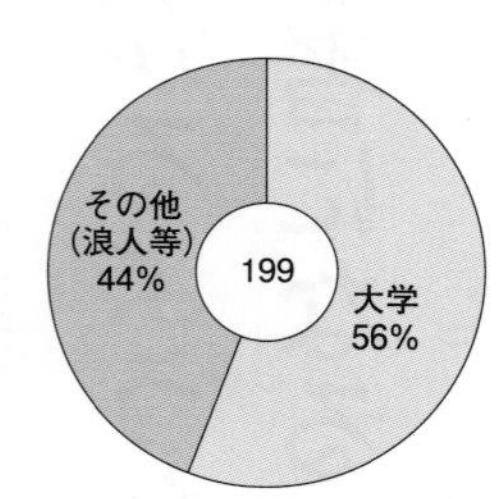

■進路選択状況（高３進級時）

データなし

■理系・文系進学状況

理系 78%　文系 22%

■共通テスト受験率

100%

◉卒業までの流れ

小学校	中学校	高等学校	大学
	ラ・サール中学校 ▶	ラ・サール高等学校 (199)	

◉主な大学合格実績

大学名	'22	'23	'24	大学名	'22	'23	'24	大学名	'22	'23	'24	大学名	'22	'23	'24
東京大	37	37	37	愛媛大			1	慶應義塾大	38	33	25	南山大			
京都大	8	7	6	徳島大	2			早稲田大	32	37	37	同志社大	10	3	8
北海道大	2	1	4	岡山大	1	1		上智大	7	7	5	立命館大	9	5	9
東北大	1	2	1	広島大	3	1	1	東京理科大	30	25	19	関西大	2	1	1
名古屋大		3	1	山口大	2	3	2	明治大	11	11	15	関西学院大	2	2	
大阪大	9	4	8	佐賀大	3		4	青山学院大	6	2	5	近畿大	2	3	1
九州大	31	32	25	長崎大		2	6	立教大	3	1		龍谷大		2	
東京工業大	1	2	1	熊本大	7	12	9	中央大	17	10	14	福岡大	16	6	8
一橋大	3	2	6	宮崎大	4		3	法政大	6	2	2	久留米大	7	3	7
神戸大	5		2	鹿児島大	27	16	15	学習院大				西南学院大	1	4	3

入試要項・入試情報

◉2024年度の入試要項（参考）

募集人員	男子160名
選抜方法	国・算・社・理
出願関連期間	12/4〜12/23
試験日程	1/27
合格発表	Web 1/30 9:00〜
入学手続	郵送のみ 2/7まで（消印有効）

面接 実施しない。

◉費用（参考）

受験料		20,000円
入学手続時	入学金	150,000円
	授業料	—
	その他	—
入学手続後〜入学まで	授業料	—
	その他	—
入学後１年	授業料	450,000円
	その他	285,030円
初年度納入金合計		885,030円
中学３年間費用計	約	2,355,090円

＊制服・学用品代・寮費・修学旅行費等は別途。
＊入寮費は10万円、寮費（年額）・食費等は87万6千円。

◉最近6年間の入試応募者推移と倍率

年度	2019	2020	2021	2022	2023	2024
募集	160	160	160	160	160	160
応募	766	777	674	685	913	901
応募倍率	4.8	4.9	4.2	4.3	5.7	5.6
受験	722	735	611	632	846	817
合格	非公表	非公表	非公表	非公表	非公表	非公表
実質倍率	—	—	—	—	—	—

＊2024年補欠発表・追加合格…いずれも詳細不明。

◉入試教科

②算数	60分	100点
①国語	60分	100点
④理科	40分	50点
③社会	40分	50点
合計	200分	300点

合格最高点	246点
合格最低点	163点

◉受験併願パターン

偏差値	1月前半	1月後半	2月1日	2月2日	2月3日	2月4日以降
67	東大寺学園					
66			麻布			
64					浅野	
63		久留米大附設		本郷２		芝２
60		ラ・サール			東海	
59	愛光福岡		本郷			滝
58				巣鴨２		
56	愛光本校					高輪C
55			巣鴨	暁星		鎌倉学園３
53		福岡教育大福岡				
52	早稲田佐賀１					

入試問題の傾向とポイント

算数　計算問題3問、一行問題4問程度、大問4題の問題構成。平面図形、立体図形、速さ、数に関する問題は頻出でなので重点的に対策をしておこう。難問は出題されず、オーソドックスなテーマをもとにした良問が中心。高得点勝負になるので、ケアレスミスには要注意。

国語　随筆文と説明文の読解2題に漢字の書き取り15問と四字熟語5問が出題された。随筆文は「どういうことか」と問う設問が多く、問題の半分は50〜60字以内の記述問題であった。説明文は理由を問う設問がみられ、120字以内の記述も出題された。

理科　大問4題、生地物化からの出題。設問形式も、選択・計算・記述・作図と多岐に渡る。典型的な問題を発展させた問題が多くみられ、思考力が必要である。過去問演習を通して、問題文や図・表・グラフをしっかり読み解き、持っている知識と結びつける力を身につけていきたい。

社会　例年時事問題の比率が高いうえ、年末までの出来事が問われるので、『ニュース最前線』などを用いたうえに、年末まで継続してテレビや新聞などで世の中のおもな出来事を把握していくことが必須である。全体としては例年通り、基礎基本が問われており、取りこぼしのない学習が求められている。

ラ・サール中学校

2024入試合否分布

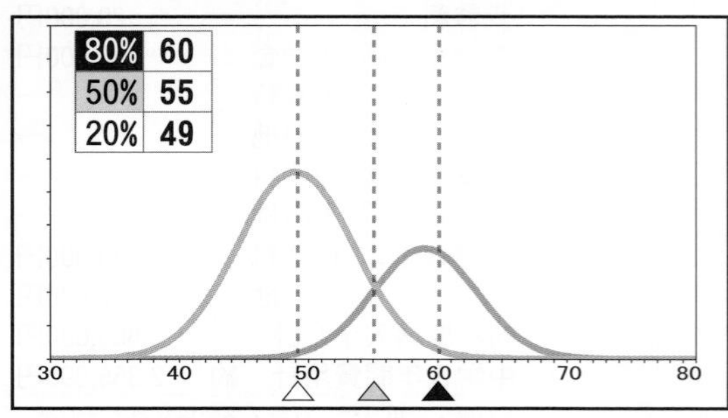

2024入試合否レーダーチャート

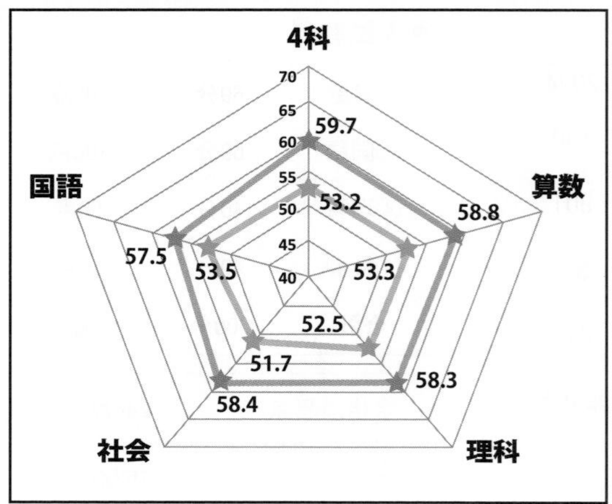

合格者の合不合判定テストにおける成績推移

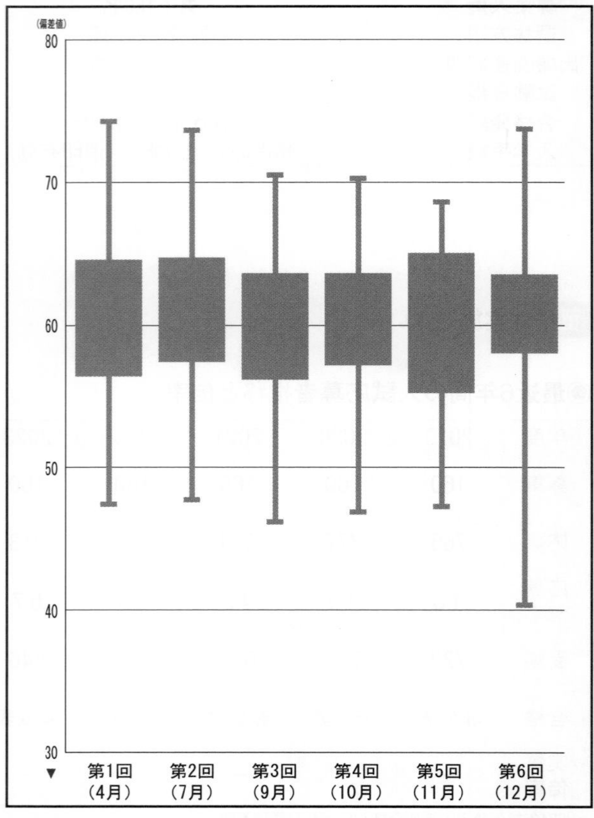

組分けテスト合格状況

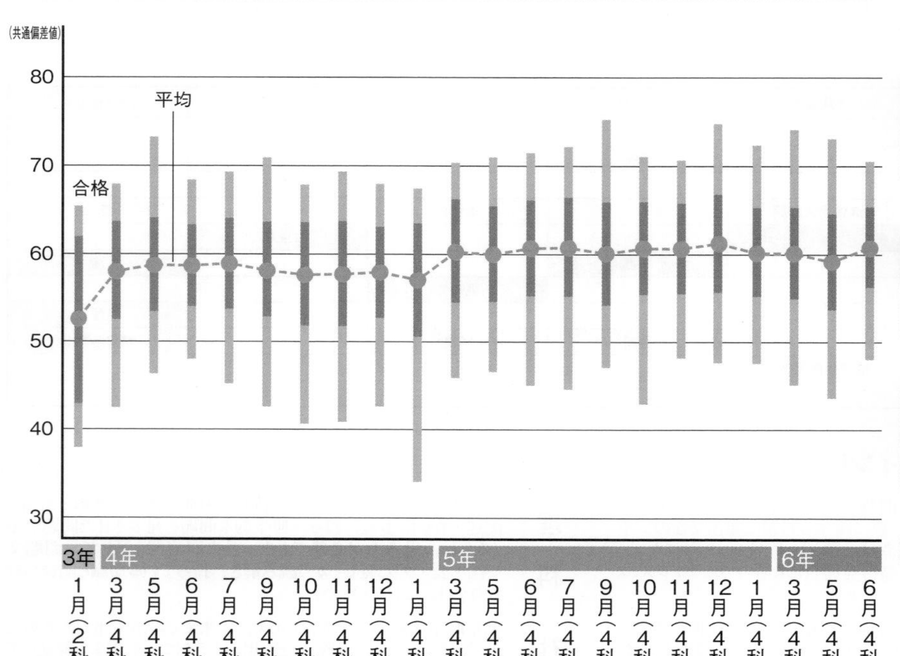

コース別合格者平均偏差値

コース	合格者平均
4年生	
C	57.4
B	60.5
5年生	
S	46.7
C	56.1
6年生	
S	47.5
C	57.0

※上記偏差値は各コース内の偏差値です。

column

大学入試共通テストが変わる！

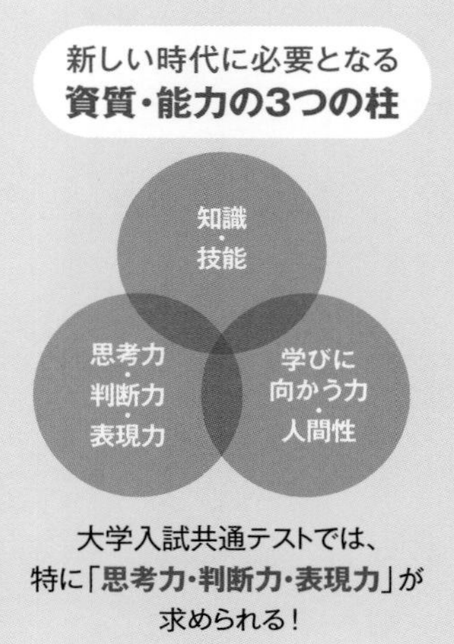

知識だけでなく探究的思考力も大事に

30年間続いた大学入試センター試験に代わり、2021年度から新たに導入された「大学入学共通テスト」。その内容は知識に偏った従来の大学入試を是正するべく、「思考力・判断力・表現力」を図る問題を重視したものです。

大学入学共通テストは、国公立大学志望者が原則として受ける試験ですが、難関校をはじめとする私立大学の多くが利用している試験でもあります。2025年度からは、2022年度に高校でスタートした「学習指導要領」に対応した内容になり、受験科目などが変わります。

まず既存の6教科（国語、地理・歴史、公民、数学、理科、外国語）に新教科の「情報」が新たに加わって7教科になります。さらに「地理・歴史」「公民」「数学」の科目構成が変わるため、現行の30科目から21科目に。また、日本史と世界史を廃止して「歴史総合」に変更され、必履修科目になる「歴史総合」「地理総合」「公共」のうち2科目は必ず受験することになります。

「国語」は科目の変更はないものの、近代以降の文章の大問が追加され、80分から90分へと試験時間が延長されます。さらに数学②は「数学Ⅱ・数学B・数学C」に変更され、問題数が増えて試験時間も60分から70分になります。

これらの変更点はありますが、2025年からの共通テストも「思考力・判断力・表現力」を問うテストであることは変わりません。知識量だけでなく、自分なりによく考えて答えを導き出す力が重要です。

こうした力を養成するには、小学生の頃からの学びが大切です。クラスのみんなで話し合い、解決策を探る「アクティブ・ラーニング」の授業もその一つ。環境問題や世界各地の紛争など先の見えない世の中で、子どもたちは答えのない問いを考えることが求められています。

大学入試のための勉強ではなく、大学入学後のその先を見据えた勉強を積み重ねていくことを重要視する大学入試改革の影響で、中学受験でも近年では難関校を中心に、探究的な視点を問われる記述などの問題形式が増えてきています。日頃から家庭でもいろいろな物事について話し合い、考える習慣をつけておくと良いでしょう。

私立共学校

青山学院中等部

あおやまがくいん

■部長／上野亮　■創立／昭和22年　■生徒数／764名（男381名、女383名）
■所在地／〒150-8366 東京都渋谷区渋谷4-4-25　■ＴＥＬ／03-3407-7463
■交通／渋谷駅（JR山手線など）徒歩約10分。
表参道駅（東京メトロ銀座線・千代田線・半蔵門線）徒歩約5分。

何学期制	週何日制	登校時刻	制服	給食	食堂 軽食販売	プール	寮	特待制度 奨学金等	帰国生 取出授業
3学期制	5日制	8:10	中高あり	なし	なし	屋内	なし	なし	なし

沿　革

青山学院は、明治初期に創立された女子小学校、耕教学舎、美會神学校の3校を源泉とする。時代とともに合併、発展を続け、関東大震災の復興事業の完成を機に1927年今日の青山学院の母体を形成。中等部は1947年に新学制とともに共学校として設置された。1986年には中等部と高等部の一貫性を強化するために「高中部」として発足。

教育方針と特色

幼稚園から大学まで、キリスト教信仰（プロテスタント）に基づいた教育が基本。礼拝は毎日行われ、授業には聖書を学ぶ時間があり、クリスマスをはじめとした宗教行事も数多い。男女が互いに協力する姿こそが自然であるとの考えから授業やクラブ活動、クラスの運営もすべて男女が一緒に行っている。過度の受験技術の弊害をさけて、確実な基礎学習と思考能力の修得に力点を置き、多彩な選択講座も開講されている。ミッション校としての厳粛な面とともに、校風の明るさでも知られる。アジアの近隣諸国との国際交流も活発である。2019年9月、新校舎が完成。教科センター方式を導入。

◉系列校

小	中	高	大（短大）
○	○	○	○

◉小学校からの内進生…120名
◉高校生外部募集………160名

（完全混合クラス）
（2023年度入試実績）

◉授業時間…1コマ45分・週31時間

	1年	2年	3年	計
国　語	4	4	4	12
社　会	4	4	3	11
数　学	4	4	4	12
理　科	3	4	4	11
英　語	5	6	6	17
5教科計	20	22	21	63

参考　高校1年生一週間の授業

英語=5　数学=5　国語=5
理科=2　社会=2

進学・進路

◉卒業生進路状況

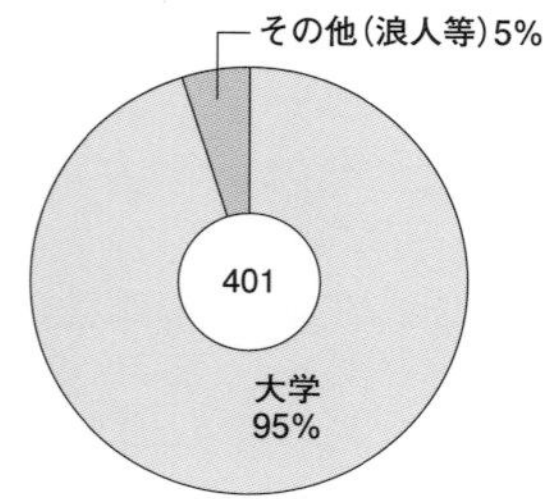

■進路選択状況（高３進級時）

データなし

■理系・文系進学状況

文系 87%
理系 12%
0　50　100

■共通テスト受験率

データなし

◉卒業までの流れ

小学校	中学校	高等学校	大学
青山学院初等部 ▶	青山学院中等部 ▶	青山学院高等部（401） ▶	青山学院大学　345（法24・経済34・経営85・文38・国際政経60・社会情報5・教育人間科学25・総合文化政策47・理工24・地球社会共生3・コミュニティ人間科学0）

◉主な大学合格実績

大学名	'22	'23	'24	大学名	'22	'23	'24	大学名	'22	'23	'24	大学名	'22	'23	'24
東京大		2	1	千葉大				東京都立大				東京女子大			
京都大	1			お茶の水女子大			1	横浜市立大		2		日本女子大			
北海道大				東京外国語大			1	慶應義塾大	14	27	25	成蹊大	1	1	
東北大				電気通信大				早稲田大	13	21	9	成城大	1		
名古屋大				東京学芸大			1	上智大	9	23	8	明治学院大			
大阪大				東京農工大				東京理科大	11	13	7	國學院大			
九州大				東京芸術大				明治大	9	10	16	武蔵大			
東京工業大			1	東京医科歯科大				青山学院大	-	-	-	獨協大			
一橋大	1	2		東京海洋大				立教大	2	15	5	日本大	4	5	5
筑波大				横浜国立大				中央大	6	6	6	東洋大	1	1	
茨城大				山梨大				法政大	2	3	5	駒澤大	2		1
宇都宮大				金沢大				学習院大			3	専修大			
群馬大				信州大				国際基督教大	1			芝浦工業大	1	1	1
埼玉大				国際教養大				津田塾大				東京都市大			

入試要項・入試情報

◉2024年度の入試要項（参考）

募集人員	男女約140名
選抜方法	国・算・社・理
出願関連期間	1/10～1/30
試験日程	2/2
合格発表	Web 2/3 10:00～
入学手続	2/3 15:00まで

＊出願資格に「原則として父または母のもとより通学可能な者」とある。
＊2024年新入生説明会は2月10日（土）実施（欠席の場合は、入学辞退とみなされる）。

◉費用（参考）

受験料		30,000円
入学手続時	入学金	320,000円
	授業料	—
	その他	—
入学手続後～入学まで	授業料	—
	その他	105,000円
入学後１年	授業料	570,000円
	その他	642,000円
初年度納入金合計		1,637,000円
中学３年間費用計　約		3,851,000円

＊女子は男子との制服代の差（1万円）を加えること。

私立 共学校

面接 実施しない。

◉最近6年間の入試応募者推移と倍率

年度	2019		2020		2021		2022		2023		2024	
	男	女	男	女	男	女	男	女	男	女	男	女
募集	約140		約140		約140		約140		約140		約140	
応募	465	629	519	619	417	621	408	546	410	563	374	538
応募倍率	7.8		8.1		7.4		6.8		7.0		6.5	
受験	423	536	396	489	353	546	360	464	362	481	329	459
合格	128	100	119	90	118	90	112	93	111	86	113	91
実質倍率	3.3	5.4	3.3	5.4	3.0	6.0	3.2	5.0	3.3	5.6	2.9	5.0

＊2024年補欠発表（Web）…男10名、女10名。補欠合格（電話）…あり、2月3日～2月29日。追加合格（電話）…あり。

◉入試教科

②算数	50分	100点
①国語	50分	100点
④理科	25分	50点
③社会	25分	50点
合計	150分	300点

合格最高点	非公表
合格最低点	男167　女185点

◉受験併願パターン

偏差値	1月前半	1月後半	2月1日	2月2日	2月3日	2月4日以降
62			広尾学園			広尾学園３
60		立教新座				
59				青山学院		
58	栄東Ａ１０日		国学院久我山ＳＴ			
57					青学横浜英和Ｃ	法政第二２

偏差値	1月前半	1月後半	2月1日	2月2日	2月3日	2月4日以降
68		市川	広尾学園２			
65	浦和明の星女子		広尾学園	青山学院		広尾学園３
64		東邦大東邦前			東洋英和女学院Ｂ	
61	栄東Ａ１０日	昭和秀英	東洋英和女学院Ａ	中央大附属横浜２		
60	江戸川取手東		学習院女子Ａ	青学横浜英和Ｂ		中央大附属２

入試問題の傾向とポイント

算数　計算が2問、一行問題が10問、大問2題の問題構成。割合・比の問題や平面図形の問題、平均などの和差系の一行問題が頻出。やや難度の高い問題が途中に紛れ込んでいることもあるが、標準レベルの問題が中心。難度の高い問題の取捨選択がポイントになる。まずは基礎基本の充実を図りたい。

国語　漢字の書き取り5題、詩1題、説明文2題、物語文1題の構成。詩は表現技法や理由、説明文は内容合致・理由・言い換えなど、物語文は人物の心情や言動が問われた。解答形式は基本的に記号や抜き出しである。

理科　大問5題、大問1が小問集合で、それ以降は生地物化から1題ずつの出題である。いずれの大問も、内容は典型的な基本問題が中心で、基礎知識の応用問題が含まれることがある。過去問演習を通して、基本問題で確実に点を取る力と、思考力が必要な問題への対応力を養いたい。

社会　大問7題構成で、多くが記号選択の形式。地理では地形図や地図を用いた出題が多く見られる。時事問題をはじめ、その年に注目された事柄を切り口にした出題が目立つため、『ニュース最前線』などでしっかり対策すると同時に、世の中の出来事に関心をもつ姿勢が必要。

青山学院大学系属浦和ルーテル学院中学校

■学校長／福島宏政　■創立／1963年　■生徒数／235名（男84名、女151名）
■所在地／〒336-0974 埼玉県さいたま市緑区大崎3642　■ＴＥＬ／048-711-8221
■交通／北浦和駅、東川口駅、北越谷駅、浦和美園駅からスクールバスあり。
浦和駅、浦和美園駅から国際興業バス「大門上」下車、徒歩3分。

何学期制	週何日制	登校時刻	制服	給食	食堂 軽食販売	プール	寮	特待制度 奨学金等	帰国生 取出授業
3学期制	5日制	8:30	中のみあり	なし	食堂なし 販売あり	屋内	なし	なし	なし

沿　革

浦和ルーテル学院は、1953年埼玉県浦和市（現さいたま市）に、米国のルーテル教会により聖望学園小学校として創立。その後1963年に中学校、1970年に高等学校を設置し、小中高12年間の一貫教育を確立する。1974年校名を浦和ルーテル学院に変更。宿泊施設「山の上学校」や国際交流プログラム「米国研修」などを整備。2015年、浦和美園の新校舎に全面移転。2018年青山学院大学と系属校協定を締結。2019年に名称を現校名に変更。

教育方針と特色

地下鉄南北線直通埼玉高速鉄道「浦和美園」駅からスクールバス3分、自然に恵まれた環境に立地する当校は、青山学院大学系属校として、2019年4月より新たなスタートをきった。これにより基準を満たせば同大学に進学できる系属校推薦入学の枠が与えられている。当校の特色は「ギフト教育」である。神様から与えられている才能や個性という「ギフト」を活かし、世界に貢献する。まわりの人々を幸せにすることで、自らも幸せに生きる、それが「ギフト教育」の目標である。「ギフト教育」を実現するため、①１クラス定員25名の「少人数教育」、②ネイティブ教師を主体とした「英語・国際教育」、③感謝と思いやりの心を育てる「キリスト教教育」、④才能発見のため「フィールドプログラム」を実践している。青山学院大学への進学を視野に、着実に学力をつけ、同時にのびのびとギフトを伸ばす、充実した学校生活を送ることができる。

◉系列校

小	中	高	大（短大）

◉小学校からの内進生…30名
◉高校生外部募集………3名

◉授業時間…1コマ45分・週34時間

	1年	2年	3年	計
国　語	5	4	4	13
社　会	4	4	4	12
数　学	4	5	6	15
理　科	4	4	4	12
英　語	5	5	5	15
5教科計	22	22	23	67

参考　高校1年生一週間の授業

英語=5　数学=6　国語=4
理科=6　社会=4

進学・進路

◉卒業生進路状況

■進路選択状況（高３進級時）
データなし

■理系・文系進学状況
データなし

■共通テスト受験率
データなし

◉卒業までの流れ

小学校	中学校	高等学校	大学
青山学院大学系属 浦和ルーテル学院 小学校	青山学院大学系属 浦和ルーテル学院 中学校	青山学院大学系属 浦和ルーテル学院 高等学校（67）	青山学院大学

◉主な大学合格実績

大学名	'22	'23	'24	大学名	'22	'23	'24	大学名	'22	'23	'24	大学名	'22	'23	'24
東京大				千葉大				東京都立大				東京女子大		3	1
京都大				お茶の水女子大			1	横浜市立大				日本女子大			2
北海道大				東京外国語大	1			慶應義塾大				成蹊大	2		
東北大				電気通信大	1			早稲田大	2	2		成城大			
名古屋大				東京学芸大				上智大			1	明治学院大	3	2	
大阪大				東京農工大				東京理科大	4	2	1	國學院大		1	
九州大				東京芸術大				明治大	9			武蔵大	1	1	
東京工業大				東京医科歯科大				青山学院大	-	-	-	獨協大	2		
一橋大				東京海洋大				立教大	6	2		日本大	5	4	4
筑波大				横浜国立大				中央大	2		2	東洋大	3	1	3
茨城大				山梨大				法政大	1		1	駒澤大	1		2
宇都宮大				金沢大				学習院大				専修大			2
群馬大				信州大				国際基督教大				芝浦工業大	3		
埼玉大				国際教養大				津田塾大		1		東京都市大	3	1	

入試要項・入試情報

◉2024年度の入試要項（参考）

	1回		2回	
	4科型	英検利用型	4科型	英検利用型
募集人員	男女20名	男女10名	男女7名	男女3名
選抜方法	国・算・社・理+ 面接・成績表コピー	国・算・社・理+面接・ 英検合格証コピー・ 成績表コピー	国・算・社・理+ 面接・成績表コピー	国・算・社・理+面接・ 英検合格証コピー・ 成績表コピー
出願関連期間	12/20〜1/5		12/20〜1/11	
試験日程	1/10		1/13	
合格発表	Web 1/10〜		Web 1/13〜	
入学手続	1/12 17:00まで		1/15 17:00まで	

面接 実施する。

◉費用（参考）

受験料		25,000円
入学手続時	入学金	200,000円
	授業料	32,000円
	その他	41,300円
入学手続後 〜入学まで	授業料	—
	その他	69,850円
入学後１年	授業料	352,000円
	その他	495,600円
初年度納入金合計		1,190,750円
中学３年間費用計　約		2,803,350円

＊スクールバス代別途。

◉最近6年間の入試応募者推移と倍率

年度		2019		2020		2021		2022		2023		2024	
		男	女	男	女	男	女	男	女	男	女	男	女
募集	①(2科/適性) ②(2科/英語型) ③(2科/プレゼン型)	25 （全日程）		①(4科/2科) 10 ②(4科/2科) 10 ③(2科/英検利用) 5		①(4科/英検利用) 20 ②(4科/英検利用) 20 ③(4科/英検利用) 5		15 10 若干		①(4科/英検利用) 20/10 ②(4科/英検利用) 10/5		20/10 7/3	
応募	①(2科/適性) ②(2科/英語型) ③(2科/プレゼン型)	54/5 38/2 29/3	71/7 45/12 30/11	85/22 63/20 60/4	100/55 67/42 64/12	155/11 104/8 7/4	245/37 162/21 18/5	73/16 53/8 10/3	138/15 102/12 19/4	68/17 29/10	141/39 40/4	105/20 68/7	214/34 90/11
応募倍率	①(2科/適性) ②(2科/英語型) ③(2科/プレゼン型)	12.3 （全日程）		26.2 19.2 28.0		22.4 14.8 6.8		16.1 17.5 —		10.5/5.6 6.9/2.8		16.0/5.4 22.6/6.0	
受験	①(2科/適性) ②(2科/英語型) ③(2科/プレゼン型)	53/5 25/0 6/2	68/7 22/7 5/7	85/22 46/13 24/4	100/55 51/32 25/6	154/11 92/7 3/4	242/37 147/20 11/3	73/16 44/4 5/1	136/15 86/8 8/1	67/16 24/8	141/39 26/1	104/20 57/5	213/33 75/10
合格	①(2科/適性) ②(2科/英語型) ③(2科/プレゼン型)	21/2 2/0 5/1	38/2 4/3 2/3	34/10 7/0 4/3	52/21 7/10 4/4	30/3 17/2 0/1	62/6 48/8 2/0	23/5 9/1 2/0	50/9 17/3 1/0	34/13 12/3	123/35 17/1	36/8 6/1	106/27 10/1
実質倍率	①(2科/適性) ②(2科/英語型) ③(2科/プレゼン型)	2.5/2.5 12.5/— 1.2/2.0	1.8/3.5 5.5/2.3 2.5/2.3	2.5/2.2 6.6/— 6.0/1.3	1.9/2.6 7.3/3.2 6.3/1.5	5.1/3.7 5.4/3.5 —/4.0	3.9/6.2 3.1/2.5 5.5/—	3.2/3.2 4.9/4.0 2.5/—	2.7/1.7 5.1/2.7 8.0/—	2.0/1.2 2.0/2.7	1.1/1.1 1.5/1.0	2.9/2.5 9.5/5.0	2.0/1.2 7.5/10.0

＊2024年補欠発表・追加合格…いずれも詳細不明。

◉入試教科　　4教科/英検利用

②算数	45分/45分	100点/100点
①国語	45分/45分	100点/100点
③理科	あわせて45分	50点/25点
③社会		50点/25点
合計	135分	300点/250点＋

＊英検利用型は4科＋英検取得級別に加点（準1級50点・2級48点・準2級45点・3級40点）（300点満点）

合格最高点	非公表
合格最低点	非公表

◉受験併願パターン

偏差値	1月前半	1月後半	2月1日	2月2日	2月3日	2月4日以降
53	川口市立高附	芝浦工大柏	明大八王子Ａ１	安田学園先進３		
52	江戸川取手難			国学院久我山２	成城学園２	日本学園２
51			日本学園			獨協４
50	青学ルーテル		目黒日大２	獨協３		
49					日大豊山３	

偏差値	1月前半	1月後半	2月1日	2月2日	2月3日	2月4日以降
55			明大八王子Ａ１		成城学園２	
54					富士見３	山脇学園Ｃ
53			東洋大京北２			
52	青学ルーテル	国府台女子学院		共立女子２日		
48			実践女子学園２		カリタス女子４	

入試問題の傾向とポイント

算数　計算が4問、一行問題が8問、大問1題の問題構成。幅広い分野から出題されるが、どれも定番の解法がきちんと身についていれば十分対応できる。問題用紙の余白に式や解答を自由に書く形式なので、採点者に読んでもらうことを意識した答案作りを心がけたい。

国語　説明文と随筆文の読解2題と雑問の構成。近代化に伴って変化した人間関係について述べられた説明文は指示語と傍線部の内容説明を、随筆文は傍線部の具体的説明や空欄補充を中心に問われた。解答形式はともに抜き出しが多い。雑問はことわざや慣用句、四字熟語や敬語などが出題された。

理科　大問3題、生地化からの出題。どの大問も直接知識を問う問題は少なく、字数制限のない記述問題や式・考え方まで記す計算問題、図で答える問題や資料の分析など、多岐にわたる形式で理科の力が問われる。過去問題の演習を通して、解答の作成に慣れておきたい。

社会　大問7題で、多くが記号選択の形式。地理では地形図や地図を用いた出題が多く見られる。地形図は読図の基本をおさえて得点源にしておきたい。文章記述問題も出題されるため、問われている内容に過不足なく答える訓練が必要。理科と合わせて45分なので時間配分に注意。

青山学院横浜英和中学校

あおやまがくいんよこはまえいわ

■学校長／小久保光世　■創立／明治13年　■生徒数／540名（男135名、女405名）
■所在地／〒232-8580 神奈川県横浜市南区蒔田町124　■ＴＥＬ／045-731-2862
■交通／蒔田駅（横浜市営地下鉄ブルーライン）徒歩8分。

何学期制	週何日制	登校時刻	制服	給食	食堂 軽食販売	プール	寮	特待制度 奨学金等	帰国生 取出授業
2学期制	5日制	8:15	中高あり	中高あり	食堂なし 販売あり	なし	なし	なし	なし

沿　革

1880年、ミスH.G.ブリテン（米国メソジスト・プロテスタント教会宣教師）が山手に、「ブリテンスクール」を開校。1916年蒔田の丘に移転。100年後の2016年4月、青山学院大学の系属校として新たなスタートをした。2018年4月共学に変更。

教育方針と特色

「心を清め　人に仕えよ」の校訓のもと、140年の伝統を持つ。「神を畏（おそ）れる」「自立する」「隣人と共に生きる」を教育方針に掲げキリスト教教育、キャリア教育、グローバル教育を3つの柱に育成する。毎日、礼拝から始まり、聖書の時間にはキリストの教えを中心に、心の成長を目指す。週5日・2期制を導入し、生徒の発達段階に応じた独自の教育課程を編成して6年間の一貫性を図る。国際的な視野をもつ人間の育成を目指して、英語教育には特に力を注ぐ。英語教育は中1前期は1クラスを2分割した少人数編成とし、中1後期以降はグレード別少人数編成できめ細かに対応している。数学は高3生まで必修である。全員参加のカナダ海外研修のほか、アメリカ、オーストラリアなどに様々な留学プログラムがある。

◉系列校

小	中	高	大（短大）
○	○	○	○

◉小学校からの内進生…50名
◉高校生外部募集………なし

◉授業時間…1コマ50分・週32時間

	1年	2年	3年	計
国　語	4	4	4	12
社　会	3	4	4	11
数　学	4	4	5	13
理　科	4	4	4	12
英　語	6	6	5	17
5教科計	21	22	22	65

参考　高校1年生一週間の授業

英語=6　数学=5　国語=4
理科=6　社会=4

進学・進路

◉卒業生進路状況

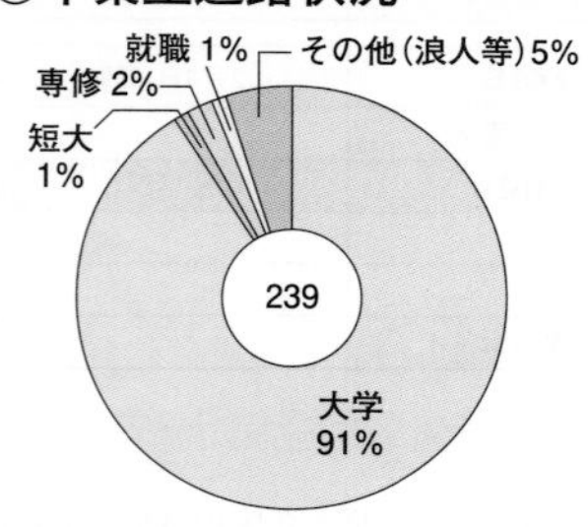

■進路選択状況（高３進級時）
文系 84%
理系 16%
0　50　100

■理系・文系進学状況
文系 77%
理系 19%
0　50　100

■共通テスト受験率
17%
0　50　100

◉卒業までの流れ

小学校	中学校	高等学校	大学
青山学院横浜英和小学校	青山学院横浜英和中学校	青山学院横浜英和高等学校（239）	青山学院大学　138（法17・経済5・経営18・文30・国際政経13・社会情報6・教育人間科学6・総合文化政策13・理工11・地球社会共生7・コミュニティ人間科学12）

◉主な大学合格実績

大学名	'22	'23	'24	大学名	'22	'23	'24	大学名	'22	'23	'24	大学名	'22	'23	'24
東京大			1	千葉大				東京都立大	1	1		東京女子大		4	1
京都大				お茶の水女子大				横浜市立大	1			日本女子大	3	2	1
北海道大				東京外国語大				慶應義塾大	3	3	7	成蹊大	1		
東北大				電気通信大				早稲田大	2	4	16	成城大		1	1
名古屋大				東京学芸大				上智大	3	5	9	明治学院大	3	1	7
大阪大				東京農工大				東京理科大	2		6	國學院大		2	1
九州大				東京芸術大				明治大	3	9	14	武蔵大			
東京工業大			2	東京医科歯科大				青山学院大	-	-	-	獨協大			
一橋大			2	東京海洋大				立教大	2	2	12	日本大	5	1	9
筑波大				横浜国立大	2			中央大	2	5	7	東洋大	1		1
茨城大				山梨大				法政大		3	11	駒澤大	1	1	1
宇都宮大				金沢大				学習院大			1	専修大			1
群馬大				信州大				国際基督教大	1	2		芝浦工業大			4
埼玉大				国際教養大				津田塾大		1	2	東京都市大		6	

入試要項・入試情報

◉2024年度の入試要項(参考)

	A	B	C
募集人員	男女60名(帰国生10名程度含)	男女30名	男女30名
選抜方法	国・算・社・理	国・算	
出願関連期間	1/6〜1/31	1/6〜2/2	1/6〜2/3
試験日程	2/1午前	2/2午後	2/3午後
合格発表	Web 2/1 18:00〜	Web 2/2 23:00〜	Web 2/3 23:00〜
入学手続	2/5 11:00まで		

＊2024年入学予定者に対して3月2日(土)に面談(保護者1名同伴)を実施(帰国生を除く)。

面接 実施する（帰国生のみ）。

◉費用(参考)

受験料		20,000円
入学手続時	入学金	280,000円
	授業料	—
	その他	120,000円
入学手続後〜入学まで	授業料	—
	その他	—
入学後１年	授業料	648,000円
	その他	444,120円
初年度納入金合計		1,492,120円
中学３年間費用計　約		3,429,640円

＊複数回同時出願の受験料は、2回分は3万5千円、3回分は4万5千円。

＊入学辞退者は3月31日までに申し出れば、施設費(12万円)を返金。

◉最近6年間の入試応募者推移と倍率

年度		2019男	2019女	2020男	2020女	2021男	2021女	2022男	2022女	2023男	2023女	2024男	2024女
募集	A	70		70		60		60		60		60	
	B	50		50		30		30		30		30	
	C	40		40		30		30		30		30	
応募	A	99	239	90	215	89	175	99	161	102	226	68	177
	B	146	417	179	405	173	298	155	292	200	404	171	363
	C	191	495	218	444	202	364	211	331	209	393	188	360
応募倍率	A	4.8		4.4		4.4		4.3		5.5		4.1	
	B	11.3		11.7		15.7		14.9		20.1		17.8	
	C	17.2		16.6		18.9		18.1		20.1		18.3	
受験	A	94	217	82	207	87	161	90	148	90	214	61	166
	B	104	319	135	316	116	219	111	220	154	325	139	293
	C	127	297	154	300	131	263	150	234	155	276	133	266
合格	A	28	55	30	59	38	42	37	54	27	69	27	62
	B	22	97	31	70	28	45	24	70	24	65	36	63
	C	33	86	31	70	18	52	14	39	14	34	20	44
実質倍率	A	3.4	3.9	2.7	3.5	2.3	3.8	2.4	2.7	3.3	3.1	2.3	2.7
	B	4.7	3.3	4.4	4.5	4.1	4.9	4.6	3.1	6.4	5.0	3.9	4.7
	C	3.8	3.5	5.0	4.3	7.3	5.1	10.7	6.0	11.1	8.1	6.7	6.0

＊帰国生を含む。

＊2024年補欠発表…なし。追加合格(電話)…あり。

◉入試教科

4教科/2教科

②算数	50分/50分	100点/100点
①国語	50分/50分	100点/100点
④理科	30分/	50点/
③社会	30分/	50点/
合計	160分/100分	300点/200点

合格最高点	A　249点 B　175点 C　159点
合格最低点	A　166点 B　118点 C　112点

＊合格最高点・合格最低点は男女合算

私立 共学校

◉受験併願パターン

偏差値	1月前半	1月後半	2月1日	2月2日	2月3日	2月4日以降
58				青学横浜英和Ｂ		
57					青学横浜英和Ｃ	法政第二２
56				法政第二		
55			青学横浜英和Ａ			
53	大宮開成					

偏差値	1月前半	1月後半	2月1日	2月2日	2月3日	2月4日以降
60			神奈川大附	青学横浜英和Ｂ		
59					青学横浜英和Ｃ	法政第二２
57	立教女学院帰		青学横浜英和Ａ			
56				横浜雙葉２		
53		学習院女子帰		田園調布学園２		森村学園３

入試問題の傾向とポイント

算数　計算問題と一行問題で合わせて14問程度、大問3題の問題構成。大部分が基本･標準レベルの問題だが、問題数が多いので、各分野の基礎的な問題の解法をしっかりとマスターしつつ、素早く正確な計算力を身につける必要がある。ケアレスミスは厳禁である。

国語　雑問と説明文と物語文の読解2題の構成。説明文は空欄補充や理由についての問いが多くみられた。物語文は人物像や心情について問われる設問があった。雑問は漢字、四字熟語、文章の並び替えなどが出題された。解答形式のほとんどは記号や抜き出しである。

理科　大問4題、生地物化からの出題。選択・計算・記述の出題が中心だが、作図が出題される年もある。基本的な問題が中心で、最近の出来事(桜島の噴火、熱中症警戒アラートとWGBTの関係など)を絡めた出題も見られる。記述問題も複数あるため、基礎基本を徹底したい。

社会　大問3題構成。設問数はほぼ変わらないが、例年20ページあった問題の分量は16ページとやや減った。記号選択の割合が高く、地図や表・グラフを用いた出題が多く見られる。記述問題は2問出題されており、用語記述には漢字指定のものもある。

郁文館中学校

（いくぶんかん）

■学校長／渡邉美樹　■創立／明治22年　■生徒数／558名（男347名、女211名）
■所在地／〒113-0023 東京都文京区向丘2-19-1　■ＴＥＬ／03-3828-2206
■交通／東大前駅（東京メトロ南北線）徒歩5分。白山駅（都営三田線）徒歩10分。
根津駅（東京メトロ千代田線）徒歩10分。千駄木駅（東京メトロ千代田線）徒歩10分。

何学期制	週何日制	登校時刻	制服	給食	食堂 軽食販売	プール	寮	特待制度 奨学金等	帰国生 取出授業
3学期制	6日制	8:10	中高あり	なし	食堂中高あり 販売中高あり	なし	男子のみ	あり	あり

沿　革

1889年、私立郁文館として現在地に創立。2003年に渡邉美樹が理事長に就任。2010年女子を募集し、共学化。2021年4月世界人材を育成する全員が6ヶ年特待生「iP class」新設。

教育方針と特色

「夢を持たせ、夢を追わせ、夢を叶えさせる」
夢は、人に大きな力を与えてくれます。郁文館の教育目的は「夢を持たせ、夢を追わせ、夢を叶えさせる」。この目的を現実のものとするために、「夢教育」という郁文館夢学園独自の教育プログラムを開発し、実践する中で毎年進化している。2021年に『日本、そして世界の未来を切り開き、新たに創造する人材を育てるリーダー教育』の実現に向けて、日本で一番「学び、体験し、考え、挑戦する」クラス「iP class」を立ち上げた。
日経新聞と論語をテキストに渡邉校長自らが教鞭をとる校長HR。他では絶対に経験できない、iP classだけの特徴。様々な経験を積んだ渡邉校長の目から見る世の中を知ることで生徒は世界人財に必要な水準での物事を根本的、多面的、長期的に捉える力を修得できるようにする。
また、2029年東大合格者30 名の輩出を目指すプロジェクトの「学力プレミアコース」を始動。絶対合格へ導くプロフェッショナルによる「目標から逆算した能力開発授業」と、郁文館が培ってきた「夢教育」をかけ合わせ、『本物の学力・本当の生きる力』を付ける教育環境作りを目指す。

◉系列校

小	中	高	大（短大）
	○	○	

◉併設小学校なし

◉高校生外部募集………100名

◉授業時間…1コマ45分・週37時間

	1年	2年	3年	計
国　語	6	5	5	16
社　会	4	4	4	12
数　学	5	5	5	15
理　科	4	4	4	12
英　語	6	7	7	20
5教科計	25	25	25	75

参考　**高校1年生一週間の授業**

英語=6　数学=6　国語=6
理科=4　社会=4
※一般クラス

進学・進路

◉卒業生進路状況

■進路選択状況（高３進級時）
データなし

■理系・文系進学状況
データなし

■共通テスト受験率
データなし

◉卒業までの流れ

小学校	中学校	高等学校	大学
	郁文館中学校	▶ 郁文館高等学校（225）	

◉主な大学合格実績

大学名	'22	'23	'24	大学名	'22	'23	'24	大学名	'22	'23	'24	大学名	'22	'23	'24
東京大				千葉大	2		1	東京都立大		1		東京女子大	1	1	
京都大		1		お茶の水女子大	1			横浜市立大				日本女子大	1	2	1
北海道大				東京外国語大		1		慶應義塾大	3	9	2	成蹊大	3	1	
東北大				電気通信大		2	1	早稲田大	4	10	7	成城大	4	5	2
名古屋大				東京学芸大				上智大	3	6	1	明治学院大	2	10	5
大阪大				東京農工大		1		東京理科大	3	10	6	國學院大	2	9	6
九州大				東京芸術大				明治大	14	18	17	武蔵大	7	7	2
東京工業大				東京医科歯科大				青山学院大	2	7	6	獨協大	3	9	10
一橋大		1		東京海洋大				立教大	9	5	7	日本大	27	47	41
筑波大			2	横浜国立大		1		中央大	6	8	7	東洋大	9	22	32
茨城大			1	山梨大			1	法政大	7	18	8	駒澤大	9	6	9
宇都宮大				金沢大	1	1		学習院大	2	6	5	専修大	10	12	5
群馬大	1		1	信州大			2	国際基督教大	1	1	1	芝浦工業大	12	1	5
埼玉大	1	1		国際教養大				津田塾大	1			東京都市大	4	8	8

入試要項・入試情報

◉2024年度の入試要項(参考)

	1回 総合	1回 グローバルリーダー特進クラス選抜	1回 適性検査型	1回 iP class 選抜	2回 総合	2回 適性検査型	2回 グローバルリーダー特進クラス選抜	3回 総合	未来力 校長選抜	2回 iP class 選抜	4回 総合	適性検査型 iP class選抜
募集人員	男女40名	男女15名	男女10名	男女10名	男女30名	男女10名	男女10名	男女20名	男女若干名	男女5名	男女15名	男女5名
選抜方法	国・算	英語	適性検査 Ⅰ・Ⅱ・Ⅲ	国・算		適性検査 Ⅰ・Ⅱ・Ⅲ	英語	国・算または 国・算・社・理	プレゼンテーション・Q&A	国・算	国・算または 国・算・社・理	適性検査 国語型・算数型
出願関連期間	1/10～1/31				1/10～2/1			1/10～2/2			1/10～2/3	
試験日程	2/1午前			2/1午後	2/2午前		2/2午後	2/3午前	2/3午後		2/4午前	
合格発表	Web 2/1 17:00～		Web 2/1 18:00～	Web 2/1 20:00～	Web 2/2 17:00～		Web 2/2 20:00～	Web 2/3 17:00～	Web 2/3 20:00～		Web 2/4 17:00～	
入学手続	2/3 17:00まで		2/11 12:00まで	2/3 17:00まで	2/4 17:00まで	2/11 12:00まで	2/4 17:00まで				2/5 17:00まで	2/10 12:00まで

面接 実施しない。

◉費用(参考)

受験料		23,000円
入学手続時	入学金	250,000円
	授業料	—
	その他	—
入学手続後～入学まで	授業料	—
	その他	90,000円
入学後１年	授業料	387,600円
	その他	634,120円
初年度納入金合計		1,361,720円
中学３年間費用計　約		2,943,520円

＊教科選択型・自己表現型とiP class選抜は、複数回同時出願に限り、受験料2万3千円。適性検査型は受験料1万円。
＊GLは3年間で約29万円を加えること。

◉最近6年間の入試応募者推移と倍率

年度		2019 男	2019 女	2020 男	2020 女	2021 男	2021 女	2022 男	2022 女	2023 男	2023 女	2024 男	2024 女
募集	①｜②	30 ｜ 20		① ｜ ② ｜ ③	25 ｜ 5 ｜ 5	①総 ｜ ②総 ｜ ③総	20 ｜ 15 ｜ 15	①総 ｜ ②総	50 ｜ 25	50 ｜ 50		①総｜②総	40 ｜ 30
	③｜④	5 ｜ 5		特奨① ｜ 特奨②	10 ｜ 5	①一般 ｜ ②一般	10 ｜ 5	③総 ｜ ④総 ｜ ⑤総	20 ｜ 15 ｜ 10	20 ｜ 20 ｜ 10		③総｜④総	20 ｜ 15
	特奨①｜特奨②	10 ｜ 5		特奨③ ｜ 特奨④	5 ｜ 5	iPclass選 ｜ 特進クラス選	20 ｜ 20	①iPclass選 ｜ ②iPclass選	10 ｜ 5	10 ｜ 10		①iPclass選｜②iPclass選	10 ｜ 5
	GL特進	20		GL特進	25	GL特進	25	GL特進	30	30		①GL特進｜②GL特進	15 ｜ 10
応募	①｜②	24/32 ｜ 25/37	7/28 ｜ 7/24	68 ｜ 54 ｜ 83	38 ｜ 32 ｜ 38	20/43 ｜ 38/56 ｜ 130	10/29 ｜ 38/41 ｜ 72	60/7/10 ｜ 68/6/8	43/9/4 ｜ 49/9/4	66/4/6 ｜ 79/3/5	27/11/3 ｜ 35/9/3	83 ｜ 105	47 ｜ 47
	③｜④	29/37 ｜ 11/27	8/28 ｜ 5/16	13/31 ｜ 18/35	10/21 ｜ 10/23	61 ｜ 100	32 ｜ 52	41/48｜58/47｜127	20/54｜18/48｜69	49/52 ｜ 54/70 ｜ 117	14/36 ｜ 19/31 ｜ 64	36/77 ｜ 38/89	13/39 ｜ 25/45
	特奨①｜特奨②	42 ｜ 21/22	14 ｜ 10/17	15/33 ｜ 31/40	5/20 ｜ 6/23	15/109 ｜ 31/34	13/102 ｜ 11/21	26 ｜ 23	16 ｜ 14	32 ｜ 37	26 ｜ 23	16 ｜ 21	13 ｜ 16
	GL特進	20/29	8/27	40	29	56	35	17	13	13	10	9 ｜ 11	10 ｜ 8
応募倍率	①｜②	3.0 ｜ 4.7		4.2 ｜ 17.2 ｜ 24.2		5.1 ｜ 11.5 ｜ 13.5		2.7 ｜ 5.8		2.3 ｜ 2.7		3.3 ｜ 5.1	
	③｜④	20.4 ｜ 11.8		7.5 ｜ 17.2		9.3 ｜ 30.4		8.2 ｜ 11.4 ｜ 19.6		7.6 ｜ 8.7 ｜ 18.1		8.3 ｜ 13.1	
	特奨①｜特奨②	5.6 ｜ 14.0		14.6 ｜ 20.0		12.0 ｜ 4.9		4.2 ｜ 7.4		5.8 ｜ 6.0		2.9 ｜ 7.4	
	GL特進	4.2		2.8		3.6		1.0		0.8		1.3 ｜ 1.9	
受験	①｜②	17/26 ｜ 10/15	7/27 ｜ 6/10	62 ｜ 29 ｜ 38	33 ｜ 14 ｜ 5	16/40 ｜ 15/23 ｜ 43	8/28 ｜ 29/14 ｜ 22	54/7/10 ｜ 46/4/6	34/8/3 ｜ 32/4/3	58/4/6 ｜ 53/1/3	23/11/3 ｜ 17/8/3	79 ｜ 74	41 ｜ 28
	③｜④	13/9 ｜ 3/6	2/7 ｜ 2/3	11/24 ｜ 9/19	9/16 ｜ 2/7	34 ｜ 36	23 ｜ 12	19/19｜19/16｜41	6/15｜5/11｜14	32/25 ｜ 22/24 ｜ 35	4/18 ｜ 6/8 ｜ 22	21/36 ｜ 15/40	7/20 ｜ 12/16
	特奨①｜特奨②	30 ｜ 10/13	14 ｜ 2/13	8/13 ｜ 18/17	1/16 ｜ 2/6	13/87 ｜ 19/15	12/83 ｜ 5/9	23 ｜ 14	15 ｜ 7	31 ｜ 25	25 ｜ 16	14 ｜ 19	13 ｜ 12
	GL特進	17/23	7/23	25	27	36	23	11	10	10	8	8 ｜ 6	10 ｜ 4
合格	①｜②	13/19 ｜ 6/7	3/21 ｜ 3/4	39 ｜ 17 ｜ 21	22 ｜ 13 ｜ 4	10/19 ｜ 8/12 ｜ 21	3/13 ｜ 29/11 ｜ 17	28/6/8 ｜ 42/4/5	25/6/1 ｜ 29/4/3	35/3/4 ｜ 41/1/3	17/4/1 ｜ 12/8/2	45 ｜ 39	26 ｜ 19
	③｜④	8/4 ｜ 1/1	1/2 ｜ 1/1	2/1 ｜ 1/1	3/1 ｜ 0/1	14 ｜ 18	16 ｜ 8	12/15｜14/12｜35	6/14｜4/11｜13	23/21 ｜ 14/19 ｜ 23	4/16 ｜ 6/7 ｜ 18	12/12 ｜ 7/15	5/8 ｜ 9/6
	特奨①｜特奨②	5 ｜ 1/1	0 ｜ 0/1	0/1 ｜ 2/1	0/2 ｜ 1/2	5/7 ｜ 14/10	8/6 ｜ 5/9	4 ｜ 3	4 ｜ 2	4 ｜ 4	3 ｜ 1	1 ｜ 3	3 ｜ 3
	GL特進	11/15	6/14	14	22	28	22	9	9	7	4	6 ｜ 4	7 ｜ 3
実質倍率	①｜②	1.3/1.4 ｜ 1.6/2.1	2.3/1.3 ｜ 2.0/2.5	1.6 ｜ 1.7 ｜ 1.8	1.5 ｜ 1.1 ｜ 1.3	1.6/2.1 ｜ 1.9/1.9 ｜ 2.0	2.6/2.2 ｜ 1.0/1.3 ｜ 1.3	1.9/1.2/1.3 ｜ 1.1/1.0/1.2	1.4/1.3/3.0 ｜ 1.1/1.0/1.0	1.7/1.3/1.5 ｜ 1.3/1.0/1.0	1.4/2.8/3.0 ｜ 1.4/1.0/1.5	1.8 ｜ 1.9	1.6 ｜ 1.5
	③｜④	1.6/2.3 ｜ 3.0/6.0	2.0/3.5 ｜ 2.0/3.0	5.5/24.0 ｜ 9.0/19.0	3.0/16.0 ｜ 2.0/7.0	2.4 ｜ 2.0	1.4 ｜ 1.5	1.6/1.3｜1.4/1.3｜1.2	1.0/1.1｜1.3/1.0｜1.1	1.4/1.2 ｜ 1.6/1.3 ｜ 1.5	1.0/1.1 ｜ 1.0/1.1 ｜ 1.2	1.8/3.0 ｜ 2.1/2.7	1.4/2.5 ｜ 1.3/2.7
	特奨①｜特奨②	6.0 ｜ 10.0/13.0	－ ｜ －/13.0	－/13.0 ｜ 9.0/17.0	－/8.0 ｜ 2.0/3.0	2.6/12.4 ｜ 1.4/1.5	1.5/13.8 ｜ 1.0/1.0	5.8 ｜ 4.7	3.8 ｜ 3.5	7.8 ｜ 6.3	8.3 ｜ 16.0	14.0 ｜ 6.3	4.3 ｜ 4.0
	GL特進	1.5/1.5	1.2/1.6	1.8	1.2	1.3	1.0	1.2	1.1	1.4	2.0	1.3 ｜ 1.5	1.4 ｜ 1.3

＊2019年①・②・③・④・特奨選抜②・GL特進は4教科(国算社理or国英社理or算英社理)／2教科(国算or国英or算英)。2020年特奨①・特奨②・特奨③・特奨④は4教科／2教科。2021年①総合・②総合・特進クラス選抜は4教科／2教科、iPclass選抜は4教科／適性検査。2022年①総合・②総合は国算／国英／算英、③総合・④総合は4教科／2教科。2023年①総合・②総合は国算／国英／算英、③総合・④総合は4教科／2教科。2024年③総合・④総合は4教科／2教科。
＊2024年補欠発表・追加合格…いずれも詳細不明。

◉入試教科

4教科/2教科

②②算数	40分/50分	100点/100点
①①国語	40分/50分	100点/100点
④理科	20分	50点/
③社会	20分	50点/
合計	120分/100分	300点/200点

＊実施順は、左が特奨、右が一般。
＊未来力、特別編成は非公開。
＊グローバルの英語は50分・100点。

合格最高点	非公表
合格最低点	非公表

◉受験併願パターン

偏差値	1月前半	1月後半	2月1日	2月2日	2月3日	2月4日以降
53	大宮開成					
52				国学院久我山２		
51				淑徳２東大		
50			郁文館ｉＰ			
49					郁文館ｉＰ２	

偏差値	1月前半	1月後半	2月1日	2月2日	2月3日	2月4日以降
53				芝国際２特待		
52	青学ルーテル					江戸川取手３難
51	茗溪学園					
50			郁文館ｉＰ	国学院久我山２		
49		麗澤ＥＥ		順天２Ｂ	郁文館ｉＰ２	

入試問題の傾向とポイント

算数
計算問題3問、一行問題5問、大問4題の問題構成。前半は幅広い分野から基本的なレベルの問題が出題されるので、ケアレスミスに注意して確実に得点しておきたい。後半にはやや複雑な問題もあるので、時間配分に注意しつつ問題のレベルを見極めて解き進めることが大切。

国語
説明文と物語文の読解2題の構成。説明文は比較的読みやすい内容であり、傍線部の理由や内容合致について選択肢で、また傍線部理由となる筆者の価値観を40字以内で記述する問いが出題された。物語文は人物の言動や心情の説明や傍線部の具体的説明について抜き出しや選択肢を中心に問われた。

理科
未公表

社会
未公表

市川（いちかわ）中学校

■学校長／及川秀二　■創立／昭和12年　■生徒数／977名（男609名、女368名）
■所在地／〒272-0816 千葉県市川市本北方2-38-1　■ＴＥＬ／047-339-2681
■交通／鬼越駅（京成線）徒歩20分。本八幡駅（JR総武線・都営地下鉄新宿線）、西船橋駅（JR総武線・武蔵野線・京葉線、東京メトロ東西線など）からバス「市川学園」下車徒歩3分。市川大野駅からもバスあり。

何学期制	週何日制	登校時刻	制服	給食	食堂 軽食販売	プール	寮	特待制度 奨学金等	帰国生 取出授業
3学期制	6日制	8:10	中高あり	なし	食堂なし 販売中高あり	屋外	なし	あり	あり

沿　革

1937年、千葉県市川中学校として設立。1947年には、学制改革により新制市川中学校となり、今日に至る。2003年から女子を募集して、共学校となり、現在地に新校舎が完成し移転。

教育方針と特色

独自無双の「人間観」、一人ひとりをよく見て特色を伸ばす「なずな教育」、自ら考え生涯学ぶ「第三教育」は昭和12年の創立以来建学の精神としている。その上で基本方針として「リベラルアーツ教育」を据え、「真の学力」、知に立脚した「教養力」、論理的思考のできる「科学力」、グローバル社会に生きる「国際力」、徳を実践する「人間力」の５つの力の修得を目標とする。第４期を迎えたスーパーサイエンスハイスクール（SSH）としての課題研究、多くの国際研修、哲学書を読み対話する市川アカデメイア、リベラルアーツゼミ、日常的公開授業などを通じ、学園は常に生徒・先生とも学び、研究し、進歩、成長する「学びの共同体」である。各種の学外コンテストなどで活躍した生徒たちの発表の場としてIchikawa Academic Dayが実施され、「表現力」を育てる。生涯学び続ける力として、「第三教育（自分で自分を教育する）」を重視している。

◉系列校

小	中	高	大（短大）
	○	○	

◉併設小学校なし

◉高校生外部募集………120名

（高校2年次から混合クラス）

◉授業時間…1コマ50分・週36時間

	1年	2年	3年	計
国　語	4	5	7	16
社　会	4	4	3	11
数　学	6	6	7	19
理　科	4	4	4	12
英　語	7	7	6	20
5教科計	25	26	27	78

参考　高校1年生一週間の授業

英語=6　数学=7　国語=6
理科=6　社会=4

進学・進路

◉卒業生進路状況

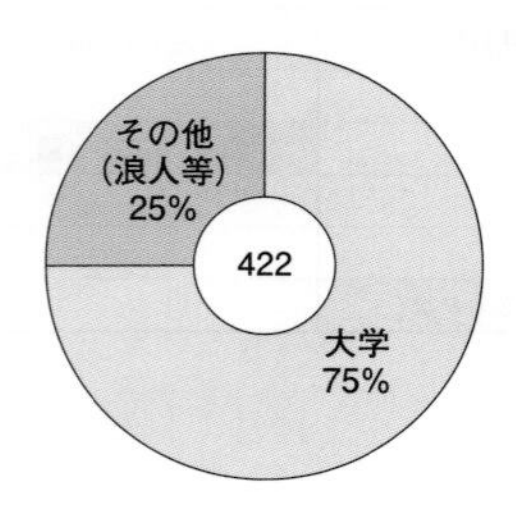

■進路選択状況（高３進級時）
理系 58%　文系 42%

■理系・文系進学状況
理系 55%　文系 45%

■共通テスト受験率
98%

◉卒業までの流れ

小学校	中学校	高等学校	大学
	市川中学校	▶ 市川高等学校（422）	

◉主な大学合格実績

大学名	'22	'23	'24	大学名	'22	'23	'24	大学名	'22	'23	'24	大学名	'22	'23	'24
東京大	23	15	31	千葉大	48	35	33	東京都立大	1	2	2	東京女子大	10	11	3
京都大	7	7	5	お茶の水女子大	5	3	4	横浜市立大	2		2	日本女子大	14	15	3
北海道大	8	6	17	東京外国語大	6	5	2	慶應義塾大	115	105	111	成蹊大	11	8	3
東北大	9	12	6	電気通信大		3	1	早稲田大	149	140	167	成城大	8	9	5
名古屋大	1	1	1	東京学芸大	3	4	1	上智大	53	89	70	明治学院大	9	7	10
大阪大	4	3	3	東京農工大	5	2	5	東京理科大	151	233	159	國學院大	12	6	10
九州大		2	2	東京芸術大	1	1		明治大	156	188	171	武蔵大	7	3	9
東京工業大	8	17	9	東京医科歯科大	5	1	4	青山学院大	59	36	54	獨協大	4	7	
一橋大	12	9	10	東京海洋大	4	4		立教大	83	64	63	日本大	54	50	31
筑波大	12	17	11	横浜国立大	5	5	13	中央大	58	62	78	東洋大	19	14	19
茨城大			1	山梨大		1		法政大	69	82	69	駒澤大	8	5	6
宇都宮大				金沢大	1			学習院大	15	13	17	専修大	15	8	8
群馬大	3	1	1	信州大	6	3	2	国際基督教大	5	4	1	芝浦工業大	32	40	21
埼玉大	2	1	5	国際教養大	2	3		津田塾大	6	1		東京都市大	3	5	7

入試要項・入試情報

◉2024年度の入試要項(参考)

	1回	2回
募集人員	男子180名・女子100名(帰国生含)	男女40名
選抜方法	国・算・社・理	
出願関連期間	12/14〜1/16	12/14〜2/3
試験日程	1/20	2/4
合格発表	Web 1/22 12:00〜	Web 2/4 17:00〜
入学手続	1/24 15:00まで	2/5 14:00まで

＊1回の試験は、幕張メッセ国際展示場で実施。

面接 実施しない。

◉費用(参考)

受験料		28,000円
入学手続時	入学金	330,000円
	授業料	—
	その他	—
入学手続後〜入学まで	授業料	—
	その他	—
入学後1年	授業料	420,000円
	その他	383,600円
初年度納入金合計		1,133,600円
中学3年間費用計 約		2,944,800円

＊第2回の受験料は2万6千円。
＊第1回の希望者は、入学手続時納入金のうち15万円を納入したうえで、2月3日17時30分まで残金(18万円)の延納可。
＊制服代別途。

◉最近6年間の入試応募者推移と倍率

年度		2019		2020		2021		2022		2023		2024	
		男	女	男	女	男	女	男	女	男	女	男	女
募集	①	180	100	180	100	180	100	180	100	180	100	180	100
	②	40		40		40		40		40		40	
応募	①	1676/5	1004/6	1809/10	995/8	1619	919	1607	913	1815	927	1761	912
	②	306	239	259	236	227	194	248	196	326	238	322	238
応募倍率	①	9.3	10.1	10.1	10.0	9.0	9.2	8.9	9.1	10.1	9.3	9.8	9.1
	②	13.6		12.4		10.5		11.1		14.1		14.0	
受験	①	1639/5	964/6	1781/9	978/6	1582	890	1561	869	1774	895	1703	884
	②	296	230	234	220	207	180	235	184	308	224	302	215
合格	①	801/3	376/0	843/1	341/2	755	329	757	330	760	313	760	298
	②	24	16	25	16	30	21	34	18	57	29	35	17
実質倍率	①	2.0/1.7	2.6/−	2.1/9.0	2.9/3.0	2.1	2.7	2.1	2.6	2.3	2.9	2.2	3.0
	②	12.3	14.4	9.4	13.8	6.9	8.6	6.9	10.2	5.4	7.7	8.6	12.6

＊帰国生を含む。
＊2019年〜2020年①は4教科／国算英。
＊2024年補欠発表…なし。追加合格(電話)…(2回)男6名、女5名、2月11日。

◉入試教科

②算数	50分	100点
①国語	50分	100点
④理科	40分	100点
③社会	40分	100点
合計	180分	400点

合格最高点	①男336 女319点 ②男340 女320点
合格最低点	①男227 女227点 ②男285 女285点

◉受験併願パターン

偏差値	1月前半	1月後半	2月1日	2月2日	2月3日	2月4日以降
68				渋谷教育渋谷２	早稲田２	渋谷教育渋谷３
66			早稲田		海城２	
65	県立千葉	市川				
63				本郷２		芝２
61		東邦大東邦前	世田谷学園算数	攻玉社２	両国高附属	

偏差値	1月前半	1月後半	2月1日	2月2日	2月3日	2月4日以降
71			桜蔭	渋谷教育幕張２		渋谷教育渋谷３
70					慶應中等部	
69	栄東東大特待		女子学院	豊島岡女子		市川２
68		市川				
64		東邦大東邦前	吉祥女子	白百合学園	両国高附属	農大第一３

入試問題の傾向とポイント

算数
計算・一行問題が合わせて5問程度並んだ後、大問形式の問題が4題程度並ぶ。易しい順に並んでいないことも多く、大問では規則を読み取る問題など、思考力が求められる。基礎を固め、解ける問題を素早く探して正確に処理する能力を鍛えること。作図の問題もみられるので、対策をしておきたい。

国語
近年注目されているジェンダーが話題の説明文と物語文に書き取り8問という構成だった。説明文は2文章が出題され、双方の文章を絡めた問いもあった。物語文は人物の言動についての読解や内容合致などが出題された。解答形式は選択肢と記述であった。

理科
大問4題、生地物化からの出題。おもな設問形式は選択・計算・記述問題で、作図が出る年もある。基本的な問題が多いが、思考力を問うような応用問題も含まれている。基礎基本を固めた上で問題文や図表をていねいに読み解く力が必要。思考力を問う入試問題を多く解きたい。

社会
大問4題構成。記号選択と用語記述に加え、文章で数行記述させる問題が2〜3問ある。用語記述の多くは漢字指定。一部の記号選択は正誤問題形式で選択肢が多くなっており、正確な理解が必要。図や表をはじめ、グラフ・絵・資料などを活用した問題が多く見られるため、時間配分に注意したい。

うら わ じつぎょうがくえん

浦和実業学園中学校

■学校長／岡田慎一　■創立／平成17年　■生徒数／262名（男127名、女135名）
■所在地／〒336-0025 埼玉県さいたま市南区文蔵3-9-1
■ＴＥＬ／048-861-6131
■交通／南浦和駅（JR京浜東北線・武蔵野線）徒歩12分。

何学期制	週何日制	登校時刻	制服	給食	食堂 軽食販売	プール	寮	特待制度 奨学金等	帰国生 取出授業
3学期制	中学隔週5日制 高校隔週5日制	8:15	中高あり	なし	食堂高校のみ 販売中高あり	なし	なし	あり	あり

沿　革

1946年、九里總一郎により珠算・簿記・英語の私塾として創設。1963年、浦和実業学園商業高等学校となる。1974年、普通科を設置し、翌年浦和実業学園高等学校と改める。併設校として、1987年に浦和短期大学を、2003年に浦和大学を開学。2005年、浦和実業学園中学校を開校する。

教育方針と特色

「実学に勤め徳を養う」という校訓のもと、社会に出て、実際に役立つ教育を実践する。自らの力で未来を切り拓き、社会に貢献できる人材の育成を目指し、3つの教育目標を掲げる。1つめは「英語イマージョン教育」。各クラスにネイティヴが副担任としてつき、朝と帰りのホームルームを英語で行うほか、体育・音楽・技術家庭・美術の授業も日本人とネイティヴによるティームティーチングで行う。英語スピーチコンテスト（中3)、ハワイ島の学園施設での短期留学（高1）を実施。英検・GTECにも積極的に取り組む。2つめは「キャリアガイダンス」。独自のプログラム「キャリアステップ24」に基づき、大学を卒業する10年後を見すえた進学指導を段階的に実施。大学へ進むことの価値、学ぶことの価値を理解する。3つめは「徳育」。「スクールライフ（生活記録ノート）」の担任とのやりとりをはじめ、道徳、併設の浦和大学での福祉体験授業、その他各種行事を通じて、コミュニケーション能力を高めていく。

◉系列校

小	中	高	大(短大)
	○	○	○

◉併設小学校なし
◉高校生外部募集………640名
（完全別クラス）

◉授業時間…1コマ50分・週34時間

	1年	2年	3年	計
国　語	4	4	5	13
社　会	4	4	4	12
数　学	5	5	6	16
理　科	4	4	4	12
英　語	7	7	7	21
5教科計	24	24	26	74

参考　**高校1年生一週間の授業**

英語=6　数学=5　国語=4
理科=6　社会=4
※一貫部4年（高校1年）

進学・進路

◉卒業生進路状況

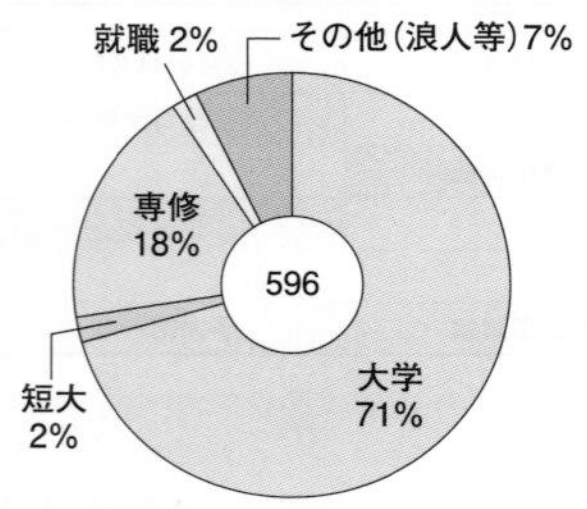

■進路選択状況（高３進級時）
データなし

■理系・文系進学状況
データなし

■共通テスト受験率
64%
0　50　100

◉卒業までの流れ

小学校	中学校	高等学校	大学
	浦和実業学園中学校 ▶	浦和実業学園 高等学校（596） ▶	浦和大学　16

◉主な大学合格実績

大学名	'22	'23	'24	大学名	'22	'23	'24	大学名	'22	'23	'24	大学名	'22	'23	'24
東京大				千葉大				東京都立大			1	東京女子大	2	9	2
京都大				お茶の水女子大				横浜市立大				日本女子大	4	2	7
北海道大	2			東京外国語大			1	慶應義塾大	3			成蹊大	8	9	4
東北大				電気通信大	1			早稲田大	1	3	2	成城大	1	6	3
名古屋大				東京学芸大	1			上智大			1	明治学院大	12	5	11
大阪大				東京農工大				東京理科大	6	2	11	國學院大	5	5	10
九州大				東京芸術大		1		明治大	7	12	9	武蔵大	5	4	5
東京工業大				東京医科歯科大				青山学院大	3	1	3	獨協大	18	43	18
一橋大			1	東京海洋大			1	立教大	8	8	12	日本大	60	77	36
筑波大			1	横浜国立大				中央大	6	7	13	東洋大	37	35	34
茨城大		1		山梨大				法政大	6	12	16	駒澤大	11	13	11
宇都宮大	1	1		金沢大				学習院大	3	3	7	専修大	28	12	10
群馬大			1	信州大	2			国際基督教大				芝浦工業大	10	12	10
埼玉大	5		3	国際教養大				津田塾大		2		東京都市大	1	4	11

入試要項・入試情報

◉2024年度の入試要項(参考)

	1回〈午前〉特待	1回〈午後〉特待	1回適性検査型	2回〈午前〉特待	2回〈午後〉特待	英語	2回適性検査型	3回
募集人員	男女15名	男女15名	男女10名	男女10名	男女10名	男女5名	男女10名	男女5名
選抜方法	国・算・社・理	国・算	適性検査Ⅰ・適性検査Ⅱ	国・算・社・理	国・算・英	筆記(リスニング・英語記述)+英語による面接	適性検査Ⅰ・適性検査Ⅱ・適性検査Ⅲ	国・算・社・理
出願関連期間	12/1〜1/10		12/1〜1/11	12/1〜1/12		12/1〜1/17	12/1〜1/19	12/1〜1/25
試験日程	1/10午前	1/10午後	1/11午前	1/12午前	1/12午後	1/17午前	1/19午前	1/25午前
合格発表	掲示 1/11 10:00〜 Web 1/10 23:00〜		掲示 1/13 10:00〜 Web 1/12 22:00〜			掲示 1/18 10:00〜 Web 1/17 22:00〜	掲示 1/22 10:00〜 Web 1/22 10:00〜	掲示 1/26 10:00〜 Web 1/25 22:00〜
入学手続	2/9 16:00まで							

面接 実施する。

◉最近6年間の入試応募者推移と倍率

年度		2019 男	2019 女	2020 男	2020 女	2021 男	2021 女	2022 男	2022 女	2023 男	2023 女	2024 男	2024 女
募集	①AM特待 ①PM特待 ②AM特待/②PM特待 ③	25 25 20/15 5		15 15 10/10 5		15 15 10/10 5		15 15 10 | 10 5		15 15 10 | 10 5		15 15 10 | 10 5	
応募	①AM特待 ①PM特待 ②AM特待/②PM特待 ③	174 162 94/106 93	170 173 90/108 81	190 178 106/132 104	214 222 128/135 98	219 196 107/118 84	193 186 103/124 81	223 209 126 | 52 110	262 253 144 | 77 131	254 235 158 | 64 148	282 262 172 | 91 158	224 225 162 | 57 122	260 250 156 | 65 135
応募倍率	①AM特待 ①PM特待 ②AM特待/②PM特待 ③	13.8 13.4 9.2/14.2 34.8		26.9 26.7 23.4/26.7 40.4		27.5 25.5 21.0/24.2 33.0		32.3 30.8 27.0 | 12.9 48.2		35.7 33.1 33.0 | 15.5 61.2		32.3 31.7 31.8 | 12.2 51.4	
受験	①AM特待 ①PM特待 ②AM特待/②PM特待 ③	166 152 60/68 47	169 168 62/76 37	185 174 76/92 37	205 207 86/92 22	208 190 77/89 30	188 177 72/88 27	210 197 76 | 32 42	246 234 92 | 43 42	229 206 98 | 40 45	260 240 102 | 58 38	207 212 108 | 39 46	247 236 99 | 52 50
合格	①AM特待 ①PM特待 ②AM特待/②PM特待 ③	100 101 43/41 32	113 127 47/61 29	97 106 46/59 24	114 133 59/64 12	103 104 42/50 17	109 102 40/47 15	140 107 52 | 17 24	166 160 62 | 27 33	147 115 66 | 27 26	190 172 69 | 46 25	139 128 75 | 26 24	173 161 57 | 30 34
実質倍率	①AM特待 ①PM特待 ②AM特待/②PM特待 ③	1.7 1.5 1.4/1.7 1.5	1.5 1.3 1.3/1.2 1.3	1.9 1.6 1.7/1.6 1.5	1.8 1.6 1.5/1.4 1.8	2.0 1.8 1.8/1.8 1.8	1.7 1.7 1.8/1.9 1.8	1.5 1.8 1.5 | 1.9 1.8	1.5 1.5 1.5 | 1.6 1.3	1.6 1.8 1.5 | 1.5 1.7	1.4 1.4 1.5 | 1.3 1.5	1.5 1.7 1.4 | 1.5 1.9	1.4 1.5 1.7 | 1.7 1.5

＊2024年補欠発表・追加合格…いずれも詳細不明。

◉費用(参考)

受験料		20,000円
入学手続時	入学金	230,000円
	授業料	—
	その他	32,500円
入学手続後〜入学まで	授業料	—
	その他	278,672円
入学後１年	授業料	312,000円
	その他	361,200円
初年度納入金合計		1,214,372円
中学３年間費用計 約		2,670,612円

＊複数回同時出願に限り、受験回数に関わらず受験料は2万5千円。2回目以降の個別受験の場合、1回ごと5千円。同日の午前・午後の受験者は2万円で受験可。
＊入学辞退者は、所定期日までに申し出れば、入学金以外を返金。

◉入試教科

4教科/2教科

②②算数	50分/50分	100点/100点
①①国語	50分/50分	100点/100点
③理科	30分/	50点/
④社会	30分/	50点/
合計	160分/100分	300点/200点

＊英語入試は英語筆記(50分・100点)英語面接(10分・50点)合計150点。
＊適性検査型はⅠ・Ⅱ(各50分・各100点)合計200点、Ⅲ(各50分・各100点)合計300点。

合格最高点	①午前特待 男260 女250点 ①午後特待 男166 女172点 ①適性 男164 女160点 ②午前特待 男250 女256点 ②午後特待 男176 女188点 英語 非公表 ②適性 男245 女265点 ③ 男260 女257点
合格最低点	①午前特待 143点 ①午後特待 114点 ①適性 93点 ②午前特待 168点 ②午後特待 120点 英語 非公表 ②適性 140点 ③ 165点

＊合格最低点は男女合算、すべて一般

◉受験併願パターン

偏差値	1月前半	1月後半	2月1日	2月2日	2月3日	2月4日以降
45				穎明館３		
42	浦和実業特待		文教大付２			
41				京華２		
40	城北埼玉２		多摩大聖ヶ丘２		東海大高輪台２	東海大高輪台３
38		八千代松陰２０日	立正大立正午後	郁文館総合２	京華３	

偏差値	1月前半	1月後半	2月1日	2月2日	2月3日	2月4日以降
46			埼玉大附	明治学院２		明治学院３
45			千代田国際２	順天２Ａ	女子美大付３	
44			駒込			
43	浦和実業特待			千代田国際３		
41		流経大柏			江戸川女子３	

入試問題の傾向とポイント

算数
計算問題6問、一行問題6問、大問4題の問題構成。計算問題と一行問題は基本問題ばかりなので、基礎をしっかりと固めておきたい。後半の大問はやや難度が上がるが、標準レベルなので、通常の学習で十分に対応できる。グラフの問題は頻出なので対策をしておくこと。

国語
漢字の読み書きや慣用句を含む雑問1題と、説明文・物語文それぞれ1題ずつの構成。説明文は内容が関連する2文章が出題された。言い換えや理由説明を通して筆者の主張を捉えることが求められる。抜き出しと選択肢が中心。物語文は人物の心情や様子を問う問題で、80字程度の記述もみられた。

理科
大問4題、生地物化からの出題。おもな設問形式は選択・計算問題で、1行での記述問題が1〜2題含まれる。また、作図問題の出題や複数行にわたる記述問題が出題されることもある。基本的な問題が並ぶ点に変わりはないので、基礎基本を徹底して苦手な単元がないようにしたい。

社会
地理・歴史・政治の大問3題構成。基礎基本を問う問題が中心である。用語記述は原則漢字指定。今年は長文の記述問題が出題された。過去には作図の問題が出題されたこともあるため、過去問演習で様々なパターンに慣れておきたい。

えいめいかん

穎明館中学校

■学校長／橋本好広　■創立／昭和62年　■生徒数／567名（男382名、女185名）
■所在地／〒193-0944 東京都八王子市館町2600
■ＴＥＬ／042-664-6000
■交通／高尾駅（JR中央線、京王高尾線）から京王バス直行便あり。JR横浜線・相模線・京王相模原線橋本駅からスクールバスあり。

何学期制	週何日制	登校時刻	制服	給食	食堂 軽食販売	プール	寮	特待制度 奨学金等	帰国生 取出授業
3学期制	6日制	8:20	中高あり	中高あり	食堂条件付 販売条件付	屋内	なし	あり	あり

沿　革

1985年、学校法人堀越学園が設置法人となり、穎明館高等学校を創立。87年に穎明館中学校を開校。校名の「穎」は、学園教学の祖、堀越修一郎が1877年に創設し、その後、20余年にわたって全国の志気旺盛な若者たちに愛読された『穎才新誌』に由来する。

教育方針と特色

Experience（経験）、Morality（道徳）、Knowledge（知識）のEMKを教育の3本柱とし、「国際社会に羽ばたく真のリーダーの育成」を目指す。穎明館の最大の魅力は、緑豊かな自然に囲まれた学習環境。13万㎡ある広大な敷地には、各種教室、天文台付き図書館、温水プール・テニスコート・武道場を備えた体育館、スクールランチを提供する食堂、演劇などが鑑賞できる21世紀記念館、公式戦が行われる野球場、400mトラック付きの人工芝グラウンド、などがあり、四季折々の景色の中で落ち着いた学校生活を送ることができる。
2019年より「EMK未来プロジェクト」を始動。個に寄り添う進学指導の進化、自学力を養う「EMK未来サポート」の学習支援強化、挑戦心を育む「グローバル教育」の活性化など、希望を実現するためのプロジェクトが生徒の躍進をサポートします。

◉系列校

小	中	高	大（短大）
	○	○	

◉併設小学校なし
◉高校生外部募集………なし

◉授業時間…1コマ50分・週35時間

	1年	2年	3年	計
国　語	6	6	6	18
社　会	4	4	4	12
数　学	6	6	6	18
理　科	4	4	4	12
英　語	7	7	7	21
5教科計	27	27	27	81

参考　**高校1年生一週間の授業**

英語=7　数学=6　国語=6
理科=5　社会=4　情報=1

進学・進路

◉卒業生進路状況

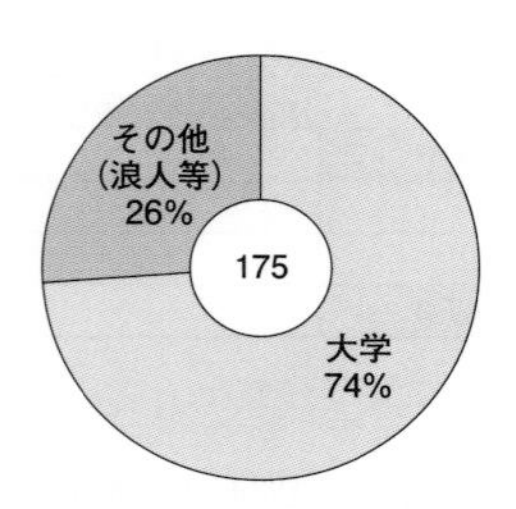

■進路選択状況（高３進級時）
理系 51%　文系 45%

■理系・文系進学状況
理系 45%　文系 50%

■共通テスト受験率
99%

◉卒業までの流れ

小学校	中学校	高等学校	大学
	穎明館中学校	▶ 穎明館高等学校 （175）	

◉主な大学合格実績

大学名	'22	'23	'24	大学名	'22	'23	'24	大学名	'22	'23	'24	大学名	'22	'23	'24
東京大	2	3	2	千葉大	1	1	1	東京都立大	6	5	5	東京女子大	13	8	1
京都大	1	1	1	お茶の水女子大			2	横浜市立大	1	4	1	日本女子大	7	7	1
北海道大	1		2	東京外国語大	1			慶應義塾大	13	13	7	成蹊大	4	5	9
東北大	3		1	電気通信大	1		2	早稲田大	15	14	24	成城大	8	9	7
名古屋大				東京学芸大	1		1	上智大	7	13	9	明治学院大	8	10	12
大阪大				東京農工大	3	4	2	東京理科大	24	15	16	國學院大	5	7	3
九州大		1		東京芸術大				明治大	38	37	53	武蔵大			5
東京工業大		1	2	東京医科歯科大	1			青山学院大	24	28	25	獨協大	1		
一橋大	1			東京海洋大		1		立教大	21	25	7	日本大	49	45	35
筑波大	1			横浜国立大	1	4	2	中央大	38	43	42	東洋大	23	19	9
茨城大		2	1	山梨大	2		1	法政大	37	36	31	駒澤大	2	6	4
宇都宮大				金沢大				学習院大	3	4	2	専修大	16	9	17
群馬大			1	信州大	1	1	2	国際基督教大	3	1		芝浦工業大	13	22	5
埼玉大	2	1		国際教養大				津田塾大	11	8	2	東京都市大	10	21	24

入試要項・入試情報

◉2024年度の入試要項(参考)

	1回一般	1回グローバル	2回一般	3回一般	4回総合
募集人員	男女50名		男女60名	男女30名	男女30名
選抜方法	国・算・社・理	国・算・英	国・算・社・理	国・算	総合Ⅰ(国・社)・総合Ⅱ(算・理)
出願関連期間	1/10～1/31		1/10～2/1		1/10～2/3
試験日程	2/1午前		2/2午前	2/2午後	2/4午前
合格発表	Web 2/1 19:00～		Web 2/2 19:00～	Web 2/2 23:00～	Web 2/4 18:00～
入学手続	2/10 15:00まで				

面接 実施する。

◉費用(参考)

受験料		25,000円
入学手続時	入学金	300,000円
	授業料	—
	その他	—
入学手続後～入学まで	授業料	—
	その他	91,141円
入学後１年	授業料	480,000円
	その他	399,401円
初年度納入金合計		1,270,542円
中学３年間費用計 約		2,834,016円

＊複数回受験は、2回目以降、1回につき受験料5千円追加で受験可。
＊女子は男子との制服代の差(3,080円)を加えること。
＊スクールバス代(100,800円)、給食費(143,000円)は利用者のみ別途。

◉最近6年間の入試応募者推移と倍率

年度		2019 男	2019 女	2020 男	2020 女	2021 男	2021 女	2022 男	2022 女	2023 男	2023 女	2024 男	2024 女
募集	①	60		60		60		50		50		50	
	②	50		50		50		60		60		60	
	③	30		30		30		30		30		30	
	④	30		30		30		30		30		30	
応募	①	62	54	115	65	81	51	90	66	96	42	73	58
	②	112	90	180	116	135	92	150	96	136	75	127	103
	③	169	97	229	133	182	99	204	118	193	93	184	96
	④	121	74	186	107	132	74	135	80	135	52	118	56
応募倍率	①	1.9		3.0		2.2		3.1		2.8		2.6	
	②	4.0		5.9		4.5		4.1		3.5		3.8	
	③	8.9		12.1		9.4		10.7		9.5		9.3	
	④	6.5		9.8		6.9		7.2		6.2		5.8	
受験	①	57	50	102	61	76	49	84	60	93	41	69	54
	②	86	65	139	83	93	69	113	81	92	59	93	79
	③	104	39	180	104	137	70	161	95	144	76	147	66
	④	60	31	107	50	59	33	81	42	63	23	65	24
合格	①	32	31	39	32	37	25	41	22	44	20	30	35
	②	48	45	54	42	44	36	61	35	60	44	56	53
	③	39	13	54	29	57	18	55	30	71	29	81	24
	④	25	15	28	10	28	19	33	9	29	10	33	4
実質倍率	①	1.8	1.6	2.6	1.9	2.1	2.0	2.0	2.7	2.1	2.1	2.3	1.5
	②	1.8	1.4	2.6	2.0	2.1	1.9	1.9	2.3	1.5	1.3	1.7	1.5
	③	2.7	3.0	3.3	3.6	2.4	3.9	2.9	3.2	2.0	2.6	1.8	2.8
	④	2.4	2.1	3.8	5.0	2.1	1.7	2.5	4.7	2.2	2.3	2.0	6.0

＊2024年補欠発表…なし。追加合格(電話)…(1回一般)男4名、2月10日～。

◉入試教科

②算数	50分	100点
①国語	50分	100点
③理科	30分	60点
④社会	30分	60点
合計	160分	320点

合格最高点	① 260点 ①G 非公表 ② 267点 ③ 185点 ④総合 173点
合格最低点	① 200点 ①G 非公表 ② 178点 ③ 106点 ④総合 121点

＊3回は国・算(各50分・各100点)合計200点
＊グローバル(G)は国・算(各50分・各100点)・英(50分・100点)合計300点
＊総合Ⅰは国・社(50分・100点)。総合Ⅱは算・理(50分・100点)合計200点

◉受験併願パターン

偏差値	1月前半	1月後半	2月1日	2月2日	2月3日	2月4日以降
46			桜美林１日午後	八王子２午後東大		
45				穎明館３		
44				穎明館２		穎明館４
43			穎明館		日大第三３	
39	西武文理				八王子３特進	

偏差値	1月前半	1月後半	2月1日	2月2日	2月3日	2月4日以降
47			桜美林１日午後	八王子２午後東大		東京電機大４
46				穎明館３		
45				穎明館２		穎明館４
44			穎明館			
43			大妻多摩２		日大第三３	

入試問題の傾向とポイント

算数

計算4問、一行問題4問、大問3題の問題構成。一行問題は標準レベルのオーソドックスな問題が中心。後半の大問にはやや難度の高い問題がみられる。小設問をヒントに問題の意図を見抜くことがポイント。最後の大問では途中式を記述する必要があるので、簡潔にまとめて記述する力を養いたい。

国語

物語文1題と説明文1題に漢字の書き取り5問が出題された。物語文は人物の言動や心情、また表現技法について問う設問があった。説明文は筆者の考えを問う設問が多くみられた。解答形式は選択肢・抜き出し・記述と様々である。

理科

大問4題、生地物化からの出題。選択・計算問題を中心に記述問題や作図問題が1～2題程度ずつ出題される。実験や観察の結果をもとにした問題構成となっており、記述問題や作図問題は思考力が必要である。基礎基本を固めた上で過去問演習での対策を重ねたい。

社会

例年同様大問2題構成で1はおもに歴史、2はおもに地理という構成で、政治は小問単位で問われる。いずれも基礎基本を問う問題が中心である。短文の記述問題が3問出題された。

江戸川学園取手中学校

（えどがわがくえんとりで）

■学校長／山本宏之　■創立／昭和62年　■生徒数／936名（男446名、女490名）
■所在地／〒302-0025 茨城県取手市西1-37-1　■ＴＥＬ／0297-74-8771
■交通／取手駅（JR常磐線、関東鉄道常総線）から関東鉄道バス「江戸川学園」下車。寺原駅（関東鉄道常総線）徒歩25分。
守谷駅（つくばエクスプレス、関東鉄道常総線）から関東鉄道バス。

何学期制	週何日制	登校時刻	制服	給食	食堂 軽食販売	プール	寮	特待制度 奨学金等	帰国生 取出授業
2学期制	隔週5日制	8:30	中高あり	なし	食堂中高あり 販売中高あり	なし	なし	あり	なし

沿　革

1978年に、男女共学校として江戸川学園取手高等学校が開校。1987年、中学校の開校に伴い、一貫教育の体制が整う。

教育方針と特色

「規律ある進学校」として開校以来「全人教育」を教育目標として掲げ、「心豊かなリーダーの育成」に取り組んできた。具体的には「心力」「学力」「体力」の三位一体の教育を実践している。道徳教育は、中学校開校とともに一貫して実践してきた。また、中高一貫教育の特色を生かしたカリキュラム編成を行い、「45分授業」をベースとして「65分授業」「100分授業」を取り入れた効果的な授業形体を採っている。土曜日は隔週登校とし、独自の学習システムが特徴。オーディトリアム（大講堂）を活用し、文化講演会やコンサートなどのイベントを通じて情操や豊かな感性も養っている。また、2016年度より中等部において東大ジュニアコース、医科ジュニアコース、難関大ジュニアコースの３コース制を導入（定員合計320名）し、生徒たちの夢の実現に向けたさらなる指導に力を入れている。

◉系列校

小	中	高	大(短大)
○	○	○	○

◉小学校からの内進生…80名前後
◉高校生外部募集………140名

◉授業時間…1コマ45分・週33～34時間

	1年	2年	3年	計
国　語	5	5	6	16
社　会	3	3	4	10
数　学	6	6	6	18
理　科	3	4	4	11
英　語	6	6	6	18
5教科計	23	24	26	73

参考　高校1年生一週間の授業

英語=5　数学=7　国語=4
理科=6　社会=4
※高1中入生医科クラス

進学・進路

◉卒業生進路状況

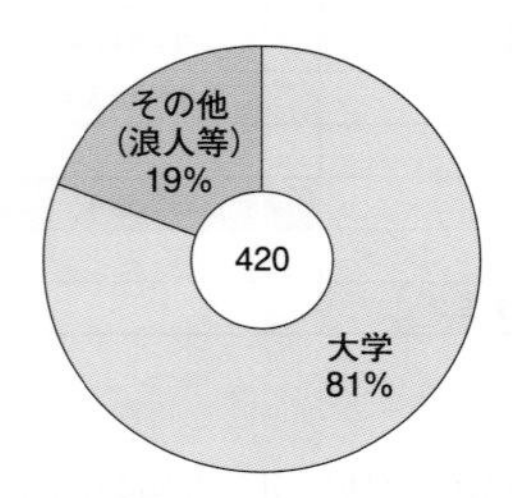

■進路選択状況（高３進級時）
理系 63%　文系 37%

■理系・文系進学状況
理系 57%　文系 43%

■共通テスト受験率
98%

◉卒業までの流れ

小学校	中学校	高等学校	大学
江戸川学園取手小学校	江戸川学園取手中学校	江戸川学園取手高等学校（420）	

◉主な大学合格実績

大学名	'22	'23	'24	大学名	'22	'23	'24	大学名	'22	'23	'24	大学名	'22	'23	'24
東京大	6	4	5	千葉大	8	8	6	東京都立大	1	1	2	東京女子大	8	17	13
京都大	1		1	お茶の水女子大		1		横浜市立大	1			日本女子大	12	21	23
北海道大	4	5	4	東京外国語大		2		慶應義塾大	36	36	49	成蹊大	11	18	18
東北大	5	2	2	電気通信大	1		4	早稲田大	36	38	63	成城大	8	10	9
名古屋大		2	1	東京学芸大	2	2		上智大	21	20	38	明治学院大	12	18	9
大阪大	1	1	1	東京農工大	4	2		東京理科大	79	107	89	國學院大	8	11	13
九州大	1	1	1	東京芸術大		1		明治大	44	77	71	武蔵大	6	23	3
東京工業大	1	2	6	東京医科歯科大	1		2	青山学院大	20	29	34	獨協大	24	27	11
一橋大		1	1	東京海洋大	3	1		立教大	31	55	46	日本大	105	90	80
筑波大	19	12	17	横浜国立大	4	2	1	中央大	61	36	35	東洋大	45	44	36
茨城大	5	9	4	山梨大		1	1	法政大	40	71	55	駒澤大	14	15	5
宇都宮大	1		1	金沢大		1	1	学習院大	16	24	25	専修大	21	12	10
群馬大	2	1		信州大	3	2		国際基督教大	1	1	3	芝浦工業大	60	32	20
埼玉大	7	2	7	国際教養大	1			津田塾大	2	18	9	東京都市大	19	4	12

入試要項・入試情報

◉2024年度の入試要項（参考）

	適性型	1回	2回	3回
募集人員	男女40名	男女180名	男女70名	男女30名
	（内訳：全日程において東大ジュニアコース80名・医科ジュニアコース80名・難関大ジュニアコース160名）			
選抜方法	適性A・B・英＋質問シート	国・算・社・理・英または国・算・英	国・算・社・理・英または国・算・英または適性A・B・英＋質問シート	国・算・社・理・英または国・算・英
出願関連期間	11/1〜12/15	11/1〜1/16	11/1〜1/24	11/1〜2/4
試験日程	12/16	1/17	1/25	2/5
合格発表	掲示 12/19 10:00〜 Web 12/19 10:00〜	掲示 1/18 12:00〜 Web 1/18 12:00〜	掲示 1/27 10:00〜 Web 1/27 10:00〜	掲示 2/6 10:00〜 Web 2/6 10:00〜
入学手続	12/20 16:00まで	1/19 16:00まで	1/29 16:00まで	2/7 16:00まで

＊英語型で受験の場合、インターネット出願時に「英語学習履歴書」の入力が必要。

面接 実施する。

◉費用（参考）

受験料		20,000円
入学手続時	入学金	150,000円
	授業料	—
	その他	200,000円
入学手続後〜入学まで	授業料	—
	その他	310,000円
入学後１年	授業料	360,000円
	その他	496,000円
初年度納入金合計		1,516,000円
中学３年間費用計 約		2,798,000円

＊複数回受験（2〜4回受験同額）3万円。
＊第3回以外の希望者は、延納願を提出し期間内に5万円を納入すれば、2月5日14時まで残金（30万円）の延納可。
＊研修費等別途。

◉最近6年間の入試応募者推移と倍率

年度		2019 男	2019 女	2020 男	2020 女	2021 男	2021 女
募集	① ② ③	120（難関大男女計） 60（東大男女計）	60（医科男女計）	160（難関大男女計） 70（東大男女計）	70（医科男女計）	160（難関大男女計） 70（東大男女計）	70（医科男女計）
応募	① ② ③	142/222/102 109/173/90 105/163/86	136/109/92 128/88/80 119/80/72	143/185/124 108/120/101 87/104/101	111/136/117 84/94/100 83/91/93	174/216/132 126/136/101 123/128/92	132/113/126 98/84/103 82/76/94
応募倍率	① ② ③	6.2（難関大男女計） 13.9（東大男女計）	8.7（医科男女計）	3.9（難関大男女計） 10.4（東大男女計）	9.1（医科男女計）	4.6（難関大男女計） 10.8（東大男女計）	9.3（医科男女計）
受験	① ② ③	136/216/100 84/126/69 87/74/41	131/102/87 98/58/62 70/26/42	140/180/122 81/78/73 40/21/37	106/130/116 52/71/57 38/34/30	168/213/130 89/95/73 55/42/47	127/112/121 63/51/75 39/24/42
合格	① ② ③	129/67/42 80/42/26 24/7/5	85/38/21 73/24/21 11/3/7	129/67/34 77/35/31 16/7/13	101/31/38 62/27/20 14/19/8	159/78/42 79/37/21 19/12/16	112/40/41 48/18/20 13/9/11
実質倍率	① ② ③	−/3.2/2.4 −/3.0/2.7 −/10.6/8.2	−/2.7/4.1 −/2.4/3.0 −/8.7/6.0	−/2.7/3.6 −/2.2/2.4 −/3.0/2.8	−/4.2/3.1 −/2.6/2.9 −/1.8/3.8	−/2.7/3.1 −/2.6/3.5 −/3.5/2.9	−/2.8/3.0 −/2.8/3.8 −/2.7/3.8

年度		2022 男	2022 女	2023 男	2023 女	2024 男	2024 女
募集	① ② ③ 適性型	160（難関大男女計） 70（東大男女計）	70（医科男女計）	160（難関大男女計） 70（東大男女計）	70（医科男女計）	160（難関大男女計） 80（東大男女計）	80（医科男女計）
応募	① ② ③	145/181/115 126/134/99 108/113/85 58/57/46	127/122/98 103/106/98 85/85/81 61/63/58	121/191/98 99/124/73 76/108/63 58/86/41	125/129/96 100/106/80 84/84/70 81/79/63	139/187/99 102/132/80 75/103/70 69/89/51	112/140/82 86/120/77 68/87/63 75/92/55
応募倍率	① ② ③	5.1（難関大男女計） 12.3（東大男女計）	9.7（医科男女計）	4.7（難関大男女計） 13.0（東大男女計）	8.3（医科男女計）	4.5（難関大男女計） 11.9（東大男女計）	7.2（医科男女計）
受験	① ② ③	139/169/107 79/85/70 46/35/41 58/57/45	122/112/94 63/75/68 36/32/37 60/63/58	115/184/94 68/81/50 35/39/26 58/84/40	118/120/92 68/75/61 33/32/38 79/77/62	134/180/97 72/90/56 33/39/29 67/88/51	102/129/79 54/85/51 19/31/27 75/90/54
合格	① ② ③	137/54/42 62/25/14 11/12/8 24/6/6	115/40/32 46/21/23 13/8/13 27/7/5	134/71/34 55/31/18 3/6/1 45/3/5	104/30/28 70/13/13 7/5/3 38/14/5	137/60/40 52/20/17 1/7/6 31/12/11	93/41/32 46/27/18 2/8/5 42/8/6
実質倍率	① ② ③	−/3.1/2.5 −/3.4/5.0 −/2.9/5.1 −/9.5/7.5	−/2.8/2.9 −/3.6/3.0 −/4.0/2.8 −/9.0/11.6	−/2.6/2.8 −/2.6/2.8 −/6.5/26.0 −/28.0/8.0	−/4.0/3.3 −/5.8/4.7 −/6.4/12.7 −/5.5/12.4	−/3.0/2.4 −/4.5/3.3 −/5.6/4.8 −/7.3/4.6	−/3.1/2.5 −/3.1/2.8 −/3.9/5.4 −/11.3/9.0

＊帰国生を含む。
＊2019年〜2021年①・②・③と2022年①・②・③・適性型は難関大ジュニアコース／東大ジュニアコース／医科ジュニアコース。
＊2019年〜2024年難関大ジュニアコースの実質倍率は、難関大ジュニアコースの受験者数と合格者数にそれぞれ東大ジュニアコースと医科ジュニアコースのスライド合格者の人数を含むため算出せず。
＊2024年補欠発表…なし。追加合格（電話）…（3回）あり、2月6日〜2月11日。

◉入試教科

5教科

②算数	50分	100点
①国語	50分	100点
④理科	あわせて60分	あわせて100点
④社会		
③英語	20分	50点
合計	180分	350点

＊英語型（国算英）国・算（各50分・各100点）英（60分・100点）合計300点。
＊適性型（適性A・B・英・質問シート）適性A・B（各50分・各100点）英（20分・50点）質問シート（10分・5段階評価）合計250点＋評価。

合格最高点	1回東大ジュニア 316点 医科ジュニア 313点 難関大ジュニア 251点 2回東大ジュニア 283点 医科ジュニア 287点 難関大ジュニア 263点 3回東大ジュニア 258点 医科ジュニア 259点 難関大ジュニア 248点
合格最低点	1回東大ジュニア 236点 医科ジュニア 221点 難関大ジュニア 197点 2回東大ジュニア 249点 医科ジュニア 232点 難関大ジュニア 225点 3回東大ジュニア 225点 医科ジュニア 226点 難関大ジュニア 225点

◉受験併願パターン

偏差値	1月前半	1月後半	2月1日	2月2日	2月3日	2月4日以降
61	並木	東邦大東邦前				
60					東邦大東邦後	
59		昭和秀英	本郷			
58	江戸川取手東			巣鴨２		
56						江戸川取手３東

偏差値	1月前半	1月後半	2月1日	2月2日	2月3日	2月4日以降
63	県立東葛飾					
61		昭和秀英				
60	江戸川取手東					
58						江戸川取手３東
56		専修大松戸				

入試問題の傾向とポイント

算数 計算3問、一行問題3問、大問5題程度の問題構成。比較的オーソドックスな設定での出題が多いが、一部に思考力を要する難度の高い設問も含まれる。各大問の前半の小設問は取り組みやすいものが多いので、解ける問題を確実に取ること。途中式を書く解答用紙の形式にも慣れておきたい。

国語 物語文1題と説明文1題で構成されている。物語文は理由や根拠について、説明文は筆者の考えや具体的内容を問われた。また最後に100字以内で要約する問題も出題された。解答形式のほとんどは記号や抜き出しである。

理科 大問4題、生地物化からの出題。設問形式は、選択・計算・記述・作図と多岐にわたる。全体的に文章量の多い問題が続くため、時間配分などを含めて過去問演習を重ねて慣れておきたい。実験器具の使い方が大問として出題されることもあるので、忘れずに対策を。

社会 第1回は大問3題構成、第2回は大問4題構成。地理では例年通り地形図の読み取りが出題された。また、政治の大問では長文を読んで筆者の考えなどを問われる。記述問題のひとつは、例を挙げて説明をするものであった。過去問で形式に慣れておく必要がある。

桜美林中学校

おうびりん

■学校長／堂本陽子　■創立／昭和21年　■生徒数／443名（男230名、女213名）
■所在地／〒194-0294 東京都町田市常盤町3758　■ＴＥＬ／042-797-2668
■交通／淵野辺駅（JR横浜線）からスクールバスあり。
多摩センター駅（小田急多摩線、京王相模原線、多摩都市モノレール線）からスクールバスあり。

何学期制	週何日制	登校時刻	制服	給食	食堂 軽食販売	プール	寮	特待制度 奨学金等	帰国生 取出授業
3学期制	6日制	8:20	中高あり	なし	食堂中高あり 販売中高あり	なし	なし	あり	なし

沿　革

創立者清水安三・郁子夫妻は国際教育・国際ボランティアのパイオニアで、戦前の中国・北京郊外で25年間にわたって主として貧困に苦しむ隣国の子女に対する教育活動を展開。戦後帰国した夫妻は、1946年に新たな決意をもって現在の地に桜美林高等女学校を創立。日本国憲法下の新たな教育制度のもと、1947年桜美林中学校、翌年桜美林高等学校として、キリスト教主義・国際教育・男女共学を軸に再スタート。現在では幼稚園・大学・大学院を擁する総合学園に発展している。

教育方針と特色

「キリスト教主義に基づいた国際人の育成」を建学の精神とし、「他者の心に共感し、共に生きる人間」、「文化や意見の異なる人々とも十分なコミュニケーションの取れる人間」、「思考力・判断力・表現力を大切にし、自分の考えや行動に責任のもてる人間」の育成をめざしている。学校行事・クラブ活動はともにさかんで、学習と共に生徒達にとって貴重な体験の場となっており、中学でのクラブへの加入率は90%以上、高校は80%程度。国際交流が盛んで姉妹校を中心に、中国・韓国・アメリカ・イギリス・カナダ・オーストラリア・ニュージーランド・シンガポール・フィリピンの9ヵ国に短期・中期・長期の留学プログラムを展開している。昨年度は海外指定校制度を利用して海外大学に11名が合格した。希望者は中学３年から第２外国語としてコリア語・中国語の授業を受けることができる。
学習面では、中学の英語はZ会の『New Treasure』を使用、数学は中学２年で中学校の範囲を終了し中学３年からは高校の範囲に入るなど、ハイレベルな授業が展開されるが、生徒個々のレベルに合わせて補習･補講で手厚くフォローする。高校では、国公立コース・特別進学コース・進学コースの3コースを編成し、高2より文理別カリキュラムを実施。専門スタッフの進路指導部・国際交流部と学年担任団が緊密に連携を取りながら、生徒一人ひとりの希望や個性を踏まえた、きめ細かい進路指導にあたる。その成果が近年の堅調な進路実績に数字として表れている。

◉系列校

小	中	高	大(短大)
	○	○	○

◉併設小学校なし

◉高校生外部募集………160名

（国公立コース：高1から合流）
（特別進学コース･進学コース：高2から合流）

◉授業時間…1コマ50分・週34時間

	1年	2年	3年	計
国　語	6	5	5	16
社　会	3	3	4	10
数　学	4	5	5	14
理　科	3	4	4	11
英　語	6	6	6	18
5教科計	22	23	24	69

参考　高校1年生一週間の授業

英語=6　数学=5　国語=5
理科=4　社会=4

進学・進路

◉卒業生進路状況

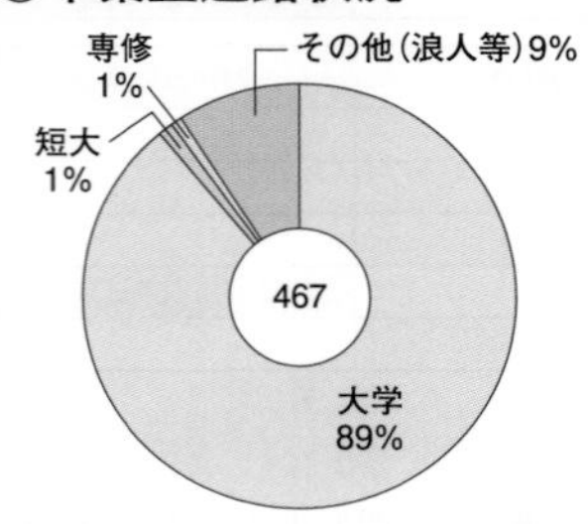

■進路選択状況（高３進級時）

理系 43%　文系 56%
0　50　100

■理系・文系進学状況

理系 37%　文系 63%
0　50　100

■共通テスト受験率

95%
0　50　100

◉卒業までの流れ

小学校	中学校	高等学校	大学
	桜美林中学校	桜美林高等学校 (467)	桜美林大学　22

◉主な大学合格実績

大学名	'22	'23	'24	大学名	'22	'23	'24	大学名	'22	'23	'24	大学名	'22	'23	'24
東京大			1	千葉大			2	東京都立大	6	11	5	東京女子大	16	11	23
京都大				お茶の水女子大			1	横浜市立大	1		2	日本女子大	20	13	17
北海道大		1	1	東京外国語大	3	1	3	慶應義塾大	3	7	11	成蹊大	23	15	17
東北大		1		電気通信大	2		3	早稲田大	6	18	12	成城大	25	23	16
名古屋大				東京学芸大	4	1	4	上智大	16	16	15	明治学院大	43	57	69
大阪大				東京農工大	2	1	2	東京理科大	11	9	20	國學院大	15	22	26
九州大				東京芸術大				明治大	50	39	54	武蔵大	6	4	3
東京工業大				東京医科歯科大				青山学院大	28	33	42	獨協大	1		4
一橋大		2	1	東京海洋大				立教大	24	35	35	日本大	65	63	62
筑波大	1	2	1	横浜国立大	4	1	5	中央大	75	48	65	東洋大	37	31	38
茨城大	2		1	山梨大			1	法政大	60	57	79	駒澤大	30	23	23
宇都宮大				金沢大			1	学習院大	10	12	10	専修大	87	75	80
群馬大				信州大	1	1	1	国際基督教大	2	2	1	芝浦工業大	12	3	8
埼玉大	2	1	1	国際教養大				津田塾大	9	13	28	東京都市大	20	22	34

入試要項・入試情報

◉2024年度の入試要項（参考）

	2/1午前	2/1午前（総合学力評価）	2/1午後	2/1午後（総合学力評価）	2/2午後	2/3午後
募集人員	男女30名	男女25名	男女45名	男女20名	男女25名	男女15名
選抜方法	国・算または国・算・社・理	総合学力評価	国・算	総合学力評価	国・算	
出願関連期間	1/10～1/30				1/10～2/2	1/10～2/3
試験日程	2/1午前		2/1午後		2/2午後	2/3午後
合格発表	Web 2/1 19:00～	Web 2/2 16:00～	Web 2/1 22:00～	Web 2/2 20:00～	Web 2/2 22:00～	Web 2/3 22:00～
入学手続	2/6 12:00まで	2/13 12:00まで	2/6 12:00まで	2/13 12:00まで	2/6 12:00まで	

面接 実施しない。

◉費用（参考）

受験料		25,000円
入学手続時	入学金	100,000円
	授業料	157,000円
	その他	119,500円
入学手続後～入学まで	授業料	—
	その他	157,000円
入学後１年	授業料	314,000円
	その他	337,000円
初年度納入金合計		1,184,500円
中学３年間費用計　約		3,172,500円

＊複数回同時出願の場合、受験料は3万円。
＊入学手続時納入金のうち、入学金のみの手続き者は、2月6日12時まで残金の延納可。
＊入学辞退者は、3月末日までに申し出れば、入学金以外の納入金を返金。

◉入試教科

4教科/2教科

②算数	50分/50分	100点/100点
①国語	50分/50分	100点/100点
④理科	40分/	80点/
③社会	40分/	80点/
合計	180分/100分	360点/200点

＊総合学力は、文系・理系（各50分・各100点）合計200点。

合格最高点	非公表
合格最低点	2月1日 午前 240/139点 午後 109点 2月2日 113点 2月3日 133点 2月1日総合学力 午前 112点 2月1日総合学力 午後 128点

◉最近6年間の入試応募者推移と倍率

年度		2019男	2019女	2020男	2020女	2021男	2021女	2022男	2022女	2023男	2023女	2024男	2024女
募集	2/1午前	35		2/1午前 35		2/1午前 35		35		2/1午前 30		30	
	総合学力評価A/E	25		2/1総合学力A/B 25		2/1総合K/T 25		25		2/1総合午前 25		25	
	2/1午後	50		2/1午後 50		2/1午後 50		50		2/1午後 45		45	
	2/2午前	10		2/2総合学力A/B 10		2/2総合K/T 10		10		2/1総合午後 25		20	
応募	2/1午前	84/22	80/31	71/26	45/39	67/22	34/24	44/13	26/28	41/14	31/23	26/17	39/18
	総合学力評価A/E	70/6	53/15	65/28	45/28	90/31	70/38	78/25	64/29	101	93	84	90
	2/1午後	295	262	294	216	252	186	221	145	200	109	174	120
	2/2午前	119/33	114/49	22/15	25/26	31/27	34/44	23/20	37/31	45	71	57	84
応募倍率	2/1午前	6.2		5.2		4.2		3.2		3.6		3.3	
	総合学力評価A/E	5.8		6.6		9.2		7.8		7.8		7.0	
	2/1午後	11.1		10.2		8.8		7.3		6.9		6.5	
	2/2午前	31.5		8.8		13.6		11.1		4.6		7.1	
受験	2/1午前	45/14	48/18	47/19	26/24	48/19	26/21	30/12	24/22	35/11	30/19	21/15	37/17
	総合学力評価A/E	69/6	53/15	65/28	44/27	90/31	68/38	77/23	63/29	100	91	80	89
	2/1午後	276	242	279	196	237	179	206	139	192	108	159	114
	2/2午前	47/12	42/17	19/11	15/21	26/20	28/40	19/19	34/26	43	71	55	84
合格	2/1午前	24/4	20/4	23/6	13/4	19/4	10/6	17/3	13/7	13/4	14/4	14/6	15/5
	総合学力評価A/E	44/4	34/11	38/15	30/20	54/21	41/25	53/13	39/19	69	52	59	55
	2/1午後	170	152	145	118	107	79	113	79	112	67	103	71
	2/2午前	14/4	13/0	10/5	9/18	16/12	16/27	13/10	24/16	30	42	41	53
実質倍率	2/1午前	1.9/3.5	2.4/4.5	2.0/3.2	2.0/6.0	2.5/4.8	2.6/3.5	1.8/4.0	1.8/3.1	2.7/2.8	2.1/4.8	1.5/2.5	2.5/3.4
	総合学力評価A/E	1.6/1.5	1.6/1.4	1.7/1.9	1.5/1.4	1.7/1.5	1.7/1.5	1.5/1.8	1.6/1.5	1.4	1.8	1.4	1.6
	2/1午後	1.6	1.6	1.9	1.7	2.2	2.3	1.8	1.8	1.7	1.6	1.5	1.6
	2/2午前	3.4/3.0	3.2/—	1.9/2.2	1.7/1.2	1.6/1.7	1.8/1.5	1.5/1.9	1.4/1.6	1.4	1.7	1.3	1.6

＊2019年2/1午前・2/2午前は4教科／2教科。2020年～2024年2/1午前は4教科／2教科。
＊2024年補欠発表・追加合格…いずれもなし。

◉受験併願パターン

偏差値	1月前半	1月後半	2月1日	2月2日	2月3日	2月4日以降
45				穎明館３		
44					日大第一２科	穎明館４
43					日大第三３	
42			桜美林１日			
41				日大第三２		

偏差値	1月前半	1月後半	2月1日	2月2日	2月3日	2月4日以降
45				穎明館２		穎明館４
44					桐光学園３Ａ	
43			桜美林１日		日大第三３	
41				日大第三２		東海大相模Ｃ
38					多摩大聖ヶ丘３	

入試問題の傾向とポイント

算数　やや難度の高い計算問題2問、一行問題10問程度、大問4題の問題構成。問題は幅広い分野から、基本～標準レベルの問題を中心に出題される。基礎をしっかりと固めて、典型題を中心に標準レベルの問題までをしっかりと学習しておけば十分に対応できる。特に前半部分での失点は避けたい。

国語　雑問と物語文・説明文1題ずつの構成。雑問は漢字の書き取りのほか、熟語の成り立ちや部首、四字熟語などが出題された。物語文は人物の言動理由や人物像について、説明文は言い換えや理由について、それぞれ選択肢や抜き出し、30～40字程度の記述で答える形式で問われた。

理科　設問3題、生地物化からの出題。1つの大問の中で複数の分野から出題されることが多い。設問形式も、選択・計算・記述・作図と多岐にわたる。幅広い単元から、思考力の必要な問題が出されるため、過去問演習を重ねたい。時事問題が出題されることもあるため、対策を忘れずに。

社会　地理・歴史・政治の大問3題構成。歴史の設問数が多い。記述問題は例年基礎基本を問うものが中心だが、長文のものを含めて出題数が多い。最後に自分の考えを問う50字以上の記述問題もあった。政治は時事問題の割合が例年高い。今年は天皇が即位後初めて訪問した国を問う用語記述もあった。

おおみやかいせい

大宮開成中学校

■学校長／松﨑慶喜　■創立／平成17年　■生徒数／451名（男251名、女200名）
■所在地／〒330-8567 埼玉県さいたま市大宮区堀の内町1-615
■ＴＥＬ／048-641-7161
■交通／大宮駅（JR京浜東北線など）から国際興業バス「天沼町」下車。

何学期制	週何日制	登校時刻	制服	給食	食堂 軽食販売	プール	寮	特待制度 奨学金等	帰国生 取出授業
2学期制	6日制	8:10	中高あり	中学のみあり	食堂条件付 販売条件付	なし	なし	あり	応相談

沿　革

1942年に開校した大宮洋裁女学校が、1959年に大宮開成高等学校となる。女子校として多くの卒業生を送り出し1996年に特進クラスを、翌年特進コースを設置。同コースの共学化を皮切りに、次々に学校・教育改革を進め、共学の進学校として実績を上げている。2005（平成17）年4月に、中高一貫校の大宮開成中学校が開校。

教育方針と特色

中高6年間は、成長に合わせた2年ごとのステージ制。基礎学力の鍛錬・温かな人間関係づくり（第1・2ステージ）、大学受験実戦力の完成（第3ステージ）をめざす。2019年度から「英数特科コース」募集のみとなり、Ｔ／Ｓクラスに細分されるが基本カリキュラムは同一。中学は基礎学力と学習習慣を重視し、授業・課題・小テストのサイクル化を図る。授業には発展的学習「アドバンスト演習」・重点的復習「スタンダード演習」などの演習授業もあらかじめ組み込まれている。毎土曜日は、中1～高1の間はネイティブ講師による英会話授業・オンライン英会話で大学入試改革対応の英語4技能をバランスよく鍛える。高校からは実戦力を強化。
特徴的なのは「プレゼンテーション教育」で、生徒はSDGs（持続可能な開発目標）等に基づく探究の結果をパワーポイントで、全生徒を前に発表。探究力はもちろん、高度な発信力とチームワークを磨き、社会貢献意欲を育む。ほか、春・夏期講習の実施、綿密な二者・三者面談による進路指導も充実。職員室前の質問ボードは放課後つねに生徒で賑い、“学ぶことは当然”の文化がある。2016年に開館の図書館（司書常駐）・自習室棟は通年利用可で、2019年度には冷暖房完備の新体育館が開館するなど、近年ハード面の充実化も進んでいる。

◉系列校

小	中	高	大（短大）
	○	○	

◉併設小学校なし
◉高校生外部募集………350名

（完全別クラス）

◉授業時間…1コマ50分・週36時間

	1年	2年	3年	計
国　語	5	5	5	15
社　会	3	3	4	10
数　学	7	6	8	21
理　科	4	4	4	12
英　語	7	9	9	25
5教科計	26	27	30	83

参考　**高校1年生一週間の授業**

英語=7　数学=8　国語=5
理科=6　社会=4

※内進生の時程

進学・進路

◉卒業生進路状況

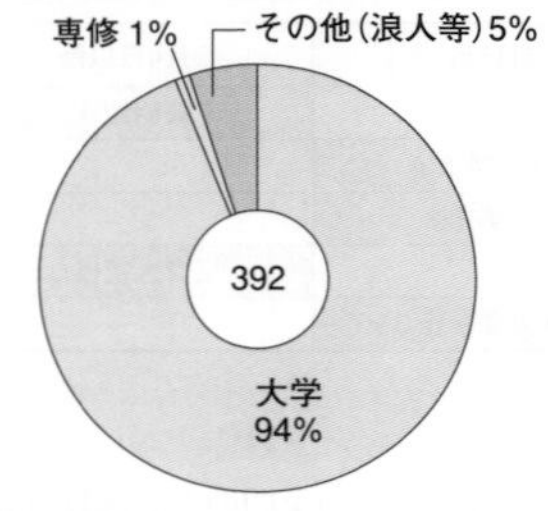

■進路選択状況（高3進級時）

理系 36%　文系 64%

■理系・文系進学状況

理系 36%　文系 64%

■共通テスト受験率

96%

◉卒業までの流れ

小学校	中学校	高等学校	大学
	大宮開成中学校	▶ 大宮開成高等学校 (392)	

◉主な大学合格実績

大学名	'22	'23	'24	大学名	'22	'23	'24	大学名	'22	'23	'24	大学名	'22	'23	'24
東京大	2	1	2	千葉大	5	6	4	東京都立大	5	6	1	東京女子大	30	30	11
京都大	1		1	お茶の水女子大		2		横浜市立大			1	日本女子大	43	68	20
北海道大	4	11	7	東京外国語大	1	2	2	慶應義塾大	54	53	27	成蹊大	17	26	14
東北大	6	9	8	電気通信大	3		3	早稲田大	80	85	70	成城大	42	40	23
名古屋大	1		2	東京学芸大	4	2	7	上智大	18	39	31	明治学院大	36	54	14
大阪大	4	1	1	東京農工大	2	1	2	東京理科大	75	128	65	國學院大	23	31	12
九州大	1	2	2	東京芸術大				明治大	105	160	96	武蔵大	22	35	17
東京工業大	3	1	2	東京医科歯科大	3		1	青山学院大	98	65	50	獨協大	97	88	80
一橋大	3	2	2	東京海洋大	1	1		立教大	215	233	95	日本大	181	202	114
筑波大	7	8	5	横浜国立大	4	1	1	中央大	179	139	72	東洋大	429	413	224
茨城大	1	4		山梨大	1	1		法政大	159	226	136	駒澤大	36	57	30
宇都宮大	5	4	2	金沢大	3	3	3	学習院大	85	96	45	専修大	34	36	33
群馬大	6	2	2	信州大	5	3	2	国際基督教大		2		芝浦工業大	35	73	41
埼玉大	20	24	17	国際教養大				津田塾大	15	13	12	東京都市大	4	9	3

入試要項・入試情報

◉2024年度の入試要項(参考)

	1回	特待生選抜	2回
募集人員	男女80名	男女50名	男女20名
選抜方法	国・算・社・理		
出願関連期間	12/1〜1/8	12/1〜1/10	12/1〜1/12
試験日程	1/10	1/12	1/14
合格発表	Web 1/11 11:00〜	Web 1/13 11:00〜	Web 1/15 11:00〜
入学手続	2/5 12:00まで		

面接 実施しない。

◉費用(参考)

受験料		25,000円
入学手続時	入学金	210,000円
	授業料	—
	その他	150,000円
入学手続後〜入学まで	授業料	—
	その他	137,480円
入学後1年	授業料	360,000円
	その他	499,884円
初年度納入金合計		1,357,364円
中学3年間費用計 約		3,025,132円

＊複数回同時出願の受験料は、2回目以降は1回ごとに5千円を追加。
＊入学辞退者は3月29日15時までに申し出れば、施設費(15万円)を返金。

私立 共学校

◉最近6年間の入試応募者推移と倍率

年度		2019男	2019女	2020男	2020女	2021男	2021女	2022男	2022女	2023男	2023女	2024男	2024女
募集	①英数特科 特待選抜 ②英数特科 ③英数特科	約60 約30 約20 約10		① 特待選抜 ②	約70 約30 約20	約70 約30 約20		約80 約50 約20		約80 約50 約20		80 50 20	
応募	①英数特科 特待選抜 ②英数特科 ③英数特科	455 327 365 131	495 322 348 107	883 604 644	789 549 503	871 371 532	784 347 411	1197 568 745	950 451 525	1207 580 796	905 449 554	1380 657 865	979 474 523
応募倍率	①英数特科 特待選抜 ②英数特科 ③英数特科	15.8 21.6 35.7 23.8		23.9 38.4 57.4		23.6 23.9 47.2		26.8 20.4 63.5		26.4 20.6 67.5		29.5 22.6 69.4	
受験	①英数特科 特待選抜 ②英数特科 ③英数特科	443 279 232 56	481 279 235 44	848 517 485	769 476 392	840 293 341	766 270 264	1174 437 510	927 366 354	1175 457 512	884 356 356	1342 514 554	953 368 332
合格	①英数特科 特待選抜 ②英数特科 ③英数特科	215/124 210(56) 59/85 0/9	217/143 199(49) 47/87 2/6	312 146 86	307 148 59	443 153(45) 124	404 114(32) 59	566 202(54) 174	434 172(43) 102	679 250(69) 194	486 206(35) 95	696 57 186	499 45 97
実質倍率	①英数特科 特待選抜 ②英数特科 ③英数特科	1.3 1.3(5.0) 1.6 6.2	1.3 1.4(5.7) 1.8 5.5	2.7 3.5 5.6	2.5 3.2 6.6	1.9 1.9(6.5) 2.8	1.9 2.4(8.4) 4.5	2.1 2.2(8.1) 2.9	2.1 2.1(8.5) 3.5	1.7 1.8(6.6) 2.6	1.8 1.7(10.2) 3.7	1.9 9.0 3.0	1.9 8.2 3.4

＊2019年①英数特科・②英数特科・③英数特科は英数T／英数S。
＊2019年特待選抜と2021年〜2023年特待選抜の(　)の数字は合格者数に含まれる特別選抜合格者の数とその実質倍率。
＊2020年の合格者数にはスライド合格者を含む。
＊2024年補欠発表(郵送)…(1回)男15名、女10名、(特待選抜)男9名、女7名、(2回)男16名、女8名。補欠合格(電話)…(1回)男15名、女10名、(特待選抜)男9名、女7名、(2回)男16名、女8名、1月22日〜2月5日。追加合格…詳細不明。

◉入試教科

②算数	50分	100点
①国語	50分	100点
④理科	30分	50点
③社会	30分	50点
合計	160分	300点

合格最高点	1回	260点
	特待選抜	261点
	2回	246点
合格最低点	1回	176点
	特待選抜	211点
	2回	174点

＊合格最低点は合格ラインで、4教科の合計点数の上位者から入学時は「特待合格者」、Tは英数特科コース「Tクラス」、Sは「Sクラス」に所属。1/12特待選抜のみ6年特待の選抜。

◉受験併願パターン

偏差値	1月前半	1月後半	2月1日	2月2日	2月3日	2月4日以降
56	開智所沢特待A		攻玉社	立教池袋	学習院2	高輪C
55			城北	学習院	成城2	成城3
54		専修大松戸				
53	大宮開成					
49	城北埼玉特待		獨協		日大豊山3	

偏差値	1月前半	1月後半	2月1日	2月2日	2月3日	2月4日以降
58	淑徳与野		山脇学園午後国語	法政第二	都市大等々力2選	成蹊2
56		専修大松戸		大妻2		淑徳与野2
55	大宮開成					
54			大妻		富士見3	
51			共立女子1日	恵泉女学園2	淑徳2S特	普連土4日午前

入試問題の傾向とポイント

算数　計算問題2問、一行問題6問、大問4題で、総設問数14問の問題構成。幅広い分野から、基本・標準問題が出題される。標準的な問題の解法をしっかりとマスターし、基礎を固めておけば十分対応できる。時間配分に注意しながら取り組みたい。

国語　雑問と説明文1題、物語文1題の構成。雑問は漢字の書き取り、ことわざ、修飾語、グラフの読み取りが出題された。説明文は空欄補充が多く、前後の内容を正しく理解しているかが問われた。物語文は比喩や文中の表現について問う設問があった。解答形式は抜き出しが多いが、記述や選択肢もある。

理科　例年は大問4〜5題、生地物化からの出題で、大問1が小問集合となる年がある。おもな設問形式は選択・計算問題となっている。基本的な問題が中心だが、思考力が必要な問題もしばしば出題される。基礎基本をしっかりと固め、過去問演習を重ねることで、対応力をみがきたい。

社会　大問4題構成で、記述問題が3問。最後の大問は例年通り50字以内の記述問題1題のみの出題形式。今年は農家の人手不足を解消する取り組みの例を書かせるもの。同様の形式の問題を使った対策が必要。用語記述は原則漢字指定となっている。

開智（かいち）中学校

■学校長／菅沼健児　■創立／平成9年　■生徒数／一貫部876名（男528名、女348名）
■所在地／〒339-0004 埼玉県さいたま市岩槻区徳力186
■ＴＥＬ／048-795-0777
■交通／東岩槻駅（東武アーバンパークライン）徒歩15分。

何学期制	週何日制	登校時刻	制服	給食	食堂 軽食販売	プール	寮	特待制度 奨学金等	帰国生 取出授業
3学期制	6日制	8:10	中高あり	一部希望制	食堂条件付 販売条件付	屋内	なし	あり	あり

沿　革

1983年、埼玉県岩槻市に埼玉第一高等学校を設立。1997年の中学校設立に伴い、6年間の一貫教育を行う中高一貫部と3年間の教育を行う高等部が別の校舎・教育内容で並立され、1999年に開智中学・高等学校と改称された。

教育方針と特色

心豊かな創造型・発信型の国際的リーダー、専門的分野で社会貢献できる人材を育成するために将来の目標に応じて自分で選ぶ4つのコースを設置している。入学前の登校日に、生徒自身が一番適していると思うコースを自分で選ぶ。
東大、京大、早慶など、すでに行きたい大学がある人の「先端ITコース」。医師、歯科医師、薬剤師、獣医師などになりたい人の「先端MDコース」。グローバルな仕事、未来の仕事、AIやロボット、新しい社会で挑戦したい人の「先端GBコース」。将来何をしたいか、どんな大学へ行きたいかじっくり考えたい人の「先端FDコース」。
「探究型の授業」「疑問→仮説→検証（調査・観察・実験）の思考方法を体験的に学ぶフィールドワーク」「探究テーマ」など、中1・中2の2年間は、どのコースも授業や行事、講習等は同じ内容で、学級活動や一部の行事に各コースの特色がある。中3・高1の2年間は同じコースを学力別にクラス編成し、一人ひとりに適した授業を展開する。高2・高3は志望大学別コースを自分で選択する。高2から、志望大学に向けた放課後の「特別講座」が始まり、質の高い通常授業のほか、夏期講習、勉強合宿、入試直前講習など徹底した指導で志望大学合格を目指す。

◉系列校

小	中	高	大（短大）
○	○	○	○

◉小学校からの内進生
…総合部82名
（中3から合流）

◉高校生外部募集…高等部272名
（完全別クラス）

◉授業時間…1コマ50分・週34時間

	1年	2年	3年	計
国　語	5	5	6	16
社　会	3	3	4	10
数　学	6	6	6	18
理　科	4	4	4	12
英　語	7	7	6	20
5教科計	25	25	26	76

参考　高校1年生一週間の授業
英語=7　数学=6　国語=6
理科=4　社会=4
※一貫部

進学・進路

◉卒業生進路状況

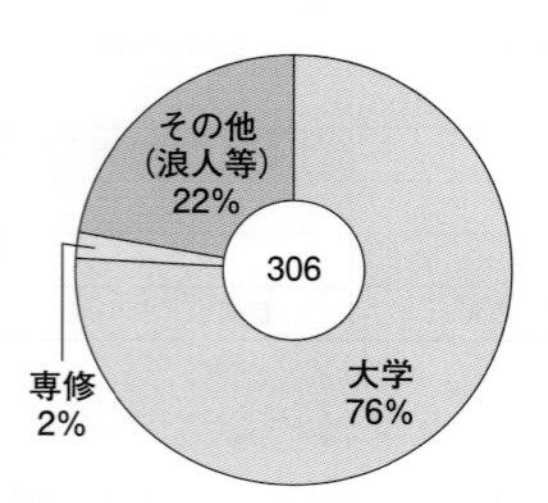

■進路選択状況（高３進級時）

理系 63%　文系 37%

■理系・文系進学状況

データなし

■共通テスト受験率

100%

◉卒業までの流れ

小学校	中学校	高等学校	大学
開智学園総合部	開智中学校一貫部	開智高等学校一貫部 （306）	開智国際大学　0

◉主な大学合格実績

大学名	'22	'23	'24	大学名	'22	'23	'24	大学名	'22	'23	'24	大学名	'22	'23	'24
東京大	6	7	7	千葉大	8	5	5	東京都立大	3		2	東京女子大	22	9	15
京都大	1			お茶の水女子大	6	1	4	横浜市立大				日本女子大	11	24	21
北海道大	3	7	1	東京外国語大	3			慶應義塾大	36	32	39	成蹊大	18	15	7
東北大	2	11	5	電気通信大	2	3	4	早稲田大	54	56	76	成城大	11	18	13
名古屋大				東京学芸大	1	1		上智大	31	23	33	明治学院大	17	13	25
大阪大	1	2	1	東京農工大	2	2	3	東京理科大	105	98	91	國學院大	4	16	7
九州大		2	2	東京芸術大		2	3	明治大	89	79	75	武蔵大	13	4	5
東京工業大	10	5	2	東京医科歯科大				青山学院大	23	32	30	獨協大	24	9	14
一橋大	1	2		東京海洋大			1	立教大	39	52	60	日本大	58	64	56
筑波大	8	7	8	横浜国立大	2	4	3	中央大	45	41	43	東洋大	45	47	60
茨城大	1	1	1	山梨大				法政大	56	51	64	駒澤大	11	14	10
宇都宮大	1			金沢大			2	学習院大	18	16	22	専修大	20	9	8
群馬大	3	2	1	信州大	1	1	2	国際基督教大	3			芝浦工業大	60	31	45
埼玉大	3	3	4	国際教養大			1	津田塾大	13	6	8	東京都市大	11	8	14

入試要項・入試情報

◉2024年度の入試要項(参考)

	1回	特待A	特待B	算数特待	2回	日本橋併願
募集人員	男女110名	男女30名	男女85名	男女10名	男女40名	男女5名
選抜方法	国・算・社・理			算数	国・算・社・理	国・算または国・算・社・理
出願関連期間	12/1～1/10	12/1～1/11	12/1～1/12		12/1～1/15	12/1～2/4
試験日程	1/10午前	1/11午前	1/12午前	1/12午後	1/15午前	2/4午前
合格発表	Web 1/11 10:00～	Web 1/12 10:00～	Web 1/13 10:00～		Web 1/16 10:00～	Web 2/4 20:00～
入学手続	2/10 12:00まで					

＊1回・特待A・特待B・算数特待・2回は本校以外に外部会場での実施あり。日本橋併願は外部会場のみで本校での実施はなし。

◉費用(参考)

受験料		20,000円
入学手続時	入学金	100,000円
	授業料	—
	その他	—
入学手続後～入学まで	授業料	240,000円
	その他	233,000円
入学後１年	授業料	240,000円
	その他	109,000円
初年度納入金合計		922,000円
中学３年間費用計 約		2,426,000円

＊2万円で全回受験可。
＊入学辞退者は、3月31日までに申し出れば、入学手続時納入金の内、入学金以外を返金。

私立 共学校

面接 実施する。

◉最近6年間の入試応募者推移と倍率

年度		2019男	2019女	2020男	2020女	2021男	2021女	2022男	2022女	2023男	2023女	2024男	2024女
募集	①	80		90		先端① 110		110		110		① 110	
	先端特待	30		30		先端特待 30		30		30		特待A 30	
	②	40		30		先端② 40		40		40		② 40	
	先端A	50		45		先端A 90		90		90		特待B 85	
	先端B	40		45		算数特待 10		10		10		算数特待 10	
応募	①	898	641	850	663	832	616	833	594	929	707	1372	1153
	先端特待	610	372	503	327	437	268	370	198	272	162	528	403
	②	725	509	692	486	545	305	629	403	660	481	1088	886
	先端A	768	367	638	414	605	290	610	385	563	400	771	620
	先端B	676	473	623	317	318	125	380	128	308	102	521	319
応募倍率	①	19.2		16.8		13.2		13.0		14.9		23.0	
	先端特待	32.7		27.7		23.5		18.9		14.5		31.0	
	②	30.9		39.3		21.3		25.8		28.5		49.4	
	先端A	22.7		23.4		9.9		11.1		10.7		16.4	
	先端B	28.7		20.9		44.3		50.8		41.0		84.0	
受験	①	828	597	801	633	800	595	797	563	887	675	1299	1085
	先端特待	509	270	403	235	367	191	267	141	182	97	381	270
	②	399	275	361	259	219	154	324	214	329	254	484	404
	先端A	505	231	416	245	414	182	424	272	398	262	563	412
	先端B	389	263	399	181	257	83	266	86	226	56	363	179
合格	①	524	377	497	408	555	340	528	348	558	396	828	628
	先端特待	146	63	135	72	130	52	101	35	65	29	147	45
	②	145	82	171	110	117	80	138	88	119	84	176	135
	先端A	223	49	165	83	229	99	229	141	220	124	360	246
	先端B	94	44	152	54	102	19	88	12	64	11	194	63
実質倍率	①	1.6	1.6	1.6	1.6	1.4	1.8	1.5	1.6	1.6	1.7	1.6	1.7
	先端特待	3.5	4.3	3.0	3.3	2.8	3.7	2.6	4.0	2.8	3.3	2.6	6.0
	②	2.8	3.4	2.1	2.4	1.9	1.9	2.3	2.4	2.8	3.0	2.8	3.0
	先端A	2.3	4.7	2.5	3.0	1.8	1.8	1.9	1.9	1.8	2.1	1.6	1.7
	先端B	4.1	6.0	2.6	3.4	2.5	4.4	3.0	7.2	3.5	5.1	1.9	2.8

＊帰国生を含む。
＊2019年先端B入試の一貫クラス合格者は表中の数字には含まず。
＊2024年補欠発表(Web)…あり。補欠合格(電話)…あり。追加合格…なし。

◉入試教科

②算数	60分	120点
①国語	50分	100点
④理科	30分	60点
③社会	30分	60点
合計	170分	340点

合格最高点	①		318点
	特待A		289点
	特待B		276点
	算数特待		110点
	②		306点
	日本橋併願		—
合格最低点	①	先端	193点
	①	S特待	310点
	特待A	S特待	192点
	特待B	先端	165点
		準特待	189点
		A特待	210点
		S特待	240点
	算数特待	準特待	56点
		A特待	72点
		S特待	86点
	②	先端	252点
	②	準特待	275点
	②	A特待	294点
	②	S特待	305点
	日本橋併願	2科	145点
		4科	198点

◉受験併願パターン

偏差値	1月前半	1月後半	2月1日	2月2日	2月3日	2月4日以降
56	開智特待Ｂ		桐朋	立教池袋	学習院２	高輪Ｃ
55			城北	学習院	成城２	開智日本橋４
54		専修大松戸				
53	開智１回					
49	茗溪学園				淑徳２Ｓ特	

偏差値	1月前半	1月後半	2月1日	2月2日	2月3日	2月4日以降
58	淑徳与野		山脇学園午後国語	法政第二		
57			開智日本橋			
56				大妻２		淑徳与野２
55	開智１回	芝浦工大柏				
54					富士見３	

入試問題の傾向とポイント

算数 計算と一行問題合わせて8問、大問3題程度の問題構成。比較的オーソドックスな設定での出題が多いが、一部に思考力を要する難度の高い設問も含まれる。各大問の前半の小設問は取り組みやすいものが多いので、解ける問題を確実に取りたい。

国語 説明文と物語文の読解1題ずつと、雑問で構成されていた。説明文は文の空欄補充や文章の表現と構成、内容合致について問う設問があった。物語文は人物の心情や言動について、会話文を読んだ上で考察することが求められた。雑問は10問の漢字の書き取りと慣用句が出題された。

理科 大問4題、生地物化からの出題。設問形式は、選択・計算・記述・作図と多岐にわたる。内容は典型的な基本問題が中心であるが、問題文や図表をよく読んで考える問題も散見される。過去問演習を通して、基本問題をミスなく解き進める力を養うとともに、思考が必要な問題への対応力を身につけたい。

社会 例年同様大問1題で、1つのテーマを題材とした総合問題の出題形式。語句は原則漢字指定。記述問題は歴史・地理・公民・時事問題まで幅広く出題されており、その場で与えられた資料を活用して考える力が必要。問題文も長く、読み取りや書くことに時間を要するため、時間配分に十分注意したい。

開智所沢中等教育学校

（かいちところざわ）

■学校長／青木徹　■創立／令和6年　■生徒数／390名（男232名、女158名）
■所在地／〒359-0027 埼玉県所沢市大字松郷169
■ＴＥＬ／04-2951-8088
■交通／東所沢駅（JR武蔵野線）徒歩12分。

何学期制	週何日制	登校時刻	制服	給食	食堂 軽食販売	プール	寮	特待制度 奨学金等	帰国生 取出授業
3学期制	6日制	8:15	中高あり	中学のみあり	食堂高校のみ 販売中高なし	なし	なし	あり	

沿　革

2024年、開智所沢中等教育学校を開校

教育方針と特色

教育理念として「世界の人々や文化を理解・尊重し、平和で豊かな社会の実現に貢献できる人材の育成」を掲げる。

1）未来を見据えた先端的な授業の推進
全教室に、プロジェクターと、教室前面を覆うホワイトボードを完備。5つある理科室には1人1台の光学顕微鏡など実験設備も充実。協働型の探究的授業や、実験・観察・調査をもとに学ぶプロジェクト型授業など、定評ある開智の「探究」を核とした学びを推進し、探究力、創造力、協働する力、発信力を伸ばす。

2）世界に羽ばたく英語の学び
6年間で2500時間を超える英語学習を実施。ケンブリッジ英検を取り入れ、国際標準の資格取得を目指す。週7時間の英語の授業、AI搭載型アプリを活用したeラーニング、海外フィールドワーク、希望者への英語でのホームルームの実施などをとおして、大学受験レベルを超えた、英語を「使いこなす」力を身につける。

3）日本や世界のトップレベルの大学への進学教育の徹底
1クラス約30人の少人数クラス編成。系列校で高い実績を持つ教員をはじめとした優秀な教師陣。開智の学びに国際標準の学びを取り入れ、放課後の補習、長期休み中の講習などきめ細かな指導で日本や世界の難関大学に進学する学力を育てる。1年から4年までは、特待コースやレギュラーコースなど、生徒一人ひとりにより適した学びを行うためのコースを、5年からは、希望進路に合わせてコース・クラスを編成する。

4）受験生に優しい入試の特色
2024年度入試では、20,000円の受験料で開智グループ全学校を受験できる入試を実施。また、全ての受験回で系列校の同時判定ができた。特に1月入試では岩槻の開智中学校と完全合同入試を実現。2025年度入試でも、同様の形態での入試を実施予定。

◉系列校

小	中	高	大（短大）
○	○	○	○

◉小学校からの内進生…あり

◉高校生外部募集…なし

◉授業時間…1コマ50分・週38時間

	1年	2年	3年	計
国　語	5	5	5	15
社　会	3	3	4	10
数　学	6	6	6	18
理　科	4	4	4	12
英　語	7	7	7	21
5教科計	25	25	26	76

参考　**高校1年生一週間の授業**

英語=6　数学=5　国語=5
理科=5　社会=6

進学・進路

◉卒業生進路状況

2024年4月開校のため、卒業生はまだ出ていない。

◉卒業までの流れ

小学校	中学校	高等学校	大学
開智所沢小学校	開智所沢中等教育学校		▶ 開智国際大学

入試要項・入試情報

◉2024年度の入試要項（参考）

	1回	特待A	特待B	算数特待	2回	日本橋併願
募集人員	男女100名	男女30名	男女45名	男女15名	男女45名	男女5名
選抜方法	国・算・社・理			算数	国・算・社・理	国・算または 国・算・社・理
出願関連期間	12/1～1/10	12/1～1/11	12/1～1/12		12/1～1/15	1/10～2/4
試験日程	1/10午前	1/11午前	1/12午前	1/12午後	1/15午前	2/4午前
合格発表	Web 1/11 10:00～	Web 1/12 10:00～	Web 1/13 10:00～		Web 1/16 10:00～	Web 2/4 20:00～
入学手続	2/10 12:00まで					

＊1回・特待A・特待B・算数特待・2回は開智中学校に外部会場での実施あり。日本橋併願は外部会場のみで実施。

◉費用（参考）

受験料		20,000円
入学手続時	入学金	250,000円
	授業料	—
	その他	—
入学手続後～入学まで	授業料	135,000円
	その他	609,000円
入学後１年	授業料	405,000円
	その他	81,000円
初年度納入金合計		1,480,000円
中学３年間費用計　約		3,380,000円

＊2万円で全回受験可、複数校の同時判定時にも追加受験料は不要。

私立 共学校

面接 帰国生のみ実施。

◉最近6年間の入試応募者推移と倍率

年度		2019 男	2019 女	2020 男	2020 女	2021 男	2021 女	2022 男	2022 女	2023 男	2023 女	2024 男	2024 女
募集	① 特待A ② 特待B 算数特待											100 30 45 45 15	
応募	① 特待A ② 特待B 算数特待											1219 489 1094 753 541	1090 422 939 632 341
応募倍率	① 特待A ② 特待B 算数特待											23.1 30.4 45.2 30.8 58.8	
受験	① 特待A ② 特待B 算数特待											1146 345 477 550 366	1008 273 427 420 191
合格	① 特待A ② 特待B 算数特待											886 141 354 426 253	742 67 299 313 98
実質倍率	① 特待A ② 特待B 算数特待											1.3 2.4 1.3 1.3 1.4	1.4 4.1 1.4 1.3 1.9

＊2024年日本橋併願入試は4教科／2教科。
＊2024年補欠発表・追加合格…いずれも詳細不明。

◉入試教科

②算数	60分	120点
①国語	50分	100点
③理科	あわせて60分	60点
③社会		60点
合計	170分	340点

＊算数特待は（60分・120点）
＊日本橋併願は2科（国・算）・4科選択。2科は国（50分・100点）算（50分・120点）合計200点。4科は国（50分・100点）算（50分・120点）社（25分・50点）理（25分・50点）合計320点。

合格最高点	1回	310点
	特待A	289点
	特待B	276点
	算数特待	110点
	2回	306点
	日本橋併願2科	—
	4科	—
合格最低点	1回	167点
	特待A	174点
	特待B	147点
	算数特待	46点
	2回	210点
	日本橋併願2科	139点
	4科	198点

◉受験併願パターン

偏差値	1月前半	1月後半	2月1日	2月2日	2月3日	2月4日以降
49	西武文理特待		獨協	ドルトン２日Ａ	淑徳２Ｓ特	
48		麗澤ＥＥ	東京電機大２			東京電機大４
47		茗溪学園総合	明治学院		お茶の水女子大附	開智所沢日本橋併
46	開智所沢				日大第二２	
45	開智所沢２			明治学院２		

偏差値	1月前半	1月後半	2月1日	2月2日	2月3日	2月4日以降
50	開智所沢特待Ｂ		富士見	国学院久我山２	三輪田学園３	
49		麗澤ＥＥ			晃華学園３	
48		昭和学院算	明治学院			
47	開智所沢		東京電機大２		日大第二２	
46	開智所沢２			宝仙学園２		明治学院３

入試問題の傾向とポイント

算数　計算と一行問題合わせて8問、大問3題程度の問題構成。比較的オーソドックスな設定での出題が多いが、一部に思考力を要する難度の高い設問も含まれる。各大問の前半の小設問は取り組みやすいものが多いので、解ける問題を確実に取りたい。

国語　説明文と物語文の読解1題ずつと、雑問で構成されていた。説明文は文の空欄補充や文章の表現と構成、内容合致について問う設問があった。物語文は人物の心情や言動について、会話文を読んだ上で考察することが求められた。雑問は10問の漢字の書き取りと慣用句が出題された。

理科　2024年度は開智中学校と同一問題で、大設問4題、生地物化からの出題。設問形式は、選択・計算・記述・作図と多岐にわたる。典型問題が中心だが、問題文や図表をよく読んで考える必要がある問題も散見される。開智中の過去問演習を通して、思考が必要な問題への対応力を身につけたい。

社会　例年同様大問1問で、1つのテーマを題材とした総合問題の出題形式。語句は原則漢字指定。記述問題は歴史・地理・公民・時事問題まで幅広く出題されており、その場で与えられた資料を活用して考える力が必要。問題文も長く、読み取りや書くことに時間を要するため、時間配分に十分注意したい。

開智日本橋学園中学校

（かいちにほんばしがくえん）

■学校長／近藤健志　■創立／明治38年　■生徒数／492名（男179名、女313名）
■所在地／〒103-8384 東京都中央区日本橋馬喰町2-7-6　■ＴＥＬ／03-3662-2507
■交通／浅草橋駅（JR総武線、都営浅草線）徒歩3分。馬喰町駅（JR総武線快速）徒歩3分。馬喰横山駅（都営新宿線）徒歩7分。

何学期制	週何日制	登校時刻	制服	給食	食堂 軽食販売	プール	寮	特待制度 奨学金等	帰国生 取出授業
3学期制	6日制	8:10	中高あり	なし	食堂なし 販売中高あり	なし	なし	あり	あり

沿　革

1905年、日本橋区教育会より設立。翌年、日本橋高等女学校となる。1925年、私立日本橋女学館となり、1948年学制の改革により日本橋女学館中学高等学校に改称。2009年新校舎完成。
2014年4月より開智学園教育グループ。2015年4月より中学校のみ男女共学化、現校名に変更。2018年4月に高校の校名も開智日本橋学園高等学校に変更。

教育方針と特色

「6年あるから夢じゃない!!」を合言葉に2015年4月に誕生。
世界中の人々や文化を理解、尊敬し、平和で豊かな国際社会の実現に貢献するリーダーを育成する。
生徒が自ら考え、ディスカッションし、様々な問題を解決していく国際バカロレアの学びを通して、探究力、創造力、発信力、コミュニケーション力を鍛える。
さらに探究型の学びとしっかりした知識学習を行い、高2、高3では世界標準の大学進学プログラムの教育や、世界及び日本の難関大学へ対応した進学指導を徹底する。グローバル化に対応した英語教育に注力するとともに、他教科を英語で学ぶイマージョン教育を取り入れるなど、英語を学ぶ環境を充実させる。

◉系列校

小	中	高	大（短大）
	○	○	○

◉併設小学校なし

◉高校生外部募集………

転編入生：若干名

◉授業時間…1コマ50分・週34時間

	1年	2年	3年	計
国　語	5	5	5	15
社　会	3	3	4	10
数　学	5	6	6	17
理　科	4	4	4	12
英　語	6	5	5	16
5教科計	23	23	24	70

参考　高校1年生一週間の授業

英語=6　数学=6　国語=6
理科=6　社会=4

進学・進路

◉卒業生進路状況

■進路選択状況（高３進級時）

データなし

■理系・文系進学状況

データなし

■共通テスト受験率

データなし

◉卒業までの流れ

小学校	中学校	高等学校	大学
	開智日本橋学園中学校 ▶	開智日本橋学園高等学校（132） ▶	開智国際大学

◉主な大学合格実績

大学名	'22	'23	'24	大学名	'22	'23	'24	大学名	'22	'23	'24	大学名	'22	'23	'24
東京大				千葉大	1	2	5	東京都立大	3	2		東京女子大	4		1
京都大		1		お茶の水女子大		1		横浜市立大	2	2	2	日本女子大	4		3
北海道大			1	東京外国語大		1		慶應義塾大	5	5	6	成蹊大	4	10	8
東北大			2	電気通信大	1		1	早稲田大	11	14	18	成城大	8	2	8
名古屋大				東京学芸大		2		上智大	8	10	10	明治学院大	8	7	6
大阪大			1	東京農工大		1	2	東京理科大	22	15	17	國學院大	11	4	8
九州大				東京芸術大				明治大	28	18	29	武蔵大	3	9	3
東京工業大	1			東京医科歯科大				青山学院大	15	11	12	獨協大	1	11	6
一橋大			1	東京海洋大	1		1	立教大	25	23	28	日本大	22	34	22
筑波大			3	横浜国立大	1		3	中央大	19	8	10	東洋大	40	26	31
茨城大				山梨大				法政大	17	37	22	駒澤大	5	10	10
宇都宮大	1			金沢大		1		学習院大	2	4	8	専修大	10	7	14
群馬大				信州大			1	国際基督教大	2	4	5	芝浦工業大	4	6	5
埼玉大	4			国際教養大				津田塾大	1			東京都市大	4	1	6

入試要項・入試情報

◉2024年度の入試要項(参考)

	1回2科・4科(GLC3科)	特待生(4科・算数単科)	2回2科・4科	3回2科・4科	4回2科・4科(GLC3科)
募集人員	男女35名	男女30名	男女25名	男女20名	男女20名
選抜方法	国・算または国・算・社・理 GLC3科は国・算・英G＋口頭試問	国・算・社・理または算	国・算または国・算・社・理		国・算または国・算・社・理 GLC3科は国・算・英G＋口頭試問
出願関連期間	1/10〜2/1		1/10〜2/2	1/10〜2/3	1/10〜2/4
試験日程	2/1午前	2/1午後	2/2午後	2/3午後	2/4午前
合格発表	Web 2/1 20:00〜	Web 2/1 22:00〜	Web 2/2 22:00〜	Web 2/3 22:00〜	Web 2/4 20:00〜
入学手続	2/10 13:00まで				

＊4回は開智中学校・開智望中等教育学校・開智所沢中等教育学校との併願可能。併願入試は本校以外に大宮ソニックシティ・開智望中等教育学校・秋草学園福祉教育専門学校でも実施。

面接 実施する。

◉費用(参考)

受験料		20,000円
入学手続時	入学金	100,000円
	授業料	—
	その他	—
入学手続後〜入学まで	授業料	120,000円
	その他	362,000円
入学後１年	授業料	360,000円
	その他	226,000円
初年度納入金合計		1,168,000円
中学３年間費用計	約	2,964,000円

＊2万円で全回受験可、適性検査のみ受験は5千円。開智、開智未来、開智望との併願は、3万円で全校の受験可。
＊上記学費はDLC/GLCクラスのもの。

私立 共学校

◉最近6年間の入試応募者推移と倍率

年度		2019 男	2019 女	2020 男	2020 女	2021 男	2021 女	2022 男	2022 女	2023 男	2023 女	2024 男	2024 女
募集	① 適性検査 特待生 ②	25 10 30 25		25 10 30 25		25 10 30 25		25 10 30 20		① 特待生 ② ③｜④	25 30 25 20｜20	35 30 25 20｜20	
応募	① 適性検査 特待生 ②	179/23/16 68 203/77 318/59	166/32/10 67 184/32 238/58	144 68 147/73 228/58	194 78 136/44 217/54	136/14/18 59 138/58 244/38	169/26/22 88 150/45 239/61	156/21/10 63 128/83 266/60	225/17/17 90 182/47 302/59	105/9/10 110/60 217/39 240/41｜203/42	189/11/10 147/32 252/38 283/49｜265/37	365/44/39 262/128 546/103 523/126｜673/136/56	
応募倍率	① 適性検査 特待生 ②	17.0 13.5 16.5 26.9		13.5 14.6 13.3 22.3		15.4 14.7 13.0 23.3		17.8 15.3 14.7 34.4		13.4 11.6 21.8 30.7｜27.4		12.8 13.0 26.0 32.5｜43.3	
受験	① 適性検査 特待生 ②	135/22/16 67 155/61 187/37	137/27/9 67 145/26 150/42	87 65 111/63 146/34	158 78 97/36 122/37	111/12/16 58 92/51 165/26	131/25/20 86 98/35 129/37	114/18/10 60 90/69 164/30	170/16/13 86 124/43 187/41	73/9/8 67/52 128/24 119/26｜86/28	147/9/9 92/25 133/22 142/27｜119/20	278/33/31 175/84 314/46 255/63｜307/76/33	
合格	① 適性検査 特待生 ②	35/5/3 13 32/10 25/1	42/8/1 17 26/8 28/4	35 12 25/14 24/6	56 17 26/10 23/6	32/3/5 7 22/12 30/2	49/4/3 22 32/6 27/2	35/5/0 7 15/18 23/3	52/3/3 17 30/5 26/4	24/1/2 19/12 22/2 11/1｜11/0	49/1/2 30/6 28/3 23/3｜18/2	97/6/12 58/21 51/6 29/9｜26/8/5	
実質倍率	① 適性検査 特待生 ②	3.9/4.4/5.3 5.2 4.8/6.1 7.5/37.0	3.3/3.4/9.0 3.9 5.6/3.3 5.4/10.5	2.5 5.4 4.4/4.5 6.1/5.7	2.8 4.6 3.7/3.6 5.3/6.2	3.5/4.0/3.2 8.3 4.2/4.3 5.5/13.0	2.7/6.3/6.7 3.9 3.1/5.8 4.8/18.5	3.3/3.6/- 8.6 6.0/3.8 7.1/10.0	3.3/5.3/4.3 5.1 4.1/8.6 7.2/10.3	3.0/9.0/4.0 3.5/4.3 5.8/12.0 10.8/26.0｜7.8/−	3.0/9.0/4.5 3.1/4.2 4.8/7.3 6.2/9.0｜6.6/10.0	2.9/5.5/2.6 3.0/4.0 6.2/7.7 8.8/7.0｜11.8/9.5/6.6	

＊2019年①は4教科／2教科／GLC、特待生は4教科／1教科(算数)、②は4教科／2教科。2020年特待生は4教科／1教科(算数)、②は4教科／2教科。2021年〜2023年①は4教科／2教科／GLC、特待生は4教科／1教科(算数)、②・③・④は4教科／2教科。2024年①と④は4教科／2教科／GLC、特待生は4教科／1教科(算数)、②・③は4教科／2教科。
＊2024年補欠発表・追加合格…いずれも詳細不明。

◉入試教科

4教科/2教科

②算数	50分/50分	120点/120点
①国語	50分/50分	100点/100点
③理科	25分/	50点/
④社会	25分/	50点/
合計	150分/100分	320点/220点

＊算数単科はⅠ(50分・120点)Ⅱ(20分・40点)合計160点。

合格最高点	非公表	
合格最低点	1回	193/141点
	GLC	非公表
	特待	185点
	算数単科	−
	2回	183/127点
	3回	206/153点
	4回	208/150点

◉受験併願パターン

偏差値	1月前半	1月後半	2月1日	2月2日	2月3日	2月4日以降
58	江戸川取手東					
57				開智日本橋２	開智日本橋３	
55			開智日本橋			開智日本橋４
54		専修大松戸				
53	開智１回					

偏差値	1月前半	1月後半	2月1日	2月2日	2月3日	2月4日以降
60	洗足学園帰Ｂ				白鴎高附属一般	
59				開智日本橋２	開智日本橋３	
57			開智日本橋			開智日本橋４
56		専修大松戸				
55	開智１回					

入試問題の傾向とポイント

算数 計算3問、一行問題5問、大問2題の出題。幅広い領域から、基本〜標準レベルのオーソドックスな問題が出題された。テキストで一度は見たことがあるような問題が中心なので、日頃の学習の達成度が試される。基本レベルの問題を繰り返し解くことに力を入れたい。

国語 漢字の読み書き10問と、説明文と物語文の読解2題構成。説明文は指示語や理由説明、空欄補充などが、物語文では表現技法や言い換えなどが問われた。読解問題の解答形式は、抜き出しや記述を中心としていた。

理科 設問全4題、生地物化からの出題。大問の中にいくつかの単元がふくまれることが多いので、出題範囲は多岐にわたり、小問数も多い。出題自体は基本的な問題が中心であるため、日頃から基礎固めを意識し、苦手分野はできる限りつくらないように心がけたい。

社会 地理・歴史・政治の大問3題構成。大問1は争いや対立の歴史、大問2はふるさと納税をテーマにした地理、大問3は統計を題材にした政治。設問の多くは基礎基本が中心。用語記述は原則として漢字指定。記述問題が2問出題され、いずれも図版を用いたものであった。

開智未来中学校

（かいちみらい）

■学校長／藤井剛　■創立／平成23年　■生徒数／271名（男162名、女109名）
■所在地／〒349-1212 埼玉県加須市麦倉1238　■ＴＥＬ／0280-61-2021
■交通／柳生駅（東武日光線）徒歩20分。栗橋駅（JR宇都宮線、東武日光線）、古河駅（JR宇都宮線）、羽生駅・加須駅・館林駅（東武伊勢崎線）、鴻巣駅（JR高崎線）などからスクールバスあり。

何学期制	週何日制	登校時刻	制服	給食	食堂 軽食販売	プール	寮	特待制度 奨学金等	帰国生 取出授業
3学期制	6日制	8:40	中高あり	なし	食堂条件付 販売条件付	なし	なし	あり	なし

沿　革

学校法人開智学園を母体とし、教育開発校として2011年4月開智未来中学校、高等学校を開校。

教育方針と特色

国際社会に貢献する心ゆたかな創造型発信型リーダーを育成する。東大をはじめとする最難関大学進学を目指す「T未来クラス」と国公立大学、難関私立大学進学を目指す「未来クラス・開智クラス」を設置し、生徒各自の理解度や希望進路に合わせた授業を展開する。関根初代校長の「学びのサプリ」の考えに基づき、学びの基盤づくりを行い、志や学びのスキル、世界水準の思考力を育てる。3I' S（探究・英語力発信・つなげる知能としてのＩＣＴ）を教育の柱とし、フィールドワークや才能発見プログラムなど、独自の教育活動を実践する。「東大ゼミ」「医系コース」など、夢を叶えるサポートも充実している。

◉系列校

小	中	高	大（短大）
	○	○	○

◉併設小学校なし

◉高校生外部募集………90名

（完全別クラス）

◉授業時間…1コマ50分・週34時間

	1年	2年	3年	計
国　語	6	5	6	17
社　会	3	4	4	11
数　学	6	6	6	18
理　科	4	4	4	12
英　語	6	6	6	18
5教科計	25	25	26	76

参考　高校1年生一週間の授業

英語=7　数学=6　国語=6
理科=4　社会=4

※未来クラス

進学・進路

◉卒業生進路状況

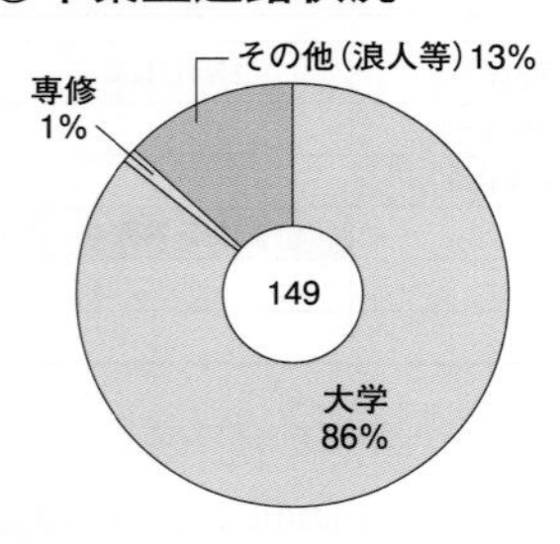

■進路選択状況（高３進級時）

理系 46%　文系 54%

■理系・文系進学状況

理系 49%　文系 51%

■共通テスト受験率

93%

◉卒業までの流れ

小学校	中学校	高等学校	大学
	開智未来中学校	開智未来高等学校（149）	開智国際大学　ー

◉主な大学合格実績

大学名	'22	'23	'24	大学名	'22	'23	'24	大学名	'22	'23	'24	大学名	'22	'23	'24
東京大		1		千葉大	2	1	1	東京都立大		1		東京女子大	3	5	3
京都大				お茶の水女子大	2	1	1	横浜市立大				日本女子大	8	2	11
北海道大	3	4	3	東京外国語大				慶應義塾大	10	7	2	成蹊大	3	3	4
東北大	1	2	2	電気通信大			2	早稲田大	4	4	6	成城大	3	2	4
名古屋大			1	東京学芸大		1	1	上智大	11	2	4	明治学院大	6	3	4
大阪大		1		東京農工大				東京理科大	10	17	16	國學院大	9		4
九州大		1	1	東京芸術大				明治大	33	12	17	武蔵大	19	8	22
東京工業大		1		東京医科歯科大				青山学院大	6	8	9	獨協大	26	36	19
一橋大				東京海洋大	1			立教大	28	6	13	日本大	53	27	32
筑波大	3	1	3	横浜国立大	3			中央大	23	9	13	東洋大	50	31	45
茨城大	1	1		山梨大		1		法政大	17	11	15	駒澤大	9	6	12
宇都宮大	1	4	2	金沢大		1		学習院大	26	7	12	専修大	18	9	16
群馬大	2	3		信州大			3	国際基督教大				芝浦工業大	28	17	22
埼玉大	3	1	6	国際教養大				津田塾大	5	1	4	東京都市大	6	6	2

入試要項・入試情報

◉2024年度の入試要項(参考)

	探究1	1回	探究2	T未来	算数1科	2回	開智併願型
募集人員	T未来クラス 男女10名 未来クラス 男女5名 開智クラス 男女10名	T未来クラス 男女10名 未来クラス 男女5名 開智クラス 男女5名	T未来クラス 男女5名 未来クラス 男女5名 開智クラス 男女10名	T未来クラス 男女20名	T未来クラス 男女5名 未来クラス 男女5名	T未来クラス 男女5名 未来クラス 男女5名 開智クラス 男女5名	T未来クラス 男女5名 未来クラス 男女5名
選抜方法	計算基礎・ 読解基礎・ 探究(科学)	国・算	計算基礎・読解基礎・ 探究(社会)または 計算基礎・読解基礎・英	国・算・理	算数	国・算または 国・算・社・理 または 国・算・英	国・算・社・理
出願関連期間	12/1～1/10		12/1～1/11		12/1～1/12	12/1～1/14	12/1～1/15
試験日程	1/10午前	1/10午後	1/11午前	1/11午後	1/12午後	1/14午前	1/15午前
合格発表	Web 1/11 21:00～	Web 1/10 22:00～	Web 1/12 21:00～	Web 1/11 22:00～	Web 1/12 22:00～	Web 1/14 19:00～	Web 1/16 15:00～
入学手続	2/10 23:59まで						

＊1回・T未来・算数1科は、本校以外に外部会場でも実施。開智併願型は、開智中学校・開智望中学校・川口市民ホール・ところざわサクラタウンで実施。
＊開智併願型は開智中学校『2回』入試。併願希望者は開智中学校の出願時に「開智未来の判定を希望する」にチェックを入れる。

面接 実施しない。

◉費用(参考)

受験料		20,000円
入学手続時	入学金	100,000円
	授業料	—
	その他	—
入学手続後～入学まで	授業料	120,000円
	その他	339,900円
入学後1年	授業料	360,000円
	その他	132,500円
初年度納入金合計		1,052,400円
中学3年間費用計 約		2,697,200円

＊2万円で開智未来、開智、開智日本橋、開智望、開智所沢の全ての回受験可。
＊入学辞退者は3月31日までに申し出れば、入学手続時納入金の内、入学金以外を返金。
＊開智、開智日本橋、開智望、開智所沢との入学手続時納入金の振り替え可。

◉最近6年間の入試応募者推移と倍率

年度		2019男	2019女	2020男	2020女	2021男	2021女	2022男	2022女	2023男	2023女	2024男	2024女
募集	① 探究① 未来A 探究②	20 20 15 20		20 20 15 20		開智併願型 10 ① 20 探究① 20 T未来 15 探究② 20		10 20 20 15 20		10 20 20 15 20		10 20 25 20 20	
応募	① 探究① 未来A 探究②	196 50 164 62	187 45 145 62	188 43 157 61	186 38 123 45	505 108 65 111 70	371 97 50 80 52	433 130 61 118 54	261 105 50 98 39	410 147 43 93 56	316 129 31 70 37	793 156 50 101 63	681 132 32 82 49
応募倍率	① 探究① 未来A 探究②	19.2 4.8 20.6 6.2		18.7 4.1 18.7 5.3		87.6 10.3 5.8 12.7 6.1		69.4 11.8 5.6 14.4 4.7		72.6 13.8 3.7 10.9 4.7		147.4 14.4 3.3 9.2 5.6	
受験	① 探究① 未来A 探究②	181 41 87 44	170 34 83 41	164 31 90 39	171 30 72 37	486 77 41 96 48	360 70 41 71 39	240 95 49 102 45	142 83 41 84 34	214 133 35 51 38	180 123 30 45 32	368 140 41 65 47	318 117 23 53 33
合格	① 探究① 未来A 探究②	132 35 40 34	119 24 30 31	118 25 44 33	130 22 29 27	424 56 31 47 34	323 51 33 34 33	149 69 29 44 33	89 62 36 48 28	185 115 28 30 34	156 112 28 22 29	284 118 34 34 35	241 96 18 24 30
実質倍率	① 探究① 未来A 探究②	1.4 1.2 2.2 1.3	1.4 1.4 2.8 1.3	1.4 1.2 2.0 1.2	1.3 1.4 2.5 1.4	1.1 1.4 1.3 2.0 1.4	1.1 1.4 1.2 2.1 1.2	1.6 1.4 1.7 2.3 1.4	1.6 1.3 1.1 1.8 1.2	1.2 1.2 1.3 1.7 1.1	1.2 1.1 1.1 2.0 1.1	1.3 1.2 1.2 1.9 1.3	1.3 1.2 1.3 2.2 1.1

＊2024年補欠発表…なし。追加合格(電話)…あり、2月2日。

◉入試教科

4教科/2教科

②算数	40分/40分	100点/100点
①国語	40分/40分	100点/100点
③理科	あわせて ＊40分	50点/
③社会		50点/
合計	120分/80分	300点/200点

＊探究1は計算基礎(20分・50点)・読解基礎(30分・50点)・探究科学(40分・100点)の合計200点。
＊探究2は計算基礎(20分・50点)・読解基礎(30分・50点)・探究社会又は英(40分・100点)の合計200点。
＊T未来の3科は、国・算・理(各40分・各100点)の合計300点。
＊国・算・英(各40分・各100点)の合計300点。
＊国・算(各40分・各100点)の合計200点。
＊開智併願型は国(50分・100点)・算(60分・120点)・社・理(各30分・各60点)の合計340点。

合格最高点	探究1 165点 1回 186点 探究2 165点 T未来 253点 算数 91点 2回 271/174点 併願 305点
合格最低点	探究1 74点 1回 91点 探究2 93点 T未来 165点 算数 62点 2回 167/109点 併願 180点

◉受験併願パターン

偏差値	1月前半	1月後半	2月1日	2月2日	2月3日	2月4日以降
48			足立学園特奨1			
46	開智所沢					
45	開智未来T未来					
40	開智未来					
39	昌平					

偏差値	1月前半	1月後半	2月1日	2月2日	2月3日	2月4日以降
48		茗溪学園総合				
46	開智未来T未来					
45	開智未来算数					
41	開智未来					
40	開智未来2					

入試問題の傾向とポイント

算数 計算と一行問題合わせて8問、大問4題の問題構成。一行問題は標準的なレベルだが、大問には複雑で考えにくい問題もある。前半で確実に得点するためにも、基礎基本の徹底を心がけたい。途中式や考え方を書かせる問題もあるので、日頃から記述の練習もしておくこと。

国語 説明文、物語文、雑問それぞれ1題ずつの構成である。説明文は文章を読んだうえで表をまとめる問題が出題された。物語文は空欄になった登場人物の発言内容を推測して記述することが求められた。雑問はことわざや敬語、漢字の書き取り、文学作品などについて問われた。

理科 設問3題、大問1つにつき生地物化から1分野の出題。選択・計算・記述と多岐にわたる出題形式で、作図問題が出る年もある。基本的な知識に加え、問題理解力、思考力が問われている。四科のまとめで基礎基本を固めたうえで、思考力が多めの過去問演習を多く重ねたい。

社会 豊かで強い国の条件とは?というテーマを切り口に、地理・歴史・政治の融合問題が出題。理科と合わせて40分の試験時間のわりに問題数が多く、処理能力が問われる。記述問題は3問出題されており、図表を読み取ったり、文章を参考にしたりした上で自分の言葉で書くことが求められている。

かえつ有明中学校

（ありあけ）

■学校長／小島貴子　■創立／明治36年　■生徒数／632名（男310名、女322名）
■所在地／〒135-8711 東京都江東区東雲2-16-1　■ＴＥＬ／03-5564-2161
■交通／東雲駅（りんかい線）徒歩8分。豊洲駅（有楽町線）からバス「都橋住宅前」下車徒歩2分。辰巳駅（有楽町線）徒歩18分。

何学期制	週何日制	登校時刻	制服	給食	食堂 軽食販売	プール	寮	特待制度 奨学金等	帰国生 取出授業
3学期制	6日制	8:15	中高あり	なし	食堂なし 販売中高あり	なし	なし	あり	あり

沿　革

1903年に日本で初めて女子を対象とした私立女子商業学校として創立。1907年に私立日本女子商業学校と改称。1952年に嘉悦女子中・高等学校と改称。1998年、校舎全面改築。2006年に、お台場の隣接地、有明北地区へ移転。男女共学になるとともに、校名も嘉悦女子中・高等学校からかえつ有明中・高等学校に改称。

教育方針と特色

正解のない問いにいかに答えを見いだすか。欧米型の教育が求められ、日本の大学入試も思考力重視に切り替わるなか、2006年の共学化の折から、思考力を育むオリジナル科目の「サイエンス科」を続けている。帰国生が多いのも特徴で、その総数は6学年で約370名。日常的に多様な価値観に触れることで、幅広い人間性が育まれている。また、全教科的にアクティブラーニングの取り組みを行う一方で、モデルコアカリキュラムを作り、全ての生徒が高3までに身につける知識と資質・能力を明示している。

◉系列校

小	中	高	大(短大)
	○	○	○

◉併設小学校なし
◉高校生外部募集………10名

◉授業時間…1コマ50分・週34時間

	1年	2年	3年	計
国　語	4	5	4	13
社　会	4	3	4	11
数　学	5	5	6	16
理　科	4	4	4	12
英　語	6	6	6	18
5教科計	23	23	24	70

参考　高校1年生一週間の授業

英語=6　数学=6　国語=6
理科=4　社会=4

進学・進路

◉卒業生進路状況

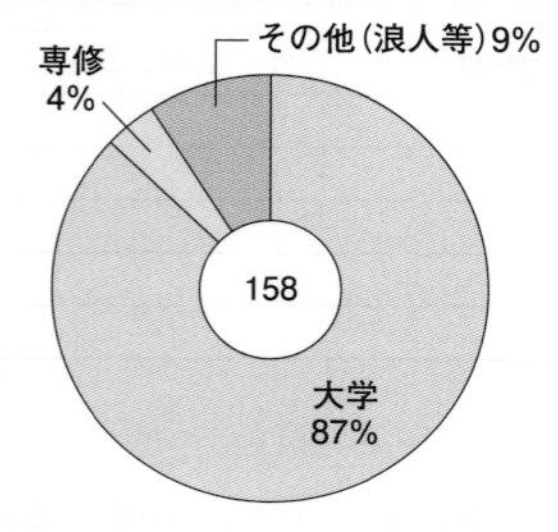

■進路選択状況（高３進級時）
理系 27%　文系 68%
0　50　100

■理系・文系進学状況
理系 27%　文系 70%
0　50　100

■共通テスト受験率
63%
0　50　100

◉卒業までの流れ

小学校	中学校	高等学校	大学
	かえつ有明中学校 ▶	かえつ有明高等学校 (158) ▶	嘉悦大学　0

◉主な大学合格実績

大学名	'22	'23	'24	大学名	'22	'23	'24	大学名	'22	'23	'24	大学名	'22	'23	'24
東京大			1	千葉大	4	1	1	東京都立大	1			東京女子大	1	4	
京都大				お茶の水女子大	1			横浜市立大				日本女子大	2	4	1
北海道大				東京外国語大				慶應義塾大	11	9	11	成蹊大	5	5	6
東北大		1		電気通信大				早稲田大	14	12	15	成城大	3	14	2
名古屋大			1	東京学芸大				上智大	16	15	15	明治学院大	7	9	12
大阪大				東京農工大		1		東京理科大	16	16	12	國學院大	5	5	8
九州大				東京芸術大				明治大	18	25	13	武蔵大	3	7	2
東京工業大	2			東京医科歯科大				青山学院大	10	18	6	獨協大	2	7	4
一橋大				東京海洋大				立教大	23	26	8	日本大	12	29	14
筑波大	1	1		横浜国立大		2		中央大	13	11	11	東洋大	17	21	21
茨城大				山梨大				法政大	23	37	25	駒澤大	6	11	4
宇都宮大		1		金沢大				学習院大	5	5	4	専修大	2	6	10
群馬大				信州大			1	国際基督教大	3	3	1	芝浦工業大	7	16	4
埼玉大				国際教養大		1	2	津田塾大	2	3	2	東京都市大	2	5	5

入試要項・入試情報

◉2024年度の入試要項(参考)

	2/1午前 2科・4科	2/1午前 思考力特待	2/1午後 特待	Honors/ Advanced選考	2/2午後 特待	2/3午後 特待	2/3午後 アクティブラーニング 思考力特待
募集人員	男女45名	男女7名	男女35名	男女15名	男女30名	男女18名	男女10名
選抜方法	国・算または 国・算・社・理	個人探究	特待…国・算・社・理 一般…国・算または 国・算・社・理	作文(英・日)・英語筆記 +英語ペアワーク・ 成績表コピー	特待…国・算・社・理 一般…国・算または 国・算・社・理		グループワーク
出願関連期間	1/10～1/30			1/10～1/25	1/10～2/1	1/10～2/2	
試験日程	2/1午前		2/1午後	2/2午前	2/2午後	2/3午後	
合格発表	Web 2/1 18:30～		Web 2/1 22:30～	Web 2/2 18:30～	Web 2/2 22:30～	Web 2/3 22:30～	
入学手続	2/8 15:00まで						

面接 実施する。

◉費用(参考)

受験料		25,000円
入学手続時	入学金	250,000円
	授業料	—
	その他	25,000円
入学手続後～入学まで	授業料	—
	その他	84,390円
入学後１年	授業料	492,000円
	その他	468,000円
初年度納入金合計		1,319,390円
中学３年間費用計　約		3,143,390円

＊複数回出願の受験料は2万5千円。
＊受験当日に公立中高一貫校の受験票コピー提出で、2月10日15時まで延納可。
＊入学辞退者は、所定期日までに申し出れば、諸経費(2万5千円)を返金。

◉最近6年間の入試応募者推移と倍率

年度		2019男	2019女	2020男	2020女	2021男	2021女	2022男	2022女	2023男	2023女	2024男	2024女
募集	2/1AM	30		40		40		40		40		2/1AM	45
	2/1PM特待	20		30		30		30		30		2/1PM特待	35
	2/2特待	20		20		20		25		25		2/2PM特待	30
	2/3特待	10		10		10		15		15		2/3PM特待	18
応募	2/1AM	86/44	50/16	121/28	58/28	147/22	92/32	182/30	116/41	183/24	154/35	189/13	157/23
	2/1PM特待	124/38	67/19	247/33	96/38	251/33	142/31	269/38	193/38	265/23	193/30	249/15	176/30
	2/2特待	141/54	75/24	261/35	111/45	251/33	146/33	266/32	178/40	293/33	213/37	286/25	204/35
	2/3特待	164	85	270	104	282	155	257/33	178/43	298/27	211/30	286/34	196/30
応募倍率	2/1AM	6.5		5.9		7.3		9.2		9.9		8.5	
	2/1PM特待	12.4		13.8		15.2		17.9		17.0		13.4	
	2/2特待	14.7		22.6		23.2		20.6		23.0		18.3	
	2/3特待	24.9		37.4		43.7		34.1		37.7		30.3	
受験	2/1AM	71/20	34/10	94/24	49/25	107/19	67/30	136/26	83/34	131/22	112/31	149/11	120/15
	2/1PM特待	110/29	55/10	216/29	84/30	224/28	115/24	219/34	154/26	206/15	143/23	197/11	137/23
	2/2特待	67/20	37/6	149/23	67/27	140/19	74/18	143/18	102/20	167/21	127/25	174/14	125/19
	2/3特待	50	29	105	47	144	67	124/18	83/24	150/20	115/17	135/20	104/17
合格	2/1AM	31/3	16/3	37/4	22/9	33/6	19/9	27/1	14/6	39/3	20/2	42/1	36/2
	2/1PM特待	68(3)/6	37(6)/7	102(9)/9	44(3)/4	99(7)/7	57(3)/5	39(2)/4	33(6)/1	46(4)/1	25(3)/2	49(2)/2	35(3)/5
	2/2特待	36(6)/5	21(1)/4	56(6)/0	16(1)/1	14(5)/1	7(4)/1	30(2)/1	24(5)/0	38(3)/0	23(2)/0	42(0)/5	35(4)/3
	2/3特待	25(2)	16(1)	23(1)	16(2)	6(1)	9(2)	25(3)/1	21(1)/2	23(3)/4	25(2)/3	24(2)/3	31(3)/2
実質倍率	2/1AM	2.3/6.7	2.1/3.3	2.5/6.0	2.2/2.8	3.2/3.2	3.5/3.3	5.0/26.0	5.9/5.7	3.4/7.3	5.6/15.5	3.5/11.0	3.3/7.5
	2/1PM特待	1.6(36.7)/4.8	1.5(9.2)/1.4	2.1(24.0)/3.2	1.9(28.0)/7.5	2.3(32.0)/4.0	2.0(38.3)/4.8	5.6(109.5)/8.5	4.7(25.7)/26.0	4.5(51.5)/15.0	5.7(47.7)/11.5	4.0(98.5)/5.5	3.9(45.7)/4.6
	2/2特待	1.9(11.2)/4.0	1.8(37.0)/1.5	2.7(24.8)/−	4.2(67.0)/27.0	10.0(28.0)/19.0	10.6(18.5)/18.0	4.8(71.5)/18.0	4.3(20.4)/−	4.4(55.7)/−	5.5(63.5)/−	4.1(-)/2.8	3.6(31.3)/6.3
	2/3特待	2.0(25.0)	1.8(29.0)	4.6(105.0)	2.9(23.5)	24.0(144.0)	7.4(33.5)	5.0(41.3)/18.0	4.0(83.0)/12.0	6.5(50.0)/5.0	4.6(57.5)/5.7	5.6(67.5)/6.7	3.4(34.7)/8.5

＊2019年～2024年2/1午後特待・2/2特待・2/3特待と2023～2024年思考力特待・AL思考力特待・Honors/Advancedの(　)の数字は合格者数に含まれる特待合格者の数とその実質倍率。
＊2019～2021年2/1午前・2/1午後特待・2/2特待と2022年～2024年2/1午前・2/1午後特待・2/2特待・2/3特待は4教科／2教科。
＊2024年補欠発表…なし。追加合格(電話)…(2/1午前4教科)男5名、女3名、(2/1午後特待4教科)男6名、(2/2午後特待4教科)男2名、女4名、(2/2午後2教科)女1名、(2/3午後特待4教科)女3名、(2/3午後2教科)男2名、女2名、2月8日。

◉入試教科

4教科/2教科

②算数	50分/50分	100点/100点
①国語	50分/50分	100点/100点
③理科	25分/	50点/
④社会	25分/	50点/
合計	150分/100分	300点/200点

＊思考力入試は(140分)、ルーブリック評価。

合格最高点	2月1日午前	男157/149　女165/141点
	思考力	—
	午後特待	男177　女167点
	2月2日午後特待	男 —　女167点
	2月3日午後特待	男175　女180点
合格最低点	2月1日午前	男133/149　女133/141点
	思考力	—
	午後特待	男158　女158点
	2月2日午後特待	男 —　女161点
	2月3日午後特待	男167　女162点

＊2月1日、2月2日、2月3日の4科は200点満点に換算

◉受験併願パターン

偏差値	1月前半	1月後半	2月1日	2月2日	2月3日	2月4日以降
50	青学ルーテル		目黒日大２			
49	茗溪学園	千葉日大第一２			日大豊山３	
47		昭和学院算	かえつ有明	目黒日大３		
46			駒込２			多摩大目黒５特待
45	佐久長聖東京２			宝仙学園２	サレジ世４本科	駒込５

偏差値	1月前半	1月後半	2月1日	2月2日	2月3日	2月4日以降
51	茗溪学園			昭和女子大附ＧＢ	淑徳２Ｓ特	普連土４日午前
50					三輪田学園３	目黒日大４
49		麗澤ＥＥ				
48		千葉日大第一	かえつ有明	実践女子学園４		
47					日大第一２科	日大第一２科２

入試問題の傾向とポイント

算数　計算問題5問、一行問題5問、大問4題の問題構成。最後の大問だけは途中式を書かせる。幅広い分野から基本～標準レベルの問題が出題される。苦手な分野を作らないことと、各分野の基本事項をしっかりと身につけておくことが大切。グラフ絡みの問題が頻出なので、対策が必要。

国語　説明文と物語文の読解2題構成。説明文は本文内容をもとにしたグラフ問題や、筆者の意見が正しく読み取れているかが問われた。物語文は人物の言動理由や文全体を踏まえて傍線部内容について説明することが求められた。どちらにおいても60字程度の記述が出題された。

理科　大問3～4題、生地物化からの出題。おもな設問形式は選択・計算問題だが、記述・作図問題が出題されることもある。典型的な問題が多いので、基礎基本を固めて過去問演習を。また、時事を絡めた問題もよく出題されるので、対策を忘れずに行っておきたい。

社会　大問2題構成で地理・歴史からの出題。政治は小問のみで出題比率は低い。地理はグラフを使用した問題が毎年出題されている。全体を通じて文章の正誤判断を問う記号選択の割合が高い。いずれも基礎・基本が問われているので、正確に解いてミスしないように訓練を重ねたい。

春日部共栄中学校

■学校長／加藤和巳　■創立／平成15年　■生徒数／391名（男215名、女176名）
■所在地／〒344-0037 埼玉県春日部市上大増新田213　■ＴＥＬ／048-737-7611
■交通／豊春駅（東武アーバンパークライン）徒歩20分。春日部駅（東武スカイツリーライン・アーバンパークライン）から朝日バス「共栄学園前」下車。同駅よりスクールバスあり。

何学期制	週何日制	登校時刻	制服	給食	食堂 軽食販売	プール	寮	特待制度 奨学金等	帰国生 取出授業
2学期制	5日制	8:15	中高あり	なし	食堂中高あり 販売中高あり	屋内	なし	あり	なし

沿　革

1946年母体である共栄高等女子校が設立。1947年共栄学園中学校、1948年共栄学園高等学校、1980年に春日部共栄高等学校を開校する。2003年春日部共栄高等学校と併設された春日部共栄中学校が開校した。

教育方針と特色

建学の礎である「至誠一貫」のもと､「表現力」「行動力」「思考力」「自己肯定力」「判断力」という「5つの力」を育み､様々な世界で活躍する「グローバルリーダー」を育てます。
●独特な魅力ある二つのコース概要
「プログレッシブ政経コース」
「5つの育む力」と圧倒的な「英語力」を用いて、国際的な政治やビジネスシーンにおけるリーダーシップを発揮できる人材を育てます。ビブリオバトルや模擬国連、ディベート、模擬トレードなど、オリジナルのプログラムを通して、世界のリーダーにふさわしい知識や発信力を身につけます。
「IT医学サイエンスコース」
「5つの育む力」と圧倒的な「数学力」を軸に、各専門分野の研究者や開発者として､リーダーシップを発揮できる理系人材を育てます。プログラミング､メディカル論文講習、実験研究などのオリジナルなプログラムを通して、世界に通用する問題解決力や論理的思考力を身につけます。
●グローバルリーダーズプログラム
2つのコースに共通して行われるプログラムで、世界のリーダーに必要な人間力と経験・知識を身につけることを目的としたプログラムです。国内にいながらまたは、海外へ赴き、春日部共栄独自のプログラムを通して、世界の最先端の専門的研究に触れます。

◉系列校

小	中	高	大（短大）
	○	○	○

◉併設小学校なし
◉高校生外部募集………380名
（完全別クラス）

◉授業時間…1コマ45分・週36時間

	1年	2年	3年	計
国　語	5	4	5	14
社　会	3	3	4	10
数　学	7	6	6	19
理　科	3	4	4	11
英　語	6	7	6	19
5教科計	24	24	25	73

参考　**高校1年生一週間の授業**
英語=6　数学=6　国語=5
理科=4　社会=4

進学・進路

◉卒業生進路状況

■進路選択状況（高３進級時）
データなし

■理系・文系進学状況
理系 40%　文系 60%
0　50　100

■共通テスト受験率
データなし

◉卒業までの流れ

小学校	中学校	高等学校	大学
	春日部共栄中学校	春日部共栄高等学校 (555)	共栄大学　4

◉主な大学合格実績

大学名	'22	'23	'24	大学名	'22	'23	'24	大学名	'22	'23	'24	大学名	'22	'23	'24
東京大				千葉大	5	9	3	東京都立大	4		1	東京女子大	14	8	9
京都大		1		お茶の水女子大		1		横浜市立大				日本女子大	10	11	4
北海道大	1	1	1	東京外国語大	1	2	2	慶應義塾大	6	8	4	成蹊大	13	7	10
東北大	1		1	電気通信大				早稲田大	11	15	17	成城大	6	15	15
名古屋大				東京学芸大	2	1	1	上智大	7	11	8	明治学院大	12	14	17
大阪大				東京農工大		1	1	東京理科大	32	20	18	國學院大	17	9	18
九州大				東京芸術大		1		明治大	32	57	31	武蔵大	10	13	11
東京工業大	1	2		東京医科歯科大				青山学院大	20	15	12	獨協大	31	21	42
一橋大				東京海洋大	1			立教大	29	51	33	日本大	67	65	71
筑波大	3	4	4	横浜国立大	3		1	中央大	29	23	28	東洋大	74	68	106
茨城大	4	3		山梨大				法政大	62	56	30	駒澤大	22	29	19
宇都宮大	4	3	1	金沢大				学習院大	19	16	21	専修大	14	16	11
群馬大	7	6	1	信州大	1	2	2	国際基督教大				芝浦工業大	17	18	13
埼玉大	12	6	10	国際教養大		1		津田塾大	9	6	4	東京都市大	3	2	5

入試要項・入試情報

◉2024年度の入試要項（参考）

	1回午前	1回午後	2回午前	2回午後特待	3回	4回 特待チャレンジ
募集人員	プログレッシブ政経コース　男女80名・IT医学サイエンスコース　男女80名					
選抜方法	国・算・社・理	国・算または 国・算・社・理	国・算・社・理	国・算または 国・算・社・理	国・算または算	国・算
出願関連期間	12/1〜1/9		12/1〜1/10		12/1〜1/12	12/1〜1/14
試験日程	1/10午前	1/10午後	1/11午前	1/11午後	1/13午後	1/15午前
合格発表	Web 1/10 19:00〜	Web 1/10 23:00〜	Web 1/11 19:00〜	Web 1/11 23:00〜	Web 1/13 23:00〜	Web 1/15 19:00〜
入学手続	2/7 15:00まで					

＊1回午後は本校以外にTKPガーデンシティPREMIUM大宮会場（国・算のみ）でも実施。3回は大宮ソニックシティ会場で実施。
＊合格発表はweb発表の他に「各回の合格者に速達で郵送」とある。

面接 実施しない。

◉費用（参考）

受験料		23,000円
入学手続時	入学金	250,000円
	授業料	—
	その他	100,000円
入学手続後〜入学まで	授業料	—
	その他	100,000円
入学後１年	授業料	384,000円
	その他	335,200円
初年度納入金合計		1,169,200円
中学３年間費用計　約		2,583,600円

＊受験料は2万3千円で全ての回受験可。
＊入学辞退者は、申し出れば施設費（10万円）を返金。

私立 共学校

◉最近6年間の入試応募者推移と倍率

年度		2019男	2019女	2020男	2020女	2021男	2021女	2022男	2022女	2023男	2023女	2024男	2024女
募集	①AM ①PM	160 （全日程合計）		160 （全日程合計）		160 （全日程合計）		①AM(IT医|プログ) ①PM(IT医|プログ) 80 IT医学サイエンス全日程計		80 IT医学サイエンス 全日程計		80 IT医学サイエンス 全日程計	
	②AM ②PM							②AM(IT医|プログ) ②PM(IT医|プログ) 80 プログレッシブ政経全日程計		80 プログレッシブ政経 全日程計		80 プログレッシブ政経 全日程計	
応募	①AM	105	121	102	92	94	94	150	114	128	119	168	148
	①PM	112	127	96	88	66/44	69/48	97/125	77/77	94/90	88/68	139/100	117/75
	②AM	109	116	100	84	71	71	120	86	121	90	171	126
	②PM	71/36	77/63	85/54	64/49	65/29	71/30	116/79	78/55	100/63	82/37	151/77	124/33
応募倍率	①AM ①PM	9.0 （全日程合計）		7.8 （全日程合計）		6.8 （全日程合計）		13.1 IT医学サイエンス全日程計		11.6 IT医学サイエンス 全日程計		15.1 IT医学サイエンス 全日程計	
	②AM ②PM							8.7 プログレッシブ政経全日程計		9.3 プログレッシブ政経 全日程計		11.4 プログレッシブ政経 全日程計	
受験	①AM	96	112	94	86	87	83	134	101	117	111	150	137
	①PM	103	111	88	80	56/43	65/46	87/116	72/72	84/84	87/66	130/93	108/70
	②AM	51	58	51	49	20	25	72	48	53	45	87	66
	②PM	27/28	31/41	44/41	35/37	27/11	23/13	75/56	52/33	66/47	56/28	102/54	84/25
合格	①AM	78	81	74	73	75	72	86(72)	58	73	76	77	76
	①PM	80	82	66	60	49/37	60/42	56(52)/72(67)	45/44	53/49	63/43	76/47	61/36
	②AM	35	31	34	38	14	20	38(33)	22	32	22	46	39
	②PM	19/15	18/29	30/29	23/22	19/7	17/10	46(43)/28(28)	31/16	26/14	18/10	39/16	26/3
実質倍率	①AM	1.2	1.4	1.3	1.2	1.2	1.2	1.6(1.9)	1.7	1.6	1.5	1.9	1.8
	①PM	1.3	1.4	1.3	1.3	1.1/1.2	1.1/1.1	1.6(1.7)/1.6(1.7)	1.6/1.6	1.6/1.7	1.4/1.5	1.7/2.0	1.8/1.9
	②AM	1.5	1.9	1.5	1.3	1.4	1.3	1.9(2.2)	2.2	1.7	2.0	1.9	1.7
	②PM	1.4/1.9	1.7/1.4	1.5/1.4	1.5/1.7	1.4/1.6	1.4/1.3	1.6(1.7)/2.0(2.0)	1.7/2.1	2.5/3.4	3.1/2.8	2.6/3.4	3.2/8.3

＊2022年①AM（IT医学サイエンス）・①PM（IT医学サイエンス）・②AM（IT医学サイエンス）・②PM（IT医学サイエンス）の()の数字は合格者数に含まれるIT医学サイエンス合格者の数とその実質倍率。
＊2019年〜2020年②PMは4教科／2教科。2021年①PM・②PMは4教科／2教科。2022年〜2024年①PM・②PMは4教科／2教科、③PM（IT医学サイエンス）は2教科／算数1科。
＊2024年補欠発表・追加合格…いずれも詳細不明。

◉入試教科

4教科/2教科

②算数	50分/50分	100点/100点
①国語	50分/50分	100点/100点
③理科	あわせて60分	50点/
③社会		50点/
合計	160分/100分	300点/200点

＊3回算1科は50分・100点。

合格最高点	①午前　IT医学　246点 ①　プロ・政経　260点 ①午後　IT医学　252/152点 ①　プロ・政経　242/144点 ②午前　IT医学　249点 ②　プロ・政経　234点 ②午後　IT医学　236/163点 ②　プロ・政経　229/127点
合格最低点	①午前　IT医学　174点 ①　プロ・政経　164点 ①午後　IT医学　151/100点 ①　プロ・政経　141/ 92点 ②午前　IT医学　151点 ②　プロ・政経　140点 ②午後　IT医学　180/120点 ②　プロ・政経　180/120点

◉受験併願パターン

偏差値	1月前半	1月後半	2月1日	2月2日	2月3日	2月4日以降
42		東海大浦安Ａ	佼成学園	日大第一４科２		
41	獨協埼玉					
40		流経大柏				
39	春日部共栄					
37				足立学園２	足立学園３	

偏差値	1月前半	1月後半	2月1日	2月2日	2月3日	2月4日以降
43	浦和実業２特待		跡見学園			
42	獨協埼玉					
41		流経大柏		江戸川女子２		
40	春日部共栄	和洋国府台女子				
38					郁文館総合３	

入試問題の傾向とポイント

算数

計算問題5問、一行問題3問、大問4題に加えて選択問題が出題される。基本レベルの問題を中心に出題されるが、点の移動、回転体、数の性質は頻出なので、十分な対策をしておきたい。式や考え方のほか、作図をさせる問題が出題されることもある。

国語

漢字の読み書き10問と、説明文や物語文を含む読解3題で構成。説明文は脱文補充や内容一致、物語文は心情理由や人物像を問う設問のほか、双方で語句の意味や対義語、慣用句などの知識問題も出題された。また最後にグラフと表が出題され、読み取りや自分の考えを記述することが求められた。

理科

大問4題、生地物化から1分野ずつの出題が基本であるが、融合問題が出題されることもある。おもな設問形式は選択・計算問題で、記述問題が数題含まれる。基本的な問題が並ぶが、記述問題は考察が必要なため、基礎基本を固めた上で過去問演習に取り組みたい。

社会

大問3題構成。例年1の地理はある地方について問うものであったが、今年は内陸県についてであった。地形図を用いた問題は例年通り出題された。2の歴史では例年通り記述問題が1問出題。3は政治からの出題。基礎基本を問う設問が中心だが、用語記述は漢字指定が多い。

神奈川大学附属中学校（かながわだいがくふぞく）

■学校長／小林道夫　■創立／昭和60年　■生徒数／701名（男347名、女354名）
■所在地／〒226-0014 神奈川県横浜市緑区台村町800　■ＴＥＬ／045-934-6211
■交通／中山駅（JR横浜線、横浜市営地下鉄グリーンライン）徒歩15分。
鶴ヶ峰駅（相模鉄道）から相鉄バス「西ひかりが丘」下車徒歩3分。

何学期制	週何日制	登校時刻	制服	給食	食堂 軽食販売	プール	寮	特待制度 奨学金等	帰国生 取出授業
3学期制	6日制	8:20	中高あり	なし	食堂中高あり 販売中高あり	屋外	なし	あり	なし

沿　革

1928年に設立され、90年の歴史を有する神奈川大学。同大学が1985年に附属校として神奈川大学附属中・高等学校を開校し、現在に至る。1988年からは女子募集を開始し、共学校となる。

教育方針と特色

「自ら考え、判断し、行動する生徒」「学び続ける生徒」の育成を目指す。グローバル教育、ICT教育、STEAM教育とともに探究活動にも力を入れる。神奈川大学の附属校でありながら、卒業生の約90%が他大学や海外大学に進学するなど、生徒の進路・進学先は多岐にわたる。英語・数学では少人数授業（中1・中2)、習熟度別授業（中3・高1）を取り入れ、毎週の確認テストや勉強会（補習）によって生徒の理解度やつまづきを把握し手厚くサポートする。また、学習コーチによるサポートを含む放課後自習室学習支援プログラムによって学校完結型・自律型の学習環境を整える。高校ではコース制の導入、実践的な講習の設置により大学受験を見据えた環境づくりをしていく。緑豊かな広大なキャンパスと充実した施設のもと、生徒たちはのびのびと部活動や学校行事にも積極的に取り組んでいる。

◉系列校

小	中	高	大（短大）
	○	○	○

◉併設小学校なし

◉高校生外部募集………なし

◉授業時間…1コマ50分・週37時間

	1年	2年	3年	計
国　語	5	6	6	17
社　会	4	4	4	12
数　学	6	6	6	18
理　科	4	4	4	12
英　語	5	5	6	16
5教科計	24	25	26	75

参考　**高校1年生一週間の授業**

英語=7　数学=6　国語=6
理科=4　社会=4

進学・進路

◉卒業生進路状況

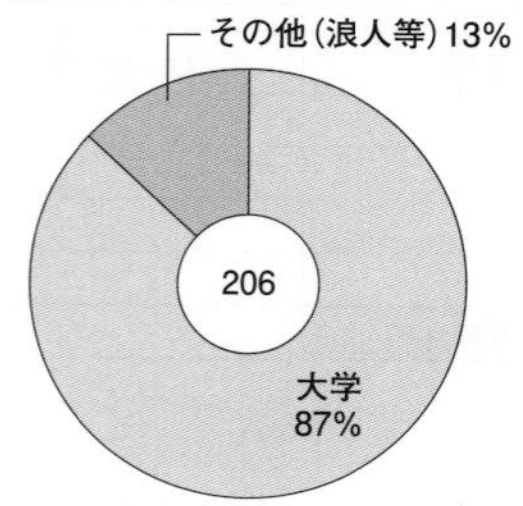

■進路選択状況（高３進級時）
データなし

■理系・文系進学状況
データなし

■共通テスト受験率
データなし

◉卒業までの流れ

小学校	中学校	高等学校	大学
	神奈川大学附属中学校 ▶	神奈川大学附属高等学校（206） ▶	神奈川大学　7

◉主な大学合格実績

大学名	'22	'23	'24	大学名	'22	'23	'24	大学名	'22	'23	'24	大学名	'22	'23	'24
東京大	3	3	4	千葉大	4	2	3	東京都立大	11	6	9	東京女子大		11	1
京都大		2	1	お茶の水女子大	1	1		横浜市立大	4	4	3	日本女子大	3	7	1
北海道大	6	6	2	東京外国語大		2	1	慶應義塾大	29	32	28	成蹊大	17	15	18
東北大	3		3	電気通信大	3	2	2	早稲田大	43	45	37	成城大	18	18	24
名古屋大	1			東京学芸大	2			上智大	16	26	22	明治学院大	37	26	29
大阪大			1	東京農工大	5	3	1	東京理科大	35	48	30	國學院大	7	6	3
九州大	1		2	東京芸術大				明治大	121	85	88	武蔵大	6	2	3
東京工業大	6	3	3	東京医科歯科大				青山学院大	48	36	51	獨協大			
一橋大	2	3	4	東京海洋大		1	1	立教大	46	53	44	日本大	37	27	23
筑波大	1	1		横浜国立大	9	9	9	中央大	34	36	47	東洋大	16	12	17
茨城大	3			山梨大	1	1		法政大	72	58	53	駒澤大	11	2	14
宇都宮大			1	金沢大		1		学習院大	3	4	7	専修大	8	13	15
群馬大	2			信州大			1	国際基督教大	1		1	芝浦工業大	32	19	23
埼玉大	1	1	1	国際教養大			1	津田塾大		2	5	東京都市大	37	19	48

入試要項・入試情報

◉2024年度の入試要項（参考）

	1回	2回	3回
募集人員	男女60名	男女120名	男女20名
選抜方法	国・算	国・算・社・理	
出願関連期間	1/7〜2/1	1/7〜2/2	1/7〜2/4
試験日程	2/1午後	2/2午前	2/4午前
合格発表	Web 2/1 23:00〜	Web 2/2 21:00〜	Web 2/4 21:00〜
入学手続	2/3 18:00まで		2/5 18:00まで

◉費用（参考）

受験料		25,000円
入学手続時	入学金	250,000円
	授業料	—
	その他	—
入学手続後〜入学まで	授業料	—
	その他	90,000円
入学後１年	授業料	610,000円
	その他	520,000円
初年度納入金合計		1,470,000円
中学３年間費用計　約		3,396,000円

＊3日程同時出願の受験料は、3回分で5万円。

面接 実施しない。

私立 共学校

◉最近6年間の入試応募者推移と倍率

年度		2019男	2019女	2020男	2020女	2021男	2021女	2022男	2022女	2023男	2023女	2024男	2024女
募集	A	140		140		① 40		40		60		60	
	B	45		45		② 120		120		120		120	
	C	15		15		③ 40		40		20		20	
応募	A	424	381	360	377	283	271	389	381	324	329	394	323
	B	325	328	275	258	363	342	430	387	371	378	475	348
	C	298	272	231	227	232	258	295	285	271	294	274	279
応募倍率	A	5.8		5.3		13.9		19.3		10.9		12.0	
	B	14.5		11.8		5.9		6.8		6.2		6.9	
	C	38.0		30.5		12.3		14.5		28.3		27.7	
受験	A	370	330	313	325	249	243	357	363	302	307	370	302
	B	189	171	126	140	298	261	369	310	288	292	389	276
	C	166	122	92	102	117	134	179	159	167	178	172	181
合格	A	173	151	166	150	105	118	98	153	136	147	154	136
	B	35	46	44	41	151	112	119	100	114	112	125	78
	C	12	7	10	16	22	19	11	25	11	19	17	20
実質倍率	A	2.1	2.2	1.9	2.2	2.4	2.1	3.6	2.4	2.2	2.1	2.4	2.2
	B	5.4	3.7	2.9	3.4	2.0	2.3	3.1	3.1	2.5	2.6	3.1	3.5
	C	13.8	17.4	9.2	6.4	5.3	7.1	16.3	6.4	15.2	9.4	10.1	9.1

＊2019年〜2020年は帰国生を含む。
＊2024年補欠発表…なし。追加合格（電話）…（1回）男3名、女5名、（2回）男4名、女5名、（3回）男4名、〜2月11日。

◉入試教科

4教科/2教科

②算数	50分/50分	100点/100点
①国語	50分/50分	100点/100点
③理科	40分/	75点/
④社会	40分/	75点/
合計	180分/100分	350点/200点

合格最高点	①男173　女184点 ②男302　女301点 ③男284　女271点
合格最低点	①　131点 ②　249点 ③　245点

＊合格最低点は男女合算。

◉受験併願パターン

偏差値	1月前半	1月後半	2月1日	2月2日	2月3日	2月4日以降
55			桐蔭学園午後			鎌倉学園３
54						桐蔭学園３
53	大宮開成					
52				神奈川大附２		
50			関東学院１Ｂ		桐光学園３Ａ	

偏差値	1月前半	1月後半	2月1日	2月2日	2月3日	2月4日以降
57			桐蔭学園午後	桐蔭学園２特奨Ｇ		明大八王子Ｂ
54				神奈川大附２	公文国際Ｂ	
53						森村学園３
52			関東学院１Ｂ			
50			カリタス女子２	カリタス女子３		

入試問題の傾向とポイント

算数　計算問題4問、一行問題6問程度（小設問付き）、大問4題の問題構成で、総設問数は26問程度。前半は基本レベルなので確実に得点したい。後半の大問にはやや難しい問題もあるが、各領域の典型題をくり返し解き、基礎をしっかりと固めておけば対応できる。グラフ絡みの問題が頻出である。

国語　漢字の書き取り8問と、説明文・物語文の2題が出題された。説明文は本文と別に資料を読み考察することが求められた。物語文は登場人物の心情説明を中心に問われることが多い。解答形式は説明文では記述があったのに対して、物語文では抜き出しと選択肢のみであった。

理科　大問4題、生地物化から1分野ずつの出題。おもな設問形式は選択・計算問題で、問題文の量が多い。実験や観察の結果をもとにした問題が多く、物理の力学分野などを中心に思考力が必要な出題がよくみられる。基礎基本を固めた上で、過去問演習などを通して思考力を高める訓練をしておきたい。

社会　大問3題構成。1は地理、2は歴史、3は2023年1月〜7月の出来事に関する時事問題。記述問題は3問出題された。いずれも基本問題が中心であるが、例年、表・グラフ、写真などから判断させる問題が多く出題されている。また、時事問題の出題割合が例年高く、対策は必須である。

関東学院中学校

かんとうがくいん

■学校長／森田祐二　■創立／大正8年　■生徒数／795名（男543名、女252名）
■所在地／〒232-0002 神奈川県横浜市南区三春台4
■ＴＥＬ／045-231-1001
■交通／黄金町駅（京浜急行線）徒歩5分。阪東橋駅（横浜市営地下鉄ブルーライン）徒歩8分。

何学期制	週何日制	登校時刻	制服	給食	食堂 軽食販売	プール	寮	特待制度 奨学金等	帰国生 取出授業
2学期制	6日制	8:30	中高あり	なし	食堂中高あり 販売中高あり	なし	なし	あり	なし

沿　革

1884（明治17）年創立の横浜バプテスト神学校、1895年の東京中学院を源流に、1919年に関東学院が横浜の三春台に設立されて現在に至る。初代院長の坂田祐は内村鑑三の門下生であり、その精神を継承した一人。

教育方針と特色

初代院長・坂田祐による校訓は「人になれ　奉仕せよ」。この言葉のように、キリスト教を基盤とする、人格の育成・社会奉仕のできる人間をつくることを教育の目標としている。自由な学風でも知られており、一人ひとりの個性の伸長や、国際性の養成にも力点を置く。実用的な英語力の育成を重視し、通常の授業に加え、2018年度よりベルリッツ・メソッド® を導入。外国人指導者による少人数での授業を中1から高2まで取り入れ、さらに高1ではオンライン英会話を実施している。また、中2から高1では成績上位者による「ベストクラス」の設置。高2・高3では文系・理系に推薦入試を選択しない「難関大学受験クラス」を設置し、難関大学へ進学する学力をつけるとともに、行事やクラブ活動にも積極的にとりくむような環境を整えている。また、海外研修についても従来のオーストラリアと台湾への短期留学やオーストラリアターム留学に加え、カナダ研修、イギリス研修も始まり、より充実してきている。

◉系列校

小	中	高	大（短大）
○	○	○	○

◉小学校からの内進生…58名
◉高校生外部募集………停止中

◉授業時間…1コマ50分・週34時間

	1年	2年	3年	計
国　語	5	5	5	15
社　会	3	4	4	11
数　学	5	5	5	15
理　科	3	4	4	11
英　語	※7	※8	※8	23
5教科計	23	26	26	75

※中1で1時間、中2・3で2時間はベルリッツ®

参考　高校1年生一週間の授業

英語=7　数学=5　国語=5
理科=4　社会=4

進学・進路

◉卒業生進路状況

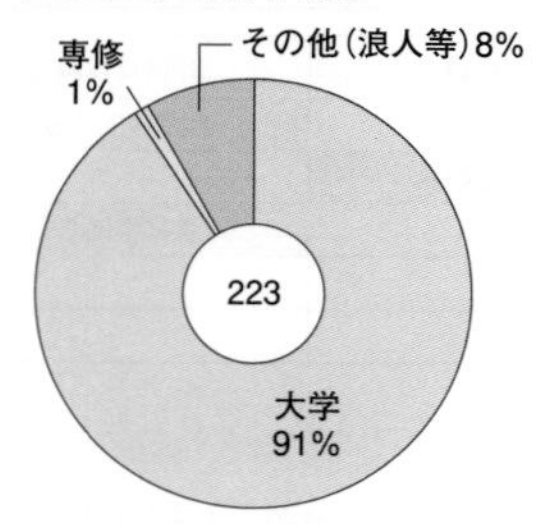

■進路選択状況（高３進級時）

理系 53%　文系 47%
0　50　100

■理系・文系進学状況

理系 43%　文系 54%
0　50　100

■共通テスト受験率

61%
0　50　100

◉卒業までの流れ

小学校	中学校	高等学校	大学
関東学院小学校	関東学院中学校	関東学院高等学校（223）	関東学院大学　8

◉主な大学合格実績

大学名	'22	'23	'24	大学名	'22	'23	'24	大学名	'22	'23	'24	大学名	'22	'23	'24
東京大				千葉大		1		東京都立大		1	1	東京女子大		1	
京都大			8	お茶の水女子大				横浜市立大	1	2	1	日本女子大			1
北海道大		1		東京外国語大			1	慶應義塾大	7	9	13	成蹊大	6	5	5
東北大	1			電気通信大	3		1	早稲田大	6	5	11	成城大	4	22	10
名古屋大				東京学芸大				上智大	6	5	7	明治学院大	26	15	27
大阪大				東京農工大				東京理科大	10	20	16	國學院大	8	6	8
九州大				東京芸術大	1	1		明治大	13	18	31	武蔵大	8	3	10
東京工業大				東京医科歯科大				青山学院大	14	23	11	獨協大	1		
一橋大				東京海洋大			1	立教大	15	25	28	日本大	35	37	24
筑波大				横浜国立大	3	1	1	中央大	13	17	9	東洋大	19	9	32
茨城大		1		山梨大				法政大	13	18	25	駒澤大	4	1	6
宇都宮大		1		金沢大				学習院大	5	10	3	専修大	10	9	12
群馬大			1	信州大				国際基督教大	1	1	1	芝浦工業大	9	16	19
埼玉大				国際教養大				津田塾大	1		1	東京都市大	10	18	12

入試要項・入試情報

◉2024年度の入試要項（参考）

	一期A	一期B	一期C	二期
募集人員	男女50名	男女65名	男女65名	男女20名
選抜方法	国・算・社・理	国・算	国・算・社・理	国・算
出願関連期間	1/6～1/31		1/6～2/3	1/6～2/5
試験日程	2/1午前	2/1午後	2/3午前	2/5午後
合格発表	Web 2/1 19:00～	Web 2/1 23:00～	Web 2/3 20:00～	Web 2/5 22:00～
入学手続	2/4 15:00まで			2/7 13:00まで

面接 実施しない。

◉費用（参考）

受験料		22,000円
入学手続時	入学金	230,000円
	授業料	—
	その他	200,000円
入学手続後～入学まで	授業料	—
	その他	57,000円
入学後１年	授業料	408,000円
	その他	469,600円
初年度納入金合計		1,364,600円
中学３年間費用計 約		2,959,800円

＊複数回同時出願の受験料は、2回分で4万円、3回分以上で5万5千円。

＊入学辞退者は2月15日までに申し出れば、特別施設費（20万円）を返金。

◉最近6年間の入試応募者推移と倍率

年度		2019男	2019女	2020男	2020女	2021男	2021女	2022男	2022女	2023男	2023女	2024男	2024女
募集	1期A	60		60		60		50		50		50	
	1期B	60		60		60		65		65		65	
	1期C	60		60		60		65		65		65	
	2期	20		20		20		20		20		20	
応募	1期A	181	83	156	74	177	68	251	103	197	103	167	75
	1期B	332	163	335	156	285	108	412	165	406	154	403	146
	1期C	310	145	320	156	295	132	396	194	285	162	335	126
	2期	231	94	228	102	245	83	252	121	313	141	288	107
応募倍率	1期A	4.4		3.8		4.1		7.1		6.0		4.8	
	1期B	8.3		8.2		6.6		8.9		8.6		8.4	
	1期C	7.6		7.9		7.1		9.1		6.9		7.1	
	2期	16.3		16.5		16.4		18.7		22.7		19.8	
受験	1期A	158	72	141	70	164	65	221	95	187	99	144	70
	1期B	263	123	288	125	225	85	334	146	376	146	378	139
	1期C	213	85	253	107	224	94	292	155	209	120	252	94
	2期	131	41	157	54	170	43	162	82	232	84	211	74
合格	1期A	79	35	58	30	75	28	71	18	64	16	43	23
	1期B	122	70	91	47	115	38	168	41	197	67	187	57
	1期C	89	22	65	25	74	46	77	26	82	51	76	24
	2期	17	3	31	11	18	2	25	12	23	4	25	8
実質倍率	1期A	2.0	2.1	2.4	2.3	2.2	2.3	3.1	5.3	2.9	6.2	3.3	3.0
	1期B	2.2	1.8	3.2	2.7	2.0	2.2	2.0	3.6	1.9	2.2	2.0	2.4
	1期C	2.4	3.9	3.9	4.3	3.0	2.0	3.8	6.0	2.5	2.4	3.3	3.9
	2期	7.7	13.7	5.1	4.9	9.4	21.5	6.5	6.8	10.1	21.0	8.4	9.3

＊2024年補欠発表・追加合格…いずれもなし。

◉入試教科

4教科/2教科

②算数	50分/50分	100点/100点
①国語	50分/50分	100点/100点
④理科	30分/	60点/
③社会	30分/	60点/
合計	160分/100分	320点/200点

合格最高点	一期Ⓐ269点 一期Ⓑ176点 一期Ⓒ239点 二期 161点
合格最低点	一期Ⓐ209点 一期Ⓑ107点 一期Ⓒ180点 二期 137点

◉受験併願パターン

偏差値	1月前半	1月後半	2月1日	2月2日	2月3日	2月4日以降
48					関東学院１Ｃ	湘南学園Ｄ
47			横浜創英２			日大藤沢３
46			関東学院１Ａ	横浜創英３		
45					サレジ世４本科	
44				品川翔英３		

偏差値	1月前半	1月後半	2月1日	2月2日	2月3日	2月4日以降
51				恵泉女学園２		普連土４日午前
50						目黒日大４
49					関東学院１Ｃ	
48			関東学院１Ａ	桜美林２日午後		
47				横浜女学院Ｄ１		横浜創英４

入試問題の傾向とポイント

算数 計算問題4問、一行問題6問、大問1題で一行問題中心の問題構成。総設問数15問前後と少なめである分、1問の配点が高いので計算ミスなどに注意して取り組みたい。標準レベルの問題を中心に出題されるので、基礎をしっかりと固めておけば対応できる。

国語 説明文と物語文の読解2題の構成である。説明文は外国語学習を通して教育について書かれた文章であり、内容合致や空欄補充の設問がみられた。物語文は人物の言動理由や心情、言い換えについて問われ、70字程度の記述も出題された。

理科 設問4題、生地物化からの出題である。選択問題と計算問題を中心に、字数制限のない記述問題が複数出題されている。図やグラフから読み取って考察する問題も見られる。問題文から要点を理解し論理的に考え、正しい答えを求めることができるように訓練を積んでおきたい。

社会 大問3題構成。例年同様歴史の出題割合が高い。用語記述は原則漢字指定。記述問題は1問出題された。全体に基礎基本を問う出題がほとんどだが、資料の読み取り問題も見られる。『予習シリーズ』や『四科のまとめ』などを用いて、知識を定着させておきたい。

公文国際学園中等部

くもんこくさいがくえん

■学校長／梶原晃　■創立／平成5年　■生徒数／516名（男262名、女254名）
■所在地／〒244-0004 神奈川県横浜市戸塚区小雀町777
■ＴＥＬ／045-853-8200
■交通／大船駅（JR東海道本線・根岸線・横須賀線・湘南新宿ライン、湘南モノレール江の島線）から直通バス8分。

何学期制	週何日制	登校時刻	制服	給食	食堂 軽食販売	プール	寮	特待制度 奨学金等	帰国生 取出授業
2学期制	5日制	8:20 高校は8:40	なし	なし	食堂中高あり 販売中高あり	屋内	中高あり	あり	あり

沿　革

1993年に、公文式教育の創始者である公文公によって中等部を設立。1996年には、高等部が開校され、1999年に第1期生が卒業。2008年に新校舎（現在のグリーンゾーン）が完成し、2012年にはグラウンドが全面リニューアルされ人工芝となった。

教育方針と特色

「学校」「公文式」「寮」を教育の三本柱と位置づけ、「自分で考え、判断し、行動する」生徒を育成する。中高６年間を基礎期（中1・中2/イエローゾーン）、充実期（中3・高1/グリーンゾーン）、発展期（高2・高3/ブルーゾーン）の3つに分け、各ゾーンに独立した校舎と職員室を配し、生徒の発達段階に合わせた指導を行っている。生徒の自主性を尊重し、学校行事は全て生徒が主体となって行われている。公文式の学習は、中2まで数学を必修（国語・英語については希望制）で行っており、卒業するまで学習を続けることが可能。学校の敷地内に、男子寮、女子寮が併設されており、全国各地から200名近くの生徒を受け入れている。帰国子女が多いことも特徴の一つ。

◉系列校

小	中	高	大（短大）
	○	○	

◉併設小学校なし

◉高校生外部募集………なし

◉授業時間…1コマ60分・2週52時間

	1年	2年	3年	計
国　語	6	8	8	22
社　会	6	5	5	16
数　学	8	8	8	24
理　科	6	6	6	18
英　語	10	10	10	30
5教科計	36	37	37	110

※2週間で1サイクルの時間割の為、2週分の時数を表記

参考　高校1年生一週間の授業

英語=10　数学=8　国語=7
理科=7　社会=7
※2週間で1サイクルの時間割の為、2週分の時数を表記

進学・進路

◉卒業生進路状況

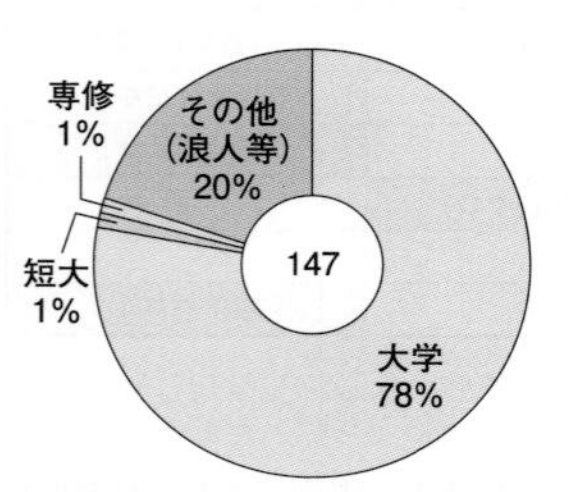

■進路選択状況（高３進級時）
理系 53%　文系 47%
0　50　100

■理系・文系進学状況
理系 49%　文系 51%
0　50　100

■共通テスト受験率
84%
0　50　100

◉卒業までの流れ

小学校	中学校	高等学校	大学
	公文国際学園中等部 ▶	公文国際学園高等部 （147）	

◉主な大学合格実績

大学名	'22	'23	'24	大学名	'22	'23	'24	大学名	'22	'23	'24	大学名	'22	'23	'24
東京大	6	5	5	千葉大	1	1		東京都立大	2	1		東京女子大	1	2	2
京都大	1		1	お茶の水女子大				横浜市立大		3	4	日本女子大	3	4	1
北海道大	4	1	1	東京外国語大	2	1		慶應義塾大	36	38	14	成蹊大	3	5	3
東北大	4	2		電気通信大				早稲田大	33	40	28	成城大	5	3	6
名古屋大	1			東京学芸大		1	2	上智大	25	38	22	明治学院大	16	26	18
大阪大		2	2	東京農工大		1		東京理科大	21	22	14	國學院大	1	8	7
九州大	3	1		東京芸術大			1	明治大	50	43	25	武蔵大	1	1	
東京工業大	2	3	2	東京医科歯科大		1		青山学院大	27	26	29	獨協大	1		
一橋大	3			東京海洋大	1		1	立教大	26	30	16	日本大	11	27	19
筑波大		1	3	横浜国立大	5	4	5	中央大	18	21	19	東洋大	12	13	9
茨城大				山梨大				法政大	22	31	19	駒澤大	7	7	4
宇都宮大			1	金沢大			1	学習院大	7	4	4	専修大		6	
群馬大				信州大	1	1	1	国際基督教大		5	3	芝浦工業大	8	6	8
埼玉大				国際教養大	1	1	2	津田塾大	4	2		東京都市大	4	12	1

入試要項・入試情報

◉2024年度の入試要項（参考）

	A				B
	国・算	国・数	国・英	数・英	
募集人員	男女40名	男女70名			男女40名
選抜方法	国・算	国・数	国・英	数・英	国・算・社・理
出願関連期間	1/9〜1/24				1/9〜2/2
試験日程	2/1				2/3
合格発表	Web 2/2 9:00〜				Web 2/4 9:00〜
入学手続	2/8 15:00まで				

＊Aの国・数、国・英、数・英は、条件に該当する受験生は任意で自己推薦書を添付することができる。

面接 実施する。

◉費用（参考）

受験料		25,000円
入学手続時	入学金	270,000円
	授業料	—
	その他	—
入学手続後〜入学まで	授業料	—
	その他	—
入学後１年	授業料	690,000円
	その他	265,200円
初年度納入金合計		1,225,200円
中学３年間費用計　約		3,282,100円

＊複数回出願して早い回で合格し入学手続きした場合、未受験分の受験料を返金。
＊通学バス利用者は87,600円/年・追加のこと。

◉最近6年間の入試応募者推移と倍率

年度		2019 男	2019 女	2020 男	2020 女	2021 男	2021 女	2022 男	2022 女	2023 男	2023 女	2024 男	2024 女
募集	A国算	40		40		40		40		40		40	
	A国数	40		40		70 国数・国英・数英合計		70 国数・国英・数英合計		70 国数・国英・数英合計		70 国数・国英・数英合計	
	A国英	30		30									
	A数英												
	B	40		40		40		40		40		40	
応募	A国算	85	80	76	70	64	78	65	68	62	57	66	75
	A国数	26	27	46	39	48	41	47	31	45	36	57	34
	A国英	28	26	36	42	23	30	20	21	10	32	12	16
	A数英					7	1	6	8	7	5	6	9
	B	111	110	94	102	95	119	121	103	96	78	104	93
応募倍率	A国算	4.1		3.7		3.6		3.3		3.0		3.5	
	A国数	1.3		2.1		2.1 国数・国英・数英合計		1.9 国数・国英・数英合計		1.9 国数・国英・数英合計		1.9 国数・国英・数英合計	
	A国英	1.8		2.6									
	A数英												
	B	5.5		4.9		5.4		5.6		4.4		4.9	
受験	A国算	80	75	74	68	62	75	62	66	59	52	64	72
	A国数	26	27	46	39	47	41	47	31	45	36	57	34
	A国英	25	22	34	40	21	30	19	21	10	30	12	14
	A数英					7	1	6	8	7	5	6	9
	B	76	67	55	61	57	80	85	65	59	42	74	52
合格	A国算	41	35	28	30	28	28	31	23	31	23	16	33
	A国数	25	25	40	35	35	38	39	25	36	31	42	31
	A国英	18	21	14	25	10	17	9	17	4	21	7	9
	A数英					5	0	3	6	6	4	3	7
	B	26	29	18	23	21	35	27	25	17	23	26	17
実質倍率	A国算	2.0	2.1	2.6	2.3	2.2	2.7	2.0	2.9	1.9	2.3	4.0	2.2
	A国数	1.0	1.1	1.2	1.1	1.3	1.1	1.2	1.2	1.3	1.2	1.4	1.1
	A国英	1.4	1.0	2.4	1.6	2.1	1.8	2.1	1.2	2.5	1.4	1.7	1.6
	A数英					1.4	—	2.0	1.3	1.2	1.3	2.0	1.3
	B	2.9	2.3	3.1	2.7	2.7	2.3	3.1	2.6	3.5	1.8	2.8	3.1

＊2024年補欠発表・追加合格…いずれもなし。

◉入試教科

4教科/2教科

②算数	50分/50分	100点/100点
①国語	50分/50分	100点/100点
③理科	40分/	75点/
④社会	40分/	75点/
合計	180分/100分	350点/200点

＊A入試は（国・算）、（国・数）、（国・英）、（数・英）のうち1つ選択で（各50分・各100点）合計200点。

合格最高点	A入試　（国語＋算数）174点 （国語＋数学）173点 （国語＋英語）181点 （数学＋英語）145点 B入試　312点
合格最低点	A入試　（国語＋算数）140点 （国語＋数学）98点 （国語＋英語）110点 （数学＋英語）108点 B入試　232点

◉受験併願パターン

偏差値	1月前半	1月後半	2月1日	2月2日	2月3日	2月4日以降
55			桐蔭学園午後	鎌倉学園２		鎌倉学園３
54						山手学院後期
53	大宮開成	芝浦工大柏				
52			公文国際Ａ国算	神奈川大附２	公文国際Ｂ	
48				湘南学園Ｂ		湘南学園Ｄ

偏差値	1月前半	1月後半	2月1日	2月2日	2月3日	2月4日以降
57			桐蔭学園午後			
56						山手学院後期
54			公文国際Ａ国算	神奈川大附２	公文国際Ｂ	
49				日大藤沢２		
48						日大藤沢３

入試問題の傾向とポイント

算数

計算＋一行問題が15〜20問、大問2題の問題構成。幅広い分野から出題されるので、各分野の基本事項と典型問題をしっかりと学習しておくこと。一行問題は標準レベルの問題が中心だが、後半の大問では思考力、記述力を必要とするやや難しい問題が出題されるので、時間配分に注意したい。

国語

説明文1題、物語文1題を含む構成。説明文は自分の考えを100字以内で記述することが求められた。物語文は人物の心情や様子を問う設問が多かった。また最後に、短い説明文を読み要約文の空欄を埋める問題が2題出題された。

理科

大問3題、生地物化からの出題で分野が独立した問題と融合問題が両方出題される。身近な出来事や学校行事（成長期・野外教育活動・大そうじなど）をテーマにした出題があり、自分の考えを書く記述問題もあるなど、単なる知識だけでは太刀打ちできない。過去問演習などで思考力を鍛えたい。

社会

地理・歴史・政治の大問3題構成。長文の記述問題は3問出題され、自分の考えを述べるものも見られた。例年通り問題文の量が多いため時間配分に注意が必要。地理は設問の多くが地図や写真、表やグラフを用いた出題。歴史は例年用語記述が多い。用語は原則漢字指定。

<ruby>光英VERITAS中学校<rt>こうえいヴェリタス</rt></ruby>

光英VERITAS中学校

■学校長／川並芳純　■創立／昭和58年　■生徒数／333名（男147名、女186名）
■所在地／〒270-2223 千葉県松戸市秋山600　■ＴＥＬ／047-392-8111
■交通／北国分駅（北総線）徒歩10分。秋山駅（北総線）徒歩10分。市川駅・松戸駅からバス20分。

何学期制	週何日制	登校時刻	制服	給食	食堂 軽食販売	プール	寮	特待制度 奨学金等	帰国生 取出授業
2学期制	6日制	8:15	中高あり	中高なし	食堂あり 販売あり	屋内	なし	あり	なし

沿　革

1933年、東京・大森に聖徳家政学院・新井宿幼稚園を設立。1957年、学校法人東京聖徳学園となる。1965年、千葉県松戸市に短期大学を開設。1983年、学園創立50周年記念事業として、松戸市秋山に、短大附属中学・高等学校を開校。1990年、4年制の聖徳大学開学に伴い、聖徳大学附属中学校・高等学校と改称し、2010年4月、聖徳大学附属女子中学校・高等学校に改称。2021年4月、共学化に伴い、光英VERITAS中学校・高等学校に改称。

教育方針と特色

令和３年４月、新校名「光英VERITAS中学校・高等学校」は共学・進学校としてスタート。VERITASはラテン語の「真理」。Dive into Diversity＝多様化した世界の中に飛び込み、「地球規模で考え、人・社会・自然に貢献する次世代リーダー」を育成していく。
「トルネードラーニング」では、情報の収集・分析からスタートし「課題発見」→その解決のための「構想」を練り→協働の中で課題解決のプロセスを遂行→ルーブリックに基づいた「自己評価」を行い、次の探究サイクルにつながる探究的学びを実践。このプロジェクトで習得した力は、全教科での主体的な学びを実現し、生涯にわたり向上し続ける力を育成する。
特色ある教育の３つの柱、問いを持つ力を育成する「理数教育」、グローバル社会で生かせる「英語教育」、創立以来基盤とし、思いやりの心と日本文化を学ぶ「小笠原流礼法」を軸に、大学進学はもちろん、進学後の深い学びにも対応できる学力・人間力を育成する。また、2015年に開始した一人１台iPadを用いたICT教育は、首都圏トップクラス。探究力、協働力を推進するツールとして、授業はもちろん行事、特別活動等あらゆる場面で活用している。さらに登校できないような事態でも、インターネットを活用した家庭学習を実施している。

◉系列校

小	中	高	大（短大）
○	○	○	○

◉小学校からの内進生…9名
◉高校生外部募集………130名
（完全別クラス）

◉授業時間…1コマ50分・週34時間

	1年	2年	3年	計
国　語	6	5	5	16
社　会	3	3	4	10
数　学	5	5	5	15
理　科	3	4	4	11
英　語	7	7	6	20
5教科計	24	24	24	72

参考　**高校1年生一週間の授業**

英語=6　数学=6　国語=4
理科=4　社会=4

進学・進路

◉卒業生進路状況

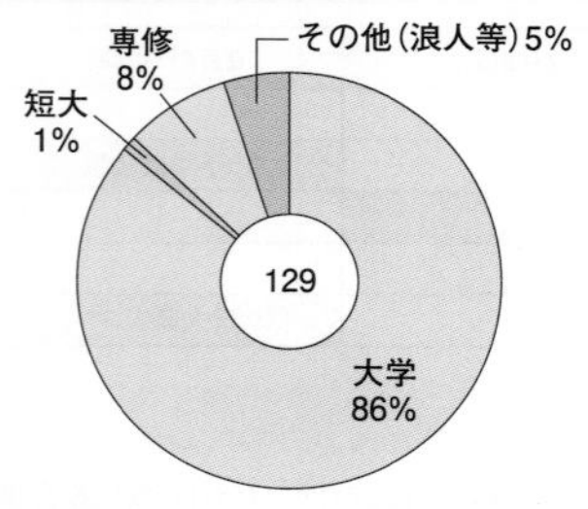

■進路選択状況（高３進級時）

理系 42%　文系 44%　その他 14%
0　50　100

■理系・文系進学状況

理系 41%　文系 47%
0　50　100

■共通テスト受験率

24%
0　50　100

◉卒業までの流れ

小学校	中学校	高等学校	大学
聖徳大学附属小学校	光英VERITAS 中学校	光英VERITAS 高等学校（129）	聖徳大学　18 （文3・教育6・心理福祉4・人間栄養2・音楽1・看護2） 聖徳大学短期大学部　1

◉主な大学合格実績

大学名	'22	'23	'24	大学名	'22	'23	'24	大学名	'22	'23	'24	大学名	'22	'23	'24
東京大		1		千葉大				東京都立大	1		1	東京女子大	2	4	2
京都大				お茶の水女子大				横浜市立大				日本女子大	6	2	1
北海道大				東京外国語大				慶應義塾大	1			成蹊大			
東北大				電気通信大				早稲田大	1		2	成城大	1		
名古屋大				東京学芸大			1	上智大	2	1	1	明治学院大	1	2	
大阪大				東京農工大				東京理科大	1	1	2	國學院大	2	2	2
九州大				東京芸術大	1	1		明治大	3	2	1	武蔵大			
東京工業大				東京医科歯科大				青山学院大		1	1	獨協大		1	
一橋大				東京海洋大				立教大	3	2	2	日本大	10	3	8
筑波大				横浜国立大				中央大			5	東洋大	3	1	5
茨城大				山梨大				法政大	1	1	3	駒澤大	2		1
宇都宮大				金沢大				学習院大	4			専修大	2		
群馬大				信州大				国際基督教大	1	1		芝浦工業大			4
埼玉大	1			国際教養大				津田塾大				東京都市大	1		2

入試要項・入試情報

◉2024年度の入試要項(参考)

	第一志望	1回	VERITAS探究	VERITAS理数特待選抜	特待選抜	2回	VERITAS英語	3回
募集人員	男女35名	男女35名	男女若干名	男女10名	男女20名	男女25名	男女5名	男女若干名
選抜方法	国・算または国・算・社・理＋面接	国・算または国・算・社・理	調査・まとめ・発表・質疑	算・理	国・算または国・算・社・理		国・算・英	国・算
出願関連期間	11/1～11/30	11/1～1/19			11/1～1/21	11/1～1/23		11/1～2/3
試験日程	12/1午前	1/20午前	1/20午後		1/22午前	1/24午前		2/4午前
合格発表	掲示 12/2 10:30～ Web 12/2 9:30～	掲示 1/22 9:30～ Web 1/20 22:00～			掲示 1/23 9:30～ Web 1/22 21:00～	掲示 1/25 9:30～ Web 1/24 21:00～		掲示 2/5 9:30～ Web 2/4 21:00～
入学手続	12/5 16:00まで	2/4 16:00まで						2/7 16:00まで

＊1回・VERITAS理数特待選抜・特待選抜・2回は、本校以外に津田沼会場(千葉工業大学)でも実施。

面接 実施する。

◉費用(参考)

受験料		22,000円
入学手続時	入学金	150,000円
	授業料	—
	その他	150,000円
入学手続後～入学まで	授業料	—
	その他	87,000円
入学後1年	授業料	384,000円
	その他	464,500円
初年度納入金合計		1,235,500円
中学3年間費用計 約		2,962,500円

＊指定試験回の複数回同時出願の受験料は、2回分まで2万2千円で受験可、3回目以降は1回ごとに5千円を追加。
＊国公立中高一貫校受検者は、国公立の合格発表翌日まで入学手続金の延納可。
＊修学旅行費等は別途。

◉入試教科

4教科/2教科

②算数	50分/50分	100点/100点
①国語	50分/50分	100点/100点
④理科	30分/	60点/
③社会	30分/	60点/
合計	160分/100分	320点/200点

＊理数は60分・100点。

合格最高点	第一志望 213/148点 1回 261/155点 V・理数特待 79点 特待 241/171点 2回 257/131点 V・国算英 250点 3回国算 135点
合格最低点	第一志望 114/80点 1回 154/89点 V・理数特待 55点 特待 171/108点 2回 155/96点 V・国算英 188点 3回国算 86点

＊合格最高点・最低点は男女合算。

◉最近6年間の入試応募者推移と倍率

<table>
<tr><th colspan="2" rowspan="2">年度</th><th>2019</th><th>2020</th><th colspan="2">2021</th><th colspan="2">2022</th><th colspan="2">2023</th><th colspan="2">2024</th></tr>
<tr><th>女</th><th>女</th><th>男</th><th>女</th><th>男</th><th>女</th><th>男</th><th>女</th><th>男</th><th>女</th></tr>
<tr><td>募集</td><td>①(S探究|LA)
①午後
②</td><td>25 | 50
10
20</td><td>①(S探究|LA) 25 | 40
②午前 10
②午後 5
③午前(S探究|LA) 5 | 15</td><td colspan="2">第1志望 20
①特待 10
適性検査型 15
VERITAS理数特待 10
② 25</td><td colspan="2">第1志望 20
① 25
適性検査型 15
VERITAS理数特待 10
② 25</td><td colspan="2">第1志望 35
① 35
VERITAS理数特待 10
② 25</td><td colspan="2">35
35
10
25</td></tr>
<tr><td>応募</td><td>①(S探究|LA)
①午後
②</td><td>64/14 | 46/24
45
67/20</td><td>39 | 56
34
29
25 | 45</td><td>8/5
57/15
17
40
75/22</td><td>15/22
61/41
38
25
76/49</td><td>11/15
109/44
33
63
131/48</td><td>21/24
129/64
55
45
133/69</td><td>12/15
132/41
43
75/25</td><td>9/27
128/46
29
52/29</td><td>15/22
142/58
50
73/35</td><td>16/27
152/46
22
51/20</td></tr>
<tr><td>応募倍率</td><td>①(S探究|LA)
①午後
②</td><td>3.1 | 1.4
4.5
4.4</td><td>1.6 | 1.4
3.4
5.8
5.0 | 3.0</td><td colspan="2">2.5
17.4
3.7
6.5
8.9</td><td colspan="2">3.6
13.8
5.9
10.8
15.2</td><td colspan="2">1.8
9.9
7.2
7.2</td><td colspan="2">2.3
11.4
7.2
7.2</td></tr>
<tr><td>受験</td><td>①(S探究|LA)
①午後
②</td><td>60/11 | 40/18
41
24/10</td><td>33 | 39
26
18
17 | 11</td><td>8/5
53/10
15
35
43/17</td><td>15/22
54/35
37
21
41/33</td><td>11/13
96/33
33
56
71/28</td><td>20/24
116/49
54
38
74/47</td><td>12/14
125/35
39
44/20</td><td>9/26
123/42
27
35/25</td><td>15/22
134/52
46
48/28</td><td>14/27
146/42
22
36/16</td></tr>
<tr><td>合格</td><td>①(S探究|LA)
①午後
②</td><td>39/6 | 22/10
28
23/8</td><td>11 | 25
15
10
6 | 3</td><td>7/3
44/5
12
10
37/12</td><td>14/17
44/20
31
4
31/22</td><td>9/10
79/20
24
13
59/13</td><td>18/17
85/26
51
13
57/29</td><td>9/8
93/16
14
33/10</td><td>7/17
96/15
7
28/15</td><td>9/6
88/26
13
32/12</td><td>12/13
114/18
8
28/7</td></tr>
<tr><td>実質倍率</td><td>①(S探究|LA)
①午後
②</td><td>1.5/ 1.8 | 1.8/1.8
1.5
1.0/1.3</td><td>3.0 | 1.6
1.7
1.8
2.8 | 3.7</td><td>1.1/1.7
1.2/2.0
1.3
3.5
1.2/1.4</td><td>1.1/1.3
1.2/1.8
1.2
5.3
1.3/1.5</td><td>1.2/1.3
1.2/1.7
1.4
4.3
1.2/2.2</td><td>1.1/1.4
1.4/1.9
1.1
2.9
1.3/1.6</td><td>1.3/1.8
1.3/2.2
2.8
1.3/2.0</td><td>1.3/1.5
1.3/2.8
3.9
1.3/1.7</td><td>1.7/3.7
1.5/2.0
3.5
1.5/2.3</td><td>1.2/2.1
1.3/2.3
2.8
1.3/2.3</td></tr>
</table>

＊帰国生を含む。
＊2019年①S探究・①LA・②は4教科／2教科。2021年第一志望・①特待・②・特待選抜は4教科／2教科。2022～2024年第一志望・①・②・特待選抜は4教科／2教科。
＊2024年補欠発表・追加合格…いずれもなし。

◉受験併願パターン

偏差値	1月前半	1月後半	2月1日	2月2日	2月3日	2月4日以降
52	江戸川取手難			日大豊山２		
49	茗溪学園	光英Ｖ理数			日大豊山３	
48		麗澤ＥＥ	足立学園特奨１			
45		光英Ｖ特待				
44				順天２Ａ		

偏差値	1月前半	1月後半	2月1日	2月2日	2月3日	2月4日以降
40			郁文館総合	女子聖学院３		
38				郁文館総合２		
37		光英Ｖ		和洋九段女子３		光英Ｖ３
35	光英Ｖ第一					
33			目白研心２	目白研心３		

入試問題の傾向とポイント

算数
計算問題4問程度、一行問題5問、大問4題の問題構成。幅広い分野から、基本～標準レベルの問題を中心に出題される。計算力を含めた基礎をしっかりと固めることで十分対応できる。基本レベルの問題演習を繰り返し、素早く、正確に解く力を鍛えたい。

国語
漢字の読み書き8問と手紙文、説明文、また100字以内の要約問題が出題された。説明文は思考を深めることについて書かれた文章で、言い換えや具体例などについて記述や選択肢、抜き出しなどの形式で問われた。全体を通して文章内容を的確に理解する力が求められる。

理科

設問4題、生地物化からの出題である。選択問題と計算問題を中心に、短文記述が数題出題される。全体的に典型問題が並ぶが、記述では問題で扱われている実験や現象から、自分の考えを述べる形式が多い。基礎基本を固めた上で、過去問演習などで思考力を高めていきたい。

社会
地理・歴史・政治の大問3題構成。今年は記述問題が各大問ごとに1問ずつ出題された。設問の多くは基礎基本を問うものなので、『予習シリーズ』や『四科のまとめ』などを用いて、基礎知識を定着させることを徹底したい。

工学院大学附属中学校

（こうがくいんだいがくふぞく）

■学校長／中野由章　■創立／明治21年　■生徒数／377名（男295名、女82名）
■所在地／〒192-8622 東京都八王子市中野町2647-2
■ＴＥＬ／042-628-4914
■交通／八王子駅、京王八王子駅、拝島駅、南大沢駅及び新宿駅西口からスクールバス。

何学期制	週何日制	登校時刻	制服	給食	食堂 軽食販売	プール	寮	特待制度 奨学金等	帰国生 取出授業
3学期制	6日制	8:45	中高あり	なし	食堂中高あり 販売中高あり	屋外	なし	あり	なし

沿　革

1888年設立の工手学校が前身。1944年、工学院工業学校を開校。1992年、工学院大学附属高等学校と改称。1996年工学院大学附属中学校を募集再開。2002年から女子を募集して共学校となった。

教育方針と特色

校訓は「挑戦・創造・貢献」である。大学進学だけを目標にするのではなく、授業や行事などの学校生活を通して友人との人間関係を築く力、自分自身の「主体的な生き方」を創造する力を持った個人を育てることが目標である。21世紀のグローバル社会に貢献できる人材を育成する。すべての教室に電子ボードを設置し、生徒にパソコンを持たせ双方向型授業を行う。先進クラスとインターナショナルクラスを設置する。

○K-STEAM教育を展開し、現代のリベラルアーツを基準とした教育の推進。
○「工」の精神を継承・発展させ、デザイン～医療系までキャリアデザインの構築。
○理系・文系問わず進路指導の充実、難関大学進学指導の実践。
○工学院大学との連携、教育環境の整備、工学院大学の推薦権を留保して、他大学を自由に受験できる。

◉系列校

小	中	高	大(短大)
	○	○	○

◉併設小学校なし

◉高校生外部募集………200名

（一部混合クラス）

◉授業時間…1コマ50分・週34時間

	1年	2年	3年	計
国　語	4	4	4	12
社　会	4	4	4	12
数　学	6	6	6	18
理　科	4	4	4	12
英　語	6	6	7	19
5教科計	24	24	25	73

※先進クラス

参考　高校1年生一週間の授業

英語=6　数学=6　国語=4
理科=4　社会=4

進学・進路

◉卒業生進路状況

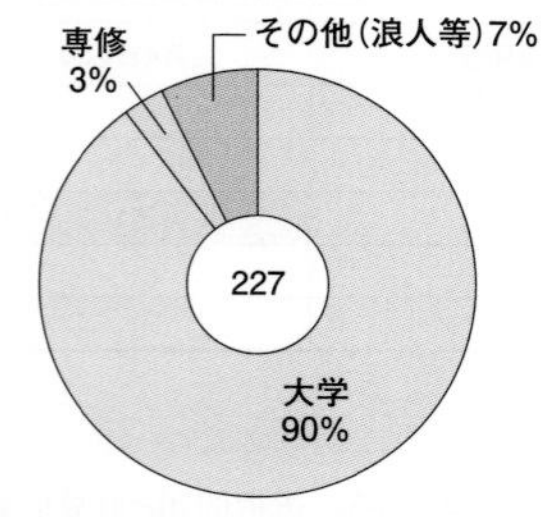

■進路選択状況（高3進級時）

理系 55%　文系 45%

■理系・文系進学状況

理系 55%　文系 45%

■共通テスト受験率

66%

◉卒業までの流れ

小学校	中学校	高等学校	大学
	工学院大学附属中学校	工学院大学附属高等学校（227）	工学院大学　58

◉主な大学合格実績

大学名	'22	'23	'24	大学名	'22	'23	'24	大学名	'22	'23	'24	大学名	'22	'23	'24
東京大				千葉大	1			東京都立大	4		3	東京女子大			
京都大				お茶の水女子大				横浜市立大				日本女子大			
北海道大	2			東京外国語大			2	慶應義塾大	12	1		成蹊大	4	6	2
東北大				電気通信大	1	1		早稲田大	4		3	成城大	2	2	1
名古屋大				東京学芸大	1			上智大	12	2	7	明治学院大	1	2	5
大阪大				東京農工大	2	2		東京理科大	8	8	1	國學院大	5	3	5
九州大				東京芸術大				明治大	11	10	11	武蔵大	3	2	1
東京工業大	1			東京医科歯科大	1			青山学院大	7	6	2	獨協大	4		1
一橋大				東京海洋大				立教大	14	3	11	日本大	10	17	13
筑波大		1		横浜国立大				中央大	10	10	5	東洋大	1	21	4
茨城大				山梨大			1	法政大	10		14	駒澤大	2	6	
宇都宮大				金沢大				学習院大	2		2	専修大	9	17	4
群馬大				信州大		1		国際基督教大	1	2	1	芝浦工業大	5	4	2
埼玉大		1		国際教養大				津田塾大			1	東京都市大	2	1	3

入試要項・入試情報

◉2024年度の入試要項(参考)

	1回A	適性検査型MT①	1回B特待	2回A	2回B	3回	4回	適性検査型MT②
募集人員	男女30名		男女30名	男女10名	男女15名	男女10名	男女10名	
	先進クラス　男女70名・インターナショナルクラス　男女35名							
選抜方法	国・算または 国・英または 算・英または 国・算・社・理	適性検査型 Ⅰ・Ⅱ	国・算または 国・英 または算・英	国・算または 国・英または 算・英または 国・算・社・理	国・算または国・英 または算・英			適性検査型 Ⅰ・Ⅱ
出願関連期間	12/20〜1/31			12/20〜2/1	12/20〜2/2	12/20〜2/3	12/20〜2/6	
試験日程	2/1午前		2/1午後	2/2午前	2/2午後	2/3午後	2/6午後	
合格発表	Web 2/1 17:00〜	Web 2/2 6:00〜	Web 2/1 22:00〜	Web 2/2 17:00〜	Web 2/2 21:00〜	Web 2/3 21:00〜	Web 2/6 21:00〜	
入学手続	2/5 12:00まで	2/9 15:00まで	2/5 12:00まで				2/9 15:00まで	

＊出願資格に「原則として自宅通学の可能な者」とある。

面接 実施する。

◉費用(参考)

受験料		30,000円
入学手続時	入学金	240,000円
	授業料	—
	その他	50,000円
入学手続後〜入学まで	授業料	—
	その他	130,000円
入学後１年	授業料	576,000円
	その他	547,700円
初年度納入金合計		1,543,700円
中学３年間費用計　約		3,641,100円

＊複数回同時出願の受験料は、3回分まで3万円で受験可。4回分以降1回につき1万円追加。

＊入学辞退者は、2月28日16時までに申し出れば、設備充実費(5万円)を返金。

◉最近6年間の入試応募者推移と倍率

年度		2019 男	2019 女	2020 男	2020 女	2021 男	2021 女	2022 男	2022 女	2023 男	2023 女	2024 男	2024 女
募集	①A ①B ②A ②B	25 30 15 15		25 30 15 15		25 30 15 15		①A 適性検査① 30 ①B 30 ②A 10 ②B 15	①A・適性検査①合計	30 30 10 15	①A・適性検査①合計	30 30 10 15	①A・適性検査①合計
応募	①A ①B ②A ②B	10/13/6 39/11 13/17/9 39/7	1/6/2 12/3 1/7/4 9/1	12/22/3/3 67/2/3 12/31/6/2 49/0/5	1/6/1/5 11/3/1 1/7/3/4 5/3/0	13/26/3/5 60/9/7 24/25/6/7 51/3/7	4/2/1/4 13/0/1 5/3/2/2 7/1/1	30/31/5 25 91/8 38/36/4 99/2	8/3/1 9 20/3 11/5/1 14/0	39/42/3 11 110/8 56/42/5 118/5	4/13/2 5 30/7 5/13/5 35/2	25/25/9 13 69/11/6 42/30/8 95/6	5/4/8 6 10/8/5 4/7/8 20/6
応募倍率	①A ①B ②A ②B	1.5 2.2 3.4 3.7		2.1 2.9 4.4 4.1		2.3 3.0 4.9 4.7		3.7 4.1 9.5 7.7		4.0 5.2 12.6 10.7	①A・適性検査①合計	3.2 3.6 9.9 8.5	①A・適性検査①合計
受験	①A ①B ②A ②B	9/12/6 38/11 2/6/2 17/1	1/6/2 12/3 1/2/2 3/1	12/21/3/3 65/2/3 5/6/5/2 14/0/2	1/6/1/4 11/3/1 0/3/1/0 0/0/0	13/26/3/5 59/8/7 11/13/6/5 29/0/4	4/2/1/4 13/0/1 3/1/2/0 4/0/1	29/29/5 25 84/8 19/17/2 51/1	8/3/1 9 20/3 8/4/0 9/0	38/39/3 11 103/8 29/30/3 80/2	4/13/2 5 30/6 4/8/3 23/2	24/25/9 13 65/9/6 20/16/2 50/3	5/4/8 6 10/8/5 1/3/1 10/2
合格	①A ①B ②A ②B	8/11/6 35/8 1/5/1 14/1	1/6/2 12/3 1/2/2 1/1	6/15/2/2 54/2/2 4/5/0/2 10/0/1	1/5/1/4 9/3/1 0/2/0/0 0/0/0	8/12/2/4 37/4/2 7/8/3/3 18/0/1	2/2/1/4 13/0/0 3/0/0/0 3/0/0	21/14/3 18 42/5 9/9/0 21/0	3/2/1 9 8/1 3/0/0 6/0	17/14/2 5 36/4 15/4/2 18/1	3/5/2 5 15/3 3/3/2 12/1	14/10/7 9 38/4/3 14/7/0 30/3	2/3/8 4 7/6/5 1/1/1 7/1
実質倍率	①A ①B ②A ②B	1.1/1.1/1.0 1.1/1.4 2.0/1.2/2.0 1.2/1.0	1.0/1.0/1.0 1.0/1.0 1.0/1.0/1.0 3.0/1.0	2.0/1.4/1.5/1.5 1.2/1.0./1.5 1.3/1.2/−/1.0 1.4/−/2.0	1.0/1.2/1.0/1.0 1.2/1.0/1.0 −/1.5/−/− −/−/−	1.6/2.2/1.5/1.3 1.6/2.0/3.5 1.6/1.6/2.0/1.7 1.6/−/4.0	2.0/1.0/1.0/1.0 1.0/−/− 1.0/−/−/− 1.3/−/−	1.4/2.1/1.7 1.4 2.0/1.6 2.1/1.9/− 2.4/−	2.7/1.5/1.0 1.0 2.5/3.0 2.7/−/− 1.5/−	2.2/2.8/1.5 2.2 2.9/2.0 1.9/7.5/1.5 4.4/2.0	1.3/2.6/1.0 1.0 2.0/2.0 1.3/2.7/1.5 1.9/2.0	1.7/2.5/1.3 1.4 1.7/2.3/2.0 1.4/2.3/− 1.7/1.0	2.5/1.3/1.0 1.5 1.4/1.3/1.0 1.0/3.0/1.0 1.4/2.0

＊2019年①A・②Aは4教科／2教科／思考力or英語、①Bは2教科／英語or算数、②Bは2教科／算数。2020年〜2021年①A・②Aは4教科／2教科／思考力／英語、①B・②Bは2教科／英語／算数。2022年①A・②Aは4教科／2教科／算英、①B・②Bは2教科／算英。2023年①A・②Aは4教科／2教科／国英または算英、①B・②B・③・④は2教科／国英または算英。2024年①A・②Aは4教科／2教科／国英または算英、①Bは2教科／国語重視2教科／国英または算英、②B・③・④は2教科／国英または算英。

＊2024年補欠発表…詳細不明。補欠合格・追加合格…いずれもなし。

◉入試教科

4教科/2教科

②算数	50分/50分	100点/100点
①国語	50分/50分	100点/100点
④理科	30分/	50点/
③社会	30分/	50点/
合計	160分/100分	300点/200点

＊英語は(50分・100点)

合格最高点	1回A 1回B 2回A 2回B 3回 4回 適姓MT① 適姓MT②	208/145点 159点 219/155点 184点 157点 150点 158点 123点
合格最低点	1回A 1回B 2回A 2回B 3回 4回 適姓MT① 適姓MT②	158/109点 109点 157/109点 109点 100点 95点 110点 113点

＊合格最高点、合格最低点は男女合算。

＊適性検査Ⅰ・Ⅱは(各45分・各100点)合計200点。

◉受験併願パターン

偏差値	1月前半	1月後半	2月1日	2月2日	2月3日	2月4日以降
43					日大第三３	
42				日工大駒場４		
41	城西川越			日大第三２		
40			工学院大１Ｂ特待			
39					八王子３特進	

偏差値	1月前半	1月後半	2月1日	2月2日	2月3日	2月4日以降
43				東京電機大３	日大第三３	
41		西武文理３	工学院大１Ｂ特待		桐光学園３Ｂ	東海大相模Ｃ
40	西武文理		工学院大１Ａ	日大第三２		大妻多摩４
38	大妻嵐山			桐朋女子Ｂ	多摩大聖ヶ丘３	
37				工学院大附２Ｂ	工学院大附３	工学院大附４

入試問題の傾向とポイント

算数　計算問題5問、一行問題6問、大問3題の問題構成。幅広い分野から出題されるが、基本から標準レベルのオーソドックスな問題が中心。計算と一行問題が半数以上をしめるので、計算を含めた基本レベルの問題演習を繰り返し、素早く、正確に解く力を鍛えておきたい。

国語　読解3題からなり、物語文と説明文のほか、詩と解説文を含む。主に空欄補充を通して、文章の正しい理解が問われた。出題形式は選択肢と抜き出しが中心だが、20字程度の記述も出題された。

理科　設問4題、生地物化からの出題。おもに選択問題と計算問題の出題だが、記述問題や作図問題が出題される年もある。また、典型問題が中心ではあるが、一歩踏み込んだ思考力が要求される問題が出題されることもある。基礎基本を徹底したうえで、過去問演習を通して練習を重ねたい。

社会　大問3題構成。一部難易度の高い問題があるので、全体を見渡し、確実に解ける問題から取り組みたい。記述問題は知識を用いて解答する問題のほか、受験生が望む未来をイラストなどでデザインし、そのデザインにした理由も説明させる問題が見られた。類題の練習のために過去問演習は欠かせない。

国学院大学久我山中学校

（こくがくいんだいがくくがやま）

■学校長／國清英明　■創立／昭和19年　■生徒数／878名（男548名、女330名）
■所在地／〒168-0082 東京都杉並区久我山1-9-1
■ＴＥＬ／03-3334-1151
■交通／久我山駅（京王井の頭線）徒歩12分。千歳烏山駅（京王線）から関東バス「国学院前」下車徒歩すぐ。

何学期制	週何日制	登校時刻	制服	給食	食堂 軽食販売	プール	寮	特待制度 奨学金等	帰国生 取出授業
3学期制	6日制	8:20	中高あり	なし	食堂中高あり 販売中高あり	なし	なし	なし	なし

沿　革

1944年に財団法人岩崎学園久我山中学校として設立される。1952年9月には学校法人國學院大學と合併を果たし、現在の校名に改称。1985年に中学校を再開し、同年に高校女子部を新設。1991年3月には中学校女子部が設立される。2008年にはSTクラスが発足、2018年には中学女子部CCクラスがスタートした。

教育方針と特色

「きちんと青春」を学園のスローガンとして、都内でも希少な男女別学的教育を行なっている。普段の授業は別々の教室で学び、学校行事や部活動、生徒会活動では共に協力し合い、お互いの特性を認め、高め合っている。夏期講習などの開講数も多く、朝講習を設けている科目もある。また、校内勉強合宿の実施、特に高校3年では上位者向けの文理に分かれての校外合宿を行い、実力養成。さらに、国語と社会との融合で学校周辺の歴史や文学を学ぶ地域探訪、校外学習や宿泊を伴う自然体験プログラムなど、教科を越えて学びを深められる機会も多くある。
また、2018年度より中学女子部に「Cultural Communication（CC）クラス」を新設。Math In Englishや留学生との交流など「Global Studies」の時間を設け、4技能を中心に「英語力」を伸ばしていく。

◉系列校

小	中	高	大(短大)
	○	○	○

◉併設小学校なし

◉高校生外部募集………145名

（完全別クラス）

◉授業時間…1コマ45分・週34時間

	1年	2年	3年	計
国　語	6	5	6	17
社　会	4	4	4	12
数　学	5	6	6	17
理　科	4	4	4	12
英　語	6	7	6	19
5教科計	25	26	26	77

参考　高校1年生一週間の授業

英語=7　数学=6　国語=6
理科=6　社会=4

進学・進路

◉卒業生進路状況

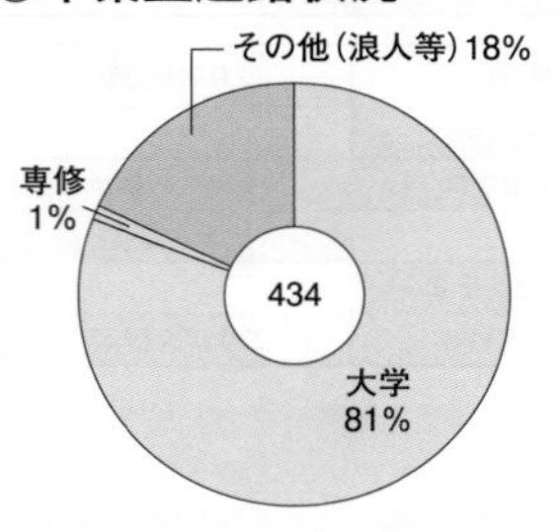

■進路選択状況（高３進級時）

理系 32%　文系 67%

■理系・文系進学状況

理系 41%　文系 59%

■共通テスト受験率

79%

◉卒業までの流れ

小学校	中学校	高等学校	大学
	国学院大学久我山中学校	国学院大学久我山高等学校（434）	國學院大学　31 （法18・文5・経済4・神道文化1・人間開発1・観光まちづくり2）

◉主な大学合格実績

大学名	'22	'23	'24	大学名	'22	'23	'24	大学名	'22	'23	'24	大学名	'22	'23	'24
東京大	2	4	5	千葉大	6	2	2	東京都立大	10	8	8	東京女子大	11	21	21
京都大	1			お茶の水女子大	1		1	横浜市立大	1		1	日本女子大	10	18	17
北海道大	1	5	3	東京外国語大	3	3	4	慶應義塾大	46	50	58	成蹊大	19	31	24
東北大	2	2	3	電気通信大	1	2	5	早稲田大	62	63	90	成城大	13	11	16
名古屋大	2		1	東京学芸大	1	1	2	上智大	25	64	71	明治学院大	16	27	32
大阪大		1	1	東京農工大	2	4	4	東京理科大	48	59	58	國學院大	-	-	-
九州大		1	1	東京芸術大	1	1		明治大	98	130	160	武蔵大	9	8	12
東京工業大	3	4	1	東京医科歯科大	1		3	青山学院大	45	73	86	獨協大		2	2
一橋大	3	3	5	東京海洋大	1			立教大	64	88	105	日本大	73	88	81
筑波大	6	6	4	横浜国立大	3	5	3	中央大	68	82	80	東洋大	30	38	48
茨城大				山梨大		1	2	法政大	88	84	96	駒澤大	16	13	18
宇都宮大				金沢大				学習院大	20	17	19	専修大	22	11	14
群馬大	1		1	信州大				国際基督教大		1	2	芝浦工業大	29	32	64
埼玉大				国際教養大			1	津田塾大	11	8	4	東京都市大	13	18	29

入試要項・入試情報

◉2024年度の入試要項（参考）

	1回	ST1回	2回	ST2回	ST3回
募集人員	男子（一般）45名 女子（CC）30名	男子40名 女子20名	男子（一般）75名 女子（CC）40名	男子25名 女子20名	男子約15名 女子約10名
選抜方法	国・算・社・理	国・算	国・算・社・理	国・算	国・算・社・理
出願関連期間	1/10～1/30			1/10～2/3	1/10～2/4
試験日程	2/1午前	2/1午後	2/2午前	2/3午後	2/5午前
合格発表	掲示 2/2 10:00～ Web 2/1 18:00～	掲示 2/2 10:00～ Web 2/1 23:00～	掲示 2/3 10:00～ Web 2/2 18:00～	掲示 2/5 10:00～ Web 2/3 23:00～	掲示 2/6 10:00～ Web 2/5 18:00～
入学手続	2/6 16:00まで				

＊出願資格に「保護者のもとからの通学を原則とします」とある。

面接 実施する。

◉費用（参考）

受験料		22,000円
入学手続時	入学金	280,000円
	授業料	—
	その他	—
入学手続後～入学まで	授業料	—
	その他	90,000円
入学後１年	授業料	480,000円
	その他	473,439円
初年度納入金合計		1,323,439円
中学３年間費用計　約		3,184,644円

＊女子は男子との制服・3年分の学用品代等の差（約1万7千円）を加えること。

◉最近6年間の入試応募者推移と倍率

年度		2019男	2019女	2020男	2020女	2021男	2021女	2022男	2022女	2023男	2023女	2024男	2024女
募集	①	40	20	45	25	45	25	45	25	45	25	45	30
	ST①	30	30	40	25	40	25	40	25	40	25	40	20
	②	90	30	75	35	75	35	75	35	75	35	75	40
	ST②	20	20	25	25	25	25	25	25	25	25	25	20
応募	①	173	79	208	95	204	77	191	97	199	94	177	95
	ST①	421	272	524	281	518	240	487	244	516	180	490	198
	②	321	200	442	274	393	220	416	246	479	267	436	281
	ST②	280	174	343	147	318	150	292	181	371	163	364	173
応募倍率	①	4.3	4.0	4.6	3.8	4.5	3.1	4.2	3.9	4.4	3.8	3.9	3.2
	ST①	14.0	9.1	13.1	11.2	13.0	9.7	12.2	9.8	12.9	7.2	12.3	9.8
	②	3.6	6.7	5.9	7.8	5.2	6.3	5.5	7.0	6.4	7.6	5.8	7.0
	ST②	14.0	8.7	13.7	5.9	12.7	6.0	11.7	7.2	14.8	6.5	14.6	8.7
受験	①	164	75	201	90	193	72	183	89	185	89	162	93
	ST①	397	266	501	274	501	233	453	234	491	171	469	189
	②	216	123	270	166	272	142	262	157	310	179	277	186
	ST②	223	136	294	119	269	133	251	153	323	145	301	143
合格	①	51	32	53	42	51	44	50	42	59	31	52	33
	ST①	168	139	195	147	171	71	168	68	130	50	116	53
	②	93	41	78	68	89	63	81	71	92	83	77	75
	ST②	38	33	39	26	38	26	51	26	46	27	37	22
実質倍率	①	3.2	2.3	3.8	2.1	3.8	1.6	3.7	2.1	3.1	2.9	3.1	2.8
	ST①	2.4	1.9	2.6	1.9	2.9	3.3	2.7	3.4	3.8	3.4	4.0	3.6
	②	2.3	3.0	3.5	2.4	3.1	2.3	3.2	2.2	3.4	2.2	3.6	2.5
	ST②	5.9	4.1	7.5	4.6	7.1	5.1	4.9	5.9	7.0	5.4	8.1	6.5

＊2024年補欠発表（Web）…あり。追加合格（電話）…（一般クラス合計）男10名、（CCクラス合計）女6名、2月6日～。

◉入試教科

4教科/2教科

②①算数	50分/60分	100点/150点
①②国語	50分/50分	100点/100点
④理科	40分/	50点/
③社会	40分/	50点/
合計	180分/110分	300点/250点

＊実施順は、左が一般、右がST

合格最高点	①	男246	女246点
	ST1	男229	女211点
	②	男260	女268点
	ST2	男227	女211点
	ST3	男248	女247点
合格最低点	①	男197	女192点
	ST1	男184	女176点
	②	男208	女189点
	ST2	男196	女189点
	ST3	男220	女217点

私立 共学校

◉受験併願パターン

偏差値	1月前半	1月後半	2月1日	2月2日	2月3日	2月4日以降
53	大宮開成					
52			佼成学園特奨	国学院久我山２		成蹊２
51						日本大学ＣＡＦ
50			国学院久我山		桐光学園３Ａ	
49	茗溪学園				日大豊山３	

偏差値	1月前半	1月後半	2月1日	2月2日	2月3日	2月4日以降
53			恵泉女学園	かえつ有明２特待	東京女学館４	森村学園３
51					学大小金井	
50			国学院久我山	国学院久我山２		目黒日大４
48		千葉日大第一	明治学院	実践女子学園４	カリタス女子４	
46			宝仙学園新４科	宝仙学園２		明治学院３

入試問題の傾向とポイント

算数　計算問題4問、一行問題7問、大問2題の問題構成。後半の大問はやや難度が高いが、前半の一行問題は基本的な問題が中心なので、きっちりと得点しておくこと。また、毎年同じような領域の問題が出題されることが多く、考え方を書かせる問題も出題されるので、過去問でしっかりと対策したい。

国語　説明文・物語文ともに、語句の空欄補充を通して文章内容の理解を図る問題が多い。雑問には漢字の書き取り、四字熟語、敬語などが出題された。解答形式は抜き出しや選択肢が中心だが、30字程度の記述もみられる。

理科　大問4～5題、生地物化からの出題で、大問1が小問集合となる年がある。基本的な知識が必要な問題の他に、これまでに触れたことのないようなテーマの思考力が必要な問題もよく出題される。基礎基本をしっかりと固めた上で、過去問演習などで経験を重ねたい。

社会　今年も例年同様、融合問題の大問が出題され、政治の出題は少なかった。グラフや表、写真などの資料を用いた出題が大部分を占める。例年よりも用語記述の割合が増えている。記述問題は例年と大きく変わらず6問。自分の考えを述べるものもあるので、過去問などを使って練習をしておきたい。

駒込（こまごめ）中学校

■学校長／河合孝允　■創立／大正15年　■生徒数／399名（男241名、女158名）
■所在地／〒113-0022 東京都文京区千駄木5-6-25　■ＴＥＬ／03-3828-4141
■交通／本駒込駅（東京メトロ南北線）徒歩5分。千駄木駅（東京メトロ千代田線）徒歩7分。
白山駅（都営三田線）徒歩7分。池袋駅からバス「駒込千駄木町」下車。

何学期制	週何日制	登校時刻	制服	給食	食堂 軽食販売	プール	寮	特待制度 奨学金等	帰国生 取出授業
3学期制	6日制	8:20	中高あり	中学のみあり	食堂中高あり 販売中高あり	なし	なし	あり	あり

沿　革

1682年了翁禅師により上野不忍池の畔に創建された「勧学講院」がその前身。天台僧侶育成の場として歴史を重ねてきたが、1926年に普通過程の中学校に改組、広く一般の子弟にも門戸を開いた。1966年から男女共学制をしいた。

教育方針と特色

この先どんな時代変化が起きようとも、確固たる自己肯定感を持ち、生徒一人ひとりが輝ける未来をつかめるような教育改革を行っている。「一隅を照らす」という建学の精神のもと、生活環境のあらゆる要素が成長に影響を与える中高時代に、比叡山研修をはじめとした仏教主義による人間教育をベースとし、ハワイ、マルタ島、セブ島などの短期語学研修や、海外中長期留学など、世界とのつながりを意識したグローバル教育と、中１から一人一台タブレット端末を持ち、反転学習を実施するICT教育を展開。中学では「国際先進コース」を設け、きちんと自立し、真のグローバル人材として生徒自身が持つ可能性を最大限伸ばす多彩な先進的なカリキュラムを展開している併設型の中高一貫の進学校である。

◉系列校

小	中	高	大（短大）
	○	○	

◉併設小学校なし

◉高校生外部募集………240名
（一部混合クラス）

◉授業時間…1コマ50分・週34時間

	1年	2年	3年	計
国　語	6	4	5	15
社　会	3	4	3	10
数　学	6	6	6	18
理　科	3	4	4	11
英　語	6	7	7	20
５教科計	24	25	25	74

参考　高校1年生一週間の授業

英語=6　数学=6　国語=6
理科=4　社会=4

進学・進路

◉卒業生進路状況

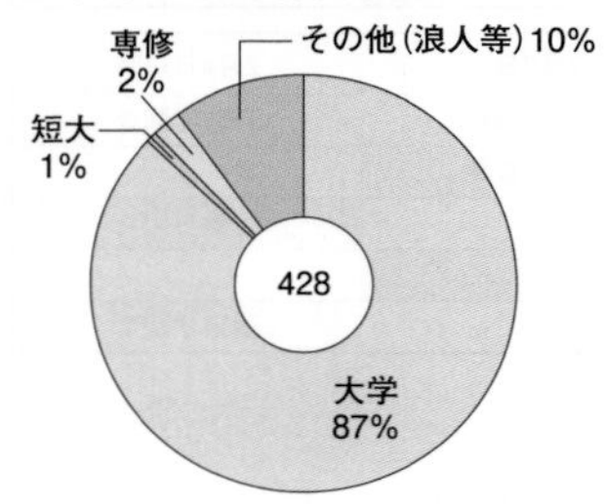

■進路選択状況（高３進級時）

データなし

■理系・文系進学状況

データなし

■共通テスト受験率

93%

◉卒業までの流れ

小学校	中学校	高等学校	大学
	駒込中学校 ▶	駒込高等学校（428）	

◉主な大学合格実績

大学名	'22	'23	'24	大学名	'22	'23	'24	大学名	'22	'23	'24	大学名	'22	'23	'24
東京大	1			千葉大	2	3	1	東京都立大	2	1	2	東京女子大	6	11	6
京都大				お茶の水女子大				横浜市立大	2			日本女子大	15	9	7
北海道大	2	2		東京外国語大	1	1	1	慶應義塾大	7	8	4	成蹊大	22	22	16
東北大				電気通信大		2		早稲田大	16	11	13	成城大	17	8	24
名古屋大			1	東京学芸大	1	5		上智大	4	11	7	明治学院大	31	30	46
大阪大				東京農工大			1	東京理科大	24	38	45	國學院大	10	32	21
九州大				東京芸術大		2	1	明治大	22	40	29	武蔵大	19	11	24
東京工業大	1	1		東京医科歯科大				青山学院大	23	11	22	獨協大	31	40	30
一橋大				東京海洋大			2	立教大	39	40	54	日本大	70	92	99
筑波大		3		横浜国立大		1	3	中央大	36	20	44	東洋大	93	78	142
茨城大	1	2	1	山梨大		1		法政大	54	70	90	駒澤大	16	31	20
宇都宮大		2	2	金沢大		1		学習院大	8	11	16	専修大	30	39	48
群馬大				信州大			1	国際基督教大	1	1	1	芝浦工業大	15	19	25
埼玉大			2	国際教養大		1		津田塾大	3	11	1	東京都市大	3	10	7

入試要項・入試情報

◉2024年度の入試要項(参考)

	1回		2回	3回				4回特待		5回
	一般	適性検査型		一般	プログラミング入試	自己表現入試	英語入試			
募集人員	男女30名	男女20名	男女25名	男女15名	男女10名			男女10名		男女10名
選抜方法	国・算または国・算・社・理	適性検査型A または 適性検査型B	国・算	国・算または国・算・社・理	算・プログラミング	クリエイティブ型	国・算・英	算	国	国・算
出願関連期間	12/20〜1/31			12/20〜2/1	12/20〜1/26			12/20〜2/1		12/20〜2/3
試験日程	2/1午前		2/1午後	2/2午前				2/2午後		2/4午前
合格発表	Web 2/1 23:30〜			Web 2/2 20:30〜				Web 2/2 20:30〜	Web 2/3 18:00〜	Web 2/4 17:00〜
入学手続	2/5 12:00まで									

面接 実施する。

◉費用(参考)

受験料		20,000円
入学手続時	入学金	350,000円
	授業料	—
	その他	—
入学手続後〜入学まで	授業料	—
	その他	160,000円
入学後１年	授業料	456,000円
	その他	460,200円
初年度納入金合計		1,426,200円
中学３年間費用計　約		3,426,600円

＊2回目の受験料は10,000円。3回目以降の受験料は不要。
＊公立中高一貫校受検者は、出願時の登録で、公立校の合格発表翌日正午まで入学金の延納可。

◉最近6年間の入試応募者推移と倍率

年度	2019		2020		2021		2022		2023		2024	
	男	女	男	女	男	女	男	女	男	女	男	女
募集 ①本科(適性以外/適性) ②本科(適性以外/適性) ③本科(適性以外/適性) ④本科(STEM/自己表現) ⑤本科(2科)	20 15 15 5 5		20 20 10 5 5		①適性以外/適性 40 ②適性以外/適性 40 ③適性以外/適性 20 ④ 10 ⑤2科/STEM/自己表現 10		①2・4科/適性 30/20 ② 25 ③2・4科 15 ③STEM/自己表現/英語 10 ④｜⑤ 10｜10		①2・4科/適性 30/20 ② 25 ③2・4科 15 ③プログラミング/自己表現/英語10 ④｜⑤ 10｜10		30/20 25 15 10 10｜10	
応募	43/75 65/24 51/15 5/2 63	18/49 19/25 19/19 1/5 22	33/51 74/36 48/12 0/5 56	27/46 33/30 33/11 0/12 34	72/92 133/77 104/29 71 111/13/2	40/80 54/53 50/20 27 57/0/3	102/148 117 129 7/2/17 78｜157	57/119 83 67 2/2/12 26｜76	109/128 185 153 13/4/18 126｜171	45/108 77 80 1/0/9 66｜86	125/137 222 168 8/4/23 123｜198	57/114 77 71 0/0/14 57｜75
応募倍率	9.3 8.9 6.9 2.6 17.0		7.9 8.7 10.4 3.4 18.0		7.1 7.9 10.2 9.8 18.6		5.3/13.4 8.0 13.1 4.2 10.4｜23.3		5.1/11.8 10.5 15.5 4.5 19.2｜25.7		6.1/12.6 12.0 15.9 4.9 18.0｜27.3	
受験	39/75 59/24 22/15 4/1 31	17/48 17/25 9/13 1/3 7	29/50 71/34 16/8 0/2 22	26/46 32/28 15/10 0/3 14	59/89 119/77 65/22 49 55/7/1	35/78 49/50 32/13 17 34/0/2	89/141 157 88 7/2/15 52｜90	49/118 75 45 1/2/10 17｜40	90/125 162 101 10/4/15 83｜86	36/105 66 54 1/0/8 51｜37	102/132 197 114 8/3/17 76｜120	48/112 69 49 0/0/11 37｜50
合格	24/58 53/20 15/9 1/1 28	15/33 15/19 9/8 1/2 7	23/44 57/25 10/6 0/1 7	22/42 28/27 15/9 0/2 9	21/68 61/43 24/11 4 21/5/0	16/61 22/28 14/11 3 18/0/1	28/102 32 23 4/1/8 6｜25	12/88 20 16 0/2/7 4｜12	30/56 33 35 2/1/9 10｜28	11/54 23 22 0/0/4 11｜15	24/55 41 36 2/1/10 10｜37	15/42 15 17 0/0/6 7｜22
実質倍率	1.6/1.3 1.1/1.2 1.5/1.7 4.0/1.0 1.1	1.1/1.5 1.1/1.3 1.0/1.6 1.0/1.5 1.0	1.3/1.1 1.2/1.4 1.6/1.3 —/2.0 3.1	1.2/1.1 1.1/1.0 1.0/1.1 —/1.5 1.6	2.8/1.3 2.0/1.8 2.7/2.0 12.3 2.6/1.4/—	2.2/1.3 2.2/1.8 2.3/1.2 5.7 1.9/—/2.0	3.2/1.4 4.9 3.8 1.8/2.0/1.9 8.7｜3.6	4.1/1.3 3.8 2.8 —/1.0/1.4 4.3｜3.3	3.0/2.2 4.9 2.9 5.0/4.0/1.7 8.3｜3.1	3.3/1.9 2.9 2.5 —/—/2.0 4.6｜2.5	4.3/2.4 4.8 3.2 4.0/3.0/1.7 7.6｜3.2	3.2/2.7 4.6 2.9 —/—/1.8 5.3｜2.3

＊2024年補欠発表…あり。補欠合格(電話)…あり。追加合格…詳細不明。

◉入試教科

4教科/2教科

②算数	50分/50分		100点/100点
①国語	50分/50分		100点/100点
③理科	あわせて50分		50点/
③社会			50点/
合計	150分/100分		300点/200点

＊③の3科は国・算・英(各50分・各100点)。
＊適性A：適性Ⅰ・Ⅱ・Ⅲは(各45分・各100点)合計300点。
＊適性B：適性1・2・3は(各45分・各100点)合計300点。

合格最高点	非公表
合格最低点	＊4科・2科はともに約63%。ただし2/1午後2科は70%。(各回の平均点により多少変動します。) ＊算数1科、国語1科は約70%。 ＊適性A・Bは約130点。

◉受験併願パターン

偏差値	1月前半	1月後半	2月1日	2月2日	2月3日	2月4日以降
45						駒込５
43			駒込		佼成学園３	
42	埼玉栄	日出学園				
41				京華２		桜丘５
39	春日部共栄					

偏差値	1月前半	1月後半	2月1日	2月2日	2月3日	2月4日以降
50					三輪田学園３	目黒日大４
49		麗澤ＥＥ				
48				実践女子学園４		
47			駒込２		日大第一２科	
46						駒込５

入試問題の傾向とポイント

算数
計算問題4問程度、一行問題6問程度、大問4～5題程度の問題構成。一行問題では、幅広い分野から基本的な問題が出題される。後半には図形やグラフを用いた問題が出題される事が多く、また、応用力を試す問題もみられるので、前半で計算ミスなどをせず、きっちりと得点しておくことが必要。

国語
説明文と物語文の読解2題構成。説明文は理由や目的、物語文は人物の心情などが選択肢や抜き出しを中心に問われた。またAIが作成した俳句の中から、文意に合うものを選ぶという問題もみられた。

理科
設問4題、生地物化からの出題。選択問題、計算問題を中心に短文の記述問題が数問出題されている。典型問題が多く出題されるが、グラフや図から考える問題もよくみられる。苦手分野がないように基礎基本を固めてから、過去問演習を多く行って、思考力を身につけたい。

社会
大問3題構成。用語記述はおおむね基本的な内容を問うものであり、基礎固めによって対応できる。記述問題は歴史から史料を用いた形式で1問出題された。基本事項をあいまいに理解したままにせず、知識を確実なものにする必要がある。

埼玉栄中学校

（さいたまさかえ）

■学校長／町田弦　■創立／平成12年　■生徒数／368名（男225名、女143名）
■所在地／〒331-0078 埼玉県さいたま市西区西大宮3-11-1
■ＴＥＬ／048-621-2121
■交通／西大宮駅（JR川越線）徒歩4分。

何学期制	週何日制	登校時刻	制服	給食	食堂 軽食販売	プール	寮	特待制度 奨学金等	帰国生 取出授業
3学期制	6日制 第3土休	8:45	中高あり	中学のみあり	食堂中高あり 販売中高あり	屋内	なし	あり	なし

沿　革

学校法人佐藤栄学園が母体となり、1972年埼玉栄高校を開校。2000年、進学体制を整えた中高６年一貫教育体制の埼玉栄中学校を開校した。

教育方針と特色

埼玉栄中学校は母体である佐藤栄学園の建学の精神「人間是宝」の具現化、「人は誰でも努力と勉強次第でその道の第一人者になれる」を教育の柱としている。主体性を身につけ、創造性を高める教育として、生徒がグループで計画を立て行動する京都・奈良校外学習などを実施している。科学や芸術の分野に触れ好奇心を育てるミュージアムツアー等の体験学習も実施している。教室にプロジェクター設置やデジタル教科書の入った一人一台の端末を導入している。進路指導については、進路指導センターが主体となって行う。専門分野まで詳しく理解をしているスタッフを配置して、目標大学に合格するための指導を徹底している。部活動にも力を入れており、バドミントン部・柔道部・レスリング部などの多くの部活が全国レベルで活躍している。

◉系列校

小	中	高	大（短大）
○	○	○	○

◉小学校からの内進生…—名

◉高校生外部募集………600名

（本人の希望により外進クラスへの移動可）

◉授業時間…1コマ50分・週34時間

	1年	2年	3年	計
国　語	6	6	5	17
社　会	4	4	5	13
数　学	5	5	5	15
理　科	4	4	5	13
英　語	6	6	5	17
5教科計	25	25	25	75

※医学クラス・難関大クラスは主要5教科にプラス1時間の希望制演習授業あり。

参考　高校1年生一週間の授業

英語=5　数学=5　国語=4
理科=4　社会=4
※普通科α（アルファ）コース

進学・進路

◉卒業生進路状況

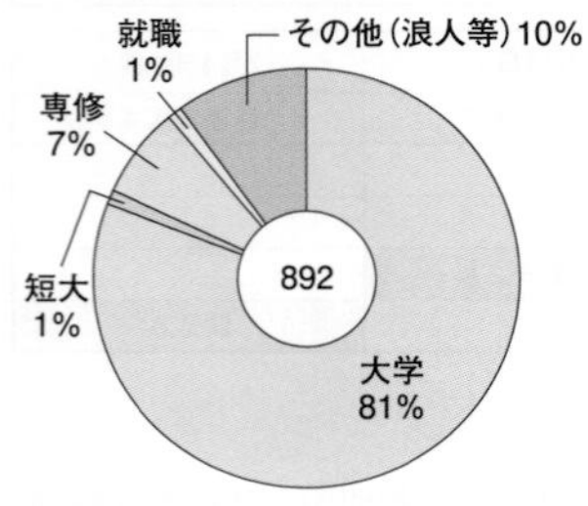

■進路選択状況（高３進級時）

データなし

■理系・文系進学状況

理系 28%　文系 54%

■共通テスト受験率

48%

◉卒業までの流れ

小学校	中学校	高等学校	大学
さとえ学園小学校	埼玉栄中学校	埼玉栄高等学校（892）	

◉主な大学合格実績

大学名	'22	'23	'24	大学名	'22	'23	'24	大学名	'22	'23	'24	大学名	'22	'23	'24
東京大				千葉大	2	1		東京都立大	2	3		東京女子大	3	1	3
京都大				お茶の水女子大				横浜市立大				日本女子大	3		
北海道大				東京外国語大		1		慶應義塾大		1	3	成蹊大	8	11	6
東北大				電気通信大		1	1	早稲田大	11	5	4	成城大	2	6	5
名古屋大				東京学芸大	3	1		上智大	1	3		明治学院大	3	3	8
大阪大		1	1	東京農工大	1			東京理科大	5	14	10	國學院大	9	13	12
九州大				東京芸術大	1	1		明治大	15	18	32	武蔵大	6	10	13
東京工業大				東京医科歯科大				青山学院大	5	8	13	獨協大	12	17	15
一橋大				東京海洋大		1	1	立教大	11	16	14	日本大	86	94	76
筑波大	1		4	横浜国立大		1	1	中央大	17	10	18	東洋大	46	67	99
茨城大	2	2		山梨大			1	法政大	18	19	26	駒澤大	14	16	14
宇都宮大	1	1	1	金沢大				学習院大	2	4	1	専修大	19	27	30
群馬大	1	1	1	信州大		2	1	国際基督教大				芝浦工業大	29	19	19
埼玉大	1	5	2	国際教養大				津田塾大	2	1	3	東京都市大	5	2	6

入試要項・入試情報

◉2024年度の入試要項(参考)

	1回	2回	3回	4回	5回
募集人員	医学クラス・難関大クラス・進学クラス 合計 男女50名	医学クラス・難関大クラス 合計 男女10名	医学クラス・難関大クラス・進学クラス 合計 男女30名	医学クラス・難関大クラス 合計 男女10名	医学クラス・難関大クラス・進学クラス 合計 男女20名
選抜方法	国・算・社・理	国・算	国・算・社・理	国・算	国・算・社・理
出願関連期間	12/1～1/9		12/1～1/10		12/1～1/12
試験日程	1/10午前	1/10午後	1/11午前	1/11午後	1/13午前
合格発表	Web 1/10 22:00～		Web 1/11 22:00～		Web 1/13 18:00～
入学手続	2/6 15:00まで				

＊1回・2回は本校以外に大宮ソニックシティ会場でも実施。

面接 実施する。

◉費用(参考)

受験料		25,000円
入学手続時	入学金	250,000円
	授業料	—
	その他	—
入学手続後～入学まで	授業料	—
	その他	151,930円
入学後１年	授業料	360,000円
	その他	700,000円
初年度納入金合計		1,461,930円
中学３年間費用計 約		2,761,930円

＊複数回出願の受験料は、2回目以降1回につき5千円追加。栄東中の1回入試と本校2回を受験する場合(パック入試)、埼玉栄の受験料は5千円。
＊女子は男子との制服・指定用品代の差(約2万円)を加えること。

◉最近6年間の入試応募者推移と倍率

<table>
<tr><th colspan="2" rowspan="2">年度</th><th colspan="2">2019</th><th colspan="2">2020</th><th colspan="2">2021</th><th colspan="2">2022</th><th colspan="2">2023</th><th colspan="2">2024</th></tr>
<tr><th>男</th><th>女</th><th>男</th><th>女</th><th>男</th><th>女</th><th>男</th><th>女</th><th>男</th><th>女</th><th>男</th><th>女</th></tr>
<tr><td rowspan="5">募集</td><td>①医学|難関大|進学</td><td colspan="2">5|10|30</td><td colspan="2">①医学|難関大|進学 5|10|30</td><td colspan="2">①医学|難関大|進学 5/10/30</td><td colspan="2">5|10|40</td><td colspan="2">5|10|40</td><td colspan="2">50</td></tr>
<tr><td>②医学|難関大</td><td colspan="2">4|4</td><td colspan="2">②難関大|医学 4|4</td><td colspan="2">②医学|難関大 3/3</td><td colspan="2">3|3</td><td colspan="2">3|3</td><td colspan="2">10</td></tr>
<tr><td>③医学|難関大|進学</td><td colspan="2">5|10|20</td><td colspan="2">③医学|難関大|進学 5|10|20</td><td colspan="2">③医学|難関大|進学 5/10/20</td><td colspan="2">5|10|15</td><td colspan="2">5|10|15</td><td colspan="2">30</td></tr>
<tr><td>④医学|難関大</td><td colspan="2">4|4</td><td colspan="2">④医学|難関大|進学 3|3|10</td><td colspan="2">④医学|難関大 2/2</td><td colspan="2">2|2</td><td colspan="2">2|2</td><td colspan="2">10</td></tr>
<tr><td>⑤医学|難関大|進学</td><td colspan="2">若干|若干|10</td><td colspan="2">⑤医学|難関大|進学 3|3|10</td><td colspan="2">③医学|難関大|進学 5/5/20</td><td colspan="2">5|5|15</td><td colspan="2">5|5|15</td><td colspan="2">20</td></tr>
<tr><td rowspan="5">応募</td><td>①医学|難関大|進学</td><td>37|140|178/47</td><td>52|118|169/63</td><td>50|159|245/62</td><td>63|139|229/59</td><td>551</td><td>515</td><td>832</td><td>842</td><td>822</td><td>888</td><td>997</td><td>943</td></tr>
<tr><td>②医学|難関大</td><td>66|255</td><td>82|236</td><td>126|356</td><td>113|324</td><td>373</td><td>334</td><td>530</td><td>505</td><td>639</td><td>592</td><td>834</td><td>722</td></tr>
<tr><td>③医学|難関大|進学</td><td>39|63|70/39</td><td>42|55|55/33</td><td>51|131|84/47</td><td>47|107|76/53</td><td>303</td><td>269</td><td>293</td><td>262</td><td>336</td><td>304</td><td>414</td><td>391</td></tr>
<tr><td>④医学|難関大</td><td>21|48</td><td>33|46</td><td>44|86|84/61</td><td>34|61|64/48</td><td>146</td><td>121</td><td>217</td><td>200</td><td>266</td><td>241</td><td>343</td><td>267</td></tr>
<tr><td>⑤医学|難関大|進学</td><td>16|45|70/46</td><td>17|21|61/49</td><td>22|31|40/47</td><td>22|35|27/37</td><td>216</td><td>175</td><td>296</td><td>232</td><td>267</td><td>229</td><td>302</td><td>216</td></tr>
<tr><td rowspan="5">応募倍率</td><td>①医学|難関大|進学</td><td colspan="2">17.8|25.8|15.2</td><td colspan="2">22.6|29.8|19.8</td><td colspan="2">23.7</td><td colspan="2">30.4</td><td colspan="2">31.1</td><td colspan="2">38.8</td></tr>
<tr><td>②医学|難関大</td><td colspan="2">37.0|122.8</td><td colspan="2">59.8|170.0</td><td colspan="2">117.8</td><td colspan="2">172.5</td><td colspan="2">205.2</td><td colspan="2">155.6</td></tr>
<tr><td>③医学|難関大|進学</td><td colspan="2">16.2|12.2|9.9</td><td colspan="2">19.6|23.8|13.0</td><td colspan="2">16.3</td><td colspan="2">18.5</td><td colspan="2">21.3</td><td colspan="2">26.8</td></tr>
<tr><td>④医学|難関大</td><td colspan="2">13.5|23.5</td><td colspan="2">26.0|49.0|25.7</td><td colspan="2">66.8</td><td colspan="2">104.3</td><td colspan="2">126.8</td><td colspan="2">61.0</td></tr>
<tr><td>⑤医学|難関大|進学</td><td colspan="2">−|−|22.6</td><td colspan="2">14.7|22.0|15.1</td><td colspan="2">13.0</td><td colspan="2">21.1</td><td colspan="2">19.8</td><td colspan="2">25.9</td></tr>
<tr><td rowspan="5">受験</td><td>①医学|難関大|進学</td><td>37|137|175/47</td><td>50|117|166/63</td><td>47|156|242/61</td><td>63|135|226/58</td><td>543</td><td>509</td><td>818</td><td>831</td><td>802</td><td>870</td><td>970</td><td>914</td></tr>
<tr><td>②医学|難関大</td><td>65|243</td><td>79|230</td><td>124|346</td><td>109|317</td><td>357</td><td>321</td><td>513</td><td>493</td><td>621</td><td>569</td><td>792</td><td>706</td></tr>
<tr><td>③医学|難関大|進学</td><td>34|53|61/35</td><td>31|45|47/24</td><td>46|106|73/36</td><td>42|90|72/50</td><td>266</td><td>227</td><td>262</td><td>225</td><td>263</td><td>247</td><td>351</td><td>323</td></tr>
<tr><td>④医学|難関大</td><td>17|37</td><td>22|37</td><td>36|62|68/47</td><td>25|47|59/43</td><td>114</td><td>92</td><td>177</td><td>152</td><td>203</td><td>183</td><td>285</td><td>211</td></tr>
<tr><td>⑤医学|難関大|進学</td><td>9|29|58/40</td><td>12|15|51/40</td><td>15|21|22/17</td><td>13|23|17/24</td><td>169</td><td>140</td><td>232</td><td>184</td><td>171</td><td>156</td><td>224</td><td>160</td></tr>
<tr><td rowspan="5">合格</td><td>①医学|難関大|進学</td><td>23|97|112/15</td><td>29|90|134/30</td><td>24|108|167/29</td><td>29|98|152/24</td><td>128/74/122</td><td>131/70/106</td><td>212|120|172</td><td>210|131|190</td><td>331|149|102</td><td>309|156|137</td><td>324|209|130</td><td>360|210|120</td></tr>
<tr><td>②医学|難関大</td><td>34|160</td><td>44|162</td><td>70|239</td><td>65|204</td><td>87/106</td><td>98/101</td><td>115|151</td><td>152|143</td><td>221|165</td><td>186|147</td><td>295|195</td><td>301|163</td></tr>
<tr><td>③医学|難関大|進学</td><td>24|30|34/20</td><td>18|29|34/9</td><td>18|53|40/17</td><td>16|50|45/19</td><td>50/44/39</td><td>54/30/34</td><td>51|25|75</td><td>35|12|49</td><td>77|46|63</td><td>65|62|37</td><td>96|60|74</td><td>84|71|54</td></tr>
<tr><td>④医学|難関大</td><td>9|21</td><td>9|21</td><td>22|49|45/34</td><td>12|30|36/22</td><td>21/30</td><td>13/30</td><td>33|45</td><td>27|34</td><td>59|73</td><td>66|47</td><td>97|88</td><td>75|61</td></tr>
<tr><td>⑤医学|難関大|進学</td><td>4|19|40/27</td><td>8|11|38/31</td><td>6|11|9/6</td><td>3|15|9/6</td><td>19/27/44</td><td>12/40/37</td><td>26|43|27</td><td>23|39|22</td><td>25|29|31</td><td>27|23|28</td><td>64|57|47</td><td>47|31|27</td></tr>
<tr><td rowspan="5">実質倍率</td><td>①医学|難関大|進学</td><td>1.6|1.4|1.6/3.1</td><td>1.7|1.3|1.2/2.1</td><td>2.0|1.4|1.4/2.1</td><td>2.2|1.4|1.5/2.4</td><td>1.7</td><td>1.7</td><td>1.6</td><td>1.6</td><td>1.4</td><td>1.4</td><td>1.5</td><td>1.3</td></tr>
<tr><td>②医学|難関大</td><td>1.9|1.5</td><td>1.8|1.4</td><td>1.8|1.4</td><td>1.7|1.6</td><td>1.8</td><td>1.6</td><td>1.9</td><td>1.7</td><td>1.6</td><td>1.7</td><td>1.6</td><td>1.5</td></tr>
<tr><td>③医学|難関大|進学</td><td>1.4|1.8|1.8/1.8</td><td>1.7|1.6|1.4/2.7</td><td>2.6|2.0|1.8/2.1</td><td>2.6|1.8|1.6/2.6</td><td>2.0</td><td>1.9</td><td>1.7</td><td>2.3</td><td>1.4</td><td>1.5</td><td>1.5</td><td>1.5</td></tr>
<tr><td>④医学|難関大</td><td>1.9|1.8</td><td>2.4|1.8</td><td>1.6|1.3|1.5/1.4</td><td>2.1|1.6|1.6/2.0</td><td>2.2</td><td>2.1</td><td>2.3</td><td>2.5</td><td>1.5</td><td>1.6</td><td>1.5</td><td>1.6</td></tr>
<tr><td>⑤医学|難関大|進学</td><td>2.3|1.5|1.5/1.5</td><td>1.5|1.4|13./1.3</td><td>2.5|1.9|2.4/2.8</td><td>4.3|1.5|1.9/4.0</td><td>1.9</td><td>1.6</td><td>2.4</td><td>2.2</td><td>2.0</td><td>2.0</td><td>1.3</td><td>1.5</td></tr>
</table>

＊2019年①・③・⑤と2020年①・③・④・⑤は4教科／2教科。
＊2024年補欠発表…詳細不明。補欠合格・追加合格…いずれもなし。

◉入試教科

4教科/2教科

②算数	50分/50分	100点/100点
①国語	50分/50分	100点/100点
③理科	あわせて50分	50点/
③社会		50点/
合計	150分/100分	300点/200点

合格最高点	1回 268点 2回 187点 3回 256点 4回 191点 5回 271点
合格最低点	1回 医学 200点 難関 184点 進学 174点 2回 医学 148点 難関 134点 3回 医学 204点 難関 188点 進学 175点 4回 医学 152点 難関 135点 5回 医学 213点 難関 190点 進学 173点

＊合格最高点1回・3回・5回は医学・難関・進学の合算。
＊合格最高点2回・4回は医学・難関の合算。

◉受験併願パターン

偏差値	1月前半	1月後半	2月1日	2月2日	2月3日	2月4日以降
45			宝仙学園新４科	駒込３	桐光学園３Ｂ	順天３多面的
44		千葉日大第一	順天Ａ	東京電機大３		
43			東京電機大		佼成学園３	淑徳巣鴨３
42	埼玉栄	東海大浦安Ａ		佼成学園２		
41	獨協埼玉					

偏差値	1月前半	1月後半	2月1日	2月2日	2月3日	2月4日以降
45	星野学園２		十文字２	実践女子学園３	女子美大付３	穎明館４
44						淑徳巣鴨３
43	浦和実業２特待		淑徳巣鴨	日大第一４科２	サレジ５スカ本科	
42	埼玉栄					
41				十文字３		桜丘５

入試問題の傾向とポイント

算数 計算6問と大問で構成されており、総設問数は20問前後。大問は、前半に文章題があり、最後に平面図形、立体図形の問題と並ぶパターンが多い。基本的な問題が多いが、中にはやや応用的な問題もみられるので、問題レベルを見極め、時間配分をしっかりと考えること。

国語 説明文と物語文それぞれ1題ずつに、雑問2題の構成。説明文は内容合致や空欄補充などが出題された。物語文は登場人物の言動理由について40字と60字で記述する設問がみられた。雑問は古事成語や慣用句、漢字の書き取りを含む。

理科 大問5題、生地物化からの出題で、大問1は小問集合である。記述問題か作図問題が1～2題あるが、それ以外は基本的な知識問題・計算問題である。『四科のまとめ』などを用いて基礎基本を固め、過去問演習を通して記述問題への対応と、時間配分(試験時間25分)にも慣れておきたい。

社会 歴史・地理・政治の大問3題構成。いずれも基礎基本を問う出題。歴史ではある時期を題材として出題されるため、苦手な時代がないようにしておきたい。地理では地方ごとの出題が続いている。地名を問う出題が多いので、『考える社会科地図』などで、重要な地名とその位置を学習しておくこと。

栄東(さかえひがし)中学校

■学校長／田中淳子　■創立／平成4年　■生徒数／989名（男600名、女389名）
■所在地／〒337-0054 埼玉県さいたま市見沼区砂町2-77
■ＴＥＬ／048-667-7700
■交通／東大宮駅（JR宇都宮線）徒歩8分。

何学期制	週何日制	登校時刻	制服	給食	食堂 軽食販売	プール	寮	特待制度 奨学金等	帰国生 取出授業
3学期制	6日制 第3土休	8:35	中高あり	中学のみあり	食堂条件付 販売条件付	屋内	なし	あり	あり

沿　革

学校法人佐藤栄学園が母体となり、1978年、埼玉栄東高等学校開校。1992年、校名を栄東高等学校に改称。同年、中学校を開校し、中高一貫教育開始。

教育方針と特色

グローバル社会で活躍する人材を育成するため、能動的・活動的に学習する「アクティブ・ラーニング」の考えを取り入れ、あらゆる学習の場面で実践している。授業では普段からディスカッションやプレゼンテーションの機会がカリキュラムの中に数多く設定され、教科・科目を越えた横断的な教育が展開されている。また校内学習が、京都やオーストラリア、アメリカなどの校外学習と連動するとともに、事前事後の研究発表を通して生徒のプレゼンテーション能力が育まれている。
中学1年生から東大クラス、難関大クラスの2コースを設置し目標を明確にした学習を行い、成果を収めている。

◉系列校

小	中	高	大（短大）
○	○	○	○

◉小学校からの受験進学あり

◉高校募集内進含………400名
（2年次から一部混合クラス）

◉授業時間…1コマ50分・週34時間

	1年	2年	3年	計
国　語	5	5	5	15
社　会	3	3	4	10
数　学	6	6	6	18
理　科	4	4	4	12
英　語	7	7	7	21
5教科計	25	25	26	76

参考　高校1年生一週間の授業
英語=6　数学=7　国語=5
理科=6　社会=4

進学・進路

◉卒業生進路状況

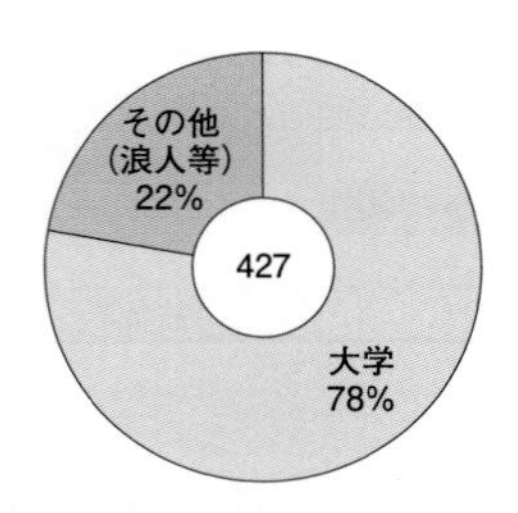

■進路選択状況（高３進級時）
理系 65%　文系 35%
0　50　100

■理系・文系進学状況
理系 52%　文系 45%
0　50　100

■共通テスト受験率
100%
0　50　100

◉卒業までの流れ

小学校	中学校	高等学校	大学
さとえ学園小学校	栄東中学校	栄東高等学校（427）	

◉主な大学合格実績

大学名	'22	'23	'24	大学名	'22	'23	'24	大学名	'22	'23	'24	大学名	'22	'23	'24
東京大	14	13	19	千葉大	14	8	8	東京都立大	5	7	8	東京女子大	39	25	31
京都大	1	3	2	お茶の水女子大	1	5	3	横浜市立大	1	1	1	日本女子大	39	20	29
北海道大	4	8	10	東京外国語大	1	2	4	慶應義塾大	78	77	117	成蹊大	11	9	12
東北大	16	15	16	電気通信大	8	6	6	早稲田大	144	143	163	成城大	8	10	26
名古屋大	2	1	2	東京学芸大	2	3	3	上智大	26	29	33	明治学院大	12	14	16
大阪大	1		1	東京農工大	4	7	9	東京理科大	213	266	241	國學院大	6	11	16
九州大		3		東京芸術大			1	明治大	137	116	167	武蔵大	3	6	9
東京工業大	5	2	2	東京医科歯科大	4	1	3	青山学院大	46	36	40	獨協大	10	16	42
一橋大	2	3	2	東京海洋大	4	2	3	立教大	71	61	63	日本大	111	103	65
筑波大	6	11	9	横浜国立大	4	6	4	中央大	67	55	72	東洋大	76	50	78
茨城大	1	2	1	山梨大			1	法政大	57	94	110	駒澤大	25	17	14
宇都宮大	3	6	3	金沢大	1	1	3	学習院大	24	35	31	専修大	21	13	17
群馬大	7	6	6	信州大	10	5	8	国際基督教大			1	芝浦工業大	75	117	296
埼玉大	30	24	29	国際教養大				津田塾大	6	8	31	東京都市大	8	11	8

入試要項・入試情報

◉2024年度の入試要項（参考）

	A	東大特待Ⅰ		B	東大Ⅱ
		4教科型	算数1教科型		
募集人員	男女140名 （東大特待生若干名・東大40名・難関大100名）	男女30名（東大特待生）		男女40名（難関大）	男女30名 （東大特待生・東大）
選抜方法	国・算・社・理		算①・算②	国・算・社・理	
出願関連期間	12/1～1/6	12/1～1/11		12/1～1/15	12/1～1/17
試験日程	1/10または1/11	1/12		1/16	1/18
合格発表	Web 1/12 10:00～	Web 1/13 10:00～		Web 1/17 10:00～	Web 1/19 10:00～
入学手続	2/9 16:00まで				

＊出願資格に「入学後、原則として保護者と同居できる方」とある。
＊Aは本校以外に埼玉栄中学・高等学校、栄北高等学校会場でも実施。Bは本校以外に栄北高等学校会場でも実施。

面接 実施する。

◉費用（参考）

受験料		25,000円
入学手続時	入学金	250,000円
	授業料	—
	その他	—
入学手続後～入学まで	授業料	—
	その他	—
入学後１年	授業料	360,000円
	その他	449,000円
初年度納入金合計		1,059,000円
中学３年間費用計	約	2,362,000円

＊複数回出願の受験料は、2回分まで2万5千円、3～4回は5千円追加。
＊制服代・学用品代等別途。

◉最近6年間の入試応募者推移と倍率

年度	2019 男	2019 女	2020 男	2020 女	2021 男	2021 女	2022 男	2022 女	2023 男	2023 女	2024 男	2024 女
募集 A 東大特待Ⅰ B 東大Ⅱ(4科/1科)	140 30 40 30		A 140 東大Ⅰ(4科/1科) 30 B 40 東大Ⅱ(4科/1科) 30		①10日｜12日 140 東大(4科/1科) 30 ② 70		A10日｜11日 140 東大特待Ⅰ(4科/1科) 30 B 40 東大Ⅱ 30		140 30 40 30		140 30 40 30	
応募 A 東大特待Ⅰ B 東大Ⅱ(4科/1科)	4017 1075 1611 658/194	2141 324 955 270/37	4040 968/158 1741 815/177	2160 306/36 1047 350/28	1917｜2076 881/178 1785	1066｜958 324/24 986	2992｜1486 950/143 1745 545	1717｜817 312/23 1162 258	3318｜1753 1108/119 2041 676	1845｜964 341/31 1294 302	3715｜1584 1041/147 2271 694	1882｜837 294/15 1229 286
応募倍率 A 東大特待Ⅰ B 東大Ⅱ(4科/1科)	44.0 46.6 64.2 38.6		44.3 48.9 69.7 45.7		43.0 46.9 39.6		50.1 47.6 72.7 26.8		56.3 53.3 83.4 32.6		57.3 49.9 87.5 32.7	
受験 A 東大特待Ⅰ B 東大Ⅱ(4科/1科)	3953 908 942 476/152	2116 258 564 181/33	3978 894/152 1042 612/138	2120 260/29 610 251/21	1886｜1973 713/142 1031	1039｜904 239/16 578	2949｜1441 867/130 925 345	1697｜782 249/19 582 161	3271｜1692 970/101 1213 424	1812｜924 270/25 761 173	3660｜1525 921/126 1330 454	1862｜800 230/15 678 167
合格 A 東大特待Ⅰ B 東大Ⅱ(4科/1科)	2752 465 450 241/59	1328 104 244 81/11	2608 471/37 418 292/29	1305 100/2 251 86/2	1195｜1437 351/33 507	650｜551 74/2 226	2213｜866 444/33 386 189	1167｜452 97/2 258 64	2300｜947 501/28 477 229	1186｜463 103/4 314 68	2439｜825 502/34 565 233	1152｜396 96/0 305 76
実質倍率 A 東大特待Ⅰ B 東大Ⅱ(4科/1科)	1.4 2.0 2.1 2.0/2.6	1.6 2.5 2.3 2.2/3.0	1.5 1.9/4.1 2.5 2.1/4.8	1.6 2.6/14.5 2.4 2.9/10.5	1.6｜1.4 2.0/4.3 2.0	1.6｜1.6 3.2/8.0 2.6	1.3｜1.7 2.0/3.9 2.4 1.8	1.5｜1.7 2.6/9.5 2.3 2.5	1.4｜1.8 1.9/3.6 2.5 1.9	1.5｜2.0 2.6/6.3 2.4 2.5	1.5｜1.8 1.8/3.7 2.4 1.9	1.6｜2.0 2.4/－ 2.2 2.2

＊帰国生を含む。
＊2024年補欠発表…詳細不明。補欠合格・追加合格…いずれもなし。

◉入試教科

東大・難関/東大特待

②②算数	50分/50分		100点/150点
①①国語	50分/50分		100点/150点
③④理科	あわせて50分	40分	50点/75点
③③社会		40分	50点/75点
合計	150分/180分		300点/450点

＊実施順は、左が東大・難関、右が東大特待。
＊東大特待1科（算）は、①50分・150点②50分・150点の合計100分・300点。

合格最高点	A（10日）	282点
	A（11日）	277点
	東大特Ⅰ（4科）	403点
	東大特Ⅰ（1科）	290点
	B	295点
	東大Ⅱ	394点
合格最低点	A（10日）	181点
	A（11日）	181点
	東大特Ⅰ（4科）	274点
	東大特Ⅰ（1科）	207点
	B	225点
	東大Ⅱ	276点

＊合格最低点、A・B日程は難関大クラス。東大特Ⅰ（4科・1科）は1年間特待。東大Ⅱは東大クラス。

◉受験併願パターン

偏差値	1月前半	1月後半	2月1日	2月2日	2月3日	2月4日以降
61	栄東東大Ⅱ	東邦大東邦前	世田谷学園算数	桐朋２	明大明治２	サレジオ学院B
60		立教新座				
59			本郷			城北３
58	栄東Ａ１０日					
57				城北２		

偏差値	1月前半	1月後半	2月1日	2月2日	2月3日	2月4日以降
64	栄東東大Ⅱ	東邦大東邦前	吉祥女子	明大明治	明大明治２	広尾小石川４
62					学習院女子B	頌栄女子学院２
61	栄東Ａ１０日	昭和秀英	鴎友学園女子	中央大附属横浜２		
57	大宮開成特待		法政大学	富士見算数	学大竹早	大妻４
56	大宮開成２	専修大松戸	都市大等々力特選	山脇学園B	大妻３	淑徳与野２

入試問題の傾向とポイント

算数　一行問題8問程度、大問4題程度の問題構成。大問では考え方を書かせることがあるので、日頃から答案をまとめる習慣をつけたい。前半から条件が複雑な問題が多く、思考力や工夫する力が要求される。処理速度を上げるとともに、時間配分への注意、応用的なレベルの問題を練習しておく必要がある。

国語　漢字の書き取りなどの雑問2題に、説明文と物語文の読解2題の構成。物語文は人物の様子・言動の心情や文章の表現を、説明文は言い換え部分・小見出し・内容合致を通して筆者の考えを問われた。読解の解答形式は選択肢、抜き出し、記述に偏りがない。

理科　大問4題、生地物化からの出題。おもな設問形式は選択・計算問題となっている。どの大問でも図・表・グラフ・データが提示されて、基本的な問題から、読解力や思考力を試されるような応用問題まで幅広く出題されている。思考力を問う入試問題を多く解きたい。

社会　地理は統計資料の読み取りが中心。歴史は並び替えの問題が多い。ここ数年は日本国憲法の条文の空欄補充が出題されている。A日程とB日程、東大選抜Iと東大選抜IIは、例年似た出題形式となっており、複数回受験する場合は前日程の解き直しが必須である。

桜丘中学校

さくらがおか

■学校長／髙橋知仁　■創立／大正13年　■生徒数／467名（男230名、女237名）
■所在地／〒114-8554 東京都北区滝野川1-51-12
■ＴＥＬ／03-3910-6161
■交通／王子駅（JR京浜東北線）徒歩7分。（東京メトロ南北線、都電荒川線）徒歩8分。西巣鴨駅（都営三田線）徒歩8分。

何学期制	週何日制	登校時刻	制服	給食	食堂 軽食販売	プール	寮	特待制度 奨学金等	帰国生 取出授業
3学期制	6日制	8:15	中高あり	中学のみ週3	食堂中高あり 販売条件付	なし	なし	あり	なし

沿　革

1924年、女性の自立を目指した稲毛多喜が前身にあたる和洋女子職業学校を設立。2004年に男女共学化。2014年に全国に先駆けてICT推進校としてBYOD（一人一台のタブレット）を実現。2017年にユネスコスクールに認定される。2021年より高校がコース制となり、複数のコースより自分の希望進路に合わせたコース選択が可能となる。2024年に創立100周年を迎えた。

教育方針と特色

「自立した個人の育成」を教育目標とし、社会で活躍できる深い教養を持ち、英語、ICTの活用といったコミュニケーション能力に優れた人材を育てることを目指す。学習においては基礎・基本の徹底と学習習慣の定着を重視。中学における学習内容を充分に理解することを目標にし、その先にある希望進路の実現につながる礎をつくる。英語では専任５名のネイティブ教員が授業だけでなくホームルーム活動、行事等に副担任の形で関わり身近なものとするよう工夫がされている。また、週７時間中、ネイティブ教員が１年生では５時間を担当して音声面を強化する。宿題や予・復習の内容を記入するSSノートや、毎日自分で課題を設定して学ぶ家庭学習帳によって家庭での自学自習をサポートし、学習習慣を定着させている。iPadを活用した学校生活も10年目を迎え、授業、ホームルーム、部活動など、文具品の１つとしてさまざまな場面で使用している。

◉系列校

小	中	高	大（短大）
	○	○	

◉併設小学校なし
◉高校生外部募集………280名
（混合クラス）

◉授業時間…1コマ50分・週34時間

	1年	2年	3年	計
国　語	4	5	5	14
社　会	4	3	4	11
数　学	4	5	5	14
理　科	4	4	4	12
英　語	6	6	6	18
5教科計	22	23	24	69

参考　**高校1年生一週間の授業**

英語=7　数学=6　国語=5
理科=6　社会=4
※アカデミックコース

進学・進路

◉卒業生進路状況

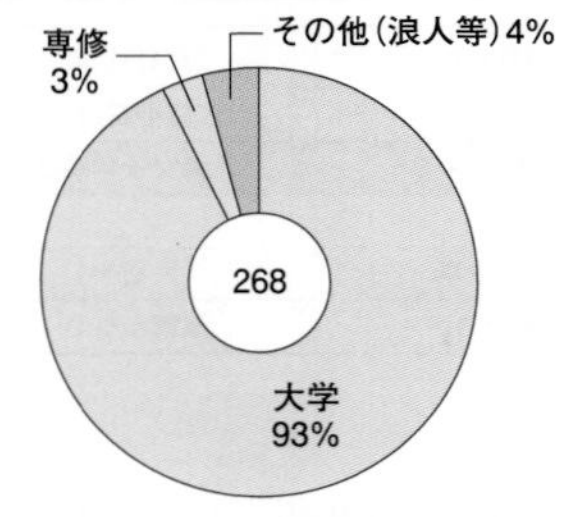

■進路選択状況（高３進級時）
理系 32%　文系 68%
0　50　100

■理系・文系進学状況
理系 32%　文系 68%
0　50　100

■共通テスト受験率
92%
0　50　100

◉卒業までの流れ

小学校	中学校	高等学校	大学
	桜丘中学校	▶ 桜丘高等学校（268）	

◉主な大学合格実績

大学名	'22	'23	'24	大学名	'22	'23	'24	大学名	'22	'23	'24	大学名	'22	'23	'24
東京大			1	千葉大			5	東京都立大			2	東京女子大	2		7
京都大				お茶の水女子大				横浜市立大			1	日本女子大	2	2	5
北海道大			2	東京外国語大	1			慶應義塾大				成蹊大		1	6
東北大				電気通信大				早稲田大	1		6	成城大	2	1	11
名古屋大				東京学芸大				上智大	9	3	5	明治学院大	2		17
大阪大			2	東京農工大				東京理科大	2		26	國學院大		2	
九州大			2	東京芸術大				明治大	2	1	16	武蔵大			
東京工業大				東京医科歯科大				青山学院大	1	1	8	獨協大			
一橋大				東京海洋大				立教大	5	2	50	日本大		1	61
筑波大			1	横浜国立大				中央大	5		24	東洋大	4	1	110
茨城大				山梨大				法政大			55	駒澤大		1	13
宇都宮大				金沢大				学習院大	2		18	専修大	3		24
群馬大				信州大				国際基督教大				芝浦工業大			12
埼玉大				国際教養大				津田塾大			2	東京都市大			3

入試要項・入試情報

◉2024年度の入試要項(参考)

	1回		2回	3回			4回	5回
	2科・4科型	適性検査型(A)	3年特待チャレンジ(2科・4科)	2科・4科型	適性検査型(A・B)	英検利用	3年特待チャレンジ(2科・4科)	2科・4科型
募集人員	男女40名			男女15名			男女15名	男女10名
選抜方法	国・算または国・算・社・理＋通知表のコピー	適性検査A(Ⅰ・Ⅱ・Ⅲ)＋通知表のコピー	国・算または国・算・社・理＋通知表のコピー		適性検査AまたはB(Ⅰ・Ⅱ・Ⅲ)＋通知表のコピー	算・英検による保証点＋通知表のコピー	国・算または国・算・社・理＋通知表のコピー	
出願関連期間	1/10～1/31			1/10～2/1			1/10～2/2	1/10～2/3
試験日程	2/1午前		2/1午後	2/2午前			2/2午後	2/4午前
合格発表	Web 2/1 21:30～			Web 2/2 21:30～				Web 2/4 16:00～
入学手続	2/10 15:00まで							

＊適性検査型Aは白鷗型、適性検査型Bは小石川型。

面接 実施しない。

◉費用(参考)

受験料		23,000円
入学手続時	入学金	250,000円
	授業料	—
	その他	100,000円
入学手続後～入学まで	授業料	—
	その他	80,310円
入学後1年	授業料	468,000円
	その他	460,000円
初年度納入金合計		1,358,310円
中学3年間費用計 約		3,102,710円

＊複数回受験する場合も、受験料は23,000円。
＊女子は制服代の差額(4,400円)を加えること。

私立 共学校

◉最近6年間の入試応募者推移と倍率

年度		2019男	2019女	2020男	2020女	2021男	2021女	2022男	2022女	2023男	2023女	2024男	2024女
募集	①(2科・4科｜思考)	40 ①②合計		40 ①②合計		40 ①②合計		①(2科・4科｜適性)	40①②合計	①(2科・4科｜適性)	40①②合計	40 ①②合計	
	②(2科・4科｜英)							②(2科・4科｜英)		②特待チャレンジ			
	③(2科・4科｜思考)	15		15		15		③(2科・4科｜適性)	15	③(2科・4科｜適性｜英検)	15	15	
	④	15		15		15		④	15	④特待チャレンジ	15	15	
	⑤	10		10		10		⑤	10	⑤(2科・4科)	10	10	
応募	①	16/17｜19	19/24｜20	22/32｜7	15/26｜18	26/43｜12	20/37｜15	41/45｜32	32/57｜48	50/47｜45	37/48｜88	70/106｜119	
	②	15/26｜8	24/32｜9	32/36｜14	16/18｜21	32/42｜20	23/39｜17	47/56｜32	31/73｜33	69/66	37/76	104/126	
	③	24/24｜18	21/26｜26	32/37｜7	16/29｜18	34/42｜12	21/45｜15	53/61｜36	38/70｜43	64/53｜32/12｜16	40/53｜65/27｜22	100/115｜123/34｜26	
	④	27/25	27/33	36/44	20/33	40/52	22/55	59/83	45/84	70/65	53/79	114/143	
	⑤	29/32	30/36	41/44	20/42	45/53	21/59	76/93	51/101	82/78	60/88	130/182	
応募倍率	①	5.7 ①②合計		6.4 ①②合計		8.2 ①②合計		13.2①②合計		14.1①②合計		13.1①②合計	
	②	9.3		9.3		11.3		20.1		25.6		26.5	
	③	7.5		8.9		11.3		18.1		17.8		17.1	
	④	12.7		14.7		17.8		32.1		30.8		31.2	
	⑤												
受験	①	9/15｜17	14/22｜19	13/27｜6	11/24｜16	14/34｜7	15/32｜14	38/41｜30	23/44｜44	35/38｜41	28/43｜79	53/89｜110	
	②	11/21｜5	17/32｜7	28/32｜14	12/16｜21	28/37｜20	20/35｜10	42/51｜29	28/56｜32	56/47	29/67	85/91	
	③	13/13｜15	11/19｜22	12/23｜6	10/20｜15	18/27｜6	11/31｜12	33/43｜27	26/42｜35	42/37｜25/11｜14	27/38｜46/22｜18	60/77｜98/32｜23	
	④	16/12	17/21	18/20	10/20	18/28	9/29	31/54	31/54	36/37	30/45	71/88	
	⑤	11/15	14/20	15/15	9/24	18/28	7/30	40/52	29/53	40/42	36/48	59/91	
合格	①	9/11｜14	12/19｜18	11/21｜5	10/22｜14	12/27｜7	15/28｜12	30/24｜28	20/35｜38	12/15｜31	12/19｜55	25/36｜55	
	②	11/20｜5	17/31｜7	25/27｜14	12/15｜19	24/33｜20	19/32｜10	35/35｜29	25/47｜32	6/7	2/13	19/10	
	③	12/10｜14	10/16｜22	10/18｜5	9/18｜13	17/22｜5	10/28｜12	26/28｜27	19/33｜33	11/8｜16/5｜9	7/11｜26/19｜10	21/22｜44/18｜8	
	④	15/9	15/18	17/18	9/16	16/24	9/22	28/42	27/45	2/2	3/5	14/5	
	⑤	10/11	12/17	12/8	8/19	14/20	6/27	35/25	24/42	5/4	9/13	12/20	
実質倍率	①	1.0/1.4｜1.2	1.2/1.2｜1.1	1.2/1.3｜1.2	1.1/1.1｜1.1	1.2/1.3｜1.0	1.0/1.1｜1.2	1.3/1.7｜1.1	1.2/1.3｜1.2	2.9/2.5｜1.3	2.3/2.3｜1.4	2.1/2.5｜2.0	
	②	1.0/1.1｜1.0	1.0/1.0｜1.0	1.1/1.2｜1.0	1.0/1.1｜1.1	1.2/1.1｜1.0	1.1/1.1｜1.0	1.2/1.5｜1.0	1.1/1.2｜1.0	9.3/6.7	14.5/5.2	1.5/9.1	
	③	1.1/1.3｜1.1	1.1/1.2｜1.0	1.2/1.3｜1.2	1.1/1.1｜1.2	1.1/1.2｜1.2	1.1/1.1｜1.0	1.3/1.5｜1.0	1.4/1.3｜1.1	3.8/4.6｜1.6/2.2｜1.6	3.9/3.5｜1.8/1.2｜1.8	2.9/3.5｜2.2/1.8｜2.9	
	④	1.1/1.3	1.1/1.2	1.1/1.1	1.1/1.3	1.1/1.2	1.0/1.3	1.1/1.3	1.1/1.2	18.0/18.5	10.0/9.0	5.1/17.6	
	⑤	1.1/1.4	1.2/1.2	1.3/1.9	1.1/1.3	1.3/1.4	1.2/1.1	1.1/2.1	1.2/1.3	8.0/10.5	4.0/3.7	4.9/4.6	

＊2019年～2024年①(2科・4科)・③(2科・4科)・④・⑤と2019年～2022年②(2科・4科)と2023年～2024年②は4教科／2教科。2023年～2024年③(適性検査)は白鷗型／小石川型。
＊2024年補欠発表(Web)…あり。補欠合格(電話)…あり、2月10日～2月11日。追加合格…詳細不明。

◉入試教科

4教科/2教科

①算数	45分/45分	100点/100点
②国語	45分/45分	100点/100点
④理科	25分/	50点/
③社会	25分/	50点/
合計	140分/90分	300点/200点

合格最高点	非公表
合格最低点	非公表

＊3回以降は非公表。

◉受験併願パターン

偏差値	1月前半	1月後半	2月1日	2月2日	2月3日	2月4日以降
48					足立学園特奨3	
45			桜丘2特待	桜丘4特待		足立学園特奨4
44				順天2A		
43					聖学院アド3	
41						桜丘5

偏差値	1月前半	1月後半	2月1日	2月2日	2月3日	2月4日以降
49						跡見学園特4
47					日大第二2	
46			桜丘2特待	桜丘4特待		
45				順天2A		
41				桜丘3		桜丘5

入試問題の傾向とポイント

算数 計算問題10問、一行問題6問、大問2題の問題構成。一行問題では、幅広い分野から出題されるが、どれも定番の解法がきちんと身についていれば十分対応できる。大問では速さやグラフを用いた問題が出題される事が多い。前半で計算ミスなどをせず、きっちりと得点しておくことが必要。

国語 説明文と物語文が1題ずつ出題された。説明文は言い換えや脱文補充、物語文は人物の心情変化や人物像について問われた。出題形式は5択の選択肢と抜き出しが中心である。

理科 設問4題、生地物化からの出題。設問形式は、選択・計算・記述・作図と多岐にわたる。大問1つにつき生地物化から1分野の出題だが、大問内で2つの単元が出題されるのが印象的。内容は基本的な問題が多く並ぶ。基礎基本をしっかり固めて、苦手な分野を作らないようにしたい。

社会 大問3題構成。記述問題は1問のみ出題。記号選択が中心で、用語記述も基礎基本となる用語のみが問われた。基本事項をしっかりおさえ、取りこぼしをなくしておきたい。時事問題ではドイツのGDPが日本を抜いたことが問われたように、秋以降の出来事も出題される可能性がある。

サレジアン国際学園中学校

こくさいがくえん

■学校長／森下愛弓　■創立／昭和22年　■生徒数／419名（男191名、女228名）
■所在地／〒115-8524 東京都北区赤羽台4-2-14
■ＴＥＬ／03-3906-0054
■交通／赤羽駅（JR埼京線など）徒歩10分。赤羽岩渕駅（東京メトロ南北線・埼玉高速線）徒歩8分。

何学期制	週何日制	登校時刻	制服	給食	食堂 軽食販売	プール	寮	特待制度 奨学金等	帰国生 取出授業
3学期制	6日制	8:15	中高あり	なし	食堂なし 軽食販売あり	屋外	なし	あり	あり

沿　革

世界97か国に支部を持ち、イタリアに本部を置く女子修道会が運営する学校。2022年度から共学化し、「サレジアン国際学園中学校」に校名変更。

教育方針と特色

「21世紀に活躍できる世界市民の育成」を掲げて教育内容を刷新。授業では全ての教科でPBL型授業を導入し、問題解決型の能動的な学びにより考え続ける力を伸ばす。論理的思考の体得を大切にしており、その過程でコミュニケーション力や数学・科学リテラシー、言語活用力をともに育む。また、探究型学習を中心としながら英語力を伸ばす「本科クラス」と英語力の向上を重視した「インターナショナルクラス」の２コース制を導入。「本科クラス」ではPBLで培った思考力を生かした授業の「個人研究」があり、生徒自身の興味関心のある分野で深く研究する。「インターナショナルクラス」では、授業は英語力に応じてStandard Group（SG）とAdvanced Group（AG）の２展開で実施。AGは帰国生など英語が堪能な生徒を対象とし、英、数、理、社の授業をオールイングリッシュで行う。SGは週10時間の英語授業をはじめ、学校生活全体に英語でのコミュニケーションが溢れる中で刺激を受けながら英語力を飛躍的に伸ばす。

◉系列校

小	中	高	大（短大）
○	○	○	

◉小学校からの内進生…20名
◉高校生外部募集………64名

（完全混合クラス）

◉授業時間…1コマ45分・週39時間

	1年	2年	3年	計
国　語	5	5	5	15
社　会	3	3	4	10
数　学	5	5	5	15
理　科	3	4	4	11
英　語	8	8	8	24
5教科計	24	25	26	75

※本科クラス

参考　高校1年生一週間の授業

英語=9　数学=6　国語=4
理科=6　社会=4

※本科クラス

進学・進路

◉卒業生進路状況

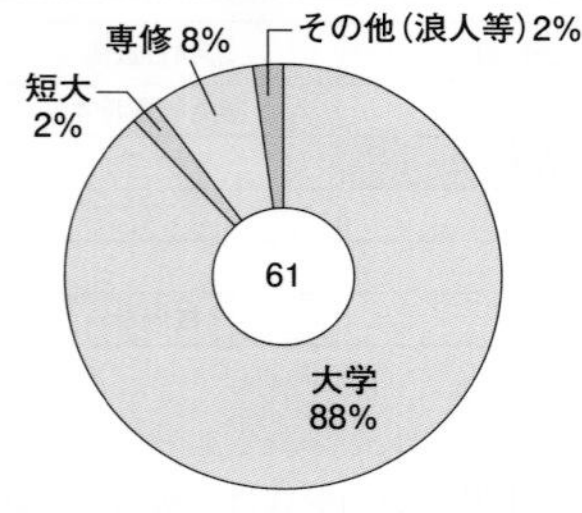

■進路選択状況（高３進級時）

データなし

■理系・文系進学状況

データなし

■共通テスト受験率

データなし

◉卒業までの流れ

小学校	中学校	高等学校	大学
星美学園小学校	サレジアン国際学園中学校	サレジアン国際学園高等学校（61）	

◉主な大学合格実績

大学名	'22	'23	'24	大学名	'22	'23	'24	大学名	'22	'23	'24	大学名	'22	'23	'24
東京大				千葉大				東京都立大				東京女子大	2		1
京都大				お茶の水女子大				横浜市立大				日本女子大	2	2	5
北海道大				東京外国語大	1			慶應義塾大				成蹊大		1	1
東北大				電気通信大				早稲田大	1		3	成城大	2	1	1
名古屋大				東京学芸大				上智大	9	3	6	明治学院大	2		
大阪大				東京農工大				東京理科大	2		1	國學院大		2	
九州大				東京芸術大				明治大	2	1	3	武蔵大			
東京工業大				東京医科歯科大				青山学院大	1	1	1	獨協大			
一橋大				東京海洋大				立教大	5	2	1	日本大		1	
筑波大				横浜国立大				中央大	5		1	東洋大	4	1	
茨城大				山梨大				法政大				駒澤大		1	
宇都宮大				金沢大				学習院大	2			専修大	3		
群馬大				信州大				国際基督教大				芝浦工業大			4
埼玉大				国際教養大				津田塾大			4	東京都市大			

入試要項・入試情報

◉2024年度の入試要項（参考）

	1回	2回	3回	4回	5回（スカラシップ）	21世紀型
募集人員	本科　男女20名 インターナショナルS/A　男女20名	本科　男女20名 インターナショナルS　男女10名	本科　男女10名 インターナショナルS/A　男女20名	本科　男女10名 インターナショナルS　男女10名	本科　男女10名 インターナショナルS/A　男女15名	本科・インターナショナルS 合計 男女5名
選抜方法	本科・インターナショナルS:国・算 または国・算・社・理 インターナショナルA: 英・英エッセイ+面接(英語・日本語)	国・算・社・理から2科	本科・インターナショナルS:国・算 または国・算・社・理 インターナショナルA: 英・英エッセイ+面接(英語・日本語)	国・算・社・理から2科	本科・インターナショナルS:国・算 または国・算・社・理 インターナショナルA: 英・英エッセイ+面接(英語・日本語)	思考力問題または 国・算・社・理から2科
出願関連期間	12/20〜1/31		12/20〜2/1		12/20〜2/2	12/20〜2/4
試験日程	2/1午前	2/1午後	2/2午前	2/2午後	2/3午後	2/5午前
合格発表	掲示 2/1 17:00〜 Web 2/1 17:00〜	掲示 2/2 9:00〜 Web 2/1 22:00〜	掲示 2/2 17:00〜 Web 2/2 17:00〜	掲示 2/3 9:00〜 Web 2/2 22:00〜	掲示 2/5 9:00〜 Web 2/3 22:00〜	掲示 2/5 17:00〜 Web 2/5 17:00〜
入学手続	2/10まで					

面接 実施する。

◉費用（参考）

受験料		25,000円
入学手続時	入学金	280,000円
	授業料	—
	その他	—
入学手続後〜入学まで	授業料	—
	その他	160,000円
入学後１年	授業料	480,000円
	その他	583,000円
初年度納入金合計		1,503,000円
中学３年間費用計　約		3,177,000円

＊複数回出願の場合、2回目以降の受験料は無料。
＊女子は男子との制服・指定用品代の差（3万5千円）を加えること。

◉最近6年間の入試応募者推移と倍率

年度		2019 女	2020 女	2021 女	2022 男	2022 女	2023 男	2023 女	2024 男	2024 女
募集	基礎重視│適性α 2·4科α│英語型 2·4科β│適性β	30│20 20│20 10│10	30│20 20│20 10│10	基礎重視α 20 2·4科α│適性α 20│10 2·4科β│英語型 20│20 基礎重視β│適性β 10│10	①(本科│インター) 30│15 自由選択(本科│インター) 25│10 ②(本科│インター) 30│15 ③スカラシップ(本科│インター) 10│10		①(本科│インター) 25│10 自由選択①(本科│インター) 25│10 ②(本科│インター) 15│10 ③スカラシップ(本科│インター) 10│10		①(本科│インター) 20│20 ②(本科│インター) 20│10 ③(本科│インター) 10│20 ⑤スカラシップ(本科│インター) 10│15	
応募	基礎重視│適性α 2·4科α│英語型 2·4科β│適性β	3/18│7 2/20│12 3/20│5	3/8│4 4/12│4 3/12│10	非公表	18/9│6 29 19/14│4 43	5/16│6 28 11/25│4 17	5/10│22 21│18 8/10│24 11/10│30	7/2│17 15│15 9/4│27 10/11│35	7/10│10/6/8 33│24 14/11│11/4/13 22/11│14/11/19	7/14│8/12/11 28│26 5/13│11/15/7 8/16│11/17/14
応募倍率	基礎重視│適性α 2·4科α│英語型 2·4科β│適性β	0.7│0.4 1.1│0.6 2.3│0.5	0.4│0.2 0.8│0.2 1.5│1.0	−	1.6│0.8 1.6 2.3│0.5 4.5		1.0│3.9 1.4│3.3 2.1│5.1 4.2│6.5		1.9│2.8 3.1│5.0 4.3│3.1 5.7│5.7	
受験	基礎重視│適性α 2·4科α│英語型 2·4科β│適性β	3/16│5 0/10│9 0/5│1	3/7│2 4/6│4 1/2│2	非公表	15/5│6 22 6/5│2 28	3/12│6 25 3/9│0 22	4/10│17 18│11 2/5│11 7/5│14	6/1│15 10│11 1/3│14 6/5│19	3/8│5/6/5 26│20 2/7│2/1/9 6/2│4/11/10	6/12│6/10/8 23│18 3/3│6/8/1 2/7│7/10/9
合格	基礎重視│適性α 2·4科α│英語型 2·4科β│適性β	3/14│4 0/8│8 0/4│1	3/7│2 4/6│4 1/2│2	非公表	10/5│4 21 6/2│2 22	3/8│4 22 3/7│0 16	4/7│12 13│10 1/4│10 2/1│8	6/1│11 7│7 1/3│13 3/2│14	1/3│4/5/2 20│10 1/3│1/0/5 4/2│4/10/6	3/9│3/6/6 14│5 2/3│1/2/1 1/7│6/8/4
実質倍率	基礎重視│適性α 2·4科α│英語型 2·4科β│適性β	1.0/1.1│1.3 −/1.3│1.1 −/1.3│1.0	1.0/1.0│1.0 1.0/1.0│1.0 1.0/1.0│1.0	−	1.5/1.0│1.5 1.0 1.0/2.5│1.0 1.3	1.0/1.5│1.5 1.1 1.0/1.3│− 1.4	1.0/1.4│1.4 1.4│1.1 2.0/1.3│1.1 3.5/5.0│1.8	1.0/1.0│1.4 1.4│1.6 1.0/1.0│1.1 2.0/2.5│1.4	3.0/2.7│1.3/1.2/2.5 1.3│2.0 2.0/2.3│2.0/-/1.8 1.5/1.0│1.0/1.1/1.7	2.0/1.3│2.0/1.7/1.3 1.6│3.6 1.5/1.0│6.0/4.0/1.0 2.0/1.0│1.2/1.3/2.3

＊2019〜2021年基礎力重視型・2科4科型入試α・2科4科型入試βは4教科／2教科。2022〜2023年①本科・②本科は4教科／2教科。2023年③スカラシップ本科は4教科／2教科。2024年①本科・②本科・⑤スカラシップ本科は4教科／2教科、①インター・②インター・⑤スカラシップインターは4教科／2教科／英。
＊2024年補欠発表・追加合格…いずれもなし。

◉入試教科

4教科/2教科

②算数	50分/50分	100点/100点
①国語	50分/50分	100点/100点
③理科	あわせて50分	50点/
③社会		50点/
合計	150分/100分	300点/200点

＊英語は、筆記（50分・100点）エッセイ（30分・50点）面接（10分・50点）合計200点。
＊思考力は、複数の設問から1つ選択で論述（60分・100点）。

合格最高点	1回 182/172点 1回英語 166点 2回 92点 3回 249/169点 3回英語 168点 4回 89点 スカラシップ 238/169点 スカラシップ英語 170点 21世紀 87点 21世紀思考力 88点
合格最低点	1回 167/112点 1回英語 131点 2回 62点 3回 166/109点 3回英語 121点 4回 59点 スカラシップ 159/104点 スカラシップ英語 124点 21世紀 52点 21世紀思考力 52点

◉受験併願パターン

偏差値	1月前半	1月後半	2月1日	2月2日	2月3日	2月4日以降
43	西武台新座２特待					
40						東海大高輪台３
39	春日部共栄		サレジ本科	八雲学園３	八雲学園４	
35	秀明					
33				城西大城西２		城西大城西３

偏差値	1月前半	1月後半	2月1日	2月2日	2月3日	2月4日以降
44	星野学園総合選抜		駒込			光塩女子学院３
42	埼玉栄			江戸川女子基礎２		
41		東海大浦安Ａ	十文字	サレジ２自本科	東海大高輪台２	淑徳巣鴨３
40			サレジ本科		文京学院大３	
39	狭山ヶ丘高付属		大妻多摩	武蔵野大３		日大豊山女２科３

入試問題の傾向とポイント

算数　計算問題5問、一行問題6問、大問3題の問題構成。幅広い分野から、基本〜標準レベルの問題を中心に出題される。広範囲から出題されるため、苦手な分野を作らないように各分野の基礎を押さえた学習をしておくこと。大問では説明させる問題も出るので、記述力を強化しておきたい。

国語　物語文と説明文の読解2題と、雑問1題で構成されていた。物語文は人物の様子や心情について記述で説明することが求められた。説明文は空欄補充を通して文章理解が問われた。雑問は漢字の読み書き・慣用句に加えて、図と会話文の読み取りが出題された。

理科　設問2〜3題、生地物化からの出題で、融合問題が出題されることもある。現象についての説明や理由を答える記述が多く見られ、解答用紙に占める記述問題の多さに驚かされる。また、作図問題が出題されることもある。過去問演習を通してしっかりと記述力と思考力を鍛えたい。

社会　大問4題構成。用語記述は原則として漢字指定となっている。記述問題も多数出題されている。全体を通じて地図、グラフ、地形図、表などの資料が多く用いられている。短時間で正確に解答する力をつけておきたい。

サレジアン国際学園世田谷中学校

■学校長／森下ワカヨ　■創立／昭和35年　■生徒数／360名（男94名、女266名）
■所在地／〒157-0074 東京都世田谷区大蔵2-8-1　■ＴＥＬ／03-3416-1150
■交通／二子玉川駅（東急田園都市線・大井町線）からスクールバス。成城学園前駅（小田急線）からバス「成育医療研究センター」下車。田園調布駅（東急東横線・目黒線）からバス「三本杉」下車。

何学期制	週何日制	登校時刻	制服	給食	食堂 軽食販売	プール	寮	特待制度 奨学金等	帰国生 取出授業
3学期制	6日制	8:25	中高あり	なし	食堂なし 販売中高あり	なし	なし	あり	あり

沿　革

本校は、聖ヨハネ・ボスコが創立したサレジオ会の系列校で、女子修道会サレジアン・シスターズを設立母体とし、1960年に中学校が開校。1963年には高校が開校。2023年4月より共学化し、サレジアン国際学園世田谷に校名変更した。

教育方針と特色

サレジアン国際学園世田谷中学高等学校は本科クラス（以下、本科）とインターナショナルクラス（以下、インター）の2コース制を導入。また、すべての教科で問題解決型授業であるPBL（Problem / Project Based Learning）型授業を実施。問いに対し自ら考え、解決することを重視した能動的な学習法であるPBL型授業では、論理的思考の過程を体得し、考え続ける力を育む。

本科の特徴として週8時間の英語授業と、探究の時間である『ゼミ』が週2時間がある。インターの特徴は中学から本格的に英語を学び始める「スタンダード」の生徒と、帰国生などすでにある程度の英語力を身につけた「アドバンスト」の生徒が在籍し、英語の授業は週8時間用意されているほか、スタンダードでは英語１科、アドバンストでは英語・数学・理科・社会の4科の授業をオールイングリッシュで実施する。さらにインターでは週2時間オールイングリッシュで深究するAP（Salesian Academic Program）を実施している。

◉系列校

小	中	高	大（短大）
○	○	○	

◉小学校からの内進生…36名
◉高校生外部募集………なし

◉授業時間…1コマ45分・週37時間

	1年	2年	3年	計
国　語	5	4	5	14
社　会	3	4	4	11
数　学	5	5	5	15
理　科	4	4	5	13
英　語	8	8	8	24
5教科計	25	25	27	77

※授業時間3年次37時間

参考　高校1年生一週間の授業

英語=7　数学=6　国語=5
理科=6　社会=4

進学・進路

◉卒業生進路状況

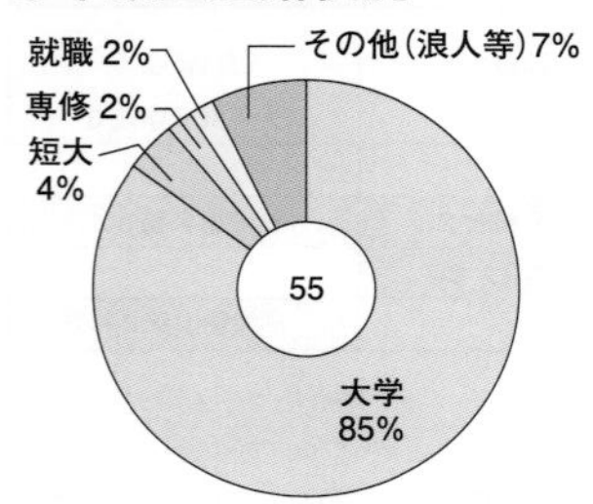

■進路選択状況（高３進級時）
理系 20%　文系 78%
0　50　100

■理系・文系進学状況
理系 16%　文系 84%
0　50　100

■共通テスト受験率
36%
0　50　100

◉卒業までの流れ

小学校	中学校	高等学校	大学
目黒星美学園小学校	サレジアン国際学園世田谷中学校	サレジアン国際学園世田谷高等学校（55）	

◉主な大学合格実績

大学名	'22	'23	'24	大学名	'22	'23	'24	大学名	'22	'23	'24	大学名	'22	'23	'24
東京大				千葉大				東京都立大			1	東京女子大			1
京都大				お茶の水女子大			1	横浜市立大				日本女子大		3	2
北海道大				東京外国語大				慶應義塾大	4	1		成蹊大	1	1	1
東北大				電気通信大				早稲田大		2	1	成城大		1	
名古屋大				東京学芸大				上智大	5	6	8	明治学院大	3	2	3
大阪大				東京農工大				東京理科大	1			國學院大		1	1
九州大				東京芸術大				明治大		1		武蔵大		4	
東京工業大				東京医科歯科大				青山学院大	3	2		獨協大			
一橋大				東京海洋大				立教大	2	3	1	日本大	1	6	4
筑波大		1		横浜国立大				中央大			2	東洋大			
茨城大				山梨大				法政大	1	1	4	駒澤大			
宇都宮大				金沢大				学習院大				専修大		2	
群馬大				信州大				国際基督教大				芝浦工業大	1		
埼玉大				国際教養大				津田塾大		1		東京都市大			

入試要項・入試情報

◉2024年度の入試要項(参考)

	1回	2回	3回特待生	4回 21世紀型・ 自由選択2科	5回
募集人員	男女90名(本科60名・インターナショナル30名)				
選抜方法	本科・インターナショナルS: 国・算または国・算・社・理 インターナショナルA:英・ 英エッセイ+面接(日本語・英語)	本科・インターナショナルS: 国・算または国・算・社・理	本科・インターナショナルS: 国・算・社・理 インターナショナルA: 英・英エッセイ+面接(日本語・英語)	本科・インターナショナルS: 国・算・社・理から2科選択 または思考力問題	本科・インターナショナルS: 国・算・社・理 インターナショナルA: 英・英エッセイ+面接(日本語・英語)
出願関連期間	12/20〜1/31	12/20〜2/1	12/20〜2/2	12/20〜2/3	12/20〜2/4
試験日程	2/1午前	2/1午後	2/2午後	2/3午後	2/5午前
合格発表	Web 2/1 17:00〜	Web 2/1 23:00〜	Web 2/2 23:00〜	Web 2/3 23:00〜	Web 2/5 17:00〜
入学手続	2/7 12:00まで				

面接 実施する。

◉費用(参考)

受験料		25,000円
入学手続時	入学金	280,000円
	授業料	—
	その他	—
入学手続後〜入学まで	授業料	—
	その他	413,200円
入学後1年	授業料	516,000円
	その他	401,000円
初年度納入金合計		1,610,200円
中学3年間費用計 約		3,379,200円

＊1回の受験料で複数回の受験可。
＊女子は男子との制服代の差(3千円)を加えること。

◉最近6年間の入試応募者推移と倍率

年度		2019	2020	2021	2022	2023		2024	
		女	女	女	女	男	女	男	女
募集	①午前 ①午後 ② ③｜英 発想力	25 20 15 特に定めず 特に定めず	25 20 15 特に定めず 特に定めず	25 15 10 特に定めず 5	25 15 10 特に定めず 5	①午前(本科｜インター-S｜インター-A) ①午後(本科｜インター-S) ②特待(本科｜インター-S｜インター-A) ③21世紀・選択2科(本科｜インター-S) ④(本科｜インター-S｜インター-A)	本科60 インター 30 (全日程合計)	①(本科｜インター-S｜インター-A) ②(本科｜インター-S) ③特待(本科｜インター-S｜インター-A) ④21世紀・選択2科(本科｜インター-S) ⑤(本科｜インター-S｜インター-A)	本科 60 インター 30 (全日程合計)
応募	①午前 ①午後 ② ③｜英 発想力	※データなし	19/23 62 32/37 30/33｜3 2	※データなし	7/13 40 12/24 21/35｜3 3	12/10｜6/8｜5 31/23｜8/7 43｜11｜5 86｜28 68｜16｜8	21/18｜13/9｜8 54/38｜19/14 63｜33｜11 98｜49 80｜46｜14	22/11｜15/3｜27 62/20｜26/16 73｜33｜28 100｜54 81｜37｜39	28/24｜12/12｜23 62/31｜28/26 60｜32｜31 101｜56 88｜41｜34
応募倍率	①午前 ①午後 ② ③｜英 発想力		1.7 3.1 4.6 — —		0.8 2.7 3.6 - 0.6	本科 10.8 インター 10.6 (全日程合計)		本科 12.7 インター 19.1 (全日程合計)	
受験	①午前 ①午後 ② ③｜英 発想力		13/18 34 3/7 2/6｜2 2		5/9 27 4/4 10/13｜3 3	3/6｜9/6｜4 25/18｜8/7 23｜6｜5 42｜13 27｜3｜2	15/15｜6/4｜7 49/34｜13/12 27｜13｜9 46｜23 16｜14｜3	12/9｜11/2｜24 54/18｜19/14 29｜24｜15 61｜32 19｜13｜18	19/22｜7/8｜18 51/28｜28/20 24｜15｜18 45｜29 33｜16｜15
合格	①午前 ①午後 ② ③｜英 発想力		10/14 26 3/7 2/5｜2 2		5/9 26 4/3 10/9｜3 3	4｜5｜2 20｜4 8｜5｜5 9｜4 3｜1｜1	14｜5｜6 37｜10 6｜5｜7 9｜4 3｜2｜1	2｜3｜5 25｜6 9｜5｜3 8｜3 2｜1｜0	14｜4｜10 29｜12 9｜2｜9 5｜6 3｜3｜2
実質倍率	①午前 ①午後 ② ③｜英 発想力		1.3/1.3 1.3 1.0/1.0 1.0/1.2｜1.0 1.0		1.0/1.0 1.0 1.0/1.3 1.0/1.4｜1.0 1.0	2.3｜3.0｜2.0 2.2｜3.8 2.9｜1.2｜1.0 4.7｜3.3 9.0｜3.0｜2.0	2.1｜2.0｜1.2 2.2｜2.5 4.5｜2.6｜1.3 5.1｜5.8 5.3｜7.0｜3.0	10.5｜4.3｜4.8 2.9｜5.5 3.2｜4.8｜5.0 7.6｜10.7 9.5｜13.0｜−	2.9｜3.8｜1.8 2.7｜4.0 2.7｜7.5｜2.0 9.0｜4.8 11.0｜5.3｜7.5

＊2020年と2022年①午前・②・③は4教科/2教科。2023年①午前本科・①午前インターナショナルS・①午後は4教科/2教科。2024年①本科・①インターナショナルS・②は4教科/2教科。
＊2024年補欠発表・追加合格…いずれも詳細不明。

◉入試教科

4教科/2教科

②算数	50分/50分	100点/100点
①国語	50分/50分	100点/100点
③理科	あわせて50分	50点/
③社会		50点/
合計	150分/100分	300点/200点

合格最高点	①本科 189/137点 インター 176/132点 ②本科 205/158点 インター 199/147点 ③本科 201点 インター 204点 ④本科 83点 インター 54点 ⑤本科 166点 インター 180点
合格最低点	①本科 150/112点 インター 151/119点 ②本科 150/114点 インター 153/122点 ③本科 148点 インター 156点 ④本科 50点 インター 50点 ⑤本科 159点 インター 162点

◉受験併願パターン

偏差値	1月前半	1月後半	2月1日	2月2日	2月3日	2月4日以降
43			サレジ世２本科			
41				京華２		サレジ世５本科
40	埼玉栄５		サレジ世本科	文教大付３		
39	昌平					
35	西武台新座	西武台新座２チャ				

偏差値	1月前半	1月後半	2月1日	2月2日	2月3日	2月4日以降
46			多摩大目黒特待		サレジ世４本科	
45			千代田国際２			
43	浦和実業特待		サレジ世本科	千代田国際３		
42						文教大付５
41				文教大付３		

入試問題の傾向とポイント

算数

計算が5問、一行問題が5問、大問3題の問題構成。一行問題では、幅広い分野から、基本〜標準レベル問題中心の出題。大問では対話文の空所補充形式の問題や説明させる問題も出題される。大問では途中式や考え方を要求される設問もあるので、日頃から簡潔にまとめる練習を。

国語

物語文と説明文の読解2題と、雑問で構成されている。物語文は人物の言動理由や傍線部の具体的説明について、説明文は空欄補充や言い換えについて、記述を中心に問われた。雑問は漢字の読み書きや慣用句のほか、グラフの読み取り、意見記述などが出題された。

理科

大問4題、生地物化からの出題。設問形式は、選択・計算・作図・記述問題と多岐にわたり、典型問題から一歩踏み込んだ問題が多く、ていねいに考える必要がある。また、少し長めの文章の問題も出題されている。様々な力が問われているので、対策を行っておきたい。

社会

大問3題構成。試験時間は理社あわせて50分なので、過去問演習を通じて、適切な時間配分を身につけたい。地理・歴史・政治ともに基礎基本が中心の出題。長文の記述問題が2問出題されている。特に多くの資料を用いた大問3の記述問題は、資料読解を含めて十分な対策が必要。

実践学園中学校

じっせんがくえん

■学校長／大木広行　■創立／平成8年　■生徒数／317名（男199名、女118名）

■所在地／〒164-0011 東京都中野区中央2-34-2　■ＴＥＬ／03-3371-5268

■交通／東中野駅（JR中央線・総武線、都営大江戸線）徒歩10分。
中野坂上駅（東京メトロ丸ノ内線、都営大江戸線）徒歩5分。

何学期制	週何日制	登校時刻	制服	給食	食堂 軽食販売	プール	寮	特待制度 奨学金等	帰国生 取出授業
3学期制	6日制	8:25	中高あり	なし	食堂中高あり 販売中高あり	なし	なし	あり	あり

沿　革

1927年、神田錦町に東京堂教習所として創立。その後、中野区中央に移り、1948年、学制改革により実践学園高等学校と改称。1954年、実践学園商業高等学校と改称。1990年、実践学園高等学校と改称、及び普通科設置。1996年、中高一貫教育として中学校を復校。2010年、高尾総合グラウンドに研修センター2号館（教育棟）竣工。

2011年、本校隣に建設した図書館と自習スペース融合型の自由学習館を拠点とした「Jスクール」による進学指導体制を確立。

教育方針と特色

「学問の修得をとおして、自己実現をめざし、人類・社会に役立つ人材づくりをする」を建学の精神として掲げ、その教育理念のもと教育活動にあたる。グローバル化に対応するためのリベラルアーツ＆サイエンス教育に力を入れ、講演会や校外授業を行っている。英語教育には特に力を入れ、中1からネイティブ講師による英会話を実施している。日本の歴史や文化を学んだ上で、中3でのニュージーランド語学研修につなげる。その他、短期、中期、長期留学制度で生徒の多様な意欲に応えている。

きめ細かい指導ができるよう、少人数学級を編成。担任が生徒の学力を把握、フォローするため、自主学習ノートやステップアップノートと呼ばれるノートを使って学力の向上を図る。習熟度別授業や学習進度別の補習、「ジュニアJ・スクール」と呼ばれる講習を取り入れ、基礎学力の習得に力を入れている。

生徒の様々な学びに対応する「自由学習館」、生物や環境問題について学べる「実践の森・農園」、学習効果の高い「IWB（電子黒板）」と独自の設備も充実。心身の成長に主眼をおいた部活動も活発である。

◉系列校

小	中	高	大（短大）
	○	○	

◉併設小学校なし

◉高校生外部募集………270名

（外部生と高校2年次より一部合流）

◉授業時間…1コマ45分・週35時間

	1年	2年	3年	計
国　語	5	4	5	14
社　会	4	4	4	12
数　学	5	4	5	14
理　科	4	5	4	13
英　語	7	8	8	23
5教科計	25	25	26	76

参考　高校1年生一週間の授業

英語=8　数学=7　国語=6
理科=6　社会=4

進学・進路

◉卒業生進路状況

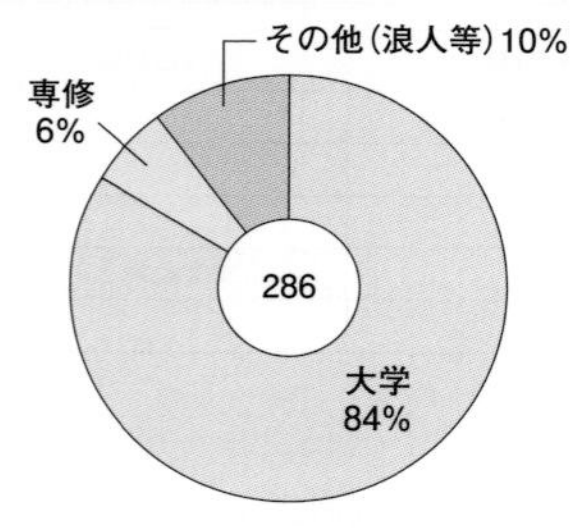

■進路選択状況（高３進級時）

理系 31%　文系 69%

0　50　100

■理系・文系進学状況

文系 57%　32%

理系 11%

0　50　100

■共通テスト受験率

97%

0　50　100

◉卒業までの流れ

小学校	中学校	高等学校	大学
	実践学園中学校 ▶	実践学園高等学校（286）	

◉主な大学合格実績

大学名	'21	'23	'24	大学名	'21	'23	'24	大学名	'21	'23	'24	大学名	'21	'23	'24
東京大				千葉大	1			東京都立大	1			東京女子大	2	6	10
京都大				お茶の水女子大				横浜市立大			1	日本女子大	2	7	4
北海道大				東京外国語大		1		慶應義塾大	1	2	1	成蹊大	8	5	9
東北大				電気通信大			1	早稲田大	4	5	6	成城大	8	4	6
名古屋大				東京学芸大				上智大	5	3	2	明治学院大	7	10	9
大阪大				東京農工大				東京理科大	2	5	1	國學院大	10	15	8
九州大				東京芸術大				明治大	12	9	18	武蔵大	17	16	17
東京工業大				東京医科歯科大				青山学院大	10	4	6	獨協大	5	3	5
一橋大				東京海洋大	1			立教大	11	16	8	日本大	39	23	25
筑波大		1		横浜国立大	1	1		中央大	18	17	8	東洋大	26	18	20
茨城大				山梨大				法政大	15	10	14	駒澤大	10	6	6
宇都宮大				金沢大				学習院大	4	4	1	専修大	16	18	11
群馬大				信州大				国際基督教大				芝浦工業大	7	5	4
埼玉大	1			国際教養大				津田塾大			1	東京都市大	5	7	4

入試要項・入試情報

◉2024年度の入試要項(参考)

	1回	2回	特待生選抜 1回	特待生選抜 2回	LA&Sクラス 1回	LA&Sクラス 2回	適性検査型	自己PR型	特別	Ⅱ期
募集人員	男女30名	男女10名	男女10名	男女5名	男女5名	男女5名	男女5名	男女5名	男女5名	若干名
選抜方法	国・算または 国・算・社・理＋通知 表のコピー		国・算＋ 通知表のコピー		作文(日・英)＋ 面接・通知表のコピー		適性検査Ⅰ・Ⅱ＋ 通知表のコピー	基礎学力(国・算)・ プレゼンテーション＋ 保護者面談・通知表の コピー	算＋ 通知表の コピー	国・算＋面接・ 通知表の コピー
出願関連期間	12/20～2/1	12/20～2/2	12/20～2/1	12/20～2/3	12/20～2/1	12/20～2/2		12/20～2/3	12/20～2/5	12/20～2/10
試験日程	2/1午前	2/2午後	2/1午後	2/3午後	2/1午前	2/2午後	2/2午前	2/3午前	2/5午前	2/10午前
合格発表	Web 2/1 22:00～	Web 2/2 22:00～	Web 2/1 22:00～	Web 2/3 22:00～	Web 2/1 22:00～	Web 2/2 22:00～		Web 2/3 22:00～	Web 2/5 22:00～	Web 2/10 18:00～
入学手続	2/2 17:00まで	2/3 17:00まで	2/2 17:00まで	2/4 17:00まで	2/2 17:00まで	2/3 17:00まで		2/4 17:00まで	2/6 17:00まで	2/13 11:00まで

面接 実施する。

◉費用(参考)

受験料		24,000円
入学手続時	入学金	270,000円
	授業料	—
	その他	176,006円
入学手続後 ～入学まで	授業料	—
	その他	80,905円
入学後１年	授業料	494,400円
	その他	460,000円
初年度納入金合計		1,481,311円
中学３年間費用計	約	3,500,911円

＊複数回出願の場合、2回目以降の受験料は無料(Ⅱ期入試を除く)。
＊入学辞退者は新入生ガイダンス以前であれば、入学金以外の費用を返金。
＊男子は女子との制服代・指定用品代の差(7,857円)を加えること。
＊上記学費は中高一貫クラスのもの。

◉最近6年間の入試応募者推移と倍率

年度		2019 男	2019 女	2020 男	2020 女	2021 男	2021 女	2022 男	2022 女	2023 男	2023 女	2024 男	2024 女
募集	① ② ③ ④ ⑤	40 ①②合計 10 5 15		① 30 適性検査｜特待① 10｜10 ② 10 特待②｜特別 5｜5		30 10｜10 10 5｜5		30 5｜10 10 5｜5		30 5｜10 10 5｜5		30 5｜10 10 5｜5	
応募	① ② ③ ④ ⑤	15/33 53 11/26 45 28	7/23 31 10/21 25 17	6/39 3｜43 8/37 47｜41	6/39 1｜46 9/33 38｜29	7/37 3｜40 17/37 32｜35	7/25 1｜28 12/28 22｜20	21/37 3｜32 30/41 42｜48	9/38 7｜34 18/36 39｜19	18/38 12｜42 39/46 47｜4	12/20 14｜21 18/27 29｜19	24/41 16｜45 39/46 56｜57	11/29 15｜22 18/34 26｜20
応募倍率	① ② ③ ④ ⑤	4.1 ①②合計 6.8 14.0 3.0		3.0 0.4｜8.9 8.7 17.0｜14.0		2.5 0.4｜6.8 9.4 10.8｜11.0		3.5 2.0｜6.6 12.5 16.2｜13.4		2.9 5.2｜6.3 13.0 15.2｜12.4		3.5 6.2｜6.7 13.7 16.4｜15.4	
受験	① ② ③ ④ ⑤	14/30 51 6/8 11 6	5/23 27 9/5 8 1	6/38 3｜39 5/17 25｜19	6/33 1｜40 3/12 9｜5	4/34 3｜36 8/17 13｜10	5/23 1｜24 6/13 9｜5	18/35 2｜25 12/8 14｜9	8/33 7｜25 3/6 13｜2	16/38 9｜37 24/18 23｜17	11/19 9｜16 7/13 10｜3	23/33 12｜33 30/24 22｜13	11/26 11｜19 11/14 11｜3
合格	① ② ③ ④ ⑤	13/27 48 6/6 9 6	4/20 25 7/5 6 0	5/32 1｜2 5/15 3｜14	6/27 0｜4 3/11 0｜4	4/27 2｜2 8/17 2｜10	4/20 1｜0 6/13 2｜5	18/35 2｜4 12/8 0｜6	8/33 7｜3 3/6 3｜2	12/33 9｜5 19/15 4｜8	11/18 9｜2 7/12 0｜3	13/22 5｜3 19/12 1｜4	8/19 6｜2 7/8 1｜1
実質倍率	① ② ③ ④ ⑤	1.1/1.1 1.1 1.0/1.3 1.2 1.0	1.3/1.2 1.1 1.3/1.0 1.3 —	1.2/1.2 3.0｜19.5 1.0/1.1 8.3｜1.4	1.0/1.2 —｜10.0 1.0/1.1 —｜1.3	1.0/1.3 1.5｜18.0 1.0/1.0 6.5｜1.0	1.3/1.2 1.0｜— 1.0/1.0 4.5｜1.0	1.0/1.0 1.0｜6.3 1.0/1.0 —｜1.5	1.0/1.0 1.0｜8.3 1.0/1.0 4.3｜1.0	1.3/1.2 1.0｜7.4 1.3/1.2 5.8｜2.1	1.0/1.1 1.0｜8.0 1.0/1.1 —｜1.0	1.8/1.5 2.4｜11.0 1.6/2.0 22.0｜3.3	1.4/1.4 1.8｜9.5 1.6/1.8 11.0｜3.0

＊2019年①・③は3教科／2教科。2020年～2024年①・②は4教科／2教科。
＊2024年補欠発表…詳細不明。補欠合格・追加合格…いずれもなし。

◉入試教科

4教科/2教科

②算数	45分/45分	100点/100点
①国語	45分/45分	100点/100点
③理科	あわせて50分	100点
③社会		
合計	140分/90分	300点/200点

＊適性Ⅰ(作文45分100点)・適性Ⅱ(合教科45分100点)合計90分200点。
＊自己PR(国算あわせて45分100点)(プレゼン60分100点)合計105分200点。

合格最高点	①	男211/157	女223/142点
	①特待	男—	女—点
	適性	男141	女 76点
	②	男220/148	女232/146点
	自己PR	男113	女—点
	②特待	男—	女—点
	特別	男 58	女—点
	Ⅱ期	男149	女—点
合格最低点	①	男146/96	女150/98点
	①特待	男—	女—点
	適性	男 55	女 60点
	②	男151/97	女159/102点
	自己PR	男 90	女—点
	②特待	男—	女—点
	特別	男 46	女—点
	Ⅱ期	男 99	女—点

◉受験併願パターン

偏差値	1月前半	1月後半	2月1日	2月2日	2月3日	2月4日以降
48			桐光学園	足立学園特奨２	足立学園特奨３	東京電機大４
47	西武文理選抜		日大豊山	目黒日大３	桜美林３日午後	
44			実践学園特待		日大第一２科	穎明館４
42	城北埼玉					
36		浦和実業３	実践学園	実践学園２		実践学園Ⅱ

偏差値	1月前半	1月後半	2月1日	2月2日	2月3日	2月4日以降
48	西武文理選抜		三輪田学園午前		カリタス女子４	跡見学園特３
46			実践学園特待	穎明館３		
45				穎明館２		穎明館４
43					日大第三３	
41	聖望学園奨学生	西武文理３	東京電機大	武蔵野大４		

入試問題の傾向とポイント

算数
計算問題と一行問題が合わせて16問程度、大問3題の問題構成。幅広い分野から、基本～標準レベルの問題を中心に出題される。計算力を含めた基礎をしっかりと固めることで十分対応できる。基本レベルの問題演習を繰り返し、素早く、正確に解く力を鍛えておくこと。

国語
説明文と物語文の読解2題構成。説明文は理由や言い換えについて、物語文は表現技法や指示語、人物像について問われた。読解の解答形式は選択肢、抜き出し、記述に大きな偏りはない。

理科
大問4題、生地物化からの出題。設問形式は、選択・計算・記述・作図と多岐にわたる。典型的な問題が多く出題されているが、会話文形式の問題が頻出であったり、作図や記述が複数あるなど、読解力や思考力も問われている。基礎基本を固めて、過去問演習を重ねていきたい。

社会
大問3題構成。記述問題は一昨年は7問、昨年は5問、今年は4問出題された。設問の多くは既習事項に関する基礎基本の問い。基礎基本の問題を取りこぼさない一方で、記述問題については十分に対策をして入試にのぞみたい。

品川翔英中学校

しながわしょうえい

■学校長／柴田哲彦　■創立／昭和7年　■生徒数／417名（男247名、女170名）
■所在地／〒140-0015 東京都品川区西大井1-6-13　■ＴＥＬ／03-3774-1151
■交通／西大井駅（JR横須賀線、湘南新宿ライン、相鉄線）徒歩6分。
大井町駅（JR京浜東北線、東急大井町線、りんかい線）徒歩12分。

何学期制	週何日制	登校時刻	制服	給食	食堂 軽食販売	プール	寮	特待制度 奨学金等	帰国生 取出授業
2学期制	5日制	8:30	中高あり	なし	食堂なし 販売中高あり	屋内	なし	あり	なし

沿　革

1932年京南家政女学校として設立。2020年4月校名を品川翔英中学校・高等学校とし、共学の中高一貫校としてスタート。2023年3月新中央校舎完成。

教育方針と特色

「自主・創造・貢献」の校訓のもと、「自主的に未来を切り拓く力」、「新たな価値を創造する英知」、「未来へ飛翔し貢献する心」をもった人間を育てる。教科学習以外にLearner's Timeを設置し、「探究」「プログラミング」「ドラマエデュケーション」を柱とした教育活動を展開し、社会に出てからも学び続けることができる「LEANERS」を育成する。

生徒が自分で、学習計画を立て、実行し、チェックしながら学んでいけるよう、定期テストを廃止。確認テストや模擬試験で学力の定着を図り、学力の向上を目指している。

さらに、学年担任団に加え、対話による支援をする「メンター教員」が生徒一人ひとりに付く。メンターは生徒の希望制で半期ごとに交代するので、6年間で多くの教員と接したり、高等部では進学希望の学部学科や興味関心でメンターを選んだりもできる。

校則はないが、服装に関するドレスコードはあるので、染髪や髪の加工、私服の着用、装飾品は不可。お互いに快適に過ごせるよう日常的なルールやマナーなどの指導をしている。

◉系列校

小	中	高	大（短大）
○	○	○	

◉小学校からの内進生…3名
◉高校生外部募集………300名
（完全別クラス）

◉授業時間…1コマ45分・週30時間

	1年	2年	3年	計
国　語	4	4	3	11
社　会	3	3	3	9
数　学	4	4	4	12
理　科	3	4	4	11
英　語	5	5	5	15
5教科計	19	20	19	58

参考　高校1年生一週間の授業

英語=5　数学=5　国語=5
理科=6　社会=4

進学・進路

◉卒業生進路状況

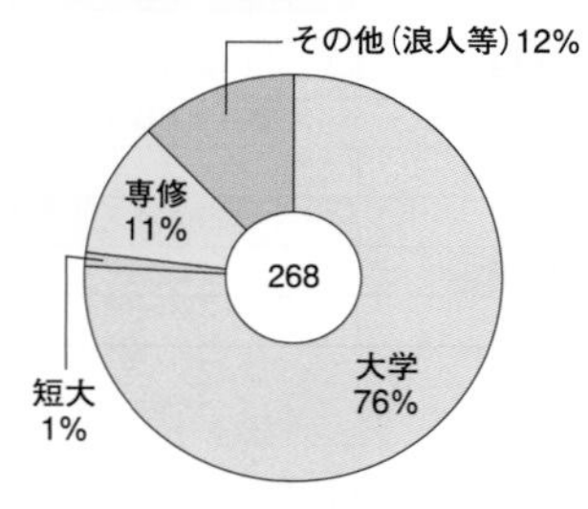

■進路選択状況（高３進級時）

理系 45%　文系 55%

0　50　100

■理系・文系進学状況

理系 46%　文系 54%

0　50　100

■共通テスト受験率

29%

0　50　100

◉卒業までの流れ

小学校	中学校	高等学校	大学
品川翔英小学校	品川翔英中学校	品川翔英高等学校 (268)	

◉主な大学合格実績

大学名	'22	'23	'24	大学名	'22	'23	'24	大学名	'22	'23	'24	大学名	'22	'23	'24
東京大				千葉大				東京都立大			1	東京女子大			1
京都大				お茶の水女子大				横浜市立大				日本女子大		1	2
北海道大				東京外国語大				慶應義塾大			4	成蹊大	1	1	1
東北大				電気通信大		1	1	早稲田大			3	成城大		3	7
名古屋大				東京学芸大				上智大		4	3	明治学院大		3	9
大阪大				東京農工大				東京理科大		2	5	國學院大	1	7	7
九州大				東京芸術大				明治大		5	6	武蔵大		2	4
東京工業大				東京医科歯科大				青山学院大			10	獨協大		2	11
一橋大				東京海洋大			1	立教大		2	4	日本大	3	11	30
筑波大				横浜国立大				中央大		3	6	東洋大		3	23
茨城大				山梨大				法政大		2	12	駒澤大		2	13
宇都宮大				金沢大			1	学習院大			3	専修大		5	20
群馬大				信州大				国際基督教大		1	1	芝浦工業大		2	3
埼玉大				国際教養大				津田塾大			1	東京都市大		2	16

入試要項・入試情報

◉2024年度の入試要項(参考)

	1回		2回	3回	4回	5回	6回
	2科・4科 (特待あり)	適性検査 (特待あり)	算数＋理科 (特待生入試)	2科・4科	算数+ラーナー	表現力総合	2科・4科
募集人員	1回合計 男女40名		男女15名	男女15名	男女10名	男女10名	男女10名
選抜方法	国・算または 国・算・社・理	適性検査 Ⅰ・Ⅱ	算・理	国・算または 国・算・社・理	算・読書インタビュー または体験インタビュー または英語インタビュー	試験Ⅰ(国語)・試験Ⅱ (算・社・理総合問題)	国・算または 国・算・社・理
出願関連期間	12/20〜1/30			12/20〜2/1		12/20〜2/2	12/20〜2/4
試験日程	2/1午前		2/1午後	2/2午前	2/2午後	2/3午前	2/5午前
合格発表	Web 2/1 20:00〜		Web 2/1 21:00〜	Web 2/2 20:00〜	Web 2/2 21:00〜	Web 2/3 20:00〜	Web 2/5 20:00〜
入学手続	2/5 16:00まで	2/11 16:00まで	2/5 16:00まで				2/7 16:00まで

面接 実施しない。

◉費用(参考)

受験料		20,000円
入学手続時	入学金	250,000円
	授業料	—
	その他	200,000円
入学手続後〜入学まで	授業料	—
	その他	146,079円
入学後1年	授業料	456,000円
	その他	336,000円
初年度納入金合計		1,388,079円
中学3年間費用計	約	2,972,079円

＊複数回出願の受験料は、2回分まで2万円。3回目以降1回につき1万円追加。適性検査のみ受験は1万円。

＊入学辞退者は、2月13日16時までに申し出れば、施設費等(20万円)を返金。

◉最近6年間の入試応募者推移と倍率

年度		2019	2020		2021		2022		2023		2024	
		女	男	女	男	女	男	女	男	女	男	女
募集	①特待｜適性 ②特待 ③特待	20｜20 15 10	①｜適性 ②特待 ③ ④ ⑤	60 全日程合計	①｜適性 40 ②特待 15 ③ 20 ⑥算数1科 5 ⑦ 10	①・適性検査型合計	①｜適性 40 ②特待 15 ③ 10 ④得意2科 5 ⑤ 10	①・適性検査型合計	①｜適性 40 ②特待 10 ③ 10 ④得意2科 10 ⑤ 10	①・適性検査型合計	①｜適性 40 ②特待 15 ③ 15 ⑤表現力総合 10	①・適性合計
応募	①特待｜適性 ②特待 ③特待	8｜9 9 11	6/8｜5 22 11/7 21 32	5/6｜8 17 3/8 15 23	18/13｜29 59 33/23 48 84	11/16｜12 32 17/21 26 56	32/32｜52 61 90/9 124 122/22	18/30｜38 44 61/1 76 76/15	24/31｜83 16/14 86/10 120 122/37	20/15｜47 15/15 52/1 72 50/20	13/16｜59 25 32/18 7	11/15｜41 10 15/23 4
応募倍率	①特待｜適性 ②特待 ③特待	0.4｜0.5 0.6 1.1	3.3 全日程合計		2.5 ①・適性検査型合計 6.1 4.7 14.8 14.0		5.1 7.0 16.1 40.0 23.5		5.5 6.0 14.9 19.2 22.9		3.9 ①・適性合計 2.3 5.9 1.1	
受験	①特待｜適性 ②特待 ③特待	8｜9 4 4	3/7｜5 17 3/2 10 12	3/6｜8 15 0/2 1 7	9/9｜29 42 8/9 11 23/5	10/12｜12 29 5/4 5 8/9	17/27｜50 43 43/4 36 37/3	16/21｜36 38 19/1 18 16/3	14/23｜81 7/7 37/2 45 45/4	8/13｜47 5/13 26/0 23 12/5	12/15｜57 23 13/10 6	10/14｜41 10 5/12 4
合格	①特待｜適性 ②特待 ③特待	7(4)｜8(5) 2(2) 1(0)	2/4｜5 9 2/0 8 11	1/6｜8 11 0/2 1 7	8/8｜26 20 7/8 9 21/4	9/9｜8 11 5/3 5 7/8	16/22｜44 6 34/4 26 25/2	13/17｜30 8 18/1 15 10/3	13/20｜72 2/0 31/2 38 37/4	7/12｜42 0/1 22/0 19 10/5	9/13｜51 5 11/8 5	8/12｜36 1 4/10 3
実質倍率	①特待｜適性 ②特待 ③特待	1.1(2.0)｜1.1(1.8) 2.0(2.0) 4.0(−)	1.5/1.8｜10 1.9 1.5/− 1.3 1.1	3.0/1.0｜1.0 1.4 −/1.0 1.0 1.0	1.1/1.1｜1.1 2.1 1.1/1.1 1.2 1.1/1.3	1.1/1.3｜1.5 2.6 1.0/1.3 1.0 1.1/1.1	1.1/1.2｜1.1 7.2 1.3/1.0 1.4 1.5/1.5	1.2/1.2｜1.2 4.8 1.1/1.0 1.2 1.6/1.0	1.1/1.2｜1.1 3.5/− 1.2/1.0 1.2 1.2/1.0	1.1/1.1｜1.1 −/13.0 1.2/− 1.2 1.2/1.0	1.3/1.2｜1.1 4.6 1.2/1.3 1.2	1.3/1.2｜1.1 10.0 1.3/1.2 1.3

＊2019年①特待生・①適性検査型・②特待生・③特待生の(　)の数字は合格者数に含まれる特待生合格者の数とその実質倍率。

＊2020年〜2023年①は4教科／2教科、③は得意選択2科／算数1科、⑤は得意選択2科／ラーナーズ型。2023年②特待は4教科／2教科。2024年①・③は4教科／2教科。

＊2024年補欠発表・追加合格(電話)…いずれも詳細不明。

◉入試教科

4教科/2教科

②算数	50分/50分	100点/100点
①国語	50分/50分	100点/100点
③理科	あわせて60分	50点/
③社会		50点/
合計	160分/100分	300点/200点

＊算数+ラーナーは(算30分・50点)(ラーナー約10分・50点)合計100点。ラーナーは読者インタビュー又は体験インタビュー又は英語インタビューのいずれか。

合格最高点	非公表
合格最低点	① 165点/112点 ①適性 110点 ②特待 203点/165点 ③ 152点/110点 ④算＋ラーナー 54点 ⑤表現力 88点 ⑥ 169点/108点

◉受験併願パターン

偏差値	1月前半	1月後半	2月1日	2月2日	2月3日	2月4日以降
50			桐蔭学園		桐光学園３Ａ	東洋大学京北４
48			東洋大学京北	順天２Ｂ	関東学院１Ｃ	日本大学ＣＡＦ
45			品川翔英２	桜丘４特待	桐光学園３Ｂ	明治学院３
43	城北埼玉	千葉日大第一				
38	千葉日大第一自推			品川翔英３	品川翔英５	品川翔英６

偏差値	1月前半	1月後半	2月1日	2月2日	2月3日	2月4日以降
51		国府台女子学院		恵泉女学園２		清泉女学院ＳＰ
50				跡見学園特２	昭和女子大附Ｃ	目黒日大４
49			日本大学Ａ１ＡＦ		関東学院１Ｃ	湘南学園Ｄ
46			品川翔英２特待	鎌倉女学院		
43	大妻嵐山特待			横浜女学院Ｃ１	日大第三３	日工大駒場特別

入試問題の傾向とポイント

算数

計算問題と一行問題が合わせて15問、大問3題の問題構成。幅広い分野から、基本〜標準レベルの問題を中心に出題される。計算力を含めた基礎をしっかりと固めることで十分対応できる。基本レベルの問題演習を繰り返し、素早く、正確に解く力を鍛えておきたい。

国語

漢字の読み書きと雑問(慣用句・ことわざ)、説明文・物語文の読解2題が出題。説明文は筆者が考える2つの「失敗」について述べられた文章である。脱文補充や具体例を選択肢で、また傍線部内容についての説明を100字以内の記述で、また物語文は人物の言動理由や心情説明を問われた。

理科

大問4題、生地物化からの出題。設問形式は選択・計算・記述・作図と多岐にわたる。理科の基本事項を確認する問題とともに、深い思考力を要する問題も見られる。様々な角度から理科の力を試されるので注意したい。基礎基本を固めた上で、過去問演習でトレーニングを。

社会

大問3題構成。地理は近年続いているある地方に関する問いで、今年は中国四国地方が出題された。グラフ、表、写真が多用されている。ふだんから意識的に資料にふれたい。用語記述は原則として漢字指定。記述問題は指定された用語を用いて解答するものが3問出題された。

芝国際中学校

（しばこくさい）

■学校長／吉野明　■創立／明治36年　■生徒数／164名（男88名、女76名）
■所在地／〒108-0014 東京都港区芝4-1-30
■ＴＥＬ／03-5427-0666
■交通／田町駅（JR山手線など）徒歩5分。三田駅（都営浅草線・三田線）徒歩2分。赤羽橋駅（都営大江戸線）徒歩10分。

何学期制	週何日制	登校時刻	制服	給食	食堂 軽食販売	プール	寮	特待制度 奨学金等	帰国生 取出授業
3学期制	6日制	8:15	中高あり	なし	食堂なし 販売中高あり	なし	なし	あり	国際クラス

沿　革

1903年、棚橋絢子を校長に迎え、私立高等女学校として開校。1922年には、東京高等女学校と改める。1948年に学制改革に伴い、東京女子中学校高等学校に改称。1991年に東京女子学園中学校高等学校に改称。2023年に創立120周年を機に芝国際中学校・高等学校と改称し、共学となる。

教育方針と特色

帰国生をはじめ、多様なバックボーンを持つ生徒が集まり、校内にはグローバルな雰囲気が広がります。またScience（科学）、Technology（技術）、Engineering（工学・ものづくり）、Art（芸術・リベラルアーツ）、Mathematics（数学）の面でロボットやロケット、データサイエンスやAIなどを扱います。中高生向けのお試しの体験で終わるのではなく、本物に触れることで自分の未来が想像できる学びが日常に広がります。実際に成層圏まで観測器を打ち上げ、データを活用しています。

ゼロからイチを創造し、日常のちょっとした違和感を解決し、今はまだないものを生み出す学びを行っていきます。将来今ある職業の半分がなくなるなら、新たな職業を自分で作ってしまえば良い、その教育がアントレナーシップ教育（起業教育）です。芝国際の教育は、世界標準の授業です。

◉系列校

小	中	高	大（短大）
	○	○	

◉併設小学校なし

◉高校生外部募集………70名予定

（一部混合クラス）

◉授業時間…1コマ50分・週35時間

	1年	2年	3年	計
国　語	5	5	5	15
社　会	3	3	4	10
数　学	5	5	5	15
理　科	4	4	4	12
英　語	7	7	7	21
5教科計	24	24	25	73

参考　**高校1年生一週間の授業**

英語=6　数学=6　国語=5
理科=6　社会=4

進学・進路

◉卒業生進路状況

2023年4月開校のため、卒業生はまだ出ていない。

◉卒業までの流れ

小学校	中学校	高等学校	大学
	芝国際中学校 ▶	芝国際高等学校（一）	

入試要項・入試情報

◉2024年度の入試要項（参考）

	2/1午前	2/1午後特待	2/2午後特待	2/3午後特待
募集人員	国際　男女10名 本科　男女30名	本科　男女25名	本科　男女20名	国際　男女5名 本科　男女10名
選抜方法	国際：国・算・英 本科：国・算・社・理	国・算		国際：国・算・英 本科：国・算
出願関連期間	12/20〜1/31		12/20〜2/2	12/20〜2/3
試験日程	2/1午前	2/1午後	2/2午後	2/3午後
合格発表	Web 2/1 22:00〜	Web 2/2 11:00〜	Web 2/3 11:00〜	Web 2/4 11:00〜
入学手続	2/9 15:00まで			

＊2024年入学準備説明会は2月11日（日・祝）9時30分より実施。当日無断で欠席した場合、入学を辞退したものと見なす。

◉費用（参考）

受験料		25,000円
入学手続時	入学金	300,000円
	授業料	—
	その他	—
入学手続後〜入学まで	授業料	—
	その他	100,000円
入学後１年	授業料	480,000円
	その他	684,375円
初年度納入金合計		1,564,375円
中学３年間費用計　約		3,908,375円

＊複数回同時出願の場合、2回目以降の受験料は、1回につき5千円追加。
＊上記学費は本科コースのもの。

面接　実施しない。

◉最近6年間の入試応募者推移と倍率

年度		2019	2020	2021	2022	2023		2024	
		女	女	女	女	男	女	男	女
募集	4科2科①	30	4科2科①　30	① ②　60　全日程計 ③ ④	① ②　60　全日程計 ③ ④	2/1午前　Ⅱ類5名・Ⅰ類15名		国際10名・本科30名	
	2科①	20	算数1科①　10			2/1午後特待　Ⅱ類10名・Ⅰ類15名		本科25名	
	1科	10	4科①　10			2/2午後特待　Ⅱ類5名・Ⅰ類10名		本科20名	
	2科②	5	4科②　5			2/3午後特待　Ⅱ類5名・Ⅰ類10名		国際5名・本科10名	
応募	4科2科①	10/14	1/7	※データなし	6/4	198/66	200/68	13/29	15/23
	2科①	27	6		5/6/3/1	335/101	263/83	54	55
	1科	14/12	9		7/6/1	350/106	273/100	77	73
	2科②	40	12		2/7/4	410/148	328/129	25/86	27/84
応募倍率	4科2科①	0.8	0.3		1.2　全日程計	79.6/8.9		2.8/1.7	
	2科①	1.4	0.6			59.8/12.3		4.4	
	1科	2.6	0.9			124.6/20.6		7.5	
	2科②	8.0	2.4			147.6/27.7		10.4/17.0	
受験	4科2科①	8/12	1/5		5/2	120/45	113/50	10/25	13/20
	2科①	7	2		3/3/1/1	265/73	205/54	49	49
	1科	3/3	3		2/2/1	178/57	119/50	47	41
	2科②	5	2		1/0/1	203/80	178/69	15/45	15/51
合格	4科2科①	8/11	非公表		5/2	5/8	2/13	7/16	9/14
	2科①	7	非公表		3/3/1/1	4/17	9/7	25	37
	1科	3/2	非公表		2/1/1	6/12	5/7	22	22
	2科②	5	非公表		1/0/0	2/11	8/10	11/22	12/23
実質倍率	4科2科①	1.0/1.1	—		1.0/1.0	24.0/5.6	56.5/3.8	1.4/1.6	1.4/1.4
	2科①	1.0	—		1.0/1.0/1.0/1.0	66.3/4.3	22.8/7.7	2.0	1.3
	1科	1.0/1.5	—		1.0/2.0/1.0	29.7/4.8	23.8/7.1	2.1	1.9
	2科②	1.0	—		1.0/−/−	101.5/7.3	22.3/6.9	1.4/2.0	1.3/2.2

＊2019年4科2科①は4教科／2教科、1科は国／算。2020年4科2科①は4教科／2教科。2022年①は国／算、②は2教科／国／算／英、③は国／算／英、④は2教科／国／算。2023年はいずれもⅡ類／Ⅰ類。2024年2/1午前・2/3午後特待は国際／本科。
＊2024年補欠発表…なし。追加合格…あり。

◉入試教科

4教科/2教科

②算数	45分/45分	100点/100点
①国語	45分/45分	100点/100点
③理科	あわせて60分	50点/
③社会		50点/
合計	150分/90分	300点/200点

合格最高点	非公表
合格最低点	非公表

◉受験併願パターン

偏差値	1月前半	1月後半	2月1日	2月2日	2月3日	2月4日以降
51		麗澤ＥＥ	芝国際１午後特待	日本大学ＢＡＦ		森村学園３
50	青山浦和ルーテル		目黒日大２	東洋大学京北３	桐光学園３Ａ	関東学院２
49				桐光学園２		
48	埼玉栄２難関		芝国際１午前	順天２Ｂ	関東学院１Ｃ	
40	城北埼玉２		多摩大目黒進学	多摩大目黒２進学		東海大相模Ｃ

偏差値	1月前半	1月後半	2月1日	2月2日	2月3日	2月4日以降
53			芝国際１午後特待	芝国際２特待	芝国際３特待	
51		国府台女子学院		昭和女子大附ＳＢ	日本女子大附２	清泉女学院ＳＰ
50			芝国際１午前		横浜女学院特奨Ⅱ	目黒日大４
46				明治学院２		
43	大妻嵐山特待			横浜女学院Ｃ１	日大第三３	日工大駒場特別

入試問題の傾向とポイント

算数　計算問題4問、一行問題8問、大問3題の問題構成。規則性、数の性質、文章題、平面図形、立体図形など幅広い分野からの出題で、基本〜標準的なレベルの問題が中心に出題される。各分野の基本事項を確実に身につけておくことが大切。

国語　物語文と説明文の読解2題に、雑問1題が出題された。物語文は人物の言動や人物像を問うもの、説明文は言い換えや内容合致などがみられた。選択肢は比較的長く、記述も出題される。雑問は漢字の書き取りや慣用句、敬語などを含む6問から構成されていた。

理科　設問4題、生地物化からの出題。おもな設問形式は選択・計算問題となっている。また、典型問題が中心であるため、基礎基本をしっかりと固めて、ミスなく解き進めていきたい。また、自分の考えを記述する問題も出題されるので、過去問を通して対策を。

社会　地理・歴史・公民・時事問題からなる大問4題構成。番号で答えさせる問いが主だが、組み合わせや正誤を問うものが多いため、正確な知識が求められる。地形図やグラフ、表などの読み取りも出題されるため、時間配分に注意したい。

芝浦工業大学柏中学校
（しばうらこうぎょうだいがくかしわ）

■学校長／中根正義　■創立／平成11年　■生徒数／573名（男376名、女197名）
■所在地／〒277-0033 千葉県柏市増尾700
■ＴＥＬ／04-7174-3100
■交通／新柏駅（東武アーバンパークライン）徒歩25分。柏駅・新柏駅からスクールバスあり。柏駅から東武バスあり。

何学期制	週何日制	登校時刻	制服	給食	食堂 軽食販売	プール	寮	特待制度 奨学金等	帰国生 取出授業
2学期制	6日制	8:15	中高あり	なし	食堂中高あり 販売中高あり	屋内	なし	あり	あり

沿　革

芝浦工業大学の前身、東京高等工商学校は、1927年に、当時29歳の東京帝国大学工学士であった有元史郎によって創設された。創立以来、わが国の工業界を中心に多くの人材を輩出、工業教育の大学として高い評価を得ている。芝浦工業大学柏中学校は、1980年に柏に開校した芝浦工業大学柏高等学校の付属校として1999年に開校した。

教育方針と特色

芝浦工業大学柏高等学校との一貫教育を実現して、建学の精神「創造性の開発と個性の発揮」の一層の徹底を目指す。研究基礎力「全教科の知識・技能の定着を前提に複雑化する課題に対応するための教科等横断的な知識・技能、手続き的知識の習得」、問題発見力「問題を見極めるための仮説構築力や批判的思考力、自らをふりかえり改善を続けるためのメタ認知能力」、問題解決力「問題解決のための情報活用能力・表現力を高めるとともに、他者と協働しながら成果をあげる力」、自律的活動力「社会の一員としての自覚と責任感をもち、未知への好奇心を忘れず困難な問題に対して粘り強く取り組み続ける態度」の４つの力を身につけることを目標とする。
具体的には「探究教育」・「サイエンス教育」・「グローバル教育」・「ICT教育」・「キャリア教育」に力を入れている。

◉系列校

小	中	高	大（短大）
	○	○	○

◉併設小学校なし
◉高校生外部募集………120名
（グローバルサイエンスは1年次より混合クラス
ジェネラルラーニングは2年次より混合クラス）

◉授業時間…1コマ50分・週36.5時間

	1年	2年	3年	計
国　語	5	6	5	16
社　会	4	4	4	12
数　学	5.5	5.5	6.5	17.5
理　科	4	4	4	12
英　語	6.5	6.5	7.5	20.5
5教科計	25	26	27	78

参考　高校1年生一週間の授業
英語=6　数学=6　国語=5
理科=4　社会=4

進学・進路

◉卒業生進路状況

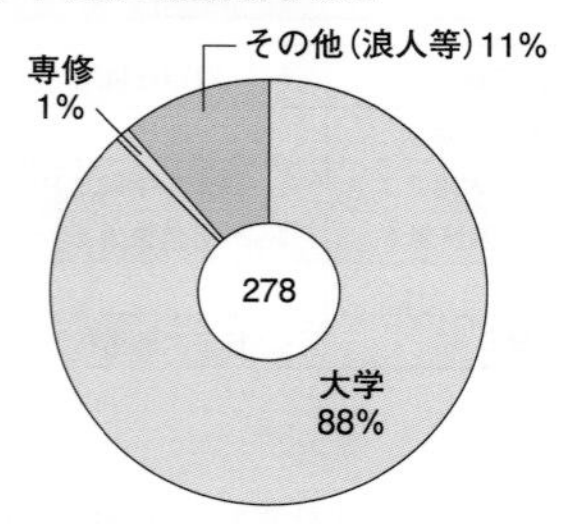

■進路選択状況（高３進級時）
理系 66%　文系 34%
0　50　100

■理系・文系進学状況
理系 50%　文系 50%
0　50　100

■共通テスト受験率
51%
0　50　100

◉卒業までの流れ

小学校	中学校	高等学校	大学
	芝浦工業大学柏 中学校	芝浦工業大学柏 高等学校（278）	芝浦工業大学　28 （工14・システム理工4・デザイン工5・建築5）

◉主な大学合格実績

大学名	'22	'23	'24	大学名	'22	'23	'24	大学名	'22	'23	'24	大学名	'22	'23	'24
東京大	1	1	4	千葉大	13	14	15	東京都立大	2	3	2	東京女子大	7	14	2
京都大		1		お茶の水女子大		1	2	横浜市立大				日本女子大	5	7	5
北海道大		2	2	東京外国語大	2			慶應義塾大	14	19	7	成蹊大	15	11	12
東北大		1	2	電気通信大	1	1	2	早稲田大	20	37	37	成城大	12	2	12
名古屋大				東京学芸大			1	上智大	14	27	11	明治学院大	17	5	8
大阪大	1			東京農工大				東京理科大	57	89	71	國學院大	10	8	10
九州大	2	1		東京芸術大				明治大	62	58	59	武蔵大	11	12	4
東京工業大	4	4	2	東京医科歯科大	1	1		青山学院大	12	18	17	獨協大	6	6	10
一橋大	1	2	2	東京海洋大	1	3	3	立教大	37	34	29	日本大	60	51	60
筑波大	7	13	9	横浜国立大	1	2	4	中央大	35	32	25	東洋大	32	25	43
茨城大	2	6	3	山梨大				法政大	43	39	51	駒澤大	8	3	7
宇都宮大				金沢大			1	学習院大	13	15	17	専修大	5	8	11
群馬大		1		信州大		2	1	国際基督教大		1	1	芝浦工業大	-	-	-
埼玉大	2	5	2	国際教養大				津田塾大		4		東京都市大	8	6	5

入試要項・入試情報

◉2024年度の入試要項（参考）

	1回	2回	課題作文
募集人員	男女約110名（帰国生若干名含）	男女約55名（帰国生若干名含）	男女約15名
選抜方法	国・算・社・理		課題作文＋面接
出願関連期間	10/1～1/18	10/1～1/25	10/1～2/3
試験日程	1/23	1/27	2/4
合格発表	Web 1/24 12:00～	Web 1/28 12:00～	Web 2/4 20:00～
入学手続	1/25 17:00まで	1/30 15:00まで	2/6 15:00まで

＊1回・2回は本校以外に市川（山崎製パン企業年金基金会館）・船橋（ホテルフローラ船橋）会場でも実施。
＊1回・2回は「英語入試」出願可。英語入試出願者は、英語リスニングテスト実施。英語入試は1回・2回とも本校でのみ実施。

面接 実施する。

◉費用（参考）

受験料		22,000円
入学手続時	入学金	250,000円
	授業料	—
	その他	—
入学手続後～入学まで	授業料	—
	その他	173,200円
入学後１年	授業料	402,000円
	その他	573,780円
初年度納入金合計		1,398,980円
中学３年間費用計 約		3,315,247円

＊複数回同時出願の場合、受験料は3万6千円。
＊複数回同時出願で第1回で合格し入学手続きした場合、受験料のうち1万4千円を返金。
＊1回・2回の合格者は延納願を提出すれば、入学手続時に5万円を納入したうえで、残金（20万円）は納入期日まで延納可。

◉最近6年間の入試応募者推移と倍率

年度		2019男	2019女	2020男	2020女	2021男	2021女	2022男	2022女	2023男	2023女	2024男	2024女
募集	①/①GS	約80/約30		①	約110	約110		約110		約110		約110	
	②/②GS	約45/約10		②	約55	約55		約55		約55		約55	
	③	約15		課題作文	約15	約15		約15		約15		約15	
応募	①/①GS	689	347	749	358	777	357	841	356	768	371	793	370
	②/②GS	547	267	582	271	519	255	619	261	501	266	559	247
	③	303	183	307	181	266	151	269	157	240	146	219	129
応募倍率	①/①GS	9.4		10.1		10.3		10.9		10.4		10.6	
	②/②GS	14.8		15.5		14.1		16.0		13.9		14.7	
	③	32.4		32.5		27.8		28.4		25.7		23.2	
受験	①/①GS	619	297	650	314	663	305	720	299	673	326	692	303
	②/②GS	329	146	388	200	277	122	331	134	280	142	328	129
	③	68	58	82	69	77	35	61	33	66	51	56	30
合格	①/①GS	270	141	296	136	315	143	339	132	311	155	296	161
	②/②GS	67	26	72	32	92	41	69	23	79	38	84	26
	③	16	17	17	16	9	1	16	20	9	7	15	11
実質倍率	①/①GS	2.3	2.1	2.2	2.3	2.1	2.1	2.1	2.3	2.2	2.1	2.3	1.9
	②/②GS	4.9	5.6	5.4	6.3	3.0	3.0	4.8	5.8	3.5	3.7	3.9	5.0
	③	4.3	3.4	4.8	4.3	8.6	35.0	3.8	1.7	7.3	7.3	3.7	2.7

＊帰国生を含む。
＊2019年～2024年①・②の合格者数は一般合格者とGS（グローバルサイエンス）合格者を合わせた合計数。
＊2024年補欠発表…詳細不明。補欠合格・追加合格…いずれもなし。

◉入試教科

②算数	45分	100点
①国語	45分	100点
④理科	40分	75点
③社会	40分	75点
合計	170分	350点

＊3回は課題作文2点（人文系・理数系）（各45分・各100点）合計200点と面接の合算。

合格最高点	①301点 ②289点 ③人文系92点 理数系80点
合格最低点	①213点 ②217点 ③127点

◉受験併願パターン

偏差値	1月前半	1月後半	2月1日	2月2日	2月3日	2月4日以降
56	早稲田佐賀１月首	芝浦工大柏２	攻玉社	立教池袋	学習院２	高輪Ｃ
55			芝浦工大	暁星	成城２	
53		芝浦工大柏				
52	江戸川取手難					日本学園２
49	茗渓学園	千葉日大第一２	獨協		日大豊山３	

偏差値	1月前半	1月後半	2月1日	2月2日	2月3日	2月4日以降
58			山脇学園午後国語	法政第二	明大八王子Ａ２	
57			開智日本橋			
56				大妻２		
55		芝浦工大柏				
54	江戸川取手難					山脇学園Ｃ

入試問題の傾向とポイント

算数
計算と一行問題で合わせて2問、大問6題の問題構成。幅広い分野から基本から標準的なレベルの問題が中心に出題されるので、各分野の基本事項を確実に身につけておくことが大切。後半の大問は考え方や理由を要求されるので、日頃から簡潔にまとめる練習を重ねたい。

国語
漢字の書き取りと熟語の雑問2題、説明文と物語文の読解2題の構成。説明文は生徒のやりとりを読んだうえで、傍線部内容を説明する問題が出題された。物語文は本文の後に関連した文章と会話を読み、文章理解を図る設問があった。

理科
大問4題、生地物化からの出題。設問形式は、選択・計算・記述・作図と多岐にわたる。基本問題が中心ではあるが、問題文中の図・表・グラフを読みとって解答する必要がある。基礎基本を固めた上で、過去問演習などを通して計算・記述・作図への対応力をみがきたい。

社会
歴史、地理、政治からの出題。多くの選択肢からすべて選ばせる問題や、2つの文の正誤の組み合わせを問うものなど、正確さを要求される出題が多い。地理はグラフや表を用いた出題が非常に多く、例年地形図を用いた問題が出題。政治は例年時事問題も出題されており、対策が必要。用語記述は比較的少ないが、原則として漢字指定。

芝浦工業大学附属中学校

（しばうらこうぎょうだいがくふぞく）

■学校長／柴田邦夫　■創立／昭和57年　■生徒数／491名（男337名、女154名）
■所在地／〒135-8139 東京都江東区豊洲6-2-7
■ＴＥＬ／03-3520-8501
■交通／新豊洲駅（ゆりかもめ）徒歩1分。豊洲駅（東京メトロ有楽町線）徒歩7分。

何学期制	週何日制	登校時刻	制服	給食	食堂 軽食販売	プール	寮	特待制度 奨学金等	帰国生 取出授業
3学期制	6日制	8:25	中高あり	なし	食堂条件付 販売中高あり	なし	なし	なし	なし

沿　革

1922年に発足した東京鉄道中学が前身。1944年、東京育英中学校となり、1948年には、学制改革により、東京育英高等学校となる。1953年、芝浦学園と合併、芝浦高等学校普通科・交通科と改称した。1982年、芝浦工業大学中学校を設置。2017年4月に豊洲に移転し、高等学校は男女共学となる。2021年より中学校も男女共学となる。2022年に100周年を迎えた。

教育方針と特色

校訓に「敬愛の誠心」「正義につく勇気」「自律の精神」を掲げ、理系を重視した特色豊かな教育が行われている。理工系教育（全教科全教員参加のショートテックアワー、大学の先生や企業の協力、理科教員によるサイエンステクノロジーアワー）、中高大連携（中学ものづくり3講座など）、3つの言語（日本語・英語・コンピューター言語）とグローバル教育（アメリカへの2週間の海外教育旅行など）を柱としていたが、中学共学化を開始した2021年度から魅力的な新カリキュラムが加わる。探究型授業の「Global Communication」（国際性と多様性、理工系教育を結び付けたもの。海外教育旅行プログラムなど）、「Information Technology」（プログラミングとSTEAM 教育など）を実施し、中学生の教育をより特化させる。加えてDesign（デザイン思考と教科連動）は女子にも人気の領域だが、これからの工学には欠かせない知識になる。半附属校として約60.7%は芝浦工業大学へ進学し、国公立や早慶上理をはじめとした文理を問わず他大学への進学も実績を上げている。

◉系列校

小	中	高	大(短大)
	○	○	○

◉併設小学校なし

◉高校生外部募集………50名

（混合クラス）

◉授業時間…1コマ50分・週34時間

	1年	2年	3年	計
国　語	4	4	4	12
社　会	4	4	4	12
数　学	4	4	4	12
理　科	4	4	4	12
英　語	4	4	4	12
5教科計	20	20	20	60

参考　高校1年生一週間の授業

英語=5　数学=5　国語=4
理科=6　社会=4

進学・進路

◉卒業生進路状況

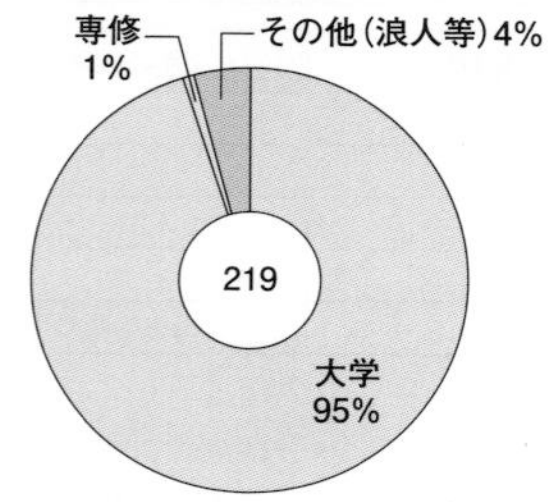

■進路選択状況（高3進級時）

データなし

■理系・文系進学状況

理系 90%　文系 9%
0　50　100

■共通テスト受験率

88%
0　50　100

◉卒業までの流れ

小学校	中学校	高等学校	大学
	芝浦工業大学附属 中学校	芝浦工業大学附属 高等学校（219）	芝浦工業大学　133

◉主な大学合格実績

大学名	'22	'23	'24	大学名	'22	'23	'24	大学名	'22	'23	'24	大学名	'22	'23	'24
東京大				千葉大			2	東京都立大	1	1	1	東京女子大			
京都大				お茶の水女子大				横浜市立大				日本女子大			1
北海道大			4	東京外国語大				慶應義塾大	4	2	3	成蹊大	1	4	5
東北大	2			電気通信大	1	3	2	早稲田大	12	7	5	成城大	1	1	2
名古屋大				東京学芸大	1			上智大	6	7	6	明治学院大	5	8	4
大阪大		1		東京農工大	3		1	東京理科大	20	28	29	國學院大	1	4	4
九州大			2	東京芸術大	1			明治大	15	12	14	武蔵大		1	
東京工業大	1		5	東京医科歯科大				青山学院大	5	9	4	獨協大	1		
一橋大				東京海洋大				立教大	10	9	3	日本大	16	14	9
筑波大	2	1	1	横浜国立大		1		中央大	8	10	8	東洋大	8	9	3
茨城大				山梨大				法政大	8	15	2	駒澤大	4	3	1
宇都宮大				金沢大				学習院大	4	1		専修大	2	6	
群馬大				信州大	1			国際基督教大				芝浦工業大	-	-	-
埼玉大		2		国際教養大				津田塾大				東京都市大	3	3	2

入試要項・入試情報

◉2024年度の入試要項（参考）

	1回	2回	言語・探究入試	英語入試
募集人員	男女90名	男女50名	言語・探究入試・英語入試合計　男女15名	
選抜方法	国・算・理		言語技術と探究・算	英・算
出願関連期間	12/20〜1/31	12/20〜2/1		
試験日程	2/1午前	2/2午前	2/2午後	
合格発表	Web 2/1 21:00〜	Web 2/2 21:00〜	Web 2/2 23:00〜	
入学手続	2/5　15:00まで			

◉費用（参考）

受験料		25,000円
入学手続時	入学金	280,000円
	授業料	138,000円
	その他	264,480円
入学手続後〜入学まで	授業料	—
	その他	—
入学後１年	授業料	414,000円
	その他	207,000円
初年度納入金合計		1,303,480円
中学３年間費用計　約		3,174,440円

＊複数回同時出願の受験料は、2回分は4万円。3回分は5万5千円。
＊入学辞退者は所定の期間内に申し出れば、入学金以外の施設費・授業料等を返金。
＊制服代・学用品代・修学旅行費等別途。

面接 実施する。

◉最近6年間の入試応募者推移と倍率

年度		2019 男	2020 男	2021 男	2021 女	2022 男	2022 女	2023 男	2023 女	2024 男	2024 女
募集	①	70	70	① 75		75		75		① 90	
	②	45	45	② 40		40		40		② 50	
	③	35	35	③ 25		25		25		言語・探究 英語 15 言語・英語合計	
	第一志望者	10	10	特色 15		15		15			
応募	①	344	448	437	93	368	102	325	93	340	122
	②	410	486	521	111	418	139	406	115	435	147
	③	430	472	484	87	396	114	374	100	168	50
	第一志望者	241	347	233	56	189	57	139	42	28	10
応募倍率	①	4.9	6.4	7.1		6.3		5.6		5.1	
	②	9.1	10.8	15.8		13.9		13.0		11.6	
	③	12.3	13.5	22.8		20.4		19.0		17.1 言語・英語合計	
	第一志望者	24.1	34.7	19.3		16.4		12.1			
受験	①	331	428	422	90	347	99	298	88	312	115
	②	306	370	399	82	301	97	292	79	308	101
	③	266	321	341	45	257	62	240	49	128	39
	第一志望者	10	12	186	44	148	39	108	31	25	10
合格	①	98	100	70	26	67	31	70	27	63	37
	②	67	62	38	15	39	22	48	22	46	22
	③	36	36	24	5	20	8	25	10	20	6
	第一志望者	9	12	17	6	15	7	16	7	3	4
実質倍率	①	3.4	4.3	6.0	3.5	5.2	3.2	4.3	3.3	5.0	3.1
	②	4.6	6.0	10.5	5.5	7.7	4.4	6.1	3.6	6.7	4.6
	③	7.4	8.9	14.2	9.0	12.9	7.8	9.6	4.9	6.4	6.5
	第一志望者	1.1	1.0	10.9	7.3	9.9	5.6	6.8	4.4	8.3	2.5

＊2024年補欠発表・追加合格…いずれも詳細不明。

◉入試教科

②算数	60分	120点
①国語	60分	120点
③理科	50分	100点
合計	170分	340点

＊言語探究は言語技術と探究（40分・100点）と算数（30分・100点）の合計200点。
＊英語は英語（40分・100点）と算数（30分・100点）の合計200点。

合格最高点	非公表
合格最低点	1回 198点 2回 204点 言語探究 113点 英・算 115点

◉受験併願パターン

偏差値	1月前半	1月後半	2月1日	2月2日	2月3日	2月4日以降
58	栄東Ａ１０日			明大中野	九段Ｂ・都内	明大中野２
57				芝浦工大２		
55			芝浦工大		成城２	成城３
53	大宮開成	芝浦工大柏				
51		麗澤ＡＥ	芝国際１午後特待		日大豊山４	獨協４

偏差値	1月前半	1月後半	2月1日	2月2日	2月3日	2月4日以降
59				芝浦工大２		
58					法政大学２	
57	開智所沢特待Ａ		芝浦工大			
55		芝浦工大柏				ドルトン４日Ｐ
53			かえつ有明１特待	かえつ有明２特待	かえつ有明３特待	

入試問題の傾向とポイント

算数
計算と一行問題で合わせて9問、大問3題の問題構成。後半の大問はやや複雑な問題がみられるので、時間配分に注意して取り組むことが大切。計算以外の問題は途中式や考え方を書かせるので、日頃から丁寧に式を書く習慣を身につけたい。新傾向として、リスニング形式の出題もある。

国語
最初に放送問題があり、その後に物語文・説明文・詩と雑問2題が続く。物語文は人物の心情や人物像を、説明文は具体例や理由を通して筆者の考えを、詩は表現の意味や表現上の特色を問われた。雑問は漢字の書き取りや慣用句などを含む。

理科
大問7〜8題、生地物化から出題される。設問形式は多岐にわたり、大問1が放送問題となっている。商品の仕組みや、実験の設計などを自分で考えて記述する問題が出題される年もある。全体的に実験や観測から得られた結果をもとに思考する問題が並び、過去問演習での対策が必須。

社会
実施なし

淑徳中学校

（しゅくとく）

■学校長／安居直樹　■創立／明治25年　■生徒数／574名（男247名、女327名）
■所在地／〒174-8643 東京都板橋区前野町5-14-1　■ＴＥＬ／03-3969-7411
■交通／ときわ台駅（東武東上線）徒歩15分。志村三丁目駅（都営三田線）徒歩15分。
赤羽駅、ときわ台駅、練馬高野台駅からスクールバスあり。

何学期制	週何日制	登校時刻	制服	給食	食堂 軽食販売	プール	寮	特待制度 奨学金等	帰国生 取出授業
3学期制	6日制	8:30	中高あり	なし	食堂高校可 販売中高可	なし	なし	あり	なし

沿　革

淑徳中学校は2022年に創立130周年を迎えた伝統校です。

「進みゆく世におくれるな、有為な人間になれよ」

「利他共生」の精神のもと「時代の流れに遅れず、能力を発揮し、役立つ人間として生きてほしい」という創立者である輪島聞声先生の掲げた理念は現在においてもなお学校に息づいています。

中学は「スーパー特進東大選抜（セレクト）」と「スーパー特進」の2コース制で、生徒一人ひとりの可能性を伸ばすきめ細やかな学習指導を展開しています。

教育方針と特色

中1から全員が「自慢研究」に取り組み、好きなことを探究。中2 では文章にまとめる力をつけ、中3で本格的な論文やプレゼン資料を作成し、後輩相手に発表。自ら課題を見出し発表へとつなげる学びは、3年間の集大成です。また、「芸術の授業」で、男子は武道、女子は茶道や華道を学びます。本格的な施設と指導により、文化や武道を通して自分と向き合い、思考力や心身を鍛えます。和の芸術を肌で感じることで、海外研修先でも自信を持って日本人のアイデンティティを発信します。一人１台iPadを所持し、各教科の授業も効率的に行われ、思考力・表現力をさらに伸ばす時間を確保しています。

◉系列校

小	中	高	大（短大）
○	○	○	○

◉小学校からの内進生…20名
◉高校生外部募集………180名

（一部混合クラス）

◉授業時間…1コマ45分・週34時間

	1年	2年	3年	計
国　語	5	5	5	15
社　会	4	4	3	11
数　学	6	5	6	17
理　科	4	4	4	12
英　語	7	7	7	21
5教科計	26	25	25	76

参考　高校1年生一週間の授業

英語=5　数学=5　国語=4
理科=6　社会=4
※スーパー特進・特進選抜コース

進学・進路

◉卒業生進路状況

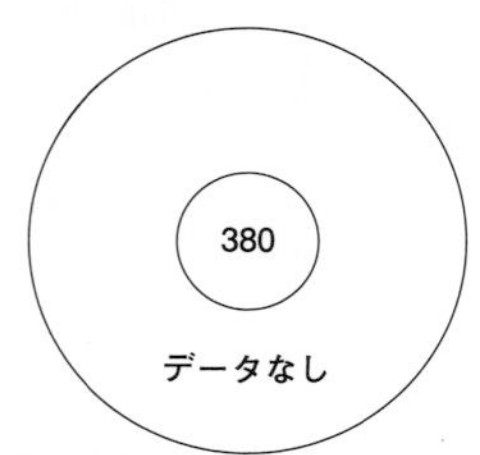

■進路選択状況（高３進級時）

データなし

■理系・文系進学状況

データなし

■共通テスト受験率

データなし

◉卒業までの流れ

小学校	中学校	高等学校	大学
淑徳小学校	淑徳中学校	淑徳高等学校（380）	淑徳大学　3

◉主な大学合格実績

大学名	'22	'23	'24	大学名	'22	'23	'24	大学名	'22	'23	'24	大学名	'22	'23	'24
東京大		1	1	千葉大	1	5		東京都立大	4	3		東京女子大	17	7	
京都大		1	1	お茶の水女子大	1	3		横浜市立大				日本女子大	21	5	
北海道大	1	6		東京外国語大	4			慶應義塾大	22	16	13	成蹊大	18	16	
東北大				電気通信大	3			早稲田大	16	26	23	成城大	9	19	
名古屋大		1		東京学芸大	2	2		上智大	25	32	32	明治学院大	14	20	
大阪大	1			東京農工大	2	5		東京理科大	47	58	65	國學院大	18	14	
九州大		1		東京芸術大				明治大	58	62	62	武蔵大	27	25	
東京工業大		1	1	東京医科歯科大		1		青山学院大	26	23	41	獨協大	8	10	
一橋大			1	東京海洋大		1		立教大	50	55	33	日本大	57	61	
筑波大	1	2		横浜国立大	3	1		中央大	49	37	70	東洋大	63	87	
茨城大				山梨大				法政大	42	80	84	駒澤大	16	16	
宇都宮大		1		金沢大	2	2		学習院大	24	13	26	専修大	24	23	
群馬大		1		信州大		2		国際基督教大	3	6		芝浦工業大	29	42	
埼玉大	6	5		国際教養大				津田塾大	5	5		東京都市大	1	10	

入試要項・入試情報

◉2024年度の入試要項(参考)

	1回スーパー特進	1回スーパー特進 東大選抜 (特待生入試)	2回スーパー特進 東大選抜 (特待生入試)	2回スーパー特進	3回スーパー特進 東大選抜 (特待生入試)
募集人員	男女25名	男女45名	男女40名	男女20名	男女10名
選抜方法	国・算または国・算・社・理	国・算			
出願関連期間	1/10〜1/31		1/10〜2/1	1/10〜2/3	1/10〜2/5
試験日程	2/1午前	2/1午後	2/2午後	2/3午後	2/5午後
合格発表	Web 2/1 19:00〜	Web 2/1 22:30〜	Web 2/2 22:30〜	Web 2/3 22:30〜	Web 2/5 22:30〜
入学手続	2/11 12:00まで				

面接 実施する。

◉費用(参考)

受験料		25,000円
入学手続時	入学金	250,000円
	授業料	—
	その他	174,000円
入学手続後〜入学まで	授業料	—
	その他	96,800円
入学後1年	授業料	420,000円
	その他	239,500円
初年度納入金合計		1,180,300円
中学3年間費用計	約	2,499,300円

＊複数回同時出願の場合、受験料は2万5千円(第3回を除く)。
＊入学辞退者は、3月18日までに申し出れば、入学手続時納入金の一部を返金。
＊女子は男子との制服代・指定用品代の差(約1万5千円)を加えること。
＊宿泊行事費用等は別途。

◉最近6年間の入試応募者推移と倍率

年度		2019		2020		2021		2022		2023		2024	
		男	女	男	女	男	女	男	女	男	女	男	女
募集	①スーパー	40		25		25		25		25		25	
	①東大	30		35		35		45(スーパー特進10名含)		45(スーパー特進10名含)		45(スーパー特進10名含)	
	②スーパー	20		20(東大セレクト5名含)		20(東大セレクト5名含)		20(東大セレクト5名含)		20(東大ｾﾚｸﾄ5名含)		20(東大ｾﾚｸﾄ5名含)	
	②東大	50		55(スーパー特進25名含)		55(スーパー特進25名含)		45(スーパー特進15名含)		40(スーパー特進15名含)		40(スーパー特進15名含)	
						英語(1日AM/1日PM/2日) 5		5		③東大 10		10	
応募	①スーパー	97/15	138/33	126/16	147/40	62/27	88/44	56/24	84/41	37/37	90/62	56/25	74/45
	①東大	144	173	181/24	179/38	141	145	159	162	150	170	159	144
	②スーパー	190/24	200/33	243/26	220/46	195	194	194	205	198	226	199	180
	②東大	182	201	217/34	201/43	173	168	183	182	180	203	182	162
						5/6/8	11/11/16	4/1/2	6/9/12	48	60	49	30
応募倍率	①スーパー	7.1		13.2		8.8		8.2		9.0		8.0	
	①東大	10.6		12.1		8.2		7.1		7.1		6.7	
	②スーパー	22.4		26.8		19.5		20.0		21.2		19.0	
	②東大	7.7		9.0		6.2		8.1		9.6		8.6	
						11.4		6.8		10.8		7.9	
受験	①スーパー	64/13	99/26	81/15	124/37	49/20	68/36	37/15	72/31	37/15	90/40	47/16	65/34
	①東大	95	122	133/18	127/24	107	104	128	136	131	144	129	119
	②スーパー	79/15	102/21	150/15	133/29	89	92	69	83	83	104	86	72
	②東大	117	135	169/24	146/30	110	106	111	110	115	130	109	96
						4/3/4	8/10/5	4/1/0	6/6/8	44	47	41	21
合格	①スーパー	29/5	42/9	14/1	27/6	17/5	22/12	16/6	41/12	12/4	43/16	19/4	34/12
	①東大	39	52	28/5	31/6	34	35	79(44)	81(45)	72(37)	93(44)	79(35)	78(41)
	②スーパー	27(6)/2	32(5)/6	11(4)/1	14(5)/3	13(1)	17(5)	21(5)	23(1)	22(4)	31(2)	36(4)	32(3)
	②東大	73(42)	73(43)	46(27)/8(4)	44(24)/9(5)	62(35)	61(30)	70(33)	67(34)	55(27)	81(43)	70(36)	59(29)
						0/0/1	4/4/2	4/1/0	0/2/2	4	8	11	5
実質倍率	①スーパー	2.2/2.6	2.4/2.9	5.8/15.0	4.6/6.2	2.9/4.0	3.1/3.0	2.3/2.5	1.8/2.6	3.1/3.8	2.1/2.5	2.5/4.0	1.9/2.8
	①東大	2.4	2.3	4.8/3.6	4.1/4.0	3.1	3.0	1.6(2.9)	1.7(3.0)	1.8(3.5)	1.5(3.3)	1.6(3.7)	1.5(2.9)
	②スーパー	2.9(13.2)/7.5	3.2(20.4)/3.5	13.6(37.5)/15.0	9.5(26.6)/9.7	6.8(89.0)	5.4(18.4)	3.3(13.8)	3.6(83.0)	3.8(20.8)	3.4(52.0)	2.4(21.5)	2.3(24.0)
	②東大	1.6(2.8)	1.8(3.1)	3.7(6.3)/3.0(6.0)	3.3(6.1)/3.3(6.0)	1.8(3.1)	1.7(3.5)	1.6(3.4)	1.6(3.2)	2.1(4.3)	1.6(3.0)	1.6(3.0)	1.6(3.3)
						—/—/4.0	2.0/2.5/2.5	1.0/1.0/—	—/3.0/4.0	11.0	5.9	3.7	4.2

＊2019年〜2021年②スーパー特進・②東大セレクトと2022年〜2024年①東大セレクト・②スーパー特進・②東大セレクトの(　)の数字は合格者数に含まれる東大セレクト合格者の数とその実質倍率。
＊2019年①スーパー特進・②スーパー特進は4教科/2教科。2020年①スーパー特進・②スーパー特進・①東大・②東大は4教科/2教科。2021年〜2024年①スーパー特進は4教科/2教科。
＊2024年補欠発表(メール)…あり。補欠合格(電話・メール)…あり。追加合格(電話・メール)…あり。

◉入試教科

4教科/2教科

②算数	50分/50分	100点/100点
①国語	50分/50分	100点/100点
④理科	25分/	50点/
③社会	25分/	50点/
合計	150分/100分	300点/200点

合格最高点	非公表
合格最低点	スーパー特進1回 東大 — スーパー特進1回 特進 175/124点 スーパー特進東大選抜1回 東大 109点 スーパー特進東大選抜1回 特進 86点 スーパー特進東大選抜2回 東大 116点 スーパー特進東大選抜2回 特進 100点 スーパー特進2回 東大 135点 スーパー特進2回 特進 105点 スーパー特進東大選抜3回 東大 116点 スーパー特進東大選抜3回 特進 —

◉受験併願パターン

偏差値	1月前半	1月後半	2月1日	2月2日	2月3日	2月4日以降
51		麗澤ＡＥ		淑徳２東大		獨協４
50				獨協３		東洋大京北４
49	星野学園理数	昭和学院アド			淑徳２Ｓ特	
48			淑徳１Ｓ特	順天２Ｂ		
47						開智所沢日本橋併

偏差値	1月前半	1月後半	2月1日	2月2日	2月3日	2月4日以降
52	青学ルーテル２			品川女子学院２		
51					淑徳２Ｓ特	
50			跡見学園特	国学院久我山２		
49			淑徳１Ｓ特	順天２Ｂ	淑徳巣鴨スカラ３	跡見学園特４
48	星野学園理数２					

入試問題の傾向とポイント

算数
計算問題と一行問題が合わせて11問、大問が3題の問題構成。一行問題は基本から標準レベルのオーソドックスな問題が中心。大問は題意をきちんと読み取ることができれば十分対応できる。基礎基本をしっかりと身につけた上で、落ち着いて丁寧に取り組むことを心がけたい。

国語
説明文と物語文の2題構成。説明文は音楽の歴史について書かれた文章で、空欄補充や抜き出しを通して理解を問う設問が多くみられた。物語文は言い換え(＝どういうことか)や人物像について問うもの、また最後に100字以内で問いについて自由に記述する問題が出題された。

理科
設問4題、生地物化からの出題。おもな設問形式は選択・計算・記述問題である。典型的な基本事項を確認する問題が中心だが、原因を推理して記述させるような問題もあり、思考力も問われている。基礎基本を固めた上で、過去問題を繰り返し行うことで思考力を養っていきたい。

社会
大問4題構成。内容はいずれも基礎基本が中心。記述問題は1問のみ出題。歴史は2016年以降年代の並べかえの問題が5問、2つの文章の正誤の組み合わせを問う問題が5問出題される形式が続いている。様々な出来事を正確に覚えておくことが必要。時事問題の出題割合も高いので対策を万全にしたい。

淑徳巣鴨中学校

（しゅくとくすがも）

■学校長／矢島勝広　■創立／平成8年　■生徒数／358名（男155名、女203名）
■所在地／〒170-0001 東京都豊島区西巣鴨2-22-16　■ＴＥＬ／03-3918-6451
■交通／西巣鴨駅（都営地下鉄三田線）徒歩3分。庚申塚駅（東京さくらトラム）徒歩4分。板橋駅（JR埼京線）徒歩10分。北池袋駅（東武東上線）徒歩15分。堀割バス停徒歩0分（都営バス）。

何学期制	週何日制	登校時刻	制服	給食	食堂 軽食販売	プール	寮	特待制度 奨学金等	帰国生 取出授業
5学期制	6日制	8:15	中高あり	なし	食堂条件付 販売条件付	なし	なし	あり	なし

沿　革

1919年、社会事業の先覚者浄土宗僧侶の長谷川良信により創立。1992年には男女共学化、1996年に中学校を併設。文武両道の進学校として大躍進を続け、2017年、中学校に『スーパー選抜コース』を新設。2019年には創立100周年を迎えた。

教育方針と特色

『感恩奉仕』を校訓とし、感謝の心を持って他者を思いやることのできる豊かな人間性を身につけ、時代の要請に対応し、社会に貢献し得る人材の育成に努めている。
創立100周年を迎え、新たに「気づきの教育が叡知の包みをひらく」を教育方針とする『気づき教育』をスタート。淑徳巣鴨の様々な取り組みの中で生徒たちが本来持っている力を生徒自身に“気づかせる”ことに重点を置いている。主体性を持って『気づきの教育』を実践することで、すべての生徒の無限の可能性を引き出し、生徒一人ひとりの自己実現を支えていくことを目指している。
また、部活動も盛んで、勉強も部活動も一生懸命に取り組む事が楽しいという文武両道の雰囲気も特徴のひとつである。
このような主体性のある取り組み、学びの方向性は大学入試改革においても追い風となっている。

◉系列校

小	中	高	大（短大）
○	○	○	○

◉小学校からの内進生…20名
◉高校生外部募集………235名

（完全別クラス）

◉授業時間…1コマ50分・週35時間

	1年	2年	3年	計
国　語	5	5	5	15
社　会	3	3	4	10
数　学	4	5	6	15
理　科	4	4	4	12
英　語	7	7	6	20
5教科計	23	24	25	72

参考　高校1年生一週間の授業

英語=6　数学=6　国語=4
理科=2　社会=6

進学・進路

◉卒業生進路状況

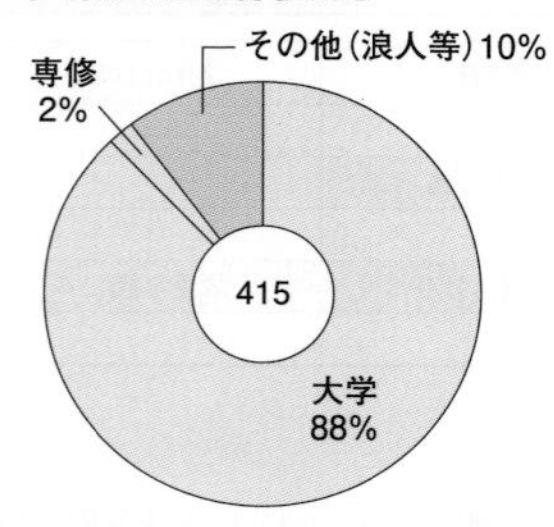

■進路選択状況（高3進級時）

理系 26%　文系 68%
0　50　100

■理系・文系進学状況

理系 23%　文系 76%
0　50　100

■共通テスト受験率

51%
0　50　100

◉卒業までの流れ

小学校	中学校	高等学校	大学
淑徳小学校	淑徳巣鴨中学校	淑徳巣鴨高等学校 (415)	淑徳大学　3

◉主な大学合格実績

大学名	'22	'23	'24	大学名	'22	'23	'24	大学名	'22	'23	'24	大学名	'22	'23	'24
東京大	1			千葉大	1	1	6	東京都立大	3	2	1	東京女子大	12	10	13
京都大				お茶の水女子大				横浜市立大			1	日本女子大	7	4	11
北海道大		1		東京外国語大				慶應義塾大	7	5	12	成蹊大	22	24	11
東北大			1	電気通信大				早稲田大	14	18	18	成城大	17	17	35
名古屋大				東京学芸大	3	2	3	上智大	25	17	39	明治学院大	23	18	46
大阪大				東京農工大				東京理科大	25	28	16	國學院大	15	21	17
九州大		1		東京芸術大	1			明治大	36	61	52	武蔵大	29	33	47
東京工業大			1	東京医科歯科大				青山学院大	29	23	23	獨協大	37	34	80
一橋大		1		東京海洋大			1	立教大	43	51	76	日本大	97	72	91
筑波大	2	1	2	横浜国立大	1	2	1	中央大	45	41	59	東洋大	97	71	168
茨城大		1	1	山梨大				法政大	53	51	60	駒澤大	21	31	44
宇都宮大				金沢大				学習院大	8	16	19	専修大	36	43	79
群馬大				信州大				国際基督教大			1	芝浦工業大	36	34	8
埼玉大		1	4	国際教養大				津田塾大	1	4	12	東京都市大	5	13	4

入試要項・入試情報

◉2024年度の入試要項(参考)

	1回一般	1回スカラシップ	2回一般	2回スカラシップ	3回スカラシップ	3回一般
募集人員	男女30名	男女15名	男女25名	男女10名	男女10名	男女15名
選抜方法	国・算	国・算または国・算・社・理	思考の基礎力検査・思考の展開力検査または算数	国・算または国・算・社・理	国・算または国・算・社・理または国・算・英	国・算
出願関連期間	12/20～1/31		12/20～2/1		12/20～2/2	12/20～2/3
試験日程	2/1午前	2/1午後	2/2午前	2/2午後	2/3午後	2/4午前
合格発表	掲示 2/1 18:00～ Web 2/1 18:00～	掲示 2/2 10:00～ Web 2/2 10:00～	Web 2/3 10:00～		Web 2/4 10:00～	Web 2/4 18:00～
入学手続	2/4 16:00まで		2/9 16:00まで			

＊受験資格に「同居の保護者のもとから通学できる者」とある。

面接 実施する。

◉費用(参考)

受験料		25,000円
入学手続時	入学金	250,000円
	授業料	—
	その他	50,000円
入学手続後～入学まで	授業料	—
	その他	290,000円
入学後1年	授業料	420,000円
	その他	353,800円
初年度納入金合計		1,363,800円
中学3年間費用計 約		3,294,400円

＊複数回受験の場合も受験料は2万5千円。
＊入学辞退者は、3月31日16時までに申し出れば、入学手続時納入金のうち施設費(5万円)を返金。公立中高一貫校の合格者が入学辞退する場合、2月9日16時までに合格通知書等を提出で、入学手続時納入金(30万円)を返金。

◉最近6年間の入試応募者推移と倍率

年度		2019 男	2019 女	2020 男	2020 女	2021 男	2021 女	2022 男	2022 女	2023 男	2023 女	2024 男	2024 女
募集	一般①特進	30		30		30		30		一般①特進 30		30	
	スカラシップ①SP選抜	15		15		15		15		スカラシップ①SP選抜 15		15	
	一般②特進	25		25		25		25		一般②特進(未来力) 25		25	
	スカラシップ②SP選抜	10		10		10		10		スカラシップ②SP選抜 10		10	
応募	一般①特進	44	53	46	65	49	89	67	98	68	114	81	102
	スカラシップ①SP選抜	43/18	36/40	50/22	45/37	54/23	55/54	52/30	62/58	49/31	59/58	75/36	51/44
	一般②特進	34	60	34/26	57/17	24/34	48/36	40/49	77/41	25/54	68/39	37/55	78/40
	スカラシップ②SP選抜	46/21	36/47	50/21	51/41	60/24	61/64	62/37	69/65	60/36	65/60	83/43	63/52
応募倍率	一般①特進	3.2		3.7		4.6		5.5		6.1		6.1	
	スカラシップ①SP選抜	9.1		10.3		12.4		13.5		13.1		13.7	
	一般②特進	3.8		5.4		5.7		8.3		7.4		8.4	
	スカラシップ②SP選抜	15.0		16.3		20.9		23.3		22.1		24.1	
受験	一般①特進	36	47	38	56	40	73	50	85	52	97	60	88
	スカラシップ①SP選抜	36/16	33/35	46/19	39/34	44/15	50/43	41/22	45/51	34/26	49/47	63/21	39/34
	一般②特進	29	45	24/18	36/13	19/23	33/19	33/27	60/25	22/33	63/31	28/35	66/23
	スカラシップ②SP選抜	28/15	24/29	31/15	33/21	46/19	44/40	45/28	51/51	37/21	46/46	53/26	35/33
合格	一般①特進	16	27	15	28	7	30	16	21	16	24	16	24
	スカラシップ①SP選抜	9/3	14/12	13/4	13/9	4/2	8/4	9/1	6/8	8/3	9/6	14/5	8/2
	一般②特進	15	30	12/7	21/6	8/8	14/9	10/6	18/9	11/8	21/10	8/8	20/5
	スカラシップ②SP選抜	4/2	6/7	6/2	6/5	6/3	6/4	6/3	8/6	9/3	6/4	7/4	6/3
実質倍率	一般①特進	2.3	1.7	2.5	2.0	5.7	2.4	3.1	4.0	3.3	4.0	3.8	3.7
	スカラシップ①SP選抜	4.0/5.3	2.4/2.9	3.5/4.8	3.0/3.8	11.0/7.5	6.3/10.8	4.6/22.0	7.5/6.4	4.3/8.7	5.4/7.8	4.5/4.2	4.9/17.0
	一般②特進	1.9	1.5	2.0/2.6	1.7/2.2	2.4/2.9	2.4/2.1	3.3/4.5	3.3/2.8	2.0/4.1	3.0/3.1	3.5/4.4	3.3/4.6
	スカラシップ②SP選抜	7.0/7.5	4.0/4.1	5.2/7.5	5.5/4.2	7.7/6.3	7.3/10.0	7.5/9.3	6.4/8.5	4.1/7.0	7.7/11.5	7.6/6.5	5.8/11.0

＊2019年スカラシップ①SP選抜・スカラシップ②SP選抜は4教科／2教科。2020年～2024年スカラシップ①SP選抜・スカラシップ②SP選抜は4教科／2教科、一般②特進は総合／算数1科。2022年～2024年スカラシップ③SP選抜は4教科／国算英／2教科。
＊2024年補欠発表…なし。追加合格(電話)…あり。

◉入試教科

4教科/2教科

②算数	50分/50分	100点/100点
①国語	50分/50分	100点/100点
③理科	25分/	50点/
④社会	25分/	50点/
合計	150分/100分	300点/200点

＊英語は(50分・100点)
＊2回未来力は基礎力・展開力(各50分・各100点)または算数1科(50分・100点)

合格最高点	1回	169点
	スカラシップ1回	253/173点
	2回	—
	スカラシップ2回	220/166点
	スカラシップ3回	220/250/160点
	3回	152点
合格最低点	1回	130点
	スカラシップ1回	210/140点
	2回	—
	スカラシップ2回	205/135点
	スカラシップ3回	210/230/140点
	3回	120点

＊スカラシップ3回は4科/3科/2科。

◉受験併願パターン

偏差値	1月前半	1月後半	2月1日	2月2日	2月3日	2月4日以降
43						淑徳巣鴨3
42			淑徳巣鴨			
41	獨協埼玉					
40	埼玉栄5					
38				郁文館総合2		

偏差値	1月前半	1月後半	2月1日	2月2日	2月3日	2月4日以降
44						淑徳巣鴨3
43		東海大浦安B	淑徳巣鴨			
42	埼玉栄					
41				十文字4		
39				日大豊山女2科2		日大豊山女2科3

入試問題の傾向とポイント

算数
計算問題6問、文章題の一行問題6問程度、図形の一行問題4問、大問1題の問題構成。基本レベルのオーソドックスな問題が大半だが、広範囲から出題されるため、苦手な分野を作らないように、各分野の基礎を押さえた学習をしておくこと。

国語
漢字の読み書き10問と、説明文・物語文が1題ずつ出題された。説明文は内容合致や理由説明を通して筆者の主張を正しく理解できているかが、物語文は人物の言動や心情について問われた。読解の解答形式は選択肢、抜き出し、記述に大きな偏りはない。

理科
大問4題、生地物化からの出題。おもな設問形式は選択・計算問題となっているが、説明させるような記述式の問題も見受けられる。典型問題が中心の出題となっているので、基礎基本を徹底しながら、自分のことばで考えをまとめる力を身につけておきたい。

社会
大問5題構成。いずれも基礎基本が問われるものだが、記述問題が3問出題されているので、対策が必要。地理は各都道府県についての知識が問われているので、特色を確実に理解しておきたい。また、例年地図とグラフが多用されているので、ふだんから頻繁にふれる学習を心がけたい。

じゅんてん
順天中学校

■学校長／長塚篤夫　■創立／天保5年　■生徒数／326名（男214名、女112名）
■所在地／〒114-0022 東京都北区王子本町1-17-13
■ＴＥＬ／03-3908-2966
■交通／王子駅（JR京浜東北線、東京メトロ南北線）徒歩3分。王子駅前駅（東京さくらトラム）徒歩3分。

何学期制	週何日制	登校時刻	制服	給食	食堂 軽食販売	プール	寮	特待制度 奨学金等	帰国生 取出授業
3学期制	6日制	8:10	中高あり	中1のみあり	食堂中高あり 販売中高あり	なし	なし	あり	あり

沿　革

1834（天保5）年、大阪の南本町に開かれた順天堂塾が起源。明治4年、東京・神田に移転し順天求合社と改称。1948年、順天高等学校となる。1951年、新制の順天高等学校となり、以来、女子高校として約1万名の卒業生を輩出。1990年、順天高等学校を男女共学校とする。1995年、かつて有していた順天中学校を再開。
2014年にSGH（スーパーグローバルハイスクール）に指定。
2021年からSGHネットワーク参加校に指定。
2026年北里研究所（北里大学）の附属化予定。

教育方針と特色

未来社会は、さまざまな課題を創造的に解決する力や、多様な国際社会の中で対話できる力、豊かな人間関係を築く力の３つの資質能力が必要です。特色教育とし、『進学教育』・『国際教育』・『福祉教育』の３つを重視し、中学は教科の特性に対応した学びを、高校は、生徒の個性を育み、大学進学の進路に向けた選抜類型（一貫・理数・英語・特進）の学びを展開しています。
2026年4月より、医療・生命科学系の総合大学である北里大学の附属校となり（学校法人北里研究所と学校法人順天学園が法人合併する）中高大一貫教育を推進する予定。

◉系列校

小	中	高	大（短大）
	○	○	

◉併設小学校なし
◉高校生外部募集………未定

◉授業時間…1コマ50分・週35時間

	1年	2年	3年	計
国　語	5	5	6	16
社　会	3	4	4	11
数　学	6	6	6	18
理　科	3	4	4	11
英　語	6	6	6	18
5教科計	23	25	26	74

参考　高校1年生一週間の授業

英語=6　数学=6　国語=5
理科=4　社会=4
※一貫類型

進学・進路

◉卒業生進路状況

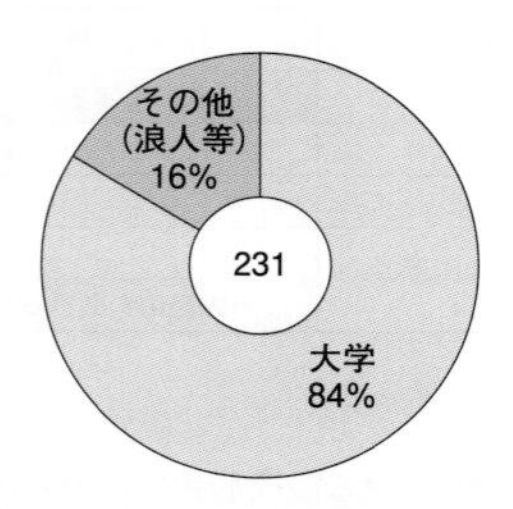

■進路選択状況（高３進級時）
理系 43%　文系 54%

■理系・文系進学状況
理系 36%　文系 60%

■共通テスト受験率
97%

◉卒業までの流れ

小学校	中学校	高等学校	大学
	順天中学校	▶ 順天高等学校（231）	

◉主な大学合格実績

大学名	'22	'23	'24	大学名	'22	'23	'24	大学名	'22	'23	'24	大学名	'22	'23	'24
東京大			1	千葉大	3	3	3	東京都立大	1	1	1	東京女子大	9	10	6
京都大				お茶の水女子大				横浜市立大		2		日本女子大	7	4	3
北海道大			1	東京外国語大				慶應義塾大	6	9	4	成蹊大	3	9	16
東北大			1	電気通信大	1			早稲田大	11	22	17	成城大	9	7	29
名古屋大		1		東京学芸大	2	2	1	上智大	6	19	16	明治学院大	8	9	15
大阪大				東京農工大	2			東京理科大	34	20	23	國學院大	7	9	11
九州大		1	1	東京芸術大				明治大	31	32	35	武蔵大	6	5	21
東京工業大				東京医科歯科大	1			青山学院大	19	15	27	獨協大	10	29	28
一橋大				東京海洋大				立教大	38	40	46	日本大	48	95	59
筑波大	2	3	2	横浜国立大	1			中央大	23	26	32	東洋大	46	68	89
茨城大			1	山梨大	1	1		法政大	39	42	41	駒澤大	13	17	16
宇都宮大	1			金沢大	2		1	学習院大	11	4	20	専修大	2	12	30
群馬大		1		信州大	1	2	1	国際基督教大		1		芝浦工業大	23	30	10
埼玉大	1	3	1	国際教養大				津田塾大	8	2	5	東京都市大	10	6	6

入試要項・入試情報

◉2024年度の入試要項(参考)

	1回A	1回B	2回A	2回B	3回多面的
募集人員	男女25名	男女25名	男女20名	男女15名	男女5名
選抜方法	国・算・社・理	国・算	国・算・社・理	国・算	国・算・マイプレゼンテーションまたは英・算・マイプレゼンテーション
出願関連期間	12/20～1/30		12/20～2/1		12/20～2/3
試験日程	2/1午前	2/1午後	2/2午前	2/2午後	2/4午後
合格発表	Web 2/1 17:00～	Web 2/1 21:00～	Web 2/2 17:00～	Web 2/2 21:00～	Web 2/5 9:00～
入学手続	2/4 12:00まで				2/6 12:00まで

◉費用(参考)

受験料		25,000円
入学手続時	入学金	260,000円
	授業料	―
	その他	180,000円
入学手続後～入学まで	授業料	―
	その他	149,072円
入学後１年	授業料	486,000円
	その他	363,640円
初年度納入金合計		1,438,712円
中学３年間費用計　約		3,039,992円

＊複数回同時出願の場合、2回目以降の受験料は1回につき5千円追加。別途出願は1万円。
＊入学金26万円を納入したうえで、2月10日12時まで入学手続時納入金の残金延納可(施設費他18万円)。
＊入学辞退者は、2月15日12時までに申し出れば、納入金の一部（18万円）を返金。

面接 実施する。

◉最近6年間の入試応募者推移と倍率

年度		2019 男	2019 女	2020 男	2020 女	2021 男	2021 女	2022 男	2022 女	2023 男	2023 女	2024 男	2024 女
募集	①A	25		25		25		25		25		25	
	①B	25		25		25		25		25		25	
	②A	20		20		20		20		20		20	
	②B	15		15		15		15		15		15	
	多面的	5		5		5		5		5		5	
応募	①A	55	35	46	50	47	26	76	34	75	49	100	61
	①B	105	65	123	85	90	49	129	60	122	75	198	104
	②A	77	47	77	76	76	43	106	73	115	87	180	84
	②B	95	63	108	85	80	46	129	68	138	103	226	124
	多面的	15/5	19/0	25	28	12	14	22/4	21/1	34/5	24/8	37/3	29/0
応募倍率	①A	3.6		3.8		2.9		4.4		5.0		6.4	
	①B	6.8		8.3		5.6		7.6		7.9		12.1	
	②A	6.2		7.7		6		9.0		10.1		13.2	
	②B	10.5		12.9		8.4		13.1		16.1		23.3	
	多面的	7.8		10.6		5.2		9.6		14.2		13.8	
受験	①A	50	31	46	46	44	25	59	29	68	44	88	57
	①B	102	59	116	84	83	44	120	54	116	65	179	100
	②A	37	22	50	50	30	29	68	46	74	48	106	52
	②B	49	32	70	53	36	29	73	40	84	66	143	77
	多面的	5/1	5/0	16	14	7	6	12/4	15/1	22/5	16/6	24/2	21/0
合格	①A	25	17	17	19	27	11	28	11	24	16	21	20
	①B	48	38	45	36	40	21	51	22	39	27	41	22
	②A	23	13	17	14	13	22	19	19	28	17	25	15
	②B	29	18	19	16	19	14	26	14	30	21	35	14
	多面的	3/1	1/0	7	6	4	3	3/3	11/0	5/1	4/1	5/0	4/0
実質倍率	①A	2.0	1.8	2.7	2.4	1.6	2.3	2.1	2.6	2.8	2.8	4.2	2.9
	①B	2.1	1.6	2.6	2.3	2.1	2.1	2.4	2.5	3.0	2.4	4.4	4.5
	②A	1.6	1.7	2.9	3.6	2.3	1.3	3.6	2.4	2.6	2.8	4.2	3.5
	②B	1.7	1.8	3.7	3.3	1.9	2.1	2.8	2.9	2.8	3.1	4.1	5.5
	多面的	1.7/1.0	5.0/―	2.3	2.3	1.8	2.0	4.0/1.3	1.4/―	4.4/5.0	4.0/6.0	5.2	5.3

＊2019年多面的入試と2022年～2024年多面的入試は国算／算英。
＊2024年補欠発表…詳細不明。補欠合格・追加合格…いずれもなし。

◉入試教科

4教科/2教科

②算数	50分/50分	100点/100点
①国語	50分/50分	100点/100点
④理科	30分/	60点/
③社会	30分/	60点/
合計	160分/100分	320点/200点

＊3回多面的は、国・算(各50分・各100点)又は英・算(各50分・各100点)+マイプレゼンテーション(10分・30点)。合計100点(2科は70点換算)。

合格最高点	①A	260点
	B	167点
	②A	260点
	B	172点
	③国・算	76点
	英・算	―
合格最低点	①A	220点
	B	136点
	②A	200点
	B	121点
	③国・算	66点
	英・算	―

◉受験併願パターン

偏差値	1月前半	1月後半	2月1日	2月2日	2月3日	2月4日以降
47			明治学院			
46			駒込２			
45	開智所沢２			駒込３		順天３多面的
44		千葉日大第一	順天Ａ	順天２Ａ		
43					聖学院アド３	

偏差値	1月前半	1月後半	2月1日	2月2日	2月3日	2月4日以降
48				多摩大目黒２特待		
47					日大第二２	
46		光英Ｖ特待	桜丘２特待	桜丘４特待		
45			順天Ａ	順天２Ａ		
44	星野学園総合選抜					淑徳巣鴨３

入試問題の傾向とポイント

算数 計算問題2問、一行問題8問程度、大問3題の問題構成。標準的な問題が多いが、図形や規則性の問題などで、やや思考力を必要とする問題もみられる。時間配分に注意して、出来る問題から優先的に取り組むことが大切。過去問演習等で対策をしておきたい。

国語 説明文と物語文の読解2題構成である。説明文は「おもてなし」の日本文化を欧米文化と比較しながら論じる文章であり、理由や言い換えについて問われた。物語文は人物の心情把握が求められた。説明文では100字程度の記述も出題された。

理科 設問4～5題、生地物化からの出題。設問形式は、選択・計算・記述・作図と多岐にわたる。典型的な問題が多く並ぶが、問題文中の図・表・グラフをもとに解答していく必要がある。現象に対して理由を考察する記述もあり、基礎基本を固めた上で過去問演習で対策を練りたい。

社会 大問3題構成。小問数は例年同様多く、記号選択と用語記述の比率はほぼ同じ。用語記述は漢字指定のものが多いため、日頃から漢字で書くことを意識すること。記述問題は3問出題された。政治は時事問題の比率が高く、『ニュース最前線』などで対策を万全にしておきたい。

聖徳学園中学校
（しょうとくがくえん）

■学校長／伊藤正徳　■創立／昭和2年　■生徒数／398名（男296名、女102名）
■所在地／〒180-8601 東京都武蔵野市境南町2-11-8
■ＴＥＬ／0422-31-5121
■交通／武蔵境駅（JR中央線、西武多摩川線）徒歩3分。

何学期制	週何日制	登校時刻	制服	給食	食堂 軽食販売	プール	寮	特待制度 奨学金等	帰国生 取出授業
3学期制	6日制	8:25	中高あり	なし	食堂条件付 販売中高あり	なし	なし	あり	なし

沿　革

1927年創立の関東中学校を前身に、1976年に聖徳学園中学校と改称。1991年、中学での一般募集を開始し、中高一貫教育が始まる。2017年に創立90周年を迎えた伝統校である。

教育方針と特色

聖徳太子の和の教えを建学の精神とし、「自らの強みをのばし、世界とつながり、新しい価値を生み出す」生徒の育成を教育目標としている。
教育の中心としてSTEAM教育を実践しており、入学時には生徒全員にiPadが手渡される。ICTを活用したアクティブラーニングの授業が各教科で展開され、活発な意見交換や発表を通じて生徒自身の発信力、論理的思考力の育成がはかられている。
また、中学1年では農家への民泊を行い、実際に農作業を体験し、中2では関西（奈良・京都）への研修旅行を通じて日本文化への理解を深める。その経験を活かし、中3では全員で海外研修を行う。生徒全員での海外研修は高2でも行われ、中高で一貫して行われるグローバル教育は英語力の向上のみならず、より国際的な視点を養うことが主眼に置かれている。
一人ひとりの生徒に応じたきめ細かい教育を実現している。
2024年から、高校課程にデータサイエンスコース（仮称）を設置する。

◉系列校

小	中	高	大(短大)
○	○	○	

◉小学校からの内進生…44名
◉高校生外部募集………130名
（2年次から混合クラス）

◉授業時間…1コマ50分・週34時間

	1年	2年	3年	計
国　語	4	4	5	13
社　会	4	4	4	12
数　学	5	5	6	16
理　科	4	4	4	12
英　語	6	7	7	21
5教科計	23	24	26	73

参考　高校1年生一週間の授業
英語=6　数学=7　国語=5
理科=6　社会=4

進学・進路

◉卒業生進路状況

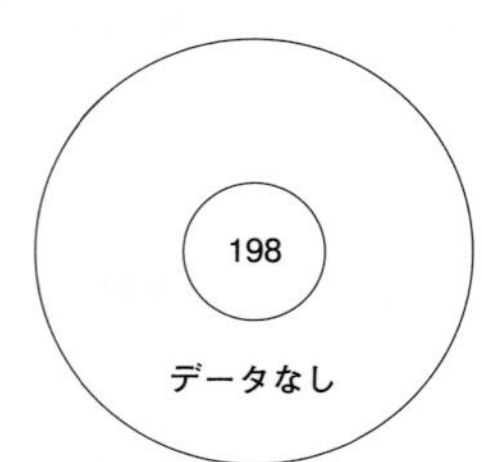

■進路選択状況（高３進級時）
データなし

■理系・文系進学状況
データなし

■共通テスト受験率
データなし

◉卒業までの流れ

小学校	中学校	高等学校	大学
聖徳学園小学校 ▶	聖徳学園中学校 ▶	聖徳学園高等学校 (198)	

◉主な大学合格実績

大学名	'22	'23	'24	大学名	'22	'23	'24	大学名	'22	'23	'24	大学名	'22	'23	'24
東京大				千葉大	2			東京都立大	2	1	4	東京女子大	2		
京都大		1		お茶の水女子大				横浜市立大				日本女子大	5	4	
北海道大		2		東京外国語大		1	2	慶應義塾大	5	1	5	成蹊大	8	8	10
東北大		1		電気通信大	3	1		早稲田大	5	5	9	成城大	6	6	12
名古屋大				東京学芸大	2		3	上智大	3	3	6	明治学院大	1	5	2
大阪大	1			東京農工大			1	東京理科大	17	14	6	國學院大	9	6	13
九州大			1	東京芸術大		1		明治大	20	9	11	武蔵大	3	4	4
東京工業大	1			東京医科歯科大				青山学院大	14	6	9	獨協大	5	1	1
一橋大		1		東京海洋大				立教大	12	16	12	日本大	17	22	17
筑波大		1	1	横浜国立大	1	1		中央大	18	16	17	東洋大	12	9	13
茨城大			2	山梨大		1	1	法政大	23	15	26	駒澤大	7	5	3
宇都宮大		1		金沢大	1	1		学習院大	12	9	4	専修大	9	7	4
群馬大				信州大	1	1	1	国際基督教大			1	芝浦工業大	8	13	
埼玉大	1	2		国際教養大				津田塾大	1	2		東京都市大	4	13	

入試要項・入試情報

◉2024年度の入試要項(参考)

	プライマリー	適性検査型	特別奨学生(4科)	2/1PM	2/2AM	プログラミング	2/2PM	特別奨学生(2科)	2/11AM
募集人員	男女30名	男女20名	特別奨学生 合計　男女5名	男女15名	男女15名	男女5名	男女10名	特別奨学生 合計　男女5名	男女5名
選抜方法	国・算＋面接	適性検査Ⅰ・Ⅱ またはⅠ・Ⅱ・Ⅲ	国・算・ 社・理	国・算	国・算または 国・英または 算・英	プログラミング	国・算		
出願関連期間	12/20～1/30	12/20～1/31	12/20～2/1			12/20～1/30	12/20～2/2	12/20～2/2	12/20～2/10
試験日程	2/1午前		2/1午後		2/2午前		2/2午後	2/3午前	2/11午前
合格発表	Web 2/1 18:00～	Web 2/2 10:00～	Web 2/1 21:00～		Web 2/2 18:00～	Web 2/2 21:00～		Web 2/3 18:00～	Web 2/11 18:00～
入学手続	2/1 20:00まで	2/10 20:00まで	2/6 20:00まで						2/11 20:00まで

面接 実施する。

◉費用(参考)

受験料		23,000円
入学手続時	入学金	330,000円
	授業料	—
	その他	—
入学手続後 ～入学まで	授業料	—
	その他	40,000円
入学後１年	授業料	495,600円
	その他	446,010円
初年度納入金合計		1,311,610円
中学３年間費用計　約		2,978,956円

＊複数同時出願の場合、2万8千円で受験可。

◉最近6年間の入試応募者推移と倍率

年度	2019 男　女	2020 男　女	2021 男　女	2022 男　女	2023 男　女	2024 男　女
募集 AO｜AM① 適性型(2科/3科) PM①｜特奨生① アピール｜PM②｜特奨生② AM②｜AM③	30｜10 10/10 10｜5 5｜10｜5 5｜5	AO｜AM①　30｜10 適性型(2科/3科)　10/10 PM①｜特奨生①　10｜5 プログラミング｜PM②｜特奨生②　5｜10｜5 AM②｜AM③　5｜5	AO｜AM①　30｜15 適性型(2科/3科)　10/10 PM①｜特奨生　10｜5 プログラミング｜PM②　5｜10 AM②｜AM③　5｜5	30｜15 10/10 10｜5 5｜10 5｜5	AO｜AM①　30｜15 適性型(2科/3科)　20 PM①｜特奨生　15｜5 プログラミング｜PM②　5｜10 AM②　5	プライマリー｜2/1PM　30｜15 適性(2科/共通2科/3科)　20 特奨4科｜特奨2科　5(特奨4科) 2/2AM｜プログラミング　15｜5 2/2PM｜2/11AM　10｜5
応募 AO｜AM① 適性型(2科/3科) PM①｜特奨生① アピール｜PM②｜特奨生② AM②｜AM③	26｜10　10｜7 126/71　108/73 35｜15　14｜7 4/1｜37｜9　2/0｜15｜6 38｜44　14｜16	33｜12　20｜6 132/97　99/73 38｜13　26｜5 17｜41｜15　3｜27｜5 52｜59　27｜29	47｜17　10｜4 152/104　86/74 54｜18　12｜9 22｜74　1｜19 69｜69　18｜15	73｜14/2　15｜4/3 140/84　112/79 75｜26　22｜6 22/5｜108　0/0｜25 97｜117　20｜22	63｜108　18｜32 135/99　114/71 77｜21　30｜5 21｜107　2｜33 107　29	70｜90　18｜27 115/32/90　101/39/73 16｜91　7｜20 87｜20　29｜2 127｜128　32｜33
応募倍率 AO｜AM① 適性型(2科/3科) PM①｜特奨生① アピール｜PM②｜特奨生② AM②｜AM③	1.2｜1.7 23.4/14.4 4.9｜4.4 1.4｜5.2｜3.0 10.4｜12.0	1.8｜1.8 23.1/17.0 6.4｜3.6 4.0｜6.8｜4.0 15.8｜17.6	1.9｜1.4 23.8/17.8 6.6｜5.4 4.6｜9.3 17.4｜16.8	2.9｜1.5 25.2/16.3 9.7｜6.4 5.4｜13.3 23.4｜27.8	2.7｜9.3 21.0 7.1｜5.2 4.6｜14.0 27.2	2.9｜7.8 22.5 26.8 7.7｜4.4 15.9｜32.2
受験 AO｜AM① 適性型(2科/3科) PM①｜特奨生① アピール｜PM②｜特奨生② AM②｜AM③	26｜6　10｜4 125/71　107/73 31｜14　12｜5 2/0｜17｜6　2/0｜6｜3 10｜10　5｜3	32｜10　19｜4 130/97　98/73 36｜12　23｜5 13｜16｜14　2｜5｜2 14｜11　6｜2	46｜14　10｜3 151/104　86/74 49｜16　12｜8 14｜32　1｜5 15｜18　4｜2	71｜11/2　14｜2/3 139/83　111/78 72｜23　17｜5 18/4｜50　0/0｜10 27｜28　6｜1	61｜24　17｜5 133/96　112/71 69｜19　25｜4 12｜35　1｜9 23　2	66｜78　17｜23 115/31/88　101/37/72 14｜40　6｜4 41｜17　15｜2 65｜29　11｜2
合格 AO｜AM① 適性型(2科/3科) PM①｜特奨生① アピール｜PM②｜特奨生② AM②｜AM③	23｜4　9｜4 116/68　101/73 20｜2　6｜3 1/0｜9｜2　2/0｜4｜1 4｜5　4｜3	46｜12 217/164 41｜7 11｜14｜9 12｜7	53｜16 220/162 45｜13 13｜29 14｜12	71｜8/5 238/151 50｜20 10｜31 14｜9	59｜14 240/165 59｜20 7｜28 15	31｜41 206/66/158 12｜29 23｜6 29｜14
実質倍率 AO｜AM① 適性型(2科/3科) PM①｜特奨生① アピール｜PM②｜特奨生② AM②｜AM③	1.1｜1.5　1.1｜1.0 1.1/1.0　1.1/1.0 1.6/7.0　2.0｜1.7 2.0/–｜1.9｜3.0　1.0/–｜1.5｜3.0 2.5｜2.0　1.3｜1.0	1.1｜1.2 1.1/1.0 1.4｜2.4 1.4｜1.5｜1.8 1.7｜1.9	1.1｜1.1 1.1/1.1 1.4｜1.8 1.2｜1.3 1.6｜1.7	1.2｜1.6/1.0 1.1/1.1 1.8｜1.4 2.2｜1.9 2.4｜3.2	1.3｜2.1 1.0/1.0 1.6｜1.2 1.9｜1.6 1.7	2.5｜2.5 1.0/1.0/1.0 1.7｜1.5 2.4｜3.2 2.6｜2.2

＊2019年アピールはプログラミング／コミュニケーション英語。2022年AM①は国算／国英、プログラミングはマインクラフト／スフィロ。
＊2024年補欠発表…詳細不明。補欠合格・追加合格…いずれもなし。

◉入試教科

4教科/2教科

②算数	45分/45分	100点/100点
①国語	45分/45分	100点/100点
④理科	20分/	75点/
③社会	20分/	75点/
合計	130分/90分	350点/200点

合格最高点	2月1日	プライマリー	195点
		適性	非公表
		特別奨学	310点
		PM	185点
	2月2日	AM	192点
		プログラミング	非公表
		PM	171点
	2月3日	特別奨学	188点
	2月11日	AM	193点
合格最低点	2月1日	プライマリー	132点
		適性	非公表
		特別奨学	201点
		PM	129点
	2月2日	AM	129点
		プログラミング	非公表
		PM	132点
	2月3日	特別奨学	136点
	2月11日	AM	138点

◉受験併願パターン

偏差値	1月前半	1月後半	2月1日	2月2日	2月3日	2月4日以降
45				宝仙学園２		
44				穎明館２		穎明館４
43			聖徳学園特奨４科			
41	城西川越					桜丘５
39				東京成徳大２特待		

偏差値	1月前半	1月後半	2月1日	2月2日	2月3日	2月4日以降
48	西武文理選抜		大妻中野	桜美林２日午後	カリタス女子４	跡見学園特３
46				穎明館３		
45				穎明館２		穎明館４
44			聖徳学園特奨		桐光学園３Ａ	
41	聖望学園奨学生	西武文理３	多摩大目黒進学	多摩大目黒２進学		桜丘５

入試問題の傾向とポイント

算数　計算問題4問、一行問題10問、大問2題の問題構成。基本レベルのオーソドックスな問題が大半だが、規則性、数の性質、文章題、平面図形、立体図形など広範囲から出題されるため、苦手な分野を作らないように、各分野の基礎を押さえた学習をしておくこと。

国語　説明文と物語文の読解2題と漢字の読み書き。説明文は傍線部の内容説明を中心に様々な解答形式で問われた。比喩的な言い回しを具体的に説明する必要があり、内容をしっかりと分析・理解している必要があった。物語文は人物の心情や表現技法、そのほか主題の設問がみられた。

理科　大問4題、生地物化からの出題。設問形式は選択・計算・記述・作図と多岐にわたる。基本的な内容の問題が多いが、問題数があまり多くないため、1問1問を丁寧に解いていきたい。『四科のまとめ』を用いて、基礎をしっかりと固めるとともに、過去問演習で記述・作図の対策を。

社会　大問5題構成。用語記述は漢字指定のものが多いため、日頃から漢字で書くことを意識したい。記述問題は長文のものが2問出題された。政治は大問がすべて時事問題の問いとなっているなど、出題比率が高い。『ニュース最前線』などで対策を十分行っておきたい。

湘南学園中学校
（しょうなんがくえん）

■学校長／伊藤眞哉　■創立／昭和8年　■生徒数／614名（男348名、女266名）
■所在地／〒251-8505 神奈川県藤沢市鵠沼松が岡4-1-32
■ＴＥＬ／0466-23-6611
■交通／鵠沼海岸駅（小田急江ノ島線）徒歩8分。鵠沼駅（江ノ島電鉄線）徒歩8分。

何学期制	週何日制	登校時刻	制服	給食	食堂 軽食販売	プール	寮	特待制度 奨学金等	帰国生 取出授業
2学期制	6日制	9:00	中高あり	なし	食堂中高あり 販売中高あり	屋外	なし	なし	なし

沿　革

湘南学園は、1933年（昭和8年）、藤沢・鵠沼の地で、当時の有識者が「自分たちの学校を作ろう」と誕生させた独自の学校である。創立以来現在まで、教職員と保護者が共同して学校運営にあたっている。1997年より高校募集を廃止し6か年一貫教育を推進し、2013年創立80周年を機にユネスコスクールに加盟。グローバル時代の課題に応える教育を追求している伝統校である。

教育方針と特色

2013年にユネスコスクールに加盟した本校は、「持続可能な社会のつくり手」であると同時に、１人１人が自分らしく幸せに生きていける力や人間性を育むことを目指した「湘南学園ESD」を掲げ、教科教育はもちろん、独自の総合学習や多様なグローバルプログラムの実践とともに、日常の全ての出来事が「学び」であるという視点に立ち、それらの学びをつなげ、発展させていくことで、社会の中で主体者として考えて歩んでいく力を養っている。

発達段階に合わせた総合学習は、自己から他者、身近な地域から世界へと段階的に視野が広がる設定となっている。高校ではSDGsにも着目し、地球規模の課題に目を向けられるだけの広い視野と豊かな認識を身につけ、人間らしく生きられる社会をつくる主体者として、自分はどう生きるのかを考えさせる。

◉系列校

小	中	高	大（短大）
○	○	○	

◉小学校からの内進生…79名
◉高校生外部募集………なし

◉授業時間…1コマ50分・週33時間

	1年	2年	3年	計
国　語	5	5	4	14
社　会	3	3	5	11
数　学	5	6	5	16
理　科	4	4	4	12
英　語	6	6	6	18
5教科計	23	24	24	71

参考　高校1年生一週間の授業

英語=6　数学=5　国語=5
理科=6　社会=4

進学・進路

◉卒業生進路状況

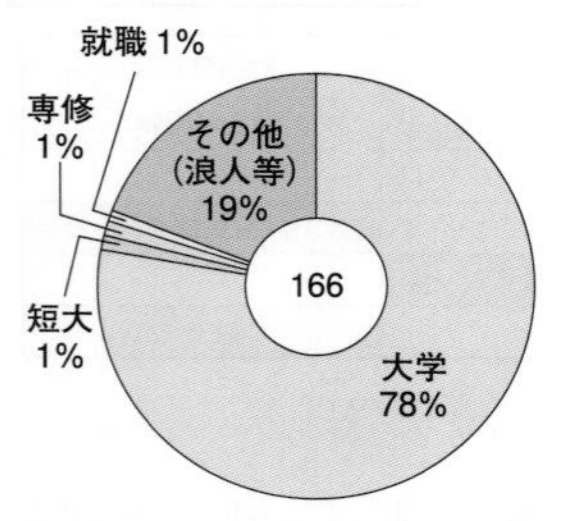

■進路選択状況（高３進級時）

理系 42%　文系 58%

■理系・文系進学状況

理系 37%　文系 63%

■共通テスト受験率

データなし

◉卒業までの流れ

小学校	中学校	高等学校	大学
湘南学園小学校 ▶	湘南学園中学校 ▶	湘南学園高等学校（166）	

◉主な大学合格実績

大学名	'22	'23	'24	大学名	'22	'23	'24	大学名	'22	'23	'24	大学名	'22	'23	'24
東京大				千葉大				東京都立大				東京女子大		1	1
京都大				お茶の水女子大				横浜市立大	4	2	3	日本女子大	5	5	6
北海道大	1			東京外国語大		2	1	慶應義塾大	8	5	4	成蹊大	5	3	4
東北大				電気通信大		1		早稲田大	7	15	8	成城大	11	6	6
名古屋大				東京学芸大		1	2	上智大	3	4	6	明治学院大	17	15	15
大阪大				東京農工大				東京理科大	13	1	6	國學院大	5	4	6
九州大				東京芸術大				明治大	23	23	14	武蔵大	2		4
東京工業大				東京医科歯科大				青山学院大	13	11	10	獨協大			2
一橋大			1	東京海洋大	3			立教大	15	16	13	日本大	24	22	17
筑波大	1		1	横浜国立大	1	1	4	中央大	11	7	7	東洋大	15	6	11
茨城大				山梨大	1			法政大	21	10	9	駒澤大	10	9	1
宇都宮大				金沢大				学習院大	7	4	7	専修大	14	8	4
群馬大				信州大	1			国際基督教大			1	芝浦工業大	13	4	6
埼玉大	1			国際教養大				津田塾大	2			東京都市大	8	6	16

入試要項・入試情報

◉2024年度の入試要項（参考）

	A	湘南学園ESD	B	C	D
募集人員	男女30名	男女15名程度	男女35名	男女35名	男女15名
選抜方法	国・算または 国・算・社・理	記述・論述+ 動画の提出	国・算または 国・算・社・理	国・算	
出願関連期間	1/7〜1/31	1/7〜1/27	1/7〜2/1	1/7〜2/3	1/7〜2/5
試験日程	2/1午前	2/1午後	2/2午前	2/3午前	2/5午前
合格発表	Web 2/1 21:00〜	Web 2/2 20:00〜		Web 2/3 20:00〜	Web 2/5 20:00〜
入学手続	2/4 15:00まで				2/6 15:00まで

面接 実施しない。

◉費用（参考）

受験料		20,000円
入学手続時	入学金	250,000円
	授業料	—
	その他	150,000円
入学手続後〜入学まで	授業料	—
	その他	78,000円
入学後１年	授業料	528,000円
	その他	395,200円
初年度納入金合計		1,401,200円
中学３年間費用計 約		3,283,600円

＊2回以上同時出願の場合、それぞれの受験料は1回分1万5千円。
＊入学辞退者は3月末日までに申し出れば、施設費（15万円）を返金。

◉最近6年間の入試応募者推移と倍率

年度		2019 男	2019 女	2020 男	2020 女	2021 男	2021 女	2022 男	2022 女	2023 男	2023 女	2024 男	2024 女
募集	A	35		35		30		30		30		30	
	B	35		35		35		35		35		35	
	C	30		30		35		35		35		35	
	D	20		20		15		15		15		15	
応募	A	215	113	170	89	58/13	44/10	37/12	21/13	50/19	41/13	45/12	38/16
	B	144	105	116	66	125/31	81/17	88/27	39/31	124/24	72/32	101/25	64/23
	C	143	92	127	65	141	76	103	57	99	94	75	63
	D	145	81	124	52	126	62	74	38	99	74	63	40
応募倍率	A	9.4		7.4		4.2		2.8		4.1		3.7	
	B	7.1		5.2		7.3		5.3		7.2		6.4	
	C	7.8		6.4		6.2		4.6		5.5		3.9	
	D	11.3		8.8		12.5		7.5		11.5		6.9	
受験	A	207	110	163	86	57/13	44/9	36/12	19/13	50/16	40/12	42/12	36/15
	B	116	78	97	44	103/28	58/16	74/23	29/23	102/19	58/25	78/18	55/18
	C	97	62	100	37	116	59	79	37	77	75	49	51
	D	110	56	99	36	94	45	50	19	74	52	27	16
合格	A	66	48	75	48	17	21	18/2	14/6	16/8	16/3	18/9	11/4
	B	38	22	33	19	32	20	34/3	11/11	48/3	13/6	39/6	17/3
	C	26	11	25	10	26	13	32	15	27	23	20	24
	D	21	7	14	6	11	5	10	5	12	3	10	5
実質倍率	A	3.1	2.3	2.2	1.8	4.1	2.5	2.0/6.0	1.4/2.2	3.1/2.0	2.5/4.0	2.3/1.3	3.3/3.8
	B	3.1	3.5	2.9	2.3	4.1	3.7	2.2/7.7	2.6/2.1	2.1/6.3	4.5/4.2	2.0/3.0	3.2/6.0
	C	3.7	5.6	4.0	3.7	4.5	4.5	2.5	2.5	2.9	3.3	2.5	2.1
	D	5.2	8.0	7.1	6.0	8.6	9.0	5.0	3.8	6.2	17.3	2.7	3.2

＊2021年〜2024年Ａ・Ｂは4教科／2教科。
＊2024年補欠発表・追加合格…いずれもなし。

◉入試教科

4教科/2教科

②算数	50分/50分	150点/150点
①国語	50分/50分	150点/150点
④理科	40分/	100点/
③社会	40分/	100点/
合計	180分/100分	500点/300点

＊Aの4教科実施順は①社会②理科③国語④算数

合格最高点	非公表
合格最低点	Ⓐ 394/237点 Ⓑ 312/188点 Ⓒ 207点 Ⓓ 212点

＊合格最低点は男女合算。

◉受験併願パターン

偏差値	1月前半	1月後半	2月1日	2月2日	2月3日	2月4日以降
50			関東学院１Ｂ		桐光学園３Ａ	
48				湘南学園Ｂ	湘南学園Ｃ	湘南学園Ｄ
47			湘南学園Ａ			日大藤沢３
45	桐光学園帰					
41				自修館Ｂ２		

偏差値	1月前半	1月後半	2月1日	2月2日	2月3日	2月4日以降
50				カリタス女子３		
49				日大藤沢２	湘南学園Ｃ	湘南学園Ｄ
48			湘南学園Ａ			日大藤沢３
46			神奈川学園Ａ午後			
41				日大第三２		

入試問題の傾向とポイント

算数

計算問題4問、一行問題8問、大問4題の問題構成。前半の問題は幅広い分野から出題されるが、基本問題が中心。基礎をしっかりと固め、確実に得点すること。後半の大問では平面図形や立体図形（体積・表面積）が頻出なので、しっかりと対策しておきたい。

国語

雑問2題と、物語文と説明文の読解2題の構成である。雑問は漢字の書き取りやことわざ、慣用句を含む。物語文は言い換えや指示語など、説明文は脱文補充や文章構成などが問われ、文章内容の正しい理解が求められた。文章題の記述は1題出題された。

理科

設問5題、大問1が小問集合で、大問2以降は生地物化から1題ずつの出題。選択問題と計算問題が主である。基本事項の確かな知識と深い考察力が求められる。単元が幅広く出題されるため、『四科のまとめ』を活用するなどして、苦手分野をつくらないような学習を心がけたい。

社会

大問3題構成で、小問数が多い。形式は用語記述と記号選択が大部分を占める。記述問題は身近な問題について問うものが1問。試験時間は40分あるので、あせらず落ち着いて取り組みたい。3分野のいずれにもグラフや図版など資料が多用されているので、ふだんから頻繁にふれる学習を心がけたい。

昌平(しょうへい)中学校

■学校長／村田貴也　■創立／平成22年　■生徒数／392名（男211名、女181名）
■所在地／〒345-0044 埼玉県北葛飾郡杉戸町下野851
■ＴＥＬ／0480-34-3381
■交通／杉戸高野台駅（東武日光線）徒歩15分。同駅及び久喜駅からもスクールバスあり。

何学期制	週何日制	登校時刻	制服	給食	食堂 軽食販売	プール	寮	特待制度 奨学金等	帰国生 取出授業
3学期制	6日制 第4土休	8:40	中高あり	なし	食堂条件付 販売中高あり	なし	なし	あり	あり

沿　革

1979年高等学校開校。2010年中学校開校。

教育方針と特色

平成29年度３月にIB（国際バカロレア）MYP認定校となる。全生徒を対象にプログラムを実践する日本でも数少ない学校の一つとなった。
また、中学開校以来、PEP（パワー・イングリッシュ・プロジェクト：全校生徒が英語を得意教科にする徹底的な取り組み）、SDGs「世界」をテーマにしたグローバル教育を推進してきた。
PEP（パワー・イングリッシュ・プロジェクト）は、英語の教師のみならず全教職員がプロジェクトメンバーである徹底的な取り組みであり、中高一貫生は中学卒業時に英検準２級以上取得者が80％以上となり飛躍的に英語力がつく結果となっている。
また、IB（国際バカロレア）のプログラムはグループディスカッション、プレゼンテーション、ディベートなどが中心であるため、「自ら主体的に動く」姿勢が自然に身についていく。この世界が認めるプログラムを何より生徒が楽しそうに取り組んでいくのは常に対話が人と人をつないでおり、コミュニケーションをとること自体に楽しさがあるからであろう。
「2017年IB（国際バカロレア）MYP認定校。2019年IB（国際バカロレア）DP認定校。」

◉系列校

小	中	高	大(短大)
	○	○	

◉併設小学校なし

◉高校生外部募集………約400名

（完全別クラス）

◉授業時間…1コマ50分・週36時間

	1年	2年	3年	計
国　語	5	5	5	15
社　会	5	4	4	13
数　学	6	6	6	18
理　科	4	4	5	13
英　語	6	8	8	22
５教科計	26	27	28	81

参考　**高校1年生一週間の授業**

英語=8　数学=6　国語=6
理科=6　社会=4
※特別進学コース

進学・進路

◉卒業生進路状況

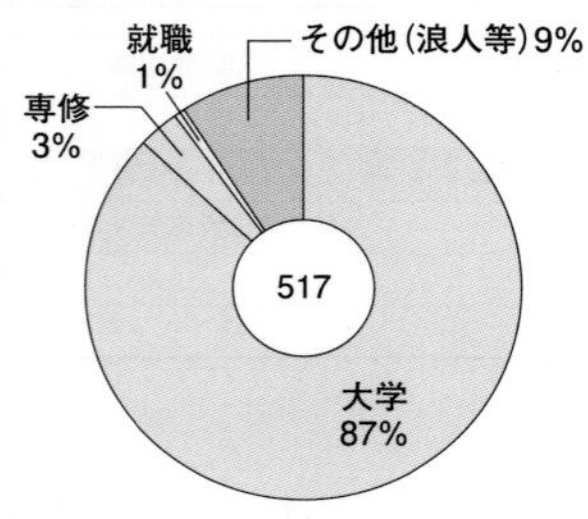

■進路選択状況（高３進級時）

理系 42%　文系 58%

■理系・文系進学状況

理系 39%　文系 61%

■共通テスト受験率

53%

◉卒業までの流れ

小学校	中学校	高等学校	大学
	昌平中学校	▶ 昌平高等学校（517）	

◉主な大学合格実績

大学名	'22	'23	'24	大学名	'22	'23	'24	大学名	'22	'23	'24	大学名	'22	'23	'24
東京大	2		1	千葉大	3	4	3	東京都立大	3			東京女子大	5		7
京都大				お茶の水女子大	4	3	2	横浜市立大	2	2		日本女子大	15	3	7
北海道大	1	2	2	東京外国語大	3		2	慶應義塾大	4	7	6	成蹊大	19	14	11
東北大	4	1	1	電気通信大	4	1	2	早稲田大	22	19	11	成城大	14	16	18
名古屋大			1	東京学芸大	5	1	1	上智大	7	7	17	明治学院大	3	9	4
大阪大				東京農工大	1		1	東京理科大	47	48	22	國學院大	12	19	19
九州大			1	東京芸術大				明治大	55	28	44	武蔵大	10	20	18
東京工業大	2	2	3	東京医科歯科大				青山学院大	6	19	18	獨協大	47	33	55
一橋大	1	1	1	東京海洋大				立教大	45	27	47	日本大	57	42	64
筑波大	9	10	9	横浜国立大	4		1	中央大	42	36	32	東洋大	118	73	96
茨城大	1	4	2	山梨大				法政大	63	41	34	駒澤大	31	21	25
宇都宮大	7	4	6	金沢大	1			学習院大	25	19	24	専修大	15	18	23
群馬大	6	5	3	信州大		3	1	国際基督教大	2			芝浦工業大	42	45	23
埼玉大	5	7	7	国際教養大				津田塾大	6	6	2	東京都市大	5	4	

入試要項・入試情報

◉2024年度の入試要項(参考)

	一般1回	グローバル1回	Tクラス1回	一般2回	グローバル2回	Tクラス2回	一般3回	Tクラス3回	一般4回
募集人員	全日程合計 男女130名(帰国生枠5名含)								
選抜方法	国・算または 国・算・社・理	国・算・英	国・算・社・理	国・算または 国・算・社・理	国・算・英	算数	国・算または 国・算・社・理	国・算・社・理	国・算または 国・算・社・理
出願関連期間	12/1～1/6						12/1～ 1/12	12/1～ 1/13	12/1～ 2/5
試験日程	1/10午前		1/10午後	1/11午前		1/11午後	1/12午前	1/13午前	2/5午前
合格発表	Web 1/10 21:00～		Web 1/11 10:00～	Web 1/11 21:00～		Web 1/12 10:00～	Web 1/12 18:00～	Web 1/13 18:00～	Web 2/5 18:00～
入学手続	2/5 12:00まで								2/6 12:00まで

＊一般1回・グローバル1回・Tクラス1回の試験は本校以外に大宮ソニックシティ・越谷コミュニティセンターでも実施。一般2回・グローバル2回・Tクラス2回の試験は本校以外に大宮ソニックシティでも実施。

面接 実施する。

◉費用(参考)

受験料		20,000円
入学手続時	入学金	250,000円
	授業料	—
	その他	—
入学手続後～入学まで	授業料	32,800円
	その他	408,498円
入学後１年	授業料	360,800円
	その他	320,200円
初年度納入金合計		1,372,298円
中学３年間費用計 約		3,116,298円

＊複数回出願の場合、何度受けても受験料は3万円。

◉最近6年間の入試応募者推移と倍率

年度		2019 男	2019 女	2020 男	2020 女	2021 男	2021 女	2022 男	2022 女	2023 男	2023 女	2024 男	2024 女
募集	① ② ③ ④	80 全日程合計 帰国5名含		105 全日程合計 帰国5名含		105 全日程合計 帰国5名含		105 全日程合計 帰国5名含		105 全日程合計 帰国5名含		130 全日程合計 帰国5名含	
応募	① ② ③ ④	63/22 69/25 70/27 70/28	61/29 68/25 73/28 68/24	78/21 88/17 92/23 90/24	60/27 65/22 66/30 65/30	86/29 91/26 93/26 85/25	63/24 70/26 68/30 54/31	86/42 70/36 87/37 67/36	76/25 81/24 89/30 79/30	93/25 103/23 121/23 84/22	72/33 74/27 80/34 68/27	68/28 80/27 81/27 76/27	59/25 62/25 66/31 60/29
応募倍率	① ② ③ ④	13.5 全日程 合計		11.0 全日程 合計		12.4 全日程 合計		12.5 全日程 合計		13.4 全日程 合計		9.5 全日程 合計	
受験	① ② ③ ④	57/22 49/13 29/12 18/7	55/27 36/17 21/15 15/11	68/20 48/10 28/15 14/10	57/26 48/12 34/17 19/11	80/28 50/16 39/13 20/9	60/24 47/19 24/11 17/9	72/39 42/19 35/18 18/16	68/25 35/10 26/11 13/6	84/25 48/13 44/11 17/7	66/33 39/12 22/12 9/3	60/27 42/10 17/6 5/2	53/23 28/12 14/10 3/6
合格	① ② ③ ④	31/13 30/6 14/6 5/3	44/12 29/3 10/4 8/4	48/11 32/3 14/1 5/2	36/14 32/6 13/8 6/2	53/15 24/3 9/3 5/0	37/13 24/7 6/3 4/3	52/21 24/2 12/0 9/6	58/22 21/4 11/5 6/2	60/16 22/2 18/4 11/4	54/24 24/4 10/4 5/2	47/20 33/5 13/2 1/0	49/16 21/7 11/6 0/1
実質倍率	① ② ③ ④	1.8/1.7 1.6/2.2 2.1/2.0 3.6/2.3	1.3/2.3 1.2/5.7 2.1/3.8 1.9/2.8	1.4/1.8 1.5/3.3 2.0/15.0 2.8/5.0	1.6/1.9 1.5/2.0 2.6/2.1 3.2/5.5	1.5/1.9 2.1/5.3 4.3/4.3 4.0/―	1.6/1.8 2.0/2.7 4.0/3.7 4.3/3.0	1.4/1.9 1.8/9.5 2.9/― 2.0/2.7	1.2/1.1 1.7/2.5 2.4/2.2 2.2/3.0	1.4/1.6 2.2/6.5 2.4/2.8 1.5/1.8	1.2/1.4 1.6/3.0 2.2/3.0 1.8/1.5	1.3/1.4 1.3/2.0 1.3/3.0 5.0/―	1.1/1.4 1.3/1.7 1.3/1.7 ―/6.0

＊2019年～2024年①・②・③・④は4教科／2教科。
＊2024年補欠発表…詳細不明。補欠合格・追加合格…いずれもなし。

◉入試教科

4教科/2教科

②算数	50分/50分		100点/100点
①国語	50分/50分		100点/100点
③理科	あわせて50分		50点/
③社会			50点/
合計	150分/100分		300点/200点

＊グローバル3教科は国・算・英(各50分・各100点)合計300点。
＊Tクラス4教科は国・算(各50分・各100点)理・社(あわせて60分・各50点)合計300点。
＊Tクラス1教科は算(60分・200点)。

合格最高点	①一般	275/191点
	①グローバル	272点
	①Tクラス	248点
	②一般	259/171点
	②グローバル	230点
	②Tクラス	152点
	③一般	209/170点
	③Tクラス	194点
	④一般	224/154点
合格最低点	①一般	181/126点
	①グローバル	169点
	①Tクラス	148点
	②一般	183/126点
	②グローバル	173点
	②Tクラス	122点
	③一般	180/120点
	③Tクラス	142点
	④一般	213/147点

◉受験併願パターン

偏差値	1月前半	1月後半	2月1日	2月2日	2月3日	2月4日以降
47			日大豊山			
46		麗澤２ＥＥ				
45	開智未来Ｔ未来					
44	昌平Ｔ	千葉日大第一		順天２Ａ		
40	埼玉栄３		日大第一４科			

偏差値	1月前半	1月後半	2月1日	2月2日	2月3日	2月4日以降
46	開智未来Ｔ未来					
45			順天Ａ			
44	星野学園総合選抜					
43	昌平Ｔ					
38				日大豊山女２科選		

入試問題の傾向とポイント

算数

計算問題5問、一行問題6問程度、大問4題程度の出題。基礎から標準レベルの問題が中心で、受験算数の基礎基本がきちんと身についていれば十分対応できる。後半の大問4題は規則性、平面図形、立体図形、速さからの出題であった。

国語

物語文2題と説明文1題を含む読解と雑問の構成。物語文は人物の心情変化や人物像、説明文は言い換えや脱文補充を通して文章の正しい理解が問われた。雑問は漢字の読み書きや慣用句が出題された。読解の出題形式は抜き出しと選択肢だと考えて良い。

理科

設問4題、生地物化からの出題。おもな設問形式は選択・計算問題となっている。典型的な問題が並ぶが、問題数はあまり多くない。その分、1問1問の重みが大きいため、ミスなく正確に解き進める力が必要である。基礎基本をしっかり固め、苦手分野をつくらないように心がけたい。

社会

大問4題のうち、歴史の大問が2題。例年同様にすべて記号選択か用語記述で、記述問題は出題されていない。基礎基本が中心の問いだが、用語記述の一部は漢字指定なので、正確に表記できるように意識したい。歴史は特に図版が多いので、写真などの史料にふれながら学習するように心がけたい。

<ruby>昭和学院中学校</ruby>

昭和学院中学校

（しょうわがくいん）

■学校長／山本良和　■創立／昭和22年　■生徒数／450名（男182名、女268名）
■所在地／〒272-0823 千葉県市川市東菅野2-17-1　■ＴＥＬ／047-323-4171
■交通／本八幡駅（JR総武線、都営新宿線）徒歩15分。京成八幡駅（京成本線）徒歩15分。
東松戸駅、市川大野駅（JR武蔵野線）からバス「昭和学院前」下車。

何学期制	週何日制	登校時刻	制服	給食	食堂 軽食販売	プール	寮	特待制度 奨学金等	帰国生 取出授業
3学期制	6日制	8:00	中高あり	なし	食堂なし 販売中高あり	屋内	なし	あり	なし

沿　革

1940年4月、伊藤友作により昭和女子商業学校が創立。以来、昭和学院として幼稚園、小学校、中学校、高等学校、短期大学および栄養専門学校を設立し、総合教育機関として発展。昭和学院中学校の開校は1947年。2003年より、中学校・高校とも男女共学となる。2010年新キャンパス完成。2020年度よりコース制を導入。

教育方針と特色

建学の精神「明敏謙譲」（明朗にして健康で、自主性に富み、謙虚で個性豊かな人間）の育成をめざし、学校生活のあらゆる場面において「知・徳・体」のバランスのとれた全人教育を実践している。生徒が持っている夢や希望を、高く広い視座で達成できるようコース制を導入している。入学時に４つのコース（IA・SA・AA・GA）でスタートし、中3進級時にTAコースを加えた5つのコースに再編成し、一人ひとりの可能性を引き出す学びの環境を整えている。さらにSGアカデミー:「未来講座」「探究学習」「読書」「ビブリオバトル」「キャリアアップ講座」を通して、想像力・思考力・表現力を磨いていく。部活動や行事、委員会活動など学校生活のあらゆる場面で生徒の主体性を活かしたさまざまな経験の場をつくり、「自立」に向けたプログラムをそなえている。

◉系列校

小	中	高	大（短大）
○	○	○	○

◉小学校からの内進生…33名
◉高校生外部募集………176名

（混合クラス）

◉授業時間…1コマ50分・週34時間

	1年	2年	3年	計
国　語	4	4	3	11
社　会	3	3	4	10
数　学	4	3	4	11
理　科	3	4	4	11
英　語	5	5	6	16
5教科計	19	19	21	59

参考　高校1年生一週間の授業

英語=6　数学=6　国語=5
理科=4　社会=4

※普通科AAコース

進学・進路

◉卒業生進路状況

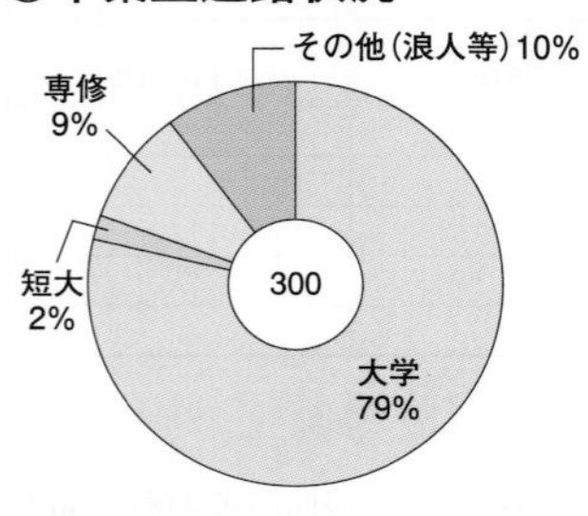

■進路選択状況（高３進級時）
理系 26%　文系 57%
0　50　100

■理系・文系進学状況
理系 31%　文系 66%
0　50　100

■共通テスト受験率
77%
0　50　100

◉卒業までの流れ

小学校	中学校	高等学校	大学
昭和学院小学校	昭和学院中学校	昭和学院高等学校 (300)	昭和学院短期大学　2

◉主な大学合格実績

大学名	'21	'22	'24	大学名	'21	'22	'24	大学名	'21	'22	'24	大学名	'21	'22	'24
東京大				千葉大	1	2	1	東京都立大		1		東京女子大			
京都大				お茶の水女子大				横浜市立大				日本女子大		2	
北海道大				東京外国語大			1	慶應義塾大			3	成蹊大		2	7
東北大				電気通信大				早稲田大	1	6	7	成城大		2	4
名古屋大				東京学芸大			1	上智大		1	4	明治学院大	8	6	5
大阪大				東京農工大			1	東京理科大		2	4	國學院大	7	8	7
九州大			1	東京芸術大				明治大	5	9	8	武蔵大		2	3
東京工業大			1	東京医科歯科大				青山学院大	5	3	6	獨協大	6	2	10
一橋大		1		東京海洋大				立教大	7	9	10	日本大	42	29	22
筑波大	1	1		横浜国立大				中央大	3	2	8	東洋大	13	16	22
茨城大	1		1	山梨大				法政大	11	7	14	駒澤大	10	7	9
宇都宮大				金沢大				学習院大		3	2	専修大	10	7	11
群馬大				信州大				国際基督教大			2	芝浦工業大		1	1
埼玉大	1			国際教養大				津田塾大				東京都市大		5	4

入試要項・入試情報

◉2024年度の入試要項（参考）

	第一志望入試		一般入試				
	2科（特待生選考）	マイプレゼンテーション①	国語1科	マイプレゼンテーション②	算数1科	適性検査型（特待生選考）	アドバンストチャレンジ（特待生選考）
募集人員	男女52名		男女72名				
選抜方法	国・算または国・英または算・英	自己表現文・プレゼンテーション・質疑応答	国語	自己表現文・プレゼンテーション・質疑応答	算数	適性検査Ⅰ・Ⅱ	国・算または国・英または算・英または国・算・社・理または国・英・社・理または算・英・社・理
出願関連期間	11/18～11/26		1/6～1/17			1/6～1/19	1/6～1/21
試験日程	12/1午前		1/20午前		1/20午後	1/22午前	1/24午前
合格発表	掲示 12/2 10:00～ Web 12/1 22:00～		掲示 1/21 10:00～ Web 1/21 7:00～			掲示 1/23 10:00～ Web 1/23 7:00～	掲示 1/25 10:00～ Web 1/25 7:00～
入学手続	12/11 まで		1/30 まで				

面接 実施する。

◉費用（参考）

受験料		25,000円
入学手続時	入学金	160,000円
	授業料	—
	その他	160,000円
入学手続後～入学まで	授業料	—
	その他	140,000円
入学後１年	授業料	396,000円
	その他	508,760円
初年度納入金合計		1,364,760円
中学３年間費用計 約		3,172,280円

＊複数回出願の場合も受験料は2万5千円。
＊一般入試の合格者は、入学手続時納入金のうち3万円を1月30日までに納入したうえで、残金29万円を2月5日まで延納可。

◉入試教科

4教科/2教科

②算数	50分/50分	100点/100点
①国語	50分/50分	100点/100点
③理科	30分/	50点/
④社会	30分/	50点/
合計	160分/100分	300点/200点

＊適性検査型はⅠ・Ⅱ（各45分・100点）。

合格最高点	非公表
合格最低点	非公表

◉最近6年間の入試応募者推移と倍率

<table>
<tr><th rowspan="2" colspan="2">年度</th><th colspan="2">2019</th><th colspan="2">2020</th><th colspan="2">2021</th><th colspan="2">2022</th><th colspan="2">2023</th><th colspan="2">2024</th></tr>
<tr><th>男</th><th>女</th><th>男</th><th>女</th><th>男</th><th>女</th><th>男</th><th>女</th><th>男</th><th>女</th><th>男</th><th>女</th></tr>
<tr><td rowspan="4">募集</td><td>推薦①|②マイプレ|③マイプレ</td><td colspan="2">44 | 10 | 10</td><td colspan="2">①推薦(インターアカ|ジェネアカ) 5|42</td><td colspan="2" rowspan="4">推薦(2科|マイプレゼン①) 52 推薦合計
算数1科|マイプレゼン②
適性検査型 72 一般合計
アドバンストチャレンジ</td><td colspan="2" rowspan="4">推薦(2科|マイプレゼン①) 52 推薦合計
国語1科|マイプレゼン②
算数1科|算数1科オンライン 72 一般合計
適性検査型
アドバンストチャレンジ</td><td colspan="2" rowspan="4">52 推薦合計
72 一般合計</td><td colspan="2" rowspan="4"></td></tr>
<tr><td>一般</td><td colspan="2">20</td><td colspan="2">②一般(インターアカ|ジェネアカ) 5|22</td></tr>
<tr><td>適性検査型(特待特進)</td><td colspan="2">20</td><td colspan="2">適性検査型(特待選考) 20</td></tr>
<tr><td>アドバンストチャレンジ</td><td colspan="2">20</td><td colspan="2">アドバンストチャレンジ 20</td></tr>
<tr><td rowspan="4">応募</td><td>推薦①|②マイプレ|③マイプレ</td><td>6/19/2 | 9 | 0</td><td>8/42/1 | 15 | 2</td><td>2/1/1 | 37</td><td>4/2/2 | 64</td><td>26 | 2</td><td>47 | 4</td><td>35 | 0</td><td>54 | 9</td><td></td><td></td><td></td><td></td></tr>
<tr><td>一般</td><td>85</td><td>59</td><td>18/2/7 | 95</td><td>18/5/3 | 90</td><td>124 | 2</td><td>102 | 3</td><td>58 | 7</td><td>103 | 9</td><td></td><td></td><td></td><td></td></tr>
<tr><td>適性検査型(特待特進)</td><td>46</td><td>50</td><td>71</td><td>95</td><td>68</td><td>96</td><td>123 | —</td><td>99 | —</td><td></td><td></td><td></td><td></td></tr>
<tr><td>アドバンストチャレンジ</td><td>74/34</td><td>35/44</td><td>68/50</td><td>68/88</td><td>72/53</td><td>40/67</td><td colspan="2">177
309</td><td></td><td></td><td></td><td></td></tr>
<tr><td rowspan="4">応募倍率</td><td>推薦①|②マイプレ|③マイプレ</td><td colspan="2">1.8 | 2.4 | 0.2</td><td colspan="2">2.4 | 2.4</td><td>1.5</td><td>推薦合計</td><td>1.9</td><td>推薦合計</td><td colspan="2">推薦合計</td><td></td><td></td></tr>
<tr><td>一般</td><td colspan="2">7.2</td><td colspan="2">10.6 | 8.4</td><td></td><td></td><td></td><td></td><td colspan="2"></td><td></td><td></td></tr>
<tr><td>適性検査型(特待特進)</td><td colspan="2">4.8</td><td colspan="2">8.3</td><td>8.7</td><td>一般合計</td><td>12.3</td><td>一般合計</td><td colspan="2">一般合計</td><td></td><td></td></tr>
<tr><td>アドバンストチャレンジ</td><td colspan="2">9.4</td><td colspan="2">13.7</td><td></td><td></td><td></td><td></td><td colspan="2"></td><td></td><td></td></tr>
<tr><td rowspan="4">受験</td><td>推薦①|②マイプレ|③マイプレ</td><td>6/19/2 | 2 | 0</td><td>8/41/1 | 10 | 1</td><td>2/1/1 | 36</td><td>3/2/2 | 64</td><td>26 | 2</td><td>47 | 4</td><td>35 | 0</td><td>53 | 9</td><td></td><td></td><td></td><td></td></tr>
<tr><td>一般</td><td>79</td><td>57</td><td>18/2/7 | 95</td><td>15/5/3 | 90</td><td>122 | 2</td><td>102 | 3</td><td>55 | 7</td><td>101 | 9</td><td></td><td></td><td></td><td></td></tr>
<tr><td>適性検査型(特待特進)</td><td>43</td><td>48</td><td>69</td><td>89</td><td>66</td><td>90</td><td>121 | —</td><td>95 | —</td><td></td><td></td><td></td><td></td></tr>
<tr><td>アドバンストチャレンジ</td><td>65/27</td><td>33/39</td><td>63/37</td><td>57/65</td><td>58/45</td><td>28/55</td><td colspan="2">160
238</td><td></td><td></td><td></td><td></td></tr>
<tr><td rowspan="4">合格</td><td>推薦①|②マイプレ|③マイプレ</td><td>5/18/2 | 1 | 0</td><td>8/37/1 | 9 | 1</td><td>2/1/1 | 24</td><td>1/2/2 | 49</td><td>18 | 2</td><td>30 | 4</td><td>13 | 0</td><td>33 | 6</td><td></td><td></td><td></td><td></td></tr>
<tr><td>一般</td><td>75</td><td>56</td><td>9/1/3 | 37</td><td>5/2/2 | 42</td><td>52 | 1</td><td>38 | 2</td><td>16 | 6</td><td>27 | 8</td><td></td><td></td><td></td><td></td></tr>
<tr><td>適性検査型(特待特進)</td><td>38(27)</td><td>43(33)</td><td>49(29)</td><td>62(38)</td><td>29</td><td>47</td><td>58 | —</td><td>35 | —</td><td></td><td></td><td></td><td></td></tr>
<tr><td>アドバンストチャレンジ</td><td>39(32)/10(8)</td><td>24(21)/20(13)</td><td>47(23)/13(2)</td><td>40(20)/27(11)</td><td>27/14</td><td>14/28</td><td colspan="2">64
29</td><td></td><td></td><td></td><td></td></tr>
<tr><td rowspan="4">実質倍率</td><td>推薦①|②マイプレ|③マイプレ</td><td>1.2/1.1/1.0 | 2.0 | -</td><td>1.0/1.1/1.0 | 1.1 | 1.0</td><td>1.0/1.0/1.0 | 1.5</td><td>3.0/1.0/1.0 | 1.3</td><td>1.4 | 1.0</td><td>1.6 | 1.0</td><td>2.7 | —</td><td>1.6 | 1.5</td><td></td><td></td><td></td><td></td></tr>
<tr><td>一般</td><td>1.1</td><td>1.0</td><td>2.0/2.0/2.3 | 2.6</td><td>3.0/2.5/1.5 | 2.1</td><td>2.3 | 2.0</td><td>2.7 | 1.5</td><td>3.4 | 1.2</td><td>3.7 | 1.1</td><td></td><td></td><td></td><td></td></tr>
<tr><td>適性検査型(特待特進)</td><td>1.1(1.6)</td><td>1.1(1.5)</td><td>1.4(2.4)</td><td>1.4(2.3)</td><td>2.3</td><td>1.9</td><td>2.1 | —</td><td>2.7 | —</td><td></td><td></td><td></td><td></td></tr>
<tr><td>アドバンストチャレンジ</td><td>1.7(2.0)/2.7(3.4)</td><td>1.4(1.6)/2.0(3.0)</td><td>1.3(2.7)/2.8(18.5)</td><td>1.4(2.9)/2.4(5.9)</td><td>2.1/3.2</td><td>2.0/2.0</td><td colspan="2">2.5
8.2</td><td></td><td></td><td></td><td></td></tr>
</table>

＊2019年適性（特進特待）・アドバンストチャレンジと2020年適性検査型・アドバンストチャレンジの（　）の数字は合格者数に含まれる特待生合格者の数とその実質倍率。
＊2019年①推薦は4教科／2教科／国語免除、アドバンストチャレンジは4教科／2教科。2020年①推薦（インターナショナルアカデミー）・②一般（インターナショナルアカデミー）は国算／国英／英算、アドバンストチャレンジは4教科／2教科。2021年アドバンストチャレンジは4教科／2教科。
＊2024年補欠発表・追加合格…いずれも詳細不明。

◉受験併願パターン

偏差値	1月前半	1月後半	2月1日	2月2日	2月3日	2月4日以降
52			かえつ有明１特待	日大豊山２		成蹊２
51					日大豊山４	
50				獨協３		
49		昭和学院アド	獨協		日大豊山３	
48		麗澤ＥＥ				

偏差値	1月前半	1月後半	2月1日	2月2日	2月3日	2月4日以降
50			普連土１日午前	三輪田学園２	三輪田学園３	
49		麗澤ＥＥ				跡見学園特４
48		昭和学院アド	三輪田学園午前			国府台女子学院２
47					日大第二２	
46	国府台女子学院推			宝仙学園２		

入試問題の傾向とポイント

算数
計算問題と一行問題で合わせて12問程度、大問2題程度の問題構成。大問を含め、幅広い分野から基本～標準レベルの問題である。オーソドックスな問題を押さえておけば十分合格点に到達するため、苦手分野を作らないように、各分野の基礎をしっかりと身につけておくこと。

国語
説明文と物語文がそれぞれ1題ずつと、雑問が出題された。説明文は言い換えや理由説明を通して筆者の主張の把握が求められ、物語文は人物の言動理由や表現技法について問われた。雑問は漢字の書き取りや四字熟語を含む。

理科
設問3～4題、生地物化からの出題。どの問題も単純な知識問題は少なく、設問で与えられる実験や現象を読み取って考え、自分の言葉で記述する必要のある問題が並んでいる。単なる知識の暗記では太刀打ちできないため、過去問演習を通して練習を重ねておきたい。

社会
大問3題構成。記述問題は2問出題。全体として基礎基本を問う問題が多い。記述問題もSDGsの具体的な取り組み例を説明させるなど、理解力に加えて表現力を求められる問いもある。歴史は特に写真などを含めた史料が非常に多く用いられているので、これらの史料を用いた学習が効果的。

昭和学院秀英中学校

しょうわがくいんしゅうえい

■学校長／田中尚子　■創立／昭和60年　■生徒数／534名（男252名、女282名）
■所在地／〒261-0014 千葉県千葉市美浜区若葉1-2
■ＴＥＬ／043-272-2481
■交通／幕張駅（JR総武線）徒歩15分。京成幕張駅（京成千葉線）徒歩15分。海浜幕張駅（JR京葉線）徒歩10分。

何学期制	週何日制	登校時刻	制服	給食	食堂 軽食販売	プール	寮	特待制度 奨学金等	帰国生 取出授業
3学期制	6日制	8:15	中高あり	なし	食堂なし 販売中高あり	屋内	なし	あり	なし

沿　革

1940年4月、伊藤友作により昭和学院が創立。以来、幼稚園、小学校、中学校、高等学校、短期大学および栄養専門学校が設立され、総合教育機関として発展。女子教育を中心に歴史を重ねてきたが、1983年、新たに千葉市幕張の地に共学の昭和学院秀英高等学校を設立。1985年に中学校が併設され、6年間の一貫教育体制が整った。1996年から現校名となる。

教育方針と特色

「明朗謙虚」「勤勉向上」を校訓とし、「知」・「徳」・「体」の高次元でのバランスのとれた人間づくりを目指す。基礎学習から目標達成を実現する充実した6年間を効率的なカリキュラムで学習。さらなる学力の向上をサポートする指導体制も整い、放課後や長期休暇などを利用した補習・講習が充実している。また、創立以来、作文教育、読書教育を実践。「自ら考える」習慣を身につけ、思考力・判断力・表現力を養っている。
健全な心身の育成と人間形成にも力を注ぎ「心」の成長は人との関わりが重要という考えから、特別活動、学校行事への積極的な参加や部活動を奨励。豊かな教養と情操を身につける芸術鑑賞教室や著名人による文化講演会なども実施されている。

◉系列校

小	中	高	大（短大）
○	○	○	○

◉併設の小学校はないため、内部進学生はなし

◉高校生外部募集………80名

（一部混合クラス）

◉授業時間…1コマ50分・週35時間

	1年	2年	3年	計
国　語	5	5	5	15
社　会	4	5	3	12
数　学	6	6	6	18
理　科	3	3	6	12
英　語	5	5	5	15
5教科計	23	24	25	72

参考　**高校1年生一週間の授業**

英語=5　数学=6　国語=5
理科=6　社会=2
※内進生の時程

進学・進路

◉卒業生進路状況

■進路選択状況（高3進級時）
データなし

■理系・文系進学状況
データなし

■共通テスト受験率
データなし

◉卒業までの流れ

小学校	中学校	高等学校	大学
昭和学院小学校	昭和学院秀英中学校	昭和学院秀英高等学校 (250)	

◉主な大学合格実績

大学名	'22	'23	'24	大学名	'22	'23	'24	大学名	'22	'23	'24	大学名	'22	'23	'24
東京大	3	8	6	千葉大	40	19	39	東京都立大	4			東京女子大	23	11	15
京都大	1		3	お茶の水女子大	1	4	3	横浜市立大	1	1		日本女子大	29	18	21
北海道大	5	4	5	東京外国語大	2	2	2	慶應義塾大	57	44	52	成蹊大	10	5	
東北大	6	11	3	電気通信大		1		早稲田大	81	61	69	成城大	3	9	
名古屋大		1	1	東京学芸大	2			上智大	51	39	54	明治学院大	14	17	
大阪大	1		1	東京農工大	3			東京理科大	117	100	111	國學院大		7	
九州大	2	3	1	東京芸術大	1	1		明治大	109	95	115	武蔵大		7	
東京工業大	9	5	10	東京医科歯科大	1	1	2	青山学院大	36	22	36	獨協大			
一橋大	9	5	11	東京海洋大	3			立教大	74	80	62	日本大	66	38	
筑波大	5	4	4	横浜国立大	4	1	5	中央大	48	39	46	東洋大	34	38	
茨城大		1		山梨大				法政大	65	47	72	駒澤大	14	14	
宇都宮大				金沢大	1	1		学習院大	14	11	20	専修大	3	8	
群馬大		1		信州大	1	2		国際基督教大		1	2	芝浦工業大		47	
埼玉大				国際教養大				津田塾大	5	4	3	東京都市大		2	

入試要項・入試情報

◉2024年度の入試要項(参考)

	午後特別(一般)	1回(一般)	2回(一般)
募集人員	男女30名	男女110名	男女20名
選抜方法	国・算	国・算・社・理	
出願関連期間	12/9〜1/15		12/9〜2/2
試験日程	1/20午後	1/22午前	2/3午前
合格発表	Web 1/21 12:00〜	Web 1/24 10:00〜	Web 2/3 19:00〜
入学手続	1/23 12:00まで	1/25 14:00まで	2/5 12:00まで

＊受験資格に「保護者のもとから通学できる者」とある。

面接 実施しない。

◉費用(参考)

受験料		25,000円
入学手続時	入学金	150,000円
	授業料	—
	その他	150,000円
入学手続後〜入学まで	授業料	—
	その他	224,147円
入学後1年	授業料	360,000円
	その他	334,522円
初年度納入金合計		1,218,669円
中学3年間費用計	約	2,567,869円

＊特別と1回の合格者は、所定期日までに入学金の一部10万円を納入したうえで、2月5日12時まで入学手続時納入金の残金(20万円)の延納可。

◉最近6年間の入試応募者推移と倍率

年度		2019 男	2019 女	2020 男	2020 女	2021 男	2021 女	2022 男	2022 女	2023 男	2023 女	2024 男	2024 女
募集	① 午後特別 ② ③	20 30 100 約10		午後特別 30 ① 110 ② 約20		30 110 約20		30 110 約20		30 110 約20		30 110 20	
応募	① 午後特別 ② ③	178 460 629 148	256 468 673 215	408 691 158	416 710 226	354 691 136	340 717 203	339 625 142	370 645 178	302 663 126	330 660 186	352 685 107	338 672 137
応募倍率	① 午後特別 ② ③	21.7 30.9 13.0 36.3		27.5 12.7 19.2		23.1 12.8 17.0		23.6 11.5 16.0		21.1 12.0 15.6		23.0 12.3 12.2	
受験	① 午後特別 ② ③	178 443 540 123	256 450 611 197	396 626 143	405 649 204	349 634 120	332 655 180	333 577 129	357 572 165	292 600 123	317 590 180	343 616 103	326 597 132
合格	① 午後特別 ② ③	6 94 169 8	15 59 181 4	88 173 12	49 154 24	75 176 10	53 169 19	62 220 28	71 180 32	80 204 13	67 189 7	87 200 17	66 184 13
実質倍率	① 午後特別 ② ③	29.7 4.7 3.2 15.4	17.1 7.6 3.4 49.3	4.5 3.6 11.9	8.3 4.2 8.5	4.7 3.6 12.0	6.3 3.9 9.5	5.4 2.6 4.6	5.0 3.2 5.2	3.7 2.9 9.5	4.7 3.1 25.7	3.9 3.1 6.1	4.9 3.2 10.2

＊2024年補欠発表・追加合格……いずれも詳細不明。

◉入試教科

②算数	50分	100点
①国語	50分	100点
④理科	40分	50点
③社会	40分	50点
合計	180分	300点

＊午後特別は国(40分・80点)+算(60分・120点)合計200点。実施順は算・国。

合格最高点	午後特別 179点 ①265点 ②199点
合格最低点	午後特別 133点 ①199点 ②159点

◉受験併願パターン

偏差値	1月前半	1月後半	2月1日	2月2日	2月3日	2月4日以降
62	東邦大東邦推薦		広尾学園			
60					東邦大東邦後	
59		昭和秀英	本郷			
58	栄東A10日			明大中野		明大中野2
55			芝浦工大	暁星	成城2	成城3

偏差値	1月前半	1月後半	2月1日	2月2日	2月3日	2月4日以降
64		東邦大東邦前	吉祥女子	白百合学園	両国高附属	
63	県立東葛飾					
62					昭和秀英2	頌栄女子学院2
61		昭和秀英	頌栄女子学院			
59				開智日本橋2		

入試問題の傾向とポイント

算数 一行問題が小設問数10問程度、大問3題の問題構成。前半は基本的な問題が多いので、確実に得点しておきたい。幅広い分野から出題されているが、図形問題の出題が多い。大問の中には途中式や考え方を書かせるものもあるので、日頃から丁寧に式を書くように心がけたい。

国語 漢字の書き取りと、説明文および物語文の読解2題構成。説明文は言い換えや具体例について、物語文は人物の心情説明や本文全体を踏まえた上で傍線部内容について問われる問題が出題された。読解の解答形式は選択肢、抜き出し、記述に偏りがない。

理科 大問3〜5題、生地物化からの出題。選択・計算・記述問題の出題が中心だが、作図問題、思考力が必要な問題、時事問題、難易度の高い計算問題が出題されることもある。過去問演習を通して、基本問題を確実に解き切る力と応用力が必要な問題への対策が必要。

社会 大問4題構成。今年は地形図の読み取りが出題された。例年通り地理では統計資料を活用する問題が出題されたので、日頃から統計に慣れ親しむことが重要。政治は時事的な話題を切り口とした出題が多い。記述問題は2問出題されており、要点を的確に説明できる力が求められている。

成蹊(せいけい)中学校

■学校長／仙田直人　■創立／明治45年　■生徒数／809名（男411名、女398名）
■所在地／〒180-8633 東京都武蔵野市吉祥寺北町3-10-13　■ＴＥＬ／0422-37-3818
■交通／吉祥寺駅（JR中央線、京王井の頭線）徒歩20分。同駅から関東バス「成蹊学園前」下車。
武蔵関駅（西武新宿線）徒歩20分。

何学期制	週何日制	登校時刻	制服	給食	食堂 軽食販売	プール	寮	特待制度 奨学金等	帰国生 取出授業
3学期制	6日制	8:10	中高あり	なし	食堂高校のみ 販売中高あり	屋外	なし	あり	あり

沿　革

中村春二が1906年に私塾「成蹊園」を開き、さらに1912年に、学校形式の成蹊実務学校を創設。成蹊中学校は1914年の開校。1947年に新制成蹊中学として発足。大学の開設は戦後のことであったため、伝統的に外部進学者が約70％を占める。特に4割ほどを占める理系の生徒はほぼ全員が外部進学で医歯薬系も多い。

教育方針と特色

個性と多様性を尊重する教育理念の下で活気にあふれた雰囲気の学校。とくに高校3年生では進学先に応じた19種類のコースが設定されており、医歯薬、芸術分野を含む多彩な進路が実現している。成蹊独自の留学制度や国際理解プログラムが充実しているのも大きな特徴で、短期留学では50年余りの歴史を持つオーストラリア・カウラ市の高校との交流やケンブリッジ大学との提携プログラムなどを実施。

中でもアメリカの名門校のうち2校（セントポールズ校、チョート・ローズマリー・ホール校）との相互交流には特筆すべきものがある。留学中の単位認定を認めるほか、授業料が半額になる制度や奨学金など経済的にも留学を後押ししている。また、希望者を対象とした英語漬けの生活体験『イングリッシュ・シャワープログラム』（中1）、『プレグローバルスタディーズプログラム』（中２）を行っている。生徒の知的好奇心を刺激する希望者参加型の企画も多く、「中3×大学ゼミ」や「成蹊スタートアップキャンプin 五島列島」等、新しい企画も多数ある。伝統に立脚した教育の蓄積と、大学までワンキャンパスにあるアカデミックな雰囲気は、他校にはない魅力。

◉系列校

小	中	高	大（短大）
○	○	○	○

◉小学校からの内進生…113名
◉高校生外部募集………80名
（高1から完全混合クラス）

◉授業時間…1コマ50分・週33時間

	1年	2年	3年	計
国　語	5	5	5	15
社　会	4	4	4	12
数　学	5	5	6	16
理　科	4	4	4	12
英　語	5	5	6	16
5教科計	23	23	25	71

参考　**高校1年生一週間の授業**

英語=6　数学=6　国語=6
理科=4　社会=4

進学・進路

◉卒業生進路状況

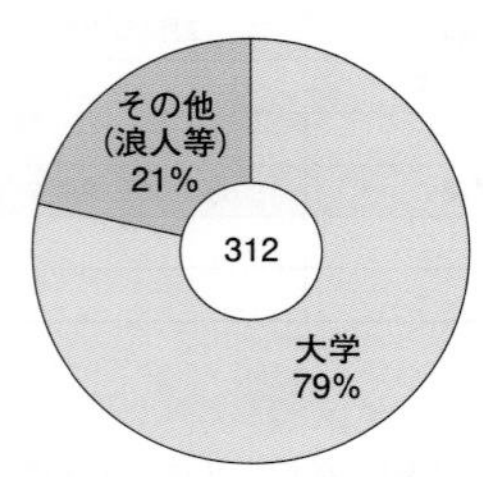

■進路選択状況（高３進級時）
データなし

■理系・文系進学状況
データなし

■共通テスト受験率
データなし

◉卒業までの流れ

小学校	中学校	高等学校	大学
成蹊小学校 ▶	成蹊中学校 ▶	成蹊高等学校（312） ▶	成蹊大学　86 （文15・法26・経済14・経営26・理工5）

◉主な大学合格実績

大学名	'22	'23	'24	大学名	'22	'23	'24	大学名	'22	'23	'24	大学名	'22	'23	'24
東京大	1	3	2	千葉大		3		東京都立大		1		東京女子大	1	2	2
京都大	1	2	1	お茶の水女子大				横浜市立大	1		1	日本女子大	1	4	3
北海道大	2	2	1	東京外国語大	1	1	1	慶應義塾大	24	28	17	成蹊大	-	-	-
東北大	1	2	1	電気通信大		1		早稲田大	41	21	26	成城大	5	4	1
名古屋大				東京学芸大	1	2		上智大	31	32	27	明治学院大	5	13	5
大阪大				東京農工大	1	2	1	東京理科大	12	13	22	國學院大	4	3	2
九州大				東京芸術大	1		2	明治大	26	32	27	武蔵大			1
東京工業大	2	1		東京医科歯科大				青山学院大	24	14	23	獨協大	4	1	3
一橋大		1	1	東京海洋大	1			立教大	29	29	26	日本大	20	19	17
筑波大	1		1	横浜国立大	1	1	2	中央大	22	24	27	東洋大	4	5	5
茨城大				山梨大	1	1		法政大	13	23	19	駒澤大	1		3
宇都宮大				金沢大				学習院大	7	7	5	専修大	3		3
群馬大				信州大		1		国際基督教大	3	6	8	芝浦工業大	5	8	
埼玉大				国際教養大	1		1	津田塾大	2			東京都市大	1	7	4

入試要項・入試情報

◉2024年度の入試要項(参考)

	1回	2回
募集人員	男子約45名・女子約45名	男子約20名・女子約20名
選抜方法	国・算・社・理＋成績通知表のコピー	
出願関連期間	12/20〜1/25	12/20〜2/3
試験日程	2/1	2/4
合格発表	掲示 2/2 15:00〜 Web 2/2 15:00〜	掲示 2/5 10:00〜 Web 2/4 21:00〜
入学手続	2/3 15:00まで	2/6 15:00まで

面接 実施する。

◉費用(参考)

受験料		30,000円
入学手続時	入学金	300,000円
	授業料	334,000円
	その他	107,300円
入学手続後〜入学まで	授業料	—
	その他	225,000円
入学後１年	授業料	334,000円
	その他	184,600円
初年度納入金合計		1,484,900円
中学３年間費用計 約		3,390,300円

＊1回・2回同時出願は2試験で5万円
＊入学辞退者は3月30日12時までに申し出れば(郵送は3月30日消印有効)、入学金を除く納付金(返還手数料差引)を返金。
＊女子は男子との制服代の差(2万5千円)を加えること。

◉最近6年間の入試応募者推移と倍率

年度		2019		2020		2021		2022		2023		2024	
		男	女	男	女	男	女	男	女	男	女	男	女
募集	①	約45	約40	約45	約40	約45	約40	約45	約40	約45	約45	約45	約45
	②	約25	約20	約25	約20	約25	約20	約25	約20	約20	約20	約20	約20
応募	①	197	162	206	153	221	147	236	170	186	173	164	123
	②	314	287	329	298	340	285	346	300	328	265	279	240
応募倍率	①	4.4	4.1	4.6	3.8	4.9	3.7	5.2	4.3	4.1	3.8	3.6	2.7
	②	12.6	14.4	13.2	14.9	13.6	14.3	13.8	15.0	16.4	13.3	14.0	12.0
受験	①	177	143	179	143	197	137	210	150	163	160	141	111
	②	195	193	190	181	190	169	199	193	185	161	158	144
合格	①	66	48	68	56	74	50	75	57	76	58	61	52
	②	49	39	57	37	53	36	45	34	33	45	56	46
実質倍率	①	2.7	3.0	2.6	2.6	2.7	2.7	2.8	2.6	2.1	2.8	2.3	2.1
	②	4.0	4.9	3.3	4.9	3.6	4.7	4.4	5.7	5.6	3.6	2.8	3.1

＊帰国生を含む。
＊2024年補欠発表(Web・掲示)…(国際学級)あり、(一般)なし。補欠合格(電話)…(国際学級)あり。追加合格(電話)…(一般)あり。

◉入試教科

②算数	50分	100点
①国語	50分	100点
④理科	30分	50点
③社会	30分	50点
合計	160分	300点

合格最高点	①男240 女251点 ②男255 女282点
合格最低点	①男180 女195点 ②男206 女215点

◉受験併願パターン

偏差値	1月前半	1月後半	2月1日	2月2日	2月3日	2月4日以降
52				国学院久我山２	成城学園２	成蹊２
50			成蹊	獨協３		
49	西武文理特待					
48			東京電機大２			佼成学園２特奨
46	開智所沢		京華特選午後		日大第二２	

偏差値	1月前半	1月後半	2月1日	2月2日	2月3日	2月4日以降
58			国学院久我山ＳＴ		法政大学２	成蹊２
57				富士見算数		
55	大宮開成		成蹊		成城学園２	
54						国学院久我山Ｓ３
51				東洋大京北３		

入試問題の傾向とポイント

算数 計算問題2問、一行問題6問、大問4題の問題構成。一行問題は典型題中心なので、確実に正解できるようにしたい。大問は、和や差、割合などの文章題が多く出題される。手がつけられないような問題はないが、やや問題文が長いことがあるので、しっかりと読む練習をしておきたい。

国語 物語文と説明文の読解2題と、漢字の書き取り5問の構成であった。物語文はたとえや人物の発言について説明する問題、説明文は「どういうことか」という内容説明を中心に問う問題が出題された。どちらも解答形式は記述が多くみられる。

理科 大問4題、生地物化からの出題。設問形式は、選択・計算・記述・作図と多岐にわたる。特に生物分野と地学分野では実際の写真が多く用いられるなど、身近な現象の観察や実験を絡めた問題が多く、思考力が必要である。幅広い視野を養い、過去問演習を多く重ねたい。

社会 例年同様、大問2題構成。記述問題は2〜3行の解答欄のものが毎年出題されており、全体に占める配点の割合が高い。いずれも本文や資料を参考にして具体的な解答文を導く思考力が問われており、過去問を使っての対策を徹底したい。

成城学園中学校
（せいじょうがくえん）

■学校長／中村雅浩　■創立／大正11年　■生徒数／729名（男346名、女383名）
■所在地／〒157-8511 東京都世田谷区成城6-1-20　■ＴＥＬ／03-3482-2104
■交通／成城学園前駅（小田急線）徒歩8分。成城学園前駅から成城学園正門まで徒歩4分。
成城学園正門から成城学園中学高等学校まで徒歩4分。※上記はおおよその所要時間です。

何学期制	週何日制	登校時刻	制服	給食	食堂 軽食販売	プール	寮	特待制度 奨学金等	帰国生 取出授業
3学期制	6日制	8:25	男子制服 女子私服	なし	食堂中高あり 販売中高あり	屋内・屋外	なし	なし	なし

沿　革

1917年に澤柳政太郎博士により創立された成城小学校に端を発する。これを母体に1922年に中学校、1926年に7年制高校が開校。その後、1927年に高等女学校および幼稚園を開設、一貫した教育体制が整う。戦後学制改革により、1947年、男女共学の中学校となり現在に至る。

教育方針と特色

学園創立以来の伝統をふまえ、「学習を通じての人間形成」を第一義におく。教育内容については、すべての生徒が大学教育を受けることを前提に、中高を通じて長期にわたる教育計画をたて、基礎的な学力の充実、定着を目指す。学習指導では、各教科ごとに独自に考案したプリント類を活用した授業に加え、調べ学習、発表、レポート、グループ学習などの様々な形態が採り入れられている。また鍛錬の場として、海の学校、山の学校、強歩大会など多くの校外活動にも力が注がれている。高2以降はコース制と選択科目の採用で、成城大学以外の大学進学にも対応するサポート体制が採られている。

◉系列校

小	中	高	大（短大）
○	○	○	○

◉小学校からの内進生…103名
◉高校生外部募集………61名
（完全混合クラス）

◉授業時間…1コマ50分・週34時間

	1年	2年	3年	計
国　語	5	5	5	15
社　会	3	4	4	11
数　学	5	4	5	14
理　科	4	4	4	12
英　語	6	6	6	18
5教科計	23	23	24	70

参考　高校1年生一週間の授業

英語=6　数学=5　国語=4
理科=4　社会=6

進学・進路

◉卒業生進路状況

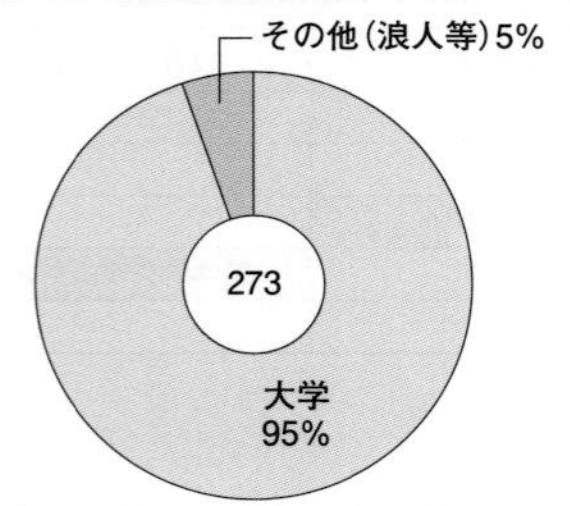

■進路選択状況（高3進級時）

データなし

■理系・文系進学状況

理系 8%　文系 88%

■共通テスト受験率

22%

◉卒業までの流れ

小学校	中学校	高等学校	大学
成城学園初等学校	成城学園中学校	成城学園高等学校（273）	成城大学　157（文芸40・法17・経済60・社会イノベーション40）

◉主な大学合格実績

大学名	'22	'23	'24	大学名	'22	'23	'24	大学名	'22	'23	'24	大学名	'22	'23	'24
東京大				千葉大				東京都立大				東京女子大	1		
京都大				お茶の水女子大				横浜市立大				日本女子大	1		
北海道大		1		東京外国語大	1			慶應義塾大	9	10	21	成蹊大	4	3	4
東北大				電気通信大			1	早稲田大	8	8	11	成城大	-	-	-
名古屋大				東京学芸大				上智大	13	20	14	明治学院大	2	1	7
大阪大				東京農工大				東京理科大		1	2	國學院大	4	1	1
九州大			1	東京芸術大			1	明治大	6	10	8	武蔵大	2	2	
東京工業大				東京医科歯科大				青山学院大	6	11	8	獨協大			
一橋大				東京海洋大				立教大	8	21	23	日本大	12	6	8
筑波大			3	横浜国立大		1		中央大	12	14	19	東洋大	3	2	1
茨城大				山梨大				法政大	8	11	6	駒澤大		2	
宇都宮大				金沢大				学習院大	4	7	8	専修大	1	2	
群馬大				信州大				国際基督教大	1	1		芝浦工業大		2	1
埼玉大				国際教養大				津田塾大				東京都市大	7		1

入試要項・入試情報

◉2024年度の入試要項（参考）

	1回	2回
募集人員	男女70名程度	男女50名程度
選抜方法	国・算・社・理＋通知表のコピー	
出願関連期間	12/20〜1/27	12/20〜2/2
試験日程	2/1	2/3
合格発表	Web 2/1 20:30〜	Web 2/3 20:30〜
入学手続	2/8 16:00まで	

面接 実施する。

◉費用（参考）

受験料		30,000円
入学手続時	入学金	250,000円
	授業料	—
	その他	—
入学手続後〜入学まで	授業料	—
	その他	110,000円
入学後１年	授業料	750,000円
	その他	416,000円
初年度納入金合計		1,526,000円
中学３年間費用計 約		3,998,000円

＊1回・2回同時出願の場合、受験料は4万円。
＊制服代等別途。

私立 共学校

◉最近6年間の入試応募者推移と倍率

年度		2019 男	2019 女	2020 男	2020 女	2021 男	2021 女	2022 男	2022 女	2023 男	2023 女	2024 男	2024 女
募集	①	約75		72		70		78		77		78	
	②	約45		42		41		47		55		55	
応募	①	234	246	223	240	215	246	195	236	233	258	182	255
	②	325	329	299	322	315	368	326	360	329	383	283	341
応募倍率	①	6.4		6.4		6.6		5.5		6.4		5.6	
	②	14.5		14.8		16.7		14.6		12.9		11.3	
受験	①	218	223	207	219	190	230	165	214	215	240	165	245
	②	212	225	192	222	210	261	197	249	208	260	192	236
合格	①	64	49	60	44	53	41	63	57	66	53	58	59
	②	26	30	32	30	27	28	28	32	41	37	46	43
実質倍率	①	3.4	4.6	3.5	5.0	3.6	5.6	2.6	3.8	3.3	4.5	2.8	4.2
	②	8.2	7.5	6.0	7.4	7.8	9.3	7.0	7.8	5.1	7.0	4.2	5.5

＊2024年補欠発表・追加合格…いずれもなし。

◉入試教科

②算数	50分	100点
①国語	50分	100点
④理科	25分	50点
③社会	25分	50点
合計	150分	300点

合格最高点	①男258 女255点 ②男234 女261点
合格最低点	①男218 女220点 ②男195 女208点

◉受験併願パターン

偏差値	1月前半	1月後半	2月1日	2月2日	2月3日	2月4日以降
54			獨協２午後			
52				日大豊山２	成城学園２	日本学園２
51			成城学園			
47			明治学院	目黒日大３		
46			駒込２		日大第二２	

偏差値	1月前半	1月後半	2月1日	2月2日	2月3日	2月4日以降
57			桐蔭学園午後			
56		専修大松戸		山脇学園B		
55					成城学園２	
54			成城学園			山脇学園C
52	青学ルーテル					

入試問題の傾向とポイント

算数 計算5問、一行問題10問、大問4題程度の問題構成。計算は工夫して解かないとミスにつながる問題が頻出。大問は標準レベルの問題が中心だが、設問数が多いので、しっかりと流れに乗ることが大切。また、大問は式や考え方を書かせるものも出題されるので、日頃から練習をしておくこと。

国語 漢字の書き取り8問と、説明文1題、物語文1題の構成。説明文は筆者の主張を踏まえた上で、一つの問いに解答する問題が出題された。物語文は細かな表現の違いについて問われる設問があった。解答形式は記述も選択肢もあったが、抜き出しが多くみられた。

理科 大問7〜8題、生地物化からの出題。各大問が2〜4個の小問で構成されていることが特徴。試験時間25分と短い中で、図の読み取りや記述問題もあり、慣れが必要。幅広い単元から出題されるため、基礎基本をしっかりと固めて、苦手分野を作らないようにしたい。

社会 大問2題構成。2問とも昨年同様に融合問題。時事問題をベースに作問された大問も見られるので、直近数年間の時事についての理解を深めたい。いずれも基礎基本を問う問題が中心。記号選択の割合が高い。記述問題は昨年同様に2問出題された。

西武学園文理中学校

せいぶがくえんぶんり

■学校長／マルケス・ペドロ　■創立／平成5年　■生徒数／316名（男206名、女110名）
■所在地／〒350-1336 埼玉県狭山市柏原新田311-1
■ＴＥＬ／04-2954-4080
■交通／新狭山駅（西武新宿線）からスクールバス。稲荷山公園駅、川越駅、鶴ヶ島駅、東飯能駅からもスクールバスあり。

何学期制	週何日制	登校時刻	制服	給食	食堂 軽食販売	プール	寮	特待制度 奨学金等	帰国生 取出授業
3学期制	5日制 土曜登校あり	8:35	中高あり	中学のみあり	食堂高校のみ 販売中高あり	なし	なし	あり	あり

沿　革

1974年、学校法人西武学園認可。西武学園医学技術専門学校を開設。1981年学校法人名を変更し、文理佐藤学園と改称。同年西武学園文理高等学校を開校。1993年、西武学園文理中学校が開校。2004年西武学園文理小学校が開校。

教育方針と特色

【育てるべき生徒像と特色】

「情報技術を活用して、グローバルな視点から新しい世界を創造出来る人、そして自ら課題を発見し、多様な仲間と協働しながら解決出来る人、ホスピタリティ精神をもって多様な人間と尊重し合いながら、日本の魅力を発信できる人」を育てたい生徒像に掲げている。令和5年4月に就任したマルケス新校長は生徒達に4つの能力を身につけてもらいたいと考えている。「1.社会生活や家庭生活に大きな影響を与えるAIやITを活用して新しい世界を創り出す力、2.自ら課題を発見し、その解決策を確かなデータとロジックをもって提案し、また仲間の意見に真摯に耳を傾け、クリティカルに考える力、3.多様な文化的な背景をもつ人々と交流し、学び合う力、アクセントを気にせず他言語で意見を主張し、日本の魅力を世界にアピールする力、4.身のまわりで生じた問題や悩みを、改善の好機としてポジティブに捉え、身体的に、精神的、社会的に健康な状態を持続出来る力」、これら4つの能力を身につけるために、「生徒中心型教育」「探究学習型教育」を実践する。そして、生徒が主体的に学ぶ場、正解のない問いに果敢にチャレンジしていく場を段階的に提供していくと共に、留学プログラムや海外インターンシッププログラムの増加を図り、生徒が日本の魅力を海外に向けて発信できることを実現する。そして、さまざまな国から留学生を招くことによって、学内で国際社会を体験できる環境作りも図っている。

◉系列校

小	中	高	大(短大)
○	○	○	○

◉小学校からの内進生…33名
◉高校募集内進含………380名
（完全混合クラス）

◉授業時間…1コマ50分・週33.5時間

	1年	2年	3年	計
国　語	4	4.5	3.5	12
社　会	3.4	3	4	10.4
数　学	4.5	4.5	4.5	13.5
理　科	3.5	4	4	11.5
英　語	4	4	5	13
5教科計	19.4	20	21	60.4

参考　高校1年生一週間の授業

英語=5　数学=4　国語=4
理科=4　社会=4
※普通科

進学・進路

◉卒業生進路状況

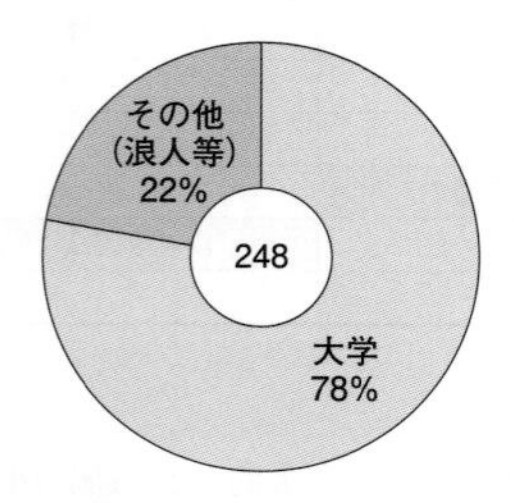

■進路選択状況（高3進級時）

理系 56%　文系 41%

■理系・文系進学状況

理系 51%　文系 49%

■共通テスト受験率

100%

◉卒業までの流れ

小学校	中学校	高等学校	大学
西武学園文理小学校	西武学園文理中学校	西武学園文理 高等学校（248）	西武文理大学　0

◉主な大学合格実績

大学名	'22	'23	'24	大学名	'22	'23	'24	大学名	'22	'23	'24	大学名	'22	'23	'24
東京大	1	1	1	千葉大	2		1	東京都立大		1		東京女子大	8	7	2
京都大				お茶の水女子大		2		横浜市立大		2		日本女子大	13	5	9
北海道大	2		1	東京外国語大	1	1	1	慶應義塾大	8	3	11	成蹊大	16	11	11
東北大	1	1	1	電気通信大		1		早稲田大	11	15	10	成城大	15	27	10
名古屋大			2	東京学芸大	1	3	1	上智大	13	14	10	明治学院大	12	8	5
大阪大		1		東京農工大		3	1	東京理科大	9	16	10	國學院大	6	8	3
九州大			1	東京芸術大		1	1	明治大	16	25	20	武蔵大	17	11	12
東京工業大	1			東京医科歯科大				青山学院大	15	14	10	獨協大	6	11	11
一橋大	1			東京海洋大				立教大	34	26	30	日本大	30	45	46
筑波大		1	1	横浜国立大	2			中央大	17	22	21	東洋大	43	36	51
茨城大	2		1	山梨大	1		1	法政大	21	36	28	駒澤大	6	6	5
宇都宮大				金沢大			2	学習院大	13	15	10	専修大	12	9	10
群馬大		2	1	信州大	1	3	2	国際基督教大	1	1		芝浦工業大	24	9	15
埼玉大	4		7	国際教養大		1		津田塾大	1	6	5	東京都市大	6	7	5

入試要項・入試情報

◉2024年度の入試要項（参考）

	1回	1回特待	2回	2回特待	適性検査型	英語4技能	3回
募集人員	男女35名	男女20名	男女20名	男女13名	男女20名	男女7名	男女10名
選抜方法	国・算または 国・算・社・理	国・算・社・理	国・算または 国・算・社・理	国・算・社・理	適性検査Ⅰ・Ⅱ	英語Ⅰ・Ⅱ・Ⅲ	国・算
出願関連期間	12/1～1/8		12/1～1/11				12/1～1/22
試験日程	1/10午前	1/10午後	1/12午前	1/13午前			1/23午前
合格発表	Web 1/11 10:00～		Web 1/13 10:00～	Web 1/15 10:00～	Web 1/17 10:00～	Web 1/15 10:00～	Web 1/24 10:00～
入学手続	1/12 23:59まで		1/14 23:59まで	1/16 23:59まで	1/18 23:59まで	1/16 23:59まで	1/25 23:59まで

＊出願資格に「入学後、保護者のもとから通学できる者」とある。

◉費用（参考）

受験料		20,000円
入学手続時	入学金	250,000円
	授業料	—
	その他	—
入学手続後～入学まで	授業料	—
	その他	157,294円
入学後１年	授業料	360,000円
	その他	904,000円
初年度納入金合計		1,671,294円
中学３年間費用計　約		3,644,794円

＊複数回出願の受験料は、2回目以降1回につき5千円を追加。
＊女子は男子との制服代・指定用品代の差（約3万3千円）を加えること。

私立 共学校

面接 実施する。

◉最近6年間の入試応募者推移と倍率

年度		2019 男	2019 女	2020 男	2020 女	2021 男	2021 女	2022 男	2022 女	2023 男	2023 女	2024 男	2024 女
募集	①(一貫｜特選) 特選特待 ②(一貫｜特選) ③(一貫｜特選) ④特選	55｜20 10 25｜10 5｜10 5		①一貫｜特選 50｜20 ②一貫｜特選 20｜10 ③一貫｜特選 5｜10 ④一貫｜特選5｜10		① 30 特待 10 ② 20 ③ 10		35 15 20 10		① 25 特待① 10 ② 10 ③ 5		35 20 20 10	
応募	①(一貫｜特選) 特選特待 ②(一貫｜特選) ③(一貫｜特選) ④特選	211｜164 107 81｜96 33｜57 29	261｜150 150 99｜109 29｜53 33	255｜181 97｜113 37｜75 19｜43	283｜211 111｜101 49｜44 30｜36	324 60 117 64	361 71 118 65	427 150 138 77	466 133 134 73	450 150 135 81	455 151 121 67	364/46 156 141/30 81	340/44 150 132/34 76
応募倍率	①(一貫｜特選) 特選特待 ②(一貫｜特選) ③(一貫｜特選) ④特選	8.6｜15.7 25.7 7.2｜20.5 12.4｜11.0 12.4		10.8｜19.6 10.4｜21.4 17.2｜11.9 9.8｜7.9		22.8 13.1 11.8 12.9		25.5 18.9 13.6 15.0		36.2 30.1 25.6 29.6		22.7 15.3 16.9 15.7	
受験	①(一貫｜特選) 特選特待 ②(一貫｜特選) ③(一貫｜特選) ④特選	208｜164 103 45｜73 9｜26 8	258｜146 147 52｜85 9｜32 11	252｜180 58｜76 11｜40 8｜19	281｜209 55｜56 18｜25 7｜19	678 120 143 51		−/− −/− −/− −/−	−/− −/− −/− −/−	−/− −/− −/− −/−	−/− −/− −/− −/−	356/45 151 76/19 28	332/44 144 96/25 37
合格	①(一貫｜特選) 特選特待 ②(一貫｜特選) ③(一貫｜特選) ④特選	177｜124 70 35｜56 6｜18 4	206｜114 92 42｜64 6｜21 7	235｜146 52｜65 9｜35 6｜10	268｜184 49｜48 12｜22 5｜13	227/78 31 43/17 14/9	269/72 36 46/24 17/6	258/127 105 55/40 31/12	241/170 96 42/37 32/14	351/60 78 38/19 31/11	357/67 79 40/19 24/9	344/37 97 66/12 24	324/35 74 86/17 32
実質倍率	①(一貫｜特選) 特選特待 ②(一貫｜特選) ③(一貫｜特選) ④特選	1.2｜1.3 1.5 1.3｜1.3 1.5｜1.4 2.0	1.3｜1.3 1.6 1.2｜1.3 1.5｜1.5 1.6	1.1｜1.2 1.1｜1.2 1.2｜1.1 1.3｜1.9	1.0｜1.1 1.1｜1.2 1.5｜1.1 1.4｜1.5	1.0 1.8 1.1 1.1		−/− −/− −/− −/−		−/− −/− −/− −/−	−/− −/− −/− −/−	1.0/1.2 1.6 1.2/1.6 1.2	1.0/1.3 1.9 1.1/1.5 1.2

＊帰国生を含む。
＊2022年思考力と2021年～2023年①・②・③・英語4技能・適性検査型はグローバル選抜／グローバル。2024年①・②は4教科／2教科。
＊2024年補欠発表・追加合格…いずれも詳細不明。

◉入試教科

②算数	50分	100点
①国語	50分	100点
③理科	あわせて60分	60点
③社会		60点
合計	160分	320点

＊適性検査型はⅠ・Ⅱ（各45分・各100点）合計200点。
＊英はⅠ（書く）（50分・80点）Ⅱ（聞く）（20分・60点）Ⅲ（話す）（10分・60点）合計200点。

合格最高点	非公表
合格最低点	非公表

◉受験併願パターン

偏差値	1月前半	1月後半	2月1日	2月2日	2月3日	2月4日以降
42			宝仙学園	佼成学園２		
41			聖徳学園プライマ	聖徳学園２ＰＭ		
40	城北埼玉２		武蔵野大２			東海大高輪台３
39	西武文理					
38		城西川越３		武蔵野大３		

偏差値	1月前半	1月後半	2月1日	2月2日	2月3日	2月4日以降
43			女子美大付			光塩女子学院３
41		西武文理３	文大杉並２	十文字４		
40	西武文理		日大豊山女子２科	女子聖学院３		
36					女子聖学院５	
35			京華女子午後	共立第二２ＰＭ		

入試問題の傾向とポイント

算数
計算問題5問程度、一行計算5問程度、大問3題の問題構成。標準レベルのオーソドックスな問題が大半を占めるので、基礎固めをしっかりすれば対応できる。大問では途中式や考え方を書かせるので、日頃から丁寧に素早く書く練習をしておくこと。

国語
説明文・物語文・雑問が1題ずつ出題された。説明文は比喩表現の意味や本文内容合致を通して筆者の主張を読み取ることが求められた。物語文は人物の心情変化や心情理由について問われた。記述はどちらにも1問ずつみられた。雑問は漢字の書き取りと四字熟語が問われた。

理科
例年大問4題、生地物化からの出題。選択・計算問題が中心だが、記述問題や身近な例を挙げる問題が出題される。日頃から身のまわりの科学現象に興味関心を持つこと。『四科のまとめ』などで基礎基本を固め、過去問演習で思考力の必要な記述問題への対応力をみがいていきたい。

社会
大問5題構成。記号選択の割合が高い。地理は例年同様、地形図の読み取りが出題された。記述問題は2問出題され、1問は自分の考えを述べるものが例年出題されている。過去問を使っての対策を徹底したい。

青稜（せいりょう）中学校

■学校長／青田泰明　■創立／昭和23年　■生徒数／553名（男300名、女253名）
■所在地／〒142-8550 東京都品川区二葉1-6-6　■ＴＥＬ／03-3782-1502
■交通／下神明駅（東急大井町線）徒歩1分。大井町駅（JR京浜東北線、東急大井町線、りんかい線）徒歩7分。西大井駅（JR横須賀線）徒歩10分。

何学期制	週何日制	登校時刻	制服	給食	食堂 軽食販売	プール	寮	特待制度 奨学金等	帰国生 取出授業
2学期制	6日制	8:20	中高あり	なし	食堂なし 販売中高あり	なし	なし	あり	あり

沿　革

1938年、青蘭商業女学校を設立。1947年、青蘭学院中学校・高等学校とした。1992年中学校募集を再開。1995年、現校名に変更し、男子を新たに募集して、共学校となった。

教育方針と特色

より良い教材・より良いコミュニケーションを追求することにより、適性に合わせた教育の実現を目標としている。強い意志、自己啓発の力、豊かな情操を持ち合わせた主体的な個の確立を目指している。進路指導では「個への対応」を基本姿勢に掲げ、6年間のロードマップを基に、勉強だけではなく生き方についてのアドバイスを行う。さらには自学自習の習慣を定着するための「Sラボ」、火曜日放課後を全校を挙げての「質問の日」（個別学習の日）を実施することで習熟度にばらつきをつくらないようにするなど、きめ細かい配慮をしている。外部宿泊施設を利用して中1から高2まで毎年校外研修・修学旅行を実施。また、英語教育においても中1から段階的なプログラムを用意、実施している。

◉系列校

小	中	高	大（短大）
	○	○	

◉併設小学校なし

◉高校生外部募集………130名

◉授業時間…1コマ45分・週37時間

	1年	2年	3年	計
国　語	6	6	6	18
社　会	4	4	4	12
数　学	5	5	5	15
理　科	4	4	4	12
英　語	9	8	8	25
5教科計	28	27	27	82

参考　高校1年生一週間の授業

英語=9　数学=7　国語=6
理科=4　社会=4

進学・進路

◉卒業生進路状況

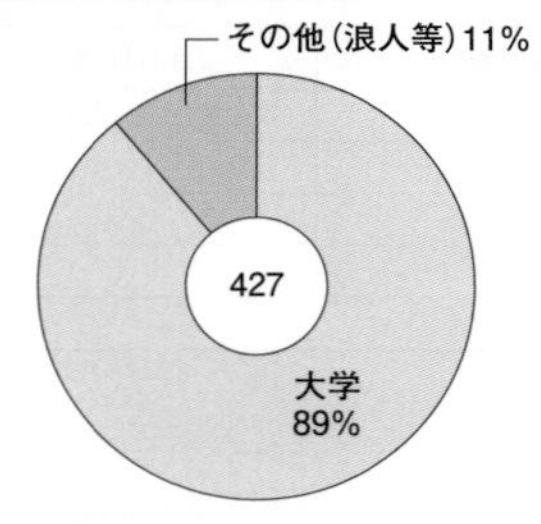

■進路選択状況（高３進級時）

データなし

■理系・文系進学状況

理系 43%　文系 57%

■共通テスト受験率

100%

◉卒業までの流れ

小学校	中学校	高等学校	大学
	青稜中学校	▶ 青稜高等学校（427）	

◉主な大学合格実績

大学名	'22	'23	'24	大学名	'22	'23	'24	大学名	'22	'23	'24	大学名	'22	'23	'24
東京大	1			千葉大		1		東京都立大	5	4	9	東京女子大	4	2	3
京都大				お茶の水女子大	3		5	横浜市立大	8	6	4	日本女子大	5	5	8
北海道大			8	東京外国語大	1	1	1	慶應義塾大	29	12	18	成蹊大	6	12	12
東北大			1	電気通信大	2	4	2	早稲田大	36	35	36	成城大	17	13	22
名古屋大				東京学芸大	3	1	2	上智大	16	23	20	明治学院大	27	22	65
大阪大	1	1		東京農工大	1	4	4	東京理科大	35	32	33	國學院大	20	10	16
九州大	1		2	東京芸術大	1			明治大	75	72	93	武蔵大	1	2	10
東京工業大	3	1	2	東京医科歯科大			1	青山学院大	43	48	51	獨協大	7		4
一橋大				東京海洋大	2			立教大	36	41	54	日本大	78	60	60
筑波大	1	1		横浜国立大	6	3	6	中央大	46	35	65	東洋大	38	18	69
茨城大	2			山梨大				法政大	52	52	77	駒澤大	15	20	28
宇都宮大	1			金沢大			3	学習院大	12	10	24	専修大	17	21	41
群馬大	1			信州大			1	国際基督教大			1	芝浦工業大	31	24	45
埼玉大	2	2	2	国際教養大	1	1	1	津田塾大	5	3	7	東京都市大	30	23	35

入試要項・入試情報

◉2024年度の入試要項(参考)

	1回A	1回B	2回A	2回B
募集人員	男女50名	男女50名	男女40名	男女40名
選抜方法	国・算または国・算・社・理			
出願関連期間	1/10〜1/31		1/10〜2/1	
試験日程	2/1午前	2/1午後	2/2午前	2/2午後
合格発表	掲示 2/1 17:00〜 Web 2/1 17:00〜	掲示 2/2 9:00〜 Web 2/1 22:30〜	掲示 2/2 17:00〜 Web 2/2 17:00〜	掲示 2/3 9:00〜 Web 2/2 22:00〜
入学手続	2/10 15:00まで			

面接 実施する。

◉費用(参考)

受験料		20,000円
入学手続時	入学金	200,000円
	授業料	—
	その他	—
入学手続後〜入学まで	授業料	—
	その他	—
入学後1年	授業料	498,000円
	その他	623,700円
初年度納入金合計		1,321,700円
中学3年間費用計 約		3,370,100円

＊複数回出願の受験料は、2回分まで2万円、以降1回につき5千円を追加。
＊入学手続時納入金は、延納願を提出で、2月15日15時まで延納可。
＊制服代・学用品等別途。

私立 共学校

◉最近6年間の入試応募者推移と倍率

年度		2019男	2019女	2020男	2020女	2021男	2021女	2022男	2022女	2023男	2023女	2024男	2024女
募集	①A	50		50		50		50		50		50	
	①B	60		60		50		50		50		50	
	②A	40		40		40		40		40		40	
	②B	50		50		40		40		40		40	
応募	①A	215	124	203	111	185/41	124/27	196/21	173/14	158/19	153/14	115/11	128/14
	①B	423/55	136/37	382/49	161/19	344/43	182/35	330/23	196/25	286/21	226/20	191/14	144/22
	②A	281/50	155/46	225/47	157/46	260/45	233/37	299/22	282/42	247/34	271/33	183/18	215/21
	②B	481/63	159/37	380/65	138/35	438/60	201/47	415/37	251/36	377/32	251/31	245/33	195/25
応募倍率	①A	6.8		6.3		7.5		8.1		6.9		5.4	
	①B	10.9		10.2		12.1		11.5		11.1		7.4	
	②A	13.3		11.9		14.4		16.1		14.6		10.9	
	②B	14.8		12.4		14.9		18.5		17.3		12.5	
受験	①A	192	114	187	98	161/40	114/25	167/20	149/12	139/19	135/11	107/9	119/10
	①B	378/47	119/35	345/36	147/17	313/38	163/33	289/19	165/22	254/19	195/18	172/13	119/19
	②A	184/30	109/32	141/29	99/30	164/32	149/32	194/14	188/29	174/26	179/26	108/14	143/11
	②B	273/41	102/29	200/48	76/24	245/39	109/31	229/27	143/25	205/18	143/23	139/21	118/19
合格	①A	55	33	55	41	48/3	43/2	41/2	57/1	41/2	51/1	36/3	37/1
	①B	125/5	35/4	110/7	51/3	97/3	38/2	79/3	58/3	84/3	57/1	63/2	43/3
	②A	31/1	20/2	21/1	34/7	22/1	41/0	32/1	46/5	31/0	42/4	29/1	60/0
	②B	56/6	22/7	63/7	19/4	54/4	30/2	57/2	35/3	51/7	36/3	48/4	39/3
実質倍率	①A	3.5	3.5	3.4	2.4	3.4/13.3	2.7/12.5	4.0/10.0	2.6/12.0	3.4/9.5	2.6/11.0	3.0/3.0	3.2/10.0
	①B	3.0/9.4	3.4/8.8	3.1/5.1	2.9/5.7	3.2/12.7	4.3/16.5	3.7/6.3	2.8/7.3	3.0/6.3	3.4/18.0	2.7/6.5	2.8/6.3
	②A	5.9/30.0	5.5/16.0	6.7/29.0	2.9/4.3	7.5/32.0	3.6/−	6.1/14.0	4.1/5.8	5.6/−	4.3/6.5	3.7/14.0	2.4/−
	②B	4.9/6.8	4.6/4.1	3.2/6.9	4.0/6.0	4.5/9.8	3.6/15.5	4.0/13.5	4.1/8.3	4.0/2.6	4.0/7.7	2.9/5.3	3.0/6.3

＊帰国生を含む。
＊2019年〜2020年①B・②A・②Bは4教科／2教科。2021年〜2024年①A・①B・②A・②Bは4教科／2教科。
＊2024年補欠発表…なし。追加合格(電話) … (1回A)男4名、女2名、(1回B)男1名、女2名、(2回A)男2名、女2名、(2回B)男3名、女10名。

◉入試教科

4教科/2教科

②算数	50分/50分	100点/100点
①国語	50分/50分	100点/100点
③理科	あわせて60分	60点/
③社会		60点/
合計	160分/100分	320点/200点

合格最高点	①A 男230/138 女216/126点 B 男252/154 女227/141点 ②A 男250/156 女248/170点 B 男267/171 女261/169点
合格最低点	①A 163/110点 B 171/117点 ②A 187/130点 B 201/149点

＊合格最低点は男女合算。

◉受験併願パターン

偏差値	1月前半	1月後半	2月1日	2月2日	2月3日	2月4日以降
55	逗子開成帰					
54	東京都市大付帰Ⅰ					桐蔭学園3
53				青稜2A		
52			青稜1A		かえつ有明3特待	
48			順天B			

偏差値	1月前半	1月後半	2月1日	2月2日	2月3日	2月4日以降
57						開智日本橋4
56		専修大松戸				
55	大宮開成			青稜2A		
54			青稜1A			田園調布学園3
53					東京女学館4	

入試問題の傾向とポイント

算数 計算問題5問、一行問題10問、大問2題で、総設問数20問の問題構成。基本から標準レベルの問題が中心なので、各分野の典型問題を中心に基本事項をしっかりと固めておけば十分に対処できる。計算がやや複雑なので、計算力の強化のために速さと正確さを意識して問題に取り組みたい。

国語 随筆文と説明文が1題ずつと、雑問が2題の構成。随筆文は比喩表現や文章構成、また文学史について問われた。説明文は傍線部内容が図式化され、その空欄を埋める問題が出題された。雑問は熟語の組み立てと漢字の読み書きを含む。

理科 設問4題、生地物化からの出題。出題形式は選択・計算・記述・作図と多岐にわたる。基本的な知識と、それを使って考察する力とがバランスよく試される。また、やや高度な理科の知識も問われている。初見の題材も、学習してきたことに結びつけ、情報を整理する練習をしておきたい。

社会 大問4題構成で、小問は地理・歴史・政治各分野がバランスよく問われ、計30問だった。記号選択が多く、記述問題は出題されていない。地理は昨年同様に地図中にある誤った地名を正す問題が出題された。過去問で形式に慣れるとともに、ふだんから地名の習得に力を入れた学習を心がけたい。

専修大学松戸中学校

■学校長／五味光　■創立／平成12年　■生徒数／485名（男285名、女200名）
■所在地／〒271-8585 千葉県松戸市上本郷2-3621　■ＴＥＬ／047-362-9102
■交通／北松戸駅（JR常磐線）徒歩10分。松戸新田駅（新京成線）徒歩15分。

何学期制	週何日制	登校時刻	制服	給食	食堂 軽食販売	プール	寮	特待制度 奨学金等	帰国生 取出授業
3学期制	6日制	8:10	中高あり	なし	食堂高校のみ 販売中高あり	なし	なし	あり	なし

沿　革

2000年4月開校。専修大学松戸高等学校の敷地内に設立され、高校との一貫教育を行う。同校は1959年4月、故川島正次郎専修大学総長が地域社会の強い要望を受けて設立し、長い歴史を誇る専修大学の伝統を受け継いでいる。

教育方針と特色

「報恩奉仕」「質実剛健」「誠実力行」を建学の精神に「社会に貢献できる知性豊かな人材の育成」をめざして中高一貫６年間の教育を行う。５教科を重視し中高一貫教育のメリットを活かした効果的な先取り学習を展開。長期的な視野で進路を見つめ難関大学への道を切り開く親身な指導を実践する。年間を通じさまざまな行事、体験学習が準備されている。３年間最大の行事はアメリカ・ネブラスカ州への全員参加の修学旅行。現地サマースクール参加、姉妹校との交流やアメリカの歴史・文化に触れる活動など一般的な語学研修に留まらないオリジナルプログラムで、国際理解教育にも力を入れている。

◉系列校

小	中	高	大（短大）
	○	○	○

◉併設小学校なし

◉高校生外部募集………256名

（完全別クラス）

◉授業時間…1コマ45分・週35時間

	1年	2年	3年	計
国　語	5	5	5	15
社　会	4	4	5	13
数　学	5	5	6	16
理　科	5	5	4	14
英　語	7	7	7	21
5教科計	26	26	27	79

参考　高校1年生一週間の授業

英語=7　数学=6　国語=5
理科=6　社会=4

進学・進路

◉卒業生進路状況

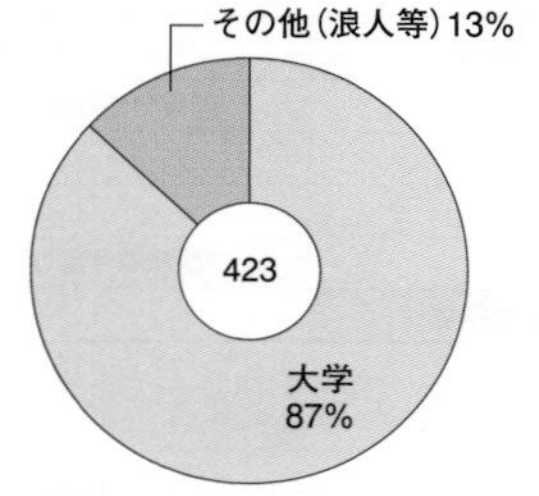

■進路選択状況（高３進級時）
データなし

■理系・文系進学状況
データなし

■共通テスト受験率
データなし

◉卒業までの流れ

小学校	中学校	高等学校	大学
	専修大学松戸中学校 ▶	専修大学松戸高等学校（423） ▶	専修大学　47 （法18・文1・経済1・経営5・商16・人間科学2・ネットワーク情報3・国際1）

◉主な大学合格実績

大学名	'22	'23	'24	大学名	'22	'23	'24	大学名	'22	'23	'24	大学名	'22	'23	'24
東京大		1	1	千葉大	12	14	19	東京都立大	2		1	東京女子大	14	16	11
京都大	1		1	お茶の水女子大			1	横浜市立大				日本女子大	13	12	8
北海道大	1	3	5	東京外国語大	1	1	1	慶應義塾大	15	9	16	成蹊大	20	21	16
東北大	1	1	1	電気通信大		3	1	早稲田大	41	31	33	成城大	19	24	23
名古屋大	1			東京学芸大	3		2	上智大	25	20	32	明治学院大	25	33	16
大阪大		1		東京農工大	2	2		東京理科大	56	51	42	國學院大	14	10	23
九州大	1			東京芸術大				明治大	89	69	71	武蔵大	2	8	21
東京工業大	3			東京医科歯科大				青山学院大	22	34	26	獨協大	15	18	15
一橋大	1			東京海洋大			1	立教大	46	57	76	日本大	71	142	72
筑波大	7	5	9	横浜国立大	3			中央大	48	47	45	東洋大	56	65	80
茨城大	5	4		山梨大				法政大	74	70	75	駒澤大	10	10	19
宇都宮大				金沢大		1		学習院大	22	18	33	専修大	-	-	-
群馬大				信州大	1			国際基督教大	2	1	1	芝浦工業大	41	32	19
埼玉大	2	3	1	国際教養大				津田塾大	6	3	6	東京都市大	10	4	5

入試要項・入試情報

◉2024年度の入試要項(参考)

	1回	2回	3回
募集人員	男女100名	男女30名 (帰国生枠若干名含)	男女20名
選抜方法	国・算・社・理		
出願関連期間	12/17〜1/19	12/17〜1/25	12/17〜2/2
試験日程	1/20	1/26	2/3
合格発表	掲示 1/21 10:00〜 Web 1/21 10:00〜	掲示 1/27 10:00〜 Web 1/27 10:00〜	掲示 2/4 9:00〜 Web 2/3 21:00〜
入学手続	1/22 16:00まで	1/28 16:00まで	2/5 16:00まで

＊2024年入学説明会は2月10日(土)と2月24日(土)に実施。保護者同伴で2回とも必ず出席し、欠席の場合は入学辞退と判断する。

面接 実施する。

◉費用(参考)

受験料		25,000円
入学手続時	入学金	360,000円
	授業料	—
	その他	—
入学手続後〜入学まで	授業料	—
	その他	145,660円
入学後１年	授業料	384,000円
	その他	588,000円
初年度納入金合計		1,477,660円
中学３年間費用計 約		3,421,660円

＊複数回同時出願の受験料は、3万5千円。
＊初回で合格し入学手続きした場合、未受験分の受験料との差額1万円を返金。
＊1回・2回の合格者は、入学手続時納入金のうち5万円を納入したうえで、2月3日16時まで残金(31万円)の延納可。

◉最近6年間の入試応募者推移と倍率

年度		2019 男	2019 女	2020 男	2020 女	2021 男	2021 女	2022 男	2022 女	2023 男	2023 女	2024 男	2024 女
募集	①	100		100		100		100		100		100	
	②	30		30		30		30		30		30	
	③	20		20		20		20		20		20	
応募	①	837	624	881	589	884	571	947	625	962	601	911	555
	②	565	406	625	437	582	402	613	398	618	431	622	406
	③	355	270	360	278	338	261	402	263	380	264	396	251
応募倍率	①	14.6		14.7		14.6		15.7		15.6		14.7	
	②	32.4		35.4		32.8		33.7		35.0		34.3	
	③	31.3		31.9		30.0		33.3		32.2		32.4	
受験	①	814	605	848	577	862	554	909	600	933	587	877	536
	②	371	258	419	300	363	250	361	240	401	271	354	250
	③	132	98	117	89	96	87	127	83	113	77	103	70
合格	①	353	270	355	251	385	235	400	260	373	236	389	227
	②	75	63	87	73	82	60	88	53	80	46	82	48
	③	9	11	10	11	22	17	15	6	26	23	28	13
実質倍率	①	2.3	2.2	2.4	2.3	2.2	2.4	2.3	2.3	2.5	2.5	2.3	2.4
	②	4.9	4.1	4.8	4.1	4.4	4.2	4.1	4.5	5.0	5.9	4.3	5.2
	③	14.7	8.9	11.7	8.1	4.4	5.1	8.5	13.8	4.3	3.3	3.7	5.4

＊帰国生を含む。
＊2024年補欠発表(電話)…あり。補欠合格…詳細不明。追加合格(電話)…(3回)男女計13名。

◉入試教科

②算数	50分	100点
①国語	50分	100点
④理科	30分	50点
③社会	30分	50点
合計	160分	300点

合格最高点	①268点 ②254点 ③221点
合格最低点	①201点 ②193点 ③190点

◉受験併願パターン

偏差値	1月前半	1月後半	2月1日	2月2日	2月3日	2月4日以降
57	千葉市立稲毛国際		広尾小石川	開智日本橋２	法政大学２	法政第二２
56				立教池袋		
55			芝浦工大		成城２	
54		専修大松戸				
53	開智１回					

偏差値	1月前半	1月後半	2月1日	2月2日	2月3日	2月4日以降
59			香蘭女学校	開智日本橋２		
57			開智日本橋			
56		専修大松戸		大妻２	大妻３	
54	江戸川取手難					山脇学園Ｃ
52	青学ルーテル	国府台女子学院	三輪田学園午後	共立女子２日		

入試問題の傾向とポイント

算数　計算問題4問、一行問題5問、大問5題の問題構成。幅広い分野から出題されているが、前半は基本的な問題も多くみられるので確実に得点しておきたい。また、大問では図形の移動がよく出題されている。問題文をよく読めば、条件は複雑でないものが多いので、確実に得点を重ねたい。

国語　漢字の読み書き10問と、物語文・説明文の読解2題が出題された。物語文は人物の心情や表現だけでなく、対義語や言葉の意味、熟語の組み立てなどが、説明文は脱文補充や言い換えを通して、筆者の主張や文章内容の理解が問われた。解答形式は長めの選択肢のほか、抜き出し、記述もある。

理科　大問5題、生地物化からの出題で、大問1は小問集合である。おもな設問形式は選択・計算問題となっており、記述問題や作図問題も1〜2題程度出題される。典型問題が多いので基礎基本を確実に固めたい。小問集合では時事問題が含まれることが多いので、対策を忘れずに。

社会　大問5題構成で記号選択が過半数を占める。例年、地形図の読み取りは必ず出題されるので、対策は必須。都道府県ごとの統計資料の読み取りなどもよく出されるため、『予習シリーズ』などで都道府県ごとの特色を確実に理解しておきたい。地理・歴史・政治の問われる内容は基本的な事項が大半。

創価（そうか）中学校

■学校長／高柳喜人　■創立／昭和43年　■生徒数／625名（男308名、女317名）
■所在地／〒187-0032 東京都小平市小川町1-860
■ＴＥＬ／042-341-2611
■交通／鷹の台駅（西武国分寺線）徒歩10分。

何学期制	週何日制	登校時刻	制服	給食	食堂 軽食販売	プール	寮	特待制度 奨学金等	帰国生 取出授業
3学期制	5日制 月2土休	8:45	中高あり	中高あり	食堂条件付 販売なし	屋外	中高あり 男子のみ	あり	なし

沿　革

当初は中高一貫の男子校としてスタートしたが、その後、関西の女子校、札幌幼稚園、東京、関西の小学校が順次設立。1982年には中学・高校共に男女共学へと移行し、一貫教育の体制が整えられた。

教育方針と特色

世界の平和と文化の興隆に貢献する人材を育成することを目的として、1968年4月に開校した。

「健康な英才主義」「人間性豊かな実力主義」を掲げ、「英知・栄光・情熱」、「健康・良識・希望」をモットーとし、社会の各分野で活躍する卒業生を送りだしている。授業では「誰も置き去りにしない」を目標に全ての授業で対話を中心とした学び合いを行い、友達と協力して課題を解決する力を磨いている。また語学教育では、ラウンド学習を取り入れ、外国人との生のコミュニケーションの体験などを通して、英検二級・準二級に多数の合格者を出すなど成果をあげている。高校では、推薦入学制度による進学のほか、国公立大への進学希望者のための授業も設けられている。

◉系列校

小	中	高	大(短大)
○	○	○	○

◉小学校からの内進生…約100名
◉高校生外部募集………約135名
（完全混合クラス）

◉授業時間…1コマ50分・週30時間

	1年	2年	3年	計
国　語	4	4	4	12
社　会	3	3	4	10
数　学	4	4	4	12
理　科	3	4	4	11
英　語	5	5	5	15
5教科計	19	20	21	60

参考　高校1年生一週間の授業

英語=5　数学=5　国語=5
理科=4　社会=4

進学・進路

◉卒業生進路状況

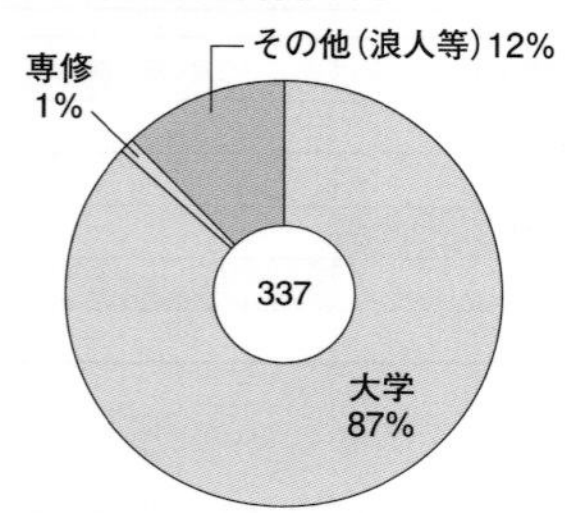

■進路選択状況（高３進級時）
データなし

■理系・文系進学状況
データなし

■共通テスト受験率
データなし

◉卒業までの流れ

小学校	中学校	高等学校	大学
東京創価小学校 ▶	創価中学校 ▶	創価高等学校（337） ▶	創価大学　202 創価女子短期大学　1など

◉主な大学合格実績

大学名	'22	'23	'24	大学名	'22	'23	'24	大学名	'22	'23	'24	大学名	'22	'23	'24
東京大		2	2	千葉大	2	3		東京都立大	2	1	3	東京女子大			
京都大				お茶の水女子大			1	横浜市立大				日本女子大		1	6
北海道大		2	1	東京外国語大		2	1	慶應義塾大	5	14	11	成蹊大		1	
東北大			1	電気通信大	1	1	1	早稲田大	9	11	10	成城大		1	
名古屋大		1		東京学芸大	1		1	上智大	2	4	4	明治学院大		3	1
大阪大				東京農工大				東京理科大	9	8	12	國學院大			
九州大	1		1	東京芸術大			1	明治大	10	14	11	武蔵大		1	
東京工業大	1		1	東京医科歯科大				青山学院大	5	5	3	獨協大		1	
一橋大				東京海洋大				立教大	4	11	10	日本大	3	5	6
筑波大	4	2		横浜国立大	1	1		中央大	9	12	9	東洋大	3	3	4
茨城大				山梨大		3		法政大	2	8	5	駒澤大	3		
宇都宮大				金沢大	1			学習院大	1	8	2	専修大			
群馬大				信州大			1	国際基督教大				芝浦工業大	1	2	7
埼玉大	3		3	国際教養大				津田塾大			2	東京都市大	1	2	2

入試要項・入試情報

◉2024年度の入試要項（参考）

	2/1入試	プレゼン型
募集人員	男女約100名	男女約10名
選抜方法	国･算･社･理または国･算･英＋面接･通知表の画像データ	作文･プレゼン＋通知表の画像データ
出願関連期間	12/20～1/23	
試験日程	2/1	2/3
合格発表	Web 2/2 16:00～	Web 2/4 17:00～
入学手続	2/10まで	

＊出願資格に「自宅からの通学可能者に限ります。自宅とは、父母宅です。但し男子の場合、通学できない生徒のために、寮の施設があります。」とある。
＊2/1入試は創価高等学校、プレゼン型入試は本校で実施。

面接 実施する。

◉費用（参考）

受験料		18,000円
入学手続時	入学金	240,000円
	授業料	—
	その他	120,000円
入学手続後～入学まで	授業料	—
	その他	95,000円
入学後１年	授業料	465,600円
	その他	191,600円
初年度納入金合計		1,112,200円
中学３年間費用計	約	2,403,000円

＊女子は男子との制服代の差（約5万4千円）を加えること。
＊教材費・修学旅行費等別途。

◉最近6年間の入試応募者推移と倍率

年度	2019		2020		2021		2022		2023		2024	
	男	女	男	女	男	女	男	女	男	女	男	女
募集	約110		約110		約110		約110		約110		2/1 プレゼン型	約100 約10
応募	170	189	160	161	151	133	133	139	119	103	69/6 41	109/5 65
応募倍率	3.3		2.9		2.6		2.5		2.0		1.9 10.6	
受験	167	188	157	160	149	132	131	138	119	102	68/6 21	108/5 42
合格	54	62	53	59	62	55	54	64	66	52	47 3	53 15
実質倍率	3.1	3.0	3.0	2.7	2.4	2.4	2.4	2.2	1.8	2.0	1.6 7.0	2.1 2.8

＊2024年2/1は4教科／国算英。
＊2024年補欠発表…詳細不明。補欠合格・追加合格…いずれもなし。

◉入試教科

②算数	45分	100点
①国語	45分	100点
③理科	あわせて45分	50点
③社会		50点
合計	135分	300点

合格最高点	非公表
合格最低点	非公表

◉受験併願パターン

偏差値	1月前半	1月後半	2月1日	2月2日	2月3日	2月4日以降
46				八王子２午後東大		多摩大目黒５特待
45			創価			
44						穎明館４
41				京華２		
38						郁文館総合４

偏差値	1月前半	1月後半	2月1日	2月2日	2月3日	2月4日以降
49		麗澤ＥＥ		昭和女子大附Ｂ	実践女子学園５	
48	西武文理選抜	千葉日大第一		実践女子学園４		
47		麗澤２ＥＥ	東京電機大２		日大第二２	
46			創価	明治学院２		
45	浦和実業２特待後					

入試問題の傾向とポイント

算数　計算問題5問、一行問題5問程度、大問3題の問題構成。前半は標準的な問題が並ぶが、後半の大問は規則性や立体図形の問題など、やや思考力を要する問題が頻出。時間配分に注意しつつ、できる問題を優先的に解き進めることが重要。問題演習をくり返し、問題レベルを見極める力を養いたい。

国語　説明文と読解2題構成。説明文は読書の効用とネット時代における情報摂取のあり方についての文章で、傍線部理由や内容比較について問われた。物語文は空欄補充や人物の心情説明のほか、傍線部について心情変化やそのきっかけを踏まえた上で言動理由を100字以内で記述する設問があった。

理科　大問3～4題、生地物化からの出題。選択・計算・記述が主な設問形式である。典型的な問題が並んでいるが、どの大問も実験や観察の結果をもとに考察していく流れとなっている。基礎基本を固めた上で過去問演習を通して出題形式に慣れ、思考力や記述力を養いたい。

社会　大問3題構成。地理は地図を用いた問題がよく出題されている。記述問題は計4問出題された。特に大問4では資料を読み解いたうえで、長文で自分の考えを答えさせるものだった。例年資料が多用されているので、ふだんから頻繁にふれる学習を心がけたい。

多摩大学附属聖ヶ丘中学校

■学校長／石飛一吉　■創立／平成3年　■生徒数／378名（男232名、女146名）
■所在地／〒206-0022 東京都多摩市聖ヶ丘4-1-1　■ＴＥＬ／042-372-9393
■交通／聖蹟桜ヶ丘駅（京王線）からバス「多摩大学」下車。京王永山駅（京王相模原線）からバス「多摩大学」下車。小田急永山駅（小田急多摩線）からバス「多摩大学」下車。聖蹟桜ヶ丘駅、永山駅からスクールバスあり。

何学期制	週何日制	登校時刻	制服	給食	食堂 軽食販売	プール	寮	特待制度 奨学金等	帰国生 取出授業
3学期制	6日制	8:20	中高あり	なし	食堂中高あり 販売中高あり	屋内	なし	あり	なし

沿　革

1988年、東京都多摩市に聖ヶ丘高等学校を設立。1989年、同地に多摩大学を設立、聖ヶ丘高等学校を多摩大学附属聖ヶ丘高等学校と改称。1991年、多摩大学附属聖ヶ丘中学校を設立。

教育方針と特色

建学の精神「質実清楚・明朗進取・感謝奉仕」を礎とし、「探究学習」と「基礎学習」を学びの中心に据えた、小規模校ならではのきめの細かい指導を実践している。「A知探Q」と名づけられた探究学習プログラムでは、実際に様々な体験を積むことにより、語れる経験と確かな自信を身につけることができる。確かな力を身につけるために、「小テスト⇔フィードバック授業」の反復サイクルを教科問わずに行っている。理科は中学3年間で100以上のテーマで実験・実習を行い、社会科では中学1年生次に複数回の社会科見学を実施するなど、本質に迫る教育を追求している。自ら学ぶ姿勢をサポートするためにSSR（セルフ・スタディ・ルーム）を整備。毎日開校され、中学生は19：20、高校生は20：20まで、多くの現役大学生メンターのサポートを受けながら、自分の進路に向けての学習が可能となっている。

◉系列校

小	中	高	大（短大）
	○	○	○

◉併設小学校なし

◉高校生外部募集………20名

（完全混合クラス）

◉授業時間…1コマ45分・週36時間

	1年	2年	3年	計
国　語	5	5	6	16
社　会	4	4	4	12
数　学	5	6	7	18
理　科	4	4	4	12
英　語	7	7	7	21
5教科計	25	26	28	79

参考　高校1年生一週間の授業

英語=6　数学=6　国語=6
理科=6　社会=4

進学・進路

◉卒業生進路状況

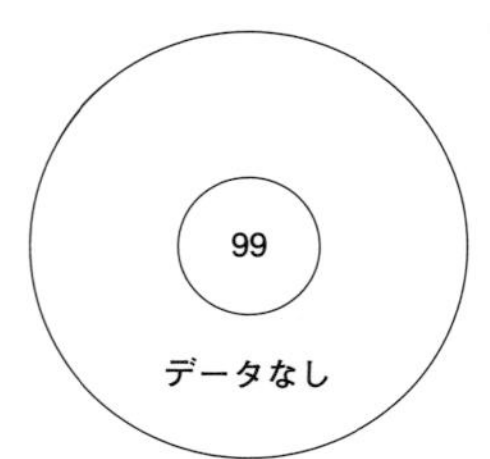

■進路選択状況（高３進級時）
データなし

■理系・文系進学状況
データなし

■共通テスト受験率
データなし

◉卒業までの流れ

小学校	中学校	高等学校	大学
	多摩大学附属聖ヶ丘中学校	多摩大学附属聖ヶ丘高等学校（99）	多摩大学　0

◉主な大学合格実績

大学名	'22	'23	'24	大学名	'22	'23	'24	大学名	'22	'23	'24	大学名	'22	'23	'24
東京大				千葉大				東京都立大	2			東京女子大		2	1
京都大				お茶の水女子大				横浜市立大				日本女子大	2	1	1
北海道大				東京外国語大				慶應義塾大	1	1		成蹊大	7	6	13
東北大	1			電気通信大				早稲田大	4			成城大	5	5	3
名古屋大				東京学芸大				上智大	1	5		明治学院大	8	1	1
大阪大				東京農工大				東京理科大	4	2	5	國學院大	6	6	3
九州大				東京芸術大				明治大	7	7	4	武蔵大		2	5
東京工業大				東京医科歯科大				青山学院大	6	7	4	獨協大			
一橋大				東京海洋大				立教大	3	3	3	日本大	16	17	12
筑波大				横浜国立大				中央大	12	10	4	東洋大	6	6	1
茨城大				山梨大				法政大	8	15	10	駒澤大	1		5
宇都宮大				金沢大				学習院大	2	5	6	専修大	9	11	
群馬大				信州大	1			国際基督教大				芝浦工業大	3		7
埼玉大				国際教養大				津田塾大	1	2	2	東京都市大	5	3	

入試要項・入試情報

◉2024年度の入試要項（参考）

	1回	2回	適性型	3回	リスニング	4回	5回
募集人員	男女30名	男女30名	男女20名	男女10名	男女10名	男女10名	男女10名
選抜方法	国・算または国・算・社・理	国・算	適性Ⅰ〈作文型〉・適性Ⅱ〈資料型〉	国・算	基礎学力(国・算)・リスニング	国・算	国・算または国・算・社・理
出願関連期間	1/10〜1/31	1/10〜2/1	1/10〜2/2	1/10〜2/3	1/10〜2/4		1/10〜2/5
試験日程	2/1午前	2/1午後	2/2午前	2/3午後	2/4午前	2/4午後	2/5午前
合格発表	Web 2/1 18:00〜	Web 2/1 22:00〜	Web 2/2 18:00〜	Web 2/3 22:00〜	Web 2/4 18:00〜	Web 2/4 22:00〜	Web 2/5 16:00〜
入学手続	2/6 15:00まで		2/9 15:00まで	2/6 15:00まで			

＊出願資格に「保護者もしくはそれに準ずるところから通学可能な者」とある。

面接 実施しない。

◉費用（参考）

受験料		20,000円
入学手続時	入学金	250,000円
	授業料	—
	その他	—
入学手続後〜入学まで	授業料	—
	その他	76,450円
入学後１年	授業料	468,000円
	その他	307,740円
初年度納入金合計		1,102,190円
中学３年間費用計　約		3,127,070円

＊一般入試の複数回同時出願の受験料は3万円。
＊適性型入試は、併願公立中高一貫校（記入書類提出）の合格発表日15時まで入学金の延納可。
＊男子は女子との制服・指定用品代の差（約1千円）を加えること。

◉最近6年間の入試応募者推移と倍率

年度		2019男	2019女	2020男	2020女	2021男	2021女	2022男	2022女	2023男	2023女	2024男	2024女
募集	①	30		30		30		30		30		30	
	②	30		30		25		25		30		30	
	③	20		20		15		10		10		10	
	適性型	20		20		20		25		20		20	
応募	①	26/25	18/29	29/21	19/22	30/25	7/17	27/32	19/21	41/55	25/45	63/58	34/67
	②	97	80	116	72	114	71	134	85	124	93	146	117
	③	96	75	101	65	114	61	131	85	122	83	148	110
	適性型	51	48	35	33	27	21	40	32	24	26	31	48
応募倍率	①	3.3		3.0		2.6		3.3		5.5		7.4	
	②	5.9		6.3		7.4		8.8		7.2		8.8	
	③	5.0		8.3		11.7		21.6		20.5		25.8	
	適性型	8.6		3.4		2.4		2.9		2.5		4.0	
受験	①	16/21	13/25	21/14	15/17	18/17	4/14	16/27	13/19	10/14	9/19	23/25	9/30
	②	90	73	104	67	102	64	124	79	101	78	123	96
	③	39	27	35	20	38	20	60	36	48	25	64	29
	適性型	50	46	30	34	27	21	36	30	21	25	29	46
合格	①	12/12	10/15	11/6	11/8	14/10	3/10	11/15	7/9	6/6	7/16	18/7	5/7
	②	62	56	79	50	75	46	80	60	73	63	77	68
	③	20	17	9	12	20	9	30	17	23	12	29	13
	適性型	40	41	27	26	18	19	32	25	18	22	16	35
実質倍率	①	1.3/1.8	1.3/1.7	1.9/2.3	1.4/2.1	1.3/1.7	1.3/1.4	1.5/1.8	1.9/2.1	1.7/2.3	1.3/1.2	1.3/3.6	1.8/4.3
	②	1.5	1.3	1.3	1.3	1.4	1.4	1.6	1.3	1.4	1.2	1.6	1.4
	③	2.0	1.6	3.9	1.7	1.9	2.2	2.0	2.1	2.1	2.1	2.2	2.2
	適性型	1.3	1.1	1.1	1.3	1.5	1.1	1.1	1.2	1.2	1.1	1.8	1.3

＊2019年〜2021年①は4教科／2教科。2022年〜2024年①・⑤は4教科／2教科。
＊2024年補欠発表・追加合格…いずれもなし。

◉入試教科

4教科/2教科

②算数	50分/50分	100点/100点
①国語	50分/50分	100点/100点
③理科	あわせて60分	50点/
③社会		50点/
合計	160分/100分	300点/200点

＊適性型入試は、適性Ⅰ（作文型・45分・100点）適性Ⅱ（資料型・45分・200点）合計300点。

合格最高点	非公表
合格最低点	①141/ 90点 ② 93点 適性　122点 ③101点 ④ 94点 ⑤135/ 92点

＊1回、5回の2教科合格最低点は2科と4科の合算。

◉受験併願パターン

偏差値	1月前半	1月後半	2月1日	2月2日	2月3日	2月4日以降
43					日大第三３	
42	埼玉栄					
41				日大第三２		
40			多摩大聖ヶ丘２		東海大相模Ｂ	東海大相模Ｃ
38					多摩大聖ヶ丘３	

偏差値	1月前半	1月後半	2月1日	2月2日	2月3日	2月4日以降
43					日大第三３	
41				日大第三２		
40	日本大学三島首都		多摩大聖ヶ丘２		八王子３特進	大妻多摩４
38					多摩大聖ヶ丘３	
36					明星３回特選	

入試問題の傾向とポイント

算数　計算問題4問、一行問題6問、大問3題の問題構成。基本問題を中心に万遍なく出題されるので、しっかりと基礎固めをしておくこと。平面図形やグラフなどの変化に関する問題は頻出。また、最後の大問は考え方を書く必要があるので、正確かつ簡潔に記述をする練習を重ねたい。

国語　読解1題と雑問の構成。読解文は傍線部の具体的説明や理由、文章構成などについて選択肢や抜き出しを中心に聞かれたほか、200字以内で自分の考えを記述する設問も出題された。雑問はカタカナの文章を漢字とひらがな、読点を用いて書き直すものや、漢字の読み書き、副詞について問われた。

理科　大問4題、生地物化からの出題。おもな設問形式は選択・計算・1〜2行の記述問題。典型的な問題が多く並ぶが、実験結果から図・表を読み取っていく問題や、身近なものを題材にした考察力の必要な問題も出題される。『四科のまとめ』で基礎をかため, 過去問演習などを通して対策を。

社会　大問3題構成。大問3は昨年同様に記述問題のみだった。地理は例年地形図に関する問題が出題されている。総設問数は少ないが、記述問題が6問と多いため、本格的な対策が必要になる。そのほかの用語記述と記号選択はいずれも基礎基本が問われている。

多摩大学目黒中学校

■学校長／田村嘉浩　■創立／平成6年　■生徒数／344名（男249名、女95名）
■所在地／〒153-0064 東京都目黒区下目黒4-10-24
■ＴＥＬ／03-3714-2661
■交通／目黒駅（JR山手線など）徒歩12分。中目黒駅からスクールバスあり。

何学期制	週何日制	登校時刻	制服	給食	食堂 軽食販売	プール	寮	特待制度 奨学金等	帰国生 取出授業
3学期制	6日制	8:20	中高あり	なし	食堂条件付 販売中高あり	なし	なし	あり	あり

沿　革

1937年、田村国雄により目黒商業女学校として創立。1947年に新制高等学校に改組、そして、平成元年、多摩大学を開学するに伴い高等学校の内容を実務教育から普通教育へと改革し、1994年、中学校を設置、6年一貫コースを設ける。さらに、1995年、校名を多摩大学目黒中学校とし、男女共学へと制度変更し、現在に至っている。

教育方針と特色

創立者田村国雄の「質実清楚・明朗進取・感謝奉仕」の精神を受け継ぎ、「温かさに満ちた伸びやかな」校風を貫いている。日頃の授業や多くの学校行事そしてクラブ活動を通じて心豊かな人格形成を目指している。中高一貫体制のもと学力別にクラスを編成。中学1・2年では基礎基本を徹底して学び、土台をしっかりと固め、中学3年では応用力を育成し、希望の進路を叶えるための実力を伸ばす。放課後20時までラーニングセンターを開放し、学習相談や質問対応など生徒のフォローアップも積極的に行っている。

横浜市のあざみ野に広大なセミナーハウスをもち、週に1日その施設を授業で利用している。

修学旅行先はオーストラリアで、2週間のホームステイをし、そのために必要な語学力をコミュニケーション能力と共に3年間で育んでいる。

◉系列校

小	中	高	大（短大）
	○	○	○

◉併設小学校なし

◉高校生外部募集………150名

（2年次から混合クラス）

◉授業時間…1コマ50分・週33時間

	1年	2年	3年	計
国　語	5	5	5	15
社　会	4	4	4	12
数　学	5	6	6	17
理　科	4	4	4	12
英　語	6	6	6	18
5教科計	24	25	25	74

参考　高校1年生一週間の授業

英語=6　数学=6　国語=6
理科=6　社会=4

進学・進路

◉卒業生進路状況

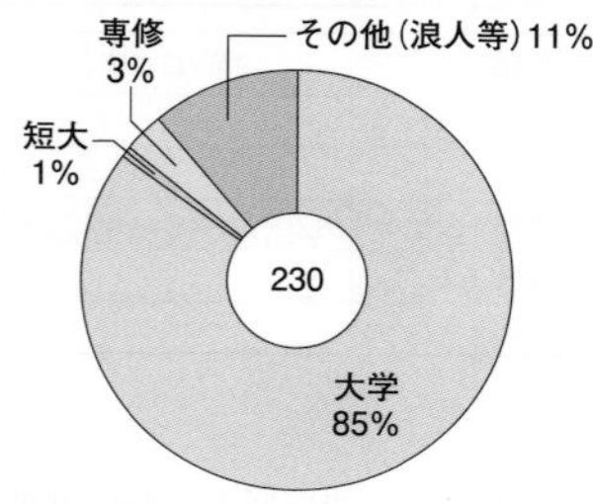

■進路選択状況（高3進級時）

データなし

■理系・文系進学状況

データなし

■共通テスト受験率

97%（0　50　100）

◉卒業までの流れ

小学校	中学校	高等学校	大学
	多摩大学目黒中学校 ▶	多摩大学目黒 高等学校（230） ▶	多摩大学　0

◉主な大学合格実績

大学名	'22	'23	'24	大学名	'22	'23	'24	大学名	'22	'23	'24	大学名	'22	'23	'24
東京大				千葉大				東京都立大	1	1	2	東京女子大	4	6	7
京都大				お茶の水女子大				横浜市立大	1			日本女子大	4	7	4
北海道大				東京外国語大				慶應義塾大	1	2	8	成蹊大	12	5	14
東北大				電気通信大				早稲田大	3	17	7	成城大	14	15	14
名古屋大				東京学芸大			1	上智大	1	8	2	明治学院大	12	26	18
大阪大				東京農工大	1	2		東京理科大	11	9	1	國學院大	13	11	6
九州大				東京芸術大				明治大	18	34	23	武蔵大		13	6
東京工業大		1		東京医科歯科大				青山学院大	11	15	15	獨協大	3	6	1
一橋大				東京海洋大	1			立教大	4	15	14	日本大	36	39	43
筑波大		1		横浜国立大			5	中央大	13	19	13	東洋大	15	22	15
茨城大			1	山梨大				法政大	19	44	27	駒澤大	21	16	14
宇都宮大				金沢大				学習院大	9	7	2	専修大	21	25	13
群馬大				信州大				国際基督教大				芝浦工業大	2	14	14
埼玉大				国際教養大		1		津田塾大		5	3	東京都市大	18	18	15

入試要項・入試情報

◉2024年度の入試要項(参考)

	進学1回	特待・特進1回	進学2回	特待・特進2回	特待・特進3回	特待・特進4回	特待・特進5回
募集人員	進学男女34名(進学第1回・進学第2回合計) 特待男女20名・特進男女60名(特待・特進第1回～特待・特進第5回合計)						
選抜方法	国・算または国・算・社・理	国・算・社・理	国・算または国・算・社・理	国・算・社・理	国・算		
出願関連期間	1/8～2/1		1/8～2/2		1/8～2/3	1/8～2/4	1/8～2/6
試験日程	2/1午前	2/1午後	2/2 午前	2/2 午後	2/3 午後	2/4午前	2/6午前
合格発表	Web 2/1 14:00～	Web 2/1 21:30～	Web 2/2 14:00～	Web 2/2 21:30～	Web 2/3 21:30～	Web 2/4 14:00～	Web 2/6 14:00～
入学手続	2/9 15:00まで						

面接 実施する。

◉費用(参考)

受験料		20,000円
入学手続時	入学金	250,000円
	授業料	—
	その他	—
入学手続後～入学まで	授業料	—
	その他	100,000円
入学後1年	授業料	444,000円
	その他	546,000円
初年度納入金合計		1,340,000円
中学3年間費用計 約		3,344,000円

＊複数回同時出願の受験料は、2回分は3万円、3回分以上は4万円。

◉最近6年間の入試応募者推移と倍率

年度		2019 男	2019 女	2020 男	2020 女	2021 男	2021 女	2022 男	2022 女	2023 男	2023 女	2024 男	2024 女
募集	進学① 特待・特進①	74(進学全日程合計)		74(進学全日程合計)		74(進学全日程合計)		34(進学全日程合計)		34(進学全日程合計)		34(進学全日程合計)	
	進学② 特待・特進②	40(特待・特進全日程合計)		40(特待・特進全日程合計)		40(特待・特進全日程合計)		80(特待・特進全日程合計)		80(特待・特進全日程合計)		80(特待・特進全日程合計)	
応募	進学①	43/38	7/9	17/41	7/16	22/42	6/14	26/26	9/11	31/17	10/15	41/17	15/21
	特待・特進①	99	29	93	15	114	25	141	36	146	29	199	41
	進学②	52/24	10/13	31/33	16/14	42/30	17/19	47/34	17/10	67/28	17/15	83/30	25/21
	特待・特進②	79	24	84	17	100	30	106	29	105	26	146	31
応募倍率	進学① 特待・特進①	2.6(進学全日程合計)		2.4(進学全日程合計)		2.6(進学全日程合計)		5.3(進学全日程合計)		5.9(進学全日程合計)		7.4(進学全日程合計)	
	進学② 特待・特進②	18.5(特待・特進全日程合計)		16.9(特待・特進全日程合計)		22.1(特待・特進全日程合計)		11.3(特待・特進全日程合計)		10.4(特待・特進全日程合計)		13.7(特待・特進全日程合計)	
受験	進学①	29/33	7/9	15/39	7/15	19/39	3/12	19/24	7/10	25/14	8/13	24/12	9/18
	特待・特進①	88	28	87	13	101	20	130	28	128	25	182	36
	進学②	19/16	4/5	22/19	10/9	27/23	6/9	28/19	10/3	39/21	9/7	55/24	12/16
	特待・特進②	44	16	52	15	62	10	63	16	51	14	86	15
合格	進学①	44	12	31	10	29	10	20	10	15	10	9	11
	特待・特進①	49	15	56	8	53	11	57	22	71	17	81	20
	進学②	14	6	9	5	8	6	16	0	15	4	15	4
	特待・特進②	14	7	14	7	14	4	16	4	21	4	30	8
実質倍率	進学①	1.4	1.3	1.7	2.2	2.0	1.5	2.2	1.7	2.6	2.1	4.0	2.5
	特待・特進①	1.8	1.9	1.6	1.6	1.9	1.8	2.3	1.3	1.8	1.5	2.2	1.8
	進学②	2.5	1.5	4.6	3.8	6.3	2.5	2.9	—	4.0	4.0	5.3	7.0
	特待・特進②	3.1	2.3	3.7	2.1	4.4	2.5	3.9	4.0	2.4	3.5	2.9	1.9

＊2019年～2024年進学①・進学②は4教科／2教科。
＊2024年補欠発表(掲示)…あり。補欠合格・追加合格…いずれも非公表。

◉入試教科

4教科/2教科

②算数	50分/50分	100点/100点
①国語	50分/50分	100点/100点
③理科	あわせて50分	50点/
③社会		50点/
合計	150分/100分	300点/200点

合格最高点	非公表
合格最低点	非公表

◉受験併願パターン

偏差値	1月前半	1月後半	2月1日	2月2日	2月3日	2月4日以降
48					関東学院１Ｃ	
47				多摩大目黒２特待		
46					多摩大目黒３特待	多摩大目黒５特待
45			多摩大目黒特待			駒込５
44				京華２特選		

偏差値	1月前半	1月後半	2月1日	2月2日	2月3日	2月4日以降
49					関東学院１Ｃ	
48				多摩大目黒２特待		
46	佐久長聖東京２		多摩大目黒特待			明治学院３
44					桐光学園３Ａ	
42	埼玉栄					

入試問題の傾向とポイント

算数
計算問題と一行問題が合わせて13問、大問3題の問題構成。前半・後半ともに基本問題が中心だが、幅広い単元から万遍なく出題されるので、苦手単元を作らずにしっかりと基礎固めをすること。角度、面積、性質などの平面図形の問題、立体図形の問題は頻出。

国語
雑問(漢字の読み書き・四字熟語)と説明文・物語文の読解2題構成。説明文はアイデンティティにおける名前の役割について述べられた文章であり、傍線部の理由や内容説明、具体例について、物語文は人物の言動理由や心情、内容合致について問われた。解答形式は選択肢が多いが抜き出しもある。

理科
大問4～5題、生地物化からの出題で、大問5のある年は時事問題が小問集合となって幅広く出題される。おもな設問形式は選択問題が中心で、計算問題と単語を答える問題も出題される。記述問題が出題されることもある。典型的な基本問題が並ぶので、苦手分野を作らないようにしたい。

社会
大問3題構成で設問数は3分野ともほぼ同じ。総設問数25問中、用語記述は5問のみで、あとは記号選択のみである。用語記述は憲法の条文については漢字指定。問いのほとんどが基礎基本を問うものなので、『四科のまとめ』などを用いて、基礎知識を定着させることを徹底したい。

千葉日本大学第一中学校

（ちばにほんだいがくだいいち）

■学校長／羽鳥和弘　■創立／昭和45年　■生徒数／698名（男428名、女270名）
■所在地／〒274-0063 千葉県船橋市習志野台8-34-1　■ＴＥＬ／047-466-5155
■交通／船橋日大前駅（東葉高速鉄道線）徒歩12分。津田沼駅（JR総武線）からバス「千葉日大一高前」下車。
北習志野駅（新京成線、東葉高速線）からバス「千葉日大一高前」下車。

何学期制	週何日制	登校時刻	制服	給食	食堂 軽食販売	プール	寮	特待制度 奨学金等	帰国生 取出授業
3学期制	6日制	8:20	中高あり	なし	食堂中高あり 販売中高あり	なし	なし	なし	なし

沿　革

1913年、日本大学の最初の付属校が神田に開校し、日本大学中学校と名付けられた。1924年、中学校校舎を現墨田区内に移転、日本大学第一中学校と改称した。その後、学園の発展にともない、1970年、習志野台に千葉日本大学第一中学校を併設開校した。1998年、女子を募集して共学校となり、2001年、高校も共学校となる。2003年、中高完全共学化。2017年に高校50周年を迎えた。

教育方針と特色

真・健・和の３つを校訓と定め、生徒が「愛校心」をもって学校生活を送ることができるような環境を目指す。令和3年度入学生から全員がiPadを持ち、各教科の授業で欠かせない文房具となっている。中学１・2年では、基礎学力をつけさせることを目標に主要教科の時間数を増やすと共に、放課後補習や夏期講習を行っている。

「アウトプット」を重視した英語教育を行い、英会話の授業ではクラスを2つに分けて、オンライン英会話と外国人講師による授業を交互に行っている。さらに中学3年生対象の「シンガポール語学研修」（希望者対象）と「外国人留学生との異文化交流」を実施。

夏には英検対策講座が開かれ、令和5年度には中学校卒業までに英検3級以上の取得率が66％となった。施設も充実しており、2017年に完成した新校舎には、広い自習室や230席のランチルーム、サイエンスプラザがある。ミストを散水できる広い人口芝グラウンドや4面あるテニスコート、蔵書7万冊の図書室なども魅力。大学進学に関しては、令和6年3月卒業生の大学進学率は県内トップの93%に達しており、約60％の生徒が日本大学に進学。

合格実績としては、国公立大学7名、早慶上理16名、GMARCH108名など。

◉系列校

小	中	高	大（短大）
○	○	○	○

◉小学校からの内進生…約40名

◉高校生外部募集………120名

（2年次から混合クラス）

◉授業時間…1コマ50分・週34時間

	1年	2年	3年	計
国　語	5	5	5	15
社　会	4	4	4	12
数　学	5	6	6	17
理　科	4	4	4	12
英　語	6	6	7	19
５教科計	24	25	26	75

参考　高校1年生一週間の授業

英語=6　数学=6　国語=5
理科=6　社会=6

※普通クラス

進学・進路

◉卒業生進路状況

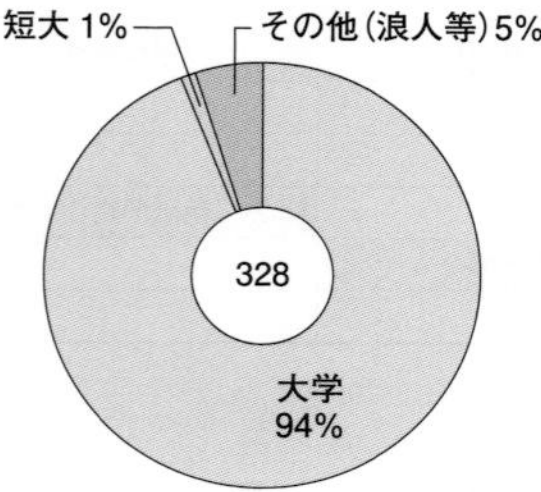

■進路選択状況（高３進級時）
データなし

■理系・文系進学状況
データなし

■共通テスト受験率
データなし

◉卒業までの流れ

小学校	中学校	高等学校	大学
千葉日本大学第一小学校	千葉日本大学第一中学校	千葉日本大学第一高等学校（328）	日本大学　167 日本大学短期大学部　3

◉主な大学合格実績

大学名	'22	'23	'24	大学名	'22	'23	'24	大学名	'22	'23	'24	大学名	'22	'23	'24
東京大				千葉大	3	2	2	東京都立大				東京女子大	3	7	6
京都大				お茶の水女子大				横浜市立大				日本女子大	4	5	5
北海道大			1	東京外国語大				慶應義塾大	2	2		成蹊大	9	3	5
東北大				電気通信大	1			早稲田大	6	7	4	成城大	16	8	9
名古屋大				東京学芸大				上智大	2	8	2	明治学院大	6	10	10
大阪大				東京農工大				東京理科大	10	21	10	國學院大	7	4	6
九州大				東京芸術大		1		明治大	33	25	23	武蔵大	5	4	2
東京工業大		1		東京医科歯科大				青山学院大	10	7	6	獨協大	9	2	
一橋大				東京海洋大				立教大	15	21	12	日本大	-	-	-
筑波大		1		横浜国立大	2			中央大	15	24	23	東洋大	15	16	11
茨城大			1	山梨大	1			法政大	26	25	34	駒澤大	3	9	5
宇都宮大	2			金沢大				学習院大	15	10	10	専修大	9	9	1
群馬大				信州大	1			国際基督教大	1			芝浦工業大	5	6	7
埼玉大				国際教養大				津田塾大	6	4		東京都市大			

入試要項・入試情報

◉2024年度の入試要項(参考)

	自己推薦	1期	2期
募集人員	男女70名	男女150名(内進含)	男女20名
選抜方法	国・算・社・理＋入学志願書	国・算・社・理	国・算
出願関連期間	11/13〜11/30	12/4〜1/20	12/4〜1/25
試験日程	12/1	1/21	1/26
合格発表	Web 12/2 10:00〜	Web 1/22 15:00〜	Web 1/27 10:00〜
入学手続	12/6 15:00まで	1/25 15:00まで	2/5 15:00まで

＊2024年入学者登校日は2月10日(土)に実施。無断欠席の場合は入学辞退と判断する。

◉費用(参考)

受験料		20,000円
入学手続時	入学金	200,000円
	授業料	—
	その他	100,000円
入学手続後〜入学まで	授業料	—
	その他	121,619円
入学後１年	授業料	366,000円
	その他	430,400円
初年度納入金合計		1,218,019円
中学３年間費用計　約		2,932,819円

＊1期の合格者で希望者は入学金の一部(5万円)を納入し延納手続きした場合、2月5日15時まで入学手続金の残金延納可。
＊女子は男子との制服・指定用品代の差（約2万8千円）を加えること。

面接　実施しない。

◉最近6年間の入試応募者推移と倍率

年度		2019男	2019女	2020男	2020女	2021男	2021女	2022男	2022女	2023男	2023女	2024男	2024女
募集	第一志望	70		70		70		自己推薦 70		70		70	
	1期	120		140		150		150		150		150	
	2期	50		30		20		20		20		20	
応募	第一志望	113	71	122	91	145	98	159	103	125	85	131	87
	1期	343	181	433	238	495	279	509	286	523	308	473	291
	2期	170	125	231	171	195	134	177	110	138	99	170	137
応募倍率	第一志望	2.6		3.0		3.5		3.7		3.0		3.1	
	1期	4.4		4.8		5.2		5.3		5.5		5.1	
	2期	5.9		13.4		16.5		14.4		11.9		15.4	
受験	第一志望	111	71	118	89	144	97	159	102	123	85	129	87
	1期	339	175	423	230	480	273	491	279	513	299	454	285
	2期	149	111	212	149	182	123	153	103	122	88	160	128
合格	第一志望	55	42	53	43	52	46	50	39	53	31	54	30
	1期	223	118	233	116	272	154	274	150	265	159	238	136
	2期	93	85	79	57	34	26	20	12	35	36	50	42
実質倍率	第一志望	2.0	1.7	2.2	2.1	2.8	2.1	3.2	2.6	2.3	2.7	2.4	2.9
	1期	1.5	1.5	1.8	2.0	1.8	1.8	1.8	1.9	1.9	1.9	1.9	2.1
	2期	1.6	1.3	2.7	2.6	5.4	4.7	7.7	8.6	3.5	2.4	3.2	3.0

＊2024年補欠発表(Web)…あり。補欠合格(電話)…あり。追加合格…詳細不明。

◉入試教科

4教科/2教科

②算数	50分/50分	100点/100点
①国語	50分/50分	100点/100点
④理科	40分/	80点/
③社会	40分/	80点/
合計	180分/100分	360点/200点

合格最高点	自己推薦　— 1期　— 2期　—
合格最低点	自己推薦　209点 1期　209点 2期　116点

◉受験併願パターン

偏差値	1月前半	1月後半	2月1日	2月2日	2月3日	2月4日以降
47		昭和学院算	日大豊山	目黒日大３	お茶の水女子大附	
46			京華特選午後		日大第二２	日大第一２科２
45			日大第二	宝仙学園２		明治学院３
44	成田高付第一志望	千葉日大第一			日大第一２科	
42	城北埼玉	東海大浦安Ａ		日大第一４科２		

偏差値	1月前半	1月後半	2月1日	2月2日	2月3日	2月4日以降
51			共立女子１日			普連土４日午前
50		千葉日大第一２		三輪田学園２	昭和女子大附Ｃ	
49			東洋大京北			
48	西武文理選抜	千葉日大第一	かえつ有明	実践女子学園４		国府台女子学院２
47					日大第二２	日大第一２科２

入試問題の傾向とポイント

算数　計算問題と一行問題が合わせて16問程度、大問2題の問題構成。基本〜標準レベルのオーソドックスな問題が中心なので、各分野の基本事項や典型的な問題をしっかりと押さえておきたい。また、大問は途中式や考え方を書かせるので、丁寧に式を書く習慣を身につける必要がある。

国語　雑問(ことわざ・慣用句)と読解(説明文・随筆文)2題の構成。説明文は理由や言い換え、随筆文は理由や状況説明が求められた。出題形式は抜き出しと選択肢が中心だが、記述も出題された。

理科　設問4〜6題、生地物化から選択問題・計算問題・記述問題がバランスよく出題される。直接的に知識を問う問題は少なく、大問を通してテーマが存在し、基本問題から思考力の必要な問題まで幅広い。苦手分野をつくらないようにし、身の回りの科学の活用に結びつけて学習を深めたい。

社会　大問3題構成で歴史の割合が高い。やや難易度の高い問題も含まれているが、設問の多くを占める基本的な内容をしっかり得点に結びつけることが合格のカギとなる。文章形式の記号選択では問題をよく読み、落ち着いて取り組むことが重要。

ちゅうおうだいがくふぞく

中央大学附属中学校

■学校長／石田雄一　■創立／平成22年　■生徒数／524名（男244名、女280名）
■所在地／〒184-8575 東京都小金井市貫井北町3-22-1　■ＴＥＬ／042-381-5413
■交通／武蔵小金井駅（JR中央線）から京王バス「中大附属高校」下車。
小平駅（西武新宿線）から銀河鉄道バス「中央大学附属中学・高等学校」下車。

何学期制	週何日制	登校時刻	制服	給食	食堂 軽食販売	プール	寮	特待制度 奨学金等	帰国生 取出授業
3学期制	6日制	8:35	中学のみあり	年間十数回	食堂中高あり 販売中高あり	屋外	なし	なし	なし

沿　革

1909年、目白中学校設立。1935年、杉並区に移転、杉並中学校と改称。1948年、学制改革により杉並高等学校・杉並中学校となる。1952年、学校法人中央大学に合併、中央大学杉並高等学校に改称。1963年、小金井市に移転、中央大学附属高等学校に改称。2010年、中央大学附属中学校開校。

教育方針と特色

中央大学は実学の探究という伝統を持つ大学。実学とは単に理論を先行させるのではなく、実社会において本当に役立つ学問を意味する。この伝統は附属中高においても継承され、活かされている。中高大の一貫教育だからこそ、受験勉強にとらわれない、生徒にとって本当に必要な学力の追求・充実が可能。
実際、知的好奇心を喚起する数々の授業が実施されている。外国人の先生による指導のもと、細かな文法に拘らず文字と言葉で、自分自身の意思を伝達する実学的英語力を養うProject in Englishや３年生を対象に探究心、表現力、自己発信力を養う教科・分野横断型授業「教養総合基礎」などの特別科目、さらに６年間で160冊の様々な分野の書を読む課題図書、法科大学院と連携して法教育を体験するプログラムやスクールランチと呼ばれる、学んで食べる食育の授業が用意されている。学校生活では自分で考え、行動する力を習得すべく、基本理念として「自主・自治・自律」を掲げている。

◉系列校

小	中	高	大（短大）
	○	○	○

◉併設小学校なし

◉高校生外部募集……約200名

（2年次から混合クラス）

◉授業時間…1コマ50分・週33時間

	1年	2年	3年	計
国　語	4	4	5	13
社　会	4	4	4	12
数　学	5	5	5	15
理　科	4	4	4	12
英　語	6	6	6	18
5教科計	23	23	24	70

参考　高校1年生一週間の授業

英語=6　数学=5　国語=4
理科=3　社会=4

進学・進路

◉卒業生進路状況

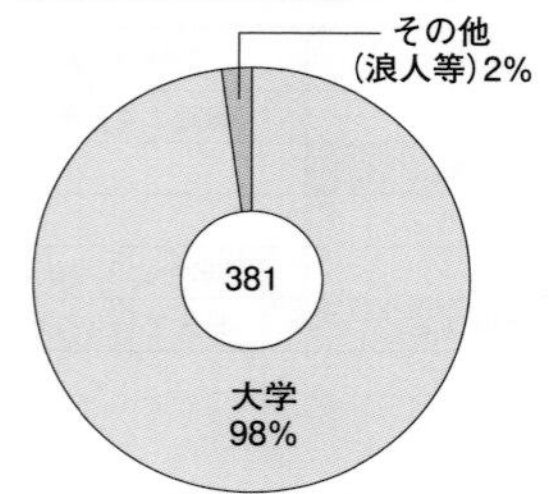

■進路選択状況（高３進級時）
データなし

■理系・文系進学状況
データなし

■共通テスト受験率
データなし

◉卒業までの流れ

小学校	中学校	高等学校	大学
	中央大学附属中学校	中央大学附属高等学校（381）	中央大学　328（文27・法105・経済59・商64・理工33・総合政策21・国際経営8・国際情報10）

◉主な大学合格実績

大学名	'22	'23	'24	大学名	'22	'23	'24	大学名	'22	'23	'24	大学名	'22	'23	'24
東京大				千葉大		1		東京都立大		1	1	東京女子大			
京都大				お茶の水女子大				横浜市立大	2			日本女子大			
北海道大			1	東京外国語大	1	1		慶應義塾大	7	10	10	成蹊大			
東北大		1		電気通信大				早稲田大	9	3	3	成城大			
名古屋大				東京学芸大			1	上智大	16	16	13	明治学院大			1
大阪大			1	東京農工大		2		東京理科大	2	4	3	國學院大			
九州大				東京芸術大	1			明治大	5	2	1	武蔵大			
東京工業大				東京医科歯科大		1		青山学院大				獨協大			
一橋大	2			東京海洋大		1		立教大	2	2	3	日本大			
筑波大		1	2	横浜国立大	1	2	1	中央大	-	-	-	東洋大			
茨城大				山梨大				法政大				駒澤大			
宇都宮大				金沢大				学習院大				専修大			
群馬大				信州大				国際基督教大				芝浦工業大			1
埼玉大				国際教養大				津田塾大				東京都市大			

入試要項・入試情報

◉2024年度の入試要項(参考)

	1回	2回
募集人員	男女約100名	男女約50名
選抜方法	国・算・社・理 ＋ 出欠記録報告書	
出願関連期間	12/20〜1/24	12/20〜2/3
試験日程	2/1	2/4
合格発表	Web 2/2 6:00〜	Web 2/5 6:00〜
入学手続	2/3 12:00まで	2/6 12:00まで

＊出願資格に「保護者のもとより通学可能な者」とある。

面接 実施しない。

◉費用(参考)

受験料		30,000円
入学手続時	入学金	290,000円
	授業料	—
	その他	—
入学手続後〜入学まで	授業料	—
	その他	—
入学後１年	授業料	552,000円
	その他	409,800円
初年度納入金合計		1,251,800円
中学３年間費用計 約		3,364,400円

＊制服代・指定用品代・修学旅行費・宿泊研修費等別途。

私立 共学校

◉最近6年間の入試応募者推移と倍率

年度		2019 男	2019 女	2020 男	2020 女	2021 男	2021 女	2022 男	2022 女	2023 男	2023 女	2024 男	2024 女
募集	①	100		100		100		100		約100		約100	
	②	100		50		50		50		約50		約50	
応募	①	222	266	234	258	201	259	237	277	227	257	195	280
	②	283	387	338	386	268	340	254	355	268	415	225	384
応募倍率	①	4.9		4.9		4.6		5.1		4.8		4.8	
	②	6.7		14.5		12.2		12.2		13.7		12.2	
受験	①	187	253	216	234	170	242	216	264	195	239	172	262
	②	200	308	249	313	192	264	183	289	206	336	172	320
合格	①	60	60	62	65	60	70	69	67	69	67	64	70
	②	50	43	41	40	45	34	52	50	49	42	48	39
実質倍率	①	3.1	4.2	3.5	3.6	2.8	3.5	3.1	3.9	2.8	3.6	2.7	3.7
	②	4.0	7.2	6.1	7.8	4.3	7.8	3.5	5.8	4.2	8.0	3.6	8.2

＊2024年補欠発表(Web)…あり。補欠合格・追加合格…いずれも詳細不明。

◉入試教科

②算数	50分	100点
①国語	50分	100点
④理科	30分	60点
③社会	30分	60点
合計	160分	320点

合格最高点	①男254 女272点 ②男297 女285点
合格最低点	①男198 女217点 ②男210 女229点

◉受験併願パターン

偏差値	1月前半	1月後半	2月1日	2月2日	2月3日	2月4日以降
60		立教新座	農大第一算理	農大第一２算理		
58	栄東Ａ１０日			明大中野		
57			中央大附属			中央大附属２
56					明大八王子Ａ２	
53	大宮開成	芝浦工大柏				

偏差値	1月前半	1月後半	2月1日	2月2日	2月3日	2月4日以降
63			農大第一算国	農大第一２算国		
60			中央大附属			中央大附属２
58	淑徳与野			法政第二	法政大学２	
56		専修大松戸		大妻２	国学院久我山Ｓ２	
55	大宮開成				成城学園２	

入試問題の傾向とポイント

算数 計算と一行問題が7題程度、大問3題の問題構成。前半の各分野の基礎力を試す問題は確実に得点したい。後半の大問では立体図形やグラフを利用する問題が頻出で、やや難度の高い問題がみられることもある。基礎基本の積み重ねを大切にし、苦手な単元を作らないようにすることが大切。

国語 物語文と説明文の2題から構成されている。物語文は人物の心情把握などが求められた。また漢字の書き取りといった知識問題もあった。説明文は理由や言い換え、文章の並び替えなどが出題された。双方で傍線部について説明した文章を読み空欄補充する設問があった。

理科 大問3題、生地物化からの出題。おもな設問形式は選択・計算問題で、記述が出題される年もある。典型的な基本問題が中心ではあるが、初見の題材について問題文を読み込んで正しく設問内容を理解し、解答する力も問われている。過去問題演習をしっかり行っておきたい。

社会 大問2題構成。例年時事問題が必ず出題される。時事や社会の動きにも広く目を向け、周辺知識を養っておきたい。記号選択の割合が高く、用語記述は少ない。伝統文化に関する問題が出題されることが多い。昨年に引き続き、郷土料理を答えさせる問題が出題。また、御朱印を答えさせる問題もあった。

中央大学附属横浜中学校

■学校長／木下耕児　■創立／明治41年　■生徒数／579名（男220名、女359名）
■所在地／〒224-8515 神奈川県横浜市都筑区牛久保東1-14-1
■ＴＥＬ／045-592-0801
■交通／センター北駅（横浜市営地下鉄グリーンライン・ブルーライン）徒歩7分。

何学期制	週何日制	登校時刻	制服	給食	食堂 軽食販売	プール	寮	特待制度 奨学金等	帰国生 取出授業
3学期制	6日制	8:30	中高あり	なし	食堂中高あり 販売中高あり	なし	なし	なし	なし

沿　革

1908年横浜女子商業補習学校設立。1925年横浜女子商業学校を設立。1948年横浜女子商業学園中学校・高等学校に改称。1994年横浜山手女子中学校・高等学校に改称。2009年中央大学の系属法人となる。2010年中央大学横浜山手中学校・高等学校に改称。2012年より中学校で共学化。2013年横浜港北ニュータウンに新校舎建設・移転し、現校名となる。

教育方針と特色

校訓は「謝恩礼節」「自立実践」。実学の伝統と家庭的人間関係を大切にする校風の中で、知性を磨き、徳性を涵養し、心身ともに健全な自立した人間の育成を目指す。中学・高等学校の6年間は人生の土台づくりをするために最も大切な時期であるという考えのもと、その先の大学生、社会人をも視野に入れた本物の学力養成に努めている。中学校から6年間を見通したカリキュラム構成となっており、主要3教科においては先取り学習を行うが、指名や希望による補習授業を随時実施し、一人ひとりの生徒をきめ細かくサポート。大学入試共通テスト受験範囲のほとんどを高校2年生までに終了させ、進路は中央大学進学や国公立大学、医歯薬系学部などへの進学を目指す。
中高大連携教育を推進し、大学訪問、大学の先生による講演会や特別授業の実施、キャリア教育としての学部・学科紹介などを実施する。

◉系列校

小	中	高	大（短大）
	○	○	○

◉併設小学校なし
◉高校生外部募集……約100名
（2年次から混合クラス）

◉授業時間…1コマ50分・週34時間

	1年	2年	3年	計
国　語	6	6	6	18
社　会	4	4	4	12
数　学	5	6	6	17
理　科	4	4	4	12
英　語	5	6	7	18
5教科計	24	26	27	77

参考　**高校1年生一週間の授業**
英語=6　数学=7　国語=5
理科=5　社会=4

進学・進路

◉卒業生進路状況

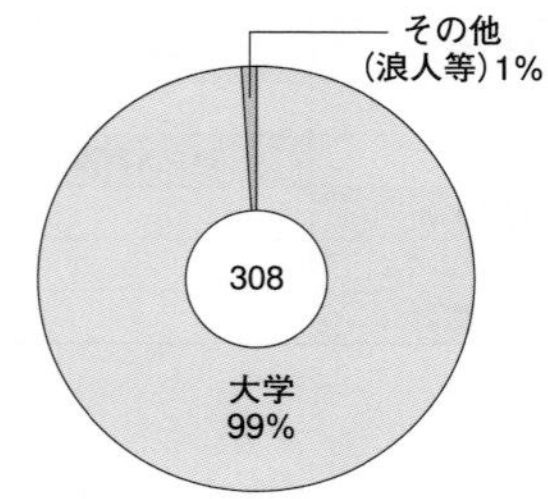

■進路選択状況（高３進級時）
データなし

■理系・文系進学状況
データなし

■共通テスト受験率
データなし

◉卒業までの流れ

小学校	中学校	高等学校	大学
	中央大学附属横浜中学校	中央大学附属横浜高等学校（308）	中央大学　216（法71・経済37・文20・商51・理工19・総合政策8・国際経営5・国際情報5）

◉主な大学合格実績

大学名	'22	'23	'24	大学名	'22	'23	'24	大学名	'22	'23	'24	大学名	'22	'23	'24
東京大	2		3	千葉大			1	東京都立大	6	5	3	東京女子大		1	1
京都大			1	お茶の水女子大		2	1	横浜市立大	2	1	4	日本女子大		2	
北海道大	1	1	1	東京外国語大	1	1	3	慶應義塾大	14	24	22	成蹊大	1		
東北大		1	1	電気通信大	2	1	2	早稲田大	21	18	19	成城大	1	2	2
名古屋大		2	1	東京学芸大	1	1		上智大	9	16	15	明治学院大	3	1	1
大阪大	1	1	1	東京農工大	1			東京理科大	7	43	19	國學院大			1
九州大	1			東京芸術大			1	明治大	19	38	27	武蔵大			
東京工業大		6	2	東京医科歯科大		1		青山学院大	11	14	12	獨協大			
一橋大	4	3	7	東京海洋大				立教大	25	10	20	日本大	5	8	7
筑波大		1		横浜国立大	6	13	13	中央大	-	-	-	東洋大	1		
茨城大				山梨大				法政大	7	7	6	駒澤大			2
宇都宮大				金沢大				学習院大	2		1	専修大			1
群馬大				信州大			1	国際基督教大		2		芝浦工業大	9	4	1
埼玉大				国際教養大				津田塾大			1	東京都市大	2	6	5

入試要項・入試情報

◉2024年度の入試要項（参考）

	1回	2回
募集人員	男女80名	男女80名
選抜方法	国・算・社・理	
出願関連期間	1/6〜1/26	1/6〜2/2
試験日程	2/1午前	2/2午後
合格発表	Web 2/1 22:00〜	Web 2/3 6:00〜
入学手続	2/5 23:59まで	

面接 実施しない。

◉費用（参考）

受験料		30,000円
入学手続時	入学金	290,000円
	授業料	―
	その他	―
入学手続後～入学まで	授業料	―
	その他	―
入学後１年	授業料	588,000円
	その他	500,200円
初年度納入金合計		1,378,200円
中学３年間費用計　約		3,554,600円

＊制服代・指定用品代等別途。
＊ICT教育用のPC代（約13万円）別途追加予定。

◉最近6年間の入試応募者推移と倍率

年度		2019		2020		2021		2022		2023		2024	
		男	女	男	女	男	女	男	女	男	女	男	女
募集	①	80		80		80		80		80		80	
	②	80		80		80		80		80		80	
応募	①	244	321	205	307	184	307	207	309	170	234	152	264
	②	509	579	464	496	467	549	506	556	483	497	450	452
応募倍率	①	7.1		6.4		6.1		6.5		5.1		5.2	
	②	13.6		12.0		12.8		13.3		12.3		11.3	
受験	①	221	297	193	290	176	296	193	299	154	225	140	249
	②	452	465	387	405	409	425	403	449	406	390	397	379
合格	①	58	97	63	107	52	108	65	82	58	89	51	107
	②	150	131	152	112	157	114	136	160	154	137	167	104
実質倍率	①	3.8	3.1	3.1	2.7	3.4	2.7	3.0	3.6	2.7	2.5	2.7	2.3
	②	3.0	3.6	2.5	3.6	2.6	3.7	3.0	2.8	2.6	2.8	2.4	3.6

＊2024年補欠発表・追加合格…いずれも詳細不明。

◉入試教科

④算数	50分	150点
①国語	50分	150点
③理科	35分	100点
②社会	35分	100点
合計	170分	500点

合格最高点	①442点 ②470点
合格最低点	①324点 ②338点

◉受験併願パターン

偏差値	1月前半	1月後半	2月1日	2月2日	2月3日	2月4日以降
60			農大第一算理			逗子開成３
59				中央大附属横浜２		
57			中央大附属横浜			法政第二２
56	早稲田佐賀１月首				都市大等々力２選	
53			日本大学Ａ２ＡＦ	青稜２Ａ		日本大学ＣＧＬ

偏差値	1月前半	1月後半	2月1日	2月2日	2月3日	2月4日以降
62			山手学院特待		横浜市立南高附属	頌栄女子学院２
61				中央大附属横浜２		
59			中央大附属横浜		青学横浜英和Ｃ	法政第二２
58	早稲田佐賀１月首					
55	大宮開成		日本大学Ａ２ＡＦ		成城学園２	

入試問題の傾向とポイント

算数　計算＋一行問題10問、大問3題の問題構成。前半は各分野の基礎力を試す出題である。後半の大問では立体図形や図形の移動、グラフを利用する問題が頻出なので、対策をしておくこと。基礎基本の学習を徹底し、苦手な単元を作らないようにすること。

国語　説明文1題、物語文1題の読解2題構成である。説明文は言い換えのほか、本文内容を踏まえて説明をする設問がみられた。物語文は人物の様子や心情をきくもののほか、生徒の会話を通して本文内容の理解を図る問題が出題された。解答形式は抜き出しや選択肢が多い。

理科　大問4題、生地物化からの出題。身のまわりの道具の仕組みを題材にした問題がでることも。どの大問も問題文のボリュームが非常にあり、会話文が毎年出ている。試験時間35分で20ページ程度を解く必要があり、計算問題や作図問題もあるため、素早く正確に答えを導く訓練が必須。

社会　大問3題構成。複数の資料を読み込む問題もあるので、試験時間35分で、時間配分を意識して解かなければならない。資料を読み取って考えるタイプの記述問題は対策を十分に行う必要がある。組み合わせを選ぶ問題や正誤問題などが多く出題されており、正確な知識の定着が求められている。

鶴見大学附属中学校

つるみだいがくふぞく

■学校長／岸本力也　■創立／大正13年　■生徒数／396名（男252名、女144名）
■所在地／〒230-0063 神奈川県横浜市鶴見区鶴見2-2-1
■ＴＥＬ／045-581-6325
■交通／花月総持寺駅（京浜急行線）徒歩10分。鶴見駅（JR京浜東北線）徒歩15分。

何学期制	週何日制	登校時刻	制服	給食	食堂 軽食販売	プール	寮	特待制度 奨学金等	帰国生 取出授業
3学期制	6日制	8:30	中高あり	なし	食堂なし 販売中高あり	なし	なし	あり	なし

沿　革

創立は1924年。2007年4月に「鶴見女子中学校」より「鶴見大学附属鶴見女子中学校」に改称。
2008年度より男女共学となり、「鶴見大学附属中学校」に改称。
2009年春には「教科エリア型」の新校舎が完成した。

教育方針と特色

「自立の精神と心豊かな知性で国際社会に貢献できる人間を育てる」という教育ビジョンのもとで、「学力向上」「人間形成」「国際教育」を三つの柱として独自の教育プログラムを展開している。
「学力向上」においては、難関進学クラスと進学クラスを設置し、両クラスともに「Gyro手帳」を活用して自学自習の定着を図る。また放課後には学習支援室にチューターが常駐し、学習サポートを行う。
「人間形成」においては、禅の教えに基づいた心の教育を実践。「国際教育」においては、中学1・2年でイングリッシュキャンプ、中学3年でオーストラリア語学研修に全員参加、さらに希望者対象の海外語学研修を通じて、確かな語学力と高いコミュニケーション能力を育む。2014年秋、創立100周年に向けて、教育目標宣言「学びの心で世界を変える」を発信した。

◉系列校

小	中	高	大(短大)
	○	○	○

◉併設小学校なし

◉高校生外部募集………100名

（2年次から混合クラス）

◉授業時間…1コマ50分・週34時間

	1年	2年	3年	計
国　語	5	6	5	16
社　会	4	4	4	12
数　学	5	5	5	15
理　科	4	4	4	12
英　語	6	6	7	19
5教科計	24	25	25	74

参考　高校1年生一週間の授業

英語=7　数学=6　国語=5
理科=4　社会=4

※普通科

進学・進路

◉卒業生進路状況

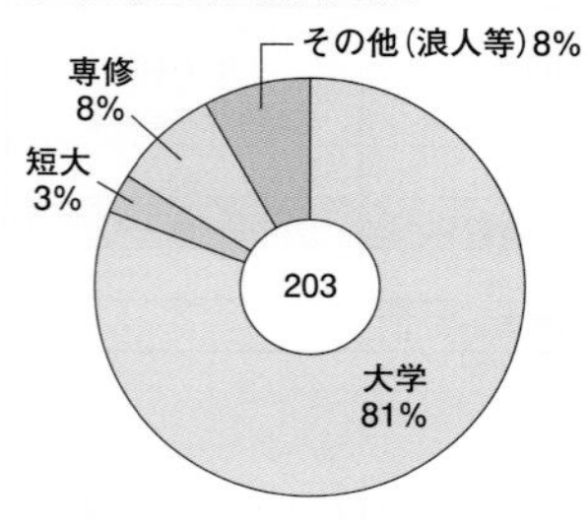

■進路選択状況（高３進級時）

理系 40%　文系 46%

0　50　100

■理系・文系進学状況

理系 41%　文系 48%

0　50　100

■共通テスト受験率

48%

0　50　100

◉卒業までの流れ

小学校	中学校	高等学校	大学
	鶴見大学附属中学校	鶴見大学附属 高等学校（203）	鶴見大学　4 鶴見大学短期大学部　3

◉主な大学合格実績

大学名	'22	'23	'24
東京大			
京都大			
北海道大			
東北大			
名古屋大			
大阪大			
九州大			
東京工業大	1		
一橋大			
筑波大		1	
茨城大			
宇都宮大			
群馬大			
埼玉大			

大学名	'22	'23	'24
千葉大		1	
お茶の水女子大			
東京外国語大			2
電気通信大			
東京学芸大			1
東京農工大			1
東京芸術大			
東京医科歯科大			
東京海洋大			
横浜国立大			
山梨大			1
金沢大			
信州大			
国際教養大			

大学名	'22	'23	'24
東京都立大	1		
横浜市立大		1	2
慶應義塾大		3	1
早稲田大	2	3	11
上智大		1	6
東京理科大	2	2	2
明治大	6	17	13
青山学院大	8	5	11
立教大	3	2	11
中央大	7	9	11
法政大	8	14	17
学習院大	4	2	3
国際基督教大			1
津田塾大			

大学名	'22	'23	'24
東京女子大			
日本女子大	2	1	
成蹊大	2	3	1
成城大	2	2	
明治学院大	2	12	12
國學院大	9	4	7
武蔵大	1	2	4
獨協大		1	2
日本大	19	22	20
東洋大	10	8	21
駒澤大	7	11	6
専修大	6	11	17
芝浦工業大	2	4	3
東京都市大	5	7	9

入試要項・入試情報

◉2024年度の入試要項(参考)

	進学クラス1次	適性検査	難関進学クラス1次	進学クラス2次	難関進学クラス2次	難関進学クラス3次
募集人員	男女40名	男女30名	男女30名	男女15名	男女15名	男女10名
選抜方法	国・算または国・算・社・理	適性検査・算	国・算または国・算・社・理			国・算または国・算・社・理または国・算・英または算
出願関連期間	1/6〜1/31		1/6〜2/1	1/6〜2/2		1/6〜2/4
試験日程	2/1午前		2/1午後	2/2午前	2/2午後	2/4午前
合格発表	掲示 2/1 16:00〜 Web 2/1 16:00〜	掲示 2/2 9:00〜 Web 2/1 20:00〜	掲示 2/2 9:00〜 Web 2/1 21:30〜	掲示 2/2 16:00〜 Web 2/2 16:00〜	掲示 2/3 9:00〜 Web 2/2 21:30〜	掲示 2/4 16:00〜 Web 2/4 16:00〜
入学手続	2/10 17:00まで					

面接 実施しない。

◉費用(参考)

受験料		20,000円
入学手続時	入学金	200,000円
	授業料	—
	その他	—
入学手続後〜入学まで	授業料	—
	その他	100,000円
入学後1年	授業料	420,000円
	その他	395,600円
初年度納入金合計		1,115,600円
中学3年間費用計 約		2,328,800円

＊複数回同時出願の場合、受験料は最大5回まで2万円。
＊学年預り金・修学旅行費・校外学習費等別途。

◉最近6年間の入試応募者推移と倍率

年度		2019 男	2019 女	2020 男	2020 女	2021 男	2021 女	2022 男	2022 女	2023 男	2023 女	2024 男	2024 女
募集	進学①	40		40		40		40		40		40	
	難関①	30		30		30		30		30		30	
	進学②	15		15		15		15		15		15	
	難関②	15		15		15		15		15		15	
応募	進学①	58	44	40	42	48	31	22/35	16/26	25/22	19/20	41/34	20/25
	難関①	77/31	40/26	55/27	39/24	58/30	26/24	61/35	29/27	61/24	47/14	78/45	37/21
	進学②	92	68	82	68	89	50	55/46	24/37	53/31	31/23	76/42	29/28
	難関②	78/33	32/32	64/33	40/24	69/30	30/25	65/39	28/26	68/28	42/27	93/50	39/23
応募倍率	進学①	2.6		2.1		2.0		2.5		2.2		3.0	
	難関①	5.8		4.8		4.6		5.1		4.9		6.0	
	進学②	10.7		10.0		9.3		10.8		9.2		11.7	
	難関②	11.7		10.7		10.3		10.5		11.0		13.7	
受験	進学①	46	25	28	31	28	22	9/30	8/22	17/19	12/19	21/27	17/19
	難関①	65/13	28/15	48/13	31/12	52/18	19/17	46/24	24/21	47/17	41/13	59/36	33/15
	進学②	28	22	31	17	21	13	16/18	8/10	19/14	3/9	27/12	4/9
	難関②	14/10	9/8	22/4	14/5	15/7	8/5	26/14	11/8	26/15	18/15	44/17	13/6
合格	進学①	40	22	24	27	23	19	8/28	8/19	15/14	11/18	18/23	16/15
	難関①	52/6	21/5	35/7	22/5	44/9	17/7	40/8	21/11	42/4	29/4	43/17	25/7
	進学②	24	19	28	14	20	13	15/17	8/8	18/12	3/7	22/9	3/7
	難関②	11/0	5/1	15/1	9/0	10/4	6/1	22/4	9/2	10/4	11/1	25/5	5/3
実質倍率	進学①	1.2	1.1	1.2	1.1	1.2	1.2	1.1/1.1	1.0/1.2	1.1/1.4	1.1/1.1	1.2/1.2	1.1/1.3
	難関①	1.3/2.2	1.3/3.0	1.4/1.9	1.4/2.4	1.2/2.0	1.1/2.4	1.2/3.0	1.1/1.9	1.1/4.3	1.4/3.3	1.4/2.1	1.3/2.1
	進学②	1.2	1.2	1.1	1.2	1.1	1.0	1.1/1.1	1.0/1.3	1.1/1.2	1.0/1.3	1.2/1.3	1.3/1.3
	難関②	1.3/−	1.8/8.0	1.5/4.0	1.6/−	1.5/1.8	1.3/5.0	1.2/3.5	1.2/4.0	2.6/3.8	1.6/15.0	1.8/3.4	2.6/2.0

＊難関①・難関②・難関③の合格者数はスライド合格者数を含まず。
＊2019年〜2021年難関①・難関②は4教科／2教科。2022年〜2024年進学①・難関①・進学②・難関②は4教科／2教科、難関③は4教科／2教科／3教科(国算英)／1教科(算数)。
＊2024年補欠発表・追加合格…いずれもなし。

◉入試教科

4教科/2教科

②算数	45分/45分	100点/100点
①国語	45分/45分	100点/100点
③理科	あわせて45分	50点/
③社会		50点/
合計	135分/90分	300点/200点

合格最高点	非公表
合格最低点	非公表

◉受験併願パターン

偏差値	1月前半	1月後半	2月1日	2月2日	2月3日	2月4日以降
50 50			桐蔭学園		桐光学園３Ａ	関東学院２
49 49				桐光学園２		目黒日大４
48 47			日本大学Ａ１ＡＦ	湘南学園Ｂ	湘南学園Ｃ	
40 43			鶴見大附属難関	鶴見大附属難関２		鶴見大附属難関３
39 39	日本大学三島首都		多摩大聖ヶ丘	八雲学園３	八雲学園４	

偏差値	1月前半	1月後半	2月1日	2月2日	2月3日	2月4日以降
51			森村学園	昭和女子大附ＳＢ		清泉女学院ＳＰ
50				カリタス女子３	昭和女子大附Ｃ	
49			日本大学Ａ１ＡＦ	昭和女子大附Ｂ	関東学院１Ｃ	湘南学園Ｄ
47				横浜女学院Ｄ１		
40			鶴見大附属難関	鶴見大附属難関２		鶴見大附属難関３

入試問題の傾向とポイント

算数 計算問題5問、一行問題9問程度、大問3題の問題構成。基本レベルのオーソドックスな問題中心なので、各分野の基礎事項をしっかりと身につけることが最も有効な対策となる。配点の多くを占める計算と一行問題は確実に正解して取りこぼしのないようにしたい。

国語 漢字の読み書き10問と、物語文と説明文の読解2題が出題された。物語文は人物の心情や抽象表現について、説明文は筆者の考えや意図、文章の展開などについて問われた。読解の解答形式は選択肢が多いが、抜き出しや記述もみられる。

理科 設問4題、大問1が実験器具の使い方または物理に関する問題と、生地化から1分野ずつの出題。出題形式は選択・計算・記述となっている。基本的な問題が中心ではあるが、単元が幅広く出題される。苦手単元をつくらないよう、『四科のまとめ』などを用いて基礎基本を固めておきたい。

社会 昨年に続き大問3題構成で設問数は25問。うち記号選択が7割強を占め、残りが用語記述。記述問題は出題されていない。用語記述は多くが漢字指定。地理・歴史・政治の3分野からほぼ均等に出題されており、いずれも基礎基本を問う内容であった。

帝京大学中学校

■学校長／市川伸一　■創立／昭和58年　■生徒数／366名(男196名、女170名)
■所在地／〒192-0361 東京都八王子市越野322　■TEL／042-676-9511
■交　通　京王堀之内駅(京王相模原線)徒歩23分。
豊田駅(JR中央線)、多摩センター駅(京王相模原線・小田急多摩線)、平山城址公園駅(京王線)からスクールバスあり。

何学期制	週何日制	登校時刻	制服	給食	食堂 軽食販売	プール	寮	特待制度 奨学金等	帰国生 取出授業
3学期制	6日制	8:30	中高あり	なし	食堂中高あり 販売中高あり	なし	なし	あり	なし

沿　革

1983年4月、6ヶ年の一貫教育を行う目的により、八王子の大学キャンパス内に開校。更なる教育環境の充実のため、1995年9月、八王子市越野へ移転。

教育方針と特色

建学の精神「努力を全ての基とし、偏見を排し、幅広い知識を身につけ、国際的視野に立って判断でき、実学を通して創像力および人間味豊かな専門性ある人材の育成を目標とする」のもと、開校以来、1クラス30人前後を基本とした少人数制を貫き、一人ひとりと向き合う教育を実践している。ほぼすべての生徒が国公立大および難関私立大への進学を目指しているため、この学校の特色である個別指導も含めた丁寧な指導により志望大学への合格を目指す。各種行事や校内の自然を活かした自然体験（竹の子掘りなど）を通じた情操教育も充実。また、沖縄修学旅行、ニュージーランド語学研修旅行やアジア方面への修学旅行など、6年間を通じた国際教育プログラムを実施しており、異文化を受け止め国際社会で柔軟に活躍できる人材の育成に努めている。

◉系列校

小	中	高	大(短大)
○	○	○	○

◉小学校からの内進生…21名
◉高校生外部募集………60名
(2年次から混合クラス)

◉授業時間…1コマ50分・週36時間

	1年	2年	3年	計
国　語	5	6	6	17
社　会	4	4	4	12
数　学	5	6	6	17
理　科	4	3	4	11
英　語	6	7	7	20
5教科計	24	26	27	77

参考　**高校1年生一週間の授業**

英語=7　数学=6　国語=6
理科=4　社会=4

進学・進路

◉卒業生進路状況

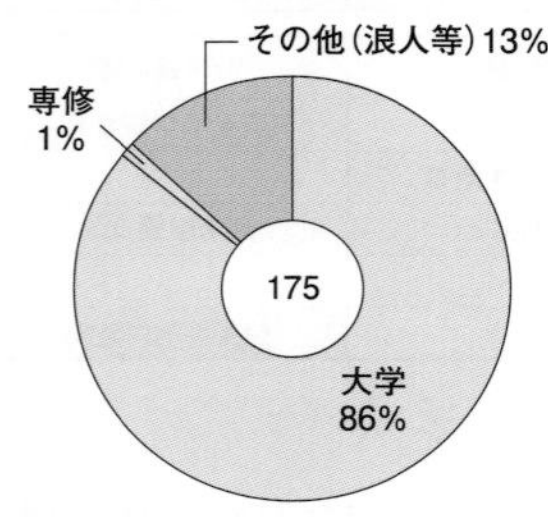

■進路選択状況（高3進級時）
データなし

■理系・文系進学状況
データなし

■共通テスト受験率
データなし

◉卒業までの流れ

小学校	中学校	高等学校	大学
帝京大学小学校	帝京大学中学校	帝京大学高等学校 (175)	帝京大学　0 帝京平成大学　0

◉主な大学合格実績

大学名	'22	'23	'24	大学名	'22	'23	'24	大学名	'22	'23	'24	大学名	'22	'23	'24
東京大		2	2	千葉大		1		東京都立大	9	14	9	東京女子大	10	16	5
京都大	1			お茶の水女子大	4	1		横浜市立大	1			日本女子大	22	11	7
北海道大		2	3	東京外国語大	3	1		慶應義塾大	25	33	23	成蹊大	9	10	15
東北大		4		電気通信大	2	1	2	早稲田大	36	46	33	成城大	8	9	12
名古屋大	1	1		東京学芸大	2	2	2	上智大	20	43	35	明治学院大	3	24	14
大阪大	1	1		東京農工大	2	1	1	東京理科大	35	48	40	國學院大	6	7	8
九州大				東京芸術大				明治大	69	76	69	武蔵大	1	6	2
東京工業大	6	3	3	東京医科歯科大				青山学院大	30	39	33	獨協大	1	2	
一橋大	3	2		東京海洋大			3	立教大	39	36	31	日本大	28	40	27
筑波大	5		1	横浜国立大	3	3	2	中央大	66	59	51	東洋大	13	19	17
茨城大				山梨大	2		1	法政大	43	49	55	駒澤大	7	13	7
宇都宮大				金沢大		1		学習院大	8	11	7	専修大	6	13	18
群馬大				信州大		1		国際基督教大	2	1		芝浦工業大	29	15	17
埼玉大				国際教養大			1	津田塾大	6	5	3	東京都市大	18	10	13

入試要項・入試情報

◉2024年度の入試要項（参考）

	1回	2回 （特待生・一般選抜試験）	3回
募集人員	男女40名	男女40名	男女30名
選抜方法	国・算または国・算・社・理	国・算・社・理	国・算
出願関連期間	1/6～1/31	1/6～2/1	1/6～2/3
試験日程	2/1午前	2/2午前	2/3午後
合格発表	Web 2/1 19:00～	Web 2/2 19:00～	Web 2/3 22:00～
入学手続	2/9 16:00まで		

面接　実施しない。

◉費用（参考）

受験料		25,000円
入学手続時	入学金	260,000円
	授業料	—
	その他	—
入学手続後～入学まで	授業料	—
	その他	130,042円
入学後１年	授業料	372,000円
	その他	457,000円
初年度納入金合計		1,219,042円
中学３年間費用計　約		2,726,042円

＊複数回同時出願の受験料は、2回分は3万5千円、3回分は4万5千円。
＊複数回同時出願し、早い回で合格して入学した場合は、未受験分の受験料を返金。

◉最近6年間の入試応募者推移と倍率

年度		2019 男	2019 女	2020 男	2020 女	2021 男	2021 女	2022 男	2022 女	2023 男	2023 女	2024 男	2024 女
募集	①	40		40		40		40		40		40	
	②	40		40		40		40		40		40	
	③	30		30		30		30		30		30	
応募	①	102/11	98/14	100/7	124/11	68/4	68/7	69/8	62/7	67/14	57/3	67/12	67/6
	②	159	162	175	190	110	108	126	115	123	99	124	101
	③	186	184	202	208	172	131	167	128	174	121	153	106
応募倍率	①	5.6		6.1		3.7		3.7		3.5		3.8	
	②	8.0		9.1		5.5		6.0		5.6		5.6	
	③	12.3		13.6		10.1		9.8		9.8		8.6	
受験	①	99/11	90/14	95/7	122/11	64/4	67/7	68/7	60/7	63/14	55/3	63/11	65/6
	②	126	140	131	158	67	81	90	85	96	69	80	73
	③	126	119	141	150	126	79	108	88	114	82	94	67
合格	①	32/1	29/4	25/0	42/0	28/2	32/0	36/2	22/3	29/2	31/1	32/3	33/3
	②	34	45	42	48	27	45	43	34	48	32	38	36
	③	27	27	26	32	37	24	34	29	36	32	41	25
実質倍率	①	3.1/11.0	3.1/3.5	4.1/—	3.2/—	2.3/2.0	2.1/—	1.9/3.5	2.7/2.3	2.2/7.0	1.8/3	2.0/3.7	2.0/2.0
	②	3.7	3.1	3.1	3.3	2.5	1.8	2.1	2.5	2.0	2.2	2.1	2.0
	③	4.7	4.4	5.4	4.7	3.4	3.3	3.2	3.0	3.2	2.6	2.3	2.7

＊2019年～2024年①は4教科／2教科。
＊2024年補欠発表・追加合格…いずれもなし。

◉入試教科

4教科/2教科

②算数	50分/50分	100点/100点
①国語	50分/50分	100点/100点
④理科	30分/	50点/
③社会	30分/	50点/
合計	160分/100分	300点/200点

合格最高点	①	224/161点
	①2科	124点
	②	240点
	③	163点
合格最低点	①	164/112点
	①2科	112点
	②	151点
	③	120点

＊合格最高点・最低点は、男女合算。

◉受験併願パターン

偏差値	1月前半	1月後半	2月1日	2月2日	2月3日	2月4日以降
57			東京都市大付２Ⅰ		立川国際一般	東京都市大付４Ⅰ
54				帝京大学特待	帝京大学３	
53	大宮開成					
52			帝京大学			成蹊２
50					桐光学園３Ａ	

偏差値	1月前半	1月後半	2月1日	2月2日	2月3日	2月4日以降
59					立川国際一般	
58	淑徳与野					
56				帝京大学特待		桐蔭学園３
54			帝京大学		帝京大学３	
50				カリタス女子３		

入試問題の傾向とポイント

算数　総設問数が20問で、計算問題と一行問題で6割程度を占める。前半は基本問題中心だが、一行問題の後半や大問ではやや難度の高い問題も出題される。前半部分で確実に得点することが重要。出題領域に偏りはないので、苦手な分野を作らない学習を心がけたい。

国語　物語文と説明文の読解2題と、雑問2題で構成されている。物語文は人物の言動理由を中心に、説明文は言い換えや理由説明を通して、筆者の考えや主張を正しく理解しているかが問われた。雑問は四字熟語と漢字の書き取りが出題された。解答形式は選択肢が中心だが、抜き出しや記述も含む。

理科　設問4題、生地物化からの出題。設問形式は、選択・計算・記述・作図と多岐にわたる。グラフの読み取りや実験結果の考察、作図をして思考する問題など、様々な形式で理科の本質的な力を試される。試験時間に対して問題数が多いので、時間配分の対策も含めて過去問演習を繰り返し行いたい。

社会　例年、歴史の出題比率が高い。用語記述の多くは漢字指定なので、基本的な用語は漢字で正確に書けるようにしておくこと。設問の多くは基礎基本を問うものだが、時事的な関心があるかどうかが問われるものもある。地理では表やグラフが多用されているので、ふだんから資料問題に慣れ親しみたい。

桐蔭学園中等教育学校

（とういんがくえん）

■学校長／玉田裕之　■創立／平成13年　■生徒数／920名（男513名、女407名）
■所在地／〒225-8502 神奈川県横浜市青葉区鉄町1614　■ＴＥＬ／045-971-1411
■交通／あざみ野駅（東急田園都市線、横浜市営地下鉄線）・市が尾駅・青葉台駅（東急田園都市線）・柿生駅（小田急線）・新百合ヶ丘駅（小田急線）からバス。

何学期制	週何日制	登校時刻	制服	給食	食堂 軽食販売	プール	寮	特待制度 奨学金等	帰国生 取出授業
3学期制	6日制	8:20	あり	なし	食堂あり 販売あり	屋内	なし	あり	あり

沿　革

1964年、学校法人桐蔭学園設立とともに高等学校（男子校）開校。1966年、桐蔭学園中学校（男子校）開校。1967年に小学部、1969年に幼稚部を開校。1981年、中学校女子部・高等学校女子部を併設。2001年、中等教育学校（男子校）を開校。2019年、中等教育学校に中学校（男子部・女子部）を統合し、共学化。

教育方針と特色

開校以来、「育て、伸ばし、鍛える」教育で、「学力・知性」「行動力・社会性」「創造力・感性」を育み、多くの卒業生がその成果を実証している桐蔭学園。2014年の創立50周年を機に、次の50年を見据えた教育改革に着手した。新たに掲げたテーマは「自ら考え判断し行動できる子どもたち」の育成。それを達成するために、学校生活の中心である「授業」をベースにした改革を行っている。「アクティブラーニング型授業」「探究（未来への扉）」「キャリア教育」の３つを柱に“新しい進学校のカタチ”を追求する。

中でも2015年度から本格的に導入した「アクティブラーニング型授業」は、その研究の第一人者である桐蔭学園溝上慎一理事長（元京都大学教授）の指導のもと、質の高い学びを展開。知識・技能を使いこなして考え、他者と話し合い、より良い答えを追究し発表する経験を重ねることで、「バランスの良い」学力を育てる。そして、これからの社会が求めている、多様性を尊重し、協働する力を伸ばしていく新しい学習の効果を一層高めるため、2019年度入学生より、中等教育学校は中学校（男子部・女子部）を統合し、男女共学となった。

◉系列校

小	中	高	大(短大)
○		○	○

◉小学校からの内進生…81名

◉後期課程外部募集………なし

※桐蔭学園高等学校は募集あり

◉授業時間…１コマ50分・週34時間

	1年	2年	3年	計
国　語	5	4	4	13
社　会	4	4	3	11
数　学	5	6	6	17
理　科	4	4	6	14
英　語	6	6	6	18
5教科計	24	24	25	73

参考　高校1年生一週間の授業

英語=6　数学=6　国語=4
理科=6　社会=4

進学・進路

◉卒業生進路状況

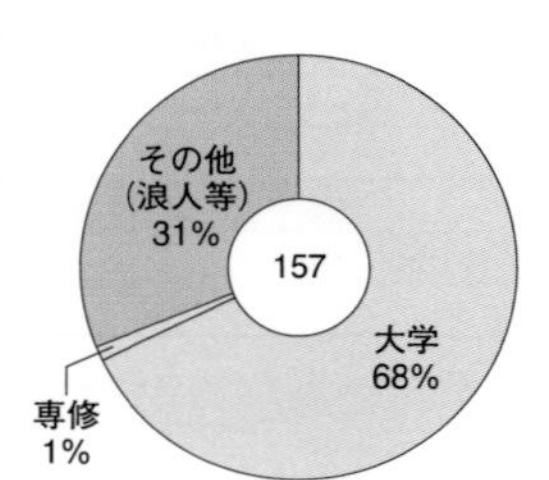

■進路選択状況（高３進級時）

データなし

■理系・文系進学状況

理系 67%　文系 33%

0　50　100

■共通テスト受験率

96%

0　50　100

◉卒業までの流れ

小学校	中学校	高等学校	大学
桐蔭学園小学部 ▶	桐蔭学園中等教育学校（157） ▶		

◉主な大学合格実績

大学名	'22	'23	'24	大学名	'22	'23	'24	大学名	'22	'23	'24	大学名	'22	'23	'24
東京大	2	5	2	千葉大	1			東京都立大	2	2	4	東京女子大			
京都大				お茶の水女子大				横浜市立大	2	1		日本女子大			
北海道大	1	2	1	東京外国語大	1			慶應義塾大	36	35	15	成蹊大	11	3	4
東北大	2		1	電気通信大	1	1	2	早稲田大	29	33	11	成城大	2	6	8
名古屋大				東京学芸大	1	1	1	上智大	23	32	8	明治学院大	2	16	8
大阪大		1	1	東京農工大	1		4	東京理科大	30	42	31	國學院大	6	3	5
九州大			1	東京芸術大				明治大	40	72	32	武蔵大	2		1
東京工業大	2	3	3	東京医科歯科大				青山学院大	36	40	27	獨協大			
一橋大	4	3	2	東京海洋大				立教大	11	25	14	日本大	30	32	35
筑波大	2	1		横浜国立大	6	5	2	中央大	20	41	25	東洋大	10	12	7
茨城大		1		山梨大	2	1		法政大	22	35	22	駒澤大	4	9	10
宇都宮大				金沢大				学習院大		7	2	専修大	6	11	17
群馬大		2	1	信州大		1		国際基督教大		2	2	芝浦工業大	13	4	10
埼玉大				国際教養大		1		津田塾大				東京都市大	13	26	13

入試要項・入試情報

◉2024年度の入試要項（参考）

	1回午前	1回午後	2回（午後）	3回
募集人員	男子30名・女子30名	男子35名・女子35名	男子30名・女子30名 （特別奨学生選抜約20名）	男子10名・女子10名
選抜方法	探究型（みらとび）入試 〈総合思考力問題・算数基礎〉 または国・算・社・理	国・算	グローバル入試 〈国語・算数基礎〉 または国・算	国・算・社・理 または国・算
出願関連期間	探究型（みらとび）入試 12/6～1/26 4科目入試　12/6～1/31	12/6～2/1	グローバル入試 12/6～1/27 2科目入試　12/6～2/2	12/6～2/3
試験日程	2/1午前	2/1午後	2/2午後	2/5午前
合格発表	掲示 2/2 10:00～ Web 2/1 19:00～	掲示 2/2 10:00～ Web 2/1 23:00～	掲示 2/3 10:00～ Web 2/2 22:00～	掲示 2/6 10:00～ Web 2/5 19:00～
入学手続	2/8 14:00まで			

面接 実施しない。

◉費用（参考）

受験料		25,000円
入学手続時	入学金	240,000円
	授業料	—
	その他	—
入学手続後～入学まで	授業料	153,000円
	その他	346,900円
入学後１年	授業料	459,000円
	その他	90,700円
初年度納入金合計		1,289,600円
中学３年間費用計　約		3,314,800円

＊複数回出願の場合、2回目以降1回につき1万円を追加。
＊入学辞退者は、申し出れば入学金以外を返金。
＊制服代・指定用品代・教材費等は別途。

◉最近6年間の入試応募者推移と倍率

年度		2019男	2019女	2020男	2020女	2021男	2021女	2022男	2022女	2023男	2023女	2024男	2024女
募集	①	60		①午前 30	20	30	20	35	25	30	30	30	30
	②午前	40		①午後 40	30	40	30	40	30	35	35	35	35
	②午後	50		② 25	20	30	25	30	25	30	30	30	30
	③	40		③ 25	15	20	10	15	10	20	20	10	10
応募	①	87/32	43/19	85/16	37/17	101/17	54/12	111	54	92/15	60/14	124/30	69/20
	②午前	143	86	216/18/16	114/12/4	360/20/16	157/16/1	288	136	316	153	383	207
	②午後	290/15	120/9	124	76	292	107	255/20/19	76/9/4	239/49	119/38	328/54	148/44
	③	193/18	89/5	219	86	213	87	166/43/13	49/21/9	130/51	66/39	163/75	80/57
応募倍率	①	3.0		3.4	2.7	3.9	3.3	3.2	2.2	3.6	2.5	5.1	3.0
	②午前	5.7		6.3	4.3	9.9	5.8	7.2	4.5	9.0	4.4	10.9	5.9
	②午後	8.7		5.0	3.8	9.7	4.3	9.8	3.6	9.6	5.2	12.7	6.4
	③	7.6		8.8	5.7	10.7	8.7	14.8	7.9	9.1	5.3	23.8	13.7
受験	①	83/30	41/19	81/16	36/16	93/17	52/12	106	51	87/14	54/14	116/30	68/20
	②午前	109	61	203/18/13	107/11/4	353/19/15	150/16/1	269	129	299	148	361	196
	②午後	243/14	97/4	78	46	222	77	194/18/16	56/7/2	188/37	85/32	262/42	115/34
	③	138/12	55/3	157	48	131	53	118/29/12	29/15/7	90/39	36/25	108/54	44/42
合格	①	26/9	11/6	29/10	18/11	39/10	23/7	36	30	30/10	33/12	37/8	34/9
	②午前	40	16	119/10/6	68/9/2	152/12/5	86/8/1	130	78	128	84	144	90
	②午後	64/5	20/0	23	19	66	34	67/10/7	28/3/1	81/21	54/21	65/21	45/20
	③	49/3	15/1	29	11	20	12	17/5/3	9/4/3	17/9	13/9	11/2	11/4
実質倍率	①	3.2/3.3	3.7/3.2	2.8/1.6	2.0/1.5	2.4/1.7	2.3/1.7	2.9	1.7	2.9/1.4	1.6/1.2	3.1/3.8	2.0/2.2
	②午前	2.7	3.8	1.7/1.8/2.2	1.6/1.2/2.0	2.3/1.6/5.0	1.7/2.0/1.0	2.1	1.7	2.3	1.8	2.5	2.2
	②午後	3.8/2.8	4.9/—	3.4	2.4	3.4	2.3	2.9/1.8/2.3	2.0/2.3/2.0	2.3/1.8	1.6/1.5	4.0/2.0	2.6/1.7
	③	2.8/4.0	3.7/3.0	5.4	4.4	6.6	4.4	6.9/5.8/4.0	3.2/3.8/2.3	5.3/4.3	2.8/2.8	9.8/27.0	4.0/10.5

＊2019年①は4教科／AL、②午後は国算／英算、③は4教科／算数選抜。2020年～2021年①午前は4教科／AL、①午後は国算／算英／算数選抜。2022年②は国算／算英／算数選抜、③は4教科／国算／AL。2023年～2024年①午前は4教科／探究型（みらとび）、②は2教科／グローバル、③は4教科／2教科。
＊2024年補欠発表・追加合格…いずれもなし。

◉入試教科

4教科/2教科

②算数	50分/50分	150点/100点
①国語	50分/50分	150点/100点
④理科	40分/	100点/
③社会	40分/	100点/
合計	180分/100分	500点/200点

＊グローバルは、国・算数基礎（各50分・各100点）合計200点＋加点（英検2級以上100点/準2級80点/3級60点）。
＊探究は、総合思考力・算数基礎（各50分・各100点）合計200点。

合格最高点	非公表
合格最低点	1回4科　男360点 女340点 1回探究　男 70点 女 65点 1回2科　男165点 女160点 2回グローバル　男240点 女225点 2回2科　男165点 女144点 3回4科　男402点 女356点 3回2科　男172点 女156点

◉受験併願パターン

偏差値	1月前半	1月後半	2月1日	2月2日	2月3日	2月4日以降
58	栄東Ａ１０日			明大中野	暁星２	明大中野２
57					東京都市大付３Ｉ	
56				法政第二		
55			桐蔭学園午後			
54		専修大松戸				桐蔭学園３

偏差値	1月前半	1月後半	2月1日	2月2日	2月3日	2月4日以降
60				青学横浜英和Ｂ		
59					青学横浜英和Ｃ	
58				法政第二		
57			桐蔭学園午後			
56						桐蔭学園３

入試問題の傾向とポイント

算数

大問1が計算と文章題の一行問題、大問2が図形の一行問題、大問3は小設問がついた大問形式の問題が3題程度の問題構成。基礎～標準レベルの問題が中心なので、各単元の基本事項をきちんと押さえること。式や考え方を書かせる問題も多い。日頃から式を簡潔にまとめる練習をしておきたい。

国語

漢字の読み書き10問と説明文・物語文の読解2題構成。説明文は計画を立てることについて述べられた文章で、傍線部の具体例や内容説明、理由について問われ、物語文は傍線部の発言から相手がどのような人物であると言っているのか読み取る必要があった。双方の解答形式は60字以内の記述や選択肢が中心。

理科

大問3～4題、生地物化からの出題。設問形式も、選択・計算・記述・作図と多岐にわたる。典型問題が中心ではあるが、初見のテーマについての問題もしばしば出題される。基礎基本をしっかりと固めた上で、落ち着いて文章を読み、既習事項に結び付けて解答したい。

社会

地理・歴史・政治の大問3題構成。全体に基礎基本を中心とした内容の出題で、例年通り記号選択の比率が高い。記述問題はどの分野からも出題されている。資料の読み取りや時事問題の背景を問う問題が例年出題されているため、対策が必要である。用語記述は一部が漢字指定である。

東海大学付属浦安高等学校中等部

■学校長／茂泉吉則　■創立／昭和63年　■生徒数／401名（男276名、女125名）
■所在地／〒279-8558 千葉県浦安市東野3-11-1　■ＴＥＬ／047-351-2371
■交通／舞浜駅（JR京葉線）徒歩18分。浦安駅（東京メトロ東西線）からバス「東海大学浦安高校中学校前」下車。
新浦安駅（JR京葉線・武蔵野線）からバス「東海大学浦安高校中学校前」下車。

何学期制	週何日制	登校時刻	制服	給食	食堂 軽食販売	プール	寮	特待制度 奨学金等	帰国生 取出授業
2学期制	6日制	8:35	中高あり	なし	食堂高校のみ 販売条件付	屋内	なし	なし	なし

沿　革

1988年に、東海大学付属浦安高等学校と同じ敷地内に開校。中学校、高等学校を「中等教育」として継続的、統一的にとらえ、そして、中学校、高等学校、大学と、10年間の教育を一貫して行うことを目指す。大学と接続しているため、ことさらに入試科目を偏重することなく、幅の広い教育が行われる。

教育方針と特色

建学理念を基盤とする国際協調の精神をもち、広い視野に立った人間性豊かな国民を育成することを目標に、「大学の先にある人としての在り方生き方を考える生徒」、「高い目標をもち限界までチャレンジする生徒」、「思いやりをもち相手のことを考える生徒」、「自主的・意欲的に取り組むことが出来る生徒」の育成を目指す。中等部では付属高等学校につながることを展望しながら、知育偏重でない総合教育を実施する。学習と部活動の両立を図り、学力形成と、学校行事や文化活動、体育活動によって、いきいきと主体的、能動的な学校生活を展開する。中等部3年間で身に付けるべき基本的な生活習慣「学び方スタンダード」を習得し、人や地域社会のつながりを大切にすることや自己の在り方生き方を多角的な学習を通して主体的に学ぶ「浦安人生学」を総合的な学習の時間を通して学習していく。

◉系列校

小	中	高	大（短大）
	○	○	○

◉併設小学校なし

◉高校生外部募集………250名

（完全混合クラス）

◉授業時間…1コマ50分・週33時間

	1年	2年	3年	計
国　語	5	4	4	13
社　会	3	3	4	10
数　学	4	4	4	12
理　科	3	4	4	11
英　語	5	6	6	17
5教科計	20	21	22	63

参考　高校1年生一週間の授業

英語=5　数学=5　国語=4
理科=3　社会=4

進学・進路

◉卒業生進路状況

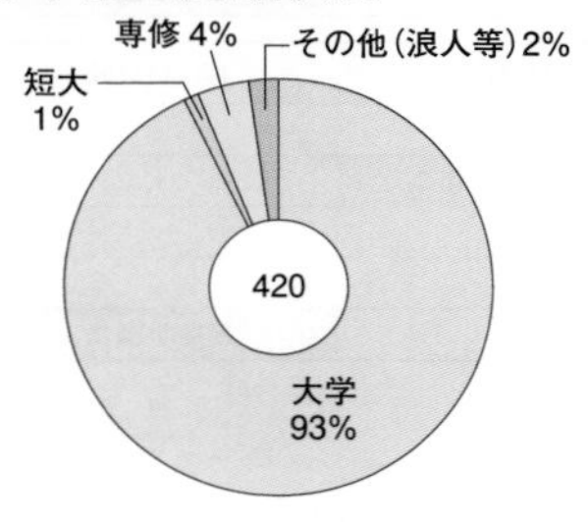

■進路選択状況（高３進級時）
理系 34%　文系 48%
0　50　100

■理系・文系進学状況
理系 36%　文系 50%
0　50　100

■共通テスト受験率
5%
0　50　100

◉卒業までの流れ

小学校	中学校	高等学校	大学
	東海大学付属浦安高等学校中等部	東海大学付属浦安高等学校（420）	東海大学　330 （文13・文化社会21・法10・政経31・経営24・教養16・観光16・体育26・理12・工27・海洋9・医6・健康13・情報理工11・生物3・農1・情報通信32・国際文化10・国際21・人文1・文理融合2・建築都市17・児童教育8）など

◉主な大学合格実績

大学名	'22	'23	'24	大学名	'22	'23	'24	大学名	'22	'23	'24	大学名	'22	'23	'24
東京大				千葉大				東京都立大				東京女子大			1
京都大				お茶の水女子大				横浜市立大				日本女子大			
北海道大				東京外国語大				慶應義塾大				成蹊大		1	
東北大				電気通信大				早稲田大	1	1		成城大	1	2	2
名古屋大	1			東京学芸大			1	上智大		1		明治学院大	2	1	
大阪大				東京農工大				東京理科大	3			國學院大		3	
九州大				東京芸術大				明治大	5	2		武蔵大	1		2
東京工業大				東京医科歯科大				青山学院大	2	1		獨協大		3	2
一橋大				東京海洋大				立教大	1	1		日本大	5	12	5
筑波大				横浜国立大				中央大	3	5	3	東洋大	2	10	1
茨城大				山梨大				法政大		4		駒澤大		2	1
宇都宮大				金沢大				学習院大	1			専修大	1	9	
群馬大				信州大				国際基督教大				芝浦工業大	2		2
埼玉大				国際教養大				津田塾大				東京都市大	1	1	3

入試要項・入試情報

◉2024年度の入試要項（参考）

	推薦（第一志望）	A	B
募集人員	男女70名	男女30名	男女20名
選抜方法	国・算・社・理＋ 面接・自己推薦書	国・算・社・理	国・算または 国・算・社・理
出願関連期間	11/1〜11/25	12/1〜1/14	12/1〜1/22
試験日程	12/1	1/20	1/24
合格発表	Web 12/2 11：00〜	Web 1/21 11：00〜	Web 1/25 11：00〜
入学手続	12/5まで	1/23まで	1/29まで

＊推薦の出願資格に「本校を第一志望とし、合格した場合には必ず入学する者」とある。

面接 実施する。

◉費用（参考）

受験料		20,000円
入学手続時	入学金	160,000円
	授業料	—
	その他	160,000円
入学手続後〜入学まで	授業料	—
	その他	100,569円
入学後１年	授業料	336,000円
	その他	509,880円
初年度納入金合計		1,266,449円
中学３年間費用計	約	2,749,979円

＊A・B同時出願の受験料は3万円。
＊同時出願でA試験に合格し、入学手続きをした場合、未受験分の受験料1万円を返金。
＊希望者は、入学手続時納入金の一部10万円を納入したうえで、2月9日まで残金（22万円）の延納可。

◉最近6年間の入試応募者推移と倍率

年度		2019 男	2019 女	2020 男	2020 女	2021 男	2021 女	2022 男	2022 女	2023 男	2023 女	2024 男	2024 女
募集	推薦	70		70		70		70		70		70	
	A	30		30		30		30		30		30	
	B	20		20		20		20		20		20	
応募	推薦	78	34	80	34	93	46	91	54	111	40	115	51
	A	296	132	319	164	333	168	382	192	376	196	377	196
	B	81/46	30/23	95/60	33/44	149/51	58/42	142/77	56/39	137/64	34/41	164/66	54/64
応募倍率	推薦	1.6		1.6		2.0		2.1		2.2		2.4	
	A	14.3		16.1		16.7		19.1		19.1		19.1	
	B	9.0		11.6		15.0		15.7		13.8		17.4	
受験	推薦	77	33	80	33	90	46	88	54	110	40	114	50
	A	289	127	302	160	316	161	366	186	354	189	364	193
	B	73/43	25/23	87/56	39/32	138/47	51/41	119/71	46/39	125/61	30/41	147/65	50/61
合格	推薦	71	33	73	31	69	40	68	43	82	27	76	35
	A	232	113	225	139	185	98	179	96	170	108	164	87
	B	69/41	25/22	59/34	28/29	51/17	22/23	56/32	20/19	57/23	13/23	56/19	21/30
実質倍率	推薦	1.1	1.0	1.1	1.1	1.3	1.2	1.3	1.3	1.3	1.5	1.5	1.4
	A	1.3	1.1	1.3	1.2	1.7	1.6	2.0	1.9	2.1	1.8	2.2	2.2
	B	1.1/1.1	1.0/1.1	1.5/1.6	1.4/1.1	2.7/2.8	2.3/1.8	2.1/2.2	2.3/2.1	2.2/2.7	2.3/1.8	2.6/3.4	2.4/2.0

＊2019年〜2024年Bは4教科／2教科。
＊2024年補欠発表・追加合格…いずれもなし。

◉入試教科

4教科/2教科

②算数	50分/50分	100点/100点
①国語	50分/50分	100点/100点
③理科	あわせて60分	50点/
③社会		50点/
合計	160分/100分	300点/200点

合格最高点	Ⓐ男268点 女268点 Ⓑ男257/156点 女257/179点
合格最低点	Ⓐ198点 Ⓑ180/117点

＊合格最低点は男女合算。

◉受験併願パターン

偏差値	1月前半	1月後半	2月1日	2月2日	2月3日	2月4日以降
45			日大第二	駒込３	サレジ世４本科	明治学院３
44		千葉日大第一			日大第一２科	
43			日工大駒場２			淑徳巣鴨３
42		東海大浦安Ａ		日大第一４科２		
41	獨協埼玉			京華２		

偏差値	1月前半	1月後半	2月1日	2月2日	2月3日	2月4日以降
46	佐久長聖東京２		日大第二			
44				跡見学園２		
43		東海大浦安Ａ		日大第一４科２		
42	獨協埼玉		江戸川女子基礎１			
41		流経大柏	日大第一４科		東海大高輪台２	

入試問題の傾向とポイント

算数
計算＋一行問題12問、大問3題程度で、総設問数20問の問題構成。文章題の問題が多く、図形の問題の割合は低い。基本から標準レベルの問題が中心なので、計算力を含めた基礎をしっかりと固めることで十分対応できる。基本レベルの問題演習を繰り返し、素早く、正確に解く力を鍛えたい。

国語
説明文と物語文の読解2題と、雑問の構成である。説明文は言い換えや空欄補充が、物語文は指示語や表現技法について問われた。出題形式は短めの選択肢と抜き出しが中心である。雑問は漢字の書き取りや敬語、文学史を含む。

理科
設問5題、生地物化からの出題。設問形式は選択問題・計算問題・短文記述問題。典型的な問題から、知識を活用する思考問題まで幅広く出される。『四科のまとめ』を活用して苦手分野をつくらないようにしたい。大問5は4択の時事問題が1問出されるので、対策を忘れずに。

社会
地理・歴史・政治の大問3題の構成。基本的な内容が問われているが、用語は漢字指定のものが多い。『四科のまとめ』での演習時は答えを漢字で書くことを意識したい。試験時間は理科とあわせて60分あり、設問数も少ないので、あせらずにじっくりと取り組むこと。

東海大学付属高輪台高等学校中等部

とうかいだいがくふぞくたかなわだい

■学校長／片桐知己治　■創立／平成19年　■生徒数／254名（男177名、女77名）
■所在地／〒108-8587 東京都港区高輪2-2-16　■ＴＥＬ／03-3448-4011
■交通／白金高輪駅（東京メトロ南北線、都営三田線）徒歩6分。泉岳寺駅（都営浅草線）徒歩7分。
高輪ゲートウェイ駅（JR）徒歩9分。

何学期制	週何日制	登校時刻	制服	給食	食堂 軽食販売	プール	寮	特待制度 奨学金等	帰国生 取出授業
2学期制	6日制	8:25	中高あり	なし	食堂条件付 販売中高あり	なし	なし	なし	なし

沿　革

1944年前身の工業学校開校。1947年高等学校へ移行。1998年男女共学募集開始。1999年2学期制スタート。2002年さいたま新都心に総合グラウンド開設。2007年中等部開校。2008年アクティブボード全教室設置。2015年タブレットPC設置。
2021年液晶電子黒板（MIRAI TOUCH）設置。

教育方針と特色

創立者松前重義が掲げた「若き日に汝の思想を培え」「若き日に汝の体躯を養え」「若き日に汝の智能を磨け」「若き日に汝の希望を星につなげ」の四つの言葉に象徴される建学の精神を踏まえ、本校の教育方針は社会に対する強い使命感と豊かな人間性を育むことを目指す。人々を愛し、人に愛される心豊かで、明朗闊達な人材を育成し、学習意欲を高め、基礎学力の充実を図るとともに広く教養を求める態度を養わせる。部活動への積極的な参加により、心身ともに健全な人格を培わせ、積極的な学習生活体験を基に、自主自律の精神を養わせることも目指している。また、高校はスーパーサイエンスハイスクールとして文部科学省から指定を受け、理科数学の教育も重点的に行なっている。施設は、地上6階地下3階に43台のアクティブボードとBYODによる1人1台のタブレットPC等のICT設備を整え、教育を進めている。

◉系列校

小	中	高	大(短大)
	○	○	○

◉併設小学校なし
◉高校生外部募集………340名
（完全混合クラス）

◉授業時間…1コマ50分・週34時間

	1年	2年	3年	計
国　語	5	5	4.5	14.5
社　会	4	4	5	13
数　学	5	5	5.5	15.5
理　科	4	5	5	14
英　語	6	6	6	18
5教科計	24	25	26	75

参考　高校1年生一週間の授業

英語=7　数学=5　国語=4
理科=6　社会=4

進学・進路

◉卒業生進路状況

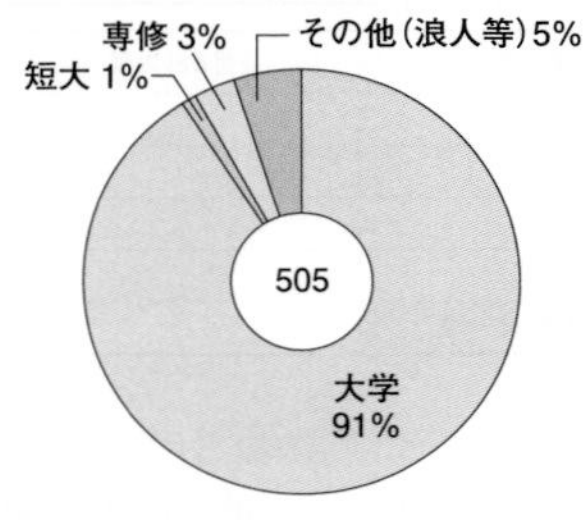

■進路選択状況（高３進級時）

データなし

■理系・文系進学状況

データなし

■共通テスト受験率

3%（0 / 50 / 100）

◉卒業までの流れ

小学校	中学校	高等学校	大学
	東海大学付属 高輪台高等学校中等部	▶東海大学付属 高輪台高等学校（505）	▶東海大学　424 （文23・文化社会33・法28・政経31・経営32・教養12・観光29・体育18・理7・工53・海洋13・医13・健康7・情報理工16・生物3・農2・情報通信27・国際文化1・国際25・建築都市28・児童教育9・人文1・文理融合3）など

◉主な大学合格実績

大学名	'22	'23	'24	大学名	'22	'23	'24	大学名	'22	'23	'24	大学名	'22	'23	'24
東京大				千葉大				東京都立大				東京女子大			
京都大				お茶の水女子大				横浜市立大				日本女子大			
北海道大				東京外国語大				慶應義塾大				成蹊大			1
東北大				電気通信大				早稲田大				成城大			
名古屋大				東京学芸大				上智大	1	1	1	明治学院大		3	1
大阪大				東京農工大				東京理科大				國學院大		3	1
九州大				東京芸術大				明治大				武蔵大			
東京工業大				東京医科歯科大				青山学院大				獨協大			1
一橋大				東京海洋大				立教大				日本大		1	
筑波大				横浜国立大	1			中央大	1			東洋大	1		
茨城大				山梨大				法政大	1			駒澤大	1		
宇都宮大				金沢大				学習院大				専修大			
群馬大				信州大				国際基督教大				芝浦工業大			
埼玉大				国際教養大				津田塾大				東京都市大		1	

入試要項・入試情報

◉2024年度の入試要項(参考)

	1回	2回	3回
募集人員	男女45名	男女25名	男女10名
選抜方法	国・算・社・理＋成績通知表のコピー		
出願関連期間	1/10〜1/31	1/10〜2/2	1/10〜2/4
試験日程	2/1	2/3	2/5
合格発表	Web 2/2 10:00〜	Web 2/4 10:00〜	Web 2/6 10:00〜
入学手続	2/3 13:00まで	2/5 13:00まで	2/7 13:00まで

＊出願資格に「保護者と同居している者」とある。

面接 実施しない。

◉費用(参考)

受験料		25,000円
入学手続時	入学金	280,000円
	授業料	—
	その他	100,000円
入学手続後〜入学まで	授業料	—
	その他	—
入学後１年	授業料	420,000円
	その他	363,255円
初年度納入金合計		1,163,255円
中学３年間費用計	約	2,678,765円

＊1月中に複数回同時出願した場合の受験料は、2回分は3万5千円、3回分は4万5千円。
＊1月中の複数同時出願で早い回に合格し入学手続きした場合、未受験分の受験料1回分につき1万円返金あり。
＊入学辞退者は、3月30日15時までに申し出れば、施設費(10万円)を返金。
＊制服代・指定用品代・修学旅行費・海外研修費等は別途。

◉最近6年間の入試応募者推移と倍率

年度		2019		2020		2021		2022		2023		2024	
		男	女	男	女	男	女	男	女	男	女	男	女
募集	①	45		45		45		45		45		45	
	②	25		25		25		25		25		25	
	③	10		10		10		10		10		10	
応募	①	72	21	74	35	97	25	69	40	74	45	79	28
	②	104	39	122	59	165	57	140	67	140	81	128	49
	③	122	45	128	54	167	47	121	58	112	65	114	43
応募倍率	①	2.1		2.4		2.7		2.4		2.6		2.4	
	②	5.7		7.2		8.9		8.3		8.8		7.1	
	③	16.7		18.2		21.4		17.9		17.7		15.7	
受験	①	67	20	68	31	87	19	62	33	68	40	74	28
	②	51	20	66	25	84	31	75	35	92	50	84	28
	③	53	19	62	19	75	20	44	21	60	33	52	20
合格	①	39	14	34	16	41	8	34	14	28	19	32	25
	②	16	11	22	8	21	8	20	8	20	7	22	4
	③	6	4	9	2	11	0	9	2	8	4	7	5
実質倍率	①	1.7	1.4	2.0	1.9	2.1	2.4	1.8	2.4	2.4	2.1	2.3	1.1
	②	3.2	1.8	3.0	3.1	4.0	3.9	3.8	4.4	4.6	7.1	3.8	7.0
	③	8.8	4.8	6.9	9.5	6.8	—	4.9	10.5	7.5	8.3	7.4	4.0

＊2024年補欠発表(Web)…あり。補欠合格・追加合格…いずれも非公表。

◉入試教科

②算数	50分	100点
①国語	50分	100点
③理科	30分	50点
④社会	30分	50点
合計	160分	300点

合格最高点	①283点 ②257点 ③243点
合格最低点	①202点 ②225点 ③197点

◉受験併願パターン

偏差値	1月前半	1月後半	2月1日	2月2日	2月3日	2月4日以降
43			横浜創英			
42	城北埼玉	東海大浦安Ａ	文教大付２	日大第一４科２		
41						文教大付５
40	土浦日大ＫＢＴ		日大第一４科	日工大駒場３	東海大高輪台２	東海大高輪台３
39					八雲学園４	

偏差値	1月前半	1月後半	2月1日	2月2日	2月3日	2月4日以降
43	浦和実業２特待	東海大浦安Ａ				
41			東海大高輪台	十文字４	東海大高輪台２	東海大高輪台３
39						日大豊山女２科３
33			帝京			帝京３
31			東海大菅生Ｂ			

入試問題の傾向とポイント

算数 計算問題5問、一行問題6問程度、大問2題の問題構成。前半はほとんどの問題が基本〜標準レベルなので、確実に得点しておきたい。後半には思考力を必要とする問題もあるので、できる問題から解き進めることが大切。大問では求め方を要求されるので、日頃から簡潔にまとめる練習を。

国語 説明文と物語文の読解2題と、雑問の構成である。説明文は関連する2文章が出題され、言い換えや理由説明を通して筆者の考えの把握が求められた。物語文は人物の様子や人物像について問われた。雑問は慣用句や季語を含む。

理科 設問4題、生地物化からの出題。設問形式は、選択問題・計算問題・1〜2文の記述問題がバランスよく出題される。典型的な問題が中心だが、いろいろな事象の理由や実験道具の使い方など、正確な理解が求められている。基礎基本を抜けがないように固めて、問題演習を繰り返し行いたい。

社会 大問3題構成。記号選択の割合が高く、用語記述は原則として漢字指定。記述問題は昨年同様出題されていない。地理は地図・雨温図・グラフなどを用いた問いが多い。政治の大問は昨年に続き、過去1年の新聞記事から出題がされているため、時事問題には特に力を入れて対策を行いたい。

東京成徳大学中学校

（とうきょうせいとくだいがく）

■学校長／木内秀樹　■創立／大正15年　■生徒数／329名（男180名、女149名）
■所在地／〒114-8526 東京都北区豊島8-26-9
■ＴＥＬ／03-3911-7109
■交通／王子神谷駅（東京メトロ南北線）徒歩5分。王子駅からバス「王子５丁目」下車、徒歩5分。

何学期制	週何日制	登校時刻	制服	給食	食堂 軽食販売	プール	寮	特待制度 奨学金等	帰国生 取出授業
3学期制	6日制	8:25	中高あり	なし	食堂中高あり 販売中高あり	屋内	なし	あり	あり

沿　革

1926年、王子高等女学校として設立。戦後の学制改革に伴い、東京成徳中学校・高等学校となる。1979年に東京成徳短期大学付属中学校・高等学校となる。1993年には千葉県八千代市に東京成徳大学が開校。1998年新校舎完成を契機に、校名を改め、男子を募集して中高一貫の共学校となる。

教育方針と特色

正解がひとつではないと言われる今、一人ひとりが自分の人生を充実させるためには、自分自身で考えられる人間に成長することが重要だと考え、未来を見据え、現代生き抜いていくために求められる人材像の育成を実現している。
完全6年一貫教育体制で、6年間の時間を有効的に活用して、各教科で基礎学力の構築にとどまらず、実践的なコミュニケーション力や表現力など社会で活用できる力を養っている。2022年度からの新課程の中ではそうした社会的なスキルの構築を目的としたオリジナルプログラムへの取り組みを実践。
3期・週6日制を基本に、英語と数学は中2より習熟度別の少人数授業を行うほか、英語は週8時間のうち3時間が外国人講師による授業で、中学では年間10時間以上のオンライン英会話を取り入れている。また、校外学習などを題材に探究活動に取り組み、それぞれが自発的な学びをICT機器の活用でより深く取り組むことを可能としている。自己の中にインプットした体験をプレゼンテーションや動画作成などを通じて表現し、主体的な学びを行っている。

◉系列校

小	中	高	大（短大）
	○	○	○

◉併設小学校なし
◉高校生外部募集………400名
（完全別クラス）

◉授業時間…1コマ50分・週34時間

	1年	2年	3年	計
国　語	5	5	5	15
社　会	4	4	4	12
数　学	5	5	6	16
理　科	4	4	4	12
英　語	7	7	7	21
5教科計	25	25	26	76

参考　高校1年生一週間の授業

英語=7　数学=6　国語=5
理科=4　社会=4
※中高一貫部

進学・進路

◉卒業生進路状況

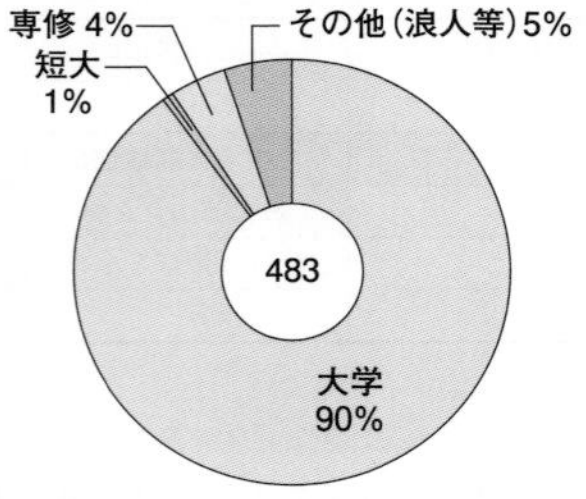

■進路選択状況（高３進級時）
データなし

■理系・文系進学状況
データなし

■共通テスト受験率
99%

◉卒業までの流れ

小学校	中学校	高等学校	大学
	東京成徳大学中学校	東京成徳大学高等学校（483）	東京成徳大学　17 東京成徳短期大学　3

◉主な大学合格実績

大学名	'22	'23	'24	大学名	'22	'23	'24	大学名	'22	'23	'24	大学名	'22	'23	'24
東京大				千葉大	1	2		東京都立大	2	1	4	東京女子大	6	3	4
京都大				お茶の水女子大		1		横浜市立大				日本女子大	5	7	6
北海道大				東京外国語大		1		慶應義塾大	3	3	2	成蹊大	11	6	19
東北大				電気通信大	2	1		早稲田大	4	7	1	成城大	6	6	8
名古屋大				東京学芸大		1		上智大	6	7	8	明治学院大	11	10	19
大阪大				東京農工大	1	1		東京理科大	14	11	8	國學院大	7	10	9
九州大				東京芸術大				明治大	25	15	21	武蔵大	7	5	11
東京工業大				東京医科歯科大				青山学院大	14	6	10	獨協大	10	20	33
一橋大				東京海洋大				立教大	27	42	25	日本大	58	38	76
筑波大	1	2	1	横浜国立大				中央大	18	11	23	東洋大	73	71	83
茨城大				山梨大				法政大	37	36	53	駒澤大	17	18	28
宇都宮大			1	金沢大				学習院大	12	7	9	専修大	18	33	33
群馬大				信州大				国際基督教大				芝浦工業大	21	11	9
埼玉大	2	1	4	国際教養大				津田塾大	1	3	1	東京都市大	8	5	19

入試要項・入試情報

◉2024年度の入試要項（参考）

	1回		2回		3回		Distinguished Learner入試
	一般	特待	一般	特待	一般	特待	
募集人員	男女60名	男女20名	男女20名	男女20名	男女20名	男女20名	若干名
選抜方法	国・算または国・算・社・理	国・算	国・算または国・算・社・理	国・算	国・算または国・算・社・理	国・算	試験①個人課題・試験②グループワーク＋プレゼンテーション（ルーブリック12項目を5段階にて採点）
出願関連期間	1/10〜1/30		1/10〜2/1		1/10〜2/2	1/10〜2/3	
試験日程	2/1午前	2/1午後	2/2午前	2/2午後	2/3午前	2/4午前	2/5午前
合格発表	Web 2/1 17:00〜	Web 2/1 21:00〜	Web 2/2 17:00〜	Web 2/2 21:00〜	Web 2/3 17:00〜	Web 2/4 15:00〜	Web 2/5 19:00〜
入学手続	2/11 12:00まで						

面接 実施する。

◉費用（参考）

受験料		25,000円
入学手続時	入学金	250,000円
	授業料	—
	その他	98,000円
入学手続後〜入学まで	授業料	—
	その他	90,695円
入学後１年	授業料	468,000円
	その他	362,000円
初年度納入金合計		1,268,695円
中学３年間費用計 約		2,348,695円

＊受験料は複数回受験でも一律2万5千円。
＊入学辞退者は、3月31日16時までに申し出れば、入学手続時納入金のうち施設費（9万8千円）を返金。
＊女子は男子との制服代の差（約3万5千円）を加えること。
＊各種会費・教材費等は別途。

◉最近6年間の入試応募者推移と倍率

年度		2019男	2019女	2020男	2020女	2021男	2021女	2022男	2022女	2023男	2023女	2024男	2024女
募集	①午前	60		60		①午前 60		①一般 60		60		60	
	①午後2科/思考力	20		20		①午後（2科&適性検査）20		①特待 20		20		20	
	②午前	40		20		②午前 20		②一般 20		20		20	
	②午後	20		20		②午後 20		②特待 20		20		20	
応募	①午前	27/16	15/14	13/16	10/16	16/17	7/24	19/15	19/16	35/16	24/25	45/35	33/26
	①午後2科/思考力	41/3	30/3	33/4	22/3	41	25	36	33	54	37	99	60
	②午前	26/8	13/8	11/7	11/6	14/7	3/3	21/7	15/12	40/17	26/23	59/37	44/30
	②午後	27	29	24	19	26	15	26	29	57	42	98	71
応募倍率	①午前	1.2		0.9		1.1		1.2		1.7		2.3	
	①午後2科/思考力	3.9		3.1		3.3		3.5		4.6		8.0	
	②午前	1.4		1.8		1.4		2.8		5.3		8.5	
	②午後	2.8		2.2		2.1		2.8		5.0		8.5	
受験	①午前	26/15	15/14	12/16	10/16	15/15	6/24	17/14	19/16	32/16	21/23	39/30	26/23
	①午後2科/思考力	38/3	28/3	33/4	22/3	37	25	34	31	45	30	77	42
	②午前	16/3	11/4	7/2	9/3	8/3	2/1	13/6	12/7	18/7	11/7	24/7	18/8
	②午後	12	21	17	13	18	13	23	25	31	28	44	36
合格	①午前	23/14	15/13	11/12	10/15	14/13	6/20	16/11	18/11	26/12	18/20	37/25	20/18
	①午後2科/思考力	30/3	22/3	28/4	15/3	28	22	29	27	32	23	61	28
	②午前	10/2	11/3	6/0	5/1	6/1	2/1	12/4	10/4	14/3	7/3	20/3	14/3
	②午後	6	18	13	12	10	12	20	20	22	24	33	27
実質倍率	①午前	1.1/1.1	1.0/1.1	1.1/1.3	1.0/1.1	1.1/1.2	1.0/1.2	1.1/1.3	1.1/1.5	1.2/1.3	1.2/1.2	1.1/1.2	1.3/1.3
	①午後2科/思考力	1.3/1.0	1.3/1.0	1.2/1.0	1.5/1.0	1.3	1.1	1.2	1.1	1.4	1.3	1.3	1.5
	②午前	1.6/1.5	1.0/1.3	1.2/−	1.8/3.0	1.3/3.0	1.0/1.0	1.1/1.5	1.2/1.8	1.3/2.3	1.6/2.3	1.2/2.3	1.3/2.7
	②午後	2.0	1.2	1.3	1.1	1.8	1.1	1.2	1.3	1.4	1.2	1.3	1.3

＊2019年〜2021年①午前・②午前は4教科／2教科。2022年〜2024年①一般・②一般・③一般は4教科／2教科。
＊2024年補欠発表・追加合格…いずれもなし。

◉入試教科

4教科/2教科

②算数	50分/50分	100点/100点
①国語	50分/50分	100点/100点
④理科	30分/	60点/
③社会	30分/	60点/
合計	160分/100分	320点/200点

合格最高点	非公表
合格最低点	①午前 144/ 90点 ①午後 160/100点

＊合格最低点は男女合算。
＊2回・3回は非公表。

◉受験併願パターン

偏差値	1月前半	1月後半	2月1日	2月2日	2月3日	2月4日以降
40	城北埼玉２	流通経済大柏	東京成徳大特待	サレジ４本科	東海大高輪台２	東海大高輪台３
38						
37	武南					東京成徳大３特待
36			東京成徳大	東京成徳大２	東京成徳大３	
32				成立学園３	和光２	成立学園４

偏差値	1月前半	1月後半	2月1日	2月2日	2月3日	2月4日以降
42	獨協埼玉			淑徳巣鴨未来力		文教大付５
41			東京成徳大特待	サレジ２自ＳＧ	江戸川女子３	東海大高輪台３
39	狭山ヶ丘高付属					
36			東京成徳大	東京成徳大２	東京成徳大３	
33				城西大城西２	目白研心５	城西大城西３

入試問題の傾向とポイント

算数　計算＋一行問題11問、大問3題の構成で、総設問数は20問。標準レベルの問題が多いので、題意をしっかり読み取り、落ち着いて取り組みたい。後半は図形絡みのやや思考力を要する問題も出題されている。また、後半の設問は解答用紙に考え方を書く欄があるので、日頃から練習すること。

国語　物語文と説明文が1題ずつと、漢字の読み書き10問が出題された。物語文は人物の心情や言動理由を中心に、説明文は理由説明や内容合致について問われた。解答形式は選択肢が中心だが、抜き出しのほか記述もみられる。

理科　大問5題、生物2題、地学・物理・化学1題ずつの構成。出題形式は選択・計算・記述・作図と多岐にわたる。典型的な問題が多く並ぶので、『四科のまとめ』を活用して基礎基本を固めておきたい。大問が5つで試験時間は30分のため、過去問演習を通して素早く正確に解く訓練を。

社会　大問4題構成で記号選択の割合が例年高い。組み合わせが正しいものを選ばせる問いが多く、ありうる組み合わせをすべて用意した選択肢の問いもあるため、文章や資料の内容をもれなく正しく理解する力が求められる。今年の記述問題は1問で、歴史の基本的な知識を問うものであった。

とうきょうでんきだいがく
東京電機大学中学校

■学校長／平川吉治　■創立／平成8年　■生徒数／497名(男333名、女164名)
■所在地／〒184-8555 東京都小金井市梶野町4-8-1
■ＴＥＬ／0422-37-6441
■交通／東小金井駅(JR中央線)徒歩5分。

何学期制	週何日制	登校時刻	制服	給食	食堂 軽食販売	プール	寮	特待制度 奨学金等	帰国生 取出授業
3学期制	6日制	8:30	中高あり	なし	食堂中高あり 販売中高あり	屋外	なし	あり	なし

沿　革

1907年に廣田精一、扇本眞吉の両技術者が夜間の私立電機学校を創立。1939年に開設された高等学校の前身となる東京電機工業学校が、戦後に新制の電機学園高等学校となり、1956年に東京電機大学高等学校に改称された。1965年に神田から小石川へ、1992年に現在の小金井市に移転。1996年に東京電機大学中学校開設。1999年に中学校、高等学校ともに女子の募集を開始し男女共学となった。

教育方針と特色

「人間らしく生きる」を校訓とし、「生徒一人ひとりが個性を伸ばし、豊かな人間性と高い知性と強靭な肉体をそなえ、新しい時代と国際社会の中で活躍し、信頼と尊敬を得る人間となる」ことを目標に教育をすすめている。
豊かな教育環境のもと、生徒同士や生徒と教員が活発に交流するアットホームな空間には、校訓を実践する明るい校風が息づいている。

◉系列校

小	中	高	大(短大)
	○	○	○

◉併設小学校なし
◉高校生外部募集………約120名
(完全別クラス)

◉授業時間…1コマ50分・週34時間

	1年	2年	3年	計
国　語	4	4	5	13
社　会	4	4	4	12
数　学	5	5	6	16
理　科	4	4	4	12
英　語	5	6	6	17
5教科計	22	23	25	70

参考　**高校1年生一週間の授業**

英語=6　数学=6　国語=4
理科=6　社会=2
※内進生の時程

進学・進路

◉卒業生進路状況

■進路選択状況(高3進級時)
データなし

■理系・文系進学状況
データなし

■共通テスト受験率
データなし

◉卒業までの流れ

小学校	中学校	高等学校	大学
	東京電機大学中学校 ▶	東京電機大学高等学校(249) ▶	東京電機大学　70 (工・理工・未来科・システムデザイン工・二部)

◉主な大学合格実績

大学名	'22	'23	'24	大学名	'22	'23	'24	大学名	'22	'23	'24	大学名	'22	'23	'24
東京大				千葉大				東京都立大	3	2	4	東京女子大	4	4	
京都大				お茶の水女子大				横浜市立大				日本女子大	2	4	
北海道大	1			東京外国語大				慶應義塾大	4	2	3	成蹊大	13	7	17
東北大				電気通信大	1	2	5	早稲田大	3	5	8	成城大	3	4	3
名古屋大			1	東京学芸大		2	2	上智大	3	1	6	明治学院大	4	9	4
大阪大				東京農工大	4	3	2	東京理科大	10	9	10	國學院大	5	4	
九州大				東京芸術大				明治大	10	7	21	武蔵大	8	5	8
東京工業大		2	1	東京医科歯科大				青山学院大	4	7	13	獨協大	1	5	
一橋大				東京海洋大		1	1	立教大	13	5	7	日本大	36	22	34
筑波大			1	横浜国立大			1	中央大	20	16	33	東洋大	14	26	13
茨城大				山梨大		2	1	法政大	18	12	36	駒澤大	2	4	5
宇都宮大	1			金沢大				学習院大	4	4	11	専修大	8	5	15
群馬大				信州大		1	2	国際基督教大	1			芝浦工業大	5	17	26
埼玉大				国際教養大				津田塾大				東京都市大	8	8	20

入試要項・入試情報

◉2024年度の入試要項(参考)

	1回	2回	3回	4回
募集人員	男女50名	男女50名(特待生を含)	男女20名(特待生を含)	男女30名
選抜方法	国・算または 国・算・社・理	国語または算数	国・算または 国・算・社・理	国・算・社・理のうち 2教科を選択
出願関連期間	1/10〜1/31		1/10〜2/2	1/10〜2/4
試験日程	2/1午前	2/1午後	2/2午前	2/4午後
合格発表	Web 2/1 18:00〜	Web 2/1 22:00〜	Web 2/2 18:00〜	Web 2/4 22:00〜
入学手続	2/2 15:00まで	2/9 15:00まで		

面接 実施しない。

◉費用(参考)

受験料		23,000円
入学手続時	入学金	250,000円
	授業料	—
	その他	—
入学手続後〜入学まで	授業料	—
	その他	107,217円
入学後1年	授業料	480,000円
	その他	476,250円
初年度納入金合計		1,313,467円
中学3年間費用計	約	2,942,467円

＊複数回同時出願の受験料は、2回分は3万5千円、3回分以上は4万7千円。
＊複数回出願し早い回で合格して入学した場合、未受験分の受験料差額を返金。
＊男子は女子との制服代・学用品代の差(1,914円)を加えること。

◉最近6年間の入試応募者推移と倍率

年度		2019 男	2019 女	2020 男	2020 女	2021 男	2021 女	2022 男	2022 女	2023 男	2023 女	2024 男	2024 女
募集	①	60		60		50		50		50		50	
	②	30		30		50		50		50		50	
	③	40		40		20		20		20		20	
	④	20		20		30		30		30		30	
応募	①	119/45	12/5	103/49	15/8	96/54	16/14	113/64	17/16	107/64	26/12	140/65	22/19
	②	320	57	282	49	355	96	369	104	403	114	422	107
	③	163/63	37/18	156/65	25/17	143/74	28/17	173/68	36/26	158/76	45/19	176/79	45/19
	④	310	49	306	72	331	74	313	75	368	104	407	94
応募倍率	①	3.0		2.9		3.6		4.2		4.2		4.9	
	②	12.6		11.0		9.0		9.5		10.3		10.6	
	③	7.0		6.6		13.1		15.2		14.9		16.0	
	④	18.0		18.9		13.5		12.9		15.7		16.7	
受験	①	109/42	10/5	95/45	12/8	85/51	14/13	97/62	17/14	94/56	21/11	121/61	19/17
	②	307	56	272	48	343	90	355	102	382	113	395	101
	③	105/41	18/10	98/40	7/11	84/49	13/6	104/45	16/9	75/42	19/6	100/52	13/9
	④	191	15	189	41	182	34	200	27	229	41	256	33
合格	①	44/15	7/5	34/24	12/5	41/14	10/9	35/19	16/9	45/18	15/6	43/10	14/12
	②	128	45	123	39	151	71	120	75	141	76	132	81
	③	18/6	15/5	27/7	7/10	20/4	8/2	20/3	13/4	16/2	16/4	19/3	9/5
	④	29	13	25	23	30	27	40	16	37	17	30	21
実質倍率	①	2.5/2.8	1.4/1.0	2.8/1.9	1.0/1.6	2.1/3.6	1.4/1.4	2.8/3.3	1.1/1.6	2.1/3.1	1.4/1.8	2.8/6.1	1.4/1.4
	②	2.4	1.2	2.2	1.2	2.3	1.3	3.0	1.4	2.7	1.5	3.0	1.2
	③	5.8/6.8	1.2/2.0	3.6/5.7	1.0/1.1	4.2/12.3	1.6/3.0	5.2/15.0	1.2/2.3	4.7/21.0	1.2/1.5	5.3/17.3	1.4/1.8
	④	6.6	1.2	7.6	1.8	6.1	1.3	5.0	1.7	6.2	2.4	8.5	1.6

＊2019年〜2024年①・③は4教科/2教科。
＊2024年補欠発表…なし。追加合格(電話)…(4回)男12名、2月9日〜2月11日。

◉入試教科

4教科/2教科

②算数	50分/50分	100点/100点
①国語	50分/50分	100点/100点
③理科	あわせて50分	60点/
③社会		60点/
合計	150分/100分	320点/200点

＊2回は2教科(国・算)のうち得意1科選択(60分・各100点)計100点。
＊4回は4教科(国語・算数・理科・社会)のうち、得意2教科を選択。(70分・各100点)合計200点。

合格最高点	①男267/180　女254/168点 ②国　男 91　女 91点 　算　男 96　女100点 ③男273/178　女272/182点 ④男159　女115点
合格最低点	①男226/150　女178/119点 ②国　男 72　女 64点 　算　男 61　女 43点 ③男243/162　女193/114点 ④男159　女115点

＊1回、3回の2教科合格最高点・最低点は2教科・4教科の合算。

◉受験併願パターン

偏差値	1月前半	1月後半	2月1日	2月2日	2月3日	2月4日以降
51						獨協4
50				獨協3		
49	西武文理特待				学大小金井	
48			東京電機大2			東京電機大4
46	開智所沢			八王子2午後東大	日大第二2	

偏差値	1月前半	1月後半	2月1日	2月2日	2月3日	2月4日以降
50	星野学園理数			国学院久我山2		
49					晃華学園3	
48	星野学園理数2					
47	開智所沢		東京電機大2		日大第二2	東京電機大4
46				宝仙学園2		

入試問題の傾向とポイント

算数
計算問題3問、一行問題8問、大問3題の問題構成。前半は基本的な問題が多いので、計算ミスに注意して、確実に得点したい。グラフ絡みの問題は頻出。大問はすべて途中式も書かせるので、日頃から丁寧に書く練習が必要。また、単位も書かなければいけない。

国語
説明文と物語文の読解2題と、雑問と100字以内の作文が出題された。説明文は理由や言い換えについて、物語文は文章の特徴や表現について、抜き出しと選択肢を中心に問われた。雑問は漢字の読み書きやことわざ、俳句などを含む。

理科
設問3題、生地物化から構成される20問の小問集合1題と、5問程度の融合・総合問題2題。基礎の知識自体と、その知識の活用力の両方が問われるので、演習を繰り返し行いたい。小問集合には時事問題が含まれ、特にノーベル物理学賞については毎年問われているため対策を忘れずに。

社会
大問3題構成。例年同様歴史・地理・政治から各10問ずつ出題された。記号選択の割合が多く、記述問題は昨年に引き続き1問。知識問題ではなく、提示された文章をよく読むことで解答できる問題も見られる。設問文をていねいに読み、取りこぼさないことが重要といえる。

東京都市大学等々力中学校

■学校長／草間雅行　■創立／昭和14年　■生徒数／652名（男337名、女315名）
■所在地／〒158-0082 東京都世田谷区等々力8-10-1
■ＴＥＬ／03-5962-0104
■交通／等々力駅（東急大井町線）徒歩10分。

何学期制	週何日制	登校時刻	制服	給食	食堂 軽食販売	プール	寮	特待制度 奨学金等	帰国生 取出授業
3学期制	6日制	8:30	中高あり	中学のみあり	食堂高校のみ 販売中高あり	なし	なし	あり	あり

沿　革

1939年東横商業女学校として設立。1947年等々力中学校設置認可。1948年東横学園高等学校設置認可。1949年等々力中学校を東横学園中学校に改称。2009年東京都市大学誕生に伴い、校名を東京都市大学等々力中学校・高等学校に改称。2010年共学部を新設。2011年女子部の募集を停止。

教育方針と特色

「ノブレス・オブリージュ（高潔な若人・淑女が果たすべき責任と義務）」の教育を高い理想の人格教育の柱としている。

様々な学習サポートシステムによって、生徒の学びを保障している。「システムZ」は、AIを活用した記憶定着アプリによる生徒の自学自習と学習コーチによるコーチング支援が一体化したシステムで、毎日AIを活用した「記憶定着アプリ」に取り組む。中1・中2の理科の授業はすべて実験で、実験重視の理数教育「SST」を推進している。また、全学年でiPadを導入し、ICTを活用したアクティブ・ラーニングを展開している。2015年度からICT（情報通信技術）による最先端教育を推進しており、電子黒板を全ホームルーム教室に設置し、2019年度より全校生徒に1人1台のiPadを持たせた。このiPadを使用して、授業やホームルームを進めている。これにより、生徒の考えや解答を、教員と生徒間で共有したり、電子黒板に映して生徒が発表したりすることも可能になり、生徒がより主体的に学びができるようになっている。

◉系列校

小	中	高	大（短大）
○	○	○	○

◉小学校からの内進生…14名
◉高校生外部募集………40名

（一部混合クラス）

◉授業時間…1コマ50分・週34時間

	1年	2年	3年	計
国　語	5	5	6	16
社　会	4	4	4	12
数　学	5	5	5	15
理　科	4	4	4	12
英　語	6	6	6	18
5教科計	24	24	25	73

参考　高校1年生一週間の授業

英語=6　数学=5　国語=5
理科=4　社会=4
※特別選抜コース

進学・進路

◉卒業生進路状況

■進路選択状況（高３進級時）
データなし

■理系・文系進学状況
データなし

■共通テスト受験率
データなし

◉卒業までの流れ

小学校	中学校	高等学校	大学
東京都市大学付属小学校	東京都市大学等々力中学校	東京都市大学等々力高等学校（276）	

◉主な大学合格実績

大学名	'22	'23	'24	大学名	'22	'23	'24	大学名	'22	'23	'24	大学名	'22	'23	'24
東京大	1		2	千葉大		1	1	東京都立大	7	6	4	東京女子大	11	8	7
京都大	1			お茶の水女子大		2	1	横浜市立大	5	6	1	日本女子大	4	22	4
北海道大	2	3	4	東京外国語大	2	5	6	慶應義塾大	27	15	42	成蹊大	11	18	14
東北大		1	2	電気通信大	1	3	6	早稲田大	31	34	62	成城大	17	7	14
名古屋大				東京学芸大	3	1	1	上智大	38	34	50	明治学院大	19	52	50
大阪大	1	1	2	東京農工大		1	1	東京理科大	61	71	83	國學院大	24	26	18
九州大				東京芸術大				明治大	64	128	140	武蔵大	4	11	2
東京工業大	1	2		東京医科歯科大		1		青山学院大	46	63	82	獨協大	2	3	12
一橋大	2	3	1	東京海洋大		2	1	立教大	57	51	83	日本大	48	50	70
筑波大	2	2		横浜国立大	4	8	7	中央大	91	106	76	東洋大	37	16	38
茨城大	2	2	2	山梨大		1	1	法政大	80	94	85	駒澤大	19	25	33
宇都宮大			2	金沢大				学習院大	34	26	34	専修大	36	24	25
群馬大	1	1	1	信州大		1		国際基督教大	1	2	1	芝浦工業大	22	33	30
埼玉大	5	1	4	国際教養大				津田塾大	4	5	7	東京都市大	-	-	-

入試要項・入試情報

◉2024年度の入試要項(参考)

	1回特選	1回S特	2回S特	2回特選(S特チャレンジ)	アクティブラーニング型	英語1教科
募集人員	特選コース(全日程) 男女100名　S特選コース(全日程) 男女80名 ※アクティブラーニング型入試の定員は20名(S特選・特選に含)					
選抜方法	国・算・社・理				検査Ⅰ(個人ワーク)・検査Ⅱ(グループワーク)	英語
出願関連期間	12/20～2/1		12/20～2/2	12/20～2/3		12/20～2/4
試験日程	2/1午前	2/1午後	2/2午後	2/3午後	2/4午前	
合格発表	Web 2/1 22:00～		Web 2/2 22:00～	Web 2/3 22:00～	Web 2/5 9:00～	
入学手続	2/10 16:00まで					

面接 実施する。

◉費用(参考)

受験料		25,000円
入学手続時	入学金	230,000円
	授業料	―
	その他	―
入学手続後～入学まで	授業料	―
	その他	200,000円
入学後1年	授業料	468,000円
	その他	686,600円
初年度納入金合計		1,584,600円
中学3年間費用計　約		3,863,800円

＊複数回同時出願の場合、最大5回まで2万5千円で受験可(帰国生入試、アクティブラーニング型入試は除く)。1教科型のみの受験料は、1回1万円。

◉最近6年間の入試応募者推移と倍率

年度		2019		2020		2021		2022		2023		2024	
		男	女	男	女	男	女	男	女	男	女	男	女
募集	①特選 ①S特選(4科) ②特選 ②S特選	100 80 (全日程合計 AL20含)		①特選 ①S特選(4科) ②S特選	特選 100 S特選 80 (全日程合計 AL20含)	特選 S特選 (全日程合計 AL20含)	100 80	特選 S特選 (全日程合計 AL20含)	100 80	特選 S特選 (全日程合計 AL20含)	100 80	特選 S特選 (全日程合計 AL20含)	100 80
応募	①特選 ①S特選(4科) ②特選 ②S特選	233 351 274 450	169 224 205 247	237 374 511	148 233 248	166 295 339	117 194 210	143 287 357	119 196 201	204 395 506	155 241 260	220 412 545	144 214 263
応募倍率	①特選 ①S特選(4科) ②特選 ②S特選	20.2 (全日程合計 AL20除く)		17.9 (全日程合計 AL20除く)		13.5 (全日程合計 AL20除く)		12.2 (全日程合計 AL20除く)		17.7 (全日程合計 AL20除く)		18.0 (全日程合計 AL20除く)	
受験	①特選 ①S特選(4科) ②特選 ②S特選	97 246 85 191	83 161 74 100	113 273 244	78 176 99	105 235 142	64 144 79	84 213 145	77 152 86	111 304 259	97 173 117	104 305 274	90 150 130
合格	①特選 ①S特選(4科) ②特選 ②S特選	33 53/94 18 44/33	36 35/64 18 23/30	41 65/89 36/48	32 52/76 20/26	46 55/83 32/35	30 35/61 21/19	30 54/89 19/48	51 28/79 20/29	39 68/98 61/77	30 39/57 26/32	40 72/100 48/61	37 40/54 19/23
実質倍率	①特選 ①S特選(4科) ②特選 ②S特選	2.9 1.7 4.7 2.5	2.3 1.6 4.1 1.9	2.8 1.8 2.9	2.4 1.4 2.2	2.3 1.7 2.1	2.1 1.5 2.0	2.8 1.5 2.2	1.5 1.4 1.8	2.8 1.8 1.9	3.2 1.8 2.0	2.6 1.8 2.5	2.4 1.6 3.1

＊2019年～2020年①S特選(4科)・②S特選は特選／S特選。2021年①S特選(4科)・②S特選と2022年～2023年①S特選(4科)・②S特選・①特選(算)・②S特選チャレンジ・AL・英語は特選／S特選。2024年①S特選(4科)・②S特選・②S特選チャレンジ・AL・英語は特選／S特選。

＊2024年補欠発表・追加合格…いずれもなし。

◉入試教科

③算数	50分	100点
①国語	50分	100点
②理科	あわせて60分	50点
②社会		50点
合計	160分	300点

＊英語1教科は(60分・100点)。

合格最高点	非公表
合格最低点	①特選　186点 ①S特選　176点　特選161点 ②S特選　190点　特選175点 S特選チャレンジ　S特選188点　特選178点 AL　非公表 英語　非公表

◉受験併願パターン

偏差値	1月前半	1月後半	2月1日	2月2日	2月3日	2月4日以降
57			神奈川大附		東京都市大付３Ⅰ	世田谷学園３
56				法政第二	都市大等々力２選	
54	東京都市大付帰Ⅰ		都市大等々力特選			
52						成蹊２
50				獨協３		東洋大京北４

偏差値	1月前半	1月後半	2月1日	2月2日	2月3日	2月4日以降
59						法政第二２
58				法政第二	都市大等々力２選	
56			都市大等々力特選			
55	大宮開成					
54						田園調布学園３

入試問題の傾向とポイント

算数　計算問題3問、一行問題5問、大問4題の問題構成。標準レベルの問題が中心で、特別な難問はないが、中途半端な理解では対応できない問題も多い。基礎基本をしっかりと固め、解法の暗記に頼らない学習を心がけたい。計算問題も複雑なものが出題されるので、計算力の強化を怠らないように。

国語　漢字の読み書き10問と物語文や随筆文を含む読解から構成されている。物語文は人物の言動理由や傍線部の指し示す内容について、随筆文は言い換えや理由について、抜き出しや選択肢を中心に問われた。また『天声人語』からの出題もあり、適切に本文内容を理解する力が求められた。

理科　大問3～4題、生地物化からの出題で、融合問題となることがある。設問形式は選択・計算・記述・作図と多岐にわたる。会話形式による出題が頻出で、ボリュームのある問題文を読み、身近な現象を掘り下げていく。基本的知識を固めるだけでなく、過去問演習を通して読解力や思考力を鍛えていきたい。

社会　大問3題構成。例年記号選択の占める割合が高い。記述問題は例年出題されており、日ごろから知識を的確な文章にまとめる力を養うことが必要。問題の表紙の注意事項に用語記述は漢字指定であると記されている。問題文の文中に漢字指定についての記述はないので注意が必要である。

東京農業大学第一高等学校中等部

■学校長／幸田諭昭　■創立／平成17年　■生徒数／555名（男232名、女323名）
■所在地／〒156-0053 東京都世田谷区桜3-33-1
■ＴＥＬ／03-3425-4481
■交通／経堂駅（小田急線）徒歩15分。上町駅（東急世田谷線）徒歩15分。渋谷駅、用賀駅からバス「農大前」下車。

何学期制	週何日制	登校時刻	制服	給食	食堂 軽食販売	プール	寮	特待制度 奨学金等	帰国生 取出授業
3学期制	6日制	8:10	中高あり	なし	食堂なし 軽食販売あり	なし	なし	あり	なし

沿　革

2005年、東京農業大学第一高等学校を母体として、東京農業大学第一高等学校中等部を開設。（東京農業大学は、榎本武揚を創設者として1891年に徳川育英会育英黌農業科として創立。1893年に東京農学校となり、現在に至る。東京農業大学第一高等学校は1949年創立。）

教育方針と特色

「知耕実学」を教育理念とし、本物に触れたくさんの人と出会うことで夢を創造し、夢の実現に向けた最大限の努力ができるよう、確かな学力とたくましく豊かな心を育みます。特徴的な活動として大学付属の利点を活かした「稲作」「お米の科学」「味噌づくり」など専門家や施設を使った取り組みを行っている。中3では約2年間自分の研究テーマを発表する「課題研究発表」を行っている。また、放課後に不定期に行う専門・教育講座の「一中一高ゼミ」では教科書の枠を越えた学びを生徒・教員とも楽しんでいる。
授業でも「知耕実学」を実践し、生徒の知的好奇心や関心を喚起し、能動的に学ぶ意欲を養う授業を展開している。

◉系列校

小	中	高	大
○	○	○	○

◉平成31年4月小学校開校
◉高校募集停止（2025年より）

◉授業時間…1コマ50分・週34時間

	1年	2年	3年	計
国　語	5	5	6	16
社　会	3	4	4	11
数　学	5	6	6	17
理　科	4	4	4	12
英　語	6	6	6	18
5教科計	23	25	26	74

参考　高校1年生一週間の授業

英語=6　数学=5　国語=5
理科=6　社会=4

進学・進路

◉卒業生進路状況

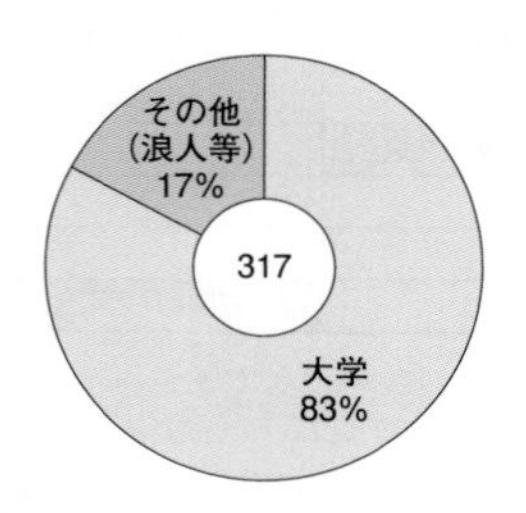

■進路選択状況（高３進級時）
理系 51%　文系 48%

■理系・文系進学状況
理系 53%　文系 47%

■共通テスト受験率
97%

◉卒業までの流れ

小学校	中学校	高等学校	大学
東京農業大学稲花小学校	東京農業大学第一高等学校中等部	東京農業大学第一高等学校（317）	東京農業大学　10 （農0・応用生物科5・生命科学2・地域環境科2・国際食料情報1・生物産業0）

◉主な大学合格実績

大学名	'22	'23	'24	大学名	'22	'23	'24	大学名	'22	'23	'24	大学名	'22	'23	'24
東京大	1	3	1	千葉大	1	1	3	東京都立大	5	7	7	東京女子大	5	7	9
京都大		1	2	お茶の水女子大				横浜市立大	2	1	2	日本女子大	6	5	8
北海道大	1	1	1	東京外国語大	1	2	3	慶應義塾大	29	29	50	成蹊大	16	28	18
東北大		5	2	電気通信大	1	3	5	早稲田大	25	52	56	成城大	23	21	32
名古屋大		1		東京学芸大	3	1	3	上智大	14	21	43	明治学院大	27	32	23
大阪大			1	東京農工大	6	9	7	東京理科大	46	37	37	國學院大	14	11	13
九州大	2	1		東京芸術大	2	1	1	明治大	92	119	93	武蔵大	3	10	6
東京工業大	1	2	4	東京医科歯科大				青山学院大	40	28	49	獨協大	3	2	
一橋大	2	2	2	東京海洋大	2	3	5	立教大	54	52	66	日本大	96	91	50
筑波大	2	2	3	横浜国立大	6	1	10	中央大	80	64	63	東洋大	59	43	21
茨城大	1			山梨大			2	法政大	91	71	62	駒澤大	18	19	10
宇都宮大				金沢大	1	1	3	学習院大	12	7	20	専修大	30	24	14
群馬大	1			信州大	3	5	3	国際基督教大		1		芝浦工業大	40	44	19
埼玉大		2		国際教養大	1			津田塾大	9	4	5	東京都市大	27	41	11

入試要項・入試情報

◉2024年度の入試要項(参考)

	1回	2回	3回
募集人員	男女90名	男女60名	男女25名
選抜方法	国・算または算・理		国・算・社・理
出願関連期間	12/20～1/31	12/20～2/1	12/20～2/3
試験日程	2/1午後	2/2午後	2/4午前
合格発表	掲示 2/2 9:00～ Web 2/1 22:30～	掲示 2/3 9:00～ Web 2/2 22:30～	掲示 2/5 9:00～ Web 2/4 19:00～
入学手続	2/6 16:00まで		

面接 実施しない。

◉費用(参考)

受験料		25,000円
入学手続時	入学金	230,000円
	授業料	—
	その他	—
入学手続後～入学まで	授業料	—
	その他	303,000円
入学後1年	授業料	432,000円
	その他	363,000円
初年度納入金合計		1,328,000円
中学3年間費用計 約		3,051,000円

＊2回目以降は、受験料1万円追加で2回、3回両方を受験可。
＊女子は男子との制服代の差(1千円)を加えること。

私立 共学校

◉最近6年間の入試応募者推移と倍率

年度		2019 男	2019 女	2020 男	2020 女	2021 男	2021 女	2022 男	2022 女	2023 男	2023 女	2024 男	2024 女
募集	①	85		85		90		90		90		90	
	②	60		60		60		60		60		60	
	③	30		30		25		25		25		25	
応募	①	303	395	273	412	174/202	318/144	176/252	319/132	167/239	278/158	164/346	336/185
	②	309	235	138/204	289/118	180/239	305/122	205/247	303/119	190/250	251/146	191/326	310/187
	③	178	241	150	314	195	299	209	312	208	305	265	378
応募倍率	①	8.2		8.1		9.3		9.8		9.4		11.5	
	②	9.1		12.5		14.1		14.6		14.0		16.9	
	③	14.0		15.5		19.8		20.8		20.5		25.7	
受験	①	274/17	334/46	220/43	329/65	163/190	301/139	165/243	297/126	154/222	263/151	147/327	316/173
	②	199	125	101/150	175/74	129/167	183/69	151/165	195/83	133/162	139/91	114/216	188/133
	③	84	122	74	163	83	145	106	154	103	153	122	196
合格	①	132/5	176/21	101/16	171/37	65/88	144/75	45/110	141/63	40/104	140/74	55/152	142/73
	②	89	42	30/52	68/29	39/65	53/21	28/42	54/30	37/51	33/29	27/62	50/32
	③	11	33	10	38	11	25	7	26	13	21	15	25
実質倍率	①	2.1/3.4	1.9/2.2	2.2/2.7	1.9/1.8	2.5/2.2	2.1/1.9	3.7/2.2	2.1/2.0	3.9/2.1	1.9/2.0	2.7/2.2	2.2/2.4
	②	2.2	3.0	3.4/2.9	2.6/2.6	3.3/2.6	3.5/3.3	5.4/3.9	3.6/2.8	3.6/3.2	4.2/3.1	4.2/3.5	3.8/4.2
	③	7.6	3.7	7.4	4.3	7.5	5.8	15.1	5.9	7.9	7.3	8.1	7.8

＊2019年①は4教科／2教科。2020年①は4教科／2教科、②は国算／算理。2021年～2024年①・②は国算／算理。
＊2024年補欠発表…詳細不明。追加合格(電話)…あり、2月6日。

◉入試教科

1回2科/2回2科/3回4科

①①②算数	40分/50分/40分	100点/150点/100点
②②①国語	40分/40分/40分	100点/100点/100点
②②④理科	40分/40分/40分	100点/100点/100点
③社会	/40分	/100点
合計	*80分/*90分/160分	*200点/*250点/400点

＊1回・2回の2科は①算②国又は理(1回合計80分・200点)(2回合計90分・250点)。

合格最高点	非公表
合格最低点	①算理140点 算国137点 ②算理195点 算国187点 ③259点

◉受験併願パターン

偏差値	1月前半	1月後半	2月1日	2月2日	2月3日	2月4日以降
63				本郷2		芝2
61					明大明治2	農大第一3
60		立教新座	農大第一算国	農大第一2算国		
58	栄東A10日					
56				高輪B	都市大等々力2選	高輪C

偏差値	1月前半	1月後半	2月1日	2月2日	2月3日	2月4日以降
66				洗足学園2		洗足学園3
65					鴎友学園女子2	
64						農大第一3
63			農大第一算国	農大第一2算国		
61	栄東A10日	昭和秀英				

入試問題の傾向とポイント

算数 計算と一行問題が合わせて8問程度、大問3題程度の問題構成。試験時間が短く、時間配分が重要。軌跡や投影図など図形的な感覚が必要な問題が必ず出題される。また、最後の大問はグラフ絡みの出題がほとんどで、グラフの完成も頻出である。過去問での対策が非常に有効。

国語 漢字の読み書き8問と、説明文2題の構成。説明文は整序文や内容合致、会話の読み取りなどを通して、本文内容の理解が問われた。読解の解答形式は比較的長めの選択肢か抜き出しが中心である。

理科 設問4題、生地物化からの出題。出題形式は、選択・計算・記述・作図と多岐にわたる。あまり触れたことのないテーマの出題や、身近な現象の観察・実験をもとに思考力を必要とするような問題が多く出題される。過去問演習をしっかりと行い、対策しておきたい。

社会 大問3題構成。地理は、表やグラフ、地形図を正しく読み取る力を試す出題が多く見られた。政治でもグラフや表を用いた問題が非常に多かった。過去問を通じて、資料読み取りの練習を重ねておきたい。記述問題は設問数、文字数ともに多い。対策を万全なものとしたい。

東邦大学付属東邦中学校

(とうほうだいがくふぞくとうほう)

■学校長／松本琢司　■創立／昭和36年　■生徒数／917名（男535名、女382名）
■所在地／〒275-8511 千葉県習志野市泉町2-1-37
■ＴＥＬ／047-472-8191
■交通／京成大久保駅（京成本線）徒歩10分。津田沼駅（JR総武線）から京成バス「東邦大付属東邦中学・高等学校前」下車。

何学期制	週何日制	登校時刻	制服	給食	食堂 軽食販売	プール	寮	特待制度 奨学金等	帰国生 取出授業
3学期制	6日制	8:25	中高あり	なし	食堂中高あり 販売中高あり	屋内	なし	あり	あり

沿　革

学校法人東邦大学によって、1961年4月に開校。東邦大学は、医・薬・理の3学部からなる大学で、1926年に設立された帝国女子医学専門学校を前身とする。1952年、高等学校開設。1973年、新校舎が竣工し中高とも現在地に移転した。2002年には高校50周年、中学40周年を迎え、「自分探し学習（Exploring Study）」がスタートした。

教育方針と特色

「自然・生命・人間」の尊重という建学の理念をふまえた「自分探し学習（Exploring Study）」を展開している。幅広く学び能動的に学ぶことが自己の可能性の開拓につながるととらえ、学びのプロセスを重視した多彩な内容となっている。リベラル・アーツ型カリキュラム、読書マラソン、数学トレーニングマラソン、実験重視の理科、社会科博士号、スピーチコンテスト・英文絵日記・リーディングマラソンなど日々の積み重ねに加え、総合的な学習の時間では多彩な講座が設けられ、高校では年間3期からなる「学問体験講座」で大学の教育力を活用した、自然科学系・生命科学系・人間科学系の本格的な講座が開講されている。

◉系列校

小	中	高	大（短大）
	○	○	○

◉併設小学校なし

◉高校生外部募集………なし

（帰国生のみ募集）

◉授業時間…1コマ50分・週35時間

	1年	2年	3年	計
国　語	4	4	4	12
社　会	4	4	4	12
数　学	5	5	5	15
理　科	5	5	6	16
英　語	6	6	6	18
5教科計	24	24	25	73

参考　高校1年生一週間の授業

英語=6　数学=6　国語=4
理科=6　社会=6

進学・進路

◉卒業生進路状況

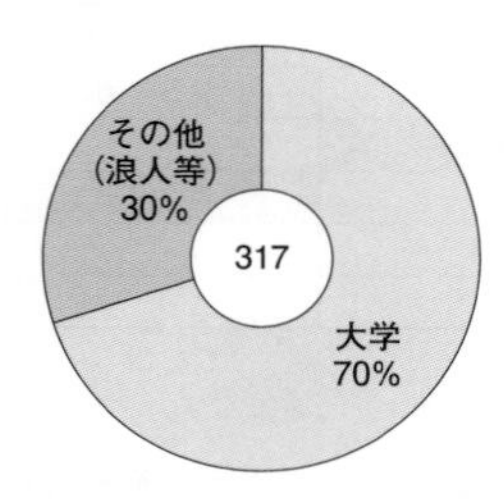

■進路選択状況（高３進級時）

データなし

■理系・文系進学状況

データなし

■共通テスト受験率

80%
(0　50　100)

◉卒業までの流れ

小学校	中学校	高等学校	大学
	東邦大学付属東邦中学校	東邦大学付属東邦高等学校（317）	東邦大学　24 （医15・薬5・理4・健康科学0・看護0）

◉主な大学合格実績

大学名	'22	'23	'24	大学名	'22	'23	'24	大学名	'22	'23	'24	大学名	'22	'23	'24
東京大		5	10	千葉大	23	18	23	東京都立大	1		1	東京女子大	10	4	4
京都大	2		2	お茶の水女子大	3		3	横浜市立大			1	日本女子大	14	12	16
北海道大	1	6	5	東京外国語大	1		2	慶應義塾大	52	43	52	成蹊大	12	13	8
東北大	6	1	4	電気通信大	1	1	2	早稲田大	63	53	66	成城大	11	13	12
名古屋大			1	東京学芸大		3	1	上智大	32	42	44	明治学院大	8	11	12
大阪大		2	1	東京農工大	3	4	2	東京理科大	163	131	171	國學院大			
九州大			2	東京芸術大				明治大	89	105	84	武蔵大			
東京工業大	16	11	7	東京医科歯科大		2	1	青山学院大	19	39	23	獨協大			
一橋大	2	2	5	東京海洋大	4	1	3	立教大	55	47	41	日本大	36	52	46
筑波大	8	7	1	横浜国立大	1	2	3	中央大	48	46	48	東洋大	23	32	30
茨城大		1	2	山梨大		1		法政大	76	60	72	駒澤大	6	3	
宇都宮大		1	1	金沢大	1	1		学習院大	10	11	18	専修大	3	6	11
群馬大	1	1	1	信州大	2	1		国際基督教大	2	3		芝浦工業大	34	25	40
埼玉大	1	2	5	国際教養大	1			津田塾大	2	6	2	東京都市大			8

入試要項・入試情報

◉2024年度の入試要項（参考）

	推薦	前期	後期
募集人員	男女40名	男女240名	男女20名
選抜方法	国･算･社･理＋自己推薦書	国・算・社・理	
出願関連期間	11/6～11/10	12/3～1/9	1/23～2/2
試験日程	12/1	1/21	2/3
合格発表	Web 12/2 10:00～	Web 1/23 10:00～	Web 2/4 10:00～
入学手続	12/3 15:00まで	1/24 15:00まで	2/4 15:00まで

＊各回の募集人員に帰国生を含む。
＊推薦入学試験の出願資格に、「合格した際には所定の手続きを経て必ず入学する者」とある。

面接 実施しない。

◉費用（参考）

受験料		26,000円
入学手続時	入学金	340,000円
	授業料	—
	その他	—
入学手続後～入学まで	授業料	—
	その他	87,000円
入学後１年	授業料	444,000円
	その他	419,300円
初年度納入金合計		1,290,300円
中学３年間費用計　約		3,020,300円

＊前期入試の希望者は、入学手続時納入金の半額（17万円）を2月4日15時まで延納可。

◉最近6年間の入試応募者推移と倍率

年度		2019		2020		2021		2022		2023		2024	
		男	女	男	女	男	女	男	女	男	女	男	女
募集	推薦	30		30		40		40		40		40	
	前期	250		250		240		240		240		240	
	後期	20		20		20		20		20		20	
応募	推薦	314	267	398	354	393	342	346	293	313	262	319	291
	前期	1524	983	1540	960	1384	874	1393	840	1395	871	1415	861
	後期	234	226	296	257	241	185	241	204	256	236	202	175
応募倍率	推薦	19.4		25.1		18.4		16.0		14.4		15.3	
	前期	10.0		10.0		9.4		9.3		9.4		9.5	
	後期	23.0		27.7		21.3		22.3		24.6		18.9	
受験	推薦	314	267	396	351	391	337	342	290	310	262	314	284
	前期	1481	929	1492	900	1348	822	1331	795	1329	818	1339	804
	後期	214	208	275	236	215	164	220	177	235	222	186	159
合格	推薦	19	11	18	12	19	21	24	16	22	18	21	19
	前期	642	324	707	304	630	324	639	330	632	335	648	324
	後期	32	34	19	14	11	10	23	24	11	11	9	11
実質倍率	推薦	16.5	24.3	22.0	29.3	20.6	16.0	14.3	18.1	14.1	14.6	15.0	14.9
	前期	2.3	2.9	2.1	3.0	2.1	2.5	2.1	2.4	2.1	2.4	2.1	2.5
	後期	6.7	6.1	14.5	16.9	19.5	16.4	9.6	7.4	21.4	20.2	20.7	14.5

＊2024年補欠発表・追加合格…いずれも詳細不明。

◉入試教科

前期/後期

②算数	45分/45分	100点/100点
①国語	45分/45分	100点/100点
④理科	45分/30分	100点/ 50点
③社会	45分/30分	100点/ 50点
合計	180分/150分	400点/300点

＊推薦は、国・算（各45分・各100点）社・理（各30分・各50点）合計300点。

合格最高点	非公表
合格最低点	推薦　218点 前期　264点 後期　231点

◉受験併願パターン

偏差値	1月前半	1月後半	2月1日	2月2日	2月3日	2月4日以降
64			海城		浅野	本郷３
63				本郷２		芝２
62	東邦大東邦推薦					
61		東邦大東邦前				
60					東邦大東邦後	

偏差値	1月前半	1月後半	2月1日	2月2日	2月3日	2月4日以降
67			雙葉			
65	東邦大東邦推薦		広尾学園			
64		東邦大東邦前		白百合学園		
62					東邦大東邦後	頌栄女子学院２
60	江戸川取手東		学習院女子Ａ		白鴎高附属一般	中央大附属２

入試問題の傾向とポイント

算数　計算問題3問、一行問題5問程度、大問4題の問題構成。極端に易しい問題も難しい問題もなく、一行問題を含め、標準レベルの問題が万遍なく出題される。学習成果が確実に反映されるレベルの問題なので、苦手分野を作らないよう、典型題の解き方をしっかり身につけておくことが大切。

国語　説明文と物語文の読解2題の構成。説明文は理由や言い換えを通して筆者の主張を、物語文は人物の心情や言動理由について問う問題がみられた。解答形式は記述はみられず選択肢が中心で、抜き出しが1問出題された。

理科　大問6～7題、生地物化からの出題。生物分野と地学分野で時事を絡めた問題が出題されることがある。実験や観測から得られたデータ・結果をもとに論理的に思考させる問題が多く出題される。基礎知識を固めた上で、過去問演習などを通して論理的に思考する訓練を重ねておきたい。

社会　大問3題構成。ほとんどが記号選択だが、複数選択や組み合わせを選ぶ問題が多いため、正確な判断が必要となる。カラー写真や色付けされたグラフを使用した発展的な問題が毎年出題される。地理・歴史・政治等の問題を解いていくうえで、高い思考力と論理的に理解し判断していく力が求められる。

東洋大学京北中学校
（とうようだいがくけいほく）

■学校長／星野純一郎　■創立／明治31年　■生徒数／394名（男175名、女219名）
■所在地／〒112-8607 東京都文京区白山2-36-5　■ＴＥＬ／03-3816-6211
■交通／白山駅（都営三田線）徒歩6分。本駒込駅（東京メトロ南北線）徒歩10分。
茗荷谷駅（東京メトロ丸ノ内線）徒歩17分。千駄木駅（東京メトロ千代田線）徒歩19分。

何学期制	週何日制	登校時刻	制服	給食	食堂 軽食販売	プール	寮	特待制度 奨学金等	帰国生 取出授業
2学期制	6日制	8:10	中高あり	中2･3は希望制	食堂中高あり 販売中高あり	なし	なし	なし	なし

沿　革

1898年、明治の哲学者で東洋大学の創立者でもある井上円了博士によって、京北尋常中学校として設立。2011年4月に東洋大学と法人合併。2015年4月、男女共学東洋大学附属校となり、文京区白山の校舎で新たなスタートを切った。

教育方針と特色

建学の精神である「諸学に基礎は哲学にあり」を尊重し、自己の哲学（倫理観・人生観・世界観・真理の探究）を備え持って、世のため人のために力を注ぐことのできる人材を育成する。特に、「より良く生きる」ことをテーマとする「哲学教育（生き方教育）」、世界的視野を磨く「国際教育」、自己のキャリアプランニングを確立する「キャリア教育」を教育の三本の柱として、本当の教養（知識の多さだけでなく、物事を俯瞰して観る力、深く考える力、物事をさまざまな面から捉えられる豊かな心、他者の立場を理解して行動する思いやりの心を備えた教養）を身に付けた国際人を育成する。

◆教育方針
①自己の哲学（倫理観・人生観・世界観・真理の探究）をもつ人材を育成する。
②初心を忘れずに、学び続ける人材を育成する。
③他者の考えを尊重し、自他共に幸せを求める人材を育成する。
④自国を愛し、国際人として国際社会で活躍する人材を育成する。

◉系列校

小	中	高	大（短大）
	○	○	○

◉併設小学校なし
◉高校生外部募集………140名
（完全別クラス）

◉授業時間…1コマ45分・週39時間

	1年	2年	3年	計
国　語	5	5	6	16
社　会	5	5	5	15
数　学	6	6	6	18
理　科	5	5	6	16
英　語	7	7	7	21
5教科計	28	28	30	86

参考　高校1年生一週間の授業
英語=6　数学=6　国語=6
理科=7　社会=6

進学・進路

◉卒業生進路状況

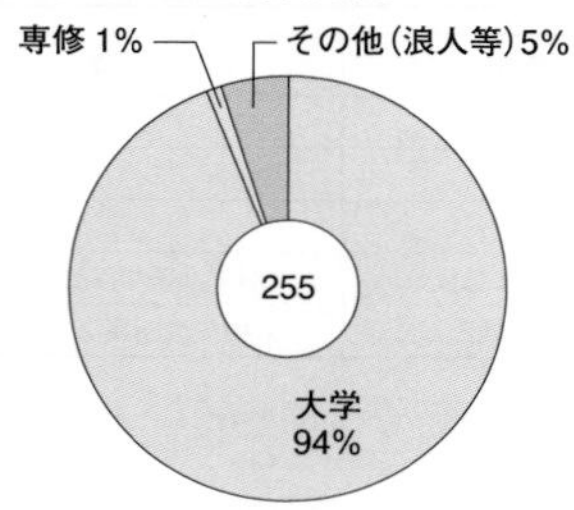

■進路選択状況（高3進級時）
理系 30%　文系 70%
0　50　100

■理系・文系進学状況
データなし

■共通テスト受験率
データなし

◉卒業までの流れ

小学校	中学校	高等学校	大学
	東洋大学京北中学校 ▶	東洋大学京北 高等学校（255） ▶	東洋大学　76

◉主な大学合格実績

大学名	'22	'23	'24	大学名	'22	'23	'24	大学名	'22	'23	'24	大学名	'22	'23	'24
東京大				千葉大		2	3	東京都立大		3	1	東京女子大	1	7	12
京都大				お茶の水女子大				横浜市立大				日本女子大	4	11	4
北海道大			3	東京外国語大		1		慶應義塾大	5	9	3	成蹊大	11	13	12
東北大			2	電気通信大			3	早稲田大	13	14	7	成城大	7	9	16
名古屋大				東京学芸大		1		上智大	10	2	4	明治学院大	12	28	19
大阪大				東京農工大			1	東京理科大	9	10	11	國學院大	8	19	6
九州大				東京芸術大				明治大	29	42	28	武蔵大	7	24	12
東京工業大				東京医科歯科大			1	青山学院大	11	22	13	獨協大	7	12	5
一橋大				東京海洋大		1	1	立教大	12	20	27	日本大	33	34	19
筑波大	2		1	横浜国立大				中央大	16	27	26	東洋大	-	-	-
茨城大	1	1		山梨大				法政大	26	46	36	駒澤大	8	10	14
宇都宮大				金沢大		1		学習院大	11	18	15	専修大	17	26	12
群馬大	3			信州大				国際基督教大				芝浦工業大	14	8	12
埼玉大	2	1		国際教養大				津田塾大	2	2	4	東京都市大	6	1	6

入試要項・入試情報

◉2024年度の入試要項（参考）

	1回	2回	3回	4回
募集人員	男女60名	男女25名	男女20名	男女15名
選抜方法	国・算・社・理	国・算	国・算・社・理	
出願関連期間	1/4〜1/31		1/4〜2/1	1/4〜2/3
試験日程	2/1午前	2/1午後	2/2午前	2/4午前
合格発表	Web 2/1 20:30〜	Web 2/1 22:30〜	Web 2/2 17:00〜	Web 2/4 17:00〜
入学手続	2/3 23:59まで		2/4 23:59まで	2/6 23:59まで

＊出願資格に、「入学後在学中に保護者または保護者に準ずる者のもとから通学できる者（きょうだいは不可）」とある。

面接 実施しない。

◉費用（参考）

受験料		22,000円
入学手続時	入学金	250,000円
	授業料	—
	その他	—
入学手続後〜入学まで	授業料	—
	その他	159,000円
入学後１年	授業料	504,000円
	その他	504,400円
初年度納入金合計		1,417,400円
中学３年間費用計　約		3,426,200円

＊複数回出願の場合、初回は2万2千円、2回目からは5千円。
＊国公立中高一貫校との併願者は2月10日まで入学手続時納入金の延納可。
＊女子は男子との制服代の差（2千円）を加えること。

◉最近6年間の入試応募者推移と倍率

年度		2019 男	2019 女	2020 男	2020 女	2021 男	2021 女	2022 男	2022 女	2023 男	2023 女	2024 男	2024 女
募集	①	65		65		65		65		60		① 60	
	②	25		25		25		25		25		② 25	
	③	15		15		15		15		15		③ 20	
	④ 哲学教育	15（2/4入試合計）		20（2/4入試合計）		20（2/4入試合計）		20（2/4入試合計）		20（2/4入試合計）		④ 15	
応募	①	155/68	74/71	164/62	108/73	119/34	116/52	133/40	102/51	98	118	97	94
	②	217/135	79/104	326	209	217	202	259	208	189	185	170	154
	③	203/89	102/85	200/71	138/82	137/49	136/72	169/80	122/71	131	141	113	123
	④	214/95	95/79	224/83	142/84	149/60	131/82	140/58	93/70	107	95	112	118
	哲学教育	35	31	12	28	9	17	9	27	17	25		
応募倍率	①	5.7		6.8		5.4		5.4		3.6		3.2	
	②	21.4		21.4		16.8		18.7		15.0		13.0	
	③	31.9		32.7		26.3		29.5		18.1		11.8	
	④ 哲学教育	36.6（2/4入試合計）		28.7（2/4入試合計）		22.4（2/4入試合計）		19.9（2/4入試合計）		12.2（2/4入試合計）		15.3	
受験	①	116/58	54/63	134/51	85/62	88/28	94/41	125/40	91/48	89	110	88	83
	②	204/127	67/97	287	173	195	170	248	195	178	174	160	148
	③	102/51	59/48	93/47	82/46	80/23	70/39	121/63	86/54	86	102	73	98
	④	105/37	37/32	99/50	60/43	54/29	47/38	90/46	59/46	66	63	65	77
	哲学教育	25	19	7	19	9	14	8	21	12	21		
合格	①	26/11	14/20	37/2	22/12	20/6	32/10	20/7	23/12	27	35	34	29
	②	34/31	18/17	59	55	59	60	50	65	36	33	52	39
	③	7/1	8/8	11/5	6/7	19/8	14/10	17/8	16/8	24	28	22	32
	④	12/0	6/3	6/3	1/5	4/4	5/5	4/4	4/4	17	19	11	23
	哲学教育	2	2	2	3	0	3	2	2	3	1		
実質倍率	①	4.5/5.3	3.9/3.2	3.6/25.5	3.9/5.2	4.4/4.7	2.9/4.1	6.3/5.7	4.0/4.0	3.3	3.1	2.6	2.9
	②	6.0/4.1	3.7/5.7	4.9	3.1	3.3	2.8	5.0	3.0	4.9	5.3	3.1	3.8
	③	14.6/51.0	7.4/6.0	8.5/9.4	13.7/6.6	4.2/2.9	5.0/3.9	7.1/7.9	5.4/6.8	3.6	3.6	3.3	3.1
	④	8.8/—	6.2/10.7	16.5/16.7	60.0/8.6	13.5/7.3	9.4/7.6	22.5/11.5	14.8/11.5	3.9	3.3	5.9	3.3
	哲学教育	12.5	9.5	3.5	6.3	—	4.7	4.0	10.5	4.0	21.0		

＊2019年①・②・③・④と2020年〜2022年①・③・④は4教科／2教科。
＊2024年補欠発表・追加合格…いずれもなし。

◉入試教科

4教科/2教科

②算数	50分/50分	100点/100点
①国語	50分/50分	100点/100点
③理科	30分/	50点/
④社会	30分/	50点/
合計	160分/100分	300点/200点

合格最高点	① 241点 ② 153点 ③ 236点 ④ 235点
合格最低点	① 175点 ② 100点 ③ 177点 ④ 195点

◉受験併願パターン

偏差値	1月前半	1月後半	2月1日	2月2日	2月3日	2月4日以降
51					日大豊山４	
50	青学ルーテル			獨協３		東洋大京北４
49	茗溪学園				日大豊山３	
48		麗澤ＥＥ	東洋大京北	淑徳巣鴨スカラ２	淑徳巣鴨スカラ３	
46			京華特選午後			

偏差値	1月前半	1月後半	2月1日	2月2日	2月3日	2月4日以降
52	青学ルーテル					
51	茗溪学園					東洋大京北４
50	開智所沢特待Ｂ			跡見学園特２	三輪田学園３	
49		麗澤ＥＥ	東洋大京北	順天２Ｂ		
48		千葉日大第一				開智所沢日本橋併

入試問題の傾向とポイント

算数　計算問題2問程度、一行問題6問程度、大問4題の問題構成。一行問題から大問まで基本的な典型題が並ぶため、各分野の典型問題を学習し、基礎を固めておけば十分対応できる。また、式を書くスペースが設けられている問題もあるので、日頃から解法をまとめる練習をしておくこと。

国語　雑問と物語文と説明文の読解、150字以内の作文が出題された。雑問は漢字の書き取りや敬語、対義語などを含む。物語文は人物の心情や表現の特徴について、説明文は指示語や傍線部の理由について問われた。

理科　設問4〜5題、生地物化から1題ずつの出題で、大問5題の年は大問1が小問集合である。実際に観察された現象や実験の写真・図表を読み取って解答する。基本問題が中心であるが、30〜50文字程度の記述問題や作図問題も出題される。基礎基本を固め、過去問演習で読解力と表現力を高めたい。

社会　地理・歴史・政治の大問3題構成。3分野とも基本事項を問うものが多く、『予習シリーズ』での学習で対応できる。記述問題は各分野1問ずつ、計3問出題されている。記述問題にじっくり時間をかけられるようにして、高得点につなげたい。

獨協埼玉中学校

どっきょうさいたま

■学校長／尾花信行　■創立／平成13年　■生徒数／479名（男286名、女193名）
■所在地／〒343-0037 埼玉県越谷市恩間新田寺前316
■ＴＥＬ／048-977-5441
■交通／せんげん台駅（東武スカイツリーライン）から朝日バス「獨協埼玉中学・高等学校」下車。

何学期制	週何日制	登校時刻	制服	給食	食堂 軽食販売	プール	寮	特待制度 奨学金等	帰国生 取出授業
3学期制	6日制	8:20	中高あり	なし	食堂高校のみ 販売条件付	屋外	なし	家計急変による 奨学制度あり	なし

沿　革

1883年ドイツを主とするヨーロッパ文化を学ぶことを目的に獨逸学協会が創立された。初代校長は西周。以後、獨協中学・高等学校、獨協大学、獨協医科大学、獨協埼玉高等学校、姫路獨協大学と成長し、2001年に獨協埼玉中学校を開校。長い歴史の中で日本の近代化、医学の発展、文化向上に大きな役割を果たしてきた学園の一翼を担う。

教育方針と特色

豊かな感性と健康な心と体をベースに、自ら考え判断することのできる力を身につけることを目標とする。中高6年間を、文系・理系にとらわれない基礎知識の学習に力を入れる時期（中学1年から高校1年）と進路にあわせた学習プログラムに沿って授業を選択する時期（高校2・3年）に分割しており、自分の本当に学びたいことを時間をかけて見つけていくことができる。ボランティア活動や地域学習、地元の農家に協力を得た稲の栽培など、心の学習にも積極的に取り組んでいる。獨協ならではの選択科目として、高校の授業でドイツ語があるのも特徴である。

◉系列校

小	中	高	大（短大）
	○	○	○

◉併設小学校なし

◉高校生外部募集………160名

（3年次より混合クラス）

◉授業時間…1コマ50分・週34時間

	1年	2年	3年	計
国　語	5	5	6	16
社　会	4	4	4	12
数　学	5	5	5	15
理　科	4	4	4	12
英　語	6	7	6	19
5教科計	24	25	25	74

参考　**高校1年生一週間の授業**

英語=6　数学=5　国語=5
理科=4　社会=4

進学・進路

◉卒業生進路状況

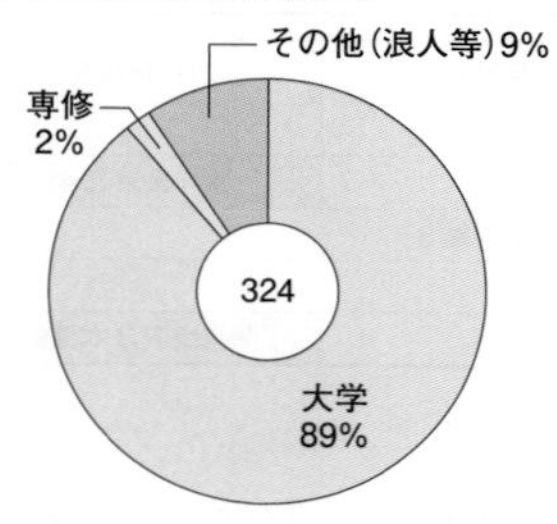

■進路選択状況（高３進級時）

理系 26%　文系 74%

■理系・文系進学状況

理系 30%　文系 69%

■共通テスト受験率

74%

◉卒業までの流れ

小学校	中学校	高等学校	大学
	獨協埼玉中学校 ▶	獨協埼玉高等学校（324） ▶	獨協大学　62（外国語28・法3・経済30・国際教養1） 獨協医科大学　1

◉主な大学合格実績

大学名	'22	'23	'24	大学名	'22	'23	'24	大学名	'22	'23	'24	大学名	'22	'23	'24
東京大				千葉大		1	1	東京都立大				東京女子大	5	7	4
京都大				お茶の水女子大			1	横浜市立大				日本女子大	10	4	11
北海道大				東京外国語大		1	1	慶應義塾大	5	2		成蹊大	16	8	9
東北大				電気通信大				早稲田大	2	6	9	成城大	15	16	17
名古屋大	1			東京学芸大		1		上智大	9	1	10	明治学院大	16	15	7
大阪大	1	1		東京農工大		1	1	東京理科大	11	9	10	國學院大	22	9	17
九州大				東京芸術大				明治大	29	20	23	武蔵大	12	6	14
東京工業大				東京医科歯科大				青山学院大	24	15	16	獨協大	-	-	-
一橋大				東京海洋大				立教大	33	15	44	日本大	42	57	37
筑波大	2	1	1	横浜国立大			1	中央大	28	15	22	東洋大	44	39	58
茨城大			2	山梨大				法政大	42	42	35	駒澤大	9	13	20
宇都宮大	2			金沢大				学習院大	16	17	17	専修大	15	22	21
群馬大		3		信州大				国際基督教大				芝浦工業大	25	12	3
埼玉大			3	国際教養大				津田塾大	5	2	3	東京都市大	3	2	4

入試要項・入試情報

◉2024年度の入試要項（参考）

	1回	2回	3回
募集人員	男子50名・女子50名	男子20名・女子20名	男子10名・女子10名
選抜方法	国・算・社・理		
出願関連期間	12/1～1/10	12/1～1/11	12/1～1/16
試験日程	1/11	1/12	1/17
合格発表	Web 1/11 22:00～	Web 1/12 21:00～	Web 1/17 20:00～
入学手続	1/12 16:00まで	1/13 16:00まで	1/18 16:00まで

＊1回の試験は本校以外に武蔵浦和会場（埼玉建産連研修センター）でも実施。

◉費用（参考）

受験料		20,000円
入学手続時	入学金	230,000円
	授業料	―
	その他	120,000円
入学手続後～入学まで	授業料	―
	その他	120,961円
入学後１年	授業料	444,000円
	その他	195,500円
初年度納入金合計		1,110,461円
中学３年間費用計　約		2,695,461円

＊複数回同時出願の受験料は、2回分は2万5千円。3回分は3万円。
＊所定の期日までに延納手続きし、入学手続時納入金の一部（5万円）を納入すれば、2月5日16時まで残金（30万円）の延納可。

面接　実施する。

◉最近6年間の入試応募者推移と倍率

年度		2019男	2019女	2020男	2020女	2021男	2021女	2022男	2022女	2023男	2023女	2024男	2024女
募集	①	50	50	50	50	50	50	50	50	50	50	50	50
	②	20	20	20	20	20	20	20	20	20	20	20	20
	③	10	10	10	10	10	10	10	10	10	10	10	10
応募	①	656	511	702	546	664	546	793	596	758	577	638	500
	②	346	270	347	249	329	279	416	315	409	280	373	284
	③	330	265	317	244	309	255	373	287	404	288	374	248
応募倍率	①	13.1	10.0	14.0	10.9	13.3	10.9	15.9	11.9	15.2	11.5	12.8	10.0
	②	17.3	13.5	17.4	12.5	16.5	14.0	20.8	15.8	20.5	14.0	18.7	14.2
	③	33.0	26.5	31.7	24.4	30.9	25.5	37.3	28.7	40.4	28.8	37.4	24.8
受験	①	637	499	684	535	642	531	768	583	732	559	613	479
	②	153	78	127	87	146	95	207	133	190	113	166	126
	③	100	42	88	52	64	58	123	77	129	64	111	65
合格	①	481	433	545	465	457	441	506	442	488	428	420	351
	②	75	51	63	54	104	70	91	66	96	69	86	80
	③	21	14	19	26	21	30	63	49	77	42	70	28
実質倍率	①	1.3	1.2	1.3	1.2	1.4	1.2	1.5	1.3	1.5	1.3	1.5	1.4
	②	2.0	1.5	2.0	1.6	1.4	1.4	2.3	2.0	2.0	1.6	1.9	1.6
	③	4.8	3.0	4.6	2.0	3.1	1.9	2.0	1.6	1.7	1.5	1.6	2.3

＊2024年補欠発表・追加合格…いずれもなし。

◉入試教科

②算数	50分	100点
①国語	50分	100点
④理科	30分	70点
③社会	30分	70点
合計	160分	340点

合格最高点	①男278　女278点 ②男266　女256点 ③非公表
合格最低点	①男163　女151点 ②男162　女151点 ③男197　女185点

◉受験併願パターン

偏差値	1月前半	1月後半	2月1日	2月2日	2月3日	2月4日以降
44		千葉日大第一	順天Ａ	京華２特選		
43			聖学院アド		佼成学園３	
42	埼玉栄	東海大浦安Ａ		日大第一４科２		
41	獨協埼玉			京華２		
40		流経大柏	日大第一４科			

偏差値	1月前半	1月後半	2月1日	2月2日	2月3日	2月4日以降
45			順天Ａ	順天２Ａ	女子美大付３	
44						淑徳巣鴨３
43		東海大浦安Ａ	女子美大付	日大第一４科２		
42	獨協埼玉					
41				江戸川女子２	江戸川女子３	

入試問題の傾向とポイント

算数　計算と一行が合わせて8問程度、大問3題の問題構成。各分野の典型問題を学習し、基礎をしっかりと固めておけば十分対応できる。計算を含めた基礎力強化に重点を置いた学習に取り組むこと。大問では式や考え方を要求されるので、日頃から解法を丁寧にまとめることを意識したい。

国語　雑問1題と、物語文と説明文それぞれ1題ずつの構成。雑問は漢字の読み書きとことわざが出題された。物語文は人物の様子や心情について、説明文では脱文補充や具体例について問われた。解答形式は選択肢が多いが、抜き出しや30～40字程度の記述もみられる。

理科　大問3題、生地物化からの出題で、大問1が4分野からの小問集合となっている。設問形式も選択・計算・記述・作図と多岐にわたる。特に計算問題は結果だけではなく、式や考え方も記入する必要がある。また、時事問題もよく出題されるので、忘れずに対策をしておきたい。

社会　地理・歴史・政治の大問3題構成。地理は表やグラフ、写真を用いた出題が多く、地形図も例年出題されている。記述問題は例年同様大問ごとに1問ずつ出題され、基礎的な知識を簡潔にまとめる力が求められている。

ドルトン東京学園中等部

■学校長／安居長敏　■創立／2019年　■生徒数／314名（男148名、女166名）
■所在地／〒182-0004 東京都調布市入間町2-28-20
■ＴＥＬ／03-5787-7945
■交通／成城学園前駅（小田急線）からバス約6分、つつじヶ丘駅（京王線）からバス約12分。

何学期制	週何日制	登校時刻	制服	給食	食堂 軽食販売	プール	寮	特待制度 奨学金等	帰国生 取出授業
2学期制	5日制	8:20	中高あり	なし	食堂なし 販売中高あり	なし	なし	あり	あり

沿　革

2019年新規開校の中高一貫校。1889年創立の東京商業学校が、1973年東京学園高等学校と改称し、開校130年を迎える2019年、米国ニューヨークで始まった学習者中心教育のドルトンプランを取り入れ、共学の中高一貫校「ドルトン東京学園中等部・高等部」として出発した。

教育方針と特色

ドルトンプランとは、約100年前に米国の教育家ヘレン・パーカストが提唱した、自ら考え他者とともに新しい価値を創造する力を育成する、学習者中心の教育メソッドである。
ドルトン東京学園は、「自由と協働」の2つの原理をベースに、「ハウス」（複数学年で構成する生徒コミュニティ）、「アサインメント」（自主的・計画的な学びに導く手引き書）、ラボラトリー（学ぶスキルの修得と深化に取り組む場）の3つを柱として、自律的な学習者（Active Learner）を育成する。
全館Wi-Fi整備、可動式家具やプロジェクタを設置した教室に加えて、2022年秋にはアート&クラフト・ラーニングコモンズ（図書・情報）・サイエンスの3フロアから成るSTEAM棟が完成し、探究と共創の学びがさらに進化している。

◉系列校

小	中	高	大（短大）
	○	○	

◉併設小学校なし
◉高校生外部募集………なし

◉授業時間…1コマ45分・週35時間

	1年	2年	3年	計
国　語	5	5	4	14
社　会	3	3	4	10
数　学	5	5	5	15
理　科	3	4	4	11
英　語	6	6	6	18
5教科計	22	23	23	68

参考　**高校1年生一週間の授業**

英語=6　数学=5　国語=4
理科=4　社会=4
週35時間（選択科目を含む）

進学・進路

◉卒業生進路状況

※2019年4月開校のため、卒業生はまだ出ていない。

◉卒業までの流れ

小学校	中学校	高等学校	大学
	ドルトン東京学園 中等部 ▶	ドルトン東京学園 高等部（一）	

入試要項・入試情報

◉2024年度の入試要項(参考)

	2/1		2/2			2/4
	2科型・4科型	特待型	2科型・4科型	思考・表現型	理数特待型	2科型
募集人員	男女30名	男女若干名	男女35名		男女若干名	男女10名
選抜方法	国・算または 国・算・社・理+ 通知表のコピー	国・算+ 通知表のコピー	国・算または 国・算・社・理+ 通知表のコピー	「作文・面接」または 「英作文・英語面接」+ 通知表のコピー・ 出願理由書	算・理+ 通知表のコピー	国・算+ 通知表のコピー
出願関連期間	12/20〜1/31		12/20〜2/1			12/20〜2/3
試験日程	2/1午前	2/1午後	2/2午前		2/2午後	2/4午後
合格発表	Web 2/1 22:00〜	Web 2/1 23:00〜	Web 2/2 22:00〜		Web 2/2 23:00〜	Web 2/4 23:00〜
入学手続	2/7 17:00まで					

＊思考・表現型は、任意で活動の成果を証明できるもの3点まで提出可。

面接 実施する。

◉費用(参考)

受験料		30,000円
入学手続時	入学金	400,000円
	授業料	—
	その他	—
入学手続後 〜入学まで	授業料	—
	その他	91,000円
入学後１年	授業料	930,000円
	その他	347,000円
初年度納入金合計		1,768,000円
中学３年間費用計　約		4,998,000円

＊受験料は2回で5万円、3回で6万円、4回で7万円、5回で8万円。
＊女子は男子との制服代の差(1万5千円)を加えること。

私立 共学校

◉最近6年間の入試応募者推移と倍率

年度		2019男	2019女	2020男	2020女	2021男	2021女	2022男	2022女	2023男	2023女	2024男	2024女
募集	2/1(4科/2科/思考力) 2/1(2科) 2/2(4科/2科) 2/2(2科/プラス/英) 2/4(2科)	30 20 25 15 10		2/1(4科/2科/思考力) 30 2/1(2科) 20 2/2(4科/2科) 25 2/2(特待 | 2科/プラス/英) 若干 | 15 2/4(2科) 10		2/1(4科/2科/思考力) 30 2/1(2科) 20 2/2(4科/2科/プラス/英) 35 2/2(特待 | 2科) 若干 | 5 2/4(2科) 10		2/1(4科/2科) 30 2/1(特待) 若干 2/2(4科/2科/思考表現) 35 2/2(理数特待) 若干 2/4(2科) 10		30 若干 35 若干 10		30 若干 35 若干 10	
応募	2/1(4科/2科/思考力) 2/1(2科) 2/2(4科/2科) 2/2(2科/プラス/英) 2/4(2科)	48/10/12 89 70/12 62/8/4 100	23/9/7 37 31/15 36/6/4 53	49/9/10 114 69/17 34 | 79/10/12 129	14/10/9 52 35/24 12 | 40/7/2 77	62/23/6 104 78/21/8/6 32 | 62 130	38/9/8 74 54/21/5/2 15 | 59 89	68/26 72 83/19/34 74 134	31/11 40 46/14/19 24 69	60/15 45 68/15/34 55 108	49/25 49 48/15/32 30 76	48/6 41 61/12/24 45 79	50/18 44 60/11/44 31 75
応募倍率	2/1(4科/2科/思考力) 2/1(2科) 2/2(4科/2科) 2/2(2科/プラス/英) 2/4(2科)	3.6 6.3 5.1 8.0 15.3		3.4 8.3 5.8 — | 10.0 20.6		4.9 8.9 5.6 — | 24.2 21.9		4.5 — 6.1 — 20.3		5.0 — 6.1 — 18.4		4.1 — 6.1 — 15.4	
受験	2/1(4科/2科/思考力) 2/1(2科) 2/2(4科/2科) 2/2(2科/プラス/英) 2/4(2科)	42/7/12 79 31/3 15/2/2 36	22/8/7 31 18/4 13/3/2 19	40/8/10 107 44/19 29 | 49/7/11 60	9/8/9 47 25/12 8 | 24/6/2 43	49/19/6 92 47/11/8/6 21 | 36 81	32/6/8 61 35/15/4/1 11 | 26 45	65/26 66 67/17/31 54 106	29/11 39 35/11/15 15 52	57/14 43 57/11/28 45 85	46/24 48 35/14/29 24 61	41/6 37 50/11/20 35 60	47/18 39 44/9/40 25 53
合格	2/1(4科/2科/思考力) 2/1(2科) 2/2(4科/2科) 2/2(2科/プラス/英) 2/4(2科)	29/7/— 73 23/1 8/—/— 18	15/4/— 28 13/1 9/—/— 13	18/2/1 29 20/1 5 | 1/2/3 5	8/2/5 11 10/2 1 | 3/4/2 5	15/2/3 24 14/1/6/6 2 | 3 7	6/1/3 18 10/2/4/1 1 | 2 5	11/5 3 13/0/13 5 11	8/6 5 7/4/10 1 11	16/2 2 9/1/12 4 8	17/3 4 11/1/14 2 8	15/1 1 11/1/10 3 10	20/4 4 14/0/24 2 8
実質倍率	2/1(4科/2科/思考力) 2/1(2科) 2/2(4科/2科) 2/2(2科/プラス/英) 2/4(2科)	1.4/1.0/— 1.1 1.3/3.0 1.9/—/— 2.0	1.5/2.0/— 1.1 1.4/4.0 1.4/—/— 1.5	2.2/4.0/10.0 3.7 2.2/19.0 5.8 | 49.0/3.5/3.7 12.0	1.1/4.0/108 4.3 2.5/6.0 8.0 | 8.0/1.5/1.0 8.6	3.3/9.5/2.0 3.8 3.4/11.0/1.3/1.0 10.5 | 12.0 11.6	5.3/6.0/2.7 3.4 3.5/7.5/1.0/1.0 11.0 | 13.0 9.0	5.9/5.2 22.0 5.2/—/2.4 10.8 9.6	3.6/1.8 7.8 5.0/2.8/1.5 15.0 4.7	3.6/7.0 21.5 6.3/11.0/2.3 11.3 10.6	2.7/8.0 12.0 3.2/14.0/2.1 12.0 7.6	2.7/6.0 37.0 4.5/11.0/2.0 11.7 6.0	2.4/4.5 9.8 3.1/-/1.7 12.5 6.6

＊2024年補欠発表…なし。追加合格(電話)…(2/2午前4科)男2名、(2/2午前2科)男1名、(2/4午後2科)男1名、女1名、いずれも2月17日。

◉入試教科

4科型/2科型

②算数	50分/50分	100点/100点
①国語	50分/50分	100点/100点
③理科	30分/	50点/
④社会	30分/	50点/
合計	160分/100分	300点/200点

＊思考・表現は作文(日本語又は英語選択) 50分＋個別面接(10〜15分)非公表点。
＊理数特待は理算(各50分・各100点)合計200点。

合格最高点	2/1午前　225/157点 午後　国算　146点 2/2午前　229/167点 午後　理数　162点 2/4午後　国算　138点
合格最低点	2/1午前　181/126点 午後　国算　124点 2/2午前　181/137点 午後　理数　144点 2/4午後　国算　106点

＊上記以外は非公表。

◉受験併願パターン

偏差値	1月前半	1月後半	2月1日	2月2日	2月3日	2月4日以降
53			ドルトン特待	安田学園先進３	専修大松戸３	ドルトン４日Ｐ
47			日大豊山	目黒日大３		
46			ドルトン１日ＡＭ		日大第二２	多摩大目黒４特待
45	開智未来Ｔ未来				桐光学園３Ｂ	順天３多面的
41	獨協埼玉			文教大付４		文教大付５

偏差値	1月前半	1月後半	2月1日	2月2日	2月3日	2月4日以降
50				ドルトン２日Ａ	昭和女子大附Ｃ	
49						実践女子学園６
48			実践女子学園２	実践女子学園４	カリタス女子４	
47			ドルトン１日ＡＭ			
46					実践学園２特待	

入試問題の傾向とポイント

算数　計算＋一行問題10問、大問2題程度の問題構成。前半は幅広い分野から基本〜標準的な問題が出題されるので、しっかりと基礎を固めておきたい。後半ではグラフや表の読み取り、数・規則性の問題など式や考え方・理由を書かせる問題があるので、日頃から丁寧に書くことを心がけること。

理科　大問3題、生地物化から大問1つにつき1分野の出題が基本。どの大問にも、自分の考えを述べる問題や図示しながら説明する問題が含まれるのが特徴的。その場でスケッチさせる問題が出た年も。知識があることは大前提で、与えられたテーマに対してその場で思考・表現する力が求められる。

国語　雑問(漢字の書き取り・敬語)と物語文と説明文が1題ずつ出題された。物語文は人物の心情理由や言動、表現技法について、説明文は言い換えや理由について問われた。また200〜300字で自分の考えを述べる設問もみられた。

社会　大問3題構成。用語記述の一部は字数または漢字指定。記号選択の多くは基礎基本である。記述問題は計3問出題された。全体を通じて時事問題や時事的なテーマに絡んだ出題が多いので、時事問題に対する対策をしっかりと行っておくことが重要である。

二松学舎大学附属柏中学校

■学校長／七五三和男　■創立／平成23年　■生徒数／271名（男152名、女119名）
■所在地／〒277-0902 千葉県柏市大井2590　■ＴＥＬ／04-7191-5242
■交通／柏駅（JR常磐線、東武アーバンパークライン）、我孫子駅（JR常磐線）、千葉ニュータウン中央駅など北総線4駅からスクールバスあり。

何学期制	週何日制	登校時刻	制服	給食	食堂 軽食販売	プール	寮	特待制度 奨学金等	帰国生 取出授業
3学期制	6日制	8:15	中高あり	なし	食堂中高あり 販売中高あり	なし	なし	あり	あり

沿　革

1877年、三島中洲により二松學舍設立。1969年、二松学舎大学附属沼南高等学校を開校。2011年4月、二松学舎大学附属柏中学校を開校。同時に二松学舎大学附属柏高等学校に校名変更。

教育方針と特色

「知」「徳」「体」のバランスの取れた教育を行い、生徒一人ひとりを大切にし、主体的に生きる力、学ぶ力を伸ばし、それぞれの個性や能力を活かして社会に貢献できる人材の育成を目指す。
日本の伝統文化を教養とし、国際教育により、異文化理解を深めるなど広い視野に立った教育を実践し、伝統を守りながら革新を続ける、生徒主体のクリエイティブスクールを目指す。教育の特色として、
①伝統の論語教育をもとに人間性の向上を目指す。
②すべての教育活動で「自問自答」力を伸ばすことを大切にする。
③徹底したフォロー体制で一人ひとりの学力向上をはかる。
さらに、沼の教室、都市の教室、雪の教室といった体験プログラムを通じ、課題をみつけ、自ら学び、考え、主体的に判断、行動し、よりよく問題を解決する能力を養う。進路に関しては、単に大学に合格することを目的とするのではなく、それぞれの希望と適性に合った学校に進学することを目的とし、その実現を目指す。
2022年度よりグローバル探究コース、総合探究コースの2コース制がスタートした。

◉系列校

小	中	高	大（短大）
	○	○	○

◉併設小学校なし
◉高校生外部募集………230名
（2年次より混合クラス）

◉授業時間…1コマ50分・週36時間

	1年	2年	3年	計
国　語	4	5	5	14
社　会	4	4	4	12
数　学	6	6	6	18
理　科	4	4	4	12
英　語	6	6	7	19
5教科計	24	25	26	75

参考　高校1年生一週間の授業

英語=6　数学=6　国語=5
理科=4　社会=4
※スーパー特進コース

進学・進路

◉卒業生進路状況

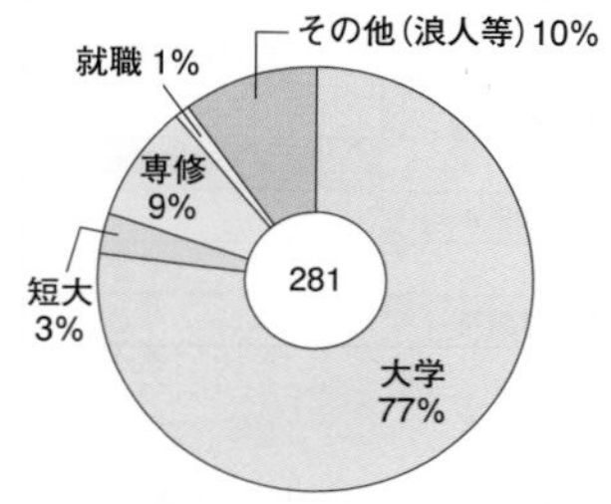

■進路選択状況（高３進級時）
データなし

■理系・文系進学状況
データなし

■共通テスト受験率
データなし

◉卒業までの流れ

小学校	中学校	高等学校	大学
	二松学舎大学附属 柏中学校	二松学舎大学附属 柏高等学校（281）	二松學舍大学　28

◉主な大学合格実績

大学名	'22	'23	'24	大学名	'22	'23	'24	大学名	'22	'23	'24	大学名	'22	'23	'24
東京大				千葉大	5	2	4	東京都立大		1	2	東京女子大	4	3	5
京都大				お茶の水女子大				横浜市立大				日本女子大	5	6	11
北海道大				東京外国語大				慶應義塾大	1	1	3	成蹊大	1	3	1
東北大				電気通信大				早稲田大	8	2	5	成城大	7	2	14
名古屋大				東京学芸大	1		1	上智大	2	2	4	明治学院大	3	4	9
大阪大				東京農工大				東京理科大	8	8	11	國學院大	7	6	14
九州大				東京芸術大	1			明治大	11	2	18	武蔵大	7	9	9
東京工業大				東京医科歯科大				青山学院大	2	2	9	獨協大	36	9	32
一橋大				東京海洋大		1		立教大	4	8	14	日本大	34	28	54
筑波大		2		横浜国立大				中央大	4	4	12	東洋大	18	55	42
茨城大	2			山梨大				法政大	9	5	21	駒澤大	14	10	13
宇都宮大				金沢大				学習院大	6	6	5	専修大	6	7	12
群馬大	1			信州大				国際基督教大				芝浦工業大	4	3	9
埼玉大	1			国際教養大				津田塾大		2	3	東京都市大		1	

入試要項・入試情報

◉2024年度の入試要項(参考)

	第一志望	総合探究 1回	グローバル特待 1回	グローバル特待 2回	総合探究 2回	2月全コース入試
募集人員	男女30名	男女25名	男女20名	男女15名	男女10名	男女若干名
選抜方法	作文型・算・英より2科目選択＋表現力検査(自己アピール・面接)	国・算または国・算・社・理	国・算または国・算・社・理または国・算・英	国・算または国・算・社・理または国・算・英または思考力検査(Ⅰ・Ⅱ)	国・算または国・算・社・理	国・算
出願関連期間	11/18～11/29	12/10～1/18		12/10～1/21	12/10～1/24	1/25～2/5
試験日程	12/1午前	1/20午前	1/20午後	1/22午前	1/24午前	2/5午前
合格発表	Web 12/2 9:00～	Web 1/21 15:00～		Web 1/22 20:00～	Web 1/24 20:00～	Web 2/5 20:00～
入学手続	12/4 23:55まで	2/4 23:55まで				2/8 23:55まで

＊各回の募集人員に帰国生を含む。
＊第一志望入学試験の募集人員の内訳は、グローバル探究コース5名・総合探究コース25名。
＊第一志望入学試験の出願資格に「合格後は入学を確約できる者」とある。
＊第一志望入学試験は「志望理由書」「自己アピール申請書」「6年生一学期又は前期の通知表のコピー」を郵送。出願期間内に必着。

面接 実施する。

◉費用(参考)

受験料		20,000円
入学手続時	入学金	200,000円
	授業料	―
	その他	64,400円
入学手続後～入学まで	授業料	―
	その他	98,784円
入学後１年	授業料	348,000円
	その他	498,000円
初年度納入金合計		1,209,184円
中学３年間費用計 約		2,420,184円

＊複数回同時出願の場合でも、受験料は2万円。第一志望入試の受験料は1万円。第一志望入試受験者は、他の入試は1万円で受験可。

私立 共学校

◉最近6年間の入試応募者推移と倍率

年度		2019 男	2019 女	2020 男	2020 女	2021 男	2021 女	2022 男	2022 女	2023 男	2023 女	2024 男	2024 女
募集	第一志望 ① ② ③	約25 約15 約30 約10		第一志望 約25 選抜①｜選抜② 約15｜約10 ①GL特選 約30 ②GL特選 約20		第一志望 約30 選抜①｜選抜② 約10｜若干 ①GL特選 約40 ②GL特選 約20 2月全コース 若干		第一志望 30 総探①｜総探② 25｜10 GL特待① 20 GL特待② 15 2月全コース 若干		30 25｜10 20 15 若干		第一志望(GL｜総探) 5｜25 総探①｜総探② 25｜10 GL特待① 20 GL特待② 15 2月全コース 若干	
応募	第一志望 ① ② ③	15 39/21 51/30 44/19	10 19/16 37/23 23/12	22 37/24｜34/25 44/28/4 44/25	20 20/16｜31/16 22/31/－ 31/22	21 53｜53 79 65 8	14 23｜23 42 30 3	24 50/29｜43/28 33/28/6 37/23/5/5 6	25 20/22｜21/23 17/24/10 18/18/10/7 7	43 69/65｜66/59 52/62/12 51/43/9/8 3/9		27 183(男105・女78)｜ 70 72 14	22 145 51 56 6
応募倍率	第一志望 ① ② ③	1.0 6.3 4.7 9.8		1.7 6.4｜10.6 4.3 6.1		1.2 7.6｜－ 3.0 4.8 －		1.6 4.8｜11.5 5.9 8.2 －		1.4 5.4｜12.5 6.3 7.4 －		1.6 7.3｜14.5 6.1 8.5 －	
受験	第一志望 ① ② ③	15 31/21 46/29 11/2	10 16/15 34/21 4/1	22 33/24｜5/6 27/27/4 18/12	20 15/14｜7/1 19/27/－ 9/9	21 48｜6 76 27 8	14 18｜2 35 13 3	24 43/28｜8/6 28/27/6 19/10/2/5 6	25 19/21｜5/6 16/21/9 12/5/8/7 7	43 63/59｜14/12 39/55/11 24/21/3/5 3/8		27 165｜31 104 54 18	22
合格	第一志望 ① ② ③	15 28/15 32/18 11/2	10 14/15 28/18 4/0	19 28/18｜3/1 23/17/3 11/2	20 15/13｜7/1 14/22/－ 6/1	20 42｜6 51 18 5	13 15｜2 29 9 3	18 39/22｜6/5 16/12/5 12/7/0/3 4	23 19/16｜4/1 12/16/4 4/1/2/5 2	39 55/51｜11/9 30/31/7 15/7/1/2 1/6		5/37 125｜19 63 21 0/7	
実質倍率	第一志望 ① ② ③	1.0 1.1/1.4 1.4/1.6 1.0/1.0	1.0 1.1/1.0 1.2/1.2 1.0/－	1.2 1.2/1.3｜1.7/6.0 1.2/1.6/1.3 1.6/6.0	1.0 1.0/1.1｜1.0/1.0 1.4/1.2/－ 1.5/9.0	1.1 1.1｜1.0 1.5 1.5 1.6	1.1 1.2｜1.0 1.2 1.4 1.0	1.3 1.1/1.3｜1.3/1.2 1.8/2.3/1.2 1.6/1.4/－/1.7 1.5	1.1 1.0/1.3｜1.3/6.0 1.3/1.3/2.3 3.0/5.0/4.0/1.4 3.5	1.1 1.1/1.2｜1.3/1.3 1.3/1.8/1.6 1.6/3.0/3.0/2.5 3.0/1.3		1.2 第一志望計 1.3｜1.6 1.7 2.6 2.6	

＊2019年①・②・③は4教科／2教科。2020年選抜①・選抜②・②GL特選は4教科／2教科、①GL特選は4教科／2教科／国算英。2022年～2023年総合探究①・②は4教科／2教科、GL特待①は4教科／2教科／国算英、GL特待②は4教科／2教科／国算英／思考力検査型。2023年～2024年の2月全コースはGL／総合探究。
＊2月全コースは帰国生を含む。
＊2023年補欠発表・追加合格…いずれも詳細不明。

◉入試教科

4教科/2教科

②算数	45分/45分	100点/100点
①国語	45分/45分	100点/100点
③理科	あわせて60分	50点/
③社会		50点/
合計	150分/90分	300点/200点

合格最高点	非公表
合格最低点	第一志望 グローバル探究 152点 総合探究 105点 総合① 145/ 96点 グローバル① 探究 158/108点 グローバル② 探究 150/112点 総合② 117/ 91点 全コース 総合探究 98点

◉受験併願パターン

偏差値	1月前半	1月後半	2月1日	2月2日	2月3日	2月4日以降
46		麗澤３ＥＥ	ドルトン１日Ａ		日大第二２	日大第一２科２
42	浦和実業特待	二松柏Ｇ特待	京華特選	日大第一４科２	京華３特選	
41	獨協埼玉					
40	土浦日大ＫＢＴ	流経大柏	東海大高輪台	日工大駒場３	東海大高輪台２	東海大高輪台３
35	西武台新座	二松柏総合				

偏差値	1月前半	1月後半	2月1日	2月2日	2月3日	2月4日以降
46	埼玉栄医学	光英Ｖ特待	日大第二	駒込３		駒込５
43		二松柏Ｇ特待			日本工大駒場５	
42	獨協埼玉					
41	土浦日大ＫＢＴ	流経大柏	江戸川女子		江戸川女子３	
35	宮崎日大首都	二松柏総合	京華女子午後	東京家政大附４	東京家政大附５	東京家政大附６

入試問題の傾向とポイント

算数 計算問題8問、一行問題5問、大問2題の問題構成。問題は幅広い分野から出題されているが、基本レベルの典型的な問題がほとんどなので、苦手な分野を作らないように、各分野の基本をしっかりと固めておけば十分対処できる。素早く正確な計算力を身につけるよう心がけたい。

国語 漢字の読み書きと読解2題(説明文・物語文)で構成。説明文は「失敗」について述べられた文章で、傍線部の理由や内容説明を通して筆者の考えが正しく理解できているかが問われた。物語文は傍線部の具体的説明や人物の言動における心情、また文章構成について記述や選択肢を中心に問う設問がみられた。

理科 大問5題、生地物化からの出題。おもな設問形式は選択・計算問題となっており、記述や作図が出題されることもある。基本的な問題が並ぶので、苦手分野をつくらないような学習を心がけたい。また、時事ニュースが題材となることもあるので、対策を忘れずに。

社会 大問4題構成。用語記述の割合が比較的高く、記述問題は1問のみ出題された。おもだった用語については正確に書けるような学習をふだんから心がけたい。ほとんどの問いが基礎基本のため、とりこぼしを少なくすることが合格への近道である。

日本工業大学駒場中学校

にっぽんこうぎょうだいがくこまば

■学校長／大塚勝之　■創立／明治40年　■生徒数／610名（男515名、女95名）
■所在地／〒153－8508 東京都目黒区駒場1－35－32
■ＴＥＬ／03－3467－2130
■交通／駒場東大前駅（京王井の頭線）徒歩3分。池尻大橋駅（東急田園都市線）徒歩15分。

何学期制	週何日制	登校時刻	制服	給食	食堂 軽食販売	プール	寮	特待制度 奨学金等	帰国生 取出授業
2学期制	6日制	8:30	中高あり	なし	食堂なし 販売中高あり	なし	なし	あり	なし

沿　革

1907年創立の東京工科学校が前身。1948年に東京工業高校、東工学園中学校となる。1967年日本工業大学を併設、1990年に大学までの学校統合一本化を完成。
2008年度より男女共学となり、「日本工業大学駒場中学校」に改称。

教育方針と特色

日本工業大学駒場中学校は、基礎学力の定着をはかりながら、個性や能力を含めた人柄と学力を両輪と考え、人生の土台となる自らの人柄を育むことを最大の目標としている。中学では、毎日の記録と学習課題を組み合わせた「ファイトノート」があり、家庭での学習習慣を定着させるだけでなく、保護者との連携を深めて生徒の小さな変化を見逃さないしくみがある。また、高校では最難関大学への進学をサポートする独自の教育システムである“光風塾”を開設し、「実績ある中堅進学校」の完成を目指している。この光風塾は、令和4年度から中学でも導入された。これらをはじめとする学習プログラムにより、近年の大学入試合格実績は、筑波大学をはじめとする国立大学、難関私立大学にも合格者を出しており、着実に成果を上げている。

◉系列校

小	中	高	大（短大）
	○	○	○

◉併設小学校なし

◉高校生外部募集………245名

（完全別クラス）

◉授業時間…1コマ50分・週36時間

	1年	2年	3年	計
国　語	5	5	5	15
社　会	4	4	4	12
数　学	6	6	6	18
理　科	4	4	4	12
英　語	6	6	6	18
5教科計	25	25	25	75

参考　高校1年生一週間の授業

英語=7　数学=6　国語=5
理科=4　社会=4

進学・進路

◉卒業生進路状況

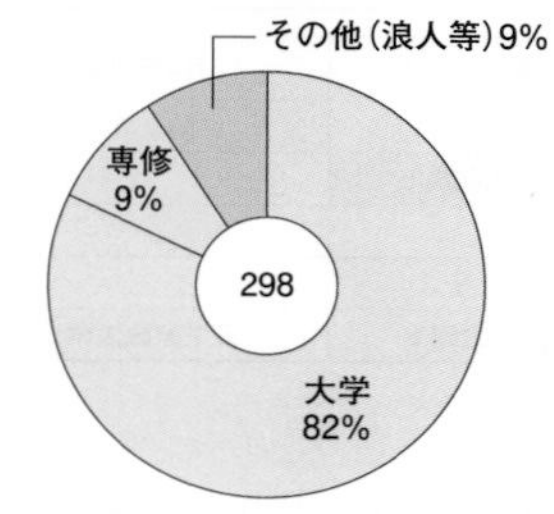

■進路選択状況（高３進級時）

理系 53%　文系 47%

■理系・文系進学状況

理系 46%　文系 45%

■共通テスト受験率

59%

◉卒業までの流れ

小学校	中学校	高等学校	大学
	日本工業大学 駒場中学校	日本工業大学 駒場高等学校（298）	日本工業大学　9 （基幹工2・建築3・先進工4）

◉主な大学合格実績

大学名	'22	'23	'24	大学名	'22	'23	'24	大学名	'22	'23	'24	大学名	'22	'23	'24
東京大				千葉大				東京都立大	3		3	東京女子大			
京都大				お茶の水女子大				横浜市立大	1			日本女子大	2	1	
北海道大				東京外国語大				慶應義塾大	3		3	成蹊大	9	2	4
東北大				電気通信大		1		早稲田大	8	7	13	成城大	9	3	4
名古屋大				東京学芸大	1	1		上智大		1		明治学院大	2	2	6
大阪大				東京農工大		1		東京理科大	7	3	9	國學院大	15	4	4
九州大				東京芸術大				明治大	8	11	10	武蔵大	19	1	2
東京工業大		1	2	東京医科歯科大				青山学院大	6	4	15	獨協大	2	2	
一橋大				東京海洋大				立教大	7	5	11	日本大	52	35	38
筑波大				横浜国立大	1		1	中央大	15	7	9	東洋大	23	8	15
茨城大				山梨大				法政大	20	14	28	駒澤大	15	2	9
宇都宮大				金沢大				学習院大	6	1	4	専修大	14	4	24
群馬大				信州大				国際基督教大	1			芝浦工業大	7	6	3
埼玉大				国際教養大				津田塾大				東京都市大	25	23	9

入試要項・入試情報

◉2024年度の入試要項(参考)

	1回	2回	3回	4回	5回	特別選抜
募集人員	男女50名	男女30名	男女40名	男女20名	男女20名	男女20名
選抜方法	教科型または適性検査型	教科型またはプレゼンテーション型	教科型または適性検査型	教科型またはプレゼンテーション型	教科型	
出願関連期間	12/20 ～1/31		12/20 ～2/2		12/20 ～2/3	12/20 ～2/5
試験日程	2/1午前	2/1午後	2/2午前	2/2午後	2/3午前	2/5午前
合格発表	Web 2/1 21:00～	Web 2/1 23:00～	Web 2/2 19:00～	Web 2/2 23:00～	Web 2/3 18:00～	Web 2/5 18:00～
入学手続	2/10 16:00まで					

＊教科型には4科型と得意2科選択型がある(1回・2回のみ英を含む)。なお、4科型は1回・3回・5回および特別選抜にて実施。
＊適性検査型は適性検査Ⅰ・Ⅱ、プレゼンテーション型は朗読への感想・プレゼンテーション・質疑応答にてそれぞれ実施。

面接 実施する。

◉費用(参考)

受験料		23,000円
入学手続時	入学金	230,000円
	授業料	—
	その他	—
入学手続後～入学まで	授業料	47,400円
	その他	266,841円
入学後１年	授業料	426,600円
	その他	373,871円
初年度納入金合計		1,344,712円
中学３年間費用計　約		2,876,029円

＊複数回受験の場合も、受験料は2万3千円。
＊男子は制服代の差額(358円)を加えること。

◉最近6年間の入試応募者推移と倍率

年度		2019 男	2019 女	2020 男	2020 女	2021 男	2021 女	2022 男	2022 女	2023 男	2023 女	2024 男	2024 女
募集	①	30		30		30		30		40		50	
	②	20		15		15		15		25		30	
	③	10		25		25		25		35		40	
	④	10		15		15		10		20		20	
応募	①	37/39/71		46/27/5/120/10		46/55/2/121/8		62/69/71	9/14/9	81/107/65	17/20/16	138/96/38	24/16/20
	②	110		116/34		129/11		168/10	28/2	280/3/3	46/9/1	343/9	63/2
	③	36/48/12		49/41/5/46/10		51/73/29/5		77/78/29	7/20/12	138/128/39	27/21/12	193/121/33	28/26/20
	④	103		121/34		138/14		162/11	30/3	281/8/1	50/5/3	361/11	62/3
応募倍率	①	4.9		6.9		7.7		7.8		7.7		6.6	
	②	5.5		10.0		9.3		13.9		13.7		13.9	
	③	9.6		6.0		6.3		8.9		10.4		10.5	
	④	10.3		10.3		10.1		20.6		17.4		21.9	
受験	①	33/30/71		35/20/4/120/10		34/38/2/121/8		45/50/69	7/10/8	55/85/64	14/15/13	91/70/37	12/15/20
	②	96		103/31		114/8		137/10	27/2	246/3/3	33/8/1	297/9	54/2
	③	15/18/11		24/22/4/36/7		29/37/25/3		30/39/24	4/9/12	76/93/33	17/16/9	102/74/26	9/14/19
	④	52		65/24		62/8		75/8	12/3	177/6/1	33/3/3	198/9	35/2
合格	①	30/24/62		28/13/3/103/8		29/24/1/87/6		36/30/48	5/7/6	37/36/37	8/11/11	47/23/21	8/8/7
	②	44		50/12		57/3		56/1	10/2	68/0/1	10/3/0	76/2	18/1
	③	4/3/4		8/9/1/14/0		9/7/14/1		12/11/9	0/2/6	23/14/15	6/3/5	29/16/12	2/3/7
	④	11		16/4		15/1		21/3	5/2	26/1/0	6/1/1	27/0	6/2
実質倍率	①	1.1/1.3/1.1		1.3/1.5/1.3/1.2/1.3		1.2/1.6/2.0/1.4/1.3		1.3/1.7/1.4	1.4/1.4/1.3	1.5/2.4/1.7	1.8/1.4/1.2	1.9/3.0/1.8	1.5/1.9/2.9
	②	2.2		2.1/2.6		2.0/2.7		2.4/10.0	2.7/1.0	3.6/−/3.0	3.3/2.7/−	3.9/4.5	3.0/2.0
	③	3.8/6.0/2.8		3.0/2.4/4.0/2.6/−		3.2/5.3/1.8/3.0		2.5/3.5/2.7	−/4.5/2.0	3.3/6.6/2.2	2.8/5.3/1.8	3.5/4.6/2.2	4.5/4.7/2.7
	④	4.7		4.1/6.0		4.1/8.0		3.6/2.7	2.4/1.5	6.8/6.0/−	5.5/3.0/3.0	7.3/−	5.8/1.0

＊2019年①は4教科/2教科/適性検査、③は4教科/2教科/自己アピール。2020年①・③は4教科/2教科/3教科/適性検査/自己アピール、②・④は得意2教科/1教科。2021年①は4教科/得意2教科/3教科/適性検査/自己アピール、②・④は得意2教科/1教科、③は4教科/得意2教科/適性検査/自己アピール。2022年①・③は4教科/得意2教科/適性検査、②は得意2教科/自己アピール、④は得意2教科/プレゼンテーション、⑤・⑥・特別選抜①・特別選抜②は4教科/得意2教科。2023年①・③は4教科/得意2教科/適性検査、②・④は得意2教科/自己アピール/プレゼンテーション、⑤・⑥・特別選抜は4教科/得意2教科。2024年①・③は4教科/得意2教科/適性検査、②・④は得意2教科/プレゼンテーション、⑤・特別選抜は4教科/得意2教科。
＊2024年補欠発表(電話・Web)…あり。補欠合格…なし。追加合格(電話)…あり、2月6日～2月9日。

◉入試教科

4教科/2教科

②算数	45分/45分	100点/100点
①国語	45分/45分	100点/100点
④理科	45分/	100点/
③社会	45分/	100点/
合計	180分/90分	400点/200点

合格最高点	①	172/177点
	②	173点
	③	177/160点
	④	183点
	⑤	167/155点
	特別	185/162点
合格最低点	①	110/110点
	②	130点
	③	125/126点
	④	132点
	⑤	131/131点
	特別	133/136点

＊4教科は換算点。

◉受験併願パターン

偏差値	1月前半	1月後半	2月1日	2月2日	2月3日	2月4日以降
43			日工大駒場２		日大第三３	
42				日工大駒場４	日工大駒場５	日工大駒場特別
40			日工大駒場	日工大駒場３		東海大高輪台３
38	狭山ヶ丘高付２					
36				関東学院六浦Ｂ２		

偏差値	1月前半	1月後半	2月1日	2月2日	2月3日	2月4日以降
44			日本工大駒場２	跡見学園２	佼成女３日午前特	淑徳巣鴨３
41			日工大駒場	日本工大駒場３	東海大高輪台２	東海大高輪台３
40	西武文理	和洋国府台女子		文京学院大２		
39				日大豊山女２科２		
31		西武台千葉		明星２回総合	明星３回総合	明星４回総合

入試問題の傾向とポイント

算数　計算問題5問、一行問題7問、大問4題の問題構成。幅広い分野から、基本～標準レベルの典型的な問題が出題される。苦手な分野を作らないように、各分野の基本をしっかりと固めたい。すべての問題で、途中式を記入する欄があるので、日頃から簡潔にまとめる練習をすること。

国語　雑問(漢字の読み書き・慣用句)と読解2題(説明文・物語文)が出題された。説明文は理由や目的について、物語文は人物の心情や表現効果について問う設問が見られた。出題形式は5択の選択肢と抜き出しが中心である。

理科　設問5題、生地物化から1題ずつと、環境・エネルギーに関する問題1題で構成。設問形式は、選択・計算・記述・作図と多岐にわたる。全体的に典型的な問題が並んでいるため、『四科のまとめ』で基礎基本を固め、環境・エネルギー分野は過去問演習や時事問題のチェックを行いたい。

社会　大問4題構成。地理・歴史がそれぞれ大問1問、政治・時事で大問2問と政治の出題割合が比較的高いのが特徴といえる。また、記述問題の出題数が多いことから、記述対策は万全にしておく必要がある。全体を通じて時事問題や時事的なテーマにからんだ出題も多い。

日本大学中学校

にほんだいがく

■学校長／中園健二　■創立／昭和5年　■生徒数／629名（男383名、女246名）
■所在地／〒223-8566 神奈川県横浜市港北区箕輪町2-9-1　■ＴＥＬ／045-560-2600
■交通／日吉駅（東急東横線・目黒線、新横浜線、横浜市営地下鉄グリーンライン）スクールバス5分、徒歩12分。
同駅から東急バス「日大高校前」「日大高校正門前」下車。

何学期制	週何日制	登校時刻	制服	給食	食堂 軽食販売	プール	寮	特待制度 奨学金等	帰国生 取出授業
3学期制	6日制	8:10	中高あり	なし	販売中高あり	屋内	なし	あり	あり

沿　革

1930年、旧制日本大学第四中学校・日本大学第四商業学校として創設。
1948年、新教育制度移行に伴い日本大学高等学校と改称、日本大学中学校を併置。
1999年、男女共学校となる。
2021年、教育改革「SHINKA！」によりスクール・ポリシーを策定。
2022年、「中高一貫2-1-3システム」を導入し、教育の質的向上を目指した新たな学びがスタート。

教育方針と特色

教育スローガン「Aiming High！（常に高みを目指そう）」を掲げ、教育理念「自主創造」の要素である「自ら学ぶ、自ら考える、自ら道をひらく」の体現を目指す。中学1・2年次は探究的学習を通じて主体的に学ぶ「アカデミックフロンティア」と海外研修プログラムを通して国際感覚を身につける「グローバルリーダーズ」の２コース制、中学３年次は高校“0”年次と位置づけ「特別進学」「総合進学」「スーパーグローバル」のプレコース化を導入。

教育面では、ICT教育・グローバル教育・人間教育を三本柱に、主体的に考え行動する力と協働力を養い、学び続ける力をもった自立した学習者を育成する。

進路面では、医歯薬獣医学を擁する国内最大の総合大学・日本大学の付属校としての優位性を保ちつつ、国公立大学や難関私立大学への進学を視野に入れるなど、高次元に融合させたハイブリッド校として、さらに高みを目指した進路指導を展開しており、近年、着実に進学実績を伸ばしている。

◉系列校

小	中	高	大（短大）
	○	○	○

◉併設小学校なし

◉高校生外部募集………260名

（完全混合クラス）

◉授業時間…1コマ50分・週34時間

	1年	2年	3年	計
国　語	5	5	6	16
社　会	4	4	4	12
数　学	5	5	6	16
理　科	4	4	4	12
英　語	6	6	6	18
5教科計	24	24	26	74

参考　高校1年生一週間の授業

英語=6　数学=6　国語=5
理科=6　社会=4
※総合進学コース

進学・進路

◉卒業生進路状況

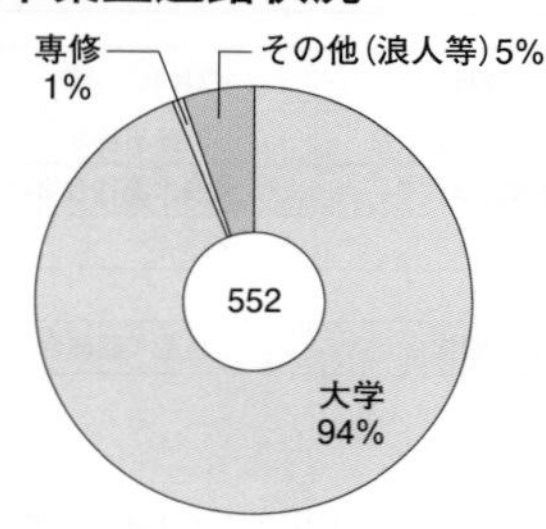

■進路選択状況（高３進級時）

データなし

■理系・文系進学状況

データなし

■共通テスト受験率

36%

◉卒業までの流れ

小学校	中学校	高等学校	大学
	日本大学中学校	日本大学高等学校 (552)	日本大学　271 （法58・文理52・経済31・商10・芸術5・国際関係2・医3・歯2・松戸歯1・理工42・生産工8・生物資源科42・工0・薬4・危機管理2・スポーツ科学1・二部8） 日本大学短期大学部　2

◉主な大学合格実績

大学名	'22	'23	'24	大学名	'22	'23	'24	大学名	'22	'23	'24	大学名	'22	'23	'24
東京大				千葉大	1	1		東京都立大		1	1	東京女子大		1	3
京都大				お茶の水女子大			2	横浜市立大	8	7	7	日本女子大		4	13
北海道大				東京外国語大	3		2	慶應義塾大	13	8	7	成蹊大		11	5
東北大			2	電気通信大		1	4	早稲田大	18	12	3	成城大		16	7
名古屋大			1	東京学芸大		1		上智大	3	10	7	明治学院大		13	17
大阪大				東京農工大	1	1	1	東京理科大	22	24	21	國學院大		14	5
九州大				東京芸術大				明治大	39	35	27	武蔵大		1	4
東京工業大	3	1		東京医科歯科大			1	青山学院大	29	25	27	獨協大			1
一橋大				東京海洋大		1	1	立教大	10	19	10	日本大	-	-	-
筑波大	1		1	横浜国立大		7	3	中央大	23	24	19	東洋大		14	6
茨城大			1	山梨大				法政大	36	42	29	駒澤大		4	3
宇都宮大				金沢大				学習院大		8	13	専修大		5	7
群馬大			1	信州大			2	国際基督教大			2	芝浦工業大		24	12
埼玉大	1		1	国際教養大				津田塾大		1	1	東京都市大		25	15

入試要項・入試情報

◉2024年度の入試要項(参考)

	A-1	適性検査型	A-2	B	C
募集人員	男女90名		男女50名	男女40名	男女20名
選抜方法	国・算・社・理	適性検査Ⅰ・Ⅱ	国・算または英・算	国・算	国・算・社・理
出願関連期間	11/18〜1/31			11/18〜2/2	11/18〜2/4
試験日程	2/1午前		2/1午後	2/2午後	2/5午前
合格発表	Web 2/1 21:30〜	Web 2/2 18:00〜	Web 2/1 21:30〜	Web 2/2 21:30〜	Web 2/5 18:00〜
入学手続	2/4 13:00まで	2/10 15:00まで	2/4 13:00まで		2/7 13:00まで

面接 実施しない。

◉費用(参考)

受験料		25,000円
入学手続時	入学金	230,000円
	授業料	—
	その他	—
入学手続後〜入学まで	授業料	—
	その他	106,960円
入学後1年	授業料	516,000円
	その他	288,500円
初年度納入金合計		1,141,460円
中学3年間費用計 約		2,938,460円

＊複数回同時出願の場合、受験料は5万円。
＊女子は男子との制服代・指定用品代の差(約1万円)を加えること。
＊GLは国内・海外研修費別途。

◉最近6年間の入試応募者推移と倍率

年度		2019 男	2019 女	2020 男	2020 女	2021 男	2021 女	2022 男	2022 女	2023 男	2023 女	2024 男	2024 女
募集	A1	70		70		A1｜適性検査型	90 A1適性合計	90	A1適性合計	90	A1適性合計	90	A1適性合計
	A2｜適性検査型	65		65		A2(国算/英算)	50	50		50		50	
	B	45		45		B	40	40		40		40	
	C	20		20		C	20	20		20		20	
応募	A1	200	125	219	140	187｜87	126｜104	173｜110	117｜87	151｜102	103｜97	150｜121	68｜80
	A2｜適性検査型	302｜44	213｜42	394｜93	255｜85	297｜15	233｜10	303｜16	192｜12	255｜13	172｜10	283｜19	156｜11
	B	319	201	404	250	329	216	325	186	272	190	311	153
	C	319	181	352	221	324	196	300	184	257	170	255	137
応募倍率	A1	4.6		5.1		5.6		5.4		5.0		4.7	
	A2｜適性検査型	9.3		12.7		11.1		10.5		9.0		9.4	
	B	11.6		14.5		13.6		12.8		11.6		11.6	
	C	25.0		28.7		26.0		24.2		21.4		19.6	
受験	A1	164	103	179	118	153｜87	110｜104	142｜105	103｜87	120｜102	76｜96	117｜119	53｜80
	A2｜適性検査型	234｜43	176｜42	364｜93	237｜85	274｜15	213｜9	278｜15	172｜12	233｜12	154｜10	259｜16	148｜10
	B	183	133	298	197	241	155	230	127	169	121	215	100
	C	152	87	217	139	198	114	174	106	142	83	150	77
合格	A1	72	30	53	29	40｜34	25｜44	44｜46	18｜42	40｜51	26｜49	43｜51	14｜29
	A2｜適性検査型	118｜34	92｜27	92｜34	66｜39	91｜8	73｜4	106｜9	59｜5	101｜6	72｜1	92｜6	65｜5
	B	43	29	31	23	41	18	40	24	33	24	43	22
	C	15	9	20	8	29	27	26	16	27	17	30	15
実質倍率	A1	2.3	3.4	3.4	4.1	3.8｜2.6	4.4｜2.4	3.2｜2.3	5.7｜2.1	3.0｜2.0	2.9｜2.0	2.7｜2.3	3.8｜2.8
	A2｜適性検査型	2.0｜1.3	1.9｜1.6	4.0｜2.7	3.6｜2.2	3.0｜1.9	2.9｜2.3	2.6｜1.7	2.9｜2.4	2.3｜2.0	2.1｜10.0	2.8｜2.7	2.3｜2.0
	B	4.3	4.6	9.6	8.6	5.9	8.6	5.8	5.3	5.1	5.0	5.0	4.5
	C	10.1	9.7	10.9	17.4	6.8	4.2	6.7	6.6	5.3	4.9	5.0	5.1

＊2024年補欠発表…詳細不明。補欠合格・追加合格…いずれもなし。

◉入試教科

4教科/2教科

②算数	50分/50分	100点/100点
①国語	50分/50分	100点/100点
③理科	あわせて60分	50点/
③社会		50点/
合計	160分/100分	300点/200点

＊A-②は国又は英(50分・100点)を選択と算(50分・100点)合計200点。
＊適性はⅠ(50分・100点)、Ⅱ(50分・200点)合計300点。

合格最高点	非公表
合格最低点	A−① AF 179点 GL 179点 適性 AF 110点 GL 110点 A−②国算 AF 131点 GL 131点 A−②英算 AF — GL 120点 B AF 119点 GL 119点 C AF 180点 GL 180点

＊AF(アカデミックフロンティア)、GL(グローバルリーダーズ)コース。

◉受験併願パターン

偏差値	1月前半	1月後半	2月1日	2月2日	2月3日	2月4日以降
51				日本大学ＢＡＦ	日大豊山４	日本大学ＣＡＦ
50			関東学院１Ｂ			関東学院２
49				桐光学園２	日大豊山３	目黒日大４
48			日本大学Ａ１ＡＦ		関東学院１Ｃ	
47				多摩大目黒２特待		

偏差値	1月前半	1月後半	2月1日	2月2日	2月3日	2月4日以降
52				日本大学ＢＡＦ		日本大学ＣＡＦ
50					昭和女子大附Ｃ	目黒日大４
49			日本大学Ａ１ＡＦ		関東学院１Ｃ	
48				実践女子学園４		
43				日大第一４科２		

入試問題の傾向とポイント

算数 計算問題を含む一行問題8問、大問4題の問題構成。問題は基本から標準レベルの典型的な問題が中心だが、規則性、数の性質、平面図形など幅広い分野から出題されているので、苦手な分野を作らないように、各分野の基礎をしっかりと積み重ねておきたい。

国語 雑問1題と説明文と物語文を含む読解3題の構成。雑問は漢字の読み書きや四字熟語、文学史などが出題。説明文は日本語について書かれた文章で理由や言い換えについて、物語文は人物の心情や言動について問われた。解答形式は抜き出しと選択肢がほとんどだが40字程度の記述もみられた。

理科 大問4題、生地物化からの出題。選択問題を中心に、計算問題と短答記述がバランスよく出題される。基本的な問題が並ぶため、『四科のまとめ』を活用するなどして基礎基本を固めて苦手分野のないようにしたい。また、時事や実験器具が出題されることもあるので、幅広く対策を行う必要がある。

社会 地理・歴史・政治の大問3題構成。用語記述の割合が高く、原則として漢字指定となっているので、用語の正確な書き取りに力点を置きたい。総設問数の約半数が歴史と比重が高い。短文の記述問題が2問出題されている。

日本大学第一中学校

にほんだいがくだいいち

■学校長／青木義男　■創立／大正2年　■生徒数／594名（男398名、女196名）
■所在地／〒130-0015 東京都墨田区横網1-5-2
■ＴＥＬ／03-3625-0026
■交通／両国駅（都営大江戸線）徒歩1分。両国駅（JR総武線）徒歩5分。

何学期制	週何日制	登校時刻	制服	給食	食堂 軽食販売	プール	寮	特待制度 奨学金等	帰国生 取出授業
3学期制	6日制	8:15	中高あり	なし	食堂なし 販売中高あり	なし	なし	なし	なし

沿　革

1913年、日本大学最初の付属校として「日本大学中学校」の名称で神田に設立された。1924年に現在地に移転した。戦後の学制改革に基づき、校名を日本大学第一中学校に改称。GHQによる財閥解体の影響で、経営は日本大学から分離独立したが、日本大学の第一番目の付属校としての地位は変わらず、1973年には日本大学から日本大学特別付属校の指定を受けた。1997年に男女共学となる。

教育方針と特色

「真・健・和」の校訓のもとで、基本的な生活・学習習慣を身につけ、自らの興味関心や将来像を明確にして楽しみながら（目標をもって）学べる生徒の育成を目指している。生徒たちの自主性を尊重しながら、創造力とレジリエンス（困難を乗り越える力）を育む。基礎学力の定着を重視し、定期試験以外にも確認テストをこまめに行い、より確実な学力の定着に努めるとともに、英語と数学の２科目で習熟度別授業を行い、一層の学力向上を目指している。また、夏季学校・イングリッシュキャンプ・スキー教室・修学旅行などを通じて、社会性と人間性を身につけ、「よい人間関係」を構築できる生徒を育てる。

◉系列校

小	中	高	大（短大）
○	○	○	○

◉小学校からの内進生…9名
◉高校生外部募集………150名

（一部混合クラス）

◉授業時間…1コマ50分・週34時間

	1年	2年	3年	計
国　語	5	5	4	14
社　会	3	3	4	10
数　学	5	5	5	15
理　科	3	4	4	11
英　語	4	5	6	15
5教科計	20	22	23	65

参考　高校1年生一週間の授業

英語=6　数学=6　国語=5
理科=6　社会=4

進学・進路

◉卒業生進路状況

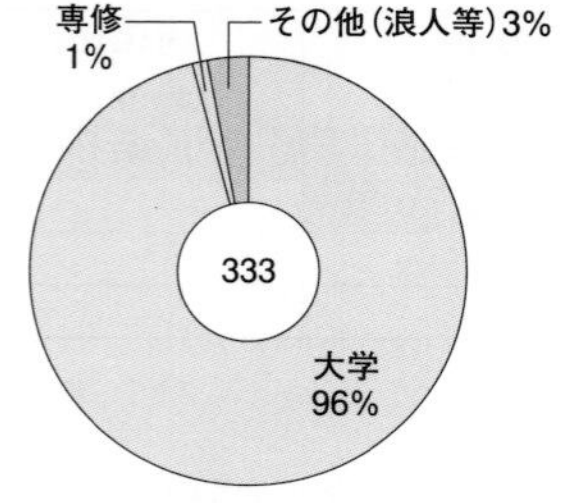

■進路選択状況（高３進級時）
データなし

■理系・文系進学状況
データなし

■共通テスト受験率
データなし

◉卒業までの流れ

小学校	中学校	高等学校	大学
	日本大学第一中学校 ▶	日本大学第一高等学校（333） ▶	日本大学　230 （法33・文理17・経済34・商11・芸術4・国際関係4・医0・歯2・松戸歯1・理工54・生産工14・生物資源科26・工2・薬3・危機管理11・スポーツ科学5・二部9） 日本大学短期大学部　1

◉主な大学合格実績

大学名	'22	'23	'24	大学名	'22	'23	'24	大学名	'22	'23	'24	大学名	'22	'23	'24
東京大				千葉大				東京都立大				東京女子大			1
京都大				お茶の水女子大				横浜市立大				日本女子大			2
北海道大				東京外国語大				慶應義塾大			5	成蹊大		2	4
東北大				電気通信大				早稲田大		2	1	成城大		5	8
名古屋大				東京学芸大				上智大		2	2	明治学院大		4	2
大阪大				東京農工大				東京理科大		7	13	國學院大		10	1
九州大				東京芸術大				明治大		5	5	武蔵大		1	4
東京工業大			1	東京医科歯科大				青山学院大		2		獨協大		4	4
一橋大			1	東京海洋大				立教大		3		日本大		-	-
筑波大				横浜国立大				中央大		10	7	東洋大		12	7
茨城大				山梨大				法政大		8	15	駒澤大			
宇都宮大				金沢大				学習院大		7	7	専修大		2	1
群馬大				信州大				国際基督教大				芝浦工業大		5	6
埼玉大				国際教養大				津田塾大		1		東京都市大		1	3

入試要項・入試情報

◉2024年度の入試要項(参考)

	4科1回	4科2回	2科1回	2科2回
募集人員	男女110名	男女50名	男女20名	男女20名
選抜方法	国・算・社・理		国・算	
出願関連期間	12/20～1/31	12/20～2/1	12/20～2/2	12/20～2/4
試験日程	2/1	2/2	2/3	2/5
合格発表	Web 2/1 19:00～	Web 2/2 19:00～	Web 2/3 19:00～	Web 2/5 19:00～
入学手続	2/5 13:00まで			2/7 13:00まで

＊2024年2月11日(日・祝)実施の新入学者ガイダンスに無断欠席の場合には、入学辞退と判断される。

面接 実施しない。

◉費用(参考)

受験料		20,000円
入学手続時	入学金	240,000円
	授業料	—
	その他	—
入学手続後～入学まで	授業料	—
	その他	—
入学後１年	授業料	456,000円
	その他	485,800円
初年度納入金合計		1,181,800円
中学３年間費用計	約	2,612,400円

＊複数回同時出願の場合、2回目以降の受験料は1回につき1万円を追加。
＊制服代・指定用品代等別途。

◉最近6年間の入試応募者推移と倍率

年度		2019 男	2019 女	2020 男	2020 女	2021 男	2021 女	2022 男	2022 女	2023 男	2023 女	2024 男	2024 女
募集	4科①	110		110		110		110		110		110	
	4科②	50		50		50		50		50		50	
	2科①	20		20		20		20		20		20	
	2科②	20		20		20		20		20		20	
応募	4科①	170	82	166	101	195	162	214	134	211	102	201	110
	4科②	208	94	219	135	296	207	329	148	311	125	260	134
	2科①	178	97	162	115	194	156	250	143	201	97	206	113
	2科②	181	96	199	132	266	164	282	138	236	106	191	94
応募倍率	4科①	2.3		2.4		3.2		3.2		2.8		2.8	
	4科②	6.0		7.1		10.1		9.5		8.7		7.9	
	2科①	13.8		13.9		17.5		19.7		14.9		16.0	
	2科②	13.9		16.6		21.5		21.0		17.1		14.3	
受験	4科①	163	76	160	97	181	150	200	125	189	93	188	101
	4科②	104	47	139	79	195	131	212	91	183	67	136	74
	2科①	84	39	95	66	107	94	131	86	98	46	112	63
	2科②	82	32	121	58	160	85	151	74	123	53	91	37
合格	4科①	99	53	81	50	74	60	79	49	85	47	90	42
	4科②	42	25	44	27	54	28	62	15	58	25	51	25
	2科①	22	16	16	7	17	13	18	12	26	7	21	12
	2科②	14	6	14	6	18	4	24	5	13	9	12	8
実質倍率	4科①	1.6	1.4	2.0	1.9	2.4	2.5	2.5	2.6	2.2	2.0	2.1	2.4
	4科②	2.5	1.9	3.2	2.9	3.6	4.6	3.4	6.1	3.2	2.7	2.7	3.0
	2科①	3.8	2.4	5.9	9.4	6.3	7.2	7.3	7.2	3.8	6.6	5.3	5.3
	2科②	5.9	5.3	8.6	9.7	8.9	21.3	6.3	14.8	9.5	5.9	7.6	4.6

＊2024年補欠発表・追加合格…いずれもなし。

◉入試教科

4教科/2教科

②算数	50分/50分	100点/100点
①国語	50分/50分	100点/100点
④理科	30分/	50点/
③社会	30分/	50点/
合計	160分/100分	300点/200点

合格最高点	4科①	男242 女220点
	②	男227 女222点
	2科①	男144 女118点
	②	男152 女149点
合格最低点	4科①	男160 女156点
	②	男165 女156点
	2科①	男 99 女 99点
	②	男103 女107点

私立 共学校

◉受験併願パターン

偏差値	1月前半	1月後半	2月1日	2月2日	2月3日	2月4日以降
43		昭和学院適性	日工大駒場２			
42		東海大浦安Ａ		日大第一４科２		
41	獨協埼玉					
40	千葉日大第一自推		日大第一４科	日工大駒場３	東海大高輪台２	品川翔英６
39		土浦日大ＫＢＴ特				

偏差値	1月前半	1月後半	2月1日	2月2日	2月3日	2月4日以降
43	細田学園２	東海大浦安Ａ		日大第一４科２		
42			江戸川女子基礎１			
41			日大第一４科			
40	千葉日大第一自推					
39				日大豊山女２科２		

入試問題の傾向とポイント

算数
計算問題5問程度、一行問題5問程度、大問4題の問題形式。幅広い分野から出題されるが、基本から標準レベルの問題が中心。各分野の基本事項と典型問題をしっかりと学習すること。後半の大問はやや思考力を必要とする問題が見られるので、時間配分に注意しながら取り組みたい。

国語
雑問と説明文・物語文の読解2題で構成。説明文は将棋界を例に仕事におけるAIと人間の共存について述べられた文章で、傍線部の内容説明や段落の役割などについて、物語文は人物の言動理由や表現について問われた。30字以内の記述もそれぞれ1題ずつ出題されている。

理科
年によって大問数は異なるが、生地物化からそれぞれ1～2単元ずつの出題となっている。選択・計算問題が主で、作図や記述問題が1～2題ある。基本的な知識を問う問題が並び、幅広い単元からの出題となるため、苦手分野をつくらないようにしながら基礎基本を確実にしたい。

社会
大問2題構成で地理・歴史分野からの出題が中心。地理は地形・農業・工業・都道府県など基礎的な知識で十分対応できる。工業生産額や都道府県別の生産量など、典型的な統計資料には慣れておきたい。歴史は年表を切り口にした出題で政治史・社会経済史・文化史など基本を問うもの。

日本大学第二中学校
（にほんだいがくだいにちゅうがっこう）

■学校長／寺西一清　■創立／大正15年　■生徒数／716名（男358名、女358名）
■所在地／〒167-0032 東京都杉並区天沼1-45-33　■ＴＥＬ／03-3391-0223
■交通／荻窪駅（JR中央線など）徒歩約15分。阿佐ヶ谷駅（JR中央線）徒歩約15分。
下井草駅（西武新宿線）徒歩約20分。

何学期制	週何日制	登校時刻	制服	給食	食堂 軽食販売	プール	寮	特待制度 奨学金等	帰国生 取出授業
3学期制	6日制	8:35	中高あり	なし	食堂条件付 販売条件付	屋外	なし	奨学金あり	なし

沿　革

開校以来90年余りの歴史を持つ伝統校で、卒業生は4万５千名を超え、これまで各界に多彩な人材を輩出。おおらかで明るい校風のもと、生徒たちは様々な仲間との出逢いや多様な経験を経て、思いやりあふれる人間として大きく成長していく。2024年度からは新制服を採用。新制服は、これまでの伝統を生かしつつ、新しい時代に合わせたチャコールグレーのブレザースタイル。学校の象徴である銀杏並木と調和しながら、明るさや温かさを表現したデザイン。

教育方針と特色

日本大学の建学の精神である「自主創造」を根底に、「信頼敬愛、自主協同、熱誠努力」の3つの校訓を掲げている。97年の伝統が育んだ「おおらか」で「あかるい」校風のもと、生徒達は6年間をかけて様々な人や価値観と出逢い、多様な体験を繰り返して、温かみと思い遣り溢れる一人の人間として大きく成長していく。学力面では、確かな学力を身に付けさせるため、どの教科も基礎・基本の繰り返し指導を徹底し、放課後補習や休業日講習など学力補充も手厚い。学力面以外でも、体育大会や文化祭、弁論大会・卒業研究や理系学部見学会などの体験型行事が数多い。また、目的や目標も多様な文化部18・運動部14団体が活発に活動しており、生徒たちは学力の増進だけに留まらない活力ある学校生活を送っている。

◉系列校

小	中	高	大（短大）
	○	○	○

◉併設小学校なし

◉高校生外部募集………210名
（完全混合クラス）

◉授業時間…1コマ50分・週33時間

	1年	2年	3年	計
国　語	4	5	5	14
社　会	4	4	4	12
数　学	5	5	5	15
理　科	4	4	4	12
英　語	6	6	6	18
5教科計	23	24	24	71

参考　高校1年生一週間の授業

英語=5　数学=6　国語=5
理科=4　社会=4

進学・進路

◉卒業生進路状況

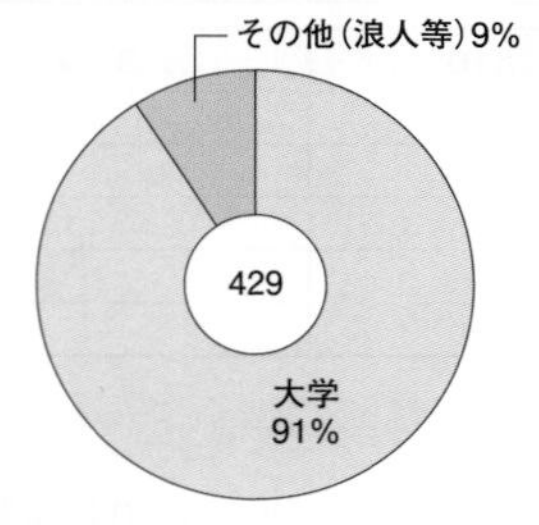

■進路選択状況（高３進級時）
理系 45%　文系 55%

■理系・文系進学状況
理系 43%　文系 53%

■共通テスト受験率
64%

◉卒業までの流れ

小学校	中学校	高等学校	大学
	日本大学第二中学校	日本大学第二高等学校（429）	日本大学　126 （法13・文理17・経済16・商10・芸術8・国際関係2・医1・歯3・松戸歯0・理工22・生産工12・生物資源科15・工0・薬3・危機管理3・スポーツ科学1・二部0） 日本大学短期大学部　0

◉主な大学合格実績

大学名	'22	'23	'24	大学名	'22	'23	'24	大学名	'22	'23	'24	大学名	'22	'23	'24
東京大			1	千葉大	1			東京都立大	1	1	1	東京女子大	8	6	10
京都大				お茶の水女子大	1			横浜市立大				日本女子大	4	3	5
北海道大				東京外国語大				慶應義塾大	2	7	3	成蹊大	20	19	15
東北大				電気通信大		1		早稲田大	11	12	17	成城大	9	9	13
名古屋大				東京学芸大	3	3		上智大	9	13	7	明治学院大	7	16	10
大阪大				東京農工大				東京理科大	19	23	22	國學院大	2	15	8
九州大				東京芸術大	1			明治大	33	18	27	武蔵大	10	9	12
東京工業大		1		東京医科歯科大	1			青山学院大	15	13	16	獨協大	2	6	5
一橋大	1			東京海洋大				立教大	19	15	14	日本大	-	-	-
筑波大			1	横浜国立大				中央大	38	31	37	東洋大	10	16	19
茨城大				山梨大		1		法政大	36	34	44	駒澤大	6	6	5
宇都宮大	1			金沢大				学習院大	14	11	16	専修大	4	11	9
群馬大	1			信州大		1		国際基督教大	1	2		芝浦工業大	10	9	11
埼玉大		2	1	国際教養大		1		津田塾大	1		2	東京都市大	6	5	2

入試要項・入試情報

◉2024年度の入試要項（参考）

	1回	2回
募集人員	男子80名・女子80名	男子40名・女子40名
選抜方法	国・算・社・理	
出願関連期間	12/20〜1/31	12/20〜2/2
試験日程	2/1	2/3
合格発表	Web 2/1 20:00頃〜	Web 2/3 20:00頃〜
入学手続	2/3 12:00まで	2/5 12:00まで

＊2024年2月10日（土）14時から実施の新入生登校日に無断欠席の場合は、入学辞退とみなされる。

面接 実施しない。

◉費用（参考）

受験料		25,000円
入学手続時	入学金	250,000円
	授業料	—
	その他	100,000円
入学手続後〜入学まで	授業料	—
	その他	102,430円
入学後１年	授業料	480,000円
	その他	441,190円
初年度納入金合計		1,373,620円
中学３年間費用計　約		3,145,389円

＊1回・2回同時出願の場合、受験料は4万円。
＊入学辞退者は、2月7日12時までに申し出れば、施設設備費（10万円）を返金。
＊女子は男子との制服代・指定用品代の差（約2千円）を加えること。

◉最近6年間の入試応募者推移と倍率

年度		2019 男	2019 女	2020 男	2020 女	2021 男	2021 女	2022 男	2022 女	2023 男	2023 女	2024 男	2024 女
募集	①	80	80	80	80	80	80	80	80	80	80	80	80
	②	40	40	40	40	40	40	40	40	40	40	40	40
応募	①	219	173	272	185	305	216	268	226	213	200	202	187
	②	337	239	401	276	419	301	403	298	352	295	342	252
応募倍率	①	2.7	2.2	3.4	2.3	3.8	2.7	3.4	2.8	2.7	2.5	2.5	2.3
	②	8.4	6.0	10.0	6.9	10.5	7.5	10.1	7.5	8.8	7.4	8.6	6.3
受験	①	202	163	257	174	286	203	249	202	186	188	175	173
	②	194	127	257	160	288	180	243	184	204	170	206	144
合格	①	93	91	99	90	90	91	88	87	89	86	89	89
	②	56	53	44	45	43	41	55	47	58	51	55	53
実質倍率	①	2.2	1.8	2.6	1.9	3.2	2.2	2.8	2.3	2.1	2.2	2.0	1.9
	②	3.5	2.4	5.8	3.6	6.7	4.4	4.4	3.9	3.5	3.3	3.7	2.7

＊2024年補欠発表（Web）…（1回）男15名、女14名、（2回）男15名、女16名。補欠合格（電話）…（1回）男12名、女10名、（2回）男9名、女8名、いずれも2月4日〜2月20日。追加合格…なし。

◉入試教科

②算数	50分	100点
①国語	50分	100点
③理科	あわせて50分	50点
③社会		50点
合計	150分	300点

合格最高点	非公表
合格最低点	①男193　女186点 ②男193　女184点

◉受験併願パターン

偏差値	1月前半	1月後半	2月1日	2月2日	2月3日	2月4日以降
48		麗澤ＥＥ	東京電機大２			東京電機大４
47	佐久長聖東京		明治学院			
46	埼玉栄難関	麗澤３ＥＥ			日大第二２	日大第一２科２
45			日大第二	宝仙学園２		明治学院３
44		千葉日大第一		東京電機大３		

偏差値	1月前半	1月後半	2月1日	2月2日	2月3日	2月4日以降
49			淑徳巣鴨スカラ		実践女子学園５	跡見学園特４
48		千葉日大第一	明治学院		大妻中野４アド	
47	開智所沢				日大第二２	
46			日大第二	明治学院２		明治学院３
45	星野学園２			実践女子学園３		

入試問題の傾向とポイント

算数　計算と一行問題が合わせて10問、大問4題の問題構成。幅広い分野から出題されるが、基本から標準レベルの問題が中心なので、各分野の基礎をしっかりと固め、素早く正確な計算ができるように、基本問題の演習を徹底したい。図形問題は頻出なので、過去問を用いて対策をしたい。

国語　雑問（漢字の読み書き・四字熟語・文学史など）と物語文・説明文の読解2題の構成。物語文は人物の心情や言動の理由について、説明文はグラフを参考に理由説明を求める設問がみられた。また、内容合致問題では選択肢の文量が比較的多かった。基本的に選択肢は5択である。

理科　設問4題、生地物化からの出題。設問形式は、選択問題・計算問題が主である。典型的な問題で構成され問題数も少ないが、会話形式の問題文や実験・観察結果の図表を読み取る問題があることを考慮すると、試験時間25分は短く感じる。基礎基本を固め、過去問演習で素早く正確に解く訓練を。

社会　理社あわせて50分の試験時間なので、過去問演習を通じて時間配分の目安をつけておきたい。大問4題構成。例年、グラフ・表を用いた出題が多いため、過去問などを用いて資料の読み取り問題に慣れておきたい。用語記述は漢字指定が多い。

日本大学第三中学校

（にほんだいがくだいさん）

■学校長／樋山克也　■創立／昭和4年　■生徒数／804名（男478名、女326名）
■所在地／〒194-0203 東京都町田市図師町11-2375　■ＴＥＬ／042-789-5535
■交通／淵野辺駅（JR横浜線）・多摩センター駅（京王相模原線、小田急多摩線、多摩都市モノレール）からバス「日大三高」下車。町田駅からバス「日大三高入口」下車。

何学期制	週何日制	登校時刻	制服	給食	食堂 軽食販売	プール	寮	特待制度 奨学金等	帰国生 取出授業
3学期制	6日制	8:40	中高あり	なし	食堂中高あり 販売中高あり	屋内	なし	あり	なし

沿　革

1929年、日本大学赤坂中学校として港区赤坂に開校。1930年、日本大学第三中学校と改称。1947年に新制中学校に移行。1948年新制高等学校（日本大学第三高等学校）開校。1976年、町田市へ校舎を移転。なお、日本大学第三高等学校は、1987年より男女共学校となり、その後1991年からは中学校でも女子の募集がスタートした。

教育方針と特色

「明・正・強」を建学の精神に、日本大学の付属校として設立される。長い歴史によって育まれた伝統と校風を持ち、とくに中学校の教育としては“中学生は中学生らしく”を大きな指針として掲げ、知育・徳育・体育と均整のとれた人間教育に努めている。学園は自然豊かな多摩丘陵の一角にあり、校地は15万㎡と都内屈指。3万冊の蔵書を誇る図書館、約400席の自習スペース、25m8コースの屋内プール、夜間照明のある総合グラウンドなど、教育環境は充実している。中学、高校そして大学までを通した、一貫教育が受けられるのも魅力。また、他大学受験希望者（例年50～60%）に対しても、支援体制を整えている。

◉系列校

小	中	高	大(短大)
	○	○	○

◉併設小学校なし

◉高校生外部募集………130名

（一部混合クラス）

◉授業時間…1コマ50分・週34時間

	1年	2年	3年	計
国　語	5	6	5	16
社　会	4	4	4	12
数　学	5	5	6	16
理　科	4	4	4	12
英　語	5	6	6	17
5教科計	23	25	25	73

参考　高校1年生一週間の授業

英語=6　数学=6　国語=5
理科=4　社会=4

※普通クラス

進学・進路

◉卒業生進路状況

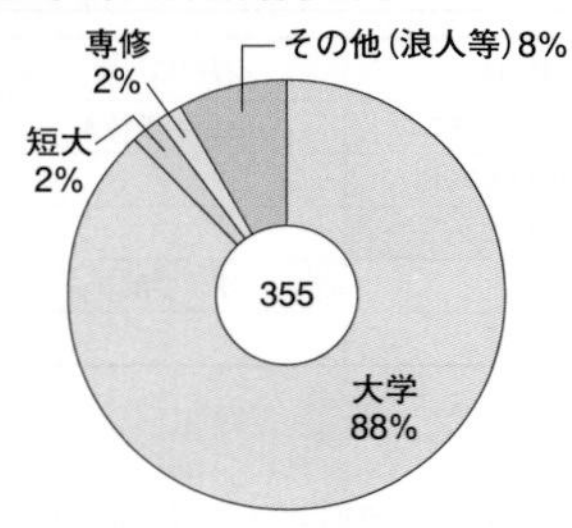

■進路選択状況（高３進級時）

データなし

■理系・文系進学状況

理系 44%　文系 51%

0　50　100

■共通テスト受験率

データなし

◉卒業までの流れ

小学校	中学校	高等学校	大学
	日本大学第三中学校	日本大学第三高等学校（355）	日本大学　149 （法4・文理24・経済16・商11・芸術6・国際関係7・医0・歯0・松戸歯0・理工18・生産工4・生物資源科49・工0・薬2・危機管理4・スポーツ科学2・二部2） 日本大学短期大学部　6

◉主な大学合格実績

大学名	'22	'23	'24	大学名	'22	'23	'24	大学名	'22	'23	'24	大学名	'22	'23	'24
東京大		1		千葉大				東京都立大	3	1	4	東京女子大	2	2	
京都大				お茶の水女子大				横浜市立大			1	日本女子大		2	2
北海道大				東京外国語大				慶應義塾大	4	4	2	成蹊大	8	4	12
東北大				電気通信大				早稲田大	10	5	10	成城大	6	10	9
名古屋大				東京学芸大		1		上智大	3	8	6	明治学院大	6	9	8
大阪大				東京農工大		1	1	東京理科大	6	7	3	國學院大	6	6	6
九州大				東京芸術大	1		1	明治大	34	15	31	武蔵大	1	2	2
東京工業大				東京医科歯科大				青山学院大	15	15	22	獨協大	5		
一橋大		1		東京海洋大	1			立教大	7	9	15	日本大	-	-	-
筑波大		1	2	横浜国立大		1		中央大	26	20	23	東洋大	8	7	10
茨城大				山梨大				法政大	22	25	29	駒澤大	4	2	3
宇都宮大				金沢大				学習院大	10	6	5	専修大	11	5	13
群馬大		1		信州大	1		1	国際基督教大				芝浦工業大		3	4
埼玉大				国際教養大				津田塾大	3	1		東京都市大	7	5	8

入試要項・入試情報

◉2024年度の入試要項（参考）

	1回	2回	3回
募集人員	男女160名	男女60名	男女20名
選抜方法	国・算または国・算・社・理		国・算
出願関連期間	12/20～1/27	12/20～2/1	12/20～2/2
試験日程	2/1	2/2	2/3
合格発表	Web 2/1 18:00～	Web 2/2 18:00～	Web 2/3 18:00～
入学手続	2/10 12:00まで		

面接 実施しない。

◉費用（参考）

受験料		25,000円
入学手続時	入学金	270,000円
	授業料	―
	その他	―
入学手続後～入学まで	授業料	―
	その他	72,100円
入学後１年	授業料	420,000円
	その他	474,200円
初年度納入金合計		1,236,300円
中学３年間費用計 約		2,981,000円

＊同時出願に限り、受験料4万円で全ての回受験可。
＊女子は男子との制服代・指定用品代の差（約3万7千円）を加えること。

私立 共学校

◉最近6年間の入試応募者推移と倍率

年度		2019 男	2019 女	2020 男	2020 女	2021 男	2021 女	2022 男	2022 女	2023 男	2023 女	2024 男	2024 女
募集	①	166		166		166		160		160		160	
	②	80		80		80		60		60		60	
	③	20		20		20		20		20		20	
応募	①	177/80	79/57	192/102	66/54	209/107	81/64	183/95	81/71	197/84	72/58	143/80	71/53
	②	200/97	104/64	253/128	102/81	261/118	114/74	221/116	132/80	230/97	89/70	190/107	99/61
	③	284	148	373	160	359	189	348	211	293	143	252	137
応募倍率	①	2.4		2.5		2.8		2.7		2.6		2.2	
	②	5.8		7.1		7.1		9.2		8.1		7.6	
	③	21.6		26.7		27.4		28.0		21.8		19.5	
受験	①	153/72	60/52	157/94	50/51	180/98	70/60	151/89	69/64	176/77	63/56	131/72	61/49
	②	105/64	49/27	151/86	57/37	174/83	63/42	132/71	57/42	140/67	34/36	111/69	51/25
	③	94	29	169	51	178	56	168	63	114	32	116	38
合格	①	98/31	50/38	85/38	41/41	79/32	46/37	82/38	61/37	96/25	55/34	78/32	49/37
	②	60/23	36/19	62/17	32/18	53/17	38/24	53/19	46/12	62/24	24/16	43/13	34/7
	③	24	20	20	17	22	14	22	21	31	16	13	12
実質倍率	①	1.6/2.3	1.2/1.4	1.8/2.5	1.2/1.2	2.3/3.1	1.5/1.6	1.8/2.3	1.1/1.7	1.8/3.1	1.1/1.6	1.7/2.3	1.2/1.3
	②	1.8/2.8	1.4/1.4	2.4/5.1	1.8/2.1	3.3/4.9	1.7/1.8	2.5/3.7	1.2/3.5	2.3/2.8	1.4/2.3	2.6/5.3	1.5/3.6
	③	3.9	1.5	8.5	3.0	8.1	4.0	7.6	3.0	3.7	2.0	8.9	3.2

＊2019年～2024年①・②は4教科／2教科。
＊2024年補欠発表…なし。追加合格…あり。

◉入試教科

4教科/2教科

②算数	50分/ 50分	100点/100点
①国語	50分/ 50分	100点/100点
③理科	あわせて60分	50点/
③社会		50点/
合計	160分/100分	300点/200点

合格最高点	非公表
合格最低点	① 180/120点 ② 181/123点 ③ 136点

◉受験併願パターン

偏差値	1月前半	1月後半	2月1日	2月2日	2月3日	2月4日以降
43			聖徳学園ＰＭ		日大第三３	
42			自修館Ａ２	日大第一４科２		
41				日大第三２		サレジ世５本科
40			日大第三		東海大相模Ｂ	東海大相模Ｃ
39	西武文理２					

偏差値	1月前半	1月後半	2月1日	2月2日	2月3日	2月4日以降
43			大妻多摩２		日大第三３	
41				日大第三２	東海大相模Ｂ	東海大相模Ｃ
40			日大第三			サレジ世５本科
38					多摩大聖ヶ丘３	
36				玉川学園３		

入試問題の傾向とポイント

算数 計算問題3問、一行問題8問程度、大問2題の問題構成。前半の一行問題は基本レベルの問題が中心なので、各分野の基礎をしっかりと固めて確実に得点したい。後半の大問はやや複雑で作業力を求められる問題が出ることもあるので、日頃からしっかりと過程を捉えた学習を心がけたい。

国語 10問の漢字の書き取りと、説明文と物語文を含む読解2題の出題。説明文は言い換えや理由説明を通して筆者の主張を読み取ることが求められた。物語文は人物の言動理由を問うものや本文全体を踏まえて説明する設問がみられた。5択の選択肢・抜き出し・記述と、出題形式に偏りはない。

理科 設問4～5題、生地物化からの出題。小問集合が出題される年もある。基本的な内容の選択問題と計算問題が主であるが、問題数が多い。会話文、実験とその結果、観察レポートなど、ボリュームのある大問が続くため、時間配分には気をつけたい。基礎基本を固め、素早く正確に解く訓練を。

社会 地理・歴史・政治の大問3題構成。記述問題はなく記号選択が大半を占める。しかし、資料を読み解く問いも出題されているため、過去問題で問題の傾向をつかんでおくとよい。用語は漢字指定であるため、書き間違いがないように十分練習しておくこと。

日本大学藤沢中学校
（にほんだいがくふじさわ）

■学校長／渡辺博　■創立／平成21年　■生徒数／426名（男237名、女189名）
■所在地／〒252－0885 神奈川県藤沢市亀井野1866
■ＴＥＬ／0466－81－0125
■交通／六会日大前駅（小田急江ノ島線）徒歩8分。

何学期制	週何日制	登校時刻	制服	給食	食堂 軽食販売	プール	寮	特待制度 奨学金等	帰国生 取出授業
3学期制	6日制	8:30	中高あり	なし	食堂中高あり 販売中高あり	屋外	なし	あり	なし

沿　革

1949年日本大学農林高等学校開校。1950年普通課程高校の日本大学藤沢高等学校に校名組織変更。2009年日本大学藤沢中学校開校。

教育方針と特色

日本大学教育憲章の下、「健康・有為・品格」を校訓に掲げ、豊かな人間育成と国際的な素養の育成を目指す。中学、高校の6年間を3つのステージに分け、一人ひとりの生徒の発達、成長段階に合わせ、将来を見据えたきめ細やかな支援を行う。
中学では先取り授業と習熟度別授業の実践、国際理解教育、グローバル教育、ICT教育の展開、夏季・冬季特別授業を学びのポイントとして将来の進学目標を達成し得る生徒を育成していく。
日本大学生物資源科学部と共有する恵まれた環境を活かし、特色ある体験学習を実践している。また、生徒の成長を学校、保護者間でしっかりと把握し見守るという姿勢を大切にし、家庭と連携を密にした指導を行っている。

◉系列校

小	中	高	大（短大）
○	○	○	○

◉小学校からの内進生…38名
◉高校生外部募集………360名
（一部別クラス）

◉授業時間…1コマ50分・週35時間

	1年	2年	3年	計
国　語	4	5	4	13
社　会	4	4	4	12
数　学	5	5	6	16
理　科	4	4	5	13
英　語	6	6	6	18
5教科計	23	24	25	72

参考　高校1年生一週間の授業

英語=6　数学=5　国語=4
理科=6　社会=6
※総合進学クラス

進学・進路

◉卒業生進路状況

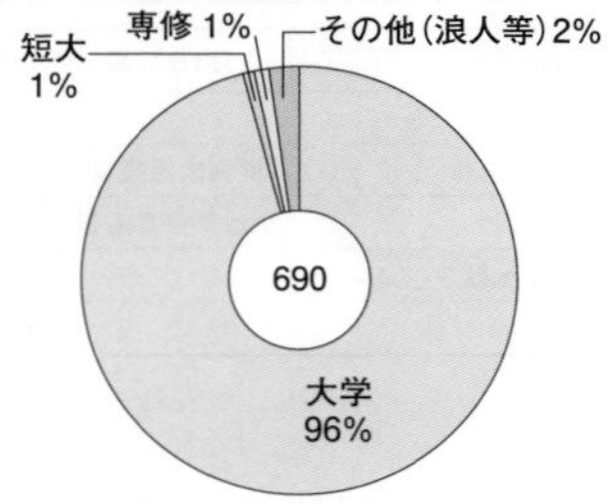

■進路選択状況（高３進級時）
データなし

■理系・文系進学状況
データなし

■共通テスト受験率
21%

◉卒業までの流れ

小学校	中学校	高等学校	大学
日本大学藤沢小学校 ▶	日本大学藤沢中学校 ▶	日本大学藤沢 高等学校（690） ▶	日本大学　316 （法39・文理58・経済22・商45・芸術15・国際関係2・医0・歯1・松戸歯0・理工39・生産工1・生物資源科82・工1・薬3・危機管理2・スポーツ科学6） 日本大学短期大学部　1

◉主な大学合格実績

大学名	'21	'23	'24	大学名	'21	'23	'24	大学名	'21	'23	'24	大学名	'21	'23	'24
東京大				千葉大		1		東京都立大	4	3	2	東京女子大		4	4
京都大				お茶の水女子大			1	横浜市立大	5	4	3	日本女子大		7	3
北海道大	2	2	1	東京外国語大				慶應義塾大	7	4	13	成蹊大	5	5	8
東北大				電気通信大	1		1	早稲田大	14	12	19	成城大		12	25
名古屋大				東京学芸大			2	上智大	5	12	6	明治学院大	40	30	42
大阪大				東京農工大	1			東京理科大	17	13	8	國學院大			13
九州大				東京芸術大				明治大	35	32	44	武蔵大		8	4
東京工業大			1	東京医科歯科大				青山学院大	24	29	32	獨協大			
一橋大				東京海洋大				立教大	18	16	28	日本大	-	-	-
筑波大	2	1	1	横浜国立大	3	3	5	中央大	14	24	28	東洋大		8	18
茨城大				山梨大				法政大	28	44	45	駒澤大		6	7
宇都宮大				金沢大		1		学習院大	15	18	23	専修大		13	11
群馬大				信州大				国際基督教大				芝浦工業大		11	11
埼玉大				国際教養大				津田塾大			1	東京都市大		12	24

入試要項・入試情報

◉2024年度の入試要項（参考）

	1回	2回	3回
募集人員	男子20名・女子20名	男女若干名	男子10名・女子10名
選抜方法	国・算・社・理	国・算	国・算・社・理
出願関連期間	1/9～1/30	1/9～2/2	1/9～2/3
試験日程	2/1午前	2/2午後	2/4午前
合格発表	Web 2/1 19:00～	Web 2/2 21:00～	Web 2/4 19:00～
入学手続	2/3 23:00まで	2/4 12:00まで	2/7 15:00まで

面接 実施しない。

◉費用（参考）

受験料		20,000円
入学手続時	入学金	230,000円
	授業料	—
	その他	—
入学手続後～入学まで	授業料	—
	その他	100,000円
入学後１年	授業料	492,000円
	その他	281,500円
初年度納入金合計		1,103,500円
中学３年間費用計　約		3,176,500円

＊中3での海外研修費（希望者）は約45万円別途。

私立 共学校

◉最近6年間の入試応募者推移と倍率

年度		2019 男	2019 女	2020 男	2020 女	2021 男	2021 女	2022 男	2022 女	2023 男	2023 女	2024 男	2024 女
募集	①	35	35	35	35	20	20	20	20	20	20	20	20
	②	25	25	25	25	10	10	若干		若干		若干	
	③							10	10	10	10	10	10
応募	①	142	92	141	90	90	69	130	76	120	91	85	77
	②	167	132	232	123	122	78	158	94	231	101	134	69
	③							142	79	140	76	103	61
応募倍率	①	4.1	2.6	4.0	2.6	4.5	3.5	6.5	3.8	6.0	4.6	4.3	3.9
	②	6.7	5.3	9.3	4.9	12.2	7.8	—	—	—	—	—	—
	③							14.2	7.9	14.0	7.6	10.3	6.1
受験	①	142	90	137	86	83	67	123	74	109	86	76	77
	②	128	105	175	95	94	48	138	81	198	79	117	54
	③							122	64	111	57	77	37
合格	①	62	51	47	53	34	47	39	26	40	45	53	54
	②	27	34	38	38	15	14	24	8	23	23	49	20
	③							17	20	20	16	12	10
実質倍率	①	2.3	1.8	2.9	1.6	2.4	1.4	3.2	2.8	2.7	1.9	1.4	1.4
	②	4.7	3.1	4.6	2.5	6.3	3.4	5.8	10.1	8.6	3.4	2.4	2.7
	③							7.2	3.2	5.6	3.6	6.4	3.7

＊2024年補欠発表・追加合格…いずれもなし。

◉入試教科

4教科/2教科

②算数	50分/50分	100点/100点
①国語	50分/50分	100点/100点
③理科	30分/	60点/
③社会	30分/	60点/
合計	160分/100分	320点/300点＊

＊2回2教科国・算（各50分・各100点）合計300点満点。傾斜配点で高得点科目×2倍。同点の場合は均等配点で300点満点。

合格最高点	非公表
合格最低点	非公表

◉受験併願パターン

偏差値	1月前半	1月後半	2月1日	2月2日	2月3日	2月4日以降
50			関東学院１Ｂ	森村学園２	桐光学園３Ａ	
49				桐光学園２		
48				日大藤沢２	関東学院１Ｃ	湘南学園Ｄ
47			日大藤沢			日大藤沢３
43			日工大駒場２		日大第三３	

偏差値	1月前半	1月後半	2月1日	2月2日	2月3日	2月4日以降
47			桜美林１日午後			日大第一２科２
45						穎明館４
44			日大藤沢	桐光学園２		
43			大妻多摩２		日大第三３	
40			鶴見大附属難関			

入試問題の傾向とポイント

算数　計算問題5問、一行問題5問、大問4題の問題構成。幅広い分野から、基本～標準レベルの問題が出題される。問題レベルを見極め、効率よく解き進めることが重要。各分野の基本事項をしっかりと固め、基本レベルの問題は確実に得点できるようにしたい。

国語　雑問と読解3題の構成。雑問は漢字の読み書きや四字熟語、慣用句・敬語などを含む。説明文は具体例や理由について、物語文は人物の心情や文章の構成について選択肢や記述を中心に問われた。そのほか、SNSのやりとりを読んだうえで考察する問題も出題された。

理科　設問5題、生地物化からの出題。選択問題と計算問題が中心で、短文記述が1～2題ある。典型的な問題が中心であるが、問題数を考えると試験時間に余裕があるとは言えない。計算問題を含めて基礎基本を盤石にし、過去問演習を通して素早く正確に解く訓練を。

社会　大問4題構成。大問1は都道府県、大問2は歴史史料、大問3はSDGs、大問4は日本の観光をテーマとした総合問題。例年、時事的な内容に関するもの、グラフ・表を用いた出題が多い。記号選択の割合が高いが、用語記述は漢字指定。記述問題は大問ごとに1問ずつ計4問出題された。

八王子学園八王子中学校
（はちおうじがくえんはちおうじ）

■学校長／齋藤智文　■創立／平成24年　■生徒数／291名（男131名、女160名）
■所在地／〒193-0931 東京都八王子市台町4-35-1
■ＴＥＬ／042-623-3461
■交通／西八王子駅（JR中央線）徒歩5分。

何学期制	週何日制	登校時刻	制服	給食	食堂 軽食販売	プール	寮	特待制度 奨学金等	帰国生 取出授業
3学期制	6日制	8:25	中高あり	なし	食堂条件付 販売条件付	なし	なし	あり	あり

沿　革

1928年、多摩勤労中学として設立。1935年、八王子中学校に改称。1948年、学制改革により八王子高等学校に改称。2012年4月、八王子学園八王子中学校を開校し、高校名も八王子学園八王子高等学校に改称する。

教育方針と特色

責任感や使命感を持った有為な人材となるために、学力と人間力を高め生徒一人ひとりの能力を最大限に伸ばすことができるよう、教育プログラムが組まれている。
難関大学合格に向けた「中高特進教育」では理数系を重視し、通常授業の他にも夏期休暇中の無料夏期授業や課外時間を活用した指導を行う。特に中学では朝や放課後に使用可能な自習室を設け、中学生担当チューターが自習のサポートをするなど、きめ細かく対応している。中学3年次には海外語学研修を実施し、その他ボランティア活動や講演会・キャリア教育を重視するなど、社会で活躍する人材となるための人間力の育成にも注力している。

◉系列校

小	中	高	大（短大）
	○	○	

◉併設小学校なし
◉高校生外部募集………310名

◉授業時間…1コマ50分・中1・2週34時間　中3週34時間

	1年	2年	3年	計
国　語	5	4	6	15
社　会	4	4	4	12
数　学	5	6	5	16
理　科	4	4	4	12
英　語	7	7	7	21
5教科計	25	25	26	76

参考　高校1年生一週間の授業

英語=7　数学=6　国語=5
理科=4　社会=2
※文理コース特進クラス

進学・進路

◉卒業生進路状況

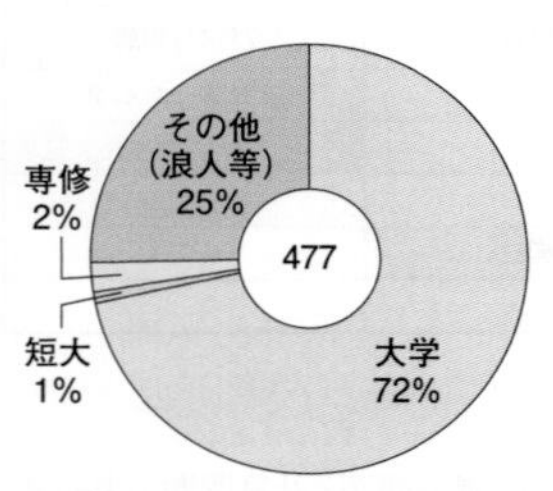

■進路選択状況（高３進級時）
データなし

■理系・文系進学状況
データなし

■共通テスト受験率
83%
0　50　100

◉卒業までの流れ

小学校	中学校	高等学校	大学
	八王子学園八王子中学校 ▶	八王子学園八王子高等学校（477）	

◉主な大学合格実績

大学名	'22	'23	'24	大学名	'22	'23	'24	大学名	'22	'23	'24	大学名	'22	'23	'24
東京大	1			千葉大			2	東京都立大	7	14	11	東京女子大	19	10	6
京都大				お茶の水女子大	1			横浜市立大	3			日本女子大	6	2	10
北海道大	1		3	東京外国語大		2		慶應義塾大	7	9	13	成蹊大	31		13
東北大		1	1	電気通信大		2	1	早稲田大	20	17	17	成城大	20		12
名古屋大				東京学芸大		2	3	上智大	7	8	3	明治学院大	14		21
大阪大				東京農工大	2	3		東京理科大	12	16	19	國學院大	18		12
九州大				東京芸術大	2	1	1	明治大	44	35	43	武蔵大			
東京工業大			2	東京医科歯科大				青山学院大	31	29	35	獨協大			
一橋大	1	1	2	東京海洋大	1	1	3	立教大	26	17	20	日本大	102	45	66
筑波大	3			横浜国立大	2	2		中央大	60	36	35	東洋大	55	31	35
茨城大		1		山梨大	1	1	1	法政大	66	62	61	駒澤大	12	12	16
宇都宮大		1		金沢大				学習院大	11		13	専修大	35	24	34
群馬大				信州大	1	1		国際基督教大				芝浦工業大		9	2
埼玉大	2	1	2	国際教養大				津田塾大	17	14	9	東京都市大		9	13

入試要項・入試情報

◉2024年度の入試要項(参考)

	2月1日午前 東大・医進クラス	2月1日午後 東大・医進クラス	2月2日午前 東大・医進クラス	2月2日午後 東大・医進クラス	2月3日午後 特進クラス
募集人員	男女50名	男女15名	男女10名	男女10名	男女20名
	入試全体で【東大・医進クラス35名】【特進クラス70名】				
選抜方法	国・算または 国・算・社・理または 適性検査Ⅰ・Ⅱ	国・算	適性検査Ⅰ・Ⅱ	国・算	
出願関連期間	1/10〜1/31	1/10〜2/1		1/10〜2/2	1/10〜2/3
試験日程	2/1午前	2/1午後	2/2午前	2/2午後	2/3午後
合格発表	Web 2/1 20:00〜	Web 2/1 22:00〜	Web 2/2 20:00〜	Web 2/2 22:00〜	Web 2/3 22:00〜
入学手続	2/12 23:00まで				

面接 実施しない。

◉費用(参考)

受験料		23,000円
入学手続時	入学金	250,000円
	授業料	—
	その他	—
入学手続後〜入学まで	授業料	—
	その他	171,000円
入学後1年	授業料	456,000円
	その他	527,400円
初年度納入金合計		1,404,400円
中学3年間費用計 約		3,499,600円

＊複数回同時出願の場合、受験料は2回目以降1回につき1万円。

◉最近6年間の入試応募者推移と倍率

年度		2019男	2019女	2020男	2020女	2021男	2021女	2022男	2022女	2023男	2023女	2024男	2024女
募集	①AM東大	10		①AM東大 15		2/1AM東大医進(4科/2科/適性) 20		20		50		50	
	①AM一貫	50		①AM適性検査型 15		2/1PM東大医進(2科) 20		20		15		15	
	①PM東大	15		①PM東大 10		2/2AM東大医進(適性) 15		15		10		10	
	②東大	10		②東大 10		2/2PM東大医進(2科) 15		15		10		10	
	②一貫	20		一貫①｜一貫② 40｜30		2/3PM一貫特進(2科) 35		35		20		20	
応募	①AM東大	151	161	20	21	19/3/169	12/2/149	13/8/156	11/7/156	19/9/158	16/5/150	12/9/147	12/14/178
	①AM一貫	16/7	8/13	164	161	74	57	73	64	81	49	70	64
	①PM東大	59/19	44/18	98	62	45	45	39	57	50	40	57	66
	②東大	42/12	19/15	52	76	59	28	47	28	55	27	44	31
	②一貫	38/11	18/14	64｜57	42｜34	49	35	36	29	45	28	47	38
応募倍率	①AM東大	31.2		2.7		17.7		17.6		7.1		7.4	
	①AM一貫	0.9		21.7		6.6		6.9		8.7		8.9	
	①PM東大	9.3		16.0		6.0		6.4		9.0		12.3	
	②東大	8.8		12.8		5.8		5.0		8.2		7.5	
	②一貫	4.1		2.7｜3.0		2.4		1.9		3.7		4.3	
受験	①AM東大	146	160	19	21	19/3/169	12/2/149	12/8/154	11/7/156	19/9/157	16/5/150	12/9/147	12/14/177
	①AM一貫	16/7	8/13	164	161	72	57	73	63	79	46	67	61
	①PM東大	57/19	44/16	96	62	42	43	36	54	45	36	56	62
	②東大	37/11	15/12	50	73	45	24	37	25	46	21	35	28
	②一貫	29/10	12/10	55｜48	32｜24	36	28	30	20	40	22	37	30
合格	①AM東大	34	47	4	5	13(8)/2(0)/134(25)	10(2)/1(0)/131(48)	9(6)/3(1)/134(44)	6(2)/6(1)/131(34)	11(2)/6(3)/126(33)	9(4)/2(1)/115(32)	6(3)/6(2)/103(30)	6(2)/10(2)/135(36)
	①AM一貫	10/4	4/6	32	31	41(20)	34(12)	42(13)	33(12)	45(16)	20(6)	32(13)	29(10)
	①PM東大	12/5	10/2	20	10	23(4)	32(10)	20(5)	42(9)	29(6)	18(4)	26(5)	39(16)
	②東大	9/2	1/0	4	16	23(6)	13(4)	20(6)	12(3)	21(7)	4(1)	14(7)	10(3)
	②一貫	20/6	10/5	21｜25	14｜9	21	21	19	10	25	9	18	8
実質倍率	①AM東大	4.3	3.4	4.8	4.2	1.5(2.4)/1.5(−)/1.3(6.8)	1.2(6.0)/2.0(−)/1.1(3.1)	1.3(2.0)/2.7(8.0)/1.1(3.5)	1.8(5.5)/1.2(7.0)/1.2(4.6)	1.7(9.5)/1.5(3.0)/1.2(4.8)	1.8(4.0)/2.5(5.0)/1.3(4.7)	2.0(4.0)/1.5(4.5)/1.4(4.9)	2.0(6.0)/1.4(7.0)/1.3(4.9)
	①AM一貫	1.6/1.8	2.0/2.2	5.1	5.2	1.8(3.6)	1.7(4.8)	1.7(5.6)	1.9(5.3)	1.8(4.9)	2.3(7.7)	2.1(5.2)	2.1(6.1)
	①PM東大	4.8/3.8	4.4/8.0	4.8	6.2	1.8(10.5)	1.3(4.3)	1.8(7.2)	1.3(6.0)	1.6(7.5)	2.0(9.0)	2.2(11.2)	1.6(3.9)
	②東大	4.1/5.5	15.0/—	12.5	4.6	2.0(7.5)	1.8(6.0)	1.9(6.2)	2.1(8.3)	2.2(6.6)	5.3(21.0)	2.5(5.0)	2.8(9.3)
	②一貫	1.5/1.7	1.2/2.0	2.6｜1.9	2.3｜2.7	1.7	1.3	1.6	2.0	1.6	2.4	2.1	3.8

＊2021年〜2024年2/1AM東大医進・2/1PM東大医進・2/2AM東大医進・2/2PM東大医進の(　)の数字は合格者数に含まれる正規合格者の数とその実質倍率。
＊2019年①AM一貫・①PM東大・②東大・②一貫は4教科／2教科。
＊2024年補欠発表・追加合格…いずれも詳細不明。

◉入試教科

4教科/2教科

②算数	50分/50分	100点/100点
①国語	50分/50分	100点/100点
③理科	あわせて50分	50点/
③社会		50点/
合計	150分/100分	300点/200点

＊2月1日 東大・医進の適性Ⅰは(文章を読み・質問に600字程度の文章作成(50分・100点) 適正Ⅱは(算・社・理の融合問題(50分・100点)合計200点。
＊東大・医進の成績上位者は特待生。

合格最高点	2/1午前	適性	277点
		4科	212点
		2科	172点
	2/1午後	2科	162点
	2/2午前	適性	270点
	午後	2科	167点
	2/3午後	2科	174点
合格最低点	2/1午前	適性	210点
		4科	199点
		2科	144点
	2/1午後	2科	128点
	2/2午前	適性	211点
	午後	2科	126点
	2/3午後	2科	127点

◉受験併願パターン

偏差値	1月前半	1月後半	2月1日	2月2日	2月3日	2月4日以降
50				森村学園2	桐光学園3A	
49	開智所沢特待B				学大小金井	
48						東京電機大4
47			八王子午後東大			
46	開智所沢			八王子2午後東大	日大第二2	

偏差値	1月前半	1月後半	2月1日	2月2日	2月3日	2月4日以降
51					学大小金井	東洋大京北4
50	西武文理特待			国学院久我山2		
48	西武文理選抜		八王子午後東大			日大藤沢3
47				八王子2午後東大		
44				桐光学園2		

入試問題の傾向とポイント

算数
計算と一行問題で合わせて13問、大問3題で、総設問数20問の問題構成。前半の一行問題は、幅広い分野からの出題だが基本問題が中心なので、基礎をしっかりと固めておけば十分に対処できる。後半の大問はやや複雑な問題もみられるので、時間配分を意識しながら取り組みたい。

国語
物語文と説明文が1題ずつと雑問の構成。物語文は登場人物の心情や発言について問われた。説明文は文章内に掲載された図から読み取りが求められた。雑問は漢字の読み書き、対義語やことわざなどを含む。

理科
設問4題、生地物化からの出題。選択問題・計算問題を中心に、記述問題・作図問題が数題という設問構成。会話形式の問題文、実験・観察結果の図表を読み取っていく問題が頻出である。内容は典型的なものとなっているため、基本的な知識をベースに、記述・作図に対応できる思考力を身につけたい。

社会
地理・歴史・政治の大問3題構成。政治の割合が少ない。記述問題は2題出題されたが、どちらも基本的な知識を問うものであった。正しい組み合わせを選ばせる問いが多いため、取りこぼしがないように『四科のまとめ』で知識を定着させておきたい。

日出学園中学校

ひのでがくえん

■学校長／堀越克茂　■創立／昭和22年　■生徒数／366名（男200名、女166名）
■所在地／〒272-0824 千葉県市川市菅野3-23-1
■ＴＥＬ／047-324-0071
■交通／菅野駅（京成本線）徒歩5分。市川駅（JR総武線）徒歩15分。

何学期制	週何日制	登校時刻	制服	給食	食堂 軽食販売	プール	寮	特待制度 奨学金等	帰国生 取出授業
3学期制	6日制	8:25	中高あり	なし	食堂なし 販売中高あり	屋外	なし	あり	なし

沿　革

1934年、青木要吉および市川市在住有志により、小学校・幼稚園を設立。1947年に中学校が併設され、続いて1950年に高等学校を設立し、現在に至る。

教育方針と特色

“従来の画一的な教育を打破して、生徒の特性を伸長する、私塾的な特色のある学校”をめざし、市川在住の有志たちが計画して設立したユニークな学校。「誠・明・和（なおく、あかるく、むつまじく）」を校訓とし、特に持久力と忍耐力を鍛えることに注力している。一方、学習の面では、中高一貫の教育を推進し、学力の充実を図る。特に国・数・英を強化し、とりわけ数・英については、中2から学習習熟度に応じた学級編成を導入し、少人数制の丁寧な授業を行い、生徒の学ぶ喜びを育てている。また、アメリカ人講師による英会話の授業が、各学年を通じて毎週行われている。2015年よりTOEIC・TOEFLを全員が受験している。

◉系列校

小	中	高	大（短大）
○	○	○	

◉小学校からの内進生…40名
◉高校生外部募集………40名
（完全混合クラス）

◉授業時間…1コマ50分・週34時間

	1年	2年	3年	計
国　語	5	5	5	15
社　会	4	4	4	12
数　学	5	5	6	16
理　科	3	4	4	11
英　語	6	6	6	18
5教科計	23	24	25	72

参考　高校1年生一週間の授業

英語=6　数学=6　国語=5
理科=6　社会=4

進学・進路

◉卒業生進路状況

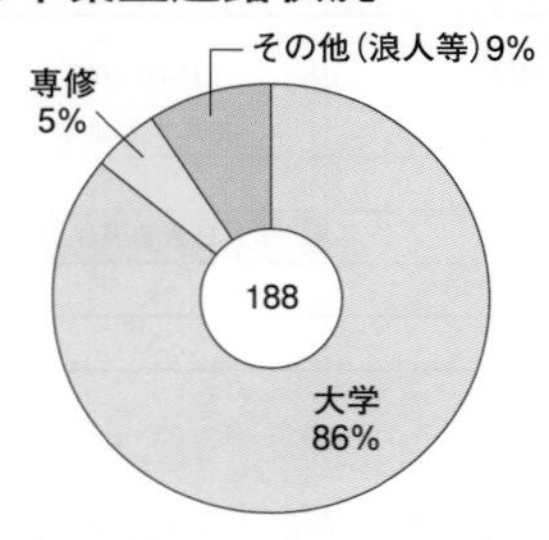

■進路選択状況（高３進級時）

理系 30%　文系 66%
0　50　100

■理系・文系進学状況

理系 31%　文系 67%
0　50　100

■共通テスト受験率

71%
0　50　100

◉卒業までの流れ

小学校	中学校	高等学校	大学
日出学園小学校 ▶	日出学園中学校 ▶	日出学園高等学校 (188)	

◉主な大学合格実績

大学名	'22	'23	'24	大学名	'22	'23	'24	大学名	'22	'23	'24	大学名	'22	'23	'24
東京大				千葉大	6	4	4	東京都立大				東京女子大	3	1	5
京都大				お茶の水女子大				横浜市立大				日本女子大	5	3	5
北海道大				東京外国語大	1			慶應義塾大	1			成蹊大	10	4	10
東北大			1	電気通信大		1		早稲田大	9	2	6	成城大	5	10	15
名古屋大				東京学芸大	1			上智大	2	6	4	明治学院大	6	9	21
大阪大				東京農工大		1		東京理科大	7	7	14	國學院大	9	7	3
九州大				東京芸術大				明治大	16	13	34	武蔵大		10	7
東京工業大				東京医科歯科大				青山学院大	4	4	7	獨協大	4	3	21
一橋大				東京海洋大	1			立教大	4	12	21	日本大	52	35	60
筑波大	2	1		横浜国立大				中央大	10	11	14	東洋大	26	26	48
茨城大		1		山梨大				法政大	20	23	38	駒澤大	12	10	24
宇都宮大				金沢大				学習院大	7	12	20	専修大	15	8	44
群馬大				信州大				国際基督教大				芝浦工業大	2	7	25
埼玉大	1			国際教養大				津田塾大	2		2	東京都市大	2	2	3

入試要項・入試情報

◉2024年度の入試要項(参考)

	推薦	一般Ⅰ期	一般Ⅱ期
募集人員	男女50名程度	男女30名程度	男女20名程度
選抜方法	国・算・作文+面接・推薦書	国・算または国・算・社・理+面接・通知表のコピー	
出願関連期間	11/1〜11/18	12/3〜1/13	12/3〜1/20
試験日程	12/1	1/20	1/23
合格発表	Web 12/2 17:00〜	Web 1/21 17:00〜	Web 1/24 17:00〜
入学手続	12/7まで	1/26まで	1/28まで

面接 実施する。

◉費用(参考)

受験料		25,000円
入学手続時	入学金	150,000円
	授業料	—
	その他	200,000円
入学手続後〜入学まで	授業料	—
	その他	146,520円
入学後1年	授業料	324,000円
	その他	421,890円
初年度納入金合計		1,242,410円
中学3年間費用計 約		2,540,910円

＊複数回出願して早い回で合格し入学した場合、未受験分の受験料を入学後返金。
＊併願合格者は、入学手続時納入金のうち施設設備費(20万円)を2月7日まで延納可(推薦入試は除く)。

◉入試教科

4教科/2教科

②算数	50分/50分	100点/100点
①国語	50分/50分	100点/100点
④理科	25分/	50点/
③社会	25分/	50点/
合計	150分/100分	300点/200点

＊推薦入試は①作文400字以内(40分・40点)②国語③算数(各30分・各30点)

合格最高点	非公表
合格最低点	推薦 50点 Ⅰ期 併願 135点 第一志望 120点 Ⅱ期 併願 130点 第一志望 115点

◉最近6年間の入試応募者推移と倍率

年度		2019		2020		2021		2022		2023		2024	
		男	女	男	女	男	女	男	女	男	女	男	女
募集	推薦 Ⅰ期 Ⅱ期 サンライズ	30 50 20 10		40 40 20 若干		50 30 20 若干		50 30 20 若干		50 30 20 若干		推薦 Ⅰ期 Ⅱ期	50 30 20
応募	推薦 Ⅰ期 Ⅱ期 サンライズ	43 77/22 62/15 10	31 55/21 39/16 2	57 99/28 81/15 8	39 52/17 34/14 9	48 62/31 49/16 10	44 60/19 45/13 6	47 99/19 70/19 7	41 70/16 53/14 2	49 102/11 87/12 4	29 59/17 55/11 1	41 87/11 86/9	27 60/16 65/8
応募倍率	推薦 Ⅰ期 Ⅱ期 サンライズ	2.5 3.5 6.6 1.2		2.4 4.9 7.2 —		1.8 5.7 6.2 —		1.8 6.8 7.8 —		1.6 6.3 8.3 —		1.4 5.8 8.4	
受験	推薦 Ⅰ期 Ⅱ期 サンライズ	43 75/22 37/10 9	30 55/21 22/12 2	57 95/28 56/12 5	39 52/17 21/10 7	48 61/30 34/15 7	44 55/18 33/13 2	47 90/18 47/15 5	41 67/14 40/13 1	49 97/11 51/10 3	29 58/16 26/7 1	41 81/10 49/7	27 59/16 34/4
合格	推薦 Ⅰ期 Ⅱ期 サンライズ	19 41/10 19/3 5	21 39/10 9/6 1	27 50/8 23/1 2	28 34/8 7/2 4	22 33/5 17/2 1	28 21/3 14/5 1	19 44/4 11/3 1	27 37/3 13/4 0	23 55/1 23/2 0	20 42/11 11/2 0	27 50/4 13/0	20 40/10 10/0
実質倍率	推薦 Ⅰ期 Ⅱ期 サンライズ	2.3 1.8/2.2 2.0/3.3 1.8	1.4 1.4/2.1 2.4/2.0 2.0	2.1 1.9/3.5 2.4/12.0 2.5	1.4 1.5/2.1 3.0/5.0 1.8	2.2 1.8/6.0 2.0/7.5 7.0	1.6 2.6/6.0 2.4/2.6 2.0	2.5 2.0/4.5 4.3/5.0 5.0	1.5 1.8/4.7 3.1/3.3 —	2.1 1.8/11.0 2.2/5.0 —	1.5 1.4/1.5 2.4/3.5 —	1.5 1.6/2.5 3.8/—	1.4 1.5/1.6 3.4/—

＊2019年〜2024年Ⅰ期・Ⅱ期は4教科／2教科。
＊2024年補欠発表・追加合格…いずれも詳細不明。

◉受験併願パターン

偏差値	1月前半	1月後半	2月1日	2月2日	2月3日	2月4日以降
45			宝仙学園新4科	駒込3		駒込5
44		千葉日大第一				千代田国際5
42		日出学園	京華特選			
41	獨協埼玉					
40	千葉日大第一自推		東京成徳大特待			

偏差値	1月前半	1月後半	2月1日	2月2日	2月3日	2月4日以降
46	国府台女子学院推		実践女子学園	駒込3		
45			十文字2			
43		日出学園				
42				江戸川女子基礎2		
41		流経大柏	江戸川女子		江戸川女子3	

入試問題の傾向とポイント

算数
計算5問、一行問題11問、大問3題の問題構成。計算と一行問題の占める割合が高く、幅広い分野から基本的な問題が出題されている。計算を含めた基礎をしっかりと固め、問題演習をくり返してスピードと正確さを鍛えたい。問題数が多めなので時間配分に注意して取り組むこと。

国語
物語文・説明文を含む読解3題と、漢字の書き取り10問の構成。物語文は人物の心情把握や傍線部について具体的に説明することが求められた。説明文は空欄補充や相違点などを通して筆者の考えを理解できているかが問われた。また会話文の文章構成を問う問題も出題された。

理科
大問4題、生地物化からの出題。1問1答の選択問題・短答問題と、計算問題から構成され、短い記述問題や作図問題が出題されることもある。内容は典型的な問題が続くので、基礎基本となる知識をしっかり固めて、計算問題も含めて素早く正確に解ききる力を養いたい。

社会
大問2題構成。大問1は文学作品とその舞台となった都道府県、大問2は自然災害を切り口にした融合問題だった。短文の記述問題が3問出題された。例年、時事的な内容に関するもの、グラフ・表を用いた出題が多いので対策しておきたい。

広尾学園中学校

ひろおがくえん

■学校長／南風原朝和　■創立／大正7年　■生徒数／842名（男357名、女485名）
■所在地／〒106-0047 東京都港区南麻布5-1-14
■ＴＥＬ／03-3444-7272
■交通／広尾駅（東京メトロ日比谷線）徒歩1分。

何学期制	週何日制	登校時刻	制服	給食	食堂 軽食販売	プール	寮	特待制度 奨学金等	帰国生 取出授業
3学期制	6日制	8:15	中高あり	なし	食堂中高あり 販売中高あり	なし	なし	あり	あり

沿　革

1918年、板垣退助および夫人絹子たちを中心に順心女学校が設立（初代校長　下田歌子）。2007年、校名を「順心女子学園中学校」より「広尾学園中学校」に改称し、共学化。インターナショナルコースを設置。2011年高校に、2015年中学に医進・サイエンスコースを設置。

教育方針と特色

「自律と共生」という教育理念のもと、新しい時代に活躍できる人材の育成を目指す。サイエンス教育、国際教育に力を入れる。本科コース、医進・サイエンスコース、インターナショナルコースの3コースを設置。本科コースは幅広い難関大学を目指し、先取り学習で効率よく学力を伸ばしていくコース。医進・サイエンスコースは理系学部への進学を希望する生徒を対象とするコース。インターナショナルコースは、基本的な授業を英語で行うアドバンストグループと、基礎から英語力を伸ばすスタンダードグループを設置し、国内と海外の有名大学への進学を目指す。

◉系列校

小	中	高	大（短大）
	○	○	

◉併設小学校なし

◉高校生外部募集………40名

（一部混合クラス）

◉授業時間…1コマ50分・週34時間

	1年	2年	3年	計
国　語	5	5	6	16
社　会	3	3	4	10
数　学	6	6	5	17
理　科	4	5	4	13
英　語	6	6	6	18
5教科計	24	25	25	74

※本科コース

参考　高校1年生一週間の授業

英語=8　数学=7　国語=6
理科=4　社会=2

※本科コース

進学・進路

◉卒業生進路状況

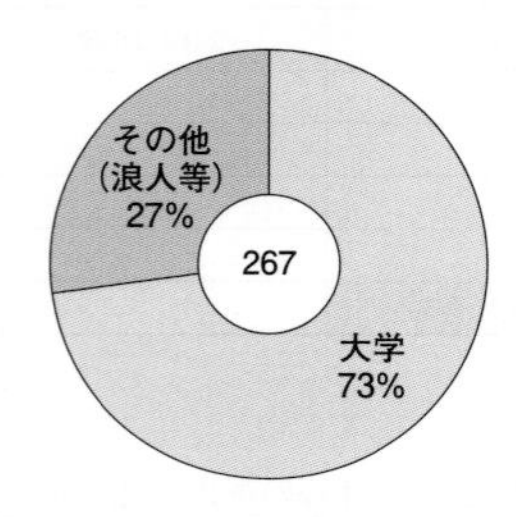

■進路選択状況（高３進級時）

理系 54%　文系 46%

0　50　100

■理系・文系進学状況

理系 50%　文系 50%

0　50　100

■共通テスト受験率

81%

0　50　100

◉卒業までの流れ

小学校	中学校	高等学校	大学
	広尾学園中学校 ▶	広尾学園高等学校 (267)	

◉主な大学合格実績

大学名	'22	'23	'24	大学名	'22	'23	'24	大学名	'22	'23	'24	大学名	'22	'23	'24
東京大	5	9	9	千葉大	6	7	4	東京都立大	3	4		東京女子大	5	3	4
京都大	3	3	5	お茶の水女子大	2	1	1	横浜市立大	4	1		日本女子大	4	1	4
北海道大	4	3	5	東京外国語大		2		慶應義塾大	72	86	90	成蹊大	14	10	7
東北大	3	3	4	電気通信大	2	3	2	早稲田大	93	119	126	成城大	6	6	8
名古屋大	1			東京学芸大	3		1	上智大	97	94	112	明治学院大	16	8	5
大阪大	2	1		東京農工大	4	1	2	東京理科大	71	85	90	國學院大	8	1	4
九州大	2	3	6	東京芸術大				明治大	97	93	130	武蔵大	1	1	3
東京工業大	6	6	7	東京医科歯科大	1	2	5	青山学院大	58	38	50	獨協大	5	2	
一橋大	5	4	8	東京海洋大	3	1		立教大	63	48	63	日本大	29	31	15
筑波大	4	4	3	横浜国立大	8	4	7	中央大	60	30	59	東洋大	22	13	8
茨城大	1			山梨大		1	1	法政大	42	29	33	駒澤大	11	9	1
宇都宮大				金沢大	1			学習院大	10	6	15	専修大	9	4	1
群馬大		1		信州大			1	国際基督教大	14	15	9	芝浦工業大	31	25	13
埼玉大				国際教養大	2			津田塾大	4		1	東京都市大	8	16	10

入試要項・入試情報

◉2024年度の入試要項(参考)

	1回	2回	医進・サイエンス回	国際生AG回	3回
募集人員	本科 男女50名	本科 男女70名(インターナショナルSG男女20名含)	医進・サイエンス 男女35名	インターナショナルAG 男女15名	本科 男女35名(インターナショナルSG男女15名含)
選抜方法	国・算・社・理			English・Mathematics・Japanese+Interview	国・算・社・理
出願関連期間	12/18〜1/31		12/18〜2/1		12/18〜2/4
試験日程	2/1午前	2/1午後	2/2午後	2/3午前	2/5午前
合格発表	掲示 2/2 10:00〜 Web 2/2 11:00〜	掲示 2/2 13:30〜 Web 2/2 14:30〜	掲示 2/3 13:30〜 Web 2/3 14:30〜	掲示 2/4 12:00〜 Web 2/4 13:00〜	掲示 2/6 10:00〜 Web 2/6 11:00〜
入学手続	2/9 17:00まで				

＊国際生AG回は出願資格に「英検2級以上、または同等以上の英語力を有する者」とある。

面接 実施する。

◉費用(参考)

受験料		25,000円
入学手続時	入学金	388,000円
	授業料	―
	その他	―
入学手続後〜入学まで	授業料	120,000円
	その他	220,050円
入学後1年	授業料	360,000円
	その他	210,150円
初年度納入金合計		1,298,200円
中学3年間費用計 約		2,948,600円

＊複数回出願の受験料は、同時出願に限り2回分まで2万5千円、3回以降は1回につき5千円追加。
＊入学辞退者は申し出れば、入学手続時納入金の一部を返金。
＊上記学費は本科コースのもの。

◉最近6年間の入試応募者推移と倍率

年度		2019 男	2019 女	2020 男	2020 女	2021 男	2021 女	2022 男	2022 女	2023 男	2023 女	2024 男	2024 女
募集	①	50		50		50		50		50		50	
	②	50		50		50		50		50		50	
	医進・サイエンス	35		35		35		35		35		35	
	③	20		20		20		20		20		20	
応募	①	129	342	126	319	115	317	95	291	138	316	107	288
	②	287	393	252	420	256	396	236	378	256	369	267	329
	医進・サイエンス	371	336	281	284	230	248	240	256	247	255	283	251
	③	321	391	263	397	277	401	257	388	322	431	278	357
応募倍率	①	9.4		8.9		8.6		7.7		9.1		7.9	
	②	13.6		13.4		13.0		12.3		12.5		11.9	
	医進・サイエンス	20.2		16.1		13.7		14.2		14.3		15.3	
	③	35.6		33.0		33.9		32.3		37.7		31.8	
受験	①	119	307	118	295	98	267	79	254	121	282	90	260
	②	250	352	231	376	234	347	208	337	226	329	237	285
	医進・サイエンス	288	225	217	176	163	155	172	150	169	156	220	161
	③	188	277	156	251	165	246	144	251	197	312	171	229
合格	①	29	52	29	55	31	47	33	48	31	45	26	49
	②	71	92	88	108	81	106	94	110	75	91	79	99
	医進・サイエンス	80	35	69	48	56	40	57	41	57	42	75	37
	③	23	25	36	46	30	40	38	45	30	33	36	33
実質倍率	①	4.1	5.9	4.1	5.4	3.2	5.7	2.4	5.3	3.9	6.3	3.5	5.3
	②	3.5	3.8	2.6	3.5	2.9	3.3	2.2	3.1	3.0	3.6	3.0	2.9
	医進・サイエンス	3.6	6.4	3.1	3.7	2.9	3.9	3.0	3.7	3.0	3.7	2.9	4.4
	③	8.2	11.1	4.3	5.5	5.5	6.2	3.8	5.6	6.6	9.5	4.8	6.9

＊2024年補欠発表・追加合格…いずれもなし。

◉入試教科

②①算数	50分	100点
①③国語	50分	100点
③②理科	30分	50点
④④社会	30分	50点
合計	160分	300点

＊実施順は左が1回・2回・3回、右が医進・サイエンス回(国・社各30分、各50点、理・算各50分、各100点)

合格最高点	非公表
合格最低点	① 192点 ②本科 182点 インターSG 196点 医進・サイエンス 175点 ③本科 192点 インターSG 196点

◉受験併願パターン

偏差値	1月前半	1月後半	2月1日	2月2日	2月3日	2月4日以降
65		市川	広尾学園2	慶應湘南藤沢		
63				本郷2		
62	東邦大東邦推薦		広尾学園			広尾学園3
61		東邦大東邦前			桜修館	
58	栄東A10日			巣鴨2		

偏差値	1月前半	1月後半	2月1日	2月2日	2月3日	2月4日以降
68		市川	広尾学園2	慶應湘南藤沢		
65	浦和明の星女子		広尾学園	青山学院		広尾学園3
64		東邦大東邦前				
63					広尾小石川3	
61	栄東A10日	昭和秀英	三田国際2ISC	三田国際3ISC	大泉高附属	三田国際4ISC

入試問題の傾向とポイント

算数
計算と一行問題で合わせて6問、大問4題で、総設問数20問前後の問題構成。計算と一行問題の中にヒネリのある問題が含まれることもある。後半の大問は表現が複雑で、やや思考力を必要とする問題が多いため、時間配分に注意して、解ける問題を確実に正解することを意識したい。

国語
漢字の読み書きを含む雑問2題、物語文・説明文の読解2題の構成。物語文は場面の異なる2文章から構成されており、片方の内容を踏まえた上で問いに答える設問もみられた。説明文は内容説明や理由を問うもののほか、文章の並べ替えが出題された。双方で90〜100字程度の記述問題があった。

理科
大問4題、生地物化からの出題。おもな設問形式は選択・計算問題で、記述問題も複数出題される。問題文の量が多く、実験や観察で得られた図・表・グラフを読みとって解答していく問題が目立つ。素早く内容を理解する力が必要。初見の題材が出る問題もあるが、あきらめず解き進めたい。

社会
大問4題構成。地理は地図、グラフ・表、写真などのあらゆる資料が多用されているため、見るべきポイントと読み取る力を養う学習が必須。歴史は地理・政治と比較して平易な問題が多いが、外交史に注意が必要。時事問題も例年必ず出題されるので、しっかり対策しておきたい。

広尾学園小石川中学校

ひろおがくえんこいしかわ

■学校長／松尾廣茂　■創立／明治42年　■生徒数／397名（男171名、女226名）
■所在地／〒113-8665 東京都文京区本駒込2-29-1
■ＴＥＬ／03-5940-4187
■交通／千石駅（都営三田線）徒歩2分。巣鴨駅、駒込駅（JR山手線）徒歩13分。

何学期制	週何日制	登校時刻	制服	給食	食堂 軽食販売	プール	寮	特待制度 奨学金等	帰国生 取出授業
3学期制	6日制	8:15	中高あり	なし	食堂なし 販売中高あり	なし	なし	あり	あり

沿　革

1909年村田謙造により村田学園設立。1999年文京区駒込（旧・小石川区駕籠町）に校舎移転。
2018年広尾学園と教育連携し、2021年4月に中学校を新設、現校名に改称。

教育方針と特色

『自律と共生』の理念のもと、自らの意思で世界の課題を捉え、柔軟で寛容な精神をもって解決を導き出す力を育てる。ものごとの本質を追求する学びを提供する。
本科とインターナショナルの2コース制。本科コースでは本物に触れる体験で多彩な力を育て、インターナショナルコースでは世界的視野を持つ次世代のリーダーを育成。
本物に触れ、本質を追求する学びで本物をめざす。

◉系列校

小	中	高	大（短大）
	○	○	

◉併設小学校なし
◉高校生外部募集なし

◉授業時間…1コマ50分・週34時間

	1年	2年	3年	計
国　語	5	5	6	16
社　会	3	3	4	10
数　学	6	6	5	17
理　科	4	5	4	13
英　語	6	6	6	18
5教科計	24	25	25	74

※本科コース

参考　高校1年生一週間の授業

英語=7　数学=7　国語=6
理科=4　社会=4
※本科コース

進学・進路

◉卒業生進路状況

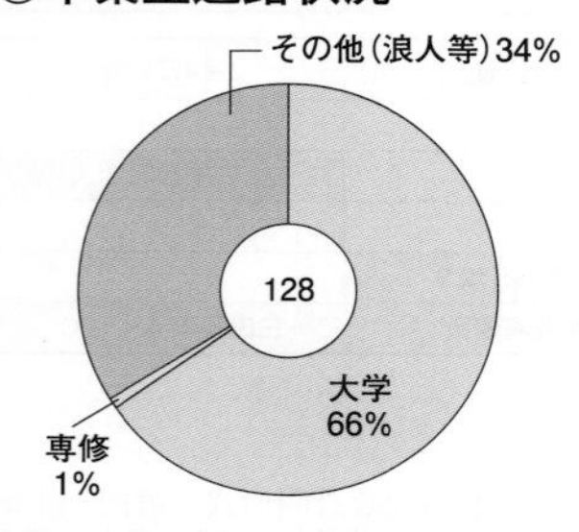

■進路選択状況（高３進級時）

理系 43%　文系 54%
0　50　100

■理系・文系進学状況

データなし

■共通テスト受験率

84%
0　50　100

◉卒業までの流れ

小学校	中学校	高等学校	大学
	広尾学園小石川中学校	▶ 広尾学園小石川高等学校（128）	

◉主な大学合格実績

大学名	'22	'23	'24	大学名	'22	'23	'24	大学名	'22	'23	'24	大学名	'22	'23	'24
東京大				千葉大				東京都立大			1	東京女子大			
京都大				お茶の水女子大			1	横浜市立大				日本女子大			4
北海道大				東京外国語大				慶應義塾大			6	成蹊大			3
東北大				電気通信大				早稲田大			8	成城大			8
名古屋大				東京学芸大				上智大			8	明治学院大			4
大阪大				東京農工大				東京理科大			6	國學院大			4
九州大				東京芸術大				明治大			17	武蔵大			5
東京工業大				東京医科歯科大				青山学院大			14	獨協大			
一橋大				東京海洋大				立教大			10	日本大			14
筑波大			1	横浜国立大				中央大			14	東洋大			23
茨城大				山梨大				法政大			11	駒澤大			3
宇都宮大				金沢大			1	学習院大			4	専修大			8
群馬大				信州大			1	国際基督教大				芝浦工業大			
埼玉大			1	国際教養大			1	津田塾大			6	東京都市大			

入試要項・入試情報

◉2024年度の入試要項（参考）

	1回	2回	国際生AG回	3回	4回
募集人員	男女30名 （インターナショナル SG男女15名含）	男女20名 （インターナショナル SG男女10名含）	男女15名	男女20名 （インターナショナル SG男女10名含）	男女10名 （インターナショナル SG男女5名含）
選抜方法	国・算・社・理	国・算	English・Mathematics・ Japanese+Interview	国・算	
出願関連期間	12/18～1/31			12/18～2/2	12/18～2/6
試験日程	2/1午前	2/1午後	2/2午前	2/3午後	2/6午後
合格発表	掲示 2/1 16:00～ Web 2/1 17:00～	掲示 2/2 12:00～ Web 2/1 22:00～	掲示 2/3 12:00～ Web 2/3 13:00～	掲示 2/4 12:00～ Web 2/3 22:00～	掲示 2/7 12:00～ Web 2/6 22:00～
入学手続	2/9 16:00まで				

＊国際生AG回は出願資格に「英検2級以上、または同等以上の英語力を有する者」とある。

◉費用（参考）

受験料		25,000円
入学手続時	入学金	300,000円
	授業料	—
	その他	—
入学手続後～入学まで	授業料	480,000円
	その他	279,600円
入学後１年	授業料	—
	その他	—
初年度納入金合計		1,059,600円
中学３年間費用計　約		2,708,800円

＊同時出願に限り、受験料は何回でも2万5千円。追加の場合は1回につき5千円。
＊学納金は4期分割納入可（2月10日1期、2期7月、3期10月、4期1月）。
＊制服代・指定用品代等別途。
＊上記学費は本科コースのもの。

面接 実施する。

私立 共学校

◉最近6年間の入試応募者推移と倍率

年度		2019 男	2019 女	2020 男	2020 女	2021 男	2021 女	2022 男	2022 女	2023 男	2023 女	2024 男	2024 女
募集	①(本科/SG) ②(本科/SG) ③(本科/SG) ④(本科/SG) ⑤(本科/SG)					15/15 10/10 5/5 5/5 5/5		15/15 10/10 5/5 5/5 5/5		15/15 10/10 5/5 5/5 5/5		①(本科/SG) ②(本科/SG) ③(本科/SG) ④(本科/SG)	15/15 10/10 10/10 5/5
応募	①(本科/SG) ②(本科/SG) ③(本科/SG) ④(本科/SG) ⑤(本科/SG)					82/42 179/74 206/84 237/100 275/93	107/77 200/129 217/156 268/166 303/169	97/44 178/71 215/96 233/110 277/106	158/88 209/125 235/147 300/162 318/170	39/38 89/68 115/86 129/95 150/99	84/65 127/91 164/125 189/151 210/151	27/32 76/68 108/90 124/91	59/60 128/112 176/167 189/167
応募倍率	①(本科/SG) ②(本科/SG) ③(本科/SG) ④(本科/SG) ⑤(本科/SG)					12.6/7.9 37.9/20.3 84.6/48.0 101.0/53.2 115.6/52.4		17.0/8.8 38.7/19.6 90.0/48.6 106.6/54.4 119.0/55.2		8.2/6.9 21.6/15.9 55.8/42.2 63.6/49.2 72.0/50.0		5.7/6.1 20.4/18.0 28.4/25.7 62.6/51.6	
受験	①(本科/SG) ②(本科/SG) ③(本科/SG) ④(本科/SG) ⑤(本科/SG)					49/29 134/52 94/36 107/43 122/49	64/47 154/87 99/78 136/78 143/77	68/34 134/53 107/45 104/55 148/49	127/65 157/88 124/60 160/90 174/89	23/23 71/46 63/39 52/46 64/42	65/42 90/63 89/53 87/82 110/75	23/25 57/55 67/50 62/42	41/39 108/81 110/109 93/83
合格	①(本科/SG) ②(本科/SG) ③(本科/SG) ④(本科/SG) ⑤(本科/SG)					21/15(7) 36/15(8) 7/9(4) 10/3(2) 8/9(4)	26/22(12) 48/29(16) 8/15(5) 17/15(6) 6/16(4)	6/11(7) 20/10(7) 10/7(2) 7/12(4) 7/6(2)	13/11(8) 23/10(9) 8/10(6) 8/6(3) 9/9(6)	9/9(7) 17/16(6) 10/10(5) 8/9(4) 6/4(2)	8/14(8) 24/19(11) 14/7(6) 10/11(6) 11/7(7)	4/11(8) 9/13(5) 10/8(5) 2/9(3)	8/12(7) 18/15(9) 7/14(8) 7/12(5)
実質倍率	①(本科/SG) ②(本科/SG) ③(本科/SG) ④(本科/SG) ⑤(本科/SG)					2.3/1.3(4.1) 3.7/3.5(6.5) 13.4/4.0(9.0) 10.7/14.3(21.5) 15.3/5.4(12.3)	2.5/2.1(3.9) 3.2/3.0(5.4) 12.4/5.2(15.6) 8.0/5.2(13.0) 23.8/4.8(19.3)	11.3/3.1(4.9) 6.7/5.3(7.6) 10.7/6.4(22.5) 14.9/4.6(13.8) 21.1/8.2(24.5)	9.8/5.9(8.1) 6.8/8.8(9.8) 15.5/6.0(10.0) 20.0/15.0(30.0) 19.3/9.9(14.8)	2.6/2.6(3.3) 4.2/2.9(7.7) 6.3/3.9(7.8) 6.5/5.1(11.5) 10.7/10.5(21.0)	8.1/3.0(5.3) 3.8/3.3(5.7) 6.4/7.6(8.8) 8.7/7.5(13.7) 10.0/10.7(10.7)	5.8/2.3(3.1) 6.3/4.2(11.0) 6.7/6.3(10.0) 31.0/4.7(14.0)	5.1/3.3(5.6) 6.0/5.4(9.0) 15.7/7.8(13.6) 13.3/6.9(16.6)

＊2021年～2024年①SG・②SG・③SG・④SG・⑤SGの（　）の数字は合格者数に含まれるSG合格者の数とその実質倍率。
＊2024年補欠発表・追加合格…いずれも詳細不明。

◉入試教科

4教科/2教科

②算数	50分/50分	100点/100点
①国語	50分/50分	100点/100点
③理科	30分/	50点/
④社会	30分/	50点/
合計	160分/100分	300点/200点

合格最高点	非公表
合格最低点	①本科161　SG168点 ②本科135　SG141点 ③本科152　SG158点 ④本科116　SG120点

◉受験併願パターン

偏差値	1月前半	1月後半	2月1日	2月2日	2月3日	2月4日以降
60			広尾小石川２			
58	栄東Ａ１１日					
57			広尾小石川	開智日本橋２		
55					学大竹早	
53		芝浦工大柏				

偏差値	1月前半	1月後半	2月1日	2月2日	2月3日	2月4日以降
62			開智日本橋特４科			頌栄女子学院２
61		昭和秀英				
59			広尾小石川	開智日本橋２		
57	大宮開成特待				学大竹早	開智日本橋４
55	大宮開成	芝浦工大柏	淑徳東大	安田学園先進３		

入試問題の傾向とポイント

算数
計算問題、一行問題ともに5問程度、大問4題程度の問題構成。幅広い分野から、基本～標準レベルの問題を中心に出題される。計算力を含めた基礎をしっかりと固めることで十分対応できる。基本レベルの問題演習を繰り返し、素早く、正確に解く力を鍛えておくこと。

国語
漢字の読み書きのほか雑問、物語文と説明文の出題。物語文は傍線部の内容説明や登場人物の心情理由、また言動からその人物の性格を読み取ることなどが問われた。説明文は現代の若者のコミュニケーションについての文章。90字以内の記述では文章全体の流れを把握したうえで指定語句を用いて内容説明することが求められた。

理科
大問4～5題、生地物化からの出題。設問形式は、選択・計算・記述・作図と多岐にわたる。決まった正解のない問いに対して、自分の考えを記述する問題が出題されることもある。実験や観察で得られたデータ・結果を元にどのようなことがわかるかを問う設問が多いので、過去問演習で慣れておきたい。

社会
大問4題構成。地理は例年分県図に関する出題があるので、分県図は必ず学習しておくこと。歴史で資料が多用されており、よく読み込む必要がある。大問4は2つにわかれており、それぞれ長文の記述問題であった。

<ruby>武南<rt>ぶなん</rt></ruby>中学校

■学校長／遠藤修平　■創立／平成25年　■生徒数／140名(男87名、女53名)
■所在地／〒335-0002 埼玉県蕨市塚越5-10-21
■ＴＥＬ／048-441-6948
■交通／西川口駅(JR京浜東北線)徒歩10分。

何学期制	週何日制	登校時刻	制服	給食	食堂 弁当販売	プール	寮	特待制度 奨学金等	帰国生 取出授業
3学期制	6日制	8:20	中高あり	なし	食堂高のみ 販売中高あり	なし	なし	あり	なし

沿　革

1963年、武南中学校、高等学校を開校。1972年、中学校を募集停止。2013年、中学校を再開（中高一貫）。

教育方針と特色

中高一貫コースBUNAN *Advanced*は、先進的な教育の創生と生徒全員が先進的コースの一員であることを意味し、グローバルリーダーとして必要な、確固たる人間性と知性の育成を目指す。
学習カリキュラムは、数学など一部の科目では中2で中学校課程の学習を終了。高2の途中からは高校課程の学習を修了し、個別対策学習に入る。完全週6日制、7限授業の実施ならびに長期休暇の有効活用により授業時間を大幅に確保し、着実に効率よく学びを深めることができる。
放課後には自学自習の時間を設け、その日の学習確認や宿題を行うことで学習の定着を図り、学習習慣の確立を促す。補習も指名制、希望制で実施されている。
合宿やフィールドワーク、海外研修旅行など行事も多彩に用意され、事前学習、事後学習のセットで実施される。
新校舎には課題解決型の多様な形態のアクティブラーニングが展開されるオープンスペースのラーニングコモンズや電子黒板、ICT環境など最新の設備が整えられている。生徒一人ひとりがタブレットPCを保持し、学習する。

◉系列校

小	中	高	大(短大)
	○	○	

◉併設小学校なし
◉高校生外部募集………320名
（完全別クラス）

◉授業時間…1コマ50分・週35時間

	1年	2年	3年	計
国　語	5	5	6	16
社　会	4	4	4	12
数　学	6	6	6	18
理　科	4	4	4	12
英　語	6	6	7	19
5教科計	25	25	27	77

参考　高校1年生一週間の授業

英語=7　数学=6　国語=6
理科=6　社会=5
※文系コース

進学・進路

◉卒業生進路状況

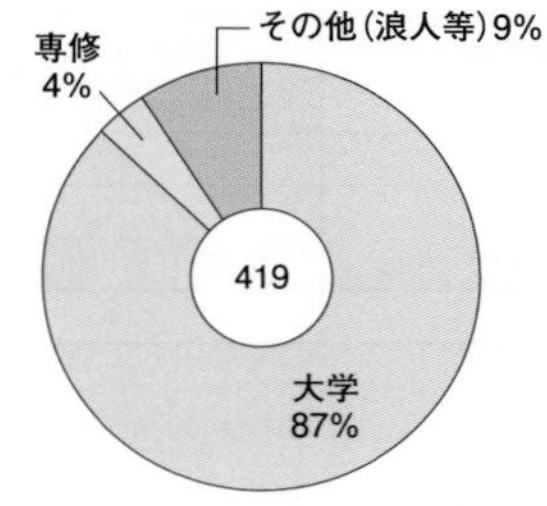

■進路選択状況（高３進級時）
データなし

■理系・文系進学状況
データなし

■共通テスト受験率
データなし

◉卒業までの流れ

小学校	中学校	高等学校	大学
	武南中学校 ▶	武南高等学校（419）	

◉主な大学合格実績

大学名	'22	'23	'24	大学名	'22	'23	'24	大学名	'22	'23	'24	大学名	'22	'23	'24
東京大				千葉大	1	1	1	東京都立大		1		東京女子大	8	5	5
京都大				お茶の水女子大	1			横浜市立大				日本女子大	12	8	3
北海道大				東京外国語大				慶應義塾大		2	1	成蹊大	22	12	11
東北大	2			電気通信大			1	早稲田大	6	4	15	成城大	11	10	15
名古屋大				東京学芸大	2	2	1	上智大	1	2	4	明治学院大	15	14	22
大阪大		1		東京農工大			2	東京理科大	5	8	2	國學院大	11	15	11
九州大				東京芸術大				明治大	20	25	19	武蔵大	18	21	33
東京工業大				東京医科歯科大	2			青山学院大	10	6	12	獨協大	60	48	38
一橋大		1		東京海洋大				立教大	11	9	23	日本大	61	53	54
筑波大	2		2	横浜国立大				中央大	11	13	17	東洋大	90	75	84
茨城大		4		山梨大	1			法政大	29	21	17	駒澤大	31	25	12
宇都宮大		3	1	金沢大				学習院大	13	11	6	専修大	23	34	16
群馬大				信州大	1			国際基督教大				芝浦工業大	20	7	17
埼玉大	9	4	6	国際教養大				津田塾大	4	7	2	東京都市大	8	1	4

入試要項・入試情報

◉2024年度の入試要項(参考)

	1回午前	1回午後	2回	3回	4回	5回
募集人員	全日程合計　男女80名					
選抜方法	国・算または 国・算・社・理または 適性検査Ⅰ・Ⅱ	国・算または 国・算・社・理	国・算または 国・算・社・理または 適性検査Ⅰ・Ⅱ	国・算または 国・算・社・理	国・算+面接	
出願関連期間	12/10〜1/9		12/10〜1/11	12/10〜1/19	12/10〜1/26	12/10〜2/3
試験日程	1/10午前	1/10午後	1/12午前	1/20午前	1/27午前	2/4午前
合格発表	Web 1/10 21:00〜	Web 1/11 10:00〜	Web 1/13 10:00〜	Web 1/21 10:00〜	Web 1/28 10:00〜	Web 2/5 10:00〜
入学手続	2/9 15:00まで					

面接 実施する。

◉費用(参考)

受験料		20,000円
入学手続時	入学金	250,000円
	授業料	—
	その他	150,000円
入学手続後〜入学まで	授業料	—
	その他	145,414円
入学後１年	授業料	360,000円
	その他	514,986円
初年度納入金合計		1,420,400円
中学３年間費用計　約		3,179,444円

＊第1回午前と午後両方を受験する場合も受験料は2万円。複数回受験は、2回目以降1回につき5千円追加。
＊入学辞退者は期日までに申し出れば、入学手続時納入金のうち、施設費(15万円)を返金。
＊女子は男子との制服代・指定品代の差(約9千円)を加えること。

◉最近6年間の入試応募者推移と倍率

年度		2019		2020		2021		2022		2023		2024	
		男	女	男	女	男	女	男	女	男	女	男	女
募集	①午前 適性検査型 ①午後 ② ③	80 (全日程合計)		80 (全日程合計)		①午前 ①午後 ② ③ ④｜⑤	80 (全日程合計)	80 (全日程合計)		80 (全日程合計)		80 (全日程合計)	
応募	①午前 適性検査型 ①午後 ② ③	36/11 8 28/12 11 8	20/12 5 11/11 8 4	31/22 8 22/27 20 19	28/15 10 19/20 16 21	51/36/36 42/26 22/13/4 29/18 28｜20	24/33/25 22/24 19/13/4 19/20 27｜21	88/67/49 61/69 25/14/9 24/19 18｜10	61/69/66 36/73 8/23/8 14/19 8｜3	97/66/67 70/74 30/30/15 23/22 9｜6	85/87/42 61/91 18/39/11 15/24 12｜4	122/69/46 90/94 33/28/11 31/22 16｜6	100/88/55 67/103 23/25/5 23/17 5｜2
応募倍率	①午前 適性検査型 ①午後 ② ③	2.3 (全日程合計)		3.5 (全日程合計)		7.2 (全日程合計)		10.5 (全日程合計)		12.5 (全日程合計)		13.5 (全日程合計)	
受験	①午前 適性検査型 ①午後 ② ③	35/11 8 27/10 10 7	19/12 5 10/11 8 4	31/22 7 20/26 13 11	27/15 10 19/19 6 8	49/36/36 40/26 14/11/4 12/13 9｜2	23/33/25 22/24 12/9/4 6/7 7｜1	87/67/49 57/67 18/13/6 16/17 11｜3	61/69/66 35/68 7/21/6 13/14 3｜2	92/64/63 68/70 23/29/14 18/21 5｜3	82/86/42 56/84 12/35/10 12/20 7｜3	118/69/45 83/91 24/21/11 25/18 10｜4	96/84/55 63/98 14/18/4 18/13 4｜2
合格	①午前 適性検査型 ①午後 ② ③	30/10 6 19/6 9 5	17/7 4 10/10 7 4	27/14 6 16/18 7 9	26/7 8 18/12 6 8	42/24/32 38/17 12/6/2 10/7 6｜1	19/28/22 20/18 9/8/3 4/6 7｜1	64/35/41 41/54 15/9/4 12/10 9｜2	50/30/53 29/55 7/13/5 13/8 2｜1	82/34/52 57/47 22/17/11 13/13 2｜1	65/52/39 45/54 10/28/7 11/13 5｜1	91/48/36 63/58 20/13/8 19/11 4｜1	79/55/48 55/69 12/15/3 18/11 2｜0
実質倍率	①午前 適性検査型 ①午後 ② ③	1.2/1.1 1.3 1.4/1.6 1.4/1.6 1.4	1.1/1.7 1.3 1.0/1.1 1.0/1.1 1.0	1.1/1.6 1.2 1.3/1.4 1.9 1.2	1.0/2.1 1.3 1.1/1.6 1.0 1.0	1.2/1.5/1.1 1.1/1.5 1.2/1.8/2.0 1.2/1.9 1.5｜2.0	1.2/1.2/1.1 1.1/1.3 1.3/1.1/1.3 1.5/1.2 1.0｜1.0	1.4/1.9/1.2 1.4/1.2 1.2/1.4/1.5 1.3/1.7 1.2｜1.5	1.2/2.3/1.2 1.2/1.2 1.0/1.6/1.2 1.0/1.8 1.5｜2.0	1.1/1.9/1.2 1.2/1.5 1.0/1.7/1.3 1.4/1.6 2.5｜3.0	1.3/1.7/1.1 1.2/1.6 1.2/1.3/1.4 1.1/1.5 1.4｜3.0	1.3/1.4/1.3 1.3/1.6 1.2/1.6/1.4 1.3/1.6 2.5｜4.0	1.2/1.5/1.1 1.1/1.4 1.2/1.2/1.3 1.0/1.2 2.0｜—

＊2019年〜2020年①午前・①午後は4教科／2教科。2021年〜2024年①午前・②は4教科／2教科／適性検査、①午後・③は4教科／2教科。
＊2024年補欠発表(Web)…あり。補欠合格(電話)…あり、(1回)1月10日〜、(2回)1月12日〜、(3回)1月20日〜。追加合格…なし。

◉入試教科

4教科/2教科

②算数	50分/50分	100点/100点
①国語	50分/50分	100点/100点
③理科	30分/	50点/
④社会	30分/	50点/
合計	160分/100分	300点/200点

＊適性Ⅰ・Ⅱ(各50分・各100点)合計200点。
＊5回の国又は算は、(各50分・各100点)、得点を1.5倍換算で判定。

合格最高点	非公表
合格最低点	非公表

◉受験併願パターン

偏差値	1月前半	1月後半	2月1日	2月2日	2月3日	2月4日以降
40			サレジ２本科			
38	武南午後					
37					足立学園３	
36			足立学園志			
33			城西大城西午後			

偏差値	1月前半	1月後半	2月1日	2月2日	2月3日	2月4日以降
41			桜丘	武蔵野大学４	東海大高輪台２	東海大高輪台３
40	武南午後		十文字			
38	武南					
37			和洋九段女子２	和洋九段女子３	和洋九段女子５特	
36					女子聖学院３	女子聖学院６

入試問題の傾向とポイント

算数
計算と一行問題があわせて10問程度、大問4題程度の問題構成。基本から標準レベルの問題が中心で、図形の問題や表解釈の問題が多く、出題分野にやや偏りがある。全問に式や考え方を書く欄があるので、日頃から、正確かつ簡潔に式や考え方をまとめることを意識すること。

国語
雑問1題に、物語文と説明文それぞれ1題ずつで構成。雑問は漢字の読み書きやことわざ、四字熟語、慣用句が出題された。物語文は人物の心情や様子、表現技法について、説明文は言い換えや理由について問われた。読解の解答形式は選択肢、抜き出し、記述に偏りがない。

理科
大問は2つで、生地物化の融合問題であることが特徴的。基本的な知識と身近な現象を絡めながら解き進んでいく問題形式である。途中式や考え方も書く計算問題、観察された原因や理由を書く記述問題などが複数出題され、単なる知識だけでは太刀打ちできない。知識を正しく表現する練習を行いたい。

社会
大問3題構成。地理は例年通り、分県図・雨温図・地形図など資料を多用した出題であったため、過去問の活用が有効。問いの多くは基礎基本であるが、今年は埼玉県に関する問いが出題された。また、国際に関する出題も見られたので、対策しておきたい。

文化学園大学杉並中学校

ぶんかがくえんだいがくすぎなみ

■学校長／青井静男　■創立／大正15年　■生徒数／429名(男200名、女229名)
■所在地／〒166－0004 東京都杉並区阿佐谷南3－48－16
■ＴＥＬ／03－3392－6636
■交通／阿佐ヶ谷駅(JR中央線・総武線)徒歩8分。荻窪駅(JR中央線など)徒歩8分。

何学期制	週何日制	登校時刻	制服	給食	食堂 軽食販売	プール	寮	特待制度 奨学金等	帰国生 取出授業
3学期制	6日制	8:35	中高あり	中学のみあり	食堂中高あり 販売中高あり	なし	なし	あり	あり

沿　革

1926年、城右高等女学校として現在地に設立。1974年に文化女子大学の附属となり、校名を文化女子大学附属杉並中・高等学校と変更。2011年に校名を文化学園大学杉並中・高等学校に変更。2014年9月にカナダBC州（ブリティッシュコロンビア州）が海外校（オフショアスクール）に認定。2018年度より共学化。

教育方針と特色

中学1年は英語の授業のみレベル別に展開します。英検2級以上の希望者の生徒に対しては「DD7」または「Advanced7」を設定。DD7では一年次からカナダブリティッシュコロンビア州の教員が理数科目7時間を含めた週17時間英語の授業を指導します。DD7の生徒はDD8、DD9と継続して週17時間の英語を展開します。「Advanced7」では理数科目は日本のカリキュラムとなり、週10時間の英語の授業を展開します。日本のカリキュラムもしっかりと学習できるため高校入学時にダブルディプロマコースか特進コースもどちらにも対応しやすいフレキシブルな英語クラスとなります。また英語初心者もStarter7クラスに所属し、レベル別に週9時間英語の授業がありそのうち7時間をネイティブ教員が主導する授業になります。また2年生からDD準備8に進むことが可能です。
高校は、進学コース、特進コース、ダブルディプロマコースの3コース制です。進学コースは、文化学園系列や日東駒専レベル以上の大学進学を目指します。特進コースは、早期の進路指導、バランスの良いカリキュラムで国公立大学や早慶上理、G−MARCHの大学を目指します。2022年度からは新たに「国公立クラス」を設立。ダブルディプロマコースは、日本とカナダのカリキュラムを同時並行で行い、卒業時には日本とカナダの2つの卒業資格を取得することができる日本初のコースです。国内生としてだけでなく国外生としても出願ができ、さらにBC州の生徒として海外大学へダイレクトに出願ができます。

◉系列校

小	中	高	大(短大)
	○	○	○

◉併設小学校なし

◉高校生外部募集………150名

(特進コース、進学コース、ダブルディプロマコース)

◉授業時間…1コマ45分・週36時間

	1年	2年	3年	計
国　語	5	5	5	15
社　会	4	4	4	12
数　学	5	5	5	15
理　科	4	4	4	12
英　語	9	10	10	29
5教科計	27	28	28	83

参考　高校1年生一週間の授業

英語=6　数学=6　国語=5
理科=6　社会=4
※特進コース

進学・進路

◉卒業生進路状況

■進路選択状況（高３進級時）
データなし

■理系・文系進学状況
データなし

■共通テスト受験率
データなし

◉卒業までの流れ

小学校	中学校	高等学校	大学
	文化学園大学杉並中学校	文化学園大学杉並高等学校（269）	文化学園大学　29 文化学園大学短期大学部　0

◉主な大学合格実績

大学名	'22	'23	'24	大学名	'22	'23	'24	大学名	'22	'23	'24	大学名	'22	'23	'24
東京大				千葉大		1		東京都立大		1		東京女子大	3	4	5
京都大				お茶の水女子大				横浜市立大				日本女子大	7	1	3
北海道大				東京外国語大				慶應義塾大	2	2	2	成蹊大	4	4	8
東北大		1		電気通信大	1			早稲田大	3	7	10	成城大	8	4	5
名古屋大				東京学芸大			1	上智大	3	12	11	明治学院大	10	3	
大阪大				東京農工大	1	1		東京理科大		4	2	國學院大	3	8	2
九州大				東京芸術大			2	明治大	12	5	8	武蔵大	8	9	9
東京工業大				東京医科歯科大				青山学院大	3	11	3	獨協大	5	5	3
一橋大				東京海洋大				立教大	9	19	12	日本大	23	28	14
筑波大				横浜国立大		1		中央大	8	17	24	東洋大	29	20	19
茨城大				山梨大				法政大	10	22	21	駒澤大	7	13	6
宇都宮大				金沢大				学習院大	4	4	2	専修大	16	13	17
群馬大				信州大				国際基督教大		2	6	芝浦工業大		4	2
埼玉大				国際教養大				津田塾大	1	1	2	東京都市大	3		6

入試要項・入試情報

◉2024年度の入試要項（参考）

	1回	適性検査型	2回	英語特別①	3回	4回	英語特別②	5回	6回
募集人員	男女50名				男女40名			男女10名	男女若干名
選抜方法	国・算＋成績通知表のコピー	適性検査Ⅰ・Ⅱまたは Ⅰ・Ⅱ・Ⅲ＋成績通知表のコピー	国・算または国・算・社・理＋成績通知表のコピー	国・英または算・英または英・面接＋成績通知表のコピー	国・算または国・算・社・理＋成績通知表のコピー	国・算＋成績通知表のコピー	国・英または算・英または英・面接＋成績通知表のコピー	国・算または国・算・社・理＋成績通知表のコピー	国・算＋成績通知表のコピー
出願関連期間	12/20～1/31				12/20～2/2			12/20～2/3	12/20～2/4
試験日程	2/1午前		2/1午後		2/2午前	2/2午後		2/3午前	2/4午前
合格発表	Web 2/1 18:00～		Web 2/1 22:00～		Web 2/2 18:00～	Web 2/2 22:00～		Web 2/3 18:00～	Web 2/4 18:00～
入学手続	2/8 15:00まで	2/10 13:00まで	2/8 15:00まで						

面接 実施する。

◉費用（参考）

受験料		20,000円
入学手続時	入学金	280,000円
	授業料	—
	その他	50,000円
入学手続後～入学まで	授業料	—
	その他	120,000円
入学後１年	授業料	444,000円
	その他	626,520円
初年度納入金合計		1,520,520円
中学３年間費用計	約	3,312,860円

＊複数回同時出願は、受験料2万5千円。適性検査型のみの出願は1万円。
＊英語特別入試は①か②のどちらか一度のみの出願。

◉最近6年間の入試応募者推移と倍率

年度		2019男	2019女	2020男	2020女	2021男	2021女	2022男	2022女	2023男	2023女	2024男	2024女
募集	①|② 適性検査型 ③|④ 算特|英特①	50 50	2/1実施試験合計 2/2実施試験合計	①|② 適性検査型 40 ③|④ 算特①|英特① 40	2/1実施試験合計 2/2実施試験合計	40 40	2/1実施試験合計 2/2実施試験合計	40 40	2/1実施試験合計 2/2実施試験合計	40 40	2/1実施試験合計 2/2実施試験合計	①|② 適性型|英特① 50 ③|④ 英特② 40	2/1実施試験合計 2/2実施試験合計
応募	①|② 適性検査型 ③|④ 算特|英特①	11 | 14/14 5/3 16/9 | 18 5 | 8	39 | 35/32 22/14 35/36 | 62 3 | 9	22 | 29/18 15/11 14/19 | 36 4 | 7	46 | 25/43 22/16 29/36 | 69 0 | 12	21 | 19/24 8/9 15/26 | 35 6 | 11	46 | 30/44 16/10 21/49 | 70 2 | 12	40 | 64 30 58 | 65 2 | 16	47 | 70 45 73 | 62 0 | 10	26 | 55 25 48 | 48 6 | 9	37 | 71 34 69 | 67 1 | 4	36 | 43/27 21/7 | 41 45/37 | 79 5	79 | 53/59 15/11 | 30 52/64 | 121 13
応募倍率	①|② 適性検査型 ③|④ 算特|英特①	3.8 4.0	2/1実施試験合計 2/2実施試験合計	6.2 5.7	2/1実施試験合計 2/2実施試験合計	5.7 6.2	2/1実施試験合計 2/2実施試験合計	7.4 7.2	2/1実施試験合計 2/2実施試験合計	6.2 6.3	2/1実施試験合計 2/2実施試験合計	8.4 10.4	2/1実施試験合計 2/2実施試験合計
受験	①|② 適性検査型 ③|④ 算特|英特①	7 | 12/11 5/3 7/2 | 12 3 | 7	30 | 31/31 22/14 23/20 | 29 0 | 8	18 | 29/16 15/11 5/12 | 20 2 | 6	39 | 23/41 22/15 14/25 | 43 0 | 9	14 | 17/19 8/9 7/15 | 14 3 | 11	30 | 25/33 16/9 8/30 | 32 2 | 9	22 | 49 30 26 | 36 2 | 10	34 | 58 43 38 | 29 0 | 5	15 | 45 25 20 | 25 4 | 6	30 | 64 34 29 | 31 0 | 3	21 | 35/22 21/7 | 40 19/22 | 38 4	56 | 44/45 15/10 | 30 20/26 | 58 11
合格	①|② 適性検査型 ③|④ 算特|英特①	4 | 8/3 4/2 5/0 | 7 2 | 4	15 | 20/9 21/14 15/5 | 16 0 | 4	7 | 14/2 9/8 2/4 | 8 1 | 5	15 | 12/13 18/15 2/6 | 24 0 | 8	7 | 8/6 8/5 3/5 | 7 1 | 9	15 | 12/7 14/9 4/10 | 15 1 | 6	10 | 27 21 14 | 15 0 | 4	14 | 20 38 16 | 7 0 | 5	6 | 18 23 8 | 16 2 | 4	19 | 31 29 12 | 14 0 | 3	6 | 28/12 17/4 | 23 12/6 | 16 1	14 | 31/27 10/8 | 23 10/11 | 22 4
実質倍率	①|② 適性検査型 ③|④ 算特|英特①	1.8 | 1.5/3.7 1.3/1.5 1.4/― | 1.7 1.5 | 1.8	2.0 | 1.6/3.4 1.0/1.0 1.5/4.0 | 1.8 ― | 2.0	2.6 | 2.1/8.0 1.7/1.4 2.5/3.0 | 2.5 2.0 | 1.2	2.6 | 1.9/3.2 1.2/1.0 7.0/4.2 | 1.8 ―/1.1	2.0 | 2.1/3.2 1.0/1.8 2.3/3.0 | 2.0 3.0 | 1.2	2.0 | 2.1/4.7 1.1/1.0 2.0/3.0 | 2.1 2.0 | 1.5	2.2 | 1.8 1.4 1.9 | 2.4 ― | 2.5	2.4 | 2.9 1.1 2.4 | 4.1 ― | 1.0	2.5 | 2.5 1.1 2.5 | 1.6 2.0 | 1.5	1.6 | 2.1 1.2 2.4 | 2.2 ― | 1.0	3.5 | 1.3/1.8 1.2/1.8 | 1.7 1.6/3.7 | 2.4 4.0	4.0 | 1.4/1.7 1.5/1.3 | 1.3 2.0/2.4 | 2.6 2.8

＊2019年～2021年・2024年②・③は4教科／2教科、適性検査型は適性検査型3教科／適性検査型2教科。2024年⑤は4教科／2教科。
＊2024年補欠発表・追加合格…いずれも詳細不明。

◉入試教科

4教科/2教科

②算数	50分/50分	100点/100点
①国語	50分/50分	100点/100点
③理科	あわせて60分	75点/
③社会		75点/
合計	160分/100分	350点/200点

合格最高点	非公表
合格最低点	① 120点 適性Ⅰ・Ⅱ 95点 適性Ⅰ・Ⅱ・Ⅲ 140点 ② 202/118点 ③ 203/120点 ④ 140点 ⑤ 210/120点 ⑥ 115点

＊適性検査型はⅠ・Ⅱ・Ⅲ（各45分・各100点）、（3科/2科・300点/200点）。
＊英語特別はリスニング25分・100点＋筆記25分・100点、合計200点。＋国語または算数（各50分・各100点）、または日本語面接（10分程度）。
＊合格最低点は男女合算。上記以外は非公表。

◉受験併願パターン

偏差値	1月前半	1月後半	2月1日	2月2日	2月3日	2月4日以降
42	埼玉栄					
41				聖徳学園２ＰＭ		
40			文大杉並２	日工大駒場３		
39	西武文理					
38		城西川越３				

偏差値	1月前半	1月後半	2月1日	2月2日	2月3日	2月4日以降
43						光塩女子学院３
41			文大杉並２	文大杉並３		
40	西武文理					
36					明星３回特選	
35	西武台新座					

入試問題の傾向とポイント

算数
計算問題10問、一行問題11問、大問1題の問題構成。計算問題が占める割合が大きいため、確実な計算力を身につけたい。また、基本から標準的なレベルの問題が多いが、文章や式の間違いを探すような読解力を試す独特な問題も出題されるので、過去問を用いて対策を。

国語
雑問（漢字の読み書きなどを含む）と、説明文と物語文の読解2題構成。説明文は言い換えや筆者の考え・理由を、物語文は人物の心情や内容合致を問われた。出題形式は選択肢と抜き出しが中心だが、記述もみられる。

理科
設問5題、小問集合が1題と生地物化から各1題ずつの構成である。出題形式は、選択・計算・記述・作図と多岐にわたる。知識を問う問題は基本的な内容が中心だが、記述問題は答えのないテーマに対して自分の考えを述べる必要がある。基礎基本を固めた上で、過去問演習などで思考力を養いたい。

社会
今年はやや歴史の比重が高い。5行ほどから10数行の文章や条約、グラフなど、提示されたものについて述べた文の正誤判断問題が複数出題。用語記述は漢字指定が多いが、全体的に基礎基本の内容なので、記述問題で得点差をつけたい。社会を多面的にとらえ、自分の言葉で説明する訓練を。

文教大学付属中学校

（ぶんきょうだいがくふぞく）

■学校長／神戸航　■創立／昭和2年　■生徒数／440名（男247名、女193名）
■所在地／〒142-0064 東京都品川区旗の台3-2-17
■ＴＥＬ／03-3783-5511
■交通／旗の台駅（東急池上線・大井町線）徒歩3分。

何学期制	週何日制	登校時刻	制服	給食	食堂 軽食販売	プール	寮	特待制度 奨学金等	帰国生 取出授業
3学期制	6日制	8:10	中高あり	なし	食堂中高あり 販売中高あり	屋内	なし	あり	なし

沿　革

1927年、馬田行啓・小野光洋を中心とする同志によって、宗教的情操教育を基盤にした立正職業学校として発足した。1929年、立正裁縫女学校と改称。1947年には、学制改革により、立正学園中学校となる。1976年、立正女子大学の男女共学化に伴い、名称を文教大学に改称。これをうけて文教大学付属中学校となる。1998年から男子を募集して共学校となる。2017年、新校舎が完成。全教室に電子黒板を設置している。

◉系列校

小	中	高	大（短大）
○	○	○	○

◉小学校からの内進生…19名
◉高校生外部募集………139名
（1年次から混合クラス）

教育方針と特色

校訓「人間愛」の精神をベースに、「慈愛の心を育てる」「輝く知性を育む」「世界に飛翔する力を育む」の3つを柱とした教育活動を展開。さらに思考力・表現力の育成を図るため、全教室に配備された電子黒板と生徒ひとり一台所有のタブレットPCを使用したICT教育も充実している。希望者を対象に、中学1年次から参加できる語学研修プログラムもあり、台湾の大学に進学するための華語講座も受講することができる。中学3年時より学年にアドバンストクラスを設置している。高校2年時からはさらにクラスごとに文系・理系コースを分けた学級編成となり、生徒の希望進路に合わせた科目選択ができるようになっている。文教大学へは付属校推薦制度（条件あり）があるが、文教大学へ進学する生徒は全体の約10%ほどである。そのため、他の難関大学に一般受験を経て進学を希望する生徒が大多数であり、大学の体験授業、進路説明会、受験体験交流会、キャリア学習などの進路指導にも注力している。

◉授業時間…1コマ50分・週35時間

	1年	2年	3年	計
国　語	5	6	5	16
社　会	4	3	4	11
数　学	5	5	6	16
理　科	4	4	4	12
英　語	5	6	6	17
5教科計	23	24	25	72

参考　高校1年生一週間の授業

英語=6　数学=6　国語=4
理科=6　社会=4

進学・進路

◉卒業生進路状況

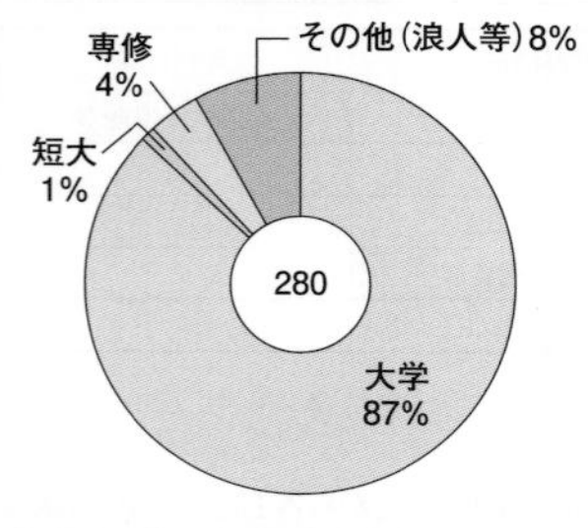

■進路選択状況（高3進級時）
理系 31%　文系 48%
0　50　100

■理系・文系進学状況
理系 30%　文系 64%
0　50　100

■共通テスト受験率

◉卒業までの流れ

小学校	中学校	高等学校	大学
文教大学付属小学校	文教大学付属中学校	文教大学付属高等学校（280）	文教大学　20

◉主な大学合格実績

大学名	'22	'23	'24	大学名	'22	'23	'24	大学名	'22	'23	'24	大学名	'22	'23	'24
東京大			1	千葉大	2			東京都立大		1		東京女子大	1	1	1
京都大				お茶の水女子大				横浜市立大			1	日本女子大	4	4	
北海道大				東京外国語大	1			慶應義塾大		1		成蹊大	4	4	10
東北大				電気通信大		1		早稲田大	7	2	4	成城大	7	9	8
名古屋大				東京学芸大	1		2	上智大	6		15	明治学院大	19	18	25
大阪大				東京農工大				東京理科大	1	1	2	國學院大	20	6	11
九州大				東京芸術大	1			明治大	14	9	25	武蔵大	5	5	5
東京工業大				東京医科歯科大				青山学院大	8	11	17	獨協大	5	13	5
一橋大				東京海洋大				立教大	4	3	22	日本大	28	26	30
筑波大			1	横浜国立大				中央大	8	9	17	東洋大	23	19	39
茨城大				山梨大				法政大	16	15	22	駒澤大	12	26	15
宇都宮大			1	金沢大				学習院大	5	3	4	専修大	45	17	40
群馬大				信州大				国際基督教大	1			芝浦工業大	7	1	6
埼玉大			1	国際教養大	1			津田塾大		1	1	東京都市大	24	13	17

入試要項・入試情報

◉2024年度の入試要項（参考）

	1回	2回	3回	4回	5回
募集人員	男女64名	男女30名	男女20名	男女10名	男女20名
選抜方法	国・算または国・算・社・理				
出願関連期間	1/10～2/1		1/10～2/2		1/10～2/4
試験日程	2/1午前	2/1午後	2/2午前	2/2午後	2/4午前
合格発表	Web 2/1 18:30～	Web 2/1 21:30～	Web 2/2 18:30～	Web 2/2 21:30～	Web 2/4 17:00～
入学手続	2/4 16:00まで				2/6 16:00まで

＊出願資格に「保護者の元から通学できる者」とある。

面接 実施する。

◉費用（参考）

受験料		20,000円
入学手続時	入学金	280,000円
	授業料	—
	その他	—
入学手続後～入学まで	授業料	—
	その他	112,270円
入学後１年	授業料	432,000円
	その他	533,600円
初年度納入金合計		1,357,870円
中学３年間費用計　約		3,065,730円

＊複数回同時出願の場合、2回目以降無料。
＊男子は女子との制服代の差（約1千円）を加えること。

◉最近6年間の入試応募者推移と倍率

年度		2019		2020		2021		2022		2023		2024	
		男	女	男	女	男	女	男	女	男	女	男	女
募集	①	64		64		64		64		64		64	
	②	25		15		25		30		30		30	
	③	25		25		15		20		20		20	
	④	10		10		10		10		10		10	
	⑤	10		20		20		20		20		20	
応募	①	77/62	45/53	56/74	33/63	70/58	27/49	82/49	59/55	75/39	42/47	65/43	42/44
	②	93/67	50/62	84/83	50/79	90/69	41/62	110/64	77/63	126/48	66/65	106/59	67/47
	③	86/63	44/59	80/75	47/66	92/61	41/54	106/54	72/63	113/50	71/60	99/50	61/53
	④	97/80	52/66	93/83	59/82	103/67	46/58	120/62	78/72	134/46	70/59	121/61	72/59
	⑤	111/77	63/66	111/88	65/81	128/76	60/61	139/62	91/76	149/56	102/68	149/63	89/65
応募倍率	①	3.7		3.5		3.2		3.8		3.2		3.0	
	②	10.9		19.7		10.5		10.5		10.2		9.3	
	③	10.1		10.7		16.5		14.8		14.7		13.2	
	④	29.5		31.7		27.4		33.2		30.9		31.3	
	⑤	31.7		17.3		16.3		18.4		18.8		18.3	
受験	①	35/43	23/38	23/49	13/41	30/43	11/32	22/27	23/38	27/28	17/29	26/26	18/31
	②	69/54	42/53	64/64	35/61	65/51	31/42	66/43	43/40	95/35	49/46	76/36	52/28
	③	20/21	10/17	20/26	12/31	28/34	10/27	33/26	11/24	34/30	33/37	27/19	20/22
	④	26/33	12/22	25/31	18/35	24/33	15/23	36/27	15/29	39/21	25/31	42/21	22/24
	⑤	20/19	9/11	22/26	12/26	36/31	15/26	44/27	24/24	33/31	25/29	40/16	26/18
合格	①	26/29	17/27	18/28	8/22	21/18	10/20	17/10	19/24	19/10	11/14	15/17	12/22
	②	48/35	30/36	42/26	22/27	41/19	26/20	43/17	34/17	62/2	25/6	58/10	36/7
	③	15/14	7/11	19/15	11/22	20/16	8/15	16/7	8/12	19/6	14/7	15/3	12/7
	④	17/20	6/16	22/14	15/17	16/14	12/10	20/3	8/6	23/3	13/5	20/3	7/5
	⑤	5/8	3/6	16/11	10/7	12/6	6/5	16/6	13/4	14/8	15/8	19/6	11/5
実質倍率	①	1.3/1.5	1.4/1.4	1.3/1.8	1.6/1.9	1.4/2.4	1.1/1.6	1.3/2.7	1.2/1.6	1.4/2.8	1.5/2.1	1.7/1.5	1.5/1.4
	②	1.4/1.5	1.4/1.5	1.5/2.5	1.6/2.3	1.6/2.7	1.2/2.1	1.5/2.5	1.3/2.4	1.5/17.5	2.0/7.7	1.3/3.6	1.4/4.0
	③	1.3/1.5	1.4/1.5	1.1/1.7	1.1/1.4	1.4/2.1	1.3/1.8	2.1/3.7	1.4/2.0	1.8/5.0	2.4/5.3	1.8/6.3	1.7/3.1
	④	1.5/1.7	2.0/1.4	1.1/2.2	1.2/2.1	1.5/2.4	1.3/2.3	1.8/9.0	1.9/4.8	1.7/7.0	1.9/6.2	2.1/7.0	3.1/4.8
	⑤	4.0/2.4	3.0/1.8	1.4/2.4	1.2/3.7	3.0/5.2	2.5/5.2	2.8/4.5	1.8/6.0	2.4/3.9	1.7/3.6	2.1/2.7	2.4/3.6

＊①の募集人数には付属小学校から受験する者を含む。
＊2019年～2024年①・②・③・④・⑤は4教科／2教科。
＊2024年補欠発表…詳細不明。補欠合格…なし。追加合格（電話）…あり、2月5日～2月6日。

◉入試教科

4教科/2教科

②算数	45分/45分	100点/100点
①国語	45分/45分	100点/100点
③理科	あわせて60分	あわせて140点
③社会		
合計	150分/90分	340点/200点

合格最高点	①男278/173　女250/179点 ②男289/173　女286/186点 ③男257/152　女249/163点 ④男318/185　女272/178点 ⑤男272/170　女249/152点
合格最低点	①男197/133　女194/134点 ②男200/142　女200/142点 ③男201/130　女197/132点 ④男222/149　女222/149点 ⑤男184/131　女184/131点

私立 共学校

◉受験併願パターン

偏差値	1月前半	1月後半	2月1日	2月2日	2月3日	2月4日以降
44	星野学園２					
43					日大第三３	淑徳巣鴨３
42	浦和実業特待	東海大浦安Ａ	文教大付２	日大第一４科２		
41				文教大付４		
40					東海大高輪台２	東海大相模Ｃ

偏差値	1月前半	1月後半	2月1日	2月2日	2月3日	2月4日以降
46					横浜女学院Ｅ１	
43			文教大付２			
42				横浜国大鎌倉		文教大付５
41				多摩大目黒２進学	東海大相模Ｂ	
37					玉川聖学院４	

入試問題の傾向とポイント

算数

計算と一行問題で合わせて21問前後、大問1題の問題構成。一行問題の占める割合が高く、基本的な問題が多く出題されているのでケアレスミスに注意して確実に得点したい。また、解答に求める過程を書かせる問題が必ず出題されるので、日頃から丁寧に書くことを心がけること。

国語

説明文と物語文の読解2題と、漢字の読み書き10題が出題された。説明文は本文内容を踏まえたうえでポスターのデザインについて60字以内で考察することが求められた。物語文は人物の心情理由や内容合致について選択肢を中心に問われた。

理科

設問4題、生地物化からの出題。出題形式は、選択・計算・記述・作図と多岐にわたる。身近な現象をテーマにした典型的な問題が多く並ぶ一方、記述問題では思考力が問われる。『四科のまとめ』などで基礎基本を固めた上で、過去問演習によって思考力を養うトレーニングを重ねたい。

社会

大問2題構成。記号選択の割合が高く、全体として基礎基本が問われている。地理では都道府県に関する設問が多く、地図やグラフ、表などの資料が多用されている。例年、自分で考えたものとその解説を記述する問いが出されており、今年はサッカークラブのエンブレムを考える問いだった。

法政大学中学校

ほうせいだいがく

■学校長／松浦麻紀子　■創立／昭和11年　■生徒数／417名（男182名、女235名）
■所在地／〒181-0002 東京都三鷹市牟礼4-3-1
■ＴＥＬ／0422-79-6230
■交通／井の頭公園駅（京王井の頭線）徒歩12分。三鷹駅（JR中央線）からバス「西ヶ原」下車、徒歩4分。

何学期制	週何日制	登校時刻	制服	給食	食堂 軽食販売	プール	寮	特待制度 奨学金等	帰国生 取出授業
3学期制	6日制	8:20	中高あり	なし	食堂あり 軽食販売あり	屋外	なし	あり	なし

沿　革

1936（昭和11）年、法政大学によって法政中学校が設立される。新学制により1948年から法政大学第一中・高等学校として男子校の歴史を歩む。2007年4月、三鷹市に校舎を移転するとともに、校名を「法政大学中学高等学校」に変更し、男女共学となる。

教育方針と特色

法政大学の建学の精神「自由と進歩」、本校の「自主自律」の校風のもと、確かな学力と、自由な発想で考え、諸課題に積極的にチャレンジする自立した人間を育てる。大学進学や将来をみすえ、文系理系にとらわれない幅広い教養と、英語力向上や論文作成などに力を注ぐ。井の頭公園を中心とした武蔵野の森に隣接し、校内は多くの緑にあふれ、付属校らしい自由でのびのびとした豊かな環境のもと、生徒たちは学習や課外活動に励む。例年、卒業生の約85%以上が推薦で法政大学へ進学。法政大学の推薦権を保持したまま他大学受験も可能。

◉系列校

小	中	高	大（短大）
	○	○	○

◉併設小学校なし

◉高校生外部募集………92名

（完全混合クラス）

◉授業時間…1コマ50分・週34時間

	1年	2年	3年	計
国　語	5	5	5	15
社　会	4	4	4	12
数　学	6	5	6	17
理　科	3	4	4	11
英　語	6	7	6	19
5教科計	24	25	25	74

参考　高校1年生一週間の授業

英語=7　数学=6　国語=4
理科=3　社会=4

進学・進路

◉卒業生進路状況

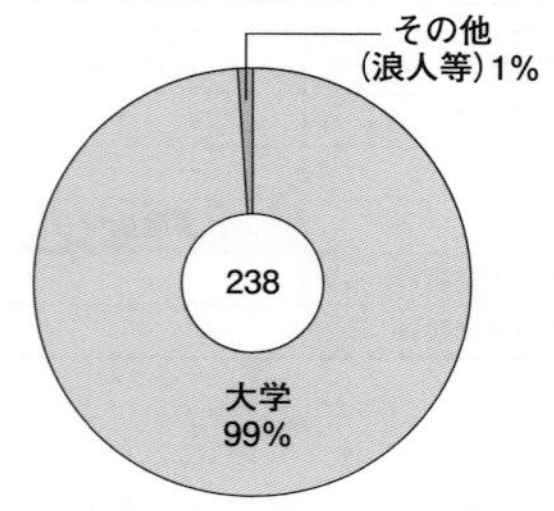

■進路選択状況（高3進級時）

データなし

■理系・文系進学状況

データなし

■共通テスト受験率

0　5%　50　100

◉卒業までの流れ

小学校	中学校	高等学校	大学
	法政大学中学校	▶ 法政大学高等学校（238）	▶ 法政大学　208（法27・文24・経済26・社会28・経営29・理工7・生命科5・デザイン工9・国際文化9・人間環境12・現代福祉6・キャリアデザイン11・情報科6・スポーツ健康5・GIS4）

◉主な大学合格実績

大学名	'22	'23	'24	大学名	'22	'23	'24	大学名	'22	'23	'24	大学名	'22	'23	'24
東京大				千葉大				東京都立大				東京女子大			
京都大			1	お茶の水女子大				横浜市立大				日本女子大			
北海道大			1	東京外国語大				慶應義塾大	1	5	8	成蹊大			1
東北大				電気通信大				早稲田大	1	6	2	成城大			
名古屋大				東京学芸大				上智大	7	7	6	明治学院大		1	
大阪大				東京農工大				東京理科大	1		3	國學院大			
九州大				東京芸術大				明治大	3	3	2	武蔵大			
東京工業大				東京医科歯科大				青山学院大	1		1	獨協大			
一橋大				東京海洋大		1		立教大	1	3	5	日本大	2		2
筑波大				横浜国立大				中央大	1	2	3	東洋大			
茨城大				山梨大				法政大	-	-	-	駒澤大			
宇都宮大				金沢大				学習院大		1		専修大			
群馬大				信州大				国際基督教大	2		1	芝浦工業大	4		
埼玉大				国際教養大				津田塾大				東京都市大			

入試要項・入試情報

◉2024年度の入試要項（参考）

	1回	2回	3回
募集人員	男女約50名	男女約50名	男女約40名
選抜方法	国・算・社・理		
出願関連期間	12/20～1/24	12/20～2/2	12/20～2/4
試験日程	2/1	2/3	2/5
合格発表	Web 2/1 夜～	Web 2/3 夜～	Web 2/5 夜～
入学手続	2/4 16:00まで	2/6 16:00まで	

面接 実施しない。

◉費用（参考）

受験料		25,000円
入学手続時	入学金	300,000円
	授業料	—
	その他	—
入学手続後～入学まで	授業料	—
	その他	122,000円
入学後１年	授業料	570,000円
	その他	267,000円
初年度納入金合計		1,259,000円
中学３年間費用計 約		2,958,000円

＊複数回同時出願の場合、受験料は2回分は4万5千円、3回分は6万5千円。
＊修学旅行費・研修費等別途。

◉最近6年間の入試応募者推移と倍率

年度		2019		2020		2021		2022		2023		2024	
		男	女	男	女	男	女	男	女	男	女	男	女
募集	①	約50		約50		約50		約50		約50		約50	
	②	約50		約50		約50		約50		約50		約50	
	③	約40		約40		約40		約40		約40		約40	
応募	①	160	164	151	155	169	172	165	141	99	133	118	143
	②	278	317	278	262	304	327	276	256	221	313	241	280
	③	308	318	323	303	331	344	310	294	210	314	216	295
応募倍率	①	6.5		6.1		6.8		6.1		4.6		5.2	
	②	11.9		10.8		12.6		10.6		10.7		10.4	
	③	15.7		15.7		16.9		15.1		13.1		12.8	
受験	①	142	148	124	139	152	157	135	126	87	119	98	134
	②	210	238	200	200	210	237	190	205	156	226	159	205
	③	217	250	231	236	216	264	225	236	135	248	135	214
合格	①	39	38	36	40	37	39	32	32	28	32	40	50
	②	46	41	35	33	40	38	37	39	40	44	38	43
	③	28	28	24	20	19	22	33	33	36	43	18	26
実質倍率	①	3.6	3.9	3.4	3.5	4.1	4.0	4.2	3.9	3.1	3.7	2.5	2.7
	②	4.6	5.8	5.7	6.1	5.3	6.2	5.1	5.3	3.9	5.1	4.2	4.8
	③	7.8	8.9	9.6	11.8	11.4	12.0	6.8	7.2	3.8	5.8	7.5	8.2

＊2024年補欠発表（Web）…（1回）30名、（2回）56名、（3回）56名。補欠合格（電話）…（2回）男2名、女4名、（3回）男4名、女2名、いずれも2月7日～。追加合格…なし。

◉入試教科

②算数	50分	150点
①国語	50分	150点
④理科	35分	100点
③社会	35分	100点
合計	170分	500点

合格最高点	①男425 女423点 ②男405 女405点 ③男425 女434点
合格最低点	①男370 女374点 ②男343 女352点 ③男373 女381点

◉受験併願パターン

偏差値	1月前半	1月後半	2月1日	2月2日	2月3日	2月4日以降
58	栄東Ａ１０日		国学院久我山ＳＴ	明大中野		明大中野２
57					法政大学２	法政大学３
56	早稲田佐賀１月首			立教池袋		
55			法政大学			
54		専修大松戸				

偏差値	1月前半	1月後半	2月1日	2月2日	2月3日	2月4日以降
60				青学横浜英和Ｂ		中央大附属２
59						法政大学３
58				法政第二	法政大学２	
57			法政大学			
56		専修大松戸				

入試問題の傾向とポイント

算数　計算3問、一行問題8問、大問4題の問題構成。一行問題は幅広い分野から基本的なレベルの問題が出題されている。大問では、平面図形、立体図形、場合の数は頻出である。平均点が高い年が多いので、ケアレスミスでの失点は避けたい。また、時間配分には十分に注意が必要。

国語　物語文と説明文の読解2題構成。物語文は人物の言動理由説明のほか、空欄補充や整序文などの設問がみられた。説明文は言い換えを中心に問われ、解答形式は読解それぞれに記述が少なくとも1問以上あると考えて良い。どちらにも漢字の読み書きを含む。

理科　大問5題、生地物化からの出題。選択形式の基本問題が中心だが、少しひねった出題も散見される。問題数が多いため、ミスなく･すばやく解けるよう、日頃から基礎固めを意識した学習を行っておきたい。また、出題範囲が多岐にわたるため、苦手分野をつくらないように学習を進めたい。

社会　大問3題構成。政治の出題比率は地理・歴史に比べるとやや低い。時事的な内容に関するものが多いため、近年の出来事をしっかり把握しておきたい。記述問題は5問ほど出題されている。全体に記述問題の占める配点が高くなるため、過去問などを通じて、対策を万全にしておきたい。

ほうせいだいがくだいに

法政大学第二中学校

■学校長／五十嵐聡　■創立／昭和61年　■生徒数／691名（男403名、女288名）
■所在地／〒211-0031 神奈川県川崎市中原区木月大町6-1　■ＴＥＬ／044-711-4321
■交通／武蔵小杉駅（東急東横線・目黒線、東京メトロ南北線）徒歩10分。武蔵小杉駅（JR南武線）徒歩12分。
武蔵小杉駅（JR横須賀線）徒歩15分。

何学期制	週何日制	登校時刻	制服	給食	食堂 軽食販売	プール	寮	特待制度 奨学金等	帰国生 取出授業
3学期制	6日制	8:30	中高あり	なし	あり	屋外	なし	なし	なし

沿　革

1939年、法政大学の付属中学校として発足する。1948年、学制改革により高等学校として発足。1986年に第二中学校を創設。2014年新校舎教室棟運用開始。2016年に女子を募集して共学化。併せて、新校舎全棟完成。2017年には全キャンパス（グラウンド等）完成。2018年には完全共学化がスタート。

教育方針と特色

法政大学の「自由と進歩」の学風のもとに、21世紀を担う新しい人間性と学力を培い、国際化社会で活躍する人材を育てることを目的とする。英語教育を重視し、多くの時間を設定。「読む」「書く」「聞く」「話す」ことをバランスよく定着させることを目標とする。全学年で分割授業を実施し、少人数で外国人講師による指導を展開している。数学も全学年で分割少人数で、きめ細かな授業を行っている。他の授業でも実践と体験の学習を重視しており、実験や制作活動、観察や鑑賞を数多くとり入れ、自ら定めた課題を追求して、創作したり調査・研究する取り組みが設定されている。

◉系列校

小	中	高	大(短大)
	○	○	○

◉併設小学校なし

◉高校生外部募集……400名程度

（完全混合クラス）

◉授業時間…1コマ50分・週34時間

	1年	2年	3年	計
国　語	5	4	4	13
社　会	3	4	4	11
数　学	5	6	5	16
理　科	3	4	4	11
英　語	6	7	7	20
5教科計	22	25	24	71

参考　高校1年生一週間の授業

英語=6　数学=4　国語=5
理科=5　社会=4

進学・進路

◉卒業生進路状況

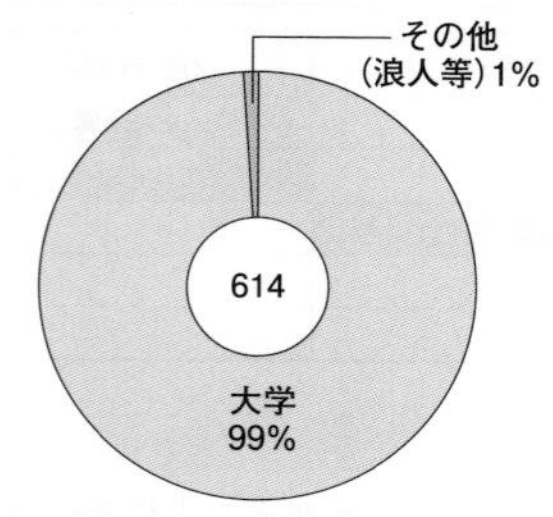

■進路選択状況（高3進級時）

理系 17%　文系 83%

■理系・文系進学状況

理系 17%　文系 83%

■共通テスト受験率

データなし

◉卒業までの流れ

小学校	中学校	高等学校	大学
	法政大学第二中学校	法政大学第二高等学校（614）	法政大学　535（法72・文62・経済71・社会66・経営67・理工35・生命科4・デザイン工25・国際文化23・人間環境31・現代福祉16・キャリアデザイン27・情報科12・スポーツ健康17・GIS6）

◉主な大学合格実績

大学名	'22	'23	'24	大学名	'22	'23	'24	大学名	'22	'23	'24	大学名	'22	'23	'24
東京大				千葉大				東京都立大	2			東京女子大			
京都大				お茶の水女子大	1			横浜市立大	1			日本女子大		1	
北海道大				東京外国語大		1		慶應義塾大	7	19	13	成蹊大			
東北大				電気通信大			1	早稲田大	4	11	2	成城大			
名古屋大				東京学芸大	1			上智大	5	11	10	明治学院大			
大阪大				東京農工大		1		東京理科大	10	13	10	國學院大			
九州大				東京芸術大				明治大	13	16	7	武蔵大			
東京工業大		1	1	東京医科歯科大		1		青山学院大	6	7	2	獨協大			
一橋大				東京海洋大	1			立教大	3	4	4	日本大	3	1	
筑波大	3			横浜国立大	3	4	2	中央大	5	7	4	東洋大			
茨城大				山梨大				法政大	-	-	-	駒澤大			
宇都宮大				金沢大				学習院大				専修大			
群馬大				信州大				国際基督教大	1		1	芝浦工業大	1		
埼玉大				国際教養大				津田塾大				東京都市大			

入試要項・入試情報

◉2024年度の入試要項（参考）

	1回	2回
募集人員	男子70名・女子70名	男子35名・女子35名
選抜方法	国・算・社・理	
出願関連期間	12/1〜1/28	12/1〜2/3
試験日程	2/2	2/4
合格発表	掲示 2/3 10:00〜 Web 2/2 22:00〜	掲示 2/5 10:00〜 Web 2/4 22:00〜
入学手続	2/4 16:00まで	2/7 16:00まで

面接 実施する。

◉費用（参考）

受験料		30,000円
入学手続時	入学金	300,000円
	授業料	—
	その他	50,000円
入学手続後〜入学まで	授業料	—
	その他	77,000円
入学後１年	授業料	558,000円
	その他	493,580円
初年度納入金合計		1,478,580円
中学３年間費用計 約		3,544,640円

＊入学辞退者は、3月30日12時（または3月31日消印の郵送）までに申し出れば、納入金の一部、入学時教育充実費(5万円)を返金。

◉最近6年間の入試応募者推移と倍率

年度		2019 男	2019 女	2020 男	2020 女	2021 男	2021 女	2022 男	2022 女	2023 男	2023 女	2024 男	2024 女
募集	①	90	40	90	40	90	40	90	40	90	40	70	70
	②	50	30	50	30	50	30	50	30	50	30	35	35
応募	①	689	446	684	525	622	439	630	415	630	430	565	406
	②	596	402	502	424	500	396	489	347	491	357	443	300
応募倍率	①	7.7	11.2	7.6	13.1	6.9	11.0	7.0	10.4	7.0	10.8	8.1	5.8
	②	11.9	13.4	10.0	14.1	10.0	13.2	9.8	11.6	9.8	11.9	12.7	8.6
受験	①	587	360	558	424	517	346	524	338	549	323	480	309
	②	500	337	421	337	420	328	404	292	423	295	367	236
合格	①	139	68	140	63	143	67	151	81	144	78	106	102
	②	62	42	69	49	73	42	66	56	67	43	53	67
実質倍率	①	4.2	5.3	4.0	6.7	3.6	5.2	3.5	4.2	3.8	4.1	4.5	3.0
	②	8.1	8.0	6.1	6.9	5.8	7.8	6.1	5.2	6.3	6.9	6.9	3.5

＊2024年補欠発表…なし。追加合格…あり。

◉入試教科

④算数	50分	100点
③国語	50分	100点
②理科	40分	75点
①社会	40分	75点
合計	180分	350点

合格最高点	①男282 女282点 ②男271 女281点
合格最低点	①男227 女218点 ②男223 女218点

◉受験併願パターン

偏差値	1月前半	1月後半	2月1日	2月2日	2月3日	2月4日以降
59			都市大等々力Ｓ選	中央大附属横浜２	逗子開成２	三田国際４ＩＳＣ
57			中央大附属横浜			法政第二２
56	早稲田佐賀１月首			法政第二	都市大等々力２選	
54		専修大松戸				
52			山手学院Ａ	日大豊山２	成城学園２	日本学園２

偏差値	1月前半	1月後半	2月1日	2月2日	2月3日	2月4日以降
61	栄東Ａ１０日	昭和秀英	都市大等々力Ｓ選	中央大附属横浜２		
59			中央大附属横浜			法政第二２
58	淑徳与野			法政第二	都市大等々力２選	
56		専修大松戸				
54			青稜１Ａ		山手学院Ｂ	田園調布学園３

入試問題の傾向とポイント

算数　計算問題4問、一行問題6問、大問4題の問題構成。一行問題は基本から標準レベルの問題なので、確実な得点源にしたい。大問は思考力や作業力を要する問題が多い。大問の後半は、平面図形と立体図形、というパターンで出題されることが多いので、しっかりと対策をしておきたい。

国語　雑問1題と説明文・物語文の読解2題の構成。雑問は漢字の読み書きや類義語などを含む。説明文は筆者の主張を踏まえたうえで自分自身の具体例を混じえ、120字以内で記述する問題が出題された。物語文でも傍線部の内容について100字以内で説明する設問がみられる。

理科　大問5〜7題、生地物化からの出題。時事問題がよく出題されるため、事前に対策をしておきたい。また、物理分野を中心に、一歩踏み込んだ考察力が求められる問題も出題されるため、基礎基本をしっかりと固めた上で、過去問演習などを通して練習を重ねたい。

社会　多くが基本的な問いである一方で、一般的にはあまり頻出とはいえない用語を繰り返し出題する傾向があるため、徹底的な過去問演習が有効である。例年、地理は地形図を含めた地図が多く出されるので、特に力を入れて学習しておきたい。

宝仙学園中学校（共学部理数インター）

ほうせん

■学校長／富士晴英　■創立／昭和3年　■生徒数／704名（男364名、女340名）
■所在地／〒164-8628 東京都中野区中央2-28-3
■ＴＥＬ／03-3371-7103（共学部）
■交通／中野坂上駅（東京メトロ丸ノ内線、都営大江戸線）徒歩3分。

何学期制	週何日制	登校時刻	制服	給食	食堂 軽食販売	プール	寮	特待制度 奨学金等	帰国生 取出授業
3学期制	6日制	8:20	中高あり	なし	食堂中高あり 販売中高あり	屋内	なし	あり	あり

沿　革

1928年、中野高等女学校創立。1954年、校名を宝仙学園中学高等学校に改称。2007年度より、中学校共学部「理数インター」を開設。

教育方針と特色

国公立・早慶上理・医学部・海外大への合格を目指す一方で、単に知識偏重にならないよう、多くの豊かな知識体験を通して高い学力と人間性を目指す。

中学の授業は、首都圏トップの授業時間数であるが、それだけ多くの時間がある分、定着を重視した授業展開を行っている。10周年を機に新教科「理数インター」を授業内に設け、答えのない学びに挑戦する。

理数インターでは、アジアを知り世界を知るをテーマに、修学旅行は中学はシンガポール、高校はアメリカ・サンフランシスコを訪れ、現地でプレゼンテーションを行っている。

2024年3月に学校法人順天堂と系属校協定を締結し、順天堂大学への内部進学枠が一定数設けられることになる。

◉系列校

小	中	高	大（短大）
○	○	○	○

◉小学校からの内進生…2名
◉高校生外部募集………31名

◉授業時間…1コマ50分・週37時間

	1年	2年	3年	計
国　語	5	6	6	17
社　会	3	3	4	10
数　学	6	7	6	19
理　科	6	5	5	16
英　語	7	6	7	20
5教科計	27	27	28	82

参考　高校1年生一週間の授業

英語=5　数学=6　国語=5
理科=6　社会=4

進学・進路

◉卒業生進路状況

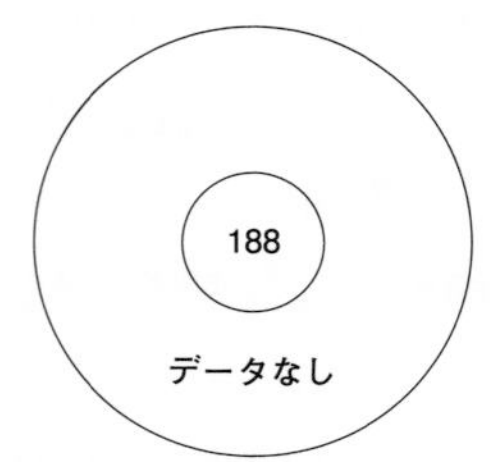

■進路選択状況（高３進級時）
データなし

■理系・文系進学状況
データなし

■共通テスト受験率
データなし

◉卒業までの流れ

小学校	中学校	高等学校	大学
宝仙学園小学校 ▶	宝仙学園中学校 ▶	宝仙学園高等学校 （188）	

◉主な大学合格実績

大学名	'22	'23	'24	大学名	'22	'23	'24	大学名	'22	'23	'24	大学名	'22	'23	'24
東京大		1	2	千葉大	1		1	東京都立大	1	2	2	東京女子大	15	7	4
京都大	1	1		お茶の水女子大				横浜市立大				日本女子大	10	8	7
北海道大	1	1		東京外国語大	1	1	1	慶應義塾大	8	8	11	成蹊大	30	14	21
東北大		2		電気通信大	1		2	早稲田大	20	16	17	成城大	13	10	33
名古屋大				東京学芸大	3	5	2	上智大	13	27	11	明治学院大	25	17	33
大阪大				東京農工大	1	4	3	東京理科大	16	20	29	國學院大	14	10	7
九州大	1	1		東京芸術大				明治大	37	40	66	武蔵大	12	7	22
東京工業大	3	1	2	東京医科歯科大		1		青山学院大	18	14	32	獨協大	10	13	5
一橋大				東京海洋大	1	1		立教大	35	31	46	日本大	57	58	49
筑波大	1		5	横浜国立大	1		1	中央大	55	22	28	東洋大	40	30	55
茨城大		1		山梨大				法政大	58	46	44	駒澤大	9	18	11
宇都宮大				金沢大				学習院大	10	9	9	専修大	19	19	27
群馬大		1	1	信州大	1	1	3	国際基督教大	4	2	2	芝浦工業大	43	13	16
埼玉大		2		国際教養大		1		津田塾大	2	4	2	東京都市大	23	12	17

入試要項・入試情報

◉2024年度の入試要項(参考)

	2科・4科①(特待選抜)	適性検査①(特待選抜)	リベラルアーツ①	AAA①	読書プレゼン①	オピニオン	グローバル①	理数インター①	新4科特別総合(特待選抜)	適性検査②(特待選抜)	2科・4科②(特待選抜)	理数インター②	英語AL	適性検査③(特待選抜)	リベラルアーツ②	AAA②	読書プレゼン②	グローバル②
募集人員	男女15名	男女15名	リベラルアーツ①・AAA①・読書プレゼン①・グローバル①・オピニオンの合計…男女計10名					男女5名	男女15名	男女15名	男女15名	男女5名	男女5名	男女15名	リベラルアーツ②・AAA②・読書プレゼン②・グローバル②の合計…男女計10名			
選抜方法	国・算または国・算・社・理+調査書	適性検査Ⅰ(作文)・Ⅱ(総合問題)+調査書	プレゼンテーション・質疑応答+調査書・学習歴報告書				英語プレゼン・質疑応答+調査書・学習歴報告書・英語エッセイ	教科「理数インター」授業+調査書	国・算・社・理+調査書	適性検査Ⅰ(作文)・Ⅱ(総合問題)+調査書	国・算または国・算・社・理+調査書	教科「理数インター」授業+調査書	日本語リスニング・英+調査書	適性検査Ⅰ(作文)・Ⅱ(総合問題)+調査書	プレゼンテーション・質疑応答+調査書・学習歴報告書			英語プレゼン・質疑応答+調査書・学習歴報告書
出願関連期間	12/20～2/1									12/20～2/2				12/20～2/4				
試験日程	2/1午前		2/1午後							2/2午前	2/2午後			2/4午前	2/4午後			
合格発表	Web 2/1 22:00～									Web 2/2 22:00～				Web 2/4 22:00～				
入学手続	2/5 16:00まで	2/9 16:00まで	2/5 16:00まで							2/9 16:00まで	2/5 16:00まで			2/9 16:00まで	2/5 16:00まで			

面接 実施する。

◉最近6年間の入試応募者推移と倍率

年度		2019 男	2019 女	2020 男	2020 女	2021 男	2021 女	2022 男	2022 女	2023 男	2023 女	2024 男	2024 女
募集	①4科	15		10		10		10		15		15	
	特待(新4科|②4科)	10 | 10		10 | 10		10 | 10		10 | 10		15 | 15		15 | 15	
	公立一貫(①|②|③)	15 | 15 | 10		15 | 15 | 10		15 | 15 | 10		15 | 15 | 10		15 | 15 | 10		15 | 15 | 15	
	理数インター(①|②)	5 | 5		5 | 5		10 ①②合計		10 ①②合計		10 ①②合計		5 | 5	
応募	①4科	54	29	36	23	55/9	31/12	73/15	41/9	44/6	26/5	47/14	32/9
	特待(新4科|②4科)	84 | 118	50 | 72	79 | 111	37 | 52	100 | 138/26	57 | 59/29	112 | 164/29	61 | 92/22	86 | 134/29	44 | 61/15	108 | 136/31	40 | 74/20
	公立一貫(①|②|③)	264 | 161 | 151	234 | 199 | 143	208 | 127 | 117	240 | 171 | 123	222 | 143 | 106	241 | 191 | 166	207 | 144 | 117	219 | 158 | 144	203 | 139 | 126	251 | 174 | 146	164 | 120 | 102	222 | 131 | 129
	理数インター(①|②)	15 | 22	12 | 23	6 | 27	7 | 20	14 | 5	11 | 9	10 | 10	4 | 9	13 | 12	7 | 8	6 | 8	12 | 4
応募倍率	①4科	5.5		5.9		10.7		13.8		5.4		6.8	
	特待(新4科|②4科)	13.4 | 19.0		11.6 | 16.3		15.7 | 25.2		17.3 | 30.7		8.7 | 15.9		9.9 | 17.4	
	公立一貫(①|②|③)	33.2 | 24.0 | 29.4		29.9 | 19.9 | 24.0		30.9 | 22.3 | 27.2		28.4 | 20.1 | 26.1		30.3 | 20.9 | 27.2		25.7 |16.7 | 15.4	
	理数インター(①|②)	5.4 | 9.0		2.6 | 9.4		3.9 ①②合計		3.3 ①②合計		4.0 ①②合計		3.6 | 2.4	
受験	①4科	41	24	28	20	39/6	24/12	58/12	32/8	31/5	19/5	36/9	25/6
	特待(新4科|②4科)	71 | 64	43 | 38	67 | 48	30 | 27	89 | 60/14	49 | 29/13	99 | 102/21	50 | 52/15	76 | 67/13	35| 22/9	93 | 69/17	36 | 36/11
	公立一貫(①|②|③)	256 | 122 | 112	225 | 153 | 104	199 | 92 | 64	228 | 124 | 63	209 | 104 | 60	225 | 130 | 88	198 | 104 | 79	205 | 125 | 88	196 | 99 | 73	241 | 131 | 93	154 | 87 | 60	209 | 88 | 71
	理数インター(①|②)	14 | 13	12 | 10	6 | 10	7 | 10	14 | 2	9 | 5	7 | 7	4 | 5	13 | 5	7 | 4	5 | 4	11 | 2
合格	①4科	37	20	25	17	34/6	20/6	27/2	19/4	27/4	14/2	31/6	16/3
	特待(新4科|②4科)	49 | 44	31 | 20	57 | 40	21 | 23	66 | 42/12	29 | 22/5	57 | 48/8	27 | 23/6	61 | 53/7	26 | 17/7	72 | 47/7	22 | 17/5
	公立一貫(①|②|③)	181 | 91 | 85	178 | 125 | 81	158 | 69 | 44	207 | 111 | 53	159 | 61 | 34	196 | 90 | 64	118 | 50 | 25	141 | 79 | 40	136 | 59 | 51	193 | 98 | 84	110 | 50 | 21	159 | 63 | 38
	理数インター(①|②)	4 | 2	8 | 8	1 | 7	5 | 7	10 | 2	4 | 2	2 | 2	2 | 2	9 | 2	6 | 3	3 | 1	8 | 2
実質倍率	①4科	1.1	1.2	1.1	1.2	1.1/1.0	1.2/2.0	2.1/6.0	1.7/2.0	1.1/1.3	1.4/2.5	1.2/1.5	1.6/2.0
	特待(新4科|②4科)	1.5 | 1.5	1.4 | 1.9	1.2 | 1.2	1.4 | 1.2	1.3 | 1.4/1.2	1.7 | 1.3/2.6	1.7 | 2.1/2.6	1.9 | 2.3/2.5	1.2 | 1.3/1.9	1.3 | 1.3/1.3	1.3 | 1.5/2.4	1.6 | 2.1/2.2
	公立一貫(①|②|③)	1.4 | 1.3 | 1.3	1.3 | 1.2 | 1.3	1.3 | 1.3 | 1.5	1.1 | 1.1 | 1.2	1.3 | 1.7 | 1.8	1.1 | 1.4 | 1.4	1.7 | 2.1 | 3.2	1.5 | 1.6 | 2.2	1.4 | 1.7/1.4	1.2 | 1.3/1.1	1.4 | 1.7 | 2.9	1.3 | 1.4 | 1.9
	理数インター(①|②)	3.5 | 6.5	1.5 | 1.3	6.0 | 1.4	1.4 | 1.4	1.4 | 1.0	2.3 | 2.5	3.5 | 3.5	2.0 | 2.5	1.4 | 2.5	1.2 | 1.3	1.7 | 4.0	1.4 | 1.0

＊2021年～2024年①2科4科・②2科4科は4教科／2教科。
＊2024年補欠発表(Web)…あり。補欠合格・追加合格…いずれも非公表。

◉費用(参考)

受験料		22,000円
入学手続時	入学金	300,000円
	授業料	—
	その他	120,000円
入学手続後～入学まで	授業料	—
	その他	150,000円
入学後1年	授業料	483,600円
	その他	208,000円
初年度納入金合計		1,261,600円
中学3年間費用計 約		2,614,800円

＊受験料は複数回受験でも一律2万2千円。
＊公立一貫型入試のみの受験料は1万2千円。
＊入学辞退者は、2月29日正午までに申し出れば、入学時納付金のうち施設費(12万円)を返金。
＊修学旅行費別途等。

◉入試教科

4教科/2教科

②算数	40分/40分	100点/100点
①国語	40分/40分	100点/100点
③理科	あわせて40分	50点/
③社会		50点/
合計	120分/80分	300点/200点

＊公立一貫対応入試は適性Ⅰ(作文45分・40点)、Ⅱ(総合問題45分・50点)+調査書(10点)合計100点。

合格最高点	非公表
合格最低点	非公表

私立 共学校

◉受験併願パターン

偏差値	1月前半	1月後半	2月1日	2月2日	2月3日	2月4日以降
48			東京電機大2			東京電機大4
47		昭和学院算	かえつ有明			
46	開智所沢				日大第二2	日大第一2科2
45			宝仙学園新4科	宝仙学園2	桐光学園3B	
44		千葉日大第一				

偏差値	1月前半	1月後半	2月1日	2月2日	2月3日	2月4日以降
49			淑徳巣鴨スカラ		郁文館iP2	跡見学園特4
48	星野学園理数2	昭和学院アド			大妻中野4アド	
47	開智所沢		東京電機大2		日大第一2科	東京電機大4
46			宝仙学園新4科	宝仙学園2		
45						穎明館4

入試問題の傾向とポイント

算数
計算問題6問、一行問題9問、大問1題の問題構成。大部分が基本問題やテキストなどで見慣れた問題なので、各分野の基本事項をしっかりと身につけたい。また、計算問題はややレベルが高いので、基本問題で失点しないよう、正確な計算力を身につけること。

国語
説明文と物語文それぞれ1題ずつと、漢字の読み書きを含む雑問が出題された。説明文は比較的短めであり、具体例や理由について、物語文は人物の言動理由や心情について、選択肢と記述を中心に問われた。

理科
大問4題、生地物化からの出題。設問形式は選択・計算・記述・作図問題と多岐にわたる。基本的な知識を問う問題と、思考力が必要な記述・作図問題の両方が出題される。過去問演習などを通して論理的な思考力を養い、1問1問ていねいに解き進めていきたい。

社会
試験時間は理科とあわせて40分と短い。記号選択・用語記述ともに基礎基本だが、昨年同様に長文の記述問題が2問出題された。地形図や写真など資料が多用されているので、意識して学習を行いたい。トルコのケバブを写真で選ばせるなど、国際に関する問いにも力点が置かれている。

ほしのがくえん
星野学園中学校

■学校長／星野誠　■創立／平成12年　■生徒数／502名（男173名、女329名）
■所在地／〒350-0824 埼玉県川越市石原町2-71-11
■ＴＥＬ／049-223-2888
■交通／本川越駅（西武新宿線）、川越駅、熊谷駅、入間市駅、宮原駅からスクールバスあり。

何学期制	週何日制	登校時刻	制服	給食	食堂 軽食販売	プール	寮	特待制度 奨学金等	帰国生 取出授業
3学期制	6日制	8:30	中高あり	なし	食堂なし 販売中高あり	屋内	なし	高校進学時あり	なし

沿　革

1897年、川越市に星野りちにより星野塾が創設され、1964年星野女子高等学校創設、1984年川越東高等学校創設。そして2000年4月に中高一貫6カ年教育を行うための星野学園中学校が開校した。2003年、星野女子高は星野高校共学部（中高一貫生含む）と女子部に改組された。

教育方針と特色

「知を築く」「世界につながる」「心を動かす」を3つの柱とした全人教育を展開する。学習面では、個々の生徒が楽しく、かつ確実に内容を理解するように習熟度別クラス編成を実施。また英語は中1から、数学は中2から習熟度別授業を展開し、学習の足踏みやつまずきが起きないように配慮している。国際人教育として、中学ではオーストラリア、高校ではロンドン・パリの修学旅行を実施するとともに、日本の季節と密接な行事や習慣、日本の歴史や文化を学ぶ中で、日本人としてのアイデンティティーを培い、国際的な感覚を養う。また、1,500席ある大ホールや室内床上下可動式温水プール・トレーニングジム・フットサルコートが3面とれる全天候型グラウンドの星野ドーム・400mのトラックがとれる広大なグランドが同じ敷地にある等、他校に例を見ない充実したスポーツ施設のほか、60畳もある礼法室などの文化施設があり、生徒は充実した学校生活を送っている。

◉系列校

小	中	高	大（短大）
○	○	○	

◉小学校からの内進生…54名
◉高校生外部募集………210名（高校共学部）
（理数選抜コース以外は混合クラス）

◉授業時間…1コマ50分・週34時間

	1年	2年	3年	計
国　語	5.2	5	6	16.2
社　会	4	4	4	12
数　学	6.2	6	6	18.2
理　科	4	4	4	12
英　語	6.2	6	6	18.2
5教科計	25.6	25	26	76.6

参考　高校1年生一週間の授業

英語=7　数学=6　国語=5
理科=6　社会=4
※内進生の時程　共学部（理数選抜コース）

進学・進路

◉卒業生進路状況

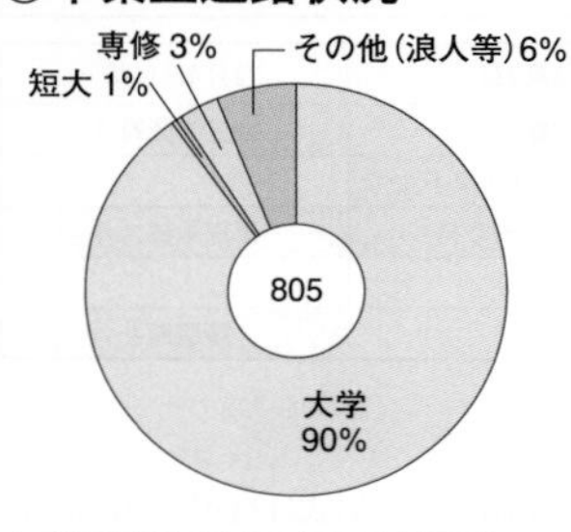

■進路選択状況（高３進級時）
理系 40%　文系 60%

■理系・文系進学状況
理系 38%　文系 61%

■共通テスト受験率
100%

◉卒業までの流れ

小学校	中学校	高等学校	大学
星野学園小学校 ▶	星野学園中学校 ▶	星野高等学校（805）	

◉主な大学合格実績

大学名	'22	'23	'24	大学名	'22	'23	'24	大学名	'22	'23	'24	大学名	'22	'23	'24
東京大			1	千葉大		2	3	東京都立大	4	3	3	東京女子大	23	19	32
京都大				お茶の水女子大	1	1	2	横浜市立大			1	日本女子大	40	43	35
北海道大				東京外国語大		1	1	慶應義塾大	5	6	5	成蹊大	20	24	27
東北大			1	電気通信大	2	1	1	早稲田大	10	14	14	成城大	13	21	18
名古屋大				東京学芸大	5	5	6	上智大	15	11	8	明治学院大	6	20	14
大阪大	1		1	東京農工大	2	4	2	東京理科大	12	22	12	國學院大		14	
九州大				東京芸術大	1			明治大	24	37	29	武蔵大	18	34	34
東京工業大	1			東京医科歯科大		1		青山学院大	12	13	6	獨協大	25	30	36
一橋大		1		東京海洋大			2	立教大	43	41	68	日本大	50	68	70
筑波大		3	4	横浜国立大	1	3	2	中央大	30	30	27	東洋大	85	104	163
茨城大	4	1	4	山梨大	2		2	法政大	35	49	66	駒澤大	13	29	35
宇都宮大				金沢大				学習院大	17	23	19	専修大	12	36	40
群馬大	5	2	3	信州大	1	1	6	国際基督教大	1		1	芝浦工業大	15	20	35
埼玉大	8	9	9	国際教養大				津田塾大	14	21	26	東京都市大	4		9

入試要項・入試情報

◉2024年度の入試要項（参考）

	進学1回	理数選抜1回	理数選抜2回	進学2回	総合選抜
募集人員	全日程合計　男女160名（内部進学60名含）				
選抜方法	国・算	国・算・理	国・算・社・理	国・算	国・算または 国・算・社・理または 国・算・英
出願関連期間	12/1〜1/9		12/1〜1/10		12/1〜1/13
試験日程	1/10午前	1/10午後	1/11午前	1/11午後	1/14午前
合格発表	Web 1/10 22:00〜		Web 1/11 22:00〜		Web 1/14 19:00〜
入学手続	1/15 まで				1/18 まで

＊応募資格に「自宅から通学可能な者」とある。
＊英語検定3級以上取得者には取得級に応じて得点に加点。出願時に合格証のコピーを郵送。
＊理数選抜1回・理数選抜2回・進学1回・進学2回の試験は、本校以外にTKP大宮駅西口カンファレンスセンター会場でも実施。

面接 実施しない。

◉費用（参考）

受験料		25,000円
入学手続時	入学金	250,000円
	授業料	—
	その他	150,000円
入学手続後〜入学まで	授業料	—
	その他	140,000円
入学後１年	授業料	360,000円
	その他	801,400円
初年度納入金合計		1,701,400円
中学３年間費用計　約		3,090,800円

＊1回の受験料で全ての受験可。
＊入学手続時納入金全額、2月5日まで延納可。
＊入学辞退者は、2月10日12時までに申し出れば、施設費（15万円）を返金。

◉最近6年間の入試応募者推移と倍率

年度		2019 男	2019 女	2020 男	2020 女	2021 男	2021 女	2022 男	2022 女	2023 男	2023 女	2024 男	2024 女
募集	進学① 理数選抜① 理数選抜② 進学② 総合選抜	160（全日程合計・内進60含）		160（全日程合計・内進60含）		160（全日程合計・内進60含）		160（全日程合計・内進60含）		160（全日程合計・内進60含）		160（全日程合計・内進60含）	
応募	進学① 理数選抜① 理数選抜② 進学② 総合選抜	72 78 105 86 82/19	332 352 395 412 317/63	87 103 121 106 90/16	338 350 396 402 291/75	125 139 164 163 127/7/30	426 461 533 493 341/17/71	120 139 148 149 115/6/26	434 445 457 475 337/14/80	133 159 171 171 126/5/26	435 484 480 502 330/16/92	113 154 142 149 110/5/28	370 410 398 436 277/16/92
応募倍率	進学① 理数選抜① 理数選抜② 進学② 総合選抜	23.1（全日程合計・内進60含）		23.8（全日程合計・内進60含）		31.0（全日程合計・内進60含）		29.5（全日程合計・内進60含）		31.3（全日程合計・内進60名含）		27.0（全日程合計・内進60名含）	
受験	進学① 理数選抜① 理数選抜② 進学② 総合選抜	63 70 76 41 33/4	298 325 260 142 120/16	66 82 92 47 32/1	278 289 255 160 93/17	107 120 127 77 55/5/5	348 408 351 197 121/8/14	97 114 111 65 51/4/7	371 398 278 173 115/7/18	99 132 121 72 36/2/6	373 424 303 186 104/6/5	87 127 100 66 29/2/7	301 357 260 201 105/8/11
合格	進学① 理数選抜① 理数選抜② 進学② 総合選抜	40 (36) (54) 17 17/1	221 (192) (170) 79 76/2	44 41(26) 59(31) 21 19/1	206 172(101) 174(93) 85 57/1	73 55(26) 81(44) 43 34/2/0	263 254(154) 243(130) 97 72/3/3	67 54(29) 72(36) 37 31/2/2	272 239(144) 186(99) 85 69/2/5	64 59(34) 87(45) 40 23/1/0	279 247(150) 199(103) 93 59/4/2	63 74(37) 76(44) 35 20/1/3	218 200(121) 176(89) 99 66/3/3
実質倍率	進学① 理数選抜① 理数選抜② 進学② 総合選抜	1.6 (1.9) (1.4) 2.4 1.9/4.0	1.4 (1.7) (1.5) 1.8 1.6/8.0	1.5 2.0(3.2) 1.6(3.0) 2.2 1.7/1.0	1.3 1.7(2.9) 1.5(2.7) 1.9 1.6/17.0	1.5 2.2(4.6) 1.6(2.9) 1.8 1.6/2.5/—	1.3 1.6(2.6) 1.4(2.7) 2.0 1.7/2.7/4.7	1.4 2.1(3.9) 1.5(3.1) 1.8 1.6/2.0/3.5	1.4 1.7(2.8) 1.5(2.8) 2.0 1.7/3.5/3.6	1.5 2.2(3.9) 1.4(2.7) 1.8 1.6/2.0/—	1.3 1.7(2.8) 1.5(2.9) 2.0 1.8/1.5/2.5	1.4 1.7(3.4) 1.3(2.3) 1.9 1.5/2.0/2.3	1.4 1.8(3.0) 1.5(2.9) 2.0 1.6/2.7/3.7

＊2019年〜2020年総合選抜は4教科／2教科。2021〜2024年総合選抜は4教科／3教科（国算英）／2教科。
＊理数選抜①・理数選抜②の()の数字は合格者数に含まれる理数合格者の数とその実質倍率。
＊2024年補欠発表・追加合格…いずれも非公表。

◉入試教科

4教科/3教科/2教科

②②②算数	50分/50分/50分	100点/100点/100点
①①①国語	50分/50分/50分	100点/100点/100点
③③　理科	あわせて60分　40分/	50点/ 80点/
③　社会		50点/
合計	160分/140分/100分	300点/280点/200点

合格最高点	非公表
合格最低点	進学①　122点 理数①　193点 理数②　211点 進学②　121点 総合4科　164点 総合3科　139点 総合2科　111点

＊総合の英は国・算（各50・各100点）英（30分・50点）合計250点。

◉受験併願パターン

偏差値	1月前半	1月後半	2月1日	2月2日	2月3日	2月4日以降
45				明治学院２		明治学院３
43	星野学園総合選抜					
42	星野学園		桜丘	佼成学園２		
41			啓明学園算数	聖徳学園２ＰＭ		
37				工学院大附２Ｂ	工学院大附３	

偏差値	1月前半	1月後半	2月1日	2月2日	2月3日	2月4日以降
46	埼玉栄４医学		日大第二	桜丘４特待		
45			十文字２			
44	星野学園総合選抜			跡見学園２		
43	星野学園		跡見学園			光塩女子学院３
41				十文字３		

入試問題の傾向とポイント

算数　計算＋一行問題16問、大問3題の問題構成。一行問題の占める割合が高く、幅広い分野から基本的な問題が出題される。後半の大問では、規則性、図形の移動や水量の変化などが頻出。やや複雑な問題もあるので、題意をきちんと読み取り、問題のレベルを見極めて解き進めることが大切。

国語　説明文と物語文の読解2題と、雑問4題が出題された。説明文は指示語や空欄補充、内容合致などを通して文章内容の理解を、物語文は人物の心情や言動、また文章表現について、選択肢形式中心にそれぞれ問われた。雑問は漢字の書き取りや部首、慣用句、敬語を含む。

理科　大問4題、生地物化からの出題。設問形式は、選択・計算・記述・作図と多岐にわたる。全体的に典型問題が並ぶため、基礎基本はしっかり固めて、苦手分野をつくらないようにしたい。物理分野・化学分野だけでなく、生物分野でも計算問題が出題されるため、過去問演習で慣れておきたい。

社会　地理・歴史・政治の大問3題構成。試験時間は理科とあわせて60分なので、時間配分に注意が必要。3分野とも基礎基本が問われている。『予習シリーズ』や『四科のまとめ』などを活用して、基礎基本の取りこぼしがないように、繰り返し演習を重ねたい。

細田学園中学校

■学校長／荒井秀一　■創立／1921年　■生徒数／181名（男85名、女96名）
■所在地／〒353-0004 埼玉県志木市本町2-7-1
■ＴＥＬ／048-471-3255
■交通／志木駅（東武東上線）徒歩15分

何学期制	週何日制	登校時刻	制服	給食	食堂 軽食販売	プール	寮	特待制度 奨学金等	帰国生 取出授業
3学期制	5日制	8:20	中高あり	なし	食堂高のみ 軽食販売中高あり	なし	なし	あり	なし

沿　革

1921年、細田裁縫女学校を開校。1969年、細田学園女子高等学校と改称。1999年、男子を募集して細田学園高等学校と改称。2019年、細田学園中学校を開校。

教育方針と特色

新たな時代を力強く生き抜くために、中高6年間という人生で最も多感な時期にたくさんのdots【原体験】を得るべきと考え、生徒自身の個性、価値観を育む教育を展開して6年間で自らを創り、自らへの理解を十分に深めることで、大きな変化を迎える時代の中を、自分らしく、逞しく生きていけるよう指導する。具体的には、細田学園独自の学びの手法として「DITO」メソッドを採用し、Define（定義する）→Input（入力する）→Think over（熟考する）→Output（出力する）という一連の行為を繰り返すことで、多面的に多くのdots【原体験】を獲得し、生徒は「捉える力」「考える力」「動く力・動かす力」「乗り越える力」を自然と身につけることができる。

◉系列校

小	中	高	大（短大）
	○	○	

◉併設小学校なし

◉高校生外部募集………380名
（完全別クラス）

◉授業時間…1コマ50分・週30時間

	1年	2年	3年	計
国　語	4	4	3	11
社　会	3	3	4	10
数　学	4	3	4	11
理　科	3	4	4	11
英　語	5	5	5	15
5教科計	19	19	20	58

参考　高校1年生一週間の授業

英語=6　数学=5　国語=4
理科=4　社会=4

進学・進路

◉卒業生進路状況

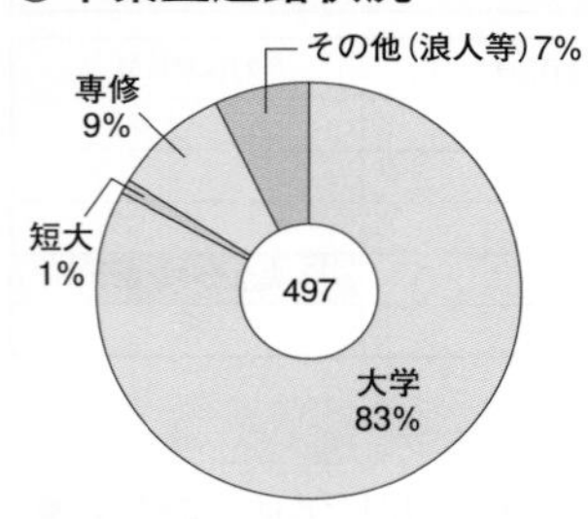

■進路選択状況（高3進級時）
理系 26%　文系 74%
0　50　100

■理系・文系進学状況
理系 26%　文系 72%
0　50　100

■共通テスト受験率
46%
0　50　100

◉卒業までの流れ

小学校	中学校	高等学校	大学
	細田学園中学校 ▶	細田学園高等学校 (497)	

◉主な大学合格実績

大学名	'22	'23	'24	大学名	'22	'23	'24	大学名	'22	'23	'24	大学名	'22	'23	'24
東京大			1	千葉大			1	東京都立大	1			東京女子大		5	5
京都大				お茶の水女子大				横浜市立大				日本女子大	2	1	3
北海道大				東京外国語大			1	慶應義塾大	1	3	1	成蹊大	5	3	4
東北大				電気通信大				早稲田大	1	12	9	成城大	3	6	6
名古屋大				東京学芸大				上智大	1	1	7	明治学院大	4	3	3
大阪大				東京農工大	1			東京理科大	9	9	4	國學院大	8	9	14
九州大				東京芸術大				明治大	10	14	8	武蔵大	9	9	2
東京工業大		1		東京医科歯科大				青山学院大	10	7	3	獨協大	21	16	25
一橋大				東京海洋大				立教大	12	12	16	日本大	25	29	41
筑波大			1	横浜国立大				中央大	11	16	4	東洋大	47	43	53
茨城大				山梨大				法政大	12	28	14	駒澤大	10	3	13
宇都宮大		1		金沢大				学習院大	9	5	6	専修大	12	8	7
群馬大				信州大				国際基督教大	1			芝浦工業大		1	8
埼玉大		2	7	国際教養大				津田塾大		1	1	東京都市大	2	3	5

入試要項・入試情報

◉2024年度の入試要項（参考）

	一般1回	dots入試（適性検査型）	特待生1回	一般2回	特待生2回	一般3回
募集人員	男女40名	男女20名	男女15名	男女20名	男女15名	男女5名
選抜方法	国・算・社・理	適性検査Ⅰ・Ⅱ・Ⅲまたは適性検査Ⅰ・Ⅱ・Ⅲ＋グループワーク・面接	国・算または国・算・社・理	国・算・社・理または国・算・英	国・算・社・理	
出願関連期間	12/1～1/9			12/1～1/11		12/1～2/3
試験日程	1/10午前		1/10午後	1/12午前		2/4午前
合格発表	Web 1/11 13:00～	Web 1/10 22:00～	Web 1/11 18:00～	Web 1/12 19:00～		Web 2/4 18:00～
入学手続	1/14 17:00まで			1/16 17:00まで		2/7 17:00まで

＊応募資格に「自宅から通学可能な者」とある。
＊特待生1回の試験は、本校以外にTKP大宮ビジネスセンター会場（定員400名）でも実施。
＊dots入試の選抜方法で、グループワーク・面接を希望する場合は先着80名までとする。

面接 実施する。

◉費用（参考）

受験料		25,000円
入学手続時	入学金	250,000円
	授業料	—
	その他	—
入学手続後～入学まで	授業料	—
	その他	230,000円
入学後１年	授業料	360,000円
	その他	570,000円
初年度納入金合計		1,410,000円
中学３年間費用計　約		3,110,000円

＊一般・特待生入試の複数回同時出願の場合、2回目以降無料。特待生入試の受験料は1万円、dots入試の受験料は、グループワークありが2万円、なしが1万5千円。

◉最近6年間の入試応募者推移と倍率

年度		2019 男	2019 女	2020 男	2020 女	2021 男	2021 女	2022 男	2022 女	2023 男	2023 女	2024 男	2024 女
募集	①	30		25		25		35		①	45	40	
	dots①	20		15		15		15		dots	25	20	
	特待生①	15		10		10		10		特待生①	10	15	
	②	15		15		15		20		②	20	20	
応募	①	30	41	45	42	36	60	49	86	54	92	57	111
	dots①	11	21	12	24	25	35	32	43	65	67	63	88
	特待生①	8/3	13/9	11/1	8/6	10/2	20/5	8/5	24/5	18	29	42	63
	②	33/1	37/9	39/3	43/5	37/0	59/4	46/3	69/8	50	103	55	100
応募倍率	①	2.4		3.5		3.8		3.9		3.2		4.2	
	dots①	1.6		2.4		4.0		5.0		5.3		7.6	
	特待生①	2.2		2.6		3.7		4.2		4.7		7.0	
	②	5.3		6.0		6.7		6.3		7.7		7.8	
受験	①	28	39	42	38	34	56	48	83	49	90	57	101
	dots①	11	20	12	23	25	34	31	43	64	65	63	88
	特待生①	8/3	11/9	10/1	8/5	9/2	19/5	8/5	22/5	17	26	36	53
	②	19/1	26/8	24/3	27/5	23/0	34/3	21/0	33/6	17	47	29	44
合格	①	10	18	18	20	15	34	32	60	40	72	36	84
	dots①	6	13	7	14	16	28	28	34	50	55	57	73
	特待生①	0/0	1/1	2/0	1/0	0/0	3/0	1/0	2/0	2	1	2	7
	②	5/0	7/3	7/1	11/2	10/0	11/2	11/0	26/4	10	34	10	29
実質倍率	①	2.8	2.2	2.3	1.9	2.3	1.6	1.5	1.4	1.2	1.3	1.6	1.2
	dots①	1.8	1.5	1.7	1.6	1.6	1.2	1.1	1.3	1.3	1.2	1.1	1.2
	特待生①	−/−	11.0/9.0	5.0/−	8.0/−	−/−	6.3/−	8.0/−	11.0/−	8.5	26.0	18.0	7.6
	②	3.8/−	3.7/2.7	3.4/3.0	2.5/2.5	2.3/−	3.1/1.5	1.9/−	1.3/1.5	1.7	1.4	2.9	1.5

＊2019年～2022年特待生①は4教科／2教科、②は4教科／3教科（国算英）。
＊2024年補欠発表・追加合格…いずれも詳細不明。

◉入試教科

4教科/2教科

②算数	50分/50分	100点/100点
①国語	50分/50分	100点/100点
④理科	30分/	50点/
③社会	30分/	50点/
合計	160分/100分	300点/200点

＊dots入試は適性検査型ⅠⅡⅢ（各45分・各100点）。グループワークと面接ありも選択可能。
＊2回国算英（各50分・各100点）合計300点。

合格最高点	非公表
合格最低点	非公表

◉受験併願パターン

偏差値	1月前半	1月後半	2月1日	2月2日	2月3日	2月4日以降
45	開智所沢２					
44			目黒日大	順天２Ａ		
42	細田学園			日大第一４科２		
40	城北埼玉２					
38					京華３	

偏差値	1月前半	1月後半	2月1日	2月2日	2月3日	2月4日以降
46			実践女子学園			
45	浦和実業特待後					
44			日工大駒場２	跡見学園２		
43	細田学園		跡見学園			
41				十文字３		細田学園３

入試問題の傾向とポイント

算数　計算4問、一行問題7問程度、大問3題の問題構成で、計算と一行問題が半数を占めている。基本的な問題が多いが、後半には思考力を必要とする問題もみられる。幅広い分野から出題されるので、苦手分野を作らないよう各分野の基礎をきちんと固めておくこと。

国語　雑問1題、物語文と説明文それぞれ1題ずつの構成。雑問は漢字の読み書き、四字熟語などを含む。物語文は人物の言動理由や様子について問われたほか、傍線部に関連した内容について自分自身の考えを記述する設問があった。説明文は現代社会におけるコミュニケーションについて書かれた文章が出題。

理科　大問3題、大問1が生地物化の小問集合、大問2が物理、大問3が生物である。大問1は小問集合のほかに、複数分野の融合問題が出題されることも。自分の考えを述べる問題が複数出題され、作図問題もあるなど、単なる知識だけでは対応できない。日頃から自分の意見を記述するトレーニングを。

社会　大問4題構成。最後の長文の記述問題は、自分の考えを根拠となる理由もあわせて記述するものであった。記述対策はしっかり行っておきたい。知識問題は記号選択が多く、基礎基本が中心である。

三田国際学園中学校

（みたこくさいがくえん）

■学園長／大橋清貫　■創立／明治35年　■生徒数／731名（男257名、女474名）
■所在地／〒158-0097 東京都世田谷区用賀2-16-1
■ＴＥＬ／03-3707-5676
■交通／用賀駅（東急田園都市線）徒歩5分。

何学期制	週何日制	登校時刻	制服	給食	食堂 軽食販売	プール	寮	特待制度 奨学金等	帰国生 取出授業
3学期制	6日制	8:30	中高あり	なし	食堂中高あり 販売中高あり	なし	なし	なし	あり

沿　革

1902年の創立時から「知好楽」の精神を受け継いできた戸板中学・女子高等学校が、2015年より校名を変更し共学化。グローバル時代を迎え、自らの考えを打ち出して道を切り開ける発想の自由人の育成を目指し、三田国際学園として生まれ変わりました。「THINK&ACT」「INTERNATIONAL」「SCIENCE」をキーワードに、相互通行型授業をはじめとする特色豊かな授業を展開。“使える”英語と豊かな国際感覚、“教養”としてのサイエンス的思考力を育む「世界標準」の教育を実践しています。

教育方針と特色

先の見えない時代を生き抜くたしかな力を育むために、相互通行型授業やSTEAM、探究サイクル等を特長とする多彩な授業を全教科で展開しています。中1は「探究」の技法を習得する「サイエンスリテラシー」、中2・3は「基礎ゼミナール」「基礎研究α」「Academic Seminar」で自分の興味に基づいて講座を選び、科学的アプローチを軸に研究活動を進めながら、サイエンス的思考力を培います。また、本校は多数の帰国生を受け入れ、ネイティブスピーカーの常勤教員も34名在籍（2024年度）しており、海外大学進学も視野に入れたグローバルな環境が整っています。インターナショナルクラス（IC）では帰国生を中心に主要教科を英語で学ぶAcademyと、これから英語を学び始めるImmersionの2つのグループ編成。Immersionの主要教科も段階的にAll Englishに移行します。インターナショナルサイエンスクラス（ISC）でも習熟度別の英語授業を実施。理数分野への意欲が旺盛な生徒は、中2からスタートするメディカルサイエンステクノロジークラス（MSTC）に移動できる場合もあります。MSTCは基礎研究αで、研究者としての素地を養います。

◉系列校

小	中	高	大（短大）
	○	○	○

◉併設小学校なし

◉高校生外部募集………帰国生のみ募集［予定］

◉授業時間…1コマ45分・週39時間

	1年	2年	3年	計
国　語	6	6	6	18
社　会	3	4	4	11
数　学	6	6	6	18
理　科	4	5	5	14
英　語	9/8	8	8	25/24
5教科計	28/27	29	29	86/85

※インターナショナルクラス／インターナショナルサイエンスクラス

参考　高校1年生一週間の授業

英語=7　数学=6　国語=5
理科=6　社会=4
※インターナショナルサイエンス

進学・進路

◉卒業生進路状況

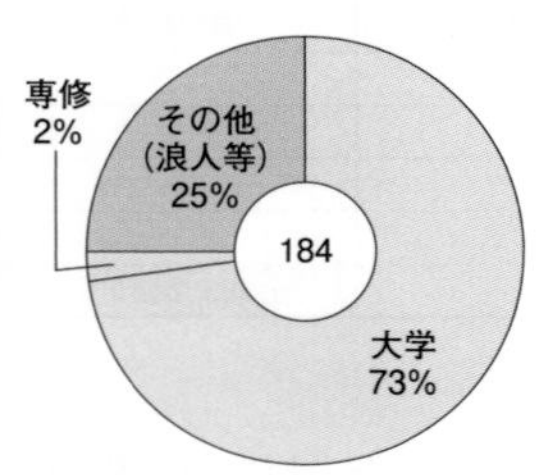

■進路選択状況（高３進級時）

データなし

■理系・文系進学状況

理系 27%　文系 61%

■共通テスト受験率

86%

◉卒業までの流れ

小学校	中学校	高等学校	大学
	三田国際学園中学校	三田国際学園高等学校（184）	戸板女子短期大学　0

◉主な大学合格実績

大学名	'22	'23	'24	大学名	'22	'23	'24	大学名	'22	'23	'24	大学名	'22	'23	'24
東京大			2	千葉大			1	東京都立大		1	2	東京女子大	1	1	
京都大		1		お茶の水女子大			1	横浜市立大				日本女子大	3	1	5
北海道大	1	1		東京外国語大	2		1	慶應義塾大	15	19	37	成蹊大	8	5	4
東北大	1		1	電気通信大		3		早稲田大	16	24	40	成城大	6	14	7
名古屋大		1		東京学芸大	2	1		上智大	12	32	23	明治学院大	10	18	6
大阪大	1		1	東京農工大	1			東京理科大	1	12	17	國學院大	6	6	2
九州大	1	1		東京芸術大	1			明治大	11	36	34	武蔵大	9	3	3
東京工業大			1	東京医科歯科大				青山学院大	10	24	34	獨協大	1	2	
一橋大			1	東京海洋大				立教大	23	34	47	日本大	25	25	8
筑波大	2		4	横浜国立大	1	1	2	中央大	19	17	19	東洋大	6	31	15
茨城大				山梨大				法政大	22	26	20	駒澤大	8	20	5
宇都宮大				金沢大				学習院大	5	7	3	専修大	7	12	6
群馬大				信州大		1	1	国際基督教大	5	6	6	芝浦工業大	8	17	5
埼玉大				国際教養大				津田塾大		1		東京都市大	7	5	12

入試要項・入試情報

◉2024年度の入試要項(参考)

	1回	2回	3回	MST入試	4回
募集人員	ISC　男女25名 IC　男女20名	ISC　男女10名 IC　男女10名	ISC　男女15名 IC　男女10名	MSTC 男女30名	ISC　男女10名
選抜方法	ISC「国・算・社・理」 または「国・算・英+面接」 IC「国・算・社・理」 または「英語+面接」	国・算・社・理	ISC「国・算・社・理」 または「国・算・英+面接」 IC「国・算・社・理」 または「英語+面接」	算・理	「国・算・社・理」 または 「国・算・英+面接」
出願関連期間	1/10～1/31	1/10～2/1	1/10～2/2	1/10～2/3	1/10～2/4
試験日程	2/1午前	2/1午後	2/2午後	2/3午後	2/4午後
合格発表	掲示 2/2 10:00～ Web 2/1 22:00～	掲示 2/2 13:30～ Web 2/2 13:30～	掲示 2/3 13:30～ Web 2/3 13:30～	掲示 2/4 13:30～ Web 2/4 13:30～	Web 2/5 13:30～
入学手続	2/8 17:00まで				

＊ISCはインターナショナルサイエンスクラス、ICはインターナショナルクラス、MSTCはメディカルサイエンステクノロジークラス。
＊2024年2月17日(土)実施の入学説明会に無断欠席した場合は入学を辞退したものとみなされる。

面接 実施する。

◉費用(参考)

受験料		25,000円
入学手続時	入学金	350,000円
	授業料	—
	その他	—
入学手続後～入学まで	授業料	—
	その他	164,000円
入学後1年	授業料	552,000円
	その他	684,900円
初年度納入金合計		1,750,900円
中学3年間費用計　約		4,074,700円

＊同時出願の場合は2万5千円で最大3回まで出願可能。
＊修学旅行費別等途。

◉最近6年間の入試応募者推移と倍率

年度		2019	2020	2021	2022	2023	2024
募集	①(本科｜インター) ②(本科｜インター) ③(本科｜インター) ④MST ⑤(本科｜インター)	15｜15 32｜25 15｜20 30 5｜5	①(本科｜インター) 15｜15 ②インター 30 ③(本科｜インター) 20｜20 MST 30 ④(本科｜インター) 5｜5	15｜15 30 20｜20 30 5｜5	①(ISC｜IC) 15｜15 ②(ISC｜IC) 25｜25 ③(ISC｜IC) 25｜20 MST 30 ④ISC 5	15｜15 25｜25 25｜20 30 5	25｜20 10｜10 15｜10 30 10
応募	①(本科｜インター) ②(本科｜インター) ③(本科｜インター) ④MST ⑤(本科｜インター)	181｜139 210｜261 352｜260/76 458 459｜279/81	173｜120 287 400｜241/73 410 512｜259/78	177｜129 263 371｜214/65 370 424｜235/71	198｜83 301/23｜102/79 422/22｜127/75 427 639	207｜72 327/23｜95/89 477/19｜111/71 404 643	164/49｜54/124 217｜78 372/51｜111/132 304 554/113
応募倍率	①(本科｜インター) ②(本科｜インター) ③(本科｜インター) ④MST ⑤(本科｜インター)	12.1｜9.3 6.6｜10.4 23.5｜16.8 15.3 91.8｜72.0	11.5｜8.0 9.6 20.0｜15.7 13.7 102.4｜67.4	11.8｜8.6 8.8 18.6｜14.0 12.3 84.8｜61.2	13.2｜5.5 13.0｜7.2 17.8｜10.1 14.2 127.8	13.8｜4.8 14.0｜7.4 19.8｜9.1 13.5 128.6	8.5｜8.9 21.7｜7.8 28.2｜14.3 10.1 66.7
受験	①(本科｜インター) ②(本科｜インター) ③(本科｜インター) ④MST ⑤(本科｜インター)	112｜92 148｜186 182｜146/69 221 158｜108/58	112｜81 235 230｜126/68 209 222｜120/54	122｜80 179 207｜110/58 183 162｜80/55	124｜61 198/23｜72/75 204/15｜66/59 199 193	143｜48 228/21｜60/85 260/15｜68/51 207 282	149/43｜50/115 172｜66 212/31｜60/109 179 257/57
合格	①(本科｜インター) ②(本科｜インター) ③(本科｜インター) ④MST ⑤(本科｜インター)	25｜19 61｜83 43｜46/10 66 32｜13/6	41｜30 70 81｜25/6 63 19｜15/8	35｜25 66 72｜32/7 69 25｜15/6	33｜18 103/5｜32/6 66/4｜21/5 47 17	35｜15 46/6｜12/15 31/6｜10/11 48 41	48/15｜20/18 69｜17 61/6｜13/11 53 54/6
実質倍率	①(本科｜インター) ②(本科｜インター) ③(本科｜インター) ④MST ⑤(本科｜インター)	4.5｜4.8 2.4｜2.2 4.2｜3.2/6.9 3.3 4.9｜8.3/9.7	2.7｜2.7 3.4 2.8｜5.0/11.3 3.3 11.7｜8.0/6.8	3.5｜3.2 2.7 2.9｜3.4/8.3 2.7 6.5｜5.3/9.2	3.8｜3.4 1.9/4.6｜2.3/12.5 3.1/3.8｜3.1/11.8 4.2 11.4	4.1｜3.2 5.0/3.5｜5.0/5.7 8.4/2.5｜6.8/4.6 4.3 6.9	3.1/2.9｜2.5/6.4 2.5｜3.9 3.5/5.2｜4.6/9.9 3.4 4.8/9.5

＊2019年③インターナショナル・⑤インターナショナルは4教科／英語・面接。2020年～2021年③インターナショナル・④インターナショナルは4教科／英語・面接。2022年～2023年②ISC・②IC・③ISC・③ICは4教科／英語。2024年①ISC・①IC・③ISC・③IC・④ISCは4教科／英語。
＊2024年補欠発表・追加合格…いずれもなし。

◉入試教科

4教科

②算数	50分	100点
①国語	50分	100点
③理科	あわせて50分	50点
③社会		50点
合計	150分	300点

＊インターナショナル英語・面接は(60分・100点)+(本人のみ英語と日本語)。
＊メディカルサイエンステクノロジーは算数・理科(各60分・各100点)合計200点。

合格最高点	①ISC 217点 IC 206点 ②ISC 205点 IC 214点 ③ISC 206点 IC 210点 MSTC 154点 ④ISC 226点
合格最低点	①ISC 177点 IC 161点 ②ISC 160点 IC 166点 ③ISC 167点 IC 163点 MSTC 116点 ④ISC 193点

＊合格最高点・最低点は全て4教科、1教科英は非公表。
＊MSTC：メディカルサイエンステクノロジー。
ISC:インターナショナルサイエンス。IC:インターナショナル。

◉受験併願パターン

偏差値	1月前半	1月後半	2月1日	2月2日	2月3日	2月4日以降
59		昭和秀英	三田国際2ISC	三田国際3ISC		三田国際4ISC
57				開智日本橋2		
56			三田国際ISC		都市大等々力2選	
54						桐蔭学園3
52				神奈川大附2		

偏差値	1月前半	1月後半	2月1日	2月2日	2月3日	2月4日以降
61			三田国際2ISC	三田国際3ISC		三田国際4ISC
59						法政第二2
58			三田国際ISC	法政第二	都市大等々力2選	
54					富士見3	田園調布学園3
53			かえつ有明1特待	田園調布学園2	かえつ有明3特待	森村学園3

入試問題の傾向とポイント

算数　計算と一行問題が合わせて6問、大問4題の問題構成。計算、一行問題は確実に得点をとりたい。後半の大問では、グラフや会話文などを使った問題も出題される。いずれも算数の基礎的な力があれば対応できる問題なので、過去問演習をしっかり行い、あらゆる出題に備えたい。

国語　物語文と説明文の読解2題に、二字熟語5問の構成。物語文はある問いについて本文を読んだうえで自分の考えを述べる設問があった。説明文は2文章が出題され、言い換えや内容合致、整序文などの設問がみられた。解答形式は選択肢、抜き出し、記述に偏りがない。

理科　大問3題、生地物化からの出題で融合問題となることもある。一般的な中学入試で扱われるテーマから踏み込んだ内容が出題され、作図や考えを記述する問題が見られる。過去問演習などを通して、持っている知識を活用してトピックを理解し、自分のことばで考えをまとめる練習を行っておきたい。

社会　全体として難易度を問わず、新しい切り口からの出題が多く見られる。問題内容や問題数は平均レベルであるが、選択肢に紛らわしいものや本文や資料を読んで答えさせる問題が非常に多い。複数の資料を読み込んで答えるものもあるため、情報を整理しながら読み進める訓練をしておきたい。

むさしのだいがく
武蔵野大学中学校

■学校長／原田豊　■創立／大正13年　■生徒数／550名（男208名、女342名）
■所在地／〒202-8585 東京都西東京市新町1-1-20　■ＴＥＬ／042-468-3256
■交通／田無駅（西武新宿線）徒歩15分。吉祥寺駅、三鷹駅、武蔵境駅からバス「武蔵野大学」下車。
ひばりヶ丘駅、田無駅からバス「至誠学舎東京前」下車、徒歩5分。

何学期制	週何日制	登校時刻	制服	給食	食堂 軽食販売	プール	寮	特待制度 奨学金等	帰国生 取出授業
2学期制	6日制	8:20	中高あり	なし	食堂中高あり 販売中高あり	なし	なし	あり	あり

沿　革

1924年、築地本願寺内に武蔵野女子学院を創設し、1929年に現在地へ移転した。1947年、戦後の学制改革を伴って、武蔵野女子学院中学校・高等学校となる。2019年、校名を武蔵野大学中学校・高等学校に変更し、男女共学となる。

教育方針と特色

「仏教精神に基づく、真の人間教育、人間成就の教育」を建学の精神とし、明るい知性と豊かな情操とを兼ね備えた聡明にして実行力のある人間の育成を目指す。
2020年度より高等学校が男女共学化。
キーワードは「グローバル＆サイエンス」。正解のない未来に向かって自らが主体的に考え、身の回りだけにとどまらず、世界中の人たちとも協力しながら、クリエイティブな発想を持つ中学生を育成する。武蔵野大学中学校は、その先にある高校選択も自由にできることが特色。本校高校でさらに３年間を積み重ねる６年一貫教育も、新たな環境で高校３年間を過ごすという選択肢も柔軟に対応。
高校はハイグレード、PBLインターナショナル、本科の３コースを設置。それぞれのコースの特色を活かし、希望する進路をサポートする。そのうちPBLインターナショナルは、PBL（課題解決型学習Project Based Learning）の手法を用いて、目の前の社会課題を解決するプロセスの中から深い学びを習得するコース。問題解決を通じて幅広い視野を身につけると同時に、自らのアイデアを的確に表現するためのスピーチ力や発信力を養成する。また、希望者は本校の豊富な留学実績をもとに、長期海外留学を行うことができる。また、併設の武蔵野大学には薬学部や看護学部など13学部21学科があり、優先的な進学制度を利用することもできる。

◉系列校

小	中	高	大（短大）
	○	○	○

◉併設小学校なし
◉高校生外部募集……約260名
（高1より内進生と同一クラス）

◉授業時間…1コマ50分・週34時間

	1年	2年	3年	計
国　語	4	4	5	13
社　会	3	4	3	10
数　学	5	4	5	14
理　科	4	4	4	12
英　語	6	6	6	18
5教科計	22	22	23	67

参考　高校1年生一週間の授業
英語=6　数学=5　国語=4
理科=4　社会=4
※普通科ハイグレード

進学・進路

◉卒業生進路状況

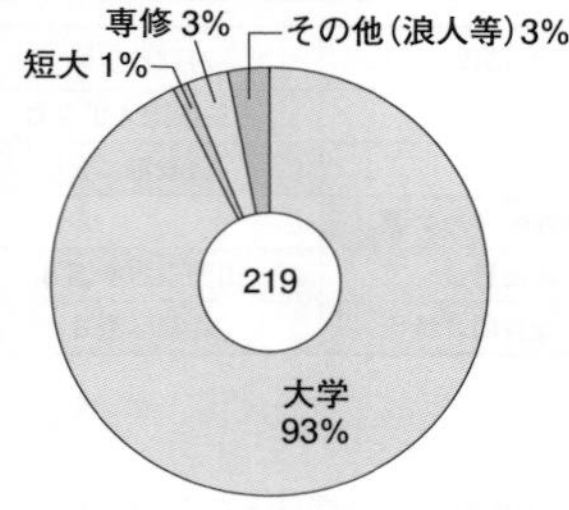

■進路選択状況（高３進級時）
データなし

■理系・文系進学状況
理系 36%　文系 61%
0　50　100

■共通テスト受験率
73%
0　50　100

◉卒業までの流れ

小学校	中学校	高等学校	大学
	武蔵野大学中学校 ▶	武蔵野大学高等学校（219） ▶	武蔵野大学　40（法2・経済1・経営2・文3・人間科学3・教育8・グローバル2・工3・データサイエンス4・薬6・看護4・アントレプレナーシップ1・ウェルビーイング1）

◉主な大学合格実績

大学名	'22	'23	'24	大学名	'22	'23	'24	大学名	'22	'23	'24	大学名	'22	'23	'24
東京大				千葉大				東京都立大	2	1	1	東京女子大	1	2	6
京都大				お茶の水女子大				横浜市立大				日本女子大	6	7	5
北海道大			1	東京外国語大			1	慶應義塾大	1	1	5	成蹊大	5	10	5
東北大				電気通信大				早稲田大	1	6	1	成城大	5	3	6
名古屋大				東京学芸大	2	1		上智大	4	9	8	明治学院大	1	4	4
大阪大				東京農工大				東京理科大		2	1	國學院大	2	3	4
九州大				東京芸術大	1			明治大	1	5	4	武蔵大	6	6	7
東京工業大				東京医科歯科大				青山学院大	3	3		獨協大	4	10	5
一橋大				東京海洋大				立教大	4	7	2	日本大	6	7	10
筑波大				横浜国立大				中央大	5	11	7	東洋大	7	12	7
茨城大				山梨大				法政大	5	16	8	駒澤大	3	8	11
宇都宮大				金沢大				学習院大	2	3	2	専修大	1	11	7
群馬大				信州大		1		国際基督教大	2	1	2	芝浦工業大	1	1	1
埼玉大				国際教養大				津田塾大	2	1	1	東京都市大			

入試要項・入試情報

◉2024年度の入試要項(参考)

	1回	適性検査型	2回	3回	4回	アドベンチャー入試
募集人員	男女70名	男女15名	男女40名	男女30名	男女15名	男女10名
選抜方法	国・算または 国・算・社・理	適性検査Ⅰ・Ⅱ または適性検査Ⅰ・Ⅱ・Ⅲ	国・算・社・理・英から 2科目選択 (国・算のうち1つ以上選択)	国・算または 国・算・社・理	算または 英・基礎学力	基礎学力試験・ スカベンジャーハント
出願関連期間	1/10〜1/30			1/10〜2/1		1/10〜2/3
試験日程	2/1午前		2/1午後	2/2午前	2/2午後	2/4午後
合格発表	Web 2/1 18:00〜	Web 2/1 22:30〜		Web 2/2 18:00〜	Web 2/2 22:00〜	Web 2/4 21:00〜
入学手続	2/6 23:59まで	2/10 23:59まで	2/6 23:59まで			

＊出願資格に「保護者の元から通学できる者」とある。
＊英検準2級以上取得者は英語試験90%成績保証、英検3級以上取得者は英語試験70%成績保証。出願期間内に取得証明書のコピー提出。

面接 実施する。

◉費用(参考)

受験料		30,000円
入学手続時	入学金	250,000円
	授業料	—
	その他	—
入学手続後〜入学まで	授業料	—
	その他	254,000円
入学後１年	授業料	498,000円
	その他	313,000円
初年度納入金合計		1,315,000円
中学３年間費用計	約	2,952,000円

＊複数回同時出願の場合、受験料は3万円。
＊アドベンチャー入試・適性検査型入試の受験料は1万5千円。
＊国公立一貫校受験者で2月6日までに延納手続きをした場合、入学金納入は合格発表の翌日まで延納可。

◉最近6年間の入試応募者推移と倍率

年度		2019 男 女	2020 男 女	2021 男 女	2022 男 女	2023 男 女	2024 男 女
募集	①	約50	約50	60	60	60	70
	②	約40	約40	40	40	40	40
	③	約20	約30	30	30	30	30
	適性検査型	約10	約10	10	20	20	15
応募	①	132	153	136	139	162	53/128
	②	172	272	211	246	260	293
	③	105	221	194	216	232	101/149
	適性検査型	26	38	27	60	69	28/36
応募倍率	①	2.6	3.1	2.3	2.3	2.7	2.6
	②	4.3	6.8	5.3	6.2	6.5	7.3
	③	5.3	7.4	6.5	7.2	7.7	8.3
	適性検査型	2.6	3.8	2.7	3.0	3.5	4.4
受験	①	125	131	122	120	138	36/115
	②	163	251	195	232	237	262
	③	61	113	73	78	70	29/44
	適性検査型	26	38	27	58	68	28/36
合格	①	101	91	101	91	103	28/82
	②	140	113	145	178	165	180
	③	34	55	59	46	46	19/28
	適性検査型	23	27	25	55	61	25/37
実質倍率	①	1.2	1.4	1.2	1.3	1.3	1.3/1.4
	②	1.2	2.2	1.3	1.3	1.4	1.5
	③	1.8	2.1	1.2	1.7	1.5	1.5/1.6
	適性検査型	1.1	1.4	1.1	1.1	1.1	1.1/1.0

＊2023年〜2024年④は算数／英語。2024年①・③は4教科／2教科。2024年適性検査型は適性検査Ⅰ・Ⅱ・Ⅲ／適性検査Ⅰ・Ⅱ。
＊2024年補欠発表(Web)…あり。補欠合格・追加合格…いずれもなし。

◉入試教科

1回/2回・3回/4回

算数	45分/45分/90分	100点/100点/150点
国語	45分/45分/	100点/100点/
理科	/45分/	/100点/
社会	/45分/	/100点/
合計	90分/90分/90分	200点/200点/150点

※適性検査型入試は適性検査Ⅰ・Ⅱを各45分100点の200点満点。Ⅰ・Ⅱ・Ⅲは各45分100点の300点満点。
※第2・3回入試は国・算・理・社・英から2科目選択で各45分100点の200点満点。
※第4回入試は算・英(筆記＋口頭試問)から1科目選択で算(90分・150点)、英(45分・100点、英語基礎30分・50点)合計150点。
※アドベンチャー入試(2/4)は基礎学力試験30分50点＋行動観察50点の100点満点。

合格最高点	非公表
合格最低点	非公表

◉受験併願パターン

偏差値	1月前半	1月後半	2月1日	2月2日	2月3日	2月4日以降
43					佼成学園３	
42		東海大浦安Ａ		佼成学園２	聖徳学園特奨２科	
40	城北埼玉４		武蔵野大２	武蔵野大４		東海大高輪台３
39	西武文理					
38		城西川越３			京華３	

偏差値	1月前半	1月後半	2月1日	2月2日	2月3日	2月4日以降
44	西武台新座２特待					淑徳巣鴨３
43						光塩女子学院３
41			武蔵野大２	武蔵野大４		東海大高輪台３
40	西武文理					
39				武蔵野大３		

入試問題の傾向とポイント

算数 計算問題6問程度、一行問題12問程度、大問1題程度の問題構成。幅広い分野から、基本〜標準レベルの問題を中心に出題される。計算力を含めた基礎をしっかりと固めることで十分対応できる。基本レベルの問題演習を繰り返し、素早く、正確に解く力を鍛えたい。

国語 漢字の読み書き10問と、物語文と説明文の読解2題構成。物語文は表現技法や登場人物の言動理由について問われた。説明文は哲学をテーマにした文章であり、理由や言い換え、また80字以内の意見記述などが出題された。

理科 大問4題、生地物化から1題ずつの出題。おもな設問形式は選択・計算問題で、記述問題が数問出題される。基本的な内容の問題が並ぶため、『四科のまとめ』を活用して基礎基本を固めておきたい。記述問題では自分の考えを述べるようなものも出題されるので、過去問演習などで練習を重ねたい。

社会 大問3題構成。用語記述は一部のみ漢字指定となっている。設問は歴史がすべて一問一答の形式であるなど基礎基本がほとんどを占めているが、全体に占める用語記述の割合が高く、用語については正確に記すことが求められている。記述問題は出題されなかった。

茗溪学園中学校

（めいけいがくえん）

■学校長／宮﨑淳　■創立／昭和54年　■生徒数／695名（男361名、女334名）
■所在地／〒305-8502 茨城県つくば市稲荷前1-1　■ＴＥＬ／029-851-6611（代）
■交通／つくば駅（つくばエクスプレス）から関東鉄道バス「環境研」下車。
ひたち野うしく駅（JR東日本常磐線）から関東鉄道バス「環境研」下車。研究学園駅などからスクールバスあり。

何学期制	週何日制	登校時刻	制服	給食	食堂 軽食販売	プール	寮	特待制度 奨学金等	帰国生 取出授業
2学期制	5日制	8:50	中高あり	中学全員 高校希望者	食堂中高あり 軽食販売あり	屋外	中高あり	なし	なし

沿　革

同校の母体である茗溪会は、1873年に第1回卒業生をもつ東京文理科大学・東京高等師範学校・東京農業教育専門学校・東京体育専門学校・東京教育大学および筑波大学の同窓会。同会の100周年事業として、1979年、茗溪学園中学校・茗溪学園高等学校を設立。日本の次代を考える教育構想にもとづいた研究実験校として、現在に至る。

教育方針と特色

建学の精神は、「人類ならびに国家のために貢献しうる世界的日本人を育成すべく、知・徳・体の調和した人格の形成を図り、特に創造的思考力に富む人材をつくる」。全校生徒の2割程度が寮生である。近年では留学生も積極的に受け入れており、多様性理解、寛容さの尊重を重視している。各学年におけるキャリア教育や探究活動が充実しており、特に、高校２年次に取り組む個人課題研究は生徒一人ひとりが自分の生き方や在り方を考える重要な機会となる。国際バカロレア認定校であり（2017年開設）、2023年には文部科学省スーパーサイエンスハイスクールのⅢ期目の指定を受ける。知を武器に生きる若者の育成を目指し、2021年に「アカデミアクラス」を新設。筑波大学に続き、2021年３月に成蹊大学と、2022年12月に国際基督教大学と高大連携協定を締結。

◉系列校

小	中	高	大（短大）
	○	○	

◉併設小学校なし

◉高校生外部募集………約40名

（完全混合クラス）

◉授業時間…1コマ50分・週30時間

	1年	2年	3年	計
国　語	4	4	5	13
社　会	4	4	4	12
数　学	5	5	5	15
理　科	4	4	4	12
英　語	5	5	6	16
5教科計	22	22	24	68

参考　高校1年生一週間の授業

英語=5　数学=5　国語=4
理科=6　社会=4

進学・進路

◉卒業生進路状況

■進路選択状況（高３進級時）

データなし

■理系・文系進学状況

データなし

■共通テスト受験率

データなし

◉卒業までの流れ

小学校	中学校	高等学校	大学
	茗溪学園中学校 ▶	茗溪学園高等学校 (254)	

◉主な大学合格実績

大学名	'22	'23	'24	大学名	'22	'23	'24	大学名	'22	'23	'24	大学名	'22	'23	'24
東京大	1			千葉大	3	1	1	東京都立大		2	2	東京女子大	10	4	6
京都大				お茶の水女子大	4		1	横浜市立大	1		1	日本女子大	5	7	7
北海道大	3	3	4	東京外国語大	1			慶應義塾大	12	11	7	成蹊大	6	13	7
東北大		1	1	電気通信大				早稲田大	18	18	26	成城大	2	7	2
名古屋大	2	1		東京学芸大	1		3	上智大	17	9	13	明治学院大	15	8	6
大阪大	1		2	東京農工大	1		1	東京理科大	28	26	18	國學院大	4	2	6
九州大		3		東京芸術大			1	明治大	23	19	17	武蔵大	1		3
東京工業大		1	1	東京医科歯科大	2			青山学院大	16	21	19	獨協大	9	8	2
一橋大		3	1	東京海洋大		2		立教大	27	32	20	日本大	27	30	25
筑波大	15	20	19	横浜国立大	1	2	2	中央大	22	22	13	東洋大	18	15	19
茨城大	9	10	4	山梨大				法政大	27	36	23	駒澤大	4	6	6
宇都宮大			1	金沢大	1	1	4	学習院大	9	7	9	専修大	2	1	7
群馬大				信州大	1		1	国際基督教大	5	3	4	芝浦工業大	16	16	6
埼玉大	1		2	国際教養大	1			津田塾大	9	6	1	東京都市大	5		

入試要項・入試情報

◉2024年度の入試要項(参考)

	AC(アカデミア)クラス/MG(茗溪ジェネラルコース(中学メイン))クラス							
	国際生特別選抜		1回		2回			3回
	国際生A方式	国際生B方式	推薦(専願)	国際生B方式	国際生A方式	国際生B方式	一般4科	一般総合
募集人員	AC入試・MG入試それぞれにおける国際生特別選抜(国際A方式・国際B方式)と第2回(国際A方式)の合計…25名 AC入試第1回の推薦(専願)とAC入試第1回の国際B方式入試合計…30名 MG入試第1回の推薦(専願)とMG入試第1回の国際B方式入試合計…65名					AC入試第2回の国際B方式とAC入試第2回の一般4科入試の合計…35名 MG入試第2回の国際B方式とMG入試第2回の一般4科入試の合計…55名		AC入試…5名 MG入試…10名
選抜方法	AC入試:国・算・英語エッセイ+面接・成績に関する資料 MG入試:英語エッセイ・日本語エッセイ+面接・成績に関する資料	国・算+面接・成績に関する資料	国・算+面接・報告書・推薦書	国・算+面接・成績に関する資料	AC入試:国・算・英語エッセイ+面接・成績に関する資料 MG入試:英語エッセイ・日本語エッセイ+面接・成績に関する資料	国・算+面接・成績に関する資料	国・算・社・理+面接(寮生・国際生)・成績に関する資料	総合学力試験+面接(寮生・国際生)・成績に関する資料
出願関連期間	10/6〜10/20		11/10〜11/28		12/1〜12/20			1/5〜1/12
試験日程	11/18		12/16		1/7			1/20
合格発表	Web 11/27 11:00〜		Web 12/19 11:00〜		Web 1/10 11:00〜			Web 1/23 11:00〜
入学手続	12/20 16:00まで				1/11 16:00まで			2/4 16:00まで

＊国際生A方式・国際生B方式、および一般4科・一般総合入試において国際生として出願する場合は、海外在学期間が1年以上で、既に帰国をしている場合は3年以内の者。もしくは実用英語技能検定(英検)準2級以上、またはTOEFL Junior 645点以上、またはTOEFL Primary 212点以上に該当する者であることが条件。そして海外在学の条件を満たさない者については出願時に英語資格証明書(英検の合格証明書・TOEFL Juniorのスコア・TOEFL Primaryのスコア)の提出が必要。
＊出願資格に「通学の場合は、保護者と同居できる者」とある。

面接 実施する。

◉費用(参考)

受験料		20,000円
入学手続時	入学金	250,000円
	授業料	—
	その他	160,000円
入学手続後〜入学まで	授業料	—
	その他	—
入学後1年	授業料	420,000円
	その他	410,900円
初年度納入金合計		1,240,900円
中学3年間費用計 約		2,902,700円

＊複数回同時出願の場合、受験料は3万円。追加の場合は、1回につき1万円。
＊第2回入試の合格者は、5万円を1月11日16時までに納めれば、残金は2月4日16時まで延納可。
＊入学辞退者は、所定期日までに申し出れば、施設費(16万円)を返金。
＊制服代・教材費・修学旅行費等別途。

◉入試教科

一般2回/推薦

②算数	50分/50分	100点/100点
①国語	50分/50分	100点/100点
④理科	30分/	50点/
③社会	30分/	50点/
合計	160分/100分	300点/200点

＊推薦は国・算＋面接(受験生個別15分/寮生・海外生は保護者同伴15分)。
＊一般2回は国・算・社・理＋面接(寮生・海外生は個別15分＋保護者同伴15分)。
＊一般3回は総合学力(筆記試験50分100点)＋面接(受験生個別15分/寮生・海外生は保護者同伴15分)。

合格最高点	—
合格最低点	推薦 115/ 95点 一般4科 170/155点 一般総合 74/ 65点

＊ACクラス/MGクラス

◉最近6年間の入試応募者推移と倍率

年度		2019 男	2019 女	2020 男	2020 女	2021 男	2021 女	2022 男	2022 女	2023 男	2023 女	2024 男	2024 女
募集	推薦 ① ② AO(専願/併願)	95 90 15 25		95 90 15 25		AC①推薦/MG推薦 30/65 (※1) AC②一般/MG一般① 35/55 (※2) AC③一般/MG一般② 5/10 ①G(AC英一次/AC英二次｜MG英) ②G(AC/MG) 25 (Gコース合計)		AC①推薦/MG①推薦 30/65 (※3) AC②一般/MG②一般 35/55 (※4) AC③一般/MG③一般 5/10 G専(AC/MG) ②G併(AC/MG) 25 (Gクラス合計)		AC①(推薦/国際B)｜MG①(推薦/国際B) 30｜65 AC②(国際B/一般)｜MG②(国際B/一般) 35｜55 AC③一般｜MG③一般 5｜10 AC国際特別国際B｜MG国際特別国際B 25 (国際生特別と②国際生A合計)		30｜65 35｜55 5｜10 25 (国際生特別と②国際生A合計)	
応募	推薦 ① ② AO(専願/併願)	91 340 158 17/11	104 248 99 18/8	89 265 147 27	117 164 84 24	54/34 168/93 125/75 15/—｜3 15/8	53/51 99/87 86/81 13/—｜6 6/12	70/26 189/78 160/69 11/6 7/7	73/42 167/79 143/75 6/8 9/6	61/13｜30/7 10/162｜ 3/87 121｜60 19｜5	57/3｜49/1 12/145｜ 3/69 103｜55 7｜2	52/20｜46/0 13/144｜ 1/102 104｜82 11｜3	64/23｜46/3 14/140｜ 5/78 98｜58 13｜5
応募倍率	推薦 ① ② AO(専願/併願)	2.1 6.5 17.1 2.2		2.2 4.8 15.4 2.0		—/— (※1) —/— (※2) 42.2/15.6 3.1 (Gコース合計)		—/— (※3) —/— (※4) 60.6/14.4 2.4 (Gクラス合計)		4.5｜1.3 9.4｜2.9 44.8｜11.5 4.4 (国際生特別と②国際生A合計)		5.3｜1.5 8.9｜3.4 40.4｜14.0 4.5 (国際生特別と②国際生A合計)	
受験	推薦 ① ② AO(専願/併願)	91 273 126 17/10	104 189 78 18/7	89 243 125 25	116 156 70 23	54/34 148/79 66/52 15/8｜3 9/3	51/50 81/65 47/45 12/7｜6 3/9	70/25 159/65 89/44 11/6 5/4	73/41 141/65 68/42 6/8 3/5	59/12｜30/7 6/138｜2/70 68｜37 19｜5	55/3｜49/1 8/127｜2/55 51｜41 7｜2	51/20｜46/0 6/132｜0/83 54｜49 11｜3	62/23｜46/3 12/115｜4/57 47｜33 13｜5
合格	推薦 ① ② AO(専願/併願)	62 80 23 9/3	60 59 26 6/5	46 85 28 10	74 55 22 11	31(19)/18 79(31)/17 20(3)/8 8/8(4)｜2 5(2)/1	31(15)/19 41(13)/17 23(7)/7 7/7(2)｜3 2(0)/4	45(15)/13 83(29)/13 19(4)/8 8(3)/3 1(0)/1	51(12)/14 74(30)/13 31(7)/6 5(2)/4 3(0)/2	44(17)/8(3)｜17/1 (0)/69(32)｜0/18 18(5)｜9 (4)｜2	32(8)/3(2)｜23/1 (1)/72(27)｜0/15 10(1)｜8 (1)｜0	31(16)/14(7)｜22/0 2(0)/73(41)｜0/28 20(6)｜10 8(4)｜1	36(9)/12(5)｜26/1 4(2)/65(33)｜1/21 13(5)｜4
実質倍率	推薦 ① ② AO(専願/併願)	1.5 3.4 5.5 1.9/3.3	1.7 3.2 3.0 3.0/1.4	1.9 2.9 4.5 2.5	1.6 2.8 3.2 2.1	1.7(2.8)/1.9 1.9(4.8)/4.6 3.3(22.0)/6.5 1.9/1.0(2.0)｜1.5 1.8(4.5)/3.0	1.6(3.4)/2.6 2.0(6.2)/3.8 2.0(6.7)/6.4 1.7/1.0(3.5)｜2.0 1.5(—)/2.3	1.6(4.7)/1.9 1.9(5.5)/5.0 4.7(22.3)/5.5 1.4(3.7)/2.0 5.0(—)/4.0	1.4(6.1)/2.9 1.9(4.7)/5.0 2.2(9.7)/7.0 1.2(3.0)/2.0 1.0(—)/2.5	1.3(3.5)/1.5(4.0)｜1.8/7.0 (—)/2.0(4.3)｜—/3.9 3.8(13.6)｜4.1 (4.8)｜2.5	1.7(6.9)/1.0(1.5)｜2.1/1.0 (8.0)/1.8(4.7)｜—/3.7 5.1(51.0)｜5.1 (7.0)｜—	1.6(3.2)/1.4(2.9)｜2.1/— 20(6)｜10 2.7(9.0)｜4.9 4.0(6.0)｜8.0	1.7(6.9)/1.9(4.6)｜1.8/3.0 13(5)｜4 3.6(9.4)｜8.3

※1 AC①推薦の定員はAC①帰国生とAC①英語資格を含み、MG推薦の定員はMG帰国生①とMG英語資格①を含む。
※2 AC②一般の定員はAC②帰国生とAC②英語資格を含み、MG一般①の定員はMG帰国生②とMG英語資格②を含む。
※3 AC①推薦の定員はAC①帰国生とAC①英語資格を含み、MG①推薦の定員はMG①帰国生とMG①英語資格を含む。
※4 AC②一般の定員はAC②帰国生とAC②英語資格を含み、MG②一般の定員はMG②帰国生とMG②英語資格を含む。
＊帰国生を含む。
＊2021年〜2024年AC入試の()の数字は合格者数に含まれるAC合格者の数とその実質倍率。
＊2024年補欠発表…なし。追加合格…詳細不明。

◉受験併願パターン

偏差値	1月前半	1月後半	2月1日	2月2日	2月3日	2月4日以降
52	江戸川取手難		公文国際A国算	国学院久我山2	成城学園2	
51						獨協4
50		江戸川取手2難	国学院久我山	東洋大京北3		江戸川取手3難
49	茗溪学園				日大豊山3	
48			東洋大京北			

偏差値	1月前半	1月後半	2月1日	2月2日	2月3日	2月4日以降
54	江戸川取手難					
52		江戸川取手2難				江戸川取手3難
51	茗溪学園					
47		麗澤2EE				
45	土浦日大ISAT					

入試問題の傾向とポイント

算数

計算と一行問題が合わせて8問、大問3題で、総設問数15問程度の問題構成。基本的な問題が中心なので、苦手な分野を作らないよう、各分野の基本事項をしっかりと身につけること。大問では途中の考え方を書かせる欄があるので、日頃から練習しておくとよい。

国語

漢字の読み書き2題と、物語文と説明文の読解2題で構成されている。物語文は人物の言動や心情の理由について記述で問う問題、説明文は空欄補充や言い換え、理由について問う問題が出題された。解答形式は記述が比較的多くみられる。

理科

設問4題、生地物化からの出題。設問形式は、選択・計算・記述・作図と多岐にわたる。試験時間に対して問題数は妥当な量といえるが、各大問の記述問題は本格的で思考力が必要である。与えられた実験結果・観察結果・データから自分の言葉で記述するトレーニングを積んでおきたい。

社会

全体的に基礎基本が問われているが、記述問題が例年多く出題される。記述問題は理由や自分の考えを問うものが多く、表やグラフ、地図などの資料を参考にするものも見られる。記述問題で差をつけられるよう、自分の考えを簡潔にまとめる訓練をしておきたい。

明治学院中学校

（めいじがくいん）

■学校長／大西哲也　■創立／文久3年　■生徒数／427名（男213名、女214名）
■所在地／〒189-0024 東京都東村山市富士見町1-12-3
■ＴＥＬ／042-391-2142
■交通／小川駅（西武国分寺線・西武拝島線）徒歩8分。新小平駅（JR武蔵野線）徒歩25分。自転車通学可。

何学期制	週何日制	登校時刻	制服	給食	食堂 軽食販売	プール	寮	特待制度 奨学金等	帰国生 取出授業
3学期制	6日制	8:30	中高あり	なし	食堂条件付 販売条件付	屋外	なし	あり	なし

沿　革

1863年創設のヘボン塾が母体。その後1877年に日本人のキリスト教牧師を養成する東京一致神学校を設立。1887年に東京一致神学校・東京一致英和学校・英和予備校が合同して明治学院に発展。1963年当地に東村山高校設立。1966年には中学校が白金から移転して中高6年間の体制が整った。1991年から女子募集を開始し、共学となった。

教育方針と特色

キリスト教による人格教育を教育理念とし、東村山高校設立時から「贖罪と愛」の教育を唱え、これを精神的土壌とした、「道徳人･実力人･世界人」の育成を教育目標として掲げている。キリスト教教育を実現するために、毎朝の礼拝、中・高各学年に聖書の授業、宿泊行事である修養会などが設けられている。

学習面で重視している英語では、ネイティブ講師によるコミュニケーション能力の育成に力を入れている他、各学年でGTECを実施し、英語力の到達度を知ることができる。理科では多摩動物公園（中2）、三浦半島または生田緑地（中3）での校外授業を実施している。中1、2で学習習慣を身につけ、中3では将来を意識するためのキャリア教育に力を入れるなど、高3までの段階的なステージ制を設けている。ビオトープは理科の授業や自然科学部の大切なフィールドとなっている他、20,000㎡ある全面人工芝の広大なグラウンドは、体育の授業やクラブ活動で大活躍である。

◉系列校

小	中	高	大（短大）
	○	○	○

◉併設小学校なし

◉高校生外部募集………120名

（完全混合クラス）

◉授業時間…1コマ50分・週34時間

	1年	2年	3年	計
国　語	4	5	4	13
社　会	4	4	4	12
数　学	5	4	5	14
理　科	4	4	5	13
英　語	6	6	6	18
5教科計	23	23	24	70

参考　高校1年生一週間の授業

英語=6　数学=6　国語=5
理科=4　社会=4

進学・進路

◉卒業生進路状況

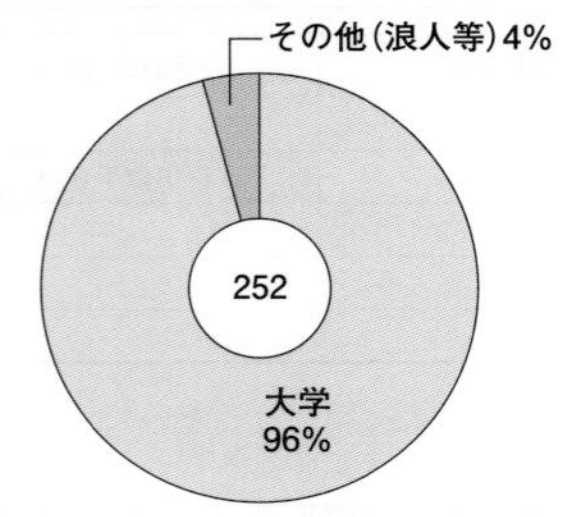

■進路選択状況（高3進級時）

理系 15%　文系 85%　（0　50　100）

■理系・文系進学状況

理系 15%　文系 85%　（0　50　100）

■共通テスト受験率

32%　（0　50　100）

◉卒業までの流れ

小学校	中学校	高等学校	大学
	明治学院中学校	明治学院東村山高等学校（252）	明治学院大学　132 （法26・文16・経済40・社会24・国際6・心理16・情報数理4）

◉主な大学合格実績

大学名	'22	'23	'24	大学名	'22	'23	'24	大学名	'22	'23	'24	大学名	'22	'23	'24
東京大				千葉大	1			東京都立大				東京女子大		3	2
京都大				お茶の水女子大				横浜市立大				日本女子大	1		1
北海道大				東京外国語大				慶應義塾大	2	3	2	成蹊大	9	6	8
東北大				電気通信大				早稲田大	4	5	4	成城大	7	1	5
名古屋大				東京学芸大	1			上智大	1	2	3	明治学院大	-	-	-
大阪大				東京農工大				東京理科大	3	3	3	國學院大		1	4
九州大				東京芸術大				明治大	6	2	8	武蔵大	10	2	
東京工業大				東京医科歯科大				青山学院大	7	8	10	獨協大	1		4
一橋大		1		東京海洋大				立教大	8	9	21	日本大	20	6	8
筑波大	1			横浜国立大	1			中央大	14	16	17	東洋大	14	11	13
茨城大				山梨大				法政大	22	8	10	駒澤大	3	4	
宇都宮大				金沢大				学習院大	12	10	8	専修大	4	4	1
群馬大				信州大				国際基督教大	1	1	3	芝浦工業大	1		2
埼玉大				国際教養大				津田塾大	1		1	東京都市大	3	2	3

入試要項・入試情報

◉2024年度の入試要項(参考)

	1回	2回	3回
募集人員	男子約30名・女子約30名	男子約30名・女子約30名	男子約10名・女子約10名
選抜方法	国・算	国・算・社・理	
出願関連期間	12/20～1/31	12/20～2/2	12/20～2/4
試験日程	2/1午後	2/2午前	2/4午前
合格発表	Web 2/1 22:30頃～	Web 2/2 19:00頃～	Web 2/4 19:00頃～
入学手続	2/4 14:00まで		2/5 12:00まで

＊出願資格に「自宅より通学可能な地域に保護者と共に居住している者」とある。
＊2024年連絡登校日(2月17日)、入学説明会(3月26日)のいずれも事前連絡なしに欠席した場合は入学辞退とみなされる。

面接 実施しない。

◉費用(参考)

受験料		25,000円
入学手続時	入学金	280,000円
	授業料	―
	その他	―
入学手続後～入学まで	授業料	―
	その他	89,790円
入学後1年	授業料	504,000円
	その他	404,000円
初年度納入金合計		1,277,790円
中学3年間費用計 約		3,155,590円

＊複数回同時出願の受験料は、2回分は3万5千円、3回分は4万円。
＊修学旅行費別途。
＊女子は男子との制服代・学用品代等の差(5,790円)を加えること。

◉最近6年間の入試応募者推移と倍率

年度		2019		2020		2021		2022		2023		2024	
		男	女	男	女	男	女	男	女	男	女	男	女
募集	①	約60		約30	約30	約30	約30	約30	約30	約30	約30	約30	約30
	②	約60		約30	約30	約30	約30	約30	約30	約30	約30	約30	約30
	③	約20		約10	約10	約10	約10	約10	約10	約10	約10	約10	約10
応募	①	197	220	233	196	247	238	234	234	224	223	237	191
	②	126	176	177	169	189	194	155	199	162	190	172	172
	③	118	129	141	136	164	171	129	154	143	173	159	133
応募倍率	①	7.0		7.8	6.5	8.2	7.9	7.8	7.8	7.5	7.4	7.9	6.4
	②	5.0		5.9	5.6	6.3	6.5	5.2	6.6	5.4	6.3	5.7	5.7
	③	12.4		14.1	13.6	16.4	17.1	12.9	15.4	14.3	17.3	15.9	13.3
受験	①	189	216	221	190	234	230	227	229	214	215	222	182
	②	77	125	133	112	135	133	97	135	113	132	120	112
	③	44	58	81	64	88	83	58	74	77	86	80	67
合格	①	89	91	76	77	83	85	83	83	80	81	80	72
	②	41	50	41	51	44	47	40	47	40	40	40	42
	③	4	9	19	10	4	11	13	20	26	24	24	26
実質倍率	①	2.1	2.4	2.9	2.5	2.8	2.7	2.7	2.8	2.7	2.7	2.8	2.5
	②	1.9	2.5	3.2	2.2	3.1	2.8	2.4	2.9	2.8	3.3	3.0	2.7
	③	11.0	6.4	4.3	6.4	22.0	7.5	4.5	3.7	3.0	3.6	3.3	2.6

＊2024年補欠発表(WEB・郵送)…あり。補欠合格(電話)…あり、2月9日。追加合格…なし。

◉入試教科

4教科/2教科

②算数	50分/50分	100点/100点
①国語	50分/50分	100点/100点
④理科	30分/	60点/
③社会	30分/	60点/
合計	160分/100分	320点/200点

合格最高点	①男179 女179点 ②男291 女273点 ③男257 女258点
合格最低点	①男142 女141点 ②男235 女237点 ③男226 女220点

私立 共学校

◉受験併願パターン

偏差値	1月前半	1月後半	2月1日	2月2日	2月3日	2月4日以降
50	青学ルーテル２			獨協３	桐光学園３Ａ	東洋大京北４
49	茗渓学園				学大小金井	
48				順天２Ｂ		東京電機大４
47			明治学院			
46	開智所沢				日大第二２	

偏差値	1月前半	1月後半	2月1日	2月2日	2月3日	2月4日以降
51				東洋大京北３	日本女子大附２	普連土４日午前
50	西武文理特待			国学院久我山２		
49						実践女子学園６
48		千葉日大第一	明治学院		大妻中野４アド	
47	開智所沢				日大第二２	

入試問題の傾向とポイント

算数 計算と一行問題が合わせて10問、大問5題の問題構成。全体的に分野に偏りなくオーソドックスな出題が並ぶ。基本から標準のものなので、基礎固めをしっかりして、苦手分野をつくらずに過去問演習に臨みたい。作図の問題の出題もみられるため、しっかり練習すること。

国語 物語文と短歌・俳句、説明文の読解3題と雑問が出題された。物語文は文章内の表現や人物の心情理由について、短歌・俳句は句意や季語について、説明文は慣用句やことわざについて述べた文章で、空欄補充を中心に問われた。雑問は敬語や接続詞、漢字の読み書きを含む。

理科 年によって大問数は異なるが、生地物化からの出題である。選択問題と計算問題が主な設問構成で、15問程度の小問集合が印象的。典型的な内容の問題が多く並ぶが、幅広い範囲からの出題となる。『四科のまとめ』を活用するなどして、苦手分野をつくらないような学習を心がけたい。

社会 大問4題構成。設問のほとんどが基礎基本を問う用語記述か記号選択だが、短文の記述問題が2問出題されている。基礎基本をしっかりと固めたうえで、時事的な話題に対するアンテナを張るようにしておきたい。地形図の読図問題が例年出題されている。

明治大学付属八王子中学校

（めいじだいがくふぞくはちおうじ）

■学校長／林健司　■創立／昭和59年　■生徒数／507名（男250名、女257名）
■所在地／〒192-0001 東京都八王子市戸吹町1100　■ＴＥＬ／042-691-0321
■交通／八王子駅（JR線）、秋川駅（JR線・西武線）から西東京バス「上戸吹」下車、徒歩10分。
八王子駅、拝島駅からスクールバスあり。

何学期制	週何日制	登校時刻	制服	給食	食堂 軽食販売	プール	寮	特待制度 奨学金等	帰国生 取出授業
3学期制	6日制	8:40	中高あり	なし	食堂中高あり 販売中高あり	屋外	なし	なし	なし

沿　革

1929年、母体となる旧制中野中学校が開校し、1949年に明治大学の付属校となる。1984年の明大付属中野中学校の創立50周年記念事業の一環として八王子に開校。当初は男女別学（別校舎）で学んでいたが、1994年から男女共学となった。2024年4月に校名を明治大学付属八王子中学校に改称。

教育方針と特色

明治大学の学風に即して、「質実剛毅」の気風を尊び、「協同自治」の精神を養うことを教育の根幹にすえている。多摩丘陵に位置する約22万㎡もの広大な校地には、全天候型400mトラックのある全面人口芝のグラウンド、ナイター設備のある野球場やテニスコートがある。この豊かな自然環境の中で明るく伸び伸びと学校生活を送り、調和のとれた学習、健康づくりが行われている。交通の便を考慮し、毎日十分な台数のスクールバスも運行している。

◉系列校

小	中	高	大（短大）
	○	○	○

◉併設小学校なし

◉高校生外部募集………約160名

（完全混合クラス）

◉授業時間…1コマ50分・週33時間

	1年	2年	3年	計
国　語	4	4	4	12
社　会	4	4	4	12
数　学	4	4	4	12
理　科	4	4	4	12
英　語	5	5	6	16
5教科計	21	21	22	64

参考　高校1年生一週間の授業

英語=7　数学=5　国語=4
理科=6　社会=4

進学・進路

◉卒業生進路状況

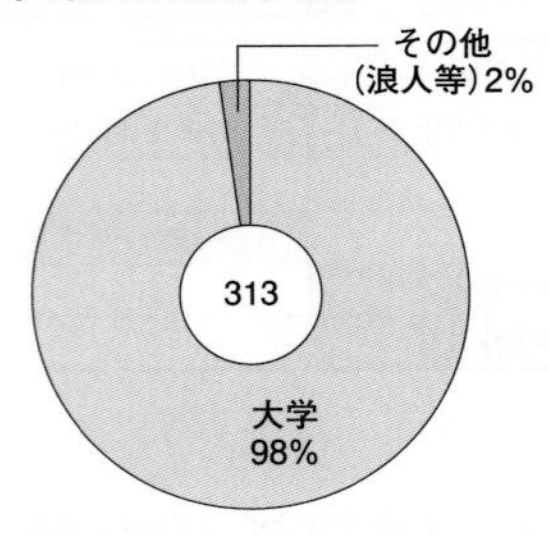

■進路選択状況（高３進級時）

理系 25%　文系 74%
0　50　100

■理系・文系進学状況

理系 20%　文系 80%
0　50　100

■共通テスト受験率

3%
0　50　100

◉卒業までの流れ

小学校	中学校	高等学校	大学
	明治大学付属八王子中学校	明治大学付属八王子高等学校（313）	明治大学　279（法45・政経48・商47・経営37・文20・情報23・理工27・農14・国際日本7・総合数理11）

◉主な大学合格実績

大学名	'22	'23	'24	大学名	'22	'23	'24	大学名	'22	'23	'24	大学名	'22	'23	'24
東京大	1			千葉大				東京都立大	1			東京女子大			
京都大				お茶の水女子大				横浜市立大				日本女子大			
北海道大				東京外国語大			2	慶應義塾大	2			成蹊大			
東北大				電気通信大				早稲田大		3		成城大			
名古屋大				東京学芸大				上智大	1		1	明治学院大		1	2
大阪大				東京農工大	1		1	東京理科大		2	3	國學院大			
九州大				東京芸術大				明治大	-	-	-	武蔵大			
東京工業大				東京医科歯科大				青山学院大				獨協大		2	
一橋大				東京海洋大				立教大			1	日本大	3	3	4
筑波大	1		1	横浜国立大	1			中央大				東洋大		1	
茨城大				山梨大				法政大				駒澤大		1	
宇都宮大				金沢大				学習院大				専修大			
群馬大				信州大				国際基督教大				芝浦工業大			
埼玉大				国際教養大				津田塾大				東京都市大			

入試要項・入試情報

◉2024年度の入試要項(参考)

	A方式1回	A方式2回	B方式(4科総合型)
募集人員	男女100名	男女40名	男女20名
選抜方法	国・算・社・理		4科(国・算・社・理)総合問題
出願関連期間	1/10～1/31	1/10～2/2	1/10～2/4
試験日程	2/1午前	2/3午前	2/5午後
合格発表	Web 2/1 18:00～	Web 2/3 18:00～	Web 2/6 9:00～
入学手続	2/3 12:00まで	2/5 12:00まで	2/7 12:00まで

面接 実施しない。

◉費用(参考)

受験料		30,000円
入学手続時	入学金	280,000円
	授業料	—
	その他	—
入学手続後～入学まで	授業料	—
	その他	169,860円
入学後１年	授業料	570,000円
	その他	566,918円
初年度納入金合計		1,586,778円
中学３年間費用計 約		3,939,558円

＊B方式の受験料は2万円。

◉最近6年間の入試応募者推移と倍率

年度		2019男	2019女	2020男	2020女	2021男	2021女	2022男	2022女	2023男	2023女	2024男	2024女
募集	A①	100		100		100		100		100		100	
	A②	40		40		40		40		40		40	
	B	20		20		20		20		20		20	
応募	A①	227	200	213	166	222	172	237	169	229	177	249	215
	A②	275	244	253	209	302	200	309	185	253	207	246	217
	B	181	185	193	172	170	131	209	128	127	136	159	127
応募倍率	A①	4.3		3.8		3.9		4.1		4.1		4.6	
	A②	13.0		11.6		12.6		12.4		11.5		11.6	
	B	18.3		18.3		15.1		16.9		13.2		14.3	
受験	A①	218	193	206	158	215	167	232	161	222	171	240	209
	A②	218	197	210	168	231	157	239	134	197	173	197	170
	B	159	171	172	159	147	122	170	103	111	106	128	111
合格	A①	54	52	59	50	69	60	76	62	86	64	76	68
	A②	42	35	37	39	33	26	36	27	21	33	31	26
	B	15	13	14	13	15	15	12	14	11	9	15	17
実質倍率	A①	4.0	3.7	3.5	3.2	3.1	2.8	3.1	2.6	2.6	2.7	3.2	3.1
	A②	5.2	5.6	5.7	4.3	7.0	6.0	6.6	5.0	9.4	5.2	6.4	6.5
	B	10.6	13.2	12.3	12.2	9.8	8.1	14.2	7.4	10.1	11.8	8.5	6.5

＊2024年補欠発表・追加合格…いずれもなし。

◉入試教科

②算数	50分	100点
①国語	50分	100点
④理科	30分	50点
③社会	30分	50点
合計	160分	300点

＊Bは4科総合問題(60分・120点)。

合格最高点	非公表
合格最低点	A①男200 女200点 A②男208 女208点 B 男 85 女 89点

◉受験併願パターン

偏差値	1月前半	1月後半	2月1日	2月2日	2月3日	2月4日以降
56				立教池袋	明大八王子Ａ２	
54	大宮開成２	専修大松戸			帝京大学３	
53			明大八王子Ａ１			
52				国学院久我山２		成蹊２
49	西武文理特待			桐光学園２	日大豊山３	

偏差値	1月前半	1月後半	2月1日	2月2日	2月3日	2月4日以降
58			国学院久我山ＳＴ	法政第二	明大八王子Ａ２	成蹊２
57	開智所沢特待Ａ			富士見算数		明大八王子Ｂ
55			明大八王子Ａ１			
54					帝京大学３	
51					日本女子大附２	

入試問題の傾向とポイント

算数

計算問題4問、一行問題11問、大問2題の問題構成。幅広い分野から出題され、全体的には難易度は標準。苦手分野をつくらず、あらゆる出題に答えられるように演習をすること。特に前半の計算、一行問題を得点源にするため、しっかり基礎力・計算力を身につけておきたい。

国語

物語文と説明文の読解2題に、漢字の読み書き10題が出題された。物語文は登場人物の心情や言動の意味について、説明文は言い換えや話題の展開について問われた。解答形式は抜き出しや選択肢が中心で、長い記述はみられなかった。

理科

年によって大問数は異なるが、生地物化からそれぞれ2単元程度ずつの出題である。選択問題・計算問題が主で、4問程度の大問が次々と並んでいるのが特徴的。基本的な知識を問う問題が多く、幅広い単元からの出題となるため、苦手分野をつくらないようにしながら基礎基本を確実にしたい。

社会

地理は県の形や特産品・郷土料理などが出題されているため、ただ地名を確認するのではなく『考える社会科地図』などを使った体系的な学習が必須。政治は時事的な要素と絡めての出題が多い傾向があるので、国内のみならず世界のニュースも確認しておきたい。

明治大学付属明治中学校

（めいじだいがくふぞくめいじ）

■学校長／井家上哲史　■創立／明治45年　■生徒数／533名（男274名、女259名）
■所在地／〒182-0033 東京都調布市富士見町4-23-25　■ＴＥＬ／042-444-9100
■交通／調布駅・飛田給駅（京王線）からスクールバス約15分。
三鷹駅（JR中央線）および矢野口駅（JR南武線）からスクールバス約25分。

何学期制	週何日制	登校時刻	制服	給食	食堂 軽食販売	プール	寮	特待制度 奨学金等	帰国生 取出授業
3学期制	6日制	8:35	中高あり	なし	食堂中高あり 販売中高あり	なし	なし	あり	なし

沿　革

1912年、明治大学が同一法人のもとに直接経営する唯一の付属校として明治中学校を設立。1947年の学制改革に際し、推薦制度による大学までの一貫教育の方針を確立し、名実ともに大学付属の中学校・高等学校として今日に至る。2008年より調布校地に移転、男女共学となる。

教育方針と特色

明治大学の建学の精神である「独立自治」を基盤に「質実剛健」の気風を加味しつつ、未来につなぐ「個」を育成している。生徒1人ひとりが豊かな個性を発揮していきいきと輝けるよう丁寧な生活指導に努めている。また基礎学力の確実な養成を目的として、学習への意欲を促し、学習効果を発揮できるよう教育の改革を進めている。大学進学をゴールとするのではなく、将来像を模索する機会を数多く提供することで、自分に必要な学力を見出して主体的に修得していけるよう指導している。学校行事や生徒会活動は生徒が中心になって運営されるが、失敗も含めた様々な経験は、実際の社会で必要とされる真の生きる力を養っている。母校愛に支えられた活発な同窓会活動も、社会と同校を結ぶ絆となっている。

◉系列校

小	中	高	大（短大）
	○	○	○

◉併設小学校なし

◉高校生外部募集………約100名

（完全混合クラス）

◉授業時間…1コマ50分・週34時間

	1年	2年	3年	計
国　語	5	5	5	15
社　会	4	4	4	12
数　学	4	5	5	14
理　科	4	4	4	12
英　語	7	7	7	21
5教科計	24	25	25	74

参考　高校1年生一週間の授業

英語=6　数学=5　国語=4
理科=4　社会=4

進学・進路

◉卒業生進路状況

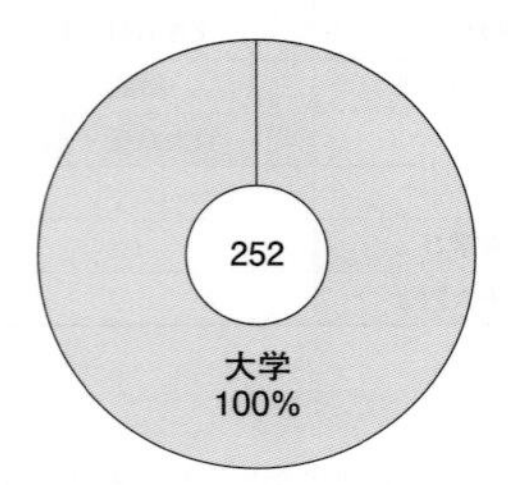

■進路選択状況（高３進級時）

データなし

■理系・文系進学状況

理系 25%　文系 75%

0　50　100

■共通テスト受験率

データなし

◉卒業までの流れ

小学校	中学校	高等学校	大学
	明治大学付属 明治中学校	明治大学付属 明治高等学校（252）	明治大学　216 （法15・政経53・商60・経営14・文6・情報16・理工24・農13・国際日本5・総合数理10）

◉主な大学合格実績

大学名	'22	'23	'24	大学名	'22	'23	'24	大学名	'22	'23	'24	大学名	'22	'23	'24
東京大				千葉大	1	2		東京都立大	1		1	東京女子大			
京都大				お茶の水女子大	2			横浜市立大			1	日本女子大			
北海道大		2	1	東京外国語大	2		1	慶應義塾大	12	23	12	成蹊大			
東北大				電気通信大	1		3	早稲田大	7	4	8	成城大			
名古屋大				東京学芸大				上智大	13	3	10	明治学院大			
大阪大				東京農工大	1		2	東京理科大		13	3	國學院大		1	
九州大				東京芸術大				明治大	-	-	-	武蔵大			
東京工業大		1	1	東京医科歯科大				青山学院大				獨協大			
一橋大	1			東京海洋大				立教大				日本大		1	
筑波大			1	横浜国立大				中央大				東洋大			
茨城大				山梨大				法政大				駒澤大			
宇都宮大				金沢大				学習院大				専修大			
群馬大	1			信州大				国際基督教大	1	1		芝浦工業大			
埼玉大				国際教養大				津田塾大				東京都市大			

入試要項・入試情報

◉2024年度の入試要項（参考）

	1回	2回
募集人員	男子約45名・女子約45名（帰国生含）	男子約30名・女子約30名（帰国生含）
選抜方法	国・算・社・理	
出願関連期間	12/20〜1/25	
試験日程	2/2	2/3
合格発表	Web 2/2 22:00〜	Web 2/3 22:00〜
入学手続	2/8 16:00まで	

＊出願資格に「原則として保護者のもとから通学できる者。保護者以外のもとから通学予定の場合は、出願前にお問い合わせください」とある。

面接 実施しない。

◉費用（参考）

受験料		30,000円
入学手続時	入学金	300,000円
	授業料	—
	その他	127,500円
入学手続後〜入学まで	授業料	—
	その他	120,000円
入学後１年	授業料	632,400円
	その他	267,500円
初年度納入金合計		1,447,400円
中学３年間費用計　約		3,437,200円

＊希望者は、所定の日時に来校して延納手続きをすれば、入学手続時納入金のうち入学金以外は、併願校の合格発表日翌日（最長2月13日16時）まで延納可。
＊女子は男子との制服代の差（3万円）を加えること。
＊スクールバス代（約6万6千円）別途。

◉最近6年間の入試応募者推移と倍率

年度		2019		2020		2021		2022		2023		2024	
		男	女	男	女	男	女	男	女	男	女	男	女
募集	①	約90		約45	約45	約45	約45	約45	約45	約45	約45	約45	約45
	②	約60		約30	約30	約30	約30	約30	約30	約30	約30	約30	約30
応募	①	421	303	334	358	360	316	289	298	283	290	326	315
	②	412	319	320	327	331	337	319	306	269	282	297	315
応募倍率	①	8.0		7.4	8.0	8.0	7.0	6.4	6.6	6.3	6.4	7.2	7.0
	②	12.2		10.7	10.9	11.0	11.2	10.6	10.2	9.0	9.4	9.9	10.5
受験	①	365	269	308	330	320	280	247	267	252	256	280	278
	②	247	193	177	206	188	200	168	188	142	169	170	176
合格	①	122	62	133	91	125	81	121	76	119	77	114	76
	②	47	45	34	40	40	47	43	47	40	46	44	45
実質倍率	①	3.0	4.3	2.3	3.6	2.6	3.5	2.0	3.5	2.1	3.3	2.5	3.7
	②	5.3	4.3	5.2	5.2	4.7	4.3	3.9	4.0	3.6	3.7	3.9	3.9

＊帰国生を含む。
＊2024年補欠発表・追加合格…いずれもなし。

◉入試教科

②算数	50分	100点
①国語	50分	100点
③理科	40分	75点
④社会	40分	75点
合計	180分	350点

合格最高点	①男278　女295点 ②男255　女268点
合格最低点	①男211　女221点 ②男189　女195点

◉受験併願パターン

偏差値	1月前半	1月後半	2月1日	2月2日	2月3日	2月4日以降
64			海城		浅野	本郷３
61				明大明治	明大明治２	サレジオ学院Ｂ
60		立教新座	農大第一算理			
57	栄東Ｂ		東京都市大付２Ｉ	開智日本橋２	法政大学２	中央大附属２
56	早稲田佐賀１月首		桐朋		明大八王子Ａ２	

偏差値	1月前半	1月後半	2月1日	2月2日	2月3日	2月4日以降
67			雙葉			
66						洗足学園３
65	浦和明の星女子					
64		東邦大東邦前		明大明治	明大明治２	
63			農大第一算国			

入試問題の傾向とポイント

算数
計算と一行問題が合わせて5問、大問4題の問題構成。幅広い分野からまんべんなく出題されるが、平面図形、速さ、容器と水量の問題は頻出で、終盤はやや難問もみられる。すべての大問で式や考え方を書かせるので、日頃から解く過程を簡潔にまとめる練習をしておきたい。

国語
比較的長い説明文と漢字の書き取り10問で構成されている。説明文は空欄にあてはまる内容を考えて記述する問題や、筆者の主張を100字以内でまとめる問題が出題された。解答形式は選択肢と記述が多い。

理科
大問7題で生物・物理・化学が2題ずつ、地学が1題と各分野からまんべんなく出題。基本事項が中心の選択問題と、図表をもとにした計算問題からなる。試験時間は40分だが、設問数が多い上に計算問題もあるため、さほどゆとりは感じられない。過去問演習を通して、すばやく正確に解く力を養いたい。

社会
地理分野は、例年通りグラフや表・地図を読み取って答える問題が出題された。政治は例年、自分の考えを述べる問題が出題されている。自分が考えたことを分かりやすく伝える練習を積んでおきたい。

目黒日本大学中学校

■学校長／小野力　■創立／明治36年　■生徒数／321名（男154名、女167名）
■所在地／〒153-0063 東京都目黒区目黒1-6-15
■ＴＥＬ／03-3492-3388
■交通／目黒駅（JR山手線・東急目黒線・地下鉄南北線/三田線）徒歩5分。

何学期制	週何日制	登校時刻	制服	給食	食堂 軽食販売	プール	寮	特待制度 奨学金等	帰国生 取出授業
3学期制	6日制	8:15	中高あり	なし	食堂中高あり 販売中高あり	屋内温水	なし	あり	あり

沿　革

1903年創立。2005年に高校、2006年に中学が共学化。2015年に新校舎完成。2019年4月より日本大学の附属校となり、目黒日本大学に校名変更。1期生は、今年度、高校3年生として進級し、2期生が高校2年生として内部進学した。

教育方針と特色

「質実剛健・優美高雅」を建学の精神に掲げ、しなやかな強さをもった自立できる人間を育てる。国公立・難関私大を目指し、中高一貫コースの6年間で教育活動を行っていく。また高校からの入学生とは交わることなくクラス編成される。
ハイレベルな英語力の修得のため、タブレットを活用したオンライン英会話レッスンやネイティブによるHRなど、英語に特化した取り組みを実現。希望制の海外研修も行う。
高校入学までに英検2級取得を目標とする。また、朝のHRを利用した小テストと繰り返し学習の制度により、基礎学力の確実な定着をはかる。
「日本」をテーマにした授業、学校行事、課外活動にも取り組んでいる。クラブ活動では、ダンス部が世界大会で優勝、水泳（男女）、バドミントン（男女）、演劇が全国大会レベルで活動している。

◉系列校

小	中	高	大(短大)
	○	○	○

◉併設小学校なし

◉高校生外部募集………315名
（完全別クラス）

◉授業時間…1コマ45分・週39時間

	1年	2年	3年	計
国　語	6	6	6	18
社　会	4	4	5	13
数　学	6	6	6	18
理　科	5	5	5	15
英　語	6	6	7	19
5教科計	27	27	29	83

参考　高校1年生一週間の授業

英語=7　数学=6　国語=5
理科=6　社会=6

進学・進路

◉卒業生進路状況

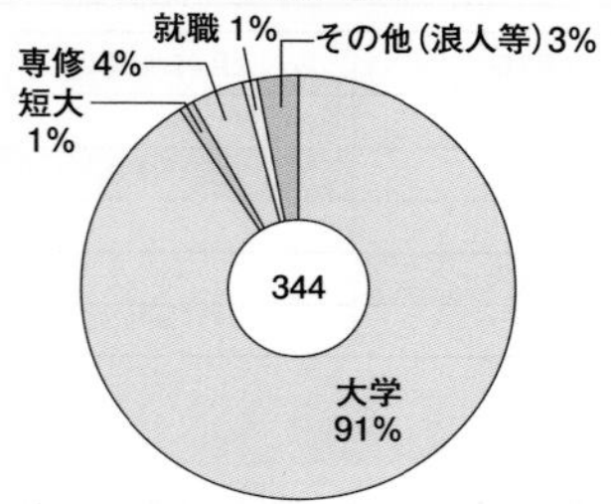

■進路選択状況（高３進級時）

データなし

■理系・文系進学状況

データなし

■共通テスト受験率

23%（0 50 100）

◉卒業までの流れ

小学校	中学校	高等学校	大学
	目黒日本大学中学校	目黒日本大学高等学校（344）	日本大学　227 （法31・文理35・経済33・商30・芸術18・国際関係9・医0・歯1・松戸歯0・理工17・生産工4・生物資源科39・工0・薬3・危機管理6・スポーツ科学1・二部0） 日本大学短期大学部　1

◉主な大学合格実績

大学名	'22	'23	'24	大学名	'22	'23	'24	大学名	'22	'23	'24	大学名	'22	'23	'24
東京大				千葉大				東京都立大		2	3	東京女子大			
京都大				お茶の水女子大				横浜市立大	1			日本女子大	3	1	1
北海道大				東京外国語大	1			慶應義塾大	1	1	2	成蹊大	1		4
東北大				電気通信大		1		早稲田大	1	3	3	成城大	5	5	3
名古屋大				東京学芸大		1	1	上智大	2	5	3	明治学院大	2	1	14
大阪大				東京農工大				東京理科大	1	7	1	國學院大	5	2	5
九州大				東京芸術大				明治大	6	11	10	武蔵大			
東京工業大				東京医科歯科大				青山学院大	2	2	10	獨協大	1	1	
一橋大				東京海洋大				立教大	4	7	10	日本大	-	-	-
筑波大				横浜国立大			1	中央大	7	10	10	東洋大	2	1	
茨城大				山梨大				法政大	8	8	6	駒澤大	1		1
宇都宮大				金沢大				学習院大	3	2	4	専修大	3	1	4
群馬大				信州大				国際基督教大				芝浦工業大		8	2
埼玉大				国際教養大				津田塾大				東京都市大		1	1

入試要項・入試情報

◉2024年度の入試要項（参考）

	1回	2回	3回		4回
			2教科型・4教科型	適性検査型	
募集人員	男女15名	男女5名	男女10名	男女5名	男女5名
選抜方法	国・算・社・理	算・理	国・算または 国・算・社・理	適性検査Ⅰ・Ⅱ	国・算
出願関連期間	12/20〜1/31		12/20〜2/1		12/20〜2/3
試験日程	2/1午前	2/1午後	2/2午前		2/4午後
合格発表	Web 2/1 20:00〜	Web 2/1 22:00〜	Web 2/2 20:00〜		Web 2/5 10:00〜
入学手続	2/4 12:00まで				2/7 12:00まで

面接　実施しない。

◉費用（参考）

受験料		25,000円
入学手続時	入学金	250,000円
	授業料	—
	その他	—
入学手続後〜入学まで	授業料	—
	その他	—
入学後１年	授業料	504,000円
	その他	651,000円
初年度納入金合計		1,405,000円
中学３年間費用計　約		3,552,000円

＊複数回同時出願の場合、受験料は4万円。
＊適性検査型入試は、受験日当日に延納願を提出している場合、公立中高一貫校の合格発表日16時まで延納可。
＊制服代・指定用品等別途。

◉入試教科

4教科/2教科

②算数	50分/50分	100点/100点
①国語	50分/50分	100点/100点
③理科	30分/	50点/
④社会	30分/	50点/
合計	160分/100分	300点/200点

＊2回算・理は（70分・100点）。適性検査はⅠ・Ⅱ（各50分・各100点）。

合格最高点	①	男223	女237点
	②算理	男 84	女 80点
	③	男220/145	女226/191点
	③適性	男134	女130点
	④	男158	女152点
合格最低点	①	男180	女181点
	②算理	男 61	女 61点
	③	男177/140	女176/141点
	③適性	男114	女114点
	④	男123	女123点

◉最近6年間の入試応募者推移と倍率

年度		2019		2020		2021		2022		2023		2024	
		男	女	男	女	男	女	男	女	男	女	男	女
募集	①午前	15		① 15		20		15		15		15	
	①午後	10		② 5		5		5		5		5	
	②午前	5		③ 15		10		15		15		15	
	②午後	5		④ 5		5		5		5		5	
	③午後	5											
応募	①午前	41/28/9	17/36/11	38/19/14	50/42/17	66/22/15	60/26/7	94	90	112	140	89	122
	①午後	41	32	60	62	84	39	102	67	123	97	82	82
	②午前	45/26	24/27	55/27/14	63/50/20	112/25/12	94/37/24	123/36/20	119/44/37	157/35/22	179/52/36	136/31/19	157/33/38
	②午後	46	38	128	138	222	182	228	197	267	242	196	192
	③午後	139	108										
応募倍率	①午前	9.5		12.0		9.8		12.3		16.8		14.1	
	①午後	7.3		24.4		24.6		33.8		44.0		32.8	
	②午前	24.4		15.3		30.4		25.3		32.1		27.6	
	②午後	16.8		53.2		80.8		85.0		101.8		77.6	
	③午後	49.4											
受験	①午前	30/17/9	11/30/11	15/13/12	36/35/16	38/18/13	46/19/3	48	51	69	89	64	88
	①午後	27	25	40	30	52	25	78	37	79	35	56	37
	②午前	30/18	18/23	29/17/12	34/29/16	64/15/10	61/20/22	72/18/20	70/30/34	88/27/20	104/39/36	76/18/18	97/26/35
	②午後	26	18	67	76	147	115	134	109	154	135	140	121
	③午後	52	49										
合格	①午前	10/5/6	3/7/4	7/3/3	10/10/9	11/5/5	15/6/0	15	16	23	23	26	18
	①午後	7	9	9	9	14	7	23	3	16	6	15	7
	②午前	10/5	7/9	17/5/5	17/10/9	21/4/4	15/4/7	19/3/6	25/10/11	18/3/2	24/4/11	13/2/3	22/5/11
	②午後	8	5	20	22	17	24	21	16	26	25	33	17
	③午後	9	13										
実質倍率	①午前	3.0/3.4/1.5	3.7/4.3/2.8	2.1/4.3/4.0	3.6/3.5/1.8	3.5/3.6/2.6	3.1/3.2/−	3.2	3.2	3.0	3.9	2.5	4.9
	①午後	3.9	2.8	4.4	3.3	3.7	3.6	3.4	12.3	4.9	5.8	3.7	5.3
	②午前	3.0/3.6	2.6/2.6	1.7/3.4/2.4	2.0/2.9/1.8	3.0/3.8/2.5	4.1/5.0/3.1	3.8/6.0/3.3	2.8/3.0/3.1	4.9/9.0/10.0	4.3/9.8/3.3	5.8/9.0/6.0	4.4/5.2/3.2
	②午後	3.3	3.6	3.4	3.5	8.6	4.8	6.4	6.8	5.9	5.4	4.2	7.1
	③午後	8.7	3.8										

＊2019年①午前は4教科／2教科／適性、②午前は4教科／2教科。2020年〜2021年①・③は4教科／2教科／適性。2022年〜2024年③は4教科／2教科／適性。
＊2024年補欠発表（Web）…あり。補欠合格（電話）…（1回）男4名、女6名、2月1日、（2回）男3名、女2名、2月1日、（3回）男4名、女3名、2月2日、（4回）男7名、女4名、2月5日。追加合格…なし。

◉受験併願パターン

偏差値	1月前半	1月後半	2月1日	2月2日	2月3日	2月4日以降
47			明治学院	目黒日大３		
46			京華特選午後		多摩大目黒３特待	日大第一２科２
45	埼玉栄３難関			明治学院２		駒込５
44			目黒日大			
43					日大第三３	

偏差値	1月前半	1月後半	2月1日	2月2日	2月3日	2月4日以降
48				目黒日大３		日大藤沢３
47			駒込２		日大第一２科	
46	不二聖心Ｓ東京					
45			目黒日大	光塩女子学院２		
43	浦和実業２特待			日工大駒場４		

入試問題の傾向とポイント

算数　計算＋一行問題10問、大問3題で、総設問数18〜19問。計算と一行問題が半数を占めている。基本的な問題が多いが、大問後半の小設問には思考力を必要とする問題もみられる。幅広い分野から出題されるので、苦手分野を作らないよう各分野の基礎をきちんと固めておくこと。

国語　雑問（漢字の読み書き・ことわざなどを含む）と読解2題（説明文・物語文）の出題。説明文は指示語や言い換え、物語文は人物の言動理由や心情について選択肢を中心に問われた。また本文全体を踏まえた上で、条件に沿って意見を記述する設問も出題された。

理科　設問4題、生地物化からの出題。設問形式は、選択・計算・記述・作図と多岐にわたる。基本的な内容の問題が並ぶが、記述・作図が複数あり、単なる知識だけでなく思考力も問われている。『四科のまとめ』を用いて基礎基本を固め、過去問演習で思考力を養っていきたい。

社会　大問3題構成。政治は例年時事問題を含んでいる。昨年はジェンダーについて、今年は同性婚についての問いがあった。地理は例年地図の読み取りの問題が出題されていたが、今年は出題がなかった。記述問題は昨年出題がなかったが、今年は復活して2問出題された。

森村学園中等部

もりむらがくえん

■学校長／ブレット マックスウェル　■創立／明治43年　■生徒数／607名(男296名、女311名)
■所在地／〒226-0026 神奈川県横浜市緑区長津田町2695
■ＴＥＬ／045-984-2505
■交通／長津田駅(JR横浜線、東急田園都市線)徒歩13分。つくし野駅(東急田園都市線)徒歩5分。

何学期制	週何日制	登校時刻	制服	給食	食堂 軽食販売	プール	寮	特待制度 奨学金等	帰国生 取出授業
3学期制	6日制	8:30	中高あり	なし	食堂中高あり 販売中高あり	なし	なし	あり	なし

沿　革

森村学園は1910（明治43）年、明治の実業家森村市左衛門により、東京高輪に創立された。次代の日本を担う人材の育成の必要を痛感していた同氏が、自宅の庭に幼稚園と小学校を開設したのが、114年におよぶ森村学園の歴史の第一歩。1980年3月には、現在地横浜市緑区長津田町に全学が移転、同時に男女共学となる。

教育方針と特色

森村学園は、幕末から明治にかけて日米貿易の先駆者として活躍した森村市左衛門を創立者とする、グローバル志向の豊かな学園である。建学の精神「独立自営」と校訓「正直・親切・勤勉」を行動指針とし、「世界に伍す（肩を並べる）若者の育成」を目指している。

現在森村学園では「イノベーションマインド」を合言葉に「ランゲージアーツ（言語技術）」を基礎とした「外国語（英語）教育」「課題解決（PBL）型教育」「ICT環境」から成り立つ独自の教育システムを通して、予測不能な未来社会をたくましく生きる若者を育てる教育を推進している。

中でも「ランゲージアーツ（言語技術）」は思考力の源泉であることばの運用能力を高める文理不問の学びであり、さらには社会の中で生きた力となる国際標準の母語教育として本校に設置されている国際交流・多言語教育センターが提供する多様性に満ちた世界を学ぶプログラムと共に、新しい森村教育の中核となっている。

◉系列校

小	中	高	大(短大)
○	○	○	

◉小学校からの内進生…93名
◉高校生外部募集………あり

◉授業時間…1コマ50分・週34時間

	1年	2年	3年	計
国　語	4	5	5	14
社　会	4	3	4	11
数　学	6	5	6	17
理　科	4	4	4	12
英　語	5	6	6	17
5教科計	23	23	25	71

参考　高校1年生一週間の授業

英語=5　数学=6　国語=5
理科=6　社会=4

進学・進路

◉卒業生進路状況

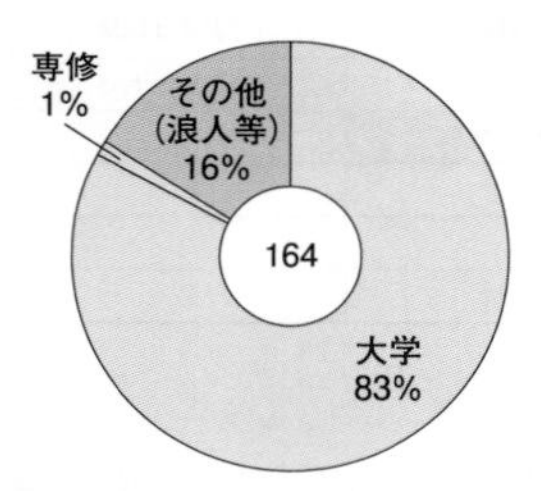

■進路選択状況（高３進級時）

理系 45%　文系 55%

■理系・文系進学状況

データなし

■共通テスト受験率

73%

◉卒業までの流れ

小学校	中学校	高等学校	大学
森村学園初等部 ▶	森村学園中等部 ▶	森村学園高等部（164）	

◉主な大学合格実績

大学名	'22	'23	'24	大学名	'22	'23	'24	大学名	'22	'23	'24	大学名	'22	'23	'24
東京大	1	1		千葉大			1	東京都立大	2	3	4	東京女子大	8	1	3
京都大		2		お茶の水女子大		1	1	横浜市立大	5	3	3	日本女子大	9	11	5
北海道大	1		4	東京外国語大	1		1	慶應義塾大	10	7	14	成蹊大	8	10	7
東北大	1			電気通信大	1	3		早稲田大	20	12	15	成城大	12	3	7
名古屋大				東京学芸大				上智大	12	13	12	明治学院大	7	9	16
大阪大			1	東京農工大		1		東京理科大	17	11	14	國學院大	6	5	5
九州大				東京芸術大	1			明治大	40	14	33	武蔵大	13	2	2
東京工業大	2			東京医科歯科大	1	1		青山学院大	25	14	19	獨協大	2		
一橋大			1	東京海洋大				立教大	9	12	21	日本大	19	25	16
筑波大				横浜国立大	2			中央大	57	22	18	東洋大	3	8	17
茨城大				山梨大	1	1		法政大	28	22	24	駒澤大	10	5	10
宇都宮大				金沢大		1		学習院大	4	4	11	専修大	23	11	7
群馬大				信州大	2		1	国際基督教大	1	1		芝浦工業大	8	22	8
埼玉大				国際教養大				津田塾大	2	1	2	東京都市大	18	25	9

入試要項・入試情報

◉2024年度の入試要項(参考)

	1回	2回	3回
募集人員	男女40名	男女30名	男女20名
選抜方法	国・算または国・算・社・理		
出願関連期間	11/22～1/30	11/22～2/1	11/22～2/3
試験日程	2/1	2/2	2/4
合格発表	Web 2/1 19:00～	Web 2/2 19:00～	Web 2/4 19:00～
入学手続	2/6 23:59まで		

＊出願資格に「保護者の元から通学できる児童」とある。

面接 実施しない。

◉費用(参考)

受験料		25,000円
入学手続時	入学金	250,000円
	授業料	—
	その他	125,000円
入学手続後～入学まで	授業料	—
	その他	197,085円
入学後１年	授業料	600,000円
	その他	268,650円
初年度納入金合計		1,440,735円
中学３年間費用計	約	3,734,515円

＊複数回同時出願の受験料は、2回分は3万円、3回分は3万5千円。
＊女子は男子との制服代の差(約2万円)を加えること。

◉最近6年間の入試応募者推移と倍率

年度		2019		2020		2021		2022		2023		2024	
		男	女	男	女	男	女	男	女	男	女	男	女
募集	① ② ③	40 30 20		40 30 20		40 30 20		40 30 20		40 30 20		40 30 20	
応募	① ② ③	54/14 65/18 139	65/14 108/24 89	47/7 68/10 101	54/14 79/25 97	62/13 83/20 99/25	45/10 93/20 108/17	62/12 100/21 103/22	64/13 100/17 109/20	76/9 144/24 180/19	56/23 100/32 102/34	77/14 118/22 156/23	71/18 104/31 129/27
応募倍率	① ② ③	3.7 7.2 11.4		3.1 6.1 9.9		3.3 7.2 12.5		3.8 7.9 12.7		4.1 10.0 16.8		4.5 9.2 16.8	
受験	① ② ③	51/11 41/12 51	60/13 73/18 63	44/6 43/6 54	50/14 56/17 46	52/12 60/12 41/16	39/9 63/15 56/9	59/11 70/15 55/15	60/11 65/10 51/13	64/6 104/21 104/13	54/19 66/16 53/23	68/13 80/19 89/17	64/14 64/22 76/16
合格	① ② ③	24/3 12/2 21	34/2 35/6 15	19/5 18/2 15	26/5 20/6 10	26/5 29/4 12/2	20/3 29/6 17/1	26/1 24/6 15/2	33/5 20/4 8/2	28/0 34/3 22/1	29/7 15/2 6/3	25/4 26/5 15/0	25/6 20/4 11/1
実質倍率	① ② ③	2.1/3.7 3.4/6.0 2.4	1.8/6.5 2.1/3.0 4.2	2.3/1.2 2.4/3.0 3.6	1.9/2.8 2.8/2.8 4.6	2.0/2.4 2.1/3.0 3.4/8.0	2.0/3.0 2.2/2.5 3.3/9.0	2.3/11.0 2.9/2.5 3.7/7.5	1.8/2.2 3.3/2.5 6.4/6.5	2.3/－ 3.1/7.0 4.7/13.0	1.9/2.7 4.4/8.0 8.8/7.7	2.7/3.3 3.1/3.8 5.9/－	2.6/2.3 3.2/5.5 6.9/16.0

＊2019年～2020年①・②と2021年～2024年①・②・③は4教科／2教科。
＊2024年補欠発表…詳細不明。追加合格(電話)…あり、2月13日～。

◉入試教科

4教科/2教科

②算数	50分/50分	100点/100点
①国語	50分/50分	100点/100点
④理科	40分/	75点/
③社会	40分/	75点/
合計	180分/100分	350点/200点

合格最高点	非公表
合格最低点	非公表

◉受験併願パターン

偏差値	1月前半	1月後半	2月1日	2月2日	2月3日	2月4日以降
52				神奈川大附２	山手学院Ｂ	
51						森村学園３
50			関東学院１Ｂ	森村学園２	桐光学園３Ａ	関東学院２
49			森村学園			
47				桜美林２日午後	桜美林３日午後	

偏差値	1月前半	1月後半	2月1日	2月2日	2月3日	2月4日以降
54				神奈川大附２		
53						森村学園３
52				森村学園２		
51			森村学園			
49					湘南学園Ｃ	

入試問題の傾向とポイント

算数
計算3問、一行問題5問、大問4題の問題構成。基本から標準レベルの問題が中心だが、後半の大問にはやや難度の高い問題もみられる。途中式を書かせる問題では、答えのみを書いてもよいが、途中式が書いてあれば部分点を考慮すると明記されているので、日頃から簡潔にまとめる練習を。

国語
説明文と物語文の読解2題と、漢字の読み書き12問で構成されている。説明文は具体例や文章の構成・表現について、物語文は人物の心情や様子について問われた。また双方で文章に関連する表問題が出題された。

理科
設問4題、生地物化からの出題。設問形式は、選択・計算・記述と多岐にわたる。記述問題が多いのが印象的で、単なる知識だけでなくその場で考えて記述する力が問われている。問題文、問題数ともにボリュームがあるので、苦手分野を作らないようにし、過去問演習で思考力を磨きたい。

社会
大問6題構成。例年同様、記述問題の出題比率が高い。今年の記述問題でも、文章を読んでその意図を的確にくみ取る能力を試す問いが出題されている。時事問題を直接的に問う、用語記述の問題があるため、『ニュース最前線』などを活用して、十分に対策しておくことが必要。

八雲学園中学校

（やくもがくえん）

■学校長／近藤彰郎　■創立／昭和13年　■生徒数／400名（男206名、女194名）
■所在地／〒152-0023 東京都目黒区八雲2-14-1
■ＴＥＬ／03-3717-1196
■交通／都立大学駅（東急東横線）徒歩7分。

何学期制	週何日制	登校時刻	制服	給食	食堂 軽食販売	プール	寮	特待制度 奨学金等	帰国生 取出授業
2学期制	6日制	8:10	中高あり	なし	食堂なし 販売中高あり	なし	なし	あり	あり

沿　革

1938年に八雲高等女学校として創設され、1947年に八雲学園中学校高等学校と改称。1996年より中学校を再開。2018年、中学校の男女共学化。

教育方針と特色

本学園の教育には4つの大きな特色がある。第一は「グローバル教育」。大学進学に向けた学習だけでなく、コミュニケーションとしての英語を重視して、中学3年次全員の海外研修・高校での9カ月プログラム（3ヶ月間の現地留学・事前・事後学習各3カ月）などを通して次世代のグローバルリーダーの育成を目指す。第二は「進路指導」。6年間を「基礎学力の蓄積」・「海外研修・留学プログラム体験」・「受験体制の確立」とそれぞれ3ステージに分け、海外大学・国公立大学・早慶上理への進学を目指す。第三は「チューター（学習アドバイザー）」。担任とは別に学習面や生活面での個人的な相談役として、チューターが生徒一人ひとりにつく。更に、四つ目の「文化体験」では毎月1回、観劇、美術鑑賞、ミュージカル、映画鑑賞をはじめ、様々な場所や施設に出かけて文化や歴史を探求したり、ラウンドスクエア加盟校との交流などをしたりと体験を重ねることで生徒一人ひとりの感性を磨いている。生徒達はこのような学園生活の中で安心して各自の個性や能力を伸ばし、より高い目標にむかって意欲的に学園生活を送っている。

◉系列校

小	中	高	大（短大）
	○	○	

◉併設小学校なし

◉高校生外部募集………約50名

（一部混合クラス）

◉授業時間…1コマ50分・週36時間

	1年	2年	3年	計
国　語	4	4	4	12
社　会	4	4	4	12
数　学	5	5	6	16
理　科	4	5	4	13
英　語	8	9	9	26
5教科計	25	27	27	79

参考　高校1年生一週間の授業

英語=7　数学=7　国語=5
理科=6　社会=4
※この他、国・数は4単位どちらかを選択

進学・進路

◉卒業生進路状況

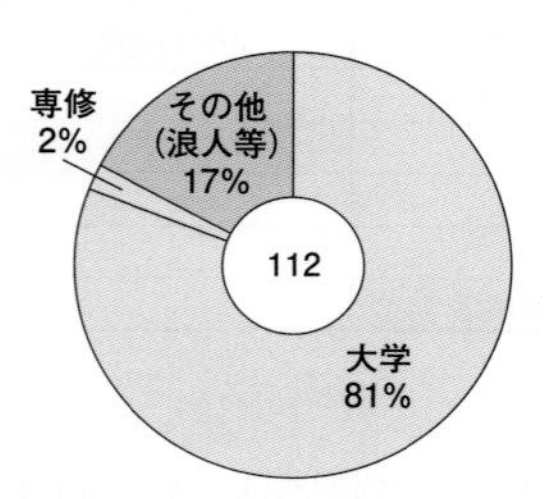

■進路選択状況（高3進級時）

理系 22%　文系 74%

■理系・文系進学状況

理系 20%　文系 76%

■共通テスト受験率

36%

◉卒業までの流れ

小学校	中学校	高等学校	大学
	八雲学園中学校	▶八雲学園高等学校（112）	

◉主な大学合格実績

大学名	'22	'23	'24	大学名	'22	'23	'24	大学名	'22	'23	'24	大学名	'22	'23	'24
東京大				千葉大				東京都立大				東京女子大	6	3	4
京都大				お茶の水女子大				横浜市立大				日本女子大	2		
北海道大				東京外国語大				慶應義塾大		1	2	成蹊大	1	1	4
東北大				電気通信大				早稲田大	1	1	1	成城大	1	4	6
名古屋大				東京学芸大				上智大		1		明治学院大	7	4	8
大阪大				東京農工大				東京理科大		2	2	國學院大	3	1	6
九州大				東京芸術大				明治大	2		3	武蔵大			2
東京工業大				東京医科歯科大				青山学院大	4	4	4	獨協大	2	2	
一橋大				東京海洋大				立教大	2	2	4	日本大	2	1	5
筑波大				横浜国立大		1		中央大		1	2	東洋大		3	1
茨城大				山梨大				法政大	1	6	8	駒澤大	4	5	7
宇都宮大				金沢大				学習院大	3	3	2	専修大		4	11
群馬大				信州大				国際基督教大				芝浦工業大		1	
埼玉大				国際教養大				津田塾大	1	1	1	東京都市大	1	7	3

入試要項・入試情報

◉2024年度の入試要項（参考）

	1回	2回	3回	4回	未来発見
募集人員	1回・2回合計　男女80名		男女20名	男女20名	男女24名
選抜方法	国・算または国・算・社・理			国・算または国・社理または算・社理	国・算・英から1教科選択・自己表現文
出願関連期間	12/20〜1/31		12/20〜2/1	12/20〜2/2	12/20〜2/4
試験日程	2/1午前	2/1午後	2/2午後	2/3午後	2/5午前
合格発表	Web 2/1 22：00〜		Web 2/2 22：00〜	Web 2/3 22：00〜	Web 2/5 16：00〜
入学手続	2/13 16：00まで				

＊出願資格に「保護者の元から通学できる者」とある。

◉費用（参考）

受験料		25,000円
入学手続時	入学金	330,000円
	授業料	—
	その他	—
入学手続後〜入学まで	授業料	—
	その他	150,000円
入学後１年	授業料	552,000円
	その他	222,000円
初年度納入金合計		1,254,000円
中学３年間費用計　約		3,102,000円

＊複数回同時出願の場合、受験料は2万5千円。
＊制服代・教材費・修学旅行費等別途。

面接　実施する。

◉最近6年間の入試応募者推移と倍率

年度		2019 男	2019 女	2020 男	2020 女	2021 男	2021 女	2022 男	2022 女	2023 男	2023 女	2024 男	2024 女
募集	①②	84（①②計）		89（①②計）		80（①②計）		74（①②計）		80（①②計）		80（①②計）	
	③	40（③④計）		40（③④計）		40（③④計）		40（③④計）		40（③④計）		20	
	④											20	
	未来発見	20		15		24		30		24		24	
応募	①	31/14	38/28	30/20	40/28	24/11	28/19	33/17	33/25	20/19	27/16	24/17	22/24
	②	63/20	91/47	64/27	80/41	63/18	65/30	85/25	72/40	54/24	52/22	52/19	57/28
	③	50/20	78/39	55/24	67/33	49/18	60/29	64/22	52/37	50/24	46/23	59/32	52/41
	④	69/21	97/47	78/37	86/42	64/23	64/34	86/25	70/42	55/30	64/38	146	116
	未来発見	77	122	79	113	86	95	74	94	71	91	85	82
応募倍率	①②	4.0（①②計）		3.7（①②計）		3.2（①②計）		4.5（①②計）		2.9（①②計）		3.0（①②計）	
	③	10.5（③④計）		10.6（③④計）		8.5（③④計）		10.0（③④計）		8.3（③④計）		9.2	
	④											13.1	
	未来発見	10.0		12.8		7.5		5.6		6.8		7.0	
受験	①	14/8	18/18	13/12	21/19	15/9	16/14	18/11	17/14	13/14	15/10	12/13	14/15
	②	45/15	73/39	45/20	61/29	53/15	54/19	67/21	59/28	47/15	46/15	47/16	52/20
	③	16/4	28/9	17/9	25/17	18/8	17/10	24/7	23/13	22/5	13/7	17/9	16/15
	④	21/6	29/16	28/17	23/15	19/8	15/10	25/3	27/15	22/13	15/15	56	23
	未来発見	17	14	28	33	38	27	29	26	28	27	22	17
合格	①	12/8	16/16	10/8	19/12	11/5	12/9	16/10	16/8	9/12	10/10	9/11	12/13
	②	37/9	69/34	41/11	57/21	50/11	50/17	61/13	49/19	35/10	38/13	43/13	50/17
	③	15/3	24/7	14/7	20/10	13/6	16/9	19/6	16/11	17/3	12/6	13/9	12/4
	④	15/6	20/13	21/16	21/12	14/4	12/8	22/1	18/11	17/10	12/13	55	15
	未来発見	17	13	26	29	34	22	27	24	23	24	20	14
実質倍率	①	1.2/1.0	1.1/1.1	1.3/1.5	1.1/1.6	1.4/1.8	1.3/1.6	1.1/1.1	1.1/1.8	1.4/1.2	1.5/1.0	1.3/1.2	1.2/1.2
	②	1.2/1.7	1.1/1.1	1.1/1.8	1.1/1.4	1.1/1.4	1.1/1.1	1.1/1.6	1.2/1.5	1.3/1.5	1.2/1.2	1.1/1.2	1.0/1.2
	③	1.1/1.3	1.2/1.3	1.3/1.2	1.3/1.7	1.4/1.3	1.1/1.1	1.3/1.2	1.4/1.2	1.3/1.7	1.1/1.2	1.3/1.0	1.3/3.8
	④	1.4/1.0	1.5/1.2	1.3/1.1	1.1/1.3	1.4/2.0	1.3/1.3	1.1/3.0	1.5/1.4	1.3/1.3	1.3/1.2	1.0	1.5
	未来発見	1.0	1.1	1.1	1.1	1.1	1.2	1.1	1.1	1.2	1.1	1.1	1.2

＊2019年〜2024年①・②・③・④は4教科／2教科。
＊2024年補欠発表・追加合格…いずれもなし。

◉入試教科

4教科/2教科

②算数	50分/50分	100点/100点
①国語	50分/50分	100点/100点
③理科	あわせて60分	50点/
③社会		50点/
合計	160分/100分	300点/200点

＊未来発見は、国・算・英から1教科選択（各50分・各100点）＋自己表現文（50分・A15点・B10点・C5点）。

合格最高点	①　214/146点 ②　246/159点 ③　245/162点 ④　— 未来　非公表
合格最低点	①　135/ 90点 ②　135/ 90点 ③　132/ 89点 ④　90点 未来　60点

◉受験併願パターン

偏差値	1月前半	1月後半	2月1日	2月2日	2月3日	2月4日以降
44			目黒日大	品川翔英３	実践学園２特待	穎明館４
41	獨協埼玉			京華２		
39			八雲学園２			
37			八雲学園	立正大立正２	立正大立正３	立正大立正４
32		千葉明徳			和光２	和光３

偏差値	1月前半	1月後半	2月1日	2月2日	2月3日	2月4日以降
43				日大第一４科２	日大第三３	
41				江戸川女子２		
40			八雲学園２	八雲学園３	八雲学園４	サレジ２１ＳＧ
39	狭山ヶ丘高付					
38	大妻嵐山		八雲学園	桐朋女子Ｂ	立正大立正３	立正大立正４

入試問題の傾向とポイント

算数　計算問題5問、一行問題9問、大問3題の問題構成。基本レベルの問題が中心だが、幅広い分野からの出題なので、苦手分野をなくし、各分野の基礎をしっかり固めておきたい。基礎を固めておけば、後半の大問にも通用する力がつけられるであろう。

国語　漢字の書き取り10問と、物語文・説明文の読解2題の構成。物語文は人物の言動理由や言い換えについて、説明文は脱文補充や傍線部理由について問う問題がみられた。読解の解答形式は選択肢と抜き出しが多く、記述はそれぞれ1題ずつ出題された。

理科　設問5題、生地物化からの出題で、1題は小問集合となっている。典型的な問題が多く並ぶが、選択・計算・記述・作図と幅広い設問形式に対応できるよう、基礎基本を確実に固めておくことが必須である。小問集合では実験器具の使い方や時事問題が出題されるので、対策を忘れずに。

社会　大問3題構成。記号選択の比率が高く、基礎的な知識を問う問題が多い。例年地図を使った問題が多く出題されているが、今年は分県図と地形図のみの出題であった。記述問題は昨年は1問出題されたが、今年は出題がなかった。

安田学園中学校

やすだがくえん

■学校長／稲村隆雄　■創立／大正12年　■生徒数／636名（男349名、女287名）
■所在地／〒130-8615 東京都墨田区横網2-2-25
■ＴＥＬ／03-3624-2666
■交通／両国駅（都営大江戸線）徒歩3分。両国駅（JR総武線）徒歩6分。蔵前駅（都営浅草線）徒歩10分。

何学期制	週何日制	登校時刻	制服	給食	食堂 軽食販売	プール	寮	特待制度 奨学金等	帰国生 取出授業
3学期制	6日制	8:15	中高あり	なし	販売中高あり	なし	なし	あり	なし

沿　革

安田財閥系譜会社を興した安田善次郎が創立者。1923年に安田学園（東京保善商業学校）設立。1948年、安田学園中学校・高等学校となる。2013年、中高一貫教育新体制「先進コース」「総合コース」を設置。同年8月には新中学棟が完成。2014年より男女共学となる。
2023年度入試より「総合コース」の募集停止となる。

教育方針と特色

自ら考え学ぶ力を伸ばす授業と、課題を追究する教科外学習により、創造的学力を形成する「自学創造」の教育を実践している。また、その力を社会に活かすため、思いやり・倫理観・道徳観を兼ね備えた人間力も育てる。このような創造的学力と人間力を統合することで、与えられた問題を解決する力だけでなく、自ら問題を発見し創造的に考え、多くの人々と協力して解決していける人材の育成を目指している。
6学年を３つのステージに分け、成長段階に応じた指導を行う。オンライン英会話を含むグローバル教育、豊富な海外研修制度、探究プログラム、キャリアデザイン教育も充実しており、各種行事は生徒主体で企画・運営されている。2023年度入試より、東大などの最難関国立大・国公立大への進学を目指す「先進コース」のみに一本化。高校2年からは文系・理系に分け、高校3年からは志望大学別のクラス編成で大学進学に備える。

◉系列校

小	中	高	大(短大)
	○	○	

◉併設小学校なし

◉高校生外部募集………200名
（完全別クラス）

◉授業時間…1コマ50分・週36/35時間

	1年	2年	3年	計
国　語	5	5	5	15
社　会	3	3	4	10
数　学	6	5	5	16
理　科	3	4	4	11
英　語	7	7	7	21
5教科計	24	24	25	73

参考　高校1年生一週間の授業

英語=7　数学=5　国語=6
理科=4　社会=6

進学・進路

◉卒業生進路状況

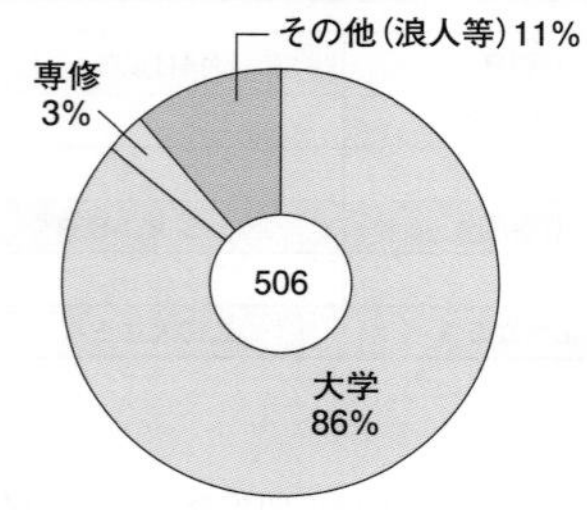

■進路選択状況（高３進級時）

データなし

■理系・文系進学状況

データなし

■共通テスト受験率

79%

0　50　100

◉卒業までの流れ

小学校	中学校	高等学校	大学
	安田学園中学校 ▶	安田学園高等学校 (506)	

◉主な大学合格実績

大学名	'22	'23	'24	大学名	'22	'23	'24	大学名	'22	'23	'24	大学名	'22	'23	'24
東京大	3	1	2	千葉大	9	10	8	東京都立大	1	2	2	東京女子大	3		7
京都大			1	お茶の水女子大	2		1	横浜市立大			3	日本女子大	12		5
北海道大			2	東京外国語大	3	2	1	慶應義塾大	13	15	20	成蹊大	13	7	15
東北大				電気通信大			3	早稲田大	29	37	28	成城大	19	10	17
名古屋大				東京学芸大		1	2	上智大	31	45	9	明治学院大	18	16	27
大阪大	1			東京農工大		1		東京理科大	49	46	57	國學院大	27	26	30
九州大	2			東京芸術大				明治大	41	61	67	武蔵大	5	19	20
東京工業大	1	2		東京医科歯科大			1	青山学院大	22	21	33	獨協大	38	39	38
一橋大	3		2	東京海洋大			1	立教大	26	26	49	日本大	106	93	127
筑波大		4	5	横浜国立大	1	1	1	中央大	45	28	30	東洋大	74	75	122
茨城大	2			山梨大				法政大	68	72	84	駒澤大	38	22	36
宇都宮大			1	金沢大				学習院大	28	31	37	専修大	40	41	47
群馬大	1			信州大	1			国際基督教大	1	3	2	芝浦工業大	28	37	20
埼玉大			1	国際教養大			2	津田塾大	4		3	東京都市大	8	9	21

入試要項・入試情報

◉2024年度の入試要項(参考)

	先進特待1回		先進特待2回	先進特待3回		先進特待4回	先進特待5回
募集人員	適性検査型 男女50名	4科目・英語選択 男女30名	4科目 男女25名	適性検査型 男女40名	4科目 男女20名	4科目 男女10名	4科目 男女5名
選抜方法	適性Ⅰ・Ⅱ・Ⅲ	国・算・社・理 または国・算・英	国・算・社・理	適性Ⅰ・Ⅱ・Ⅲ	国・算・社・理		
出願関連期間	1/10～1/31			1/10～2/1			1/10～2/2
試験日程	2/1午前		2/1午後	2/2午前		2/2午後	2/3午前
合格発表	Web 2/1 22:30～	Web 2/1 22:00～		Web 2/2 22:30～	Web 2/2 22:00～		Web 2/3 22:00～
入学手続	2/10 13:00まで						

面接 実施しない。

◉費用(参考)

受験料		20,000円
入学手続時	入学金	235,000円
	授業料	―
	その他	250,000円
入学手続後～入学まで	授業料	―
	その他	137,000円
入学後１年	授業料	420,000円
	その他	494,452円
初年度納入金合計		1,536,452円
中学３年間費用計 約		3,340,652円

＊複数回同時出願の場合、受験料は3万円。
＊入学辞退者には、入学金以外の納入金を返金。

私立 共学校

◉最近6年間の入試応募者推移と倍率

年度		2019 男	2019 女	2020 男	2020 女	2021 男	2021 女	2022 男	2022 女	2023 男	2023 女	2024 男	2024 女
募集	① 先特① 先特② ②	45 20 15 35		40 40 15 20		40 45 35 20		25 65 25 15		先特① 先特② 先特③ 先特④	65 35 50 20	80(4科+英30・適性50) 25 60(4科20・適性40) 10	
応募	① 先特① 先特② ②	51/26 238 124/7 67/32	29/18 233 61/13 33/23	47/36 255 150/12 59/45	35/19 235 77/8 49/24	91/55 228 185/19 106/58	50/22 246 95/7 62/42	42/35 73/9/235 216/14 57/38	23/9 43/6/227 100/12 38/12	138/6/220 231/9 158/6/177 242/8	80/6/237 135/6 101/5/204 132/6	150/5/264 280 182/164 261	95/15/262 152 116/220 128
応募倍率	① 先特① 先特② ②	2.8 23.6 13.7 4.4		3.4 12.3 16.5 8.9		5.5 10.5 8.7 13.4		4.4 9.1 13.7 9.7		10.6 10.9 13.0 19.4		9.9 17.3 11.4 38.9	
受験	① 先特① 先特② ②	41/24 234 113/7 37/18	22/16 231 49/13 17/13	36/33 251 135/11 37/28	30/18 231 68/8 27/15	74/54 223 173/16 63/39	42/19 237 81/7 46/30	33/32 49/8/220 186/13 36/24	20/7 36/5/214 86/11 19/7	107/5/213 196/8 82/3/163 106/4	60/6/235 111/4 52/3/187 54/3	117/5/260 240 79/133 93	81/15/255 133 53/180 48
合格	① 先特① 先特② ②	26/12 87 38/5 18/8	13/11 95 21/7 8/6	18/14 87 59/7 13/10	16/6 92 31/2 10/4	20/20 81 75/4 8/5	9/7 103 29/4 13/1	13/11 22/1/78 68/2 7/8	6/4 17/2/99 40/3 5/3	48/1/90 83/4 15/0/57 18/0	32/2/97 36/1 12/1/74 7/0	38/3/88 96 13/38 14	28/3/107 51 12/56 6
実質倍率	① 先特① 先特② ②	1.6/2.0 2.7 3.0/1.4 2.1/2.3	1.7/1.5 2.4 2.3/1.9 2.1/2.2	2.0/2.4 2.9 2.3/1.6 2.8/2.8	1.9/3.0 2.5 2.2/4.0 2.7/3.8	3.7/2.7 2.8 2.3/4.0 7.9/7.8	4.7/2.7 2.3 2.8/1.8 3.5/30.0	2.5/2.9 2.2/8.0/2.8 2.7/6.5 5.1/3.0	3.3/1.8 2.1/2.5/2.2 2.2/3.7 3.8/2.3	2.2/5.0/2.4 2.4/2.0 5.5/－/2.9 5.9/－	1.9/3.0/2.4 3.1/4.0 4.3/3.0/2.5 7.7/－	3.1/1.7/3.0 2.5 6.1/3.5 6.6	2.9/5.0/2.4 2.6 4.4/3.2 8.0

＊2019年～2022年①・②は4教科／2教科。2019年～2021年先進特待②は4教科／3教科(国算英)。2022年～2023年先進特待①・先進特待③は4教科／3教科(国算英)／適性、先進特待②・先進特待④・先進特待⑤は4教科／3教科(国算英)。2024年先進特待①は4教科／3教科(国算英)／適性、先進特待③は4教科／適性。
＊2024年補欠発表・追加合格…いずれも詳細不明。

◉入試教科

4教科

②算数	50分	100点
①国語	50分	100点
③理科	30分	50点
④社会	30分	50点
合計	160分	300点

＊適性Ⅰ・Ⅱ・Ⅲ(各45分・各100点)合計300点。
＊3科国・算・英(各50分・各100点)合計300点。

合格最高点	非公表
合格最低点	先進特待適性① 183点 先進特待① 182点 先進特待② 186点 先進特待適性③ 218点 先進特待③ 204点 先進特待④ 196点 先進特待⑤ 190点

＊先進特待は英語選択合算。

◉受験併願パターン

偏差値	1月前半	1月後半	2月1日	2月2日	2月3日	2月4日以降
56				法政第二		
55					成城２	
54		専修大松戸				
53	大宮開成		安田学園先進	安田学園先進３		
51						獨協４

偏差値	1月前半	1月後半	2月1日	2月2日	2月3日	2月4日以降
58			青稜１Ｂ			
56		専修大松戸			安田学園先進５	
55	大宮開成		安田学園先進	安田学園先進３		
51						普連土４日午前
49		麗澤ＥＥ				

入試問題の傾向とポイント

算数　計算＋一行問題10問、大問3題の出題。基本的な問題が中心だが、表・グラフの読み取りなどの思考力を試す問題が出題されることもある。また、解答に途中式や考え方を書かせる問題が出題されるので、日頃から正確かつ簡潔に記述をする練習をしておきたい。

国語　漢字の書き取り10問、物語文・説明文の読解2題という出題構成。記述は3問程度だが70字・85字など長めのものである。物語文は心情把握や理由説明の他に表現の特徴も問われた。説明文は内容説明(＝言い換え、具体的説明)が中心。文章は長めだが、設問数は多くない。

理科　設問3～4題、生地物化からの出題。選択問題・計算問題は基本的な内容となっているが、各大問には自分の考えを述べる記述問題が出題されることが多く、思考力が問われている。試験時間が25分と短いので、過去問演習を通して素早く正確に解く練習を重ねておきたい。

社会　大問3題構成。例年、政治では時事的な話題が切り口となって出題されているため、『ニュース最前線』などを用いて、しっかり対策しておくことが必要である。用語記述は原則漢字指定。記述問題では自分の考えを簡潔に表現するものも見られた。

山手学院中学校

（やまてがくいん）

■学校長／簑田大　■創立／昭和41年　■生徒数／598名（男365名、女233名）
■所在地／〒247-0013 神奈川県横浜市栄区上郷町460
■ＴＥＬ／045-891-2111
■交通／港南台駅（JR根岸線）徒歩12分。

何学期制	週何日制	登校時刻	制服	給食	食堂 軽食販売	プール	寮	特待制度 奨学金等	帰国生 取出授業
3学期制	5日制	8:30 高校は8:40	中高あり	なし	食堂条件付 販売中高あり	屋外	なし	あり	なし

沿　革

1966年に中学校（男子のみ）を開校し、1969年に高等学校を併設。このとき同時に男女共学校となり、翌年から交換留学制度を発足。1985年から高等学校で選抜クラスを設置。2010年に併設型中学校・高等学校となる。

教育方針と特色

「広い視野と大きな度量、使命感と協調性豊かなリーダーシップのある人材の育成」を、教育目標として掲げ、生徒一人ひとりの夢と可能性を育てるべく教育を実施。その具体例として、中学3年の全員参加によるオーストラリア・ホームスティと高校2年の全員参加による北米研修旅行や、豪・カナダ・ニュージーランドの学生たちとの国際交流がある。英語教育以外では、進学を目的とした高密度なカリキュラム（中3から選抜クラスの設置）、多彩な土曜講座、さらに、体力や精神力、創造性を育むクラブ活動の充実などにより、すべてに調和のとれた生徒の育成を目指している。6万㎡の広大な敷地内には緑が多く、教育環境としても恵まれている。

◉系列校

小	中	高	大（短大）
	○	○	

◉併設小学校なし

◉高校生外部募集………170名

（完全別クラス）

◉授業時間…1コマ45分・週35時間

	1年	2年	3年	計
国　語	5	4	5	14
社　会	3	4	4	11
数　学	5	5	5	15
理　科	4	5	4	13
英　語	7	7	7	21
5教科計	24	25	25	74

参考　高校1年生一週間の授業

英語=6　数学=6　国語=4
理科=6　社会=4
※普通科普通コース

進学・進路

◉卒業生進路状況

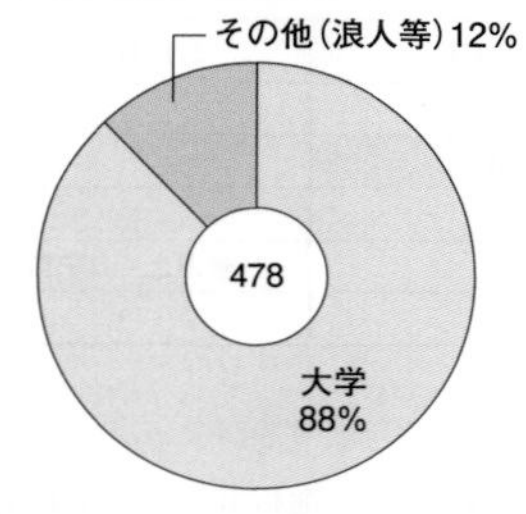

■進路選択状況（高３進級時）

データなし

■理系・文系進学状況

■共通テスト受験率

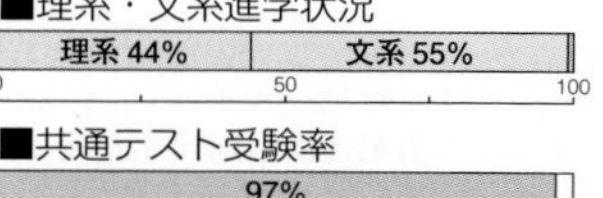

◉卒業までの流れ

小学校	中学校	高等学校	大学
	山手学院中学校 ▶	山手学院高等学校 (478)	

◉主な大学合格実績

大学名	'22	'23	'24	大学名	'22	'23	'24	大学名	'22	'23	'24	大学名	'22	'23	'24
東京大	1		1	千葉大	5	2	3	東京都立大	11	6	14	東京女子大	38	28	24
京都大	1	2		お茶の水女子大	3			横浜市立大	11	9	7	日本女子大	47	24	12
北海道大	9	3	5	東京外国語大	5	1	4	慶應義塾大	48	62	49	成蹊大	14	11	18
東北大	4	6	8	電気通信大	4	4	3	早稲田大	73	61	96	成城大	35	33	24
名古屋大		1	1	東京学芸大	1	1	1	上智大	30	50	36	明治学院大	94	80	73
大阪大	4	4	1	東京農工大	1	4	7	東京理科大	96	100	81	國學院大	32	21	29
九州大	3	2		東京芸術大	2	1	2	明治大	178	199	199	武蔵大	9	10	11
東京工業大	2	5	8	東京医科歯科大				青山学院大	108	103	106	獨協大	1	2	1
一橋大	5	5	3	東京海洋大	3	3	3	立教大	128	108	90	日本大	126	94	63
筑波大	2	1	3	横浜国立大	15	17	13	中央大	122	91	92	東洋大	91	74	55
茨城大		1	2	山梨大	4	1	1	法政大	146	131	117	駒澤大	27	23	30
宇都宮大			1	金沢大	3	3	1	学習院大	26	24	24	専修大	74	47	42
群馬大	2		1	信州大	8	6	4	国際基督教大	1	1	1	芝浦工業大	84	57	47
埼玉大		2	1	国際教養大	1	1	2	津田塾大	15	11	13	東京都市大	98	108	57

入試要項・入試情報

◉2024年度の入試要項（参考）

	A	特待選抜	B	後期
募集人員	男女80名(帰国生含)	男女60名(帰国生含)	男女40名(帰国生含)	男女20名(帰国生含)
選抜方法	国・算または 国・算・社・理	国・算	国・算または国・算・社・理	
出願関連期間	12/6〜1/31	12/6〜2/1	12/6〜2/2	12/6〜2/5
試験日程	2/1午前	2/1午後	2/3午前	2/6午前
合格発表	Web 2/1 20:00〜	Web 2/1 23:00〜	Web 2/3 17:00〜	Web 2/6 17:00〜
入学手続	2/6 12:00まで			2/8 12:00まで

◉費用（参考）

受験料		25,000円
入学手続時	入学金	200,000円
	授業料	—
	その他	—
入学手続後〜入学まで	授業料	—
	その他	—
入学後１年	授業料	480,000円
	その他	599,000円
初年度納入金合計		1,279,000円
中学３年間費用計　約		2,953,000円

＊複数回同時出願の場合、受験料は4万円。
＊制服代・学用品代等別途。

面接 実施しない。

私立 共学校

◉最近6年間の入試応募者推移と倍率

年度		2019 男	2019 女	2020 男	2020 女	2021 男	2021 女	2022 男	2022 女	2023 男	2023 女	2024 男	2024 女
募集	Ⓐ午前	80		A	80	80		80		80		80	
	Ⓐ午後	40		特待	40	60		60		60		60	
	Ⓑ	60		B	60	40		40		40		40	
	後期	20		後期	20	20		20		20		20	
応募	Ⓐ午前	195/28	146/35	165/35	137/39	214/41	139/28	222/34	127/32	164/46	125/32	156/40	117/37
	Ⓐ午後	485	252	463	246	474	262	388	201	434	205	430	203
	Ⓑ	535	289	505	283	535	269	448	220	224/45	151/35	213/34	153/35
	後期	343/45	189/56	288/63	166/56	358/64	187/56	366/50	182/42	307/60	148/45	256/56	155/45
応募倍率	Ⓐ午前	5.1		4.7		5.3		5.2		4.6		4.4	
	Ⓐ午後	18.4		17.7		12.3		9.8		10.7		10.6	
	Ⓑ	13.7		13.1		20.1		16.7		11.4		10.9	
	後期	31.7		28.7		33.3		32.0		28.0		25.6	
受験	Ⓐ午前	153/25	122/32	153/30	131/36	180/38	120/25	190/32	106/29	141/45	110/32	133/36	98/35
	Ⓐ午後	390	182	391	185	428	225	337	173	380	181	394	178
	Ⓑ	325	178	339	167	388	178	301	150	132/38	89/25	114/28	94/24
	後期	123/20	70/33	118/32	57/30	212/45	105/34	216/37	91/34	194/49	69/29	146/43	70/29
合格	Ⓐ午前	70/8	51/9	52/10	57/10	69/14	43/5	76/11	45/5	50/14	46/12	62/10	37/10
	Ⓐ午後	257	70	208(28)	81(12)	214(38)	115(27)	175	102	234(44)	96(22)	239(43)	97(21)
	Ⓑ	152	61	113	35	124	40	124	49	53/8	38/10	56/10	49/12
	後期	11/0	5/4	30/4	12/6	37/6	23/6	35/5	21/8	38/6	10/6	20/8	11/7
実質倍率	Ⓐ午前	2.2/3.1	2.4/3.6	2.9/3.0	2.3/3.6	2.6/2.7	2.8/5.0	2.5/2.9	2.4/5.8	2.8/3.2	2.4/2.7	2.1/3.6	2.6/3.5
	Ⓐ午後	1.5	2.6	1.9(14.0)	2.3(15.4)	2.0(11.3)	2.0(8.3)	1.9	1.7	1.6(8.6)	1.9(8.2)	1.6(9.2)	1.8(8.5)
	Ⓑ	2.1	2.9	3.0	4.8	3.1	4.5	2.4	3.1	2.5/4.8	2.3/2.5	2.0/2.8	1.9/2.0
	後期	11.2/−	14.0/8.3	3.9/8.0	4.8/5.0	5.7/7.5	4.6/5.7	6.2/7.4	4.3/4.3	5.1/8.2	6.9/4.8	7.3/5.4	6.4/4.1

＊帰国生を含む。
＊2020年〜2021年、2023年特待選抜の（　）の数字は合格者数に含まれる特待生合格者の数とその実質倍率。
＊2019年A午前・後期と2020年〜2022年A・後期は4教科／2教科。2023年〜2024年A・B・後期は4教科／2教科。
＊2024年補欠発表…なし。追加合格（電話）…(A)男3名、女2名、いずれも2月11日〜。

◉入試教科

4教科/2教科

②算数	50分/50分	100点/100点
①国語	50分/50分	100点/100点
④理科	40分/	80点/
③社会	40分/	80点/
合計	180分/100分	360点/200点

合格最高点	Ⓐ	300/183点 特待170点
	Ⓑ	294/158点
	後期	258/149点
合格最低点	Ⓐ	231/128点 特待135点一般105点
	Ⓑ	202/100点
	後期	233/115点

◉受験併願パターン

偏差値	1月前半	1月後半	2月1日	2月2日	2月3日	2月4日以降
60			山手学院特待			逗子開成３
59				中央大附属横浜２	逗子開成２	
58	栄東Ａ１０日					
56				法政第二	都市大等々力２選	高輪Ｃ
55				鎌倉学園２		鎌倉学園３

偏差値	1月前半	1月後半	2月1日	2月2日	2月3日	2月4日以降
57			湘南白百合算数			
56						山手学院後期
54			山手学院Ａ	神奈川大附２	山手学院Ｂ	
49				日大藤沢２		
48						日大藤沢３

入試問題の傾向とポイント

算数　計算問題2問程度、一行問題3問、大問5題の問題構成。一行問題は基本レベルなので、確実に得点すること。後半は大問が多く、出題範囲が多岐にわたる。やや思考力を要する問題も出題されているので、問題レベルを見極めて、時間配分を考えてできる問題から取り組みたい。

国語　説明文と物語文が1題ずつと、漢字の読み書きが10問出題された。説明文は文整序や理由、そのほか会話文を読んだうえで自分の考えを述べる設問がみられた。物語文は文章表現や、本文に関連した文章から人物の言動理由を推察することが求められた。

理科　設問4題、生地物化からの出題。設問形式は、選択・計算・短答記述・作図と多岐にわたる。問題文がやや長めだが、基本的な問題が多く並んでいる。『四科のまとめ』を用いるなどして基礎基本をしっかりと固め、苦手分野を作らないようにしたい。計算問題への対応も忘れずに行うこと。

社会　大問3題構成。記号選択の割合が高く、多くは基礎基本を問う設問だった。記述問題は昨年1問だったが、今年は3問出題された。用語記述は漢字指定が多い。地理はグラフや表を用いた設問が多い年もあるので、ふだんからこれらを活用した学習を意識したい。

麗澤（れいたく）中学校

■学校長／櫻井讓　■創立／平成14年　■生徒数／472名（男219名、女253名）
■所在地／〒277-8686 千葉県柏市光ヶ丘2-1-1
■ＴＥＬ／04-7173-3700
■交通／南柏駅（JR常磐線）から東武バス「麗澤幼稚園・麗澤中高前」下車。

何学期制	週何日制	登校時刻	制服	給食	食堂 軽食販売	プール	寮	特待制度 奨学金等	帰国生 取出授業
3学期制	6日制	8:15	中高あり	中高あり	食堂中高あり 販売なし	なし	高校のみあり	あり	あり

沿　革

1935年、法学博士廣池千九郎により道徳科学専攻塾として開塾。1948年に高等部を開設、1951年に麗澤高等学校と改称。
建学の理念「知徳一体」に基づく教育を行っている。のち麗澤大学を設置し、岐阜県には麗澤瑞浪中学・高等学校を開設。2002年麗澤中学校を開校、2015年麗澤中学校叡智コースを開設。

教育方針と特色

「感謝の心」・「思いやりの心」・「自立の心」を育むことを第一の目標に、知力・道徳心・体力のバランスのとれた人間形成を目指す。2015年「叡智コース」（「アドバンスト叡智コース」と「エッセンシャル叡智コース」）をスタート。グローバル社会で生き抜くために必要な力である、論理的思考力・説明力・コミュニケーション力などを身につけるために「言語技術教育」「英語教育」など独自のプログラムを実施している。また、「自分（ゆめ）プロジェクト」というプログラムでは、中学３年次に実施される全員参加のイギリス研修旅行などを通して、視野を広げ幅広い知識と判断力、創造性に富んだ総合的な学力を育んでいる。

◉系列校

小	中	高	大(短大)
	○	○	○

◉併設小学校なし
◉高校生外部募集………100名

（2年次から混合クラス）

◉授業時間…1コマ50分・週35時間

	1年	2年	3年	計
国　語	6	6	6	18
社　会	3	4	4	11
数　学	6	5	6	17
理　科	4	4	4	12
英　語	6	6	6	18
5教科計	25	25	26	76

参考　高校1年生一週間の授業

英語=6　数学=6　国語=6
理科=4　社会=4

進学・進路

◉卒業生進路状況

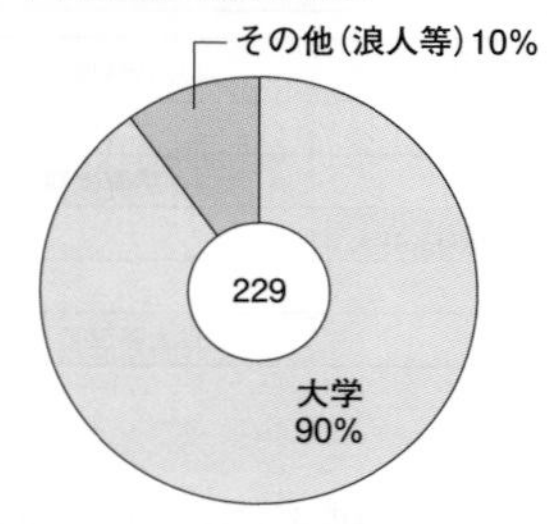

■進路選択状況（高３進級時）

理系 43%　文系 57%

■理系・文系進学状況

理系 42%　文系 58%

■共通テスト受験率

85%

◉卒業までの流れ

小学校	中学校	高等学校	大学
	麗澤中学校 ▶	麗澤高等学校（229）	

◉主な大学合格実績

大学名	'22	'23	'24	大学名	'22	'23	'24	大学名	'22	'23	'24	大学名	'22	'23	'24
東京大				千葉大	3	4	7	東京都立大		1	1	東京女子大	10	7	9
京都大		1	1	お茶の水女子大	1	1	1	横浜市立大				日本女子大	12	2	8
北海道大	1	1		東京外国語大	1		4	慶應義塾大	7	3	3	成蹊大	13	7	5
東北大	1	1		電気通信大			2	早稲田大	16	4	22	成城大	9	13	11
名古屋大				東京学芸大	1		1	上智大	7	12	5	明治学院大	11	7	11
大阪大			1	東京農工大				東京理科大	15	18	28	國學院大	13	10	12
九州大	1		1	東京芸術大				明治大	24	19	35	武蔵大	4	4	11
東京工業大		1		東京医科歯科大				青山学院大	18	8	20	獨協大	25	11	22
一橋大				東京海洋大				立教大	28	18	29	日本大	61	47	39
筑波大	6	2	7	横浜国立大				中央大	20	18	20	東洋大	46	20	44
茨城大	3	3	5	山梨大				法政大	48	27	37	駒澤大	6	4	10
宇都宮大		1	1	金沢大	2		1	学習院大	15	7	14	専修大	15	7	14
群馬大	1			信州大	1	2		国際基督教大	1			芝浦工業大	20	12	12
埼玉大	3	1	1	国際教養大				津田塾大	1	1	6	東京都市大	5	2	4

入試要項・入試情報

◉2024年度の入試要項（参考）

	1回	2回	3回	4回
募集人員	AEコース　男女30名 EEコース　男女30名	AEコース　男女25名 EEコース　男女30名	AEコース　男女15名 EEコース　男女15名	AEコース　男女5名 EEコース　男女若干名
選抜方法	国・算・社・理または国・算・英		国・算	
出願関連期間	11/1～1/21	11/1～1/25	11/1～1/28	11/1～2/1
試験日程	1/21午前	1/25午前	1/28午後	2/1午後
合格発表	Web 1/22 10:00～	Web 1/26 10:00～	Web 1/29 12:00～	Web 2/2 12:00～
入学手続	2/3 16:00まで			2/5 16:00まで

＊英語はEEコース受験者の選択科目。
＊英語選択者以外は、本校以外に船橋会場（ホテルフローラ船橋）でも実施。

◉費用（参考）

受験料		22,000円
入学手続時	入学金	300,000円
	授業料	—
	その他	—
入学手続後～入学まで	授業料	—
	その他	99,000円
入学後１年	授業料	354,000円
	その他	674,000円
初年度納入金合計		1,427,000円
中学３年間費用計　約		3,199,000円

＊複数回出願の場合、受験料は2回目以降1回につき1万1千円追加。
＊国公立中高一貫校受検者で延納手続きをした場合、入学手続時納入金は延納金不要で併願一貫校の発表日の翌日16時まで延納可。

面接 実施しない。

◉最近6年間の入試応募者推移と倍率

募集・応募倍率（AE｜EE）

年度		2019 AE	2019 EE	2020 AE	2020 EE	2021 AE	2021 EE	2022 AE	2022 EE	2023 AE	2023 EE	2024 AE	2024 EE
募集	①AE｜EE	15	45	15	42/3	15	37/3	20	35	25	35	30	30
	②AE｜EE	15	35	15	33/2	20	33/2	20	30	20	35	25	30
	③AE｜EE	若干	15	若干	15	5	15	5	15	5	15	15	15
	④AE｜EE	若干	15	若干	15	若干	10	5	10	5	10	5	若干
応募倍率	①AE｜EE	15.9	10.2	17.8	12.4/4.7	18.4	14.1/3.3	17.3	16.7	15.7	16.5	11.5	17.0
	②AE｜EE	16.3	12.9	18.3	15.5/6.0	10.3	13.2/5.5	13.3	16.2	16.0	14.2	11.4	13.6
	③AE｜EE	－	17.8	－	19.7	29.4	21.1	36.0	23.1	43.8	23.8	13.1	20.1
	④AE｜EE	－	13.1	－	11.6	－	15.8	16.0	18.6	17.8	17.7	15.6	-

応募・受験・合格・実質倍率（2019～2021）

年度		2019 男 AE	2019 男 EE	2019 女 AE	2019 女 EE	2020 男 AE	2020 男 EE	2020 女 AE	2020 女 EE	2021 男 AE	2021 男 EE	2021 女 AE	2021 女 EE
応募	①AE｜EE	132	237	106	223	156	277/6	111	243/8	151	279/3	125	244/7
	②AE｜EE	125	225	120	225	153	269/5	122	244/7	117	228/3	89	206/8
	③AE｜EE	59	133	61	134	68	148	57	147	78	161	69	156
	④AE｜EE	42	99	47	97	42	94	24	80	30	78	29	80
受験	①AE｜EE	129	196	105	204	147	237/6	105	212/8	145	244/3	120	215/7
	②AE｜EE	114	170	108	169	129	196/4	105	176/6	93	154/2	72	154/6
	③AE｜EE	39	100	41	92	48	101	41	112	48	99	53	102
	④AE｜EE	31	64	25	55	21	56	14	52	11	37	17	48
合格	①AE｜EE	34	56	16	64	29	64/2	23	57/3	30	37/1	21	28/1
	②AE｜EE	33	41	28	57	36	64/2	30	49/2	32	23/0	23	44/3
	③AE｜EE	2	27	8	24	8	22	9	32	13	25	8	11
	④AE｜EE	1	17	0	14	1	6	0	15	3	5	3	7
実質倍率	①AE｜EE	3.8	3.5	6.6	3.2	5.1	3.7/3.0	4.6	3.7/2.7	4.8	6.6/3.0	5.7	7.7/7.0
	②AE｜EE	3.5	4.2	3.9	3.0	3.6	3.1/2.0	3.5	3.6/3.0	2.9	6.7/－	3.1	3.5/2.0
	③AE｜EE	19.5	3.7	5.1	3.8	6.0	4.6	4.6	3.5	3.7	4.0	6.6	9.3
	④AE｜EE	31.0	3.8	－	3.9	21.0	9.3	－	3.5	3.7	7.4	5.7	6.9

応募・受験・合格・実質倍率（2022～2024）

年度		2022 男 AE	2022 男 EE	2022 女 AE	2022 女 EE	2023 男 AE	2023 男 EE	2023 女 AE	2023 女 EE	2024 男 AE	2024 男 EE	2024 女 AE	2024 女 EE
応募	①AE｜EE	185	274/7	160	283/21	207	293/7	185	272/5	187	242/11	157	245/11
	②AE｜EE	137	227/4	128	242/13	172	262/5	148	227/4	153	190/6	131	204/8
	③AE｜EE	95	156	85	190	108	191	111	166	108	142	89	159
	④AE｜EE	39	87	41	99	45	99	44	78	42	57	36	74
受験	①AE｜EE	177	235/7	150	242/20	199	260/7	177	223/5	179	192/10	152	197/11
	②AE｜EE	113	159/2	113	179/10	141	187/4	116	152/4	122	109/5	108	128/6
	③AE｜EE	68	105	65	142	85	143	86	121	80	93	69	108
	④AE｜EE	25	60	28	68	34	70	29	53	27	32	23	45
合格	①AE｜EE	26	61/5	30	59/6	24	61/2	40	60/2	42	56/4	41	60/2
	②AE｜EE	30	36/0	33	40/2	33	45/1	31	34/1	47	27/3	46	30/2
	③AE｜EE	11	13	15	32	12	14	13	19	12	21	15	19
	④AE｜EE	4	5	3	5	4	7	2	8	5	4	3	5
実質倍率	①AE｜EE	6.8	3.9/1.4	5.0	4.1/3.3	8.3	4.3/3.5	4.4	3.7/2.5	4.3	3.4/2.5	3.7	3.3/5.5
	②AE｜EE	3.8	4.4/－	3.4	4.5/5.0	4.3	4.2/4.0	3.7	4.5/4	2.6	4.0/1.7	2.3	4.3/3.0
	③AE｜EE	6.2	8.1	4.3	4.4	7.1	10.2	6.6	6.4	6.7	4.4	4.6	5.7
	④AE｜EE	6.3	12.0	9.3	13.6	8.5	10.0	14.5	6.6	5.4	8.0	7.7	9.0

＊帰国生を含む。
＊2019年①EE・②EEは4教科と3教科（国算英）の合計数。2020年～2024年①EE・②EEは4教科／3教科（国算英）。
＊2024年補欠発表・追加合格…いずれもなし。

◉入試教科

4教科/2教科

②算数	50分/50分	100点/100点
①国語	50分/50分	100点/100点
③理科	30分/	50点/
④社会	30分/	50点/
合計	160分/100分	300点/200点

＊英語は（60分・100点）。
＊AEは国・算を1.2倍（各120点）の傾斜配点。

合格最高点	①AE　301点 ①EE　242/245点 ②AE　286点 ②EE　253/226点 ③AE　180点 ③EE　172点 ④AE　155点 ④EE　162点
合格最低点	①AE　235点 ①EE　193/200点 ②AE　219点 ②EE　188/202点 ③AE　155点 ③EE　151点 ④AE　142点 ④EE　141点

＊①EE・②EEの合格最高・最低点は4科/3科の点数。国・算・英は非公表。

◉受験併願パターン

偏差値	1月前半	1月後半	2月1日	2月2日	2月3日	2月4日以降
54		専修大松戸				
53			安田学園先進			
51		麗澤ＡＥ				
49	茗溪学園					
47		昭和学院算				

偏差値	1月前半	1月後半	2月1日	2月2日	2月3日	2月4日以降
55	大宮開成	芝浦工大柏				
54						山脇学園Ｃ
52		麗澤ＡＥ		共立女子２日		
51	茗溪学園					
48						国府台女子学院２

入試問題の傾向とポイント

算数
計算問題8問、一行問題6問、大問2題の問題構成。計算問題や一行問題では確実に得点しておきたい。最後の大問は思考力を試す問題が出題されることが多く、式や図、理由などを書くよう指示がある。また、図形やグラフ絡みの問題が頻出である。

国語
漢字の書き取り8問と熟語パズル2問、説明文1題と物語文1題。説明文は2文章が出題され、言い換えや空欄補充などの設問。物語文は人物の心情説明のほか、児童の会話を読んだうえで傍線部内容を説明する出題があった。解答形式は抜き出しや選択肢が中心だが、50字以内の記述もあった。

理科
大問5題、生地物化からの出題。大問1は小問集合で、時事問題が含まれることが多いので、事前に対策をしておきたい。基本的な選択問題・計算問題が続くため、『四科のまとめ』などを用いることで、基礎基本をしっかりと固め、苦手分野を作らないようにしたい。

社会
大問5題構成。地理は例年通り都道府県についての問いが出題された。歴史は受験生にとって見慣れない内容や史料などから出題されることがあるが、問題文をしっかり読み込むことで対応できる。

最近6年間の入試応募者推移と倍率（つづき1）

（共学校）

郁文館 ▷P.117

年度	2023		2024	
	男	女	男	女
募集	適性検査① 10 適性検査② 10 適性検査iPclass選 10 未来力 若干		10 10 5 若干	
応募	102 74 54 16	93 78 63 8	103 79 50 24	81 74 52 12
応募倍率	19.5 15.2 11.7 —		18.4 15.3 20.4 —	
受験	93 57 39 10	85 57 44 7	92 62 32 11	72 60 34 5
合格	82 47 5 8	76 51 7 6	79 53 12 5	67 43 7 2
実質倍率	1.1 1.2 7.8 1.3	1.1 1.1 6.3 1.2	1.2 1.2 2.7 2.2	1.1 1.4 4.9 2.5

浦和実業学園 ▷P.121

年度	2023		2024	
	男	女	男	女
募集	①適性検査型 10 ②適性検査型 10 英語 5		10 10 5	
応募	212 216 28	282 330 34	226 274 23	288 329 25
応募倍率	49.4 54.6 12.4		51.4 60.3 9.6	
受験	201 190 15	250 274 13	211 245 12	267 294 15
合格	144 150 11	204 223 6	163 189 5	200 222 10
実質倍率	1.4 1.3 1.4	1.2 1.2 2.2	1.3 1.3 2.4	1.3 1.3 1.5

桜美林 ▷P.127

年度	2023		2024	
	男	女	男	女
募集	2/2午後 25 2/3午後算 10		2/2午後 25 2/3午後 10	
応募	172 117	113 59	172 168	98 107
応募倍率	11.4 17.6		10.8 18.3	
受験	106 54	64 23	88 60	50 42
合格	46 8	25 5	47 22	18 6
実質倍率	2.3 6.8	2.6 4.6	1.9 2.7	2.8 7.0

開智 ▷P.131

年度	2024	
	男	女
募集	日本橋併願 5	
応募	159	188
応募倍率	69.4	
受験	67	106
合格	7	34
実質倍率	9.6	3.1

開智所沢 ▷P.133

年度	2024	
	男	女
募集	日本橋併願 5	
応募	148/186	164/208
応募倍率	141.2	
受験	53/68	77/100
合格	6/7	19/27
実質倍率	8.8/9.7	4.1/3.7

開智未来 ▷P.137

年度	2023		2024	
	男	女	男	女
募集	算数1科 10 ② 20		10 15	
応募	83 96	44 68	93 101	57 83
応募倍率	12.7 8.2		15.0 12.3	
受験	37 38	21 36	42 45	25 40
合格	22 31	13 32	25 40	10 34
実質倍率	1.7 1.2	1.6 1.1	1.7 1.1	2.5 1.2

かえつ有明 ▷P.139

年度	2023		2024	
	男	女	男	女
募集	思考力特待 10 AL思考力特待 10 Honors/Advanced 10		7 10 15	
応募	7 36 11	19 48 16	11 34 17	9 41 27
応募倍率	2.6 8.4 2.7		2.9 7.5 2.9	
受験	5 31 11	19 44 15	10 29 14	9 31 26
合格	0(0) 3(0) 2(0)	5(1) 8(0) 7(0)	2(0) 6(2) 8(0)	3(1) 4(0) 18(0)
実質倍率	−(−) 10.3(−) 5.5(−)	3.8(19.0) 5.5(−) 2.1(−)	5.0(−) 4.8(14.5) 1.8(−)	3.0(9.0) 7.8(−) 1.4(−)

春日部共栄 ▷P.139

年度	2023		2024	
	男	女	男	女
募集	③PM(IT医｜プログ) 80 IT医学サイエンス全日程計 ④AM(IT医｜プログ) 80 プログレッシブ政経全日程計		80 IT医学サイエンス全日程計 80 プログレッシブ政経全日程計	
応募	126/41｜131 166｜130		144/51｜145 204｜144	
応募倍率	11.6 IT医学サイエンス全日程計 9.3 プログレッシブ政経全日程計		15.1 IT医学サイエンス全日程計 11.4 プログレッシブ政経全日程計	
受験	67/19｜68 84｜64		81/22｜81 106｜81	
合格	45/13｜51 58｜48		38/10｜51 44｜59	
実質倍率	1.5/1.5｜1.3 1.4｜1.3		2.1/2.2｜1.6 2.4｜1.4	

光英VERITAS ▷P.149

年度	2023		2024	
	男	女	男	女
募集	VERITAS英語 10 特待選抜 20 ③ 若干		VERITAS英語 5 特待選抜 20 ③ 若干 VERITAS探究 若干	
応募	5 60/17 40	9 66/29 17	5 54/22 41 13	1 62/21 21 14
応募倍率	1.4 8.6 —		1.2 8.0 — —	
受験	4 43/13 24	9 52/23 11	4 38/13 21 13	1 43/17 13 12
合格	3 12/4 16	4 20/4 7	3 11/2 8 2	0 16/2 9 6
実質倍率	1.3 3.6/3.3 1.5	2.3 2.6/5.8 1.6	1.3 3.5/6.5 2.6 6.5	— 2.7/8.5 1.4 2.0

工学院大学附属 ▷P.151

年度	2023		2024	
	男	女	男	女
募集	③ 10 ④ 10 適性検査②	④・適性検査②合計	10 10	④・適性検査②合計
応募	145/6 127/6 9	31/2 23/3 5	101/7 79/9 16	22/9 17/5 6
応募倍率	18.4 17.3	④・適性検査②合計	13.9 13.2	④・適性検査②合計
受験	67/4 51/5 4	10/1 4/3 2	28/0 15/0 8	6/2 2/1 3
合格	16/1 8/1 3	5/0 2/0 1	17/0 4/0 2	3/2 1/1 2
実質倍率	4.2/4.0 6.4/5.0 1.3	2.0/− 2.0/− 2.0	1.6/− 3.8/− 4.0	2.0/1.0 2.0/1.0 1.5

国学院大学久我山 ▷P.153

年度	2023		2024	
	男	女	男	女
募集	ST③ 約15	約10	約15	約10
応募	216	102	174	99
応募倍率	14.4	10.2	11.6	9.9
受験	192	88	153	79
合格	27	15	26	12
実質倍率	7.1	5.9	5.9	6.6

サレジアン国際学園 ▷P.163

年度	2023		2024	
	男	女	男	女
募集	自由選択②(本科｜インター) 20｜10 21世紀型(本科｜インター) 5		④(本科｜インター) 10｜10 21世紀型(本科｜インター) 5	
応募	23｜18 27｜25	17｜15 19｜27	27｜27 30｜22	25｜26 24｜27
応募倍率	2.0｜3.3 19.6		5.2｜5.3 20.6	
受験	10｜6 8｜4	3｜6 6｜7	10｜9 5｜3	9｜12 5｜5
合格	6｜4 5｜3	3｜4 6｜5	6｜3 3｜2	6｜7 4｜3
実質倍率	1.7｜1.5 1.6｜1.3	1.0｜1.5 1.0｜1.4	1.7｜3.0 1.7｜1.5	1.5｜1.7 1.3｜1.7

実践学園 ▷P.167

年度	2023		2024	
	男	女	男	女
募集	LA&S①｜② 5｜5 自己PR 5 Ⅱ期 若干		5｜5 5 若干	
応募	4｜2 20 18	2｜2 14 7	3｜4 30 19	4｜6 13 3
応募倍率	1.2｜0.8 6.8 —		1.4｜2.0 8.6 —	
受験	4｜0 5 17	2｜1 2 4	3｜4 10 16	4｜5 2 3
合格	4｜0 4 10	2｜1 2 0	2｜2 6 12	3｜3 1 2
実質倍率	1.0｜− 1.3 1.7	1.0｜1.0 1.0 −	1.5｜2.0 1.7 1.3	1.3｜1.7 2.0 1.5

品川翔英 ▷P.169

年度	2023		2024	
	男	女	男	女
募集	②ラーナーズ 10 ⑥4科 ⑥2科 ⑥算数1	10 ⑥合計	④ラーナーズ 10 ⑥4科 ⑥2科	10 ⑥合計
応募	30 56 63 18	13 45 40 2	26 32 16	12 28 19
応募倍率	4.3 22.4	⑥合計	3.8 9.5	⑥合計
受験	28 12 19 4	13 17 20 1	14 13 7	10 8 7
合格	24 8 14 2	13 13 16 1	10 10 6	10 6 6
実質倍率	1.2 1.5 1.4 2.0	1.0 1.3 1.3 1.0	1.4 1.3 1.2	1.0 1.3 1.2

淑徳巣鴨 ▷P.179

年度	2023		2024	
	男	女	男	女
募集	スカラシップ③SP選抜 10 一般③特進 15		10 15	
応募	69/13/44 126	72/21/57 168	90/16/37 139	73/17/54 160
応募倍率	27.6 19.6		28.7 19.9	
受験	45/10/31 73	43/19/34 99	52/14/20 79	42/15/28 102
合格	8/2/4 12	4/4/4 18	7/4/4 13	5/1/2 14
実質倍率	5.6/5.0/7.8 6.1	10.8/4.8/8.5 5.5	7.4/3.5/5.0 6.1	8.4/15.0/14.0 7.3

私立男子校

浅野(あさの)中学校

■学校長／古梶裕之　■創立／大正9年　■生徒数／820名
■所在地／〒221-0012 神奈川県横浜市神奈川区子安台1-3-1
■ＴＥＬ／045-421-3281
■交通／新子安駅（JR京浜東北線）徒歩8分。京急新子安駅（京浜急行線）徒歩8分。

何学期制	週何日制	登校時刻	制服	給食	食堂 軽食販売	プール	寮	特待制度 奨学金等	帰国生 取出授業
3学期制	6日制	8:35	中高あり	なし	食堂なし 販売中高あり	屋内	なし	あり	なし

沿　革

1920年、事業家の浅野總一郎が浅野綜合中学校を創立。1948年、学制改革により浅野綜合中学校を浅野中学校、同高等学校として戦災からの復興に努める。
2020年1月創立100周年を迎える。

教育方針と特色

「九転十起」「愛と和」を校訓に設立。教育方針として自主独立の精神、義務と責任の自覚、そして心身共に健康で創造的な能力を持つ、逞しい人間の育成に努めている。そのための各種施設、教育組織、教育課程については細かい配慮が見られる。各教科とも充実したカリキュラムが組まれており、毎年難関大学に数多くの卒業生を輩出している。学舎は緑に囲まれ、1971年から県の愛護林鳥獣保護区に指定されている。この好環境のもと、生徒たちは自由でのびのびとした生活を送ることができる。クラブ活動も奨励しており参加率も高い。また、コミュニケーションを大切にしており、各学年のフロアには教員控室があり、担任の教員は常駐して生徒達の質問や相談に対応できるようになっている。

◉系列校

小	中	高	大（短大）
	○	○	

◉併設小学校なし
◉高校生外部募集………なし

◉授業時間…1コマ50分・週34時間

	1年	2年	3年	計
国　語	6	5	5	16
社　会	4	4	4	12
数　学	5	6	6	17
理　科	4	4	5	13
英　語	7	7	7	21
5教科計	26	26	27	79

参考　高校1年生一週間の授業

英語=6　数学=6　国語=6
理科=6　社会=4

進学・進路

◉卒業生進路状況

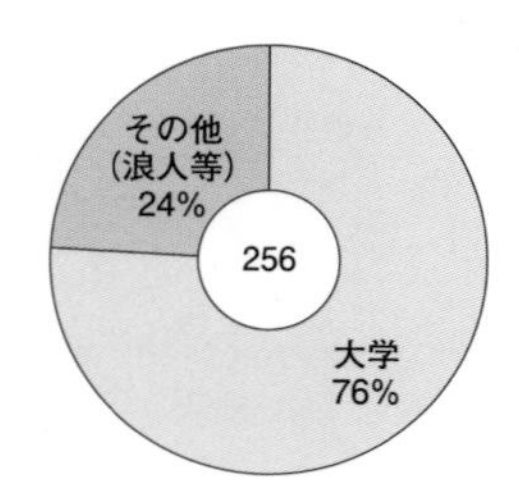

■進路選択状況（高3進級時）
理系 51%　文系 49%

■理系・文系進学状況
理系 49%　文系 50%

■共通テスト受験率
94%

◉卒業までの流れ

小学校	中学校	高等学校	大学
	浅野中学校	▶ 浅野高等学校（256）	

◉主な大学合格実績

大学名	'22	'23	'24	大学名	'22	'23	'24	大学名	'22	'23	'24	大学名	'22	'23	'24
東京大	36	43	45	埼玉大			1	国際教養大				国際基督教大			1
京都大	4	7	7	千葉大		1	3	東京都立大		2	3	成蹊大	1	1	5
北海道大	7	7	10	東京外国語大	3			横浜市立大	3	4	3	成城大	1	4	4
東北大	6	4	5	電気通信大	4	1	1	慶應義塾大	132	132	149	明治学院大	5	4	7
名古屋大		2	2	東京学芸大	1		1	早稲田大	96	116	129	國學院大	3	3	1
大阪大				東京農工大	1	4	2	上智大	26	33	19	武蔵大			
九州大				東京芸術大		2		東京理科大	100	103	78	獨協大			
東京工業大	24	9	13	東京医科歯科大	1	1		明治大	67	78	73	日本大	22	7	6
一橋大	12	10	13	東京海洋大	1			青山学院大	22	32	25	東洋大	2	7	
筑波大	4	3	5	横浜国立大	11	22	19	立教大	9	14	16	駒澤大	9	4	1
茨城大				山梨大	1			中央大	15	29	34	専修大	8	10	5
宇都宮大				金沢大				法政大	25	29	39	芝浦工業大	16	10	7
群馬大				信州大		2	2	学習院大	5	5	3	東京都市大	6	10	18

入試要項・入試情報

◉2024年度の入試要項（参考）

募集人員	270名
選抜方法	国・算・社・理
出願関連期間	1/6〜1/31
試験日程	2/3
合格発表	Web 2/4 9:00〜
入学手続	2/4 16:00まで

◉費用（参考）

受験料		25,000円
入学手続時	入学金	250,000円
	授業料	—
	その他	—
入学手続後〜入学まで	授業料	—
	その他	—
入学後１年	授業料	492,000円
	その他	559,500円
初年度納入金合計		1,301,500円
中学３年間費用計	約	3,258,100円

＊制服代・学用品代等別途。

面接 実施しない。

◉最近6年間の入試応募者推移と倍率

年度	2019	2020	2021	2022	2023	2024
募集	270	270	270	270	270	270
応募	1894	1890	1844	1737	1734	1742
応募倍率	7.0	7.0	6.8	6.4	6.4	6.5
受験	1573	1573	1534	1474	1399	1429
合格	620	643	602	594	608	595
実質倍率	2.5	2.4	2.5	2.5	2.3	2.4

＊2024年補欠発表…なし。追加合格(電話)…53名、2月4日〜2月16日。

◉入試教科

教科	時間	配点
②算数	50分	120点
①国語	50分	120点
④理科	40分	80点
③社会	40分	80点
合計	180分	400点

合格最高点	376点
合格最低点	254点

◉受験併願パターン

偏差値	1月前半	1月後半	2月1日	2月2日	2月3日	2月4日以降
71			開成			
70		渋谷教育幕張		聖光学院		聖光学院２
67	聖光学院帰					
66	栄東東大特待		駒場東邦	栄光学園		
65		市川				
64					浅野	
63						芝２
60		立教新座	サレジオ学院Ａ	農大第一２算理		逗子開成３
59	愛光首都圏		芝	中央大附属横浜２		立教池袋２
58	栄東Ａ１０日		逗子開成		暁星２	
57	栄東Ｂ		神奈川大附	世田谷学園２	青学横浜英和Ｃ	世田谷学園３

入試問題の傾向とポイント

算数 計算1問、一行問題4問程度、大問4題の問題構成。全体的には標準レベルの問題だが、後半の大問にはやや難度が高い問題が出題されることもある。基礎をしっかりと固めた上で、応用力・思考力を鍛えたい。一部で記述を求める問題も出題される。

国語 漢字の読み書き10問と、物語文・説明文が1題ずつ出題された。物語文は人物の心情や言動の説明を中心に、説明文は言い換えや内容合致などが問われた。読解それぞれで、40~60字程度の記述が1、2問みられる。

理科 大問4題、生地物化からの出題。おもな設問形式は選択・計算問題で、作図問題が出る年もある。全ての大問を通して図・表・グラフが多く、正確な読解力が必要。生物分野と地学分野では実際に撮影された写真が題材となることが多い。基礎基本を固めたうえで過去問演習を通して準備をしておきたい。

社会 総合問題と論述の大問2題。記述以外のほぼすべてが選択肢問題。問われている内容は基礎基本が多く、『予習シリーズ』の学習で十分に対応できる。恐らく、記述で差がつくものと思われる。時事的な内容やデータの読み取りの問いも増えてきており、社会の出来事に関して興味関心を持つ必要がある。

足立学園中学校

（あだちがくえん）

■学校長／井上実　■創立／昭和4年　■生徒数／599名
■所在地／〒120-0026 東京都足立区千住旭町40-24　■ＴＥＬ／03-3888-5331
■交通／北千住駅（JR常磐線、東京メトロ千代田線・日比谷線、東武スカイツリーライン、つくばエクスプレス）徒歩1分。
京成関屋駅（京成線）徒歩7分。

何学期制	週何日制	登校時刻	制服	給食	食堂 軽食販売	プール	寮	特待制度 奨学金等	帰国生 取出授業
3学期制	6日制	8:25	中高あり	なし	食堂中高あり 販売中高あり	なし	なし	あり	なし

沿　革

1929年、堀内亮一医師と有志21名により、旧制南足立中学校・旧制南足立商業学校として創立される。初代校長は、大審院長（現在の最高裁判所長官）牧野菊之助。1947年、新制足立中学校として開校。一時中学を休校していたが、1991年より募集再開。1993年現校名に改称。2007年新校舎完成。2018年高等学校の文理科の募集中止。普通科に探究・文理・総合の3コースを設置。

教育方針と特色

「質実剛健・有為敢闘」の建学の精神のもと、「自ら学び　心ゆたかに　たくましく」の教育目標を掲げ、誠実でたくましく、優秀で社会の役に立ち、最後までやり遂げる人財の育成を実践している。
教育は未来への準備であるという観点で、志を持ち、自己肯定感を高め、何のために学ぶのか、何を成し遂げたいのかを明確にし、生徒の夢や希望を叶えるサポートを全教職員が一丸となって行う。全ての志はSDGsの17のテーマにリンクする。
Microsoft Showcase School認定校（教育ICT先進校：日本の中高で最初の認定校）、オックスフォード大学（Hertford College）提携校

◉系列校

小	中	高	大(短大)
	○	○	

◉併設小学校なし

◉高校生外部募集………あり

（2年次から混合クラス）

◉授業時間…1コマ50分・週34時間

	1年	2年	3年	計
国　語	5	5	6	16
社　会	4	4	4	12
数　学	6	5	5	16
理　科	4	4	4	12
英　語	5	6	6	17
5教科計	24	24	25	73

参考　高校1年生一週間の授業

英語=7(5)　数学=5　国語=4
理科=6　社会=4

進学・進路

◉卒業生進路状況

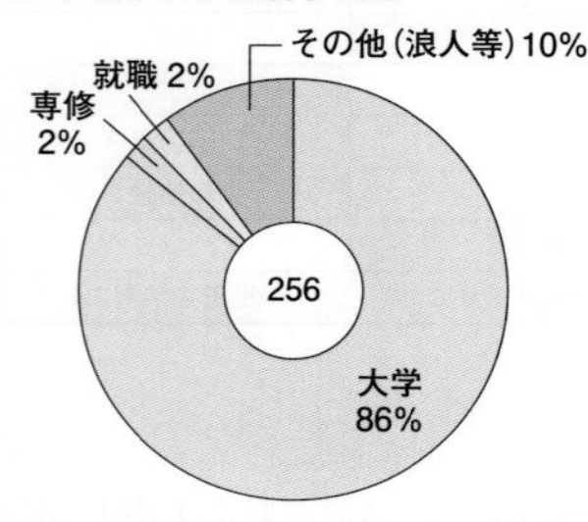

■進路選択状況（高３進級時）
理系 36%　文系 64%

■理系・文系進学状況
理系 38%　文系 62%

■共通テスト受験率
62%

◉卒業までの流れ

小学校	中学校	高等学校	大学
	足立学園中学校 ▶	足立学園高等学校(256)	

◉主な大学合格実績

大学名	'22	'23	'24	大学名	'22	'23	'24	大学名	'22	'23	'24	大学名	'22	'23	'24
東京大	1	1	1	埼玉大	1	1	3	国際教養大				国際基督教大			
京都大			1	千葉大		3	2	東京都立大				成蹊大	13	6	10
北海道大	1			東京外国語大	1			横浜市立大				成城大	9	11	2
東北大			1	電気通信大				慶應義塾大	7	2	7	明治学院大	14	9	10
名古屋大	1			東京学芸大				早稲田大	15	7	10	國學院大	15	8	13
大阪大				東京農工大	2			上智大	4	2	13	武蔵大	8	1	11
九州大				東京芸術大	1			東京理科大	15	11	14	獨協大	39	29	11
東京工業大	2		3	東京医科歯科大				明治大	28	20	26	日本大	81	66	39
一橋大				東京海洋大				青山学院大	3	5	8	東洋大	33	46	45
筑波大	1	2	2	横浜国立大		1		立教大	13	16	15	駒澤大	9	6	6
茨城大	1	1	5	山梨大	1			中央大	19	20	22	専修大	14	14	5
宇都宮大			1	金沢大			1	法政大	19	15	15	芝浦工業大	17	10	10
群馬大				信州大				学習院大	5	16	9	東京都市大	2	2	1

入試要項・入試情報

◉2024年度の入試要項(参考)

	一般1回(志入試)	一般1回	特別奨学生1回	一般2回	特別奨学生2回	一般3回	特別奨学生3回	一般4回	特別奨学生4回	特別奨学生5回
募集人員	50名	20名	15名	20名	5名	5名	5名	5名	10名	5名
選抜方法	国・算+親子面接・エントリーシート・通知表	国・算または国・算・社・理	国・算・社・理または適性検査Ⅰ・Ⅱ・Ⅲ	国・算または国・算・社・理	国・算・社・理	国・算または国・算・社・理	国・算・社・理	国・算または国・算・社・理	国・算・社・理または適性検査Ⅰ・Ⅱ・Ⅲ	国・算・社・理
出願関連期間	12/20～1/25	12/20～1/30		12/20～2/1		12/20～2/2		12/20～2/3		12/20～2/4
試験日程	2/1午前		2/1午後	2/2午前	2/2午後	2/3午前	2/3午後	2/4午前	2/4午後	2/5午後
合格発表	Web 2/1 17:00～		Web 2/1 22:00～	Web 2/2 17:00～	Web 2/2 22:00～	Web 2/3 17:00～	Web 2/3 22:00～	Web 2/4 17:00～	Web 2/4 22:00～	Web 2/5 22:00～
入学手続	2/6 12:00まで									

面接 実施する。

◉費用(参考)

受験料		25,000円
入学手続時	入学金	230,000円
	授業料	—
	その他	100,000円
入学手続後～入学まで	授業料	—
	その他	88,900円
入学後1年	授業料	408,000円
	その他	265,800円
初年度納入金合計		1,092,700円
中学3年間費用計 約		2,391,300円

＊一般入試のみ、特別奨学生入試のみの複数回同時出願は2万5千円、一般入試と特別奨学生入試の同時出願は4万円。
＊他校と併願している場合、2月6日正午までに延納手続をすれば、入学手続納入金を2月9日正午まで延納可。

◉最近6年間の入試応募者推移と倍率

年度		2019	2020	2021	2022	2023	2024
募集	① 特奨② ② 特奨③	75 15 15 10	75 15 15 10	75 15 15 10	① 75 特奨① 15 ② 25 特奨② 10 特奨③ 8/7	①｜志 20｜50 特奨① 15 ② 20 特奨② 5 特奨③ 5	20｜50 15 20 5 5
応募	① 特奨② ② 特奨③	82/73 171 96/81 181	126 164 77/81 161	120 138 95/83 138	89 104 71/56 121 127/21	34/21｜140 129/32 94/97 144 162	68/15｜177 182/38 144/114 176 205
応募倍率	① 特奨② ② 特奨③	2.1 11.4 11.8 18.1	1.7 10.9 10.5 16.1	1.6 9.2 11.9 13.8	1.2 6.9 5.1 12.1 15.9/3.0	2.8｜2.8 10.7 9.6 28.8 32.4	4.2｜3.5 14.7 12.9 35.2 41.0
受験	① 特奨② ② 特奨③	68/68 153 24/22 99	126 151 42/41 85	117 122 43/51 77	87 94 37/30 64 59/17	24/17｜134 111/31 35/46 85 74	54/10｜172 157/37 78/68 100 95
合格	① 特奨② ② 特奨③	51/51 126(17) 18/6 69(10)	108 97(18) 31/21 32(10)	105 93(15) 30/28 45(10)	81 74(15) 27/15 45(10) 52(9)/16(6)	19/8｜125 82(8)/23(7) 17/5 65(5) 62(5)	24/3｜112 53(8)/20(7) 24/7 63(5) 34(5)
実質倍率	① 特奨② ② 特奨③	1.3/1.3 1.2(9.0) 1.3/3.7 1.4(9.9)	1.2 1.6(8.4) 1.6 2.7(8.5)	1.1 1.3(8.1) 1.6 1.7(7.7)	1.1 1.3(6.3) 1.4/2.0 1.4(6.4) 1.1(6.6)/1.1(2.8)	1.3/2.1｜1.1 1.4(13.9)/1.3(4.4) 2.1/9.2 1.3(17.0) 1.2(14.8)	2.3/3.3｜1.5 3.0(19.6)/1.9(5.3) 3.3/9.7 1.6(20.0) 2.8(19.0)

＊2019年①・②と2020年～2022年②と2023年～2024年①・②・③・④は4教科／2教科。2022年特奨③と2023年～2024年特奨①・特奨④は4教科／適性検査。
＊2019年～2021年特奨②・特奨③の(　)と2022年特奨①・特奨②・特奨③の(　)と2023年～2024特奨①・特奨②・特奨③・特奨④・特奨⑤の(　)の数字は合格者数に含まれる特別奨学生合格者の数とその実質倍率。
＊2024年補欠発表(Web)…(志入試)13名、(一般2回4科)15名、(一般2回2科)5名、(一般3回4科)5名、(一般3回2科)2名、(一般4回4科)12名、(一般4回2科)1名。補欠合格(電話)…(志入試)4名、(一般2回4科)4名、(一般4回4科)1名、2月7日～2月9日。追加合格…なし。

◉入試教科

4教科/2教科

②算数	50分/50分	100点/100点
①国語	50分/50分	100点/100点
④理科	30分/	50点/
③社会	30分/	50点/
合計	160分/100分	300点/200点

＊適性Ⅰ・Ⅱ(各45分・各100点)、適性Ⅲ(30分・100点)合計300点。

合格最高点	一般志	非公表
	特奨①	248点
	一般①	239/153点
	特奨②	251点
	特奨適性	260点
合格最低点	一般志	非公表
	特奨①	221点
	一般①	200/120点
	特奨②	239点
	特奨適性	233点

◉受験併願パターン

偏差値	1月前半	1月後半	2月1日	2月2日	2月3日	2月4日以降
55					成城2	
53	開智1回	芝浦工大柏		安田学園先進3		
51						獨協4
50				駒込4特待		江戸川取手3難
49	茗溪学園				日大豊山3	
48		麗澤EE	足立学園特奨1	足立学園特奨2	足立学園特奨3	佼成学園2特奨
46	埼玉栄難関	麗澤2EE				
44	昌平T	千葉日大第一		京華2特選		
43	開智望開智併願型					
42	城北埼玉			日大第一4科2		
41	獨協埼玉					

入試問題の傾向とポイント

算数
計算問題5問、一行問題ともに6問、大問3題の問題構成。幅広い分野から、基本～標準レベルの問題を中心に出題される。計算力を含めた基礎をしっかりと固めることで十分対応できる。基本レベルの問題演習を繰り返し、素早く、正確に解く力を鍛えたい。

国語
漢字の読み書き10題と、物語文・説明文の読解2題の構成。物語文は人物の心情やその理由について、説明文は理由や言い換え、内容合致について問われた。出題形式は選択肢と抜き出しがほとんどだが、記述も1問出題された。

理科
設問5題、生地物化からの出題。設問形式は、選択・計算・記述・作図と多岐にわたる。基本問題が中心であるが、記述問題で現象の本質を問うような問題も出題されることもある。『四科のまとめ』を活用するなど、基礎基本となる知識を固めた上で、過去問演習によって記述・作図への対応力を磨きたい。

社会
大問3題構成。政治は衆議院と参議院に関する出題で、時事的な内容も含まれる。歴史は古代から現代まで、広い範囲から出題された。地理では都道府県の形を問う小問が11年連続で出題されている。記述問題は短文のものが1問のみ出題された。

学習院中等科

がくしゅういん

■科長／髙城彰吾　■創立／明治10年　■生徒数／588名

■所在地／〒171-0031 東京都豊島区目白1-5-1

■ＴＥＬ／03-5992-1032

■交通／目白駅（JR山手線）徒歩5分。雑司が谷駅（東京メトロ副都心線）徒歩5分。

何学期制	週何日制	登校時刻	制服	給食	食堂 軽食販売	プール	寮	特待制度 奨学金等	帰国生 取出授業
3学期制	6日制	8:25	中高あり	なし	食堂中高あり 販売中高あり	屋内	なし	あり	あり

沿　革

1847（弘化4）年、孝明天皇によって京都に設立された公家の学問所が起源。東京遷都のため一時中断。1877（明治10）年に明治天皇によって、主として華族の子弟の教育を目的に東京神田錦町に開校。1947（昭和22）年に宮内省の管轄を離れ、私立の学校法人学習院として新たに発足し、1949（昭和24）年に大学を創設。1963（昭和38）年、戦後中断していた幼稚園を再開した。その後、大学院、法科大学院を創設し、さらに、大学附置研究施設、附属施設を整備・拡充した。

教育方針と特色

「ひろい視野」と「たくましい創造力」と「ゆたかな感受性」をそなえた青少年の育成を目指し、最古の伝統に支えられ、必要に応じて設備を導入し、さまざまな施設を整備・拡充している。各自が目標を持ちその目標に向かって努力することを指導の中心に据え、緑豊かな環境の中で、伸びやかに伝統的な教育を行っている。数学は3年で、英語は各学年で習熟度別分割を実施。充実した施設・設備を活用して、クラブや同好会活動も盛んである。他大学受験希望者には、各種の選択科目の中から必要なものを選び、入試への備えとすることもできる。学習院大学への進学、他大学への進学とも、生徒の希望をバックアップする体制を整え、その結果は「主な大学合格実績」にも如実にあらわれている。

◉系列校

小	中	高	大（短大）
○	○	○	○

◉小学校からの内進生…55名
◉高校生外部募集………20名

（完全混合クラス）

◉授業時間…1コマ50分・週34時間

	1年	2年	3年	計
国　語	6	5	5	16
社　会	4	4	5	13
数　学	5	5	5	15
理　科	5	4	5	14
英　語	5	6	6	17
５教科計	25	24	26	75

参考　高校1年生一週間の授業

英語=6　数学=5　国語=4
理科=6　社会=5

進学・進路

◉卒業生進路状況

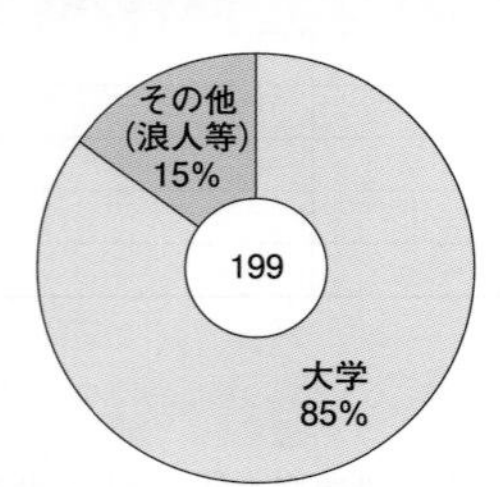

■進路選択状況（高３進級時）

データなし

■理系・文系進学状況

理系 17%　文系 82%

0　50　100

■共通テスト受験率

22%

0　50　100

◉卒業までの流れ

小学校	中学校	高等学校	大学
学習院初等科 ▶	学習院中等科 ▶	学習院高等科（199）▶	学習院大学　122 （法31・経済44・文16・理8・国際社会科23）

◉主な大学合格実績

大学名	'22	'23	'24	大学名	'22	'23	'24	大学名	'22	'23	'24	大学名	'22	'23	'24
東京大	3			埼玉大				国際教養大				国際基督教大		2	
京都大				千葉大			2	東京都立大				成蹊大		2	2
北海道大			1	東京外国語大	1			横浜市立大				成城大	2		
東北大			2	電気通信大				慶應義塾大	27	11	24	明治学院大			1
名古屋大				東京学芸大				早稲田大	18	14	10	國學院大	1		
大阪大	1		1	東京農工大				上智大	13	7	10	武蔵大	1		
九州大				東京芸術大			2	東京理科大	14	7	11	獨協大			
東京工業大	1		1	東京医科歯科大	1	1		明治大	6	13	11	日本大	6	9	1
一橋大		1		東京海洋大				青山学院大	4		9	東洋大	1		2
筑波大	1	1		横浜国立大	2	2		立教大	6	9	2	駒澤大	2		
茨城大				山梨大				中央大	8	8	13	専修大		5	
宇都宮大				金沢大				法政大	4	7	6	芝浦工業大		6	4
群馬大			1	信州大				学習院大	-	-	-	東京都市大		1	

入試要項・入試情報

◉2024年度の入試要項（参考）

	1回	2回
募集人員	約75名	約50名
選抜方法	国・算・社・理	
出願関連期間	1/8〜1/31	1/8〜2/2
試験日程	2/2	2/3
合格発表	Web 2/2 20:00〜	Web 2/4 13:00〜
入学手続	2/3 16:00まで	2/5 13:00まで

＊2024年新入生保証人会は2月17日（土） 14時から実施（欠席した場合は、原則として入学を辞退したものとみなす）。

◉費用（参考）

受験料		30,000円
入学手続時	入学金	300,000円
	授業料	—
	その他	—
入学手続後〜入学まで	授業料	—
	その他	185,840円
入学後１年	授業料	698,000円
	その他	432,300円
初年度納入金合計		1,616,140円
中学３年間費用計　約		3,742,740円

＊2回出願し、1回に合格し申し出た場合（申し出期限あり）、未受験分の受験料返金。

面接 実施する。

◉最近6年間の入試応募者推移と倍率

年度		2019	2020	2021	2022	2023	2024
募集	①	約65	約70	約70	約75	約75	約75
	②	約60	約55	約55	約50	約50	約50
応募	①	400	486	484	471	389	444
	②	486	536	505	514	426	461
応募倍率	①	6.2	6.9	6.9	6.3	5.2	5.9
	②	8.1	9.7	9.2	10.3	8.5	9.2
受験	①	344	421	411	387	305	358
	②	271	308	287	289	220	260
合格	①	164	168	148	137	142	134
	②	64	55	57	62	65	57
実質倍率	①	2.1	2.5	2.8	2.8	2.1	2.7
	②	4.2	5.6	5.0	4.7	3.4	4.6

＊2024年補欠発表（Web）…（2回）21名。補欠合格…あり。追加合格…あり。

◉入試教科

②算数	50分	100点
①国語	50分	100点
④理科	40分	80点
③社会	40分	80点
合計	180分	360点

合格最高点	①301点 ②304点
合格最低点	①242点 ②263点

私立 男子校

◉受験併願パターン

偏差値	1月前半	1月後半	2月1日	2月2日	2月3日	2月4日以降
60		立教新座				
59			芝			
58	栄東Ａ１０日			青稜２Ｂ	立教新座２	明大中野２
56					学習院２	
55				学習院		成城３
54		専修大松戸	獨協２午後			
53	大宮開成					
51			成城		日大豊山４	獨協４
50	青学ルーテル		成蹊	駒込４特待		
49	茗溪学園				日大豊山３	
48		麗澤ＥＥ	東京電機大２			

入試問題の傾向とポイント

算数　計算4問、一行問題4問、大問4題の問題構成。平面図形や数に関する問題は頻出である。大問の大半で計算式を書くことが要求されるので、記述の練習をしておきたい。後半の大問では思考力を要する問題もみられる。時間配分に注意し、問題の優先順位を見極めることが大切である。

国語　10問の漢字の書き取り、物語文1題と説明文1題が出題された。物語文は人物の心情や言動理由について、比較的短い選択肢や記述で問われた。説明文は言い換えや空欄補充、理由説明について、記述や選択肢、抜き出しで問われる設問がみられた。

理科　大問5題、生地物化からの出題。おもな設問形式は選択・計算問題で、記述問題が3〜4問出題される。毎年、大問1は時事問題の小問集合が出題されることが特徴。それ以外の大問も、身近な現象を絡めて出題されるため、日頃から身のまわりの現象やニュースに関心をもちたい。

社会　大問3題構成。用語記述は漢字指定が多く、文章の穴埋め形式が多い。記述問題はいずれも基本的な内容である。政治は例年、前の年に起こった出来事を問う形式で出題されているので、時事問題については特に十分な対策を行っておく必要がある。

鎌倉学園中学校（かまくらがくえん）

■学校長／武田隆　■創立／大正11年　■生徒数／517名
■所在地／〒247-0062 神奈川県鎌倉市山ノ内110
■ＴＥＬ／0467-22-0994
■交通／北鎌倉駅（JR横須賀線）徒歩13分。

何学期制	週何日制	登校時刻	制服	給食	食堂 軽食販売	プール	寮	特待制度 奨学金等	帰国生 取出授業
3学期制	6日制	8:25	中高あり	なし	食堂中高あり 販売中高あり	なし	なし	あり	なし

沿　革

鎌倉五山の第一刹建長寺が宗派の子弟教育のため、1885年に設立した「宗学林」を前身とする。1922年、鎌倉中学校として開校、1975年には校名を改め、鎌倉学園中学校・高等学校となり、現在に至る。

教育方針と特色

「礼義廉恥」の校訓のもと、「自主自律」の禅の精神を現代に受け継ぎ、「知・徳・体」一体の教育を行う。大学入試制度の多様化に対応できるよう進路指導を重視し、個々の適性・能力に対応した指導体制を組む。土曜日には英・数・国の予習・復習授業を実施し、多角的な視点から学力の向上を図っている。また、情操教育にも力を入れ、フィールドワーク、生徒会活動・クラブ活動等を通じて、望ましい民主的な生活態度を養う指導をしている。冬期の体力練成と団体訓練を兼ねたスキー・スノーボード教室は中学3年まで毎年行われる。古都鎌倉の緑の山に囲まれ、豊かな自然環境の中で、学校全体が家庭的友愛精神に結ばれている。2017年3月に校舎リニューアル工事が完了。2022年4月より全生徒端末所持。

◉系列校

小	中	高	大（短大）
	○	○	

◉併設小学校なし
◉高校生外部募集………110名

（完全別クラス）

◉授業時間…1コマ50分・週34時間

	1年	2年	3年	計
国　語	6	6	6	18
社　会	4	4	4	12
数　学	6	6	7	19
理　科	4	4	4	12
英　語	6	8	7	21
5教科計	26	28	28	82

参考　高校1年生一週間の授業

英語=6　数学=6　国語=5
理科=5　社会=4

進学・進路

◉卒業生進路状況

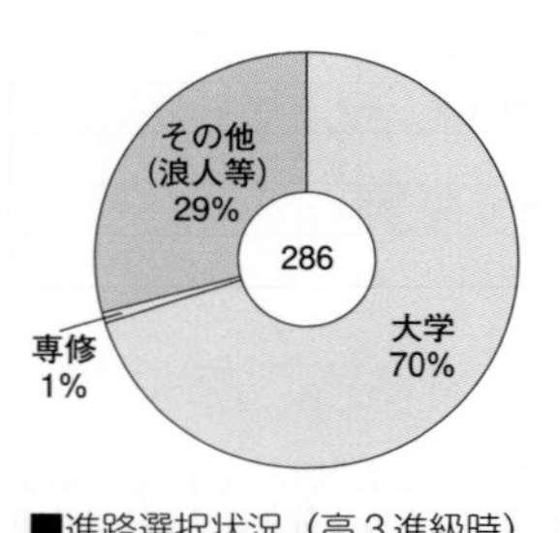

■進路選択状況（高３進級時）
理系 46%　文系 53%
0　50　100

■理系・文系進学状況
理系 44%　文系 56%
0　50　100

■共通テスト受験率
90%
0　50　100

◉卒業までの流れ

小学校	中学校	高等学校	大学
	鎌倉学園中学校 ▶	鎌倉学園高等学校 (286)	

◉主な大学合格実績

大学名	'22	'23	'24	大学名	'22	'23	'24	大学名	'22	'23	'24	大学名	'22	'23	'24
東京大				埼玉大		1		国際教養大			2	国際基督教大	1		
京都大	1		1	千葉大	5	5	2	東京都立大	6	2	1	成蹊大	10	5	5
北海道大	5	6	7	東京外国語大	1	3		横浜市立大	4	2	5	成城大	14	18	15
東北大	1	3	4	電気通信大	1	1	2	慶應義塾大	29	28	31	明治学院大	30	44	40
名古屋大	1		1	東京学芸大	1	1	1	早稲田大	54	49	78	國學院大	22	35	26
大阪大	2		1	東京農工大	3	2		上智大	18	34	23	武蔵大	5	3	2
九州大		1		東京芸術大				東京理科大	41	45	53	獨協大		5	1
東京工業大	2	2	6	東京医科歯科大				明治大	138	120	160	日本大	97	91	50
一橋大	2		2	東京海洋大	2	1	4	青山学院大	43	48	41	東洋大	30	48	37
筑波大	1	6	7	横浜国立大	11	9	17	立教大	33	44	54	駒澤大	21	16	26
茨城大		1		山梨大				中央大	80	83	88	専修大	25	26	15
宇都宮大			1	金沢大		1	1	法政大	84	78	73	芝浦工業大	37	38	20
群馬大	1			信州大		3	4	学習院大	15	20	18	東京都市大	48	66	75

入試要項・入試情報

◉2024年度の入試要項(参考)

	一次	算数選抜	二次	三次
募集人員	100名	15名	40名	15名
選抜方法	国・算・社・理	算数	国・算・社・理	
出願関連期間	1/9〜1/30		1/9〜2/1	1/9〜2/3
試験日程	2/1午前	2/1午後	2/2午前	2/4午前
合格発表	Web 2/1 19:00〜	Web 2/2 19:00〜		Web 2/4 18:00〜
入学手続	2/2 23:59まで	2/3 23:59まで		2/5 23:59まで

＊出願資格に「保護者もしくはそれに準ずるところから通学が可能な者」とある。

面接 実施しない。

◉費用(参考)

受験料		25,000円
入学手続時	入学金	250,000円
	授業料	—
	その他	—
入学手続後〜入学まで	授業料	—
	その他	262,000円
入学後１年	授業料	456,000円
	その他	440,800円
初年度納入金合計		1,408,800円
中学３年間費用計　約		2,959,200円

＊算数選抜の受験料は1万円。
＊入学辞退者は手続きすれば施設費（15万円）を返金。

◉最近6年間の入試応募者推移と倍率

年度		2019	2020	2021	2022	2023	2024
募集	算数選抜	20	20	20	20	15	15
	①	60	60	60	60	100	100
	②	50	50	50	50	40	40
	③	40	40	40	40	15	15
応募	算数選抜	226	213	159	206	172	99
	①	270	230	243	262	265	357/7
	②	508	440	484	472	367	347
	③	439	367	435	398	304	303
応募倍率	算数選抜	11.3	10.7	8.0	10.3	11.5	6.6
	①	4.5	3.8	4.1	4.4	2.7	3.6
	②	10.2	8.8	9.7	9.4	9.2	8.7
	③	11.0	9.2	10.9	10.0	20.3	20.2
受験	算数選抜	207	207	153	187	163	97
	①	260	217	235	249	252	346/7
	②	460	416	441	431	290	290
	③	398	335	406	368	248	271
合格	算数選抜	87	85	80	86	44	31
	①	79	81	82	86	153	158/2
	②	120	109	110	111	65	64
	③	112	122	120	116	46	79
実質倍率	算数選抜	2.4	2.4	1.9	2.2	3.7	3.1
	①	3.3	2.7	2.9	2.9	1.6	2.2/3.5
	②	3.8	3.8	4.0	3.9	4.5	4.5
	③	3.6	2.7	3.4	3.2	5.4	3.4

＊帰国生を含む。（2024年も帰国含む）
＊2024年一次は4教科/2教科。
＊2024年補欠発表…なし。追加合格（電話）…あり。

◉入試教科

②算数	50分	100点
①国語	50分	100点
④理科	30分	60点
③社会	30分	60点
合計	160分	320点

＊算数選抜：算数（60分・150点）。

合格最高点	①265点 算数選抜　150点 ②263点 ③279点
合格最低点	①187点 算数選抜　103点 ②221点 ③220点

私立 男子校

◉受験併願パターン

偏差値	1月前半	1月後半	2月1日	2月2日	2月3日	2月4日以降
57			神奈川大附		青学横浜英和Ｃ	
55				鎌倉学園２		鎌倉学園３
52				神奈川大附２	公文国際Ｂ	
51			鎌倉学園			
50						関東学院２
47			横浜創英２			日大藤沢３
39			藤嶺藤沢２科	藤嶺藤沢得意Ａ		
36					藤嶺藤沢得意Ｂ	
34			横須賀学院１Ｂ			

入試問題の傾向とポイント

算数　計算問題と一行問題で合わせて10問、大問5題の問題構成。問題数が多いので、計算力とスピードと正確さが必要。大問は1題あたりの設問数が3問で、手強い設問が含まれることもあるが、概ね難易度の低い設問から高い設問へと並んでいるので、時間配分を考えて解ける問題を確実に正解したい。

国語　雑問3題と、物語文や説明文を含む読解3題で構成されている。雑問は漢字の書き取りや慣用句、同音異義語が出題された。物語文は人物の言動理由や心情について、説明文は言い換えや理由説明について、選択肢を中心に問われた。また新聞記事を読み20字程度で解答する設問もあった。

理科　大問4題、生地物化からの出題。おもな設問形式は選択・計算問題で、記述・作図問題も出されることがある。基本的な問題が中心だが、実験や観察を行った結果を読みとって解答していく必要がある。選択肢や解答方法（漢字、ひらがな指定など）が太字となっており、学校側の配慮を感じられる。

社会　政治国際分野の出題が多く、さらに細かい知識を問う難問が目立つ。今年は広島サミットを切り口に、2014年にロシア連邦がサミットへの参加資格停止となった原因を記述させる問いなどが出題された。一方、地理・歴史分野は基本問題が中心であり、これらは『予習シリーズ』の学習で十分に対応できる。

暁星中学校

■学校長／髙田裕和　■創立／明治21年　■生徒数／520名
■所在地／〒102-8133 東京都千代田区富士見1-2-5　■ＴＥＬ／03-3262-3291
■交通／飯田橋駅（JR中央線・総武線、東京メトロ東西線・有楽町線・南北線、都営大江戸線）徒歩8分。
九段下駅（東京メトロ東西線・半蔵門線、都営新宿線）徒歩5分。

何学期制	週何日制	登校時刻	制服	給食	食堂 軽食販売	プール	寮	特待制度 奨学金等	帰国生 取出授業
3学期制	6日制	8:15	中高あり	なし	食堂中高あり 販売中高あり	屋外	なし	なし	なし

沿　革

カトリック修道会マリア会系男子校のひとつで、同会系中最古を誇る。1888年2月、京橋区築地明石町に学校を創立。同年7月には、麹町区元薗町に移転し、暁星中学校となる。1890年、現在地に移転し、今日に至る。

教育方針と特色

カトリック精神に基づいた教育を施し、人格の完成を目指すとともに、宗教的情操を豊かに育成することを目的とする。大学合格実績には定評があり、語学教育にも積極的に取り組んでいる。英語とフランス語の２か国語を必修とし、中学では、英語を週６時間と仏語を週２時間、又はフランス語を週６時間と英語を週２時間学習する。中学1・2年では、口頭練習を中心に基礎を徹底させ、高校生にはネイティヴ教員による英作文指導もある。中3から英語・数学で習熟度別授業を実施。宗教教育としては、週に１時間宗教の時間があり、定期的にミサが行われる。サッカーや競技かるたなどのクラブ活動も盛んである。

◉系列校

小	中	高	大(短大)
○	○	○	

◉小学校からの内進生…97名
◉高校生外部募集………なし

◉授業時間…1コマ50分・週34時間

	1年	2年	3年	計
国　語	5	4	5	14
社　会	4	5	3	12
数　学	5	5	6	16
理　科	4	4	4	12
外国語	6+2	6+2	6+2	18+6
5教科計	24+2	24+2	24+2	72+6

※外国語は英・仏語のいずれかを週6時間、他方を週2時間で選択して履修

参考　高校1年生一週間の授業

英語=6　数学=6　国語=5
理科=4　社会=4

進学・進路

◉卒業生進路状況

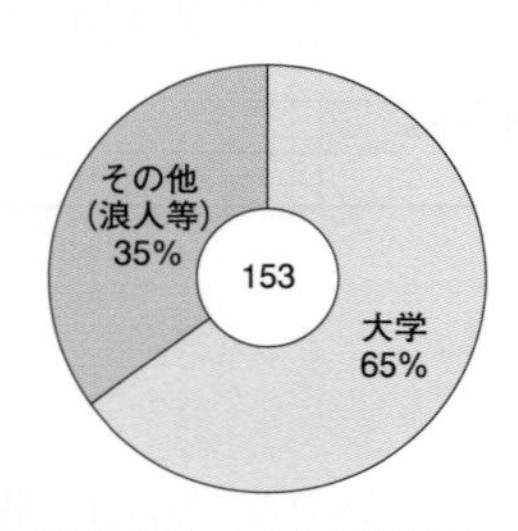

■進路選択状況（高３進級時）
理系 56%　文系 42%

■理系・文系進学状況
理系 46%　文系 52%

■共通テスト受験率
89%

◉卒業までの流れ

小学校	中学校	高等学校	大学
暁星小学校	暁星中学校	暁星高等学校（153）	

◉主な大学合格実績

大学名	'22	'23	'24	大学名	'22	'23	'24	大学名	'22	'23	'24	大学名	'22	'23	'24
東京大	9	5	3	埼玉大				国際教養大	1			国際基督教大	2		1
京都大		2	1	千葉大	4	2	1	東京都立大			1	成蹊大	5	2	5
北海道大	1	1	1	東京外国語大			1	横浜市立大	1			成城大	8	4	4
東北大	3	3	1	電気通信大	1	1		慶應義塾大	43	40	43	明治学院大	6	1	1
名古屋大		1		東京学芸大				早稲田大	51	47	51	國學院大	4	1	1
大阪大				東京農工大	1			上智大	17	25	38	武蔵大		3	1
九州大			2	東京芸術大		1	1	東京理科大	28	35	25	獨協大		2	
東京工業大	3	2	1	東京医科歯科大	1	3		明治大	52	51	44	日本大	19	24	15
一橋大	2	2	2	東京海洋大			1	青山学院大	11	11	24	東洋大	6	2	1
筑波大	2	4	4	横浜国立大	1		1	立教大	10	13	16	駒澤大	4	2	2
茨城大				山梨大			1	中央大	27	18	18	専修大	7	7	2
宇都宮大	1			金沢大			2	法政大	22	18	20	芝浦工業大	12	6	7
群馬大	1	1	1	信州大	3			学習院大	5	4	6	東京都市大	1	4	2

入試要項・入試情報

◉2024年度の入試要項（参考）

	1回	2回
募集人員	約65名	約10名
選抜方法	国・算・社・理	国・算
出願関連期間	12/20～1/31	12/20～2/2
試験日程	2/2午前	2/3午後
合格発表	Web 2/2 19:00～	Web 2/3 21:00～
入学手続	2/3 11:00まで	2/4 11:00まで

◉費用（参考）

受験料		25,000円
入学手続時	入学金	300,000円
	授業料	—
	その他	—
入学手続後～入学まで	授業料	—
	その他	—
入学後１年	授業料	480,000円
	その他	411,400円
初年度納入金合計		1,191,400円
中学３年間費用計　約		2,974,200円

＊1回・2回同時出願は4万円。
＊制服代・学用品代・修学旅行費等別途。

面接　実施する。

◉最近6年間の入試応募者推移と倍率

年度	2019	2020	2021	2022	2023	2024
募集	約75	①約65 ②約10	約65 約10	約65 約10	約65 約10	約65 約10
応募	328	258 322	219 232	290 291	246 239	249 225
応募倍率	4.4	4.0 32.2	3.4 23.2	4.5 29.1	3.8 23.9	3.8 22.5
受験	207	191 206	165 122	239 172	196 105	189 118
合格	116	71 10	100 20	86 14	115 17	108 26
実質倍率	1.8	2.7 20.6	1.7 6.1	2.8 12.3	1.7 6.2	1.8 4.5

＊2024補欠発表…なし。追加合格（電話）…（1回）3名。

◉入試教科

4教科/2教科

②算数	50分/50分	100点/100点
①国語	50分/50分	100点/100点
④理科	40分/	75点/
③社会	40分/	75点/
合計	180分/100分	350点/200点

合格最高点	①295点 ②159点
合格最低点	①211点 ②124点

私立　男子校

◉受験併願パターン

偏差値	1月前半	1月後半	2月1日	2月2日	2月3日	2月4日以降
61		東邦大東邦前		高輪算数午後		サレジオ学院Ｂ
59			芝			
58	栄東Ａ１０日				暁星２	
55				暁星	成城２	成城３
54		専修大松戸	獨協２午後			
53	大宮開成					
51			成城			獨協４
50			国学院久我山		桐光学園３Ａ	
49	茗溪学園		獨協			
48				順天２Ｂ		東京電機大４
47			かえつ有明			

入試問題の傾向とポイント

算数　大問5題の問題構成。速さや平面図形、数に関する問題が頻出で、標準レベルの問題が中心。後半には思考力を要する問題もあるので、応用力、思考力を養っておくこと。ほとんどの問題で求め方を要求され、文章で理由を説明させる問題もよく出題されるので、日頃から簡潔にまとめる練習が必要。

国語　物語文1題のみの出題である。10問の漢字の書き取りから、登場人物の心情や指示語の内容、空欄補充などが問われた。解答形式は選択肢と長めの記述が中心である。また最後に自身の体験について述べる設問があった。

理科　大問4～5題、生地物化からの出題。設問形式は、選択・計算・記述・作図と多岐にわたる。計算は途中式まで答える必要がある。全体的に難易度が高く、問題文・図・表・グラフの正確な読み取りが必要。基礎基本をしっかり固めた上で、過去問演習を通して練習を重ねたい。

社会　試験時間40分に対し、本文・資料も含めて分量が多い。例年難易度が非常に高い設問が散見されるが、基礎基本の問題を確実に得点することに力点をおきたい。歴史は出題比率が高く、出来事の時期を問う問題が出題されている。今年は12の歴史上の出来事を年表に時系列で当てはめる問いが出題された。

京華中学校

（けいか）

■学校長／町田英幸　■創立／明治30年　■生徒数／608名
■所在地／〒112-8612 東京都文京区白山5-6-6　■ＴＥＬ／03-3946-4451
■交通／白山駅（都営三田線）徒歩3分。本駒込駅（東京メトロ南北線）徒歩8分。
千駄木駅（東京メトロ千代田線）18分。春日駅（都営地下鉄大江戸線）乗り換え1駅。

何学期制	週何日制	登校時刻	制服	給食	食堂 軽食販売	プール	寮	特待制度 奨学金等	帰国生 取出授業
3学期制	6日制	8:15	中高あり	なし	食堂条件付 販売中高あり	なし	なし	あり	なし

沿　革

1897年、本郷区龍岡町に京華中学校創立。関東大震災によって校舎を焼失、本郷から現在地へ移転した。1947・1948年に新制京華中学校・高等学校となり、今日に至る。

教育方針と特色

「天下の英才を得て之を教育す」という建学の精神に基づく人間形成を図るとともに、社会の先駆者として有能な人間になるよう生徒の力を伸ばす。逆境に耐え、目的や目標に向かってやり抜く意志と行動力、自分自身と戦い克服する「ネバーダイ」の精神を養う。粘り強い身体づくりを目指し、体育の授業の他に柔道か剣道を選択して履修。礼儀作法を学び、集中力も養う。学習面では、中学1年2クラス制、2年次より3クラス制、高校3コース制の下、生徒のレベルやニーズに合ったカリキュラムや指導方法を確立。朝学習として計算・漢字・英単語の小テストなどが行われている。放課後には指名補習である、英・数のキャッチアップ講座や卒業生によるティーチングサポーターによる学習会が行われているなど、きめの細かい、面倒見のよい指導が実践されている。

◉系列校

小	中	高	大（短大）
	○	○	

◉併設小学校なし
◉高校生外部募集………100名

（一部混合クラス）

◉授業時間…1コマ50分・週34時間

	1年	2年	3年	計
国　語	5	5	5	15
社　会	4	4	4	12
数　学	6	6	6	18
理　科	4	4	4	12
英　語	7	7	7	21
5教科計	26	26	26	78

参考　高校1年生一週間の授業

英語=6　数学=6　国語=6
理科=4　社会=4

※S特進コース

進学・進路

◉卒業生進路状況

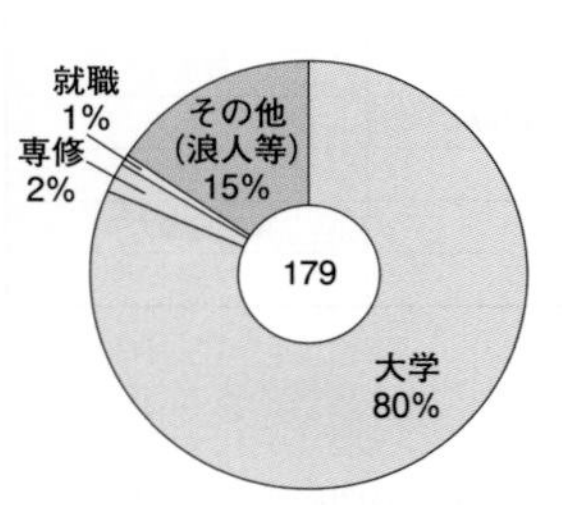

■進路選択状況（高３進級時）

理系 43%　文系 57%

■理系・文系進学状況

理系 36%　文系 64%

■共通テスト受験率

100%

◉卒業までの流れ

小学校	中学校	高等学校	大学
	京華中学校 ▶	京華高等学校（179）	

◉主な大学合格実績

大学名	'22	'23	'24	大学名	'22	'23	'24	大学名	'22	'23	'24	大学名	'22	'23	'24
東京大				埼玉大	1	1		国際教養大				国際基督教大			
京都大				千葉大	3		1	東京都立大	3			成蹊大	11	5	3
北海道大				東京外国語大				横浜市立大		1		成城大	7	2	6
東北大	1			電気通信大		1		慶應義塾大	5	2		明治学院大	10	7	4
名古屋大	1			東京学芸大				早稲田大	6	6	1	國學院大	10	12	10
大阪大				東京農工大				上智大	2		3	武蔵大	19	9	12
九州大				東京芸術大				東京理科大	4	13	4	獨協大	16	24	10
東京工業大		1		東京医科歯科大				明治大	13	11	5	日本大	74	50	30
一橋大				東京海洋大				青山学院大	6	6	4	東洋大	86	66	36
筑波大				横浜国立大		1		立教大	23	18	9	駒澤大	10	4	7
茨城大				山梨大				中央大	26	21	7	専修大	16	13	19
宇都宮大			1	金沢大				法政大	17	19	11	芝浦工業大	17	11	6
群馬大				信州大				学習院大	11	2		東京都市大	8	24	5

入試要項・入試情報

◉2024年度の入試要項(参考)

	1回（午前）	適性検査型特別選抜	1回特別選抜(午前)	1回特別選抜(午後)	2回	2回特別選抜	3回	3回特別選抜
募集人員	中高一貫クラス30名	特別選抜クラス10名	特別選抜クラス50名(帰国生含)		中高一貫クラス25名	特別選抜クラス25名	中高一貫クラス15名	特別選抜クラス15名
選抜方法	国・算または国・算・社・理	適性検査Ⅰ型 適性検査Ⅱ型 適性検査Ⅲ型	国・算・社・理	国・英または算・英または国・算・社・理	国・算または国・算・社・理	国・算・社・理	国・算または国・算・社・理	国・算・社・理
出願関連期間	12/20～1/31				12/20～2/1		12/20～2/2	
試験日程	2/1午前			2/1午後	2/2午後		2/3午前	
合格発表	Web 2/1 19:30～	Web 2/1 22:30～	Web 2/1 19:30～	Web 2/1 22:30～	Web 2/2 22:30～		Web 2/3 17:00～	
入学手続	2/3 15:00まで				2/4 15:00まで		2/5 15:00まで	

＊2024年登校日(全体説明会)は2月12日(月)実施(保護者同伴。連絡なく欠席の場合は、入学辞退とみなす)。

面接 実施する。

◉費用(参考)

受験料		23,000円
入学手続時	入学金	250,000円
	授業料	—
	その他	65,000円
入学手続後～入学まで	授業料	—
	その他	111,970円
入学後１年	授業料	450,000円
	その他	432,000円
初年度納入金合計		1,308,970円
中学３年間費用計　約		3,072,970円

＊同時出願の場合、1回分の受験料で全て受験可。
＊入学辞退者は2月12日12時までに申し出れば、入学手続時納入金の内、入学金以外を返金。

◉最近6年間の入試応募者推移と倍率

年度		2019	2020	2021	2022	2023	2024
募集	①午前	45	45	40	50	50	30
	①特選午前｜①特選午後	40	40	65	60	60	50
	適性検査型特選	20	20	15	10	10	10
	②特選午後	15	15	20	20	20	25
応募	①午前	75/38	71/49	103/59	115/76	99/71	118/69
	①特選午前｜①特選午後	38｜129/2	40｜182/6	52｜197/6	71｜261/5	32｜268/7	24｜229/4
	適性検査型特選	22	18	21	17	22	17
	②特選午後	73	110	97	151	127	103
応募倍率	①午前	2.5	2.7	4.1	3.8	3.4	6.2
	①特選午前｜①特選午後	4.2	5.7	3.9	5.6	5.1	5.1
	適性検査型特選	1.1	0.9	1.4	1.7	2.2	1.7
	②特選午後	4.9	7.3	4.9	7.6	6.4	4.1
受験	①午前	60/34	50/46	72/54	85/69	76/66	85/53
	①特選午前｜①特選午後	33｜110/2	27｜159/5	38｜163/6	54｜218/3	23｜230/6	14｜184/4
	適性検査型特選	22	17	21	16	21	17
	②特選午後	24	37	45	60	67	43
合格	①午前	25/27	10/24	46/31	67/34	47/14	51/15
	①特選午前｜①特選午後	33｜62/1	39｜104/1	23｜77/3	50｜80/0	14｜76/0	5｜85/2
	適性検査型特選	18	12	15(8)	12(8)	10(4)	12(1)
	②特選午後	10	28	36	28	35	20
実質倍率	①午前	2.4/1.3	5.0/1.9	1.6/1.7	1.3/2.0	1.6/4.7	1.7/3.5
	①特選午前｜①特選午後	1.0｜1.8/2.0	0.7｜1.5/5.0	1.7｜2.1/2.0	1.1｜2.7/—	1.6｜3.0/—	2.8｜2.2/2.0
	適性検査型特選	1.2	1.4	1.4(2.6)	1.3(2.0)	2.1(5.3)	1.4(17.0)
	②特選午後	2.4	1.3	1.3	2.1	1.9	2.2

＊2021年～2024年適性検査型特選の(　)の数字は合格者数に含まれる特別選抜合格者の数とその実質倍率。
＊2019年～2020年①午前・①特選午後は4教科／2教科。2021年～2024年①午前・①特選午後と2022年～2024年②午後・③は4教科／2教科。
＊2024年補欠発表・追加合格…いずれもなし。

◉入試教科

4教科/2教科

②算数	50分/50分	100点/100点
①国語	50分/50分	100点/100点
③理科	あわせて50分	50点/
③社会		50点/
合計	150分/100分	300点/200点

＊適性Ⅰ国(50分・100点)、適性Ⅱ算(50分・100点)、適性Ⅲ理・社(35分・各50点)合計300点。

合格最高点	非公表
合格最低点	①中高一貫　160/112点 ①特選午前　202点 ①特選午後　210/132点 ①適性特選　184点 ②中高一貫　161/120点 ②特選　200点 ③中高一貫　162/127点 ③特選　200点

私立 男子校

◉受験併願パターン

偏差値	1月前半	1月後半	2月1日	2月2日	2月3日	2月4日以降
51						獨協４
50				獨協３		
49	城北埼玉特待	昭和学院アド			日大豊山３	
48						東京電機大４
46	埼玉栄難関		京華特選午後		日大第二２	
45	城西川越特選２	光英Ｖ特待		宝仙学園２		足立学園特奨４
44		千葉日大第一		京華２特選	日大第一２科	
42	城北埼玉	東海大浦安Ａ		日大第一４科２	京華３特選	日工大駒場特別
41	獨協埼玉			京華２		サレジ世５本科
40	城北埼玉２			サレジ４本科		品川翔英６
39	獨協埼玉３			八雲学園４		自修館Ｄ

入試問題の傾向とポイント

算数
計算問題3問、一行問題12問程度、大問4題の問題構成。計算問題は基本的な計算が多いので、確実に得点しておきたい。また、一行問題や大問は幅広い分野から出題されるが、ほとんどの問題は基本レベルなので、ケアレスミスに注意しながら落ち着いて取り組むこと。

国語
物語文・説明文の読解2題に漢字読み書き10問という出題構成。長めの文章と思うかもしれないが設問数はそこまで多くない。設問内容は心情把握や内容説明、理由説明、具体例から筆者が述べたいことなど、日々の学習で取り組んでいるものが中心である。記述は50字前後で2問出題。

理科
設問4題、生地物化からの出題。選択問題・計算問題が中心で、記述問題が含まれることもある。基本的な問題が多く並ぶため、基礎基本を固めておきたい。時事問題を絡めた出題や、実験器具の使い方を問う問題がでることもあるため、知識の抜けが無いように対策を。

社会
大問2題構成。例年、時事的な話題を切り口とした問題が目立つ。今年は新紙幣がテーマとなった。また、歴史の出題比率が比較的高い。設問の多くは基礎基本を問うものであり、記号選択の形式がほとんどである。記述問題は10字以内で1問のみ出題された。

攻玉社中学校

こうぎょくしゃ

■学校長／藤田陽一　■創立／文久3年　■生徒数／706名
■所在地／〒141-0031 東京都品川区西五反田5-14-2
■ＴＥＬ／03-3493-0331
■交通／不動前駅（東急目黒線）徒歩2分。

何学期制	週何日制	登校時刻	制服	給食	食堂 軽食販売	プール	寮	特待制度 奨学金等	帰国生 取出授業
3学期制	6日制	8:20	中高あり	なし	食堂中高あり 販売中高あり	屋内	なし	あり	あり

沿　革

1863（文久3）年、数学・航海術・測量術に秀でた蘭学者の近藤真琴により蘭学塾として創設。1872年、攻玉社となり、1893年には、尋常中学校となる。1947年に新制攻玉社中学校が発足し、現在に至る。2012年に高校募集を停止して完全中高一貫となる。

教育方針と特色

「他山の石以て玉を攻くべし」という「攻玉」の精神を基本に、近藤真琴が唱導した和魂漢洋才の精神を正しく理解、全人教育の理想達成に努力することが根本精神。中高6年間を2年ずつに分割した「3ステージプログラム」による指導を実践。中学2年までに生活・学習習慣を確立させ、基礎学力の定着を図る。中学3年で選抜学級を設置し、高校1年で国際学級（帰国生のみのクラス）と統合することで、さらなる学習意欲の向上を促す。高校2年からはクラス数を増やすことで約30名の少人数編成となり、文系理系それぞれの志望に応じた授業が展開される。特別講習・補習・夏期講習のほか、林間学校・臨海学校・スキー学校・体育大会・英語暗誦大会・キャリアガイダンス講演会など様々な行事を実施している。

◉系列校

小	中	高	大（短大）
	○	○	

◉併設小学校なし
◉高校生外部募集………なし

◉授業時間…1コマ50分・週36時間

	1年	2年	3年	計
国　語	6	6	5	17
社　会	4	4	4	12
数　学	5	6	7	18
理　科	4	4	4	12
英　語	5	5	5	15
5教科計	24	25	25	74

参考　**高校1年生一週間の授業**

英語=6　数学=6　国語=6
理科=4　社会=4

進学・進路

◉卒業生進路状況

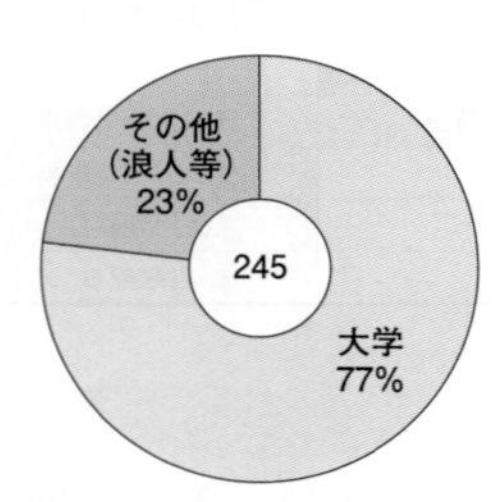

■進路選択状況（高３進級時）

データなし

■理系・文系進学状況

理系 46%　文系 54%

■共通テスト受験率

98%

◉卒業までの流れ

小学校	中学校	高等学校	大学
	攻玉社中学校	▶ 攻玉社高等学校（245）	

◉主な大学合格実績

大学名	'22	'23	'24	大学名	'22	'23	'24	大学名	'22	'23	'24	大学名	'22	'23	'24
東京大	12	13	9	埼玉大				国際教養大			1	国際基督教大	1	3	
京都大	1	1	2	千葉大	2	1	3	東京都立大	2	2	2	成蹊大	9	2	6
北海道大	4	5	1	東京外国語大		1	1	横浜市立大				成城大	5	5	12
東北大	5	5	3	電気通信大	2	2	1	慶應義塾大	78	92	111	明治学院大	18	5	16
名古屋大	2			東京学芸大	1			早稲田大	101	96	109	國學院大	10	3	7
大阪大	1		2	東京農工大	4	4	3	上智大	29	53	30	武蔵大		1	3
九州大		1		東京芸術大				東京理科大	94	101	89	獨協大			
東京工業大	12	10	12	東京医科歯科大	1			明治大	108	137	129	日本大	40	48	50
一橋大	2	5	5	東京海洋大		2		青山学院大	29	39	34	東洋大	10	9	11
筑波大	2	2		横浜国立大	5	12	5	立教大	26	31	28	駒澤大	9	13	17
茨城大		1		山梨大	1			中央大	36	49	52	専修大	5	3	14
宇都宮大				金沢大	1			法政大	36	37	60	芝浦工業大	28	33	11
群馬大	1	1		信州大	1	1		学習院大	5	2	11	東京都市大	13	15	23

入試要項・入試情報

◉2024年度の入試要項(参考)

	1回	2回	特別選抜
募集人員	100名	80名	20名
選抜方法	国・算・社・理		算数
出願関連期間	12/20～1/29	12/20～2/1	12/20～2/4
試験日程	2/1	2/2	2/5
合格発表	Web 2/1 19:00～	Web 2/2 19:00～	Web 2/5 18:00～
入学手続	2/5 15:00まで		2/6 15:00まで

面接 実施する。

◉費用(参考)

受験料		24,000円
入学手続時	入学金	250,000円
	授業料	—
	その他	—
入学手続後～入学まで	授業料	—
	その他	77,610円
入学後１年	授業料	420,000円
	その他	326,000円
初年度納入金合計		1,073,610円
中学３年間費用計 約		2,387,610円

＊1回・2回両方出願の場合、受験料は2回分合わせて3万6千円。特別選抜の受験料は1万2千円。
＊校外授業費等別途。

◉最近6年間の入試応募者推移と倍率

年度		2019	2020	2021	2022	2023	2024
募集	①	100	100	100	100	100	100
	②	80	80	80	80	80	80
	特別算	20	20	20	20	20	20
応募	①	383	453	393	396	380	420
	②	574	561	514	590	594	700
	特別算	171	168	109	158	124	128
応募倍率	①	3.8	4.5	3.9	4.0	3.8	4.2
	②	7.2	7.0	6.4	7.4	7.4	8.8
	特別算	8.6	8.4	5.5	7.9	6.2	6.4
受験	①	350	430	363	357	341	385
	②	364	349	316	346	344	438
	特別算	99	114	89	98	86	77
合格	①	197	179	163	178	174	173
	②	149	168	164	184	177	181
	特別算	23	22	37	32	25	25
実質倍率	①	1.8	2.4	2.2	2.0	2.0	2.2
	②	2.4	2.1	1.9	1.9	1.9	2.4
	特別算	4.3	5.2	2.4	3.1	3.4	3.1

＊2024年補欠発表・追加合格…いずれも詳細不明。

◉入試教科

④算数	50分	100点
①国語	50分	100点
③理科	40分	50点
②社会	40分	50点
合計	180分	300点

＊特別選抜は算数Ⅰ(50分・50点)算数Ⅱ(60分・100点)合計150点。

合格最高点	①235点 ②234点 特別選抜 143点
合格最低点	①182点 ②179点 特別選抜 100点

◉受験併願パターン

偏差値	1月前半	1月後半	2月1日	2月2日	2月3日	2月4日以降
63						芝２
62	海城帰					
61			世田谷学園算数	攻玉社２		
60					昭和秀英２	
59		昭和秀英				
58	栄東Ａ１０日					
56			攻玉社	高輪Ｂ		高輪Ｃ
55					成城２	
54		専修大松戸				
52			かえつ有明１特待	国学院久我山２	成城学園２	成蹊２
51	学習院帰			日本大学ＢＡＦ		獨協４

入試問題の傾向とポイント

算数
相似比を利用する平面図形、展開図や投影図から求積をさせる立体図形の問題、速さや水量などのグラフを絡めた問題が頻出。基本から標準レベルの問題が中心なので、基本事項を正確に身につけておくこと。2回目の試験は1回目とほぼ同領域から出題されるので、1回目を参考にしたい。

国語
漢字の読み書きや文学史を含む雑問3題と、物語文と説明文の読解2題の構成。物語文は人物の心情や言動が意味するものを、説明文は言い換えや理由について問われた。解答形式は選択肢がほとんどだが、説明文では80字以内の記述がみられた。

理科
例年大問4題、生地物化からの出題。おもな出設問形式は選択・計算問題で、記述問題や作図問題が出る年もある。基本的な問題が多いが、問題数が多いためスピーディーかつ正確に解く必要がある。大問の後半には一歩踏み込んだ問題があることがあり、過去問演習を通じて対策が必要である。

社会
昨年に引き続き、大問3題構成。用語記述は原則漢字指定なので、人名や地名は必ず漢字で書けるようにしておきたい。各分野において、時事的な内容をからめた問題が出題されているため、『ニュース最前線』などで前年の出来事をおさえておきたい。

佼成学園中学校

こうせいがくえん

■学校長／青木謙介　■創立／昭和31年　■生徒数／545名
■所在地／〒166-0012 東京都杉並区和田2-6-29　■ＴＥＬ／03-3381-7227
■交通／方南町駅（東京メトロ丸ノ内線）徒歩5分。
新宿駅などから都バスなど「和田堀橋」徒歩2分、中野駅などから京王バス「佼成会聖堂前」徒歩1分。

何学期制	週何日制	登校時刻	制服	給食	食堂 軽食販売	プール	寮	特待制度 奨学金等	帰国生 取出授業
3学期制	6日制	8:20	中高あり	なし	食堂中高あり 販売中高あり	なし	なし	あり	あり

沿　革

1956年、宗教法人立正佼成会が「平和な社会づくりに役立つ若者の育成」という目的で、佼成学園中学校・高等学校を開校した。

教育方針と特色

中学校では、感謝の気持ちや思いやりの気持ち、コミュニケーションを大切にしながら、じっくりと人間教育を行う。入学時から習熟度別にクラスを編成し、英語の１クラス２分割授業や、数学のチーム・ティーチングによる演習の授業、理科の２時間続きで行われる実験・観察中心の授業を行う。
高等学校では、朝７時から夜８時まで、ほぼ年中無休で自習室が開室しているなど、学校内に充実した学習環境が整っている。放課後や長期休み中の講習も充実しており、３年生になると放課後の講習が２時間、夏期講習は30日以上開講されるなど、まさに大学現役合格を実現する進学指導を行っている。卒業生の現役大学生がチューターとして、この進路指導のサポートに活躍している。1人1台iPadを持って生徒や家庭とのコミュニケーションを充実させ、ていねいな指導で21世紀型能力を涵養する教育活動を実践している。
クラブ活動では、男子校ならではの運動系のクラブ、男子校だからこその文化系のクラブとも活発に活動している。

◉系列校

小	中	高	大（短大）
	○	○	

◉併設小学校なし
◉高校生外部募集………120名

（一部混合クラス）

◉授業時間…1コマ50分・週34時間

	1年	2年	3年	計
国　語	4	5	5	14
社　会	3	3	4	10
数　学	5	5	5	15
理　科	4	4	4	12
英　語	8	8	8	24
24	24	25	26	75

参考　高校1年生一週間の授業

英語=6　数学=6　国語=5
理科=4　社会=4
※内進生の時程　総合進学コース

進学・進路

◉卒業生進路状況

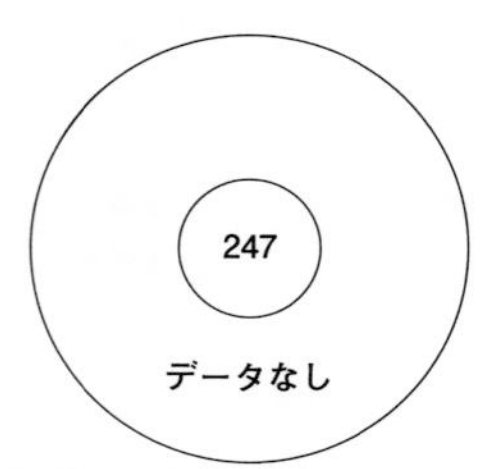

■進路選択状況（高３進級時）
データなし

■理系・文系進学状況
データなし

■共通テスト受験率
データなし

◉卒業までの流れ

小学校	中学校	高等学校	大学
	佼成学園中学校 ▶	佼成学園高等学校 (247)	

◉主な大学合格実績

大学名	'22	'23	'24	大学名	'22	'23	'24	大学名	'22	'23	'24	大学名	'22	'23	'24
東京大				埼玉大	1			国際教養大				国際基督教大			2
京都大	1			千葉大		2	2	東京都立大	3	6	3	成蹊大		17	
北海道大		2	2	東京外国語大	2		1	横浜市立大		2		成城大		11	
東北大	1	2		電気通信大	1	2	1	慶應義塾大	10	5	10	明治学院大		6	
名古屋大	1			東京学芸大	2			早稲田大	16	13	18	國學院大		13	
大阪大				東京農工大	2			上智大	17	9	8	武蔵大		14	
九州大				東京芸術大			1	東京理科大	23	41	26	獨協大		14	
東京工業大	1	1		東京医科歯科大		1		明治大	31	31	35	日本大	28	49	
一橋大				東京海洋大		1		青山学院大	16	18	19	東洋大	17	18	
筑波大	2	3	1	横浜国立大			1	立教大	17	13	22	駒澤大	2	8	
茨城大				山梨大				中央大	25	35	23	専修大	11	10	
宇都宮大				金沢大		1		法政大	27	42	32	芝浦工業大		22	
群馬大		2		信州大	1	1	1	学習院大	1	17	6	東京都市大		14	

入試要項・入試情報

◉2024年度の入試要項(参考)

	1回一般 グローバル	適性検査型 特別奨学生Ⅰ・Ⅱ型	適性検査型 特別奨学生Ⅰ・Ⅱ・Ⅲ型	1回 特別奨学生	2回一般	グローバル 特別奨学生	3回一般	Super English入試 (SE入試)	2回 特別奨学生
募集人員	一般40名 グローバル10名	10名		10名	30名	15名	15名	10名	10名
選抜方法	国・算または 国・算・社・理	適性検査 Ⅰ・Ⅱ	適性検査 Ⅰ・Ⅱ・Ⅲ	国・算	国・算または 国・算・社・理	国・算	国・算または 国・算・社・理	面接(英語・日本語)・書類審査	国・算
出願関連期間	12/20～1/31				12/20～2/1		12/20～2/2		12/20～2/4
試験日程	2/1午前			2/1午後	2/2午前	2/2午後	2/3午前		2/5午前
合格発表	Web 2/1 18:00～	Web 2/2 15:00～		Web 2/1 22:00～	Web 2/2 18:00～	Web 2/2 22:00～	Web 2/3 18:00～		Web 2/5 18:00～
入学手続	2/7 16:00まで	2/10 16:00まで		2/7 16:00まで					

＊グローバルコースは第1回一般・グローバル入試、グローバル特別奨学生入試、SE入試で選出。

面接 実施する。

◉費用(参考)

受験料		25,000円
入学手続時	入学金	255,000円
	授業料	―
	その他	90,000円
入学手続後～入学まで	授業料	―
	その他	58,300円
入学後１年	授業料	444,000円
	その他	507,200円
初年度納入金合計		1,354,500円
中学３年間費用計 約		3,297,100円

＊一般入試と特別奨学生入試を同時出願した場合の受験料は2万5千円。適性検査型特別奨学生入試・SE入試の受験料は各1万円。
＊入学辞退者は所定期日までに申し出れば、施設設備費(9万円)を返金。

◉最近6年間の入試応募者推移と倍率

年度		2019	2020	2021	2022	2023	2024
募集	① ①(特奨｜適性特奨) ② ②(特奨｜適性特奨)	60 15｜10 30 10｜10	50 15｜10 30 10｜10	50 10｜5 30 10｜5	50 10｜5 30 10｜5	① 50 ①(特奨｜適性特奨) 10｜10 ② 30 ②特奨 10	50 10｜10 30 10
応募	① ①(特奨｜適性特奨) ② ②(特奨｜適性特奨)	78/43 183/31 93/48 181｜57	79/41 234/32 112/50 232｜48	101/44 205/34 121/53 263｜46	105/41 204｜47 146/45 278｜48	138/46 271｜28/33 190/57 350	254/57 396｜24/30 313/72 472
応募倍率	① ①(特奨｜適性特奨) ② ②(特奨｜適性特奨)	2.0 12.2｜3.1 4.7 18.1｜5.7	2.4 15.6｜3.2 5.4 23.2｜4.8	2.9 20.5｜6.8 5.8 26.3｜9.2	2.9 20.4｜9.4 6.4 27.8｜9.6	3.7 27.1｜6.1 8.2 35.0	6.2 39.6｜5.4 12.8 47.2
受験	① ①(特奨｜適性特奨) ② ②(特奨｜適性特奨)	48/36 150｜31 30/22 79｜52	45/36 200｜30 53/27 129｜42	70/35 163｜33 57/32 103｜45	62/37 156｜45 68/34 116｜43	63/33 204｜28/32 107/30 123	118/42 266｜23/30 142/51 179
合格	① ①(特奨｜適性特奨) ② ②(特奨｜適性特奨)	37/23 (15)｜(10) 24/13 (10)｜(10)	25/14 80(15)｜24(10) 22/8 41(10)｜34(11)	35/11 68(10)｜28(5) 28/4 63(10)｜36(5)	31/12 60(11)｜36(5) 30/5 82(11)｜35(5)	28/13 65(11)｜22(3)/25(7) 36/5 84(10)	27/5 68(12)｜9(2)/15(8) 35/5 75(11)
実質倍率	① ①(特奨｜適性特奨) ② ②(特奨｜適性特奨)	1.3/1.6 (10.0)｜(3.1) 1.3/1.7 (7.9)｜(5.2)	1.8/2.6 2.5(13.3)｜1.3(3.0) 2.4/3.4 3.1(12.9)｜1.2(3.8)	2.0/3.2 2.4(16.3)｜1.2(6.6) 2.0/8.0 1.6(10.3)｜1.3(9.0)	2.0/3.1 2.6(14.2)｜1.3(9.0) 2.3/6.8 1.4(10.5)｜1.2(8.6)	2.3/2.5 3.1(18.5)｜1.3(9.3)/1.3(4.6) 3.0/6.0 1.5(12.3)	4.4/8.4 3.9(22.2)｜2.6(11.5)/2.0(3.8) 4.1/10.2 2.4(16.3)

＊2019年～2024年①・②と2022年～2024年③は4教科／2教科。2023年～2024年①適性特奨はⅡ型／Ⅲ型。
＊2019年～2021年①特奨・②特奨の(　)と2022年～2024年①特奨・②特奨・グローバル特奨の(　)の数字は合格者数に含まれる特別奨学生合格者の数とその実質倍率。
＊各特別奨学生入試の合格者の数には、一般クラス合格者を含む。
＊2024年補欠発表・追加合格…いずれもなし。

◉入試教科

4教科/2教科

②算数	50分/50分	100点/100点
①国語	50分/50分	100点/100点
④理科	25分/	50点/
③社会	25分/	50点/
合計	150分/100分	300点/200点

＊適性Ⅰ・Ⅱは(各45分・各100点)合計200点。
適正Ⅰ・Ⅱ・Ⅲは(各45分・各100点)合計300点。

合格最高点	1回 267/179点 1回適性 229/144点 1回特奨 171点 2回 235/172点 グローバル特奨 168点 3回 263/169点 SE 非公表 2回特奨 164点
合格最低点	1回 211/147点 1回適性 195/140点 1回特奨 155点 2回 219/145点 グローバル特奨 148点 3回 229/150点 SE 非公表 2回特奨 150点

＊1回適性は、Ⅰ・Ⅱ・Ⅲ／Ⅰ・Ⅱ。

私立 男子校

◉受験併願パターン

偏差値	1月前半	1月後半	2月1日	2月2日	2月3日	2月4日以降
57	栄東Ｂ			明大中野		明大中野２
55					成城２	成城３
53	大宮開成	専修大松戸				
52			佼成学園特奨	国学院久我山２		
51					日大豊山４	日本学園２
50	青山浦和ルーテル					
49				桐光学園２	日大豊山３	
48						東京電機大４
46				聖学院特待	日大第二２	
45						明治学院３
44				京華２特選		

入試問題の傾向とポイント

算数
計算問題5問、一行問題6問、大問3題の問題構成。計算問題は基本的な計算が多いので、確実に得点しておきたい。また、一行問題や大問は幅広い分野から出題されるが、ほとんどの問題は基本レベルを押さえておけば十分に対応できる。

国語
物語文・説明文の読解2題に言語事項20問(書き取り・文法など)という例年通りの出題構成。物語文は人物の心情や理由説明、説明文は主に内容説明・理由説明を問われた。記号選択と抜き出し問題中心で記述は2問程度だが、最後に自分の考えを書く作文問題がある。

理科
設問4～5題、生地物化からの出題。選択問題と計算問題が中心で、短文の記述問題が1～2題出題される。実験や観察の結果を読み取り、考察して解答していく問題が多い。基礎基本を固めて、苦手分野を作らないようにしたい。過去問演習を行い、様々な形式の実験・観察結果を読み取る練習を重ねること。

社会
地理・歴史・政治の大問3題構成。地理は10年連続で地形図を用いた問題が出題されている。用語記述や選択肢による文章の穴埋め問題が多く、用語記述は原則漢字指定。記述問題は3つの文字を使って25字以内で答えさせる問題が1問のみ出題された。

サレジオ学院(がくいん)中学校

■学校長／鳥越政晴　■創立／昭和50年　■生徒数／546名
■所在地／〒224-0029 神奈川県横浜市都筑区南山田3-43-1
■ＴＥＬ／045-591-8222
■交通／北山田駅(横浜市営地下鉄グリーンライン)徒歩5分。

何学期制	週何日制	登校時刻	制服	給食	食堂 軽食販売	プール	寮	特待制度 奨学金等	帰国生 取出授業
3学期制	6日制	8:35	中高あり	なし	食堂中高あり 販売中高あり	なし	なし	なし	なし

沿　革

1960年、カトリック・サレジオ修道会により創設された目黒サレジオ中学校が前身。1963年に、川崎市鷺沼にサレジオ高等学校を設立し、1975年には、川崎サレジオ中学校を併設した。1991年、名称をサレジオ学院中学校と変更する。教育環境の充実のため、1995年4月、横浜市都筑区の校地に川崎市宮前区から移転した。

教育方針と特色

若者には、神様からそれぞれに「特別な使命〈ミッション〉」が与えられているという、サレジオ会創設者ドン・ボスコの教えをもとに、生徒一人ひとりのミッションを実現していく歩みをアシストしていくことを目指す。中高一貫校の特色を生かし、先取り教育を行うが、大学受験のための勉強のみにとらわれず、「25歳の男づくり」をスローガンに、25歳になったときに社会に奉仕できる人間になることを目標とする。生徒は一人一台Chromebookを所有し、ICTも活用しながら、日々の学習の中で「思考力・判断力・表現力」を育成していく。また、「宗教」の授業があり、社会に奉仕するうえで大切な「キリストの価値観」について一緒に考えていく。英語教育にも力を入れており、国内での英語研修プログラム「イングリッシュキャンプ」や、「フィリピン語学研修」をはじめとする様々な海外研修プログラムも、希望制で用意されている。

◉系列校

小	中	高	大(短大)
	○	○	

◉併設小学校なし
◉高校生外部募集………なし

◉授業時間…1コマ50分・週34時間

	1年	2年	3年	計
国　語	5	6	6	17
社　会	4	3	4	11
数　学	6	6	6	18
理　科	3	4	4	11
英　語	7	7	6	20
5教科計	25	26	26	77

参考　高校1年生一週間の授業

英語=6　数学=6　国語=5
理科=5　社会=4

進学・進路

◉卒業生進路状況

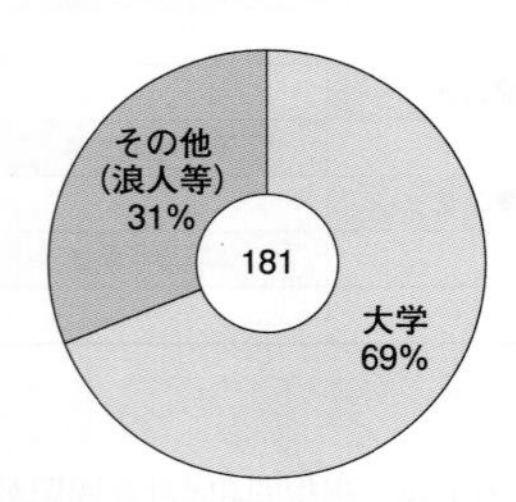

■進路選択状況（高３進級時）

理系 52%　文系 48%

0　50　100

■理系・文系進学状況

理系 42%　文系 58%

0　50　100

■共通テスト受験率

92%

0　50　100

◉卒業までの流れ

小学校	中学校	高等学校	大学
	サレジオ学院中学校 ▶	サレジオ学院高等学校 (181)	

◉主な大学合格実績

大学名	'22	'23	'24	大学名	'22	'23	'24	大学名	'22	'23	'24	大学名	'22	'23	'24
東京大	8	8	11	埼玉大				国際教養大	1		1	国際基督教大	1		
京都大	5	3	5	千葉大	1		1	東京都立大	5	3	1	成蹊大	1	1	2
北海道大	4	2	3	東京外国語大	1	1		横浜市立大	1			成城大	8		4
東北大	4	3	2	電気通信大	1	1	2	慶應義塾大	84	60	52	明治学院大	19	20	10
名古屋大	3		3	東京学芸大				早稲田大	82	60	82	國學院大		6	3
大阪大	1		2	東京農工大			2	上智大	44	43	41	武蔵大			1
九州大	3		1	東京芸術大				東京理科大	70	64	61	獨協大		2	
東京工業大	6	8	7	東京医科歯科大		1	1	明治大	112	81	119	日本大	24	22	19
一橋大	15	9	10	東京海洋大		1	1	青山学院大	34	22	24	東洋大	12	8	2
筑波大	1	2		横浜国立大	15	8	13	立教大	44	44	33	駒澤大	4	2	9
茨城大				山梨大				中央大	29	33	26	専修大	5	3	9
宇都宮大				金沢大				法政大	37	32		芝浦工業大	19	21	32
群馬大	1			信州大	1	2		学習院大	2	6	8	東京都市大	15	21	25

入試要項・入試情報

◉2024年度の入試要項(参考)

	A試験	B試験
募集人員	110名	50名
選抜方法	国・算・社・理	
出願関連期間	1/7〜1/30	1/7〜2/3
試験日程	2/1	2/4
合格発表	Web 2/2 10:00〜	Web 2/5 10:00〜
入学手続	2/3 18:00まで	2/5 18:00まで

＊出願資格に「自宅通学が可能な児童」とある。

◉費用(参考)

受験料		25,000円
入学手続時	入学金	250,000円
	授業料	—
	その他	—
入学手続後〜入学まで	授業料	—
	その他	86,000円
入学後１年	授業料	468,000円
	その他	678,400円
初年度納入金合計		1,482,400円
中学３年間費用計　約		3,654,600円

＊1月30日までにA・B両試験出願し、A試験合格で入学した場合、B試験の受験料を返金。

面接 実施しない。

◉最近6年間の入試応募者推移と倍率

年度		2019	2020	2021	2022	2023	2024
募集	A	110	110	110	110	110	110
	B	50	50	50	50	50	50
応募	A	393	369	426	379	359	389
	B	515	440	518	450	487	523
応募倍率	A	3.6	3.4	3.4	3.4	3.3	3.5
	B	10.3	8.8	10.4	9.0	9.7	10.5
受験	A	378	348	410	359	350	369
	B	421	356	435	356	409	423
合格	A	174	172	170	165	167	174
	B	109	101	100	108	116	126
実質倍率	A	2.2	2.0	2.4	2.2	2.1	2.1
	B	3.9	3.5	4.4	3.3	3.5	3.4

＊2024補欠発表…なし。追加合格(電話)…(B試験)12名、2月8日〜2月11日。

◉入試教科

②算数	50分	100点
①国語	50分	100点
④理科	40分	75点
③社会	40分	75点
合計	180分	350点

合格最高点	Ⓐ295点 Ⓑ280点
合格最低点	Ⓐ229点 Ⓑ229点

私立 男子校

◉受験併願パターン

偏差値	1月前半	1月後半	2月1日	2月2日	2月3日	2月4日以降
66	栄東東大特待			栄光学園		
64					浅野	本郷３
61		東邦大東邦前				サレジオ学院Ｂ
60			サレジオ学院Ａ			
59				中央大附属横浜２	逗子開成２	
58	栄東Ａ１０日					
56			青稜１Ｂ	法政第二	都市大等々力２選	高輪Ｃ
55			桐蔭学園午後	鎌倉学園２		鎌倉学園３
54			獨協２午後			桐蔭学園３
53			日本大学Ａ２ＡＦ	日本大学ＢＧＬ		
52				神奈川大附２	山手学院Ｂ	

入試問題の傾向とポイント

算数　計算2問、一行問題5問、大問3題の問題構成。典型題にあてはまらない思考力を問う問題が含まれることが多い。応用問題には誘導がついているので、うまく流れに乗ることが大切。大問には数問、途中式や考え方を書かせる問題があるので、素早く簡潔に表現できるように練習しておきたい。

国語　漢字の読み書き10問、説明文と物語文の読解2題で構成されている。説明文は言い換えや理由について、物語文は人物の心情や言動理由について問われた。解答形式は選択肢のほか、70字ほどの長い記述もみられる。

理科　大問4題、生地物化から出題。設問形式は、選択・計算・記述・作図と多岐にわたる。複数の実験・観察の結果を扱う問題や、長文の会話文(地学分野)を読んで解答する問題など、全体的にボリュームがある。過去問演習などを通して、与えられた情報をしっかり読んで理解しながら思考する力を養いたい。

社会　例年同様、大問1題で3分野を問う形式。記号選択が大半だが、記述問題は筋道を立てて説明する力が求められている。過去問を通じて、時間配分を考えながら解く訓練を重ねたい。用語記述は漢字指定。時事問題は例年出題されているため、『ニュース最前線』などで対策しておきたい。

芝(しば)中学校

■学校長／武藤道郎　■創立／明治20年　■生徒数／929名
■所在地／〒105-0011 東京都港区芝公園3-5-37　■ＴＥＬ／03-3431-2629
■交通／神谷町駅(東京メトロ日比谷線)徒歩5分。御成門駅(都営三田線)徒歩7分。
赤羽橋駅(都営大江戸線)徒歩10分。大門駅(都営浅草線)徒歩15分。浜松町駅(JR・東京モノレール)徒歩18分。

何学期制	週何日制	登校時刻	制服	給食	食堂 軽食販売	プール	寮	特待制度 奨学金等	帰国生 取出授業
3学期制	6日制	7:55	中高あり	なし	食堂なし 販売中高あり	なし	なし	なし	なし

沿　革

1887年、浄土宗の子弟教育のため設立された浄土宗学東京支校が前身。1906年に一般に開放し、芝中学校として発足。1948年に学制改革を経て、今日に至る。

教育方針と特色

「遵法(じゅんぽう)自治」の校訓のもと、世の役に立つ活動を積極的に奉仕する人物を育成することが願い。そのためにも将来を踏まえて、高い理想実現のための知識や、道徳的・宗教的情操の基本を加えながらの教育を実践している。また、戦前からの伝統ある進学校として、進学対策には特に力を注ぐ。科目によっては特別なカリキュラムを組み、夏期講習や補習授業で学力の補充が行われる。各学年とも模擬試験により、各自の実力向上に資している。進路選択については、社会とどう関わるかという観点から志望校を考えさせたり、先輩の話を聴く会を開いたりときめ細かい。

◉系列校

小	中	高	大(短大)
	○	○	

◉併設小学校なし
◉高校生外部募集………なし

◉授業時間…1コマ50分・週36時間

	1年	2年	3年	計
国　語	5	5	5	15
社　会	4	5	4	13
数　学	5	5	5	15
理　科	4	4	5	13
英　語	5	6	6	17
5教科計	23	25	25	73

参考　高校1年生一週間の授業

英語=6　数学=6　国語=5
理科=4　社会=4

進学・進路

◉卒業生進路状況

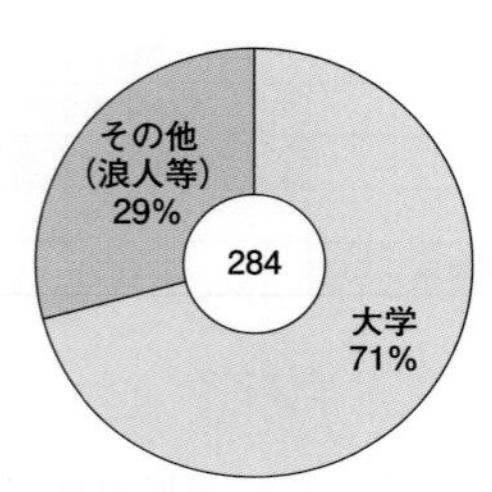

■進路選択状況（高3進級時）
データなし

■理系・文系進学状況
データなし

■共通テスト受験率
100%
0　50　100

◉卒業までの流れ

小学校	中学校	高等学校	大学
	芝中学校	▶ 芝高等学校（284）	

◉主な大学合格実績

大学名	'22	'23	'24	大学名	'22	'23	'24	大学名	'22	'23	'24	大学名	'22	'23	'24
東京大	14	13	18	埼玉大	1	2		国際教養大		1	1	国際基督教大	3	3	
京都大	3	6	4	千葉大	4	7	5	東京都立大	3	2	4	成蹊大	7	6	
北海道大	13	13	22	東京外国語大	1	2	1	横浜市立大	1	1		成城大	3	4	2
東北大	9	12	10	電気通信大	4	1	4	慶應義塾大	100	79	85	明治学院大	6	4	4
名古屋大	3			東京学芸大	1		4	早稲田大	89	117	98	國學院大	16	5	3
大阪大	2	3	2	東京農工大	5	8	7	上智大	50	49	40	武蔵大	3	1	6
九州大	4	2	2	東京芸術大				東京理科大	120	135	125	獨協大	3		1
東京工業大	10	12	11	東京医科歯科大	2	2	2	明治大	118	99	94	日本大	48	34	20
一橋大	11	8	5	東京海洋大	1			青山学院大	21	21	21	東洋大	21	10	11
筑波大	5	2	1	横浜国立大	7	5	8	立教大	31	15	17	駒澤大	6	8	4
茨城大		2		山梨大	2	1	1	中央大	59	57	48	専修大	11	2	3
宇都宮大				金沢大	4			法政大	46	46	21	芝浦工業大	39	34	34
群馬大	1	1		信州大	1		1	学習院大	6	17	8	東京都市大	4	5	3

入試要項・入試情報

◉2024年度の入試要項(参考)

	1回	2回
募集人員	150名	130名
選抜方法	国・算・社・理	
出願関連期間	1/7〜1/26	1/7〜2/3
試験日程	2/1	2/4
合格発表	Web 2/1 20:00頃〜	Web 2/4 21:00頃〜
入学手続	2/3 12:00まで	2/6 12:00まで

◉費用(参考)

受験料		30,000円
入学手続時	入学金	300,000円
	授業料	—
	その他	—
入学手続後〜入学まで	授業料	—
	その他	73,510円
入学後1年	授業料	498,000円
	その他	326,600円
初年度納入金合計		1,198,110円
中学3年間費用計 約		2,899,036円

＊学習用端末費・校外学習費別途。

面接 実施しない。

◉最近6年間の入試応募者推移と倍率

年度		2019	2020	2021	2022	2023	2024
募集	①	150	150	150	150	150	150
	②	130	130	130	130	130	130
応募	①	554	488	491	525	564	600
	②	1350	1229	1114	1092	1231	1192
応募倍率	①	3.7	3.3	3.3	3.5	3.8	4.0
	②	10.4	9.5	8.6	8.4	9.5	9.2
受験	①	500	432	445	482	489	530
	②	868	756	715	757	867	860
合格	①	189	188	187	193	193	188
	②	277	268	293	282	258	256
実質倍率	①	2.6	2.3	2.4	2.5	2.5	2.8
	②	3.1	2.8	2.4	2.7	3.4	3.4

＊2024年補欠発表・追加合格…いずれもなし。

◉入試教科

②算数	50分	100点
①国語	50分	100点
④理科	40分	75点
③社会	40分	75点
合計	180分	350点

合格最高点	①274点 ②290点
合格最低点	①196点 ②226点

私立 男子校

◉受験併願パターン

偏差値	1月前半	1月後半	2月1日	2月2日	2月3日	2月4日以降
65		市川				
64			巣鴨算数		浅野	
63				本郷２		芝２
62	東邦大東邦推薦					
61		東邦大東邦前		高輪算数午後		
60						巣鴨３
59			芝			
58	栄東Ａ１０日				暁星２	
55	大宮開成特待		桐蔭学園午後	学習院	成城２	成城３
54		専修大松戸	獨協２午後			
53	大宮開成	芝浦工大柏		青稜２Ａ		

入試問題の傾向とポイント

算数

計算2問と大問で構成されており、総設問数は20問前後。計算問題は項が多く複雑なものが出題。速さや水量の変化などグラフを絡めた問題、比を利用する平面図形の問題が頻出で、それ以外の単元からも万遍なく出題されるので、基礎を固めた上で、過去問演習などでしっかりと対策をしたい。

国語

漢字の書き取りを含む雑問2題と、説明文と物語文の読解2題が出題された。説明文は傍線部の理由や目的について、物語文は人物の言動や心情について問われた。解答形式は記述だと思ってよい。100字以内の記述も出題される。

理科

大問5題、生地物化からの出題で融合問題もある。設問形式は、選択・計算・記述・作図と多岐にわたる。問題文中の図表が多くそれらを正確に読み取る力、字数指定の記述やグラフの作成などへの対応が必要。基礎基本を固めた上で、過去問演習を通して練習を積んでおきたい。

社会

1回、2回ともに大問4題構成。地理・歴史・政治・分野総合などまんべんなく問題が出題されている。初見の資料問題もあるが多くは『予習シリーズ』で対応可能。例年、条件指定の記述問題がある。過去問演習を通じて、この出題形式に慣れておきたい。

城西川越中学校

■学校長／渡辺聡　■創立／平成4年　■生徒数／277名
■所在地／〒350-0822 埼玉県川越市山田東町1042　■ＴＥＬ／049-224-5665
■交通／川越駅・本川越駅からスクールバス20分。桶川駅・坂戸駅からスクールバス30分
路線バス(「城西高校」「二本松」下車)

何学期制	週何日制	登校時刻	制服	給食	食堂 軽食販売	プール	寮	特待制度 奨学金等	帰国生 取出授業
3学期制	6日制	8:50	中高あり	なし	食堂中高あり 販売中高あり	なし	なし	あり	あり

沿　革

1965年に城西大学が設立され、その付属校として1972年に城西大学付属川越高等学校が開校。その併設校として1992年に城西川越中学校が開校した。

教育方針と特色

校是は「報恩感謝」、教育方針は「心豊かな人間の育成」「個性・学力の伸長」です。

「城西川越は第二の我が家」と言われるほど、生徒と教員の距離の近さ、信頼関係の強さが本校の特色です。色々な施設とすべてのグラウンドが同じ敷地内にまとまっているオールインワンの学校で、生徒が安心して、学業やクラブ活動に取り組める教育環境が整っています。そのような環境に、個性豊かで志が高い生徒が集まっています。クラブ活動の加入率はほぼ100%です。

埼玉県の私立男子中学校としては歴史がありますが、その中で培ってきた多くの財産を大切にしつつも、施設の改善や教育プログラムの充実など、進化を続けることを目指しています。これからも教育の質の向上に取り組み続け、生徒たちが自己実現を追求し、社会に貢献できるよう支援していきます。

◉系列校

小	中	高	大(短大)
	○	○	○

◉併設小学校なし
◉高校生外部募集………約160名

(3年次から合流)

◉授業時間…1コマ50分・週36時間

	1年	2年	3年	計
国　語	5	5	6	16
社　会	3.7	4	4	11.7
数　学	6	6	6	18
理　科	4	4	4	12
英　語	5.7	6	6	17.7
5教科計	24.4	25	26	75.4

参考　**高校1年生一週間の授業**

英語=7　数学=7　国語=5
理科=4　社会=4

＊特進・進学コース

進学・進路

◉卒業生進路状況

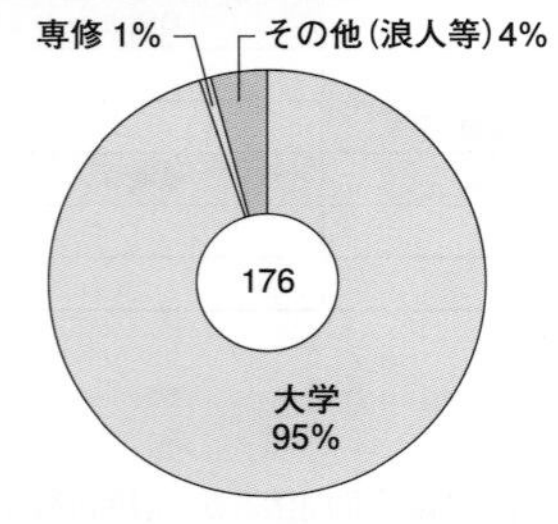

■進路選択状況（高３進級時）

理系 53%　文系 47%

■理系・文系進学状況

理系 54%　文系 45%

■共通テスト受験率

100%

◉卒業までの流れ

小学校	中学校	高等学校	大学
	城西川越中学校	城西大学付属川越高等学校（176）	城西大学　5

◉主な大学合格実績

大学名	'22	'23	'24	大学名	'22	'23	'24	大学名	'22	'23	'24	大学名	'22	'23	'24
東京大				埼玉大		5	5	国際教養大				国際基督教大		1	
京都大	1			千葉大				東京都立大			1	成蹊大	6	7	8
北海道大		1		東京外国語大			1	横浜市立大				成城大	4	2	7
東北大			1	電気通信大	3	2		慶應義塾大	1	3	2	明治学院大	3		2
名古屋大				東京学芸大		1		早稲田大	9	3	12	國學院大	12	11	11
大阪大				東京農工大			2	上智大	1		5	武蔵大	22	21	3
九州大				東京芸術大				東京理科大	7	24	14	獨協大	32	24	9
東京工業大		1		東京医科歯科大				明治大	13	12	35	日本大	77	94	100
一橋大		1		東京海洋大		2	1	青山学院大	4	5	6	東洋大	39	54	63
筑波大	1		3	横浜国立大				立教大	17	5	18	駒澤大	11	11	7
茨城大		1	1	山梨大				中央大	19	23	30	専修大	14	24	14
宇都宮大	1	1	2	金沢大	2		2	法政大	23	32	35	芝浦工業大	18	29	12
群馬大	2	3	2	信州大				学習院大	10	14	13	東京都市大	4	8	7

入試要項・入試情報

◉2024年度の入試要項(参考)

	総合一貫1回	特別選抜1回	特別選抜2回	総合一貫2回	総合一貫3回	総合一貫4回
募集人員	特別選抜入試(全日程合計) 約25名 総合一貫入試(全日程合計) 約60名					
選抜方法	国・算または 国・算・社・理	国・算	国・算または 国・算・社・理	国・算	国・算または 国・算・社・理	国・算
出願関連期間	12/12～1/9		12/12～1/10		12/12～1/19	12/12～2/4
試験日程	1/10午前	1/10午後	1/11午前	1/11午後	1/20午前	2/5午前
合格発表	Web 1/10 23:00～		Web 1/11 23:00～		Web 1/20 16:00～	Web 2/5 16:00～
入学手続	2/6 16:00まで					2/8 15:00まで

＊総合一貫1回・特別選抜1回・特別選抜2回の試験会場は本校以外に、大宮会場でも実施。

◉費用(参考)

受験料		25,000円
入学手続時	入学金	250,000円
	授業料	—
	その他	200,000円
入学手続後～入学まで	授業料	—
	その他	125,000円
入学後１年	授業料	372,000円
	その他	222,458円
初年度納入金合計		1,169,458円
中学３年間費用計　約		3,262,374円

＊2回分の受験料は2万5千円、3回目からは1回ごとに1万円。

＊入学辞退者は2月10日15時までに申し出れば、施設費(20万円)を返金。

面接 実施する。

◉最近6年間の入試応募者推移と倍率

年度		2019	2020	2021	2022	2023	2024
募集	特選① 特選②	約25(特選合計)	約25(特選合計)	約25(特選合計)	約25(特選合計)	約25(特選合計)	約25(特選合計)
	① ②	約60(一貫合計)	約60(一貫合計)	約60(一貫合計)	約60(一貫合計)	約60(一貫合計)	約60(一貫合計)
応募	特選①	98	110	111	150	129	150
	特選②	134	158	151	165	116	113/26
	①	114/26	140/44	166/35	184/49	130/44	115/64
	②	110	132	133	164	151	175
応募倍率	特選① 特選②	9.3(特選合計)	10.7(特選合計)	10.5(特選合計)	12.6(特選合計)	9.8(特選合計)	11.6(特選合計)
	① ②	6.4(一貫合計)	7.4(一貫合計)	8.0(一貫合計)	8.9(一貫合計)	7.3(一貫合計)	7.6(一貫合計)
受験	特選①	98	107	105	145	128	147
	特選②	106	132	125	135	86	89/18
	①	114/26	137/44	162/33	179/46	128/44	112/64
	②	56	66	79	85	83	83
合格	特選①	73(26)	81(30)	80(30)	104(42)	98(43)	108(48)
	特選②	92(68)	117(70)	101(61)	108(76)	68(63)	71(61)/11(4)
	①	86/20	103/26	118/21	130/34	108/25	93/41
	②	49	56	67	70	72	71
実質倍率	特選①	1.3(3.8)	1.3(3.6)	1.3(3.5)	1.4(3.5)	1.3(3.0)	1.4(3.1)
	特選②	1.2(1.6)	1.1(1.9)	1.2(2.0)	1.3(1.8)	1.3(1.4)	1.3(1.5)/1.6(4.5)
	①	1.3/1.3	1.3/1.7	1.4/1.6	1.4/1.4	1.2/1.8	1.2/1.6
	②	1.1	1.2	1.2	1.2	1.2	1.2

＊2019年～2021年①と2022年～2024年①・③と2024年特選②は4教科／2教科。

＊2019年～2024年特選①・特選②の(　)の数字は合格者数に含まれる特別選抜合格者の数とその実質倍率。

＊2024年補欠発表・追加合格…いずれもなし。

◉入試教科

4教科/2教科

②算数	50分/50分	100点/100点
①国語	50分/50分	100点/100点
④理科	あわせて50分	50点/
③社会		50点/
合計	150分/100分	300点/200点

合格最高点	1回特選　145点 2回特選　248/149点 1回総合　257/162点 2回総合　145点 3回総合　230/140点 4回総合　152点
合格最低点	1回特選　111点 2回特選　123/101点 1回総合　142/96点 2回総合　111点 3回総合　193/140点 4回総合　144点

◉受験併願パターン

偏差値	1月前半	1月後半	2月1日	2月2日	2月3日	2月4日以降
56				立教池袋		
55	さいたま市立大宮		城北		成城２	明大八王子Ｂ
49	城西川越特選				日大豊山３	
48			東京電機大２			
47			日大豊山			
45	城西川越特選２					
44	星野学園２			東京電機大３		
43	星野学園総合選抜				聖学院アド３	
42			桜丘			
40	城北埼玉２					
39	城西川越２					

入試問題の傾向とポイント

算数
計算、一行問題、大問の順に続き、総設問数は15～20問程度。後半にはやや思考力を要する問題がみられるので、前半で確実に得点しておきたい。また、大問は解答に求め方を書かせる問題が多いので、日頃から丁寧に書くことを心がけること。

国語
説明文や物語文を含む読解3題と、慣用句5問の構成。物語文は指示語や人物の言動・心情を、説明文は傍線部の理由を記述で問われた。また2つの資料と会話文を読み、内容理解を図る問題も出題された。

理科
大問3～4題、生地物化からの出題。設問形式は、選択・計算・記述・作図と多岐にわたる。基本的な問題が並ぶが出題範囲が広い。『四科のまとめ』などで基礎基本を固め、過去問演習では時間配分(試験時間25分)も意識したい。時事問題が出題される年があるので忘れずに対策を。

社会
大問2題構成。記号選択の割合が比較的高く、組み合わせを選ぶ形式が多い。地理と歴史はいずれも基礎基本が問われた。政治は例年、時事問題の比率が高い。時事問題については、『ニュース最前線』を十分活用しつつ、ふだんから国内や海外の出来事について関心を持ちたい。

じょうほく
城北中学校

■学校長／小俣力　■創立／昭和16年　■生徒数／880名
■所在地／〒174-8711 東京都板橋区東新町2-28-1
■ＴＥＬ／03-3956-3157
■交通／上板橋駅（東武東上線）徒歩10分。小竹向原駅（東京メトロ有楽町線・副都心線）徒歩20分。

何学期制	週何日制	登校時刻	制服	給食	食堂 軽食販売	プール	寮	特待制度 奨学金等	帰国生 取出授業
3学期制	6日制	8:10	中高あり	なし	食堂あり 販売あり	屋内	なし	あり	なし

沿　革

1941年、深井鑑一郎・井上源之丞の二人の協力により、明治期の旧私立城北中学校（現都立戸山高校の前身）の再建の意味をもって創立された。深井の規律を重んじ人間味あふれる、長年にわたる教育から生まれた師弟愛を創立の基盤としている。

教育方針と特色

真の実力を究め、新しい未来を切り拓くことができる魅力ある人間に成長してもらうことを大切にし、教育目標である「人間形成と大学進学」を柱に、生徒の成長をサポートしています。本校では、生徒一人ひとりの志望に合わせてきめ細かく対応すべく、学力向上のために質問・添削はもちろん、本校の教員が大学受験から逆算して作成する実力試験、夏期・冬期講習会、受験直前期の特別講習、補習会、自習室、最新の受験情報、進路に合わせたゼミや科目選択、入試懇談会や医学部受験セミナーなどを実施し、本校受験生のデータをまとめた進学情報資料の配布など、生徒たちはスムーズかつ着実に学力と自信を高めてもらう環境を整えております。また、ICT教育にも力を入れ、主体性やクリエイティビティ、探究心、チャレンジ精神を発揮できる卒業研究やプレゼンテーションなどの機会を多く設けています。さらに、Global Educationでは、本校独自のターム留学やイングリッシュシャワーなどアウトプット型の本物の英語に触れるプログラムを設定。英語力・コミュニケーション力、自信を高める機会を設けています。そして、47ある部活動では真面目に楽しく取り組み、仲間と高め合い、深め合う機会として、大切な活動と位置づけています。これらの教育機会を支える本格的な専用施設が本校には多く設置され、東京23区内にもかかわらず広々とした中で、伸び伸びと力を向上させることができる環境を整えております。生徒や保護者の方々の満足度も非常に高くなっております。

◉系列校

小	中	高	大（短大）
	○	○	

◉併設小学校なし
◉高校生外部募集………85名
（2年時から混合クラス）

◉授業時間…1コマ45分・週34時間

	1年	2年	3年	計
国　語	5	5	6	16
社　会	4	4	4	12
数　学	5	5	5	15
理　科	4	4	4	12
英　語	5	6	6	17
5教科計	23	24	25	72

参考　高校1年生一週間の授業

英語=6　数学=6　国語=5
理科=4　社会=4
※内進生の時程

進学・進路

◉卒業生進路状況

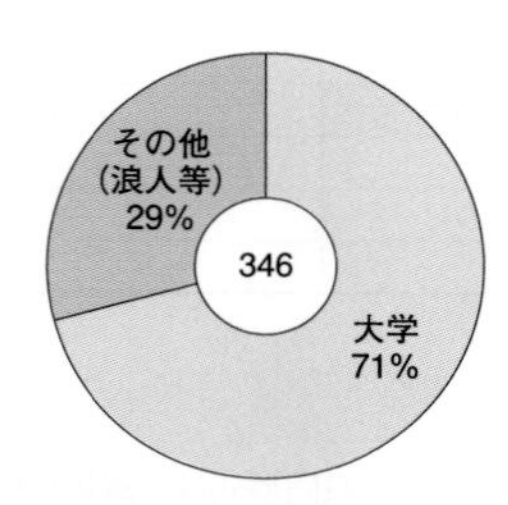

■進路選択状況（高３進級時）
理系 52%　文系 49%
0　50　100

■理系・文系進学状況
理系 53%　文系 47%
0　50　100

■共通テスト受験率
88%
0　50　100

◉卒業までの流れ

小学校	中学校	高等学校	大学
	城北中学校	▶ 城北高等学校（346）	

◉主な大学合格実績

大学名	'22	'23	'24	大学名	'22	'23	'24	大学名	'22	'23	'24	大学名	'22	'23	'24
東京大	9	6	7	埼玉大	2	1	5	国際教養大	2	1	1	国際基督教大	1	1	3
京都大	4	3	7	千葉大	6	2	3	東京都立大	6	6	2	成蹊大	12	13	9
北海道大	9	4	5	東京外国語大	3	3	2	横浜市立大	1			成城大	14	21	8
東北大	6	9	8	電気通信大	4	9	6	慶應義塾大	66	64	58	明治学院大	6	9	15
名古屋大	1	1		東京学芸大	1		2	早稲田大	106	85	83	國學院大	10	19	17
大阪大	7	4	4	東京農工大	16	5	8	上智大	33	44	45	武蔵大	20	15	17
九州大	1	2	2	東京芸術大				東京理科大	144	108	140	獨協大	2	17	4
東京工業大	3	7	10	東京医科歯科大				明治大	160	119	134	日本大	126	105	87
一橋大	5	5	9	東京海洋大	2	1	3	青山学院大	33	23	40	東洋大	35	27	31
筑波大	4	7	4	横浜国立大	3	2	6	立教大	60	48	51	駒澤大	16	12	13
茨城大	2	1		山梨大	1		1	中央大	79	66	72	専修大	7	6	17
宇都宮大	1			金沢大			1	法政大	77	80	61	芝浦工業大	53	74	159
群馬大	2		2	信州大	2	2	1	学習院大	29	25	22	東京都市大	15	4	20

入試要項・入試情報

◉2024年度の入試要項(参考)

	1回	2回	3回
募集人員	約115名	約125名	約30名
選抜方法	国・算・社・理		
出願関連期間	12/20～1/30	12/20～2/1	12/20～2/3
試験日程	2/1	2/2	2/4
合格発表	Web 2/1 19:00～	Web 2/2 20:00～	Web 2/4 19:00～
入学手続	2/4 14:00まで		2/5 16:00まで

面接 実施しない。

◉費用(参考)

受験料		25,000円
入学手続時	入学金	270,000円
	授業料	—
	その他	—
入学手続後～入学まで	授業料	—
	その他	326,380円
入学後１年	授業料	456,000円
	その他	103,200円
初年度納入金合計		1,155,580円
中学３年間費用計 約		2,874,980円

＊複数回出願し、早い回で合格し入学した場合、未受験分の差額を入学手続後の納入金に充当。

◉最近6年間の入試応募者推移と倍率

年度		2019	2020	2021	2022	2023	2024
募集	①	約115	約115	約115	約115	約115	約115
	②	約125	約125	約125	約125	約125	約125
	③	約30	約30	約30	約30	約30	約30
応募	①	366	436	436	389	425	431
	②	697	777	723	746	810	715
	③	379	411	433	388	428	382
応募倍率	①	3.2	3.8	3.8	3.4	3.7	3.7
	②	5.6	6.2	5.8	6.0	6.5	5.7
	③	12.6	13.7	14.4	12.9	14.3	12.7
受験	①	341	410	403	359	390	407
	②	571	647	572	582	645	561
	③	249	286	270	270	299	255
合格	①	138	135	134	135	139	138
	②	322	316	311	305	295	297
	③	37	55	36	31	50	54
実質倍率	①	2.5	3.0	3.0	2.7	2.8	2.9
	②	1.8	2.0	1.8	1.9	2.2	1.9
	③	6.7	6.0	7.5	8.7	6.0	4.7

＊帰国生を含む。
＊2024年補欠発表・追加合格…いずれもなし。

◉入試教科

②算数	50分	100点
①国語	50分	100点
④理科	40分	70点
③社会	40分	70点
合計	180分	340点

合格最高点	①273点 ②290点 ③293点
合格最低点	①213点 ②206点 ③241点

私立 男子校

◉受験併願パターン

偏差値	1月前半	1月後半	2月1日	2月2日	2月3日	2月4日以降
60		立教新座				
59						城北３
58	栄東Ａ１１日		国学院久我山ＳＴ	明大中野	立教新座２	
57				城北２		
55			城北		成城２	成城３
54		専修大松戸				
53	大宮開成					
51				淑徳２東大	日大豊山４	獨協４
50				獨協３		
49	城北埼玉特待				淑徳２Ｓ特	
48			順天Ｂ		淑徳巣鴨スカラ３	

入試問題の傾向とポイント

算数 計算問題2問、一行問題5～6問、大問3題の問題構成。1回、2回ともに図形に関する問題(平面、立体)が頻出。特別な難問はないが、ある程度の応用力、思考力が要求される。各分野の典型問題を中心に基本事項をしっかりと固めた上で、過去問演習等で対策をしたい。

国語 長い物語文1題と漢字の書き取り10問で構成されている。物語文は語句の意味をはじめに、人物の様子や心情について問う設問があった。また最後には本文内容について話し合う生徒の会話の空欄を埋める問題が出題された。解答形式は選択肢と記述が中心である。

理科 設問4～6題、生地物化からの出題。設問形式は、選択・計算・記述・作図と多岐にわたる。全体的に基礎をしっかり固めた上で思考する問題が多い。試験時間は40分あるが、計算問題が多く、作図・記述問題もあるため、時間配分を意識して解き進めていきたい。

社会 地理・歴史・政治の大問3題構成。用語記述は漢字指定、記述問題はない。地理は地図問題がほぼ毎年出され、同校に関連した地理を切り口に出題される傾向が見受けられる。ただ、基本的な内容が問われるので、特別な知識はあまり必要ない。基本を『四科のまとめ』などで学習したい。

城北埼玉中学校（じょうほくさいたま）

■学校長／森泉秀雄　■創立／平成14年　■生徒数／289名
■所在地／〒350-0014 埼玉県川越市古市場585-1
■ＴＥＬ／049-235-3222
■交通／上福岡駅（東武東上線）徒歩25分。ふじみ野駅、南古谷駅、本川越駅からスクールバスあり。

何学期制	週何日制	登校時刻	制服	給食	食堂 軽食販売	プール	寮	特待制度 奨学金等	帰国生 取出授業
3学期制	6日制	8:40	中高あり	休止	食堂中高あり 販売中高あり	屋内	なし	あり	なし

沿　革

1980年、東京都内有数の進学校である「城北中学・高等学校」と教育方針を同じくする男子進学校として「城北埼玉高等学校」が開校した。2002年、これまでの高校教育で蓄積してきた大学進学指導のノウハウを6ヶ年一貫教育の中で合理的かつ効果的に展開するため中学校を開校した。

教育方針と特色

近藤薫明元城北学園理事長・校長が半世紀以上にわたって培ってきた「心身ともに健全で自律的な努力に徹し得る人間の育成」という建学の精神と厳正な校風を受け継ぎ、「着実・勤勉・自主」の校訓のもとに「人間形成」と「大学進学指導」を2本の柱とした教育を目指す。６年間を2年ずつの３ブロックに分け、成長過程に合わせた学習指導を展開。中学では選抜クラスを各学年で1クラス設置する。指名補習や夏期・冬期講習などを通じ、どの学力層にも対応できるサポート体制を充実させている。高校では大学進学に向けて学力向上のためのプログラムを充実させた「本科コース」と、探究活動を中心とする課題解決型カリキュラムの「フロンティアコース」を設置し、高校進学時に各自の希望・特性に応じて選択が可能としている。また授業前に「静座」を行い、呼吸と姿勢を正して授業への集中力を高めるようにしている。人間形成の一環としてクラブ活動も大切に考えており、国際化に伴う異文化の理解や情報化に対応するためのプログラムも用意されている。教育環境、施設・設備も充実している。

◉系列校

小	中	高	大(短大)
	○	○	

◉併設小学校なし
◉高校募集内進含………240名
（一部混合クラス）

◉授業時間…1コマ50分・週34時間

	1年	2年	3年	計
国　語	5	5	5	15
社　会	3	3	4	10
数　学	5	6	6	17
理　科	4	4	4	12
英　語	7	6	6	19
5教科計	24	24	25	73

参考　高校1年生一週間の授業

英語=5　数学=7　国語=5
理科=4　社会=4

進学・進路

◉卒業生進路状況

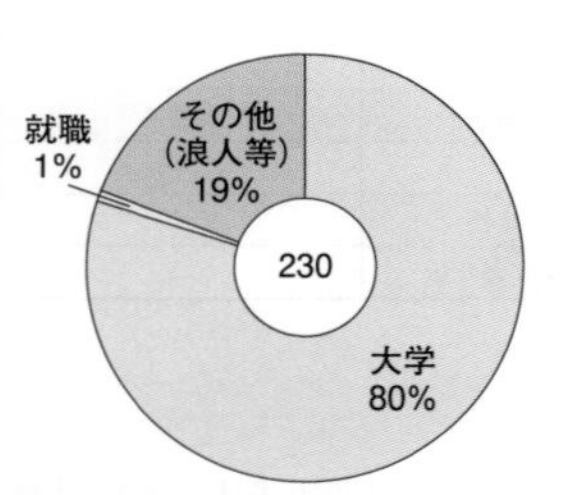

■進路選択状況（高3進級時）

理系 53%　文系 47%

0　50　100

■理系・文系進学状況

理系 42%　文系 58%

0　50　100

■共通テスト受験率

100%

0　50　100

◉卒業までの流れ

小学校	中学校	高等学校	大学
	城北埼玉中学校 ▶	城北埼玉高等学校 (230)	

◉主な大学合格実績

大学名	'22	'23	'24	大学名	'22	'23	'24	大学名	'22	'23	'24	大学名	'22	'23	'24
東京大			1	埼玉大	1	2	4	国際教養大				国際基督教大			
京都大				千葉大	1	2		東京都立大			1	成蹊大	5	9	16
北海道大		1	1	東京外国語大				横浜市立大				成城大	3	4	11
東北大			1	電気通信大		1		慶應義塾大	6	3	10	明治学院大	6	5	14
名古屋大				東京学芸大		1	1	早稲田大	7	7	17	國學院大	8	9	15
大阪大				東京農工大	1	1	1	上智大	1	1	3	武蔵大	5	7	18
九州大				東京芸術大				東京理科大	8	23	27	獨協大	3	6	8
東京工業大				東京医科歯科大		1		明治大	13	8	20	日本大	32	46	71
一橋大	1		2	東京海洋大				青山学院大	5	8	5	東洋大	20	40	75
筑波大			2	横浜国立大		1	2	立教大	5	5	21	駒澤大	10	9	11
茨城大		2	2	山梨大				中央大	22	16	29	専修大	11	17	16
宇都宮大	2		3	金沢大		1	4	法政大	6	16	29	芝浦工業大	15	21	19
群馬大	1	1	3	信州大	1		3	学習院大	8	13	18	東京都市大	6	11	16

入試要項・入試情報

◉2024年度の入試要項(参考)

	1回	特待入試	2回	3回	4回	5回
募集人員	60名	20名(特待生)	40名	40名	若干名	若干名
選抜方法	国・算・社・理	算・理または算・英	国・算または国・算・社・理		国・算	
出願関連期間	12/11～1/8		12/11～1/10	12/11～1/11	12/11～1/17	12/11～2/3
試験日程	1/10午前	1/10午後	1/11午前	1/12午前	1/18午前	2/4午前
合格発表	Web 1/10 23:00頃～		Web 1/11 22:00頃～	Web 1/12 22:00頃～	Web 1/18 18:00頃～	Web 2/4 18:00頃～
入学手続	2/6 16:00まで				1/20 16:00まで	2/6 16:00まで

＊特待入試・第2回の試験会場は、本校以外にさいたまスーパーアリーナTOIRO会場でも実施。第3回の試験会場は、本校以外に所沢くすのきホール会場でも実施。

面接 実施しない。

◉費用(参考)

受験料		26,000円
入学手続時	入学金	260,000円
	授業料	—
	その他	—
入学手続後～入学まで	授業料	—
	その他	101,000円
入学後1年	授業料	408,000円
	その他	568,400円
初年度納入金合計		1,337,400円
中学3年間費用計　約		3,176,400円

＊複数回同時出願の受験料は、2回分は2万6千円、3回以上は1回につき5千円追加。

◉最近6年間の入試応募者推移と倍率

年度		2019	2020	2021	2022	2023	2024
募集	特待	10	10	10	10	20	20
	①	100	100	100	100	60	60
	②	40	40	40	40	40	40
	③	10	10	10	10	40	40
応募	特待	440	483	551	428	400	352
	①	752	739	846	771	363	340
	②	429	411	515	428	369/22	347/33
	③	234	234	276	266	327/16	248/22
応募倍率	特待	44.0	48.3	55.1	42.8	20.0	17.6
	①	7.5	7.4	8.5	7.7	6.1	5.7
	②	10.7	10.3	12.9	10.7	9.8	9.5
	③	23.4	23.4	27.6	26.6	8.6	6.8
受験	特待	437	480	538	413	391	341
	①	621	579	680	619	354	327
	②	227	215	290	235	263/14	228/27
	③	104	122	140	123	193/6	116/11
合格	特待	179	198	186	181	158	183
	①	463	451	515	489	297	280
	②	173	146	208	195	215/6	205/18
	③	89	87	85	103	158/2	102/10
実質倍率	特待	2.4	2.4	2.9	2.3	2.5	1.9
	①	1.3	1.3	1.3	1.3	1.2	1.2
	②	1.3	1.5	1.4	1.2	1.2/2.3	1.1/1.5
	③	1.2	1.4	1.6	1.2	1.2/3.0	1.1/1.1

＊2023年～2024年②・③は4教科／2教科。
＊2024年補欠発表…詳細不明。補欠合格・追加合格…いずれもなし。

◉入試教科

②算数	50分	100点
①国語	50分	100点
④理科	30分	50点
③社会	30分	50点
合計	160分	300点

＊特待は算50分・100点、理又は英40分・70点、合計170点。

合格最高点	非公表
合格最低点	非公表

私立 男子校

◉受験併願パターン

偏差値	1月前半	1月後半	2月1日	2月2日	2月3日	2月4日以降
49	城北埼玉特待	昭和学院アド			日大豊山３	
47			日大豊山			
45				明治学院２		明治学院３
44		千葉日大第一		順天２Ａ		
43			聖学院アド		佼成学園３	
42	城北埼玉	東海大浦安Ａ				
41				京華２		
40	城北埼玉３		武蔵野大２		東海大高輪台２	
38		城西川越３	京華	武蔵野大３	京華３	
37			聖学院	聖学院２		
36					東京成徳大３	

入試問題の傾向とポイント

算数

計算＋一行問題10問程度、大問4題程度の問題構成。前半は基本的な問題が多いので確実に得点しておきたい。また、相似の利用や図形の移動、角度を求める問題など平面図形の問題が目立つ。図形の移動や切断などの作図問題もよく出題されているので練習しておくとよい。

国語

漢字の読み書き7問と、随筆文と説明文それぞれ1題ずつで構成されている。随筆文は指示語や内容合致、語句の意味や文法といった知識問題、説明文は理由を中心に問う設問がみられた。読解の解答形式は選択肢、抜き出し、記述に偏りがない。

理科

大問4題、生地物化からの出題。おもな設問形式は選択・計算問題となっており、記述問題が出題されることもある。基本的な問題が多いので、基礎基本をしっかりと固めておきたい。また、時事問題の出題が印象的であるため、その対策もしっかり行っておきたい。

社会

1回は大問1題で、川越市をテーマにした地理・歴史・政治の融合問題。文章の分量はあるが、下線部の単語のみで解答を導ける小問が多い。2回・3回は大問3題。記号選択では正誤の判断が難しい誤りの選択肢も含まれているので、慎重に判断したい。用語記述は原則として漢字指定。

巣鴨(すがも)中学校

■学校長／堀内不二夫　■創立／明治43年　■生徒数／734名
■所在地／〒170-0012 東京都豊島区上池袋1-21-1　■ＴＥＬ／03-3918-5311
■交通／大塚駅（JR山手線）徒歩12分。板橋駅（JR埼京線）徒歩14分。北池袋駅（東武東上線）徒歩12分。池袋駅（JR山手線など）徒歩15分。

何学期制	週何日制	登校時刻	制服	給食	食堂 軽食販売	プール	寮	特待制度 奨学金等	帰国生 取出授業
3学期制	6日制	7:50	中高あり	なし	食堂高のみ 弁当販売あり	なし	なし	なし	なし

沿　革

1910年、硬教育による男子英才教育と人間研究の実践を目指して創立された私塾巣園学舎を母体とする。1922年、巣鴨中学校となり、戦後の学制改革を経て現在に至る。

教育方針と特色

2015年に人工芝グラウンド、冷暖房完備の体育館を含む全校舎の改修・改築が完了した。2017年には、同校の蓼科学校を利用した独自の国際教育プログラム「巣鴨サマースクール（SSS）」を立ち上げた。第一線で活躍する英国人達と6日間寝食を共にし、グループディスカッションやアクティビティを行う。また、イギリスの文化や歴史を現地で学ぶ、巣鴨オリジナルの研修旅行が2024年にスタート。その他にも高校1年生の3学期をカナダ・オーストラリア・イギリスで過ごすターム留学や、プログラミングを中心としたカリキュラムを組んだオーストラリアのウィンタースクール、ネイティブ教員やオンラインによる英会話の授業、さらに英国の名門クライストカレッジへの留学制度など、充実した国際教育が展開されている。2020年には、世界トップ校のみで構成された国際組織「WLSA」に日本の中高として初めて加盟が認められた。

また、「努力を通じての達成感」を味わえる多彩な学校行事も行われている。体育系行事のほか、アカデミック＝フェスティバル・百人一首歌留多大会・書き初め大会・合唱コンクールなどがあり、それぞれの行事で生徒の個性が発揮されている。個々の能力にあわせて行っているので、全員参加の行事も安心して参加できる。

◉系列校

小	中	高	大(短大)
	○	○	

◉併設小学校なし

◉高校生外部募集………70名

(2年次から混合クラス)

◉授業時間…1コマ50分・週34時間

	1年	2年	3年	計
国　語	6	6	5	17
社　会	4	4	4	12
数　学	7	6	7	20
理　科	4	4	4	12
英　語	6	6	7	19
5教科計	27	26	27	80

参考　高校1年生一週間の授業

英語=6　数学=6　国語=6
理科=4　社会=5

進学・進路

◉卒業生進路状況

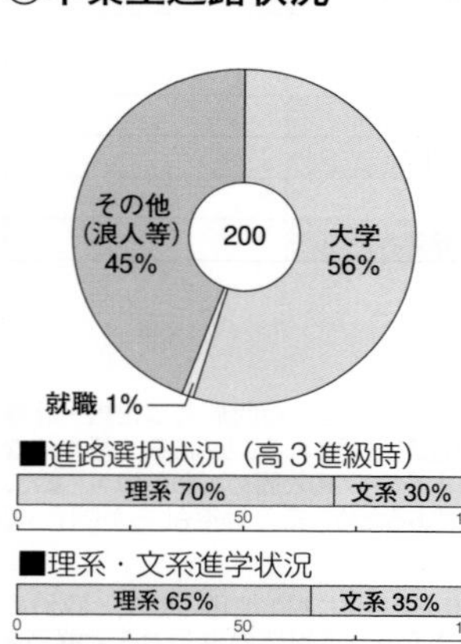

◉卒業までの流れ

小学校	中学校	高等学校	大学
	巣鴨中学校	▶ 巣鴨高等学校（200）	

◉主な大学合格実績

大学名	'22	'23	'24	大学名	'22	'23	'24	大学名	'22	'23	'24	大学名	'22	'23	'24
東京大	8	3	5	埼玉大	1	2	1	国際教養大		1		国際基督教大		1	
京都大	3	2		千葉大	5	10	4	東京都立大	3	1	2	成蹊大	5	8	9
北海道大	3	3	3	東京外国語大			2	横浜市立大	1	2	1	成城大	5	4	3
東北大	2	2	5	電気通信大	1	3		慶應義塾大	35	34	26	明治学院大	2	6	6
名古屋大				東京学芸大	1		2	早稲田大	42	45	28	國學院大	10	6	3
大阪大	1	1		東京農工大	1		1	上智大	14	7	17	武蔵大	2	7	
九州大				東京芸術大			1	東京理科大	52	60	48	獨協大		11	7
東京工業大	2	1	1	東京医科歯科大		3		明治大	65	53	43	日本大	67	52	29
一橋大	1	2	1	東京海洋大	2	2		青山学院大	13	18	11	東洋大	20	18	21
筑波大	4	4	4	横浜国立大	2	3	3	立教大	27	19	17	駒澤大	3	3	8
茨城大	1	1		山梨大		1		中央大	49	49	46	専修大	6	19	9
宇都宮大				金沢大	1	1		法政大	43	52	31	芝浦工業大	59	50	18
群馬大	3	3	1	信州大	3	2	1	学習院大	7	7	4	東京都市大	10	5	

入試要項・入試情報

◉2024年度の入試要項(参考)

	Ⅰ期	算数選抜	Ⅱ期	Ⅲ期
募集人員	80名	20名	100名	40名
選抜方法	国・算・社・理	算数	国・算・社・理	
出願関連期間	1/10～1/31		1/10～2/1	1/10～2/3
試験日程	2/1午前	2/1午後	2/2午前	2/4午前
合格発表	Web 2/1 18:00～	Web 2/1 21:45～	Web 2/2 18:00～	Web 2/4 18:00～
入学手続	2/2 15:00まで		2/3 15:00まで	2/5 15:00まで

面接 実施しない。

◉費用(参考)

受験料		25,000円
入学手続時	入学金	330,000円
	授業料	—
	その他	—
入学手続後～入学まで	授業料	—
	その他	240,150円
入学後１年	授業料	480,000円
	その他	457,000円
初年度納入金合計		1,507,150円
中学３年間費用計 約		3,161,150円

＊算数選抜の受験料は1万円。
＊複数回出願し、早い回で合格し入学手続した場合、以降の未受験分の受験料を返金。
＊入学手続時納入金は、出願時の申請で、2月6日15時まで延納可。

◉最近6年間の入試応募者推移と倍率

年度		2019	2020	2021	2022	2023	2024
募集	Ⅰ	80	80	80	80	80	80
	算数選抜	20	20	20	20	20	20
	Ⅱ	100	100	100	100	100	100
	Ⅲ	40	40	40	40	40	40
応募	Ⅰ	251	423	366	309	309	336
	算数選抜	508	766	638	591	606	690
	Ⅱ	390	678	593	485	588	554
	Ⅲ	312	551	469	342	367	439
応募倍率	Ⅰ	3.1	5.3	4.6	3.9	3.9	4.2
	算数選抜	25.4	38.3	31.9	29.6	30.3	34.5
	Ⅱ	3.9	6.8	5.9	4.9	5.9	5.5
	Ⅲ	7.8	13.8	11.7	8.6	9.2	11.0
受験	Ⅰ	240	391	325	291	281	309
	算数選抜	476	701	597	561	556	652
	Ⅱ	281	521	462	357	420	405
	Ⅲ	209	399	336	224	242	312
合格	Ⅰ	92	102	86	105	98	105
	算数選抜	173	235	231	249	272	284
	Ⅱ	122	177	143	167	201	157
	Ⅲ	69	41	43	62	66	49
実質倍率	Ⅰ	2.6	3.8	3.8	2.8	2.9	2.9
	算数選抜	2.8	3.0	2.6	2.3	2.0	2.3
	Ⅱ	2.3	2.9	3.2	2.1	2.1	2.6
	Ⅲ	3.0	9.7	7.8	3.6	3.7	6.4

＊帰国生を含む。
＊2024年補欠発表…なし。追加合格(電話)…あり。

◉入試教科

①算数	50分	100点
②国語	50分	100点
③理科	30分	50点
④社会	30分	50点
合計	160分	300点

＊算数選抜は(60分・100点)。

合格最高点	①	242点
	算数	100点
	②	257点
	③	255点
合格最低点	①	199点
	算数	85点
	②	200点
	③	208点

◉受験併願パターン

偏差値	1月前半	1月後半	2月1日	2月2日	2月3日	2月4日以降
60		立教新座	広尾小石川２			巣鴨３
58	栄東Ａ１１日			巣鴨２	暁星２	
56				高輪Ｂ		高輪Ｃ
55			巣鴨		成城２	
54		専修大松戸				
53	大宮開成					
51		麗澤ＡＥ			日大豊山４	獨協４
50	青学ルーテル			獨協３		東洋大京北４
49	若渓学園				日大豊山３	
48			足立学園特奨１	淑徳巣鴨スカラ２	淑徳巣鴨スカラ３	
46	開智所沢	麗澤２ＥＥ	駒込２		日大第二２	

入試問題の傾向とポイント

算数
1行問題6問、大問3題の問題構成。以前は大問中心の構成だったが、1行問題も出題するようになった。計算は出題されても1問程度。大問ではほとんどの問題で途中式を書かせるので、日頃から丁寧に書く練習を心がけること。

国語
漢字の書き取り10問と、読解2題で構成されている。説明文は理由や言い換えを通して筆者の主張を読み取ることが求められた。解答形式は選択肢、抜き出しのほか70字以内の記述もみられる。

理科
大問4題、生地物化からの出題。おもな設問形式は選択・計算・記述問題で、作図問題が出る年もある。身近なもの・現象からの出題もあった。どの分野も問題の難易度は高いので、難しい問題を解く訓練は必要であり、過去問をしっかり解いて準備をする必要がある。

社会
地理・歴史・政治分野の大問3題。地理は地図をはじめとした資料の読み取りが必須。記述も近年出題傾向にある。1回では3問の記述が出題。いずれも資料や・地図をよく見ないとなかなか解答を導き出せないので、資料の読み取りを身につけたい。分野を問わず正誤問題も出題される。

<ruby>逗子開成中学校<rt>ずしかいせい</rt></ruby>

■学校長／小和田亜土　■創立／明治36年　■生徒数／839名
■所在地／〒249-8510 神奈川県逗子市新宿2-5-1
■ＴＥＬ／046-871-2062
■交通／逗子駅（JR横須賀線）徒歩10分。逗子・葉山駅（京浜急行逗子線）徒歩8分。

何学期制	週何日制	登校時刻	制服	給食	食堂 軽食販売	プール	寮	特待制度 奨学金等	帰国生 取出授業
2学期制	5日制	8:15	中高あり	なし	食堂中高あり 販売中高あり	屋外	なし	なし	なし

沿　革

1903年、東京の開成中学の分校として創設。当時の校名は第二開成学校。1909年、逗子開成中学校として独立。1948年逗子開成高等学校となり、1986年中学校を再開して、現在に至る。

教育方針と特色

建学の精神は校名の由来「開物成務（人間性を開拓・啓発し、人としての務めをなす)」にある。高い学問を修め、様々な情操教育を通して豊かな心とたくましい身体を育てることが教育目標になっている。特色ある教育内容としては、コンピュータを利用した英語や情報教育、ヨットの帆走・遠泳などの海洋教育、徳間記念ホールでの映画上映会、オリジナルプログラムによる海外研修などがある。総合的な学習では、「人間学」を学び、社会に対する高い問題意識とエネルギーを培うことを目的とする。週5日制を導入しており、通常の授業は週5日で行うが、土曜日には希望制の講座である「土曜講座」を実施。学問・芸術・スポーツなど多彩な内容について学ぶことができる。

◉系列校

小	中	高	大(短大)
	○	○	

◉併設小学校なし
◉高校生外部募集………なし

◉授業時間…1コマ45分・週35時間

	1年	2年	3年	計
国　語	5	5	6	16
社　会	3	3	4	10
数　学	6	6	6	18
理　科	4	4	4	12
英　語	6	7	6	19
5教科計	24	25	26	75

参考　高校1年生一週間の授業

英語=6　数学=6　国語=6
理科=4　社会=4

進学・進路

◉卒業生進路状況

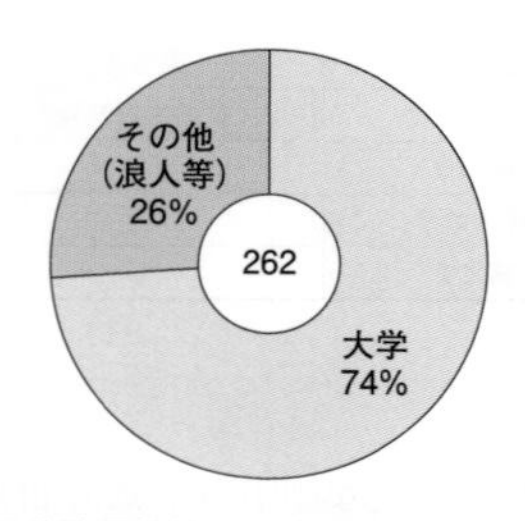

■進路選択状況（高３進級時）
理系 59%　文系 41%
0　50　100

■理系・文系進学状況
理系 52%　文系 48%
0　50　100

■共通テスト受験率
99%
0　50　100

◉卒業までの流れ

小学校	中学校	高等学校	大学
	逗子開成中学校 ▶	逗子開成高等学校 (262)	

◉主な大学合格実績

大学名	'22	'23	'24	大学名	'22	'23	'24	大学名	'22	'23	'24	大学名	'22	'23	'24
東京大	9	7	4	埼玉大			1	国際教養大		1	1	国際基督教大	3	3	1
京都大	3	5	6	千葉大	2	5	3	東京都立大	5	4	3	成蹊大	5	5	6
北海道大	19	17	14	東京外国語大	2		1	横浜市立大	4	2	4	成城大	9	3	7
東北大	8	10	4	電気通信大	3	3	2	慶應義塾大	48	62	51	明治学院大	18	17	21
名古屋大	2	1	1	東京学芸大	2	2	1	早稲田大	62	84	88	國學院大	8	11	10
大阪大	1	2	3	東京農工大	3	2	2	上智大	30	58	42	武蔵大			
九州大		2	2	東京芸術大		1	2	東京理科大	96	105	66	獨協大			
東京工業大	2	7	4	東京医科歯科大			1	明治大	96	155	118	日本大	44	57	35
一橋大	7	6	9	東京海洋大	3	4	6	青山学院大	26	35	43	東洋大	16	16	21
筑波大	2	4	3	横浜国立大	14	21	18	立教大	41	48	43	駒澤大	11	3	4
茨城大	1	1		山梨大		1		中央大	46	68	63	専修大	8	7	7
宇都宮大				金沢大				法政大	43	52	59	芝浦工業大	49	93	37
群馬大	1		1	信州大	3	3	2	学習院大	13	6	15	東京都市大	19	20	17

入試要項・入試情報

◉2024年度の入試要項（参考）

	1次	2次	3次
募集人員	150名	50名	50名
選抜方法	国・算・社・理		
出願関連期間	1/9〜1/30	1/9〜2/2	1/9〜2/4
試験日程	2/1	2/3	2/5
合格発表	Web 2/2 9:00〜	Web 2/4 9:00〜	Web 2/6 9:00〜
入学手続	2/4 18:00まで		2/6 18:00まで

＊出願資格に「原則として自宅通学可能な児童」とある。

◉費用（参考）

受験料		25,000円
入学手続時	入学金	250,000円
	授業料	—
	その他	—
入学手続後〜入学まで	授業料	—
	その他	406,740円
入学後１年	授業料	480,000円
	その他	282,550円
初年度納入金合計		1,419,290円
中学３年間費用計　約		3,280,680円

＊入学手続時は入学金（25万円）のみで、入学金以外の校納金（34万円）は2月9日15時までに一括納入すればよい。

面接 実施しない。

◉最近6年間の入試応募者推移と倍率

年度		2019	2020	2021	2022	2023	2024
募集	①	150	150	150	150	150	150
	②	50	50	50	50	50	50
	③	50	50	50	50	50	50
応募	①	495	465	461	423	485	453
	②	389	381	417	385	463	441
	③	448	406	438	390	496	475
応募倍率	①	3.3	3.1	3.1	2.8	3.2	3.0
	②	7.8	7.6	8.3	7.7	9.3	8.8
	③	9.0	8.1	8.8	7.8	9.9	9.5
受験	①	486	450	446	415	464	439
	②	343	344	374	348	404	391
	③	412	369	398	352	446	428
合格	①	226	210	211	205	211	215
	②	85	87	84	87	86	82
	③	93	88	97	96	99	101
実質倍率	①	2.2	2.1	2.1	2.0	2.2	2.0
	②	4.0	4.0	4.5	4.0	4.7	4.8
	③	4.4	4.2	4.1	3.7	4.5	4.2

＊2024年補欠発表…なし。追加合格（電話）…（1次）5名、（2次）5名、（3次）4名、いずれも2月9日。

◉入試教科

②算数	50分	150点
①国語	50分	150点
④理科	40分	100点
③社会	40分	100点
合計	180分	500点

合格最高点	①429点 ②388点 ③407点
合格最低点	①315点 ②314点 ③321点

私立 男子校

◉受験併願パターン

偏差値	1月前半	1月後半	2月1日	2月2日	2月3日	2月4日以降
64					浅野	
61				高輪算数午後		サレジオ学院Ｂ
60						逗子開成３
59				中央大附属横浜２	逗子開成２	
58	栄東Ａ１０日		逗子開成			
54						山手学院後期
53	大宮開成		日本大学Ａ２ＡＦ			
52				神奈川大附２	山手学院Ｂ	
51				日本大学ＢＡＦ		森村学園３
50			関東学院１Ｂ	森村学園２	桐光学園３Ａ	関東学院２
49				桐光学園２		

入試問題の傾向とポイント

算数　計算問題3問、一行問題6問、大問3題の問題構成。一行問題の占める割合が高い。一行問題の後半や大問では、やや考えにくい問題も含まれ、規則性、速さ、図形の移動や水量の変化などがよく出題されている。題意をきちんと読み取り、問題のレベルを見極めて解き進めることが大切。

国語　雑問1題と説明文・物語文の読解2題。雑問は15問の漢字の読み書きやことわざを含む。説明文は理由説明や内容合致を通して、筆者の主張を理解できているかが問われた。物語文は人物の心情や言動について問う設問があった。解答形式は選択肢が中心だが、抜き出しや記述もみられる。

理科　大問4題、生地物化からの出題。設問形式は、選択・計算・記述・作図と多岐にわたる。見慣れないテーマの問題がしばしば出題される。いずれも思考力が要求されるので、過去問等を通して、本文や図表から情報を読みとって解答する練習をしっかりと行っておきたい。

社会　第1回から大問3題構成となった。基本的な用語記述の多くは漢字指定。記号も複数の組み合わせの中から答えさせるもので、難易度は高い。図やグラフ、表を使用した問題もあり、文章記述も複数の資料を提示し、考察させた。基礎の学習とともに多くのデータや資料に接して読み取る力を養いたい。

聖学院中学校

せいがくいん

■学校長／伊藤大輔　■創立／明治39年　■生徒数／550名
■所在地／〒114-8502 東京都北区中里3-12-1
■ＴＥＬ／03-3917-1121
■交通／駒込駅（JR山手線）東口徒歩5分。駒込駅（東京メトロ南北線）3出口徒歩７分。

何学期制	週何日制	登校時刻	制服	給食	食堂 軽食販売	プール	寮	特待制度 奨学金等	帰国生 取出授業
3学期制	6日制	8:15	中高あり	なし	食堂中高あり 販売中高あり	なし	なし	あり	あり

沿　革

1906年、アメリカのディサイプルス派の外国伝道協会ガイ博士により、聖学院中学校として創立。1947年に、学制改革を伴い、新制聖学院中学校となる。1948年には聖学院高等学校を設置。創立117年の歴史と伝統を有する男子校。

教育方針と特色

Only One for Others「他者のために生きる人」を育てる
キリスト教の教えに基づき、生徒一人ひとりに目を向け、毎朝の全校礼拝を通して豊かな心を育てる人間教育を大切にしています。
「Only One」を見つけるために、聖学院では「探究・PBL型教育」「グローバル教育」を展開してきましたが、近年は本格的な「STEAM教育」が始まりました。学校オリジナル科目「情報プログラミング」を中学で実施し、１学期には自分CM制作など「情報リテラシー」を身につけ、2・3学期はプログラミングでドローンを操作し、CADや3Dプリンターでのものづくりも活発です。また、2021年度より高校グローバルイノベーションクラスがスタートし、「STEAM」に加え「イマージョン」「プロジェクト」が加わり、生徒中心のクリエイティブで新たな価値を創出する学びを展開しています。
学年別の体験学習もオリジナリティに富んでおり、中２の夏期学校ではテント生活と登山を経験し、中３の糸魚川農村体験学習では田植えを通して「食」と「地域」を考えます。これらは事前学習を経て、現地での実体験を糧とし、帰ってきてからの振り返りの時間を十分に費やす、聖学院の代表的なPBL型体験学習です。
穏やかで好きなことに没頭する生徒が多く、仲間と協力して取り組むことに情熱があり、行事やクラブ、プロジェクト活動などで活躍しています。自分の意見を安心して共有・発表できる環境があります。

◉系列校

小	中	高	大（短大）
○	○	○	○

◉小学校からの内進生…17名

◉高校生外部募集………帰国生・一般計15名

（グローバル・イノベーションクラスのみ混合）

◉授業時間…1コマ50分・週35時間

	1年	2年	3年	計
国　語	4	4	5	13
社　会	3	4	3	10
数　学	5	5	6	16
理　科	5	4	4	13
英　語	6	6	6	18
５教科計	23	23	24	70

参考　高校1年生一週間の授業

英語=6　数学=5　国語=5
理科=4　社会=4

進学・進路

◉卒業生進路状況

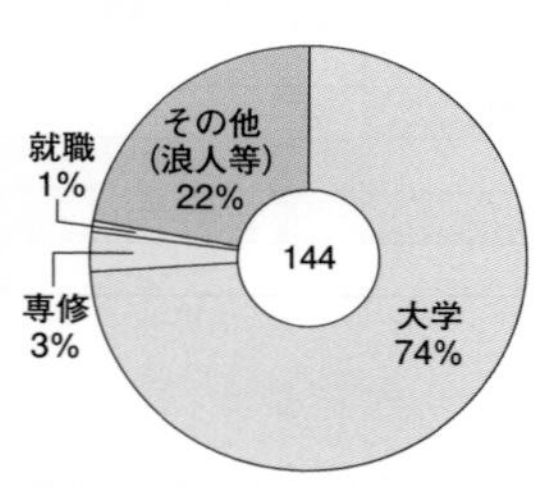

■進路選択状況（高３進級時）

理系 33%　文系 67%
0　50　100

■理系・文系進学状況

理系 35%　文系 59%
0　50　100

■共通テスト受験率

97%
0　50　100

◉卒業までの流れ

小学校	中学校	高等学校	大学
聖学院小学校	聖学院中学校	聖学院高等学校（144）	聖学院大学　1

◉主な大学合格実績

大学名	'22	'23	'24	大学名	'22	'23	'24	大学名	'22	'23	'24	大学名	'22	'23	'24
東京大				埼玉大				国際教養大				国際基督教大		2	2
京都大				千葉大				東京都立大				成蹊大		7	1
北海道大				東京外国語大		1		横浜市立大				成城大		5	3
東北大			1	電気通信大				慶應義塾大	5	4	4	明治学院大		7	14
名古屋大				東京学芸大				早稲田大	3	8	4	國學院大		3	3
大阪大				東京農工大				上智大	5	4		武蔵大		6	20
九州大				東京芸術大				東京理科大	4	4	6	獨協大		4	6
東京工業大				東京医科歯科大				明治大	14	9	7	日本大		17	16
一橋大				東京海洋大				青山学院大	16	10	10	東洋大		24	25
筑波大		1		横浜国立大			1	立教大	14	8	11	駒澤大		6	3
茨城大				山梨大				中央大	8	10	6	専修大		8	11
宇都宮大				金沢大				法政大	15	12	7	芝浦工業大		5	8
群馬大				信州大				学習院大		4	6	東京都市大		5	4

入試要項・入試情報

◉2024年度の入試要項(参考)

	英語特別入試	1回一般	1回アドバンスト	ものづくり思考力	2回一般	特待生	2回アドバンスト	デザイン思考力	3回アドバンスト	グローバル思考力特待	オンリーワン表現力入試
募集人員	5名	60名	30名	15名	20名	5名	20名	10名	10名	5名	5名
選抜方法	面接(日本語・英語)または筆記(英語)+面接(日本語・英語)	国・算または国・算・社・理		思考力・協働振り返り	国・算または国・算・社・理	国・算+面接	国・算または国・算・社・理	思考力・協働振り返り	国・算または国・算・社・理	思考力・協働振り返り+面接	グループプレゼン・協働振り返り
出願関連期間	12/20～1/31				12/20～2/1				12/20～2/3		
試験日程	2/1午前		2/1午後		2/2午前	2/2午後			2/3午後	2/4午前	
合格発表	Web 2/1 17:00～		Web 2/1 22:30～	Web 2/2 8:00～	Web 2/2 17:00～	Web 2/2 22:30～			Web 2/3 22:30～	Web 2/4 18:00～	
入学手続	2/6 12:00まで			2/10 12:00まで	2/6 12:00まで			2/10 12:00まで	2/6 12:00まで	2/10 12:00まで	

＊英語特別入試は、英検合格証またはスコアレポートの提出が必要。

面接 実施する。

◉最近6年間の入試応募者推移と倍率

年度		2019	2020	2021	2022	2023	2024
募集	① 英選 ①特待アド 思考力	60 5 30 10/15/5	① 60 英選 5 ①アド 30 思考力 10/15/5	60 5 30 15/10/5	① 60 英特 5 ①アド 30 思考力 10/15/5	60 5 30 15/10/5	60 5 30 15/10/5
応募	① 英選 ①特待アド 思考力	82/47 9 120/33 39/36/26	80/42 3 122/33 40/25/34	82/71 12 135/47 36/25/28	95/54 14 161/53 34/19/37	95/63 12 178/60 50/33/18	117/89 14 142/60 57/40/7
応募倍率	① 英選 ①特待アド 思考力	2.2 1.8 5.1 3.9/2.4/5.2	2.0 0.6 5.2 4.0/1.7/6.8	2.6 2.4 6.1 2.4/2.5/5.6	2.5 2.8 7.1 2.3/1.9/7.4	2.6 2.4 7.9 3.3/3.3/3.6	3.4 2.8 6.7 3.8/4.0/1.4
受験	① 英選 ①特待アド 思考力	70/46 8 112/29 37/31/10	73/39 3 115/30 39/21/20	70/67 12 124/37 31/15/12	87/53 13 150/43 33/14/25	80/59 11 163/50 49/24/10	104/82 13 129/54 56/22/5
合格	① 英選 ①特待アド 思考力	40/20 6 51/9 21/15/2	35/25 3 68/12 18/10/9	41/35 10 79/16 17/9/3	75 10 104 19/6/8	72 6 76 22/11/6	101 7 123 21/9/3
実質倍率	① 英選 ①特待アド 思考力	1.8/2.3 1.3 2.2/3.2 1.8/2.1/5.0	2.1/1.6 1.0 1.7/2.5 2.2/2.1/2.2	1.7/1.9 1.2 1.6/2.3 1.8/1.7/4.0	1.9 1.3 1.9 1.7/2.3/3.1	1.9 1.8 2.8 2.2/2.2/1.7	1.8 1.9 1.5 2.7/2.4/1.7

＊2019年①・①特待アドと2020年～2024年①・①アドは4教科／2教科。2019年思考力は思考力ものづくり／思考力＋計算力／難関思考力。2020年～2021年思考力はものづくり思考力／M型思考力／難関思考力。2022年思考力はものづくり思考力／M型思考力／グローバル思考力特待。2023年～2024年思考力はものづくり思考力／デザイン思考力／グローバル思考力特待。2022年～2024年②・②アド・③アドは、4教科／2教科。
＊2024年補欠発表・追加合格…いずれも詳細不明。

◉費用(参考)

受験料		25,000円
入学手続時	入学金	250,000円
	授業料	—
	その他	125,000円
入学手続後～入学まで	授業料	—
	その他	85,986円
入学後１年	授業料	468,000円
	その他	318,900円
初年度納入金合計		1,247,886円
中学３年間費用計 約		2,821,686円

＊複数回出願の受験料は3回まで2万5千円、以降1回ごとに5千円追加。海外帰国生入試の受験料は2万4千円。
＊入学辞退者は所定期日までに申し出れば、入学金を除く施設費(12万5千円)を返金。

◉入試教科

4教科/2教科

②算数	50分/50分		100点/100点
①国語	50分/50分		100点/100点
③理科	あわせて50分		50点/
③社会			50点/
合計	150分/100分		300点/200点

＊英語選抜は筆記50分・100点+面接(約20分)。
＊特待は国・算(各50分・各100点)合計200点+面接(約20分)。
＊アドバンストは4科(国・算、各50分・各100点、理・社あわせて50分・各50点)合計300点、又は2科(国・算、各50分・各100点)合計200点。
＊ものづくり思考力は(80分)合計点非公表。デザイン思考力は(思考力80分・協働振り返り30分)合計点非公表。
＊グローバル思考力は(思考力80分・協働振り返り30分)+面接(約20分)合計点非公表。

合格最高点	非公表
合格最低点	英語選抜 非公表 ①一般 166/114点 ①アドバンスト 114/ 86点 ものづくり 非公表 ②一般 164/112点 特待 非公表 ②アドバンスト 137/100点 デザイン 非公表 ③アドバンスト 170/113点 グローバル 非公表

＊合格最低点は得点率で計算。

私立 男子校

◉受験併願パターン

偏差値	1月前半	1月後半	2月1日	2月2日	2月3日	2月4日以降
43			聖学院アド			
42	城北埼玉					
41				京華２		
40		流経大柏				
39	獨協埼玉３					自修館D
38					京華３	
37			聖学院	聖学院２		
36				実践学園２		
35	秀明					
33					目白研心５	帝京３
30					目黒学院３	

入試問題の傾向とポイント

算数
計算問題10問程度、一行問題7問程度、大問3題の問題構成。計算問題は基本的な計算が多いので確実に得点しておきたい。一行問題や大問は幅広い分野から出題されるが、ほとんどの問題は基本レベルを押さえておけば十分に対応できるので、ケアレスミスに注意しながら取り組みたい。

国語
漢字の書き取り4問に熟語、物語文に説明文という出題構成。物語文は主に登場人物の心情把握・気持ちの変化・人物像を、説明文は主に指示語・内容説明・理由説明を問われた。記述は3問程度。制限字数はないが、わかりやすくまとめる練習は必要である。

理科
設問3～4題、生地物化からの出題。選択問題・計算問題を中心に、記述問題や作図問題が数題含まれる。基本的な内容の問題が並ぶが、身の回りのもの・現象をテーマにした問題があり、日ごろから興味関心を持っておきたい。試験時間が25分と短いため、素早く正確に解く練習も忘れずに。

社会
大問3題構成。大問1は気候に関する地理の問題。大問2は日本に来日した外国人をテーマとした歴史の問題。大問3は政治。記号選択の割合が非常に高く、基礎基本を定着させていれば対応できる内容である。記述問題は今年も出題されなかった。

成城中学校

せいじょう

■学校長／岩本正　■創立／明治18年　■生徒数／840名
■所在地／〒162-8670 東京都新宿区原町3-87
■ＴＥＬ／03-3341-6141
■交通／牛込柳町駅（都営大江戸線）徒歩1分。

何学期制	週何日制	登校時刻	制服	給食	食堂 軽食販売	プール	寮	特待制度 奨学金等	帰国生 取出授業
3学期制	6日制	8:30	中高あり	なし	食堂中高あり 販売中高あり	屋内	なし	なし	なし

沿　革

1885（明治18）年、日高藤吉郎（日本体育大学創立者）が文武講習館として創立。翌年、中国古典『詩経』の「哲夫成城」から校名をとる。以来、文武両道の実践を通して、知徳の優れたリーダーを輩出し続ける。大正期には林間学校（1918）・臨海学校（1925）を全国に先駆けて開設。創立130周年を迎えた2015年1月に校舎を改築した。

教育方針と特色

校章「三光星」が象徴する「知・仁・勇」を備えたグローバル時代のリーダー育成を目指す。校訓「自学自習」を習慣化し、希望する進路実現を可能にする環境が整っている。グローバル教育やキャリア教育が充実。オーストラリア、台湾でのグローバル研修や、海外の大学生を招いて、議論・企画・発表をすべて英語で行うGlobal Studies Programを実施している。臨海学校は、高2の精鋭が中1の面倒をみるリーダー教育。体育祭や、1万の来客を迎える文化祭はすべて生徒が運営する。部活動は41を数え、文武両道を実践する生徒の進学実績が高いのが特徴。2021年度に中高完全一貫校となり、カリキュラムが改編された。

◉系列校

小	中	高	大（短大）
	○	○	

◉併設小学校なし
◉高校生外部募集………なし

◉授業時間…1コマ50分・週34時間

	1年	2年	3年	計
国　語	5	5	6	16
社　会	4	4	5	13
数　学	6	5	5	16
理　科	4	4	4	12
英　語	6	6	6	18
5教科計	25	24	26	75

参考　高校1年生一週間の授業

英語=6　数学=5　国語=5
理科=4　社会=4

進学・進路

◉卒業生進路状況

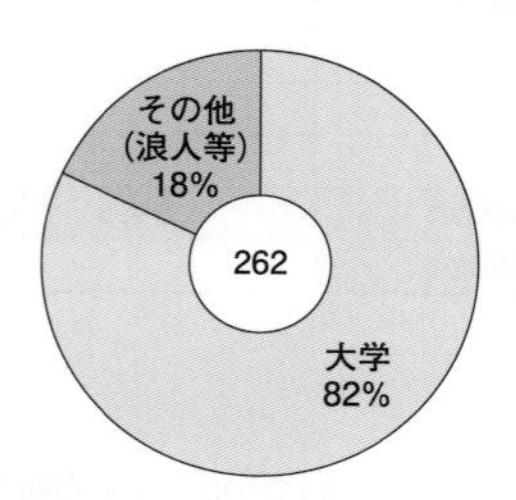

■進路選択状況（高３進級時）

理系 54%　文系 46%

0　50　100

■理系・文系進学状況

理系 51%　文系 49%

0　50　100

■共通テスト受験率

100%

0　50　100

◉卒業までの流れ

小学校	中学校	高等学校	大学
	成城中学校	▶ 成城高等学校（262）	

◉主な大学合格実績

大学名	'22	'23	'24	大学名	'22	'23	'24	大学名	'22	'23	'24	大学名	'22	'23	'24
東京大	1	2	3	埼玉大	1	4	5	国際教養大				国際基督教大	1	1	
京都大			1	千葉大	2	4	5	東京都立大	3	1	3	成蹊大	11	20	25
北海道大				東京外国語大		1	1	横浜市立大				成城大	17	8	
東北大	3	3	2	電気通信大	2	2	1	慶應義塾大	23	25	25	明治学院大	8	23	19
名古屋大		1		東京学芸大	1	1		早稲田大	34	35	37	國學院大	6	18	16
大阪大				東京農工大	1		1	上智大	22	25	15	武蔵大	6	10	
九州大		2	1	東京芸術大		1	1	東京理科大	54	42	37	獨協大	2	17	
東京工業大	4	1	3	東京医科歯科大				明治大	78	93	95	日本大	69	91	67
一橋大		1	3	東京海洋大	2		2	青山学院大	21	17	20	東洋大	53	57	65
筑波大	3	2	1	横浜国立大	6		1	立教大	40	32	45	駒澤大	10	18	15
茨城大		1		山梨大				中央大	66	59	47	専修大	17	34	18
宇都宮大	1			金沢大		1	1	法政大	56	71	72	芝浦工業大	41	39	38
群馬大	1	1		信州大	1		1	学習院大	8	10	10	東京都市大	7	27	28

入試要項・入試情報

◉2024年度の入試要項(参考)

	1回	2回	3回
募集人員	100名	140名	40名
選抜方法	国・算・社・理		
出願関連期間	12/20～1/31	12/20～2/2	12/20～2/4
試験日程	2/1	2/3	2/5
合格発表	Web 2/1 20:00～	Web 2/3 20:00～	Web 2/5 20:00～
入学手続	2/5 16:00まで		2/6 16:00まで

＊2024年新入生説明会は2月11日(日・祝)に実施(無断欠席すると入学辞退したものとみなす)。

◉費用(参考)

受験料		25,000円
入学手続時	入学金	280,000円
	授業料	—
	その他	—
入学手続後～入学まで	授業料	—
	その他	95,315円
入学後１年	授業料	450,000円
	その他	377,800円
初年度納入金合計		1,203,115円
中学３年間費用計	約	2,774,715円

＊受験料は、同時出願2回分で3万5千円、3回分で4万5千円。

面接 実施しない。

◉最近6年間の入試応募者推移と倍率

年度		2019	2020	2021	2022	2023	2024
募集	①	100	100	100	100	100	100
	②	140	140	140	140	140	140
	③	40	40	40	40	40	40
応募	①	405	450	396	416	396	430
	②	958	1114	1023	1111	1056	1165
	③	779	911	744	822	809	873
応募倍率	①	4.1	4.5	4.0	4.2	4.0	4.3
	②	6.8	8.0	7.3	7.9	7.5	8.3
	③	19.5	22.8	18.6	20.6	20.2	21.8
受験	①	370	413	365	367	362	368
	②	641	790	686	735	685	778
	③	437	546	436	472	457	510
合格	①	131	134	133	137	134	132
	②	236	231	218	222	228	229
	③	50	44	70	75	70	55
実質倍率	①	2.8	3.1	2.7	2.7	2.7	2.8
	②	2.7	3.4	3.1	3.3	3.0	3.4
	③	8.7	12.4	6.2	6.3	6.5	9.3

＊2024年補欠発表・追加合格…いずれもなし。

◉入試教科

②算数	50分	100点
①国語	50分	100点
④理科	30分	60点
③社会	30分	60点
合計	160分	320点

合格最高点	①255点 ②257点 ③263点
合格最低点	①188点 ②173点 ③220点

私立 男子校

◉受験併願パターン

偏差値	1月前半	1月後半	2月1日	2月2日	2月3日	2月4日以降
58	栄東Ａ10日			明大中野		
55					成城２	成城３
54		専修大松戸	獨協２午後			
53	開智１回	芝浦工大柏				
51			成城			獨協４
50				獨協３		
49					日大豊山３	
47			明治学院			
46	開智所沢		京華特選午後		日大第二２	
45			宝仙学園新４科	宝仙学園２		明治学院３
44		千葉日大第一		京華２特選	日大第一２科	

入試問題の傾向とポイント

算数　計算問題、一行問題、大問を含む6題の問題構成。設問総数は25問程度で、標準的なレベルの問題が中心に出題されている。問題レベルを見極め、確実にできる問題から素早く解き進めていくことが重要。また、規則性、平面図形、グラフを用いた問題が頻出なので対策しておくこと。

国語　雑問1題と、説明文と物語文それぞれ1題ずつ出題された。雑問は漢字の書き取りや慣用句、文法などを含む。説明文は言い換えや具体例について、物語文は人物の心情や表現について、選択肢を中心に問われた。

理科　大問3題、大問1つにつき生地物化から1分野の出題。おもな設問形式は選択・計算問題で、記述問題が1題含まれる。試験時間30分に対して文章量が多く、初見のテーマの思考力が必要な問題もしばしば出題される。基礎基本を固めたうえで、過去問演習で練習を積んでおきたい。

社会　大問3題。記述問題が3問出題され、それ以外はすべて記号選択の形式であった。記述問題は指定された字数内で適切な説明をできるような訓練を日ごろから行っておくこと。地理は例年地図を扱った問題が出題されるので『予習シリーズ』や『演習問題集』などで対策しておきたい。

世田谷学園中学校

■学校長／山本慈訓　■創立／明治35年　■生徒数／645名
■所在地／〒154-0005 東京都世田谷区三宿1-16-31　■ＴＥＬ／03-3411-8661
■交通／三軒茶屋駅（東急田園都市線・世田谷線）徒歩10分。
下北沢駅（小田急線）徒歩25分。池の上駅（京王井の頭線）徒歩20分。

何学期制	週何日制	登校時刻	制服	給食	食堂 軽食販売	プール	寮	特待制度 奨学金等	帰国生 取出授業
3学期制	6日制	8:30	中高あり	なし	食堂中高あり 販売中高あり	屋内	なし	あり	なし

沿　革

1592（文禄元）年、江戸神田台（後の本郷駒込）に創始された曹洞宗吉祥寺の学寮栴檀林が前身。1902年には曹洞宗第一中学林と改め、この年を創立の年とする。1913年、現在地に移転し、1924年世田谷中学と改称。1947年には新制中学校となり、1983年には、世田谷学園中学校と改称。

教育方針と特色

「天上天下唯我独尊」を英訳した「Think & Share」を教育理念とし、お互いの個性を尊重し合い、高い水準の人間性を身につけた感性豊かな人材の育成を目指す。2021年度から「本科コース」「理数コース」の２コースの募集を開始。「本科コース」は、じっくりと幅広く学び高校２年次に文理選択をする。「理数コース」は中学入学段階から理系学部進学を決めている生徒対象に、理系プログラムを充実したコース。カリキュラムは中1・2を前期、中3・高1を中期、高2・3を後期と位置づけ、効率的な先取り教育を行っている。本科コースでは、中3から学年ごとに特進クラスが1クラス設けられ、進級時に入れ替えが行われる。
また、国際的な視野や感性を育むための、異文化体験プログラムが充実。カナダでの研修やニュージーランドやカナダ姉妹校との交換留学などが用意されている。

◉系列校

小	中	高	大（短大）
	○	○	

◉併設小学校なし
◉高校生外部募集………
スポーツのクラスのみ25名
（完全別クラス）

◉授業時間…1コマ50分・週36時間

	1年	2年	3年	計
国　語	4	4	5	13
社　会	3	3	4	10
数　学	5	6	6	17
理　科	4	4	5	13
英　語	5	5	5	15
5教科計	21	22	25	68

参考　高校1年生一週間の授業
英語=6　数学=6　国語=6
理科=4　社会=4

進学・進路

◉卒業生進路状況

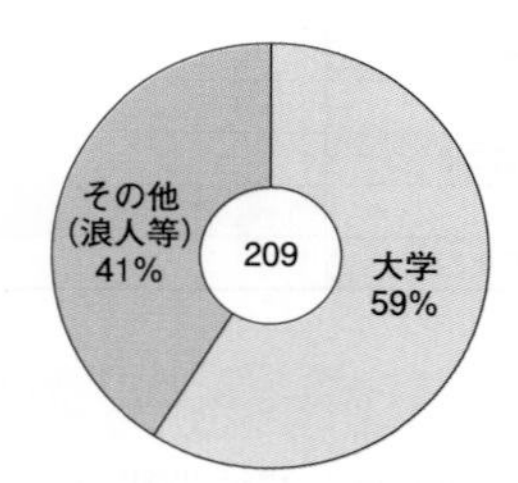

■進路選択状況（高３進級時）
データなし

■理系・文系進学状況
理系 59%　文系 41%
0　50　100

■共通テスト受験率
98%
0　50　100

◉卒業までの流れ

小学校	中学校	高等学校	大学
	世田谷学園中学校 ▶	世田谷学園高等学校 (209)	

◉主な大学合格実績

大学名	'22	'23	'24	大学名	'22	'23	'24	大学名	'22	'23	'24	大学名	'22	'23	'24
東京大	3	6	5	埼玉大		1	1	国際教養大				国際基督教大			
京都大	2	1	1	千葉大	3	2		東京都立大		1	2	成蹊大	7	10	5
北海道大	4	3	4	東京外国語大	3	1		横浜市立大	2	2		成城大	11	13	10
東北大	4	4	2	電気通信大	1	3	5	慶應義塾大	63	49	64	明治学院大	5	7	7
名古屋大		1		東京学芸大	1			早稲田大	52	58	59	國學院大	11	11	8
大阪大	2	2		東京農工大	3	2	2	上智大	26	33	31	武蔵大			
九州大				東京芸術大				東京理科大	91	85	84	獨協大			
東京工業大	4	5	4	東京医科歯科大				明治大	82	92	91	日本大	53	63	44
一橋大	4	1	3	東京海洋大		1		青山学院大	38	33	23	東洋大	6	7	11
筑波大	3	1		横浜国立大	3	5	5	立教大	24	33	17	駒澤大	27	21	9
茨城大				山梨大	2			中央大	64	58	46	専修大	12	17	5
宇都宮大	1			金沢大				法政大	39	61	34	芝浦工業大	32	56	31
群馬大				信州大	1	1	2	学習院大	18	9	9	東京都市大	14	22	15

入試要項・入試情報

◉2024年度の入試要項(参考)

	1次		算数特選		2次		3次	
	本科	理数	本科	理数	本科	理数	本科	理数
募集人員	55名	5名	15名	15名	65名	15名	25名	5名
選抜方法	国・算・社・理		算数		国・算・社・理		国・算・社・理	
出願関連期間	12/20～1/31				12/20～2/1		12/20～2/3	
試験日程	2/1午前		2/1午後		2/2午前		2/4午前	
合格発表	掲示 2/2 9:00～ Web 2/1 20:00頃～		掲示 2/2 9:00～ Web 2/1 23:00頃～		掲示 2/3 9:00～ Web 2/2 20:00頃～		掲示 2/5 9:00～ Web 2/4 19:00頃～	
入学手続	2/6 17:00まで							

＊1次試験と算数特選と2次試験の入試には特待生選抜の定員それぞれ約3名と約20名と約10名を含む。

面接 実施しない。

◉費用(参考)

受験料		24,000円
入学手続時	入学金	260,000円
	授業料	―
	その他	―
入学手続後～入学まで	授業料	―
	その他	93,000円
入学後1年	授業料	432,000円
	その他	663,800円
初年度納入金合計		1,448,800円
中学3年間費用計　約		3,529,400円

＊複数回同時出願の受験料は、2回分は3万6千円、3回分は4万8千円。算数特選受験料は1万円。
＊上記学費は本科コースのもの。

◉最近6年間の入試応募者推移と倍率

年度		2019	2020	2021	2022	2023	2024
募集	①	60	60	60	①(本科|理数) 55|5	55 | 5	55 | 5
	算数特選	30	30	30	算特(本科|理数) 15|15	15 | 15	15 | 15
	②	80	80	80	②(本科|理数) 65|15	65 | 15	65 | 15
	③	30	30	30	③(本科|理数) 25|5	25 | 5	25 | 5
応募	①	252	356	233	224 | 151	190 | 135	186 | 128
	算数特選	425	544	435	374 | 300	448 | 396	389 | 345
	②	480	718	573	469 | 314	594 | 433	538 | 375
	③	375	623	388	302 | 199	380 | 278	369 | 265
応募倍率	①	4.2	5.9	3.9	4.1 | 30.2	3.5 | 27.0	3.4 | 25.6
	算数特選	14.2	18.1	14.5	24.9 | 20.0	29.9 | 26.4	25.9 | 23.0
	②	6.0	9.0	7.2	7.2 | 20.9	9.1 | 28.9	8.3 | 25.0
	③	12.5	20.8	12.9	12.1 | 39.8	15.2 | 55.6	14.8 | 53.0
受験	①	223	316	196	199 | 135	168 | 120	170 | 116
	算数特選	395	504	411	340 | 278	405 | 359	360 | 318
	②	339	550	413	336 | 225	422 | 304	364 | 257
	③	200	398	219	146 | 90	207 | 149	207 | 149
合格	①	82	80	82	81 | 7	80 | 6	74 | 5
	算数特選	167	255	218	204 | 75	202 | 79	204 | 84
	②	167	236	216	191 | 54	202 | 54	205 | 56
	③	70	55	44	47 | 6	47 | 7	50 | 7
実質倍率	①	2.7	4.0	2.4	2.5 | 19.3	2.1 | 20.0	2.3 | 23.2
	算数特選	2.4	2.0	1.9	1.7 | 3.7	2.0 | 4.5	1.8 | 3.8
	②	2.0	2.3	1.9	1.8 | 4.2	2.1 | 5.6	1.8 | 4.6
	③	2.9	7.2	5.0	3.1 | 15.0	4.4 | 21.3	4.1 | 21.3

＊2022年～2024年の合格者数は両コースの重複者を含む。
＊2024年補欠発表…詳細不明。補欠合格…なし。追加合格(電話)…あり、2月6日～。

◉入試教科

①算数	60分	100点
②国語	50分	100点
④理科	30分	50点
③社会	30分	50点
合計	170分	300点

＊算数特選は60分・100点。

合格最高点	① 243点 算数 96点 ② 250点 ③ 206点
合格最低点	① 168点 算数 56点 ② 161点 ③ 165点

◉受験併願パターン

偏差値	1月前半	1月後半	2月1日	2月2日	2月3日	2月4日以降
61			世田谷学園算数			サレジオ学院B
60		立教新座		農大第一２算理		
58	栄東A10日					
57				世田谷学園２		世田谷学園３
56			世田谷学園			
55					成城２	
54		専修大松戸				
52			佼成学園特奨	神奈川大附２	成城学園２	日本学園２
51				日本大学BAF	日大豊山４	獨協４
50				獨協３	桐光学園３A	
49				桐光学園２		

入試問題の傾向とポイント

算数
計算＋一行問題が6問、大問が5題の問題構成。最後の2題は式や考え方も書かせる。前半は基本～標準レベルだが、後半はよく見る問題に少しひねりを加えた応用的な問題が出題されることが多い。できる問題から取り組むようにしたい。

国語
物語文のみの出題。10問の漢字の書き取りや語句の意味をはじめに、登場人物の言動の意味や心情について問う問題があった。解答形式は5択の選択肢や抜き出し、100字以内の記述などである。最後に本文内容について自分の経験をもとに述べる設問があった。

理科

大問3題、大問1つにつき生地物化から1分野の出題が基本である。おもな設問形式は選択・計算・記述問題で、作図問題が出題される年もある。典型問題が中心だが、思考力が必要な問題が出題されることもある。事前に過去問等を使って練習を行うことで対策をしておきたい。

社会
大問3題構成。全体を通じて統計・資料・地図などをもとに考えさせる問いが多い。記号選択の割合が高く、組み合わせを選ぶ問いが多い回もある。記述問題は3問出題され、資料を活用するものもあった。ふだんから世の中の様々な出来事についての問題意識を養いたい。

高輪（たかなわ）中学校

■学校長／平野豊　■創立／明治18年　■生徒数／704名
■所在地／〒108-0074 東京都港区高輪2-1-32　■ＴＥＬ／03-3441-7201
■交通／泉岳寺駅（都営浅草線、京浜急行本線）徒歩3分。白金高輪駅（東京メトロ南北線、都営三田線）徒歩5分。
高輪ゲートウェイ駅（JR山手線、京浜東北線）徒歩6分。

何学期制	週何日制	登校時刻	制服	給食	食堂 軽食販売	プール	寮	特待制度 奨学金等	帰国生 取出授業
3学期制	6日制	8:20	中高あり	なし	食堂中高あり 販売中高あり	なし	なし	あり	なし

沿　革

1885年に京都で創立。1901年には、東京の現在地に移転した。1947年、戦後の学制改革に伴い、新制高輪中学校となる。1970年に一旦中学募集を停止したが、1989年より募集を再開、現在に至る。

教育方針と特色

「学習意欲の高揚と学力の向上」「能力・適性・進路に応じた的確な進路指導」「規律・公衆道徳の尊重と実践する習慣の養成」「個別面談等を通して、それに対応する生徒指導」の4つを教育方針として掲げる。中2までは基礎を徹底的に鍛え、中3からは選抜クラス編成、高2からは習熟度別授業に加え進路希望別に文系・理系に分けたクラス編成となり、効果的に学力向上をはかっている。英語は多くの学習時間が割り当てられており、中学では英語検定、中3からはGTECを全員受験し、リスニング、速読などの幅広い英語能力の向上をめざす。運動部11、文化部16、同好会10など、クラブ活動も活発である。

◉系列校

小	中	高	大（短大）
	○	○	

◉併設小学校なし
◉高校生外部募集………なし

◉授業時間…1コマ50分・週34時間

	1年	2年	3年	計
国　語	5	5	6	16
社　会	4	4	3	11
数　学	6	6	6	18
理　科	3	4	4	11
英　語	7	7	7	21
5教科計	25	26	26	77

参考　高校1年生一週間の授業

英語=6　数学=6　国語=6
理科=6　社会=4

進学・進路

◉卒業生進路状況

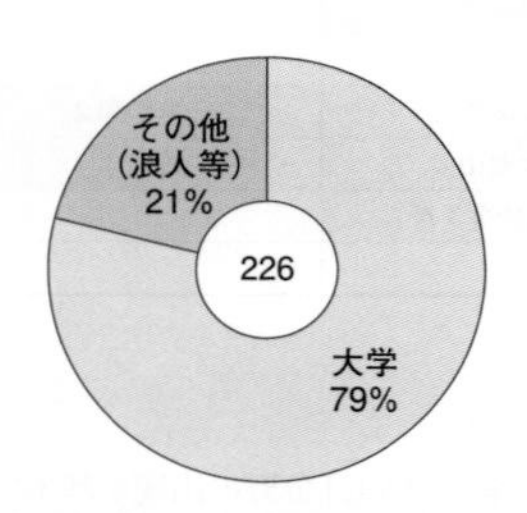

■進路選択状況（高３進級時）

理系 82%　文系 18%

0　50　100

■理系・文系進学状況

理系 53%　文系 47%

0　50　100

■共通テスト受験率

86%

0　50　100

◉卒業までの流れ

小学校	中学校	高等学校	大学
	高輪中学校	▶ 高輪高等学校（226）	

◉主な大学合格実績

大学名	'22	'23	'24	大学名	'22	'23	'24	大学名	'22	'23	'24	大学名	'22	'23	'24
東京大	1	2	2	埼玉大				国際教養大	1			国際基督教大	1	1	
京都大	1			千葉大	4	3	1	東京都立大	6	4	1	成蹊大	9	18	7
北海道大	2	3	2	東京外国語大	1			横浜市立大				成城大	10	9	12
東北大		4	3	電気通信大	3	1	1	慶應義塾大	25	13	31	明治学院大	17	11	12
名古屋大				東京学芸大				早稲田大	58	49	51	國學院大	15	22	12
大阪大	1	1	1	東京農工大	1			上智大	42	30	25	武蔵大	4	10	8
九州大		1		東京芸術大				東京理科大	55	72	67	獨協大	3	6	5
東京工業大	5	7	2	東京医科歯科大	1			明治大	91	115	51	日本大	41	71	66
一橋大	3		2	東京海洋大	2	2	1	青山学院大	33	24	29	東洋大	27	22	28
筑波大	4	1	3	横浜国立大	5	7	1	立教大	51	38	24	駒澤大	24	11	11
茨城大		1		山梨大				中央大	43	49	39	専修大	19	21	13
宇都宮大				金沢大		1	1	法政大	56	64	45	芝浦工業大	18	37	41
群馬大	2	1		信州大		1		学習院大	6	26	11	東京都市大	10	18	16

入試要項・入試情報

◉2024年度の入試要項(参考)

	A日程	B日程	算数午後入試	C日程
募集人員	70名	70名	20名	30名
選抜方法	国・算・社・理		算数	国・算・社・理
出願関連期間	12/20～1/31	12/20～2/1	12/20～2/2	12/20～2/3
試験日程	2/1午前	2/2午前	2/2午後	2/4午前
合格発表	Web 2/1 17:00～	Web 2/2 17:00～	Web 2/2 21:00～	Web 2/4 17:00～
入学手続	2/4 12:00まで			2/6 12:00まで

＊出願資格に「自宅から通学できる者」とある。

◉費用(参考)

受験料		25,000円
入学手続時	入学金	250,000円
	授業料	—
	その他	—
入学手続後～入学まで	授業料	—
	その他	103,310円
入学後１年	授業料	468,000円
	その他	454,000円
初年度納入金合計		1,275,310円
中学３年間費用計 約		2,835,310円

＊複数回同時出願は、2回め以降、1回につき1万円追加。算数午後入試受験料は1万円。

面接 実施しない。

◉最近6年間の入試応募者推移と倍率

年度		2019	2020	2021	2022	2023	2024
募集	Ⓐ	70	70	70	70	70	70
	Ⓑ	70	70	70	70	70	70
	算	20	20	20	20	20	20
	Ⓒ	30	30	30	30	30	30
応募	Ⓐ	282	344	393	321	341	423
	Ⓑ	415	532	624	520	622	693
	算	279	335	332	288	399	428
	Ⓒ	395	532	580	505	592	653
応募倍率	Ⓐ	4.0	4.9	5.6	4.6	4.9	6.0
	Ⓑ	5.9	7.6	8.9	7.4	8.9	9.9
	算	14.0	16.8	16.6	14.4	20.0	21.4
	Ⓒ	13.2	17.7	19.3	16.8	19.7	21.8
受験	Ⓐ	262	322	341	288	306	368
	Ⓑ	284	392	459	365	451	513
	算	216	262	269	238	320	342
	Ⓒ	211	299	360	314	383	447
合格	Ⓐ	120	115	110	109	111	106
	Ⓑ	142	144	140	138	142	142
	算	91	84	88	92	88	90
	Ⓒ	74	80	70	68	82	66
実質倍率	Ⓐ	2.2	2.8	3.1	2.6	2.8	3.5
	Ⓑ	2.0	2.7	3.3	2.6	3.2	3.6
	算	2.4	3.1	3.1	2.6	3.6	3.8
	Ⓒ	2.9	3.7	5.1	4.6	4.7	6.8

＊2024年補欠発表…なし。追加合格(電話)…(A日程)8名、(B日程)8名、(算数)2名、(C日程)12名、2月6日～2月14日。

◉入試教科

②算数	50分	100点
①国語	50分	100点
④理科	30分	60点
③社会	30分	60点
合計	160分	320点

＊算数午後入試は60分・100点。

合格最高点	Ⓐ253点 Ⓑ254点 算 91点 Ⓒ273点
合格最低点	Ⓐ199点 Ⓑ189点 算 59点 Ⓒ213点

私立 男子校

◉受験併願パターン

偏差値	1月前半	1月後半	2月1日	2月2日	2月3日	2月4日以降
59		昭和秀英				
58	栄東Ａ１０日					
56			青稜１Ｂ	高輪Ｂ	学習院２	高輪Ｃ
55				学習院	成城２	成城３
54		専修大松戸				
53	大宮開成		高輪Ａ			
49					日大豊山３	
48		麗澤ＥＥ	足立学園特奨１	順天２Ｂ	関東学院１Ｃ	
47			横浜創英２	多摩大目黒２特待		
46			京華特選午後		多摩大目黒３特待	
45			多摩大目黒特待			

入試問題の傾向とポイント

算数
計算問題4問、一行問題4問、大問3題の問題構成。一行問題は基本的な問題が中心だが、大問は一部難易度の高い問題が含まれていることが多い。一行問題の中に、途中式や考え方を書かせる問題も出題されるので、考え方をまとめる練習もしておくこと。

国語
雑問1題と、説明文と物語文の読解2題から出題された。雑問は漢字の読み書きやことわざを含む。説明文は言い換えや理由を、物語文は人物の心情や言動について問われた。解答形式は選択肢と記述が中心である。

理科
大問4題、生地物化からの出題。おもな設問形式は選択・計算問題で、記述・作図問題が1～2題ある。典型問題が多く出題されるため、過去問演習を中心に多くの問題に触れることで基礎基本を固めて、苦手分野を作らないようにしたい。毎年出ている会話形式の問題にも慣れておきたい。

社会
地理は例年通り、地図・表・グラフを用いた出題が多く、資料を読み解く力が求められている。地図中に書き込む問いが出題された回もある。政治は例年やや難易度の高い時事問題も出題される。話題となった出来事については重点的に整理しておきたい。用語記述の問題は原則として漢字指定である。

東京都市大学付属中学校

とうきょうとしだいがくふぞく

■学校長／篠塚弘康　■創立／昭和31年　■生徒数／780名
■所在地／〒157-8560 東京都世田谷区成城1-13-1
■ＴＥＬ／03-3415-0104
■交　通／成城学園前駅（小田急線）徒歩10分。二子玉川駅（田園都市線など）からバスで約20分。

何学期制	週何日制	登校時刻	制服	給食	食堂 軽食販売	プール	寮	特待制度 奨学金等	帰国生 取出授業
3学期制	6日制	8:30	中高あり	なし	食堂中高あり 販売中高あり	なし	なし	あり	あり

沿　革

1929年、武蔵高等工科学校を開校し、1949年、武蔵工業大学と改称。1951年、武蔵工業学園高等学校を設立し、1953年に武蔵工業大学付属高等学校と改称する。1956年に武蔵工業大学付属中学校を開設。1964年に中・高等学校校舎を現在地に移築移転。2009年に現校名に改称する。

教育方針と特色

60テーマにおよぶ科学実験のレポート作成や4,000字以上の論文執筆、英語・情報の授業でのプレゼンテーションなど、探究→協働→発信を繰り返す「主体的な学習」が軸になっている。また、職業や生活設計を見通す「キャリア」や、海外研修など世界で活躍するための「国際理解」も大きな柱となっている。
生徒の学習には徹底したサポートがある。コース制（Ⅱ類：最難関国公立大学)、Ⅰ類：難関国公立私立大学）による効果的な授業に加え、放課後の補習充実。自習室には東大生のチューターが常駐している。
生徒会やクラブなどの自主活動も活発。クラブは中高合わせて52を数え、上級生が下級生を丁寧に指導する姿が、校内各所で見られる。
男子の心に寄り添う６年間一貫体制のメリットを生かし、進学実績が急伸中。

◉系列校

小	中	高	大（短大）
○	○	○	○

◉小学校からの内進生…9名
◉高校生外部募集………なし

◉授業時間…1コマ50分・週34時間

	1年	2年	3年	計
国　語	4	5	5	14
社　会	4	3	3	10
数　学	6	6	6	18
理　科	3	4	5	12
英　語	7	7	7	21
5教科計	24	25	26	75

参考　高校1年生一週間の授業

英語=6　数学=6　国語=4
理科=5　社会=4

進学・進路

◉卒業生進路状況

■進路選択状況（高３進級時）

データなし

■理系・文系進学状況

理系 45%　文系 55%
0　50　100

■共通テスト受験率

データなし

◉卒業までの流れ

小学校	中学校	高等学校	大学
東京都市大学付属小学校	▶ 東京都市大学付属中学校	▶ 東京都市大学付属高等学校（230）	▶ 東京都市大学　16

◉主な大学合格実績

大学名	'22	'23	'24
東京大	12	7	6
京都大	4	1	2
北海道大	8	8	3
東北大	5	1	7
名古屋大	1	1	
大阪大	2	2	2
九州大			1
東京工業大	7	10	8
一橋大	7	9	6
筑波大	2		3
茨城大			
宇都宮大			
群馬大	2	3	1
埼玉大	1	1	
千葉大		1	2
お茶の水女子大			
東京外国語大	3	3	1
電気通信大	1	8	4
東京学芸大			1
東京農工大	3	5	3
東京芸術大			
東京医科歯科大	2	2	1
東京海洋大	2		1
横浜国立大	11	5	9
山梨大	1	1	
金沢大			
信州大	1		2
国際教養大		2	1
東京都立大	2	4	6
横浜市立大	2	1	3
慶應義塾大	55	59	74
早稲田大	96	66	82
上智大	19	41	36
東京理科大	83	81	66
明治大	112	117	142
青山学院大	35	29	32
立教大	42	36	25
中央大	53	55	88
法政大	56	42	60
学習院大	7	4	2
国際基督教大			
津田塾大			
東京女子大			
日本女子大			
成蹊大	6	4	13
成城大	5	3	4
明治学院大		7	6
國學院大	3	8	14
武蔵大	3	6	5
獨協大			
日本大	44	34	15
東洋大	13	17	8
駒澤大	6	14	7
専修大	10	11	10
芝浦工業大	27	28	27
東京都市大	-	-	-

入試要項・入試情報

◉2024年度の入試要項（参考）

	1回	2回	3回	グローバル	4回
募集人員	Ⅱ類　約10名 Ⅰ類　約40名	Ⅱ類　約40名 Ⅰ類　約60名	Ⅱ類　約20名 Ⅰ類　約40名	Ⅱ類　若干名 Ⅰ類　若干名	Ⅱ類　約10名 Ⅰ類　約20名
選抜方法	国・算・社・理	国・算	国・算・社・理	国・算・英	国・算・社・理
出願関連期間	1/7〜2/1		1/7〜2/3		1/7〜2/5
試験日程	2/1午前	2/1午後	2/3午前		2/5午前
合格発表	Web 2/1 21:00頃〜	Web 2/1 23:00頃〜	Web 2/3 18:00頃〜		Web 2/5 18:00頃〜
入学手続	2/3 12:00まで		2/5 12:00まで		2/7 12:00まで

◉費用（参考）

受験料		25,000円
入学手続時	入学金	50,000円
	授業料	—
	その他	—
入学手続後〜入学まで	授業料	—
	その他	100,840円
入学後１年	授業料	516,000円
	その他	797,220円
初年度納入金合計		1,464,060円
中学３年間費用計　約		3,583,520円

＊複数回受験の場合も受験料は2万5千円。
＊入学手続時の入学金は5万円のみで、残金（20万円）は、入学後の4月に納入すればよい。

面接　実施しない。

◉最近6年間の入試応募者推移と倍率

年度		2019 Ⅰ	2019 Ⅱ	2020 Ⅰ	2020 Ⅱ	2021 Ⅰ	2021 Ⅱ	2022 Ⅰ	2022 Ⅱ	2023 Ⅰ	2023 Ⅱ	2024 Ⅰ	2024 Ⅱ
募集	①(Ⅰ｜Ⅱ)	約80	約40	約80	約40	約80	約40	約80	約40	約40	約10	約40	約10
	②(Ⅰ｜Ⅱ)	約40	約20	約40	約20	約40	約20	約40	約20	約60	約40	約60	約40
	③(Ⅰ｜Ⅱ)	約20	約10	約20	約10	約20	約10	約20	約10	約40	約20	約40	約20
	④(Ⅰ｜Ⅱ)	約20	約10	約20	約10	約20	約10	約20	約10	約20	約10	約20	約10
応募	①(Ⅰ｜Ⅱ)	502/91	497/154	474/101	483/130	458/101	429/102	439/102	536/165	200	138	174	107
	②(Ⅰ｜Ⅱ)	322	278	312	266	310	238	297	311	578	707	492	695
	③(Ⅰ｜Ⅱ)	398	341	365	346	356	323	379	401	413	355	383	311
	④(Ⅰ｜Ⅱ)	512	455	531	436	514	400	510	506	484	529	446	480
応募倍率	①(Ⅰ｜Ⅱ)	7.4	16.3	7.2	15.3	7.0	13.3	6.8	17.5	5.0	13.8	4.4	10.7
	②(Ⅰ｜Ⅱ)	8.1	13.9	7.8	13.3	7.8	11.9	7.4	15.6	9.6	17.7	8.2	17.4
	③(Ⅰ｜Ⅱ)	19.9	34.1	18.3	34.6	17.8	32.3	19.0	40.1	10.3	17.8	9.6	15.6
	④(Ⅰ｜Ⅱ)	25.6	45.5	26.6	43.6	25.7	40.0	25.5	50.6	24.2	52.9	22.3	48.0
受験	①(Ⅰ｜Ⅱ)	449/88	434/168	429/98	420/139	401/91	379/98	388/97	477/157	149	93	123	59
	②(Ⅰ｜Ⅱ)	168	141	162	130	179	134	162	165	501	612	427	635
	③(Ⅰ｜Ⅱ)	178	114	140	125	152	98	178	147	227	133	214	117
	④(Ⅰ｜Ⅱ)	257	154	260	160	274	138	268	172	216	175	200	144
合格	①(Ⅰ｜Ⅱ)	182/31	123/67	177/40	110/37	197/45	106/37	164/37	118/69	45	8	35	8
	②(Ⅰ｜Ⅱ)	41	19	46	15	43	20	38	28	197	157	148	172
	③(Ⅰ｜Ⅱ)	32	16	29	16	30	14	34	22	48	19	32	13
	④(Ⅰ｜Ⅱ)	38	17	35	18	40	19	28	18	22	32	15	13
実質倍率	①(Ⅰ｜Ⅱ)	2.5/2.8	3.5/2.5	2.4/2.5	3.8/3.8	2.0/2.0	3.6/2.6	2.4/2.6	4.0/2.3	3.3	11.6	3.5	7.4
	②(Ⅰ｜Ⅱ)	4.1	7.4	3.5	8.7	4.2	6.7	4.3	5.9	2.5	3.9	2.9	3.7
	③(Ⅰ｜Ⅱ)	5.6	7.1	4.8	7.8	5.1	7.0	5.2	6.7	4.7	7.0	6.7	9.0
	④(Ⅰ｜Ⅱ)	6.8	9.1	7.4	8.9	6.9	7.3	9.6	9.6	9.8	5.5	13.3	11.1

＊2019年〜2022年①Ⅰ・①Ⅱは4教科／2教科。
＊2024年補欠発表…なし。追加合格（電話）…（2回）2名、（3回）6名、（4回）60名、2月7日〜。

◉入試教科

4教科/2教科

②算数	50分/50分	100点/100点
①国語	50分/50分	100点/100点
④理科	40分/	75点/
③社会	40分/	75点/
合計	180分/100分	350点/200点

＊グローバルは、国（50分・50点）算・英（各50分・各100点）合計250点。

合格最高点	①　Ⅰ　254点 　　Ⅱ　293点 ②　Ⅰ　131点 　　Ⅱ　180点 ③　Ⅰ　239点 　　Ⅱ　275点 ④　Ⅰ　262点 　　Ⅱ　286点
合格最低点	①　Ⅰ　215点 　　Ⅱ　257点 ②　Ⅰ　115点 　　Ⅱ　132点 ③　Ⅰ　225点 　　Ⅱ　241点 ④　Ⅰ　251点 　　Ⅱ　263点

＊Ⅱ：最難関国公立大・Ⅰ：難関国公立私大。
＊Ⅰ：点数にはⅡ出願のスライド合格含む。

私立 男子校

◉受験併願パターン

偏差値	1月前半	1月後半	2月1日	2月2日	2月3日	2月4日以降
64					浅野	
63						芝２
62	海城帰					
61				桐朋２		
60		立教新座				
59		昭和秀英				
58	栄東Ａ１０日					
57			東京都市大付２Ⅰ	世田谷学園２	東京都市大付３Ⅰ	東京都市大付４Ⅰ
53	大宮開成	芝浦工大柏				
52	海陽Ⅰ東京			国学院久我山２	成城学園２	成蹊２
51	学習院帰				日大豊山４	獨協４

入試問題の傾向とポイント

算数

計算問題2問、一行問題6問、大問4題の問題構成で、基礎から標準レベルの問題がバランスよく出題される。特に大問は難問ではないが、力の差がはっきりと出る問題で、各単元の基礎事項を正確に理解していることが必要。前半の基本問題での取りこぼしは避けたい。

国語

説明文と物語文、詩を含む読解3題と、雑問1題の構成。説明文は具体例や内容合致、空欄補充を通して筆者の考えを、物語文は人物の様子や心情、人物像について、詩は構成や表現の特徴、主題について問われた。読解の解答形式は選択肢と抜き出しが中心だが、説明文では記述もみられた。

理科

大問4題、生地物化からの出題。おもな設問形式は選択・計算問題で、特に計算問題が多いことが印象的。また、思考力が必要な、初見の文章やデータを扱う問題の出題もあることから、基礎基本をしっかりと固めた上で、過去問演習による対策を十分に行っておきたい。

社会

1回、3回に記述問題は出題されなかったが、4回には短めの記述が出題された。歴史は人物史、政治は時事問題に関連した出題が目立つ。基礎基本の問いが中心なので、ミスしない確実性が必要。1回とそれ以降で類似する設問が出ることがあるので、複数回受験する場合、受けた問題の復習は欠かせない。

桐光学園中学校男子部

とうこうがくえん

■学校長／岡村薫　■創立／昭和57年　■生徒数／633名（男子部）
■所在地／〒215-8555 神奈川県川崎市麻生区栗木3-12-1
■ＴＥＬ／044-987-0519
■交通／栗平駅（小田急多摩線）徒歩12分。

何学期制	週何日制	登校時刻	制服	給食	食堂 軽食販売	プール	寮	特待制度 奨学金等	帰国生 取出授業
2学期制	6日制	8:20	中高あり	なし	食堂中高あり 販売中高あり	屋内	なし	あり	あり

沿　革

1972年に、学校法人桐光学園を設立し、1978年には、桐光学園高等学校を開校した。1982年、桐光学園中学校を併設。1991年、中・高に女子部を併設（ただし、別学）。

教育方針と特色

40周年記念事業で全面人工芝のサッカー場、メイングラウンド、屋内アップコートなどが完成し、クラブ活動が一層活発になるとともに、ICTを導入、校内にWIFIを整備し、全員がノートPCを所持し、学習環境がさらに充実した。2019年度からは新校長が就任し、一段と注目が集まっている。また、中高あわせて約3,000名が在籍しているが、単なるマンモス校ではなく、それぞれの特性に応じた男女別学という制度の下、80%以上が専任である教員集団によるきめ細かい面倒見がモットー。毎年、100名ほどが、記述問題の添削や面接などの指導が必要な国公立大学に現役合格する。加えて、池上彰・隈研吾・羽生善治といった現代を代表する講師陣を招聘した「大学訪問授業」、ケンブリッジ大やイートン校などの短期英国留学、カナダホームステイ、ニュージーランド・オーストラリアでのターム留学など多種の語学研修・留学プログラム、基礎から大学別分野別の演習まで扱う600超講座の講習制度など、個性に応じた指導を実践し、難関国公立・私立大学進学を可能にする学習環境が整っている。また、小田急線複々線化で最寄りの栗平駅まで新宿駅から急行で28分、下北沢駅から20分と通学しやすくなっている。

◉系列校

小	中	高	大（短大）
○	○	○	

◉小学校からの内進生…29名
◉高校生外部募集………140名

（2年次から混合クラス）

◉授業時間…1コマ50分・週33時間

	1年	2年	3年	計
国　語	5	5	5	15
社　会	3	3	4	10
数　学	5	5	5	15
理　科	4	4	4	12
英　語	6	6	6	18
5教科計	23	23	24	70

参考　高校1年生一週間の授業

英語=5　数学=6　国語=4
理科=6　社会=4

進学・進路

◉卒業生進路状況

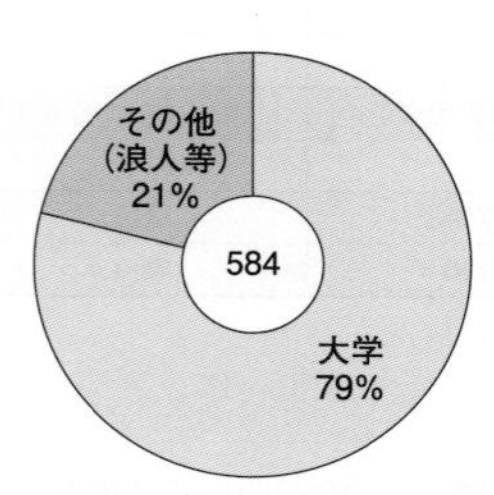

■進路選択状況（高３進級時）

データなし

■理系・文系進学状況

データなし

■共通テスト受験率

57%
0　50　100

◉卒業までの流れ

小学校	中学校	高等学校	大学
桐光学園小学校 ▶	桐光学園中学校 男子部 ▶	桐光学園高等学校 男子部（584）	

◉主な大学合格実績

大学名	'22	'23	'24	大学名	'22	'23	'24	大学名	'22	'23	'24	大学名	'22	'23	'24
東京大	3		5	埼玉大	1	1	1	国際教養大	1			国際基督教大	4	3	2
京都大	1		4	千葉大	2	2		東京都立大	17	19	21	成蹊大	24	20	28
北海道大	2	6	2	東京外国語大	8	3	3	横浜市立大	6	7	5	成城大	15	18	19
東北大	3	3	7	電気通信大	4	3	9	慶應義塾大	40	60	81	明治学院大	42	30	30
名古屋大	1	2	2	東京学芸大	3			早稲田大	52	62	66	國學院大	7	16	
大阪大		3		東京農工大	3	4	4	上智大	44	55	51	武蔵大	11	8	9
九州大	1	1		東京芸術大	2	1	2	東京理科大	59	70	67	獨協大	5		
東京工業大	3	1	5	東京医科歯科大	1	2		明治大	132	152	155	日本大	87	85	71
一橋大	3	3	4	東京海洋大		2		青山学院大	52	96	92	東洋大	37	42	47
筑波大	5	6	2	横浜国立大	13	16	10	立教大	61	53	70	駒澤大	25	14	17
茨城大	1			山梨大				中央大	117	112	105	専修大	22	35	29
宇都宮大				金沢大	1	1		法政大	101	89	85	芝浦工業大	30	46	45
群馬大	1	1	1	信州大	3	2	4	学習院大	15	19	14	東京都市大	24	63	51

入試要項・入試情報

◉2024年度の入試要項（参考）

	1回	2回	3回A	3回B（英語資格入試・T&M入試）
募集人員	80名	80名	3回A・B 計60名	
選抜方法	国・算・社・理			国・算＋面接・資格証明書のコピー・エントリーシート
出願関連期間	11月下旬頃～1/29	11月下旬頃～2/1	11月下旬頃～2/2	11月下旬頃～1/29
試験日程	2/1	2/2	2/3	
合格発表	掲示 2/2 10:00～ Web 2/1 21:00～	掲示 2/3 10:00～ Web 2/2 21:00～	掲示 2/4 10:00～ Web 2/3 21:00～	
入学手続	2/3 14:00まで	2/4 18:00まで	2/5 18:00まで	

＊出願資格に「入学後、保護者もしくはそれに準ずるところから通学可能な者」とある。

◉費用（参考）

受験料		22,000円
入学手続時	入学金	220,000円
	授業料	—
	その他	10,000円
入学手続後～入学まで	授業料	—
	その他	98,230円
入学後１年	授業料	528,000円
	その他	477,080円
初年度納入金合計		1,333,310円
中学３年間費用計	約	2,880,870円

＊複数回出願の場合、受験料は2回で3万3千円、3回で4万円、追加出願は差額分。

面接 実施する。

◉最近6年間の入試応募者推移と倍率

年度		2019	2020	2021	2022	2023	2024
募集	①	80	80	80	80	80	80
	②	80	80	80	80	80	80
	③A・③B	40（AB合計）	40（AB合計）	40（AB合計）	40（AB合計）	60（AB合計）	60（AB合計）
応募	①	308	344	252	253	205	187
	②	412	480	422	398	399	321
	③A	415	445	303	276	334	272
	③B	46	62	48	44	37	45
応募倍率	①	3.9	4.3	3.2	3.2	2.6	2.3
	②	5.2	6.0	5.3	5.0	5.0	4.0
	③A・③B	11.5（AB合計）	12.7（AB合計）	8.8（AB合計）	8.0（AB合計）	6.2（AB合計）	5.3（AB合計）
受験	①	262	282	228	234	181	174
	②	282	332	282	251	288	233
	③A	243	268	236	227	236	198
	③B	38	48	37	31	32	36
合格	①	100	89	80	90	83	84
	②	105	109	111	83	97	94
	③A	74	74	88	83	81	87
	③B	16	23	15	14	12	13
実質倍率	①	2.6	3.2	2.9	2.6	2.2	2.1
	②	2.7	3.0	2.5	3.0	3.0	2.5
	③A	3.3	3.6	2.7	2.7	2.9	2.3
	③B	2.4	2.1	2.5	2.2	2.7	2.8

＊2024年補欠発表・追加合格…いずれもなし。

◉入試教科

②算数	50分	150点
①国語	50分	150点
④理科	40分	100点
③社会	40分	100点
合計	180分	500点

合格最高点	非公表
合格最低点	① 316点 ② 288点 ③A 301点 ③B — 点

◉受験併願パターン

偏差値	1月前半	1月後半	2月1日	2月2日	2月3日	2月4日以降
55			桐蔭学園午後			
54					帝京大学３	桐蔭学園３
52				神奈川大附２		
50					桐光学園３Ａ	
49				桐光学園２		
48			桐光学園			東京電機大４
47				桜美林２日午後	桜美林３日午後	日大藤沢３
46			桜美林１日午後			
44				京華２特選		穎明館４
43			日工大駒場２		日大第三３	
42	埼玉栄		自修館Ａ２			

入試問題の傾向とポイント

算数
計算問題3問程度、一行問題8問程度、大問3題で総設問数20問の問題構成。幅広い分野から出題されるが、基本～標準レベルの問題が大部分。基礎を固めておけば十分に対応できる。大問では規則性や場合の数、調べる問題が頻出で、過去問の類題が出題されることもある。過去問演習に力を入れたい。

国語
漢字の書き取り5問、物語文・説明文の読解2題。記述は読解ごとに1問ずつ。読解の設問は内容説明や心情把握など例年と変わらず。各選択肢が長いのも例年通り。設問数は多くないが、各選択肢を吟味しすぎると時間が足りなくなる可能性が高い。素早く正誤判定をする技術を身につけたい。

理科
大問4題、生地物化からの出題で、大問1は小問集合。おもな設問形式は選択・計算問題で、記述・作図問題が2～3題含まれる。典型問題が中心であるため、基礎基本を固め、苦手分野を作らないようにしたい。生物分野で見慣れないグラフが出ることがあるので、過去問を確認すること。

社会
例年通り大問3題構成。昨年に引き続き、大問1は時事問題であった。その年の出来事のほか、関連する知識を問うものもあるため、『ニュース最前線』などを利用して、しっかり対策をしておきたい。

桐朋中学校

とうほう

■学校長／原口大助　■創立／昭和16年　■生徒数／788名
■所在地／〒186-0004 東京都国立市中3-1-10
■ＴＥＬ／042-577-2171
■交通／国立駅（JR中央線）徒歩15分。谷保駅（JR南武線）徒歩15分。同駅などからバス「桐朋学園」下車、徒歩1分。

何学期制	週何日制	登校時刻	制服	給食	食堂 軽食販売	プール	寮	特待制度 奨学金等	帰国生 取出授業
3学期制	6日制	8:30	中学のみあり	なし	食堂中高あり 販売中高あり	屋内	なし	あり	なし

沿　革

1941年、山水育英会を母体として第一山水中学校を設立。1947年、敗戦により山水育英会を解散し、桐朋中・高等学校に組織変更。1959年、桐朋学園小学校を併設。

教育方針と特色

「自主的態度を養う」「他人を敬愛する」「勤労を愛好する」の3つを教育目標に掲げる。中学では、基礎の充実から、幅広く偏りのない知性の獲得と心身の健やかな発達を目指す。高校では、学ぶ内容の本質を突きつめることで「本物」との出会いを目指し、大学での学問の探究へと結びつける。また、課外活動である特別講座、OBの社会人・大学教授による進路ガイダンスなどで興味・関心の幅と深さを拡げている。生徒全員が大学進学を希望するため、それに対応できるように教育課程を編成するなど、進学指導には重点をおいている。平常授業の充実に加え、補習により基礎知識の定着、夏期講習などにより学力の向上をはかっている。

◉系列校

小	中	高	大（短大）
○	○	○	

◉小学校からの内進生…70名
◉高校生外部募集………50名

（完全混合クラス）

◉授業時間…1コマ50分・週34時間

	1年	2年	3年	計
国　語	5	5	5	15
社　会	4	4	4	12
数　学	5	5	6	16
理　科	4	4	5	13
英　語	5	5	6	16
5教科計	23	23	26	72

参考　**高校1年生一週間の授業**

英語=6　数学=7　国語=5
理科=6　社会=2

進学・進路

◉卒業生進路状況

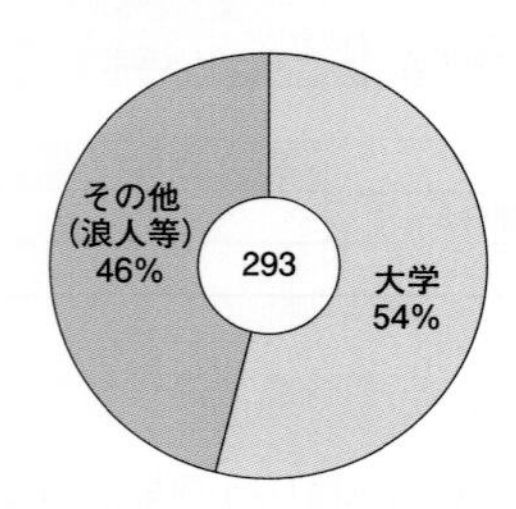

■進路選択状況（高３進級時）

理系 56%　文系 44%

■理系・文系進学状況

理系 50%　文系 48%

■共通テスト受験率

92%

◉卒業までの流れ

小学校	中学校	高等学校	大学
桐朋・桐朋学園小学校	桐朋中学校	桐朋高等学校（293）	

◉主な大学合格実績

大学名	'22	'23	'24	大学名	'22	'23	'24	大学名	'22	'23	'24	大学名	'22	'23	'24
東京大	11	9	12	埼玉大	2	2	3	国際教養大				国際基督教大		2	3
京都大	6	4	8	千葉大	3	1	4	東京都立大	6	3	3	成蹊大	15	14	11
北海道大	13	12	10	東京外国語大	2	1	3	横浜市立大		1	1	成城大	18	17	13
東北大	11	6	12	電気通信大	5	7	8	慶應義塾大	73	60	86	明治学院大	8	14	7
名古屋大	3	3		東京学芸大		2	2	早稲田大	101	76	69	國學院大	7	11	8
大阪大	2	1	3	東京農工大	12	8	3	上智大	36	42	29	武蔵大	2	8	2
九州大	1	1	4	東京芸術大	2	2		東京理科大	85	71	92	獨協大	8	1	2
東京工業大	6	5	10	東京医科歯科大	1	2		明治大	126	116	111	日本大	57	61	47
一橋大	14	8	4	東京海洋大		4	2	青山学院大	47	50	21	東洋大	28	24	13
筑波大	2	8	3	横浜国立大	13	10	4	立教大	40	33	18	駒澤大	8	7	10
茨城大				山梨大	2	1	2	中央大	88	80	68	専修大	14	16	12
宇都宮大				金沢大	1			法政大	70	55	39	芝浦工業大	27	32	17
群馬大				信州大	6	4	4	学習院大	18	10	11	東京都市大	9	11	4

入試要項・入試情報

◉2024年度の入試要項（参考）

	1回	2回
募集人員	約120名	約60名
選抜方法	国・算・社・理	
出願関連期間	1/10〜1/29	1/10〜2/1
試験日程	2/1	2/2
合格発表	Web 2/1 22:00〜	Web 2/3 14:00〜
入学手続	2/4 12:00まで	

面接 実施しない。

◉費用（参考）

受験料		25,000円
入学手続時	入学金	300,000円
	授業料	—
	その他	—
入学手続後〜入学まで	授業料	—
	その他	—
入学後１年	授業料	494,400円
	その他	218,300円
初年度納入金合計		1,012,700円
中学３年間費用計 約		2,487,500円

＊1回2回両方に同時出願は3万8千円。
＊制服代・指定品代・学用品代等は別途。

◉最近6年間の入試応募者推移と倍率

年度		2019	2020	2021	2022	2023	2024
募集	①	約120	約120	約120	約120	約120	約120
	②	約60	約60	約60	約60	約60	約60
応募	①	393	411	412	317	380	375
	②	716	674	646	512	597	640
応募倍率	①	3.3	3.4	3.4	2.6	3.2	3.1
	②	11.9	11.2	10.8	8.5	10.0	10.7
受験	①	354	366	367	299	353	347
	②	526	472	458	394	460	515
合格	①	160	159	148	150	144	142
	②	242	247	247	231	216	228
実質倍率	①	2.2	2.3	2.5	2.0	2.5	2.4
	②	2.2	1.9	1.9	1.7	2.1	2.3

＊2024年補欠発表…あり。補欠合格…あり。追加合格…なし。

◉入試教科

②算数	50分	100点
①国語	50分	100点
④理科	30分	60点
③社会	30分	60点
合計	160分	320点

合格最高点	非公表
合格最低点	①188点 ②217点

私立 男子校

◉受験併願パターン

偏差値	1月前半	1月後半	2月1日	2月2日	2月3日	2月4日以降
63						芝２
62					武蔵高附属	
61			東京都市大付２Ⅱ	桐朋２		
60		立教新座				
58	栄東Ａ１０日					
56			桐朋			
55					成城２	成城３
54				帝京大学特待		
52	開智所沢算数特待		佼成学園特奨	国学院久我山２	成城学園２	成蹊２
51						獨協４
50				獨協３	桐光学園３Ａ	関東学院２

入試問題の傾向とポイント

算数　計算3問、一行問題3問、大問5題の出題。基本〜発展までバランスよく出題され、普段の学習の効果が出やすい問題が多い。各単元の基礎固めをしっかりと行っておく必要がある。また、式や考え方を書かせる問題もあるので、答案をまとめる訓練もしておきたい。

国語　物語と随筆の読解２題で、解答用紙を一見して分かるように、記述で解答するものが多い。人物の人となり・様子とその時の心情や言い換え（指示語、〜とはどういうことか）などを通して、筆者の考えとその理由を問われた。

理科　大問4題、生地物化からの出題。設問形式は、選択・計算・記述・作図と多岐にわたる。図・表・データを読みとって解答していく問題が多く、見慣れない内容になることもあるため難易度は高い。過去問演習などを通して、応用問題に対して持っている知識を活かす練習を重ねておきたい。

社会　難易度・出題領域は例年と同じく平均的。今年も地理分野の記述が出題された。また、受験生にはなじみの薄い世界地理の出題があるため、『考える社会科地図』などを用いて国や都市の位置を確認する学習を定着させたい。人物名の出題も多いので、漢字で正しく書けるようにしておきたい。

<ruby>藤嶺学園藤沢中学校<rt>とうれいがくえんふじさわ</rt></ruby>

■学校長／林学　■創立／大正5年　■生徒数／234名
■所在地／〒251-0001 神奈川県藤沢市西富1-7-1
■ＴＥＬ／0466-23-3150
■交通／藤沢本町駅（小田急江ノ島線）徒歩13分。藤沢駅（JR東海道線、江ノ島電鉄、小田急江ノ島線）徒歩15分。

何学期制	週何日制	登校時刻	制服	給食	食堂 軽食販売	プール	寮	特待制度 奨学金等	帰国生 取出授業
3学期制	6日制	8:30	中高あり	なし	食堂条件付 販売中高あり	なし	なし	なし	なし

沿　革

創立109年という歴史ある仏教校です。その前身は、鎌倉時代に一遍上人が開いた時宗の僧侶養成機関「時宗宗学林」です。中学は2001年に開校し24期生を迎え、日本人としてのアイデンティティを大切にする教育を行っています。6年一貫教育校で、必修科目に茶道や剣道があるなど、真の国際人養成に力を入れています。

教育方針と特色

藤嶺藤沢では日本人であることに誇りを持ちながら、世界の人々と関わって欲しいという思いから開校以来、茶道・剣道を必修とし、豊かな人間性を養うことを目標としています。アジアをはじめとする世界に目を向け、国際社会で活躍できることを目指し、2024年度より中3と高１での語学研修やターム留学など海外プログラムを拡充しています。また、中１では、体育の授業をネイティブと日本人の教員が行うなどのユニークな取り組みも行っています。さらに2027年度に高校新校舎が完成予定です。
学習面では、学力の底上げ、自学自習などを目標にし、難関大学に通う現役大学生と共に勉学に取り組んでいく放課後学習を毎日行っています。放課後学習は全員が各自の目標を設定し、宿題、テスト勉強、検定試験対策やiPadを使ったeラーニング教材（すらら、スタディサプリなど）に取り組みます。そして、学習習慣の定着を目指します。

◉系列校

小	中	高	大（短大）
	○	○	

◉併設小学校なし
◉高校生外部募集………105名
（高2から国公立クラスで一部合流）

◉授業時間…1コマ50分・週34時間

	1年	2年	3年	計
国　語	5	5	4	14
社　会	3	4	4	11
数　学	5	5	5	15
理　科	4	4	4	12
英　語	5	7	7	19
５教科計	22	25	24	71

参考　高校1年生一週間の授業
英語=6　数学=6　国語=5
理科=4　社会=4

進学・進路

◉卒業生進路状況

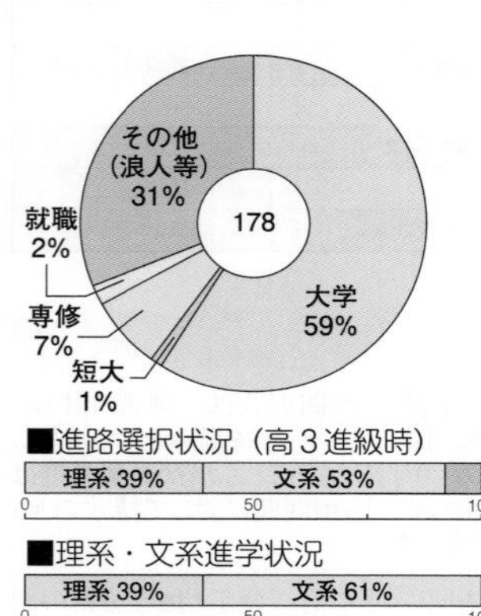

■進路選択状況（高３進級時）
理系 39%　文系 53%
0　50　100

■理系・文系進学状況
理系 39%　文系 61%
0　50　100

■共通テスト受験率
87%
0　50　100

◉卒業までの流れ

小学校	中学校	高等学校	大学
	藤嶺学園藤沢中学校	藤嶺学園藤沢 高等学校（178）	

◉主な大学合格実績

※2024年データ未公表のため、2023年のデータを掲載。

大学名	'21	'22	'23	大学名	'21	'22	'23	大学名	'21	'22	'23	大学名	'21	'22	'23
東京大				埼玉大				国際教養大			1	国際基督教大			
京都大				千葉大	1			東京都立大				成蹊大	3	3	2
北海道大				東京外国語大				横浜市立大	1			成城大	2	4	1
東北大	1			電気通信大		1		慶應義塾大			3	明治学院大	9	11	8
名古屋大				東京学芸大			1	早稲田大	1		9	國學院大	3	10	2
大阪大				東京農工大				上智大	2	5		武蔵大	3	5	3
九州大				東京芸術大	1			東京理科大	8	1	4	獨協大	4	1	7
東京工業大				東京医科歯科大				明治大	8	6	6	日本大	22	29	20
一橋大				東京海洋大				青山学院大	8	3	4	東洋大	11	8	5
筑波大			1	横浜国立大	2			立教大	10	1	5	駒澤大	5	5	4
茨城大				山梨大		1		中央大	22	11	9	専修大	9	32	6
宇都宮大				金沢大				法政大	7	10	6	芝浦工業大	9	15	4
群馬大				信州大				学習院大	3	2	2	東京都市大	13	9	8

入試要項・入試情報

◉2024年度の入試要項（参考）

	2科・4科	2科	得意2科目選択型A	得意2科目選択型B	得意2科目選択型C
募集人員	60名		25名	10名	10名
選抜方法	国・算または 国・算・社・理	国・算	国・算または国・社または国・理または 算・社または算・理		
出願関連期間	1/9～1/30		1/9～2/2	1/9～2/3	1/9～2/5
試験日程	2/1午前	2/1午後	2/2午後	2/3午後	2/5午前
合格発表	掲示 2/2 9:00～ Web 2/1 21:00～		掲示 2/3 9:00～ Web 2/2 21:00～	掲示 2/4 9:00～ Web 2/3 21:00～	掲示 2/6 9:00～ Web 2/5 17:00～
入学手続	2/4 15:00まで				2/6 15:00まで

＊出願資格に「原則として自宅通学の可能な児童」とある。

◉費用（参考）

受験料		20,000円
入学手続時	入学金	200,000円
	授業料	―
	その他	200,000円
入学手続後～入学まで	授業料	―
	その他	127,820円
入学後１年	授業料	456,000円
	その他	404,710円
初年度納入金合計		1,388,530円
中学３年間費用計　約		2,797,360円

＊複数回同時出願の受験料は、2回3万円、3回4万円、4回4万5千円、5回5万円。
＊入学手続時納入金は、10万円を納入したうえで、指定期日まで残金(30万円)の延納可。
＊入学辞退者は2月11日15時までに申し出れば、施設設備資金（20万円）を返金。

面接 実施する。

◉最近6年間の入試応募者推移と倍率

年度		2019	2020	2021	2022	2023	2024
募集	① ② ③ ④ ⑤	30 30 25 10 10	2科4科① 30 得意2科A 30 2科 25 2科4科② 10 得意2科B 10	2科4科① 2科 60 2/1合計 得意2科A 25 2科4科② 10 得意2科B 10	60 2/1合計 25 10 10	60 2/1合計 25 10 10	2科4科 2科 60 2/1合計 得意2科A 25 得意2科B 10 得意2科C 10
応募	① ② ③ ④ ⑤	39/11 127 114 85 115	33/18 125 103 45/23 110	40/13 153 115 53/17 78	24/12 146 114 54/13 66	26/11 135 108 40/17 63	23/8 102 103 74 55
応募倍率	① ② ③ ④ ⑤	1.7 4.2 4.6 8.5 11.5	1.7 4.2 4.1 6.8 11.0	3.4 2/1合計 4.6 7.0 7.8	3.0 2/1合計 4.6 6.7 6.6	2.9 2/1合計 4.3 5.7 6.3	2.2 2/1合計 4.1 7.4 5.5
受験	① ② ③ ④ ⑤	36/10 123 63 31 47	32/18 123 57 21/14 61	34/12 147 64 25/8 37	21/12 139 78 25/5 26	24/11 132 63 14/8 18	21/8 101 68 31 18
合格	① ② ③ ④ ⑤	27/5 90 37 16 32	24/6 90 31 13/2 29	110 2/1合計 41 18 23	103 2/1合計 49 19 19	110 2/1合計 45 11 13	85 2/1合計 53 21 10
実質倍率	① ② ③ ④ ⑤	1.3/2.0 1.4 1.7 1.9 1.5	1.3/3.0 1.4 1.8 1.6/7.0 2.1	1.8 2/1合計 1.6 1.8 1.6	1.7 2/1合計 1.6 1.6 1.4	1.5 2/1合計 1.4 2.0 1.4	1.5 2/1合計 1.3 1.5 1.8

＊2019年①と2020年～2023年2科4科①・2科4科②と2024年2科4科は4教科／2教科。
＊2024年補欠発表・追加合格…いずれも詳細不明。

◉入試教科　4教科/2教科

②算数	50分/50分	100点/100点
①国語	50分/50分	100点/100点
④理科	40分/	70点/
③社会	40分/	70点/
合計	180分/100分	340点/200点

＊得意2科目はA(各50分・各100点)含み200点。B(2科同時60分・各50点)。

合格最高点	① 234/140点 2科192点
合格最低点	① 171/106点 2科110点

＊得意2科目は非公表。

私立 男子校

◉受験併願パターン

偏差値	1月前半	1月後半	2月1日	2月2日	2月3日	2月4日以降
59				中央大附属横浜２		
57			中央大附属横浜		逗子開成２	
55				鎌倉学園２		鎌倉学園３
54						山手学院後期
53						
52			公文国際Ａ国算	神奈川大附２	山手学院Ｂ	
51				日本大学ＢＡＦ		
48					関東学院１Ｃ	湘南学園Ｄ
46				横浜創英３		横浜創英４
37	静岡聖光Ｉ東京		藤嶺藤沢２科			
36	静岡聖光Ｉ静岡		藤嶺藤沢		藤嶺藤沢得意Ｂ	藤嶺藤沢得意Ｃ

入試問題の傾向とポイント

算数　計算5問、一行問題8問、大問3題の問題構成。前半は基本的な問題なので、ケアレスミスに注意をして確実に得点したい。後半の大問はやや難度が上がるが、標準レベルといえる。また、大問の後半2題は、狭いスペースに途中式を書かせるので、日頃から練習をしておくこと。

国語　共に短めの物語文と説明文の読解2題と言語事項（漢字の読み書きと総画数・敬語で計16問）という例年通りの出題構成。物語文は主に理由説明と心情把握を、説明文は理由説明を問われた。解答形式は最後の課題作文（100字程度）以外はほぼ記号選択か抜き出しである。

理科　設問4題、生地物化からの出題。4～8択の選択問題や正誤問題が40問程度出題されるのが特徴的。計算問題も選択肢での解答のため、自分で図を描くなど手を動かして正答にたどり着く必要がある。幅広い分野の問題を素早く処理する必要があり、過去問演習で練習を重ねておきたい。

社会　大問3題。記述問題は出題されなかった。基礎基本を徹底的に繰り返して学習することが対策となる。時事問題は世の中の出来事に関心を持ち、知識を得ておくことが必要。用語記述は一部漢字指定があるので、正確に書けるようにしておきたい。

獨協中学校

どっきょう

■学校長／上田善彦　■創立／明治16年　■生徒数／633名
■所在地／〒112-0014 東京都文京区関口3-8-1　■ＴＥＬ／03-3943-3651
■交通／護国寺駅(東京メトロ有楽町線)徒歩8分。江戸川橋駅(東京メトロ有楽町線)徒歩10分。
目白駅(JR山手線)からバス「ホテル椿山荘東京前」徒歩1分。

何学期制	週何日制	登校時刻	制服	給食	食堂 軽食販売	プール	寮	特待制度 奨学金等	帰国生 取出授業
3学期制	6日制	8:30	中高あり	なし	食堂なし 販売中高あり	なし	なし	あり	なし

沿　革

1883年、ドイツを中心とするヨーロッパ文化の摂取を目的に設立された獨逸学協会の事業として獨逸学協会学校が創立。1948年、学制改革により獨協中学校となる。初代校長の西周、2代目の桂太郎以後、140年の歴史を誇る。2021年度から獨協医科大学との高大連携が本格的にスタート。系列校推薦枠が新設された。

教育方針と特色

戦後の獨協教育を基礎づけた第13代校長天野貞祐の教育理念を受け継ぎ、真の人間教育を達成するために、①習得した知識に基づき、様々な角度から世界を見つめ、在るべき未来を思い描くことができる「確かな知性」と、②自分の力を誰かのために発揮し、みんなの未来を切り拓こうとする「正しい心構え」を身につけさせ、③その上で、社会とつながり、社会に働きかけることで、より良い社会づくりに貢献することができる「社会の優等生」を育成することを教育目標としている。

もともとドイツ語を教える学校としてスタートした学校でもあり、現在でも語学教育には力を入れている。英語の時間は週6時間確保されており、バランスよく4技能を習得させるため、そのうちの2時間はライティングを含めた運用練習の時間として、運用力の向上を図っている。高3からは第2外国語としてドイツ語を学ぶこともでき、毎年2～3割前後の生徒が履修している。ケルン大学からの教育実習生の受け入れやドイツ研修旅行、ギムナジウムとの交流や協働学習など、ドイツとの繋がりを軸に、グローバルな学びの機会が様々用意されている。

◉系列校

小	中	高	大(短大)
	○	○	○

◉併設小学校なし
◉高校生外部募集………なし

◉授業時間…1コマ50分・週34時間

	1年	2年	3年	計
国　語	5	5	6	16
社　会	4	4	4	12
数　学	5	6	6	17
理　科	4	5	5	14
英　語	6	6	6	18
5教科計	24	26	27	77

参考　**高校1年生一週間の授業**

英語=7　数学=6　国語=5
理科=4　社会=4

進学・進路

◉卒業生進路状況

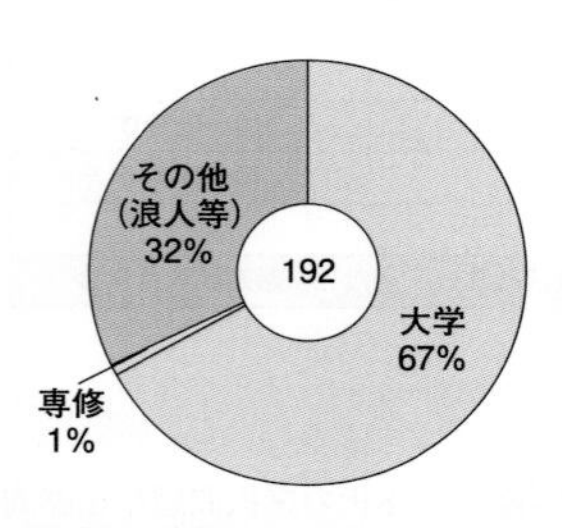

■進路選択状況（高3進級時）

理系 62%　文系 34%

■理系・文系進学状況

理系 52%　文系 42%

■共通テスト受験率

95%

◉卒業までの流れ

小学校	中学校	高等学校	大学
	獨協中学校	▶ 獨協高等学校（192）	▶ 獨協大学　6 獨協医科大学　6

◉主な大学合格実績

大学名	'22	'23	'24	大学名	'22	'23	'24	大学名	'22	'23	'24	大学名	'22	'23	'24
東京大				埼玉大	1			国際教養大				国際基督教大	1		
京都大		1	1	千葉大	1		1	東京都立大		1		成蹊大	8	17	17
北海道大				東京外国語大			1	横浜市立大				成城大	8	10	7
東北大				電気通信大				慶應義塾大	7	1	4	明治学院大	5	11	6
名古屋大				東京学芸大	1			早稲田大	7	15	10	國學院大	9	3	11
大阪大		1		東京農工大	2	1		上智大	7	7	5	武蔵大	2	12	11
九州大				東京芸術大			1	東京理科大	7	13	14	獨協大	-	-	-
東京工業大				東京医科歯科大				明治大	26	24	33	日本大	62	52	44
一橋大				東京海洋大	1			青山学院大	7	3	10	東洋大	22	21	22
筑波大	1		1	横浜国立大				立教大	4	11	5	駒澤大	10	12	8
茨城大				山梨大			1	中央大	24	19	19	専修大	6	14	9
宇都宮大				金沢大				法政大	16	26	21	芝浦工業大	12	5	10
群馬大	1			信州大		1		学習院大	12	15	15	東京都市大	6	7	8

入試要項・入試情報

◉2024年度の入試要項（参考）

	1回	2回午後	3回	4回
募集人員	約80名	約20名	約70名	約30名
選抜方法	国・算・社・理	国・算	国・算・社・理	
出願関連期間	12/20～1/31		12/20～2/1	12/20～2/3
試験日程	2/1午前	2/1午後	2/2午前	2/4午前
合格発表	Web 2/1 20:00～	Web 2/1 22:00～	Web 2/2 20:00～	Web 2/4 20:00～
入学手続	2/5 23:59まで			2/7 23:59まで

面接　実施しない。

◉費用（参考）

受験料		25,000円
入学手続時	入学金	250,000円
	授業料	—
	その他	—
入学手続後～入学まで	授業料	—
	その他	84,100円
入学後１年	授業料	471,000円
	その他	495,000円
初年度納入金合計		1,300,100円
中学３年間費用計　約		2,970,100円

＊第2回を除く複数回同時出願の受験料は、2回分は4万円、3回分は5万円。第2回受験は1万円。

◉最近6年間の入試応募者推移と倍率

年度		2019	2020	2021	2022	2023	2024
募集	① ② ③	80 90 30	80 90 30	①　約80 ②午後　約20 ③　約70 ④　約30	約80 約20 約70 約30	約80 約20 約70 約30	約80 約20 約70 約30
応募	① ② ③	222 394 346	211 390 362	270 615 475 498	368 741 562 537	341 648 490 474	345 806 575 525
応募倍率	① ② ③	2.8 4.4 11.5	2.6 4.3 12.1	3.4 30.8 6.8 16.6	4.6 37.1 8.0 17.9	4.3 32.4 7.0 15.8	4.3 40.3 8.2 17.5
受験	① ② ③	197 272 181	192 290 208	244 562 327 311	329 685 382 346	309 603 343 308	308 737 395 343
合格	① ② ③	99 155 60	92 129 50	96 233 100 50	100 226 90 44	99 231 93 47	98 261 110 49
実質倍率	① ② ③	2.0 1.8 3.0	2.1 2.2 4.2	2.5 2.4 3.3 6.2	3.3 3.0 4.2 7.9	3.1 2.6 3.7 6.6	3.1 2.8 3.6 7.0

＊帰国生を含む。
＊2024年補欠発表・追加合格…いずれもなし。

◉入試教科

4教科/2教科

②算数	50分/40分	100点/100点
①国語	50分/40分	100点/100点
④理科	40分/	70点/
③社会	40分/	70点/
合計	180分/80分	340点/200点

合格最高点	①262点 ②188点 ③291点 ④273点
合格最低点	①193点 ②145点 ③224点 ④227点

私立 男子校

◉受験併願パターン

偏差値	1月前半	1月後半	2月1日	2月2日	2月3日	2月4日以降
55					成城２	成城３
54	大宮開成２	専修大松戸	獨協２午後			
52				日大豊山２		
51					日大豊山４	獨協４
50				獨協３		東洋大京北４
49	茗溪学園	昭和学院アド	獨協		日大豊山３	
48		麗澤ＥＥ	順天Ｂ	順天２Ｂ		
47	佐久長聖東京					
45	城西川越特選２		宝仙学園新４科	明治学院２		明治学院３
44	成田高付第一志望	千葉日大第一			日大第一２科	
43			聖学院アド	聖学院アド２	佼成学園３	淑徳巣鴨３

入試問題の傾向とポイント

算数　計算問題と一行問題が合わせて7問程度、大問3題程度の問題構成。基本から標準的なレベルの問題が中心だが、後半にやや複雑な問題がみられる。求め方を要求される問題もあるので、日頃から考え方を簡潔にまとめる練習をしておくこと。

国語　漢字の書き取り5問・同音異字5問・説明文・物語文という出題構成。説明文は主に内容説明・脱文補充・文章整序・内容一致を、物語文は主に場面説明・理由説明を問われた。記述は4問前後だが、総問題数を考えると、しっかりと点数を取りたいところである。

理科　設問4題、生地物化からの出題。設問形式は、選択・計算・記述・作図と多岐にわたる。特に作図では、配布されたものをその場でスケッチし、その特徴を述べる問題が印象的である。全体を通して、単なる知識暗記ではなく観察結果や実験結果をもとに思考する問題が多い。過去問演習で対策を。

社会　大問4題。政治の設問が地理・歴史に比べて少なかった。用語記述は原則として漢字指定。記述問題は4問と、昨年よりも増えたが、解答らんは1～2行といずれも短いものであった。地理は例年同様に地形図の読み取り問題が出題された。ふだんから地図を活用した学習を心がけたい。

日本学園中学校

（にほんがくえん）

■学校長／水野重均　■創立／明治18年　■生徒数／男301名
■所在地／〒156-0043 東京都世田谷区松原2-7-34　■ＴＥＬ／03-3322-6331
■交通／明大前駅（京王線・京王井の頭線）徒歩5分。下高井戸駅（京王線、東急世田谷線）徒歩10分。
豪徳寺駅（小田急線）徒歩15分。

何学期制	週何日制	登校時刻	制服	給食	食堂 軽食販売	プール	寮	特待制度 奨学金等	帰国生 取出授業
3学期制	6日制	8:20	中高あり	なし	食堂あり 販売中高あり	屋外	なし	奨学金あり	なし

沿　革

1885年、東京英語学校として創立。1892年に日本中学校に改称。1948年新学制により日本学園と改称。

教育方針と特色

「人は得意な道で成長すれば良い」をモットーに、独自の学習プログラム「創発学」で創造力と発信力を鍛えます。「創発学」とは、創造の「創」と発信の「発」を組み合わせた造語で、林業、漁業、農業など様々な体験をもとに、調査研究、まとめ、発表を何度も繰り返すことで、コミュニケーション力や知的好奇心を高め、学ぶ楽しさを知り、自らの将来を切り拓く力を養うプログラムです。その集大成として中3で「15年後の自分」をテーマに研究論文の制作・発表を行います。また、思考力・創造力・表現力の土台として漢字テストや読書テストを行い日本語を強化、朝テスト（英単語）・ネイティブによる授業を行い英語を強化します。中1から東京英語村などを活用した語学研修や中3全員でのオーストラリアホームステイを行い、情報伝達ツールとしての英語を使いこなす力を身につけ、高校の短期留学制度につなげていきます。2026年4月1日から明治大学付属世田谷中学校・高等学校に改名、男女共学化予定。

◉系列校

小	中	高	大（短大）
	○	○	

◉併設小学校なし
◉高校生外部募集………248名
（完全混合クラス）

◉授業時間…1コマ50分・週35時間

	1年	2年	3年	計
国　語	6	5	6	17
社　会	4	4	4	12
数　学	5	6	6	17
理　科	3	4	4	11
英　語	6	6	6	18
5教科計	24	25	26	75

参考　高校1年生一週間の授業

英語=6　数学=6　国語=5
理科=4　社会=4

進学・進路

◉卒業生進路状況

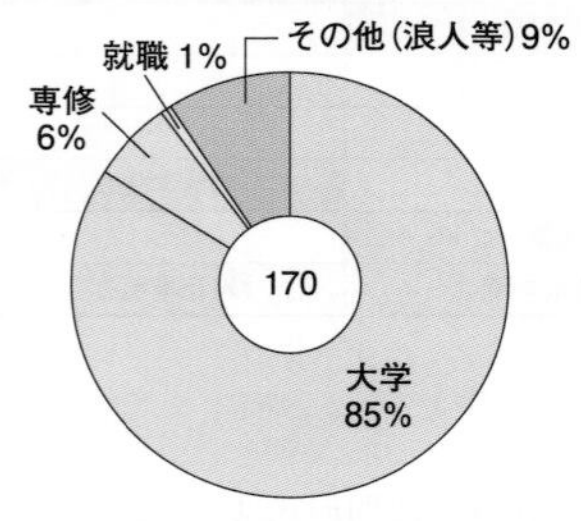

■進路選択状況（高3進級時）

文系 88%　理系 12%

■理系・文系進学状況

文系 88%　理系 12%

■共通テスト受験率

データなし

◉卒業までの流れ

小学校	中学校	高等学校	大学
	日本学園中学校	▶日本学園高等学校（170）	

◉主な大学合格実績

大学名	'22	'23	'24	大学名	'22	'23	'24	大学名	'22	'23	'24	大学名	'22	'23	'24
東京大				埼玉大				国際教養大				国際基督教大			
京都大				千葉大				東京都立大	1			成蹊大	1	1	1
北海道大	1			東京外国語大				横浜市立大				成城大	1	1	4
東北大				電気通信大				慶應義塾大				明治学院大		1	2
名古屋大				東京学芸大				早稲田大	8		3	國學院大	3	2	1
大阪大				東京農工大				上智大	1			武蔵大			
九州大				東京芸術大				東京理科大				獨協大	5		1
東京工業大				東京医科歯科大				明治大	11	1	4	日本大	12	11	11
一橋大				東京海洋大				青山学院大	3		2	東洋大	9	3	11
筑波大				横浜国立大				立教大	4		1	駒澤大	8	7	8
茨城大				山梨大				中央大	7		5	専修大	7	28	22
宇都宮大				金沢大				法政大	7	4	9	芝浦工業大	2		
群馬大				信州大				学習院大		2		東京都市大	7	1	

入試要項・入試情報

◉2024年度の入試要項（参考）

	1回	2回	3回
募集人員	70名	30名	20名
選抜方法	国・算・社・理		
出願関連期間	1/8〜1/28	1/8〜2/2	1/8〜2/4
試験日程	2/1	2/4	2/5
合格発表	Web 2/1 22:00〜	Web 2/4 22:00〜	Web 2/5 22:00〜
入学手続	2/4 12:00まで	2/6 12:00まで	

◉費用（参考）

受験料		23,000円
入学手続時	入学金	250,000円
	授業料	—
	その他	—
入学手続後〜入学まで	授業料	—
	その他	59,950円
入学後１年	授業料	528,000円
	その他	619,600円
初年度納入金合計		1,457,550円
中学３年間費用計　約		3,468,350円

面接 実施しない。

◉最近6年間の入試応募者推移と倍率

年度		2019	2020	2021	2022	2023	2024
募集	①｜適性	40	40	40	40	① 70	70
	②	30	30	30	30	② 30	30
	③	20	20	20	20	③ 20	20
	④｜創発学	30	30	30	30		
応募	①｜適性	4/11｜40	3/10｜15	7/26｜18	18/33｜16	339/79	330
	②	22	18	45	67	400/91	425
	③	37	27	56	22/48	341/72	438
	④｜創発学	15/17｜8	6/17｜3	16/39｜2	112｜7		
応募倍率	①｜適性	1.4	0.7	1.3	1.7	6.0	4.7
	②	0.7	0.6	1.5	2.2	16.4	14.2
	③	1.9	1.4	2.8	3.5	20.7	21.9
	④｜創発学	1.3	0.9	1.9	4.0		
受験	①｜適性	3/11｜39	3/10｜15	5/21｜18	16/27｜15	311/77	306
	②	18	17	40	58	309/72	344
	③	18	13	32	8/21	261/58	306
	④｜創発学	9/1｜6	2/4｜2	7/12｜2	55｜3		
合格	①｜適性	2/5｜28	3/5｜13	4/15｜13	10/16｜9	76/7	101
	②	11	11	30	34	26/4	54
	③	11	7	23	5/13	26/2	37
	④｜創発学	7/0｜5	2/2｜1	6/10｜2	34｜2		
実質倍率	①｜適性	1.5/2.2｜1.4	1.0/2.0｜1.2	1.3/1.4｜1.4	1.6/1.7｜1.7	4.1/11.0	3.0
	②	1.6	1.5	1.3	1.7	11.9/18.0	6.4
	③	1.6	1.9	1.4	1.6/1.6	10.0/29.0	8.3
	④｜創発学	1.3/−｜1.2	1.0/2.0｜2.0	1.2/1.2｜1.0	1.6｜1.5		

＊2019〜2021年①・④は4教科／2教科。2022年①・③は4教科／2教科。2023年①・②・③は4教科／2教科。

＊2024年補欠発表…詳細不明。補欠合格…なし。追加合格…詳細不明。

◉入試教科

②算数	50分	100点
①国語	50分	100点
③理科	30分	50点
④社会	30分	50点
合計	160分	300点

合格最高点	①262点 ②248点 ③227点
合格最低点	①190点 ②196点 ③189点

◉受験併願パターン

偏差値	1月前半	1月後半	2月1日	2月2日	2月3日	2月4日以降
58				明大中野		明大中野２
56	開智所沢特待Ａ				学習院２	
54		専修大松戸	獨協２午後			
53		芝浦工大柏				
52				国学院久我山２	成城学園２	日本学園２
51			日本学園			
50	青学ルーテル					
47	星野学園理数２		明治学院	目黒日大３		開智所沢日本橋併
46	開智所沢	麗澤２ＥＥ	京華特選午後	横浜創英３	日大第二２	
45	桐光学園帰	光英Ｖ特待	多摩大目黒特待	穎明館３	サレジ世４本科	駒込５
44		千葉日大第一	実践学園特待	京華２特選	日大第一２科	

入試問題の傾向とポイント

算数
前半の1行問題は典型題が大半を占める。後半の大問も見たことがある設定が中心だが、設問の中にはひねりのあるものも一部含まれる。定番の問題をきちんと正解できる力を身につけておくことが肝心。なお、受験生の学力レベルが上がっているので、難易度の上昇があるかもしれない。

国語
漢字の読み書き10問と、物語文・説明文それぞれ1題ずつ出題。物語文は登場人物の言動や心情のほか、文中の表現について問うものがあった。説明文は理由や空欄補充問題などを通して、筆者の主張を読み取ることが求められた。解答形式は選択肢や抜き出しが多く、長い記述はでない。

理科
大問4題、生地物化からの出題。生物分野からは植物、地学分野からは天体、物理分野からは力学、化学分野からは水溶液が出題されることが多い。設問形式は、選択・計算・記述・作図と多岐にわたる。典型的な問題が並ぶため、『四科のまとめ』などを用いて基礎基本を固めておきたい。

社会
大問3題構成。短文の記述問題が2問出題された。地理では地図・写真・統計などの資料がふんだんに掲載され、それらの読み取りに重点が置かれている。歴史・政治は文章題が長め。歴史の記号選択も計25の選択肢を10の空欄に穴埋めするなど、難易度はやや高い。

日本大学豊山中学校

（にほんだいがくぶざん）

■学校長／松井靖　■創立／明治36年　■生徒数／706名
■所在地／〒112-0012 東京都文京区大塚5-40-10
■ＴＥＬ／03-3943-2161
■交通／護国寺駅（東京メトロ有楽町線）徒歩1分。

何学期制	週何日制	登校時刻	制服	給食	食堂 軽食販売	プール	寮	特待制度 奨学金等	帰国生 取出授業
3学期制	6日制	8:10	中高あり	なし	食堂なし 販売中高あり	屋内	なし	あり	なし

沿　革

1903年、豊山中学校として創立。1952年に日本大学の付属校となった。1954年には、学校法人日本大学の正付属の日本大学豊山中学校・高等学校となり、今日に至る。

教育方針と特色

「強く　正しく　大らかに」の校訓のもと、中道調和を基調とした心身ともに健康な青少年を育成する教育を目的とし、知育・徳育・体育のバランスのとれた人間の育成を目指す。礼儀正しく、秩序を守り、節度ある生活習慣を身につけ、教養豊かな人格を育成するよう厳正な生活指導を行っている。生徒一人ひとりの個性を尊重し、能力を伸ばすための教育を実践。日常の学習を重視し、着実に学力を増強し、成績の向上に努めている。習熟度別授業やチームティーチングなどで先どり学習や補充講座の拡充を図る。中3から特進クラスを設置。国公立難関大学への進学希望者への支援体制も整えている。また、中高大が連携したキャリア教育の充実などの取り組みも行われている。卒業時には多様な進路選択が可能となるように指導している。

◉系列校

小	中	高	大（短大）
	○	○	○

◉併設小学校なし
◉高校生外部募集………240名

（2年次から混合クラス）

◉授業時間…1コマ50分・週34時間

	1年	2年	3年	計
国　語	4	5	5	14
社　会	4	4	4	12
数　学	5	5	5	15
理　科	4	4	5	13
英　語	5	5	5	15
5教科計	22	23	24	69

参考　高校1年生一週間の授業

英語=6　数学=5　国語=5
理科=6　社会=6

※進学クラス

進学・進路

◉卒業生進路状況

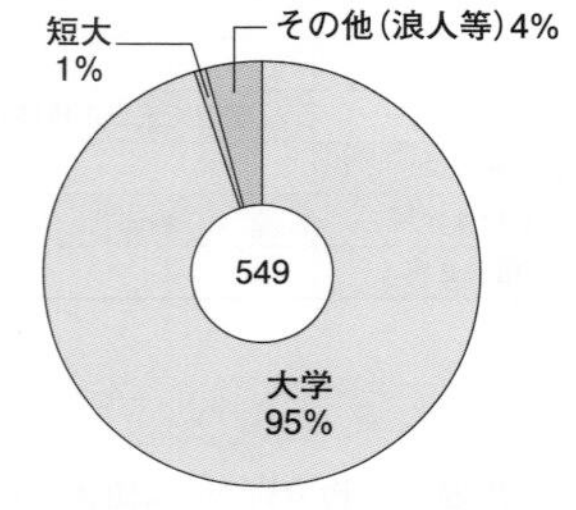

■進路選択状況（高３進級時）
理系 47%　文系 49%
0　50　100

■理系・文系進学状況
理系 42%　文系 52%
0　50　100

■共通テスト受験率
13%
0　50　100

◉卒業までの流れ

小学校	中学校	高等学校	大学
	日本大学豊山中学校 ▶	日本大学豊山 高等学校（549） ▶	日本大学　393 （法75・文理41・経済52・商24・芸術11・国際関係1・医0・歯1・松戸歯1・理工98・生産工24・生物資源科35・工0・薬6・危機管理6・スポーツ科学8・二部10） 日本大学短期大学部　4

◉主な大学合格実績

大学名	'22	'23	'24	大学名	'22	'23	'24	大学名	'22	'23	'24	大学名	'22	'23	'24
東京大		1		埼玉大				国際教養大				国際基督教大			
京都大				千葉大				東京都立大				成蹊大		2	3
北海道大			1	東京外国語大				横浜市立大				成城大	1	7	1
東北大				電気通信大	1			慶應義塾大	1	5		明治学院大	3	3	3
名古屋大	1			東京学芸大			1	早稲田大	2	1	1	國學院大		5	2
大阪大				東京農工大				上智大	3	5	6	武蔵大	3	1	7
九州大				東京芸術大				東京理科大	11	11	18	獨協大		5	1
東京工業大				東京医科歯科大				明治大	4	18	13	日本大	-	-	-
一橋大				東京海洋大			1	青山学院大	1	10	3	東洋大	3	10	12
筑波大		2	1	横浜国立大				立教大	3	5	4	駒澤大		3	
茨城大	1			山梨大				中央大	6	11	10	専修大		1	2
宇都宮大				金沢大		1		法政大	3	12	9	芝浦工業大	5	3	2
群馬大				信州大				学習院大	5	5	6	東京都市大	2	4	3

入試要項・入試情報

◉2024年度の入試要項（参考）

	1回	2回	3回	4回
募集人員	100名	50名	42名	30名
選抜方法	国・算・社・理	国・算	国・算・社・理	国・算
出願関連期間	1/10〜1/31	1/10〜2/2		1/10〜2/3
試験日程	2/1午前	2/2午後	2/3午前	2/3午後
合格発表	掲示 2/2 12:00〜 Web 2/1 19:00〜	掲示 2/3 12:00〜 Web 2/2 22:00〜	掲示 2/4 12:00〜 Web 2/3 22:00〜	
入学手続	2/3 23:00まで		2/4 23:00まで	

面接 実施しない。

◉費用（参考）

受験料		25,000円
入学手続時	入学金	230,000円
	授業料	—
	その他	—
入学手続後〜入学まで	授業料	—
	その他	—
入学後１年	授業料	480,000円
	その他	359,900円
初年度納入金合計		1,069,900円
中学３年間費用計　約		2,764,700円

＊1月末日までの複数回出願の受験料は、2回以降の受験料は1回につき1万5千円追加。
＊制服代・学用品代・修学旅行費等別途。

◉最近6年間の入試応募者推移と倍率

年度		2019	2020	2021	2022	2023	2024
募集	①	110	100	100	100	100	100
	②	50	50	50	50	50	50
	③	42	42	42	42	42	42
	④	20	30	30	30	30	30
応募	①	317	383	521	478	408	330
	②	521	675	895	804	671	607
	③	438	513	754	660	620	486
	④	489	670	842	736	674	599
応募倍率	①	2.9	3.8	5.2	4.8	4.1	3.3
	②	10.4	13.5	17.9	16.1	13.4	12.1
	③	10.4	12.2	18.0	15.7	14.8	11.6
	④	24.5	22.3	28.1	24.5	22.5	20.0
受験	①	286	366	482	446	382	311
	②	363	513	714	601	517	430
	③	223	321	492	402	375	245
	④	292	468	601	506	464	380
合格	①	132	122	114	118	119	125
	②	102	110	108	104	102	111
	③	73	65	64	64	67	70
	④	60	71	66	68	69	78
実質倍率	①	2.2	3.0	4.2	3.8	3.2	2.5
	②	3.6	4.7	6.6	5.8	5.1	3.9
	③	3.1	4.9	7.7	6.3	5.6	3.5
	④	4.9	6.6	9.1	7.4	6.7	4.9

＊2024年補欠発表…詳細不明。追加合格（電話）…（3回）5名、（4回）3名、いずれも2月5日〜。

◉入試教科

4教科/2教科

②算数	50分/50分	100点/100点
①国語	50分/50分	100点/100点
③理科	あわせて60分	50点
③社会		50点
合計	160分/100分	300点/200点

合格最高点	①237点 ②155点 ③208点 ④160点
合格最低点	①165点 ②114点 ③160点 ④123点

◉受験併願パターン

偏差値	1月前半	1月後半	2月1日	2月2日	2月3日	2月4日以降
54		専修大松戸	獨協２午後			
53	開智１回					
52				日大豊山２		日本学園２
51					日大豊山４	
49	城北埼玉特待	昭和学院アド			日大豊山３	目黒日大４
48		麗澤ＥＥ	順天Ｂ	順天２Ｂ		
47			日大豊山			
46	埼玉栄難関				日大第二２	日大第一２科２
45				宝仙学園２		
43			聖学院アド	聖学院アド２	佼成学園３	淑徳巣鴨３
42	埼玉栄	東海大浦安Ａ	文教大付２	日大第一４科２	日工大駒場５	

入試問題の傾向とポイント

算数　計算問題5問、一行問題8問程度、大問3題程度の問題構成。前半には基本的なレベルの問題が並び、後半はやや複雑な平面図形や立体図形の問題もみられる。後半の大問については、問題文をきちんと読み、条件を整理したうえで取り組む練習を過去問演習で行いたい。

国語　漢字の読み書きを含む雑問と説明文・物語文の読解2題の構成。説明文は比喩や具体例、筆者の意見など、物語文は人物の言動理由や心情について問われた。読解の解答形式は選択肢、抜き出し、記述に大きな偏りはない。

理科　大問4題、生地物化からの出題。出題形式は選択問題・計算問題・短答問題が主である。一問一答式の比較的平易な問題が並ぶが、会話形式の問題文が頻出であるので、過去問演習で対策を。時事問題や実験器具の使い方が出た年もあるので、基礎基本は幅広く押さえておきたい。

社会　大問3題構成。記号選択の割合が高い。基礎基本を問うものが中心のため、『四科のまとめ』などを用いて、知識を定着させておきたい。政治は前年のできごとから問う形式が近年続いている。記述問題は海上空港がつくられる理由について、長文で1問出題された。

本郷(ほんごう)中学校

■学校長／木村友彦　■創立／大正12年　■生徒数／875名
■所在地／〒170-0003 東京都豊島区駒込4-11-1　■ＴＥＬ／03-3917-1456
■交通／巣鴨駅（JR山手線、都営三田線）徒歩3分。
駒込駅（JR山手線、東京メトロ南北線）徒歩7分。

何学期制	週何日制	登校時刻	制服	給食	食堂 軽食販売	プール	寮	特待制度 奨学金等	帰国生 取出授業
3学期制	6日制	8:20	中高あり	なし	食堂条件付 販売中高あり	なし	なし	なし	あり

沿　革

1922年、本郷中学校を開校。1948年、学制改革により本郷高等学校と改称。1988年、停止していた中学の募集を再開。

教育方針と特色

強健・厳正・勤勉の教育目標のもとに、人を思いやる優しく謙虚な人間性と高潔な品性を養い、自主的精神によって自己の信ずるところに邁進できる男子として、国際社会の発展に貢献できる人材の育成を目指す。学校生活を通して、生徒自身が自己に厳しく、何ごとにおいても責任感を持つように指導。中学の間は学力均等のクラス編成で基礎学力の定着を図り、高1からは特進コースを設置して、生徒の学力段階と進路志望に応じた指導を可能としている。高2からは特進文科・特進理科・進学文科・進学理科の進路別コース編成で希望の大学進学をバックアップしている。また、生徒一人ひとりが情緒的にも安定した学校生活を送れるように、教育相談やカウンセリングを行うなど人間的な交流を大切にしている。クラブ活動も盛んである。

◉系列校

小	中	高	大（短大）
	○	○	

◉併設小学校なし
◉高校生外部募集………なし

◉授業時間…1コマ50分・週37時間

	1年	2年	3年	計
国　語	5	5	6	16
社　会	4	4	3	11
数　学	6	6	6	18
理　科	4	4	4	12
英　語	6	6	7	19
5教科計	25	25	26	76

参考　高校1年生一週間の授業

英語=6　数学=6　国語=5
理科=6　社会=4

進学・進路

◉卒業生進路状況

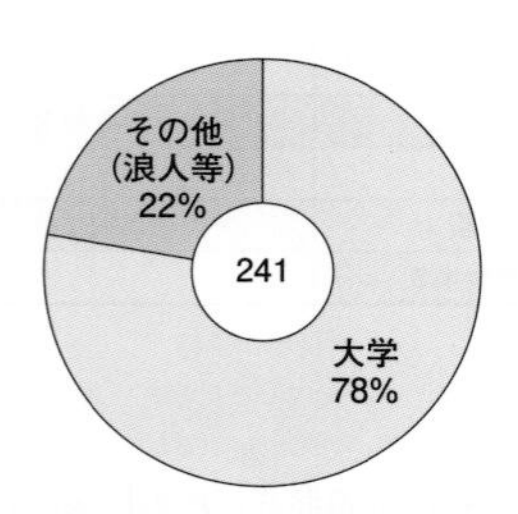

■進路選択状況（高3進級時）
理系 45%　文系 55%
0　50　100

■理系・文系進学状況
理系 56%　文系 44%
0　50　100

■共通テスト受験率
100%
0　50　100

◉卒業までの流れ

小学校	中学校	高等学校	大学
	本郷中学校 ▶	本郷高等学校（241）	

◉主な大学合格実績

大学名	'22	'23	'24	大学名	'22	'23	'24	大学名	'22	'23	'24	大学名	'22	'23	'24
東京大	13	14	13	埼玉大	6		2	国際教養大				国際基督教大	2		1
京都大	2	6	2	千葉大	6	5	5	東京都立大		4	2	成蹊大	6	7	8
北海道大	4	5	8	東京外国語大	1	4	2	横浜市立大	1	1		成城大	14	7	13
東北大	7	9	10	電気通信大	5	5	3	慶應義塾大	93	89	94	明治学院大	11	4	6
名古屋大				東京学芸大	3	3	2	早稲田大	110	128	127	國學院大	2	4	16
大阪大	1	1	2	東京農工大	3	3	3	上智大	22	57	36	武蔵大	7	7	7
九州大	1	1		東京芸術大				東京理科大	135	132	139	獨協大	9	8	3
東京工業大	5	5	6	東京医科歯科大	1	1	1	明治大	159	139	166	日本大	84	81	72
一橋大	5	3	8	東京海洋大	3			青山学院大	22	24	20	東洋大	28	23	30
筑波大	8	9	7	横浜国立大	1	7	4	立教大	31	42	27	駒澤大	15	17	14
茨城大	1	1		山梨大			2	中央大	47	72	58	専修大	18	13	9
宇都宮大	1			金沢大	1	1		法政大	62	67	71	芝浦工業大	59	69	62
群馬大	1	2	1	信州大	1		1	学習院大	11	10	11	東京都市大	7	13	9

入試要項・入試情報

◉2024年度の入試要項(参考)

	1回	2回	3回
募集人員	100名	140名	40名
選抜方法	国・算・社・理		
出願関連期間	12/20〜1/31	12/20〜2/1	12/20〜2/4
試験日程	2/1	2/2	2/5
合格発表	Web 2/1 19:00〜	Web 2/2 19:00〜	Web 2/5 19:00〜
入学手続	2/2 15:00まで	2/5 15:00まで	2/6 15:00まで

＊受験資格に「同居の保護者のもとから通学できる者」とある。

面接 実施しない。

◉費用(参考)

受験料		25,000円
入学手続時	入学金	260,000円
	授業料	—
	その他	—
入学手続後〜入学まで	授業料	—
	その他	69,012円
入学後１年	授業料	456,000円
	その他	456,200円
初年度納入金合計		1,241,212円
中学３年間費用計 約		2,730,612円

＊複数回出願し、早い回で合格し入学手続した場合、以降の未受験分の受験料を返金。

◉最近6年間の入試応募者推移と倍率

年度		2019	2020	2021	2022	2023	2024
募集	①	80	100	100	100	100	100
	②	120	140	140	140	140	140
	③	40	40	40	40	40	40
応募	①	498	490	533	522	603	516
	②	1175	1163	1045	1165	1385	1420
	③	726	591	560	544	602	685
応募倍率	①	6.2	4.9	5.3	5.2	6.0	5.2
	②	9.8	8.3	7.5	8.3	9.9	10.1
	③	18.2	14.8	14.0	13.6	15.1	17.1
受験	①	474	452	497	483	564	461
	②	1007	976	889	1001	1202	1238
	③	588	473	426	428	469	536
合格	①	146	166	181	167	163	164
	②	445	500	482	503	522	538
	③	46	50	44	42	44	41
実質倍率	①	3.3	2.7	2.7	2.9	3.5	2.8
	②	2.3	2.0	1.8	2.0	2.3	2.3
	③	12.8	9.5	9.7	10.2	10.7	13.1

＊2024年補欠発表…なし。追加合格…詳細不明。

◉入試教科

②算数	50分	100点
①国語	50分	100点
④理科	40分	75点
③社会	40分	75点
合計	180分	350点

合格最高点	①267点 ②313点 ③300点
合格最低点	①215点 ②237点 ③257点

私立 男子校

◉受験併願パターン

偏差値	1月前半	1月後半	2月1日	2月2日	2月3日	2月4日以降
65		市川			慶應中等部	
64			巣鴨算数			本郷３
63	県立東葛飾			本郷２		
61		東邦大東邦前				
60						巣鴨３
59			本郷			
58	栄東Ａ１０日					
57				城北２	東京都市大付３Ｉ	
55	大宮開成特待		安田学園先進２	暁星	成城２	成城３
54	大宮開成２	専修大松戸	獨協２午後			
53	大宮開成	芝浦工大柏	淑徳東大	安田学園先進３		

入試問題の傾向とポイント

算数　計算問題2問、一行問題6〜7問、大問3題程度の問題構成。一行問題を中心に前半は標準レベルの問題が多いので、確実に得点しておきたい。大問では思考力を要する問題や複雑なグラフを利用する問題がよくみられる。日頃から題意をきちんと読み取り、工夫して考える練習を重ねたい。

国語　説明文と物語文の2題に読み書き5問は例年通りの出題構成。説明文は言い換え内容や抜き出し問題、筆者の考えの根拠が問われた。物語文は場面や人物の様子、心境を中心に問われた。それぞれに記述(80字前後)が1問ずつあった。

理科　大問4題、生地物化からの出題。おもな設問形式は選択・計算問題で、記述問題が1〜2題ある。深いところまで追求される問題が散見され、特に地学分野は、実際に観察された図・表を元にしたボリュームのある問題になる傾向がある。過去問演習を通して、的確に答えを見つけ出す練習をしておきたい。

社会　入試の形式は例年通り、1回・2回ともに大問3題構成。例年地形図の読み取りが出題されるので学習は必須。記号選択は、文章の選択肢を用いた問題が多く、一部は難易度が高い。過去問題に取り組む際は丁寧に正誤をさらう練習をするとよい。今年も記述問題は出題されていない。

明治大学付属中野中学校

■学校長／清水孝　■創立／昭和4年　■生徒数／752名
■所在地／〒164-0003 東京都中野区東中野3-3-4
■ＴＥＬ／03-3362-8704
■交通／東中野駅（JR中央総武線、都営大江戸線）徒歩5分。落合駅（東京メトロ東西線）徒歩10分。

何学期制	週何日制	登校時刻	制服	給食	食堂 軽食販売	プール	寮	特待制度 奨学金等	帰国生 取出授業
3学期制	6日制	8:20	中高あり	なし	食堂条件付 販売中高あり	屋内	なし	あり	なし

沿　革

1929年に旧制中野中学校を開校。1947年に学校法人中野学園に組織変更し、新制中学校を設立。1948年に新制高等学校を設立する。1949年に明治大学付属となる。

教育方針と特色

「質実剛毅・協同自治」を校訓に「世のため、人のため」に有為な人材を育成することを目的とし、男子校にふさわしく生徒一人ひとりが飾り気のない人間性と協調性を身に付け、明るくのびのびとした学園生活の中で、情緒豊かな個性が発揮されることを教育の目標としている。そして、学園をあげて「知・徳・体」のバランスの取れた教育の実践を心がけている。具体的には、勉学とクラブ活動に精一杯努力して、「文武両道」を果たすことのできる教育にあたっていることである。また、ホームルーム活動や生徒会活動などを通じ、他人に対する思いやりの気持ちを育て、「心」の教育にも大きな力を注いでいる。

◉系列校

小	中	高	大（短大）
	○	○	○

◉併設小学校なし
◉高校生外部募集………165名

（完全混合クラス）

◉授業時間…1コマ50分・週34時間

	1年	2年	3年	計
国　語	5	5	5	15
社　会	4	4	4	12
数　学	4	4	5	13
理　科	3	4	4	11
英　語	5	6	6	17
5教科計	21	23	24	68

参考　高校1年生一週間の授業

英語=5　数学=5　国語=5
理科=4　社会=4

進学・進路

◉卒業生進路状況

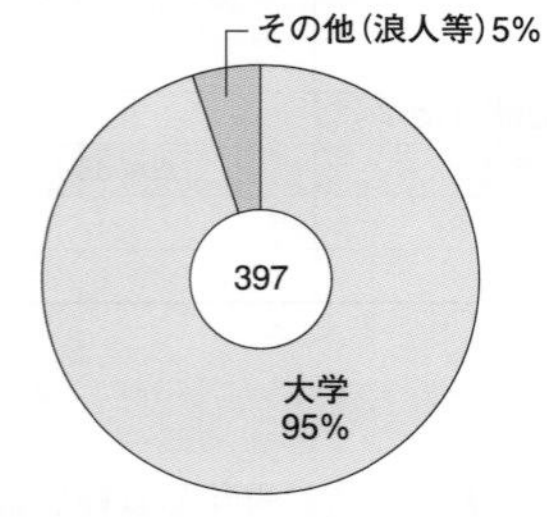

■進路選択状況（高３進級時）

データなし

■理系・文系進学状況

理系 26%　文系 74%

■共通テスト受験率

19%

◉卒業までの流れ

小学校	中学校	高等学校	大学
	明治大学付属 中野中学校	▶ 明治大学付属 中野高等学校（397）	▶ 明治大学　315 （法41・政経60・商58・経営38・文25・情報20・理工34・農15・国際日本10・総合数理14）

◉主な大学合格実績

大学名	'22	'23	'24	大学名	'22	'23	'24	大学名	'22	'23	'24	大学名	'22	'23	'24
東京大			2	埼玉大				国際教養大				国際基督教大			
京都大		1		千葉大		1	2	東京都立大	1	1		成蹊大		2	1
北海道大	1	3	1	東京外国語大		1		横浜市立大				成城大	1	2	
東北大				電気通信大	1			慶應義塾大	8	12	5	明治学院大			
名古屋大				東京学芸大				早稲田大	11	13	3	國學院大	3	1	3
大阪大	1	1		東京農工大			1	上智大	2	1	2	武蔵大	1		
九州大		1		東京芸術大	1			東京理科大	22	17	10	獨協大		2	1
東京工業大	1	5		東京医科歯科大				明治大	-	-	-	日本大	21	8	9
一橋大				東京海洋大				青山学院大	3	2	3	東洋大	5	1	5
筑波大		2		横浜国立大		1		立教大	2	1	2	駒澤大		2	3
茨城大				山梨大	2			中央大	8		3	専修大	1	2	
宇都宮大				金沢大		1		法政大	6	4		芝浦工業大	3	5	3
群馬大			1	信州大	1			学習院大	1			東京都市大	1		2

入試要項・入試情報

◉2024年度の入試要項(参考)

	1回	2回
募集人員	約160名	約80名
選抜方法	国・算・社・理	
出願関連期間	12/20〜1/30	12/20〜2/3
試験日程	2/2	2/4
合格発表	Web 2/2 20:00〜	Web 2/4 20:00〜
入学手続	2/4 12:00まで	2/6 12:00まで

＊出願資格に「保護者のもとから通学できる者」とある。

◉費用(参考)

受験料		30,000円
入学手続時	入学金	280,000円
	授業料	—
	その他	—
入学手続後〜入学まで	授業料	—
	その他	—
入学後１年	授業料	570,000円
	その他	401,893円
初年度納入金合計		1,251,893円
中学３年間費用計　約		3,207,537円

＊制服代等別途。

面接　実施しない。

◉最近6年間の入試応募者推移と倍率

年度		2019	2020	2021	2022	2023	2024
募集	①	160	約160	約160	約160	約160	約160
	②	約80	約80	約80	約80	約80	約80
応募	①	1139	1001	1050	1042	886	937
	②	856	727	819	747	673	666
応募倍率	①	7.1	6.3	6.6	6.5	5.5	5.9
	②	10.7	9.1	10.2	9.3	8.4	8.3
受験	①	995	858	881	890	766	786
	②	710	615	669	610	530	522
合格	①	265	257	261	270	273	273
	②	108	128	111	118	120	106
実質倍率	①	3.8	3.3	3.4	3.3	2.8	2.9
	②	6.6	4.8	6.0	5.2	4.4	4.9

＊2024年補欠発表(Web)…(2回)19名。補欠合格(電話)…(2回)3名、2月10日〜。追加合格…なし。

◉入試教科

④算数	50分	100点
①国語	50分	100点
③理科	30分	50点
②社会	30分	50点
合計	160分	300点

合格最高点	①260点 ②238点
合格最低点	①180点 ②175点

私立 男子校

◉受験併願パターン

偏差値	1月前半	1月後半	2月1日	2月2日	2月3日	2月4日以降
65			早大学院		慶應中等部	
64						本郷３
62	東邦大東邦推薦					
61		東邦大東邦前		高輪算数午後		
60		立教新座				
59			本郷			
58	栄東Ａ１０日			明大中野		明大中野２
57					法政大学２	
54	大宮開成２	専修大松戸	獨協２午後	安田学園先進４		桐蔭学園３
53	大宮開成	芝浦工大柏	明大八王子Ａ１			
52				日大豊山２	成城学園２	日本学園３

入試問題の傾向とポイント

算数　計算と一行問題が合わせて9問程度、大問4題の問題構成。幅広い分野から出題される。全体的には標準的な問題が多いが、後半の大問にはやや解きづらい問題もみられる。前半の問題では素早く確実に得点できるよう、計算力・基礎力をしっかりと固めておきたい。

国語　長めの読解1題(今年は随筆、昨年は物語文)と言語事項(読み書き・慣用句・四字熟語)という出題構成。設問数は多いが、その大部分を抜き出し問題がしめており、記述問題(30字程度)も数問あるものの記号選択や抜き出し中心だと思ってよい。

理科　大問7〜8題、生地物化からまんべんなく出題される。おもな設問形式は選択問題・計算問題。問題数が多く、様々な範囲から出題されるので、基礎基本をしっかり固めて苦手な単元を作らないように心がけたい。実験器具に関する出題があった年もあるため、対策も忘れずに。

社会　例年通り、政治・歴史・地理とバランスよく配分された出題である。地理は昨年に引き続き、表やグラフを用いた問いが出題された。毎年時事問題が出題されるので、『ニュース最前線』などを活用し、しっかり対策しておきたい。用語記述は原則として漢字指定である。

立教池袋中学校

りっきょういけぶくろ

■学校長／吉野光　■創立／明治32年　■生徒数／450名
■所在地／〒171-0021 東京都豊島区西池袋5-16-5
■ＴＥＬ／03-3985-2707
■交通／池袋駅（JR山手線など）徒歩10分。要町駅（東京メトロ有楽町線・副都心線）徒歩5分。椎名町駅（西武池袋線）徒歩10分。

何学期制	週何日制	登校時刻	制服	給食	食堂 軽食販売	プール	寮	特待制度 奨学金等	帰国生 取出授業
3学期制	6日制	8:20 水は8:00	中高あり	なし	カフェテリアあり 販売中高あり	屋内温水	なし	奨学金あり	あり

沿　革

1874年、米国聖公会ウイリアムズ主教により築地居留地に私塾として開校。1899年、立教中学校となる。1925年に現校地に移転し、学制改革を経て現在に至る。立教中学校から埼玉県の立教高等学校（現立教新座高等学校）へ進学していたが、2000年から立教池袋と立教新座の2校に分かれ、いずれも中高一貫校となった。

教育方針と特色

キリスト教精神に基づき、人格を高め、自己研鑽だけでなく他人への奉仕ができる国際人を育成することを目指している。建学の精神と教育目標の実現のために、教科に礼拝と聖書の授業をとり入れ、全校が一体となって宗教活動を行っている。教育指導においては、教科面では基礎学力重視であり、ノートやレポートを通してのきめ細かい指導を実施。また、中1から選修教科が設けられ、目的に応じて幅広く、あるいは深く学べるようになっている。様々な体験学習や海外交流、ボランティア活動も活発に展開されている。

◉系列校

小	中	高	大（短大）
○	○	○	○

◉小学校からの内進生…55名
◉高校生外部募集………

2022年入試より若干名
（完全混合クラス）

◉授業時間…1コマ50分・週34時間

	1年	2年	3年	計
国　語	5	4	4	13
社　会	3	3	4	10
数　学	4	4	4	12
理　科	3	4	4	11
英　語	7	7	7	21
5教科計	22	22	23	67

参考　高校1年生一週間の授業

英語=7　数学=5　国語=4
理科=4　社会=4

進学・進路

◉卒業生進路状況

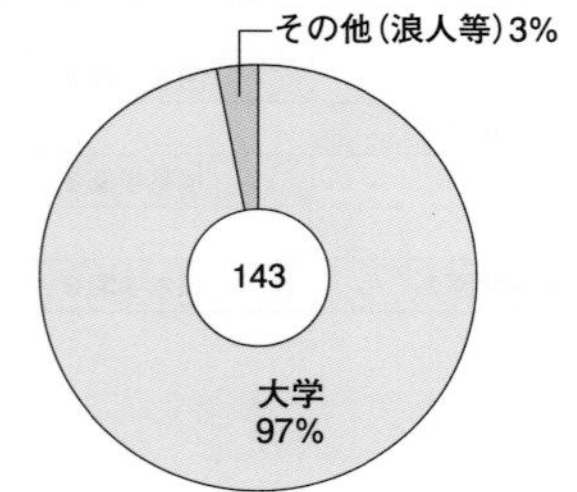

■進路選択状況（高３進級時）
データなし

■理系・文系進学状況
データなし

■共通テスト受験率
データなし

◉卒業までの流れ

小学校	中学校	高等学校	大学
立教小学校	立教池袋中学校	立教池袋高等学校 (143)	立教大学　118 （法23・経済27・経営16・文19・社会18・現代心理1・観光4・コミュニティ福祉0・異文化コミュニケーション7・理1・GLAP1・スポーツウエルネス1）

◉主な大学合格実績

大学名	'22	'23	'24	大学名	'22	'23	'24	大学名	'22	'23	'24	大学名	'22	'23	'24
東京大				埼玉大				国際教養大				国際基督教大	3	1	2
京都大				千葉大			1	東京都立大				成蹊大		1	
北海道大				東京外国語大	1			横浜市立大				成城大			
東北大		1		電気通信大				慶應義塾大	8	5	8	明治学院大			
名古屋大				東京学芸大				早稲田大	3	5	3	國學院大			
大阪大				東京農工大				上智大	1		2	武蔵大			
九州大				東京芸術大				東京理科大		2	3	獨協大			
東京工業大			1	東京医科歯科大				明治大	2	3		日本大			
一橋大				東京海洋大				青山学院大	2		3	東洋大			
筑波大			1	横浜国立大		1		立教大	-	-	-	駒澤大			
茨城大				山梨大				中央大	2		1	専修大			
宇都宮大				金沢大				法政大	2		1	芝浦工業大	1	1	
群馬大				信州大				学習院大				東京都市大	1		

入試要項・入試情報

◉2024年度の入試要項(参考)

	1回	2回
募集人員	約50名	約20名
選抜方法	国・算・社・理	国・算＋自己アピール面接
出願関連期間	1/15～1/31	1/15～2/4
試験日程	2/2	2/5
合格発表	Web 2/3 9:00～	Web 2/6 9:00～
入学手続	2/3 15:00まで	2/6 15:00まで

＊2回のみ出願時、保護者記入の「自己アピール申請書」の提出が必要。
＊2024年合格者保護者会は2月7日(水) 10時から実施。無断で欠席した場合は入学許可を取り消される。

面接 実施する。

◉費用(参考)

受験料		30,000円
入学手続時	入学金	300,000円
	授業料	―
	その他	100,000円
入学手続後～入学まで	授業料	―
	その他	―
入学後1年	授業料	624,000円
	その他	338,000円
初年度納入金合計		1,362,000円
中学3年間費用計 約		3,486,000円

＊入学辞退者は2月6日15時までに申し出れば、維持資金の一部(10万円)を返金。
＊制服代・学用品代等別途。
＊立教新座との入学手続時納入金の振り替え可。

◉最近6年間の入試応募者推移と倍率

年度		2019	2020	2021	2022	2023	2024
募集	①	約50	約50	約50	約50	約50	約50
	②	約20	約20	約20	約20	約20	約20
応募	①	328	393	309	293	343	333
	②	208	230	241	206	225	182
応募倍率	①	6.6	7.9	6.2	5.9	6.9	6.7
	②	10.4	11.5	12.1	10.3	11.3	9.1
受験	①	293	343	272	250	301	287
	②	191	189	210	183	192	141
合格	①	110	95	87	93	96	95
	②	20	20	20	20	20	20
実質倍率	①	2.7	3.6	3.1	2.7	3.1	3.0
	②	9.6	9.5	10.5	9.2	9.6	7.1

＊2024年補欠発表(Web)…(1回)38名、(2回)19名。補欠合格(電話)…あり、2月4日～。追加合格…なし。

◉入試教科

4教科/2教科

③②算数	50分/50分	100点/100点
①①国語	50分/50分	100点/100点
④理科	30分/	50点/
②社会	30分/	50点/
合計	160分/100分	300点/200点

＊実施順は左が1回4教科、右が2回2教科。

合格最高点	非公表
合格最低点	①173点 ②109点＊

＊選考範囲最低点。

私立 男子校

◉受験併願パターン

偏差値	1月前半	1月後半	2月1日	2月2日	2月3日	2月4日以降
61	栄東東大Ⅱ				明大明治２	
60		立教新座				
59			芝	中央大附属横浜２		立教池袋２
58	栄東Ａ１０日					明大中野２
56				立教池袋		
55					成城２	
54		専修大松戸	獨協２午後			
52	開智２回		かえつ有明１特待	日大豊山２	成城学園２	成蹊２
51			日本学園	淑徳２東大	日大豊山４	獨協４
50	青学ルーテル		成蹊	駒込４特待		東洋大京北４
49	若溪学園		獨協		日大豊山３	

入試問題の傾向とポイント

算数　計算問題も含め、大問が10題程度で総設問数が20問の出題形式。標準レベルの問題が幅広い単元から出題される。むやみに難問に取り組むのではなく、オーソドックスな問題を確実に得点できるよう、しっかりと基礎固めをしたい。大問数が多いため、最後まで解ききるスピードも必要。

国語　随筆文・物語文の共に短めの読解2題ずつと漢字が出題された。解答形式は基本的に記号選択か抜き出しであるが、短い記述もあった。随筆文は前後の文脈から推測する穴埋め問題が多く出題された。物語文では心情や行動の根拠となる表現などが問われた。

理科　大問6～7題、生地物化からの出題。時事を絡めた環境問題や実験器具に関する問題が出題されたこともある。試験時間30分に対して大問数が多く、基礎基本を固めていれば解くことのできる問題と思考力が必要な問題の両方があるため、過去問演習などを通して慣れておく必要がある。

社会　大問3題構成。用語記述や記号選択はほとんどが基本的な学習で対応できるが、記述問題では、その場で資料などを読み取って考え、文章にまとめることが要求されている。時事的なテーマからの出題が多く、『ニュース最前線』での学習や日ごろからニュースなどにふれることが重要。

立教新座中学校

（りっきょうにいざ）

■学校長／佐藤忠博　■創立／平成12年　■生徒数／633名
■所在地／〒352-8523 埼玉県新座市北野1-2-25　■ＴＥＬ／048-471-2323
■交通／志木駅（東武東上線）徒歩12分。新座駅（JR武蔵野線）徒歩20分。
志木駅、新座駅、清瀬駅からバス「立教前」下車。志木駅・新座駅からスクールバスあり。

何学期制	週何日制	登校時刻	制服	給食	食堂 軽食販売	プール	寮	特待制度 奨学金等	帰国生 取出授業
3学期制	6日制	8:30	中高あり	なし	食堂中高あり 販売中高あり	屋内温水	なし	なし	あり

沿　革

1874年に私塾・立教学校が創立され、1948年、池袋に立教高等学校、立教中学校、立教小学校を開設。1960年、立教高等学校は新座に移転。2000年に立教新座中学校が開校し、高校も立教新座高校と改称。2014年に新校舎・新体育館・全天候型フィールド、2015年には屋内温水プール、2019年に人工芝のサッカー場が完成。

教育方針と特色

キリスト教に基づく人間教育を建学の精神に据え、生徒一人ひとりの素質や可能性を伸ばすために、「テーマを持って真理を探求する力」と「共に生きる力」の育成を教育の柱にしている。中学から高1年次にはテーマ学習や体験学習を採り入れながら基礎学力の充実を、高2・3年次にはより専門的な知識の習得を目指す。特に高3年次には本校のカリキュラムで最も特長的な「自由選択科目」および「卒業研究論文作成」に取り組む。国際交流とリーダーシップ教育には長い経験と実績があり、多種多様なプログラムを実施。世界の人々と共に生きる力を備えたグローバルリーダーを育成する。広くて緑豊かなキャンパスには17万冊以上の蔵書を誇る図書館もあり、理想的な教育環境の中でクラブ活動も盛んである。なお、他大学受験希望者のために、高2から他大学進学クラスが設置されている。

◉系列校

小	中	高	大（短大）
○	○	○	○

◉小学校からの内進生…58名
◉高校生外部募集………80名

（完全混合クラス）

◉授業時間…1コマ50分・週33時間

	1年	2年	3年	計
国　語	5	5	5	15
社　会	4	4	4	12
数　学	5	5	5	15
理　科	4	4	4	12
英　語	5	6	6	17
5教科計	23	24	24	71

参考　高校1年生一週間の授業

英語=6　数学=5　国語=5
理科=3　社会=5

進学・進路

◉卒業生進路状況

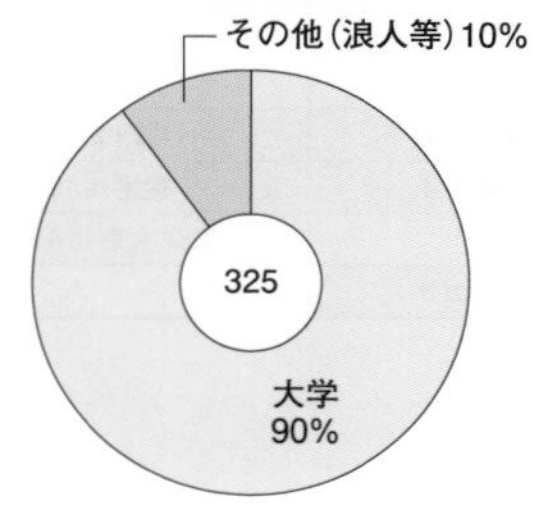

■進路選択状況（高３進級時）

データなし

■理系・文系進学状況

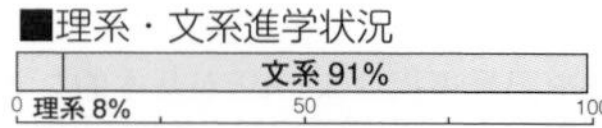

■共通テスト受験率

データなし

◉卒業までの流れ

小学校	中学校	高等学校	大学
立教小学校	立教新座中学校	立教新座高等学校（325）	立教大学　246（法52・経済60・経営36・文25・社会42・現代心理3・観光6・コミュニティ福祉1・異文化コミュニケーション17・理2・GLAP1・スポーツウエルネス1）

◉主な大学合格実績

大学名	'22	'23	'24	大学名	'22	'23	'24	大学名	'22	'23	'24	大学名	'22	'23	'24
東京大		2		埼玉大				国際教養大			1	国際基督教大	2	1	1
京都大			1	千葉大	1	1		東京都立大		1		成蹊大			
北海道大		3	2	東京外国語大				横浜市立大				成城大	2	2	
東北大	1		3	電気通信大	1			慶應義塾大	16	16	14	明治学院大	3	1	
名古屋大				東京学芸大				早稲田大	23	10	12	國學院大	2		
大阪大				東京農工大				上智大	5	7	4	武蔵大			
九州大				東京芸術大				東京理科大	17	26	8	獨協大			
東京工業大	3	3	1	東京医科歯科大				明治大	12	14	14	日本大	7	5	1
一橋大		2	1	東京海洋大				青山学院大	4	1	6	東洋大	2		1
筑波大				横浜国立大	1	1	1	立教大	-	-	-	駒澤大			
茨城大		1		山梨大				中央大	4	6	2	専修大	1		
宇都宮大				金沢大				法政大	6	8	2	芝浦工業大	1	5	2
群馬大			1	信州大	1			学習院大	1	1		東京都市大		1	

入試要項・入試情報

◉2024年度の入試要項（参考）

	1回	2回
募集人員	約100名	約40名
選抜方法	国・算・社・理	
出願関連期間	12/11～1/18	12/11～2/2
試験日程	1/25	2/3
合格発表	Web 1/26 15:00～	Web 2/3 21:00～
入学手続	2/2 16:59まで	2/4 11:59まで

＊2024年入学予定者登校日は2月11日（日・祝）に実施。入学予定者と保護者が必ず出席すること。連絡なく欠席した場合は入学許可を取り消される。

◉費用（参考）

受験料		30,000円
入学手続時	入学金	300,000円
	授業料	―
	その他	100,000円
入学手続後～入学まで	授業料	―
	その他	50,000円
入学後１年	授業料	624,000円
	その他	439,000円
初年度納入金合計		1,513,000円
中学３年間費用計　約		3,709,000円

＊入学辞退者は指定期日までに申し出れば、入学金を除く維持資金（10万円）を返金。
＊立教池袋との入学手続時納入金の振り替え可。

面接 実施する。

◉最近6年間の入試応募者推移と倍率

年度		2019	2020	2021	2022	2023	2024
募集	①	約100	約100	約100	約100	約100	約100
	②	約40	約40	約40	約40	約40	約40
応募	①	1796	1929	1741	1802	1760	1744
	②	303	284	306	256	280	266
応募倍率	①	18.0	19.3	17.4	18.0	17.6	17.4
	②	7.6	7.1	7.7	6.4	7.0	6.7
受験	①	1704	1871	1680	1647	1685	1680
	②	240	213	233	203	217	213
合格	①	747	764	758	804	804	742
	②	40	40	40	40	46	41
実質倍率	①	2.3	2.4	2.2	2.0	2.1	2.3
	②	6.0	5.3	5.8	5.1	4.7	5.2

＊2024年補欠発表（Web）…（1回）145名、（2回）38名。補欠合格（電話・メール）…（1回）28名、（2回）25名、いずれも2月9日～。追加合格…なし。

◉入試教科

①算数	50分	100点
②国語	50分	100点
③理科	30分	50点
④社会	30分	50点
合計	160分	300点

合格最高点	①272点 ②234点
合格最低点	①183点 ②196点

私立 男子校

◉受験併願パターン

偏差値	1月前半	1月後半	2月1日	2月2日	2月3日	2月4日以降
66	栄東東大特待					
65		市川	早大学院		慶應中等部	
64						本郷３
63				本郷２		
60		立教新座				
59			本郷			
58	栄東Ａ１０日			明大中野	立教新座２	明大中野２
56			桐朋	立教池袋	明大八王子Ａ２	高輪Ｃ
55	大宮開成特待		城北	学習院	成城２	成城３
54	大宮開成２	専修大松戸	獨協２午後			
53	大宮開成	芝浦工大柏	明大八王子Ａ１			

入試問題の傾向とポイント

算数　計算問題1問、一行問題5問程度、大問4題程度の問題構成。細かい処理が必要な問題や条件整理、調べる問題が多く見られ、毎年難度はやや高い。時間配分に注意しながら、問題のレベルを見極めて解き進めることが大切。大問の中の小設問前半は基本的な設問が多いので、確実に得点をしたい。

国語　説明文と物語文の読解2題の出題。説明文では古代ギリシアの哲学について書かれた内容で、漢字や接続詞を内容合致や内容説明が求められた。物語文は人物の言動の心情とその理由を問われた。説明文と物語文の両方で漢字問題が出題。解答形式は記号と抜き出しのみで、漢字を除き記述はなかった。

理科　大問4題、生地物化からの出題。おもな設問形式は選択・計算問題となっている。典型問題から一歩踏み込んだ問題が多く出題されるため、基礎基本を固めた上で過去問演習などを通して練習をしておきたい。時事問題が出題された年もあるので、対策も忘れずに行っておきたい。

社会　地理・歴史・政治の大問3題。今年は時事問題の出題は少なかった。地理では地図やグラフの正確な読み取りが求められるので、『考える社会科地図』などを活用した学習を心がけたい。歴史は用語の記述が多いので、漢字で正しく書けるように。1・2回ともに一行程度で答える記述問題が出題されている。

最近6年間の入試応募者推移と倍率（つづき2）

（共学校）

湘南学園 ▷P.185

年度	2023		2024	
	男	女	男	女
募集	ESD	15程度	15程度	
応募	17	22	12	23
応募倍率	2.6		2.3	
受験	17	21	12	23
合格	5	12	5	10
実質倍率	3.4	1.8	2.4	2.3

昌平 ▷P.187

年度	2023		2024	
	男	女	男	女
募集	Tクラス① Tクラス② Tクラス③ グローバル① グローバル②	105 (全日程合計 帰国5名含)	130 (全日程合計 帰国5名含)	
応募	112 72 91 11 9	75 36 67 12 15	92 49 84 14 15	83 38 71 11 10
応募倍率	13.4 （全日程合計）		9.5 （全日程合計）	
受験	106 40 34 11 6	69 9 42 12 5	80 30 36 13 8	74 15 30 11 4
合格	59 6 6 7 5	45 1 8 10 3	61 4 21 10 5	62 1 15 10 2
実質倍率	1.8 6.7 5.7 1.6 1.2	1.5 9.0 5.3 1.2 1.7	1.3 7.5 1.7 1.3 1.6	1.2 15.0 2.0 1.1 2.0

西武学園文理 ▷P.197

年度	2023		2024	
	男	女	男	女
募集	英語4技能 適性検査型 特待②	4 15 10	7 20 13	
応募	9 245 59	8 292 50	10 208 68	13 324 58
応募倍率	4.3 35.8 10.9		3.3 26.6 9.7	
受験	—/— —/— —/—	—/— —/— —/—	9 204 51	10 319 45
合格	4/5 86/88 27	2/5 147/85 26	9 150 36	9 263 24
実質倍率	—/— —/— —/—	—/— —/— —/—	1.0 1.4 1.4	1.1 1.2 1.9

多摩大学附属聖ヶ丘 ▷P.205

年度	2023		2024	
	男	女	男	女
募集	④ ⑤ リスニング	10 10 10	10 10 10	
応募	131 65/59 12	87 36/47 7	158 74/74 31	122 50/70 24
応募倍率	21.8 20.7 1.9		28.0 26.8 5.5	
受験	40 8/12 11	19 1/4 5	52 5/24 28	35 2/13 20
合格	17 5/7 6	8 1/3 4	25 3/10 8	17 2/3 10
実質倍率	2.4 1.6/1.7 1.8	2.4 1.0/1.3 1.3	2.1 1.7/2.4 3.5	2.1 1.0/4.3 2.0

多摩大学目黒 ▷P.207

年度	2023		2024	
	男	女	男	女
募集	特待・特進③ 特待・特進④ 特待・特進⑤	80 (特待・特進 全日程合計)	80 (特待・特進 全日程合計)	
応募	135 115 145	43 46 44	187 150 170	54 55 60
応募倍率	10.4 (特待・特進 全日程合計)		13.7 (特待・特進 全日程合計)	
受験	82 47 72	28 28 22	131 90 95	35 31 30
合格	35 13 10	11 8 9	43 17 20	11 12 7
実質倍率	2.3 3.6 7.2	2.5 3.5 2.4	3.0 5.3 4.8	3.2 2.6 4.3

鶴見大学附属 ▷P.215

年度	2023		2024	
	男	女	男	女
募集	適性検査 難関進学③	30 10	30 10	
応募	86 78/26/9/12	62 45/23/3/0	70 105/33/8/8	60 37/24/2/1
応募倍率	4.9 19.6		4.3 21.8	
受験	85 23/11/6/4	61 10/10/1/0	69 28/7/5/4	60 7/2/1/1
合格	80 9/2/2/1	57 4/1/0/0	69 7/1/3/0	56 2/0/1/0
実質倍率	1.1 2.6/5.5/3.0/4.0	1.1 2.5/10.0/−/−	1.0 4.0/7.0/1.7/−	1.1 3.5/−/1.0/−

東京成徳大学 ▷P.225

年度	2023		2024	
	男	女	男	女
募集	③一般 ③特待 DL選抜	20 20 若干	20 20 若干	
応募	49/29 64 13	27/24 43 13	70/40 98 24	45/35 63 20
応募倍率	6.5 5.4 —		9.5 8.1 —	
受験	19/14 26 3	18/7 20 6	23/4 37 5	15/8 17 6
合格	16/10 19 2	16/3 13 5	20/1 27 —	10/5 12 —
実質倍率	1.2/1.4 1.4 1.5	1.1/2.3 1.5 1.2	1.2/4.0 1.4 —	1.5/1.6 1.4 —

東京都市大学等々力 ▷P.229

年度	2023		2024	
	男	女	男	女
募集	①特選(算) ②S特選チャレンジ AL 英語	特選 100 S特選 80 (全日程合計 AL20含)	②S特選チャレンジ AL 英語	特選 100 S特選 80 (全日程合計 AL20含)
応募	35 609 36 47	9 348 49 28	643 39 58	342 47 31
応募倍率	17.7 (全日程合計 AL20除く) 4.3 （ALのみ）		18.0 (全日程合計 AL20除く) 4.3 （ALのみ）	
受験	20 278 34 14	4 177 37 12	280 30 17	185 44 12
合格	3/2 48/53 3/0 2/0	0/1 25/54 7/0 3/2	37/44 0/0 4/0	28/41 7/0 2/1
実質倍率	4.0 2.8 11.3 7.0	4.0 2.2 5.3 2.4	3.5 — 4.3	2.7 6.3 4.0

日本工業大学駒場 ▷P.243

年度	2023		2024	
	男	女	男	女
募集	⑤ ⑥ 特別選抜	10 10 10	⑤ 特別選抜	20 20
応募	154/167 179/179 60/77	30/30 36/36 8/12	212/158 52/86	31/22 7/12
応募倍率	38.1 43.0 15.7		21.2 7.9	
受験	63/99 78/70 46/61	10/16 9/16 4/8	92/77 39/72	12/12 4/11
合格	14/15 11/16 9/4	3/1 1/1 1/0	21/8 12/16	3/5 2/2
実質倍率	4.5/6.6 7.1/4.4 5.1/15.3	3.3/16.0 9.0/16.0 4.0/−	4.4/9.6 3.3/4.5	4.0/2.4 2.0/5.5

広尾学園 ▷P.259

年度	2023		2024	
	男	女	男	女
募集	②ISG ③ISG IAG	20 15 10	20 15 15	
応募	161 131 43	266 222 60	140 122 77	206 191 76
応募倍率	21.4 23.5 10.3		17.3 20.9 10.2	
受験	146 78 41	249 147 54	128 73 69	188 131 71
合格	28 5 4	35 8 6	27 6 12	25 7 10
実質倍率	5.2 15.6 10.3	7.1 18.4 9.0	4.7 12.2 5.8	7.5 18.7 7.1

広尾学園小石川 ▷P.261

年度	2023		2024	
	男	女	男	女
募集	インターAG	10	15	
応募	20	32	53	45
応募倍率	5.2		6.5	
受験	19	25	48	37
合格	1	4	13	8
実質倍率	19.0	6.3	3.7	4.6

文化学園大学杉並 ▷P.265

年度	2023		2024	
	男	女	男	女
募集	算特② 英特② ⑤ ⑥	20 (2/3実施 試験合計) 若干	⑤ ⑥	10 若干
応募	28 1 52 61	15 9 67 81	44/48 97	50/69 138
応募倍率	8.6 (2/3実施 試験合計) —		21.1 —	
受験	8 0 19 17	4 0 20 17	14/19 34	14/28 31
合格	3 0 9 6	2 0 14 11	11/9 18	7/14 14
実質倍率	2.7 — 2.1 2.8	2.0 — 1.4 1.5	1.3/2.1 1.9	2.0/2.0 2.2

宝仙学園 ▷P.273

年度	2023		2024	
	男	女	男	女
募集	リベラル|AAA|グローバル① リベラル|AAA|グローバル② 英語AL|オピニオン 読書プレゼン①|②	10|5|10 (各①②合計) 5|5 10(①②合計)	[リベラル|AAA|グローバル]① [読書|オピニオン]① リベラル|AAA|グローバル|読書② 英語AL|国際①|国際②	10 ①合計 10 5|若干名 国際①②計
応募	5|2|0 13|5|4 4|1 1|5	5|0|0 12|1|1 7|0 4|9	10|1|3 0|1 9|0|3|6 8|1|4	7|0|0 2|1 9|3|3|12 9|0|1
応募倍率	3.5|1.6|0.5 (各①②合計) 2.2|0.2 1.9(①②合計)		2.5 ①合計 4.5 3.4|— 国際①②計	
受験	5|2|0 8|2|3 4|1 1|1	5|0|0 7|0|0 7|0 3|6	10|1|3 0|1 7|0|1|3 8|0|3	6|0|0 2|0 5|2|2|6 5|0|1
合格	5|1|0 5|2|2 3|1 0|0	4|0|0 5|0|0 5|0 3|5	8|1|2 0|1 0|0|1|3 5|0|2	5|0|0 2|0 4|1|1|5 3|0|1
実質倍率	1.0|2.0|− 1.6|1.0|1.5 1.3|1.0 −|−	1.3|−|− 1.4|−|− 1.4|− 1.0|1.2	1.3|1.0|1.5 −|1.0 −|−|1.0|1.0 1.6|−|1.5	1.2|−|− 1.0|− 1.3|2.0|2.0|1.2 1.7|−|1.0

細田学園 ▷P.277

年度	2023		2024	
	男	女	男	女
募集	③ 特待生②	10 10	5 15	
応募	36 8	69 15	41 8	67 17
応募倍率	10.5 2.3		21.6 1.7	
受験	2 7	4 13	6 6	1 13
合格	1 1	3 1	2 0	1 2
実質倍率	2.0 7.0	1.3 13.0	3.0 —	1.0 6.5

武蔵野大学 ▷P.281

年度	2023		2024	
	男	女	男	女
募集	アドベンチャー ④	10 20	10 15	
応募	28 179/22		38 198/29	
応募倍率	2.8 10.1		3.8 15.1	
受験	14 51/9		23 57/7	
合格	5 33/6		7 39/3	
実質倍率	2.8 1.5/1.5		3.3 1.5/2.3	

私立女子校

跡見学園中学校
（あとみがくえん）

■学校長／松井真佐美　■創立／明治8年　■生徒数／772名
■所在地／〒112-8629 東京都文京区大塚1-5-9　■ＴＥＬ／03-3941-8167
■交通／茗荷谷駅（東京メトロ丸ノ内線）徒歩2分。護国寺駅（東京メトロ有楽町線）徒歩8分。
池袋駅、大塚駅からバス「窪町小学校」下車。

何学期制	週何日制	登校時刻	制服	給食	食堂 軽食販売	プール	寮	特待制度 奨学金等	帰国生 取出授業
2学期制	6日制	8:00	中高あり	なし	食堂なし 販売中高あり	屋内	なし	あり	あり

沿　革

1875年、女子教育の理想を求めて跡見花蹊が創立。日本の女子教育の先駆けとなった伝統校である。1946年には専攻科を設置。その後、中学、高校、大学を設置し、女子総合学園として今日に至る。

教育方針と特色

諸芸術による豊かな情操と、先進的で幅広い教養を備えた女性の育成を目指した学祖跡見花蹊の精神を受け継ぎ、およそ150年の伝統と時代に即した革新のもと、きめ細やかな教育実践を行っている。

新たな時代を生き抜くことができる強くしなやかな女性を育てるべく、まず学習において自律し自立した学習習慣を身に付けられるよう、徹底した指導がなされる。習熟度別の授業やオンラインによるマンツーマン英会話授業で、一人ひとりに適した学習環境を用意している。またそのかたわら、机上の学習にとどまらず、サイエンス探究教室やSDGs探究旅行といった宿泊行事をはじめ音楽鑑賞会、古典芸能鑑賞といった豊富な学校行事、校外授業を通して、多くの「本物」にふれる機会を設け、「本物」だからこそもたらすことのできる感動を味わうとともに、生徒自身や社会・世界のあり方を考え、美意識を形づくる契機としている。書家でもあった学祖花蹊の字を習う跡見流の習字は全員が授業で経験することになる。日本文化の素養を重視した花蹊の志を継承し、茶道、箏曲、華道についても課外授業として継続的に稽古することができるようになっている。

放課後には、それらの課外授業に加えて多彩な講座が用意され、「放課後プログラム」として一つの特徴となっている。国語・数学・英語の補習、ネイティブ講師との英会話など、少人数を対象とした面倒見のよい指導によって、苦手な教科の克服や得意な教科のさらなる発展に努めている。クラブ活動も盛んで、加入率は高い。

進路指導も充実している。生徒の望む進路を歩ませたい、という願いのもと、進路講演や大学の模擬授業、大学別説明会など多くの機会を提供し、生徒が主体的に進路選択を実現できるサポート体制を整えている。

◉系列校

小	中	高	大（短大）
	○	○	○

◉併設小学校なし
◉高校生外部募集………なし

◉授業時間…1コマ50分・週35時間

	1年	2年	3年	計
国　語	5	5	5	15
社　会	4	4	4	12
数　学	5	5	5	15
理　科	4	4	4	12
英　語	6	6	6	18
5教科計	24	24	24	72

参考　高校1年生一週間の授業

英語=6　数学=5　国語=5
理科=4　社会=4

進学・進路

◉卒業生進路状況

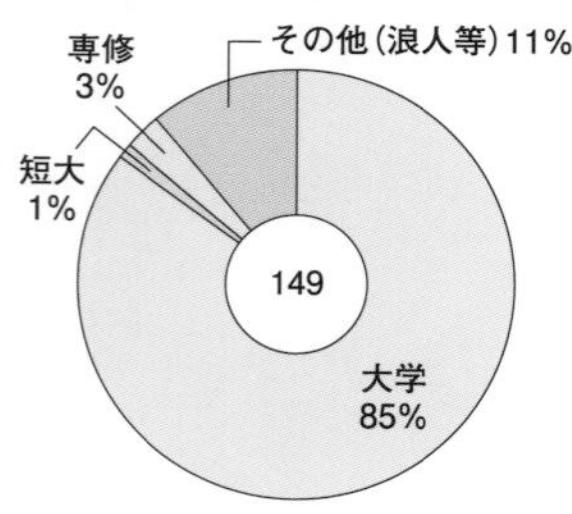

■進路選択状況（高3進級時）

データなし

■理系・文系進学状況

理系 21%　文系 79%

■共通テスト受験率

92%

◉卒業までの流れ

小学校	中学校	高等学校	大学
	跡見学園中学校 ▶	跡見学園高等学校 (149) ▶	跡見学園女子大学　10

◉主な大学合格実績

大学名	'22	'23	'24	大学名	'22	'23	'24	大学名	'22	'23	'24	大学名	'22	'23	'24
東京大				千葉大			1	東京都立大				東京女子大	15	3	7
京都大				お茶の水女子大				横浜市立大				日本女子大	16	6	12
北海道大				東京外国語大				慶應義塾大	2	1	5	成蹊大	4	2	1
東北大				電気通信大				早稲田大	1	5	4	成城大	6	5	8
名古屋大				東京学芸大				上智大	4	3	4	明治学院大	5	4	2
大阪大				東京農工大				東京理科大	2			國學院大	4	3	2
九州大				東京芸術大				明治大	10	11	9	武蔵大	3	3	8
東京工業大				東京医科歯科大			1	青山学院大	11	5	5	獨協大	18	1	
一橋大				東京海洋大				立教大	16	4	8	日本大	16	16	15
筑波大				横浜国立大				中央大	8	3	4	東洋大	17	6	8
茨城大				山梨大				法政大	10	4	4	駒澤大	6	2	2
宇都宮大				金沢大				学習院大		11	9	専修大	4	6	3
群馬大				信州大				国際基督教大				芝浦工業大	1	1	
埼玉大				国際教養大				津田塾大	3	1	4	東京都市大			

入試要項・入試情報

◉2024年度の入試要項（参考）

	一般1回	特待1回	一般2回	特待2回（国語重視型入試）	特待3回（思考力入試）	特待3回（英語コミュニケーションスキル入試）	特待4回
募集人員	70名	50名	60名	40名	20名		20名
選抜方法	国・算または国・算・社・理	国・算	国・算または国・算・社・理	国・算	漢字力・計算力・思考力	漢字力・計算力・英語筆記・英語面接	国・算または国・算・社・理
出願関連期間	1/10〜1/30		1/10〜2/1		1/10〜2/3		1/10〜2/4
試験日程	2/1午前	2/1午後	2/2午前	2/2午後	2/4午前		2/5午前
合格発表	Web 2/1 18:00〜	Web 2/1 22:00〜	Web 2/2 18:00〜	Web 2/2 22:00〜	Web 2/4 18:00〜		Web 2/5 18:00〜
入学手続	2/6 17:00まで						

＊受験資格に「入学後、保護者と同居し、そこから通学できる者」とある。

面接 実施する。

◉費用（参考）

受験料		25,000円
入学手続時	入学金	250,000円
	授業料	—
	その他	—
入学手続後〜入学まで	授業料	—
	その他	201,911円
入学後１年	授業料	582,000円
	その他	499,400円
初年度納入金合計		1,533,311円
中学３年間費用計	約	3,507,111円

＊複数回出願の受験料は、2回分は3万5千円、3回分は4万5千円、4回分で5万円、5回分で5万5千円、6回分で6万円。
＊都内都区立中高一貫校受検者は、所定の手続きをすれば2月9日12時まで入学金の延納可。
＊修学旅行費等別途。

◉最近6年間の入試応募者推移と倍率

年度		2019	2020	2021	2022	2023	2024
募集	①	80	① 70	70	70	70	70
	②	70	② 60	60	60	60	60
	特待①I/P	40	特待① 50	50	50	50	50
	特待②I/P	40	特待② 40	40	40	40	40
応募	①	96/32	115/60	128/63	125/54	135/68	215
	②	127/60	176/88	225/97	230/88	230/112	357
	特待①I/P	238	271	294	280	325	301
	特待②I/P	271	334	287	283	307	343
応募倍率	①	1.6	2.5	2.7	2.6	2.9	3.1
	②	2.7	4.4	5.4	5.3	5.7	6.0
	特待①I/P	6.0	5.4	5.9	5.6	6.5	6.0
	特待②I/P	6.8	8.4	7.2	7.1	7.7	8.6
受験	①	93/29	102/59	116/61	119/49	123/66	197
	②	44/32	99/62	140/73	143/62	145/72	240
	特待①I/P	226	244	272	259	304	267
	特待②I/P	164	237	204	202	217	233
合格	①	101	84	87	69	96	86
	②	61	67	72	64	82	91
	特待①I/P	136	123	136	153	155	136
	特待②I/P	133	130	104	71	90	93
実質倍率	①	1.2	1.9	2.0	2.4	2.0	2.3
	②	1.2	2.4	3.0	3.2	2.6	2.6
	特待①I/P	1.6	2.0	2.0	1.7	2.0	2.0
	特待②I/P	1.2	1.8	2.0	2.8	2.4	2.5

＊2019年〜2021年①・②は4教科／2教科。2022年〜2023年①・②・特待④は4教科／2教科。
＊2024年補欠発表…なし。追加合格…あり、2月6日〜。

◉入試教科

4教科/2教科

②算数	50分/50分	100点/100点
①国語	50分/50分	100点/100点
③理科	あわせて50分	50点
③社会		50点
合計	150分/100分	300点/200点

＊思考力は漢字・計算（30分・50点）、思考力（50分・150点）合計200点。
＊英語CSは漢字・計算（30分・50点）英筆記（20分・50点）英面接（7分・100点）合計200点。

合格最高点	一般①	258/189点
	特待①	186点
	一般②	250/176点
	特待②	186点
	特待③思考力	150点
	特待③英語CS	191点
	特待④	257/182点
合格最低点	一般①	195/145点
	特待①	128点
	一般②	193/135点
	特待②	128点
	特待③思考力	120点
	特待③英語CS	153点
	特待④	177/137点

◉受験併願パターン

偏差値	1月前半	1月後半	2月1日	2月2日	2月3日	2月4日以降
50			跡見学園特	大妻中野３アド		
49						跡見学園特４
48	星野学園理数２	千葉日大第一			大妻中野４アド	
45			十文字２			
44				跡見学園２		
43	星野学園		跡見学園			光塩女子学院３
42	獨協埼玉					
41				十文字４	江戸川女子３	
39						日大豊山女２科３
38	大妻嵐山					
37			和洋九段女子２		麹町学園３日	

入試問題の傾向とポイント

算数　計算問題8問、一行問題8問、大問2題の問題構成。幅広い分野から標準的な問題を中心に出題されている。規則性を見つけて解く問題や図形、グラフの問題が頻出。大問では、式や考え方を書かせる問題が出題されるので、日頃から丁寧かつ簡潔に書く練習をしておくこと。

国語　物語文・説明文の読解2題に四字熟語5問、漢字の書き取り5問の出題構成。物語文は長めだが、説明文は短め。物語文は人物の心情や言動、説明文は内容説明や筆者の主張などが問われた。問題数は多くない。記述は字数指定がないので、要点を掴みわかりやすくまとめることを意識したい。

理科　設問5題、生地物化からの出題。基本問題が中心の出題となっているので、ミスなく解き進められるよう、日頃から基礎基本を徹底的に鍛えておきたい。また、時事的な問題や身の回りのものについて問う問題も出題されることがあり、日頃からさまざまなことに興味をもちたい。

社会　大問3題。いずれも基礎基本が問われ、用語記述は漢字指定のものもある。世界地図を用いた出題形式や首都の気候グラフの問題が近年続いている。おもな国の位置や基本的な要素については力点をおいて学習したい。記述問題は昨年同様6問出題されているので、記述対策も行っておきたい。

浦和明の星女子中学校

■学校長／島村新　■創立／平成15年　■生徒数／522名
■所在地／〒336-0926 埼玉県さいたま市緑区東浦和6-4-19
■ＴＥＬ／048-873-1160
■交通／東浦和駅（JR武蔵野線）徒歩8分。

何学期制	週何日制	登校時刻	制服	給食	食堂 軽食販売	プール	寮	特待制度 奨学金等	帰国生 取出授業
2学期制	5日制	8:25	中高あり	なし	食堂高校のみ 販売条件付	屋内	なし	なし	なし

沿　革

カナダのケベック州にある聖母被昇天修道会というカトリックの女子修道会が創立の母体。1967年に浦和明の星女子高等学校を開校。2003年、浦和明の星女子中学校を開校。2006年より高校募集を停止し、完全中高一貫体制となる。

教育方針と特色

建学の精神はキリスト教精神に基づいた「正しく、浄く、和やかに」。モットーはBe your best and truest self. で、生徒一人ひとりが本物の自分として成長することを目指している。特に、自己実現という人間の生涯の課題を広い視野に立って考えられる心の広さとゆとりを持つことが期待されている。カトリック学校として朝礼で聖書朗読などがあり、道徳として「宗教」の時間を設け「聖書」を学ぶ授業が週1時間ある。前期と後期の2期制で週5日制だが、月に一度土曜日に「自主の日」として、自主的な活動を認めている。緑豊かな落ち着いた雰囲気のキャンパスで、充実した教育環境が整っている。

◉系列校

小	中	高	大（短大）
	○	○	

◉併設小学校なし
◉高校生外部募集………なし

◉授業時間…1コマ50分・週32時間

	1年	2年	3年	計
国　語	5	4	5	14
社　会	4	4	4	12
数　学	5	5	5	15
理　科	4	5	4	13
英　語	6	5	6	17
5教科計	24	23	24	71

参考　高校1年生一週間の授業

英語=5　数学=5　国語=4
理科=6　社会=4

進学・進路

◉卒業生進路状況

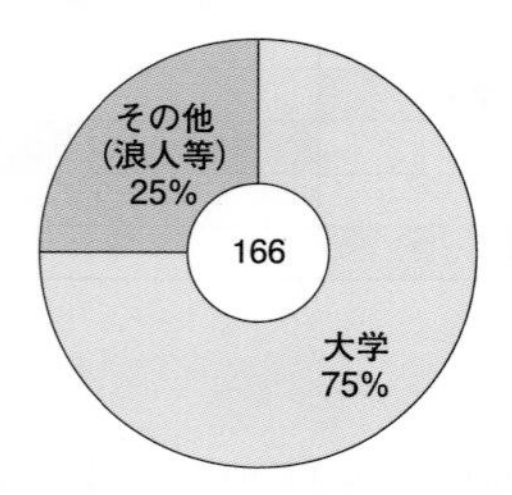

■進路選択状況（高３進級時）

データなし

■理系・文系進学状況

理系 44%　文系 52%
0　50　100

■共通テスト受験率

96%
0　50　100

◉卒業までの流れ

小学校	中学校	高等学校	大学
	浦和明の星女子 中学校	▶ 浦和明の星女子 高等学校（166）	

◉主な大学合格実績

大学名	'22	'23	'24	大学名	'22	'23	'24	大学名	'22	'23	'24	大学名	'22	'23	'24
東京大	7	4	2	千葉大	4	4	3	東京都立大	2		1	東京女子大	19	13	8
京都大	2		1	お茶の水女子大	4	4	1	横浜市立大				日本女子大	28	18	9
北海道大	2	3	1	東京外国語大	2		1	慶應義塾大	36	46	25	成蹊大	6	5	
東北大	2	2	1	電気通信大				早稲田大	48	52	54	成城大	7	4	5
名古屋大				東京学芸大	2			上智大	32	45	32	明治学院大	4	11	3
大阪大	1		1	東京農工大	1	3	2	東京理科大	44	44	29	國學院大	4	4	7
九州大		1		東京芸術大			1	明治大	56	69	45	武蔵大	2		1
東京工業大	2	1	1	東京医科歯科大	1	2	1	青山学院大	18	21	14	獨協大	2		1
一橋大	2	1	4	東京海洋大	1			立教大	40	52	41	日本大	15	19	11
筑波大	4	2	6	横浜国立大		3	1	中央大	27	22	25	東洋大	6	15	10
茨城大			1	山梨大		3		法政大	29	19	31	駒澤大	3	1	3
宇都宮大				金沢大		1	1	学習院大	16	11	7	専修大	1	4	7
群馬大	1		1	信州大	1		1	国際基督教大	3	1	2	芝浦工業大	17	14	12
埼玉大	2		1	国際教養大				津田塾大	5	7	3	東京都市大	3	3	1

入試要項・入試情報

◉2024年度の入試要項(参考)

	1回	2回
募集人員	120名	40名
選抜方法	国・算・社・理	
出願関連期間	12/14～1/6	1/22～2/3
試験日程	1/14	2/4
合格発表	Web 1/16 9:00～	Web 2/5 9:00～
入学手続	1/20 16:00まで	2/6 16:00まで

＊受験資格に「保護者と同居していること」とある。

◉費用(参考)

受験料		25,000円
入学手続時	入学金	250,000円
	授業料	—
	その他	250,000円
入学手続後～入学まで	授業料	—
	その他	—
入学後１年	授業料	336,000円
	その他	241,200円
初年度納入金合計		1,077,200円
中学３年間費用計 約		2,224,000円

＊第1回の合格者は、1月20日までに延納手続きをすれば、2月3日まで入学金、2月6日まで施設設備費の延納可。
＊制服代・教材費・修学旅行費等別途。

面接 実施しない。

◉最近6年間の入試応募者推移と倍率

年度		2019	2020	2021	2022	2023	2024
募集	①	120	120	120	120	120	120
	②	40	40	40	40	40	40
応募	①	2043	2098	1977	2036	1987	1980
	②	363	413	346	314	335	324
応募倍率	①	17.0	17.5	16.5	17.0	16.6	16.5
	②	9.1	10.3	8.7	7.9	8.4	8.1
受験	①	2007	2053	1925	2001	1949	1935
	②	292	340	306	293	305	284
合格	①	1035	1061	974	1022	1047	1058
	②	53	40	51	73	69	44
実質倍率	①	1.9	1.9	2.0	2.0	1.9	1.8
	②	5.5	8.5	6.0	4.0	4.4	6.5

＊2024年補欠発表…なし。追加合格(電話)…(1・2回)計33名、2月6日～。

◉入試教科

②算数	50分	100点
①国語	50分	100点
③理科	あわせて50分	50点
③社会		50点
合計	150分	300点

合格最高点	①284点 ②246点
合格最低点	①199点 ②210点

私立 女子校

◉受験併願パターン

偏差値	1月前半	1月後半	2月1日	2月2日	2月3日	2月4日以降
70					豊島岡女子２	豊島岡女子３
69	栄東東大特待		女子学院	豊島岡女子		
68		市川				
67			雙葉			
65	浦和明の星女子			吉祥女子２	鴎友学園女子２	
64		東邦大東邦前				
63						浦和明の星女子２
61	栄東Ａ10日	昭和秀英	鴎友学園女子			
60	江戸川取手東		学習院女子Ａ	青学横浜英和Ｂ		中央大附属２
59				開智日本橋２	横浜共立学園Ｂ	法政大学３
58	淑徳与野		山脇学園午後算数		法政大学２	成蹊２

入試問題の傾向とポイント

算数 計算と一行問題が8問程度、大問4題程度という問題構成。大問は標準レベルの問題中心だが、文章が長く、図や式に整理して考える力が必要。日々の学習では、計算・作業のスピードと正確さの向上を意識したい。速さや条件整理の問題が頻出なので、しっかりと対策をしておくこと。

国語 説明文と物語文の読解2題の出題。説明文は言い換えや具体例、また本文に関する会話問題を通して、物語文は傍線部について説明した文章の空欄補充を通して、文章内容の理解が問われた。解答形式は選択肢と抜き出しが多いが、短い記述もみられる。

理科 大問4題、生地物化からの出題。おもな設問形式は選択問題・計算問題となっている。試験時間が短く、各大問の難易度も高いため、得点すべき問題をしっかりと解き切ることが重要である。過去問演習を通して、持っている知識を活かして正解にたどり着く対応力を身につけたい。

社会 昨年と異なり、大問2題構成。長文の会話文から出題される総合問題と時事問題。近年、都市に関する問いに加え、都道府県の特色をきく問題も目立つ。時事問題の形式は昨年と同じで、過去1年を振り返るものであったため、『ニュース最前線』を読み込んでおきたい。

江戸川女子中学校

えどがわじょし

■学校長／菊池今次　■創立／昭和6年　■生徒数／530名
■所在地／〒133-8552 東京都江戸川区東小岩5-22-1
■ＴＥＬ／03-3659-1241
■交通／小岩駅（JR総武線）徒歩10分。江戸川駅（京成線）徒歩15分。

何学期制	週何日制	登校時刻	制服	給食	食堂 軽食販売	プール	寮	特待制度 奨学金等	帰国生 取出授業
2学期制	6日制	8:25	中高あり	なし	食堂中高あり 販売中高あり	なし	なし	あり	あり

沿　革

1931年に創立された城東家政女子学校が前身。中高6か年一貫教育を目指し、1987年に江戸川女子中学校を再開した。

教育方針と特色

開校以来「教養ある堅実な女性の育成」を教育理念に掲げてきた。一人ひとりを大切にし、伸びやかに学んでゆく教育を目指して、全人教育を行う。江戸川女子では、27年間にわたって実施してきた1コマ65分の授業が、令和4年から45分授業となった。45分×1コマ（細分化授業）と45分×2コマ（連続展開授業）を使い分けるHybrid型の授業。『講義・演習・実験』を授業の中で効率よく取り入れてきた江戸女だからこそできるシステムである。新しいカリキュラムで、集中力と実践力を熟成させた“生きた学力”の育成を目指す。また、中学3年間で東京英語村（TGG）の国内研修もあり、英語教育もさらに充実している。4・5年次には海外での語学研修が希望者対象に組まれている。5年次普通科の海外修学旅行（カナダまたはフィリピン）、英語科の語学研修（①イギリス8週間、②アメリカ8週間、③ニュージーランド10週間、④オーストラリア2週間は全員参加で豊かな国際感覚を養う機会となっている。令和3年度より中学に国際コースを新設。英検２級以上取得者を対象としたAdvanced classと英検３級、準２級取得者を対象としたStandard classに分け、週9コマ英語の授業を実施、ネイティブの教員が副担任を担当、音楽と美術の授業は英語によるイマージョン教育、第２外国語の取得が可能など様々な特色を組み込んでいる。そして中３次にはバリ島での海外研修を実施している。

◉系列校

小	中	高	大（短大）
	○	○	○

◉併設小学校なし
◉高校生外部募集………150名

（2年次から一部混合クラス）

◉授業時間…1コマ45分・週39時間

	1年	2年	3年	計
国　語	5	6	6	17
社　会	3	4	4	11
数　学	6	6	6	18
理　科	4	4	5	13
英　語	9	9	9	27
5教科計	27	29	30	86

参考　高校1年生一週間の授業

英語=8　数学=8　国語=5
理科=4　社会=2

※普通科Ⅱ類

進学・進路

◉卒業生進路状況

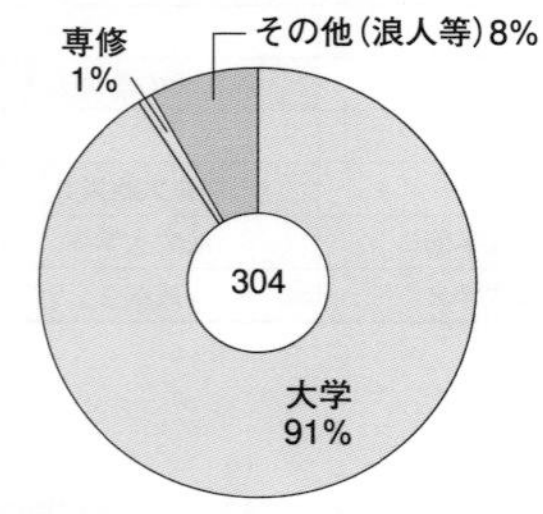

■進路選択状況（高３進級時）

理系 39%　文系 61%

■理系・文系進学状況

理系 37%　文系 63%

■共通テスト受験率

95%

◉卒業までの流れ

小学校	中学校	高等学校	大学
	江戸川女子中学校	江戸川女子高等学校（304）	江戸川大学　0

◉主な大学合格実績

大学名	'22	'23	'24	大学名	'22	'23	'24	大学名	'22	'23	'24	大学名	'22	'23	'24
東京大			1	千葉大	13	11	7	東京都立大	1	1	2	東京女子大	24	17	18
京都大				お茶の水女子大		4	1	横浜市立大				日本女子大	43	42	34
北海道大	2	1	1	東京外国語大	4	2		慶應義塾大	11	14	11	成蹊大	5	4	9
東北大	1	2		電気通信大	1		1	早稲田大	19	28	13	成城大	8	14	8
名古屋大				東京学芸大	1	3	4	上智大	27	15	27	明治学院大	17	16	14
大阪大				東京農工大				東京理科大	17	14	23	國學院大	8	15	12
九州大				東京芸術大				明治大	36	31	29	武蔵大	9	3	4
東京工業大				東京医科歯科大	1	3	2	青山学院大	11	13	10	獨協大	14	10	2
一橋大	1	1		東京海洋大	1			立教大	39	46	40	日本大	27	33	22
筑波大	4	2	2	横浜国立大				中央大	17	15	15	東洋大	30	22	39
茨城大	3		3	山梨大	2			法政大	27	25	20	駒澤大	13	12	15
宇都宮大				金沢大				学習院大	19	14	18	専修大	12	13	18
群馬大				信州大			2	国際基督教大	1			芝浦工業大	7	8	7
埼玉大	2	1	1	国際教養大	1			津田塾大	14	16	14	東京都市大	3	4	2

入試要項・入試情報

◉2024年度の入試要項（参考）

	一般4科1回	適性検査型	一般基礎学力型(2月1日午後)	一般4科2回	一般英語特化型	一般基礎学力型(2月2日午後)	一般4科3回
募集人員	全日程（帰国生入試含）合計 200名						
選抜方法	国・算・社・理＋通知表のコピー	適性検査Ⅰ・Ⅱ・Ⅲ＋通知表のコピー	基礎学力(国・算)または基礎学力(国・算)・英	国・算・社・理＋通知表のコピー	英語＋面接(日本語・英語)＋通知表のコピー	基礎学力(国・算)または基礎学力(国・算)・英	国・算・社・理＋通知表のコピー
出願関連期間	12/20〜1/31			12/20〜2/1			12/20〜2/2
試験日程	2/1午前	2/1午後		2/2午前		2/2午後	2/3午前
合格発表	Web 2/1 18:00〜	Web 2/2 22:00〜	Web 2/1 22:00〜	Web 2/2 18:00〜		Web 2/2 22:00〜	Web 2/3 17:00〜
入学手続	2/7 23:59まで	2/9 23:59まで	2/7 23:59まで				

面接 実施する。

◉費用（参考）

受験料		23,000円
入学手続時	入学金	300,000円
	授業料	—
	その他	—
入学手続後〜入学まで	授業料	39,000円
	その他	416,501円
入学後１年	授業料	429,000円
	その他	165,000円
初年度納入金合計		1,349,501円
中学３年間費用計 約		3,021,501円

＊国公立中高一貫校受検者のみ、延納届を提出で、国公立の合格発表日まで入学手続時納入金のうち入学金の延納可。
＊入学辞退者は2月末日までに申し出れば、諸経費（15万円）を返金。
＊上記学費は一般コースのもの。

◉最近6年間の入試応募者推移と倍率

年度		2019	2020	2021	2022	2023	2024
募集	① AO ② 2科 ③	200 （全日程合計）	200 （全日程合計）	200 （全日程合計）	200 （全日程合計）	200 （全日程合計）	① 基礎(2/1｜2/2) ② 適性型 ③ 200（全日程合計）
応募	① AO ② 2科 ③	198 211 118 181 111	204 209 123 174 112	166 184 111 119 90	144 159 97 96 83	136 168 74 89 53	149 152/53｜99/25 85 65 96
応募倍率	① AO ② 2科 ③	4.1 （全日程合計）	4.1 （全日程合計）	3.4 （全日程合計）	2.9 （全日程合計）	2.6 （全日程合計）	3.7 （全日程合計）
受験	① AO ② 2科 ③	184 201 87 129 67	190 196 94 131 72	162 175 88 96 72	142 154 76 70 58	132 162 61 71 37	143 144/51｜88/22 67 63 76
合格	① AO ② 2科 ③	102 105 22 57 25	86 92 34 57 32	90 91 41 45 36	92 102 40 43 26	80 99 33 44 18	84 76/31｜25/6 38 48 28
実質倍率	① AO ② 2科 ③	1.8 1.9 4.0 2.3 2.7	2.2 2.1 2.8 2.3 2.3	1.8 1.9 2.1 2.1 2.0	1.5 1.5 1.9 1.6 2.2	1.7 1.6 1.8 1.6 2.1	1.7 1.9/1.6｜3.5/3.7 1.8 1.3 2.7

＊2024年基礎学力入試は2教科／国算英。
＊2024年補欠発表（電話）…あり。補欠合格・追加合格…いずれもなし。

◉入試教科

②算数	50分	100点
①国語	50分	100点
③理科	35分	75点
④社会	35分	75点
合計	170分	350点

＊一般基礎は2科国・算（各45分・各100点）合計200点、又は3科国・算（各45分・各100点）英（50分・100点）のうち得点の高い2科（合計200点）で判定。
＊英特化はリーディング・グラマー ボキャブラリ/リスニング・ライティング（各50分・各100点）合計200点。

合格最高点	① 296点 基礎 189点 ② 296点 英特 — 点 ③ 259点
合格最低点	① 210点 基礎 160点 ② 210点 英特 — 点 ③ 210点

私立 女子校

◉受験併願パターン

偏差値	1月前半	1月後半	2月1日	2月2日	2月3日	2月4日以降
48						国府台女子学院２
47		成田高付			日大第一２科	
46	国府台女子学院推					
45			麗澤４ＥＥ			
43		日出学園				
42			江戸川女子基礎１	江戸川女子基礎２		
41	土浦日大ＫＢＴ		江戸川女子	江戸川女子２	江戸川女子３	
40	千葉日大第一自推	和洋国府台女子				
37		光英Ｖ				
35		二松柏総合				

入試問題の傾向とポイント

算数
計算と一行問題が11問程度、大問3題の問題構成。計算と一行問題で半数以上を占めるが、やや難度の高い問題もある。基礎基本をしっかり固めることで十分に合格点に達するので、基礎基本の充実を図ること。途中計算が煩雑になる問題もあるので、計算力を十分に鍛えておきたい。

国語
雑問と物語文・説明文の読解2題構成。雑問は漢字の書き取りや慣用句を含む。物語文は人物の様子や心情、傍線部内容にふさわしい四字熟語などを問われた。説明文は空欄補充や言い換えなどを通して筆者の考えを適切に理解することが求められた。

理科
大問4題、生地物化からの出題。典型問題が中心の出題だが、身のまわりのものや時事とからめたような内容になっている。また、会話文を用いた問題が出題されることもある。文章が長くても、正しく情報を整理して問題を解く訓練を過去問演習を通じて積んでおきたい。

社会
大問4題構成。記号選択の比率が高いが、文章の正誤を判断させる選択肢が多く、正確な知識が要求されている。記述問題は、長文のものを含めて計5問出題されている。政治は例年時事問題が多くとりあげられる。『ニュース最前線』などを活用し、対策しておきたい。

鷗友学園女子中学校（おうゆうがくえんじょし）

■学校長／柏いずみ　■創立／昭和10年　■生徒数／756名
■所在地／〒156-8551 東京都世田谷区宮坂1-5-30
■ＴＥＬ／03-3420-0136
■交通／経堂駅（小田急線）徒歩8分。宮の坂駅（東急世田谷線）徒歩4分。

何学期制	週何日制	登校時刻	制服	給食	食堂 軽食販売	プール	寮	特待制度 奨学金等	帰国生 取出授業
2学期制	6日制	8:30	中高あり	なし	食堂なし 販売中高あり	屋内	なし	なし	あり

沿　革

1935年、府立第一高等女学校（現・都立白鷗高校）の卒業生が、母校創立50周年記念行事として、鷗友学園高等女学校を創設。戦後の学制改革により、鷗友学園女子中学校・鷗友学園女子高等学校となる。

教育方針と特色

校訓は「慈愛（あい）と誠実（まこと）と創造」。他者の尊厳を大切にしながら、豊かな関係を築く力。さまざまな体験を通して自らの可能性を発見し、意欲を持って学べる力。この二つの力を大切にしつつ、自分なりの価値観を持ち、自らの道を切り拓いていける人、異なる意見も包括しながら周囲をリードできる力を持った人を育てる。
教材にはオリジナルテキストや独自のプリントを多用し、オールイングリッシュで行う英語、多くの実験に取り組む理科、校内の広い実習園で行う園芸の授業、体育のリトミック、芸術教育の充実など、特定の科目に偏らないバランスのとれた授業を展開している。

◉系列校

小	中	高	大（短大）
	○	○	

◉併設小学校なし
◉高校生外部募集………なし

◉授業時間…1コマ夏50/冬45分・週34時間

	1年	2年	3年	計
国　語	4.5	5	6	15.5
社　会	3	4	4	11
数　学	5	5	5	15
理　科	3	5	4	12
英　語	6	6	6	18
5教科計	21.5	25	25	71.5

参考　高校1年生一週間の授業

英語=6　数学=6　国語=5
理科=4　社会=4

進学・進路

◉卒業生進路状況

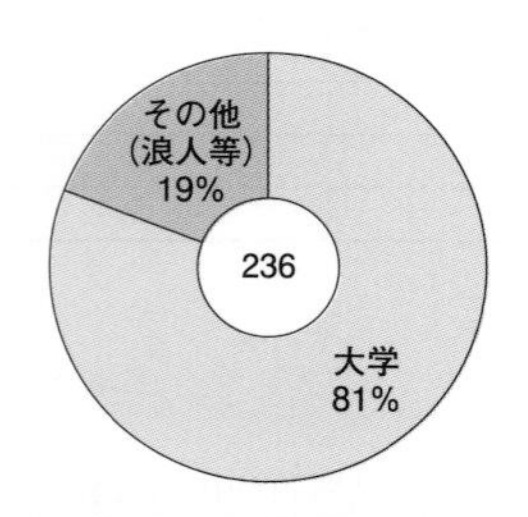

■進路選択状況（高３進級時）
理系 56%　文系 44%

■理系・文系進学状況
理系 44%　文系 54%

■共通テスト受験率
98%

◉卒業までの流れ

小学校	中学校	高等学校	大学
	鷗友学園女子中学校 ▶	鷗友学園女子高等学校（236）	

◉主な大学合格実績

大学名	'22	'23	'24	大学名	'22	'23	'24	大学名	'22	'23	'24	大学名	'22	'23	'24
東京大	9	3	13	千葉大	2	1	5	東京都立大	3	5	5	東京女子大	35	24	28
京都大	1	4	3	お茶の水女子大	6	5	5	横浜市立大	3	3	2	日本女子大	30	15	22
北海道大	5	10	5	東京外国語大	4	8	4	慶應義塾大	55	68	54	成蹊大	7	6	8
東北大	1	3	3	電気通信大			1	早稲田大	67	75	96	成城大	7	9	5
名古屋大		1		東京学芸大		4	3	上智大	59	95	100	明治学院大	21	21	17
大阪大	2	1	1	東京農工大	3	4	6	東京理科大	72	65	55	國學院大		6	2
九州大	3			東京芸術大			1	明治大	120	113	114	武蔵大		4	3
東京工業大	6	8	2	東京医科歯科大	2		1	青山学院大	51	53	35	獨協大			
一橋大	7	3	8	東京海洋大	2	1		立教大	95	104	86	日本大	18	25	23
筑波大	2	4	2	横浜国立大	4	5		中央大	58	62	33	東洋大	13	11	15
茨城大	1			山梨大	1	1		法政大	40	44	37	駒澤大	4	7	1
宇都宮大	1			金沢大		1	1	学習院大	8	12	8	専修大	8	5	4
群馬大	1		2	信州大	3	1	1	国際基督教大	7	6	5	芝浦工業大	21	29	20
埼玉大			1	国際教養大	1	1		津田塾大	5	8	11	東京都市大	13	16	26

入試要項・入試情報

◉2024年度の入試要項（参考）

	1回	2回
募集人員	約180名	約40名
選抜方法	国・算・社・理＋自己申告書	
出願関連期間	12/20〜1/29	12/20〜2/2
試験日程	2/1	2/3
合格発表	掲示 2/2 12:00〜 Web 2/2 12:00〜	掲示 2/4 12:00〜 Web 2/4 12:00〜
入学手続	2/3 16:00まで	2/7 16:00まで

＊出願資格に「原則として保護者の元から通学できること」とある。
＊2024年入学説明会は2月10日（土）10時30分から実施（欠席の場合および所定の書類を提出しない場合は、入学を辞退したものとみなす）。

面接 実施する。

◉費用（参考）

受験料		25,000円
入学手続時	入学金	250,000円
	授業料	—
	その他	—
入学手続後〜入学まで	授業料	—
	その他	139,800円
入学後１年	授業料	576,000円
	その他	422,000円
初年度納入金合計		1,387,800円
中学３年間費用計　約		3,377,800円

＊2回分同時出願の受験料は4万円。
＊入学辞退者は2月7日16時までに申し出れば、納入金を返金。

◉最近6年間の入試応募者推移と倍率

年度		2019	2020	2021	2022	2023	2024
募集	①	約180	約180	約180	約180	約180	約180
	②	約40	約40	約40	約40	約40	約40
応募	①	515	510	618	603	573	520
	②	642	608	709	714	754	682
応募倍率	①	2.9	2.8	3.4	3.4	3.2	2.9
	②	16.1	15.2	17.7	17.9	18.9	17.1
受験	①	499	484	577	573	551	500
	②	427	370	454	482	527	451
合格	①	227	239	243	207	200	198
	②	109	107	92	100	106	138
実質倍率	①	2.2	2.0	2.4	2.8	2.8	2.5
	②	3.9	3.5	4.9	4.8	5.0	3.3

＊帰国生を含む。
＊2024年補欠発表…詳細不明。補欠合格・追加合格…いずれもなし。

◉入試教科

教科	時間	配点
②算数	45分	100点
①国語	45分	100点
④理科	45分	100点
③社会	45分	100点
合計	180分	400点

合格最高点	①343点 ②352点
合格最低点	①252点 ②288点

私立 女子校

◉受験併願パターン

偏差値	1月前半	1月後半	2月1日	2月2日	2月3日	2月4日以降
65	浦和明の星女子			吉祥女子２	鴎友学園女子２	
64		東邦大東邦前				農大第一３
63				農大第一２算国		
62						頌栄女子学院２
61	栄東Ａ１０日	昭和秀英	鴎友学園女子			
59					学大世田谷	
57	開智所沢特待Ａ		普連土算数			大妻４
56				大妻２	恵泉女学園３	桐蔭学園３
55	大宮開成		東京女学館２		成城学園２	ドルトン４日Ｐ
54				神奈川大附２	帝京大学３	田園調布学園３
53			恵泉女学園	田園調布学園２	東京女学館４	品川女子学院３

入試問題の傾向とポイント

算数
計算問題が2問、大問が6題程度という問題構成。幅広い分野から標準レベルの問題が中心だが、やや難しい問題が出題されることもある。平面図形（相似）やグラフ絡みの問題は頻出なので、しっかりと対策しておきたい。問題用紙と解答用紙が一体になっているので、丁寧に式を書く習慣を。

国語
長めの物語文、短めの論説文（説明文）、漢字の書き取り5問の出題。読解設問数は6問程度。字数指定はないが行数指定の記述が中心。物語文は内容を人物の気持ちも含めてまとめる問題が多い。論説（説明）文は内容説明と筆者の考えの読み取りが出題。過不足なくまとめる練習を繰り返したい。

理科
大問4題、生地物化からの出題。設問形式は、選択・計算・記述・作図と多岐にわたる。全体的に難易度の高い問題が並んでいる。計算は立式も解答する必要があり、記述の数も多いため、時間的余裕はあまりない。問題中に図・表の数が多いので、情報を焦らず正確に読みとる練習を重ねておきたい。

社会
記述問題は9問出題され、用語や理由の説明を一行程度で答えるものから、社会問題の解決について自分の考えを述べるものなど多様である。事象や用語の暗記にとどまらず、論理的に説明できるように深く理解することが求められている。過去問演習を多くこなし、記述問題の解き方に慣れておきたい。

大妻中学校

おおつま

■学校長／梶取弘昌　■創立／大正10年　■生徒数／852名
■所在地／〒102-8357 東京都千代田区三番町12
■ＴＥＬ／03-5275-6002
■交通／市ヶ谷駅(JR中央線、東京メトロ有楽町線・南北線、都営新宿線)徒歩10分。半蔵門駅(東京メトロ半蔵門線)徒歩5分。

何学期制	週何日制	登校時刻	制服	給食	食堂 軽食販売	プール	寮	特待制度 奨学金等	帰国生 取出授業
3学期制	6日制	8:25	中高あり	なし	食堂なし 食事販売あり	なし	なし	あり	あり

沿　革

1908年に大妻コタカが開いた家塾がはじまり。関東大震災や東京大空襲で校舎を失うも、コタカは再起して女子教育に一生を捧げた。戦後は大妻中学校・大妻高等学校として、時代の要請に応える教育を実践。2023年には創立115周年を迎える。

教育方針と特色

社会で50年輝き続ける女性の育成を目指し、高い学力、コミュニケーション力、女性らしいリーダーシップを身に着けることを目標としている。その土台となっているのが自分を律する心の大切さを説いている校訓「恥を知れ」ということば。これは自分を高めていく向上心を大切にすることにつながっている。入学後、学習習慣を身につけるため、小テストや予習・復習の指導に重点を置く。全教科をバランスよく学び、高2から4つの類型に分かれ、国公私立、文系理系に対応。各自の夢を語り合う高1のオリエンテーション合宿の他、進路に対する意識を高める機会が多く設けられている。100名を超える実行委員が支える文化祭、迫力の応援団が盛り上げる体育祭等、生徒主体で学校行事が行われている。また、クラブ活動が盛んでバトントワリング部・マンドリン部は全国大会で活躍している。2019年、2020年と全日本高校模擬国連大会において優秀賞を連続受賞。

◉系列校

小	中	高	大(短大)
	○	○	○

◉併設小学校なし
◉高校生外部募集………なし

◉授業時間…1コマ50分・週34時間

	1年	2年	3年	計
国　語	5	4	6	15
社　会	4	4	4	12
数　学	5	5	5	15
理　科	4	4	4	12
英　語	6	6	6	18
5教科計	24	23	25	72

参考　**高校1年生一週間の授業**

英語=6　数学=5　国語=5
理科=6　社会=4

進学・進路

◉卒業生進路状況

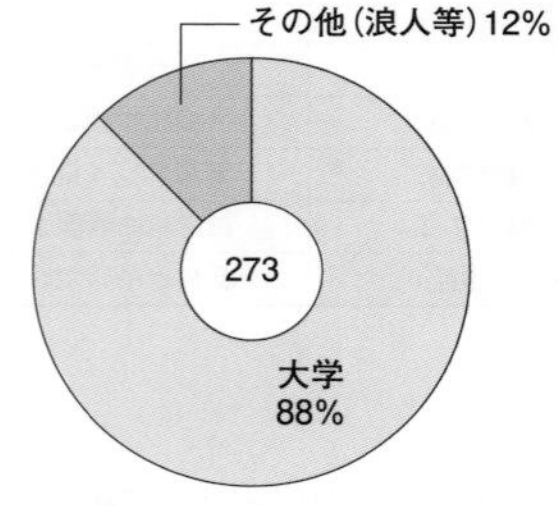

■進路選択状況（高３進級時）

データなし

■理系・文系進学状況

理系 38%　文系 62%

■共通テスト受験率

97%

◉卒業までの流れ

小学校	中学校	高等学校	大学
	大妻中学校	大妻高等学校 (273)	大妻女子大学　1 大妻女子大学短期大学部　0

◉主な大学合格実績

大学名	'22	'23	'24	大学名	'22	'23	'24	大学名	'22	'23	'24	大学名	'22	'23	'24
東京大				千葉大	3	7	4	東京都立大	2	5		東京女子大	29	25	58
京都大		1		お茶の水女子大	2	1	4	横浜市立大			2	日本女子大	46	39	46
北海道大	3			東京外国語大	4	3	1	慶應義塾大	16	15	29	成蹊大	19	8	16
東北大	1		1	電気通信大	2		1	早稲田大	42	36	37	成城大	22	22	28
名古屋大				東京学芸大			1	上智大	31	34	48	明治学院大	20	27	33
大阪大				東京農工大	4	2	2	東京理科大	23	32	33	國學院大	7	8	3
九州大				東京芸術大	1			明治大	80	75	77	武蔵大	3	4	9
東京工業大	1		2	東京医科歯科大			2	青山学院大	22	29	41	獨協大	4	4	2
一橋大			4	東京海洋大		1	1	立教大	56	60	65	日本大	49	53	43
筑波大	2		2	横浜国立大	1	1	1	中央大	33	36	42	東洋大	59	34	73
茨城大		1		山梨大		1	1	法政大	50	65	77	駒澤大	15	17	17
宇都宮大				金沢大	1		1	学習院大	25	21	33	専修大	23	8	18
群馬大		1		信州大		1		国際基督教大	2	2	1	芝浦工業大	17	21	36
埼玉大	3	1	1	国際教養大				津田塾大	9	9	26	東京都市大	11	10	12

入試要項・入試情報

◉2024年度の入試要項(参考)

	1回	2回	3回	4回
募集人員	約100名	約100名	約40名	約40名
選抜方法	国・算・社・理			
出願関連期間	12月下旬～1/31	12月下旬～2/1	12月下旬～2/2	12月下旬～2/4
試験日程	2/1	2/2	2/3	2/5
合格発表	Web 2/1 19:00～	Web 2/2 19:30～	Web 2/3 19:00～	Web 2/5 19:00～
入学手続	2/5 12:00まで			2/6 12:00まで

面接 実施する。

◉費用(参考)

受験料		22,000円
入学手続時	入学金	250,000円
	授業料	—
	その他	—
入学手続後～入学まで	授業料	—
	その他	185,290円
入学後１年	授業料	491,000円
	その他	597,080円
初年度納入金合計		1,523,370円
中学３年間費用計　約		3,524,530円

＊複数回出願者で、正規合格し、入学手続きを完了した者から申し出があった場合、未受験分の受験料を返金。

◉最近6年間の入試応募者推移と倍率

年度		2019	2020	2021	2022	2023	2024
募集	①	約100	約100	約100	約100	約100	約100
	②	約100	約100	約100	約100	約100	約100
	③	約40	約40	約40	約40	約40	約40
	④	約40	約40	約40	約40	約40	約40
応募	①	335	304	300	276	260	265
	②	684	681	663	681	603	643
	③	522	418	436	423	345	369
	④	451	390	426	382	326	346
応募倍率	①	3.4	3.0	3.0	2.8	2.6	2.7
	②	6.8	6.8	6.6	6.8	6.0	6.4
	③	13.1	10.5	10.9	10.6	8.6	9.2
	④	11.3	9.8	10.7	9.6	8.2	8.7
受験	①	306	279	266	258	239	247
	②	565	559	543	558	497	509
	③	373	296	316	315	257	278
	④	355	280	309	281	237	260
合格	①	117	108	103	102	115	117
	②	248	267	242	252	247	250
	③	82	87	78	70	85	74
	④	45	57	42	48	59	48
実質倍率	①	2.6	2.6	2.6	2.5	2.1	2.1
	②	2.3	2.1	2.2	2.2	2.0	2.0
	③	4.5	3.4	4.1	4.5	3.0	3.8
	④	7.9	4.9	7.4	5.9	4.0	5.4

＊2024年補欠発表…なし。追加合格(電話)…あり、(1回)2月11日～2月13日、(2回)2月13日～。

◉入試教科

①算数	50分	100点
②国語	50分	100点
④理科	30分	60点
③社会	30分	60点
合計	160分	320点

合格最高点	①271点 ②297点 ③287点 ④266点
合格最低点	①208点 ②211点 ③209点 ④217点

◉受験併願パターン

偏差値	1月前半	1月後半	2月1日	2月2日	2月3日	2月4日以降
61		昭和秀英				
59				開智日本橋２		
58	淑徳与野		山脇学園午後国語			
57					学大竹早	大妻４
56					大妻３	
55	大宮開成					
54			大妻			山脇学園Ｃ
52		国府台女子学院		共立女子２日		
50			大妻中野２アド	跡見学園特２	三輪田学園３	
49	埼玉栄２難関		昭和女子大附ＳＡ	東京女学館国際一		跡見学園特４
48				実践女子学園４	大妻中野４アド	国府台女子学院２

入試問題の傾向とポイント

算数　計算＋一行問題4問、大問9題の問題構成。標準レベルの問題が中心で、規則性の問題、平面図形(角度)やグラフ絡みの問題は頻出。また、すべての問題で式や考え方を書かなければ正解にならないので要注意。日頃から式や考え方を丁寧かつ簡潔にまとめる訓練が必須である。

国語　物語と説明文の読解2題と、短い文章を読んで知識を問う設問、読み書き4問の出題構成。物語では人物の人となり・様子とその時の心情や言い換えが問われ、記号や抜き出しが中心。説明文は空所補充や内容合致を通して、本文の理解が問われた。

理科　大問4題、生地物化からの出題。設問形式は、選択・計算・記述・作図と多岐にわたる。典型的な問題が並ぶが、本文中に図・表が多いため読解力が必要である。基礎基本を固めた上で過去問演習を重ねていきたい。作図ではグラフを書かせる問題が頻出なので、対策を忘れずに。

社会　地理・歴史・政治がバランスよく出題。記述問題は1問。問われる内容は基本事項が多く、歴史は基本語句を記述させる問題がよく出るので、『予習シリーズ』や『四科のまとめ』で基礎知識を徹底したい。時事問題の出題も一定数あるので、『ニュース最前線』などで十分な対策を行っておくこと。

大妻多摩中学校

■学校長／熊谷昌子　■創立／平成6年　■生徒数／441名
■所在地／〒206-8540 東京都多摩市唐木田2-7-1
■ＴＥＬ／042-372-9113
■交通／唐木田駅(小田急多摩線)徒歩7分。

何学期制	週何日制	登校時刻	制服	給食	食堂 軽食販売	プール	寮	特待制度 奨学金等	帰国生 取出授業
3学期制	6日制	8:25	中高あり	なし	食堂中高あり 販売中高あり	なし	なし	あり	なし

沿　革

1908年、大妻コタカが女性の自立を目指して私塾を開設したのが大妻学院の発祥。1988年に大妻女子大学多摩キャンパス内に大妻多摩高等学校を開設。1994年に、大妻多摩中学校が開設され、1999年から高校募集を停止し、完全中高一貫体制となり現在に至る。

教育方針と特色

女性の社会進出がめざましい今、社会の担い手としての女性の育成と同時に、国際社会に対応できる広い視野とグローバルな意識の養成も図る。少人数のアットホームな雰囲気の中、ふれあいを大切にした指導を実施。中高一貫体制のカリキュラムによって、ゆとりある学習が可能となり、無理なく高水準の学力を生み出している。大学入試では、国公立大学、早慶上智理科大、GMARCH、医歯薬看護系に半数程度が合格している。年間行事も情操教育の一環として豊富に用意され、広い敷地と充実した設備を活用して、クラブ活動も活発に行われている。
海外研修企画として、イギリスセミナー・トルコセミナーを実施。さらに、オーストラリアの姉妹校をはじめとして、イギリス・ドイツ・ニュージーランド・アメリカ・カナダへのターム留学制度が用意されている。また、中学2年次にはオーストラリアへの修学旅行（グローバルキャリアフィールドワーク）に全員が参加する。

◉系列校

小	中	高	大(短大)
	○	○	○

◉併設小学校なし
◉高校生外部募集………なし

◉授業時間…1コマ50分・週34時間

	1年	2年	3年	計
国　語	5	5	5	15
社　会	4	4	4	12
数　学	5	6	6	17
理　科	4	4	4	12
英　語	6	6	6	18
5教科計	24	25	25	74

参考　高校1年生一週間の授業

英語=6　数学=5　国語=4
理科=6　社会=4

進学・進路

◉卒業生進路状況

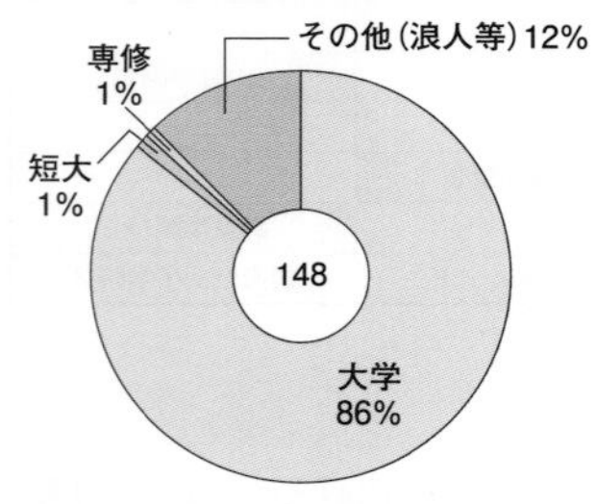

■進路選択状況（高3進級時）
理系 48%　文系 44%
0　50　100

■理系・文系進学状況
理系 45%　文系 50%
0　50　100

■共通テスト受験率
97%
0　50　100

◉卒業までの流れ

小学校	中学校	高等学校	大学
	大妻多摩中学校	大妻多摩高等学校 (148)	大妻女子大学　3 (家政2・社会情報1) 大妻女子大学短期大学部　0

◉主な大学合格実績

大学名	'22	'23	'24	大学名	'22	'23	'24	大学名	'22	'23	'24	大学名	'22	'23	'24
東京大	1			千葉大				東京都立大	5	2	2	東京女子大	13	10	11
京都大				お茶の水女子大				横浜市立大				日本女子大	12	12	12
北海道大	1		1	東京外国語大	2	2		慶應義塾大	10	5	6	成蹊大	13	8	5
東北大			1	電気通信大				早稲田大	24	6	9	成城大	6	13	8
名古屋大				東京学芸大	1		1	上智大	14	10	11	明治学院大	13	18	4
大阪大	1			東京農工大		2	1	東京理科大	4	2	8	國學院大	5	2	6
九州大				東京芸術大				明治大	36	9	20	武蔵大			7
東京工業大				東京医科歯科大	1			青山学院大	5	12	15	獨協大			
一橋大				東京海洋大				立教大	41	13	11	日本大	15	14	17
筑波大	2			横浜国立大		1	1	中央大	29	24	17	東洋大	29	17	9
茨城大				山梨大	1		1	法政大	20	18	21	駒澤大	4	5	3
宇都宮大				金沢大	1			学習院大	4	1	3	専修大	16	17	13
群馬大				信州大				国際基督教大			1	芝浦工業大	1	3	9
埼玉大	1			国際教養大				津田塾大	1	1	6	東京都市大	3	5	8

入試要項・入試情報

◉2024年度の入試要項（参考）

	総合進学1回	国際進学1回	総合進学 適性型思考力	総合進学2回(午後)	国際進学2回(午後)	総合進学3回(午後)	国際進学3回(午後)	総合進学4回
募集人員	40名	10名	10名	25名	5名	25名	5名	20名
選抜方法	国・算・社・理	国・算・英リスニング	読解表現(作文)・合科適性	国・算	国・算＋英検合格証のコピー	国・算	国・算＋英検合格証のコピー	国・算・社・理
出願関連期間	1/10～1/31					1/10～2/1		1/10～2/3
試験日程	2/1午前			2/1午後		2/2午後		2/4午前
合格発表	Web 2/1 19:00頃～			Web 2/1 22:30頃～		Web 2/2 22:30頃～		Web 2/4 18:00頃～
入学手続	2/10 13:00まで							

＊国際進学午後入試は英検3級以上の合格証書のコピーを提出。
＊2024年入学者説明会は2月11日（日・祝）10時に実施（無断での欠席は理由のいかんを問わず入学辞退とみなす）。

面接 実施する。

◉費用（参考）

受験料		22,000円
入学手続時	入学金	250,000円
	授業料	—
	その他	—
入学手続後～入学まで	授業料	—
	その他	187,930円
入学後１年	授業料	491,000円
	その他	716,080円
初年度納入金合計		1,645,010円
中学３年間費用計 約		3,689,170円

＊複数回同時出願の受験料は、2回分は3万5千円、3回分は4万5千円、4回分は5万円。
＊複数回出願し、早い回で合格し入学手続きした場合、合格以降の未受験分の受験料を返金。
＊大妻、大妻中野との入学手続時納入金の振り替え可。

◉最近6年間の入試応募者推移と倍率

年度		2019	2020	2021	2022	2023	2024
募集	①	50	①総合進学｜国際｜思考力 35｜10｜10	35｜10｜10	40｜10｜10	40｜10｜10	①(総合進学｜国際｜思考力) 40｜10｜10
	午後	20	午後 総合進学｜国際 20｜5	20｜5	20｜5	20｜5	②(総合進学｜国際) 25｜5
	②(4科/合科)	40/10	②総合進学｜国際 35｜5	35｜5	35｜5	35｜5	③(総合進学｜国際) 25｜5
	③(4科/プレゼン)	20/若干名	③ 10	10	15	15	④ 20
応募	①	91	74｜4｜20	87｜13｜19	84｜4｜20	96｜7｜28	88｜8｜18
	午後	151	174｜10	195｜16	208｜7	219｜15	211｜9
	②(4科/合科)	198/20	192｜5	178｜13	156｜8	177｜8	220｜10
	③(4科/プレゼン)	177/6	173	170	144	173	150
応募倍率	①	1.8	2.1｜0.4｜2.0	2.5｜1.3｜1.9	2.1｜0.4｜2.0	2.4｜0.7｜2.8	2.2｜0.8｜1.8
	午後	7.6	8.7｜2.0	9.8｜3.2	10.4｜1.4	11.0｜3.0	8.4｜1.8
	②(4科/合科)	5.0/2.0	5.5｜1.0	5.1｜2.6	4.5｜1.6	5.1｜1.6	8.8｜2.0
	③(4科/プレゼン)	8.9/—	17.3	17.0	9.6	11.5	7.5
受験	①	84	66｜4｜20	83｜13｜19	77｜4｜20	87｜7｜28	82｜8｜18
	午後	149	169｜9	189｜14	204｜7	210｜14	193｜8
	②(4科/合科)	110/17	92｜2	92｜4	96｜6	103｜4	99｜3
	③(4科/プレゼン)	46/2	46	59	66	71	34
合格	①	43	55｜4｜19	55｜10｜18	45｜3｜17	48｜5｜21	59｜5｜11
	午後	100	145｜7	141｜10	131｜4	143｜9	143｜6
	②(4科/合科)	88/13	79｜2	61｜3	56｜4	55｜3	80｜2
	③(4科/プレゼン)	34/1	28	17	36	33	31
実質倍率	①	2.0	1.2｜1.0｜1.1	1.5｜1.3｜1.1	1.7｜1.3｜1.2	1.8｜1.4｜1.3	1.4｜1.6｜1.6
	午後	1.5	1.2｜1.3	1.3｜1.4	1.6｜1.8	1.5｜1.6	1.3｜1.3
	②(4科/合科)	1.3/1.3	1.2｜1.0	1.5｜1.3	1.7｜1.5	1.9｜1.3	1.2｜1.5
	③(4科/プレゼン)	1.4/2.0	1.6	3.5	1.8	2.2	1.1

＊2024年補欠発表…なし。追加合格（電話）…（1回国際進学）1名、（思考力）3名、いずれも2月10日。

◉入試教科　4教科/2教科

②算数	50分/50分	100点/100点
①国語	50分/50分	100点/100点
④理科	40分/	60点/
③社会	40分/	60点/
合計	180分/100分	320点/200点

＊適性思考力型は読解表現「作文」(50分・100点)、合科適性(50分・100点)合計200点。

合格最高点	①	274点
	②	185点
	③	183点
	④	271点
合格最低点	①	185点
	②	101点
	③	74点
	④	134点

＊国際生・適性思考力・国際進学は全て非公表。

私立 女子校

◉受験併願パターン

偏差値	1月前半	1月後半	2月1日	2月2日	2月3日	2月4日以降
50				カリタス女子３		
49					晃華学園３	
48						日大藤沢３
46	不二聖心Ｓ東京					
45						穎明館４
44				桐光学園２	桐光学園３Ａ	
43			大妻多摩２			光塩女子学院３
41				大妻多摩３	聖セシリアＡ３	
39					聖園女学院得意２	
38				桐朋女子Ｂ	多摩大聖ヶ丘３	
37				工学院大附２Ｂ		多摩大聖ヶ丘４

入試問題の傾向とポイント

算数　計算問題、一行問題、大問の順番に並んでおり、基本から標準レベルのオーソドックスな問題が多い。各分野の典型問題を中心に、基礎をしっかりと固めておきたい。大問では、場合の数が頻出。式や考え方を残すよう指示されているので、記述の練習も必要である。

国語　説明文・物語文の読解2題に漢字書き取り5問、四字熟語5問の出題構成。物語文については、別の筆者の短い随筆文を読ませて答えさせる問いもあった。内容一致、理由説明、登場人物の心情の読み取りを問われた。2題とも長めの文章なので、場面や流れをつかみながら読む練習を繰り返したい。

理科　設問4題、生地物化からの出題。身のまわりのものをテーマにした問題や会話文形式の問題が例年出題される。また、自分の考えを記述するような思考問題も出題されることが多いので、過去の問題で演習を重ねて、論理的に思考する力を身につけておきたい。

社会　地理・歴史・政治いずれも基礎基本が問われた。用語記述は一部漢字指定。記述問題は5問出題された。どの大問でもカラーの地図・グラフ・表・資料が多用されており、それらの読み取り能力が問われている。ふだんからこうした資料を用いた学習が有効となる。

大妻中野中学校

おおつまなかの

■学校長／諸橋隆男　■創立／平成7年　■生徒数／762名
■所在地／〒164-0002 東京都中野区上高田2-3-7
■ＴＥＬ／03-3389-7211
■交通／中野駅（JR中央線、東京メトロ東西線）徒歩10分。新井薬師前駅（西武新宿線）徒歩8分。

何学期制	週何日制	登校時刻	制服	給食	食堂 軽食販売	プール	寮	特待制度 奨学金等	帰国生 取出授業
3学期制	6日制	8:30	中高あり	なし	食堂なし 販売中高あり	なし	なし	あり	あり

沿　革

1941年創立。1971年大妻女子大の付属校となり、大妻女子大学中野女子高等学校に改称。1995年４月､大妻中野中学校･高等学校に名称を変更し、中学校からの生徒募集を行う。2005年より完全中高一貫校に。

教育方針と特色

建学の精神『学芸を修めて人類のために』にもとづき、世界に貢献できる自立した女性の育成を目指して2016年よりグローバルリーダーズコースを新設。アドバンストコースと共に多種多様な海外研修と実践力にこだわる語学授業から、多様性を増す社会をしなやかに生き抜く力を育成する。また、すべての生徒の学力を最大限に引き出すため、全教室に電子黒板を完備。2016年からは１人１台ずつのタブレット端末を用いた多様な双方向授業を実践。最新のICT教育環境で興味関心を引き出しながら、幅広く、深い学びを定着させる授業展開を推し進めている。さらに、生徒の意欲的な場学びをきめ細やかに支援するため、早朝・放課後・長期休業中の講習や卒業生によるチューターシステムなどのサポート体制にも力を入れている。2020年にグローバルセンターを設置。Beyond Schoolを合言葉に他校や他大と連携したプログラムに力を入れている。教師と生徒の距離が近いアットホームな校風が一人ひとりの目標に寄り添う環境を作り上げている。

◉系列校

小	中	高	大(短大)
	○	○	○

◉併設小学校なし
◉高校生外部募集………なし

◉授業時間…1コマ50分・週34時間

	1年	2年	3年	計
国　語	5	5	5	15
社　会	4	4	4	12
数　学	4	5	6	15
理　科	4	4	4	12
英　語	6	6	6	18
5教科計	23	24	25	72

参考　**高校1年生一週間の授業**

英語=6　数学=5　国語=4
理科=4　社会=4

進学・進路

◉卒業生進路状況

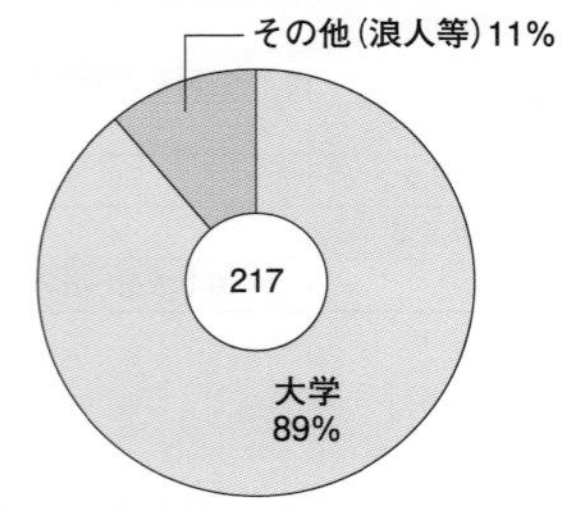

■進路選択状況（高３進級時）

データなし

■理系・文系進学状況

理系 39%　文系 57%

■共通テスト受験率

100%

◉卒業までの流れ

小学校	中学校	高等学校	大学
	大妻中野中学校	大妻中野高等学校 (217)	大妻女子大学　27 大妻女子大学短期大学部　0

◉主な大学合格実績

大学名	'22	'23	'24	大学名	'22	'23	'24	大学名	'22	'23	'24	大学名	'22	'23	'24
東京大				千葉大	1			東京都立大	2	1		東京女子大	23	11	9
京都大				お茶の水女子大			1	横浜市立大				日本女子大	23	16	15
北海道大				東京外国語大	1			慶應義塾大	7	4	6	成蹊大	12	12	12
東北大		1		電気通信大		1		早稲田大	17	9	3	成城大	15	12	8
名古屋大				東京学芸大			1	上智大	9	10	6	明治学院大	12	4	5
大阪大				東京農工大	2			東京理科大	9	4	4	國學院大		3	8
九州大				東京芸術大			1	明治大	30	15	16	武蔵大		2	15
東京工業大				東京医科歯科大				青山学院大	20	6	7	獨協大	2	2	1
一橋大				東京海洋大				立教大	38	24	28	日本大	29	19	13
筑波大	1			横浜国立大				中央大	30	18	18	東洋大	27	23	22
茨城大	1			山梨大				法政大	26	10	21	駒澤大	19	3	10
宇都宮大				金沢大				学習院大	12	10	6	専修大	9	9	3
群馬大				信州大			1	国際基督教大	1	1		芝浦工業大	14	2	3
埼玉大			2	国際教養大				津田塾大	8	8	8	東京都市大			2

入試要項・入試情報

◉2024年度の入試要項(参考)

	1回 アドバンスト	2回 アドバンスト	3回 アドバンスト	4回 アドバンスト	1回 グローバル	2回 グローバル	新思考力
募集人員	約50名	約50名	約45名	約25名	グローバル計 約36名(帰国生含)		約15名
選抜方法	国・算・社・理	国・算	国・算	国・算・社・理	国・算・英スピーキング		総合Ⅰ(国・社・理)・総合Ⅱ(総合問題)・総合Ⅲ(算)
出願関連期間	1/10〜1/31		1/10〜2/2	1/10〜2/3	1/10〜1/31	1/10〜2/3	1/10〜2/4
試験日程	2/1午前	2/1午後	2/2午後	2/3午前	2/1午前	2/3午前	2/4午前
合格発表	掲示 2/2 10:00〜 Web 2/1 17:00〜	掲示 2/2 10:00〜 Web 2/1 21:30〜	掲示 2/3 10:00〜 Web 2/2 21:30〜	掲示 2/4 10:00〜 Web 2/3 17:00〜	掲示 2/2 10:00〜 Web 2/1 17:00〜	掲示 2/5 10:00〜 Web 2/3 17:00〜	掲示 2/5 10:00〜 Web 2/4 21:30〜
入学手続	2/6 15:00まで						

＊2024年新入生ガイダンスは2月9日(金)に実施(ガイダンスの出席をもって入学意思の確認とする)。

面接 実施する。

◉最近6年間の入試応募者推移と倍率

年度		2019	2020	2021	2022	2023	2024
募集	①アド	約50	約50	約50	約50	約50	約50
	②アド	約40	約40	約50	約50	約50	約50
	③アド	約40	約40	約45	約45	約45	約45
	④アド	約25	約25	約25	約25	約25	約25
応募	①アド	104/30	113/32	115/21	109/29	141/25	150
	②アド	400	396	325	330	429	436
	③アド	433	380	345	377	402	467
	④アド	207/43	194/60	198/52	198/52	240/57	297
応募倍率	①アド	2.7	2.9	2.7	2.8	3.3	3.0
	②アド	10.0	9.9	6.5	6.6	8.6	8.7
	③アド	10.8	9.5	7.7	8.4	8.9	10.4
	④アド	10.0	10.2	10.0	10.0	11.9	11.9
受験	①アド	92/29	99/31	96/17	90/26	121/23	125
	②アド	376	382	303	298	396	405
	③アド	276	262	210	244	247	285
	④アド	86/26	82/29	90/24	108/24	108/32	150
合格	①アド	41/15	40/11	45/6	40/11	44/7	50
	②アド	226	225	191	191	245	256
	③アド	182	174	109	125	164	135
	④アド	59/15	42/9	67/10	62/9	71/11	71
実質倍率	①アド	2.2/1.9	2.5/2.8	2.1/2.8	2.3/2.4	2.8/3.3	2.5
	②アド	1.7	1.7	1.6	1.6	1.6	1.6
	③アド	1.5	1.5	1.9	2.0	1.5	2.1
	④アド	1.5/1.7	2.0/3.2	1.3/2.4	1.7/2.7	1.5/2.9	2.1

＊2019年〜2023年①アド・④アドは4教科／2教科。
＊2024年補欠発表…なし。追加合格(電話)…あり、2月6日。

◉費用(参考)

受験料		22,000円
入学手続時	入学金	250,000円
	授業料	—
	その他	—
入学手続後〜入学まで	授業料	—
	その他	147,883円
入学後１年	授業料	471,000円
	その他	535,226円
初年度納入金合計		1,404,109円
中学３年間費用計	約	3,391,709円

＊複数回同時出願の受験料は、2回分は3万5千円、3回分以上は4万5千円。
＊複数回同時出願し、早い回で合格し入学手続きを完了した場合、指定期日までに申し出れば、未受験分の受験料を返金。
＊国公立校の受験者は、2月6日15時までに延納手続きした場合、2月9日11時まで入学金の延納可。

◉入試教科

4教科/2教科

②算数	50分/50分	100点/100点
①国語	50分/50分	100点/100点
④理科	30分/	50点/
③社会	30分/	50点/
合計	160分/100分	300点/200点

合格最高点	①	241点
	②	179点
	③	182点
	④	238点
合格最低点	①	187点
	②	120点
	③	120点
	④	180点

＊グローバル・新思考力は非公表。

◉受験併願パターン

偏差値	1月前半	1月後半	2月1日	2月2日	2月3日	2月4日以降
54					富士見３	山脇学園Ｃ
52			三輪田学園午後	富士見２		
50	西武文理特待		大妻中野２アド	大妻中野３アド		
49						実践女子学園６
48	西武文理選抜		大妻中野	実践女子学園４	大妻中野４アド	
47					日大第二２	
46						明治学院３
44	星野学園総合選抜		佼成女１日午後特	跡見学園２		
43	細田学園					光塩女子学院３
41				十文字４		
40		和洋国府台女子	日大豊山女子２科	女子聖学院３		大妻多摩４

入試問題の傾向とポイント

算数 計算問題6問、一行問題6問、大問2題で、総設問数20問程度の問題構成。前半の一行問題は、幅広い分野から基本問題を中心に出題される。基礎をしっかりと身につけ、確実に得点することが重要。後半の大問では思考力を要するものもあるので注意が必要。

国語 説明文と漢字・言語事項(慣用句・文法)という出題構成。読解は一題だけだが文章量はそこまで多くない。説明文は主に内容説明・理由説明・内容一致・筆者の考えを問われた。記述も数問あるが、言いかえの部分を探させる抜き出し問題が多い。

理科 設問3題で、大問1つにつき生地物化から1分野の出題。基本的な知識を問う問題が中心の出題であるため、基礎固めを日頃から行っておきたい。また、計算問題も多く出題されている。ミスなくすばやく確実に得点できるように、意識して練習を行っておきたい。

社会 大問3題構成。記号選択の割合が高く、用語記述は原則として漢字指定。記述問題が2問出題された。その一部は発展的な内容が含まれている。歴史は基礎基本が中心だが、地理では地図やグラフなどが多用されているので、資料の読み取り問題に慣れておきたい。

大妻嵐山中学校

おおつまらんざん

■学校長／榎本克哉　■創立／平成15年　■生徒数／146名
■所在地／〒355-0221 埼玉県比企郡嵐山町菅谷558
■ＴＥＬ／0493-62-2281
■交通／武蔵嵐山駅（東武東上線）徒歩13分。深谷駅、熊谷駅、北本駅、北上尾駅、飯能駅、森林公園駅からスクールバスあり。

何学期制	週何日制	登校時刻	制服	給食	食堂 軽食販売	プール	寮	特待制度 奨学金等	帰国生 取出授業
3学期制	6日制	8:40	中高あり	中学のみあり	販売条件付	なし	なし	あり	なし

沿　革

1967年嵐山女子高等学校として開校した。1972年に校名を大妻女子大学嵐山女子高等学校と改称。1995年には大妻嵐山高等学校と改称し、2003年女子教育の充実を掲げて大妻嵐山中学校を開校した。

教育方針と特色

校訓「恥を知れ」・建学の精神「学芸を修めて人類のためにーArts for Humankindー」を柱に、学祖大妻コタカが目指した「思いやりのある自立した女性」、「深い教養と知性を身につけ、社会に貢献できる高い志を持つ女性」、そして社会が求める「国際的な視野を持った女性」の育成を目指している学校である。「グローバル＆サイエンス」と「学校社会貢献活動」、そして「大妻リベラルアーツ」の３つを学びのキーワードとし、国蝶オオムラサキの育成・観察研究、埼玉県の地質についての野外巡検、自由テーマの科学研究、英会話合宿、イングリッシュフェスティバル、国外のネイティブと一人ひとりがオンラインでつながる英会話授業（QQE）、論語素読授業、礼法指導など、特徴ある探求学習や多種多様な体験型学習プログラムが用意されている。また、中学3年（希望制）の「イギリス研修」をはじめとした海外研修やボランティア活動など、様々な校外学習の機会も数多く設定している。

社会に貢献できる「大妻スピリット」をもつ自立した生徒たちが、豊かな自然環境の中で成長している。

◉系列校

小	中	高	大(短大)
	○	○	○

◉併設小学校なし
◉高校募集内進含………180名
（完全混合クラス）

◉授業時間…1コマ50分・週34時間

	1年	2年	3年	計
国　語	5	5	5	15
社　会	3	3	4	10
数　学	5	5	5	15
理　科	3	4	4	11
英　語	6	6	6	18
5教科計	22	23	24	69

数学・英語：習熟度別クラス編成

参考　高校1年生一週間の授業

英語=6　数学=5　国語=4
理科=4　社会=4

進学・進路

◉卒業生進路状況

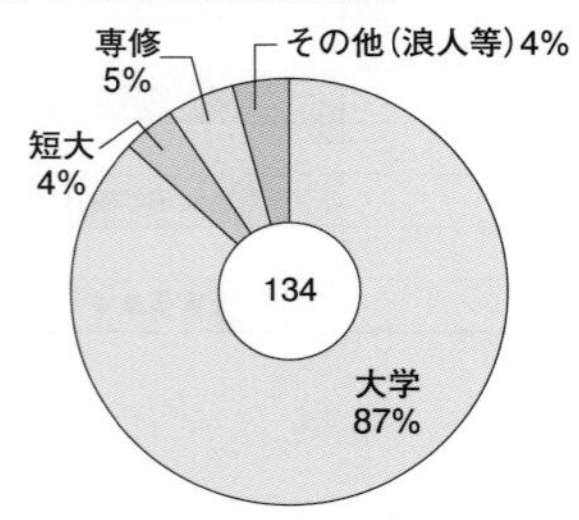

■進路選択状況（高３進級時）

理系 21%　文系 72%

■理系・文系進学状況

理系 21%　文系 79%

■共通テスト受験率

22%

◉卒業までの流れ

小学校	中学校	高等学校	大学
	大妻嵐山中学校	大妻嵐山高等学校 (134)	大妻女子大学　42 （文15・家政17・社会情報8・人間関係1・比較文化1） 大妻女子大学短期大学部　2

◉主な大学合格実績

大学名	'22	'23	'24	大学名	'22	'23	'24	大学名	'22	'23	'24	大学名	'22	'23	'24
東京大				千葉大				東京都立大				東京女子大	4	1	3
京都大				お茶の水女子大				横浜市立大				日本女子大	5	5	3
北海道大				東京外国語大				慶應義塾大		1		成蹊大	1	1	3
東北大				電気通信大				早稲田大				成城大	1	2	2
名古屋大				東京学芸大				上智大	1		1	明治学院大		3	1
大阪大				東京農工大			1	東京理科大				國學院大			1
九州大				東京芸術大			2	明治大	1	2		武蔵大		3	
東京工業大				東京医科歯科大				青山学院大				獨協大	3	5	3
一橋大				東京海洋大				立教大	1	2	1	日本大	4	5	
筑波大				横浜国立大				中央大	1		1	東洋大	2	6	5
茨城大	1			山梨大				法政大		3	2	駒澤大			1
宇都宮大				金沢大				学習院大	2	4	5	専修大	1	1	1
群馬大		1	2	信州大			1	国際基督教大				芝浦工業大			
埼玉大			1	国際教養大				津田塾大		1	2	東京都市大			

入試要項・入試情報

◉2024年度の入試要項(参考)

	まなび力エキスパート	1回一般	2回一般	大妻特待	適性検査型
募集人員	30名	1回一般・適性検査型計30名	若干名	20名	1回一般・適性検査型計30名
選抜方法	国・算・英より2教科選択+通知表のコピー	国・算または国・算・社・理		国・算・社・理	適性検査Ⅰ・Ⅱ
出願関連期間	12/1～1/5		12/1～1/20	12/1～1/5	
試験日程	1/10午前	1/10午後	1/23午前	1/11午前	1/11午後
合格発表	Web 1/10 22:00頃～	Web 1/11 10:00頃～	Web 1/23 21:00頃～	Web 1/12 10:00頃～	Web 1/13 15:00頃～
入学手続	1/16 15:00まで	2/5 15:00まで			2/9 15:00まで

＊まなび力エキスパート・1回一般・大妻特待・適性検査型入試は本校以外に大宮ソニックシティビル会場でも実施。

面接 実施する。

◉最近6年間の入試応募者推移と倍率

年度		2019	2020	2021	2022	2023	2024
募集	まなび力 ①｜② 奨学生｜みらい力 ③	30 20｜15 若干｜15 若干	30 30 ①②合計 10｜10 若干	まなび力｜ブログ・1科英語 30｜10 ブログ・1科英合計 ①｜② 30 ①②合計 奨学生 10 ③ 若干	まなび力｜まなび力エキスパート 30 まなび力合計 ①｜② 30 ①②合計 奨学生 20 ③ 若干	30 まなび力合計 30 ①②合計 20 若干	まなび力エキスパート 30 ①｜適性検査型 30 ①適性合計 大妻特待 20 ② 若干
応募	まなび力 ①｜② 奨学生｜みらい力 ③	59 107/36｜77/69 75/47 43/20	51 137/43｜117/100 93/22 28/16	74｜3/1 163/73｜140/115 88 39/39	49｜29 242/140｜124/83 88 45/34	47｜39 232/97｜125/99 125 65/46	61 262/122｜54 131 91/56
応募倍率	まなび力 ①｜② 奨学生｜みらい力 ③	2.0 7.2｜9.7 －｜3.1 －	1.7 13.2(①②合計) 9.3｜2.2 －	2.5｜0.4(ブログ・1科英合計) 16.4 8.8 －	2.6(まなび力合計) 19.6(①②合計) 4.4 －	2.9(まなび力合計) 18.4(①②合計) 6.3 －	2.0 13.6(①適性合計) 6.6 －
受験	まなび力 ①｜② 奨学生｜みらい力 ③	57 104/36｜74/66 63｜33 14/9	50 131/42｜113/97 86｜19 10/3	73｜3/1 161/71｜133/110 74 11/22	48｜29 237/137｜52/45 82 9/16	43｜39 219/95｜66/46 106 14/14	61 254/117｜32 96 23/9
合格	まなび力 ①｜② 奨学生｜みらい力 ③	56 93/22｜60/50 23｜29 12/8	50 113/30｜97/64 39/14 9/3	65｜3/0 134/41｜112/73 37 9/17	47｜28 205/73｜40/26 49 8/12	42｜37 230｜78 58 21	58 267｜26 54 31
実質倍率	まなび力 ①｜② 奨学生｜みらい力 ③	1.0 1.1/1.6｜1.2/1.3 2.7/1.1 1.2/1.1	1.0 1.2/1.4｜1.2/1.5 2.2｜1.4 1.1｜1.0	1.1｜1.0/－ 1.2/1.7｜1.2/1.5 2.0 1.2/1.3	1.0｜1.0 1.2/1.9｜1.3/1.7 1.7 1.1/1.3	1.0｜1.1 1.4｜1.4 1.8 1.3	1.1 1.4｜1.2 1.8 1.0

＊2019年～2023年①・②・③と2024年①・②は4教科／2教科。
＊2024年補欠発表…詳細不明。補欠合格・追加合格…いずれもなし。

◉費用(参考)

受験料		25,000円
入学手続時	入学金	250,000円
	授業料	—
	その他	—
入学手続後～入学まで	授業料	—
	その他	130,352円
入学後１年	授業料	380,000円
	その他	525,580円
初年度納入金合計		1,285,932円
中学３年間費用計　約		3,187,092円

＊複数出願可。追加で出願する場合も、追加の検定料は不要。
＊大妻、大妻中野、大妻多摩との入学手続時納入金の振替可。

◉入試教科

4教科/2教科

②算数	50分/50分	100点/100点
①国語	50分/50分	100点/100点
③理科	あわせて50分	50点/
③社会		50点/
合計	150分/100分	300点/200点

＊まなび力エキスパートは、国・算・英から2科選択(各50分・各100点)。
＊特待は4科(国・算／各50分・各100点)(理・社／各30分・各60点)合計320点。
＊適性Ⅰ・Ⅱ(各45分・各100点)合計200点。

合格最高点	まなび力エキスパート	—
	一般1回	—
	特待	—
	適性	—
	一般2回	—
合格最低点	まなび力エキスパート	—
	一般1回	105点
	特待	157点
	適性	—
	一般2回	—

私立 女子校

◉受験併願パターン

偏差値	1月前半	1月後半	2月1日	2月2日	2月3日	2月4日以降
59			学習院女子Ａ			法政大学３
57	大宮開成特待		法政大学	富士見算数		大妻４
50	西武文理特待		跡見学園特１	跡見学園特２		
48	星野学園理数２		大妻中野		大妻中野４アド	
47	埼玉栄２難関				日大第一２科	日大第一２科２
44			十文字２			淑徳巣鴨３
43	大妻嵐山特待					十文字５
42				十文字４		
40			十文字	文京学院大２	文京学院大３	
38	大妻嵐山		大妻多摩	日大豊山女２科選		日大豊山女２科３
35	西武台新座			京華女子２	東京家政大附５	東京家政大附６

入試問題の傾向とポイント

算数 計算問題10問、一行問題10問、大問2題の問題構成。一行問題は幅広い分野から出題されるが、基本的な問題が中心。まずは各分野の基礎を固め、確実に得点できるようにしたい。後半の大問では、立体図形の問題、グラフを用いた問題が頻出。過去問で対策をしておくこと。

国語 雑問1題に説明文と物語文の読解2題構成。雑問は漢字の書き取りやことわざ、敬語を含む。説明文は理由や内容合致など、物語文は人物の心情変化や行動理由について問われた。解答形式は選択肢と抜き出しが中心である。

理科 大問4題、生地物化からの出題。基本的な知識を問う問題が中心の出題であるため、日頃の学習では基礎固めを徹底的に行い、ミスなく解き進めていきたい。また、理由や実験の考察を記述するような問題も、例年複数出題されている。自分の考えをまとめる練習もしておきたい。

社会 大問3題構成。多くの小問は基礎基本を問うもので、『予習シリーズ』などで復習をきちんと行っていれば解答できる。短文の記述問題は3分野からそれぞれ1問ずつ計3問出題された。ここで点差をつけられるよう、要点をおさえ簡潔に書く力をつけておきたい。

学習院女子中等科

（がくしゅういんじょし）

■科長／増渕哲夫　■創立／明治18年　■生徒数／616名
■所在地／〒162-8656 東京都新宿区戸山3-20-1　■ＴＥＬ／03-3203-1901
■交通／西早稲田駅（東京メトロ副都心線）徒歩1分。高田馬場駅（JR山手線、西武新宿線、東京メトロ東西線）徒歩20分。
早稲田駅（東京メトロ東西線）徒歩10分。

何学期制	週何日制	登校時刻	制服	給食	食堂 軽食販売	プール	寮	特待制度 奨学金等	帰国生 取出授業
3学期制	6日制	8:20	中高あり	なし	食堂なし 販売中高あり	屋内	なし	なし	あり

沿　革

1847（弘化4）年、孝明天皇が京都に設立した公家の学問所が起源。1885年に女子の学校として華族女学校が創設された。1947年の学制改革によって、現形態となる。

教育方針と特色

生徒一人ひとりの光輝く個性を引き出し伸ばすため、分割授業やティームティーチング、習熟度にあわせた細やかな指導を実践。英語はすべての授業で、他の教科の一部も20人前後の分割授業を実施している。表現力を育てることには特に力を入れ、国語の作文や英語のみでなく、理科・社会のレポートをはじめ、数学でも答えを導き出す過程をことばで表すことを重視。また、感受性や創造力を伸ばすために芸術の各科目では、第一線で活躍する専門家でもある教員達が指導にあたる。体育でも充実した施設を利用して様々な種目に取り組み、生涯スポーツを楽しむ基礎を身につける。帰国生の受け入れにも積極的。都心にありながら広大で緑豊かな校内には、施設・設備が整っており教育環境は充実している。部活動への参加率も高い。

◉系列校

小	中	高	大（短大）
○	○	○	○

◉小学校からの内進生…63名
◉高校生外部募集………なし

◉授業時間…1コマ50分・週33時間

	1年	2年	3年	計
国　語	5	5	5	15
社　会	4	4	4	12
数　学	4	5	5	14
理　科	3	4	4	11
英　語	5	5	6	16
5教科計	21	23	24	68

参考　**高校1年生一週間の授業**

英語=5　数学=5　国語=6
理科=5　社会=4

進学・進路

◉卒業生進路状況

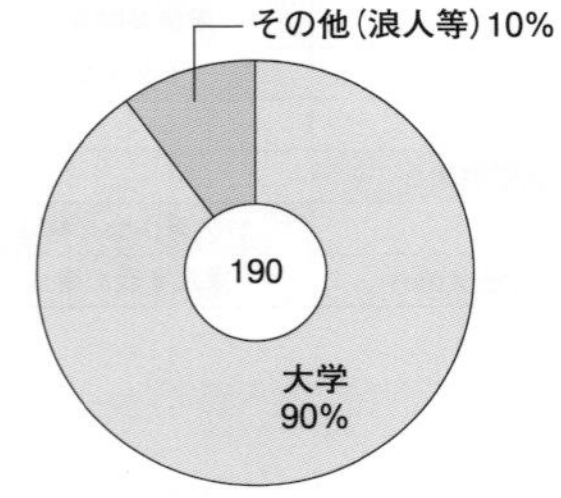

■進路選択状況（高3進級時）
データなし

■理系・文系進学状況
データなし

■共通テスト受験率
データなし

◉卒業までの流れ

小学校	中学校	高等学校	大学
学習院初等科	学習院女子中等科	学習院女子高等科（190）	学習院大学　106（法23・文21・経済32・理10・国際社会科学20） 学習院女子大学　2

◉主な大学合格実績

大学名	'22	'23	'24	大学名	'22	'23	'24	大学名	'22	'23	'24	大学名	'22	'23	'24
東京大		2		千葉大				東京都立大				東京女子大	3	2	
京都大		1	1	お茶の水女子大				横浜市立大				日本女子大			
北海道大				東京外国語大	3			慶應義塾大	21	34	30	成蹊大		2	
東北大	1			電気通信大				早稲田大	22	29	12	成城大	2		
名古屋大				東京学芸大		1		上智大	20	46	11	明治学院大	2	4	6
大阪大				東京農工大		1		東京理科大	7	10	3	國學院大	1		
九州大		1		東京芸術大			1	明治大	12	19	13	武蔵大	2	4	
東京工業大				東京医科歯科大				青山学院大	5	16	2	獨協大			
一橋大		1		東京海洋大				立教大	6	15	13	日本大	4	14	8
筑波大	1		1	横浜国立大		1		中央大	19	9	10	東洋大	4		1
茨城大				山梨大				法政大	6	6	4	駒澤大		2	1
宇都宮大				金沢大				学習院大	-	-	-	専修大		2	
群馬大				信州大		1		国際基督教大		1	2	芝浦工業大	4	2	
埼玉大	2			国際教養大		3		津田塾大	1	3		東京都市大			

入試要項・入試情報

◉2024年度の入試要項（参考）

	A	B
募集人員	約90名	約40名
選抜方法	国・算・社・理＋成績通知表のコピー	
出願関連期間	12/20〜1/25	
試験日程	2/1	2/3
合格発表	Web 2/2 14:00〜	Web 2/4 14:00〜
入学手続	2/3 15:00まで	2/5 15:00まで

＊出願資格に「親元から通学できる者」とある。
＊2024年2月17日（土）14時から実施の父母保証人会に欠席の場合は、入学を辞退したものと判断する。

面接 実施しない。

◉費用（参考）

受験料		30,000円
入学手続時	入学金	300,000円
	授業料	—
	その他	—
入学手続後〜入学まで	授業料	—
	その他	180,000円
入学後１年	授業料	718,000円
	その他	405,000円
初年度納入金合計		1,603,000円
中学３年間費用計　約		3,837,000円

＊A・B両方を出願し、A日程で合格し入学手続きをした場合、未受験分の受験料を返金。

◉最近6年間の入試応募者推移と倍率

年度		2019	2020	2021	2022	2023	2024
募集	Ⓐ	約90	約90	約90	約90	約90	約90
	Ⓑ	約40	約40	約40	約40	約40	約40
応募	Ⓐ	304	289	293	302	255	320
	Ⓑ	533	487	455	486	416	532
応募倍率	Ⓐ	3.4	3.2	3.3	3.4	2.8	3.6
	Ⓑ	13.3	12.2	11.4	12.2	10.4	13.3
受験	Ⓐ	276	251	261	271	224	282
	Ⓑ	277	258	243	267	181	292
合格	Ⓐ	101	100	108	104	104	103
	Ⓑ	40	40	40	45	49	45
実質倍率	Ⓐ	2.7	2.5	2.4	2.6	2.2	2.7
	Ⓑ	6.9	6.5	6.1	5.9	3.7	6.5

＊2024年補欠発表（Web）…（B入試）46名。補欠合格…（B入試）46名、2月5日〜2月20日。追加合格…なし。

◉入試教科

②算数	50分	100点
①国語	50分	100点
③理科	30分	60点
④社会	30分	60点
合計	160分	320点

合格最高点	Ⓐ252点 Ⓑ247点
合格最低点	Ⓐ196点 Ⓑ200点

私立 女子校

◉受験併願パターン

偏差値	1月前半	1月後半	2月1日	2月2日	2月3日	2月4日以降
65	浦和明の星女子			青山学院	お茶の水女子大附	
64		東邦大東邦前				
63			広尾小石川２			浦和明の星女子２
62					学習院女子Ｂ	
61		昭和秀英				
60			学習院女子Ａ			中央大附属２
59				開智日本橋２		
58	淑徳与野					
56		専修大松戸		大妻２	大妻３	淑徳与野２
55	大宮開成	芝浦工大柏	東京女学館２	普連土２日午後	成城学園２	
54	江戸川取手難				富士見３	山脇学園Ｃ

入試問題の傾向とポイント

算数　計算2問、一行問題2問（設問付きもあり）、大問3題の構成。標準レベルの問題が中心だが、問題数がそれほど多くないので、余裕を持って取り組める。基礎を固めて、確実に得点したい。解答欄には単位がないので要注意。作図の問題が出題されることがあるので、対策が必要となる。

国語　長めの物語文1題（10ぐらいある設問のすべて記述で解答する形式）と読み書き20問も例年通り。ほとんどが場面と状況における人物の様子・態度・言動からその意味・心情・理由を問うものである。設問が要求するところを的確につかみ、適切な表現を心がけることが大切。

理科　大問4題、生地物化からの出題。記述問題が中心で、計算問題では考え方や式も書く必要がある。単に知識だけでは対応できないため、過去問演習によって経験を積んでおくこと。文章をよく読み、実験結果やデータを見ながら、自分の言葉で答えられるような力を養いたい。

社会　例年よりも用語記述の問題は減り、記述問題も5問と減ったが、小問数は多いため、試験時間の30分以内にすばやく解く必要がある。記述問題のなかには、具体例を挙げて説明することを求めるものもある。社会や世界の動きに関心を持ち、自分なりの問題意識や考えを養うことが重要。

神奈川学園中学校

かながわがくえん

■学校長／及川正俊　■創立／大正3年　■生徒数／503名
■所在地／〒221-0844 神奈川県横浜市神奈川区沢渡18
■ＴＥＬ／045-311-2961
■交通／反町駅（東急東横線）徒歩10分。横浜駅（JR東海道本線など）徒歩10分。

何学期制	週何日制	登校時刻	制服	給食	食堂 軽食販売	プール	寮	特待制度 奨学金等	帰国生 取出授業
3学期制	6日制	8:25	中高あり	なし	食堂なし 販売中高あり	屋内	なし	あり	なし

沿　革

女性の自覚と真の自立をめざして1914年に設立された、神奈川高等女学校が前身。1947年に神奈川中学校と校名を変更。1990年現校名に改称し、現在に至る。2008年に高校募集を停止し、完全中高一貫体制となる。

教育方針と特色

横浜市内の中高一貫校の女子校としては珍しく、宗教色のない学校である。自立し、判断力を持った一人ひとりを育て、その力を自分と社会貢献のために生かす人材の育成を目指している。中高一貫校の利点を生かし、無理のない先取り学習を実践している。英語では「ラウンドシステム」を導入し、「読む」「聞く」に加え「話す」「書く」場面を多くとり、英語を活用する力を育成している。理科では実験観察を中学3年間で100以上行うなど実感を持った学びができるのが特徴。また、中学3年間の2人担任制、ダイアリーの活用、個人面談など多面的な視点での指導を実践している。海外研修や国内フィールドワークなど、様々な体験学習にも力を入れている。クラブ活動も活発で、バトントワリング部は全国大会出場の常連。

◉系列校

小	中	高	大（短大）
○	○	○	

◉小学校からの内進生…1名
◉高校生外部募集………なし

◉授業時間…1コマ50分・週35時間

	1年	2年	3年	計
国　語	5	5	6	16
社　会	4	4	4	12
数　学	5	5	5	15
理　科	3	4	5	12
英　語	7	7	6	20
5教科計	24	25	26	75

参考　高校1年生一週間の授業

英語=7　数学=5　国語=6
理科=5　社会=4

進学・進路

◉卒業生進路状況

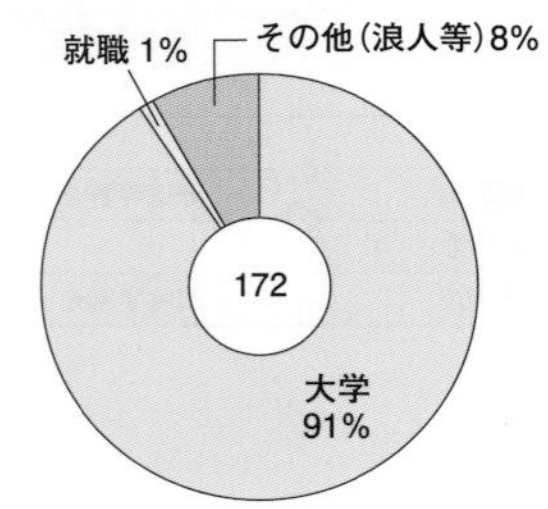

■進路選択状況（高３進級時）

理系 44%　文系 56%

■理系・文系進学状況

データなし

■共通テスト受験率

86%

◉卒業までの流れ

小学校	中学校	高等学校	大学
精華小学校 ▶	神奈川学園中学校 ▶	神奈川学園高等学校 (172)	

◉主な大学合格実績

大学名	'22	'23	'24	大学名	'22	'23	'24	大学名	'22	'23	'24	大学名	'22	'23	'24
東京大				千葉大				東京都立大				東京女子大	11	7	10
京都大				お茶の水女子大				横浜市立大			2	日本女子大	13	8	12
北海道大				東京外国語大				慶應義塾大	2	2	5	成蹊大	3	2	4
東北大				電気通信大				早稲田大	2	2	4	成城大	7	7	2
名古屋大				東京学芸大				上智大	4	8	9	明治学院大	11	18	36
大阪大				東京農工大	1			東京理科大	2	4	7	國學院大	5	8	7
九州大				東京芸術大				明治大	8	6	18	武蔵大		1	
東京工業大				東京医科歯科大				青山学院大	5	9	12	獨協大		2	
一橋大				東京海洋大				立教大	6	16	38	日本大	8	8	8
筑波大				横浜国立大			1	中央大	4	9	10	東洋大	8	24	7
茨城大				山梨大				法政大	4	25	24	駒澤大	2	11	8
宇都宮大				金沢大				学習院大	17	7	10	専修大	9	8	28
群馬大				信州大				国際基督教大		1		芝浦工業大	1		
埼玉大				国際教養大				津田塾大			2	東京都市大	6	6	9

入試要項・入試情報

◉2024年度の入試要項（参考）

	A午前	A午後	B	C
募集人員	80名	30名	60名	20名
選抜方法	国・算または 国・算・社・理	国・算	国・算または 国・算・社・理 または国・算・英	国・算または 国・算・社・理
出願関連期間	1/7～1/30		1/7～2/1	1/7～2/3
試験日程	2/1午前	2/1午後	2/2午前	2/4午前
合格発表	掲示 2/2 9:00～ Web 2/1 19:00～	掲示 2/2 9:00～ Web 2/1 21:30～	掲示 2/3 9:00～ Web 2/2 19:00～	掲示 2/5 9:00～ Web 2/4 19:00～
入学手続	2/6 16:00まで			

面接 実施する。

◉費用（参考）

受験料		20,000円
入学手続時	入学金	250,000円
	授業料	—
	その他	—
入学手続後～入学まで	授業料	—
	その他	55,165円
入学後１年	授業料	444,000円
	その他	573,790円
初年度納入金合計		1,322,955円
中学３年間費用計 約		2,913,055円

＊複数回出願の場合、2回目以降は各回1万円。
＊複数回出願して入学した場合、合格以降の未受験分の受験料を返金。
＊入学辞退者は2月8日16時までに申し出れば、入学金（25万円）を返金。

◉最近6年間の入試応募者推移と倍率

年度		2019	2020	2021	2022	2023	2024
募集	A午前	80	70	70	80	80	80
	A午後	30	30	35	30	30	30
	B	60	65	65	60	60	60
	C	20	25	20	20	20	20
応募	A午前	98/54	101/54	123/60	88/43	115/49	101/41
	A午後	219	264	258	225	199	192
	B	186/64	175/96	216/76/10	153/48/9	178/73/10	151/57/4
	C	173/52	156/65	173/63	112/43	142/67	103/43
応募倍率	A午前	1.9	2.2	2.6	1.6	2.1	1.8
	A午後	7.3	8.8	7.4	7.5	6.6	6.4
	B	4.2	4.2	4.6	3.5	4.4	3.5
	C	11.3	8.8	11.8	7.8	10.1	7.3
受験	A午前	92/52	97/51	114/60	82/41	109/46	97/40
	A午後	201	242	244	213	189	185
	B	98/33	103/63	135/50/8	90/27/7	103/47/8	96/41/3
	C	63/17	52/33	58/41	36/17	52/36	41/19
合格	A午前	72/33	66/27	80/30	68/30	79/26	77/28
	A午後	129	131	134	134	109	123
	B	73/24	76/36	104/21/5	75/14/6	76/22/5	81/28/3
	C	45/7	29/17	34/15	30/12	33/16	36/12
実質倍率	A午前	1.3/1.6	1.5/1.9	1.4/2.0	1.2/1.4	1.4/1.8	1.3/1.4
	A午後	1.6	1.8	1.8	1.6	1.7	1.5
	B	1.3/1.4	1.4/1.8	1.3/2.4/1.6	1.2/1.9/1.2	1.4/2.1/1.6	1.2/1.5/1.0
	C	1.4/2.4	1.8/1.9	1.7/2.7	1.2/1.4	1.6/2.3	1.1/1.6

＊2019年～2020年A午前・B・Cは4教科／2教科。2021年～2024年A午前・Cは4教科／2教科、Bは4教科／2教科／国算英。
＊2024年補欠発表…なし。追加合格（電話）…あり。

◉入試教科

4教科/2教科

②算数	50分/50分	100点/100点
①国語	50分/50分	100点/100点
④理科	30分/	60点/
③社会	30分/	60点/
合計	160分/100分	320点/200点

＊Bの3科、国・算・英（各50分・各100点）の上位2科で（合計200点満点）判定。

合格最高点	Ⓐ午前 273/169点 午後 177点 Ⓑ 274/177点 Ⓒ 276/178点
合格最低点	Ⓐ午前 177/109点 午後 114点 Ⓑ 181/113点 Ⓒ 165/102点

◉受験併願パターン

偏差値	1月前半	1月後半	2月1日	2月2日	2月3日	2月4日以降
53				田園調布学園２	東京女学館４	
51						普連土４日午前
48	佐久長聖東京			実践女子学園４	カリタス女子４	日大藤沢３
46			神奈川学園Ａ午後	鎌倉女学院	鎌倉女学院２	
42				横浜女学院Ｄ２		
41				日大第三２	横浜女学院Ｅ２	
40						大妻多摩４
39				横浜女学院Ｃ２		
38				神奈川学園Ｂ		神奈川学園Ｃ
37					玉川聖学院４	
36				捜真女学校Ｂ		

入試問題の傾向とポイント

算数　計算問題4問、一行問題7問、大問3題の問題構成。前半は基本問題が中心なので、確実に得点したい。後半にはやや思考力を必要とする問題もあるが、オーソドックスな問題が多いので、基礎を固めておけば十分対応できる。式や考え方を書かせる問題があるので、式を書く習慣をつけたい。

国語　雑問と物語文・説明文の読解2題で構成されている。雑問は漢字の書き取りや慣用句を含む。物語文は人物の言動理由や具体的説明が問われ、説明文は理由や言い換えを通して筆者の主張を読み取ることが求められた。

理科　大問4題、生地物化からの出題。おもな設問形式は選択問題だが、作図や記述問題も出題されることがある。身近にある現象が題材となっている出題が多い。実験結果から考察する問題もしばしば出題される。典型問題だけではなく、与えられた情報を元に論理的に思考する練習をしておきたい。

社会　大問3題構成。記述問題は長文のものも含めて3問出題。記述問題では、戦争や平和に関する博物館・資料館・美術館の役割を考える問いなど、単なる教科知識では対応できないものもみられる。世の中のさまざまなできごとについて自分自身で疑問を持つような姿勢をもちたい。

鎌倉女学院中学校

かまくらじょがくいん

■学校長／大野明子　■創立／明治37年　■生徒数／443名
■所在地／〒248-0014 神奈川県鎌倉市由比ガ浜2-10-4
■ＴＥＬ／0467-25-2100
■交通／鎌倉駅（JR横須賀線、江ノ島電鉄線）徒歩7分。

何学期制	週何日制	登校時刻	制服	給食	食堂 軽食販売	プール	寮	特待制度 奨学金等	帰国生 取出授業
2学期制	5日制	8:15	中高あり	なし	食堂なし 販売中高あり	なし	なし	なし	あり

沿　革

1904年に私立鎌倉女学校として設立された、湘南地区で最も古い女子中等教育機関。創立者は、東京開成中学校の校長で漢詩人としても著名な田辺新之助。1948年に学制改革に伴い鎌倉女学院と改称し、現在に至る。白菊をかたどった現在の校章と校歌は、1954年の創立50年を機に制定されたもの。

教育方針と特色

「真摯沈着」と「尚絅」を校訓とし､心身ともに健康で国際性豊かな、知的で洗練された女性の育成を目標としている。中学では、英語・数学・国語の時間数を標準より増やし、学習の基礎をしっかりと固めるきめ細やかな指導を行なっている。また、「日本伝統文化理解」を土台とした「国際理解教育」「情報教育」「環境教育」を行う独自のプログラム「鎌倉学」「国際・環境学」を展開。様々な体験やフィールドワークをもとにリサーチやプレゼンテーションまでを行う一貫した学習活動で、ICTの積極的な活用も行っている。高校では、2年生から文系・文理・理系の3コースに分かれ、それぞれの希望と進路に応じた学習指導を展開する。

◉系列校

小	中	高	大(短大)
	○	○	

◉併設小学校なし
◉高校生外部募集………なし

◉授業時間…1コマ50分・週33時間

	1年	2年	3年	計
国　語	5	4	5	14
社　会	3	4	4.5	11.5
数　学	5	5	4.5	14.5
理　科	3	5	4	12
英　語	6	6	6	18
5教科計	22	24	24	70

参考　高校1年生一週間の授業

英語=6　数学=5　国語=6
理科=4　社会=4

進学・進路

◉卒業生進路状況

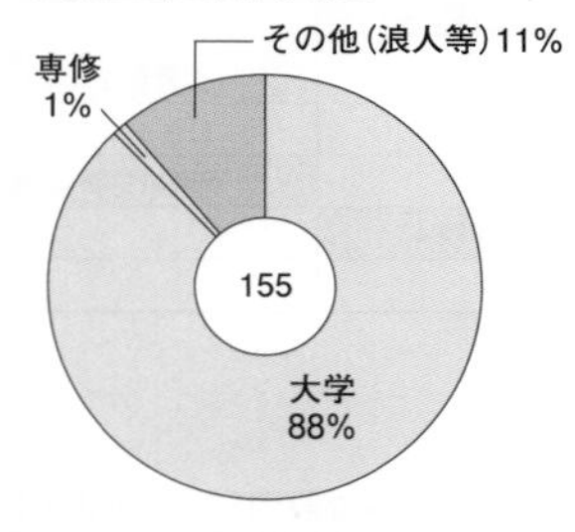

■進路選択状況（高3進級時）

理系 41%　文系 57%
0　50　100

■理系・文系進学状況

理系 38%　文系 55%
0　50　100

■共通テスト受験率

89%
0　50　100

◉卒業までの流れ

小学校	中学校	高等学校	大学
	鎌倉女学院中学校 ▶	鎌倉女学院高等学校 (155)	

◉主な大学合格実績

大学名	'22	'23	'24	大学名	'22	'23	'24	大学名	'22	'23	'24	大学名	'22	'23	'24
東京大		1		千葉大	1	2	1	東京都立大	1	2	3	東京女子大	15	15	12
京都大	1			お茶の水女子大			3	横浜市立大	6	7	4	日本女子大	22	13	20
北海道大			1	東京外国語大	3	2	2	慶應義塾大	16	17	19	成蹊大	11	2	4
東北大				電気通信大		1	1	早稲田大	24	36	43	成城大	11	5	4
名古屋大		1		東京学芸大				上智大	23	33	57	明治学院大	50	23	44
大阪大		1		東京農工大	1			東京理科大	6	9	21	國學院大	12	7	6
九州大	1			東京芸術大		1		明治大	44	43	52	武蔵大	5	1	1
東京工業大				東京医科歯科大		2		青山学院大	17	20	37	獨協大		3	
一橋大			1	東京海洋大		1	1	立教大	49	39	71	日本大	19	26	14
筑波大			1	横浜国立大	4	3	3	中央大	15	17	26	東洋大	3	11	23
茨城大		1		山梨大			1	法政大	22	15	24	駒澤大	10	5	7
宇都宮大				金沢大			2	学習院大	13	16	16	専修大	19	8	5
群馬大				信州大	1			国際基督教大	1	3	3	芝浦工業大	8	6	7
埼玉大				国際教養大				津田塾大	3	10	13	東京都市大	5	10	21

入試要項・入試情報

◉2024年度の入試要項(参考)

	1次	2次
募集人員	120名	40名
選抜方法	国・算・社・理	
出願関連期間	1月上旬〜1/31	1月上旬〜2/2
試験日程	2/2	2/3
合格発表	Web 2/2 22:00〜	Web 2/3 22:00〜
入学手続	2/4 12:00まで	

面接 実施する。

◉費用(参考)

受験料		25,000円
入学手続時	入学金	340,000円
	授業料	—
	その他	—
入学手続後〜入学まで	授業料	—
	その他	119,200円
入学後1年	授業料	450,000円
	その他	391,900円
初年度納入金合計		1,301,100円
中学3年間費用計 約		2,751,900円

＊2回分同時出願の受験料は4万円。
＊入学辞退者は2月5日12時までに申し出れば、入学金(34万円)を返金。
＊指定品・学用品代等別途。

◉最近6年間の入試応募者推移と倍率

年度		2019	2020	2021	2022	2023	2024
募集	①	120	120	120	120	120	120
	②	40	40	40	40	40	40
応募	①	520	477	475	427	386	330
	②	612	487	387	352	283	299
応募倍率	①	4.3	4.0	4.0	3.6	3.2	2.8
	②	15.3	12.2	9.7	8.8	7.1	7.5
受験	①	481	422	433	377	346	276
	②	252	181	175	159	121	125
合格	①	283	282	298	281	263	236
	②	101	85	75	72	66	86
実質倍率	①	1.7	1.5	1.5	1.3	1.3	1.2
	②	2.5	2.1	2.3	2.2	1.8	1.5

＊帰国生を含む。
＊2024年補欠発表・追加合格…いずれも詳細不明。

◉入試教科

②算数	45分	100点
①国語	45分	100点
④理科	45分	100点
③社会	45分	100点
合計	180分	400点

合格最高点	①362点 ②358点
合格最低点	①212点 ②212点

私立 女子校

◉受験併願パターン

偏差値	1月前半	1月後半	2月1日	2月2日	2月3日	2月4日以降
52						関東学院2
51			横浜共立学園A		横浜国大横浜	
50				カリタス女子3		
48	佐久長聖東京		横浜女学院B1	清泉女学院3		日大藤沢3
46	佐久長聖東京2		清泉女学院	鎌倉女学院	鎌倉女学院2	
44					桐光学園3A	
42			神奈川学園A午前	横浜女学院D2		
41				大妻多摩3	横浜女学院E2	
40			聖園女学院2			
39			聖園女学院1A			
38						神奈川学園C

入試問題の傾向とポイント

算数
計算5問、一行問題9問前後、大問2題の問題構成。幅広い分野から標準的な問題が出題される。後半の大問には思考力を必要とする問題もあるが、誘導形式になっていることが多い。焦らずに順を追って考えることが大切。試験時間が45分と短いので、時間配分に注意したい。

国語
物語文と説明文の2つ短文からなる文章と、説明文単体の読解2題に言語事項の出題。2文章からなる設問では人物の言動・心情や内容一致を中心に、2文章から根拠を探す問題も問われた。説明文では筆者が何を伝えたいかを様々の角度から問われ、記述1問のほかは記号選択か抜き出しの解答形式。

理科
大問4題、生地物化からの出題。おもな設問形式は選択・計算問題で、標準的な問題が並ぶが、試験時間45分に見合った内容・問題数となっている。基礎基本を固めて過去問演習を重ね、苦手分野を作らないようにしたい。また、鎌倉や神奈川を絡めた問題が出題されることがある。

社会
例年通り大問3題構成で、本校の特色である日常生活に結び付く問題が出題されている。今年は借金にあたる支払い方法を選択させる問題が出題された。例年、時事問題と時事用語は出題されているので対策をしたい。

鎌倉女子大学中等部

かまくらじょしだいがく

■部長／高橋正尚　■創立／昭和25年　■生徒数／女164名
■所在地／〒247-8511 神奈川県鎌倉市岩瀬1420
■ＴＥＬ／0467-44-2113
■交通／本郷台駅（JR根岸線）徒歩15分。大船駅、上大岡駅、金沢八景駅からバス「鎌倉女子大前」下車。

何学期制	週何日制	登校時刻	制服	給食	食堂 軽食販売	プール	寮	特待制度 奨学金等	帰国生 取出授業
3学期制	5日制	8:25	中高あり	なし	食堂なし 販売中高あり	屋内	なし	あり	なし

沿　革

1950年、京浜女子短期大学附属中学校として設立。1989年に鎌倉女子大学中等部に名称を変更。2021年7月に新校舎完成。

教育方針と特色

鎌倉女子大学中等部は豊かな人間性、高い学力の育成を目指し、大きく変革を遂げている。2020年度から国際教養コースとプログレスコースの2コースが誕生し、『学力向上プラン』を展開している。『学力向上プラン』は、「人間性・学力・語学力」という3つのキーワードからなる。「人間性」の部分は、エンカウンター講座・コミュニケーション講座があり、日々のコミュニケーションの充実を目指している。「学力」については、苦手科目にも全力で取り組む主体的な学習態度を育むことを目標にしている。また、週プランをもとに、学校で家庭学習のスケジュール管理を行っている。「語学力」については、ネイティブ講師と表現力を磨く英語集中研修、中等部3年生全員が参加するカナダ・バンクーバーへの語学研修などが用意されている。多種多様なプログラムで英語に触れる機会を増やし、全員が英検2級取得を目指すものとなっている。

◉系列校

小	中	高	大（短大）
○	○	○	○

◉小学校からの内進生…8名
◉高校募集内進含………146名
（混合クラス）

◉授業時間…1コマ50分・週35時間

	1年	2年	3年	計
国　語	6	6	6	18
社　会	3	3	3	9
数　学	5	5	5	15
理　科	3	4	4	11
英　語	6	6	6	18
5教科計	23	24	24	71

※プログレスコース

参考　**高校1年生一週間の授業**

英語=7　数学=6　国語=4
理科=4　社会=4
※プログレスコース

進学・進路

◉卒業生進路状況

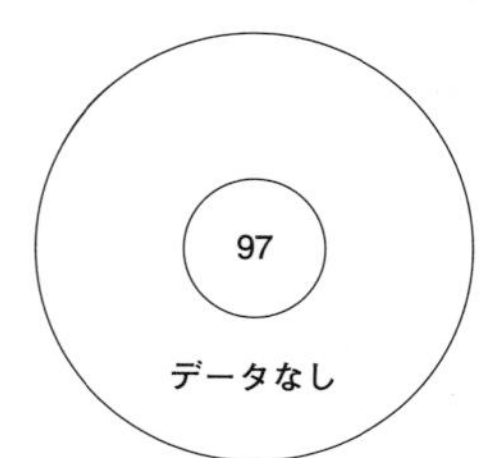

■進路選択状況（高３進級時）
データなし

■理系・文系進学状況
データなし

■共通テスト受験率
データなし

◉卒業までの流れ

小学校	中学校	高等学校	大学
鎌倉女子大学初等部 ▶	鎌倉女子大学中等部 ▶	鎌倉女子大学高等部 (97) ▶	鎌倉女子大学　23 鎌倉女子大学短期大学部　12

◉主な大学合格実績

大学名	'22	'23	'24	大学名	'22	'23	'24	大学名	'22	'23	'24	大学名	'22	'23	'24
東京大				千葉大				東京都立大				東京女子大	1		
京都大				お茶の水女子大				横浜市立大		1		日本女子大	9	1	1
北海道大				東京外国語大				慶應義塾大		1	1	成蹊大			
東北大				電気通信大				早稲田大				成城大	4	1	1
名古屋大				東京学芸大				上智大				明治学院大	2	1	9
大阪大				東京農工大				東京理科大		1		國學院大		1	
九州大				東京芸術大				明治大		1	1	武蔵大			
東京工業大				東京医科歯科大				青山学院大	1		1	獨協大			
一橋大				東京海洋大				立教大	2	1	1	日本大		4	2
筑波大				横浜国立大				中央大	3	1	1	東洋大	3	3	3
茨城大				山梨大				法政大	1	1	3	駒澤大	2	1	
宇都宮大				金沢大				学習院大				専修大	1		2
群馬大				信州大				国際基督教大				芝浦工業大			
埼玉大				国際教養大				津田塾大				東京都市大			

入試要項・入試情報

◉2024年度の入試要項(参考)

	2/1						2/2					2/3		2/4	2/5
	午前			午後			午前			午後		午前		午前	午前
	K1	適性1	P1	K2	適性2	P2	K3	適性3	P3	K4	P4	K5	P5	K6	K7
募集人員	国際教養(K)・適性　80名 プログレス(P)　40名														
選抜方法	国・算または国・算・社・理	適性検査Ⅰ・Ⅱ	国・算	国・算または国・算・社・理	適性検査Ⅰ・Ⅱ	国・算	国・算または国・算・社・理	適性検査Ⅰ・Ⅱ	国・算	国・算または国・算・社・理	国・算	国・算または国・算・社・理	国・算	国・算または国・算・社・理	
出願関連期間	1/6～2/1						1/6～2/2					1/6～2/3		1/6～2/4	1/6～2/5
試験日程	2/1午前			2/1午後			2/2午前			2/2午後		2/3午前		2/4午前	2/5午前
合格発表	Web 2/1 14:30～			Web 2/1 21:00～			Web 2/2 14:30～			Web 2/2 21:00～		Web 2/3 14:30～		Web 2/4 14:30～	Web 2/5 14:30～
入学手続	2/13 16:00まで														

面接　実施する。

◉費用(参考)

受験料		22,000円
入学手続時	入学金	250,000円
	授業料	―
	その他	―
入学手続後～入学まで	授業料	―
	その他	91,325円
入学後1年	授業料	408,000円
	その他	576,290円
初年度納入金合計		1,325,615円
中学3年間費用計　約		3,253,615円

＊複数回出願の場合も受験料は2万2千円。

◉最近6年間の入試応募者推移と倍率

年度		2019	2020	2021	2022	2023	2024
募集	2/1AM	40	2/1AM(国際教養｜プログレス) 30 国際教養全日程合計 ｜40	40 国際教養全日程合計 ｜ 40	80(国際教養全日程合計)	80(国際教養全日程合計)	2/1AM(国際教養｜プログレス) 80(国際教養全日程合計)
	2/1PM	23	2/1PM(国際教養｜プログレス) ｜20	20			2/1PM(国際教養｜プログレス)
	2/2AM	20	2/2AM(国際教養｜プログレス) ｜10	10			2/2AM(国際教養｜プログレス)
	2/2PM	10	2/2PM(国際教養｜プログレス) ｜5	5	40(プログレス全日程合計)	40(プログレス全日程合計)	2/2PM(国際教養｜プログレス)
	2/2適性検査型	12	2/3PM(国際教養｜プログレス) ｜5	5			2/3AM(国際教養｜プログレス) 40(プログレス全日程合計)
応募	2/1AM	19	8/10 ｜ 16	11/33 ｜ 20	22/37 ｜ 16	23/54 ｜ 20	13/17/43 ｜ 11
	2/1PM	10/17	8/8 ｜ 21	13/14 ｜ 19	26/18 ｜ 19	28/31 ｜ 21	21/23/31 ｜ 13
	2/2AM	25	12/8 ｜ 19	11/17 ｜ 20	25/26 ｜ 22	34/40 ｜ 18	16/19/44 ｜ 10
	2/2PM	11/22	15 ｜ 23	13 ｜ 17	33 ｜ 22	33 ｜ 21	20/21 ｜ 15
	2/2適性検査型	5	15 ｜ 23	15 ｜ 23	33 ｜ 25	36 ｜ 22	21/22 ｜ 17
応募倍率	2/1AM	0.5	2.8 国際教養全日程合計 ｜ 0.4	4.5 国際教養全日程合計 ｜ 0.5	4.6(国際教養全日程合計)	4.9(国際教養全日程合計)	5.6(国際教養全日程合計)
	2/1PM	1.2	1.0	1.0			
	2/2AM	1.3	1.9	2.0			
	2/2PM	3.3	4.6	3.4	2.6(プログレス全日程合計)	2.6(プログレス全日程合計)	1.7(プログレス全日程合計)
	2/2適性検査型	0.4	4.6	4.6			
受験	2/1AM	13	5/10 ｜ 13	9/30 ｜ 19	13/32 ｜ 14	13/50 ｜ 14	5/11/40 ｜ 9
	2/1PM	7/12	6/6 ｜ 15	10/10 ｜ 12	13/13 ｜ 9	13/21 ｜ 8	17/17/21 ｜ 7
	2/2AM	12	4/6 ｜ 7	7/12 ｜ 10	8/16 ｜ 13	12/28 ｜ 3	1/4/28 ｜ 2
	2/2PM	6/7	6 ｜ 6	4 ｜ 5	13 ｜ 7	5 ｜ 3	1/2 ｜ 3
	2/2適性検査型	3	2 ｜ 2	3 ｜ 8	9 ｜ 7	4 ｜ 2	4/4 ｜ 5
合格	2/1AM	5	3/10 ｜ 10	6/28 ｜ 12	11/29 ｜ 12	13/49 ｜ 14	4/9/38 ｜ 6
	2/1PM	3/6	4/5 ｜ 11	8/9 ｜ 9	13/13 ｜ 9	13/20 ｜ 7	17/17/20 ｜ 5
	2/2AM	6	4/6 ｜ 7	6/11 ｜ 5	5/16 ｜ 12	7/27 ｜ 3	1/3/22 ｜ 1
	2/2PM	2/2	5 ｜ 4	2 ｜ 3	10 ｜ 7	4 ｜ 3	1/2 ｜ 2
	2/2適性検査型	2	1 ｜ 1	3 ｜ 4	6 ｜ 6	3 ｜ 2	3/2 ｜ 3
実質倍率	2/1AM	2.6	1.7/1.0 ｜ 1.3	1.5/1.1 ｜ 1.6	1.2/1.1 ｜ 1.2	1.0/1.0 ｜ 1.0	1.3/1.2/1.1 ｜ 1.5
	2/1PM	2.3/2.0	1.5/1.2 ｜ 1.4	1.3/1.1 ｜ 1.3	1.0/1.0 ｜ 1.0	1.0/1.1 ｜ 1.1	1.0/1.0/1.1 ｜ 1.4
	2/2AM	2.0	1.0/1.0 ｜ 1.0	1.2/1.1 ｜ 2.0	1.6/1.0 ｜ 1.1	1.7/1.0 ｜ 1.0	1.0/1.3/1.3 ｜ 2.0
	2/2PM	3.0/3.5	1.2 ｜ 1.5	2.0 ｜ 1.7	1.3 ｜ 1.0	1.3 ｜ 1.0	1.0/1.0 ｜ 1.5
	2/2適性検査型	1.5	2.0 ｜ 2.0	1.0 ｜ 2.0	1.5 ｜ 1.2	1.3 ｜ 1.0	1.3/2.0 ｜ 1.7

＊2019年2/1PM・2/2PMは4教科／2教科。
＊2020年～2023年2/1AM国際教養・2/1PM国際教養・2/2AM国際教養は4教科／適性検査型。2022年2/4PM国際教養・2/5PM国際教養は4教科／適性検査型。2024年2/1AM国際教養・2/1PM国際教養・2/2AM国際教養は4教科／2教科／適性検査型。2/2PM国際教養・2/3AM国際教養・2/4AM国際教養・2/5AM国際教養は4教科／2教科。
＊2024年補欠発表・追加合格…いずれも詳細不明。

◉入試教科

4教科/2教科

②算数	50分/50分	100点/100点
①国語	50分/50分	100点/100点
③理科	あわせて50分	あわせて100点
③社会		
合計	150分/100分	300点/200点

＊適性検査Ⅰ・Ⅱ(各45分・各150点)。

合格最高点	非公表
合格最低点	非公表

◉受験併願パターン

偏差値	1月前半	1月後半	2月1日	2月2日	2月3日	2月4日以降
53			横浜雙葉			森村学園３
52				湘南白百合４教科		関東学院２
50					清泉女学院ＳＰ	
49				日大藤沢２		
48				清泉女学院３		
47				横浜女学院Ｄ１		
46	不二聖心Ｓ東京					鎌倉女学院２
45			清泉女学院			
41			自修館Ａ１	自修館Ｂ１	桐光学園３Ｂ	東海大相模Ｃ
35	宮崎日大首都		鎌女大１日午後K			
33			相模女子大	相模女子大３	鎌女大３日午前K	相模女子大４

入試問題の傾向とポイント

算数　計算問題6問、一行問題10問、大問3題の問題構成。一行問題は幅広い分野から出題されるが、基本的な問題が中心。まずは各分野の基礎を固め、確実に得点する力を身につけたい。大問には考え方を記入するものがあるので、日頃から丁寧に式を書くことを意識すること。

国語　漢字の読み書き10問と雑問(ことわざや文法などを含む)、説明文と物語文2題の出題。説明文はサクラを例に植物の花が咲く仕組みを述べた文章。文章構成がしっかりと理解できているかを中心に抜き出しおよび選択肢で問われた。物語文では人物の心情や様子について選択肢や記述を中心に問われた。

理科　大問4題、生地物化からの出題。基本問題が中心の出題となっているので、ミスなく解き進められるよう、日頃から基礎基本を徹底的に鍛えておきたい。また、作図や自分の考えを記述するような問題も、出題されることが多いため、しっかり対策をしてから臨みたい。

社会　大問3題構成。広島サミットを切り口にした大問もあり、時事問題への対策は重要。地理は地形図の出題に備えて、読図の基本もおさえておきたい。歴史は政治史・文化史など通史が出題。政治は基礎基本が中心だが、該当する選択肢をすべて選ぶなど確実な知識が求められる。

カリタス女子中学校

■学校長／萩原千加子　■創立／昭和36年　■生徒数／580名
■所在地／〒214-0012 神奈川県川崎市多摩区中野島4-6-1
■ＴＥＬ／044-911-4656
■交通／中野島駅（JR南武線）徒歩10分。登戸駅（JR南武線、小田急線）徒歩20分。登戸駅からバス「カリタス学園前」下車。

何学期制	週何日制	登校時刻	制服	給食	食堂 軽食販売	プール	寮	特待制度 奨学金等	帰国生 取出授業
2学期制	5日制	8:20	中高あり	なし	食堂なし 販売中高あり	屋内	なし	なし	あり

沿　革

ケベック・カリタス修道女会（カナダ）が母体となり、1961年に現在地に中学校、高等学校を設置。カリタスは、ラテン語で愛を意味する。

教育方針と特色

人種、国境をこえるキリスト教的人間観・世界観をもつ国際的女性の育成を目指す。各個人の能力、適性、進路に応じた多様なカリキュラムによって、学習・進路指導の充実をはかる。授業ごとに教科教室へ移動する「教科センター方式」を採用し、自律的な学習姿勢を育む。英語・仏語の2つの外国語学習を基盤としたグローバル教育は特徴的である。また英語アドバンストクラスも開設し、アウトプットを重視した授業を展開する。高校では英語EIP（English for Improred Proficiency）クラスを設置。学芸コンクールや年間研究レポートなど思考力・表現力教育は30年以上の歴史を持つ。理科では実験・観察を重視し、身近な多摩川や多摩丘陵などを題材に多角的に学ぶ「Tamalogy」を実施するなど、各教科とも工夫を凝らしている。また、行事や奉仕活動なども積極的に行われている。

◉系列校

小	中	高	大(短大)
○	○	○	

◉小学校からの内進生…73名
◉高校生外部募集………なし

◉授業時間…1コマ45分・週35時間

	1年	2年	3年	計
国　語	4	4	5	13
社　会	3	4	4	11
数　学	5	5	5	15
理　科	4	4	4	12
英　語	6	6	6	18
5教科計	22	23	24	69

参考　高校1年生一週間の授業

英語=6　数学=5　国語=5
理科=4　社会=4

進学・進路

◉卒業生進路状況

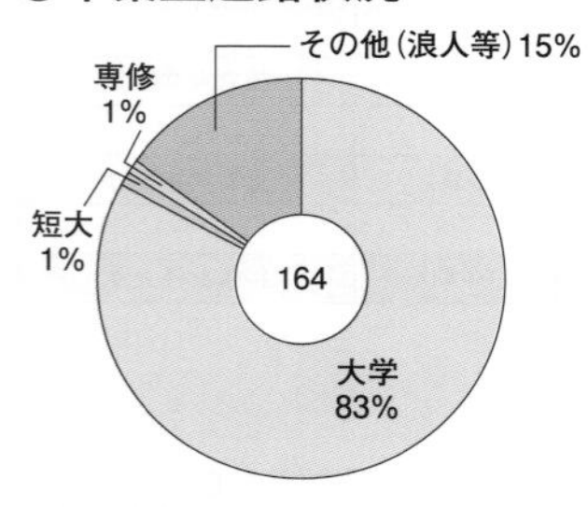

■進路選択状況（高３進級時）
理系 34%　文系 63%
0　50　100

■理系・文系進学状況
理系 32%　文系 67%
0　50　100

■共通テスト受験率
100%
0　50　100

◉卒業までの流れ

小学校	中学校	高等学校	大学
カリタス小学校 ▶	カリタス女子中学校 ▶	カリタス女子高等学校 (164)	

◉主な大学合格実績

大学名	'22	'23	'24	大学名	'22	'23	'24	大学名	'22	'23	'24	大学名	'22	'23	'24
東京大	1	1	1	千葉大				東京都立大	1	1	1	東京女子大	16	5	6
京都大		1		お茶の水女子大	3	1		横浜市立大	1	1		日本女子大	13	9	4
北海道大		2		東京外国語大	3			慶應義塾大	16	15	10	成蹊大	3		4
東北大				電気通信大			1	早稲田大	13	23	18	成城大	9	7	10
名古屋大				東京学芸大		1	1	上智大	23	27	14	明治学院大	12	19	11
大阪大				東京農工大		1		東京理科大	8	7	6	國學院大	4	7	3
九州大				東京芸術大				明治大	20	29	17	武蔵大	2	1	1
東京工業大			1	東京医科歯科大		1		青山学院大	17	13	17	獨協大	4	1	6
一橋大	1		1	東京海洋大				立教大	25	19	19	日本大	14	16	8
筑波大		1		横浜国立大	2		1	中央大	13	18	19	東洋大	11	23	6
茨城大				山梨大				法政大	6	13	11	駒澤大	4	10	2
宇都宮大				金沢大				学習院大	10	3	4	専修大	2	9	6
群馬大				信州大		1		国際基督教大	3	1		芝浦工業大		9	
埼玉大			1	国際教養大	1			津田塾大	9	4		東京都市大	5	6	10

入試要項・入試情報

◉2024年度の入試要項（参考）

	1回	2回	3回	英語資格	4回
募集人員	約30名	約35名	約30名	若干名	約15名
選抜方法	国・算・社・理	国・算	国・算または国・理	国	国・算・社・理
出願関連期間	1/9～1/31		1/9～2/2		1/9～2/3
試験日程	2/1午前	2/1午後	2/2午後		2/3午前
合格発表	Web 2/1 23：00～		Web 2/2 23：00～		Web 2/3 18：00～
入学手続	2/6 15：00まで				

＊英語資格入試は志願者資格に「2021年4月以降に実用英語技能検定3級（あるいは3級相当の他の資格・スコア）以上を取得した者」とある。英語資格証書を2024年1月30日（火）までに郵送。

面接 実施する。

◉費用（参考）

受験料		22,000円
入学手続時	入学金	240,000円
	授業料	—
	その他	200,000円
入学手続後～入学まで	授業料	—
	その他	109,160円
入学後１年	授業料	480,000円
	その他	421,000円
初年度納入金合計		1,450,160円
中学３年間費用計 約		3,110,160円

＊2月1日午前・午後両方に出願した場合、受験料は3万3千円。追加出願も可。

＊入学辞退者は3月31日を期限として施設拡充費（20万円）を返金。

◉最近6年間の入試応募者推移と倍率

年度		2019	2020	2021	2022	2023	2024
募集	①	約30	① 約30	約30	約30	約30	① 約30
	②	約35	② 約35	約35	約35	約35	② 約35
	③	約30	③ 約20	約30	約30	約30	③｜英 約30｜若干
	新3科型	約15	④ 約25	約15	約15	約15	④ 約15
応募	①	67	55	64	108	147	157
	②	263	199	246	307	310	351
	③	105	133	207	244	311	287｜25
	新3科型	52	86	114	140	177	179
応募倍率	①	2.2	1.8	2.1	3.6	4.9	5.2
	②	7.5	5.7	7.0	8.8	8.9	10.0
	③	3.5	6.7	6.9	8.1	10.4	9.6｜—
	新3科型	3.5	3.4	7.6	9.3	11.8	11.9
受験	①	63	50	63	100	139	150
	②	254	194	242	293	302	334
	③	62	84	150	188	234	224｜21
	新3科型	37	41	85	95	135	141
合格	①	38	31	32	42	42	40
	②	211	155	140	153	138	141
	③	45	69	73	75	71	82｜11
	新3科型	29	25	25	22	25	25
実質倍率	①	1.7	1.6	2.0	2.4	3.3	3.8
	②	1.2	1.3	1.7	1.9	2.2	2.4
	③	1.4	1.2	2.1	2.5	3.3	2.7｜1.9
	新3科型	1.3	1.6	3.4	4.3	5.4	5.6

＊2024年補欠発表・追加合格…いずれもなし。

◉入試教科

4教科/2教科

②算数	50分/50分	100点/100点
①国語	50分/50分	100点/100点
④理科	30分/	50点/
③社会	30分/	50点/
合計	160分/100分	300点/200点

＊3回は国（50分・100点）＋算・理（各50分・各100点）のうち1科選択、合計200点。

合格最高点	①	252点
	②	187点
	③	172点
	④	255点
合格最低点	①	209点
	②	137点
	③	135点
	④	210点

私立 女子校

◉受験併願パターン

偏差値	1月前半	1月後半	2月1日	2月2日	2月3日	2月4日以降
51						普連土４日午前
50			カリタス女子２	カリタス女子３		
48	西武文理選抜				カリタス女子４	
46	開智所沢２		神奈川学園Ａ午後	鎌倉女学院	サレジ世４本科	明治学院３
45			カリタス女子	実践女子学園３		
44					桐光学園３Ａ	
43						光塩女子学院３
41				大妻多摩３	聖セシリアＡ３	
40	西武文理					大妻多摩４
38				神奈川学園Ｂ		神奈川学園Ｃ
37			玉川聖学院２			

入試問題の傾向とポイント

算数 計算と一行問題があわせて10問、大問4題の問題構成。一行問題は基本問題を中心に出題されるので、基礎をしっかりと固めておけば対処可能。大問はやや思考力を要する問題も見られ、時間配分に注意したい。大問には式や考え方を記入するものがあるので、日頃から丁寧に式を書く習慣を。

国語 説明文と物語文の2題に読み書き7問という出題構成。説明文は記述問題が3問と多く出題され、本文をもとに自分の考えを記述する問題も出題された。物語文は記述問題を通して場面や人物の心境を中心に問われた。

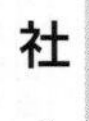

理科 大問4題、生地物化からの出題。おもな設問形式は選択・計算問題で、記述問題が数題ある。物理分野では力学が出題されることが多く、化学分野・生物分野は会話形式による出題なので、過去問演習を通して傾向をつかんでおきたい。また、基本的な問題も多く出題されるので、基礎を固めておきたい。

社会 大問5題構成。試験時間に比して設問数が多いため、時間配分には注意が必要。今年は長文の記述問題ではなく、ナンバープレートのデザインを描かせるという問題が出題された。基礎基本が中心で、記号選択の割合が多い。

神田女学園中学校

かんだじょがくえん

■学校長／芦澤康宏　■創立／明治23年　■生徒数／女145名
■所在地／〒101-0064 東京都千代田区神田猿楽町2-3-6　■ＴＥＬ／03-6383-3751
■交通／水道橋駅（JR中央線・総武線、都営三田線）徒歩5分。神保町駅（東京メトロ半蔵門線、都営三田線・新宿線）徒歩5分。
御茶ノ水駅（JR中央線・総武線、東京メトロ丸ノ内線）徒歩10分。

何学期制	週何日制	登校時刻	制服	給食	食堂 軽食販売	プール	寮	特待制度 奨学金等	帰国生 取出授業
3学期制	6日制	8:25	中高あり	なし	食堂なし 販売あり	なし	なし	あり	あり

沿　革

1890年神田高等女学校創立。1947年中学校を設置。

教育方針と特色

「革新的女子教育校」として注目を集めている神田女学園。ランゲージ・アーツやリベラル・アーツの学びが定着し、グローバル・スタンダードな教育プログラムとなっている。『神田＝英語・トリリンガル』とのイメージが強いが、実際には母語である日本語を最重視する言語運用能力を実践。母語で他者に自分の想いを簡潔に伝える力や相手の考えを的確に理解する力がベースにあって、英語教育・トリリンガル教育の確実な定着が図られている。「これを具体的に実現するため習熟度別授業を編成し各学年にネイティブ教員を加えたチーム担任制を採用している。またAll Englishのプレゼン大会のようなアウトプットの場面がある」。思考の基本となる「確かな基礎学力」で丁寧に身に付けると共に、探究型の学びの中でクリティカル・シンキングやロジカル・シンキングを身につけ、教科の枠を超えた学際的な学びや実社会との繋がりを考えた学びである、リベラル・アーツの視点を育んでいる。アイルランド・NZ・カナダ・アメリカ・イギリスの各現地校とのダブル・ディプロマ・プログラムや海外指定校制度等、「次世代の留学プログラム」にも人気が集まっている。

◉系列校

小	中	高	大(短大)
	○	○	

◉併設小学校なし

◉高校生外部募集………

200名（予定）
（完全混合クラス）

◉授業時間…1コマ50分・週34時間

	1年	2年	3年	計
国　語	4	4	4	12
社　会	3	4	4	11
数　学	4	4	4	12
理　科	4	4	4	12
英　語	8	8	8	24
5教科計	23	24	24	71

※3年次外国語（仏・中・韓）2コマ

参考　高校1年生一週間の授業

英語=9　数学=5　国語=4
理科=4　社会=4

進学・進路

◉卒業生進路状況

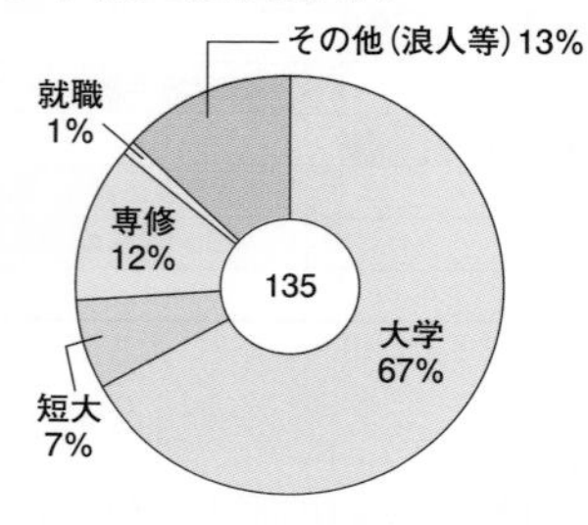

■進路選択状況（高３進級時）

文系 90%
理系 10%

■理系・文系進学状況

文系 89%
理系 11%

■共通テスト受験率

16%

◉卒業までの流れ

小学校	中学校	高等学校	大学
	神田女学園中学校 ▶	神田女学園高等学校 (135)	

◉主な大学合格実績

大学名	'22	'23	'24	大学名	'22	'23	'24	大学名	'22	'23	'24	大学名	'22	'23	'24
東京大				千葉大				東京都立大				東京女子大	1	1	
京都大				お茶の水女子大				横浜市立大				日本女子大	6	4	2
北海道大				東京外国語大				慶應義塾大	1			成蹊大		1	
東北大				電気通信大				早稲田大	1	1		成城大	2	1	1
名古屋大				東京学芸大				上智大	2	2	3	明治学院大		1	2
大阪大				東京農工大				東京理科大	1			國學院大	1	3	
九州大				東京芸術大				明治大	1	1	1	武蔵大	1		
東京工業大				東京医科歯科大				青山学院大	6		2	獨協大	5	1	
一橋大				東京海洋大				立教大	2	2	7	日本大	10		7
筑波大				横浜国立大				中央大	2		2	東洋大	3	6	6
茨城大				山梨大				法政大	2	1		駒澤大	1	1	3
宇都宮大				金沢大				学習院大	1			専修大			4
群馬大				信州大				国際基督教大				芝浦工業大			
埼玉大				国際教養大				津田塾大				東京都市大	1		

入試要項・入試情報

◉2024年度の入試要項(参考)

	1回		2回	3回	4回		5回		6回
	2科選択型	適性検査型	特待生選抜	特待生選抜	2科選択型	得意科目型	2科選択型	新思考力型	得意科目型
募集人員	30名		20名	10名	20名		10名		10名
選抜方法	国・算または 国・英または 算・英	適性検査 Ⅰ・Ⅱ・Ⅲ	国・算または 国・英または 算・英または 適性検査 Ⅰ・Ⅱ・Ⅲ	国・算または 国・英または 算・英または 国・算・社・理	国・算または 国・英または 算・英	国語または 算数または 英語	国・算または 国・英または 算・英	文章化問題	国語または 算数または 英語
出願関連期間	12/20〜1/31		12/20〜2/1	12/20〜2/2			12/20〜2/4		12/20〜2/5
試験日程	2/1午前		2/1午後	2/2午前	2/2午後		2/4午後		2/5午後
合格発表	Web 2/1 14:00〜		Web 2/1 20:00〜	Web 2/2 14:00〜	Web 2/2 19:00〜		Web 2/4 19:00〜		Web 2/5 19:00〜
入学手続	2/10 12:00まで								

面接 実施する。

◉費用(参考)

受験料		20,000円
入学手続時	入学金	250,000円
	授業料	—
	その他	50,000円
入学手続後〜入学まで	授業料	—
	その他	150,000円
入学後1年	授業料	456,000円
	その他	418,000円
初年度納入金合計		1,324,000円
中学3年間費用計　約		3,049,000円

＊2万円の受験料で特待生選抜含む全ての回受験可。適性検査型は5千円で2月1日午前・午後両受験可。得意科目型・新思考力型は、1回5千円(2回以上受験は2万円)。
＊修学旅行費・海外研修費は別途。

◉最近6年間の入試応募者推移と倍率

年度		2019	2020	2021	2022	2023	2024
募集	①(2科/国英・算英｜適性検査型 ②(2科/国英・算英｜適性検査型) ③(2科/国英・算英｜4科) ④(得意科目｜新思考力型) ⑤(2科/国英・算英)	20｜10 10｜10 10｜10 10｜10 10	①(2科/国英・算英｜適性検査型) 15｜10 ②(2科/国英・算英｜適性検査型) 10｜10 ③(2科/国英・算英｜4科型) 10｜10 ⑤(得意科目｜新思考力型) 10｜10 ④(2科/国英・算英) 10	①(2科/国英・算英｜適性検査型) 30 ②(2科/国英・算英｜適性検査型) 20 ③(2科/国英・算英｜4科型) 10 ④(2科/国英・算英｜得意科目) 20 ⑥(2科/国英・算英｜得意科目) 10	30 20 10 20 10	①(2科/国英・算英｜適性検査型) 30 ②(2科/国英・算英｜適性検査型) 20 ③(2科/国英・算英｜4科型) 10 ④(2科/国英・算英｜得意科目) 20 ⑥(得意科目型) 10	30 20 10 20 10
応募	①(2科/国英・算英｜適性検査型 ②(2科/国英・算英｜適性検査型) ③(2科/国英・算英｜4科) ④(得意科目｜新思考力型) ⑤(2科/国英・算英)	23/3｜6 24/6｜16 23/6｜4 11/12｜3 25/5	25/6｜6 27/7｜10 26/8｜1 16/13｜9 27/4	27/4｜5 23/7｜8 17/6｜9 21/1｜13 35/3｜15	25/7｜6 22/8｜9 18/11｜3 23/4｜14 26/5｜21	31/3｜6 35/3｜18 30/5｜5 32/2｜15 50	30/6｜5 29/16｜10 29/13｜5 31/4｜25 77
応募倍率	①(2科/国英・算英｜適性検査型 ②(2科/国英・算英｜適性検査型) ③(2科/国英・算英｜4科) ④(得意科目｜新思考力型) ⑤(2科/国英・算英)	1.3｜0.6 3.0｜1.6 2.9｜0.4 2.3｜0.3 3.0	2.1｜0.6 3.4｜1.0 3.4｜0.1 2.9｜0.9 3.1	1.2 1.9 3.2 1.8 4.3	1.3 2.0 3.2 2.1 5.2	1.3 2.8 4.0 2.5 5.0	1.4 2.8 4.7 3.0 7.7
受験	①(2科/国英・算英｜適性検査型 ②(2科/国英・算英｜適性検査型) ③(2科/国英・算英｜4科) ④(得意科目｜新思考力型) ⑤(2科/国英・算英)	19/3｜4 20/4｜14 13/2｜2 2/4｜1 3/0	22/5｜6 18/5｜10 9/6｜1 4/5｜7 5/2	22/2｜5 19/6｜7 10/4｜6 12/0｜6 15/1｜9	20/6｜4 18/8｜8 9/9｜2 9/3｜3 7/0｜6	21/1｜5 20/2｜18 12/3｜3 5/1｜3 7	27/5｜5 25/14｜10 12/4｜3 9/2｜7 16
合格	①(2科/国英・算英｜適性検査型 ②(2科/国英・算英｜適性検査型) ③(2科/国英・算英｜4科) ④(得意科目｜新思考力型) ⑤(2科/国英・算英)	17/3｜4 14/3｜10 8/2｜2 1/3｜1 2/0	19/5｜6 11/3｜4 6/5｜1 3/4｜7 5/1	19/2｜5 5/5｜2 3/4｜3 12/0｜5 15/1｜8	19/6｜4 11/8｜8 2/7｜1 7/3｜3 6/0｜6	21/1｜5 9/2｜15 9/3｜3 5/1｜3 7	26/5｜5 17/14｜9 6/4｜2 7/2｜6 16
実質倍率	①(2科/国英・算英｜適性検査型 ②(2科/国英・算英｜適性検査型) ③(2科/国英・算英｜4科) ④(得意科目｜新思考力型) ⑤(2科/国英・算英)	1.1/1.0｜1.0 1.4/1.3｜1.4 1.6/1.0｜1.0 2.0/1.3｜1.0 1.5/—	1.2/1.0｜1.0 1.6/1.7｜2.5 1.5/1.2｜1.0 1.3/1.3｜1.0 1.0/2.0	1.2/1.0｜1.0 3.8/1.2｜3.5 3.3/1.0｜2.0 1.0/—｜1.2 1.0/1.0｜1.1	1.1/1.0｜1.0 1.6/1.0｜1.0 4.5/1.3｜2.0 1.3/1.0｜1.0 1.2/—｜1.0	1.0/1.0｜1.0 2.2/1.0｜1.2 1.3/1.0｜1.0 1.0/1.0｜1.0 1.0	1.0/1.0｜1.0 1.5/1.0｜1.1 2.0/1.0｜1.5 1.0/1.2｜1.0 1.0

＊2024年補欠発表・追加合格…詳細不明。

◉入試教科

4教科/2教科

②算数	45分/45分	100点/100点
①国語	45分/45分	100点/100点
③理科	あわせて50分	あわせて100点
③社会		
合計	140分/90分	300点/200点

＊適性検査Ⅰ・Ⅱ・Ⅲ(各45分・各100点)。

合格最高点	非公表
合格最低点	1回国算 81点 1回適性 163点 2回国算 103点 2回適性 142点 3回4科 181点 3回国算 104点 4回国算 96点

私立 女子校

◉受験併願パターン

偏差値	1月前半	1月後半	2月1日	2月2日	2月3日	2月4日以降
48		千葉日大第一		実践女子学園4	大妻中野4アド	跡見学園特3
46	国府台女子学院推		日大第二			順天3多面的
44				跡見学園2	日大第一2科	
43		日出学園	女子聖学院2スカ			
42	獨協埼玉		江戸川女子基礎1			
41			神田女2特待	江戸川女子2科		
40	獨協埼玉2	和洋国府台女子		江戸川女子2	江戸川女子3	
38	千葉日大第一					
37	光英V第一					
35		二松柏総合	東京家政大	神田女学園4		神田女学園6得意
32		千葉明徳2		成立学園3		成立学園4

入試問題の傾向とポイント

算数　計算8問程度、一行問題9問、大問2題の問題構成で、計算と一行問題が半数以上を占めている。基本的な問題が多く出題されているので、ケアレスミスに注意して確実に得点したい。幅広い分野から出題されるので、苦手分野を作らないよう各分野の基礎をきちんと固めておくこと。

国語　物語文・説明文に漢字の読み書き10問と慣用句5問の出題構成。物語文は主に場面説明・登場人物の心情把握・本文の表現の特徴を、説明文は主に内容説明・具体例の読み取り・表現の特徴を問われた。記述は字数制限はないが、一行で書く問題が2問出題。説明文は抜き出し問題が多かった。

理科　非公表

社会　非公表

吉祥女子中学校

（きちじょうじょし）

■学校長／赤沼一弘　■創立／昭和13年　■生徒数／731名
■所在地／〒180-0002 東京都武蔵野市吉祥寺東町4-12-20
■ＴＥＬ／0422-22-8117
■交通／西荻窪駅（JR中央線）徒歩8分。上石神井駅から関東バス15分。「地蔵坂上」下車、徒歩8分。

何学期制	週何日制	登校時刻	制服	給食	食堂 軽食販売	プール	寮	特待制度 奨学金等	帰国生 取出授業
3学期制	6日制	8:30	中高あり	中1のみ（現在中止）	食堂中高あり 販売あり	屋外	なし	なし	なし

沿　革

地理学の権威・守屋荒美雄が1938年、新宿区に設立した帝国第一高等女学校が前身。1946年に現在の武蔵野市に移転。1947年に吉祥女子中学校と改称し、現在に至る。

教育方針と特色

「社会に貢献する自立した女性の育成」を建学の精神とし、自由な中にも規律があり、互いの価値観を尊重する校風のもと、一人ひとりの個性や自主性が発揮され、生徒は明るく豊かな学園生活を送っている。授業については、独自の教材や教授法に基づき、知的好奇心に訴えかける授業を展開し、多様な進学先〈文系・理系・芸術系〉と高い現役進学率が特色である。高校1年までは共通カリキュラムを履修し、2年次からは文系・理系・芸術系に分かれ、それぞれの進路に合わせて、多彩な選択科目が用意されている。女子校ながら例年半数以上が理系に進学している。また、クラブ・部活動や行事も盛んで、生徒たちはそれらに積極的に参加し、勉強との両立を図っている。

◉系列校

小	中	高	大（短大）
	○	○	

◉併設小学校なし
◉高校生外部募集………なし

◉授業時間…1コマ50分・週35時間

	1年	2年	3年	計
国　語	5	6	5	16
社　会	4	3	4	11
数　学	4	6	6	16
理　科	4	4	4	12
英　語	6	6	7	19
5教科計	23	25	26	74

参考　高校1年生一週間の授業

英語=5　数学=5　国語=4
理科=6　社会=4

進学・進路

◉卒業生進路状況

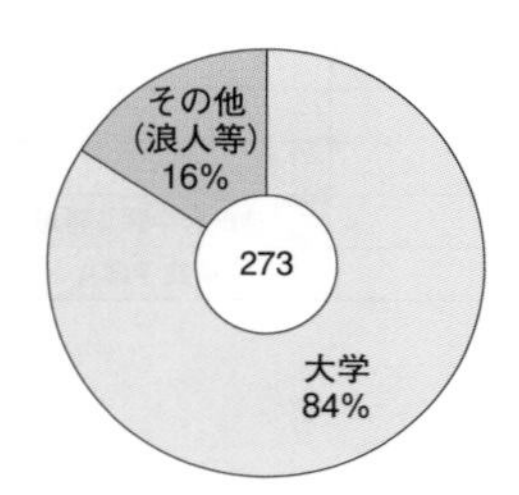

■進路選択状況（高３進級時）
理系 55%　文系 43%
0　50　100

■理系・文系進学状況
理系 53%　文系 45%
0　50　100

■共通テスト受験率
96%
0　50　100

◉卒業までの流れ

小学校	中学校	高等学校	大学
	吉祥女子中学校 ▶	吉祥女子高等学校 （273）	

◉主な大学合格実績

大学名	'22	'23	'24	大学名	'22	'23	'24	大学名	'22	'23	'24	大学名	'22	'23	'24
東京大	3	6	1	千葉大	1	3	2	東京都立大	2	6	6	東京女子大	60	59	64
京都大	1		4	お茶の水女子大	4	3	2	横浜市立大			1	日本女子大	43	30	40
北海道大	8	2	2	東京外国語大	5	2	3	慶應義塾大	62	38	51	成蹊大	8	19	20
東北大	3		8	電気通信大	1	1		早稲田大	82	75	76	成城大	11	9	14
名古屋大	1	1	1	東京学芸大	2	2	4	上智大	46	70	60	明治学院大	11	7	10
大阪大	2	2	4	東京農工大	5	7	8	東京理科大	49	51	113	國學院大	5	8	11
九州大	1		3	東京芸術大	1		1	明治大	111	120	146	武蔵大	3	6	6
東京工業大	3	2	8	東京医科歯科大	2	1	1	青山学院大	59	38	51	獨協大	2		6
一橋大	8	6	7	東京海洋大	2	2		立教大	93	87	76	日本大	51	46	44
筑波大	3	3	2	横浜国立大	3	2	2	中央大	81	96	92	東洋大	53	24	34
茨城大				山梨大		1	1	法政大	86	76	85	駒澤大	10	5	9
宇都宮大				金沢大				学習院大	12	11	9	専修大	16	11	15
群馬大	1			信州大	1		4	国際基督教大	1	5	3	芝浦工業大	34	27	29
埼玉大	2	1		国際教養大	1		2	津田塾大	24	16	18	東京都市大	7	4	13

入試要項・入試情報

◉2024年度の入試要項（参考）

	1回	2回
募集人員	134名	100名
選抜方法	国・算・社・理	
出願関連期間	12/20～1/30	
試験日程	2/1	2/2
合格発表	Web 2/1 20：30～	Web 2/2 20：30～
入学手続	2/7 11：00まで	

◉費用（参考）

受験料		25,000円
入学手続時	入学金	250,000円
	授業料	—
	その他	30,000円
入学手続後～入学まで	授業料	—
	その他	137,000円
入学後１年	授業料	508,200円
	その他	299,300円
初年度納入金合計		1,224,500円
中学３年間費用計　約		2,930,300円

＊入学辞退者は2月14日15時までに申し出れば、施設拡充費（7万円）を返金。

面接 実施しない。

◉最近6年間の入試応募者推移と倍率

年度		2019	2020	2021	2022	2023	2024
募集	① ② ③	114 90 30	114 90 30	① 134 ② 100	134 100	134 100	134 100
応募	① ② ③	601 899 589	581 959 603	576 906	606 977	626 1006	603 1007
応募倍率	① ② ③	5.3 10.0 19.6	5.1 10.7 20.1	4.3 9.1	4.5 9.8	4.7 10.1	4.5 10.1
受験	① ② ③	571 634 387	555 680 443	530 616	565 696	581 738	571 762
合格	① ② ③	233 232 35	206 208 43	206 210	202 227	190 220	187 232
実質倍率	① ② ③	2.5 2.7 11.1	2.7 3.3 10.3	2.6 2.9	2.8 3.1	3.1 3.4	3.1 3.3

＊2024年補欠発表…なし。追加合格（電話）…あり、2月7日～。

◉入試教科

②算数	50分	100点
①国語	50分	100点
④理科	35分	70点
③社会	35分	70点
合計	170分	340点

合格最高点	①283点 ②298点
合格最低点	①229点 ②238点

私立 女子校

◉受験併願パターン

偏差値	1月前半	1月後半	2月1日	2月2日	2月3日	2月4日以降
70					豊島岡女子２	豊島岡女子３
69	栄東東大特待			豊島岡女子		
68		市川	広尾学園２			
65	浦和明の星女子			吉祥女子２	鴎友学園女子２	
64		東邦大東邦前	吉祥女子			
62						頌栄女子学院２
60	栄東Ｂ					中央大附属２
59				芝浦工大２		法政大学３
58	淑徳与野		国学院久我山ＳＴ		法政大学２	成蹊２
57	大宮開成特待			富士見算数		大妻４
56				山脇学園Ｂ	大妻３	

入試問題の傾向とポイント

算数　計算2問、一行問題5問、大問4題の問題構成。一行問題はオーソドックスではあるが解きやすいものではないので、計算力と基礎力を十分に養っておく必要がある。大問は思考力を必要とする問題が出題されるが、設問が誘導になっているので、流れを追って題意を読み解いていくこと。

国語　物語文とやや長めの説明文の読解2題と書き取り数問という問題構成。物語文は場面・様子の意味や人物の心情とその理由を、説明文は主に言い換え内容を確認して、筆者の考えとその根拠を問われた。物語文では80字程度の記述問題も出題された。

理科　大問4題、生地物化からの出題。おもな設問形式は選択・計算問題である。基本問題と応用問題がまんべんなく並ぶが、文章量・図・表が非常に多く、20ページというボリュームに圧倒される。時間配分を含めて過去問演習による練習を重ねて、早く正確に解ききる力をつけたい。

社会　例年通り大問3題構成。歴史や公民の正誤選択では難題が見られるため、点差がつくと考えられる。日ごろの学習で正誤判断の根拠を明確にしながら解くことを心がけておきたい。また、例年、文章量が多いため、時間をかけずに読む演習も行いたい。

共立女子中学校

きょうりつじょし

■学校長／前田好子　■創立／昭和22年　■生徒数／980名
■所在地／〒101-8433 東京都千代田区一ツ橋2-2-1　■ＴＥＬ／03-3237-2744
■交通／神保町駅（東京メトロ半蔵門線、都営三田線・新宿線）徒歩3分。竹橋駅（東京メトロ東西線）徒歩5分。
水道橋駅（JR中央線・総武線、都営地下鉄三田線）徒歩15分。

何学期制	週何日制	登校時刻	制服	給食	食堂 軽食販売	プール	寮	特待制度 奨学金等	帰国生 取出授業
2学期制	6日制	8:15	中高あり	なし	食堂中高あり 販売中高あり	なし	なし	なし	あり

沿　革

1886年、当時の先覚者34名によって「女性の自立・社会に有為な女性の育成」を目的に共立女子職業学校が創立。1936年に共立高等女学校を設置。共立女子中学校は学制改革により、1947年に誕生した。2006年には高校募集を停止。完全中高一貫体制となる。

教育方針と特色

「誠実・勤勉・友愛」を校訓とし、他者と協働しつつ、個性の伸長と社会的資質の向上を目指す。基礎学力の充実に力を注ぐ。全員が油絵とCG美術などに取組む一方で、幅広い教養や技術の修得に向けて実技系教科にも力を入れている。英語は中１から習熟度、英会話はネイティブ講師による少人数で実施。国語は表現分野の時間を独立して設けることで書く力や話す力を養う。道徳の授業に隔週で小笠原流礼法を取り入れており、３年間で正式な礼儀作法を身につけ日本の伝統文化を学ぶ。宿泊行事、映画会、芸術鑑賞会（狂言、演劇、音楽）など多様な行事やプログラムを実施している。探究活動では、権限によらない全員参加の「共立リーダーシップ」の開発を中心に、学校生活のあらゆる場面で自分らしさを活かした役割を考え、チームや仲間に貢献することを目指す。近年は外部進学が中心で、共立女子大への進学は10％程度。

◉系列校

小	中	高	大(短大)
	○	○	○

◉併設小学校なし
◉高校生外部募集………なし

◉授業時間…1コマ50分・週34時間

	1年	2年	3年	計
国　語	4.5	5	6	15.5
社　会	4	4	3	11
数　学	5	5	6	16
理　科	4	4	4	12
英　語	5.5	6	7	18.5
5教科計	23	24	26	73

参考　高校1年生一週間の授業

英語=7　数学=6　国語=5
理科=6　社会=2

進学・進路

◉卒業生進路状況

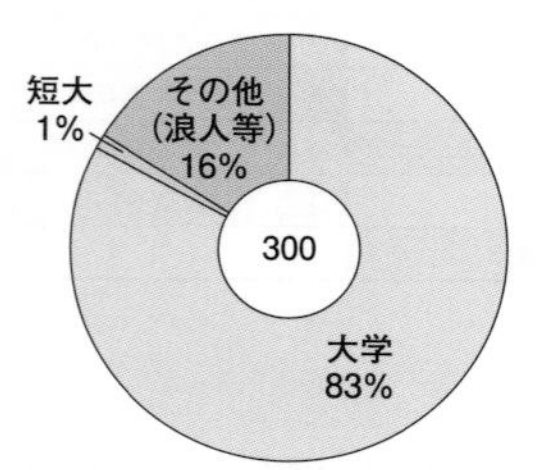

■進路選択状況（高３進級時）

データなし

■理系・文系進学状況

理系 36%　文系 61%
0　50　100

■共通テスト受験率

62%
0　50　100

◉卒業までの流れ

小学校	中学校	高等学校	大学
	共立女子中学校	共立女子高等学校 (300)	共立女子大学　18 （文芸11・国際2・家政1・看護2・ビジネス2・建築デザイン0） 共立女子短期大学　2

◉主な大学合格実績

大学名	'22	'23	'24	大学名	'22	'23	'24	大学名	'22	'23	'24	大学名	'22	'23	'24
東京大				千葉大	2	1	7	東京都立大	1	1	3	東京女子大	38	33	29
京都大				お茶の水女子大		2		横浜市立大		1	1	日本女子大	55	32	30
北海道大	1		1	東京外国語大	1	2	2	慶應義塾大	15	16	32	成蹊大	13	15	4
東北大		1	1	電気通信大		1	1	早稲田大	51	20	46	成城大	22	19	15
名古屋大				東京学芸大	3		1	上智大	21	15	44	明治学院大	16	18	31
大阪大			1	東京農工大				東京理科大	22	23	18	國學院大	15	15	15
九州大				東京芸術大				明治大	44	37	87	武蔵大	2	1	2
東京工業大			1	東京医科歯科大	2	1	2	青山学院大	36	29	26	獨協大	1	7	
一橋大				東京海洋大		1		立教大	71	57	79	日本大	40	58	18
筑波大	2		1	横浜国立大				中央大	18	21	30	東洋大	45	49	25
茨城大				山梨大			1	法政大	38	35	37	駒澤大	7	9	6
宇都宮大				金沢大				学習院大	20	19	20	専修大	13	20	32
群馬大		1		信州大				国際基督教大	2	1	2	芝浦工業大	13	9	8
埼玉大		2		国際教養大				津田塾大	9	12	7	東京都市大		1	

入試要項・入試情報

◉2024年度の入試要項(参考)

	2/1入試	2/2入試	2/3午後入試(英語4技能型)	2/3午後入試(合科型)
募集人員	130名	110名	15名	40名
選抜方法	国・算・社・理		英語4技能テスト・算数	合科型論述テスト・算数
出願関連期間	12/20～1/30	12/20～2/1	12/20～2/2	
試験日程	2/1午前	2/2午前	2/3午後	
合格発表	Web 2/1 19:00～	Web 2/2 19:00～	Web 2/4 17:00～	
入学手続	2/4 14:30まで		2/9 23:59まで	

◉費用(参考)

受験料		25,000円
入学手続時	入学金	300,000円
	授業料	―
	その他	―
入学手続後～入学まで	授業料	―
	その他	265,975円
入学後１年	授業料	500,000円
	その他	364,400円
初年度納入金合計		1,430,375円
中学３年間費用計　約		3,131,475円

＊複数回同時出願の受験料は、2回分は4万円、3回分は5万円。

＊複数回の同時出願者で、2月1日入試・2日入試で合格し入学手続きした場合、未受験分の受験料を返金。

面接 実施しない。

◉最近6年間の入試応募者推移と倍率

年度		2019	2020	2021	2022	2023	2024
募集	2/1	130	130	130	2/1 130	130	130
	2/2	110	110	110	2/2 110	110	110
	2/3合科型	40	40	40	2/3合科型 40	40	40
	2/3インタラクティブ	20	15	15	2/3英4技能型 15	15	15
応募	2/1	490	556	419	354	368	375
	2/2	762	943	726	589	643	644
	2/3合科型	517	487	340	337	356	390
	2/3インタラクティブ	59	64	32	37	26	56
応募倍率	2/1	3.8	4.3	3.2	2.7	2.8	2.9
	2/2	6.9	8.6	6.6	5.4	5.8	5.9
	2/3合科型	13.0	12.2	8.5	8.4	8.9	9.8
	2/3インタラクティブ	3.0	4.3	2.1	2.5	1.7	3.7
受験	2/1	454	529	398	328	346	353
	2/2	586	736	510	418	459	447
	2/3合科型	375	348	198	203	213	231
	2/3インタラクティブ	48	52	25	29	20	37
合格	2/1	149	160	157	151	154	160
	2/2	186	202	205	192	199	215
	2/3合科型	63	43	54	67	68	72
	2/3インタラクティブ	21	17	18	17	15	16
実質倍率	2/1	3.0	3.3	2.5	2.2	2.2	2.2
	2/2	3.2	3.6	2.5	2.2	2.3	2.1
	2/3合科型	6.0	8.1	3.7	3.0	3.1	3.2
	2/3インタラクティブ	2.3	3.1	1.4	1.7	1.3	2.3

＊2024年補欠発表…なし。追加合格(電話)…(2/1入試・2/2入試・2/3合科型入試・2/3英語4技能型入試)計35名、いずれも2月5日～。

◉入試教科

②算数	45分	100点
①国語	45分	100点
④理科	30分	50点
③社会	30分	50点
合計	150分	300点

＊合科型は合科型論述(60分・100点)＋算(45分・100点)合計200点。

＊英語4技能は算(45分・100点)＋英語4技能(60分・100点)合計200点。

合格最高点	①	267点
	②	264点
	英語4技能	157点
	合科型	181点
合格最低点	①	156点
	②	180点
	英語4技能	111点
	合科型	134点

私立 女子校

◉受験併願パターン

偏差値	1月前半	1月後半	2月1日	2月2日	2月3日	2月4日以降
58	淑徳与野		山脇学園午後国語			
56		専修大松戸		大妻２	大妻３	
54						山脇学園Ｃ
52	青学ルーテル	国府台女子学院		共立女子２日		
51			共立女子１日			
50					三輪田学園３	
49						跡見学園特４
47		成田高付			日大第二２	
46	国府台女子学院推				横浜女学院Ｅ１	明治学院３
45			十文字２	実践女子学園３		
44				跡見学園２		

入試問題の傾向とポイント

算数 計算2問、一行問題4問、大問4題程度の問題構成。問題用紙に載っている図形のおよその長さや面積などを求めたり、数値を比較したりする問題が毎年出題されている。また、数や図形などの規則性の問題もよく出題される。前半は基本的なレベルの問題が多いので、確実に得点したい。

国語 詩・随筆・説明文の読解3題は良問ぞろい。言語事項(漢字の読み書き・ことわざ)はほぼ例年通り。詩は比喩と主題について、随筆は筆者の考えとその理由のほか表現を、説明文でも言い換え内容と文章構成を通して筆者の考えを問われた。記号選択中心で、記述2問も難しくなかった。

理科 大問4～5題、生地物化からの出題。設問形式は、選択・計算・記述・作図と多岐にわたる。また、正誤問題や記号の並べ替え問題が出題される年もある。基本問題が多く出題されるため、過去問演習を中心に色々な問題に触れ、苦手分野を作らないようにしたい。

社会 近年、都道府県や特定の市についての出題が見られるが、今年はこれまでにサミットが開催された日本国内の都市について出題された。時事に関連させる傾向があるので、『ニュース最前線』を活用するほか、テレビや新聞などで時事的な出来事にふだんからふれるようにしたい。

共立女子第二中学校

きょうりつじょしだいにちゅうがっこう

■学校長／晴山誠也　■創立／昭和59年　■生徒数／218名
■所在地／〒193-8666 東京都八王子市元八王子町1-710
■ＴＥＬ／042-661-9952
■交通／八王子駅（JR中央線・横浜線・八高線）南口および、高尾駅（JR中央線、京王線）北口から無料スクールバス運行。

何学期制	週何日制	登校時刻	制服	給食	食堂 軽食販売	プール	寮	特待制度 奨学金等	帰国生 取出授業
3学期制	6日制	8:40	中高あり	中高学期毎に 1～2回あり	食堂なし 販売中高あり	なし	なし	あり	なし

沿　革

1886年、女子教育の先駆者34名によって創立された共立女子学園に端を発する。1970年に共立女子第二高等学校が開校。さらに1984年に共立女子第二中学校が開校した。今年学園は創立138年、第二高校は2020年に創立50年を迎えた。

教育方針と特色

抜群の自然環境の中に東京ドーム約５個分のキャンパスを構え、充実した学びの環境が整う。校訓の「誠実・勤勉・友愛」から導き出された３つの女性像「豊かな感性を身につけた女性」「自ら考え、発信できる女性」「他者を理解し、共生できる女性」を教育理念の柱に掲げ、幅広い教養のベースとなる多面的な体験を重視しつつ、全人的な女子教育を実践し、セルフリーダーシップを発揮し、広く社会に貢献できる自立した女性の育成をめざしている。多くの学校行事に加え、クラブ活動も活発で、中学で18、高校で24のクラブが活動し、それぞれ優秀な成績を収めている。
学習システムでは、中学３年間はフラットなクラス編成とし、３年次は英数国でグレード制を導入。個々の学力に最適な授業を受けられる。高校では2022年より新コース制がスタート。従来の特別進学・総合進学コースに加え、新設の英語コースや、併設大学への進学を前提に大学講義を受講できる共立進学コースも設置され、一人一人の志望に合った多様な進路に対応する。また、英語の授業は「４技能統合型授業」へ全面転換。英検準１級をはじめ、各級の合格率も上がっている。さらに、共立女子大学の付属校としての利点を生かし、併設大学の推薦を得つつ安心して他大学受験に挑戦できる「挑戦と安心の進学システム」も定評。卒業生の現役進学率は毎年約100％。外部大学約60名。併設大学に約30％の割合で進学する。

◉系列校

小	中	高	大（短大）
	○	○	○

◉併設小学校なし

◉高校生外部募集………160名

（総合進学コースは高校1年次別クラス）

◉授業時間…1コマ50分・週34時間

	1年	2年	3年	計
国　語	5	6	5	16
社　会	4	4	4	12
数　学	5	6	6	17
理　科	4	4	4	12
英　語	6	6	6	18
5教科計	24	26	25	75

参考　高校1年生一週間の授業

英語=6　数学=5　国語=5
理科=4　社会=4
（総合進学コース）

進学・進路

◉卒業生進路状況

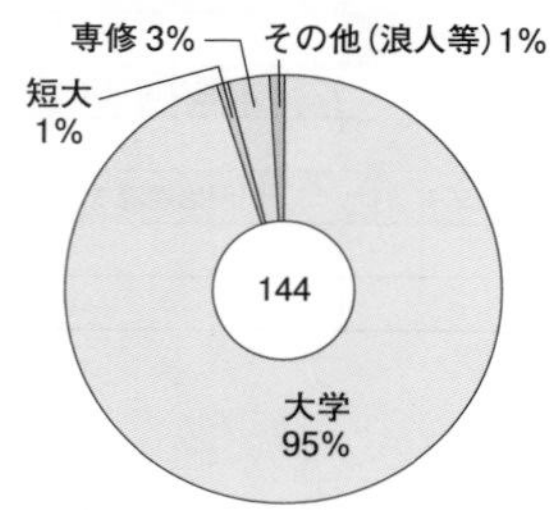

■進路選択状況（高３進級時）

データなし

■理系・文系進学状況

理系 42%　文系 55%

■共通テスト受験率

19%

◉卒業までの流れ

小学校	中学校	高等学校	大学
	共立女子第二中学校	共立女子第二 高等学校（144）	共立女子大学　50 （文芸13・国際9・家政7・看護7・ビジネス8・建築デザイン6） 共立女子短期大学　1

◉主な大学合格実績

大学名	'22	'23	'24	大学名	'22	'23	'24	大学名	'22	'23	'24	大学名	'22	'23	'24
東京大				千葉大				東京都立大	2	1		東京女子大		6	10
京都大				お茶の水女子大				横浜市立大				日本女子大		3	6
北海道大				東京外国語大	1			慶應義塾大	1			成蹊大	5	6	4
東北大				電気通信大				早稲田大	5		3	成城大	7	5	2
名古屋大				東京学芸大				上智大	4			明治学院大	4	2	4
大阪大				東京農工大				東京理科大				國學院大	2	1	1
九州大				東京芸術大				明治大	3		2	武蔵大			
東京工業大				東京医科歯科大				青山学院大	5		1	獨協大			
一橋大				東京海洋大				立教大	10		1	日本大	7	7	5
筑波大				横浜国立大				中央大	10	6	6	東洋大	3	1	4
茨城大				山梨大		1		法政大	7	9	3	駒澤大	3	2	4
宇都宮大				金沢大				学習院大	1	3	2	専修大	4	6	
群馬大				信州大			1	国際基督教大				芝浦工業大	1	1	
埼玉大				国際教養大				津田塾大		2	3	東京都市大	1		

入試要項・入試情報

◉2024年度の入試要項(参考)

	1回（AM）		1回（PM）		2回（AM）	2回（PM）	3回（AM）
	2科・4科型	適性検査型	2科型	英語(4技能型)			
募集人員	50名(帰国生含)	20名	40名	10名	20名	10名	10名
選抜方法	国・算または 国・算・社・理	適性検査Ⅰ(国)・ 適性検査Ⅱ (算・理・社)	国・算	英語・ 日本語作文・ 英語面接	国・算		
出願関連期間	12/1～1/30				12/1～2/1		12/1～2/3
試験日程	2/1午前		2/1午後		2/2午前	2/2午後	2/4午前
合格発表	Web 2/1 17:00～	Web 2/1 21:00～			Web 2/2 17:00～	Web 2/2 21:00～	Web 2/4 15:00～
入学手続	2/5 15:30まで	2/10 15:30まで	2/5 15:30まで				

面接 実施する。

◉費用(参考)

受験料		25,000円
入学手続時	入学金	250,000円
	授業料	—
	その他	—
入学手続後 ～入学まで	授業料	—
	その他	71,980円
入学後１年	授業料	500,000円
	その他	284,000円
初年度納入金合計		1,105,980円
中学３年間費用計　約		2,838,940円

＊2万5千円の受験料で全日程の受験可。適性検査型入試のみの受験料は1万5千円。

◉最近6年間の入試応募者推移と倍率

年度		2019	2020	2021	2022	2023	2024
募集	①AM ①PM/英語特別 ②AM│②PM 適性検査型	50 40 20│10 20	①AM 50 ①PM│英語/サイ 40│15 ②AM│②PM 20│10 適性検査型 20	50 40│10 20│10 20	50 40│10 20│10 20	①AM 50 ①PM│英語 40│10 ②AM│②PM 20│10 ③AM 5 適性検査型 20	50 40│10 20│10 10 20
応募	①AM ①PM/英語特別 ②AM│②PM 適性検査型	12/47 94/3 20/55│91 19	21/49 104│2/2 85│99 30	23/53 121│3/1 95│117 42	24/54 112│6/0 103│112 18	28/35 109│4 84│101 84 27	19/37 103│3 90│83 87 18
応募倍率	①AM ①PM/英語特別 ②AM│②PM 適性検査型	1.2 2.4 3.8│9.1 1.0	1.4 2.6│0.3 4.3│9.9 1.5	1.5 3.0│0.4 4.8│11.7 2.1	1.6 2.8│0.6 5.2│11.2 0.9	1.3 2.7│0.4 4.2│10.1 16.8 1.4	1.1 2.6│0.3 4.5│8.3 8.7 0.9
受験	①AM ①PM/英語特別 ②AM│②PM 適性検査型	8/45 87/3 5/6│13 19	18/47 98│2/2 11│13 30	21/49 111│3/1 16│18 42	20/44 103│6/0 17│23 18	24/32 103│4 13│17 5 27	16/34 90│3 18│15 6 18
合格	①AM ①PM/英語特別 ②AM│②PM 適性検査型	8/38 82/2 5/5│13 19	12/39 91│2/2 8│12 30	16/39 102│3/1 13│17 42	18/32 86│5/0 10│19 17	21/25 86│4 9│13 4 27	12/29 83│3 15│13 5 16
実質倍率	①AM ①PM/英語特別 ②AM│②PM 適性検査型	1.0/1.2 1.1/1.5 1.0/1.2│1.0 1.0	1.5/1.2 1.1│1.0/1.0 1.4│1.1 1.0	1.3/1.3 1.1│1.0/1.0 1.2│1.1 1.0	1.1/1.4 1.2│1.2/— 1.7│1.2 1.1	1.1/1.3 1.2│1.0 1.4│1.3 1.3 1.0	1.3/1.2 1.1│1.0 1.2│1.2 1.2 1.1

＊2019年①AM・②AMは4教科／2教科。2020年～2024年①AMは4教科／2教科。
＊2024年補欠発表・追加合格…いずれもなし。

◉入試教科

4教科/2教科

②算数	50分/50分	100点/100点
①国語	50分/50分	100点/100点
③理科	あわせて60分	50点
③社会		50点
合計	160分/100分	300点/200点

＊英語(4技能型)は筆記・ヒアリング・日本語作文・英会話面接の総合判定。英語60分・日本語作文30分・英語面接5分(合計100点)。
＊適性検査Ⅰ(国：50分・100点)、Ⅱ(算・理・社あわせて50分・100点)合計200点。

合格最高点	①AM	219/190点
	適性	174点
	PM	181点
	英語	100点
	②AM	177点
	PM	197点
	③	180点
合格最低点	①AM	137/101点
	適性	93点
	PM	100点
	英語	100点
	②AM	100点
	PM	110点
	③	105点

私立 女子校

◉受験併願パターン

偏差値	1月前半	1月後半	2月1日	2月2日	2月3日	2月4日以降
57			法政大学	富士見算数	明中八王子Ａ２	明大中野八王子Ｂ
55			成蹊			
54						国学院久我山Ｓ３
53						
52	青学ルーテル			共立女子２日		
51		国府台女子学院	共立女子１日		学大小金井	
50	西武文理特待		国学院久我山	大妻中野３アド	昭和女子大附Ｃ	
49				国学院久我山２		跡見学園特４
48	西武文理選抜					
36			共立第二ＰＭ			
35	西武台新座特進		共立第二	共立第二２		共立第二３

入試問題の傾向とポイント

算数　計算と一行問題が合わせて10問、大問4題の問題構成。計算と一行問題が中心。幅広い分野から出題されるが、基本レベルの問題が中心なので、ケアレスミスに注意して確実に得点できるようにしておきたい。基本問題を繰り返し練習することで、十分に合格点に達する。

国語　雑問2題と随筆文・物語文・説明文が出題された。雑問は漢字の読み書きと慣用句を含む。随筆文は理由や空欄補充問題を通して、物語文は人物の心情を中心に、説明文は内容合致や具体例を通して、それぞれ文章内容の理解を問われた。説明文では40字以内の記述が求められた。

理科　設問4題、生地物化からの出題。選択問題・計算問題が中心で、記述問題・作図問題も出題される。典型問題が中心の出題なので、ミスなく解き進めていきたい。また、幅広い範囲からの出題となるため、基礎基本を徹底したうえで、苦手分野がないようにしたい。

社会　大問3題。記述問題は昨年より増えて3問出題され、知識を問うもののほか、資料を読んで自分のことばでまとめるものも見られた。全体的に基礎基本が問われているので、基本事項の復習を固めることが重要。時事問題に関連した問いが多く問われるので、対策を十分行っておきたい。

恵泉女学園中学校
（けいせんじょがくえん）

■学校長／本山早苗　■創立／昭和4年　■生徒数／598名
■所在地／〒156-8520 東京都世田谷区船橋5-8-1
■ＴＥＬ／03-3303-2115
■交通／経堂駅（小田急線）徒歩12分。千歳船橋駅（小田急線）徒歩12分。桜上水二丁目バス停（京王・小田急バス）下車、徒歩2分。

何学期制	週何日制	登校時刻	制服	給食	食堂 軽食販売	プール	寮	特待制度 奨学金等	帰国生 取出授業
2学期制	5日制	8:15	なし	なし	食堂条件付 販売中高あり	なし	なし	あり	なし

沿革

1929年（昭和4年）、河井道がキリスト教の信仰を教育の基盤とし創立。1948年（昭和23年）の学制改革で恵泉女学園中学・高等学校となり、現在に至っている。

教育方針と特色

教育方針は、世界に目を向け、平和を実現する女性となるために「自ら考え､発信する力を養う」こと。今後の大学入試で求められる記述力を重視、各教科でノートやレポートの添削に力を入れる。蔵書数9万冊のメディアセンターは「考える恵泉」を支える「知のひろば」だ。また理科教室が6つあり、理科では実験重視の授業を行っている。「園芸」の授業では、校内と近隣にある畑で草花や野菜を栽培し、綿紡ぎやジャム作り等にも取り組む。「英語の恵泉」といわれ、英語の指導はきめ細かい。少人数授業、テスト直し等で基礎をしっかり固めた上で応用力をつけていく。英検を希望者に対して校内で実施し、高3生の17％が英検準1級を取得。高2・3は全員GTECを受験。高2のスコアは959.2（全国平均793）で約6割の生徒が「海外進学を視野に入れられるレベル」に達しており、外部試験で重視される発信力を身につけることができる。週5日制。土曜日はクラブ・課外活動、特別講座、補習などが行われる。高校からは科目選択制を採っている。制服はない。

◉系列校

小	中	高	大（短大）
	○	○	○

◉併設小学校なし
◉高校生外部募集………なし

◉授業時間…1コマ45分・週35時間

	1年	2年	3年	計
国　語	4	5	5	14
社　会	3	4	4	11
数　学	4	5	4.5	13.5
理　科	3	4	4	11
英　語	6	6	6	18
5教科計	20	24	23.5	67.5

参考　高校1年生一週間の授業

英語=6　数学=5　国語=5
理科=6　社会=4

進学・進路

◉卒業生進路状況

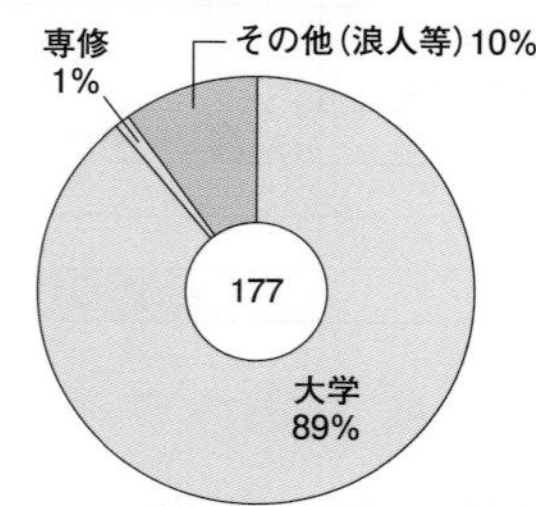

■進路選択状況（高３進級時）

データなし

■理系・文系進学状況

理系 34%　文系 58%

■共通テスト受験率

98%

◉卒業までの流れ

小学校	中学校	高等学校	大学
	恵泉女学園中学校 ▶	恵泉女学園高等学校（177）	

◉主な大学合格実績

大学名	'22	'23	'24	大学名	'22	'23	'24	大学名	'22	'23	'24	大学名	'22	'23	'24
東京大	1		1	千葉大		1		東京都立大		1	1	東京女子大	25	13	32
京都大				お茶の水女子大	1			横浜市立大	1			日本女子大	18	9	23
北海道大		1		東京外国語大	1		2	慶應義塾大	6	7	9	成蹊大	8	8	8
東北大			1	電気通信大				早稲田大	9	21	9	成城大	20	9	13
名古屋大				東京学芸大	1	1		上智大	18	11	11	明治学院大	28	20	23
大阪大		2		東京農工大	1	3		東京理科大	4	13	20	國學院大	3	4	15
九州大		1		東京芸術大	1			明治大	22	27	25	武蔵大	8	9	6
東京工業大				東京医科歯科大				青山学院大	20	22	30	獨協大		3	
一橋大				東京海洋大		1		立教大	32	37	39	日本大	30	27	22
筑波大			1	横浜国立大			1	中央大	27	11	17	東洋大	25	25	22
茨城大				山梨大				法政大	13	15	23	駒澤大	9	4	7
宇都宮大				金沢大				学習院大	10	4	12	専修大	3	20	17
群馬大				信州大				国際基督教大	2	1	2	芝浦工業大	5	8	13
埼玉大				国際教養大				津田塾大	26	17	16	東京都市大	4	9	7

入試要項・入試情報

◉2024年度の入試要項(参考)

	1回(午後2科)	2回(午前4科)	3回(午後2科)
募集人員	80名	70名	30名
選抜方法	国・算	国・算・社・理	国・算
出願関連期間	12/20〜1/30	12/20〜2/1	12/20〜2/2
試験日程	2/1午後	2/2午前	2/3午後
合格発表	Web 2/1 23:00〜	Web 2/2 20:30〜	Web 2/3 23:00〜
入学手続	2/3 15:00まで	2/4 15:00まで	2/6 15:00まで

＊応募資格に「保護者のもとから通学できる者」とある。
＊2024年2月12日(月)入学者説明会で通知表のコピーを提出。

面接 実施しない。

◉費用(参考)

受験料		25,000円
入学手続時	入学金	300,000円
	授業料	—
	その他	—
入学手続後〜入学まで	授業料	—
	その他	61,403円
入学後1年	授業料	540,000円
	その他	416,000円
初年度納入金合計		1,317,403円
中学3年間費用計 約		3,205,403円

＊1月30日23時59分までに複数回同時出願した場合の受験料は、2回分は4万円、3回分は5万円。

◉最近6年間の入試応募者推移と倍率

年度		2019	2020	2021	2022	2023	2024
募集	S①	50	①80	80	80	80	80
	A	100	②70	70	70	70	70
	S②	30	③30	30	30	30	30
応募	S①	465	619	542	453	505	475
	A	445	582/115	515	557	574	517
	S②	480	677	519	504	540	475
応募倍率	S①	9.3	7.7	6.8	5.7	6.3	5.9
	A	4.5	10.0	7.4	8.0	8.2	7.4
	S②	16.0	22.6	17.3	16.8	18.0	15.8
受験	S①	446	588	522	427	477	448
	A	283	409/71	368	398	401	340
	S②	222	394	298	276	291	250
合格	S①	268	239	223	204	239	253
	A	151	150/16	154	178	179	182
	S②	75	43	73	66	66	37
実質倍率	S①	1.7	2.5	2.3	2.1	2.0	1.8
	A	1.9	2.7/4.4	2.4	2.2	2.2	1.9
	S②	3.0	9.2	4.1	4.2	4.4	6.8

＊帰国生を含む。
＊2020年②は4教科／2教科。
＊2024年補欠発表…なし。追加合格(電話)…(1回)3名、2月12日。

◉入試教科

4教科/2教科

②算数	45分/45分	100点/100点
①国語	45分/45分	100点/100点
④理科	30分/	70点/
③社会	30分/	70点/
合計	150分/90分	340点/200点

合格最高点	①181点 ②273点 ③173点
合格最低点	①124点 ②188点 ③118点

私立 女子校

◉受験併願パターン

偏差値	1月前半	1月後半	2月1日	2月2日	2月3日	2月4日以降
58	淑徳与野		山脇学園午後国語			
56		専修大松戸		山脇学園B	恵泉女学園3	
54						山脇学園C
53			恵泉女学園			
52	青学ルーテル	国府台女子学院				
51				恵泉女学園2	日本女子大附2	普連土4日午前
47			ドルトン1日A		日大第二2	
46						明治学院3
45			カリタス女子			
44	盛岡白百合首都圏		佼成女1日午後特			
43			大妻多摩2			光塩女子学院3

入試問題の傾向とポイント

算数 計算問題3問、一行問題5問、大問3題の問題構成。難問ではないものの、やや思考力を必要とする問題が出題される。大問は式や考え方を書く必要がある場合もあるので、日頃から採点者にわかるように途中式をきれいに素早く書く習慣を身につけておく必要がある。

国語 物語文・説明文の読解2題に漢字の書き取り5問という出題。文章はやや長めだが全体の問題数は多くない。物語文は主に人物の気持ちや表現の特徴を、説明文は主に内容説明・筆者の考え・内容一致を問われた。記述は字数指定のないものも含めて3問程度出題。わかりやすくまとめる練習が必要。

理科 設問5題、生地物化からの出題。設問形式は、選択・計算・記述・作図と多岐にわたる。身近なもの・現象・観察結果をテーマにした出題がみられる。試験時間に対して問題数が多いので、基礎基本をしっかり固め、過去問演習によって素早く正確に解く力を養いたい。

社会 大問3題構成。ほとんどを占める基礎・基本の問題で、確実に得点できるようにすることが重要。いずれの分野の問題も表やグラフ、写真などが多いので、ふだんからこうした資料を活用して解く演習を重ねたい。比較的長文の記述問題が複数あるため、時間配分にも注意すること。

光塩女子学院中等科

こうえんじょしがくいん

■学校長／鳥田信二　■創立／昭和6年　■生徒数／482名
■所在地／〒166-0003 東京都杉並区高円寺南2-33-28　■ＴＥＬ／03-3315-1911
■交通／高円寺駅（JR中央線）徒歩12分。東高円寺駅（東京メトロ丸ノ内線）徒歩7分。
新高円寺駅（東京メトロ丸ノ内線）徒歩10分。

何学期制	週何日制	登校時刻	制服	給食	食堂 軽食販売	プール	寮	特待制度 奨学金等	帰国生 取出授業
3学期制	6日制	8:00	中高あり	なし	食堂なし 販売中高あり	なし	なし	あり	なし

沿　革

1931年、カトリックのメルセス宣教修道女会を母体とし、光塩高等女学校が開校。校名は「あなたがたは世の光、あなたがたは地の塩」という聖書のことばに由来する。1947年の学制改革によって、光塩女子学院と改称。

教育方針と特色

「人は誰でも、ありのままでかけがえのない尊い存在であり、自分を他者に開いて生きる時、さらに大きな存在に成長する。」このようなカトリックの人間観にもとづいて教育が行われる。各学年に6～7名の教師が共同担任としてつき、生徒ひとりひとりの個性を大切にして、きめ細かく温かく指導する。中等科は1学年4クラス、各クラス40名前後の編成をとり、学習指導にも、生活指導にも手作りのあたたかみを大切にする。中学1年から英語、中学2年から数学において習熟度別授業が行われる他、開校以来の英語教育の充実、国語の作文・論文指導の徹底、少人数制による理数教育などに特色がある。教師の手づくりプリントが充実し、提出物への添削も丁寧に行われている。

◉系列校

小	中	高	大(短大)
○	○	○	

◉小学校からの内進生…73名
◉高校生外部募集………なし

◉授業時間…1コマ50分・週33時間

	1年	2年	3年	計
国　語	5	5	5	15
社　会	4	4	4	12
数　学	5	5	5	15
理　科	4	4	5	13
英　語	6	6	6	18
5教科計	24	24	25	73

参考　高校1年生一週間の授業

英語=6　数学=6　国語=4
理科=5　社会=5

進学・進路

◉卒業生進路状況

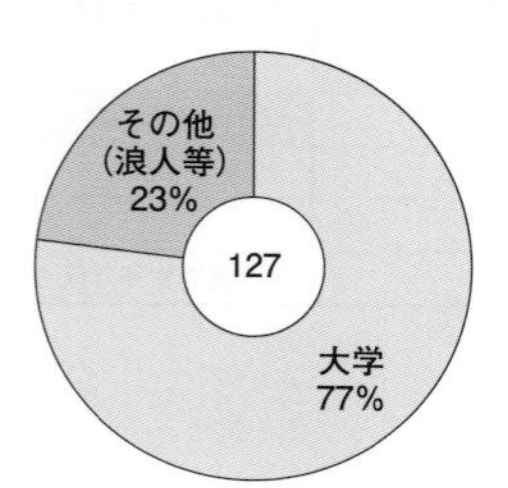

■進路選択状況（高３進級時）
理系 49%　文系 43%
0　50　100

■理系・文系進学状況
理系 43%　文系 53%
0　50　100

■共通テスト受験率
74%
0　50　100

◉卒業までの流れ

小学校	中学校	高等学校	大学
光塩女子学院初等科 ▶	光塩女子学院中等科 ▶	光塩女子学院高等科（127）	

◉主な大学合格実績

大学名	'22	'23	'24	大学名	'22	'23	'24	大学名	'22	'23	'24	大学名	'22	'23	'24
東京大	2	1	3	千葉大	1	1		東京都立大		1		東京女子大	19	15	9
京都大				お茶の水女子大		1		横浜市立大	2	1		日本女子大	16	16	7
北海道大		1		東京外国語大	2		1	慶應義塾大	14	13	13	成蹊大	4	3	10
東北大			1	電気通信大				早稲田大	14	15	14	成城大	6	2	3
名古屋大				東京学芸大			1	上智大	27	21	10	明治学院大	4	8	4
大阪大				東京農工大	1		1	東京理科大	7	17	8	國學院大	2	5	5
九州大				東京芸術大	2	2		明治大	20	18	17	武蔵大	2	1	3
東京工業大	1	1	1	東京医科歯科大		1		青山学院大	7	5	6	獨協大		4	
一橋大	1		2	東京海洋大		1		立教大	13	14	6	日本大	9	18	12
筑波大		1		横浜国立大		1	1	中央大	13	17	6	東洋大	12	8	4
茨城大				山梨大				法政大	13	19	7	駒澤大	3	3	3
宇都宮大				金沢大				学習院大	4	8	12	専修大	2	3	5
群馬大				信州大		1	2	国際基督教大	3		1	芝浦工業大	3	5	3
埼玉大		1		国際教養大			1	津田塾大	8	11	2	東京都市大		1	

入試要項・入試情報

◉2024年度の入試要項(参考)

	1回総合型	2回	3回
募集人員	約30名	約50名	約15名
選抜方法	総合・国語基礎・算数基礎＋ 通知表のコピーまたは報告書	国・算・社・理＋面接(保護者同伴)・ 通知表のコピーまたは報告書	
出願関連期間	12/20〜1/28		12/20〜2/3
試験日程	2/1	2/2	2/4
合格発表	掲示 2/2 9:00〜 Web 2/1 19:00〜	掲示 2/3 9:00〜 Web 2/2 19:00〜	掲示 2/5 9:00〜 Web 2/4 18:00〜
入学手続	2/9 14:00まで	2/6 14:00まで	

＊出願資格に「保護者のもとから通学できる者」とある。

面接 実施する。

◉費用(参考)

受験料		23,000円
入学手続時	入学金	300,000円
	授業料	—
	その他	50,000円
入学手続後〜入学まで	授業料	—
	その他	—
入学後１年	授業料	480,000円
	その他	212,600円
初年度納入金合計		1,042,600円
中学３年間費用計 約		2,404,200円

＊複数回同時出願の受験料は、2回分は4万円、3回分は5万5千円。
＊入学辞退者は施設設備資金(5万円)を返金。
＊制服・学用品代等別途。

◉最近6年間の入試応募者推移と倍率

年度		2019	2020	2021	2022	2023	2024
募集	①	約30	約15	①総合型 約30	約30	約30	約30
	②	約50	約50	② 約50	約50	約50	約50
	③	約15	約25	③ 約15	約15	約15	約15
応募	①	91	98	75	70	89	72
	②	118	133	141	128	137	144
	③	105	107	106	136	126	129
応募倍率	①	3.0	6.5	2.5	2.3	3.0	2.4
	②	2.4	2.7	2.8	2.6	2.7	2.9
	③	7.0	4.3	7.1	9.1	8.4	8.6
受験	①	88	96	70	69	88	65
	②	75	75	81	74	76	69
	③	44	47	49	56	50	53
合格	①	64	71	56	54	60	51
	②	55	55	60	54	54	51
	③	24	26	28	32	28	30
実質倍率	①	1.4	1.4	1.3	1.3	1.5	1.3
	②	1.4	1.4	1.4	1.4	1.4	1.4
	③	1.8	1.8	1.8	1.8	1.8	1.8

＊2024年補欠発表(Web)…あり。補欠合格(電話)…あり。追加合格(電話)…あり。

◉入試教科

②算 数	50分	100点
①国語	50分	100点
④理科	30分	50点
③社会	30分	50点
合計	160分	300点

＊1回総合は①総合(50分・100点)②国語(25分・50点)③算数(25分・50点)合計200点。

合格最高点	①総合	167点
	②	229点
	③	244点
合格最低点	①総合	115点
	②	138点
	③	192点

私立 女子校

◉受験併願パターン

偏差値	1月前半	1月後半	2月1日	2月2日	2月3日	2月4日以降
52	青学ルーテル	国府台女子学院				
51						普連土４日午前
50			大妻中野２アド	大妻中野３アド		
49					晃華学園３	
47	開智所沢				日大第二２	東京電機大４
46				宝仙学園２	サレジ世４本科	
45			十文字２	光塩女子学院２		
43	埼玉栄３		光塩女子学院総合			光塩女子学院３
41			武蔵野大２	大妻多摩３	江戸川女子３	
40	西武文理２	和洋国府台女子	サレジ本科	文京学院大２		
38				桐朋女子Ｂ		文大杉並６

入試問題の傾向とポイント

算数
計算問題5問と一行問題と大問形式の問題が合わせて4題程度の構成。全体的に基本的なレベルの問題が並ぶが、計算問題以外では途中式や考え方を書く必要がある。日頃から丁寧に素早く書くように心がけ、過去問等で対策しておくこと。

国語
雑問1題と説明文1題の構成。雑問は漢字の読み書きや慣用句、接続詞について問われた。説明文は現代のテクノロジーについて述べた文章であった。理由や内容合致、傍線部が指す内容について、選択肢や抜き出しを中心に出題された。

理科
大問3題、生地物化からの出題で、大問3が融合問題。設問形式は、選択・計算・記述・作図と多岐にわたる。計算問題は式・考え方の記述が必要で、作図問題はグラフ作成が頻出。典型問題から一歩踏み込んだ内容のものが多く、基礎基本を押さえたうえで過去問演習で練習を積んでおきたい。

社会
例年同様、大問1題構成で地理・歴史・政治の融合問題だった。今年のテーマは「人口」について。記号選択の形式が多い。一昨年以前に出題されていたグラフを完成させる作図問題が今年は出題された。

晃華学園中学校

（こうかがくえん）

■学校長／大島正克　■創立／昭和38年　■生徒数／474名
■所在地／〒182-8550 東京都調布市佐須町5-28-1　■ＴＥＬ／042-482-8952
■交通／武蔵境駅（JR中央線）・国領駅（京王線）からスクールバス。つつじヶ丘駅（京王線）からバス「晃華学園」下車、徒歩5分。三鷹駅（JR中央線・総武線）からバス「晃華学園東」下車、徒歩5分。

何学期制	週何日制	登校時刻	制服	給食	食堂 軽食販売	プール	寮	特待制度 奨学金等	帰国生 取出授業
3学期制	6日制	8:30	中高あり	なし	食堂なし 販売中高あり	なし	なし	なし	なし

沿　革

カトリックの汚れなきマリア修道会を設立母体とし、1950年に暁星学園付属の幼稚園を1957年に小学校をそれぞれ開設。1961年に暁星学園より法人分離して、独立。1963年、晃華学園中学校・高校を開校して現在に至る。

教育方針と特色

キリスト教的人間観に基づく全人教育を行い、神さまから与えられたタレント（個性・能力）を最大限に伸ばし、知性と品格を磨いて、「人のために人と共に生きる」女性を育てている。「宗教」の授業やボランティア学習、行事、LHRなどを通して "Noblesse Oblige" の精神を培うのは、晃華学園ならではの特色だ。
6か年一貫教育の下、英数国に多くの時間を配当して確かな基礎力を養いながら、先取り学習も実施。「英語の晃華」といわれるほど英語教育に定評があり、中学から洋書の多読を実践、高校では授業の3分の1以上を外国人教員が担当するなど、4技能をバランスよく伸ばしている。また、近年は理数・ICT教育にも注力し、理系進学者が約4割を占めている。
晃華の進路指導は、大学選び・職業選びを超えたライフガイダンス。「進むべき路のしるべ」となる揺るぎない価値観を持ち、未来を切り開くことを大切にしている。中学では、定期考査サイクルで学習習慣の形成を、模擬試験サイクルで学習内容の振り返りと定着を丁ねいに指導。これらを土台に、高1から習熟度別授業を、高2から文理選択別授業を実施。高3では、全授業時数の半分以上が受験選択科目となり、受講者が少数でも講座を開くなど、きめ細かく進路対策を行っている。夏期講習や進路学習合宿、大学授業模擬講義、大学訪問などの進路行事も充実している。

◉系列校

小	中	高	大（短大）
○	○	○	

◉小学校からの内進生…41名
◉高校生外部募集………なし

◉授業時間…1コマ50分・週34時間

	1年	2年	3年	計
国　語	5	5	5	15
社　会	3	3	4	10
数　学	5	6	5	16
理　科	3	4	4	11
英　語	6	6	6	18
5教科計	22	24	24	70

参考　高校1年生一週間の授業

英語=6　数学=5　国語=5
理科=6　社会=4

進学・進路

◉卒業生進路状況

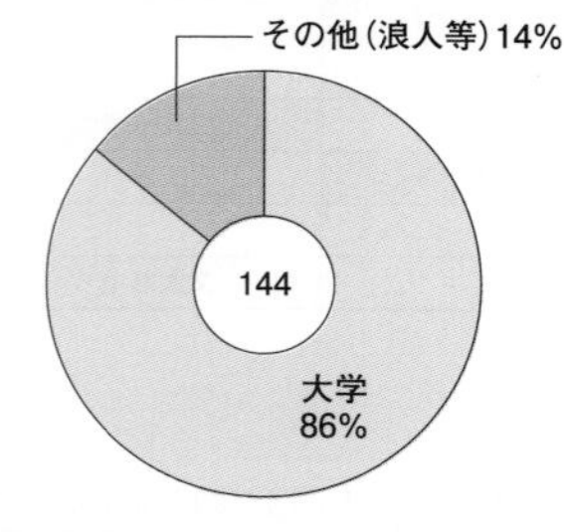

■進路選択状況（高3進級時）
理系 47%　文系 49%
0　50　100

■理系・文系進学状況
理系 38%　文系 57%
0　50　100

■共通テスト受験率
90%
0　50　100

◉卒業までの流れ

小学校	中学校	高等学校	大学
晃華学園小学校 ▶	晃華学園中学校 ▶	晃華学園高等学校（144）	

◉主な大学合格実績

大学名	'22	'23	'24	大学名	'22	'23	'24	大学名	'22	'23	'24	大学名	'22	'23	'24
東京大	3	2	3	千葉大	1		2	東京都立大	3	2	2	東京女子大	15	18	22
京都大			1	お茶の水女子大		1		横浜市立大		1		日本女子大	11	15	4
北海道大	1			東京外国語大	1	1	1	慶應義塾大	16	10	14	成蹊大	8	7	9
東北大		1	1	電気通信大		3	1	早稲田大	26	33	19	成城大	6	13	16
名古屋大				東京学芸大		2	1	上智大	24	16	22	明治学院大	5	6	11
大阪大	1			東京農工大	2	1	2	東京理科大	14	9	8	國學院大	5		4
九州大				東京芸術大			1	明治大	18	25	20	武蔵大	2	1	1
東京工業大			1	東京医科歯科大	1			青山学院大	22	25	18	獨協大			
一橋大	1	1	1	東京海洋大	1			立教大	11	48	22	日本大	22	23	7
筑波大			1	横浜国立大	2	1		中央大	29	26	18	東洋大	3	8	3
茨城大				山梨大				法政大	20	23	20	駒澤大	2	6	2
宇都宮大		1		金沢大				学習院大	4	3	4	専修大	2	14	11
群馬大				信州大	1	1		国際基督教大	3	2	3	芝浦工業大	10	15	7
埼玉大		1	1	国際教養大				津田塾大	7	4	8	東京都市大	1	6	6

入試要項・入試情報

◉2024年度の入試要項(参考)

	1回	2回	3回
募集人員	約50名	約35名	約25名
選抜方法	国・算・社・理	国・算	国・算・社・理
出願関連期間	12/20〜1/31		12/20〜2/3
試験日程	2/1午前	2/1午後	2/3午前
合格発表	Web 2/1 21:00〜	Web 2/1 23:00〜	Web 2/3 21:00〜
入学手続	2/6 18:00まで		

＊出願資格に「保護者の元から通学できる者」とある。
＊2024年2月11日(日・祝)実施の入学手続き時に通知表のコピーを提出。欠席の場合は入学辞退とみなされる。

面接 実施しない。

◉費用(参考)

受験料		25,000円
入学手続時	入学金	250,000円
	授業料	—
	その他	—
入学手続後〜入学まで	授業料	—
	その他	126,200円
入学後1年	授業料	504,000円
	その他	376,000円
初年度納入金合計		1,256,200円
中学3年間費用計 約		3,096,200円

＊複数回同時出願の受験料は、2回分は4万円、3回分は5万円。

◉最近6年間の入試応募者推移と倍率

年度		2019	2020	2021	2022	2023	2024
募集	①	約50	約50	約50	約50	約50	約50
	②	約30	約35	約35	約35	約35	約35
	③	約30	約25	約25	約25	約25	約25
応募	①	84	121	135	127	122	107
	②	272	280	311	256	277	275
	③	136	164	219	148	155	134
応募倍率	①	1.7	2.4	2.7	2.5	2.4	2.1
	②	9.1	8.0	8.9	7.3	7.9	7.9
	③	4.5	6.6	8.8	5.9	6.2	5.4
受験	①	72	111	127	120	113	93
	②	262	268	305	245	263	258
	③	60	99	128	87	88	62
合格	①	52	54	56	59	63	62
	②	167	155	156	146	173	178
	③	31	26	26	33	33	35
実質倍率	①	1.4	2.1	2.3	2.0	1.8	1.5
	②	1.6	1.7	2.0	1.7	1.5	1.4
	③	1.9	3.8	4.9	2.6	2.7	1.8

＊2024年補欠発表(Web)…あり。補欠合格(電話)…(1回〜3回)計14名、(1回・2回)2月1日〜2月10日、(3回)2月3日〜2月10日。追加合格…なし。

◉入試教科

4教科/2教科

②算数	50分/40分	100点/80点
①国語	50分/40分	100点/80点
④理科	25分/	50点/
③社会	25分/	50点/
合計	150分/80分	300点/160点

合格最高点	①250点 ②154点 ③257点
合格最低点	①178点 ②108点 ③197点

私立 女子校

◉受験併願パターン

偏差値	1月前半	1月後半	2月1日	2月2日	2月3日	2月4日以降
54					帝京大学3	国学院久我山S3
53			晃華学園2			
52	青学ルーテル	国府台女子学院				
51				恵泉女学園2		
50			カリタス女子2	国学院久我山2		
49					晃華学園3	
48			晃華学園	実践女子学園4	カリタス女子4	
47	開智所沢					東京電機大4
46						明治学院3
44				桐光学園2		
43			大妻多摩2			光塩女子学院3

入試問題の傾向とポイント

算数　一行問題6問、大問5題程度の問題構成。一行問題に計算問題が含まれる年もある。前半は標準的なレベルの問題を中心に出題されるが、後半には思考力を必要とする複雑な問題も出題される。大問では考え方やグラフをかかせたりする問題が含まれることもある。

国語　物語風の説明文・物語文の読解2題に書き取り8問という出題構成。説明文は内容説明と理由説明を、物語文は場面説明・登場人物の気持ちや考え・主題を問われた。字数制限のある記述が各設問1問ずつ出題。抜き出しもあるが記号選択問題が多いので、選択肢を吟味する力が要求される。

理科　設問4題、生地物化からの出題。典型問題を身のまわりのできごとなどにからめた内容の出題が多く見受けられる。また、実験の結果や表をもとにして考察・思考するような問題も出題されているため、与えられた情報を整理して、読み解く力も身につけておきたい。

社会　例年同様大問1題構成の総合問題だった。グラフや表、史料を用いた出題が多い。記述問題は4問出題された。昨年に引き続き、SDGsに関する問いも見られた。本校のホームページでは、前年の入試問題の解説と出題の狙いが細かく記されているので、必ずチェックしておくこと。

麹町学園女子中学校

こうじまちがくえんじょし

■学校長／堀口千秋　■創立／明治38年　■生徒数／373名
■所在地／〒102-0083 東京都千代田区麹町3-8　■ＴＥＬ／03-3263-3011
■交通／四ツ谷駅（JR中央線など）徒歩10分。市ヶ谷駅（JR中央線など）徒歩10分。
麹町駅（東京メトロ有楽町線）徒歩1分。半蔵門駅（東京メトロ半蔵門線）徒歩2分。

何学期制	週何日制	登校時刻	制服	給食	食堂 軽食販売	プール	寮	特待制度 奨学金等	帰国生 取出授業
3学期制	6日制	8:30	中高あり	なし	カフェテリア・ コンビニあり	屋内	なし	あり	あり

沿　革

1905年に地質学者大築佛郎によって麹町女学校として設立された。戦後新学制により、1947年に中学校、1948年に高等学校を設立。

教育方針と特色

変革する時代に対応し、得意な分野で鮮やかな輝きを放つ自立した女性を育成するために、目標別の「2コース制」（グローバル・スタンダード）を敷き、2024年度より中学2年、3年次に希望制の「サイエンス探究クラス」を導入し、思考力・判断力・表現力などの「見えない学力」も伸ばしている。また近年では進路保証を充実させるため、成城大学、東京女子大学、日本女子大学など複数の大学と高大連携を結んでいる。学園オリジナルの「アクティブイングリッシュ」（実用英語推進機構代表理事の安河内哲也氏監修）では、6年間行う音声活動をはじめ徹底した活動型授業でアウトプットの機会を増やし、中1から高3まで一貫して行う4技能均等の定期試験KEPT（Kojimachi English Proficiency Test）の実施などにより、大学入試英語対策はもとより一生役立つホンモノの英語力を確立していく。そして、グローバル教育では、高校2年次のオーストラリア修学旅行、ニュージーランドへの短期・中期語学研修、i LOUNGE（校内英語村を設置）など、多様な人々と協働して世界に視野を広げる環境が充実。さらにアイルランドの連携校に留学し単位を修めることで麹町学園と現地校の卒業資格が得られるプログラムもある。
そしてオリジナルの生き方教育プログラム「みらい科」の授業では「地域や企業と協働」、異文化理解などのプログラムを通し、持続・発展可能な力を伸ばして生徒一人ひとりの未来を切り拓いていく。

◉系列校

小	中	高	大（短大）
	○	○	

◉併設小学校なし
◉高校生外部募集………あり

◉授業時間…1コマ50分・週35時間

	1年	2年	3年	計
国　語	5	5	5	15
社　会	4	4	4	12
数　学	5	5	5	15
理　科	4	4	4	12
英　語	5	5	6	16
5教科計	23	23	24	70

参考　**高校1年生一週間の授業**

英語=7　数学=5　国語=5
理科=6　社会=4

進学・進路

◉卒業生進路状況

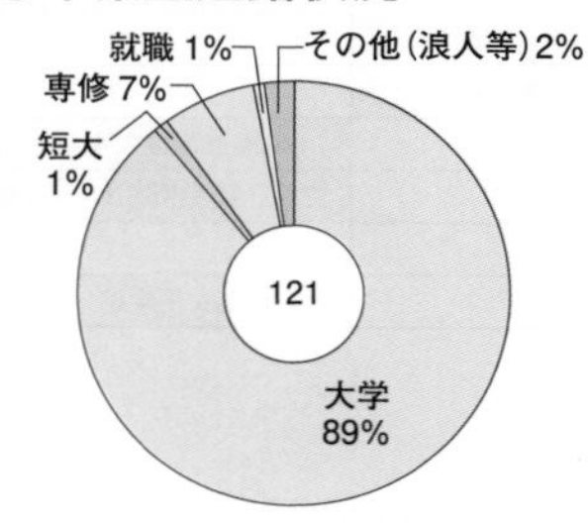

■進路選択状況（高３進級時）
理系 12%　文系 79%
0　50　100

■理系・文系進学状況
理系 13%　文系 87%
0　50　100

■共通テスト受験率
91%
0　50　100

◉卒業までの流れ

小学校	中学校	高等学校	大学
	麹町学園女子中学校 ▶	麹町学園女子高等学校（121）	

◉主な大学合格実績

大学名	'22	'23	'24	大学名	'22	'23	'24	大学名	'22	'23	'24	大学名	'22	'23	'24
東京大				千葉大				東京都立大				東京女子大	2	2	
京都大				お茶の水女子大				横浜市立大				日本女子大	1	3	1
北海道大				東京外国語大	1			慶應義塾大				成蹊大	2	1	1
東北大				電気通信大				早稲田大	1			成城大	3	2	4
名古屋大				東京学芸大				上智大	1			明治学院大	1	1	3
大阪大				東京農工大				東京理科大				國學院大	2		1
九州大				東京芸術大				明治大	1		1	武蔵大			1
東京工業大				東京医科歯科大				青山学院大	1			獨協大	2	2	3
一橋大				東京海洋大				立教大	1	2	4	日本大	4	3	2
筑波大				横浜国立大				中央大	3	1	1	東洋大	61	69	52
茨城大				山梨大				法政大	2		2	駒澤大		1	
宇都宮大				金沢大				学習院大				専修大	1		
群馬大				信州大				国際基督教大	1			芝浦工業大	1	1	
埼玉大				国際教養大				津田塾大		1	1	東京都市大		2	2

入試要項・入試情報

◉2024年度の入試要項(参考)

	2/1午前		2/1午後		2/2午前	2/2午後	2/3午前	2/6午前	
	一般2科・4科	一般英語型	特待2科・4科	特待英語資格	一般2科・4科	特待2科・4科	一般2科・4科	一般2科・4科	一般英語資格
募集人員	50名	15名	特待生10名(スライド合格あり)		10名	特待生5名(スライド合格あり)	15名	15名	
選抜方法	国・算または国・算・社・理	英・国語基礎・算数基礎＋面接(英語と日本語)	国・算または国・算・社・理	国・算＋英語資格	国・算または国・算・社・理				国・算＋英語資格
出願関連期間	1/10～2/1				1/10～2/2		1/10～2/3	1/10～2/6	
試験日程	2/1午前		2/1午後		2/2午前	2/2午後	2/3午前	2/6午前	
合格発表	Web 2/1 18:00～		Web 2/1 22:00～		Web 2/2 15:00～	Web 2/2 22:00～	Web 2/3 15:00～	Web 2/6 15:00～	
入学手続	2/11 10:00まで								

面接 実施する。

◉費用(参考)

受験料		20,000円
入学手続時	入学金	220,000円
	授業料	—
	その他	—
入学手続後～入学まで	授業料	—
	その他	116,580円
入学後１年	授業料	468,000円
	その他	645,712円
初年度納入金合計		1,450,292円
中学３年間費用計　約		3,532,252円

＊複数回出願の場合も受験料は2万円。
＊入学辞退者は、2月10日16時までに申し出れば、入学金(22万円)を返金。

◉最近6年間の入試応募者推移と倍率

年度		2019	2020	2021	2022	2023	2024
募集	2/1午前｜2/1AE 2/1特待 2/2午前｜2/2みらい型 2/2特待	30｜30 5 15｜10 5	2/1午前｜2/1AE　40｜30 2/1特待　5 2/2午前　10 2/2特待　5	40｜30 5 10 5	2/1午前｜2/1英　50｜20 2/1特待(午後｜英資格)　10 2/2午前　10 2/2特待　5	50｜20 10 10 5	50｜15 10 10 5
応募	2/1午前｜2/1AE 2/1特待 2/2午前｜2/2みらい型 2/2特待	26/42｜27 26/51 28/48｜6 36/50	39/66｜38 50/72 45/89 46/83	27/51｜14 39/58 35/67 40/58	41/57｜24 54/58｜43 52/77 62/72	47/66｜23 75/56｜45 73/87 71/87	49/55｜21 78/66｜41 64/77 78/88
応募倍率	2/1午前｜2/1AE 2/1特待 2/2午前｜2/2みらい型 2/2特待	2.3｜0.9 15.4 5.1｜0.6 17.2	2.6｜1.3 24.4 13.4 25.8	2.0｜0.5 19.4 10.2 19.6	2.0｜1.2 15.5 12.9 26.8	2.3｜1.2 17.6 16.0 31.6	2.1｜1.4 18.5 14.1 33.2
受験	2/1午前｜2/1AE 2/1特待 2/2午前｜2/2みらい型 2/2特待	13/36｜26 15/33 9/12｜5 19/16	25/58｜33 40/63 12/29 18/32	22/38｜12 35/46 7/25 14/20	19/41｜16 39/36｜35 12/21 18/15	30/48｜22 60/41｜40 21/21 21/20	33/39｜17 66/47｜34 14/17 22/20
合格	2/1午前｜2/1AE 2/1特待 2/2午前｜2/2みらい型 2/2特待	12/34｜25 5 9/9｜5 5	18/40｜25 34/51 7/17 13/14	21/30｜12 34/35 7/17 14/16	18/34｜16 36/25｜35 12/15 12/11	27/41｜20 45/29｜36 15/11 14/8	30/31｜16 50/27｜29 11/7 16/8
実質倍率	2/1午前｜2/1AE 2/1特待 2/2午前｜2/2みらい型 2/2特待	1.1/1.1｜1.0 9.6 1.0/1.3｜1.0 7.0	1.4/1.5｜1.3 1.2/1.2 1.7/1.7 1.4/2.3	1.0/1.3｜1.0 1.0/1.3 1.0/1.5 1.0/1.3	1.1/1.2｜1.0 1.1/1.4｜1.0 1.0/1.4 1.5/1.4	1.1/1.2｜1.1 1.3/1.4｜1.1 1.4/1.9 1.5/2.5	1.1/1.3｜1.1 1.3/1.7｜1.2 1.3/2.4 1.4/2.5

＊2019年～2020年2/1午前・2/1特待・2/2午前・2/2特待は4教科／2教科。2021年2/1午前・2/1特待・2/2午前・2/2特待は4教科／2教科。2022年2/1午前・2/1特待午後・2/2午前・2/2特待・2/3午前・2/6午前は4教科／2教科。2023年～2024年2/1午前・2/1特待午後・2/2午前・2/2特待・2/3午前・2/5午前は4教科／2教科。
＊2024年補欠発表…詳細不明。補欠合格・追加合格…いずれもなし。

◉入試教科

4教科/2教科

②算数	45分/45分	100点/100点
①国語	45分/45分	100点/100点
③理科	あわせて50分	50点/
③社会		50点/
合計	140分/90分	300点/200点

＊英語は国・算(合計50分・各50点)英語リスニング・リーディング・ライティング(45分・75点)面接(10分・25点)合計200点。

合格最高点	一般①　157点 英語①　173点 特待/一般①　188点 一般②　165点 特待/一般②　172点 一般③　180点 英語②　―点 一般④　183点
合格最低点	一般①　79点 英語①　115点 特待/一般①　154点 一般②　118点 特待/一般②　157点 一般③　108点 英語②　―点 一般④　112点

＊4科は200点満点に換算。

◉受験併願パターン

偏差値	1月前半	1月後半	2月1日	2月2日	2月3日	2月4日以降
48		千葉日大第一	明治学院	大妻２	大妻中野４アド	
46	国府台女子学院推	麗澤３ＥＥ	日大第二	明治学院２		
44						淑徳巣鴨３
43		日出学園	跡見学園			
42	獨協埼玉					
41			麹町学園１日特			
40	千葉日大第一自推	和洋国府台女子		麹町学園２日特		
38	大妻嵐山					
37			麹町学園１日		麹町学園３日	麹町学園６日
35	西武台新座	二松柏総合	東京家政大	神田女学園４	東京成徳大３	神田女学園６得意
32		千葉明徳２	成立学園	成立学園３		成立学園４

入試問題の傾向とポイント

算数
計算問題5問、一行問題6問、大問3題の問題構成。試験時間が45分とやや短いが、基本から標準レベルの問題が中心なので、計算力をつけておけば十分に対応できる。また、問題用紙と解答用紙が一体となっているので、途中式を簡潔にわかりやすくまとめる練習をしておくこと。

国語
説明文・物語文の読解2題に言語事項(漢字の書き取り10問と二字熟語パズル問題5問)が出題された。説明文は内容説明と筆者の考えを、物語文は主に登場人物の気持ち・理由説明・主題を問われた。語句の知識問題も問われている。問題文は長くないが、問題数は多めである。

理科
設問2題、大問1が融合問題、大問2が4分野の小問集合になっている。実験結果から考察する問題や答えだけでなく計算記述まで求められる問題もしばしば見られる。こういったタイプの問題にも対応できるように、普段から正しく立式して論理的に考える訓練を積んでおきたい。

社会
例年同様、大問4題構成。基礎基本を問う問題中心で、時事的な要素をふくむ設問も見られる。用語記述の比率が高いので、基礎的な用語については重点的に学習したい。記述問題はスマートフォンの値上がりの理由を答えさせる1問が出題された。

私立 女子校

佼成学園女子中学校

こうせいがくえんじょし

■学校長／榎並紳吉　■創立／昭和29年　■生徒数／217名
■所在地／〒157-0064 東京都世田谷区給田2-1-1　■ＴＥＬ／03-3300-2351
■交通／千歳烏山駅（京王線）徒歩5分。千歳船橋駅（小田急線）から京王バス「南水無」下車徒歩3分。
成城学園前駅（小田急線）から小田急バス「千歳烏山駅」下車徒歩5分。

何学期制	週何日制	登校時刻	制服	給食	食堂 軽食販売	プール	寮	特待制度 奨学金等	帰国生 取出授業
3学期制	6日制	8:25	中高あり	なし	食堂中高あり 販売中高あり	屋外	なし	あり	なし

沿　革

1954年、宗教法人立正佼成会を設立母体として「佼成学園」創立。1955年開校。2000年、中学校で「イマージョン教育」を開始。2014年には文部科学省からスーパーグローバルハイスクール（SGH）に指定された。

教育方針と特色

グローバル時代を豊かな感性で生きるために英語やSGHの取り組みに重点をおき、首都圏でも早くから一部の科目（音楽・美術）でイマージョン授業を実施。海外研修プログラムも非常に充実している。英検の取得率も都内トップクラスにあり、中学卒業時に英検準2級以上が8割、高校卒業までに１級・準１級を取得できる生徒が２割近く在籍している。
実社会で役立つ「一生使える英語」と大学受験に強い「合格するための英語」を身につけることで、国内難関大学・海外大学への進学実績を確実に伸ばしている。2025年4月より、従来のコースに加えて、中学グローバルコースを新設する。
高校は4コースあり、希望に合わせて進学する。「留学コース」はニュージーランド1年留学で圧倒的な英語力を身につける。「スーパーグローバルコース」はタイ・ロンドンでの研修を通して国際問題の探究をゼミ形式で進める。世界のどこにいても生きていける力を養う。「特進コース」は難関大学合格を目指してハイレベルな授業と講習を進める。「進学コース」は部活動と大学進学を両立しやすく、指定校推薦の優先権がある。
放課後の講習は中１～高3まで活発だが、特に高校では外部講師を招いた「校内予備校」が非常に発達しており、入学時偏差値とかけ離れた大学進学実績を誇っているのも安心材料である。

◉系列校

小	中	高	大(短大)
	○	○	

◉併設小学校なし
◉高校生外部募集………200名
（完全混合クラス）

◉授業時間…1コマ45分・週34時間

	1年	2年	3年	計
国　語	6	5	6	17
社　会	3	4	3	10
数　学	5	5	5	15
理　科	3	4	4	11
英　語	8	7	8	23
5教科計	25	25	26	76

参考 高校1年生一週間の授業

英語=6　数学=6　国語=5
理科=4　社会=4

進学・進路

◉卒業生進路状況

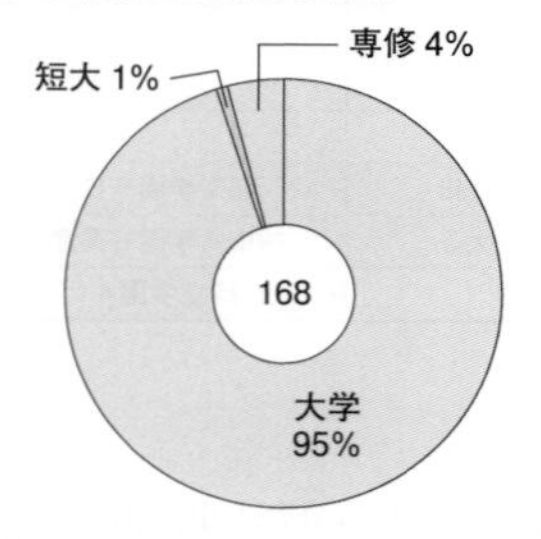

■進路選択状況（高３進級時）
理系 23%　文系 63%
0　50　100

■理系・文系進学状況
文系 72%
理系 20%
0　50　100

■共通テスト受験率
40%
0　50　100

◉卒業までの流れ

小学校	中学校	高等学校	大学
	佼成学園女子中学校 ▶	佼成学園女子高等学校（168）	

◉主な大学合格実績

大学名	'21	'23	'24	大学名	'21	'23	'24	大学名	'21	'23	'24	大学名	'21	'23	'24
東京大				千葉大				東京都立大	1			東京女子大	4	6	4
京都大				お茶の水女子大				横浜市立大	1			日本女子大	6	4	9
北海道大				東京外国語大	1	1	1	慶應義塾大	3	4	4	成蹊大		3	1
東北大				電気通信大				早稲田大	5	6	1	成城大	4	3	7
名古屋大				東京学芸大				上智大	2	19	15	明治学院大	3	2	1
大阪大				東京農工大				東京理科大	2	5	2	國學院大	1		3
九州大				東京芸術大				明治大	2	1	1	武蔵大	3		
東京工業大				東京医科歯科大				青山学院大	7	3	5	獨協大	1		
一橋大				東京海洋大				立教大	7	13	7	日本大	4	7	3
筑波大	1			横浜国立大				中央大	11	10	9	東洋大	8	9	12
茨城大		1		山梨大	2			法政大	7	8	4	駒澤大	3	2	3
宇都宮大				金沢大				学習院大	1	2	1	専修大	7	5	
群馬大				信州大				国際基督教大				芝浦工業大	3		4
埼玉大			1	国際教養大				津田塾大	1	4	5	東京都市大		1	2

入試要項・入試情報

◉2024年度の入試要項(参考)

	2/1					2/2			2/3				2/4			2/5
	午前			午後		午前		午後	午前		午後		午前	午後		午後
	2科・4科 英語資格	適性 (三鷹・共同)	英語	S特待	適性 (三鷹・共同)	2科・4科 英語資格	適性 (三鷹)	S特待	S特待	英語	プレゼン	国算1科目	2科・4科 英語資格	S特待	適性 (共同)	S特待
募集人員	25名	15名	特に定めず	S特待 5名	5名	10名	5名	S特待 5名	S特待 5名	特に定めず	特に定めず	5名	5名	S特待 5名	5名	S特待 5名
選抜方法	国・算または 国・算・社・理 または 国+英語資格 または 算+英語資格	適性検査 Ⅰ・Ⅱ	ライティング +スピーキング	国・算	適性検査 Ⅰ・Ⅱ	国・算または 国・算・社・理 または 国+英語資格 または 算+英語資格	適性検査 Ⅰ・Ⅱ	国・算	国・算 または 国・算・ 社・理	ライティング +スピーキング	プレゼン・ 質疑応答+ 口頭試問	国または 算	国・算または 国・算・社・理 または 国+英語資格 または 算+英語資格	国・算	適性検査 Ⅰ・Ⅱ	国・算
出願関連期間	12/20〜1/31					12/20〜2/1			12/20〜2/2				12/20〜2/3			12/20〜2/4
試験日程	2/1午前			2/1午後		2/2午前		2/2午後	2/3午前		2/3午後		2/4午前	2/4午後		2/5午前
合格発表	Web 2/1 18:00〜			Web 2/1 22:00〜		Web 2/2 18:00〜		Web 2/2 20:00〜	Web 2/3 16:00〜		Web 2/3 20:00〜		Web 2/4 16:00〜	Web 2/4 20:00〜		Web 2/5 16:00〜
入学手続	2/10 12:00まで															

面接 実施する。

◉費用(参考)

受験料		25,000円
入学手続時	入学金	255,000円
	授業料	—
	その他	60,000円
入学手続後 〜入学まで	授業料	—
	その他	113,135円
入学後1年	授業料	468,000円
	その他	337,800円
初年度納入金合計		1,233,935円
中学3年間費用計	約	3,271,535円

＊複数回同時出願に限り、受験料は何回でも2万5千円。適性型のみの受験料は1万円。
＊入学辞退者は申し出れば、入学手続時納入金のうち、施設設備資金(6万円)を返金。

◉最近6年間の入試応募者推移と倍率

年度		2019	2020	2021	2022	2023	2024
募集	①午前(4科/2科/PISA型)	50	①午前(4科/2科|適性/英) 10|10/5	2/1午前(4科/2科|適性/英) 20|20	20|20	2/1午前(4科/2科|適性) 30|20	2/1午前(4科/2科/英1科|適性|類題) 25|15|若干名
	①午後(2科/PISA型)		①午後(S特/適性/英) 5/5/5	2/1午後(S特|適性) 10|10	10|10	2/1午後(S特|適性/英) 5|10	2/1午後(S特待|適性) 5|5
	②午前(4科/2科/PISA型)	20	②午前(4科/2科|適性) 5|5	2/2午前(4科/2科|適性) 10|10	10|10	2/2午前(S特待|適性) 5|5	2/2午前(4科/2科/英1科|適性) 10|5
	②午後S特待	10	②午後(S特/英) 5/5	2/2午後(S特待) 10	10	2/2午後(S特待) 5	2/2午後(S特待) 5
応募	①午前(4科/2科/PISA型)	4/14/100	6/23|89/4	16/29|105/10	10/44|125/20	5/23|93	17/31/7|97|4
	①午後(2科/PISA型)	7/31	19/28/7	49|23	55|42	42|30/2	57|18
	②午前(4科/2科/PISA型)	3/12/38	7/25|18	15/43|21	20/44|36	16/22|42	28/38/10|30
	②午後S特待	12	26/5	53	57	47	55
応募倍率	①午前(4科/2科/PISA型)	3.1	2.9|8.9/0.8	2.3|5.8	2.7|7.3	0.9|4.7	11.0|6.5|−
	①午後(2科/PISA型)		3.8/5.6/1.4	4.9|2.3	5.5|4.2	8.4|3.2	11.4|3.6
	②午前(4科/2科/PISA型)	2.7	6.4|1.4	5.8|2.1	6.4|3.6	7.6|8.4	7.6|6.0
	②午後S特待	1.2	5.2/1.0	5.3	5.7	9.4	11.0
受験	①午前(4科/2科/PISA型)	4/14/100	4/19|89/4	9/27|103/10	3/37|125/19	4/21|91	8/23/6|94|4
	①午後(2科/PISA型)	7/29	14/27/7	38|22	44|40	37|27/2	41|14
	②午前(4科/2科/PISA型)	3/8/30	2/13|14	8/19|14	10/17|30	8/13|32	16/23/6|17
	②午後S特待	10	10/0	21	34	27	29
合格	①午前(4科/2科/PISA型)	3/14/100	4/19|85/4	9/27|101/10	3/32|121/19	4/17|90	6/14/6|91|4
	①午後(2科/PISA型)	5/27	6/24/7	16|22	12|34	2|27/2	1|13
	②午前(4科/2科/PISA型)	2/7/28	2/13|14	8/18|14	10/12|27	1/2|31	11/14/6|16
	②午後S特待	3	2/0	7	6	1	2
実質倍率	①午前(4科/2科/PISA型)	1.3/1.0/1.0	1.0/1.0|1.0/1.0	1.0/1.0|1.0/1.0	1.0/1.2|1.0/1.0	1.0/1.2|1.0	1.3/1.6/1.0|1.0|1.0
	①午後(2科/PISA型)	1.4/1.1	2.3/1.1/1.0	2.4|1.0	3.7|1.2	18.5|1.0/1.0	41.0|1.1
	②午前(4科/2科/PISA型)	1.5/1.1/1.1	1.0/1.0|1.0	1.0/1.1|1.0	1.0/1.4|1.1	8.0/6.5|1.0	1.5/1.6/1.0|1.1
	②午後S特待	3.3	5.0/−	3.0	5.7	27.0	14.5

＊2023年2/2午前S特待・2/5S特待は4教科／2教科。
＊2024年補欠発表(Web)…あり。補欠合格…あり、非公表。追加合格…なし。

◉入試教科

4教科/2教科

②算数	45分/45分	100点/100点
①国語	45分/45分	100点/100点
③理科	あわせて45分	50点/
③社会		50点/
合計	135分/90分	300点/200点

合格最高点	①午前 206/152点 ①午後特待 —点 ②午前 241/143点 ②午後特待 —点 ③午前特待 —点 ③午後プレゼン 67点 ④午前 200/139点 ④午後共同 165点 ⑤午後特待 —点
合格最低点	①午前 157/100点 ①午後特待 —点 ②午前 153/97点 ②午後特待 —点 ③午前特待 —点 ③午後プレゼン 52点 ④午前 143/98点 ④午後共同 96点 ⑤午後特待 —点

私立 女子校

◉受験併願パターン

偏差値	1月前半	1月後半	2月1日	2月2日	2月3日	2月4日以降
51			共立女子1日			東洋大学京北4
50				大妻中野3アド		目黒日大4
49					晃華学園3	
48			大妻中野		カリタス女子4	
47					日大第二2	東京電機大4
46	不二聖心S東京					
45				光塩女子学院2		
44	春日部共栄2特待		佼成女1日午後特		佼成女3日午前特	
42	西武文理		東京電機大	十文字4		
39	狭山ヶ丘高付属					
36			佼成女1日午前	佼成女2日午前		佼成女4日午前

入試問題の傾向とポイント

算数
計算問題5問、一行問題8問、大問3題の問題構成。幅広い分野から出題されるが基礎レベルの問題が中心なので、各分野の基礎をしっかりと固めたい。問題と解答用紙が一体型で、すべての問題で途中式や考え方を書く必要がある。日頃から式を素早く簡潔にまとめる練習をするように。

国語
物語文(外国作品)・論説文の読解2題と言語事項15問(読み書きとことわざ)という例年通りの出題構成。物語文は主に場面説明・理由説明・主題把握を、説明文は主に内容説明・筆者の考え・要旨を問われた。記述は3問程度で記号選択と抜き出し問題が中心である。

理科
設問3題で、大問1が4分野の小問集合、残りの2問は生地物化から2分野出題。基礎的な知識を問う問題が中心なので、ミスなく解き進めていきたい。また、記述問題や過程も記述する計算問題も複数出題されているため、頭で考えたことを自分のことばでアウトプットする練習をしたい。

社会
昨年同様大問3題構成。地理は複数の都市に関する出題であった。記述問題は1問出題され、ごみ減量の例を挙げて説明するものであった。特に都道府県の問題や記述問題は過去問演習によってしっかり対策したい。

国府台女子学院中学部

■学院長／平田史郎　■創立／大正15年　■生徒数／582名
■所在地／〒272-8567 千葉県市川市菅野3-24-1
■ＴＥＬ／047-322-7770
■交通／市川駅（JR総武線）徒歩12分。市川真間駅（京成線）徒歩5分。

何学期制	週何日制	登校時刻	制服	給食	食堂 軽食販売	プール	寮	特待制度 奨学金等	帰国生 取出授業
3学期制	6日制	8:20	中高あり	なし	食堂なし 販売中高あり	屋外	なし	なし	なし

沿　革

1926年に、国府台高等女学校として開校。以来仏教を基盤とした教育を推進してきた。1951年、私立学校法により、学校法人平田学園が設立され、校名を国府台女子学院と改め、今日に至る。
2011年に中学・高等部新校舎が完成し、教育環境が一層充実した。

教育方針と特色

「敬虔、勤労、高雅」を3大目標に掲げ、教養とともに、心ゆたかに正しく生きていく「智慧と慈悲」を身につけることを目指す。宗教教育として、礼拝と週1時間の仏教の学習、年間を通しての仏教行事への参加を実践。また、充実した図書館を活用して、論理的思考を養い、読解力・表現力・発信力を身につける情報リテラシーの授業を毎週1時間行っている。英語力の向上にも力を入れ、中1からは英語の授業で少人数制学習が始まり、中3からは数学と英語で習熟度別授業をとり入れている。また中3では「選抜クラス」を設置しており、高い学習意欲に応えられる環境も整っている。個性に適応した大学進学のために、高等部は高2から文系・理系に分かれ、高1からの美術・デザインコースも設置し、それぞれ専門的な学習を行い、希望進路の実現を目指す。

◉系列校

小	中	高	大（短大）
○	○	○	

◉小学校からの内進生…46名
◉高校生外部募集………130名

（一部混合クラス）

◉授業時間…1コマ50分・週34時間

	1年	2年	3年	計
国　語	4	4	5	13
社　会	4	4	4	12
数　学	5	5	5	15
理　科	4	4	4	12
英　語	6	7	6	19
5教科計	23	24	24	71

参考　高校1年生一週間の授業

英語=6　数学=6　国語=5
理科=4　社会=4
※普通科

進学・進路

◉卒業生進路状況

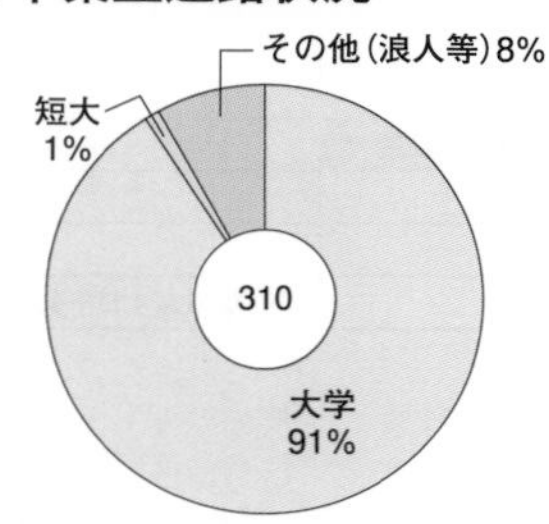

■進路選択状況（高３進級時）

データなし

■理系・文系進学状況

データなし

■共通テスト受験率

48%

◉卒業までの流れ

小学校	中学校	高等学校	大学
国府台女子学院 小学部	国府台女子学院 中学部	国府台女子学院 高等部（310）	

◉主な大学合格実績

大学名	'22	'23	'24	大学名	'22	'23	'24	大学名	'22	'23	'24	大学名	'22	'23	'24
東京大		1		千葉大	6	4	3	東京都立大	2		1	東京女子大	21	37	20
京都大				お茶の水女子大	2			横浜市立大			1	日本女子大	36	31	41
北海道大			1	東京外国語大				慶應義塾大	6	7	8	成蹊大	3	6	9
東北大	2		1	電気通信大				早稲田大	23	22	16	成城大	9	11	20
名古屋大				東京学芸大	1		3	上智大	6	13	9	明治学院大	12	14	18
大阪大				東京農工大		1		東京理科大	4	13	11	國學院大	17	16	15
九州大				東京芸術大			3	明治大		33	29	武蔵大	3	3	2
東京工業大				東京医科歯科大				青山学院大	10	13	14	獨協大	8	7	5
一橋大				東京海洋大			1	立教大	33	40	21	日本大	26	29	20
筑波大		1	3	横浜国立大				中央大	11	11	17	東洋大	21	37	22
茨城大				山梨大				法政大	19	17	25	駒澤大	6	6	9
宇都宮大				金沢大				学習院大	15	23	23	専修大	3	11	5
群馬大				信州大				国際基督教大			1	芝浦工業大	4	3	5
埼玉大		1		国際教養大				津田塾大	11	9	10	東京都市大	1	1	

入試要項・入試情報

◉2024年度の入試要項（参考）

	推薦	1回	2回
募集人員	約50名	約95名	約15名
選抜方法	国・算・社・理＋推薦書	国・算・社・理	
出願関連期間	11/2～11/26	12/3～1/18	1/23～2/4
試験日程	12/1	1/21	2/5
合格発表	Web 12/2 9:00～	Web 1/22 9:00～	Web 2/5 17:00～
入学手続	12/11 15:00まで	1/27 15:00まで	2/8 15:00まで

＊推薦入試は推薦書を2023年11月29日（水）必着で郵送。
＊2024年2月11日（日・祝）13時から実施の入学ガイダンスに保護者同伴で出席しない場合は、入学辞退とみなす。

面接 実施しない。

◉費用（参考）

受験料		22,000円
入学手続時	入学金	200,000円
	授業料	―
	その他	186,500円
入学手続後～入学まで	授業料	―
	その他	156,225円
入学後１年	授業料	360,000円
	その他	405,800円
初年度納入金合計		1,308,525円
中学３年間費用計 約		2,615,125円

＊推薦入試受験者が第1回を受験する場合、受験料は不要。
＊第1回の希望者は、入学手続時納入金のうち15万円を1月27日までに納入し、2月4日まで残金（236,500円）の延納可。

◉最近6年間の入試応募者推移と倍率

年度		2019	2020	2021	2022	2023	2024
募集	推	約50	約50	約50	約50	約50	約50
	①	約95	約95	約95	約95	約95	約95
	②	約15	約15	約15	約15	約15	約15
応募	推	196	182	170	155	147	164
	①	915	926	830	803	856	1060
	②	117	106	102	86	90	104
応募倍率	推	3.9	3.6	3.4	3.1	2.9	3.3
	①	9.6	9.7	8.7	8.5	9.0	11.2
	②	7.8	7.1	6.8	5.7	6.0	6.9
受験	推	195	182	168	154	147	163
	①	868	872	776	733	816	1017
	②	108	93	93	72	80	88
合格	推	68	65	64	64	72	76
	①	410	396	397	443	511	570
	②	16	32	23	22	31	40
実質倍率	推	2.9	2.8	2.6	2.4	2.0	2.1
	①	2.1	2.2	2.0	1.7	1.6	1.8
	②	6.8	2.9	4.0	3.3	2.6	2.2

＊2024年補欠発表・追加合格…いずれもなし。

◉入試教科

④算数	50分	100点
①国語	50分	100点
③理科	30分	60点
②社会	30分	60点
合計	160分	320点

＊推薦は①国語③算数（各40分・各100点）②社会・理科（あわせて50分・各50点）合計300点。

合格最高点	推薦213点 ① 276点 ② 265点
合格最低点	推薦151点 ① 178点 ② 189点

◉受験併願パターン

偏差値	1月前半	1月後半	2月1日	2月2日	2月3日	2月4日以降
58	淑徳与野		山脇学園午後国語			
57						大妻４
56		専修大松戸		大妻２	大妻３	
54						山脇学園Ｃ
53					東京女学館４	
52	青学ルーテル	国府台女子学院		共立女子２日		
51			共立女子１日			
48		八千代松陰ＩＧＳ	三輪田学園午前	実践女子学園４	大妻中野４アド	国府台女子学院２
47	埼玉栄難関	成田高付				
46	国府台女子学院推	光英Ｖ特待		駒込３		
45	成田高付第一志望		十文字２			

入試問題の傾向とポイント

算数 計算問題3問、一行問題（会話文問題や穴埋め問題も含む）11問、大問1題の問題構成。後半の一行問題は図形の問題が頻出で、やや難度の高い問題となっている。また、最後の大問はグラフを読み取る問題が多い。まずは標準レベルの問題を確実に押さえることが重要となってくる。

国語 雑問1題と随筆文1題が出題された。雑問は漢字の読み書きをはじめ、慣用句などを含む。随筆文は宮沢賢治の作品について書かれた文章であった。言い換えや理由説明のほか、宮沢賢治の文学作品について問う設問もみられた。

理科 大問5題、生地物化からの出題。おもな設問形式は選択・計算問題となっている。典型問題が続くので、『四科のまとめ』などを用いて基礎基本を固め、苦手分野を作らないようにしたい。大問1は小問集合で8問程度出題されるため、確実に押さえて合格ライン突破の足がかりとしたい。

社会 大問3題。全体を通じて基礎基本を問う設問が多い。ここ数年同様に地形図の読み取り問題が出題されている。例年、地理・政治では時事的な要素を含む設問が見られるため、『ニュース最前線』などを活用するほか、テレビや新聞などで時事的な出来事にふだんからふれるようにしたい。

香蘭女学校中等科

こうらんじょがっこう

■学校長／鈴木弘　■創立／明治21年　■生徒数／526名
■所在地／〒142-0064 東京都品川区旗の台6-22-21
■ＴＥＬ／03-3786-1136
■交　通／旗の台駅（東急大井町線・池上線）徒歩5分。

何学期制	週何日制	登校時刻	制服	給食	食堂 軽食販売	プール	寮	特待制度 奨学金等	帰国生 取出授業
3学期制	6日制	8:10	中高あり	なし	食堂なし 販売中高あり	なし	なし	あり	あり

沿　革

英国聖公会のビカステス主教は、日本における女子教育の必要性を感じ、主教によって創設された聖ヒルダ・ミッションの諸事業の1つとして1888年、麻布永坂の地に開校した。日本女性固有の徳性をキリスト教倫理によって、より深く豊かなものとし、品位と思いやりのある女性を育てることが香蘭女学校の建学の願いである。

教育方針と特色

香蘭女学校は日本聖公会に属するミッション系の女学校。生徒一人ひとりに神様から与えられた賜物を見出し、生涯にわたってそれらを磨き、他者とともに他者のために生きていく力を育む。それは授業や部活動だけでなく、2021年度から始まった「SEED（探究）」授業やカナダでの語学研修など、生徒の興味・関心・探究心に応じたプログラムを通して行われている。バランス良く4技能を身につける英語教育は年々進化しており、協働型問題解決能力の育成を目的として所持したiPadは、調べ学習やプレゼンテーション、高等科の論文の制作など、全校生徒が授業や課外活動で活用している。

◉系列校

小	中	高	大(短大)
	○	○	○

◉併設小学校なし
◉高校生外部募集………なし

◉授業時間…1コマ50分・週33時間

	1年	2年	3年	計
国　語	5	5	4	14
社　会	3	3	4	10
数　学	5	5	5	15
理　科	4	4	4	12
英　語	5	5	5	15
5教科計	22	22	22	66

参考　高校1年生一週間の授業

英語=7　数学=5　国語=5
理科=4　社会=4

進学・進路

◉卒業生進路状況

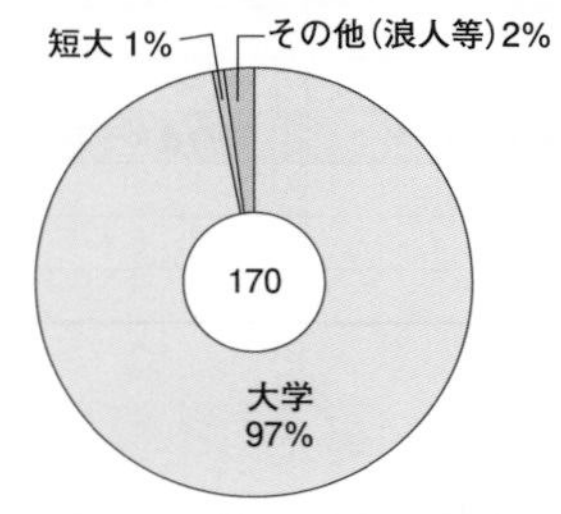

■進路選択状況（高３進級時）

理系 15%　文系 79%（0　50　100）

■理系・文系進学状況

理系 14%　文系 81%（0　50　100）

■共通テスト受験率

31%（0　50　100）

◉卒業までの流れ

小学校	中学校	高等学校	大学
	香蘭女学校中等科 ▶	香蘭女学校高等科（170） ▶	立教大学　97（法13・経済20・経営12・文13・社会15・現代心理8・観光5・コミュニティ福祉1・異文化コミュニケーション6・理3・GLAP0・スポーツウエルネス1）

◉主な大学合格実績

大学名	'22	'23	'24	大学名	'22	'23	'24	大学名	'22	'23	'24	大学名	'22	'23	'24
東京大		1		千葉大		1		東京都立大	1			東京女子大	2	4	5
京都大				お茶の水女子大				横浜市立大				日本女子大		2	4
北海道大				東京外国語大		2	1	慶應義塾大	7	2	3	成蹊大	1	4	3
東北大				電気通信大			1	早稲田大	4	11	3	成城大	1	3	4
名古屋大				東京学芸大				上智大	7	7	11	明治学院大	2	4	8
大阪大			1	東京農工大				東京理科大	5	6	1	國學院大	3	2	5
九州大				東京芸術大				明治大	3	4	10	武蔵大	5	2	1
東京工業大				東京医科歯科大				青山学院大	4	3	10	獨協大	1	2	2
一橋大				東京海洋大				立教大	-	-	-	日本大	12	7	5
筑波大				横浜国立大	1			中央大	2	4	5	東洋大	6	5	5
茨城大				山梨大			1	法政大	2	8	10	駒澤大	1	1	3
宇都宮大				金沢大				学習院大	1	1	5	専修大	1	1	3
群馬大				信州大				国際基督教大	1	2	1	芝浦工業大	4	2	1
埼玉大				国際教養大				津田塾大			1	東京都市大	2	5	2

入試要項・入試情報

◉2024年度の入試要項(参考)

	1回	2回
募集人員	100名	60名
選抜方法	国・算・社・理	国・算
出願関連期間	12/20〜1/27	12/20〜2/2
試験日程	2/1午前	2/2午後
合格発表	Web 2/1 21:00〜	Web 2/3 7:00〜
入学手続	2/2 18:00まで	2/3 23:00まで

面接 実施しない。

◉費用(参考)

受験料		25,000円
入学手続時	入学金	300,000円
	授業料	—
	その他	—
入学手続後〜入学まで	授業料	—
	その他	160,000円
入学後1年	授業料	476,000円
	その他	463,200円
初年度納入金合計		1,399,200円
中学3年間費用計 約		3,277,600円

＊1回・2回の同時出願の場合は2試験で4万円。

◉最近6年間の入試応募者推移と倍率

年度		2019	2020	2021	2022	2023	2024
募集	①	100	100	100	100	100	100
	②	60	60	60	60	60	60
応募	①	387/69	454/43	368/38	365/23	391/21	398
	②	738	877	753	652	769	747
応募倍率	①	4.6	5.0	4.1	3.9	4.1	4.0
	②	12.3	14.6	12.6	10.9	12.8	12.5
受験	①	364/62	421/41	343/36	340/23	370/20	381
	②	556	627	561	472	577	573
合格	①	100/4	114/6	113/2	115/2	133/1	112
	②	123	109	122	121	127	106
実質倍率	①	3.6/15.5	3.7/6.8	3.0/18.0	3.0/11.5	2.8/20.0	3.4
	②	4.5	5.8	4.6	3.9	4.5	5.4

＊帰国生を含む。
＊2019年〜2023年①は4教科／2教科。
＊2024年補欠発表(Web)…あり。補欠合格(電話)…あり、2月4日〜2月10日。追加合格…なし。

◉入試教科

4教科/2教科

②算数	50分/50分	100点/100点
①国語	50分/50分	100点/100点
④理科	30分/	50点/
③社会	30分/	50点/
合計	160分/100分	300点/200点

合格最高点	①255点 ②186点
合格最低点	①195点 ②136点

私立 女子校

◉受験併願パターン

偏差値	1月前半	1月後半	2月1日	2月2日	2月3日	2月4日以降
65	浦和明の星女子			香蘭女学校２		
64		東邦大東邦前				
62			田園調布学園午後		学習院女子Ｂ	頌栄女子学院２
61		昭和秀英				
59			香蘭女学校		青学横浜英和Ｃ	法政第二２
58	淑徳与野			法政第二		
55	大宮開成	芝浦工大柏	東京女学館２	普連土２日午後	成城学園２	
54						田園調布学園３
53			恵泉女学園	田園調布学園２	東京女学館４	品川女子学院３
52	青学ルーテル	国府台女子学院	三輪田学園午後	品川女子学院２		日本大学ＣＡＦ
51				恵泉女学園２	日本女子大附２	普連土４日午前

入試問題の傾向とポイント

算数 計算問題と一行問題で合わせて14問、大問3題の問題構成。一行問題は幅広い分野から標準的なレベルの問題を中心に出題されるので、各分野の基礎をしっかりと固めておきたい。後半の大問は思考力を必要とするやや難度の高い問題が多いので、前半の計算問題と一行問題を確実に正解したい。

国語 物語文・説明文の2題構成は変わらず。物語文は場面・状況と人物の言動の理由・心情を問う問題のほかに、物語に対する鑑賞文を読んで答える問題を、説明文は内容合致などを通して筆者の考えと要点を問われた。数問ある記述は20字〜50字ほどのものが多く、簡潔に書くことを求められている。

理科 大問4〜5題、生地物化からの出題。設問形式は、選択・計算・記述・作図と多岐にわたる。大問1は計算問題を含む小問集合となっており、10問程度あるので確実に押さえたい。基礎基本を固めたうえで、過去問演習で思考力が必要な問題への対応力をみがいておきたい。

社会 例年通り大問2題構成。資料やグラフ、表の読み取りが多い。2問出題された記述問題はいずれも時事問題に関連するもので、日頃から時事的なできごとにふれるようにしたい。デジタル地域通貨を採用する目的を2つ答えさせる記述問題では、教科知識を離れた視点も求められた。

実践女子学園中学校

（じっせんじょしがくえん）

■学校長／湯浅茂雄　■創立／明治32年　■生徒数／775名
■所在地／〒150-0011 東京都渋谷区東1-1-11
■ＴＥＬ／03-3409-1771
■交通／渋谷駅（JR山手線など）徒歩10分。表参道駅（東京メトロ銀座線・千代田線・半蔵門線）徒歩12分。

何学期制	週何日制	登校時刻	制服	給食	食堂 軽食販売	プール	寮	特待制度 奨学金等	帰国生 取出授業
2学期制	6日制	8:15	中高あり	なし	食堂中高あり 販売中高あり	なし	なし	あり	あり

沿　革

1899年、東京・麹町に実践女学校を創立。1903年、東京・渋谷（現在の地）に校舎を移転。1947年、新教育制度により、実践女子学園中学校を新設する。1948年、実践女子学園高等学校を設立。さらに1949年、実践女子大学を設立。2024年、創立125周年を迎え、現在に至る。

教育方針と特色

実践女子学園の生徒たちは、緑豊かな校地の中でゆったりと学校生活を送り、のびやかに成長していきます。本校の多様な教育プログラムに挑戦し、その体験をもとに新たな発見をして考え深めることで、自らの興味関心の方向性を探り、じっくりと自分と向き合うことができます。

本校独自の探究授業「未来デザイン」では、身近な事柄をテーマとして、自分の意見をもち、他者との意見交換の中でより客観的な視点を獲得していきます。そして、周辺の大学や企業との連携授業を通じ、探究の深度をさらに深めます。併設大学での模擬授業や、実社会で活躍する企業の方の授業参加により、自分に合った学びの方向性や、キャリア観も見えてきます。

グローバルプログラムでは、留学生と行う渋谷の街でのフィールドワークをはじめ、豊富な体験活動を用意。海外研修も10日間～３か月程度まで幅広くあります。この他にもクラブ活動や委員会活動など、自分と異なる考えとの出会いにより、他者とともに豊かに生きる「人間力」を身につけます。

◉系列校

小	中	高	大
	○	○	○

◉併設小学校なし

◉高校生外部募集………なし

◉授業時間…1コマ50分・週34時間

	1年	2年	3年	計
国　語	6	5	5	16
社　会	4	4	4	12
数　学	5	5	5	15
理　科	3	4	4	11
英　語	6	7	8	21
5教科計	24	25	26	75

参考　**高校1年生一週間の授業**

英語=6　数学=6　国語=4
理科=6　社会=4
※発展コース

進学・進路

◉卒業生進路状況

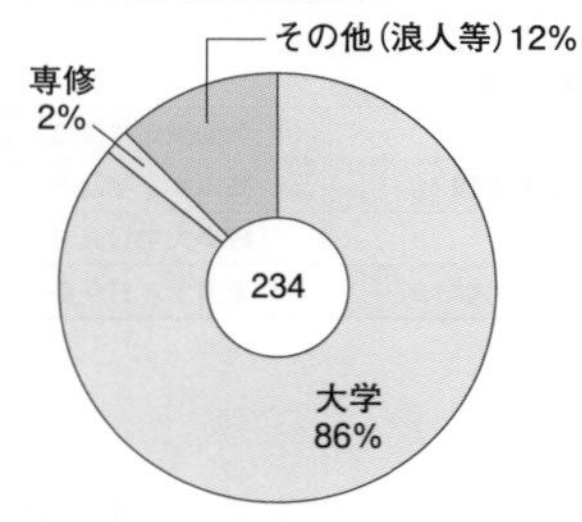

■進路選択状況（高３進級時）

理系 25%　文系 68%
0　50　100

■理系・文系進学状況

理系 25%　文系 70%
0　50　100

■共通テスト受験率

56%
0　50　100

◉卒業までの流れ

小学校	中学校	高等学校	大学
	実践女子学園中学校	実践女子学園 高等学校（234）	実践女子大学　44 （文8・生活科学9・人間社会17・国際10） 実践女子大学短期大学部　0

◉主な大学合格実績

大学名	'22	'23	'24	大学名	'22	'23	'24	大学名	'22	'23	'24	大学名	'22	'23	'24
東京大				千葉大				東京都立大				東京女子大	11	13	10
京都大				お茶の水女子大				横浜市立大				日本女子大	15	7	7
北海道大				東京外国語大				慶應義塾大	7	2	3	成蹊大	3		1
東北大				電気通信大				早稲田大		6	2	成城大	8	4	9
名古屋大				東京学芸大				上智大	7		3	明治学院大	14	5	10
大阪大				東京農工大				東京理科大	4	2	1	國學院大	3	3	1
九州大				東京芸術大				明治大	12	5	5	武蔵大	3	1	1
東京工業大				東京医科歯科大				青山学院大	11	9	6	獨協大	2	1	1
一橋大				東京海洋大				立教大	16	10	7	日本大	6	8	5
筑波大				横浜国立大				中央大	7	10	7	東洋大	19	5	11
茨城大				山梨大				法政大	5	13	8	駒澤大	6	5	8
宇都宮大				金沢大				学習院大	14	5	7	専修大	4	2	1
群馬大				信州大				国際基督教大	1			芝浦工業大	1	2	
埼玉大				国際教養大				津田塾大	7		1	東京都市大	1	2	8

入試要項・入試情報

◉2024年度の入試要項(参考)

	2/1午前		2/1午後		2/2午前	2/2午後		2/3午後	2/4午後
	一般1回	思考表現	一般2回	英語資格1回	一般3回	一般4回	英語資格2回	一般5回	一般6回
募集人員	45名	10名	40名	15名	40名	30名	10名	20名	20名
選抜方法	国・算または国・算・社・理	思考表現(筆記・口頭)	国・算	国または算+『英検等の検定合格証明書』・『公式認定証』等のコピー	国・算または国・算・社・理	国・算	国または算+『英検等の検定合格証明書』・『公式認定証』等のコピー	国・算	
出願関連期間	1/10〜1/31	1/10〜1/24	1/10〜1/31	1/10〜1/27	1/10〜2/1		1/10〜1/27	1/10〜2/2	1/10〜2/3
試験日程	2/1午前		2/1午後		2/2午前	2/2午後		2/3午後	2/4午後
合格発表	Web 2/1 19:00〜		Web 2/1 22:00〜		Web 2/2 19:00〜	Web 2/2 22:00〜		Web 2/3 22:00〜	Web 2/4 22:00〜
入学手続	2/6 16:00まで								

＊2024年2月11日(日・祝)入学説明会で通知表のコピーを提出。

面接 実施する。

◉費用(参考)

受験料		22,000円
入学手続時	入学金	230,000円
	授業料	—
	その他	—
入学手続後〜入学まで	授業料	—
	その他	132,300円
入学後1年	授業料	502,000円
	その他	313,400円
初年度納入金合計		1,177,700円
中学3年間費用計 約		2,678,500円

＊受験料は同時出願に限り、2回分以降は1回につき一律1万円追加。
＊修学旅行・研修費等別途。

◉最近6年間の入試応募者推移と倍率

年度		2019	2020	2021	2022	2023	2024
募集	①午前 ②午後(A｜B) ③午前 ④午後(A｜B)	60 40｜10 40 30｜10	60 40｜10 40 30｜10	①午前(A｜B) 50｜10 ②午後(A｜B) 40｜10 ③午前(A｜B) 40｜10 ④午後(A｜B) 30｜10	①｜② 40｜40 ③｜④ 40｜30 ⑤｜⑥ 20｜20 思考①/②｜英語①/② 20｜20	①｜② 45｜40 ③｜④ 40｜30 ⑤｜⑥ 20｜20 思考｜英語①/② 10｜25	45｜40 40｜30 20｜20 10｜25
応募	①午前 ②午後(A｜B) ③午前 ④午後(A｜B)	82/31 251/44｜24 119/48 195/50｜23	46/23 174/50｜14 90/36 156/53｜15	58/45｜8 330｜24 136/69｜13 273｜26	156/75｜474 298/113｜482 470｜475 18/26｜55/66	148/55｜378 291/87｜447 491｜528 7｜67/73	184/48｜298 305/75｜358 445｜529 21｜73/77
応募倍率	①午前 ②午後(A｜B) ③午前 ④午後(A｜B)	1.9 7.4｜2.4 4.2 8.2｜2.3	1.2 5.6｜1.4 3.2 7.0｜1.5	2.1｜0.8 8.3｜2.4 5.1｜1.3 9.1｜2.6	5.8｜11.9 10.3｜16.1 23.5｜23.8 2.2｜6.1	4.5｜9.5 9.5｜14.9 24.6｜26.4 0.7｜5.6	5.2｜7.5 9.5｜11.9 22.3｜26.5 2.1｜6.0
受験	①午前 ②午後(A｜B) ③午前 ④午後(A｜B)	75/30 240/42｜23 47/23 62/21｜6	42/21 167/45｜13 39/17 67/22｜6	50/43｜8 311｜22 103/34｜6 175｜11	134/70｜422 204/89｜326 266｜275 16/13｜54/34	135/53｜346 216/68｜314 308｜319 7｜64/40	170/47｜276 221/53｜252 286｜355 21｜67/35
合格	①午前 ②午後(A｜B) ③午前 ④午後(A｜B)	58/22 210/35｜21 42/17 54/17｜6	32/15 157/42｜13 34/11 59/17｜6	21/26｜8 175｜20 51/14｜5 70｜9	45/18｜109 71/20｜93 49｜99 6/4｜28/21	61｜104 88｜80 55｜91 6｜32/15	78｜94 96｜76 50｜78 14｜34/12
実質倍率	①午前 ②午後(A｜B) ③午前 ④午後(A｜B)	1.3/1.4 1.1/1.2｜1.1 1.1/1.4 1.1/1.2｜1.0	1.3/1.4 1.1/1.1｜1.0 1.1/1.5 1.1/1.3｜1.0	2.4/1.7｜1.0 1.8｜1.1 2.0/2.4｜1.2 2.5｜1.2	3.0/3.9｜3.9 2.9/4.5｜3.5 5.4｜2.8 2.7/3.3｜1.9/1.6	3.1｜3.3 3.2｜3.9 5.6｜3.5 1.2｜2.0/2.7	2.8｜2.9 2.9｜3.3 5.7｜4.6 1.5｜2.0/2.9

＊2019年〜2020年①午前・②午後A・③午前・④午後Aは4教科／2教科。2021年①午前A・③午前Aは4教科／2教科。2022年〜2024年①・③は4教科／2教科。
＊2024年補欠発表…なし。追加合格(電話)…あり、2月6日〜2月7日。

◉入試教科

4教科/2教科

②算数	45分/45分	100点/100点
①国語	45分/45分	100点/100点
③理科	あわせて50分	50点/
③社会		50点/
合計	140分/90分	300点/200点

＊1回2回の1科(国又は算(45分・100点))＋英検級資格加点(4級50点・3級60又は70点・準2級80又は90点・2級以上100点)合計(満点200点)

合格最高点	①	174点
	①英語	178点
	②	181点
	②英語	156点
	③	172点
	④	149点
	⑤	171点
	⑥	173点
合格最低点	①	124点
	①英語	127点
	②	131点
	②英語	— 点
	③	130点
	④	108点
	⑤	139点
	⑥	137点

＊4教科300点満点を200点に換算。
＊思考表現は非公表。

◉受験併願パターン

偏差値	1月前半	1月後半	2月1日	2月2日	2月3日	2月4日以降
52				富士見２		
50			大妻中野２アド		三輪田学園３	
49						実践女子学園６
48			実践女子学園２	実践女子学園４	カリタス女子４	
47					日大第二２	
46	国府台女子学院推		実践女子学園			
45				実践女子学園３		
42	埼玉栄					文教大付５
41				十文字３	横浜女学院Ｅ２	
40		和洋国府台女子	捜真女学校ＳＡ２	女子聖学院３		
39						日大豊山女２科３

入試問題の傾向とポイント

算数 計算問題5問、一行問題5問、大問2題の問題構成。一行問題は基本レベルの問題が中心だが、大問はやや思考力を必要とする問題も出題されるので、時間配分に注意して解く順番を考えて取り組むこと。作図やグラフをかかせる問題が出題されることもあるので対策しておきたい。

国語 物語文の読解1題と雑問1題の構成。物語文は人物の心情や言動理由、また文章中の表現について問われた。読解の解答形式は選択肢や抜き出しが多いが、60字程度の記述も出題された。雑問は漢字の読み書きや慣用句を含む。

理科 大問3題、大問1つにつき生地物化から1分野の出題が基本。設問形式は、選択・計算・記述・作図と多岐にわたる。大問数は少ないが、しっかり考えるべき問題が多く時間的にゆとりはない。実験・観察の問題も典型問題の良問なので、段取りも含めて確認しておこう。

社会 大問2題で、政治の出題比率は例年低く、基本的な知識を問う問題が多い。まずは基本事項を徹底するため、『四科のまとめ』などを使って復習を繰り返したい。また、地図・グラフ、写真を用いた出題が多いので、ふだんからこうしたものを用いた演習を心がけたい。

品川女子学院中等部

■学校長／神谷岳　■創立／大正15年　■生徒数／663名
■所在地／〒140-8707 東京都品川区北品川3-3-12
■ＴＥＬ／03-3474-4048
■交通／品川駅(JR山手線など)徒歩12分。北品川駅(京浜急行線)徒歩3分。

何学期制	週何日制	登校時刻	制服	給食	食堂 軽食販売	プール	寮	特待制度 奨学金等	帰国生 取出授業
3学期制	6日制	8:20	中高あり	なし	食堂中高なし 販売中高あり	なし	なし	なし	あり

沿　革

1926年に創立された荏原女学校が前身。1947年、学制改革により、品川中学校・高等学校となる。1991年より品川女子学院中等部・高等部と改称。中高一貫教育の体制を整えた。創立百周年に向けて、校舎を全面建て替え中。2022年夏に3棟中2棟目が完成。2025年9月に全て完成の予定。

◉系列校

小	中	高	大(短大)
	○	○	

◉併設小学校なし
◉高校生外部募集………なし

教育方針と特色

「私たちは世界をこころに、能動的に人生を創る日本女性の教養を高め、才能を伸ばし、夢を育てます。」を教育目標としている。生徒たちが到達度を明確に知りモチベーションが高まるようシラバスによる学習指導を行い、28歳をゴール（社会で活躍）とした「28 project」を基軸にして理想とする未来に向かうよう進路指導を実施。社会とのつながりを意識できるよう、地域や企業の協力を得ておこなう総合学習、日本の心を学ぶ道徳（茶道、華道、礼法、着付けなど）の授業が実施されている。国際教育の面では、中学3年生の3月に行くニュージーランド修学旅行（3週間または1週間）、高校1年生の希望者には短期・長期の留学がある。

◉授業時間…1コマ50分・週34時間

	1年	2年	3年	計
国　語	5	5	6	16
社　会	3	4	4	11
数　学	6	5	5	16
理　科	4	4	4	12
英　語	7	7	7	21
5教科計	25	25	26	76

参考　高校1年生一週間の授業

英語=6　数学=5　国語=4
理科=6　社会=6

進学・進路

◉卒業生進路状況

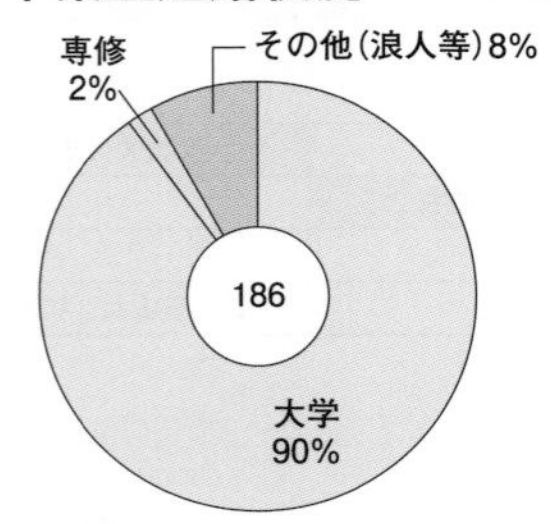

■進路選択状況（高３進級時）
理系45%　文系53%

■理系・文系進学状況
理系43%　文系56%

■共通テスト受験率
96%

◉卒業までの流れ

小学校	中学校	高等学校	大学
	品川女子学院中等部 ▶	品川女子学院高等部 (186)	

◉主な大学合格実績

大学名	'22	'23	'24	大学名	'22	'23	'24	大学名	'22	'23	'24	大学名	'22	'23	'24
東京大	1		1	千葉大	1	2	2	東京都立大		3	1	東京女子大	12	16	2
京都大				お茶の水女子大		2	1	横浜市立大			1	日本女子大	25	34	24
北海道大	1		1	東京外国語大	1	2		慶應義塾大	12	15	9	成蹊大	15	6	5
東北大	1			電気通信大				早稲田大	41	31	10	成城大	17	9	10
名古屋大		1		東京学芸大	1	1		上智大	29	29	11	明治学院大	45	37	29
大阪大		1	1	東京農工大	1	1		東京理科大	6	6	16	國學院大	16	7	6
九州大		1		東京芸術大	1	1		明治大	39	37	25	武蔵大	6	2	10
東京工業大				東京医科歯科大				青山学院大	28	18	15	獨協大	5	1	3
一橋大	1	1		東京海洋大				立教大	55	61	37	日本大	36	27	20
筑波大				横浜国立大		1	5	中央大	22	21	13	東洋大	47	44	27
茨城大				山梨大				法政大	36	34	22	駒澤大	17	11	6
宇都宮大			1	金沢大	1			学習院大	7	12	6	専修大	18	27	10
群馬大				信州大			2	国際基督教大	1		3	芝浦工業大	4	12	17
埼玉大				国際教養大			1	津田塾大	5	5	11	東京都市大	4	7	11

入試要項・入試情報

◉2024年度の入試要項（参考）

	1回	算数1教科	2回	表現力・総合型
募集人員	90名	20名	60名	30名
選抜方法	国・算・社・理	算数	国・算・社・理	試験Ⅰ・Ⅱ (4科目表現力・総合型)
出願関連期間	12/20～1/31		12/20～2/1	12/20～2/3
試験日程	2/1午前	2/1午後	2/2午前	2/4午前
合格発表	Web 2/1 21:00～	Web 2/1 22:00～	Web 2/2 21:00～	Web 2/4 21:00～
入学手続	2/4 16:00まで			2/6 16:00まで

＊出願資格に「保護者と同居のこと」とある。

面接 実施する。

◉費用（参考）

受験料		22,000円
入学手続時	入学金	250,000円
	授業料	—
	その他	—
入学手続後～入学まで	授業料	—
	その他	272,853円
入学後１年	授業料	480,000円
	その他	403,600円
初年度納入金合計		1,406,453円
中学３年間費用計	約	3,573,653円

＊算数1教科入試の受験料は1万1千円。
＊複数回出願は割引有。
＊入学辞退者は2月13日16時までに申し出れば、入学金全額（25万円）を返金。
＊修学旅行費で費用の増減がある。

◉入試教科

②算数	50分	100点
①国語	50分	100点
③理科	あわせて60分	60点
③社会		60点
合計	160分	320点

＊算数1教科は算数（60分・100点）。
＊表現・総合は試験Ⅰ（読解・論述の50分・40点）＋試験Ⅱ（4科総合の70分・120点）合計160点。

合格最高点	①	283点
	算数	100点
	②	270点
	表現・総合	122点
合格最低点	①	209点
	算数	66点
	②	206点
	表現・総合	112点

◉最近6年間の入試応募者推移と倍率

年度		2019	2020	2021	2022	2023	2024
募集	①	90	90	90	① 90	90	90
	算	20	20	20	算 20	20	20
	②	60	60	60	② 60	60	60
	③	30	30	30	表現力総合型 30	30	30
応募	①	241	257	280	256	329	322
	算	284	254	220	239	320	317
	②	386	459	390	408	506	475
	③	241	287	235	228	265	229
応募倍率	①	2.7	2.9	3.1	2.8	3.7	3.6
	算	14.2	12.7	11.0	12.0	16.0	15.9
	②	6.4	7.7	6.5	6.8	8.4	7.9
	③	8.0	9.6	7.8	7.6	8.8	7.6
受験	①	234	253	272	248	315	316
	算	269	241	210	218	301	302
	②	232	288	279	305	369	358
	③	147	188	168	173	224	201
合格	①	107	101	108	106	122	120
	算	137	95	101	106	132	124
	②	131	130	118	119	118	115
	③	49	37	43	42	31	34
実質倍率	①	2.2	2.5	2.5	2.3	2.6	2.6
	算	2.0	2.5	2.1	2.1	2.3	2.4
	②	1.8	2.2	2.4	2.6	3.1	3.1
	③	3.0	5.1	3.9	4.1	7.2	5.9

＊2024年補欠発表…なし。追加合格（電話）…あり。

◉受験併願パターン

偏差値	1月前半	1月後半	2月1日	2月2日	2月3日	2月4日以降
59						法政第二２
58			品川女子学院算数	法政第二		
56		専修大松戸			大妻３	
55	開智１回					
53			品川女子学院		東京女学館４	品川女子学院３
52		国府台女子学院		品川女子学院２		
49	埼玉栄２難関	麗澤ＥＥ			実践女子学園５	
48		千葉日大第一	実践女子学園２	実践女子学園４	カリタス女子４	
47	開智所沢	麗澤２ＥＥ				
46	国府台女子学院推		神奈川学園Ａ午後			
45	星野学園２			実践女子学園３		

入試問題の傾向とポイント

算数　計算問題4問、一行問題10問、大問2題の問題構成。後半の大問にやや難しい設問がみられるが、全体的には標準的な問題が中心なので、しっかりと基礎力を固めたい。計算問題や大問は、途中式や考え方を書く形式になっているので、日頃から丁寧に過程を書くことを意識すること。

国語　雑問2題と説明文・物語文それぞれ1題ずつの出題。雑問は漢字の書き取りやことわざ、四字熟語などを含む。説明文は傍線部の理由について、物語文は登場人物の心情や言動理由について問われた。解答形式に記述があるが、特に字数指定はない。

理科　大問3題だが、大問1が二分されているため、生地物化から1分野ずつ出題されている。設問形式は、選択・計算・記述・作図と多岐にわたる。実験や観察の結果をもとにした問題が多く、特に生物分野は見慣れない内容になることがある。全体的に計算問題が多いので、過去問演習などで対策を。

社会　大問3題。問題の多くは記号選択だが、記述問題が3問出題されており、記述問題の対策は必須。用語記述はほとんどが漢字指定なので、日ごろからしっかり学習しておくこと。2016年からは地形図の読み取り問題が毎年出題されているので、『演習問題集』や過去問などを使って慣れておきたい。

十文字中学校

（じゅうもんじ）

■学校長／横尾康治　■創立／大正11年　■生徒数／639名
■所在地／〒170-0004 東京都豊島区北大塚1-10-33
■ＴＥＬ／03-3918-0511
■交通／巣鴨駅（JR山手線、都営三田線）徒歩5分。大塚駅（JR山手線、都電荒川線）徒歩5分。

何学期制	週何日制	登校時刻	制服	給食	食堂 軽食販売	プール	寮	特待制度 奨学金等	帰国生 取出授業
3学期制	6日制	8:15	中高あり	なし	食堂中高あり 販売中高あり	屋内	なし	あり	なし

沿　革

1922年、十文字ことにより、心身を鍛錬し、学問に励み、自ら進んで人格形成に努める女性の育成を理念として文華高等女学校が創立。1937年に、十文字高等女学校と改称。1947年の学制改革により、十文字中学校・高等学校となり、現在に至る。

教育方針と特色

建学の精神は「たちてかひある人と生きなむ」。すなわち、社会で役に立つ人となってほしい。そのために、本校では自分で考え判断し、それを表現し、具体的な行動につなげられる生徒を育てることを目標として教育活動を行っている。探究的な学習を通して、学問や社会の中における問題点を総合的に考え、仲間と共に協働し、発表する機会がたくさんある。様々な個性を持った生徒たちが集まる十文字では出てくる意見も千差万別。それぞれの意見が尊重される雰囲気も特徴。もちろん、学習の基礎となる知識や技能の習得も重んじており、特に数学では、ICT機器を利用した「十文字独自の個別最適化学習　J-PALM」を導入し、確かな学力と主体的に学ぶ姿勢を育てている。放課後や長期休暇には、講習や補習を実施。自分の必要、興味関心に応じて選択が可能。部活動や生徒会活動も活発に行われており、生徒たちは充実した学校生活を送っている。

◉系列校

小	中	高	大（短大）
	○	○	○

◉併設小学校なし

◉高校生外部募集………100名

（高1より一部、完全混合クラス）

◉授業時間…1コマ45分・週37時間

	1年	2年	3年	計
国　語	6	5	6	17
社　会	4	5	4	13
数　学	5	6	6	17
理　科	4	4	4	12
英　語	7	7	7	21
5教科計	26	27	27	80

参考　高校1年生一週間の授業

英語=7　数学=6　国語=6
理科=6　社会=4

進学・進路

◉卒業生進路状況

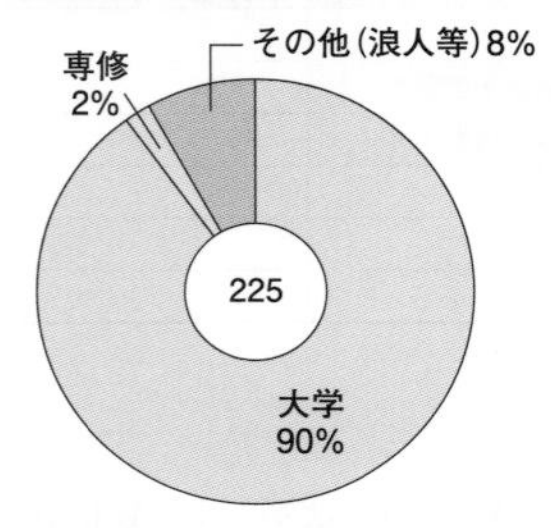

■進路選択状況（高3進級時）

理系 32%　文系 55%

0　50　100

■理系・文系進学状況

理系 33%　文系 59%

0　50　100

■共通テスト受験率

99%

0　50　100

◉卒業までの流れ

小学校	中学校	高等学校	大学
	十文字中学校	▶十文字高等学校（225）	▶十文字学園女子大学　10

◉主な大学合格実績

大学名	'22	'23	'24	大学名	'22	'23	'24	大学名	'22	'23	'24	大学名	'22	'23	'24
東京大				千葉大				東京都立大	1		1	東京女子大	14	14	14
京都大				お茶の水女子大			1	横浜市立大				日本女子大	21	9	25
北海道大		2		東京外国語大	1	1		慶應義塾大	4	7	3	成蹊大	8	2	5
東北大				電気通信大	1	1		早稲田大	14	7	17	成城大	11	9	17
名古屋大				東京学芸大				上智大	2	4	9	明治学院大	10	10	8
大阪大				東京農工大		1		東京理科大	4	13	3	國學院大	4	6	5
九州大				東京芸術大			1	明治大	21	13	11	武蔵大	4		3
東京工業大				東京医科歯科大		1	1	青山学院大	3	3	8	獨協大	5	2	9
一橋大				東京海洋大				立教大	19	20	32	日本大	24	8	6
筑波大	2			横浜国立大	2			中央大	9	6	7	東洋大	38	14	27
茨城大				山梨大				法政大	17	12	17	駒澤大	2	2	6
宇都宮大				金沢大	1			学習院大	9	5	3	専修大	6	6	10
群馬大				信州大	3			国際基督教大			1	芝浦工業大	11	4	10
埼玉大		1	2	国際教養大				津田塾大	3	6	8	東京都市大		2	8

入試要項・入試情報

◉2024年度の入試要項(参考)

	1回	英検利用	思考作文	2回	3回	4回	得意型	5回
募集人員	50名	10名	10名	50名	20名	20名	10名	10名
選抜方法	国・算または国・算・社・理	国・算＋英検の合格証	作文	国・算	国・算または国・算・社・理	国・算	国・算または国・英または算・英	国・算
出願関連期間	12/20〜1/31			12/20〜2/1	12/20〜2/2		12/20〜2/3	12/20〜2/6
試験日程	2/1午前			2/1午後	2/2午前	2/2午後	2/3午後	2/6午前
合格発表	Web 2/1 18:00〜		Web 2/1 21:00〜	Web 2/1 22:00〜	Web 2/2 18:00〜	Web 2/2 22:00〜	Web 2/3 22:00〜	Web 2/6 17:00〜
入学手続	2/5 16:00まで				2/6 16:00まで		2/7 16:00まで	

面接 実施しない。

◉費用(参考)

受験料		20,000円
入学手続時	入学金	200,000円
	授業料	—
	その他	50,000円
入学手続後〜入学まで	授業料	—
	その他	217,910円
入学後1年	授業料	456,000円
	その他	477,600円
初年度納入金合計		1,401,510円
中学3年間費用計	約	3,172,710円

＊複数回同時出願の受験料は、2回分は3万5千円、以降1回分毎に5千円を追加。
＊入学辞退者は2月11日12時までに辞退届を提出すれば、入学時施設費(5万円)を返金。

◉最近6年間の入試応募者推移と倍率

年度		2019	2020	2021	2022	2023	2024
募集	①スーパー特待	約50	① 約50	約50	約50	約50	① 50
	思考力特待	約10	思考力 約10	約10	約10	約10	英検｜思考 10｜10
	②スーパー特待	約60	② 約60	約60	約60	約60	② 50
	③スーパー特待	約20	③ 約20	約20	約20	約20	③ 20
応募	①スーパー特待	73/85	54/68	73/56	51/61	91/63	71/68
	思考力特待	32	36	11	16	16	14｜30
	②スーパー特待	259	196	195	203	271	280
	③スーパー特待	87/100	67/70	80/79	68/80	111/64	106/67
応募倍率	①スーパー特待	3.2	2.4	2.6	2.2	3.1	2.8
	思考力特待	3.2	3.6	1.1	1.6	1.6	1.4｜3.0
	②スーパー特待	4.3	3.3	3.3	3.4	4.5	5.6
	③スーパー特待	9.4	6.9	8.0	7.4	8.8	8.7
受験	①スーパー特待	68/84	53/67	66/52	47/60	83/61	65/66
	思考力特待	32	36	11	13	16	14｜30
	②スーパー特待	249	190	181	194	255	262
	③スーパー特待	49/47	35/42	39/48	38/52	55/38	52/34
合格	①スーパー特待	51/63	41/54	55/35	37/44	66/46	53/50
	思考力特待	23	27	9	12	13	14｜20
	②スーパー特待	145	113	110	106	131	173
	③スーパー特待	27/15	16/17	23/32	21/26	31/14	31/19
実質倍率	①スーパー特待	1.3/1.3	1.3/1.2	1.2/1.5	1.3/1.4	1.3/1.3	1.2/1.3
	思考力特待	1.4	1.3	1.2	1.1	1.2	1.0｜1.5
	②スーパー特待	1.7	1.7	1.6	1.8	1.9	1.5
	③スーパー特待	1.8/3.1	2.2/2.5	1.7/1.5	1.8/2.0	1.8/2.7	1.7/1.8

＊2019年①スーパー型特待・③スーパー型特待は4教科／2教科。2020年〜2024年①・③は4教科／2教科。
＊2024年補欠発表・追加合格…いずれもなし。

◉入試教科

4教科/2教科

② 算数	50分/50分	100点/100点
① 国語	50分/50分	100点/100点
③ 理科	25分/	50点/
④ 社会	25分/	50点/
合計	150分/100分	300点/200点

＊思考作文(50分・100点)課題文を読み作文(400〜500字)。
＊英検利用は国・算(各50分・各100点)の高い方の得点と英検みなし得点(4級50点・3級70点・準2級90点・2級以上100点)と合算して判定。

合格最高点	1回	267/167点
	英検利用	非公表
	思考作文	90点
	2回	188点
	3回	251/186点
	4回	185点
	得意 国・算	244点
	国・英	243点
	5回	179点
合格最低点	1回	150/100点
	英検利用	非公表
	思考作文	44点
	2回	103点
	3回	170/115点
	4回	117点
	得意 国・算	165点
	国・英	165点
	5回	120点

◉受験併願パターン

偏差値	1月前半	1月後半	2月1日	2月2日	2月3日	2月4日以降
52		国府台女子学院		共立女子２日		
50			跡見学園特		三輪田学園３	
49						跡見学園特４
48	星野学園理数２					
47	開智所沢					
46					実践学園２特待	
45			十文字２	光塩女子学院２	女子美大付３	
44				跡見学園２		淑徳巣鴨３
43	星野学園	日出学園				光塩女子学院３
41	埼玉栄５			十文字４		品川翔英６
40	西武文理	和洋国府台女子		女子聖学院３	文京学院大３	サレジ世５本科

入試問題の傾向とポイント

算数
計算と一行問題で合わせて8問、大問5題程度の構成。前半は基本的な問題が多いので、確実に得点しておきたい。図形分野の出題が多く、グラフを用いた問題もよく出題されている。また、最後の大問2題は式や考え方を書かせるので、日頃から丁寧に書くことを心がけること。

国語
物語文・論説文の読解2題の出題。漢字の読み書きなどは読解問題の中で出題。記述は主に物語文から35字以内で3問程度。物語文は場面把握・人物の気持ち・理由説明などを、説明文は指示語・内容説明・理由説明・要旨を問われた。場面や流れをつかみながら読む練習を繰り返したい。

理科
設問4題、生地物化からの出題。計算問題が複数出題されており、思考の過程を記述する問題もある。演習を重ねて、ミスのないよう正確にすばやく計算できるようにしておきたい。また、記述問題も例年出題されているので、普段から自分のことばで表現する訓練もしておきたい。

社会
大問5題構成で、ほとんどが記号選択問題である。記述問題は15字程度にまとめる知識問題が1問出題された。全体的に基礎基本を問うものである。例年、時事問題の大問があるため、『ニュース最前線』などを活用して、しっかり学習したい。

淑徳与野中学校

しゅくとくよの

■学校長／黒田貴　■創立／平成17年　■生徒数／423名
■所在地／〒338-0001 埼玉県さいたま市中央区上落合5-19-18
■ＴＥＬ／048-840-1035
■交　通／さいたま新都心駅（JR京浜東北線）徒歩7分。北与野駅（JR埼京線）徒歩7分。

何学期制	週何日制	登校時刻	制服	給食	食堂 軽食販売	プール	寮	特待制度 奨学金等	帰国生 取出授業
5ステージ制	5日制	8:30	中高あり	中学のみ週1〜2	食堂中高あり 販売中高あり	なし	なし	なし	なし

沿　革

1892（明治25）年、尼僧である輪島聞声が「女性の『淑徳（よい徳を身につけること）』を養成したい」と、小石川伝通院内に淑徳女学校を開設。その後1946（昭和21）年、淑徳女学校第8代校長の長谷川良信が与野町に淑徳女子農芸専門学校と淑徳高等女学校与野分校を設立。1948（昭和23）年に淑徳与野高等学校となり、2005（平成17）年に併設校として淑徳与野中学校を開校。

教育方針と特色

仏教の精神に基づき、高い品性・豊かな感性・輝く知性を持った生徒を育てる。まず、高い品性を育てるために、仏教に基づく心の教育を実践し、仏教の教育である「おかげさまの心」、つまり自分が今いるのはたくさんの人がいるおかげです、という気持ちを大切にする教育を行う。また、豊かな感性を育てるために国際教育を進め、中学2年時台湾海外研修、高校2年時にはアメリカに行き、ホームステイも体験する。他にも7か国で姉妹校提携を結ぶなど、さまざまなプログラムを通じて真の国際人を育てる。さらに輝く知性を育てるために生徒の個性を伸ばし、現役で難関大学に合格できる学力を育てる。中学校校舎は、木のぬくもりとやさしさを演出したエコスクールになっている。屋上庭園にはビオトープや風力太陽光発電灯を設置し、庭木やトイレに使用する水は雨水を利用するなど、校舎にいながら環境学習ができるようにもなっている。

◉系列校

小	中	高	大（短大）
	○	○	○

◉併設小学校なし

◉高校生外部募集………240名

（完全別クラス）

◉授業時間…1コマ45分・週35時間

	1年	2年	3年	計
国　語	5	5	5	15
社　会	4	4	5	13
数　学	6	5	6	17
理　科	4	5	4	13
英　語	6	6	6	18
5教科計	25	25	26	76

参考　高校1年生一週間の授業

英語=6　数学=6　国語=5
理科=6　社会=4
※選抜A・B・C・S類コース

進学・進路

◉卒業生進路状況

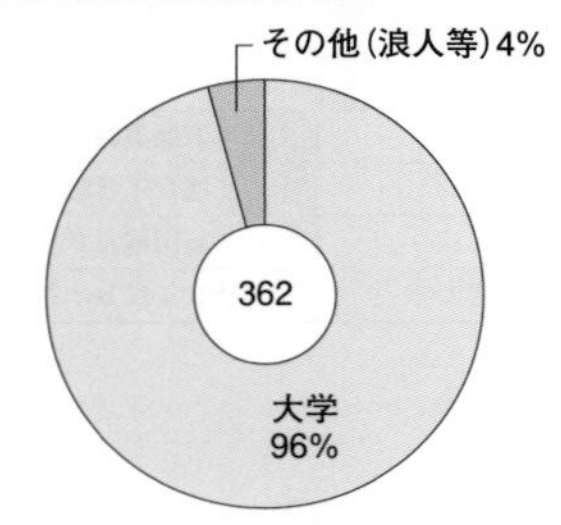

■進路選択状況（高３進級時）

理系 38%　文系 61%

0　50　100

■理系・文系進学状況

理系 37%　文系 62%

0　50　100

■共通テスト受験率

62%

0　50　100

◉卒業までの流れ

小学校	中学校	高等学校	大学
	淑徳与野中学校 ▶	淑徳与野高等学校（362） ▶	淑徳大学　0

◉主な大学合格実績

大学名	'22	'23	'24	大学名	'22	'23	'24	大学名	'22	'23	'24	大学名	'22	'23	'24
東京大			1	千葉大	3	5	1	東京都立大	1	6	1	東京女子大	64	49	68
京都大				お茶の水女子大	2	2	2	横浜市立大	2	1		日本女子大	157	123	102
北海道大	1		4	東京外国語大	3	1		慶應義塾大	21	5	15	成蹊大	18	8	13
東北大		1		電気通信大				早稲田大	65	47	49	成城大	21	20	21
名古屋大	1			東京学芸大	1	2	2	上智大	46	60	62	明治学院大	9	16	11
大阪大		1	1	東京農工大	3	4	2	東京理科大	31	42	35	國學院大	12	17	10
九州大		1	1	東京芸術大		1		明治大	103	80	91	武蔵大	16	6	17
東京工業大				東京医科歯科大	1	1	1	青山学院大	27	31	24	獨協大	27	18	28
一橋大			1	東京海洋大	3	3	1	立教大	147	138	120	日本大	39	38	17
筑波大	3	3	2	横浜国立大	1		1	中央大	38	35	43	東洋大	63	30	48
茨城大			1	山梨大				法政大	54	58	50	駒澤大	7	11	16
宇都宮大			1	金沢大		1		学習院大	55	29	36	専修大	12	11	11
群馬大		1	1	信州大	1	1	1	国際基督教大	1			芝浦工業大	20	10	34
埼玉大	8	5	7	国際教養大				津田塾大	18	25	21	東京都市大	6	2	3

入試要項・入試情報

◉2024年度の入試要項（参考）

	医進コース特別	1回	2回
募集人員	医進コース25名	医進コース15名 特進コース95名	医進コース若干名 特進コース25名
選抜方法	算・理	国・算・社・理	
出願関連期間	12/1～1/8		1/14～2/3
試験日程	1/11午後	1/13午前	2/4午前
合格発表	掲示 1/12 16:00～ Web 1/12 16:00～	掲示 1/14 14:00～ Web 1/14 14:00～	掲示 2/5 9:00～ Web 2/5 9:00～
入学手続	2/4 16:00まで		2/5 12:00まで

＊1回の試験会場は、本校以外にさいたまスーパーアリーナ（TOIRO）会場でも実施。

面接 実施しない。

◉費用（参考）

受験料		25,000円
入学手続時	入学金	200,000円
	授業料	—
	その他	52,000円
入学手続後 ～入学まで	授業料	—
	その他	96,476円
入学後１年	授業料	384,000円
	その他	309,392円
初年度納入金合計		1,041,868円
中学３年間費用計	約	2,563,468円

＊2回目以降受験する場合、受験料は1回1万円。
＊入学辞退者は3月15日までに申し出れば、入学金以外の納入金（5万2千円）を返金。

◉最近6年間の入試応募者推移と倍率

年度		2019	2020	2021	2022	2023	2024
募集	① ②	85 20	95 25	95 25	95 25	95 25	医進コース特別 25 ①(医進｜特進) 15｜95 ②(医進｜特進) 若干名｜25
応募	① ②	1539 230	1756 221	1640 235	1752 221	1771 242	525 1793 ①合計 161 ②合計
応募倍率	① ②	18.1 11.5	18.5 8.8	17.3 9.4	18.4 8.8	18.6 9.7	21.0 16.3 ①合計 — ②合計
受験	① ②	1484 213	1690 205	1601 223	1679 201	1705 231	508 1560 ①合計 149 ②合計
合格	① ②	821 26	896 29	807 40	875 29	884 26	208 54｜920 2｜25
実質倍率	① ②	1.8 8.2	1.9 7.1	2.0 5.6	1.9 6.9	1.9 8.9	2.4 —｜— —｜—

＊2024年補欠発表（Web）…（2回特進）33名。補欠合格…なし。追加合格…なし。

◉入試教科

②算数	60分/50分	100点
①国語	60分/50分	100点
③理科	あわせて 60分/50分	50点
③社会		50点
合計	180分/150分	300点

＊試験時間、左は1回、右は2回。

合格最高点	医進特別 181点 1回医進 267点 1回特進 262点 2回医進 242点 2回特進 240点
合格最低点	医進特別 124点 1回医進 210点 1回特進 177点 2回医進 232点 2回特進 196点

私立 女子校

◉受験併願パターン

偏差値	1月前半	1月後半	2月1日	2月2日	2月3日	2月4日以降
65	浦和明の星女子			吉祥女子２		
64			吉祥女子			
63						浦和明の星女子２
62					学習院女子Ｂ	
61		昭和秀英				
60			学習院女子Ａ			
58	淑徳与野					
56		専修大松戸		大妻２	大妻３	淑徳与野２
54	開智２回		大妻		富士見３	山脇学園Ｃ
53			恵泉女学園	淑徳２東大	共立女子３日合	品川女子学院３
52	青学ルーテル	国府台女子学院	山脇学園Ａ	共立女子２日		

入試問題の傾向とポイント

算数　計算＋一行問題6～9問程度、大問4～5題程度の問題構成。標準レベルの問題が多いが、図形問題の占める割合が高い。特に、図形の移動の問題が多く、作図がよく出題されているので練習をしておきたい。また、繁雑な計算が必要な問題もみられるので、素早く確実に計算できるようにしたい。

国語　今年も物語文と説明文の読解2題と書き取りなどの言語事項という出題構成。物語文は人物の置かれている状況・様子と心情を、説明文は言い換え箇所と内容合致などを通して主に筆者の考え・理由を問われた。説明文では90字程度の記述問題も出題された。

理科　大問4題、生地物化からの出題。地学分野は他分野との融合問題の形となっている。おもな設問形式は選択・計算問題。典型問題が中心となるが、考える力が必要な問題もあるため、冷静に解き進める必要がある。分野を問わず簡単な計算問題はしっかりと練習しておきたい。

社会　大問3題構成。例年出題されている字数制限のない長文の記述問題は出題されなかった。政治では時事問題とからめて考えさせる問いがあるため、日頃からニュースの内容と学習したことを結び付けて関心をもつことが重要。

頌栄女子学院中学校

しょうえいじょしがくいん

■学校長／岡見清明　■創立／明治17年　■生徒数／649名
■所在地／〒108-0071 東京都港区白金台2-26-5　■ＴＥＬ／03-3441-2005
■交通／高輪台駅(都営浅草線)徒歩1分。品川駅(JR山手線など)徒歩12分。五反田駅(JR山手線など)徒歩10分。
白金台駅(東京メトロ南北線、都営三田線)徒歩10分。

何学期制	週何日制	登校時刻	制服	給食	食堂 軽食販売	プール	寮	特待制度 奨学金等	帰国生 取出授業
2学期制	5日制	8:10	中高あり	なし	食堂高校のみ 販売中高あり	屋外	なし	なし	あり

沿　革

1884年12月に開校した頌栄学校がその前身。1885年2月には頌栄英学校が、同年9月には頌栄女学校が設立。いずれも創立者岡見清致のキリスト教信仰に基づく教育事業である。1920年には頌栄女学校を頌栄高等女学校と改め、さらに1947年の学制改革により、頌栄中学校・頌栄高等学校となった。1964年には現在の校名へと改称。

教育方針と特色

「頌栄」とは、神の栄光をほめたたえるという意味で、同校の特色を表している。学力だけではなく高雅な品性や国際感覚を養い、社会のために献身奉仕できる女子の人格形成をめざす。キリスト教主義に基づき、土曜日を休日にし、日曜日は教会に出席することを奨め、1週間5日の授業を実施。中高一貫教育を敷いており、主要教科では中学の授業に発展的な内容を一部とり入れている。また高校2年からは生徒の希望と適性に応じて、コース別・習熟度別の授業を行い、高3では、コース別の授業の他に主要教科を中心とした受験講習があり、進路に合わせて自由に選択することができる。

◉系列校

小	中	高	大(短大)
	○	○	

◉併設小学校なし
◉高校生外部募集………なし

◉授業時間…1コマ50分・週32時間

	1年	2年	3年	計
国　語	4	5	5	14
社　会	4	4	4	12
数　学	5	5	6	16
理　科	3	4	4	11
英　語	4	4	4	12
5教科計	20	22	23	65

参考　高校1年生一週間の授業

英語=6　数学=5　国語=4
理科=6　社会=4

進学・進路

◉卒業生進路状況

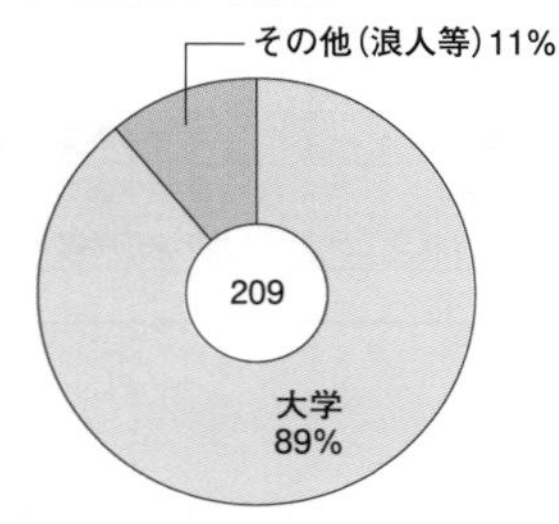

■進路選択状況（高３進級時）

理系 32%　文系 67%

■理系・文系進学状況

理系 26%　文系 72%

■共通テスト受験率

96%

◉卒業までの流れ

小学校	中学校	高等学校	大学
	頌栄女子学院中学校 ▶	頌栄女子学院高等学校（209）	

◉主な大学合格実績

大学名	'22	'23	'24	大学名	'22	'23	'24	大学名	'22	'23	'24	大学名	'22	'23	'24
東京大	1	5	4	千葉大	3	5	1	東京都立大	1	3	1	東京女子大	57	51	53
京都大		1	1	お茶の水女子大	1	2	4	横浜市立大		1		日本女子大	45	31	36
北海道大	5	3	1	東京外国語大	11	3	3	慶應義塾大	98	131	132	成蹊大	2	6	12
東北大	2			電気通信大	1	1	1	早稲田大	106	107	126	成城大	4	10	17
名古屋大				東京学芸大	3		3	上智大	151	150	151	明治学院大	11	23	24
大阪大			1	東京農工大	4		1	東京理科大	38	39	48	國學院大	1	5	3
九州大				東京芸術大			1	明治大	133	133	125	武蔵大	1		5
東京工業大	2	1	7	東京医科歯科大	4	3		青山学院大	68	63	68	獨協大	1		
一橋大	8	9	4	東京海洋大			1	立教大	100	123	97	日本大	23	20	11
筑波大	3	3	2	横浜国立大		4	3	中央大	22	45	39	東洋大	10	14	14
茨城大				山梨大			1	法政大	47	50	53	駒澤大	1	4	10
宇都宮大	1			金沢大				学習院大	14	12	21	専修大	1	5	11
群馬大			2	信州大			1	国際基督教大	8		5	芝浦工業大	14	20	25
埼玉大	1			国際教養大			1	津田塾大	10	11	8	東京都市大	2	6	9

入試要項・入試情報

◉2024年度の入試要項(参考)

	1回	2回
募集人員	100名	100名
選抜方法	国・算・社・理＋面接(保護者同伴)	
出願関連期間	12/20〜1/26	12/20〜2/4
試験日程	2/1	2/5
合格発表	Web 2/1 22:00〜	Web 2/6 9:00〜
入学手続	2/3 15:00まで	2/7 15:00まで

＊2024年3月20日(水・祝)実施の新入生オリエンテーションに欠席した場合は、入学辞退とみなす。

◉費用(参考)

受験料		25,000円
入学手続時	入学金	450,000円
	授業料	—
	その他	—
入学手続後〜入学まで	授業料	—
	その他	132,554円
入学後1年	授業料	396,000円
	その他	384,800円
初年度納入金合計		1,363,354円
中学3年間費用計 約		2,650,654円

面接 実施する。

◉最近6年間の入試応募者推移と倍率

年度		2019	2020	2021	2022	2023	2024
募集	①	100	100	100	100	100	100
	②	100	100	100	100	100	100
応募	①	308	273	269	292	276	291
	②	592	535	640	570	437	506
応募倍率	①	3.1	2.7	2.7	2.9	2.8	2.9
	②	5.9	5.4	6.4	5.7	4.4	5.1
受験	①	272	241	228	252	230	241
	②	414	385	446	461	341	382
合格	①	106	104	105	110	109	116
	②	115	117	116	123	124	113
実質倍率	①	2.6	2.3	2.2	2.3	2.1	2.1
	②	3.6	3.3	3.8	3.7	2.8	3.4

＊2024年補欠発表・追加合格…いずれもなし。

◉入試教科

②算数	40分	100点
①国語	40分	100点
③理科	40分	100点
④社会	40分	100点
合計	160分	400点

合格最高点	①321点 ②311点
合格最低点	①246点 ②240点

私立 女子校

◉受験併願パターン

偏差値	1月前半	1月後半	2月1日	2月2日	2月3日	2月4日以降
68		市川				
65	浦和明の星女子			香蘭女学校２		
64					東洋英和女学院Ｂ	
62					学習院女子Ｂ	頌栄女子学院２
61	栄東Ａ１０日	昭和秀英	頌栄女子学院			
59				開智日本橋２		
57			普連土算数			大妻４
56		専修大松戸		大妻２	大妻３	
55	大宮開成	芝浦工大柏	東京女学館２	普連土２日午後		
54				神奈川大附２	富士見３	山脇学園Ｃ
53			恵泉女学園	田園調布学園２	東京女学館４	品川女子学院３

入試問題の傾向とポイント

算数 計算＋一行問題9問程度、大問4題の問題構成。前半は幅広い分野から出題される。図形や条件整理など思考力を必要とする問題もみられるので、時間配分に注意しながら取り組むことが大切。考え方や求め方を書かせる問題もあるので、日頃から丁寧に書くことを心がけたい。

国語 随筆と物語文の読解2題と書き取り5問が出題された。随筆は言い換え内容を探して筆者の考えを問うものばかりだった。物語文は人物の様子・言動の心情とその理由を問うものが多かった。物語の内容にちなんだ作文問題が出題されるなど、記述問題も数問見られた。

理科 大問4題、生地物化からの出題。複数行の記述問題、作図問題、考え方を記す計算問題などが出題され、思考力が必要である。難易度がやや高い問題もあるが、配点が100点分あるので、取れるところを確実に押さえ、他教科に負担をかけないようにしたい。時事問題もあるので対策も忘れずに。

社会 大問3題。基本的な知識を聞いてくる穴埋め形式の問題が各大問に必ず出てくる。記述問題が多いため、過去問で訓練する必要がある。また、時事問題も複数問出るため、日ごろからニュースや世の中の出来事に耳を傾けることが求められている。

湘南白百合学園中学校

しょうなんしらゆりがくえん

■学校長／岩瀬有子　■創立／昭和13年　■生徒数／561名
■所在地／〒251-0034 神奈川県藤沢市片瀬目白山4-1　■ＴＥＬ／0466-27-6211
■交通／藤沢駅(JR・小田急線)下車、江ノ電バス「片瀬山入口」下車、徒歩3分。
江ノ島駅(江ノ島電鉄線)徒歩15分。片瀬山駅(湘南モノレール)徒歩7分。

何学期制	週何日制	登校時刻	制服	給食	食堂 軽食販売	プール	寮	特待制度 奨学金等	帰国生 取出授業
3学期制	5日制	8:15	中高あり	なし	食堂なし 販売中高あり	なし	なし	なし	あり

沿　革

シャルトル聖パウロ修道女会が母体。同会が1936年、湘南の一角に片瀬乃木幼稚園を設立。さらに小学校についで、1938年乃木高等女学校を開設。これが湘南白百合学園中学校・高等学校の前身となる。戦後、湘南白百合高等女学校と改称。1979年には現在地の片瀬目白山に移転。

教育方針と特色

キリスト教精神に基づき、「従順」「勤勉」「愛徳」の3つを校訓に掲げる。中高6年間の一貫教育を通して自分の考えを持ち、個として自立した上で、互いを受け入れ尊重しながら課題を見つけて解決する力の育成を目指す。学習面では、中1から英語と数学は少人数授業を実施。英語では中1時よりオールイングリッシュの英語取り出しクラス「Eクラス」が設置されており、全員が取り組む「タラント・リリア」と名付けられた語学研修プログラムも充実している。また主体的に考える力を育む「探究」の授業を中1～高2まで体系的に展開し、特に中3時には環境問題をテーマに各自で実験を組み立て、論文執筆を行う。高1までは基礎となる学力の育成・定着に重点を置き、高2からは各自の進路に応じた選択授業制を導入。併設大学があるものの、理系の大学や国公立大への志望者・医学部進学者が増加しており、自然溢れる環境で豊かな情操教育を行う一方で、進学へのサポート体制を揃えている。

◉系列校

小	中	高	大(短大)
○	○	○	○

◉小学校からの内進生…89名
◉高校生外部募集………なし

◉授業時間…1コマ45分・週35時間

	1年	2年	3年	計
国　語	5	5	5	15
社　会	4	3	4	11
数　学	5	5	5	15
理　科	3	4	4	11
英　語	6	6	6	18
5教科計	23	23	24	70

参考　高校1年生一週間の授業

英語=7　数学=5　国語=5
理科=5　社会=3

進学・進路

◉卒業生進路状況

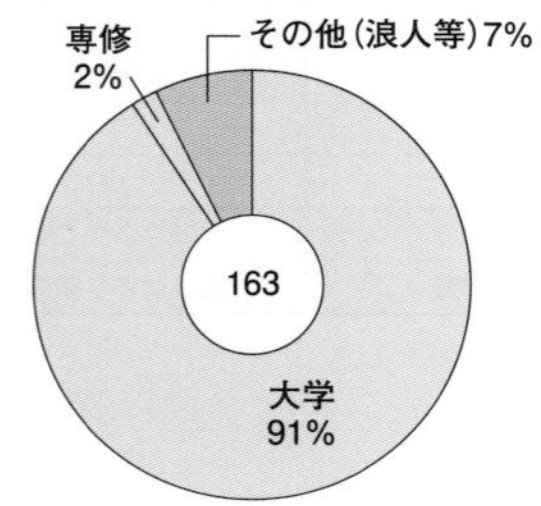

■進路選択状況（高3進級時）

データなし

■理系・文系進学状況

理系 35%　文系 55%

■共通テスト受験率

100%

◉卒業までの流れ

小学校	中学校	高等学校	大学
湘南白百合学園小学校	湘南白百合学園中学校	湘南白百合学園高等学校（163）	白百合女子大学　7

◉主な大学合格実績

大学名	'22	'23	'24	大学名	'22	'23	'24	大学名	'22	'23	'24	大学名	'22	'23	'24
東京大		1	1	千葉大		2		東京都立大	2	2	3	東京女子大	8	4	3
京都大		1		お茶の水女子大	1	1	1	横浜市立大	4	3	2	日本女子大	11	9	21
北海道大				東京外国語大	1			慶應義塾大	27	25	31	成蹊大	6	5	2
東北大		1		電気通信大				早稲田大	28	18	18	成城大	13	15	8
名古屋大				東京学芸大				上智大	15	23	34	明治学院大	22	18	13
大阪大				東京農工大				東京理科大	14	7	11	國學院大	4		6
九州大				東京芸術大	1	1		明治大	36	18	14	武蔵大	1	1	1
東京工業大	1		1	東京医科歯科大	1	1		青山学院大	23	25	19	獨協大		1	
一橋大				東京海洋大			1	立教大	27	41	20	日本大	14	18	18
筑波大	1	1		横浜国立大	1	2	2	中央大	26	23	14	東洋大	4	4	14
茨城大				山梨大			1	法政大	25	20	12	駒澤大	8	7	4
宇都宮大				金沢大				学習院大	13	9	5	専修大	5	2	18
群馬大				信州大		2		国際基督教大	1	1	1	芝浦工業大	5	1	6
埼玉大				国際教養大				津田塾大	5	10	7	東京都市大	11	5	6

入試要項・入試情報

◉2024年度の入試要項(参考)

	1教科入試	4教科入試	英語資格入試
募集人員	20名	45名	若干名
選抜方法	国または算	国・算・社・理	国・算・英語資格＋ 実用英語技能検定合格証明書
出願関連期間	11/1～1/30		
試験日程	2/1午後	2/2午前	
合格発表	Web 2/1 22:00～	Web 2/2 21:00～	
入学手続	2/4 23:00まで		

＊出願資格に「保護者の元から通学できる者」とある。
＊英語資格入試の英語資格は、実用英語技能検定の3級以上を得点化する。
＊英語資格入試受験者は実用英語技能検定合格証明書の原本を試験当日持参。

面接 実施しない。

◉費用(参考)

受験料		25,000円
入学手続時	入学金	300,000円
	授業料	—
	その他	260,000円
入学手続後～入学まで	授業料	—
	その他	179,000円
入学後1年	授業料	498,000円
	その他	255,600円
初年度納入金合計		1,492,600円
中学3年間費用計	約	3,112,150円

＊1教科入試の受験料は1科単願は1万5千円、算国併願は2万5千円。
＊複数回同時出願の場合、2回で3万5千円、3回で4万5千円、4回で5万5千円。
＊入学辞退者は3月31日までに申し出れば、施設設備費・入学時教材費を返金。

◉最近6年間の入試応募者推移と倍率

年度	2019	2020	2021	2022	2023	2024
募集	60	算数1科 15 4科 45 英語資格 若干	15 45 若干	1科 20 4科 45 英語資格 若干	20 45 若干	20 45 若干
応募	179	147 197 12	99 157 8	257 222 19	423 332 23	500 313 33
応募倍率	3.0	9.8 4.4 —	6.6 3.5 —	12.9 4.9 —	21.2 7.4 —	25.0 7.0 —
受験	158	140 151 8	97 116 6	252 136 13	409 227 19	485 192 26
合格	120	68 78 6	61 89 5	159 93 11	130 116 11	158 94 14
実質倍率	1.3	2.1 1.9 1.3	1.6 1.3 1.2	1.6 1.5 1.2	3.1 2.0 1.7	3.1 2.0 1.9

＊2024年補欠発表…なし。追加合格(電話)…(3回)8名、2月8日～。

◉入試教科

②算数	45分	100点
①国語	45分	100点
④理科	40分	100点
③社会	40分	100点
合計	170分	400点

＊算数1科は(60分・100点)。国語1科は(60分・100点)。
＊英語資格は国・算(各45分・各100点)＋英語資格(3級30点・準2級70点・2級90点・1級・準1級100点)合計300点。

合格最高点	①算1科 89点 ①国1科 88点 ②4科 333点 ③英資格 238点
合格最低点	①算1科 63点 ①国1科 70点 ②4科 250点 ③英資格 179点

私立 女子校

◉受験併願パターン

偏差値	1月前半	1月後半	2月1日	2月2日	2月3日	2月4日以降
59					横浜共立学園B	神奈川大附3
57			湘南白百合国語			
54					山手学院B	田園調布学園3
52				湘南白百合4教科		
51			横浜共立学園A			
48				清泉女学院3	カリタス女子4	
46			神奈川学園A午後		鎌倉女学院2	
44			日大藤沢			
41					横浜女学院E2	
40			聖園女学院2			大妻多摩4
39						聖園女学院国算

入試問題の傾向とポイント

算数
計算＋一行問題5問程度、大問4題の問題構成。標準レベルの問題が多いが、設定が複雑な問題もあるので、きちんと題意を読み取れるかが重要。点や図形の移動、速さ、立体図形、グラフを書かせる問題が頻出。後半の問題では、途中式を書かせるので日頃から丁寧に式を書くようにすること。

国語
物語文・説明文の読解2題と雑問というほぼ例年通りの出題。物語文は人物の言動・様子の意味・心情と場面とを、説明文は言い換え内容と筆者の考えとを問われた。最後には200字以内の記述問題も出題されたが、全体的に設問数が少ないので、必ず手をつけたい。

理科
大問4題、生地物化からの出題。選択問題・計算問題を中心に記述問題や作図問題が数題含まれる。問題文が長く設問数も多いため、時間にゆとりはないだろう。典型問題は素早く正確に答え、計算や記述など思考力が必要な問題に時間を作れるよう、過去問演習を繰り返し行いたい。

社会
大問3題。記述問題が昨年より増えた。歴史の記述問題は昨年と類似の形式で、歴史上の人物に対して疑問を記した手紙を書くもの。記号選択は文章の正誤を問うものが多く、正確な知識が要求されている。まずは基本事項をしっかりおさえ、取りこぼしをなくしておきたい。

昭和女子大学附属昭和中学校

しょうわじょしだいがくふぞくしょうわ

■学校長／真下峯子　■創立／大正9年　■生徒数／632名
■所在地／〒154-8533 東京都世田谷区太子堂1-7-57
■ＴＥＬ／03-3411-5115
■交通／三軒茶屋駅（東急田園都市線・世田谷線）徒歩7分。

何学期制	週何日制	登校時刻	制服	給食	食堂 軽食販売	プール	寮	特待制度 奨学金等	帰国生 取出授業
2学期制	6日制	8:00	中高あり	なし	食堂なし 販売中高あり	屋内	なし	あり	あり

沿　革

1920年「思慮深き力つよき女性」を育てる学校として人見圓吉により創立された日本女子高等学院に端を発する。その後、1927年、昭和高等女学院と改称し、さらに戦後の学制改革で昭和女子大学附属昭和中学校と昭和女子大学附属昭和高等学校にわかれて今日に至る。

教育方針と特色

キーワードは「主体性」。目まぐるしく変化する社会情勢の中で「自ら考え、自ら行動する」たくましさを備え、自立した女性の育成を目指す。「本科コース」「グローバル留学コース」「スーパーサイエンスコース」の3つのコースを設置し、多様化する進路に対応している。
なお、同敷地内には、アメリカ州立テンプル大学ジャパンキャンパスや中高部校舎の隣には、イギリスのインターナショナルスクールなどがあり、交流プログラムも充実している。グローバルな環境をフル活用し、全コースで英語力やSTEAM教育を強化。また、昭和大学の医学系学部、東京理科大学などの理工系学部とも連携している。
昭和女子大学には昭和女子大学で3年間、海外の協定大学で2年間学ぶと、単位互換により計5年で双方の学位を取得できるダブルディグリープログラムがあり、内部進学でプログラムに参加することもできる。
大学附属校ならではの安心で伸び伸びとした環境の中で、進路選択の幅を広げながら生徒の可能性を伸ばします。

◉系列校

小	中	高	大（短大）
○	○	○	○

◉小学校からの内進生…69名
◉高校生外部募集………なし

◉授業時間…1コマ50分・週34時間

	1年	2年	3年	計
国　語	5	5	5	15
社　会	4	4	4	12
数　学	5	5	5	15
理　科	4	4	4	12
英　語	6	6	6	18
5教科計	24	24	24	72

参考　高校1年生一週間の授業

英語=6　数学=6　国語=5
理科=4　社会=4

進学・進路

◉卒業生進路状況

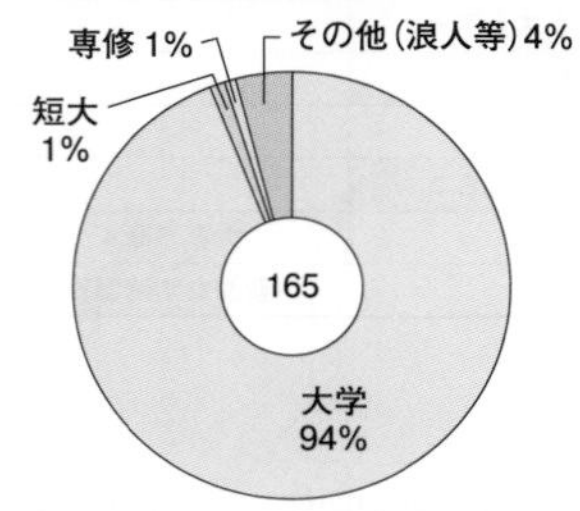

■進路選択状況（高３進級時）
理系 43%　文系 51%
0　50　100

■理系・文系進学状況
理系 43%　文系 51%
0　50　100

■共通テスト受験率
95%
0　50　100

◉卒業までの流れ

小学校	中学校	高等学校	大学
昭和女子大学附属昭和小学校	昭和女子大学附属昭和中学校	昭和女子大学附属昭和高等学校（165）	昭和女子大学　58（人間文化2・人間社会14・食健康科10・グローバルビジネス6・国際9・環境デザイン17）

◉主な大学合格実績

大学名	'22	'23	'24	大学名	'22	'23	'24	大学名	'22	'23	'24	大学名	'22	'23	'24
東京大				千葉大				東京都立大		1		東京女子大	1	3	2
京都大				お茶の水女子大				横浜市立大				日本女子大		2	4
北海道大				東京外国語大	1	1		慶應義塾大	4	2	2	成蹊大	8	11	6
東北大			1	電気通信大				早稲田大	4	3	1	成城大	2	2	5
名古屋大		1		東京学芸大				上智大	12	17	11	明治学院大	8	12	4
大阪大				東京農工大	1		1	東京理科大	2	2	5	國學院大	1	2	4
九州大		1		東京芸術大				明治大	6	10	5	武蔵大	1	1	
東京工業大				東京医科歯科大		2		青山学院大	3	23	12	獨協大	2		
一橋大				東京海洋大		2		立教大	8	16	4	日本大	10	9	9
筑波大		1		横浜国立大		1		中央大	4	12	9	東洋大	4	4	5
茨城大				山梨大				法政大	4	7	6	駒澤大	2	5	
宇都宮大				金沢大				学習院大	2	6	7	専修大	1	1	
群馬大				信州大				国際基督教大	1	2	1	芝浦工業大	1	2	5
埼玉大				国際教養大				津田塾大	2	2	1	東京都市大	3	2	7

入試要項・入試情報

◉2024年度の入試要項（参考）

	AA	GA	AP	SA	B	GB	SB	C
募集人員	40名	10名	30名	10名	30名	10名	10名	20名
選抜方法	国・算または 国・算・社・理 または 国・算・英		国・算		国・算または 国・算・社・理 または 国・算・英		国・算・理	国・算または 国・算・社・理 または 国・算・英
出願関連期間	1/10〜1/30				1/10〜2/1			1/10〜2/2
試験日程	2/1午前		2/1午後		2/2午前			2/3午前
合格発表	Web 2/1 19:00〜		Web 2/1 22:00〜		Web 2/2 19:00〜			Web 2/3 19:00〜
入学手続	2/5 23:30まで							

＊学校が指定する英語資格取得者は英語の試験を免除（100点）とする。合格証明書のアップロードが必要。

面接 実施する。

◉費用（参考）

受験料		20,000円
入学手続時	入学金	250,000円
	授業料	—
	その他	—
入学手続後〜入学まで	授業料	—
	その他	120,200円
入学後１年	授業料	517,200円
	その他	622,000円
初年度納入金合計		1,509,400円
中学３年間費用計　約		3,601,800円

＊学費は本科のもの。

◉最近6年間の入試応募者推移と倍率

年度		2019	2020	2021	2022	2023	2024
募集	A	50	50	40	A 40	A 40	40
	B	40	40	30	B 30	B 30	30
	C	20	20	20	C 20	C 20	20
	思考力	30	30	30	D 30	AP 30	30
応募	A	91/36/4	154/66/5	154/64/10	136/45/4	113/28/5	96/32/4
	B	142/59/4	284/105/7	248/84/9	219/55/7	162/38/4	144/25/7
	C	164/48/2	297/103/12	320/79/19	211/88/15	182/48/13	132/32/11
	思考力	86	159	159	263	121	148
応募倍率	A	2.6	4.5	5.7	4.6	3.7	3.3
	B	5.1	9.9	11.4	9.4	6.8	5.9
	C	10.7	20.6	20.9	15.7	12.2	8.8
	思考力	2.9	5.3	5.3	8.8	4.0	4.9
受験	A	83/33/4	138/61/5	142/60/9	131/41/4	105/26/5	93/31/4
	B	98/45/0	206/77/7	181/61/4	145/44/5	101/29/3	110/21/6
	C	76/24/0	193/73/7	228/62/11	132/62/9	112/36/8	113/27/8
	思考力	77	143	149	238	110	142
合格	A	42/15/4	45/16/1	28/14/3	35/15/4	40/5/2	31/11/3
	B	55/22/0	46/13/1	30/3/3	24/6/2	41/2/1	33/7/1
	C	49/10/0	30/3/3	16/6/3	20/4/1	30/4/3	22/6/2
	思考力	65	54	37	52	51	35
実質倍率	A	2.0/2.2/1.0	3.1/3.8/5.0	5.1/4.3/3.0	3.7/2.7/1.0	2.6/5.2/2.5	3.0/2.8/1.3
	B	1.8/2.0/−	4.5/5.9/7.0	6.0/20.3/1.3	6.0/7.3/2.5	2.5/14.5/3.0	3.3/3.0/6.0
	C	1.6/2.4/−	6.4/24.3/2.3	14.3/10.3/3.7	6.6/15.5/9.0	3.7/9.0/2.7	5.1/4.5/4.0
	思考力	1.2	2.6	4.0	4.6	2.2	4.1

＊2019年〜2021年A・B・Cは4教科／2教科／3教科。2022年〜2024年A・B・C・GA・GBは4教科／2教科／3教科。
＊2024年補欠発表…なし。追加合格…詳細不明。

◉入試教科

4教科/2教科

②算数	50分/50分		100点/100点
①国語	50分/50分		100点/100点
③理科	あわせて50分		50点/
③社会			50点/
合計	150分/100分		300点/200点

＊3教科の①国②算③英は（各50分・各100点）合計300点。

合格最高点	AA	250/172点
	GA	242/151点
	AP	163点
	SA	161点
	B	255/174点
	GB	253/170点
	SB	247点
	C	228/154点
合格最低点	AA	210/140点
	GA	226/147点
	AP	134点
	SA	125点
	B	218/145点
	GB	225/150点
	SB	206点
	C	203/135点

＊3教科は非公表。

私立 女子校

◉受験併願パターン

偏差値	1月前半	1月後半	2月1日	2月2日	2月3日	2月4日以降
54						山脇学園Ｃ
52		国府台女子学院	昭和女子大附ＡＰ			
51	大妻帰					
50				カリタス女子３	昭和女子大附Ｃ	
49			昭和女子大附ＳＡ	昭和女子大附Ｂ	実践女子学園５	実践女子学園６
48					カリタス女子４	跡見学園特３
47	埼玉栄難関		昭和女子大附ＡＡ			
45				実践女子学園３		
43			大妻多摩２		日大第三３	
42			江戸川女子基礎１	文教大付４		
41				大妻多摩３		

入試問題の傾向とポイント

算数
計算問題と一行問題が合わせて8問、大問5題の問題構成。難問はないが、基本事項の理解度や処理能力の差がつきやすい問題が多い。計算問題も含め、すべての問題に途中式を書かせ、部分点も考慮されるので、日頃から考え方をまとめる対策をしておきたい。

国語
説明文と物語文の読解2題と雑問から構成されている。説明文は理由や言い換え、物語文は人物の心情や様子について問われたほか、100字以内で意見記述する設問もみられた。雑問は慣用句や言葉の意味、漢字の読み書きが出題された。

理科
大問4〜5題、生地物化からの出題。計算過程や考え方まで記述が必要な計算問題も毎年のように出題されており、論理立てた解答が必要。また、すべての大問に記述問題が出題されることも多く、日頃から自分の思考をアウトプットするような訓練もしておきたい。

社会
大問2題構成。大問1は人口をテーマにした地理・歴史・国際の融合問題で難易度が高い。政治は例年時事問題の出題比率が高いので、『ニュース最前線』に加えて、ふだんからニュースや新聞などに積極的にふれるなどの対策が必須である。

女子聖学院中学校

じょしせいがくいん

■学校長／安藤守　■創立／明治38年　■生徒数／340名
■所在地／〒114-8574 東京都北区中里3-12-2
■ＴＥＬ／03-3917-2277
■交通／駒込駅（JR山手線）徒歩7分。駒込駅（東京メトロ南北線）徒歩8分。上中里駅（JR京浜東北線）徒歩10分。

何学期制	週何日制	登校時刻	制服	給食	食堂 軽食販売	プール	寮	特待制度 奨学金等	帰国生 取出授業
3学期制	6日制	8:20	中高あり	なし	食堂中高あり 販売中高あり	なし	なし	あり	あり

沿　革

1905年、キリスト教の婦人伝道師養成所として、米国のプロテスタント教会の婦人宣教師バーサ・クローソンにより、女子聖学院神学部が設立。1947年、中学部を設立、1948年高等部設立、現在に至る。今年創立119周年を迎える。

教育方針と特色

「神を仰ぎ人に仕う」を目標に119年の歴史を紡いできた同校は、神様に愛されている自分に気が付き、その自分を育み、他者や社会・世界のために活かすことができる自立した女性の育成を目指している。
そのために「キリスト教教育」「Global Arts教育」「Experiential Learning」という3つの柱によって教育活動を行っている。
「Global Arts教育」では教科教育を中心とした多彩な学びからVUCAを生きる「じぶん」を確かに養っている。習熟度別授業の導入や理科の実験重視の授業、希望者には「オーストラリアターム留学」や「イギリス短期留学」などの多様な学びの機会があり、これらを通じて「じぶんを、育む」6年間の学院生活を送る。
「Experiential Learning」ではシェアドリーダシップの考えのもと、運動会や合唱コンを始めとした多くの体験の中で6年間を送り、それぞれの立場から本気になって取り組む中で、集団と社会に関わる経験が積まれている。
生徒は多種多様なプログラムの中から自ら選択し、組み合わせて自分の成長プランをコーディネートし、「賜物を見つけ、磨いていく」という6年間の一人ひとりの取り組みに教師は伴走し、自己実現に向けたサポートをしている。

◉系列校

小	中	高	大（短大）
○	○	○	○

◉小学校からの内進生…24名
◉高校生外部募集………なし

◉授業時間…1コマ45分・週34時間

	1年	2年	3年	計
国　語	4	4	6	14
社　会	4	4	4	12
数　学	5	4	4	13
理　科	4	4	4	12
英　語	5	6	6	17
5教科計	22	22	24	68

参考　高校1年生一週間の授業

英語=6　数学=5　国語=6
理科=4　社会=4
※文系コース

進学・進路

◉卒業生進路状況

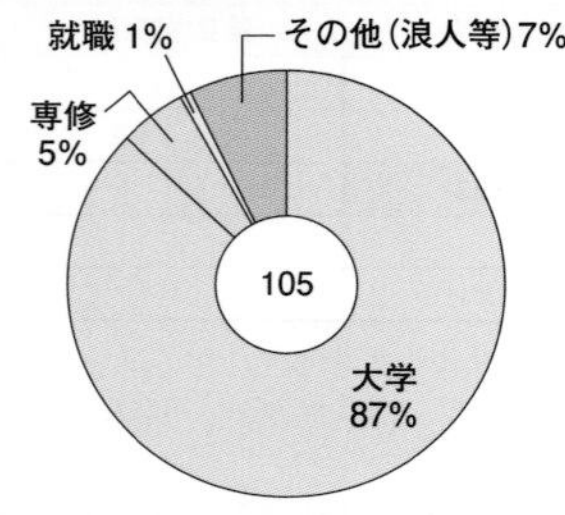

■進路選択状況（高３進級時）

データなし

■理系・文系進学状況

理系 20%　文系 79%

■共通テスト受験率

85%

◉卒業までの流れ

小学校	中学校	高等学校	大学
聖学院小学校	女子聖学院中学校	女子聖学院高等学校（105）	聖学院大学　0

◉主な大学合格実績

大学名	'22	'23	'24	大学名	'22	'23	'24	大学名	'22	'23	'24	大学名	'22	'23	'24
東京大				千葉大		1	1	東京都立大				東京女子大	2	7	3
京都大				お茶の水女子大		1		横浜市立大				日本女子大	3	4	9
北海道大				東京外国語大				慶應義塾大	1	2	1	成蹊大	3	3	1
東北大				電気通信大				早稲田大	2	1	2	成城大	3	1	2
名古屋大				東京学芸大				上智大	2		1	明治学院大	2	2	7
大阪大				東京農工大				東京理科大				國學院大		3	1
九州大				東京芸術大	1	1		明治大	3	3	2	武蔵大	3	3	3
東京工業大				東京医科歯科大				青山学院大	3	3	1	獨協大	5	1	2
一橋大				東京海洋大				立教大	8	5	5	日本大	3	6	2
筑波大				横浜国立大				中央大		1	1	東洋大	3	5	6
茨城大				山梨大				法政大	5	3	3	駒澤大			3
宇都宮大				金沢大				学習院大	2	6	6	専修大	1		1
群馬大				信州大				国際基督教大	1	2	1	芝浦工業大		2	
埼玉大				国際教養大				津田塾大	1	2	1	東京都市大	2		

入試要項・入試情報

◉2024年度の入試要項（参考）

	1回	スカラシップ入試（2回）	英語表現力	BaM表現力	3回	4回	5回	6回
募集人員	50名	30名	10名	10名	20名	10名	10名	10名
選抜方法	国・算または国・算・社・理	国・算	算数基礎・英語リスニング・暗誦・自己紹介＋面接（本人・保護者同伴）・通知表	国語基礎・算数基礎・自己紹介＋面接（本人・保護者同伴）・通知表	国・算	国・算または国・算・社・理	国・算	
出願関連期間	1/6～1/31				1/6～2/1	1/6～2/2		1/6～2/3
試験日程	2/1午前	2/1午後	2/2午前		2/2午後	2/3午前	2/3午後	2/4午後
合格発表	掲示 2/2 10:00～ Web 2/1 19:00～	掲示 2/2 10:00～ Web 2/1 22:00～	掲示 2/3 9:00～ Web 2/2 19:00～		掲示 2/3 9:00～ Web 2/2 22:00～	掲示 2/4 9:00～ Web 2/3 19:00～	掲示 2/4 9:00～ Web 2/3 22:00～	掲示 2/5 9:00～ Web 2/4 22:00～
入学手続	2/6 23:59まで							

面接 実施する。

◉費用（参考）

受験料		25,000円
入学手続時	入学金	280,000円
	授業料	—
	その他	—
入学手続後～入学まで	授業料	—
	その他	234,460円
入学後１年	授業料	468,000円
	その他	518,800円
初年度納入金合計		1,501,260円
中学３年間費用計 約		3,508,860円

＊複数回同時出願の場合、2回まで2万5千円、4回まで3万円、6回まで3万5千円。追加出願は１回につき5千円追加。

◉最近6年間の入試応募者推移と倍率

年度		2019	2020	2021	2022	2023	2024
募集	① ② ③ ④ ⑤	70 30 20 10 10	70 30 20 10 10	60 30 15 10 10	50 30 20 10 10	① 50 スカラシップ 30 ② 20 ③ 10 ④ 10	① 50 ②スカラシップ 30 ③ 20 ④ 10 ⑤ 10
応募	① ② ③ ④ ⑤	46/60 130 134 136 139	41/35 89 96 115 120	26/44 93 87 102 105	35/46 101 122 50/64 111	34/33 92 123 65/51 110	27/23 82 85 51/43 89
応募倍率	① ② ③ ④ ⑤	1.5 4.3 6.7 13.6 13.9	1.1 3.0 4.8 11.5 12.0	1.2 3.1 5.8 10.2 10.5	1.6 3.4 6.1 11.4 11.1	1.3 3.1 6.2 11.6 11.0	1.0 2.7 4.3 9.4 8.9
受験	① ② ③ ④ ⑤	41/56 119 57 25 19	39/31 77 56 34 26	18/42 84 47 28 25	32/43 96 73 22/30 46	28/32 81 79 29/28 45	20/21 73 51 24/27 46
合格	① ② ③ ④ ⑤	27/26 61 40 15 9	20/12 35 36 20 16	11/19 35 33 22 18	20/13 38 39 15/16 31	17/10 32 47 22/13 34	4/13 28 25 5/18 24
実質倍率	① ② ③ ④ ⑤	1.5/2.2 2.0 1.4 1.7 2.1	2.0/2.6 2.2 1.6 1.7 1.6	2.0 2.4 1.4 1.3 1.4	1.6/3.3 2.5 1.9 1.5/1.9 1.5	1.6/3.2 2.5 1.7 1.3/2.2 1.3	5.0/1.6 2.6 2.0 4.8/1.5 1.9

＊2019年～2021年①と2022年①・④と2023年～2024年①・③は4教科／2教科。
＊2024年補欠発表…なし。追加合格（電話）…（1回～2回）計8名、2月4日。

◉入試教科

4教科/2教科

②算数	50分/50分	100点/100点
①国語	50分/50分	100点/100点
④理科	30分/	100点/
③社会	30分/	100点/
合計	160分/100分	400点/200点

＊英語表現力は、リスニング（20分・60点）・暗誦（60点）・算数基礎（25分・70点）・自己紹介（3分・50点）の合計240点＋取得検定級の加点（最大60点）。
＊BaM表現力は、国語基礎・算数基礎（各25分・各70点）・自己紹介（5～7分と面接8分100点）の合計240点＋取得検定級の加点（最大60点）。

合格最高点	①	426/185点
	②	178点
	③	425/177点
	④	162点
	英語表現	非公表
	BaM表現	196点
	⑤	174点
合格最低点	①	324/128点
	②	138点
	③	320/135点
	④	126点
	英語表現	非公表
	BaM表現	128点
	⑤	121点

＊第1回・3回の4科は、「得意プラス型」判定（最高得点の科目を2倍にし500点満点）で判定。

私立 女子校

◉受験併願パターン

偏差値	1月前半	1月後半	2月1日	2月2日	2月3日	2月4日以降
52				共立女子２日	昭和女子大附Ｃ	
50			富士見	跡見学園特２	三輪田学園３	
49			淑徳１Ｓ特			跡見学園特４
48	星野学園理数２			実践女子学園４		跡見学園特３
47					日大第一２科	日大第一２科２
46			日大第二		日大第二２	
44	星野学園総合選抜			跡見学園２		光塩女子学院３
43		東海大浦安Ａ	女子聖学院スカラ	江戸川女子基礎１		
41					東海大高輪台２	文京学院大特待２
40	西武文理		女子聖学院	女子聖学院３		
35				京華女子２	東京家政大５	東京家政大６

入試問題の傾向とポイント

算数 計算問題8問、一行問題8問、大問3題の問題構成。幅広い分野から出題されるが、基本レベルの問題が中心なので、各分野の基礎事項をしっかりと固めておけば対処できる。また、途中式や考え方を答えさせる問題が毎回1問あるので、わかりやすく簡潔にまとめる練習をしておくこと。

国語 漢字の読み書き8問、言語事項（誤字訂正・同音異字・慣用句・敬語など）、物語文・説明文の出題。物語文は場面説明・理由説明などを、説明文は線部の言い換えや理由説明・内容一致を問われた。自分で考えて書く記述もあるが、抜き出し問題の多さが目立った。

理科 設問4題、生地物化からの出題。典型問題が中心の出題だが、自分の考えを記述する問題や計算力が必要となる問題も出題されている。日頃から自分の考えをまとめる練習や、計算が複雑な問題でも、ていねいに順を追って解き進めていく訓練をしておきたい。

社会 大問5題。いずれも基礎基本を問うもの。大問1は例年同様に日本地図を用いて5つの都道府県名と位置を問うもの。都道府県名は漢字で正確に書けるようにしておくこと。近年、憲法に関する出題が続いているため、憲法とその成立については特に重点的に学習したい。記述問題は2問出題された。

女子美術大学付属中学校

（じょしびじゅつだいがくふぞく）

■学校長／石川康子　■創立／明治34年　■生徒数／429名
■所在地／〒166-8538 東京都杉並区和田1-49-8
■ＴＥＬ／03-5340-4541
■交通／東高円寺駅（東京メトロ丸ノ内線）徒歩8分。

何学期制	週何日制	登校時刻	制服	給食	食堂 軽食販売	プール	寮	特待制度 奨学金等	帰国生 取出授業
3学期制	6日制	8:20	中高あり	なし	食堂条件付 販売中高あり	なし	なし	あり	なし

沿　革

今年創立124年目を迎える美術系最初の女子校。その女子美術学校の付属校として1915年に創立（女子美術学校付属高等女学校）。その後、学制改革により中学校を設置。2015年に創立100周年を迎えた。

教育方針と特色

創立者　佐藤志津による教育理念「文化に貢献する有能な女性の育成」のもと、三つの美「智の美」「芸(わざ)の美」「心の美」をモットーに、これからの時代で多彩に活躍するためのアート思考やデザイン思考を育成する。
“知性”が“感性”を支える。本校は、美術教育を基幹として感性を育み、全教科を大切にして知性を伸ばして、様々な学力を育みます。これこそ女子美で身に付く「美術の力」です。日本はもとより、世界で唯一の美術大学付属の高等学校・中学校です。個性的で多彩な生徒は、全員が図工・美術が大好きという共通の想いを持っているため、様々な行事で、学校が一つになることができます。中学では美術の授業が週4時間。高校になると、週７～10時間あり、高2からは絵画、デザイン・工芸／立体の3コースに分かれて学びます。一般教科でも英語「Art English」など教科横断型の授業を行いリベラルアーツを重視。さらに一人一台のiPadでICT教育も進んでいる。女子美術大学の教授が授業に来る「中高大連携授業」や「推薦入学制度」など、大学付属校としての魅力も大きく、ゆとりある充実した6年間を過ごすことが出来る。

◉系列校

小	中	高	大（短大）
	○	○	○

◉併設小学校なし
◉高校生外部募集………65名

（完全混合クラス）

◉授業時間…1コマ50分・週35時間

	1年	2年	3年	計
国　語	5	4	5	14
社　会	4	3	3	10
数　学	4	4	4	12
理　科	3	4	4	11
英　語	5	6	6	17
5教科計	21	21	22	64

参考　高校1年生一週間の授業

英語=6　数学=3　国語=4
理科=2　社会=3

進学・進路

◉卒業生進路状況

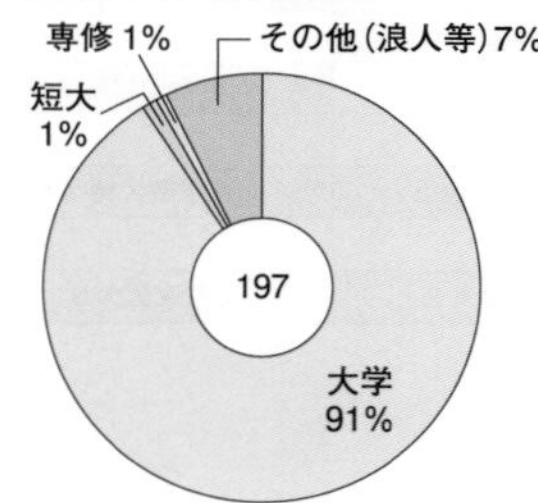

■進路選択状況（高３進級時）

データなし

■理系・文系進学状況

データなし

■共通テスト受験率

10%

◉卒業までの流れ

小学校	中学校	高等学校	大学
	女子美術大学付属中学校	女子美術大学付属高等学校（197）	女子美術大学　166 女子美術大学短期大学部　1

◉主な大学合格実績

大学名	'22	'23	'24	大学名	'22	'23	'24	大学名	'22	'23	'24	大学名	'22	'23	'24
東京大				千葉大				東京都立大	1			東京女子大			
京都大				お茶の水女子大				横浜市立大				日本女子大			
北海道大				東京外国語大				慶應義塾大	1			成蹊大	1		
東北大				電気通信大				早稲田大				成城大			
名古屋大				東京学芸大				上智大				明治学院大			
大阪大				東京農工大				東京理科大				國學院大	1		
九州大				東京芸術大	5			明治大				武蔵大			
東京工業大				東京医科歯科大				青山学院大	2			獨協大			
一橋大				東京海洋大				立教大			1	日本大			1
筑波大				横浜国立大				中央大				東洋大	1	1	
茨城大				山梨大				法政大				駒澤大			
宇都宮大				金沢大				学習院大	1			専修大			
群馬大				信州大				国際基督教大	1			芝浦工業大			
埼玉大				国際教養大				津田塾大				東京都市大			

入試要項・入試情報

◉2024年度の入試要項（参考）

	1回（2科・4科選択入試）	2回（女子美 自己表現入試）	3回（2科入試）
募集人員	110名程度	10名程度	15名程度
選抜方法	国・算または 国・算・社・理＋面接・報告書	記述＋面接・報告書	国・算＋面接・報告書
出願関連期間	12/20～1/31	12/20～2/1	12/20～2/2
試験日程	2/1午前	2/2午後	2/3午前
合格発表	Web 2/1 22:00頃～	Web 2/2 22:30頃～	Web 2/3 16:00頃～
入学手続	2/2 14:00まで	2/3 16:00まで	2/4 14:00まで

面接 実施する。

◉費用（参考）

受験料		22,000円
入学手続時	入学金	232,000円
	授業料	—
	その他	132,000円
入学手続後～入学まで	授業料	—
	その他	—
入学後１年	授業料	579,000円
	その他	206,800円
初年度納入金合計		1,149,800円
中学３年間費用計 約		2,698,400円

＊第1回と第3回を併願の場合、第3回の受験料は免除。第2回の受験料は1万1千円。
＊入学辞退者は、2月6日12時までに申し出れば、施設費・PTA入会金（13万2千円）を返金。

◉最近6年間の入試応募者推移と倍率

年度		2019	2020	2021	2022	2023	2024
募集	①	105	105	105	110	110	110
	②	約15	約15	約15	約10	約10	約10
	③	約15	約15	約15	約15	約15	約15
応募	①	78/167	113/186	156/206	178/178	164/145	156/158
	②	183	204	223	224	170	182
	③	253	293	341	347	306	297
応募倍率	①	2.3	2.8	3.4	3.2	2.8	2.9
	②	12.2	13.6	14.9	22.4	17.0	18.2
	③	16.9	19.5	22.7	23.1	20.4	19.8
受験	①	73/164	109/184	154/200	175/176	163/144	153/156
	②	102	126	135	143	105	111
	③	107	157	189	187	162	162
合格	①	32/86	57/62	67/53	69/52	73/46	72/47
	②	13	12	10	10	8	8
	③	12	13	14	13	17	17
実質倍率	①	2.3/1.9	1.9/3.0	2.3/3.8	2.5/3.4	2.2/3.1	2.1/3.3
	②	7.8	10.5	13.5	14.3	13.1	13.9
	③	8.9	12.1	13.5	14.4	9.5	9.5

＊帰国生を含む。
＊2019年～2024年①は4教科／2教科。
＊2024年補欠発表（Web）…（1回4科）15名、（1回2科）11名、（2回）6名、（3回）9名。補欠合格（電話）…あり、（1回）2月2日～2月11日、（2回）2月3日～2月11日、（3回）2月4日～2月11日。追加合格…なし。

◉入試教科

4教科/2教科

②算数	50分/50分	100点/100点
①国語	50分/50分	100点/100点
③理科	あわせて50分	50点
③社会		50点
合計	150分/100分	300点/200点

＊自己表現は作文（60分・100点）、面接3分程度。

合格最高点	① 262/170点 自己表現 非公表 ③ 159点
合格最低点	① 156/115点 自己表現 非公表 ③ 136点

◉受験併願パターン

偏差値	1月前半	1月後半	2月1日	2月2日	2月3日	2月4日以降
50	星野学園理数		跡見学園特	国学院久我山２		
49					実践女子学園５	実践女子学園６
45				女子美大付２	女子美大付３	大妻中野新思考
44				跡見学園２		
43			女子美大付			光塩女子学院３
42	獨協埼玉					
41	土浦日大ＫＢＴ					
39				東京成徳大２特待		日大豊山女２科３
38	大妻嵐山	大妻嵐山２		日大豊山女２科選	多摩大聖ヶ丘３	
37		光英Ｖ	和洋九段女子２	和洋九段女子３		多摩大聖ヶ丘４
36						佼成女４日午前

入試問題の傾向とポイント

算数

計算問題3問、一行問題7問、大問4題の問題構成。一行問題は基本的な問題だが、幅広くいろいろな領域から出題される。大問も基本から標準レベルで、規則性、平面図形の領域からの出題が多い。グラフを完成させる形式の問題は頻出なので、過去問や類題等で練習しておくこと。

国語

読解は長文の物語文1題（文章量は多いが読みやすい内容）。他に漢字の読み書き5問、ことわざと慣用句が各2問ずつ出題。人物の気持ち・理由説明などを字数指定のない記述で答えさせる問題が半数程度あった。わかりやすくまとめる練習を積み重ねてほしい。

理科

設問4題、生地物化からの出題。記述問題や作図も出題されているが、基本的な問題が中心なので、ミスなく解き進めていきたい。また、時事に関連した問題が出題されることもある。日ごろから興味の幅を広げ、そういった問題にも対応できるようにしておきたい。

社会

例年同様の大問5題構成。記号選択の比率が高く、全体的に基礎基本が問われているため『予習シリーズ』での学習で対応が可能である。記述問題は1問出題された。例年、地理・歴史ともに地図を用いた問題が多い。ふだんから地図を使った学習を心がけたい。

白百合学園中学校

■学校長／青木タマキ　■創立／明治14年　■生徒数／543名
■所在地／〒102-8185 東京都千代田区九段北2-4-1
■ＴＥＬ／03-3234-6661
■交通／飯田橋駅（JR総武線など）徒歩10分。九段下駅（東京メトロ東西線・半蔵門線、都営新宿線）徒歩10分。

何学期制	週何日制	登校時刻	制服	給食	食堂 軽食販売	プール	寮	特待制度 奨学金等	帰国生 取出授業
3学期制	5日制	8:15	中高あり	なし	お弁当販売 （事前注文）	なし	なし	なし	あり

沿　革

白百合学園の設立母体は、17世紀のフランスに誕生したシャルトル聖パウロ修道女会です。
1878年、函館に3人のフランス人修道女が来日し、その3年後の1881年に東京神田猿楽町に学校を設立しました。

教育方針と特色

キリスト教の精神に根ざした価値観を養い、神と人の前に誠実に歩み、愛の心をもって人の幸せのために奉仕できる、芯の通った女性の育成を目指す。校訓は「従順・勤勉・愛徳」。
毎日の朝礼・終礼、宗教の授業、修養会や様々なボランティア活動などを通じてその心を学ぶ。様々な国際教育プログラムを通じて、考える力、行動する力を養い、世界の隣人と共に生きる女性を育てる。創立当初から外国語の学習にも力を注ぎ、生徒全員が中学3年間英語とフランス語を学習する。高1までは基礎学力の育成に重点を置き、高2からは自己の能力開発をめざし選択制を導入。大学の現役合格率が高く進路選択の幅は広く、理系への進学も多い。

◉系列校

小	中	高	大（短大）
○	○	○	○

◉小学校からの内進生…115名（中1・184名中）

◉高校生外部募集………なし

◉授業時間…1コマ50分・週33時間

	1年	2年	3年	計
国　語	4	5	5	14
社　会	3	3	3	9
数　学	5	4	4	13
理　科	3	4	4	11
外国語	5+1	5+1	5+1	15+3
5教科計	20+1	21+1	21+1	62+3

参考　高校1年生一週間の授業

英語=5　数学=5　国語=5
理科=4　社会=3

進学・進路

◉卒業生進路状況

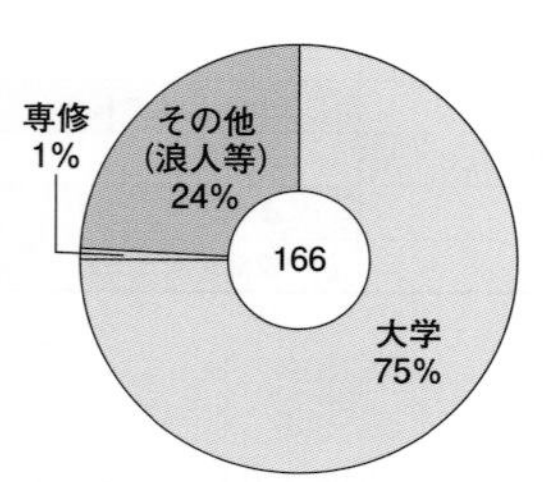

■進路選択状況（高３進級時）

理系 51%　文系 45%
0　50　100

■理系・文系進学状況

理系 40%　文系 53%
0　50　100

■共通テスト受験率

データなし

◉卒業までの流れ

小学校	中学校	高等学校	大学
白百合学園小学校	白百合学園中学校	白百合学園高等学校（166）	白百合女子大学　2

◉主な大学合格実績

大学名	'22	'23	'24	大学名	'22	'23	'24	大学名	'22	'23	'24	大学名	'22	'23	'24
東京大	9	7	3	千葉大	3	3	1	東京都立大			2	東京女子大	14	8	11
京都大	1	1	1	お茶の水女子大	2		2	横浜市立大	1	1		日本女子大	11	10	14
北海道大	1		1	東京外国語大		2	1	慶應義塾大	45	41	33	成蹊大	4	4	4
東北大	2	1	1	電気通信大				早稲田大	53	56	29	成城大	3	4	4
名古屋大			1	東京学芸大				上智大	69	59	27	明治学院大	11	9	14
大阪大				東京農工大			1	東京理科大	17	17	18	國學院大			5
九州大	1			東京芸術大	4		3	明治大	25	24	29	武蔵大	1		
東京工業大	2			東京医科歯科大		2	4	青山学院大	21	23	26	獨協大	1		
一橋大		3	1	東京海洋大	1			立教大	26	40	38	日本大	14	17	7
筑波大	3	1		横浜国立大	1	1	1	中央大	18	11	14	東洋大	5	2	6
茨城大				山梨大			1	法政大	6	12	12	駒澤大	4	1	6
宇都宮大				金沢大				学習院大	11	8	6	専修大		1	2
群馬大	2		2	信州大				国際基督教大	1	2		芝浦工業大	5	5	7
埼玉大				国際教養大		1		津田塾大	8	5	15	東京都市大		1	3

入試要項・入試情報

◉2024年度の入試要項（参考）

募集人員	60名
選抜方法	国・算・社・理＋面接（保護者同伴）
出願関連期間	12/20〜1/25
試験日程	2/2
合格発表	Web 2/2 20:00〜
入学手続	2/5 15:00まで

＊出願資格に「保護者のもとから通学できる者」とある。

◉費用（参考）

受験料		25,000円
入学手続時	入学金	300,000円
	授業料	—
	その他	—
入学手続後〜入学まで	授業料	—
	その他	119,290円
入学後１年	授業料	468,000円
	その他	536,000円
初年度納入金合計		1,423,290円
中学３年間費用計　約		3,371,290円

面接 実施する。

◉最近6年間の入試応募者推移と倍率

年度	2019	2020	2021	2022	2023	2024
募集	60	60	60	60	60	60
応募	311	373	335	332	306	292
応募倍率	5.2	6.2	5.6	5.5	5.1	4.9
受験	271	312	292	294	264	259
合格	130	110	124	117	126	114
実質倍率	2.1	2.8	2.4	2.5	2.1	2.3

＊2024年補欠発表…なし。追加合格（電話）…あり、2月5日〜2月6日。

◉入試教科

②算数	40分	100点
①国語	40分	100点
③理科	30分	75点
④社会	30分	75点
合計	140分	350点

合格最高点	299点
合格最低点	245点

私立 女子校

◉受験併願パターン

偏差値	1月前半	1月後半	2月1日	2月2日	2月3日	2月4日以降
70					慶應中等部	豊島岡女子３
69	栄東東大特待					
68		市川				
67			雙葉			
65	浦和明の星女子					
64		東邦大東邦前		白百合学園	東洋英和女学院Ｂ	
63			広尾小石川２			
62						頌栄女子学院２
60			学習院女子Ａ		九段Ｂ・都内	
58	淑徳与野		山脇学園午後算数			成蹊２
57			普連土算数			大妻４

入試問題の傾向とポイント

算数
計算問題なしの大問5題の構成。考え方や式を要求される問題が多く、試験時間は40分と短いので、手際よく問題を処理していく力が必要となる。割合や図形の問題は頻出。後半の大問は難易度も高く、問題も複雑になるので、前半の問題で確実に得点しておきたい。

国語
説明文と物語文の読解2題が出題された。説明文は傍線部について「どのようなことか」と問う設問が多くみられた。物語文は人物の心情や行動理由について問われた。解答形式は選択肢と記述が中心である。

理科
大問5題、生地物化からの出題。設問形式は、選択・計算・記述・作図と多岐にわたる。問題文・図・表・グラフにボリュームがあり、問題数が多くなるため、時間配分に気をつけたい。基礎基本から考察が必要な問題まで幅広く出題されるため、過去問演習での対策をしっかり行いたい。

社会
大問3題構成で3分野ともに用語記述を中心とした出題であった。文章記述も多く、時事に関連した出題も見られる。昨年に続き、地理では都道府県に関する問題が出題された。政治の割合は、地理・歴史に比べると低い。

聖(せい)セシリア女子(じょし)中学校

■学校長／森永浩司　■創立／昭和4年　■生徒数／351名
■所在地／〒242-0006 神奈川県大和市南林間3-10-1
■ＴＥＬ／046-274-7405
■交通／南林間駅（小田急江ノ島線）徒歩5分。中央林間駅（小田急江ノ島線、東急田園都市線）徒歩10分。

何学期制	週何日制	登校時刻	制服	給食	食堂 軽食販売	プール	寮	特待制度 奨学金等	帰国生 取出授業
2学期制	5日制	8:50	中高あり	なし	食堂なし 販売中高あり	屋内 屋外	なし	あり	なし

沿　革

1929年、大和学園女学校として創立された。その後、小学校、幼稚園、中学校を併設、1948年には高等学校を設立し、幼稚園から高等学校を擁する総合学園となる。1980年には、創立50周年を機に校称を聖セシリアと改め、聖セシリア女子中学校・高等学校となった。

教育方針と特色

カトリックの愛と奉仕の精神に基づいて、恵まれた自然の中、高い教養と豊かな人格を備える女性の育成を教育理念に据え、「信じ、希望し、愛深く」を校訓に、中高6年間を「基礎養成期」（中学1年・2年）「自己確立期」（中学3年・高校1年）「自己挑戦期」（高校2年・3年）の3ブロックに分け、成長段階に応じた適切な指導を行う。中学での学習が高校の学習に適応できることを念頭に、指導内容・教材・指導時間を配慮したカリキュラムを編成。日常の学習や進学において重要となる国語と英語の指導を重視している。英語では、「英語R（読解）」「英語G（文法）」「英会話」の複数科目に編成して、深い理解を図っている。また、英語でミュージカル発表を行う「イングリッシュエクスプレス」や情操教育の一環としてクラシックバレエ部を設置して、表現力の育成を図っている。

◉系列校

小	中	高	大(短大)
○	○	○	

◉小学校からの内進生…22名
◉高校生外部募集………あり

（高1から混合クラス）

◉授業時間…1コマ50分・週32時間

	1年	2年	3年	計
国　語	4	4	4	12
社　会	4	4	4.5	12.5
数　学	4	4	4	12
理　科	3	4	4.5	11.5
英　語	7	7	6	20
5教科計	22	23	23	68

参考　高校1年生一週間の授業

英語=6　数学=5　国語=5
理科=4　社会=5

進学・進路

◉卒業生進路状況

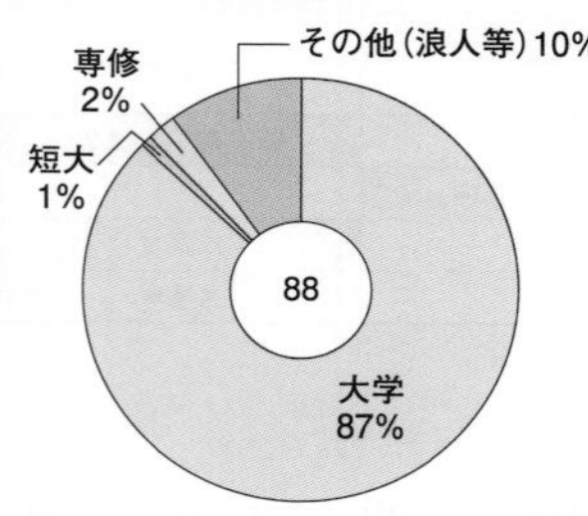

■進路選択状況（高３進級時）

理系 32%　文系 52%

0　50　100

■理系・文系進学状況

理系 29%　文系 61%

0　50　100

■共通テスト受験率

38%

0　50　100

◉卒業までの流れ

小学校	中学校	高等学校	大学
聖セシリア小学校	聖セシリア女子 中学校	聖セシリア女子 高等学校（88）	

◉主な大学合格実績

大学名	'22	'23	'24	大学名	'22	'23	'24	大学名	'22	'23	'24	大学名	'22	'23	'24
東京大				千葉大				東京都立大	1			東京女子大	4	2	1
京都大				お茶の水女子大				横浜市立大				日本女子大	3	1	3
北海道大				東京外国語大				慶應義塾大	2	1		成蹊大	1	2	2
東北大				電気通信大				早稲田大		3	2	成城大	2		1
名古屋大				東京学芸大				上智大	6	6	4	明治学院大	2	2	4
大阪大				東京農工大				東京理科大	1			國學院大			
九州大				東京芸術大	1	1		明治大	4	4	1	武蔵大	1		2
東京工業大				東京医科歯科大				青山学院大	9	6	5	獨協大		2	
一橋大				東京海洋大				立教大	7		2	日本大	2	1	8
筑波大				横浜国立大	1			中央大	1		3	東洋大	1		1
茨城大				山梨大				法政大	5	1	2	駒澤大	1	5	
宇都宮大				金沢大				学習院大	2		3	専修大	2		4
群馬大				信州大				国際基督教大				芝浦工業大			
埼玉大				国際教養大				津田塾大	1	2	1	東京都市大	1	4	

入試要項・入試情報

◉2024年度の入試要項（参考）

	A方式 一次	B方式 スカラシップ入試	B方式 英語入試	A方式 二次	B方式 英語表現入試	A方式 三次
募集人員	30名	10名	10名	25名	5名	25名
選抜方法	国・算または国・算・社・理	国または算	英語	国・算または国・算・社・理	英語面接・身体表現（ジェスチャー・ダンス）	国・算
出願関連期間	1/10～1/31	1/10～2/1		1/10～2/2		1/10～2/3
試験日程	2/1午前	2/1午後	2/2午前	2/2午後	2/3午前	2/3午後
合格発表	掲示 2/2 Web 2/1 18:00～	掲示 2/2 Web 2/1 20:30～	掲示 2/3 Web 2/2 18:00～	掲示 2/3 Web 2/2 21:30～	掲示 2/4 Web 2/3 18:00～	掲示 2/4 Web 2/3 21:30～
入学手続	2/6 16:00まで					

面接 実施する。

◉費用（参考）

受験料		20,000円
入学手続時	入学金	250,000円
	授業料	—
	その他	—
入学手続後～入学まで	授業料	—
	その他	205,000円
入学後１年	授業料	420,000円
	その他	347,000円
初年度納入金合計		1,222,000円
中学３年間費用計	約	2,716,000円

＊受験料2万円でA方式すべての受験可。B方式の受験料は1万円（英語入試、英語表現入試の両方受験可。）
＊公立中高一貫校出願者は、受検票の提示（メール添付）で、2月11日13時まで延納可。
＊修学旅行費は別途。

◉入試教科

4教科/2教科

②算数	50分/50分	100点/100点
①国語	50分/50分	100点/100点
④理科	30分/	50点/
③社会	30分/	50点/
合計	160分/100分	300点/200点

＊B方式英語は英語（50分・100点）。
＊B方式英語表現は英語面接と身体表現（合計100点）

合格最高点	A①	251/168点
	B算数	93点
	B国語	78点
	A②	256/178点
	B英語表現	79点
	A③	171点
合格最低点	A①	197/131点
	B算数	67点
	B国語	65点
	A②	190/126点
	B英語表現	57点
	A③	111点

私立 女子校

◉最近6年間の入試応募者推移と倍率

年度		2019	2020	2021	2022	2023	2024
募集	A-①	30	30	30	A一次 30	A一次 30	30
	A-②	30	30	30	A二次 25	A二次 25	25
	A-③	25	25	25	A三次 25	A三次 25	25
	B-①G	15	15	15	B適性 15	Bスカラシップ 10	10
	B-②英	5	5	5	B（英/英表現） 5/5	B（英｜英表現） 10｜5	10｜5
応募	A-①	53/43	42/51	62/47	49/51	44/40	44/71
	A-②	78/56	61/68	93/65	74/56	72/59	59/90
	A-③	141	132	172	138	147	159
	B-①G	39	49	23	14	25	48
	B-②英	16	21	13	18/6	31｜25	38｜30
応募倍率	A-①	3.2	3.1	3.6	3.3	2.8	3.8
	A-②	4.5	4.3	5.3	5.2	5.2	6.0
	A-③	5.6	5.3	6.9	5.5	5.9	6.4
	B-①G	2.6	3.3	1.5	0.9	2.5	4.8
	B-②英	3.2	4.2	2.6	3.6/1.2	3.1｜5.0	3.8｜6.0
受験	A-①	42/38	20/48	44/41	41/44	36/36	34/68
	A-②	57/41	47/47	66/52	55/49	56/49	44/71
	A-③	72	70	94	77	85	95
	B-①G	38	48	21	14	22	47
	B-②英	11	18	11	15/6	25｜10	33｜9
合格	A-①	14/16	11/19	17/13	18/12	16/14	10/24
	A-②	25/16	27/17	28/20	26/18	23/20	18/29
	A-③	55	49	69	56	55	54
	B-①G	29	35	9	8	11	22
	B-②英	9	15	9	12/6	21｜9	25｜7
実質倍率	A-①	3.0/2.4	1.8/2.5	2.6/3.2	2.3/3.7	2.3/2.6	3.4/2.8
	A-②	2.3/2.6	1.7/2.8	2.4/2.6	2.1/2.7	2.4/2.5	2.4/2.4
	A-③	1.3	1.4	1.4	1.4	1.5	1.8
	B-①G	1.3	1.4	2.3	1.8	2.0	2.1
	B-②英	1.2	1.2	1.2	1.3/1.0	1.2｜1.1	1.3｜1.3

＊2019年～2021年A-①・A-②は4教科／2教科。2022年～2024年A一次・A二次は4教科／2教科。
＊2024年補欠発表…詳細不明。追加合格…なし。

◉受験併願パターン

偏差値	1月前半	1月後半	2月1日	2月2日	2月3日	2月4日以降
53			横浜雙葉	田園調布学園２		森村学園３
45			聖セシリアＢスカ	品川翔英３	カリタス女子４	
44			桐光学園			
43						横浜創英５
41				聖セシリアＡ２	東海大相模Ｂ	東海大相模Ｃ
40			日大第三		聖セシリアＡ３	大妻多摩３
39			聖セシリア女子Ａ		聖園女学院３	聖園女学院４
38				桐朋女子Ｂ		
35	宮崎日大首都			桐朋女子思考発想		
33			相模女子大学	相模女子大学３		相模女子大学４
31				富士見丘２日午前		

入試問題の傾向とポイント

算数

計算問題7問、一行問題は文章題4問と図形3問の合計7問、大問2題の問題構成。一行問題は基本的な問題が中心だが、文章題の一行問題だけは途中式を書かせ、その部分の配点が高くなっているので注意。大問ではグラフや規則性など「変化」に着目させる問題が頻出である。

国語

漢字の読み書き10問、短文作成、物語文・説明文の読解2題という出題。記述は字数のあるもの、ないもの計4問程度出題。物語文は場面説明・理由説明・人物像を、説明文は指示語・内容説明・内容一致などを問われた。記号問題が中心で抜き出し問題は多くない。

理科

大問7題、生地物化からの出題。基本問題が中心の出題となっているので、ミスなく解き進められるよう、基礎基本を徹底的に鍛えておきたい。また、記述問題も複数出題されており、自分のことばで考えをまとめ、伝えるような練習も日頃から意識しておきたい。

社会

大問2題。地理の設問が少なく、歴史の出題比率が高い。歴史はカラーの史料写真が多用されていて、用語記述問題が多い。ここ数年、大問2は時事的な出来事からの出題であり、時事問題を直接問うものや外国についての問いも見られる。記述問題は4問出題され、うち1問は自分の考えを説明するもの。

清泉女学院中学校
せいせんじょがくいん

■学校長／小川幸子　■創立／昭和22年　■生徒数／539名
■所在地／〒247-0074 神奈川県鎌倉市城廻200
■ＴＥＬ／0467-46-3171
■交通／大船駅（JR東海道本線・横須賀線、湘南新宿ライン、根岸線、湘南モノレール江ノ島線）からバス「清泉女学院」下車。

何学期制	週何日制	登校時刻	制服	給食	食堂 軽食販売	プール	寮	特待制度 奨学金等	帰国生 取出授業
3学期制	6日制	8:40	中高あり	なし	食堂なし 販売中高あり	なし	なし	あり	あり

沿　革

1877年にスペインで創立された聖心侍女修道会が、1947年、横須賀に小・中学校、翌年に高等学校を設立。1956年に中学校と高校を統合、1963年に現在地に移転。2023年に75周年を迎えた。

教育方針と特色

「隣人を愛せよ」というキリストの教えに基づき、自分のためだけでなく周りの人を幸せにするために生きる精神を大切にする。また、その精神を自らの使命として実現する力を身につけることを学びの本質とする。
6年間の学習は4本の柱（「ライフオリエンテーション プログラム」「グローバル プログラム」「ライフ ナビゲーション プログラム」「サイエンス ICTプログラム」）によって支えられ、学年に応じた学びの場が提供される。
学習面では、中1は5クラス展開（他学年は4クラス）し、少人数で丁寧に指導する。学習の定着を図るため小テストや宿題以外にも、授業ノートの作成・提出や自身の学習内容を記録する清泉オリジナルの「学習の記録ノート」の記入などで、学習習慣のスキルを身につける。英語は中1から習熟度別。中1・2年はスタンダードクラス、英検3級以上クラス、帰国生・グローバル試験合格者クラスの3レベル、中3・高1は4レベルに分かれて4技能をバランスよく伸ばす。数学は中1の2学期から習熟度別となる。理科は実験観察を重視。中2から高1では箱根・三浦・真鶴での野外実習日が設けられている。
「主体的・対話的で深い学び」を実現するため、授業を展開。「導入→まとめ→振り返り」までのつながりを重視した授業で協働学習の充実を図る。2018年から日本教育工学協会より「学校情報化優良校」に認定されており、中1から各自のChromebookを利用した学習が随所に行われている。
また、文化祭、体育祭、合唱祭の三大行事をはじめ、委員会・クラブ活動、各学年行事、福祉活動を「人間力」を育む機会として大切にしている。
大学受験の際には、姉妹校の清泉女子大学に進学先を確保したまま他大学の受験が可能となる「高大接続入学制度」があるので、難関大学を受験する生徒に広く利用されている。

◉系列校

小	中	高	大（短大）
○	○	○	○

◉小学校からの内進生…72名
◉高校生外部募集………なし

◉授業時間…1コマ65分・週約27時間

	1年	2年	3年	計
国　語	4	4	4	12
社　会	3	3	3	9
数　学	4	4	4	12
理　科	3	3	3	9
英　語	4.5	4.5	5	14
5教科計	18.5	18.5	19	56

参考　高校1年生一週間の授業
英語=5　数学=5　国語=5
理科=6　社会=4

進学・進路

◉卒業生進路状況

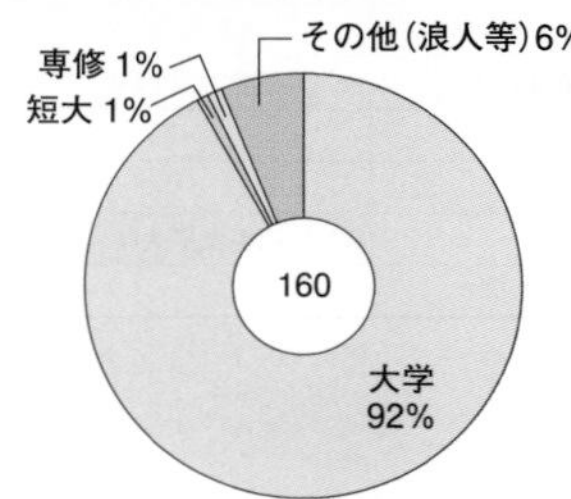

■進路選択状況（高３進級時）
データなし

■理系・文系進学状況
文系 79%
理系 17%
0　50　100

■共通テスト受験率
77%
0　50　100

◉卒業までの流れ

小学校	中学校	高等学校	大学
清泉小学校	清泉女学院中学校	清泉女学院高等学校 (160)	清泉女子大学　6

◉主な大学合格実績

大学名	'22	'23	'24	大学名	'22	'23	'24	大学名	'22	'23	'24	大学名	'22	'23	'24
東京大	3		2	千葉大				東京都立大	1			東京女子大	2	8	11
京都大				お茶の水女子大	1			横浜市立大	3	2	2	日本女子大	5	20	16
北海道大				東京外国語大		1	1	慶應義塾大	13	10	15	成蹊大	1	2	
東北大	1			電気通信大				早稲田大	14	7	16	成城大	8	9	15
名古屋大				東京学芸大			1	上智大	24	24	34	明治学院大	25	20	21
大阪大				東京農工大		1		東京理科大	3		2	國學院大	8	4	7
九州大				東京芸術大	1			明治大	20	17	11	武蔵大			1
東京工業大				東京医科歯科大	1			青山学院大	17	13	6	獨協大			1
一橋大		1		東京海洋大		1		立教大	22	16	24	日本大	7	5	2
筑波大	1			横浜国立大		1	2	中央大	8	13	6	東洋大	12	10	10
茨城大				山梨大				法政大	16	12	10	駒澤大	5	2	3
宇都宮大				金沢大				学習院大	2	11	6	専修大	2	5	6
群馬大				信州大	2			国際基督教大	1		1	芝浦工業大	3	2	4
埼玉大				国際教養大		1	1	津田塾大		2	3	東京都市大	4	1	8

入試要項・入試情報

◉2024年度の入試要項(参考)

	1期	2期	3期			ポテンシャル入試	
	四教科試験	二教科試験	四教科試験	三教科試験	グローバル入試（一教科試験）	アカデミックポテンシャル入試	ステムポテンシャル入試
募集人員	40名	20名	25名		若干名	10名	10名
選抜方法	国・算・社・理＋活動報告書	国・算＋活動報告書	国・算・社・理＋活動報告書	国・算・英＋活動報告書	英語＋英語による面接・活動報告書	思考力・表現力・総合力を測る試験＋活動報告書	算数＋活動報告書
出願関連期間	1/6～1/31		1/6～2/1			1/6～2/4	
試験日程	2/1午前	2/1午後	2/2午後			2/4午後	
合格発表	Web 2/1 20:00～	Web 2/1 22:00～	Web 2/3 11:00～			Web 2/5 11:00～	
入学手続	2/5 14:00まで					2/9 11:00まで	

＊学校指定品等注文手続きは2024年2月11日（日・祝）に実施。連絡なく欠席した場合は入学許可が取り消される。

面接 実施する。

◉費用(参考)

受験料		23,000円
入学手続時	入学金	300,000円
	授業料	—
	その他	120,000円
入学手続後～入学まで	授業料	—
	その他	94,860円
入学後１年	授業料	432,000円
	その他	252,000円
初年度納入金合計		1,198,860円
中学３年間費用計 約		2,566,860円

＊1・2・3期の複数回同時出願の受験料は、2回分は4万、3回分は4万6千円。

＊入学手続時納入金のうち、施設費（12万円）は2月9日11時まで延納可。

◉最近6年間の入試応募者推移と倍率

年度	2019	2020	2021	2022	2023	2024
募集 ① ② ③4科 ③(3科/グローバル)	45 25 15 約5/若干名	① 45 ② 20 ③ 20 ④ 10	① 35 ② 20 ③ 20 SP 10 AP 10	35 20 20 10 10	① 40 ② 20 ③4科3科｜グローバル 25｜若干名 AP 10 SP 10	40 20 25｜若干名 10 10
応募 ① ② ③4科 ③(3科/グローバル)	141 289 229 9/4	140 277 267 68	158 296 305 54 65	161 199 321 48 46	129 166 282/26｜5 52 73	133 158 283/14｜3 65 53
応募倍率 ① ② ③4科 ③(3科/グローバル)	3.1 11.6 15.3 1.8/—	3.1 13.9 13.4 6.8	4.5 14.8 15.3 5.4 6.5	4.6 10.0 16.1 4.8 4.6	3.2 8.3 12.3｜— 5.2 7.3	3.3 7.9 11.9｜— 6.5 5.3
受験 ① ② ③4科 ③(3科/グローバル)	135 279 109 3/4	135 265 141 56	146 284 166 38 46	155 185 186 40 33	127 156 142/20｜4 40 39	124 148 188/9｜3 55 43
合格 ① ② ③4科 ③(3科/グローバル)	67 136 38 1/3	67 134 65 10	53 93 115 12 10	54 62 83 10 15	59 73 67/10｜2 11 19	55 69 93/4｜3 14 10
実質倍率 ① ② ③4科 ③(3科/グローバル)	2.0 2.1 2.9 3.0/1.3	2.0 2.0 2.2 5.6	2.8 3.1 1.4 3.2 4.6	2.9 3.0 2.2 4.0 2.2	2.2 2.1 2.1/2.0｜2.0 3.6 2.1	2.3 2.1 2.0/2.3｜1.0 3.9 4.3

＊2024年補欠発表…詳細不明。追加合格（電話）…あり、2月5日～。

◉入試教科

1期/2期/3期

②②②算数	50分/50分/50分		100点/100点/100点
①①①国語	50分/50分/50分		100点/100点/100点
③　③理科	45分/	あわせて60分	100点/　/50点
④　③社会	45分/		100点/　/50点
合計	190分/100分/160分		400点/200点/300点

＊実施順は、左から1期（4教科）、2期（2教科）、3期（4教科）。3期は4教科（国・算・社・理）又は3教科（国・算各50分・各100点）（英50分・100点）合計300点又はグローバル（英、45分・100点・英語面接・10分）の選択。

合格最高点	① 316点 ② 187点 ③ 245点 SP — 点 AP — 点
合格最低点	① 241点 ② 131点 ③ 175点 SP — 点 AP — 点

＊3期の最高点、最低点は4教科。

◉受験併願パターン

偏差値	1月前半	1月後半	2月1日	2月2日	2月3日	2月4日以降
52			清泉女学院２			
49				日大藤沢２	湘南学園Ｃ	
48				清泉女学院３	カリタス女子４	
47						横浜創英４
46			清泉女学院	鎌倉女学院	鎌倉女学院２	
42				横浜女学院Ｄ２		
41					聖セシリアＡ３	
40			聖園女学院２			
39				捜真女学校スＡ３		
38				聖園女学院３		神奈川学園Ｃ
37					玉川聖学院４	

入試問題の傾向とポイント

算数

計算問題5問、一行問題10問程度、大問1題の問題構成。幅広い分野から基本的なレベルの問題を中心に出題されるが、やや思考力を要する問題もみられる。前半の計算問題と一行問題は素早く確実に正解できるように、基礎力・計算力をしっかりと固めておきたい。

国語

説明文・物語文それぞれ1題ずつと、雑問1題で構成されている。説明文は傍線部の言い換えや理由説明を通して筆者の主張が理解できているか、物語文は人物の心情のほか、文章の構成や表現について問われた。雑問は四字熟語や漢字の読み書きを含む。

理科

大問4題、生地物化からの出題。設問形式は、選択・計算・記述・作図と多岐にわたる。典型的な設問内容ではあるが、計算問題では式・考え方を記す必要があり、記述問題は字数制限がないため、自分の考えをまとめきる力が必須。過去問演習を繰り返し行って記述力のトレーニングを重ねたい。

社会

大問3題。やや難易度の高い問題が散見されるため、基礎基本を問うものをていねいに解き、ミスをしないことが大切。表やグラフ、写真などを用いた問題が多い。例年記述問題は多く出題されているため、しっかりと対策をしておきたい。

洗足学園中学校

せんぞくがくえん

■学校長／宮阪元子　■創立／大正15年　■生徒数／795名
■所在地／〒213-8580 神奈川県川崎市高津区久本2-3-1
■ＴＥＬ／044-856-2777
■交　通／溝の口駅（東急田園都市線）徒歩6分。武蔵溝ノ口駅（JR南武線）徒歩6分。

何学期制	週何日制	登校時刻	制服	給食	食堂 軽食販売	プール	寮	特待制度 奨学金等	帰国生 取出授業
3学期制	6日制	8:20	中高あり	なし	食堂中高あり 販売中高あり	なし	なし	なし	あり

沿　革

1926年、洗足高等女学校として設立。1947年に、学制改革に伴い、洗足学園女子中学校と改称した。1953年には、洗足学園第二中学校と校名を改め、さらに1976年、洗足学園大学附属中学校となる。2002年、校名を洗足学園中学校へ改称。

教育方針と特色

「高い理想を身近なところから実行していく」の教育理念のもとに、女子全人教育を実践。音楽、美術などによる豊かな情操教育、しつけ教育に重点をおいたきめの細かい指導には定評がある。生徒は礼儀正しく、常識豊かで女性らしいたしなみを身につけて卒業する。正しい自律と高い能力伸長を達成するために6年間を4段階に分けた教育計画を整えている。また、国際化社会の到来を早くから予想し、英語教育には力を注いできた。基礎学力だけではなく、ヒアリング、英会話など、実用性のある真の英語力をもった生徒の育成を目指す。帰国生も積極的に受け入れ、他の生徒にも大いに刺激となって、豊かな国際感覚を養うのにも役立っている。

◉系列校

小	中	高	大（短大）
○	○	○	○

◉小学校からの内進生…3名
◉高校生外部募集………なし

◉授業時間…1コマ65分・週25時間

	1年	2年	3年	計
国　語	4	4	4	12
社　会	4	4	4	12
数　学	4	4	5	13
理　科	4	4	4	12
英　語	5	5	5	15
5教科計	21	21	22	64

参考　高校1年生一週間の授業

英語=5　数学=5　国語=4
理科=5　社会=4
※普通科

進学・進路

◉卒業生進路状況

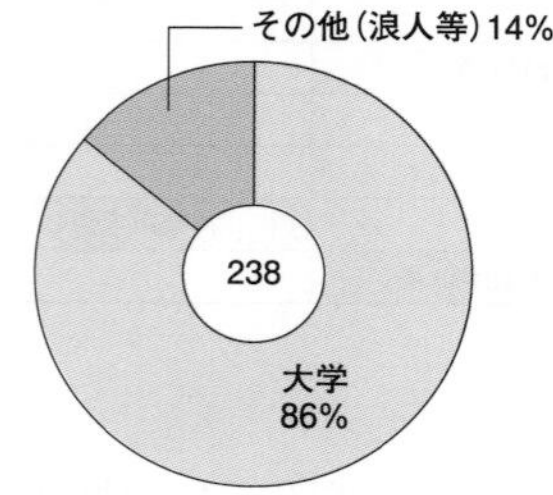

■進路選択状況（高3進級時）

データなし

■理系・文系進学状況

理系 40%　文系 60%

0　50　100

■共通テスト受験率

データなし

◉卒業までの流れ

小学校	中学校	高等学校	大学
洗足学園小学校	洗足学園中学校	洗足学園高等学校 (238)	洗足学園音楽大学　0 洗足こども短期大学　0

◉主な大学合格実績

大学名	'22	'23	'24	大学名	'22	'23	'24	大学名	'22	'23	'24	大学名	'22	'23	'24
東京大	20	22	15	千葉大	1	3	1	東京都立大	4		2	東京女子大	34	13	12
京都大	2	1	2	お茶の水女子大	5	3	3	横浜市立大	4	4	7	日本女子大	23	13	20
北海道大		2	5	東京外国語大	3	4	5	慶應義塾大	112	104	81	成蹊大	5	3	15
東北大	2	2	4	電気通信大	2	2	1	早稲田大	119	127	101	成城大	11	23	35
名古屋大	1			東京学芸大		2	1	上智大	74	108	91	明治学院大	20	23	43
大阪大			1	東京農工大	5	2	3	東京理科大	53	57	82	國學院大	5	2	5
九州大				東京芸術大		1	1	明治大	144	153	137	武蔵大	3		1
東京工業大	3	2	6	東京医科歯科大	3		1	青山学院大	54	65	75	獨協大			1
一橋大	6	5	2	東京海洋大	1	1		立教大	81	75	95	日本大	16	29	23
筑波大	2	6	2	横浜国立大	9	16	12	中央大	56	50	44	東洋大	8	9	26
茨城大		1		山梨大				法政大	51	60	64	駒澤大	8	9	17
宇都宮大				金沢大	1			学習院大	15	7	14	専修大	1	14	17
群馬大				信州大				国際基督教大	3	7	3	芝浦工業大	15	35	7
埼玉大				国際教養大				津田塾大	14	12	11	東京都市大	14	30	30

入試要項・入試情報

◉2024年度の入試要項（参考）

	1回	2回	3回
募集人員	80名	100名	40名
選抜方法	国・算・社・理		
出願関連期間	1/6〜1/28	1/6〜2/1	1/6〜2/4
試験日程	2/1	2/2	2/5
合格発表	Web 2/1 21:00〜	Web 2/2 21:00〜	Web 2/5 21:00〜
入学手続	2/10 12:00まで		

面接 実施する。

◉費用（参考）

受験料		25,000円
入学手続時	入学金	240,000円
	授業料	—
	その他	178,000円
入学手続後〜入学まで	授業料	—
	その他	105,149円
入学後１年	授業料	532,400円
	その他	216,000円
初年度納入金合計		1,271,549円
中学３年間費用計　約		3,032,349円

＊入学手続時納入金のうち、施設費（17万8千円）は2月15日15時まで延納可。

＊入学辞退者は、3月31日17時までに申し出れば、施設費（17万8千円）を返金。

◉最近6年間の入試応募者推移と倍率

年度		2019	2020	2021	2022	2023	2024
募集	①	80	80	80	80	80	80
	②	100	100	100	100	100	100
	③	40	40	40	40	40	40
応募	①	288/34	339/36	299/21	309/22	279	259
	②	607/47	684/56	651/41	684/36	707	649
	③	494	588	500	510	499	437
応募倍率	①	4.0	4.7	4.0	4.1	3.5	3.2
	②	6.5	7.4	6.9	7.2	7.1	6.5
	③	12.4	14.7	12.5	12.8	12.5	10.9
受験	①	274/32	313/36	285/21	295/22	265	246
	②	484/38	545/47	529/34	547/32	556	505
	③	430	492	432	438	441	361
合格	①	94	95	91	91	83	83
	②	160	156	156	169	179	163
	③	80	82	79	76	77	73
実質倍率	①	3.3	3.7	3.4	3.5	3.2	3.0
	②	3.3	3.8	3.4	3.4	3.1	3.1
	③	5.4	6.0	5.5	5.8	5.7	4.9

＊2019年〜2022年①・②は4教科／2教科。

＊2024年補欠発表…なし。追加合格（電話）…（2回）22名、2月6日〜2月16日。

◉入試教科

②算数	50分	100点
①国語	50分	100点
③理科	あわせて60分	75点
③社会		75点
合計	160分	350点

合格最高点	①256点 ②264点 ③257点
合格最低点	①194点 ②201点 ③212点

私立 女子校

◉受験併願パターン

偏差値	1月前半	1月後半	2月1日	2月2日	2月3日	2月4日以降
70					豊島岡女子２	豊島岡女子３
69			広尾学園ＩＳＧ１	豊島岡女子		
66			洗足学園	洗足学園２		洗足学園３
65	浦和明の星女子				鴎友学園女子２	
62			田園調布学園午後		横浜市立南高附属	頌栄女子学院２
61	淑徳与野医進特別		都市大等々力Ｓ選	中央大附属横浜２		三田国際４ＩＳＣ
60	洗足学園帰Ｂ		神奈川大附	青学横浜英和Ｂ		
59					横浜共立学園Ｂ	神奈川大附３
58	淑徳与野		品川女子学院算数		都市大等々力２選	
57			湘南白百合算数			大妻４
56					大妻３	

入試問題の傾向とポイント

算数　計算問題2問、一行問題8問、大問2題の問題構成。基本〜やや応用レベルの問題が出題される。大問ではグラフを用いた問題や規則性の問題は頻出なので対策が必要。また、式や考え方を書かせる問題が出題されるので、丁寧に素早く式を書く練習をしておくこと。

国語　説明文と物語文の読解2題（慣用表現と書き取りの言語事項を含む）という例年通りの出題。説明文は言い換え・比較・内容合致などを通じて筆者の考えとその根拠を、物語文は人物の様子・心情とその理由を中心に、それぞれ多くは記述で解答を求められた。

理科　大問4題、生地物化からの出題。おもな設問形式は選択問題・計算問題で、記述問題は2〜3問出題される。思考力が必要な難易度の高い問題が多いが、中には答えやすい問題もあり、ミスなく確実に解き進めていく必要がある。過去問演習を通して、正確に解く力と難しい問題への対応力を身につけたい。

社会　地理・歴史・政治の大問3題で、配点も3分の1ずつ。記述問題がそれぞれの分野から2〜3行の分量で出題される。ここ数年、都道府県や都市の特色をもとにして表を読み取る問題が出ている。その年に話題になった事柄が用いられることが多いため、『ニュース最前線』でしっかり対策したい。

田園調布学園中等部

（でんえんちょうふがくえん）

■学校長／清水豊　■創立／大正15年　■生徒数／646名
■所在地／〒158-8512 東京都世田谷区東玉川2-21-8
■ＴＥＬ／03-3727-6121
■交通／田園調布駅（東急東横線・目黒線）徒歩8分。雪が谷大塚駅（東急池上線）徒歩10分。

何学期制	週何日制	登校時刻	制服	給食	食堂 軽食販売	プール	寮	特待制度 奨学金等	帰国生 取出授業
3学期制	5日制	8:25	中高あり	なし	食堂なし 販売中高あり	なし	なし	あり	あり

沿　革

1926（大正15）年、調布女学校設立。戦後の学制改革により調布中学校・調布高等学校となり、今日に至る。2004年4月より「田園調布学園」中等部・高等部に校名を変更。

教育方針と特色

授業は週5日・32コマで実施。生徒の主体性や協調性を養いながら問題を発見・解決する、授業を展開。生徒が一人1台所持するノートPCなどのICT機器も積極的に活用している。週1コマ「探究」の時間を設置し、外部団体とも連携しながらデザイン思考を用いて課題解決学習に取り組んでいる。さらに2024年度からは希望制の海外研修を実施し、現地でのフィールドワークも行う。数学と地理、音楽と理科などの教科横断型授業にも力を入れ、理系進学は45%。理科実験は6年間で150種類、中1中2は毎週実験を行っている。
土曜日は、「土曜プログラム」を年8回実施。約170もの講座から自由に選択することができるもので、平常の授業ではできない体験から将来の目標や夢につながる活動になっている。
制服はスラックスを2023年度より導入。

◉系列校

小	中	高	大(短大)
	○	○	○

◉併設小学校なし
◉高校生外部募集………なし

◉授業時間…1コマ50分・週32時間

	1年	2年	3年	計
国　語	4	5	5	14
社　会	3	3	4	10
数　学	5	5	5	15
理　科	3	4	4	11
英　語	6	6	6	18
5教科計	21	23	24	68

参考　**高校1年生一週間の授業**

英語=6　数学=5　国語=5
理科=4　社会=4
※1コマ50分・週32時間

進学・進路

◉卒業生進路状況

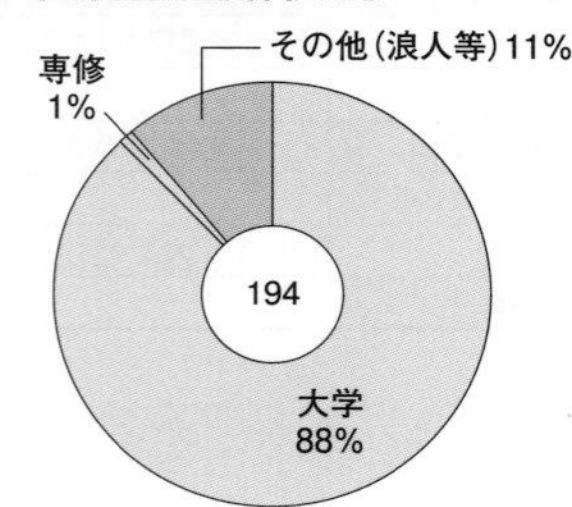

■進路選択状況（高3進級時）
理系 56%　文系 44%

■理系・文系進学状況
理系 51%　文系 49%

■共通テスト受験率
65%

◉卒業までの流れ

小学校	中学校	高等学校	大学
	田園調布学園中等部	田園調布学園高等部（194）	田園調布学園大学　0

◉主な大学合格実績

大学名	'22	'23	'24	大学名	'22	'23	'24	大学名	'22	'23	'24	大学名	'22	'23	'24
東京大	2		1	千葉大			1	東京都立大	2	2	2	東京女子大	11	11	8
京都大			1	お茶の水女子大		3		横浜市立大	4	5	4	日本女子大	13	12	17
北海道大	1			東京外国語大	1	2	1	慶應義塾大	13	17	17	成蹊大	5	12	6
東北大		2		電気通信大	1	1	3	早稲田大	10	21	13	成城大	7	22	8
名古屋大				東京学芸大		1	1	上智大	15	19	18	明治学院大	35	54	23
大阪大				東京農工大	1	1	1	東京理科大	32	15	15	國學院大	8	10	7
九州大				東京芸術大		1		明治大	44	50	20	武蔵大	1		2
東京工業大			2	東京医科歯科大		2	1	青山学院大	20	33	30	獨協大		1	1
一橋大				東京海洋大	1			立教大	29	29	36	日本大	50	38	28
筑波大				横浜国立大	2	1	2	中央大	37	35	31	東洋大	14	17	13
茨城大				山梨大				法政大	23	29	23	駒澤大	15	17	7
宇都宮大				金沢大				学習院大	17	14	17	専修大	10	9	9
群馬大		1		信州大	1		1	国際基督教大			1	芝浦工業大	10	4	9
埼玉大			1	国際教養大			2	津田塾大	12	9	3	東京都市大	21	19	23

入試要項・入試情報

◉2024年度の入試要項(参考)

	1回	午後入試	2回	3回
募集人員	80名	20名	70名	30名
選抜方法	国・算・社・理	算数	国・算・社・理	
出願関連期間	12/20～1/31		12/20～2/1	12/20～2/3
試験日程	2/1午前	2/1午後	2/2午前	2/4午前
合格発表	掲示 2/2 9:00～ Web 2/1 20:00～	掲示 2/2 9:00～ Web 2/1 22:00～	掲示 2/3 9:00～ Web 2/2 21:00～	掲示 2/5 9:00～ Web 2/4 20:00～
入学手続	2/3 16:00まで		2/4 16:00まで	2/5 16:00まで

面接 実施する。

◉費用(参考)

受験料		22,000円
入学手続時	入学金	250,000円
	授業料	—
	その他	—
入学手続後～入学まで	授業料	—
	その他	126,500円
入学後１年	授業料	468,000円
	その他	417,360円
初年度納入金合計		1,261,860円
中学３年間費用計 約		3,042,580円

＊午後入試の受験料は1万円。
＊複数回出願し、早い回で合格し入学手続きした場合、未受験分の受験料を返金。
＊入学手続時納入金は、延納届を提出した場合、2月9日12時まで延納可。

◉最近6年間の入試応募者推移と倍率

年度		2019	2020	2021	2022	2023	2024
募集	① ② ③	100 70 30	① 80 午後1科 20 ② 70 ③ 30	80 20 70 30	80 20 70 30	80 20 70 30	80 20 70 30
応募	① ② ③	223 442 357	210 356 593 399	160 220 449 291	191 201 439 277	265 217 514 390	215 189 506 366
応募倍率	① ② ③	2.2 6.3 11.9	2.6 17.8 8.5 13.3	2.0 11.0 6.4 9.7	2.4 10.1 6.3 9.2	3.3 10.9 7.3 13.0	2.7 9.5 7.2 12.2
受験	① ② ③	213 326 211	193 339 471 292	150 211 340 192	183 192 318 184	255 205 390 259	206 174 384 254
合格	① ② ③	100 190 67	81 148 193 65	81 117 195 63	86 129 188 64	93 114 188 67	86 108 160 64
実質倍率	① ② ③	2.1 1.7 3.1	2.4 2.3 2.4 4.5	1.9 1.8 1.7 3.0	2.1 1.5 1.7 2.9	2.7 1.8 2.1 3.9	2.4 1.6 2.4 4.0

＊2024年補欠発表…なし。追加合格(電話)…あり、2月8日～2月9日。

◉入試教科

①算数	50分	100点
②国語	50分	100点
③理科	40分	60点
④社会	40分	60点
合計	180分	320点

＊算数1科は60分・100点。

合格最高点	① 272点 ①算数 93点 ② 278点 ③ 286点
合格最低点	① 221点 ①算数 65点 ② 206点 ③ 210点

私立 女子校

◉受験併願パターン

偏差値	1月前半	1月後半	2月1日	2月2日	2月3日	2月4日以降
59						法政第二２
58			山脇学園午後国語	法政第二		
56					恵泉女学園３	
54						田園調布学園３
53				田園調布学園２	東京女学館４	
52		国府台女子学院	田園調布学園			
48	佐久長聖東京		実践女子学園２	実践女子学園４	カリタス女子４	
46			神奈川学園Ａ午後	鎌倉女学院	鎌倉女学院２	
44	盛岡白百合首都圏					
41					横浜女学院Ｅ２	
37			玉川聖学院２		玉川聖学院４	

入試問題の傾向とポイント

算数 計算と一行問題が10問、大問4題の問題構成。基本的なレベルの問題を中心として出題されているので、各分野の基礎事項をしっかりと固めて確実に得点したい。また、大問では解き方を説明する問題も出題されるので、問題を解く過程を簡潔にまとめる練習も必要である。

国語 物語文と説明文の読解2題(書き取り数問を含む)が出題された。物語文は人物の様子や言動の意味・心情と主題を、説明文は記述や抜き出しによって筆者の考えを、問う形の問題になっている。資料を読んで自身の意見を記述する最後の課題作文は条件を守って書くこと。

理科 大問4題、生地物化からの出題。設問形式は、選択・計算・記述・作図と多岐にわたる。計算問題では式・考え方まで記す必要がある。記述問題では、自分の考えを述べるほか、良い点と問題点の両方を書かせる問題が出るなど、日ごろから多角的な視野を持ち、考えを述べることができるように意識したい。

社会 1つのテーマに関する非常に長い文を用いた、地理・歴史・政治の3分野による総合問題。穴埋め形式の用語記述が多いため、文章をしっかり読む必要がある。また、穴埋め形式の用語記述には字数指定があるため、漢字で書けるようにしておきたい。過去問演習でこの形式に慣れておくこと。

東京家政大学附属女子中学校

とうきょうかせいだいがくふぞくじょし

■学校長／賞雅技子　■創立／明治14年　■生徒数／255名
■所在地／〒173-8602 東京都板橋区加賀1-18-1
■ＴＥＬ／03-3961-2447
■交通／十条駅（JR埼京線）徒歩5分。新板橋駅（都営三田線）徒歩12分。下板橋駅（東武東上線）徒歩15分。

何学期制	週何日制	登校時刻	制服	給食	食堂 軽食販売	プール	寮	特待制度 奨学金等	帰国生 取出授業
3学期制	6日制	8:20	中高あり	中学のみあり	食堂高校のみ 販売中高あり	屋内	なし	あり	なし

沿　革

【建学の精神】自主自律　【生活信条】愛情・勤勉・聡明
1881年　本郷湯島に「和洋裁縫伝習所」を創立
1947年　学制改革に伴い、新制の「渡辺女子中学校」を設立
1949年　「東京女子専門学校」が「東京家政大学」へ昇格
東京家政大学板橋キャンパスには、幼稚園・中学校・高等学校・大学・大学院がワンキャンパスに集結しています。自然と設備に恵まれた環境の中で、スケールメリットを活かした中高大の連携教育を実践しています。今年で創立143年目を迎えます。

教育方針と特色

“豊かな言葉”をキーワードに言語能力を育て、個性が生きる教育を展開します。

「言葉を大切に」　言葉をより豊かにするために授業では表現する機会を増やし、自他の言葉を大切にする態度を育てます。日常でも挨拶や言葉遣いに気を配り、感謝の念をもってお互いを支えあう仲間づくりを支援します。

「聴く力を養う」　粘り強さや集中力を養うために、授業だけでなく、部活動や委員会活動の場面でも、コミュニケーションをとる相手のことを考え、メッセージを送受信する経験を高めます。

「表現力を豊かに」　日常の行動や話し方、文章などを発信することにおいて、「どう伝えたら分かりやすいか」といった点を意識した指導を行います。

〈ICT教材の活用〉　校内ネットワーク環境を整備し、一人ひとりがタブレット端末を利用して、学習支援ツールを使った分かりやすい授業、電子黒板を使った効率の良い授業、個別に最適化された学習を行い、情報活用能力を育みます。

〈英語教育の充実〉　英検準２級の取得を目標にした英検受験指導、Oxford Big Read Contestへの参加、ALTによるプライベートレッスンなどに積極的に取り組みます。オンライン英会話プログラムやオーストラリア・ニュージーランドターム留学、短期語学研修のプログラムも充実しています。

◉系列校

小	中	高	大（短大）
	○	○	○

◉併設小学校なし

◉高校生外部募集………200名

（2年次から混合クラス）

◉授業時間…1コマ50分・週34時間

	1年	2年	3年	計
国　語	5	4	5	14
社　会	3	4	4	11
数　学	5	5	5	15
理　科	4	4	4	12
英　語	6	5	6	17
5教科計	23	22	24	69

参考　高校1年生一週間の授業

英語=6　数学=6　国語=5
理科=4　社会=4

進学・進路

◉卒業生進路状況

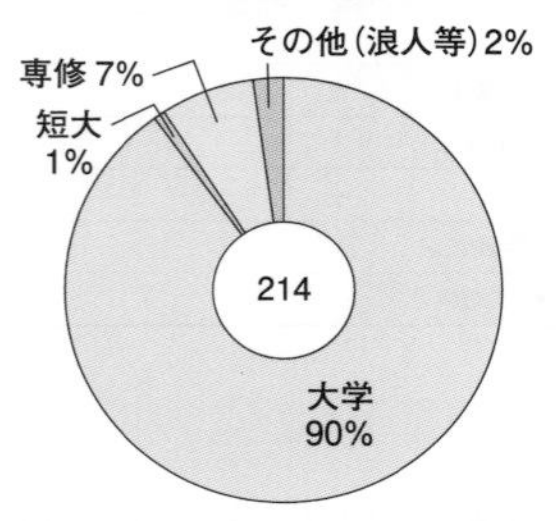

■進路選択状況（高３進級時）

理系 37%　文系 50%
0　50　100

■理系・文系進学状況

理系 40%　文系 55%
0　50　100

■共通テスト受験率

36%
0　50　100

◉卒業までの流れ

小学校	中学校	高等学校	大学
	東京家政大学附属女子中学校	東京家政大学附属女子高等学校（214）	東京家政大学　62 （家政6・栄養21・児童11・人文14・健康科学2・子ども支援8） 東京家政大学短期大学部　0

◉主な大学合格実績

大学名	'22	'23	'24	大学名	'22	'23	'24	大学名	'22	'23	'24	大学名	'22	'23	'24
東京大				千葉大	1			東京都立大		1		東京女子大		5	2
京都大				お茶の水女子大				横浜市立大				日本女子大	8	13	14
北海道大				東京外国語大				慶應義塾大			2	成蹊大	6	9	3
東北大				電気通信大				早稲田大		1	5	成城大		4	
名古屋大				東京学芸大	1			上智大	1	1		明治学院大	1	5	
大阪大				東京農工大				東京理科大		2		國學院大		4	2
九州大				東京芸術大				明治大		2	5	武蔵大	6	6	4
東京工業大		1		東京医科歯科大				青山学院大	1		1	獨協大	2	1	2
一橋大				東京海洋大				立教大	10	4	11	日本大	6	3	2
筑波大				横浜国立大		1		中央大	1	2	2	東洋大	2	9	16
茨城大				山梨大				法政大	1	4	6	駒澤大		4	5
宇都宮大				金沢大				学習院大	3	7	3	専修大		13	8
群馬大				信州大				国際基督教大		1		芝浦工業大	1	1	
埼玉大		2		国際教養大				津田塾大	1	1	3	東京都市大			

入試要項・入試情報

◉2024年度の入試要項(参考)

	1回 (特別奨学生)	2回 (特別奨学生)		3回		4回	5回	6回
	2科・4科	適性検査型	2科	2科・4科	英検利用3科	算数1科	国語1科	2科
募集人員	E CLASS 15名 i CLASS 25名	E CLASS 10名 i CLASS 5名	E CLASS 10名 i CLASS 15名	E CLASS 10名 i CLASS 15名	E CLASS 5名 i CLASS 5名	E CLASS 5名 i CLASS 10名	E CLASS 5名 i CLASS 10名	E CLASS 若干名 i CLASS 5名
選抜方法	国・算または 国・算・社・理	適性検査型Ⅰ・Ⅱまたは 適性検査型Ⅰ・Ⅱ・Ⅲ	国・算	国・算または 国・算・社・理	国・算・英(英検 資格点＋面接)	算数	国語	国・算
出願関連期間	1/10〜1/31			1/10〜2/2			1/10〜2/3	1/10〜2/4
試験日程	2/1午前	2/1午後		2/2午前		2/2午後	2/3午後	2/4午前
合格発表	掲示 2/1 16:00〜 Web 2/1 16:00〜	掲示 2/2 9:30〜 Web 2/1 22:00〜		掲示 2/2 16:00〜 Web 2/2 16:00〜		掲示 2/3 9:30〜 Web 2/2 20:00〜	掲示 2/4 9:30〜 Web 2/3 21:00〜	掲示 2/4 15:00〜 Web 2/4 15:00〜
入学手続	2/5 23:59まで	2/10 23:59まで	2/5 23:59まで					

面接　実施する。

◉費用(参考)

受験料		20,000円
入学手続時	入学金	280,000円
	授業料	—
	その他	—
入学手続後〜入学まで	授業料	—
	その他	137,044円
入学後１年	授業料	468,000円
	その他	549,460円
初年度納入金合計		1,434,504円
中学３年間費用計　約		3,497,324円

＊受験料は、1回受験・複数受験、いずれの場合も2万円。

◉最近6年間の入試応募者推移と倍率

年度		2019	2020	2021	2022	2023	2024
募集	①セレクト(E|i)	10 | 60	①(E|i) 10 | 40	①セレクト(E|i) 10 | 40	10 | 40	10/10 | 25/10	①特奨(E|i) 15 | 25
	②特奨(E|i)	25 | 25	②特奨(E|i) 30 | 20	②特奨(E|i) 30 | 20	30 | 20	15 | 20	②特奨(E|i) 10/10 | 15/5
	③(E|i)	5 | 15	③(E|i) 10 | 15	③(E|i) 10 | 15	10 | 15	10 | 10	③(E|i) 10/5 | 15/5
	④(E|i)	若干名 | 10	④(E|i) 10 | 10	④(E|i) 10 | 10	10 | 10	10 | 10	④(E|i) 5 | 10
応募	①セレクト(E|i)	18 | 40/3/1	35 | 31/3	41 | 20	51 | 33	57/5 | 24/0	24/26 | 10/18
	②特奨(E|i)	10/20/3 | 9/35/2	22/33/4 | 4/22/1	26/35/4 | 6/17/0	24/56 | 7/27	36/36 | 14/19	65/7 | 26/3
	③(E|i)	29 | 43	22/35 | 6/25	29/32 | 6/16	28/46 | 8/31	34/34 | 15/23	29/26/4 | 10/19/5
	④(E|i)	33 | 45	22 | 6	14 | 4	22 | 9	51 | 21	42 | 19
応募倍率	①セレクト(E|i)	1.8 | 0.7	3.5 | 0.9	4.1 | 0.5	5.1 | 0.8	5.7/0.5 | 1.0/−	3.3 | 1.1
	②特奨(E|i)	1.3 | 1.8	2.0 | 1.4	2.2 | 1.2	2.7 | 1.7	4.8 | 1.7	6.5/0.7 | 1.7/0.6
	③(E|i)	5.8 | 2.9	5.7 | 2.1	6.1 | 1.5	7.4 | 2.6	6.8 | 3.8	5.5/0.8 | 1.9/1.0
	④(E|i)	− | 4.5	2.2 | 0.6	1.4 | 0.4	2.2 | 0.9	5.1 | 2.1	8.4 | 1.9
受験	①セレクト(E|i)	15 | 39/3/1	31 | 31/3	36 | 17	47 | 29	45/2 | 18/0	20/24 | 6/17
	②特奨(E|i)	9/17/3 | 9/32/2	19/31/4 | 4/18/1	23/32/1 | 6/11/0	20/52 | 7/22	32/29 | 12/16	61/7 | 25/2
	③(E|i)	22 | 29	14/27 | 5/13	14/22 | 3/5	16/30 | 4/20	18/20 | 7/12	16/15/3 | 3/14/3
	④(E|i)	19 | 20	9 | 1	8 | 2	11 | 6	29 | 8	19 | 10
合格	①セレクト(E|i)	15(8) | 22/3/0	22(9) | 17/2	32(9) | 13	39(12) | 18	38(14)/2(2) | 10/0	19(7)/18(3) | 5/5
	②特奨(E|i)	8(3)/15/(8)/2(2) | 5/17/2	17(5)/26(14)/2(0) | 2/12/0	19(8)/22(7)/1(0) | 5/4/0	17(9)/39(14) | 3/9	29(13)/27(4) | 8/10	56(28)/6(0) | 13/1
	③(E|i)	21(16) | 15	11(3)/15(7) | 1/6	12(7)/12(9) | 2/1	12(6)/26(6) | 2/9	18(8)/19(9) | 7/10	16(6)/13(6)/3 | 3/10/3
	④(E|i)	19(7) | 14	7(6) | 0	4(3) | 1	7(4) | 1	15(4) | 3	11(4) | 2
実質倍率	①セレクト(E|i)	1.0(1.9) | 1.8/1.0/−	1.4(3.4) | 1.8/1.5	1.1(4.0) | 1.3	1.2(3.9) | 1.6	1.2(3.2)/1.0(1.0) | 1.8/−	1.1(2.9)/1.3(8.0) | 1.2/3.4
	②特奨(E|i)	1.1(3.0)/1.1(2.1)/1.5(1.5) | 1.8/1.9/1.0	1.1(3.8)/1.2(2.2)/2.0(−) | 2.0/1.5/−	1.2(2.9)/1.5(4.6)/1.0(−) | 1.2/2.8/−	1.2(2.2)/1.3(3.7) | 2.3/2.4	1.1(2.5)/1.1(7.3) | 1.5/1.6	1.1(2.2)/1.2(−) | 1.9/2.0
	③(E|i)	1.0(1.4) | 1.9	1.3(4.7)/1.8(3.9) | 5.0/2.2	1.2(2.0)/1.8(2.4) | 1.5/5.0	1.3(2.7)/1.2(5.0) | 2.0/2.2	1.0(2.3)/1.1(2.2) | 1.0/1.2	1.0(2.7)/1.2(2.5)/1.0 | 1.0/1.4/1.0
	④(E|i)	1.0(2.7) | 1.4	1.3(1.5) | −	2.0(2.7) | 2.0	1.6(2.8) | 6.0	1.9(7.3) | 2.7	1.7(4.8) | 5.0

＊①セレクト・②特奨・③・④・⑤・⑥の()の数字は合格者数に含まれるE合格者の数とその実質倍率。
＊2019年①セレクトi入試は2教科／英語／思考力、②特別奨学生(E CLASS・i CLASS)入試は4教科／2教科／適性検査。2020年①i CLASS入試は2教科／英語、②特別奨学生(E CLASS・i CLASS)入試は4教科／2教科／適性検査、③(E CLASS・i CLASS)入試は4教科／2教科。
＊2021年②特別奨学生(E CLASS・i CLASS)入試は4教科／2教科／適性検査、③(E CLASS・i CLASS)入試は4教科／2教科。2022年②特別奨学生(E CLASS・i CLASS)入試は4教科／2教科(適性検査含)、③(E CLASS・i CLASS)入試は4教科／2教科。2023年①セレクト(E CLASS・i CLASS)入試は選択2教科／適性検査、②特別奨学生(E CLASS・i CLASS)入試、③(E CLASS・i CLASS)入試は4教科／2教科。2024年①特奨は4教科／2教科、②特奨は2教科／適性検査、③は4教科／2教科／英検利用。
＊2024年補欠発表(電話)…あり。補欠合格…なし。追加合格(電話)…あり。

◉入試教科

4教科/2教科

教科	時間		配点
②算数	45分/45分		100点/100点
①国語	45分/45分		100点/100点
③理科	あわせて45分		50点/
③社会			50点/
合計	135分/90分		300点/200点

合格最高点	特1回Ｅ　77/80% 特1回ｉ　66/67% 特2回Ｅ　90% 特2回ｉ　74% 3回Ｅ　73/73% 3回ｉ　67/74%
合格最低点	特1回Ｅ　65/69% 特1回ｉ　47/49% 特2回Ｅ　65% 特2回ｉ　48% 3回Ｅ　61/66% 3回ｉ　47/41%

＊Ｅ：特進クラス、ｉ：進学クラス

◉受験併願パターン

偏差値	1月前半	1月後半	2月1日	2月2日	2月3日	2月4日以降
52	青山浦和ルーテル			共立女子２日		
50			富士見	跡見学園特２		
49			東洋大京北	淑徳巣鴨スカラ２		跡見学園特４
48	星野学園理数２					跡見学園特３
47					日大第二２	東京電機大４
46				桜丘４特待		
44			駒込２	跡見学園２		
43	大妻嵐山特待	東海大浦安Ａ				十文字５
41				十文字３	東海大高輪台２	
40	西武文理		東京家政大２特			
35				京華女子２	東京家政大５	東京家政大６

入試問題の傾向とポイント

算数　計算問題6問、文章題の一行問題8問、図形の一行問題4問、大問1題の問題構成。幅広い分野から基本〜標準レベルの問題が出題される。一行問題にはすべての問題で途中式をかく欄があるため、普段から途中式をきれいにまとめる練習をしておくこと。

国語　物語文と説明文の読解2題と雑問の構成。物語文は比喩表現や登場人物の言動理由、また様子の内容説明について問われた。説明文は傍線部内容について比較しながら35字以内で説明するものや、傍線部の目的をきくもの、さらに「防衛的悲観主義」について書かれた別の文章を読んでその内容について問う設問がみられた。

理科　設問4題、生地物化からの出題。基本問題が中心の出題となっているので、ミスなく解き進められるよう、日頃から基礎基本を徹底的に鍛えておきたい。また、実験を考察して記述するような問題も複数出題されている。自分の考えをまとめる練習をしておきたい。

社会　大問5題。地理・歴史に比べて政治の出題比率は低い。例年、地形図が出題されているので対策をしておきたい。記述問題は2問出題され、いずれも資料を参考にして答えるもので、これまで出題されていた条件指定の記述問題とは異なるものであった。

東京女学館中学校

とうきょうじょがっかん

■学校長／渡部さなえ　■創立／明治21年　■生徒数／712名
■所在地／〒150-0012 東京都渋谷区広尾3-7-16
■ＴＥＬ／03-3400-0867（中高事務室）
■交　通／広尾駅（東京メトロ日比谷線）徒歩12分。渋谷駅、恵比寿駅からバス「東京女学館前」下車。

何学期制	週何日制	登校時刻	制服	給食	食堂 軽食販売	プール	寮	特待制度 奨学金等	帰国生 取出授業
3学期制	6日制	8:25	中高あり	なし	食堂中高あり 販売中高あり	屋内	なし	なし	あり

沿　革

1887年、国際的な視野に立った女子高等教育を目的として設立された女子教育奨励会（委員長伊藤博文）により、翌年東京女学館として開校。1900年、高等女学校令に準拠する5年の普通科と、2年の高等科を設置。1924年には第5代館長に渋沢栄一が就任し、新校舎を羽沢の地（現在の広尾）に建設することに尽力する。1936年に学則を改正し、普通科を中等科、小学部を初等科と改称。1947年、学制改革に伴い東京女学館中学校を開設。2004年、21世紀のグローバル社会を見据え、国際的視野の育成をさらに高めるため、国際学級を新設。

教育方針と特色

「高い品性を備え、人と社会に貢献する女性の育成」を教育目標とし、他者を思いやる心の育成、基礎・基本に根ざした個性の伸長、自ら問題を発見し、解決する力の育成を目指す。中学校では、特定の教科に偏ることなく、バランスのとれた学習指導を実践し、基礎基本の徹底を図る。高等学校では進路実現に向けた選択授業やコース制など充実したカリキュラムが組まれている。また他文化相互理解という考え方を養う視点から、海外研修や留学生の交換を実施。帰国生と一般の生徒が共に学ぶ「国際学級」の設置も特徴である。
他にも日本文化に触れる古典芸能鑑賞や平和教育の一環として実施されるヒロシマへの修学旅行など多彩な教育プログラムを用意し、教育目標の実現を図る。
また、時や場に応じてリーダーとなったり、それを支える側に立ち、他者と協調して力を高め合うインクルーシブ・リーダーシップの育成を目指している。

◉系列校

小	中	高	大（短大）
○	○	○	

◉小学校からの内進生…69名
◉高校生外部募集………なし

◉授業時間…1コマ50分・週34時間

	1年	2年	3年	計
国　語	5	4	5	14
社　会	3	4	4	11
数　学	5	5	5	15
理　科	4	4	4	12
英　語	6	6	7	19
5教科計	23	23	25	71

参考　高校1年生一週間の授業

英語=6　数学=5　国語=5
理科=4　社会=4　情報=2

進学・進路

◉卒業生進路状況

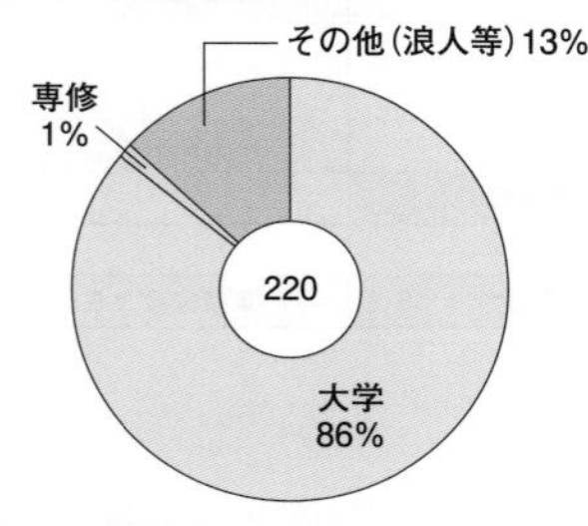

■進路選択状況（高3進級時）

理系 34%　文系 66%

■理系・文系進学状況

理系 31%　文系 69%

■共通テスト受験率

91%

◉卒業までの流れ

小学校	中学校	高等学校	大学
東京女学館小学校	東京女学館中学校	東京女学館高等学校 (220)	

◉主な大学合格実績

大学名	'22	'23	'24	大学名	'22	'23	'24	大学名	'22	'23	'24	大学名	'22	'23	'24
東京大	1	1	1	千葉大	1			東京都立大			1	東京女子大	40	23	18
京都大				お茶の水女子大				横浜市立大		1	1	日本女子大	24	30	22
北海道大				東京外国語大		3		慶應義塾大	24	34	28	成蹊大	13	8	13
東北大		1		電気通信大				早稲田大	24	20	32	成城大	28	25	29
名古屋大				東京学芸大			1	上智大	23	29	55	明治学院大	29	24	19
大阪大				東京農工大				東京理科大	10	14	11	國學院大	8	2	8
九州大				東京芸術大	1			明治大	36	41	33	武蔵大	1	5	2
東京工業大	1			東京医科歯科大	1			青山学院大	41	22	39	獨協大	1		1
一橋大			1	東京海洋大				立教大	46	45	51	日本大	29	30	27
筑波大	1		1	横浜国立大			1	中央大	22	25	22	東洋大	18	18	20
茨城大				山梨大				法政大	19	35	24	駒澤大	9	8	9
宇都宮大	1			金沢大				学習院大	15	20	16	専修大	6	5	2
群馬大				信州大				国際基督教大	1	1	1	芝浦工業大	6	16	7
埼玉大	1			国際教養大			1	津田塾大	12	18	14	東京都市大	1	8	13

入試要項・入試情報

◉2024年度の入試要項(参考)

	一般学級 1回	一般学級 2回	一般学級 3回	国際学級 一般生	一般学級 4回
募集人員	35名	35名	35名	20名	25名
選抜方法	国・算・社・理＋成績通知表のコピー	国・算＋成績通知表のコピー			国・算・社・理＋成績通知表のコピー
出願関連期間	1/10～1/31		1/10～2/2		1/10～2/3
試験日程	2/1午前	2/1午後	2/2午後		2/3午前
合格発表	掲示 2/2 12:00～ Web 2/1 18:30～	掲示 2/2 12:00～ Web 2/1 22:30～	掲示 2/3 9:30～ Web 2/2 22:00～		掲示 2/5 9:00～ Web 2/3 18:30～
入学手続	2/6 13:00まで				

＊2024年2月9日(金)13時から実施の入学者保護者説明会を欠席の場合は、入学資格を失う。

面接 実施する。

◉費用(参考)

受験料		25,000円
入学手続時	入学金	290,000円
	授業料	—
	その他	—
入学手続後～入学まで	授業料	—
	その他	193,000円
入学後1年	授業料	582,000円
	その他	652,000円
初年度納入金合計		1,717,000円
中学3年間費用計 約		3,574,000円

＊複数回出願の受験料は、2回目以降は1回につき5千円追加。
＊入学辞退者は、2月9日11時までに申し出れば、入学金(29万円)を返金。
＊学費は一般学級のもの。

◉最近6年間の入試応募者推移と倍率

年度		2019	2020	2021	2022	2023	2024
募集	①	30	35	35	35	35	35
	②	40	40	40	40	35	35
	国際一般	20	20	20	20	20	20
	③	30	30	30	30	35	35
	④	30	25	25	25	25	25
応募	①	132	156	108	97	104	107
	②	512	579	440	346	319	363
	国際一般	106	147	62	87	70	81
	③	500	478	420	369	347	340
	④	389	383	280	326	324	346
応募倍率	①	4.4	4.5	3.1	2.8	3.0	3.1
	②	12.8	14.5	11.0	8.7	9.1	10.4
	国際一般	5.3	7.4	3.1	4.4	3.5	4.1
	③	16.7	15.9	14.0	12.3	9.9	9.7
	④	13.0	15.3	11.2	13.0	13.0	13.8
受験	①	106	131	94	78	85	95
	②	468	535	403	316	280	333
	国際一般	82	124	49	66	56	65
	③	271	314	243	212	203	219
	④	179	232	137	153	166	202
合格	①	32	37	36	35	40	38
	②	277	217	206	177	146	144
	国際一般	38	25	25	32	28	23
	③	142	113	100	107	106	109
	④	47	40	70	74	82	42
実質倍率	①	3.3	3.5	2.6	2.2	2.1	2.5
	②	1.7	2.5	2.0	1.8	1.9	2.3
	国際一般	2.2	5.0	2.0	2.1	2.0	2.8
	③	1.9	2.8	2.4	2.0	1.9	2.0
	④	3.8	5.8	2.0	2.1	2.0	4.8

＊2024年補欠発表…なし。追加合格(電話)…あり、～2月15日。

◉入試教科

4教科/2教科

②算数	50分/50分	100点/100点
①国語	50分/50分	100点/100点
④理科	30分/	50点/
③社会	30分/	50点/
合計	160分/100分	300点/200点

合格最高点	①	241点
	②	176点
	③	151点
	国際学級	153点
	④	238点
合格最低点	①	190点
	②	125点
	③	106点
	国際学級	102点
	④	195点

私立 女子校

◉受験併願パターン

偏差値	1月前半	1月後半	2月1日	2月2日	2月3日	2月4日以降
56				山脇学園B		
55	開智1回		東京女学館2			
54						国学院久我山S3
53					東京女学館4	
52		国府台女子学院	三輪田学園午後	東京女学館3		
51						普連土4日午前
50			東京女学館		三輪田学園3	
49				東京女学館国際一	実践女子学園5	跡見学園特4
45			十文字2	実践女子学園3		
44	盛岡白百合首都圏			跡見学園2		
43	埼玉栄3	日出学園				光塩女子学院3

入試問題の傾向とポイント

算数 計算4問、一行問題5問、大問5題の問題構成。大問では規則性の問題が頻出で、図形、文章題、グラフなど多岐にわたる。設定がやや複雑な問題もみられるので、題意をきちんと読み取る練習をすること。時間配分に注意しながら、問題のレベルを見極めて解き進めることが大切。

国語 随筆文と説明文、漢字の書き取りが10問出題された。随筆文には詩が掲載されており、表現技法や形式について問う設問がみられた。説明文は理由や言い換え、空欄補充などを通して文章内容の理解が問われた。読解の解答形式は選択肢、抜き出し、記述に偏りがない。

理科 大問3～4題、生地物化からの出題。設問形式は、選択・計算・記述・作図と多岐にわたる。典型問題が並ぶので、基礎基本を固めて苦手分野を作らないようにしたい。初見の図表に戸惑うことがあるかもしれないが、基本的知識や問題文の誘導を活用して正解にたどり着きたい。

社会 大問2題構成で、どちらも総合問題であった。記述問題には、単なる暗記では解答できないものも見られる。まずは解答に時間がかかりそうな記述問題以外の問題を解いて、余裕を持って記述問題に取り組めるようにしたい。用語記述は漢字指定が多い。

桐光学園中学校女子部

とうこうがくえん

■学校長／岡村薫　■創立／平成3年　■生徒数／415名（女子部）
■所在地／〒215-8555 神奈川県川崎市麻生区栗木3-12-1
■ＴＥＬ／044-987-0519
■交　通／栗平駅（小田急多摩線）徒歩12分。

何学期制	週何日制	登校時刻	制服	給食	食堂 軽食販売	プール	寮	特待制度 奨学金等	帰国生 取出授業
2学期制	6日制	8:20	中高あり	なし	食堂中高あり 販売中高あり	屋内	なし	あり	あり

沿　革

1972年、学校法人桐光学園として認可。同年、寺尾みどり幼稚園を設立。1978年に桐光学園高等学校を開校。1982年に中学校を開校し、中高一貫教育を開始。1984年、高等学校に理数科を設置する。1991年より別学として桐光学園中学校・高等学校女子部を開校。

教育方針と特色

40周年記念事業で全面人工芝のサッカー場、メイングラウンド、屋内アップコートなどが完成し、クラブ活動が一層活発になるとともに、ICTを導入、校内にWIFIを整備し、全員がノートPCを所持し、学習環境がさらに一層に充実した。2019年度からは新校長が就任し、一段と注目が集まっている。また、中高あわせて約3,000名が在籍しているが、単なるマンモス校ではなく、それぞれの特性に応じた男女別学という制度の下、80%以上が専任である教員集団によるきめ細かい面倒見がモットー。毎年、100名ほどが、記述問題の添削や面接などの指導が必要な国公立大学に現役合格する。加えて、池上彰・隈研吾・羽生善治といった現代を代表する講師陣を招聘した「大学訪問授業」、ケンブリッジ大やイートン校などの短期英国留学、カナダホームステイ、ニュージーランド・オーストラリアでのターム留学など多種の語学研修・留学プログラム、基礎から大学別分野別の演習まで扱う600超講座の講習制度など、個性に応じた指導を実践し、難関国公立・私立大学進学を可能にする学習環境が整っている。また、小田急線複々線化で最寄りの栗平駅まで新宿駅から28分、下北沢駅から20分と通学しやすくなっている。

◉系列校

小	中	高	大（短大）
○	○	○	

◉小学校からの内進生…28名
◉高校生外部募集………40名

（2年次から混合クラス）

◉授業時間…1コマ50分・週33時間

	1年	2年	3年	計
国　語	5	5	5	15
社　会	3	3	4	10
数　学	5	5	5	15
理　科	4	4	4	12
英　語	6	6	6	18
5教科計	23	23	24	70

参考　高校1年生一週間の授業

英語=5　数学=6　国語=4
理科=6　社会=4

進学・進路

◉卒業生進路状況

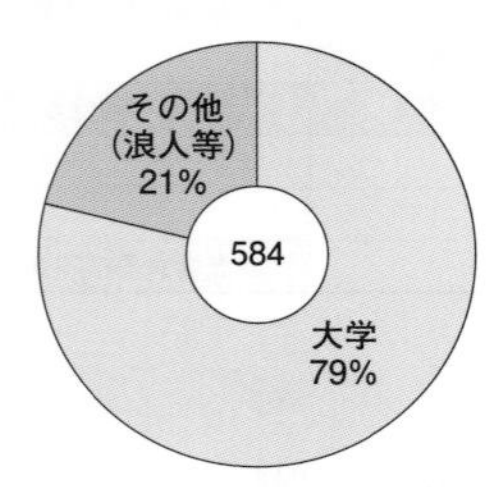

■進路選択状況（高3進級時）

データなし

■理系・文系進学状況

データなし

■共通テスト受験率

57%（0　50　100）

◉卒業までの流れ

小学校	中学校	高等学校	大学
桐光学園小学校 ▶	桐光学園中学校 女子部 ▶	桐光学園高等学校 女子部（584）	

◉主な大学合格実績

大学名	'22	'23	'24	大学名	'22	'23	'24	大学名	'22	'23	'24	大学名	'22	'23	'24
東京大	3		5	千葉大	2	2		東京都立大	17	19	21	東京女子大	9	6	11
京都大	1		4	お茶の水女子大	1	2	2	横浜市立大	6	7	5	日本女子大	9	5	10
北海道大	2	6	2	東京外国語大	8	3	3	慶應義塾大	40	60	81	成蹊大	24	20	28
東北大	3	3	7	電気通信大	4	3	9	早稲田大	52	62	66	成城大	15	18	19
名古屋大	1	2	2	東京学芸大	3			上智大	44	55	51	明治学院大	42	30	30
大阪大		3		東京農工大	3	4	4	東京理科大	59	70	67	國學院大	7	16	
九州大	1	1		東京芸術大	2	1	2	明治大	132	152	155	武蔵大	11	8	9
東京工業大	3	1	5	東京医科歯科大	1	2		青山学院大	52	96	92	獨協大	5		
一橋大	3	3	4	東京海洋大		2		立教大	61	53	70	日本大	87	85	71
筑波大	5	6	2	横浜国立大	13	16	10	中央大	117	112	105	東洋大	37	42	47
茨城大	1			山梨大				法政大	101	89	85	駒澤大	25	14	17
宇都宮大				金沢大	1	1		学習院大	15	19	14	専修大	22	35	29
群馬大	1	1	1	信州大	3	2	4	国際基督教大	4	3	2	芝浦工業大	30	46	45
埼玉大	1	1	1	国際教養大	1			津田塾大	11	4	11	東京都市大	24	63	51

入試要項・入試情報

◉2024年度の入試要項(参考)

	1回	2回	3回A	3回B［英語資格入試］［T＆M入試］
募集人員	50名	50名	A・B 計30名	
選抜方法	国・算・社・理			国・算＋面接・資格証明書のコピー・エントリーシート
出願関連期間	11月下旬頃〜1/29	11月下旬頃〜2/1	11月下旬頃〜2/2	11月下旬頃〜1/29
試験日程	2/1	2/2	2/3	
合格発表	掲示 2/2 10:00〜 Web 2/1 21:00〜	掲示 2/3 10:00〜 Web 2/2 21:00〜	掲示 2/4 10:00〜 Web 2/3 21:00〜	
入学手続	2/3 14:00まで	2/4 18:00まで	2/5 18:00まで	

＊出願資格に「入学後、保護者もしくはそれに準ずるところから通学可能な者」とある。

面接 実施する。

◉費用(参考)

受験料		22,000円
入学手続時	入学金	220,000円
	授業料	—
	その他	10,000円
入学手続後〜入学まで	授業料	—
	その他	129,910円
入学後１年	授業料	528,000円
	その他	477,080円
初年度納入金合計		1,364,990円
中学３年間費用計 約		2,912,550円

＊複数回出願の場合、受験料は2回で3万3千円、3回で4万円、追加出願は差額分。

◉最近6年間の入試応募者推移と倍率

年度		2019	2020	2021	2022	2023	2024
募集	①	60	60	60	60	50	50
	②	40	40	40	40	50	50
	③A・③B	20(A・B合計)	20(A・B合計)	20(A・B合計)	20(A・B合計)	30(A・B合計)	30(A・B合計)
応募	①	109	127	141	105	111	91
	②	179	211	232	209	194	169
	③A	161	164	136	115	152	109
	③B	22	33	26	26	22	17
応募倍率	①	1.8	2.1	2.4	1.8	2.2	1.8
	②	4.5	5.3	5.8	5.2	3.9	3.4
	③A・③B	9.2(A・B合計)	9.9(A・B合計)	8.1(A・B合計)	7.1(A・B合計)	5.8(A・B合計)	4.2(A・B合計)
受験	①	92	111	134	100	103	89
	②	99	136	144	113	144	128
	③A	56	76	85	67	90	67
	③B	17	26	18	16	16	11
合格	①	72	66	74	61	53	54
	②	68	84	84	72	73	75
	③A	37	39	45	44	44	40
	③B	11	14	12	10	10	10
実質倍率	①	1.3	1.7	1.8	1.6	1.9	1.6
	②	1.5	1.6	1.7	1.6	2.0	1.7
	③A	1.5	1.9	1.9	1.5	2.0	1.7
	③B	1.5	1.9	1.5	1.6	1.6	1.1

＊2024年補欠発表…詳細不明。補欠合格・追加合格…いずれもなし。

◉入試教科

4教科/2教科

教科	時間	配点
②算数	50分/50分	150点/150点
①国語	50分/50分	150点/150点
④理科	40分/	100点/
③社会	40分/	100点/
合計	180分/100分	500点/300点

合格最高点	非公表
合格最低点	① 269点 ② 230点 ③A 241点 ③B —

私立 女子校

◉受験併願パターン

偏差値	1月前半	1月後半	2月1日	2月2日	2月3日	2月4日以降
51					日本女子大附２	
50				カリタス女子３		
47			桜美林１日午後			
45						穎明館４
44			桐光学園	桐光学園２	桐光学園３Ａ	
43			大妻多摩２		日大第三３	
42				自修館Ｂ２		
40			多摩大聖ヶ丘２			大妻多摩４
39	獨協埼玉３					自修館Ｄ
38				桐朋女子Ｂ		
36			共立第二ＰＭ			

入試問題の傾向とポイント

算数
計算問題3問程度、一行問題8問程度、大問3題で総設問数20問の問題構成。幅広い分野から出題されるが、基本〜標準レベルの問題が大部分。基礎を固めておけば対応できる。大問では規則性や場合の数、調べる問題が頻出で、過去問の類題が出題されることもある。過去問演習に力を入れたい。

国語
漢字の書き取り5問、物語文・説明文の読解2題。記述は読解ごとに1問ずつ。読解の設問は内容説明や心情把握など例年と変わらず。各選択肢が長いのも例年通り。設問数は多くないが、各選択肢を吟味しすぎると時間が足りなくなる可能性が高い。素早く正誤判定をする技術を身につけたい。

理科
大問4題、生地物化からの出題で、大問1は小問集合。おもな設問形式は選択・計算問題で、記述・作図問題が2〜3題含まれる。典型問題が中心であるため、基礎基本を固め、苦手分野を作らないようにしたい。生物分野で見慣れないグラフが出ることがあるので、過去問を確認すること。

社会
例年通り大問3題構成。昨年に引き続き、大問1は時事問題であった。その年の出来事のほか、関連する知識を問うものもあるため、『ニュース最前線』などを利用して、しっかり対策をしておきたい。

東洋英和女学院中学部

とうようえいわじょがくいん

■部　長／石澤友康　■創立／明治17年　■生徒数／597名
■所在地／〒106-8507 東京都港区六本木5-14-40　■TEL／03-3583-0696
■交通／六本木駅（東京メトロ日比谷線）徒歩7分。麻布十番駅（東京メトロ南北線）徒歩7分。
麻布十番駅（都営大江戸線）徒歩5分。渋谷駅などからバスあり。

何学期制	週何日制	登校時刻	制服	給食	食堂 軽食販売	プール	寮	特待制度 奨学金等	帰国生 取出授業
2学期制	5日制	8:00	中高あり	なし	食堂なし 販売中高あり	なし	なし	あり	なし

沿　革

1884年、カナダのメソジスト教会（プロテスタント）から派遣された婦人宣教師マーサ・J・カートメルにより、東洋英和女学校として設立。

教育方針と特色

キリスト教主義のもと、人格形成を重んずる教育を行う。「敬神奉仕」（神を敬い、人につくす）を学院標語としている。自己実現のためだけでなく、培った能力を他者のために生かす人に、という思いで教育を行っている。本校の特色として英語教育が挙げられる。少人数制で、聞く、話す、読む、書く、の4技能を磨く。中学1年生ではネイティブの教師による英会話の授業が週2時間あり、受験用の英語力の習得にとどまらず、英語圏の行事や文化を学び、生きた英語を身につけることを目指す。

英語で発信する力を培う特別プログラムも多彩。中1は詩の暗唱およびクリスマス英語劇、中2は自分の夢や尊敬する人物について自分で原稿を書いて発表するスピーチコンテスト、中3では詩や演説を暗唱するレシテーションコンテストや、500ワード以上のスピーチコンテストも行われている。良質の英語に触れ、自ら英語で発表する機会が学年に応じて用意されている。

カナダミッションによって築かれた英語教育は、今も新しい創意工夫を加えて進化し続けている。

◉系列校

小	中	高	大（短大）
○	○	○	○

◉小学校からの内進生…75名
◉高校生外部募集………なし

◉授業時間…1コマ50分・週33時間

	1年	2年	3年	計
国　語	4	5	5	14
社　会	4	4	3	11
数　学	4	4	5	13
理　科	4	4	4	12
英　語	6	5	5	16
5教科計	22	22	22	66

参考　高校1年生一週間の授業

英語=5　数学=5　国語=5
理科=4　社会=4

進学・進路

◉卒業生進路状況

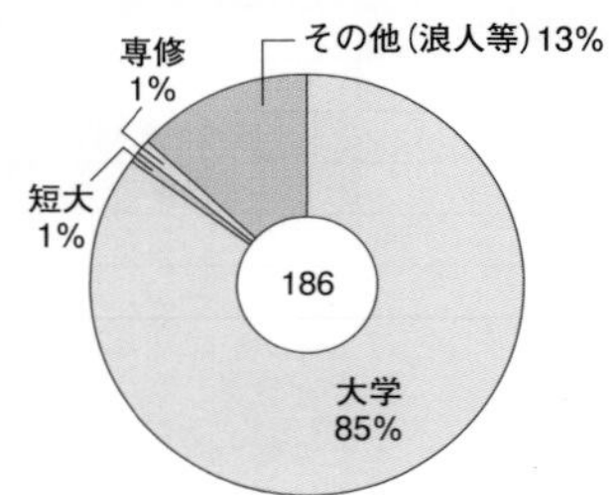

■進路選択状況（高3進級時）

データなし

■理系・文系進学状況

データなし

■共通テスト受験率

86%

◉卒業までの流れ

小学校	中学校	高等学校	大学
東洋英和女学院 小学部	東洋英和女学院 中学部	東洋英和女学院 高等部（186）	東洋英和女学院大学　4

◉主な大学合格実績

大学名	'22	'23	'24	大学名	'22	'23	'24	大学名	'22	'23	'24	大学名	'22	'23	'24
東京大	1	1	3	千葉大		2	1	東京都立大	1	1	1	東京女子大	38	30	26
京都大	1	1	1	お茶の水女子大	3	1	2	横浜市立大				日本女子大	21	32	18
北海道大	1		2	東京外国語大	2	2	1	慶應義塾大	56	27	37	成蹊大	8	5	13
東北大	1			電気通信大				早稲田大	48	28	53	成城大	16	12	14
名古屋大				東京学芸大				上智大	57	26	46	明治学院大	25	17	16
大阪大	2	1		東京農工大	1		1	東京理科大	12	17	10	國學院大	5	6	3
九州大				東京芸術大		2	2	明治大	48	34	43	武蔵大	5	2	2
東京工業大	1	1		東京医科歯科大				青山学院大	37	34	44	獨協大	1	1	1
一橋大				東京海洋大				立教大	59	48	54	日本大	25	26	15
筑波大		1	1	横浜国立大	2	1	2	中央大	17	18	16	東洋大	10	10	10
茨城大				山梨大				法政大	24	21	31	駒澤大	8	3	4
宇都宮大				金沢大				学習院大	14	9	9	専修大	1	3	3
群馬大				信州大			1	国際基督教大	4	1		芝浦工業大	3	1	1
埼玉大				国際教養大		1		津田塾大	17	14	6	東京都市大	2	3	6

入試要項・入試情報

◉2024年度の入試要項(参考)

	A	B
募集人員	約80名	約30名
選抜方法	国・算・社・理＋面接	
出願関連期間	12/20〜1/25	
試験日程	2/1	2/3
合格発表	Web 2/1 22:00頃〜	Web 2/3 22:00頃〜
入学手続	2/3 15:00まで	2/4 15:00まで

＊出願資格に「保護者のもとから通学できる者」とある。

◉費用(参考)

受験料		25,000円
入学手続時	入学金	300,000円
	授業料	—
	その他	—
入学手続後〜入学まで	授業料	—
	その他	140,470円
入学後１年	授業料	510,000円
	その他	664,990円
初年度納入金合計		1,615,460円
中学３年間費用計　約		3,395,460円

＊複数回出願の場合、受験料は4万円。
＊早い回で合格し、入学手続きした場合、入学検定料1万5千円を返金。

面接 実施する。

◉最近6年間の入試応募者推移と倍率

年度		2019	2020	2021	2022	2023	2024
募集	A	約80	約80	約80	約80	約80	約80
	B	約30	約30	約30	約30	約30	約30
応募	A	235	294	253	229	262	288
	B	380	531	537	480	567	570
応募倍率	A	2.9	3.7	3.2	2.9	3.3	3.6
	B	12.7	17.7	17.9	16.0	18.9	19.0
受験	A	202	262	217	205	224	243
	B	218	246	266	216	261	271
合格	A	94	98	97	96	97	94
	B	81	53	61	61	57	48
実質倍率	A	2.1	2.7	2.2	2.1	2.3	2.6
	B	2.7	4.6	4.4	3.5	4.6	5.6

＊2024年補欠発表…なし。追加合格(電話)…あり、2月6日〜2月13日。

◉入試教科

②算数	45分	100点
①国語	45分	100点
④理科	30分	60点
③社会	30分	60点
合計	150分	320点

合格最高点	Ⓐ262点 Ⓑ270点
合格最低点	Ⓐ210点 Ⓑ229点

私立 女子校

◉受験併願パターン

偏差値	1月前半	1月後半	2月1日	2月2日	2月3日	2月4日以降
65	浦和明の星女子			香蘭女学校２		
64					東洋英和女学院Ｂ	
62					学習院女子Ｂ	頌栄女子学院２
61	栄東Ａ１０日		東洋英和女学院Ａ	中央大附属横浜２		
57			普連土算数			大妻４
56		専修大松戸		山脇学園Ｂ	恵泉女学園３	淑徳与野２
55	大宮開成		東京女学館２	普連土２日午後		
54					富士見３	山脇学園Ｃ
53		学習院女子帰	恵泉女学園	田園調布学園２	東京女学館４	品川女子学院３
52	青学ルーテル	国府台女子学院	三輪田学園午後	東京女学館３		
51				恵泉女学園２	日本女子大附２	普連土４日午前

入試問題の傾向とポイント

算数　計算と一行問題9問、大問5題の問題構成。前半は基本的な問題が多いので、確実に得点しておきたい。おうぎ形を複雑に組み合わせた図形の求積がよく出題されているので、工夫して解けるように練習すること。また、数の問題やグラフを利用する問題、立体の構成の問題もよく出題される。

国語　物語文1題のみの出題である。約20問から構成されており、漢字の読み書きや慣用句、文法といった知識問題も出題された。「どういうことか」という言い換えや、指示語、比喩について問われたほか、自分自身の経験などをもとに傍線部内容について記述する設問もみられた。

理科　大問4題、生地物化からの出題。設問形式は、選択・計算・記述・作図と多岐にわたる。生物分野では、見慣れない内容が出題されることが多い。基礎基本をしっかりと固めた上で、過去問演習を通して、問題文をよく読み、誘導に乗って設問を解き進めていくトレーニングを行いたい。

社会　大問3題構成で、地理、歴史、政治と単元別に分かれている。今年は記号選択問題が少なく、用語記述の割合が高かった。知識レベルは『予習シリーズ』で対応が可能なものが多いが、一部やや難易度の高い問題が見られる。

中村中学校

■学校長／遠藤行巳　■創立／明治36年　■生徒数／328名
■所在地／〒135-8404 東京都江東区清澄2-3-15
■ＴＥＬ／03-3642-8041
■交通／清澄白河駅（都営大江戸線、東京メトロ半蔵門線）徒歩3分。

何学期制	週何日制	登校時刻	制服	給食	食堂 軽食販売	プール	寮	特待制度 奨学金等	帰国生 取出授業
3学期制	6日制	8:25	中高あり	なし	食堂中高あり 販売中高あり	なし	なし	あり	あり

沿　革

1903年、実業家中村清蔵により深川女子技芸学校として創業。1909年に校地を移転し、新たに中村高等女学校を創立。1925年、現在地に移転。1969年より中学募集を停止していたが、1991年募集を再開した。1999年、創立90周年を機に現校舎が竣工。2009年には創立100周年を機に現在の制服へ変更。2012年新館LADYが竣工。2024年に創立115周年を迎える。

教育方針と特色

「清く、直く、明るく」を校訓とし、それを具体化すべく生活目標として「3つのＳ」①わがままをおさえる＝Self - control　②ひとに迷惑をかけない＝Self - government③ひとに親切をつくす＝Social Serviceを掲げている。数値化できる認知型学力を身につけることはもちろんのこと、社会に出てから必ず必要となる数値化できない非認知型智力の習得にも力を入れている。具体的には、思考・判断してそれを文字化する力、人間関係を上手に構築する力など、様々な取り組みを通じて身につけていく。

◉系列校

小	中	高	大（短大）
	○	○	

◉併設小学校なし
◉高校生外部募集………あり

◉授業時間…1コマ50分・週35時間

	1年	2年	3年	計
国　語	6	5	5	16
社　会	3	4	4	11
数　学	5	5	5	15
理　科	3.5	4	4	11.5
英　語	6	6	6	18
5教科計	23.5	24	24	71.5

参考　**高校1年生一週間の授業**

英語=6　数学=5　国語=5
理科=5　社会=4
※普通科

進学・進路

◉卒業生進路状況

専修 2%　その他（浪人等）2%
42
大学 96%

■進路選択状況（高３進級時）
データなし

■理系・文系進学状況
データなし

■共通テスト受験率
45%
0　50　100

◉卒業までの流れ

小学校	中学校	高等学校	大学
	中村中学校	▶ 中村高等学校（42）	

◉主な大学合格実績

大学名	'22	'23	'24	大学名	'22	'23	'24	大学名	'22	'23	'24	大学名	'22	'23	'24
東京大	1			千葉大				東京都立大	1			東京女子大	1	2	5
京都大				お茶の水女子大				横浜市立大				日本女子大	2	2	2
北海道大				東京外国語大				慶應義塾大		1	2	成蹊大	1	1	2
東北大				電気通信大				早稲田大			2	成城大	1	1	1
名古屋大				東京学芸大				上智大	2		7	明治学院大		3	4
大阪大				東京農工大				東京理科大				國學院大	1		
九州大				東京芸術大		1		明治大	1	1	2	武蔵大	2		
東京工業大				東京医科歯科大		1		青山学院大	1	1	3	獨協大		2	
一橋大				東京海洋大				立教大	3	2	3	日本大	3		2
筑波大				横浜国立大				中央大	1		2	東洋大			
茨城大				山梨大				法政大	3	4	4	駒澤大			2
宇都宮大				金沢大				学習院大	2	1	1	専修大		1	
群馬大				信州大			1	国際基督教大			1	芝浦工業大			
埼玉大				国際教養大				津田塾大		1	2	東京都市大			

入試要項・入試情報

◉2024年度の入試要項(参考)

	一般入試			特待生入試		適性検査型入試	エクスプレス入試	ポテンシャル入試
	2科・4科		国算基礎	2科・4科		両国・白鷗型	1科選択型	活動アピール型
募集人員	70名			25名		15名	10名	4名
選抜方法	国・算または 国・算・社・理		国・算	国・算または 国・算・社・理		Ⅰ国・作文 Ⅱ算・理・社の複合 Ⅲ算・理	国または 算または英	活動アピール・作文+ 面接・志願書・ 活動報告書
出願関連期間	12/20〜2/1	12/20〜2/5	12/20〜2/2	12/20〜2/1	12/20〜2/2	12/20〜2/1	12/20〜2/3	
試験日程	2/1午前	2/5午前	2/2午前	2/1午後	2/2午後	2/1午前	2/3午前	
合格発表	Web 2/1 14:30〜	Web 2/5 14:30〜	Web 2/2 14:30〜	Web 2/1 21:00〜	Web 2/2 21:00〜	Web 2/1 21:00〜	Web 2/3 14:30〜	
入学手続	2/9 23:59まで							

面接 実施する。

◉費用(参考)

受験料		22,000円
入学手続時	入学金	250,000円
	授業料	—
	その他	153,000円
入学手続後 〜入学まで	授業料	—
	その他	—
入学後1年	授業料	456,000円
	その他	500,400円
初年度納入金合計		1,359,400円
中学3年間費用計 約		3,272,200円

＊複数回同時出願の場合、1回分の受験料で複数回の出願が可能。

◉最近6年間の入試応募者推移と倍率

年度		2019	2020	2021	2022	2023	2024
募集	2/1午前一般 2/1午後一般 2/2午前一般 2/1午後特待生 2/2午後特待生	40 15 10 10 10	2/1午前一般｜2/1午後一般 2/2午前一般｜2/2午後一般 64 一般計 2/5午後一般 2/1午前特待｜2/1午後特待 2/2午前特待｜2/5午後特待 25 特待計	70 一般計 25 特待計	2/1午前一般 2/2午前一般 70 一般計 2/5午後一般 2/1午後特待 2/2午後特待 25 特待計	70 一般計 25 特待計	2/1午前一般 2/2午前一般 70 一般計 2/5午前一般 2/1午後特待 2/2午後特待 25 特待計
応募	2/1午前一般 2/1午後一般 2/2午前一般 2/1午後特待生 2/2午後特待生	28 24 29 28 38	6/17｜28 5/22｜4 40 4/9｜27 8/20｜43	10/32｜45 14/32｜67 65 1/12｜34 6/28｜48	26/45 79 49/69 30/58 32/46	29/55 100 38/94 37/68 30/76	50/82 151 92/107 71/89 79/94
応募倍率	2/1午前一般 2/1午後一般 2/2午前一般 2/1午後特待生 2/2午後特待生	0.7 1.6 2.9 2.8 3.8	1.9 一般計 4.4 特待計	3.8 一般計 5.2 特待計	3.8 一般計 6.6 特待計	4.5 一般計 8.4 特待計	6.9 一般計 13.3 特待計
受験	2/1午前一般 2/1午後一般 2/2午前一般 2/1午後特待生 2/2午後特待生	24 10 5 21 23	6/12｜13 1/2｜12 8 3/7｜21 3/11｜20	7/23｜26 3/7｜16 16 0/7｜26 2/19｜26	18/38 42 12/20 18/46 12/24	22/43 44 9/34 30/52 18/49	37/72 85 20/43 55/81 36/63
合格	2/1午前一般 2/1午後一般 2/2午前一般 2/1午後特待生 2/2午後特待生	20 7 4 9 7	6/9｜12 1/0｜11 8 2/4｜13 2/4｜12	7/15｜17 2/2｜9 13 0/5｜15 0/3｜5	14/32 24 6/13 11/19 8/6	18/33 24 4/20 19/28 7/12	20/40 23 8/11 29/21 20/7
実質倍率	2/1午前一般 2/1午後一般 2/2午前一般 2/1午後特待生 2/2午後特待生	1.2 1.4 1.3 2.3 3.3	1.0/1.3｜1.1 1.0/ −｜1.1 1.0 1.5/1.8｜1.6 1.5/2.8｜1.7	1.0/1.5｜1.5 1.5/3.5｜1.8 1.2 − /1.4｜1.7 − /6.3｜5.2	1.3/1.2 1.8 2.0/1.5 1.6/2.4 1.5/4.0	1.2/1.3 1.8 2.3/1.7 1.6/1.9 2.6/4.1	1.9/1.8 3.7 2.5/3.9 1.9/3.9 1.8/9.0

＊2020年〜2021年2/1午前一般・2/2午前一般・2/1午前特待・2/2午前特待は4教科／2教科。2022年〜2024年2/1午前一般・2/5午後一般・2/1午後特待・2/2午後特待は4教科／2教科。
＊2024年補欠発表・追加合格…いずれもなし。

◉入試教科

4教科/2教科

②算数	50分/50分	100点/100点
①国語	50分/50分	100点/100点
③理科	あわせて 50分	50点/
③社会		50点/
合計	150分/100分	300点/200点

＊一般国算基礎は(各50分・各100点)合計200点。
＊適性は、Ⅰ・Ⅱ・Ⅲは、(Ⅰ・Ⅱ・Ⅲ各45分・各100点)合計300点。
＊エクスプレスは国・算・英から1科目選択(50分・総合判断)
＊ポテンシャル(作文30分・面接20分・総合判断)

合格最高点	一般		240/185点
	適性		200点
	国・算		194点
	2月1日特待		223/168点
	2月2日特待		248/179点
合格最低点	一般		189/126点
	適性	A特待	158点
		一般	135点
	2月1日特待	S	244/163点
		A	207/138点
		B	192/128点
		一般	148/ 99点
	国・算	A特待	186点
		一般	165点
	2月2日特待	S	258/172点
		A	226/151点
		B	198/132点
		一般	135/ 90点

◉受験併願パターン

偏差値	1月前半	1月後半	2月1日	2月2日	2月3日	2月4日以降
48			かえつ有明			跡見学園特3
47	開智所沢				日大第二2	東京電機大4
46			日大第二			明治学院3
45	星野学園2	日出学園2	順天A			
44				跡見学園2		淑徳巣鴨3
43	大妻嵐山特待					
42				中村特待2日午後		
41	西武文理3					
40			中村特待1日午後	文京学院大2	文京学院大3	
37		光英V			和洋九段女子5特	
35			神田女学園	神田女学園4		中村一般5日午前

入試問題の傾向とポイント

算数
計算問題2問、一行問題9問前後、大問2題の問題構成。基本的な問題が多く出題され、計算問題と一行問題だけで半分以上を占めるため、基礎力を身につけ、ミスをなくすことで十分合格点に達する。後半の大問では、式や考え方を要求されるので、過去問等で対策をしておきたい。

国語
漢字の書き取り10問に論説的随筆文・物語文という出題構成。随筆文は主に脱文補充・内容説明・文章の構成・筆者の考えを、物語文は主に場面説明・人物の心情把握を問われた。記述は3問程度。自分の考えを述べる作文問題も出題。わかりやすくまとめる練習が必要である。

理科
設問4題、生地物化からの出題。基本問題が中心の出題となっているので、ミスなく解き進められるよう、基礎基本を徹底的に鍛えておきたい。また、記述・作図問題が複数出題されているため、理由や考えを簡潔に正しく述べる練習や正しく作図する練習を積んでおきたい。

社会
大問4題構成。試験時間が理科と合わせて50分に対する設問数が多い。設問は記号選択の比率が高いが、記述問題が長文のものも含めて計5問出題されており、自分の考えを簡潔にまとめる能力が試されている。全体を通じて資料を用いた出題が多い。

日本女子大学附属中学校

■学校長／野中友規子　■創立／明治34年　■生徒数／749名
■所在地／〒214-8565 神奈川県川崎市多摩区西生田1-1-1
■ＴＥＬ／044-952-6705
■交通／読売ランド前駅（小田急線）徒歩10分。京王稲田堤駅からバスあり。

何学期制	週何日制	登校時刻	制服	給食	食堂 軽食販売	プール	寮	特待制度 奨学金等	帰国生 取出授業
中学3学期制 高校2学期制	5日制	8:50	中学のみあり	なし	食堂中高あり 販売中高あり	屋内	なし	なし	なし

沿　革

1901年、日本最初の女子大学である日本女子大学校設立と同時に併置された日本女子大学附属高等女学校が前身。1947年の学制改革によって、日本女子大学附属中学校となり、今日に至る。

教育方針と特色

創立以来の基本精神である「信念徹底・自発創生・共同奉仕」を現代に生かし、“自ら学ぶ姿勢を育てる”という考えのもとに、学習に積極的にとり組み、学習方法を発見していく生徒の育成に努めている。そのため、ホームルームやクラブにおいて、生徒の自発的な活動を奨励し、自発的生活態度や自治生活の運営を体得させるよう特別教育活動を実施。軽井沢三泉寮での、人間の生き方や将来の展望についての自覚を深めるプログラムはその一例である。学習指導は教科の特性に合わせ、習熟度別授業や個別指導を導入。高い学習効果を挙げている。
卒業生を招いての「キャリア教室」、バランスのとれた人間性を養う「芸術の鑑賞会」や必修科目である「バイオリンの授業」なども本校の特色ある教育である。

◉系列校

小	中	高	大（短大）
○	○	○	○

◉小学校からの内進生…91名
◉高校生外部募集………約130名

（完全混合クラス）

◉授業時間…1コマ夏50/冬45分・週30時間

	1年	2年	3年	計
国　語	4.3	4	4	12.3
社　会	3	3	4	10
数　学	4	4	4	12
理　科	3	4	4	11
英　語	5	5	5	15
5教科計	19.3	20	21	60.3

参考　高校1年生一週間の授業

英語=5　数学=5　国語=4
理科=6　社会=4

進学・進路

◉卒業生進路状況

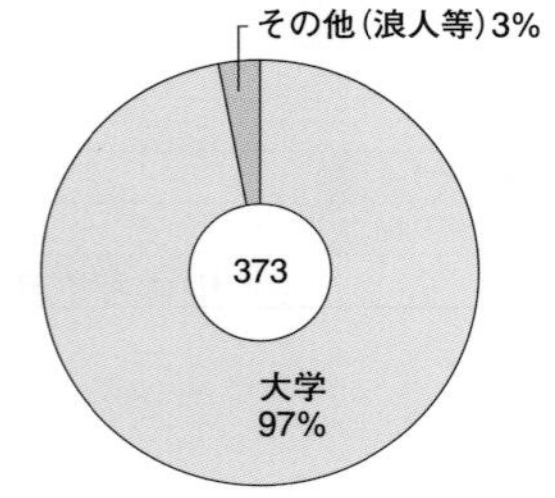

■進路選択状況（高３進級時）

データなし

■理系・文系進学状況

データなし

■共通テスト受験率

14%（0　50　100）

◉卒業までの流れ

小学校	中学校	高等学校	大学
日本女子大学附属 豊明小学校	日本女子大学附属 中学校	日本女子大学附属 高等学校（373）	日本女子大学　279 （家政96・文30・人間社会70・理17・国際文化33・建築デザイン33）

◉主な大学合格実績

大学名	'22	'23	'24	大学名	'22	'23	'24	大学名	'22	'23	'24	大学名	'22	'23	'24
東京大				千葉大				東京都立大	2	1		東京女子大	2		2
京都大				お茶の水女子大	1	1		横浜市立大	1			日本女子大	-	-	-
北海道大		1	1	東京外国語大		1		慶應義塾大	14	19	19	成蹊大		2	
東北大			1	電気通信大				早稲田大	21	14	12	成城大	2	1	3
名古屋大				東京学芸大	1	1		上智大	12	21	11	明治学院大		2	2
大阪大				東京農工大		1		東京理科大	11	4	11	國學院大		2	
九州大				東京芸術大	1	1		明治大	10	12	11	武蔵大			
東京工業大	1			東京医科歯科大			1	青山学院大	12	12	5	獨協大			
一橋大				東京海洋大				立教大	18	17	9	日本大	2	3	6
筑波大	1			横浜国立大		1		中央大	12	14	15	東洋大	1	1	
茨城大				山梨大		1		法政大	9	7	9	駒澤大	1	1	
宇都宮大				金沢大				学習院大	8	2	3	専修大	1	4	
群馬大				信州大	1			国際基督教大	1	1		芝浦工業大	4	4	2
埼玉大				国際教養大				津田塾大	2	1	5	東京都市大	2	1	1

入試要項・入試情報

◉2024年度の入試要項(参考)

	1回	2回
募集人員	約110名	約40名
選抜方法	国・算・社・理＋面接・通知表のコピー	
出願関連期間	1/6～1/26	1/6～2/2
試験日程	2/1	2/3
合格発表	Web 2/1 21:30頃～	Web 2/3 21:30頃～
入学手続	2/3 16:00まで	2/5 16:00まで

＊出願資格に「入学後保護者の元から通学できる者」とある。
＊1回・2回同時出願の場合、面接は1/20もしくは2/1より選択可。1/20の事前面接を選択する場合、出願は1/12まで。
＊2024年2月17日(土)実施の新入生保護者会に欠席の場合、入学辞退とみなされる。

面接 実施する。

◉費用(参考)

受験料		25,000円
入学手続時	入学金	250,000円
	授業料	—
	その他	95,000円
入学手続後～入学まで	授業料	—
	その他	134,580円
入学後1年	授業料	511,000円
	その他	326,000円
初年度納入金合計		1,316,580円
中学3年間費用計	約	3,109,580円

＊同時出願の受験料は、2回分で4万円。
＊入学辞退者は、3月29日12時までに申し出れば、施設設備費(1期分9万5千円)を返金。
＊修学旅行費・研修費等は別途。

◉最近6年間の入試応募者推移と倍率

年度		2019	2020	2021	2022	2023	2024
募集	①	約90	約90	約100	約100	約100	約100
	②	約40	約40	約40	約40	約40	約40
応募	①	186	248	274	248	245	231
	②	286	369	384	355	336	282
応募倍率	①	2.1	2.8	2.7	2.5	2.5	2.3
	②	7.2	9.2	9.6	8.9	8.4	7.1
受験	①	177	235	235	221	213	199
	②	137	209	195	183	163	118
合格	①	97	97	112	120	120	126
	②	69	68	47	48	59	53
実質倍率	①	1.8	2.4	2.1	1.8	1.8	1.6
	②	2.0	3.1	4.1	3.8	2.8	2.2

＊2024年補欠発表…なし。追加合格(電話)…あり、(1回)2月5日～2月12日、(2回)2月5日～2月9日。

◉入試教科

②算数	50分	60点
①国語	50分	60点
③理科	30分	40点
④社会	30分	40点
合計	160分	200点

合格最高点	①163点 ②166点
合格最低点	①109点 ②114点

私立 女子校

◉受験併願パターン

偏差値	1月前半	1月後半	2月1日	2月2日	2月3日	2月4日以降
58	淑徳与野		品川女子学院算数	法政第二		
56					恵泉女学園３	
54						山脇学園Ｃ
53						森村学園３
51			日本女子大附		日本女子大附２	
50				カリタス女子３		
47					日大第二２	
46				明治学院２		明治学院３
45				実践女子学園３		
44				桐光学園２		
43			大妻多摩２			

入試問題の傾向とポイント

算数
総設問数は20～25問程度。基本～標準レベルの問題を中心に、幅広い分野から出題される。計算と一行問題が約半数を占めるので、ミスなく得点したい。計算問題はやや複雑なものが出題されるので、計算力を鍛えること。後半の大問にも難問はなく、基礎をしっかりと身につければ十分対応できる。

国語
比較的長い物語文1題と、随筆文1題から構成されている。物語文は人物の心情理由や変化について、随筆文は傍線部の言い換えについて問われた。解答形式は抜き出しと記述が中心である。

理科
大問7～9題、生地物化からの出題。設問形式は、選択・計算・記述・作図と多岐にわたる。幅広い分野から基本問題が多く出題されるため、苦手な分野を作らないようにしたい。記述問題では単純な知識ではなく思考力が問われることがあるので、過去問演習などで対策を練りたい。

社会
例年同様に地歴中心の出題。今年は時事問題を切り口とした大問も見られたが、内容は基礎基本の知識問題である。写真・地図・グラフ・表などの資料を用いた設問が多いため、過去問演習で形式に慣れておきたい。毎年出題されている文章や表の空欄穴埋め形式の設問は、今年も複数出題された。

日本大学豊山女子中学校

■学校長／黛俊行　■創立／昭和61年　■生徒数／373名
■所在地／〒174-0064 東京都板橋区中台3-15-1
■ＴＥＬ／03-3934-2341
■交通／上板橋駅（東武東上線）徒歩15分。志村三丁目駅（都営三田線）徒歩15分。赤羽駅・練馬駅からスクールバスあり。

何学期制	週何日制	登校時刻	制服	給食	食堂 軽食販売	プール	寮	特待制度 奨学金等	帰国生 取出授業
3学期制	6日制	8:20	中高あり	なし	食堂なし 販売中高あり	なし	なし	あり	あり

沿　革

1889年、学祖山田顕義が日本文化の高揚を理想として日本大学を創立。1966年、日本大学で初めての付属女子校として、日本大学豊山女子高等学校を開校。1971年に理数科を併設し、理数系進学に成果を出している。1986年、同中学校を開校。

教育方針と特色

日本大学付属校のなかで唯一の女子校。5教科に特化したカリキュラム、少人数制授業、補習授業の充実、朝自習の実施、ノーチャイム制度など多くの特色がある。中学校の教育は、2017年度から「国際交流教育」と「キャリア教育」を2本の柱として新しくスタートした。将来、社会で、世界で、活躍する女性の育成をめざして体験型の学習を多く取り入れている。高校に特進クラスを新設し、高校入学時にA特進・N進学・理数Sの3つのクラスから進路選択できるようになった。付属校のメリットを生かし、日本大学での学部体験や実験実習、大学教授を招いての講義や講習会など中高大連携教育に力を入れている。

◉系列校

小	中	高	大（短大）
	○	○	○

◉併設小学校なし
◉高校生外部募集………140名
（完全混合クラス）

◉授業時間…1コマ50分・週34時間

	1年	2年	3年	計
国　語	5	5	5	15
社　会	4	4	4	12
数　学	5	5	6	16
理　科	4	4	4	12
英　語	7.5	6	8	21.5
5教科計	25.5	24	27	76.5

※英語は英会話を含む。

参考　高校1年生一週間の授業

英語=6　数学=7　国語=5
理科=6　社会=6
※N進学クラス

進学・進路

◉卒業生進路状況

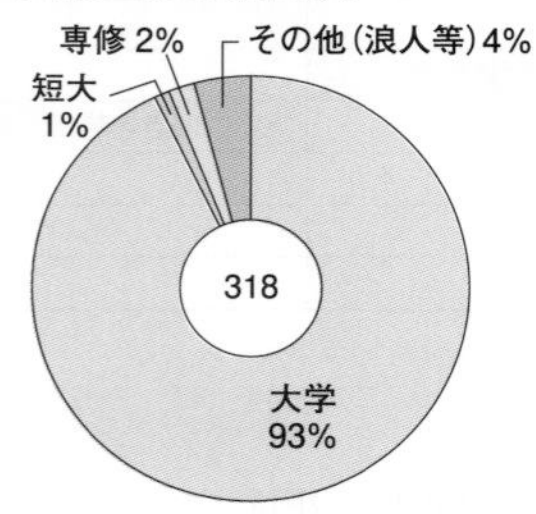

■進路選択状況（高３進級時）
データなし

■理系・文系進学状況
データなし

■共通テスト受験率
11%（0／50／100）

◉卒業までの流れ

小学校	中学校	高等学校	大学
	日本大学豊山女子中学校	日本大学豊山女子高等学校（318）	日本大学　170 （法21・文理27・経済32・商18・芸術15・国際関係2・医0・歯0・松戸歯0・理工13・生産工4・生物資源科23・工0・危機管理6・スポーツ科0・薬5・二部4） 日本大学短期大学部　1

◉主な大学合格実績

大学名	'22	'23	'24	大学名	'22	'23	'24	大学名	'22	'23	'24	大学名	'22	'23	'24
東京大				千葉大				東京都立大				東京女子大	1	1	
京都大				お茶の水女子大				横浜市立大				日本女子大	5	5	11
北海道大				東京外国語大				慶應義塾大			1	成蹊大	2	4	5
東北大				電気通信大				早稲田大				成城大	4	5	4
名古屋大				東京学芸大		1		上智大			1	明治学院大	1	5	
大阪大				東京農工大				東京理科大				國學院大	1	2	
九州大				東京芸術大				明治大			3	武蔵大		1	1
東京工業大				東京医科歯科大				青山学院大	6	4	6	獨協大			
一橋大				東京海洋大				立教大	2	3	5	日本大	-	-	-
筑波大				横浜国立大				中央大	1			東洋大	2	7	2
茨城大				山梨大				法政大	2	4	2	駒澤大	2	1	
宇都宮大				金沢大				学習院大			2	専修大			
群馬大				信州大				国際基督教大		1		芝浦工業大			1
埼玉大	1			国際教養大				津田塾大			2	東京都市大			

入試要項・入試情報

◉2024年度の入試要項(参考)

	4科・2科	適性検査型(特待生選抜を含)	算数1科(特待生選抜を含)	英語1科(特待生選抜を含)	2科①(特待生選抜を含)	2科選択型	英語インタビュー型	2科②(特待生選抜を含)	プレゼン(課題解決)型	2科③(特待生選抜を含)
募集人員	40名	10名	5名	5名	20名	20名	5名	15名	5名	5名
選抜方法	国・算または国・算・社・理	適性検査Ⅰ・Ⅱまたは適性検査Ⅰ・Ⅱ・Ⅲ	算数	英語(筆記+リスニング)	国・算	国・算・社・理から2教科選択	英語面接	国・算	プレゼンテーション・質疑応答	国・算
出願関連期間	12/20〜1/30					12/20〜2/2	12/20〜1/28	12/20〜2/2	12/20〜1/30	12/20〜2/5
試験日程	2/1午前		2/1午後			2/2午前		2/2午後		2/5午後
合格発表	Web 2/1 19:00〜	Web 2/2 8:00〜	Web 2/1 21:00〜			Web 2/2 19:00〜		Web 2/2 21:00〜		Web 2/5 21:00〜
入学手続	2/6 23:59まで	2/10 23:59まで	2/6 23:59まで							

＊英語1科入試・英語インタビュー型入試では英検3級以上(それに準ずる検定試験も可)を取得している場合、合格証を試験当日持参。優遇措置あり。

面接 実施する。

◉費用(参考)

受験料		20,000円
入学手続時	入学金	230,000円
	授業料	—
	その他	—
入学手続後〜入学まで	授業料	—
	その他	117,633円
入学後１年	授業料	474,000円
	その他	620,180円
初年度納入金合計		1,441,813円
中学３年間費用計	約	3,331,173円

＊複数回出願の受験料は、2回分は2万5千円、3回分は3万円、4回以上は3万5千円。

◉最近6年間の入試応募者推移と倍率

年度		2019	2020	2021	2022	2023	2024
募集	2/1AM4科2科①	45	2/1AM4科2科① 40	40	4科・2科 40	40	4科・2科 40
	2/1AM適性検査型	10	2/1AM適性検査 10	10	適性検査 10	10	適性検査 10
	2/1PM2科①	30	2/1PM2科① 25	25	2科① 25	25	2科① 20
	2/2AM4科2科①	25	2/2AM2科 25	25	2科選択 20	20	2科選択 20
	2/2PM2科②	20	2/2PM2科② 20	20	2科② 20	15	2科② 15
応募	2/1AM4科2科①	38/42	89	42/59	47/36	42/50	26/40
	2/1AM適性検査型	32	36	19	24	31	14
	2/1PM2科①	124	143	175	158	158	124
	2/2AM4科2科①	53/48	104	126	107	112	96
	2/2PM2科②	100	114	160	137	158	122
応募倍率	2/1AM4科2科①	1.8	2.2	2.5	2.1	2.3	1.7
	2/1AM適性検査型	3.2	3.6	1.9	2.4	3.1	1.4
	2/1PM2科①	4.1	5.7	7.0	6.3	6.3	6.2
	2/2AM4科2科①	4.0	4.2	5.0	5.4	5.6	4.8
	2/2PM2科②	5.0	5.7	8.0	6.9	10.5	8.1
受験	2/1AM4科2科①	36/41	81	38/55	42/30	32/46	21/38
	2/1AM適性検査型	31	36	19	23	30	14
	2/1PM2科①	120	136	163	151	147	109
	2/2AM4科2科①	12/13	35	65	45	58	31
	2/2PM2科②	39	55	92	71	91	49
合格	2/1AM4科2科①	32/26	45	22/21	23/20	17/25	17/26
	2/1AM適性検査型	28	35	17	21	21	11
	2/1PM2科①	111	121	97	98	93	97
	2/2AM4科2科①	9/10	30	33	26	22	26
	2/2PM2科②	35	47	56	56	62	43
実質倍率	2/1AM4科2科①	1.1/1.6	1.8	1.7/2.6	1.8/1.5	1.9/1.8	1.2/1.5
	2/1AM適性検査型	1.1	1.0	1.1	1.1	1.4	1.3
	2/1PM2科①	1.1	1.1	1.7	1.5	1.6	1.1
	2/2AM4科2科①	1.3/1.3	1.2	2.0	1.7	2.6	1.2
	2/2PM2科②	1.1	1.2	1.6	1.3	1.5	1.1

＊2019年2/1AM4科2科①・2/2AM4科2科①は4教科／2教科。2021年2/1AM4科2科①は4教科／2教科。2022年〜2024年4科・2科は4教科／2教科。
＊2024年補欠発表・追加合格…いずれもなし。

◉入試教科

4教科/2教科

②算数	50分/50分	100点/100点
①国語	50分/50分	100点/100点
④理科	30分/	60点/
③社会	30分/	60点/
合計	160分/100分	320点/200点

＊適性はⅠ・Ⅱ・Ⅲ(各45分・各100点)合計300点。又はⅢを除くⅠ・Ⅱのいずれか選択可。
＊プレゼンは課題解決発表(10分程度)、質疑応答(5分程度)の総合判断。
＊算数1科は60分・120点。英語1科は60分・100点。

合格最高点	4・2科	196/159点
	適性3・2科	224点/90点
	算	104点
	英	96点
	2科①	183点
	2科選択	154点
	2科②	162点
	2科③	179点
合格最低点	4・2科	150/94点
	適性3・2科	105点/非公表
	算	79点
	英	52点
	2科①	90点
	2科選択	93点
	2科②	84点
	2科③	86点

＊プレゼンは非公表。

◉受験併願パターン

偏差値	1月前半	1月後半	2月1日	2月2日	2月3日	2月4日以降
48			晃華学園	実践女子学園２		
47			桜美林１日午後		日大第二２	東京電機大４
46						
45	星野学園２					
44				跡見学園２		淑徳巣鴨３
43	大妻嵐山特待					十文字５
42	埼玉栄					
41	埼玉栄５			十文字４		
40	西武文理		日大豊山女子２科			
37		光英Ⅴ	日大豊山女子	和洋九段女子３	和洋九段女子５特	
35				東京家政大附４	東京家政大附５	東京家政大附６

入試問題の傾向とポイント

算数
計算問題を含む一行問題9問、大問3題の問題構成。問題数が少なめなので、ミスには十分注意したい。前半には基本的なレベルの問題が並ぶので、基礎基本を徹底して、確実に得点できるように過去問演習に臨みたい。後半はやや複雑な図形の問題やグラフの読み取りもみられる。

国語
雑問と読解2題(説明文・物語文)の構成。説明文は「言語ゲーム」という言葉のあり方が現代のSNSにおいてどのように展開されているか述べられた文章で、傍線部の内容説明や筆者の考えについて、また物語文では人物の言動やその理由、発言内容の説明などが問われた。

理科
大問4題、生地物化からの出題。基本的な内容が中心の出題となっているため、ミスなく解き進められるよう、基礎固めを徹底的に行っておきたい。選択問題が多いが、自分の考えや実験の考察が必要な記述問題が出題されることもある。焦らず解き進めていきたい。

社会
大問5題構成。記号選択の割合が高い。基礎基本を問うものが中心のため、『四科のまとめ』などを用いて、知識を定着させておきたい。時事問題についてはドイツでの原発廃止や北陸新幹線延伸などが問われた。その年のニュースや関連する項目についてはチェックしておきたい。

フェリス女学院中学校

■学校長／阿部素子　■創立／明治3年　■生徒数／551名
■所在地／〒231-8660 神奈川県横浜市中区山手町178
■ＴＥＬ／045-641-0242
■交通／石川町駅(JR根岸線・京浜東北線)徒歩7分。元町・中華街駅(みなとみらい線)徒歩10分。

何学期制	週何日制	登校時刻	制服	給食	食堂 軽食販売	プール	寮	特待制度 奨学金等	帰国生 取出授業
2学期制	5日制	8:20	中高あり	なし	食堂なし 販売中高あり	なし	なし	あり	なし

沿　革

1870年米国の改革派教会の婦人宣教師メアリー・エディー・キダー女史によって創立された日本最初の女子学校。1947年学制改革により中学校を、翌年に高等学校を設置。1950年フェリス女学院と改称し現在に至る。

教育方針と特色

キリスト教信仰に基づき、その精神を受け継いで、学力の水準の高さを絶えず維持し、伝統的に自由闊達を校風とする。毎朝礼拝を行い、宗教教育の中心である聖書の授業と礼拝とのかかわりを持つ音楽の授業は中・高6年間必修となっており、情操面での充実が図られる。各教科の学習内容は、生徒の関心を広め、さらに深い知識を習得させるという基本方針に基づき、それぞれ工夫されている。基礎的な力の充実を図るとともに、生徒の理解の程度に応じ、より進んだ内容の授業が行われている。学期は2学期制をとり、日曜日の教会出席を奨励するため、開校以来土曜日を休校日とする週5日制を守っている。

◉系列校

小	中	高	大(短大)
	○	○	○

◉併設小学校なし
◉高校生外部募集………なし

◉授業時間…1コマ45分・週33時間

	1年	2年	3年	計
国　語	5	4	5	14
社　会	3	4	4	11
数　学	4	5	5	14
理　科	4	4	4	12
英　語	6	5.75	6	17.75
5教科計	22	22.75	24	68.75

参考　高校1年生一週間の授業

英語=5　数学=5　国語=5
理科=6　社会=4

進学・進路

◉卒業生進路状況

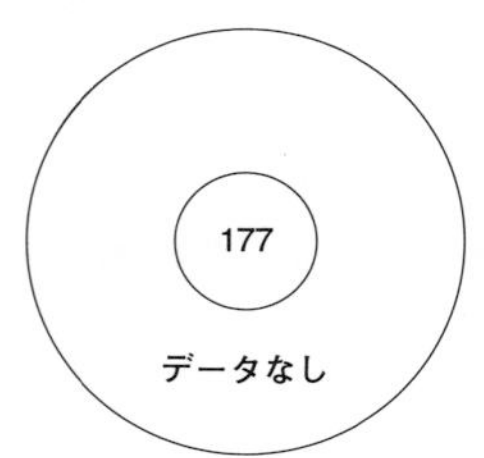

■進路選択状況（高３進級時）

データなし

■理系・文系進学状況

データなし

■共通テスト受験率

データなし

◉卒業までの流れ

小学校	中学校	高等学校	大学
	フェリス女学院中学校	フェリス女学院高等学校（177）	フェリス女学院大学　0

◉主な大学合格実績

大学名	'22	'23	'24	大学名	'22	'23	'24	大学名	'22	'23	'24	大学名	'22	'23	'24
東京大	10	9	6	千葉大	1		4	東京都立大		1	4	東京女子大	14	2	3
京都大	1	4	4	お茶の水女子大	3	1		横浜市立大	6	3	5	日本女子大	18	12	7
北海道大	3		3	東京外国語大		1		慶應義塾大	69	49	53	成蹊大	2	9	1
東北大	1	1	4	電気通信大	2	1		早稲田大	81	77	72	成城大	6	7	4
名古屋大				東京学芸大				上智大	36	47	47	明治学院大	10	25	21
大阪大		2	2	東京農工大		3		東京理科大	52	35	52	國學院大	3	6	4
九州大	1			東京芸術大	1		2	明治大	83	53	77	武蔵大		1	
東京工業大	5	4	5	東京医科歯科大	1	1		青山学院大	44	44	39	獨協大			
一橋大	5	1	4	東京海洋大			3	立教大	57	37	37	日本大	27	14	17
筑波大	2	3	1	横浜国立大	6	2	10	中央大	26	24	22	東洋大	10	9	6
茨城大				山梨大	1	1		法政大	30	22	39	駒澤大	5	2	3
宇都宮大				金沢大			1	学習院大	13	11	8	専修大	8	6	3
群馬大				信州大		2	1	国際基督教大	2			芝浦工業大	5	10	11
埼玉大	1			国際教養大	1		1	津田塾大	4	2	3	東京都市大	6	6	6

入試要項・入試情報

◉2024年度の入試要項（参考）

募集人員	180名
選抜方法	国・算・社・理＋人物考査（筆記）
出願期間	12/1〜1/14
試験日程	2/1
合格発表	Web 2/2 13:00〜
入学手続	2/3 15:00まで

＊志願資格に「入学後、保護者又は親権者のもとから通学できる者」とある。

面接 実施しない。

◉費用（参考）

受験料		25,000円
入学手続時	入学金	300,000円
	授業料	―
	その他	―
入学手続後〜入学まで	授業料	―
	その他	189,685円
入学後１年	授業料	516,000円
	その他	258,400円
初年度納入金合計		1,264,085円
中学３年間費用計	約	2,967,885円

＊入学辞退者は所定の手続きがなされた場合、3月31日15時を申請期限に、施設設備費（第二次手続時支払分10万円）を返金。

◉最近6年間の入試応募者推移と倍率

年度	2019	2020	2021	2022	2023	2024
募集	180	180	180	180	180	180
応募	441	405	435	464	450	431
応募倍率	2.5	2.3	2.4	2.6	2.5	2.4
受験	420	384	414	435	432	415
合格	200	195	200	200	200	205
実質倍率	2.1	2.0	2.1	2.2	2.2	2.0

＊2024年補欠発表…なし。追加合格（電話）…あり、〜2月16日頃。

◉入試教科

②算数	50分	100点
①国語	50分	100点
④理科	30分	60点
③社会	30分	60点
合計	160分	320点

合格最高点	非公表
合格最低点	非公表

私立 女子校

◉受験併願パターン

偏差値	1月前半	1月後半	2月1日	2月2日	2月3日	2月4日以降
70					慶應中等部	
69	栄東東大特待					
68				慶應湘南藤沢		
66					横浜市立ＹＳＦＨ	洗足学園３
65	浦和明の星女子			香蘭女学校２		
64			フェリス女学院			
60			神奈川大附	青学横浜英和Ｂ		
59					横浜共立学園Ｂ	神奈川大附３
58			品川女子学院算数	法政第二		
57			湘南白百合算数			
56				横浜雙葉２	恵泉女学園３	山手学院後期

入試問題の傾向とポイント

算数

15年以上変更のなかった大問数が4題に変更。大問数の減少、頻出の「円やおうぎ形」の問題がないなど、変更点が多く、戸惑った受験生も多かっただろう。全体を通して超難問はなく、典型題に一ひねり加えた問題が合否を分ける。適切な条件整理と図示、見やすい答案作成が必要。基礎基本を固めて典型題をマスターしつつ、解法の暗記だけでなく、本質を理解し、苦手分野を作らない学習を心がけたい。

国語

物語文、論説文、文法、漢字の読み書きの4題構成。総素問数20問のうち17問は心情に関する選択肢問題。論説文は短く読みやすい。記述問題は3問出題され、うち1問は自分の意見をまとめる200字記述の定番問題。普段から理由を明確にしながら自分の意見を述べたり書いたりする練習をしておきたい。

理科

生地物化の4分野から出題。化学分野と生物分野はミスなく得点したい。例年、大問4の地学が難しい。今回も複雑な問いが出題されているが、落ち着いて考えることができればそれほど難しくない。30分で解くには大変な量である上に、知識の丸暗記だけでは対応できない問題が多い。幅広くたくさんの演習を積むことが不可欠。

社会

ほとんどが地理・歴史の出題であり、政治国際の出題が少ない。記述問題はいずれも短文のうえ、難易度は高くないが、全体に占める比率は高いので、しっかり対策しておきたい。様々な統計資料を用いた問題が多いという特徴は今年も健在。知識をもとに、その場で思考する力が求められている。基礎・基本の定着を図るとともに、表面的な知識にとどまらない、出来事の背景や原因などにも触れた、深い理解が必要である。

富士見(ふじみ)中学校

■学校長／善本久子　■創立／昭和15年　■生徒数／751名
■所在地／〒176-0023 東京都練馬区中村北4-8-26
■ＴＥＬ／03-3999-2136
■交通／中村橋駅（西武池袋線）徒歩3分。鷺ノ宮駅、荻窪駅、阿佐ヶ谷駅から関東バス「中村橋」下車。

何学期制	週何日制	登校時刻	制服	給食	食堂 軽食販売	プール	寮	特待制度 奨学金等	帰国生 取出授業
3学期制	6日制	8:25	中高あり	なし	食堂なし 販売中高あり	屋内	なし	あり	なし

沿　革

1924年、富士見高等女学校として発足。1940年に山崎学園が設立、経営を引き継ぐ。1947年には、学制改革により富士見中学校となる。2011年に高校募集を停止し、完全中高一貫体制となる。

教育方針と特色

建学の精神として「純真」「勤勉」「着実」を掲げ、「社会に貢献できる自立した女性の育成」を目指す。これを実現するために必要な力を「17の力」に細分化し、中高６カ年のありとあらゆる教育活動の中で育んでいく。

中でも、探究学習は各成長段階に併せて６年間のプログラムがあり、中学では「問う」「調べる」「伝える」という基本スキルを各授業ともリンクしながら身につけていき、高校ではより社会に目を向け、自分のキャリアについて考えていく。

学びは校内だけに限らず、様々な外部連携を実施。高大連携としては2020年から東京理科大学と提携し、理系に興味・関心を広げ深める様々なプログラムを実施。また、地域や企業との連携も積極的に行い、自ら外部のコンテストに参加し学びを深める生徒が増えている。

校内でのグローバル企画や海外研修・留学の経験から、将来の活躍の場を海外で考える生徒の声に対応するため、グローバルセンターという専門部署を設置。英語圏だけではなく、アジア圏とも姉妹校の締結をし、学びの場を広げている。

◉系列校

小	中	高	大（短大）
	○	○	

◉併設小学校なし
◉高校生外部募集………なし

◉授業時間…1コマ50分・週34時間

	1年	2年	3年	計
国　語	4	5	5	14
社　会	3	3	4	10
数　学	5	5	5	15
理　科	4	4	4	12
英　語	6	6	7	19
5教科計	22	23	25	70

参考　高校1年生一週間の授業

英語=6　数学=6　国語=5
理科=6　社会=4

進学・進路

◉卒業生進路状況

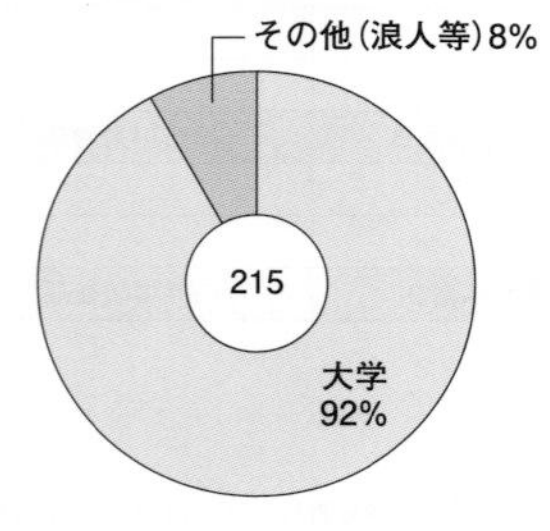

■進路選択状況（高３進級時）

理系 44%　文系 56%

■理系・文系進学状況

理系 43%　文系 57%

■共通テスト受験率

99%

◉卒業までの流れ

小学校	中学校	高等学校	大学
	富士見中学校	▶富士見高等学校（215）	

◉主な大学合格実績

大学名	'22	'23	'24	大学名	'22	'23	'24	大学名	'22	'23	'24	大学名	'22	'23	'24
東京大			1	千葉大				東京都立大	7	6	3	東京女子大	43	18	27
京都大				お茶の水女子大	2	2	1	横浜市立大	1			日本女子大	27	30	33
北海道大	1	3		東京外国語大	2	2	1	慶應義塾大	6	10	11	成蹊大	33	14	26
東北大	2			電気通信大		1		早稲田大	35	25	17	成城大	12	10	14
名古屋大				東京学芸大	1	2	2	上智大	32	13	23	明治学院大	15	12	18
大阪大		1		東京農工大	4	2	1	東京理科大	20	37	31	國學院大	8	7	12
九州大			1	東京芸術大			1	明治大	68	50	55	武蔵大	29	25	27
東京工業大				東京医科歯科大		1	1	青山学院大	24	28	18	獨協大	2	7	4
一橋大	2		1	東京海洋大		1		立教大	85	64	54	日本大	36	85	29
筑波大	3	2	3	横浜国立大		1	2	中央大	29	29	35	東洋大	97	78	100
茨城大				山梨大			2	法政大	54	66	52	駒澤大	13	15	19
宇都宮大	1	1	1	金沢大				学習院大	18	13	12	専修大	16	9	18
群馬大				信州大	1		1	国際基督教大	1	2	1	芝浦工業大	28	16	17
埼玉大	1	6		国際教養大		1	1	津田塾大	11	5	10	東京都市大		5	5

入試要項・入試情報

◉2024年度の入試要項(参考)

	1回	2回	算数1教科入試	3回
募集人員	100名	80名	20名	40名
選抜方法	国・算・社・理		算数	国・算・社・理
出願関連期間	12/20〜1/31	12/20〜2/1		12/20〜2/2
試験日程	2/1午前	2/2午前	2/2午後	2/3午前
合格発表	Web 2/1 19:00〜	Web 2/2 19:00〜	Web 2/2 20:00〜	Web 2/3 19:00〜
入学手続	2/6 15:00まで			

◉費用(参考)

受験料		23,000円
入学手続時	入学金	245,000円
	授業料	—
	その他	52,000円
入学手続後 〜入学まで	授業料	—
	その他	199,635円
入学後１年	授業料	492,000円
	その他	481,200円
初年度納入金合計		1,469,835円
中学３年間費用計　約		3,242,235円

＊算数1科の受験料は1万円、帰国生は2万円。
＊一般入試を同時出願し、早い回で合格し入学手続きを完了した場合、未受験分の受験料を返金。(条件あり)
＊2月の新入生保護者会までに辞退した場合、設備費を返金。

面接 実施する。

◉最近6年間の入試応募者推移と倍率

年度		2019	2020	2021	2022	2023	2024
募集	① ② ③	100 80 60	① 100 ② 80 ③ 40 算数 20	100 80 40 20	100 80 40 20	100 80 40 20	100 80 40 20
応募	① ② ③	268 401 302	233 394 264 199	270 425 303 309	332 486 333 237	306 440 312 216	313 430 303 234
応募倍率	① ② ③	2.7 5.0 5.0	2.3 4.9 6.6 10.0	2.7 5.3 7.6 15.5	3.3 6.1 8.3 11.9	3.1 5.5 7.8 10.8	3.1 5.4 7.6 11.7
受験	① ② ③	262 338 237	228 298 177 143	263 331 208 228	321 392 226 186	300 347 207 158	289 317 206 178
合格	① ② ③	117 133 85	113 142 58 89	114 133 54 74	126 147 64 61	114 139 59 67	121 141 58 73
実質倍率	① ② ③	2.2 2.5 2.8	2.0 2.1 3.1 1.6	2.3 2.5 3.9 3.1	2.5 2.7 3.5 3.0	2.6 2.5 3.5 2.4	2.4 2.2 3.6 2.4

＊2024年補欠発表…なし。追加合格(電話)…(1回)7名、(2回)9名、(3回)10名、いずれも2月6日〜2月13日。

◉入試教科

②算数	50分	100点
①国語	50分	100点
④理科	40分	60点
③社会	40分	60点
合計	180分	320点

＊算数1科は60分・100点。

合格最高点	① 267点 ② 273点 算 100点 ③ 288点
合格最低点	① 203点 ② 205点 算 59点 ③ 208点

私立 女子校

◉受験併願パターン

偏差値	1月前半	1月後半	2月1日	2月2日	2月3日	2月4日以降
57				富士見算数		大妻４
56	大宮開成２					
54					富士見３	
53			恵泉女学園			
52		国府台女子学院	三輪田学園午後	富士見２		
51					淑徳２Ｓ特	東洋大京北４
50	西武文理特待		富士見	大妻中野３アド	三輪田学園３	
49						跡見学園特４
48	星野学園理数２	八千代松陰ＩＧＳ				
46			宝仙学園新４科	宝仙学園２		明治学院３
45	星野学園２		十文字２	実践女子学園３		大妻中野新思考

入試問題の傾向とポイント

算数
計算＋一行問題8問、大問3題程度の構成。前半は基本〜標準的な問題が多いが、後半は複雑な図形の問題や数に関する問題など、思考力を要する問題も出題されるので、時間配分に注意が必要。考え方や途中式を書かせる問題が必ず1問出題されるので、考え方をまとめて解く練習をしておくこと。

国語
説明文と物語文と書き取り10問という問題構成はほぼ例年通り。説明文は筆者の考えへの理解度を言い換え・内容合致などの設問で試された。物語文は人物の様子や言動の意味・心情とその理由などを、記号選択のほか記述する形でも問われた。

理科
大問4題、生地物化からの出題。設問形式は、選択・計算・記述・作図と多岐にわたる。一般的な入試問題から一歩踏み込んだ内容の問題が出されることがあるが、基本的な知識と問題中の情報から解答できる。しっかりと過去問演習を行うことで、慣れておきたい。

社会
大問2題構成。例年同様、大問1・大問2ともに1ページ程度の文章を用いたもの。政治の設問数は少ない。用語記述はほとんど漢字指定となっているので、正確に漢字で答えられるよう学習しておくことが大切。表やグラフ、写真史料などを用いた問題が多い。

普連土学園中学校

(ふれんどがくえん)

■学校長／青木直人　■創立／明治20年　■生徒数／394名
■所在地／〒108-0073 東京都港区三田4-14-16　■ＴＥＬ／03-3451-4616
■交通／田町駅（JR山手線など）徒歩8分。三田駅（都営浅草線・三田線）徒歩7分。
白金高輪駅（東京メトロ南北線、都営三田線）徒歩10分。

何学期制	週何日制	登校時刻	制服	給食	食堂 軽食販売	プール	寮	特待制度 奨学金等	帰国生 取出授業
2学期制	5日制	8:00	中高あり	なし	食堂なし 販売中高あり	なし	なし	あり	なし

沿　革

1887年、米国フィラデルフィアのキリスト教フレンド派（クエーカー）の人々により創立。当時アメリカに留学中の新渡戸稲造と内村鑑三の助言により普連土学園が発足する。1947年の学制改革を経て現在に至る。

教育方針と特色

フレンド派の創始者ジョージ・フォックスの言葉 “Let Your Lives Speak” をモットーに、あらゆる権威・伝統からの「自由」、神の前での「平等」、粘り強い「対話」、絶対的「平和主義」という普遍的な価値観を共有する。一日の営みは、毎朝20分の礼拝をもってはじまる。とくに週一回は「沈黙の礼拝」を守り、「内なる光」と呼ぶ神からの直接の語りかけに耳を澄ます。
常駐のネイティブスピーカーの指導、世界各地からの来訪者や留学生との交わりを通し、あらゆる隔ての壁を超え、世界中の人々と連帯出来る国際的な感覚、異質なものに対する寛容な態度、培った力を他者のために用いる献身的な生き方を養う。高校の国語・英語・数学での習熟度別授業や、少人数の多彩な選択授業等の練られたカリキュラムに基づき、多様な進路に対応できる指導がおこなわれている。

◉系列校

小	中	高	大(短大)
	○	○	

◉併設小学校なし
◉高校生外部募集………なし

◉授業時間…1コマ45分・週35時間

	1年	2年	3年	計
国　語	5	5	5	15
社　会	3	3	4	10
数　学	5	5	5	15
理　科	4	4	4	12
英　語	6	6	6	18
5教科計	23	23	24	70

参考　高校1年生一週間の授業

英語=6　数学=5　国語=5
理科=6　社会=4

進学・進路

◉卒業生進路状況

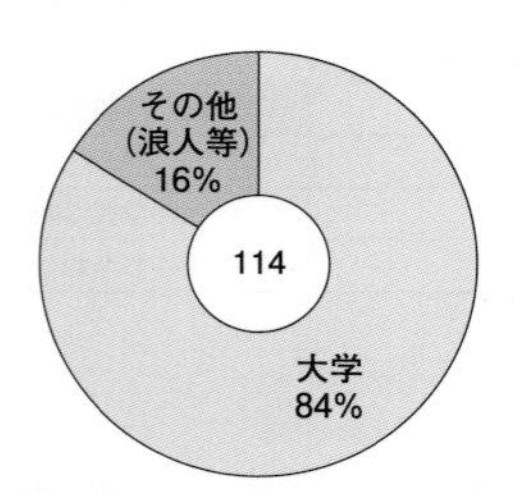

■進路選択状況（高３進級時）

理系 48%　文系 45%

■理系・文系進学状況

理系 48%　文系 46%

■共通テスト受験率

71%

◉卒業までの流れ

小学校	中学校	高等学校	大学
	普連土学園中学校 ▶	普連土学園高等学校 (114)	

◉主な大学合格実績

大学名	'22	'23	'24	大学名	'22	'23	'24	大学名	'22	'23	'24	大学名	'22	'23	'24
東京大				千葉大	1		1	東京都立大	1	2	1	東京女子大	23	13	29
京都大				お茶の水女子大	2	3		横浜市立大				日本女子大	22	7	9
北海道大			2	東京外国語大	1	2		慶應義塾大	13	25	10	成蹊大	6	9	9
東北大			2	電気通信大				早稲田大	20	20	22	成城大	4	10	8
名古屋大				東京学芸大				上智大	11	21	14	明治学院大	17	19	17
大阪大				東京農工大				東京理科大	9	9	10	國學院大	5	6	2
九州大				東京芸術大	1		1	明治大	22	25	20	武蔵大		4	
東京工業大				東京医科歯科大				青山学院大	8	15	13	獨協大	3		1
一橋大		1		東京海洋大	1		2	立教大	25	35	34	日本大	18	12	9
筑波大		2		横浜国立大				中央大	8	7	12	東洋大	8	26	28
茨城大				山梨大				法政大	17	14	29	駒澤大	4	5	2
宇都宮大				金沢大		1		学習院大	13	6	15	専修大	9	22	6
群馬大				信州大	1			国際基督教大	1	1		芝浦工業大	3	4	23
埼玉大				国際教養大				津田塾大	3	6	6	東京都市大	4	3	4

入試要項・入試情報

◉2024年度の入試要項(参考)

	1日午前4科	1日午後算数	2日午後2科	4日午前4科
募集人員	50名	20名	30名	20名
選抜方法	国・算・社・理	算数	国・算	国・算・社・理
出願関連期間	12/20〜1/31		12/20〜2/1	12/20〜2/3
試験日程	2/1午前	2/1午後	2/2午後	2/4午前
合格発表	Web 2/1 21:00〜	Web 2/1 23:00〜	Web 2/3 2:00〜	Web 2/4 21:00〜
入学手続	2/4 16:00まで		2/6 16:00まで	

面接 実施する。

◉費用(参考)

受験料		25,000円
入学手続時	入学金	300,000円
	授業料	—
	その他	—
入学手続後〜入学まで	授業料	—
	その他	100,460円
入学後1年	授業料	459,600円
	その他	502,000円
初年度納入金合計		1,362,060円
中学3年間費用計　約		3,115,260円

＊1日午後算数は1万円。
＊1日午後算数以外の複数回同時出願の受験料は、2回分は4万円、3回分は5万5千円。
＊入学金分納あり、手続締切日までに20万円を納入し、残金10万円は2月8日16時まで延納可。

◉最近6年間の入試応募者推移と倍率

年度		2019	2020	2021	2022	2023	2024
募集	1日午前	50	50	50	50	50	50
	1日午後算	20	20	20	20	20	20
	2日午後	30	30	30	30	30	30
	4日午前	20	20	20	20	20	20
応募	1日午前	138	119	122	107	99	142
	1日午後算	299	284	276	367	266	344
	2日午後	415	319	317	304	226	361
	4日午前	229	203	222	206	168	284
応募倍率	1日午前	2.8	2.4	2.4	2.1	2.0	2.8
	1日午後算	15.0	14.2	13.8	18.4	13.3	17.2
	2日午後	13.8	10.6	10.6	10.1	7.5	12.0
	4日午前	11.5	10.2	11.1	10.3	8.4	14.2
受験	1日午前	125	107	113	99	90	127
	1日午後算	274	261	259	343	247	317
	2日午後	250	169	159	156	107	227
	4日午前	127	109	115	108	75	175
合格	1日午前	61	58	64	59	61	60
	1日午後算	143	177	197	249	188	220
	2日午後	131	79	74	84	71	88
	4日午前	42	54	48	45	54	35
実質倍率	1日午前	2.1	1.8	1.8	1.7	1.5	2.1
	1日午後算	1.9	1.5	1.3	1.4	1.3	1.4
	2日午後	1.9	2.1	2.1	1.9	1.5	2.6
	4日午前	3.0	2.0	2.4	2.4	1.4	5.0

＊2024年補欠発表…なし。追加合格(電話)…(1日午前)1名、2月9日、(1日午後算)1名、2月8日、(2日午後)4名、2月6日〜2月8日、(4日午前)14名、2月6日〜2月9日。

◉入試教科

4教科/2教科

①②算数	60分/50分	100点/100点
②①国語	60分/50分	100点/100点
③　理科	30分/	75点/
④　社会	30分/	75点/
合計	180分/100分	350点/200点

＊実施順は左が4教科、右が2教科。
＊算数は(50分・100点)。

合格最高点	①	282点
	②算	92点
	③	167点
	④	291点
合格最低点	①	214点
	②算	58点
	③	112点
	④	209点

私立 女子校

◉受験併願パターン

偏差値	1月前半	1月後半	2月1日	2月2日	2月3日	2月4日以降
57			普連土算数			
56						淑徳与野2
55		芝浦工大柏		普連土2日午後		
54	江戸川取手難					
53					東京女学館4	
52	青学ルーテル	国府台女子学院	三輪田学園午後	共立女子2日		
51	茗溪学園			恵泉女学園2		普連土4日午前
50			普連土1日午前		三輪田学園3	
48		昭和学院アド			大妻中野4アド	国府台女子学院2
46	国府台女子学院推		神奈川学園A午後	駒込3		
45		日出学園2	十文字2	光塩女子学院2		

入試問題の傾向とポイント

算数　計算3問、一行問題3問、大問4題の問題構成。最後の大問は対話文の空所補充形式の問題。一見取り組みにくい問題だが、順を追って考えていけば十分対応できるので、形式によく慣れておくことが大切。試験時間は60分と長めだが、ほとんどの問題で途中式を要求されるので注意が必要。

国語　説明文と物語文それぞれ1題ずつと、漢字の読み書き・文法・部首などを含む雑問3題が出題された。説明文は理由や言い換えについて、物語文は人物の心情や言動の理由について問われた。読解の解答形式は記述が中心であるが、5択の選択肢や抜き出しもみられる。

理科　大問4題、生地物化からの出題。設問形式は、選択・計算・記述・作図と多岐にわたる。典型的な問題が多いが、幅広い範囲からの出題となるため、基礎基本を固めて苦手分野がないようにしたい。生物分野では見慣れないテーマとなる傾向があるため、過去問演習を行っておきたい。

社会　大問4題構成ですべてが融合問題である。文章中の空らんを埋める用語記述や記号選択は基礎・基本を身につけていれば十分に対応できる。記述問題はグラフや写真などの資料を参考にして解答するものも見られた。資料を読み取り、簡潔に説明する必要があるため、記述対策も重要。

文京学院大学女子中学校

（ぶんきょうがくいんだいがくじょし）

■学校長／清水直樹　■創立／大正13年　■生徒数／287名
■所在地／〒113-8667 東京都文京区本駒込6-18-3
■ＴＥＬ／03-3946-5301
■交通／駒込駅（JR山手線、東京メトロ南北線）徒歩5分。巣鴨駅（JR山手線、都営三田線）徒歩5分。

何学期制	週何日制	登校時刻	制服	給食	食堂 軽食販売	プール	寮	特待制度 奨学金等	帰国生 取出授業
2学期制	6日制	8:35	中高あり	中学のみあり	食堂条件付 販売条件付	なし	なし	あり	あり

沿　革

関東大震災の翌年の1924年（大正13年）「女性の自立」を掲げて、島田依史子によって開学し、2024年に創立100周年を迎えました。自立の手段として学んだ「運針」に現在も全校で取り組んでいます。また、1960年（昭和35年）の海外教育視察を機に、女性の国際社会進出に備えて「ペン習字」や日本の伝統教育を体得するための「礼法（茶道・華道）」を授業に取り入れています。2012年文部科学省より都内女子校で初めて「スーパーサイエンスハイスクール」、2015年「スーパーグローバルハイスクールアソシエイト」、2024年には「DXハイスクール」の指定を受けました。また、2021年に教育提携を結んだアオバジャパン・インターナショナルスクールとは、「学びと施設の共有」を掲げ、「藍 indigo project」をはじめとする協働で学ぶ機会を多く設けています。

教育方針と特色

「伝統教育」「グローバル教育」「探究的な学び」を中心に据え、ITCを活用した教育活動を展開しています。
同じ校舎で学ぶアオバジャパン・インターナショナルスクールと日常的に交流し（One day 留学、After School Programなど）、ネイティブ教員は、英語教育を担うだけでなく、担任（高校Sクラス）、学年サポート、部活動顧問を務め、学校生活全般に広くかかわります。日本人教員とペアで行うコラボ授業（音・体・理・社）も担当します。MOU協定を結ぶ5カ国8校をはじめ、オーストラリア語学研修、各種留学など、海外で学ぶためのプログラムも充実しています。また、探究的な学びは、中1で主に言語運用、中２では数理分析・情報活用について学び、中３でSDGsの中からテーマを選び、個人またはグループで研究活動に着手します。高校入学後は、ゼミ形式で全員が個人研究を行い、外部大会にも挑みます。入賞結果は、文理問わず難関大学進学につながりました。
理系への進学希望者も年々増え、研究活動が充実、高度になっています。JSEC（高校生・高専生科学技術チャレンジ）には継続的に挑戦し、2023年、ISEF2023（リジェネロン国際学生科学技術フェア／アメリカ・ダラス開催）材料科学部門で４等に入賞、文部科学大臣表彰受賞に結びつきました。

◉系列校

小	中	高	大（短大）
	○	○	○

◉併設小学校なし
◉高校生外部募集………125名

（完全混合クラス）

◉授業時間…1コマ50分・週35時間

	1年	2年	3年	計
国　語	5	5	4	14
社　会	3	3	4	10
数　学	4	5	5	14
理　科	4	4	5	13
英　語	6	6	6	18
5教科計	22	23	24	69

参考　高校1年生一週間の授業

英語=6　数学=5　国語=4
理科=4　社会=4

※国際教養コース

進学・進路

◉卒業生進路状況

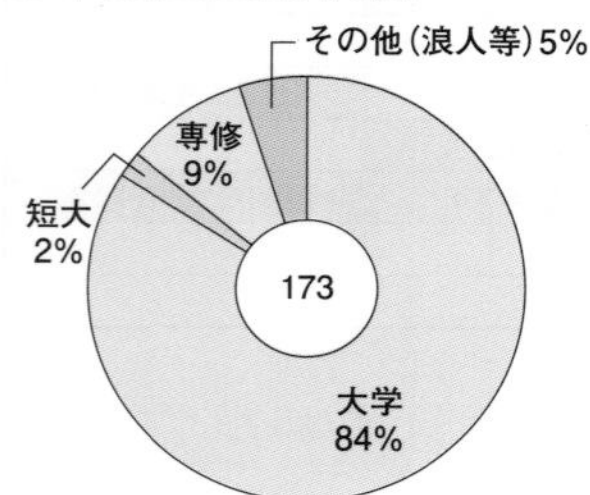

■進路選択状況（高３進級時）

理系 42%　文系 50%

■理系・文系進学状況

データなし

■共通テスト受験率

16%

◉卒業までの流れ

小学校	中学校	高等学校	大学
	文京学院大学女子中学校	文京学院大学女子高等学校（173）	文京学院大学　24

◉主な大学合格実績

大学名	'21	'23	'24	大学名	'21	'23	'24	大学名	'21	'23	'24	大学名	'21	'23	'24
東京大				千葉大				東京都立大	1			東京女子大	1	4	3
京都大				お茶の水女子大				横浜市立大				日本女子大	2	3	5
北海道大				東京外国語大				慶應義塾大	1		1	成蹊大	6	3	5
東北大				電気通信大			1	早稲田大		1	2	成城大	3	5	4
名古屋大				東京学芸大				上智大	3	1	3	明治学院大	5	2	2
大阪大				東京農工大				東京理科大				國學院大	3	7	3
九州大				東京芸術大				明治大	2	2		武蔵大			2
東京工業大				東京医科歯科大				青山学院大	4	1	1	獨協大	3	1	1
一橋大				東京海洋大				立教大	5	3	4	日本大	11	4	4
筑波大				横浜国立大				中央大	4	1	1	東洋大	2	6	9
茨城大				山梨大				法政大	4	4	1	駒澤大	2	3	3
宇都宮大				金沢大				学習院大	4	3	4	専修大	4	3	3
群馬大				信州大				国際基督教大			1	芝浦工業大			2
埼玉大				国際教養大				津田塾大	1	1	2	東京都市大			1

入試要項・入試情報

◉2024年度の入試要項(参考)

	ポテンシャル①(文京学院方式)	特待選抜①	ポテンシャル②(文京学院方式)	ポテンシャル③(文京学院方式)	特待選抜②	適性検査型	探究プレゼン型	英語インタラクティブ
募集人員	60名	15名	10名	5名	若干名	適性検査型・探究プレゼン型・英語インタラクティブ 計15名		
選抜方法	国・算または国・算＋選択問題	国・算	国・算または国・算＋選択問題		国・算	適性検査Ⅰ 適性検査Ⅱ	プレゼンテーション・質疑応答	ネイティブスピーカーとの英語を用いた活動
出願関連期間	12/20～1/31		12/20～2/2	12/20～2/3	12/20～2/4	12/20～1/31		
試験日程	2/1午前	2/1午後	2/2午後	2/3午後	2/4午後	2/1午前	2/1午後	
合格発表	Web 2/1 21:30～	Web 2/1 22:00～	Web 2/2 20:00～	Web 2/3 20:00～	Web 2/4 20:00～	Web 2/1 21:30～		
入学手続	2/2 18:00まで	2/6 18:00まで						

＊ポテンシャル入試の選択問題は理科2題、社会2題、英語2題の計6題から2題以上を選択する。

面接 実施する。

◉費用(参考)

受験料		23,000円
入学手続時	入学金	250,000円
	授業料	—
	その他	—
入学手続後～入学まで	授業料	—
	その他	240,150円
入学後１年	授業料	421,200円
	その他	284,400円
初年度納入金合計		1,195,750円
中学３年間費用計 約		2,847,250円

＊複数回同時出願の場合、受験料は2万3千円。
＊適性検査型・探求プレゼン型・英語インタラクティブ入試の複数回出願の場合、受験料は1万3千円。
＊特定試験回で公立一貫校を併願の場合、延納届の提出で2月10日13時まで入学金の延納可。

◉最近6年間の入試応募者推移と倍率

年度		2019	2020	2021	2022	2023	2024
募集	①	70	① 70	① 60	60	60	① 60
	②	15	② 10	② 15	15	15	特待選抜① 15
	③	10	③ 5	③ 10	10	10	② 10
	④	5	得意型文京 15	④ 5	5	5	③ 5
	特別チャレンジ	5	得意型2科 若干	特待チャレンジ 若干	若干	若干	特待選抜② 若干
応募	①	115	91	98	110	92	89
	②	118	101	100	102	105	78
	③	130	107	108	130	107	118
	④	142	100	114	137	114	107
	特別チャレンジ	115	5	81	90	66	106
応募倍率	①	1.6	1.3	1.6	1.8	1.5	1.5
	②	7.9	10.1	6.7	6.8	7.0	5.2
	③	13.0	21.4	10.8	13.0	10.7	11.8
	④	28.4	6.7	22.8	27.4	22.8	21.4
	特別チャレンジ	23.0	—	—	—	—	—
受験	①	103	86	86	91	84	81
	②	79	14	89	83	87	67
	③	15	12	15	25	22	22
	④	12	91	13	16	13	14
	特別チャレンジ	23	5	16	19	13	11
合格	①	83	74	72	73	73	70
	②	50	11	35	40	35	32
	③	9	9	10	16	15	15
	④	7	38	9	11	10	11
	特別チャレンジ	15	4	10	12	8	6
実質倍率	①	1.2	1.2	1.2	1.2	1.2	1.2
	②	1.6	1.3	2.5	2.1	2.5	2.1
	③	1.7	1.3	1.5	1.6	1.5	1.5
	④	1.7	2.4	1.4	1.5	1.3	1.3
	特別チャレンジ	1.5	1.3	1.6	1.6	1.6	1.8

＊2024年補欠発表・追加合格…いずれも詳細不明。

◉入試教科

4教科/2教科

②算数	50分/50分	100点/100点
①国語	50分/50分	100点/100点
③理科	あわせて30分	50点/
③社会		50点/
合計	130分/100分	300点/200点

＊①③④の2科+選択は、国・算(各50分・各100点) +理・社・英(30分・各2題・各題25点)から2題以上選択で250点満点。選択は得点の高い2題を得点。
＊特待2科は国・算(各50分・各100点) 200点満点。ただし国又は算の得点の高い方を2倍して300点満点で判定。
＊適性Ⅰ・Ⅱ(各45分・各100点)200点満点。
＊探究プレゼンは事前テーマ後にレポート＋プレゼン(10分)合計100点。
＊英語はネイティブスピーカーと受験生数名で英語活動(50分)100点。

合格最高点	①2科	181点
	①2科選択	228点
	英語	100点
	適性	非公開
	②特待	—点
	③2科	166点
	③2科選択	207点
	④2科	166点
	④2科選択	225点
	特待	255点
合格最低点	①2科	104点
	①2科選択	129点
	英語	65点
	適性	非公開
	②特待	—点
	③2科	99点
	③2科選択	143点
	④2科	99点
	④2科選択	148点
	特待	168点

＊探究プレゼンは非公表。

◉受験併願パターン

偏差値	1月前半	1月後半	2月1日	2月2日	2月3日	2月4日以降
52	青学ルーテル			共立女子２日	かえつ有明３特待	
50			富士見	跡見学園特２		
49			淑徳１Ｓ特	淑徳巣鴨スカラ２		跡見学園特４
48	星野学園理数２					
47					淑徳巣鴨スカラ３	
46			日大第二		日大第二２	順天３多面的
43	大妻嵐山特待		跡見学園			十文字５
42	春日部共栄４特待			江戸川女子基礎２		
41				十文字３	江戸川女子３	文京学院大特待２
40	西武文理	和洋国府台女子	文京学院大２	文京学院大３		
35	西武台新座			京華女子２	東京家政大５	東京家政大６

入試問題の傾向とポイント

算数
計算問題7問、一行問題7問、大問2題の問題構成。計算問題、一行問題では、基本レベルから標準レベルまで幅広い出題がみられる。後半の大問はオーソドックスな出題が並ぶので、基礎基本を徹底して、確実に得点できるよう苦手分野をつくらずに過去問演習に臨みたい。

国語
物語文と説明文の読解2題(漢字の読みも含む)に言語事項(敬語・修飾語・四字熟語など6問)と書き取り10問という出題構成。物語文は主に場面説明・心情の変化を、説明文は主に内容説明・内容一致・筆者の考えを問われた。記号選択問題中心で記述は2問程度出題。

理科
設問2題、大問1は生地物化の小問集合、大問2は生地物化のいずれかから1題出題される。いずれも基本問題なので、日頃から基礎固めを意識した学習を行い、ミスなく解き進めていきたい。なお、理科・社会・英語から2題ずつ合計6題出題され、そこから2題以上選んで解答する形式である。

社会
社会・理科・英語それぞれ大問2題構成の計6題のうち、2題を選ぶ形式で、試験時間は30分である。社会は計10問のうち、記号選択が6問、用語記述が4問だった。1問5点という高得点であり、いずれもきわめて基礎的な問いであるため、全問正解を目標としたい。

私立 女子校

聖園女学院中学校

（みそのじょがくいん）

■学校長／ミカエル・カルマノ　■創立／昭和21年　■生徒数／226名
■所在地／〒251-0873 神奈川県藤沢市みその台1-4　■ＴＥＬ／0466-81-3333
■交通／藤沢本町駅（小田急江ノ島線）徒歩10分。善行駅（小田急江ノ島線）徒歩15分。
藤沢駅から神奈川中央バス「聖園女学院前」下車、徒歩1分。

何学期制	週何日制	登校時刻	制服	給食	食堂 軽食販売	プール	寮	特待制度 奨学金等	帰国生 取出授業
3期制	5日制	8:25	中高あり	なし	食堂なし 販売中高あり	なし	なし	奨学金あり	あり

沿　革

1946年、カトリック女子修道会聖心の布教姉妹会によって旧制高等女学校として設立された。1947年、学制改革により女子高等学校となり、同時に女子中学校を併設する。2016年南山学園と法人合併する。

教育方針と特色

湘南の小高い丘の上に中高６学年400名が学ぶ、温かい雰囲気に包まれたカトリック校。
南山学園の教育モットー「人間の尊厳のために」をすべての教育基盤とし、あなたは世界でただ一人しかいない貴い存在であり、一人ひとりにはかけがえのない使命があることを自覚しながら、他者とともに成長することを目指している。
英国数に授業数の50％を充て、多様な進路実現を見据えた学力定着を図る。緑豊かなキャンパスでのフィールドワーク、南山大学・上智大学との中高大連携講座、相手を思いやる心を表現する所作が一生の宝物となる礼法、SDGsをテーマにアイディアの社会実装を目指す総合学習・探究など、生徒の背中を押すプログラムは年々進化を遂げている。6年間の学校生活を通して、人間性・国際性・知性がバランスよく育まれる。
一人ひとりに寄り添った日々の授業を土台とし、聖園生用に作成したAIオリジナル教材を活用した学習支援体制を整えるとともに、女子大学生の学習メンターによる自習支援が校内で行われ、生徒の理解度に合わせた学びを手厚くサポートしている。
ネイティブ専任教員による少人数での英会話授業やカナダ研修2週間、ニュージーランド中期２カ月、カナダ長期１年間の留学プログラム（返済不要の奨学金給付）に加え、在籍しながらカナダの高卒資格を同時取得できるダブルディプロマシステムも導入され、英語教育がますます充実。海外各国からの帰国生も在籍している。海外大学進学推薦入試制度（UPAS）協定校にも加盟し、4カ国・100大学へ進学する道も開かれている。

◉系列校

小	中	高	大（短大）
○	○	○	○

◉併設小学校なし

◉高校生外部募集………30名

（内進生と同一クラス・高1～高3まで）

◉授業時間…1コマ50分・週32時間

	1年	2年	3年	計
国　語	5	5	5	15
社　会	3	3	4	10
数　学	5	5	5	15
理　科	3	4	4	11
英　語	6	6	6	18
5教科計	22	23	24	69

参考　高校1年生一週間の授業

英語=5　数学=5　国語=4
理科=6　社会=4

進学・進路

◉卒業生進路状況

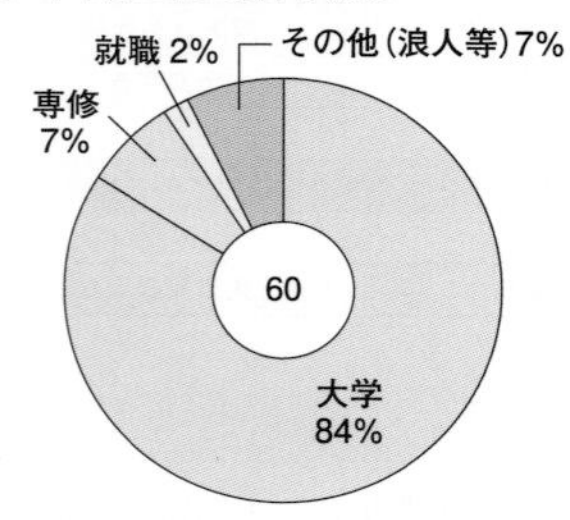

■進路選択状況（高３進級時）

理系 32%　文系 57%

0　50　100

■理系・文系進学状況

理系 29%　文系 65%

0　50　100

■共通テスト受験率

77%

0　50　100

◉卒業までの流れ

小学校	中学校	高等学校	大学
	聖園女学院中学校	聖園女学院高等学校 (60)	南山大学　0

◉主な大学合格実績

大学名	'22	'23	'24	大学名	'22	'23	'24	大学名	'22	'23	'24	大学名	'22	'23	'24
東京大		1		千葉大				東京都立大				東京女子大	1		2
京都大				お茶の水女子大				横浜市立大			2	日本女子大	4	5	4
北海道大				東京外国語大				慶應義塾大	3	2		成蹊大		1	
東北大				電気通信大				早稲田大	1			成城大	2	1	1
名古屋大				東京学芸大				上智大	5	10	3	明治学院大	10	4	11
大阪大				東京農工大				東京理科大		1		國學院大	7		3
九州大				東京芸術大				明治大	3	8		武蔵大	1		
東京工業大				東京医科歯科大				青山学院大	4	9	9	獨協大			
一橋大				東京海洋大				立教大	9	5	2	日本大	3	4	
筑波大				横浜国立大		1		中央大		4	1	東洋大	3	1	4
茨城大				山梨大				法政大	3	2	2	駒澤大	2		3
宇都宮大				金沢大				学習院大	2	1	3	専修大	2	2	7
群馬大				信州大				国際基督教大				芝浦工業大			
埼玉大				国際教養大				津田塾大	3	1		東京都市大	2	1	4

入試要項・入試情報

◉2024年度の入試要項(参考)

	1次 2科・4科選択	2次 2科	3次 2科・4科選択	得意1科	得意2科	国算ハーフ	特色型入試 特待適性検査型	特色型入試 英語チャレンジ
募集人員	30名	25名	25名	15名	10名	5名	10名	特に定めず
選抜方法	国・算または 国・算・社・理	国・算	国・算または 国・算・社・理	国または 算	国・算または 国・社または 国・理または 算・社または 算・理	国・算	適性検査	英語による グループ活動
出願関連期間	1/6〜1/31		1/6〜2/1	1/6〜2/2		1/6〜2/4	1/6〜1/31	1/6〜2/2
試験日程	2/1午前	2/1午後	2/2午前	2/2午後	2/3午前	2/4午後	2/1午後	2/2午後
合格発表	掲示 2/1 15:30〜 Web 2/1 15:30〜	掲示 2/2 9:00〜 Web 2/1 21:30〜	掲示 2/2 15:30〜 Web 2/2 15:30〜	掲示 2/3 9:00〜 Web 2/2 21:30〜	掲示 2/3 15:30〜 Web 2/3 15:30〜	掲示 2/5 9:00〜 Web 2/4 19:30〜	掲示 2/2 9:00〜 Web 2/1 21:30〜	掲示 2/2 9:00〜 Web 2/1 21:30〜
入学手続	2/4 17:00まで					2/5 17:00まで	2/10 15:00まで	2/4 17:00まで

＊英検5級以上取得者は、1次・2次・3次・得意1科・得意2科・国算ハーフ入試において加点制度あり。

面接 実施する。

◉費用(参考)

受験料		20,000円
入学手続時	入学金	240,000円
	授業料	—
	その他	—
入学手続後〜入学まで	授業料	—
	その他	85,440円
入学後1年	授業料	480,000円
	その他	408,000円
初年度納入金合計		1,213,440円
中学3年間費用計 約		2,554,440円

＊複数回受験の場合、2回目以降の受験料は1回につき1万円。

◉最近6年間の入試応募者推移と倍率

年度		2019	2020	2021	2022	2023	2024
募集	①	30	30	30	①A｜B 30｜25	30｜25/5	①2·4科｜②2科·適性 30｜25/10
	②	15	20	20	②A｜B 20｜20	20｜20	③2·4科｜得意1科 25｜15
	③	15	20	15	③ 10	10	得意2科 10
	④	15	15	15	④ 10	5	国算ハーフ｜英語チャレンジ 5｜−
応募	①	46/26	31/21	28/20	16/25｜64/8	32/29｜82/5	42/35｜104/22
	②	62/23	40/17	40/15	30/22｜75	28/27｜88	39/31｜63
	③	129	93	87/16/6	60	52	45
	④	88	48	51/9/4	51	45	45｜5
応募倍率	①	2.4	1.7	1.6	1.4｜2.9	2.0｜3.3/1.0	2.6｜4.2/2.2
	②	5.7	2.9	2.8	2.6｜3.8	2.8｜4.4	2.8｜4.2
	③	8.6	4.7	7.3	6.0	5.2	4.5
	④	5.9	3.2	4.3	5.1	9.0	9.0｜−
受験	①	44/23	29/20	27/20	15/24｜44/6	32/29｜60/5	41/35｜71/22
	②	42/18	26/10	25/9	22/13｜31	18/21｜43	17/14｜29
	③	54	39	38/7/6	18	19	14
	④	28	15	19/2/1	11	10	12｜3
合格	①	22/8	18/12	20/10	12/20｜28/3	21/14｜31/4	28/21｜58/18
	②	24/3	20/7	22/4	18/10｜22	15/15｜23	15/10｜17
	③	29	29	27/7/6	10	14	9
	④	22	12	8/2/0	10	7	7｜3
実質倍率	①	2.0/2.9	1.6/1.7	1.4/2.0	1.3/1.2｜1.6/2.0	1.5/2.1｜1.9/1.3	1.5/1.7｜1.2/1.2
	②	1.8/6.0	1.3/1.4	1.1/2.3	1.2/1.3｜1.4	1.2/1.4｜1.9	1.1/1.4｜1.7
	③	1.9	1.3	1.4/1.0/1.0	1.8	1.4	1.6
	④	1.3	1.3	2.4/1.0/−	1.1	1.4	1.7｜1.0

＊2019年〜2020年①・②は4教科／2教科。2021年①・②は4教科／2教科、③は国算／国英／算英、④は国算／国／算。2022年〜2023年①A・②Aは4教科／2教科、①Bは2教科／総合力。2024年①・③は4教科／2教科。

＊2024年英語チャレンジは募集人数を定めず。

＊2024年補欠発表…なし。追加合格(電話)…あり、2月4日。

◉入試教科

4教科/2教科

②算数	50分/50分	100点/100点
①国語	50分/50分	100点/100点
③理科	あわせて50分	50点/
③社会		50点/
合計	150分/100分	300点/200点

＊教科型一般入試は、素点で合格最低点に満たない場合、英語検定加算して判定。英検加点(英検5級10点、4級15点、3級30点、準2級40点、2級以上50点)

合格最高点	非公表
合格最低点	1次 199/133点 2次 115点 適性 50点 3次 193/122点 得意1科 71点 得意2科 63点 国算ハーフ 59点

＊英語チャレンジは非公表。

◉受験併願パターン

偏差値	1月前半	1月後半	2月1日	2月2日	2月3日	2月4日以降
56				横浜雙葉2		
53			横浜雙葉			森村学園3
50						目黒日大4
49					湘南学園C	湘南学園D
48				清泉女学院3		
47				横浜女学院D1		
46	不二聖心S東京		清泉女学院			鎌倉女学院2
45					東海大相模B	東海大相模C
41				日大第三2		
40	日本大学三島首都		聖園女学院2			
39			聖園女学院1A	横浜女学院C2	自修館C	自修館D

入試問題の傾向とポイント

算数　計算問題＋一行問題計16問、大問1題の問題構成。一行問題の占める割合が高く、基本的な問題が多く出題されているので、ケアレスミスに注意して確実に得点しておきたい。また、最後の大問はじっくり時間をかけて取り組めるよう前半で余裕を持っておきたい。

国語　説明文・物語文の読解2題と読み書き10問という例年通りの出題構成。説明文は主に指示語・内容説明・筆者の考えを、物語文は主に場面説明・登場人物の気持ちや様子・理由説明を問われた。短文作りの問題や自分の体験を含めて書く記述問題も出題された。

理科　設問5題、生地物化からの出題。例年、1〜2行で記述するような問題や図示する問題も見られるが、出題の中心は基本問題であるため、日頃の学習では基礎固めを徹底的に行っておきたい。また、融合問題が出題される年もあるが、あせらず解き進めていきたい。

社会　大問5題構成。記号選択の比率が高く、すべて3択。一方、記述問題は3問で、長いものでは4行の解答らんとなっている。ここで得点に差がつくことが想定されるので、記述問題の対策を十分に行って入試にのぞみたい。

三輪田学園中学校

(みわだがくえん)

■学校長／塩見牧雄　■創立／明治20年　■生徒数／618名
■所在地／〒102-0073 東京都千代田区九段北3-3-15　■ＴＥＬ／03-3263-7801
■交通／市ヶ谷駅（JR中央線・総武線、東京メトロ有楽町線・南北線、都営新宿線）徒歩7分。飯田橋駅（JR中央線・総武線、東京メトロ東西線・有楽町線・南北線、都営大江戸線）徒歩8分。九段下駅（東京メトロ半蔵門線・東西線、都営新宿線）徒歩15分。

何学期制	週何日制	登校時刻	制服	給食	食堂 軽食販売	プール	寮	特待制度 奨学金等	帰国生 取出授業
3学期制	6日制	8:10	中高あり	なし	食堂なし 販売中高あり	屋内	なし	なし	あり

沿　革

1887年に、三輪田眞佐子が神田東松下町に開いた私塾翠松学舎が前身となる。1902年、現在地に三輪田女学校を設立。1947年には、学制改革により三輪田学園中学校となり、今日に至る。

教育方針と特色

「誠実で誰とでもつながることができ、自らの人生を切り拓いていける徳才兼備の女性を育てる」というディプロマポリシーのもと、社会の変化に対応した教育を行っている。伝統の「読書の授業」に加え、「哲学対話」と探究ゼミ「MIWADA-HUB」をカリキュラム化し、これからの社会で求められる力の育成を目指す。また、英語と数学では習熟度別授業を行っており、一人ひとりの力を伸ばすプログラムとなっている。さらに、生徒全員が自分専用のiPadを所有し、授業以外でも様々な学校生活の場面で活用している。Mac bookを使った情報の授業では、プログラミングやアプリ開発など、ICTスキルの習得にも力を入れており、オペラや邦楽などの芸術鑑賞の機会も多く、本物に触れることで豊かな感受性の育成にも努めている。

◉系列校

小	中	高	大（短大）
	○	○	

◉併設小学校なし
◉高校生外部募集………なし

◉授業時間…1コマ50分・週34時間

	1年	2年	3年	計
国　語	5	5	4	14
社　会	4	3	4	11
数　学	5	4	5	14
理　科	4	4	4	12
英　語	5	6	6	17
5教科計	23	22	23	68

参考　高校1年生一週間の授業

英語=8　数学=5　国語=4
理科=4　社会=4
※SEコース

進学・進路

◉卒業生進路状況

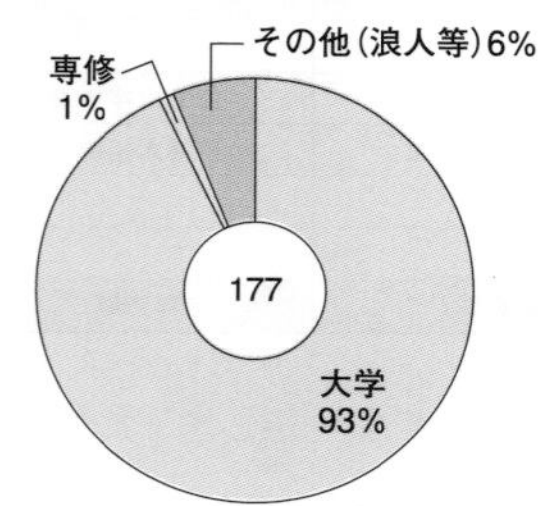

■進路選択状況（高３進級時）
理系 45%　文系 54%
0　50　100

■理系・文系進学状況
理系 36%　文系 58%
0　50　100

■共通テスト受験率
99%
0　50　100

◉卒業までの流れ

小学校	中学校	高等学校	大学
	三輪田学園中学校 ▶	三輪田学園高等学校（177）	

◉主な大学合格実績

大学名	'22	'23	'24	大学名	'22	'23	'24	大学名	'22	'23	'24	大学名	'22	'23	'24
東京大				千葉大			1	東京都立大	1	1		東京女子大	7	9	6
京都大				お茶の水女子大			2	横浜市立大				日本女子大	6	6	11
北海道大			1	東京外国語大				慶應義塾大	4	2	3	成蹊大	1	4	5
東北大				電気通信大				早稲田大	1		5	成城大	6	5	5
名古屋大				東京学芸大	1			上智大		3		明治学院大	3	6	8
大阪大				東京農工大	1			東京理科大	4	2	4	國學院大	8	3	4
九州大				東京芸術大		1	1	明治大	4	9	10	武蔵大	2	6	5
東京工業大				東京医科歯科大				青山学院大	1	1	1	獨協大	1		2
一橋大				東京海洋大				立教大	6	6	8	日本大	20	13	17
筑波大			1	横浜国立大				中央大	4	1	9	東洋大	26	20	15
茨城大				山梨大				法政大	7	13	19	駒澤大	4	4	4
宇都宮大				金沢大				学習院大	3	5	3	専修大	7	1	3
群馬大				信州大	1	1		国際基督教大				芝浦工業大	1	3	5
埼玉大	1			国際教養大		1		津田塾大	2	4	6	東京都市大	3	2	4

入試要項・入試情報

◉2024年度の入試要項(参考)

	第1回			第2回		第3回
	午前2科・4科	午前英検利用	午後	午前2科・4科	午前英検利用	
募集人員	60名	10名	25名	40名	10名	25名
選抜方法	国・算または 国・算・社・理	英検級＋ 国・算	国・算	国・算または 国・算・社・理	英検級＋ 国・算	国・算または 国・算・社・理
出願関連期間	12/25～1/31			12/25～2/1		12/25～2/2
試験日程	2/1午前		2/1午後	2/2午前		2/3午前
合格発表	Web 2/1 18:30～		Web 2/1 22:40～	Web 2/2 18:30～		Web 2/3 18:30～
入学手続	2/6 10:00まで					

＊出願資格に「第1回・第2回午前英検利用は、英検4級かつCSEスコア1000点以上取得者」とある。
＊英検利用は国・算の得点の高い方と英検級による「みなし点」を合計して判定。
＊2024年2月18日(日)実施の入学準備説明会の際に、成績表のコピーを提出。

面接 実施する。

◉費用(参考)

受験料		22,000円
入学手続時	入学金	300,000円
	授業料	—
	その他	—
入学手続後 ～入学まで	授業料	—
	その他	50,166円
入学後１年	授業料	444,000円
	その他	498,160円
初年度納入金合計		1,292,326円
中学３年間費用計　約		2,994,646円

＊複数回同時出願の受験料は、2回分は4万円、3回分は5万円、4回分は5万5千円。

◉最近6年間の入試応募者推移と倍率

年度		2019	2020	2021	2022	2023	2024
募集	①午前 ①午後 ② ③	70 30 50 20	①午前 70 ①午後 30 ②午前A 40 ②午後B 10 ③ 20	70 30 40 10 20	①午前A｜B 70｜5 ①午後 25 ②午前A 40 ②午後B 10 ③ 20	①午前2科4科｜英検利用70｜10 ①午後 25 ②午前2科4科 35 ②午前英検利用 10 ③ 20	60｜10 25 40 10 25
応募	①午前 ①午後 ② ③	111/32 281 181/46 230	113/43 314 167/42 16 191/44	114/48 253 169/58 39 177/56	150/53｜21 363 218/51 35 230/54	213/46｜34 440 335/71 57 391/82	266/51｜68 523 394/63 103 364/77
応募倍率	①午前 ①午後 ② ③	2.0 9.4 4.5 11.5	2.2 10.5 5.2 1.6 11.8	2.3 8.4 5.7 3.9 11.7	2.9｜4.2 14.5 6.7 3.5 14.2	3.7｜3.4 17.6 11.6 5.7 23.7	5.3｜6.8 20.9 11.4 10.3 17.6
受験	①午前 ①午後 ② ③	103/31 266 79/23 78	102/42 293 93/24 13 94/22	107/45 234 102/35 27 87/24	140/50｜21 334 130/33 17 117/31	188/43｜31 389 222/53 31 243/50	243/44｜65 485 290/40 63 248/48
合格	①午前 ①午後 ② ③	81/18 204 64/18 51	66/22 173 54/9 13 34/6	65/24 151 58/14 24 39/5	71/24｜17 190 62/11 12 43/4	80/13｜27 195 70/13 23 52/9	67/10｜37 159 61/7 37 47/6
実質倍率	①午前 ①午後 ② ③	1.3/1.7 1.3 1.2/1.3 1.5	1.5/1.9 1.7 1.7/2.7 1.0 2.8/3.7	1.6/1.9 1.5 1.8/2.5 1.1 2.2/4.8	2.0/2.1｜1.2 1.8 2.1/3.0 1.4 2.7/7.8	2.4/3.3｜1.1 2.0 3.2/4.1 1.3 4.7/5.6	3.6/4.4｜1.8 3.1 4.8/5.7 1.7 5.3/8.0

＊2019年①午前・②と2020年～2021年①午前・②午前A・③と2022年①午前A・②午前A・③と2023年～2024年①午前2科4科・②午前2科4科・③は4教科／2教科。
＊2024年補欠発表・追加合格…いずれもなし。

◉入試教科

4教科/2教科

②算数	45分/45分	100点/100点
①国語	45分/45分	100点/100点
④理科	25分/	50点/
③社会	25分/	50点/
合計	140分/90分	300点/200点

合格最高点	①午前	190/174点
	①午前	179点
	①午後	193点
	②午前	174/160点
	②午前	185点
	③午前	160/156点
合格最低点	①午前	141点
	①午前	144点
	①午後	142点
	②午前	141点
	②午前	144点
	③午前	138点

＊1回・2回・3回午前の4科は300点満点を200点に換算した得点と国・算の合計を比較し高い方を採用。
＊1回・2回の午前は英検級によるみなし得点(100～70点)を合計し判定。

◉受験併願パターン

偏差値	1月前半	1月後半	2月1日	2月2日	2月3日	2月4日以降
55	開智１回					
54						山脇学園Ｃ
53					芝国際３特待	
52		国府台女子学院	三輪田学園午後	共立女子２日		
50			跡見学園特	三輪田学園２	三輪田学園３	
49		麗澤ＥＥ				跡見学園特４
48		昭和学院アド	三輪田学園午前		大妻中野４アド	
47	開智所沢					日大第一２科２
46	国府台女子学院推			宝仙学園２		
44				跡見学園２		淑徳巣鴨３
43	細田学園	東海大浦安Ｂ	女子聖学院２スカ			光塩女子学院３

入試問題の傾向とポイント

算数
計算問題3問、一行問題8問程度、大問3題の問題構成。小問、大問問わず基本的な問題が中心なので、苦手な分野を作らないよう、各分野の基本事項をしっかりと身につけておく必要がある。グラフを用いる問題が頻出なので、対策をしておくこと。

国語
漢字の読み書き15問、長文の物語文1題の出題。記述は様々な字数で5問程度。場面説明・人物の言動・理由説明などの他に、描写について・表現の特徴などの問いも出題された。物語文で指示語の問題も出る可能性があるので、場面を正確につかむ練習を繰り返してほしい。

理科
設問5題、生地物化からの出題で融合問題が出題されることもある。選択・計算問題が中心だが、途中式まで書く計算問題、記述問題が出題されることも多い。基礎基本を固めた上で、過去問演習をくりかえし行い、記述力や思考力を鍛えていきたい。試験時間(25分)への対策も忘れずに。

社会
大問3題。歴史は幅広く出題されているが、基礎基本を的確におさえていれば正解を導くことは難しくない。時事的な要素については毎年必ず問われている。記述問題は文章中の表現を説明させるものであった。記述問題以外にも文章をよく読んで、考える必要がある問いが見られた。

山脇学園中学校（やまわきがくえん）

■学校長／西川史子　■創立／明治36年　■生徒数／859名
■所在地／〒107-8371 東京都港区赤坂4-10-36　■TEL／03-3585-3911
■交通／赤坂見附駅（東京メトロ丸ノ内線・銀座線）徒歩5分。
赤坂駅（東京メトロ千代田線）徒歩7分。永田町駅（東京メトロ有楽町線・半蔵門線・南北線）徒歩10分。

何学期制	週何日制	登校時刻	制服	給食	食堂 軽食販売	プール	寮	特待制度 奨学金等	帰国生 取出授業
3学期制	6日制	8:15	中高あり	なし	食堂条件付 販売中高あり	なし	なし	なし	あり

沿　革

1903年、山脇房子によって、牛込区白銀町に創設された山脇女子実修学校が前身。1935年、現在地に校舎を建設、移転する。1947年には、学制改革に伴い山脇学園中学校となる。2023年度、創立120周年を迎えた。

教育方針と特色

女子教育の伝統を受け継ぎながらも、生徒一人ひとりの「志」を育て、社会で生き生きと活躍するための礎を6年間で築くことを目標に置いている。国際社会で活躍する志と資質を育てるEI（イングリッシュアイランド）や科学を通して社会に貢献する志を育てるSI（サイエンスアイランド）に加え、2022年には、図書室・グループワーク・プレゼンテーションエリアを持つ探究活動の拠点、LF（ラーニングフォレスト）が完成した。これらの施設では、主に自然・人文・社会科学の「知」を結集した「総合知」育成の活動を支援している。グローバル社会での活躍を支援するプログラムには、希望選択制の中1・中2「英語イマージョンウィーク」、中3「イギリスインタープログラム」「OISインタープログラム」、高1「オーストラリア研修」のほか、希望選抜制の高1「アメリカ・カナダ・イギリス・オーストラリア」1年留学、また、2024年度SSH指定校となり、地球市民として行動し、科学・技術者へキャリア選択する女子を育成するなどがある。生徒たちは様々な学びにチャレンジし、生き生きと学びながら、一人ひとりの「志」を育んでいる。

◉系列校

小	中	高	大（短大）
	○	○	

◉併設小学校なし
◉高校生外部募集………なし

◉授業時間…1コマ50分・週34時間

	1年	2年	3年	計
国　語	5	5	5	15
社　会	3	3	4	10
数　学	5	5	5	15
理　科	3	4	4	11
英　語	6	6	6	18
5教科計	22	23	24	69

参考　高校1年生一週間の授業

英語=6　数学=6　国語=5
理科=6　社会=4

進学・進路

◉卒業生進路状況

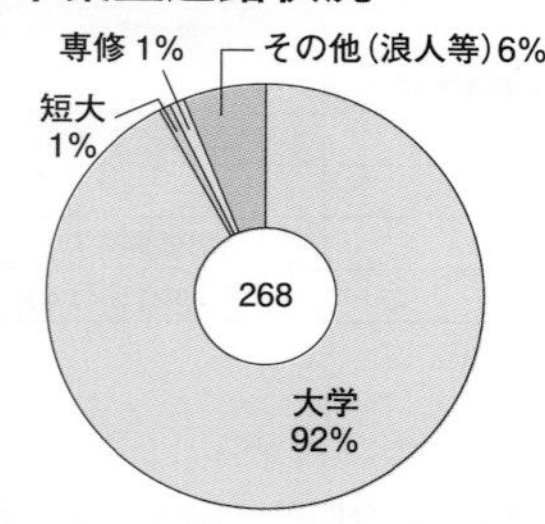

■進路選択状況（高3進級時）

理系 33%　文系 62%

■理系・文系進学状況

理系 33%　文系 65%

■共通テスト受験率

64%

◉卒業までの流れ

小学校	中学校	高等学校	大学
	山脇学園中学校	山脇学園高等学校（268）	

◉主な大学合格実績

大学名	'22	'23	'24	大学名	'22	'23	'24	大学名	'22	'23	'24	大学名	'22	'23	'24
東京大		1		千葉大				東京都立大	3	1		東京女子大	29	24	42
京都大				お茶の水女子大	1		1	横浜市立大	2	1		日本女子大	42	27	44
北海道大				東京外国語大		1	1	慶應義塾大	21	6	7	成蹊大	14	11	10
東北大				電気通信大		1		早稲田大	25	11	17	成城大	29	30	19
名古屋大				東京学芸大	2	1		上智大	19	15	22	明治学院大	23	45	37
大阪大				東京農工大	1	1		東京理科大	13	16	6	國學院大	13	14	10
九州大				東京芸術大				明治大	81	45	26	武蔵大	12	13	10
東京工業大				東京医科歯科大	1			青山学院大	33	24	18	獨協大	16	7	9
一橋大				東京海洋大	1	4	1	立教大	93	45	56	日本大	42	40	41
筑波大		1		横浜国立大		1		中央大	29	20	27	東洋大	40	67	55
茨城大				山梨大				法政大	49	62	31	駒澤大	10	10	11
宇都宮大				金沢大			1	学習院大	17	15	7	専修大	9	27	17
群馬大		1		信州大				国際基督教大	3			芝浦工業大	10	17	11
埼玉大				国際教養大				津田塾大	11	11	13	東京都市大	9	21	1

入試要項・入試情報

◉2024年度の入試要項(参考)

	一般入試			英語入試					国・算1科	探究サイエンス
	A	B	C	A	B	C	AL入試A	AL入試B		
募集人員	65名	50名	40名	帰国生入試と合わせて55名					60名	10名
選抜方法	国・算・社・理	国・算	国・算・社・理	国・算＋合格証のコピー			算数＋合格証のコピー		国または算	理・課題研究
出願関連期間	1/10〜2/1	1/10〜2/2	1/10〜2/4	1/10〜2/1	1/10〜2/2	1/10〜2/4	1/10〜2/1	1/10〜2/3	1/10〜2/1	1/10〜2/3
試験日程	2/1午前	2/2午後	2/4午前	2/1午前	2/2午後	2/4午前	2/1午後	2/3午後	2/1午後	2/3午後
合格発表	Web 2/1 18:00〜	Web 2/2 22:00〜	Web 2/4 18:00〜	Web 2/1 18:00〜	Web 2/2 22:00〜	Web 2/4 18:00〜	Web 2/1 23:00〜	Web 2/3 23:00〜	Web 2/1 23:00〜	Web 2/3 23:00〜
入学手続	2/4 12:00まで		2/5 15:00まで	2/4 12:00まで		2/5 15:00まで	2/4 12:00まで	2/5 15:00まで	2/4 12:00まで	2/5 15:00まで

＊英語入試受験者は、英検3級相当以上の合格証のコピー提出必須。AL入試は、2023年度第1回検定までに英検3級相当以上を取得していること。
＊AL入試は、出願資格に「本校がALアプリのIDを発行した方」とある。

◉費用(参考)

受験料		25,000円
入学手続時	入学金	250,000円
	授業料	—
	その他	100,000円
入学手続後〜入学まで	授業料	—
	その他	138,625円
入学後１年	授業料	513,000円
	その他	463,660円
初年度納入金合計		1,465,285円
中学３年間費用計 約		3,280,605円

＊複数回同時出願の受験料は、2回分は4万円、3回分は5万円。
＊単科・探究入試の受験料は1万5千円。
＊入学手続き後、Ⅰ期は1月25日15時まで、Ⅱ期は2月5日15時までに入学辞退届の提出した場合、学園維持整備費(10万円)を返金。

面接 実施する。

◉最近6年間の入試応募者推移と倍率

年度		2019	2020	2021	2022	2023	2024
募集	A B C 国・算1科午後 英語(A/B/C)	約90 約80 約30 約40 約40	A 80 B 70 C 40 国・算1科/探究サイエンス 40/10 英語(A/B/C) 40	70 50 50 60｜10 40	A 70 B 50 C 40 国・算1科｜探究サイエンス 60｜10 英語(A/B/C/AL) 50	65 50 40 60｜10 55	65 50 40 60｜10 55
応募	A B C 国・算1科午後 英語(A/B/C)	230 368 374 502 28/42/32	231 450 420 670/36 21/35/31	323 674 571 560/325｜26 38/55/51	336 717 532 566/303｜70 41/85/57/80	328 702 592 474/306｜77 51/88/74/74	296 661 499 485/315｜60 58/96/80/119
応募倍率	A B C 国・算1科午後 英語(A/B/C)	2.6 4.6 12.5 12.6 2.6	2.9 6.4 10.5 16.8/3.6 2.2	4.6 13.5 11.4 14.8｜2.6 3.6	4.8 14.3 13.3 14.5｜7.0 5.3	5.0 14.0 14.8 13.0｜7.7 5.2	4.6 13.2 12.5 13.3｜6.0 6.4
受験	A B C 国・算1科午後 英語(A/B/C)	206 232 206 476 25/30/11	221 319 297 644/32 21/27/16	302 484 379 542/312｜23 36/40/30	311 550 370 551/285｜58 41/69/36/79	310 571 444 451/292｜67 47/61/43/64	282 513 354 461/301｜42 57/71/58/107
合格	A B C 国・算1科午後 英語(A/B/C)	107 115 33 299 11/21/4	93 104 51 300/11 10/17/6	78 147 51 162/128｜8 13/16/6	74 142 61 149/118｜11 13/18/8/12	72 134 65 134/125｜10 15/14/9/15	87 117 59 163/148｜7 22/16/7/25
実質倍率	A B C 国・算1科午後 英語(A/B/C)	1.9 2.0 6.2 1.6 2.3/1.4/2.8	2.4 3.1 5.8 2.1/2.9 2.1/1.6/2.7	3.9 3.3 7.4 3.3/2.4｜2.9 2.8/2.5/5.0	4.2 3.9 6.1 3.7/2.4｜5.3 3.2/3.8/4.5/6.6	4.3 4.3 6.8 3.4/2.3｜6.7 3.1/4.4/4.8/4.3	3.2 4.4 6.0 2.8/2.0｜6.0 2.6/4.4/8.3/4.3

＊帰国生を含む。
＊2021年〜2024年国・算1科は国／算。
＊2024年補欠発表・追加合格…いずれもなし。

◉入試教科

4教科/2教科

②算数	50分/50分	100点/100点
①国語	50分/50分	100点/100点
④理科	30分/	60点/
③社会	30分/	60点/
合計	160分/100分	320点/200点

＊英語は算(45分・100点)＋(英検3級以上の合格証のコピー提出)の総合評価。
＊探究サイエンスは理(30分・100点)・課題研究(60分・150点)合計250点。
＊1科型(国・算)は(各60分・各100点)。

合格最高点	Ⓐ 248点 1科 国 88点 算 97点 Ⓑ 167点 探究サイエンス 185点 Ⓒ 244点
合格最低点	Ⓐ 185点 1科 国 65点 算 62点 Ⓑ 119点 探究サイエンス 166点 Ⓒ 184点

私立 女子校

◉受験併願パターン

偏差値	1月前半	1月後半	2月1日	2月2日	2月3日	2月4日以降
58	淑徳与野		山脇学園午後国語			
57						大妻４
56		専修大松戸		山脇学園Ｂ	大妻３	
54	江戸川取手難					山脇学園Ｃ
52		国府台女子学院	山脇学園Ａ	共立女子２日		
50					三輪田学園３	
48			実践女子学園２	実践女子学園４	大妻中野４アド	
46			宝仙学園新４科			
45			十文字２	実践女子学園３		
44				跡見学園２		
43				日大第一４科２		

入試問題の傾向とポイント

算数

計算問題と一行問題が合わせて9問、大問3題の問題構成。大部分が基本的な問題なので、ケアレスミスに気をつけて解き進めることが大切。グラフの読み取りは頻出。大問では、式・考え方を書かせる欄があるので、簡潔にまとめる練習をしておくこと。

国語

長短2種類説明文・物語文に言語事項(ことわざ・言葉の使い方計10問)という出題構成。漢字問題は説明文の中で出題。説明文は内容説明・理由説明・内容一致・主題を、物語文は主に人物の様子や気持ち・場面説明を問われた。記述は5問程度だが、「自分で考えて」答える問いも出題された。

理科

設問4題、生地物化からの出題。設問形式は、選択・計算・記述・作図と多岐にわたる。会話形式の問題文が頻出であるほか、問題文中に図・表が多いのが印象的で、読解力が必要である。過去問演習を通して、問題文を正確に読み取って解く練習や図から論理的に考える訓練を積んでおきたい。

社会

大問3題構成。用語記述は原則として漢字指定。2013年以降は毎年地形図の読み取りが出題されている。縮尺や地図記号など、地形図の読図については、演習を重ねて完全なものにしたい。問題の多くは基礎基本なので、繰り返し基礎固めをしておきたい。

よこはまきょうりつがくえん

横浜共立学園中学校

■学校長／小澤伸男　■創立／1871年　■生徒数／560名
■所在地／〒231-8662 神奈川県横浜市中区山手町212
■ＴＥＬ／045-641-3785
■交通／石川町駅（JR根岸線・京浜東北線）徒歩10分。

何学期制	週何日制	登校時刻	制服	給食	食堂 軽食販売	プール	寮	特待制度 奨学金等	帰国生 取出授業
2学期制	5日制	8:20	ブレザー スラックス	なし	食堂なし 販売中高あり	なし	なし	あり	なし

沿　革

1871年、米国婦人一致外国伝道協会から派遣された3人の女性宣教師がキリスト教の信仰に基づく女子教育を志して創立した。わが国で最も古い女子校の一つ。英語名「ドリーマス・スクール」は創立者を派遣した協会の初代会長Ｓ・Ｐ・ドリーマスの名にちなむ。1932年、財団法人横浜共立学園とし、学制改革にともない1947年に中学校を、翌年高等学校を設置、1951年財団法人より学校法人へ組織変更し、横浜共立学園中学校、同高等学校と改称。

教育方針と特色

本校は、全国に先駆けて1999（平成11）年に認可を受けた中高一貫校（併設型）で、人格の陶冶と学力の向上を実現させていくことを教育方針としている。自ら進んで学ぶ意欲を持てるような授業を実現し、さらに自分たちの学習が、自分の幸福のためでなく、他者に仕えるためであるという使命感の自覚を促し、他者に仕えることを喜びとする人格を育てることを目指している。大学進学を前提にしっかりしたカリキュラムが組まれている。英語科では外国人教師による少人数授業も実施。高1の数学は習熟度別になり、高2からは文系・理系に分かれ、少人数の選択授業で生徒の将来の目的に沿ったきめ細やかな指導を行っている。

◉系列校

小	中	高	大（短大）
	○	○	

◉併設小学校なし
◉高校生外部募集………なし

◉授業時間…1コマ夏50/冬45分・週33時間

	1年	2年	3年	計
国　語	5	5	6	16
社　会	4	4	4	12
数　学	4	5	5	14
理　科	4	4	4	12
英　語	6	6	5	17
5教科計	23	24	24	71

参考　**高校1年生一週間の授業**

英語=7　数学=5　国語=4
理科=4　社会=4

進学・進路

◉卒業生進路状況

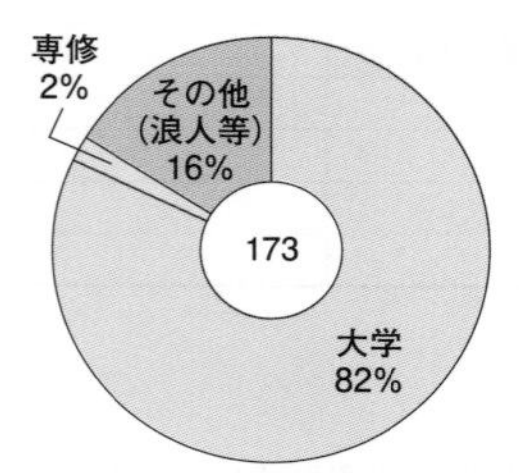

■進路選択状況（高３進級時）

データなし

■理系・文系進学状況

理系 42%　文系 49%

0　50　100

■共通テスト受験率

データなし

◉卒業までの流れ

小学校	中学校	高等学校	大学
	横浜共立学園中学校 ▶	横浜共立学園 高等学校（173）	

◉主な大学合格実績

大学名	'22	'23	'24	大学名	'22	'23	'24	大学名	'22	'23	'24	大学名	'22	'23	'24
東京大		2	1	千葉大	2			東京都立大		3	3	東京女子大	16	21	9
京都大				お茶の水女子大		3	1	横浜市立大	4	4	4	日本女子大	37	25	19
北海道大	2	1		東京外国語大	2	2		慶應義塾大	30	35	27	成蹊大	4	5	3
東北大			1	電気通信大			2	早稲田大	41	51	41	成城大	5	9	19
名古屋大		1		東京学芸大		2		上智大	33	23	21	明治学院大	51	58	33
大阪大	1		2	東京農工大	2	4	1	東京理科大	23	19	20	國學院大	5	6	7
九州大				東京芸術大				明治大	71	70	51	武蔵大			
東京工業大		1	2	東京医科歯科大				青山学院大	37	37	43	獨協大	1	1	
一橋大	1	1	1	東京海洋大	1		1	立教大	66	50	39	日本大	25	30	19
筑波大	1	1		横浜国立大	3	2		中央大	20	22	25	東洋大	8	13	6
茨城大				山梨大				法政大	41	30	23	駒澤大	11	3	7
宇都宮大				金沢大				学習院大	11	15	21	専修大	13	17	12
群馬大	1			信州大				国際基督教大	1	3		芝浦工業大	3	6	5
埼玉大				国際教養大				津田塾大	8	5	9	東京都市大	9	5	15

入試要項・入試情報

◉2024年度の入試要項(参考)

	A方式	B方式
募集人員	150名	30名
選抜方法	国・算・社・理	国・算
出願関連期間	12/1～1/21	
試験日程	2/1	2/3
合格発表	Web 2/2 13:00～	Web 2/3 18:30～
入学手続	2/3 15:00まで	2/5 12:00まで

＊出願資格に「入学後、保護者または親権者のもとから通学できる者」とある。

面接 実施しない。

◉費用(参考)

受験料		25,000円
入学手続時	入学金	300,000円
	授業料	—
	その他	—
入学手続後～入学まで	授業料	—
	その他	200,000円
入学後１年	授業料	504,000円
	その他	265,200円
初年度納入金合計		1,269,200円
中学３年間費用計	約	2,807,600円

＊Ａ・Ｂ両方式に出願し、Ａ方式で合格し入学手続した場合、Ｂ方式の受験料を返金。
＊制服代・学用品代等別途。

◉最近6年間の入試応募者推移と倍率

年度		2019	2020	2021	2022	2023	2024
募集	A	150	150	150	150	150	150
	B	30	30	30	30	30	30
応募	A	323	355	346	273	237	242
	B	670	446	474	443	384	421
応募倍率	A	2.2	2.4	2.3	1.8	1.6	1.6
	B	22.3	14.9	15.8	14.8	12.8	14.0
受験	A	294	329	318	247	215	224
	B	299	216	228	212	161	177
合格	A	184	178	173	176	168	167
	B	55	69	77	79	98	90
実質倍率	A	1.6	1.8	1.8	1.4	1.3	1.3
	B	5.4	3.1	3.0	2.7	1.6	2.0

＊帰国生を含む。
＊2024年補欠発表…なし。追加合格(電話)…(A方式)19名、2月5日～。

◉入試教科

4教科/2教科

②算数	45分/50分	100点/100点
①国語	45分/50分	100点/100点
④理科	40分/	100点/
③社会	40分/	100点/
合計	170分/100分	400点/200点

合格最高点	Ⓐ357点 Ⓑ194点
合格最低点	Ⓐ232点 Ⓑ130点

私立 女子校

◉受験併願パターン

偏差値	1月前半	1月後半	2月1日	2月2日	2月3日	2月4日以降
58					都市大等々力２選	
57			湘南白百合国語			
54				神奈川大附２		田園調布学園３
52				湘南白百合４教科		関東学院２
51			横浜共立学園Ａ		横浜国大横浜	
47				横浜女学院Ｄ１		
46			神奈川学園Ａ午後	鎌倉女学院	鎌倉女学院２	
43			横浜女学院Ｂ２			
42				横浜女学院Ｄ２		
41					横浜女学院Ｅ２	
40			聖園女学院２			

入試問題の傾向とポイント

算数

A方式は試験時間が45分で、計算と一行問題が合わせて6問、大問4題の問題構成。前半は幅広い分野から基本的な問題が出題されるので、確実に得点したい。また、後半の大問では、図形の移動など、やや思考力を要する問題がよく出題されるので、時間配分を考えて取り組むことが大切である。

国語

物語文と説明文の読解2題のほかに、読み書き8問という出題構成。物語文は人物の様子や言動の心情とその変化・理由を、説明文は言い換えや内容合致を通して筆者の考えを問われた。記号選択か抜き出しがほとんどだが、1問ずつある記述は設問をよく読むこと。

理科

大問4題、生地物化からの出題。設問形式は、選択・計算・記述・作図と多岐にわたる。物理分野では身近なものから出題されることが多い。しっかりと基礎基本を固めた上で、過去問演習を重ね、分野を問わず与えられる図表を読みとって解答していく練習を重ねたい。

社会

大問4題構成。例年、歴史の出題割合が高い。多くが基本的な知識問題であるため、点差はつきにくく、ケアレスミスをいかに少なくできるかが重要。時事問題は直接的に問う問題は少なく、関連する基礎基本の知識問題が多く出題されている。

よこはまじょがくいん

横浜女学院中学校

■学校長／平間宏一　■創立／昭和22年　■生徒数／446名
■所在地／〒231-8661 神奈川県横浜市中区山手町203
■ＴＥＬ／045-641-3284
■交通／石川町駅（JR根岸線・京浜東北線）徒歩7分。

何学期制	週何日制	登校時刻	制服	給食	食堂 軽食販売	プール	寮	特待制度 奨学金等	帰国生 取出授業
3学期制	6日制	8:15	中高あり	なし	食堂なし 販売中高あり	なし	なし	あり	あり

沿　革

1947年に横浜千歳女子商業学校と神奈川女子商業学校が合併し、横浜女子高等学校と横浜女子中学校となり、1983年横浜学院女子中学校・横浜学院女子高等学校に改称。1999年、横浜女学院中学校・横浜女学院高等学校に校名を変更。

教育方針と特色

プロテスタントのキリスト教精神による女子の人間教育を行う。「愛と誠」の建学の精神のもと教育に力を注ぐ。教える者も教えを受ける者も、主による「感謝・信頼・希望」を重んじる。聖書の教えを学び礼拝とキリスト教行事を通して真実の生き方を求める「キリスト教教育」、可能性を最大限に伸ばし、人生を充実させる知性と感性を深める「学習指導」、互いに個性を尊重し合い、信頼と友情を築き上げ、豊かな人間性を高める「共生教育」の3つの理念にしたがった人間教育を行っている。現在「国際教養クラス」と「アカデミークラス」で新しい学びを展開。週6日制授業とし、1時間の授業を65分として、「知識から知恵に、そして知性」を育む。「国際教養クラス」では、CLIL（クリル）を導入し、英語で学ぶ力を身につける。また、第二外国語（スペイン・中国・ドイツ）の必修化、中3でのニュージーランド海外セミナーを1ヶ月間とし、高1でアメリカ3ヶ月語学研修も実施。「探究Day」や「学びプロジェクト」「宮城県鳴子スタディツアー」、「台湾セミナー」を通して、授業で学んだ内容を実生活と結びつけ、学ぶことの意欲を高めている。

◉系列校

小	中	高	大（短大）
	○	○	

◉併設小学校なし
◉高校生外部募集………

帰国生のみ

◉授業時間…1コマ65分・週28時間

	1年	2年	3年	計
国　語	4	4	4	12
社　会	3	3	3	9
数　学	4	4	5	13
理　科	3	3	3	9
英　語	5	5	6	16
5教科計	19	19	21	59

参考　高校1年生一週間の授業

英語=6　数学=5　国語=4
理科=6　社会=4

進学・進路

◉卒業生進路状況

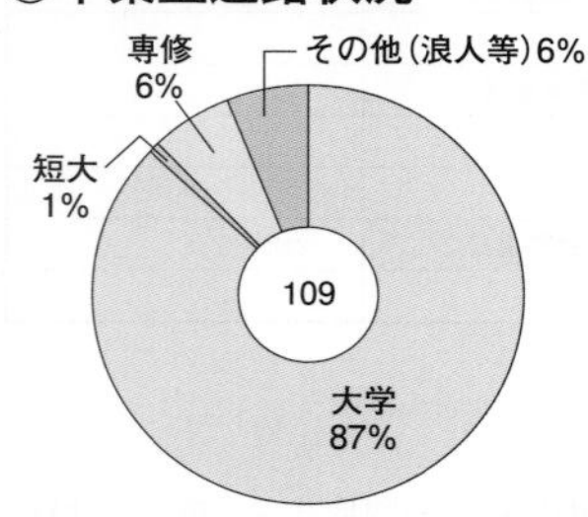

■進路選択状況（高３進級時）

理系 32%　文系 64%

0　50　100

■理系・文系進学状況

データなし

■共通テスト受験率

28%

0　50　100

◉卒業までの流れ

小学校	中学校	高等学校	大学
	横浜女学院中学校 ▶	横浜女学院高等学校（109）	

◉主な大学合格実績

大学名	'22	'23	'24	大学名	'22	'23	'24	大学名	'22	'23	'24	大学名	'22	'23	'24
東京大				千葉大				東京都立大				東京女子大	2	6	2
京都大				お茶の水女子大				横浜市立大	3	3	3	日本女子大	3	4	4
北海道大				東京外国語大		1	1	慶應義塾大	1	3		成蹊大	1	1	5
東北大				電気通信大				早稲田大			1	成城大	1	7	4
名古屋大				東京学芸大		1		上智大	2	2	2	明治学院大	4	2	5
大阪大				東京農工大				東京理科大		2		國學院大	2	2	4
九州大				東京芸術大				明治大	3	1	1	武蔵大			
東京工業大				東京医科歯科大				青山学院大	5	2	6	獨協大		1	
一橋大				東京海洋大				立教大	6	4	7	日本大	9	2	7
筑波大				横浜国立大		1		中央大	5	4	3	東洋大	2	1	3
茨城大				山梨大				法政大	3	2	7	駒澤大		1	
宇都宮大				金沢大				学習院大	1	1	5	専修大	1	2	
群馬大	1			信州大				国際基督教大	1	1	1	芝浦工業大	1	1	
埼玉大				国際教養大				津田塾大		3	1	東京都市大	2	2	1

入試要項・入試情報

◉2024年度の入試要項(参考)

	2月1日午前		2月1日午後			2月2日午前		2月2日午後		2月3日午後		
	A-1 国際教養	A-2 アカデミー	特別奨学入試Ⅰ 国際教養アカデミー	B-1 国際教養	B-2 アカデミー	C-1 国際教養	C-2 アカデミー	D-1 国際教養	D-2 アカデミー	特別奨学入試Ⅱ 国際教養アカデミー	E-1 国際教養	E-2 アカデミー
募集人員	5名	40名	3名	10名	27名	5名	30名	5名	25名	3名	5名	22名
選抜方法	国・英または算・英または国・算・社・理	国・算・英から2科または国・算・社・理		国・英または算・英または国・算・社・理	国・算・英から2科または国・算・社・理	国・英または算・英または国・算・社・理	国・算・英から2科または国・算・社・理	国・英または算・英または国・算・社・理	国・算・英から2科または国・算・社・理		国・英または算・英または国・算・社・理	国・算・英から2科または国・算・社・理
出願関連期間	1/6〜2/1					1/6〜2/2				1/6〜2/3		
試験日程	2/1午前		2/1午後			2/2午前		2/2午後		2/3午後		
合格発表	掲示 2/1 14:30〜 Web 2/1 14:30〜		掲示 2/2 14:30〜 Web 2/1 22:00〜			掲示 2/2 14:30〜 Web 2/2 14:30〜		掲示 2/3 14:30〜 Web 2/2 22:00〜		掲示 2/4 14:30〜 Web 2/3 22:00〜		
入学手続	2/12 16:00まで											

＊特別奨学入試の国際教養クラスに出願する場合は、国・算の選択は不可。

面接 実施する。

◉費用(参考)

受験料		20,000円
入学手続時	入学金	300,000円
	授業料	—
	その他	—
入学手続後〜入学まで	授業料	—
	その他	127,000円
入学後１年	授業料	432,000円
	その他	325,600円
初年度納入金合計		1,184,600円
中学３年間費用計　約		3,203,800円

＊入学辞退者は、2月28日15時までに申し出れば、納入金の返金あり。
＊学費はアカデミーのもの。
＊複数回同時出願した場合、2回目以降の受験料は不要。

◉最近6年間の入試応募者推移と倍率

年度		2019	2020	2021	2022	2023	2024
募集	A-1/A-2	5/40	5/40	5/40	5/40	5/40	5/40
	B-1/B-2	10/30	10/27	10/27	10/27	10/27	10/27
	C-1/C-2	5/30	5/30	5/30	5/30	5/30	5/30
	D-1/D-2	5/25	5/25	5/25	5/25	5/25	5/25
	E-1/E-2	5/25	5/22	5/22	5/22	5/22	5/22
応募	A-1/A-2	85/142	98/167	74/132	132/178	134/173	91/124
	B-1/B-2	154/312	154/262	128/230	217/311	219/291	188/264
	C-1/C-2	124/210	134/222	100/183	175/242	192/254	130/174
	D-1/D-2	166/315	171/299	145/271	235/337	259/366	192/265
	E-1/E-2	178/345	204/346	166/302	277/382	281/396	239/333
応募倍率	A-1/A-2	17.0/3.6	19.6/4.2	14.8/3.3	26.4/4.5	26.8/4.3	18.2/3.1
	B-1/B-2	15.4/10.4	15.4/9.7	12.8/8.5	21.7/11.5	21.9/10.8	18.8/9.8
	C-1/C-2	24.8/7.0	26.8/7.4	20.0/6.1	35.0/8.1	38.4/8.5	26.0/5.8
	D-1/D-2	33.2/12.6	34.2/12.0	29.0/10.8	47.0/13.5	51.8/14.6	38.4/10.6
	E-1/E-2	35.6/13.8	40.8/15.7	33.2/13.7	55.4/17.4	56.2/18.0	47.8/15.1
受験	A-1/A-2	44/80	48/88	38/82	45/74	56/79	40/63
	B-1/B-2	120/242	116/201	100/178	144/212	167/221	150/210
	C-1/C-2	61/114	62/121	52/95	61/98	75/102	61/88
	D-1/D-2	70/140	83/154	63/121	76/118	104/141	74/111
	E-1/E-2	56/111	74/139	49/95	83/116	87/121	93/130
合格	A-1/A-2	8/39	19/44	16/43	18/45	19/64	8/41
	B-1/B-2	40/140	45/139	63/147	70/156	52/172	34/159
	C-1/C-2	34/95	23/63	15/41	22/77	15/62	22/75
	D-1/D-2	26/95	57/122	28/82	18/72	36/87	27/70
	E-1/E-2	8/45	20/74	30/74	58/103	46/89	62/102
実質倍率	A-1/A-2	5.5/2.1	2.5/2.0	2.4/1.9	2.5/1.6	2.9/1.2	5.0/1.5
	B-1/B-2	3.0/1.7	2.6/1.4	1.6/1.2	2.1/1.4	3.2/1.3	4.4/1.3
	C-1/C-2	1.8/1.2	2.7/1.9	3.5/2.3	2.8/1.3	5.0/1.6	2.8/1.2
	D-1/D-2	2.7/1.5	1.5/1.3	2.3/1.5	4.2/1.6	2.9/1.6	2.7/1.6
	E-1/E-2	7.0/2.5	3.7/1.9	1.6/1.3	1.4/1.1	1.9/1.4	1.5/1.3

＊2024年補欠発表…なし。追加合格(電話)…あり。

◉入試教科

4教科/2教科

②算数	50分/50分	100点/100点
①国語	50分/50分	100点/100点
④理科	30分/	60点/
③社会	30分/	60点/
合計	160分/100分	320点/200点

＊上記2教科は国・算の場合。
＊国際教養は、①4教科。②英(30分・60点)＋国(50分・100点)合計160点。③英・算(合計160点)。①〜③から1つ選択。
＊アカデミーは、①国・算(合計200点)。②4教科。③英・国(合計160点)。④英・算(合計160点)。①〜④から1つ選択。

合格最高点	非公表
合格最低点	A-1　— /112/112/224点 A-2　110/ 88/ 88/176点 B-1　— /112/112/224点 B-2　110/ 88/ 88/176点 C-1　— /108/108/218点 C-2　106/ 84/ 84/170点 D-1　— /104/104/208点 D-2　100/ 80/ 80/160点 E-1　— /104/104/208点 E-2　100/ 80/ 80/160点

＊国・算/英・国/英・算/4科。

私立 女子校

◉受験併願パターン

偏差値	1月前半	1月後半	2月1日	2月2日	2月3日	2月4日以降
53			横浜雙葉	田園調布学園２		田園調布学園３
52				品川女子学院２		
50						横浜女学院特奨Ⅱ
49						
48			横浜女学院Ｂ１		清泉女学院３	
47				横浜女学院Ｄ１		
46				鎌倉女学院	横浜女学院Ｅ１	鎌倉女学院２
44	盛岡白百合首都圏			桐光学園２	桐光学園３Ａ	
42	獨協埼玉			横浜女学院Ｄ２		
39			横浜女学院Ａ２			
38				神奈川学園Ｂ		神奈川学園Ｃ

入試問題の傾向とポイント

算数

計算問題4問、一行問題6問、大問4題の問題構成。計算と一行問題は基本問題なので、確実に得点したい。大問は前半の小設問は基本的だが、後半は思考力や計算力が必要となる。時間配分に注意して取り組むこと。グラフを読み取る問題の出題もみられるので、対策をしておきたい。

国語

物語文・説明文の読解2題のほかに、読み書きと誤字訂正問題は例年通り。物語文は主に人物像や人物の気持ち・主題を、説明文は理由説明や内容一致の他に、対義語やことわざなどを問われた。説明文の最後の100字の記述は本文を踏まえた上で自分の考えを書かなければならない。

理科

設問4題、生地物化からの出題。設問形式は、選択・計算・記述・作図と多岐にわたる。基本的な知識が問われるような問題と、応用力や思考力が必要な問題の両方が出題され、時事的な問題も出題されることがある。過去問演習でしっかりとした対策を行っておきたい。

社会

大問4題構成。記号選択の比率が高い。多くの問いが基礎基本であるため、『予習シリーズ』で十分対応可能。記述問題が2問出題された。SDGsや国際社会などに関する出題が多く、これらのテーマについてじっくりと学習しておきたい。

横浜雙葉中学校

よこはまふたば

■学校長／木下庸子　■創立／明治33年　■生徒数／536名
■所在地／〒231-8653 神奈川県横浜市中区山手町88
■ＴＥＬ／045-641-1004
■交通／石川町駅（JR根岸線・京浜東北線）徒歩13分。元町・中華街駅（みなとみらい線）6番出口より徒歩6分。

何学期制	週何日制	登校時刻	制服	給食	食堂 軽食販売	プール	寮	特待制度 奨学金等	帰国生 取出授業
2学期制	5日制	8:15	中高あり	なし	食堂なし 販売中高あり	なし	なし	あり	なし

沿　革

1872年、最初の来日修道女マザー・マチルドによってその基礎が築かれ、1900年に横浜紅蘭女学校として開校した。1947年、新学制により紅蘭女学院中学部となる。1951年、学校名を雙葉中学校とし、1958年には、横浜雙葉中学校と改称。

教育方針と特色

キリスト教精神に基づき、幼きイエス会を設立母体とする世界各地の姉妹校に共通の「徳においては純真に、義務においては堅実に」の校訓のもとに宗教的情操豊かな品位ある女子の育成を目的とし、心身共に健康な調和のとれた全人教育を目指す。グローバルな視点を持つ人の育成に努め、語学教育に重点をおく。外国人講師による英会話もとり入れ、授業時間数も多い。中学3年からは、希望者にはフランス語も教えている。週5日制で2期制を導入し、定期テストは年4回だが、小テストや指名補習など徹底した学習指導を行う。また、朝夕の祈りやミサ・宗教の時間を通じて、キリスト教的価値観を身につける。高校2・3年では、各自の希望にあわせて、進路別の授業を選択する。

◉系列校

小	中	高	大（短大）
○	○	○	

◉小学校からの内進生…85名
◉高校生外部募集………なし

◉授業時間…1コマ45分・週35時間

	1年	2年	3年	計
国　語	5	5	5	15
社　会	4	4	4	12
数　学	5	5	5	15
理　科	4	4	5	13
英　語	6	6	6	18
5教科計	24	24	25	73

参考　高校1年生一週間の授業

英語=6　数学=5　国語=6
理科=5　社会=4

進学・進路

◉卒業生進路状況

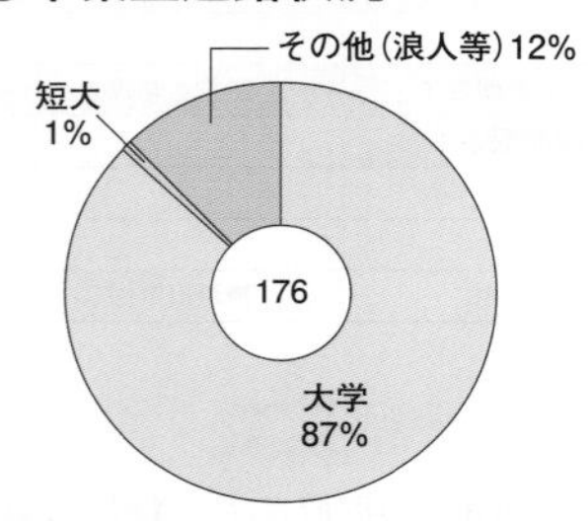

■進路選択状況（高３進級時）

理系 43%　文系 55%
0　50　100

■理系・文系進学状況

理系 39%　文系 58%
0　50　100

■共通テスト受験率

65%
0　50　100

◉卒業までの流れ

小学校	中学校	高等学校	大学
横浜雙葉小学校 ▶	横浜雙葉中学校 ▶	横浜雙葉高等学校 (176)	

◉主な大学合格実績

大学名	'22	'23	'24	大学名	'22	'23	'24	大学名	'22	'23	'24	大学名	'22	'23	'24
東京大	4	2	2	千葉大	1			東京都立大	2	1		東京女子大	14	12	15
京都大				お茶の水女子大	2	3	2	横浜市立大	2	5	3	日本女子大	26	21	11
北海道大		1		東京外国語大	1	2	2	慶應義塾大	44	27	27	成蹊大	7	2	3
東北大		2	2	電気通信大			2	早稲田大	41	36	21	成城大	6	9	5
名古屋大	1		1	東京学芸大	1	1		上智大	20	37	36	明治学院大	12	20	10
大阪大				東京農工大	1	1	1	東京理科大	16	28	18	國學院大	5	4	2
九州大			1	東京芸術大		1	2	明治大	42	41	40	武蔵大		1	1
東京工業大			1	東京医科歯科大	1	2		青山学院大	29	33	19	獨協大			
一橋大	5	2	2	東京海洋大				立教大	40	38	32	日本大	12	12	5
筑波大		3		横浜国立大	2	4		中央大	23	23	16	東洋大	8	2	4
茨城大				山梨大				法政大	8	16	13	駒澤大	6	6	4
宇都宮大				金沢大				学習院大	9	9	6	専修大	2	4	10
群馬大	1			信州大	1			国際基督教大	2	2	2	芝浦工業大	20	3	10
埼玉大				国際教養大				津田塾大	4	8	5	東京都市大	15		15

入試要項・入試情報

◉2024年度の入試要項(参考)

	1期	2期
募集人員	60名	30名
選抜方法	国・算・社・理	
出願関連期間	12月～1/20	
試験日程	2/1	2/2
合格発表	Web 2/1 22:00～	Web 2/2 22:00～
入学手続	2/3 20:00まで	2/4 20:00まで

面接 実施する。

◉費用(参考)

受験料		25,000円
入学手続時	入学金	300,000円
	授業料	—
	その他	—
入学手続後～入学まで	授業料	—
	その他	200,000円
入学後1年	授業料	552,000円
	その他	362,400円
初年度納入金合計		1,414,400円
中学3年間費用計 約		3,243,200円

＊入学辞退者は、3月31日までに申し出れば、施設設備資金(20万円)を返金。
＊制服代・学用品代等別途。

◉最近6年間の入試応募者推移と倍率

年度	2019	2020	2021	2022	2023	2024
募集	100	100	100	100	90	1期 60 2期 30
応募	221	175	168	182	186	197 306
応募倍率	2.2	1.8	1.7	1.8	2.1	3.3 10.2
受験	214	166	164	173	170	178 179
合格	107	108	104	105	101	75 72
実質倍率	2.0	1.5	1.6	1.6	1.7	2.4 2.5

＊帰国生を含む。
＊2024年補欠発表…詳細不明。追加合格(電話)…あり。

◉入試教科

教科	時間	配点
②算数	50分	100点
①国語	50分	100点
③理科	40分	80点
④社会	40分	80点
合計	180分	360点

合格最高点	1期 310点 2期 325点
合格最低点	1期 242点 2期 269点

私立 女子校

◉受験併願パターン

偏差値	1月前半	1月後半	2月1日	2月2日	2月3日	2月4日以降
59					横浜共立学園Ｂ	神奈川大附３
57			湘南白百合国語			
56				横浜雙葉２		
54						田園調布学園３
53			横浜雙葉		東京女学館４	
52				湘南白百合４教科		
48			横浜女学院Ｂ１	清泉女学院３	カリタス女子４	日大藤沢３
46	不二聖心Ｓ東京			鎌倉女学院	鎌倉女学院２	
43			横浜女学院Ｂ２			
42	埼玉栄					
41					横浜女学院Ｅ２	

入試問題の傾向とポイント

算数 計算＋一行問題7問程度、大問2題の問題構成。図形上の点の移動の問題やグラフ絡みの問題は頻出。大問では式や考え方を書かせる問題があるので、日頃から丁寧に書くことを心がけたい。文章がやや長い問題もみられるが、題意をきちんと読み取りながら落ち着いて取り組めば十分に対応できる。

国語 読み書きと短い物語文・物語文・説明文という、この学校独特の変則的な3題構成。物語文は表情や言動の意味とその理由、そして心情の変化を、説明文は言い換え内容や指示語を確認することで筆者の考えが問われた。

理科 大問4題、生地物化からの出題。設問形式は、選択・計算・記述・作図と多岐にわたる。途中式が必要な計算問題や字数制限のない記述問題、作図問題など、手を動かす問題が特徴的であるが、2024年は減少した。問題文･図表･データを読みとって解答する点に変わりは無く、過去問演習での対策を。

社会 大問3題構成。記述問題はそれぞれの分野で出題され、知識問題、資料の読み取り、自分の考えを記すものと多様である。地理ではグラフ・地図などを使った問題も多く出されている。時間配分にも気をつけて過去問演習を行いたい。

立教女学院中学校（りっきょうじょがくいん）

■学校長／浅香美音子　■創立／明治10年　■生徒数／597名
■所在地／〒168-8616 東京都杉並区久我山4-29-60
■ＴＥＬ／03-3334-5103
■交通／三鷹台駅（京王井の頭線）徒歩1分。荻窪駅、西荻窪駅からバス「立教女学院前」下車。

何学期制	週何日制	登校時刻	制服	給食	食堂 軽食販売	プール	寮	特待制度 奨学金等	帰国生 取出授業
2学期制	5日制	8:05	なし	なし	食堂条件付 販売条件付	屋内	なし	あり	あり

沿　革

アメリカ聖公会から日本に派遣されてきた宣教師C.M.ウィリアムズによって、1877年、立教女学校として湯島に設立。1924年には、関東大震災を転機に現在地に移転。1947年、学制改革に伴い立教女学院中学校と改め、今日に至る。

教育方針と特色

キリスト教に基づき、真の自由の精神と国際感覚を身につけ、自主性を育てることを目指す。中学5学級、高校4学級編成で、教科授業は週5日、2学期制である。年間10回、主に土曜日には人間性を養う宗教活動として、「土曜集会」を実施。毎日の礼拝、週1時間の聖書の授業も行われている。学習指導では、中学から英語の習熟度別授業を少人数で実施、補習授業も行うなど学力向上を図る。高校からは進路・適性に応じた選択制や少人数の授業も導入。生徒会活動も活発で、マーガレット祭（文化祭）は生徒がすべて運営。生徒の奉仕活動として、聖歌隊、ボランティアグループも組織されている。制服はなく、生徒は個性を考えた服装で自由に学園生活を謳歌している。
所定の要件を満たせば一定人数立教大学に推薦入学が可能。

◉系列校

小	中	高	大（短大）
○	○	○	○

◉小学校からの内進生…69名
◉高校生外部募集………なし

◉授業時間…1コマ50分・週31時間

	1年	2年	3年	計
国　語	5	4	4	13
社　会	3	4	3	10
数　学	4	4	4	12
理　科	3	4	4	11
英　語	5	6	5	16
5教科計	20	22	20	62

参考　高校1年生一週間の授業

英語=6　数学=5　国語=4
理科=4　社会=4

進学・進路

◉卒業生進路状況

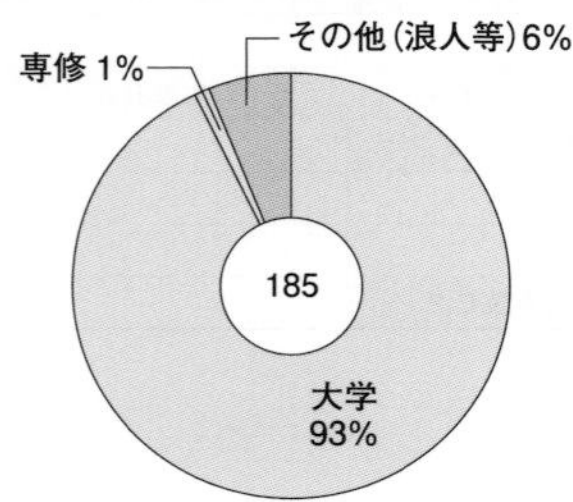

■進路選択状況（高３進級時）
データなし

■理系・文系進学状況
データなし

■共通テスト受験率
データなし

◉卒業までの流れ

小学校	中学校	高等学校	大学
立教女学院小学校 ▶	立教女学院中学校 ▶	立教女学院高等学校（185） ▶	立教大学

◉主な大学合格実績

大学名	'22	'23	'24	大学名	'22	'23	'24	大学名	'22	'23	'24	大学名	'22	'23	'24
東京大	1			千葉大				東京都立大			2	東京女子大		2	1
京都大				お茶の水女子大		1		横浜市立大				日本女子大		3	1
北海道大	1			東京外国語大	1			慶應義塾大	12	23	24	成蹊大	4		3
東北大		1	1	電気通信大				早稲田大	13	13	31	成城大	4		
名古屋大				東京学芸大				上智大	6	13	20	明治学院大		2	3
大阪大			1	東京農工大		2		東京理科大	11	8	4	國學院大			
九州大				東京芸術大				明治大	13	10	22	武蔵大			1
東京工業大		1	1	東京医科歯科大				青山学院大	6	3	12	獨協大	1		
一橋大	1		1	東京海洋大				立教大	-	-	-	日本大	7	1	2
筑波大				横浜国立大	2			中央大	11	1	9	東洋大		4	2
茨城大				山梨大				法政大	2	1	3	駒澤大			
宇都宮大				金沢大		1		学習院大		1	2	専修大			1
群馬大				信州大				国際基督教大	2	1	2	芝浦工業大	3	5	5
埼玉大				国際教養大				津田塾大	4	2		東京都市大	4		5

入試要項・入試情報

◉2024年度の入試要項(参考)

募集人員	約120名
選抜方法	国・算・社・理＋面接・通知表の写し
出願関連期間	12/24〜1/22
試験日程	2/1
合格発表	掲示 2/2 9:00〜 Web 2/1 21:00〜
入学手続	2/2 12:00まで

＊出願資格に「入学後、常時保護者と同居できる者」とある。
＊面接は2024年1月27日(土)午前に実施。面接を欠席したときは出願辞退とみなされる。

◉費用(参考)

受験料		30,000円
入学手続時	入学金	250,000円
	授業料	—
	その他	—
入学手続後〜入学まで	授業料	—
	その他	—
入学後１年	授業料	600,000円
	その他	367,600円
初年度納入金合計		1,217,600円
中学３年間費用計	約	3,124,400円

面接 実施する。

◉最近6年間の入試応募者推移と倍率

年度	2019	2020	2021	2022	2023	2024
募集	約110	約110	約110	約110	約110	約120
応募	338	358	347	300	353	294
応募倍率	3.1	3.3	3.2	2.7	3.2	2.5
受験	321	332	319	277	334	274
合格	132	131	134	129	136	129
実質倍率	2.4	2.5	2.4	2.1	2.5	2.1

＊2024年補欠発表…なし。追加合格…非公表。

◉入試教科

②算数	45分	90点
①国語	45分	90点
④理科	30分	60点
③社会	30分	60点
合計	150分	300点

合格最高点	247点
合格最低点	185点

◉受験併願パターン

偏差値	1月前半	1月後半	2月1日	2月2日	2月3日	2月4日以降
65	浦和明の星女子			香蘭女学校２		
64		東邦大東邦前				
63			農大第一算国			
62					学習院女子B	頌栄女子学院２
61		昭和秀英				
60						中央大附属２
59			立教女学院			
58	淑徳与野			法政第二	法政大学２	
55	大宮開成		東京女学館２		成城学園２	
54					富士見３	山脇学園C
53		学習院女子帰	恵泉女学園	田園調布学園２	共立女子３日合	森村学園３

入試問題の傾向とポイント

算数
計算＋一行問題9問、大問3題の問題構成。前半は標準的なレベルの問題が多いので、確実に得点しておきたい。また、後半の大問では、条件整理などやや思考力を必要とする問題もみられるので、時間配分に注意をしながら取り組むことが大切である。

国語
例年通り説明文と長めの物語文の読解2題(文章中の読み書き8問を含む)という出題で、解答形式は記号選択か抜き出しで、それぞれ最後に100字ぐらいは書けそうな罫線のみの解答欄がある。説明文は筆者の考えの読み取りを、物語文は人物の様子と心情の読み取りを問われた。

理科
大問4題、生地物化からの出題。おもな設問形式は選択問題で、計算問題が数問出題される。典型問題が中心ではあるが、本文中の図・表を読みとって答える問題が多く、短い試験時間内での読解力と思考力が必要である。基礎基本を固めた上で、過去問演習などを通して対策を練りたい。

社会
大問3題構成。用語記述は原則漢字指定である。例年、時事問題も出題されるため、近年の出来事についてはおさえておきたい。短い記述問題が1問出題された。全体としては基本的な問題が多いため、これらの問題を取りこぼさないように演習を徹底したい。

和洋国府台女子中学校

わようこうのだいじょし

■学校長／宮﨑康　■創立／明治30年　■生徒数／297名
■所在地／〒272-8533 千葉県市川市国府台2-3-1　■ＴＥＬ／047-371-1120
■交通／国府台駅（京成線）徒歩9分。市川駅からバス約8分、松戸駅からバス約20分、矢切駅からバス約7分、いずれも「和洋女子大前」下車。

何学期制	週何日制	登校時刻	制服	給食	食堂 軽食販売	プール	寮	特待制度 奨学金等	帰国生 取出授業
3学期制	6日制	8:30	中高あり	なし	食堂あり 販売中高あり	屋内	なし	あり	なし

沿　革

1897年、堀越千代により、東京九段に設立された和洋裁縫女学院に始まる。その後、和洋女子大学に昇格し、それにともない1948年、和洋女子大学附属校として設置される。1992年、和洋国府台女子中学校・高等学校に改称。

教育方針と特色

「凜として生きる」を教育理念とし、伝統を守りながらも海外のすぐれたものを取り入れ生かし、グローバル社会で活躍できる人材教育をめざす。
成長期の教育は人間形成に大きな影響を与えるという考えから多彩な情操教育を展開。茶道を通しての礼法や琴の演奏など日本の伝統文化に触れる機会が多数用意されている。
また、高い語学力を身につけ、世界を舞台に活躍できる人材を育てることを目標とした教育プログラムが充実。ヨーロッパ文化研修旅行やオーストラリアから講師を招いて和洋女子大学佐倉セミナーハウスで行う2泊3日の英語研修、外国人講師による英会話授業など国際人としての素養を磨く環境が整えられている。進学指導においてもさまざまな体験の場が用意され、6年間で進路を見極めていけるようなサポート体制が整えられている。

◉系列校

小	中	高	大（短大）
	○	○	○

◉併設小学校なし

◉高校生外部募集………140名

（高1より全クラス混合）

◉授業時間…1コマ50分・週34時間

	1年	2年	3年	計
国　語	5	5	5	15
社　会	4	4	4	12
数　学	5	5	5	15
理　科	4	4	4	12
英　語	6	6	6	18
5教科計	24	24	24	72

参考　高校1年生一週間の授業

英語=5　数学=5　国語=4
理科=4　社会=4
※特進コース

進学・進路

◉卒業生進路状況

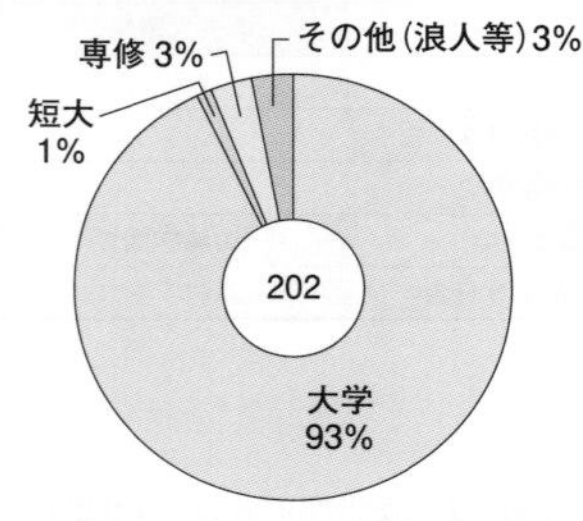

■進路選択状況（高３進級時）

データなし

■理系・文系進学状況

理系 41%　文系 56%
0　50　100

■共通テスト受験率

49%
0　50　100

◉卒業までの流れ

小学校	中学校	高等学校	大学
	和洋国府台女子中学校	和洋国府台女子高等学校（202）	和洋女子大学　53

◉主な大学合格実績

大学名	'22	'23	'24	大学名	'22	'23	'24	大学名	'22	'23	'24	大学名	'22	'23	'24
東京大				千葉大			1	東京都立大				東京女子大	6		3
京都大				お茶の水女子大			1	横浜市立大				日本女子大	9	3	7
北海道大				東京外国語大				慶應義塾大				成蹊大	2	4	
東北大				電気通信大				早稲田大		1		成城大	1	1	2
名古屋大				東京学芸大				上智大		1		明治学院大	8	2	3
大阪大				東京農工大		1		東京理科大		1		國學院大	1	1	3
九州大				東京芸術大				明治大		1		武蔵大			1
東京工業大				東京医科歯科大				青山学院大	1		1	獨協大	1	4	5
一橋大				東京海洋大				立教大		2	1	日本大	6	2	9
筑波大		1	1	横浜国立大				中央大	2		2	東洋大	5	1	9
茨城大				山梨大				法政大		2	2	駒澤大			
宇都宮大				金沢大				学習院大	1		1	専修大	1	3	2
群馬大				信州大				国際基督教大				芝浦工業大	2	2	3
埼玉大				国際教養大				津田塾大				東京都市大		1	1

入試要項・入試情報

◉2024年度の入試要項(参考)

	推薦入学	1回	2回
募集人員	45名	45名	20名
選抜方法	基礎学力テスト (国・算または国・算・英＋ グループ面接・志望理由書・推薦書) または探求型テスト (探求課題＋志望理由書・推薦書)	国・算または 国・算・社・理または 国・算・英	国・算または 国・算・社・理
出願関連期間	11/1～11/24	11/1～1/15	11/1～1/22
試験日程	12/1	1/20	1/24
合格発表	手渡し　12/1 15:00～	掲示 1/21 10:00～ Web 1/20 22:00～	掲示 1/25 10:00～ Web 1/24 22:00～
入学手続	12/4まで	2/7 12:00まで	

面接 実施する。

◉費用(参考)

受験料		25,000円
入学手続時	入学金	320,000円
	授業料	―
	その他	―
入学手続後～入学まで	授業料	―
	その他	132,100円
入学後１年	授業料	370,800円
	その他	500,000円
初年度納入金合計		1,322,900円
中学３年間費用計　約		2,793,500円

＊1回分の受験料で複数回の出願が可能。

◉最近6年間の入試応募者推移と倍率

年度		2019	2020	2021	2022	2023	2024
募集	推2科/英 ①4科/2科/英+2科 ②4科/2科/英+2科&適性 ③4科/2科	30 35 20 5	推2科/英+2科&GW 30 ①4科/2科/英+2科 35 ②4科/2科/適性 20 ③4科/2科 5	推薦 40 ① 40 ② 20	40 40 20	45 45 20	45 45 20
応募	推2科/英 ①4科/2科/英+2科 ②4科/2科/英+2科&適性 ③4科/2科	45/11 353/91/0 174/59/21 84/43	76/13 406/128/11 227/98/13 37/22	88 405/131/19 232/108	84 462/142/33 248/131	80 469/149/49 228/138	85 534/126/43 295/112
応募倍率	推2科/英 ①4科/2科/英+2科 ②4科/2科/英+2科&適性 ③4科/2科	1.9 12.7 12.7 25.4	3.0 15.6 16.9 11.8	2.2 13.9 17.0	2.1 15.9 19.0	1.8 14.8 18.3	1.9 15.6 20.4
受験	推2科/英 ①4科/2科/英+2科 ②4科/2科/英+2科&適性 ③4科/2科	45/11 337/86/0 82/34/14 6/8	75/13 399/123/11 93/42/13 10/10	88 394/127/18 136/58	82 443/135/33 82/67	76 449/146/48 78/71	84 516/121/40 117/68
合格	推2科/英 ①4科/2科/英+2科 ②4科/2科/英+2科&適性 ③4科/2科	34/9 283/53/0 58/12/9 4/3	57/11 345/84/10 53/16/10 3/4	65 308/80/13 93/35	62 378/87/31 58/43	55 394/84/46 57/37	68 429/55/38 104/35
実質倍率	推2科/英 ①4科/2科/英+2科 ②4科/2科/英+2科&適性 ③4科/2科	1.3/1.2 1.2/1.6/－ 1.4/2.8/1.6 1.5/2.7	1.3/1.2 1.2/1.5/1.1 1.8/2.6/1.3 3.3/2.5	1.4 1.3/1.6/1.4 1.5/1.7	1.3 1.2/1.6/1.1 1.4/1.6	1.4 1.1/1.7/1.0 1.4/1.9	1.2 1.2/2.2/1.1 1.1/1.9

＊2021年～2024年①は4教科／2教科／3教科(国算英)、②は4教科／2教科。
＊2024年補欠発表・追加合格…いずれもなし。

◉入試教科

4教科/2教科

②算数	50分/50分	100点/100点
①国語	50分/50分	100点/100点
④理科	30分/	60点/
③社会	30分/	60点/
合計	160分/100分	320点/200点

推薦は3つの型から1つを選択。
①国語・算数(各40分・各100点)＋グループ面接。
②国語・算数・英語(各40分・各100点)＋グループ面接。
③探求(課題40分：休憩含む100分)総合判定。

合格最高点	非公表
合格最低点	推薦　非公表 1回　2科　130点 3科　135点 4科　159点 2回　非公表

私立 女子校

◉受験併願パターン

偏差値	1月前半	1月後半	2月1日	2月2日	2月3日	2月4日以降
47		成田高付			日大第一２科	日大第一２科２
46	国府台女子学院推					
44				跡見学園２		
43			跡見学園			
42	獨協埼玉		江戸川女子基礎１			
41	土浦日大ＫＢＴ		江戸川女子	江戸川女子２	江戸川女子３	
40		和洋国府台女子				
39				日大豊山女２科２		
35	宮崎日大首都		和洋九段女子	中村一般２日		東京家政大６
33			城西大城西午後			城西大城西３
31			富士見丘１日午後			

入試問題の傾向とポイント

算数　計算＋一行問題13問、大問4題程度の問題構成。幅広い単元から万遍なく出題される。基本的な問題が大半だが、後半の大問ではややひねった問題も見られ、考え方を書く欄がある問題もある。前半の計算問題と一行問題は素早く確実に正解できるように、基礎力・計算力をしっかりと固めること。

国語　物語文と説明文の読解2題と雑問の構成。物語文は人物の心情や傍線部の具体的説明について、説明文は日本の川の歴史について述べられた文章で理由説明を中心に問われた。また自身で考えた事例を80字以内で述べる設問も出題された。雑問は接続詞や漢字の書き取りなどを含む。

理科　大問6題、生地物化からの出題で、融合問題が出題されることもある。基本的な問題が中心だが、図や表が多く、会話文形式・文章が長い問題もよく出題されるため、それらを読み解く力が求められている。また、出題分野が多岐にわたるので、苦手をつくらないようにしたい。

社会　大問5題構成。文章の正誤を問う記号選択が多く、用語やできごとについて、その内容について正確な理解をしたうえで、選択肢の文章を注意しながら読む訓練を繰り返すことが重要。また、例年、地形図の読み取り問題が多く出題されている。記述問題は1問出題された。

最近6年間の入試応募者推移と倍率（つづき3）

（共学校）

茗溪学園 ▷P.283

年度	2023		2024	
	男	女	男	女
募集	AC国際特別国際A｜MG国際特別国際A AC②国際A｜MG②国際A	25 （国際生特別と②国際生A合計）	25 （国際生特別と②国際生A合計）	
応募	18｜13 7｜12	10｜8 2｜6	17｜8 6｜8	13｜10 11｜7
応募倍率	4.4 （国際生特別と②国際生A合計）		4.5 （国際生特別と②国際生A合計）	
受験	18｜13 6｜10	10｜8 2｜6	17｜8 4｜8	13｜10 9｜7
合格	(4)｜1 (2)｜4	(0)｜5 (0)｜3	14(6) 1(0)｜5	7(2)｜2
実質倍率	(4.5)｜13.0 (3.0)｜2.5	(−)｜1.6 (−)｜2.0	3.4(8.0) 4.0(−)｜1.6	1.3(4.5)｜3.5

安田学園 ▷P.297

年度	2023		2024	
	男	女	男	女
募集	先特⑤ 5 先特⑥ 5		先特⑤ 5	
応募	182/8 146	118/4 172	205	119
応募倍率	62.4 63.6		64.8	
受験	67/1 67	39/3 73	61	41
合格	9/0 12	4/1 6	11	8
実質倍率	7.4/− 5.6	9.8/3.0 12.2	5.5	5.1

（男子校）

足立学園 ▷P.307

年度	2023	2024
募集	③ 5 ④ 5 特奨④ 10 特奨⑤ 5	5 5 10 5
応募	92/87 88/57 174/32 183	159/101 178/112 225/39 244
応募倍率	35.8 29.0 20.6 36.6	52.0 58.0 26.4 48.8
受験	25/27 23/23 82/22 71	58/37 49/38 107/28 95
合格	10/6 6/6 51(8)/7(2) 62(5)	22/7 10/3 20(6)/10(4) 32(5)
実質倍率	2.5/4.5 3.8/3.8 1.6(10.3)/3.1(11.0) 1.1(14.2)	2.6/5.3 4.9/12.7 5.4(17.8)/2.8(7.0) 3.0(19.0)

京華 ▷P.315

年度	2023	2024
募集	②午後 20 ③ 10 ③特選 10	25 15 15
応募	248/101 237/90 112	275/113 264/102 99
応募倍率	17.5 32.7 11.2	15.5 24.4 6.6
受験	153/70 80/53 33	168/79 107/49 30
合格	95/15 36/12 7	94/21 54/18 17
実質倍率	1.6/4.7 2.2/4.4 4.7	1.8/3.8 2.0/2.7 1.8

佼成学園 ▷P.319

年度	2023	2024
募集	グローバル特奨 15 SE 10 ③ 15	15 10 15
応募	271 2 246/63	397 14 369/84
応募倍率	18.1 0.2 20.6	26.5 1.4 30.2
受験	144 2 94/30	203 10 149/51
合格	46(15) 2 44/14	56(16) 8 40/3
実質倍率	3.1(9.6) 1.0 2.1/2.1	3.6(12.7) 1.3 3.7/17.0

城西川越 ▷P.325

年度	2023	2024
募集	③④ 約60（一貫合計）	約60 （一貫合計）
応募	70/24 20	51/21 30
応募倍率	7.3 （一貫合計）	7.6 （一貫合計）
受験	20/7 4	11/4 4
合格	15/3 1	6/1 2
実質倍率	1.3/2.3 4.0	1.8/4.0 2.0

城北埼玉 ▷P.329

年度	2023	2024
募集	④ 若干 ⑤ 若干	若干 若干
応募	97 28	90 25
応募倍率	− −	− −
受験	52 5	40 6
合格	37 4	35 5
実質倍率	1.4 1.3	1.1 1.2

聖学院 ▷P.335

年度	2023	2024
募集	② 20 ②アド 20 ③アド 10 特待生｜表現力 5｜5	20 20 10 5｜5
応募	167/69 147/53 153/64 14｜37	156/76 135/50 119/56 15｜39
応募倍率	11.8 10.0 21.7 2.8｜7.4	11.6 9.3 17.5 3.0｜7.8
受験	93/44 62/32 45/26 10｜19	71/44 53/27 36/28 12｜21
合格	45 28 25 1｜9	51 30 26 2｜8
実質倍率	3.0 3.4 2.8 10.0｜2.1	2.3 2.7 2.5 6.0｜2.6

東京都市大学付属 ▷P.343

年度	2023	2024
募集	グローバルⅠ 若干 グローバルⅡ 若干	若干 若干
応募	32 25	20 17
応募倍率	− −	− −
受験	30 20	17 14
合格	6 2	3 1
実質倍率	5.0 10.0	5.7 14.0

（女子校）

跡見学園 ▷P.367

年度	2023	2024
募集	特待③思考力 20 特待③英語CS（思考力・英語CS合計） 特待④ 20	20 （思考力・英語CS合計） 20
応募	125 21 226/116	146 21 363
応募倍率	7.3 （思考力・英語CS合計） 17.1	8.4 （思考力・英語CS合計） 18.2
受験	83 15 122/66	105 16 217
合格	37 9 91	39 8 90
実質倍率	2.2 1.7 2.1	2.7 2.0 2.4

江戸川女子 ▷P.371

年度	2023	2024
募集	英語特化型 200（全日程合計）	200 （全日程合計）
応募	7	20
応募倍率	2.6 （全日程合計）	3.7 （全日程合計）
受験	7	19
合格	7	16
実質倍率	1.0	1.2

大妻中野 ▷P.379

年度	2023	2024
募集	新思考力 約15 ①グローバル 約36 ②グローバル（帰国含）	約15 約36 （帰国含）
応募	141 17 14	171 20 29
応募倍率	9.4 −	11.4 −
受験	50 15 5	70 18 11
合格	32 13 2	17 15 9
実質倍率	1.6 1.2 2.5	4.1 1.2 1.2

鎌倉女子大学中等部 ▷P.389

年度	2023	2024
募集	2/4AM国際教養 80 2/5AM国際教養（国際教養全日程合計）	80 （国際教養全日程合計）
応募	55 59	27/37 31/39
応募倍率	4.9 （国際教養全日程合計）	5.6 （国際教養全日程合計）
受験	7 4	3/10 4/4
合格	3 1	3/8 3/3
実質倍率	2.3 4.0	1.0/1.3 1.3/1.3

神田女学園 ▷P.393

年度	2023	2024
募集	⑤(2科/国英・算英｜新思考力型) 10	10
応募	49/3｜8	48/15｜11
応募倍率	6.0	7.4
受験	9/1｜4	11/1｜5
合格	9/1｜3	8/1｜5
実質倍率	1.0/1.0｜1.3	1.4/1.0｜1.0

麹町学園女子 ▷P.407

年度	2023	2024
募集	2/3午前 15 2/5午前 10	2/3午前 15 2/6午前｜英資格 15
応募	106/114 117/124	103/105 108/90｜58
応募倍率	14.7 24.1	13.9 17.1
受験	28/33 21/25	24/31 14/18｜12
合格	20/19 15/16	18/20 10/12｜11
実質倍率	1.4/1.7 1.4/1.6	1.3/1.6 1.4/1.5｜1.1

国公立校

お茶の水女子大学附属中学校

■学校長／相川京子　■創立／昭和22年　■生徒数／335名（男105名、女230名）
■所在地／〒112-8610 東京都文京区大塚2-1-1
■ＴＥＬ／03-5978-5862
■交通／茗荷谷駅（東京メトロ丸ノ内線）徒歩7分。護国寺駅（東京メトロ有楽町線）徒歩13分。

何学期制	週何日制	登校時刻	制服	給食	食堂 軽食販売	プール	寮	特待制度 奨学金等	帰国生 取出授業
3学期制	5日制	8:15	中高あり	なし	食堂なし 前日注文可	屋外	なし	なし	あり

沿　革

1882年、東京女子師範学校附属女学校創設。1932年、現在地に移転する。1947年、新学制により男女共学の東京女子高等師範学校附属中学校発足。1952年、お茶の水女子大学文教育学部附属中学校に改編し、1980年に現校名となる。

教育方針と特色

自主自律の精神をもち、広い視野に立って行動する生徒の育成を目標としている。学習指導は基礎的・基本的な学力の充実を図り、生徒一人ひとりに応じた、個性を生かす教育を行っている。生活面では基本的な生活習慣の定着を図り、自主性を伸ばし、自治の意識を高めるように指導。進路については将来を見通し、自己の向上に努めながら、個性を生かす進路を選び、社会に貢献しようとする態度を養うことに重点をおいている。クラブ活動は文化部・運動部の中から選択する。帰国生徒の受け入れも行っており、１学年の定員は15名。１年次は帰国生徒学級で、その後徐々に一般学級に編入させていく。なお、高等学校は女子のみである。

◉系列校

小	中	高	大(短大)
○	○	○	○

◉小学校からの内進生 ……51名
◉高校募集内進約60名含…120名
（完全混合クラス）

◉授業時間…1コマ50分・週30時間

	1年	2年	3年	計
国　語	4	4	3	11
社　会	3	3	4	10
数　学	4	3	4	11
理　科	3	4	4	11
英　語	4	4	4	12
5教科計	18	18	19	55

参考　高校1年生一週間の授業

英語=6　数学=5　国語=4
理科=2　社会=4

進学・進路

◉卒業生進路状況

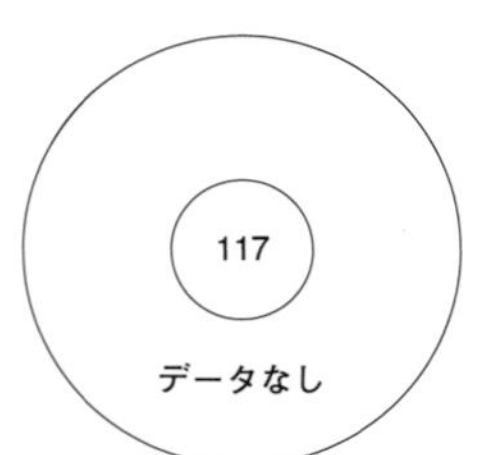

■進路選択状況（高３進級時）
データなし

■理系・文系進学状況
データなし

■共通テスト受験率
データなし

◉卒業までの流れ

小学校	中学校	高等学校	大学
お茶の水女子大学附属小学校	お茶の水女子大学附属中学校	お茶の水女子大学附属高等学校（117）	お茶の水女子大学

◉主な大学合格実績

大学名	'21	'23	'24	大学名	'21	'23	'24	大学名	'21	'23	'24	大学名	'21	'23	'24
東京大	9	4	5	千葉大	3	4	3	東京都立大		2		東京女子大	5	4	2
京都大	1			お茶の水女子大	11	15	8	横浜市立大			1	日本女子大	3	3	10
北海道大			1	東京外国語大	5	5		慶應義塾大	33	17	28	成蹊大	2	2	4
東北大	6	2	2	電気通信大	2	1		早稲田大	38	32	40	成城大	3	1	5
名古屋大				東京学芸大			2	上智大	17	21	29	明治学院大	15	9	2
大阪大	1			東京農工大			3	東京理科大	30	33	28	國學院大		3	1
九州大			1	東京芸術大			1	明治大	31	34	43	武蔵大		1	
東京工業大	4	3	3	東京医科歯科大	1	1	1	青山学院大	14	7	17	獨協大			1
一橋大	3	2	4	東京海洋大				立教大	23	22	21	日本大	12	7	8
筑波大	2	4	3	横浜国立大	3	2	1	中央大	29	34	15	東洋大	9	2	7
茨城大				山梨大			1	法政大	16	20	17	駒澤大	6		2
宇都宮大				金沢大				学習院大	6	4	4	専修大		2	1
群馬大			1	信州大			2	国際基督教大				芝浦工業大	1	7	4
埼玉大		1	1	国際教養大				津田塾大		4	11	東京都市大	2		

入試要項・入試情報

◉2024年度の入試要項(参考)

募集人員	男子約25名・女子約30名
選抜方法	検査Ⅰ・検査Ⅱ・検査Ⅲ＋報告書
出願関連期間	12/11〜1/12
試験日程	2/3
合格発表	Web 2/4 18:00〜
入学手続	2/5 13:00まで

＊2024年入学候補者説明会は2月10日(土)10時から実施。2024年1月1日以降発行の住民票の写しを3月29日までに提出。

面接 実施する。

◉出願資格(参考)

下記区域内に保護者と同居し、同所より通学する者。東京23区、武蔵野市、三鷹市、府中市、調布市、狛江市、小平市、西東京市、東村山市、清瀬市、東久留米市、小金井市、国分寺市、ふじみ野市、富士見市、三芳町、和光市、朝霞市、新座市、志木市、戸田市、蕨市、川口市、草加市、八潮市、三郷市、さいたま市(浦和区・大宮区・桜区・中央区・緑区・南区・北区の7区)、市川市、浦安市、松戸市、流山市。

◉最近6年間の入試応募者推移と倍率

年度	2019		2020		2021		2022		2023		2024	
	男	女	男	女	男	女	男	女	男	女	男	女
募集	約25	約30	約20	約30	約25	約30	約25	約35	約25	約35	約25	約30
応募	55	246	60	199	32	174	49	196	57	270	72	281
応募倍率	2.2	8.2	3.0	6.6	1.3	5.8	2.0	5.6	2.3	7.7	2.9	9.4
受験	39	183	54	142	23	123	34	138	45	195	52	201
合格	27	30	26	31	18	32	28	40	30	41	28	34
実質倍率	1.4	6.1	2.1	4.6	1.3	3.8	1.2	3.5	1.5	4.8	1.9	5.9

＊2024年補欠発表(Web)…あり。補欠合格(電話)…あり。追加合格…なし。

◉入試教科

検査Ⅰ	30分	非公表
検査Ⅱ	30分	非公表
検査Ⅲ	45分	非公表
合計	105分	非公表

＊検査Ⅰ(「算数」の知識・技能 数理的思考力)
＊検査Ⅱ(「国語」の知識・技能 情報活用能力・言語運用能力)
＊検査Ⅲ(「理科」「社会」の知識・技能 自然科学や社会科学からの視点 社会的、科学的思考・判断・表現等の力 教科の枠を超えた思考・判断・表現等の力)

合格最高点	非公表
合格最低点	非公表

国公立校

◉受験併願パターン

偏差値	1月前半	1月後半	2月1日	2月2日	2月3日	2月4日以降
50			成蹊			東洋大京北４
49	開智所沢特待B		獨協			
47			かえつ有明		お茶の水女子大附	
46	開智所沢					
43			聖学院アド			

偏差値	1月前半	1月後半	2月1日	2月2日	2月3日	2月4日以降
68		市川				
67			雙葉			
65	浦和明の星女子				お茶の水女子大附	
64		東邦大東邦前		白百合学園		
63						浦和明の星女子２

入試問題の傾向とポイント

算数
計算問題4問、一行問題4問程度、大問2題の問題構成。問われている内容そのものは基本から標準レベルだが、見慣れない問題設定や、グラフ絡みの問題もあり、癖のある問題が並ぶ。基礎基本をしっかりと固めた上で、過去問演習を徹底することが重要。

国語
説明文と図の読み取りが出題。説明文は人間とサルの食事について比較された文章。解答形式に大きな偏りはなく、空欄補充や内容説明、脱文補充などについて問われた。「黙食」と「個食」の違いについて述べる設問もあった。図の読み取りは、棒グラフの考察や、それに伴って自分自身の考えを100字以内で記述するもの。

理科
大問3題のうち、大問1が理科の内容となっている。おもな設問形式は選択問題となっているが、記述問題も出題される。基本的な知識問題だけではなく、実験の考察が必要な問題もよく出題される。典型問題から一歩踏み込んだ問題が多いので、過去問を通して練習をしておきたい。

社会
大問3題のうち、大問2が社会の内容。オーソドックスな地理の問題のほか、多数決の投票についての問いも見られた。また、食品ロスに関連して「てまえどり」の意味をかかせるなど、時事的な要素もとりいれられている。大問3ではハインリッヒの法則について、教科横断的な問いが出題された。

筑波大学附属中学校

（つくばだいがくふぞく）

■学校長／水上勝義　■創立／明治21年　■生徒数／613名（男305名、女308名）
■所在地／〒112-0012 東京都文京区大塚1-9-1　■TEL／03-3945-3231
■交通／茗荷谷駅（東京メトロ丸ノ内線）徒歩10分。護国寺駅（東京メトロ有楽町線）徒歩8分。

何学期制	週何日制	登校時刻	制服	給食	食堂 軽食販売	プール	寮	特待制度 奨学金等	帰国生 取出授業
2学期制	隔週5日制	8:10	中学のみあり	なし	事前申込の 弁当販売	屋外	なし	後援会 奨学金あり	なし

沿　革

1888年、東京高等師範学校附属尋常中学校として設立。1949年に東京教育大学附属中学校と改称。1978年に東京教育大学が閉学し、筑波大学となったため、筑波大学附属中学校に改称。

教育方針と特色

「強く、正しく、朗らかに」を校訓に、調和的な心身の発達と豊かな個性の伸長を図り、民主的社会の一員として人生を主体的に開拓し、人類社会の進展に寄与することができる人間の育成を目標とする。教科書を中心とした授業内容で、確実に基礎力を身につけ、じっくりと応用力をつけていくことに重点をおいている。英語では外国人講師を起用した授業を週1時間行っている。集団生活における協力と責任感を育てるために、校内の諸行事や校外学習、1年次に海浜生活、2年次に高原生活などの夏季行事を行っている。クラブ活動はバレー・バスケット・サッカーなどの運動部が活発だが、文化系の研究会なども積極的である。併設大学の教育実習にも協力している。

◉系列校

小	中	高	大(短大)
○	○	○	

◉小学校からの内進生…約120名
◉高校生外部募集………80名

（完全混合クラス）

◉授業時間…1コマ50分・週30時間

	1年	2年	3年	計
国　語	4	4	3	11
社　会	3	3	4	10
数　学	4	3	4	11
理　科	3	4	4	11
英　語	4	4	4	12
5教科計	18	18	19	55

参考　**高校1年生一週間の授業**

英語=3　数学=5　国語=6
理科=3　社会=5

進学・進路

◉卒業生進路状況

■進路選択状況（高3進級時）

データなし

■理系・文系進学状況

データなし

■共通テスト受験率

データなし

◉卒業までの流れ

小学校	中学校	高等学校	大学
筑波大学附属小学校 ▶	筑波大学附属中学校 ▶	筑波大学附属 高等学校（233）	

◉主な大学合格実績

大学名	'22	'23	'24	大学名	'22	'23	'24	大学名	'22	'23	'24	大学名	'22	'23	'24
東京大	42	29		千葉大	5			東京都立大	3			東京女子大			
京都大	10	6		お茶の水女子大				横浜市立大				日本女子大			
北海道大	4	1		東京外国語大	1			慶應義塾大	80	72		成蹊大			
東北大	3	4		電気通信大	3			早稲田大	85	105		成城大			
名古屋大				東京学芸大				上智大	21	58		明治学院大			
大阪大				東京農工大	5			東京理科大	74	72		國學院大			
九州大				東京芸術大	2			明治大	46	44		武蔵大			
東京工業大	9	5		東京医科歯科大	3			青山学院大	10	9		獨協大			
一橋大	4	6		東京海洋大				立教大	24	21		日本大	16		
筑波大	8	6		横浜国立大	3			中央大	34	31		東洋大	2		
茨城大				山梨大				法政大	17	17		駒澤大	4		
宇都宮大				金沢大				学習院大	3			専修大	2		
群馬大	1			信州大	2			国際基督教大	1			芝浦工業大			
埼玉大				国際教養大				津田塾大				東京都市大			

入試要項・入試情報

◉2024年度の入試要項(参考)

募集人員	男女約80名
選抜方法	国・算・社・理＋報告書
出願関連期間	12/18〜1/12
試験日程	2/3
合格発表	Web 2/4 13:00〜
入学手続	2/5 13:00まで

＊2024年入学準備説明会は2月11日(日・祝)14時30分から実施(住民票の写しを提出)。

◉出願資格(参考)

下記区域内に保護者と同居し、そこを生活の本拠とする者。東京23区、西東京市、清瀬市、狛江市、東久留米市、三鷹市、武蔵野市、府中市、調布市、小平市、東村山市、小金井市、国分寺市、和光市、川口市、朝霞市、蕨市、戸田市、志木市、新座市、さいたま市、所沢市、草加市、三郷市、八潮市、浦安市、市川市、松戸市、流山市、柏市、川崎市。

面接 実施しない。

◉最近6年間の入試応募者推移と倍率

年度	2019		2020		2021		2022		2023		2024	
	男	女	男	女	男	女	男	女	男	女	男	女
募集	約65		約80		約80		約80		約80		約80	
応募	247	266	226	293	338	310	268	357	289	320	252	269
応募倍率	7.9		6.5		8.1		7.8		7.6		6.5	
受験	202	190	172	209	248	227	196	254	209	226	194	195
合格	40	40	52	52	52	52	52	52	62	62	62	62
実質倍率	5.1	4.8	3.3	4.0	4.8	4.4	3.8	4.9	3.4	3.6	3.1	3.1

＊2024年補欠発表(Web)…あり。補欠合格(電話)…あり。追加合格…詳細不明。

◉入試教科

②算数	40分	50点
①国語	40分	50点
③理科	あわせて40分	25点
③社会		25点
合計	120分	150点

＊報告書42点加算で合計192点。

合格最高点	非公表
合格最低点	男 142点 女 146点

国公立校

◉受験併願パターン

偏差値	1月前半	1月後半	2月1日	2月2日	2月3日	2月4日以降
68				渋谷教育渋谷２		
66	栄東東大特待				筑波大附	
65		市川	武蔵			
64						本郷３
62			広尾学園			広尾学園３

偏差値	1月前半	1月後半	2月1日	2月2日	2月3日	2月4日以降
72		渋谷教育幕張				
71			桜蔭			
70					筑波大附	豊島岡女子３
69	栄東東大特待			豊島岡女子		
66				洗足学園２		洗足学園３

入試問題の傾向とポイント

算数
計算問題と一行問題が合わせて7問、大問5題の問題構成で標準レベルの問題が中心である。試験時間が40分なので、問題のレベルを見極めて手際よく処理する必要がある。数に関する問題や、複雑な図形の問題、グラフや表の読み取り、立体図形の構成などが頻出である。

国語
物語文と説明文の読解2題から構成されている。物語文は人物の言動理由や言い換えのほか、表現の工夫について問うものがあった。説明文は2文章からなり、両者を比較する設問もみられた。解答形式は選択肢が多いが、抜き出しや記述も出題される。

理科
大問4〜5題、生地物化からの出題。典型問題から一歩踏み込んだ思考力が必要な出題もあるが、全体の小問数が少ない。その分、正確さが求められるので、丁寧に解き進めていきたい。また、記述問題が出題されることもある。日頃から意識して学習を進めていきたい。

社会
数年前に小設問数が約2倍に増えるなど出題傾向が大きく変化した後は変わりなく、今年も同様の出題。文章記述は5問前後で推移。地図やグラフ、表などの資料を多く使った出題は例年通り。理社合わせて40分の試験時間であるため、短時間で正確に解答する力が求められている。

東京学芸大学附属小金井中学校

とうきょうがくげいだいがくふぞくこがねい

■学校長／坂口謙一　■創立／昭和22年　■生徒数／420名（男210名、女210名）
■所在地／〒184-8501 東京都小金井市貫井北町4-1-1
■ＴＥＬ／042-329-7833
■交通／国分寺駅（JR中央線、西武国分寺線・多摩湖線）徒歩15分。武蔵小金井駅（JR中央線）徒歩20分。

何学期制	週何日制	登校時刻	制服	給食	食堂 軽食販売	プール	寮	特待制度 奨学金等	帰国生 取出授業
2学期制	5日制	8:25	なし	なし	食堂なし 販売なし	屋外	なし	なし	なし

沿　革

1947年、東京第二師範学校男子部附属中学校として設立する。1951年に現在の学校名に改称し、共学校となって現在に至る。

教育方針と特色

東京学芸大学の附属校として、中等普通教育のほかに、教育の研究や、学生の教育実習を盛んに行っている。生徒の学力に応じたカリキュラムを設定し、進度は一般の公立校とほぼ同じである。自然に恵まれ広々とした校地と充実した教育設備で、生徒はのびのびと楽しい学校生活を送っている。全ての学年で修学旅行があり、1年では北総・常南、2年では秩父・長瀞、3年では奈良・京都で学習を行う。希望者が参加する部活動は種類が多く、サッカーやバスケットボールなどのスポーツを中心に自主的な活動が行われている。制服は定めておらず自由な校風だが、自己管理はしっかりできるように生活指導を行っている。また中学2年での職業調べや「上級学校調べ」を通じて、自己実現のための進路指導を行っている。

◉系列校

小	中	高	大（短大）
○	○	○	○

◉小学校からの内進生…88名
◉高校生外部募集………120名

（完全混合クラス）

◉授業時間…1コマ50分・週29時間

	1年	2年	3年	計
国　語	4	4	3	11
社　会	3	3	4	10
数　学	4	3	4	11
理　科	3	4	4	11
英　語	4	4	4	12
5教科計	18	18	19	55

参考　高校1年生一週間の授業

英語=5　数学=5　国語=5
理科=4　社会=4

進学・進路

◉卒業生進路状況

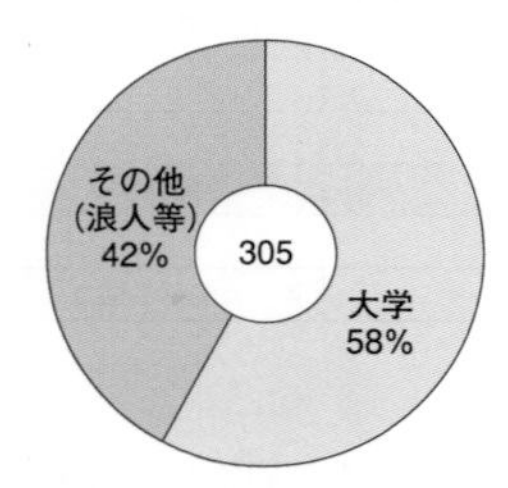

■進路選択状況（高３進級時）

データなし

■理系・文系進学状況

データなし

■共通テスト受験率

97%（0　50　100）

◉卒業までの流れ

小学校	中学校	高等学校	大学
東京学芸大学附属 小金井小学校	東京学芸大学附属 小金井中学校	東京学芸大学附属 高等学校（305）	

◉主な大学合格実績

大学名	'22	'23	'24	大学名	'22	'23	'24	大学名	'22	'23	'24	大学名	'22	'23	'24
東京大	27	14	21	千葉大	8	5	4	東京都立大	5	4	1	東京女子大	12	5	8
京都大	10	11	5	お茶の水女子大	5	3	4	横浜市立大	4	4	1	日本女子大	3	3	3
北海道大	6	5	4	東京外国語大	8	2	4	慶應義塾大	117	114	86	成蹊大	12	9	6
東北大	5	6	5	電気通信大	1	2	2	早稲田大	138	119	97	成城大	8	8	3
名古屋大	1	2	1	東京学芸大	6	8	11	上智大	44	78	43	明治学院大	8	7	8
大阪大		1	2	東京農工大	2	4	5	東京理科大	68	80	67	國學院大	2		2
九州大	2		3	東京芸術大	2	1	1	明治大	100	96	76	武蔵大	3	2	3
東京工業大	3	10	9	東京医科歯科大	6	3		青山学院大	36	29	27	獨協大		2	9
一橋大	8	10	5	東京海洋大	1	1		立教大	34	49	26	日本大	25	27	25
筑波大	4	6	10	横浜国立大	12	12	6	中央大	65	59	56	東洋大	19	13	8
茨城大			1	山梨大	3			法政大	35	44	31	駒澤大	7	5	1
宇都宮大	1			金沢大	1			学習院大	12	7	11	専修大	2	9	1
群馬大	2	5		信州大	4	3	3	国際基督教大	3		3	芝浦工業大	11	17	15
埼玉大			2	国際教養大	2	1	1	津田塾大	9	10	10	東京都市大	8	2	3

入試要項・入試情報

◉2024年度の入試要項(参考)

募集人員	男女60名前後
選抜方法	国・算・社・理＋報告書
出願関連期間	1/4〜1/12
試験日程	2/3
合格発表	Web 2/5 9:00〜
入学手続	2/7 14:00まで

＊2024年保護者会は2月5日(月)13時から実施(欠席の場合、入学の辞退とする)。

◉出願資格(参考)

下記①〜④を参考に、保護者のもとから3年間無理なく通学できる者。

①通学に際しては、自転車、自家用車の使用は認めておりません。

②緊急時または体調不良等の際に、保護者によるお迎えをお願いしております。

③修学旅行等校外での学習の際、本校または現地等に通常の登校時刻よりも早い時刻に集合していただく場合がございます。(例えば、第1学年の北総・常南修学旅行では新宿センタービル前に午前7時20分に集合します。)

④現在、在籍している生徒の通学時間は最も遠くから通学する生徒でも概ね90分程度です。

面接 実施しない。

◉最近6年間の入試応募者推移と倍率

年度	2019		2020		2021		2022		2023		2024	
	男	女	男	女	男	女	男	女	男	女	男	女
募集	19	26	34	25	25	26	34	31	58		52	
応募	71	64	69	54	78	74	83	84	83	63	137	
応募倍率	3.7	2.5	2.0	2.2	3.1	2.8	2.4	2.7	2.5		2.6	
受験	非公表		非公表		非公表		非公表		非公表		非公表	
合格	19	26	34	25	25	26	34	31	31	27	52	
実質倍率	—	—	—	—	—	—	—	—	—	—	—	—

＊2024年補欠発表(Web)…あり。補欠合格…あり、2月7日〜2月16日。追加合格…詳細不明。

◉入試教科

②算数	40分	90点
①国語	40分	90点
④理科	30分	60点
③社会	30分	60点
合計	140分	300点

合格最高点	非公表
合格最低点	非公表

国公立校

◉受験併願パターン

偏差値	1月前半	1月後半	2月1日	2月2日	2月3日	2月4日以降
52			佼成学園特奨	国学院久我山２		成蹊２
50	青学ルーテル		国学院久我山			
49	城北埼玉特待			桐光学園２	学大小金井	
48			東京電機大２			東京電機大４
45	開智未来Ｔ未来		創価	宝仙学園２		明治学院３

偏差値	1月前半	1月後半	2月1日	2月2日	2月3日	2月4日以降
51					学大小金井	
50			国学院久我山	大妻中野３アド		
47	開智所沢					
41			武蔵野大２			

入試問題の傾向とポイント

算数
計算問題が3問、大問4題の問題構成。作図、規則性、数の性質、グラフの問題は頻出なので、しっかりと対策をしておくこと。また、大問は一見取り組みにくい問題もあるが、題意をきちんと読み取ることができれば十分対応できる。試験時間がやや短いので時間配分に注意が必要。

国語
最初は放送問題からはじまり、物語文と説明文の読解2題が続く。物語文は比喩表現や人物像、人物の心情について問われた。説明文は言い換え説明や自分の考えを述べる設問がみられた。読解問題の解答形式は記述と選択肢だと考えて良いだろう。

理科
大問5題、生地物化からの出題で、大問1は4分野からの小問集合である。典型問題が中心の出題で、会話形式の問題もよく出題される。また、作図や1〜2行で考察を記述するような問題が目立つため、日頃から自分の考えを簡潔にまとめる練習を行い、対策しておきたい。

社会
大問3題構成。記号選択の割合が高いが、選択肢から2つ正解を選ばせる問題が多数出題された。特に歴史については出題割合が高く難易度も高い。年代順の並び替え問題など、正確な知識と判断力が必要。また、史料や写真も多く使われているため、しっかりと対策をして臨みたい。

東京学芸大学附属世田谷中学校

（とうきょうがくげいだいがくふぞくせたがや）

■学校長／前原健二　■創立／昭和22年　■生徒数／416名（男208名、女208名）
■所在地／〒158-0081 東京都世田谷区深沢4-3-1　■ＴＥＬ／03-5706-3301
■交通／駒沢大学駅（東急田園都市線）徒歩20分。渋谷駅、等々力駅からバス「深沢不動前」下車、徒歩10分。
恵比寿駅、用賀駅からバス「学芸附属中」下車、徒歩4分。目黒駅、自由が丘駅からバス「東深沢小学校」下車、徒歩4分。

何学期制	週何日制	登校時刻	制服	給食	食堂 軽食販売	プール	寮	特待制度 奨学金等	帰国生 取出授業
3学期制	5日制	8:25	あり	なし	食堂なし 軽食販売あり	屋外	なし	なし	なし

沿　革

1947年、東京第一師範学校男子部附属中学校として設立。1951年、現校名に改称し、今日に至る。

教育方針と特色

「個性的で人間性豊かな人格をつくる」「創造性豊かな人間を育てる」「敬愛の精神にあふれた人間を育てる」の3点を教育目標に掲げる。学習指導では自発的、計画的な学習態度を養う。生活指導では、公共物を大切にし環境美化に努める態度と、集団の一員としての自覚を持ち、奉仕活動に積極的にとり組む態度を養う。教科指導においては、基礎・基本とともに、応用・発展的な学習が行われている。総合学習における「テーマ研究」では、自ら選択したテーマを研究し、教科の枠にとらわれない横断的、総合的な学習を行う。さらに、国語や英語のスピーチコンテスト、情報教育、心の健康の学習も行われている。

「運動会」「芸術発表会」「三送会」の三大行事に加え、「オリエンテーションキャンプ（1年）」「スタディツアー（2年）」「秩父長瀞地学実習（2年）」「修学旅行（3年）」といった宿泊行事も充実しており、生徒には、様々な場面で自ら考え行動し、チャレンジする機会が与えられている。

◉系列校

小	中	高	大(短大)
○	○	○	○

◉小学校からの内進生…78名
◉高校生外部募集………120名

（完全混合クラス）

◉授業時間…1コマ50分・週29時間

	1年	2年	3年	計
国　語	4	4	4	12
社　会	3	3	4	10
数　学	4	4	4	12
理　科	3	4	4	11
英　語	5	4	4	13
5教科計	19	19	20	58

参考　**高校1年生一週間の授業**

英語=5　数学=5　国語=5
理科=4　社会=4

進学・進路

◉卒業生進路状況

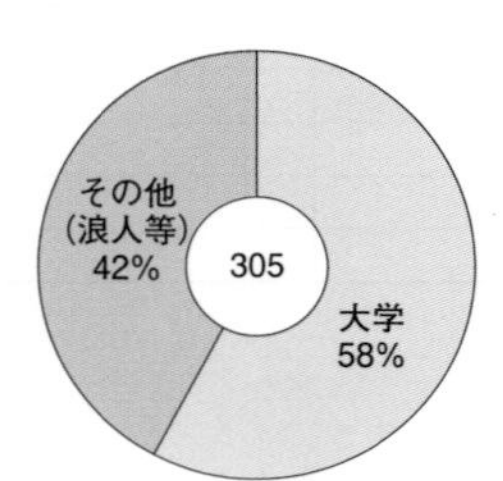

■進路選択状況（高３進級時）

データなし

■理系・文系進学状況

データなし

■共通テスト受験率

97%（0　50　100）

◉卒業までの流れ

小学校	中学校	高等学校	大学
東京学芸大学附属 世田谷小学校	東京学芸大学附属 世田谷中学校	東京学芸大学附属 高等学校（305）	

◉主な大学合格実績

大学名	'22	'23	'24	大学名	'22	'23	'24	大学名	'22	'23	'24	大学名	'22	'23	'24
東京大	27	14	21	千葉大	8	5	4	東京都立大	5	4	1	東京女子大	12	5	8
京都大	10	11	5	お茶の水女子大	5	3	4	横浜市立大	4	4	1	日本女子大	3	3	3
北海道大	6	5	4	東京外国語大	8	2	4	慶應義塾大	117	114	86	成蹊大	12	9	6
東北大	5	6	5	電気通信大	1	2	2	早稲田大	138	119	97	成城大	8	8	3
名古屋大	1	2	1	東京学芸大	6	8	11	上智大	44	78	43	明治学院大	8	7	8
大阪大		1	2	東京農工大	2	4	5	東京理科大	68	80	67	國學院大	2		2
九州大	2		3	東京芸術大	2	1	1	明治大	100	96	76	武蔵大	3	2	3
東京工業大	3	10	9	東京医科歯科大	6	3		青山学院大	36	29	27	獨協大		2	9
一橋大	8	10	5	東京海洋大	1	1		立教大	34	49	26	日本大	25	27	25
筑波大	4	6	10	横浜国立大	12	12	6	中央大	65	59	56	東洋大	19	13	8
茨城大			1	山梨大	3			法政大	35	44	31	駒澤大	7	5	1
宇都宮大	1			金沢大	1			学習院大	12	7	11	専修大	2	9	1
群馬大	2	5		信州大	4	3	3	国際基督教大	3		3	芝浦工業大	11	17	15
埼玉大			2	国際教養大	2	1	1	津田塾大	9	10	10	東京都市大	8	2	3

入試要項・入試情報

◉2024年度の入試要項(参考)

募集人員	男女約60名
選抜方法	国・算・社・理＋自己推薦書
出願関連期間	1/4〜1/11
試験日程	2/3
合格発表	掲示 2/4 13:00〜 Web 2/4 13:00〜
入学手続	2/5 13:00まで

＊2024年入学説明会は2月4日（日）14時10分から実施(欠席の場合、辞退したものとして取り扱う)。

面接 実施しない。

◉出願資格(参考)

出願時の時点で、志願者と保護者が同居しており、その住居が下記指定地域内にあること。また、出願時は下記指定地域外であるが、3月31日までに保護者と指定地域内に同居することが明らかな者。

・東京都内：東京23区、調布市、狛江市、稲城市、町田市、三鷹市、武蔵野市
・神奈川県内：横浜市、川崎市、大和市、相模原市南区、藤沢市
・埼玉県内：和光市、朝霞市

◉最近6年間の入試応募者推移と倍率

年度	2019		2020		2021		2022		2023		2024	
	男	女	男	女	男	女	男	女	男	女	男	女
募集	約60		約60		約60		約60		約60		約60	
応募	151	163	134	127	113	115	126	124	110	126	127	130
応募倍率	5.2		4.4		3.8		4.2		3.9		4.3	
受験	121	106	106	80	81	84	94	87	79	85	89	86
合格	46	37	35	45	45	35	42	41	50	50	39	48
実質倍率	2.6	2.9	3.0	1.8	1.8	2.4	2.2	2.1	1.6	1.7	2.3	1.8

＊2024年補欠発表(掲示・手渡し・Web)…男14名、女14名。補欠合格・追加合格…いずれも非公表。

◉入試教科

②算数	40分	100点
①国語	40分	100点
④理科	40分	100点
③社会	40分	100点
合計	160分	400点

＊国・算は1.5倍して合計満点500点。

合格最高点	非公表
合格最低点	非公表

◉受験併願パターン

偏差値	1月前半	1月後半	2月1日	2月2日	2月3日	2月4日以降
60			農大第一算国	農大第一２算理		逗子開成３
58	栄東Ａ１０日					明大中野２
57				世田谷学園２	学大世田谷	
56			攻玉社			
52				かえつ有明２特待		日本学園３

偏差値	1月前半	1月後半	2月1日	2月2日	2月3日	2月4日以降
62			田園調布学園午後			頌栄女子学院２
61	栄東Ａ１０日		都市大等々力Ｓ選	中央大附属横浜２		
59					学大世田谷	
55						ドルトン４日Ｐ
54			青稜１Ａ	神奈川大附２		田園調布学園３

入試問題の傾向とポイント

算数
図形の規則性や構成、条件付きの調べなど、知識やテクニックよりも思考力を試す問題が大部分。また、理由などを自分の言葉で説明する問題が頻出であり、主旨を簡潔にまとめる力が問われる。試験時間が40分と短いため、過去問演習でしっかりと対策をしておくこと。

国語
15問の漢字の読み書きと、説明文2題から出題された。説明文は生物多様性についてと、言語学習について述べた文章であった。傍線部内容について図にあらわして説明することや、本文に関連した内容について200字程度で記述することが求められる設問がみられた。

理科
大問5〜8題、生地物化からの出題。年によって大問数が異なる。単純な知識で解ける問題だけではなく、思考力を問われる問題も複数出題されている。また、時事をきっかけに展開される問題がよく出題される。記述・作図と解答形式も多岐にわたるため、しっかりと練習をしておきたい。

社会
昨年から2題減り、大問7題構成だった。用語記述は原則として漢字指定である。昨年5問出題された記述問題は1問も出題されなかった。各分野ともに地図・グラフ・表・写真などが非常に多く用いられており、これらの資料を的確に読み取る力が求められている。

国公立校

東京学芸大学附属竹早中学校

とうきょうがくげいだいがくふぞくたけはや

■学校長／馬場哲生　■創立／昭和22年　■生徒数／419名（男210名、女209名）
■所在地／〒112-0002 東京都文京区小石川4-2-1　■ＴＥＬ／03-3816-8601
■交通／茗荷谷駅（東京メトロ丸ノ内線）徒歩12分。春日駅（都営三田線・大江戸線）徒歩15分。
後楽園駅（東京メトロ丸ノ内線、南北線）徒歩15分。池袋駅、大塚駅からバス「春日2丁目」下車。

何学期制	週何日制	登校時刻	制服	給食	食堂 軽食販売	プール	寮	特待制度 奨学金等	帰国生 取出授業
3学期制	5日制	8:30	あり	なし	食堂なし 販売あり	屋外	なし	なし	なし

沿　革

1947年創立。1954年、東京学芸大学附属追分中学校を合併し、現在に至る。

教育方針と特色

都内の文教地区に位置する、東京学芸大の研究校。優秀な教諭陣を擁し、併設の学芸大附属高校は全国でも有数の進学実績を誇る。1学年4学級編成（各学級35名）で、男女の比率は半々である。「自ら求め、考え、表現し、実践できる生徒を育てる」という教育方針から、自主的に目標を持ち、明るく勉学にいそしんでいる。進度は文部科学省の指導要領に準拠しているが、独自の教材やプリントなどを活用して、密度の濃い授業が行われている。部活動が盛んで、自主参加ではあるが、多くの生徒が参加している。学校行事も生徒主体で運営されている。

◉系列校

小	中	高	大（短大）
○	○	○	○

◉小学校からの内進生…約半数

◉高校生外部募集………120名

（完全混合クラス）

◉授業時間…1コマ50分・週29時間

	1年	2年	3年	計
国　語	4	4	4	12
社　会	3	4	3	10
数　学	4	3	4	11
理　科	3	4	4	11
英　語	4	4	4	12
5教科計	18	19	19	56

参考　高校1年生一週間の授業

英語=5　数学=5　国語=5
理科=4　社会=4

進学・進路

◉卒業生進路状況

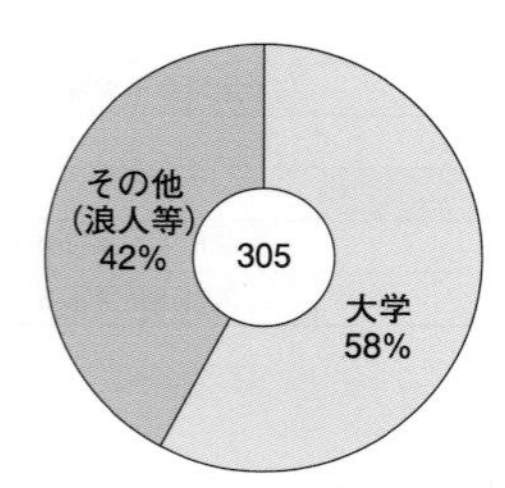

■進路選択状況（高３進級時）

データなし

■理系・文系進学状況

データなし

■共通テスト受験率

97%

0　50　100

◉卒業までの流れ

小学校	中学校	高等学校	大学
東京学芸大学附属竹早小学校	東京学芸大学附属竹早中学校	東京学芸大学附属高等学校（305）	

◉主な大学合格実績

大学名	'22	'23	'24	大学名	'22	'23	'24	大学名	'22	'23	'24	大学名	'22	'23	'24
東京大	27	14	21	千葉大	8	5	4	東京都立大	5	4	1	東京女子大	12	5	8
京都大	10	11	5	お茶の水女子大	5	3	4	横浜市立大	4	4	1	日本女子大	3	3	3
北海道大	6	5	4	東京外国語大	8	2	4	慶應義塾大	117	114	86	成蹊大	12	9	6
東北大	5	6	5	電気通信大	1	2	2	早稲田大	138	119	97	成城大	8	8	3
名古屋大	1	2	1	東京学芸大	6	8	11	上智大	44	78	43	明治学院大	8	7	8
大阪大		1	2	東京農工大	2	4	5	東京理科大	68	80	67	國學院大	2		2
九州大	2		3	東京芸術大	2	1	1	明治大	100	96	76	武蔵大	3	2	3
東京工業大	3	10	9	東京医科歯科大	6	3		青山学院大	36	29	27	獨協大		2	9
一橋大	8	10	5	東京海洋大	1	1		立教大	34	49	26	日本大	25	27	25
筑波大	4	6	10	横浜国立大	12	12	6	中央大	65	59	56	東洋大	19	13	8
茨城大			1	山梨大	3			法政大	35	44	31	駒澤大	7	5	1
宇都宮大	1			金沢大	1			学習院大	12	7	11	専修大	2	9	1
群馬大	2	5		信州大	4	3	3	国際基督教大	3		3	芝浦工業大	11	17	15
埼玉大			2	国際教養大	2	1	1	津田塾大	9	10	10	東京都市大	8	2	3

入試要項・入試情報

◉2024年度の入試要項(参考)

募集人員	男子約45名・女子約40名
選抜方法	国・算・社・理＋面接・報告書
出願関連期間	12/21〜1/11
試験日程	2/3
合格発表	掲示 2/5 10:00〜 Web 2/5 9:00〜
入学手続	2/6 12:00まで

＊2024年保護者説明会は2月5日(月)10時30分から実施(欠席の場合、入学の意志がないものと判断する)。

◉出願資格(参考)

通学指定地域あり(P.527参照)。出願の時点で、その地域内に保護者とともに居住し、入学後も指定地域内より通学する者。

面接 実施する。

◉最近6年間の入試応募者推移と倍率

年度	2019		2020		2021		2022		2023		2024	
	男	女	男	女	男	女	男	女	男	女	男	女
募集	約45	約45	約43	約43	約40	約40	約40	約43	約43	約43	約45	約40
応募	141	180	198	185	191	163	175	186	151	147	143	133
応募倍率	3.1	4.0	4.6	4.3	4.8	4.1	4.4	4.3	3.5	3.4	3.2	3.3
受験	95	136	140	137	137	132	122	134	106	113	88	95
合格	45	45	43	43	40	43	40	43	41	41	50	45
実質倍率	2.1	3.0	3.3	3.2	3.4	3.1	3.1	3.1	2.6	2.8	1.8	2.1

＊2024年補欠発表(掲示・Web)…男18名、女18名。補欠合格(電話)…男8名、2月5日〜2月13日。追加合格…なし。

◉入試教科

教科	時間	配点
②算数	30分	50点
①国語	30分	50点
④理科	30分	50点
③社会	30分	50点
合計	120分	200点

合格最高点	非公表
合格最低点	非公表

◉受験併願パターン

偏差値	1月前半	1月後半	2月1日	2月2日	2月3日	2月4日以降
58	栄東Ａ１０日			巣鴨２	暁星２	明大中野２
55			巣鴨	学習院	学大竹早	
53		芝浦工大柏				
51	千葉大附	麗澤ＡＥ	成城学園			
48			足立学園特奨１			

偏差値	1月前半	1月後半	2月1日	2月2日	2月3日	2月4日以降
60	栄東Ｂ		学習院女子Ａ			中央大附属２
59			広尾小石川			
58	淑徳与野					
57					学大竹早	大妻４
56		専修大松戸		大妻２		

入試問題の傾向とポイント

算数　計算＋一行問題4問、大問4題の問題構成。標準的な問題が多いが、やや思考力を必要とする問題も見られる。試験時間が30分と短いため、素早く判断し正確に解く力が要求されている。また、数の性質、規則性の問題、グラフ絡みの問題は頻出なのでしっかりと対策を行いたい。

国語　物語文と随筆文それぞれ1題ずつの読解2題構成。物語文は脱文補充や心情理由、また傍線部内容が果たす文章内での表現の役割について、随筆文は傍線部説明を通して筆者の考えやある段落の要約について問われた。選択肢・抜き出し・記述と、出題形式に偏りはない。

理科　大問5題、生地物化からの出題で、大問1は小問集合である。小問集合の問題数は年によってばらつきがある。選択問題はすべて選ばせる問題がよく出題されるが、「あてはまるものがない」という解答があることも特徴的である。問題文を正しく理解し、論理的に思考する訓練を積んでおきたい。

社会　大問4題構成。ほとんどが記号選択だが、文章の選択肢のなかには該当するものをすべて選ばせる形式のものが多く、高い知識が要求される。グラフや表、写真、地図を用いた設問が多いので、統計資料を分析する力は欠かせない。記事の見出しを考える出題があり、要素を簡潔にまとめて文章で表現する訓練も必要。

茨城大学教育学部附属中学校

いばらきだいがくきょういくがくぶふぞく

■学校長／野崎英明　■創立／明治10年　■生徒数／423名（男ー名、女ー名）
■所在地／〒310-0056 茨城県水戸市文京1-3-32
■ＴＥＬ／029-221-5802
■交通／水戸駅（JR常磐線・水戸線・水郡線、大洗鹿島線）、赤塚駅（JR常磐線・水戸線）からバス「袴塚2丁目」下車、徒歩3分。

何学期制	週何日制	登校時刻	制服	給食	食堂 軽食販売	プール	寮	特待制度 奨学金等	帰国生 取出授業
2学期制	5日制	8:15	あり	なし	食堂なし 販売なし	屋外	なし	なし	なし

沿　革

1877年に茨城県師範学校、1905年に女子師範学校、それぞれの附属小学校が開校し、六・三制実施、国立学校設置法改訂を経て両者が統合し、現在地に発足した。

教育方針と特色

教育学部の附属学校として、普通中等教育を実施するだけでなく、教育研究の推進、教育実習の実施、研究成果の発信や研修機会の提供等による地域貢献を使命としており、毎年授業研究会を開催し、2回の教育実習を実施している。

自主・自律の精神を重んじ、生徒が主体となって創り上げる活動を大切にしている。特に「附中スポーツフェスティバル」（体育祭）、「合唱コンクール」、「いばら祭」（文化祭）などは、大いに盛り上がる。1～3学年の3年間、登山を中心とした自然体験を行う宿泊共同学習を実施していることも大きな特徴である。生徒の学習を支える「附中スクールボランティア制度」も充実している。

◉系列校

小	中	高	大（短大）
○	○		

◉小学校からの内進生…ー名

◉併設高校なし

◉授業時間…1コマ50分・週29時間

	1年	2年	3年	計
国　語	4	4	3	11
社　会	3	3	4	10
数　学	4	3	4	11
理　科	3	4	4	11
英　語	4	4	4	12
5教科計	18	18	19	55

進学・進路

◉卒業生進路状況

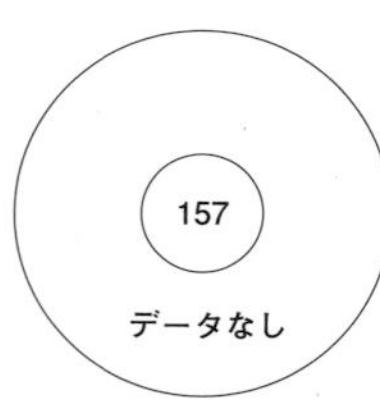

◉卒業までの流れ

小学校	中学校	高等学校	大学
茨城大学教育学部附属小学校	茨城大学教育学部附属中学校（157）		

◉主な高校合格実績

（非公表）

入試情報

◉受験併願パターン

偏差値	1月前半	1月後半	2月1日	2月2日以降
55	日立第一高附属		城北	成城３
51	茨城大附		成城	
47		茗溪学園総合	日大豊山	かえつＡＬ思考特
38	茨城２			
37		光英V		

偏差値	1月前半	1月後半	2月1日	2月2日以降
57	日立第一高附属		開智日本橋	開智日本橋４
54	江戸川取手難		大妻	
52	茨城大附	江戸川取手２難		
43	開智望			
38		茨城２		上野学園特待

受験状況

◉2024年　入試データ

試験名		
入試日	1月7日	
定員	内進含約72	内進含約72
性別	男	女
教科	4	4
応募		
受験		
合格		
備考		

埼玉大学教育学部附属中学校

（さいたまだいがくきょういくがくぶふぞく）

■学校長／関口睦　■創立／昭和22年　■生徒数／444名（男227名、女217名）
■所在地／〒336-0021 埼玉県さいたま市南区別所4-2-5
■ＴＥＬ／048-862-2214
■交通／中浦和駅（JR埼京線）徒歩10分。浦和駅（JR京浜東北線・宇都宮線・高崎線・湘南新宿ライン）徒歩20分。

何学期制	週何日制	登校時刻	制服	給食	食堂 軽食販売	プール	寮	特待制度 奨学金等	帰国生 取出授業
3学期制	5日制	8:20	あり	なし	食堂なし 販売なし	屋外	なし	なし	なし

沿　革

1947年、学制改革にともない、埼玉師範学校附属中学校として発足する。1951年に埼玉大学教育学部附属中学校に改称し、今日に至る。

教育方針と特色

教育基本法に基づき、「正しい判断力とたくましい実践力をもった自主的人間の形成」を目標に掲げる。教科指導は「自ら考え、学ぶ」積極的な姿勢で行われている。併設の埼玉大学教育学部生の教育実習による授業も行われており、お互いに実力を高めあうための交流の場となっている。体育系9部と文化系4部のクラブには多くの生徒が参加しており、生徒会活動も盛んで、生徒たち自らが積極的に活動している。併設の高校がないため、県立高校や私立高校への受験対策には万全を期し、きめ細かく指導。海外帰国生の募集も行っており、帰国生を普通クラスに編入させ、生徒が仲良く学びあうことができるように編成している。

◉系列校

小	中	高	大(短大)
○	○		

◉小学校からの内進生…一名
◉併設高校なし

◉授業時間…1コマ50分・週29時間

	1年	2年	3年	計
国　語	4	4	3	11
社　会	3	3	4	10
数　学	4	3	4	11
理　科	3	4	4	11
英　語	4	4	4	12
5教科計	18	18	19	55

国公立校

進学・進路

◉卒業生進路状況

◉卒業までの流れ

小学校	中学校	高等学校	大学
埼玉大学教育学部附属小学校	埼玉大学教育学部附属中学校（一）		

◉主な高校合格実績

（非公表）

入試情報

◉受験併願パターン

偏差値	2月1日	2月2日	2月3日	2月4日以降
62	広尾学園		明大付属八王子Ａ２	広尾学園３
56	桐朋			
55		学習院		
53	成城	佼成学園Ｇ特奨	専修大松戸３	ドルトン東京４日ＰＭ
45	埼玉大附	桜丘４特待		順天３多面的

偏差値	1月前半	1月後半	2月1日	2月2日以降
61	さいたま市立浦和			都市大等々２Ｓ選
57	大宮開成特待			大妻４
48	西武文理選抜			
46	西武文理２選抜		埼玉大附	順天３多面的
41	開智未来			十文字３

受験状況

◉2024年　入試データ

試験名	一般		帰国	
入試日	2/1		2/1午後	
定員	内進含70	内進含70	男女計15	
性別	男	女	男	女
教科	2	2	2	2
応募	162	185	4	0
受験				
合格	35	28		
備考				

千葉大学教育学部附属中学校

（ちばだいがくきょういくがくぶふぞく）

■学校長／樋口咲子　■創立／昭和40年　■生徒数／419名（男202名、女217名）
■所在地／〒263-8522 千葉県千葉市稲毛区弥生町1-33
■ＴＥＬ／043-290-2493
■交通／西千葉駅（JR総武線）徒歩12分。みどり台駅（京成千葉線）徒歩10分。

何学期制	週何日制	登校時刻	制服	給食	食堂 軽食販売	プール	寮	特待制度 奨学金等	帰国生 取出授業
2学期制	5日制	8:15	なし	なし	食堂なし 販売なし	屋外	なし	なし	あり

沿　革

1965年、千葉大学教育学部附属中学校・小学校・幼稚園を創立、今日に至る。

教育方針と特色

自らの行動を選択・決定できる「主体的人間」を形成することを教育の実践目標としており、「自由」を大切にし、知識のつめこみや、高校進学だけにとらわれず、のびのびとした教育を行っている。千葉大学の附属中学校であるため、教育学部生の教育実習を実施しており、教育理論の確立のための実験的な授業を行うこともある。心身の円満な成長と、学力とのバランスを図るためにクラブ活動や諸行事への参加を勧めており、ほとんどの生徒が部活動に参加している。高校受験に限らない探究的な学びを実現しようとする、教師陣の熱心な指導は創立以来受け継がれている。実績としては、例年卒業生の多くが公立県内トップの千葉高や県内有名私立高校などに進学し、都内の国立・私立校にも多くの進学者を出している。校地は千葉大の広々とした構内にあるため、自由でかつ個性的な気風が流れている。

◉系列校

小	中	高	大（短大）
○	○		

◉小学校からの内進生…非公表
◉併設高校なし

◉授業時間…1コマ50分・週30時間

	1年	2年	3年	計
国　語	4	4	3	11
社　会	3	3	4	10
数　学	4	3	4	11
理　科	3	4	4	11
英　語	4	4	4	12
5教科計	18	18	19	55

進学・進路

◉卒業生進路状況

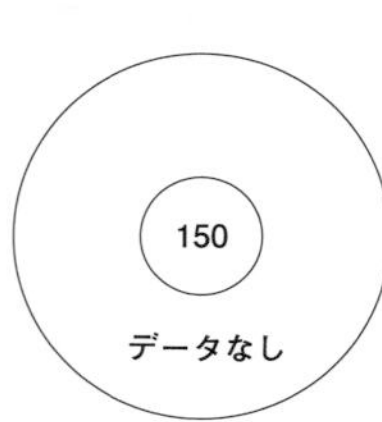

◉卒業までの流れ

小学校	中学校	高等学校	大学
千葉大学教育学部附属小学校 ▶	千葉大学教育学部附属中学校（150）		

◉主な高校合格実績

国 筑波大附属6・お茶の水女子大附属2・東工大附属科学技1・産業技術高専1
公 県立千葉32・船橋6・千葉東7・市立千葉6・千葉女子2・市立稲毛4・東葛飾1・木更津工業高専2
県内私立 渋谷教育幕張5・市川36・昭和学院秀英50・日大習志野23・八千代松陰10・市原中央13・芝浦工大柏3・千葉敬愛4・敬愛学園9・東海大市原望洋4・植草学園大附属3・成田3
県外私立 開成2・慶應義塾1・慶應女子1・慶應志木1・早大学院3・早稲田本庄4・青山学院2・中央大附属5・明治学院2・安田学園7・江戸川女子11

入試情報

◉受験併願パターン

偏差値	1月前半	1月後半	2月1日	2月2日以降
56	開智特待Ｂ		桐朋	学習院２
51	千葉大附		成城	獨協４
47		昭和学院国	日大豊山	かえつＡＬ思考特
38	八千代松陰２０日	光英Ⅴ探究		
37		光英Ⅴ		

偏差値	1月前半	1月後半	2月1日	2月2日以降
60	江戸川取手東		中央大附属	中央大附属２
57	千葉市立稲毛國際	芝浦工大柏２	開智日本橋	開智日本橋４
54			大妻	
53	千葉大附		山脇学園Ａ	共立女子３日合
50		千葉日大第一２	富士見	国学院久我山２

受験状況

◉2024年　入試データ

試験名	一般		帰国	
入試日	12/25		1/22	
定員	男女計約40		男女計12	
性別	男	女	男	女
教科	−	−	国	国
応募	156	182	男女計9	
受験	−	−	男女計9	
合格	13	27	男女計9	
備考	一次合格42、二次受検38	一次合格48、二次受検47		

東京学芸大学附属国際中等教育学校

（とうきょうがくげいだいがくふぞくこくさいちゅうとうきょういくがっこう）

■学校長／荻野勉　■創立／平成18年　■生徒数／346名（男ー名、女ー名）
■所在地／〒178-0063 東京都練馬区東大泉5-22-1　■ＴＥＬ／03-5905-1326
■交通／大泉学園駅（西武池袋線）徒歩7分。
吉祥寺駅、西荻窪駅、荻窪駅、阿佐ヶ谷駅、上石神井駅からバス「学芸大学附属前」下車。

何学期制	週何日制	登校時刻	制服	給食	食堂 軽食販売	プール	寮	特待制度 奨学金等	帰国生 取出授業
3学期制	5日制	8:25	あり	なし	食堂なし 販売なし	屋外	なし	なし	なし

沿　革

2007年　東京学芸大学附属大泉中学校と附属高等学校大泉校舎を統合・再編し、6か年にわたる中高一貫教育を行う中等教育学校を設立。
2010年　国際バカロレア（IB）中等教育プログラム（MYP）認定校
2011年　ユネスコスクール加盟校
2014年　スーパーサイエンスハイスクール（SSH）指定校
2015年　スーパーグローバルハイスクール（SGH）指定校
2015年　国際バカロレア（IB）ディプロマプログラム（DP）設定校
2019年　スーパーサイエンスハイスクール（SSH）第2期指定校

教育方針と特色

①「国際教養」の設定：国際社会の中で共生・共存できる力を育成するために設定された学習領域。「グローバルスタンダードの教育」である国際バカロレア（IB）の中等教育プログラム（MYP）の考えをもとに、国際理解・人間理解・理数探究という3つの柱で構成される、6年一貫教育の中で実施するカリキュラムの一つ。
②「課題解決学習」の重視：すべての教科・科目においてIBの趣旨に基づいた学習を行う。その中で特にスーパーサイエンスハイスクール（SSH）では、課題発見力、情報収集力、分析・評価力等の伸長を促す活動を実施している。また、全校生徒対象に校内課題研究コンテスト（ISSチャレンジ）を実施し、研究スキルの育成を進めている。
③少人数・習熟度別の英語教育：英語で教科的内容を取り扱うラーニング・イン・イングリッシュ（LE）イマージョン授業を受けることができる。英語を使った高度なディスカッションができるようになることを目指す。
④海外教育体験生徒へのケア：初期日本語指導・教科学習（教科授業）を支援するための日本語指導（Japanese as a Second Language）などを行う。
⑤MYPの実施：第1学年から第4学年まで国際バカロレア機構（IBO）が提供する中等教育プログラム（MYP）を実施。
⑥国際バカロレア（IB）のディプロマプログラム（DP）実施。
⑦ユネスコスクール加盟校。

◉系列校

小	中	高	大（短大）
○	○	○	

◉小学校からの内進生…非公表
◉高校生外部募集………帰国生・外国籍生の受け入れあり

◉授業時間…1コマ50分・週32時間

	1年	2年	3年	計
国　語	4	4	3	11
社　会	3	3	4	10
数　学	4	4	4	12
理　科	4	4	4	12
英　語	4	4	4	12
5教科計	19	19	19	57

※他に、使用言語を英語に限定した総合的な学習の時間を、各学年2時間ずつ

国公立校

進学・進路

◉卒業生進路状況

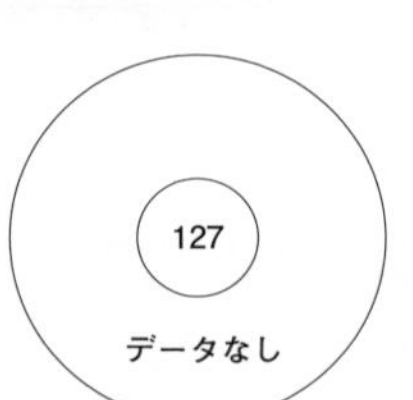

◉卒業までの流れ

小学校	中学校	高等学校	大学
東京学芸大学附属大泉小学校 ▶	東京学芸大学附属国際中等教育学校（127）		

◉主な大学合格実績

	大学	人数		大学	人数		大学	人数		大学	人数		大学	人数		大学	人数
国・公	東京大	5	国・公	東京工業大	3	国・公	東京農工大	1	私	上智大	29	私	学習院大	5	私	明治学院大	4
	京都大	2		一橋大	3		東京医科歯科大			東京理科大	13		国際基督教大	9		日本大	6
	北海道大	1		筑波大	6		横浜国立大			明治大	20		津田塾大	2		東洋大	5
	東北大	1		千葉大	2		東京都立大			青山学院大	13		東京女子大	2		駒澤大	
	名古屋大			お茶の水女子大			横浜市立大	1		立教大	3		日本女子大	5		専修大	
	大阪大	1		東京外国語大	1	私	慶應義塾大	32		中央大	17		成蹊大	1		芝浦工業大	6
	九州大	1		電気通信大			早稲田大	36		法政大	16		成城大	5		東京都市大	

入試情報

◉受験併願パターン

偏差値	2月1日	2月2日	2月3日	2月4日以降
62	広尾学園			広尾学園３
56	桐朋			高輪Ｃ
55		暁星	学大国際Ｂ	
53	高輪Ａ			ドルトン４日Ｐ
51	成城	佼成学園Ｇ特奨		獨協４

偏差値	1月前半	1月後半	2月1日	2月2日	2月3日	2月4日以降
61	栄東Ａ１０日	昭和秀英	頌栄女子学院	三田国際３ＩＳＣ		三田国際４ＩＳＣ
60	開智算数特待		中央大附属			中央大附属２
58			国学院久我山ＳＴ	法政第二		
57			法政大学		学大国際Ｂ	
54	開智２回		大妻			淑徳３東大

受験状況

◉2024年　入試データ

試験名	A		B	
入試日	2/3			
定員	男女計約30		男女計約30	
性別	男	女	男	女
教科	国	国	－	－
応募	男女計151		男女計169	
受験	男女計137		男女計143	
合格	男女計33		男女計37	
備考				

東京大学教育学部附属中等教育学校

（とうきょうだいがくきょういくがくぶふぞく）

■学校長／小国喜弘　■創立／昭和23年　■生徒数／360名（男180名、女180名）
■所在地／〒164-8654 東京都中野区南台1-15-1　■ＴＥＬ／03-5351-9050
■交通／中野新橋駅（東京メトロ丸ノ内線）徒歩10分。幡ヶ谷駅（京王線）徒歩15分。
西新宿五丁目駅（都営大江戸線）徒歩15分。新宿駅から京王バス「南台1丁目」「東大附属前」下車。

何学期制	週何日制	登校時刻	制服	給食	食堂 軽食販売	プール	寮	特待制度 奨学金等	帰国生 取出授業
2学期制	5日制	8:40	なし	なし	食堂なし 販売中高あり	屋外	なし	なし	なし

沿　革

1948年、東京高等学校尋常科1・2年を募集、在校する3年生と合わせ新制中学校となる。1949年、学制改革により東京高等学校が東京大学東京高等学校となる。1951年、国立学校設置法の改正により、東京大学教育学部附属中学校・高等学校が発足。1963年より6ヶ年一貫教育を開始。2000年、中等教育学校に移行。

教育方針と特色

教科学習と総合的な学習とを二本の大きな柱とし、これに生徒の自主的な活動を有機的に結びつけた教育を行っている。6年かけて、一人ひとりの生徒が「未来にひらく自己の確立」をじっくりめざす教育を実践している。

本校は、協働学習を通して、教科学習と総合的な学習を連動させ、多様な経験と生徒間の相互理解の中で豊かな発想を生み、学問の本質を追求する環境をつくっている。東京大学の知の財産の活用や教授陣による様々なサポート体制があり、遺伝と環境の影響などの研究に代表される双生児研究校としての役割、東京大学の学生の教育実習校としての役割もある。

1・2年生を基礎期、3・4年生を充実期、5・6年生を発展期とし、各期に目標を設定した「2−2−2制」を実施している。

部活動は運動部・文化部のいずれも、全学年が一緒になって活動している。夏季の校外宿泊生活や様々な行事、生徒会活動も活発に行われている。

◉系列校

小	中	高	大(短大)
	○	○	

◉併設小学校なし

◉高校生外部募集………

編入生（若干名）のみ

◉授業時間…1コマ50分・週31時間

	1年	2年	3年	計
国　語	4	4	4	12
社　会	3	4	4	11
数　学	4	4	4	12
理　科	4	4	4	12
英　語	4	4	4	12
5教科計	19	20	20	59

進学・進路

◉卒業生進路状況

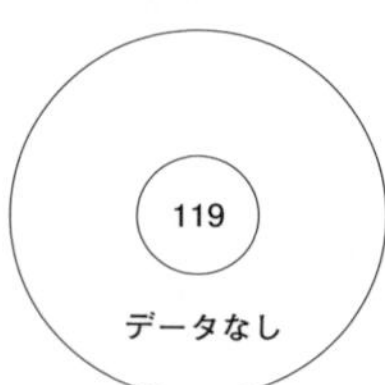

◉卒業までの流れ

小学校	中学校	高等学校	大学
	東京大学教育学部附属中等教育学校（119）		

◉主な大学合格実績

区分	大学	人数	区分	大学	人数	区分	大学	人数	区分	大学	人数	区分	大学	人数	区分	大学	人数
国・公	東京大	2	国・公	東京工業大	2	国・公	東京農工大	1	私	上智大	8	私	学習院大	8	私	明治学院大	3
	京都大	1		一橋大	2		東京医科歯科大			東京理科大	10		国際基督教大	1		日本大	13
	北海道大			筑波大	3		横浜国立大	2		明治大	10		津田塾大			東洋大	5
	東北大			千葉大			東京都立大	5		青山学院大	9		東京女子大			駒澤大	3
	名古屋大			お茶の水女子大			横浜市立大	1		立教大	13		日本女子大			専修大	2
	大阪大			東京外国語大	1	私	慶應義塾大	11		中央大	12		成蹊大	3		芝浦工業大	5
	九州大			電気通信大	1		早稲田大	11		法政大	13		成城大	3		東京都市大	6

入試情報

◉受験併願パターン

偏差値	2月1日	2月2日	2月3日	2月4日以降
56	青稜１Ｂ	高輪Ｂ		成城３
53				
52				成蹊２
50	成蹊	東洋大学京北３	東京大附	
43	聖学院アド			淑徳巣鴨３

偏差値	2月1日	2月2日	2月3日	2月4日以降
57	開智日本橋			大妻４
55	成蹊		東京大附	
54				
51		大妻中野３アド		東洋大学京北４
50	国学院久我山			

受験状況

◉2024年　入試データ

試験名	推薦１次		一般		双子	
入試日	12/21		2/3			
定員	約15	約15	約45	約45	一般に含約20	一般に含約20
性別	男	女	男	女	男	女
教科	−	−	−	−	−	−
応募	164	213	201	225	一般に含	一般に含
受験	163	213	182	206		
合格	16	15	44	45		
備考			双子枠含	双子枠含		

横浜国立大学教育学部附属鎌倉中学校

■学校長／青木弘　■創立／昭和22年　■生徒数／427名（男216名、女211名）
■所在地／〒248-0005 神奈川県鎌倉市雪ノ下3-5-10
■ＴＥＬ／0467-22-2033
■交通／鎌倉駅（JR横須賀線、江ノ島電鉄線）徒歩15分。

何学期制	週何日制	登校時刻	制服	給食	食堂 軽食販売	プール	寮	特待制度 奨学金等	帰国生 取出授業
3学期制	5日制	8:30	あり	なし	食堂なし 販売なし	屋外	なし	なし	あり

沿　革

1947年、新学制により神奈川師範学校男子部附属中学校として開校。1949年、校名を横浜国立大学学芸学部神奈川師範学校男子部附属中学校と改称し、以降何回かの改称を行い、2017年に現校名である横浜国立大学教育学部附属鎌倉中学校に改称する。

教育方針と特色

「自己実現・自己発揮できる人物」「他を思い尊び、共生できる人物」「社会貢献できる人物」の育成を教育目標に、「21世紀を切り拓く学力の育成」「国際理解教育」を推進し、帰国生の受け入れなどを積極的に行っている。また、合唱活動が年間を通して盛んであり、朝会ではクラスごとで合唱を行っている。さらに2・3年生有志で構成する合唱団は各コンクールで金賞を受賞するなど、輝かしい成績をおさめている。隣接する鶴岡八幡宮一帯は古都保存法に守られた風致地区であり、緑豊かで落ち着いた環境である。

◉系列校

小	中	高	大（短大）
○	○		

◉小学校からの内進生…90名
◉併設高校なし

◉授業時間…1コマ50分・週29時間

	1年	2年	3年	計
国　語	4	4	3	11
社　会	3	3	4	10
数　学	4	3	4	11
理　科	3	4	4	11
英　語	4	4	4	12
5教科計	18	18	19	55

国公立校

進学・進路

◉卒業生進路状況

※高校進学者の人数詳細等は非公表

◉卒業までの流れ

小学校	中学校	高等学校	大学
横浜国立大学教育学部附属鎌倉小学校	横浜国立大学教育学部附属鎌倉中学校（－）		

◉主な大学合格実績

（非公表）

入試情報

◉受験併願パターン

偏差値	2月1日	2月2日	2月3日	2月4日以降
46	関東学院１Ａ			関東学院２
42	桜美林１日			
41		自修館Ｂ２	横浜国大鎌倉	
39	藤嶺藤沢２科	藤嶺藤沢得意Ａ		
35	関東学院六浦Ａ１	関東学院六浦Ｂ１		関東学院六浦Ｃ

偏差値	2月1日	2月2日	2月3日	2月4日以降
49	日本大学Ａ１ＡＦ	日大藤沢２		実践女子学園６
48	関東学院１Ａ			日大藤沢３
47	昭和女子大附ＡＡ			
46		目黒日大３適性		
44	日大藤沢	跡見学園２	横浜国大鎌倉	

受験状況

◉2024年　入試データ

試験名	一般		帰国	
入試日	2/2			
定員	男女計約40		男女計約15	
性別	男	女	男	女
教科	2	2	2	2
応募				
受験				
合格				
備考				

横浜国立大学教育学部附属横浜中学校

（よこはまこくりつだいがくきょういくがくぶふぞくよこはま）

■学校長／木村奨　■創立／昭和22年　■生徒数／352名（男女別非公表）
■所在地／〒232-0061 神奈川県横浜市南区大岡2-31-3
■ＴＥＬ／045-742-2281
■交通／弘明寺駅（京浜急行線）徒歩8分。弘明寺駅（横浜市営地下鉄ブルーライン）徒歩1分。

何学期制	週何日制	登校時刻	制服	給食	食堂 軽食販売	プール	寮	特待制度 奨学金等	帰国生 取出授業
2期・3期 併用	5日制	8:40	あり	なし	食堂なし 販売あり	屋外	なし	なし	あり

沿　革

1947年、新学制により神奈川県師範学校女子部附属小学校高等科を小学校から分離独立し、神奈川師範学校女子部附属中学校が設立。1949年、横浜国立大学の設置に伴い、横浜国立大学神奈川師範学校横浜附属中学校に改称する。1966年に横浜国立大学教育学部附属横浜中学校に改称し、1981年、弘明寺校舎に移転。

教育方針と特色

「自ら課題を設定し、その解決に向けてねばり強く取り組む意欲と能力を育成する。（知）」「互いに認め合い、共に生きていく関係をつくる意欲と態度を培う。（徳）」「自分の身体について理解を深め、健康や安全に対する関心を高める。（体）」の３つの教育目標のもと、横浜国立大学と連携を図りながら、ICT教育を推進するなど最先端の教育理論に直結した独創的な教育を実践している。また全校生徒が楽しく自分の興味のある活動ができるように、広い範囲から考えている。海外帰国子女を受け入れて、文化の交流や国際的視野の伸長を目指している。
2009年度入学生より、神奈川県立光陵高校との中高連携教育を行っている。

◉系列校

小	中	高	大（短大）
○	○		

◉小学校からの内進生…60名程度
◉併設高校なし

◉授業時間…1コマ50分・週29時間

	1年	2年	3年	計
国　語	4	4	3	11
社　会	3	3	4	10
数　学	4	3	4	11
理　科	3	4	4	11
英　語	4	4	4	12
５教科計	18	18	19	55

進学・進路

◉卒業生進路状況

◉卒業までの流れ

小学校	中学校	高等学校	大学
横浜国立大学教育学部附属横浜小学校 ▶	横浜国立大学教育学部附属横浜中学校（－）		

◉主な高校合格実績

※人数は非公表

国 東京学芸大附属1・東工大附属科学技術1
公 光陵40・横浜翠嵐7・湘南5・柏陽3・横浜緑ヶ丘1・川和1・市立横浜サイエンスフロンティア1・希望ヶ丘2・横須賀1・横浜平沼2・横浜国際1・神奈川総合2・市立東2
私 開成1・慶應義塾6・慶應志木1・慶應湘南藤沢1・早大本庄1・国際基督教大1・中大附属横浜1・法政国際2・法政第二3・山手学院3・青稜1・国学院2・日本大学1・横浜3

入試情報

◉受験併願パターン

偏差値	2月1日	2月2日	2月3日	2月4日以降
55	青学横浜英和Ａ	桐蔭学園２特奨Ｇ		鎌倉学園３
53	日本大学Ａ２ＡＦ			日本大学Ａ２ＡＦ
52		神奈川大附２		
49			横浜国大横浜	
45	多摩大目黒特待			明治学院３

偏差値	2月1日	2月2日	2月3日	2月4日以降
54		神奈川大附２		日本大学ＣＧＬ
53	横浜雙葉			
51	日本女子大附		横浜国大横浜	
48	横浜女学院Ｂ１			日大藤沢３
46		鎌倉女学院		鎌倉女学院２

受験状況

◉2024年　入試データ

試験名	一般		帰国	
入試日	2/3			
定員	男女計約40		男女計15	
性別	男	女	男	女
教科	4	4	2	2
応募	男女計168		男女計11	
受験				
合格				
備考				

東京都立桜修館中等教育学校

とうきょうとりつおうしゅうかんちゅうとうきょういくがっこう

■学校長／石崎規生　■創立／平成18年　■生徒数／478名（男224名、女254名）
■所在地／〒152-0023 東京都目黒区八雲1-1-2
■ＴＥＬ／03-3723-9966
■交通／都立大学駅（東急東横線）徒歩10分。

何学期制	週何日制	登校時刻	制服	給食	食堂 軽食販売	プール	寮	特待制度 奨学金等	帰国生 取出授業
2学期制	変則5日制	8:15	中高あり	中学のみあり	食堂なし 販売高校のみ	屋外	なし	なし	なし

沿　革

1929年創立の府立高等学校が前身。1949年以降は東京都立大学附属高等学校としての歴史を刻む。2005年に新校舎が完成し、2006年4月中等教育学校として再編し開校。

教育方針と特色

6年間の一貫した教育活動の中で、世界の中の日本人としてアイデンティティを持って国際社会を担う人材を育成する。1～3学年では学習意欲を喚起し、確かな学力を身につけ、物事を論理的に考える姿勢を育成するとともに、他者を思いやる心と態度を培う。4～6学年では真理の探究を目指し、強い意志を持って、知性を高め、感性を磨き、視野を広め、国際社会に貢献できる人材を育成する。国語教育や数学教育で論理的な力を育成する授業や、実験・実習、観察など体験的な学習を積極的に取り入れた授業やコミュニケーション能力の育成に向けた数種の外国語（フランス語、ドイツ語、スペイン語、中国語、ハングルなど）の選択科目も実施。また、自ら課題を見つけ、課題を解決する力を育成する総合的な学習の時間を各学年で学習能力に合わせて6年間にわたって計画的に実施する。大学への体験入学など専門的な学習に取り組める授業も実施する。

◉系列校

小	中	高	大（短大）
	○	○	

◉併設小学校なし
◉高校生外部募集………なし

◉授業時間…1コマ50分・週32/33時間

	1年	2年	3年	計
国　語	5	5	5	15
社　会	3	3	4	10
数　学	5	5	5	15
理　科	4	4	4	12
英　語	4	4	5	13
5教科計	21	21	23	65

進学・進路

◉卒業生進路状況

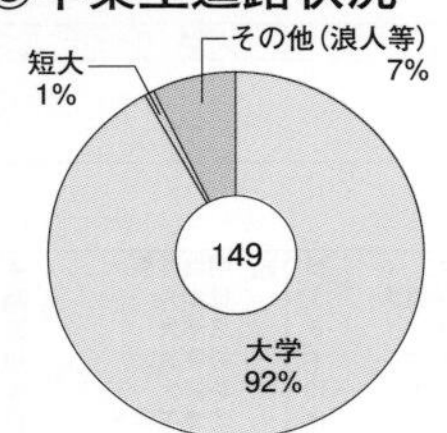

◉卒業までの流れ

小学校	中学校	高等学校	大学
	東京都立桜修館中等教育学校（149）		

◉主な大学合格実績

国・公	東京大	5	国・公	東京工業大	5	国・公	東京農工大	5	私	上智大	51	私	学習院大	4	私	明治学院大	18
	京都大	3		一橋大	11		東京医科歯科大	2		東京理科大	32		国際基督教大	5		日本大	10
	北海道大			筑波大	1		横浜国立大	11		明治大	79		津田塾大	2		東洋大	16
	東北大	4		千葉大	2		東京都立大	4		青山学院大	35		東京女子大	7		駒澤大	11
	名古屋大			お茶の水女子大	1		横浜市立大	2		立教大	41		日本女子大	4		専修大	6
	大阪大	1		東京外国語大	3	私	慶應義塾大	46		中央大	18		成蹊大	7		芝浦工業大	15
	九州大			電気通信大	2		早稲田大	75		法政大	33		成城大	10		東京都市大	13

入試情報

◉受験併願パターン

偏差値	2月1日	2月2日	2月3日	2月4日以降
62				広尾学園３
61		攻玉社２	桜修館	
59	芝			
57				法政第二２
56		法政第二		

偏差値	2月1日	2月2日	2月3日	2月4日以降
66	洗足学園			
65		青山学院		
64			桜修館	
62				頌栄女子学院２
60		青稜２Ｂ		

受験状況

◉2024年　入試データ

試験名		
入試日	2/3	
定員	80	80
性別	男	女
教科	－	－
応募	288	417
受験	279	389
合格	79	79
備考		

東京都立大泉高等学校附属中学校
(とうきょうとりつおおいずみこうとうがっこうふぞく)

■学校長／俵田浩一　■創立／平成22年　■生徒数／468名（男224名、女244名）
■所在地／〒178-0063 東京都練馬区東大泉5-3-1
■ＴＥＬ／03-3924-0318
■交通／大泉学園駅（西武池袋線）徒歩8分。

何学期制	週何日制	登校時刻	制服	給食	食堂 軽食販売	プール	寮	特待制度 奨学金等	帰国生 取出授業
3学期制	変則5日制	8:20	中高あり	中学のみあり	食堂あり 販売高校のみ	屋外	なし	なし	なし

沿　革

1941年東京府立第二十中学校として設立。1948年東京都立大泉高等学校と改称。2010年附属中学校開校。

教育方針と特色

「自ら学び、真理を究める」「自ら律し、他を尊重する」「自ら拓き、社会に貢献する」を教育目標とし、「自発的に学び、広い教養を身に付ける」「リーダーとしての資質と行動力を身に付ける」「豊かな人間性を備え、進んで社会に貢献する」生徒の育成を目指す。
教育課程は自校完成型教育システムを導入。自校型教育システムとは「授業」、「ティーチャー・イン・レディネス」と呼ばれる放課後に生徒の学習課題に対応するシステム、「土曜授業・課題発掘セミナー」で実践される基礎基本の定着、学習の動機付け、進路講座などを総合したもので、生徒の進路希望の実現を可能にするために実践しているシステムである。
総合的な学習では「探究の大泉」として、班別にテーマを決め調査、議論、発表を行い、論理的な思考力や判断力、プレゼンテーション能力の育成を図る。

◉系列校

小	中	高	大（短大）
	○	○	

◉併設小学校なし
◉高校生外部募集………なし

◉授業時間…1コマ50分・週30時間

	1年	2年	3年	計
国　語	4	4	4	12
社　会	3	3	4	10
数　学	4	4	4	12
理　科	4	4	4	12
英　語	4	4	4	12
5教科計	19	19	20	58

進学・進路

◉卒業生進路状況

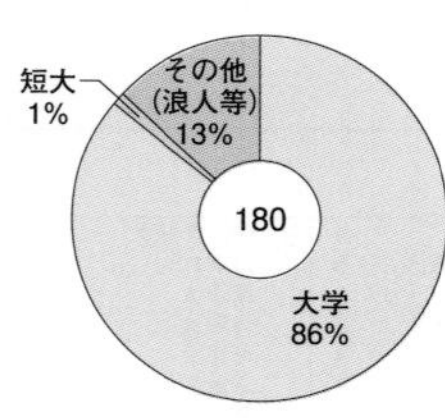

◉卒業までの流れ

小学校	中学校	高等学校	大学
	東京都立大泉高等学校附属中学校 ▶	東京都立大泉高等学校（180）	

◉主な大学合格実績

国・公	東京大	5	国・公	東京工業大	2	国・公	東京農工大	5	私	上智大	26	私	学習院大	15	私	明治学院大	4
	京都大			一橋大	6		東京医科歯科大			東京理科大	42		国際基督教大	1		日本大	35
	北海道大			筑波大			横浜国立大	1		明治大	54		津田塾大	6		東洋大	30
	東北大	1		千葉大			東京都立大	6		青山学院大	16		東京女子大	4		駒澤大	10
	名古屋大			お茶の水女子大	1		横浜市立大			立教大	53		日本女子大	10		専修大	5
	大阪大	1		東京外国語大	2	私	慶應義塾大	17		中央大	31		成蹊大	12		芝浦工業大	17
	九州大	1		電気通信大	1		早稲田大	43		法政大	38		成城大	9		東京都市大	3

入試情報

◉受験併願パターン

偏差値	2月1日	2月2日	2月3日	2月4日以降
64				本郷３
61		桐朋２	大泉高附属	
59	本郷			城北３
57		城北２		中央大附属２
55				成城３

偏差値	2月1日	2月2日	2月3日	2月4日以降
64	吉祥女子			
61			大泉高附属	
60				中央大附属２
59	広尾小石川			
56		山脇学園Ｂ		

受験状況

◉2024年　入試データ

試験名		
入試日	2/3	
定員	80	80
性別	男	女
教科	−	−
応募	293	374
受験	282	364
合格	79	79
備考		

東京都立小石川中等教育学校

■学校長／鳥屋尾史郎　■創立／平成18年　■生徒数／481名（男230名、女251名）
■所在地／〒113-0021 東京都文京区本駒込2-29-29　■ＴＥＬ／03-3946-7171
■交通／千石駅（都営地下鉄三田線）徒歩3分。巣鴨駅（JR山手線、都営地下鉄三田線）徒歩10分。
駒込駅（JR山手線、東京メトロ南北線）徒歩13分。

何学期制	週何日制	登校時刻	制服	給食	食堂 軽食販売	プール	寮	特待制度 奨学金等	帰国生 取出授業
3学期制	5日制	8:25	中学のみあり	中学のみあり	食堂なし 販売高校のみ	屋外	なし	なし	なし

沿　革

1918年東京府立第五中学校として創立。1950年に東京都立小石川高等学校と改称。2006年中等教育学校へ改編。2018年に創立100周年を迎えた。

教育方針と特色

①小石川教養主義
広く深い知識に裏付けられた教養を育むことを重視し、理系・文系に分けず5年までは全教科共通のカリキュラムを履修。6年間を通して課題探究学習である「小石川フィロソフィー」を週1～2時間取り組みます。自由選択科目で中国語、フランス語、ドイツ語を3年間学ぶこともできます。
②SSH（スーパーサイエンスハイスクール）指定校
６年間を貫く「高度な理数教育」と「課題探究学習（小石川フィロソフィーⅠ～Ⅵ）」を通して課題発見力・創造的思考力・継続的実践力を育成することを目標とし、大学や企業・研究施設等の連携や、海外の高校・大学との研究交流を通して、科学的思考力をもったグローバルリーダーを育成するための様々な取り組みを行っています。
③グローバル人材を育成する国際理解教育
英語授業の改善に向けた先進的取り組みを行う「Global Education Network 20」の指定校。また、全員参加の国内語学研修、オーストラリア海外語学研修、シンガポールへの海外研修旅行を実施しており、英語によるポスター発表やディスカッションにも取り組みます。

◉系列校

小	中	高	大（短大）
	○	○	

◉併設小学校なし
◉高校生外部募集………なし

◉授業時間…1コマ45分・週30時間

	1年	2年	3年	計
国　語	4	5	4	13
社　会	4	4	5	13
数　学	5	4	5	14
理　科	4	5	5	14
英　語	5	5	5	15
５教科計	22	23	24	69

進学・進路

◉卒業生進路状況

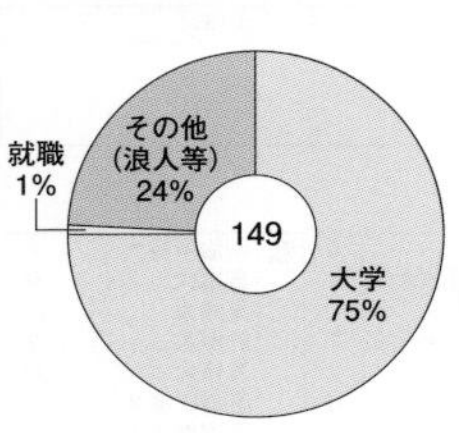

◉卒業までの流れ

小学校	中学校	高等学校	大学
	東京都立小石川中等教育学校（149）		

◉主な大学合格実績

国・公	東京大	16	国・公	東京工業大	7	国・公	東京農工大	4	私	上智大	39	私	学習院大	3	私	明治学院大	3
	京都大	6		一橋大	6		東京医科歯科大			東京理科大	56		国際基督教大			日本大	5
	北海道大	1		筑波大	12		横浜国立大	3		明治大	45		津田塾大	5		東洋大	12
	東北大	1		千葉大	5		東京都立大	2		青山学院大	10		東京女子大	5		駒澤大	
	名古屋大			お茶の水女子大	4		横浜市立大			立教大	37		日本女子大	2		専修大	2
	大阪大	2		東京外国語大	1	私	慶應義塾大	33		中央大	27		成蹊大	3		芝浦工業大	10
	九州大			電気通信大	3		早稲田大	62		法政大	30		成城大	2		東京都市大	1

入試情報

◉受験併願パターン

偏差値	2月1日	2月2日	2月3日	2月4日以降
71	開成			
68		渋谷教育渋谷２	小石川一般	渋谷教育渋谷３
66	早稲田			
64	巣鴨算数			本郷３
63		本郷２		芝２

偏差値	2月1日	2月2日	2月3日	2月4日以降
71		渋谷教育渋谷２		
70	渋谷教育渋谷			豊島岡女子３
69			小石川一般	
65	広尾学園	吉祥女子２		広尾学園３
64	吉祥女子	白百合学園		広尾小石川４

受験状況

◉2024年　入試データ

試験名	特別		一般	
入試日	2/1		2/3	
定員	男女計5		特別含80	特別含80
性別	男	女	男	女
教科	–	–	–	–
応募	1	2	311	373
受験	1	2	289	327
合格	0	2	79	78
備考				

とうきょうとりつたちかわこくさい

東京都立立川国際中等教育学校

■学校長／横田雅博　■創立／平成20年　■生徒数／908名（男427名、女481名）
■所在地／〒190-0012 東京都立川市曙町3-29-37　■ＴＥＬ／042-524-3903
■交通／立川駅（JR中央線など）徒歩18分。立川北駅（多摩都市モノレール）徒歩18分。
立川駅、立川北駅からバス「立川国際中等教育学校」下車。

何学期制	週何日制	登校時刻	制服	給食	食堂 軽食販売	プール	寮	特待制度 奨学金等	帰国生 取出授業
3学期制	5日制	8:20	中高あり	中学のみあり	食堂なし 販売高校のみ	屋外	なし	なし	なし

沿　革

2008年（平成20年）4月、校名に「国際」を冠する唯一の都立中高一貫校として開校。海外帰国・在京外国人の受け入れ（各学年30名）を行っている。

教育方針と特色

「立志の精神・共生への行動・感動の共有」を教育理念とし、「国際社会に貢献できるリーダーとなるために、必要な学業を修め、人格を陶冶する」ことを教育目標としている。
学校行事や部活動は、前期課程と後期課程の生徒が一緒に取り組み、中等教育学校の6年間を見通しながら豊かな人間関係を形成できるような教育活動を行っている。英語合宿や海外研修旅行、TEAPやCambridge英語検定希望者を対象としたイングリッシュサマーセミナー、シンガポール国立大学リーダー研修等宿泊行事の充実も魅力。
英語を6年間一貫した重点教科として位置づけ、充実した語学教育や国際理解教育を推進している。「Global Education Network 20」の指定校であり、オンライン英会話をはじめ、ICT機器を活用した授業や外部検定試験の公費受験の支援等、生徒の英語力向上に向けた教育環境が充実している。
また、総合的な学習の時間及び深究の時間を「立国LEADERプログラム」の名称で6年間を通じて独自のプログラムを展開している。職場体験を活用する「地域提案型探究」や大学院等を接続して行う「理数探究」などを通じて、生徒の探究心を伸ばす指導を行っている。
難関国立大学の入試問題研究を行っており、全学年を対象とした講習も充実している。国公立難関大学受験に向けて、「志望校をあきらめさせない」指導を行っている。

◉系列校

小	中	高	大（短大）
○	○		

◉併設小学校あり（2022年4月開校）
◉高校生外部募集………なし

◉授業時間…1コマ45分・週32時間

	1年	2年	3年	計
国　語	4	4	4	12
社　会	4	4	4	12
数　学	4	4	4	12
理　科	4	4	4	12
英　語	5	5	6	16
5教科計	21	21	22	64

進学・進路

◉卒業生進路状況

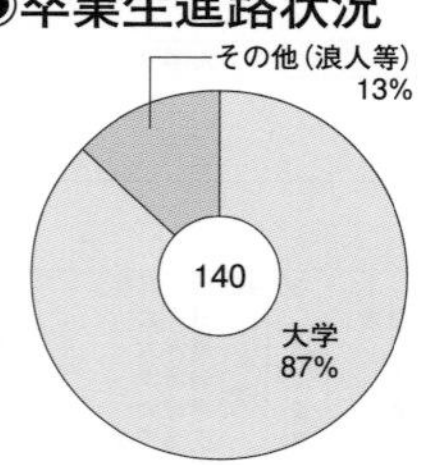

◉卒業までの流れ

小学校	中学校	高等学校	大学
	東京都立立川国際中等教育学校（140）		

◉主な大学合格実績

国・公	東京大	5	国・公	東京工業大	2	国・公	東京農工大	3	私	上智大	27	私	学習院大	6	私	明治学院大	7
	京都大			一橋大	4		東京医科歯科大			東京理科大	18		国際基督教大	4		日本大	9
	北海道大			筑波大	3		横浜国立大			明治大	36		津田塾大			東洋大	27
	東北大	1		千葉大	1		東京都立大	3		青山学院大	13		東京女子大	1		駒澤大	2
	名古屋大			お茶の水女子大	3		横浜市立大			立教大	30		日本女子大	7		専修大	16
	大阪大	2		東京外国語大	4	私	慶應義塾大	16		中央大	38		成蹊大	12		芝浦工業大	13
	九州大	1		電気通信大	1		早稲田大	31		法政大	31		成城大	5		東京都市大	

入試情報

◉受験併願パターン

偏差値	2月1日	2月2日	2月3日	2月4日以降
60		桐朋２		
57			立川国際一般	中央大附属２
56	桐朋			
53	帝京大学		帝京大学３	
52	明中八王子Ａ１			

偏差値	2月1日	2月2日	2月3日	2月4日以降
60	中央大附属			中央大附属２
59		青稜２Ｂ	立川国際一般	
55	成蹊	普連土２日午後		
54	明大付属八王子Ａ１	神奈川大附２		
47	東京電機大２			東京電機大４

受験状況

◉2024年　入試データ

試験名	帰国		一般	
入試日	1/25		2/3	
定員	男女計30		65	65
性別	男	女	男	女
教科	国	国	－	－
応募	28	28	210	319
受験	27	25	205	308
合格	12	18	65	65
備考				

東京都立白鷗高等学校附属中学校

（とうきょうとりつはくおうこうとうがっこうふぞく）

■学校長／池戸成記　■創立／平成17年　■生徒数／559名（男256名、女303名）
■所在地／〒111-0041 東京都台東区元浅草1-6-22
■ＴＥＬ／03-5830-1731（令和6年8月よりTEL03-3843-5678）
■交通／新御徒町駅（都営大江戸線、つくばエクスプレス）徒歩8分。

何学期制	週何日制	登校時刻	制服	給食	食堂 軽食販売	プール	寮	特待制度 奨学金等	帰国生 取出授業
3学期制	5日制	8:20	中高あり	中学のみあり	食堂なし 販売高校のみ	屋外	なし	なし	なし

沿　革

1888年に創立され、東京府立第一高等女学校を前身とする。2005年度より附属中学校が開校し、東京都の公立学校では初めての中高一貫6年制学校となる。

教育方針と特色

創立136周年となり、「開拓精神」の伝統のもと、教科横断的な探究型学習を推進して生徒の幅広い知的好奇心に応えます。また、日本の伝統文化理解教育と国際理解教育を推進して自己のアイデンティティ確立とダイバーシティ（多様性）尊重の精神を養い、「競争」と「協働」ができる創造的なグローバル人材を育成します。また、令和4年度より東京都理数研究校（令和6年度より東京サイエンスハイスクール）に指定され、大学や研究機関と連携し、理数教育にも重点的に取り組んでいます。

◉系列校

小	中	高	大(短大)
	○	○	

◉併設小学校なし
◉高校生外部募集………なし

◉授業時間…1コマ45分・週34時間

	1年	2年	3年	計
国　語	4	5	4	13
社　会	4	4	4	12
数　学	5	4	5	14
理　科	4	4	4	12
英　語	6	5	6	17
5教科計	23	22	23	68

国公立校

進学・進路

◉卒業生進路状況

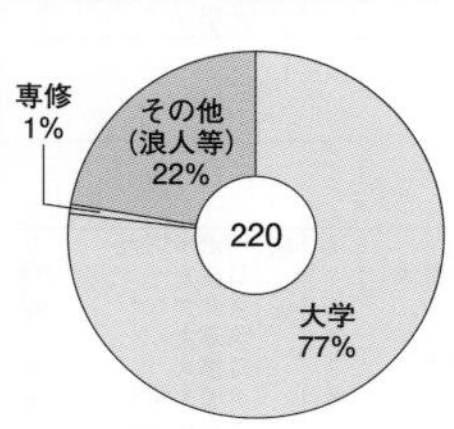

◉卒業までの流れ

小学校	中学校	高等学校	大学
	東京都立白鷗高等学校附属中学校	▶ 東京都立白鷗高等学校(220)	

◉主な大学合格実績

区分	大学	人数	区分	大学	人数	区分	大学	人数
国・公	東京大	3	国・公	東京工業大	1	国・公	東京農工大	1
	京都大			一橋大	2		東京医科歯科大	1
	北海道大	2		筑波大	6		横浜国立大	2
	東北大	2		千葉大	2		東京都立大	1
	名古屋大			お茶の水女子大	1		横浜市立大	1
	大阪大	2		東京外国語大	2	私	慶應義塾大	22
	九州大			電気通信大			早稲田大	37

区分	大学	人数	区分	大学	人数	区分	大学	人数
私	上智大	26	私	学習院大	14	私	明治学院大	15
	東京理科大	14		国際基督教大	1		日本大	64
	明治大	49		津田塾大	3		東洋大	58
	青山学院大	21		東京女子大	5		駒澤大	10
	立教大	28		日本女子大	5		専修大	24
	中央大	23		成蹊大	13		芝浦工業大	3
	法政大	40		成城大	15		東京都市大	3

入試情報

◉受験併願パターン

偏差値	2月1日	2月2日	2月3日	2月4日以降
58			白鷗高附属一般	
57	広尾小石川	開智日本橋２		明大中野２
56	桐朋	立教池袋		
54	獨協２午後			
53	高輪Ａ	安田学園先進３		高輪Ｃ

偏差値	2月1日	2月2日	2月3日	2月4日以降
62	鷗友学園女子			
61				三田国際４ＩＳＣ
60	中央大附属		白鷗高附属一般	中央大附属２
58	国学院久我山ＳＴ			成蹊２
56	三田国際ＩＣ			淑徳与野２

受験状況

◉2024年　入試データ

試験名	帰国		特別		一般	
入試日	1/25		2/1		2/3	
定員	男女計30		男女計6		特別含85	特別含85
性別	男	女	男	女	男	女
教科	－	－	－	－	－	－
応募	18	26	7	4	275	413
受験	17	25	7	4	257	394
合格	11	19	1	3	83	81
備考						

東京都立富士高等学校附属中学校

(とうきょうとりつふじこうとうがっこうふぞく)

■学校長／勝嶋憲子　■創立／平成22年　■生徒数／480名(男230名、女250名)
■所在地／〒164-0013 東京都中野区弥生町5-21-1
■ＴＥＬ／03-3382-0601
■交通／中野富士見町駅(東京メトロ丸ノ内線)徒歩1分。

何学期制	週何日制	登校時刻	制服	給食	食堂 軽食販売	プール	寮	特待制度 奨学金等	帰国生 取出授業
3学期制	変則5日制	8:25	中高あり	中学のみあり	食堂なし 販売高校のみ	屋外	なし	なし	なし

沿　革

1920(大正9)年東京府立第五高等女学校として設立。1948(昭和23)年東京都立第五女子新制高等学校と改称、同年中野区富士見町に移転。1950(昭和25)年東京都立富士高等学校と改称、男女共学制実施。2010(平成22)年東京都立富士高等学校附属中学校開校。

教育方針と特色

令和３年度にスーパーサイエンスハイスクール（SSH）に指定され、世界トップレベルの理数系人材の育成を実現する理数教育に重点をおく理数カリキュラムを展開しています。生徒の「挑戦力」「理数的発見力」「理数的解決力」の育成を目指し、６年間を貫く課題研究「富士未来学」や、最先端の科学技術を学ぶ「富士SSチャレンジプログラム」に全ての生徒が取り組みます。東京大学をはじめ有数の大学や研究機関で活躍している本校卒業生の研究者が、講演や研究室での実習、研究室訪問などで在校生をサポートしています。また、「英語教育推進校」として国際理解教育にも力を入れており、英国立のバンガー大学やセント・アンドリュース大学をはじめとした６大学と提携し、生徒の海外大学への進学も実現しています。「スポーツ特別強化指定校」「文化部推進校」として心と身体を鍛える教育活動の充実も特色であり、教育理念である「自主自律」「文武両道」の精神の下、科学的グローバルイノベーターを育成しています。

◉系列校

小	中	高	大(短大)
	○	○	

◉併設小学校なし
◉高校生外部募集………なし

◉授業時間…1コマ50分・週32時間

	1年	2年	3年	計
国　語	4.5	4.5	4	13
社　会	3.5	3.5	4.5	11.5
数　学	4.5	4	4.5	13
理　科	4	4.5	4.5	13
英　語	4.5	4.5	4.5	13.5
5教科計	21	21	22	64

進学・進路

◉卒業生進路状況

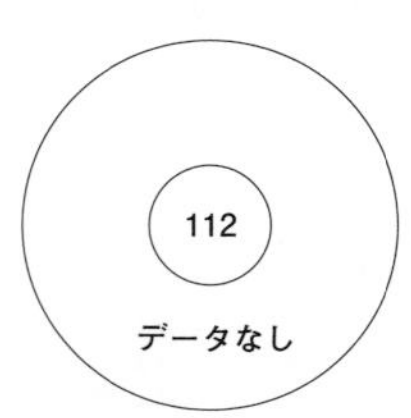

◉卒業までの流れ

小学校	中学校	高等学校	大学
	東京都立富士高等学校附属中学校	東京都立富士高等学校(112)	

◉主な大学合格実績

	大学	人数
国・公	東京大	4
	京都大	1
	北海道大	2
	東北大	2
	名古屋大	
	大阪大	1
	九州大	
国・公	東京工業大	5
	一橋大	1
	筑波大	3
	千葉大	3
	お茶の水女子大	1
	東京外国語大	1
	電気通信大	2
国・公	東京農工大	1
	東京医科歯科大	2
	横浜国立大	4
	東京都立大	2
	横浜市立大	
私	慶應義塾大	18
	早稲田大	46
私	上智大	23
	東京理科大	23
	明治大	36
	青山学院大	12
	立教大	23
	中央大	33
	法政大	23
私	学習院大	7
	国際基督教大	
	津田塾大	8
	東京女子大	7
	日本女子大	2
	成蹊大	8
	成城大	5
私	明治学院大	5
	日本大	19
	東洋大	22
	駒澤大	3
	専修大	4
	芝浦工業大	16
	東京都市大	2

入試情報

◉受験併願パターン

偏差値	2月1日	2月2日	2月3日	2月4日以降
61				農大第一３
60	農大第一算理			巣鴨３
58		明大中野	富士高附属	
52		国学院久我山２		成蹊２
51	成城			

偏差値	2月1日	2月2日	2月3日	2月4日以降
63	農大第一算国	農大第一２算理		
60	学習院女子Ａ		富士高附属	中央大附属２
55	成蹊			
54	大妻			
52		富士見２		

受験状況

◉2024年　入試データ

試験名		
入試日	2/3	
定員	80	80
性別	男	女
教科	−	−
応募	272	294
受験	263	277
合格	79	79
備考		

とうきょうとりつみたか
東京都立三鷹中等教育学校

■学校長／小林正人　■創立／平成22年　■生徒数／480名(男227名、女253名)
■所在地／〒181-0004 東京都三鷹市新川6-21-21　■ＴＥＬ／0422-46-4181
■交通／三鷹駅(JR中央線)からバス約20分。吉祥寺駅(JR中央線など)からバス約20分。仙川駅(京王線)からバス約15分。調布駅(京王線)からバス約25分。

何学期制	週何日制	登校時刻	制服	給食	食堂 軽食販売	プール	寮	特待制度 奨学金等	帰国生 取出授業
3学期制	変則5日制	8:25	中高あり	中学のみあり	食堂あり 販売なし	屋外	なし	なし	なし

沿　革

1949年、三鷹町立三鷹中学校（現在三鷹市立第一中学校）内に定時制普通課程のみで開校、同年全日制普通課程設置。1950年、三鷹町立三鷹高等学校に改称。同年市制施行で三鷹市立三鷹高等学校と改称。その後の都立高校改革で、2010年、都立三鷹中等教育学校を高等学校に併設、中高一貫校となる。

教育方針と特色

「高い見識・論理的思考力」「自主自立・高い倫理観」「豊かな人間性」「コミュニケーション能力」「国際感覚」を教育理念に、文武両道の精神を継承し、将来日本を担う社会的リーダーとなる生徒を育成することを基本方針とする。育てる生徒像として1.社会的リーダーを目指す生徒、2.限界までチャレンジする生徒、3.意欲的に学習する生徒、4.最後まで努力する生徒、5.自主的・意欲的に取り組む生徒の5つを掲げ、6年間の体系的な教育活動、習熟の程度に応じた授業、職業観・勤労観を育成するキャリア教育、6学年一緒の特別活動・部活動、特色ある教科・科目、土曜日を活用した様々な教育活動など、独自のプログラムが用意されている。また2014年度はサッカー部が全国高校サッカー選手権に進出するなど、学習活動と学校行事・部活動すべてにおいて生徒は持てる力を余すところなく発揮している。

◉系列校

小	中	高	大(短大)
	○	○	

◉併設小学校なし
◉高校生外部募集………なし

◉授業時間…1コマ50分・週30時間

	1年	2年	3年	計
国　語	5	4	4	13
社　会	4	3	4	11
数　学	4	5	4	13
理　科	3	4	5	12
英　語	4	4	4	12
5教科計	20	20	21	61

国公立校

進学・進路

◉卒業生進路状況

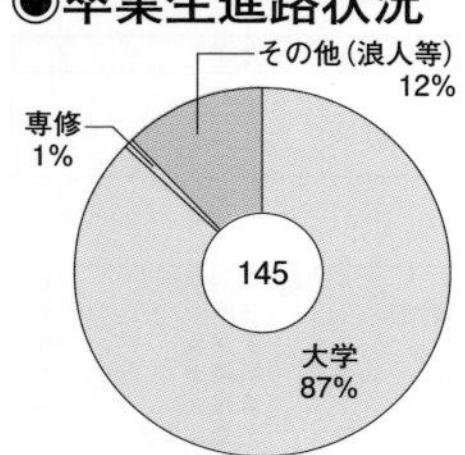

◉卒業までの流れ

小学校	中学校	高等学校	大学
	東京都立三鷹中等教育学校（145）		

◉主な大学合格実績

区分	大学	人数
国・公	東京大	2
	京都大	3
	北海道大	2
	東北大	2
	名古屋大	1
	大阪大	1
	九州大	1
国・公	東京工業大	3
	一橋大	1
	筑波大	2
	千葉大	1
	お茶の水女子大	3
	東京外国語大	3
	電気通信大	1
国・公	東京農工大	2
	東京医科歯科大	2
	横浜国立大	3
	東京都立大	5
	横浜市立大	
私	慶應義塾大	23
	早稲田大	40
私	上智大	31
	東京理科大	28
	明治大	71
	青山学院大	33
	立教大	33
	中央大	33
	法政大	47
私	学習院大	6
	国際基督教大	
	津田塾大	2
	東京女子大	4
	日本女子大	4
	成蹊大	14
	成城大	10
私	明治学院大	7
	日本大	26
	東洋大	10
	駒澤大	24
	専修大	17
	芝浦工業大	11
	東京都市大	4

入試情報

◉受験併願パターン

偏差値	2月1日	2月2日	2月3日	2月4日以降
58	国学院久我山ＳＴ		三鷹	明大中野２
57		城北２		
54			帝京大学３	
52		国学院久我山２		成蹊２
50	国学院久我山			

偏差値	2月1日	2月2日	2月3日	2月4日以降
63	広尾小石川２			
60			三鷹	中央大附属２
58	国学院久我山ＳＴ			
56		帝京大学特待	国学院久我山Ｓ２	
55	ドルトン特待			

受験状況

◉2024年　入試データ

試験名		
入試日	2/3	
定員	80	80
性別	男	女
教科	−	−
応募	339	430
受験	319	404
合格	79	79
備考		

東京都立南多摩中等教育学校

■学校長／宮嶋淳一　■創立／平成22年　■生徒数／478名（男228名、女250名）
■所在地／〒192-8562 東京都八王子市明神町4-20-1
■ＴＥＬ／042-656-7030
■交通／京王八王子駅（京王線）徒歩3分。八王子駅（JR中央線など）徒歩12分。

何学期制	週何日制	登校時刻	制服	給食	食堂 軽食販売	プール	寮	特待制度 奨学金等	帰国生 取出授業
3学期制	変則5日制	8:15	中高あり	中学のみあり	食堂なし 販売高校のみ	屋外	なし	なし	なし

沿革

1908年、東京府立第四高等女学校として開校。1948年、東京都立第四女子新制高等学校と改称し新制中学を併設。100年余りの伝統を築き上げた東京都立南多摩高等学校の伝統を継承しつつ、2010年に開校した6ヶ年中高一貫教育を行う中等教育学校である。

教育方針と特色

「心・知・体」の調和から生まれる人間力を育み、イノベイティブなグローバル人材を育てることを目標に、フィールドワーク（探究学習）を柱に6年間の様々な教育活動を展開しています。文部科学省による「WWLコンソーシアム構築支援事業」指定の4年間で得た、国内外の高等学校や大学、企業、国際機関などの協働による高度な学びをさらに発展させ、世界で活躍できる人材の育成を目的とした教育活動を行っています。
「総合的な学習（探究）の時間」として、1年生は「地域調査」、2年生は「モノ語り」、3年生は「科学的検証」、4、5年生は「ライフワークプロジェクト」として、学年ごとにテーマをもち、系統的な探究活動（フィールドワーク）を実践しています。5年生の4000字論文の取組は、各自の研究を深めるとともに、自己理解や社会とのつながりを意識し、進路を考えるキャリア形成につながります。また、文理融合の教科として、技術・家庭に代わる「データ分析」、地理と理科を融合した「地球探究」、数学を英語で学ぶ「MIE」、哲学を学ぶ「Pensee」を教育過程に位置付け、生徒の思考力を様々な面から養い、知識活用型の資質・能力を育成しています。
東京都教育委員会から「Global Education Network20」の指定も受けており、オンラインを活用した海外の高校との交流や協働学習、同時双方向性の英会話学習にも取り組んでいます。
こうした濃密な学びに加え、盛んな学校行事や多彩な部活動、社会の問題を考え行動する有志活動などによって、心・知・体のバランスの取れた人間力を育みます。

◉系列校

小	中	高	大（短大）
	○	○	

◉併設小学校なし
◉高校生外部募集………なし

◉授業時間…1コマ50分・週32時間

	1年	2年	3年	計
国語	4	4	4	12
社会	3	3	4	10
数学	4	4	4	12
理科	3	4	4	11
英語	4	4	4	12
5教科計	18	19	20	57

進学・進路

◉卒業生進路状況

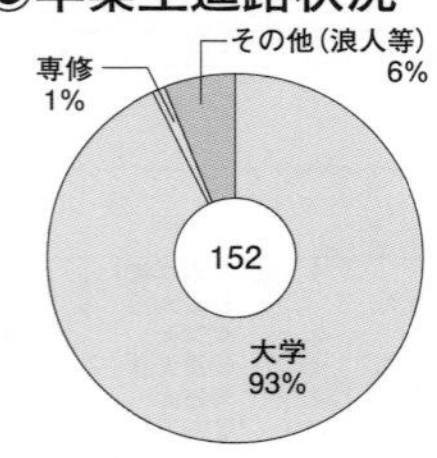

◉卒業までの流れ

小学校	中学校	高等学校	大学
	東京都立南多摩中等教育学校（152）		

◉主な大学合格実績

	大学	人数		大学	人数		大学	人数
国・公	東京大	11	国・公	東京工業大	5	国・公	東京農工大	2
	京都大	1		一橋大	5		東京医科歯科大	1
	北海道大	1		筑波大	2		横浜国立大	6
	東北大	4		千葉大	1		東京都立大	12
	名古屋大			お茶の水女子大	2		横浜市立大	1
	大阪大	1		東京外国語大	1	私	慶應義塾大	20
	九州大	1		電気通信大	2		早稲田大	53

	大学	人数		大学	人数		大学	人数
私	上智大	15	私	学習院大	4	私	明治学院大	6
	東京理科大	24		国際基督教大	1		日本大	6
	明治大	60		津田塾大	2		東洋大	9
	青山学院大	21		東京女子大	2		駒澤大	5
	立教大	26		日本女子大	1		専修大	17
	中央大	46		成蹊大	17		芝浦工業大	13
	法政大	39		成城大	7		東京都市大	6

入試情報

◉受験併願パターン

偏差値	2月1日	2月2日	2月3日	2月4日以降
58	国学院久我山ＳＴ	巣鴨２	南多摩	
56	桐朋			
55	法政大学	暁星		明大中野八王子Ｂ
54		帝京大学特待	帝京大学３	
52	帝京大学			成蹊２

偏差値	2月1日	2月2日	2月3日	2月4日以降
60	中央大附属			中央大附属２
59	広尾小石川		南多摩	
56	都市大等々力特選	帝京大学特待		
55	成蹊			ドルトン４日Ｐ
54				山脇学園Ｃ

受験状況

◉2024年　入試データ

試験名		
入試日	2/3	
定員	80	80
性別	男	女
教科	−	−
応募	283	313
受験	277	310
合格	80	80
備考		

東京都立武蔵高等学校附属中学校

■学校長／堀江敏彦　■創立／平成20年　■生徒数／482名（男230名、女252名）
■所在地／〒180-0022 東京都武蔵野市境4-13-28　■ＴＥＬ／0422-51-4554
■交通／武蔵境駅（JR中央線、西武多摩川線）徒歩10分。
田無駅(西武新宿線)、ひばりヶ丘駅（西武池袋線）からバス「桜橋」下車、徒歩7分。

何学期制	週何日制	登校時刻	制服	給食	食堂 軽食販売	プール	寮	特待制度 奨学金等	帰国生 取出授業
3学期制	5日制	8:20	中学のみあり	中学のみあり	食堂なし 販売高校のみ	屋外	なし	なし	なし

沿　革

1950年に府立十三高等女学校が東京都立武蔵高等学校に改称、男女共学となる。2008年に多摩地区初の都立中高一貫校として武蔵高等学校附属中学校が開校。

教育方針と特色

国際社会に貢献できる知性豊かなリーダーの育成を目指し、授業・行事・部活動・社会貢献を四本の柱とした教育活動を6年間通して行う。中学段階から国公立大進学を念頭に置いたカリキュラムが組まれる。特に国語・数学・理科・英語の授業時数を増やすとともに、国語・数学・英語では少人数、習熟度別授業を実施しきめ細やかな指導を行う。講習や模試等で土曜日に登校することもある。総合的な学習の時間では、自然・社会・人文科学を中心に教科横断的に学ぶ「地球学」を実施している。
自然発表会や体験学習を行うサマーキャンプ、「結い」農業体験、オーストラリア語学研修など高1まで毎年、宿泊行事が実施される。また、文化祭・合唱祭は高校生と一緒に行い、異年齢集団が6年間を通じて同じ行事を協働で行っていく。中学校部活は運動部10部・文化部8部があり「武蔵生」として文武両道を目指す。

◉系列校

小	中	高	大（短大）
	○	○	

◉併設小学校なし
◉高校生外部募集………なし

◉授業時間…1コマ45分・週34時間

	1年	2年	3年	計
国　語	4	5	5	14
社　会	4	5	4	13
数　学	5	4	5	14
理　科	4	4	5	13
英　語	5	5	5	15
5教科計	22	23	24	69

進学・進路

◉卒業生進路状況

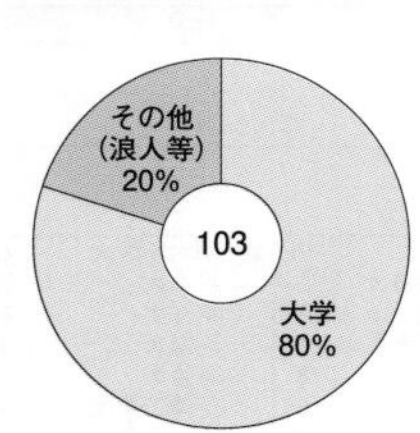

◉卒業までの流れ

小学校	中学校	高等学校	大学
	東京都立武蔵高等学校 附属中学校	東京都立武蔵高等学校 (103)	

◉主な大学合格実績

区分	大学	人数	区分	大学	人数	区分	大学	人数
国・公	東京大	5	国・公	東京工業大	7	国・公	東京農工大	7
	京都大	3		一橋大	6		東京医科歯科大	1
	北海道大	1		筑波大	3		横浜国立大	2
	東北大	3		千葉大	1		東京都立大	2
	名古屋大			お茶の水女子大	1		横浜市立大	
	大阪大			東京外国語大	1	私	慶應義塾大	27
	九州大			電気通信大	2		早稲田大	51

区分	大学	人数	区分	大学	人数	区分	大学	人数
私	上智大	19	私	学習院大	2	私	明治学院大	1
	東京理科大	24		国際基督教大			日本大	4
	明治大	49		津田塾大	2		東洋大	3
	青山学院大	9		東京女子大	4		駒澤大	2
	立教大	23		日本女子大			専修大	1
	中央大	24		成蹊大	8		芝浦工業大	5
	法政大	16		成城大	2		東京都市大	

入試情報

◉受験併願パターン

偏差値	2月1日	2月2日	2月3日	2月4日以降
65	武蔵			
64				本郷３
62			武蔵高附属	
61	東京都市大付２Ⅱ	桐朋２		
58	国学院久我山ＳＴ			

偏差値	2月1日	2月2日	2月3日	2月4日以降
66				洗足学園３
65		吉祥女子２	武蔵高附属	
64	吉祥女子			
60	中央大附属			中央大附属２
59				法政大学３

受験状況

◉2024年　入試データ

試験名		
入試日	2/3	
定員	80	80
性別	男	女
教科	−	−
応募	206	215
受験	196	207
合格	79	79
備考		

<ruby>東京都立両国高等学校附属中学校<rt>とうきょうとりつりょうごくこうとうがっこうふぞく</rt></ruby>

■学校長／金田裕治　■創立／平成18年　■生徒数／480名（男247名、女233名）
■所在地／〒130-0022 東京都墨田区江東橋1-7-14
■ＴＥＬ／03-3631-1878
■交通／錦糸町駅（JR総武線、東京メトロ半蔵門線）徒歩8分。菊川駅（都営新宿線）徒歩12分。住吉駅（都営新宿線）徒歩14分。

何学期制	週何日制	登校時刻	制服	給食	食堂 軽食販売	プール	寮	特待制度 奨学金等	帰国生 取出授業
3学期制	変則5日制	8:15	中高あり	中学のみあり	食堂なし 販売高校のみ	屋外	なし	なし	なし

沿　革

1901年東京府第一中学校分校を東京府第三中学校と改め、同年東京府立第三中学校と改称する。1950年東京都立両国高等学校と改称する。2006年併設型中高一貫教育校として開校。

教育方針と特色

6年間を通した教育により、高い学力と豊かな人間性を育成し、将来世界的視野を持って様々な分野でリーダーとなる人間を育てることを目的とする併設型中高一貫教育校。すべての教科の学習において「国語力の育成」を図り、英語によるコミュニケーション能力も育成する。また、理科・数学教育の充実にも力を入れ、中学校では英語・数学において1クラス2展開の少人数授業を行う。職業観・勤労観を培い、将来、職業を通して社会に貢献する志や使命感を育成するため、総合的な学習の時間を「志（こころざし）学」として職場体験や社会の最前線で活躍する人々による講義等を行う。
授業を毎日50分×6時間で行い、放課後の時間を部活動や補習・講習の時間にあてている。また、月2回程度、高校の土曜授業に合わせて土曜授業を実施している。

◉系列校

小	中	高	大（短大）
	○	○	

◉併設小学校なし
◉高校生外部募集………なし

◉授業時間…1コマ50分・週30時間

	1年	2年	3年	計
国　語	4	4	4	12
社　会	4	3	4	11
数　学	4	4	4	12
理　科	3	4	4	11
英　語	4	4	4	12
5教科計	19	19	20	58

進学・進路

◉卒業生進路状況

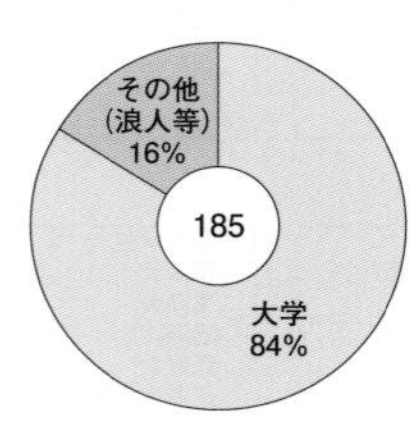

◉卒業までの流れ

小学校	中学校	高等学校	大学
	東京都立両国高等学校附属中学校 ▶	東京都立両国高等学校（185）	

◉主な大学合格実績

国・公	東京大	8	国・公	東京工業大	2	国・公	東京農工大	2	私	上智大	13	私	学習院大	10	私	明治学院大	18
	京都大	1		一橋大			東京医科歯科大			東京理科大	33		国際基督教大			日本大	22
	北海道大			筑波大	4		横浜国立大	2		明治大	37		津田塾大	6		東洋大	21
	東北大	2		千葉大	8		東京都立大	4		青山学院大	14		東京女子大	5		駒澤大	4
	名古屋大	1		お茶の水女子大			横浜市立大			立教大	29		日本女子大	8		専修大	9
	大阪大			東京外国語大		私	慶應義塾大	16		中央大	17		成蹊大	6		芝浦工業大	14
	九州大	1		電気通信大			早稲田大	43		法政大	22		成城大	10		東京都市大	2

入試情報

◉受験併願パターン

偏差値	2月1日	2月2日	2月3日	2月4日以降
64	海城			本郷３
63				芝２
61			両国高附属	
60	開智日本橋特４科			
59		青山学院		

偏差値	2月1日	2月2日	2月3日	2月4日以降
65		青山学院		
64			両国高附属	
62	開智日本橋特４科			
59	広尾小石川	開智日本橋２		
57				大妻４

受験状況

◉2024年　入試データ

試験名		
入試日	2/3	
定員	80	80
性別	男	女
教科	－	－
応募	369	331
受験	351	311
合格	79	79
備考		

千代田区立九段中等教育学校

■学校長／野村公郎　■創立／平成18年　■生徒数／469名（男ー名、女ー名）
■所在地／〒102-0073 東京都千代田区九段北2-2-1
■TEL／03-3263-7190
■交通／九段下駅（東京メトロ東西線・半蔵門線、都営新宿線）徒歩3分。飯田橋駅（JR中央線など）徒歩10分。

何学期制	週何日制	登校時刻	制服	給食	食堂 軽食販売	プール	寮	特待制度 奨学金等	帰国生 取出授業
2学期制	6日制	8:00	中高あり	中学のみあり	食堂なし 販売中高あり	屋内温水	なし	なし	なし

沿　革

平成18年度に開校。大正13年（1924年）創立の第一東京市立中学校を前身とする都立九段高等学校の施設を平成20年4月委譲された。

教育方針と特色

体験を重視し、本物から学ぶ、国際社会に貢献できるリーダーの育成
1・2学年は基礎・基本の定着を重視して、英語・数学は習熟度別・少人数指導を実施。理科では、充実した施設で、観察・実験を重視した授業を行っている。放課後スタディ（大学生アシスタントによる少人数補習プログラム）、長期休業中の特別講座も行われる。5学年までは文理分けをせずに、高校で学ぶ内容の大部分を履修させ、5学年終了時に大学入試共通テストの問題に対応できるように育成する。6学年では、難関国公立大や国公立医学部受験にも対応したカリキュラムとなり、生徒は大学進学希望に合わせた選択科目を週12〜20時間選択する（必修）。土曜授業も実施している。4学年後期から「九段探究自立プラン」のまとめとして、「卒業研究」を行う。
キャリア教育にも力を入れている。千代田区の教育資源を生かし、企業・団体、大学、大使館の協力を得ながら調査・研究を続け、クラス・学年発表会を行う。さらに、国際社会に貢献できるリーダーの育成を目的としたオーストラリア海外研修（3学年）、UCLA海外大学派遣研修（4・5学年選抜）、シンガポール海外修学旅行（5学年）春、夏にはイギリス・バンガー大学での短期語学研修も実施している。

◉系列校

小	中	高	大（短大）
	○	○	

◉併設小学校なし
◉高校生外部募集………なし

◉授業時間…1コマ50分・週34時間

	1年	2年	3年	計
国　語	4	5	5	14
社　会	4	4	4	12
数　学	5	5	5	15
理　科	4	4	4	12
英　語	5	5	6	16
5教科計	22	23	24	69

国公立校

進学・進路

◉卒業生進路状況

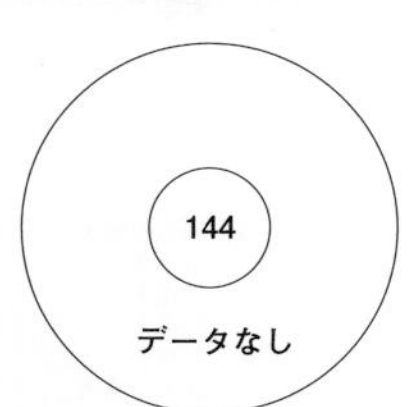

◉卒業までの流れ

小学校	中学校	高等学校	大学
	千代田区立九段中等教育学校（144）		

◉主な大学合格実績

区分	大学	人数	区分	大学	人数	区分	大学	人数	区分	大学	人数	区分	大学	人数	区分	大学	人数
国・公	東京大	1	国・公	東京工業大	4	国・公	東京農工大	1	私	上智大	18	私	学習院大	9	私	明治学院大	14
	京都大			一橋大	1		東京医科歯科大			東京理科大	21		国際基督教大	2		日本大	19
	北海道大	1		筑波大	7		横浜国立大	1		明治大	43		津田塾大	1		東洋大	25
	東北大	1		千葉大	4		東京都立大	4		青山学院大	34		東京女子大	3		駒澤大	3
	名古屋大			お茶の水女子大	1		横浜市立大			立教大	29		日本女子大	3		専修大	24
	大阪大			東京外国語大	2	私	慶應義塾大	9		中央大	22		成蹊大	10		芝浦工業大	16
	九州大			電気通信大	1		早稲田大	30		法政大	20		成城大	9		東京都市大	3

入試情報

◉受験併願パターン

偏差値	2月1日	2月2日	2月3日	2月4日以降
59	本郷			城北３
58		巣鴨２	九段B・都内	
57		城北２		法政第二２
53	芝浦工大			
52		国学院久我山２		成蹊２

偏差値	2月1日	2月2日	2月3日	2月4日以降
62				頌栄女子学院２
61	鴎友学園女子			
60			九段B・都内	
59		芝浦工大２		
55		普連土２日午後		

受験状況

◉2024年　入試データ

試験名	A・千代田区内		B・都内	
入試日	2/3			
定員	男女計80		男女計80	
性別	男	女	男	女
教科	−	−	−	−
応募	男女計177		男女計433	
受験	男女計159		男女計389	
合格	男女計80		男女計80	
備考				

神奈川県立相模原中等教育学校

（かながわけんりつさがみはら）

■学校長／岡野正之　■創立／平成21年　■生徒数／481名（男232名、女249名）
■所在地／〒252-0303 神奈川県相模原市南区相模大野4-1-1
■ＴＥＬ／042-749-1279
■交通／相模大野駅（小田急線）徒歩10分。

何学期制	週何日制	登校時刻	制服	給食	食堂 軽食販売	プール	寮	特待制度 奨学金等	帰国生 取出授業
2学期制	5日制	8:25	中高あり	なし	食堂なし 販売条件付	なし	なし	なし	なし

沿　革

2009年相模原中等教育学校として開校。

教育方針と特色

「しっかり学び」「じっくり育て」「ゆっくり探る」を３つの柱に次世代を担うリーダーの育成を目指す。しっかり、じっくり、ゆっくりはそれぞれ教育課程編成の基盤となる「学習」「生活」「キャリア教育」にかける思いを表現し、この３本柱で次世代を担うリーダーに必要な「科学・論理的思考力」「表現コミュニケーション能力」「社会生活実践力」の３つの力の育成に力を入れる。中高一貫教育の６年間を基礎期、充実期、発展期に分け、それぞれの成長に合わせた目標を設定し、３つの力を育む教育活動を展開している。長期休業での講習会や土曜講座など学習サポート体制も充実。生徒のニーズ、学習意欲に応えられるようになっている。また特別活動や部活動などにおいても、前期課程生と後期課程生が一体となった教育活動を展開している。

◉系列校

小	中	高	大（短大）
	○	○	

◉併設小学校なし

◉高校生外部募集………なし

◉授業時間…1コマ45分・週35時間

	1年	2年	3年	計
国　語	5	5	4	14
社　会	3.5	3.5	5	12
数　学	6	5	6	17
理　科	4	5	5.5	14.5
英　語	5	6	5	16
5教科計	23.5	24.5	25.5	73.5

進学・進路

◉卒業生進路状況

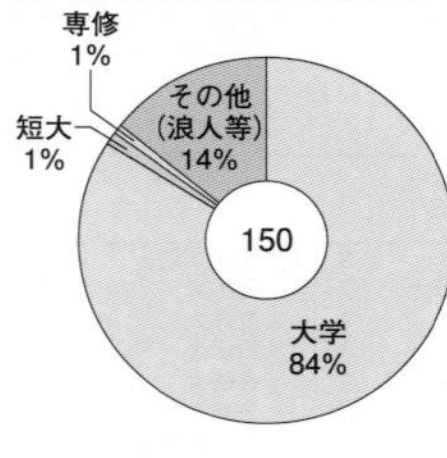

◉卒業までの流れ

小学校	中学校	高等学校	大学
	神奈川県立相模原中等教育学校（150）		

◉主な大学合格実績

国・公	東京大	5	国・公	東京工業大	11	国・公	東京農工大	3	私	上智大	15	私	学習院大	2	私	明治学院大	12
	京都大	2		一橋大	4		東京医科歯科大	2		東京理科大	46		国際基督教大			日本大	4
	北海道大	2		筑波大	3		横浜国立大	9		明治大	72		津田塾大	3		東洋大	5
	東北大	3		千葉大	1		東京都立大			青山学院大	33		東京女子大	2		駒澤大	7
	名古屋大			お茶の水女子大	2		横浜市立大	6		立教大	11		日本女子大	3		専修大	10
	大阪大	1		東京外国語大		私	慶應義塾大	37		中央大	21		成蹊大	2		芝浦工業大	12
	九州大			電気通信大			早稲田大	42		法政大	30		成城大	2		東京都市大	8

入試情報

◉受験併願パターン

偏差値	2月1日	2月2日	2月3日	2月4日以降
65	早稲田実業			
62			相模原	
61	東京都市大付２Ⅱ	明大明治		サレジオ学院B
58	逗子開成			
57	神奈川大附			東京都市大付４Ⅰ

偏差値	2月1日	2月2日	2月3日	2月4日以降
66	洗足学園	洗足学園２		洗足学園３
63			相模原	
61	鷗友学園女子	中央大附属横浜２		
59	中央大附属横浜		青学横浜英和C	神奈川大附３
57	桐蔭学園午後			

受験状況

◉2024年　入試データ

試験名		
入試日	2/3	
定員	男女計160	
性別	男	女
教科	−	−
応募	男女計880	
受験	男女計838	
合格	男女計160	
備考		

かながわけんりつひらつか

神奈川県立平塚中等教育学校

■学校長／松本靖史　■創立／平成21年　■生徒数／480名（男225名、女255名）
■所在地／〒254-0074 神奈川県平塚市大原1-13　■ＴＥＬ／0463-34-0320
■交通／平塚駅（JR東海道線など）からバス「共済病院前総合公園西」下車、徒歩7分。
伊勢原駅（小田急線）からバス「中原下宿」下車、徒歩7分。

何学期制	週何日制	登校時刻	制服	給食	食堂 軽食販売	プール	寮	特待制度 奨学金等	帰国生 取出授業
2学期制	5日制	8:25	中高あり	なし	食堂なし 販売高校のみ	屋外	なし	なし	なし

沿　革

2009年平塚中等教育学校として開校。

教育方針と特色

教育理念は「3つのL」。3つのLとは、Live（生きる）、Love（慈しむ）、Learn（学ぶ）で、深い洞察と鋭い感性、高い志と豊かな人間性、幅広い教養と光る知性を備えた生徒の育成を目指す。6年間を通したキャリア教育に力を入れ、1・2年を基礎・観察期、3・4年を充実・発見期、5・6年を発展・伸長期と体系化し、「総合的な探究の時間」を中心に将来の社会参画のための社会観、職業観を育み、地域学習を兼ねた職場体験や、上級学校訪問なども行われる。また教科学習においては、表現コミュニケーション力、科学・論理的思考力、社会生活実践力の育成を目指した学習プログラムがなされている。学習、生活の両面をサポートするための支援体制も充実し、教職員による個別相談の実施や教育相談コーディネーターを中心にした相談プログラムが組まれている。

◉系列校

小	中	高	大（短大）
		○	

◉併設小学校なし
◉高校生外部募集………なし

◉授業時間…1コマ前期課程45分／後期課程50分・週35時間

	1年	2年	3年	計
国　語	5	5	5	15
社　会	3	4	4	11
数　学	6	6	6	18
理　科	4	4	5	13
英　語	5	5	5	15
5教科計	23	24	25	72

国公立校

進学・進路

◉卒業生進路状況

◉卒業までの流れ

小学校	中学校	高等学校	大学
	神奈川県立平塚中等教育学校（148）		

◉主な大学合格実績

国・公	東京大	6	国・公	東京工業大	5	国・公	東京農工大	2	私	上智大	23	私	学習院大		私	明治学院大	25
	京都大	1		一橋大	2		東京医科歯科大	1		東京理科大	16		国際基督教大	1		日本大	12
	北海道大	3		筑波大			横浜国立大	9		明治大	54		津田塾大	3		東洋大	21
	東北大	1		千葉大	1		東京都立大	3		青山学院大	31		東京女子大	3		駒澤大	14
	名古屋大			お茶の水女子大			横浜市立大	2		立教大	28		日本女子大	6		専修大	22
	大阪大			東京外国語大	2	私	慶應義塾大	15		中央大	20		成蹊大	3		芝浦工業大	7
	九州大			電気通信大	3		早稲田大	43		法政大	42		成城大	2		東京都市大	20

入試情報

◉受験併願パターン

偏差値	2月1日	2月2日	2月3日	2月4日以降
58	逗子開成	青山学院横浜英和B		
57	中央大附属横浜		平塚	神奈川大附３
55		鎌倉学園２		鎌倉学園３
54				桐蔭学園３
53	日本大学ＢＧＬ			山手学院後期

偏差値	2月1日	2月2日	2月3日	2月4日以降
59	学習院女子Ａ		平塚	神奈川大附３
49		日大藤沢２		
48				日大藤沢３
47		横浜創英３		横浜創英４
44	日大藤沢			

受験状況

◉2024年　入試データ

試験名		
入試日	2/3	
定員	男女計160	
性別	男	女
教科	－	－
応募	男女計683	
受験	男女計663	
合格	男女計160	
備考		

川崎市立川崎高等学校附属中学校

■学校長／西道生　■創立／平成26年　■生徒数／357名（男139名、女218名）
■所在地／〒210-0806 神奈川県川崎市川崎区中島3-3-1　■ＴＥＬ／044-246-7861
■交通／京急港町駅（京急大師線）徒歩12分。
川崎駅（JR東海道本線など）、京急川崎駅（京急線）より川崎市バス「市立川崎高校前」下車。

何学期制	週何日制	登校時刻	制服	給食	食堂 軽食販売	プール	寮	特待制度 奨学金等	帰国生 取出授業
2学期制	5日制	8:25	中高あり	中学のみあり	食堂高校のみ 販売自販機中高可	屋根開閉式	なし	なし	なし

沿　革

2014年、川崎市初の中高一貫校として開校。市立川崎高等学校を全面改築し、「併設型中高一貫教育校」（生活科学科・福祉科は現行どおり併設）で「昼間部定時制課程」を有する。

教育方針と特色

川崎市の特性をふまえて幅広い国際感覚と豊かな人間性や社会性を涵養するため、育てたい生徒像を①自らの能力と個性を伸ばす高い志をもち将来の進路希望の実現に向けて主体的に学ぶ生徒②表現力やコミュニケーション能力を養い、多文化共生の視点をもって国際社会で活躍する生徒③豊かな感性や人権感覚を身に付け共に支え生きる社会の担い手として活躍する生徒とし、6年間の体系的で一貫した教育課程は基礎・基本の充実と学力の向上を大切に、ICT機器を活用したわかりやすい授業、授業時間の拡充、川崎文化・産業学習、農林漁業などの自然体験、夢実現プロジェクトなど多彩な学習を展開、「じっくりと考える力」「協力して課題を解決する力」「自分の考えを表現する力」「さまざまな人とかかわることができる力」を育成して、生きる力「確かな学力」「豊かな人間性」「健やかな体」を身につけて生徒ひとりひとりの高い志、進路の実現を図る。

◉系列校

小	中	高	大（短大）
	○	○	

◉併設小学校なし
◉高校生外部募集………なし

◉授業時間…1コマ45分・週35時間

	1年	2年	3年	計
国　語	5	5	4	14
社　会	3.5	3.5	4.5	11.5
数　学	5	4	5	14
理　科	3.5	4.5	4.5	12.5
英　語	5	5	5	15
5教科計	22	22	23	67

進学・進路

◉卒業生進路状況

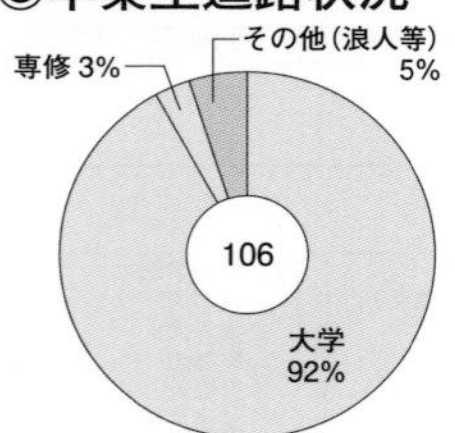

◉卒業までの流れ

小学校	中学校	高等学校	大学
	川崎市立川崎高等学校附属中学校	川崎市立川崎高等学校（106）	

◉主な大学合格実績

区分	大学	人数
国・公	東京大	
	京都大	
	北海道大	3
	東北大	
	名古屋大	
	大阪大	
	九州大	
国・公	東京工業大	3
	一橋大	
	筑波大	
	千葉大	2
	お茶の水女子大	
	東京外国語大	
	電気通信大	4
国・公	東京農工大	
	東京医科歯科大	
	横浜国立大	7
	東京都立大	1
	横浜市立大	2
私	慶應義塾大	8
	早稲田大	25
私	上智大	13
	東京理科大	18
	明治大	50
	青山学院大	19
	立教大	17
	中央大	23
	法政大	41
私	学習院大	11
	国際基督教大	
	津田塾大	2
	東京女子大	6
	日本女子大	4
	成蹊大	10
	成城大	9
私	明治学院大	16
	日本大	24
	東洋大	25
	駒澤大	10
	専修大	19
	芝浦工業大	37
	東京都市大	2

入試情報

◉受験併願パターン

偏差値	2月1日	2月2日	2月3日	2月4日以降
57	神奈川大附			法政第二２
56		法政第二		高輪Ｃ
55	青学横浜英和Ａ		川崎市立川崎高附	
53	日本大学Ａ２ＡＦ			日本大学ＣＧＬ
52	山手学院Ａ	神奈川大附２		

偏差値	2月1日	2月2日	2月3日	2月4日以降
59	神奈川大附			法政第二２
57	青山学院横浜英和Ａ	桐蔭学園２特奨Ｇ	川崎市立川崎高附属	
49	日本大学Ａ１ＡＦ	日大藤沢２		
48	関東学院１Ａ			日大藤沢３
46	鎌倉女学院	目黒日大３適性		

受験状況

◉2024年　入試データ

試験名		
入試日	2/3	
定員	男女計120	
性別	男	女
教科	－	－
応募	男女計493	
受験	男女計473	
合格	男女計120	
備考		

横浜市立横浜サイエンスフロンティア高等学校附属中学校

（よこはましりつよこはまサイエンスフロンティアこうとうがっこうふぞくちゅうがっこう）

■学校長／藤本貴也　■創立／平成29年　■生徒数／240名（男129名、女111名）
■所在地／〒230-0046 神奈川県横浜市鶴見区小野町6
■ＴＥＬ／045-511-3654
■交通／鶴見小野駅（JR鶴見線）徒歩3分。花月総持寺駅（京浜急行線）徒歩17分。鶴見駅（JR京浜東北線）徒歩20分。

何学期制	週何日制	登校時刻	制服	給食	食堂 軽食販売	プール	寮	特待制度 奨学金等	帰国生 取出授業
3学期制	5日制	8:30	中高あり	あり	食堂中高あり 販売中高あり	屋外	なし	なし	なし

沿　革

2009年、横浜市立横浜サイエンスフロンティア高等学校開校。
2017年、横浜市立横浜サイエンスフロンティア高等学校附属中学校開校。

教育方針と特色

同校の育成する生徒像は、「サイエンスの考え方」、「豊かな社会性や人間性」、「次代を担うグローバルリーダーの素養」のそれぞれを身につけた生徒である。中学生段階を「基盤形成期」、高校生段階を「充実発展期」と位置付けて、特色あるカリキュラムを編成する。単に授業の先取りを行うのではなく、内容を深く掘り下げ、生徒の興味関心を引き出すように、物事を正確に捉えて考察し討議する「考察・討議（Discussion）」、仮説を立てて論理的に実証する「実験（Experiment）」、フィールドワークなど実体験から学ぶ「体験（Experience）」、自分の考えや意見を正確に相手に伝える「発表（Presentation）」をDEEP学習として授業に取り入れる。

◉系列校

小	中	高	大（短大）
	○	○	

◉併設小学校なし
◉高校生外部募集………158名

（完全混合クラス）

◉授業時間…1コマ50分・週35時間

	1年	2年	3年	計
国　語	5	5	5	15
社　会	3	3	4	10
数　学	5	5	5	15
理　科	4	4	4	12
英　語	5	5	5	15
5教科計	22	22	23	67

国公立校

進学・進路

◉卒業生進路状況

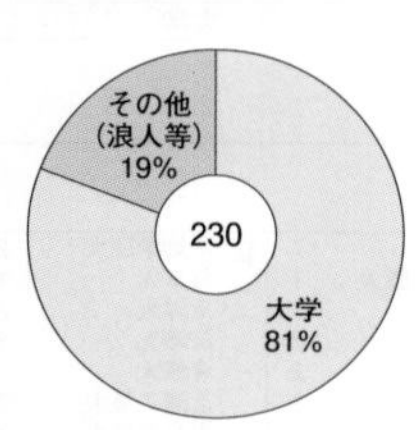

◉卒業までの流れ

小学校	中学校	高等学校	大学
	横浜市立横浜サイエンスフロンティア高等学校附属中学校	▶ 横浜市立横浜サイエンスフロンティア高等学校（230）	

◉主な大学合格実績

区分	大学	人数	区分	大学	人数	区分	大学	人数
国・公	東京大	6	国・公	東京工業大	12	国・公	東京農工大	7
	京都大	2		一橋大	2		東京医科歯科大	3
	北海道大	7		筑波大	3		横浜国立大	17
	東北大	7		千葉大	1		東京都立大	9
	名古屋大	2		お茶の水女子大	1		横浜市立大	8
	大阪大			東京外国語大	1	私	慶應義塾大	40
	九州大			電気通信大	6		早稲田大	42

区分	大学	人数	区分	大学	人数	区分	大学	人数
私	上智大	17	私	学習院大	4	私	明治学院大	5
	東京理科大	88		国際基督教大	1		日本大	21
	明治大	61		津田塾大			東洋大	6
	青山学院大	54		東京女子大			駒澤大	1
	立教大	15		日本女子大	3		専修大	5
	中央大	35		成蹊大	6		芝浦工業大	30
	法政大	35		成城大			東京都市大	41

入試情報

◉受験併願パターン

偏差値	2月1日	2月2日	2月3日	2月4日以降
67	渋谷教育渋谷			
66		栄光学園		
64			横浜市立ＹＳＦＨ	
60	山手学院特待			
59		中央大附属横浜２		

偏差値	2月1日	2月2日	2月3日	2月4日以降
69		豊島岡女子		
66		洗足学園２	横浜市立ＹＳＦＨ	洗足学園３
64	フェリス女学院			
62	山手学院特待			
61		中央大附属横浜２		

受験状況

◉2024年　入試データ

試験名		
入試日	2/3	
定員	男女計80	
性別	男	女
教科	−	−
応募	男女計450	
受験	男女計429	
合格	男女計80	
備考		

横浜市立南高等学校附属中学校

■学校長／星野浩　■創立／平成24年　■生徒数／481名（男女別非公表）
■所在地／〒233-0011 神奈川県横浜市港南区東永谷2-1-1　■TEL／045-822-9300
■交通／上永谷駅（横浜市営地下鉄ブルーライン）から徒歩約15分。
上大岡駅（京浜急行線、横浜市営地下鉄ブルーライン）からバス約10分「南高校前」下車。

何学期制	週何日制	登校時刻	制服	給食	食堂 軽食販売	プール	寮	特待制度 奨学金等	帰国生 取出授業
3学期制	5日制	8:30	中高あり	希望者	食堂中高あり 販売中高あり	屋外	なし	なし	なし

沿　革

1954年、横浜市立港高等学校開校。同年5月、横浜市立南高等学校に改称。2012年、横浜市立南高等学校附属中学校開校。

教育方針と特色

知性・自主自立・創造を教育理念として掲げ、学びへの飽くなき探求心を持つ人材の育成、自ら考え、自ら行動する力の育成、未来を切り拓く力の育成を教育目標とする。

国語・数学・英語は高校1年まで毎日学習、数学・英語は少人数での授業など基礎学力を確実に習得できるようなカリキュラムを実施する。

最大の特色は、「EGG」と呼ばれる総合的な学習の時間。「Explore（さがす）」「Grasp（つかむ）」「Grow（のびる）」の頭文字を取って名付けられている。体験を通してコミュニケーション力の育成を目指す「EGG体験」、各専門分野の講師を招く「EGG講座」、ゼミ形式の学習「EGGゼミ」などがプログラムされている。

中3時にはEGG体験の学習の実践として、カナダの研修旅行が行われ、異文化に触れる体験や英語でのコミュニケーション体験を通じ、コミュニケーション力の育成の実現を目指す。また、EGGゼミの集大成として、卒業研究に取り組む。

◉系列校

小	中	高	大(短大)
	○	○	

◉小学校からの内進生…一名
◉併設高校なし

◉授業時間…1コマ50分・週33時間

	1年	2年	3年	計
国　語	5	5	5	15
社　会	3	3	4	10
数　学	5	5	5	15
理　科	3	4	4	11
英　語	5	5	5	15
5教科計	21	22	23	66

進学・進路

◉卒業生進路状況

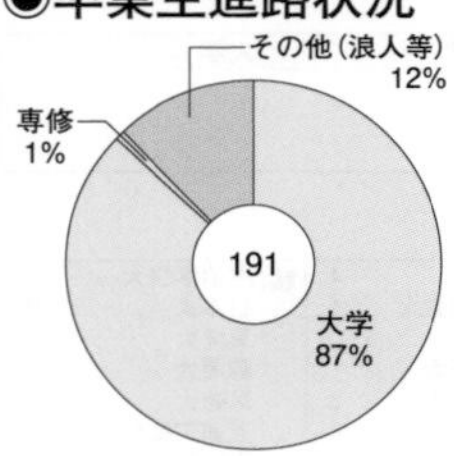

◉卒業までの流れ

小学校	中学校	高等学校	大学
	横浜市立南高等学校附属中学校	横浜市立南高等学校（191）	

◉主な大学合格実績

	大学	人数		大学	人数		大学	人数		大学	人数		大学	人数		大学	人数
国・公	東京大	5	国・公	東京工業大	9	国・公	東京農工大	1	私	上智大	28	私	学習院大	7	私	明治学院大	23
	京都大	1		一橋大	8		東京医科歯科大			東京理科大	48		国際基督教大	1		日本大	17
	北海道大			筑波大	5		横浜国立大	17		明治大	104		津田塾大			東洋大	21
	東北大			千葉大	2		東京都立大			青山学院大	41		東京女子大	2		駒澤大	4
	名古屋大	1		お茶の水女子大	1		横浜市立大	13		立教大	43		日本女子大	2		専修大	16
	大阪大			東京外国語大	2	私	慶應義塾大	41		中央大	33		成蹊大	6		芝浦工業大	22
	九州大	1		電気通信大	2		早稲田大	61		法政大	49		成城大	1		東京都市大	25

入試情報

◉受験併願パターン

偏差値	2月1日	2月2日	2月3日	2月4日以降
61			横浜市立南高附属	
60	山手学院特待			逗子開成３
57	神奈川大附		青学横浜英和Ｃ	神奈川大附３
54				山手学院後期
52		神奈川大附２		

偏差値	2月1日	2月2日	2月3日	2月4日以降
62	山手学院特待		横浜市立南高附属	
61		中央大附属横浜２		
58		法政第二		
57	湘南白百合国語			
56				山手学院後期

受験状況

◉2024年　入試データ

試験名		
入試日	2/3	
定員	男女計160	
性別	男	女
教科	−	−
応募	男女計690	
受験	男女計667	
合格	男女計160	
備考		

千葉県立千葉中学校

■学校長／髙梨祐介　■創立／平成20年　■生徒数／239名（男120名、女119名）
■所在地／〒260-0853 千葉県千葉市中央区葛城1-5-2
■ＴＥＬ／043-202-7778
■交　通／本千葉駅（JR外房線）徒歩15分。千葉中央駅（京成千葉線）徒歩20分。県庁前駅（千葉都市モノレール）徒歩12分。

何学期制	週何日制	登校時刻	制服	給食	食堂 軽食販売	プール	寮	特待制度 奨学金等	帰国生 取出授業
3学期制	5日制	8:30	中高あり	中学のみあり	食堂なし 販売高校のみ	屋外	なし	なし	なし

沿　革

2004年5月、千葉県教育委員会により県立千葉高等学校に新たに県立中学校が併設されることが策定。2008年4月開校。

教育方針と特色

基本理念「千葉から、日本でそして世界で活躍する心豊かな次代のリーダーの育成」を具現化し、系統的な一貫教育で、「高い知性」「豊かな人間性」「高い志」を兼ね備えた子どもを育てていく。
「高い知性」は知的好奇心を高め、絶えず学び続ける自主性等を養うことで幅広く深い教養を持つことを目指す。「豊かな人間性」は、多くの人々とふれ合い互いを高め合うことにより、他人のいたみの分かる、うるおいに満ちた人間性を養うことを目指す。「高い志」は、わが国の伝統や文化を深く理解し、実社会への共感をもとに、社会貢献の志を育て、自分を確立する基盤を育成する。
学びの特色としては、週1時間実施される「学びのリテラシー」でリサーチ・プレゼンテーション能力やコミュニケーション能力を育て、総合的な学習の時間での「ゼミ」「プロジェクト」で社会で必要な力や社会に参加する力を育てる活動がある。

◉系列校

小	中	高	大（短大）
	○	○	

◉併設小学校なし
◉高校募集内進含………320名

（完全混合クラス）

◉授業時間…1コマ50分・週31時間

	1年	2年	3年	計
国　語	4	4	4	12
社　会	3	3	4	10
数　学	4	4	4	12
理　科	3	4	4	11
英　語	4	4	4	12
5教科計	18	19	20	57

国公立校

進学・進路

◉卒業生進路状況

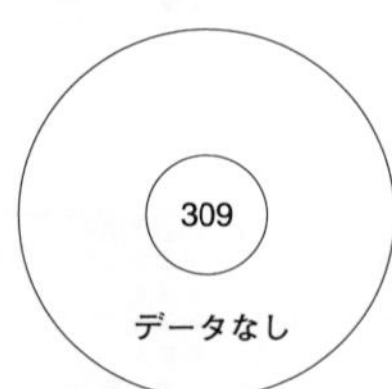

◉卒業までの流れ

小学校	中学校	高等学校	大学
	千葉県立千葉中学校 ▶	千葉県立千葉高等学校（309）	

◉主な大学合格実績

国・公	東京大	21	国・公	東京工業大	11	国・公	東京農工大	1	私	上智大	37	私	学習院大	10	私	明治学院大	5
	京都大	10		一橋大	8		東京医科歯科大	1		東京理科大	130		国際基督教大	1		日本大	17
	北海道大	4		筑波大	11		横浜国立大	2		明治大	96		津田塾大	1		東洋大	17
	東北大	10		千葉大	37		東京都立大	3		青山学院大	17		東京女子大	2		駒澤大	4
	名古屋大	1		お茶の水女子大	3		横浜市立大	1		立教大	35		日本女子大	5		専修大	6
	大阪大	5		東京外国語大	2	私	慶應義塾大	94		中央大	62		成蹊大	1		芝浦工業大	25
	九州大	2		電気通信大	1		早稲田大	116		法政大	40		成城大	1		東京都市大	1

入試情報

◉受験併願パターン

偏差値	1月前半	1月後半	2月1日	2月2日以降
68				早稲田２
66			早稲田	市川２
65	県立千葉	市川		
61		東邦大東邦前		
60				昭和秀英２

偏差値	1月前半	1月後半	2月1日	2月2日以降
68		市川		
67			雙葉	
65	県立千葉			
64		東邦大東邦前		
61		昭和秀英	頌栄女子学院	

受験状況

◉2024年　入試データ

試験名	1次		2次	
入試日	12/9午後		1/24	
定員	男女計80			
性別	男	女	男	女
教科	−	−	−	−
応募	男女計550		−	
受験	男女計540		男女計296	
合格	男女計320		男女計80	
備考				

千葉県立東葛飾中学校

■学校長／稲川一男　■創立／平成28年　■生徒数／240名（男120名、女120名）
■所在地／〒277-8570 千葉県柏市旭町3-2-1
■ＴＥＬ／04-7143-8651
■交通／柏駅（JR常磐線・東武アーバンパークライン）徒歩8分。

何学期制	週何日制	登校時刻	制服	給食	食堂 軽食販売	プール	寮	特待制度 奨学金等	帰国生 取出授業
2学期制	5日制	8:15	中学のみあり	中学のみあり	食堂なし 販売なし	屋外	なし	なし	なし

沿　革

2016年4月、県立東葛飾高等学校の併設型中学校として、東葛飾中学校開校。

教育方針と特色

世界で活躍する心豊かな次代のリーダーを育成することを教育理念に掲げる。「豊かな人間力」「揺るぎない学力」「自己規律力」を学びの柱に設定し、多様な学習プログラムや学校行事を通して、生きる力を育成する。生徒の主体性を重視し、「インプット」「シェア」「アウトプット」の3つを意識した独自の授業展開を行う。数学や英語では少人数での指導を行い、基礎学力の定着を図りつつ、論理的思考力や発信力を高める指導を行う。高校で行っている発展的な教養講座「東葛リベラルアーツ講座」にも参加。中3では3月に海外研修を実施（令和5年度はシンガポールにて実施）。

◉系列校

小	中	高	大（短大）
	○	○	

◉併設小学校なし

◉高校募集内進含………320名

（完全混合クラス）

◉授業時間…1コマ50分・週31時間

	1年	2年	3年	計
国　語	4	4	4	12
社　会	3	3	4	10
数　学	4	4	4	12
理　科	4	4	4	12
英　語	4	4	4	12
5教科計	19	19	20	58

進学・進路

◉卒業生進路状況

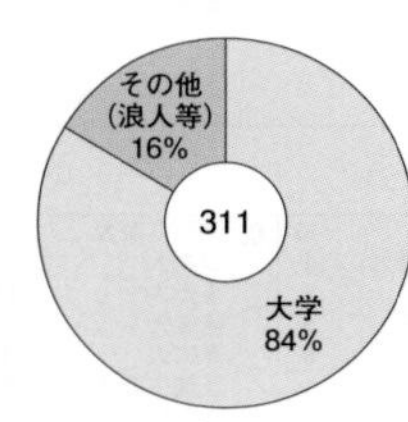

◉卒業までの流れ

小学校	中学校	高等学校	大学
	千葉県立東葛飾中学校 ▶	千葉県立東葛飾高等学校（311）	

◉主な大学合格実績

区分	大学	人数	区分	大学	人数	区分	大学	人数	区分	大学	人数	区分	大学	人数	区分	大学	人数
国・公	東京大	9	国・公	東京工業大	11	国・公	東京農工大	4	私	上智大	41	私	学習院大	32	私	明治学院大	7
	京都大			一橋大	5		東京医科歯科大			東京理科大	157		国際基督教大			日本大	47
	北海道大	4		筑波大	30		横浜国立大	4		明治大	118		津田塾大	5		東洋大	46
	東北大	4		千葉大	25		東京都立大	1		青山学院大	50		東京女子大	19		駒澤大	7
	名古屋大			お茶の水女子大	6		横浜市立大	1		立教大	70		日本女子大	12		専修大	7
	大阪大	1		東京外国語大	5	私	慶應義塾大	38		中央大	72		成蹊大	8		芝浦工業大	43
	九州大			電気通信大			早稲田大	121		法政大	103		成城大	20		東京都市大	5

入試情報

◉受験併願パターン

偏差値	1月前半	1月後半	2月1日	2月2日以降
66	栄東東大特待			市川2
65		市川		
63	県立東葛飾			
59		昭和秀英	本郷	
58	江戸川取手東			

偏差値	1月前半	1月後半	2月1日	2月2日以降
65			広尾学園	
64		東邦大東邦前		
63	県立東葛飾			
56		専修大松戸		
55	開智1回	芝浦工大柏		

受験状況

◉2024年　入試データ

試験名	1次		2次	
入試日	12/9午後		1/24	
定員	男女計80			
性別	男	女	男	女
教科	－	－	－	－
応募	男女計762		－	
受験	男女計756		男女計304	
合格	男女計323		男女計80	
備考				

千葉市立稲毛国際中等教育学校

（ちばしりついなげこくさいちゅうとうきょういくがっこう）

■学校長／工藤秀昭　■創立／平成19年　■生徒数／478名（男178名、女300名）
■所在地／〒261-0003 千葉県千葉市美浜区高浜3-1-1
■ＴＥＬ／043-270-2055
■交通／稲毛海岸駅（JR京葉線）徒歩15分。稲毛駅（JR総武線・総武快速線）からバス「稲毛高校前」下車。

何学期制	週何日制	登校時刻	制服	給食	食堂 軽食販売	プール	寮	特待制度 奨学金等	帰国生 取出授業
2学期制	5日制	8:25	中高あり	中学のみあり	食堂なし 販売高校のみ	屋外	なし	なし	なし

沿　革

2022年４月、千葉県内の公立初となる中等教育学校として開校。稲毛高等学校・附属中学校の教育活動等を引き継ぎながら、すべての生徒が中学校と高等学校の６年間の教育を１つの学校として一体的に行う中等教育学校に移行した。

教育方針と特色

「地域・世界・未来を切り拓くグローバル・リーダーの育成」を行う学校として、「高い志を持ち、幅広い教養を身に付け、未来を切り拓いていく生徒」を育成。中高一貫教育の特性を生かせるように、探究活動や海外語学研修などの稲毛高校・附属中学校の特色ある教育をさらに発展させる。早期に基礎学力を着実に育成し、応用力をはぐくむカリキュラムのもと、前期課程から高等学校の学習内容を取り入れるとともに、後期課程では普通科単位制として、文・理に偏らない各自のキャリアデザインに応じた幅広い教養を習得させる。すべての生徒が参加する海外研修や、前期課程からのネイティブ教員単独によるオールイングリッシュの授業、後期課程の第二外国語の授業等を通して、世界に触れることのできる機会の充実や、国際的なコミュニケーション能力の育成を図る。社会課題・世界的課題を深く考える体系的な探究活動により、千葉市から世界へと視野を広げ、未来を切り拓く力を育成する。

2026年度までに大規模改修工事を行い、新しい時代の教育にふさわしい環境を整える（工事中は仮設校舎や近隣の代替施設を使用）。

◉系列校

小	中	高	大（短大）
	○	○	

◉併設小学校なし
◉高校生外部募集………なし

◉授業時間…1コマ50分・週32時間

	1年	2年	3年	計
国　語	4	4	3	11
社　会	3	3	4	10
数　学	5	5	5	15
理　科	3	4	4	11
英　語	6	5	6	17
5教科計	21	21	22	64

国公立校

進学・進路

◉卒業生進路状況

◉卒業までの流れ

小学校	中学校	高等学校	大学
	千葉市立稲毛高等学校附属中学校 ▶	千葉市立稲毛高等学校（302）	

◉主な大学合格実績

区分	大学	人数	区分	大学	人数	区分	大学	人数	区分	大学	人数	区分	大学	人数	区分	大学	人数
国・公	東京大		国・公	東京工業大	1	国・公	東京農工大		私	上智大	19	私	学習院大	20	私	明治学院大	22
	京都大	1		一橋大	1		東京医科歯科大			東京理科大	28		国際基督教大	2		日本大	99
	北海道大	2		筑波大	1		横浜国立大	1		明治大	79		津田塾大	6		東洋大	160
	東北大			千葉大	17		東京都立大	1		青山学院大	32		東京女子大	7		駒澤大	33
	名古屋大			お茶の水女子大	1		横浜市立大			立教大	80		日本女子大	9		専修大	34
	大阪大			東京外国語大	1	私	慶應義塾大	15		中央大	34		成蹊大	23		芝浦工業大	23
	九州大	1		電気通信大	1		早稲田大	49		法政大	89		成城大	23		東京都市大	4

入試情報

◉受験併願パターン

偏差値	1月前半	1月後半	2月1日	2月2日以降
60				昭和秀英２
59		昭和秀英		
57	千葉市立稲毛国際			
55			芝浦工大	
53		芝浦工大柏		

偏差値	1月前半	1月後半	2月1日	2月2日以降
57	千葉市立稲毛国際		開智日本橋	
55		芝浦工大柏		安田学園先進３
53	千葉大附			
52		国府台女子学院		品川女子学院２
51			共立女子１日	

受験状況

◉2024年　入試データ

試験名	1次		2次	
入試日	12/9		1/24	
定員	男女計160			
性別	男	女	男	女
教科	－	－	－	－
応募	男女計747		男女計322	
受験	男女計733		男女計303	
合格	男女計322		男女計160	
備考				

埼玉県立伊奈学園中学校

（さいたまけんりついながくえん）

■学校長／小泉学　■創立／平成15年　■生徒数／240名（男73名、女167名）
■所在地／〒362-0813 埼玉県北足立郡伊奈町学園4-1-1
■ＴＥＬ／048-729-2882
■交　通／羽貫駅（埼玉新都市交通ニューシャトル）徒歩10分。上尾駅、北上尾駅、蓮田駅からバス「伊奈学園」下車。

何学期制	週何日制	登校時刻	制服	給食	食堂 軽食販売	プール	寮	特待制度 奨学金等	帰国生 取出授業
3学期制	5日制	8:25	中高あり	中学牛乳のみ	食堂なし 軽食販売あり	屋外	なし	なし	なし

沿　革

1984年4月伊奈学園総合高等学校開設。2003年4月併設中学校（併設型中高一貫教育校）開校。

教育方針と特色

校訓は「自彊創生」。自ら学び、考え、仲間と協働して課題解決する能力の育成を掲げている。これからの社会で求められる汎用的なスキル（課題解決能力・論理的思考力・批判的思考力・コミュニケーション能力・ICT活用能力など）を育成するため、教育活動のあらゆる場面で「主体的・対話的で深い学び」を実践している。授業では友達と協力して課題を解決する時間が多くある。総合的な学習の時間の探究活動を通して、様々な企業と連携したプロジェクト型学習を実践。「先端に触れる」、「一流に出会う」機会を多く持つことで、答えのない問いに挑む「挑戦マインド」や社会で活躍するのに必要な「思考力」、「感性」、「創造力」を高める。高校と一体的な教育課程の編成が行われ、英語と数学で時間数を標準よりも多く確保している。４技能をバランスよく学ぶ英語では、オーストラリアでの短期留学を含め、自ら発信する機会が多く、ハイレベルな英語力を身に付けている。

◉系列校

小	中	高	大（短大）
	○	○	

◉併設小学校なし
◉高校募集内進含………800名

（完全別クラス）

◉授業時間…1コマ50分・週31時間

	1年	2年	3年	計
国　語	4	4	4	12
社　会	3	3	4	10
数　学	5	5	4	14
理　科	3	4	4	11
英　語	5	4	4	13
5教科計	20	20	20	60

進学・進路

◉卒業生進路状況

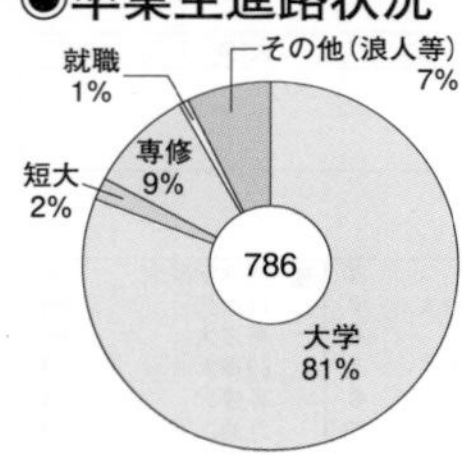

◉卒業までの流れ

小学校	中学校	高等学校	大学
	埼玉県立伊奈学園中学校	▶ 埼玉県立伊奈学園総合高等学校（786）	

◉主な大学合格実績

区分	大学	数	区分	大学	数	区分	大学	数	区分	大学	数	区分	大学	数	区分	大学	数
国・公	東京大	1	国・公	東京工業大		国・公	東京農工大	3	私	上智大	8	私	学習院大	21	私	明治学院大	7
	京都大			一橋大	1		東京医科歯科大			東京理科大	6		国際基督教大	1		日本大	100
	北海道大	4		筑波大	3		横浜国立大			明治大	38		津田塾大			東洋大	124
	東北大			千葉大			東京都立大			青山学院大	17		東京女子大			駒澤大	24
	名古屋大			お茶の水女子大	1		横浜市立大	1		立教大	31		日本女子大	7		専修大	17
	大阪大			東京外国語大	1	私	慶應義塾大	1		中央大	23		成蹊大	22		芝浦工業大	13
	九州大			電気通信大			早稲田大	16		法政大	44		成城大	13		東京都市大	

入試情報

◉受験併願パターン

偏差値	1月前半	1月後半	2月1日	2月2日以降
60		立教新座	芝	立教新座２
58	栄東Ａ１０日			巣鴨２
55	大宮開成特待			
50	伊奈学園		成蹊	東洋大学京北４
47	西武文理選抜		日大豊山	

偏差値	1月前半	1月後半	2月1日	2月2日以降
62	開智特待Ａ		鴎友学園女子	
57	大宮開成特待		法政大学	明大付属八王子Ｂ
55	大宮開成			専修大松戸３
52	伊奈学園			共立女子２日
50	西武文理特待		富士見	

受験状況

◉2024年　入試データ

試験名	1次		2次	
入試日	1/13		1/20	
定員	男女計80			
性別	男	女	男	女
教科	－	－	－	－
応募	男女計400		－	
受験	男女計395		男女計178	
合格	男女計206		男女計80	
備考				

さいたま市立浦和(しりつうらわ)中学校

■学校長／神田剛広　■創立／平成19年　■生徒数／240名（男120名、女120名）
■所在地／〒330-0073 埼玉県さいたま市浦和区元町1-28-17
■ＴＥＬ／048-886-8008
■交通／北浦和駅（JR京浜東北線）徒歩12分。

何学期制	週何日制	登校時刻	制服	給食	食堂 軽食販売	プール	寮	特待制度 奨学金等	帰国生 取出授業
3学期制	変則5日制	8:20	中高あり	中学のみあり	食堂高校のみ 販売条件付	屋外	なし	なし	なし

沿　革

2007年4月1日に、さいたま市初の併設型中高一貫教育校として、さいたま市立浦和高等学校の校地内に開校した。

教育方針と特色

高い知性と豊かな感性・表現力を備えた国際社会に貢献できる生徒の育成を目標に、中高一貫教育の特色を活かし中学校、高等学校の緊密な連携のもと、市立浦和高等学校の文武両道の伝統を踏まえ、創造性あふれ、活力のある教育を実践する。
学習面では6年間を前期課程、中期課程、後期課程の三期に分け、特に前、中期課程では基礎・基本の徹底的な指導を行うとともに、高校へのつなぎの学習を積極的に取り入れ、高い知性を養い、調和のとれた教育を展開し、豊かな人間性や社会性、規範意識を涵養する。
また、校内全館の無線LANの設置や生徒一人に1台ずつのパソコンの貸与など充実したICT環境のなかで情報リテラシーの育成と、情報活用能力、プレゼンテーション能力の伸長を図り、自らの考えを自分の言葉で、豊かな表現ができるようにする。

◉系列校

小	中	高	大（短大）
	○	○	

◉併設小学校なし
◉高校募集内進含………320名予定

（完全別クラス）

◉授業時間…1コマ50分・週32時間

	1年	2年	3年	計
国　語	4	4	4	12
社　会	3	3	4	10
数　学	4	4	5	13
理　科	3	4	4	11
英　語	4.5	4.5	5	14
5教科計	18.5	19.5	22	60

※英語は英会話含む

国公立校

進学・進路

◉卒業生進路状況

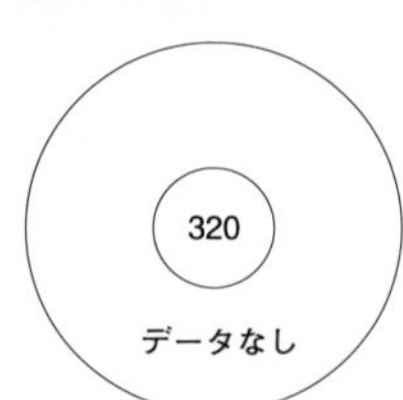

◉卒業までの流れ

小学校	中学校	高等学校	大学
	さいたま市立浦和中学校	さいたま市立浦和高等学校（320）	

◉主な大学合格実績

区分	大学	人数	区分	大学	人数	区分	大学	人数	区分	大学	人数	区分	大学	人数	区分	大学	人数
国・公	東京大	3	国・公	東京工業大	8	国・公	東京農工大	3	私	上智大	37	私	学習院大	27	私	明治学院大	25
	京都大	3		一橋大	7		東京医科歯科大	2		東京理科大	93		国際基督教大	1		日本大	22
	北海道大	1		筑波大	15		横浜国立大	11		明治大	122		津田塾大	4		東洋大	126
	東北大	13		千葉大	11		東京都立大	9		青山学院大	30		東京女子大	11		駒澤大	10
	名古屋大			お茶の水女子大	2		横浜市立大	3		立教大	110		日本女子大	25		専修大	7
	大阪大	3		東京外国語大	5	私	慶應義塾大	35		中央大	48		成蹊大	19		芝浦工業大	77
	九州大	1		電気通信大	1		早稲田大	51		法政大	103		成城大	21		東京都市大	12

入試情報

◉受験併願パターン

偏差値	1月前半	1月後半	2月1日	2月2日以降
60		立教新座		
59	さいたま市立浦和			
55	さいたま市立大宮			
53	大宮開成			
49	城西川越特選			

偏差値	1月前半	1月後半	2月1日	2月2日以降
63				浦和明の星女子２
61	さいたま市立浦和			
57	大宮開成特待			
56	大宮開成２			淑徳与野２
55	開智１回			

受験状況

◉2024年　入試データ

試験名	1次		2次	
入試日	1/13		1/20	
定員	男40・女40			
性別	男	女	男	女
教科	−	−	−	−
応募	304	355	−	−
受験	303	347	87	88
合格	120	120	40	40
備考				

さいたま市立大宮国際中等教育学校

■学校長／関田晃　■創立／2019年　■生徒数／475名（男238名、女237名）
■所在地／〒330-0856 埼玉県さいたま市大宮区三橋4-96
■ＴＥＬ／048-622-8200
■交通／大宮駅（JRなど）徒歩30分。同駅からバス「大宮国際中等教育学校」「三橋二丁目」「三橋四丁目」下車、いずれも徒歩3分。

何学期制	週何日制	登校時刻	制服	給食	食堂 軽食販売	プール	寮	特待制度 奨学金等	帰国生 取出授業
2学期制	隔週6日制	8:30 ※高1まで	中高あり	中学のみあり	高校のみ販売あり	屋外	なし	なし	なし

沿　革

2019年、さいたま市立大宮西高等学校を改編して、さいたま市立大宮国際中等教育学校を開校。2021年、国際バカロレアのMYP認定校。2022年、国際バカロレアのDP認定校となる。

教育方針と特色

校訓
■Grit mindset
ものごとに対する情熱を持ち続け、目的を達成するために長い期間、粘り強く努力し続ける思考態度
■Growth mindset
「学ぶ力」は不変のものではなく、努力によって発達するものであることを理解し、失敗を含めたあらゆる経験を自らの成長につなげようとする思考態度
■Global mindset
国や文化、年齢や性別、考え方や価値観などの違いを越えて他者と協力し、地球に生きる一人の人間として、よりよい世界の構築に貢献しようとする思考態度
学校使命
大宮国際中等教育学校は、よりよい世界を築くことに貢献する地球人の育成を目指しています。そのため、学校生活のあらゆる機会を通して、未来の学力を備え国際的な視野を持つ生徒の育成を目指します。
学校教育目標
大宮国際中等教育学校は、発達段階に応じた豊かな教育環境を構築して、生徒が以下のような姿に近づくことを目指します。
１概念を中心とした探究学習によって知識を社会との関連の中で捉え、自分の人生や社会をよりよくするために能動的に学ぼうとする態度を身に付ける。
２学習活動を通してものごとへの健全な関心と意欲を高め、所属する様々なコミュニティーに、一員として積極的に関わる態度を身に付ける。
３自己肯定感にもとづく健全な自己イメージを持ち、健康で有意義な学校生活を送るのに必要な生活・学習習慣を身に付ける。
４考え方や文化などの違いを受け入れ、尊重することのできる、開かれた心と広い視野を持つ。

◉系列校

小	中	高	大（短大）
	○	○	

◉併設小学校なし
◉高校生外部募集………なし

◉授業時間…1コマ50分・週34時間

	1年	2年	3年	計
国　語	4	4	3	11
社　会	3	3	4	10
数　学	4	4	4	12
理　科	3	4	4	11
英　語	6	6	6	18
5教科計	20	21	21	62

※2コマ100分連続授業

進学・進路

◉卒業生進路状況

※2019年4月開校のため、
卒業生はまだ出ていない。

◉卒業までの流れ

小学校	中学校	高等学校	大学
	さいたま市立大宮国際中等教育学校		

入試情報

◉受験併願パターン

偏差値	1月前半	1月後半	2月1日	2月2日以降
60		立教新座		
59	さいたま市立浦和		本郷	青山学院
55	さいたま市立大宮		城北	学習院
53	大宮開成			
49	城西川越特選		獨協	日大豊山３

偏差値	1月前半	1月後半	2月1日	2月2日以降
62			鷗友学園女子	学習院女子Ｂ
61	栄東Ａ１０日			
57	さいたま市立大宮国際		開智日本橋	
56	大宮開成			淑徳与野２
50	西武文理特待		富士見	跡見学園特２

受験状況

◉2024年　入試データ

試験名	1次		2次	
入試日	1/14		1/20	
定員	男約80・女約80			
性別	男	女	男	女
教科	−	−	−	−
応募	318	412	−	−
受験	316	409	151	147
合格	200	200	80	80
備考				

茨城県立並木中等教育学校

■学校長／柴崎孝浩　■創立／平成20年　■生徒数／480名（男240名、女240名）
■所在地／〒305-0044 茨城県つくば市並木4-5-1
■ＴＥＬ／029-851-1346
■交通／荒川沖駅、土浦駅（JR常磐線）、つくば駅（つくばエクスプレス）からバス「学園並木」下車。

何学期制	週何日制	登校時刻	制服	給食	食堂 軽食販売	プール	寮	特待制度 奨学金等	帰国生 取出授業
2学期制	5日制	8:20	中高あり	中学のみあり	食堂なし 販売高校のみ	屋外	なし	なし	なし

沿　革

茨城県立並木高等学校を改編し、2008年4月、県内初の公立の中等教育学校として開校。

教育方針と特色

「Be a top learner！」を校是に掲げ、「人間教育」「科学教育」「国際解教育」を柱とした中高一貫教育を行い、次代の日本・世界の発展を担う「人間力」を備えたグローバルリーダーの育成に取り組んでいる。5年次からは医学コースがある。
前期課程では、中学校学習指導要領より年間140時間を多く確保し、基礎基本の定着と発展的な内容を行っている。SSHとして、6年間を見通した体系的な課題探究、ALやICTを取り入れた教科指導や最先端の科学に触れる多くの取り組みを行っている。さらに、国内語学研修、ニュージーランド語学研修、アジア方面の海外修学旅行など英語を活用した体験を通し、コミュニケーション力を養っている。6年間を見通した様々な体験活動（60kmを完歩するウォークラリーなどの並木三大行事・キャリア校外学習など）を通して、課題解決能力を身につけることができる。

◉系列校

小	中	高	大（短大）
	○	○	

◉併設小学校なし
◉高校生外部募集………なし

◉授業時間…1コマ55分・週33時間

	1年	2年	3年	計
国　語	4	4	4.5	12.5
社　会	3	3.5	4	10.5
数　学	5.5	5.5	5	16
理　科	4	4	4.5	12.5
英　語	5	5	5	15
5教科計	21.5	22	23	66.5

進学・進路

◉卒業生進路状況

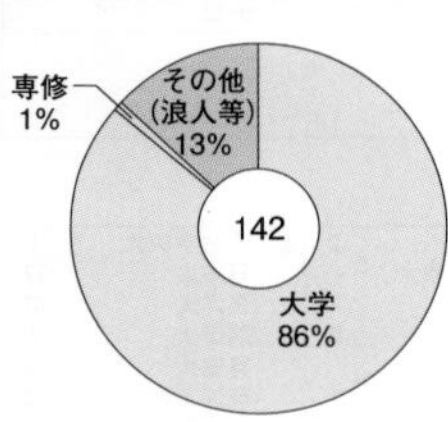

◉卒業までの流れ

小学校	中学校	高等学校	大学
	茨城県立並木中等教育学校（142）		

◉主な大学合格実績

区分	大学	人数	区分	大学	人数	区分	大学	人数	区分	大学	人数	区分	大学	人数	区分	大学	人数
国・公	東京大	5	国・公	東京工業大	3	国・公	東京農工大		私	上智大	21	私	学習院大	11	私	明治学院大	4
	京都大	3		一橋大	2		東京医科歯科大	1		東京理科大	38		国際基督教大	1		日本大	8
	北海道大	3		筑波大	25		横浜国立大	3		明治大	32		津田塾大	7		東洋大	8
	東北大	5		千葉大	6		東京都立大	2		青山学院大	14		東京女子大	2		駒澤大	3
	名古屋大			お茶の水女子大	4		横浜市立大			立教大	22		日本女子大	4		専修大	2
	大阪大			東京外国語大	2	私	慶應義塾大	20		中央大	18		成蹊大	3		芝浦工業大	8
	九州大	2		電気通信大	1		早稲田大	32		法政大	16		成城大	2		東京都市大	1

入試情報

◉受験併願パターン

偏差値	1月前半	1月後半	2月1日	2月2日以降
61	並木			
57		江戸川取手２東		
52	江戸川取手難			
50		江戸川取手２難		江戸川取手３難
49	茗溪学園			

偏差値	1月前半	1月後半	2月1日	2月2日以降
65	浦和明の星女子			
62	並木			
54	江戸川取手難			
52		江戸川取手２難		江戸川取手３難
51	茗溪学園			

受験状況

◉2024年　入試データ

試験名		
入試日	1/6	
定員	約80	約80
性別	男	女
教科	－	－
応募	290	269
受験	280	267
合格	80	80
備考		

茨城県立日立第一高等学校附属中学校

（いばらきけんりつひたちだいいちこうとうがっこうふぞくちゅうがっこう）

■学校長／磯邉裕一　■創立／平成24年　■生徒数／240名（男120名、女120名）
■所在地／〒317-0063 茨城県日立市若葉町3-15-1
■ＴＥＬ／0294-22-6488
■交通／日立駅（JR常磐線）徒歩約15分。

何学期制	週何日制	登校時刻	制服	給食	食堂 軽食販売	プール	寮	特待制度 奨学金等	帰国生 取出授業
2学期制	5日制	8:10	中学のみあり	中学のみあり	食堂なし 販売高校のみ	屋外	なし	なし	なし

沿　革

1927年、茨城県立日立中学校開校。1948年、新学制実施により、日立第一高等学校に改称。2012年、日立第一高等学校附属中学校開校。

教育方針と特色

高い志、科学する力、未来を拓く力を教育理念として掲げ、豊かな人間性と高い知性を有し、日本そして世界の未来を拓く時代のリーダーを育成することを教育目標とする。
60分授業を採用し、授業時間数は標準時数よりも多く設定、特に数学・英語は先取り学習を実施するなど充実したカリキュラムで確かな学力の醸成に努める。
また、科学教育と国際教育に重点を置くのが本校の特徴。科学教育では、日立・東海・つくばの科学施設や研究機関、医療機関における体験活動や情報発信を実施し、最先端の科学に直接触れる機会を多数用意する。国際教育では、日本語や英語によるスピーチ、ディスカッション、ディベートを実施し、コミュニケーション能力の育成を目指している。

◉系列校

小	中	高	大(短大)
	○	○	

◉併設小学校なし

◉高校生外部募集………

160名程度
（一部混合クラス）

◉授業時間…1コマ60分・週28時間

	1年	2年	3年	計
国　語	4	4	5	13
社　会	3	4	4	11
数　学	5	5	5	15
理　科	4	4	4	12
英　語	5	5	5	15
5教科計	21	22	23	66

進学・進路

◉卒業生進路状況

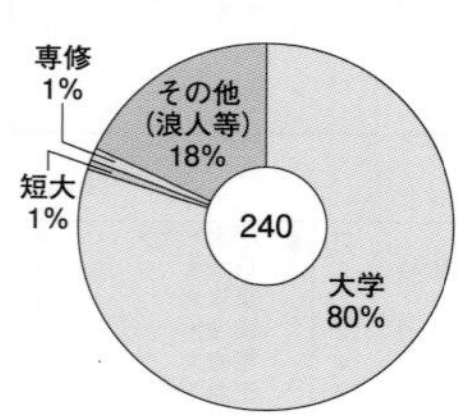

◉卒業までの流れ

小学校	中学校	高等学校	大学
	茨城県立日立第一 高等学校附属中学校	茨城県立日立第一 高等学校（240）	

◉主な大学合格実績

区分	大学	人数	区分	大学	人数	区分	大学	人数	区分	大学	人数	区分	大学	人数	区分	大学	人数
国・公	東京大	2	国・公	東京工業大		国・公	東京農工大	2	私	上智大	2	私	学習院大	2	私	明治学院大	1
	京都大	1		一橋大			東京医科歯科大	1		東京理科大	13		国際基督教大			日本大	17
	北海道大	3		筑波大	14		横浜国立大	1		明治大	14		津田塾大			東洋大	47
	東北大	14		千葉大	6		東京都立大	2		青山学院大	3		東京女子大	2		駒澤大	7
	名古屋大			お茶の水女子大	3		横浜市立大	3		立教大	7		日本女子大			専修大	14
	大阪大	1		東京外国語大	1	私	慶應義塾大	8		中央大	11		成蹊大	1		芝浦工業大	10
	九州大			電気通信大	1		早稲田大	5		法政大	14		成城大			東京都市大	4

入試情報

◉受験併願パターン

偏差値	1月前半	1月後半	2月1日	2月2日以降
58		江戸川取手２東	東京都市大付Ⅱ	立教新座２
55	日立第一高附属		巣鴨	
52	江戸川取手難		東洋大学京北２	
49	茗溪学園			江戸川取手３難
47		茗溪学園総合	日大豊山	

偏差値	1月前半	1月後半	2月1日	2月2日以降
59		江戸川取手２東	学習院女子Ａ	開智日本橋２
56	日立第一高附属			山脇学園Ｂ
52		江戸川取手２難		江戸川取手３難
51	茗溪学園	麗澤３ＡＥ	国府台女子学院	
48		茗溪学園総合		

受験状況

◉2024年　入試データ

試験名		
入試日	1/6	
定員	約40	約40
性別	男	女
教科	−	−
応募	95	113
受験	95	109
合格	40	40
備考		

茨城県立土浦第一高等学校附属中学校

■学校長／プラニク ヨゲンドラ　■創立／明治30年　■生徒数／240名（男120名、女120名）
■所在地／〒300-0051 茨城県土浦市真鍋4-4-2
■ＴＥＬ／029-822-0137
■交通／土浦駅（JR常磐線）からバス10分「土浦一高前」下車、つくば駅（つくばエクスプレス）からバス（直行便28分）。

何学期制	週何日制	登校時刻	制服	給食	食堂 軽食販売	プール	寮	特待制度 奨学金等	帰国生 取出授業
2学期制	5日制	8:15	中高あり	中学のみあり	食堂なし 販売高校のみ	あり	なし	なし	なし

沿　革

1897年茨城県尋常中学校土浦分校設置、1900年茨城県土浦中学校に改称、1948年茨城県立土浦第一高等学校に改称、2017年創立120周年記念式典挙行、2021年茨城県立土浦第一高等学校附属中学校開校。

教育方針と特色

「生徒一人一人の夢や希望をかなえる学校」であり、「見通しをもって粘り強く取り組む力を身に付けるとともに、豊かな人間性を育み、地域や世界で活躍する人財」を育成することをねらいとして中学校を開校。目指す学校像は、土浦一高のよき校風を継承・発展させ、「自主独立の気概に満ち、仲間との協同を尊び、自らの言動に責任のもてる」、グローバルな社会に貢献できるトップリーダーを育成する学校。育てたい生徒像は、○高い志を抱き、自ら考え判断し、責任をもって主体的に行動できる生徒、○生命や人権を尊重し、他者と共に豊かな社会の創造に貢献できる生徒、○社会の様々な場面や分野において、リーダーシップを発揮できる生徒。

◉系列校

小	中	高	大（短大）
	○	○	

◉併設小学校なし
◉高校生外部募集………160名

◉授業時間…1コマ60分・週33時間

	1年	2年	3年	計
国　語	5	5	5	15
社　会	3.5	3	4	10.5
数　学	5	5	5	15
理　科	3.5	4	4	11.5
英　語	5	5	5	15
5教科計	22	22	23	67

進学・進路

◉卒業生進路状況

◉卒業までの流れ

小学校	中学校	高等学校	大学
	土浦第一高等学校附属中学校	▶ 土浦第一高等学校（274）	

◉主な大学合格実績

区分	大学	人数	区分	大学	人数	区分	大学	人数	区分	大学	人数	区分	大学	人数	区分	大学	人数
国・公	東京大	16	国・公	東京工業大	6	国・公	東京農工大	2	私	上智大	16	私	学習院大	16	私	明治学院大	3
	京都大	5		一橋大	3		東京医科歯科大	2		東京理科大	117		国際基督教大			日本大	18
	北海道大	10		筑波大	34		横浜国立大	3		明治大	70		津田塾大	16		東洋大	33
	東北大	30		千葉大	4		東京都立大	1		青山学院大	23		東京女子大	1		駒澤大	10
	名古屋大	3		お茶の水女子大	5		横浜市立大			立教大	36		日本女子大	12		専修大	12
	大阪大	4		東京外国語大	2	私	慶應義塾大	24		中央大	44		成蹊大	8		芝浦工業大	30
	九州大	5		電気通信大	1		早稲田大	57		法政大	59		成城大	7		東京都市大	5

入試情報

◉受験併願パターン

偏差値	1月前半	1月後半	2月1日	2月2日以降
61	土浦第一高附属			桐朋２
57		江戸川取手２東	中央大附属	明大中野２
53	江戸川取手難		安田学園先進	
50	茗溪学園			江戸川取手３難
47		茗溪学園総合	かえつ有明	

偏差値	1月前半	1月後半	2月1日	2月2日以降
62	土浦第一高附属		鷗友学園女子	東邦大東邦後
59		江戸川取手２東		
54	江戸川取手難	江戸川取手２難		山脇学園Ｃ
51	茗溪学園		共立女子１日	
48		茗溪学園総合		

受験状況

◉2024年　入試データ

試験名		
入試日	1/6	
定員	約40	約40
性別	男	女
教科	－	－
応募	98	140
受験	97	139
合格	40	40
備考		

茨城県立水戸第一高等学校附属中学校

■学校長／御厩祐司　■創立／明治11年　■生徒数／240名(男120名、女120名)
■所在地／〒310-0011 茨城県水戸市三の丸3-10-1
■ＴＥＬ／029-224-2254
■交通／水戸駅(JR常磐線、水郡線)徒歩10分。

何学期制	週何日制	登校時刻	制服	給食	食堂 軽食販売	プール	寮	特待制度 奨学金等	帰国生 取出授業
2学期制	5日制	8:15	中学のみあり	中学のみあり	食堂なし 販売高校のみ	なし	なし	なし	なし

沿　革

1878年茨城師範学校予備学科開校、1901年茨城県立水戸中学校と改称、1948年茨城県立水戸第一高等学校発足、2018年創立140周年記念式典挙行、2021年茨城県立水戸第一高等学校附属中学校開校。

教育方針と特色

「生徒一人一人の夢や希望をかなえる学校」であり、「見通しをもって粘り強く取り組む力を身に付けるとともに、豊かな人間性を育み、地域や世界で活躍する人財」を育成することをねらいとして中学校を開校。目指す学校像は、「至誠一貫」「堅忍力行」の校是のもと、未来を切り拓く創造力を育みながら、予測困難な社会の変化に対応できる教育を実践する学校。育てたい生徒像は、〇自己の目標の実現を目指し、社会性と自己決定力を身に付け、様々な分野において、リーダーシップを発揮できる人財、〇グローバルな視点をもって茨城から世界に羽ばたく人財、〇高い志と使命感を兼ね備え、地域医療の発展に貢献する人財。

◉系列校

小	中	高	大(短大)
	〇	〇	

◉併設小学校なし
◉高校生外部募集………160名

(2年次から混合クラス)

◉授業時間…1コマ60分・週33時間

	1年	2年	3年	計
国　語	4	4.5	4.5	13
社　会	4	4	4	12
数　学	4	4.5	5	13.5
理　科	4	4	4.5	12.5
英　語	5	5	5	15
5教科計	21	22	23	66

進学・進路

◉卒業生進路状況

◉卒業までの流れ

小学校	中学校	高等学校	大学
	水戸第一高等学校 附属中学校	▶水戸第一高等学校(281)	

◉主な大学合格実績

区分	大学	人数	区分	大学	人数	区分	大学	人数
国・公	東京大	22	国・公	東京工業大	3	国・公	東京農工大	
	京都大	6		一橋大	1		東京医科歯科大	2
	北海道大	12		筑波大	36		横浜国立大	1
	東北大	27		千葉大	5		東京都立大	6
	名古屋大	1		お茶の水女子大	1		横浜市立大	2
	大阪大	2		東京外国語大		私	慶應義塾大	19
	九州大	1		電気通信大	1		早稲田大	29

区分	大学	人数	区分	大学	人数	区分	大学	人数
私	上智大	11	私	学習院大	7	私	明治学院大	12
	東京理科大	78		国際基督教大			日本大	21
	明治大	63		津田塾大	13		東洋大	17
	青山学院大	21		東京女子大	15		駒澤大	5
	立教大	30		日本女子大	10		専修大	4
	中央大	37		成蹊大	2		芝浦工業大	25
	法政大	38		成城大	4		東京都市大	2

入試情報

◉受験併願パターン

偏差値	1月前半	1月後半	2月1日	2月2日以降
61	水戸第一高附属	東邦大東邦前	東京都市大付２Ⅱ	明大明治２
57		江戸川取手２東	中央大附属	
52	江戸川取手難		東洋大学京北２	国学院久我山２
49	茗溪学園			
47		茗溪学園総合		

偏差値	1月前半	1月後半	2月1日	2月2日以降
68		市川	早稲田実業	
62	水戸第一高附属		鴎友学園女子	学習院女子Ｂ
59		江戸川取手２東	恵泉女学園	
54	江戸川取手難			山脇学園Ｃ
51	茗溪学園			東洋大学京北４

受験状況

◉2024年　入試データ

試験名		
入試日	1/6	
定員	約40	約40
性別	男	女
教科	−	−
応募	150	159
受験	149	159
合格	40	40
備考		

【国立中学校の通学区域・指定小学校】

筑波大学附属駒場中学校

東京都
23区、昭島市、稲城市、清瀬市、国立市、小金井市、国分寺市、小平市、狛江市、立川市、多摩市、調布市、西東京市、八王子市、東久留米市、東村山市、日野市、府中市、町田市、三鷹市、武蔵野市

埼玉県
上尾市、朝霞市、川口市、さいたま市（浦和区、大宮区、北区、桜区、中央区、西区、南区)、志木市、草加市、所沢市、戸田市、新座市、富士見市、ふじみ野市、三郷市、八潮市、和光市、蕨市

千葉県
市川市、浦安市、習志野市、船橋市、松戸市

神奈川県
厚木市、海老名市、川崎市、相模原市（南区、中央区、緑区の相原・大島・大山町・上九沢・下九沢・田名・西橋本・二本松・橋本・橋本台・東橋本・元橋本町)、座間市、大和市、横浜市（青葉区、旭区、泉区、神奈川区、港南区、港北区、瀬谷区、都筑区、鶴見区、戸塚区、中区、西区、保土ヶ谷区、緑区、南区)

東京学芸大学附属竹早中学校

東京都
23区、武蔵野市、三鷹市、府中市、調布市、小金井市、小平市、東村山市、国分寺市、西東京市、狛江市、清瀬市、東久留米市、稲城市

神奈川県
川崎市、横浜市の鶴見区・港北区

千葉県
市川市、船橋市、松戸市、習志野市、柏市、流山市、鎌ヶ谷市、浦安市

埼玉県
さいたま市（岩槻区を除く)、川越市、川口市、所沢市、狭山市、草加市、越谷市、蕨市、戸田市、入間市、朝霞市、新座市、和光市、志木市、八潮市、富士見市、ふじみ野市、三郷市、入間郡三芳町

埼玉大学教育学部附属中学校

さいたま市、川口市、戸田市、蕨市

千葉大学教育学部附属中学校

千葉市、習志野市、船橋市、市川市、八千代市、四街道市、佐倉市、市原市
※ただし、通学に要する時間が公共の交通機関（自転車や自家用車は不可）を使って、片道60分内の者。

横浜国立大学教育学部附属鎌倉中学校

神奈川県内に居住していること。

横浜国立大学教育学部附属横浜中学校

志願者と保護者が、「神奈川県内」に居住していること。※
ただし、次の内容を満たすものとします。
①登下校において時間、距離、交通手段等、安全が確保できる。
②行事等によっては、朝早く登校したり、下校が遅くなったりすることなどがあり、その対応ができる。
③本人の病気、けが、緊急時等、必要がある場合、保護者がすみやかに迎えに来ることができる。
※現在は「神奈川県外」に居住しているが、入学までに「神奈川県内」に転居することが明らかな場合は、「県外居住者出願理由書」（本校所定のもの）を提出すれば志願できます。

私立校 共学校 男子校 女子校

その 2

アレセイア湘南中学校

■学校長／小林直樹　■創立／昭和21年　■生徒数／135名（男80名、女55名）
■所在地／〒253-0031 神奈川県茅ヶ崎市富士見町5-2　■ＴＥＬ／0467-87-7760
■交通／茅ヶ崎駅（JR東海道本線など）、
辻堂駅（JR東海道線）から江ノ電バス、神奈川中央交通バス「平和学園前」下車。

何学期制	週何日制	登校時刻	制服	給食	食堂 軽食販売	プール	寮	特待制度 奨学金等	帰国生 取出授業
3学期制	5日制	8:30	中高あり	なし	食堂中高あり 販売中高あり	なし	なし	あり	なし

沿　革

1946年、賀川豊彦、村島帰之によって創立された平和学園を前身とする。1999年、アレセイア湘南中学校と校名を変更し、6年制の共学校に移行。

教育方針と特色

「小さな平和」から「大きな平和」をコンセプトにグローバル教育カリキュラムを実施。キーワードは「言語力」「思考力」「たくましさ」。体験学習とワークショップを連動させ、人間力を育てる。1年生では社会福祉体験と平和学習。2年生では職業体験と日本文化学習。3年生では災害学習と平和学習に取り組んだうえでの長崎研修旅行。体験の後には必ずプレゼンテーションを行い、発表力も育てる。
もう一つの柱が英語力。少人数の1クラスを週3時間ネイティブ教師が授業。放課後のファウンデーションJr、国際英語塾Jrなどで、使える英語力を伸ばす。2年生からオーストラリア語学研修、高校2年生では英国語学研修に参加することが可能。3年生からはカンボジア、台湾文化体験研修に参加することが可能。
高校からは特進コースと探求コースに分かれて将来を見据えた学びを展開。
部活動も盛んで、活気ある学校生活を過ごしている。

◉系列校

小	中	高	大（短大）
○	○	○	

◉小学校からの内進生…11名
◉高校生外部募集………200名
（完全混合クラス）

◉授業時間…1コマ50分・週30時間

	1年	2年	3年	計
国　語	5	5	4	14
社　会	3	3	4	10
数　学	5	4	5	14
理　科	3	4	4	11
英　語	5	5	5	15
5教科計	21	21	22	64

進学・進路

◉卒業生進路状況

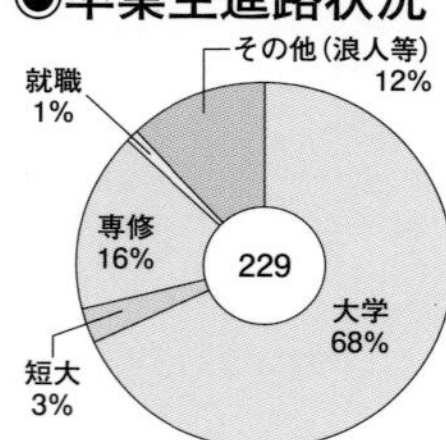

◉卒業までの流れ

小学校	中学校	高等学校	大学
平和学園小学校	アレセイア湘南中学校	アレセイア湘南高等学校（229）	

◉主な大学合格実績

区分	大学	人数	区分	大学	人数	区分	大学	人数
国・公	東京大		国・公	東京工業大		国・公	東京農工大	
	京都大			一橋大			東京医科歯科大	
	北海道大	1		筑波大			横浜国立大	
	東北大			千葉大			東京都立大	
	名古屋大			お茶の水女子大			横浜市立大	1
	大阪大			東京外国語大	1	私	慶應義塾大	2
	九州大			電気通信大			早稲田大	6

区分	大学	人数	区分	大学	人数	区分	大学	人数
私	上智大	5	私	学習院大	5	私	明治学院大	18
	東京理科大	5		国際基督教大			日本大	17
	明治大	11		津田塾大			東洋大	12
	青山学院大	5		東京女子大			駒澤大	2
	立教大	7		日本女子大			専修大	6
	中央大	4		成蹊大	2		芝浦工業大	
	法政大	5		成城大	2		東京都市大	

受験状況

◉2024年入試データ

試験名	1回午前		グローバル		適性検査午前		1回午後		適性検査午後		2回午前		2回午後		3回午前		特待生		3回午後	
入試日	2/1						2/1午後				2/2		2/2午後		2/5				2/5午後	
定員	2/1男女計40										2/2男女計30				2/5男女計10					
性別	男	女	男	女	男	女	男	女	男	女	男	女	男	女	男	女	男	女	男	女
教科	2･4	2･4	2	2	−	−	2･4	2･4	−	−	2	2	2	2	2	2	2	2	2	2
応募	3	2	1	0	10	7	12	4	6	1	8	7	12	4	5	7	11	11	15	2
受験	3	2	1	0	10	7	11	4	6	1	5	6	8	2	3	3	7	2	10	1
合格	1	2	1	0	8	7	6	4	6	1	2	4	5	2	2	1	2	0	6	0
備考											ポテンシャル含									

茨城(いばらき)中学校

■学校長／梶克治　■創立／昭和2年　■生徒数／439名(男196名、女243名)
■所在地／〒310-0065 茨城県水戸市八幡町16-1
■TEL／029-221-4936
■交通／水戸駅(JR常磐線)からバス「茨城高校入口」下車、徒歩3分。

何学期制	週何日制	登校時刻	制服	給食	食堂 軽食販売	プール	寮	特待制度 奨学金等	帰国生 取出授業
2学期制	6日制 第2土休	8:30	中高あり	中学あり	食堂条件付 販売条件付	屋内	なし	あり	あり

沿　革

1927年飯村丈三郎によって「報恩感謝」を理念に設立。1948年学制改革により茨城中学校を茨城高等学校と改称し茨城中学校を併設。1995年一貫制度を導入し男女共学となる。2011年新校舎完成。

教育方針と特色

建学の精神である「報恩感謝」の理念を根底に、質実剛健で社会奉仕の念に厚く、21世紀に世界をリードできる人物の育成を目指している。
6年一貫教育制度の学習指導では、中学と高校での履修内容の重複を省き、大学受験に照準を合わせた独自のカリキュラムを導入している。しかし、知識の詰め込みに偏らずに知的好奇心を伸ばし、論理的思考力を育てる教育、学力と個性に応じたきめ細かな指導を実践している。生徒は、授業はもちろん、放課後や長期休業中に行われる課外授業を通して、着実に実力をつけることができる。
また、「文武両道」の精神を基本として、多くの生徒が積極的に部活動に参加し、学習と部活動を両立しながら大学への現役合格を果たしている。研修旅行、体育祭、文化祭、芸術鑑賞会、弁論大会、マラソン大会、クラスマッチなどの学校諸行事を通して、生徒は幅広い人間性を育んでいる。

◉系列校

小	中	高	大(短大)
	○	○	

◉併設小学校なし
◉高校生外部募集………80名
(混合クラス)

◉授業時間…1コマ50分・週35時間

	1年	2年	3年	計
国　語	5	6	6	17
社　会	4	3	3	10
数　学	6	6	6	18
理　科	3	4	5	12
英　語	5	5	6	16
5教科計	23	24	26	73

進学・進路

◉卒業生進路状況

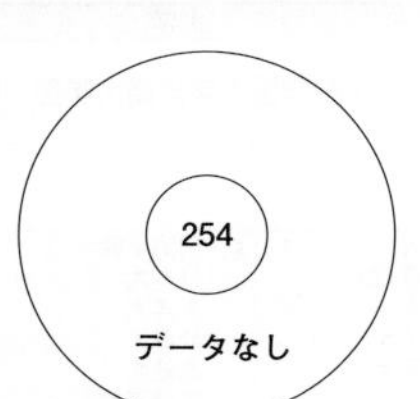

◉卒業までの流れ

小学校	中学校	高等学校	大学
	茨城中学校	茨城高等学校 (254)	

◉主な大学合格実績

	大学	人数		大学	人数		大学	人数		大学	人数		大学	人数		大学	人数
国・公	東京大	1	国・公	東京工業大		国・公	東京農工大	1	私	上智大	11	私	学習院大	5	私	明治学院大	8
	京都大	1		一橋大			東京医科歯科大			東京理科大	8		国際基督教大	1		日本大	25
	北海道大	2		筑波大	2		横浜国立大			明治大	19		津田塾大			東洋大	20
	東北大	4		千葉大	4		東京都立大	3		青山学院大	10		東京女子大			駒澤大	9
	名古屋大			お茶の水女子大			横浜市立大	1		立教大	20		日本女子大			専修大	9
	大阪大	1		東京外国語大		私	慶應義塾大	7		中央大	19		成蹊大	1		芝浦工業大	
	九州大			電気通信大	1		早稲田大	6		法政大	21		成城大	9		東京都市大	

受験状況

◉2024年入試データ

試験名	専願		1回		1回B適性型		2回		2回B適性型	
入試日	12/2				12/3		1/28			
定員	帰国若干含専願・1回男女計約110				男女計約20		帰国含2回男女計約30			
性別	男	女	男	女	男	女	男	女	男	女
教科	4	4	4	4	−	−	4	4	−	−
応募	37	38	111	118	65	79	20	18	5	8
受験	37	38	111	118	64	78	16	15	4	8
合格	25	31	87	102	51	54	6	9	3	4
備考										

上野学園中学校

うえのがくえん

■学校長／吉田亘　■創立／明治37年　■生徒数／135名（男85名、女50名）
■所在地／〒110-8642 東京都台東区東上野4-24-12　■ＴＥＬ／03-3847-2201
■交通／上野駅（JR山手線など）徒歩8分。京成上野駅（京成本線）徒歩10分。浅草駅（つくばエクスプレス）徒歩10分。
浅草駅徒歩12分。

何学期制	週何日制	登校時刻	制服	給食	食堂 軽食販売	プール	寮	特待制度 奨学金等	帰国生 取出授業
3学期制	6日制	8:20	中高あり	中学のみあり	食堂中高あり 販売中高あり	なし	なし	あり	なし （受け入れは可）

沿革

1904年に石橋藏五郎により設立。全国で初めて高等部に音楽科を設置。2007年に男女共学化へ移行。今年度よりケンブリッジ国際教育プログラムを活用した英語7割・日本語3割の国際コースを新設。

教育方針と特色

普通コースは主要教科の学習を強化し、大学受験に向けて充実した指導を行っている。また、音楽を通じて豊かな感性を育むとともに異文化交流や異文化体験の場を設け、グローバルな視野を持って社会で活躍できる人材を育成する。音楽コースは演奏家や音楽関係の職業に就くことを目指す場合にも、音楽を専門に学ぶカリキュラムを備えている。
国際コースは、「英語」「グローバル教育」だけでなく、21世紀を生き抜く力を身につける国際的なコース。CLIL（コンテンツと言語を統合させた学習）アプローチを導入することで、公立小学校卒業レベルの英語で入学可能。卒業時には、英語レベルをCEFR　B2またはC1まで習得する予定。イギリスを中心に世界で認められている高校卒業資格・大学入学資格も日本の高校卒業資格と併せて取得する。

◉系列校

小	中	高	大（短大）
	○	○	○

◉併設小学校なし
◉高校生外部募集………135名

（一部混合クラス）

◉授業時間…1コマ45分・週39時間

	1年	2年	3年	計
国語	5	5	5	15
社会	4	4	4	12
数学	5	5	5	15
理科	4	4	4	12
英語	6	6	6	18
5教科計	24	24	24	72

進学・進路

◉卒業生進路状況

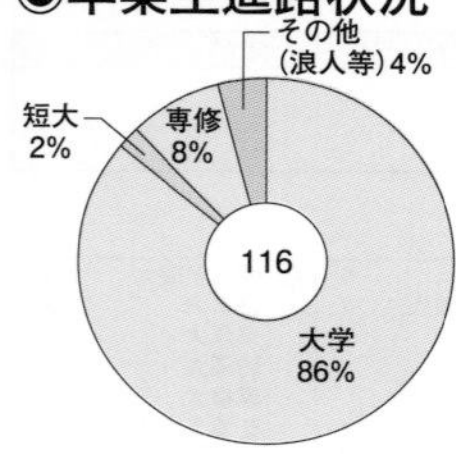

◉卒業までの流れ

小学校	中学校	高等学校	大学
	上野学園中学校	▶ 上野学園高等学校（116）	▶ 上野学園大学短期大学部　0

◉主な大学合格実績

国・公	東京大		国・公	東京工業大		国・公	東京農工大		私	上智大	2	私	学習院大	1	私	明治学院大	2
	京都大			一橋大			東京医科歯科大			東京理科大	1		国際基督教大			日本大	8
	北海道大			筑波大			横浜国立大			明治大	4		津田塾大	2		東洋大	9
	東北大			千葉大			東京都立大			青山学院大	2		東京女子大			駒澤大	
	名古屋大			お茶の水女子大			横浜市立大			立教大	1		日本女子大			専修大	2
	大阪大			東京外国語大		私	慶應義塾大			中央大			成蹊大			芝浦工業大	
	九州大			電気通信大			早稲田大	1		法政大	2		成城大	1		東京都市大	

受験状況

◉2024年入試データ

試験名	国際1回		1日午前		適性検査型		1日午後		国際2回		3日		4日		特待		6日		国際3回	
入試日	2/1						2/1午後		2/3				2/4				2/6			
定員	男女計14		2/1午前・適性検査型・2/1午後男女計35						男女計4		男女計10		2/4男女計10				男女計5		男女計2	
性別	男	女	男	女	男	女	男	女	男	女	男	女	男	女	男	女	男	女	男	女
教科	2	2	2・4	2・4	－	－	2	2	2	2	2	2	4	4	4	4	2	2	2	2
応募	2	2	20	12	52	48	29	9	1	1	23	7	35	11	6	0	43	13	2	1
受験	2	2	18	12	51	47	28	9	0	0	7	6	18	2	6	0	17	4	0	1
合格	2	2	12	8	49	47	16	4	0	0	4	6	7	1	1	0	10	3	0	1
備考																				

開智望中等教育学校

（かいちのぞみ）

■学校長／渡邉英樹　■創立／令和2年　■生徒数／322名（男171名、女151名）
■所在地／〒300-2435 茨城県つくばみらい市筒戸諏訪3400
■ＴＥＬ／0297-38-8220
■交通／新守谷駅（関東鉄道常総線）徒歩1分。

何学期制	週何日制	登校時刻	制服	給食	食堂 軽食販売	プール	寮	特待制度 奨学金等	帰国生 取出授業
3学期制	6日制	8:10	中高あり	あり	あり	なし	なし	あり	―

沿　革

2015年、開智望小学校を開校。2020年、開智望中等教育学校を開校。

教育方針と特色

「世界の人々や文化を理解、尊重し、平和で豊かな国際社会の実現に貢献できるリーダーを育成すること」を教育理念に掲げる。

1）最善の教育環境の用意

1クラス少人数教育を実施。小中高の体育館としては日本最大級の大体育館。4つある理科室など、小中高の学習に充分対応できる特別教室の充実。さまざまな採用活動により集めている優秀な教師陣。駅から直通の跨線橋があるなど、通学環境も良好。

2）「得意を伸ばす」「志を高く学ぶ」進学教育の推進

探究、発表、話し合いなど、複数の学習活動を通して概念的な課題を解決していくプロジェクト型授業を軸に、国際バカロレアの教育プログラムと日本の教育プログラムを組み合わせ、世界レベルの学力を身につける。2022年12月、国際バカロレアＭＹＰ校に、2024年1月同ＤＰ校に認定。

3）英語・数学の習熟度別授業で個に対応する学力養成

生徒の実力に合わせた習熟度別授業を実施し得意をさらに伸ばす。TOEFLなど世界で学ぶことを意識した外部試験にも取り組む。

◉系列校

小	中	高	大（短大）
○	○	○	○

◉小学校からの内進数…76名
◉高校生外部募集………随時編入生募集

◉授業時間…1コマ50分・週35時間

	中１	中２	中３	計
国　語	6	6	6	18
社　会	3	3	4	10
数　学	6	6	6	18
理　科	4	4	4	12
英　語	6	6	6	18
５教科計	25	25	26	76

進学・進路

◉卒業生進路状況

※2021年4月開校のため、卒業生はまだ出ていない。

◉卒業までの流れ

小学校	中学校	高等学校	大学
開智望小学校	開智望中等教育学校		開智国際大学

私立校その2

受験状況

◉2024年入試データ

試験名	帰国		専願		適性検査型		開智併願型		１回		日本橋併願	
入試日	11/23		12/9		12/16		1/15		1/17		2/4	
定員	若干名		男女計約15		男女計約15		男女計約10		男女計約10		若干名	
性別	男	女	男	女	男	女	男	女	男	女	男	女
教科	2	2	2	2	−	−	4	4	2・4	2・4	2・4	2・4
応募	33	22	9	5	24	28	752	640	22	19	85	87
受験	33	22	9	3	21	28	350	292	15	12	38	48
合格	31	21	9	1	17	25	273	209	12	11	12	30
備考												

関東学院六浦中学校

■学校長／黒畑勝男　■創立／大正8年　■生徒数／581名（男386名、女195名）
■所在地／〒236-8504 神奈川県横浜市金沢区六浦東1-50-1
■ＴＥＬ／045-781-2525
■交通／金沢八景駅（京浜急行線）徒歩15分。同駅から京浜急行バス「関東学院正門」下車。

何学期制	週何日制	登校時刻	制服	給食	食堂 軽食販売	プール	寮	特待制度 奨学金等	帰国生 取出授業
3学期制	5日制	8:25	中高あり	なし	食堂条件付 販売中高あり	なし	あり 原則高校生	あり	なし

沿　革

1884年に設立された横浜バプテスト神学校を源流に、1919年に中学関東学院として創立された。1953年、関東学院中学・高等学校より分離独立して、現在地に関東学院六浦中学・高等学校を設立。

教育方針と特色

キリスト教主義のもと、「隣人愛を育む人間教育」を掲げています。揺るがない教育理念を土台に、10年後、20年後の変化の激しい未来に備え、多彩なカリキュラムで充実した学校生活を送ることができます。
魅力のひとつが、CLIL（クリル）を導入した英語教育。8名の外国人教員が日々の授業を行い、社会科学や自然科学などさまざまなテーマを扱いながら、それらを英語で学ぶ実践的な教育を展開しています。また、総合学習「地球市民講座」では、地球規模の課題である「持続可能な社会」の実現に向けて主体的に行動するための学びを得ます。SDGs（持続可能な開発目標）を指標として、自分達が取り組むべき課題や役割を発見し、プレゼンテーションを通して共有します。
変わらぬものを以て変わるべきものを見つめる。六浦は、未来への道を確かな道にする教育を展開します。

◉系列校

小	中	高	大（短大）
○	○	○	○

◉小学校からの内進生…19名
◉高校生外部募集………51名
（混合クラス）

◉授業時間…1コマ50分・週32時間

	1年	2年	3年	計
国　語	4	4	4	12
社　会	3	4	4	11
数　学	4	4	5	13
理　科	4	4	4	12
英　語	5	5	5	15
5教科計	20	21	22	63

進学・進路

◉卒業生進路状況

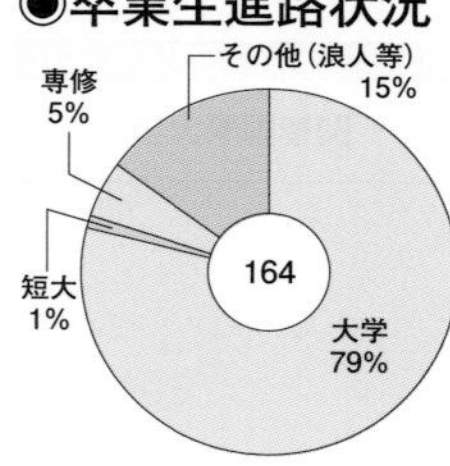

◉卒業までの流れ

小学校	中学校	高等学校	大学
関東学院六浦小学校	関東学院六浦中学校	関東学院六浦 高等学校（164）	関東学院大学　21

◉主な大学合格実績

国・公	東京大		国・公	東京工業大		国・公	東京農工大		私	上智大		私	学習院大		私	明治学院大	6
	京都大			一橋大			東京医科歯科大			東京理科大	1		国際基督教大	1		日本大	11
	北海道大			筑波大	1		横浜国立大			明治大	2		津田塾大			東洋大	
	東北大			千葉大			東京都立大			青山学院大			東京女子大			駒澤大	
	名古屋大			お茶の水女子大			横浜市立大			立教大	3		日本女子大	3		専修大	5
	大阪大			東京外国語大		私	慶應義塾大	1		中央大	1		成蹊大			芝浦工業大	1
	九州大			電気通信大			早稲田大	1		法政大	5		成城大	1		東京都市大	6

受験状況

◉2024年入試データ

試験名	帰国Ⅰ期		帰国Ⅱ期		A1		A2		B1		B2		英語		自己アピール		C	
入試日	12/9		1/13		2/1		2/1午後		2/2		2/2午後				2/3午後		2/4	
定員	若干名		若干名		男女計50		男女計25		男女計20		男女計10		男女計10		男女計10		男女計5	
性別	男	女	男	女	男	女	男	女	男	女	男	女	男	女	男	女	男	女
教科	2	2	2	2	2・4	2・4	2	2	2・4	2・4	2	2	−	−	−	−	2	2
応募	7	2	帰国	帰国	73	66	120	84	103	71	109	76	11	9	12	14	104	64
受験	7	2	Ⅰ期	Ⅰ期	65	62	94	62	54	46	50	39	9	9	9	6	38	23
合格	7	2	に含	に含	34	28	52	23	28	21	27	14	6	6	4	3	22	7
備考																		

共栄学園中学校

（きょうえいがくえん）

■学校長／御宿重夫　■創立／昭和22年　■生徒数／234名（男94名、女140名）
■所在地／〒124-0003 東京都葛飾区お花茶屋2-6-1
■ＴＥＬ／03-3601-7136
■交通／お花茶屋駅（京成本線）徒歩3分。亀有駅（JR常磐線）からバス「共栄学園」下車。

何学期制	週何日制	登校時刻	制服	給食	食堂 軽食販売	プール	寮	特待制度 奨学金等	帰国生 取出授業
3学期制	6日制	8:20	中高あり	なし	食堂中高あり 販売中高あり	なし	なし	あり	なし

沿　革

1947年、教養と慈愛にみちた淑女を養成し、社会に有為な人材を育てる目的で共栄学園中学校創立。2001年には男女共学校としてスタート。

教育方針と特色

「清明・誠実・創造」を校訓に掲げ、文武両道の精神で教育活動を行う。学習面では、中高6年間の中で、一貫カリキュラムを編成し、「特進クラス」と「進学クラス」の2コースで個々の学習状況に応じ、授業を展開。先取り学習も行っている。高校からは独自の探究活動を行う5つのコースに分かれ、より深く探究活動を行っていく。一貫生は、自由にコースを選択することができる。一貫生が東大・東工大・早慶など最難関大学に合格しており、進学校として評価されている。
校内行事としては、三大行事である文化祭、体育祭、合唱祭や、各学年毎に行う宿泊行事を通して、周囲とのコミュニケーションの場や、グループ内でのディスカッション、その成果を発表するプレゼンテーションの場を設け、グローバル化が進展する社会の中で、真のリーダーの育成を目指す。
部活動では、全国大会出場経験のある、バレーボール部、ダンスドリル部、少林寺拳法部をはじめ、体育系、文化系の様々なクラブが盛んに活動している。

◉系列校

小	中	高	大（短大）
	○	○	○

◉併設小学校なし

◉高校生外部募集………320名

（混合クラス）

◉授業時間…1コマ45分・週34時間

	1年	2年	3年	計
国　語	5	4	5	14
社　会	4	4	4	12
数　学	5	5	5	15
理　科	4	4	4	12
英　語	5	6	6	17
５教科計	23	23	24	70

進学・進路

◉卒業生進路状況

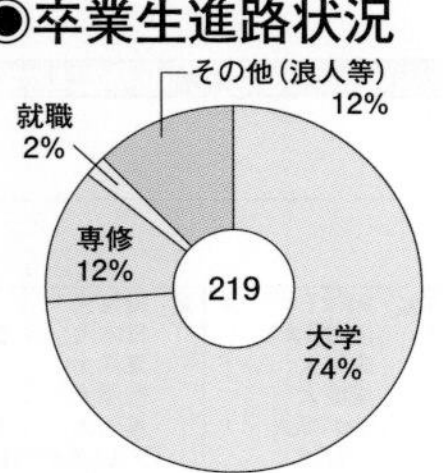

◉卒業までの流れ

小学校	中学校	高等学校	大学
	共栄学園中学校	▶ 共栄学園高等学校（219）	▶ 共栄大学　9

◉主な大学合格実績

国・公	東京大		国・公	東京工業大		国・公	東京農工大		私	上智大		私	学習院大	2	私	明治学院大	
	京都大			一橋大			東京医科歯科大			東京理科大	7		国際基督教大			日本大	15
	北海道大			筑波大			横浜国立大	1		明治大	2		津田塾大			東洋大	3
	東北大			千葉大	1		東京都立大			青山学院大	2		東京女子大	2		駒澤大	2
	名古屋大			お茶の水女子大			横浜市立大			立教大	1		日本女子大			専修大	5
	大阪大			東京外国語大		私	慶應義塾大	2		中央大	1		成蹊大	3		芝浦工業大	6
	九州大			電気通信大			早稲田大			法政大	3		成城大	1		東京都市大	

受験状況

◉2024年入試データ

試験名	1回進学		1回特進		2回特進		3回特進		4回進学		4回特進		5回進学		5回特進	
入試日	2/1				2/1午後		2/2		2/3				2/7			
定員	1回進学男女計50		1回特進男女計20		男女計20		男女計10		男女計5		男女計5		男女計5		男女計5	
性別	男	女	男	女	男	女	男	女	男	女	男	女	男	女	男	女
教科	2･4	2･4	2･4	2･4	2	2	1	1	2	2	2	2	2	2	2	2
応募	39	56	進学に含	進学に含	45	36	40	30	39	32	進学に含	進学に含	52	40	進学に含	進学に含
受験	35	54			41	30	24	18	14	11			14	14		
合格	28	29			27	21	17	16	9	8			10	14		
備考	適性含	適性含														

けいめいがくえん
啓明学園中学校

■学校長／大坪隆明　■創立／昭和15年　■生徒数／178名（男81名、女97名）
■所在地／〒196-0002 東京都昭島市拝島町5-11-15　■ＴＥＬ／042-541-1003
■交通／八王子駅（JR中央線・横浜線・八高線）、京王八王子駅、拝島駅（JR青梅線・八高線、西武拝島線）からスクールバス。
立川駅から路線バスあり。

何学期制	週何日制	登校時刻	制服	給食	食堂 軽食販売	プール	寮	特待制度 奨学金等	帰国生 取出授業
3学期制	6日制	8:30	中高あり	なし	食堂あり 販売中高あり	なし	なし	あり	あり

沿　革

1940年、三井高維が港区赤坂台町の私邸を開放して、帰国生のための学校を創立した。1947年に、3万坪におよぶ三井家の別邸を寄贈されて、現在地に移転。現在も帰国生、外国籍の生徒、留学生が3割以上を占め、世界を感受できる教育環境がある。

教育方針と特色

キリストの教えである4つの標語「正直・純潔・無私・敬愛」に基づく人格形成を目指し、「広い視野のもと豊かな人間性と独自の見識を持ち、世界を心に入れた人を育てる」ことを学園の理念としている。

心を育む教育：キリスト教の教えに基づき、自己の大切さや共生の重要性について学ぶ。

知性を磨く教育：ICTの発展、科学技術が大きく進歩していく現代にあって、先進性・主体性・人間性に優れたリーダーを育てるサイエンス教育を推進する。

世界をつなぐ教育：啓明学園ではさまざまな国の文化に触れる機会が豊富である。世界について学び、世界のために行動する「Peacemaker（世界平和を創り出す人）」を育てる教育を大切にしている。

◉系列校

小	中	高	大（短大）
○	○	○	

◉小学校からの内進生…23名
◉高校生外部募集………60名
（完全混合クラス）

◉授業時間…1コマ50分・週35時間

	1年	2年	3年	計
国　語	5	5	5	15
社　会	4	4	3	11
数　学	6	6	6	18
理　科	4	4	4	12
英　語	6	6	6	18
5教科計	25	25	24	74

進学・進路

◉卒業生進路状況

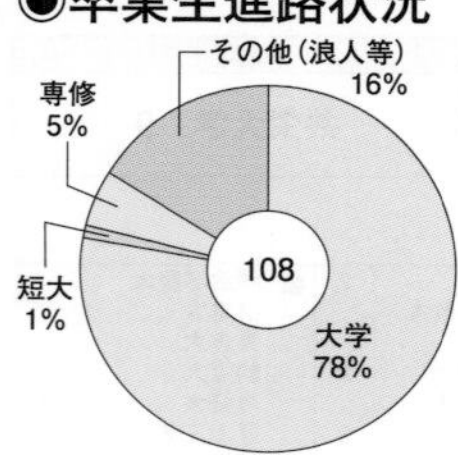

◉卒業までの流れ

小学校	中学校	高等学校	大学
啓明学園初等学校 ▶	啓明学園中学校 ▶	啓明学園高等学校（108）	

◉主な大学合格実績

国・公	東京大		国・公	東京工業大		国・公	千葉大		国・公	東京医科歯科大		国公	東京都立大		私	青山学院大	6	私	東京女子大	4	私	獨協大	
	京都大			一橋大			お茶の水女子大			東京海洋大	1		横浜市立大			立教大			日本女子大			日本大	3
	北海道大	1		筑波大	1		東京外国語大			横浜国立大		私	慶應義塾大			中央大	4		成蹊大	1		東洋大	
	東北大			茨城大			電気通信大			山梨大			早稲田大			法政大	7		成城大			駒澤大	
	名古屋大			宇都宮大			東京学芸大			金沢大			上智大	5		学習院大	2		明治学院大	1		専修大	1
	大阪大			群馬大			東京農工大			信州大			東京理科大	3		国際基督教大	1		國學院大			芝浦工業大	6
	九州大			埼玉大			東京芸術大			国際教養大			明治大			津田塾大			武蔵大	4		東京都市大	1

受験状況

◉2024年入試データ

試験名	帰国1回		帰国2回		帰国3回		1回		国際生		国語四技能		算数特待		英語特化		2回		プレゼンテーション		3回	
入試日	11/18		12/22				2/1				2/1午後						2/2		2/2午後		2/5	
定員	帰国1回・帰国2回・帰国3回・1回・国際生・国語四技能・算数特待・英語特化男女計50																2/2男女計10				3回男女計10	
性別	男	女	男	女	男	女	男	女	男	女	男	女	男	女	男	女	男	女	男	女	男	女
教科	2	2	2	2	2	2	2	2	2	2	国	国	算	算	−	−	2	2	−	−	2	2
応募	1	0	2	1	1	1	17	12	1	4	1	2	5	1	2	2	14	9	1	1	22	9
受験	1	0	2	1	1	1	13	10	1	4	1	1	5	0	2	2	7	2	1	0	8	2
合格	1	0	2	1	0	1	9	9	1	4	1	1	0	0	1	2	3	1	0	0	6	1
備考			オンライン含	オンライン含																	適性含	適性含

国学院大学栃木中学校

（こくがくいんだいがくとちぎ）

■学校長／實島範朗　■創立／平成8年　■生徒数／132名（男66名、女66名）
■所在地／〒328-8588 栃木県栃木市平井町608
■ＴＥＬ／0282-22-5511
■交通／栃木駅（JR両毛線、東武日光線・宇都宮線）からバス「国学院前」下車。

何学期制	週何日制	登校時刻	制服	給食	食堂 軽食販売	プール	寮	特待制度 奨学金等	帰国生 取出授業
3学期制	隔週5日制	8:50	中高あり	なし	食堂条件付 販売条件付	なし	高校のみあり	あり	要相談

沿　革

1959年、国学院大学が栃木県栃木市に附属高等学校を設置。1963年3月、学校法人国学院大学栃木学園と改称。1996年に中学校開校。

教育方針と特色

日本古来の伝統文化に支えられた日本人の美風を心に備え、広く世界の美点を取り入れて、国際社会に貢献できる知・徳・体のバランスのとれた全人教育を理念に、常に時代にふさわしい品性のある人間の育成を目指している。
学園生活では「たくましく　直く　明るく　さわやかに」の校訓のもと、1.頭の力を養い、冷静な判断力を育てること、2.心の力を養い、暖かで豊かな不屈の心構えを育てること、3.体の力を養い、強くたくましい身体を育てること、を目標に人格形成を重視した教育を行っている。
学習面では、中高一貫教育カリキュラムが組まれ、先取り学習・習熟度別授業・特別講習などきめ細かい親身な学習指導を行っている。また多くの行事を通じて、他との協働や探究力によって自己発信できる実践力を養っている。

◉系列校

小	中	高	大（短大）
	○	○	○

◉併設小学校なし

◉高校生外部募集………600名

（完全別クラス）

◉授業時間…1コマ45分・週35時間

	1年	2年	3年	計
国　語	4	5	5	14
社　会	4	3	4	11
数　学	6	5	6	17
理　科	5	5	4	14
英　語	5	6	6	17
5教科計	24	24	25	73

進学・進路

◉卒業生進路状況

就職 1%
その他（浪人等） 6%
専修 7%
短大 3%
391
大学 83%

◉卒業までの流れ

小学校	中学校	高等学校	大学
	国学院大学栃木中学校	国学院大学栃木高等学校（391）	國學院大学　80 國學院大学栃木短期大学　6

◉主な大学合格実績

国・公	東京大		国・公	東京工業大		国・公	東京農工大		私	上智大		私	学習院大	3	私	明治学院大	4
	京都大			一橋大			東京医科歯科大			東京理科大	7		国際基督教大			日本大	12
	北海道大	2		筑波大	1		横浜国立大			明治大	9		津田塾大			東洋大	15
	東北大	3		千葉大	2		東京都立大			青山学院大	5		東京女子大	2		駒澤大	6
	名古屋大			お茶の水女子大			横浜市立大			立教大	3		日本女子大	4		専修大	7
	大阪大			東京外国語大		私	慶應義塾大			中央大	10		成蹊大	3		芝浦工業大	6
	九州大			電気通信大			早稲田大	2		法政大	7		成城大	2		東京都市大	4

受験状況

◉2024年入試データ

試験名	1回一般		1回自己推薦		2回一般		2回自己推薦		英語		適性検査		3回一般		3回自己推薦	
入試日	11/26				12/9								1/20			
定員	男女全合計80															
性別	男	女	男	女	男	女	男	女	男	女	男	女	男	女	男	女
教科	2･4	2･4	2	2	2･4	2･4	2	2	2	2	－	－	2･4	2･4	2	2
応募	33	28	5	10	15	10	2	3	3	2	2	6	6	3	0	1
受験	33	28	5	10	14	9	2	3	3	2	2	6	5	2	0	1
合格	23	22	4	7	9	4	1	3	2	2	1	0	4	1	0	1
備考																

国士舘中学校

■学校長／渡邊隆　■創立／大正12年　■生徒数／179名（男143名、女36名）
■所在地／〒154-8553 東京都世田谷区若林4-32-1　■ＴＥＬ／03-5481-3114
■交通／松陰神社前駅（東急世田谷線）徒歩6分。梅ヶ丘駅（小田急線）徒歩13分。
渋谷駅、五反田駅からバス「世田谷区民会館」下車、徒歩2分。

何学期制	週何日制	登校時刻	制服	給食	食堂 軽食販売	プール	寮	特待制度 奨学金等	帰国生 取出授業
2学期制	6日制	8:20	中高あり	なし	食堂中高あり 販売中高あり	屋内	なし	あり	なし

沿　革

1917年、創始者柴田徳次郎が東京市麻布区笄町の大民社本部に国士舘義塾を創立。1923年、現世田谷校地に校舎落成。同年、国士舘中学校が創立。1945年、至徳学園と改称。1948年、学制改革に伴い、新制中学および高等学校となる。1953年、旧称の国士舘に改称。1994年から女子を募集して、男女共学となる。

教育方針と特色

創設者が目指した「人のため、社会のために役立つ人材育成」を、時代と社会のニーズを反映しつつ実践している。中学校の3年間は、学習面では学内オールインワンの学習システムを活用し、成長とともに「自学自習」と「自主的な学習」の姿勢を身につける。また、社会に必要とされる人材育成として、ICTを活用しながらも、幅広い体験学習を主体的に行えるプログラムを実践している。高校・大学の併設中学校でもあり、「人として大切なこと」を一貫して探求する場としてバランスの取れた人間形成に努めている。

◉系列校

小	中	高	大（短大）
	○	○	○

◉併設小学校なし
◉高校生外部募集………260名

（完全混合クラス）

◉授業時間…1コマ50分・週34時間

	1年	2年	3年	計
国　語	6	5	5	16
社　会	3	4	4	11
数　学	6	4	5	15
理　科	3	4	4	11
英　語	7	5	5	17
5教科計	25	22	23	70

進学・進路

◉卒業生進路状況

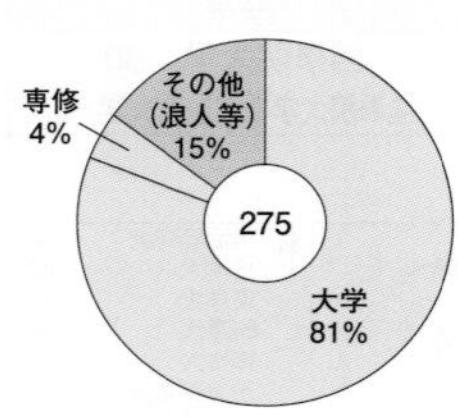

◉卒業までの流れ

小学校	中学校	高等学校	大学
	国士舘中学校	▶ 国士舘高等学校（275）	▶ 国士舘大学　114

◉主な大学合格実績

	大学	人数		大学	人数		大学	人数
国・公	東京大		国・公	東京工業大		国・公	東京農工大	
	京都大			一橋大			東京医科歯科大	
	北海道大			筑波大			横浜国立大	
	東北大			千葉大			東京都立大	
	名古屋大			お茶の水女子大			横浜市立大	
	大阪大			東京外国語大		私	慶應義塾大	
	九州大			電気通信大			早稲田大	

	大学	人数		大学	人数		大学	人数
私	上智大		私	学習院大		私	明治学院大	2
	東京理科大			国際基督教大			日本大	15
	明治大			津田塾大			東洋大	4
	青山学院大			東京女子大			駒澤大	6
	立教大	2		日本女子大			専修大	16
	中央大	1		成蹊大	1		芝浦工業大	
	法政大	4		成城大	2		東京都市大	2

受験状況

◉2024年入試データ

試験名	1回		2回		3回		4回		5回	
入試日	2/1		2/2		2/2午後		2/4		2/5	
定員	男女計40		男女計15		男女計15		男女計10		若干名	
性別	男	女	男	女	男	女	男	女	男	女
教科	2	2	2	2	2	2	2	2	2	2
応募	68	20	45	9	31	7	31	5	11	7
受験	49	17	25	5	23	4	21	2	11	4
合格	32	14	16	3	12	2	15	0	6	4
備考										

埼玉平成中学校

(さいたまへいせい)

■学校長／山口直也　■創立／平成9年　■生徒数／34名（男22名、女12名）
■所在地／〒350-0435 埼玉県入間郡毛呂山町下川原375
■TEL／049-294-8080
■交通／川角駅（東武越生線）徒歩5分。入間市駅、狭山市駅、武蔵高萩駅、河辺駅、飯能駅、高麗川駅からスクールバスあり。

何学期制	週何日制	登校時刻	制服	給食	食堂 軽食販売	プール	寮	特待制度 奨学金等	帰国生 取出授業
3学期制	6日制	8:35	中高あり	なし	食堂中高あり 販売中高あり	なし	なし	あり	なし

沿　革

1984年埼玉女子高等学校を設立。1988年共学化とともに埼玉高等学校と改称。1997年同高校の併設中学校として、埼玉平成中学校を開校。2000年、高校も埼玉平成高等学校と改称。高校S特進コースに進学、併設された独立校舎で6年間学習。

教育方針と特色

本校は、自然に恵まれた広大なキャンパスの中で「為すことによって学ぶ」の建学の精神の下、一人ひとりを大切にした少人数教育を行っている。中高6年間の教育を通して、基本的な知識や技術はもとより、しっかりとした思考力・判断力・表現力を養わせ、解答の見えない課題に対して、主体的に、粘り強く、仲間と心をひとつにして立ち向かっていく力を幅広く醸成したい。

埼玉大学STEM教育研究センターと連携、全学年STEM教育を展開。科学（Science）技術（Technology）工学（Engineering）数学（Mathematics）を教科横断的に学習。生徒一人ひとりが設定した独自テーマに1年間取り組んだ成果を発表する「研究発表会」で、プレゼンの力を身に付ける。

【近年の大学合格実績】

《国公立大》東北大（医）筑波大（理工）東京医科歯科大（医）東京外語大（国際社会）埼玉大（理）群馬大（医）信州大（人文）長崎大（医）東京都立大（都市教養）

《私立大》早稲田　上智　国際基督教　東京理科　立教　明治　法政　青山学院　中央　学習院　津田塾　他多数

◉系列校

小	中	高	大（短大）
	○	○	

◉併設小学校なし

◉高校募集内進含………350名

内進生は高校S特進コースに進学。
高1から高校募集の生徒と合流。

◉授業時間…1コマ50分・週38時間

	1年	2年	3年	計
国　語	5.5	6.5	6.5	18.5
社　会	3.5	3.5	4	11
数　学	6	6.5	6.5	19
理　科	4	4.5	4.5	13
英　語	7	7.5	7.5	22
5教科計	26	28.5	29	83.5

進学・進路

◉卒業生進路状況

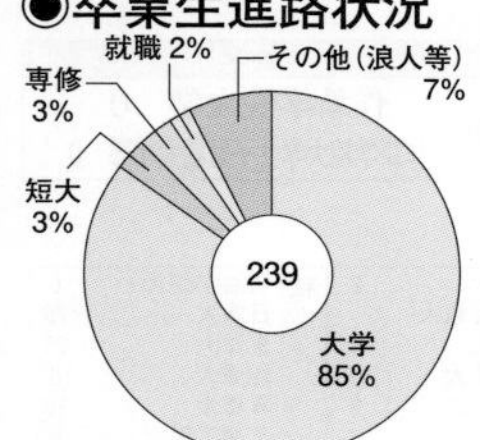

◉卒業までの流れ

小学校	中学校	高等学校	大学
	埼玉平成中学校	▶ 埼玉平成高等学校（239）	

◉主な大学合格実績

区分	大学	人数	区分	大学	人数	区分	大学	人数	区分	大学	人数	区分	大学	人数	区分	大学	人数
国・公	東京大		国・公	東京工業大		国・公	東京農工大		私	上智大		私	学習院大		私	明治学院大	
	京都大			一橋大			東京医科歯科大			東京理科大			国際基督教大			日本大	2
	北海道大			筑波大			横浜国立大			明治大			津田塾大			東洋大	5
	東北大			千葉大			東京都立大			青山学院大			東京女子大			駒澤大	1
	名古屋大			お茶の水女子大			横浜市立大			立教大	1		日本女子大			専修大	2
	大阪大			東京外国語大		私	慶應義塾大	1		中央大	3		成蹊大			芝浦工業大	
	九州大			電気通信大			早稲田大			法政大	1		成城大	1		東京都市大	

受験状況

◉2024年入試データ

試験名	1回		1科1回		STEM入試		2回		1科2回		1科3回	
入試日	1/10		1/12		1/12午後		1/13		1/20		2/6	
定員	男女計40		男女計5		男女計10		男女計15		男女計5		若干名	
性別	男	女	男	女	男	女	男	女	男	女	男	女
教科	2・4	2・4	−	−	−	−	2・4	2・4	−	−	2	2
応募	62	75	13	8	0	2	31	29	15	8	13	5
受験	61	75	4	3	0	0	10	6	0	0	2	0
合格	55	75	3	3	0	0	8	6	0	0	2	0
備考												

作新学院中等部

さくしんがくいん

■学校長／船田元　■創立／明治18年　■生徒数／467名（男269名、女198名）
■所在地／〒320-8525 栃木県宇都宮市一の沢1-1-41
■ＴＥＬ／028-647-4571
■交通／宇都宮駅（JR宇都宮線など）からバス「作新学院前」下車。東武宇都宮駅（東武宇都宮線）からバス「作新学院前」下車。

何学期制	週何日制	登校時刻	制服	給食	食堂 軽食販売	プール	寮	特待制度 奨学金等	帰国生 取出授業
3学期制	5日制	8:25	中高あり	中学のみあり	食堂高校のみ 販売高校のみ	屋内	なし	あり	なし

沿　革

1885年に船田兵吾が下野英学校を創立し、1947年に男女共学の作新学院中等部と改組し、現在に至っている。

教育方針と特色

「一校一家」の校風のもと、「自学自習」に勤しむ気風を養い、「誠実勤労」の習慣を身につける。これが作新学院が常に目指している教育の姿勢である。英・数・国は毎日授業があり、月水金は6時間、火木は7時間授業を行っている。1クラス30名程度のクラス編成で生徒一人ひとりの学習進度に合わせた指導を実践している。また運動部と文化部も活発に活動し、学校行事も校外活動・宿泊体験学習・合唱コンクール・運動会・文化祭と生徒会を中心に数多く実施している。自ら学び確かな学力を身につけ、礼儀正しくあいさつがきちんとでき、優しさと思いやりの心を持ち、そして明るく朗らかでがんばりの利く生徒の育成を目指している。全教室冷暖房完備の恵まれた環境の中、知育・徳育・体育に食育を加えて教育を行う。

◉系列校

小	中	高	大（短大）
○	○	○	○

◉小学校からの内進生…48名
◉高校生外部募集………1,640名

（完全混合クラス）

◉授業時間…1コマ50分・週33時間

	1年	2年	3年	計
国　語	4.3	5	5	14.3
社　会	4	3	4	11
数　学	4.7	5	5	14.7
理　科	4	4	4	12
英　語	4	5	5	14
5教科計	21	22	23	66

進学・進路

◉卒業生進路状況

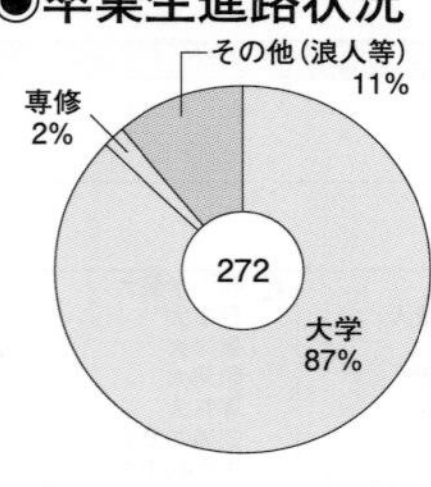

◉卒業までの流れ

小学校	中学校	高等学校	大学
作新学院小学部	作新学院中等部	作新学院高等部（272）	作新学院大学　0 作新学院大学女子短期大学部　0

◉主な大学合格実績

区分	大学	人数	区分	大学	人数	区分	大学	人数
国・公	東京大	2	国・公	東京工業大		国・公	東京農工大	
	京都大			一橋大			東京医科歯科大	1
	北海道大	1		筑波大	1		横浜国立大	
	東北大			千葉大	1		東京都立大	3
	名古屋大			お茶の水女子大	1		横浜市立大	
	大阪大	1		東京外国語大		私	慶應義塾大	2
	九州大			電気通信大			早稲田大	5

区分	大学	人数	区分	大学	人数	区分	大学	人数
私	上智大	3	私	学習院大	2	私	明治学院大	6
	東京理科大	20		国際基督教大			日本大	29
	明治大	8		津田塾大	5		東洋大	25
	青山学院大	10		東京女子大	6		駒澤大	8
	立教大	7		日本女子大	2		専修大	10
	中央大	12		成蹊大	6		芝浦工業大	8
	法政大	13		成城大	4		東京都市大	2

受験状況

◉2024年入試データ

試験名	1回		2回	
入試日	11/18		12/10	
定員	男女計160		男女計20	
性別	男	女	男	女
教科	4	4	2	2
応募	137	135	120	109
受験	134	134	88	83
合格	非公表	非公表	非公表	非公表
備考				

佐野日本大学中等教育学校

■学校長／船渡川重幸　■創立／昭和63年　■生徒数／176名（男79名、女97名）
■所在地／〒327-0192 栃木県佐野市石塚町2555
■ＴＥＬ／0283-25-0111
■交通／佐野駅（東武佐野線・JR両毛線）、館林、太田、足利、栃木、小山、自治医大からスクールバスあり。

何学期制	週何日制	登校時刻	制服	給食	食堂 軽食販売	プール	寮	特待制度 奨学金等	帰国生 取出授業
2学期制	隔週5日制	8:40	中高あり	なし	食堂なし 販売中高あり	屋内	なし	あり	あり

沿　革

1964年に日本大学付属校として佐野日本大学高等学校が開校。中高一貫教育の中で豊かな人間性と確かな学力を育むため、佐野日本大学中学校を1988年に開校。2010年、中等教育学校に移行。

教育方針と特色

磨こう心　輝く知性　拓こう未来が教育目標。6カ年一貫教育により人間としての基礎力＝人間力を培い、確かな学力を身につけるとともに、多くの実践の場を用意し、積み上げげた知識、技能を本当に身につけさせる。

6年間を「基礎形成期」「充実期」「発展期」の3ステージに分け、主要教科を中心に、先取学習や習熟度別学習、ICT機器を活用した授業など充実した学習指導を実施。また放課後の課外授業では、全学年が参加可能なターゲットゼミを開講。基礎学力の定着から大学入試レベルの発展的学習まで、受講したい講座を生徒自身が自由に選んで学ぶことができる。

心を豊かにし、国際人としての教養を身につけるための体験型学習も本校の特徴。世界6カ国７校の姉妹校と相互に行う国際交流活動やイギリスでの語学研修は生徒に人気のプログラムである。

◉系列校

小	中	高	大（短大）
	○	○	○

◉併設小学校なし
◉高校生外部募集………なし

◉授業時間…1コマ50分・週34時間

	1年	2年	3年	計
国　語	5	5	4	14
社　会	4	4	4	12
数　学	5	5	6	16
理　科	4	5	5	14
英　語	5	5	6	16
5教科計	23	24	25	72

進学・進路

◉卒業生進路状況

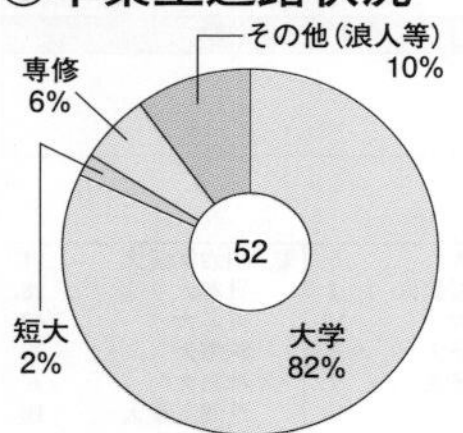

◉卒業までの流れ

小学校	中学校	高等学校	大学
	佐野日本大学中等教育学校（52）		日本大学　34 日本大学短期大学部　0

◉主な大学合格実績

国・公	東京大		国・公	東京工業大		国・公	東京農工大		私	上智大		私	学習院大		私	明治学院大	2
	京都大			一橋大			東京医科歯科大			東京理科大	3		国際基督教大			日本大	-
	北海道大			筑波大			横浜国立大			明治大			津田塾大			東洋大	3
	東北大			千葉大			東京都立大			青山学院大	1		東京女子大			駒澤大	
	名古屋大			お茶の水女子大			横浜市立大			立教大	2		日本女子大			専修大	
	大阪大			東京外国語大		私	慶應義塾大	1		中央大			成蹊大	1		芝浦工業大	1
	九州大			電気通信大			早稲田大	1		法政大	1		成城大	2		東京都市大	

受験状況

◉2024年入試データ

試験名	1回		推薦		2回		英語アドバンス		自己アピール		首都圏入試		3回	
入試日	11/25		11/25午後		12/10						12/17		1/21	
定員	男女全合計140													
性別	男	女	男	女	男	女	男	女	男	女	男	女	男	女
教科	2・4	2・4	国	国	2・4	2・4	2	2	2	2	2・4	2・4	2	2
応募	男女計128				男女計34						男女計82		男女計9	
受験	男女計126				男女計30						男女計80		男女計9	
合格	男女計117				男女計22						男女計68		男女計8	
備考														

狭山ヶ丘高等学校付属中学校

■学校長／小川義男　■創立／平成25年　■生徒数／130名（男65名、女65名）
■所在地／〒358-0011 埼玉県入間市下藤沢981　■ＴＥＬ／04-2962-3844
■交通／武蔵藤沢駅（西武池袋線）から徒歩約13分。入曽駅（西武新宿線）・狭山市駅（西武新宿線）・箱根ヶ崎駅（JR八高線）・川越駅（JR川越線、東武東上線）から無料スクールバスあり。

何学期制	週何日制	登校時刻	制服	給食	食堂 軽食販売	プール	寮	特待制度 奨学金等	帰国生 取出授業
3学期制	6日制	8:25	中高あり	なし	食堂なし 販売中高あり	なし	なし	あり	あり

沿　革

1950年4月近藤ちよにより飯能町（現飯能市）に設立された飯能高等家政女学校に始まる。1960年「学校法人　狭山ヶ丘高等学校（男女共学）」として入間市の現在地へ移転開校。2013年4月狭山ヶ丘高等学校付属中学校を併設し、６年間の中高一貫教育体制が整った。

教育方針と特色

2013年、狭山ヶ丘高等学校附属中学校は誕生しました。高校で、開校以来行ってきた「自己観察教育」を中学でも実践し、国家のリーダーたる器量の育成をめざして、豊かな人間性を育んでいます。
勉強以外にも、軽登山、農作業なども生徒を大きく成長させる独自の取り組みです。軽登山では、秩父や奥多摩の山々に登ることで、心身ともにたくましくなります。農作業では、基礎を学んだのち、栽培が簡単な作物からスタートし、徐々に難易度の高い作物にチャレンジします。生徒自身の力でやりとげるため、責任感を持って行動できるようになります。
狭山ヶ丘には、高校で培った「生徒をやる気にさせる」ノウハウがあり、それを用いて中学入試の段階から「自ら学ぶ」生徒にじっくりと育てあげていきます。
そのために、3年間をかけて思考する力を培います。１年次には「自己」を知るためにワークショップを行います。「自己」に関連するテーマでマインドマップを作成したり、ブレインストーミングをしたりすることで理解を深めさせていきます。
2年次には思考の対象を他者や社会と広くしていくことによって、「自己」を相対化していきます。そして最終学年においては、1、2年次で獲得した思考力をもとに、自身の興味あるテーマで研究論文を執筆します。このように自己を相対化していく過程で、学ぶ意義を認識するようになり、自ら学ぶ意欲を持つようになっていきます。また、英検対策講座やゼミなどを開講し、学習機会を多く設ける取り組みも行っています。
ゆとりある完全中高一貫教育のもと、たくさんの人と出会い、たくさんの経験を積み、真の知性と豊かな心を育む狭山ヶ丘。こうした教育により、さらなる高みをめざします。

◉系列校

小	中	高	大（短大）
	○	○	

◉併設小学校なし
◉高校募集内進含………400名

◉授業時間…1コマ50分・週35～36時間

	1年	2年	3年	計
国　語	5	5	5	15
社　会	4	4	5	13
数　学	5	6	5	16
理　科	4	5	5	14
英　語	5	5	5	15
5教科計	23	25	25	73

進学・進路

◉卒業生進路状況

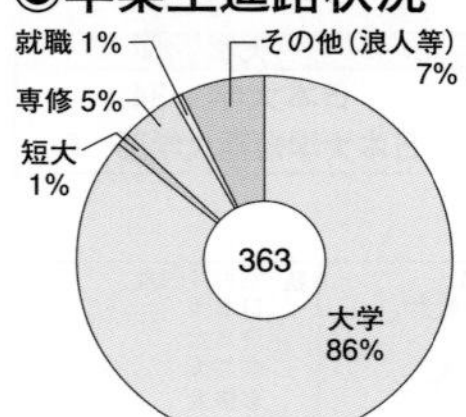

◉卒業までの流れ

小学校	中学校	高等学校	大学
	狭山ヶ丘高等学校付属中学校	▶狭山ヶ丘高等学校（363）	

◉主な大学合格実績

区分	大学	人数	区分	大学	人数	区分	大学	人数	区分	大学	人数	区分	大学	人数	区分	大学	人数
国・公	東京大	2	国・公	東京工業大		国・公	東京農工大	1	私	上智大	9	私	学習院大	5	私	明治学院大	11
	京都大			一橋大			東京医科歯科大			東京理科大	14		国際基督教大	1		日本大	28
	北海道大	1		筑波大			横浜国立大			明治大	19		津田塾大	19		東洋大	42
	東北大	2		千葉大	2		東京都立大	1		青山学院大	18		東京女子大	8		駒澤大	20
	名古屋大	1		お茶の水女子大			横浜市立大			立教大	27		日本女子大	7		専修大	8
	大阪大			東京外国語大		私	慶應義塾大	7		中央大	29		成蹊大	10		芝浦工業大	18
	九州大			電気通信大	1		早稲田大	12		法政大	23		成城大	7		東京都市大	3

受験状況

◉2024年入試データ

試験名	1回		2回		3回		4回	
入試日	1/10		1/12		1/16		2/6	
定員	男女計40		男女計25		男女計15		若干名	
性別	男	女	男	女	男	女	男	女
教科	2・4	2・4	2・4	2・4	2・4	2・4	2・4	2・4
応募	1科含35	1科含54	1科含44	1科含56	1科含34	1科含49	1科含21	1科含24
受験	1科含35	1科含52	1科含26	1科含34	1科含13	1科含19	1科含3	1科含1
合格	1科含32	1科含39	1科含21	1科含24	1科含10	1科含12	1科含2	1科含1
備考								

志学館中等部

（しがくかん）

■学校長／吉田義克　■創立／昭和60年　■生徒数／263名（男116名、女147名）
■所在地／〒292-8568 千葉県木更津市真舟3-29-1
■ＴＥＬ／0438-37-3131
■交通／木更津駅（JR内房線・久留里線）からバス「富士見台」下車、徒歩1分。同駅、その他方面からスクールバスあり。

何学期制	週何日制	登校時刻	制服	給食	食堂 軽食販売	プール	寮	特待制度 奨学金等	帰国生 取出授業
3学期制	5日制	8:40	中高あり	なし	食堂中高あり 販売中高あり	なし	高校のみあり	なし	なし

沿　革

1983年高等学校開校。1985年中学校開校。2000年中学校校舎を改築し、2001年より校名を志学館中等部に変更。

教育方針と特色

「自らの人生は自らの力で開拓していく」が建学の精神。志学館高等部との中高一貫教育による「規律ある進学校」を目指しており、大学現役合格を目標に学力の向上を図っている。週5日制としているが、学校行事は土曜日に行い、授業時数の確保に努めている。といっても、体育祭では色別対抗リレー、応援合戦等を通じて教室での活動と違う姿に驚かされたり、合唱コンクールでのクラスの団結力に感動したりと、一つ一つの行事に主体的に参加することが伝統でもある。心身ともに大きく成長するこの時期に学習面と併せて、達成感をより多く味うことができるようプログラムが組まれている。また、部活動も任意参加だが、多数の生徒が学習との両立を図りながら参加している。野球部、硬式テニス部、バスケットボール部、陸上競技部、少林寺拳法部、吹奏楽部、書道部、写真部、美術部などが積極的に活動している。

◉系列校

小	中	高	大（短大）
	○	○	

◉併設小学校なし

◉高校生外部募集………180名

（完全混合クラス）

◉授業時間…1コマ50分・週34時間

	1年	2年	3年	計
国　語	5	5	5	15
社　会	4	4	4	12
数　学	5	5	6	16
理　科	4	4	4	12
英　語	5	5	5	15
5教科計	23	23	24	70

進学・進路

◉卒業生進路状況

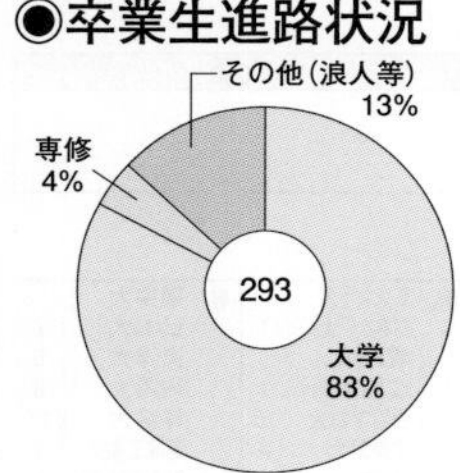

◉卒業までの流れ

小学校	中学校	高等学校	大学
	志学館中等部	▶ 志学館高等部（293）	

◉主な大学合格実績

区分	大学	人数	区分	大学	人数	区分	大学	人数	区分	大学	人数	区分	大学	人数	区分	大学	人数
国・公	東京大		国・公	東京工業大	1	国・公	東京農工大		私	上智大	9	私	学習院大	5	私	明治学院大	12
	京都大	1		一橋大			東京医科歯科大			東京理科大	10		国際基督教大			日本大	47
	北海道大			筑波大			横浜国立大			明治大	15		津田塾大			東洋大	35
	東北大			千葉大	8		東京都立大			青山学院大	15		東京女子大	5		駒澤大	10
	名古屋大			お茶の水女子大			横浜市立大			立教大	21		日本女子大	4		専修大	19
	大阪大			東京外国語大	1	私	慶應義塾大	3		中央大	18		成蹊大	11		芝浦工業大	1
	九州大			電気通信大			早稲田大	10		法政大	16		成城大	1		東京都市大	4

受験状況

◉2024年入試データ

試験名	推薦		A		B		C	
入試日	12/1		1/20		1/27		2/10	
定員	男女計60		一般男女計60					
性別	男	女	男	女	男	女	男	女
教科	2	2	2･4	2･4	2･4	2･4	2	2
応募	44	39	5	4	3	2	2	2
受験	43	39	5	4	3	2	2	2
合格	39	38	2	4	1	2	0	2
備考								

自修館(じしゅうかん)中等教育学校

■学校長／小河亨　■創立／平成11年　■生徒数／369名（男237名、女132名）
■所在地／〒259-1185 神奈川県伊勢原市見附島411　■ＴＥＬ／0463-97-2100
■交通／愛甲石田駅（小田急線）徒歩18分。愛甲石田駅・平塚駅からスクールバスあり。
愛甲石田駅南口から路線バス「向上学園前」下車。

何学期制	週何日制	登校時刻	制服	給食	食堂 軽食販売	プール	寮	特待制度 奨学金等	帰国生 取出授業
4学期制	6日制	8:25	中高あり	なし	食堂中高あり 販売中高あり	屋外	なし	あり	あり

沿　革

1910年に設立された向上学園の敷地に1999年4月に開校した。2000年3月には校舎がすべて完成。2001年、中等教育学校に移行。

教育方針と特色

「明知・徳義・壮健の資質を磨き、実行力のある優れた人材を輩出し、人間教育の発揚を目指す」という建学の精神のもと、自主・自立の精神に富み、自学・自修・実践できる「生きる力」を育成。21世紀が求める、人間性豊かでグローバルな人材を創出する。また、1年を3ヶ月ごとに区切った4学期制をとり、さらには6年を3つのステップに分けることで、継続的かつゆとりある学習サイクルの中で6年間生活することができる。
こころの教育（EQ教育）を目指し、学校創立当初より従来の道徳授業にかえて「セルフサイエンス」という授業を行っている。自分の感情を上手に表現し相手の感情を読み取る「コミュニケーション能力」や「問題解決力」を、話し合いやロールプレイ等の体験型授業の中で育む。総合学習「探究」では、ゼミ形式による少人数授業で一人ひとりが興味のあるテーマを決めて研究を進め、発表や討論を通して考える機会を設けている。また、木のぬくもりがする校舎にはフーコーの振り子や囲炉裏があり、自修館独自の仕掛けが子どもの知的好奇心や学習意欲を刺激する。

◉系列校

小	中	高	大（短大）
	○	○	

◉併設小学校なし
◉高校生外部募集………なし

◉授業時間…1コマ50分・週34時間

	1年	2年	3年	計
国　語	5	5	4	14
社　会	3	3	4	10
数　学	5	5	5	15
理　科	4	4	4	12
英　語	6	6	6	18
5教科計	23	23	23	69

進学・進路

◉卒業生進路状況

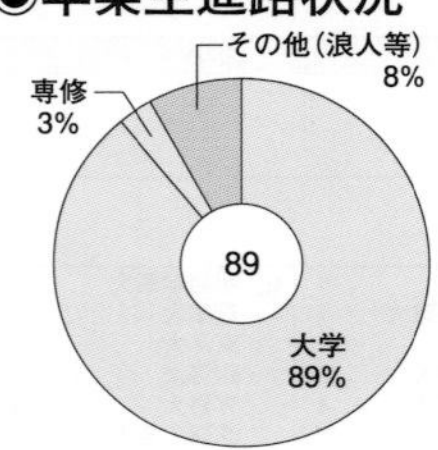

◉卒業までの流れ

小学校	中学校	高等学校	大学
	自修館中等教育学校（89）		

◉主な大学合格実績

区分	大学	人数	区分	大学	人数	区分	大学	人数	区分	大学	人数	区分	大学	人数	区分	大学	人数	区分	大学	人数
国・公	東京大		国・公	東京工業大		国・公	千葉大	1	国・公	東京医科歯科大		国公	東京都立大		私	青山学院大	10	私	東京女子大		私	獨協大	
	京都大			一橋大			お茶の水女子大			東京海洋大	1		横浜市立大			立教大	3		日本女子大	1		日本大	7
	北海道大			筑波大	1		東京外国語大			横浜国立大	1	私	慶應義塾大			中央大	12		成蹊大			東洋大	6
	東北大			茨城大			電気通信大			山梨大	1		早稲田大	1		法政大	8		成城大	1		駒澤大	8
	名古屋大			宇都宮大			東京学芸大			金沢大			上智大	5		学習院大			明治学院大	10		専修大	17
	大阪大			群馬大			東京農工大			信州大			東京理科大	6		国際基督教大			國學院大	4		芝浦工業大	2
	九州大			埼玉大			東京芸術大			国際教養大			明治大	5		津田塾大	2		武蔵大			東京都市大	6

受験状況

◉2024年 入試データ

試験名	A1		A2		B1		B2		C		帰国		D	
入試日	2/1		2/1午後		2/2		2/2午後		2/3午後		12/9		2/5	
定員	男女計45		男女計35		男女計10		男女計15		帰国含男女計10				男女計5	
性別	男	女	男	女	男	女	男	女	男	女	男	女	男	女
教科	2・4	2・4	2	2	2・4	2・4	2	2	2	2	2	2	2・4	2・4
応募	131	100	137	70	110	59	132	65	126	73	Cに含	Cに含	157	68
受験	112	87	103	45	51	21	40	23	36	23			27	7
合格	56	55	48	20	26	6	16	13	14	16			9	4
備考	探究含	探究含							帰国含	帰国含				

秀明中学校

しゅうめい

■学校長／神原洋　■創立／昭和53年　■生徒数／201名（男128名、女73名）
■所在地／〒350-1175 埼玉県川越市笠幡4792
■ＴＥＬ／049-232-6611
■交通／笠幡駅（JR川越線）徒歩5分。

何学期制	週何日制	登校時刻	制服	給食	食堂 軽食販売	プール	寮	特待制度 奨学金等	帰国生 取出授業
3学期制	5日制	7:50	中高あり	中高あり	食堂中高あり 販売中高あり	屋内	中高あり	あり	なし

沿　革

1978年完全全寮制として秀明中学校、1978年秀明高等学校が開校。1996年より男女共学。

教育方針と特色

月曜登校、金曜帰宅の週5日制の「全寮制」「中高一貫教育」「全人英才教育」を三大特色としている。特に到達度別学習と個別指導により、生徒一人ひとりの能力を伸ばし、希望する大学に合格できる実力がつくよう指導している。高2までに高校の課程を終了し、高3で志望大学を視野に入れた受験勉強に集中できるよう配慮している。英語教育にも重点をおき、イギリス人と日本人の教員が2人一組となって行う本校独自のチーム・ティーチング方式の授業を実施。また、全生徒が中2で2週間、高1で3週間、イギリス英語研修に参加する。全寮制の特長を活かし、月曜から木曜までの夕食後は、全生徒が参加する夜間学習が行われる。主要教科の基礎基本を徹底理解させる指導のほか、高校からは大学受験に向けた取り組みなどが行われる。生徒の進路目標に合わせた「スーパーイングリッシュ」「医進・特進」「総合進学」の3コース制となっている。

◉系列校

小	中	高	大（短大）
	○	○	○

◉併設小学校なし
◉高校生外部募集………40名

◉授業時間…1コマ50分・週31時間

	1年	2年	3年	計
国　語	4	4	4	12
社　会	3	3	4	10
数　学	5	5	5	15
理　科	3	4	4	11
英　語	6	6	6	18
5教科計	21	22	23	66

進学・進路

◉卒業生進路状況

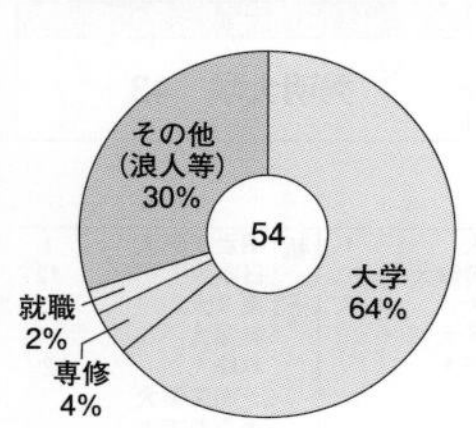

◉卒業までの流れ

小学校	中学校	高等学校	大学
	秀明中学校 ▶	秀明高等学校（54） ▶	秀明大学　0

◉主な大学合格実績

区分	大学	人数	区分	大学	人数	区分	大学	人数	区分	大学	人数	区分	大学	人数	区分	大学	人数
国・公	東京大		国・公	東京工業大		国・公	東京農工大		私	上智大	1	私	学習院大	1	私	明治学院大	
	京都大			一橋大			東京医科歯科大			東京理科大	1		国際基督教大			日本大	11
	北海道大			筑波大	1		横浜国立大			明治大	5		津田塾大			東洋大	3
	東北大			千葉大			東京都立大	1		青山学院大	1		東京女子大			駒澤大	2
	名古屋大			お茶の水女子大			横浜市立大			立教大	2		日本女子大			専修大	
	大阪大			東京外国語大		私	慶應義塾大			中央大	1		成蹊大	1		芝浦工業大	2
	九州大			電気通信大			早稲田大	2		法政大	5		成城大	1		東京都市大	4

受験状況

◉2024年入試データ

試験名	専願		専願SE		奨学生		奨学生SE		一般１期		一般１期SE		一般２期		一般２期SE	
入試日	12/3								1/16				2/10			
定員	奨学生10含男女全合計80															
性別	男	女	男	女	男	女	男	女	男	女	男	女	男	女	男	女
教科	2	2	2	2	4	4	4	4	2	2	2	2	2	2	2	2
応募	52	20	1	4	専願男子に含	専願女子に含	専願SE男子に含	専願SE女子に含	21	13	1	1	2	3	0	0
受験	51	19	1	4					20	12	1	1	2	3	0	0
合格	42	17	1	4					16	11	1	1	2	3	0	0
備考																

私立校その2

秀明大学学校教師学部附属秀明八千代中学校

■学校長／富谷利光　■創立／昭和56年　■生徒数／133名（男77名、女56名）
■所在地／〒276-0007 千葉県八千代市桑橋803　■ＴＥＬ／047-450-7001
■交通／八千代緑が丘駅（東葉高速線）からスクールバス・ちばレインボーバス「秀明学園」下車。
JR津田沼・柏・千葉駅、新鎌ヶ谷駅などからスクールバスあり。

何学期制	週何日制	登校時刻	制服	給食	食堂 軽食販売	プール	寮	特待制度 奨学金等	帰国生 取出授業
3学期制	5日制	8:30	中高あり	中高あり	食堂あり 販売条件付	大学施設 利用	なし	あり	応相談

沿　革

全寮制中高一貫校の秀明中学校高等学校の兄弟校として、1981年に開校。1988年以降、イギリスの大学との提携によりいち早くグローバル教育を展開している。

教育方針と特色

創設当初より、到達度別学習と心の学習を実践している。1993年より、中学2年で2週間（全生徒）、高校1年で3週間（希望制）の「イギリス英語研修」に参加し、異文化の実体験を通して国際的視野を育むグローバル教育を展開。ケント州にある秀明学園の施設Chaucer College Canterburyで1週間の寮生活、残り1週間はイギリス人家庭でホームステイを体験する。
秀明大学学校教師学部附属秀明八千代中学校として、中高大連携による総合力で、「未来を生きる力を育む」PGTプログラムを推進。また、体験型学習をさらに充実させて、「実践力・国際力・伝統力」の育成をさらに推進する。

◉系列校

小	中	高	大(短大)
	○	○	○

◉併設小学校なし
◉高校生外部募集………310名

◉授業時間…1コマ50分・週30時間

	1年	2年	3年	計
国　語	4	4	4	12
社　会	3	3	4	10
数　学	4	4	4	12
理　科	3	4	4	11
英　語	6	6	6	18
5教科計	20	21	22	63

進学・進路

◉卒業生進路状況

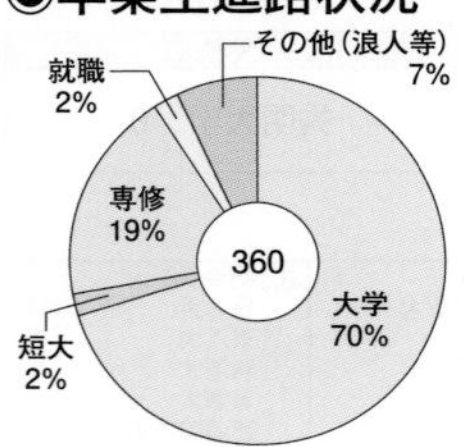

◉卒業までの流れ

小学校	中学校	高等学校	大学
	秀明大学学校教師学部附属秀明八千代中学校	秀明大学学校教師学部附属秀明八千代高等学校（360）	秀明大学　43

◉主な大学合格実績

区分	大学	人数	区分	大学	人数	区分	大学	人数	区分	大学	人数	区分	大学	人数	区分	大学	人数
国・公	東京大		国・公	東京工業大		国・公	東京農工大		私	上智大		私	学習院大	1	私	明治学院大	1
	京都大			一橋大			東京医科歯科大			東京理科大	2		国際基督教大			日本大	12
	北海道大			筑波大			横浜国立大			明治大			津田塾大			東洋大	13
	東北大			千葉大			東京都立大			青山学院大			東京女子大			駒澤大	
	名古屋大			お茶の水女子大			横浜市立大			立教大			日本女子大			専修大	2
	大阪大			東京外国語大		私	慶應義塾大			中央大			成蹊大			芝浦工業大	
	九州大			電気通信大			早稲田大			法政大			成城大			東京都市大	

受験状況

◉2024年入試データ

試験名	専願		一般A		一般B		一般C	
入試日	12/1		1/20		1/28		2/6	
定員	男女全合計60							
性別	男	女	男	女	男	女	男	女
教科	2	2	2	2	2	2	2	2
応募	26	19	16	7	9	9	3	4
受験	26	19	14	6	7	7	2	2
合格	19	16	10	3	6	5	1	2
備考								

城西大学附属城西中学校

（じょうさいだいがくふぞくじょうさい）

■学校長／神杉旨宣　■創立／大正7年　■生徒数／320名（男220名、女100名）
■所在地／〒171-0044 東京都豊島区千早1-10-26
■ＴＥＬ／03-3973-6331
■交通／椎名町駅（西武池袋線）徒歩7分。要町駅（東京メトロ有楽町線・副都心線）徒歩6分。

何学期制	週何日制	登校時刻	制服	給食	食堂 軽食販売	プール	寮	特待制度 奨学金等	帰国生 取出授業
3学期制	6日制	8:40	中高あり	なし	食堂中高あり 販売中高あり	なし	なし	あり	英語のみ 一部あり

沿　革

1918年中嶋久万吉により城西実務学校として設立される。1925年には野口援太郎氏が学園長に就任、同年中学部が併置される。1927年城西学園中学校と改称。系列大学には、日本医療科学大学（2007年設立）、城西大学（1965年設立）、城西国際大学（1992年設立）を有する。

教育方針と特色

「天分の伸長」「個性の尊重」「自発活動の尊重」を建学の精神とし、生徒が持つ素養を伸ばす教育を目指し、生徒同士がお互いに「認め合い」「教え合い」「助け合い」ができる環境をつくる。理科実験や校外学習、国際交流など体験を通じた学びを重視。中学3年次にはオーストラリア海外研修を実施、全員がホームステイをしながら現地提携校の生徒として2～6週間過ごし、自立の精神とコミュニケーション力を養う。
系列大学以外の大学への進学率は約9割に達し、受験準備講座を設けて個々の進路実現に向けたカリキュラムを用意。また、系列大学との高大連携による進路指導を行い、大学入試や社会の変化を知る機会を設ける。アメリカの高卒資格を取得し、海外名門大学に進学することも可能。

◉系列校

小	中	高	大（短大）
	○	○	○

◉併設小学校なし
◉高校生外部募集………175名

（高1より混合クラス）

◉授業時間…1コマ50分・週34時間

	1年	2年	3年	計
国　語	5	5	5	15
社　会	3	4	4	11
数　学	5	5	5	15
理　科	4	4	4	12
英　語	7	7	7	21
5教科計	24	25	25	74

進学・進路

◉卒業生進路状況

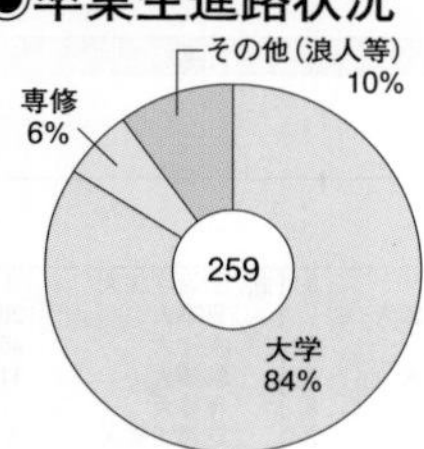

◉卒業までの流れ

小学校	中学校	高等学校	大学
	城西大学附属城西中学校	城西大学附属城西高等学校（259）	城西大学　12 城西国際大学　6

◉主な大学合格実績

国・公	東京大		国・公	東京工業大		国・公	東京農工大		私	上智大	1	私	学習院大	3	私	明治学院大	3
	京都大			一橋大			東京医科歯科大			東京理科大	2		国際基督教大			日本大	19
	北海道大			筑波大			横浜国立大			明治大	5		津田塾大			東洋大	13
	東北大			千葉大	1		東京都立大			青山学院大	3		東京女子大			駒澤大	6
	名古屋大			お茶の水女子大			横浜市立大			立教大	2		日本女子大			専修大	5
	大阪大			東京外国語大		私	慶應義塾大			中央大	5		成蹊大	11		芝浦工業大	9
	九州大			電気通信大			早稲田大			法政大	4		成城大	1		東京都市大	

受験状況

◉2024年入試データ

試験名	帰国1回		帰国2回		1回午前		1回午後		2回午前		3回		4回	
入試日	12/8		1/10		2/1		2/1午後		2/2		2/5		2/7	
定員	帰国男女計5				男女計35		男女計20		男女計20		男女計15		男女計10	
性別	男	女	男	女	男	女	男	女	男	女	男	女	男	女
教科	2	2	2	2	2･4	2･4	2･4	2･4	2･4	2･4	2･4	2･4	2	2
応募	0	0	1	0	71	41	122	54	139	98	101	57	95	53
受験	0	0	1	0	63	34	102	49	105	74	57	33	45	20
合格	0	0	1	0	24	16	40	26	58	48	18	11	12	4
備考					英選含	英選含			適性英選含	適性英選含	英選含	英選含		

私立校その2

常総学院中学校

じょうそうがくいん

■学校長／坂田英一　■創立／平成8年　■生徒数／194名（男94名、女100名）
■所在地／〒300-0849 茨城県土浦市中村西根1010　■ＴＥＬ／029-842-0708
■交通／土浦駅（JR常磐線）から関東鉄道バス「常総学院入口」下車、徒歩5分。
荒川沖駅、つくば駅など多方面からスクールバスあり。

何学期制	週何日制	登校時刻	制服	給食	食堂 軽食販売	プール	寮	特待制度 奨学金等	帰国生 取出授業
3学期制	隔週5日制	8:45	中高あり	中高あり	食堂条件付 販売高校のみ	なし	高校のみあり 男子のみ	あり	なし

沿　革

明治38年常総学院中学校創立。昭和18年戦局急を告げ学院を閉鎖。昭和58年常総学院高等学校として復活。平成8年常総学院中学校開校。

教育方針と特色

大学やその先の職業に対する意識をもとに、専門職として社会に貢献できる人材の育成を図るために、医学・科学・人文の3つの探究フィールドのいずれかに所属し、探究フィールドごとに施設見学や多分野の職業講演などの課外活動を実施。どの探究フィールドに所属しても中学3年間は時数・教科すべて同一課程で学び、主要3教科は高校課程に入る。ICT教育については、1人1台のPC環境に加えてD-Labを新設し、STEAM教育の充実を図っている。そして、教育の目標である「社会に貢献するリーダーの育成」に必要な力を身につけるため、月に一度リーダーシップWeekを設けている。これまで48人の東大合格者を輩出したAD（アドバンスト）クラスを中1から設置し、ハイレベルな授業展開をしている。また、英語は読解・単語・文法を中心としたREが5時間と、10名のネイティブスピーカーによる1クラスを3分割にした少人数制指導体制で英作文・英会話・リスニングを指導するCEが4時間の、週当たり合計9時間の授業があり、中3終了時の英検準2級以上の取得率は75%に達している。

◉系列校

小	中	高	大（短大）
	○	○	

◉併設小学校なし

◉高校生外部募集………

内進含む600名
（原則別クラス）

◉授業時間…1コマ50分・週33時間

	1年	2年	3年	計
国　語	4	4	3	11
社　会	3	3	4	10
数　学	5	5	5	15
理　科	3	4	4	11
英　語	9	8	9	26
5教科計	24	24	25	73

進学・進路

◉卒業生進路状況

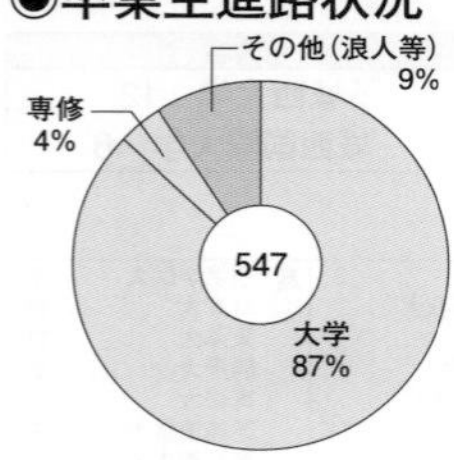

◉卒業までの流れ

小学校	中学校	高等学校	大学
	常総学院中学校	▶ 常総学院高等学校（547）	

◉主な大学合格実績

区分	大学	人数	区分	大学	人数	区分	大学	人数
国・公	東京大	2	国・公	東京工業大		国・公	東京農工大	
	京都大			一橋大			東京医科歯科大	
	北海道大	3		筑波大	11		横浜国立大	1
	東北大			千葉大	3		東京都立大	2
	名古屋大			お茶の水女子大			横浜市立大	
	大阪大	1		東京外国語大	1	私	慶應義塾大	3
	九州大			電気通信大	1		早稲田大	2

区分	大学	人数	区分	大学	人数	区分	大学	人数
私	上智大	7	私	学習院大	8	私	明治学院大	9
	東京理科大	27		国際基督教大			日本大	26
	明治大	11		津田塾大	2		東洋大	45
	青山学院大	11		東京女子大	8		駒澤大	11
	立教大	10		日本女子大	8		専修大	11
	中央大	21		成蹊大	2		芝浦工業大	2
	法政大	30		成城大	7		東京都市大	10

受験状況

◉2024年入試データ

試験名	適性検査型		推薦・専願		一般1回		一般2回	
入試日	12/2		12/9		1/8		1/25	
定員	男女計40		男女計70		男女計40		男女計10	
性別	男	女	男	女	男	女	男	女
教科	−	−	2	2	4	4	2・4	2・4
応募	410	423	16	27	77	95	8	24
受験	407	421	15	27	74	92	7	23
合格	363	362	14	25	59	74	5	18
備考								

清真学園中学校

せいしんがくえん

■学校長／飯山克則　■創立／昭和53年　■生徒数／465名（男218名、女247名）
■所在地／〒314-0031 茨城県鹿嶋市宮中伏見4448-5
■ＴＥＬ／0299-83-1811
■交通／鹿島神宮駅（JR鹿島線）徒歩15分。水戸駅、玉造駅などからスクールバスあり。

何学期制	週何日制	登校時刻	制服	給食	食堂 軽食販売	プール	寮	特待制度 奨学金等	帰国生 取出授業
2学期制	6日制	8:35	中高あり	なし	食堂中高あり 販売中高あり	屋外	なし	なし	なし

沿　革

清真学園設立準備財団が、1977年に学校法人を設立し、翌年併設型の中高一貫校として開校。

教育方針と特色

人間性の勝利を目指して常に心清く豊かな知性をもって真理を追求することを建学の精神とし、師弟同行の全人教育を方針としている。
六年一貫の少数精鋭教育を掲げる進学校として実績を積んでいる。6年間を前・中・後の3期に分け、独自のカリキュラムを編成している。英語・数学では習熟度別（グレード）授業を実施している。中期では土曜日に外部講師による特別講座を設け、また総合学習も取り入れて個人研究と発表会等を実施し、多方面から学習意欲の向上を図っている。
また、体育祭や文化祭はもとより、芸術鑑賞会や各種の講演会を実施し、文化芸術と体育分野の行事も重視しつつ、文武両道を踏まえての科学教育と国際交流の充実に努めている。
平成19年度より文部科学省からスーパーサイエンスハイスクールの指定をうけ、現在4期目、計17年を経過している。様々なゼミ活動を通じ、理科系ゼミのみならず文科系ゼミでも大きな成果をあげている。

◉系列校

小	中	高	大（短大）
	○	○	

◉併設小学校なし
◉高校生外部募集………40名

（2年次から混合クラス）

◉授業時間…1コマ50分・週34時間

	1年	2年	3年	計
国　語	5	5	5	15
社　会	3	3	4	10
数　学	5	6	5	16
理　科	4	4	4	12
英　語	6	6	6	18
5教科計	23	24	24	71

進学・進路

◉卒業生進路状況

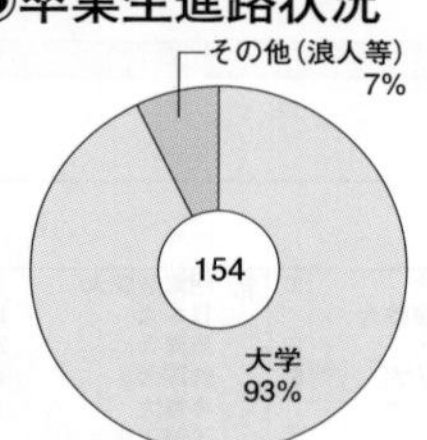

◉卒業までの流れ

小学校	中学校	高等学校	大学
	清真学園中学校	▶ 清真学園高等学校（154）	

◉主な大学合格実績

国・公	東京大		国・公	東京工業大	1	国・公	東京農工大	
	京都大	2		一橋大	2		東京医科歯科大	
	北海道大			筑波大	3		横浜国立大	
	東北大	2		千葉大	3		東京都立大	2
	名古屋大	1		お茶の水女子大	1		横浜市立大	1
	大阪大	1		東京外国語大	1	私	慶應義塾大	5
	九州大	1		電気通信大			早稲田大	12

私	上智大	16	私	学習院大	8	私	明治学院大	9
	東京理科大	8		国際基督教大	1		日本大	9
	明治大	13		津田塾大			東洋大	19
	青山学院大	10		東京女子大	1		駒澤大	
	立教大	13		日本女子大			専修大	10
	中央大	19		成蹊大			芝浦工業大	5
	法政大	5		成城大	7		東京都市大	1

受験状況

◉2024年 入試データ

試験名	帰国		前期		後期	
入試日	12/10				1/20	
定員	若干名		男女計150		男女計10	
性別	男	女	男	女	男	女
教科	2	2	4	4	2	2
応募	0	0	117	110	15	21
受験	0	0	117	110	14	19
合格	0	0	87	80	5	6
備考						

西武台新座中学校

（せいぶだいにいざ）

■学校長／深澤一博　■創立／平成24年　■生徒数／137名（男81名、女56名）
■所在地／〒352-8508　／埼玉県新座市中野2-9-1　■ＴＥＬ／048-481-1701
■交通／柳瀬川駅（東武東上線）からスクールバス約15分。新座駅（JR武蔵野線）からスクールバス約15分。
所沢駅（西武池袋・新宿線）からスクールバス約25分。

何学期制	週何日制	登校時刻	制服	給食	食堂 軽食販売	プール	寮	特待制度 奨学金等	帰国生 取出授業
3学期制	6日制	8:20	中高あり	中学のみあり	食堂条件付 販売条件付	年に1度、外部施設を利用	なし	あり	なし

沿　革

昭和56年、西武台高等学校開校。平成24年4月、西武台新座中学校を開校。

教育方針と特色

グローバル社会で活躍できる「たくましい人間力」を育てるために、4つの柱（「学力教育」「英語教育」「人間教育」「総合力活用教育」）からなる教育プログラムを展開。「特進選抜クラス」「特進クラス」の導入で難関大学に合格できる「高い学力」を身につけ、特に「英語教育」では新たな英語学習メソッドを中学から導入し国際舞台で通用する真の英語を身につける。日本初となる「The JINGLES（ザ ジングルズ）」を英語学習の基礎段階である中学で導入。これは発音するために筋肉を鍛え、科学的に発音トレーニングを行うプログラムである。発音できない言葉は理解できにくいという考えのもと、発音を重視した学習を行っている。そして、リスニングやスピーキング能力を向上させ、そこから長文読解等の総合的な英語力を発展させていく。また中学2年生時には異文化体験学習、3年時にはオーストラリアへの人間力研修など、国際感覚を養うための機会も豊富に用意している。

◉系列校

小	中	高	大（短大）
	○	○	

◉併設小学校なし

◉高校生外部募集………480名

（完全別クラス）

◉授業時間…1コマ50分・週34時間

	1年	2年	3年	計
国　語	5	5	4	14
社　会	4	4	4	12
数　学	4	5	6	15
理　科	4	4	4	12
英　語	5	5	6	16
5教科計	22	23	24	69

進学・進路

◉卒業生進路状況

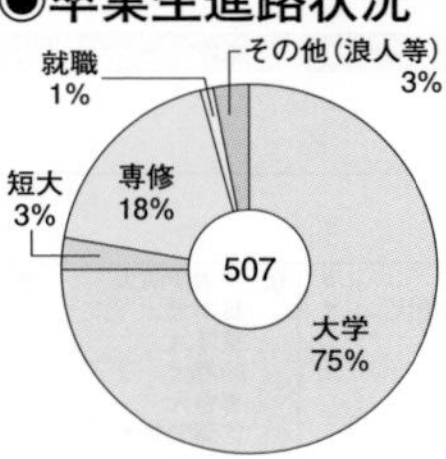

◉卒業までの流れ

小学校	中学校	高等学校	大学
	西武台新座中学校	▶ 西武台高等学校（507）	

◉主な大学合格実績

国・公	東京大		国・公	東京工業大		国・公	東京農工大		私	上智大		私	学習院大	3	私	明治学院大	1
	京都大			一橋大			東京医科歯科大			東京理科大	2		国際基督教大			日本大	17
	北海道大			筑波大			横浜国立大			明治大	3		津田塾大			東洋大	22
	東北大			千葉大			東京都立大	1		青山学院大	1		東京女子大	6		駒澤大	9
	名古屋大			お茶の水女子大			横浜市立大			立教大	3		日本女子大			専修大	6
	大阪大			東京外国語大		私	慶應義塾大	1		中央大	6		成蹊大	2		芝浦工業大	2
	九州大			電気通信大			早稲田大	1		法政大	5		成城大	1		東京都市大	2

受験状況

◉2024年入試データ

試験名	帰国		1回		1回特待		2回		2回特待		適性検査		1回チャレンジ		2回チャレンジ	
入試日	12/10		1/10		1/10午後		1/11		1/11午後		1/14		1/14午後		1/25	
定員	若干名		男女計20		男女計10		男女計10		男女計10		男女計10		男女計10		男女計10	
性別	男	女	男	女	男	女	男	女	男	女	男	女	男	女	男	女
教科	国	国	2・4	2・4	2・4	2・4	2・4	2・4	2・4	2・4	−	−	2・4	2・4	2・4	2・4
応募	1	1	88	99	67	73	74	80	57	59	25	35	62	59	55	51
受験	1	1	85	91	63	62	43	47	34	29	19	29	30	26	21	18
合格	1	1	47	53	19	12	32	33	8	7	14	26	24	18	15	15
備考																

西武台千葉中学校（せいぶだいちば）

■学校長／須田秀伸　■創立／平成4年　■生徒数／128名（男56名、女72名）
■所在地／〒270-0235 千葉県野田市尾崎2241-2
■ＴＥＬ／04-7127-1111
■交通／川間駅（東武アーバンパークライン）徒歩20分。スクールバス有り。

何学期制	週何日制	登校時刻	制服	給食	食堂 軽食販売	プール	寮	特待制度 奨学金等	帰国生 取出授業
2021年より 3学期制	隔週5日制	8:35	中高あり	中学のみ週2	食堂条件付 販売中高あり	なし	なし	あり	なし

沿　革

1986年に付属高校である武陽学園高等学校（男子校）が開校する。3年後、西武台千葉高等学校に校名変更を行い共学となる。1992年に西武台中学校が開校する。2012年、西武台千葉中学校に校名変更。

教育方針と特色

2019年度入学生から総合コースとして一括の募集を開始。「若き日に豊かに知性を磨き、美しく心情を養い、逞しく身体を鍛えよ」の校訓のもと、日々の教育活動を実践している。主要3教科（英数国）の授業時数を標準より多くとり、確かな基礎学力の養成を図っている。理解力の差を考慮して、到達度別レッスン授業の形式で展開している。また、定期考査ごとにレッスンクラスを再編成するなど、生徒の現状に即したきめ細かな学習指導を行っている。さらに英語学習では5ラウンドを取り入れた学習方法、2年次のイングリッシュブートキャンプ、3年次のバンクーバー語学研修など生きた英語力の習得を目指している。
「知・徳・体」の調和のとれた、社会に貢献できる人材の育成を目指し、部活動も活発である。特に、吹奏楽部やバドミントン部が関東・全国大会へ出場して活躍している。

◉系列校

小	中	高	大（短大）
	○	○	

◉併設小学校なし
◉高校募集内進含………276名
（混合クラス）

◉授業時間…1コマ50分・週34時間

	1年	2年	3年	計
国　語	5	4	5	14
社　会	3	4	4	11
数　学	5	5	5	15
理　科	4	4	4	12
英　語	6	6	6	18
5教科計	23	23	24	70

進学・進路

◉卒業生進路状況

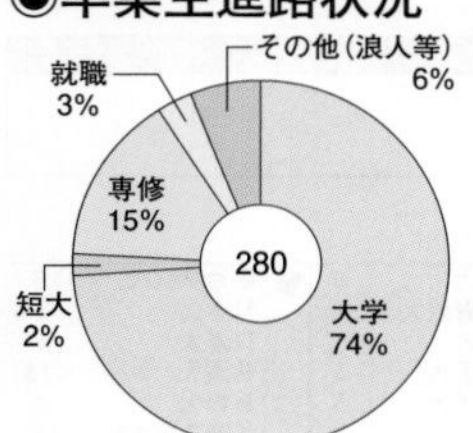

◉卒業までの流れ

小学校	中学校	高等学校	大学
	西武台千葉中学校 ▶	西武台千葉高等学校 (280)	

◉主な大学合格実績

国・公			国・公			国・公			私			私			私		
	東京大			東京工業大	1		東京農工大			上智大	10		学習院大			明治学院大	
	京都大			一橋大			東京医科歯科大			東京理科大	4		国際基督教大			日本大	30
	北海道大			筑波大			横浜国立大			明治大	5		津田塾大			東洋大	18
	東北大			千葉大	1		東京都立大			青山学院大	3		東京女子大			駒澤大	5
	名古屋大			お茶の水女子大			横浜市立大			立教大	10		日本女子大	4		専修大	3
	大阪大			東京外国語大		私	慶應義塾大	5		中央大	1		成蹊大	2		芝浦工業大	4
	九州大			電気通信大			早稲田大	2		法政大	7		成城大	1		東京都市大	

受験状況

◉2024年入試データ

試験名	第一志望		1回		1科目特待選抜		2回	
入試日	12/3		1/20		1/27午後		2/4	
定員	帰国5含男女計50		男女計30		男女計10		男女計10	
性別	男	女	男	女	男	女	男	女
教科	2・3	2・3	2・3	2・3	算	算	2・3	2・3
応募	14	25	17	24	13	16	13	17
受験	14	25	9	8	9	9	男女計2	
合格	12	24	8	8	1	0	男女計1	
備考								

せいぼうがくえん
聖望学園中学校

■学校長／関純彦　■創立／大正7年　■生徒数／167名（男105名、女62名）
■所在地／〒357-0006 埼玉県飯能市中山292　■ＴＥＬ／042-973-1500
■交通／飯能駅（西武池袋線）徒歩15分。東飯能駅（西武池袋線、JR八高線）徒歩13分。
鶴ヶ島駅、若葉駅、坂戸駅、河辺駅、小作駅、狭山市駅からスクールバスあり。

何学期制	週何日制	登校時刻	制服	給食	食堂 軽食販売	プール	寮	特待制度 奨学金等	帰国生 取出授業
2学期制	隔週5日制	8:25	中高あり	あり （希望制）	食堂条件付 販売条件付	なし	なし	あり	あり

沿　革

1918年、寿多館蚕業学校として開設。1951年、聖望学園中学校・高等学校と校名を改め、米国ミズーリ派ルーテル教団経営による教育理念のもとに「キリスト教による人間教育」を目指す教育機関として新生、今日に至る。

教育方針と特色

本校の教育方針は「キリスト教主義教育を通して神を敬い人を愛し、正義を重んじ信仰にたつ人間の形成を目的とする」。進学教育にも力を注いでいる。夢と希望をもって努力する過程で、他人の心の痛みがわかり、社会に感謝して生きることを学ぶ機会として、進学を捉えている。そのためカリキュラムもひとつの科目をじっくりと、ICT機器を多用して学習できるように工夫され、「やる気を引き出す授業」を展開している。授業の中では積極的にアクティブ・ラーニングやプレゼンテーションの場面を多く取り入れ、深い学びへと導いていく。朝学習では英検の受検級に合わせた小テストを行い、金曜学習会MEでは数学と英語の確認テストと補習を行い、継続学習が必要な教科をフォローしている。グローバルな人材育成のため多様な価値観を認め、深い学びを目指すプログラムを導入している。

◉系列校

小	中	高	大（短大）
	○	○	

◉併設小学校なし
◉高校募集内進含………300名
（一部混合クラス）

◉授業時間…1コマ50分・週34時間

	1年	2年	3年	計
国　語	5	5	5	15
社　会	3	3	4	10
数　学	5	5	5	15
理　科	3	4	4	11
英　語	5	5	5	15
5教科計	21	22	23	66

進学・進路

◉卒業生進路状況

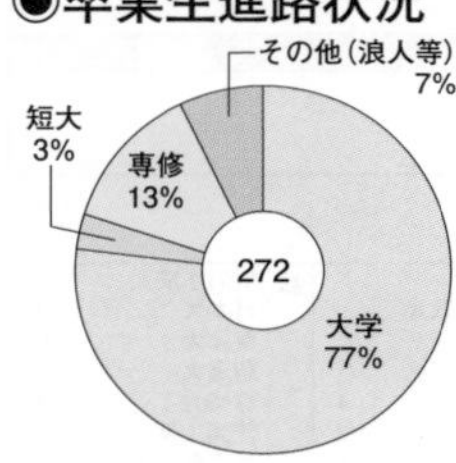

◉卒業までの流れ

小学校	中学校	高等学校	大学
	聖望学園中学校	▶ 聖望学園高等学校（272）	

◉主な大学合格実績

区分	大学	人数	区分	大学	人数	区分	大学	人数	区分	大学	人数	区分	大学	人数	区分	大学	人数
国・公	東京大		国・公	東京工業大		国・公	東京農工大		私	上智大	1	私	学習院大	5	私	明治学院大	5
	京都大			一橋大			東京医科歯科大			東京理科大	1		国際基督教大	1		日本大	8
	北海道大			筑波大	1		横浜国立大			明治大	9		津田塾大			東洋大	24
	東北大			千葉大			東京都立大			青山学院大	8		東京女子大	5		駒澤大	13
	名古屋大			お茶の水女子大			横浜市立大			立教大	4		日本女子大	5		専修大	2
	大阪大			東京外国語大		私	慶應義塾大	1		中央大	7		成蹊大	8		芝浦工業大	2
	九州大			電気通信大			早稲田大	4		法政大	15		成城大	3		東京都市大	

受験状況

◉2024年入試データ

試験名	一般1回		奨学生1回		専願		適性検査型		一般3回		奨学生3回		英語		プレゼンテーション入試		一般4回		奨学生4回		一般5回		奨学生5回	
入試日	1/10						1/11		1/12午後				1月18日								2/3			
定員	男女全合計80																							
性別	男	女	男	女	男	女	男	女	男	女	男	女	男	女	男	女	男	女	男	女	男	女	男	女
教科	2・4	2・4	2・4	2・4	2・4	2・4	−	−	2・4	2・4	2・4	2・4	−	−	−	−	2・4	2・4	2・4	2・4	2・4	2・4	2・4	2・4
応募	64	73					105	105	37	57			4	4	10	0	20	25			4	2		
受験	64	72	一般に含	一般に含	一般に含	一般に含	104	104	26	33	一般に含	一般に含	4	3	7	0	10	7	一般に含	一般に含	1	0	一般に含	一般に含
合格	64	71					101	104	24	32			3	2	7	0	8	7			1	0		
備考																								

聖(せい)ヨゼフ学園(がくえん)中学校

■学校長／多田信哉　■創立／昭和32年　■生徒数／200名（男72名、女128名）
■所在地／〒230-0016 神奈川県横浜市鶴見区東寺尾北台11-1　■ＴＥＬ／045-581-8808
■交通／鶴見駅（JR京浜東北線・鶴見線）徒歩15分。同駅、菊名駅、綱島駅、新横浜駅から臨港バス「二本木聖ヨゼフ学園前」下車。
市営バス「東寺尾陸橋下ヨゼフ学園前」下車。

何学期制	週何日制	登校時刻	制服	給食	食堂 軽食販売	プール	寮	特待制度 奨学金等	帰国生 取出授業
2学期制	5日制	8:15	中高あり	なし	食堂なし 販売中高あり	なし	なし	なし	あり

沿　革

1953年、カトリック男子修道会、アトンメントのフランシスコ会によって鶴見聖ヨゼフ小学校として設立。勝野巌神父を創立者とする。1956年聖ヨゼフ学園小学校と改称、翌年中学校を、1960年には高等学校を女子校として開設。創立の際に協力を得た白百合学園とは現在も姉妹校に準じた関係にあり、合同の球技大会やＥＳＳの交流会をもつ。
2020年、男子を募集して共学となる。

教育方針と特色

信仰・希望・愛の力によって一人ひとりが生かされていくように、この３つの力（徳）を「信・望・愛」の校訓として掲げる。
他人への思いやりの心は、自分自身を大切にすることができなければ生まれてこないという考えのもと、６年間を通じて週１時間の宗教の授業や修養会・生命尊重学習会などの行事を通して、キリスト教を基盤とした人生観や生命の尊さを学ぶ。また2020年度より国際バカロレア（IB）・中学教育プログラム（MYP）を導入。2023年度、国際バカロレア（IB）、中等教育プログラム（MYP）認定校となる。探究的な学びに注力するとともに、すべての学習の根幹をなす「言語技術」の習得にも力を入れている。加えて、生徒が主体的に授業に臨み、さまざまな取り組みを通して論理的思考力・コミュニケーション力を最大限に伸ばすカリキュラムを組んでいる。課外活動として華道教室、茶道教室、箏曲教室もあり、心豊かな調和のとれた人材育成に取り組む。

◉系列校

小	中	高	大（短大）
○	○	○	

◉小学校からの内進生…45名
◉高校生外部募集………40名
（内進生・外進生徒同一クラス）

◉授業時間…1コマ50分・週32時間

	1年	2年	3年	計
国　語	4	4	4	12
社　会	3	3	4	10
数　学	4	4	4	12
理　科	3	4	4	11
英　語	6	6	6	18
5教科計	20	21	22	63

進学・進路

◉卒業生進路状況

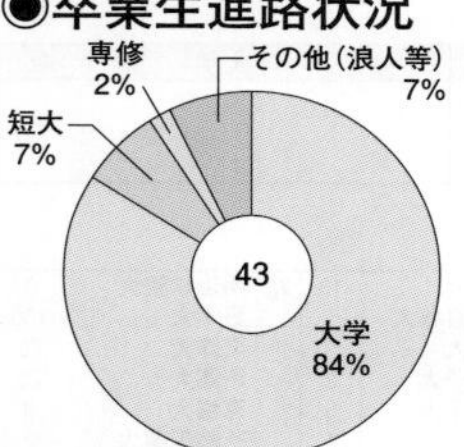

◉卒業までの流れ

小学校	中学校	高等学校	大学
聖ヨゼフ学園小学校 ▶	聖ヨゼフ学園中学校 ▶	聖ヨゼフ学園高等学校（43）	

◉主な大学合格実績

国・公	東京大		国・公	東京工業大		国・公	東京農工大		私	上智大	8	私	学習院大		私	明治学院大	4
	京都大			一橋大			東京医科歯科大			東京理科大			国際基督教大			日本大	1
	北海道大			筑波大			横浜国立大			明治大			津田塾大	1		東洋大	
	東北大			千葉大			東京都立大			青山学院大			東京女子大	1		駒澤大	
	名古屋大			お茶の水女子大			横浜市立大			立教大			日本女子大			専修大	2
	大阪大			東京外国語大		私	慶應義塾大			中央大			成蹊大			芝浦工業大	
	九州大			電気通信大			早稲田大			法政大			成城大			東京都市大	4

受験状況

◉2024年 入試データ

試験名	帰国１回		帰国２回		１回		総合・グループワーク型		２回		３回	
入試日	12/1		1/6午後		2/1		2/1午後		2/2		2/3	
定員	帰国男女計5				帰国若干含男女計15		男女計10		帰国若干含男女計10		帰国若干含男女計10	
性別	男	女	男	女	男	女	男	女	男	女	男	女
教科	算	算	算	算	2・4	2・4	−	−	2	2	2	2
応募	1	1	0	0	18	11	7	9	20	21	22	25
受験	1	1	0	0	16	10	7	9	9	10	10	5
合格	1	1	0	0	10	6	5	6	4	8	6	1
備考												

成立学園中学校

(せいりつがくえん)

■学校長／福田英二　■創立／平成22年　■生徒数／193名(男142名、女51名)
■所在地／〒114-0001 東京都北区東十条6-9-13　■ＴＥＬ／03-3902-5494
■交通／赤羽駅(JR埼京線など)徒歩8分。東十条駅(JR京浜東北線)徒歩8分。
赤羽岩淵駅(東京メトロ南北線・埼玉高速鉄道)徒歩14分。

何学期制	週何日制	登校時刻	制服	給食	食堂 軽食販売	プール	寮	特待制度 奨学金等	帰国生 取出授業
3学期制	6日制	8:20	中高あり	週3回	食堂なし 販売あり	なし	なし	あり	なし

沿　革

1925年成立商業学校開校。1931年現在地に移転。2004年成立学園高等学校に校名変更、共学化。2010年成立学園中学校開校。

教育方針と特色

「礼節・勤勉・建設」を校訓とし、国際社会および地域社会が希求するグローカルな人材の育成を目指す。
教育の特色は、教養教育を重視し、一貫した学習指導を行い、さらに世界標準の英語教育を展開する点。幅広い教養や自己表現力を身につけるため、本物に触れ、体感し、五感を磨く「アース・プロジェクト」を展開し、「ナショナル ジオグラフィック日本版」の活用・「食育プログラム」の実践、「環境保全活動」、「地域貢献活動」に取り組む。また、英語を学ぶのではなく、英語で学ぶことが大切とし、体感し表現する英語教育を実践。ALTとのチームティーチングや留学生との国際交流、ホームステイなどを通じ、国や文化の考え方など、本質的な理解を得ることを目標に据えている。
iPadや電子ホワイトボードと映像授業を活用した、視覚を重視した授業を展開するなどの先進的な取り組みも行われている。

◉系列校

小	中	高	大(短大)
	○	○	

◉併設小学校なし
◉高校生外部募集………320名
(高2より合流)

◉授業時間…1コマ50分・週35時間

	1年	2年	3年	計
国　語	6	6	6	18
社　会	4	4	4	12
数　学	6	6	6	18
理　科	4	4	4	12
英　語	6	6	6	18
5教科計	26	26	26	78

進学・進路

◉卒業生進路状況

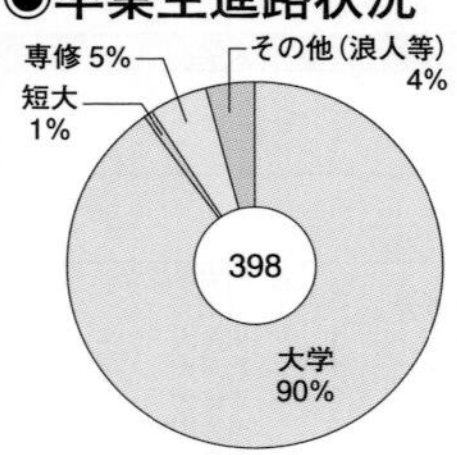

◉卒業までの流れ

小学校	中学校	高等学校	大学
	成立学園中学校	▶ 成立学園高等学校(398)	

◉主な大学合格実績

	大学	人数		大学	人数		大学	人数
国・公	東京大		国・公	東京工業大		国・公	東京農工大	
	京都大			一橋大	1		東京医科歯科大	
	北海道大			筑波大			横浜国立大	
	東北大			千葉大	1		東京都立大	1
	名古屋大			お茶の水女子大			横浜市立大	
	大阪大			東京外国語大		私	慶應義塾大	1
	九州大			電気通信大	1		早稲田大	9

	大学	人数		大学	人数		大学	人数
私	上智大	1	私	学習院大	13	私	明治学院大	3
	東京理科大	4		国際基督教大			日本大	150
	明治大	14		津田塾大			東洋大	78
	青山学院大	18		東京女子大	2		駒澤大	20
	立教大	13		日本女子大	5		専修大	9
	中央大	66		成蹊大	1		芝浦工業大	2
	法政大	38		成城大			東京都市大	19

受験状況

◉2024年入試データ

試験名	1回		2回		3回		4回	
入試日	2/1		2/1午後		2/2		2/4	
定員	男女計約15		男女計約10		男女計約10		男女計約5	
性別	男	女	男	女	男	女	男	女
教科	2・4	2・4	2	2	2・4	2・4	2	2
応募	49	22	59	25	59	19	48	19
受験	39	21	56	22	25	11	23	6
合格	21	13	36	18	19	5	16	2
備考	適性含	適性含						

相洋中学校

そうよう

■学校長／渡邉祐一　■創立／昭和13年　■生徒数／133名（男81名、女52名）
■所在地／〒250-0045 神奈川県小田原市城山4-13-33
■ＴＥＬ／0465-23-0214
■交通／小田原駅（JR東海道線・小田急線）徒歩15分。箱根登山バス「相洋高校前」下車。

何学期制	週何日制	登校時刻	制服	給食	食堂 軽食販売	プール	寮	特待制度 奨学金等	帰国生 取出授業
3学期制	隔週5日制	8:40	中高あり	なし	食堂中高あり 販売中高あり	なし	なし	あり	あり

沿　革

1938年に現神奈川県立小田原高等学校内に小田原夜間中学として開校された。1939年に校名を相洋中学と改称し、相模湾を見下ろす小峰に校舎が建設された。

教育方針と特色

成長期の大切な時期の6年間を、生徒一人ひとりに寄り添い、個性や能力を十分に発揮できるよう指導している。また、家庭との関係を大切にして、相互理解を深め、的確な指導を行っている。
学習指導は中高6ヵ年を3期に分けて行う。第1期では、学力を確実なものにするために5科の授業時間を十分に確保し、中2からは数・英において習熟度別授業を展開する。理科などでは実験・観察・実習が計画的に組まれている。第2期では進路の方向を具体的にし、高2からは理文に分け、進路に応じた選択をしている。第3期では、演習授業が用意され、受験科目に応じた演習を選択することができる。
コミュニケーションの重要性を認識し、中1の宿泊研修、中2では冒険体験のディスカバリーキャンプ研究、各学年で行われる国語の「主張発表」、総合学習のプレゼン等様々なプログラムが用意されている。

◉系列校

小	中	高	大（短大）
	○	○	

◉併設小学校なし
◉高校生外部募集………580名
（完全別クラス）

◉授業時間…1コマ50分・週33時間

	1年	2年	3年	計
国　語	5	5	5	15
社　会	4	4	4	12
数　学	5	5	5	15
理　科	4	4	4	12
英　語	5	5	5	15
5教科計	23	23	23	69

進学・進路

◉卒業生進路状況

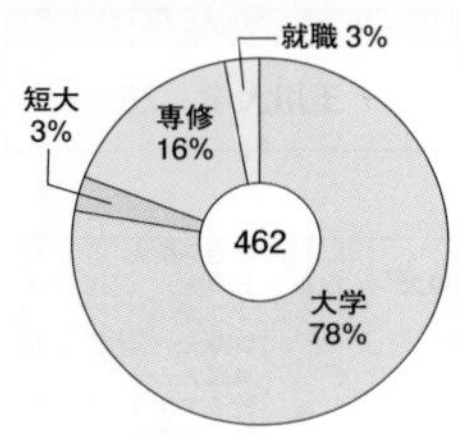

◉卒業までの流れ

小学校	中学校	高等学校	大学
	相洋中学校	▶ 相洋高等学校（462）	

◉主な大学合格実績

区分	大学	人数	区分	大学	人数	区分	大学	人数	区分	大学	人数	区分	大学	人数	区分	大学	人数
国・公	東京大		国・公	東京工業大		国・公	東京農工大		私	上智大		私	学習院大		私	明治学院大	9
	京都大			一橋大			東京医科歯科大			東京理科大	1		国際基督教大			日本大	19
	北海道大			筑波大			横浜国立大	1		明治大	7		津田塾大			東洋大	14
	東北大			千葉大			東京都立大			青山学院大	2		東京女子大			駒澤大	11
	名古屋大			お茶の水女子大			横浜市立大			立教大			日本女子大			専修大	8
	大阪大			東京外国語大		私	慶應義塾大			中央大	5		成蹊大	3		芝浦工業大	
	九州大			電気通信大			早稲田大			法政大	8		成城大	4		東京都市大	5

受験状況

◉2024年入試データ

試験名	帰国		1回A		1回B		2回A		2回B		3回	
入試日	1/6		2/1		2/1午後		2/2		2/2午後		2/4	
定員	若干名		男女計30		男女計20		男女計20		男女計10		男女計10	
性別	男	女	男	女	男	女	男	女	男	女	男	女
教科	2	2	2･4	2･4	2	2	2･4	2･4	2	2	2･4	2･4
応募	0	1	32	19	34	18	33	19	31	18	36	19
受験	0	1	31	19	25	15	21	10	11	9	12	12
合格	0	1	12	14	14	12	17	7	9	8	7	11
備考												

たまがわがくえん
玉川学園

■学園長／小原芳明　■創立／昭和4年　■生徒数／589名（男267名、女322名）
■所在地／〒194-8610 東京都町田市玉川学園6-1-1
■ＴＥＬ／042-739-8931（学園入試広報課）
■交通／玉川学園前駅（小田急線）徒歩約15分。青葉台駅（東急田園都市線）バス約20分、「奈良北団地」下車、徒歩10分。

何学期制	週何日制	登校時刻	制服	給食	食堂 軽食販売	プール	寮	特待制度 奨学金等	帰国生 取出授業
2学期制	5日制	8:20	男子はスーツ 女子はスカートのみ	なし	なし	屋内	なし	あり	なし

沿　革

創立者小原國芳は学生時代に「ゆめの学校」として緑豊かな丘陵地に自然に溶け込むように点在した校舎を描いた。1929年、当時の生徒111人と教職員18人が一丸となって道をつくり、校舎を建て、創立者の描いた「ゆめの学校」を実現させたのが、まさに玉川学園である。現在は61万㎡の広大な敷地に幼稚園児から大学・大学院生までが学ぶ総合学園として教育研究活動を展開している。

教育方針と特色

全人教育、探究型学習、国際教育の3つを教育の柱に、主体的・対話的で深い学びを実現し、大学の学修に必要な資質・能力を身につける。

全ての授業が図書や資料などの関連教材を常備した専門教室で行われ、各教室に教科の専任教員が常駐しいつでも質問に対応できる環境が整っている。

英語と数学は「習熟度別授業形態」で実施。英語は個に応じて外国籍の英語教員による授業の割合を変え、高い表現力・コミュニケーション能力を目指した授業を進めている。他の教科は、特性に応じて知識やスキルを効果的に習得するために多様な授業形態を展開している。また、IBワールドスクール認定校であるメリットを生かし、その指導方法や評価法（ルーブリック）を一般クラスにも取り入れている。

国際教育も盛んで、8年生の約75％が海外研修（希望制）に参加している。1年を通して生徒の海外派遣、海外生徒の受け入れを行っており、学園内でも日常的に国際交流が行われ、国際感覚が磨かれる。

◉系列校

小	中	高	大（短大）
○	○	○	○

◉小学校からの内進生…118名
◉高校生外部募集………64名

（完全混合クラス）

◉授業時間…1コマ50分・週34/33時間

	1年	2年	3年	計
国　語	5	5	4	14
社　会	3	3	4	10
数　学	5	5	5	15
理　科	3.5	4	4	11.5
英　語	5	5	5	15
5教科計	21.5	22	22	65.5

※中学3年のみ週33時間。

進学・進路

◉卒業生進路状況

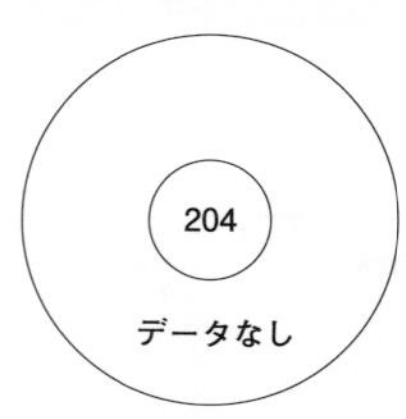

◉卒業までの流れ

小学校	中学校	高等学校	大学
玉川学園（小）	玉川学園（中）	玉川学園（高）（204）	玉川大学　76

◉主な大学合格実績

区分	大学名	人数
国・公	東京大	
	京都大	
	北海道大	1
	東北大	
	名古屋大	
	大阪大	
	九州大	
国・公	東京工業大	
	一橋大	
	筑波大	
	千葉大	
	お茶の水女子大	
	東京外国語大	
	電気通信大	
国・公	東京農工大	
	東京医科歯科大	
	横浜国立大	
	東京都立大	
	横浜市立大	3
私	慶應義塾大	3
	早稲田大	8
私	上智大	10
	東京理科大	1
	明治大	
	青山学院大	7
	立教大	12
	中央大	2
	法政大	6
私	学習院大	5
	国際基督教大	1
	津田塾大	1
	東京女子大	
	日本女子大	2
	成蹊大	3
	成城大	3
私	明治学院大	4
	日本大	11
	東洋大	
	駒澤大	1
	専修大	
	芝浦工業大	1
	東京都市大	1

受験状況

◉2024年入試データ

試験名	国際学級帰国		国際学級一般1回		帰国1回		1回		2回		帰国2回		3回		帰国3回		国際学級一般2回		4回		帰国4回	
入試日	12/2午後		2/1						2/1午後				2/2						2/2午後			
定員	若干名		男女計約15		若干名		男女計約65				若干名		男女計約45		若干名		男女計約15		男女計約45		若干名	
性別	男	女	男	女	男	女	男	女	男	女	男	女	男	女	男	女	男	女	男	女	男	女
教科	2	2	2	2	2・4	2・4	2・4	2・4	2	2	2	2	2・4	2・4	2・4	2・4	2	2	2	2	2	2
応募	0	3	4	3	一般に含	一般に含	65	44	84	71	一般に含	一般に含	89	67	一般に含	一般に含	3	4	89	67	一般に含	一般に含
受験	0	3	4	3			44	39	76	65			40	36			1	3	41	27		
合格	0	2	1	2			22	20	36	29			19	10			0	3	15	9		
備考							英・算理含		英含				算理含									

千代田(ちよだ)中学校

■学校長／木村健太　■創立／明治21年　■生徒数／220名（男114名、女106名）
■所在地／〒102-0081 東京都千代田区四番町11　■ＴＥＬ／03-3263-6551
■交通／市ヶ谷駅・四ツ谷駅（JR線など）徒歩7～8分。半蔵門駅（東京メトロ半蔵門線）徒歩5分。
麹町駅（東京メトロ有楽町線）徒歩5分。

何学期制	週何日制	登校時刻	制服	給食	食堂 軽食販売	プール	寮	特待制度 奨学金等	帰国生 取出授業
2学期制	6日制	8:20	中高あり	なし	食堂なし 販売中高あり	なし	なし	特待あり	なし

沿　革

明治21（1888）年、島地黙雷師により、現在の地に「女子文芸学舎」を創立。平成28（2016）年4月に武蔵野大学と法人合併を行い高大連携を強化。同年4月から高校を武蔵野大学附属千代田高等学院として共学化。令和4（2022）年4月に千代田国際中学校として再スタートし、令和7年4月より千代田中学校に校名変更予定。

教育方針と特色

2025年4月より「千代田中学校・高等学校」に改称し「研究コース」「開発コース」の2コース制を展開予定。「研究コース」は“0→1”を創造する力を、「開発コース」は“1→10”へ拡大・発展させていく力を養成する。教科横断型の学びをさらに発展させ、「本物と共に、本質を捉え、本気で取り組む」ことを大事にしながら、第一線の研究者やメディア関係者を巻き込んだ教育環境整備が進んでいる。
日々の学びが大学教育、さらには社会貢献へと連続性でつながっていることが実感できるように、ごく自然に網羅的な知識を学びたくなる仕掛け作りが随所になされている。専門性が高い中等教育の教員が多数おり、生徒の学ぶ意欲を個別最適化している。
加えて、創立以来、仏教教育をベースとした心の教育を大切にしている。毎朝の朝拝によって穏やかな気持ちで学習に臨む。個性を大切にし、互いを認め合い、共に生きるという教育を展開している。
国際教育にも力を入れており、国際社会で使える語学力を身につけるとともに、自分の考えや意見を発信できるマインドも培うことで、世界を変えるリーダーを育成する。

◉系列校

小	中	高	大(短大)
	○	○	○

◉併設小学校なし
◉高校生外部募集………あり
（内進生と同一クラス）

◉授業時間…1コマ50分・週34時間

	1年	2年	3年	計
国　語	4	4	4	12
社　会	3	3	4	10
数　学	4	4	4	12
理　科	4	4	4	12
英　語	5	5	5	15
5教科計	20	20	21	61

進学・進路

◉卒業生進路状況

※2022年4月開校のため、卒業生はまだ出ていない。

私立校その2

受験状況

◉2024年入試データ

試験名	帰国		1回		適性検査型		2回		3回		4回		5回		思考力	
入試日	11/19午後		2/1				2/1午後		2/2		2/2午後		2/4午後		2/5午後	
定員	若干名		男女計20		男女計5		男女計25		男女計20		男女計20		男女計5		男女計5	
性別	男	女	男	女	男	女	男	女	男	女	男	女	男	女	男	女
教科	2	2	2・4	2・4	−	−	2・4	2・4	2	2	算+理	算+理	2	2	2	2
応募	2	3	19	32	7	2	35	47	37	43	33	31	47	22	8	6
受験	2	2	12	18	7	2	34	38	19	17	9	1	30	11	2	0
合格	1	2	10	14	7	2	28	33	14	13	5	0	21	8	2	0
備考																

<ruby>つちうらにほんだいがく</ruby>

土浦日本大学中等教育学校

■学校長／堀切浩一　■創立／平成15年　■生徒数／467名（男229名、女238名）
■所在地／〒300-0826 茨城県土浦市小松ヶ丘町4-46　■ＴＥＬ／029-835-3907
■交通／土浦駅（JR常磐線）徒歩25分。同駅からバス「霞ヶ岡」「小松ヶ丘」下車。
　下妻駅、新守谷駅、勝田駅、戸頭駅などからスクールバスあり。

何学期制	週何日制	登校時刻	制服	給食	食堂 軽食販売	プール	寮	特待制度 奨学金等	帰国生 取出授業
1学期制	6日制	8:40	中高あり	なし	食堂中高あり 販売中高あり	なし	なし	あり	なし

沿　革

1963年日本大学の準付属高校として土浦高等学校が設立された。1964年土浦日本大学高等学校と改称し、1987年より男女共学校となった。2003年土浦日本大学中学校が開校。2007年度より土浦日本大学中学校が改編され、校名変更。

教育方針と特色

6年間という時間を使った学習実践、体験実践、思考表現実践を通して、自立心と責任感を持ち、社会のそれぞれの分野でリーダーとして活躍し、世界と人類の平和に貢献できる人材の育成を目指す。また、1年を1学期とし中間テスト・期末テストの替わりに総合学力テストが4回行われる。国際教育に力を入れており、外国人講師による英会話指導や全員参加の海外研修（英国）が行われ、卒業までには英語でもスピーチやディベートができる国際社会で活躍できる人材の育成を目指す。日本大学の準付属としての利点もいかしつつ、国公立大学、難関私立大学、海外の大学への進学に対応したカリキュラムが準備されている。また、理系インタークラスが設置され、理系を中心とした国内外の難関大学への進学を目指している。

◉系列校

小	中	高	大（短大）
	○	○	○

◉併設小学校なし
◉高校生外部募集………なし

◉授業時間…1コマ50分・週34時間

	1年	2年	3年	計
国　語	4	4	4	12
社　会	3	3	4	10
数　学	5	5	5	15
理　科	4	4	4	12
英　語	6	7	7	20
5教科計	22	23	24	69

進学・進路

◉卒業生進路状況

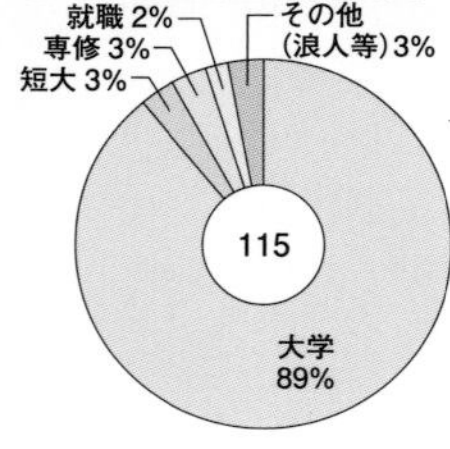

◉卒業までの流れ

小学校	中学校	高等学校	大学
	土浦日本大学中等教育学校（115）		日本大学ー 日本大学短期大学部ー

◉主な大学合格実績

国・公	東京大		国・公	東京工業大	1	国・公	東京農工大		私	上智大		私	学習院大	2	私	明治学院大	
	京都大			一橋大			東京医科歯科大			東京理科大	3		国際基督教大			日本大	−
	北海道大			筑波大	2		横浜国立大	1		明治大	3		津田塾大	1		東洋大	1
	東北大			千葉大			東京都立大			青山学院大	3		東京女子大	1		駒澤大	
	名古屋大			お茶の水女子大			横浜市立大	1		立教大	6		日本女子大	5		専修大	
	大阪大			東京外国語大		私	慶應義塾大	2		中央大	1		成蹊大	2		芝浦工業大	
	九州大			電気通信大			早稲田大	3		法政大	1		成城大	5		東京都市大	

受験状況

◉2024年入試データ

試験名	ICAP		CSAT		ICL総合		ICL英語		ISAT		KBT		KBT特待		帰国・国際生A		帰国・国際生B	
入試日	10/7		11/25		12/2				12/9		1/6		1/23					
定員	男女計10		男女計5		男女計60		男女計10		男女計20		男女計30		KBT特待・帰国男女計5					
性別	男	女	男	女	男	女	男	女	男	女	男	女	男	女	男	女	男	女
教科	−	−	−	−	−	−	−	−	−	−	4	4	4	4	−	−	2	2
応募	28	26	166	188	英語含43	英語含34	総合に含	総合に含	132	158	116	90	34	35	1	1	帰国Aに含	帰国Aに含
受験	28	26	163	185	英語含43	英語含34			127	152	113	87	28	29	1	1		
合格	6	20	116	134	英語含37	英語含25			98	110	81	60	16	17	非公表		非公表	
備考																		

帝京中学校（ていきょう）

■学校長／東海林哲造　■創立／昭和18年　■生徒数／316名（男200名、女116名）
■所在地／〒173-8555 東京都板橋区稲荷台27-1
■ＴＥＬ／03-3963-6383
■交通／十条駅（JR埼京線）徒歩12分。板橋本町駅（都営三田線）徒歩8分。王子駅、板橋駅からバス「帝京大学病院」下車。

何学期制	週何日制	登校時刻	制服	給食	食堂 軽食販売	プール	寮	特待制度 奨学金等	帰国生 取出授業
3学期制	6日制	8:30	中高あり	なし	食堂中高あり 販売中高あり	なし	なし	あり	あり

沿　革

1943年、杉並区方南町に男子校として旧制帝京中学校が開校。1947年、板橋区加賀に移転。1948年、学制改革により校名を帝京中学校・帝京高等学校に変更。1959年に帝京中学校募集停止。1973年に帝京高等学校が共学になり、1982年に帝京中学校が共学として再開。2004年4月、現在地に移転。「一貫特進コース」「一貫進学コース」の2コースを設置している。

教育方針と特色

創立者の遺訓「力むれば必ず達す」を基本に、知・徳・体のバランスのとれた、健全で責任感のある人材の育成を目指す。中学2年次までに中学課程を終える先取りとなっているが、週6日制で十分な授業数を確保しているため、進度に無理はなく、じっくりと取り組むことができる。
「一貫特進コース」では高校特進コースのメソッドに加え、サイエンスツアーや東大へのキャンパスツアーなど、知的好奇心を刺激する校外学習も行っている。6年後には全員が難関大学現役合格することを目標に掲げている。
「一貫進学コース」では、体験から学ぶ知識を大切にし、自主的な学習で知的好奇心を育て、学力の定着を図っている。帝京大学グループ各大学の医療系学部への進学者も目立つ。2025年より「インターナショナルクラス」を設け、グローバルリーダーの育成を目指す。

◉系列校

小	中	高	大（短大）
○	○	○	○

◉小学校からの内進生…4名
◉高校生外部募集………200名

（インターナショナルクラスは1年次、特進クラスは2年次より合流）

◉授業時間…1コマ45分・週34時間

	1年	2年	3年	計
国　語	5	5	5	15
社　会	4	4	4	12
数　学	5	6	6	17
理　科	4	4	5	13
英　語	6	6	6	18
5教科計	24	25	26	75

進学・進路

◉卒業生進路状況

◉卒業までの流れ

小学校	中学校	高等学校	大学
	帝京中学校 ▶	帝京高等学校（316） ▶	帝京大学　65 帝京平成大学　32 など

◉主な大学合格実績

区分	大学	人数	区分	大学	人数	区分	大学	人数	区分	大学	人数	区分	大学	人数	区分	大学	人数
国・公	東京大		国・公	東京工業大		国・公	東京農工大		私	上智大	6	私	学習院大	2	私	明治学院大	
	京都大			一橋大			東京医科歯科大			東京理科大	1		国際基督教大	3		日本大	11
	北海道大			筑波大			横浜国立大			明治大	1		津田塾大			東洋大	17
	東北大			千葉大			東京都立大			青山学院大	6		東京女子大			駒澤大	6
	名古屋大			お茶の水女子大			横浜市立大			立教大	7		日本女子大			専修大	8
	大阪大			東京外国語大		私	慶應義塾大	4		中央大	5		成蹊大			芝浦工業大	
	九州大			電気通信大			早稲田大	4		法政大	9		成城大	1		東京都市大	1

受験状況

◉2024年入試データ

試験名	帰国		1回午前		1回午後		2回午前国語		2回午前算数		2回午後		3回		4回	
入試日	12/15		2/1		2/1午後		2/2				2/2午後		2/4		2/7	
定員	若干名		1回男女計60				2回男女計30						男女計15		若干名	
性別	男	女	男	女	男	女	男	女	男	女	男	女	男	女	男	女
教科	国	国	2・4	2・4	2	2	国	国	算	算	2	2	2・4	2・4	2・4	2・4
応募	2	1	69	35	101	39	61	27			90	43	110	48	112	52
受験	1	1	54	34	67	27	26	11	国語に含	国語に含	34	19	33	8	25	7
合格	1	1	45	33	54	26	17	10			25	19	24	8	19	7
備考																

私立校その2

帝京八王子中学校
（ていきょうはちおうじ）

■学校長／木﨑右成　■創立／平成11年　■生徒数／51名（男37名、女14名）
■所在地／〒192-0151 東京都八王子市上川町3766　■ＴＥＬ／042-654-6141
■交通／武蔵五日市駅（JR五日市線）、京王八王子駅（京王線）、
八王子駅（JR中央本線など）から西東京バス「帝京八王子高校」下車。西八王子駅、八王子駅、秋川駅などからスクールバスあり。

何学期制	週何日制	登校時刻	制服	給食	食堂 軽食販売	プール	寮	特待制度 奨学金等	帰国生 取出授業
2学期制	6日制	8:30	中高あり	なし	食堂中高なし 販売中高あり	なし	なし	あり	なし

沿　革

1979年　帝京八王子高等学校開校
1999年　帝京八王子中学校開校

教育方針と特色

中高一貫の6カ年教育を実施。中学・高校のカリキュラムの重複部分を省き、高校受験の時間などを授業に振り替えることができるため、基礎基本の学習内容をしっかりと身に付けることができる。特に全ての科目の基礎となる読解力の育成に重点を置き、読書指導に力を入れている。
1クラスを複数の教員で担任し、きめ細かく指導している。普段の学校生活ではスコラ手帳を採用してスケジュールなどの自己管理と家庭と学校との連絡に活用している。
2年生で奈良・京都の修学旅行を通じて国内の歴史や文化を学んだ上で、3年生で約2週間の英国修学旅行で海外の文化に触れることにより､真の異文化理解の達成を目指している。イギリスではネイティブによる英語授業や文化学習、ホームステイなどを体験する。

◉系列校

小	中	高	大（短大）
	○	○	○

◉併設小学校なし
◉高校生外部募集………80名
（高1より内進生と混合クラス）

◉授業時間…1コマ50分・週33時間

	1年	2年	3年	計
国　語	5	5	5	15
社　会	4	4	4	12
数　学	5	5	5	15
理　科	4	4	4	12
英　語	6	6	6	18
5教科計	24	24	24	72

進学・進路

◉卒業生進路状況

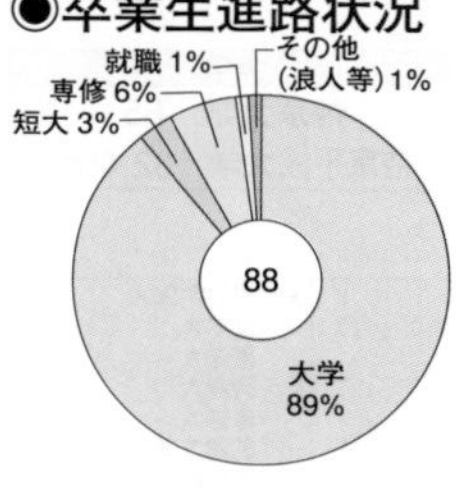

◉卒業までの流れ

小学校	中学校	高等学校	大学
	帝京八王子中学校	帝京八王子高等学校 (88)	帝京大学　41 帝京平成大学　10　など

◉主な大学合格実績

国・公	東京大		国・公	東京工業大		国・公	東京農工大		私	上智大		私	学習院大		私	明治学院大	
	京都大			一橋大			東京医科歯科大			東京理科大			国際基督教大			日本大	1
	北海道大			筑波大			横浜国立大			明治大			津田塾大			東洋大	
	東北大			千葉大			東京都立大			青山学院大			東京女子大			駒澤大	1
	名古屋大			お茶の水女子大			横浜市立大			立教大			日本女子大			専修大	
	大阪大			東京外国語大		私	慶應義塾大			中央大			成蹊大			芝浦工業大	
	九州大			電気通信大			早稲田大			法政大			成城大			東京都市大	

受験状況

◉2024年
入試データ

試験名	1回A		1回B		2回A		2回B		3回A		3回B		4回		2次	
入試日	2/1		2/1午後		2/2		2/2午後		2/4		2/4午後		2/6		2/12	
定員	1回男女計20				2回男女計10				3回男女計5				男女計5		若干名	
性別	男	女	男	女	男	女	男	女	男	女	男	女	男	女	男	女
教科	2	2	1	1	2	2	1	1	2	2	1	1	1	1	1	1
応募	8	5	12	4	7	2	11	2	11	0	15	1	13	2	4	0
受験	8	5	7	3	1	1	3	2	6	0	4	0	4	1	4	0
合格	7	5	6	3	1	1	2	2	4	0	4	0	3	1	2	0
備考																

東海大学菅生高等学校中等部
（とうかいだいがくすがお）

■学校長／布村浩二　■創立／平成7年　■生徒数／211名（男150名、女61名）
■所在地／〒197-0801 東京都あきる野市菅生1468　■ＴＥＬ／042-559-2411
■交通／小作駅（JR青梅線）から西東京バス「菅生」下車。秋川駅（JR五日市線）から西東京バス「菅生」下車。
八王子駅などからスクールバスあり。

何学期制	週何日制	登校時刻	制服	給食	食堂 軽食販売	プール	寮	特待制度 奨学金等	帰国生 取出授業
2学期制	6日制	8:20	中高あり	中学のみあり	食堂高校のみ 販売中高あり	なし	なし	あり	なし

沿　革

東海大学と提携し、東海大学の建学の精神を基調に開かれた東海大学菅生高等学校に併設する付属中学として1995年に開校。2006年9月に学びの城に移転。2021年4月より特別進学クラスが医学・難関大コース、2023年度より総合進学クラスが一貫進学コース（6年一貫）に変更し世界に通用する人をつくります。

教育方針と特色

確かな夢を育み、その夢を大きく膨らませてほしいという願いから「Dream ALL」を教育方針のスローガンとして掲げる。
Dream（夢）希望を抱き、目標を定め、高い意欲を持つ。
Act（活動）教科、特別活動等の全ての活動に積極的に取り組む。
Learn（学び）何事にも常に学ぶ姿勢を持つ。
Live Together（共生）人と自然と共に生きていく心を育む。
生徒たち全員が自分の夢を熱く語れる生徒になって欲しいと考え、「夢育て講座」を開校。毎回各界で活躍している有識者を招き、講演や実習を実施することで、自らの夢を持ち、それの実現に向け努力する姿勢を養う。医学・難関大コースは、STEAM教育としてe-kagaku遠隔講座を活用しプログラミング学習やケンブリッジ英検に取り組む。朝学習では月火木金は1年次外国人講師による英会話、2・3年次は自学習の基礎学力定着を図り、水土は全学年で読書を実施。
2・3年次の英語と数学は習熟度別クラス編成を採用している。

◉系列校

小	中	高	大（短大）
○	○	○	○

◉小学校からの内進生…9名
◉高校生外部募集………320名
（完全混合クラス）

◉授業時間…1コマ50分・週34時間

	1年	2年	3年	計
国　語	5	5	5	15
社　会	3	4	4	11
数　学	一貫5	5	5	15
	医・難6	6	6	18
理　科	4	5	5	14
英　語	6	6	6	18
5教科計	一貫23	25	25	73
	医・難24	26	26	76

※一貫：一貫進学コース　医・難：医学・難関大コース

進学・進路

◉卒業生進路状況

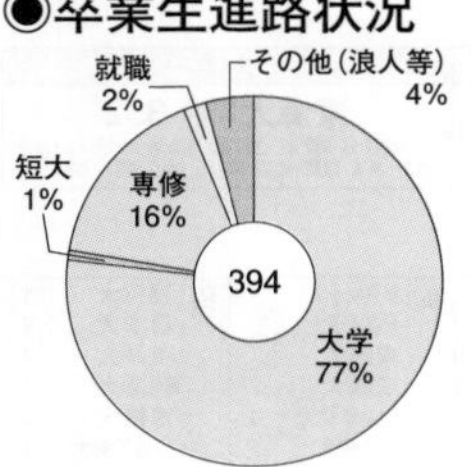

◉卒業までの流れ

小学校	中学校	高等学校	大学
菅生学園初等学校	東海大学菅生高等学校中等部	東海大学菅生高等学校（394）	東海大学　148

◉主な大学合格実績

国・公	東京大		国・公	東京工業大		国・公	東京農工大		私	上智大		私	学習院大		私	明治学院大	1
	京都大			一橋大			東京医科歯科大			東京理科大			国際基督教大			日本大	5
	北海道大			筑波大	1		横浜国立大			明治大			津田塾大			東洋大	4
	東北大			千葉大			東京都立大			青山学院大	1		東京女子大	1		駒澤大	1
	名古屋大			お茶の水女子大			横浜市立大			立教大			日本女子大	1		専修大	7
	大阪大			東京外国語大		私	慶應義塾大			中央大	2		成蹊大			芝浦工業大	
	九州大			電気通信大			早稲田大			法政大			成城大	1		東京都市大	

受験状況

◉2024年 入試データ

試験名	1回A		1回B		2回A		2回B		3回		4回	
入試日	2/1		2/1午後		2/2		2/2午後		2/4		2/6	
定員	男女計40		男女計15		男女計10		男女計5		若干名		若干名	
性別	男	女	男	女	男	女	男	女	男	女	男	女
教科	2	2	2	2	2	2	2	2	2	2	2	2
応募	41	15	33	20	31	16	40	16	41	17	48	17
受験	38	14	29	17	6	2	8	2	7	2	6	0
合格	37	14	25	17	4	2	6	2	6	2	4	0
備考												

東海大学付属相模高等学校中等部

(とうかいだいがくふぞくさがみ)

■学校長／土井崇司　■創立／昭和55年　■生徒数／421名（男289名、女132名）
■所在地／〒252-0395 神奈川県相模原市南区相南3-33-1
■ＴＥＬ／042-742-1251
■交通／小田急相模原駅（小田急線）徒歩8分。東林間駅（小田急線）徒歩20分。

何学期制	週何日制	登校時刻	制服	給食	食堂 軽食販売	プール	寮	特待制度 奨学金等	帰国生 取出授業
2学期制	5日制 月1土曜授業	8:30	中高あり	なし	食堂中高あり 販売中高あり	なし	なし	なし	なし

沿　革

東海大学付属相模高等学校中等部は、東海大学の総合教育をめざす教育理念を反映し、1980年に相模高等学校と直結して開校。併せて6年間の全教材を能率的、かつ効率的にカリキュラム化し、行事を多く取り入れた教育を展開している。

教育方針と特色

建学の精神を具現化した授業科目である「現代文明論」を中心とし、人間、自然、社会、歴史、世界などについて生徒とともに考え、広い視野と総合的な判断を培う教育を行う。各教科とも基本的には学校5日制（月1回土曜授業あり）の中で基礎学力の密度を濃くし、2日の休みが自主活動として充実するよう家庭との連携をとっている。ICT教育では、生徒全員がiPadを所有し、全教科で教科書、ノート、iPadを効率よく使用し、学習の定着を図っている。英語の実力をつけるために、外国人教師による英会話教育を少人数クラスで実施し、その結果確認のためにも英語検定試験、GTECに挑戦させている。中3卒業時に集大成として希望者によるハワイ研修も実施している。なお、英語の時間内にオンラインによるネイティブとのマンツーマン授業も行っている。

◉系列校

小	中	高	大(短大)
	○	○	○

◉併設小学校なし

◉高校生外部募集………440名

（完全混合クラス）

◉授業時間…1コマ50分・週30時間

	1年	2年	3年	計
国　語	4	4	4	12
社　会	3	3	4	10
数　学	4	4	4	12
理　科	3	4	4	11
英　語	4	4	4	12
5教科計	18	19	20	57

進学・進路

◉卒業生進路状況

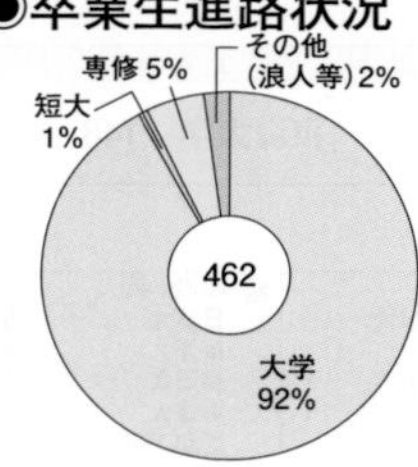

◉卒業までの流れ

小学校	中学校	高等学校	大学
	東海大学付属相模 高等学校中等部 ▶	東海大学付属相模 高等学校（462） ▶	東海大学　352 （文22・文化社会30・法17・政経28・経営11・教養10・観光14・体育36・理8・工51・海洋6・医20・健康21・情報理工23・生物0・農2・情報通信38・国際文化4・国際9・人文1・文理融合1・建築都市19・児童教育11）など

◉主な大学合格実績

区分	大学	人数
国・公	東京大	
	京都大	
	北海道大	
	東北大	
	名古屋大	
	大阪大	
	九州大	
国・公	東京工業大	
	一橋大	
	筑波大	
	茨城大	
	宇都宮大	
	群馬大	
	埼玉大	
国・公	千葉大	
	お茶の水女子大	
	東京外国語大	
	電気通信大	
	東京学芸大	
	東京農工大	
	東京芸術大	
国・公	東京医科歯科大	
	東京海洋大	
	横浜国立大	
	山梨大	
	金沢大	
	信州大	
	国際教養大	
国公	東京都立大	
	横浜市立大	
私	慶應義塾大	1
	早稲田大	1
	上智大	
	東京理科大	
	明治大	1
私	青山学院大	4
	立教大	
	中央大	6
	法政大	8
	学習院大	1
	国際基督教大	
	津田塾大	
私	東京女子大	
	日本女子大	
	成蹊大	
	成城大	
	明治学院大	1
	國學院大	2
	武蔵大	
私	獨協大	1
	日本大	4
	東洋大	4
	駒澤大	4
	専修大	4
	芝浦工業大	1
	東京都市大	2

受験状況

◉2024年入試データ

試験名	A		B		C	
入試日	2/1		2/3		2/4	
定員	男女計90		男女計20		男女計10	
性別	男	女	男	女	男	女
教科	2･4	2･4	2	2	2	2
応募	134	62	140	60	136	55
受験	119	57	36	17	25	6
合格	100	47	17	15	10	3
備考						

東京成徳大学深谷中学校

■学校長／石川薫　■創立／平成25年　■生徒数／54名（男24名、女30名）
■所在地／〒366-0810 埼玉県深谷市宿根559　■ＴＥＬ／048-573-1784
■交通／深谷駅（JR高崎線）・寄居駅（JR八高線、東武東上線、秩父鉄道秩父本線）・森林公園駅（東武東上線）・行田市駅（秩父鉄道秩父本線）・児玉駅（JR八高線）からスクールバスあり。

何学期制	週何日制	登校時刻	制服	給食	食堂 軽食販売	プール	寮	特待制度 奨学金等	帰国生 取出授業
3学期制	6日制	8:35	中高あり	中学のみあり	食堂条件付 販売高校のみ	なし	なし	あり	なし

沿　革

1963年、東京成徳学園深谷高等学校開校。1979年、東京成徳短期大学附属高等学校に改称。1997年、東京成徳大学深谷高等学校に改称。2013年、中学校を開校。

教育方針と特色

建学の精神は徳を成す人間の育成。「徳」を他者に対し、自然と善行のできる人間性や資質と捉え、そうした人間性や資質を日々の教育の中で育む。
学習指導は「完全習得主義」「多角的学習主義」「実力重視主義」の3つのポリシーに立って実施される。基本とするのは、「完全習得主義に立った指導」で、単にカリキュラムに沿って授業をするのではなく、生徒一人ひとりの理解度や定着度を測りながら、知識の構築を目指す。
また、学習に対する意欲を刺激する多様なアプローチを用意。農業体験や最先端技術見学、海外への修学旅行などを予定している。
急速に進みつつある国際化に対応するべく、英語教育を重視。段階的な目標を掲げた指導で、実践的な英語力の育成をする。中3までに英検準2級以上の取得、高3までにTOEIC650点以上が目標である。
中高一貫コースの校舎があり、緑豊かなキャンパスには充実した教育設備が整っている。
2022年度より導入した海外大学50校との指定校制度を利用して、世界各国の大学への進学が実現可能となった。

◉系列校

小	中	高	大(短大)
	○	○	○

◉併設小学校なし
◉高校生外部募集………280名
（完全別クラス）

◉授業時間…1コマ50分・週35時間

	1年	2年	3年	計
国　語	5	5	5	15
社　会	3	3	4	10
数　学	6	6	6	18
理　科	4	4	4	12
英　語	6	6	6	18
5教科計	24	24	25	73

進学・進路

◉卒業生進路状況

◉卒業までの流れ

小学校	中学校	高等学校	大学
	東京成徳大学深谷 中学校	▶ 東京成徳大学深谷 高等学校（253）	▶ 東京成徳大学　7 東京成徳短期大学　7

◉主な大学合格実績

国・公	東京大		国・公	東京工業大		国・公	東京農工大		私	上智大		私	学習院大		私	明治学院大	
	京都大			一橋大			東京医科歯科大			東京理科大	4		国際基督教大			日本大	10
	北海道大			筑波大			横浜国立大			明治大	1		津田塾大			東洋大	5
	東北大			千葉大			東京都立大			青山学院大	1		東京女子大			駒澤大	1
	名古屋大			お茶の水女子大			横浜市立大			立教大	1		日本女子大	1		専修大	2
	大阪大			東京外国語大		私	慶應義塾大			中央大	1		成蹊大	1		芝浦工業大	2
	九州大			電気通信大			早稲田大			法政大			成城大			東京都市大	5

受験状況

◉2024年入試データ

試験名	1回		2回		3回		4回	
入試日	1/10		1/11		1/13		1/20	
定員	男女全合計70							
性別	男	女	男	女	男	女	男	女
教科	2・4	2・4	2・4	2・4	2	2	2	2
応募	9	11	9	10	9	10	11	10
受験	9	11	5	8	7	8	6	6
合格	9	9	5	8	5	5	6	5
備考								

東京農業大学第三高等学校附属中学校

（とうきょうのうぎょうだいがくだいさんこうとうがっこうふぞく）

■学校長／神山達人　■創立／平成21年　■生徒数／174名（男120名、女54名）
■所在地／〒355-0005 埼玉県東松山市大字松山1400-1　■ＴＥＬ／0493-24-4611
■交通／東松山駅（東武東上線）からスクールバス。
上尾駅、鴻巣駅、熊谷駅、本川越駅、吹上駅、行田市駅からもスクールバスあり。

何学期制	週何日制	登校時刻	制服	給食	食堂 軽食販売	プール	寮	特待制度 奨学金等	帰国生 取出授業
3学期制	6日制	8:35	中高あり	中学のみあり	食堂条件付 販売条件付	なし	なし	あり	なし

沿　革

1985年東京農業大学第三高等学校開校。2009年中高一貫校として東京農業大学第三高等学校附属中学校を開校。

教育方針と特色

実学教育をベースに学力、進路選択力、人間力を育てることを基本とする。本校でいう実学とは、なぜそうなったかを疑問に思い調べてみるといったプロセスを経ることで、「知識」を「知恵」として体得するという仕組みを指す。日々の授業、行事の中の様々な体験を通し、学びの本質を追究し、考察力や表現力を培い、論理的思考力を身につけて「究理探新」を実践していく生徒を育てる。また、英語、数学の習熟度別授業や学力の定着を定期的に確認するサポートテスト、勉強への興味を深める放課後サロンなどきめ細やかな学習フォローの体制が充実。農大と連携した実験、体験、観察を重視した学習や作法、華道の授業を行う日本文化理解プログラム、オンライン英会話やニュージーランドでの語学研修プログラムなど、グローバル化を進める多彩な教育プログラムも特徴である。放課後の自立学習支援プログラムEdOMを実施している。

◉系列校

小	中	高	大（短大）
	○	○	○

◉併設小学校なし

◉高校生外部募集………330名

（完全別クラス）

◉授業時間…1コマ50分・週34時間

	1年	2年	3年	計
国　語	5	5	5	15
社　会	3	3	4	10
数　学	6	6	6	18
理　科	4	4	4	12
英　語	6	6	6	18
5教科計	24	24	25	73

進学・進路

◉卒業生進路状況

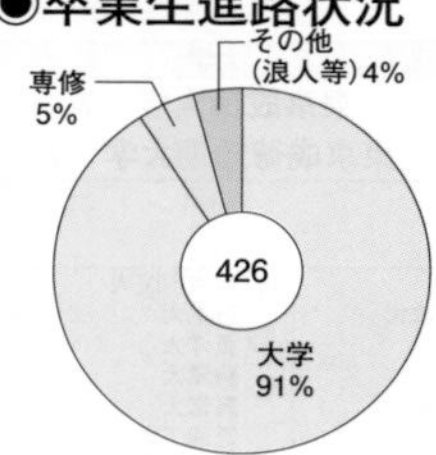

◉卒業までの流れ

小学校	中学校	高等学校	大学
	東京農業大学第三 高等学校附属中学校	東京農業大学第三 高等学校（426）	東京農業大学　70 東京情報大学　0

◉主な大学合格実績

国・公	東京大		国・公	東京工業大		国・公	東京農工大		私	上智大	1	私	学習院大	9	私	明治学院大	6
	京都大			一橋大			東京医科歯科大	1		東京理科大	3		国際基督教大			日本大	20
	北海道大			筑波大			横浜国立大			明治大	8		津田塾大	1		東洋大	56
	東北大			千葉大			東京都立大	1		青山学院大	6		東京女子大	1		駒澤大	16
	名古屋大			お茶の水女子大	1		横浜市立大			立教大	12		日本女子大	2		専修大	9
	大阪大			東京外国語大	1	私	慶應義塾大			中央大	8		成蹊大	5		芝浦工業大	
	九州大			電気通信大			早稲田大	3		法政大	13		成城大	6		東京都市大	

受験状況

◉2024年入試データ

試験名	帰国		1回特待		2回特待		3回				4回	
入試日	12/17		1/10		1/10午後		1/11				1/27	
定員	若干名		男女計35		男女計15		男女計15				男女計5	
性別	男	女	男	女	男	女	男		女		男	女
教科	−	−	2・4	2・4	−	−	2・4		2・4		2	2
応募	2	1	64	44	54	35	46	16	22	15	33	23
受験	2	1	62	44	53	35	22	5	10	9	10	8
合格	1	1	57	42	36	27	20	5	10	9	9	8
備考												

成田高等学校付属中学校

（なりたこうとうがっこうふぞく）

■学校長／鈴木隆英　■創立／昭和42年　■生徒数／389名（男228名、女161名）
■所在地／〒286-0023 千葉県成田市成田27　■ＴＥＬ／0476-22-2131
■交通／成田駅（JR成田線）徒歩15分。京成成田駅（京成本線・東成田線）徒歩15分。
JRバス・千葉交通「成田山前」「松原」より徒歩6分。成田市コミュニティバス「成田高校」より徒歩0分。

何学期制	週何日制	登校時刻	制服	給食	食堂 軽食販売	プール	寮	特待制度 奨学金等	帰国生 取出授業
3学期制	6日制	8:35	中高あり	なし	食堂中高あり 販売中高あり	屋外	なし	なし	なし

沿　革

1887年、地方文化の向上を目指して、前身である成田英漢義塾を創立。1898年に旧制成田中学校、1911年に成田高等女学校の設置認可を受ける。戦後の学制改革の際に2校を統合し成田高等学校を開校。1967年に成田高等学校付属中学校を開校。現在は付属小学校も併設している。2023年10月旧制中学校創立125周年を迎えた。

◉系列校

小	中	高	大（短大）
○	○	○	

◉小学校からの内進生…30名
◉高校生外部募集………200名

（完全別クラス）

教育方針と特色

全国に多くの別院・分院・末寺を持つ真言宗智山派の大本山である成田山新勝寺の宗教的使命の達成を目標に創設された。吹抜けがあり明るい校舎、2,000人収容の講堂兼体育館、全天候型のグラウンドを備えるなど、施設や設備も充実している。広く優秀な生徒を募集し、文武両道に励むことを通じて、社会に貢献できる人材の育成を目指す。挨拶・正装・勉強・運動・掃除の5つを努力目標に掲げ、高等学校・付属中学校・付属小学校の各学年に応じてその徹底を図る。高校進学時には、全員高校からの入学生とは別クラスとなり、大学受験に向けて効率良く学習できるようになっている。中学1年生よりiPadを所有し、全館Wi-Fi完備のもと主にGoogle Workspace for Educationを利用して授業展開をしている。課題配信、提出、プレゼンテーション、グループ学習探究活動等において主体的に活動できるよう心掛けている。このため、高校進学後も生徒会や課外活動、委員会等で中心的な役割をもつ生徒が多い。

◉授業時間…1コマ50分・週33時間

	1年	2年	3年	計
国　語	6.3	6	6	18.3
社　会	3	4	4	11
数　学	5	5	6	16
理　科	4	4	4	12
英　語	6	6	6	18
5教科計	24.3	25	26	75.3

進学・進路

◉卒業生進路状況

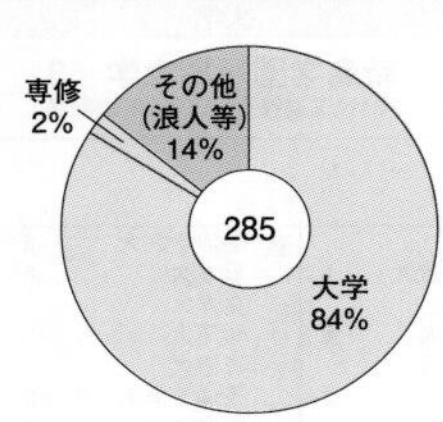

◉卒業までの流れ

小学校	中学校	高等学校	大学
成田高等学校付属小学校	成田高等学校付属中学校	▶ 成田高等学校（285） ▶	

◉主な大学合格実績

国・公	東京大		国・公	東京工業大		国・公	千葉大	11	国・公	東京医科歯科大	1	国・公	東京都立大		私	青山学院大	18	私	東京女子大	8	私	獨協大	3
	京都大	1		一橋大			お茶の水女子大			東京海洋大			横浜市立大			立教大	19		日本女子大	8		日本大	72
	北海道大	3		筑波大	3		東京外国語大	1		横浜国立大		私	慶應義塾大	4		中央大	14		成蹊大	6		東洋大	38
	東北大			茨城大	5		電気通信大			山梨大			早稲田大	9		法政大	26		成城大	13		駒澤大	15
	名古屋大			宇都宮大			東京学芸大			金沢大			上智大	5		学習院大	21		明治学院大	7		専修大	15
	大阪大			群馬大	1		東京農工大			信州大	1		東京理科大	14		国際基督教大			國學院大	16		芝浦工業大	7
	九州大			埼玉大	4		東京芸術大	1		国際教養大			明治大	25		津田塾大			武蔵大	8		東京都市大	7

受験状況

◉2024年入試データ

試験名	第一志望		一般	
入試日	12/1		1/25	
定員	男女計35		男女計60	
性別	男	女	男	女
教科	4	4	4	4
応募	男女計122		男女計244	
受験	男女計120		男女計199	
合格	男女計45		男女計96	
備考				

私立校その2

新島学園中学校

（にいじまがくえん）

■学校長／小栗仁志　■創立／昭和22年　■生徒数／472名
■所在地／〒379-0116 群馬県安中市安中3702
■ＴＥＬ／027-381-0240
■交通／安中駅（JR信越線）徒歩15分。

何学期制	週何日制	登校時刻	制服	給食	食堂 軽食販売	プール	寮	特待制度 奨学金等	帰国生 取出授業
3学期制	5日制	8:40	中高あり	なし	食堂あり 販売中高あり	なし	なし	なし	なし

沿　革

1947年3月財団法人新島学園設立認可。

1968年4月男女共学。

2014年「全国レベルでユニークな学校」を目指し、グローバル化に向けた複数の先端プログラムを開始。近年は理系教育も充実している。

教育方針と特色

キリスト教精神に基づき、新島襄の生き方、考え方を模範とする自由で、他を思いやり、自立自治の精神を培ったグローバル人材の育成を目指している。

1．中高一貫教育の特徴を最大限生かしたキリスト教精神に基づく人格教育に加えて、パソコンを使った、習熟度に合わせた学習システム「スタディサプリ」を導入。

2．エンパワープログラムでは、海外一流大学の大学生や大学院生を招き、世界の問題をともに考え、すべてを英語でディスカッション。2日間をかけて行われる研修を通して、高い次元で物事を考え、表現しコミュニケーションをすることで、大きな自己変革を体験できる。

3．同志社大学36名、青山学院大学16名など潤沢な難関大学の指定校枠を有する。

◉系列校

小	中	高	大（短大）
	○	○	○

◉併設小学校なし

◉高校生外部募集………約80名

（完全混合クラス）

◉授業時間…1コマ50分・週31時間

	1年	2年	3年	計
国　語	4	4	4	12
社　会	3	3	4	10
数　学	4	4	4	12
理　科	4	4	4	12
英　語	5	5	5	15
5教科計	20	20	21	61

進学・進路

◉卒業生進路状況

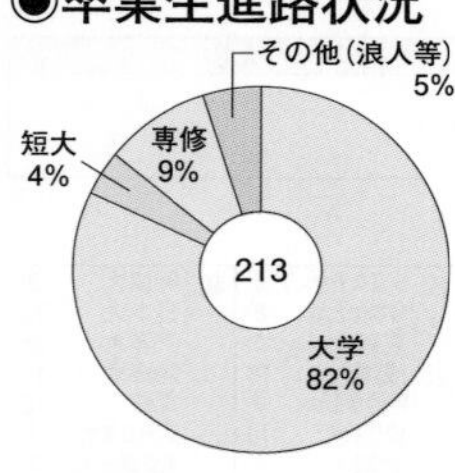

◉卒業までの流れ

小学校	中学校	高等学校	大学
	新島学園中学校	▶ 新島学園高等学校（213）	▶ 新島学園短期大学　3 ※同志社大学に36、同志社女子大学に20の推薦枠がある。（2024年春実績）

◉主な大学合格実績

区分	大学	人数	区分	大学	人数	区分	大学	人数	区分	大学	人数	区分	大学	人数	区分	大学	人数
国・公	東京大		国・公	東京工業大		国・公	東京農工大		私	上智大		私	学習院大		私	明治学院大	3
	京都大			一橋大			東京医科歯科大			東京理科大	1		国際基督教大	1		日本大	8
	北海道大			筑波大			横浜国立大			明治大	2		津田塾大			東洋大	
	東北大	1		千葉大			東京都立大			青山学院大	4		東京女子大	4		駒澤大	
	名古屋大			お茶の水女子大			横浜市立大			立教大	1		日本女子大			専修大	
	大阪大			東京外国語大		私	慶應義塾大			中央大	1		成蹊大	2		芝浦工業大	3
	九州大			電気通信大			早稲田大			法政大	5		成城大			東京都市大	1

受験状況

◉2024年入試データ

試験名	総合型選抜		1回		2回	
入試日	12/2		1/13		2/10	
定員	男女全合計170					
性別	男	女	男	女	男	女
教科	－	－	2	2	2	2
応募	男女計127		男女計74		男女計23	
受験	男女計127		男女計67		男女計23	
合格	男女計79		男女計44		男女計16	
備考						

新渡戸文化中学校

（にとべぶんか）

■学校長／小倉良之　■創立／昭和2年　■生徒数／148名（男93名、女55名）
■所在地／〒164-8638 東京都中野区本町6-38-1
■ＴＥＬ／03-3381-0408
■交通／東高円寺駅（東京メトロ丸ノ内線）徒歩5分。中野駅（JR中央線など）徒歩15分。

何学期制	週何日制	登校時刻	制服	給食	食堂 軽食販売	プール	寮	特待制度 奨学金等	帰国生 取出授業
3学期制	6日制	9:00	中高あり	なし	軽食高校のみ 販売あり	なし	なし	あり	なし

沿　革

1927年創立、国際連盟の初代事務次長である新渡戸稲造博士が初代校長として仰ぐ。2014年より共学化し現新渡戸文化学園に至る。

教育方針と特色

新渡戸文化学園が目指す人物像は自分のしあわせを実現し、持続可能で平和な社会を創造する「Happiness Creator」です。
生徒一人ひとりがなりたい自分を実現する「自律型学習者」に育つために2021年度カリキュラム改変を実施。「3Cカリキュラム」を学習の軸とし、ICTを活用し生徒個別に最適化された学びを基礎に（Core Learning)、クロスカリキュラム（Cross Curriculum)、プロジェクト学習やスタディツアー（Challenge Based Learning）など発展的なカリキュラムを通して、正解のない社会課題から「自ら問いを立て考え抜く探究力」を育成します。クロスカリキュラムは、週の一日をつかい、複数の教員による教科横断型の授業で、教科の枠を越えた学びを自在に展開。プロジェクト学習では、教師が教えるのではなく、生徒が協働し深く探究する学習スタイル。スタディツアーは、現に社会課題の解決に挑戦している現場を生徒自らが選び赴き、そこから学び始めるスタイルで毎年1回行くことができます。学年を問わない選択制で、国内以外にもボルネオ、セブなど海外も検討中。これらのカリキュラムを通して、授業・放課後・行事の学びがシームレスにつながり、問題解決へと行動を起こせる「自律型学習者」育成を目指す新たな学校へと進化中。

◉系列校

小	中	高	大（短大）
○	○	○	○

◉小学校からの内進生…10名
◉高校生外部募集………100名

（混合クラス）

◉授業時間…1コマ50分・週33時間

	1年	2年	3年	計
国　語	4	4	4	12
社　会	3	3	3	9
数　学	5	5	5	15
理　科	3	3	3	9
英　語	5	5	5	15
5教科計	20	20	20	60

進学・進路

◉卒業生進路状況

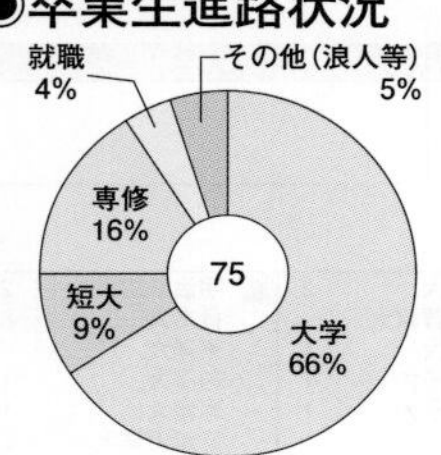

◉卒業までの流れ

小学校	中学校	高等学校	大学
新渡戸文化小学校 ▶	新渡戸文化中学校 ▶	新渡戸文化高等学校（75） ▶	新渡戸文化短期大学　4

◉主な大学合格実績

	大学	数		大学	数		大学	数
国・公	東京大		国・公	東京工業大		国・公	東京農工大	
	京都大			一橋大			東京医科歯科大	
	北海道大			筑波大			横浜国立大	
	東北大			千葉大			東京都立大	
	名古屋大			お茶の水女子大			横浜市立大	
	大阪大			東京外国語大		私	慶應義塾大	
	九州大			電気通信大			早稲田大	
私	上智大		私	学習院大		私	明治学院大	
	東京理科大			国際基督教大	1		日本大	
	明治大			津田塾大			東洋大	
	青山学院大			東京女子大			駒澤大	
	立教大	1		日本女子大	1		専修大	
	中央大			成蹊大			芝浦工業大	
	法政大	1		成城大			東京都市大	

受験状況

◉2024年入試データ

試験名	帰国		1日AM適性		1日AM2科		1日PM		好きなこと入試A		2日		好きなこと入試B		3日		11日	
入試日	12/16		2/1				2/1午後				2/2		2/2午後		2/3午後		2/11午後	
定員	若干名		1日男女計40								2日男女計20				若干名		若干名	
性別	男	女	男	女	男	女	男	女	男	女	男	女	男	女	男	女	男	女
教科	2	2	−	−	2	2	2	2	−	−	2	2	−	−	2	2	2	2
応募			2	1	28	9	18	6	22	7	34	12	21	7	33	10	3	2
受験			1	1	26	9	16	5	21	7	9	2	5	3	3	0	0	0
合格			0	1	21	9	12	5	15	6	2	2	4	2	3	0	0	0
備考																		

本庄第一中学校

（ほんじょうだいいち）

■学校長／樋口綾乃　■創立／平成28年　■生徒数／107名（男46名、女61名）
■所在地／〒367-0002 埼玉県本庄市仁手2167-1
■ＴＥＬ／0495-24-1331
■交通／本庄駅（JR高崎線）からスクールバス10分。他、各本面のスクールバスあり。

何学期制	週何日制	登校時刻	制服	給食	食堂 軽食販売	プール	寮	特待制度 奨学金等	帰国生 取出授業
3学期制	5日制	8:50	中高あり	なし	食堂なし 販売なし	なし	なし	あり	なし

沿　革

1925年、塩原裁縫女学校を開設。1954年、学校法人塩原学園を設立し、本庄家政高等学校を設置。1957年、本庄女子高等学校に校名変更。1993年、本庄第一高等学校に校名変更し、男女共学となる。2016年4月、本庄第一中学校を開校。

教育方針と特色

学園理念である『響生』とは、「影響を受け、影響を与え、柔軟さと豊かさを育む」ことである。学習面では、中学段階では高校内容の先取りをせずに、中学学習内容のパーフェクト修得に努める。高校内部進学に拘らず、難関公立私立高校の進路指導も行うなど、個々の目標に応じて柔軟に対応していく。中でも、英語はじっくり時間をかけて4技能をバランス良く身につけ、英検等の資格検定にも積極的にチャレンジさせる。

◉系列校

小	中	高	大（短大）
	○	○	

◉併設小学校なし
◉高校生外部募集………450名

◉授業時間…1コマ45分・週33時間

	1年	2年	3年	計
国　語	4	4	4	12
社　会	3	3	4	10
数　学	4	4	4	12
理　科	3	4	4	11
英　語	4	4	4	12
5教科計	18	19	20	57

進学・進路

◉卒業生進路状況

◉卒業までの流れ

小学校	中学校	高等学校	大学
	本庄第一中学校	本庄第一高等学校 (330)	

◉主な大学合格実績

国・公	東京大		国・公	東京工業大		国・公	東京農工大		私	上智大		私	学習院大	2	私	明治学院大	2
	京都大			一橋大			東京医科歯科大			東京理科大	2		国際基督教大			日本大	8
	北海道大			筑波大			横浜国立大			明治大	3		津田塾大	1		東洋大	12
	東北大			千葉大			東京都立大			青山学院大	5		東京女子大	1		駒澤大	1
	名古屋大			お茶の水女子大			横浜市立大			立教大	2		日本女子大	1		専修大	1
	大阪大			東京外国語大		私	慶應義塾大	1		中央大	3		成蹊大	1		芝浦工業大	2
	九州大			電気通信大			早稲田大			法政大	5		成城大	1		東京都市大	

受験状況

◉2024年入試データ

試験名	単願		1回一般		2回一般	
入試日	1/10		1/11		1/28	
定員	男女全合計70					
性別	男	女	男	女	男	女
教科	2	2	2・4	2・4	2	2
応募	9	13	7	5	9	7
受験	9	13	6	5	4	2
合格	9	13	5	5	3	2
備考						

本庄東高等学校附属中学校

ほんじょうひがしこうとうがっこうふぞく

■学校長／小林弘斉　■創立／平成18年　■生徒数／230名（男105名、女125名）
■所在地／〒367-0025 埼玉県本庄市西五十子大塚318
■ＴＥＬ／0495-27-6711
■交通／岡部駅（JR高崎線）スクールバス12分。藤岡、伊勢崎、妻沼、森林公園からスクールバスあり。

何学期制	週何日制	登校時刻	制服	給食	食堂 軽食販売	プール	寮	特待制度 奨学金等	帰国生 取出授業
3学期制	6日制	8:40	中高あり 女子のみスラックスを導入	なし	弁当（注文制）	屋外 高校のみ	なし	あり	なし

沿　革

学校法人小林学園本庄東高等学校が、2006年4月に本庄東高等学校附属中学校を開校。埼玉県北部地域には初めての中学高校の一貫コースである。

教育方針と特色

自らが考え、判断できる、知と心を備えた聡明な21世紀のリーダーを育成――自分を取り巻く人や事柄に対して、まず素直な気持ちで接する事、そこからすべてが始まる。「素直な心」は「感謝」の気持ちと「謙虚」な姿勢を生み出し、さらには「学ぶ心」を育てる。「学ぶ心」があれば「学力」は自ずと向上していくものである。6年間一貫教育の中で、確かな学力と豊かな心を兼ね備えた、国際社会で活躍できる人材を育成する。

主要教科では、中2までに公立中3年分の時間を設定し、十分に時間をかけながら「なぜ」を大切にした授業を展開する。6年間を見通したカリキュラムによって、高1までに大学進学に必要な基礎学習がほぼ終了。高2からは文理に分かれ、5教科を総合した知識の学習と入試演習によって、オールマイティな学力を身につけ、最難関国公立大学をはじめとした各自の希望大学合格を目指す。古典芸能鑑賞や大相撲観戦など日本の文化・伝統に触れる体験や、オーストラリア修了研修などの英語圏の文化・伝統に触れる体験を通して国際理解教育にも力を注ぐ。

◉系列校

小	中	高	大（短大）
	○	○	

◉併設小学校なし

◉高校生外部募集………290名

（完全別クラス）

◉授業時間…1コマ50分・週35時間

	1年	2年	3年	計
国　語	5	5	5	15
社　会	4	4	4	12
数　学	5	6	5	16
理　科	4	4	6	14
英　語	5	5	5	15
5教科計	23	24	25	72

進学・進路

◉卒業生進路状況

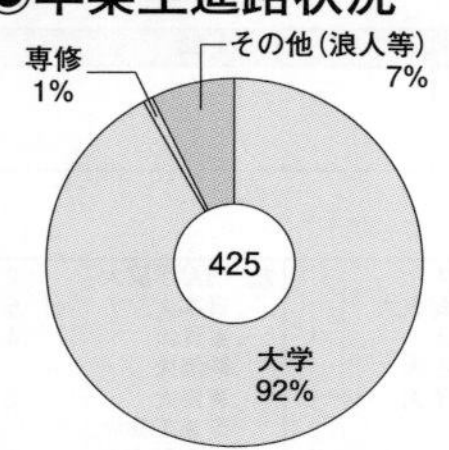

◉卒業までの流れ

小学校	中学校	高等学校	大学
	本庄東高等学校附属中学校	▶ 本庄東高等学校（425）	

◉主な大学合格実績

国・公	東京大		国・公	東京工業大	3	国・公	東京農工大	2	私	上智大	20	私	学習院大	19	私	明治学院大	13
	京都大			一橋大			東京医科歯科大			東京理科大	34		国際基督教大			日本大	61
	北海道大	1		筑波大	2		横浜国立大			明治大	32		津田塾大	11		東洋大	79
	東北大	5		千葉大	1		東京都立大	1		青山学院大	13		東京女子大	16		駒澤大	13
	名古屋大	1		お茶の水女子大			横浜市立大	1		立教大	23		日本女子大	16		専修大	9
	大阪大	1		東京外国語大		私	慶應義塾大	5		中央大	17		成蹊大	11		芝浦工業大	13
	九州大			電気通信大	1		早稲田大	15		法政大	43		成城大	22		東京都市大	1

受験状況

◉2024年入試データ

試験名	1回		2回	
入試日	1/10		1/17	
定員	男女計80		男女計40	
性別	男	女	男	女
教科	2・4	2・4	2・4	2・4
応募	42	35	44	35
受験	40	35	34	28
合格	36	34	30	25
備考				

私立校その2

みょうじょうがくえん

明星学園中学校

■学校長／平野康弘　■創立／大正13年　■生徒数／413名(男167名、女246名)

■所在地／〒181-0001 東京都三鷹市井の頭5-7-7
■ＴＥＬ／0422-43-2196

■交通／井の頭公園駅(京王井の頭線)徒歩約10分。吉祥寺駅(JR中央線・総武線、京王井の頭線)徒歩約15分。

何学期制	週何日制	登校時刻	制服	給食	食堂 軽食販売	プール	寮	特待制度 奨学金等	帰国生 取出授業
3学期制	6日制	8:30	なし	なし	食堂高校のみ 販売中高あり	なし	なし	なし	なし

沿　革

1924年（大正13年）、赤井米吉を中心とする4人の創立同人により建学された。当時の管理主義的画一教育から子どもたちを解放し、子どもの個性や自主・自立を尊重しながら学園独自の教育を推進した。

教育方針と特色

本学園が目指すものは、未来に夢と希望を持ち、主体的・創造的に力強く生きる人間を育てることにある。多くの教科が自分の頭で考え、仮説を発表、他者と対話し、思考を深める形の授業を展開している。さらに2018年度より新教科「総合探究科」をカリキュラム化、『哲学対話』『図書館と情報』『探究実践』『卒業研究』の4科目の授業を中学校3年間で全員が受けることになった。

また、芸術教科の充実も本校の大きな特徴である。週2時間の木工の授業では、グループワークで家具を制作、工芸の授業では各自織りと染めを自らの手で行う。ともに子どもたちならではの自由な発想を活かしたものづくりであり、柔軟な発想力と感性を育む。美術教育・音楽教育も独自のカリキュラムを持ち、その深い学びは美大・音大への進学者数を見てもわかる。

さらに明星学園の学びは社会へ、そして世界へと開かれている。夏休みを利用したオーストラリア・タイへの短期留学、秋のインターナショナルウィーク等の国際交流。民家泊を中心とする宿泊行事や登山では、精神的な自立を促す。中3「卒業研究」では、大学等の研究室や実際の社会の中に出かけていく生徒も多い。

◉系列校

小	中	高	大(短大)
○	○	○	

◉小学校からの内進生…51名
◉高校生外部募集………130名

(内進生と完全混合クラス・高1より)

◉授業時間…1コマ50分・週33時間

	1年	2年	3年	計
国　語	4	4	4	12
社　会	4	4	4	12
数　学	4	4	5	13
理　科	4	4	4	12
英　語	5	5	5	15
5教科計	21	21	22	64

進学・進路

◉卒業生進路状況

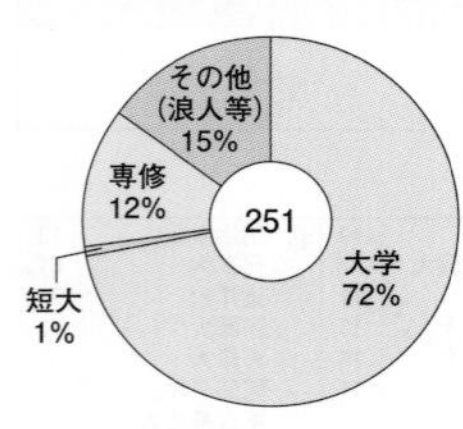

◉卒業までの流れ

小学校	中学校	高等学校	大学
明星学園小学校 ▶	明星学園中学校 ▶	明星学園高等学校(251)	

◉主な大学合格実績

区分	大学	人数	区分	大学	人数	区分	大学	人数	区分	大学	人数	区分	大学	人数	区分	大学	人数
国・公	東京大		国・公	東京工業大		国・公	東京農工大		私	上智大	1	私	学習院大		私	明治学院大	2
	京都大			一橋大			東京医科歯科大			東京理科大			国際基督教大			日本大	5
	北海道大			筑波大			横浜国立大			明治大	4		津田塾大	1		東洋大	4
	東北大			千葉大			東京都立大			青山学院大	1		東京女子大			駒澤大	
	名古屋大			お茶の水女子大			横浜市立大			立教大	1		日本女子大	1		専修大	2
	大阪大			東京外国語大		私	慶應義塾大	5		中央大	1		成蹊大	3		芝浦工業大	
	九州大			電気通信大			早稲田大	3		法政大	4		成城大	4		東京都市大	1

受験状況

◉2024年入試データ

試験名	帰国		A		B		C		D	
入試日	12/2午後		2/1		2/1午後		2/2午後		2/4午後	
定員	若干名		男女計約50		男女計約15		男女計約15		男女計約10	
性別	男	女	男	女	男	女	男	女	男	女
教科	2	2	2	2	2・4	2・4	2	2	2	2
応募	0	1	53	62	12	19	男女計122		63	69
受験	0	1	51	62	12	19	男女計70		40	16
合格	0	1	19	33	8	18	男女計19		7	5
備考										

武蔵野東中学校

■学校長／林武宏　■創立／昭和58年　■生徒数／283名（男163名、女120名）
■所在地／〒184-0003 東京都小金井市緑町2-6-4
■ＴＥＬ／042-384-4311
■交通／東小金井駅（JR中央線）北口徒歩7分。

何学期制	週何日制	登校時刻	制服	給食	食堂 軽食販売	プール	寮	特待制度 奨学金等	帰国生 取出授業
3学期制	変則5日制	8:30	あり	あり	食堂なし 販売なし	なし	なし	あり	あり

沿　革

1965年武蔵野東幼稚園開園。1977年武蔵野東小学校開校、1983年中学校開校。1986年武蔵野東高等専修学校開校。姉妹校としてボストン東スクールがある。

教育方針と特色

英語と数学は1年次から少人数制の習熟度別授業を実施。全員が英検を受験し、3年生の8割が準2級以上を取得している。近年は探究型の学習を中心として教科の枠を越えた『探究科』の活動や教科横断型の「コラボ授業」を通して、「新たな価値観を創造する本質的な学び」に向けた姿勢を育成し、その成果は全国規模のコンクールで上位入賞を果たしている。さらに独自の「生命科」や「混合教育」により、温かい知性をもった幅広い人間性を育成。盛んに行われている生徒主体の行事や部活動・委員会活動が、明るく活発な校風を作っている。施設としては校内Wi-Fi環境のもと、生徒1人に1台貸与されるPCはオンライン英会話の他、日々活用されている。

◉系列校

小	中	高	大（短大）
○	○		

◉小学校からの受験進学あり
◉併設高校なし

◉授業時間…1コマ45分・週36時間

	1年	2年	3年	計
国語	4	5	8	17
社会	4	4	4	12
数学	5	5	7	17
理科	4	4	4	12
英語	6	6	8	20
5教科計	23	24	31	78

進学・進路

◉卒業生進路状況

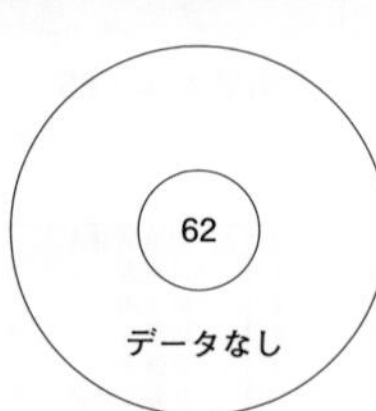

◉卒業までの流れ

小学校	中学校	高等学校	大学
武蔵野東小学校 ▶	武蔵野東中学校（62）		

◉主な高校合格実績

国 東工大附属科学技1
都 国立3・立川2・清瀬1・国際1・小平1・杉並総合1
私 慶應女子1・慶應志木3・早大学院1・早稲田実業2・桐朋2・広尾学園1・栄東3・立教新座2・中大附属1・中大杉並2・明大中野1・明大八王子2・明大明治1

受験状況

◉2024年 入試データ

試験名	帰国		1日		1日午後		AO		2日		3日	
入試日	1/12		2/1		2/1午後		2/1		2/2		2/3午後	
定員	若干名		1日男女計約41				若干名		男女計約20		特に定めず	
性別	男	女	男	女	男	女	男	女	男	女	男	女
教科	2	2	2・4	2・4	2	2	2	2	2・4	2・4	2	2
応募	2	2	40	37	10	6	2	2	32	27	11	9
受験	2	2	38	36	9	5	2	2	20	13	8	2
合格	2	2	29	35	7	5	2	2	15	7	3	2
備考												

明星中学校
（めいせい）

■学校長／水野次郎　■創立／大正12年　■生徒数／451名（男268名、女183名）
■所在地／〒183-8531 東京都府中市栄町1-1　■ＴＥＬ／042-368-5201
■交通／国分寺駅（JR中央線、西武多摩湖線・国分寺線）から京王バス「明星学苑」下車。
府中駅（京王線）から京王バス「明星学苑」下車。北府中駅（JR武蔵野線）徒歩約15分。

何学期制	週何日制	登校時刻	制服	給食	食堂 軽食販売	プール	寮	特待制度 奨学金等	帰国生 取出授業
3学期制	6日制	8:30	中高あり	なし	食堂中高あり 販売中高あり	屋内	なし	あり	なし

沿　革

1923年、明星実務学校として設立。1927年に財団法人明星中学校（5年制）と組織変更。1947年、学制改革にともない3年制の明星中学校となり、1948年には明星高等学校を開校し、1949年に同幼稚園、1950年には同小学校を開校する。1954年、同中学・高等学校に女子部を開設。1964年に明星大学を開設し、現在に至る。2003年に男子部・女子部の別学制から共学へ移行。

◉系列校

小	中	高	大（短大）
○	○	○	○

◉小学校からの内進生…61名
◉高校生外部募集………185名

教育方針と特色

「健康・真面目・努力」を校訓とし、「世界に貢献する人」の育成を目標としている。武蔵野の木立に囲まれた静かな環境のもとで、規律ある学園生活を行うことを基盤とし、全教職員が一致協力して生徒それぞれの適性・能力に応じた指導に努めている。計画的・継続的な教育を実現するため「中高6ヵ年一貫教育システム」を導入。中学校はきめ細かで手厚い指導と画期的な教育プログラムによって生徒が自分の可能性を広げる環境を提供。高校では、学期ごとのガイダンスなどによって中高一貫教育だから目指せる未来があることを明確化し、授業内外での学習支援体制によって希望する大学への合格を支援する。希望と必要に応じて補習や個別指導を随時行う。一方英語の多読・多聴を実施し、英検を含め英語学習において成果が表れてきている。また実験を多く取り入れた理科教育にも力を入れている。2021年より、中1に総合クラス・特別選抜クラスをスタートさせ、次世代のリーダー育成に力をより一層いれている。

◉授業時間…1コマ50分・週35時間

	1年	2年	3年
国　語	5/5	4/5	4/4
社　会	4/3	4/3	4/4
数　学	4/5	4/5	4/6
理　科	3/3	4/4	4/5
英　語	6/6	6/6	6/6
5教科計	22/22	22/23	22/25

※総合クラス／特別選抜クラス

進学・進路

◉卒業生進路状況

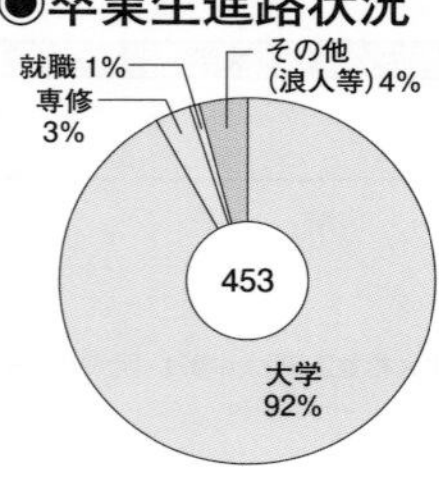

◉卒業までの流れ

小学校	中学校	高等学校	大学
明星小学校 ▶	明星中学校 ▶	明星高等学校（453） ▶	明星大学　65

◉主な大学合格実績

国・公	東京大		国・公	東京工業大		国・公	東京農工大		私	上智大	12	私	学習院大	8	私	明治学院大	5
	京都大			一橋大			東京医科歯科大			東京理科大	12		国際基督教大	1		日本大	43
	北海道大			筑波大	1		横浜国立大			明治大	17		津田塾大	4		東洋大	33
	東北大	1		千葉大			東京都立大			青山学院大	16		東京女子大	9		駒澤大	9
	名古屋大			お茶の水女子大			横浜市立大			立教大	22		日本女子大	4		専修大	16
	大阪大			東京外国語大		私	慶應義塾大	4		中央大	17		成蹊大	14		芝浦工業大	6
	九州大			電気通信大			早稲田大	11		法政大	22		成城大	7		東京都市大	21

受験状況

◉2024年 入試データ

試験名	1回総合		1回特選		特選適性検査		2回特選		2回総合		3回総合		3回特選		4回総合		4回特選	
入試日	2/1						2/1午後		2/2		2/3		2/3午後		2/4午後			
定員	男女計45		男女計15		男女計5		男女計10		男女計25		男女計10		男女計5		男女計5		男女計5	
性別	男	女	男	女	男	女	男	女	男	女	男	女	男	女	男	女	男	女
教科	2	2	4	4	−	−	2	2	2	2	2	2	2	2	2	2	2	2
応募	48	31	13	3	10	5	71	30	75	49	85	44	83	33	86	38	38	16
受験	35	26	7	2	10	5	50	21	27	19	26	9	31	8	23	3	9	3
合格	21	19	3	2	9	3	17	7	12	9	9	7	8	2	6	0	3	0
備考																		

明法（めいほう）中学校

■学校長／岡田貴之　■創立／昭和39年　■生徒数／男99名
■所在地／〒189-0024 東京都東村山市富士見町2-4-12
■ＴＥＬ／042-393-5611
■交通／小川駅（西武国分寺線・拝島線）徒歩18分。久米川駅、立川駅よりバス「明法学院前」下車、徒歩1分。

何学期制	週何日制	登校時刻	制服	給食	食堂 軽食販売	プール	寮	特待制度 奨学金等	帰国生 取出授業
3学期制	6日制	8:35	中高あり	なし	食堂条件付 販売中高あり	なし	なし	あり	なし

沿　革

1964年、理想的教育の場を実現し、社会に奉仕しようという念願によって、宗教法人霊友会が設立した学校法人明法学院が明法中学校、明法高等学校を開校。2025年、中学校共学化予定で、中高ともに共学となる。

教育方針と特色

常勤教員1名あたり生徒約14名という少人数教育で、教師と生徒の人間的つながりを大切にした教育を行っている。広大なキャンパスに理科専門棟などの充実した施設をもち、環境も優れている。中学校では基礎・基本の徹底に加え、「本物に触れる教育」を大切にし、中3からは高度な理科実験授業や海外語学研修も加わり、大学現役合格のさらにその先まで見据えた教育を行っている。さらに、サイエンスGEプログラムでは、ロボットプログラミングの授業や大会出場を通じて、論理的思考力や問題解決力、表現力も身につけられる。

◉系列校

小	中	高	大（短大）
	○	○	

◉併設小学校なし
◉高校生外部募集………120名
（1年次から混合クラス）

◉授業時間…1コマ50分・週34時間

	1年	2年	3年	計
国　語	5	5	5	15
社　会	4	4	4	12
数　学	6	5	5	16
理　科	4	4	5	13
英　語	6	5	5	16
5教科計	25	23	24	72

※明法／GEコース

進学・進路

◉卒業生進路状況

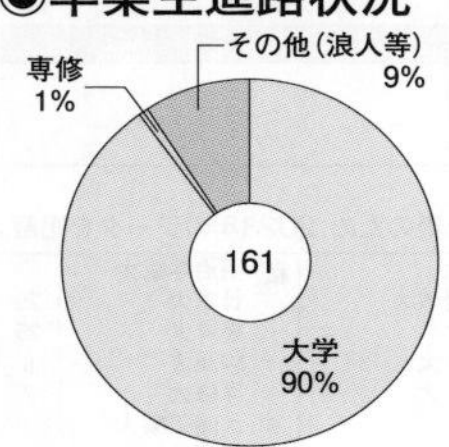

◉卒業までの流れ

小学校	中学校	高等学校	大学
	明法中学校	▶ 明法高等学校（161）	

◉主な大学合格実績

国・公	東京大		国・公	東京工業大		国・公	東京農工大		私	上智大		私	学習院大	2	私	明治学院大	1
	京都大			一橋大			東京医科歯科大			東京理科大	2		国際基督教大			日本大	18
	北海道大			筑波大			横浜国立大			明治大	3		津田塾大	2		東洋大	20
	東北大			千葉大			東京都立大	2		青山学院大	2		東京女子大	1		駒澤大	3
	名古屋大			お茶の水女子大			横浜市立大			立教大	3		日本女子大			専修大	6
	大阪大			東京外国語大		私	慶應義塾大			中央大	7		成蹊大	4		芝浦工業大	1
	九州大			電気通信大			早稲田大	2		法政大	11		成城大	2		東京都市大	

受験状況

◉2024年入試データ

試験名	帰国	1回午前	1回適性検査型	1回午後	2回午前	2回午後	3回
入試日	1/22	2/1		2/1午後	2/2	2/2午後	2/5
定員	1回計48				2回計16		8
性別	男	男	男	男	男	男	男
教科	2	2・4	－	2	2・4	2	2
応募	1	34	29	31	37	45	12
受験	1	31	28	29	11	28	9
合格	1	25	26	19	5	15	3
備考							

目黒学院中学校
（めぐろがくいん）

■学校長／関口隆司　■創立／平成7年　■生徒数／78名（男67名、女11名）
■所在地／〒153-8631 東京都目黒区中目黒1-1-50
■ＴＥＬ／03-3711-6556
■交通／中目黒駅（東急東横線、東京メトロ日比谷線）徒歩5分。

何学期制	週何日制	登校時刻	制服	給食	食堂 軽食販売	プール	寮	特待制度 奨学金等	帰国生 取出授業
2学期制	6日制	8:30	中高あり	なし	食堂中高あり 販売中高あり	なし	なし	あり	なし

沿　革

1940年、東京機械工科学校として創立。1942年、財団法人目黒工業学校として認可される。1948年、学制改革に伴い目黒高等学校と改称、普通科を併置。1995年、学校法人目黒学院に改称し、目黒学院中学校を開校した。1998年、目黒高等学校を目黒学院高等学校に改称。2011年共学化。

教育方針と特色

「明朗・勤勉・礼節」を校訓とし、「知育・徳育・体育」を三位一体とした調和のとれた教育を行い、自主的、積極的に学ぶ心と、生徒一人ひとりの個性を育む。さまざまなことを学び､自らの進む道を見出すことに価値があるとの考えから「幅広く教養を身につける」姿勢を大切にして日々の教育に取り組む。また「キャリアデザイン（人生設計能力）」を育むことが教育の本質であると捉え、自身をみつめ、主体的に考えて判断し、行動できる力を身に付ける多様な教育プログラムを展開。授業外の学習も充実しており、夏期講習や発展講習、受験対策講習など生徒の意欲に応える学習の場を提供している。
国際理解教育にも力を入れ、コミュニケーションツールとしての英語とIT（情報技術）をしっかりと身につけることと同時に、自己表現力、グローバルな価値観を身につけられるような取り組みを行っている。

◉系列校

小	中	高	大（短大）
	○	○	

◉併設小学校なし
◉高校生外部募集………280名
（完全別クラス）

◉授業時間…1コマ50分・週34時間

	1年	2年	3年	計
国　語	6	6	5	17
社　会	4	4	4	12
数　学	5	5	6	16
理　科	4	4	6	14
英　語	7	7	6	20
5教科計	26	26	27	79

進学・進路

◉卒業生進路状況

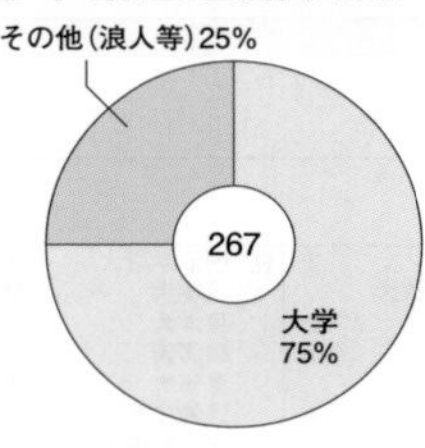

◉卒業までの流れ

小学校	中学校	高等学校	大学
	目黒学院中学校	▶ 目黒学院高等学校（267）	

◉主な大学合格実績

※2024年データ未公表のため、2023年のデータを掲載。

区分	大学	数	区分	大学	数	区分	大学	数	区分	大学	数	区分	大学	数	区分	大学	数
国・公	東京大		国・公	東京工業大	2	国・公	東京農工大		私	上智大	4	私	学習院大		私	明治学院大	
	京都大			一橋大			東京医科歯科大			東京理科大	1		国際基督教大			日本大	26
	北海道大			筑波大			横浜国立大			明治大	6		津田塾大			東洋大	25
	東北大			千葉大			東京都立大	2		青山学院大	4		東京女子大			駒澤大	9
	名古屋大			お茶の水女子大			横浜市立大			立教大	4		日本女子大			専修大	7
	大阪大			東京外国語大		私	慶應義塾大	5		中央大	3		成蹊大			芝浦工業大	
	九州大			電気通信大			早稲田大	3		法政大	9		成城大			東京都市大	

受験状況

◉2024年入試データ

試験名	1回総合能力		1回適性検査		1回1科		2回		3回		4回	
入試日	2/1						2/1午後		2/3午後		2/5	
定員	1回男女計13						男女計13		男女計5		男女計5	
性別	男	女	男	女	男	女	男	女	男	女	男	女
教科	－	－	－	－	算	算	2･4	2･4	2･4	2･4	2	2
応募	14	2	2	0	2	1	20	3	50	7	23	4
受験	14	2	2	0	2	1	19	3	39	6	11	2
合格	10	1	2	0	1	1	14	3	32	3	7	1
備考												

目白研心中学校

（めじろけんしん）

■学校長／吉田直子　■創立／大正12年　■生徒数／207名（男70名、女137名）
■所在地／〒161-8522 東京都新宿区中落合4-31-1　■ＴＥＬ／03-5996-3133
■交通／落合南長崎駅（都営大江戸線）徒歩10分。落合駅（東京メトロ東西線）徒歩12分。
中井駅（西武新宿線、都営大江戸線）徒歩8分。

何学期制	週何日制	登校時刻	制服	給食	食堂 軽食販売	プール	寮	特待制度 奨学金等	帰国生 取出授業
3学期制	6日制	8:30	中高あり	なし	食堂中高あり 販売中高あり	なし	なし	あり	英語のみ

沿　革

1923年研心学園として創立する。1929年に目白商業学校を設置。1944年には目白学園中学校・高等学校に改称。2009年より校名を「目白研心中学校・高等学校」に変更し、共学化。2014年よりSuper English Courseを設置。

教育方針と特色

「自己肯定感を持ち、他者に積極的に関わり、円滑なコミュニケーションが取れる。十分な情報収集・分析により問題を発見し解決できる人」そんなグローバル社会で活躍する人材を目白研心は育てる。

「自分の人生を自分で切り開ける人材を育てたい。」そんな思いから2016年度より、三段階の選択ステージを用意。「第一の選択」は中3。「特進コース」、「Super English Course」「総合コース」を生徒自身が選択する。よって入学時にはコース制を設けず、中1・2の英数は習熟度別授業とし、自分の適性を磨く。中3の1年間はトライアル期間として位置づけ、高1でコースを確定する「第二の選択」を行い、そして高2でさらに文理の選択を中心とした「第三の選択」を実施し、進路希望の実現を目指していく。

特別進学コースは難関大学進学を目指すコース、総合コースはGMARCH等への進学を目指すコース、Super English CourseはTOEFLiBT80点を目指すだけでなく、プレゼンテーション・ファシリテーション・世界事情といった科目を学び、海外の生徒と対等にコミュニケーションがとれる生徒を育てる。

◉系列校

小	中	高	大（短大）
	○	○	○

◉併設小学校なし
◉高校生外部募集………230名

（完全混合クラス）

◉授業時間…1コマ50分・週34時間

	1年	2年	3年	計
国　語	6	5	5	16
社　会	3	4	4	11
数　学	5	5	6	16
理　科	4	4	4	12
英　語	7	7	7	21
5教科計	25	25	26	76

進学・進路

◉卒業生進路状況

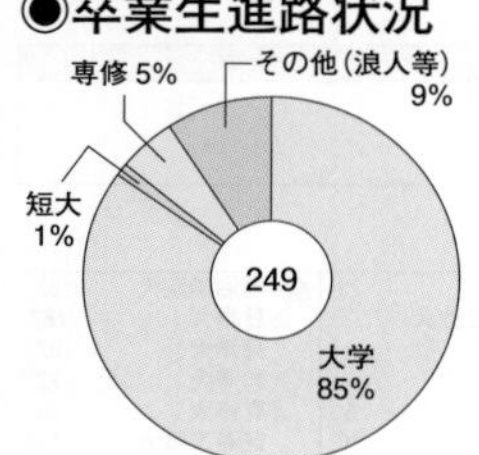

◉卒業までの流れ

小学校	中学校	高等学校	大学
	目白研心中学校	▶ 目白研心高等学校（249）	▶ 目白大学　6 目白大学短期大学部　0

◉主な大学合格実績

国・公	東京大		国・公	東京工業大		国・公	東京農工大		私	上智大	1	私	学習院大	4	私	明治学院大	6
	京都大			一橋大			東京医科歯科大			東京理科大			国際基督教大			日本大	37
	北海道大			筑波大			横浜国立大			明治大	7		津田塾大	1		東洋大	49
	東北大			千葉大			東京都立大	1		青山学院大	12		東京女子大	2		駒澤大	13
	名古屋大			お茶の水女子大			横浜市立大			立教大	9		日本女子大	5		専修大	12
	大阪大			東京外国語大		私	慶應義塾大	4		中央大	13		成蹊大	11		芝浦工業大	2
	九州大			電気通信大			早稲田大	4		法政大	9		成城大	8		東京都市大	1

受験状況

◉2024年入試データ

試験名	帰国1回		帰国2回		1回		2回		3回		4回		5回		算数アドバンスト		自己表現Gワーク	
入試日	11/18午後		12/5		2/1		2/1午後		2/2		2/2午後		2/3		2/3午後			
定員	若干名		若干名		2/1男女計70				2/2男女計20				2/3男女計10					
性別	男	女	男	女	男	女	男	女	男	女	男	女	男	女	男	女	男	女
教科	2	2	2	2	2・4	2・4	2・4	2・4	2	2	2	2	2	2	算	算	－	－
応募	3	0	0	3	71	102	37	60	32	55	40	58	39	59	20	13	7	19
受験	3	0	0	2	63	95	32	53	12	24	19	30	8	18	10	6	3	6
合格	2	0	0	2	39	69	23	39	7	21	12	23	3	15	7	3	0	4
備考																		

八千代松陰中学校

（やちよしょういん）

■学校長／櫻井丸　■創立／昭和57年　■生徒数／693名（男363名、女330名）
■所在地／〒276-0028 千葉県八千代市村上727　■ＴＥＬ／047-482-1234
■交通／勝田台駅（京成本線）・八千代中央駅（東葉高速線）からバス「松陰高校前」下車。
千葉駅、新鎌ヶ谷駅、千葉NT中央駅、村上駅などから生徒専用会員バスあり。

何学期制	週何日制	登校時刻	制服	給食	食堂 軽食販売	プール	寮	特待制度 奨学金等	帰国生 取出授業
3学期制	5日制	8:20 高8:30	中高あり	なし	食堂中高あり 販売中高あり	屋外	なし	なし	なし

沿　革

1978年4月、日本アマチュアスポーツ界・教育界のリーダーのひとりであった山口久太が、理想の教育を目指して八千代松陰高等学校を創立。1982年4月、中高6ヶ年一貫教育を目指して八千代松陰中学校を開校して、現在に至る。

教育方針と特色

北総の台地に15万平方メートルを越す広大なキャンパスが広がる。「さわやか」「はつらつ」「ひたむき」をスクールカラーとし、学力を十二分に伸ばすとともに、クラブ活動やさまざまな学校行事に進んで参加させ、健康で心豊かな生徒に育てる。カリキュラムは主要5教科の授業時間数を大幅に増やすなど、基礎力の錬成、応用力の養成に努め、6年後の大学進学を念頭に置いた教育を実施。また授業（主要5教科）は、生徒の理解度に合わせた学力別編成で行う。苦手科目を克服し、得意科目をさらに伸ばす、一人ひとりの個性・能力を十分に生かす授業システムである。

◉系列校

小	中	高	大（短大）
	○	○	

◉併設小学校なし

◉高校生外部募集………410名

（一部混合クラス）

◉授業時間…1コマ50分・週31時間

	1年	2年	3年	計
国　語	4	4	4	12
社　会	3	3	4	10
数　学	4	4	4	12
理　科	3	4	4	11
英　語	5	5	5	15
5教科計	19	20	21	60

進学・進路

◉卒業生進路状況

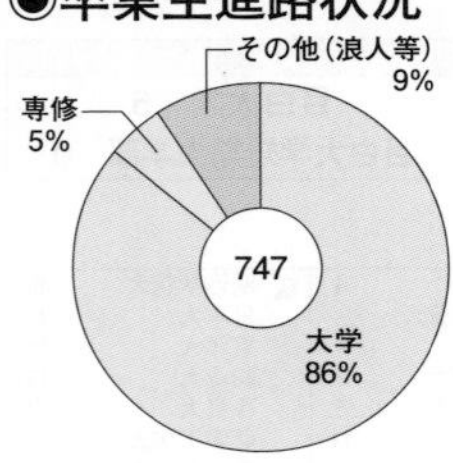

◉卒業までの流れ

小学校	中学校	高等学校	大学
	八千代松陰中学校 ▶	八千代松陰高等学校 (747)	

◉主な大学合格実績

区分	大学名	人数	区分	大学名	人数	区分	大学名	人数
国・公	東京大		国・公	東京工業大	1	国・公	東京農工大	1
	京都大			一橋大			東京医科歯科大	
	北海道大	4		筑波大	2		横浜国立大	2
	東北大	4		千葉大	19		東京都立大	2
	名古屋大			お茶の水女子大			横浜市立大	
	大阪大			東京外国語大		私	慶應義塾大	8
	九州大	1		電気通信大			早稲田大	13

区分	大学名	人数	区分	大学名	人数	区分	大学名	人数
私	上智大	10	私	学習院大	23	私	明治学院大	33
	東京理科大	39		国際基督教大			日本大	187
	明治大	47		津田塾大			東洋大	92
	青山学院大	16		東京女子大			駒澤大	22
	立教大	40		日本女子大	5		専修大	29
	中央大	36		成蹊大	30		芝浦工業大	17
	法政大	66		成城大	32		東京都市大	5

受験状況

◉2024年入試データ

試験名	IGS特待推薦		自己推薦・学科推薦		一般IGS		一般20日		一般21日		一般２月５日	
入試日	12月1日		12/1・12/2		1/20				1/21		2/5	
定員	男女計10		IGS特待除く推薦男女計95		男女計20		IGS除く1/20・21男女計85				若干名	
性別	男	女	男	女	男	女	男	女	男	女	男	女
教科	4	4	4	4	4	4	4	4	2・4	2・4	2	2
応募	19	15	216	161	64	79	48	30	66	39	32	17
受験	19	15	210	159	63	77	46	30	41	29	19	12
合格	5	5	64	69	9	21	17	15	19	15	3	2
備考					他にLR合格14	他にLR合格10						

横須賀学院中学校

よこすかがくいん

■学校長／天野海走　■創立／昭和25年　■生徒数／336名（男205名、女131名）
■所在地／〒238-8511 神奈川県横須賀市稲岡町82
■ＴＥＬ／046-822-3218
■交通／横須賀中央駅（京浜急行線）徒歩10分。横須賀駅（JR横須賀線）から京浜急行バス「大滝町」下車、徒歩約5分。

何学期制	週何日制	登校時刻	制服	給食	食堂 軽食販売	プール	寮	特待制度 奨学金等	帰国生 取出授業
3学期制	5日制	8:20	中高あり	なし	食堂中高あり 軽食販売あり	なし	なし	あり	あり

沿 革

1950年、横須賀の地で青山学院高等部を引き継いで創立されたプロテスタントのキリスト教学校。建学の精神は「敬神・愛人」。2009年に締結した青山学院大学との教育連携協定も、15周年を迎えた。

教育方針と特色

進学実現のための確かな学力と隣人愛に満ちた豊かな人格形成を目標とする全人的教育を実践している。特に中学校では、「共に生きる」という教育目標のもと、温かい思いやりに満ちた人間関係を築いている。宗教教育という大きな柱に加え、沖縄自然教室、ハワイ体験学習など様々なプログラムを準備。また中学3年で行われる職業体験を柱にしたキャリア教育も進路選択の一助となっている。

学習面では、検定外教科書なども併用しながら、6年間を見通した学習に取り組む。夜19時まで開室している学習室に専属スタッフが常駐。日常的な学習を強力にサポートしている。また土曜日に、国公立・難関私大を目指す特別講座を開講しているが、クラブ活動などと重なっている場合には、オンラインを使って、家庭などでの受講が可能である。2017年度より全教室電子黒板設置、2018年度より全員1人1台タブレットを活用。週1回のオンライン英会話もスタートした。

現在、「世界の隣人と共に生きるグローバル教育」というテーマのもと、イングリッシュデイズ（1年全員参加）、語学研修プログラムの充実、葉山インターナショナルスクールのボランティアスタッフとの連携などを通して、英語運用力の育成に力を注いでいる。また2018年度より中3に加え、高1の3学期も3ヶ月間のニュージーランドターム留学制度をスタート。

◉系列校

小	中	高	大（短大）
○	○	○	

◉小学校からの内進生…19名

◉高校生外部募集………330名

（完全別クラス）

◉授業時間…1コマ50分・週31時間

	1年	2年	3年	計
国　語	5	4	5	14
社　会	3	3	4	10
数　学	5	4	5	14
理　科	3	4	4	11
英　語	5	6	6	17
5教科計	21	21	24	66

※授業時間3年次33時間

進学・進路

◉卒業生進路状況

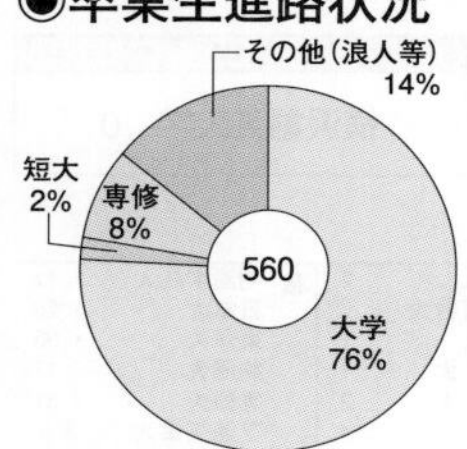

◉卒業までの流れ

小学校	中学校	高等学校	大学
横須賀学院小学校	横須賀学院中学校	横須賀学院高等学校（560）	

◉主な大学合格実績

区分	大学	人数	区分	大学	人数	区分	大学	人数
国・公	東京大		国・公	東京工業大	1	国・公	東京農工大	
	京都大			一橋大			東京医科歯科大	
	北海道大			筑波大			横浜国立大	2
	東北大			千葉大	2		東京都立大	5
	名古屋大			お茶の水女子大			横浜市立大	1
	大阪大			東京外国語大	2	私	慶應義塾大	5
	九州大			電気通信大			早稲田大	12

区分	大学	人数	区分	大学	人数	区分	大学	人数
私	上智大	4	私	学習院大	7	私	明治学院大	36
	東京理科大	6		国際基督教大			日本大	66
	明治大	30		津田塾大	3		東洋大	29
	青山学院大	39		東京女子大	4		駒澤大	30
	立教大	16		日本女子大	8		専修大	43
	中央大	19		成蹊大	17		芝浦工業大	5
	法政大	32		成城大	10		東京都市大	27

受験状況

◉2024年 入試データ

試験名	帰国		1次A		適性検査型		1次B		2次		英語資格利用		3次	
入試日	12/16		2/1				2/1午後		2/2午後		2/2午後		2/3午後	
定員	若干名		男女計25		男女計20		男女計25		男女計20		若干名		男女計20	
性別	男	女	男	女	男	女	男	女	男	女	男	女	男	女
教科	1・2	1・2	2・4	2・4	－	－	2	2	2	2	2	2	2	2
応募	1	0	71	37	29	21	108	42	114	56	6	4	132	54
受験	1	0	51	32	28	21	75	28	71	30	5	3	62	28
合格	1	0	19	11	14	7	27	12	24	8	2	3	25	16
備考														

横浜翠陵中学校

（よこはますいりょう）

■学校長／山本伸　■創立／平成11年　■生徒数／168名（男124名、女44名）
■所在地／〒226-0015 神奈川県横浜市緑区三保町1
■ＴＥＬ／045-921-0301
■交通／十日市場駅（JR横浜線）徒歩20分。同駅、青葉台駅からバス「郵便局前」下車、徒歩3分。

何学期制	週何日制	登校時刻	制服	給食	食堂 軽食販売	プール	寮	特待制度 奨学金等	帰国生 取出授業
2学期制	6日制	8:30	中高あり	なし	食堂中高あり 販売中高あり	なし	なし	なし	あり

沿　革

1985年、横浜国際女学院翠陵開校。2011年『横浜翠陵中学・高等学校』と改称し、男女共学校となる。

教育方針と特色

横浜翠陵のモットーは「Think & Challenge!」。学校生活の中で次代を担う人材、明日の世界をよりよい世界にするために考えて行動のできる人の育成を目指す。伝統の英語教育、共学化以来の人間力の育成に加え、サマーイングリッシュキャンプ、中学3ヶ年を通じてのグローバルプロジェクト（問題解決学習・プレゼンテーションに特化した教育）など翠陵の教育効果をさらに高めるプロジェクトに挑戦する。さらに高校1年次から、特進、国際、文理の3コースに分かれ、将来の進路に向けて学習を進める。2年次からは文系、理系に分かれ学習内容を深化させる。緑あふれるキャンパスで未来を生きるための力と世界に羽ばたくための力を兼ね備えたグローバルリーダーを育む。少人数の温かい雰囲気の翠陵の基本姿勢は「徹底的に一人ひとりの生徒と向き合う」こと。生徒一人ひとりの「わかった」「できた」を引き出すプログラムを実現するために、3年間の授業数を英語20時間・数学15時間・国語15時間と十分に確保。更に、学習活動をD=Desire（好奇心と意欲の活性化）、U=Understand（理解）、T=Training（実践的な演習）に分類し、今何を何のために行うのかを教員と生徒が互いに納得しながら学習をすすめる。「知りたい→わかった→できた」のプロセスを繰り返し、一歩ずつステップを登っていく。

◉系列校

小	中	高	大（短大）
	○	○	○

◉併設小学校なし

◉高校生外部募集………120名

（内進・外進は1年生から混合クラス）

◉授業時間…1コマ50分・週34時間

	1年	2年	3年	計
国　語	5	5	5	15
社　会	3	3	4	10
数　学	5	5	5	15
理　科	3	4	4	11
英　語	6	7	7	20
5教科計	22	24	25	71

進学・進路

◉卒業生進路状況

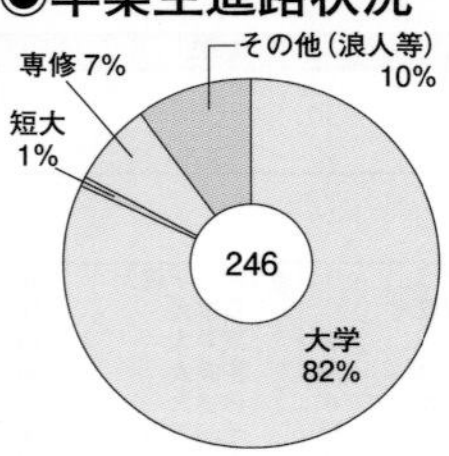

◉卒業までの流れ

小学校	中学校	高等学校	大学
	横浜翠陵中学校	▶ 横浜翠陵高等学校（246）	▶ 横浜創英大学　0

◉主な大学合格実績

区分	大学	数	区分	大学	数	区分	大学	数	区分	大学	数	区分	大学	数	区分	大学	数
国・公	東京大		国・公	東京工業大		国・公	東京農工大		私	上智大	2	私	学習院大	2	私	明治学院大	11
	京都大			一橋大			東京医科歯科大			東京理科大	3		国際基督教大			日本大	23
	北海道大			筑波大			横浜国立大			明治大	4		津田塾大	1		東洋大	30
	東北大			千葉大			東京都立大	2		青山学院大	8		東京女子大	1		駒澤大	17
	名古屋大			お茶の水女子大			横浜市立大			立教大	4		日本女子大	2		専修大	31
	大阪大			東京外国語大		私	慶應義塾大			中央大	12		成蹊大	4		芝浦工業大	3
	九州大			電気通信大			早稲田大	3		法政大	20		成城大	9		東京都市大	10

受験状況

◉2024年入試データ

試験名	1回		適性検査		2回		3回		4回		5回	
入試日	2/1				2/1午後		2/2		2/3午後		2/5	
定員	帰国含1回男女計30				男女計30		帰国含男女計10		男女計10		男女計10	
性別	男	女	男	女	男	女	男	女	男	女	男	女
教科	2･4	2･4	−	−	2･4	2･4	2･4	2･4	−	−	2･4	2･4
応募	40	20	6	3	62	31	57	30	84	42	79	47
受験	16	8	6	3	44	22	20	11	40	21	12	13
合格	13	6	6	2	30	18	12	4	28	11	7	6
備考												

横浜創英中学校（よこはまそうえい）

■学校長／本間朋弘　■創立／平成15年　■生徒数／424名（男256名、女168名）
■所在地／〒221-0004 神奈川県横浜市神奈川区西大口28
■ＴＥＬ／045-421-3121
■交通／大口駅（JR横浜線）徒歩8分。子安駅（京浜急行線）徒歩12分。

何学期制	週何日制	登校時刻	制服	給食	食堂 軽食販売	プール	寮	特待制度 奨学金等	帰国生 取出授業
3学期制	週6日制	8:25	中高あり	なし	食堂中高あり 販売中高あり	なし	なし	なし	なし

沿　革

1940年京浜高等女学校として創立。2002年に男女共学となり、現校名に改称。2003年に中学校開校。2020年に新校舎完成。2021年にグラウンド完成。

教育方針と特色

「考えて行動できる人」の育成を建学の精神とし、世界各国で抱えている社会・環境問題に対して持続可能な社会の当事者として主体的に関わるために、学校運営を生徒主体に譲渡し、３つのコンピテンシー「自律・対話・創造」をすべての教育活動を通して育てていく。サイエンスコース、本科コースの２コース制を導入している。約30名の外部講師による講演で学んだ後、Project Based Learning（PBL）を基盤とした探究学習を通じて、社会・環境問題に対して課題や発見を設定し、実学的な学びを通じて問題解決能力を身につける。また、英語・数学ではAI（人工知能）を搭載したアダプティブ・ラーニング教材を使用し、生徒の解答プロセスにかかわる様々な情報を収集、蓄積、解析し生徒一人ひとりの理解度に応じ効率よく学習できる。

◉系列校

小	中	高	大（短大）
	○	○	○

◉併設小学校なし
◉高校生外部募集………230名

（完全混合クラス）

◉授業時間…1コマ50分・週32時間

	1年	2年	3年	計
国　語	4/4	4/4	3/4	11/12
社　会	3/4	3/3	4/4	10/11
数　学	4/4	5/5	5/5	14/14
理　科	4/3	4/4	5/4	13/11
英　語	5/5	5/5	5/5	15/15
5教科計	20/20	21/21	22/22	63/63

（左：サイエンスコース　右：本科コース）

進学・進路

◉卒業生進路状況

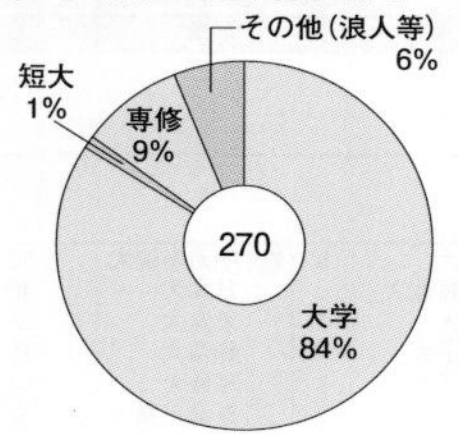

◉卒業までの流れ

小学校	中学校	高等学校	大学
	横浜創英中学校	▶ 横浜創英高等学校（270）	▶ 横浜創英大学　2

◉主な大学合格実績

国・公	東京大		国・公	東京工業大		国・公	東京農工大		私	上智大	2	私	学習院大	6	私	明治学院大	23
	京都大			一橋大			東京医科歯科大			東京理科大	1		国際基督教大			日本大	20
	北海道大			筑波大			横浜国立大			明治大	11		津田塾大			東洋大	15
	東北大			千葉大			東京都立大			青山学院大	11		東京女子大	1		駒澤大	11
	名古屋大			お茶の水女子大			横浜市立大	3		立教大	13		日本女子大	4		専修大	27
	大阪大			東京外国語大		私	慶應義塾大			中央大	8		成蹊大	7		芝浦工業大	1
	九州大			電気通信大			早稲田大	2		法政大	14		成城大	7		東京都市大	11

受験状況

◉2024年入試データ

試験名	帰国		1回		2回		3回		コンピテンシー入試		4回	
入試日	1/28		2/1		2/1午後		2/2		2/3		2/6	
定員	若干名		男女計50		男女計30		男女計30		男女計20		男女計10	
性別	男	女	男	女	男	女	男	女	男	女	男	女
教科	−	−	2･4	2･4	2	2	2･4	2･4	−	−	2	2
応募	4	3	172	122	221	143	202	118	59	67	154	53
受験	4	3	152	112	195	126	70	92	39	45	136	49
合格	3	3	31	19	26	11	19	12	6	13	9	1
備考												

よこはまはやと

横浜隼人中学校

■学校長／朝木秀樹　■創立／昭和54年　■生徒数／290名（男172名、女118名）
■所在地／〒246-0026 神奈川県横浜市瀬谷区阿久和南1-3-1　■ＴＥＬ／045-364-5101
■交通／希望ヶ丘駅（相模鉄道本線）徒歩20分。同駅、二俣川駅から相鉄バス「隼人中学・高校」下車。
戸塚駅、三ッ境駅から神奈川中央交通バス「阿久和」下車、徒歩5分。希望ヶ丘駅・戸塚駅より直通バスあり。

何学期制	週何日制	登校時刻	制服	給食	食堂 軽食販売	プール	寮	特待制度 奨学金等	帰国生 取出授業
2学期制	隔週5日制	8:20	中高あり	なし	食堂条件付 販売中高あり	屋外	なし	あり	なし

沿　革

1977年大谷学園が隼人高等学校を創立。1979年隼人中学校（男子校）を開校。1985年から中学校が、1987年から高校が共学化。1993年現校名となる。

教育方針と特色

横浜隼人では、国内はもちろんのこと、国際社会においても「必要で信頼される人」として活躍できる「人財」を育成するために、教職員が一丸となって、教育活動に全力で取り組んでいます。
「学力」「共生」「健康」を教育目標の3つの柱とし、日々の授業・学級活動・部活動に対して、主体的に素直に、そして明るく精一杯取り組む生徒を育てています。
「学力」を充実させるために、全教科にアクティブラーニング型の授業を導入し、知識の定着と同時に応用力や活用力を磨きます。
「共生」はこれからの時代を生きる上での大切なキーワードです。そのためには、他者の意見を素直に受け止め、自分の考えをわかりやすく伝えるスキルが必要です。横浜隼人には、そのスキルを磨く機会と、自由に意見交換ができる「安心・安全な場」があります。
身体と心の「健康」を身につけさせるために、積極的に運動に取り組み、自らの体力を向上させる態度を育みます。
放課後の横浜隼人は、たくさんの部活動で盛り上がっています。生徒数が2千名を超える横浜隼人には、なんと50近い部活動があるので、あなたに合う部活が必ず見つかることでしょう。

◉系列校

小	中	高	大(短大)
	○	○	

◉併設小学校なし

◉高校募集内進含………

内進生含む330名
（完全混合クラス）

◉授業時間…1コマ50分・週32時間

	1年	2年	3年	計
国　語	5	5	5	15
社　会	3	3	4	10
数　学	5	5	5	15
理　科	3	4	4	11
英　語	6	6	6	18
5教科計	22	23	24	69

進学・進路

◉卒業生進路状況

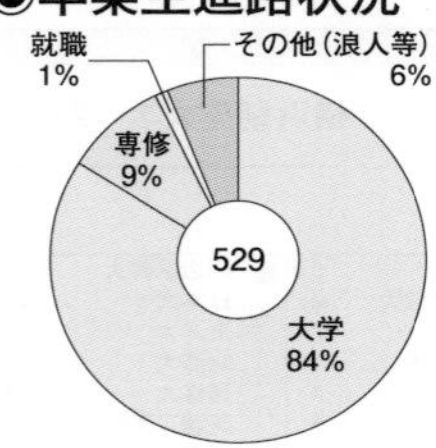

◉卒業までの流れ

小学校	中学校	高等学校	大学
	横浜隼人中学校 ▶	横浜隼人高等学校 (529)	

◉主な大学合格実績

	大学	人数		大学	人数		大学	人数		大学	人数		大学	人数		大学	人数
国・公	東京大	1	国・公	東京工業大	2	国・公	東京農工大		私	上智大	3	私	学習院大	6	私	明治学院大	36
	京都大			一橋大			東京医科歯科大			東京理科大	17		国際基督教大			日本大	46
	北海道大			筑波大	1		横浜国立大	8		明治大	19		津田塾大	1		東洋大	33
	東北大			千葉大	2		東京都立大	2		青山学院大	35		東京女子大	1		駒澤大	31
	名古屋大			お茶の水女子大			横浜市立大	4		立教大	15		日本女子大	3		専修大	57
	大阪大			東京外国語大		私	慶應義塾大	10		中央大	29		成蹊大	7		芝浦工業大	9
	九州大			電気通信大	2		早稲田大	7		法政大	32		成城大	11		東京都市大	22

受験状況

◉2024年 入試データ

試験名	1回		適性検査型		2回		自己アピール		3回	
入試日	2/1				2/2		2/2午後		2/6	
定員	男女計40		男女計30		男女計20		男女計20		男女計10	
性別	男	女	男	女	男	女	男	女	男	女
教科	2	2	−	−	2	2	−	−	2	2
応募	81	33	71	46	89	37	27	18	103	43
受験	72	29	70	46	41	13	21	11	26	10
合格	45	18	66	43	27	7	14	9	12	5
備考										

横浜富士見丘学園中学校

■学校長／永川尚文　■創立／大正12年　■生徒数／100名（男54名、女46名）
■所在地／〒241-8502 神奈川県横浜市旭区中沢1-24-1
■ＴＥＬ／045-367-4380
■交通／二俣川駅（相模鉄道本線）徒歩15分。

何学期制	週何日制	登校時刻	制服	給食	食堂 軽食販売	プール	寮	特待制度 奨学金等	帰国生 取出授業
2学期制	6日制	8:30	中高あり	なし	食堂あり 販売中高あり	なし	なし	あり	あり

沿　革

1923年、横浜市野毛町に前身にあたる日の出女学校を創立、翌年現在の場所に移転。1932年、渋谷近蔵を設立者として富士見丘高等女学校と改称。1947-1948年の学制改革により富士見丘中学校・高等学校となる。2007年春に移転し、校地は約3倍の広さとなった。2019年より共学化、2023年に創立100周年を迎えた。

教育方針と特色

一人ひとりの「夢」を実現するために、6年間を成長段階に応じた3 stageに分け、それぞれのstageに応じたプログラムを用意している。進路選択力を育成し、学びへの好奇心・探究心を大切にしながら、第一志望の難関大学進学合格を実現する。1st stageはきめ細やかな学習指導、2nd stageは自学自習の確立、3rd stageは高い学力を養する。放課後学習支援として、補習システムのTERAKOYA、高校生にはサクセス塾（校内予備校）を設けている。特に、英語については中1・2年のネイティブ副担任制、中3・高1年のオンライン英会話必修などのプログラムで英語4技能＋αの能力向上を推進する。また、2024年度から海外大学指定校推薦制度を導入し、世界7か国80校の提携大学に「英語検定試験（TOEFL iBTまたはIELTS）の点数」と「本校の成績」だけで合格できるようになった。指定校には「THE 世界大学ランキング」が東大より上位の大学も含まれており、国内大学とも併願ができることから、生徒の将来の選択肢をグローバルに広げることができるようになった。

◉系列校

小	中	高	大（短大）
	○	○	

◉併設小学校なし

◉高校生外部募集………あり

（高校1年から混合クラス編成）

◉授業時間…1コマ50分・週35時間

	1年	2年	3年	計
国　語	5	5	5	15
社　会	3	4	4	11
数　学	5	5	5	15
理　科	4	4	4	12
英　語	7	7	7	21
5教科計	24	25	25	74

※男女共にFLAP+1
※2024年度

進学・進路

◉卒業生進路状況

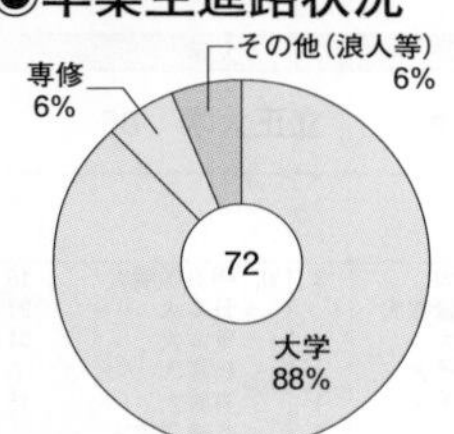

◉卒業までの流れ

小学校	中学校	高等学校	大学
	横浜富士見丘学園中学校	▶ 横浜富士見丘学園高等学校（72）	

◉主な大学合格実績

国・公	東京大		国・公	東京工業大		国・公	東京農工大		私	上智大	1	私	学習院大		私	明治学院大	4
	京都大			一橋大			東京医科歯科大			東京理科大			国際基督教大			日本大	4
	北海道大			筑波大			横浜国立大			明治大			津田塾大			東洋大	4
	東北大			千葉大			東京都立大			青山学院大			東京女子大			駒澤大	1
	名古屋大			お茶の水女子大			横浜市立大			立教大			日本女子大			専修大	5
	大阪大			東京外国語大		私	慶應義塾大			中央大			成蹊大	3		芝浦工業大	
	九州大			電気通信大			早稲田大			法政大	1		成城大	2		東京都市大	2

受験状況

◉2024年入試データ

試験名	1回		2回		3回		4回		5回		表現力		6回	
入試日	2/1		2/1午後		2/2		2/2午後		2/3		2/3午後		2/5	
定員	男女計30		男女計30		男女計10		男女計10		男女計10		男女計5		男女計5	
性別	男	女	男	女	男	女	男	女	男	女	男	女	男	女
教科	2･4	2･4	2･4	2･4	2･4	2･4	2	2	2･4	2･4	国	国	2･4	2･4
応募	20	9	31	22	19	12	23	15	34	18	11	4	28	10
受験	18	7	25	21	10	7	12	6	12	6	5	1	2	1
合格	12	6	13	12	4	5	7	5	7	5	5	1	1	0
備考														

立正大学付属立正中学校

（りっしょうだいがくふぞくりっしょう）

■学校長／大場一人　■創立／明治5年　■生徒数／493名（男340名、女153名）
■所在地／〒143-8557 東京都大田区西馬込1-5-1
■ＴＥＬ／03-6303-7683
■交通／西馬込駅（都営浅草線）徒歩約5分。

何学期制	週何日制	登校時刻	制服	給食	食堂 軽食販売	プール	寮	特待制度 奨学金等	帰国生 取出授業
3学期制	6日制	8:10	中高あり	なし	食堂条件付 販売中高あり	屋内	なし	あり	あり

沿　革

1872（明治5）年日蓮宗宗門子弟の教育機関として創立。1904（明治37）年品川区大崎に新校舎を落成し、日蓮宗大学林中等科（5年制）を開設。1948年立正中学校・高等学校となる。1994年から中学校で女子を募集して、共学校となる。さらに、1997年から高等学校も共学校となる。2013年に品川区大崎から大田区西馬込に移転した。

教育方針と特色

立正の建学の精神である日蓮聖人の教え「行学の二道」は知識や経験（学）を、実際に行動で示す（行）ことの大切さと、実際の行動の結果を新たな学びに活かすことの大切さを説いている。本校では、生徒の学力に応じた習熟度別クラス編成、補習、講習などを通して、一人ひとりの学力の向上と、それを実際に行動に移すための教育プログラムR-プログラムを実践している。実際の社会に出ても必要になってくるResearch（自ら進んで調べる力）、Read（主張や要点を読み取る力）、Report（意思や結果を正確に伝える力）を身に付けるため、毎朝のHRでのコラムリーディング＆スピーチ、リーディングマラソン、キャリア教育（職業講話・職業体験）等を行っている。大学への進路指導だけでなく、社会に貢献できる人材育成が、本校の目標である。

◉系列校

小	中	高	大（短大）
	○	○	○

◉併設小学校なし
◉高校生外部募集………200名

（2年次から混合クラス）

◉授業時間…1コマ50分・週35時間

	1年	2年	3年	計
国　語	5	5	5	15
社　会	4	4	3	11
数　学	5	6	6	17
理　科	4	4	4	12
英　語	8	7	8	23
5教科計	26	26	26	78

進学・進路

◉卒業生進路状況

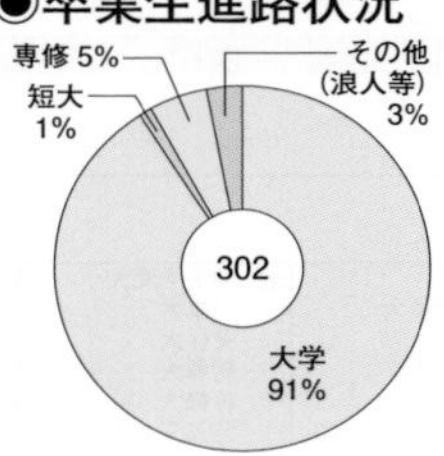

◉卒業までの流れ

小学校	中学校	高等学校	大学
	立正大学付属立正中学校	▶ 立正大学付属立正高等学校（302）	▶ 立正大学　86

◉主な大学合格実績

国・公	東京大		国・公	東京工業大		国・公	東京農工大		私	上智大	1	私	学習院大	3	私	明治学院大	10
	京都大			一橋大			東京医科歯科大			東京理科大	4		国際基督教大			日本大	21
	北海道大	1		筑波大			横浜国立大	1		明治大	12		津田塾大			東洋大	31
	東北大			千葉大			東京都立大			青山学院大			東京女子大			駒澤大	7
	名古屋大			お茶の水女子大			横浜市立大			立教大	10		日本女子大	1		専修大	15
	大阪大			東京外国語大		私	慶應義塾大	1		中央大	5		成蹊大	5		芝浦工業大	2
	九州大			電気通信大			早稲田大	5		法政大	7		成城大	1		東京都市大	10

受験状況

◉2024年入試データ

試験名	1回午前		1回午後		2回		3回		4回	
入試日	2/1		2/1午後		2/2		2/3		2/7	
定員	1回男女計110				男女計20		男女計10		男女計10	
性別	男	女	男	女	男	女	男	女	男	女
教科	2･4	2･4	2･4	2･4	2･4	2･4	2･4	2･4	2･4	2･4
応募	170	61	215	66	188	66	209	73	237	77
受験	115	46	110	28	26	10	43	21	40	4
合格	99	42	77	23	12	6	26	14	12	1
備考										

流通経済大学付属柏中学校

（りゅうつうけいざいだいがくふぞくかしわ）

■学校長／赤城政広　■創立／令和5年　■生徒数／307名（男166名、女141名）
■所在地／〒277-0872 千葉県柏市十余二1-20
■ＴＥＬ／04-7131-5611
■交通／江戸川台駅（東武アーバンパークライン）、柏の葉キャンパス駅（つくばエクスプレス）からスクールバス。

何学期制	週何日制	登校時刻	制服	給食	食堂 軽食販売	プール	寮	特待制度 奨学金等	帰国生 取出授業
3学期制	6日制	8:20	中高あり	なし	食堂中高あり 販売中高あり	なし	なし	なし	なし

沿　革

2023年度4月
開校式実施
流通経済大学付属柏中学校として開校
現在1、2学年のみ　(男女共学)

教育方針と特色

日本通運（現NX）株式会社の「社会に貢献し、豊かな未来を創る」という企業理念と、流通経済大学の「世界に飛躍する社会有為な人材育成」というそれぞれの教育理念をバックボーンに、独自の教育プログラムを展開。「グローバルコミュニケーション教育」実用的な英語力を磨き、語学で広がる世界知る。「ICT 共創教育」探究する楽しさを、共に創り出す喜びを知る。「流経リーダーシップ」人との絆、誠実さ、勇気の大切さを知る。これらを実践するため開校と同時に開設されたのが、「図書・メディア棟」である。蔵書約50,000冊を有し、大学の電子図書も利用可能。また、バーチャル留学として、相手校との映像による交流を可能した。また、「ENGLISHラウンジ」を設け、昼休みや放課後にネイティブの先生方と話すことができる。

◉系列校

小	中	高	大（短大）
	○	○	○

◉併設小学校なし
◉高校生外部募集………341名

（完全別クラス）

◉授業時間…1コマ50分・週34時間

	1年	2年	3年	計
国　語	4	5	4	13
社　会	3	4	4	11
数　学	5	4	5	14
理　科	4	4	5	13
英　語	6	6	6	18
5教科計	22	23	24	69

進学・進路

◉卒業生進路状況

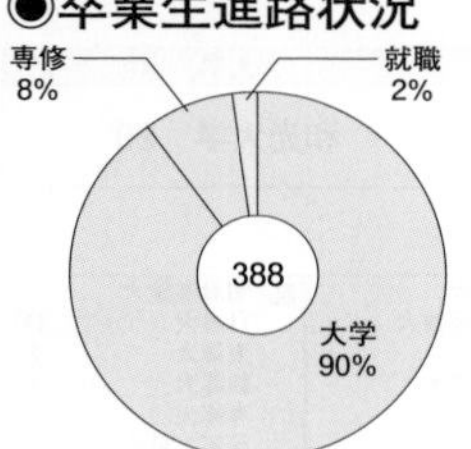

◉卒業までの流れ

小学校	中学校	高等学校	大学
	流通経済大学付属柏中学校	▶ 流通経済大学付属柏高等学校（388）	▶ 流通経済大学　73

◉主な大学合格実績

区分	大学	数	区分	大学	数	区分	大学	数	区分	大学	数	区分	大学	数	区分	大学	数
国・公	東京大		国・公	東京工業大		国・公	東京農工大		私	上智大		私	学習院大	10	私	明治学院大	6
	京都大			一橋大			東京医科歯科大			東京理科大	14		国際基督教大			日本大	31
	北海道大			筑波大			横浜国立大			明治大	9		津田塾大			東洋大	17
	東北大	1		千葉大	5		東京都立大	1		青山学院大	5		東京女子大	1		駒澤大	13
	名古屋大			お茶の水女子大	1		横浜市立大			立教大	6		日本女子大	2		専修大	9
	大阪大			東京外国語大		私	慶應義塾大			中央大	5		成蹊大	6		芝浦工業大	6
	九州大			電気通信大			早稲田大	8		法政大	15		成城大	8		東京都市大	2

受験状況

◉2024年入試データ

試験名	第一志望		1回		2回		3回		4回	
入試日	12/1		1/22		1/26		1/26午後		2/4	
定員	男女計50		男女計60		男女計15		男女計15		若干名	
性別	男	女	男	女	男	女	男	女	男	女
教科	2	2	4	4	4	4	2	2	2	2
応募	73	70	116	115	93	79	104	87	86	65
受験	72	70	97	105	42	29	49	33	12	9
合格	30	39	51	63	21	17	27	19	3	2
備考										

和光（わこう）中学校

■学校長／橋本暁　■創立／昭和22年　■生徒数／385名（男195名、女190名）
■所在地／〒195-0051 東京都町田市真光寺町1291
■ＴＥＬ／042-734-3402
■交通／鶴川駅（小田急線）からバス「和光学園」下車。若葉台駅（京王相模原線）からバス「和光学園」または「鶴川団地」下車。

何学期制	週何日制	登校時刻	制服	給食	食堂 軽食販売	プール	寮	特待制度 奨学金等	帰国生 取出授業
3学期制	5日制	8:45	なし	なし	食堂中高あり 販売中高あり	屋外	なし	あり	なし

沿　革

1933年、成城学園を母体として出発し、翌年小学校開校。1947年、和光中学校を開校。その後、高校、幼稚園、大学を開学し、総合学園となる。

教育方針と特色

教育目標は「共に生きる」。学校は生徒・保護者・教職員の三者がつくるものという基本理念のもと、学校目標や教育課程について三者で意見交換している。生徒を信頼し、自主・自律・自治を育てることを大事にし、規則で管理することより自らが考えて行動できることを目指している。
学習に関しては、基礎学力の習得を第一とし、各教科で独自の教材を自主編成している。さらに、「総合学習」では、現代社会に起っている様々な問題をテーマに調査・研究・発表を重視している。
また、集団の自治を大切と考え、豊かな学校行事を用意している。1951年から続く伝統行事である水泳合宿や生徒会が中心に運営する和光祭、中2の9月には「秋田学習旅行」を行い、3日間の農作業体験、太鼓や踊りなどを経験する。中1・中3は学級演劇も行っている。

◉系列校

小	中	高	大（短大）
○	○	○	○

◉小学校からの内進生…90名
◉高校募集内進含………240名

（完全混合クラス）

◉授業時間…1コマ45分・週28時間

	1年	2年	3年	計
国　語	4	3	4	11
社　会	3	3	4	10
数　学	3	4	4	11
理　科	3	4	4	11
英　語	4	4	4	12
5教科計	17	18	20	55

進学・進路

◉卒業生進路状況

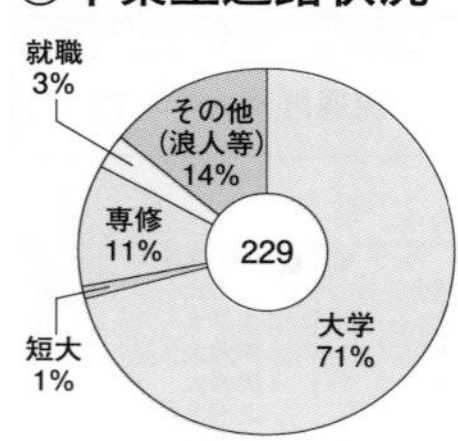

◉卒業までの流れ

小学校	中学校	高等学校	大学
和光・和光鶴川小学校 ▶	和光中学校 ▶	和光高等学校（229） ▶	和光大学　20

◉主な大学合格実績

区分	大学	人数	区分	大学	人数	区分	大学	人数	区分	大学	人数	区分	大学	人数	区分	大学	人数
国・公	東京大		国・公	東京工業大		国・公	東京農工大		私	上智大	1	私	学習院大		私	明治学院大	
	京都大			一橋大			東京医科歯科大			東京理科大	1		国際基督教大			日本大	11
	北海道大			筑波大			横浜国立大			明治大	3		津田塾大			東洋大	2
	東北大			千葉大			東京都立大			青山学院大			東京女子大			駒澤大	4
	名古屋大			お茶の水女子大			横浜市立大			立教大	5		日本女子大			専修大	2
	大阪大			東京外国語大		私	慶應義塾大			中央大	4		成蹊大	1		芝浦工業大	
	九州大			電気通信大			早稲田大	5		法政大	2		成城大	1		東京都市大	5

受験状況

◉2024年入試データ

試験名	1回		2回		3回	
入試日	2/1		2/3		2/11午後	
定員	男女計約40		男女計約10		男女計約10	
性別	男	女	男	女	男	女
教科	2	2	2	2	2	2
応募	27	38	25	34	21	27
受験	25	38	17	19	11	17
合格	8	15	8	5	2	5
備考						

武相(ぶそう)中学校

■学校長／石野雅子　■創立／昭和17年　■生徒数／男59名
■所在地／〒222-0023 神奈川県横浜市港北区仲手原2-34-1　■ＴＥＬ／045-401-9042
■交通／妙蓮寺駅（東急東横線）徒歩10分。岸根公園駅（横浜市営地下鉄ブルーライン）徒歩10分。
横浜駅から市営バス「武相台」下車、徒歩2分。新横浜駅（JR横浜線）徒歩18分。

何学期制	週何日制	登校時刻	制服	給食	食堂 軽食販売	プール	寮	特待制度 奨学金等	帰国生 取出授業
3学期制	隔週5日制	8:35	中高あり	なし	食堂中高あり 販売中高あり	屋根開閉式	なし	あり	なし

沿　革

創立は1942年。校名の由来でもある「武蔵」と「相模」を見渡せる閑静な住宅街に立地する男子校。妙蓮寺・岸根公園・新横浜の3駅が徒歩圏で、横浜から20分、東京方面からもアクセス抜群。

教育方針と特色

建学の精神「道義昂揚・個性伸張・実行徹底」に沿い、1人1人の個性を大事にする。中学担任団はチームで生徒を見守り、少人数できめ細やかな指導が特色。授業中に行う5教科定着度テスト等で学力を基礎から固める一方、クラブや行事も一生懸命取り組み「文武両道」を目指す。高校では高入生と一緒になり、体育コース・総合コース・進学コース（進学クラス・特進クラス）から、自分の将来の夢や興味関心を基にコースを選択する。高校の特進クラスは過去3年計48名中現役合格累計で、国公立・早慶上理8、GMARCH・関関同立34、成成明武・日東駒専・産近甲龍76、四工大・農大17と実績を出した。入試は国算2科型と得意1科＋面接型。特待生入試は入試の得点で4段階の特待があり、中学の成績次第で高校での継続もある。

◉系列校

小	中	高	大（短大）
	○	○	

◉併設小学校なし

◉高校生外部募集………340名

（完全混合クラス）

◉授業時間…1コマ50分・週34時間

	1年	2年	3年	計
国　語	5	4	5	14
社　会	3	3	4	10
数　学	4	5	5	14
理　科	4	4	4	12
英　語	6	6	5	17
5教科計	22	22	23	67

進学・進路

◉卒業生進路状況

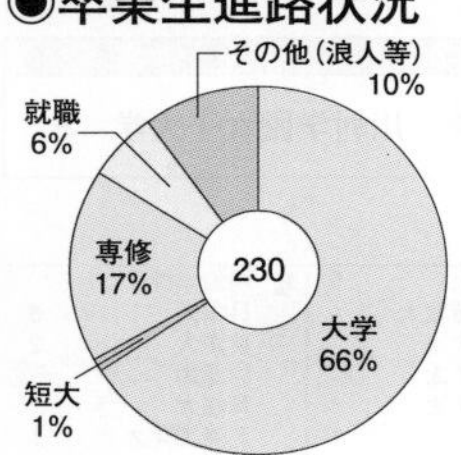

◉卒業までの流れ

小学校	中学校	高等学校	大学
	武相中学校	▶ 武相高等学校（230）	

◉主な大学合格実績

国・公	東京大		国・公	東京工業大		国・公	東京農工大		私	上智大		私	学習院大	1	私	明治学院大	
	京都大			一橋大			東京医科歯科大			東京理科大	1		国際基督教大			日本大	6
	北海道大			筑波大			横浜国立大			明治大	1		津田塾大			東洋大	6
	東北大			千葉大			東京都立大			青山学院大	1		東京女子大			駒澤大	3
	名古屋大			お茶の水女子大			横浜市立大			立教大			日本女子大			専修大	3
	大阪大			東京外国語大		私	慶應義塾大	1		中央大	5		成蹊大	1		芝浦工業大	
	九州大			電気通信大			早稲田大			法政大	3		成城大			東京都市大	2

受験状況

◉2024年入試データ

試験名	1回	2回	3回
入試日	2/1	2/2午後	2/8
定員	20	20	20
性別	男	男	男
教科	2	2	2
応募	20	11	13
受験	20	9	8
合格	17	8	5
備考			

川村(かわむら)中学校

■学校長／寺本明子　■創立／大正13年　■生徒数／女175名
■所在地／〒171-0031 東京都豊島区目白2-22-3
■ＴＥＬ／03-3984-7707（入試広報室）
■交通／目白駅（JR山手線）徒歩1分。雑司が谷駅（東京メトロ副都心線）徒歩7分。

何学期制	週何日制	登校時刻	制服	給食	食堂 軽食販売	プール	寮	特待制度 奨学金等	帰国生 取出授業
2学期制	6日制 土曜月2回	8:10	中高あり	中高あり	食堂なし 販売中高あり	屋内	なし	あり	あり

沿　革

1924年、川村文子によって川村女学院が創立。1943年に川村女学院高等女学校と改称。学制改革により1947年に川村中学校が、1948年には川村高等学校が開設。1988年には川村学園女子大学が設立。

教育方針と特色

創立者川村文子が提唱した「感謝の心」「女性の自覚」「社会への奉仕」を教育の指針とする。中学校では、基礎学力の充実に重きを置くと同時に、品位ある社会人として礼節を身につけ、人間形成の基礎づくりに努める。知、徳、体の調和のとれた、広い視野と知的で国際感覚をもつ女性の育成を目的にカリキュラムを編成。とくに英語教育は授業時間の増加、外国人教師による少人数授業などで、学力向上に努めている。高校では、多様化した生徒の進路志望に応じ、進路に適した選択科目を配して他大学受験希望者への支援も行っている。心豊かで品位ある女性を育てるため、芸術鑑賞などの行事にも力を入れている。また、総合的な学習の時間では「生きる力」を養うことを目的とし、中1では「地球環境」、中2では「国際理解・国際交流」、中3では「自覚」をテーマとし、自然に触れる体験学習やキャリアガイダンスなどを実施する。

◉系列校

小	中	高	大（短大）
○	○	○	○

◉小学校からの内進生…7割
◉高校生外部募集………60名

（完全混合クラス）

◉授業時間…1コマ50分・週35時間

	1年	2年	3年	計
国　語	5	5	5	15
社　会	3	3	4	10
数　学	6	5	5	16
理　科	3	4	4	11
英　語	6	6	6	18
5教科計	23	23	24	70

進学・進路

◉卒業生進路状況

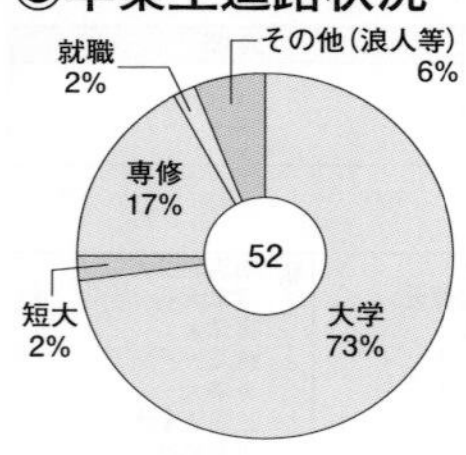

◉卒業までの流れ

小学校	中学校	高等学校	大学
川村小学校	川村中学校	川村高等学校（52）	川村学園女子大学　5

◉主な大学合格実績

国・公	東京大		国・公	東京工業大		国・公	東京農工大		私	上智大		私	学習院大	5	私	明治学院大	
	京都大			一橋大			東京医科歯科大			東京理科大			国際基督教大			日本大	3
	北海道大			筑波大			横浜国立大			明治大			津田塾大			東洋大	2
	東北大			千葉大			東京都立大			青山学院大	2		東京女子大			駒澤大	
	名古屋大			お茶の水女子大			横浜市立大			立教大			日本女子大			専修大	
	大阪大			東京外国語大		私	慶應義塾大			中央大	1		成蹊大	1		芝浦工業大	1
	九州大			電気通信大			早稲田大			法政大	1		成城大	1		東京都市大	

受験状況

◉2024年入試データ

試験名	プレミアム	セレクト1	セレクト2	セレクト3	セレクト4	セレクト5
入試日	2/1	2/1午後	2/3	2/4	2/4午後	2/5
定員	25	セレクト計25				
性別	女	女	女	女	女	女
教科	2	2	2	2	2	2
応募	35	35	44	44	48	50
受験	27	17	12	7	4	3
合格	22	12	10	4	2	1
備考						

北鎌倉女子学園中学校

（きたかまくらじょしがくえん）

■学校長／佐野朗子　■創立／昭和15年　■生徒数／女142名
■所在地／〒247-0062 神奈川県鎌倉市山ノ内913
■ＴＥＬ／0467-22-6900
■交通／北鎌倉駅（JR横須賀線）徒歩7分。

何学期制	週何日制	登校時刻	制服	給食	食堂 軽食販売	プール	寮	特待制度 奨学金等	帰国生 取出授業
2学期制	5日制	8:25	中高あり	なし	食堂中高あり 販売中高あり	なし	なし	あり	あり

沿　革

東邦大学の創立者額田豊によって「女性の優れた能力と様々な可能性への信頼と期待」を建学の精神に、北鎌倉高等女学校として1940年に創立された。

教育方針と特色

鎌倉の自然豊かな丘に立つ北鎌倉女子学園は、のびやかな自立した女性の育成を目指し、グローバル社会で必要な力を育成できる学習環境を整備。実践的な英語力が身につけられるように複数のネイティブ教員による授業や放課後のイングリッシュルームでのアクティビティ、イングリッシュキャンプなどの特別プログラムを通して英語を使用する機会を多く設けている。また、2025年度より中3～高3で国際コースを設置し、海外留学や国際交流などの多彩なプログラムを提供。国際社会で活躍できる人材を育成する。全館Wi-Fiを完備し、電子黒板を全教室に配備。端末を一人一台貸与し、授業だけでなく宿題の配信、個別指導などで活用している。総合探究にも力を入れ、鎌倉に根ざした学びが世界につながる機会を提供している。

国内でも数少ない音楽コースでは、専任教諭や現役で活躍しているプロによる専攻別レッスンを中心に音楽分野の基礎から学べる環境を整えている。

◉系列校

小	中	高	大（短大）
	○	○	

◉併設小学校なし

◉高校生外部募集………165名

（混合クラス）

◉授業時間…1コマ45分・週34時間

	1年	2年	3年	計
国　語	4	4	3	11
社　会	3	3	4	10
数　学	4	3	4	11
理　科	3	4	4	11
英　語	6	6	6	18
5教科計	20	20	21	61

※先進コース

進学・進路

◉卒業生進路状況

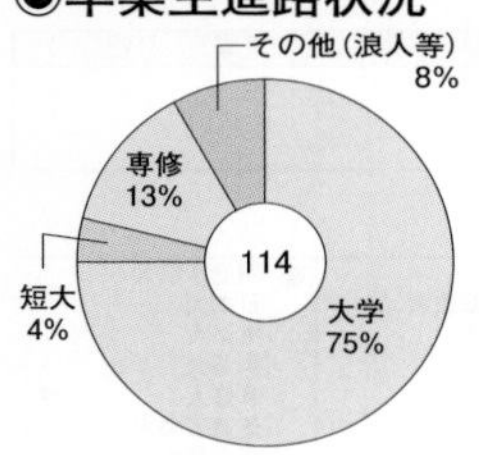

◉卒業までの流れ

小学校	中学校	高等学校	大学
	北鎌倉女子学園中学校 ▶	北鎌倉女子学園 高等学校（114）	

◉主な大学合格実績

区分	大学	人数	区分	大学	人数	区分	大学	人数
国・公	東京大		国・公	東京工業大		国・公	東京農工大	
	京都大			一橋大			東京医科歯科大	
	北海道大			筑波大			横浜国立大	
	東北大			千葉大			東京都立大	
	名古屋大			お茶の水女子大			横浜市立大	2
	大阪大			東京外国語大		私	慶應義塾大	
	九州大			電気通信大			早稲田大	2

区分	大学	人数	区分	大学	人数	区分	大学	人数
私	上智大		私	学習院大	2	私	明治学院大	5
	東京理科大			国際基督教大			日本大	7
	明治大	1		津田塾大			東洋大	1
	青山学院大	9		東京女子大	1		駒澤大	1
	立教大	1		日本女子大	5		専修大	
	中央大			成蹊大			芝浦工業大	
	法政大	2		成城大	2		東京都市大	

受験状況

◉2024年入試データ

試験名	音楽	2科1回	算数	2科2回	4科総合	エッセイ1回	英語プレゼン1回	プログラミング	国語	算数2回	国語2	エッセイ2回	英語プレゼン2回
入試日	2/1		2/1午後	2/2	2/2午後	2/3午後			2/4	2/4午後	2/5	2/5午後	
定員	25	先進計95											
性別	女	女	女	女	女	女	女	女	女	女	女	女	女
教科	2	2	算	2	4	国	−	−	国	算	国	国	−
応募	10	32	16	29	12	8	2	3	38	25	30	12	1
受験	10	28	9	7	5	1	0	1	10	3	6	1	0
合格	10	23	9	3	4	1	0	1	6	1	6	0	0
備考		帰国生含		帰国生含									

北豊島(きたとしま)中学校

■学校長／安達剛　■創　立／大正15年　■生徒数／女71名
■所在地／〒116-8555 東京都荒川区東尾久6-34-24　■ＴＥＬ／03-3895-4490
■交通／熊野前駅（都電荒川線、日暮里・舎人ライナー）徒歩5分。町屋駅（東京メトロ千代田線・京成線）徒歩15分。
北千住駅から都営バス15分。

何学期制	週何日制	登校時刻	制服	給食	食堂 軽食販売	プール	寮	特待制度 奨学金等	帰国生 取出授業
2学期制	6日制	8:20	中高あり	なし	食堂中高あり 販売中高あり	なし	なし	あり	なし

沿　革

大正デモクラシーの中、女性の地位向上を目指した秋上ハルにより北豊島女学校として1926年に創立、2026年に100周年を迎える中高一貫の女子校。

教育方針と特色

中学・高校6年間の少人数制教育推進校として、中学は20人を原則としたクラス編成で、高校も30人を原則としたクラスを編成。リベラルアーツ教育推進校として、教科横断型授業や週8時間の英語教育に取り組みます。点数では現れない学力までを見る授業スタイルと、協働力や探究力、課題設定力を育むグループワークなど、多岐にわたる授業スタイルで個々の学力伸長を可能にしています。
週8時間の英語は、日本人講師が5時間、常駐ネイティブ6人が授業に入る3時間で構成され、発信型英語を学習していき、中学3年間で日常会話をマスターできるレベルを目標にしています。成果として、中学3年では英検2級レベル、高校2年で準1級を取得する生徒も多数輩出しています。
さらに、情操教育にも力を入れ、2年間の華道・1年間の茶道、さらには3年間ギターを学びます。学力だけでなく、豊かな感性を育む教育にも力を入れ、「社会で活躍する女性」の土台を築きます。
大学進学も国内大学だけではなく、海外大学へも視野を広げる生徒が増えています。海外大学合格者数も4年連続で70名以上を達成しています。

◉系列校

小	中	高	大（短大）
	○	○	

◉併設小学校なし
◉高校生外部募集………150名
（完全混合クラス）

◉授業時間…1コマ50分・週35時間

	1年	2年	3年	計
国　語	5	4	4	13
社　会	3	3	4	10
数　学	4	4	4	12
理　科	4	4	4	12
英　語	7	8	8	23
5教科計	23	23	24	70

進学・進路

◉卒業生進路状況

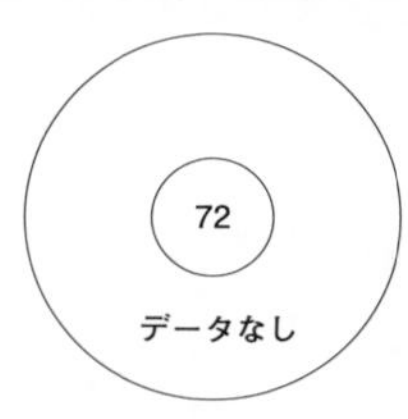

◉卒業までの流れ

小学校	中学校	高等学校	大学
	北豊島中学校 ▶	北豊島高等学校（72）	

◉主な大学合格実績

区分	大学	人数	区分	大学	人数	区分	大学	人数
国・公	東京大		国・公	東京工業大		国・公	東京農工大	
	京都大			一橋大			東京医科歯科大	
	北海道大			筑波大			横浜国立大	
	東北大			千葉大			東京都立大	
	名古屋大			お茶の水女子大			横浜市立大	
	大阪大			東京外国語大		私	慶應義塾大	
	九州大			電気通信大			早稲田大	

区分	大学	人数	区分	大学	人数	区分	大学	人数
私	上智大		私	学習院大		私	明治学院大	
	東京理科大			国際基督教大			日本大	
	明治大			津田塾大			東洋大	
	青山学院大			東京女子大	3		駒澤大	
	立教大	2		日本女子大	1		専修大	2
	中央大			成蹊大			芝浦工業大	
	法政大	5		成城大			東京都市大	

受験状況

◉2024年入試データ

試験名	帰国１回	帰国２回	一般	特待１回	適性検査型	英語	自己表現1回	特待２回	特待３回	自己表現2回
入試日	12/25	1/22	2/1	2/1午後				2/2午後	2/5午後	
定員	若干名	若干名	50	15	10	10	5	10	10	5
性別	女	女	女	女	女	女	女	女	女	女
教科	2	2	2	2	−	−	−	2・4	2	−
応募	0	0	45	42	1	4	0	49	49	2
受験	0	0	33	30	1	3	0	14	13	2
合格	0	0	30	4	1	2	0	5	4	2
備考				他に一般合格19				他に一般合格7	他に一般合格8	

京華女子中学校

（けいかじょし）

■学校長／山中秀樹　■創立／明治42年　■生徒数／女172名
■所在地／〒112-8612 東京都文京区白山5-6-6　■ＴＥＬ／03-3946-4434
■交通／白山駅（都営三田線）徒歩3分。本駒込駅（東京メトロ南北線）8分。巣鴨駅（JR山手線など）20分。
千駄木駅（東京メトロ千代田線）18分。

何学期制	週何日制	登校時刻	制服	給食	食堂 軽食販売	プール	寮	特待制度 奨学金等	帰国生 取出授業
3学期制	6日制	8:20	中高あり	なし	食堂なし 販売中高あり	なし	なし	あり	なし

沿　革

1897年　京華学園の母体である京華中学校創立。
1909年　京華高等女学校設立。
1947年　戦後の学制改革により京華女子中学校・京華女子高等学校設立。

教育方針と特色

①「共感力を育てる」②「グローバル力をみがく」③「学力を高める」という３つの教育の柱を掲げる。生徒一人ひとりに秘められた無限の可能性を引き出す教育を実践し、国際感覚や人間愛を身につけ、自ら考える力を持ち、広い視野と深い知性と優しい心を持った21世紀を支える真に賢い女性を育成する。
①箏曲、茶道、華道、日本舞踊などの日本の伝統文化体験、ボランティア体験、文化祭での発表、民泊体験などを行っている。クラブ活動の参加は任意だが、ほとんどの生徒が参加している。
②中学卒業時には英検準２級以上の取得を目標とし、53%の生徒が取得できた。中１では放課後英検講習が週１回行われる。また、第２外国語として中国語か仏語の授業が週に１時間ある。中２からはオーストラリア夏季海外研修に参加ができ、高校からはセブ島の語学研修やニュージーランドの３ヶ月留学や１年留学（単位認定で元の学年に戻れる）などがある。
③放課後の指名講習や夏期講習が行われる。自学できるようにスタディサプリを導入している。高校からは進学クラスと特進クラス（S特クラス）に分かれ、生徒の志望校合格に向けてサポートしている。また、指定校推薦も800名以上の枠があり充実している。

◉系列校

小	中	高	大（短大）
	○	○	

◉併設小学校なし

◉高校生外部募集………150名

（完全混合クラス）

◉授業時間…1コマ50分・週34時間

	1年	2年	3年	計
国　語	5	5	5	15
社　会	3	3	4	10
数　学	4	5	5	14
理　科	4	4	4	12
英　語	6	7	7	20
5教科計	22	24	25	71

進学・進路

◉卒業生進路状況

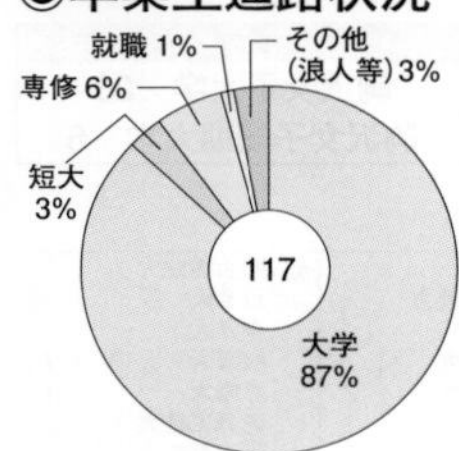

◉卒業までの流れ

小学校	中学校	高等学校	大学
	京華女子中学校	▶ 京華女子高等学校（117）	

◉主な大学合格実績

国・公	東京大		国・公	東京工業大		国・公	東京農工大		私	上智大	3	私	学習院大	5	私	明治学院大	2
	京都大			一橋大			東京医科歯科大			東京理科大	1		国際基督教大			日本大	7
	北海道大			筑波大			横浜国立大			明治大	6		津田塾大	7		東洋大	23
	東北大			千葉大			東京都立大			青山学院大	1		東京女子大	3		駒澤大	6
	名古屋大			お茶の水女子大			横浜市立大			立教大	4		日本女子大	10		専修大	3
	大阪大			東京外国語大		私	慶應義塾大			中央大	3		成蹊大			芝浦工業大	
	九州大			電気通信大			早稲田大			法政大	9		成城大			東京都市大	

受験状況

◉2024年 入試データ

試験名	帰国特別	適性検査型	１回午前	１回午後	２回英検	２回	３回	特待特別
入試日	12/1	2/1		2/1午後	2/2	2/2午後	2/3午後	2/4
定員	オンライン入試含5	帰国含15	帰国含1回計35		帰国含2回計15		5	5
性別	女	女	女	女	女	女	女	女
教科	2	－	2･4	2･4	2	2･4	2	2･4
応募	オンライン入試含3	50	特待含156	特待含221	118	特待含219	特待含223	126
受験	オンライン入試含3	46	特待含116	特待含177	68	特待含84	特待含87	23
合格	オンライン入試含3	36	特待含53	特待含79	34	特待含27	特待含35	10
備考								

私立校その2

駒沢学園女子中学校

こまざわがくえんじょし

■学校長／土屋登美恵　■創立／昭和2年　■生徒数／女85名
■所在地／〒206-8511 東京都稲城市坂浜238　■ＴＥＬ／042-350-7123
■交通／稲城駅（京王相模原線）からバス「駒沢学園」下車。新百合ヶ丘駅（小田急小田原線・多摩線）からバス「駒沢学園」下車。あざみ野駅、稲城長沼駅からスクールバスあり。

何学期制	週何日制	登校時刻	制服	給食	食堂 軽食販売	プール	寮	特待制度 奨学金等	帰国生 取出授業
3学期制	6日制	8:25	中高あり	なし	食堂中高あり 販売中高あり	屋外	なし	あり	なし

沿　革

1927年、曹洞宗大本山永平寺により旧制駒澤高等女学校として世田谷に創立。1989年に稲城市に全面移転し、幼・中・高・短・大・院からなる女子の総合学園として現在に至っている。

教育方針と特色

道元禅師の教え「正念・行学一如」を建学の精神に仰ぎ、自分を静かに見つめ、何事にも全力で取り組む人格の育成を目指している。広大な自然に恵まれたキャンパスは四季の変化に富み、思春期を過ごす絶好の環境。グローバルな現代に求められる「生き抜く力」「未来を切り開く力」のさらなる育成のために、これまでの伝統を守り校風を大切にしながら、女子校にしかできない「新しい女子教育」を実践する。単元別テストを取り入れ、放課後の補習とともに学習習慣の定着をはかる。朝学習では、リスニング＆スピーキングなど英語の聞く力と話す力を養成する為のプログラムを毎日実施し、ネイティブスピーカーとのオンライン英会話で英語力を育てる。また、ICT教材による多角的な理解を深めるアクティブラーニングを推進している。さらに、「21世紀ワールドスタディーズ」では、縦割りで第2外国語（韓・中・仏）、日本文化、プログラミングから選択できる学びや、各学年で行う探究型授業が展開されている。
部活動も活発で、全国大会優勝経験を持つ硬式野球部、サッカー部、バトン部、ダンス部など、高校生の部員とともに活動し学業のみならず成果をあげている。

◉系列校

小	中	高	大（短大）
	○	○	○

◉併設小学校なし
◉高校生外部募集………240名
（内進生を含む）

◉授業時間…1コマ50分・週33時間

	1年	2年	3年	計
国　語	5	5	5	15
社　会	4	3	4	11
数　学	4	4	5	13
理　科	3	4	4	11
英　語	5	6	6	17
5教科計	21	22	24	67

進学・進路

◉卒業生進路状況

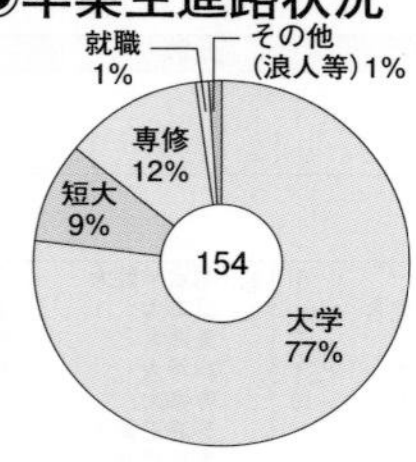

◉卒業までの流れ

小学校	中学校	高等学校	大学
	駒沢学園女子中学校	駒沢学園女子高等学校 （154）	駒沢女子大学　23 駒沢女子短期大学　6

◉主な大学合格実績

区分	大学	人数
国・公	東京大	
	京都大	
	北海道大	
	東北大	
	名古屋大	
	大阪大	
	九州大	
国・公	東京工業大	
	一橋大	
	筑波大	
	千葉大	
	お茶の水女子大	
	東京外国語大	
	電気通信大	
国・公	東京農工大	
	東京医科歯科大	
	横浜国立大	
	東京都立大	
	横浜市立大	
私	慶應義塾大	
	早稲田大	
私	上智大	
	東京理科大	
	明治大	1
	青山学院大	1
	立教大	
	中央大	1
	法政大	
私	学習院大	
	国際基督教大	
	津田塾大	
	東京女子大	
	日本女子大	2
	成蹊大	1
	成城大	2
私	明治学院大	1
	日本大	
	東洋大	
	駒澤大	7
	専修大	1
	芝浦工業大	
	東京都市大	

受験状況

◉2024年入試データ

試験名	1回午前	1回英語	プレゼン	1回1科目選択	1回午後	2回午前	2回1科目選択	2回午後	3回
入試日	2/1				2/1午後	2/2		2/2午後	2/5
定員	30	10	5	5	5	10	5	5	5
性別	女	女	女	女	女	女	女	女	女
教科	2・4	－	－	1	1	2	1	1	2
応募	16	4	1	3	27	26	12	34	37
受験	14	4	1	3	9	7	0	7	2
合格	13	4	1	3	8	6	0	5	1
備考									

相模女子大学中学部

（さがみじょしだいがく）

■学校長／武石輝久　■創立／昭和23年　■生徒数／女239名
■所在地／〒252-0383 神奈川県相模原市南区文京2-1-1
■ＴＥＬ／042-742-1442
■交通／相模大野駅（小田急小田原線・江ノ島線）徒歩10分。

何学期制	週何日制	登校時刻	制服	給食	食堂 軽食販売	プール	寮	特待制度 奨学金等	帰国生 取出授業
3学期制	6日制	8:30	中高あり	なし	食堂高校のみ 販売中高あり	屋外	なし	あり	なし

沿　革

学校法人相模女子大学の創設は1900年。1946年、現在地に移転し、1948年相模女子大学中学部として創立。広大な校内に相模野の自然を備えて、幼児教育から大学教育までの総合学園として、充実した教育環境を誇っている。

教育方針と特色

建学の精神「高潔善美」に基づき、志を高く何事にも挑戦する意欲を持ち、他者の気持ちを大切にする女性の育成を目指す。学習においては、基礎力の定着に加え、自ら考えるプロセスを重視し、表現力の育成を目指した授業を展開。一人一人の学習を支援する放課後サポートシステム「まなlab」が導入され、質問型個別指導を受けることができる。国際理解教育では、専任の外国人教師による少人数授業に、目的や到達度に応じて行き先や研修スタイルを選択できる海外研修など、生きたコミュニケーション力の育成を目指したプログラムがある。情操教育においては「個性の尊重」に重視。多数の行事で生徒が主体的に動き、各種分野で「だれもがどこかで主役になれる」ことを大切にしている。また中学1年で必修としている「茶道」では、伝統文化と礼儀作法を学ぶとともに、自分と向き合い「人のために自分はなにができるのか」を考える時間となっている。さらに道徳や総合の時間を「マーガレットタイム」と称し、様々な視点から「命の大切さ」について考える機会を設けている。

◉系列校

小	中	高	大(短大)
○	○	○	○

◉小学校からの内進生…23名
◉高校生外部募集………260名

（完全混合クラス）

◉授業時間…1コマ45分・週32時間

	1年	2年	3年	計
国　語	5	4	4	13
社　会	3	4	4	11
数　学	5	4	5	14
理　科	3	4	4	11
英　語	5	5	6	16
5教科計	21	21	23	65

進学・進路

◉卒業生進路状況

◉卒業までの流れ

小学校	中学校	高等学校	大学
相模女子大学小学部 ▶	相模女子大学中学部 ▶	相模女子大学高等部 (337) ▶	相模女子大学　74 相模女子大学短期大学部　1

◉主な大学合格実績

	大学	人数		大学	人数		大学	人数
国・公	東京大		国・公	東京工業大		国・公	東京農工大	
	京都大			一橋大			東京医科歯科大	
	北海道大			筑波大			横浜国立大	
	東北大			千葉大			東京都立大	1
	名古屋大			お茶の水女子大			横浜市立大	
	大阪大			東京外国語大	2	私	慶應義塾大	1
	九州大			電気通信大			早稲田大	3

	大学	人数		大学	人数		大学	人数
私	上智大	7	私	学習院大	1	私	明治学院大	5
	東京理科大	1		国際基督教大	1		日本大	8
	明治大	2		津田塾大	3		東洋大	5
	青山学院大	4		東京女子大	3		駒澤大	9
	立教大	5		日本女子大	13		専修大	5
	中央大	5		成蹊大	7		芝浦工業大	3
	法政大	6		成城大	7		東京都市大	6

受験状況

◉2024年入試データ

試験名	帰国	1回	適性検査型	プログラミング1回	2回	3回	4回	プログラミング2回
入試日	12/16	2/1			2/1午後	2/2午後	2/5	2/14
定員	若干名	一般全合計120						
性別	女	女	女	女	女	女	女	女
教科	2	2	−	−	2･4	2･4	2	−
応募	2	76	67	14	126	100	108	30
受験	2	67	64	13	108	48	37	11
合格	1	41	54	10	55	14	9	5
備考								

私立校その2

白梅学園清修中学校

しらうめがくえんせいしゅう

■学校長／南和男　■創立／平成18年　■生徒数／女129名

■所在地／〒187-8570 東京都小平市小川町1-830　■ＴＥＬ／042-346-5129

■交通／鷹の台駅（西武国分寺線）徒歩13分。立川駅（JR中央線など）からバス「武蔵野美術大学」下車7分。
国分寺駅（JR中央線など）からバス「白梅学園前」下車1分。

何学期制	週何日制	登校時刻	制服	給食	食堂 軽食販売	プール	寮	特待制度 奨学金等	帰国生 取出授業
2学期制	6日制	8:10	中高あり スラックスあり	1、2年次に 月1回食育あり	食堂条件付 販売条件付	外部使用	なし	あり	あり

沿　革

母体の東京家庭学園が1942年に発足し、以後、白梅幼稚園、短期大学、高等学校、大学が開学し、2006年4月に新たに清修中学校が開設。2023年12月に津田塾大学と高大連携協定を締結。

教育方針と特色

白梅学園清修は、気品とフロンティア精神を兼ね備えた女性を育成するという教育理念に基づき、「自主・自立/自律」の精神と、他者と協働しながら新たな価値を生み出し、自ら人生を切り拓く女性の育成を目指している。日々の授業は、積極的に意見を交わす「対話的な学び」を取り入れているので、クラスメイト全員が自分の意見を発言できる環境が整っている。また、全教室に設置されたプロジェクターを用いて、視覚や聴覚を刺激する独自の教育を実践。ほとんどの教科で、パワーポイントを使って生徒がプレゼンテーションする機会を設けているため、プレゼンテーション力やICTスキルを毎日の生活から自然と養うことができる。
英語教育については、ネイティブスピーカーの教員が5名、フルタイムで勤務しており、授業以外の時間にいつでも英語を話せる環境が整っている。1週間に7時間ある英語の授業のうち、5時間はネイティブスピーカーの教員が展開している。また、英語でのプレゼンテーションや海外研修など、能動的に学ぶ機会が多くあるのも魅力。

◉系列校

小	中	高	大（短大）
	○	○	○

◉併設小学校なし

◉高校生外部募集………なし

◉授業時間…1コマ50分・週37時間

	1年	2年	3年	計
国　語	5	5	5	15
社　会	4	4	4	12
数　学	6	6	6	18
理　科	4	4	4	12
英　語	7	7	6	20
5教科計	26	26	25	77

進学・進路

◉卒業生進路状況

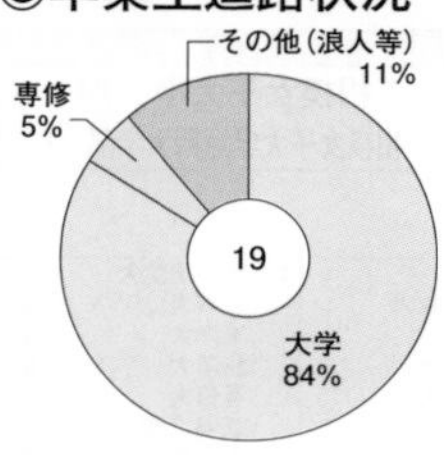

◉卒業までの流れ

小学校	中学校	高等学校	大学
	白梅学園清修中学校	▶ 白梅学園清修 中高一貫部（19）	▶ 白梅学園大学　0 白梅学園短期大学　0

◉主な大学合格実績

	大学	人数		大学	人数		大学	人数		大学	人数		大学	人数		大学	人数
国・公	東京大		国・公	東京工業大		国・公	東京農工大		私	上智大		私	学習院大	1	私	明治学院大	
	京都大			一橋大			東京医科歯科大			東京理科大	1		国際基督教大			日本大	2
	北海道大			筑波大			横浜国立大			明治大			津田塾大			東洋大	2
	東北大			千葉大			東京都立大			青山学院大	1		東京女子大	1		駒澤大	
	名古屋大			お茶の水女子大			横浜市立大			立教大	2		日本女子大			専修大	3
	大阪大			東京外国語大		私	慶應義塾大	1		中央大	1		成蹊大			芝浦工業大	
	九州大			電気通信大			早稲田大	1		法政大	3		成城大			東京都市大	

受験状況

◉2024年 入試データ

試験名	帰国	1回午前	1回午後	2回午前	2回午後	3回午前	3回午後	4回	5回
入試日	12/23	2/1	2/1午後	2/2	2/2午後	2/3	2/3午後	2/4	2/6
定員	若干名	25	10	5	5	5	5	5	若干名
性別	女	女	女	女	女	女	女	女	女
教科	2	2・4	2	2	2	2	2	2	2
応募	0	適性含81	33	33	28	30	34	45	36
受験	0	適性含78	25	12	7	5	8	6	3
合格	0	適性含69	22	7	5	4	5	3	2
備考									

聖(せい)ドミニコ学園(がくえん)中学校

■学校長／髙橋幸子　■創立／昭和37年　■生徒数／女192名
■所在地／〒157-0076 東京都世田谷区岡本1-10-1　■ＴＥＬ／03-3700-0017
■交通／二子玉川駅（東急田園都市線・大井町線）徒歩20分。用賀駅（東急田園都市線）徒歩15分。
成城学園前駅（小田急線）から東急バス「岡本もみじが丘」下車、徒歩2分。

何学期制	週何日制	登校時刻	制服	給食	食堂 軽食販売	プール	寮	特待制度 奨学金等	帰国生 取出授業
3学期制	5日制	8:25	中高あり	なし	食堂なし 昼食販売あり	屋内	なし	あり	あり

沿　革

1931年、ドミニコ女子修道会の5人の修道女が来日し、仙台で修道院を設立。戦中、戦後の混乱期に慈善活動を行った。その後、目黒区駒場に修道院を創立し、1954年に小学校開校。1958年に幼稚園、1962年に中学校・高等学校を開校。同年に世田谷区岡本に移転。

教育方針と特色

13世紀に活躍した聖ドミニコに倣い、丁寧な対話を重ねて、自ら考え行動できる生徒たちを育てている。1クラス20～30名という環境がもたらす家庭的で温かい校風の中、学習面・生活面ともにきめ細かく指導している。多様な文化に触れるため中学では英語・仏語を必修とし、英検・仏検にもチャレンジ。中3の3学期をニュージーランドの現地校で過ごす中期留学や、オーストラリアへの語学研修、また高校生にはフランスへの交換留学制度もある。一人ひとりの進路の希望を叶えるため、高3の選択科目は生徒1名でも開講することを原則とし、自立学習の面でも個々の課題に対応するためスタディサプリ・同イングリッシュを一斉導入した。このようにして難関四年制大学ばかりでなく、音楽・美術といった多様な進学先で、卒業生たちはのびのびと活躍している。学習環境のさらなる充実を図り、2019年度よりコース制を導入し、英語に特化したインターナショナルコースを開設。英語・数学・理科をすべてネイティブスピーカーの教科教員が主導して日本人教員とのティームティーチングを行っている。

◉系列校

小	中	高	大（短大）
○	○	○	

◉小学校からの内進生…52名
◉高校生外部募集………なし

◉授業時間…1コマ50分・週33時間

	1年	2年	3年	計
国　語	4	4	4	12
社　会	3	3	4	10
数　学	4	4	4	12
理　科	4	4	4	12
英　語	6	6	6	18
5教科計	21	21	22	64

進学・進路

◉卒業生進路状況

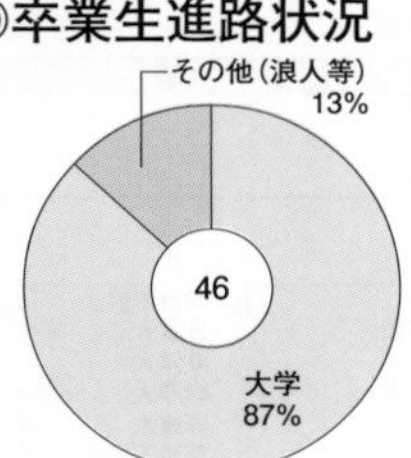

◉卒業までの流れ

小学校	中学校	高等学校	大学
聖ドミニコ学園小学校 ▶	聖ドミニコ学園中学校 ▶	聖ドミニコ学園 高等学校（46）	

◉主な大学合格実績

国・公		国・公		国・公		私		私		私	
東京大		東京工業大		東京農工大		上智大	2	学習院大	4	明治学院大	9
京都大		一橋大		東京医科歯科大		東京理科大		国際基督教大		日本大	5
北海道大		筑波大		横浜国立大		明治大	8	津田塾大	1	東洋大	7
東北大		千葉大		東京都立大		青山学院大	4	東京女子大		駒澤大	2
名古屋大		お茶の水女子大		横浜市立大		立教大	6	日本女子大	2	専修大	4
大阪大		東京外国語大		私 慶應義塾大	1	中央大	3	成蹊大		芝浦工業大	
九州大		電気通信大		早稲田大	3	法政大	2	成城大	6	東京都市大	2

受験状況

◉2024年 入試データ

試験名	帰国	1回	2回	3回	4回	後期
入試日	11/25	2/1	2/1午後	2/2	2/3午後	2/11
定員	特に定めず	20	10	10	5	5
性別	女	女	女	女	女	女
教科	2	2	2	2	－	2
応募	0	英含13	14	13	17	4
受験	0	11	6	3	5	1
合格	0	11	5	1	4	1
備考						

私立校その2

聖和学院中学校

（せいわがくいん）

■学校長／佐々木富紀子　■創立／昭和17年　■生徒数／女25名
■所在地／〒249-0001 神奈川県逗子市久木2-2-1
■ＴＥＬ／046-871-2670
■交通／逗子駅（JR横須賀線・湘南新宿ライン）徒歩8分。逗子・葉山駅（京浜急行線）徒歩10分。

何学期制	週何日制	登校時刻	制服	給食	食堂 軽食販売	プール	寮	特待制度 奨学金等	帰国生 取出授業
2学期制	6日制	8:30	中高あり	なし	食堂なし 販売中高あり	なし	なし	あり	あり

沿　革

1942年 湘南私学塾として開校。
1987年 県内唯一の英語科を設置。
1988年 県内で初めてNZ語学研修を実施。
2018年 ICT教育環境を再整備。
2020年 Seiwa WGL Project開始。
2022年 SEIWAコモンズ（コ・クリエイションラウンジ）の開設。

◉系列校

小	中	高	大(短大)
	○	○	

◉併設小学校なし
◉高校生外部募集………90名

（完全混合クラス）

教育方針と特色

校訓は「温順・勤勉・愛」。DXを活用し、グローバルな分野で活躍する女性リーダー育成を目指し、生徒が自ら学びあうリアルスタディを実践している。世界で活躍する女性リーダーから将来の自分像を創造する聖和学院オリジナル学習プログラム“Women's Global Leadership Project”を導入。①英語オンライン相互学習による多読・読解力の強化②身の回りのテーマやカレントトピックスを通し、クリティカルシンキングのスキルを高める課題解決プログラム③模擬国連Summer CampやDXキャンプの開催④異文化理解・多文化共生をテーマに同世代の外国の生徒達とのオンラインでのバディトーク⑤JAL マナー講座による国際的に通用するマナー等の育成⑥卒業生によるキャリア形成支援企画CIRCLE WISE⑦全教室Wi-Fi・電子黒板・1人1台のタブレット端末などのICT環境、3Dプリンタも備えたラーニングコモンズにより情報収集・ディスカッション・プレゼンテーション等での探求を実現⑧2023年からは制服に新たなヴァリエーションを追加⑨DXハイスクール化へ向けて情報・理数系の充実。

◉授業時間…1コマ50分・週34時間

	1年	2年	3年	計
国　語	5	5	6	16
社　会	3	4	4	11
数　学	5	5	4	14
理　科	4	4	4	12
英　語	5	5	6	16
5教科計	22	23	24	69

進学・進路

◉卒業生進路状況

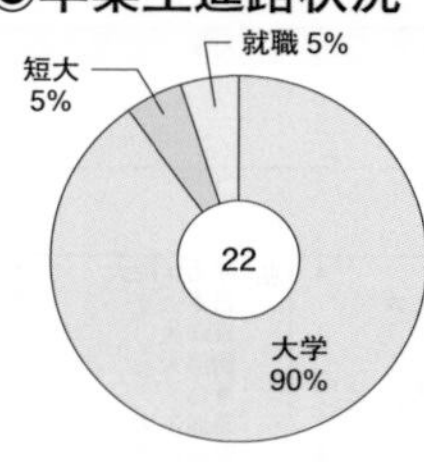

◉卒業までの流れ

小学校	中学校	高等学校	大学
	聖和学院中学校	▶ 聖和学院高等学校（22）	

◉主な大学合格実績

国・公	東京大		国・公	東京工業大		国・公	東京農工大		私	上智大		私	学習院大		私	明治学院大	2
	京都大			一橋大			東京医科歯科大			東京理科大			国際基督教大	1		日本大	
	北海道大			筑波大			横浜国立大			明治大			津田塾大			東洋大	
	東北大			千葉大			東京都立大			青山学院大			東京女子大			駒澤大	
	名古屋大			お茶の水女子大			横浜市立大	1		立教大			日本女子大	3		専修大	1
	大阪大			東京外国語大		私	慶應義塾大			中央大			成蹊大			芝浦工業大	
	九州大			電気通信大			早稲田大			法政大			成城大			東京都市大	

受験状況

◉2024年入試データ

試験名	帰国1回	帰国2回	1回	特待1回	2回	特待2回	3回	特待3回	特別1回	特別2回
入試日	12/7	1/11	2/1	2/1午後	2/2	2/2午後	2/3	2/4	2/5	2/6
定員	−	−	15	10	10	10	5	10	若干名	若干名
性別	女	女	女	女	女	女	女	女	女	女
教科	−	−	2・4	2・4	2	2・4	2	2・4	2	2
応募	帰国計2	帰国1回に含	9	英含11	12	英含16	16	14	13	14
受験	帰国計1		7	英含7	5	英含10	8	5	3	3
合格	帰国計0		5	英含6	3	英含9	6	4	1	2
備考										

そうしんじょがっこう
捜真女学校中学部

■校　長／島名恭子　■創立／明治19年　■生徒数／439名
■所在地／〒221-8720 神奈川県横浜市神奈川区中丸8　■ＴＥＬ／045-491-3686
■交通／反町駅（東急東横線）徒歩15分。三ツ沢下町駅（横浜市営地下鉄ブルーライン）徒歩15分。
横浜駅・反町駅からバス「捜真学院前」下車。

何学期制	週何日制	登校時刻	制服	給食	食堂 軽食販売	プール	寮	特待制度 奨学金等	帰国生 取出授業
3学期制	5日制	8:05	中高あり	なし	食堂あり 販売中高あり	屋内	なし	なし	あり

沿　革

1886年、横浜の山手に米国バプテスト派宣教師によって創設され、翌年英和女学校と名づけられ、1892年捜真女学校と改称。1910年、現在地に移転。1988年、学校法人名を捜真学院へ改称。

教育方針と特色

「やさしさと たくましさと」の教育ビジョンを掲げ、医療現場や途上国支援など社会に貢献する卒業生を多数輩出。
どう生きるか、どんな仕事をするかといった将来を考えることを軸に6年間の指導を行う。
全教科で「ことば」の力を重視し、伝える技術、理解する力を高めてゆく。アナウンサーや作家など言葉のプロとして働く卒業生も。
4技能を重視した英語教育、多くの実験を行う理科教育、プロの講師陣による芸術教育など「本物に触れ、本物の力を身に付ける」授業を展開。高1までは全員が必修科目を履修、高2からは進路に合わせて約50科目から選択して履修が可能。
大きな盛り上がりを見せる捜真三大行事（合唱コンクール・捜真祭・体育祭）は実行委員の生徒が主体となって開催している。行事だけでなく、海外研修や生徒の自発的な取り組みなど、生徒による活動が大変盛んである。
キリスト教に基づいた教育を実践する伝統校である。

◉系列校

小	中	高	大（短大）
○	○	○	

◉小学校からの内進生…30名程度
◉高校生外部募集………あり
（混合クラス）

◉授業時間…1コマ45分・週31時間

	1年	2年	3年	計
国　語	5	5	4	14
社　会	4	3.5	4	11.5
数　学	4	4	4	12
理　科	3	4	4	11
英　語	5	6	6	17
5教科計	21	22.5	22	65.5

進学・進路

◉卒業生進路状況

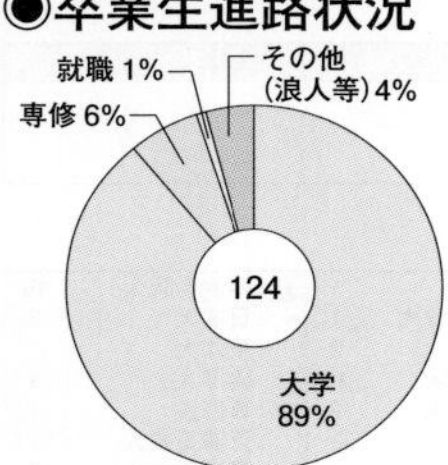

◉卒業までの流れ

小学校	中学校	高等学校	大学
捜真小学校	捜真女学校中学部	捜真女学校高等学部（124）	

◉主な大学合格実績

国・公	東京大		国・公	東京工業大		国・公	千葉大		私	東京医科歯科大	
	京都大			一橋大			お茶の水女子大			東京海洋大	
	北海道大			筑波大			東京外国語大			横浜国立大	1
	東北大			千葉大			電気通信大			山梨大	
	名古屋大			お茶の水女子大			東京学芸大			金沢大	
	大阪大			東京外国語大		私	東京農工大			信州大	
	九州大			電気通信大			東京芸術大			国際教養大	

私	東京都立大		私	青山学院大	6	私	東京女子大	6	私	獨協大	1
	横浜市立大	2		立教大	5		日本女子大	2		日本大	1
	慶應義塾大	2		中央大	1		成蹊大	1		東洋大	1
	早稲田大	1		法政大	4		成城大	3		駒澤大	1
	上智大	4		学習院大	3		明治学院大	6		専修大	
	東京理科大	2		国際基督教大	1		國學院大			芝浦工業大	
	明治大			津田塾大	1		武蔵大			東京都市大	1

受験状況

◉2024年入試データ

試験名	帰国1	スカラシップA1	帰国2	スカラシップA2	スカラシップA3	B	対話学力	C
入試日	12/9	2/1		2/1午後	2/2	2/2午後	2/3	2/3午後
定員	若干名	50	若干名	40	20	20	5	10
性別	女	女	女	女	女	女	女	女
教科	2	2･4	2	2	2･4	2	−	2
応募	1	117		175	110	120	41	110
受験	1	105		163	50	31	5	20
合格	1	87		128	26	21	1	14
備考								

たまがわせいがくいん
玉川聖学院中等部

■中高等部長／櫛田真実　■創立／昭和25年　■生徒数／女403名
■所在地／〒158-0083 東京都世田谷区奥沢7-11-22
■ＴＥＬ／03-3702-4141
■交通／自由が丘駅（東急東横線・大井町線）徒歩6分。九品仏駅（東急大井町線）徒歩3分。

何学期制	週何日制	登校時刻	制服	給食	食堂 軽食販売	プール	寮	特待制度 奨学金等	帰国生 取出授業
2学期制	5日制	8:10	中高あり	なし	食堂なし 販売中高あり	なし	なし	あり	なし

沿　革

1950年にプロテスタント系キリスト教のミッションスクールとして自由が丘に創設。聖書に基づいて、世界をつなげる心を育てる女子教育を展開している。

教育方針と特色

一人ひとりは神に造られたすばらしい存在であるということが、玉川聖学院の教育方針の土台。他者の価値も同様に認めて、異なる者同士が共に生きる豊かさを体験的に学ぶ機会を提供する。中等部では生活習慣を整え、基礎学力を定着させるための授業や補講が充実。英語と数学は少人数の授業で理解を促進。成績不振の生徒には、土曜日に卒業生による個別補習の機会も提供している。高等部進学にむけた中3の修了論文では調べ学習や論文執筆の基本が身につく。高等部では高1、2年次の総合科人間学において自分と向き合い、人間とは何かという問いに真剣に取り組む。スーパーアドバンストコースで難関大学を目指す生徒は、自学自習の集中力を身につける一方で、多彩な宿泊行事や年間行事の他に、高齢者・障がい者施設訪問、有志による施設や被災地へのボランティア等の体験学習の機会が玉聖アクティブプログラム（TAP）として充実している。

◉系列校

小	中	高	大(短大)
	○	○	

◉併設小学校なし
◉高校生外部募集………140名
（完全混合クラス）

◉授業時間…1コマ50分・週32時間

	1年	2年	3年	計
国　語	4	5	5	14
社　会	4	4	3	11
数　学	4	4	4	12
理　科	3	4	4	11
英　語	6	5	5	16
5教科計	21	22	21	64

進学・進路

◉卒業生進路状況

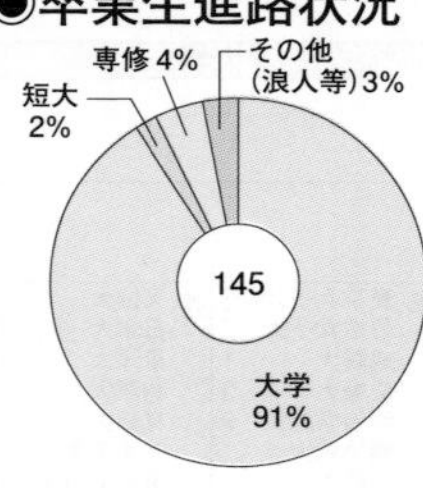

◉卒業までの流れ

小学校	中学校	高等学校	大学
	玉川聖学院中等部	▶ 玉川聖学院高等部(145)	

◉主な大学合格実績

区分	大学	人数
国・公	東京大	
	京都大	
	北海道大	
	東北大	
	名古屋大	
	大阪大	
	九州大	
国・公	東京工業大	
	一橋大	
	筑波大	
	千葉大	
	お茶の水女子大	
	東京外国語大	
	電気通信大	
国・公	東京農工大	
	東京医科歯科大	
	横浜国立大	
	東京都立大	
	横浜市立大	
私	慶應義塾大	1
	早稲田大	1
私	上智大	
	東京理科大	
	明治大	1
	青山学院大	7
	立教大	2
	中央大	
	法政大	7
私	学習院大	1
	国際基督教大	1
	津田塾大	2
	東京女子大	12
	日本女子大	2
	成蹊大	3
	成城大	2
私	明治学院大	16
	日本大	2
	東洋大	
	駒澤大	5
	専修大	1
	芝浦工業大	1
	東京都市大	6

受験状況

◉2024年入試データ

試験名	帰国A	1回	適性検査型	2回	多文化共生	3回	4回
入試日	12/16	2/1		2/1午後		2/2	2/3午後
定員	若干名	35	特に定めず	35	特に定めず(帰国含)	20	10
性別	女	女	女	女	女	女	女
教科	2	2・4	－	2	2	2・4	2
応募	1	118	7	220	17	159	168
受験	1	109	7	207	16	94	73
合格	1	54	7	125	13	62	63
備考							

東京家政学院中学校

（とうきょうかせいがくいん）

■学校長／佐野金吾　■創立／昭和14年　■生徒数／女120名
■所在地／〒102-8341 東京都千代田区三番町22
■ＴＥＬ／03-3262-2559
■交通／市ヶ谷駅（JR総武線など）徒歩8分。半蔵門駅（東京メトロ半蔵門線）徒歩8分。九段下駅（東京メトロ東西線）徒歩10分。

何学期制	週何日制	登校時刻	制服	給食	食堂 軽食販売	プール	寮	特待制度 奨学金等	帰国生 取出授業
3学期制	6日制	8:25	中高あり	なし	食堂中高あり 販売中高あり	なし	なし	あり	なし

沿　革

1923年、東京女子高等師範学校の教授をしていた大江スミにより、自由な立場で自己の信念と理想に基づく教育を行うために始められた家政研究所が前身。1939年には、東京家政学院となる。1947年、学制改革に伴い東京家政学院中学校となり、現在に至る。

教育方針と特色

時代と社会の要望に応える日本女性たるにふさわしい、優れた知性（K）豊かな徳性（V）望ましい技能（A）を身につけることを目標に、創立者大江スミの掲げたKVA精神を現代に受け継ぐ。生徒それぞれの個性に応じたカリキュラムが組まれている。一人ひとりのキャリアデザインに合わせて2コースを設置。基礎力強化の「リベラルアーツコース」と応用力育成の「アドバンストコース」を中学3年から実施する。

総合学習の一環として中学では華道、高校では茶道を全員受講し、日本の美と伝統を体験で学ぶ。茶道では校内にある本格的な茶室で授業が実施される。

身近な先輩や大人から学ぶ機会として、高校生・卒業生の話を聞く会や、中1・中2による合同プロジェクト・中3SDGsクリエイティブプロジェクトなどが実施されている。また、希望者は夏休みに3週間のオーストラリア語学研修プログラムにも参加できる。

文化祭・体育祭・合唱祭などの生徒会行事も活発で、これらの企画運営は生徒の手に任されている。また中学1年では、全員クラブに所属し3年間顧問の指導のもと、自主性・協調性などを育む。

◉系列校

小	中	高	大(短大)
	○	○	○

◉併設小学校なし

◉高校生外部募集………160名

（完全混合クラス）

◉授業時間…1コマ50分・週34時間

	1年	2年	3年	計
国　語	5	6	5	16
社　会	4	4	4	12
数　学	5	4	5	14
理　科	4	4	4	12
英　語	5	6	6	17
5教科計	23	24	24	71

進学・進路

◉卒業生進路状況

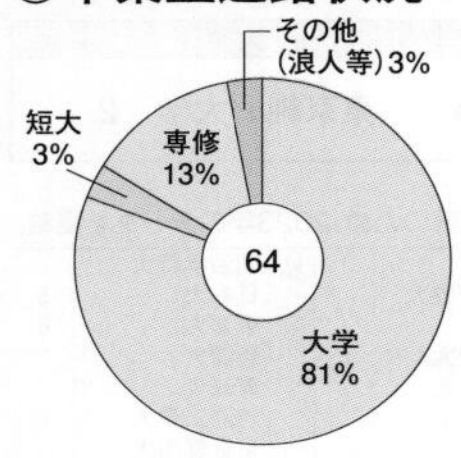

◉卒業までの流れ

小学校	中学校	高等学校	大学
	東京家政学院中学校	東京家政学院高等学校 (64)	東京家政学院大学 6 日本国際学園大学 0

◉主な大学合格実績

国・公	東京大		国・公	東京工業大		国・公	東京農工大		私	上智大		私	学習院大		私	明治学院大	
	京都大			一橋大			東京医科歯科大			東京理科大			国際基督教大			日本大	1
	北海道大			筑波大			横浜国立大			明治大			津田塾大			東洋大	1
	東北大			千葉大			東京都立大			青山学院大			東京女子大			駒澤大	1
	名古屋大			お茶の水女子大			横浜市立大			立教大			日本女子大	4		専修大	
	大阪大			東京外国語大		私	慶應義塾大			中央大			成蹊大	2		芝浦工業大	
	九州大			電気通信大			早稲田大			法政大	1		成城大			東京都市大	

受験状況

◉2024年入試データ

試験名	1日午前	1日午後	2日午前	2日午後	5日	10日
入試日	2/1	2/1午後	2/2	2/2午後	2/5	2/10
定員	40	20	15	15	若干名	若干名
性別	女	女	女	女	女	女
教科	2	2	2	1	1	1
応募	109	51	38	43	47	45
受験	105	24	16	5	5	2
合格	99	21	14	4	5	2
備考						

東京純心女子中学校

とうきょうじゅんしんじょし

■学校長／森扶二子　■創立／昭和61年　■生徒数／女83名
■所在地／〒192-0011 東京都八王子市滝山町2-600　■ＴＥＬ／042-691-1345
■交通／八王子駅（JR中央線・横浜線・八高線）から西東京バス「純心女子学園」下車。京王八王子駅（京王線）から西東京バス「純心女子学園」下車。拝島駅（JR青梅線、西武拝島線）から西東京バス「純心女子学園」下車。

何学期制	週何日制	登校時刻	制服	給食	食堂 軽食販売	プール	寮	特待制度 奨学金等	帰国生 取出授業
3学期制	6日制	8:20	中高あり	なし	食堂中高あり 販売中高あり	なし	なし	あり	なし

沿　革

本学園の経営母体である純心聖母会は、1934年にSr.江角ヤスによって長崎に創立された。翌年、同市に純心女子学院として創立。1964年に東京純心女子高等学校を、1986年に中学校を開校。2023年より「新しいカトリック校」の大改革を新たに始めている。

教育方針と特色

【FIND YOUR MISSION】「すべてのいのちを愛する心を育み、平和な未来に貢献できる人を育てる」ということが純心のカトリック学校としての使命です。2023年度からカリキュラムを大幅に見直し、昼食前に正課の授業を終え、昼食後は豊富な放課後の時間を使って＜FYMプロジェクト＞を行います。デジタル教材を駆使した、より効率的な学習と、人とのかかわりを中心とした自由で主体的な探究活動を行うことによって、カトリック学校としての使命をいっそう果たしていきます。

◉系列校

小	中	高	大(短大)
	○	○	○

◉併設小学校なし
◉高校生外部募集………140名

（完全混合クラス）

◉授業時間…1コマ45分・週32時間

	1年	2年	3年	計
国　語	4	4	3	11
社　会	3	3	4	10
数　学	4	3	4	11
理　科	3	4	4	11
英　語	7	7	7	21
5教科計	21	21	22	64

進学・進路

◉卒業生進路状況

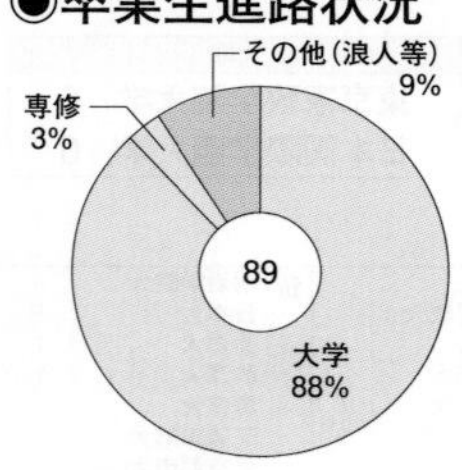

◉卒業までの流れ

小学校	中学校	高等学校	大学
	東京純心女子中学校	東京純心女子高等学校（89）	東京純心大学　2

◉主な大学合格実績

※2024年データ未公表のため、2023年のデータを掲載。

	大学	人数		大学	人数		大学	人数
国・公	東京大		国・公	東京工業大		国・公	東京農工大	
	京都大			一橋大			東京医科歯科大	
	北海道大			筑波大			横浜国立大	
	東北大			千葉大	1		東京都立大	1
	名古屋大			お茶の水女子大			横浜市立大	
	大阪大			東京外国語大		私	慶應義塾大	1
	九州大			電気通信大	1		早稲田大	3

	大学	人数		大学	人数		大学	人数
私	上智大	4	私	学習院大	1	私	明治学院大	
	東京理科大			国際基督教大			日本大	3
	明治大	9		津田塾大	1		東洋大	6
	青山学院大	3		東京女子大	6		駒澤大	
	立教大	7		日本女子大	2		専修大	
	中央大	3		成蹊大			芝浦工業大	
	法政大	5		成城大			東京都市大	

受験状況

◉2024年入試データ

試験名	1回	適性検査型1回	2回	3回	数的処理型	4回	適性検査型2回
入試日	2/1		2/1午後	2/2	2/2午後	2/5	
定員	20	20	10	20	10	10	10
性別	女	女	女	女	女	女	女
教科	2・4	−	2	2・4	算	2・4	−
応募	25	9	29	34	18	38	9
受験	20	8	23	16	8	13	8
合格	15	6	19	11	7	10	7
備考							

桐朋女子中学校

とうほうじょし

■学校長／今野淳一　■創立／昭和16年　■生徒数／女499名
■所在地／〒182-8510 東京都調布市若葉町1-41-1
■ＴＥＬ／03-3300-2116
■交通／仙川駅（京王線）徒歩5分。成城学園前駅（小田急線）から仙川駅入口（小田急バス）下車。

何学期制	週何日制	登校時刻	制服	給食	食堂 軽食販売	プール	寮	特待制度 奨学金等	帰国生 取出授業
2学期制	6日制	8:20	中高あり	なし	食堂あり 販売中高あり	屋内	なし	奨学金あり	あり

沿　革

1941年、山水育英会により創立された山水高等女学校が前身。1947年、山水育英会を財団法人桐朋学園に改編。新学制により桐朋高等女学校と改称し、共に桐朋第二中学校が併設された。1948年、桐朋第二中学校を桐朋女子中学校と改称した。

教育方針と特色

Learning by Doing（為すことによって学ぶ）―。実践や経験から自らの体を通して感じ、知識や感性を高める。これは桐朋女子が生徒に対しても、教員に対しても、大切にしている教育方針である。教育の視点を明確化し、生徒の能力・特性を引き出すことを目的に、中・高6年間を、A（中学1・2年）B（中学3年・高校1年）C（高校2・3年）の3つに分ける独自のブロック制度を実施。校舎も各ブロック別になっている。基礎となる教科の英語では、外国人講師の授業やプレゼンテーションの技術などを身につける授業を取り入れている。社会・理科・家庭科では、観察・実験・実習に重点をおく。音楽・美術・書道の芸術教育にも力を入れている。また、学習と同等に学校行事も大切にし、さまざまな活動の中で生徒が成長できるよう配慮がなされている。

◉系列校

小	中	高	大（短大）
○	○	○	○

◉小学校からの内進生…約60名
◉高校生外部募集………85名

（完全混合クラス）

◉授業時間…1コマ45分・週35時間

	1年	2年	3年	計
国　語	5	5	5	15
社　会	4	4	4	12
数　学	5	5	5	15
理　科	4	4	4	12
英　語	5	5	6	16
5教科計	23	23	24	70

進学・進路

◉卒業生進路状況

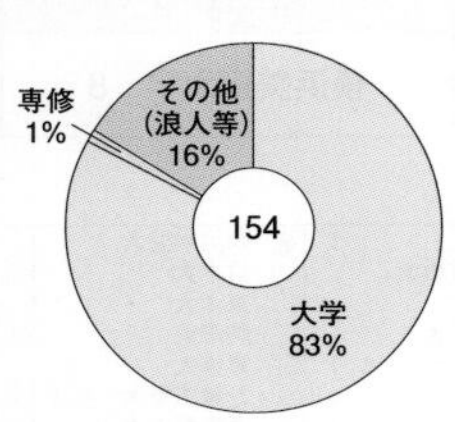

◉卒業までの流れ

小学校	中学校	高等学校	大学
桐朋・桐朋学園小学校	▶ 桐朋女子中学校	▶ 桐朋女子高等学校（154）	▶ 桐朋学園大学　1 桐朋学園芸術短期大学　0

◉主な大学合格実績

国・公	東京大		国・公	東京工業大		国・公	東京農工大		私	上智大	8	私	学習院大	7	私	明治学院大	4
	京都大			一橋大			東京医科歯科大			東京理科大	2		国際基督教大	2		日本大	12
	北海道大			筑波大			横浜国立大			明治大	6		津田塾大	3		東洋大	5
	東北大			千葉大			東京都立大	2		青山学院大	10		東京女子大	2		駒澤大	4
	名古屋大			お茶の水女子大			横浜市立大			立教大	13		日本女子大	11		専修大	3
	大阪大			東京外国語大		私	慶應義塾大	4		中央大	12		成蹊大	1		芝浦工業大	1
	九州大			電気通信大			早稲田大	10		法政大	8		成城大	5		東京都市大	2

受験状況

◉2024年入試データ

試験名	帰国特別１	帰国特別２	A	Creative English入試	論理的思考力＆発想力	B
入試日	12/3	1/22	2/1	2/1午後	2/2	2/2午後
定員	約10	約10	約130	約10	約40	約40
性別	女	女	女	女	女	女
教科	−	−	4	−	−	2・4
応募	1	2	125	12	42	170
受験	1	1	114	12	24	68
合格	1	1	103	7	16	62
備考						

トキワ松学園中学校

■学校長／田村直宏　■創立／大正5年　■生徒数／女295名

■所在地／〒152-0003 東京都目黒区碑文谷4-17-16

■ＴＥＬ／03-3713-8161

■交通／都立大学駅（東急東横線）徒歩8分。学芸大学駅（東急東横線）徒歩12分。目黒駅、大森駅、新代田駅からバスあり。

何学期制	週何日制	登校時刻	制服	給食	食堂 軽食販売	プール	寮	特待制度 奨学金等	帰国生 取出授業
3学期制	6日制	8:25	中高あり	なし	食堂なし 販売中高あり	屋内	なし	あり	あり

沿　革

1916年、東京府多摩郡渋谷町に常磐松女学校として創立した。1923年に、常磐松高等女学校となる。1948年、現在地に移転。1951年、トキワ松学園となり、今日に至る。

教育方針と特色

「未来の社会を創造する“探究女子”を育てる」という教育理念のもと、3つの教育（思考力・国際力・美）を柱とした教育活動を行っている。基盤となる「思考力教育」では、図書室で行う独自の「思考と表現」や社会の「商品開発」授業を中心に、課題を発見して、図書資料や一人一台のPCを駆使しながら調べ、プレゼンテーションまで行い、探究の姿勢を培う。本格的な設備を備えた体育館でのプロジェクト・アドベンチャー（冒険教育）など、様々な場面でコミュニケーション力も養っている。「国際力教育」では、英語の授業を複数の外国人講師と日本人教員でティームティーチングを行い、外国人ゲストを招くなどの多くの国際交流活動を行いながら、中学のListening&Speaking（週2時間）では自然と英会話に親しみ、高校のGlobal Studiesでは世界の諸問題を英語で学んでいる。高校から文理探求コース（英語アドバンス・英語スタンダード）と美術デザインコースに分かれ、幅広い進路に対応している。

◉系列校

小	中	高	大（短大）
○	○	○	○

◉小学校からの内進生…3名

◉高校生外部募集………100名

（完全混合クラス）

◉授業時間…1コマ50分・週33時間

	1年	2年	3年	計
国　語	4	5	5	14
社　会	3	4	4	11
数　学	4	4	5	13
理　科	4	4	4	12
英　語	6	6	6	18
5教科計	21	23	24	68

進学・進路

◉卒業生進路状況

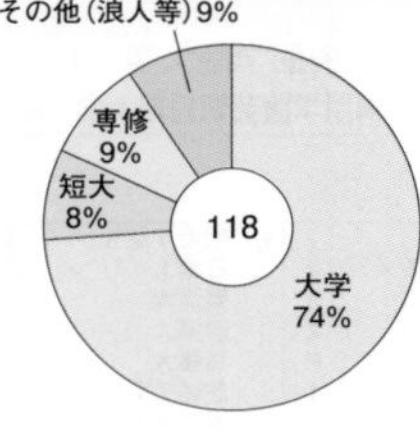

◉卒業までの流れ

小学校	中学校	高等学校	大学
トキワ松学園小学校	トキワ松学園中学校	トキワ松学園高等学校（118）	横浜美術大学　8

◉主な大学合格実績

国・公	東京大		国・公	東京工業大		国・公	東京農工大	1	私	上智大	1	私	学習院大	1	私	明治学院大	1
	京都大			一橋大			東京医科歯科大			東京理科大			国際基督教大			日本大	1
	北海道大			筑波大			横浜国立大			明治大	1		津田塾大			東洋大	1
	東北大			千葉大			東京都立大			青山学院大			東京女子大			駒澤大	
	名古屋大			お茶の水女子大			横浜市立大			立教大			日本女子大	1		専修大	
	大阪大			東京外国語大		私	慶應義塾大			中央大	1		成蹊大	1		芝浦工業大	
	九州大			電気通信大			早稲田大			法政大	3		成城大	1		東京都市大	1

受験状況

◉2024年入試データ

試験名	帰国１回	１回	適性検査型	２回	英語コミュニケーション	帰国２回	３回	４回
入試日	12/15	2/1		2/1午後			2/2午後	2/3午後
定員	特に定めず	40	特待5名含20	特待10名含40	特待5名含15	特に定めず	特待5名含15	10
性別	女	女	女	女	女	女	女	女
教科	2	2・4	−	2・4	1	2	2	2
応募	0	84	113	156	19	1	143	159
受験	0	67	111	129	18	1	53	36
合格	0	57	104	117	16	0	44	32
備考								

富士見丘中学校

ふじみがおか

■学校長／吉田晋　■創立／昭和15年　■生徒数／女261名
■所在地／〒151-0073 東京都渋谷区笹塚3-19-9
■ＴＥＬ／03-3376-1481
■交通／笹塚駅（京王線・京王新線）徒歩5分。渋谷駅（JR山手線など）からバス「笹塚中学」下車。

何学期制	週何日制	登校時刻	制服	給食	食堂 軽食販売	プール	寮	特待制度 奨学金等	帰国生 取出授業
2学期制	5日制	8:25	中高あり	なし	食堂なし 販売中高あり	なし	なし	なし	あり

沿　革

1940年、昭和商業実践女学校として創立。1948年、学制改革に伴い、学校法人富士見丘学園とし、富士見丘中学校・同高等学校と改称する。2002年現校舎完成。2015年文部科学省よりスーパーグローバルハイスクール（SGH）、2020年ワールドワイドラーニング（WWL）コンソーシアム拠点校に指定される。

教育方針と特色

2015年から文部科学省よりSGHの指定を受けており、グローバルリーダーの育成により力を注ぐ。中1よりアクティブラーニングやICTを活用した授業を多く取り入れ、思考力・判断力・表現力を鍛える。中2からはonline speaking（週1時間）により会話力の向上をはかるなど、英語4技能（読む、聞く、書く、話す）をアップさせるための様々なプログラムを導入している。

富士見丘の教育の4つの柱

1．英語到達目標をCEFRレベルで設定し、多方面から英語4技能を鍛えるオリジナルプログラムを導入。
2．異文化を五感すべてで感じる多様な国際交流プログラムや留学制度。
3．自分で選択して学ぶ、平日の朝・放課後、土曜日、並びに長期休暇中における特別講座が充実。
4．中高大連携で行うアクティブラーニングにより、「答え」を覚える学びから「課題解決型」の学びを強化。

◉系列校

小	中	高	大（短大）
	○	○	

◉併設小学校なし

◉高校生外部募集………200名

（完全混合クラス）

◉授業時間…1コマ45分・週34時間

	1年	2年	3年	計
国　語	5	4	4	13
社　会	3	3	4	10
数　学	4	4	5	13
理　科	3	4	4	11
英　語	6	7	8	21
5教科計	21	22	25	68

※授業時間3年次36時間

進学・進路

◉卒業生進路状況

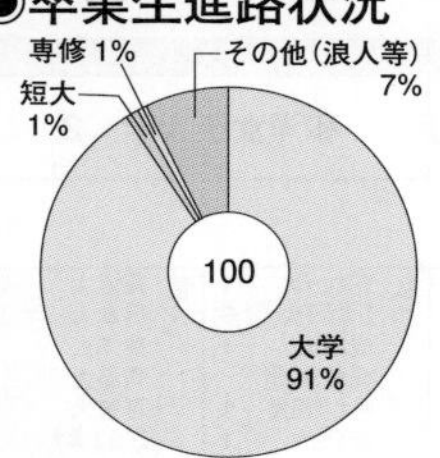

◉卒業までの流れ

小学校	中学校	高等学校	大学
	富士見丘中学校	▶ 富士見丘高等学校（100）	

◉主な大学合格実績

区分	大学	人数	区分	大学	人数	区分	大学	人数	区分	大学	人数	区分	大学	人数	区分	大学	人数
国・公	東京大		国・公	東京工業大		国・公	東京農工大		私	上智大	14	私	学習院大	1	私	明治学院大	5
	京都大			一橋大			東京医科歯科大			東京理科大	1		国際基督教大	2		日本大	1
	北海道大			筑波大			横浜国立大			明治大	4		津田塾大	5		東洋大	6
	東北大			千葉大			東京都立大			青山学院大	10		東京女子大	10		駒澤大	
	名古屋大			お茶の水女子大	2		横浜市立大			立教大	19		日本女子大	7		専修大	
	大阪大			東京外国語大	1	私	慶應義塾大			中央大	9		成蹊大	5		芝浦工業大	
	九州大			電気通信大			早稲田大	11		法政大	7		成城大	7		東京都市大	

受験状況

◉2024年入試データ

試験名	帰国1	帰国2	WILL	グローバルアスリート	適性検査	1日午後	2日午前	2日午後	3日午後	4日午前	1日午後英語資格	2日午前英語資格	2日午後英語資格	3日午後英語資格	4日午前英語資格
入試日	11/11	1/16	2/1		2/1午後		2/2	2/2午後	2/3午後	2/4	2/1午後	2/2	2/2午後	2/3午後	2/4
定員	帰国計20		30	10	10	一般計30					英語資格計30				
性別	女	女	女	女	女	女	女	女	女	女	女	女	女	女	女
教科	2	2	2	－	－	2・3	2・3	2・3	2・3	2・3	2	2	2	2	2
応募	25	5	WILL計68	6	17	88	68	81	102	96	29	34	26	38	39
受験	24	5	WILL計63	6	17	75	27	27	22	16	25	10	4	7	5
合格	23	5	WILL計48	6	15	55	21	17	15	8	20	6	3	5	3
備考															

和洋九段女子中学校

わようくだんじょし

■学校長／中込真　■創立／明治30年　■生徒数／女229名
■所在地／〒102-0073 東京都千代田区九段北1-12-12　■ＴＥＬ／03-3262-4161
■交通／飯田橋駅（JR総武線、東京メトロ東西線・有楽町線・南北線、都営大江戸線）徒歩8分。
九段下駅（東京メトロ半蔵門線・東西線、都営新宿線）徒歩3分。

何学期制	週何日制	登校時刻	制服	給食	食堂 軽食販売	プール	寮	特待制度 奨学金等	帰国生 取出授業
3学期制	6日制	8:40	中高あり	なし	食堂あり 販売中高あり	屋内	なし	あり	あり

沿　革

1897年、和洋裁縫女学院として創立。1901年、和洋裁縫女学校と改名。1936年、和洋女子学院となり、1947・1948年の学制改革により和洋九段女子中学校・高等学校となる。1949年には、和洋女子大学附属九段女子中学校・高等学校と改称。1992年から再び和洋九段女子中学校・高等学校となる。

教育方針と特色

21世紀の読み書きそろばんとして、「考える力」「英語」「ICT」「サイエンスリテラシー」「コミュニケーション力」に重点を置きながら、課題解決型の相互通行型授業を実践している。トリガークエスチョン→ワンマンブレスト→グループブレスト→解の選択→プレゼン→検証を繰り返すことにより、グローバル社会での多様な価値観を理解する力と、他者への敬意を忘れない表現力を身につける。平成29年4月よりグローバルクラスを設置。このクラスでは、英語の授業がオールイングリッシュである以外に、クラス運営が英語でなされる。四半世紀以上の実績を誇る、シドニー　セントスカラスティカスカレッジとの姉妹校提携により、ホームステイや短期留学制度も充実。これに加え、カナダ・ニュージーランド・オーストラリアへの留学プログラムを用意している。

◉系列校

小	中	高	大(短大)
	○	○	○

◉併設小学校なし
◉高校生外部募集………
グローバルコースのみ募集
（混合クラス）

◉授業時間…1コマ50分・週35時間

	1年	2年	3年	計
国　語	5	5	5	15
社　会	3	3	4	10
数　学	5	5	5	15
理　科	3	4	4	11
英　語	7/8	8/9	8/9	23/26
5教科計	23/24	25/26	26/27	74/77

※本科クラス／グローバルクラス

進学・進路

◉卒業生進路状況

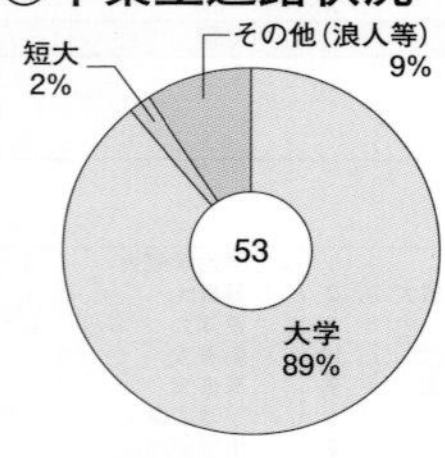

◉卒業までの流れ

小学校	中学校	高等学校	大学
	和洋九段女子中学校	和洋九段女子高等学校 (53)	和洋女子大学　2

◉主な大学合格実績

区分	大学	数	区分	大学	数	区分	大学	数	区分	大学	数
国・公	東京大		国・公	東京工業大		国・公	千葉大		国・公	東京医科歯科大	
	京都大			一橋大			お茶の水女子大			東京海洋大	
	北海道大			筑波大			東京外国語大			横浜国立大	
	東北大			茨城大			電気通信大			山梨大	
	名古屋大			宇都宮大			東京学芸大			金沢大	
	大阪大			群馬大			東京農工大			信州大	
	九州大			埼玉大	1		東京芸術大			国際教養大	

区分	大学	数	区分	大学	数	区分	大学	数	区分	大学	数
国・公	東京都立大		私	青山学院大	1	私	東京女子大	1	私	獨協大	2
	横浜市立大			立教大			日本女子大	3		日本大	2
私	慶應義塾大			中央大			成蹊大	1		東洋大	
	早稲田大			法政大	2		成城大			駒澤大	
	上智大	1		学習院大	2		明治学院大	1		専修大	
	東京理科大			国際基督教大	1		國學院大	1		芝浦工業大	
	明治大			津田塾大			武蔵大			東京都市大	

受験状況

◉2024年入試データ

試験名	海外帰国生1回	海外帰国生2回	1回	2回	3回	4回	5回特待選抜	6回	7回
入試日	11/11	12/22	2/1	2/1午後	2/2	2/2午後	2/3午後	2/5	2/10
定員	特に定めず	特に定めず	40	40	15	15	特待5含10	5	5
性別	女	女	女	女	女	女	女	女	女
教科	2	国	2・4	2	2・4	2	2・4	2	2
応募	2	2	61	108	80	95	99	117	12
受験	2	1	45	87	14	21	30	17	9
合格	2	1	39	72	11	16	26	13	6
備考									

最近6年間の入試応募者推移と倍率（つづき4）

（女子校）

佼成学園女子
▷P.409

年度	2023	2024
募集	2/3午前(2科) 5 2/3午後(プレゼン) — 2/4午前(4科/2科｜英) 5｜— 2/4午後(適性) 5 2/5(S特待) 5	2/3午前(S特待｜英語) 5｜若干名 2/3午後(プレゼン｜国/算) 若干名｜5 2/4午前(4科/2科/英1科) 5 2/4午後(S特待｜適性) 5｜5 2/5(S特待) 5
応募	51 6 23/42｜2 22 24/35	20/38｜5 6｜66 31/50/12 70｜21 75
応募倍率	10.2 — 13.0｜— 4.4 11.8	11.6｜— —｜13.2 18.6 14.0｜4.2 15.0
受験	22 4 3/24｜2 10 6/13	7/16｜4 5｜18 8/15/6 30｜15 24
合格	17 4 3/20｜2 9 1/1	0/0｜4 4｜17 8/12/6 0｜15 1
実質倍率	1.3 1.0 1.0/1.2｜1.0 1.1 6.0/13.0	—/—｜1.0 1.3｜1.1 1.0/1.3/1.0 —｜1.0 24.0

十文字
▷P.419

年度	2023	2024
募集	④ 約20 得意型(2科/1科) 約10 特別 若干	④ 20 得意型 10 ⑤ 10
応募	207 118/99 45	208 214 169
応募倍率	10.4 21.7 —	10.4 21.4 16.9
受験	110 57/48 40	108 88 45
合格	49 25/20 23	55 52 19
実質倍率	2.2 2.3/2.4 1.7	2.0 1.7 2.4

昭和女子大学附属昭和
▷P.427

年度	2023	2024
募集	GA 10 GB 10 SA 10 SB 10	10 10 10 10
応募	21/5/6 29/6/14 69 47	20/7/8 36/10/15 65 41
応募倍率	3.2 4.9 6.9 4.7	3.5 6.1 6.5 4.1
受験	19/5/5 18/4/10 66 33	20/7/8 28/9/12 64 34
合格	7/2/1 7/1/3 28 19	7/1/2 10/2/3 31 23
実質倍率	2.7/2.5/5.0 2.6/4.0/3.3 2.4 1.7	2.9/7.0/4.0 2.8/4.5/4.0 2.1 1.5

女子聖学院
▷P.429

年度	2023	2024
募集	⑤ 10 英語表現力 10 BaM表現力 10	⑥ 10 英語表現力 10 BaM表現力 10
応募	127 9 4	97 3 4
応募倍率	12.7 0.9 0.4	9.7 0.3 0.4
受験	34 3 2	29 3 4
合格	24 2 1	18 1 4
実質倍率	1.4 1.5 2.0	1.6 3.0 1.0

東京家政大学附属女子
▷P.445

年度	2023	2024
募集	⑤(E｜i) 5｜10 ⑥(E｜i) 若干｜5	5｜10 若干｜5
応募	75｜34 80｜40	67｜31 70｜39
応募倍率	15.0｜3.4 —｜8.0	13.4｜3.1 —｜7.8
受験	29｜12 32｜11	37｜15 35｜17
合格	19(9)｜7 31(12)｜9	27(6)｜7 34(13)｜13
実質倍率	1.5(3.2)｜1.7 1.0(2.7)｜1.2	1.4(6.2)｜2.1 1.0(2.7)｜1.3

中村
▷P.451

年度	2023	2024
募集	適性検査型 15 2/3午前エクスプレス 2/5午前エクスプレス 10 エクスプレス合計 2/3午前ポテンシャル 4	適性検査型 15 2/3午前エクスプレス 10 2/3午前ポテンシャル 4
応募	56 52 60 10	56 62 19
応募倍率	3.7 11.2 エクスプレス合計 2.5	3.7 6.2 4.8
受験	55 9 15 4	54 24 10
合格	49 8 8 4	37 14 6
実質倍率	1.1 1.1 1.9 1.0	1.5 1.7 1.7

日本大学豊山女子
▷P.455

年度	2023	2024
募集	算数1科 5 2科③ 5 プレゼン 5 英インタビュー 5	算数1科｜英語1科 5｜5 2科③ 5 プレゼン 5 英インタビュー 5
応募	5 176 19 21	8｜24 126 10 20
応募倍率	1.0 35.2 3.8 4.2	1.6｜4.8 25.2 2.0 4.0
受験	5 69 13 15	7｜22 36 7 4
合格	4 39 8 15	6｜22 35 7 4
実質倍率	1.3 1.8 1.6 1.0	1.2｜1.0 1.0 1.0 1.0

文京学院大学女子
▷P.463

年度	2023	2024
募集	適性検査型 探求プレゼン型 15 英語インタラクティブ	15
応募	3 1 8	4 3 14
応募倍率	0.8	1.4
受験	3 1 8	2 2 14
合格	3 0 6	2 1 10
実質倍率	1.0 — 1.3	1.0 2.0 1.4

横浜女学院
▷P.473

年度	2023	2024
募集	特別奨学Ⅰ 3 特別奨学Ⅱ 3	3 3
応募	382 483	274 354
応募倍率	127.3 161.0	91.3 118.0
受験	295 154	219 152
合格	5 4	4 10
実質倍率	59.0 38.5	54.8 15.2

その他の中学校の所在地（首都圏）

私立共学校（首都圏）

学校名	所在地		TEL	交通
茨城キリスト教学園中学校	〒319-1295	茨城県日立市大みか町6-11-1	0294-52-3215	大甕駅（JR常磐線）隣接。
宇都宮短期大学附属中学校	〒320-8585	栃木県宇都宮市睦町1-35	028-634-4161	東武宇都宮駅（東武宇都宮線）徒歩15分。宇都宮駅（JR東北本線・日光線）からバス10分「宇短大附属高校・中学前」下車。
大西学園中学校	〒211-0063	神奈川県川崎市中原区小杉町2-284	044-722-9201	武蔵小杉駅（JR南武線・横須賀線、東急東横線）徒歩4分。
共愛学園中学校	〒379-2185	群馬県前橋市小屋原町1115-3	027-267-1000	駒形駅（JR両毛線）徒歩10分。
暁星国際中学校	〒292-8565	千葉県木更津市矢那1083	0438-52-3291	木更津駅（JR内房線・久留里線）からタクシー15分。同駅からスクールバスあり。
桐生大学附属中学校	〒376-0043	群馬県桐生市小曽根町9-17	0277-48-8600	西桐生駅（上毛電気鉄道上毛線）徒歩1分。桐生駅（JR両毛線）徒歩5分。新桐生駅（東武桐生線）からスクールバスあり。
国立音楽大学附属中学校	〒186-0005	東京都国立市西2-12-19	042-572-4111	国立駅（JR中央線）徒歩13分。矢川駅（JR南武線）徒歩13分。国立駅、矢川駅からバス「音高」下車。
三育学院中学校	〒298-0271	千葉県夷隅郡大多喜町中野589	0470-83-0830	上総中野駅（小湊鉄道）下車、400m。
自由学園中等科	〒203-8521	東京都東久留米市学園町1-8-15	042-422-3111	ひばりヶ丘駅（西武池袋線）徒歩8分。
修徳中学校	〒125-8507	東京都葛飾区青戸8-10-1	03-3601-0116	亀有駅（JR常磐線）徒歩12分。青砥駅（京成本線・押上線）徒歩17分。
自由の森学園中学校	〒357-8550	埼玉県飯能市小岩井613	042-972-3131	飯能駅（西武池袋線）からバス「飯能第二小学校前」下車、徒歩約15分。飯能駅、狭山市駅、東飯能駅、高麗川駅、小作駅からスクールバスあり。
翔凜中学校	〒299-1172	千葉県君津市三直1348-1	0439-55-1200	君津駅、館山駅（JR内房線）、安房鴨川駅、鎌取駅（JR外房線）などからスクールバスあり。
駿台学園中学校	〒114-0002	東京都北区王子6-1-10	03-3913-5735	王子駅（JR京浜東北線）徒歩10分。王子駅前駅（都電荒川線）徒歩10分。王子駅（東京メトロ南北線）徒歩8分。王子神谷駅（東京メトロ南北線）徒歩7分。王子駅、上板橋駅、池袋駅、新宿駅などからバス「王子三丁目」下車、徒歩1分。
清明学園中等部	〒145-0066	東京都大田区南雪谷3-12-26	03-3726-7139	雪が谷大塚駅（東急池上線）徒歩6分。蒲田駅、田園調布駅からバス「清明学園下」下車。
千葉明徳中学校	〒260-8685	千葉県千葉市中央区南生実町1412	043-265-1612	学園前駅（京成千原線）徒歩1分。蘇我駅（JR外房線・内房線・京葉線）からバス「明徳学園」下車。鎌取駅（JR外房線）からバス「北生実」下車、徒歩3分。
貞静学園中学校	〒112-8625	東京都文京区大塚1-2-10	03-3943-3711	茗荷谷駅（東京メトロ丸ノ内線）徒歩1分。
東京立正中学校	〒166-0013	東京都杉並区堀ノ内2-41-15	03-3312-1111	新高円寺駅（東京メトロ丸ノ内線）徒歩8分。永福町駅（京王井の頭線）からバス「松ノ木公園」下車、徒歩5分。
東星学園中学校	〒204-0024	東京都清瀬市梅園3-14-47	042-493-3203	秋津駅（西武池袋線）徒歩10分。新秋津駅（JR武蔵野線）徒歩15分。

学校名	所在地		TEL	交通
東京農業大学第二高等学校中等部	〒370-0864	群馬県高崎市石原町3430	027-323-1483	高崎駅（JR高崎線など）西口からバス「鶴辺団地」または「南陽台」行き乗車、約15分。
東邦音楽大学附属東邦中学校	〒112-0012	東京都文京区大塚4-46-9	03-3946-9668	新大塚駅（東京メトロ丸ノ内線）徒歩3分。護国寺駅（東京メトロ有楽町線）徒歩8分。大塚駅（JR山手線）徒歩10分。大塚駅からバス「大塚4丁目」下車、徒歩1分。
東洋大学附属牛久中学校	〒300-1211	茨城県牛久市柏田町1360-2	029-872-0350	牛久駅（JR常磐線）からスクールバス。他に守谷、千葉ニュータウン・竜ヶ崎、江戸崎・河内など。
白鷗大学足利中学校	〒326-0054	栃木県足利市伊勢南町4-3	0284-42-1131	足利駅（JR両毛線）徒歩4分。足利市駅（東武伊勢崎線）徒歩12分。
八王子実践中学校	〒193-0931	東京都八王子市台町1-6-15	042-622-0654	八王子駅（JR中央線）徒歩13分。
星の杜中学校	〒321-3233	栃木県宇都宮市上籠谷町3776	028-667-0700	宇都宮駅（JR東北本線・日光線）、東武宇都宮駅（東武宇都宮線）からバス「海星」下車、徒歩8分。その他方面からスクールバスあり。
水戸英宏中学校	〒310-0913	茨城県水戸市見川町2582-15	029-243-0840	水戸駅（JR常磐線）からバス「葵陵高校入口」下車、徒歩5分。
武蔵野中学校	〒114-0024	東京都北区西ヶ原4-56-20	03-3910-0151	西ヶ原4丁目駅（都電荒川線）徒歩3分。西巣鴨駅（都営三田線）徒歩8分。西ヶ原駅（東京メトロ南北線）徒歩15分。巣鴨駅（JR山手線）徒歩15分。

私立男子校（首都圏）

学校名	所在地		TEL	交通
サレジオ中学校	〒187-0021	東京都小平市上水南町4-7-1	042-321-0312	武蔵小金井駅、国分寺駅（JR中央線）、花小金井駅（西武新宿線）からバス「情報通信研究機構前」下車、徒歩5分。国分寺駅、小平駅（西武新宿線・拝島線）からバス「サレジオ通り」「学芸大学」下車、徒歩1分。

私立女子校（首都圏）

学校名	所在地		TEL	交通
愛国中学校	〒133-8585	東京都江戸川区西小岩5-7-1	03-3658-4111	京成小岩駅（京成本線）徒歩3分。小岩駅（JR総武線）徒歩10分。新柴又駅（北総線）徒歩13分。
函嶺白百合学園中学校	〒250-0408	神奈川県足柄下郡箱根町強羅1320	0460-87-6611	強羅駅（箱根登山鉄道）徒歩3分。
国本女子中学校	〒157-0067	東京都世田谷区喜多見8-15-33	03-3416-4721	喜多見駅（小田急小田原線）徒歩2分。
小石川淑徳学園中学校	〒112-0002	東京都文京区小石川3-14-3	03-3811-0237	後楽園駅（東京メトロ南北線・丸ノ内線）徒歩8分。春日駅（都営大江戸線・三田線）徒歩8分。
成女学園中学校	〒162-0067	東京都新宿区富久町7-30	03-3351-2330	曙橋駅（都営新宿線）徒歩5分。四谷三丁目駅（東京メトロ丸の内線）徒歩8分。新宿駅（JR中央線ほか）からバス「市ヶ谷富久町」下車、徒歩1分。
瀧野川女子学園中学校	〒114-0016	東京都北区上中里1-27-7	03-3910-6315	上中里駅（JR京浜東北線）徒歩2分。西ヶ原駅（東京メトロ南北線）徒歩8分。駒込駅（JR山手線・東京メトロ南北線）徒歩12分。
英明フロンティア中学校 現：東京女子学院中学校	〒177-0051	東京都練馬区関町北4-16-11	03-3920-5151	武蔵関駅（西武新宿線）徒歩3分。
日本体育大学桜華中学校	〒189-0024	東京都東村山市富士見町2-5-1	042-391-4133	小川駅（西武国分寺線・拝島線）徒歩15分。新小平駅（JR武蔵野線）自転車15分。久米川駅（西武新宿線）からバス「明法学院前」下車、徒歩3分。

学校名	所在地		ＴＥＬ	交通
藤村女子中学校	〒180-8505	東京都武蔵野市 吉祥寺本町2-16-3	0422-22-1266	吉祥寺駅（JR中央線・総武線、京王井の頭線）徒歩5分。

国立校（首都圏）

学校名	所在地		ＴＥＬ	交通
群馬大学教育学部 附属中学校	〒371-0052	群馬県前橋市 上沖町612	027-231-3023	前橋駅（JR両毛線）からバス「北代田」下車、徒歩15分。同駅からバス「県営住宅前」下車、徒歩10分。
宇都宮大学教育学部 附属中学校	〒320-8538	栃木県宇都宮市 松原1-7-38	028-621-2555	東武宇都宮駅（東武宇都宮線）徒歩20分。宇都宮駅（JR東北本線・日光線）からバス「宇大附属学校園入口」下車。

公立校（首都圏）

学校名	所在地		ＴＥＬ	交通
川口市立川口 高等学校附属中学校	〒333-0844	埼玉県川口市 上青木3-1-40	048-483-5513	西川口駅（JR京浜東北線）徒歩25分。鳩ヶ谷駅（埼玉高速鉄道）徒歩20分。西川口駅、川口駅、蕨駅、鳩ヶ谷駅、東川口駅から路線バスあり。
茨城県立太田第一 高等学校附属中学校	〒313-0005	茨城県常陸太田市 栄町58	0294-72-2115	常陸太田駅（JR水郡線）徒歩約25分。または茨城交通バス乗車、「太田一高前」下車。
茨城県立鹿島 高等学校附属中学校	〒314-0038	茨城県鹿嶋市 城山2-2-19	0299-82-1903	鹿島神宮駅（JR鹿島線）徒歩9分。
茨城県立勝田 中等教育学校	〒312-0003	茨城県ひたちなか市 足崎1458	029-273-7411	勝田駅（JR常磐線）からスクールバスあり。路線バスでは「勝田高校前」下車。
茨城県立古河 中等教育学校	〒306-0225	茨城県古河市 磯部846	0280-92-4551	古河駅（JR宇都宮線）からバス「女沼仲町」下車、徒歩10分。古河市内、坂東市・境町、下妻・八千代、筑西市、結城市の5方面7コースのスクールバスあり。
茨城県立下館第一 高等学校附属中学校	〒308-0825	茨城県筑西市 下中山590	0296-24-6344	下館駅（JR水戸線）徒歩10分。
茨城県立下妻第一 高等学校附属中学校	〒304-0067	茨城県下妻市 下妻乙226-1	0296-44-5158	下妻駅（関東鉄道常総線）徒歩1分。スクールバス7路線あり。
茨城県立鉾田第一 高等学校附属中学校	〒311-1517	茨城県鉾田市 鉾田1090-2	0291-33-2161	新鉾田駅（鹿島臨海鉄道大洗鹿島線）徒歩10分。
茨城県立水海道第一 高等学校附属中学校	〒303-0025	茨城県常総市 水海道亀岡町2543	0297-22-0029	水海道駅（関東鉄道常総線）徒歩5分。
茨城県立竜ヶ崎第一 高等学校附属中学校	〒301-0844	茨城県龍ケ崎市 平畑248	0297-62-2146	竜ヶ崎駅（関東鉄道竜ヶ崎線）徒歩17分。龍ヶ崎市駅（JR常磐線）から関東鉄道バス・中学生専用直行便あり。
栃木県立宇都宮東 高等学校附属中学校	〒321-0912	栃木県宇都宮市 石井町3360-1	028-656-5155	宇都宮駅（JR東北本線・日光線）から関東バス「東高校前」下車または東野バス「宇都宮東高校」下車。
栃木県立佐野 高等学校附属中学校	〒327-0847	栃木県佐野市 天神町761-1	0283-23-0161	佐野駅（JR両毛線、東武佐野線）徒歩10分。
栃木県立矢板東 高等学校附属中学校	〒329-2136	栃木県矢板市 東町4-8	0287-43-1243	矢板駅（JR宇都宮線）徒歩10分。

地方校

首都圏入試実施校・近県

愛光中学校

（あいこう）

■学校長／中村道郎　■創立／昭和28年　■生徒数／676名（男507名、女169名）
■所在地／〒791-8501 愛媛県松山市衣山5-1610-1　■ＴＥＬ／089-922-8980
■交通／西衣山駅（伊予鉄道高浜線）徒歩7分。松山空港よりタクシー10分。

何学期制	週何日制	登校時刻	制服	給食	食堂 軽食販売	プール	寮	特待制度 奨学金等	帰国生 取出授業
3学期制	6日制	8:30	中高あり	なし	食堂中高あり 販売中高あり	なし	中高あり 男子のみ	あり	なし

沿　革

1953年、男子校として開校（宮西校舎）。1972年、20周年を記念して現在の衣山に全面移転。1992年、創立40周年を記念して図書館新設。2002年4月に男女共学校となる。2022年に創立70周年を記念して新校舎設立。

教育方針と特色

建学の理念「輝く知性と曇りなき愛、愛（Amor）と光（Lumen）の使徒たらんこと！これが、われらの信条である」のもと「世界的教養人としての深い知性と高い徳性を兼ね備えた愛と光の使徒」を育成するを教育方針に、学問・道徳・芸術・宗教・身体・生活の６分野で生徒の教養を高める。正しい倫理観を養う宗教教育や中高6年間の一貫した独自のカリキュラム、特に英・数・国の３教科は、全ての学習の基礎と考え十分な授業時数になっている。敷地面積３万坪の広大で緑豊かな環境の中、生徒はのびのびと活動。蔵書７万冊の図書館、全員が１台ずつタブレット端末を所有など各種教育施設も充実。運動部・文化部の部活動や宿泊研修・語学研修等を通して生徒の力を伸ばし、高校2年から志望と適性に沿った文系・理系のコースで大学受験に備える。全国各地から集まる生徒には、寮を敷地内に用意し、舎監・寮母・教員が寮生の日常生活を指導・サポートする。この集団生活を通した体験で生徒の人間成長を図っている。

◉系列校

小	中	高	大（短大）
	○	○	

◉併設小学校なし
◉高校生外部募集………50名

（2年次から混合クラス）

◉授業時間…1コマ50分・週34時間

	1年	2年	3年	計
国　語	6	5	5	16
社　会	3	3	4	10
数　学	5	6	6	17
理　科	3	4	4	11
英　語	5	5	6	16
5教科計	22	23	25	70

進学・進路

◉卒業生進路状況

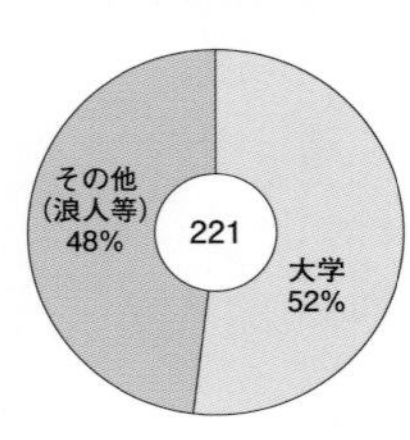

◉卒業までの流れ

小学校	中学校	高等学校	大学
	愛光中学校	▶ 愛光高等学校（221）	

◉主な大学合格実績

国・公	東京大	12	国・公	東京工業大	1	国・公	東京農工大		私	上智大	14	私	学習院大		私	明治学院大	
	京都大	5		一橋大	2		東京医科歯科大			東京理科大	3		国際基督教大			日本大	
	北海道大	1		筑波大			横浜国立大			明治大			津田塾大			東洋大	
	東北大	3		千葉大			東京都立大			青山学院大			東京女子大			駒澤大	
	名古屋大			お茶の水女子大			横浜市立大			立教大			日本女子大			専修大	
	大阪大	7		東京外国語大		私	慶應義塾大	12		中央大	6		成蹊大			芝浦工業大	
	九州大	9		電気通信大			早稲田大	16		法政大			成城大			東京都市大	

受験状況

◉2024年入試データ

試験名	首都圏		大阪		福岡		本校	
入試日	1/7							
定員	男女全合計200							
性別	男	女	男	女	男	女	男	女
教科	3・4	3・4	3・4	3・4	3・4	3・4	3・4	3・4
応募	男女計981						男女計725	
受験	男女計951						男女計714	
合格	男女計810						男女計525	
備考								

片山学園中学校
（かたやまがくえん）

■学校長／片山愛子　■創立／平成17年　■生徒数／183名（男84名、女99名）
■所在地／〒930-1262 富山県富山市東黒牧10　■ＴＥＬ／076-483-3300
■交通／上滝駅（富山地方鉄道線）から大山コミュニティバス富山国際大学行き「片山学園前」下車。
富山駅（JR北陸本線など）から地鉄バス富山国際大学行き「片山学園前」下車。スクールバスあり。

何学期制	週何日制	登校時刻	制服	給食	食堂 軽食販売	プール	寮	特待制度 奨学金等	帰国生 取出授業
3学期制	5日制	8:40	中高あり	なし	食堂中高あり 販売中高あり	なし	中高あり 男女とも	あり	なし

沿　革

2005年4月、㈱富山育英センターグループの学校法人片山学園が母体となって設立。2008年には高等学校が開校し、富山県初の中高一貫校が誕生した。今年開校19年目となる。

教育方針と特色

塾が創った学校として、塾で培った精神・ノウハウを学校教育に活かしています。多くの教員は塾で長年の指導経験があり、親身になって手厚く指導をしています。大学受験を見据えた充実のカリキュラムとして、主要教科は6年間分を高校2年までに終わらせ、高校3年時には大学受験対策に集中できます。ICT教育では、生徒１人に1台ずつiPadを貸与し、授業や自主学習で活用しています。楽しみながら効率的に学習し情報活用能力を養います。学校行事では、学園祭、体育大会、中１から中３まで毎年行う修学旅行等数多くあり、全員が何かしらのリーダーになり主体性、協調性を育みます。海外研修や海外交流にも力を入れており、中学生はスイス、オーストラリアへの短期留学に毎年参加することができます。また、高校1年生は全員でイギリス語学研修を行い、約２週間の研修、ホームステイをします。さらにオンラインで海外の生徒と交流したり、提携校の授業を受けたりしています。よりグローバルな視野を身につけられるようサポートしています。このような活動を経験することにより、大学受験では生徒たちが６年間で見つけた力を発揮し、輝かしい実績を残しています。特に医学部医学科に進学する生徒が多く、過去の卒業生のうち約12%が医学界への道に進んでいます。

◉系列校

小	中	高	大（短大）
○	○	○	

片山学園初等科 2019年開校。

◉併設小学校あり…
1年後30名ー内部進学を予定

◉高校生外部募集………あり
※カリキュラムは異なります。

◉授業時間…1コマ50分・週35時間

	1年	2年	3年	計
国　語	5	5	5	15
社　会	4	4	5	13
数　学	5	5	5	15
理　科	4	5	4	13
英　語	5	5	5	15
5教科計	23	24	24	71

進学・進路

◉卒業生進路状況

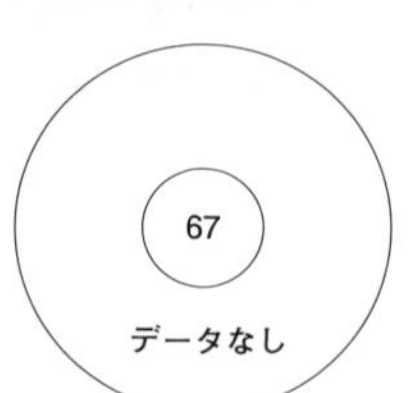

◉卒業までの流れ

小学校	中学校	高等学校	大学
	片山学園中学校	▶ 片山学園高等学校（67）	

◉主な大学合格実績

国・公	東京大	1	国・公	東京工業大	1	国・公	東京農工大		私	上智大	1	私	学習院大		私	明治学院大	
	京都大	2		一橋大			東京医科歯科大	1		東京理科大	3		国際基督教大			日本大	4
	北海道大			筑波大	1		横浜国立大			明治大	4		津田塾大			東洋大	10
	東北大			千葉大	1		東京都立大			青山学院大	3		東京女子大	1		駒澤大	1
	名古屋大			お茶の水女子大			横浜市立大			立教大	3		日本女子大			専修大	5
	大阪大	1		東京外国語大		私	慶應義塾大	1		中央大	2		成蹊大	5		芝浦工業大	
	九州大			電気通信大			早稲田大	12		法政大	2		成城大			東京都市大	2

受験状況

◉2024年入試データ

試験名	推薦		国内・関東		国内・関西		国内・東海		国内・関東算数		国内・関西算数		国内・東海算数		前期		後期	
入試日	12/17		1/8						1/8午後						1/21		2/4	
定員	男女全合計80																	
性別	男	女	男	女	男	女	男	女	男	女	男	女	男	女	男	女	男	女
教科	国	国	4	4	3・4	3・4	4	4	算	算	算	算	算	算	4	4	4	4
応募	5	10	男子合計219・女子合計238						男子合計13・女子合計8						68	53	5	4
受験	5	10	男子合計212・女子合計231						男子合計13・女子合計7						65	53	4	3
合格	5	10	男子合計202・女子合計216						男子合計2・女子合計1						54	45	2	3
備考																		

地方校（首都圏）

金沢学院大学附属中学校

■学校長／村中幸子　■創立／令和4年　■生徒数／295名（男200名、女95名）
■所在地／〒920-1393 石川県金沢市末町10
■ＴＥＬ／076-229-8801
■交通／金沢駅（JR北陸線など）から北陸鉄道バス「金沢学院大学」「東部車庫」行き35分。

何学期制	週何日制	登校時刻	制服	給食	食堂 軽食販売	プール	寮	特待制度 奨学金等	帰国生 取出授業
3学期制	6日制	8:15	あり	なし	食堂高校のみ 販売中高あり	なし	あり （男女とも）	あり	なし

沿　革

2022年4月、学校法人 金沢学院大学が設立。

教育方針と特色

本学園は大学、短大、高校、中学校を有する総合学園であり、教育理念「創造」に基づいた人間教育を行います。
ことに金沢学院大学附属中学校は、これからの社会で要求される生き抜く力の養成に特化した教育を提供し、探究心に富んだ志の高いリーダーとなる人材を世に送り出すことによって地域創生に貢献します。
さらには、国·数·英とプログラミングに重点を置き、これらをバランスよく深くじっくり学ばせた上で、個人の個性や才能を重視した私学ならではのきめ細やかな教育を実践します。
その中で突出した才能を掘り起こし、伸ばしていくことで社会の発展に有為な人材を送り出します。一方、個人に応じた、進度を工夫した授業を展開し、実社会に出てからも学び続ける姿勢を生き抜く力として育てていきます。

◉系列校

小	中	高	大（短大）
	○	○	○

◉併設小学校なし
◉高校生外部募集………420名
（混合クラス）

◉授業時間…1コマ50分·週37時間

	1年	2年	3年	計
国　語	4	4	4	12
社　会	3	3	4	10
数　学	5	5	5	15
理　科	4	4	4	12
英　語	5	5	5	15
５教科計	21	21	22	64

※特進コース

進学・進路

◉卒業生進路状況

※2022年4月開校のため、卒業生はまだ出ていない。

◉卒業までの流れ

小学校	中学校	高等学校	大学
	金沢学院大学附属中学校	金沢学院大学附属高等学校	金沢学院大学

受験状況

◉2024年入試データ

試験名	特待・東京		Ⅰ（県内·本校）		Ⅰ（県外）		Ⅱ・東京		Ⅲ（県内·本校）	
入試日	12/3		12/16		1月7日		1/21		2/3	
定員	男女全合計70									
性別	男	女	男	女	男	女	男	女	男	女
教科	2	2	4	4	4	4	4	4	4	4
応募	7	5	57	22	14	5	7	5	6	4
受験	7	5	57	22	14	5	7	5	6	4
合格	5	3	54	15	9	5	3	4	6	3
備考			大阪·愛知·東京で実施							

佐久長聖中学校

(さくちょうせい)

■学校長／小林浩　■創立／平成7年　■生徒数／315名（男162名、女153名）
■所在地／〒385-0022 長野県佐久市岩村田3638
■ＴＥＬ／0267-68-6688
■交通／佐久平駅（北陸新幹線）、岩村田駅（JR小海線）から車で5分。上信越自動車道佐久インターから車で1分。

何学期制	週何日制	登校時刻	制服	給食	食堂 軽食販売	プール	寮	特待制度 奨学金等	帰国生 取出授業
3学期制	隔週5日制	8:15	中高あり	中学のみあり	食堂高校のみ 販売高校のみ	なし	男女とも 中高あり	あり	なし

沿　革

1964年佐久高等学校開学。1995年に佐久長聖中学校が開学、それにともない佐久長聖高等学校と改名。
2023年4月学校法人聖啓学園は、長野家政学園と合併し学校法人長聖となり、長野女子短期大学、長野女子高等学校が系列校となる。2024年4月には長野市にサミットアカデミーエレメンタリースクール長野、サミットアカデミーセカンダリースクール長野、佐久市にサミットアカデミーエレメンタリースクール佐久が開学。

◉系列校

小	中	高	大（短大）
	○	○	

◉高校生外部募集………220名

（一部混合クラス）

教育方針と特色

「自由と愛」を教育理念に掲げ、中高６年間を通して、生徒の秘められた能力を見いだし、世界の舞台で活躍できる有為な人材育成を行っている。
特に、英語教育を重視し、オンライン英会話に加え、専任の外国人講師による生きた英語に触れ、国際的な視野に立った物事の考え方を学ぶため、２年次にカナダ研修を、約２週間の日程で実施している。語学研修・現地校との交流会・ホームステイからなる充実した研修となっている。これらの成果として、英語検定の合格率も年々高くなっており、中学３年生で１級合格者も輩出している。
また、中学２年次より、それぞれの個性と学力を伸ばすために、習熟度別クラスを編成している。プラスαの学習を行う「東大医進講座」を設け、英語と数学の授業において、習熟度別授業を展開している。
加えて、探究的な学びを重視し、課題分析力と課題解決力に加え、プレゼンテーション能力の育成も図っている。

◉授業時間…1コマ50分・週35時間

	1年	2年	3年	計
国　語	4	5	5	14
社　会	4	4	3	11
数　学	5	5	6	16
理　科	3	4	4	11
英　語	6	6	6	18
5教科計	22	24	24	70

進学・進路

◉卒業生進路状況

就職 1%
その他（浪人等）10%
専修 4%
短大 2%
324
大学 83%

◉卒業までの流れ

小学校	中学校	高等学校	大学
	佐久長聖中学校	▶ 佐久長聖高等学校（324）	

◉主な大学合格実績

区分	大学	人数	区分	大学	人数	区分	大学	人数	区分	大学	人数	区分	大学	人数	区分	大学	人数
国・公	東京大		国・公	東京工業大	1	国・公	東京農工大		私	上智大	4	私	学習院大	4	私	明治学院大	12
	京都大	1		一橋大			東京医科歯科大	1		東京理科大	5		国際基督教大	1		日本大	17
	北海道大	1		筑波大	1		横浜国立大	1		明治大	23		津田塾大	1		東洋大	16
	東北大	1		千葉大	1		東京都立大			青山学院大	5		東京女子大	3		駒澤大	7
	名古屋大	1		お茶の水女子大	1		横浜市立大	1		立教大	12		日本女子大	1		専修大	12
	大阪大	1		東京外国語大		私	慶應義塾大	3		中央大	13		成蹊大	4		芝浦工業大	9
	九州大			電気通信大	2		早稲田大	10		法政大	5		成城大	4		東京都市大	1

受験状況

◉2024年入試データ

試験名	本校１回		東京入試１		東京入試２		本校２回	
入試日	11/18		1/8		1/9		1/20	
定員	男女全合計140							
性別	男	女	男	女	男	女	男	女
教科	3・4	3・4	4	4	4	4	4	4
応募	男女計164		男女計3360		男女計1238		男女計31	
受験	男女計161		男女計3278		男女計960		男女計28	
合格	男女計140		男女計2771		男女計826		男女計25	
備考								

秀光中学校

（しゅうこう）

■学校長／加藤雄彦　■創立／平成8年　■生徒数／141名（男66名、女75名）
■所在地／〒983-0045 宮城県仙台市宮城野区宮城野2-4-1
■ＴＥＬ／022-256-4141
■交　通／宮城野原駅（JR仙石線）徒歩1分。

何学期制	週何日制	登校時刻	制服	給食	食堂 軽食販売	プール	寮	特待制度 奨学金等	帰国生 取出授業
4学期制	6日制 土曜休あり	8:40	中高あり	なし	食堂中高あり 販売中高あり	なし	中高あり 男女とも	あり	なし

沿　革

母体の学校法人仙台育英学園が、1996年に仙台育英学園秀光中学校を設置。その後、2003年に東北私学初の中高一貫教育の秀光中等教育学校を開校。2018年国際バカロレア（IB）MYP認定校となり、併せて組織改編により仙台育英学園高校秀光コースを開設。2021年4月秀光中学校開校。

教育方針と特色

Language、Music&Science を6年間の中高一貫教育を支える教育の軸とし、世界の人々と異文化の中で協調するグローバルリテラシーを育てます。中学校課程の3年間と高等学校課程の第1学年次の授業では、IB（国際バカロレア）の中等教育カリキュラムであるMYPに則った探究型概念学習を中心とした授業を展開していきます。それに続く高等学校課程の第2・3学年次では、国際バカロレアのDPカリキュラムを日本語と英語で行うデュアルランゲージプログラムで実施します。さらに、高等学校課程の3年間では、理系教科の特別講座や大学と連携した理科実験講座、小論文演習などを実施し、海外理系（医歯薬系を含む）・文系大学、及び国内の医歯薬系大学やスーパーグローバル指定大学への合格を目指した指導を行います。また、中学校課程第3年次に海外研修（2019年度はカナダ）を実施し、英語のスキルアップだけでなく、持続可能な社会を構築するグローバルシチズンに不可欠な知性･感性･国際性を身に付けたリーダーシップの育成を図っています。そして高等学校課程第1学年次にはMYPのPersonal Project に取り組み、成果物とレポートを作成し発表します。さらに、第2･3学年次にはDPのExtended Essayとして最大8,000字の論文にまとめて発表します。このような国際的な水準の一貫教育を通じ、日本国内はもとより世界中の大学への進学達成を目指しています。

◉系列校

小	中	高	大（短大）
	○	○	

◉併設小学校なし

◉高校生外部募集………あり

（混合クラス）

◉授業時間…1コマ45分･週35時間

	1年	2年	3年	計
国　語	5	4	4	13
社　会	3	4	4	11
数　学	5	4	5	14
理　科	4	4	4	12
英　語	5.5	5.5	5	16
5教科計	22.5	21.5	22	66

進学・進路

◉卒業生進路状況

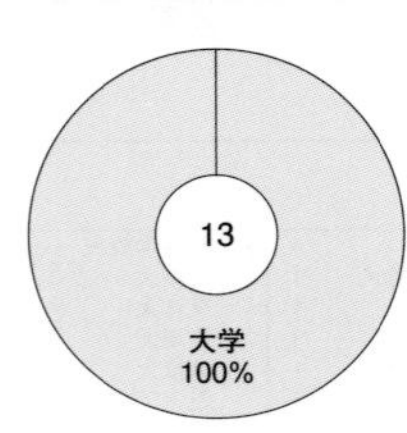

◉卒業までの流れ

小学校	中学校	高等学校	大学
	秀光中学校 ▶	仙台育英学園高等学校 ▶	

◉主な大学合格実績

国・公	東京大		国・公	東京工業大		国・公	東京農工大		私	上智大		私	学習院大	1	私	明治学院大	
	京都大			一橋大			東京医科歯科大			東京理科大	1		国際基督教大			日本大	
	北海道大			筑波大	1		横浜国立大			明治大			津田塾大			東洋大	
	東北大			千葉大			東京都立大			青山学院大			東京女子大			駒澤大	
	名古屋大			お茶の水女子大			横浜市立大	1		立教大	1		日本女子大	1		専修大	
	大阪大			東京外国語大	1	私	慶應義塾大			中央大			成蹊大			芝浦工業大	
	九州大			電気通信大			早稲田大			法政大	1		成城大			東京都市大	

受験状況

◉2024年入試データ

試験名	適性検査型		4教科型		PA	
入試日	1/5		1/5午後		1/20	
定員	男女全合計80					
性別	男	女	男	女	男	女
教科	−	−	4	4	4	4
応募	36	31	24	26	18	9
受験	36	31	24	25	8	6
合格	34	28	20	23	8	5
備考						

西大和学園中学校

にしやまとがくえん

■学校長／飯田光政　■創立／昭和63年　■生徒数／690名（男482名、女208名）
■所在地／〒636-0082 奈良県河合町薬井295
■ＴＥＬ／0745-73-6565
■交通／大輪田駅（近鉄田原本線）徒歩8分。王寺駅、五位堂駅からバス「星和台1丁目」下車。

何学期制	週何日制	登校時刻	制服	給食	食堂 軽食販売	プール	寮	特待制度 奨学金等	帰国生 取出授業
2学期制	6日制	8:55	中高あり	なし	食堂中高あり 販売中高あり	なし	中高あり 男子のみ	なし	なし

沿　革

1986年西大和学園高等学校を開校。1988年西大和学園中学校を開校。1993年西大和学園カリフォルニア校を開校。1998年白鳳女子短期大学（現大和大学白鳳短期大学部）を開学。2014年西大和学園中学校女子中等部設置。同年大和大学開学。

教育方針と特色

6年間を見通して計画的なカリキュラムを立てている。無駄をなくし早期に高校課程までの内容を終了。同時に自らの課題を見つけ解決する能力も育成する。
■低学年（中学1・2年生）
基礎学力と体力をしっかり身につけながら、中学課程の内容を終了させる。多感なこの時期には、多彩な行事や体験学習を通して「知る楽しさ」を学ばせる。
■中学年（中学3・高校1年生）
高校課程の基礎学力を身につけながら、グローバル研修プログラムや海外探究プログラムを通して国際感覚を養う。中3は「卒業論文」でひとつのテーマを追求することを学ぶ。
■高学年（高校2・3年生）
高2の段階で高校課程までのカリキュラムを終了。大学や研究機関と連携して生徒たちの学問的興味をさらに深めながら、的確な進学指導を行う。
また、教育活動の特徴のひとつである、文科省から指定を受けているスーパーサイエンスハイスクールやグローバルビジネスリーダーを育成するアクション・イノベーション・プログラムの中で中1から研究プログラムが組まれ、国際性の育成と問題解決能力の育成に貢献している。共学ではあるが中1・2は男女別クラスで授業を受ける。

◉系列校

小	中	高	大（短大）
	○	○	○

◉併設小学校なし
◉高校生外部募集………約120名

◉授業時間…1コマ50分・週39時間

	1年	2年	3年	計
国　語	6	6	7	19
社　会	5	3	5	13
数　学	6	7	7	20
理　科	3	5	5	13
英　語	6	7	7	20
5教科計	26	28	31	85

進学・進路

◉卒業生進路状況

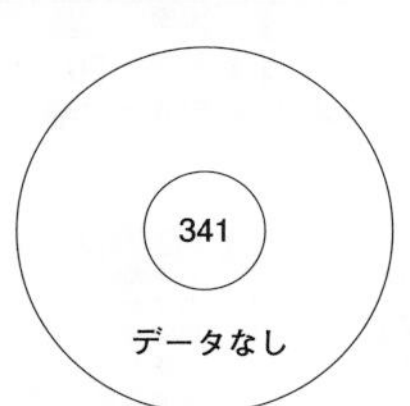

◉卒業までの流れ

小学校	中学校	高等学校	大学
	西大和学園中学校	西大和学園高等学校 (341)	

◉主な大学合格実績

国・公		国・公		国・公		私		私		私	
東京大	71	東京工業大	3	東京農工大		上智大	6	学習院大	1	明治学院大	
京都大	29	一橋大	4	東京医科歯科大	1	東京理科大	15	国際基督教大		日本大	
北海道大	10	筑波大	2	横浜国立大	6	明治大	20	津田塾大		東洋大	2
東北大	1	千葉大		東京都立大	1	青山学院大	7	東京女子大		駒澤大	
名古屋大	1	お茶の水女子大		横浜市立大		立教大	1	日本女子大	1	専修大	
大阪大	20	東京外国語大	1	私 慶應義塾大	49	中央大	12	成蹊大		芝浦工業大	1
九州大	6	電気通信大		早稲田大	60	法政大	4	成城大		東京都市大	

受験状況

◉2024年入試データ

試験名	県外・東京		県外・東海		県外・岡山		県外・広島		県外・福岡		県外・札幌沖縄		21世紀型		本校3・4科		帰国		英語重視型	
入試日	1/6				1/7						1/10		1/13午後		1/14午後					
定員	男子全合計約180・女子全合計約40																			
性別	男	女	男	女	男	女	男	女	男	女	男	女	男	女	男	女	男	女	男	女
教科	4	4	3・4	3・4	3・4	3・4	4	4	4	4	4	4	－	－	3・4	3・4	2	2	2	2
応募	男女計500				男女計208						男女計104		87	101	男子計979・女子計286					
受験	男女計490				男女計204						男女計98		80	101	男子計874・女子計271					
合格	男女計180				男女計104						男女計19		9	9	男子計398・女子計78					
備考																				

地方校（首都圏）

宮崎日本大学中学校

（みやざきにほんだいがく）

■学校長／於田広信　■創立／昭和61年　■生徒数／290名（男137名、女153名）
■所在地／〒880-0121 宮崎県宮崎市島之内6822-2
■ＴＥＬ／0985-39-1121
■交通／日向住吉駅（JR日豊本線）徒歩約15分。

何学期制	週何日制	登校時刻	制服	給食	食堂 軽食販売	プール	寮	特待制度 奨学金等	帰国生 取出授業
3学期制	週5日制	7:40	中高あり	なし	食堂中高あり 販売中高あり	なし	中高あり 男女とも	あり	なし

沿　革

日本大学の付属高校として、1963年、宮崎日本大学高等学校を開校。1986年、同中学校を開校。

教育方針と特色

日本大学の建学の精神、自主創造・和魂洋才を基本として、校訓に明るく、剛く、直くを掲げる。豊かで思いやりのある心、たくましい身体の育成に努め、「心に有機肥料を」の合い言葉のもと、毎朝の読書活動、奉仕活動、校外学習活動、芸術鑑賞教室など様々な体験、活動の場を設けている。また、1年生から実施する外国人教師との英会話や国際理解について学ぶことを通じて、豊かな国際性を育む。
カリキュラムは英語・数学・国語を中心に豊富な授業時間を確保。中3で高等学校の課程に進むが、「ゆとり」をもって学習に取り組むことができるようにプログラムが組まれている。
すべての生徒の学力を伸ばしたいという思いから、指名制、希望制の放課後学習を実施。発展クラスや補習クラスを設け、レベルに応じた対応を実施したり、個別指導を行ったりと生徒それぞれに合わせた指導を行っている。2013年春には中学新校舎が完成した。令和6年より新制服を導入。

◉系列校

小	中	高	大（短大）
	○	○	○

◉併設小学校なし
◉高校募集内進含………500名

（一部混合クラス）

◉授業時間…1コマ50分・週36.5時間

	1年	2年	3年	計
国　語	5.5	5	5	15.5
社　会	4	3.5	4	11.5
数　学	6	6	6.5	18.5
理　科	4	4	5	13
英　語	5.5	6	6	17.5
5教科計	25	24.5	26.5	76

進学・進路

◉卒業生進路状況

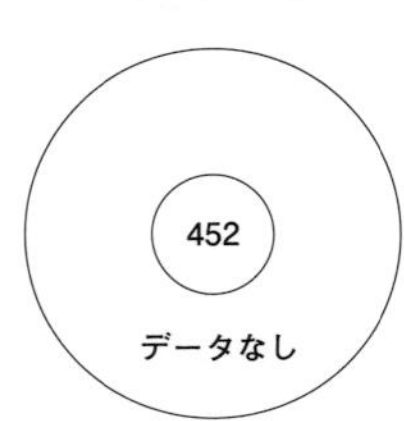

◉卒業までの流れ

小学校	中学校	高等学校	大学
	宮崎日本大学中学校	宮崎日本大学高等学校 （452）	日本大学　80 日本大学短期大学部　0

◉主な大学合格実績

国・公	東京大		国・公	東京工業大	1	国・公	東京農工大		私	上智大		私	学習院大	1	私	明治学院大	
	京都大			一橋大			東京医科歯科大			東京理科大	2		国際基督教大			日本大	-
	北海道大			筑波大	1		横浜国立大			明治大	7		津田塾大	2		東洋大	
	東北大			千葉大			東京都立大			青山学院大	2		東京女子大			駒澤大	
	名古屋大			お茶の水女子大			横浜市立大			立教大	2		日本女子大	1		専修大	
	大阪大			東京外国語大		私	慶應義塾大			中央大	4		成蹊大			芝浦工業大	1
	九州大	1		電気通信大			早稲田大	4		法政大	4		成城大			東京都市大	

受験状況

◉2024年 入試データ

試験名	前期		首都圏		後期	
入試日	1/5		1/14		1/28	
定員	男女全合計105					
性別	男	女	男	女	男	女
教科	4	4	2・4	2・4	2	2
応募	男女計126		1464	1582	1	2
受験	男女計124		1370	1534	1	2
合格	非公表	非公表	非公表	非公表	非公表	非公表
備考						

早稲田大学系属

早稲田佐賀中学校

■学校長／渡邉義浩　■創立／平成22年　■生徒数／396名（男245名、女151名）
■所在地／〒847-0016 佐賀県唐津市東城内7-1
■ＴＥＬ／0955-58-9000
■交通／唐津駅（JR筑肥線など）徒歩約15分。同駅よりスクールシャトルバスあり。

何学期制	週何日制	登校時刻	制服	給食	食堂 軽食販売	プール	寮	特待制度 奨学金等	帰国生 取出授業
3学期制	6日制 月2回程度土休	9:00	中高あり	あり （希望制）	食堂なし 販売中高あり	なし	中高あり 男女とも	未定	なし

沿　革

早稲田大学創立者、大隈重信生誕の地である佐賀県に、早稲田大学創立125周年記念事業として2010年4月早稲田佐賀中学校・高等学校を開校。

教育方針と特色

早稲田大学の創立者・大隈重信の精神を根底とした建学の精神「学問の独立・進取の精神・地球市民の育成」のもと、その教育実践として、早稲田ならではの中高一貫教育による学力強化と心身の鍛錬で、「確かな学力と豊かな人間性を兼ね備えたグローバルリーダー」を育成する。カリキュラムは、中学1・2年次を基礎力養成期、中3・高1年次を応用力養成期、高校2・3年次を実践力充実期として、将来の早稲田大学、難関国公私立大学、医・歯・薬系大学等への進学を支援する独自のプログラムとなっている。基礎学力の重視のほか、たとえば早稲田大学の授業をオンデマンドで受講、早稲田ゆかりの専門家の特別授業や個別指導など早稲田の伝統・実績に基づく学習内容を用意。また、佐賀県唐津市という自然資源豊富な地の利を生かし唐津体験プログラム（牧場体験・魚釣り体験など）や干潟体験など、体験的な学びを重視。さらに早稲田の信条とする「文武両道」から文化やスポーツなどもサポートして、将来世界で活躍・社会に貢献できる強い正義感を持った人材を育成する。本校は早稲田大学に進学できる推薦枠を設けており、その枠が2027年度の高3生より144名となる予定。

◉系列校

小	中	高	大（短大）
	○	○	○

◉併設小学校なし
◉高校生外部募集………120名

（高2より混合クラス）

◉授業時間…1コマ45分・週35時間

	1年	2年	3年	計
国　語	5	5	5	15
社　会	4	4	4	12
数　学	5	5	6	16
理　科	4	4	4	12
英　語	5	6	6	17
5教科計	23	24	25	72

進学・進路

◉卒業生進路状況

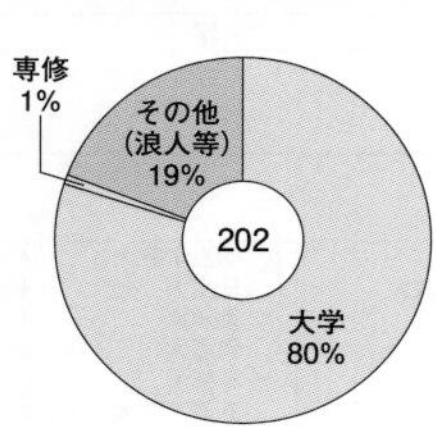

◉卒業までの流れ

小学校	中学校	高等学校	大学
	早稲田佐賀中学校	早稲田佐賀高等学校 （202）	早稲田大学　106

◉主な大学合格実績

国・公	東京大		国・公	東京工業大		国・公	東京農工大		私	上智大	4	私	学習院大		私	明治学院大	
	京都大			一橋大			東京医科歯科大			東京理科大	3		国際基督教大	2		日本大	
	北海道大			筑波大			横浜国立大			明治大	3		津田塾大			東洋大	
	東北大			千葉大			東京都立大			青山学院大	5		東京女子大			駒澤大	
	名古屋大			お茶の水女子大			横浜市立大	1		立教大	5		日本女子大			専修大	
	大阪大			東京外国語大	1	私	慶應義塾大	2		中央大	12		成蹊大			芝浦工業大	
	九州大	4		電気通信大			早稲田大	-		法政大	10		成城大			東京都市大	

受験状況

◉2024年 入試データ

試験名	新思考12月 首都圏		帰国首都圏		新思考12月		帰国		1月首都圏		一般1月		2月首都圏		一般2月	
入試日	12/3								1/8				2/5			
定員	男女全合計120															
性別	男	女	男	女	男	女	男	女	男	女	男	女	男	女	男	女
教科	−	−	−	−	−	−	−	−	4	4	4	4	2	2	2	2
応募	12月首都圏男女計124				12月九州男女計240				男女計557		男女計560		非公表		非公表	
受験	12月首都圏男女計124				12月九州男女計238				男女計545		男女計556					
合格	12月首都圏男女計69				12月九州男女計99				男女計381		男女計338					
備考																

地方校（首都圏）

しずおかせいこうがくいん
静岡聖光学院中学校

■学校長／工藤誠一　■創立／昭和44年　■生徒数／男250名
■所在地／〒422-8021 静岡県静岡市駿河区小鹿1440　■ＴＥＬ／054-285-9136
■交通／静岡駅（JR東海道新幹線・JR東海道本線）・東静岡駅（JR東海道本線）から路線バス。
登下校時は東静岡駅（JR東海道本線）からシャトルバスあり。

何学期制	週何日制	登校時刻	制服	給食	食堂 軽食販売	プール	寮	特待制度 奨学金等	帰国生 取出授業
2学期制	6日制	9:05	中高あり	なし	食堂なし 販売中高あり	なし	中高あり	あり	あり

沿　革

ローマに本部をおくキリスト教教育修士会によって設立。1969年中学校を開校。1972年高等学校を開校。

教育方針と特色

キリスト教の教育理念に基づく、6ヵ年一貫の男子ミッションスクール。カトリックの世界観に立つ人類不変の価値を尊重する人格の形成、あわせて高尚かつ有能な社会の成員を育成することを建学の精神として、日々の教育活動にあたっている。
静岡聖光学院の教育は、多くの知識を獲得し、基礎学力を構築することを目的とする20世紀型の学びと、論理的に思考し、獲得した知識を活用できる力を身につける21世紀型の学び、異なる2つの型によってかたちづくられている。論理的思考のプロセスを体得しながら、学ぶ楽しさに目覚めるきっかけとなる「授業」を中心に据え、知識の定着、基礎学力の向上をサポートする「学習支援プログラム」も同時に展開し、6年間の学びのベースを築いていく。
またプログラミングをはじめとしたSTEAM教育を授業内外で展開するとともに1人1人の生徒の興味関心にあわせたプロジェクト活動や探究活動もあわせて実施している。

◉系列校

小	中	高	大(短大)
	○	○	

◉併設小学校なし
◉高校生外部募集………若干名
（完全混合クラス）

◉授業時間…1コマ45分・週34時間

	1年	2年	3年	計
国　語	4	4	5	13
社　会	3	3	4	10
数　学	6	6	6	18
理　科	4	4	4	12
英　語	6	6	6	18
5教科計	23	23	25	71

進学・進路

◉卒業生進路状況

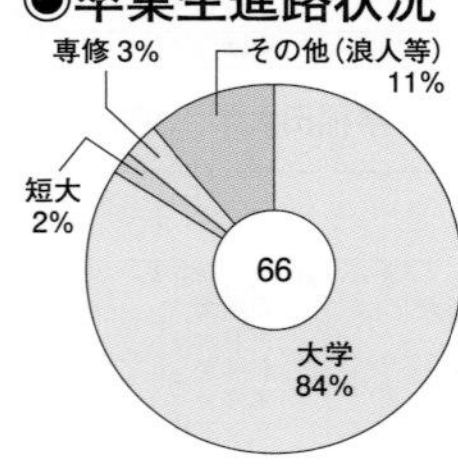

◉卒業までの流れ

小学校	中学校	高等学校	大学
	静岡聖光学院中学校	▶ 静岡聖光学院高等学校 (66)	

◉主な大学合格実績

国・公	東京大		国・公	東京工業大		国・公	東京農工大		私	上智大	1	私	学習院大		私	明治学院大	4
	京都大			一橋大			東京医科歯科大			東京理科大	3		国際基督教大			日本大	4
	北海道大	1		筑波大			横浜国立大			明治大	4		津田塾大			東洋大	1
	東北大			千葉大			東京都立大			青山学院大	3		東京女子大			駒澤大	2
	名古屋大			お茶の水女子大			横浜市立大			立教大	3		日本女子大			専修大	2
	大阪大	1		東京外国語大		私	慶應義塾大	7		中央大	3		成蹊大	4		芝浦工業大	4
	九州大			電気通信大	1		早稲田大	5		法政大	7		成城大	1		東京都市大	4

受験状況

◉2024年入試データ

試験名	Ⅰ期静岡	Ⅰ期東京	特待東京	特待静岡	英語	1科目	21世紀型	BIGIRION	Ⅱ期静岡
入試日	1/6	1/8					1/6午後	1/8午後	1/21
定員	Ⅰ期計100		特待計10		若干名	若干名	若干名	若干名	10
性別	男	男	男	男	男	男	男	男	男
教科	2・4	2・4	2	2	−	−	−	−	2
応募	89	208	32	123	計41		21	0	11
受験	86	206	31	120	計39		20	0	11
合格	82	178	非公表	非公表	計17		15	0	10
備考									

鹿児島県立楠隼中学校

かごしまけんりつなんしゅん

■学校長／德留敏郎　■創立／平成27年　■生徒数／男165名
■所在地／〒893-1206 鹿児島県肝属郡肝付町前田5025
■ＴＥＬ／0994-65-1192
■交通／鹿児島空港よりバス約135分あるいは車約85分。

何学期制	週何日制	登校時刻	制服	給食	食堂 軽食販売	プール	寮	特待制度 奨学金等	帰国生 取出授業
3学期制	変則5日制	7:30	中高あり	あり	食堂あり 販売なし	あり	全寮制	なし	なし

沿　革

2015年、鹿児島県に全国初となる公立全寮制男子校が開校。

教育方針と特色

世界を見通すリーダーを育成するための課題研究等を展開し、6年間を通じて学力向上を図りながら、未来に繋がる知・徳・体を備えた全人教育を目指す。特徴的な取組としては、「シリーズ宇宙学」。中学1年～高校1年にかけて、JAXAと連携して宇宙航空に関する課題研究を行い、探究心や科学的視点を養う。また、地元鹿児島県の自然や文化に触れる様々な体験学習を実施し、豊かな人間性を育む。公立校としては、初の男子全寮制の学校であり、寮生活においても万全の環境を整えている。学習指導員が毎日常駐し、夜間講座の実施や個別学習のサポートをしている。平日は専任スタッフが生徒の衣類の洗濯を行うなど、寮生活を快適に過ごせるように配慮がなされており、規則正しい生活の中で生徒の自立心を育てている。

◉系列校

小	中	高	大(短大)
	○	○	

◉併設小学校なし
◉高校生外部募集………30名

◉授業時間…1コマ50分・週34/35時間

	1年	2年	3年	計
国　語	5	4	4	13
社　会	3	3	4	10
数　学	5	5	5	15
理　科	3.5	4	4	11.5
英　語	5	5	5	15
5教科計	21.5	21	22	64.5

進学・進路

◉卒業生進路状況

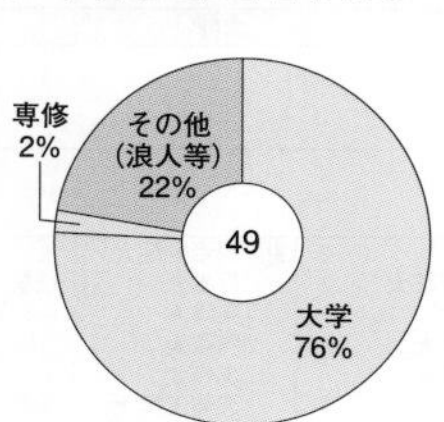

◉卒業までの流れ

小学校	中学校	高等学校	大学
	鹿児島県立楠隼中学校 ▶	鹿児島県立楠隼 高等学校（49）	

◉主な大学合格実績

	大学	人数		大学	人数		大学	人数		大学	人数		大学	人数		大学	人数
国・公	東京大		国・公	九州大		国・公	岡山大			鹿児島大	3	私	青山学院大	2	私	立命館大	1
	京都大	1		東京工業大			広島大		私	慶應義塾大	1		立教大			関西大	
	北海道大			一橋大			山口大	1		早稲田大			中央大	1		関西学院大	1
	東北大	1		神戸大			佐賀大			上智大			法政大	3		福岡大	1
	名古屋大			愛媛大			長崎大	1		東京理科大	1		南山大			久留米大	1
	大阪大	1		徳島大			熊本大	1		明治大	1		同志社大			西南学院大	

受験状況

◉2024年入試データ

試験名	東京	本校
入試日	1/21	
定員	全合計60	
性別	男	
教科	－	
応募	全合計114	
受験	非公表	
合格	全合計60	
備考		

地方校（首都圏）

函館(はこだて)ラ・サール中学校

■学校長／齋藤瑞木　■創立／平成11年　■生徒数／男195名
■所在地／〒041-8765 北海道函館市日吉町1-12-1
■ＴＥＬ／0138-52-0365
■交通／函館駅（JR函館本線など）からバス「学園前」下車。湯の川駅（函館市電湯の川線）徒歩12分。

何学期制	週何日制	登校時刻	制服	給食	食堂 軽食販売	プール	寮	特待制度 奨学金等	帰国生 取出授業
2学期制	6日制	8:28	中学のみあり	なし	食堂中高あり 販売中高あり	なし	中高あり	あり	なし

沿　革

世界80カ国に900以上の教育施設を経営するラ・サール修道会により、1960年に高等学校開校。1999年に中学校併設。

教育方針と特色

「進学教育と人間教育の高いレベルでの両立」を教育方針の核としており、次のような特色がある。
1．人間教育重視の教育伝統～カトリックミッションスクールとして、生徒の学力に偏らない全人格的成長を図ると共に、問題を抱えた生徒をあくまでも支援する。
2．全国各地から生徒が集まっていること～市外出身生徒の割合（関東以西で過半数）と出身地の多様性の点では、全国一と言われている。自宅生だけの学校では考えられない多様で密度の濃い触れ合いが、幅広く豊かな人間体験を生み出し、それが将来の人間力にもつながる。
3．全国唯一の大部屋寮生活～一見不自由にみえる寮生活を通じて、生徒は、現代の若者が失いつつある深い友人関係と、将来社会に出てから最も必要とされる逞しい人間関係力・社会人基礎力を培う。卒業生の横の繋がりと母校への愛着心は極めて強い。
4．恵まれた生活・学習環境～函館は北海道の豊かな自然と歴史的情緒に溢れた魅力的な港町である。
5．低廉な経費～都会での通学通塾生活とくらべても経済的である（授業料寮費合わせて月11.1万円）

◉系列校

小	中	高	大（短大）
	○	○	

◉併設小学校なし
◉高校募集内進含………160名
（一部混合クラス）

◉授業時間…1コマ45分・週37時間

	1年	2年	3年	計
国　語	6	6	6	18
社　会	3	4	4	11
数　学	6	6	6	18
理　科	4	4	4	12
英　語	6	6	6	18
5教科計	25	26	26	77

進学・進路

◉卒業生進路状況

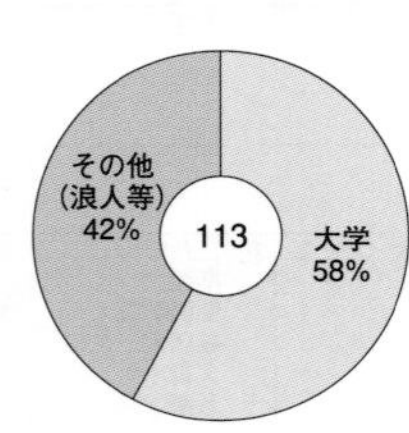

◉卒業までの流れ

小学校	中学校	高等学校	大学
	函館ラ・サール中学校 ▶	函館ラ・サール 高等学校（113）	

◉主な大学合格実績

区分	大学	人数
国・公	東京大	1
	京都大	
	北海道大	3
	東北大	3
	名古屋大	
	大阪大	
	九州大	
国・公	東京工業大	2
	一橋大	1
	筑波大	1
	千葉大	
	お茶の水女子大	
	東京外国語大	
	電気通信大	
国・公	東京農工大	
	東京医科歯科大	
	横浜国立大	1
	東京都立大	
	横浜市立大	
私	慶應義塾大	3
	早稲田大	5
私	上智大	1
	東京理科大	9
	明治大	6
	青山学院大	2
	立教大	5
	中央大	2
	法政大	2
私	学習院大	2
	国際基督教大	2
	津田塾大	
	東京女子大	
	日本女子大	
	成蹊大	1
	成城大	
私	明治学院大	
	日本大	5
	東洋大	
	駒澤大	
	専修大	
	芝浦工業大	1
	東京都市大	

受験状況

◉2024年入試データ

試験名	1次・東京	1次・本校	1次・札幌	1次・大阪	1次・名古屋	2次・東京	2次・本校	2次・大阪	2次・名古屋
入試日	1/8					2/3			
定員	全合計80								
性別	男	男	男	男	男	男	男	男	男
教科	3・4	3・4	3・4	3・4	3・4	2・3・4	2・3・4	2・3・4	2・3・4
応募	200	28	2	26	10	45	25	5	4
受験	195	28	1	25	10	37	25	3	3
合格	130	4	0	21	4	27	13	2	2
備考									

<ruby>北嶺<rt>ほくれい</rt></ruby>

北嶺中学校

■学校長／谷地田穣　■創立／昭和61年　■生徒数／男388名
■所在地／〒004-0839 北海道札幌市清田区真栄448-1　■ＴＥＬ／011-883-4651
■交通／大谷地駅（札幌市営地下鉄東西線）、福住駅（札幌市営地下鉄東豊線）からタクシーで20分。
JR新札幌駅からタクシーで25分。登下校時スクールバスあり。

何学期制	週何日制	登校時刻	制服	給食	食堂 軽食販売	プール	寮	特待制度 奨学金等	帰国生 取出授業
3学期制	6日制	8:25	中高あり	なし	食堂中高あり 販売中高あり	なし	中高あり	あり	なし

沿　革

1986年、学校法人希望学園が北嶺中学校を創設し開校。1989年には北嶺高等学校が開校。併設型の完全中高一貫男子校。2013年から学習合宿型の青雲寮コースを開設し、2015年に学習棟と青雲寮C棟が完成。さらなる学習環境充実のため、2021年に新教室棟と新青雲寮棟S棟が、2024年には新図書館が完成。

教育方針と特色

「めざすなら高い嶺」を合言葉に、東京大学や医学部医学科などの難関大学への進学を目標としている。中高一貫ならではの独自の教育カリキュラムをもとに、毎年多くの生徒が難関大学へ進学。1学年120名と少数精鋭ながらも、2024年度大学入試では東京大学に7名（現役5名）、国公立医学部医学科に39名（現役31名）が合格した。
北嶺では新しい教育改革を受けて、生徒の探求心や好奇心を大切とした探求型の9つの特別プロジェクトを実施。英語・国際理解教育に力を入れた「グローバルプロジェクト」では、CBT方式の英語能力試験、英会話講習、ニュージーランド語学研修・ホームステイをはじめ、ハーバード大学の学生を招いたワークショップ、ハーバード大学での特別研修を実施する。「サイエンスプロジェクト」では、JAXAやNASAで研修する他、ロケット理解に関する実習も行う。「メディカルスクール」では、医師による講演会や座談会をはじめ、各医療機関での医療体験や礼文島にある診療所での医療研修も行う。その他、法律に理解を深める「ロースクール」、ビジネスリーダー育成の「ビジネススクール」、プログラミング的思考能力を育成する「プログラミングアカデミー」に取り組む他、2021年からは北海道の自然・歴史・文化を学ぶ「Hokkaidoプロジェクト」も実施。2022年から音楽や芸術に触れ合う「HOKUREIカルチェラタン」、2024年からは投資や資金運用を学ぶ「ファイナンシャルスクール」が始動した。

◉系列校

小	中	高	大（短大）
	○	○	

◉併設小学校なし
◉高校生外部募集………なし

◉授業時間…1コマ50分・週37時間

	1年	2年	3年	計
国　語	6	6	6	18
社　会	3	3	4	10
数　学	7	7	7	21
理　科	4	4	4	12
英　語	7	7	7	21
5教科計	27	27	28	82

進学・進路

◉卒業生進路状況

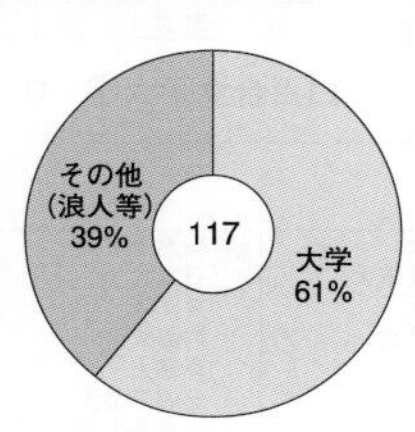

◉卒業までの流れ

小学校	中学校	高等学校	大学
	北嶺中学校	北嶺高等学校（117）	

◉主な大学合格実績

区分	大学	人数	区分	大学	人数	区分	大学	人数
国・公	東京大	7	国・公	東京工業大		国・公	東京農工大	
	京都大	3		一橋大	5		東京医科歯科大	
	北海道大	15		筑波大	1		横浜国立大	1
	東北大	8		千葉大	1		東京都立大	
	名古屋大	1		お茶の水女子大			横浜市立大	
	大阪大	4		東京外国語大		私	慶應義塾大	9
	九州大			電気通信大			早稲田大	17

区分	大学	人数	区分	大学	人数	区分	大学	人数
私	上智大	5	私	学習院大	1	私	明治学院大	1
	東京理科大	7		国際基督教大			日本大	2
	明治大	8		津田塾大			東洋大	2
	青山学院大	3		東京女子大			駒澤大	
	立教大			日本女子大			専修大	
	中央大	5		成蹊大			芝浦工業大	2
	法政大	2		成城大	1		東京都市大	

受験状況

◉2024年入試データ

試験名	東京・名古屋	東京・名古屋特待	本校・地方	本校・地方特待	青雲寮コース	大阪	大阪特待	帰国
入試日	1/8							
定員	全合計120							
性別	男	男	男	男	男	男	男	男
教科	4	4	4	4	4	3・4	3・4	2
応募	全合計1303							
受験	全合計1269							
合格	全合計1044							
備考	特待合格全合計123							

盛岡白百合学園中学校

（もりおかしらゆりがくえん）

■学校長／浅沼千明　■創立／明治25年　■生徒数／女81名
■所在地／〒020-0004 岩手県盛岡市山岸4-29-16
■ＴＥＬ／019-661-6330
■交通／山岸駅（JR山田線）徒歩約20分。

何学期制	週何日制	登校時刻	制服	給食	食堂 軽食販売	プール	寮	特待制度 奨学金等	帰国生 取出授業
2学期制	5日制	8:40	中高あり	なし	食堂高校のみ 販売中高あり	なし	中高あり	あり	なし

沿　革

シャルトル聖パウロ修道女会によって設立。1892年、私立盛岡女学校を開校。何度か校名の変更があった後、1948年に盛岡白百合学園中学校・高等学校となる。

教育方針と特色

「従順・真の自由を知る喜び」「勤勉・能力をみがき役立てる喜び」「愛徳・互いに大切にし合う喜び」を校訓とし、これをもとに生徒一人ひとりをかけがえのない存在として大切に育てる。
広く世界に貢献する女性になるために必要な知性、感性、人間性を育み「こころ豊かな、調和のとれた人格を育てる」全人教育に取り組んでいる。
朝礼前は中・高ともに瞑目をし、心を落ち着け1日をはじめるサイレントアワー、生き方、あり方を考え、自分と向き合う宗教の授業など心を育む多彩な取り組みを実践する。
学習面においては中学校の課程で、学習習慣をつけること、学習意欲を高めることを重視。1年生から国数英において習熟度別授業を実施し、特にアドバンスコースでは超難関大学を目指した6ヶ年のプログラムを実施するなど、個々の学力に合ったコースで授業を展開する。
英語教育、国際教育にも力を入れており、留学の受け入れ、派遣も盛んである。

◉系列校

小	中	高	大（短大）
	○	○	○

◉小学校からの内進生…5名
◉高校募集内進含………240名

（完全混合クラス）

◉授業時間…1コマ45分・週35時間

	1年	2年	3年	計
国　語	4	4	5	13
社　会	3	3	4	10
数　学	5	6	6	17
理　科	4	5	4	13
英　語	6	6	6	18
5教科計	22	24	25	71

進学・進路

◉卒業生進路状況

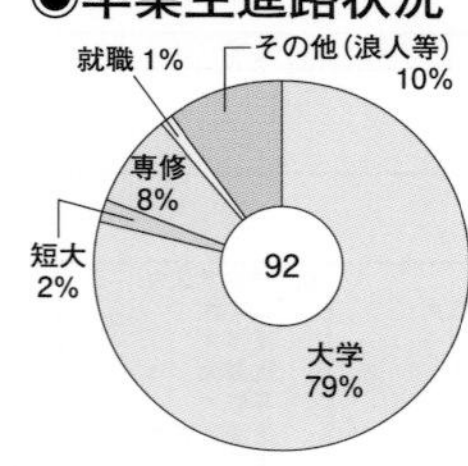

◉卒業までの流れ

小学校	中学校	高等学校	大学
盛岡白百合学園小学校	盛岡白百合学園中学校	盛岡白百合学園高等学校（92）	白百合女子大学　0

◉主な大学合格実績

区分	大学	人数	区分	大学	人数	区分	大学	人数	区分	大学	人数	区分	大学	人数	区分	大学	人数
国・公	東京大		国・公	東京工業大		国・公	東京農工大		私	上智大	1	私	学習院大		私	明治学院大	
	京都大			一橋大			東京医科歯科大			東京理科大	1		国際基督教大			日本大	1
	北海道大			筑波大			横浜国立大			明治大			津田塾大			東洋大	
	東北大			千葉大			東京都立大			青山学院大	1		東京女子大	2		駒澤大	
	名古屋大			お茶の水女子大			横浜市立大			立教大	2		日本女子大	5		専修大	
	大阪大			東京外国語大		私	慶應義塾大			中央大			成蹊大			芝浦工業大	
	九州大			電気通信大			早稲田大	1		法政大	1		成城大			東京都市大	

受験状況

◉2024年入試データ

試験名	1期Ⅰ型	1期Ⅱ型	首都圏Ⅰ	首都圏Ⅱ	2期Ⅰ型	2期Ⅱ型
入試日	12/2		1/7	1/7午後	2/3	
定員	全合計80					
性別	女	女	女	女	女	女
教科	2	国	4	−	2	国
応募	非公表	非公表	1003	123	非公表	非公表
受験			988	122		
合格			858	100		
備考						

不二聖心女子学院中学校

（ふじせいしんじょしがくいん）

■学校長／大原眞実　■創立／昭和27年　■生徒数／女235名
■所在地／〒410-1126 静岡県裾野市桃園198
■ＴＥＬ／055-992-0213
■交通／裾野駅（JR御殿場線）からスクールバス8分。三島駅（新幹線など）からスクールバス25分。

何学期制	週何日制	登校時刻	制服	給食	食堂 軽食販売	プール	寮	特待制度 奨学金等	帰国生 取出授業
2学期制	5日制	8:30	中高あり	なし	食堂なし 販売中高あり	屋外	中高あり	なし	なし

沿　革

1920年、学院の前進、温情舎小学校創立。1952年聖心温情舎中学校と改称、学校法人聖心女学院に経営移管。1953年、聖心温情舎高等学校認可。1957年現校名に変更。2022年に創立70年。

教育方針と特色

●教育理念…聖心女子学院は一人ひとりが神の愛を受けたかけがえのない存在であることを知り、世界の一員としての連帯感と使命感を持ってよりよい社会を築くことに貢献する賢明な女性を育成する。
●教育方針…魂を育てる、知性を磨く、実行力を養う。
●世界30か国146校の聖心のグローバルネットワークを活用した教育。
【フランス・ルーツへの旅】高校2年生全員が聖心の創立の地フランス・パリを訪れる。（2018年度から）
●奉仕活動…学院創立時から、伝統的に奉仕活動を大切にし、地域の施設の清掃、利用者との交流など、全校生徒が年に数回の奉仕活動に参加する。周囲のために、体・頭・心を使って奉仕する姿勢を育む。
●総合学習…中1の学年研究、中2のグループ研究、中3の卒業研究、高1のESD教育、高2の平和学習、高3の人間学と6年一貫の総合学習を行っている。
●寄宿舎生活…生徒は19都道府県の広い地域から集まる。全校生徒の5割が寄宿舎生活を送り、集団生活の中で規則正しい自立した生活、協調性を育む。チューター制などの学習サポート体制もある。原則、週末は自宅へ帰宅する。

◉系列校

小	中	高	大（短大）
○	○	○	○

◉併設小学校なし
◉高校募集内進含………80名
（完全混合クラス）

◉授業時間…1コマ50分・週33時間

	1年	2年	3年	計
国　語	4.5	4.5	5	14
社　会	3.5	3.5	4	11
数　学	5	5	5	15
理　科	3.5	4	4	11.5
英　語	5.5	6	6	17.5
5教科計	22	23	24	69

進学・進路

◉卒業生進路状況

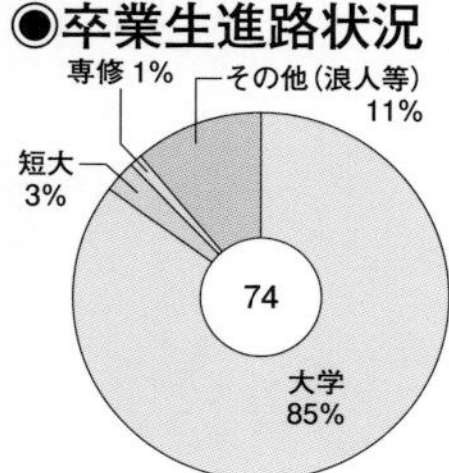

◉卒業までの流れ

小学校	中学校	高等学校	大学
	不二聖心女子学院中学校	不二聖心女子学院高等学校（74）	聖心女子大学　27

◉主な大学合格実績

国・公	東京大		国・公	東京工業大		国・公	東京農工大		私	上智大	19	私	学習院大		私	明治学院大	
	京都大			一橋大	1		東京医科歯科大			東京理科大	1		国際基督教大	1		日本大	
	北海道大			筑波大			横浜国立大			明治大	2		津田塾大			東洋大	
	東北大			千葉大			東京都立大			青山学院大	3		東京女子大			駒澤大	
	名古屋大			お茶の水女子大			横浜市立大			立教大			日本女子大			専修大	
	大阪大			東京外国語大		私	慶應義塾大	2		中央大	7		成蹊大			芝浦工業大	2
	九州大			電気通信大			早稲田大			法政大			成城大			東京都市大	1

受験状況

◉2024年 入試データ

試験名	A本校	帰国	S東京	B東京	B本校
入試日	1/6		1/13	2/3午後	
定員	帰国含AS計66			B計10	
性別	女	女	女	女	女
教科	2・4	2	2・4	2	2
応募	96	3	186	11	7
受験	95	3	171	3	5
合格	94	3	140	3	3
備考					

地方校

全国主要校

滝(たき)中学校

■学校長／高瀬裕隆　■創立／大正15年　■生徒数／749名（男380名、女369名）
■所在地／〒483-8418 愛知県江南市東野町米野1　■ＴＥＬ／0587-56-2127
■交通／江南駅（名鉄犬山線）、名鉄一宮駅（名鉄本線）、尾張一宮駅（JR東海道本線）より名鉄バス「滝学園前」下車。
一宮駅と江南駅よりスクールバスあり。

何学期制	週何日制	登校時刻	制服	給食	食堂 軽食販売	プール	寮	特待制度 奨学金等	帰国生 取出授業
3学期制	5日制	8:30	中高あり	なし	食堂なし 販売中高あり	屋外	なし	あり	なし

沿　革

1926年（大正15年）に地元出身の実業家・滝信四郎により滝実業学校として創設された。最初は農業科と商業科の学校であったが、1947年（昭和22年）に中学校を併設。2年後には高校普通科を設置。以後、男女共学の学校として、中高一貫教育を進めている。

教育方針と特色

「深める教育」とは、学力の定着・深化を意味し、6年一貫教育に基づく独自のカリキュラムを展開している。50分授業を週33時間行い、それに加えて長期休暇中に全員の参加を原則とする特別復習授業や「土曜講座」の学習講座、火曜学習会（補習授業）を実施している。「拡げる教育」とは、将来の大学（学部）・職業選択につながる興味・関心の拡大を指し、毎年4月に各界の著名人を招く「土曜講座記念講演会」や「土曜講座」の教養講座、夏期特別復習授業中に行われる体験型学習週間などを行っている。「支える教育」とは、生徒一人ひとりが主体であり、「学校での生活を支援する」という思いを表しており、つまづいたり悩んだりしたときに相談しやすい体制（保健室・教育相談室・面談週間）を整えている。

◉系列校

小	中	高	大(短大)

◉併設小学校なし

◉高校生外部募集………110名

（3年次から混合クラス）

◉授業時間…1コマ50分・週34時間

	1年	2年	3年	計
国　語	5	5	5	15
社　会	4	3	4	11
数　学	5	5	6	16
理　科	4	5	4	13
英　語	5	5	5	15
５教科計	23	23	24	70

進学・進路

◉卒業までの流れ

小学校	中学校	高等学校	大学
	滝中学校	▶ 滝高等学校（264）	

◉主な大学合格実績

	大学	人数		大学	人数		大学	人数		大学	人数		大学	人数		大学	人数
国・公	東京大	10	国・公	九州大	1	国・公	静岡大	5	私	慶應義塾大	29	私	立教大	18	私	愛知大	13
	京都大	11		東京工業大	1		名古屋工大	15		早稲田大	28		中央大	30		愛知淑徳大	3
	北海道大	12		一橋大	1		三重大	5		上智大	13		法政大	23		同志社大	67
	東北大	3		金沢大	3		神戸大	6		東京理科大	42		南山大	69		立命館大	107
	名古屋大	44		信州大	2		広島大	5		明治大	59		中京大	25		関西大	11
	大阪大	6		岐阜大	25		名古屋市大	31		青山学院大	16		名城大	90		関西学院大	18

受験状況

◉2024年入試データ

試験名		
入試日	2/4	
定員	男女計252	
性別	男	女
教科	4	4
応募	男女計1891	
受験	男女計1803	
合格	男女計668	
備考		

東海中学校

（とうかい）

■学校長／近藤辰巳　■創立／明治21年　■生徒数／男1,074名
■所在地／〒461-0003 愛知県名古屋市東区筒井1-2-35　■ＴＥＬ／052-936-5111（事務室）・5114（中学校）
■交通／車道駅（名古屋市営地下鉄桜通線）徒歩10分。千種駅（JR中央本線、名古屋市営地下鉄東山線）徒歩15分。
森下駅（名鉄瀬戸線）徒歩12分。

何学期制	週何日制	登校時刻	制服	給食	食堂 軽食販売	プール	寮	特待制度 奨学金等	帰国生 取出授業
3学期制	5日制	8:15	中高あり	なし	食堂なし 販売中高あり	屋外	なし	あり	なし

沿　革

1888（明治21）年浄土宗学愛知支校として西蓮寺（名古屋市東区）内に創立。1899（明治32）年現校地に移転。1909（明治42）年東海中学校となる。1947（昭和22）年新制東海中学校発足。1948（昭和23）年新制高等学校発足。

教育方針と特色

法然上人の開かれた浄土宗によって設立され、校訓を「勤倹誠実」とする。教育目標として「1.明照殿を敬い、信念ある人となりましょう。2.勤倹誠実の校風を尊重して、よい個性を養いましょう。3.平和日本の有要な社会人となりましょう。」の三綱領を掲げ、豊かな人間性と確固たる信念を確立し、未来を見つめ、社会に貢献できる人材を育成する。学習カリキュラムは、豊かな人間性を養う宗教情操教育と、中高一貫の利点を活かした本校独自の編成である。主要課目では、中3から高校の内容に入り、それに合わせた数多くのオリジナル教材を用意し理解度を高める。さらに少人数クラスでのきめ細かい指導、ネイティブ・スピーカーによる英会話など国際化社会を見据えた指導を展開している。年2回100以上の多種多様な公開講座を用意する「サタデープログラム」は東海の一大イベントとなっており、生徒にとって貴重な体験の場である。こういった年間諸行事や活発な運動部・学芸部のクラブ活動を通して心身のたくましい成長を図る。政治家・作家・文化人など多方面に著名な先輩がいる。

◉系列校

小	中	高	大（短大）
	○	○	○

◉併設小学校なし

◉高校生外部募集………40名

（一部混合クラス）

◉授業時間…1コマ50分・週30コマ

週当たりの主要5教科授業時間数は非公表

進学・進路

◉卒業までの流れ

小学校	中学校	高等学校	大学
	東海中学校	▶ 東海高等学校（387）	

◉主な大学合格実績

	大学	人数		大学	人数		大学	人数		大学	人数		大学	人数		大学	人数
国・公	東京大	36	国・公	九州大	4	国・公	静岡大		私	慶應義塾大	68	私	立教大	9	私	愛知大	
	京都大	26		東京工業大	9		名古屋工大			早稲田大	82		中央大	41		愛知淑徳大	
	北海道大	16		一橋大	4		三重大	8		上智大	7		法政大	10		同志社大	65
	東北大	5		金沢大			神戸大	4		東京理科大	67		南山大	15		立命館大	86
	名古屋大	47		信州大	6		広島大			明治大	39		中京大			関西大	8
	大阪大	5		岐阜大	14		名古屋市大	20		青山学院大	18		名城大	55		関西学院大	16

受験状況

◉2024年入試データ

試験名	
入試日	2/3
定員	360
性別	男
教科	4
応募	1035
受験	955
合格	421
備考	

南山(なんざん)中学校男子部

■学校長／赤尾道夫　■創立／昭和7年　■生徒数／男619名
■所在地／〒466-0838 愛知県名古屋市昭和区五軒家町6
■ＴＥＬ／052-831-6455
■交通／いりなか駅(名古屋市営地下鉄鶴舞線)徒歩3分。

何学期制	週何日制	登校時刻	制服	給食	食堂 軽食販売	プール	寮	特待制度 奨学金等	帰国生 取出授業
3学期制	5日制	8:20	なし	なし	食堂なし 販売中高あり	屋外	なし	あり	なし

沿　革

1932年、カトリック神言修道会神父ヨゼフ・ライネルス博士によりミッションスクール・旧制南山中学校創立。1946年、外国語専門学校設置。1947年、新制南山中学校、1948年、新制南山高等学校を設置し女子部併設。現在、南山大学附属小学校、南山中学校・高等学校（男子部・女子部）、南山国際中学校・高等学校、南山大学・大学院、聖霊中学校・高等学校、聖園女学院中学校・高等学校、聖園女学院附属幼稚園（2つ）を有する総合学園となっている。2017年度新校舎完成。

教育方針と特色

「キリスト教精神に基づく人間の尊厳の深い理解と愛の実践を理解したすぐれた人格者の育成」を教育理念として、校訓は「高い人格・広い教養・強い責任感」の3つを掲げる。家庭的な雰囲気を尊重して、相互の信頼と協力を大切に、生徒同士、教師と生徒、先輩と後輩、卒業生や保護者と学校などの、結びつきを重視している。教育指導は、6年間を一つの単位とした一貫した教育方針のもと、一学年少人数での徹底した学習指導・生活指導を行う。国際的視野の人間育成を重視して、英語教育は、専従の外国人教師が行う。学習成果として国公立や難関私大への合格が、年々着実に伸びている。また、南山独自の「大切なことを学ぶ」ための月ごとに行う各種諸行事や実体験、鍛錬と探求の運動部・文化部のクラブ活動、著名人等の講演や研修などを通して、生徒の総合的な成長を図り、学業と人間教育とが両立している学校として、学外の評価も高い。

◉系列校

小	中	高	大(短大)
○	○	○	○

◉小学校からの内進生…29名
◉高校生外部募集………なし

◉授業時間…1コマ45～50分・週32時間

	1年	2年	3年	計
国　語	5	5	4	14
社　会	3	4	4	11
数　学	5	5	5	15
理　科	3	4	4	11
英　語	6	5	6	17
5教科計	22	23	23	68

進学・進路

◉卒業までの流れ

小学校	中学校	高等学校	大学
南山大学附属小学校 ▶	南山中学校男子部 ▶	南山高等学校男子部 (193) ▶	南山大学　16

◉主な大学合格実績

国・公	東京大	1	国・公	九州大	1	国・公	静岡大	3	私	慶應義塾大	13	私	立教大	8	私	愛知大	
	京都大	3		東京工業大	1		名古屋工大	10		早稲田大	8		中央大	8		愛知淑徳大	
	北海道大	1		一橋大			三重大	2		上智大	9		法政大	14		同志社大	36
	東北大	2		金沢大			神戸大	1		東京理科大	17		南山大	-		立命館大	46
	名古屋大	4		信州大	2		広島大			明治大	14		中京大			関西大	5
	大阪大			岐阜大	4		名古屋市大	5		青山学院大	8		名城大			関西学院大	12

受験状況

◉2024年入試データ

試験名	
入試日	2/3
定員	内進含約200
性別	男
教科	4
応募	786
受験	631
合格	206
備考	

愛知淑徳中学校

（あいちしゅくとく）

■学校長／錦織清邦　■創立／明治38年　■生徒数／女857名
■所在地／〒464-8671 愛知県名古屋市千種区桜が丘23
■ＴＥＬ／052-781-1151
■交通／星ケ丘駅（名古屋市営地下鉄東山線）徒歩5分。

何学期制	週何日制	登校時刻	制服	給食	食堂 軽食販売	プール	寮	特待制度 奨学金等	帰国生 取出授業
3学期制	5日制	8:25	中高あり	なし	食堂中高あり 販売中高あり	屋内 屋外	なし	なし	なし

沿　革

1905（明治38）年愛知淑徳女学校開設。1906（明治39）年愛知淑徳高等女学校設立認可。1947（昭和22）年愛知淑徳中学校開設。1948（昭和23）年愛知淑徳高等学校開設。1961（昭和36）年愛知淑徳短期大学開学。1975（昭和50）年愛知淑徳大学・文学部開設。1989（平成元）年愛知淑徳大学院開設。2000（平成12）年愛知淑徳大学男女共学体制。2007（平成19）年中学・高校校舎竣工。

◉系列校

小	中	高	大(短大)
	○	○	○

◉併設小学校なし
◉高校生外部募集………なし

教育方針と特色

「知と心の豊かさを、のびやかな学びの中で育てる」を理念に、中高6年間を心身ともに自己をつくる大切な時期として、豊かな教養と情操が育まれ、未来への夢や希望が持てる、志の高い人格の形成を目指して、時間をかけた独自の人間教育を行う。開学当初から英語や理科を必修とし、体育を奨励、県下初の洋服の制服採用など、女子教育の先駆者としての伝統を受け継ぎ、「淑徳魂」といわれる「強さ」と「やさしさ」を兼ね備えた豊かな心を6年間の学園生活で培う。先進の設備を備えたキャンパスは、向学心を伸ばす充実した教育環境が整っている。基礎学力を鍛える徹底指導の授業とともに、キャリア教育にも力を入れており、将来を見据えたカリキュラムを用意して、希望進路実現に応えている。国公立へ・難関私大へ・海外へと進路は多様であるが、愛知淑徳大学へは、高校からの有利な内部推薦制度がある。

◉授業時間…1コマ45・50分（月～水45分、木金50分）・週33時間

	1年	2年	3年	計
国　語	5	4	4	13
社　会	3	4	4	11
数　学	4	5	5	14
理　科	4	4	4	12
英　語	5	5	6	16
5教科計	21	22	23	66

※2・3年は週34時間。

進学・進路

◉卒業までの流れ

小学校	中学校	高等学校	大学
	愛知淑徳中学校	▶ 愛知淑徳高等学校（260）	▶ 愛知淑徳大学　7

◉主な大学合格実績

	大学	人数		大学	人数		大学	人数		大学	人数		大学	人数		大学	人数
国・公	東京大		国・公	九州大	1	国・公	静岡大		私	慶應義塾大	1	私	立教大	11	私	愛知大	15
	京都大			東京工業大			名古屋工大	2		早稲田大	6		中央大	7		愛知淑徳大	-
	北海道大	2		一橋大			三重大			上智大	6		法政大	6		同志社大	23
	東北大	1		金沢大	2		神戸大	1		東京理科大	11		南山大	87		立命館大	67
	名古屋大	12		信州大	1		広島大	2		明治大	13		中京大	50		関西大	9
	大阪大	2		岐阜大			名古屋市大	11		青山学院大	11		名城大	72		関西学院大	26

受験状況

◉2024年入試データ

試験名	
入試日	1/28
定員	帰国含約280
性別	女
教科	4
応募	988
受験	930
合格	563
備考	

南山(なんざん)中学校女子部

■学校長／赤尾道夫　■創立／昭和23年　■生徒数／女614名
■所在地／〒466-0833 愛知県名古屋市昭和区隼人町17
■ＴＥＬ／052-831-0704
■交通／いりなか駅(名古屋市営地下鉄鶴舞線)徒歩3分。

何学期制	週何日制	登校時刻	制服	給食	食堂 軽食販売	プール	寮	特待制度 奨学金等	帰国生 取出授業
3学期制	5日制	8:30	中高あり	なし	食堂なし 販売中高あり	なし	なし	なし	なし

沿　革

1932年、カトリック神言修道会司祭ヨゼフ・ライネルス博士によりミッションスクール・旧制南山中学校を創立。戦後に大学の設立、女子部の創立があり、1995（平成7）年名古屋聖霊学園と合併。2015年聖園学院と合併。現在、南山大学附属小学校、南山中学校・高等学校（男子部・女子部）、聖霊中学校・高等学校、聖園女学院中学校・高等学校、南山大学・大学院等を有する総合学園となっている。

◉系列校

小	中	高	大(短大)
○	○	○	○

◉小学校からの内進生…約40名
◉高校生外部募集………なし

教育方針と特色

キリスト教精神「神は愛である」・人間「互いの愛」を理解し身につけた人格教育を目的に、校訓「高い人格・広い教養・強い責任感」を掲げる。教育指導は6ヵ年一貫教育のゆとりある独自のカリキュラムの中で生徒の成長を図る。中学3年間は基礎学力を重視、到達度の絶対評価を重視し、苦手科目を作らないでバランスよく学習できるように指導している。国際的視野の育成に力を入れ、英語教育は少人数での英会話授業を中学3年まで続けている。高校入試がない利点を生かし、一人ひとりの関心を伸ばす楽しい授業を行う。また、本校独自の各種行事や運動部・文化部の活動は、専門的な技術・知識の習得だけでなく、学年を超えた結びつきを育てている。進路では、学業の切磋琢磨で、国公立や難関私大の合格に毎年多数の実績を残している。

◉授業時間…1コマ50分・週32時間

	1年	2年	3年	計
国　語	4	5	4	13
社　会	3	3	4	10
数　学	4	5	5	14
理　科	3	4	4	11
英　語	6	5	5	16
5教科計	20	22	22	64

進学・進路

◉卒業までの流れ

小学校	中学校	高等学校	大学
南山大学附属小学校	南山中学校女子部	南山高等学校女子部 (202)	南山大学　15

◉主な大学合格実績

国・公	東京大	5	国・公	九州大	2	国・公	静岡大		私	慶應義塾大	14	私	立教大	13	私	愛知大	
	京都大	6		東京工業大	1		名古屋工大	2		早稲田大	24		中央大	16		愛知淑徳大	4
	北海道大	1		一橋大	3		三重大	1		上智大	7		法政大	6		同志社大	35
	東北大			金沢大			神戸大	3		東京理科大	27		南山大	-		立命館大	69
	名古屋大	18		信州大	1		広島大	1		明治大	23		中京大	4		関西大	1
	大阪大			岐阜大	6		名古屋市大	15		青山学院大	13		名城大	32		関西学院大	16

受験状況

◉2024年 入試データ

試験名	
入試日	1/27
定員	内進含約200
性別	女
教科	4
応募	700
受験	684
合格	192
備考	

洛星中学校

らくせい

■学校長／小田恵　■創立／昭和27年　■生徒数／男650名
■所在地／〒603-8342 京都府京都市北区小松原南町33
■ＴＥＬ／075-466-0001
■交通／北野白梅町駅（京福電鉄北野線）徒歩4分。円町駅（JR嵯峨野線）徒歩15分。市営バス「北野白梅町」下車。

何学期制	週何日制	登校時刻	制服	給食	食堂 軽食販売	プール	寮	特待制度 奨学金等	帰国生 取出授業
2学期制	6日制	8:25	中高あり	なし	食堂中高あり 販売中高あり	屋内	なし	あり	なし

沿　革

1948（昭和23）年聖ヴィアトール修道会来日、京都に本部設置。1951（昭和26）年学校法人設立認可。1952（昭和27）年中学校開校。1955（昭和30）年高等学校開校。

教育方針と特色

教育方針は「キリスト教カトリック精神に基づく“全人教育”を目標」を掲げ、授業、クラブ活動、学校行事、宗教行事などを通じて、心、頭、体のバランスの取れた人間を、また、周りの人から信頼され、隣人、社会、世界の人々に貢献するよきリーダーとなることを願い、正義と平和を求める豊かな感性を持つ人、学問を愛する叡智の人の育成を目指す。5つの生徒心得を①静粛・②時間厳守・③礼儀・④美化整頓・⑤公共心とする。中学各学年と高校3年生では正課として「宗教」の授業を行う。また宗教研究・朝の祈り・ミサなどの年間行事を通して人間尊重の精神を養う。教科では、生徒全員が大学進学希望のため、中高一貫教育のメリットを生かして6年間を2年ごとに、基礎期・充実期・発展期に分け効果的でゆとりある指導を実施、発展期は大学受験に備える。高校１年の「進路のしおり」配布、進路指導室の活用、高校2･3年の補習・講習など進路指導も充実している。多様なクラブ活動・伝統の文化祭・体育祭も活発である。

◉系列校

小	中	高	大（短大）
	○	○	

◉併設小学校なし
◉高校生外部募集………なし

◉授業時間…1コマ45分・週37時間

	1年	2年	3年	計
国　語	5	5	5	15
社　会	5	4	5	14
数　学	6	6	6	18
理　科	3	4	3	10
英　語	6	6	6	18
5教科計	25	25	25	75

進学・進路

◉卒業までの流れ

小学校	中学校	高等学校	大学
	洛星中学校	洛星高等学校（211）	

◉主な大学合格実績

国・公	東京大	6	国・公	九州大	2	国・公	和歌山大	1
	京都大	48		東京工業大			徳島大	1
	北海道大	11		一橋大	2		岡山大	
	東北大	3		金沢大	2		広島大	
	名古屋大			三重大	5		京都府立大	1
	大阪大	16		神戸大	22		大阪公立大	21

	防衛医大		私	青山学院大	3	私	関西大	16
私	慶應義塾大	10		立教大			関西学院大	10
	早稲田大	11		中央大	7		近畿大	37
	上智大	5		法政大	1		龍谷大	8
	東京理科大	2		同志社大	67		甲南大	1
	明治大	6		立命館大	86		京都産業大	5

受験状況

◉2024年入試データ

試験名	前期３科	前期４科	後期併願３科	後期併願４科	後期専願３科	後期専願４科
入試日	1/13		1/18			
定員	前期計約165		後期計約35			
性別	男	男	男	男	男	男
教科	3	4	3	4	3	4
応募	118	353	131	151	後期併願3科に含	後期併願4科に含
受験	109	346	114	142		
合格	56	189	23	14		
備考						

同志社中学校

■中学校代表／竹山幸男　■創立／明治8年　■生徒数／875名（男456名、女419名）
■所在地／〒606-8558 京都府京都市左京区岩倉大鷺町89
■ＴＥＬ／075-781-7253
■交通／国際会館駅（京都市営地下鉄烏丸線）すぐ。八幡前駅（叡山電鉄）徒歩5分。

何学期制	週何日制	登校時刻	制服	給食	食堂 軽食販売	プール	寮	特待制度 奨学金等	帰国生 取出授業
3学期制	5日制	8:50	なし	なし	食堂中高あり 販売中高あり	なし	なし	なし	なし

沿　革

1875（明治8）年同志社英学校開校。1896（明治29）年同志社尋常中学校設置。1899（明治32）年同志社中学と改称後、1900年、同志社普通学校、1916年、同志社中学、1943年、同志社中学校と順次改称。1947（昭和22）年5年制中学校（男子）を廃し、3年制の男女共学・同志社中学校を開設。各種施設等更新して今日に至る。

教育方針と特色

本校は、創立者・新島襄の「良心を手腕に運用する人物の育成」を願い設立。キリスト教主義の精神とともに「自由・自治・自立」を教育理念とする。2010年より全教科の授業を「教科専門教室」で行う「教科センター方式」を近畿の私立中学で唯一採用している。教科とともに、学園祭・体育祭・キャンプ等の年間行事の中で、総合的に養われるように計画し実践している。少人数編成で一人ひとりの学力向上に努め、理科の実習や実験、オンライン英会話、能狂言や演劇鑑賞など「ほんもの」見聞・体験で知的好奇心・探究心を育んでいる。年間300を越える特別課外授業『同中学びプロジェクト』では、平日の放課後、土日・休暇中の大学研究室訪問や企業見学、スーパーカミオカンデツアー等が実施されている。本校は、無試験で同志社高等学校へ進学できる推薦制度があり、また高校から大学・女子大学への推薦進学の道が開かれている。
また、全館Wi-Fi環境を整備し、1人iPad1台でICTを有効に活用している。

◉系列校

小	中	高	大（短大）
○	○	○	○

◉小学校からの内進生…約70名
◉高校生外部募集………80名

（完全混合クラス）

◉授業時間…1コマ45分・週30時間

	1年	2年	3年	計
国　語	5	4	4	13
社　会	4	4	4	12
数　学	4	4	5	13
理　科	3	4	4	11
英　語	4	5	5	14
5教科計	20	21	22	63

進学・進路

◉卒業までの流れ

小学校	中学校	高等学校	大学
同志社小学校	同志社中学校	同志社高等学校（348）	同志社大学　306 同志社女子大学　5

◉主な大学合格実績

	大学	人数		大学	人数		大学	人数		大学	人数		大学	人数		大学	人数
国・公	東京大		国・公	九州大		国・公	和歌山大			防衛医大		私	青山学院大	1	私	関西大	
	京都大	2		東京工業大			徳島大		私	慶應義塾大	5		立教大			関西学院大	
	北海道大			一橋大			岡山大			早稲田大	1		中央大			近畿大	5
	東北大			金沢大	1		広島大			上智大	1		法政大			龍谷大	
	名古屋大			三重大			京都府立大			東京理科大			同志社大	310		甲南大	
	大阪大	1		神戸大			大阪公立大			明治大			立命館大	1		京都産業大	2

受験状況

◉2024年入試データ

試験名		
入試日	1/13	
定員	内進含男女計288	
性別	男	女
教科	2	2
応募	男女計537	
受験	男女計513	
合格	男女計293	
備考		

洛南高等学校附属中学校

■学校長／西村文宏　■創立／昭和60年　■生徒数／872名(男548名、女324名)
■所在地／〒601-8478 京都府京都市南区壬生通八条下ル東寺町559　■ＴＥＬ／075-672-2661
■交通／京都駅(JR京都線など)徒歩13分。東寺駅(近鉄京都線)徒歩10分。
四条大宮駅(京福電鉄嵐山本線)からバス「東寺東門」下車、徒歩3分

何学期制	週何日制	登校時刻	制服	給食	食堂 軽食販売	プール	寮	特待制度 奨学金等	帰国生 取出授業
3学期制	6日制 第2土休	8:25	中高あり	なし	食堂条件付 販売中高あり	屋内	なし	なし	なし

沿　革

約1200年前、日本文化の父といわれる弘法大師が庶民教育の場として、日本最初の私立学校「綜藝種智院・しゅげいしゅちいん」創立。その後、大師の建学の精神に基ずいて、1962（昭和37）年新たに「洛南高等学校」として発足。1985（昭和60）年附属中学校開校。2006（平成18）年男女共学校となる。2014（平成26）年「洛南高等学校附属小学校」開校。

教育方針と特色

弘法大師の建学の精神に基づき、校訓は「自己を尊重せよ・真理を探求せよ・社会に献身せよ」の３つを掲げ、洛南生の行動指針とする。「知育・徳育・体育・共同・自省」の5つを教育方針とし、知識の習得だけでなく自立した個人を育む。4つの実践項目「①規律正しく②清潔につとめ③情操豊かに④勉学に励む」で日々行動し「自分を律する力」を培う。学習面では、きめ細やかな指導体制で「学ぶ力」の育成に重点を置き「予習・授業・復習・確認の学習サイクル」をベースに進める。教壇だけでなく、学校生活のあらゆる場面での教師指導は、生徒との絆を深めて、安心感と向上心につなげている。6年間の中高一貫教育は、2年ずつに分けて「中1・2は学習の土台をつくる、中3・高1は自分の殻を破る力を培う、高2・3は志望・適性に応じた指導を行う」で育成。本校の卒業生は、国公・私立大学をめざす海パラダイム、最難関国公立大学をめざす空パラダイムのうち、空パラダイムの内部進学コースへ接続する。毎年、東大・京大など難関大学に多数合格している。

◉系列校

小	中	高	大(短大)
○	○	○	

◉小学校からの内進生…約90名
◉高校生外部募集………約144名

(完全別クラス)

◉授業時間…1コマ45分・週34時間

	1年	2年	3年	計
国　語	5	5	6	16
社　会	4	4	4	12
数　学	6	6	6	18
理　科	4	4	4	12
英　語	6	6	6	18
5教科計	25	25	26	76

進学・進路

◉卒業までの流れ

小学校	中学校	高等学校	大学
洛南高等学校附属小学校	洛南高等学校附属中学校	洛南高等学校（420）	

◉主な大学合格実績

国・公	東京大	12	国・公	九州大		国・公	和歌山大			防衛医大	18	私	青山学院大	3	私	関西大	79
	京都大	83		東京工業大	2		徳島大	3	私	慶應義塾大	30		立教大			関西学院大	43
	北海道大	5		一橋大	2		岡山大			早稲田大	28		中央大	4		近畿大	93
	東北大	1		金沢大	1		広島大	2		上智大	4		法政大	6		龍谷大	59
	名古屋大			三重大	2		京都府立大	1		東京理科大	11		同志社大	114		甲南大	4
	大阪大	22		神戸大	27		大阪公立大	35		明治大	9		立命館大	163		京都産業大	13

受験状況

◉2024年入試データ

試験名	併願３科		併願４科		専願３科		専願４科	
入試日	1/15							
定員	内進生90含男女全合計約280							
性別	男	女	男	女	男	女	男	女
教科	3	3	4	4	3	3	4	4
応募	男子全合計643・女子全合計271							
受験	男子全合計541・女子全合計257							
合格	男子全合計195・女子全合計95							
備考								

大阪桐蔭中学校
（おおさかとういん）

■学校長／今田悟　■創立／平成7年　■生徒数／687名（男362名、女325名）
■所在地／〒574-0013 大阪府大東市中垣内3-1-1
■ＴＥＬ／072-870-1001
■交通／野崎駅（JR学研都市線）徒歩13分。住道駅（JR学研都市線）から「大阪産業大学前」までシャトルバスあり。※本館校舎

何学期制	週何日制	登校時刻	制服	給食	食堂 軽食販売	プール	寮	特待制度 奨学金等	帰国生 取出授業
3学期制	6日制	8:45	中高あり	なし	食堂中高あり 販売中高あり	なし	なし	あり	なし

沿　革

1983年、大阪産業大学高等学校大東校舎として開校。1988年、大阪桐蔭高等学校として独立。1995年、大阪桐蔭中学校併設。

教育方針と特色

「知識を一方的に教わるのでなく、自ら学び、判断する力を養い、将来、社会に貢献する高い志を持った人間」を育成する。「鼎立成りて碩量を育む」を教育目標に掲げ、常に生徒によいと思ったことを実行する。中高6年間を一本化として捉え、カリキュラムは、独自のゆとりある「先取り学習」として、高校2年までに高校の学習内容を終え、高3は受験対策にあてている。土曜も行う授業日数は年間264日、7時限授業、通常授業に特別授業の組み合わせなど、豊富な授業日数・時間の確保で実力を養う。進路指導は、生徒の希望や適性を考慮して、合格後の将来を視野にしたアドバイスを行い、大学志望者には、志望校別受験対策講座を開くなど、きめ細かくサポートしている。進学面の成果として、毎年東京大学・京都大学へ多数の現役合格者を輩出するとともに、国公立・難関私立大学の合格数もかなりの数に上る。また、甲子園春夏連覇のほか、サッカー・ラグビー・ゴルフ・卓球・吹奏楽の全国大会出場など、多彩な実績でも知られる。

◉系列校

小	中	高	大（短大）
	○	○	○

◉併設小学校なし
◉高校生外部募集………450名

（完全別クラス）

◉授業時間…1コマ50分・週39時間

	1年	2年	3年	計
国　語	6	6	6	18
社　会	4	4	4	12
数　学	7	7	7	21
理　科	5	5	6	16
英　語	7	7	7	21
5教科計	29	29	30	88

進学・進路

◉卒業までの流れ

小学校	中学校	高等学校	大学
	大阪桐蔭中学校 ▶	大阪桐蔭高等学校（591）	

◉主な大学合格実績

区分	大学	人数
国・公	東京大	
	京都大	30
	北海道大	4
	東北大	
	名古屋大	
	大阪大	20
国・公	九州大	
	東京工業大	
	一橋大	
	金沢大	1
	三重大	2
	神戸大	21
国・公	和歌山大	5
	徳島大	2
	岡山大	
	広島大	2
	京都府立大	1
	大阪公立大	38
	防衛医大	3
私	慶應義塾大	1
	早稲田大	6
	上智大	1
	東京理科大	4
	明治大	3
私	青山学院大	4
	立教大	1
	中央大	2
	法政大	7
	同志社大	123
	立命館大	125
私	関西大	99
	関西学院大	89
	近畿大	276
	龍谷大	48
	甲南大	11
	京都産業大	29

受験状況

◉2024年 入試データ

試験名	前期・E	前期・E専願	前期・ES	前期・ES専願	後期E	後期E専願	後期ES	後期ES専願	S特別・E	S特別・E専願	S特別・ES	S特別・ES専願	L特別・E	L特別・E専願	L特別・ES	L特別・ES専願
入試日	1/13午後				1/14午後				1/15午後				1/16午後			
定員	E男女計135		ES男女計90		E男女計135		ES男女計90		E男女計135		ES男女計90		E男女計135		ES男女計90	
性別	男 女	男 女	男 女	男 女	男 女	男 女	男 女	男 女	男 女	男 女	男 女	男 女	男 女	男 女	男 女	男 女
教科	3・4	3・4	3・4	3・4	3・4	3・4	3・4	3・4	算+理	算+理	算+理	算+理	2	2	2	2
応募	男女計8	男女計7	男女計236	男女計90	男女計3	男女計7	男女計151	男女計90	男女計1	男女計5	男女計115	男女計49	男女計5	男女計8	男女計88	男女計57
受験	男女計8	男女計7	男女計230	男女計90	男女計3	男女計7	男女計137	男女計88	男女計1	男女計3	男女計81	男女計43	男女計4	男女計6	男女計60	男女計47
合格	男女計8	男女計4	男女計192	男女計52	男女計2	男女計3	男女計102	男女計47	男女計0	男女計0	男女計61	男女計19	男女計4	男女計1	男女計35	男女計25
備考			他にE合格男女計34	他にE合格男女計27			他にE合格男女計26	他にE合格男女計34			他にE合格男女計14	他にE合格男女計9			他にE合格男女計19	他にE合格男女計13

清風南海中学校

せいふうなんかい

■学校長／平岡正　■創立／昭和58年　■生徒数／845名（男561名、女284名）
■所在地／〒592-0014 大阪府高石市綾園5-7-64
■ＴＥＬ／072-261-7761
■交通／北助松駅（南海本線）徒歩5分。高石駅（南海本線）徒歩7分。

何学期制	週何日制	登校時刻	制服	給食	食堂 軽食販売	プール	寮	特待制度 奨学金等	帰国生 取出授業
3学期制	6日制	8:30	中高あり	なし	食堂中高あり 販売中高あり	屋外 （岬キャンパス）	なし	なし	あり

沿　革

1963年、清風学園の姉妹校として、学校法人清風南海学園を創設開校。1983年、中学校を併設開校。1999年、中学校で男女共学実施。2002年、高等学校で男女共学実施。オーストラリア・イギリス・フィリピンに姉妹提携校がある。

教育方針と特色

建学の精神は「徳・健・財、三拍子そろった姿でルールを守り、世の中のために尽くす人間となるために勤勉努力する人物を育成する」。教育方針『勤勉と責任とを重んじ、自立的精神を養うと共に明朗にして誠実、常に希望の中に幸福を見出し、社会の全てから「安心」と「尊敬」と「信頼」の対象となり、信用され得る人物を育成するため、仏教を中心とした宗教による教育を実施する』を掲げ、日常の宗教教育・情操教育に取り組み、人間大成への礎石づくりに力を注ぐと共に、知の教育と心の教育で「真のリーダー」を育む豊かな学園づくりを推進している。学習は、授業第一主義・きめ細かい少人数制授業・つまずき対応の個別指導を基本に、中高6か年の指導で難関国立大学現役合格を目指す「スーパー特進コース・特進コース」等の独自カリキュラムで進路指導を徹底、多くの大学合格実績に成果が表れている。

◉系列校

小	中	高	大（短大）
	○	○	

◉併設小学校なし

◉高校生外部募集………40名

（完全別クラス）

◉授業時間…1コマ50分・週39時間

	1年	2年	3年	計
国　語	6	7	7	20
社　会	4	4	4	12
数　学	6	7	7	20
理　科	4	4	4	12
英　語	7.5	6	7	20.5
5教科計	27.5	28	29	84.5

進学・進路

◉卒業までの流れ

小学校	中学校	高等学校	大学
	清風南海中学校	▶清風南海高等学校（274）	

◉主な大学合格実績

国・公	東京大	5	国・公	九州大	1	国・公	和歌山大	9		防衛医大	1	私	青山学院大		私	関西大	
	京都大	35		東京工業大	2		徳島大	3	私	慶應義塾大			立教大			関西学院大	
	北海道大	7		一橋大	1		岡山大	1		早稲田大			中央大			近畿大	
	東北大	3		金沢大			広島大	5		上智大			法政大			龍谷大	
	名古屋大			三重大	3		京都府立大	1		東京理科大			同志社大			甲南大	
	大阪大	15		神戸大	32		大阪公立大			明治大			立命館大			京都産業大	

受験状況

◉2024年入試データ

試験名	A特進		Aスーパー特進		SG特進		SGスーパー特進		B特進		Bスーパー特進	
入試日	1/14								1/16			
定員	男女3・4科計約110		男女3・4科計約約70		男女計約20		男女計約20		男女3・4科計約30		男女3・4科計約20	
性別	男	女	男	女	男	女	男	女	男	女	男	女
教科	3・4	3・4	3・4	3・4	3	3	3	3	3・4	3・4	3・4	3・4
応募	A男女計864				SG男女計76				B男女計971			
受験	A男女計843				SG男女計75				B男女計549			
合格	A男女計444				SG男女計28				B男女計260			
備考	特進合格男女計251		S特進合格男女計193		特進合格男女計18		S特進合格男女計10		特進合格男女計151		S特進合格男女計109	

大阪星光学院中学校

（おおさかせいこうがくいんちゅうがっこう）

■学校長／田沢幸夫　■創立／昭和25年　■生徒数／男575名
■所在地／〒543-0061 大阪府大阪市天王寺区伶人町1-6　■ＴＥＬ／06-6771-0737
■交通／四天王寺前夕陽ヶ丘駅（大阪メトロ谷町線）徒歩2分。天王寺駅（ＪＲ大阪環状線など）徒歩10分。
大阪上本町駅（近鉄奈良・大阪線）徒歩15分。

何学期制	週何日制	登校時刻	制服	給食	食堂 軽食販売	プール	寮	特待制度 奨学金等	帰国生 取出授業
3学期制	6日制	8:35	中高あり	なし	食堂中高あり 販売中高あり	なし	なし	なし	なし

沿　革

1859年、聖ヨハネ・ボスコが「サレジオ会」を創立。学院創立者マルジャリア神父含む9名のサレジオ会員の来日などを経て、1950年、大阪星光学院創立。その後、黒姫星光山荘・南部（みなべ）学舎等を完成。2008年には新校舎が竣工。

教育方針と特色

「世の光であれ」を校訓に、多くの人々への「世の光」となる人物の育成を学院のミッションとして、キリスト教の精神に根ざした全人教育をめざし、知識偏重に陥ることなく、高い倫理観と確固たる人生観をもち、社会に貢献できる人物を育てる。教育方針は、キリスト教精神に基づく徳育の重視、相互の理解と信頼を育む「アシステンツァ＝ともにいること」、時間をかけて人格の陶冶と学力の伸長を図る6ヵ年一貫教育、6年間を総合的に見通し成長段階に合わせた教育プログラムの実践である。規則正しい生活習慣、予習・復習を徹底する学校中心の勉強、中高6年間を通して約60泊する各種合宿行事、6年間見守る担任団による指導、学ぶ意欲を刺激する多彩な授業形態、ICT環境の整備など、日々の学院生活を通じて“徳・知・体”を磨き、真に気品ある人物を養成する。

◉系列校

小	中	高	大（短大）
	○	○	

◉併設小学校なし
◉高校生外部募集………約15名

（内進生と同一クラス有。1年より合流）

◉授業時間…1コマ50分・週36時間

	1年	2年	3年	計
国　語	5	6	6	17
社　会	4	4	3	11
数　学	6	6	6	18
理　科	3	4	4	11
英　語	7	6	7	20
5教科計	25	26	26	77

進学・進路

◉卒業までの流れ

小学校	中学校	高等学校	大学
	大阪星光学院中学校 ▶	大阪星光学院高等学校 （180）	

◉主な大学合格実績

区分	大学	人数	区分	大学	人数	区分	大学	人数	区分	大学	人数	区分	大学	人数	区分	大学	人数
国・公	東京大	14	国・公	九州大		国・公	和歌山大			防衛医大	2	私	青山学院大		私	関西大	13
	京都大	37		東京工業大	1		徳島大	1	私	慶應義塾大	13		立教大			関西学院大	19
	北海道大	6		一橋大	5		岡山大			早稲田大	25		中央大	4		近畿大	
	東北大	1		金沢大			広島大			上智大			法政大			龍谷大	
	名古屋大			三重大			京都府立大			東京理科大	18		同志社大	54		甲南大	
	大阪大	14		神戸大	16		大阪公立大	23		明治大			立命館大	39		京都産業大	

受験状況

◉2024年入試データ

試験名	3科	4科
入試日	1/13	
定員	3・4科計約190	
性別	男	男
教科	3	4
応募	189	518
受験	166	495
合格	72	228
備考		

高槻(たかつき)中学校

■学校長／工藤剛　■創立／昭和15年　■生徒数／824名（男494名、女330名）
■所在地／〒569-8505 大阪府高槻市沢良木町2-5
■ＴＥＬ／072-671-0001
■交通／高槻市駅（阪急京都本線）徒歩6分。高槻駅（JR京都線）徒歩15分。京阪枚方市駅（京阪電鉄）より京阪バス「松原」下車。

何学期制	週何日制	登校時刻	制服	給食	食堂 軽食販売	プール	寮	特待制度 奨学金等	帰国生 取出授業
3学期制	6日制	8:15	中高あり	なし	食堂中高あり 販売中高あり	なし	なし	あり	なし

沿　革

1940年高槻中学校創立。1948年学制改革で高槻中学校・高槻高等学校となる。2014年大阪医科大学と法人合併。同年から5年間のSSH（スーパーサイエンスハイスクール）指定。2016年SGH（スーパーグローバルハイスクール）に指定。2016年大阪薬科大学と法人合併。2017年新高校校舎完成。2018年ホールと図書館棟完成。2019年・2024年SSH再指定。2020年新本館完成。2021年SGHネットワーク参加校。

教育方針と特色

建学の精神「国家・社会を担う人物の育成」、教育理念「知・徳・体の調和のとれた全人教育」、校訓「真面目に・強く・上品に」に基づき、教育目標として、「①自由を尊重し、自主、自律の精神を育てる。②教養・知性を深め、幅広い視野で物事を見る力を育てる。③自らの進路を切り拓く力を育てる。④豊かな人間性を育てる。⑤行動力のある人物を育てる。」を掲げ、次代の若い才能を育み未来を担うグローバルリーダーを育成する。学習面では、中高の連続性を重視したカリキュラムで難関国公立大学入試に対応する。高校での外部募集はしていない。SSH・SGH指定に伴い、GSコース、GAコース、GLコースの3コースを設置し、中学3年から分かれる。GSコースは理数の課題研究、GAコースは国際問題の課題研究、GLコースは科学倫理を軸にした課題研究を行っている。また海外研修、短期海外留学、海外高校のオンライン授業を受けて海外高校の卒業資格を得る機会を希望者に設けている。蔵書約6万冊の図書館など教育施設も充実。また上位入賞の多い体育・文化の両クラブ活動も本校の特色である。
スクールミッション　Developing Future Leaders with a Global Mindset
教育スローガン　Keep Traditional Values, Inspire Innovative Spirit
目指すリーダー像　A Leading Creator of Sustainable Societies with Great Ambitions
2023年入試より、大阪医科薬科大学医学部・薬学部への指定校医学部推薦枠2名、薬学部推薦枠1名。

◉系列校

小	中	高	大(短大)
	○	○	○

◉併設小学校なし
◉高校生外部募集………なし

◉授業時間…1コマ50分・週36時間

	1年	2年	3年	計
国　語	5	4	4	13
社　会	3	3	4	10
数　学	6	6	6	18
理　科	4	4	4	12
英　語	8	8	7	23
5教科計	26	25	25	76

進学・進路

◉卒業までの流れ

小学校	中学校	高等学校	大学
	高槻中学校	高槻高等学校（261）	大阪医科薬科大学　2

◉主な大学合格実績

国・公	東京大	2	国・公	九州大	1	国・公	和歌山大			防衛医大	2	私	青山学院大		私	関西大	50
	京都大	27		東京工業大			徳島大	2	私	慶應義塾大	15		立教大			関西学院大	54
	北海道大	4		一橋大	2		岡山大	2		早稲田大	22		中央大			近畿大	
	東北大	3		金沢大	4		広島大			上智大	7		法政大			龍谷大	
	名古屋大	2		三重大	5		京都府立大			東京理科大	19		同志社大	71		甲南大	
	大阪大	18		神戸大	24		大阪公立大	30		明治大			立命館大	122		京都産業大	

受験状況

◉2024年入試データ

試験名	A3科		A4科		英語選択		B	
入試日	1/13						1/14午後	
定員	A男子計約100	A女子計約80	A男子計約100	A女子計約80	男女計若干名		約60	約30
性別	男	女	男	女	男	女	男	女
教科	3・4	3・4	3・4	3・4	2	2	3	3
応募	A男子計427・A女子計294				9	14	991	482
受験	A男子計389・A女子計289				9	13	854	392
合格	A男子計131・A女子計130				4	4	354	111
備考								

地方校（全国主要校）

清風(せいふう)中学校

■学校長／平岡宏一　■創立／昭和23年　■生徒数／男1,023名
■所在地／〒543-0031 大阪府大阪市天王寺区石ヶ辻町12-16　■ＴＥＬ／06-6771-5757
■交通／大阪上本町駅（近鉄線・阪神なんば線）徒歩3分。谷町九丁目駅（大阪市営地下鉄谷町線・千日前線）徒歩7分。
鶴橋駅（JR環状線、近鉄線）徒歩12分。桃谷駅（JR環状線）徒歩12分。

何学期制	週何日制	登校時刻	制服	給食	食堂 軽食販売	プール	寮	特待制度 奨学金等	帰国生 取出授業
3学期制	6日制	8:35	中高あり	なし	食堂中高あり 販売中高あり	なし	なし	あり	あり

沿　革

昭和20年に浅香山電気工業学校を設立。昭和23年に新制浅香山高等学校に中学校を併設、翌年には校名を清風中学校と改称。平成元年、理数科6か年コース、標準６か年コースを設置。平成7年、理Ⅲ6か年コースを設置し3コース制となる。平成25年度より理Ⅲ・理Ⅱ・理Ⅰとコース名を改称。平成30年度より「国際6か年コース」を開設。令和7年度入試より「国際6か年コース」を募集停止。

教育方針と特色

建学の精神は「徳・健・財、三拍子そろった姿でルールを守り、世の中のために尽くす人間となるために、勤勉努力する人物を育成する」。教育方針は「勤勉と責任とを重んじ、自立的精神を養うと共に、明朗にして誠実、常に希望の中に幸福を見出し、社会の全てから「安心」と「尊敬」と「信頼」の対象となり信用され得る人物を育成するため、仏教を中心とした宗教による教育を実施する」。学力を高め、正しい生活習慣を確立する教育体制を持ち、中高ともに進度の速い先取り授業を実施。東京大学・京都大学・国公立大学医学部医学科をめざす理Ⅲコース、難関国公立大学をめざす理Ⅱコース、国公立大学・難関私立大学をめざす理Ⅰコースがある。徹底した入試分析を基に、生徒一人ひとりの日常的学習状況を日々確認する独自のチェックシステムなどで生徒は目覚ましく成長し、多くの生徒が予備校に通うことなく国公立大学医学部や難関大学へ合格している。また、知育に偏らず学習とクラブ活動の両立が可能な時間配分がなされている。

◉系列校

小	中	高	大（短大）
	○	○	

◉併設小学校なし
◉高校生外部募集………250名
（一部混合クラス）

◉授業時間…1コマ50分・週36時間

	1年	2年	3年	計
国　語	5	4	5	14
社　会	5	5	4	14
数　学	5	5	6	16
理　科	5	5	5	15
英　語	4	5	6	15
5教科計	24	24	26	74

進学・進路

◉卒業までの流れ

小学校	中学校	高等学校	大学
	清風中学校 ▶	清風高等学校（609）	

◉主な大学合格実績

	大学	人数		大学	人数		大学	人数		大学	人数		大学	人数		大学	人数
国・公	東京大	1	国・公	九州大	2	国・公	和歌山大	24		防衛医大		私	青山学院大	8	私	関西大	137
	京都大	5		東京工業大	1		徳島大	12	私	慶應義塾大	6		立教大	4		関西学院大	101
	北海道大			一橋大			岡山大	3		早稲田大	6		中央大	4		近畿大	
	東北大	1		金沢大			広島大	6		上智大	3		法政大	10		龍谷大	
	名古屋大			三重大	4		京都府立大	3		東京理科大	3		同志社大	71		甲南大	
	大阪大	12		神戸大	9		大阪公立大	29		明治大	11		立命館大	110		京都産業大	

受験状況

◉2024年入試データ

試験名	前期・理Ⅰ	前期・理Ⅱ	前期・理Ⅲ	前期・理Ⅲプレミアム	後期・理Ⅰ	後期・理Ⅱ	後期・理Ⅲ	理Ⅲ・プレミアム
入試日	1/13			1/13午後	1/15			1/16
定員	50	50	前期理Ⅲ計110		30	30	60	国際5含35
性別	男	男	男	男	男	男	男	男
教科	3・4	3・4	3・4	2	3・4	3・4	3・4	3
応募	前期計237			530	後期計610			143
受験	前期計237			515	後期計389			105
合格	前期計226			440	後期計370			86
備考	理Ⅰ合格85	理Ⅱ合格76	理Ⅲ合格65		理Ⅰ合格53	理Ⅱ合格161	理Ⅲ合格156	

四天王寺中学校

（してんのうじ）

■学校長／中川章治　■創立／大正11年　■生徒数／女930名
■所在地／〒543-0051 大阪府大阪市天王寺区四天王寺1-11-73
■ＴＥＬ／06-6772-6201
■交通／天王寺駅（ＪＲ大阪環状線など）徒歩10分。四天王寺前夕陽ケ丘駅（大阪メトロ谷町線）徒歩5分。

何学期制	週何日制	登校時刻	制服	給食	食堂 軽食販売	プール	寮	特待制度 奨学金等	帰国生 取出授業
3学期制	6日制 第4土休	8:30	中高あり	なし	食堂中高あり 販売中高あり	なし	中なし 高あり	なし	なし

沿　革

1922（大正11）年天王寺高等女学校設立。1947（昭和22）年学制改革で四天王寺中学校設立（女子）、翌年天王寺高等女学校を四天王寺高等学校に改称（女子）。

教育方針と特色

本校は、1400年余り前、聖徳太子ご創建の四天王寺境内にあり、教育方針は、聖徳太子の和のご精神を礎とする信念ある女性の育成で「円満で深い人間性をそなえた女性を育てる」「将来希望する世界に力強く雄飛し得る学力を養成する」「個性を充分伸長できる教育を行う」ことである。学園訓は、「和を以て貴しとなす」「四恩に報いよ（四恩とは、国の恩・父母の恩・世間の恩・仏の恩なり）」「誠実を旨とせよ」「礼儀を正しくせよ」「健康を重んぜよ」を掲げる。学習面では、将来希望する難関国公立・私立大学への進学や進路目的に応じた本校独自のカリキュラム編成の中高6ヵ年一貫教育で、徹底した学習指導が行われる。また、豊かな人間性を育むため、学力もスポーツも芸術も個性と考え、それを伸ばすことに努めている。日々の学習や校外学習・修学旅行やクラブ活動で、生徒は、深い友情と人のつながりを学び成長する。

◉系列校

小	中	高	大（短大）
○	○	○	○

◉小学校からの内進生…なし
◉高校生外部募集………155名

（完全別クラス）

◉授業時間…1コマ50分・週36/34時間

	1年	2年	3年	計
国　語	5/6	5/4	6/5	16/15
社　会	4/4	4/4	5/5	13/13
数　学	6/5	6/6	6/5	18/16
理　科	4/4	4/4	4/4	12/12
英　語	6/5	6/5	5/5	17/15
5教科計	25/24	25/23	26/24	76/71

※医志・英数・英数S/文化・スポーツ

進学・進路

◉卒業までの流れ

小学校	中学校	高等学校	大学
四天王寺学園小学校	四天王寺中学校	四天王寺高等学校（423）	

◉主な大学合格実績

国・公	東京大		国・公	九州大	1	国・公	和歌山大	3		防衛医大	8	私	青山学院大		私	関西大	88
	京都大	11		東京工業大			徳島大	4	私	慶應義塾大	10		立教大	7		関西学院大	101
	北海道大	5		一橋大	1		岡山大	2		早稲田大	12		中央大	10		近畿大	254
	東北大			金沢大	2		広島大	5		上智大	4		法政大	1		龍谷大	17
	名古屋大			三重大	4		京都府立大	4		東京理科大	4		同志社大	97		甲南大	8
	大阪大	17		神戸大	13		大阪公立大	28		明治大	7		立命館大	94		京都産業大	2

受験状況

◉2024年 入試データ

試験名	英数	英数S	医志	文化・スポーツ
入試日	1/13			
定員	3・4科計約170	3・4科計約40	3・4科計約40	約20
性別	女	女	女	女
教科	3・4	3・4	3・4	国
応募	381	122	155	20
受験	370	121	153	20
合格	203	60	83	20
備考		スライド合格44	スライド合格49	

白陵(はくりょう)中学校

■学校長／宮嵜陽太郎　■創立／昭和38年　■生徒数／590名（男359名、女231名）
■所在地／〒676-0827 兵庫県高砂市阿弥陀町阿弥陀2260
■ＴＥＬ／079-447-1675
■交通／曽根駅（JR山陽本線）徒歩15分。

何学期制	週何日制	登校時刻	制服	給食	食堂 軽食販売	プール	寮	特待制度 奨学金等	帰国生 取出授業
3学期制	6日制	8:50	中学のみあり	なし	食堂中高あり 販売中高あり	なし	中高あり 男子のみ	なし	なし

沿　革

1963（昭和38）年学校法人三木学園が白陵中学校・白陵高等学校創立。その後、寮・講堂兼体育館・武道館・校舎増棟・技芸棟建築などを経て今日に至る。兄弟校に岡山白陵中学校･高等学校。

教育方針と特色

学園創立の本旨は、英才の育成を目的として、人本主義の精神に則り「研究と訓練、独立不羈、正明闊達」を校是として、責任感と勇猛心ある人材の基礎を培うことである。教育の方針は、中高6か年の一貫した教育で高度な知識の習得と学力の充実、国語・数学・外国語の教育に重点をおき、寄宿舎を持つ学校として全人教育の推進、躾を重視し責任・節度ある行動の指導、健康の増進と安全な生活」とする。徹底した授業による学習で、難関国公立・私立大学に毎年多数の合格実績があるが、学業だけでなく、学校行事や部活動などでも充実した学園生活をおくっている。

◉系列校

小	中	高	大（短大）
	○	○	

併設小学校なし
◉高校生外部募集………
2015年より若干名
（一部混合クラス）

◉授業時間…1コマ50分・週35時間

	1年	2年	3年	計
国　語	4	5	6	15
社　会	4	4	4	12
数　学	6	6	6	18
理　科	4	4	4	12
英　語	6	5	5	16
5教科計	24	24	25	73

※月～金曜日は第6限または第7限、土曜日は第4限まで

進学・進路

◉卒業までの流れ

小学校	中学校	高等学校	大学
	白陵中学校 ▶	白陵高等学校（186）	

◉主な大学合格実績

国・公	東京大	16	国・公	九州大	6	国・公	和歌山大			防衛医大	5	私	青山学院大	3	私	関西大	20
	京都大	14		東京工業大	1		徳島大	4	私	慶應義塾大	22		立教大	1		関西学院大	40
	北海道大	5		一橋大	1		岡山大	1		早稲田大	27		中央大	6		近畿大	7
	東北大	2		金沢大	1		広島大	5		上智大	2		法政大	1		龍谷大	
	名古屋大			三重大	1		京都府立大			東京理科大	4		同志社大	41		甲南大	5
	大阪大	13		神戸大	19		大阪公立大	5		明治大	7		立命館大	31		京都産業大	

受験状況

◉2024年
入試データ

試験名	前期		後期	
入試日	1/13		1/16	
定員	男女計175		男女計若干名	
性別	男	女	男	女
教科	3	3	2	2
応募	男女計365		男女計178	
受験	男女計341		男女計133	
合格	男女計204		男女計37	
備考				

関西学院中学部

かんせいがくいん

■部　長／宮川裕隆　■創立／明治22年　■生徒数／726名（男416名、女310名）
■所在地／〒662-8501 兵庫県西宮市上ヶ原一番町1-155
■ＴＥＬ／0798-51-0988
■交通／甲東園駅（阪急今津線）徒歩15分。仁川駅（阪急今津線）徒歩15分。

何学期制	週何日制	登校時刻	制服	給食	食堂 軽食販売	プール	寮	特待制度 奨学金等	帰国生 取出授業
3学期制	6日制	8:20	中高あり	なし	食堂中高あり 販売中高あり	屋内温水	なし	あり	なし

沿　革

1889（明治22）年関西学院創立。1947年、新制中学部開設。1948年、新制で大学・高等部開設。2008年初等部開設、2012年中学部共学化。幼稚園・小学校から短期大学・大学・大学院まで有する総合学園となっている。

教育方針と特色

建学の精神は「キリスト教主義による人間教育」。この精神を発展させ、関西学院第2代院長の「敬神愛人・けいしんあいじん」、第4代院長の「Mastery for Service」のモットー、新制中学初代部長の「Be good, be honest, be brave」の言葉を掲げ、心から人のために尽くすことを学ぶのが本校の教育。同窓生は20万人を超え先輩たちは世界各国で活躍している。中学部の教育理念「感謝・祈り・練達」のもと、中学部は高等部・大学・大学院・専門職大学院まで続く一貫教育の礎として5つの柱、①キリスト教主義＝隣人愛の精神、②読書、③英語、④体育、⑤芸術、を立てて、独自カリキュラムで指導する。キャンプや国際交流、クラブ活動、そして伝統の師弟同行（教員や卒業生による率先垂範）の実践により生徒を大きく成長させる。中学部から高等部への進学は推薦制である。

◉系列校

小	中	高	大（短大）
○	○	○	○

◉小学校からの内進生…80名
◉高校生外部募集………120名

（完全混合クラス）

◉授業時間…1コマ45分・週34時間

	1年	2年	3年	計
国　語	4	5	5	14
社　会	4	4	4	12
数　学	5	4	5	14
理　科	4	4	4	12
英　語	6	6	6	18
5教科計	23	23	24	70

進学・進路

◉卒業までの流れ

小学校	中学校	高等学校	大学
関西学院初等部 ▶	関西学院中学部 ▶	関西学院高等部（378）▶	関西学院大学　347 関西学院短期大学　2

◉主な大学合格実績

国・公	東京大		国・公	九州大		国・公	和歌山大			防衛医大		私	青山学院大		私	関西大	
	京都大			東京工業大			徳島大		私	慶應義塾大			立教大			関西学院大	-
	北海道大			一橋大			岡山大			早稲田大			中央大			近畿大	
	東北大			金沢大			広島大			上智大			法政大			龍谷大	
	名古屋大			三重大			京都府立大			東京理科大			同志社大			甲南大	
	大阪大			神戸大			大阪公立大			明治大			立命館大			京都産業大	

受験状況

◉2024年 入試データ

試験名	A		帰国		B	
入試日	1/13				1/16	
定員	約65	約35	若干名	若干名	約25	約15
性別	男	女	男	女	男	女
教科	3	3	2	2	2	2
応募	158	86	2	2	291	214
受験	142	81	2	2	170	119
合格	70	47	1	1	57	65
備考						

甲陽学院中学校

（こうようがくいん）

■学校長／衣川伸秀　■創立／大正9年　■生徒数／男624名
■所在地／〒662-0955 兵庫県西宮市中葭原町2-15
■ＴＥＬ／0798-33-5012
■交通／香櫨園駅（阪神本線）徒歩10分。さくら夙川駅（JR神戸線）徒歩17分。夙川駅（阪急神戸線）徒歩20分。

何学期制	週何日制	登校時刻	制服	給食	食堂 軽食販売	プール	寮	特待制度 奨学金等	帰国生 取出授業
3学期制	6日制	8:30	中学のみあり	なし	食堂中高あり 販売なし	屋外	なし	あり	なし

沿　革

学校の歴史は1920年に創設された「財団法人辰馬学院甲陽中学校」に始まるが、その淵源は更に1917年に甲子園に設立された「私立甲陽中学」にまで遡る。第二次大戦後、甲子園の旧制中学校が高等学校となり、香櫨園に新しく中学校を創設し、その後、「辰馬学院」を「辰馬育英会甲陽学院」と改称。また、1978年に高等学校のみを西宮市苦楽園地区に移転し、中学校も1993年に従来の校舎の東側に新築し、現在に至る。

◉系列校

小	中	高	大(短大)
	○	○	

◉併設小学校なし
◉高校生外部募集………なし

教育方針と特色

「気品高く教養ゆたかな有為の人材の育成」を教育方針とし、十分に配慮された教育課程のもと中高6年間の一貫教育を通して、将来のより高度な学びに必要な学力と体力を練磨している。また品性を陶冶し、すぐれた人格形成をなすために、情操教育を重視し、規律の励行や礼儀作法が体得できるように努めている。

特色としては、中学校と高等学校を離れた場所に設置し、それぞれ生徒の発達段階にふさわしい環境を整えている。中学校では基礎的な学力や体力の養成と基本的な生活習慣の確立、高等学校では将来の自己実現のために必要な自主性と創造性の伸長を重視している。

生徒達は、「明朗・潑溂・無邪気」の校風のもと、中・高それぞれ学校行事やクラブ活動の自主的な運営も行い、その中で協調性や社会性を養い、各自の個性を磨き、教養を高めようと励んでいる。

◉授業時間…1コマ50分・週35時間

	1年	2年	3年	計
国　語	5	5	5	15
社　会	4	4	4	12
数　学	6	5	6	17
理　科	3	4	5	12
英　語	6	6	5	17
5教科計	24	24	25	73

進学・進路

◉卒業までの流れ

小学校	中学校	高等学校	大学
	甲陽学院中学校	▶ 甲陽学院高等学校（199）	

◉主な大学合格実績

区分	大学	人数	区分	大学	人数	区分	大学	人数	区分	大学	人数	区分	大学	人数	区分	大学	人数
国・公	東京大	27	国・公	九州大	1	国・公	和歌山大	1		防衛医大	5	私	青山学院大		私	関西大	
	京都大	47		東京工業大	4		徳島大	4	私	慶應義塾大			立教大			関西学院大	
	北海道大	6		一橋大	4		岡山大	1		早稲田大			中央大			近畿大	
	東北大	3		金沢大	1		広島大	1		上智大			法政大			龍谷大	
	名古屋大			三重大			京都府立大			東京理科大			同志社大			甲南大	
	大阪大	19		神戸大	16		大阪公立大	12		明治大			立命館大			京都産業大	

受験状況

◉2024年 入試データ

試験名	
入試日	1/13
定員	200
性別	男
教科	3
応募	394
受験	373
合格	220
備考	

淳心学院中学校

（じゅんしんがくいん）

■学校長／藤村雄二　■創立／昭和29年　■生徒数／男421名
■所在地／〒670-0012 兵庫県姫路市本町68
■ＴＥＬ／079-222-3581
■交通／姫路駅（JR神戸線など）徒歩20分。同駅よりバス「姫山公園南・医療センター・美術館前」下車。

何学期制	週何日制	登校時刻	制服	給食	食堂 軽食販売	プール	寮	特待制度 奨学金等	帰国生 取出授業
3学期制	6日制	8:30	中高あり	なし	食堂中高あり 販売中高あり	なし	なし	なし	なし

沿　革

1954年、学校法人淳心学院設立認可・中学校設置認可。1957年、高等学校設置認可。1960年、新中学1年より3クラスとし、6か年をＪ（Junior）・Ｍ（Middle）・Ｓ（Senior）の3段階に分ける制度となる。1964年、ベルギー国王ボードワン１世ご夫妻のご来校の栄に浴す。創立60年を迎え、新たにVeritas・Caritasの2コース制を導入し、様々な学校改革を実施している。

◉系列校

小	中	高	大（短大）
	○	○	

◉併設小学校なし
◉高校生外部募集………なし

教育方針と特色

キリスト教の精神「真理の探求と人々への愛の奉仕」（Veritas et Caritas）に基づいて、人格教育・宗教教育を行い、グローバルな視野を持ち社会に貢献できる人間を育成することを教育目標とする。「同心同意」をモットーに生徒・家族・学院が一つの共同体・淳心ファミリーとして地域・社会と関わることを目指し、完全6か年一貫教育を行い、人間形成に努めている。職員も中高兼務の専任教諭を基本として、深く生徒と関わる。2014年度から「新時代に適応する人材を育成すること」を目指してヴェリタス（特進）・カリタス（進学）の2コース制の導入をはじめ、新しいサポート体制など、きめ細かな指導を実現するための教育改革をスタートさせ、毎年新しい取り組みを実施している。

◉授業時間…1コマ50分・週35時間

	1年	2年	3年	計
国　語	6	6	5	17
社　会	3	3	5	11
数　学	6	6	6	18
理　科	4	4	6	14
英　語	6	6	6	18
5教科計	25	25	28	78

進学・進路

◉卒業までの流れ

小学校	中学校	高等学校	大学
	淳心学院中学校	▶ 淳心学院高等学校（129）	

◉主な大学合格実績

国・公	東京大	1	国・公	九州大		国・公	和歌山大			防衛医大		私	青山学院大		私	関西大	24
	京都大	3		東京工業大	1		徳島大		私	慶應義塾大	6		立教大	1		関西学院大	64
	北海道大	1		一橋大			岡山大	9		早稲田大	9		中央大	3		近畿大	49
	東北大			金沢大			広島大	1		上智大	2		法政大	1		龍谷大	8
	名古屋大			三重大			京都府立大			東京理科大	7		同志社大	25		甲南大	13
	大阪大	3		神戸大	3		大阪公立大	3		明治大	5		立命館大	36		京都産業大	

受験状況

◉2024年入試データ

試験名	前期Aカリタス	前期Aヴェリタス	前期Bカリタス	前期Bヴェリタス	後期カリタス	後期ヴェリタス
入試日	1/13		1/14		1/15午後	
定員	約55	約25	約20	約15	約15	約5
性別	男	男	男	男	男	男
教科	3	3	2	2	2	2
応募	前期A計179		前期B計292		後期計184	
受験						
合格						
備考						

六甲学院中学校

（ろっこうがくいん）

■学校長／髙橋純雄　■創立／昭和12年　■生徒数／男556名
■所在地／〒657-0015 兵庫県神戸市灘区篠原伯母野山町2-4-1　■ＴＥＬ／078-871-4161
■交通／六甲駅（阪急神戸線）徒歩20分。神戸三宮駅（阪急電鉄など）よりバス「篠原本町2丁目」下車、徒歩15分。
御影駅（阪神電鉄）よりバス「六甲台南口」下車、徒歩10分。

何学期制	週何日制	登校時刻	制服	給食	食堂 軽食販売	プール	寮	特待制度 奨学金等	帰国生 取出授業
3学期制	6日制	8:15	中高あり	なし	食堂中高あり 販売中高あり	なし	なし	あり	なし

沿　革

1937（昭和12）年カトリック・イエズス会によって財団法人六甲中学校設立。1938年開校式。1947（昭和22）年新制六甲中学校·高等学校発足。1950（昭和25）年学校法人六甲学院となる。2016年上智大学他3校と法人合併し、学校法人上智学院・六甲学院中学・高等学校となる。

教育方針と特色

イエズス会の教育目標“For others, With others”（他者のために、他者とともに）を指針に、広い視野、高い知性、豊かな情操、行動力を持ち、将来、世界的な視野を持って社会に奉仕することのできる人間の育成を目指す。具体的な教育目標として、1999年５つの六甲生のプロファイルを定めた「①ありのままの自己を受け入れ、その自己を向上させることができる、②他者に開かれた心を持ち、生命を豊かにする、③永遠なるものにあこがれ、真理を探し求める、④多様な文化を理解し、その中で共に生きることができる、⑤決断する意志力をもち、よりよい世界の創造のために働くことができる」である。6年間の中高一貫教育のメリットで基礎学力の養成から、将来の進路を見据えた学習内容が用意され、生徒一人ひとりにきめ細やかに対応している。教室・廊下・便所の美化清掃活動や挨拶・マナー順守などは、本校伝統の教育活動として「六甲精神」と呼ばれる校風を築いている。また行事等の様々な場面での異学年交流は生徒を大きく成長させる良き伝統である。

◉系列校

小	中	高	大(短大)
	○	○	

◉併設小学校なし
◉高校生外部募集………なし

◉授業時間…1コマ50分・週35時間

	1年	2年	3年	計
国　語	5	5	5	15
社　会	4	4	5	13
数　学	5	6	6	17
理　科	4	4	5	13
英　語	7	7	6	20
5教科計	25	26	27	78

進学・進路

◉卒業までの流れ

小学校	中学校	高等学校	大学
	六甲学院中学校	▶ 六甲学院高等学校（179）	

◉主な大学合格実績

	大学	人数		大学	人数		大学	人数		大学	人数		大学	人数		大学	人数
国・公	東京大	4	国・公	九州大	5	国・公	和歌山大			防衛医大	1	私	青山学院大		私	関西大	19
	京都大	11		東京工業大	3		徳島大	3	私	慶應義塾大	13		立教大			関西学院大	20
	北海道大	7		一橋大			岡山大	1		早稲田大	8		中央大			近畿大	13
	東北大	3		金沢大	2		広島大	2		上智大	6		法政大			龍谷大	5
	名古屋大	1		三重大			京都府立大			東京理科大	15		同志社大	56		甲南大	3
	大阪大	11		神戸大	17		大阪公立大	11		明治大	4		立命館大	36		京都産業大	1

受験状況

◉2024年 入試データ

試験名	A	B
入試日	1/13	1/16
定員	約145	約40
性別	男	男
教科	3	2
応募	294	622
受験	275	318
合格	162	189
備考		

神戸女学院中学部

（こうべじょがくいん）

■部　長／森谷典史　■創立／明治8年　■生徒数／女429名
■所在地／〒662-8505 兵庫県西宮市岡田山4-1
■ＴＥＬ／0798-51-8570
■交通／門戸厄神駅（阪急今津線）徒歩15分。

何学期制	週何日制	登校時刻	制服	給食	食堂 軽食販売	プール	寮	特待制度 奨学金等	帰国生 取出授業
3学期制	5日制	8:30	なし	なし	食堂なし 販売中高あり	なし	なし	あり	なし

沿　革

1875（明治8）年女学校（Girls' School）設立、その後校名を英和女学校に改称。1894（明治27）年神戸女学院と改称。1933（昭和8）年現在地に移転。1947（昭和22）年学制改革で新制中学部設立認可。1948（昭和23）年新制高等学部・新制大学設立認可。

◉系列校

小	中	高	大（短大）
	○	○	○

◉併設小学校なし
◉高校生外部募集………なし

教育方針と特色

1875年創立のミッションスクールとしては関西最古であり、毎朝20分の礼拝や週1回の聖書の授業を行い、「愛神愛隣」の精神をモットーにキリスト教に基づく全人教育を展開している。教育によって培った知識や力を自分のためだけに使うのではなく、社会や隣人に対して「仕えうる者」となるように指導し、「自分には何ができるのか」に気づかせ、「自分ができること、すべきことに向かって、自ら道を切り開いていく力を身につける」ことを真の目的におく。英語教育は特徴的で、中学部3年間の授業の中では一切日本語を使わず、生徒たちは母国語のように英語を学ぶ環境に置かれることで、日本語に置き換えることなく自然に英語を身につけていく。「生徒一人ひとりが自主性をもって、自らの果たすべき責任を充分果たす人間になる」という意味での「自由」を大切にし、そのような校風を象徴するものとして、細かい校則は無く、創立以来ずっと制服を採用していない。生徒たちは自分で考え、判断する力を養い、良心に照らして自らを律することを学んでいく。

◉授業時間…1コマ45分・週31時間

	1年	2年	3年	計
国　語	4	4	4	12
社　会	3	3	4	10
数　学	4	4	4	12
理　科	3	4	4	11
英　語	6	6	6	18
5教科計	20	21	22	63

進学・進路

◉卒業までの流れ

小学校	中学校	高等学校	大学
	神戸女学院中学部 ▶	神戸女学院高等学部（-）▶	神戸女学院大学　－

◉主な大学合格実績

※非公表

国・公	東京大		国・公	九州大		国・公	和歌山大			防衛医大		私	青山学院大		私	関西大	
	京都大			東京工業大			徳島大		私	慶應義塾大			立教大			関西学院大	
	北海道大			一橋大			岡山大			早稲田大			中央大			近畿大	
	東北大			金沢大			広島大			上智大			法政大			龍谷大	
	名古屋大			三重大			京都府立大			東京理科大			同志社大			甲南大	
	大阪大			神戸大			大阪公立大			明治大			立命館大			京都産業大	

受験状況

◉2024年入試データ

試験名	
入試日	1/13
定員	約135
性別	女
教科	4
応募	229
受験	227
合格	155
備考	

須磨学園中学校

（すまがくえん）

■学校長／西泰子　■創立／2004年　■生徒数／417名（男220名、女197名）
■所在地／〒654-0009 兵庫県神戸市須磨区板宿町3-15-14
■ＴＥＬ／078-732-1968
■交通／板宿駅（神戸市営地下鉄、山陽電鉄）徒歩約15分。

何学期制	週何日制	登校時刻	制服	給食	食堂 軽食販売	プール	寮	特待制度 奨学金等	帰国生 取出授業
3学期制	6日制	8:30	中高あり	なし	食堂中高あり 販売中高あり	屋外	なし	なし	なし

沿　革

1922（大正11）年須磨裁縫女学校創立。1938（昭和13）年須磨女学校に改称。1951（昭和26）年学校法人須磨学園に改組。1960（昭和35）年現在地に移転。1999（平成11）年須磨学園高等学校に改称、男女共学化に移行。2004（平成16）年須磨学園中学校開校。2022（令和4）年創立100周年。

教育方針と特色

「to be myself...なりたい自分になる。そして・・・」をスローガンに、一人ひとりの自己実現を目指しています。そして須磨学園は、時代の要請と社会の要求に応えることを目標とし、次の段階の教育を受けるに相応しい学力と人間性を兼ね備えた目的意識の高い生徒の育成を目指しています。色々な人のありようや価値観を認めていくこの時代の中で、「どのような自分になるのか・なりたいのか」「自分は社会とどのように関わっていくのか」を自ら考え、主体的に行動してもらうことを大切にしています。学習面では「授業が基本」というポリシーの下、毎回の授業のなかで行う「確認テスト」でその日のうちに徹底理解を図るとともに、個別指導や習熟度別の特別講座、映像授業の配信等を充実させ、難関国公立大学への合格を目指します。また経験を通して学ぶことを重視し、部活動・学校行事はもちろん宿泊を伴う研修旅行は6年間で14回実施します。その中でも世界一周研修旅行では、中2でアジア、中3でアメリカ、高1ではヨーロッパに行きます。現地の学校との交流会や企業・大学訪問など様々なプログラムがあり、異なる価値観や文化に触れることで見識を広め、真の国際感覚を身につけます。

◉系列校

小	中	高	大（短大）
	○	○	

◉併設小学校なし

◉高校生外部募集………280名

（完全別クラス）

◉授業時間…1コマ50分・週39時間

	1年	2年	3年	計
国　語	6	6	6	18
社　会	4	4	4	12
数　学	6	6	6	18
理　科	4	4	6	14
英　語	8	8	7	23
5教科計	28	28	29	85

進学・進路

◉卒業までの流れ

小学校	中学校	高等学校	大学
	須磨学園中学校	▶ 須磨学園高等学校（495）	

◉主な大学合格実績

国・公	東京大	10	国・公	九州大	7	国・公	和歌山大	1		防衛医大	10	私	青山学院大	3	私	関西大	74
	京都大	18		東京工業大	1		徳島大	9	私	慶應義塾大	11		立教大	2		関西学院大	403
	北海道大	5		一橋大			岡山大	12		早稲田大	20		中央大	10		近畿大	245
	東北大	5		金沢大			広島大	6		上智大	5		法政大	4		龍谷大	9
	名古屋大	5		三重大			京都府立大			東京理科大	23		同志社大	177		甲南大	47
	大阪大	34		神戸大	54		大阪公立大			明治大	15		立命館大	228		京都産業大	

受験状況

◉2024年入試データ

試験名	1回A		1回B		2回A		2回B		3回A		3回B	
入試日	1/13				1/14				1/14午後			
定員	A男女全合計80・B男女全合計40											
性別	男	女	男	女	男	女	男	女	男	女	男	女
教科	3・4	3・4	3・4	3・4	3・4	3・4	3・4	3・4	2	2	2	2
応募	1回AB男女計171				2回AB男女計362				3回AB男女計400			
受験	1回AB男女計165				2回AB男女計356				3回AB男女計376			
合格	1回AB男女計83				2回AB男女計164				3回AB男女計181			
備考	1回A合格男女計57		1回B合格男女計26		2回A合格男女計97		2回B合格男女計67		3回A合格男女計94		3回B合格男女計87	

帝塚山(てづかやま)中学校

■学校長／小林健　■創立／昭和16年　■生徒数／984名（男331名、女653名）
■所在地／〒631-0034 奈良県奈良市学園南3-1-3
■ＴＥＬ／0742-41-4685
■交通／学園前駅（近鉄奈良線）徒歩1分。

何学期制	週何日制	登校時刻	制服	給食	食堂 軽食販売	プール	寮	特待制度 奨学金等	帰国生 取出授業
3学期制	6日制	8:40	中高あり	なし	食堂中高あり 販売中高あり	屋内	なし	なし	なし

沿　革

1941年、帝塚山学園設立・帝塚山中学校開校（男子5年制）。1947年、学制改革で新制中学校設置。1948年、新制高等学校設置（共学）。1951年、帝塚山幼稚園開園・小学校開校。1956年、帝塚山短期大学開学。1964年帝塚山大学開学。

教育方針と特色

建学の祖・初代校長「森礒吉」の言葉『子どもや若い人たちは学園の宝』を教育の柱とする。生徒一人ひとりの個性を重視し、その特性をさらに伸ばす教育を最も大切にして、力強く生き抜いていける基礎となる力を中学・高校の6年間で培い、ハイレベルな学力と合わせて豊かな感性を育成する。「知の力「情の力」「意志の力」「躯幹（身体）の力」でバランスのとれた人間を鍛える伝統の「力の教育」。進路目標を強力にサポートする「コース制」教育、「HRクラスは男女別、課外活動と学校行事は合同」のユニークな「男女併学」制、国際感覚を養う中学生からの「国際交流プログラム」「海外サイエンスキャンプ」、「ハワイSTEMプログラム」など、特色ある独自の取り組みをしている。活発なクラブ活動と特色ある学校行事などとともに、歴史的な文化遺産と緑に囲まれた理想の教育環境の中で充実の学校生活を送ることができる。2023年度は東大3名、京大13名、国公立大学医学部医学科22名の合格を輩出するなど、学力面でも継続して確かな実績を挙げている。また高等学校は令和9年より共学化。

◉系列校

小	中	高	大（短大）
○	○	○	○

◉小学校からの内進生…39名
◉高校募集内進含………340名

（完全混合クラス）

◉授業時間…1コマ50分・週36時間

	1年	2年	3年	計
国　語	5	5	6	16
社　会	3	4	4	11
数　学	7	7	7	21
理　科	5	4	4	13
英　語	7	7	7	21
5教科計	27	27	28	82

※男子英数コース（スーパー理系）

進学・進路

◉卒業までの流れ

小学校	中学校	高等学校	大学
帝塚山小学校	帝塚山中学校	帝塚山高等学校（333）	帝塚山大学　2

◉主な大学合格実績

国・公	東京大	3	国・公	九州大		国・公	和歌山大	3		防衛医大	1	私	青山学院大	3	私	関西大	77
	京都大	13		東京工業大			徳島大	3	私	慶應義塾大	4		立教大	2		関西学院大	71
	北海道大	10		一橋大			岡山大	3		早稲田大	12		中央大	5		近畿大	192
	東北大	2		金沢大			広島大	2		上智大	3		法政大	2		龍谷大	52
	名古屋大	1		三重大	3		京都府立大	1		東京理科大	4		同志社大	94		甲南大	6
	大阪大	15		神戸大	12		大阪公立大	28		明治大	13		立命館大	109		京都産業大	12

受験状況

◉2024年入試データ

試験名	1次A 男子S 理系専願	1次A 男子英 数専願	1次A 男子S 理系併願	1次A 男子英 数併願	1次A 女子英数 S専願	1次A 女子英 数専願	1次A 女子特 進専願	1次A 女子英数 S併願	1次A 女子英 数併願	1次A 女子特 進併願
入試日	1/13									
定員	内進含男女全合計300									
性別	男	男	男	男	女	女	女	女	女	女
教科	3・4	3・4	3・4	3・4	3・4	3・4	3・4	3・4	3・4	3・4
応募	1次A男子専願計54		1次A男子併願計15		1次A女子専願計107			1次A女子併願計17		
受験	1次A男子専願計53		1次A男子併願計14		1次A女子専願計104			1次A女子併願計15		
合格	1次A男子専願計43		1次A男子併願計11		1次A女子専願計90			1次A女子併願計14		
備考	S合格10	英数合格31	S合格2	英数合格9	S合格30	英数合格38	特進合格22	S合格3	英数合格4	特進合格7

試験名	1次B 男子S 理系	1次B 男子 英数	1次B 女子 英数S	1次B 女子 英数	1次B 女子 特進	2次A 男子S 理系	2次A 男子 英数	2次A 女子 英数S	2次A 女子 英数	2次A 女子 特進	2次B 男子S 理系	2次B 男子 英数	2次B 女子 英数S	2次B 女子 英数	2次B 女子 特進
入試日	1/13午後					1/14					1/15				
定員	内進含男女全合計300														
性別	男	男	女	女	女	男	男	女	女	女	男	男	女	女	女
教科	2	2	2	2	2	3	3	3	3	3	2	2	2	2	2
応募	1次B男子計228		1次B女子計408			2次A男子計171		2次A女子計292			2次B男子計209		2次B女子計304		
受験	1次B男子計219		1次B女子計396			2次A男子計161		2次A女子計283			2次B男子計151		2次B女子計217		
合格	1次B男子計180		1次B女子計368			2次A男子計114		2次A女子計234			2次B男子計116		2次B女子計182		
備考	S合格93	英数合格87	S合格141	英数合格121	特進合格106	S合格39	英数合格75	S合格101	英数合格79	特進合格54	S合格38	英数合格78	S合格44	英数合格58	特進合格80

東大寺学園中学校

■学校長／本郷泰弘　■創立／大正15年　■生徒数／男616名
■所在地／〒631-0803 奈良県奈良市山陵町1375
■ＴＥＬ／0742-47-5511
■交通／高の原駅（近鉄京都線）徒歩20分。

何学期制	週何日制	登校時刻	制服	給食	食堂 軽食販売	プール	寮	特待制度 奨学金等	帰国生 取出授業
3学期制	6日制	8:30	なし	なし	食堂中高あり 販売中高あり	なし	なし	なし	なし

沿　革

1926年、金鐘中等学校として設立。青々中学校を経て、1963年全日制高等学校を新設し、東大寺学園中学校・高等学校となる。

教育方針と特色

教育方針は高等教育への素地をつくる「基礎学力の重視」、進んで心身を鍛練し、いかなる苦難にも屈せぬ気概を養う「進取的気力の養成」、東大寺創建の精神に鑑みた「情操豊かな人間性の育成」という3つを柱としている。
高さと深さを追求するという方針のもとレベルの高い授業を実践し、その結果の一端である難関国公立・私大への進学実績と全国で活躍をみせるクラブ活動は本校の魅力で、広く知られている。
東大寺という世界に誇れる文化遺産を背景に持ち、歴史や創建の精神を学ぶことができるのも本校の大きな特徴。東大寺僧侶による「東大寺学」という独自のプログラムがあるほか、積極的に東大寺での行事に参加したり、東大寺を勉強の場として使うなどしている。
また、生徒による自主運営で開かれる文化祭の「青々祭」など、行事も盛んに行われている。

◉系列校

小	中	高	大（短大）
	○	○	

◉併設小学校なし
◉高校生外部募集………なし

（2024年度から）

◉授業時間…1コマ50分・週34時間

	1年	2年	3年	計
国　語	5	6	6	17
社　会	5	5	4	14
数　学	6	6	6	18
理　科	5	4	5	14
英　語	6	6	6	18
５教科計	27	27	27	81

進学・進路

◉卒業までの流れ

小学校	中学校	高等学校	大学
	東大寺学園中学校	東大寺学園高等学校 （207）	

◉主な大学合格実績

国・公	東京大	35	国・公	九州大		国・公	和歌山大	2		防衛医大	4	私	青山学院大		私	関西大	20
	京都大	71		東京工業大			徳島大	1	私	慶應義塾大	10		立教大	1		関西学院大	8
	北海道大	3		一橋大			岡山大			早稲田大	17		中央大	8		近畿大	16
	東北大	3		金沢大	1		広島大	1		上智大			法政大			龍谷大	2
	名古屋大	2		三重大	3		京都府立大			東京理科大	7		同志社大	50		甲南大	
	大阪大	9		神戸大	12		大阪公立大	17		明治大	3		立命館大	40		京都産業大	1

受験状況

◉2024年入試データ

試験名	3科	4科
入試日	1/15	
定員	3・4科計200	
性別	男	男
教科	3	4
応募	383	587
受験	367	556
合格	187	221
備考		

開智(かいち)中学校

■学校長／髙松雅貴　■創立／平成5年　■生徒数／455名（男241名、女214名）
■所在地／〒640-8481 和歌山県和歌山市直川113-2
■ＴＥＬ／073-461-8080
■交通／六十谷駅（JR阪和線）徒歩8分。

何学期制	週何日制	登校時刻	制服	給食	食堂 軽食販売	プール	寮	特待制度 奨学金等	帰国生 取出授業
3学期制	6日制	8:50	中高あり	なし	食堂中高あり 販売中高あり	なし	なし	なし	なし

沿　革

1993年、開智中学校・高等学校開校。2008年、「スーパー理進コース」「特進コース」2コース制導入。2017年「スーパー理進コース」から「スーパー文理コース」へ名称を変更。

教育方針と特色

「人格を鍛えれば、学力は伸びる」を教育理念に、教育方針を「心豊かにたくましく生き、時代の要請に対応し、社会に貢献し得る人間の育成に努める。このため人間教育を基盤に、清新な校風づくりに努めるとともに、それぞれの持つ長所、特技、個性の伸長と学力の向上をはかり、生徒一人ひとりの進路に展望のもてる教育を行う」として、教育目標を「確かな学力と創造的な問題解決力を身につける・豊かな心と体を育み、積極的に社会と関わろうとする意欲を高める・学校生活のあらゆる場面で主体的に取り組み、個性を生かし伸ばす・多様性を尊重し、協働的に国際社会に貢献しようとする姿勢を持つ・自己をよく理解し、見通しのあるキャリアプランを立て、実現する」とする。2つのコース制、東大・京大・阪大や国公立大医学部医学科などを目指す「スーパー文理コース」、国公立大を目指す「特進コース」を設け、徹底指導で超難関・難関国公立大学への現役合格を図る。その成果は多数の合格実績に表れている。本校は教科だけでなく、クラブ活動や学校行事などを通しての人格形成・人間育成にも力を入れている。

◉系列校

小	中	高	大（短大）
	○	○	

◉併設小学校なし

◉高校生外部募集………約160名

（完全別クラス）

◉授業時間…1コマ60分・週33時間

	1年	2年	3年	計
国　語	5	5	6	16
社　会	3	3	3	9
数　学	6	6	6	18
理　科	4	4	4	12
英　語	6	6	6	18
5教科計	24	24	25	73

進学・進路

◉卒業までの流れ

小学校	中学校	高等学校	大学
	開智中学校	▶ 開智高等学校（283）	

◉主な大学合格実績

	大学	人数		大学	人数		大学	人数		大学	人数		大学	人数		大学	人数
国・公	東京大		国・公	九州大	2	国・公	和歌山大	38		防衛医大		私	青山学院大	6	私	関西大	56
	京都大	2		東京工業大			徳島大	3	私	慶應義塾大	1		立教大			関西学院大	31
	北海道大			一橋大			岡山大	3		早稲田大	5		中央大			近畿大	223
	東北大			金沢大	1		広島大	1		上智大	1		法政大	4		龍谷大	38
	名古屋大	1		三重大	3		京都府立大			東京理科大	4		同志社大	24		甲南大	3
	大阪大	7		神戸大	1		大阪公立大			明治大	6		立命館大	37		京都産業大	54

受験状況

◉2024年入試データ

試験名	和歌山前期・特進		和歌山前期・スーパー文理		和歌山後期・特進		和歌山後期・スーパー文理	
入試日	1/13				1/15			
定員	男女計約95		男女計約30		男女計約10		男女計約5	
性別	男	女	男	女	男	女	男	女
教科	3	3	3	3	3	3	3	3
応募	18	16	93	70	27	20	137	108
受験	18	16	92	70	11	5	53	53
合格	12	10	32	12	1	0	13	15
備考			特進合格51	特進合格48			特進合格17	特進合格14

智辯学園和歌山中学校

■学校長／宮口祐司　■創立／昭和53年　■生徒数／623名（男324名、女299名）
■所在地／〒640-0392 和歌山県和歌山市冬野2066-1
■ＴＥＬ／073-479-2811
■交通／黒江駅（JR紀勢本線）徒歩10分。

何学期制	週何日制	登校時刻	制服	給食	食堂 軽食販売	プール	寮	特待制度 奨学金等	帰国生 取出授業
3学期制	6日制 第2土休	8:30	中高あり	なし	食堂なし 販売中高あり	なし	なし	なし	なし

沿　革

1978年、智辯学園和歌山中学高等学校開校。本学園の母体は1965年創立の智辯学園高等学校（奈良市）で1967年中学校併設して中高一貫校となる。1994年、第66回選抜高校野球大会初優勝、以後第68回準優勝・第79回全国高等学校野球選手権大会初優勝・第82回優勝、第103回優勝など。

教育方針と特色

「誠実・明朗」を教育目標として「真心のある明るい元気な子」に育ってほしいとする総ての親の願望に応えるべく「持てる能力の最大開発」と「宗教的情操に基づく躾教育」の2点を徹底して、教育方針を「心身ともに健康で、使命感を持つ、誠実な人間の育成」を目標とする。具体的には、1校時を60分として年間授業日数を可能な限り確保して、知力の徹底的訓練を期す。「宗教」を必修として情感を育くみ、心豊かな人間の育成を図る。諸外国の学校との交流・体験を通して国際人を育てる。生徒・保護者・教職員三位一体の努力・協力・教育を実践して、生徒の人格形成を養うこと。学習面では、基礎力養成・実力養成・応用力養成と順次進んで大学進学に備える独自カリキュラムで充分な学力をつけ、多数が著名な全国の国公立・私立大学への合格を果たしている。高校野球の甲子園大会優勝でも知られた学園であるが、部活動は選手養成よりも「部活動を楽しみ、それを通じた好ましい人間関係の育成」を狙いとしている。

◉系列校

小	中	高	大（短大）
○	○	○	

◉小学校からの内進生…80名定員
◉高校生外部募集………55名定員

（一部混合クラス）

◉授業時間…1コマ60分・週34時間

	1年	2年	3年	計
国　語	6	6	6	18
社　会	3	3	5	11
数　学	6	6	6	18
理　科	5	5	3	13
英　語	6	7	6	19
5教科計	26	27	26	79

進学・進路

◉卒業までの流れ

小学校	中学校	高等学校	大学
智辯学園和歌山小学校 ▶	智辯学園和歌山中学校 ▶	智辯学園和歌山 高等学校（253）	

◉主な大学合格実績

※未公表のため、2023年実績を掲載。

	大学	人数		大学	人数		大学	人数
国・公	東京大	6	国・公	九州大	5	国・公	和歌山大	12
	京都大	15		東京工業大			徳島大	3
	北海道大	4		一橋大	1		岡山大	3
	東北大			金沢大			広島大	2
	名古屋大	1		三重大			京都府立大	
	大阪大	9		神戸大	11		大阪公立大	20

	大学	人数		大学	人数		大学	人数
	防衛医大	12	私	青山学院大	3	私	関西大	33
私	慶應義塾大	12		立教大	1		関西学院大	48
	早稲田大	21		中央大	7		近畿大	63
	上智大	2		法政大	4		龍谷大	4
	東京理科大	14		同志社大	80		甲南大	1
	明治大			立命館大	49		京都産業大	8

受験状況

◉2024年入試データ

試験名	前期・総合選抜		前期・S選抜		後期・総合選抜		後期・S選抜	
入試日	1/13				1/15午後			
定員	男女計約65		男女計40		男女計約20		男女計10	
性別	男	女	男	女	男	女	男	女
教科	3	3	3	3	2	2	2	2
応募	前期男子計84・前期女子計74				後期男子計141・後期女子計123			
受験	前期男子計80・前期女子計73				後期男子計95・後期女子計85			
合格	前期男子計70・前期女子計68				後期男子計45・後期女子計50			
備考	他に総合合格50	他に総合合格43	他にS合格20	他にS合格25	他に総合合格32	他に総合合格29	他にS合格13	他にS合格21

岡山白陵中学校

（おかやまはくりょう）

■学校長／大森博幸　■創立／昭和51年　■生徒数／407名（男217名、女190名）
■所在地／〒709-0715 岡山県赤磐市勢力588
■ＴＥＬ／086-995-1255
■交通／熊山駅（JR山陽本線）徒歩8分。

何学期制	週何日制	登校時刻	制服	給食	食堂 軽食販売	プール	寮	特待制度 奨学金等	帰国生 取出授業
3学期制	6日制	8:55	中高あり	なし	食堂中高あり 販売中高あり	なし	男子中高あり 女子高校のみ	なし	なし

沿　革

1976（昭和51）年学校法人三木学園・岡山白陵中学校・高等学校開校。その後、寮・体育館・校舎建替などを経て今日に至る。1997（平成9）年第19回全国高校柔道選手権岡山県大会で高校柔道部が男子団体で初優勝・全国大会へ。ディベート部は毎年全国中学高校ディベート選手権に出場、合唱部も声楽アンサンブルコンテスト全国大会に出場するなど部活も盛ん。2021年3月には特別教室を集めた教室棟南館が完成。姉妹校に白陵中学校・高等学校（兵庫県）がある。

教育方針と特色

少数精鋭による、徹底した英才の育成により、学力の向上と国際人として通用する人間性豊かな、高い教養と愛知の精神を備えた有為の青年の育成を目的とする。校是「教養と節度、愛知・究理、正明闊達」のもと、師弟一体となり、常に上昇を目指して努力を続けている。教員１名に生徒11名の体制で、学習・生活両面の行き届いた指導を行う。平日50分×7時限の充実した授業や習熟度に対応する補習・個人指導・休暇中の特別授業で基礎学力の向上を図る。寮生は、寮生活を通して学業の習得と独立心・協調性・社会性の涵養を目指し、映画鑑賞・球技大会など寮生自主活動も盛んである。中高6か年のゆとりを生かして、米国姉妹校との国際交流や学校行事、クラブ活動などが活発で、充実した学校生活をおくることができる。徹底した学習指導の成果として、難関国公立・私立大学に毎年多数の合格実績がある。

◉系列校

小	中	高	大（短大）
	○	○	

◉併設小学校なし

◉高校生外部募集………約40名

（2年次より混合クラス）

◉授業時間…1コマ50分・週39時間

	1年	2年	3年	計
国　語	6	6	6	18
社　会	4	4	4	12
数　学	7	7	8	22
理　科	5	5	5	15
英　語	7	7	7	21
5教科計	29	29	30	88

進学・進路

◉卒業までの流れ

小学校	中学校	高等学校	大学
	岡山白陵中学校	▶ 岡山白陵高等学校（150）	

◉主な大学合格実績

区分	大学	人数	区分	大学	人数	区分	大学	人数	区分	大学	人数	区分	大学	人数	区分	大学	人数
国・公	東京大	4	国・公	九州大	4	国・公	岡山大	11		鹿児島大		私	青山学院大	1	私	立命館大	27
	京都大	2		東京工業大			広島大		私	慶應義塾大	6		立教大	6		関西大	5
	北海道大	7		一橋大			山口大	2		早稲田大	11		中央大	4		関西学院大	20
	東北大	1		神戸大	2		佐賀大			上智大	3		法政大	1		福岡大	7
	名古屋大			愛媛大	5		長崎大	2		東京理科大	7		南山大			久留米大	1
	大阪大	1		徳島大	4		熊本大			明治大	7		同志社大	12		西南学院大	

受験状況

◉2024年入試データ

試験名	併願		専願	
入試日	1/5			
定員	男女全合計160			
性別	男	女	男	女
教科	3・4	3・4	3・4	3・4
応募	386	207	45	35
受験	377	204	44	35
合格	343	185	27	28
備考				

広島学院中学校

（ひろしまがくいん）

■学校長／中間哲也　■創立／昭和31年　■生徒数／男561名
■所在地／〒733-0875 広島県広島市西区古江上1-630
■ＴＥＬ／082-271-0241
■交通／古江電停駅（広島電鉄宮島線）徒歩15分。学院東門バス停（ボンバス）徒歩10分。

何学期制	週何日制	登校時刻	制服	給食	食堂 軽食販売	プール	寮	特待制度 奨学金等	帰国生 取出授業
3学期制	隔週5日制	8:30	中高あり	なし	食堂なし 販売あり	屋外	なし	あり	なし

沿　革

1956年、広島学院中学校開校。1959年、広島学院高等学校開校。1982年、新校舎・小体育館竣工。その後、新プール・キャンプ地に山小屋・ザビエル体育館・理科棟竣工。2015年創立60周年事業として新講堂竣工。設立母体はカトリックの修道会イエズス会。2016年4月より学校法人上智学院となる。

教育方針と特色

建学の精神は「カトリックの人間観に基づく人格の形成」。教育方針は、『Puerilis Institutio Est Renovatio Mundi（若者の教育は世界の変革である）を理想とし、「一人ひとりを大切にする」を基本姿勢に、「他者のために生きる人間」「他者とともにある人間」の育成を通して、世界をよりよくしていくために貢献できる人間となるように導くこと、社会のため、人類のために有為な人材を育てること』。中高6年間一貫教育の利点を生かし、高校受験対策などに時間をとられない、ゆとり教育を行う。中学では、自ら積極的に学ぶ姿勢を身につけることを目指す。全員が大学を目指すため、進学指導は進学実績資料・最新の受験情報の活用で指導・助言を行い、個々の目標達成を支援する。教職員全員での生活指導・宗教活動・社会奉仕活動支援を通して教育の実をあげている。

◉系列校

小	中	高	大（短大）
	○	○	○

◉併設小学校なし
◉高校生外部募集………なし

◉授業時間…1コマ50分

	1年	2年	3年	計
国　語	190	245	210	645
社　会	140	140	140	420
数　学	210	175	210	595
理　科	140	140	175	455
英　語	140	140	140	420
５教科計	820	840	875	2535

※週単位での授業時間数は非公表の為、上記は年単位での授業数を表記

進学・進路

◉卒業までの流れ

小学校	中学校	高等学校	大学
	広島学院中学校	▶ 広島学院高等学校（181）	

◉主な大学合格実績

	大学	人数		大学	人数		大学	人数		大学	人数		大学	人数		大学	人数
国・公	東京大	17	国・公	九州大	14	国・公	岡山大	2		鹿児島大	1	私	青山学院大		私	立命館大	35
	京都大	10		東京工業大	1		広島大	24	私	慶應義塾大	18		立教大			関西大	5
	北海道大	4		一橋大	3		山口大	7		早稲田大	35		中央大			関西学院大	12
	東北大	4		神戸大	4		佐賀大	1		上智大	4		法政大			福岡大	
	名古屋大	2		愛媛大	4		長崎大			東京理科大			南山大			久留米大	
	大阪大	7		徳島大	1		熊本大	1		明治大			同志社大	17		西南学院大	

受験状況

◉2024年 入試データ

試験名	
入試日	1/21
定員	184
性別	男
教科	4
応募	615
受験	604
合格	280
備考	

ノートルダム清心中学校

■学校長／永山弘　■創立／昭和25年　■生徒数／女546名
■所在地／〒733-0811 広島県広島市西区己斐東1-10-1
■ＴＥＬ／082-271-1724
■交通／西広島駅（JR山陽本線）徒歩15分。広電西広島己斐駅（広島電鉄本線）徒歩15分。

何学期制	週何日制	登校時刻	制服	給食	食堂 軽食販売	プール	寮	特待制度 奨学金等	帰国生 取出授業
3学期制	隔週5日制	8:30	中高あり	なし	食堂中高あり 販売中高あり	屋内	なし	あり	なし

沿　革

1803年、ナミュール・ノートルダム修道女会創立、フランスで教育事業に着手。1924年、同会来日、岡山の高等女学校継承。1950年、広島にノートルダム清心中学校開校。1953年、ノートルダム清心高等学校開校。

教育方針と特色

カトリック学校の本校は、「心を清くし　愛の人であれ」を教育理念に掲げ、人間の尊厳と生命の尊さを知り、他者に心を開いた人間の育成を目指す。
キリスト教の教えを通じて他者への思いやりの心を学び、その実践として教育活動の中で様々な奉仕活動が行われている。また、「礼儀正しいことは親切なことです」という創立当初から継承される考えのもと、相手へのマナー、礼儀を身につけることを重んじている。学習では、中高一貫校だからこそできる柔軟なカリキュラムで、生徒一人ひとりが自分の希望する進路を実現できるよう配慮されている。中でも、伝統ある英語教育においては、ネイティブスピーカーの教員と日本人の教員が連携し少人数で授業を行うなどして、質の高い「生きた英語力」を養成する授業を展開している。また、海外の姉妹校との交流や留学生との交流、英語暗唱コンテストなどの英語教育環境も整っている。
進路指導では、進路に応じた授業や個人指導を行うなど、丁寧な指導を行っている。また、進路講演会や大学出張講義、学習合宿など、学習の意欲を高める機会を設けており、毎年、国公立大学や有名私立大学へ多くの進学者を出している。分野では、理系は医学部や薬学部、文系は法学・経済などの学部を中心として、多くの生徒が希望をかなえている。
四季折々の自然にも恵まれた豊かな教育環境の中で、学習・行事・クラブ活動などを通じて規律ある明朗な学園生活を送っている。

◉系列校

小	中	高	大（短大）
	○	○	

◉併設小学校なし
◉高校生外部募集………なし

◉授業時間…1コマ50分・週34時間

	1年	2年	3年	計
国　語	4	4	5	13
社　会	4	4	4	12
数　学	5	5	6	16
理　科	4	4	4	12
英　語	6	6	6	18
5教科計	23	23	25	71

進学・進路

◉卒業までの流れ

小学校	中学校	高等学校	大学
	ノートルダム清心中学校	▶ ノートルダム清心高等学校（174）	

◉主な大学合格実績

国・公	東京大	1	国・公	九州大	8	国・公	岡山大	4		鹿児島大	1	私	青山学院大	8	私	立命館大	53
	京都大	3		東京工業大	1		広島大	17	私	慶應義塾大	5		立教大	4		関西大	12
	北海道大			一橋大			山口大	9		早稲田大	4		中央大	11		関西学院大	33
	東北大	2		神戸大	5		佐賀大			上智大	5		法政大	3		福岡大	6
	名古屋大			愛媛大	3		長崎大	1		東京理科大	16		南山大			久留米大	4
	大阪大	9		徳島大			熊本大			明治大	20		同志社大	49		西南学院大	

受験状況

◉2024年入試データ

試験名	
入試日	1/20
定員	約180
性別	女
教科	4
応募	506
受験	495
合格	267
備考	

広島大学附属中学校

ひろしまだいがくふぞく

■学校長／石田弓　■創立／明治38年　■生徒数／363名（男－名、女－名）
■所在地／〒734-0005 広島県広島市南区翠1-1-1
■ＴＥＬ／082-251-0192
■交通／広大附属学校前駅（広島電鉄広島港行）徒歩1分。広島駅（山陽本線など）ほかからバス「広大附属学校前」下車。

何学期制	週何日制	登校時刻	制服	給食	食堂 軽食販売	プール	寮	特待制度 奨学金等	帰国生 取出授業
3学期制	5日制	8:30	中高あり	なし	食堂なし 販売あり	屋外	なし	なし	なし

沿　革

1905（明治38）年広島高等師範学校附属中学校設置認可。1949（昭和24）年広島大学・広島高等師範学校附属中学校・同高等学校に改称。1952（昭和27）年広島大学教育学部附属東千田中学校・同高等学校に改称。1955（昭和30）年広島大学教育学部附属中学校・同高等学校に改称。1978（昭和53）年広島大学附属中学校・同高等学校に改称。

◉系列校

小	中	高	大（短大）
○	○	○	

◉小学校からの内進生…－名
◉高校募集内進含………200名
（完全混合クラス）

教育方針と特色

広島大学の附属学校として、中等教育の研究校の使命、大学生の教育実習校としての使命を持ち、教育目標は、徳育・知育・美育・体育の調和した全人教育を通じて生徒一人ひとりの能力を伸張し、平和的、文化的な地域・日本・世界の形成者に必要な資質を育成する。校訓に中学校は「1.真剣な学習・2.信愛の精神・3.強健な身体」、高等学校は「1.創造を旨とし、気魄と情熱に燃えよ・2.一意専心、学道に精励せよ・3.明朗闊達、品位ある学徒たれ」を掲げる。中学は基礎・基本の学力と学ぶ意欲の形成を重視、広島大学附属校だからこその質の高い授業を展開。教科学習・学校行事の中での、さまざまな体験を重視して学びを追及し、高等学校でより深化させて専門的・実践的な力を育成する。また独自の進路プログラムで、一人ひとりの進路を指導。卒業後はほとんどの生徒が大学へ進学している。

◉授業時間…1コマ50分・週31時間

	1年	2年	3年	計
国　語	4	4	4	12
社　会	4	3	4	11
数　学	4	4	5	13
理　科	3	4	4	11
英　語	4	5	4	13
5教科計	19	20	21	60

進学・進路

◉卒業までの流れ

小学校	中学校	高等学校	大学
広島大学附属小学校 ▶	広島大学附属中学校 ▶	広島大学附属高等学校 (199)	

◉主な大学合格実績

国・公	東京大	5	国・公	九州大	9	国・公	岡山大			鹿児島大		私	青山学院大	4	私	立命館大	71
	京都大	18		東京工業大	3		広島大	40	私	慶應義塾大	5		立教大	2		関西大	10
	北海道大	4		一橋大	2		山口大			早稲田大	15		中央大	5		関西学院大	19
	東北大			神戸大	9		佐賀大			上智大	3		法政大			福岡大	
	名古屋大	2		愛媛大			長崎大			東京理科大	17		南山大			久留米大	
	大阪大	9		徳島大			熊本大			明治大	15		同志社大	42		西南学院大	

受験状況

◉2024年
入試データ

試験名		
入試日	1/22	
定員	内進含60	内進含60
性別	男	女
教科	4	4
応募	502（内進30含）	416（内進31含）
受験	非公表	非公表
合格	75	45
備考		

久留米大学附設中学校

■学校長／町田健　■創立／昭和44年　■生徒数／491名(男298名、女193名)
■所在地／〒839-0862 福岡県久留米市野中町20-2
■ＴＥＬ／0942-44-2222
■交通／久留米大学前駅(JR久大本線)徒歩10分。久留米駅(JR鹿児島本線など)からバス「附設高校前」下車。

何学期制	週何日制	登校時刻	制服	給食	食堂 軽食販売	プール	寮	特待制度 奨学金等	帰国生 取出授業
3学期制	6日制	8:40	中高あり	寮生のみあり	食堂中高あり 販売中高あり	なし	中高あり 男子のみ	あり	なし

沿　革

1950年久留米大学商学部構内に附設高等学校設立。1969年、附設中学校設立・中高6ヵ年一貫教育発足。その後順次、高校寄宿舎・図書館・中学校寄宿舎・体育館・食堂・陶芸教室棟など新築設置。2005年高等学校で男女共学開始。2013年中学校共学化。

教育方針と特色

建学の精神「真に国家社会に貢献しようとする、為他の気概をもった誠実・努力の人物を育成する」をもとに、教育の使命である人格の形成を目指し、全人教育を基調としながら「豊かな人間性と優れた学力とを備えた人間を育成すること」を教育目標とする。生徒は、将来の我が国ならびに国際社会の指導者として貢献すべく、徳性の涵養と優れた学力を身につけることに努めている。カリキュラムは「中1・2年は学習習慣と基本的生活態度の確立、中3・高1年は基礎学力の定着と志望の確立、高2・3年は実力の養成と志望の実現」として、長年の経験を活かした中味の濃い指導を行う。6ヵ年一貫教育の利点を生かし、卒業論文制作や例年多くの入賞を果たす学芸コンクール・日本学生科学賞への応募などを奨励し2023年度は、学芸コンクールにおいて内閣総理大臣賞を受賞するなど、自主自立を涵養する校風である。なお進路は全員大学志望で、国公立・難関私立大に毎年多数進学するが、年間の諸行事・寮生活など、のびのびとした明るい自由な雰囲気の学校生活である。

◉系列校

小	中	高	大(短大)
	○	○	○

◉併設小学校なし

◉高校生外部募集………40名

(高1時、外部募集と内進生別クラス、高2～合流)

◉授業時間…1コマ50分・週35時間

	1年	2年	3年	計
国　語	5	5	5	15
社　会	3	4	4	11
数　学	5	5	5	15
理　科	4	3	4	11
英　語	6	6	6	18
5教科計	23	23	24	70

進学・進路

◉卒業までの流れ

小学校	中学校	高等学校	大学
	久留米大学附設中学校 ▶	久留米大学附設 高等学校 (203) ▶	久留米大学　0

◉主な大学合格実績

	大学	人数		大学	人数		大学	人数		大学	人数		大学	人数		大学	人数
国・公	東京大	32	国・公	九州大	33	国・公	岡山大			鹿児島大	4	私	青山学院大	2	私	立命館大	12
	京都大	10		東京工業大	7		広島大	4	私	慶應義塾大	22		立教大			関西大	1
	北海道大	1		一橋大	2		山口大	4		早稲田大	28		中央大	12		関西学院大	1
	東北大	1		神戸大	1		佐賀大	16		上智大	3		法政大	1		福岡大	11
	名古屋大	1		愛媛大			長崎大	7		東京理科大	13		南山大			久留米大	-
	大阪大	7		徳島大			熊本大	12		明治大	9		同志社大	4		西南学院大	4

受験状況

◉2024年 入試データ

試験名		
入試日	1/20	
定員	男女計160	
性別	男	女
教科	4	4
応募	男女計845	
受験	非公表	
合格	男女計233	
備考		

地方校(全国主要校)

弘学館中学校

（こうがくかん）

■学校長／楢嵜浩史　■創立／昭和62年　■生徒数／259名（男145名、女114名）
■所在地／〒849-0906 佐賀県佐賀市金立町金立1544-1
■ＴＥＬ／0952-98-2161
■交通／佐賀駅（JR長崎本線など）バスセンターより市営バス「弘学館前」下車、徒歩2分。

何学期制	週何日制	登校時刻	制服	給食	食堂 軽食販売	プール	寮	特待制度 奨学金等	帰国生 取出授業
3学期制	6日制	8:25	中高あり	中高あり	食堂なし 販売条件付	なし	中高あり 男女とも	あり	なし

沿　革

1987年、学校法人松尾学園弘学館中学校・高等学校開校。その後、校舎棟・アカデミアハウス（中1～高1学寮）・松尾記念館（1階食堂・2階武道場・卓球場）・陽光学舎・グランド造成などを経る。2002年、高校女子第１期生入学。2007年、中学女子第1期生入学。

教育方針と特色

教育理念「生徒の自立心や創造性を養い、困難な課題に進んで挑戦し克服することに喜びを見出す気概を生徒に植え付けること」を設立趣旨に「質の高い教育を実施し、社会の各分野において指導的役割を果たし得る優れた人材を育成することにある」として、教育方針は『一流難関大学への進学を目指す、資質・能力に優れた生徒の多い学校で、中高一貫の6年制をとり、知力・体力の成長に応じた一貫教育課程を組む。担任と教科担当は原則６年間持ち上がる方式で、教師と生徒の責任共同体の教育。国際感覚の育成に専任の外国人教師を配す。学寮制の学校生活で、生徒同士の友情・生活習慣・学習習慣を育む』ことで、「世界にはばたく英才」を創る教育を行う。進学指導は文系・理系別、難関国立大学別の特別カリキュラムで各種試験対策やマンツーマン指導を実施する充実の支援体制がある。生徒は向学に励んで、多くの生徒が東大を含めた難関大学へ進学する。

◉系列校

小	中	高	大（短大）
	○	○	

◉併設小学校なし

◉高校生外部募集………90名

（一部混合クラス）

◉授業時間…1コマ50分・週37時間

	1年	2年	3年	計
国　語	6	6	6	18
社　会	4	4	4	12
数　学	6	6	7	19
理　科	4	4	4	12
英　語	6	6	6	18
５教科計	26	26	27	79

進学・進路

◉卒業までの流れ

小学校	中学校	高等学校	大学
	弘学館中学校	弘学館高等学校（138）	

◉主な大学合格実績

国・公	東京大	1	国・公	九州大	4	国・公	岡山大			鹿児島大		私	青山学院大	1	私	立命館大	
	京都大			東京工業大			広島大		私	慶應義塾大	2		立教大			関西大	
	北海道大			一橋大			山口大			早稲田大	3		中央大	8		関西学院大	
	東北大			神戸大			佐賀大			上智大	1		法政大			福岡大	
	名古屋大			愛媛大			長崎大			東京理科大			南山大			久留米大	
	大阪大			徳島大			熊本大			明治大	4		同志社大			西南学院大	

受験状況

◉2024年入試データ

試験名		
入試日	1/6	
定員	男女計135	
性別	男	女
教科	4	4
応募	男女計328	
受験	男女計326	
合格	非公表	
備考		

青雲中学校

（せいうん）

■学校長／本田善久　■創立／昭和50年　■生徒数／586名（男405名、女181名）
■所在地／〒851-2197 長崎県西彼杵郡時津町左底郷245-2
■ＴＥＬ／095-882-0678
■交通／長崎駅、浦上駅（JR長崎本線）からバス「時津」または「左底」下車。

何学期制	週何日制	登校時刻	制服	給食	食堂 軽食販売	プール	寮	特待制度 奨学金等	帰国生 取出授業
3学期制	6日制	8:00	中高あり	なし	食堂中高あり パン販売あり	なし	中高あり 男子のみ	なし	なし

沿　革

1975（昭和50）年学校法人青雲中学校・青雲高等学校開校。その後、体育館・寮・運動場などを建築・整備。1995（平成7）年男女共学開始（高等学校1年）。2009（平成21）年中学男女共学開始。

教育方針と特色

建学の精神は「知・徳・体の調和のとれた全人教育」で、校訓に「いまをだいじに、ゆたかな知性をつちかえ・ひろい心をはぐくめ・たくましい体をつくれ」を掲げ、「師弟同行の明るい家庭的な学園を目指す・一人ひとりの能力を最大限開発する・独自の教育課程を編成し生徒の目標達成に努める・徳力に力を注ぎ、基本的な生活習慣の養成に努める・体育を重視し、健康な体と不撓不屈の精神を養う」教育をする。学習面では、中高一貫教育の利点を生かして、6か年を見通した独自の編成で、中2で中学課程を、高2で高校課程を終了して、高3は大学受験に備える。生活面では、公徳心持つよう指導を徹底。身体面では、中学から柔道と剣道を必修とする。進学成果については「一流大学合格者の卒業生から口をそろえて、青雲の授業に真面目についていくことが合格の秘訣・授業だけで充分」といわれることに本校教育の特色が表れている。

◉系列校

小	中	高	大（短大）
	○	○	

◉併設小学校なし
◉高校募集内進含………250名

◉授業時間…1コマ50分・週38時間

	1年	2年	3年	計
国　語	7	5.5	7	19.5
社　会	4	4	4	12
数　学	6	6.5	7	19.5
理　科	4	4	4	12
英　語	6	6	6	18
5教科計	27	26	28	81

※国語は中1、中3で書写を各1時間含む。

進学・進路

◉卒業までの流れ

小学校	中学校	高等学校	大学
	青雲中学校	▶ 青雲高等学校（200）	

◉主な大学合格実績

区分	大学	人数	区分	大学	人数	区分	大学	人数	区分	大学	人数	区分	大学	人数	区分	大学	人数
国・公	東京大	7	国・公	九州大	9	国・公	岡山大	1		鹿児島大	1	私	青山学院大	2	私	立命館大	11
	京都大	3		東京工業大	1		広島大	3	私	慶應義塾大	9		立教大	3		関西大	3
	北海道大	3		一橋大			山口大	3		早稲田大	10		中央大	6		関西学院大	3
	東北大	1		神戸大			佐賀大	7		上智大			法政大	1		福岡大	10
	名古屋大			愛媛大			長崎大	20		東京理科大	10		南山大			久留米大	8
	大阪大	4		徳島大			熊本大	6		明治大	7		同志社大	4		西南学院大	

受験状況

◉2024年
入試データ

試験名	併願		専願	
入試日	1/6			
定員	男女全合計200			
性別	男	女	男	女
教科	4	4	4	4
応募	男女全合計781			
受験	男女全合計775			
合格	男女全合計636			
備考				

長崎日本大学中学校

ながさきにほんだいがく

■学校長／池内一郎　■創立／平成3年　■生徒数／328名（男177名、女151名）
■所在地／〒854-0063 長崎県諫早市貝津町1555
■ＴＥＬ／0957-25-3210
■交通／西諫早駅（JR長崎本線）徒歩10分。浦上、小ヶ倉、大村、島原方面からスクールバスあり。

何学期制	週何日制	登校時刻	制服	給食	食堂 軽食販売	プール	寮	特待制度 奨学金等	帰国生 取出授業
3学期制	隔週5日制	8:45	中高あり	なし	食堂中高あり 販売中高あり	なし	中高あり 男子のみ	あり	なし

沿　革

1967年長崎日本大学高等学校創立。1991年に法人名を長崎日本大学学園に変更。同年中学校創設。

教育方針と特色

校訓である「至誠・勤労・創造」を実践し、誠の心で意欲的に学習し、深い思考力、確かな判断力、柔軟な実践力を備え、豊かで品位ある人間性を身につけた活力溢れる若人の育成を目指す。
学習においては、ステップアップシステムを設け、生徒の成長に合わせた目標を定め、課題に取り組む。スタディナビ（毎週発行の授業内容予告表）を活用した予習重視の学習システムを採用。放課後を利用しての習熟度に対応した進学講座や個別添削指導の推進など生徒の学習を支援するプログラムも多彩である。
1年次から行う本校独自の英語教育システム（GEP）「グローバルエデュケーションプロジェクト」は6年間を通じて英語で考え・話せる教育プログラムとして、生徒の語学力・思考力を育成する。総合学習では各学年ごとにテーマを設け、英語劇や日本大学教授による模擬授業など特色のある内容となっている。

◉系列校

小	中	高	大（短大）
	○	○	○

◉併設小学校なし
◉高校募集内進含………400名
（完全別クラス）

◉授業時間…1コマ45分・週38時間

	1年	2年	3年	計
国　語	6	5	5	16
社　会	3	4	4	11
数　学	6	6	7	19
理　科	4	4	4	12
英　語	8	8	8	24
5教科計	27	27	28	82

進学・進路

◉卒業までの流れ

小学校	中学校	高等学校	大学
	長崎日本大学中学校	長崎日本大学高等学校（413）	日本大学　182 日本大学短期大学部　4

◉主な大学合格実績

国・公	東京大		国・公	東京工業大		国・公	東京農工大		私	上智大		私	学習院大		私	明治学院大	
	京都大			一橋大			東京医科歯科大			東京理科大	2		国際基督教大			日本大	-
	北海道大			筑波大			横浜国立大	1		明治大	2		津田塾大			東洋大	
	東北大			千葉大			東京都立大			青山学院大	2		東京女子大			駒澤大	
	名古屋大			お茶の水女子大			横浜市立大			立教大			日本女子大			専修大	
	大阪大			東京外国語大		私	慶應義塾大			中央大	1		成蹊大			芝浦工業大	
	九州大			電気通信大			早稲田大			法政大	2		成城大			東京都市大	

受験状況

◉2024年入試データ

試験名	1回		首都圏入試（東京・神奈川）		2回		3回	
入試日	12/3		1/6				2/3	
定員	男女全合計120							
性別	男	女	男	女	男	女	男	女
教科	－	－	2・4	2・4	4	4	2	2
応募	男女計394		709	651	男女計92		男女計8	
受験	非公表		非公表		非公表		非公表	
合格	男女計358		男女計1231		男女計73		男女計2	
備考								

その他の中学校の所在地・入試状況（全国主要校）

●紹介ページで掲載できなかった中学校について、その所在地と2024年の入試状況をご案内します。
●所在地の北から、道府県別で私立共学校→私立男子校→私立女子校→国立校→公立校の順で、各校の正式名称50音順となっています（一部誌面の関係で入れ替えています）。
●面接欄は「○＝面接あり」「×＝面接なし」を表しています。
●調査書等の欄では、出願時に必要な願書以外の提出物について「○＝報告書（調査書）を提出」「通＝通知表のコピーを提出」「◎＝報告書、または通知表のコピーを提出」「保＝保護者記入の報告書等を提出」「健＝健康調査書を提出」「証＝各種証明書を提出」「推＝推薦書を提出」「×＝願書以外の特別な書類の提出は不要」で表しています。
※京都府・大阪府・兵庫県はともに、2021年は1月16日、2022年は1月15日、2023年は1月14日、2024年は1月13日を、それぞれ中学入試開始日としました。
2025年入試では1月18日を中学入試開始日に予定しています。

学校名	2024年度入試状況													
	回数	入試日	2024年度定員	性別	教科	面接	調査書等	出願者数	出願倍率	実受験者数	合格発表数	実質倍率	合格最低点	備考
札幌大谷中学校 〒065-0016 札幌市東区北16条東9 電話 011-731-2451	医進選抜	1/7	医進英数男女計50・PAA男女計50	男	4	児+保	○通	1期医進英数男子計28	医進英数1.9 PAA男女計1.3	1期医進英数男子計26	1期医進英数男子計17	1.5	非公表	他にプロ合格2
				女	4	児+保	○通	1期医進英数女子計23		1期医進英数女子計22	1期医進英数女子計19	1.2	非公表	
	英数選抜			男	4	児+保	○通	1期医進男子に含		1期医進男子に含	1期医進男子に含	−	非公表	
				女	4	児+保	○通	1期医進女子に含		1期医進女子に含	1期医進女子に含	−	非公表	
	プログレス			男	4	児+保	○通	PAA男子計45		PAA男子計45	PAA男子計45	1.0	非公表	
				女	4	児+保	○通	PAA女子計20		PAA女子計20	PAA女子計17	1.2	非公表	
	アスリート・アート			男	4	児+保	○通	プログレス男子に含		プログレス男子に含	プログレス男子に含	−	非公表	
				女	4	児+保	○通	プログレス女子に含		プログレス女子に含	プログレス女子に含	−	非公表	
	2期医進選抜	1/10		男	4	児+保	○通	2期男子計20		2期男子計10	2期男子計6	1.7	非公表	
				女	4	児+保	○通	2期女子計22		2期女子計15	2期女子計12	1.3	非公表	
	2期英数選抜			男	4	児+保	○通	2期医進男子に含		2期医進男子に含	2期医進男子に含	−	非公表	
				女	4	児+保	○通	2期医進女子に含		2期医進女子に含	2期医進女子に含	−	非公表	
札幌日本大学中学校 〒061-1103 北海道北広島市 虹ヶ丘5-7-1 電話 011-375-5311	7日SA	1/7	特待20含SA男女計30A男女計75	男	4	×	通	7日男女計311	4.5	7日男女計306	7日男女計290	1.1	非公表	
		1/7		女	4	×	通			男子に含	男子に含		非公表	
	7日A	1/7		男	4	×	通			7日SA男子に含	7日SA男子に含		非公表	
		1/7		女	4	×	通			7日SA男子に含	7日SA男子に含		非公表	
	特待生	1/7		男	4	×	通			7日SA男子に含	7日SA男子に含		非公表	
		1/7		女	4	×	通			7日SA男子に含	7日SA男子に含		非公表	
	9日SA	1/9		男	4	一部	通	9日男女計164		9日男女計61	9日男女計57	1.1	非公表	
		1/9		女	4	一部	通			男子に含	男子に含		非公表	
	9日A	1/9		男	4	一部	通			9日SA男子に含	9日SA男子に含		非公表	
		1/9		女	4	一部	通			9日SA男子に含	9日SA男子に含		非公表	
立命館慶祥中学校 〒069-0832 北海道江別市西野幌 640-1 電話 011-381-8888	SPコース	1/8	SP男女計60一貫男女計120	男	4	×	通	89	SP 3.3 一貫 2.9	非公表	29	−	非公表	
				女	4	×	通	109		非公表	36	−	非公表	
	一貫コース	1/9		男	4	×	通	一般男子計198		非公表	一般男子計133	−	非公表	
				女	4	×	通	一般女子計145		非公表	一般女子計92	−	非公表	
	専願一貫			男	4	×	通	一貫男子に含		非公表	一貫男子に含	−	非公表	
				女	4	×	通	一貫女子に含		非公表	一貫女子に含	−	非公表	
	個性一貫			男	4	児+保	通	一貫男子に含		非公表	一貫男子に含	−	非公表	
				女	4	児+保	通	一貫女子に含		非公表	一貫女子に含	−	非公表	
	海外帰国生一貫			男	4	×	通証	一貫男子に含	−	非公表	一貫男子に含	−	非公表	
				女	4	×	通証	一貫女子に含		非公表	一貫女子に含	−	非公表	

学校名	2024年度入試状況													
	回数	入試日	2024年度定員	性別	教科	面接	調査書等	出願者数	出願倍率	実受験者数	合格発表数	実質倍率	合格最低点	備考
函館白百合学園中学校 〒041-8560 北海道函館市 山の手2-6-3 電話 0138-55-6682	一般前期4科	12/3	全合計70	女	2・4	児+保	通	2・4計13	0.5	2・4計12	2・4計10	1.2	147/300	
	一般前期2科	12/3		女	2・4	児+保	通	4科に含		4科に含	4科に含		147/300	
	一般後期4科	2/4		女	2・4	児+保	通	2・4計11		2・4計9	2・4計2	4.5	153/300	
	一般後期2科	2/4		女	2・4	児+保	通	4科に含		4科に含	4科に含		153/300	
	プレゼン前期	12/3		女	―	児+保	通報	3		3	3	1.0		
	プレゼン後期	2/4		女	―	児+保	通報							
	専願	10/15		女	―	児+保	通	6		6	6	1.0		
藤女子中学校 〒001-0016 北海道札幌市北区 北16条西2 電話 011-707-5001		1/7	160	女	4	児	通	126	0.8	124	115	1.1	非公表	
札幌市立札幌開成中等教育学校 〒065-8558 北海道札幌市東区 北22条東21-1-1 電話 011-788-6987	1次	1/11	男女計160	男	―	×	○	非公表	―	非公表	非公表	―	非公表	
				女	―	×	○	非公表		非公表	非公表	―	非公表	
	2次	1/20		男	―	○	○	非公表	―	非公表	非公表	―	非公表	
				女	―	○	○	非公表		非公表	非公表	―	非公表	
東北学院中学校 〒983-8565 宮城県仙台市宮城野区 小鶴字高野123-1 電話 022-786-1231	前期	1/5	男女全合計180	男	2	○	○	男女計251	1.5	非公表	男女計219	―	非公表	
				女	2	○	○	男子に含		非公表	男子に含	―	非公表	
	後期	1/20		男	―	○	○	男女計26		非公表	男女計12	―	非公表	
				女	―	○	○	男子に含		非公表	男子に含	―	非公表	
仙台市立仙台青陵中等教育学校 〒989-3201 宮城県仙台市青葉区 国見ヶ丘7-144 電話 022-303-5551		1/7	男女計140	男	―	○	○	男女計256	―	男女計256	男女計140	1.8	非公表	
				女	―	○	○						非公表	
宮城県立仙台二華中学校 〒984-0052 宮城県仙台市若林区 連坊1-4-1 電話 022-296-8101		1/7	男女計105	男	―	○	○	男女計358	―	男女計357	男女計105	3.4	非公表	
				女	―	○	○						非公表	
愛知中学校 〒464-8520 愛知県名古屋市 千種区光が丘2-11-41 電話 052-721-1521		1/20	男女計約160	男	4	×	×	967	8.6	930	766	1.2	非公表	
				女	4	×	×	413		381	321	1.2	非公表	
愛知工業大学名電中学校 〒464-8540 愛知県名古屋市 千種区若水3-2-12 電話 052-721-0201	1回	1/21	男女全合計約105	男	4	×	×	男子計1026	11.7	男子計1002	男子計566	1.8	177/300	
				女	4	×	×	女子計204		女子計199	女子計115	1.7	177/300	
	奨学生A	1/20		男	―	×	×	一般男子に含		一般男子に含	一般男子に含	―	177/300	
				女	―	×	×	一般女子に含		一般女子に含	一般女子に含	―	177/300	
	奨学生B	1/20午後		男	4	×	証	一般男子に含		一般男子に含	一般男子に含	―	非公表	
				女	4	×	証	一般女子に含		一般女子に含	一般女子に含	―	非公表	
中部大学春日丘中学校 〒487-8501 愛知県春日井市 松本町1105 電話 0568-51-1115	1回	1/21	男女全合計約105	男	4	×	通	男女計360	4.8	男女計347	男女全合計324	1.4	非公表	
				女	4	×	通	男子に含		男子に含	男子に含		非公表	
	2回	1/28		男	4	×	通	男女計139		男女計104	1回男子に含		非公表	
				女	4	×	通	男子に含		男子に含	1回男子に含		非公表	
名古屋中学校 〒461-8676 愛知県名古屋市 東区砂田橋2-1-58 電話 052-721-5271	一般	1/27	全合計240	男	4	×	×	全合計1498	6.2	全合計1455	全合計813	1.8	180/300	
	グローバル			男	4	児	証	一般に含		一般に含	一般に含		180/300	

学校名	2024年度入試状況													
	回数	入試日	2024年度定員	性別	教科	面接	調査書等	出願者数	出願倍率	実受験者数	合格発表数	実質倍率	合格最低点	備考
金城学院中学校 〒461-0011 愛知県名古屋市 東区白壁3-24-67 電話　052-931-0821		1/20	全合計320	女	4	一部	○	825	3.1	787	619	1.3	138/300	
	思考力専願	1/13		女	－	児	○	173		170	50	3.4	非公表	
椙山女学園中学校 〒464-0832 愛知県名古屋市 千種区山添町2-2 電話　052-751-8131		1/28	約120	女	4	×	通	451	3.8	256	210	1.2	133/300	
聖霊中学校 〒489-0863 愛知県瀬戸市 せいれい町2 電話　0561-21-3121	学科選考	1/14	内進含 全合計200	女	4	×	×	全合計 318	1.6	全合計 311	全合計 249	1.2	200/250	
	VAP選考	1/7		女	2	×	×	学科選考 に含		学科選考 に含	学科選考 に含			
名古屋女子大学 中学校 〒467-8611 愛知県名古屋市 瑞穂区汐路町4-21 電話　052-841-8181	推薦	1/7	全合計120	女	2	×	通推	31	7.9	31	31	1.0	非公表	
	一般A	1/7		女	4	×	通	585		577	575	1.0	非公表	
	特奨	1/8		女	4	×	通	321		308	68	4.5	非公表	
	一般B	2/3		女	2	×	通	15		12	11	1.1	非公表	
高田中学校 〒514-0114 三重県津市 一身田町2843 電話　059-232-2004		1/7	男女計190	男	4	×	○	男女計 593	3.1	男女計 585	非公表	－	非公表	
				女	4	×	○	男子に含		男子に含	非公表	－	非公表	
立命館守山中学校 〒524-8577 滋賀県守山市 三宅町250 電話　077-582-8000	A1AM4科	1/13	男女全合計 160	男	3・4	×	×	3・4科計 26	4.6	3・4科計 26	3・4科計 5	5.2	220/400	
	A1AM3科			男	3・4	×	×	4科に含		4科に含	4科に含		220/400	
	A1AM4科			女	3・4	×	×	3・4科計 24		3・4科計 24	3・4科計 8	3.0	220/400	
	A1AM3科			女	3・4	×	×	4科に含		4科に含	4科に含		220/400	
	A1AD4科			男	3・4	×	×	3・4科計 48		3・4科計 44	3・4科計 16	2.8	250/400	他にAM合格11
	A1AD3科			男	3・4	×	×	4科に含		4科に含	4科に含		250/400	
	A1AD4科			女	3・4	×	×	3・4科計 28		3・4科計 27	3・4科計 12	2.3	250/400	他にAM合格9
	A1AD3科			女	3・4	×	×	4科に含		4科に含	4科に含		250/400	
	A1かがやきAM			男	国	児	○	15		15	15	1.0	非公表	
	A1かがやきAM			女	国	児	○	35		35	35	1.0	非公表	
	A1かがやきAD			男	国	児	○	6		6	6	1.0	非公表	
	A1かがやきAD			女	国	児	○	17		17	17	1.0	非公表	
	A1かがやき+AD4科			男	3・4	児	○	3・4科計 2		3・4科計 2	3・4科計 0	－	非公表	他にAM合格2
	A1かがやき+AD3科			男	3・4	児	○	4科に含		4科に含	4科に含		非公表	
	A1かがやき+AD4科			女	3・4	児	○	3・4科計 8		3・4科計 8	3・4科計 1	8.0	非公表	他にAM合格7
	A1かがやき+AD3科			女	3・4	児	○	4科に含		4科に含	4科に含		非公表	
	A2AM	1/13午後		男	2	×	×	40		39	18	2.2	143/200	
	A2AM			女	2	×	×	40		40	12	3.3	143/200	
	A2AD			男	2	×	×	98		95	34	2.8	150/200	他にAM合格12
	A2AD			女	2	×	×	97		93	43	2.2	150/200	他にAM合格7
	BAM	1/14午後		男	2	×	×	40		36	12	3.0	133/200	
	BAM			女	2	×	×	34		31	10	3.1	133/200	
	BAD			男	2	×	×	102		97	30	3.2	140/200	他にAM合格11
	BAD			女	2	×	×	74		71	29	2.4	140/200	他にAM合格8

学校名	2024年度入試状況													
	回数	入試日	2024年度定員	性別	教科	面接	調査書等	出願者数	出願倍率	実受験者数	合格発表数	実質倍率	合格最低点	備考
京都産業大学附属中学校 〒600-8577 京都府京都市下京区 中堂寺命婦町1-10 電話　075-279-0001	A1	1/13	男女全合計約90	男	3	×	×	49	5.1	47	41	1.1	149/300	
				女	3	×	×	25		25	18	1.4	149/300	
	自己推薦			男	国	児	通保	6		6	6	1.0	非公表	
				女	国	児	通保	9		9	9	1.0	非公表	
	A2	1/13午後		男	2	×	×	113		109	71	1.5	135/200	
				女	2	×	×	108		105	87	1.2	135/200	
	B	1/15		男	2	×	×	94		72	33	2.2	138/200	
				女	2	×	×	52		31	17	1.8	138/200	
京都文教中学校 〒606-8344 京都府京都市左京区 岡崎円勝寺町5 電話　075-771-6155	Aα	1/13	α男女計25 β男女計45	男	3	児	×	内進含Aα男女計33	α 3.1 β 0.9	内進含Aα男女計33	内進含Aα男女計29	1.1	187/300	他にβ合格4
				女	3	児	×	男子に含		男子に含	男子に含		187/300	
	Aα専願			男	3	児	×	Aα併願に含		Aα併願に含	Aα併願に含		187/300	
				女	3	児	×	Aα併願に含		Aα併願に含	Aα併願に含		187/300	
	Aα自己表現			男	国	児	通証	Aα併願に含		Aα併願に含	Aα併願に含		187/300	
				女	国	児	通証	Aα併願に含		Aα併願に含	Aα併願に含		187/300	
	Aβ			男	3	児	×	内進含Aβ男女計18		内進含Aβ男女計18	内進含Aβ男女計16	1.1	131/300	
				女	3	児	×	男子に含		男子に含	男子に含		131/300	
	Aβ専願			男	3	児	×	Aβ併願に含		Aβ併願に含	Aβ併願に含		131/300	
				女	3	児	×	Aβ併願に含		Aβ併願に含	Aβ併願に含		131/300	
	Aβ自己表現			男	国	児	通証	Aβ併願に含		Aβ併願に含	Aβ併願に含		131/300	
				女	国	児	通証	Aβ併願に含		Aβ併願に含	Aβ併願に含		131/300	
	BⅠα	1/14		男	2	児	×	BⅠα男女計24		BⅠα男女計22	BⅠα男女計17	1.3	111/200	他にβ合格4
				女	2	児	×	男子に含		男子に含	男子に含		111/200	
	BⅠα専願			男	2	児	×	BⅠα併願に含		BⅠα併願に含	BⅠα併願に含		111/200	
				女	2	児	×	BⅠα併願に含		BⅠα併願に含	BⅠα併願に含		111/200	
	BⅠβ			男	2	児	×	BⅠβ男女計17		BⅠβ男女計8	BⅠβ男女計6	1.3	78/200	
				女	2	児	×	男子に含		男子に含	男子に含		78/200	
	BⅠβ専願			男	2	児	×	BⅠβ併願に含		BⅠβ併願に含	BⅠβ併願に含		78/200	
				女	2	児	×	BⅠβ併願に含		BⅠβ併願に含	BⅠβ併願に含		78/200	
	BⅡα	1/15		男	2	児	×	BⅡα男女計20		BⅡα男女計12	BⅡα男女計10	1.2	111/200	他にβ合格2
				女	2	児	×	男子に含		男子に含	男子に含		111/200	
	BⅡα専願			男	2	児	×	BⅡα併願に含		BⅡα併願に含	BⅡα併願に含		111/200	
				女	2	児	×	BⅡα併願に含		BⅡα併願に含	BⅡα併願に含		111/200	
	BⅡβ			男	2	児	×	BⅡβ男女計6		BⅡβ男女計5	BⅡβ男女計1	5.0	78/200	
				女	2	児	×	男子に含		男子に含	男子に含		78/200	
	BⅡβ専願			男	2	児	×	BⅡβ併願に含		BⅡβ併願に含	BⅡβ併願に含		78/200	
				女	2	児	×	BⅡβ併願に含		BⅡβ併願に含	BⅡβ併願に含		78/200	
	Cα	1/24		男	2	児	×	Cα男女計5		Cα男女計4	Cα男女計2	2.0	非公表	他にβ合格2
				女	2	児	×	男子に含		男子に含	男子に含		非公表	
	Cα専願			男	2	児	×	Cα併願に含		Cα併願に含	Cα併願に含		非公表	
				女	2	児	×	Cα併願に含		Cα併願に含	Cα併願に含		非公表	
	Cβ			男	2	児	×	Cβ男女計3		Cβ男女計3	Cβ男女計1	3.0	非公表	
				女	2	児	×	男子に含		男子に含	男子に含		非公表	
	Cβ専願			男	2	児	×	Cβ併願に含		Cβ併願に含	Cβ併願に含		非公表	
				女	2	児	×	Cβ併願に含		Cβ併願に含	Cβ併願に含		非公表	

学校名	2024年度入試状況													
	回数	入試日	2024年度定員	性別	教科	面接	調査書等	出願者数	出願倍率	実受験者数	合格発表数	実質倍率	合格最低点	備考
立命館中学校 〒617-8577 京都府長岡京市 調子1-1-1 電話　075-323-7111	前期A・CL	1/13	CL男女計約60 AL男女計約60	男	2	児	○	男女計33	CL3.4 AL10.8	男女計33	男女計18	1.8	非公表	
				女	2	児	○	男子に含		男子に含	男子に含		非公表	
	前期A・AL3科			男	3･4	児	○	前A・AL男女計96		前A・AL男女計90	前A・AL男女計41	2.2	非公表	
				女	3･4	児	○	男子に含		男子に含	男子に含		非公表	
	前期A・AL4科			男	3･4	児	○	前A・AL3科男子に含		前A・AL3科男子に含	前A・AL3科男子に含		非公表	
				女	3･4	児	○	前A・AL3科男子に含		前A・AL3科男子に含	前A・AL3科男子に含		非公表	
	前期B・CL3科			男	3･4	×	×	前B・CL男女計66		前B・CL男女計66	前B・CL男女計12	5.5	170/300	
				女	3･4	×	×	男子に含		男子に含	男子に含		170/300	
	前期B・CL4科			男	3･4	×	×	前B・CL3科男子に含		前B・CL3科男子に含	前B・CL3科男子に含		170/300	
				女	3･4	×	×	前B・CL3科男子に含		前B・CL3科男子に含	前B・CL3科男子に含		170/300	
	前期B・AL3科			男	3･4	×	×	前B・AL男女計137		前B・AL男女計122	前B・AL男女計43	2.8	177/300	
				女	3･4	×	×	男子に含		男子に含	男子に含		177/300	
	前期B・AL4科			男	3･4	×	×	前B・AL3科男子に含		前B・AL3科男子に含	前B・AL3科男子に含		177/300	
				女	3･4	×	×	前B・AL3科男子に含		前B・AL3科男子に含	前B・AL3科男子に含		177/300	
	後期CL3科	1/14		男	3･4	×	×	後CL男女計107		後CL男女計106	後CL男女計8	13.3	194/300	
				女	3･4	×	×	男子に含		男子に含	男子に含		194/300	
	後期CL4科			男	3･4	×	×	後CL3科男子に含		後CL3科男子に含	後CL3科男子に含		194/300	
				女	3･4	×	×	後CL3科男子に含		後CL3科男子に含	後CL3科男子に含		194/300	
	後期AL3科			男	3･4	×	×	後AL男女計414		後AL男女計398	後AL男女計85	4.7	205/300	
				女	3･4	×	×	男子に含		男子に含	男子に含		205/300	
	後期AL4科			男	3･4	×	×	後AL3科男子に含		後AL3科男子に含	後AL3科男子に含		205/300	
				女	3･4	×	×	後AL3科男子に含		後AL3科男子に含	後AL3科男子に含		205/300	
立命館宇治中学校 〒611-0031 京都府宇治市 広野町八軒屋谷33-1 電話　0774-41-3000	A一般4科	1/13	帰国含男女全合計180	男	3･4	児	×	男女4科計89	2.7	男女4科計89	男女4科計31	2.9	264/400	
	A一般3科			男	3･4	児	×	男女3科計17		男女3科計17	男女3科計7		264/400	
	A一般4科			女	3･4	児	×	男子に含		男子に含	男子に含		264/400	
	A一般3科			女	3･4	児	×	男子に含		男子に含	男子に含		264/400	
	A一般IP			男	算	児+保	○証	男女計2		男女計2	男女計0	2.4	－	
				女	算	児+保	○証	男子に含		男子に含	男子に含		－	
	A内申型			男	4	児	○	一般4科に含		一般4科に含	一般4科に含		－	
				女	4	児	○	一般4科に含		一般4科に含	一般4科に含		－	
	A自己推薦			男	4	○	通証	男女計91		男女計90	男女計89	1.0	非公表	
				女	4	○	通証	男子に含		男子に含	男子に含		非公表	
	A・i推薦			男	4	○	通証	男女計27		男女計27	男女計27	1.0	非公表	
				女	4	○	通証	男子に含		男子に含	男子に含		非公表	
	A・SA推薦			男	4	児	通推	男女計2		男女計2	男女計2	1.0	非公表	
				女	4	児	通推	男子に含		男子に含	男子に含		非公表	
	B	1/15		男	3	児	×	男女計287		男女計238	男女計61		208/320	
				女	3	児	×	男子に含		男子に含	男子に含		208/320	
	国際1月A	1/13		男	国	児+保	証	男女計2		男女計2	男女計0	3.9	非公表	
				女	国	児+保	証	男子に含		男子に含	男子に含		非公表	
	国際1月B			男	2	児+保	証	男女計2		男女計2	男女計0		非公表	
				女	2	児+保	証	男子に含		男子に含	男子に含		非公表	
	国際1月IP			男	算	児+保	証	男女計1		男女計1	男女計0		非公表	
				女	算	児+保	証	男子に含		男子に含	男子に含		非公表	
	国際1月自推			男	国	児+保	通証	男女計2		男女計2	男女計2	1.0	非公表	
				女	国	児+保	通証	男子に含		男子に含	男子に含		非公表	
	国際1月自推IP			男	算	児+保	通証	男女計1		男女計1	男女計1	1.0		
				女	算	児+保	通証	男子に含		男子に含	男子に含			

学校名	2024年度入試状況													
	回数	入試日	2024年度定員	性別	教科	面接	調査書等	出願者数	出願倍率	実受験者数	合格発表数	実質倍率	合格最低点	備考
龍谷大学付属平安中学校 〒600-8267 京都府京都市下京区御器屋町30 電話 075-361-4231	A0	1/13	男女全合計90	男	国	児	通証	10	3.8	10	10	1.0	非公表	
				女	国	児	通証	21		21	21	1.0	非公表	
	A1・3科			男	2・3	児	×	2・3科計22		2・3科計21	2・3科計18	1.2	125/300	
	A1・2科			男	2・3	児	×	3科に含		3科に含	3科に含	−	125/300	
	A1・3科			女	2・3	児	×	2・3科計14		2・3科計14	2・3科計11	1.3	125/300	
	A1・2科			女	2・3	児	×	3科に含		3科に含	3科に含	−	125/300	
	A2	1/13午後		男	2	×	×	31		31	25	1.2	135/300	
				女	2	×	×	30		30	27	1.1	135/300	
	B0	1/14		男	国	児	通証	13		13	13	1.0	非公表	
				女	国	児	通証	10		10	10	1.0	非公表	
	B2	1/14午後		男	2	×	×	82		61	53	1.2	135/300	
				女	2	×	×	48		38	34	1.1	135/300	
	C1	1/15		男	2	×	×	35		31	28	1.1	145/300	
				女	2	×	×	27		24	23	1.0	145/300	
東山中学校 〒606-8445 京都府京都市左京区永観堂町51 電話 075-771-9121	前期Aエース	1/13午後	36	男	2	×	×	37	1.0	37	13	2.8	137/240	
	前期Aユリーカ		18	男	2	×	×	392	21.8	382	162	2.4	170/240	他に回し合格160
	前期Bエース4科	1/14	3･4科計54	男	3･4	×	×	3･4科計47	1.1	3･4科計45	3･4科計12	3.8	240/440	
	前期Bエース3科		3･4科計54	男	3･4	×	×	4科に含		4科に含	4科に含		240/440	
	前期Bユリーカ4科		3･4科計30	男	3･4	×	×	3･4科計361	12.0	3･4科計342	3･4科計96	3.6	303/440	他に回し合格176
	前期Bユリーカ3科		3･4科計30	男	3･4	×	×	4科に含		4科に含	4科に含		303/440	
	後期エース4科	1/16	3･4科計24	男	3･4	×	×	3･4科計56	1.1	3･4科計38	3･4科計13	2.9	259/440	
	後期エース3科		3･4科計24	男	3･4	×	×	4科に含		4科に含	4科に含		259/440	
	後期ユリーカ4科		3･4科計12	男	3･4	×	×	3･4科計421	35.1	3･4科計194	3･4科計35	5.5	346/440	他に回し合格128
	後期ユリーカ3科		3･4科計12	男	3･4	×	×	4科に含		4科に含	4科に含		346/440	
京都女子中学校 〒605-8501 京都府京都市東山区今熊野北日吉町17 電話 075-531-7358	A藤華	1/13	3･4科計約70	女	3･4	×	×	A計130	1.2	A計128	A計111	1.2	193/400	藤華合格71
	A東雲			女	3･4	×	×	4科に含		4科に含	4科に含		193/400	
	自己推薦Ⅰ		3･4科計約35	女	3･4	×	×	A藤華に含		A藤華に含	A藤華に含		263/400	東雲合格40
	自己推薦Ⅱ			女	3･4	×	×	A藤華に含		A藤華に含	A藤華に含		263/400	
	B1藤華	1/14	約30	女	2	×	×	B1計339	8.8	B1計333	B1計273	1.2	100/200	藤華合格146
	B1東雲		約15	女	2	×	×	B1藤華に含		B1藤華に含	B1藤華に含		131/200	東雲合格127
	B2藤華	1/15	約20	女	2	×	×	B2計318		B2計204	B2計133	1.5	107/200	藤華合格89
	B2東雲		約10	女	2	×	×	B2藤華に含		B2藤華に含	B2藤華に含		138/200	東雲合格44
同志社女子中学校 〒602-0893 京都府京都市上京区今出川通寺町西入 電話 075-251-4305	前期LA4科	1/13	3･4科計約135	女	3･4	×	×	3・4科計183	1.4	3・4科計178	3・4科計93	1.9	234/400	
	前期LA3科		3･4科計約135	女	3･4	×	×	4科に含		4科に含	4科に含		234/400	
	前期WR4科		3･4科計約25	女	3･4	×	×	3・4科計101	3.9	3・4科計98	3・4科計26	3.8	355.6/500	他にLA合格44
	前期WR3科		3･4科計約25	女	3･4	×	×	4科に含		4科に含	4科に含		355.6/500	
	後期LA4科	1/14	3･4科計約20	女	3･4	×	×	3・4科計212	10.3	3・4科計206	3・4科計94	2.2	265/400	
	後期LA3科		3･4科計約20	女	3･4	×	×	4科に含		4科に含	4科に含		265/400	
	後期WR4科		3･4科計約5	女	3･4	×	×	3・4科計171	32.4	3・4科計162	3・4科計42	3.9	395/500	他にLA合格69
	後期WR3科		3･4科計約5	女	3･4	×	×	4科に含		4科に含	4科に含		395/500	
	自己推薦LA	1/13	約45	女	2	児	○証	資格申請107	0.9	39	39	1.0		
	自己推薦WR		約10	女	2	児	○証	資格申請54	1.3	13	13	1.0		WR→LA資格者38 受験14合格14

学校名	2024年度入試状況													
	回数	入試日	2024年度定員	性別	教科	面接	調査書等	出願者数	出願倍率	実受験者数	合格発表数	実質倍率	合格最低点	備考
京都教育大学附属桃山中学校 〒612-0071 京都府京都市伏見区桃山井伊掃部東町16 電話　075-611-0264		1/13	男女計約40	男	4	×	○	106	4.0	104	21	5.0	非公表	
				女	4	×	○	91		89	21	4.2	非公表	
京都府立洛北高等学校附属中学校 〒606-0851 京都府京都市左京区下鴨梅ノ木町59 電話　075-781-0020		1/13	男女計80	男	—	○	○	男女計242	3.0	男女計241	男女計80	3.0	非公表	
				女	—	○	○	男子に含		男子に含	男子に含		非公表	
開明中学校 〒536-0006 大阪府大阪市城東区野江1-9-9 電話　06-6932-4461	前期理数併願	1/13	S理数男女計120 理数男女計120	男	4	×	×	25	—	24	14	1.7	231/300	理数合格8
				女	4	×	×	35		34	17	2.0	231/300	理数合格4
	前期理数専願			男	4	×	×	123		123	64	1.9	213/300	理数合格52
				女	4	×	×	116		115	58	2.0	213/300	理数合格46
	前期スーパー理数併願			男	4	×	×	理数に含		理数に含	理数に含		246/300	S合格6
				女	4	×	×	理数に含		理数に含	理数に含		246/300	S合格13
	前期スーパー理数専願			男	4	×	×	理数に含		理数に含	理数に含		246/300	S合格12
				女	4	×	×	理数に含		理数に含	理数に含		246/300	S合格12
	後期A理数併願	1/14		男	4	×	×	180		174	86	2.0	221/300	理数合格46
				女	4	×	×	160		157	88	1.8	221/300	理数合格43
	後期A理数専願			男	4	×	×	139		139	66	2.1	203/300	理数合格58
				女	4	×	×	130		128	61	2.1	203/300	理数合格49
	後期Aスーパー理数併願			男	4	×	×	理数に含		理数に含	理数に含		236/300	S合格40
				女	4	×	×	理数に含		理数に含	理数に含		236/300	S合格45
	後期Aスーパー理数専願			男	4	×	×	理数に含		理数に含	理数に含		236/300	S合格8
				女	4	×	×	理数に含		理数に含	理数に含		236/300	S合格12
	後期B理数併願	1/14午後		男	3	×	×	218		184	104	1.8	214/300	理数合格53
				女	3	×	×	192		177	108	1.6	214/300	理数合格38
	後期B理数専願			男	3	×	×	149		147	78	1.9	196/300	理数合格56
				女	3	×	×	125		125	58	2.2	196/300	理数合格46
	後期Bスーパー理数併願			男	3	×	×	理数に含		理数に含	理数に含		229/300	S合格51
				女	3	×	×	理数に含		理数に含	理数に含		229/300	S合格70
	後期Bスーパー理数専願			男	3	×	×	理数に含		理数に含	理数に含		229/300	S合格22
				女	3	×	×	理数に含		理数に含	理数に含		229/300	S合格12
	2次理数併願	1/16		男	4	×	×	129		39	19	2.1	230/300	理数合格7
				女	4	×	×	113		30	15	2.0	230/300	理数合格5
	2次理数専願			男	4	×	×	162		110	56	2.0	212/300	理数合格45
				女	4	×	×	146		101	60	1.7	212/300	理数合格46
	2次スーパー理数併願			男	4	×	×	理数に含		理数に含	理数に含		240/300	S合格12
				女	4	×	×	理数に含		理数に含	理数に含		240/300	S合格10
	2次スーパー理数専願			男	4	×	×	理数に含		理数に含	理数に含		240/300	S合格11
				女	4	×	×	理数に含		理数に含	理数に含		240/300	S合格14
関西大倉中学校 〒567-0052 大阪府茨木市室山2-14-1 電話　072-643-6321	A1・4科	1/13	男女全合計約140	男	2·3·4	×	×	男子A1計53	4.8	男子A1計50	男子A1計40	1.3	216/400	
	A12・3科			男	2·3·4	×	×	4科に含		4科に含	4科に含		216/400	
	A1・4科			女	2·3·4	×	×	女子A1計38		女子A1計38	女子A1計35	1.1	216/400	
	A12・3科			女	2·3·4	×	×	4科に含		4科に含	4科に含		216/400	
	A2	1/13午後		男	2	×	×	107		106	76	1.4	128/200	
				女	2	×	×	82		81	65	1.2	128/200	
	B			男	2	×	×	136		80	51	1.6	130/200	
				女	2	×	×	130		86	72	1.2	130/200	
	C	1/16		男	2	×	×	57		29	15	1.9	135/200	
				女	2	×	×	51		20	12	1.7	135/200	

学校名	2024年度入試状況													
	回数	入試日	2024年度定員	性別	教科	面接	調査書等	出願者数	出願倍率	実受験者数	合格発表数	実質倍率	合格最低点	備考
関西大学第一中学校 〒564-0073 大阪府吹田市 山手町3-3-24 電話 06-6337-7750	4科	1/13	男女2・4科計 約240	男	2・4	児G	×	148	1.9	141	82	1.7	285/400	
	2科			男	2・4	児G	×	103		102	59	1.7	285/400	
	4科			女	2・4	児G	×	114		112	75	1.5	285/400	
	2科			女	2・4	児G	×	93		92	42	2.2	285/400	
関西大学北陽中学校 〒533-0006 大阪府大阪市 東淀川区上新庄 1-3-26 電話 06-6328-5964	4科	1/13	男女全合計 105	男	2·3·4	×	×	1次男子 計96	10.4	1次男子 計92	1次男子 計45	2.0	171/300	
	3科			男	2·3·4	×	×	4科に含		4科に含	4科に含		171/300	
	4科			女	2·3·4	×	×	1次女子 計60		1次女子 計53	1次女子 計28	1.9	171/300	
	3科			女	2·3·4	×	×	4科に含		4科に含	4科に含		171/300	
	2次A	1/13 午後		男	2	×	×	299		293	128	2.3	126/200	
	2次A			女	2	×	×	231		228	111	2.1	126/200	
	2次B	1/14 午後		男	2	×	×	186		144	63	2.3	106/200	
	2次B			女	2	×	×	180		152	68	2.2	106/200	
近畿大学附属中学校 〒578-0944 大阪府東大阪市 若江西新町5-3-1 電話 06-6722-1261	前期医薬	1/13	男女計約25	男	3	×	×	32	2.7	32	13	2.5	238/320	他にアド合格14・プロ合格1
				女	3	×	×	35		35	17	2.1	238/320	他にアド合格11・プロ合格5
	前期英数 アドバンスト		男女計約55	男	4	×	×	74	2.0	72	45	1.6	195/320	他にプロ合格14
				女	4	×	×	36		33	23	1.4	195/320	他にプロ合格9
	前期英数 プログレス		21世紀含 男女計 約100	男	4	×	×	48	0.9	46	30	1.5	172/320	
				女	4	×	×	42		40	27	1.5	172/320	
	21世紀		英数プロに 含男女計 約20	男	2	児G	通	15	－	非公表	12	－	非公表	エントリー27・ 自己アピール会21・出願確認17
				女	2	児G	通	11		非公表	11	－	非公表	エントリー20・ 自己アピール会14・出願確認11
	後期医薬	1/15	男女計約15	男	3	×	×	58	7.6	31	9	3.4	254/320	他にアド合格10・プロ合格5
				女	3	×	×	56		36	16	2.3	254/320	他にアド合格8・プロ合格10
	後期英数 アドバンスト		男女計約25	男	4	×	×	93	6.0	51	29	1.8	229/320	他にプロ合格18
				女	4	×	×	56		33	4	8.3	229/320	他にプロ合格13
	後期英数 プログレス		男女計約20	男	4	×	×	49	4.3	27	10	2.7	197/320	
				女	4	×	×	37		19	8	2.4	197/320	
金蘭千里中学校 〒565-0873 大阪府吹田市 藤白台5-25-2 電話 06-6872-0263	男子・前期A	1/13	男女全合計 180	男	4	×	×	男女計 152	5.8	男女計 143	男女計97	1.5	231/360	
	男子・前期E			男	2	×	×	男女計13		男女計13	男女計8	1.6	215/360	
	男子・中期B	1/13 午後		男	2	×	×	男女計 441		男女計 433	男女計 345	1.3	140/240	
	男子・中期J			男	国	×	×	男女計57		男女計55	男女計25	2.2	97/120	
	男子・中期M			男	算	×	×	男女計39		男女計37	男女計21	1.8	87/120	
	男子・後期C	1/14		男	2	×	×	男女計 293		男女計 282	男女計 195	1.4	138/240	
	男子・後期T			男	－	×	×	男女計32		男女計32	男女計18	1.8	非公表	
	男子・後期R帰国			男	－	×	証	男女計12		男女計12	男女計8	1.5	非公表	
	女子・前期A	1/13		女	4	×	×	男子に含		男子に含	男子に含	－	231/360	
	女子・前期E			女	2	×	×	男子に含		男子に含	男子に含	－	215/360	
	女子・中期B	1/13 午後		女	2	×	×	男子に含		男子に含	男子に含	－	140/240	
	女子・中期J			女	国	×	×	男子に含		男子に含	男子に含	－	97/120	
	女子・中期M			女	算	×	×	男子に含		男子に含	男子に含	－	87/120	
	女子・後期C	1/14		女	2	×	×	男子に含		男子に含	男子に含	－	138/240	
	女子・後期T			女	－	×	×	男子に含		男子に含	男子に含	－	非公表	
	女子・後期R帰国			女	－	×	証	男子に含		男子に含	男子に含	－	非公表	

学校名	2024年度入試状況													
	回数	入試日	2024年度定員	性別	教科	面接	調査書等	出願者数	出願倍率	実受験者数	合格発表数	実質倍率	合格最低点	備考
清教学園中学校 〒586-8585 大阪府河内長野市 末広町623 電話　0721-62-6828	前期S特進Ⅰ4科	1/13	男女計140	男	3・4	×	×	3・4科計1	1.7	3・4科計1	3・4科計0	−	193/300	
	前期S特進Ⅰ3科			男	3・4	×	×	4科に含		4科に含	4科に含	−	193/300	
	前期S特進Ⅰ4科			女	3・4	×	×	3・4科計0		3・4科計0	3・4科計0	−	193/300	
	前期S特進Ⅰ3科			女	3・4	×	×	4科に含		4科に含	4科に含	−	193/300	
	前期S特進Ⅰ専願4科			男	3・4	児G5	×	3・4科計7		3・4科計7	3・4科計4	1.8	154/300	
	前期S特進Ⅰ専願3科			男	3・4	児G5	×	4科に含		4科に含	4科に含		154/300	
	前期S特進Ⅰ専願4科			女	3・4	児G5	×	3・4科計8		3・4科計8	3・4科計6	1.3	154/300	
	前期S特進Ⅰ専願3科			女	3・4	児G5	×	4科に含		4科に含	4科に含		154/300	
	前期S特進Ⅱ4科			男	3・4	×	×	3・4科計7		3・4科計7	3・4科計5	1.4	203/300	他にⅠ類合格2
	前期S特進Ⅱ3科			男	3・4	×	×	4科に含		4科に含	4科に含		203/300	
	前期S特進Ⅱ4科			女	3・4	×	×	3・4科計9		3・4科計9	3・4科計7	1.3	203/300	他にⅠ類合格1
	前期S特進Ⅱ3科			女	3・4	×	×	4科に含		4科に含	4科に含		203/300	
	前期S特進Ⅱ専願4科			男	3・4	児G5	×	3・4科計74		3・4科計74	3・4科計32	2.3	183/300	他にⅠ類合格35
	前期S特進Ⅱ専願3科			男	3・4	児G5	×	4科に含		4科に含	4科に含		183/300	
	前期S特進Ⅱ専願4科			女	3・4	児G5	×	3・4科計73		3・4科計72	3・4科計38	1.9	183/300	他にⅠ類合格32
	前期S特進Ⅱ専願3科			女	3・4	児G5	×	4科に含		4科に含	4科に含		183/300	
	後期S特進Ⅰ4科	1/15		男	3・4	×	×	3・4科計0		3・4科計0	3・4科計0	−	199/300	
	後期S特進Ⅰ3科			男	3・4	×	×	4科に含		4科に含	4科に含		199/300	
	後期S特進Ⅰ4科			女	3・4	×	×	3・4科計2		3・4科計2	3・4科計0	−	199/300	
	後期S特進Ⅰ3科			女	3・4	×	×	4科に含		4科に含	4科に含		199/300	
	後期S特進Ⅰ専願4科			男	3・4	×	×	3・4科計4		3・4科計4	3・4科計0	−	175/300	
	後期S特進Ⅰ専願3科			男	3・4	×	×	4科に含		4科に含	4科に含		175/300	
	後期S特進Ⅰ専願4科			女	3・4	×	×	3・4科計1		3・4科計1	3・4科計0	−	175/300	
	後期S特進Ⅰ専願3科			女	3・4	×	×	4科に含		4科に含	4科に含		175/300	
	後期S特進Ⅱ4科			男	3・4	×	×	3・4科計11		3・4科計7	3・4科計0	−	239/300	他にⅠ類合格2
	後期S特進Ⅱ3科			男	3・4	×	×	4科に含		4科に含	4科に含		239/300	
	後期S特進Ⅱ4科			女	3・4	×	×	3・4科計9		3・4科計5	3・4科計3	1.7	239/300	他にⅠ類合格1
	後期S特進Ⅱ3科			女	3・4	×	×	4科に含		4科に含	4科に含		239/300	
	後期S特進Ⅱ専願4科			男	3・4	×	×	3・4科計16		3・4科計13	3・4科計1	13.0	203/300	他にⅠ類合格3
	後期S特進Ⅱ専願3科			男	3・4	×	×	4科に含		4科に含	4科に含		203/300	
	後期S特進Ⅱ専願4科			女	3・4	×	×	3・4科計21		3・4科計10	3・4科計2	5.0	203/300	他にⅠ類合格2
	後期S特進Ⅱ専願3科			女	3・4	×	×	4科に含		4科に含	4科に含		203/300	

学校名	回数	入試日	2024年度定員	性別	教科	面接	調査書等	出願者数	出願倍率	実受験者数	合格発表数	実質倍率	合格最低点	備考
	2024年度入試状況													
帝塚山学院泉ヶ丘中学校 〒590-0113 大阪府堺市南区 晴美台4-2-1 電話　072-293-1221	1次AⅠ類4科	1/13	1次男女計約130	男	3・4	×	×	A男女計199	4.2	A男女計177	A男女計158	1.1	非公表	Ⅰ類合格男女計50
	1次AⅠ類3科			男	3・4	×	×	4科に含		4科に含	4科に含		非公表	
	1次AⅠ類4科			女	3・4	×	×	男子に含		男子に含	男子に含		非公表	
	1次AⅠ類3科			女	3・4	×	×	男子に含		男子に含	男子に含		非公表	
	1次AⅡ類4科			男	3・4	×	×	AⅠ男子に含		AⅠ男子に含	AⅠ男子に含		非公表	Ⅱ類合格男女計64
	1次AⅡ類3科			男	3・4	×	×	AⅠ男子に含		AⅠ男子に含	AⅠ男子に含		非公表	
	1次AⅡ類4科			女	3・4	×	×	AⅠ男子に含		AⅠ男子に含	AⅠ男子に含		非公表	
	1次AⅡ類3科			女	3・4	×	×	AⅠ男子に含		AⅠ男子に含	AⅠ男子に含		非公表	
	1次AⅡ類選抜4科			男	3・4	×	×	AⅠ男子に含		AⅠ男子に含	AⅠ男子に含		非公表	Ⅱ選合格男女計44
	1次AⅡ類選抜3科			男	3・4	×	×	AⅠ男子に含		AⅠ男子に含	AⅠ男子に含		非公表	
	1次AⅡ類選抜4科			女	3・4	×	×	AⅠ男子に含		AⅠ男子に含	AⅠ男子に含		非公表	
	1次AⅡ類選抜3科			女	3・4	×	×	AⅠ男子に含		AⅠ男子に含	AⅠ男子に含		非公表	
	1次BⅠ類	1/13午後		男	2	×	×	B男女計348		B男女計338	B男女計254	1.3	非公表	Ⅰ類合格男女計80 Ⅱ類合格男女計76 Ⅱ選合格男女計98
				女	2	×	×	男子に含		男子に含	男子に含		非公表	
	1次BⅡ類			男	2	×	×	BⅠ男子に含		BⅠ男子に含	BⅠ男子に含		非公表	
				女	2	×	×	BⅠ男子に含		BⅠ男子に含	BⅠ男子に含		非公表	
	1次BⅡ類選抜			男	2	×	×	BⅠ男子に含		BⅠ男子に含	BⅠ男子に含		非公表	
				女	2	×	×	BⅠ男子に含		BⅠ男子に含	BⅠ男子に含		非公表	
	2次Ⅰ類	1/14	2次男女計約10	男	2	×	×	2男女計263	26.3	2男女計170	2男女計113	1.5	非公表	Ⅰ類合格男女計33 Ⅱ類合格男女計36 Ⅱ選合格男女計44
				女	2	×	×	男子に含		男子に含	男子に含		非公表	
	2次Ⅱ類			男	2	×	×	2Ⅰ男子に含		2Ⅰ男子に含	2Ⅰ男子に含		非公表	
				女	2	×	×	2Ⅰ男子に含		2Ⅰ男子に含	2Ⅰ男子に含		非公表	
	2次Ⅱ類選抜			男	2	×	×	2Ⅰ男子に含		2Ⅰ男子に含	2Ⅰ男子に含		非公表	
				女	2	×	×	2Ⅰ男子に含		2Ⅰ男子に含	2Ⅰ男子に含		非公表	
同志社香里中学校 〒572-8585 大阪府寝屋川市 三井南町15-1 電話　072-831-0285	前期	1/13	約95	男	4	×	×	244	2.6	236	101	2.3	250.00/400	
			約95	女	4	×	×	253	2.7	245	103	2.4	252.00/400	
	後期	1/15	約25	男	4	×	×	453	18.1	286	68	4.2	302.50/400	
			約25	女	4	×	×	410	16.4	272	64	4.3	301.25/400	
桃山学院中学校 〒545-0011 大阪府大阪市 阿倍野区昭和町 3-1-64 電話　06-6621-1181	A6年進学4科	1/13	男女3・4科計50	男	3・4	×	×	8	1.2	8	4	2.0	289/500	
	A6年進学3科		男女3・4科計50	男	3・4	×	×	12		12	4	3.0	289/500	
	A6年進学4科		男女3・4科計50	女	3・4	×	×	15		15	5	3.0	289/500	
	A6年進学3科		男女3・4科計50	女	3・4	×	×	23		22	5	4.4	289/500	
	A6年選抜4科		男女3・4科計20	男	3・4	×	×	28	4.6	28	9	3.1	354/500	他に進学合格14
	A6年選抜3科		男女3・4科計20	男	3・4	×	×	13		12	2	6.0	354/500	他に進学合格6
	A6年選抜4科		男女3・4科計20	女	3・4	×	×	30		30	9	3.3	354/500	他に進学合格17
	A6年選抜3科		男女3・4科計20	女	3・4	×	×	20		20	6	3.3	354/500	他に進学合格9
	B6年進学	1/14午後	男女計15	男	2	×	×	39	6.3	26	7	3.7	195/300	
			男女計15	女	2	×	×	55		45	15	3.0	195/300	
	B6年選抜		男女計15	男	2	×	×	117	14.3	91	29	3.1	225/300	他に進学合格41
			男女計15	女	2	×	×	98		76	28	2.7	225/300	他に進学合格37
	C6年進学	1/16	男女計15	男	2	×	×	30	4.7	18	1	18.0	190/300	
			男女計15	女	2	×	×	41		26	3	8.7	190/300	
	C6年選抜		男女計5	男	2	×	×	40	17.6	18	3	6.0	217/300	他に進学合格6
			男女計5	女	2	×	×	48		26	3	8.7	217/300	他に進学合格12

学校名	2024年度入試状況													
	回数	入試日	2024年度定員	性別	教科	面接	調査書等	出願者数	出願倍率	実受験者数	合格発表数	実質倍率	合格最低点	備考
明星中学校 〒543-0016 大阪府大阪市 天王寺区餌差町5-44 電話　06-6761-5606	大阪・前期特進4科	1/13	前後期特進計約80	男	3・4	×	×	前期午前計133	–	前期午前計127	前期午前計102	1.2	267.50/400	特進合格36
	大阪・前期特進3科			男	3・4	×	×	4科に含		4科に含	4科に含		267.50/400	
	大阪・前期英数4科		前後期英数計約70	男	3・4	×	×	前特進4科に含		前特進4科に含	前特進4科に含		201.25/400	英数合格66
	大阪・前期英数3科			男	3・4	×	×	前特進4科に含		前特進4科に含	前特進4科に含		201.25/400	
	大阪・前期午後特進S	1/13午後	約30	男	2	×	×	午後特進計443		午後特進計428	午後特進計349	1.2	153.00/240	S合格158
	大阪・前期午後特進		約40	男	2	×	×	Sに含		Sに含	Sに含		113.00/240	特進合格191
	大阪・後期S特進4科	1/14	若干名	男	3・4	×	×	後期計479	–	後期計449	後期計387	1.2	321.00/400	S合格53
	大阪・後期S特進3科		若干名	男	3・4	×	×	4科に含		4科に含	4科に含		321.00/400	
	大阪・後期特進4科		前後期特進計約80	男	3・4	×	×	S特進4科に含	–	S特進4科に含	S特進4科に含		265.00/400	特進合格169
	大阪・後期特進3科		前後期特進計約80	男	3・4	×	×	S特進4科に含		S特進4科に含	S特進4科に含		265.00/400	
	大阪・後期英数4科		前後期英数計約70	男	3・4	×	×	S特進4科に含		S特進4科に含	S特進4科に含		222.50/400	英数合格165
	大阪・後期英数3科		前後期英数計約70	男	3・4	×	×	S特進4科に含		S特進4科に含	S特進4科に含		222.50/400	
大阪女学院中学校 〒540-0004 大阪府大阪市中央区 玉造2-26-54 電話　06-6761-4451	前期A4科	1/14	全合計190	女	3・4	×	×	3・4科計160	2.2	3・4科計130	3・4科計118	1.1	157.50/400	
	前期A3科			女	3・4	×	×	3科に含		3科に含	3科に含		157.50/400	
	前期B4科			女	3・4	×	×	3・4科計89		3・4科計84	3・4科計81	1.0	173.75/400	
	前期B3科			女	3・4	×	×	3科に含		3科に含	3科に含		173.75/400	
	後期	1/15		女	2	×	×	117		50	35	1.4	94/200	
	国際特別	1/13		女	2	×	証	50		49	45	1.1	非公表	
帝塚山学院中学校 〒558-0053 大阪市住吉区 帝塚山中3-10-51 電話　06-6672-1151	1次A関学4科	1/13	1次A計約140	女	3・4	×	×	1次A計448	3.2	1次A計339	1次A計250	1.4	237.6/300	関学合格70
	1次A関学3科		1次A計約140	女	3・4	×	×	4科に含		4科に含	4科に含			
	1次Aエトワール4科		1次A計約140	女	2・3・4	×	×	1次A関学に含		1次A関学に含	1次A関学に含		231/300	
	1次Aエトワール2・3科		1次A計約140	女	2・3・4	×	×	1次A関学に含		1次A関学に含	1次A関学に含			
	1次Aプルミエ4科		1次A計約140	女	2・3・4	×	×	1次A関学に含		1次A関学に含	1次A関学に含		154.8/300	
	1次Aプルミエ2・3科		1次A計約140	女	2・3・4	×	×	1次A関学に含		1次A関学に含	1次A関学に含			
	E関学	1/13午後	E入試計約20	女	2	×	×	1次E計643	32.2	1次E計631	1次E計342	1.8	169/200	関学合格10
	Eエトワール		E入試計約20	女	2	×	×	1次E関学に含		1次E関学に含	1次E関学に含		132/200	
	Eプルミエ		E入試計約20	女	2	×	×	1次E関学に含		1次E関学に含	1次E関学に含		85/200	
	1次B関学4科	1/14	1次B計約20	女	3・4	×	×	1次B関学計630	31.5	1次B関学計578	1次B関学計357	1.6	265.6/300	関学合格44
	1次B関学3科		1次B計約20	女	3・4	×	×	4科に含		4科に含	4科に含			
	1次Bエトワール4科		1次B計約20	女	2・3・4	×	×	1次B関学に含		1次B関学に含	1次B関学に含		235/300	
	1次Bエトワール2・3科		1次B計約20	女	2・3・4	×	×	1次B関学に含		1次B関学に含	1次B関学に含			
	1次Bプルミエ4科		1次B計約20	女	2・3・4	×	×	1次B関学に含		1次B関学に含	1次B関学に含		167.5/300	
	1次Bプルミエ2・3科		1次B計約20	女	2・3・4	×	×	1次B関学に含		1次B関学に含	1次B関学に含			
	2次関学	1/14午後	若干名	女	2	×	×	2次計589	–	2次計333	2次計200	1.7	242/300	関学合格12
	2次エトワール		若干名	女	2	×	×	2次関学に含		2次関学に含	2次関学に含		226/300	
	2次プルミエ		若干名	女	2	×	×	2次関学に含		2次関学に含	2次関学に含		120/300	

学校名	2024年度入試状況													
	回数	入試日	2024年度定員	性別	教科	面接	調査書等	出願者数	出願倍率	実受験者数	合格発表数	実質倍率	合格最低点	備考
三田学園中学校 〒669-1535 兵庫県三田市 南が丘2-13-65 電話 079-564-2291	前期A/S4科	1/13	前期男女計約220	男	3・4	×	×	前期A男女計324	3.6	前期A男女計318	前期A男女計221	1.4	206/400	S合格男女計66
	前期A/S3科			男	3・4	×	×	前期A/S4科に含		前期A/S4科に含	前期A/S4科に含		206/400	
	前期A/S4科			女	3・4	×	×	前期A/S4科男子に含		前期A/S4科男子に含	前期A/S4科男子に含		206/400	
	前期A/S3科			女	3・4	×	×	前期A/S4科男子に含		前期A/S4科男子に含	前期A/S4科男子に含		206/400	
	前期A/A4科			男	3・4	×	×	前期A/S4科男子に含		前期A/S4科男子に含	前期A/S4科男子に含		206/400	A合格男女計155
	前期A/A3科			男	3・4	×	×	前期A/S4科男子に含		前期A/S4科男子に含	前期A/S4科男子に含		206/400	
	前期A/A4科			女	3・4	×	×	前期A/S4科男子に含		前期A/S4科男子に含	前期A/S4科男子に含		206/400	
	前期A/A3科			女	3・4	×	×	前期A/S4科男子に含		前期A/S4科男子に含	前期A/S4科男子に含		206/400	
	前期B/S	1/14午後		男	2	×	×	前期B男女計464		前期B男女計293	前期B男女計149	2.0	80/200	S合格男女計64
				女	2	×	×	男子に含		男子に含	男子に含		80/200	
	前期B/A			男	2	×	×	前BS男子に含		前BS男子に含	前BS男子に含		80/200	A合格男女計85
				女	2	×	×	前BS男子に含		前BS男子に含	前BS男子に含		80/200	
	後期/S	1/16	後期男女計約20	男	2	×	×	後期男女計302	15.1	後期男女計134	後期男女計21	6.4	149/200	S合格男女計2
				女	2	×	×	後Sに含		後Sに含	後Sに含		149/200	
	後期/A			男	2	×	×	後S男子に含		後S男子に含	後S男子に含		149/200	A合格男女計19
				女	2	×	×	後S男子に含		後S男子に含	後S男子に含		149/200	
啓明学院中学校 〒654-0131 兵庫県神戸市須磨区 横尾9-5-1 電話 078-741-1501	A	1/13	帰国含約65	男	3	児+保	保	109	1.7	96	67	1.4	150/250	
			帰国含約65	女	3	児+保	保	149	2.3	141	82	1.7	163/250	
	B	1/15	約15	男	2	児+保	保	159	10.6	53	16	3.3	158/200	
			約15	女	2	児+保	保	174	11.6	60	18	3.3	158/200	
滝川第二中学校 〒651-2276 兵庫県神戸市西区 春日台6-23 電話 078-961-2381	A1エキスパ	1/13	A1・2エキスパ男女計15	男	3	×	×	9	3.7	9	4	2.3	161/400	
			A1・2エキスパ男女計15	女	3	×	×	8		8	3	2.7	161/400	
	A1IUE		A1・2IUE男女計15	男	3	一部	×	2	5.6	2	0	−	225/400	他にエキスパート合格1
			A1・2IUE男女計15	女	3	一部	×	20		19	15	1.3	225/400	他にエキスパート合格3
	A1プログレ		A1・2プログレ男女計15	男	3	×	×	17	15.9	17	11	1.5	234/400	他にエキスパート合格4
			A1・2プログレ男女計15	女	3	×	×	15		15	10	1.5	234/400	他にエキスパート合格4
	A1特色		男女計10	男	国	児+保	×	5	0.4	5	5	1.0		
			男女計10	女	国	児+保	×	2		2	2	1.0		
	A2エキスパ	1/13午後	A1・2エキスパ男女計15	男	2	×	×	19	−	19	10	1.9	94/200	
			A1・2エキスパ男女計15	女	2	×	×	19		18	10	1.8	94/200	
	A2IUE		A1・2IUE男女計15	男	2	×	×	10	−	10	7	1.4	114/200	他にエキスパート合格2
			A1・2IUE男女計15	女	2	×	×	34		33	17	1.9	114/200	他にエキスパート合格6
	A2プログレ		A1・2プログレ男女計15	男	2	×	×	46	−	45	25	1.8	130/200	他にエキスパート合格17
			A1・2プログレ男女計15	女	2	×	×	42		40	25	1.6	130/200	他にエキスパート合格11
	Bエキスパ	1/14午後	男女計10	男	2	×	×	19	3.2	10	6	1.7	100/300	
			男女計10	女	2	×	×	13		11	6	1.8	100/300	
	B・IUE		男女計10	男	2	×	×	7	3.0	6	5	1.2	124/300	他にエキスパート合格1
			男女計10	女	2	×	×	24		16	10	1.6	124/300	他にエキスパート合格3
	Bプログレ		男女計15	男	2	×	×	26	6.0	17	11	1.5	130/300	他にエキスパート合格5
			男女計15	女	2	×	×	30		18	14	1.3	130/300	他にエキスパート合格3
	Cエキスパ	1/17午後	男女計5	男	2	×	×	11	4.6	4	2	2.0	78/200	
			男女計5	女	2	×	×	8		5	3	1.7	78/200	
	C・IUE		男女計5	男	2	×	×	4	2.8	3	1	3.0	82/200	
			男女計5	女	2	×	×	15		8	5	1.6	82/200	他にエキスパート合格1
	Cプログレ		男女計5	男	2	×	×	6	5.0	3	1	3.0	105/200	他にエキスパート合格1
			男女計5	女	2	×	×	3		2	2	1.0	105/200	

学校名	2024年度入試状況													
	回数	入試日	2024年度定員	性別	教科	面接	調査書等	出願者数	出願倍率	実受験者数	合格発表数	実質倍率	合格最低点	備考
甲南中学校 〒659-0096 兵庫県芦屋市 山手町31-3 電話　0797-31-0551	Ⅰ期Aa	1/13	Ⅰ期A計約85	男	3	×	×	ⅠA午前計91	1.1	ⅠA午前計90	ⅠA午前計61	1.5	184/300	
	Ⅰ期Ab		Ⅰ期A計約85	男	2	×	証	ⅠAaに含		ⅠAaに含	ⅠAaに含	—		
	Ⅰ期Fa		Ⅰ期F計約30	男	3	×	×	68	2.1	63	21	3.0	217/300	他にA合格27
	Ⅰ期帰国		若干名	男	2・3	児+保	○証	ⅠAaに含	—	ⅠAaに含	ⅠAaに含	—		
	Ⅰ期午後A	1/13午後	Ⅰ期A計約85	男	3	×	×	ⅠA午後計79	0.9	ⅠA午後計76	ⅠA午後計29	2.6	153/300	
	Ⅰ期午後F		Ⅰ期F計約30	男	3	×	×	187	6.2	183	79	2.3	175/300	他にA合格57
	Ⅰ期午後帰国		若干名	男	3	児+保	○証	Aに含	—	Aに含	Aに含	—		
	Ⅱ期A	1/14午後	約15	男	2	×	×	ⅡA計89	5.9	ⅡA計39	ⅡA計8	4.9	120/200	
	Ⅱ期F		約10	男	2	×	×	208	20.8	109	39	2.8	133/200	他にA合格29
	Ⅱ期帰国		若干名	男	2	児+保	○証	ⅡAに含	—	ⅡAに含	ⅡAに含	—		
	Ⅲ期A	1/16午後	約5	男	2	×	×	ⅢA計61	12.2	ⅢA計25	ⅢA計1	25.0	162/200	
	Ⅲ期F		約5	男	2	×	×	101	20.2	50	9	5.6	166/200	他にA合格6
	Ⅲ期帰国		若干名	男	2	児+保	○証	ⅢAに含	—	ⅢAに含	ⅢAに含	—		
滝川中学校 〒654-0007 兵庫県神戸市須磨区 宝田町2-1-1 電話　078-732-1625	前期・医進	1/13	医進選抜男女計35 SG男女計35 ﾐﾗｲ探究男子90	男	3	×	×	前期午前一般男女計114	—	前期午前一般男女計111	前期午前一般男女計100	1.1	216/300	医進合格11
	前期・医進			女	3	×	×	男子に含		男子に含	男子に含		216/300	医進合格6
	前期・SG			男	3	×	×	前期午前医進男子に含		前期午前医進男子に含	前期午前医進男子に含		172/300	SG合格35
	前期・SG			女	3	×	×	前期午前医進男子に含		前期午前医進男子に含	前期午前医進男子に含		172/300	SG合格24
	前期・ミライ探究			男	3	×	×	前期午前医進男子に含		前期午前医進男子に含	前期午前医進男子に含		158/300	ミライ合格24
	ミライ探究型			男	2	×	×	11		11	9	1.2	—	
	前期午後・医進			男	3	×	×	前期午後男女計313		前期午後男女計302	前期午後男女計239	1.3	198/300	医進合格35
	前期午後・医進			女	3	×	×	男子に含		男子に含	男子に含		198/300	医進合格19
	前期午後・SG			男	3	×	×	前期午後医進男子に含		前期午後医進男子に含	前期午後医進男子に含		190/300	SG合格71
	前期午後・SG			女	3	×	×	前期午後医進男子に含		前期午後医進男子に含	前期午後医進男子に含		190/300	SG合格31
	前期午後・ミライ探究			男	3	×	×	前期午後医進男子に含		前期午後医進男子に含	前期午後医進男子に含		165/300	ミライ合格83
	中期Ⅰ・医進	1/14午後		男	2	×	×	中期Ⅰ男女計199		中期Ⅰ男女計130	中期Ⅰ男女計107	1.2	158/200	医進合格20
	中期Ⅰ・医進			女	2	×	×	男子に含		男子に含	男子に含		158/200	医進合格8
	中期Ⅰ・SG			男	2	×	×	中期Ⅰ医進男子に含		中期Ⅰ医進男子に含	中期Ⅰ医進男子に含		148/200	SG合格26
	中期Ⅰ・SG			女	2	×	×	中期Ⅰ医進男子に含		中期Ⅰ医進男子に含	中期Ⅰ医進男子に含		148/200	SG合格11
	中期Ⅰ・ミライ探究			男	2	×	×	中期Ⅰ医進男子に含		中期Ⅰ医進男子に含	中期Ⅰ医進男子に含		118/200	ミライ合格42
	中期Ⅱ・医進	1/15午後		男	2	×	×	中期Ⅱ男女計144		中期Ⅱ男女計92	中期Ⅱ男女計68	1.4	150/200	医進合格5
	中期Ⅱ・医進			女	2	×	×	男子に含		男子に含	男子に含		150/200	医進合格6
	中期Ⅱ・SG			男	2	×	×	中期Ⅱ医進男子に含		中期Ⅱ医進男子に含	中期Ⅱ医進男子に含		136/200	SG合格17
	中期Ⅱ・SG			女	2	×	×	中期Ⅱ医進男子に含		中期Ⅱ医進男子に含	中期Ⅱ医進男子に含		136/200	SG合格10
	中期Ⅱ・ミライ探究			男	2	×	×	中期Ⅱ医進男子に含		中期Ⅱ医進男子に含	中期Ⅱ医進男子に含		100/200	ミライ合格30
	後期・医進	1/20		男	2	×	×	後期男女計59		後期男女計45	後期男女計34	1.3	136/200	医進合格3
	後期・医進			女	2	×	×	男子に含		男子に含	男子に含		136/200	医進合格5
	後期・SG			男	2	×	×	後期医進男子に含		後期医進男子に含	後期医進男子に含		129/200	SG合格11
	後期・SG			女	2	×	×	後期医進男子に含		後期医進男子に含	後期医進男子に含		129/200	SG合格2
	後期・ミライ探究			男	2	×	×	後期医進男子に含		後期医進男子に含	後期医進男子に含		112/200	ミライ合格13

学校名	2024年度入試状況													
	回数	入試日	2024年度定員	性別	教科	面接	調査書等	出願者数	出願倍率	実受験者数	合格発表数	実質倍率	合格最低点	備考
甲南女子中学校 〒658-0001 兵庫県神戸市東灘区 森北町5-6-1 電話　078-411-2531	A1スタンダード4科	1/13	スタンダードA計約80 Sアドバンスト計約65 Bスタ約10	女	3・4	×	×	3・4科計45	2.4	3・4科計45	3・4科計37	1.2	136.8/300	
	A1スタンダード3科			女	3・4	×	×	4科に含		4科に含	4科に含	−	136.8/300	
	A1Sアドバンスト4科			女	3・4	×	×	3・4科計67		3・4科計61	3・4科計36	1.7	210/300	他にスタ合格23
	A1Sアドバンスト3科			女	3・4	×	×	4科に含		4科に含	4科に含	−	210/300	
	A2スタンダード	1/14		女	2	×	×	79		79	42	1.9	91/200	
	A2Sアドバンスト			女	2	×	×	264	−	257	154	1.7	129/200	他にスタ合格106
	Bスタンダード	1/17		女	2	×	×	26	2.6	8	4	2.0	108/200	
	BSアドバンスト			女	2	×	×	66	−	24	13	1.8	138/200	他にスタ合格8
神戸海星女子学院中学校 〒657-0805 兵庫県神戸市灘区 青谷町2-7-1 電話　078-801-5601	A4科	1/13	3・4科計約100	女	3・4	×	×	3・4科計157	1.6	3・4科計146	3・4科計110	1.3	223.7/360	
	A3科			女	3・4	×	×	4科に含		4科に含	4科に含		223.7/360	
親和中学校 〒657-0022 兵庫県神戸市灘区 土山町6-1 電話　078-854-3800	前期1G探究3科	1/13	総合全合計約130 S全合計約60	女	2・3	×	×	前期1計81	4.0 (総合・S合算)	前期1計77	前期1計71	1.1	144/300	G合格19
	前期1G探究2科			女	2・3	×	×	3科に含		3科に含	3科に含		144/300	
	前期1S探究3科			女	2・3	×	×	前期1Gに含		前期1Gに含	前期1Gに含		145/300	S合格20
	前期1S探究2科			女	2・3	×	×	前期1Gに含		前期1Gに含	前期1Gに含		145/300	
	前期1SS			女	3	×	×	前期1Gに含		前期1Gに含	前期1Gに含		212/400	SS合格12
	前期2G探究	1/13 午後		女	2	×	×	前期2計257		前期2計254	前期2計203	1.3	45/100	G合格65
	前期2S探究			女	算	×	×	前期2Gに含		前期2Gに含	前期2Gに含		60/100	S合格92
	前期2SS			女	国	×	×	前期2Gに含		前期2Gに含	前期2Gに含		140/200	SS合格46
	後期1G探究3科	1/14		女	2・3	×	×	後期1計174		後期1計169	後期1計149	1.1	教科128/300・探究140/300	G合格38
	後期1G探究2科			女	2・3	×	×	3科に含		3科に含	3科に含		教科128/300・探究140/300	
	後期1S探究3科			女	2・3	×	×	後期1Gに含		後期1Gに含	後期1Gに含		教科129/300・探究147/300	S合格80
	後期1S探究2科			女	2・3	×	×	後期1Gに含		後期1Gに含	後期1Gに含		教科129/300・探究147/300	
	後期1SS			女	3	×	×	後期1Gに含		後期1Gに含	後期1Gに含		教科205/300・探究198/300	SS合格31
	後期2G探究	1/14 午後		女	2	×	×	後期2計214		後期2計201	後期2計186	1.1	84/200	G合格53
	後期2S探究			女	2	×	×	後期2Gに含		後期2Gに含	後期2Gに含		82/200	S合格95
	後期2SS			女	2	×	×	後期2Gに含		後期2Gに含	後期2Gに含		140/200	SS合格38
	後期3G探究	1/17		女	2	×	×	後期3計35		後期3計20	後期3計18	1.1	74/200	G合格4
	後期3S探究			女	2	×	×	後期3Gに含		後期3Gに含	後期3Gに含		97/200	S合格8
	後期3SS			女	2	×	×	後期3Gに含		後期3Gに含	後期3Gに含		139/200	SS合格6
	チャレンジG探究	1/20		女	2	×	×	未公表		未公表	未公表	−		
	チャレンジS探究			女	2	×	×	未公表		未公表	未公表	−		
	チャレンジSS			女	2	×	×	未公表		未公表	未公表	−		
智辯学園中学校 〒637-0037 奈良県五條市 野原中4-1-51 電話　0747-22-3191	A	1/13	男女全合計90	男	3	×	×	38	1.9	37	30	1.2	併S216/400・専S214/400・併AB164/400・専AB132/400	
				女	3	×	×	34		33	31	1.1	併S216/400・専S214/400・併AB164/400・専AB132/400	
	自己推薦			男	国	児+保	通証	5		5	5	1.0		
				女	国	児+保	通証	5		5	5	1.0		
	スーパー理系	1/14 午後		男	算+理	×	×	5		4	3	1.3	S58/100・AB53/100	
				女	算+理	×	×	3		1	1	1.0	S58/100・AB53/100	
	適性検査型			男	2	×	×	8		6	5	1.2	S151/200・AB110/200	
				女	2	×	×	8		6	4	1.5	S151/200・AB110/200	
	B	1/15 午後		男	2	×	×	37		12	10	1.2	S129/200・AB75/200	
				女	2	×	×	29		9	9	1.0	S129/200・AB75/200	

学校名	2024年度入試状況													
	回数	入試日	2024年度定員	性別	教科	面接	調査書等	出願者数	出願倍率	実受験者数	合格発表数	実質倍率	合格最低点	備考
奈良学園登美ヶ丘中学校 〒631-8522 奈良県奈良市 中登美ケ丘3-15-1 電話　0742-93-5111	A併願Ⅰ類4科	1/13	内進含Ⅰ類男女計40 内進含Ⅱ類男女計120	男	3･4	×	×	A併願男女計56	4.2	A併願男女計54	A併願男女計26	2.1	252/400	Ⅰ合格男女計16
	A併願Ⅰ類3科			男	3･4	×	×	4科に含		4科に含	4科に含		252/400	
	A併願Ⅰ類4科			女	3･4	×	×	男子に含		男子に含	男子に含		252/400	
	A併願Ⅰ類3科			女	3･4	×	×	男子に含		男子に含	男子に含		252/400	
	A併願Ⅱ類4科			男	3･4	×	×	A併願Ⅰ男子に含		A併願Ⅰ男子に含	A併願Ⅰ男子に含		252/400	Ⅱ合格男女計10
	A併願Ⅱ類3科			男	3･4	×	×	A併願Ⅰ男子に含		A併願Ⅰ男子に含	A併願Ⅰ男子に含		252/400	
	A併願Ⅱ類4科			女	3･4	×	×	A併願Ⅰ男子に含		A併願Ⅰ男子に含	A併願Ⅰ男子に含		252/400	
	A併願Ⅱ類3科			女	3･4	×	×	A併願Ⅰ男子に含		A併願Ⅰ男子に含	A併願Ⅰ男子に含		252/400	
	A専願Ⅰ類4科			男	3･4	×	証	A専願男女計111		A専願男女計110	A専願男女計85	1.3	213.75/400	Ⅰ合格男女計22
	A専願Ⅰ類3科			男	3･4	×	証	4科に含		4科に含	4科に含		213.75/400	
	A専願Ⅰ類4科			女	3･4	×	証	男子に含		男子に含	男子に含		213.75/400	
	A専願Ⅰ類3科			女	3･4	×	証	男子に含		男子に含	男子に含		213.75/400	
	A専願Ⅱ類4科			男	3･4	×	証	A専願Ⅰ男子に含		A専願Ⅰ男子に含	A専願Ⅰ男子に含		213.75/400	Ⅱ合格男女計63
	A専願Ⅱ類3科			男	3･4	×	証	A専願Ⅰ男子に含		A専願Ⅰ男子に含	A専願Ⅰ男子に含		213.75/400	
	A専願Ⅱ類4科			女	3･4	×	証	A専願Ⅰ男子に含		A専願Ⅰ男子に含	A専願Ⅰ男子に含		213.75/400	
	A専願Ⅱ類3科			女	3･4	×	証	A専願Ⅰ男子に含		A専願Ⅰ男子に含	A専願Ⅰ男子に含		213.75/400	
	BⅠ類	1/14午後		男	2	×	×	B男女計378		B男女計296	B男女計220	1.3	125/240	Ⅰ合格男女計50
				女	2	×	×	男子に含		男子に含	男子に含		125/240	
	BⅡ類			男	2	×	×	BⅠ男子に含		BⅠ男子に含	BⅠ男子に含		125/240	Ⅱ合格男女計170
				女	2	×	×	BⅠ男子に含		BⅠ男子に含	BⅠ男子に含		125/240	
	CⅠ類	1/16		男	2	×	×	C男女計154		C男女計105	C男女計57	1.8	136/240	Ⅰ合格男女計6
				女	2	×	×	男子に含		男子に含	男子に含		136/240	
	CⅡ類			男	2	×	×	CⅠ類男子に含		CⅠ類男子に含	CⅠ類男子に含		136/240	Ⅱ合格男女計51
				女	2	×	×	CⅠ類男子に含		CⅠ類男子に含	CⅠ類男子に含		136/240	
奈良女子大学附属中等教育学校 〒630-8305 奈良県奈良市 東紀寺町1-60-1 電話　0742-26-2571		1/18	内進含約60	男	全	○	○	233	3.9	195	59	3.3	143/220	
			内進含約60	女	全	○	○	253	4.2	214	57	3.8	139/220	

学校名	回数	入試日	2024年度定員	性別	教科	面接	調査書等	出願者数	出願倍率	実受験者数	合格発表数	実質倍率	合格最低点	備考
	2024年度入試状況													
岡山中学校 〒701-0206 岡山県岡山市南区 箕島1500 電話　086-282-6336	難関大A	12/2	難関大A 男女計55	男	−	児G	×	男女計 296	6.1	男女計 292	男女計 183	1.6	68/170	
				女	−	児G	×	男子に含		男子に含	男子に含		68/170	
	難関大A専願			男	−	児G	×	男女計37		男女計37	男女計25	1.5	68/170	
				女	−	児G	×	男子に含		男子に含	男子に含		68/170	
	東大・国立医A		東医A 男女計10	男	−	児G	×	男女計 213	24.2	男女計 210	男女計96	2.2	109/170	
				女	−	児G	×	男子に含		男子に含	男子に含		109/170	
	東大・国立医A専願			男	−	児G	×	男女計29		男女計29	男女計18	1.6	109/170	
				女	−	児G	×	男子に含		男子に含	男子に含		109/170	
	難関大B・4科	12/16	難関大B 男女計60	男	3・4	×	×	男女3・4科 計1872	31.8	男女3・4科 計1823	男女3・4科 計1032	1.8	107/250	
	難関大B・3科			男	3・4	×	×	4科に含		4科に含	4科に含		107/250	
	難関大B・4科			女	3・4	×	×	男子に含		男子に含	男子に含		107/250	
	難関大B・3科			女	3・4	×	×	男子に含		男子に含	男子に含		107/250	
	難関大B専願・4科			男	3・4	×	×	男女3・4科 計35		男女3・4科 計29	男女3・4科 計21	1.4	107/250	
	難関大B専願・3科			男	3・4	×	×	4科に含		4科に含	4科に含		107/250	
	難関大B専願・4科			女	3・4	×	×	男子に含		男子に含	男子に含		107/250	
	難関大B専願・3科			女	3・4	×	×	男子に含		男子に含	男子に含		107/250	
	東大・国立医B・4科		東医B 男女計10	男	3・4	×	×	男女3・4科 計1522	155.1	男女3・4科 計1486	男女3・4科 計788	1.9	186/250	
	東大・国立医B・3科			男	3・4	×	×	4科に含		4科に含	4科に含		186/250	
	東大・国立医B・4科			女	3・4	×	×	男子に含		男子に含	男子に含		186/250	
	東大・国立医B・3科			女	3・4	×	×	男子に含		男子に含	男子に含		186/250	
	東大・国立医B専願・4科			男	3・4	×	×	男女3・4科 計29		男女3・4科 計25	男女3・4科 計7	3.6	186/250	
	東大・国立医B専願・3科			男	3・4	×	×	4科に含		4科に含	4科に含		186/250	
	東大・国立医B専願・4科			女	3・4	×	×	男子に含		男子に含	男子に含		186/250	
	東大・国立医B専願・3科			女	3・4	×	×	男子に含		男子に含	男子に含		186/250	
	難関大C	1/8	若干名	男	2	×	×	非公表	−	非公表	非公表	−	非公表	
				女	2	×	×	非公表		非公表	非公表	−	非公表	
	難関大C専願			男	2	×	×	非公表		非公表	非公表	−	非公表	
				女	2	×	×	非公表		非公表	非公表	−	非公表	
近畿大学附属 広島中学校東広島校 〒739-2116 広島県東広島市 高屋うめの辺2 電話　082-434-7111	前期併願	1/7	前期男女計 110	男	4	×	×	97	10.1	92	非公表	−	168/320	
				女	4	×	×	82		81	非公表	−	168/320	
	前期専願			男	4	児	×	52		52	非公表	−	非公表	
				女	4	児	×	48		48	非公表	−	非公表	
	後期併願	1/13	後期男女計 30	男	4	×	×	非公表	−	非公表	非公表	−	非公表	
				女	4	×	×	非公表		非公表	非公表	−	非公表	
	後期専願			男	4	児	×	非公表		非公表	非公表	−	非公表	
				女	4	児	×	非公表		非公表	非公表	−	非公表	
広島なぎさ中学校 〒731-5138 広島県広島市佐伯区 海老山南2-2-1 電話　082-921-2137	一般	1/16	内進・帰国 含男女 全合計 約200	男	4	×	通	男子計 318	2.7	男子計 300	非公表	−	205/400	
				女	4	×	通	女子計 257		女子計 228	非公表	−	205/400	
	専願			男	4	×	通	一般男子 に含		一般男子 に含	非公表	−	205/400	
				女	4	×	通	一般女子 に含		一般女子 に含	非公表	−	205/400	
	帰国		一般に含 若干名	男	2	○	◎証	一般男子 に含		一般男子 に含	非公表	−	非公表	
				女	2	○	◎証	一般女子 に含		一般女子 に含	非公表	−	非公表	
修道中学校 〒730-0055 広島県広島市中区 南千田西町8-1 電話　082-241-8291		1/20	276	男	4	×	×	884	3.2	869	533	1.6	非公表	

学校名	回数	入試日	2024年度定員	性別	教科	面接	調査書等	出願者数	出願倍率	実受験者数	合格発表数	実質倍率	合格最低点	備考
	2024年度入試状況													
広島城北中学校 〒732-0015 広島県広島市東区 戸坂城山町1-3 電話　082-229-0111	4教科	1/17	全合計200	男	4	×	×	全合計1033	5.2	全合計1033	全合計602	1.4	非公表	
	前期2教科	1/5		男	2	×	×	4科に含		4科に含	4科に含		非公表	
	後期2教科	1/25		男	2	児	×	4科に含		4科に含	4科に含		非公表	
	推薦	1/5		男	−	児+保	推	4科に含		4科に含	4科に含		非公表	
広島女学院中学校 〒730-0014 広島県広島市中区 上幟町11-32 電話　082-228-4131		1/19	全合計約180	女	4	×	通	全合計721	3.4	全合計683	全合計496	1.4	非公表	
	専願			女	4	×	通	一般に含		一般に含	一般に含	−	非公表	
広島大学附属福山中学校 〒721-8551 広島県福山市 春日町5-14-1 電話　084-941-8350		2/1	60	男	4	×	○	297	5	286	61	4.7	非公表	
			60	女	4	×	○	247	4.8	234	68	3.4	非公表	
広島県立広島中学校 〒739-2125 広島県東広島市 高屋町中島31-7 電話　082-491-0270		1/27	帰国含男女計160	男	−	一部	○	男女計578	3.6	男女計498	男女計160	3.1	非公表	
				女	−	一部	○	男子に含		男子に含	男子に含	−	非公表	
済美平成中等教育学校 〒791-0054 愛媛県松山市 空港通5-6-3 電話　089-965-1551	併願	1/5	男女全合計120	男	4	児G	×	男子計157	2.7	男子計154	男子計144	1.1	非公表	
				女	4	児G	×	女子計117		女子計116	女子計111	1.0	非公表	
	専願			男	4	児G	×	一般に含		一般に含	一般に含	−	非公表	
				女	4	児G	×	一般に含		一般に含	一般に含	−	非公表	
愛媛大学教育学部附属中学校 〒790-0855 愛媛県松山市 持田町1-5-22 電話　089-913-7841		1/7	内進含64	男	2	○	○	79	1.5	77	30	2.6	非公表	
			内進含64	女	2	○	○	71	1.6	70	30	2.3	非公表	
土佐中学校 〒780-8014 高知県高知市 塩屋崎町1-1-10 電話　088-833-4394 ※寮設備（男子）あり		2/17	男女計約250	男	4	児	×	男女計323	1.3	男女計315	男女計258	1.2	309/500	
				女	4	児	×	男子に含		男子に含	男子に含	−	309/500	
上智福岡中学校 〒810-0032 福岡県福岡市中央区 輝国1-10-10 電話　092-712-7181	一般	1/9	帰国含80	男	4	×	×	443	5.5	437	250	1.7	184/300	
			帰国含80	女	4	×	×	462	5.8	459	247	1.9	187/300	
	帰国		一般に含男女計若干名	男	2	児	×	4	−	4	0	−	非公表	
			一般に含男女計若干名	女	2	児	×	7	−	7	3	2.3	非公表	
西南学院中学校 〒814-8512 福岡県福岡市早良区 百道浜1-1-1 電話　092-841-1317		1/11	約80	男	4	×	×	548	6.8	539	267	2.0	281/400	
			約80	女	4	×	×	589	7.4	580	216	2.7	281/400	
明治学園中学校 〒804-8558 福岡県北九州市 戸畑区仙水町5-1 電話　093-881-2861		1/10	80	男	4	×	×	非公表	−	非公表	非公表	−	非公表	
			80	女	4	×	×	非公表	−	非公表	非公表	−	非公表	
筑紫女学園中学校 〒810-0023 福岡県福岡市中央区 警固2-8-1 電話　092-771-3066		1/8	140	女	4	×	×	447	3.2	443	372	1.2	177/350	

学校名	回数	入試日	2024年度定員	性別	教科	面接	調査書等	出願者数	出願倍率	実受験者数	合格発表数	実質倍率	合格最低点	備考
	2024年度入試状況													
長崎県立 諫早高等学校 附属中学校 〒854-0014 長崎県諫早市 東小路町1-7 電話　0957-22-1222		1/7	男女計120	男	−	児G	○	非公表	−	非公表	非公表	−	非公表	
				女	−	児G	○						非公表	
長崎県立 佐世保北中学校 〒857-0028 長崎県佐世保市 八幡町6-31 電話　0956-42-5330		1/7	男女計120	男	−	児G	○	非公表	−	非公表	非公表	−	非公表	
				女	−	児G	○						非公表	
長崎県立 長崎東中学校 〒850-0007 長崎県長崎市 立山5-13-1 電話　095-826-5281		1/7	男女計120	男	−	児G	○	非公表	−	非公表	非公表	−	非公表	
				女	−	児G	○						非公表	

技能教科試験などが行われた中学校

私立共学校

［慶應義塾湘南藤沢中等部］

（今までの実施例）

■体育

所要時間約30分の間に次の種目を行う。（実技時間5分位）

○ハンドボール投げ：先生がやり方を説明後、投げの見本を見せる。（助走エリアから、おもいきって投げる）1人2回投げて距離を測定。

○立ち幅とび：練習2～3回してから本番を行う。（体育用マットの上で両足跳び）1人1回跳んで距離を測定。

○ソフトボール投げ：先生がやり方を説明後、投げの見本を見せる。

○シャトルランニング：前方に1～3の3個のお手玉がある。スタートから1のお手玉を取り、スタートまで戻って四角のワク（図）に置き、次に2のお手玉を取り、スタートまで戻って四角のワク（図）に置く。3個めも同じように行い終了。競技タイムは計測されている。

○上体おこし（腹筋）（約20秒）：両腕を交差させて自分の肩に手を置く。脇をしめて自分の太ももに肘がつくまで体をおこす。足は試験官におさえてもらう。20秒で何回できるかかぞえる。

○立ち幅とび：1回練習してから本番を行う。

＊体操着（上・下）・運動靴（上履き）いずれも現在使用中のもので可。防寒対策用に長袖・長ズボンがよい。移動中・待機中の防寒用品着用可・着替えを入れる袋を持参のこと。苦手種目であっても、失敗したとしても一生懸命やることが大事。

［慶應義塾中等部］

（今までの実施例）

■体育

所要時間約50分位の間に次の種目を行う。（実技時間10分位）

○シャトルランニング：手前と奥にある四角枠をそれぞれ踏んで戻る（2人で徒競走）（はじめに1回練習）（タイムを測定）。

○縄跳び：前あや跳び（指定時間20秒内でできるだけ跳ぶ）や後かけ足跳び・二重跳び（指定時間内にできるだけ跳ぶ）。渡されるのは直径1cm、長さ3mほどの普通のロープなので、手に巻くなどして自分で長さを調整する。1分でロープの調節と練習をする。

○キャッチボール：中等部生と30秒行う。

○ジグザグドリブル：コーンの間を男子はサッカーボール、女子はバスケットボールで8の字にドリブルしながら指定時間30秒内にできるだけ多く往復する。

＊体操着・運動靴（上履き）（外履き）と入れる袋や衣類などを入れる袋を持参する。体操着を着替えるとき、脱いだ服をすばやくたたんで袋に入れる練習をしておくとよい。苦手種目であっても、失敗したとしても一生懸命やることが大事。

＊種目は毎年のように変わっており、縄跳び・キャッチボール・シャトルランが多く実施されている。

私立男子校

［慶應義塾普通部］

（今までの実施例）

■体育

所要時間1種1～2分で行う。（在校生が手本を見せる）

○ステップ：ラインを踏まないように前後にリズムにあわせステップを踏む。

○ステップ：ラインを踏まないように前後に10回ステップを踏む。

○ステップ：床にあるフラフープの輪に、横（右）→輪の中→横（左）と横とびを6回位くり返す。

○ボールとステップ：床上のサッカーボールの上を左右の足を交互に置きながら、ボールを中心に1周する。一周したら反対に1周する。

○縄跳び：前回しで片足跳びを左右2回ずつ、10回跳ぶ（渡されるのは直径1cm、長さ3mほどの普通のロープなので、手に巻くなどして自分で長さを調整する）。

○マット運動：前転1回。

○キャッチボール：ボールを両足ではさんで、前にいる在校生に飛ばして渡す（在校生は手でキャッチ）。

○キャッチボール：テニスボールを頭上に高く投げ、落ちてくるまでに床にあるカップを持ち、ワンバウンドしたテニスボールをカップでキャッチする。

○キャッチボール：頭上にボールを高く投げ、落ちてくるまでに体の前後で手をたたき、ボールをキャッチする。

○10mダッシュを1回行う。（タイム測定がある）

○ボールを壁の的（まと）に向かって2回連続で投げる。

＊種目は毎年のように変わっており、縄跳び・キャッチボール・ジャンピング・シャトルラン・マット運動（前転・後転・開脚前転など）が最も多く実施されている。

国立共学校

［東京大教育附属］

（今までの実施例）

■図工（工作）

所要時間40分。

○乾電池を置く台を製作する：厚紙と色紙を使い指定条件に合う台を作る。

条件：①乾電池を置く台の高さは、解答用紙から100mm以内とする。
②乾電池を置く厚紙の黄色の四角の中に単三乾電池を4本置く。
③乾電池を置いても台がつぶれないこと、転げ落ちないこと。

＊製作の留意点。（以下のことに注意して製作する）

①HB以上の黒の鉛筆・消しゴム・ハサミ・三角定規（1組）用意。
②スティックのりで製作（当日1本貸与）。
③厚紙は色つき面を上にする。色紙で厚紙を支える部分を作る。
④紙への補助線は書いてもよい。
⑤厚紙の青・黄色の部分の切断や折り曲げ、のり付けは不可。白い部分は可。
⑥厚紙と色紙をのり付けして、更に解答用紙の指定枠内にのり付けして完成。

面接一覧

桜蔭	受験生で実施。受験生は5名ずつのグループ面接（面接官2名で10分程度）。内容は、入学後の抱負、将来の希望、小学校生活、小学校での役割、友人について、家族についてなど。
慶應義塾湘南藤沢中等部	実施の詳細非公表につき、本年受験者と過年度の状況を記載。受験生のみの個別面接（面接官2名で5～10分程度）（帰国生は1回はネイティブ1名と日本人1名・2回は日本人2名）と保護者のみで面接（面接官2名で5分程度）。受験生の内容は、志望理由、入学後の抱負、通学時間・経路、趣味・特技、将来の希望、友人について、得意不得意科目とその理由、小学校生活について、家での手伝いなど。過年度では、好きな本と理由、今夢中なこと。＊一般英語での受験者には英語での質問有。保護者の内容は、「家庭での活動報告書」への質問、小学校生活について、親から見た子どもの印象、家での子どもの役割、学校に期待すること。本校を選んだ理由・英語の育成と維持方法・今後の英語教育など。帰国生には、住んでいた都市についての説明など。
慶應義塾中等部	二次試験で、保護者同伴（1名で可）面接を実施（面接官4名で5分程度）。内容は、受験生へは、入学後の抱負、小学校生活について、試験の感想、得意不得意科目とその理由、やりたい部活、中学受験の理由など。保護者へは家庭での教育方針、子どもの長所短所など質問。
渋谷教育学園渋谷	帰国生のみ、受験生は6名ずつのグループ面接（面接官は2名で25分程度）。英語型ネイティブ+日本人、作文型日本人2名。内容は不明。
渋谷教育学園幕張	帰国生のみ、受験生は4名ずつのグループ面接（面接官は日本人3名、外国人2名で30分程度、日本語と英語）。内容は不明。
海城	帰国生のみ、受験生のみの個別面接（面接官は日本人2名で10分程度・日本語のみ）。内容不明。
慶應義塾普通部	受験生のみの面接（面接官は3名で1名1～2分程度で交代面接、計3～7分程度）。内容は志望理由、将来の希望、入学後の抱負、友人について、小学校生活について（部活など）、通学時間・経路、トリックアートを見せられての感想と質問など。今までには、趣味特技、長所短所、歴史上の好きな時代と好きな人物など。自分の名前の由来、試験問題の感想、得意不得意科目（理由）、苦手教科の克服法、食べ物の好き嫌い、タイムマシンで過去・未来のどこへ行きたいか、動物の写真を見て物語を作るなど、サイコロの展開図を描く、塗り絵をする、福沢諭吉の世間の評価とその理由、紙飛行機の折り方（作成）、家族に感謝していること、歴史上の尊敬人物、行きたい国とその理由、知っている遊び、自己アピール、言葉の分からない外国人への対応なども。
早稲田大学高等学院中学部	5名ずつのグループ面接（面接官3名で15分程度）。内容は志望理由、入学後の抱負（中学で直したいこと）、小学校生活について（やりたかったこと）、好きな教科とその理由、受験勉強以外で身についたことなど。今までには、本校のイメージ・魅力、将来の希望、家での手伝い内容で親にほめられること、先生に対する態度は、興味のあるニュースは、自分のアピール（長所・短所・趣味・特技など）、親にいつも注意されること、試験の感想、家族との勉強以外の会話は、自分を漢字で表現（名前以外の漢字）とその理由は、1年後の自分を想像、将来の活躍の為に学問以外で今すべきことは何か（記入後にスピーチ）、どんな時に達成感を得たか、入学後の学級目標を1分間で考えて書き、その理由を発表など。
女子学院	受験生5名ずつのグループ面接（面接官2名で9分程度）。内容は不明。参考に過年度の状況を記載。志望理由、入学後の抱負、小学校生活について、将来の希望、20年後の自分を話しての質問受ける、試験の感想、生徒がやってくれた遊びの感想、机上の封筒の中身から、それを誰にあげたいかや、他の人の中身でほしいもの。時空を超えるどこでもドアがあったら、どの時代のどこへ行きたいかと理由。オリンピックで見たい競技、絵画を見ての感想、今の気持ちを色で表すと何色か（その理由）など。提示された絵から物語を5名一緒に作成し誰にプレゼントするか、1名ずつ身の回りのことをスピーチ、最近食べたおいしいものとその理由、今、地震がおきたらどうするか、困ったことの解決法、各観光地の写真から1枚選び誰と行くか・その理由は、好きな本、出身校の自慢、箱の中身をそれぞれ見て、コミュニケーションしながらクイズ形式で当てあう、おすすめ本の紹介、花を贈るとしたらどんな花を、今年を漢字で表すとなど。質問によっては挙手で答えることも。
雙葉	受験生のみの個別面接（面接官2名で3分程度）。内容は、入学後の抱負、小学校生活について、趣味特技など。

面接

海陽中等教育学校	すべての試験に保護者（1名可）同伴の面談有。入試Ⅱ（本校蒲郡）は保護者面談（10分程度）と受験生の個別面接（面接官1名で10分程度）。内容は志望理由、併願校、第一志望か否か、本校について、入学後の抱負、将来の希望など。今までに、校内で事前に流された放送内容についての質問（必要なことはメモを取り、それを見ながら答える）や小学校生活、小学校での役割、長所短所、趣味特技、得意不得意科目、筆記試験の感想など。帰国生は、入試Ⅰ·Ⅱで保護者同伴（1名可）面接（面接官日本人1名・外国人1名、日本語と英語）。内容は不明。
青山学院大学系属浦和ルーテル学院	※詳細不明、参考に過年度の状況記載。受験生5名のグループ面接（面接官1名で15分程度）。内容は志望理由、入学後の抱負、将来の希望、小学校生活、趣味特技、好きなスポーツ、休日の過ごし方、得意不得意科目など。
青山学院横浜英和	帰国生は、当日に受験生のみの個別面接（面接官2名で10分程度）。内容は志望理由、本校について、入学後の抱負、将来の希望、小学校生活、小学校での役割、長所短所、趣味特技、得意不得意科目、筆記試験の感想、滞在国での生活（印象の出来事・文化の違いと感じたことなど）、入学後に帰国生としてどのように頑張りたいかなど。
浦和実業学園	英語入試で、受験生のみの面接（面接官3名）内容不明で参考に過年度の状況を記載。（面接官ネイティブ1名+日本人1名で10分程度）。全て英語で回答。内容は、自己紹介・趣味特技、入学後の抱負·将来の希望、絵を見てその内容を説明、質問に自分の意見を述べるなど。今までに、年齢·好きな食べ物・スポーツ・教科など。
穎明館	帰国生のみ。受験生のみの個別面接（面接官2名で10分程度）。内容は、志望理由、入学後の抱負、通塾名、将来の希望、小学校生活、友人について、長所短所、趣味特技、筆記試験の感想、海外生活で印象に残っていること、入試科目以外（理科・社会・英語）の勉強についてなど。
江戸川学園取手	1回の適性型は質問シートに回答。内容は不明で参考に過年度の状況を記載。入学後の抱負、将来の希望など。帰国生は、個別面接（面接官は日本人1名・外国人1名で10分程度）。内容は、入学後の抱負、将来の希望や目標、海外での興味・体験、海外留学中に頑張ったことなど。
開智	帰国生のみ、個別面接（面接官は日本人1名·外国人1名で5～10分程度、日本語と英語）。内容は、得意・不得意科目、入学後の抱負、小学校の思い出や印象、休日の過ごし方、友人関係、最近読んだ本、海外の生活経験で得たものなど。
開智所沢 中等教育学校	帰国生のみ実施（10分程度、英語と日本語）。内容不明。
開智日本橋学園	GLC受験生で実施（面接官2名で10分程度）。内容は詳細不明につき、参考に過年度の状況を記載。志望理由、本校について、入学後の抱負、将来の希望、小学校生活、小学校での役割、友人について、長所短所、趣味特技など。帰国生は本人のみの個別面接（面接官外国人1名・日本人1名で10分程度）。内容は本校について、IB教育でどのように成長したいかなど。
かえつ有明	国際生Honors/Advanced受験生で実施。Advanced受験生は英語面接（ペアで会話・面接官は日本人1名・外国人1名で15分程度）。Honors受験生は英語面接（5～6名のグループ・日本人1名・外国人1名で20分程度）内容は不明。参考に過年度の状況を記載、志望理由、本校について、入学後の抱負、将来の希望、長所短所など。（英語の運用能力の確認）
公文国際学園中等部	帰国生のみ、受験生のみの個別面接（面接官2名で10分程度）。内容は、志望理由、入学後の抱負、将来の希望、小学校生活、長所短所、趣味特技など。
光英VERITAS	第一志望入試のみ、受験生のみの個別面接（面接官2名で8分程度）。内容は志望理由、入学後の抱負、将来の希望、小学校生活、長所短所、趣味特技、筆記試験の感想、通学時間など。帰国生は、個別面接（面接官日本人2名で8分程度・日本語のみ）。内容は、小学校時代に頑張ったこと、中学で力を入れたいこと、通学方法など。
工学院大学附属	帰国生のみ面接、詳細不明、参考に過年度の状況を記載。保護者同伴（1名で可）で実施（面接官2名で10分程度・日本語または英語）。内容は、受験生には、自己紹介、志望動機、海外生活で得たこと、将来の夢や目標など。保護者には、家庭での教育方針、本校の教育への期待・不安・疑問点など。

国学院大学久我山	帰国生のみ、受験生のみの個別面接（面接官2名で5〜10分程度・日本語のみ）と保護者のみで面接（面接官2名で10分程度・日本語のみ）。受験生の内容は、志望動機・理由、帰国してから日本の学校で困ったことはあるか、好きな科目・苦手な科目、入学したらどのような学校生活を送りたいか、外国生活での思い出など。保護者の内容は、帰国してから日本の学校で困ったことはあるか、現地の学校と日本の学校の教育環境の違いはあるか、日本での教育に求めること、本校の教育に求めることなど。
駒込	帰国生のみ、個別面接（面接官日本人2名で10分程度）。内容は入学後の抱負、小学校生活の思い出や印象、自己PR、本校の印象など。
埼玉栄	帰国生入試のみ、個別面接（面接官1名で15分程度）。使用言語は英語または日本語。内容は非公表。
栄東	帰国生のみ、個別面接（面接官1名で10分程度・日本語または英語）。内容は詳細不明、参考に過年度の状況記載。海外生活で学んだこと、在学中印象深かったことなど。
サレジアン国際学園	Advanced入試のみ、個別面接（面接官2名で10分程度）。内容は志望理由、入学後の抱負など。
サレジアン国際学園世田谷	Advanced入試のみ、個別面接（面接官2名で10分程度、日本語と英語）。内容は志望理由、入学後の抱負など。帰国生は受験生のみの個別面接（10分程度・日本語と英語）内容は志望理由、最近気になるニュースなど。
実践学園	「LA&Sクラス」とII期のみ、個別面接（受験生・保護者別：1名で可）（面接官3名で10分程度）。内容は、受験生には志望理由、入学後の抱負、将来の希望、小学校生活、家族について、筆記試験の感想など。保護者への内容は不明。帰国生は、受験生には（面接官3名で15分程度、日本語のみ）。内容は、海外での生活、海外で学んだこと、学園生活に向けての決意など。保護者には（面接官2名で15分程度、日本語のみ）。内容は、受験生の普段の様子、本学園の指導方針についてなど。
芝浦工業大学柏	課題作文入試は個別（面接官2名で20分程度）と5名程度のグループ（面接官2名で15分程度）。内容は、志望理由、入学後の抱負、小学校生活、長所短所、関心あるニュースなど。第1回・2回の帰国生は個別で実施（面接官2名で20分程度・日本語のみ）。内容は、海外経験の様子、入学後の抱負など。過年度には小学校生活、長所短所、帰国後の様子などを質問。
芝浦工業大学附属	帰国生のみ面接、帰国生は保護者同伴（1名で可）で実施（面接官2名で20分程度・日本語のみ）。内容は非公表。
淑徳	帰国生のみ個別面接（面接官2名で5〜10分程度・日本語。英語を選択した人は外国人が対応）。内容は海外生活で印象に残っていること、入学後の抱負など。
淑徳巣鴨	帰国生のみと保護者（1名可）のみの個別で実施（面接官は日本人2名で10分程度・日本語のみ）。内容は、受験生には、日本との文化の違い、学校生活や勉強方法、これから頑張りたいことなど。保護者には、家庭の教育方針など。
順天	帰国生のみ実施、詳細不明につき、参考に過年度の状況記載。（面接官は日本人1名・外国人1名で15分程度、日本語のみ、英語のみの別々に面接）。内容は海外滞在歴、自己紹介、現地校での学習の様子、日本の学校でどんな学習をしたいか（学校や学習内容の期待）、将来の進路、学習に不安があるか・どのような点か、現地での日本語学習、帰国後の英語力の維持、入学後の抱負など。
聖徳学園	受験生のみの個別面接（面接官2名で5分程度）。内容は、志望理由、入学後の抱負、将来の希望、小学校生活、趣味特技など。帰国生は面接官2名で5分程度・日本語のみ。内容は、志望動機、今まで頑張ってきたことなど。
昌平	帰国子女入試で実施。受験生のみの個別面接（面接官2名で10〜15分程度）。内容は、志望理由、入学後の抱負、将来の希望、長所短所など、過年度では、得意・不得意科目、通学時間など。
昭和学院	帰国生のみの個別面接。内容不明。参考に過年度の状況記載。面接官日本人1名・外国人1名で3分程度・日本語と英語。内容は入学後の抱負、将来の希望など。
成蹊	帰国生のみ、個別面接（面接官2名で7分程度、日本語のみ）。内容は学習歴の確認、志望理由、海外での生活や学習についてなど。参考に過年度では併願校、第一志望か否か、本校について、入学後の抱負、将来の希望、小学校生活、小学校での役割、友人について、長所短所、趣味特技、得意不得意科目、筆記試験の感想、通学時間、なども。

面接

成城学園	帰国生のみ、受験生・保護者（1名可）別の個別面接（面接官2名で各8～10分程度）。受験生の内容は、志望動機、将来の夢など。保護者の内容は、海外滞在中の教育状況、志望動機、学校への要望など。
西武学園文理	英語4技能のみ、個別で実施（面接官2名・10分程度）。（英検に準じた形式）詳細不明。過年度の内容は、英文イラストへの英語質問に英語で答えるスピーキングテスト。受験生には英文を読む的確さ・イラスト表現の的確な説明、日常的な質問への論理的な返答などで評価。
青稜	帰国生のみ、受験生のみの個別面接（面接官1名で5分程度、日本語のみ）。内容は海外生活について、中学入学後について、高校卒業後についてなど。参考に過年度では入学後にやりたいこと、将来の夢など。
専修大学松戸	帰国生のみの個別面接（面接官2名・日本人とネイティブで10分程度：日本語と英語）。内容は詳細不明。
創価	受験生3～4名のグループ面接（面接官は2名で20分程度）。内容は志望理由、本校について、入学後の抱負、将来の希望、小学校生活、友人について、長所短所、家族についてなど。
多摩大学目黒	帰国生のみ、個別面接（面接官1名で10分程度・日本語のみ）。内容は詳細不明。
東海大学付属浦安高等学校中等部	推薦試験のみ、受験生のみ個別面接（面接官は2名で5分程度）。内容は志望理由、本校について、入学後の抱負、将来の希望、小学校生活について、趣味特技など。
東京成徳大学	帰国生のみ、保護者同伴（1名で可）面接（面接官は日本人2名で15分程度、日本語または英語）。内容は詳細不明。過年度では、受験生へは一般的な内容の質問。保護者の内容は、家庭での教育方針、滞在地の様子など。
東京都市大学等々力	帰国生のみ、受験生3名のグループ面接（面接官3名で15分程度、日本語と英語）。内容は詳細不明。
獨協埼玉	帰国生のみ、受験生のみの個別面接（面接官は日本人1名・外国人1名で15分）。内容は不明。
ドルトン東京学園中等部	2月2日思考・表現・受験生は個別面接（面接官2名で10分程度）。内容は志望理由、本校について、入学後の抱負、将来の希望、自己アピールなど。過年度では長所短所、趣味特技なども。英語型はリスニングとスピーキング能力を評価。帰国生は受験生のみの個別面接（面接官日本人1名・外国人1名で10分程度）。内容は志望理由、将来（入学後）の目標、海外生活での経験などと保護者同伴（1名可）面接（面接官は日本人1名・外国人1名で10分程度）。内容は、保護者には、教育方針、保護者から見た受験生の特徴など。
二松学舎大学附属柏	第一志望者は受験生のみの個別面接（面接官2名で10分程度）。内容は不明。参考に過年度の状況記載。志望理由、本校について、入学後の抱負、将来の希望、長所短所、小学校生活、小学校での役割、筆記試験の感想など。帰国生は、受験生のみの個別面接（面接官2名で10分程度）。内容は、志望理由、海外での経験、その国の良いところ、自己アピールなど。
日本工業大学駒場	プレゼンテーション型受験生のみの個別面接（面接官2名で10分程度）。内容は志望理由、趣味特技、プレゼンの質問など。
日出学園	受験生4～5名のグループ面接（面接官2名で10分程度）。内容は志望理由、本校について、入学後の抱負、将来の希望、長所短所、通学時間など。過年度では、小学校生活について、趣味特技、得意不得意科目、筆記試験の感想なども。
広尾学園	国際生入試・インターAGのみ、受験生のみの個別面接（面接官は2名で10分程度）。内容は志望理由、本校について、入学後の抱負、将来の希望、小学校生活、小学校での役割、友人について、長所短所など。帰国生は、受験生のみの個別面接。本科、医進・サイエンス、インターSG（面接官日本人2名で日本語のみ10分程度）。インターAG（面接官日本人1名・外国人1名：日本語と英語で10分程度）。内容は志望動機、将来の夢、入学後にチャレンジしたいこと、海外生活で学んだことなど。
広尾学園小石川	国際生入試・インターAGのみ、受験生のみの個別面接（面接官は2名で10分程度）。インターAGは日本語と英語（外国人）。本科SGは日本人2名、日本語のみ。内容は志望動機、入学後の抱負、将来の希望など。
武南	第4回・5回は受験生のみの個別面接（面接官2名で10分程度）。内容は志望理由、入学後の抱負、将来の希望、小学校生活、小学校での役割、長所短所、趣味特技、得意不得意科目、通学時間など。

文化学園大学杉並	英語特別の面接入試は、受験生のみの個別面接（面接官日本人1名で10分程度、日本語のみ）。内容は不明。
文教大学付属	帰国生のみ、受験生のみの個別面接（面接官は日本人2名・15分程度：日本語または英語）。内容は不明。参考に過年度の状況は、志望動機、得意不得意科目、海外での生活状況、学習状況、小学校生活の思い出・印象、入学後の抱負など。
法政大学第二	帰国生のみ、保護者同伴（1名で可）面接（面接官1名で15分程度：日本語のみ）。過年度の例：受験生へは志望理由、入学後の抱負、長所短所、筆記試験の感想など。保護者の内容は、状況に応じた質問など。
宝仙学園 （共学部理数インター）	リベラルアーツ・グローバルで面接（リベラルアーツは調査書（学習歴）に基づく面接試験、グローバルは英語のプレゼンテーション面接）。（面接官2〜3名）内容はプレゼン内容の質問など。
細田学園	dots受験生のみの個別面接（面接官2名で15分程度）。内容は志望理由、入学後の抱負、将来の希望、小学校生活について、小学校での役割、長所短所、得意不得意科目、筆記試験の感想など。帰国生は受験生のみと保護者同伴（1名のみ）の面接（日本人2名の面接官で10分程度・日本語のみ）。内容は、受験生には志望理由、外国語のレベル、日本の文化・習慣等への適応など。保護者には本校の教育への賛同具合、志望理由、外国語のレベル、日本の文化・習慣等への適応など。
三田国際学園	英語一科受験者のみ個別面接（面接官2名で10分程度・日本語と英語）。内容不明。帰国生は受験生のみの個別面接（10分程度・日本語と英語）。内容不明。
武蔵野大学	帰国生は個別面接（面接官2名で10分程度・日本語のみ）。内容は不明。
茗溪学園	推薦・国際生のみオンライン面接。国際生入試の受験生は、受験生のみの個別面接（面接官1名で15分程度）と保護者（1名可）同伴面接（面接官1名で10分程度）。内容は、受験生には志望理由、本校について、入学後の抱負、将来の希望、小学校生活、長所短所、趣味特技など。保護者には志望理由、健康上の留意点など。帰国生にはその他に海外校での学校生活・学習、特に力を入れて活動したことなど。帰国生保護者には、家庭での教育方針、海外における就学歴（外国語・日本語による学習）、寮生の場合は健康について、入学後のキャッチアップに対する保護者の理解など。
八雲学園	帰国生のみ、保護者同伴（1名で可）面接（面接官1名で10分程度：日本語のみ）。内容は志望理由、海外生活体験、入学後の学校生活について、校則を守れるかなど。
足立学園	志入試は受験生・保護者（1名可）同伴の個別面接（面接官2名で各5〜10分程度）。内容は、受験生は、志望理由、入学後の抱負、将来の希望、小学校生活についてなど。保護者は、家庭の教育方針、本校の教育の理解度など。
学習院中等科	帰国生のみ、受験生のグループ面接（日本語と英語）。内容は不明。
暁星	帰国生のみ、受験生のみの個別面接（日本人面接官2名で10分程度・日本語と英語）。内容は、試験当日の感想、小学校時代の学校生活、将来の希望など。
京華	帰国生のみ、受験生のみの個別面接（面接官2名で15分程度・日本語のみ）と保護者のみ（1名で可）の面接（面接官2名で15分程度・日本語のみ）。受験生の内容は、クラスの様子、受験勉強の取り組み、将来の夢、入学後の目標など。保護者の内容は、海外での生活の様子、受験生の性格、教育方針など。過年度の例では（外国での学習環境、どのような学校だったか、帰国してから受験するまでの様子など）。
攻玉社	国際学級のみ、保護者同伴（1名で可）で実施（面接官2名で10分程度）。内容は、受験生には海外生活について、友人についてなど。保護者には、海外生活での留意点、海外での経験を今後どのように生かしたいかなど。
佼成学園	受験生のみの個別面接（面接官2名で15分程度）。内容は詳細不明（学校生活への意欲など見る）。帰国生は受験生のみの個別面接（日本人面接官1名で15分程度・日本語のみ）。内容は、志望理由、入学後の学校生活について、海外での経験について、自分自身のことについてなど。
城西川越	帰国生のみ、受験生のみの個別面接（面接官は日本人1名・外国人1名で10分程度・日本語と英語）。内容は日常会話。過年度の例は志望動機、将来の夢、中学3年間の抱負など。

聖学院	英語特別、特待生、グローバル思考力の受験生は、受験生のみの個別面接（英語：面接官2～3名で20分程度)、(特待生は20分程度)。(グローバル思考力は20分程度)。内容は志望理由、本校について、入学後の抱負、得意不得意科目、趣味特技など。(今までにはレゴブロックの作品を通してプレゼンテーションしその応答なども)。帰国生では、個別面接（面接官3名で20分程度。日本語または英語)。内容は、志望動機、入学後の抱負、自分の長所・短所・性格、なぜ聖学院か、本校のどんなところが良いか、何が好きで得意でそれらを用いて本校で何をしたいかなど。
桐光学園男子部	帰国生・一般3回Bのみ、受験生のみの個別面接。内容は不明。参考に過年度の状況を記載。帰国生は面接官1名で5～10分程度：日本語で質問、一般3回Bは面接官2名で5分程度。内容は、帰国生は志望理由、海外での経験など。一般3回Bは志望理由、通学時間・経路、体育が週3回あるが大丈夫かなど。
藤嶺学園藤沢	帰国生のみ、試験当日、受験生のみの個別面接。内容不明。参考に過年度の状況を記載。(面接官2名で10分程度)。内容は、志望動機、海外生活で得られたことなど。
立教池袋	帰国生・第2回入試で実施。帰国生は受験生のみの個別面接（面接官3名で7分程度・日本語または英語)。内容は詳細不明、参考に過年度の状況を記載。特技やテーマ、現地体験、中学校での生活など。第2回入試は受験生のみの自己アピール面接（面接官3名で7分程度)。内容は、自己アピールの内容など。
立教新座	帰国生のみ、受験生のみの個別面接（面接官2名で10分程度・日本語のみ)。内容は、志望理由、日本に戻ってきて感じたこと、中学校生活への抱負、友人関係や学習状況、海外生活についてなど。
跡見学園	英語CS受験生のみの個別面接（面接官3名で7分程度・日本語のみ）内容不明。帰国生は、保護者同伴（1名のみ）面接。内容は、受験生には、小学校時代にどんなことを頑張ったか、保護者には、教育上留意した点は何かなど。
江戸川女子	英語特化型・帰国生のみ実施。特化型は個別面接（面接官2名・10分程度)。内容は、志望理由、本校について、入学後の抱負、小学校生活について、友人について、長所短所、趣味特技、得意不得意科目、通学時間など。帰国生は個別面接（面接官：日本人1名・外国人1名・10分程度・日本語と英語)。内容は不明。
鷗友学園女子	帰国生で実施。保護者のみの事前面接（面接官1名で30～40分：日本語のみ)。内容は、滞在先の学校滞在期間、家庭での様子、帰国後の受け入れ時の様子、受験勉強の中で影響があると思われる科目があるかなど。
大妻	帰国生のみ、保護者同伴（1名のみ）面接（面接官2名で10分程度：日本語のみ)。内容は、受験生には自己紹介、海外滞在中に熱心に取り組んだこと、本校入学後に何をしたいかなど。保護者には本校志望の理由、受験生はどのような子供かなど。
大妻多摩	受験生のみの個別面接（面接官日本人2名で10分程度)。内容は、志望理由、本校について、入学後の抱負、小学校生活、得意不得意科目など。帰国生は、受験生のみの個別面接（面接官日本人2名で10分程度)（国際進学は日本語のみ)（総合進学は日本語または英語)。内容は、海外生活の様子、海外生活で得たもの、今後の中学生活に期待することなど。
大妻中野	帰国生のみ、保護者同伴（1名のみ）面接（面接官日本人1名・外国人1名で15分程度)。内容は、受験生には日本と海外の生活の様子、海外生活・文化についての感想、帰国後の学校生活、将来の希望、志望理由など。保護者には海外生活で教育上気を配っていた点について、帰国後の生活で特に気を配っていた点について、本校への質問事項、志望理由など。
大妻嵐山	帰国生のみ、受験生のみの個別面接（面接官2名で15分程度・日本人2名・外国人1名、日本語と英語)。内容は、志望動機、日本や海外それぞれの国の長所短所、将来の夢、海外生活で苦労したこと、など。
神奈川学園	帰国生のみ、保護者同伴（1名可）面接（面接官2名で15分程度：日本語または英語)。内容は、受験生には海外経験について、これまで頑張ってきたこと、将来の夢、志望理由など。保護者には海外の滞在期間、滞在国、学校種別、語学力など。
鎌倉女学院	帰国生のみ、保護者同伴（1名可）面接（面接官2名・7分程度：日本語と英語)。内容は、受験生には志望理由、海外の生活など。保護者にも同様。
鎌倉女子大学中等部	帰国生のみ、詳細不明。

カリタス女子	帰国生のみ、保護者同伴（1名可）面接（面接官2名・15分程度）。（2月面接は日本語のみ。12月面接は日本語と英語）。内容は、受験生には志望動機、海外の生活の様子、帰国後の学校生活、将来の夢など。保護者には教育方針、子どもとの会話、子育てで大切にしていることなど。
神田女学園	帰国生のみ個別面接（日本人1名、外国人1名で15分程度：日本語と選択言語）。内容は非公開。
共立女子第二	英語入試と帰国生で受験生のみの個別面接（面接官2名で5～10分程度）。英語:内容は志望理由、入学後の抱負、将来の希望、小学校生活について、長所短所、趣味特技、家族について、得意不得意科目、通学時間など。帰国生：面接官日本人2名・5～10分程度。内容は海外での生活面・学業面に関して、入学後に本校でやってみたいことなど。
光塩女子学院中等科	保護者同伴（1名で可）面接（面接官2名で4分程度）。内容は、受験生には志望理由、本校について、入学後の抱負、将来の希望、小学校生活、友人について、筆記試験の感想など。保護者には志望理由、家庭での教育方針、受験生の性格など。帰国生は、保護者同伴（1名で可）面接。内容不明。
麴町学園女子	英語入試のみ、受験生のみの個別面接（面接官2名で7分程度）。内容は志望理由、入学後の抱負、将来の希望、小学校生活、長所短所、趣味特技、得意不得意科目など。帰国生は、受験生のみの個別面接（面接官2名で15分程度・日本語と英語）。内容は詳細不明。
佼成学園女子	帰国生のみ、受験生のみの個別面接（面接官2名で10分程度・日本語と英語）。内容は、海外での生活について（住んでいた国や学校生活）、志望理由、中学校生活への抱負など。
実践女子学園	一般思考表現入試の受験生のみの個別面接（面接官2名・5～10分程度）。内容は筆記試験の感想など。帰国生は受験生のみの個別面接（日本人面接官2名・15分程度・日本語のみ）。内容は志望理由、長所やPRポイント、得意・好きな教科、苦手・好きでない教科とその理由、趣味特技、海外生活で困ったことや学んだことなど。
品川女子学院中等部	帰国生入試のみ受験生の個別面接（面接官日本人3名で10分程度・日本語のみ）。内容は滞在した国での経験や小学校生活についてなど。
十文字	実施しない。過年度では、帰国受験生のみの個別面接（面接官日本人2名で10分程度、日本語のみ）。内容は、海外での活動の様子、入学後の希望など。
頌栄女子学院	保護者同伴（1名のみ）面接（面接官2名で5分程度）。内容は非公表。参考に過年度の状況は、受験生には小学校生活について（どのようなクラブや委員会をやっていたか、大変だと思ったことは何か）、家庭でどのような時に叱られるか、中学の希望部活はなど。保護者には受験にあたって大変だったこと、キリスト教の学校で良いか、子どもを誉めるときや叱る時は、本校は躾に厳しいが大丈夫かなど。帰国生は保護者同伴（1名のみ）面接（面接官2名で10分程度・日本語のみ）。受験生の内容は現地での生活の様子や様々なアクティビティーに関して、入学後の学習意欲の確認など。保護者には家庭の教育方針、英語以外の授業での日本語環境の準備が整えてあるかなど。
昭和女子大学附属昭和	帰国生のみ、受験生のみの個別面接（日本語のみ）。詳細不明。参考に過年度では個別面接（面接官2名で10分程度）。内容は、海外と日本の違う点、海外で楽しかったこと・苦労したこと、帰国後苦労したこと、将来の夢、今後頑張りたいことなど。英語の受験者に対しては英語の力をどのように維持しているかなど。
女子聖学院	英語・BaM表現力入試のみ、日本語は受験生のみの個別面接（面接官2名、時間は保護者同伴と合わせて15分程度）。英語は保護者同伴（1名可）面接（面接官2名）。内容は受験生には、志望理由、入学後の抱負、将来の希望、小学校生活、小学校での役割など。保護者には、志望理由、本校キリスト教教育への理解と協力など。帰国生は保護者同伴（1名可）面接（面接官2名で20分程度：日本語のみ）。内容は、受験生には、帰国前に通っていた小学校のことについて、本校でどのようなことに積極的に取り組みたいかなど。保護者には、帰国生の保護者として本校を志望した理由、本校のキリスト教教育の理解・協力の確認など。
女子美術大学付属	受験生のみの個別面接（面接官1名で3分程度）。内容は、小学校生活、小学校での役割、筆記試験の感想、本校についての印象など。帰国生は保護者（1名可）同伴面接（面接官2名で10分程度・日本語のみ）。内容は、受験生には作文の内容の確認、本校の印象など。保護者には、子どもを通学させる上で配慮した点、本校への期待など。

面接

白百合学園	保護者同伴（1名のみ）面接（面接官2名で7分程度）。内容は、受験生には志望理由、併願校、入学後の抱負、将来の希望、小学校生活、小学校での役割、長所短所、趣味特技、得意不得意科目、筆記試験の感想など。保護者には内容不明、過年度では、志望理由、家庭の教育方針（躾の中で大切にしていること）、受験生の長所、家庭での役割など。帰国生は、保護者同伴（1名のみ）面接（面接官2名で7分程度・日本語のみ）。内容は、受験生には志望理由、海外での体験（帰国している場合は日本での体験も）、入学後にしたいこと、将来の夢など。保護者には、志願理由、家庭の教育方針、海外での体験、子どもに期待すること、学校に望むことなど。
聖セシリア女子	帰国生のみ、保護者同伴（1名可）面接（10分程度・日本語のみ）。内容は、受験生には在学校で一生懸命取り組んでいたこと、好きな科目・得意な科目など。保護者には子どもの成長が感じられる点、海外生活体験で得たことなど。
清泉女学院	グローバルは試験当日、受験生のみの個別面接（面接官2名で10分程度・英語）。内容は、志望理由、本校について、入学後の抱負、将来の希望、小学校生活、小学校での役割、長所短所、趣味特技、得意不得意科目、通学時間など。帰国生は、B方式受験生のみの個別面接（面接官2名・10分程度・英語のみ）と保護者には家庭の教育方針、本校への期待など。A方式生徒は個別面接（10分程度・日本語のみ）と保護者（1名可）別の面接（15分程度・日本語のみ）。内容は保護者には家庭の教育方針、本校への期待など。
洗足学園	帰国生は、受験生のみの個別面接（面接官日本人1名・外国人1名で10分程度・英語のみ）。内容は、これまでの経験、関心を持ったニュース、将来の夢など。
田園調布学園中等部	帰国生は、保護者同伴（1名可）面接（15分程度・日本語または英語）。内容は、受験生には海外での生活について、入学後の生活についてなど。保護者には、海外の生活で気をつけていたことなど。
東京家政大学附属女子	帰国生のみ、詳細不明。参考に過年度では、受験生のみの個別面接（日本語のみ）。内容は自己紹介して、それへの質問。現地で感じたこと、文化の違いなど。
東京女学館	帰国生のみ、受験生のみの個別面接（面接官2名で5分程度・日本語のみ）。内容は、本校国際学級の特徴、志望理由、英語授業のプログラムについてなど。
桐光学園女子部	一般入試3回Bと帰国生のみ、受験生のみの個別面接。内容不明。参考に過年度の状況を記載。（3回Bは面接官2名で5分程度）（帰国生は面接官1名で5分程度・日本語）。一般内容は非公表。帰国生は、志望理由、海外での経験、通学手段と所要時間、興味のあること、入りたいクラブなど。
東洋英和女学院中学部	受験生のみの個別面接（面接官2名で3～5分程度）。内容は志望理由、入学後の抱負、小学校生活など。帰国生は、保護者同伴（1名のみ）の面接（面接官2名で10分程度・日本語のみ）。内容は、受験生にはこの学校に入学したらしてみたいこと・頑張りたいことはあるかなど。保護者には、受験生の海外での学校生活についてなど。
中村	ポテンシャル入試のみ、受験生のみの個別面接（面接官3名で10分程度）。内容は、志望理由、入学後の抱負、将来の希望、趣味特技など。帰国生は受験生のみの個別面接（面接官日本人2名で10分程度・日本語のみ）。内容は現地での学校生活など。
日本女子大学附属	受験生のみの個別面接（面接官3名で4分程度）。内容は,本校について、入学後の抱負、将来の希望、小学校生活、学校での役割、友人について、長所短所、趣味特技、家族について、得意不得意科目、筆記試験の感想、通学時間など。帰国生は、受験生のみの個別面接（面接官3名で8分程度・日本語のみ）。内容は、現地での学校生活の様子、日本との違い、好きなことなど。
日本大学豊山女子	帰国生のみ、受験生のみの個別面接（面接官日本人・外国人各1名で15分程度・英語のみ）。内容は、英検3級2次試験レベルのインタビュー（過年度では、与えられた英文の音読、ピクチャーカード（5種類）から一つ選び、そのカードの内容に即した3sentences以上の作文をスピーチなども）。
富士見	帰国生のみ、事前に保護者同伴（1名可）の面接（面接官2名で30分程度・日本語のみ）。内容は、受験生には海外での生活、入学後の不安、得意不得意科目など。保護者には外国語維持の方法、併願校、私学選択の理由など。
普連土学園	帰国生のみ、保護者同伴（1名のみ）の面接（面接官2名で15分程度・日本語のみ）。内容は、受験生には滞在国と日本の良い点・悪い点、滞在国で苦労したこと、日本に帰国しての印象、滞在国での勉強について、帰国後の学習について、本校に期待することなど。保護者には、本校志望理由、事前の来校回数、本校への希望など。過年度では家庭の教育方針、滞在国で苦労したことなども。

文京学院大学女子	帰国生のみ、保護者同伴（1名可）面接（日本人2名・日本語と英語）。内容は、受験生は海外生活で学んだことなど。保護者には本校志望理由など。
聖園女学院	帰国生のみ実施。試験当日に保護者同伴（1名可）面接を実施（面接官2名で15分程度・日本語のみ）。内容は志望理由、入学後の抱負、将来の希望など。参考に過年度の状況：入学するにあたって楽しみなこと、中学生活で不安に思うこと、海外生活で学んだことを具体的になど。保護者には、志望理由、現地での使用言語、海外生活で子どもがどのように成長したか、入学した場合の学習面・生活面で本校に期待すること・心配や不安なことなど。
三輪田学園	帰国生のみ、保護者同伴（1名のみ）の面接（面接官2名で10分程度）（A方式は日本語のみ、B方式は日本語と英語）。内容は受験生には、海外での都市、学校、生活について、世界のニュースについて、自身の長所・短所、中学校での抱負など。保護者には、海外での生活体験が受験生に与えた影響について、家庭での子供の役割など。
山脇学園	帰国生のI期で面接を選択した人は、受験生のみの個別面接（面接官・日本人1名・7～8分程度・日本語と英語）。内容は、英検2次試験（2級～準2級程度）と同内容。
横浜女学院	帰国生のみ、受験生のみの個別面接（面接官日本人1名・日本語のみ）。内容は、海外生活で学んだこと（作文を基に）、小学校での思い出、中学生活でチャレンジしてみたいことなど。
横浜雙葉	12月試験の帰国生は保護者同伴（1名のみ）で実施（面接官日本人2名で10分程度・日本語のみ）。詳細不明。過年度では、志望理由、入学後の抱負、将来の希望、家族について、小学校生活について、趣味特技など。
立教女学院	事前に保護者同伴（1名で可）面接（面接官2名で10分程度）。内容は受験生には志望理由、入学後の抱負（部活動など）、将来の希望、小学校生活について、宗教について、家族について、友人について、趣味特技、得意不得意科目、通学時間・経路、自分の長所、最近読んだ本の内容と感想、最近気になったニュース、将来希望の職業（そのための勉強は～先生との応答などで具体的な返答が続く）。保護者には志望動機、学校への期待、子供の性格、家庭の教育方針やルール、キリスト教教育への理解、小学校時代に頑張ったこと、受験が終わったら何をさせたいかなど。帰国生は、保護者同伴（1名のみ）面接（面接官2名・15分程度・日本語のみ）。内容は非公表。受験生の情報では、滞在国の学校や学習について、頑張ったこと、外国語のレベル、海外の友人についてなど。
和洋国府台女子	推薦入試のみ受験生グループ（5名）面接（面接官2名で10分程度）。内容は志望理由、本校について、入学後の抱負、将来の希望、小学校生活、長所・短所、趣味特技、得意不得意科目、筆記試験の感想、通学時間など。
お茶の水女子大学附属	帰国生のみ、受験生のみの個別面接と保護者（1名可）のみの個別面接。どちらも日本語面接。詳細不明。
東京学芸大学附属竹早	受験生5名のグループ面接。詳細は不明。参考に過年度の状況を記載（面接官2名で10分程度）。志望理由、入学後の抱負、友人について、小学校生活について、通学時間と経路など。

中学
入試案内
2025

資料編・データファイル

併設大学・短期大学への内部進学状況

●併設大学・短期大学への進学状況をまとめました。原則、内部推薦による進学率をお示ししています。
●小数点以下四捨五入で表しています。進学者がいても極めて少数の場合は0%と表示される場合があります。いわゆる「付属校」であっても、卒業生数や内部推薦による進学者数が非公表の場合は掲載がありません。なお、各大学・短期大学への内部進学率は、3校以上の併設大学・短期大学を持つ学校においても、代表的な2校について示しています。
●「推薦権の保留」は併設大学・短期大学の合格を確保したまま他大学を受験できるか否かを示します。備考欄には推薦権保留のための成績や出席以外の条件について公表している範囲でまとめました。
●卒業年度によって推薦の条件等は変わります。今年度の実績として参考までにご覧ください。

学校名	大学①	内進率	大学②	内進率	推薦権保留	備考（推薦権保留の成績、出席以外の条件など）
青山学院	青山学院大学	86%			–	
青山学院横浜英和	青山学院大学	58%			–	
桜美林	桜美林大学	5%			○	
神奈川大附属	神奈川大学	3%			○	
関東学院	関東学院大学	4%			○	
慶應湘南藤沢	慶應義塾大学	98%			–	
光英VERITAS	聖徳大学	14%	聖徳大学短期大学部	1%	–	
工学院大附	工学院大学	26%			○	
国学院久我山	國學院大學	7%			○	
芝浦工業大	芝浦工業大学	61%			–	
芝浦工大柏	芝浦工業大学	10%			–	
淑徳巣鴨	淑徳大学	1%	淑徳短期大学	0%	○	看護栄養のみ不可
成蹊	成蹊大学	28%			○	
成城学園	成城大学	60%			○	
専修大松戸	専修大学	11%			–	
創価	創価大学	60%	創価女子短期大学	0%	–	
千葉日大第一	日本大学	51%	日本大学短期大学部	1%	○	一部学部にて　国公立の併願のみ
中央大附属	中央大学	86%			○	国公立、中大にない学部学科は併願可能
中央大学横浜	中央大学	70%			○	国公立、中大にない学部学科は併願可能
東海大付属浦安	東海大学	79%			–	
東海大付属相模	東海大学	76%			–	
東海大付属高輪台	東海大学	84%			–	
東京電機大学	東京電機大学	28%			○	国公立のみ
東京都市大等々力	東京都市大学	9%			○	
東邦大付属東邦	東邦大学	12%			–	
東洋大学京北	東洋大学	30%			–	
獨協埼玉	獨協大学	19%	獨協医科大学	0%	○	
二松学舎大附属柏	二松学舎大学	10%			○	
日本大学	日本大学	49%	日本大学短期大学部	0%	○	一部学部にて　国公立の併願のみ
日大第一	日本大学	71%	日本大学短期大学部	0%	○	一部学部にて　国公立の併願のみ
日大第二	日本大学	29%	日本大学短期大学部	0%	○	一部学部にて　国公立の併願のみ

学校名	大学①	内進率	大学②	内進率	推薦権保留	備考（推薦権保留の成績、出席以外の条件など）
日大第三	日本大学	42%	日本大学短期大学部	2%	○	一部学部にて　国公立の併願のみ
日大藤沢	日本大学	47%	日本大学短期大学部	0%	○	一部学部にて　国公立の併願のみ
目黒日本大学	日本大学	66%	日本大学短期大学部	0%	○	一部学部にて　国公立の併願のみ
文化学園大杉並	文化学園大学	12%			○	大学の国際文化学部は併願可能
文教大付属	文教大学	7%			○	学部学科により併願可能
法政大学	法政大学	87%			○	
法政第二	法政大学	87%			○	
武蔵野大学	武蔵野大学	18%			○	
明治学院	明治学院大学	52%			○	成績、学部学科による
明大付属明治	明治大学	86%			○	国公立の併願のみ
明大付属八王子	明治大学	89%			○	国公立の併願のみ
早稲田実業	早稲田大学	97%			−	
学習院	学習院大学	61%			○	
慶應義塾	慶應義塾大学	98%			−	
慶應義塾志木	慶應義塾大学	100%			−	
慶應義塾女子	慶應義塾大学	98%			−	
東京都市大付属	東京都市大学	2%			○	国公立前期のみ
日大豊山	日本大学	72%	日本大学短期大学部	1%	○	一部学部にて　国公立の併願のみ
明大付属中野	明治大学	79%			○	国公立の併願のみ
立教池袋	立教大学	83%			−	
立教新座	立教大学	76%			−	
早稲田	早稲田大学	49%			−	
跡見学園	跡見学園女子大学	7%			○	
大妻中野	大妻女子大学	14%	大妻女子大学短期大学部	0%	○	
大妻嵐山	大妻女子大学	32%	大妻女子大学短期大学部	0%	○	
学習院女子	学習院大学	56%	学習院女子大学	0%	○	
共立女子	共立女子大学	6%	共立女子短期大学	0%	○	
共立女子第二	共立女子大学	29%	共立女子短期大学	1%	○	
香蘭女学校	立教大学	57%			−	
実践女子学園	実践女子大学	19%	実践女子大学短期大学部	0%	○	大学のみ併願可能
十文字	十文字学園女子大学	4%			○	
湘南白百合学園	白百合女子大学	4%			−	
昭和女子大附属昭和	昭和女子大学	35%			○	
女子美大付属	女子美術大学	84%	女子美術大学短期大学	0%	○	国公立の美術系統の併願のみ
清泉女学院	清泉女子大学	4%			○	
東京家政大附属女子	東京家政大学	29%	東京家政大学短期大学部	0%	○	
東洋英和女学院	東洋英和女学院大学	2%			○	
日本女子大附属	日本女子大学	75%			○	医・歯・薬・看護・獣医・法・芸術・体育は他大学と理学および人間社会、国際文化は国公立大の併願が可能
日大豊山女子	日本大学	53%	日本大学短期大学部	0%	○	一部学部にて　国公立の併願のみ
文京学院大学女子	文京学院大学	14%			○	
立教女学院	立教大学	66%			−	
和洋九段女子	和洋女子大学	4%			−	
和洋国府台女子	和洋女子大学	26%			○	

各校の大学合格（進学）状況6年間推移

●中学入試での学校選択をするうえで様々な要素を比較、検討されることと思いますが、そのひとつに「6年後の大学進学について」があります。資料として、各高校の大学合格（進学）状況を過去6年分まとめました。大学は「東大・慶大・早大」の難関3大学に限定しています。他の主要大学も示したいところですが、紙面の制約があります。なぜ、「東大・慶大・早大」なのか、それは合格者数の推移に関心が高い大学であることは間違いないと考えるからです。中学入試を経て、進学をする場合、「できれば、東大・慶大・早大などの難関大学へ進学できれば」と希望されることも多いように感じます。その希望が実現するかどうかは進学してからの本人の努力がむろん必要です。しかし、事前に実現できる環境にあるのかを知り、検討することも大事であると思います。センター試験の廃止に代表される大学入試改革や定員の厳格化による主要大学の倍率上昇など、大学入試を取り巻く環境は変化しております。6年間という期間の中で、実績の変化が、それぞれの学校でどのくらい生じてきているのか、じっくり考察していただきたいと思います。

●大学合格実績への学校側の意識は当然高く、「いかに東大へ合格者を出すか」、「いかに慶大、早大の合格者を増やすか」ということが教務上の目標となっている場合もあり、カリキュラムや授業形態の変更、コース制の導入などを実施している学校が増えています。大学の付属校であっても、他大学受験を積極的に奨励するような状況も多く見られます。ですから、今年の合格数だけで判断するのではなく、学校説明会や入試データを通じて、学校の熱意や勢い、そして将来性や進路に対する考え方などを感じとって欲しいと思います。

●6年間推移掲載は原則として、本文合不合判定校ならびに東京入試実施校中の「東大・慶大・早大」合格率上位校および首都圏主要校としております。ただし、データ非公表、大幅な学校の改編、新設等の事由で掲載していない学校もあります。

●表の見方

学校名			2018年 （平成30年）	
	①東大	②現役	①　10	②　8
	③早大	④現役	③　20	④　12
	⑤慶大	⑥現役	⑤　30	⑥　20
	⑦内進	⑧卒業	⑦70%	⑧　400
	⑨進学	⑩大学	⑨90%	⑩88%

上の表にあるように同じ番号がそれぞれ対応します。例えば左の①の項目に該当する数は右の①に表示します。なお空欄は「実数なし（と判断される）」「－」は非公表、もしくは実数不明」を示します。
①は東大の合格者総数（現役+浪人）。表では「10名」となります。
②は東大の現役合格者数。表では「8名」となります。
③は早大の合格者総数（現役+浪人）。表では「20名」となります。
④は早大の現役合格者数。表では「12名」となります。
⑤は慶大の合格者総数（現役+浪人）。表では「30名」となります。
⑥は慶大の現役合格者数。表では「20名」となります。
⑦は併設大学がある場合の、推薦での内部進学率。表では「70%」となります。
⑧は各年度における卒業生数。表では「400名」となります。
⑨は現役での大学・短大への進学率。表では「90%」となります。
⑩は現役での大学への進学率。表では「88%」となります。

〈2024年大学入試結果〉

東京大学入試結果（推薦・前期）

（調査：大学通信）

科類		募集	応募	応募昨年比	応募倍率	受験	合格	実質倍率
推薦		100	256	3	2.6	174	91	1.9
文科Ⅰ類	前期	401	1,143	▲94	2.9	1,141	402	2.8
文科Ⅱ類	前期	353	1,050	▲51	3.0	1,049	355	3.0
文科Ⅲ類	前期	469	1,521	105	3.2	1,408	471	3.0
理科Ⅰ類	前期	1,108	3,084	246	2.8	2,776	1,119	2.5
理科Ⅱ類	前期	532	2,218	▲76	4.2	1,863	548	3.4
理科Ⅲ類	前期	97	416	▲4	4.3	291	98	3.0
合計		3,060	9,688	129	3.2	8,702	3,084	2.8

東京大学　2024年入試合格者数（首都圏）

学校	設置	都道府県	合格者数
開成	私立	東京	149
聖光学院	私立	神奈川	100
筑波大学附属駒場	国立	東京	90
渋谷教育学園幕張	私立	千葉	64
桜蔭	私立	東京	63
日比谷	公立	東京	60
麻布	私立	東京	55
海城	私立	東京	49
栄光学園	私立	神奈川	47
浅野	私立	神奈川	45
浦和（県立）	公立	埼玉	44
駒場東邦	私立	東京	44
横浜翠嵐	公立	神奈川	44
渋谷教育学園渋谷	私立	東京	43
早稲田	私立	東京	43
筑波大学附属	国立	東京	36
市川	私立	千葉	31
女子学院	私立	東京	26
豊島岡女子学園	私立	東京	26
武蔵（私立）	私立	東京	26
宇都宮	公立	栃木	21
千葉（県立）	公立	千葉	21
船橋（県立）	公立	千葉	21
東京学芸大学附属	国立	東京	21
湘南	公立	神奈川	20
大宮	公立	埼玉	19
栄東	私立	埼玉	19
芝	私立	東京	18
国立	公立	東京	17
西	公立	東京	17
土浦第一	公立	茨城	16
小石川（中教）	公立	東京	16
洗足学園	私立	神奈川	15
鷗友学園女子	私立	東京	13
本郷	私立	東京	13
戸山	公立	東京	12
桐朋	私立	東京	12
水戸第一	公立	茨城	11
南多摩（中教）	公立	東京	11
サレジオ学院	私立	神奈川	11
東邦大学付属東邦	私立	千葉	10
東葛飾	公立	千葉	9
攻玉社	私立	東京	9
広尾学園	私立	東京	9
高崎	公立	群馬	8
両国	公立	東京	8
雙葉	私立	東京	8
前橋（県立）	公立	群馬	7
川越（県立）	公立	埼玉	7
開智	私立	埼玉	7
青山	公立	東京	7
城北（私立）	私立	東京	7
昭和学院秀英	私立	千葉	6
東京都市大学付属	私立	東京	6
平塚（中教）	公立	神奈川	6
横浜サイエンスフロンティア	公立	神奈川	6
フェリス女学院	私立	神奈川	6
並木（中教）	公立	茨城	5
江戸川学園取手	私立	茨城	5
お茶の水女子大学附属	国立	東京	5
東京学芸大学附属国際（中教）	国立	東京	5
桜修館（中教）	公立	東京	5
大泉	公立	東京	5
立川国際（中教）	公立	東京	5
武蔵（都立）	公立	東京	5
国学院大学久我山	私立	東京	5
巣鴨	私立	東京	5
世田谷学園	私立	東京	5
相模原（中教）	公立	神奈川	5
南	公立	神奈川	5
公文国際学園高等部	私立	神奈川	5
桐光学園	私立	神奈川	5
芝浦工業大学柏	私立	千葉	4
頌栄女子学院	私立	東京	4
神奈川大学附属	私立	神奈川	4
逗子開成	私立	神奈川	4
太田（県立）	公立	群馬	3
中央（中教）	公立	群馬	3
四ツ葉学園（中教）	公立	群馬	3
浦和（市立）	公立	埼玉	3
新宿	公立	東京	3
白鷗	公立	東京	3
富士	公立	東京	3
暁星	私立	東京	3
光塩女子学院高等科	私立	東京	3
晃華学園	私立	東京	3
国際基督教大学	私立	東京	3
白百合学園	私立	東京	3
成城	私立	東京	3
東洋英和女学院高等部	私立	東京	3
中央大学附属横浜	私立	神奈川	3

※１都６県（東京・神奈川・千葉・埼玉・茨城・栃木・群馬）を対象としています。

慶應義塾大学入試結果（推薦・前期）

（調査：大学通信）

学部	募集	応募	応募昨年比	応募倍率	受験	合格	実質倍率
文学部	580	4,131	75	7.1	3,796	1,196	3.2
経済学部	630	5,919	283	9.4	5,390	1,583	3.4
法学部	460	3,020	▲117	6.6	2,678	704	3.8
商学部	600	7,148	369	11.9	6,697	2,054	3.3
医学部	66	1,483	71	22.5	1,270	169	7.5
理工学部	650	8,248	141	12.7	7,747	2,495	3.1
総合政策学部	225	2,609	▲243	11.6	2,351	433	5.4
環境情報学部	225	2,287	▲299	10.2	2,048	380	5.4
看護医療学部	70	514	▲24	7.3	465	182	2.6
薬学部	150	2,241	▲67	14.9	2,067	607	3.4
合計	3,656	37,600	189	10.3	34,509	9,803	3.5

慶應義塾大学　2024年入試合格者数（首都圏）

学校	設置	都道府県	合格者数
開成	私立	東京	196
日比谷	公立	東京	163
聖光学院	私立	神奈川	151
浅野	私立	神奈川	148
湘南	公立	神奈川	147
渋谷教育学園幕張	私立	千葉	142
頌栄女子学院	私立	東京	128
海城	私立	東京	127
横浜翠嵐	公立	神奈川	123
栄東	私立	埼玉	110
麻布	私立	東京	110
市川	私立	千葉	106
攻玉社	私立	東京	106
千葉（県立）	公立	千葉	92
渋谷教育学園渋谷	私立	東京	92
豊島岡女子学園	私立	東京	92
本郷	私立	東京	90
芝	私立	東京	87
広尾学園	私立	東京	86
東京学芸大学附属	国立	東京	82
桜蔭	私立	東京	82
桐朋	私立	東京	80
桐光学園	私立	神奈川	79
洗足学園	私立	神奈川	78
浦和（県立）	公立	埼玉	76
女子学院	私立	東京	75
栄光学園	私立	神奈川	75
西	公立	東京	74
東京都市大学付属	私立	東京	74
早稲田	私立	東京	74
駒場東邦	私立	東京	73
筑波大学附属	国立	東京	70
筑波大学附属駒場	国立	東京	70
開智	私立	埼玉	65
世田谷学園	私立	東京	64
国立	公立	東京	61
船橋（県立）	公立	千葉	57
戸山	公立	東京	57
国学院大学久我山	私立	東京	55
サレジオ学院	私立	神奈川	55
桐蔭学園	私立	神奈川	55
城北（私立）	私立	東京	54
大宮	公立	埼玉	52
東京農業大学第一	私立	東京	51
昭和学院秀英	私立	千葉	50
鷗友学園女子	私立	東京	50
青山	公立	東京	49
吉祥女子	私立	東京	49
東邦大学付属東邦	私立	千葉	48
川和	公立	神奈川	48
逗子開成	私立	神奈川	47
桜修館（中教）	公立	東京	46
武蔵（私立）	私立	東京	45
江戸川学園取手	私立	茨城	44
雙葉	私立	東京	44
横浜緑ケ丘	公立	神奈川	44
フェリス女学院	私立	神奈川	44
暁星	私立	東京	42
柏陽	公立	神奈川	42
南	公立	神奈川	38
山手学院	私立	神奈川	38
春日部	公立	埼玉	37
小山台	公立	東京	36
多摩	公立	神奈川	36
東京都市大学等々力	私立	東京	35
相模原（中教）	公立	神奈川	35
横浜サイエンスフロンティア	公立	神奈川	35
東葛飾	公立	千葉	34
宇都宮	公立	栃木	33
厚木	公立	神奈川	33
浦和（市立）	公立	埼玉	31
小石川（中教）	公立	東京	30
駒場	公立	東京	30
鎌倉学園	私立	神奈川	28
川越（県立）	公立	埼玉	27
大宮開成	私立	埼玉	27
八王子東	公立	東京	27
白百合学園	私立	東京	27
高輪	私立	東京	27
武蔵（都立）	公立	東京	26
共立女子	私立	東京	26
国際基督教大学	私立	東京	26
前橋（県立）	公立	群馬	25
三鷹（中教）	公立	東京	25
大妻	私立	東京	25
お茶の水女子大学附属	国立	東京	24
新宿	公立	東京	24
神奈川大学附属	私立	神奈川	24
成城	私立	東京	23
朋優学院	私立	東京	23
土浦第一	公立	茨城	22
高崎	公立	群馬	22
東京学芸大学附属国際（中教）	国立	東京	22
巣鴨	私立	東京	22
水戸第一	公立	茨城	21
佐倉	公立	千葉	21
立川	公立	東京	21
三田国際学園	私立	東京	21
湘南白百合学園	私立	神奈川	21

※１都６県（東京・神奈川・千葉・埼玉・茨城・栃木・群馬）を対象としています。
※慶應義塾大学の附属校は除外しています。

早稲田大学入試結果

（調査：大学通信）

学部	募集	応募	応募昨年比	応募倍率	受験	合格	実質倍率
政治経済学部	300	2,676	▲ 190	8.9	2,168	760	2.9
政治経済学部(共通テスト利用)	50	2,366	23	47.3	2,366	842	2.8
法学部	350	4,346	▲ 434	12.4	3,809	829	4.6
法学部(共通テスト利用)	100	2,044	208	20.4	2,044	567	3.6
教育学部	650	12,451	▲ 778	19.2	11,401	2,142	5.3
商学部	535	10,894	176	20.4	9,727	1,231	7.9
社会科学部	450	8,864	2	19.7	7,833	921	8.5
社会科学部(共通テスト利用)	50	1,384	55	27.7	1,384	361	3.8
国際教養学部	175	1,352	▲ 5	7.7	1,229	380	3.2
文化構想学部	440	9,308	▲ 739	21.2	8,973	1,122	8.0
文化構想学部(共通テスト利用)	35	1,123	▲ 41	32.1	993	206	4.8
文学部	390	10,130	109	26.0	9,637	1,260	7.6
文学部(共通テスト利用)	25	1,057	▲ 58	42.3	873	191	4.6
基幹理工学部	320	4,531	▲ 105	14.2	4,090	1,097	3.7
創造理工学部	315	3,274	102	10.4	2,950	753	3.9
先進理工学部	300	4,186	151	14.0	3,798	1,075	3.5
人間科学部	385	6,488	▲ 88	16.9	5,926	1,061	5.6
人間科学部(共通テスト利用)	15	1,037	▲ 59	69.1	1,037	278	3.7
スポーツ科学部	150	1,090	118	7.3	914	332	2.8
スポーツ科学部(共通テスト利用)	100	819	94	8.2	819	234	3.5
合計	5,135	89,420	▲ 1,459	17.4	81,971	15,642	5.2

早稲田大学　2024年入試合格者数（首都圏）

学校	設置	都道府県	合格者数
開成	私立	東京	273
日比谷	公立	東京	204
渋谷教育学園幕張	私立	千葉	202
聖光学院	私立	神奈川	190
湘南	公立	神奈川	178
市川	私立	千葉	160
麻布	私立	東京	151
栄東	私立	埼玉	149
横浜翠嵐	公立	神奈川	147
海城	私立	東京	138
浦和(県立)	公立	埼玉	137
開智	私立	埼玉	135
浅野	私立	神奈川	130
船橋(県立)	公立	千葉	129
西	公立	東京	129
女子学院	私立	東京	127
渋谷教育学園渋谷	私立	東京	121
豊島岡女子学園	私立	東京	121
桜蔭	私立	東京	120
本郷	私立	東京	119
筑波大学附属駒場	国立	東京	118
頌栄女子学院	私立	東京	118
千葉(県立)	公立	千葉	113
広尾学園	私立	東京	113
東葛飾	公立	千葉	104
筑波大学附属	国立	東京	104
攻玉社	私立	東京	104
芝	私立	東京	99
洗足学園	私立	神奈川	96
駒場東邦	私立	東京	94
東京学芸大学附属	国立	東京	92
大宮	公立	埼玉	90
国立	公立	東京	90
鷗友学園女子	私立	東京	89
栄光学園	私立	神奈川	86
山手学院	私立	神奈川	85
新宿	公立	東京	83
逗子開成	私立	神奈川	83
雙葉	私立	東京	82
国学院大学久我山	私立	東京	81
戸山	公立	東京	80
サレジオ学院	私立	神奈川	79
フェリス女学院	私立	神奈川	79
川越(県立)	公立	埼玉	77
川和	公立	神奈川	76
東京都市大学付属	私立	東京	75
桜修館(中教)	公立	東京	74
城北(私立)	私立	東京	73
武蔵(私立)	私立	東京	73
横浜緑ケ丘	公立	神奈川	73
鎌倉学園	私立	神奈川	73
吉祥女子	私立	東京	70
青山	公立	東京	69
大宮開成	私立	埼玉	67
昭和学院秀英	私立	千葉	67
桐朋	私立	東京	64
柏陽	公立	神奈川	62
桐光学園	私立	神奈川	62
小石川(中教)	公立	東京	61
朋優学院	私立	東京	61
立川	公立	東京	60
東邦大学付属東邦	私立	千葉	58
東京都市大学等々力	私立	東京	58
南	公立	神奈川	58
宇都宮	公立	栃木	57
千葉東	公立	千葉	55
世田谷学園	私立	東京	55
三田	公立	東京	54
東京農業大学第一	私立	東京	54
土浦第一	公立	茨城	53
江戸川学園取手	私立	茨城	52
駒場	公立	東京	51
厚木	公立	神奈川	51
南多摩(中教)	公立	東京	50
暁星	私立	東京	50
桐蔭学園	私立	神奈川	50
浦和(市立)	公立	埼玉	47
武蔵(都立)	公立	東京	47
高輪	私立	東京	47
東洋英和女学院高等部	私立	東京	47
稲毛	公立	千葉	46
佐倉	公立	千葉	46
小山台	公立	東京	46
浦和明の星女子	私立	埼玉	45
八王子東	公立	東京	45
浦和第一女子	公立	埼玉	44
春日部	公立	埼玉	43
淑徳与野	私立	埼玉	43
北園	公立	東京	43
三鷹(中教)	公立	東京	43
越谷北	公立	埼玉	41
川越東	私立	埼玉	41
大泉	公立	東京	41
小松川	公立	東京	41
小田原	公立	神奈川	41
共立女子	私立	東京	40
鎌倉女学院	私立	神奈川	40

※１都６県（東京・神奈川・千葉・埼玉・茨城・栃木・群馬）を対象としています。

※早稲田大学の附属校、系列校は除外しています。

私立共学校

学校名			2019年 (平成31年)		2020年 (令和2年)		2021年 (令和3年)		2022年 (令和4年)		2023年 (令和5年)		2024年 (令和6年)		備考
青山学院	東大	現役	1	1			1	1			2	1	1	1	
	早大	現役	10	5	6	3	13	11	13	10	21	18	9	6	
	慶大	現役	16	12	7	4	15	10	14	9	27	22	25	23	
	内進	卒業	84%	408	86%	396	85%	407	87%	414	87%	408	86%	401	
	進学	大学	93%	93%	95%	95%	93%	93%	96%	96%	94%	94%	95%	95%	
青山学院横浜英和	東大	現役						–					1	1	
	早大	現役						–	2		4	2	16	16	
	慶大	現役	1	1				–	3	3	3	2	7	7	
	内進	卒業	14%	125	9%	132		–	54%	157	58%	154	58%	239	
	進学	大学	89%	84%	82%	77%		–	93%	93%	92%	94%	93%	92%	
市川	東大	現役	16	14	14	11	22	18	23	18	15	9	31	27	
	早大	現役	110	75	138	107	123	95	149	113	140	112	167	140	
	慶大	現役	85	48	106	77	108	84	115	86	105	86	111	83	
	内進	卒業		415		427		432		451		423		422	
	進学	大学	64%	64%	70%	70%	69%	69%	71%	71%	72%	72%	74%	74%	
穎明館	東大	現役	1	1	2	2			2	2	3	2	2	2	
	早大	現役	43	29	23	15			15	14	14	11	24	18	
	慶大	現役	25	17	21	13			13	12	13	9	7	5	
	内進	卒業		193		172		181		184		172		175	
	進学	大学	66%	66%	71%	71%	77%	77%	67%	67%	83%	83%	74%	74%	
江戸川学園取手	東大	現役	5	5	1	1			6	5	4	4	5	3	
	早大	現役	55	45	28	17			36	26	38	27	63	48	
	慶大	現役	23	17	18	11		439	36	31	36	30	49	33	
	内進	卒業		407		418	80%	80%		432		412		420	
	進学	大学	73%	73%	73%	73%			80%	80%	84%	84%	81%	81%	
桜美林	東大	現役											1	1	
	早大	現役	20	18	7	6			6	6	18	16	12	12	
	慶大	現役	10	8	2	1	13%	347	3	3	7	7	11	9	
	内進	卒業	6%	414	12%	376	88%	88%	6%	405	8%	420	5%	467	
	進学	大学	86%	85%	87%	87%			88%	88%	90%	90%	90%	90%	
大宮開成	東大	現役	2	2	2	1			2	2	1	1	2	1	
	早大	現役	72	67	38	38			80	79	85	84	70	67	
	慶大	現役	33	32	26	26		452	54	53	53	49	27	27	
	内進	卒業		637		470	90%	90%		554		625		392	
	進学	大学	87%	86%	90%	90%			94%	94%	93%	93%	94%	94%	
開智	東大	現役	13	11	8	6	8	8	6	3	7	6	7	6	
	早大	現役	66	54	59	47	59	52	54	50	56	48	76	66	
	慶大	現役	58	52	26	23	51	41	35	34	32	27	39	30	
	内進	卒業		365	1%	323		312		348		313		306	
	進学	大学	78%	78%	73%	73%	78%	78%	66%	66%	77%	77%	76%	76%	
開智未来	東大	現役			1		2	2			1	1			
	早大	現役	4	4	13	8	5	5	4	3	4	3	6	6	
	慶大	現役	2	2	2	1	5		10	10	7	5	2	2	
	内進	卒業		174	3%	187		185		159		117		149	
	進学	大学	84%	84%	80%	80%	85%	85%	89%	89%	80%	80%	87%	86%	
かえつ有明	東大	現役	1	1	1	1							1	1	
	早大	現役	6	5	22	20	9	9	14	13	12	12	15	11	
	慶大	現役	5	5	20	15	20	16	11	11	9	9	11	11	
	内進	卒業		213		220		169		174		191		158	
	進学	大学	80%	80%	87%	86%	86%	86%	79%	79%	83%	83%	87%	87%	
春日部共栄	東大	現役	1	1											
	早大	現役	13	9	16	12	3	3	11	11	15	13	17	12	
	慶大	現役	9	2	3	1	5	5	6	6	8	2	4	1	
	内進	卒業	1%	487	1%	476	1%	551	1%	516		441		560	
	進学	大学	74%	74%	80%	78%	78%	78%	82%	82%	85%	85%			
神奈川大附属	東大	現役					2	1	3	3	3	2	4	3	
	早大	現役	34	32	41	38	43	34	43	40	45	42	37	37	
	慶大	現役	23	22	16	16	13	9	29	29	32	28	28	26	
	内進	卒業	4%	202	8%	218	7%	204	3%	219	4%	197	3%	206	
	進学	大学	85%	85%	85%	85%	82%	82%	89%	89%	86%	86%	–	–	
関東学院	東大	現役					1	1							
	早大	現役	13	12	6	5	11	11	6	6	5	4	11	11	
	慶大	現役	6	5	5	3	13	12	7	7	9	8	13	13	
	内進	卒業	4%	240	7%	250	2%	252	5%	246	3%	237	4%	223	
	進学	大学	80%	79%	83%	81%	83%	83%	85%	85%	82%	83%	91%	91%	

◎空欄は「実数なし（と判断される）」、「－」は「非公表、もしくは実数不明」を示します。

学校名			2019年（平成31年）		2020年（令和2年）		2021年（令和3年）		2022年（令和4年）		2023年（令和5年）		2024年（令和6年）		備考
公文国際学園	東大	現役	3	3	5	4	3	3	6	6	5	5	5	4	
	早大	現役	37	28	46	36	32	23	33	28	40	34	28	26	
	慶大	現役	35	28	31	29	49	43	36	29	38	34	14	13	
	内進	卒業		149		149		148		146		159		147	
	進学	大学	85%	84%	77%	77%	83%	83%	74%	74%	76%	76%	78%	78%	
慶應湘南藤沢	東大	現役													
	早大	現役													
	慶大	現役	241	241	238	238		230		236	231	231	237	237	
	内進	卒業	100%	242	99%	240	100%	231	100%	237	100%	232	98%	241	
	進学	大学	–	–	–	–	–	–	–	–	–	–	–	–	
慶應中等部 ⇩ 慶應義塾（男子）	東大	現役													
	早大	現役													
	慶大	現役	669	669	797	797	726	726	699	699	710	710	656	656	
	内進	卒業	98%	680	99%	808	99%	732	99%	706	98%	724	98%	670	
	進学	大学	–	–	–	–	–	–	–	–	–	–	–	–	
慶應中等部 ⇩ 慶應義塾志木（男子）	東大	現役													
	早大	現役													
	慶大	現役	242	242	254	254	253	253	241	241	234	234	234	234	
	内進	卒業	100%	243	99%	256	100%	254	99%	243	99%	237	100%	235	
	進学	大学	100%	100%	–	–	–	–	–	–	–	–	–	–	
慶應中等部 ⇩ 慶應義塾女子（女子）	東大	現役	1	–											
	早大	現役													
	慶大	現役	194	194	–	–	–	–	189	189	188	188	207	207	
	内進	卒業	95%	205	–	–	–	–	95%	199	96%	197	98%	212	
	進学	大学	–	–	–	–	–	–	–	–	–	–	–	–	
国学院久我山	東大	現役	4	1	2	1	3	2	2	1	4	4	5	3	
	早大	現役	92	68	81	68	59	40	62	46	63	45	90	77	
	慶大	現役	50	33	47	30	45	31	46	32	50	38	58	40	
	内進	卒業	7%	443	13%	487	8%	435	6%	439	8%	411	7%	434	
	進学	大学	75%	74%	76%	76%	77%	77%	69%	69%	73%	73%	–	–	
栄東	東大	現役	19	8	17	9	12	11	14	10	13	10	19	17	
	早大	現役	133	87	146	110	122	84	144	117	143	133	163	132	
	慶大	現役	96	48	74	50	96	63	78	58	77	65	117	95	
	内進	卒業		407		478		466		445		498		427	
	進学	大学	66%	66%	73%	73%	69%	69%	73%	73%	75%	75%	78%	78%	
自修館	東大	現役	1	1			1	1			1	1			
	早大	現役	5	5			5	5	2	1	4	4	1	1	
	慶大	現役	3	2	2	2	1	1	1	1	3	3			
	内進	卒業		100		95		103		114		112		89	
	進学	大学	86%	83%	84%	83%	82%	82%	84%	84%	89%	89%	89%	89%	
芝浦工大柏	東大	現役	3	3	2	2	2		1	1	1	1	1	1	
	早大	現役	27	21	31	29	30	20	20	16	37	34	37	36	
	慶大	現役	9	6	9	8	22	17	14	11	19	18	7	7	
	内進	卒業	12%	281	8%	278	14%	285	13%	285	9%	308	10%	278	
	進学	大学	80%	80%	79%	79%	83%	83%	81%	81%	87%	87%	88%	88%	
芝浦工業大附属	東大	現役													
	早大	現役	7	7	7	5	5	5	12	10	7	7	5	4	
	慶大	現役	3	3	2	2	2	1	4	4	2	2	3	1	
	内進	卒業	35%	186	44%	220	44%	194	44%	225	48%	200	61%	219	
	進学	大学	81%	80%	88%	88%	91%	91%	90%	90%	93%	93%	95%	95%	
渋谷教育学園渋谷	東大	現役	19	10	35	27	33	28	38	32	40	35	43	36	
	早大	現役	114	86	125	98	110	89	150	124	119	100	136	119	
	慶大	現役	95	65	110	89	99	69	115	103	85	78	104	86	
	内進	卒業		200		232		206		207		201		194	
	進学	大学	72%	72%	74%	74%	68%	68%	–	–	–	–	–	–	
渋谷教育学園幕張	東大	現役	72	47	74	56	67	46	74	54	74	59	64	51	
	早大	現役	171	95	212	148	212	142	220	157	235	176	209	156	
	慶大	現役	145	97	137	87	148	107	153	104	138	100	151	119	
	内進	卒業		344		354		367		349		349		345	
	進学	大学	59%	59%	69%	69%	68%	68%	64%	64%	71%	71%	69%	69%	
淑徳	東大	現役	2	2	3	2	3	2			1	1	1		
	早大	現役	23	20	39	38	28	24	16	14	26	26	23	16	
	慶大	現役	14	8	17	16	11	10	22	22	16	9	13	11	
	内進	卒業		406	1%	388		367		398	1%	446		375	
	進学	大学	82%	81%	84%	83%	87%	87%	–	–	84%	85%	86%	86%	
淑徳巣鴨	東大	現役							1	1					
	早大	現役	8	6	10	9	7	7	14	12	18	17	18	17	
	慶大	現役	1	1	5	4	7	4	7	4	5	3	12	9	
	内進	卒業	5%	331	5%	380		367	1%	421	2%	364	1%	415	
	進学	大学	75%	75%	87%	87%	86%	86%	81%	81%	81%	82%	88%	87%	

◎空欄は「実数なし（と判断される）」、「－」は「非公表、もしくは実数不明」を示します。

学校名			2019年（平成31年）		2020年（令和2年）		2021年（令和3年）		2022年（令和4年）		2023年（令和5年）		2024年（令和6年）		備考
順天	東大	現役					2	2					1	1	
	早大	現役	11	9	5	5	24	22	11	10	22	21	17	14	
	慶大	現役	5	4	2	2	4	3	6	3	9	7	4	4	
	内進	卒業		242		238		367		188		250		231	
	進学	大学	84%	83%	84%	84%	87%	87%	87%	87%	82%	83%	83%	83%	
昌平	東大	現役			1	1	2	1	2	2			1	1	
	早大	現役	21	20	13	12	26	23	22	18	19	15	11	7	
	慶大	現役	10	6	7	7	6	5	4	3	7	6	6	2	
	内進	卒業		548		547		367		539		486		517	
	進学	大学	84%	84%	86%	85%	86%	86%	87%	87%	88%	89%	87%	87%	
湘南学園	東大	現役													
	早大	現役	7	6	11	11	11	5	7	5	15	12	8	8	
	慶大	現役	3	2	9	7	2	1	8	8	5	5	4	3	
	内進	卒業		182		197		367		189		176		166	
	進学	大学	77%	75%	76%	75%	94%	94%	74%	74%	80%	80%	79%	78%	
昭和学院秀英	東大	現役	2		3	2	4	2	3	1	8	6	6	5	
	早大	現役	60	47	88	78	79	65	81	65	61	47	69	60	
	慶大	現役	51	32	41	31	48	33	57	40	44	33	52	47	
	内進	卒業		301		275		367		289		229		275	
	進学	大学	73%	73%	80%	80%	76%	76%	78%	78%	78%	78%	78%	78%	
成蹊	東大	現役			4	2	2	1	1	1	3	3	2	2	
	早大	現役	36	27	42	26	33	24	41	21	21	21	26	21	
	慶大	現役	30	27	41	30	22	17	24	20	28	26	17	15	
	内進	卒業	26%	317	32%	317	27%	367	28%	319	33%	324		312	
	進学	大学	76%	76%	78%	77%	73%	73%	76%	76%	83%	84%	78%	78%	
成城学園	東大	現役													
	早大	現役	8	5	19	8	3	2	8	7	8	7	11	11	
	慶大	現役	8	7	11	10	6	5	9	9	10	10	21	21	
	内進	卒業	54%	273	60%	276		367	64%	284	55%	274		273	
	進学	大学	86%	86%	92%	92%	92%	92%	93%	93%	89%	90%	95%	94%	
西武学園文理	東大	現役	3	2	3	3	2	1	1	1	1	1	1		
	早大	現役	16	12	16	10	8	6	11	9	15	13	10	7	
	慶大	現役	14	8	10	6	9	7	8	5	3	2	11	7	
	内進	卒業	1%	390	1%	306	1%	367		263		303		248	
	進学	大学	74%	73%	70%	69%	74%	74%	76%	76%	78%	78%	77%	77%	
青稜	東大	現役							1	1					
	早大	現役	31	28	32	28	21	17	36	34	35	35	36	34	
	慶大	現役	26	23	20	18	13	12	29	28	12	11	18	16	
	内進	卒業		342		283		367		332		273		427	
	進学	大学	80%	80%	86%	86%	82%	82%	88%	88%	86%	86%	89%	89%	
専修大松戸	東大	現役			2		1	1			1	1	1		
	早大	現役	18	14	33	24	83	55	41	32	32	29	33	21	
	慶大	現役	12	6	7	4	21	19	15	8	8	5	16	14	
	内進	卒業	11%	415	10%	428	12%	367	12%	417	13%	408		423	
	進学	大学	86%	85%	81%	81%	–	–	86%	86%	78%	78%	–	–	
創価	東大	現役	3	3	1	1					2	1			
	早大	現役	6	6	7	6			9	8	11	10			
	慶大	現役	2	2	7	7	3	2	5	4	14	14			
	内進	卒業	70%	346	68%	344	68%	367	66%	339	62%	345			
	進学	大学	93%	92%	93%	92%	–	–	87%	87%	88%	89%	93%	93%	
千葉日大第一	東大	現役													
	早大	現役	2	2	1	1	2		6	5	7	7	4	4	
	慶大	現役			1	1	3		2	2	2	2			
	内進	卒業	56%	398	65%	377	69%	367	56%	359	56%	331		328	
	進学	大学	–	–	91%	90%	88%	88%	86%	86%	90%	90%	95%	94%	
中央大学附属	東大	現役													
	早大	現役	2	1	2	2	3	1		9	3	2	3	3	
	慶大	現役	3	3	7	7	5	4		7	10	7	10	9	
	内進	卒業	84%	347	89%	407	88%	367	86%	387	83%	378	86%	381	
	進学	大学	95%	95%	97%	97%	98%	98%	95%	95%	96%	96%	98%	98%	
中央大学附属横浜	東大	現役	2	–						2			3	3	
	早大	現役	31	–	18	16	18			21	18	18	19	19	
	慶大	現役	22	–	10	8	15			14	24	24	22	20	
	内進	卒業	68%	403	76%	358	78%	367	77%	331	69%	314	70%	308	
	進学	大学	96%	96%	97%	97%	97%	97%	98%	98%	97%	97%	99%	99%	
帝京大学	東大	現役	1	1			1	1			2		2	1	
	早大	現役	56	46	29	19	57	53	36	34	46	38	33	29	
	慶大	現役	15	13	22	20	22	20	25	23	33	29	23	19	
	内進	卒業	2%	180		167	1%	182	1%	164	3%	180		175	
	進学	大学	83%	83%	84%	84%	87%	87%	85%	85%	91%	91%	86%	86%	

◎空欄は「実数なし（と判断される）」、「－」は「非公表、もしくは実数不明」を示します。

学校名			2019年（平成31年）		2020年（令和2年）		2021年（令和3年）		2022年（令和4年）		2023年（令和5年）		2024年（令和6年）		備考
桐蔭学園	東大	現役	5	3	5	5	4	2	2	2	5	5	2	2	
	早大	現役	77	43	62	40	16	10	29	22	33	27	11	11	
	慶大	現役	91	68	72	55	26	19	36	25	35	30	15	10	
	内進	卒業		945		894		149		131		142		157	
	進学	大学	63%	62%	70%	70%	53%	53%	63%	63%	68%	68%	68%	68%	
東京成徳大学	東大	現役	1	1											
	早大	現役	19	12	5	1	2	1	4	4	7	6			
	慶大	現役	8	5	2	1	2	2	3	3	3	3			
	内進	卒業	3%	547	2%	497		491	3%	355	2%	416			
	進学	大学	82%	80%	83%	81%	–	–	83%	83%	78%	78%	90%	89%	
東京電機大学	東大	現役													
	早大	現役	3	3	2	1	1	1	3	2	5	4	8	5	
	慶大	現役	1	1			1		4	2	2	2	3	2	
	内進	卒業	10%	225	19%	262	8%	270	24%	255	21%	257	28%	249	
	進学	大学	75%	75%	80%	80%	81%	81%	87%	87%	84%	85%	–	–	
東京都市大等々力	東大	現役	2	2			1	1	1	1			2	1	
	早大	現役	35	32	13	13	17	17	31	28	34	34	62	60	
	慶大	現役	18	15	15	12			27	22	15	13	42	37	
	内進	卒業	7%	208	7%	172	6%	202	4%	216	8%	284		276	
	進学	大学	93%	93%	88%	88%	–	–	–	–	–	–	–	–	
東京農大第一	東大	現役	1	1			2	1	1	1	3	3	1	1	
	早大	現役	30	23	27	21	35	28	25	17	52	42	56	45	
	慶大	現役	14	11	19	15	23	18	29	20	29	21	50	43	
	内進	卒業	5%	346	4%	344	7%	336	4%	352	4%	329	3%	317	
	進学	大学	73%	73%	78%	78%	80%	80%	81%	81%	81%	81%	83%	83%	
東邦大付属東邦	東大	現役	9	7	4	2	3	2			5	2	10	6	
	早大	現役	78	52	69	50	63	48	63	56	53	39	66	51	
	慶大	現役	43	25	48	34	45	33	52	43	43	33	52	39	
	内進	卒業	5%	362	8%	317		271	10%	317	12%	310	8%	317	
	進学	大学	60%	60%	70%	70%	–	–	70%	70%	–	–	–	–	
獨協埼玉	東大	現役													
	早大	現役	4	2	10	10	16	16	2	2	6	6	9	8	
	慶大	現役	2	1	1		4	2	5	3	2	2			
	内進	卒業	16%	364	17%	359	20%	333	19%	340	14%	304			
	進学	大学	85%	84%	82%	82%	86%	86%	88%	88%	89%	90%	89%	89%	
成田高校付属	東大	現役			2	2			1	1					
	早大	現役	13	10	21	18	12	11	21	17	12	12	9	6	
	慶大	現役	7	3	8	5	10	9	6	4	9	6	4	3	
	内進	卒業		335		315		316		321		288		285	
	進学	大学	76%	76%	89%	89%	70%	70%	83%	83%	77%	77%	84%	84%	
日本大学	東大	現役													
	早大	現役	6	6	10	10	12	12	15		12	12	3	3	
	慶大	現役	3	3	2	2	13	13	12		8	8	7	7	
	内進	卒業	51%	516	54%	558	57%	526	50%	438	49%	515	49%	552	
	進学	大学	91%	91%	92%	91%	–	–	94%	94%	92%	93%	93%	93%	
日大第二	東大	現役											1		
	早大	現役	15	11	13	9	8	7	11	6	12	9	17	9	
	慶大	現役	1	1	3	2	2	1	2	2	7	2	3	2	
	内進	卒業	30%	413	31%	392	28%	429	39%	408	31%	400	29%	429	
	進学	大学	84%	84%	84%	83%	86%	86%	88%	88%	88%	88%	91%	90%	
日大第三	東大	現役									1	1			
	早大	現役	1	1	4	3	7	6	10	5	5	5	10	4	
	慶大	現役	2	1			4	4	4	2	4	4	2		
	内進	卒業	39%	343	45%	369	39%	374	36%	369	39%	367	44%	355	
	進学	大学	89%	88%	91%	90%	85%	85%	87%	87%	90%	91%	90%	88%	
日大藤沢	東大	現役													
	早大	現役	9	8	12	11	14	10	–	–	12	12	19	16	
	慶大	現役	6	4	5	4	7	3	–	–	4	4	13	12	
	内進	卒業	47%	461	44%	444	52%	490	–	–	48%	581	47%	690	
	進学	大学	91%	90%	91%	91%	94%	94%	–	–	91%	91%	93%	92%	
八王子学園八王子	東大	現役	1	1			1		1	1					
	早大	現役	15	8	21	15	12	7	20	15	17	17	17	13	
	慶大	現役	7	5	6	6	5	3	7	5	9	8	13	8	
	内進	卒業		467		477		485		501		501		477	
	進学	大学	71%	71%	73%	71%	80%	76%	80%	80%	80%	81%	73%	71%	
広尾学園	東大	現役	2	2	3		3	3	5	4	9	9	9	9	
	早大	現役	39	27	73	60	66	63	93	82	119	114	126	117	
	慶大	現役	38	31	48	35	50	39	72	61	86	80	90	80	
	内進	卒業		289		292		320		277		270		267	
	進学	大学	71%	71%	73%	73%	52%	52%	77%	77%	76%	76%	73%	73%	

◎空欄は「実数なし（と判断される）」、「－」は「非公表、もしくは実数不明」を示します。

学校名			2019年（平成31年）		2020年（令和2年）		2021年（令和3年）		2022年（令和4年）		2023年（令和5年）		2024年（令和6年）		備考
宝仙学園	東大	現役					1				1	1	2	2	
	早大	現役	12	10	25	23	21	12	20	16	16	13	17	15	
	慶大	現役	7	6	21	17	10	3	8	4	8	7	11	11	
	内進	卒業		174		188				196		214		188	
	進学	大学	71%	71%		–		–	87%	87%	80%	80%	–	–	
星野学園 ⇩ 星野	東大	現役			1	1							1		
	早大	現役	10	7	7	7	3	3	10	9	14	14	14	13	
	慶大	現役	8	7	4	2	4	3	5	4	6	6	5	5	
	内進	卒業		689		871		804		558		737		805	
	進学	大学	92%	91%	91%	90%	90%	90%	90%	90%	89%	91%	91%	90%	
茗溪学園	東大	現役	2	2	3	3			1	1					
	早大	現役	18	15	21	17	25	22	18	16	18		26	22	
	慶大	現役	12	11	15	14	16	10	12	5	11		7	6	
	内進	卒業		260		263		265		269		269		254	
	進学	大学	74%	74%	84%	83%	83%	83%	83%	83%	–	–	–	–	
明治学院 ⇩ 明治学院東村山	東大	現役													
	早大	現役	1	1	2	1	6	5	4	3	5	2	4	3	
	慶大	現役	1	1	4	4			2	1	3	1	2	1	
	内進	卒業	44%	248	41%	258	47%	255	50%	245	51%	255		252	
	進学	大学	80%	80%	84%	83%	92%	92%	92%	92%	93%	93%	96%	96%	
明大附属明治	東大	現役	1	1			1								
	早大	現役	14	12	5	5	1	1	7	7	4	3	8	8	
	慶大	現役	21	18	12	12	8	8	12	12	23	21	12	12	
	内進	卒業	84%	288	89%	256	88%	258	88%	258	88%	278		252	
	進学	大学	97%	97%	99%	99%	99%	99%	99%	99%	100%	100%	100%	100%	
森村学園	東大	現役			1	1			1	1	1	1			
	早大	現役	15	10	19	15	11	10	20	17	12	12	15	14	
	慶大	現役	16	13	11	9	9	6	10	9	7	7	14	12	
	内進	卒業		185		182		182		174		168		164	
	進学	大学	83%	83%	84%	83%	83%	83%	83%	83%	82%	82%	83%	83%	
安田学園	東大	現役			2	2			3	3	1	1	2	2	
	早大	現役	11	7	15	15	17	10	29	28	37	34	28	23	
	慶大	現役	1	1	13	13	15	11	13	12	15	13	20	19	
	内進	卒業		380		432		410		343		375			
	進学	大学	81%	80%	82%	81%	81%	81%	89%	89%	92%	92%	86%	85%	
八千代松陰	東大	現役													
	早大	現役	9	9	6	6	14	7	14	13	12	5	13	11	
	慶大	現役	3	2	4	3	14	8	5	4	9	7	8	8	
	内進	卒業		667		626		669		645		606		747	
	進学	大学	78%	76%	78%	76%	77%	77%	80%	80%	82%	84%	85%	85%	
山手学院	東大	現役	1	1	1	1			1	1			1	1	
	早大	現役	76	65	63	59	76	71	73	68	61	56	96	94	
	慶大	現役	55	41	34	26	40	35	48	41	62	58	49	46	
	内進	卒業		467		478		485		591		496		478	
	進学	大学	83%	83%	86%	85%	84%	84%	85%	85%	86%	86%	88%	87%	
麗澤	東大	現役													
	早大	現役	8	7	8	8	14	12	16	14	4	2	22	19	
	慶大	現役	3	3	4	3	5	4	7	6	3	2	3	3	
	内進	卒業	1%	252		236		230		244		216		229	
	進学	大学	88%	86%	85%	84%	87%	87%	86%	86%	84%	85%	–	–	
早稲田実業	東大	現役					1	1	2	1	2	2			
	早大	現役	383	383	385	385	423	423	418	418			373	373	
	慶大	現役							4	4	3	3			
	内進	卒業	97%	394	97%	398	97%	435	98%	418	95%	394	97%	384	
	進学	大学	99%	99%	99%	99%	99%	99%	99%	99%	97%	97%	–	–	

私立男子校

学校名			2019年（平成31年）		2020年（令和2年）		2021年（令和3年）		2022年（令和4年）		2023年（令和5年）		2024年（令和6年）		備考
浅野	東大	現役	39	33	39	31	37	48	36	28	43	39	45	37	
	早大	現役	174	127	114	86	137	106	96	73	116	93	129	100	
	慶大	現役	188	141	143	120	170	135	132	105	132	102	149	126	
	内進	卒業		266		267		260		261		257		256	
	進学	大学	68%	68%	71%	71%	76%	76%	69%	69%	70%	70%	76%	76%	

◎空欄は「実数なし（と判断される）」、「－」は「非公表、もしくは実数不明」を示します。

学校名			2019年（平成31年）		2020年（令和2年）		2021年（令和3年）		2022年（令和4年）		2023年（令和5年）		2024年（令和6年）		備考
麻布	東大	現役	100	70	65	46	86	49	64	39	79	53	55	38	
	早大	現役	142	74	115	69	143	67	100	56	141	77	129	69	
	慶大	現役	109	60	96	52	134	68	121	58	98	54	101	55	
	内進	卒業	−	308	−	302	−	311	−	307		295		298	
	進学	大学	−	−	−	−	−	−	−	−	−	−	−	−	
足立学園	東大	現役	1	1	1				1		1	1	1	1	
	早大	現役	11	10	7	1	11	10	15	13	7	4	10	8	
	慶大	現役	5	3	3	1	9	7	7	6	2	2	7	5	
	内進	卒業		364		289		239		365		280		256	
	進学	大学	70%	69%	77%	76%	79%	79%	78%	78%	83%	84%	86%	86%	
栄光学園	東大	現役	54	34	57	39	47	34	58	35	46	38	47	37	
	早大	現役	91	53	74	−	81	47	100	49	93	63	87	49	
	慶大	現役	86	59	85	−	69	33	97	54	77	56	77	38	
	内進	卒業		187		178		176		172		178		183	
	進学	大学	63%	63%	57%	57%	53%	53%	63%	63%	65%	65%	−	59%	
海城	東大	現役	46	31	59	38	47	43	57	46	43	31	49	42	
	早大	現役	155	116	146	97	150	113	167	113	140	103	141	121	
	慶大	現役	125	85	118	69	112	88	149	106	109	90	132	114	
	内進	卒業		328		317		323		312		302		316	
	進学	大学	63%	63%	−	−	68%	68%	−	−	−	−	69%	69%	
開成	東大	現役	186	140	185	119	144	107	193	137	148	118	149	117	
	早大	現役	222	111	238	125	213	108	244	137	192	105	245	155	
	慶大	現役	198	100	167	92	173	108	209	123	163	90	193	122	
	内進	卒業		401		397		390		406		393		402	
	進学	大学	−	−	−	−	−	−	−	−	−	−	−	−	
学習院	東大	現役	2	1	2		3		3	1					
	早大	現役	38	25	26	13	27	23	18	14	14	12	10	6	
	慶大	現役	28	15	21	10	38	32	27	23	11	9	24	21	
	内進	卒業	49%	208	61%	196	60%	201	58%	204	59%	196	61%	199	
	進学	大学	78%	78%	81%	81%	82%	82%	83%	83%	81%	81%	85%	85%	
鎌倉学園	東大	現役	1	1			1								
	早大	現役	65	41	48	29	58	42	54	45	49	33	78	64	
	慶大	現役	27	18	18	12	30	16	29	19	28	16	31	23	
	内進	卒業		298		304		320		380		329		286	
	進学	大学	56%	56%	56%	56%	65%	65%	49%	49%	53%	54%	71%	71%	
暁星	東大	現役	2	1	6	6	9	6	9	8	5	4	3	3	
	早大	現役	38	17	49	37	43	32	51	37	47	36	51	39	
	慶大	現役	30	19	42	32	42	28	43	28	40	36	43	30	
	内進	卒業		167		162		168		157		157		153	
	進学	大学	51%	51%	53%	53%	49%	49%	66%	66%	60%	60%	65%	65%	
慶應普通部 ⇩ 慶應義塾	東大	現役													
	早大	現役													
	慶大	現役	669	669	797	797	726	726	699	699			656	656	
	内進	卒業	98%	680	99%	808	99%	732	99%	706			98%	670	
	進学	大学	−	−	−	−	−	−	−	−	−	−	−	−	
慶應普通部 ⇩ 慶應義塾志木	東大	現役													
	早大	現役													
	慶大	現役	242	242	254	254	253	253	241	241			234	234	
	内進	卒業	100%	243	99%	256	100%	254	99%	243			100%	235	
	進学	大学	100%	100%	−	−	−	−	−	−	−	−	−	−	
京華	東大	現役	1												
	早大	現役	8	1	1		6	5	6	4	6	5	1	1	
	慶大	現役	2		1		8	4	5	1	2	2			
	内進	卒業		249		205		258		309		211		179	
	進学	大学	61%	60%	69%	69%	71%	71%	69%	69%	82%	82%	80%	80%	
攻玉社	東大	現役	15	12	11	11	17	15	12	8	13	12	9	8	
	早大	現役	89	79	77	67	122	107	101	85	96	81	109	96	
	慶大	現役	93	84	75	69	123	98	78	64	92	80	111	91	
	内進	卒業		236		234		239		222		240		245	
	進学	大学	67%	67%	67%	67%	77%	77%	74%	74%	74%	74%	77%	77%	
佼成学園	東大	現役													
	早大	現役	14	8	8	3	1	1	16	13	13	11	18	12	
	慶大	現役	5	4	5	4	3		10	6	5	4	10	9	
	内進	卒業		226		181		198		−		227		247	
	進学	大学	69%	69%	67%	66%	68%	68%	−	−	−	−	−	−	
駒場東邦	東大	現役	61	41	63	46	56	38	60	39	72	55	44	36	
	早大	現役	131	73	89	55	109	63	93	61	127	87	93	63	
	慶大	現役	113	61	102	64	109	60	94	65	105	75	74	48	
	内進	卒業		233	1%	226	1%	224		226		229		227	
	進学	大学	61%	61%	57%	57%	63%	63%	59%	59%	68%	68%	56%	56%	

◎空欄は「実数なし（と判断される）」、「－」は「非公表、もしくは実数不明」を示します。

学校名			2019年（平成31年）		2020年（令和2年）		2021年（令和3年）		2022年（令和4年）		2023年（令和5年）		2024年（令和6年）		備考
サレジオ学院	東大	現役	6	3	10	6	8	7	8	8	8	6	11	9	
	早大	現役	71	44	77	62	84	67	82	71	60	50	82	63	
	慶大	現役	50	39	54	44	70	59	84	69	60	51	52	39	
	内進	卒業		171		174		169		178		178		181	
	進学	大学	66%	66%	74%	74%	73%	73%	81%	81%	71%	71%	69%	69%	
芝	東大	現役	14	11	14	11	12	9	14	14	13	13	18	16	
	早大	現役	112	67	110	89	115	88	89	71	117	91	98	83	
	慶大	現役	89	51	66	50	113	76	100	72	79	52	85	71	
	内進	卒業		279		281		293		286		283		284	
	進学	大学	61%	61%	62%	62%	62%	62%	69%	69%	65%	65%	71%	71%	
城西川越 ⇩ 城西大川越	東大	現役					1	1							
	早大	現役	10	2	5	5	4	4	9	8	3	3	12	12	
	慶大	現役	3	2	3	2	2	2	1	1	3	2	2	2	
	内進	卒業		243	1%	263	2%	183	2%	231	1%	206	3%	176	
	進学	大学	73%	73%	78%	78%	86%	86%	84%	84%	93%	93%	95%	95%	
城北	東大	現役	12	7	8	7	9	5	9	6	6	3	7	5	
	早大	現役	168	103	132	106	117	86	106	84	85	64	83	58	
	慶大	現役	99	67	85	59	85	60	66	52	64	44	58	47	
	内進	卒業		384		351		378		329		330		346	
	進学	大学	63%	63%	69%	69%	67%	67%	68%	68%	68%	68%	71%	71%	
城北埼玉	東大	現役											1	1	
	早大	現役	14	7	17	11	2	2	7	4	7	5	17	13	
	慶大	現役	11	4	4	2	3	2	6	3	3	2	10	5	
	内進	卒業		223		217		180		174		225		230	
	進学	大学	56%	56%	57%	57%	59%	59%	59%	59%	66%	66%	80%	80%	
巣鴨	東大	現役	21	14	12	7	8	7	8	4	3	1	5	3	
	早大	現役	46	32	48	30	43	21	42	20	45	28	28	15	
	慶大	現役	42	22	40	15	52	28	35	14	34	21	26	10	
	内進	卒業		223		214		230		266		221		200	
	進学	大学	53%	53%	47%	47%	47%	47%	53%	53%	61%	61%	56%	56%	
逗子開成	東大	現役	4	1	9	6	4	3	9	7	7	7	4	3	
	早大	現役	49	40	95	68	65	48	62	54	84	68	88	76	
	慶大	現役	48	32	50	38	62	42	48	36	62	54	51	40	
	内進	卒業		286		267		265		259		270		262	
	進学	大学	61%	61%	70%	70%	74%	74%	73%	73%	76%	76%	74%	74%	
聖学院	東大	現役													
	早大	現役	4	2			11	7	3	3	8	7	4	4	
	慶大	現役	3	1	4	3	2	1	5	4	4	4	4	3	
	内進	卒業	1%	106	2%	155	1%	132	1%	136	1%	118		144	
	進学	大学	71%	69%	70%	70%	80%	80%	74%	74%	75%	75%	74%	74%	
聖光学院	東大	現役	93	77	62	53	79	69	91	77	78	70	100	86	
	早大	現役	209	168	191	161	156	128	172	148	175	148	193	161	
	慶大	現役	143	112	144	126	120	92	130	113	125	103	154	137	
	内進	卒業		231		229		230		228		229		229	
	進学	大学	81%	81%	78%	78%	75%	75%	82%	82%	79%	79%	82%	82%	
成城	東大	現役					1	1	1		2	2	3	1	
	早大	現役	31	20	28	18	33	31	34	26	35	28	37	32	
	慶大	現役	13	10	12	7	14	12	23	17	25	22	25	19	
	内進	卒業		235		253		252		260		253		262	
	進学	大学	65%	65%	69%	68%	69%	69%	80%	80%	77%	77%	81%	81%	
世田谷学園	東大	現役	15	11	10	8	5	3	3	2	6	4	5	4	
	早大	現役	86	75	81	73	66	51	52	44	58	46	59	46	
	慶大	現役	82	68	73	64	50	46	63	51	49	37	64	48	
	内進	卒業		214		207		219		213		205		209	
	進学	大学	73%	73%	73%	73%	67%	67%	58%	58%	68%	68%	59%	59%	
高輪	東大	現役					1		1	1	2	2	2	2	
	早大	現役	31	20	25	17	28	21	58	47	49	36	51	48	
	慶大	現役	14	13	21	14	13	7	25	20	13	11	31	27	
	内進	卒業		220		223		220		212		218		226	
	進学	大学	67%	66%	76%	75%	71%	71%	82%	82%	85%	85%	78%	78%	
桐光学園（女子部含む）	東大	現役	7	6	5	4			3	2			5	3	
	早大	現役	78	64	44	38	59	54	52	40	62	54	66	57	
	慶大	現役	64	55	46	39	65	57	40	30	60	53	81	73	
	内進	卒業		581		547		598		607		572		584	
	進学	大学	69%	69%	67%	67%	82%	82%	78%	78%	81%	81%	－	－	
東京都市大付属	東大	現役	2	2	5	4	7	6	12	11	7	7	6	6	
	早大	現役	70	56	73	66	101	91	96	90	64	60	82	67	
	慶大	現役	32	27	44	42	72	61	55	48	60	54	74	62	
	内進	卒業	4%	246	7%	238	2%	286	1%	232	3%	228		230	
	進学	大学	67%	67%	79%	79%	81%	81%	83%	83%	75%	75%	－	－	

◎空欄は「実数なし（と判断される）」、「－」は「非公表、もしくは実数不明」を示します。

私立男子校

学校名			2019年（平成31年）		2020年（令和2年）		2021年（令和3年）		2022年（令和4年）		2023年（令和5年）		2024年（令和6年）		備考
桐朋	東大	現役	11	6	7	4	9	7	11	6	9	7	12	6	
	早大	現役	115	72	68	38	68	46	101	55	76	52	69	37	
	慶大	現役	89	41	56	32	74	37	73	42	60	43	86	49	
	内進	卒業		314		318		312		308		315		293	
	進学	大学	50%	50%	42%	42%	51%	51%	56%	56%	54%	54%	54%	54%	
藤嶺学園藤沢	東大	現役							–	–			–	–	
	早大	現役	10	4	1		1		–	–	9	2	–	–	
	慶大	現役	3	1	3				–	–	3		–	–	
	内進	卒業		212		178		165		177		168	–	–	
	進学	大学	65%	65%	61%	60%	64%	64%	–	–	77%	78%	–	–	
獨協	東大	現役													
	早大	現役	13	11	7	5	6	3	7	6	15	15	10	10	
	慶大	現役	5	2	6	3	5	3	7	4	1	1	4	4	
	内進	卒業	2%	202	3%	199	7%	194	9%	190	9%	191	6%	192	
	進学	大学	51%	51%	53%	52%	60%	60%	63%	63%	65%	65%	68%	68%	
日大豊山	東大	現役									1				
	早大	現役	3	3	2	2	1	1	2	2	1	1	1	1	
	慶大	現役			3	3			1	1	5	5			
	内進	卒業	79%	484	77%	491	70%	499	73%	490	74%	487	72%	549	
	進学	大学	95%	94%	96%	96%	91%	91%	94%	94%	94%	95%	95%	95%	
本郷	東大	現役	5	4	8	6	9	8	13	11	14	11	13	10	
	早大	現役	91	64	136	110	121	96	110	88	128	113	127	94	
	慶大	現役	77	53	74	56	83	70	93	83	89	73	94	65	
	内進	卒業		309		308		329		306		314		241	
	進学	大学	63%	63%	61%	61%	69%	69%	70%	70%	68%	68%	78%	78%	
武蔵	東大	現役	22	10	21	13	28	23	19	14	21	16	26	20	
	早大	現役	19	13	15	11	25	14	16	9	24	15	23	15	
	慶大	現役	12	7	13	7	18	15	18	13	14	7	14	8	
	内進	卒業		170		170		170		167		171		171	
	進学	大学	48%	48%	54%	54%	61%	61%	47%	47%	56%	56%	53%	53%	
明大付属中野	東大	現役	1		2	1	2						2	1	
	早大	現役	8	7	10	6	8	2	11	9	13	10	3	3	
	慶大	現役	10	9	14	11	10	5	8	7	12	11	5	5	
	内進	卒業	81%	407	80%	405	82%	403	82%	415	80%	406	79%	397	
	進学	大学	92%	92%	93%	93%	92%	92%	95%	95%	95%	95%	94%	94%	
立教池袋	東大	現役													
	早大	現役	4	3			2	2	3	3	5	3	3	1	
	慶大	現役	5	4	3	3	1	1	8	8	5	5	8	7	
	内進	卒業	86%	146	94%	141	94%	136	86%	148	89%	144	83%	143	
	進学	大学	95%	95%	99%	99%	98%	98%	94%	94%	94%	94%	97%	97%	
立教新座	東大	現役					1	1			2	2			
	早大	現役	24	11	12	10	14	10	23	11	10	5	12	12	
	慶大	現役	21	13	9	5	10	3	16	8	16	12	14	14	
	内進	卒業	81%	320	80%	317	84%	329	84%	316	82%	308	76%	325	
	進学	大学	92%	92%	92%	92%	91%	91%	95%	95%	94%	94%	90%	90%	
早稲田	東大	現役	30	25	27	22	33	24	29	24	39	31	43	32	
	早大	現役	246	220	248	217	237	203	239	223	253	229	293	258	
	慶大	現役	49	33	59	41	53	30	53	37	72	57	77	55	
	内進	卒業	51%	300	54%	306	53%	299	52%	306	49%	315	49%	305	
	進学	大学	81%	81%	85%	85%	84%	84%	82%	82%	81%	81%	87%	87%	
早稲田大学高等学院	東大	現役													
	早大	現役	479	479	466	466	–	–	474	474	470	470	454	454	
	慶大	現役													
	内進	卒業	98%	487	99%	469	–	479	–	–	100%	470	–	–	
	進学	大学	98%	98%	99%	99%	–	–	–	–	100%	100%	–	–	

私立女子校

私立女子校

学校名			2019年（平成31年）		2020年（令和2年）		2021年（令和3年）		2022年（令和4年）		2023年（令和5年）		2024年（令和6年）		備考
跡見学園	東大	現役													
	早大	現役	1	1	4	4	9	9	1	1	5	5	4	3	
	慶大	現役	2	2	1	1	2	2	2	2	1		5	3	
	内進	卒業	12%	281	11%	242	19%	223	13%	220	18%	135	7%	149	
	進学	大学	89%	89%	93%	91%	–	–	92%	92%	87%	89%	–	–	
浦和明の星女子	東大	現役	2	1	3	1	3	3	7	4	4	4	2	2	
	早大	現役	31	31	62	49	62	55	48	44	52	45	54	42	
	慶大	現役	27	22	27	22	32	30	36	29	46	38	25	24	
	内進	卒業		167		170		167		170		169		166	
	進学	大学	80%	80%	79%	79%	79%	79%	82%	82%	82%	82%	75%	75%	

◎空欄は「実数なし（と判断される）」、「－」は「非公表、もしくは実数不明」を示します。

学校名			2019年（平成31年）		2020年（令和2年）		2021年（令和3年）		2022年（令和4年）		2023年（令和5年）		2024年（令和6年）		備考
江戸川女子	東大	現役					1	1					1	1	
	早大	現役	12	12	24	23	4	4	19	19	28	28	13	13	
	慶大	現役	9	8	6	6	5	5	11	11	14	14	11	10	
	内進	卒業		390		349		307		305		292		304	
	進学	大学	89%	88%	93%	93%	92%	92%	90%	90%	92%	92%	91%	91%	
桜蔭	東大	現役	66	53	85	71	71	61	77	69	72	67	63	52	
	早大	現役	142	106	152	121	147	132	126	116	145	119	116	78	
	慶大	現役	76	65	97	76	89	80	110	93	102	78	79	68	
	内進	卒業		227		229		229		228		231		224	
	進学	大学	71%	71%	78%	78%	81%	81%	75%	75%	79%	79%	73%	73%	
鷗友学園女子	東大	現役	3	3	7	7	5	5	9	9	3	3	13	12	
	早大	現役	81	76	80	75	94	91	67	61	75	73	96	91	
	慶大	現役	54	43	48	44	52	51	55	50	68	61	54	48	
	内進	卒業		237		241		214		229		228		236	
	進学	大学	83%	83%	86%	86%	83%	83%	83%	83%	78%	78%	81%	81%	
大妻	東大	現役													
	早大	現役	35	27	26	24	40	39	42	36	36	32	37	37	
	慶大	現役	20	16	22	21	14	14	16	16	15	14	29	27	
	内進	卒業	1%	267	1%	269	1%	275	2%	254	1%	281		273	
	進学	大学	90%	89%	87%	87%	89%	89%	84%	84%	83%	84%	88%	88%	
大妻多摩	東大	現役							1	1					
	早大	現役	16	16	12	12	12	11	24	23	6	5	9	9	
	慶大	現役	6	6	3	3	6	6	10	9	5	5	6	6	
	内進	卒業	1%	146		145	4%	147	5%	148	1%	141	1%	148	
	進学	大学	86%	85%	89%	89%	88%	88%	88%	88%	94%	94%	87%	86%	
大妻中野	東大	現役					1	1							
	早大	現役	12	11	9	9	1	1	17	15	9	8	3	3	
	慶大	現役	4	3	3	3	7	6	7	7	4	3	6	6	
	内進	卒業	12%	258	18%	211	23%	216	5%	257	14%	199	12%	217	
	進学	大学	90%	89%	90%	90%	81%	81%	87%	87%	94%	94%	89%	89%	
学習院女子	東大	現役	3	3	2	2	3	2			2	1			
	早大	現役	21	16	25	24	9	9	22	22	29	27	12	12	
	慶大	現役	22	20	21	21	18	18	21	21	34	31	30	28	
	内進	卒業	58%	183	57%	195	65%	192	55%	191	47%	184	57%	190	
	進学	大学	95%	95%	92%	92%	94%	94%	91%	91%	88%	88%	90%	90%	
神奈川学園	東大	現役													
	早大	現役	5	5	7	7	1	1	2	2	2	2	4	4	
	慶大	現役	3	3	4	4	2	2	2	2	2	2	5	5	
	内進	卒業		173		198		168		191		169		172	
	進学	大学	92%	90%	93%	93%	88%	88%	93%	93%	95%	95%	92%	92%	
鎌倉女学院	東大	現役									1	1			
	早大	現役	20	16	29	23	33	32	24	23	36	34	43	42	
	慶大	現役	13	11	21	19	15	14	16	16	17	15	19	18	
	内進	卒業		164		160		163		164		152		155	
	進学	大学	89%	89%	93%	91%	88%	88%	86%	86%	90%	90%	88%	88%	
カリタス女子	東大	現役					1	1	1	1	1	1	1	1	
	早大	現役	5	4	7	6	16	16	13	12	23	22	18	18	
	慶大	現役	9	9	9	8	15	15	16	15	15	15	10	10	
	内進	卒業		177		171		181		173		166		164	
	進学	大学	84%	84%	87%	82%	88%	88%	88%	88%	84%	85%	85%	84%	
吉祥女子	東大	現役			4	3	2	2	3	3	6	4	1	1	
	早大	現役	71	56	88	73	80	72	82	77	75	68	76	67	
	慶大	現役	42	33	58	48	44	40	62	57	38	31	51	47	
	内進	卒業		251		258		279		248		242		273	
	進学	大学	81%	81%	84%	84%	84%	84%	84%	84%	78%	78%	84%	84%	
共立女子	東大	現役													
	早大	現役	36	34	24	23	32	32	51	50	20	20	46	46	
	慶大	現役	16	16	8	8	13	13	15	14	16	16	32	31	
	内進	卒業	14%	321	14%	302	12%	315	14%	311	8%	311	7%	300	
	進学	大学	90%	90%	92%	91%	90%	90%	91%	91%	86%	86%	84%	84%	
恵泉女学園	東大	現役							1				1	1	
	早大	現役	8	7	12	12	5	4	9	8	21	21	9	9	
	慶大	現役	9	5	6	5	9	6	6	5	7	7	9	7	
	内進	卒業	2%	180	2%	203	2%	180		178		183		177	
	進学	大学	88%	88%	87%	87%	89%	89%	89%	89%	90%	91%	89%	89%	
光塩女子学院	東大	現役			1	1			2	2	1		3	2	
	早大	現役	14	11	21	15	18	16	15	12	15	13	14	13	
	慶大	現役	9	6	20	14	21	18	14	11	13	11	13	12	
	内進	卒業		139		133		126		127		129		127	
	進学	大学	71%	71%	82%	82%	79%	79%	83%	83%	82%	84%	77%	77%	

◎空欄は「実数なし（と判断される）」、「－」は「非公表、もしくは実数不明」を示します。

学校名			2019年（平成31年）		2020年（令和2年）		2021年（令和3年）		2022年（令和4年）		2023年（令和5年）		2024年（令和6年）		備考
	東大	現役	1		2	1	1	1	3	1	2	2	3	3	
	早大	現役	26	25	30	28	26	24	26	23	33	28	19	19	
晃華学園	慶大	現役	17	16	18	15	18	14	16	13	10	9	14	14	
	内進	卒業		145		149		147		146		140		144	
	進学	大学	83%	82%	91%	89%	86%	86%	87%	87%	92%	92%	86%	86%	
	東大	現役													
	早大	現役	6	6	7	7	5	5	5	−	6	1	1	1	
佼成学園女子	慶大	現役	9	9	5	5	3	2	3	−	4	4	4	4	
	内進	卒業		210		186		166	−	−		195		168	
	進学	大学	83%	82%	82%	80%	81%	81%	−	−	84%	85%	96%	95%	
	東大	現役	1	1							1				
	早大	現役	12	12	20	18	21	20	23	23	22	21	16	16	
国府台女子学院	慶大	現役	7	7	8	8	8	8	6	5	7	4	8	7	
	内進	卒業		318		332		312		305		323		310	
	進学	大学	91%	90%	90%	88%	88%	88%	94%	94%	94%	94%	−	−	
	東大	現役									1				
	早大	現役	3	3	16	16	3	3	4	4	11	11	3	3	
香蘭女学校	慶大	現役	4	3	10	10	1	1	7	6	2	1	3	3	
	内進	卒業	47%	169	48%	165	61%	158	58%	168	60%	162	57%	170	
	進学	大学	90%	90%	95%	95%	95%	95%	93%	93%	97%	98%	98%	97%	
	東大	現役													
	早大	現役	6	6	8	8	6	6			6	6	2	1	
実践女子学園	慶大	現役	3	2	6	5	4	4	7	7	2	2	3	3	
	内進	卒業	27%	251	30%	263	23%	240	21%	214	16%	190		234	
	進学	大学	93%	92%	91%	89%	89%	89%	86%	86%	89%	89%	85%	85%	
	東大	現役							1				1	1	
	早大	現役	9	8	7	5	18	17	41	34	31	30	10	10	
品川女子学院	慶大	現役	10	8	9	5	9	9	12	9	15	14	9	7	
	内進	卒業		222		195		213		208		183		186	
	進学	大学	90%	89%	89%	89%	86%	86%	91%	91%	91%	92%	91%	91%	
	東大	現役													
	早大	現役	2	2	5	5	6	6	14	13	7	6	17	16	
十文字	慶大	現役	1	1	4	4			4	3	7	7	3	3	
	内進	卒業	6%	291	5%	295	6%	258	5%	233	4%	215	4%	225	
	進学	大学	79%	79%	88%	87%	86%	86%	91%	91%	88%	88%	90%	90%	
	東大	現役	1	1									1		
	早大	現役	53	49	38	38	55	55	65	65	47	47	49	48	
淑徳与野	慶大	現役	13	13	11	8	16	16	21	20	5	5	15	15	
	内進	卒業		421		353		346		405		357		362	
	進学	大学	96%	96%	93%	93%	97%	97%	96%	96%	97%	97%	96%	96%	
	東大	現役	1		4	3	3	2	1	1	5	5	4	3	
	早大	現役	134	127	98	89	115	107	106	104	107	106	126	117	
頌栄女子学院	慶大	現役	75	70	72	64	107	98	98	92	131	124	132	124	
	内進	卒業		228		215		201		212		195		209	
	進学	大学	86%	86%	89%	88%	88%	88%	90%	90%	91%	91%	89%	89%	
	東大	現役	4	3	1	1	1	1	2	2	1	1	1	1	
	早大	現役	40	37	32	28	17	17	28	26	18	16	18	17	
湘南白百合学園	慶大	現役	27	25	22	20	14	14	27	27	25	25	31	28	
	内進	卒業	4%	175	6%	173	7%	169	3%	155	4%	165	4%	163	
	進学	大学	86%	86%	91%	91%	87%	87%	90%	90%	87%	87%	91%	91%	
	東大	現役	1	1											
	早大	現役	13	12	4	2	1	1	4	4	3	2	1	1	
昭和女子大附属昭和	慶大	現役	4	4			4	4	4	4	2	2	2	2	
	内進	卒業	29%	188	40%	177	40%	196	32%	189	36%	179	35%	165	
	進学	大学	92%	91%	93%	93%	94%	94%	93%	93%	92%	93%	96%	95%	
	東大	現役	27	25	33	26	22	21	31	28	27	22	26	25	
	早大	現役	138	113	146	129	125	116	176	157	144	126	127	117	
女子学院	慶大	現役	76	60	72	60	75	67	108	88	76	64	73	56	
	内進	卒業		224		230		214		222		214		211	
	進学	大学	79%	79%	83%	83%	78%	78%	81%	81%	78%	78%	75%	75%	
	東大	現役	6	5	7	6	4	4	9	9	7	6	3	2	
	早大	現役	38	36	53	47	40	36	53	51	56	56	29	23	
白百合学園	慶大	現役	43	38	36	31	40	39	45	43	41	41	33	31	
	内進	卒業	−	191		177	1%	175		164	2%	159		166	
	進学	大学	79%	79%	78%	78%	80%	80%	82%	82%	81%	81%	75%	75%	
	東大	現役							3	3			2	2	
	早大	現役	5	5	8	8	4	3	14	11	7	7	16	16	
清泉女学院	慶大	現役	9	7	11	11	8	8	13	11	10	7	15	14	
	内進	卒業	16%	174	16%	166	16%	154	6%	163	3%	168	4%	160	
	進学	大学	91%	91%	92%	92%	90%	90%	94%	94%	91%	92%	93%	93%	

◎空欄は「実数なし（と判断される)」、「−」は「非公表、もしくは実数不明」を示します。

学校名			2019年（平成31年）		2020年（令和2年）		2021年（令和3年）		2022年（令和4年）		2023年（令和5年）		2024年（令和6年）		備考
洗足学園	東大	現役	7	6	7	7	10	10	20	18	22	19	15	14	
	早大	現役	94	94	67	67	110	99	119	116	127	122	101	99	
	慶大	現役	87	86	76	75	101	95	112	106	104	99	81	74	
	内進	卒業		235		231		240		228		229		238	
	進学	大学	90%	90%	87%	87%	86%	86%	91%	91%	90%	90%	86%	86%	
田園調布学園	東大	現役	1	1					2	2			1	1	
	早大	現役	17	16	13	10	18	18	10	10	21	21	13	11	
	慶大	現役	16	15	10	9	13	13	13	13	17	16	17	15	
	内進	卒業		209		191		191		188		201		194	
	進学	大学	89%	89%	90%	89%	83%	83%	93%	93%	89%	89%	89%	89%	
東京女学館	東大	現役	3	2					1	1	1	1	1	1	
	早大	現役	19	14	16	14	18	17	24	17	20	20	32	30	
	慶大	現役	33	28	12	12	16	15	24	19	34	31	28	28	
	内進	卒業		222		221		214		220		209		220	
	進学	大学	82%	82%	88%	88%	89%	89%	85%	85%	87%	87%	86%	86%	
桐光学園（男子部含む）	東大	現役	7	6	5	4			3	2			5	3	
	早大	現役	78	64	44	38	59	54	52	40	62	54	66	57	
	慶大	現役	64	55	46	39	65	57	40	30	60	53	81	73	
	内進	卒業		581		547		598		607		572		584	
	進学	大学	69%	69%	67%	67%	82%	82%	78%	78%	81%	81%	－	79%	
桐朋女子	東大	現役	1												
	早大	現役	15	8	9	6	5	4	5	5	8	8	10	10	
	慶大	現役	11	6	5	3	3	3	3	3	4	4	4	3	
	内進	卒業	1%	231	2%	211		173	2%	158		173	1%	154	
	進学	大学	83%	81%	85%	84%	80%	80%	82%	82%	90%	90%	84%	84%	
東洋英和女学院	東大	現役	2	2	1	1			1		1	1	3	2	
	早大	現役	33	31	17	14	46	40	48	45	28	24	53	47	
	慶大	現役	35	29	28	23	27	22	56	52	27	24	37	33	
	内進	卒業	5%	189	6%	181	4%	180	2%	186	1%	172	2%	186	
	進学	大学	83%	83%	82%	82%	83%	83%	85%	85%	87%	87%	86%	85%	
豊島岡女子学園	東大	現役	29	23	29	23	21	19	14	14	30	20	26	22	
	早大	現役	147	125	146	114	123	103	133	126	152	130	126	106	
	慶大	現役	109	87	109	86	81	76	100	86	107	84	93	74	
	内進	卒業		344		338		350		339		332		359	
	進学	大学	72%	72%	80%	80%	75%	75%	78%	78%	75%	75%	69%	69%	
日本女子大附属	東大	現役	2	1			1	1							
	早大	現役	9	9	5	5	11	9	21	16	14	13	12	12	
	慶大	現役	18	15	11	11	13	12	14	13	19	18	19	16	
	内進	卒業	74%	374	79%	356	78%	372	75%	375	74%	374	75%	373	
	進学	大学	95%	95%	95%	95%	96%	96%	97%	97%	97%	97%	97%	97%	
フェリス女学院	東大	現役	7	5	8	8	8	6	10	10	9	8	6	5	
	早大	現役	66	56	59	51	63	53	81	67	77	69	72	66	
	慶大	現役	38	32	58	48	45	37	69	59	49	39	53	46	
	内進	卒業		181		174		182		178		173		177	
	進学	大学	72%	72%	77%	77%	73%	73%	83%	83%	70%	70%	－	－	
富士見	東大	現役			1	1	1	1					1	1	
	早大	現役	24	24	23	22	48	46	35	35	25	25	17	13	
	慶大	現役	9	9	6	6	18	17	6	6	10	10	11	10	
	内進	卒業		230		219		241		222		228		215	
	進学	大学	91%	91%	88%	87%	92%	92%	92%	92%	90%	90%	92%	92%	
雙葉	東大	現役	8	8	10	7	8	8	9	9	13	12	8	7	
	早大	現役	71	59	77	62	57	51	60	53	68	52	72	58	
	慶大	現役	58	50	47	38	57	46	74	66	54	43	51	43	
	内進	卒業		180		169		173		175		166		178	
	進学	大学	77%	77%	75%	75%	80%	80%	72%	72%	75%	75%	76%	76%	
普連土学園	東大	現役			1	1	1	1							
	早大	現役	7	6	13	9	6	6	20	13	20	20	22	20	
	慶大	現役	13	11	15	15	13	12	13	11	25	24	10	9	
	内進	卒業		127		122		128		121		126		114	
	進学	大学	89%	89%	89%	89%	87%	87%	91%	91%	93%	93%	84%	84%	
三輪田学園	東大	現役													
	早大	現役	7	5	1	1	9	9	1	1			5	2	
	慶大	現役	2	2	2	2	2	2	4	3	2	2	3	2	
	内進	卒業		154		152		157		151		150		177	
	進学	大学	88%	88%	90%	88%	92%	92%	89%	89%	93%	94%	93%	93%	
山脇学園	東大	現役									1	1			
	早大	現役	10	9	13	13	29	25	25	25	11	11	17	16	
	慶大	現役	6	6	10	10	12	12	21	20	6	6	7	6	
	内進	卒業		238		234		230		257		253		268	
	進学	大学	89%	88%	90%	90%	91%	91%	90%	90%	93%	93%	92%	91%	

◎空欄は「実数なし（と判断される)」、「－」は「非公表、もしくは実数不明」を示します。

私立女子校

学校名			2019年（平成31年）		2020年（令和2年）		2021年（令和3年）		2022年（令和4年）		2023年（令和5年）		2024年（令和6年）		備考
横浜共立学園	東大	現役	2	1	1	1					2	1	1	1	
	早大	現役	67	55	50	45	64	58	41	40	51	46	41	35	
	慶大	現役	40	36	39	34	38	34	30	28	35	32	27	25	
	内進	卒業		180		175		181		175		178		173	
	進学	大学	86%	86%	87%	87%	90%	90%	87%	87%	88%	88%	82%	82%	
横浜女学院	東大	現役													
	早大	現役	4	3	1	1	3	3					1	1	
	慶大	現役	8	3	1	1	3	3	1	1	3	3			
	内進	卒業		172		138		109		93		99		109	
	進学	大学	88%	86%	84%	80%	76%	76%	82%	82%	75%	76%	88%	87%	
横浜雙葉	東大	現役	3	3	2		10	7	4	3	2	1	2	2	
	早大	現役	33	26	47	40	49	46	41	36	36	36	21	21	
	慶大	現役	34	30	40	34	43	40	44	41	27	27	27	27	
	内進	卒業		184		180		182		176		177		176	
	進学	大学	80%	80%	84%	84%	85%	85%	89%	89%	94%	94%	88%	88%	
立教女学院	東大	現役	1	1	2	2			1	1					
	早大	現役	21	14	17	17	12	12	13	13	13	13	31	30	
	慶大	現役	23	20	16	16	18	18	12	12	23	19	24	22	
	内進	卒業	55%	185	53%	180	65%	178	70%	183	66%	185	66%	185	
	進学	大学	93%	92%	91%	91%	95%	95%	94%	94%	93%	94%	93%	93%	

国・公立校

国・公立校

学校名			2019年（平成31年）		2020年（令和2年）		2021年（令和3年）		2022年（令和4年）		2023年（令和5年）		2024年（令和6年）		備考
お茶の水女子大附属（共学）⇩お茶の水女子大附属（女子）	東大	現役	3	2	3	2	9	8	4	4	4	3	5	5	
	早大	現役	33	26	42	24	38	25	25	20	32	26	40	36	
	慶大	現役	23	16	25	17	33	26	24	15	17	12	28	24	
	内進	卒業		116		117		120		119		120		117	
	進学	大学	67%	67%	–	–	–	–	–	–	–	–	–	–	
筑波大附属	東大	現役	32	22	36	23	29	22	42	28	29	22	36	28	
	早大	現役	115	84	125	73	92	73	85	57	105	82	113	79	
	慶大	現役	57	43	72	46	70	44	80	56	72	58	70	52	
	内進	卒業		238		233		230		240		242		233	
	進学	大学	–	–	–	–	–	–	65%	65%	–	–	–	–	
東京学芸大附属小金井・世田谷・竹早⇩東京学芸大附属	東大	現役	45	23	28	16	30	16	27	14	14	7	21	13	
	早大	現役	136	85	122	67	100	58	138	79	119	78	97	57	
	慶大	現役	119	66	101	56	93	57	117	62	114	62	86	44	
	内進	卒業		326		305		336		325		307		305	
	進学	大学	51%	51%	58%	58%	59%	59%	57%	57%	56%	56%	–	–	
筑波大附属駒場	東大	現役	118	88	93	72	89	70	97	66	87	73	90	69	
	早大	現役	73	34	59	33	59	35	75	39	97	42	114	73	
	慶大	現役	70	44	50	33	77	48	66	40	71	36	70	45	
	内進	卒業		163		161		161		162		160		163	
	進学	大学	–	–	–	–	–	–	–	–	68%	68%	–	–	
都立桜修館	東大	現役	7	7	9	6	4	3			1	1	5	5	
	早大	現役	64	59	49	42	61	57	40	38	63	62	75	71	
	慶大	現役	28	26	34	32	37	34	23	21	38	38	46	42	
	内進	卒業		151		139		151		147		156		149	
	進学	大学	85%	85%	85%	84%	81%	81%	88%	88%	88%	88%	93%	92%	
都立大泉	東大	現役			6	4	6	5	2	2	2	2	5	5	
	早大	現役	32	25	34	33	48	47	42	40	47	44	43	39	
	慶大	現役	8	4	8	7	14	14	13	13	19	17	17	16	
	内進	卒業		194		195		194		190		175		180	
	進学	大学	72%	72%	81%	81%	84%	84%	88%	88%	–	–	87%	86%	
都立小石川	東大	現役	16	15	10	10	18	18	20	19	16	15	16	14	
	早大	現役	82	72	59	56	96	73	71	64	81	75	62	46	
	慶大	現役	48	38	37	31	59	49	36	33	44	40	33	30	
	内進	卒業		156		150		155		158		153		149	
	進学	大学	83%	83%	82%	82%	84%	84%	85%	85%	84%	84%	75%	75%	
都立立川国際	東大	現役	2	2	2	2	4	4	4	4	3	3	5	5	
	早大	現役	43	41	32	32	35	32	20	18	41	38	31	30	
	慶大	現役	8	7	13	13	13	12	16	14	13	13	16	16	
	内進	卒業		142		145		149		141		145		140	
	進学	大学	82%	82%	77%	76%	84%	84%	87%	87%	90%	90%	87%	87%	
都立白鷗	東大	現役	3	2	4	3	3	3	3	2	1	1	3	2	
	早大	現役	30	28	28	24	41	40	20	20	20	20	37	34	
	慶大	現役	15	15	12	11	22	19	19	19	13	13	22	20	
	内進	卒業		224		225		229		226		226		220	
	進学	大学	–	–	–	–	84%	84%	–	–	80%	81%	76%	76%	

◎空欄は「実数なし（と判断される）」、「－」は「非公表、もしくは実数不明」を示します。

学校名			2019年（平成31年）		2020年（令和2年）		2021年（令和3年）		2022年（令和4年）		2023年（令和5年）		2024年（令和6年）		備考
都立富士	東大	現役	3	3	2	2	1	1	2	1			4	3	
	早大	現役	17	16	28	21	30	28	30	22			46	40	
	慶大	現役	12	12	22	12	15	8	13	9			18	15	
	内進	卒業		184		194		192		193				112	
	進学	大学	78%	77%	71%	71%	73%	73%	77%	77%	71%	71%	−	−	
都立三鷹	東大	現役	4	4			3	3			5	5	2	2	
	早大	現役	40	32	22	15	44	39	37	35	38	36	40	39	
	慶大	現役	15	13	10	5	20	17	23	20	26	23	23	23	
	内進	卒業		158		150		150		157		155		145	
	進学	大学	81%	81%	85%	85%	91%	91%	88%	88%	85%	85%	87%	87%	
都立南多摩	東大	現役	1	1	3	3			2	2	2	1	11	9	
	早大	現役	15	15	25	25	15		34	34	10	10	53	50	
	慶大	現役	7	7	11	11	10		17	17	13	13	20	20	
	内進	卒業		146		137		139		147		150		152	
	進学	大学	84%	82%	94%	93%	86%	86%	88%	88%	87%	88%	93%	93%	
都立武蔵	東大	現役	8	4	8	7	9	6	11	8	9	8	5	3	
	早大	現役	49	34	50	43	61	51	53	45	59	57	51	44	
	慶大	現役	48	35	20	19	28	23	26	21	33	30	27	16	
	内進	卒業		193		196		194		180		187		103	
	進学	大学	76%	76%	76%	76%	80%	80%	84%	84%	80%	80%	80%	80%	
都立両国	東大	現役	5	5	6	5	1	1	6	5	6	5	8	8	
	早大	現役	35	32	67	59	30	22	46	37	45	39	43	43	
	慶大	現役	15	13	19	14	19	12	24	19	38	35	16	15	
	内進	卒業		194		193		185		185		198		185	
	進学	大学	80%	80%	87%	86%	81%	81%	−	−	84%	−	84%	84%	
区立九段	東大	現役	2	1	4	3	4	3	7	6	1	1	1	1	
	早大	現役	29	26	35	28	30	29	24	21	36	36	30	28	
	慶大	現役	14	13	20	18	16	15	16	13	14	12	9	8	
	内進	卒業		146		142		151		143		147		144	
	進学	大学	69%	67%	87%	87%	77%	77%	80%	80%	−	−	−	−	
県立相模原	東大	現役	3	3	5	5	6	5	5	4	3	3	5	5	
	早大	現役	34	31	38	38	43	41	27	27	31	26	42	40	
	慶大	現役	16	14	19	19	30	29	19	19	23	22	37	34	
	内進	卒業		147		158		153		146		144		150	
	進学	大学	84%	84%	86%	86%	92%	92%	89%	89%	80%	80%	85%	84%	
県立平塚	東大	現役	5	4	1		2	2			1		6	6	
	早大	現役	16	16	25	20	27	27	20	18	23	21	43	43	
	慶大	現役	17	17	15	14	7	7	12	10	10	9	15	15	
	内進	卒業		152		150		153		154		−		148	
	進学	大学	85%	84%	85%	85%	84%	84%	82%	82%	−	−	86%	86%	
横浜市立南	東大	現役	8	7	7	6	1	1	6	5	12	11	5	4	
	早大	現役	50	44	48	44	61	61	58	57	59	59	61	58	
	慶大	現役	21	18	24	19	30	30	29	27	43	43	41	38	
	内進	卒業		190		193		188		186		191		191	
	進学	大学	80%	79%	87%	86%	90%	90%	90%	90%	87%	87%	87%	87%	
県立千葉	東大	現役	19	12	20	14	19	12			25	17	21	8	
	早大	現役	133	86	154	107	133	86	141	110	126	96	116	89	
	慶大	現役	87	47	106	66	87	47	121	88	91	72	94	70	
	内進	卒業		317		316		317		313		311		309	
	進学	大学	61%	61%		−		−	−	−	−	−	−	−	
県立東葛飾	東大	現役	2	1	4	4	3	3	9	7	9	8	9	5	
	早大	現役	79	53	98	59	90	63	120	95	123	109	121	104	
	慶大	現役	37	23	37	22	42	29	54	40	44	35	38	35	
	内進	卒業		322		325		319		311		316		311	
	進学	大学	74%	74%	70%	70%	76%	76%	81%	81%	86%	86%	83%	83%	
千葉市立稲毛	東大	現役			1	1			3	2	1	1			
	早大	現役	35	26	31	23	29	27	39	35	46	36	49	46	
	慶大	現役	12	5	11	6	10	9	24	21	11	8	15	9	
	内進	卒業		321		309		316		314		309		302	
	進学	大学	85%	84%	91%	91%	86%	86%	87%	87%	88%	88%	−	−	
さいたま市立浦和	東大	現役	4	2	3	1	4	2	1	1	7	4	3	2	
	早大	現役	53	35	56	42	53	35	76	69	83	70	51	48	
	慶大	現役	12	9	14	6	12	9	34	27	36	29	35	29	
	内進	卒業		324		320		364		315		310		320	
	進学	大学	84%	84%	85%	85%	89%	89%	−	−	−	−	−	−	

◎空欄は「実数なし（と判断される）」、「−」は「非公表、もしくは実数不明」を示します。

全国主要校

全国主要校

学校名			2019年(平成31年)		2020年(令和2年)		2021年(令和3年)		2022年(令和4年)		2023年(令和5年)		2024年(令和6年)		備考
愛光	東大	現役	13	8	20	14	16	13	17	13	14	–	12	7	
	京大	現役	6	3	4	4	4	3	6	4	7	–	5	3	
	早大	現役	25	16	38	23	27	18	39	27	27	–	16	13	
	慶大	現役	16	9	18	11	10	4	22	16	13	–	12	15	
	内進	卒業		229		238	–	246		227		227		221	
	進学	大学	–	–		–	–	–	–	–	–	–	–	–	
佐久長聖	東大	現役	1		4	2			1	1					
	京大	現役	1	1					1	1			1	1	
	早大	現役	6	5	5	5	7	5	10	10	3	3	10	10	
	慶大	現役	1		1		2	2	3	2	2	2	2	2	
	内進	卒業		307		361		353	–	332		325		324	
	進学	大学	76%	74%	80%	79%			–	–	81%	82%	–	–	
灘	東大	現役	74	59	79	57	97	75	92	62	86	66	94	71	
	京大	現役	48	33	49	31	34	21	48	36	45	32	53	38	
	早大	現役	18	3	23	6	22	3	64	23	35	8	40	18	
	慶大	現役	25	8	24	10	42	4	36	8	20	4	33	10	
	内進	卒業		219		221		216		221		220		218	
	進学	大学	56%	56%	58%	58%	–	–	51%	51%	–	–			
西大和学園	東大	現役	42	22	53	38	76	51	79	61	73	50	71	53	
	京大	現役	34	21	52	36	63	42	40	26	39	21	29	17	
	早大	現役	37	16	41	15	29	18	44	16	49	9	60	35	
	慶大	現役	36	19	34	18	43	13	35	15	49	16	49	19	
	内進	卒業		336		374		356		375		355		341	
	進学	大学	–	–	–	–	–	–	–	–	–	–	–	–	
函館ラ・サール	東大	現役	1	1					1	1			1		
	京大	現役	1	1					1		1				
	早大	現役	10	5	16	7	5	5	5	3	8	7	5	5	
	慶大	現役	5	4	4	3	4	3	3	3	4	1	3	2	
	内進	卒業		164		141		116		113		112		113	
	進学	大学	44%	44%	53%	53%	58%	58%	54%	54%	70%	70%	58%	58%	
北嶺	東大	現役	9	8	17	13	7	7	7	6	9	8	7	5	
	京大	現役	1	1			1		2	2	1		3	3	
	早大	現役	9	9	13	8	7	4	10	7	13	12	17	16	
	慶大	現役	9	9	6	1	6	5	4	3	8	7	9	4	
	内進	卒業		123		121		122		119		126		117	
	進学	大学	–	–	–	–	–	–	–	–	53%	53%	61%	61%	
ラ・サール	東大	現役	34	20	42	26	33	23	37	25	37	26	37	24	
	京大	現役	4	3	5	4	15	11	8	4	7	3	6	3	
	早大	現役	22	3	33	15	46	22	32	11	37	10	37	13	
	慶大	現役	32	7	20	9	43	12	38	14	33	2	25	8	
	内進	卒業		225		213		225		210		200		199	
	進学	大学	46%	46%	38%	38%			67%	67%	49%	49%	56%	56%	

その他【首都圏】

東京

【東京】 ※都立高校は2003年から学区制を廃止した。

学校名			2019年(平成31年)		2020年(令和2年)		2021年(令和3年)		2022年(令和4年)		2023年(令和5年)		2024年(令和6年)		備考
国際基督教大学(共学)	東大	現役	1	–	3	3	3	3	2				3	–	
	早大	現役	19	–	30	23	35	32	46	38	49	–	37	–	
	慶大	現役	38	–	45	37	37	33	45	37	29	–	33	–	
	内進	卒業	38%	265	34%	230	35%	253	35%	251		245		–	
	進学	大学	–	–	87%	87%	85%	85%	88%	88%					
都立国際(共学)	東大	現役						–	1				1	1	
	早大	現役	47	44	27	27		–	54	52	36	35	40	40	
	慶大	現役	42	40	31	28		–	35	32	22	20	20	18	
	内進	卒業		220		248		–		237		225		224	
	進学	大学	77%	77%	74%	74%	–	–	–	–	68%	68%	–	–	
都立日比谷(共学)	東大	現役	47	29	40	25	63	48	65	53	51	33	60	52	
	早大	現役	174	112	167	99	221	161	182	152	176	137	201	155	
	慶大	現役	144	101	124	84	152	110	143	116	78	55	158	121	
	内進	卒業		321		326		309		322		314		317	
	進学	大学	–	–	–	–	79%	79%	–	–	–	–	–	–	

◎空欄は「実数なし（と判断される）」、「－」は「非公表、もしくは実数不明」を示します。

学校名			2019年(平成31年)		2020年(令和2年)		2021年(令和3年)		2022年(令和4年)		2023年(令和5年)		2024年(令和6年)		備考
都立戸山(共学)	東大	現役	12	8	12	9	13	8	12	10	9	7	12	8	
	早大	現役	83	57	85	58	88	61	76	63	78	56	83	73	
	慶大	現役	30	19	48	35	39	18	36	27	52	28	58	42	
	内進	卒業		310		363		316		320		312		312	
	進学	大学	–	–	67%	67%		–	–	–	–	–	–	–	
都立西(共学)	東大	現役	19	14	20	14	20	11	27	16	17	8	17	6	
	早大	現役	140	80	128	58	154	95	172	97	144	81	134	71	
	慶大	現役	88	45	82	44	57	57	104	56	86	52	79	36	
	内進	卒業		317		318		316		314		312		315	
	進学	大学	51%	51%	–	–	–	–	63%	63%	53%	53%	–	–	
都立八王子東(共学)	東大	現役	7	5	5	2	5	2	7	6	2	1	1		
	早大	現役	46	23	33	14	33	14	42	26	54	31	47	37	
	慶大	現役	26	13	25	10	25	10	30	45	16	9	29	22	
	内進	卒業		314		309		309		307		310		308	
	進学	大学	–	–	67%	67%	67%	67%	69%	69%	–	–	–	–	
都立立川(共学)	東大	現役	2	2					1		3	3	1	1	
	早大	現役	56	32	56	27	56	27	41	30	61	53	62	48	
	慶大	現役	21	13	35	16	35	16	20	15	18	14	24	18	
	内進	卒業		314		314		314		315		361		304	
	進学	大学	67%	67%	61%	61%	61%	61%	–	–					
都立国立(共学)	東大	現役	16	9	16	8	16	8	19	11	10	8	17	11	
	早大	現役	119	45	146	83	146	83	159	121	131	89	84	48	
	慶大	現役	53	15	79	38	79	38	83	61	68	45	55	38	
	内進	卒業		322		316		316		317		318		312	
	進学	大学	56%	56%	64%	64%	64%	64%	68%	68%					

東京

【神奈川】

※神奈川県立高校は2005年から学区制を廃止した。

学校名			2019年(平成31年)		2020年(令和2年)		2021年(令和3年)		2022年(令和4年)		2023年(令和5年)		2024年(令和6年)		備考
県立横浜翠嵐(共学)	東大	現役	21	15	26	15	50	44	52	44	44	35	非公表	非公表	
	早大	現役	89	54	128	89	156	126	142	107	179	137	非公表	非公表	
	慶大	現役	90	60	105	76	128	97	136	111	138	110	非公表	非公表	
	内進	卒業		355		395		353		330		356		非公表	
	進学	大学	65%	65%	–	–	79%	79%	–	–			–	–	
県立川和(共学)	東大	現役			3	3	4	2	1	1			1		
	早大	現役	111	93	106	99	92	81	99	96	82	76	84	81	
	慶大	現役	39	31	45	36	37	30	46	43	43	40	53	48	
	内進	卒業		315		318		315		314		312		310	
	進学	大学	–	–	86%	86%	86%	86%	85%	85%	86%	86%			
県立希望ヶ丘(共学)	東大	現役						–					1	1	
	早大	現役	28	25	26	24	34	27	42	37	32	30	41	32	
	慶大	現役	9	9	9	7	21	14	15	14	22	20	20	19	
	内進	卒業		309		406		394		–		340		–	
	進学	大学	76%	76%	–	–	–	–	–	–	85%	85%	–	–	
県立光陵(共学)	東大	現役						–			1				
	早大	現役	28	24	28	23	35	29	25	20	34	29	25	24	
	慶大	現役	12	11	9	9	8	8	12	8	13	11	21	14	
	内進	卒業		308		315		311		314		312		–	
	進学	大学	85%	85%	79%	79%		–					–	–	
県立柏陽(共学)	東大	現役	4	4	4	2	3		6	4	1		1	1	
	早大	現役	82	68	84	66	107	92	95	82	103	97	68	62	
	慶大	現役	44	32	35	33	56	46	47	33	35	31	48	41	
	内進	卒業		314		316		314		307		311		306	
	進学	大学	75%	75%	82%	82%	–	–	79%	79%			–	–	
県立横浜緑ヶ丘(共学)	東大	現役					1	1	–	–			2	2	
	早大	現役	57	–	64	61	55	55	–	–	67	66	78	66	
	慶大	現役	17	–	31	29	28	27	–	–	44	38	50	44	
	内進	卒業		281		275		275	–	–		274		271	
	進学	大学	–	–	87%	87%			–	–	–	–	–	–	
県立多摩(共学)	東大	現役	1	1									2	1	
	早大	現役	39	29	43	42	45	26	52	28	41	39	47	38	
	慶大	現役	15	14	17	15	17	12	12	9	15	15	40	32	
	内進	卒業		273		272		268		272		268		274	
	進学	大学	78%	78%	82%	81%	–	–	–	–					
県立横須賀(共学)	東大	現役	1					–	–	–					
	早大	現役	39	21	30	25	22	21	26	17	25	23	28	25	
	慶大	現役	18	13	15	12	18	15	20	12	18	13	23	18	
	内進	卒業		276		272		311		284		269			
	進学	大学	79%	79%	78%	78%	–	–	–	–					

神奈川

◎空欄は「実数なし（と判断される）」、「－」は「非公表、もしくは実数不明」を示します。

神奈川

学校名			2019年（平成31年）		2020年（令和2年）		2021年（令和3年）		2022年（令和4年）		2023年（令和5年）		2024年（令和6年）		備考
県立湘南（共学）	東大	現役	19	12	22	10	12	8	20	10	20	13	20	14	
	早大	現役	174	11	180	99	187	139	192	144	166	121	179	128	
	慶大	現役	76	38	88	49	118	86	119	88	110	85	153	107	
	内進	卒業		357		397		355		350		356		346	
	進学	大学	56%	56%	–	–	–	–	–	–					
県立平塚江南（共学）	東大	現役			1	–		–							
	早大	現役	26	–	30	–	27	–	38	37	21	–	32	–	
	慶大	現役	15	–	16	–	17	–	17	15	20	–	9	–	
	内進	卒業		315		316		318		317		308		–	
	進学	大学	–	–	–	–	–	–	–	–	–		–	–	
県立小田原（共学）	東大	現役	1	1					1	1	3	1			
	早大	現役	44	36	29	24	40	33	37	34	42	36	46	44	
	慶大	現役	14	11	15	11	13	12	19	16	29	25	19	19	
	内進	卒業		314		320		335		320		315		313	
	進学	大学	–	–	78%	78%	89%	89%	–	–	90%	90%			
県立厚木（共学）	東大	現役	2	2	2	1	4	2	2	1	6	5	1		
	早大	現役	74	58	56	45	116	105	78	71	102	95	60	55	
	慶大	現役	42	32	35	27	49	35	51	46	30	26	38	35	
	内進	卒業		357		352		355							
	進学	大学	83%	83%	79%	79%	88%	88%	–	–		–		–	

【千葉】

千葉

学校名			2019年（平成31年）		2020年（令和2年）		2021年（令和3年）		2022年（令和4年）		2023年（令和5年）		2024年（令和6年）		備考
日大習志野（共学）	東大	現役													
	早大	現役	11	7	22	18	29	24	17	14	–	–	30	28	
	慶大	現役	10	6	9	4	10	7	9	5	–	–	10	8	
	内進	卒業	30%	439	32%	400	28%	390		414		379			
	進学	大学	80%	80%	86%	86%	86%	86%	81%	81%		–		–	
県立船橋（共学）（第2学区）	東大	現役	15	6	15	10	14	8	11	7			21	17	
	早大	現役	111	62	115	95	157	128	113	88			40	35	
	慶大	現役	61	35	59	38	71	54	68	48			14	12	
	内進	卒業		359		361		362		361		355		353	
	進学	大学	74%	74%	79%	79%	81%	81%	–	–		–		–	

【埼玉】

※埼玉県立高校は2004年より学区制を廃止した。

埼玉

学校名			2019年（平成31年）		2020年（令和2年）		2021年（令和3年）		2022年（令和4年）		2023年（令和5年）		2024年（令和6年）		備考
早稲田大学本庄高等学院（共学）	東大	現役													
	早大	現役	318	318	–	–	322	322	339	339				323	
	慶大	現役													
	内進	卒業	98%	323	–	–	100%	322	100%	340		310		326	
	進学	大学	99%	99%	–	–	100%	100%	–	–	–	–	–	–	
県立浦和（男子）	東大	現役	41	19	33	15	46	25	27	17			44	25	
	早大	現役	150	40	135	26	170	69	120	59			138	58	
	慶大	現役	83	19	70	16	102	35	90	27			74	18	
	内進	卒業		400		363		356		351		353		350	
	進学	大学	–	–	44%	44%	51%	51%	57%	57%	–	–	–	–	
県立浦和第一女子（女子）	東大	現役	4	2	4	4	4	2	4	3			2	1	
	早大	現役	63	42	58	51	60	54	42	31			48	37	
	慶大	現役	29	23	31	17	13	8	15	14			23	16	
	内進	卒業		399		401		358		360		351		350	
	進学	大学	74%	74%	78%	78%	82%	82%	80%	80%			–	–	
県立大宮（共学）	東大	現役	10	4	13	8	15	12	10	7	19	13	19	15	
	早大	現役	105	64	107	83	115	78	108	92	102	79	96	80	
	慶大	現役	30	19	63	45	49	32	66	57	59	47	50	38	
	内進	卒業		366		410		361		357		350		351	
	進学	大学	74%	74%	78%	78%	81%	81%	82%	82%	–	–	–	–	
県立川越（男子）	東大	現役	3		7	4	4	1	1	1	5	4	7	3	
	早大	現役	92	60	84	58	118	72	72	46	90	64	88	60	
	慶大	現役	36	13	30	14	51	28	39	20	41	18	28	18	
	内進	卒業		370		363		395		355		352		348	
	進学	大学	–	–		–	–	–	–	–	–	–	–	–	
県立川越女子（女子）	東大	現役	1	1			1						2	2	
	早大	現役	50	36	53	49	48	42	38	35			40	33	
	慶大	現役	10	9	5	3	4	4	9	7			5	3	
	内進	卒業		367		363		393		360		361		350	
	進学	大学	84%	84%	–	–	87%	87%	–	–		–		–	

◎空欄は「実数なし（と判断される）」、「－」は「非公表、もしくは実数不明」を示します。

学校名			2019年 (平成31年)		2020年 (令和2年)		2021年 (令和3年)		2022年 (令和4年)		2023年 (令和5年)		2024年 (令和6年)		備考
県立熊谷 (男子)	東大	現役	1												
	早大	現役	24	12	11	4	15	11	24	8			18	13	
	慶大	現役	11	5	8	4	8	3	14	9			5	3	
	内進	卒業		342		320		319		321		325		–	
	進学	大学	–	–		–	65%	65%	75%	75%			–	–	
県立春日部 (男子)	東大	現役	1		4	3	3		1	1	4	3	2	1	
	早大	現役	41	23	62	43	48	32	48	36	60	46	47	34	
	慶大	現役	24	10	35	18	42	32	25	16	42	27	39	25	
	内進	卒業		357		390		356		351		358		351	
	進学	大学	53%	53%	–	–	65%	65%	–	–	–	–	–	–	

【茨城・栃木・群馬】

※茨城県立高校は2006年、栃木県立高校は2014年、群馬県立高校は2007年より学区制を廃止した。

学校名			2019年 (平成31年)		2020年 (令和2年)		2021年 (令和3年)		2022年 (令和4年)		2023年 (令和5年)		2024年 (令和6年)		備考
[茨城] 県立水戸第一 (共学)	東大	現役	8	3	8	5	26	23	14	11	15	11	11	6	
	早大	現役	38	17	45	18	28	16	54	36	58	26	29	19	
	慶大	現役	22	7	25	9	15	12	29	16	33	20	19	9	
	内進	卒業		321		320		317		319		316		281	
	進学	大学	57%	57%	69%	69%	69%	69%	–	–		–		–	
[茨城] 県立土浦第一 (共学)	東大	現役	20	12	26	14	22	17	14	8	15	7	16	9	
	早大	現役	54	24	46	25	36	20	40	20	52	25	57	30	
	慶大	現役	33	12	21	8	33	18	29	8	37	17	24	10	
	内進	卒業		321		312		312		310		310		274	
	進学	大学	69%	69%	66%	66%	66%	66%	–	–	–	–	–	–	
[栃木] 県立宇都宮 (男子)	東大	現役	12	9	11	10	19	12	14	10	11	7	21	15	
	早大	現役	32	22	51	32	45	27	43	26	31	20	49	30	
	慶大	現役	41	20	30	23	33	20	18	14	21	11	30	20	
	内進	卒業		278		360		274		278		280		280	
	進学	大学	–	–	–	–	–	–	–	–					
[群馬] 県立前橋 (男子)	東大	現役	7	6	5	1	7	4	11	10	5	3	7	6	
	早大	現役	35	29	26	22	27	23	48	41	26	23	40	30	
	慶大	現役	10	6	19	13	18	14	25	19	13	9	25	15	
	内進	卒業		319		314		278		275		270		270	
	進学	大学	–	–	–	–	–	–	–	–	–	–	–	–	

◎空欄は「実数なし（と判断される）」、「－」は「非公表、もしくは実数不明」を示します。

私立共学校

入試平均点（2024年度）

●以下の平均点は2024年度入試での結果で、四谷大塚の「中学校入試結果アンケート」で回答をいただいたものです。回答の数値をそのまま転記していますが、各教科の合計と合計点が異なる場合があります。
●「合平均」は「合格者平均＝全合格者における平均点」、「受平均」は「受験者平均＝全受験者（合格者を含む）における平均点」です。
●共学校で男女合算の場合、「区分」欄に「合算」と表記しています。
●選択教科（4教科または2教科選択など）が受験教科合算の場合、枠は別々にし、「教科数」下に該当教科数を（　）内に表記しています。
●合格点に（　）がついているものは、アンケート回答に記入がないため、各教科の平均点を合算したものです。
●「最低点」は「正規合格最低点」の掲載となります。
●「平均点」及び「最低点」が非公表もしくは1名の場合、「－」で表記しています。

※入試問題の出題傾向は毎年異なります。そのため、難易度も変化しますので、ご注意ください。

私立共学校

私立共学校

学校名	試験回数	試験日	教科数	区分		国語	算数	社会	理科	合計点	最低点
青山学院横浜英和	A	2/1	4	合算	配点	100	100	50	50	300	166
					合平均	70.6	61.3	28.4	24.4	184.7	
					受平均	63.9	47.5	24.3	19.0	154.7	

※科目別の受験者平均、合格者平均、最低点は男女合算

学校名	試験回数	試験日	教科数	区分		国語	算数	社会	理科	合計点	最低点
青山学院横浜英和	B	2/2午後	2	合算	配点	100	100			200	118
					合平均	69.2	62.7			131.9	
					受平均	55.2	44.1			99.3	

※科目別の受験者平均、合格者平均、最低点は男女合算

学校名	試験回数	試験日	教科数	区分		国語	算数	社会	理科	合計点	最低点
市川	1回	1/20	4	男	配点	100	100	100	100	400	227
					合平均	－	－	－	－	－	
					受平均	55.4	46.2	62.6	56.6	220.8	
市川	1回	1/20	4	女	配点	100	100	100	100	400	227
					合平均	－	－	－	－	－	
					受平均	58.5	40.4	59.5	53.6	212.0	
市川	2回	2/4	4	男	配点	100	100	100	100	400	285
					合平均	－	－	－	－	－	
					受平均	68.7	54.6	59.5	57.8	240.6	
市川	2回	2/4	4	女	配点	100	100	100	100	400	285
					合平均	－	－	－	－	－	
					受平均	76.3	54.5	55.2	53.9	239.9	
大宮開成	1回	1/10	4	合算	配点	100	100	50	50	300	176
					合平均	61.0	71.0	32.0	35.0	199.0	
					受平均	54.0	61.0	29.0	31.0	175.0	
大宮開成	特待選抜	1/12	4	合算	配点	100	100	50	50	300	211
					合平均	－	－	－	－	－	
					受平均	61.0	56.0	29.0	30.0	176.0	
大宮開成	2回	1/14	4	合算	配点	100	100	50	50	300	174
					合平均	62.0	70.0	29.0	31.0	192.0	
					受平均	55.0	53.0	25.0	26.0	159.0	
開智	1回	1/10	4	男	配点	100	120	60	60	340	193 S特310 先193
					合平均	－	－	－	－	－	
					受平均	64.0	67.8	37.9	36.1	205.8	

※最低点は男女合算　※先＝先端、S特＝S特待

学校名	試験回数	試験日	教科数	区分		国語	算数	社会	理科	合計点	最低点
開智	1回	1/10	4	女	配点	100	120	60	60	340	193 S特310 先193
					合平均	–	–	–	–	–	
					受平均	69.1	60.2	36.2	32.2	197.7	
※最低点は男女合算　※先＝先端、S特＝S特待											
開智	特待A	1/11	4	男	配点	100	120	60	60	340	192 S特192
					合平均	–	–	–	–	–	
					受平均	52.0	59.9	28.9	34.7	175.5	
※最低点は男女合算　※S特＝S特待											
開智	特待A	1/11	4	女	配点	100	120	60	60	340	192 S特192
					合平均	–	–	–	–	–	
					受平均	53.4	45.5	25.7	29.6	154.2	
※最低点は男女合算　※S特＝S特待											
開智	特待B	1/12	4	男	配点	100	120	60	60	340	165 先165　S特240 A特210　準特189
					合平均	–	–	–	–	–	
					受平均	59.2	57.8	33.7	28.6	179.3	
※最低点は男女合算　※先＝先端、S特＝S特待、A特＝A特待、準特＝準特待											
開智	特待B	1/12	4	女	配点	100	120	60	60	340	165 先165　S特240 A特210　準特189
					合平均	–	–	–	–	–	
					受平均	64.7	50.4	32.5	25.7	173.3	
※最低点は男女合算　※先＝先端、S特＝S特待、A特＝A特待、準特＝準特待											
開智	2回	1/15	4	男	配点	100	120	60	60	340	252 先252　S特305 A特294　準特275
					合平均	–	–	–	–	–	
					受平均	60.8	79.7	37.3	33.4	211.2	
※最低点は男女合算　※先＝先端、S特＝S特待、A特＝A特待、準特＝準特待											
開智	2回	1/15	4	女	配点	100	120	60	60	340	252 先252　S特305 A特294　準特275
					合平均	–	–	–	–	–	
					受平均	64.7	75.4	34.0	31.1	205.2	
※最低点は男女合算　※先＝先端、S特＝S特待、A特＝A特待、準特＝準特待											
神奈川大附属	1回	2/1 午後	2	男	配点	100	100			200	131
					合平均	67.4	78.5			145.9	
					受平均	59.8	63.9			123.7	
神奈川大附属	1回	2/1 午後	2	女	配点	100	100			200	131
					合平均	71.3	76.2			147.5	
					受平均	64.7	62.8			127.5	
神奈川大附属	2回	2/2	4	男	配点	100	100	75	75	350	249
					合平均	73.0	81.6	52.7	55.8	263.1	
					受平均	65.8	70.3	45.5	50.5	232.1	
神奈川大附属	2回	2/2	4	女	配点	100	100	75	75	350	249
					合平均	77.1	79.5	53.1	54.8	264.5	
					受平均	71.1	67.8	44.3	48.2	231.4	
国学院久我山	1回	2/1	4	男	配点	100	100	50	50	300	197
					合平均	72.3	72.8	30.6	36.9	212.6	
					受平均	59.3	61.9	26.1	31.0	178.3	
国学院久我山	CC1回	2/1	4	女	配点	100	100	50	50	300	192
					合平均	76.8	69.4	28.6	34.0	208.8	
					受平均	63.5	58.9	24.3	30.5	177.2	
国学院久我山	ST1回	2/1 午後	2	男	配点	100	150			250	184
					合平均	71.6	124.7			196.3	
					受平均	60.9	100.6			161.5	
国学院久我山	ST1回	2/1 午後	2	女	配点	100	150			250	176
					合平均	71.9	116.3			188.2	
					受平均	64.7	90.8			155.5	
国学院久我山	2回	2/2	4	男	配点	100	100	50	50	300	208
					合平均	69.7	82.3	33.4	36.9	222.3	
					受平均	61.6	65.2	27.2	30.7	184.7	
国学院久我山	CC2回	2/2	4	女	配点	100	100	50	50	300	189
					合平均	73.3	72.7	29.2	34.8	210.0	
					受平均	65.0	59.1	25.8	30.3	180.2	

学校名	試験回数	試験日	教科数	区分		国語	算数	社会	理科	合計点	最低点
国学院久我山	ST2回	2/3午後	2	男	配点	100	150			250	196
					合平均	75.3	131.5			206.8	
					受平均	60.4	98.6			159.0	
国学院久我山	ST2回	2/3午後	2	女	配点	100	150			250	189
					合平均	79.8	116.3			196.1	
					受平均	69.1	91.6			160.7	
埼玉栄	医学Ⅰ	1/10	4	合算	配点	100	100	50	50	300	200
					合平均	−	−	−	−	−	
					受平均	62.3	62.3	34.9	27.4	186.9	
埼玉栄	難関大Ⅰ	1/10	4	合算	配点	100	100	50	50	300	184
					合平均	−	−	−	−	−	
					受平均	62.3	62.3	34.9	27.4	186.9	
埼玉栄	医学Ⅱ	1/10午後	2	合算	配点	100	100			200	148
					合平均	−	−			−	
					受平均	63.1	76.2			139.3	
埼玉栄	難関大Ⅱ	1/10午後	2	合算	配点	100	100			200	134
					合平均	−	−			−	
					受平均	63.1	76.2			139.3	
埼玉栄	医学Ⅲ	1/11	4	合算	配点	100	100	50	50	300	204
					合平均	−	−	−	−	−	
					受平均	63.0	51.6	33.6	29.1	177.3	
埼玉栄	難関大Ⅲ	1/11	4	合算	配点	100	100	50	50	300	188
					合平均	−	−	−	−	−	
					受平均	63.0	51.6	33.6	29.1	177.3	
栄東	A	1/10	4	合算	配点	100	100	50	50	300	難181 東201 1年228
					合平均	−	−	−	−	−	
					受平均	57.6	58.9	37.7	34.4	188.6	
※受験者平均点、合格最低点は男女合算　※難＝難関大クラス、東＝東大クラス、1年＝1年間特待											
栄東	東大特待Ⅰ	1/12	4	合算	配点	150	150	75	75	450	1年274 3年329
					合平均	−	−	−	−	−	
					受平均	87.1	88.0	47.1	51.1	273.3	
※受験者平均点、合格最低点は男女合算　※1年＝1年特待、2年＝2年特待											
栄東	B	1/16	4	合算	配点	100	100	50	50	300	難225
					合平均	−	−	−	−	−	
					受平均	75.2	65.2	38.0	38.1	216.5	
※受験者平均点、合格最低点は男女合算　※難＝難関大クラス											
栄東	東大Ⅱ	1/18	4	合算	配点	150	150	75	75	450	1年335 東329
					合平均	−	−	−	−	−	
					受平均	81.4	100.4	41.2	47.2	270.2	
※受験者平均点、合格最低点は男女合算　※1年＝1年特待、東＝東大クラス											
渋谷教育学園渋谷	1回	2/1	4	男	配点	100	100	50	50	300	207
					合平均	75.0	81.0	29.6	35.7	221.3	
					受平均	63.3	68.5	25.7	31.8	189.3	
渋谷教育学園渋谷	1回	2/1	4	女	配点	100	100	50	50	300	211
					合平均	78.4	75.2	29.6	34.8	218.0	
					受平均	68.9	62.7	25.7	31.1	188.4	
渋谷教育学園渋谷	2回	2/2	4	男	配点	100	100	50	50	300	203
					合平均	72.1	81.0	34.2	32.6	219.9	
					受平均	62.9	66.8	30.4	28.0	188.1	
渋谷教育学園渋谷	2回	2/2	4	女	配点	100	100	50	50	300	208
					合平均	77.1	75.2	32.8	33.6	218.7	
					受平均	67.4	59.9	27.9	27.6	182.8	
渋谷教育学園幕張	1次	1/22	4	合算	配点	100	100	75	75	350	185
					合平均	64.6	54.9	46.4	38.0	203.9	
					受平均	59.1	37.7	41.6	31.2	169.6	

学校名	試験回数	試験日	教科数	区分		国語	算数	社会	理科	合計点	最低点
渋谷教育学園幕張	2次	2/2	4	合算	配点	100	100	75	75	350	223
					合平均	72.1	65.5	52.8	43.7	234.1	
					受平均	64.4	44.0	46.1	35.1	189.6	
昭和学院秀英	1回	1/22	4	合算	配点	100	100	50	50	300	199
					合平均	70.2	76.5	32.4	34.7	213.8	
					受平均	−	−	−	−	−	
昭和学院秀英	2回	2/3	4	合算	配点	100	100	50	50	300	159
					合平均	62.9	56.5	28.0	21.3	168.7	
					受平均	−	−	−	−	−	
成蹊	1回	2/1	4	男	配点	100	100	50	50	300	180
					合平均	65.6	64.0	35.9	36.4	201.9	
					受平均	58.7	51.2	32.0	31.8	173.7	
成蹊	1回	2/1	4	女	配点	100	100	50	50	300	195
					合平均	72.8	70.5	35.0	35.5	213.8	
					受平均	66.5	56.1	31.9	31.5	186.0	
成蹊	2回	2/4	4	男	配点	100	100	50	50	300	206
					合平均	67.9	78.8	38.7	37.5	222.9	
					受平均	61.0	64.7	34.2	33.5	193.4	
成蹊	2回	2/4	4	女	配点	100	100	50	50	300	215
					合平均	74.4	77.3	39.0	37.9	228.6	
					受平均	67.6	64.0	35.6	34.9	202.1	
専修大松戸	1回	1/20	4	男	配点	100	100	50	50	300	201
					合平均	67.0	70.0	37.0	40.0	216.0	
					受平均	61.0	61.0	32.0	36.0	192.0	

※最低点は男女合算

学校名	試験回数	試験日	教科数	区分		国語	算数	社会	理科	合計点	最低点
専修大松戸	1回	1/20	4	女	配点	100	100	50	50	300	201
					合平均	72.0	67.0	35.0	40.0	215.0	
					受平均	65.0	59.0	30.0	35.0	192.0	

※最低点は男女合算

学校名	試験回数	試験日	教科数	区分		国語	算数	社会	理科	合計点	最低点
専修大松戸	2回	1/26	4	男	配点	100	100	50	50	300	193
					合平均	63.0	72.0	33.0	39.0	208.0	
					受平均	61.0	49.0	27.0	31.0	169.0	

※最低点は男女合算

学校名	試験回数	試験日	教科数	区分		国語	算数	社会	理科	合計点	最低点
専修大松戸	2回	1/26	4	女	配点	100	100	50	50	300	193
					合平均	72.0	64.0	34.0	37.0	209.0	
					受平均	61.0	49.0	27.0	31.0	169.0	

※最低点は男女合算

学校名	試験回数	試験日	教科数	区分		国語	算数	社会	理科	合計点	最低点
中央大附属	1回	2/1	4	男	配点	100	100	60	60	320	198
					合平均	66.3	71.5	38.4	44.5	220.7	
					受平均	−	−	−	−	−	
中央大附属	1回	2/1	4	女	配点	100	100	60	60	320	217
					合平均	70.9	78.5	38.8	47.2	235.4	
					受平均	−	−	−	−	−	
中央大附属	2回	2/4	4	男	配点	100	100	60	60	320	210
					合平均	79.2	68.8	43.4	42.3	233.7	
					受平均	−	−	−	−	−	
中央大附属	2回	2/4	4	女	配点	100	100	60	60	320	229
					合平均	86.5	70.0	42.5	44.7	243.7	
					受平均	−	−	−	−	−	
中央大附属横浜	1回	2/1	4	合算	配点	150	150	100	100	500	324
					合平均	−	−	−	−	−	
					受平均	84.1	91.3	73.6	58.7	307.7	
中央大附属横浜	2回	2/2 午後	4	合算	配点	150	150	100	100	500	338
					合平均	−	−	−	−	−	
					受平均	102.3	64.7	56.5	58.5	282.0	

学校名	試験回数	試験日	教科数	区分		国語	算数	社会	理科	合計点	最低点
帝京大学	1回	2/1	2・4(4教科)	合算	配点	100	100	50	50	300	164
					合平均	67.7	51.6	31.2	34.8	185.3	
					受平均	61.0	41.7	26.7	30.2	159.6	
帝京大学	2回	2/2	4	合算	配点	100	100	50	50	300	151
					合平均	60.1	58.3	30.9	29.0	178.3	
					受平均	53.4	47.1	26.2	22.6	149.3	
東京農業大第一	1回	2/1午後	2	合算	配点		100		100	200	140
					合平均		84.4		68.4	152.8	
					受平均		71.1		57.7	128.8	

※科目別の受験者平均、合格者平均、最低点は男女合算

学校名	試験回数	試験日	教科数	区分		国語	算数	社会	理科	合計点	最低点
東京農業大第一	1回	2/1午後	2	合算	配点	100	100			200	137
					合平均	70.7	84.4			155.1	
					受平均	60.6	71.1			131.7	

※科目別の受験者平均、合格者平均、最低点は男女合算

学校名	試験回数	試験日	教科数	区分		国語	算数	社会	理科	合計点	最低点
東京農業大第一	2回	2/2午後	2	合算	配点		150		100	250	195
					合平均		132.9		75.3	208.2	
					受平均		109.0		62.3	171.3	

※科目別の受験者平均、合格者平均、最低点は男女合算

学校名	試験回数	試験日	教科数	区分		国語	算数	社会	理科	合計点	最低点
東京農業大第一	2回	2/2午後	2	合算	配点	100	150			250	187
					合平均	68.8	132.9			201.7	
					受平均	57.4	109.0			166.4	

※科目別の受験者平均、合格者平均、最低点は男女合算

学校名	試験回数	試験日	教科数	区分		国語	算数	社会	理科	合計点	最低点
東邦大付属東邦	推薦	12/1	4	合算	配点	100	100	50	50	300	218
					合平均	−	−	−	−	−	
					受平均	58.1	53.0	30.5	27.7	169.3	
東邦大付属東邦	前期	1/21	4	合算	配点	100	100	100	100	400	264
					合平均	−	−	−	−	−	
					受平均	64.7	69.3	59.6	59.1	252.7	
広尾学園	1回	2/1	4	合算	配点	100	100	50	50	300	192
					合平均	67.0	72.3	33.9	24.2	197.4	
					受平均	57.4	60.6	28.9	19.7	166.6	
広尾学園	ISG2回	2/1午後	4	合算	配点	100	100	50	50	300	196
					合平均	66.4	75.0	29.8	36.0	207.2	
					受平均	55.4	60.2	23.8	29.7	169.1	
広尾学園	2回	2/1午後	4	合算	配点	100	100	50	50	300	182
					合平均	62.1	70.4	26.6	33.0	192.1	
					受平均	55.7	58.1	22.7	29.4	165.9	

※ISGで出願して本科で合格した合格者を含む

学校名	試験回数	試験日	教科数	区分		国語	算数	社会	理科	合計点	最低点
広尾学園	医進・サイエンス	2/2午後	4	合算	配点	50	100	50	100	300	175
					合平均	31.4	70.1	31.9	58.1	191.5	
					受平均	27.7	53.6	27.0	47.5	155.8	
広尾学園小石川	1回	2/1	4	合算	配点	100	100	50	50	300	161
					合平均	72.8	45.5	30.7	23.2	172.2	
					受平均	60.5	32.3	25.4	19.3	137.5	
広尾学園小石川	ISG1回	2/1	4	合算	配点	100	100	50	50	300	168
					合平均	68.5	51.8	31.7	26.9	178.9	
					受平均	61.2	38.0	27.5	21.6	148.3	
広尾学園小石川	2回	2/1午後	2	合算	配点	100	100			200	135
					合平均	73.1	72.4			145.5	
					受平均	60.2	48.5			108.7	
広尾学園小石川	ISG2回	2/1午後	2	合算	配点	100	100			200	141
					合平均	72.7	73.8			146.5	
					受平均	60.6	49.4			110.0	
法政大学	1回	2/1	4	男	配点	150	150	100	100	500	370
					合平均	115.7	131.2	72.0	71.5	390.4	
					受平均	105.0	116.7	64.4	66.5	352.6	

学校名	試験回数	試験日	教科数	区分		国語	算数	社会	理科	合計点	最低点
法政大学	1回	2/1	4	女	配点	150	150	100	100	500	374
					合平均	118.0	130.7	70.5	72.0	391.2	
					受平均	111.3	112.3	62.7	65.3	351.6	
法政大学	2回	2/3	4	男	配点	150	150	100	100	500	343
					合平均	99.6	127.2	71.9	64.3	363.0	
					受平均	85.8	106.8	61.4	55.1	309.1	
法政大学	2回	2/3	4	女	配点	150	150	100	100	500	352
					合平均	103.6	130.7	70.9	64.9	370.1	
					受平均	92.1	105.8	61.1	56.3	315.3	
法政大学第二	1回	2/2	4	男	配点	100	100	75	75	350	227
					合平均	65.7	78.8	58.5	38.8	241.8	
					受平均	58.1	61.6	49.5	32.3	201.5	
法政大学第二	1回	2/2	4	女	配点	100	100	75	75	350	218
					合平均	69.5	73.0	55.0	36.0	233.5	
					受平均	62.4	61.0	47.6	30.5	201.5	
法政大学第二	2回	2/4	4	男	配点	100	100	75	75	350	223
					合平均	58.2	75.4	49.2	51.3	234.1	
					受平均	47.6	59.0	41.2	43.1	190.9	
法政大学第二	2回	2/4	4	女	配点	100	100	75	75	350	218
					合平均	63.2	72.5	48.6	50.9	235.2	
					受平均	54.3	59.0	41.6	41.8	196.7	
三田国際学園	1回 IC	2/1	4	合算	配点	100	100	50	50	300	161
					合平均	−	−	−	−	176.6	
					受平均	−	−	−	−	−	
三田国際学園	1回 ISC	2/1	4	合算	配点	100	100	50	50	300	177
					合平均	−	−	−	−	188.0	
					受平均	−	−	−	−	−	
三田国際学園	2回 IC	2/1 午後	4	合算	配点	100	100	50	50	300	166
					合平均	−	−	−	−	179.3	
					受平均	−	−	−	−	−	
三田国際学園	3回 IC	2/2 午後	4	合算	配点	100	100	50	50	300	163
					合平均	−	−	−	−	181.5	
					受平均	−	−	−	−	−	
明大付属明治	1回	2/2	4	合算	配点	100	100	75	75	350	211
					合平均	61.9	73.6	43.2	55.5	234.3	
					受平均	56.7	57.7	37.1	47.2	198.8	
明大付属明治	2回	2/3	4	合算	配点	100	100	75	75	350	189
					合平均	62.6	53.5	41.8	49.7	207.7	
					受平均	56.9	38.9	37.2	43.8	176.9	
森村学園	1回	2/1	2・4 (4教科)	合算	配点	100	100	75	75	☆200	−
					合平均	73.0	71.7	47.4	49.1	145.5	
					受平均	63.0	58.9	41.4	41.8	123.3	

☆4科受験生は4科合計を200点に換算したものと、2科合計のうち高い得点で判定

学校名	試験回数	試験日	教科数	区分		国語	算数	社会	理科	合計点	最低点
森村学園	2回	2/2	2・4 (4教科)	合算	配点	100	100	75	75	☆200	−
					合平均	70.3	74.0	49.9	46.2	144.9	
					受平均	60.5	55.5	44.3	40.2	118.1	

☆4科受験生は4科合計を200点に換算したものと、2科合計のうち高い得点で判定

学校名	試験回数	試験日	教科数	区分		国語	算数	社会	理科	合計点	最低点
山手学院	A	2/1	2・4 (4教科)	合算	配点	100	100	80	80	360	231
					合平均	69.8	70.0	48.9	53.3	242.9	
					受平均	62.7	55.9	44.9	47.7	213.9	
山手学院	B	2/3	2・4 (4教科)	合算	配点	100	100	80	80	360	202
					合平均	58.7	53.8	56.3	55.4	224.2	
					受平均	51.3	42.9	50.5	49.4	194.1	

学校名	試験回数	試験日	教科数	区分		国語	算数	社会	理科	合計点	最低点
早稲田実業		2/1	4	合算	配点	100	100	50	50	300	男189　女200
					合平均	−	−	−	−	−	
					受平均	61.2	55.1	32.3	25.9	174.5	

私立男子校

学校名	試験回数	試験日	教科数	区分		国語	算数	社会	理科	合計点	最低点
浅野		2/3	4	男	配点	120	120	80	80	400	254
					合平均	71.4%	76.2%	64.4%	66.3%	70.4%	
					受平均	64.8%	61.6%	57.8%	56.6%	60.8%	

※受験者・合格者の平均は全て得点率（%）

学校名	試験回数	試験日	教科数	区分		国語	算数	社会	理科	合計点	最低点
麻布		2/1	4	男	配点	60	60	40	40	200	105
					合平均	−	−	−	−	−	
					受平均	−	−	−	−	−	
栄光学園		2/2	4	男	配点	70	70	50	50	240	149
					合平均	43.3	48.3	33.8	36.3	161.7	
					受平均	38.1	38.2	31.5	33.2	141.0	
海城	1回	2/1	4	男	配点	120	120	80	80	400	242
					合平均	85.5	86.9	45.0	45.1	262.5	
					受平均	76.5	71.5	40.5	38.2	226.7	
海城	2回	2/3	4	男	配点	120	120	80	80	400	267
					合平均	90.1	92.1	52.9	52.0	287.1	
					受平均	81.4	75.9	45.0	44.6	246.9	
開成		2/1	4	男	配点	85	85	70	70	310	216
					合平均	60.2	58.3	52.5	60.2	231.1	
					受平均	51.9	48.6	48.1	55.1	203.8	
学習院	1回	2/2	4	男	配点	100	100	80	80	360	242
					合平均	71.0	75.0	62.0	50.0	258.0	
					受平均	64.0	64.0	57.0	44.0	229.0	
学習院	2回	2/3	4	男	配点	100	100	80	80	360	256
					合平均	78.0	77.0	62.0	57.0	274.0	
					受平均	70.0	76.0	56.0	47.0	249.0	
鎌倉学園	1次	2/1	4	男	配点	100	100	60	60	320	187
					合平均	56.0	65.1	38.3	46.2	205.6	
					受平均	49.1	54.2	34.6	40.8	178.7	
鎌倉学園	2次	2/2	4	男	配点	100	100	60	60	320	221
					合平均	73.5	72.9	41.7	47.7	235.8	
					受平均	62.4	58.9	33.3	39.8	194.4	
暁星	1回	2/2	4	男	配点	100	100	75	75	350	211
					合平均	66.0	69.0	54.0	52.0	241.0	
					受平均	62.0	58.0	50.0	48.0	218.0	
暁星	2回	2/3 午後	2	男	配点	100	100			200	124
					合平均	74.0	65.0			139.0	
					受平均	62.0	42.0			104.0	
攻玉社	1回	2/1	4	男	配点	100	100	50	50	300	182
					合平均	67.8	61.3	33.7	34.8	197.7	
					受平均	61.2	52.0	30.5	31.7	175.5	
攻玉社	2回	2/2	4	男	配点	100	100	50	50	300	179
					合平均	62.1	59.4	31.1	38.0	190.6	
					受平均	52.4	46.9	28.2	34.1	161.6	
駒場東邦		2/1	4	男	配点	120	120	80	80	400	233
					合平均	84.5	66.6	53.3	49.0	253.4	
					受平均	78.7	57.2	50.0	44.1	230.0	

学校名	試験回数	試験日	教科数	区分		国語	算数	社会	理科	合計点	最低点
サレジオ学院	A	2/1	4	男	配点	100	100	75	75	350	229
					合平均	70.3	68.7	51.0	60.2	250.2	
					受平均	63.3	60.1	46.5	54.5	224.4	
サレジオ学院	B	2/4	4	男	配点	100	100	75	75	350	229
					合平均	68.8	69.7	47.9	57.6	244.0	
					受平均	61.3	60.1	42.5	50.7	214.6	
芝	1回	2/1	4	男	配点	100	100	75	75	350	196
					合平均	64.0	66.0	47.0	37.0	214.0	
					受平均	58.0	52.0	42.0	31.0	183.0	
芝	2回	2/4	4	男	配点	100	100	75	75	350	226
					合平均	73.0	67.0	51.0	48.0	239.0	
					受平均	66.0	54.0	45.0	41.0	206.0	
城北	1回	2/1	4	男	配点	100	100	70	70	340	213
					合平均	53.0	74.0	49.0	53.0	229.0	
					受平均	46.0	60.0	44.0	47.0	197.0	
城北	2回	2/2	4	男	配点	100	100	70	70	340	206
					合平均	63.0	73.0	50.0	49.0	235.0	
					受平均	56.0	63.0	45.0	42.0	206.0	
逗子開成	1次	2/1	4	男	配点	150	150	100	100	500	312
					合平均	89.0	103.8	79.7	73.4	345.9	
					受平均	77.3	91.9	73.7	65.2	308.1	
逗子開成	2次	2/3	4	男	配点	150	150	100	100	500	310
					合平均	91.7	99.7	75.1	68.7	335.2	
					受平均	79.3	78.6	66.5	54.4	278.8	
聖光学院	1回	2/2	4	男	配点	150	150	100	100	500	360
					合平均	109.9	110.9	83.7	78.0	382.5	
					受平均	−	−	−	−	−	
聖光学院	2回	2/4	4	男	配点	150	150	100	100	500	349
					合平均	93.7	115.6	81.0	77.1	367.4	
					受平均	−	−	−	−	−	
成城	1回	2/1	4	男	配点	100	100	60	60	320	188
					合平均	70.6	52.4	38.5	43.9	205.4	
					受平均	62.7	41.5	32.9	38.3	175.4	
成城	2回	2/3	4	男	配点	100	100	60	60	320	173
					合平均	62.0	58.0	33.0	33.2	186.2	
					受平均	53.2	47.2	27.2	29.1	156.7	
世田谷学園	1次	2/1	4	男	配点	100	100	50	50	300	168
					合平均	62.4	61.4	27.6	33.5	184.9	
					受平均	57.7	49.3	24.7	29.3	161.0	
世田谷学園	2次	2/2	4	男	配点	100	100	50	50	300	161
					合平均	65.2	59.3	26.3	35.5	186.3	
					受平均	59.3	49.8	23.2	32.2	164.5	
高輪	A	2/1	4	男	配点	100	100	60	60	320	199
					合平均	61.0	74.7	34.0	43.6	213.3	
					受平均	54.4	60.6	28.7	38.1	181.8	
高輪	B	2/2	4	男	配点	100	100	60	60	320	189
					合平均	69.3	65.4	33.5	39.2	207.4	
					受平均	60.0	50.2	28.0	31.8	170.0	
東京都市大付属	1回Ⅰ類	2/1	4	男	配点	100	100	75	75	350	215
					合平均	67.8	63.5	52.0	47.2	230.5	
					受平均	60.9	54.0	47.8	41.1	203.8	

※Ⅰ類の合格者平均･受験者平均･最低点はⅡ類出願者のスライド合格含む。受験者平均はⅠ･Ⅱ類合算。

学校名	試験回数	試験日	教科数	区分		国語	算数	社会	理科	合計点	最低点
東京都市大付属	1回Ⅱ類	2/1	4	男	配点	100	100	75	75	350	257
					合平均	75.1	80.1	60.5	53.0	268.7	
					受平均	60.9	54.0	47.8	41.1	203.8	

受験者平均はⅠ・Ⅱ類合算。

学校名	試験回数	試験日	教科数	区分		国語	算数	社会	理科	合計点	最低点
東京都市大付属	2回Ⅰ類	2/1午後	2	男	配点	100	100			200	115
					合平均	57.9	64.6			122.5	
					受平均	54.5	58.6			113.1	

※Ⅰ類の合格者平均･受験者平均･最低点はⅡ類出願者のスライド合格含む。受験者平均はⅠ・Ⅱ類合算。

学校名	試験回数	試験日	教科数	区分		国語	算数	社会	理科	合計点	最低点
東京都市大付属	2回Ⅱ類	2/1午後	2	男	配点	100	100			200	132
					合平均	66.2	77.9			144.1	
					受平均	54.5	58.6			113.1	

受験者平均はⅠ・Ⅱ類合算。

学校名	試験回数	試験日	教科数	区分		国語	算数	社会	理科	合計点	最低点
桐朋	1回	2/1	4	男	配点	100	100	60	60	320	188
					合平均	−	−	−	−	−	
					受平均	49.6	55.1	42.7	30.7	178.1	
桐朋	2回	2/2	4	男	配点	100	100	60	60	320	217
					合平均	−	−	−	−	−	
					受平均	64.2	59.4	44.0	39.9	207.5	
日本学園	1回	2/1	4	男	配点	100	100	50	50	300	190
					合平均	64.3	74.6	33.1	36.0	208.0	
					受平均	54.8	55.5	28.3	30.9	169.5	
日本学園	2回	2/4	4	男	配点	100	100	50	50	300	196
					合平均	62.3	73.1	38.2	37.5	211.1	
					受平均	49.2	55.3	31.8	28.2	164.6	
日本学園	3回	2/5	4	男	配点	100	100	50	50	300	189
					合平均	71.6	60.3	32.5	36.7	201.2	
					受平均	57.4	41.3	25.1	29.7	153.4	
本郷	1回	2/1	4	男	配点	100	100	75	75	350	215
					合平均	62.7	68.3	51.9	47.9	230.8	
					受平均	54.2	54.7	47.5	41.0	197.4	
本郷	2回	2/2	4	男	配点	100	100	75	75	350	237
					合平均	69.7	79.4	61.4	48.6	259.1	
					受平均	61.7	65.4	57.4	42.0	226.5	
武蔵		2/1	4	男	配点	100	100	60	60	320	206
					合平均	66.3	74.1	45.5	34.4	220.3	
					受平均	59.8	59.5	42.0	30.1	191.4	
明大付属中野	1回	2/2	4	男	配点	100	100	50	50	300	180
					合平均	75.0	62.0	30.0	36.0	203.0	
					受平均	66.0	44.0	24.0	32.0	166.0	
明大付属中野	2回	2/4	4	男	配点	100	100	50	50	300	175
					合平均	63.0	60.0	32.0	38.0	193.0	
					受平均	55.0	35.0	26.0	31.0	147.0	
立教池袋	一般1回	2/2	4	男	配点	100	100	50	50	300	173
					合平均	−	−	−	−	−	
					受平均	52.6	53.8	21.7	25.2	153.3	
立教新座	一般1回	1/25	4	男	配点	100	100	50	50	300	183
					合平均	−	−	−	−	−	
					受平均	70.0	48.2	28.1	26.6	172.9	
立教新座	一般2回	2/3	4	男	配点	100	100	50	50	300	196
					合平均	−	−	−	−	−	
					受平均	62.0	52.8	27.4	28.6	170.8	
早稲田	1回	2/1	4	男	配点	60	60	40	40	200	129
					合平均	38.9	39.7	29.1	32.1	139.8	
					受平均	33.5	30.1	26.2	28.4	118.2	

学校名	試験回数	試験日	教科数	区分		国語	算数	社会	理科	合計点	最低点
早稲田	2回	2/3	4	男	配点	60	60	40	40	200	123
					合平均	36.5	39.0	27.4	31.0	133.9	
					受平均	29.0	28.1	23.6	25.9	106.6	

私立男子校

私立女子校

私立女子校

学校名	試験回数	試験日	教科数	区分		国語	算数	社会	理科	合計点	最低点
浦和明の星女子	1回	1/14	4	女	配点	100	100	50	50	300	199
					合平均	74.0	78.0	39.0	28.0	219.0	
					受平均	68.0	70.0	37.0	25.0	200.0	
浦和明の星女子	2回	2/4	4	女	配点	100	100	50	50	300	210
					合平均	72.0	75.0	39.0	34.0	220.0	
					受平均	65.0	55.0	35.0	28.0	183.0	
鷗友学園女子	1回	2/1	4	女	配点	100	100	100	100	400	252
					合平均	67.0	66.0	77.0	65.0	275.0	
					受平均	60.0	54.0	72.0	57.0	243.0	
鷗友学園女子	2回	2/3	4	女	配点	100	100	100	100	400	288
					合平均	75.0	71.0	80.0	71.0	297.0	
					受平均	69.0	56.0	74.0	63.0	262.0	
大妻	1回	2/1	4	女	配点	100	100	60	60	320	208
					合平均	75.2	72.6	37.2	38.9	223.9	
					受平均	70.9	63.5	32.3	36.0	202.7	
大妻	2回	2/2	4	女	配点	100	100	60	60	320	211
					合平均	78.3	69.7	40.6	44.4	233.0	
					受平均	72.6	60.5	36.2	40.7	210.0	
学習院女子	一般A	2/1	4	女	配点	100	100	60	60	320	196
					合平均	−	−	−	−	−	
					受平均	54.7	53.0	39.0	38.7	185.4	
学習院女子	一般B	2/3	4	女	配点	100	100	60	60	320	200
					合平均	−	−	−	−	−	
					受平均	51.9	53.1	36.6	26.9	168.5	
鎌倉女学院	1次	2/2	4	女	配点	100	100	100	100	400	212
					合平均	77.2	67.2	60.4	66.0	270.8	
					受平均	75.2	63.1	57.6	63.1	259.0	
鎌倉女学院	2次	2/3	4	女	配点	100	100	100	100	400	212
					合平均	71.4	59.1	66.1	70.4	267.0	
					受平均	66.4	52.3	59.7	63.9	242.3	
吉祥女子	1回	2/1	4	女	配点	100	100	70	70	340	229
					合平均	73.3	69.4	50.5	52.6	245.8	
					受平均	66.5	57.6	44.7	46.2	215.0	
吉祥女子	2回	2/2	4	女	配点	100	100	70	70	340	238
					合平均	73.1	75.9	51.1	55.2	255.3	
					受平均	63.9	61.2	44.5	48.2	217.8	
共立女子	2/1	2/1	4	女	配点	100	100	50	50	300	156
					合平均	56.5	57.7	34.0	30.2	178.4	
					受平均	49.1	46.1	29.9	25.9	151.0	
共立女子	2/2	2/2	4	女	配点	100	100	50	50	300	180
					合平均	65.2	74.0	32.0	33.9	205.1	
					受平均	57.7	59.9	28.0	29.5	175.1	
恵泉女学園	1回	2/1 午後	2	女	配点	100	100			200	124
					合平均	76.6	67.5			144.1	
					受平均	70.0	56.0			126.0	

学校名	試験回数	試験日	教科数	区分		国語	算数	社会	理科	合計点	最低点
恵泉女学園	2回	2/2	4	女	配点	100	100	70	70	340	188
					合平均	58.0	61.8	44.2	49.2	213.2	
					受平均	51.8	53.2	39.1	45.0	189.1	
光塩女子学院	1回総合型	2/1	–	女	配点	50	50	総合100		200	115
					合平均	41.0	37.0	59.0		137.0	
					受平均	–	–	–		–	
光塩女子学院	2回	2/2	4	女	配点	100	100	50	50	300	138
					合平均	52.0	61.0	36.0	31.0	180.0	
					受平均	–	–	–	–	–	
光塩女子学院	3回	2/4	4	女	配点	100	100	50	50	300	192
					合平均	64.0	79.0	38.0	34.0	215.0	
					受平均	–	–	–	–	–	
晃華学園	1回	2/1	4	女	配点	100	100	50	50	300	178
					合平均	68.7	73.7	33.8	28.4	204.6	
					受平均	65.9	64.8	31.6	26.0	188.3	
晃華学園	2回	2/1午後	2	女	配点	80	80			160	108
					合平均	59.8	63.4			123.2	
					受平均	56.2	58.2			114.4	
国府台女子学院	推薦	12/1	4	女	配点	100	100	50	50	300	151
					合平均	62.7	56.4	28.6	25.6	173.3	
					受平均	56.5	41.7	24.2	21.5	143.9	
国府台女子学院	1回	1/21	4	女	配点	100	100	60	60	320	178
					合平均	59.0	72.7	38.0	36.5	206.2	
					受平均	51.5	61.4	33.5	32.9	179.3	
品川女子学院	1回	2/1	4	女	配点	100	100	60	60	320	209
					合平均	66.8	77.6	41.8	39.1	225.3	
					受平均	60.8	64.4	35.7	33.2	194.1	
品川女子学院	2回	2/2	4	女	配点	100	100	60	60	320	206
					合平均	68.3	75.9	35.0	42.5	221.7	
					受平均	60.9	58.2	28.4	35.5	183.0	
淑徳与野	1回	1/13	4	女	配点	100	100	50	50	300	177
					合平均	–	–	–	–	200.5	
					受平均	59.6	60.4	34.0	28.9	182.9	
淑徳与野	2回	2/4	4	女	配点	100	100	50	50	300	196
					合平均	–	–	–	–	208.1	
					受平均	57.7	55.1	28.0	30.0	170.7	
頌栄女子学院	1回	2/1	4	女	配点	100	100	100	100	400	246
					合平均	61.6	75.4	65.3	66.6	268.9	
					受平均	57.1	65.0	61.5	61.0	244.6	
頌栄女子学院	2回	2/5	4	女	配点	100	100	100	100	400	240
					合平均	61.2	72.9	60.1	64.6	258.8	
					受平均	52.9	62.3	51.8	55.6	222.6	
湘南白百合学園	一般	2/2	4	女	配点	100	100	100	100	400	250
					合平均	68.9	76.6	69.4	61.9	276.8	
					受平均	65.1	62.5	63.3	54.1	245.0	
白百合学園	一般	2/2	4	女	配点	100	100	75	75	350	245
					合平均	69.5	82.4	60.2	50.9	263.0	
					受平均	64.5	68.4	55.7	45.9	234.5	
洗足学園	1回	2/1	4	女	配点	100	100	75	75	350	194
					合平均	–	–	–	–	–	
					受平均	59.2	37.2	41.9	43.0	180.8	
洗足学園	2回	2/2	4	女	配点	100	100	75	75	350	201
					合平均	–	–	–	–	–	
					受平均	53.4	44.1	47.6	43.1	188.3	

私立女子校

学校名	試験回数	試験日	教科数	区分		国語	算数	社会	理科	合計点	最低点
田園調布学園	1回	2/1	4	女	配点	100	100	60	60	320	211
					合平均	−	−	−	−	−	
					受平均	55.5	62.7	41.4	42.6	202.1	
田園調布学園	2回	2/2	4	女	配点	100	100	60	60	320	206
					合平均	−	−	−	−	−	
					受平均	63.3	58.2	39.8	35.0	196.3	
東京女学館	1回	2/1	4	女	配点	100	100	50	50	300	190
					合平均	69.3	70.6	28.6	37.7	206.1	
					受平均	59.8	59.9	23.3	32.5	175.5	
東京女学館	2回	2/1午後	2	女	配点	100	100			200	125
					合平均	75.5	63.2			138.6	
					受平均	66.7	50.8			117.5	
東洋英和女学院	A	2/1	4	女	配点	100	100	60	60	320	210
					合平均	78.2	67.2	42.1	41.6	229.1	
					受平均	71.7	56.0	38.1	36.6	202.4	
東洋英和女学院	B	2/3	4	女	配点	100	100	60	60	320	229
					合平均	82.2	66.0	47.5	46.3	242.0	
					受平均	74.5	47.1	39.9	37.8	199.3	
豊島岡女子学園	1回	2/2	4	女	配点	100	100	50	50	300	194
					合平均	78.4	54.7	38.7	41.5	213.4	
					受平均	71.6	43.4	35.8	35.5	186.4	
豊島岡女子学園	2回	2/3	4	女	配点	100	100	50	50	300	211
					合平均	75.7	70.9	36.5	40.0	223.2	
					受平均	66.7	52.3	31.7	35.7	186.6	
日本女子大附属	1回	2/1	4	女	配点	60	60	40	40	200	109
					合平均	38.4	36.9	24.7	25.1	125.2	
					受平均	36.7	31.2	22.9	22.8	113.7	
日本女子大附属	2回	2/3	4	女	配点	60	60	40	40	200	114
					合平均	41.5	36.0	26.3	29.4	133.3	
					受平均	38.4	26.5	23.6	26.3	114.8	
フェリス女学院		2/1	4	女	配点	100	100	60	60	320	−
					合平均	−	−	−	−	−	
					受平均	74.0	57.0	37.0	34.0	202.0	
富士見	1回	2/1	4	女	配点	100	100	60	60	320	203
					合平均	70.1	69.1	42.7	40.8	222.7	
					受平均	−	−	−	−	−	
富士見	2回	2/2	4	女	配点	100	100	60	60	320	205
					合平均	73.2	75.2	36.9	42.3	227.7	
					受平均	−	−	−	−	−	
普連土学園	1日午前4科	2/1	4	女	配点	100	100	75	75	350	214
					合平均	65.0	78.0	45.0	48.0	236.0	
					受平均	61.0	67.0	39.0	42.0	210.0	
普連土学園	2日午後2科	2/2午後	2	女	配点	100	100			200	112
					合平均	65.0	63.0			128.0	
					受平均	57.0	48.0			105.0	
横浜共立	A	2/1	4	女	配点	100	100	100	100	400	232
					合平均	−	−	−	−	−	
					受平均	69.6	63.0	59.2	61.8	253.6	
横浜共立	B	2/3	2	女	配点	100	100			200	130
					合平均	−	−			−	
					受平均	72.2	55.9			128.1	

私立共学校

学校名	試験回数	試験日	教科数	区分		国語	算数	社会	理科	合計点	最低点
横浜雙葉	1期	2/1	4	女	配点	100	100	80	80	360	242
					合平均	80.0	68.0	55.0	59.0	262.0	
					受平均	76.0	54.0	50.0	53.0	233.0	
立教女学院		2/1	4	女	配点	90	90	60	60	300	185
					合平均	67.5	46.4	43.6	45.0	202.4	
					受平均	−	−	−	−	−	

全国主要校

全国主要校

学校名	試験回数	試験日	教科数	区分		国語	算数	社会	理科	合計点	最低点
［北海道］函館ラ・サール	第1次	1/8	3・4(4教科)	男	配点	100	100	50	50	☆300	157
					合平均	66.1	57.1	38.0	28.9	190.1	
					受平均	59.8	44.8	33.9	24.1	162.6	
［北海道］函館ラ・サール	第2次	2/3	2・3・4(4教科)	男	配点	100	100	50	50	☆300	159
					合平均	48.0	72.2	35.8	33.6	189.6	
					受平均	42.7	61.6	34.7	31.8	170.8	
［北海道］北嶺		1/8	4	男	配点	120	120	80	80	400	専212 併・併A227 併B228
					合平均	81.6	77.4	58.7	56.4	272.5	
					受平均	78.4	71.9	54.6	52.8	257.4	
［愛知］滝		2/4	4	合算	配点	100	100	50	50	300	206
					合平均	−	−	−	−	−	
					受平均	67.5	53.2	32.4	34.2	187.3	
［愛知］海陽	特別給費生入試	12/16	3・4(4教科)	男	配点	100	100	50	50	300	−
					合平均	62.0	60.9	31.2	30.5	184.6	
					受平均	54.2	45.7	27.9	23.4	151.2	

※1回全会場合算

学校名	試験回数	試験日	教科数	区分		国語	算数	社会	理科	合計点	最低点
［愛知］海陽	入試Ⅰ	12/23	3・4(4教科)	男	配点	100	100	50	50	300	−
					合平均	54.9	70.7	30.7	22.2		
					受平均	52.2	65.4	29.5	20.9	168.0	

※Ⅰ全会場合算

学校名	試験回数	試験日	教科数	区分		国語	算数	社会	理科	合計点	最低点
［愛知］南山男子部		2/3	4	男	配点	200	200	200	200	800	476
					合平均	139.9	133.4	129.1	124.7	527.1	
					受平均	121.5	101.4	109.2	99.2	431.2	
［愛知］東海		2/3	4	男	配点	100	100	100	100	400	237
					合平均	60.0	58.7	82.0	62.4	263.1	
					受平均	51.9	45.5	74.4	55.9	227.7	
［愛知］愛知淑徳		1/28	4	女	配点	100	100	50	50	300	171
					合平均	67.3	60.7	35.1	37.6	200.7	
					受平均	60.0	51.5	31.7	33.3	176.5	
［愛知］南山女子部		1/27	4	女	配点	200	200	200	200	800	59.3%
					合平均	105.7	131.7	148.4	136.9	522.8	
					受平均	83.8	95.3	124.8	116.7	420.6	

※合格最低点は得点率（%）

学校名	試験回数	試験日	教科数	区分		国語	算数	社会	理科	合計点	最低点
［京都］同志社		1/13	2	合算	配点	80	80			160	103
					合平均	−	−			−	
					受平均	51.3	53.0			104.3	
［京都］洛南高校附属		1/15	3・4(4教科)	合算	配点	150	150	50	50	☆400	併252 専男201 女217
					合平均	92.6	82.8	72.8	62.6	243.3	
					受平均	−	−	−	−	−	

※併願・専願合算　☆社会・理科の配点は各100点を各50点に換算（合計400点満点で判定）※合格最低点は、3・4科合算

学校名	試験回数	試験日	教科数	区分		国語	算数	社会	理科	合計点	最低点
［京都］洛南高校附属		1/15	3・4(3教科)	合算	配点	150	150		100	☆400	併252 専男201 女217
					合平均	86.9	93.8		66.3	246.9	
					受平均	−	−		−	−	

※併願・専願合算（合計400点満点で判定）※合格最低点は、3・4科合算

学校名	試験回数	試験日	教科数	区分		国語	算数	社会	理科	合計点	最低点
[京都] 洛星	前期	1/13	3・4(4教科)	男	配点	120	120	100	100	☆440	265
					合平均	–	–	–	–	–	
					受平均	63.4	76.4	69.3	61.2	268.2	

※4科選択・3科選択合算　☆3科受験生は合計を440点に換算

学校名	試験回数	試験日	教科数	区分		国語	算数	社会	理科	合計点	最低点
[京都] 洛星	後期	1/18	3・4(4教科)	男	配点	120	120	80	80	☆400	239
					合平均	–	–	–	–	–	
					受平均	67.0	63.3	49.9	40.9	219.4	

※4科選択・3科選択合算　☆3科受験生は合計を400点に換算

学校名	試験回数	試験日	教科数	区分		国語	算数	社会	理科	合計点	最低点
[大阪] 大阪桐蔭	前期英数	1/13 午後	3・4(4教科)	合算	配点	120	120	60	60	☆360	専150　併168
					合平均	–	–	–	–	–	
					受平均	–	–	–	–	–	

※4科選択・3科選択合算　☆4科受験生は3科合計を360点に換算したものと、4科合計のうち高い得点で判定。3科受験生は国算理の合計を360点に換算して判定。

学校名	試験回数	試験日	教科数	区分		国語	算数	社会	理科	合計点	最低点
[大阪] 大阪桐蔭	前期英数選抜	1/13 午後	3・4(4教科)	合算	配点	120	120	60	60	☆360	専210　併220
					合平均	–	–	–	–	–	
					受平均	–	–	–	–	–	

※4科選択・3科選択合算　☆4科受験生は3科合計を360点に換算したものと、4科合計のうち高い得点で判定。3科受験生は国算理の合計を360点に換算して判定。

学校名	試験回数	試験日	教科数	区分		国語	算数	社会	理科	合計点	最低点
[大阪] 大阪桐蔭	後期英数	1/14 午後	3・4(4教科)	合算	配点	120	120	60	60	☆360	専167　併174
					合平均	–	–	–	–	–	
					受平均	–	–	–	–	–	

※4科選択・3科選択合算　☆4科受験生は3科合計を360点に換算したものと、4科合計のうち高い得点で判定。3科受験生は国算理の合計を360点に換算して判定。

学校名	試験回数	試験日	教科数	区分		国語	算数	社会	理科	合計点	最低点
[大阪] 大阪桐蔭	後期英数選抜	1/14 午後	3・4(4教科)	合算	配点	120	120	60	60	☆360	専202　併212
					合平均	–	–	–	–	–	
					受平均	–	–	–	–	–	

※4科選択・3科選択合算　☆4科受験生は3科合計を360点に換算したものと、4科合計のうち高い得点で判定。3科受験生は国算理の合計を360点に換算して判定。

学校名	試験回数	試験日	教科数	区分		国語	算数	社会	理科	合計点	最低点
[大阪] 清風南海	A	1/14	3・4(4教科)	合算	配点	120	120	80	80	☆400	S特進288　特進265
					合平均	–	–	–	–	–	
					受平均	73.1	76.3	44.0	56.2	☆249.6	

※4科選択・3科選択合算　☆3科受験生は合計を400点に換算、4科受験生は3科合計を400点に換算したものと、4科合計のうち高い得点で判定

学校名	試験回数	試験日	教科数	区分		国語	算数	社会	理科	合計点	最低点
[大阪] 清風南海	A	1/14	3・4(3教科)	合算	配点	120	120		80	☆400	S特進288　特進265
					合平均	–	–	–	–	–	
					受平均	73.1	76.3	44.0	56.2	3科理267　3科社241	

※4科選択・3科選択合算　☆3科受験生は合計を400点に換算、4科受験生は3科合計を400点に換算したものと、4科合計のうち高い得点で判定

学校名	試験回数	試験日	教科数	区分		国語	算数	社会	理科	合計点	最低点
[大阪] 清風南海	B	1/16	3・4(4教科)	合算	配点	120	120	80	80	☆400	S特進315　特進285
					合平均	–	–	–	–	–	
					受平均	74.7	84.0	54.7	63.0	☆276.4	

※4科選択・3科選択合算　☆3科受験生は合計を400点に換算、4科受験生は3科合計を400点に換算したものと、4科合計のうち高い得点で判定

学校名	試験回数	試験日	教科数	区分		国語	算数	社会	理科	合計点	最低点
[大阪] 清風南海	B	1/16	3・4(3教科)	合算	配点	120	120		80	☆400	S特進315　特進285
					合平均	–	–	–	–	–	
					受平均	74.7	84.0	54.7	63.0	☆276.4	

※4科選択・3科選択合算　☆3科受験生は合計を400点に換算、4科受験生は3科合計を400点に換算したものと、4科合計のうち高い得点で判定

学校名	試験回数	試験日	教科数	区分		国語	算数	社会	理科	合計点	最低点
[大阪] 大阪星光学院		1/13	3・4(4教科)	男	配点	120	120	80	80	☆400	253
					合平均	75.9	79.3	55.8	61.6	☆275.4	
					受平均	70.6	66.0	51.6	56.5	☆246.4	

※4科選択・3科選択合算　☆3科受験生は合計を400点に換算、4科受験生は3科（国・算・理）合計を400点に換算したものと、4科合計のうち高い得点で判定

学校名	試験回数	試験日	教科数	区分		国語	算数	社会	理科	合計点	最低点
[大阪] 清風	前期・理Ⅲ	1/13	3・4(4教科)	男	配点	120	120	80	80	☆400	292
					合平均	89.2	88.1	62.3	73.7	☆315.9	
					受平均	75.3	63.0	56.1	63.3	☆256.4	

※4科選択・3科選択合算　※受験者平均は理Ⅰ・Ⅱ・Ⅲ合算　☆3科受験生は合計を400点に換算、4科受験生は3科（国・算・理）合計を400点に換算したものと、4科合計のうち高い得点で判定

学校名	試験回数	試験日	教科数	区分		国語	算数	社会	理科	合計点	最低点
[大阪] 清風	前期・理Ⅱ	1/13	3・4(4教科)	男	配点	120	120	80	80	☆400	248
					合平均	79.4	67.8	57.4	68.0	☆272.3	
					受平均	75.3	63.0	56.1	63.3	☆256.4	

※4科選択・3科選択合算　※受験者平均は理Ⅰ・Ⅱ・Ⅲ合算　☆3科受験生は合計を400点に換算、4科受験生は3科（国・算・理）合計を400点に換算したものと、4科合計のうち高い得点で判定

学校名	試験回数	試験日	教科数	区分		国語	算数	社会	理科	合計点	最低点
[大阪] 清風	前期・理Ⅰ	1/13	3・4(4教科)	男	配点	120	120	80	80	☆400	162
					合平均	66.0	46.5	50.2	56.3	☆216.2	
					受平均	75.3	63.0	56.1	63.3	☆256.4	

※4科選択・3科選択合算　※受験者平均は理Ⅰ・Ⅱ・Ⅲ合算　☆3科受験生は合計を400点に換算、4科受験生は3科（国・算・理）合計を400点に換算したものと、4科合計のうち高い得点で判定

学校名	試験回数	試験日	教科数	区分		国語	算数	社会	理科	合計点	最低点
[大阪] 清風	前期 プレミアム・理Ⅲ・理Ⅲプレミアム	1/13	2	男	配点	120	120			240	154
					合平均	83.7	89.6			173.3	
					受平均	71.0	65.0			136.0	

※受験者平均は理Ⅱ・Ⅲ・理Ⅲプレミアム合算※W受験は得点に10点を加算して合否・合格コース判定

学校名	試験回数	試験日	教科数	区分		国語	算数	社会	理科	合計点	最低点
[大阪] 清風	前期 プレミアム・ 理Ⅲ・理Ⅲ	1/13	2	男	配点	120	120			240	131
					合平均	74.2	68.2			142.3	
					受平均	71.0	65.0			136.0	

※受験者平均は理Ⅱ・Ⅲ・理Ⅲプレミアム合算※W受験は得点に10点を加算して合否・合格コース判定

学校名	試験回数	試験日	教科数	区分		国語	算数	社会	理科	合計点	最低点
[大阪] 清風	前期 プレミアム・ 理Ⅲ・理Ⅱ	1/13	2	男	配点	120	120			240	105
					合平均	65.4	52.6			118.0	
					受平均	71.0	65.0			136.0	

※受験者平均は理Ⅱ・Ⅲ・理Ⅲプレミアム合算※W受験は得点に10点を加算して合否・合格コース判定

学校名	試験回数	試験日	教科数	区分		国語	算数	社会	理科	合計点	最低点
[大阪] 高槻	A	1/13	3・4 (4教科)	男	配点	120	120	80	80	400	251
					合平均	77.9	84.6	61.2	46.8	227.6	
					受平均	68.9	64.6	56.8	40.9	231.5	
[大阪] 高槻	A	1/13	3・4 (4教科)	女	配点	120	120	80	80	400	263
					合平均	84.7	89.7	65.0	50.4	289.8	
					受平均	79.4	72.4	59.9	44.5	256.2	
[大阪] 高槻	B	1/14 午後	3	男	配点	120	120		80	320	206
					合平均	74.7	93.8		61.7	230.2	
					受平均	68.1	73.1		53.5	194.6	
[大阪] 高槻	B	1/14 午後	3	女	配点	120	120		80	320	210
					合平均	84.9	88.0		60.7	233.6	
					受平均	75.9	66.1		51.1	193.1	
[大阪] 四天王寺	英数S・英数・ 医志	1/13	3・4 (4教科)	女	配点	120	120	80	80	☆400	医301 英S298 英専249
					合平均	−	−	−	−	−	
					受平均	81.0	80.0	56.0	44.0	269.0	

※平均点は英数Ⅰ・英数Ⅱ・医志合算※4科選択・3科選択合算☆3科受験生は合計を400点に換算、4科受験生は3科合計を400点に換算したものと、4科合計のうち高い得点で判定

学校名	試験回数	試験日	教科数	区分		国語	算数	社会	理科	合計点	最低点
[兵庫] 須磨学園	1回・A	1/13	3・4 (4教科)	合算	配点	150	150	100	100	500	322
					合平均	98.8	112.1	63.8	64.3	337.5	
					受平均	93.6	99.8	62.6	60.3	309.3	

※4科選択・3科選択合算　※受験者平均・合格者最低点はA・B合算

学校名	試験回数	試験日	教科数	区分		国語	算数	社会	理科	合計点	最低点
[兵庫] 須磨学園	1回・A	1/13	3・4 (3教科)	合算	配点	150	150		100	400	255
					合平均	98.8	112.1		64.3	275.5	
					受平均	93.6	99.8		60.3	253.9	

※4科選択・3科選択合算　※受験者平均・合格者最低点はA・B合算

学校名	試験回数	試験日	教科数	区分		国語	算数	社会	理科	合計点	最低点
[兵庫] 須磨学園	1回・B	1/13	3・4 (4教科)	合算	配点	150	150	100	100	500	322
					合平均	105.0	124.2	80.5	79.7	409.5	
					受平均	93.6	99.8	62.6	60.3	309.3	

※4科選択・3科選択合算　※受験者平均・合格者最低点はA・B合算

学校名	試験回数	試験日	教科数	区分		国語	算数	社会	理科	合計点	最低点
[兵庫] 須磨学園	1回・B	1/13	3・4 (3教科)	合算	配点	150	150		100	400	255
					合平均	105.0	124.2		79.7	308.8	
					受平均	93.6	99.8		60.3	253.9	

※4科選択・3科選択合算　※受験者平均・合格者最低点はA・B合算

学校名	試験回数	試験日	教科数	区分		国語	算数	社会	理科	合計点	最低点
[兵庫] 須磨学園	2回・A	1/14	3・4 (4教科)	合算	配点	150	150	100	100	500	316
					合平均	99.4	104.2	64.0	68.7	331.5	
					受平均	93.8	94.0	62.0	61.5	327.3	

※4科選択・3科選択合算　※受験者平均・合格者最低点はA・B合算

学校名	試験回数	試験日	教科数	区分		国語	算数	社会	理科	合計点	最低点
[兵庫] 須磨学園	2回・A	1/14	3・4 (3教科)	合算	配点	150	150		100	400	253
					合平均	99.4	104.2		68.7	272.3	
					受平均	93.8	94.0		61.5	249.4	

※4科選択・3科選択合算　※受験者平均・合格者最低点はA・B合算

学校名	試験回数	試験日	教科数	区分		国語	算数	社会	理科	合計点	最低点
[兵庫] 須磨学園	2回・B	1/14	3・4 (4教科)	合算	配点	150	150	100	100	500	316
					合平均	109.2	118.9	64.0	72.1	368.1	
					受平均	93.8	94.0	62.0	61.5	327.3	

※4科選択・3科選択合算　※受験者平均・合格者最低点はA・B合算

学校名	試験回数	試験日	教科数	区分		国語	算数	社会	理科	合計点	最低点
[兵庫] 須磨学園	2回・B	1/14	3・4 (3教科)	合算	配点	150	150		100	400	253
					合平均	109.2	118.9		72.1	300.2	
					受平均	93.8	94.0		61.5	249.4	

※4科選択・3科選択合算　※受験者平均・合格者最低点はA・B合算

学校名	試験回数	試験日	教科数	区分		国語	算数	社会	理科	合計点	最低点
[兵庫] 甲陽学院		1/13・ 14	3	男	配点	①100②100	①100②100		①100	500	263
					合平均	124.8	101.6		67.6	294.0	
					受平均	①62.9②55.0	①41.8②47.1		①62.5	269.3	

※①＝1日目②＝2日目

学校名	試験回数	試験日	教科数	区分		国語	算数	社会	理科	合計点	最低点
[兵庫]淳心学院	前期A	1/13	3	男	配点	100	100		100	300	ヴ220　カ190
					合平均	－	－		－	－	
					受平均	58.8	57.1		62.1	191.9	
ヴ＝ヴェリタス・カ＝カリタス											
[兵庫]淳心学院	前期B	1/14	2	男	配点	150	150			300	ヴ194　カ161
					合平均	－	－			－	
					受平均	84.8	68.9			163.0	
ヴ＝ヴェリタス・カ＝カリタス											
[兵庫]淳心学院	後期	1/15午後	2	男	配点	150	150			300	ヴ230　カ178
					合平均	－	－			－	
					受平均	96.7	82.9			182.1	
ヴ＝ヴェリタス・カ＝カリタス											
[兵庫]灘		1/13・14	3	男	配点	①80②120	①100②100		100	500	330
					合平均	①60.5②72.9	①72.7②72.2		77.6	355.8	
					受平均	①54.7②66.9	①60.7②59.2		70.5	311.9	
※①＝1日目②＝2日目											
[兵庫]六甲学院	A	1/13	3	男	配点	150	150		100	400	224
					合平均	83.5	108.8		63.4	255.7	
					受平均	76.2	95.5		57.6	229.3	
[兵庫]六甲学院	B	1/16	2	男	配点	150	150			300	144
					合平均	88.8	98.9			187.7	
					受平均	80.1	75.7			155.8	
[奈良]帝塚山	1次A男子英数	1/13	3・4(4教科)	男	配点	150	150	75	75	☆450	併322　専285
					合平均	103.2	102.1	52.8	45.6	☆309.4	
					受平均	99.5	94.7	50.3	43.8	☆292.6	
※4科選択・3科選択合算　※併願・専願合算　☆3科受験生は合計を450点に換算、4科受験生は3科合計を450点に換算したものと、4科合計のうち高い得点で判定											
[奈良]帝塚山	1次A男子英数	1/13	3・4(3教科)	男	配点	150	150		75	☆450	併322　専285
					合平均	103.2	102.1		45.6	☆250.9	
					受平均	99.5	94.7		43.8	☆238	
※4科選択・3科選択合算　※併願・専願合算　☆3科受験生は合計を450点に換算、4科受験生は3科合計を450点に換算したものと、4科合計のうち高い得点で判定											
[奈良]帝塚山	1次A男子英数・S理選抜	1/13	3・4(4教科)	男	配点	150	150	75	75	☆450	併360　専340
					合平均	118.9	122.8	57.2	52.1	☆362.1	
					受平均	103.7	101.2	52.5	45.1	☆307.9	
※4科選択・3科選択合算　※併願・専願合算　☆3科受験生は合計を450点に換算、4科受験生は3科合計を450点に換算したものと、4科合計のうち高い得点で判定											
[奈良]帝塚山	1次A男子英数・S理選抜	1/13	3・4(3教科)	男	配点	150	150		75	☆450	併360　専340
					合平均	118.9	122.8		52.1	☆293.8	
					受平均	103.7	101.2		45.1	☆250	
※4科選択・3科選択合算　※併願・専願合算　☆3科受験生は合計を450点に換算、4科受験生は3科合計を450点に換算したものと、4科合計のうち高い得点で判定											
[奈良]帝塚山	2次A男子英数・S理選抜	1/14	3	男	配点	150	150		75	☆450	併320　専304
					合平均	97.9	123.0		60.2	☆337.3	
					受平均	82.9	104.9		49.6	☆287.2	
☆3科は合計を450点に換算して判定											
[奈良]帝塚山	2次A男子英数・S理選抜	1/14	3	男	配点	150	150	75		☆450	併320　専304
					合平均	97.9	123.0	60.4		☆337.5	
					受平均	82.9	104.9	53.5		☆289.5	
☆3科は合計を450点に換算して判定											
[奈良]帝塚山	2次A男子英数	1/14	3	男	配点	150	150		75	☆450	併277　専268
					合平均	81.8	106.9		51.1	☆287.7	
					受平均	77.5	98.9		45.5	☆266.9	
☆3科は合計を450点に換算して判定											
[奈良]帝塚山	2次A男子英数	1/14	3	男	配点	150	150	75		☆450	併277　専268
					合平均	81.8	106.9	53.3		☆289.3	
					受平均	77.5	98.9	51.1		☆273	
☆3科は合計を450点に換算して判定											
[奈良]帝塚山	1次A女子英数・S選抜	1/13	3・4(4教科)	女	配点	150	150	75	75	☆450	併360　専340
					合平均	120.2	123.8	55.8	50.8	☆360.9	
					受平均	112.6	101.5	47.2	43.6	☆315.2	
※4科選択・3科選択合算　※併願・専願合算　☆3科受験生は合計を450点に換算、4科受験生は3科合計を450点に換算したものと、4科合計のうち高い得点で判定											
[奈良]帝塚山	1次A女子英数・S選抜	1/13	3・4(3教科)	女	配点	150	150		75	☆450	併360　専340
					合平均	120.2	123.8		50.8	☆294.8	
					受平均	112.6	101.5		43.6	☆257.7	
※4科選択・3科選択合算　※併願・専願合算　☆3科受験生は合計を450点に換算、4科受験生は3科合計を450点に換算したものと、4科合計のうち高い得点で判定											

学校名	試験回数	試験日	教科数	区分		国語	算数	社会	理科	合計点	最低点
[奈良] 帝塚山	1次A女子英数	1/13	3・4 (4教科)	女	配点	150	150	75	75	☆450	併335 専295
					合平均	112.6	101.3	47.5	44.7	☆314.9	
					受平均	107.9	90.4	42.6	40.3	☆281.2	
※4科選択・3科選択合算　※併願・専願合算　☆3科受験生は合計を450点に換算、4科受験生は3科合計を450点に換算したものと、4科合計のうち高い得点で判定											
[奈良] 帝塚山	1次A女子英数	1/13	3・4 (3教科)	女	配点	150	150		75	☆450	併335 専295
					合平均	112.6	101.3		44.7	☆258.6	
					受平均	107.9	90.4		40.3	☆238.6	
※4科選択・3科選択合算　※併願・専願合算　☆3科受験生は合計を450点に換算、4科受験生は3科合計を450点に換算したものと、4科合計のうち高い得点で判定											
[奈良] 帝塚山	1次A女子特進	1/13	3・4 (4教科)	女	配点	150	150	75	75	☆450	併270 専240
					合平均	105.0	82.6	39.3	36.3	☆275.5	
					受平均	100.3	75.2	37.5	34.2	☆257.7	
※4科選択・3科選択合算　※併願・専願合算　☆3科受験生は合計を450点に換算、4科受験生は3科合計を450点に換算したものと、4科合計のうち高い得点で判定											
[奈良] 帝塚山	1次A女子特進	1/13	3・4 (3教科)	女	配点	150	150		75	☆450	併270 専240
					合平均	105.0	82.6		36.3	☆223.9	
					受平均	100.3	75.2		34.2	☆209.7	
※4科選択・3科選択合算　※併願・専願合算　☆3科受験生は合計を450点に換算、4科受験生は3科合計を450点に換算したものと、4科合計のうち高い得点で判定											
[奈良] 帝塚山	2次A女子英数・S選抜	1/14	3	女	配点	150	150	75		☆450	併320 専304
					合平均	106.0	114.7	57.1		☆332.5	
					受平均	93.1	98.6	51.6		☆289.1	
☆3科は合計を450点に換算して判定											
[奈良] 帝塚山	2次A女子英数・S選抜	1/14	3	女	配点	150	150		75	☆450	併320 専304
					合平均	106.0	114.7		54.8	☆330	
					受平均	93.1	98.6		45.7	☆285	
☆3科は合計を450点に換算して判定											
[奈良] 帝塚山	2次A女子英数	1/14	3	女	配点	150	150	75		☆450	併289 専270
					合平均	92.4	97.6	54.2		☆288.7	
					受平均	85.1	89.0	48.1		☆262.9	
☆3科は合計を450点に換算して判定											
[奈良] 帝塚山	2次A女子英数	1/14	3	女	配点	150	150		75	☆450	併289 専270
					合平均	92.4	97.6		47.1	☆284.5	
					受平均	85.1	89.0		41.3	☆258.4	
☆3科は合計を450点に換算して判定											
[奈良] 帝塚山	2次A女子特進	1/14	3	女	配点	150	150	75		☆450	併256 専244
					合平均	84.4	91.4	47.1		☆265.4	
					受平均	78.5	80.9	43.0		☆239.1	
☆3科は合計を450点に換算して判定											
[奈良] 帝塚山	2次A女子特進	1/14	3	女	配点	150	150		75	☆450	併256 専244
					合平均	84.4	91.4		41.5	☆260	
					受平均	78.5	80.9		35.3	☆233.6	
☆3科は合計を450点に換算して判定											
[奈良] 西大和学園	県外・東京、東海、	1/6	4	合算	配点	150	150	100	100	500	併308 専298
					合平均	101.7	82.6	79.7	72.2	336.1	
					受平均	96.4	59.6	73.8	64.4	294.2	
[奈良] 西大和学園	県外・福岡、広島、岡山	1/7	4	合算	配点	150	150	100	100	500	併330 専320
					合平均	95.7	103.4	79.0	74.2	352.2	
					受平均	89.9	91.9	74.7	68.8	325.2	
[奈良] 西大和学園	本校	1/14	3・4 (4教科)	男	配点	150	150	100	100	500	339
					合平均	102.9	107.9	69.2	72.8	352.8	
					受平均	93.5	93.2	65.5	66.0	318.2	
[奈良] 西大和学園	本校	1/14	3・4 (4教科)	女	配点	150	150	100	100	500	344
					合平均	110.4	100.7	71.5	70.7	353.3	
					受平均	100.7	85.6	64.9	62.2	313.4	
[和歌山] 開智	和歌山・前期スーパー文理コース	1/13	3	合算	配点	150	150		100	400	279
					合平均	115.0	122.4		67.5	305.0	
					受平均	99.4	85.5		53.3	238.3	
[和歌山] 開智	和歌山・前期特進	1/13	3	合算	配点	150	150		100	400	174
					合平均	98.7	76.2		49.5	224.4	
					受平均	84.4	53.7		39.3	177.5	

学校名	試験回数	試験日	教科数	区分		国語	算数	社会	理科	合計点	最低点
[和歌山] 開智	和歌山・後期 スーパー文理コース	1/15	3	合算	配点	150	150		100	400	315
					合平均	124.2	135.3		71.6	331.2	
					受平均	112.6	104.1		57.8	274.5	
[和歌山] 開智	和歌山・後期 特進	1/15	3	合算	配点	150	150		100	400	265
					合平均	117.5	107.3		63.0	287.8	
					受平均	93.4	62.4		38.2	193.9	
[和歌山] 智辯学園和歌山	前期	1/13	3	合算	配点	100	100		100	300	S選抜206 総合選抜150
					合平均	−	−		−	−	
					受平均	61.6	63.2		62.7	187.6	
[和歌山] 智辯学園和歌山	後期	1/15 午後	2	合算	配点	100	100			200	S選抜131 総合選抜100
					合平均	−	−			−	
					受平均	54.8	54.3			109.1	
[岡山] 岡山白陵		1/5	3・4 (4教科)	合算	配点	100	100	80	80	360	専165　非180
					合平均	−	−	−	−	−	
					受平均	55.3	67.3	56.2	56.9	233.5	

※4科選択・3科選択合算、受平均・最低点は360点に換算。受平均は非専願。.

学校名	試験回数	試験日	教科数	区分		国語	算数	社会	理科	合計点	最低点
[広島] 広島大附属		1/22	4	合算	配点	100	100	60	60	320	−
					合平均	66.4	67.9	53.7	52.4	−	
					受平均	−	−	−	−	−	
[広島] ノートルダム清心		1/20	4	女	配点	100	100	60	60	320	175
					合平均	−	−	−	−	−	
					受平均	57.7	57.7	32.8	29.3	177.5	
[愛媛] 愛光	松山会場	1/7	3・4 (4教科)	合算	配点	120	120	80	80	☆400	193
					合平均	−	−	−	−	−	
					受平均	72.7	80.7	48.9	50.9	☆（253.2）	

※4科選択・3科選択合算　☆3科受験生は合計を400点に換算、4科受験生は3科合計を400点に換算したものと、4科合計のうち高い得点で判定。受平均は全会場の平均。

学校名	試験回数	試験日	教科数	区分		国語	算数	社会	理科	合計点	最低点
[愛媛] 愛光	県外3会場 大阪・東京・福岡	1/7	3・4 (4教科)	合算	配点	120	120	80	80	☆400	243
					合平均	−	−	−	−	−	
					受平均	72.7	80.7	48.9	50.9	☆（253.2）	

※4科選択・3科選択合算　☆3科受験生は合計を400点に換算、4科受験生は3科合計を400点に換算したものと、4科合計のうち高い得点で判定。受平均は全会場の平均。

学校名	試験回数	試験日	教科数	区分		国語	算数	社会	理科	合計点	最低点
[福岡] 久留米大附設		1/20	4	合算	配点	150	150	100	100	500	301
					合平均	92.7	114.8	58.8	63.5	330.0	
					受平均	79.1	88.6	50.9	52.7	271.0	
[長崎] 青雲		1/6	4	合算	配点	150	150	100	100	500	併267　専236
					合平均	105.0	94.0	78.0	70.0	347.0	
					受平均	100.0	88.0	75.0	67.0	330.0	

※平均点は併願・専願合算

結果偏差値 7年間推移

下記のデータは、四谷大塚の合不合判定テスト受験生への合否結果の追跡調査により算出した過去7年間の結果偏差値で、各年度の合格可能性80%Aラインを表す数字です。志望者の動向や入試要項（募集定員、教科数、入試日程等）の変更、また状況の変化（例えば女子のサンデーショック等）により、年々偏差値も変動しております。また、あくまでも80%の合格可能性ラインを示したもので、合格を保証するラインではないことをご承知おきください。

※2018年から2024年において、結果偏差値を設定した試験について掲載しています。

※試験名称、入試日、教科は2024年のものを表記しています。

男子

	2024年入試			18	19	20	21	22	23	24
	入試日	教科	学校名	大1	高3	高2	高1	中3	中2	中1
ア	1/7	3・4	愛光（首都圏）	57	58	58	58	58	58	59
	2/2	4	青山学院	57	58	58	58	59	59	59
	1/10	4	青山浦和ルーテル	－	43	48	51	52	51	50
	1/13	4	青山浦和ルーテル２	－	44	48	50	52	51	50
	2/1	4	青山学院横浜英和Ａ	51	52	53	53	54	55	55
	2/2午後	2	青山学院横浜英和B	54	54	55	56	56	58	58
	2/3午後	2	青山学院横浜英和C	54	54	55	55	56	57	57
	2/3	4	浅野	64	64	64	64	65	64	64
	2/1	4	麻布	67	67	68	68	68	68	66
	2/1午後	4	足立学園（特奨１）	48	48	48	48	48	48	48
	2/2午後	4	足立学園（特奨２）	48	48	48	48	48	48	48
	2/3午後	4	足立学園（特奨３）	48	48	48	48	48	48	48
イ	2/1	2	郁文館（総合）	44	44	44	38	40	40	40
	2/1午後	2	郁文館ｉＰ	－	－	－	－	－	－	50
	2/2	2	郁文館（総合２）	36	36	36	36	38	38	38
	2/3午後	2	郁文館ｉＰ２	－	－	－	－	－	－	49
	1/20	4	市川	64	63	64	64	64	65	65
	2/4	4	市川２	63	63	65	64	64	64	66
	1/20	4	市川（１月帰）	58	58	58	58	59	59	59
	1/6	－	土浦第一高附属	－	－	－	60	60	60	61
	1/6	－	並木	57	58	59	59	60	60	61
	1/6	－	水戸第一高附属	－	－	－	61	61	61	61
	1/7	4	茨城大附	50	50	50	50	52	52	51
ウ	1/10	4	浦和実業（特待）	40	39	41	40	41	42	42
	1/10午後	2	浦和実業（特待午後）	41	41	41	40	43	44	44
	1/12	4	浦和実業２（特待）	－	－	40	39	39	42	42
	1/12午後	2	浦和実業２（特待午後）	－	－	40	39	40	44	44
エ	2/2	4	栄光学園	65	66	67	67	67	66	66
	2/1	4	穎明館	44	44	44	44	44	44	43
	2/2	4	穎明館２	43	44	44	45	45	45	44
	2/2午後	2	穎明館３	－	46	47	47	47	47	45
	2/4	4	穎明館４	43	43	45	45	45	45	44
	1/17	4	江戸川取手（難関大）	53	53	53	53	53	53	52
	1/17	4	江戸川取手（東大）	60	60	59	59	59	59	58
	1/17	4	江戸川取手（医科）	60	60	59	59	59	59	58
	1/25	4	江戸川取手２（難関大）	50	50	50	50	50	50	50
	1/25	4	江戸川取手２（東大）	58	58	58	58	58	58	57
	1/25	4	江戸川取手２（医科）	58	58	58	58	58	58	57
	2/5	4	江戸川取手３（難関大）	50	50	50	50	50	50	50
	2/5	4	江戸川取手３（東大）	58	58	57	57	57	57	56
	2/5	4	江戸川取手３（医科）	58	58	57	57	57	57	56
オ	2/1	2・4	桜美林（１日）	43	43	43	43	43	43	42
	2/1午後	2	桜美林（１日午後）	46	46	46	47	47	47	46
	2/1午後	－	桜美林（１日午後総合）	－	－	－	－	－	－	46
	2/2午後	2	桜美林（２日午後）	42	43	45	47	47	47	47
	2/3午後	2	桜美林（３日午後）	42	43	45	47	47	47	47
	1/10	4	大宮開成	50	51	52	53	54	53	53
	1/12	4	大宮開成（特待）	54	54	55	55	55	55	55
	1/14	4	大宮開成２	50	51	53	53	53	54	54
	2/3	4	お茶の水女子大附	50	50	50	50	50	50	47
カ	2/1	4	海城	63	63	63	64	64	64	64
	2/3	4	海城２	65	65	65	66	66	67	66
	1/7	2	海城（帰）	60	61	61	61	62	62	62
	2/1	4	開成	71	71	71	71	71	72	71
	1/10	4	開智（１回）	53	54	54	54	54	54	53
	1/15	4	開智（２回）	52	53	53	52	52	52	52
	1/11	4	開智（特待Ａ）	－	－	－	－	－	62	60
	1/12	4	開智（特待Ｂ）	57	57	58	56	56	56	56
	1/12午後	算	開智（算数特待）	56	56	56	58	58	59	58
	1/10	4	開智所沢	－	－	－	－	－	－	46
	1/11	4	開智所沢（特待Ａ）	－	－	－	－	－	－	56
	1/12	4	開智所沢（特待Ｂ）	－	－	－	－	－	－	49
	1/12午後	算	開智所沢（算数特待）	－	－	－	－	－	－	52
	1/15	4	開智所沢（２回）	－	－	－	－	－	－	45
	2/1	2・4	開智日本橋	43	47	50	51	53	54	55
	2/1午後	4	開智日本橋（特待４科）	50	53	56	57	60	61	60
	2/1午後	算	開智日本橋（特待算数）	－	－	－	－	－	61	60
	2/2午後	2・4	開智日本橋２	45	49	52	53	55	56	57
	2/3午後	2・4	開智日本橋３	46	49	52	54	55	56	57
	2/4	2・4	開智日本橋４	46	49	50	51	53	54	55
	1/10午後	2	開智未来	42	42	42	42	42	41	40
	1/14	2・4	開智未来２	－	－	－	－	－	39	39
	1/11午後	3	開智未来（Ｔ未来）	47	47	48	48	48	47	45
	12/16	3・4	海陽（特給・東京）	70	70	71	71	71	71	71
	12/23	3・4	海陽Ⅰ（東京）	53	53	53	53	53	52	52
	2/4	2	海陽Ⅲ（東京）	－	－	－	－	－	52	51
	2/1	2・4	かえつ有明１日午前	40	41	44	44	46	46	47
	2/1午後	4	かえつ有明（１日特待）	47	47	49	49	51	52	52
	2/2午後	4	かえつ有明（２日特待）	47	47	49	49	51	52	52

	2024年入試			18	19	20	21	22	23	24
	入試日	教科	学校名	大1	高3	高2	高1	中3	中2	中1
	2/3午後	4	かえつ有明（３日特待）	47	47	49	49	51	52	52
	2/2	4	学習院	55	54	55	56	56	54	55
	2/3	4	学習院２	56	56	57	57	56	56	56
	12/4	2	学習院（帰）	51	51	51	51	51	52	51
	1/21	－	楠隼（東京）	－	－	－	－	－	50	47
	1/10	4	春日部共栄	42	41	40	41	41	39	39
	1/10午後	2・4	春日部共栄（午後）	42	41	40	41	42	40	40
	1/11	4	春日部共栄２（午前）	－	－	－	－	－	40	40
	1/11午後	2・4	春日部共栄２（特待）	－	－	－	－	－	43	45
	1/13午後	2	春日部共栄３（午後）	－	－	－	－	－	40	40
	2/3	－	相模原	60	61	61	61	61	61	62
	2/3	－	平塚	57	57	57	57	57	57	57
	2/1午後	2	神奈川大附	－	－	－	－	－	57	57
	2/2	4	神奈川大附２	56	55	55	54	54	53	52
	2/4	4	神奈川大附３	56	55	55	55	56	57	57
	2/1	4	鎌倉学園	55	56	56	54	54	51	51
	2/1午後	算	鎌倉学園（算数）	62	62	63	62	62	62	57
	2/2	4	鎌倉学園２	56	56	56	56	56	55	55
	2/4	4	鎌倉学園３	54	54	54	54	55	54	55
	1/13	－	川口市立高附属	－	－	－	－	－	54	53
	2/3	－	川崎市立川崎高附属	－	－	－	－	－	56	55
	2/1	4	関東学院１Ａ	40	41	41	41	43	44	46
	2/1午後	2	関東学院１Ｂ	46	47	48	48	49	49	50
	2/3	4	関東学院１Ｃ	40	41	44	44	47	47	48
	2/5午後	2	関東学院２	40	41	42	42	44	49	50
キ	2/2	4	暁星	56	56	55	54	56	55	55
	2/3午後	2	暁星２	－	－	－	－	－	58	58
ク	2/1	2	公文国際Ａ（国算）	50	50	52	52	52	52	52
	2/3	4	公文国際Ｂ	50	50	52	52	52	52	52
ケ	2/2	4	慶應湘南藤沢	64	64	65	65	65	65	65
	2/2	4	慶應湘南藤沢（帰）	59	60	60	60	60	60	60
	2/3	4	慶應中等部	64	64	64	64	64	65	65
	2/1	4	慶應普通部	64	64	64	64	64	63	64
	2/1	2・4	京華	－	－	－	－	－	38	38
	2/1	4	京華（特選）	－	－	－	－	－	42	42
	2/1午後	4	京華（特選午後）	42	43	43	43	44	44	46
	2/2午後	2・4	京華２	－	－	－	－	－	40	41
	2/2午後	4	京華２（特選）	－	－	－	－	－	44	44
	2/3	2・4	京華３	－	－	－	－	－	38	38
	2/3	4	京華３（特選）	－	－	－	－	－	42	42
コ	1/20午後	算+理	光英VERITAS理数	－	－	－	－	－	47	49
	1/22	2・4	光英VERITAS特待	－	－	－	－	－	45	45
	2/1午後	2	工学院大附１Ｂ特待	40	39	39	39	40	40	40
	2/1	4	攻玉社	55	55	56	56	56	55	56
	2/2	4	攻玉社２	61	60	61	60	61	61	61
	2/5	算	攻玉社（特別）	64	63	63	63	63	64	61
	1/11	2	攻玉社（国際・国算）	53	55	55	55	55	55	53
	2/1	2・4	佼成学園	35	35	35	35	37	40	42
	2/1午後	2	佼成学園（特奨）	44	44	45	46	48	50	52
	2/2	2・4	佼成学園２	－	－	－	－	－	40	42
	2/3	2・4	佼成学園３	－	－	－	－	－	40	43
	2/5	2	佼成学園２（特奨）	44	44	45	46	47	47	48
	2/2午後	2	佼成学園（Ｇ特奨）	－	－	－	－	－	51	51
	2/1	4	国学院久我山	49	49	50	50	51	51	50
	2/1午後	2	国学院久我山（ＳＴ）	57	57	57	57	57	57	58
	2/2	4	国学院久我山２	50	50	52	52	52	52	52
	2/3午後	2	国学院久我山（ＳＴ２）	53	54	57	57	57	57	57
	2/5	4	国学院久我山（ＳＴ３）	50	50	55	55	55	55	55
	2/1	2・4	駒込	－	－	－	－	－	42	43
	2/1午後	2	駒込２	－	－	－	－	－	44	46
	2/2	2・4	駒込３	－	－	－	－	－	44	45
	2/2午後	－	駒込４特待	－	－	－	－	－	48	50
	2/4	2	駒込５	－	－	－	－	－	44	45
	2/1	4	駒場東邦	64	63	64	66	65	65	66
サ	1/13	－	伊奈学園	52	52	52	53	53	51	50
	1/10	4	埼玉栄	39	39	40	40	42	42	42
	1/11	4	埼玉栄３	38	38	40	40	42	42	40
	1/13	4	埼玉栄５	36	36	38	38	40	40	40
	1/10	4	埼玉栄（難関大）	－	－	－	－	－	45	46
	1/10午後	2	埼玉栄２（難関大）	45	44	44	44	46	46	48
	1/11午後	2	埼玉栄４（難関大）	－	－	－	－	－	－	45
	1/13	－	さいたま市立浦和	57	57	57	58	60	59	59
	1/14	－	さいたま市立大宮国際	－	－	－	－	－	55	55
	1/10	4	栄東Ａ（１０日）	57	57	58	58	58	58	58
	1/11	4	栄東Ａ（１１日）	－	－	－	－	－	58	58
	1/12	4	栄東（東大特待）	67	66	65	65	65	66	66
	1/16	4	栄東Ｂ	56	55	57	57	57	57	57
	1/18	4	栄東（東大Ⅱ）	－	－	－	－	－	61	61
	1/8	4	佐久長聖（東京）	51	51	50	49	48	48	47

	2024年入試			18	19	20	21	22	23	24
	入試日	教科	学校名	大1	高3	高2	高1	中3	中2	中1
	1/9	4	佐久長聖（東京２）	−	−	−	−	−	45	45
	2/1	2・4	桜丘	−	−	−	−	−	39	42
	2/1午後	2・4	桜丘２特待	−	−	−	−	−	42	45
	2/2	2・4	桜丘３	−	−	−	−	−	39	42
	2/2午後	2・4	桜丘４特待	−	−	−	−	−	42	45
	2/4	2・4	桜丘５	−	−	−	−	−	39	41
	2/1午後	2	サレジアン２（本科）	−	−	−	−	−	−	40
	2/2	2・4	サレジアン３（本科）	−	−	−	−	−	−	39
	2/3午後	2・4	サレジアン５スカ（本科）	−	−	−	−	−	42	42
	2/1	2・4	サレジアン世（本科）	−	−	−	−	−	39	40
	2/1午後	2・4	サレジアン世２（本科）	−	−	−	−	−	42	43
	2/2午後	4	サレジアン世３（特本科）	−	−	−	−	−	43	44
	2/3午後	2	サレジアン世４（本科）	−	−	−	−	−	42	45
	2/5	4	サレジアン世５（本科）	−	−	−	−	−	39	41
	2/1	4	サレジオ学院Ａ	60	60	60	61	61	60	60
	2/4	4	サレジオ学院Ｂ	62	63	60	61	61	62	61
シ	2/1午後	2	自修館Ａ２	44	44	42	42	42	42	42
	2/2午後	2	自修館Ｂ２	43	43	41	41	41	41	41
	2/1午後	2	実践学園（特待）	−	−	−	−	−	43	44
	2/3午後	2	実践学園２（特待）	−	−	−	−	−	43	44
	2/2	2・4	品川翔英３	−	−	−	−	−	43	44
	2/1	4	芝	60	60	59	59	59	60	60
	2/4	4	芝２	64	65	63	63	63	64	63
	2/1	3	芝浦工大附	50	51	52	53	53	52	55
	2/2	3	芝浦工大附２	52	52	53	54	54	54	57
	1/23	4	芝浦工大柏	53	53	53	53	53	53	53
	1/27	4	芝浦工大柏２	54	56	56	56	56	56	56
	2/1	4	芝国際１午前	−	−	−	−	−	52	48
	2/1午後	2	芝国際１午後特待	−	−	−	−	−	55	51
	2/2午後	2	芝国際２特待	−	−	−	−	−	55	51
	2/3午後	2	芝国際３特待	−	−	−	−	−	55	51
	2/1	4	渋谷教育渋谷	65	66	66	66	66	67	67
	2/2	4	渋谷教育渋谷２	67	67	67	67	67	68	68
	2/5	4	渋谷教育渋谷３	68	68	67	67	67	68	68
	1/27	2	渋谷教育渋谷（帰）	63	64	64	64	64	65	65
	1/22	4	渋谷教育幕張	70	70	70	70	70	70	70
	2/2	4	渋谷教育幕張２	69	69	69	69	69	69	69
	2/1	2・4	淑徳１Ｓ特	43	44	44	48	48	48	48
	2/3午後	2	淑徳２Ｓ特	44	45	45	49	49	49	49
	2/1午後	2	淑徳（東大）	53	53	54	54	54	54	53
	2/2午後	2	淑徳２（東大）	52	51	52	52	52	52	51
	2/1	2	淑徳巣鴨	−	−	−	−	−	40	42
	2/4	2	淑徳巣鴨３	−	−	−	−	−	40	43
	2/1午後	2・4	淑徳巣鴨（スカラ）	−	−	−	−	−	46	48
	2/2午後	2・4	淑徳巣鴨２（スカラ）	−	−	−	−	−	46	48
	2/3午後	2・4	淑徳巣鴨３（スカラ）	−	−	−	−	−	46	48
	2/1	4	順天Ａ	44	44	44	44	44	44	44
	2/1午後	2	順天Ｂ	48	48	48	48	48	48	48
	2/2	4	順天２Ａ	44	44	44	44	44	44	44
	2/2午後	2	順天２Ｂ	48	48	48	48	48	48	48
	1/10午後	2	城西川越（特選）	46	47	49	49	50	49	49
	1/11	2・4	城西川越（特選２）	43	44	45	45	46	45	45
	1/10	2・4	城西川越	38	38	38	40	41	41	41
	2/1午後	4	聖徳学園（特奨４科）	−	−	−	−	−	40	43
	2/1	2・4	湘南学園Ａ	48	49	49	49	48	48	47
	2/2	2・4	湘南学園Ｂ	45	46	46	50	49	49	48
	2/3	2	湘南学園Ｃ	46	46	46	50	49	49	48
	2/5	2	湘南学園Ｄ	45	46	46	50	49	49	48
	1/10	2・4	昌平	−	−	−	−	−	39	39
	1/11	2・4	昌平２	−	−	−	−	−	39	39
	1/10午後	4	昌平Ｔ	−	−	−	−	−	44	44
	1/13	4	昌平Ｔ３	−	−	−	−	−	44	44
	2/1	4	城北	55	54	57	57	56	56	55
	2/2	4	城北２	57	56	58	58	57	58	57
	2/4	4	城北３	57	58	59	59	59	60	59
	1/10午後	算+理	城北埼玉（特待）	52	54	54	54	52	52	49
	1/10	4	城北埼玉	43	43	43	44	44	43	42
	1/11	2・4	城北埼玉２	42	42	42	43	41	41	40
	1/20	国	昭和学院（国語１科）	−	−	−	−	−	45	47
	1/20午後	算	昭和学院（算数１科）	−	−	−	−	−	43	47
	1/24	2・4	昭和学院（アド）	−	−	−	−	−	46	49
	1/20午後	2	昭和秀英（午後特別）	−	−	−	−	−	63	63
	1/22	4	昭和秀英	58	58	58	58	58	59	59
	2/3	4	昭和秀英２	57	57	57	57	57	58	60
ス	2/1	4	巣鴨	52	52	55	55	55	55	55
	2/1午後	算	巣鴨（算数）	−	−	−	−	−	64	64
	2/2	4	巣鴨２	54	54	58	58	58	58	58
	2/4	4	巣鴨３	−	−	−	−	−	58	60
	2/1	4	逗子開成	58	58	57	57	57	56	58
	2/3	4	逗子開成２	59	59	58	58	58	57	59
	2/5	4	逗子開成３	59	59	59	59	59	58	60
	12/26	2	逗子開成（帰）	−	−	−	−	−	55	55
セ	2/1	2・4	聖学院	37	36	36	36	36	37	37
	2/1午後	2・4	聖学院（アド）	42	42	41	42	42	43	43
	2/2	2・4	聖学院２	−	−	−	−	−	37	37
	2/2午後	2・4	聖学院（アド２）	41	41	40	40	42	43	43
	2/3午後	2・4	聖学院（アド３）	39	39	40	40	42	43	43
	2/1	4	成蹊	48	50	50	50	51	51	50
	2/4	4	成蹊２	49	50	52	52	53	53	52
	2/2	4	聖光学院	69	69	70	70	70	71	70
	2/4	4	聖光学院２	68	69	70	70	70	71	70
	1/13	2	聖光学院（帰）	66	67	65	65	66	67	67
	2/1	4	成城	50	50	50	50	51	51	51
	2/3	4	成城２	52	52	54	53	54	55	55
	2/5	4	成城３	54	53	53	53	54	55	55
	2/1	4	成城学園	48	49	51	51	51	51	51
	2/3	4	成城学園２	48	49	52	52	52	52	52
	1/10	2・4	西武文理	42	40	40	40	41	41	39
	1/10	2・4	西武文理（選抜）	47	47	47	47	47	47	47
	1/10午後	4	西武文理（特待）	49	49	49	49	49	49	49

	2024年入試			18	19	20	21	22	23	24
	入試日	教科	学校名	大1	高3	高2	高1	中3	中2	中1
	1/12	2・4	西武文理２	40	40	40	40	41	41	39
	2/1	2・4	青稜１Ａ	46	47	49	49	50	52	52
	2/1午後	2・4	青稜１Ｂ	51	52	53	53	54	56	56
	2/2	2・4	青稜２Ａ	45	47	49	50	51	53	53
	2/2午後	2・4	青稜２Ｂ	50	52	54	55	56	58	58
	2/1	4	世田谷学園	52	53	57	57	55	56	56
	2/1午後	算	世田谷学園（算数）	−	−	−	−	−	60	61
	2/2	4	世田谷学園２	55	55	58	58	55	56	57
	2/4	4	世田谷学園３	55	53	56	58	55	56	57
	1/20	4	専修大松戸	51	52	52	52	52	53	53
	1/26	4	専修大松戸２	52	52	52	52	52	53	54
	2/3	4	専修大松戸３	50	50	50	50	52	53	53
ソ	2/1	4	創価	47	47	46	46	45	45	45
タ	2/1	4	高輪Ａ	50	50	51	52	52	52	53
	2/2	4	高輪Ｂ	53	52	52	52	52	54	56
	2/2午後	算	高輪（算数午後）	61	60	60	60	60	60	61
	2/4	4	高輪Ｃ	54	52	52	52	53	55	56
	2/1午後	2	多摩大聖ヶ丘２	39	38	38	38	38	40	40
	2/1午後	4	多摩大目黒（特待）	41	41	40	40	42	42	45
	2/2午後	4	多摩大目黒２（特待）	−	−	−	−	−	43	47
	2/3午後	2	多摩大目黒３（特待）	−	−	−	−	−	43	46
	2/4	2	多摩大目黒４（特待）	−	−	−	−	−	43	46
	2/6	2	多摩大目黒５（特待）	−	−	−	−	−	43	46
チ	12/9午後	−	県立千葉	65	65	64	64	65	65	65
	12/9午後	−	県立東葛飾	63	63	62	62	63	63	63
	12/9	−	千葉市立稲毛国際	54	54	56	57	59	57	57
	12/1	4	千葉日大第一（自推）	−	−	−	−	−	38	40
	1/21	4	千葉日大第一	42	42	42	43	43	43	44
	1/26	2	千葉日大第一２	42	42	43	45	48	48	49
	2/1	4	中央大附属	53	55	56	56	57	57	57
	2/4	4	中央大附属２	54	56	57	57	57	57	57
	2/1	4	中央大附属横浜	54	55	56	56	57	57	57
	2/2午後	4	中央大附属横浜２	56	56	57	57	58	58	59
	2/3	−	九段（Ｂ・都内）	58	58	58	58	58	58	58
ツ	2/3	4	筑波大附	66	66	66	66	67	66	66
	2/3	4	筑波大駒場	72	73	73	73	73	74	73
	1/6	4	土浦日大（ＫＢＴ）	−	−	−	−	−	40	40
	2/1午後	2・4	鶴見大附属（難関）	39	40	39	39	39	39	40
テ	2/1	2・4	帝京大学	51	51	53	53	53	52	52
	2/2	4	帝京大学２（特待・一般）	51	52	55	55	55	54	54
	2/3午後	2	帝京大学３	52	52	53	53	53	53	54
ト	2/1	4	桐蔭学園	52	52	49	49	49	49	50
	2/1午後	2	桐蔭学園（午後）	−	−	−	−	−	52	55
	2/2午後	2	桐蔭学園２（特奨）	52	52	50	55	55	55	56
	2/5	2・4	桐蔭学園３	52	52	52	52	52	52	54
	1/20	4	東海大浦安Ａ	35	35	35	38	39	39	42
	1/24	2・4	東海大浦安Ｂ	−	−	−	−	−	39	42
	2/1	4	東海大高輪台	−	−	−	−	−	40	40
	2/3	4	東海大高輪台２	36	36	36	37	37	40	40
	2/5	4	東海大高輪台３	36	36	36	37	37	40	40
	2/3	4	学大小金井	−	−	−	−	−	50	49
	2/3	4	学大世田谷	59	60	60	60	60	58	57
	2/3	4	学大竹早	58	58	58	58	58	57	55
	2/1午後	2	東京成徳大（特待）	39	37	36	36	38	38	40
	2/2午後	2	東京成徳大２（特待）	−	−	−	−	−	−	39
	2/3	−	東京大附	49	49	50	50	51	53	53
	2/1	2・4	東京電機大	40	41	42	42	42	42	43
	2/1午後	−	東京電機大２	45	46	47	47	47	47	48
	2/2	2・4	東京電機大３	40	41	42	42	43	43	44
	2/4午後	−	東京電機大４	42	43	47	47	47	47	48
	2/1	4	都市大等々力（特選）	49	50	51	51	51	53	54
	2/3午後	4	都市大等々力２（特選）	51	52	54	54	54	55	56
	2/1午後	4	都市大等々力（Ｓ特選）	54	55	57	57	57	58	59
	2/2午後	4	都市大等々力２（Ｓ特選）	54	56	57	57	57	58	59
	2/1	4	東京都市大付（Ⅰ類）	−	−	−	−	−	53	54
	2/1	4	東京都市大付（Ⅱ類）	−	−	−	−	−	57	58
	2/1午後	2	東京都市大付２（Ⅰ類）	53	55	55	55	55	56	57
	2/1午後	2	東京都市大付２（Ⅱ類）	59	59	59	60	60	60	61
	2/3	4	東京都市大付３（Ⅰ類）	53	53	54	54	55	56	57
	2/3	4	東京都市大付３（Ⅱ類）	57	57	58	58	59	60	61
	2/5	4	東京都市大付４（Ⅰ類）	53	53	54	54	55	56	57
	2/5	4	東京都市大付４（Ⅱ類）	57	57	58	58	59	60	61
	1/6	2・4	東京都市大付（帰Ⅰ類）	49	50	51	51	51	52	54
	1/6	2・4	東京都市大付（帰Ⅱ類）	52	53	54	54	54	56	58
	2/3	−	桜修館	60	60	60	60	61	61	61
	2/3	−	大泉高附属	60	60	60	60	61	61	61
	2/3	−	小石川（一般）	65	66	66	67	68	68	68
	2/3	−	立川国際（一般）	57	57	57	57	57	57	57
	2/3	−	白鴎高附属（一般）	57	57	57	57	58	58	58
	2/3	−	富士高附属	57	57	57	57	57	58	58
	2/3	2・4	三鷹	58	58	58	58	59	57	58
	2/3	2・4	南多摩	58	58	58	58	60	58	58
	2/3	2・4	武蔵高附属	61	61	62	62	62	62	62
	2/3	2	両国高附属	60	60	60	60	60	61	61
	2/1午後	2・4	東京農大第一算国	59	59	59	59	59	59	60
	2/1午後	2	東京農大第一算理	−	−	−	−	−	59	60
	2/2午後	2・4	東京農大第一２算国	−	−	−	−	−	59	60
	2/2午後	2・4	東京農大第一２算理	59	59	59	59	59	59	60
	2/4	2・4	東京農大第一３	58	58	58	58	58	58	61
	2/1	2・4	桐光学園	47	47	47	47	47	48	48
	2/2	2・4	桐光学園２	47	47	48	48	48	49	49
	2/3	4	桐光学園３Ａ	47	49	49	49	49	50	50
	2/1	4	桐朋	55	56	57	56	56	56	56
	2/2	4	桐朋２	59	60	61	60	60	61	61
	12/1	4	東邦大東邦（推薦）	−	−	−	−	−	62	62
	1/21	4	東邦大東邦（前）	60	61	61	61	61	61	61
	2/3	2・4	東邦大東邦（後）	61	60	60	60	60	60	60
	2/1	4	東洋大学京北	43	44	46	46	48	48	48
	2/1午後	2・4	東洋大学京北２	43	46	48	48	50	50	52
	2/2	4	東洋大学京北３	43	46	48	48	50	50	50

7年間推移

	2024年入試			18	19	20	21	22	23	24
	入試日	教科	学校名	大1	高3	高2	高1	中3	中2	中1
	2/4	4	東洋大学京北4	−	−	−	−	−	50	50
	2/1午後	2	藤嶺学園藤沢（2科）	−	−	−	−	−	41	39
	2/1	2	獨協	43	43	43	44	45	47	49
	2/1午後	3	獨協2午後	−	−	−	−	−	52	54
	2/2	4	獨協3	43	43	43	44	46	48	50
	2/4	2・4	獨協4	43	43	43	44	46	48	51
	1/11	4	獨協埼玉	41	41	41	41	41	41	41
	1/12	4	獨協埼玉2	40	40	40	40	40	40	40
	1/17	2・4	獨協埼玉3	39	39	39	39	39	39	39
	2/1	4	ドルトン東京1日AM	−	−	−	−	−	46	46
	2/1午後	4	ドルトン東京（特待）	−	−	−	−	−	53	53
	2/2	4	ドルトン東京2日AM	−	−	−	−	−	46	49
	2/2午後	4	ドルトン東京（理数特待）	−	−	−	−	−	53	54
	2/4午後	4	ドルトン東京4日PM	−	−	−	−	−	49	53
ナ	1/13	4	灘	73	73	73	73	73	73	72
	1/25	4	成田高付	43	43	44	44	45	45	46
ニ	1/6	4	西大和学園（東京）	66	66	67	67	67	66	66
	1/20	4	二松学舎大柏（総合）	35	35	35	35	35	35	35
	1/20午後	4	二松学舎大柏（G特待）	−	−	−	−	−	42	42
	2/1	算+理	日本学園	−	−	−	−	−	50	50
	2/4	2・4	日本学園2	−	−	−	−	−	51	51
	2/5	4	日本学園3	−	−	−	−	−	51	51
	2/1	2・4	日本工大駒場	−	−	−	−	−	39	40
	2/1午後	2	日本工大駒場2	−	−	−	−	−	41	43
	2/2	2・4	日本工大駒場3	−	−	−	−	−	−	40
	2/2午後	算	日本工大駒場4	−	−	−	−	−	−	42
	2/1	4	日本大学A1（AF）	45	45	45	46	47	47	48
	2/1午後	−	日本大学A2（AF）	50	50	50	50	51	51	53
	2/2午後	2	日本大学B（AF）	48	48	48	48	49	49	51
	2/5	4	日本大学C（AF）	48	48	48	48	49	49	51
	2/1	4	日本大学A1（GL）	−	−	−	−	−	49	49
	2/1午後	4	日本大学A2（GL）	−	−	−	−	−	53	55
	2/2午後	4	日本大学B（GL）	−	−	−	−	−	51	53
	2/5	4	日本大学C（GL）	−	−	−	−	−	51	53
	2/1	4	日大第一（4科1回）	35	35	35	37	40	40	40
	2/2	4	日大第一（4科2回）	−	−	−	−	−	41	42
	2/3	4	日大第一（2科1回）	−	−	−	−	−	43	44
	2/5	4	日大第一（2科2回）	−	−	−	−	−	45	46
	2/1	4	日大第二	43	43	44	45	45	45	45
	2/3	算+理	日大第二2	43	43	45	46	47	46	46
	2/1	2・4	日大第三	36	36	38	38	39	39	40
	2/2	2	日大第三2	37	37	39	39	40	40	41
	2/3	2・4	日大第三3	37	37	39	41	42	42	43
	2/1	2・4	日大豊山	38	38	43	45	46	47	47
	2/2午後	2・4	日大豊山2	41	42	46	49	51	52	52
	2/3	2・4	日大豊山3	39	40	43	46	48	49	49
	2/3午後	2・4	日大豊山4	39	41	46	48	50	51	51
	2/1	2・4	日大藤沢	45	45	45	45	45	45	47
	2/2午後	4	日大藤沢2	−	−	−	−	−	48	48
	2/4	4	日大藤沢3	45	45	45	46	46	47	47
ハ	1/8	4	函館ラ・サール（東京）	56	57	57	57	56	56	55
	2/1午後	4	八王子学園1（午後東大）	45	45	45	46	46	47	47
	2/2午後	4	八王子学園2（午後東大）	−	−	−	−	−	46	46
ヒ	1/20	4	日出学園	38	38	39	40	41	41	42
	1/23	2・4	日出学園2	−	−	−	−	−	43	44
	2/1	2	広尾学園	59	59	59	59	59	61	62
	2/1午後	2・4	広尾学園2	61	62	62	63	64	65	65
	2/2午後	2・4	広尾学園（医進・S）	64	64	64	64	65	66	66
	2/5	2	広尾学園3	61	61	61	61	61	62	62
	2/1午後	4	広尾学園（ISG1）	63	63	63	63	65	66	66
	2/5	−	広尾学園（ISG2）	62	62	62	62	64	63	63
	2/1	−	広尾小石川	−	−	−	−	−	56	57
	2/1午後	2・4	広尾小石川2	−	−	−	−	−	58	60
	2/3午後	2	広尾小石川3	−	−	−	−	−	59	61
	2/6午後	2・4	広尾小石川4	−	−	−	−	−	59	62
	2/1	2	広尾小石川（ISG1）	−	−	−	−	−	56	57
	2/1午後	4	広尾小石川（ISG2）	−	−	−	−	−	58	60
	2/3午後	4	広尾小石川（ISG3）	−	−	−	−	−	59	61
	2/6午後	2	広尾小石川（ISG4）	−	−	−	−	−	59	62
フ	1/10	2	武南	−	−	−	−	−	37	37
	1/10午後	4	武南（午後）	−	−	−	−	−	38	38
	2/1午後	2・4	文化学園大杉並2	−	−	−	−	−	40	40
	2/2	2・4	文化学園大杉並3	−	−	−	−	−	37	40
	2/2午後	2	文化学園大杉並4	−	−	−	−	−	40	40
	2/3	2・4	文化学園大杉並5	−	−	−	−	−	37	37
	2/4	2	文化学園大杉並6	−	−	−	−	−	37	37
	2/1	2・4	文教大付	−	−	−	−	−	37	37
	2/1午後	2・4	文教大付2	−	−	−	−	−	41	42
	2/2	2・4	文教大付3	−	−	−	−	−	38	40
	2/2午後	2・4	文教大付4	−	−	−	−	−	40	41
	2/4	2・4	文教大付5	−	−	−	−	−	38	41
ホ	2/1	4	法政大学	53	54	55	56	56	55	55
	2/3	4	法政大学2	53	55	56	57	57	57	57
	2/5	4	法政大学3	54	55	56	57	57	57	57
	2/2	4	法政第二	54	56	58	56	56	56	56
	2/4	4	法政第二2	54	56	57	57	57	57	57
	2/1	2・4	宝仙学園	−	−	−	−	−	42	42
	2/1午後	4	宝仙学園（新4科）	47	47	45	45	45	45	45
	2/2午後	2・4	宝仙学園2	47	46	44	45	45	45	45
	1/8	4	北嶺（東京名古屋）	57	57	56	56	56	58	58
	1/8	4	北嶺（東京名古屋特待）	−	−	−	−	−	67	67
	1/10	2	星野学園	45	44	42	42	42	42	42
	1/11午後	2	星野学園2	45	45	44	44	44	44	44
	1/10午後	3	星野学園（理数）	49	49	49	49	49	49	49
	1/11	4	星野学園（理数2）	47	47	47	47	47	47	47
	1/14	2・4	星野学園（総合選抜）	46	46	45	45	45	45	43
	1/10	4	細田学園	−	−	−	−	−	42	42
	1/12	4	細田学園2	−	−	−	−	−	42	42
	1/10午後	2・4	細田学園（特待）	−	−	−	−	−	−	50
	2/1	4	本郷	58	60	59	58	59	60	59

	2024年入試			18	19	20	21	22	23	24
	入試日	教科	学校名	大1	高3	高2	高1	中3	中2	中1
	2/2	4	本郷2	62	63	62	62	62	63	63
	2/5	4	本郷3	62	63	63	63	63	63	64
ミ	2/1	4	三田国際（ISC）	50	53	53	54	54	55	56
	2/1午後	4	三田国際2（ISC）	55	57	57	57	57	58	59
	2/2午後	4	三田国際3（ISC）	54	56	57	57	57	58	59
	2/4午後	4	三田国際4（ISC）	53	55	57	57	57	58	59
	2/1	4	三田国際（IC）	50	53	53	54	54	54	54
	2/1午後	4	三田国際2（IC）	55	57	57	57	57	57	57
	2/2午後	4	三田国際3（IC）	54	56	57	57	57	57	57
	2/3午後	算+理	三田国際（MST）	−	−	−	−	−	61	61
	1/14	2・4	宮崎日大（首都圏）	−	−	−	−	−	35	35
ム	2/1	4	武蔵	63	63	64	64	65	65	65
	2/1	2・4	武蔵野大学	−	−	−	−	−	38	38
	2/1午後	2	武蔵野大学2	−	−	−	−	−	40	40
	2/2	2・4	武蔵野大学3	−	−	−	−	−	38	38
	2/2午後	算	武蔵野大学4	−	−	−	−	−	40	40
メ	1/7	4	茗溪学園	48	50	50	50	50	50	49
	1/20	−	茗溪学園総合	45	47	47	47	47	47	47
	2/1午後	2	明治学院	44	45	45	45	46	46	47
	2/2	4	明治学院2	39	40	43	43	44	44	45
	2/4	4	明治学院3	39	40	43	43	44	44	45
	2/1	4	明大付属八王子A1	51	52	52	52	52	52	52
	2/3	4	明大付属八王子A2	51	53	54	54	54	54	55
	2/5午後	4	明大付属八王子B	−	−	−	−	−	54	55
	2/2	4	明大明治	60	61	61	60	60	60	61
	2/3	4	明大明治2	60	60	61	60	60	60	61
	2/2	4	明大中野	54	57	57	55	57	57	57
	2/4	4	明大中野2	55	57	57	57	58	57	57
	2/1	4	目黒日大	−	−	−	−	−	44	44
	2/1午後	算+理	目黒日大2	−	−	−	−	−	49	50
	2/2	2・4	目黒日大3	−	−	−	−	−	46	47
	2/4午後	2	目黒日大4	−	−	−	−	−	49	49
モ	2/1	2・4	森村学園	49	49	49	49	49	49	49
	2/2	2・4	森村学園2	49	49	49	49	49	50	50
	2/4	2・4	森村学園3	49	49	49	49	49	50	51
ヤ	2/1	2・4	八雲学園	−	−	−	−	−	37	37
	2/1午後	2・4	八雲学園2	−	−	−	−	−	39	39
	2/2午後	2・4	八雲学園3	−	−	−	−	−	38	39
	2/1	4	安田学園（先進）	50	49	49	50	50	50	53
	2/1午後	4	安田学園（先進2）	50	50	50	51	52	52	55
	2/2	4	安田学園（先進3）	−	−	−	−	−	50	53
	2/2午後	4	安田学園（先進4）	50	50	50	51	52	52	54
	2/3	4	安田学園（先進5）	−	−	−	−	−	52	54
	1/20	4	八千代松陰（20日）	39	39	38	38	38	38	38
	2/1	2・4	山手学院A	50	50	51	51	51	51	52
	2/1午後	2	山手学院（特待）	52	52	55	55	57	58	60
	2/3	2・4	山手学院B	53	52	52	52	52	52	52
	2/6	2・4	山手学院（後期）	53	53	53	53	53	53	54
ヨ	2/2	2	横浜国大鎌倉	−	−	−	−	−	41	41
	2/3	4	横浜国大横浜	50	50	50	50	51	51	49
	2/3	−	横浜市立南高附属	61	61	61	61	62	62	61
	2/3	−	横浜市立YSFH附属	−	−	−	−	−	64	64
	2/1	2・4	横浜創英	−	−	−	−	−	40	43
	2/1午後	2	横浜創英2	−	−	−	−	−	43	47
	2/2	2・4	横浜創英3	−	−	−	−	−	43	46
	2/6	2	横浜創英4	−	−	−	−	−	42	46
ラ	1/27	4	ラ・サール	63	63	63	63	61	60	60
リ	2/2	4	立教池袋	57	57	59	58	56	57	56
	2/5	2	立教池袋2	57	57	57	58	58	59	59
	12/3	2	立教池袋（帰）	55	55	55	56	56	56	60
	1/25	4	立教新座	60	60	60	60	59	59	60
	2/3	4	立教新座2	57	58	57	57	57	58	58
レ	1/21	4	麗澤（AE）	51	52	52	52	53	53	51
	1/21	4	麗澤（EE）	48	47	47	47	48	48	48
	1/25	4	麗澤2（AE）	49	52	52	52	53	53	51
	1/25	4	麗澤2（EE）	48	47	47	47	48	48	46
	1/28午後	2	麗澤3（AE）	−	−	−	−	−	49	50
	1/28午後	2	麗澤3（EE）	−	−	−	−	−	45	46
	2/1午後	2	麗澤4（AE）	−	−	−	−	−	49	48
	2/1午後	2	麗澤4（EE）	45	46	46	46	45	45	44
ワ	2/1	4	早稲田	65	64	64	64	64	65	66
	2/3	4	早稲田2	68	66	67	67	67	67	68
	1/8	4	早稲田佐賀（1月首都）	50	54	57	57	58	58	56
	2/1	4	早稲田実業	64	64	63	63	64	64	64
	2/1	4	早大学院	63	63	63	64	64	65	65

女子

	2024年入試			18	19	20	21	22	23	24
	入試日	教科	学校名	大1	高3	高2	高1	中3	中2	中1
ア	1/7	3・4	愛光（首都圏）	58	59	59	59	59	59	59
	2/2	4	青山学院	64	65	65	65	65	65	65
	1/10	4	青山浦和ルーテル	−	−	−	−	−	53	52
	1/13	4	青山浦和ルーテル2	−	−	−	−	−	53	52
	2/1	4	青山学院横浜英和A	53	54	55	56	56	57	57
	2/2午後	2	青山学院横浜英和B	56	56	57	58	58	60	60
	2/3午後	2	青山学院横浜英和C	56	56	57	57	58	59	59
	2/1	2・4	跡見学園	−	−	−	−	−	43	43
	2/1午後	2	跡見学園特1	43	44	48	48	49	50	50
	2/2	2・4	跡見学園2	−	−	−	−	−	44	44
	2/2午後	2	跡見学園特2	−	−	−	−	−	50	50
	2/5	2・4	跡見学園特4	−	−	−	−	−	49	49
イ	2/1	2	郁文館（総合）	44	44	44	38	40	40	40
	2/1午後	2	郁文館iP	−	−	−	−	−	−	50
	2/2	2	郁文館（総合2）	−	−	−	−	−	38	38
	2/3午後	2	郁文館iP2	−	−	−	−	−	−	49
	1/20	4	市川	66	65	66	66	66	67	68
	2/4	4	市川2	64	64	66	66	67	67	69
	1/20	4	市川（1月帰）	59	59	59	59	61	61	62

	2024年入試			18	19	20	21	22	23	24
	入試日	教科	学校名	大1	高3	高2	高1	中3	中2	中1
	1/6	－	土浦第一高附属	－	－	－	－	－	62	62
	1/6	－	並木	59	60	61	61	62	62	62
	1/6	－	水戸第一高附属	－	－	－	－	－	63	62
	1/7	4	茨城大附	50	52	52	52	54	54	52
ウ	1/14	4	浦和明の星女子	64	65	65	65	65	65	65
	2/4	4	浦和明の星女子２	62	63	63	63	63	62	63
	1/10	4	浦和実業（特待）	41	40	42	41	42	43	43
	1/10午後	2	浦和実業（特待午後）	42	42	42	41	44	45	45
	1/12	4	浦和実業２（特待）	－	－	－	－	－	43	43
	1/12午後	2	浦和実業２（特待午後）	－	－	－	－	－	45	45
エ	2/1	4	穎明館	44	44	45	45	45	45	44
	2/2	4	穎明館２	43	44	45	46	46	46	45
	2/2午後	2	穎明館３	－	－	－	－	－	48	46
	2/4	4	穎明館４	43	43	46	46	46	46	45
	1/17	4	江戸川取手（難関大）	55	55	55	55	55	55	54
	1/17	4	江戸川取手（東大）	62	62	61	61	61	61	60
	1/17	4	江戸川取手（医科）	62	62	61	61	61	61	60
	1/25	4	江戸川取手２（難関大）	52	52	52	52	52	52	52
	1/25	4	江戸川取手２（東大）	60	60	60	60	60	60	59
	1/25	4	江戸川取手２（医科）	60	60	60	60	60	60	59
	2/5	4	江戸川取手３（難関大）	－	－	－	－	－	52	52
	2/5	4	江戸川取手３（東大）	－	－	－	－	－	59	58
	2/5	4	江戸川取手３（医科）	－	－	－	－	－	59	58
	2/1	4	江戸川女子	43	44	44	44	42	40	41
	2/1午後	2	江戸川女子（基礎学力１）	49	49	48	48	45	41	42
	2/2	4	江戸川女子２	43	43	43	44	42	40	41
	2/2午後	2	江戸川女子（基礎学力２）	－	－	－	－	－	41	42
	2/3	4	江戸川女子３	43	44	44	44	42	40	41
オ	2/1	4	桜蔭	71	71	70	71	71	72	71
	2/1	2・4	桜美林（１日）	44	44	44	44	44	44	43
	2/1午後	2	桜美林（１日午後）	48	48	48	48	48	48	47
	2/1午後	－	桜美林（１日午後総合）	－	－	－	－	－	－	49
	2/2午後	2	桜美林（２日午後）	43	44	46	48	48	48	48
	2/3午後	2	桜美林（３日午後）	43	44	46	48	48	48	49
	2/1	4	鷗友学園女子	60	60	59	61	62	62	62
	2/3	4	鷗友学園女子２	63	64	64	65	65	66	65
	2/1	4	大妻	53	53	54	54	54	54	54
	2/2	4	大妻２	54	54	55	55	55	55	56
	2/3	4	大妻３	54	55	55	56	56	56	56
	2/5	4	大妻４	－	－	－	－	－	56	57
	2/1	4	大妻多摩	46	44	40	40	40	39	38
	2/1午後	2	大妻多摩２	53	50	45	45	45	43	43
	2/2午後	2	大妻多摩３	46	43	40	40	40	40	41
	2/4	4	大妻多摩４	44	42	40	42	42	40	40
カ	2/1	4	大妻中野アドバンスト	43	43	45	46	47	48	48
	2/1午後	2	大妻中野２アドバンスト	49	49	49	49	49	51	50
	2/2午後	2	大妻中野３アドバンスト	48	47	47	48	49	51	50
	2/3	4	大妻中野４アドバンスト	42	42	46	47	47	48	48
	1/10午後	2・4	大妻嵐山	36	35	35	34	36	38	38
	1/11	4	大妻嵐山（大妻特待）	45	45	45	44	44	44	43
	1/10	4	大宮開成	52	53	54	55	56	55	55
	1/12	4	大宮開成（特待）	56	56	57	57	57	57	57
	1/14	4	大宮開成２	52	53	55	55	55	56	56
	2/3	4	お茶の水女子大附	66	68	67	66	63	64	65
カ	1/10	4	開智（１回）	55	56	56	56	56	56	55
	1/15	4	開智（２回）	54	55	55	54	54	54	54
	1/11	4	開智（特待Ａ）	－	－	－	－	－	64	62
	1/12	4	開智（特待Ｂ）	59	59	60	58	58	58	58
	1/12午後	算	開智（算数特待）	58	58	58	60	61	61	60
	1/10	4	開智所沢	－	－	－	－	－	－	47
	1/11	4	開智所沢（特待Ａ）	－	－	－	－	－	－	57
	1/12	4	開智所沢（特待Ｂ）	－	－	－	－	－	－	50
	1/12午後	算	開智所沢（算数特待）	－	－	－	－	－	－	53
	1/15	4	開智所沢（２回）	－	－	－	－	－	－	46
	2/1	2・4	開智日本橋	44	48	52	53	55	56	57
	2/1午後	4	開智日本橋（特待４科）	52	55	58	59	62	63	62
	2/1午後	算	開智日本橋（特待算数）	－	－	－	－	－	63	62
	2/2午後	2・4	開智日本橋２	46	50	54	55	57	58	59
	2/3午後	2・4	開智日本橋３	47	50	54	56	57	58	59
	2/4	2・4	開智日本橋４	47	50	52	53	55	56	57
	1/10午後	2	開智未来	43	43	43	43	43	42	41
	1/14	2・4	開智未来２	－	－	－	－	－	40	40
	1/11午後	3	開智未来（Ｔ未来）	48	48	49	49	49	48	46
	2/1	2・4	かえつ有明１日午前	41	42	45	45	47	47	48
	2/1午後	4	かえつ有明（１日特待）	48	48	50	50	52	53	53
	2/2午後	4	かえつ有明（２日特待）	48	48	50	50	52	53	53
	2/3午後	4	かえつ有明（３日特待）	48	48	50	50	52	53	53
	2/1	4	学習院女子Ａ	58	57	59	58	59	57	59
	2/3	4	学習院女子Ｂ	61	61	60	61	61	62	62
	1/20	2	学習院女子（帰）	54	55	53	53	53	52	53
	1/10	4	春日部共栄	43	42	41	42	42	40	40
	1/10午後	2・4	春日部共栄（午後）	43	42	41	42	43	41	41
	1/11	4	春日部共栄２（午前）	－	－	－	－	－	41	41
	1/11午後	2・4	春日部共栄２（特待）	－	－	－	－	－	44	46
	1/13午後	2	春日部共栄３（午後）	－	－	－	－	－	41	40
	2/1	2・4	神奈川学園Ａ午前	41	40	40	40	39	39	42
	2/1午後	2	神奈川学園Ａ午後	49	49	49	49	46	46	46
	2/2	2・4	神奈川学園Ｂ	40	40	40	40	38	38	38
	2/4	2・4	神奈川学園Ｃ	39	39	38	38	38	38	38
	2/3	－	相模原	60	61	61	62	62	62	63
	2/3	－	平塚	57	57	59	59	59	59	59
	2/1午後	2	神奈川大附	－	－	－	－	－	59	60
	2/2	4	神奈川大附２	58	57	57	56	56	55	54
	2/4	4	神奈川大附３	58	57	57	57	58	59	59
	2/2	4	鎌倉女学院	55	55	54	53	50	49	46
	2/3	4	鎌倉女学院２	56	55	53	52	51	48	46
	2/1午後	2	鎌倉女子大１日午後P	－	－	－	－	－	－	33
	2/1	4	カリタス女子	46	45	42	43	44	44	45
	2/1午後	2	カリタス女子２	47	47	45	46	47	47	50
	2/2午後	2	カリタス女子３	－	－	－	－	－	47	50
	2/3	4	カリタス女子４	43	43	40	44	45	45	48
	1/13	－	川口市立高附属	－	－	－	－	－	56	55
	2/3	－	川崎市立川崎高附属	－	－	－	－	－	58	57
	2/1午後	2	神田女学園２（特待）	－	－	－	－	－	43	41
	2/2	2・4	神田女学園３（特待）	－	－	－	－	－	42	40
	2/1	4	関東学院１Ａ	41	42	42	42	44	45	48
	2/1午後	2	関東学院１Ｂ	47	48	49	49	51	51	52
	2/3	4	関東学院１Ｃ	41	42	45	45	48	48	49
	2/5午後	2	関東学院２	41	42	43	43	45	51	52
キ	2/1	4	吉祥女子	60	61	61	62	63	64	64
	2/2	4	吉祥女子２	63	64	64	64	64	65	65
	2/1	4	共立女子（１日）	51	51	51	52	52	52	51
	2/2	4	共立女子（２日）	51	51	53	53	53	53	52
	2/3午後	－	共立女子（３日合科型）	51	52	54	54	54	54	53
	11/26	2	共立女子（帰）	－	－	－	－	－	50	49
	2/1午後	2	共立女子第二（ＰＭ）	35	35	35	35	35	36	36
ク	2/1	2	公文国際Ａ（国算）	52	52	54	54	54	54	54
	2/3	4	公文国際Ｂ	52	52	54	54	54	54	54
ケ	2/2	4	慶應湘南藤沢	67	67	68	68	68	68	68
	2/2	4	慶應湘南藤沢（帰）	62	63	63	63	63	63	63
	2/3	4	慶應中等部	70	70	70	70	70	71	70
	2/1午後	2	恵泉女学園	52	52	54	54	54	55	54
	2/2	4	恵泉女学園２	47	47	52	50	50	52	51
	2/3午後	2	恵泉女学園３	46	46	52	53	53	54	56
コ	1/20午後	算＋理	光英VERITAS理数	－	－	－	－	－	48	50
	1/22	2・4	光英VERITAS特待	46	46	46	46	46	46	46
	2/1	4	光塩女子学院（総合）	45	44	45	45	45	44	43
	2/2	4	光塩女子学院２	46	45	46	46	46	46	45
	2/4	4	光塩女子学院３	44	43	43	44	44	44	43
	2/1	4	晃華学園	52	50	49	50	50	50	48
	2/1午後	2	晃華学園２	－	－	－	－	－	55	53
	2/3	4	晃華学園３	50	49	50	52	51	51	49
	2/1午後	2	工学院大附１Ｂ特待	41	40	40	40	41	41	41
	2/1午後	2・4	麹町学園女子１日特待	38	37	38	39	41	41	41
	2/2午後	2・4	麹町学園女子２日特待	－	－	－	－	－	40	40
	2/2	2・4	佼成女子２日午前	－	－	－	－	－	－	36
	1/21	4	国府台女子学院	52	52	52	52	52	51	51
	2/5	4	国府台女子学院２	45	47	47	48	48	48	48
	12/1	4	国府台女子学院（推）	44	45	45	46	47	46	46
	2/1	4	香蘭女学校	52	55	58	58	58	58	58
	2/2午後	2	香蘭女学校２	－	－	－	－	－	62	65
	2/1	4	国学院久我山	49	49	48	48	49	49	50
	2/1午後	2	国学院久我山（ＳＴ）	55	56	57	57	57	57	58
	2/2	4	国学院久我山２	49	49	48	48	48	49	50
	2/3午後	2	国学院久我山（ＳＴ２）	53	54	57	57	57	57	56
	2/5	4	国学院久我山（ＳＴ３）	49	49	52	52	52	52	54
	2/1	2・4	駒込	－	－	－	－	－	43	44
	2/1午後	2	駒込２	－	－	－	－	－	45	47
	2/2	2・4	駒込３	－	－	－	－	－	45	46
	2/2午後	－	駒込４特待	－	－	－	－	－	49	51
	2/4	2	駒込５	－	－	－	－	－	45	46
サ	1/13	－	伊奈学園	54	54	54	55	55	53	52
	1/10	4	埼玉栄	39	39	41	41	43	43	42
	1/11	4	埼玉栄３	38	38	41	41	43	43	43
	1/13	4	埼玉栄５	36	36	38	38	41	41	41
	1/10	4	埼玉栄（難関大）	－	－	－	－	－	46	47
	1/10午後	2	埼玉栄２（難関大）	46	45	45	45	47	47	49
	1/11午後	2	埼玉栄４（難関大）	－	－	－	－	－	－	46
	1/13	－	さいたま市立浦和	58	58	58	59	62	61	61
	1/14	－	さいたま市立大宮国際	－	－	－	－	－	57	57
	1/10	4	栄東Ａ（１０日）	59	59	60	60	60	60	61
	1/11	4	栄東Ａ（１１日）	－	－	－	－	－	60	61
	1/12	4	栄東（東大特待）	70	69	68	68	68	69	69
	1/16	4	栄東Ｂ	58	57	59	59	59	59	60
	1/18	4	栄東（東大Ⅱ）	－	－	－	－	－	64	64
	1/8	4	佐久長聖（東京）	53	53	52	51	49	49	48
	1/9	4	佐久長聖（東京２）	－	－	－	－	－	46	46
	2/1	2・4	桜丘	－	－	－	－	－	40	41
	2/1午後	2・4	桜丘２特待	－	－	－	－	－	43	46
	2/2	2・4	桜丘３	－	－	－	－	－	40	41
	2/2午後	2・4	桜丘４特待	－	－	－	－	－	43	46
	2/4	2・4	桜丘５	－	－	－	－	－	40	41
	2/1午後	2	サレジアン２（本科）	－	－	－	－	－	－	41
	2/2	2・4	サレジアン３（本科）	－	－	－	－	－	－	40
	2/3午後	2・4	サレジアン５スカ（本科）	－	－	－	－	－	43	43
	2/1	2・4	サレジアン世（本科）	－	－	－	－	－	40	43
	2/1午後	2・4	サレジアン世２（本科）	－	－	－	－	－	43	46
	2/2午後	4	サレジアン世３（特本科）	－	－	－	－	－	44	47
	2/3午後	2	サレジアン世４（本科）	－	－	－	－	－	43	46
	2/5	4	サレジアン世５（本科）	－	－	－	－	－	40	40
シ	2/1午後	2	自修館Ａ２	45	45	43	43	43	43	43
	2/2午後	2	自修館Ｂ２	44	44	42	42	42	42	42
	2/1午後	2	実践学園（特待）	－	－	－	－	－	44	46
	2/3午後	2	実践学園２（特待）	－	－	－	－	－	44	46
	2/1	2・4	実践女子学園	36	36	36	38	41	44	46
	2/1午後	2	実践女子学園２	－	－	－	－	－	46	48
	2/2	2・4	実践女子学園３	36	36	36	38	41	44	45
	2/2午後	2	実践女子学園４	－	－	－	－	－	46	48
	2/3午後	2	実践女子学園５	－	－	－	－	－	47	49
	2/4午後	2	実践女子学園６	－	－	－	－	－	47	49
	2/2	2・4	品川翔英３	－	－	－	－	－	44	45
	2/1	4	品川女子学院	49	49	51	51	51	52	53
	2/1午後	算	品川女子学院（算数）	－	－	－	－	－	58	58
	2/2	4	品川女子学院２	49	49	51	51	51	52	52
	2/4	4	品川女子学院３	49	49	50	51	51	52	53
	2/1	3	芝浦工大附	－	－	－	－	－	54	57
	2/2	3	芝浦工大附２	－	－	－	－	－	56	59
	1/23	4	芝浦工大柏	55	55	55	55	55	55	55
	1/27	4	芝浦工大柏２	56	58	58	58	58	58	58
	2/1	4	芝国際１午前	－	－	－	－	－	54	50

	2024年入試			18	19	20	21	22	23	24
	入試日	教科	学校名	大1	高3	高2	高1	中3	中2	中1
	2/1午後	2	芝国際１午後特待	–	–	–	–	–	57	53
	2/2午後	2	芝国際２特待	–	–	–	–	–	57	53
	2/3午後	2	芝国際３特待	–	–	–	–	–	57	53
	2/1	4	渋谷教育渋谷	68	69	69	69	69	70	70
	2/2	4	渋谷教育渋谷２	70	70	70	70	70	71	71
	2/5	4	渋谷教育渋谷３	70	70	70	70	70	71	71
	1/27	2	渋谷教育渋谷（帰）	66	67	67	67	67	68	68
	1/22	4	渋谷教育幕張	72	72	72	72	72	72	72
	2/2	4	渋谷教育幕張２	71	71	71	71	71	71	71
	2/1	2・4	十文字	42	44	42	41	41	41	40
	2/1午後	2	十文字２	47	49	47	46	46	46	45
	2/2	2・4	十文字３	43	44	43	42	42	42	41
	2/2午後	2	十文字４	–	–	–	–	–	42	41
	2/1	2・4	淑徳１Ｓ特	44	45	45	49	49	49	49
	2/3午後	2	淑徳２Ｓ特	45	46	46	51	51	51	51
	2/1午後	2	淑徳（東大）	55	55	56	56	56	56	55
	2/2午後	2	淑徳２（東大）	54	53	54	54	54	54	53
	2/1	2	淑徳巣鴨	–	–	–	–	–	41	43
	2/4	2	淑徳巣鴨３	–	–	–	–	–	41	44
	2/1午後	2・4	淑徳巣鴨（スカラ）	–	–	–	–	–	47	49
	2/2午後	2・4	淑徳巣鴨２（スカラ）	–	–	–	–	–	47	49
	2/3午後	2・4	淑徳巣鴨３（スカラ）	–	–	–	–	–	47	49
	1/13	4	淑徳与野	58	59	58	58	59	60	58
	2/4	4	淑徳与野２	55	55	55	55	56	57	56
	2/1	4	順天Ａ	45	45	45	45	45	45	45
	2/1午後	2	順天Ｂ	49	49	49	49	49	49	49
	2/2	4	順天２Ａ	44	45	45	45	45	45	45
	2/2午後	2	順天２Ｂ	48	49	49	49	49	49	49
	2/1	4	頌栄女子学院	60	60	61	61	62	61	61
	2/5	4	頌栄女子学院２	62	62	61	61	62	62	62
	2/1午後	4	聖徳学園（特奨４科）	–	–	–	–	–	41	44
	2/1	2・4	湘南学園Ａ	50	50	50	50	49	49	48
	2/2	2・4	湘南学園Ｂ	46	47	47	51	50	50	49
	2/3	2	湘南学園Ｃ	47	47	47	51	50	50	49
	2/5	2	湘南学園Ｄ	46	47	47	51	50	50	49
	2/1午後	算	湘南白百合（算数）	–	–	–	–	–	58	57
	2/1午後	国	湘南白百合（国語）	–	–	–	–	–	58	57
	2/2	4	湘南白百合（４教科）	52	50	47	47	49	52	52
	1/10	2・4	昌平	–	–	–	–	–	40	40
	1/11	2・4	昌平２	–	–	–	–	–	40	40
	1/10午後	4	昌平Ｔ	–	–	–	–	–	45	43
	1/13	4	昌平Ｔ３	–	–	–	–	–	45	45
	1/20	国	昭和学院（国語１科）	–	–	–	–	–	46	48
	1/20午後	算	昭和学院（算数１科）	–	–	–	–	–	44	48
	1/24	2・4	昭和学院（アド）	–	–	–	–	–	47	48
	1/20午後	2	昭和秀英（午後特別）	–	–	–	–	–	66	66
	1/22	4	昭和秀英	60	60	60	60	60	61	61
	2/3	4	昭和秀英２	59	59	59	59	59	60	62
	2/1	2・4	昭和女子大附ＡＡ	39	39	43	45	46	46	47
	2/1午後	2	昭和女子大附ＳＡ	–	–	–	–	–	–	49
	2/1午後	2	昭和女子大附ＡＰ	–	–	–	–	–	50	52
	2/2	2・4	昭和女子大附Ｂ	39	39	46	48	49	49	49
	2/3	2・4	昭和女子大附Ｃ	39	38	45	49	50	50	50
	2/1	4	女子学院	69	70	70	69	70	70	69
	2/1	2・4	女子聖学院	37	37	39	40	40	40	40
	2/1午後	2	女子聖学院２スカラシップ	39	40	42	43	43	43	43
	2/2午後	2	女子聖学院３	–	–	–	–	–	40	40
	2/1	2・4	女子美大付	38	40	40	41	42	43	43
	2/2午後	国	女子美大付２	–	–	–	–	–	45	45
	2/3	2	女子美大付３	–	–	–	–	–	45	45
	2/2	4	白百合学園	63	64	63	64	64	64	64
セ	2/1	4	成蹊	53	54	55	55	56	56	55
	2/4	4	成蹊２	54	54	57	57	59	59	58
	2/1	4	成城学園	50	51	53	54	54	54	54
	2/3	4	成城学園２	51	52	54	55	55	55	55
	2/1	2・4	聖セシリア女子Ａ	38	38	37	38	38	38	39
	2/2午後	2・4	聖セシリア女子Ａ２	40	40	39	40	40	40	41
	2/3午後	2	聖セシリア女子Ａ３	–	–	–	–	–	40	41
	2/1午後	1	聖セシリア女子Ｂスカラ	–	–	–	–	–	44	45
	2/1	4	清泉女学院	46	47	45	46	46	45	46
	2/1午後	2	清泉女学院２	–	–	–	–	–	51	52
	2/2午後	4	清泉女学院３	48	51	47	47	47	47	48
	1/10	2・4	西武文理	43	41	41	41	42	42	40
	1/10	2・4	西武文理（選抜）	48	48	48	48	48	48	48
	1/10午後	4	西武文理（特待）	51	50	50	50	50	50	50
	1/12	2・4	西武文理２	41	41	41	41	42	42	40
	2/1	2・4	青稜１Ａ	47	48	50	51	52	54	54
	2/1午後	2・4	青稜１Ｂ	53	54	55	55	56	58	58
	2/2	2・4	青稜２Ａ	46	48	50	52	53	55	55
	2/2午後	2・4	青稜２Ｂ	52	54	56	57	58	60	60
	1/20	4	専修大松戸	53	54	54	54	54	55	55
	1/26	4	専修大松戸２	54	54	54	54	54	55	56
	2/3	4	専修大松戸３	52	52	52	52	54	55	55
	2/1	4	洗足学園	63	63	65	65	65	67	66
	2/2	4	洗足学園２	65	65	65	65	65	67	67
	2/5	4	洗足学園３	65	65	65	65	65	67	67
	1/13	2	洗足学園（帰Ｂ）	60	59	60	60	60	60	60
ソ	2/1	4	創価	48	48	47	47	46	46	46
タ	2/1午後	2	多摩大聖ヶ丘２	39	38	38	38	38	40	40
	2/1午後	4	多摩大目黒（特待）	42	42	41	41	43	43	46
	2/2午後	4	多摩大目黒２（特待）	–	–	–	–	–	44	48
	2/3午後	2	多摩大目黒３（特待）	–	–	–	–	–	44	47
	2/4	2	多摩大目黒４（特待）	–	–	–	–	–	44	47
	2/6	2	多摩大目黒５（特待）	–	–	–	–	–	44	47
チ	12/9午後	–	県立千葉	66	66	65	65	65	65	65
	12/9午後	–	県立東葛飾	63	63	62	62	63	63	63
	12/9	–	千葉市立稲毛国際	55	55	57	58	60	58	57
	12/1	4	千葉日大第一（自推）	–	–	–	–	–	38	40
	1/21	4	千葉日大第一	42	42	43	44	44	44	48
	1/26	2	千葉日大第一２	42	42	44	46	49	49	50

	2024年入試			18	19	20	21	22	23	24
	入試日	教科	学校名	大1	高3	高2	高1	中3	中2	中1
	2/1	4	中央大附属	55	57	58	58	59	60	60
	2/4	4	中央大附属２	56	58	59	59	59	60	60
	2/1	4	中央大附属横浜	56	57	58	58	59	59	59
	2/2午後	4	中央大附属横浜２	58	58	59	59	60	60	61
	2/3	–	九段（Ｂ・都内）	60	60	60	60	60	60	60
ツ	2/3	4	筑波大附	68	69	69	70	71	70	70
	1/6	4	土浦日大（ＫＢＴ）	–	–	–	–	–	41	41
	2/1午後	2・4	鶴見大附属（難関）	39	40	39	39	39	39	40
テ	2/1	2・4	帝京大学	53	53	55	55	55	54	54
	2/2	4	帝京大学２（特待・一般）	53	54	57	57	57	56	56
	2/3午後	2	帝京大学３	54	54	55	55	55	55	54
	2/1	4	田園調布学園	50	50	51	51	51	52	52
	2/1午後	算	田園調布学園（午後）	–	–	–	–	–	60	62
	2/2	4	田園調布学園２	51	51	52	52	52	53	53
	2/4	4	田園調布学園３	52	52	52	52	52	53	54
ト	2/1	4	桐蔭学園	–	–	–	–	–	50	51
	2/1午後	2	桐蔭学園（午後）	–	–	–	–	–	54	57
	2/2午後	2	桐蔭学園２（特奨）	–	–	–	–	–	57	58
	2/5	2・4	桐蔭学園３	–	–	–	–	–	54	56
	1/20	4	東海大浦安Ａ	35	35	35	38	40	40	43
	1/24	2・4	東海大浦安Ｂ	–	–	–	–	–	40	43
	2/1	4	東海大高輪台	–	–	–	–	–	41	41
	2/3	4	東海大高輪台２	36	36	36	37	38	41	41
	2/5	4	東海大高輪台３	36	36	36	37	38	41	41
	2/3	4	学大小金井	–	–	–	–	–	52	51
	2/3	4	学大世田谷	59	62	62	62	62	60	59
	2/3	4	学大竹早	58	58	58	58	58	58	57
	2/1午後	2	東京家政大附２（特奨）	–	–	–	–	–	40	40
	2/2	2・4	東京家政大附３	–	–	–	–	–	36	36
	2/1	4	東京女学館	47	47	48	50	50	50	50
	2/1午後	2	東京女学館２	53	53	55	54	54	54	55
	2/2午後	2	東京女学館３	50	50	52	51	52	52	52
	2/3	4	東京女学館４	47	49	51	51	52	52	53
	2/2午後	2	東京女学館（国際一般）	47	47	49	49	49	49	49
	2/1午後	2	東京成徳大（特待）	40	37	36	36	39	39	41
	2/2午後	2	東京成徳大２（特待）	–	–	–	–	–	–	39
	2/3	–	東京大附	51	51	52	52	53	55	55
	2/1	2・4	東京電機大	40	40	41	41	41	41	42
	2/1午後	–	東京電機大２	45	45	46	46	46	46	47
	2/2	2・4	東京電機大３	40	40	41	41	42	42	43
	2/4午後	–	東京電機大４	42	42	46	46	46	46	47
	2/1	4	都市大等々力（特選）	51	52	53	53	53	55	56
	2/3午後	4	都市大等々力２（特選）	53	54	56	56	56	57	58
	2/1午後	4	都市大等々力（Ｓ特選）	56	57	59	59	59	60	61
	2/2午後	4	都市大等々力２（Ｓ特選）	56	58	59	59	59	60	61
	2/3	–	桜修館	62	62	62	62	63	63	64
	2/3	–	大泉高附属	60	60	60	60	61	61	61
	2/3	–	小石川（一般）	65	66	66	67	69	69	69
	2/3	–	立川国際（一般）	59	59	59	59	59	59	59
	2/3	–	白鷗高附属（一般）	59	59	59	59	60	60	60
	2/3	–	富士高附属	58	59	59	59	59	60	60
	2/3	–	三鷹	58	58	58	58	59	59	60
	2/3	–	南多摩	60	60	58	58	60	60	59
	2/3	–	武蔵高附属	64	64	65	65	65	65	65
	2/3	–	両国高附属	62	62	63	63	63	64	64
	2/1午後	2	東京農大第一算国	61	62	62	62	62	62	63
	2/1午後	算+理	東京農大第一算理	–	–	–	–	–	62	63
	2/2午後	2	東京農大第一２算国	–	–	–	–	–	62	63
	2/2午後	算+理	東京農大第一２算理	61	62	62	64	62	62	63
	2/4	4	東京農大第一３	60	60	60	60	61	61	64
	2/1	4	桐光学園	42	42	43	43	43	43	44
	2/2	4	桐光学園２	43	42	43	43	43	43	44
	2/3	4	桐光学園３Ａ	43	43	43	43	43	43	44
	12/1	4	東邦大東邦（推薦）	–	–	–	–	–	65	65
	1/21	4	東邦大東邦（前）	63	64	64	64	64	64	64
	2/3	4	東邦大東邦（後）	63	62	62	62	62	62	62
	2/1	4	東洋英和女学院Ａ	57	57	58	58	58	60	61
	2/3	4	東洋英和女学院Ｂ	60	60	61	61	61	62	64
	2/1	4	東洋大学京北	43	45	47	47	49	49	49
	2/1午後	2	東洋大学京北２	43	47	49	49	51	51	53
	2/2	4	東洋大学京北３	43	47	49	49	51	51	51
	2/4	4	東洋大学京北４	–	–	–	–	–	51	51
	2/2	4	豊島岡女子学園	70	70	70	70	70	70	69
	2/3	4	豊島岡女子学園２	70	70	70	70	70	71	70
	2/4	4	豊島岡女子学園３	70	70	70	70	70	71	70
	1/11	4	獨協埼玉	41	41	42	42	42	42	42
	1/12	4	獨協埼玉２	40	40	40	40	40	40	40
	1/17	4	獨協埼玉３	39	39	39	39	39	39	39
	2/1	2・4	ドルトン東京１日ＡＭ	–	–	–	–	–	47	47
	2/1午後	2	ドルトン東京（特待）	–	–	–	–	–	55	55
	2/2	2・4	ドルトン東京２日ＡＭ	–	–	–	–	–	47	50
	2/2午後	算+理	ドルトン東京（理数特待）	–	–	–	–	–	55	56
	2/4午後	2	ドルトン東京４日ＰＭ	–	–	–	–	–	50	55
ナ	2/1午後	2・4	中村（特待・１日午後）	38	38	37	37	38	40	40
	1/25	4	成田高付	43	43	45	45	46	46	47
ニ	1/20	2・4	二松学舎大柏（総合）	35	35	35	35	35	35	35
	1/20午後	2・4	二松学舎大柏（Ｇ特待）	–	–	–	–	–	43	43
	2/1	2・4	日本工大駒場	–	–	–	–	–	39	41
	2/1午後	2	日本工大駒場２	–	–	–	–	–	41	44
	2/2	2・4	日本工大駒場３	–	–	–	–	–	–	41
	2/3	2・4	日本工大駒場５	–	–	–	–	–	–	43
	2/1	4	日本女子大附	52	51	53	52	55	53	51
	2/3	4	日本女子大附２	52	51	53	53	55	53	51
	2/1	4	日本大学Ａ１（ＡＦ）	46	46	46	47	48	48	49
	2/1午後	2	日本大学Ａ２（ＡＦ）	52	52	52	52	53	53	55
	2/2午後	2	日本大学Ｂ（ＡＦ）	49	49	49	49	50	50	52
	2/5	4	日本大学Ｃ（ＡＦ）	49	49	49	49	50	50	52
	2/1	4	日本大学Ａ１（ＧＬ）	–	–	–	–	–	50	52
	2/1午後	2	日本大学Ａ２（ＧＬ）	–	–	–	–	–	55	57
	2/2午後	2	日本大学Ｂ（ＧＬ）	–	–	–	–	–	52	54

	2024年入試			18	19	20	21	22	23	24
	入試日	教科	学校名	大1	高3	高2	高1	中3	中2	中1
	2/5	4	日本大学C（GL）	—	—	—	—	—	52	54
	2/1	4	日大第一（4科1回）	35	35	35	37	41	41	41
	2/2	4	日大第一（4科2回）	—	—	—	—	—	42	43
	2/3	2	日大第一（2科1回）	—	—	—	—	—	44	47
	2/5	2	日大第一（2科2回）	—	—	—	—	—	46	47
	2/1	4	日大第二	43	43	44	45	46	46	46
	2/3	4	日大第二2	43	43	45	46	48	47	47
	2/1	2・4	日大第三	36	36	38	38	39	39	40
	2/2	2・4	日大第三2	37	37	39	39	40	40	41
	2/3	2	日大第三3	37	37	39	41	42	42	43
	2/1	2・4	日大豊山女子	—	—	—	—	—	37	37
	2/1午後	2	日大豊山女子2科	35	35	36	38	39	41	40
	2/1午後	算	日大豊山女子（算数）	—	—	—	—	—	39	39
	2/2	2	日大豊山女子2科選	—	—	—	—	—	39	38
	2/2午後	2	日大豊山女子2科2	—	—	—	—	—	40	39
	2/5午後	2	日大豊山女子2科3	—	—	—	—	—	40	39
	2/1	4	日大藤沢	45	46	46	46	46	46	44
	2/2午後	2	日大藤沢2	—	—	—	—	—	49	49
	2/4	4	日大藤沢3	46	46	46	47	47	48	48
ハ	2/1午後	2	八王子学園1（午後東大）	46	46	46	47	47	48	48
	2/2午後	2	八王子学園2（午後東大）	—	—	—	—	—	47	47
ヒ	1/20	2・4	日出学園	38	38	39	40	42	42	43
	1/23	2・4	日出学園2	—	—	—	—	—	44	45
	2/1	4	広尾学園	61	61	61	61	63	64	65
	2/1午後	4	広尾学園2	64	65	65	66	67	68	68
	2/2午後	4	広尾学園（医進・S）	66	66	66	66	68	69	69
	2/5	4	広尾学園3	63	64	64	64	64	65	65
	2/1午後	4	広尾学園（ISG1）	65	66	66	66	68	69	69
	2/5	4	広尾学園（ISG2）	64	65	65	65	67	66	66
	2/1	4	広尾小石川	—	—	—	—	—	58	59
	2/1午後	2	広尾小石川2	—	—	—	—	—	60	63
	2/3午後	2	広尾小石川3	—	—	—	—	—	61	63
	2/6午後	2	広尾小石川4	—	—	—	—	—	61	64
	2/1	4	広尾小石川（ISG1）	—	—	—	—	—	58	59
	2/1午後	2	広尾小石川（ISG2）	—	—	—	—	—	60	63
	2/3午後	2	広尾小石川（ISG3）	—	—	—	—	—	61	63
	2/6午後	2	広尾小石川（ISG4）	—	—	—	—	—	61	64
フ	2/1	4	フェリス女学院	65	65	65	65	65	64	64
	1/13	2・4	不二聖心S（東京）	—	—	—	—	—	49	46
	2/1	4	富士見	51	49	47	49	48	50	50
	2/2	4	富士見2	51	50	50	50	52	54	52
	2/2午後	算	富士見（算数）	—	—	—	—	—	57	57
	2/3	4	富士見3	51	51	50	50	52	54	54
	2/1	4	雙葉	66	67	68	68	67	67	67
	1/10	2・4	武南	—	—	—	—	—	38	38
	1/10午後	2・4	武南（午後）	—	—	—	—	—	39	39
	2/1	4	普連土学園（1日午前）	50	50	49	49	50	48	50
	2/1午後	算	普連土学園（算数）	—	—	—	—	—	55	57
	2/2午後	2	普連土学園（2日午後）	57	55	54	54	54	54	55
	2/4	4	普連土学園（4日午前）	55	52	51	51	51	49	51
	2/1午後	2・4	文化学園大杉並2	40	40	40	40	41	41	41
	2/2	2・4	文化学園大杉並3	—	—	—	—	—	38	41
	2/2午後	2	文化学園大杉並4	—	—	—	—	—	41	41
	2/3	2・4	文化学園大杉並5	—	—	—	—	—	38	38
	2/4	2	文化学園大杉並6	—	—	—	—	—	38	38
	2/1午後	2	文京学院大（特待1回）	—	—	—	—	—	40	40
	2/1	2・4	文教大付	—	—	—	—	—	38	38
	2/1午後	2・4	文教大付2	—	—	—	—	—	42	43
	2/2	2・4	文教大付3	—	—	—	—	—	39	41
	2/2午後	2・4	文教大付4	—	—	—	—	—	41	42
	2/4	2・4	文教大付5	—	—	—	—	—	39	42
ホ	2/1	4	法政大学	55	56	57	58	58	57	57
	2/3	4	法政大学2	55	57	58	59	58	58	58
	2/5	4	法政大学3	56	57	58	59	59	59	59
	2/2	4	法政第二	58	58	60	58	58	58	58
	2/4	4	法政第二2	58	58	59	59	59	59	59
	2/1	2・4	宝仙学園	—	—	—	—	—	43	43
	2/1午後	4	宝仙学園（新4科）	47	47	45	45	46	46	46
	2/2午後	2・4	宝仙学園2	47	46	44	45	46	46	46
	1/10	2	星野学園	46	45	43	43	43	43	43
	1/11午後	2	星野学園2	46	46	45	45	45	45	45
	1/10午後	3	星野学園（理数）	51	51	51	51	50	50	50
	1/11	4	星野学園（理数2）	48	48	48	48	48	48	48
	1/14	2・4	星野学園（総合選抜）	47	47	46	46	46	46	44
	1/10	4	細田学園	—	—	—	—	—	43	43
	1/12	4	細田学園2	—	—	—	—	—	43	43
	1/10午後	2・4	細田学園（特待）	—	—	—	—	—	—	52
ミ	2/1	2・4	聖園女学院1A	44	44	42	41	39	39	39
	2/1午後	2	聖園女学院2	—	—	—	—	—	41	40
	2/2	2・4	聖園女学院3	44	44	42	41	39	39	38
	2/2午後	1	聖園女学院得意1科	43	43	41	41	41	41	40
	2/1	4	三田国際（ISC）	51	55	55	55	56	57	58
	2/1午後	4	三田国際2（ISC）	56	59	59	59	59	60	61
	2/2午後	4	三田国際3（ISC）	55	58	59	59	59	60	61
	2/4午後	4	三田国際4（ISC）	54	57	59	59	59	60	61
	2/1	4	三田国際（IC）	51	55	55	55	56	56	56
	2/1午後	4	三田国際2（IC）	56	59	59	59	59	59	59
	2/2午後	4	三田国際3（IC）	55	58	59	59	59	59	59
	2/3午後	算+理	三田国際（MST）	—	—	—	—	—	63	63
	1/14	2・4	宮崎日大（首都圏）	—	—	—	—	—	35	35
	2/1	2・4	三輪田学園午前	40	40	40	41	43	44	48
	2/1午後	2	三輪田学園午後	—	—	—	—	—	47	52
	2/2	2・4	三輪田学園2	42	41	41	42	43	45	50
	2/3	2・4	三輪田学園3	42	41	43	43	45	47	50
ム	2/1	2・4	武蔵野大学	—	—	—	—	—	39	39
	2/1午後	2	武蔵野大学2	—	—	—	—	—	41	41
	2/2	2・4	武蔵野大学3	—	—	—	—	—	39	39
	2/2午後	算	武蔵野大学4	—	—	—	—	—	41	41
メ	1/7	4	茗溪学園	49	52	52	52	52	52	51
	1/20	—	茗溪学園総合	46	48	48	48	48	48	48

	2024年入試			18	19	20	21	22	23	24
	入試日	教科	学校名	大1	高3	高2	高1	中3	中2	中1
	2/1午後	2	明治学院	45	46	46	46	47	47	48
	2/2	4	明治学院2	40	41	44	44	45	45	46
	2/4	4	明治学院3	40	41	44	44	45	45	46
	2/1	4	明大付属八王子A1	53	54	54	54	54	54	54
	2/3	4	明大付属八王子A2	53	55	56	56	56	56	57
	2/5午後	4	明大付属八王子B	—	—	—	—	—	56	57
	2/2	4	明大明治	64	64	64	63	64	63	64
	2/3	4	明大明治2	64	63	64	63	64	63	64
	2/1	4	目黒日大	—	—	—	—	—	45	45
	2/1午後	算+理	目黒日大2	—	—	—	—	—	50	51
	2/2	2・4	目黒日大3	—	—	—	—	—	47	48
	2/4午後	2	目黒日大4	—	—	—	—	—	50	50
モ	1/7	4	盛岡白百合（首都圏）	—	—	—	—	—	42	44
	2/1	2・4	森村学園	51	51	51	51	51	51	51
	2/2	2・4	森村学園2	51	51	51	51	51	52	52
	2/4	2・4	森村学園3	51	51	51	51	51	52	53
ヤ	2/1	2・4	八雲学園	40	38	38	38	39	38	38
	2/1午後	2・4	八雲学園2	41	41	41	41	41	40	40
	2/2午後	2・4	八雲学園3	40	39	39	39	40	39	40
	2/1	4	安田学園（先進）	52	51	51	52	52	52	55
	2/1午後	4	安田学園（先進2）	52	52	52	53	54	54	55
	2/2	4	安田学園（先進3）	—	—	—	—	—	52	55
	2/2午後	4	安田学園（先進4）	52	52	52	53	54	54	56
	2/3	4	安田学園（先進5）	—	—	—	—	—	54	56
	1/20	4	八千代松陰（20日）	39	39	38	38	38	38	38
	2/1	2・4	山手学院A	52	52	53	53	53	53	54
	2/1午後	2	山手学院（特待）	54	54	57	57	59	60	62
	2/3	2・4	山手学院B	55	54	54	54	54	54	54
	2/6	2・4	山手学院（後期）	55	55	55	55	55	55	56
	2/1	4	山脇学園A	48	46	45	47	50	53	53
	2/1午後	国	山脇学園午後（国語）	—	—	—	—	—	58	58
	2/1午後	算	山脇学園午後（算数）	—	—	—	—	—	58	58
	2/2午後	2	山脇学園B	48	46	46	52	52	55	56
	2/4	4	山脇学園C	48	47	47	49	51	55	54
ヨ	2/1	4	横浜共立学園A	57	57	56	56	55	53	51
	2/3	2	横浜共立学園B	62	63	62	62	61	60	59
	2/2	2	横浜国大鎌倉	—	—	—	—	—	42	42
	2/3	4	横浜国大横浜	52	52	52	52	53	53	51
	2/1	4	横浜女学院A1国際	—	—	—	—	—	43	43
	2/1	2・4	横浜女学院A2アカデミー	40	40	40	40	40	39	39
	2/1午後	4	横浜女学院B1国際	—	—	—	—	—	48	48
	2/1午後	2・4	横浜女学院B2アカデミー	44	44	44	44	44	43	43
	2/2	4	横浜女学院C1国際	—	—	—	—	—	43	43
	2/2	2・4	横浜女学院C2アカデミー	41	41	40	40	40	39	39
	2/2午後	4	横浜女学院D1国際	—	—	—	—	—	47	47
	2/2午後	2・4	横浜女学院D2アカデミー	43	43	43	43	43	42	42
	2/3午後	4	横浜女学院E1国際	—	—	—	—	—	46	46
	2/3午後	2・4	横浜女学院E2アカデミー	42	42	42	42	42	41	41
	2/3	—	横浜市立南高附属	62	62	62	62	63	63	62
	2/3	—	横浜市立YSFH附属	—	—	—	—	—	66	66
	2/1	2・4	横浜創英	—	—	—	—	—	41	44
	2/1午後	2	横浜創英2	—	—	—	—	—	44	48
	2/2	2・4	横浜創英3	—	—	—	—	—	44	47
	2/6	2	横浜創英4	—	—	—	—	—	43	47
	2/1	4	横浜雙葉	58	57	55	55	53	52	53
	2/2	4	横浜雙葉2	—	—	—	—	—	—	56
リ	2/1	4	立教女学院	61	61	61	61	60	60	59
	12/21	2	立教女学院（帰）	55	55	55	56	57	57	57
レ	1/21	4	麗澤（AE）	53	54	54	54	54	54	52
	1/21	4	麗澤（EE）	49	48	48	48	49	49	49
	1/25	4	麗澤2（AE）	51	54	54	54	54	54	52
	1/25	4	麗澤2（EE）	49	48	48	48	49	49	47
	1/28午後	2	麗澤3（AE）	—	—	—	—	—	50	51
	1/28午後	2	麗澤3（EE）	—	—	—	—	—	46	47
	2/1午後	2	麗澤4（AE）	—	—	—	—	—	50	49
	2/1午後	2	麗澤4（EE）	46	47	47	47	46	46	45
ワ	1/8	4	早稲田佐賀（1月首都）	51	56	59	59	60	60	58
	2/1	4	早稲田実業	69	69	68	68	69	68	68
	1/20	2・4	和洋国府台女子	35	38	38	38	40	40	40
	1/24	2・4	和洋国府台女子2	—	—	—	—	—	40	40

男子 【1月～2/1午前】

【2024年入試】四谷大塚結果Aライン80偏差値一覧

□……4教科（3教科）判定校
（　）……2教科（1教科）判定校

でてこい、未来のリーダーたち。 四谷大塚

偏差値	1月前半（～1/19）	1月後半（1/20～）	2/1午前	偏差値
70	1/13 灘(72)、12/16 海陽(特給・東京)(71)	1/22 渋谷教育幕張	開成(71)	70
69				69
68				68
67	1/8 北嶺(東京名古屋特待)、1/13 聖光学院(帰)		渋谷教育渋谷	67
66	1/6 西大和学園(東京)、1/12 栄東(東大特待)		麻布、駒場東邦、早稲田	66
65	▼12/9 県立千葉	1/20 市川、1/27 渋谷教育渋谷(帰)	武蔵、早大学院	65
64			海城、慶應普通部、早稲田実業	64
63	▼12/9 県立東葛飾	▼1/20 昭和秀英(午後特別)		63
62	12/1 東邦大東邦(推薦)、1/7 海城(帰)		広尾学園	62
61	1/6 土浦第一高附属、1/6 並木、1/6 水戸第一高附属、1/18 栄東(東大Ⅱ)	1/21 東邦大東邦(前)		61
60	12/3 立教池袋(帰)、1/11 開智(特待A)	1/25 立教新座、1/27 ラ・サール	サレジオ学院A、芝	60
59	1/7 愛光(首都圏)、1/13 さいたま市立浦和	1/20 市川(1月帰)、1/22 昭和秀英	本郷	59
58	●1/6 東京都市大付(帰Ⅱ類)、1/8 北嶺(東京名古屋)、1/10 栄東A(10日)、1/11 栄東A(11日)、■▼1/12 開智(算数特待)、1/17 江戸川取手(東大)、1/17 江戸川取手(医科)		逗子開成、東京都市大付(Ⅱ類)	58
57	12/9 千葉市立稲毛国際、1/16 栄東B	1/25 江戸川取手2(東大)、1/25 江戸川取手2(医科)	中央大附属、中央大附属横浜、広尾小石川、広尾小石川(ISG1)	57
56	1/8 早稲田佐賀(1月首都)、1/11 開智所沢(特待A)、1/12 開智(特待B)	1/27 芝浦工大柏2	三田国際(ISC)、攻玉社、世田谷学園、桐朋	56
55	12/26 逗子開成(帰)、1/8 函館ラ・サール(東京)、1/12 大宮開成(特待)、1/14 さいたま市立大宮国際		●開智日本橋、青山学院横浜英和A、城北、巣鴨、法政大学、芝浦工大附	55
54	●1/6 東京都市大付(帰Ⅰ類)、1/14 大宮開成2	1/26 専修大松戸2	三田国際(IC)、都市大等々力(特選)、東京都市大付(Ⅰ類)	54
53	1/10 大宮開成、1/10 開智(1回)、1/11 攻玉社(国際・国算)、1/13 川口市立高附属	1/20 専修大松戸、1/23 芝浦工大柏	高輪A、安田学園(先進)	53
52	12/23 海陽Ⅰ(東京)、■▼1/12 開智所沢(算数特待)、1/15 開智(2回)、1/17 江戸川取手(難関大)		●青稜1A、●帝京大学、●山手学院A、明大付属八王子A1、公文国際A(国算)	52
51	12/4 学習院(帰)、1/7 茨城大附	1/21 麗澤(AE)、1/25 麗澤2(AE)	鎌倉学園、成城、成城学園	51
50	1/10 青山浦和ルーテル、●▼1/10 細田学園(特待)、1/13 青山浦和ルーテル2、1/13 伊奈学園	1/25 江戸川取手2(難関大)、▼1/28 麗澤3(AE)	日本学園、国学院久我山、成蹊、桐蔭学園	50
49	1/7 茗溪学園、▼1/10 西武文理(特待)、▼1/10 星野学園(理数)、▼1/10 城西川越(特選)、□▼1/10 城北埼玉(特待)、1/12 開智所沢(特待B)	□▼1/20 光英VERITAS理数、●1/24 昭和学院(アド)、1/26 千葉日大第一2	●森村学園、獨協、日本大学A1(GL)	49
48	▼1/10 埼玉栄2(難関大)	1/21 麗澤(EE)	芝国際1午前、●淑徳1S特、桐光学園、東洋大学京北、日本大学A1(AF)	48
47	1/8 佐久長聖(東京)、●1/10 西武文理(選抜)、1/11 星野学園(理数2)	■1/20 昭和学院(国語1科)、1/20 茗溪学園総合、■▼1/20 昭和学院(算数1科)、1/21 楠隼(東京)	●かえつ有明1日午前、●湘南学園A、日大豊山、日大藤沢	47
46	1/10 開智所沢、1/10 埼玉栄(難関大)	1/25 成田高付、1/25 麗澤2(EE)、▼1/28 麗澤3(EE)	●ドルトン東京1日AM、関東学院1A	46
45	1/9 佐久長聖(東京2)、●1/11 城西川越(特選2)、▼1/11 開智未来(T未来)、●▼1/11 春日部共栄2(特待)、▼1/11 埼玉栄4(難関大)、1/15 開智所沢(2回)	●1/22 光英VERITAS特待	創価、日大第二	45
44	▼1/10 昌平T、▼1/10 浦和実業(特待午後)、▼1/11 星野学園2、▼1/12 浦和実業2(特待午後)、1/13 昌平T3	1/21 千葉日大第一、●1/23 日出学園2	順天A、目黒日大	44
43	●1/14 星野学園(総合選抜)		●駒込、●東京電機大、●横浜創英、穎明館	43
42	1/10 浦和実業(特待)、1/10 埼玉栄、1/10 城北埼玉、1/10 細田学園、1/10 星野学園、1/12 浦和実業2(特待)、1/12 細田学園2	●1/20 日出学園、1/20 東海大浦安A、●▼1/20 二松学舎大柏(G特待)、●1/24 東海大浦安B	●桜美林(1日)、●佼成学園、●桜丘、●宝仙学園、京華(特選)、淑徳巣鴨	42
41	●1/10 城西川越、1/11 獨協埼玉			41
40	12/1 千葉日大第一(自推)、1/6 土浦日大(KBT)、▼1/10 開智未来、●▼1/10 春日部共栄(午後)、●1/11 城北埼玉2、1/11 春日部共栄2(午前)、1/11 埼玉栄3、1/12 獨協埼玉2、1/13 埼玉栄5、▼1/13 春日部共栄3(午後)		郁文館(総合)、●サレジアン世(本科)、●日本工大駒場、●日大第三、東海大高輪台、日大第一(4科1回)	40
39	●1/10 昌平、●1/10 西武文理、1/10 春日部共栄、●1/11 昌平2、●1/12 西武文理2、●1/14 開智未来2、1/17 獨協埼玉3			39
38	●▼1/10 武南(午後)	1/20 八千代松陰(20日)	●京華、●武蔵野大学	38
37	●1/10 武南		●聖学院、●文教大付、●八雲学園	37
36				36
35	●1/14 宮崎日大(首都圏)	●1/20 二松学舎大柏(総合)		35
34				34
33				33
32				32

※この一覧表は合不合判定テストの合格可能性80％Aラインを表したもので、学校差を示すものではありません。

偏差値	1月前半（～1/19）	1月後半（1/20～）	2/1午前	偏差値
70		1/22 渋谷教育幕張(72)	桜蔭(71)　渋谷教育渋谷	70
69	1/12 栄東(東大特待)		女子学院	69
68		1/20 市川　1/27 渋谷教育渋谷(帰)	早稲田実業	68
67			雙葉	67
66		1/20 ▼昭和秀英(午後特別)	洗足学園	66
65	12/1 東邦大東邦(推薦)　12/9 ▼県立千葉　1/14 浦和明の星女子		広尾学園	65
64	1/18 栄東(東大Ⅱ)	1/21 東邦大東邦(前)	吉祥女子　フェリス女学院	64
63	12/9 ▼県立東葛飾			63
62	1/6 土浦第一高附属　1/6 並木　1/6 水戸第一高附属　1/11 開智(特待A)	1/20 市川(1月帰)	鷗友学園女子	62
61	1/10 栄東A(10日)　1/11 栄東A(11日)　1/11 □▼淑徳与野(医進特別)　1/13 さいたま市立浦和	1/22 昭和秀英	頌栄女子学院　東洋英和女学院A	61
60	1/12 ■▼開智(算数特待)　1/13 洗足学園(帰B)　1/16 栄東B　1/17 江戸川取手(東大)　1/17 江戸川取手(医科)		中央大附属	60
59	1/7 愛光(首都圏)	1/25 江戸川取手2(東大)　1/25 江戸川取手2(医科)	学習院女子A　中央大附属横浜　広尾小石川　広尾小石川(ISG1)　立教女学院	59
58	1/8 早稲田佐賀(1月首都)　1/12 開智(特待B)　1/13 淑徳与野	1/27 芝浦工大柏2	香蘭女学校　三田国際(ISC)	58
57	12/9 千葉市立稲毛国際　12/21 立教女学院(帰)　1/11 開智所沢(特待A)　1/12 大宮開成(特待)　1/14 さいたま市立大宮国際		●開智日本橋　青山学院横浜英和A　法政大学　芝浦工大附	57
56	1/14 大宮開成2	1/26 専修大松戸2	都市大等々力(特選)　三田国際(IC)	56
55	1/10 大宮開成　1/10 開智(1回)　1/13 川口市立高附属	1/20 専修大松戸　1/23 芝浦工大柏	成蹊　安田学園(先進)	55
54	1/15 開智(2回)　1/17 江戸川取手(難関大)		●青稜1A　●帝京大学　●山手学院A　大妻　成城学園　明大付属八王子A1　公文国際A(国算)	54
53	1/12 ■▼開智所沢(算数特待)	1/20 学習院女子(帰)	品川女子学院　山脇学園A　横浜雙葉	53
52	1/7 茨城大附　1/10 青山浦和ルーテル　1/10 ●▼細田学園(特待)　1/13 青山浦和ルーテル2　1/13 伊奈学園	1/21 麗澤(AE)　1/25 江戸川取手2(難関大)　1/25 麗澤2(AE)	田園調布学園　日本大学A1(GL)	52
51	1/7 茗溪学園	1/21 国府台女子学院　1/28 ▼麗澤3(AE)	●森村学園　共立女子(1日)　桐蔭学園　日本女子大附　横浜共立学園A	51
50	1/10 ▼西武文理(特待)　1/10 ▼星野学園(理数)　1/12 開智所沢(特待B)	1/20 □▼光英VERITAS理数　1/26 千葉日大第一2	国学院久我山　芝国際1午前　東京女学館　富士見　普連土学園(1日午前)	50
49	11/26 共立女子(帰)　1/10 ▼埼玉栄2(難関大)	1/21 麗澤(EE)	●淑徳1S特　東洋大学京北　日本大学A1(AF)	49
48	1/8 佐久長聖(東京)　1/10 ●西武文理(選抜)　1/11 星野学園(理数2)	1/20 ■昭和学院(国語1科)　1/20 茗溪学園総合　1/20 ■▼昭和学院(算数1科)　1/21 千葉日大第一　1/24 ●昭和学院(アド)	●かえつ有明1日午前　●湘南学園A　●三輪田学園午前　大妻中野アドバンスト　関東学院1A　晃華学園	48
47	1/10 開智所沢　1/10 埼玉栄(難関大)	1/25 成田高付　1/25 麗澤2(EE)　1/28 ▼麗澤3(EE)	●昭和女子大附AA　●ドルトン東京1日AM	47
46	12/1 国府台女子学院(推)　1/9 佐久長聖(東京2)　1/11 ▼開智未来(T未来)　1/11 ●▼春日部共栄2(特待)　1/11 ▼埼玉栄4(難関大)　1/13 ●不二聖心S(東京)　1/15 開智所沢(2回)	1/22 ●光英VERITAS特待	●実践女子学園　清泉女学院　創価　日大第二	46
45	1/10 ▼浦和実業(特待午後)　1/11 ●星野学園2　1/12 ▼浦和実業2(特待午後)　1/13 昌平T3	1/23 ●日出学園2	カリタス女子　順天A　目黒日大	45
44	1/7 盛岡白百合(首都圏)　1/14 ●星野学園(総合選抜)		●駒込　●横浜創英　穎明館　桐光学園　日大藤沢	44
43	1/10 浦和実業(特待)　1/10 細田学園　1/10 星野学園　1/10 ▼昌平T　1/11 大妻嵐山(大妻特待)　1/11 埼玉栄3　1/12 浦和実業2(特待)　1/12 細田学園2	1/20 ●日出学園　1/20 東海大浦安A　1/20 ●▼二松学舎大柏(G特待)　1/24 ●東海大浦安B	●跡見学園　●桜美林(1日)　●サレジアン世(本科)　●女子美大付　●宝仙学園 光塩女子学院(総合)　横浜女学院A1国語　淑徳巣鴨	43
42	1/10 埼玉栄　1/11 獨協埼玉		●神奈川学園A午前　●東京電機大	42
41	1/6 土浦日大(KBT)　1/10 ▼開智未来　1/10 ●▼春日部共栄(午後)　1/11 春日部共栄2(午前)　1/13 埼玉栄5 12/1 千葉日大第一(自推)　1/10 ●昌平　1/10 ●西武文理　1/10 春日部共栄　1/11 ●昌平2		●桜丘　●日本工大駒場　江戸川女子　東海大高輪台　日大第一(4科1回)	41
40	1/12 ●西武文理2　1/12 獨協埼玉2　1/13 ▼春日部共栄3(午後)　1/14 ●開智未来2	1/20 ●和洋国府台女子　1/24 ●和洋国府台女子2	●十文字　●女子聖学院　●日大第三　郁文館(総合)	40
39	1/10 ●▼武南(午後)　1/17 獨協埼玉3		●聖セシリア女子A　●聖園女学院1A　●武蔵野大学　●横浜女学院A2アカデミー	39
38	1/10 ●武南　1/10 ●▼大妻嵐山	1/20 八千代松陰(20日)	●文教大付　●八雲学園　大妻多摩	38
37			●日大豊山女子	37
36				36
35	1/14 ●宮崎日大(首都圏)	1/20 ●二松学舎大柏(総合)		35
34				34

※この一覧表は合不合判定テストの合格可能性80％Aラインを表したもので、学校差を示すものではありません。

※試験日は2024年の実施日。　●……2・4（2・3）教科選択（2教科判定）　□……算＋理受験校（算＋理判定）　■……1教科受験校　▼……午後実施校

男子【2/1午後～2/2午後】【2024年入試】四谷大塚結果Aライン80偏差値一覧

□……4教科（3教科）判定校
○……2教科（1教科）判定校

でてこい、未来のリーダーたち。四谷大塚

偏差値	2/1午後	2/2午前	2/2午後
70		聖光学院	
69		渋谷教育幕張2	
68		渋谷教育渋谷2	
67			
66	広尾学園(ISG1)	栄光学園	□広尾学園(医進・S)
65	広尾学園2	慶應湘南藤沢	
64	■巣鴨(算数)		
63		本郷2	
62			
61	東京都市大付2(Ⅱ類) ■世田谷学園(算数)	攻玉社2 / 桐朋2 / 明大明治	■高輪(算数午後)
60	開智日本橋(特待4科) / 東京農大第一算国 / 広尾小石川2 / 広尾小石川(ISG2) / 山手学院(特待) ■開智日本橋(特待算数) □東京農大第一算理	慶應湘南藤沢(帰)	東京農大第一2算国 □東京農大第一2算理
59	都市大等々力(S特選) / 三田国際2(ISC)	青山学院	中央大附属横浜2 / 都市大等々力2(S特選) / 三田国際3(ISC)
58	国学院久我山(ST)	巣鴨2	青山学院横浜英和B ●青稜2B
57	三田国際2(IC) / 神奈川大附 / 東京都市大付2(Ⅰ類) ■鎌倉学園(算数)	城北2 / 世田谷学園2 / 明大中野 / 芝浦工大附2	三田国際3(IC) ●開智日本橋2
56	●青稜1B	高輪B / 法政第二 / 立教池袋	桐蔭学園2(特奨)
55	安田学園(先進2) / 桐蔭学園(午後) / 日本大学A2(GL)	学習院 / 鎌倉学園2 / 暁星	
54	獨協2午後	帝京大学2(特待・一般)	安田学園(先進4) □ドルトン東京(理数特待)
53	淑徳(東大) / ドルトン東京(特待) / 日本大学A2(AF)	安田学園(先進3) ●青稜2A	日本大学B(GL)
52	かえつ有明(1日特待) / 佼成学園(特奨) / 東洋大学京北2	神奈川大附2 / 国学院久我山2	かえつ有明(2日特待) / 日大豊山2
51	芝国際1午後特待		佼成学園(G特奨) / 芝国際2特待 / 淑徳2(東大) / 日本大学B(AF)
50	郁文館iP / 関東学院1B □目黒日大2	●森村学園2 / 東洋大学京北3 / 獨協3	駒込4特待
49		●ドルトン東京2日AM / 桐光学園2	
48	足立学園(特奨1) ●淑徳巣鴨(スカラ) / 順天B / 東京電機大2 / 麗澤4(AE)	●湘南学園B	足立学園(特奨2) ●淑徳巣鴨2(スカラ) / 順天2B / 日大藤沢2
47	八王子学園1(午後東大) / 明治学院 / 横浜創英2	●目黒日大3	多摩大目黒2(特待) / 桜美林(2日午後)
46	桜美林(1日午後総合) / 京華(特選午後) / 桜美林(1日午後) / 駒込2	●横浜創英3	八王子学園2(午後東大)
45	多摩大目黒(特待) / 宝仙学園(新4科) ●桜丘2特待	●駒込3 / 明治学院2	穎明館3 ●桜丘4特待 ●宝仙学園2
44	実践学園(特待) / 麗澤4(EE)	●品川翔英3 ●東京電機大3 / 穎明館2 / 順天2A	京華2(特選) / サレジアン世3(特本科)
43	聖徳学園(特奨4科) ●サレジアン世2(本科) ●聖学院(アド) / 日本工大駒場2		●聖学院(アド2)
42	自修館A2 ●文教大付2	●佼成学園2 ●桜丘3 / 日大第一(4科2回)	日本工大駒場4
41		●日大第三2 / 横浜国大鎌倉	●京華2 / 自修館B2 ●文教大付4
40	工学院大附1B特待 / サレジアン2(本科) / 多摩大聖ヶ丘2 ●鶴見大附属(難関) / 東京成徳大(特待) ●文化学園大杉並2 / 武蔵野大学2	●日本工大駒場3 ●文化学園大杉並3 ●文教大付3	文化学園大杉並4 ■武蔵野大学4
39	藤嶺学園藤沢(2科) ●八雲学園2	●サレジアン3(本科)	東京成徳大2(特待) ●八雲学園3
38		郁文館(総合2) ●武蔵野大学3	
37		●聖学院2	
36			
35			
34			
33			
32			

※この一覧表は合不合判定テストの合格可能性80％Aラインを表したもので、学校差を示すものではありません。

偏差値	2/1 午後	2/2 午前	2/2 午後	偏差値
70		渋谷教育渋谷2（71） 渋谷教育幕張2（71）		70
69	広尾学園（ISG1）	豊島岡女子学園	□広尾学園（医進・S）	69
68	広尾学園2	慶應湘南藤沢		68
67		洗足学園2		67
66				66
65		青山学院 吉祥女子2	香蘭女学校2	65
64		白百合学園 明大明治		64
63	東京農大第一算国 広尾小石川2 広尾小石川（ISG2） □東京農大第一算理	慶應湘南藤沢（帰）	東京農大第一2算国 □東京農大第一2算理	63
62	開智日本橋（特待4科） 山手学院（特待） ■開智日本橋（特待算数） ■田園調布学園（午後）			62
61	都市大等々力（S特選） 三田国際2（ISC）		中央大附属横浜2 都市大等々力2（S特選） 三田国際3（ISC）	61
60	神奈川大附		青山学院横浜英和B ●青稜2B	60
59	三田国際2（IC）	芝浦工大附2	三田国際3（IC） ●開智日本橋2	59
58	国学院久我山（ST） ●青稜1B ■品川女子学院（算数） ■山脇学園午後（国語） ■山脇学園午後（算数）	法政第二	桐蔭学園2（特奨）	58
57	桐蔭学園（午後） 日本大学A2（GL） ■湘南白百合（算数） ■湘南白百合（国語） ■普連土学園（算数）		■富士見（算数）	57
56		大妻2 帝京大学2（特待・一般） 横浜雙葉2	安田学園（先進4） 山脇学園B □ドルトン東京（理数特待）	56
55	安田学園（先進2） 淑徳（東大） 東京女学館2 ドルトン東京（特待） 日本大学A2（AF）	●青稜2A 安田学園（先進3）	普連土学園（2日午後）	55
54	恵泉女学園	神奈川大附2	日本大学B（GL）	54
53	かえつ有明（1日特待） 晃華学園2 芝国際1午後特待 東洋大学京北2	田園調布学園2	かえつ有明（2日特待） 芝国際2特待 淑徳2（東大）	53
52	関東学院1B 昭和女子大附AP 清泉女学院2 三輪田学園午後	●森村学園2 共立女子（2日） 品川女子学院2 湘南白百合（4教科） 富士見2	東京女学館3 日本大学B（AF）	52
51	□目黒日大2	恵泉女学園2 東洋大学京北3	駒込4特待	51
50	跡見学園特1 郁文館iP 大妻中野2アドバンスト カリタス女子2	●ドルトン東京2日AM ●三輪田学園2 国学院久我山2	跡見学園特2 大妻中野3アドバンスト カリタス女子3	50
49	桜美林（1日午後総合） ●淑徳巣鴨（スカラ） 順天B 昭和女子大附SA 麗澤4（AE）	●湘南学園B ●昭和女子大附B	●淑徳巣鴨2（スカラ） 順天2B 東京女学館（国際一般） 日大藤沢2	49
48	横浜女学院B1国際 実践女子学園2 八王子学園1（午後東大） 明治学院 横浜創英2	●目黒日大3	清泉女学院3 多摩大目黒2（特待） 桜美林（2日午後） 実践女子学園4	48
47	桜美林（1日午後） 駒込2 東京電機大2	●横浜創英3	サレジアン世3（特本科） 横浜女学院D1国際 八王子学園2（午後東大）	47
46	多摩大目黒（特待） 宝仙学園（新4科） 神奈川学園A午後 ●桜丘2特待 ●サレジアン世2（本科） 実践学園（特待）	●駒込3 鎌倉女学院 明治学院2	穎明館3 ●桜丘4特待 ●宝仙学園2	46
45	十文字2 聖セシリア女子Bスカラ 麗澤4（EE）	●実践女子学園3 ●品川翔英3 穎明館2 光塩女子学院2 順天2A	■女子美大付2	45
44	聖徳学園（特奨4科） 日本工大駒場2	●跡見学園2 桐光学園2		44
43	大妻多摩2 自修館A2 女子聖学院2スカラシップ ●文教大付2 ●横浜女学院B2アカデミー	●東京電機大3 日大第一（4科2回） 横浜女学院C1国際		43
42	江戸川女子（基礎学力1）	横浜国大鎌倉	江戸川女子（基礎学力2） 自修館B2 ●文教大付4 ●横浜女学院D2アカデミー	42
41	神田女学園2（特待） 工学院大附1B特待 ●麴町学園女子1日特待 サレジアン2（本科） 東京成徳大（特待） ●文化学園大杉並2 武蔵野大学2	●桜丘3 ●十文字3 ●日本工大駒場3 ●日大第三2 ●文化学園大杉並3 ●文教大付3 江戸川女子2	大妻多摩3 十文字4 ●聖セシリア女子A2 文化学園大杉並4 ■武蔵野大学4	41
40	多摩大聖ケ丘2 ●鶴見大附属（難関） 東京家政大附2（特奨） ●中村（特待・1日午後） 日大豊山女子2科 文京学院大（特待1回） 聖園女学院2 ●八雲学園2	●神田女学園3（特待） ●サレジアン3（本科）	●麴町学園女子2日特待 女子聖学院3 聖園女学院得意1科 ●八雲学園3	40
39	■日大豊山女子（算数）	●武蔵野大学3 ●横浜女学院C2アカデミー	東京成徳大2（特待） 日大豊山女子2科2	39
38		●神奈川学園B ●聖園女学院3 郁文館（総合2） 日大豊山女子2科選		38
37				37
36	共立女子第二（PM）	●佼成女子2日午前 ●東京家政大附3		36
35				35
34				34
33	鎌倉女子大1日午後P			33
32				32

※この一覧表は合不合判定テストの合格可能性80％Aラインを表したもので、学校差を示すものではありません。

※試験日は2024年の実施日。　●……2・4（2・3）教科選択（2教科判定）　□……算＋理受験校（算＋理判定）　■……1教科受験校　▼……午後実施校

男子 【2/3～】

【2024年入試】四谷大塚結果Aライン80偏差値一覧

□……4教科（3教科）判定校
⬭……2教科（1教科）判定校

偏差値	2/3	2/4～	偏差値
70	筑波大駒場（73）	聖光学院２	70
69			69
68	小石川（一般） 早稲田２	2/5 渋谷教育渋谷３	68
67			67
66	海城２ 筑波大附	市川２	66
65	慶應中等部		65
64	浅野 横浜市立ＹＳＦＨ附属	2/5 本郷３	64
63		芝２ 2/5 広尾学園（ＩＳＧ２）	63
62	相模原 武蔵高附属	2/5 広尾学園３ ▼2/6 広尾小石川４ ▼2/6 広尾小石川（ＩＳＧ４）	62
61	東京都市大付３（Ⅱ類） 桜修館 大泉高附属 両国高附属 明大明治２ 横浜市立南高附属 ▼広尾小石川３ ▼広尾小石川（ＩＳＧ３） □▼三田国際（ＭＳＴ）	サレジオ学院Ｂ 東京農大第一３ ■2/5 攻玉社（特別） 2/5 東京都市大付４（Ⅱ類）	61
60	昭和秀英２ 東邦大東邦（後）	巣鴨３ 2/5 逗子開成３	60
59	逗子開成２	城北３ ▼2/4 三田国際４（ＩＳＣ） 2/5 立教池袋２	59
58	九段（Ｂ・都内） 白鷗高附属（一般） 富士高附属 三鷹 南多摩 立教新座２ ▼暁星２		58
57	平塚 学大世田谷 東京都市大付３（Ⅰ類） 立川国際（一般） 法政大学２ ▼青山学院横浜英和Ｃ ●▼開智日本橋３ ▼国学院久我山（ＳＴ２）	神奈川大附３ 世田谷学園３ 中央大附属２ 法政第二２ 明大中野２ 2/5 東京都市大付４（Ⅰ類） 2/5 法政大学３	57
56	学習院２ ▼都市大等々力２（特選）	高輪Ｃ 2/5 江戸川取手３（東大） 2/5 江戸川取手３（医科）	56
55	川崎市立川崎高附属 成城２ 学大竹早 明大付属八王子Ａ２	●開智日本橋４ 鎌倉学園３ 2/5 国学院久我山（ＳＴ３） 2/5 成城３ ▼2/5 明大付属八王子Ｂ	55
54	安田学園（先進５） ▼帝京大学３	2/5 ●桐蔭学園３ ●2/6 山手学院（後期）	54
53	専修大松戸３ 東京大附	▼2/4 ドルトン東京４日ＰＭ 2/5 日本大学Ｃ（ＧＬ）	53
52	●山手学院Ｂ 公文国際Ｂ 成城学園２ ▼かえつ有明（３日特待）	成蹊２	52
51	▼芝国際３特待 ▼日大豊山４	日本学園２ ●森村学園３ 獨協４ 海陽Ⅲ（東京） 2/5 日本学園３ 2/5 日本大学Ｃ（ＡＦ）	51
50	桐光学園３Ａ	東洋大学京北４ 2/5 江戸川取手３（難関大） ▼2/5 関東学院２	50
49	学大小金井 日大豊山３ 横浜国大横浜 ▼郁文館ｉＰ２ ▼淑徳２Ｓ特	▼2/4 目黒日大４	49
48	関東学院１Ｃ 湘南学園Ｃ ▼足立学園（特奨３） ●▼淑徳巣鴨３（スカラ）	▼2/4 東京電機大４ 2/5 佼成学園２（特奨） 2/5 湘南学園Ｄ	48
47	お茶の水女子大附 ▼桜美林（３日午後）	日大藤沢３	47
46	日大第二２ ▼多摩大目黒３（特待）	多摩大目黒４（特待） 2/5 日大第一（２科２回） 2/6 横浜創英４ 2/6 多摩大目黒５（特待）	46
45	▼サレジアン世４（本科）	明治学院３ 駒込５	45
44	日大第一（２科１回） ▼実践学園２（特待）	穎明館４	44
43	●佼成学園３ 日大第三３ ●▼聖学院（アド３）	淑徳巣鴨３	43
42	京華３（特選） ●▼サレジアン５スカ（本科）		42
41		●桜丘５ ●文教大付５ 2/5 サレジアン世５（本科）	41
40	東海大高輪台２	2/5 東海大高輪台３	40
39			39
38	●京華３		38
37	●文化学園大杉並５	文化学園大杉並６	37
36			36
35			35
34			34
33			33
32			32

※この一覧表は合不合判定テストの合格可能性80％Aラインを表したもので、**学校差を示すものではありません**

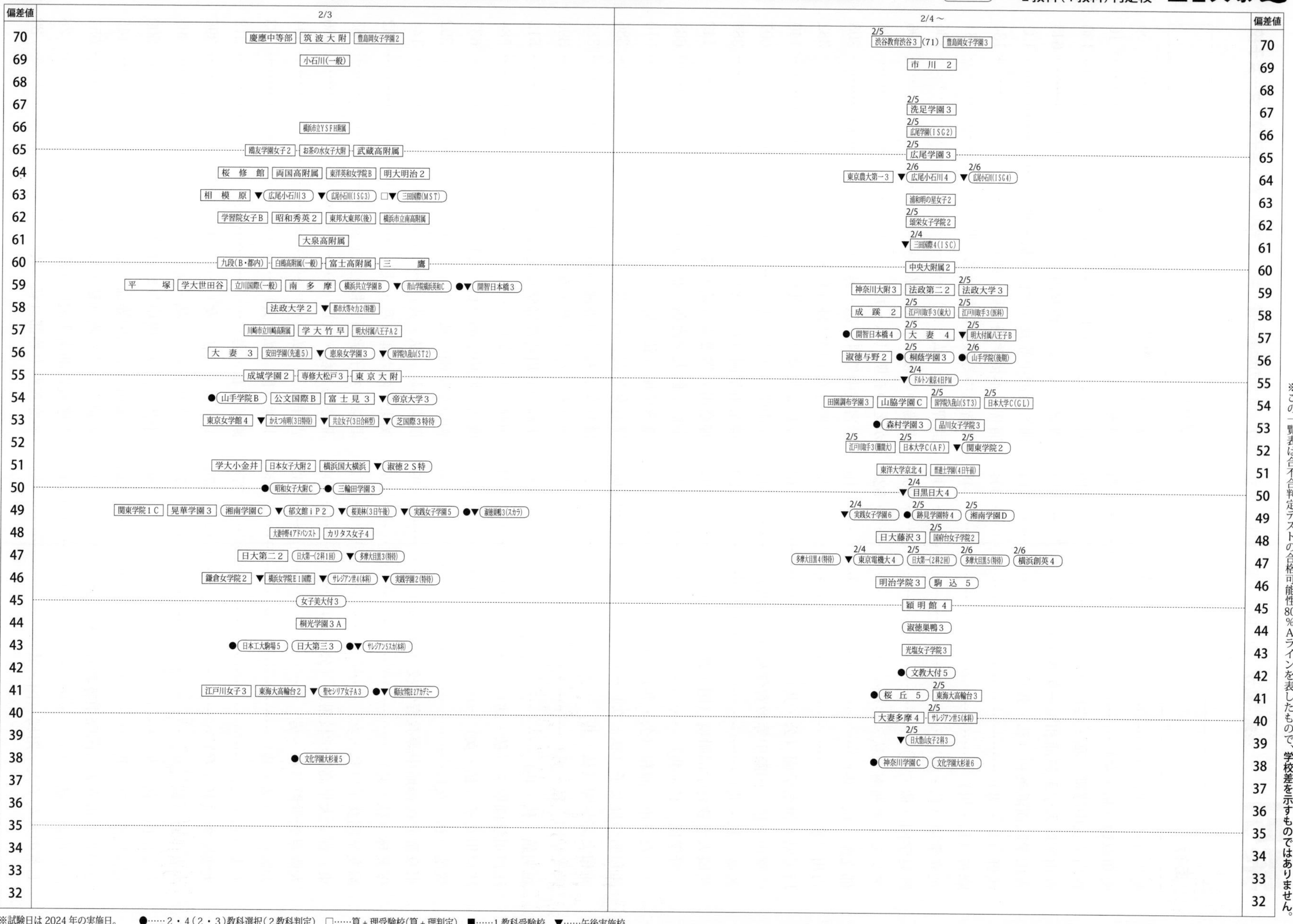

偏差値	2/3	2/4～
70	慶應中等部 筑波大附 豊島岡女子学園2	2/5 渋谷教育渋谷3(71) 豊島岡女子学園3
69	小石川(一般)	市川2
68		
67		2/5 洗足学園3
66	横浜市立YSFH附属	2/5 広尾学園(ISG2)
65	鷗友学園女子2 お茶の水女子大附 武蔵高附属	2/5 広尾学園3
64	桜修館 両国高附属 東洋英和女学院B 明大明治2	東京農大第一3 ▼2/6 広尾小石川4 ▼2/6 広尾小石川(ISG4)
63	相模原 ▼広尾小石川3 ▼広尾小石川(ISG3) □▼三田国際(MST)	浦和明の星女子2
62	学習院女子B 昭和秀英2 東邦大東邦(後) 横浜市立南高附属	2/5 頌栄女子学院2
61	大泉高附属	▼2/4 三田国際4(ISC)
60	九段(B・都内) 白鷗高附属(一般) 富士高附属 三鷹	中央大附属2
59	平塚 学大世田谷 立川国際(一般) 南多摩 横浜共立学園B ▼青山学院横浜英和C ●▼開智日本橋3	神奈川大附3 法政第二2 2/5 法政大学3
58	法政大学2 ▼都市大等々力2(特選)	成蹊2 2/5 江戸川取手3(東大) 2/5 江戸川取手3(医科)
57	川崎市立川崎高附属 学大竹早 明大付属八王子A2	●開智日本橋4 2/5 大妻4 ▼2/5 明大付属八王子B
56	大妻3 安田学園(先進5) ▼恵泉女学園3 ▼国学院久我山(ST2)	淑徳与野2 ●2/5 桐蔭学園3 ●2/6 山手学院(後期)
55	成城学園2 専修大松戸3 東京大附	▼2/4 ドルトン東京4日PM
54	●山手学院B 公文国際B 富士見3 ▼帝京大学3	田園調布学園3 山脇学園C 2/5 国学院久我山(ST3) 2/5 日本大学C(GL)
53	東京女学館4 ▼かえつ有明(3日特待) ▼共立女子(3日合科型) ▼芝国際3特待	●森村学園3 品川女子学院3
52		2/5 江戸川取手3(難関大) 2/5 日本大学C(AF) ▼2/5 関東学院2
51	学大小金井 日本女子大附2 横浜国大横浜 ▼淑徳2S特	東洋大学京北4 普連土学園(4日午前)
50	●昭和女子大附C ●三輪田学園3	▼2/4 目黒日大4
49	関東学院1C 晃華学園3 湘南学園C ▼郁文館iP2 ▼桜美林(3日午後) ▼実践女子学園5 ●▼淑徳巣鴨3(スカラ)	▼2/4 実践女子学園6 ●2/5 跡見学園特4 2/5 湘南学園D
48	大妻中野4アドバンスト カリタス女子4	日大藤沢3 2/5 国府台女子学院2
47	日大第二2 日大第一(2科1回) ▼多摩大目黒3(特待)	多摩大目黒4(特待) ▼2/4 東京電機大4 2/5 日大第一(2科2回) 2/6 多摩大目黒5(特待) 2/6 横浜創英4
46	鎌倉女学院2 ▼横浜女学院E1国際 ▼サレジアン世4(本科) ▼実践学園2(特待)	明治学院3 駒込5
45	女子美大付3	穎明館4
44	桐光学園3A	淑徳巣鴨3
43	●日本工大駒場5 日大第三3 ●▼サレジアン5スカ(本科)	光塩女子学院3
42		●文教大付5
41	江戸川女子3 東海大高輪台2 ▼聖セシリア女子A3 ●▼横浜女学院E2アカデミー	●桜丘5 2/5 東海大高輪台3
40		大妻多摩4 2/5 サレジアン世5(本科)
39		▼2/5 日大豊山女子2科3
38	●文化学園大杉並5	●神奈川学園C 文化学園大杉並6
37		
36		
35		
34		
33		
32		

※この一覧表は合不合判定テストの合格可能性80%Aラインを表したもので、**学校差を示すものではありません。**

※試験日は2024年の実施日。 ●……2・4(2・3)教科選択(2教科判定) □……算＋理受験校(算＋理判定) ■……1教科受験校 ▼……午後実施校

索引

※私…私立・国…国立・公…都立／区立／県立／市立の中高一貫、共…共学校・男…男子校・女…女子校

あ行

か行

索引

さ行

索引

た行

索引

な行

は行

ま行

索引

や行

ら行

わ行

編集後記

本書は、掲載させていただいた国立・私立・公立中学校各位、四谷大塚及び四谷大塚ネットワーク加盟塾修了生の皆さん、その他関係各位のご協力を得て編集し、刊行することができました。ご協力くださいました皆様には、心よりお礼申し上げます。

本書は、ご父母の皆様が学校説明会などを通して、実際にご自身の目で見、耳で聞き、肌で感じるそれぞれの学校についての情報を得ていただくための予備知識になればと考え、編集したものです。子どもたちにとっての今、またこれから迎える中学校生活は、自らが夢を見つけ、夢を育み、そして全力で努力を重ねることができる最良な環境でなくてはなりません。本書が少しでもその夢の実現へのお力となれば幸いです。

私立中学校における情報公開は年々進み、より具体的な学校の姿をお示しできるようになってきました。各学校の建学の精神・教育理念に基づき、どんな教育が行われ、どんな成果が挙がっているのか。人間形成において最も大切な6年間を託すわけですから、本当にふさわしい環境かどうか、より具体的でより詳細な情報をもとに十分に比較検討がなされるべきでしょう。しかしながら本書において、そのすべてをお示しするには至っていません。私どもの調査が不十分であることも事実ですが、中学校および所管機関側が非公表としている場合があり、推測でしか表現できない部分があるのです。中学校および所管機関各位に、より一層の公表（情報公開）をお願いする次第です。

中学受験は将来の大きな夢の実現に向けた第一歩です。だからこそ、より自分に合った、よりふさわしい学校との出会いのために、正確かつ詳細な情報が公平に与えられなければならないと考えます。「オープンでフェアな中学受験の実現」は、私ども四谷大塚の最大の願いです。

四谷大塚　入試情報センター

8103607
２０２５　中学入試案内

2025
中学入試案内

定価＝2,200円（本体2,000円＋税10%）

発　　行　2024年6月24日
編　　集　㈱四谷大塚
　　　　　入試情報センター
印　　刷　TOPPAN㈱
広告協力　㈱声の教育社
発 行 者　永瀬昭幸
発 売 所　㈱ナガセ
　　　　　（東進ブックス）

〒180-0003
東京都武蔵野市吉祥寺南町1-29-2
TEL 0422-70-7456　FAX 0422-70-7457

でてこい、未来のリーダーたち。
四谷大塚

ISBN 978-4-89085-965-8　¥2000E　　Printed in Japan